ESTA BÍBLIA PERTENCE A

....

....

....

BÍBLIA mulheres

NOVA VERSÃO TRANSFORMADORA

BÍBLIA mulheres

Vida

EDITORA VIDA
Rua Conde de Sarzedas, 246 — Liberdade
CEP 01512-070 — São Paulo, SP
Tel.: 0 xx 11 2618 7000
atendimento@editoravida.com.br
www.editoravida.com.br
@editora_vida /editoravida

Direção: Renan Menezes
Editora-chefe: Sarah Lucchini
Supervisão e projeto gráfico: Claudia Fatel Lino
Textos adicionais: Maurício Zágari
Mapas mentais: Philippe Azevedo
Revisão de provas: Eliane Viza; Jacqueline Mattos; Mara Eduarda Garro; Paulo Peres
Conferências de textos bíblicos: Cibelle Oliveira, Larissa Lourenço da Mata e Jaqueline Angelica
Diagramação: Marcelo Alves, Willians Rentz, Madalena Araujo e Philipe Santos
Capas: Lira Lira, Thiago Bech e Vanessa S. Marine

BÍBLIA MULHERES

A *Nova Versão Transformadora* utiliza a metodologia de tradução das Línguas originais (hebraico, aramaico e grego) da *New Living Translation*, Copyright © 1996, 2004, 2007, 2013 por Tyndale House Foundation.

1ª edição: abr. 2025

Dados Internacionais de Catalogação na Publicação (CIP)
(Câmara Brasileira do Livro, SP, Brasil)

Bíblia Mulheres : NVT (Antigo e Novo Testamentos) / adaptação por Viviane Martinello.
-- São Paulo : Editora Vida, 2024.

978-65-5584-642-3 - Capa Dura Para um tempo como este
978-65-5584-638-6 - Capa Luxo Verde Musgo Floral
978-65-5584-643-0 - Capa Luxo Folhas Vinho
978-65-5584-644-7 - Capa Luxo Coleção Mulheres Marrom
978-65-5584-649-2 - Capa Luxo Frame Floral Goiaba

1. Bíblia - Estudos 2. Mulheres - Aspectos religiosos - Cristianismo I. Martinello, Viviane.

24-238115 CDD-220.07

Índice para catálogo sistemático:

1. Bíblia : Estudos 220.07
Eliete Marques da Silva - Bibliotecária - CRB-8/9380

Eu creio profundamente que a Palavra de Deus é a bússola para a humanidade. Digo por experiência própria: quando analiso a minha vida, percebo o impacto das Escrituras em minha construção pessoal, assim como as transformações que ela causou em mim e, por consequência, através de mim.

A Bíblia desempenha um papel insubstituível em nossa vida, oferecendo verdade, direção, ensino, consolo e sabedoria para enfrentar os desafios do cotidiano. Ela é fonte de esperança, alegria, força, paz e confronto. É por meio deste Livro precioso que compreendemos o caráter de Deus, também quem somos e a nossa responsabilidade na família e na sociedade.

Há séculos, cada verso das Escrituras Sagradas nos estende um convite ao amor, arrependimento, verdade, salvação, dignidade e transformação. Todo dia, ao folhear e ler a minha Bíblia, eu me dou conta do privilégio de possuir a Obra mais inestimável da História. Neste exato momento, milhares de pessoas dariam qualquer coisa para obter, ao menos, uma página deste exemplar que está em suas mãos. Quantos não são perseguidos, torturados e mortos pela fé em Cristo? São homens e mulheres que compreenderam o valor do que está escrito aqui. Para eles, o conceito de liberdade tem outro significado – o mesmo descrito em João 8.32.

A Palavra nos liberta. Ainda que, como Paulo, estejamos em cadeias, somos livres de fato, e satisfeitos pelo que é eterno e não pode ser roubado de nós. A Palavra é vida. É alimento. Ninguém pode contra ela. Nunca conseguirão detê-la, exterminá-la ou alterá-la. Ela é absoluta. Reis, governos, tendências e estações podem mudar, mas as palavras divinas jamais passarão (cf. Mateus 24.35).

Ao longo do tempo, pessoas comuns e notáveis, como eu e você, foram completamente transformadas pelas verdades contidas nestas páginas. Quem nunca se emocionou ou foi encorajado por Ester, Maria, Enoque, Rute, José, Débora, Eliseu e tantos outros exemplos de coragem, devoção e fé; sobretudo, pelo exemplo de sacrifício e liderança de Jesus? Essas biografias nos inspiram a assumir nossos próprios papéis com ousadia e a confiar na providência divina, que nunca falha.

Hoje, mais uma vez, temos a chance de absorver este Tesouro que nos foi presenteado, guardá-lo com cuidado em nosso coração e permitir que o Espírito Santo nos acompanhe e modifique nesta jornada. Desafios e instabilidades vêm e vão, mas os justos, firmados nas Escrituras, nunca serão abalados (cf. Salmos 112.6).

Foi com isso em mente que planejei esta Bíblia tão especial. Nela, reuni todas as características do que eu chamaria de "A edição perfeita". Além de espaços para anotar as revelações divinas que virão até você em sua leitura diária, ela também possui mapas mentais que lhe conduzirão a um entendimento mais profundo dos livros. Foi com muito cuidado e amor que pensei também no tamanho da letra, no tipo da fonte, nas frases que aparecem no decorrer dos capítulos e na versão bíblica. Enquanto desenvolvia este projeto lindo, percebi que o ideal era que este exemplar não fosse muito robusto, assim você e eu seríamos capazes de fazer o nosso devocional em outros ambientes, levá-lo para a casa de uma amiga ou para a igreja, sem muitas preocupações com relação ao peso.

A minha oração é que você desfrute de cada linha com a certeza de que, enquanto lê e processa, Deus está presente ao seu lado. Que esta Bíblia seja a sua amiga íntima e a acompanhe pelo caminho.

Uma Bíblia nova para um tempo novo.

Com muito amor,

Viviane Martinello

Livros da Bíblia em

Ordem Bíblica

ANTIGO TESTAMENTO ✦

39 livros, 929 capítulos

NOVO TESTAMENTO

27 livros, 260 capítulos

Livros da Bíblia em Ordem Alfabética

LIVRO	ABREVIATURA	TESTAMENTO	PÁGINA	CAPÍTULOS
Ageu	Ag	AT	1056	2
Amós	Am	AT	1014	9
Apocalipse	Ap	NT	1404	22
Atos	At	NT	1220	28
Cânticos	Ct	AT	750	8
Colossenses	Cl	NT	1330	4
1Coríntios	1Co	NT	1280	16
2Coríntios	2Co	NT	1298	13
1Crônicas	1Cr	AT	448	29
2Crônicas	2Cr	AT	484	36
Daniel	Dn	AT	972	12
Deuteronômio	Dt	AT	206	34
Eclesiastes	Ec	AT	740	12
Efésios	Ef	NT	1318	6
Esdras	Ed	AT	524	10
Ester	Et	AT	558	10
Êxodo	Êx	AT	74	40
Ezequiel	Ez	AT	916	48
Filemom	Fm	NT	1358	1
Filipenses	Fp	NT	1324	4
Gálatas	Gl	NT	1310	6

LIVRO	ABREVIATURA	TESTAMENTO	PÁGINA	CAPÍTULOS
Gênesis	Gn	AT	18	50
Habacuque	Hc	AT	1044	3
Hebreus	Hb	NT	1360	13
Isaías	Is	AT	762	66
Jeremias	Jr	AT	836	52
Jó	Jó	AT	572	42
João	Jo	NT	1190	21
1João	1Jo	NT	1390	5
2João	2Jo	NT	1396	1
3João	3Jo	NT	1398	1
Joel	Jl	AT	1008	3
Jonas	Jn	AT	1028	4
Josué	Js	AT	252	24
Judas	Jd	NT	1400	1
Juízes	Jz	AT	280	21
Lamentações	Lm	AT	906	5
Levítico	Lv	AT	122	27
Lucas	Lc	NT	1148	24
Malaquias	Ml	AT	1072	4
Marcos	Mc	NT	1122	16
Mateus	Mt	NT	1082	28

LIVROS DA BÍBLIA EM ORDEM ALFABÉTICA *(continuação)*

LIVRO	ABREVIATURA	TESTAMENTO	PÁGINA	CAPÍTULOS
Miqueias	Mq	AT	1032	7
Naum	Na	AT	1040	3
Neemias	Ne	AT	538	13
Números	Nm	AT	158	36
Obadias	Ob	AT	1024	1
Oseias	Os	AT	994	14
1Pedro	1Pe	NT	1380	5
2Pedro	2Pe	NT	1386	3
Provérbios	Pv	AT	702	31
1Reis	1Rs	AT	380	22
2Reis	2Rs	AT	414	25
Romanos	Rm	NT	1260	16
Rute	Rt	AT	308	4

LIVRO	ABREVIATURA	TESTAMENTO	PÁGINA	CAPÍTULOS
Salmos	Sl	AT	610	150
1Samuel	1Sm	AT	314	31
2Samuel	2Sm	AT	348	24
Sofonias	Sf	AT	1050	3
1Tessalonicenses	1Ts	NT	1336	5
2Tessalonicenses	2Ts	NT	1340	3
Tiago	Tg	NT	1374	5
1Timóteo	1Tm	NT	1344	6
2Timóteo	2Tm	NT	1350	4
Tito	Tt	NT	1354	3
Zacarias	Zc	AT	1060	14
TOTAL	66 livros, 1189 capítulos			

ANTIGO TESTAMENTO

Introdução ao Pentateuco

O Pentateuco, composto pelos primeiros cinco livros da Bíblia — Gênesis, Êxodo, Levítico, Números e Deuteronômio — forma a base das Escrituras Sagradas e é essencial para a compreensão de toda a narrativa bíblica. Esses livros, de autoria tradicionalmente atribuída a Moisés, com colaboradores, tratam do período que abrange desde a criação do mundo até a preparação do povo de Israel para entrar na terra prometida. Eles não contêm apenas relatos históricos, mas também textos teológicos que revelam a natureza de Deus, seu relacionamento com a humanidade e o plano redentor. O Pentateuco forma a base para a teologia bíblica e aborda temas fundamentais, que são desenvolvidos ao longo das Escrituras.

O conceito de aliança, por exemplo, é central no Pentateuco. Em Gênesis, vemos o Todo-Poderoso estabelecendo alianças com Noé, Abraão e, eventualmente, com toda a nação de Israel. O pacto com Abraão inclui promessas de descendência, terra e bênção para todas as nações (Gn 12.1-3;15;17). Essas alianças revelam um Deus que se compromete com seu povo, faz promessas e as cumpre.

Outra abordagem essencial no Pentateuco é a da presença de Deus. No Êxodo, ela se manifesta na coluna de nuvem e de fogo que guia os israelitas (Êx 13.21-22) e na construção do tabernáculo (Êx 25—40), que simboliza o Senhor habitando no meio de seu povo. Essa presença culmina na encarnação de Cristo, o Emanuel, pois "a Palavra se tornou ser humano, carne e osso, e habitou entre nós" (Jo 1.14).

ENSINAMENTOS PRINCIPAIS DO PENTATEUCO

1. *A soberania divina*: o Pentateuco revela um Deus soberano que cria, sustenta e redime. Ele está no controle de todas as coisas e cumpre fielmente suas promessas.
2. *A natureza do pecado e da redenção*: da queda no Éden até a redenção do Egito, o Pentateuco mostra a gravidade do pecado e a necessidade de um redentor.
3. *A santidade de Deus*: por meio das leis e do culto, especialmente em Levítico, o Senhor revela sua santidade e exige que seu povo seja santo.
4. *A fidelidade de Deus*: apesar das falhas e infidelidades humanas, Deus permanece fiel à sua aliança e às suas promessas.
5. *A tipologia de Cristo*: o Pentateuco está repleto de tipos e sombras que apontam para Jesus e sua obra redentora. Vemos antecipações do Messias em diferentes passagens, como Gênesis 3.15, o sacrifício de Isaque, a Páscoa e a serpente de bronze.

GÊNESIS: O LIVRO DAS ORIGENS

O primeiro livro do Pentateuco relata a criação do mundo, a queda do homem, o Dilúvio e a dispersão das nações. Também narra a história dos patriarcas — Abraão, Isaque, Jacó e José —, estabelecendo as bases para a nação de Israel. A criação em seis dias, culminando no descanso sabático, demonstra a ordem e a intencionalidade de Deus. A queda do homem no Éden introduz o pecado e a necessidade de redenção, um tema que permeia toda a Bíblia.

Gênesis não apenas estabelece o Senhor como o Criador soberano, mas também revela seu caráter como um ser ordenado, intencional e poderoso. A criação *ex nihilo* (a partir do nada) demonstra seu poder absoluto e sua autoridade sobre toda a criação. Ele cria o homem à sua imagem e semelhança, destacando a dignidade e o propósito especiais da humanidade.

Em termos proféticos, Gênesis aponta para Jesus de várias maneiras. Desde que Deus cobre a nudez de Adão e Eva com peles de animais, prefigurando o sacrifício de Cristo, o conceito de redenção é apresentado. Da mesma forma, a promessa feita a Abraão — de que todas as nações seriam abençoadas por meio de sua descendência (Gn 12.3) — encontra seu cumprimento em Cristo.

ÊXODO: LIBERTAÇÃO E ALIANÇA

Êxodo descreve a escravidão dos israelitas no Egito, a liderança de Moisés, as dez pragas, a Páscoa, a travessia do mar Vermelho e a entrega da Lei no monte Sinai. O livro enfatiza a redenção e a formação do povo de Deus como uma nação distinta, guiada por uma aliança com o Senhor. A Páscoa, em particular, é um tipo de Cristo, o Cordeiro de Deus que tira o pecado do mundo (Jo 1.29).

A entrega da Lei, incluindo os Dez Mandamentos, estabelece o padrão moral e espiritual para o povo do Senhor. A presença contínua dele com Israel é simbolizada pelo tabernáculo, o que aponta para a encarnação de Cristo, a Palavra que "tornou-se carne e viveu entre nós" (Jo 1.14). O próprio êxodo dos israelitas é um tipo de nossa libertação do pecado por intermédio de Cristo.

LEVÍTICO: SANTIDADE E ADORAÇÃO

Levítico é, muitas vezes, considerado um livro de leis e regulamentos, mas, fundamentalmente, trata de santidade e adoração. O texto detalha as ofertas e os sacrifícios, as leis cerimoniais e o papel do sacerdócio. A mensagem maior de Levítico é que Deus é santo e requer santidade de seu povo: "Consagrem-se e sejam santos, pois eu sou santo" (Lv 11.44).

O texto detalha o sistema sacrificial que Deus instituiu para lidar com o pecado e a impureza. Os sacrifícios de animais falam sobre a seriedade do pecado e a necessidade de derramamento de sangue para a expiação. Esse sistema sacrificial é uma prefiguração clara do sacrifício de Cristo, que ofereceu a si mesmo como o Cordeiro de Deus para tirar os pecados do mundo (Jo 1.29). A expiação no Pentateuco antecipa a obra redentora de Cristo, que é o cumprimento perfeito e final de todos os sacrifícios.

Assim, os sacrifícios prescritos em Levítico apontam para a cruz de Jesus. O Dia da Expiação, em particular, prefigura a obra expiatória de Cristo, que entrou no Santo dos Santos uma vez por todas, proporcionando a eterna redenção (Hb 9.12). O conceito de substituição e purificação é plenamente realizado na morte e ressurreição de Jesus.

NÚMEROS: PEREGRINAÇÃO E PREPARAÇÃO

Esse livro relata a jornada dos israelitas desde o Sinai até a terra prometida, incluindo suas murmurações e rebeliões e a provisão contínua de Deus. O texto destaca a fidelidade do Senhor e a importância da obediência.

Os eventos de Números também servem como advertência para os cristãos. O autor de Hebreus usa a incredulidade dos israelitas como uma exortação para que os crentes entrem no "descanso" prometido por Deus por meio de Cristo (Hb 3.7-19). A fidelidade de Deus em meio à infidelidade do povo é um tema que ressoa com a perseverança e a paciência divina.

DEUTERONÔMIO: RENOVAÇÃO DA ALIANÇA

Esse livro é a recapitulação e explicação da Lei para a geração que nasceu no deserto e estava prestes a entrar na terra prometida. Moisés exorta o povo a lembrar-se das obras de Deus e a manter a aliança. Deuteronômio enfatiza, assim, a obediência como resposta ao amor e à graça de Deus.

A profecia de um profeta semelhante a Moisés (Dt 18.15-19) é diretamente aplicada a Jesus no Novo Testamento (At 3.22; 7.37). Deuteronômio destaca a importância de amar a Deus de todo o coração, alma e força (Dt 6.5), um preceito que Jesus reafirma como o maior mandamento (Mt 22.37-40).

O PENTATEUCO E CRISTO

Todo o Pentateuco deve ser entendido como uma antecipação do advento de Jesus. Os eventos, os personagens e as leis são sombras das realidades que se encontram em Cristo. O Novo Testamento frequentemente se refere ao Pentateuco para explicar a missão e a obra de Jesus, o descendente prometido a Abraão, o verdadeiro Cordeiro pascal, o sumo sacerdote perfeito, o profeta maior que Moisés e o cumpridor da Lei.

Em Lucas 24.27, ao caminhar com os discípulos no caminho de Emaús, Jesus "os conduziu por todos os escritos de Moisés e dos profetas, explicando o que as Escrituras diziam a respeito dele". Isso reafirma que a leitura cristocêntrica do Pentateuco não é apenas uma interpretação teológica posterior, mas uma perspectiva que o próprio Cristo validou.

CONCLUSÃO

O Pentateuco não é apenas a introdução à Bíblia; ele é o fundamento sobre o qual toda a Escritura se edifica. Revela a Criação, a Queda e o início do plano redentor de Deus, culminando na pessoa e obra de Jesus Cristo. Para o cristão, o estudo do Pentateuco é essencial para entender a grandiosidade do plano divino de salvação, a santidade do Criador e a necessidade de viver em obediência e adoração em resposta ao amor incondicional e à graça imensurável do Senhor.

Estudar o Pentateuco ajuda o leitor a compreender melhor o caráter de Deus e o projeto de salvação da humanidade, mas também o leva a compreender de forma mais profunda a seriedade do pecado, a necessidade de expiação e a graça abundante de Deus. As histórias e leis que às vezes parecem distantes ou complexas ganham vida quando entendidas à luz de Cristo e de sua obra redentora.

Assim, o Pentateuco não apenas enriquece nosso entendimento teológico, mas também aprofunda nossa fé e nossa apreciação pelo plano de salvação de Deus.

Pentateuco

Gênesis

ORIGEM de todas as coisas

QUEM ESCREVEU

A tradição aponta Moisés como autor (com base em Êx 17.14 e Dt 31.9,24), mas cogita-se a contribuição de outros autores em sua escrita.

O AUTOR

Moisés foi o profeta que liderou os israelitas para fora do Egito e recebeu os Dez Mandamentos no Monte Sinai. Ele é venerado como uma figura fundamental na história da redenção do povo de Deus.

CRISTO E GÊNESIS

- ★ Gênesis aponta para Jesus de diversas maneiras simbólicas e proféticas.
- ★ Desde o início, Gênesis narra a criação do mundo por Deus, que mais tarde se manifesta em Jesus como o Verbo, ou a Palavra, de Deus (Jo 1.1-3).
- ★ A promessa da semente da mulher que esmagaria a cabeça da serpente (Gn 3.15) é uma profecia da vitória de Jesus sobre Satanás.
- ★ Além disso, figuras como Abraão, em sua intenção de sacrificar Isaque, seu filho, prefigura o sacrifício de Jesus, e José, cuja vida de sofrimento e redenção se assemelha à vida de Cristo, reforçam essa tipologia.

Livro 1 do Pentateuco com

50 CAPÍTULOS

"Gênesis" vem do grego e significa "princípio" ou "origem".

Em hebraico, o título original é *bereshit*, que significa "no princípio".

OBJETIVO DO LIVRO

Relatar a criação do mundo material e da humanidade, e o surgimento do pecado, apresentando o início do plano de salvação.

DUAS PARTES PRINCIPAIS

Gênesis é composto por duas seções principais. A primeira relata a história dos primórdios, com a criação do Universo, do mundo terreno e do ser humano (Gn 1-11). A segunda trata da história dos patriarcas, com foco nas origens da nação de Israel a partir de Abraão, Isaque, Jacó e José (Gn 12-50).

RESUMO DO LIVRO

- ★ A Criação Gn 1.1—2.3
- ★ O Éden Gn 2.4-25
- ★ A Queda e suas consequências Gn 3
- ★ O progresso do pecado Gn 4.1—6.8
- ★ O Dilúvio Gn 6.9—9
- ★ A dispersão das nações Gn 10.1—11.26
- ★ Abraão e sua família Gn 11.27—25.11
- ★ Jacó e Esaú Gn 25.19—37.1
- ★ A vida de José Gn 37.2—50

PERSONAGENS IMPORTANTES

Adão e Eva → Caim e Abel → Noé e seus filhos → Abraão e Sara → Isaque e Rebeca → Jacó e Raquel → José e seus irmãos.

A CRIAÇÃO

1 No princípio, Deus criou os céus e a terra.[a] 2 A terra era sem forma e vazia, a escuridão cobria as águas profundas, e o Espírito de Deus se movia sobre a superfície das águas.

3 Então Deus disse: "Haja luz", e houve luz. 4 E Deus viu que a luz era boa, e separou a luz da escuridão. 5 Deus chamou a luz de "dia" e a escuridão de "noite".

A noite passou e veio a manhã, encerrando o primeiro dia.

6 Então Deus disse: "Haja um espaço entre as águas, para separar as águas dos céus das águas da terra". 7 E assim aconteceu. Deus criou um espaço para separar as águas da terra das águas dos céus. 8 Deus chamou o espaço de "céu".

A noite passou e veio a manhã, encerrando o segundo dia.

9 Então Deus disse: "Juntem-se as águas que estão debaixo do céu num só lugar, para que apareça uma parte seca". E assim aconteceu. 10 Deus chamou a parte seca de "terra" e as águas de "mares". E Deus viu que isso era bom. 11 Então Deus disse: "Produza a terra vegetação: toda espécie de plantas com sementes e árvores que dão frutos com sementes. As sementes produzirão plantas e árvores, cada uma conforme a sua espécie". E assim aconteceu. 12 A terra produziu vegetação: toda espécie de plantas com sementes e árvores que dão frutos com sementes. As sementes produziram plantas e árvores, cada uma conforme a sua espécie. E Deus viu que isso era bom.

13 A noite passou e veio a manhã, encerrando o terceiro dia.

14 Então Deus disse: "Haja luzes no céu para separar o dia da noite e marcar as estações, os dias e os anos. 15 Que essas luzes brilhem no céu para iluminar a terra". E assim aconteceu. 16 Deus criou duas grandes luzes: a maior para governar o dia e a menor para governar a noite, e criou também as estrelas. 17 Deus colocou essas luzes no céu para iluminar a terra, 18 para governar o dia e a noite e para separar a luz da escuridão. E Deus viu que isso era bom.

19 A noite passou e veio a manhã, encerrando o quarto dia.

20 Então Deus disse: "Encham-se as águas de seres vivos, e voem as aves no céu acima da terra". 21 Assim, Deus criou os grandes animais marinhos e todos os seres vivos que se movem em grande número pelas águas, bem como uma grande variedade de aves, cada um conforme a sua espécie. E Deus viu que isso era bom. 22 Então Deus os abençoou: "Sejam férteis e multipliquem-se. Que os seres encham os mares e as aves se multipliquem na terra".

23 A noite passou e veio a manhã, encerrando o quinto dia.

24 Então Deus disse: "Produza a terra grande variedade de animais, cada um conforme a sua espécie: animais domésticos, animais que rastejam pelo chão e animais selvagens". E assim aconteceu. 25 Deus criou grande variedade de animais selvagens, animais domésticos e animais que rastejam pelo chão, cada um conforme a sua espécie. E Deus viu que isso era bom.

26 Então Deus disse: "Façamos o ser humano[b] à nossa imagem; ele será semelhante a nós. Dominará sobre os peixes do mar, sobre as aves do céu, sobre os animais domésticos, sobre todos os animais selvagens da terra[c] e sobre os animais que rastejam pelo chão".

27 Assim, Deus criou os seres
humanos[d] à sua própria imagem,
à imagem de Deus os criou;
homem e mulher[e] os criou.

28 Então Deus os abençoou e disse: "Sejam férteis e multipliquem-se.

[a] **1.1** Ou *No princípio, quando Deus criou os céus e a terra...*; ou *Quando Deus começou a criar os céus e a terra...*

[b] **1.26a** Ou *homem*; o hebraico traz *adam*.

[c] **1.26b** Conforme a versão siríaca; o hebraico traz *sobre toda a terra*.

[d] **1.27a** Ou *o homem*; o hebraico traz *ha-adam*.

[e] **1.27b** Em hebraico, *macho e fêmea*.

Encham e governem a terra. Dominem sobre os peixes do mar, sobre as aves do céu e sobre todos os animais que rastejam pelo chão".

29 Então Deus disse: "Vejam! Eu lhes dou todas as plantas com sementes em toda a terra e todas as árvores frutíferas, para que lhes sirvam de alimento. 30 E dou todas as plantas verdes como alimento a todos os seres vivos: aos animais selvagens, às aves do céu e aos animais que rastejam pelo chão". E assim aconteceu.

31 Então Deus olhou para tudo que havia feito e viu que era muito bom.

A noite passou e veio a manhã, encerrando o sexto dia.

2 Desse modo, completou-se a criação dos céus e da terra e de tudo que neles há. 2 No sétimo dia, Deus havia terminado sua obra de criação e descansou de[a] todo o seu trabalho. 3 Deus abençoou o sétimo dia e o declarou santo, pois foi o dia em que ele descansou de toda a sua obra de criação.

4 Esse é o relato da criação dos céus e da terra.

O HOMEM E A MULHER NO JARDIM

Quando o SENHOR Deus criou a terra e os céus, 5 nenhuma planta silvestre nem grãos haviam brotado na terra, pois o SENHOR Deus ainda não tinha mandado chuva para regar a terra, e não havia quem a cultivasse. 6 Mas do solo brotava água,[b] que regava toda a terra. 7 Então o SENHOR Deus formou o homem do pó da terra. Soprou o fôlego da vida em suas narinas, e o homem se tornou ser vivo.

8 O SENHOR Deus plantou um jardim no Éden, para os lados do leste, e ali colocou o homem que havia criado. 9 O SENHOR Deus fez brotar do solo árvores de todas as espécies, árvores lindas que produziam frutos deliciosos. No meio do jardim, colocou a árvore da vida e a árvore do conhecimento do bem e do mal.

10 Da terra do Éden nascia um rio que regava o jardim e depois se dividia em quatro braços. 11 O primeiro braço, chamado Pisom, rodeava toda a terra de Havilá, onde existe ouro. 12 O ouro dessa terra é de grande pureza; lá também há resina aromática e pedra de ônix. 13 O segundo braço, chamado Giom, rodeava toda a terra de Cuxe. 14 O terceiro braço, chamado Tigre, corria para o leste da terra da Assíria. O quarto braço era chamado de Eufrates.

15 O SENHOR Deus colocou o homem no jardim do Éden para cultivá-lo e tomar conta dele, 16 mas o SENHOR Deus lhe ordenou: "Coma à vontade dos frutos de todas as árvores do jardim, 17 exceto da árvore do conhecimento do bem e do mal. Se você comer desse fruto, com certeza morrerá".

18 O SENHOR Deus disse: "Não é bom que o homem esteja sozinho. Farei alguém que o ajude e o complete". 19 O SENHOR Deus formou da terra todos os animais selvagens e todas as aves do céu. Trouxe-os ao homem[c] para ver como os chamaria, e o homem escolheu um nome para cada um deles. 20 Deu nome a todos os animais domésticos, a todas as aves do céu e a todos os animais selvagens. O homem, porém, continuava sem alguém que o ajudasse e o completasse.

21 Então o SENHOR Deus o fez cair num sono profundo. Enquanto o homem dormia, tirou dele uma das costelas[d] e fechou o espaço que ela ocupava. 22 Dessa costela o SENHOR Deus fez uma mulher e a trouxe ao homem.

23 "Finalmente!", exclamou o homem.

"Esta é osso dos meus ossos,
  e carne da minha carne!
Será chamada 'mulher',
  porque foi tirada do 'homem' ".[e]

24 Por isso o homem deixa pai e mãe e se une à sua mulher, e os dois se tornam um só.

25 O homem e a mulher estavam nus, mas não sentiam vergonha.

O PECADO DO HOMEM E DA MULHER

3 A serpente era o mais astuto de todos os animais selvagens que o SENHOR Deus

---

[a] **2.2** Ou *e cessou*; também em 2.3.
[b] **2.6** Ou *névoa*.
[c] **2.19** Ou *Adão*; também no restante do capítulo.
[d] **2.21** Ou *tirou uma parte do lado do homem*.
[e] **2.23** Os termos usados aqui para homem (*ish*) e mulher (*ishah*) formam um jogo de palavras no hebraico.

havia criado. Certa vez, ela perguntou à mulher: "Deus realmente disse que vocês não devem comer do fruto de nenhuma das árvores do jardim?".

2 "Podemos comer do fruto das árvores do jardim", respondeu a mulher. 3 "É só do fruto da árvore que está no meio do jardim que não podemos comer. Deus disse: 'Não comam e nem sequer toquem no fruto daquela árvore; se o fizerem, morrerão'."

4 "É claro que vocês não morrerão!", a serpente respondeu à mulher. 5 "Deus sabe que, no momento em que comerem do fruto, seus olhos se abrirão e, como Deus, conhecerão o bem e o mal."

6 A mulher viu que a árvore era linda e que seu fruto parecia delicioso, e desejou a sabedoria que ele lhe daria. Assim, tomou do fruto e o comeu. Depois, deu ao marido, que estava com ela, e ele também comeu. 7 Naquele momento, seus olhos se abriram, e eles perceberam que estavam nus. Por isso, costuraram folhas de figueira umas às outras para se cobrirem.

8 Quando soprava a brisa do entardecer, o homem[a] e sua mulher ouviram o Senhor Deus caminhando pelo jardim e se esconderam dele entre as árvores. 9 Então o Senhor Deus chamou o homem e perguntou: "Onde você está?".

10 Ele respondeu: "Ouvi que estavas andando pelo jardim e me escondi. Tive medo, pois eu estava nu".

11 "Quem lhe disse que você estava nu?", perguntou Deus. "Você comeu do fruto da árvore que eu lhe ordenei que não comesse?"

12 O homem respondeu: "Foi a mulher que me deste! Ela me ofereceu do fruto, e eu comi".

13 Então o Senhor Deus perguntou à mulher: "O que foi que você fez?".

"A serpente me enganou", respondeu a mulher. "Foi por isso que comi do fruto."

14 Então o Senhor Deus disse à serpente:

"Uma vez que fez isso, maldita é você
  entre todos os animais,
    domésticos e selvagens.
Você se arrastará sobre o próprio ventre,
  rastejará no pó enquanto viver.
15 Farei que haja inimizade
    entre você e a mulher,
  e entre a sua descendência
    e o descendente dela.
Ele lhe ferirá[b] a cabeça,
  e você lhe ferirá o calcanhar".

16 À mulher ele disse:

"Farei mais intensas as dores
    de sua gravidez,
  e com dor você dará à luz.
Seu desejo será para seu marido,
  e ele a dominará".[c]

17 E ao homem ele disse:

"Uma vez que você deu
    ouvidos à sua mulher
  e comeu da árvore cujo fruto
    ordenei que não comesse,
maldita é a terra por sua causa;
  por toda a vida, terá muito trabalho
    para tirar da terra seu sustento.
18 Ela produzirá espinhos
    e ervas daninhas,
  mas você comerá de seus
    frutos e grãos.
19 Com o suor do rosto você
    obterá alimento,
  até que volte à terra da
    qual foi formado.
Pois você foi feito do pó,
  e ao pó voltará".

PARAÍSO PERDIDO

20 O homem, Adão, deu à sua mulher o nome de Eva,[d] pois ela seria a mãe de toda a humanidade. 21 E o Senhor Deus fez roupas de peles de animais para Adão e sua mulher.

22 Então o Senhor Deus disse: "Vejam, agora os seres humanos[e] se tornaram semelhantes a nós, pois conhecem o bem e o mal. Se eles tomarem do fruto da árvore da vida e dele comerem, viverão para sempre". 23 Para impedir que isso acontecesse, o Senhor Deus os expulsou do

[a] **3.8** Ou *Adão*; também no restante do capítulo.

[b] **3.15** Ou *pisará*; também em 3.15b.

[c] **3.16** Ou *Desejará controlar seu marido, mas ele a dominará.*

[d] **3.20** O som do nome *Eva* é semelhante ao de um termo hebraico que significa "dar vida".

[e] **3.22** Ou *o homem*; o hebraico traz *ha-adam*.

jardim do Éden, e Adão passou a cultivar a terra da qual tinha sido formado. 24 Depois de expulsá-los, colocou querubins a leste do jardim do Éden e uma espada flamejante que se movia de um lado para o outro, a fim de guardar o caminho até a árvore da vida.

CAIM E ABEL

4 Adão[a] teve relações com Eva, sua mulher, que engravidou. Quando deu à luz Caim, ela disse: "Com a ajuda do Senhor, tive[b] um filho!". 2 Tempos depois, deu à luz o irmão de Caim e o chamou de Abel.

Quando os meninos cresceram, Abel se tornou pastor de ovelhas, e Caim cultivava o solo. 3 No tempo da colheita, Caim apresentou parte de sua produção como oferta ao Senhor. 4 Abel, por sua vez, ofertou as melhores porções dos cordeiros dentre as primeiras crias de seu rebanho. O Senhor aceitou Abel e sua oferta, 5 mas não aceitou Caim e sua oferta. Caim se enfureceu e ficou transtornado.

6 "Por que você está tão furioso?", o Senhor perguntou a Caim. "Por que está tão transtornado? 7 Se você fizer o que é certo, será aceito. Mas, se não o fizer, tome cuidado! O pecado está à porta, à sua espera, e deseja controlá-lo, mas é você quem deve dominá-lo."

8 Caim sugeriu a seu irmão: "Vamos ao campo".[c] E, enquanto estavam lá, Caim atacou seu irmão Abel e o matou.

9 Então o Senhor perguntou a Caim: "Onde está seu irmão? Onde está Abel?".

"Não sei", respondeu Caim. "Por acaso sou responsável por meu irmão?"

10 Então Deus disse: "O que você fez? Ouça! O sangue de seu irmão clama a mim da terra! 11 O próprio solo, que bebeu o sangue de seu irmão, sangue que você derramou, amaldiçoa você. 12 O solo não lhe dará boas colheitas, por mais que você se esforce! E, de agora em diante, você não terá um lar e andará sem rumo pela terra".

13 Caim disse ao Senhor: "Meu castigo[d] é pesado demais. Não posso aguentá-lo! 14 Tu me expulsaste da terra e de tua presença e me transformaste num andarilho sem lar. Qualquer um que me encontrar me matará!".

15 O Senhor respondeu: "Eu castigarei sete vezes mais quem matar você". Então o Senhor pôs em Caim um sinal para alertar qualquer um que tentasse matá-lo. 16 Caim saiu da presença do Senhor e se estabeleceu na terra de Node,[e] a leste do Éden.

OS DESCENDENTES DE CAIM

17 Caim teve relações com sua mulher, que engravidou e deu à luz Enoque. Então Caim fundou uma cidade, à qual deu o nome de Enoque, como seu filho. 18 Enoque teve um filho chamado Irade. Irade gerou[f] Meujael; Meujael gerou Metusael; Metusael gerou Lameque.

19 Lameque se casou com duas mulheres. A primeira se chamava Ada, e a segunda, Zilá. 20 Ada deu à luz Jabal; ele foi o precursor dos que criam rebanhos e moram em tendas. 21 Seu irmão se chamava Jubal, o precursor dos que tocam harpa e flauta. 22 Zilá, a outra mulher de Lameque, deu à luz um filho chamado Tubalcaim, que se tornou mestre em criar ferramentas de bronze e ferro. Tubalcaim teve uma irmã chamada Naamá. 23 Certo dia, Lameque disse a suas mulheres:

"Ada e Zilá, ouçam minha voz;
escutem o que vou dizer,
mulheres de Lameque.
Matei um homem que me atacou,
um rapaz que me feriu.
24 Se aquele que matar Caim
será castigado sete vezes,
quem me matar será castigado
setenta e sete vezes!".

O NASCIMENTO DE SETE

25 Adão teve relações com sua mulher novamente, e ela deu à luz outro filho. Chamou-o de Sete,[g] pois disse: "Deus me

[a] **4.1a** Ou *o homem*; também em 4.25.
[b] **4.1b** Ou *adquiri*; o som do nome *Caim* é semelhante a um termo hebraico que pode significar "produzir" ou "adquirir".
[c] **4.8** Conforme o Pentateuco Samaritano, a Septuaginta, a versão siríaca e a Vulgata; o Texto Massorético não traz *"Vamos ao campo"*.
[d] **4.13** Ou *Meu pecado.*
[e] **4.16** *Node* significa "andança sem rumo".
[f] **4.18** Ou *foi o antepassado de*; também no restante do versículo.
[g] **4.25** É provável que *Sete* queira dizer "concedido"; o

Você se olha e não vê motivos para ser escolhida. Deus olha para você e não vê motivos para não lhe escolher.

concedeu outro filho no lugar de Abel, a
quem Caim matou". 26 Quando Sete che-
gou à idade adulta, teve um filho e o cha-
mou de Enos. Nessa época, as pessoas
começaram a invocar o nome do SENHOR.

OS DESCENDENTES DE ADÃO

5 Este é o relato dos descendentes de
Adão. Quando Deus criou os seres
humanos,[a] formou-os semelhantes a ele.
2 Criou-os homem e mulher;[b] quando fo-
ram criados, Deus os abençoou e os cha-
mou de "humanidade".

3 Aos 130 anos, Adão teve um filho cha-
mado Sete, que era semelhante a ele, à
sua imagem. 4 Depois do nascimento de
Sete, Adão viveu mais 800 anos e teve
outros filhos e filhas. 5 Adão viveu 930
anos e morreu.
6 Aos 105 anos, Sete gerou[c] Enos. 7 Depois
do nascimento de[d] Enos, Sete viveu mais
807 anos e teve outros filhos e filhas.
8 Sete viveu 912 anos e morreu.
9 Aos 90 anos, Enos gerou Cainã. 10 Depois
do nascimento de Cainã, Enos viveu
mais 815 anos e teve outros filhos e fi-
lhas. 11 Enos viveu 905 anos e morreu.
12 Aos 70 anos, Cainã gerou Maalaleel.
13 Depois do nascimento de Maalaleel,
Cainã viveu mais 840 anos e teve outros
filhos e filhas. 14 Cainã viveu 910 anos
e morreu.
15 Aos 65 anos, Maalaleel gerou Jarede.
16 Depois do nascimento de Jarede,
Maalaleel viveu mais 830 anos e teve ou-
tros filhos e filhas. 17 Maalaleel viveu 895
anos e morreu.
18 Aos 162 anos, Jarede gerou Enoque.
19 Depois do nascimento de Enoque,
Jarede viveu mais 800 anos e teve outros
filhos e filhas. 20 Jarede viveu 962 anos
e morreu.
21 Aos 65 anos, Enoque gerou Matusalém.
22 Depois do nascimento de Matusalém,
Enoque viveu em comunhão com Deus
por mais 300 anos e teve outros filhos
e filhas. 23 Enoque viveu 365 anos, 24 an-
dando em comunhão com Deus até que,
um dia, desapareceu, porque Deus o le-
vou para junto de si.
25 Aos 187 anos, Matusalém gerou Lameque.
26 Depois do nascimento de Lameque,
Matusalém viveu mais 782 anos e teve
outros filhos e filhas. 27 Matusalém viveu
969 anos e morreu.
28 Aos 182 anos, Lameque gerou um filho.
29 Chamou-o de Noé,[e] pois disse: "Que
ele nos traga alívio de nossas tarefas e do
trabalho doloroso de cultivar esta terra
que o SENHOR amaldiçoou". 30 Depois do
nascimento de Noé, Lameque viveu mais
595 anos e teve outros filhos e filhas.
31 Lameque viveu 777 anos e morreu.
32 Depois que completou 500 anos, Noé
gerou três filhos: Sem, Cam e Jafé.

CORRUPÇÃO DA RAÇA HUMANA

6 Os seres humanos começaram a se
multiplicar na terra e tiveram filhas.
2 Os filhos de Deus perceberam que as
filhas dos homens eram belas, tomaram
para si as que os agradaram e se casaram
com elas. 3 Então o SENHOR disse: "Meu
Espírito não tolerará[f] os humanos por
muito tempo, pois são apenas carne mor-
tal. Seus dias serão limitados a 120 anos".
4 Naqueles dias, e por algum tempo de-
pois, havia na terra gigantes,[g] pois quando
os filhos de Deus tiveram relações com as
filhas dos homens, elas deram à luz filhos
que se tornaram os guerreiros famosos
da antiguidade.
5 O SENHOR observou quanto havia au-
mentado a perversidade dos seres hu-
manos na terra e viu que todos os seus
pensamentos e seus propósitos eram
sempre inteiramente maus. 6 E o SENHOR
se arrependeu de tê-los criado e colocado
na terra. Isso lhe causou imensa tristeza.
7 O SENHOR disse: "Eliminarei da face da
terra esta raça humana que criei. Sim, e
também destruirei todos os seres vivos: as
pessoas, os grandes animais, os animais

nome também pode significar "designado".

[a] **5.1** Ou *o homem*; o hebraico traz *adam*; também em 5.2.

[b] **5.2** Em hebraico, *macho e fêmea*.

[c] **5.6** Ou *foi o antepassado de*; também em 5.9,12,15,18,21,25.

[d] **5.7** Ou *do nascimento desse antepassado de*; também em 5.10,13,16,19,22,26.

[e] **5.29** O som do nome *Noé* é semelhante ao de um termo hebraico que significa "alívio" ou "descanso".

[f] **6.3** A Septuaginta traz *não permanecerá em*.

[g] **6.4** Em hebraico, *nefilim*.

que rastejam pelo chão e até as aves do céu. Arrependo-me de tê-los criado". 8 Noé, porém, encontrou favor diante do SENHOR.

A HISTÓRIA DE NOÉ

9 Este é o relato de Noé e sua família. Noé era um homem justo, a única pessoa íntegra naquele tempo, e andava em comunhão com Deus. 10 Noé gerou três filhos: Sem, Cam e Jafé.

11 Deus viu que a terra tinha se corrompido e estava cheia de violência. 12 Deus observou a grande maldade no mundo, pois todos na terra haviam se corrompido. 13 Assim, Deus disse a Noé: "Decidi acabar com todos os seres vivos, pois encheram a terra de violência. Sim, destruirei todos eles e também a terra!

14 "Construa uma grande embarcação, uma arca de madeira de cipreste,[a] e cubra-a com betume por dentro e por fora, para que não entre água. Divida toda a parte interna em pisos e compartimentos. 15 A arca deve ter 135 metros de comprimento, 22,5 metros de largura e 13,5 metros de altura.[b] 16 Deixe uma abertura de 45 centímetros[c] debaixo do teto ao redor de toda a arca. Coloque uma porta lateral e construa três pisos na parte interna: inferior, médio e superior.

17 "Preste atenção! Em breve, cobrirei a terra com um dilúvio que destruirá todos os seres vivos que respiram. Tudo que há na terra morrerá. 18 Com você, porém, firmarei minha aliança. Portanto, entre na arca com sua mulher, seus filhos e as mulheres deles. 19 Leve na arca com você um casal de cada espécie de animal selvagem e doméstico, um macho e uma fêmea, para mantê-los com vida. 20 Um casal de cada espécie de ave, de cada espécie de animal e de cada espécie de animal que rasteja pelo chão virá até você, para que os mantenha com vida. 21 Cuide bem para que haja alimento suficiente para sua família e para todos os animais".

22 Noé fez tudo exatamente como Deus lhe havia ordenado.

[a] **6.14** Ou *madeira de Gofer*.
[b] **6.15** Em hebraico, *300 côvados de comprimento, 50 côvados de largura e 30 côvados de altura*.
[c] **6.16** Em hebraico, *uma abertura de 1 côvado*.

O DILÚVIO

7 O SENHOR disse a Noé: "Entre na arca com toda a sua família, pois vejo que, de todas as pessoas na terra, apenas você é justo. 2 Leve com você sete casais, macho e fêmea, de cada espécie de animal puro, e um casal, macho e fêmea, de cada espécie de animal impuro. 3 Leve também sete casais de cada espécie de ave. Cada casal deve ter um macho e uma fêmea para garantir que todas as espécies sobreviverão na terra depois do dilúvio. 4 Daqui a sete dias, farei chover sobre a terra. Choverá por quarenta dias e quarenta noites, até que eu tenha eliminado da terra todos os seres vivos que criei".

5 Noé fez tudo exatamente como o SENHOR lhe havia ordenado.

6 Noé tinha 600 anos quando o dilúvio cobriu a terra. 7 Entrou na arca, junto com a mulher, os filhos e as mulheres deles, para escapar do dilúvio. 8 Entraram com eles animais de todas as espécies: os puros e os impuros, as aves e todos os animais que rastejam pelo chão. 9 Entraram na arca em pares, macho e fêmea, como Deus tinha ordenado a Noé. 10 Depois de sete dias, vieram as águas do dilúvio e cobriram a terra.

11 Quando Noé tinha 600 anos, no décimo sétimo dia do segundo mês, todas as fontes subterrâneas de água jorraram da terra, e a chuva caiu do céu em grandes temporais 12 e continuou sem parar por quarenta dias e quarenta noites.

13 Naquele mesmo dia, Noé tinha entrado na arca com a esposa, os filhos, Sem, Cam e Jafé, e as mulheres deles. 14 Entraram com eles na arca casais de todas as espécies de animais: animais domésticos e selvagens, grandes e pequenos, e aves de toda espécie. 15 Entraram de dois em dois na arca, representando todos os seres vivos que respiram. 16 Um macho e uma fêmea de cada espécie entraram, como Deus tinha ordenado a Noé. Então o SENHOR fechou a porta.

17 Durante quarenta dias, as águas do dilúvio se tornaram cada vez mais profundas, cobriram o solo e elevaram a arca bem acima da terra. 18 Enquanto as águas subiam cada vez mais acima do solo, a arca flutuava em segurança em sua superfície. 19 Por fim, as águas cobriram até as montanhas mais altas da terra 20 e se

elevaram quase sete metros[a] acima dos picos mais altos. 21 Todos os seres vivos que havia na terra morreram: as aves, os animais domésticos, os animais selvagens, os animais que rastejavam pelo chão e todos os seres humanos. 22 Tudo que respirava e vivia em terra firme morreu. 23 Deus exterminou todos os seres vivos que havia na terra: os seres humanos, os animais domésticos, os animais que rastejavam pelo chão e as aves do céu. Todos foram destruídos. Apenas Noé e os que estavam com ele na arca sobreviveram. 24 E as águas do dilúvio cobriram a terra por 150 dias.

AS ÁGUAS DO DILÚVIO BAIXAM

8 Então Deus se lembrou de Noé e de todos os animais selvagens e domésticos que estavam com ele na arca. Deus fez soprar um vento sobre a terra, e as águas do dilúvio começaram a baixar. 2 As fontes subterrâneas pararam de jorrar, e as chuvas torrenciais cessaram. 3 As águas do dilúvio foram baixando aos poucos. Depois de 150 dias, 4 exatamente cinco meses depois do início do dilúvio,[b] a arca repousou sobre as montanhas de Ararate. 5 Dois meses e meio depois,[c] à medida que as águas continuaram a baixar, apareceram os picos de outras montanhas.

6 Passados mais quarenta dias, Noé abriu a janela que havia feito na arca 7 e soltou um corvo, que ia e voltava até as águas do dilúvio secarem sobre a terra. 8 Noé também soltou uma pomba para ver se as águas tinham baixado e se ela encontraria terra seca, 9 mas a pomba não encontrou lugar para pousar, pois a água ainda cobria todo o solo. Então a pomba retornou à arca, e Noé estendeu a mão e a trouxe de volta para dentro. 10 Depois de esperar mais sete dias, Noé soltou a pomba mais uma vez. 11 Quando ela voltou ao entardecer, trouxe no bico uma folha nova de oliveira. Noé concluiu que restava pouca água do dilúvio. 12 Esperou outros sete dias e soltou a pomba novamente. Dessa vez, ela não voltou.

13 Noé tinha completado 601 anos. No primeiro dia do novo ano, dez meses e meio depois do início do dilúvio,[d] quase não havia mais água sobre a terra. Noé levantou a cobertura da arca e viu que o solo estava praticamente seco. 14 Mais dois meses se passaram[e] e, por fim, a terra estava completamente seca.

15 Então Deus disse a Noé: 16 "Saiam da arca, você, sua mulher, seus filhos e as mulheres deles. 17 Solte todos os animais, as aves, os animais domésticos e os animais que rastejam pelo chão, para que sejam férteis e se multipliquem na terra".

18 Noé, sua mulher, seus filhos e as mulheres deles desembarcaram. 19 Todos os animais, grandes e pequenos, e as aves saíram da arca, um casal de cada vez.

20 Em seguida, Noé construiu um altar ao SENHOR e ali ofereceu como holocaustos alguns animais e aves puros. 21 O aroma do sacrifício agradou ao SENHOR, que disse consigo: "Nunca mais amaldiçoarei a terra por causa do ser humano, embora todos os seus pensamentos e seus propósitos se inclinem para o mal desde a infância. Nunca mais destruirei todos os seres vivos. 22 Enquanto durar a terra, haverá plantio e colheita, frio e calor, verão e inverno, dia e noite".

DEUS CONFIRMA SUA ALIANÇA

9 Então Deus abençoou Noé e seus filhos e lhes disse: "Sejam férteis e multipliquem-se. Encham a terra. 2 Todos os animais da terra, todas as aves do céu, todos os animais que rastejam pelo chão e todos os peixes do mar terão medo e pavor de vocês. Eu os coloquei sob o seu domínio. 3 Assim como dei a vocês os cereais e os vegetais por alimento, também lhes dou os animais. 4 Mas nunca comam carne com sangue, pois sangue é vida.

5 "Exigirei o sangue de todo aquele que tirar a vida de alguém. Se um animal selvagem matar alguém, deverá ser morto; quem cometer assassinato, também deverá morrer. 6 Quem tirar a vida humana, por mãos humanas perderá a vida. Pois

[a] **7.20** Em hebraico, *15 côvados.*
[b] **8.4** Em hebraico, *no sétimo dia do sétimo mês*; ver 7.11.
[c] **8.5** Em hebraico, *No primeiro dia do décimo mês*; ver 7.11 e nota em 8.4.
[d] **8.13** Em hebraico, *No primeiro dia do primeiro mês*; ver 7.11.
[e] **8.14** Em hebraico, *Chegou o vigésimo sétimo dia do segundo mês*; ver nota em 8.13.

eu criei o ser humano[a] à minha imagem.
7 Agora, sejam férteis e multipliquem-se,
povoem a terra outra vez".
8 Então Deus disse a Noé e seus filhos:
9 "Confirmo aqui a minha aliança com
vocês, seus descendentes 10 e todos os
animais que estavam com vocês na em-
barcação: as aves, os animais domésticos e
os animais selvagens, todos os seres vivos
da terra. 11 Sim, confirmo a minha aliança
com vocês. Nunca mais os seres vivos se-
rão exterminados pelas águas; nunca mais
a terra será destruída por um dilúvio".
12 Então Deus disse: "Eu lhes dou um si-
nal da minha aliança com vocês e com to-
dos os seres vivos, para todas as gerações
futuras. 13 Coloquei o arco-íris nas nuvens.
Ele é o sinal da minha aliança com toda
a terra. 14 Quando eu enviar nuvens sobre
a terra, nelas aparecerá o arco-íris, 15 e eu
me lembrarei da minha aliança com vocês
e com todos os seres vivos. Nunca mais
as águas de um dilúvio destruirão toda a
vida. 16 Ao olhar para o arco-íris nas nu-
vens, eu me lembrarei da aliança eterna
entre Deus e todos os seres vivos da terra".
17 Então Deus disse a Noé: "Este arco-íris é
o sinal da aliança que confirmo com todas
as criaturas da terra".

OS FILHOS DE NOÉ

18 Os filhos de Noé que saíram da arca com
o pai foram Sem, Cam e Jafé. (Cam é o pai
de Canaã.) 19 Desses três filhos de Noé
vêm todas as pessoas que agora povoam
a terra.
20 Depois do dilúvio, Noé começou a culti-
var o solo e plantou uma videira. 21 Certo
dia, bebeu do vinho que ele próprio havia
produzido, ficou embriagado e foi deitar-
-se nu em sua tenda. 22 Cam, pai de Canaã,
viu que seu pai estava nu e saiu para contar
aos irmãos. 23 Então Sem e Jafé pegaram
um manto e o colocaram sobre os ombros.
Em seguida, entraram na tenda de costas e,
olhando para o outro lado a fim de não ver
a nudez do pai, cobriram-no com o manto.
24 Quando Noé se recuperou da bebedei-
ra e descobriu o que Cam, seu filho mais
novo, havia feito, 25 exclamou:

"Maldito seja Canaã!
Que ele seja o servo mais
insignificante de seus parentes!".

26 E disse ainda:

"Bendito seja o SENHOR, o Deus de Sem,
e que Canaã seja servo de seu irmão!
27 Que Deus amplie o território de Jafé!
Que Jafé compartilhe da
prosperidade de Sem[b]
e Canaã seja seu servo".

28 Depois do dilúvio, Noé viveu mais 350
anos. 29 Viveu, ao todo, 950 anos e morreu.

10 Este é o relato das famílias de Sem,
Cam e Jafé, os três filhos de Noé, que
geraram muitos filhos depois do dilúvio.

OS DESCENDENTES DE JAFÉ

2 Os descendentes de Jafé foram: Gômer,
Magogue, Madai, Javã, Tubal, Meseque
e Tirás.
3 Os descendentes de Gômer foram:
Asquenaz, Rifate e Togarma.
4 Os descendentes de Javã foram: Elisá,
Társis, Quitim e Rodanim.[c] 5 Seus des-
cendentes se espalharam por vários ter-
ritórios junto ao mar, formando nações
de acordo com suas línguas, seus clãs e
seus povos.

OS DESCENDENTES DE CAM

6 Os descendentes de Cam foram: Cuxe,
Mizraim, Pute e Canaã.
7 Os descendentes de Cuxe foram: Sebá,
Havilá, Sabtá, Raamá e Sabtecá. Os des-
cendentes de Raamá foram: Sabá e Dedã.
8 Cuxe também foi o antepassado de
Ninrode, o primeiro guerreiro valente
da terra. 9 Porque era o mais corajoso
dos caçadores,[d] seu nome deu origem
ao provérbio: "Este homem é como
Ninrode, o mais corajoso dos caçado-
res". 10 Ninrode construiu seu reino na

[a] **9.6** Ou *o homem;* o hebraico traz *ha-adam.*

[b] **9.27** Em hebraico, *Que ele habite nas tendas de Sem.*

[c] **10.4** Conforme alguns manuscritos hebraicos e a Septuaginta (ver tb. 1Cr 1.7); a maioria dos manuscritos hebraicos traz *Dodanim.*

[d] **10.9** Em hebraico, *grande caçador diante do* SENHOR; também em 10.9b.

terra da Babilônia,[a] fundando as cida-
des de Babel, Ereque, Acade e Calné.
11 Expandiu seu território até a Assíria,[b]
onde construiu as cidades de Nínive,
Reobote-Ir, Calá 12 e Resém, a grande ci-
dade situada entre Nínive e Calá.
13 Mizraim foi o antepassado dos luditas,
anamitas, leabitas, naftuítas, 14 patrusi-
tas, casluítas e dos caftoritas, dos quais
descendem os filisteus.[c]
15 O filho mais velho de Canaã foi Sidom,
antepassado dos sidônios. Canaã foi o an-
tepassado dos hititas,[d] 16 jebuseus, amor-
reus, girgaseus, 17 heveus, arqueus, sineus,
18 arvadeus, zemareus e hamateus. Com o
tempo, os clãs cananeus se espalharam.
19 O território de Canaã se estendia desde
Sidom, ao norte, até Gerar e Gaza, ao sul,
e, a leste, até Sodoma, Gomorra, Admá e
Zeboim, próximo a Lasa.
20 Esses foram os descendentes de Cam, de
acordo com seus clãs, línguas, territórios
e povos.

OS DESCENDENTES DE SEM

21 Sem, irmão mais velho de Jafé,[e] também
teve filhos. Sem foi o antepassado de to-
dos os descendentes de Héber.
22 Os descendentes de Sem foram: Elão,
Assur, Arfaxade, Lude e Arã.
23 Os descendentes de Arã foram: Uz, Hul,
Géter e Más.
24 Arfaxade gerou Salá,[f] e Salá gerou Héber.
25 Héber teve dois filhos. O primeiro re-
cebeu o nome de Pelegue,[g] pois em sua
época a terra foi dividida. O irmão de
Pelegue recebeu o nome de Joctã.
26 Joctã foi o antepassado de Almodá,
Salefe, Hazarmavé, Jerá, 27 Adorão, Uzal,
Dicla, 28 Obal, Abimael, Sabá, 29 Ofir,
Havilá e Jobabe. Todos eles foram des-
cendentes de Joctã. 30 O território que
ocupavam se estendia desde Messa até
Sefar, nas montanhas ao leste.
31 Esses foram os descendentes de Sem, de
acordo com seus clãs, línguas, territórios
e povos.

CONCLUSÃO

32 Esses foram os clãs descendentes dos
filhos de Noé, de acordo com suas linha-
gens. Todas as nações da terra vieram des-
ses clãs depois do dilúvio.

A TORRE DE BABEL

11 Houve um tempo em que todos os
habitantes do mundo falavam a
mesma língua e usavam as mesmas pala-
vras. 2 Ao migrarem do leste, encontraram
uma planície na terra da Babilônia,[h] onde
se estabeleceram.
3 Começaram a dizer uns aos outros:
"Venham, vamos fazer tijolos e endurecê-
-los no fogo". (Naquela região, era costume
usar tijolos em vez de pedras, e betume
em vez de argamassa.) 4 Depois, disse-
ram: "Venham, vamos construir uma ci-
dade com uma torre que chegue até o céu.
Assim, ficaremos famosos e não seremos
espalhados pelo mundo".
5 O SENHOR, porém, desceu para ver a ci-
dade e a torre que estavam construindo.
6 "Vejam!", disse o SENHOR. "Todos se uniram
e falam a mesma língua. Se isto é o começo
do que fazem, nada do que se propuserem
a fazer daqui em diante lhes será impossí-
vel. 7 Venham, vamos descer e confundi-los
com línguas diferentes, para que não consi-
gam mais entender uns aos outros."
8 Assim, o SENHOR os espalhou pelo mundo
inteiro, e eles pararam de construir a cida-
de. 9 Ela recebeu o nome de Babel,[i] pois ali
o SENHOR confundiu as pessoas com lín-
guas diferentes e as espalhou pelo mundo.

A DESCENDÊNCIA DE SEM ATÉ ABRÃO

10 Este é o relato da família de Sem.

Dois anos depois do dilúvio, aos 100
anos, Sem gerou[j] Arfaxade. 11 Depois

[a] **10.10** Em hebraico, *Sinar*.
[b] **10.11** Ou *Dessa terra partiu a Assíria*.
[c] **10.14** Em hebraico, *casluítas, dos quais descendem os filisteus, e caftoritas*. Comparar com Jr 47.4; Am 9.7.
[d] **10.15** Em hebraico, *antepassado de Hete*.
[e] **10.21** Ou *Sem, cujo irmão mais velho era Jafé*.
[f] **10.24** A Septuaginta traz *Arfaxade gerou Cainã; Cainã gerou Selá*. Comparar com Lc 3.36.
[g] **10.25** *Pelegue* significa "divisão".
[h] **11.2** Em hebraico, *Sinar*.
[i] **11.9** Ou *Babilônia*. O som de *Babel* é semelhante ao de um termo hebraico que significa "confusão".
[j] **11.10** Ou *foi o antepassado de*; também em 11.12,14,16,18,20,22,24.

do nascimento de[a] Arfaxade, Sem vi-
veu mais 500 anos e teve outros filhos
e filhas.
12 Aos 35 anos, Arfaxade gerou Salá. 13 De-
pois do nascimento de Salá, Arfaxade vi-
veu mais 403 anos e teve outros filhos
e filhas.[b]
14 Aos 30 anos, Salá gerou Héber. 15 Depois
do nascimento de Héber, Salá viveu mais
403 anos e teve outros filhos e filhas.
16 Aos 34 anos, Héber gerou Pelegue. 17 De-
pois do nascimento de Pelegue, Héber
viveu mais 430 anos e teve outros filhos
e filhas.
18 Aos 30 anos, Pelegue gerou Reú. 19 De-
pois do nascimento de Reú, Pelegue vi-
veu mais 209 anos e teve outros filhos
e filhas.
20 Aos 32 anos, Reú gerou Serugue. 21 De-
pois do nascimento de Serugue, Reú vi-
veu mais 207 anos e teve outros filhos
e filhas.
22 Aos 30 anos, Serugue gerou Naor. 23 De-
pois do nascimento de Naor, Serugue vi-
veu mais 200 anos e teve outros filhos
e filhas.
24 Aos 29 anos, Naor gerou Terá. 25 Depois
do nascimento de Terá, Naor viveu mais
119 anos e teve outros filhos e filhas.
26 Depois que completou 70 anos, Terá ge-
rou Abrão, Naor e Harã.

A FAMÍLIA DE TERÁ

27 Este é o relato da família de Terá, pai de
Abrão, Naor e Harã. Harã, que foi o pai de
Ló, 28 morreu em Ur dos caldeus, sua terra
natal, enquanto seu pai, Terá, ainda vivia.
29 Tanto Abrão como Naor se casaram.
A mulher de Abrão se chamava Sarai, e a
mulher de Naor, Milca. (Milca e sua irmã,
Iscá, eram filhas de Harã, irmão de Naor.)
30 Sarai, porém, não conseguia engravidar
e não tinha filhos.

31 Certo dia, Terá tomou seu filho Abrão,
sua nora Sarai (mulher de seu filho Abrão)
e seu neto Ló (filho de seu filho Harã) e se
mudou de Ur dos caldeus. Partiram em di-
reção à terra de Canaã, mas pararam em
Harã e se estabeleceram ali. 32 Terá viveu
205 anos[c] e morreu enquanto ainda estava
em Harã.

O CHAMADO DE ABRÃO

12 O Senhor tinha dito a Abrão: "Dei-
xe sua terra natal, seus parentes
e a família de seu pai e vá à terra que eu
lhe mostrarei. 2 Farei de você uma grande
nação, o abençoarei e o tornarei famoso, e
você será uma bênção para outros. 3 Aben-
çoarei os que o abençoarem e amaldi-
çoarei os que o amaldiçoarem. Por meio
de você, todas as famílias da terra serão
abençoadas".

4 Então Abrão partiu, como o Senhor ha-
via instruído, e Ló foi com ele. Abrão tinha
75 anos quando saiu de Harã. 5 Tomou sua
mulher, Sarai, seu sobrinho Ló e todos os
seus bens, os rebanhos e os servos que ha-
via agregado à sua casa em Harã, e seguiu
para a terra de Canaã. Quando chegaram
a Canaã, 6 Abrão atravessou a terra até
Siquém, onde acampou junto ao carvalho
de Moré. Naquele tempo, os cananeus ha-
bitavam a região.

7 Então o Senhor apareceu a Abrão e dis-
se: "Darei esta terra a seus descendentes".
Abrão construiu um altar ali e o dedicou
ao Senhor, que lhe havia aparecido. 8 Dali,
Abrão viajou para o sul e acampou na re-
gião montanhosa, entre Betel, a oeste, e Ai,
a leste. Construiu ali mais um altar dedica-
do ao Senhor e invocou o nome do Senhor.
9 Abrão prosseguiu em sua jornada para o
sul, acampando ao longo do caminho em
direção ao Neguebe.

ABRÃO E SARAI NO EGITO

10 Naquele tempo, uma fome terrível atin-
giu a terra de Canaã, e Abrão foi obriga-
do a descer ao Egito, onde viveu como
estrangeiro. 11 Aproximando-se da fron-
teira do Egito, Abrão disse a Sarai, sua
mulher: "Você é muito bonita. 12 Quando
os egípcios a virem, dirão: 'É mulher dele.
Vamos matá-lo para ficarmos com ela'.

[a] **11.11** Ou *do nascimento desse antepassado de*; também em 11.13,15,17,19,21,23,25.

[b] **11.12-13** A Septuaginta traz [12] *Aos 135 anos, Arfaxade gerou Cainã.* [13] *Depois do nascimento de Cainã, Arfaxade viveu mais 430 anos, teve outros filhos e filhas e morreu. Aos 130 anos, Cainã gerou Salá. Depois do nascimento de Salá, Cainã viveu mais 330 anos, teve outros filhos e filhas e morreu.* Comparar com Lc 3.35-36.

[c] **11.32** Algumas versões antigas trazem *145 anos*. Comparar com 11.26 e 12.4.

13 Diga, portanto, que é minha irmã. Eles pouparão minha vida e, por sua causa, me tratarão bem".

14 De fato, chegando Abrão ao Egito, todos notaram a grande beleza de sua mulher. 15 Quando os oficiais do palácio a viram, falaram maravilhas dela ao faraó e a levaram para o palácio. 16 Por causa de Sarai, o faraó deu muitos presentes a Abrão: ovelhas, bois, jumentos e jumentas, servos e servas, e camelos.

17 Mas, por causa de Sarai, mulher de Abrão, o SENHOR enviou pragas terríveis sobre o faraó e sobre os membros de sua casa. 18 Por isso, o faraó mandou chamar Abrão e disse: "O que você fez comigo? Por que não me disse que ela era sua mulher? 19 Por que disse que era sua irmã e permitiu que eu a tomasse como esposa? Aqui está sua mulher. Tome-a e vá embora daqui!". 20 O faraó ordenou que alguns de seus homens escoltassem Abrão, com sua mulher e todos os seus bens, para fora de sua terra.

A SEPARAÇÃO DE ABRÃO E LÓ

13 Abrão saiu do Egito e subiu para o Neguebe, junto com sua mulher, com Ló e com tudo que possuíam. 2 (Abrão era muito rico e tinha muitos rebanhos, prata e ouro.) 3 Do Neguebe, prosseguiram em sua jornada, acampando ao longo do caminho em direção a Betel. Por fim, armaram as tendas entre Betel e Ai, onde haviam acampado anteriormente, 4 e onde Abrão havia construído um altar. Ali, Abrão invocou o nome do SENHOR outra vez.

5 Ló, que viajava com Abrão, também havia enriquecido e possuía rebanhos de ovelhas, gado e muitas tendas. 6 Os recursos da terra, porém, não eram suficientes para sustentar Abrão e Ló, com todos os seus rebanhos, vivendo tão próximos um do outro. 7 Logo, surgiram desentendimentos entre os pastores de Abrão e os de Ló. (Naquele tempo, os cananeus e os ferezeus também viviam na terra.)

8 Então Abrão disse a Ló: "Não haja conflito entre nós, ou entre nossos pastores. Afinal, somos parentes próximos! 9 A região inteira está à sua disposição. Escolha a parte da terra que desejar e nos separaremos. Se você escolher as terras à esquerda, ficarei com as terras à direita. Se preferir as terras à direita, ficarei com as terras à esquerda".

10 Ló olhou demoradamente para as planícies férteis do vale do Jordão, na direção de Zoar. A região toda era bem irrigada, como o jardim do SENHOR, ou como a terra do Egito. (Isso foi antes de o SENHOR destruir Sodoma e Gomorra.) 11 Ló escolheu para si todo o vale do Jordão a leste de onde estavam. Partiu para lá e se separou de seu tio Abrão. 12 Assim, Abrão continuou na terra de Canaã, e Ló mudou suas tendas para um lugar próximo de Sodoma e se estabeleceu entre as cidades da planície. 13 O povo dessa região, porém, era extremamente perverso e vivia pecando contra o SENHOR.

14 Depois que Ló partiu, o SENHOR disse a Abrão: "Olhe até onde sua vista alcançar, em todas as direções: norte e sul, leste e oeste. 15 Toda esta terra que você está vendo, até onde sua vista alcança, eu dou a você e a seus descendentes como propriedade para sempre. 16 Eu lhe darei tantos descendentes quanto o pó da terra, de modo que, se fosse possível contar o pó da terra, seria possível contar seus descendentes! 17 Vá e percorra a terra em todas as direções, porque eu a dou a você".

18 Então Abrão mudou seu acampamento para Hebrom e se estabeleceu junto ao bosque de carvalhos que pertencia a Manre. Ali, construiu mais um altar ao SENHOR.

ABRÃO RESGATA LÓ

14 Por esse tempo, houve guerra na região. Anrafel, rei da Babilônia,[a] Arioque, rei de Elasar, Quedorlaomer, rei de Elão, e Tidal, rei de Goim, 2 lutaram contra Bera, rei de Sodoma, Birsa, rei de Gomorra, Sinabe, rei de Admá, Semeber, rei de Zeboim, e contra o rei de Belá (também chamada Zoar).

3 Esse segundo grupo de reis reuniu suas tropas no vale de Sidim (ou seja, no vale do mar Morto).[b] 4 Por doze anos, estiveram sob o domínio do rei Quedorlaomer,

[a] **14.1** Em hebraico, *Sinar*; também em 14.9.
[b] **14.3** Em hebraico, *mar Salgado*.

mas no décimo terceiro ano se rebelaram
contra ele.
5 Um ano depois, Quedorlaomer e seus
aliados vieram e derrotaram os refains
em Asterote-Carnaim, os zuzins em
Hã, os emins em Savé-Quiriatim, 6 e os
horeus no monte Seir, até El-Parã, à bei-
ra do deserto. 7 Em seguida, voltaram e
foram a En-Mispate (hoje chamada Ca-
des) e conquistaram o território dos ama-
lequitas e dos amorreus que viviam em
Hazazom-Tamar.
8 Então os reis de Sodoma, Gomorra,
Admá, Zeboim e Belá (também chama-
da Zoar) se prepararam para a batalha
no vale do mar Morto.[a] 9 Lutaram contra
Quedorlaomer, rei de Elão, Tidal, rei de
Goim, Anrafel, rei da Babilônia, e Arioque,
rei de Elasar, quatro reis contra cinco.
10 Acontece que o vale do mar Morto era
cheio de poços de betume. Quando o exér-
cito dos reis de Sodoma e Gomorra fugiu,
alguns dos soldados caíram nos poços
de betume, enquanto o restante escapou
para as montanhas. 11 Os invasores vito-
riosos saquearam Sodoma e Gomorra e
partiram para casa, levando consigo todos
os espólios da guerra e os mantimentos.
12 Também capturaram Ló, o sobrinho de
Abrão que morava em Sodoma, e tudo que
ele possuía.
13 Um dos homens de Ló, porém, con-
seguiu escapar e contou tudo a Abrão, o
hebreu, que morava junto ao bosque de
carvalhos pertencente a Manre, o amorreu.
Manre e seus parentes, Escol e Aner, eram
aliados de Abrão.
14 Quando Abrão soube que seu sobri-
nho Ló havia sido capturado, mobilizou
os 318 homens treinados que tinham
nascido em sua casa. Perseguiu o exérci-
to de Quedorlaomer até alcançá-los em
Dã, 15 onde dividiu os homens em grupos
e atacou durante a noite. O exército de
Quedorlaomer fugiu, mas Abrão o per-
seguiu até Hobá, ao norte de Damasco.
16 Abrão recuperou todos os bens saquea-
dos e trouxe de volta Ló, seu sobrinho, com
todos os seus bens, as mulheres e os ou-
tros prisioneiros.

[a] **14.8** Em hebraico, *vale de Sidim* (ver 14.3); também em 14.10.

MELQUISEDEQUE ABENÇOA ABRÃO

17 Depois que Abrão regressou vitorioso
do conflito com Quedorlaomer e todos os
seus aliados, o rei de Sodoma saiu ao seu
encontro no vale de Savé (conhecido como
vale do Rei).
18 Melquisedeque, rei de Salém e sacer-
dote do Deus Altíssimo,[b] trouxe pão e vi-
nho 19 e abençoou Abrão, dizendo:

"Bendito seja Abrão pelo Deus Altíssimo,
Criador dos céus e da terra.
20 E bendito seja o Deus Altíssimo,
que derrotou seus inimigos por você".

Então Abrão entregou a Melquisedeque
um décimo de todos os bens que havia
recuperado.
21 O rei de Sodoma disse a Abrão: "De-
volva-me apenas as pessoas que foram
capturadas. Fique com os bens que você
recuperou".
22 Abrão respondeu ao rei de Sodoma:
"Juro solenemente diante do Senhor, o
Deus Altíssimo, Criador dos céus e da
terra, 23 que não ficarei com coisa alguma
do que é seu, nem sequer um fio ou uma
correia de sandália. Do contrário, o rei po-
deria dizer: 'Fui eu que enriqueci Abrão'.
24 Aceito apenas aquilo que meus jovens
guerreiros comeram e peço que dê uma
parte justa dos bens a Aner, Escol e Manre,
meus aliados".

A PROMESSA DA ALIANÇA ENTRE O SENHOR E ABRÃO

15 Algum tempo depois, o Senhor fa-
lou a Abrão em uma visão e lhe
disse: "Não tenha medo, Abrão, pois eu
serei seu escudo, e sua recompensa será
muito grande".
2 Abrão, porém, respondeu: "Ó Senhor
Soberano, de que me adiantam todas as
tuas bênçãos se eu nem mesmo tenho
um filho? Uma vez que não me deste fi-
lhos, Eliézer de Damasco, servo em mi-
nha casa, herdará toda a minha riqueza.
3 Não me deste nenhum descendente pró-
prio e, por isso, um dos meus servos será
meu herdeiro".

[b] **14.18** Em hebraico, *El-Elyon*; também em 14.19,20,22.

4 O Senhor lhe disse: "Não, não será esse o seu herdeiro; você terá seu próprio filho, e ele será seu herdeiro". 5 Em seguida, levou Abrão para fora e lhe disse: "Olhe para o céu e conte as estrelas, se for capaz. Este é o número de descendentes que você terá".

6 Abrão creu no Senhor, e assim foi considerado justo.

7 Então o Senhor lhe disse: "Eu sou o Senhor, que o tirei de Ur dos caldeus para lhe dar esta terra como posse".

8 Abrão perguntou: "Ó Senhor Soberano, como posso ter certeza de que a possuirei de fato?".

9 O Senhor respondeu: "Traga-me uma novilha, uma cabra e um carneiro, todos com três anos, mais uma rolinha e um pombinho". 10 Abrão lhe apresentou todos esses animais e os matou. Em seguida, cortou cada um deles ao meio e colocou as metades lado a lado; as aves, porém, não cortou ao meio. 11 Aves de rapina mergulharam para comer as carcaças, mas Abrão as afugentou.

12 Enquanto o sol se punha, Abrão caiu em sono profundo, e uma escuridão apavorante desceu sobre ele. 13 Então o Senhor disse a Abrão: "Esteja certo de que seus descendentes serão forasteiros em terra alheia, onde sofrerão opressão como escravos por quatrocentos anos. 14 Mas eu castigarei a nação que os escravizar e, por fim, eles sairão de lá com grande riqueza. 15 (Você, por sua vez, morrerá em paz e será sepultado em idade avançada.) 16 Depois de quatro gerações, seus descendentes voltarão a esta terra, pois a maldade dos amorreus ainda não chegou ao ponto de provocar meu castigo".

17 Quando o sol se pôs e veio a escuridão, Abrão viu um fogareiro fumegante e uma tocha ardente passarem por entre as metades das carcaças. 18 Então o Senhor fez uma aliança com Abrão naquele dia e disse: "Dei esta terra a seus descendentes, desde a fronteira com o Egito[a] até o grande rio Eufrates, 19 a terra hoje ocupada pelos queneus, quenezeus, cadmoneus, 20 hititas, ferezeus, refains, 21 amorreus, cananeus, girgaseus e jebuseus".

O NASCIMENTO DE ISMAEL

16 Sarai, mulher de Abrão, não havia conseguido lhe dar filhos. Tinha, porém, uma serva egípcia chamada Hagar. 2 Sarai disse a Abrão: "O Senhor me impediu de ter filhos. Vá e deite-se com minha serva. Talvez, por meio dela, eu consiga ter uma família". Abrão aceitou a proposta de Sarai. 3 Então Sarai, mulher de Abrão, tomou Hagar, a serva egípcia, e a entregou a Abrão como mulher. (Isso aconteceu dez anos depois que Abrão havia se estabelecido na terra de Canaã.)

4 Abrão teve relações com Hagar, e ela engravidou. Quando Hagar soube que estava grávida, começou a tratar Sarai, sua senhora, com desprezo. 5 Então Sarai disse a Abrão: "Você é o culpado da vergonha que estou passando! Entreguei minha serva a você, mas, agora que engravidou, ela me trata com desprezo. O Senhor mostrará quem está errado: você ou eu!".

6 Abrão respondeu: "Hagar é sua serva. Faça com ela o que lhe parecer melhor". Então Sarai a tratou tão mal que, por fim, Hagar fugiu.

7 O anjo do Senhor encontrou Hagar no deserto, perto de uma fonte de água junto à estrada para Sur, 8 e perguntou: "Hagar, serva de Sarai, de onde você vem e para onde vai?".

"Estou fugindo de minha senhora, Sarai", respondeu ela.

9 Então o anjo do Senhor disse: "Volte para sua senhora e sujeite-se à autoridade dela". 10 E acrescentou: "Eu lhe darei tantos descendentes que será impossível contá-los".

11 O anjo do Senhor também disse: "Você está grávida e dará à luz um filho. Dê a ele o nome de Ismael,[b] pois o Senhor ouviu seu clamor angustiado. 12 Seu filho será um homem solitário e indomável, como um jumento selvagem. Levantará o punho contra todos, e todos serão contra ele. Sim, ele viverá em franca oposição a todos os seus parentes".[c]

13 Então Hagar passou a usar outro nome para se referir ao Senhor, que havia falado com ela. Chamou-o de "Tu és o Deus que

[a] **15.18** Em hebraico, *o rio do Egito*, referência ao braço oriental do rio Nilo ou ao ribeiro do Egito no Sinai (ver Nm 34.5).

[b] **16.11** *Ismael* significa "Deus ouve".

[c] **16.12** O significado do hebraico é incerto.

me vê",[a] pois tinha dito: "Aqui eu vi aquele
que me vê!". 14 Por isso, aquela fonte que
fica entre Cades e Berede recebeu o nome
de Beer-Laai-Roi.[b]

15 Assim, Hagar deu um filho a Abrão,
e Abrão o chamou de Ismael. 16 Quando
Ismael nasceu, Abrão tinha 86 anos.

ABRÃO RECEBE O NOME DE ABRAÃO

17 Quando Abrão estava com 99
anos, o SENHOR lhe apareceu e dis-
se: "Eu sou o Deus Todo-poderoso.[c] Seja
fiel a mim e tenha uma vida íntegra. 2 Fa-
rei uma aliança com você e lhe darei uma
descendência incontável".

3 Ao ouvir essas palavras, Abrão se pros-
trou com o rosto no chão, e Deus lhe disse:
4 "Esta é a minha aliança com você: farei de
você o pai de numerosas nações! 5 Além
disso, mudarei seu nome. Você já não será
chamado Abrão, mas sim Abraão,[d] pois
será o pai de muitas nações. 6 Eu o torna-
rei extremamente fértil. Seus descenden-
tes formarão muitas nações, e haverá reis
entre eles.

7 "Confirmarei a minha aliança com você
e seus descendentes, de geração em gera-
ção. Esta é a aliança sem fim: serei sempre
o seu Deus e o Deus de seus descendentes.
8 Darei a você e a seus descendentes toda a
terra de Canaã, onde hoje você vive como
estrangeiro. Será propriedade deles para
sempre, e eu serei o seu Deus".

O SINAL DA ALIANÇA

9 Então Deus disse a Abraão: "É sua res-
ponsabilidade permanente, e de seus
descendentes, obedecer aos termos da
aliança. 10 Este é o sinal da aliança que
você e seus descendentes devem guardar:
todo indivíduo do sexo masculino entre
vocês deve ser circuncidado. 11 Cortem a
carne do prepúcio como sinal da aliança
entre mim e vocês. 12 Todo menino deve
ser circuncidado no oitavo dia depois do
nascimento, de geração em geração. Isso
se aplica não apenas aos membros de sua
família, mas também aos servos nascidos
em sua casa e aos servos estrangeiros que
você comprou. 13 Quer sejam nascidos em
sua casa, quer os tenha comprado, todos
devem ser circuncidados. Terão no corpo
o sinal da minha aliança sem fim. 14 O in-
divíduo do sexo masculino que não for
circuncidado será excluído do seu povo,
pois quebrou a minha aliança".

SARAI RECEBE O NOME DE SARA

15 Deus também disse a Abraão: "Quanto
à sua mulher, não se chamará mais Sarai.
De agora em diante ela se chamará Sara.[e]
16 Eu a abençoarei e por meio dela darei a
você um filho! Sim, eu a abençoarei, e ela
se tornará mãe de muitas nações. Haverá
reis de nações entre seus descendentes".

17 Abraão se prostrou com o rosto no
chão e riu consigo. Pensou: "Como eu, aos
100 anos, poderia ser pai? E como Sara,
aos 90 anos, teria um filho?". 18 Então
Abraão disse a Deus: "Que Ismael viva sob
a tua bênção!".

19 Mas Deus respondeu: "Na verdade,
Sara, sua mulher, lhe dará um filho. Você
o chamará Isaque,[f] e eu confirmarei com
ele e com seus descendentes, para sempre,
a minha aliança. 20 Quanto a Ismael, tam-
bém o abençoarei, como você pediu. Eu o
tornarei extremamente fértil e multiplica-
rei seus descendentes. Ele será pai de doze
príncipes, e farei dele uma grande nação.
21 Minha aliança, porém, será confirmada
com Isaque, filho que Sara lhe dará por esta
época, no ano que vem". 22 Quando Deus
terminou de falar, retirou-se da presença
de Abraão.

23 Naquele mesmo dia, Abraão tomou
Ismael, seu filho, e todos os indivíduos
do sexo masculino em sua casa, tanto
os nascidos ali como os comprados, e os
circuncidou, removendo o prepúcio, como
Deus havia ordenado. 24 Abraão tinha 99
anos quando foi circuncidado, 25 e Ismael,
seu filho, tinha 13 anos. 26 Ambos foram

Deus continua recrutando homens e mulheres simples e vulneráveis.

[a] **16.13** Em hebraico, *El-Roi*.
[b] **16.14** *Beer-Laai-Roi* significa "fonte daquele que vive e me vê".
[c] **17.1** Em hebraico, *Eu sou El-Shaddai*.
[d] **17.5** *Abrão* significa "pai exaltado"; o som do nome *Abraão* é semelhante ao de um termo hebraico que significa "pai de muitos".
[e] **17.15** Tanto *Sarai* como *Sara* significam "princesa"; a mudança na grafia talvez reflita a diferença entre os dialetos de Ur e Canaã.
[f] **17.19** *Isaque* significa "ele ri".

circuncidados naquele mesmo dia, 27 jun-
to com todos os outros homens e meni-
nos da casa, tanto os nascidos ali como os
comprados. Todos foram circuncidados
com Abraão.

A PROMESSA DE UM FILHO PARA SARA

18 O Senhor apareceu novamente a
Abraão junto ao bosque de carva-
lhos que pertencia a Manre. Abraão estava
sentado à entrada de sua tenda na hora
mais quente do dia. 2 Olhando para fora,
viu três homens em pé, próximos à tenda.
Quando os viu, correu até onde estavam e
lhes deu as boas-vindas, curvando-se até
o chão.

3 Abraão disse: "Meu senhor, se assim
desejar, pare aqui um pouco. 4 Descanse
à sombra desta árvore enquanto mando
trazer água para lavarem os pés. 5 E, uma
vez que honraram seu servo com esta visi-
ta, prepararei uma refeição para restaurar
suas forças antes de seguirem viagem".

"Está bem", responderam eles. "Faça
como você disse."

6 Abraão voltou correndo para a tenda
e disse a Sara: "Rápido! Pegue três medi-
das[a] da melhor farinha, amasse-a e faça
alguns pães". 7 Em seguida, Abraão correu
ao rebanho, escolheu um novilho tenro
e o entregou a seu servo, que o preparou
rapidamente. 8 Quando a comida estava
pronta, Abraão pegou coalhada, leite e a
carne assada e os serviu aos visitantes.
Enquanto comiam, Abraão permaneceu
à disposição deles, à sombra das árvores.

9 "Onde está Sara, sua mulher?", pergun-
taram os visitantes.

"Está dentro da tenda", respon-
deu Abraão.

10 Então um deles disse: "Voltarei a visi-
tar você por esta época, no ano que vem, e
sua mulher, Sara, terá um filho".

Sara estava ouvindo a conversa de den-
tro da tenda. 11 Abraão e Sara já eram bem
velhos, e Sara tinha passado, havia muito
tempo, da idade de ter filhos. 12 Por isso,
riu consigo e disse: "Como poderia uma
mulher da minha idade ter esse prazer,
ainda mais quando meu senhor, meu ma-
rido, também é idoso?".

13 Então o Senhor disse a Abraão: "Por
que Sara riu? Por que disse: 'Pode uma
mulher da minha idade ter um filho'?
14 Existe alguma coisa difícil demais para
o Senhor? Voltarei por esta época, no ano
que vem, e Sara terá um filho".

15 Sara teve medo e, por isso, mentiu:
"Eu não ri".

Mas ele disse: "Não é verdade. Você riu".

ABRAÃO INTERCEDE POR SODOMA

16 Depois da refeição, os visitantes se le-
vantaram e olharam em direção a Sodoma.
Quando partiram, Abraão os acompanhou
para despedir-se deles.

17 Então o Senhor disse: "Devo esconder
meu plano de Abraão? 18 Afinal, Abraão
certamente se tornará uma grande e po-
derosa nação, e todas as nações da terra
serão abençoadas por meio dele. 19 Eu o
escolhi para que ordene a seus filhos e às
famílias deles que guardem o caminho do
Senhor, praticando o que é certo e justo.
Então farei por Abraão tudo que prometi".

20 Portanto, o Senhor disse a Abraão:
"Ouvi um grande clamor vindo de Sodoma
e Gomorra, porque o pecado dessas duas
cidades é extremamente grave. 21 Descerei
para investigar se seus atos são, de fato,
tão perversos quanto tenho ouvido. Se não
forem, quero saber".

22 Os outros visitantes partiram para
Sodoma, mas Abraão permaneceu dian-
te do Senhor. 23 Aproximou-se dele e dis-
se: "Exterminarás tanto os justos como
os perversos? 24 Suponhamos que haja
cinquenta justos na cidade. Mesmo assim
os exterminarás e não a pouparás por cau-
sa deles? 25 Claro que não farias tal coisa:
destruir o justo com o perverso. Afinal,
estarias tratando o justo e o perverso da
mesma maneira! Certamente não farias
isso! Acaso o Juiz de toda a terra não faria
o que é certo?".

26 O Senhor respondeu: "Se eu encontrar
cinquenta justos em Sodoma, pouparei a
cidade toda por causa deles".

27 Abraão voltou a falar: "Embora eu seja
apenas pó e cinza, permita-me dizer mais

[a] **18.6** Em hebraico, *3 seás*, cerca de 22 litros.

uma coisa ao meu Senhor. 28 Suponhamos que haja apenas quarenta e cinco justos, e não cinquenta. Destruirás a cidade toda por falta de cinco justos?".

O Senhor disse: "Se encontrar ali quarenta e cinco justos, não a destruirei".

29 Abraão levou seu pedido ainda mais longe: "Suponhamos que haja apenas quarenta".

O Senhor respondeu: "Por causa dos quarenta, não a destruirei".

30 "Por favor, não fiques irado comigo, meu Senhor", suplicou Abraão. "Permita-me falar. Suponhamos que haja apenas trinta justos."

O Senhor disse: "Se encontrar ali trinta justos, não a destruirei".

31 Abraão prosseguiu: "Uma vez que tive a ousadia de falar ao Senhor, permita-me continuar. Suponhamos que haja apenas vinte".

O Senhor respondeu: "Por causa dos vinte, não a destruirei".

32 Por fim, Abraão disse: "Senhor, não fiques irado comigo por eu falar mais uma vez. Suponhamos que haja apenas dez".

O Senhor respondeu: "Por causa dos dez, não a destruirei".

33 Quando terminou a conversa com Abraão, o Senhor partiu, e Abraão voltou para sua tenda.

A DESTRUIÇÃO DE SODOMA E GOMORRA

19 Ao anoitecer, os dois anjos chegaram à entrada da cidade de Sodoma. Ló estava sentado ali. Ao avistá-los, levantou-se para recebê-los. Deu-lhes boas-vindas, curvou-se com o rosto no chão 2 e disse: "Meus senhores, venham à minha casa para lavar os pés e sejam meus hóspedes esta noite. Amanhã, poderão levantar-se cedo e seguir viagem".

"Não", responderam eles. "Passaremos a noite aqui, na praça da cidade."

3 Mas Ló insistiu muito e, por fim, eles o acompanharam até sua casa. Ló lhes preparou um banquete completo, com pão fresco sem fermento, e eles comeram. 4 Ainda não tinham ido se deitar quando todos os homens de Sodoma, jovens e velhos, chegaram de toda parte da cidade e cercaram a casa. 5 Gritaram para Ló: "Onde estão os homens que vieram passar a noite em sua casa? Traga-os aqui fora para nós, para que tenhamos relações com eles!".

6 Ló saiu para conversar com os homens e fechou a porta atrás de si. 7 "Por favor, meus irmãos, não cometam tamanha maldade", suplicou. 8 "Escutem, tenho duas filhas virgens. Deixem-me trazê-las para fora, e vocês poderão fazer com elas o que desejarem. Mas, por favor, deixem os homens em paz, pois são meus hóspedes e estão sob minha proteção."

9 "Saia da frente!", gritaram eles. "Esse sujeito é um estrangeiro que se mudou para a cidade e, agora, age como se fosse nosso juiz! Faremos a você coisas bem piores do que a seus hóspedes!" Então partiram para cima de Ló, tentando arrombar a porta.

10 Os dois anjos,[a] porém, estenderam a mão, puxaram Ló para dentro da casa e trancaram a porta. 11 Depois, cegaram todos os homens, jovens e velhos, que estavam à porta, de modo que eles se cansaram e desistiram de invadir a casa.

12 Os anjos perguntaram a Ló: "Você tem outros parentes na cidade? Tire-os todos daqui: genros, filhos, filhas ou qualquer outro parente, 13 pois estamos prestes a destruir toda a cidade. O clamor contra ela é tão grande que chegou ao Senhor, e ele nos enviou para destruí-la".

14 Então Ló correu para avisar os noivos de suas filhas: "Saiam depressa da cidade! O Senhor está prestes a destruí-la". Os rapazes, porém, pensaram que ele estava brincando.

15 No dia seguinte, ao amanhecer, os anjos insistiram: "Rápido! Tome sua mulher e suas duas filhas que estão aqui! Saia agora mesmo, ou também morrerá quando a cidade for castigada!".

16 Visto que Ló ainda hesitava, os anjos o tomaram pela mão, e também sua mulher e as duas filhas, e correram com eles para um lugar seguro, fora da cidade, pois o Senhor foi misericordioso. 17 Quando estavam em segurança, fora da cidade, um dos

[a] **19.10** Em hebraico, *homens*; também em 19.12,16.

anjos ordenou: "Corram e salvem-se! Não
olhem para trás nem parem no vale! Fujam
para as montanhas, ou serão destruídos!".
18 Mas Ló suplicou: "Não, meu senhor!
19 Os senhores foram muito bondosos co-
migo, salvaram minha vida e mostraram
grande compaixão. Não posso, contudo, ir
para as montanhas. A calamidade também
me alcançaria ali, e bem depressa eu mor-
reria. 20 Vejam, aqui perto há um vilarejo.
É um lugar bem pequeno. Por favor, dei-
xem-me ir para lá, e minha vida será salva".

21 "Está bem", disse o anjo. "Atenderei
a seu pedido. Não destruirei o vilarejo.
22 Mas vá logo! Fuja para ele, pois não pos-
so fazer nada enquanto você não chegar
lá." (Isso explica por que a vila era conhe-
cida como Zoar.[a])

23 Ló chegou a Zoar quando o sol apare-
cia no horizonte. 24 Então o SENHOR fez cho-
ver do céu fogo e enxofre sobre Sodoma e
Gomorra. 25 Destruiu-as completamente,
além de outras cidades e vilas da planície,
e exterminou todos os habitantes e toda a
vegetação. 26 A mulher de Ló, porém, olhou
para trás enquanto o seguia e se transfor-
mou numa coluna de sal.

27 Naquela manhã, Abraão se levantou
cedo e correu para o lugar onde tinha esta-
do na presença do SENHOR. 28 Olhou para a
planície, em direção a Sodoma e Gomorra,
e viu colunas de fumaça subindo do lugar
onde antes ficavam as cidades, como fu-
maça de uma fornalha.

29 Contudo, Deus atendeu ao pedido de
Abraão e salvou Ló, tirando-o do meio
da destruição que engoliu as cidades da
planície.

LÓ E SUAS FILHAS

30 Algum tempo depois, Ló deixou Zoar,
pois tinha medo do povo de lá, e foi morar
numa caverna nas montanhas com suas
duas filhas. 31 Certo dia, a filha mais ve-
lha disse à irmã: "Nesta região não resta
homem algum com quem possamos ter
relações, como fazem todas as pessoas.
E logo nosso pai será velho demais para
ter filhos. 32 Vamos embebedá-lo com vi-
nho e então nos deitaremos com ele. Com
isso, preservaremos nossa descendência
por meio de nosso pai".
33 Naquela noite, portanto, embebeda-
ram o pai com vinho, e a filha mais velha
teve relações com ele. E ele não perce-
beu quando ela se deitou nem quando
se levantou.

34 Na manhã seguinte, a filha mais velha
disse à irmã mais nova: "Ontem à noite,
tive relações com nosso pai. Vamos embe-
bedá-lo com vinho outra vez hoje à noite,
e você terá relações com ele. Com isso, pre-
servaremos nossa descendência por meio
de nosso pai".

35 Naquela noite, portanto, voltaram a
embebedar o pai com vinho, e a filha mais
nova teve relações com ele. Mais uma vez,
ele não percebeu quando ela se deitou
nem quando se levantou.

36 Como resultado, as duas filhas de
Ló engravidaram do próprio pai. 37 Quando
a filha mais velha deu à luz um menino,
chamou-o de Moabe.[b] Ele se tornou o ante-
passado do povo conhecido até hoje como
moabitas. 38 Quando a filha mais nova deu
à luz um menino, chamou-o de Ben-Ami.[c]
Ele se tornou o antepassado do povo co-
nhecido até hoje como amonitas.

ABRAÃO MENTE PARA ABIMELEQUE

20 Abraão se mudou para o Neguebe,
ao sul. Permaneceu por algum
tempo entre Cades e Sur e depois seguiu
até Gerar. Enquanto morava ali como es-
trangeiro, 2 Abraão apresentava Sara, sua
mulher, dizendo: "Ela é minha irmã". Por
isso, o rei Abimeleque, de Gerar, mandou
buscar Sara para seu palácio.

3 Naquela noite, Deus apareceu a Abime-
leque num sonho e lhe disse: "Você vai
morrer! A mulher que tomou já é casada!".

4 Abimeleque, porém, ainda não havia
dormido com ela. Assim, disse: "Senhor,
castigarás uma nação inocente? 5 Não foi
Abraão quem me disse: 'Ela é minha irmã'?
E ela própria afirmou: 'Sim, ele é meu ir-
mão'? Agi com total inocência. Minhas
mãos estão limpas!".

a 19.22 *Zoar* significa "lugarejo".

b 19.37 O som do nome *Moabe* é semelhante ao de um termo hebraico que significa "do pai".

c 19.38 *Ben-Ami* significa "filho do meu povo".

6 No sonho, Deus respondeu: "Sim, eu sei
que você é inocente. Por isso o impedi de
pecar e não deixei que a tocasse. 7 Agora,
devolva a mulher ao marido dela, e ele
orará por você, pois é profeta. Então você
viverá. Mas, se não a devolver, esteja certo
de que você e todo o seu povo morrerão".

8 Na manhã seguinte, Abimeleque se le-
vantou cedo e, sem demora, reuniu todos
os seus servos. Quando contou o que havia
acontecido, seus homens se encheram de
medo. 9 Então Abimeleque mandou cha-
mar Abraão. "O que você fez conosco?", per-
guntou. "Que crime cometi para merecer
este tratamento que nos torna, a mim e ao
meu reino, culpados deste grande pecado?
O que você me fez não se faz a ninguém!
10 O que deu em você para agir desse jeito?"

11 Abraão respondeu: "Pensei comigo:
'Este é um lugar onde ninguém teme a
Deus, e vão me matar para ficarem com mi-
nha mulher'. 12 Além do mais, ela é, de fato,
minha irmã por parte de pai, mas não de
mãe, e eu me casei com ela. 13 Quando Deus
me chamou para deixar a casa de meu pai e
viajar de um lugar para outro, eu disse a ela:
'Faça-me este favor: por onde formos, diga
que eu sou seu irmão' ".

14 Então Abimeleque pegou ovelhas e
bois, servos e servas, e os deu de presente
a Abraão. Também lhe devolveu Sara, sua
mulher. 15 Abimeleque disse: "Veja, minha
terra está à sua disposição. More onde lhe
parecer melhor". 16 E disse a Sara: "Estou
dando a seu irmão mil peças[a] de prata dian-
te de todas estas testemunhas para reparar
qualquer dano que eu lhe tenha causado.
Assim, todos saberão que você é inocente".

17 Então Abraão orou a Deus, e Deus
curou Abimeleque, sua mulher e suas
servas, de modo que pudessem ter filhos,
18 pois o SENHOR havia tornado estéreis to-
das as mulheres do harém de Abimeleque
por causa do que tinha acontecido com
Sara, mulher de Abraão.

O NASCIMENTO DE ISAQUE

21 O SENHOR agiu em favor de Sara e
cumpriu o que lhe tinha prometi-
do. 2 Ela engravidou e deu à luz um filho
para Abraão na velhice dele, exatamente
no tempo indicado por Deus. 3 Abraão deu
o nome Isaque ao filho que Sara lhe deu.
4 No oitavo dia depois do nascimento de
Isaque, Abraão o circuncidou, como Deus
havia ordenado. 5 Abraão tinha 100 anos
quando Isaque nasceu.

6 Sara declarou: "Deus me fez sorrir.[b]
Todos que ficarem sabendo do que acon-
teceu vão rir comigo!". 7 E disse mais:
"Quem diria a Abraão que sua mulher
amamentaria um bebê? E, no entanto, em
sua velhice, eu lhe dei um filho!".

ABRAÃO EXPULSA HAGAR E ISMAEL

8 Quando Isaque cresceu e estava para
ser desmamado, Abraão preparou uma
grande festa para comemorar a ocasião.
9 Sara, porém, viu Ismael, filho de Abraão
e da serva egípcia Hagar, caçoar de seu fi-
lho, Isaque,[c] 10 e disse a Abraão: "Livre-se
da escrava e do filho dela! Ele jamais será
herdeiro junto com meu filho, Isaque!".

11 Abraão ficou muito perturbado com
isso, pois Ismael era seu filho. 12 Deus, po-
rém, lhe disse: "Não se perturbe por causa
do menino e da serva. Faça tudo que Sara
lhe pedir, pois Isaque é o filho de quem
depende a sua descendência. 13 Contudo,
também farei uma nação dos descenden-
tes do filho de Hagar, pois ele é seu filho".

14 Na manhã seguinte, Abraão se le-
vantou cedo, preparou mantimentos e
uma vasilha cheia de água e os pôs so-
bre os ombros de Hagar. Então, mandou-
-a embora com seu filho, e ela andou
sem rumo pelo deserto de Berseba.

15 Quando acabou a água, Hagar colocou
o menino à sombra de um arbusto 16 e foi
sentar-se sozinha, uns cem metros adian-
te.[d] "Não quero ver o menino morrer", disse
ela, chorando sem parar.

17 Mas Deus ouviu o choro do menino
e, do céu, o anjo de Deus chamou Hagar:
"Que foi, Hagar? Não tenha medo! Deus
ouviu o menino chorar, dali onde ele está.
18 Levante-o e anime-o, pois farei dos des-
cendentes dele uma grande nação".

---

a **20.16** Em hebraico, *1.000 [siclos]*, cerca de 12 quilos.

b **21.6** O nome *Isaque* significa "ele ri".

c **21.9** Conforme a Septuaginta e a Vulgata; o hebraico não traz *de seu filho, Isaque*.

d **21.16** Em hebraico, *à distância de um tiro de flecha*.

19 Então Deus abriu os olhos de Hagar, e
ela viu um poço cheio de água. Sem demo-
ra, encheu a vasilha de água e deu para o
menino beber.
20 Deus estava com o menino enquanto
ele crescia no deserto. Ismael se tornou
flecheiro 21 e se estabeleceu no deserto de
Parã, e sua mãe conseguiu para ele uma
esposa egípcia.

A ALIANÇA DE ABRAÃO COM ABIMELEQUE

22 Por esse tempo, Abimeleque, acom-
panhado de Ficol, comandante do seu
exército, foi visitar Abraão. "É evidente
que Deus está com você, ajudando-o em
tudo que faz", disse Abimeleque. 23 "Jure,
em nome de Deus, que não enganará
nem a mim, nem a meus filhos, nem a
nenhum de meus descendentes. Tenho
sido leal a você, por isso jure que será
leal a mim e a esta terra onde vive como
estrangeiro."
24 Abraão respondeu: "Eu juro!". 25 Contudo,
Abraão reclamou com Abimeleque sobre
um poço que os servos de Abimeleque
lhe haviam tomado à força.
26 "Eu não sabia disso", respondeu
Abimeleque. "Não faço ideia de quem seja
o responsável. Você nunca se queixou
a esse respeito."
27 Então Abraão deu ovelhas e bois a
Abimeleque, e os dois fizeram um acor-
do. 28 Quando Abraão também sepa-
rou do rebanho mais sete cordeirinhas,
29 Abimeleque lhe perguntou: "Por que
você separou estas sete das demais?".
30 Abraão respondeu: "Por favor, aceite
estas sete cordeirinhas como testemu-
nho de que eu cavei este poço". 31 Por isso
Abraão chamou o lugar de Berseba,[a] por-
que ali os dois fizeram o juramento.
32 Depois de firmarem a aliança em
Berseba, Abimeleque e Ficol, comandante
do seu exército, voltaram para a terra dos
filisteus. 33 Abraão plantou uma tamar-
gueira em Berseba e ali invocou o nome
do Senhor, o Deus Eterno.[b] 34 E Abraão mo-
rou na terra dos filisteus como estrangeiro
por longo tempo.

DEUS PROVA ABRAÃO

22 Algum tempo depois, Deus pôs
Abraão à prova. "Abraão!", Deus
chamou.
"Sim", respondeu Abraão. "Aqui estou!"
2 Deus disse: "Tome seu filho, seu úni-
co filho, Isaque, a quem você tanto ama,
e vá à terra de Moriá. Lá, em um dos mon-
tes que eu lhe mostrarei, ofereça-o como
holocausto".
3 Na manhã seguinte, Abraão se levantou
cedo e preparou seu jumento. Levou consi-
go dois de seus servos e seu filho Isaque.
Cortou lenha para o fogo do holocausto e
partiu para o lugar que Deus tinha indi-
cado. 4 No terceiro dia da viagem, Abraão
levantou os olhos e viu o lugar de longe.
5 "Fiquem aqui com o jumento", disse ele
aos servos. "O rapaz e eu iremos mais adian-
te. Vamos adorar e depois voltaremos."
6 Abraão pôs a lenha para o holocausto
nos ombros de Isaque, e ele próprio levou
o fogo e a faca. Enquanto os dois caminha-
vam juntos, 7 Isaque se virou para Abraão
e disse: "Pai?".
"Sim, meu filho", respondeu Abraão.
"Temos fogo e lenha", disse Isaque. "Mas
onde está o cordeiro para o holocausto?"
8 "Deus providenciará o cordeiro para o
holocausto, meu filho", respondeu Abraão.
E continuaram a caminhar juntos.
9 Quando chegaram ao lugar que Deus
havia indicado, Abraão construiu um altar
e arrumou a lenha sobre ele. Em seguida,
amarrou seu filho Isaque e o colocou no
altar, sobre a lenha. 10 Então, pegou a faca
para sacrificar o filho. 11 Nesse momento, o
anjo do Senhor o chamou do céu: "Abraão!
Abraão!".
"Aqui estou!", respondeu Abraão.
12 "Não toque no rapaz", disse o anjo.
"Não lhe faça mal algum. Agora sei que
você teme a Deus de fato. Não me negou
nem mesmo seu filho, seu único filho!"
13 Então Abraão levantou os olhos
e viu um carneiro preso pelos chifres
num arbusto. Pegou o carneiro e o ofere-
ceu como holocausto em lugar do filho.
14 Abraão chamou aquele lugar de Javé-
Jiré.[c] Até hoje, as pessoas usam esse nome

[a] **21.31** *Berseba* significa "poço do juramento".
[b] **21.33** Em hebraico, *El-Olam*.

[c] **22.14** *Javé-Jiré* significa "o Senhor providenciará".

como provérbio: "No monte do SENHOR se providenciará".

15 Então o anjo do SENHOR chamou Abraão novamente do céu: 16 "Assim diz o SENHOR: Uma vez que você me obedeceu e não me negou nem mesmo seu filho, seu único filho, juro pelo meu nome que 17 certamente o abençoarei. Multiplicarei grandemente seus descendentes, e eles serão como as estrelas no céu e a areia na beira do mar. Seus descendentes conquistarão as cidades de seus inimigos 18 e, por meio deles, todas as nações da terra serão abençoadas. Tudo isso porque você me obedeceu".

19 Então voltaram até onde estavam os servos e partiram para Berseba, onde Abraão continuou a morar.

20 Pouco tempo depois, Abraão ficou sabendo que Milca, mulher de Naor, irmão dele, lhe tinha dado filhos. 21 O mais velho recebeu o nome de Uz, o segundo mais velho, Buz, seguido de Quemuel (antepassado dos arameus), 22 Quésede, Hazo, Pildás, Jidlafe e Betuel 23 (que foi o pai de Rebeca). Esses foram os oito filhos que Milca deu a Naor, irmão de Abraão. 24 Além desses, Reumá, sua concubina, lhe deu quatro filhos: Tebá, Gaã, Taás e Maaca.

O SEPULTAMENTO DE SARA

23 Quando Sara estava com 127 anos, 2 morreu em Quiriate-Arba (hoje chamada Hebrom), na terra de Canaã. Abraão lamentou a morte de Sara e chorou por ela.

3 Depois, deixou ali o corpo de sua mulher e disse aos hititas: 4 "Tenho vivido como forasteiro e estrangeiro entre vocês. Por favor, vendam-me um pedaço de terra, para que eu possa dar um sepultamento digno à minha mulher".

5 Os hititas responderam a Abraão: 6 "Ouça-nos; o senhor é um príncipe honrado em nosso meio. Escolha o melhor dos nossos túmulos e nele sepulte sua mulher. Nenhum de nós se recusará a dar ao senhor o local para a sepultura".

7 Abraão curvou-se diante dos hititas 8 e disse: "Visto que estão dispostos a me dar o local para a sepultura, façam a gentileza de pedir a Efrom, filho de Zoar, 9 que me permita comprar sua caverna em Macpela, na fronteira do seu campo. Ele me venderá a terra pelo preço que vocês considerarem justo, e assim terei uma sepultura permanente para minha família".

10 Efrom estava sentado no meio do seu povo e respondeu a Abraão enquanto os demais ouviam, pronunciando-se publicamente diante dos hititas que se reuniam à porta da cidade. 11 "Não, meu senhor", disse ele a Abraão. "Ouça-me; eu lhe dou o campo e a caverna. Aqui, na presença do meu povo, eu lhe dou a propriedade. Vá e sepulte a sua falecida."

12 Abraão se curvou outra vez diante do povo daquela terra 13 e respondeu a Efrom, enquanto todos ouviam: "Ouça-me, por favor; eu os comprarei de você. Deixe-me pagar o preço justo pelo campo, para que possa sepultar ali a minha falecida".

14 Efrom respondeu a Abraão: 15 "Meu senhor, ouça-me; a propriedade vale quatrocentas peças[a] de prata, mas o que é isso entre amigos? Vá e sepulte a sua falecida".

16 Abraão concordou com o preço e pagou a quantia que Efrom sugeriu: quatrocentas peças de prata, pesadas de acordo com o padrão do mercado. E os hititas testemunharam a transação.

17 Assim, Abraão comprou o pedaço de terra pertencente a Efrom em Macpela, perto de Manre. A propriedade incluía o campo, a caverna e todas as árvores ao redor. 18 Foi transferida a Abraão como sua propriedade permanente, na presença dos anciãos hititas à porta da cidade. 19 Então Abraão sepultou Sara, sua mulher, em Canaã, na caverna de Macpela, perto de Manre (também chamado Hebrom). 20 O campo e a caverna foram transferidos dos hititas para Abraão como sepultura permanente.

UMA MULHER PARA ISAQUE

24 Abraão estava bem velho, e o SENHOR o havia abençoado em tudo. 2 Certo dia, Abraão disse a seu servo mais antigo, o homem encarregado de sua casa: "Faça um juramento colocando a mão debaixo da minha coxa. 3 Jure pelo SENHOR, o Deus dos céus e da terra, que não deixará meu filho se casar com uma das mulheres cananeias que

[a] **23.15** Em hebraico, *400 siclos*, cerca de 4,8 quilos; também em 23.16.

aqui vivem, 4 mas irá à minha terra natal, aos meus parentes, procurar uma mulher para meu filho Isaque".

5 O servo perguntou: "E se eu não encontrar uma moça disposta a viajar para um lugar tão distante de sua terra? Devo levar Isaque para morar entre seus parentes na terra de onde o senhor veio?".

6 "Não!", respondeu Abraão. "Cuidado! Não leve meu filho para lá de jeito nenhum. 7 O Senhor, o Deus dos céus, que me tirou da casa de meu pai e de minha terra natal, prometeu solenemente dar esta terra a meus descendentes. Ele enviará um anjo à sua frente e providenciará para que você encontre ali uma mulher para meu filho. 8 Se ela não estiver disposta a acompanhá-lo de volta, você estará livre do seu juramento. Mas não leve meu filho para lá, de maneira nenhuma."

9 Então o servo colocou a mão debaixo da coxa de Abraão, seu senhor, e jurou seguir suas instruções. 10 Em seguida, pegou dez camelos de Abraão, carregou-os com presentes valiosos de todo tipo da parte de seu senhor e viajou para a terra distante de Arã-Naaraim. Chegando lá, dirigiu-se à cidade onde Naor, irmão de Abraão, havia se estabelecido. 11 Ao entardecer, quando as mulheres saíam para tirar água, ele fez os camelos se ajoelharem perto de um poço nos arredores da cidade.

12 Então o servo orou: "Ó Senhor, Deus do meu senhor Abraão, por favor, dá-me sucesso hoje e sê bondoso com o meu senhor Abraão. 13 Como vês, estou aqui junto desta fonte, e as moças da cidade estão vindo tirar água. 14 Esta é minha súplica. Pedirei a uma delas: 'Por favor, dê-me um pouco de água do seu cântaro para eu beber'. Se ela disser: 'Sim, beba. Também darei água a seus camelos', que seja ela a moça que escolheste para ser mulher do teu servo Isaque. Desse modo, saberei que foste bondoso com o meu senhor".

15 Antes de terminar a oração, o servo viu aproximar-se uma moça chamada Rebeca, que trazia um cântaro no ombro. Ela era filha de Betuel, filho do irmão de Abraão, Naor, e de sua mulher, Milca. 16 Rebeca era muito bonita, tinha idade para casar e era virgem. Ela desceu à fonte, encheu o cântaro e voltou. 17 O servo de Abraão correu até ela e lhe pediu: "Por favor, dê-me um pouco de água do seu cântaro para eu beber".

18 "Sim, meu senhor, beba", respondeu ela e, prontamente, baixou o cântaro do ombro e lhe deu de beber. 19 Depois que lhe deu de beber, disse: "Tirarei água para seus camelos também, até que estejam satisfeitos". 20 Esvaziou depressa o cântaro no bebedouro e correu de volta ao poço a fim de tirar água para todos os camelos.

21 O homem a observou em silêncio, pensando se o Senhor lhe tinha dado sucesso em sua missão. 22 Por fim, quando os camelos terminaram de beber, o servo deu à moça uma argola de ouro para o nariz e duas pulseiras grandes de ouro[a] para os braços.

23 "De quem você é filha?", perguntou ele. "Diga-me, por favor, se seu pai tem lugar para nos hospedar esta noite."

24 "Sou filha de Betuel, e meus avós são Naor e Milca", respondeu ela. 25 "Temos bastante palha e forragem para os camelos e espaço para hóspedes."

26 O homem se prostrou e adorou o Senhor. 27 "Louvado seja o Senhor, Deus do meu senhor Abraão!", disse ele. "O Senhor demonstrou bondade e fidelidade ao meu senhor, pois me conduziu até seus parentes."

28 A moça correu para casa e contou à família tudo que havia acontecido. 29 Rebeca tinha um irmão chamado Labão, que foi prontamente à fonte para conhecer o homem. 30 Ele havia visto a argola para o nariz e as pulseiras nos braços da irmã, e tinha ouvido Rebeca contar o que o homem dissera. Assim, apressou-se até a fonte, onde o homem ainda estava parado perto dos camelos. 31 Labão lhe disse: "Venha e fique conosco, abençoado do Senhor! Por que ficar aí fora? Já mandei arrumar acomodações para você e seus homens e lugar para os camelos".

32 Então o homem foi com ele para casa. Labão mandou descarregar os camelos, dar palha para os animais se deitarem e forragem para comerem, e água para o homem

[a] **24.22** Em hebraico, *uma argola de nariz pesando 1 beca* [6 gramas] *e duas pulseiras de ouro pesando 10 [siclos]* [120 gramas].

e seus ajudantes lavarem os pés. 33 Quando
a refeição foi servida, porém, o servo de
Abraão disse: "Não comerei enquanto não
explicar o motivo da minha vinda".
"Está bem", disse Labão. "Fale."
34 "Sou servo de Abraão", explicou ele.
35 "O Senhor abençoou grandemente o meu
senhor, e ele se tornou um homem rico.
O Senhor lhe deu rebanhos de ovelhas e
bois, uma fortuna em prata e ouro, e muitos
servos e servas, camelos e jumentos.
36 "Quando Sara, mulher do meu senhor,
era muito idosa, deu à luz o filho dele. Meu
senhor deu tudo que possui a esse filho 37 e
me fez jurar, dizendo: 'Não permita que meu
filho se case com uma das mulheres cana-
neias que aqui vivem. 38 Vá à casa de meu
pai, aos meus parentes, procurar uma mu-
lher para meu filho'.
39 "Mas eu perguntei ao meu senhor: 'E se
eu não encontrar uma moça disposta a vol-
tar comigo?'. 40 Ele respondeu: 'O Senhor, em
cuja presença tenho vivido, enviará um anjo
com você e lhe dará sucesso em sua missão.
Encontre uma mulher para meu filho entre
os meus parentes, da família de meu pai.
41 Então você terá cumprido sua obrigação.
Se, porém, você for aos meus parentes e eles
não deixarem a moça acompanhá-lo, estará
livre do juramento'.
42 "Hoje, quando cheguei à fonte, fiz a se-
guinte oração: 'Ó Senhor, Deus do meu se-
nhor Abraão, por favor, dá-me sucesso em
minha missão. 43 Como vês, estou aqui junto
desta fonte. Esta é minha súplica. Quando
uma jovem vier tirar água, eu lhe direi: 'Por
favor, dê-me um pouco de água do seu cân-
taro'. 44 Se ela disser: 'Sim, beba. Também da-
rei água a seus camelos', que seja ela a moça
que escolheste para ser mulher do filho do
meu senhor'.
45 "Antes de terminar de orar em meu cora-
ção, vi Rebeca vindo com o cântaro no om-
bro. Ela desceu à fonte e tirou água. Eu lhe
disse: 'Por favor, dê-me um pouco de água do
seu cântaro para eu beber'. 46 Prontamente,
ela baixou o cântaro do ombro e disse: 'Sim,
beba. Também darei água aos seus camelos'.
Eu bebi, e ela deu água aos camelos.
47 "Em seguida, perguntei-lhe: 'De quem
você é filha?'. Ela respondeu: 'Sou filha de
Betuel, e meus avós são Naor e Milca'. Então
coloquei a argola em seu nariz e as pulseiras
em seus braços.
48 "Depois, prostrei-me e adorei o Senhor.
Louvei o Senhor, Deus do meu senhor
Abraão, pois ele havia me conduzido até a
sobrinha-neta do meu senhor, para que ela
seja mulher do filho do meu senhor. 49 Agora,
digam-me se mostrarão bondade e fidelida-
de ao meu senhor. Por favor, respondam-me
'sim' ou 'não', para que eu saiba o que fazer
em seguida."
50 Labão e Betuel responderam: "É evi-
dente que o Senhor o trouxe até aqui. Sendo
assim, não há nada que possamos dizer.
51 Aqui está Rebeca; tome-a e leve-a com
você. Que ela seja mulher do filho do seu
senhor, como disse o Senhor".
52 Quando o servo de Abraão ouviu a
resposta, prostrou-se no chão e adorou o
Senhor. 53 Em seguida, entregou a Rebeca
joias de prata e ouro e vestidos. Também
deu presentes valiosos ao irmão e à mãe
de Rebeca. 54 Então o servo e os homens
que o acompanhavam comeram e passa-
ram a noite ali.
Logo cedo na manhã seguinte, o servo
de Abraão disse: "Enviem-me de volta ao
meu senhor".
55 Mas o irmão e a mãe de Rebeca dis-
seram: "Queremos que Rebeca fique co-
nosco pelo menos dez dias; depois, ela
poderá partir".
56 O servo, porém, disse: "Não me dete-
nham. O Senhor me deu sucesso em mi-
nha missão; agora, enviem-me de volta ao
meu senhor".
57 "Pois bem", disseram eles. "Chamaremos
Rebeca e pediremos a opinião dela."
58 Chamaram Rebeca e lhe perguntaram:
"Você está disposta a ir com este homem?".
E ela respondeu: "Sim, estou".
59 Com isso, eles se despediram de Rebeca
e a enviaram com o servo de Abraão e seus
homens. A serva que havia amamentado
Rebeca a acompanhou. 60 Na hora da parti-
da, abençoaram Rebeca, dizendo:

"Nossa irmã, que você se torne
mãe de muitos milhares!
Que seus descendentes
conquistem as cidades de
seus inimigos!".

Deus é especialista em transformar um simples terreno em um empreendimento valioso.

61 Então Rebeca e suas servas montaram nos camelos e seguiram o homem. Assim, o servo de Abraão partiu levando Rebeca.

62 Nesse meio-tempo, Isaque, que morava no Neguebe, havia regressado de Beer-Laai-Roi. 63 Ao entardecer, enquanto caminhava pelo campo e meditava, levantou os olhos e viu que camelos se aproximavam. 64 Quando Rebeca levantou os olhos e viu Isaque, desceu do camelo no mesmo instante 65 e perguntou ao servo: "Quem é aquele homem que vem pelo campo ao nosso encontro?".

Quando ele respondeu: "É meu senhor", Rebeca cobriu o rosto com o véu. 66 Depois, o servo contou a Isaque tudo que havia feito.

67 Isaque a levou para a tenda de Sara, sua mãe, e Rebeca se tornou sua mulher. Ele a amava profundamente e nela encontrou consolação depois que sua mãe morreu.

A MORTE DE ABRAÃO

25 Abraão se casou outra vez, com uma mulher chamada Quetura. 2 Ela deu à luz Zinrã, Jocsã, Medã, Midiã, Isbaque e Suá. 3 Jocsã gerou Sabá e Dedã. Os descendentes de Dedã foram os assuritas, os letusitas e os leumitas. 4 Os filhos de Midiã foram Efá, Éfer, Enoque, Abida e Elda. Todos eles foram descendentes de Abraão por meio de Quetura.

5 Abraão deu tudo que possuía a seu filho Isaque. 6 Antes de morrer, porém, deu presentes aos filhos de suas concubinas e os separou de Isaque, enviando-os para as terras do leste.

7 Abraão viveu 175 anos 8 e morreu em boa velhice, depois de uma vida longa e feliz. Deu o último suspiro e, ao morrer, reuniu-se a seus antepassados. 9 Seus filhos Isaque e Ismael o sepultaram na caverna de Macpela, perto de Manre, no campo de Efrom, filho de Zoar, o hitita. 10 Esse era o campo que Abraão havia comprado dos hititas e onde havia sepultado Sara, sua mulher. 11 Depois da morte de Abraão, Deus abençoou Isaque, e ele se estabeleceu perto de Beer-Laai-Roi, no Neguebe.

OS DESCENDENTES DE ISMAEL

12 Este é o relato da família de Ismael, filho de Abraão com Hagar, serva egípcia de Sara. 13 São estes os descendentes de Ismael por nome e clã: Nebaiote, o mais velho, seguido de Quedar, Adbeel, Misbão, 14 Misma, Dumá, Massá, 15 Hadade, Temá, Jetur, Nafis e Quedemá. 16 Esses doze filhos de Ismael deram origem a doze tribos, cada uma com o nome de seu fundador, relacionadas de acordo com o lugar onde se estabeleceram e acamparam. 17 Ismael viveu 137 anos. Deu o último suspiro e, ao morrer, reuniu-se a seus antepassados. 18 Os descendentes de Ismael ocuparam a região que vai de Havilá a Sur, a leste do Egito, na direção de Assur. Ali, viveram em franca oposição a todos os seus parentes.[a]

O NASCIMENTO DE ESAÚ E JACÓ

19 Este é o relato da família de Isaque, filho de Abraão. 20 Quando Isaque tinha 40 anos, casou-se com Rebeca, filha de Betuel, o arameu de Padã-Arã, e irmã de Labão, o arameu.

21 Isaque orou ao SENHOR em favor de sua mulher, pois ela não podia ter filhos. O SENHOR ouviu a oração de Isaque, e Rebeca ficou grávida de gêmeos. 22 Os dois bebês lutavam um com o outro no ventre da mãe, de modo que ela consultou o SENHOR a esse respeito. "Por que isso está acontecendo comigo?", perguntou ela.

23 O SENHOR respondeu: "Os filhos em seu ventre se tornarão duas nações. Desde o começo, elas serão rivais. Uma nação será mais forte que a outra, e seu filho mais velho servirá a seu filho mais novo".

24 Quando chegou a hora de dar à luz, Rebeca descobriu que, de fato, eram gêmeos. 25 O primeiro a nascer era ruivo e coberto de pelos; por isso o chamaram de Esaú.[b] 26 Depois, nasceu o outro gêmeo, com a mão agarrada ao calcanhar de Esaú; por isso o chamaram de Jacó.[c] Isaque tinha 60 anos quando os gêmeos nasceram.

ESAÚ VENDE SEU DIREITO DE FILHO MAIS VELHO

27 Os meninos cresceram. Esaú se tornou um caçador habilidoso que vivia ao ar

[a] **25.18** O significado do hebraico é incerto.
[b] **25.25** O som do nome *Esaú* é semelhante ao de um termo hebraico que significa "pelo".
[c] **25.26** O som do nome *Jacó* é semelhante ao dos termos hebraicos para "calcanhar" e "enganador".

livre, enquanto Jacó era mais pacato e preferia ficar em casa. 28 Isaque amava Esaú porque gostava de comer a carne de caça que ele trazia, mas Rebeca amava Jacó.

29 Certo dia, quando Jacó preparava um ensopado, Esaú chegou do deserto, exausto e faminto. 30 "Estou faminto!", disse ele a Jacó. "Dê-me um pouco desse ensopado vermelho!" (Por isso Esaú também ficou conhecido como Edom.[a])

31 "Está bem", respondeu Jacó. "Mas, em troca, dê-me seus direitos de filho mais velho."

32 "Estou morrendo de fome!", disse Esaú. "De que me servem meus direitos de filho mais velho?"

33 Mas Jacó disse: "Primeiro, jure que seus direitos de filho mais velho agora são meus". Esaú fez um juramento e, desse modo, vendeu todos os seus direitos de filho mais velho a seu irmão, Jacó.

34 Então Jacó deu a Esaú um pedaço de pão e o ensopado de lentilhas. Esaú comeu, levantou-se e foi embora. Assim, ele desprezou seu direito de filho mais velho.

ISAQUE MENTE PARA ABIMELEQUE

26 Uma fome terrível atingiu a região, como havia acontecido antes no tempo de Abraão. Por isso, Isaque se mudou para Gerar, onde vivia Abimeleque, rei dos filisteus.

2 O Senhor apareceu a Isaque e disse: "Não desça ao Egito. Faça o que eu mandar. 3 Habite aqui como estrangeiro, e eu estarei com você e o abençoarei. Com isso, confirmo que darei todas estas terras a você e a seus descendentes, conforme prometi solenemente a Abraão, seu pai. 4 Farei que seus descendentes sejam tão numerosos quanto as estrelas do céu e darei a eles todas estas terras. Por meio de sua descendência, todas as nações da terra serão abençoadas. 5 Farei isso porque Abraão me deu ouvidos e obedeceu ao que lhe ordenei: meus mandamentos, decretos e instruções". 6 Portanto, Isaque ficou em Gerar.

7 Quando os homens que viviam na região perguntaram a Isaque sobre Rebeca, sua mulher, ele disse: "É minha irmã". Teve medo de dizer "É minha mulher", pois pensou: "Ela é tão bonita que os homens vão me matar por causa dela". 8 Algum tempo depois, porém, Abimeleque, rei dos filisteus, olhou pela janela e viu Isaque acariciar Rebeca.

9 No mesmo instante, Abimeleque mandou chamar Isaque e exclamou: "É evidente que ela é sua mulher! Por que você disse que era sua irmã?".

"Porque tive medo que alguém me matasse por causa dela", respondeu Isaque.

10 "Como você pôde fazer uma coisa dessas conosco?", exclamou Abimeleque. "Um dos meus homens poderia ter tomado sua mulher e dormido com ela e, por sua causa, seríamos culpados de grande pecado!"

11 Então Abimeleque declarou a todo o povo: "Quem tocar neste homem ou em sua mulher será executado!".

CONFLITO PELO USO DA ÁGUA

12 Naquele ano, quando Isaque plantou lavouras, colheu cem vezes mais cereais do que havia semeado, pois o Senhor o abençoou. 13 Isaque prosperou e se tornou rico e influente. 14 Adquiriu tantos rebanhos de ovelhas e bois e tantos servos que os filisteus o invejaram. 15 Por isso, os filisteus fecharam com terra todos os poços de Isaque, que tinham sido cavados pelos servos de seu pai, Abraão.

16 Por fim, Abimeleque ordenou que Isaque deixasse aquela terra. "Vá para outro lugar", disse ele. "Você se tornou poderoso demais para nós."

17 Então Isaque partiu de onde estava e se estabeleceu no vale de Gerar, onde armou suas tendas. 18 Reabriu os poços que seu pai havia cavado e que os filisteus haviam fechado depois da morte de Abraão e lhes deu os mesmos nomes que Abraão tinha dado.

19 Os servos de Isaque também cavaram no vale de Gerar e encontraram uma fonte de água corrente. 20 Contudo, os pastores de Gerar entraram em conflito com os pastores de Isaque. "Esta água é nossa!", diziam eles. Por isso, Isaque chamou o poço de Eseque.[b] 21 Em seguida, os homens de Isaque cavaram outro poço,

[a] **25.30** *Edom* significa "vermelho".

[b] **26.20** *Eseque* significa "discussão".

mas, novamente, houve conflito por causa dele. Por isso, Isaque o chamou de Sitna.[a] 22 Isaque abandonou esse poço e mandou cavar outro mais adiante. Dessa vez, ninguém discutiu por causa dele, de modo que Isaque o chamou de Reobote,[b] pois disse: "Finalmente o SENHOR criou espaço suficiente para prosperarmos nesta terra!".

23 Dali, Isaque se mudou para Berseba, 24 onde o SENHOR lhe apareceu na noite de sua chegada e disse: "Eu sou o Deus de seu pai, Abraão. Não tenha medo, pois estou com você e o abençoarei. Multiplicarei seus descendentes, e eles se tornarão uma grande nação. Farei isso por causa da minha promessa ao meu servo, Abraão". 25 Isaque construiu ali um altar e invocou o nome do SENHOR. Armou acampamento naquele local, e seus servos cavaram outro poço.

A ALIANÇA DE ISAQUE COM ABIMELEQUE

26 Certo dia, o rei Abimeleque veio de Gerar com Auzate, seu conselheiro, e com Ficol, comandante do seu exército. 27 "Por que vocês vieram?", perguntou Isaque. "É evidente que me odeiam, já que me expulsaram de sua terra."

28 Eles responderam: "Podemos ver claramente que o SENHOR está com você. Por isso, queremos fazer com você um acordo sob juramento, uma aliança. 29 Jure que não nos fará mal, assim como nós nunca lhe fizemos mal. Sempre o tratamos bem e o despedimos em paz. E agora, veja como o SENHOR o abençoou!".

30 Então Isaque lhes preparou um banquete, e eles comeram e beberam juntos. 31 Logo cedo, na manhã seguinte, cada um fez o juramento solene de não interferir com o outro. Isaque se despediu deles, e partiram em paz.

32 Naquele mesmo dia, os servos de Isaque vieram lhe falar de um novo poço que tinham cavado. "Encontramos água!", exclamaram. 33 Por isso, Isaque chamou o poço de Seba.[c] E, até hoje, a cidade que se formou ali é conhecida como Berseba.[d]

34 Quando Esaú tinha 40 anos, casou-se com duas mulheres hititas: Judite, filha de Beeri, e Basemate, filha de Elom. 35 Essas duas mulheres causaram grande desgosto a Isaque e Rebeca.

JACÓ ROUBA A BÊNÇÃO DE ESAÚ

27 Certo dia, quando Isaque era velho e estava ficando cego, chamou Esaú, seu filho mais velho: "Meu filho!".

Esaú respondeu: "Aqui estou!".

2 Isaque disse: "Estou velho e não sei quando vou morrer. 3 Pegue suas armas, o arco e as flechas, e vá ao campo caçar um animal para mim. 4 Depois, prepare meu prato favorito e traga-o aqui para eu comer. Então pronunciarei a bênção que pertence a você, meu filho mais velho, antes de eu morrer".

5 Rebeca, porém, ouviu o que Isaque tinha dito a seu filho Esaú. Quando Esaú saiu para caçar, 6 ela disse a seu filho Jacó: "Ouvi seu pai dizer a Esaú: 7 'Traga-me uma carne de caça e prepare-me uma refeição saborosa. Então abençoarei você na presença do SENHOR antes de eu morrer'. 8 Agora, meu filho, preste atenção e faça exatamente o que lhe direi. 9 Vá ao rebanho e traga-me dois dos melhores cabritos. Eu os usarei para preparar o prato favorito de seu pai. 10 Depois, leve a comida para seu pai, para que ele a coma e o abençoe antes de morrer".

11 Jacó respondeu a Rebeca: "Mas meu irmão Esaú é peludo, enquanto eu tenho pele lisa. 12 E se meu pai me tocar? Perceberá que estou tentando enganá-lo e, em vez de me abençoar, me amaldiçoará!".

13 Sua mãe, porém, respondeu: "Que caia sobre mim essa maldição, meu filho! Apenas faça o que lhe digo. Vá e traga-me os cabritos".

14 Jacó foi e trouxe os cabritos para sua mãe. Rebeca os usou para preparar uma refeição saborosa, do jeito que Isaque gostava. 15 Em seguida, pegou as roupas prediletas de Esaú que estavam na casa dela e as entregou a Jacó, seu filho mais novo. 16 Com a pele dos cabritos, cobriu-lhe os braços e a parte lisa do pescoço. 17 Depois, entregou-lhe a refeição saborosa, acompanhada do pão que havia acabado de assar.

---

[a] **26.21** *Sitna* significa "hostilidade".
[b] **26.22** *Reobote* significa "lugar espaçoso".
[c] **26.33a** *Seba* significa "juramento".
[d] **26.33b** *Berseba* significa "poço do juramento".

18 Jacó levou a comida para o pai e disse:
"Meu pai?".
"Sim, meu filho", respondeu Isaque.
"Quem é você, Esaú ou Jacó?"
19 Jacó disse: "Sou Esaú, seu filho mais
velho. Fiz o que o senhor mandou. Aqui
está a carne de caça. Sente-se e coma, para
que me dê sua bênção".
20 Isaque perguntou: "Como encontrou a
caça tão depressa, meu filho?".
Jacó respondeu: "O Senhor, seu Deus, a
colocou no meu caminho".
21 Então Isaque disse a Jacó: "Chegue
mais perto, para que eu possa tocá-lo e ter
certeza de que você é mesmo Esaú". 22 Jacó
se aproximou do pai, e Isaque o tocou e
disse: "A voz é de Jacó, mas as mãos são
de Esaú". 23 Não o reconheceu, porém, pois
as mãos de Jacó estavam peludas, como as
de Esaú. Assim, Isaque se preparou para
abençoar Jacó. 24 "Mas você é mesmo meu
filho Esaú?", perguntou ele.
"Sim, eu sou", respondeu Jacó.
25 Então Isaque disse: "Agora, meu fi-
lho, traga-me a carne de caça. Depois
que comer, eu lhe darei a minha bênção".
Jacó trouxe a comida para o pai, e Isaque
comeu. Também bebeu o vinho que
Jacó lhe serviu. 26 Por fim, Isaque disse a
Jacó: "Aproxime-se, por favor, e dê-me um
beijo, meu filho".
27 Jacó se aproximou e o beijou. Quando
Isaque sentiu o cheiro das roupas, final-
mente abençoou o filho. Disse: "Ah! O chei-
ro de meu filho é como o cheiro do campo
que o Senhor abençoou!

28 "Do orvalho do céu
e da riqueza da terra,
Deus lhe conceda fartas
colheitas de cereais
e vinho novo de sobra.
29 Que muitas nações o sirvam
e se curvem à sua frente.
Que você seja senhor
de seus irmãos
e os filhos de sua mãe se
curvem à sua frente.
Todos que o amaldiçoarem
serão amaldiçoados,
e todos que o abençoarem
serão abençoados".

30 Assim que Isaque terminou de aben-
çoar Jacó, e logo depois de Jacó ter saído da
presença de seu pai, Esaú voltou da caçada.
31 Preparou uma refeição saborosa, levou-a
para seu pai e disse: "Sente-se, meu pai, e
coma da minha caça, para me abençoar".
32 Isaque lhe perguntou: "Quem é você?".
Ele respondeu: "Sou Esaú, seu filho mais
velho".
33 Isaque começou a tremer incontrolavel-
mente e disse: "Então quem me serviu a
carne de caça? Acabei de comê-la, pouco
antes de você chegar, e abençoei quem a
trouxe. Essa bênção deve permanecer!".
34 Quando Esaú ouviu as palavras do
pai, soltou um forte grito amargurado e
suplicou: "Ah, meu pai, e eu? Abençoe-me
também!".
35 Mas Isaque disse: "Seu irmão esteve
aqui e me enganou. Levou embora a bên-
ção que pertencia a você!".
36 Esaú exclamou: "Não é de admirar que
ele se chame Jacó, pois é a segunda vez
que me engana.[a] Primeiro, tomou meus
direitos de filho mais velho e, agora, rou-
bou minha bênção. O senhor não guardou
uma bênção sequer para mim?".
37 Isaque disse a Esaú: "Fiz de Jacó o seu
senhor e declarei que todos os irmãos dele
o servirão. Garanti a ele fartura de cereais
e vinho. O que me resta para dar a você,
meu filho?".
38 Esaú suplicou: "Por acaso o senhor
tem apenas uma bênção? Ah, meu pai,
abençoe-me também!". Então Esaú cho-
rou em alta voz.
39 Por fim, seu pai, Isaque, lhe disse:

"Você viverá longe
das riquezas da terra
e longe do orvalho do alto céu.
40 Viverá por sua espada
e servirá a seu irmão.
Quando, porém, conseguir se libertar,
sacudirá do pescoço esse jugo".

JACÓ FOGE PARA PADÃ-ARÃ

41 Daquele momento em diante, Esaú pas-
sou a odiar Jacó porque seu pai o havia
abençoado. Começou a tramar: "Em breve

[a] **27.36** Ver nota de 25.26.

meu pai morrerá. Então, matarei meu irmão Jacó".

42 Quando Rebeca soube das intenções de Esaú, mandou chamar Jacó e lhe disse: "Ouça, Esaú se consola com planos para matar você. 43 Portanto, preste atenção, meu filho. Apronte-se e fuja para a casa de meu irmão Labão, em Harã. 44 Fique lá até que diminua a fúria de seu irmão. 45 Quando ele se acalmar e se esquecer do que você lhe fez, mandarei buscá-lo. Por que eu perderia meus dois filhos no mesmo dia?".

46 Depois, Rebeca disse a Isaque: "Estou cansada dessas mulheres hititas que vivem aqui! Prefiro morrer a ver Jacó se casar com uma delas!".

28 Então Isaque mandou chamar Jacó, o abençoou e disse: "Não se case com uma mulher cananeia. 2 Em vez disso, vá de imediato a Padã-Arã, à casa de seu avô Betuel, e case-se com uma das filhas de seu tio Labão. 3 Que o Deus Todo-poderoso[a] o abençoe e lhe dê muitos filhos, e que eles se multipliquem e venham a ser muitas nações. 4 Que Deus dê a você e a seus descendentes as bênçãos que ele prometeu a Abraão. Que você venha a possuir esta terra na qual vive agora como estrangeiro, pois Deus entregou esta terra a Abraão".

5 Assim, Isaque se despediu de Jacó, que foi a Padã-Arã morar com seu tio Labão, irmão de Rebeca, filho de Betuel, o arameu.

6 Esaú soube que seu pai, Isaque, havia abençoado Jacó e o enviado a Padã-Arã para encontrar uma esposa e que, ao abençoá-lo, tinha advertido a seu irmão: "Não se case com uma mulher cananeia". 7 Também soube que Jacó havia obedecido aos pais e ido a Padã-Arã. 8 Quando ficou evidente que seu pai não aprovava as mulheres cananeias, 9 Esaú foi visitar a família de seu tio Ismael e, além das duas mulheres cananeias com as quais havia se casado, tomou para si uma das filhas de Ismael. O nome de sua nova mulher era Maalate, irmã de Nebaiote e filha de Ismael, filho de Abraão.

O SONHO DE JACÓ EM BETEL

10 Nesse meio-tempo, Jacó partiu de Berseba e rumou para Harã. 11 Quando o sol se pôs, chegou a um bom local para acampar e ali passou a noite. Encontrou uma pedra para descansar a cabeça e se deitou para dormir. 12 Enquanto dormia, sonhou com uma escada que ia da terra ao céu e viu os anjos de Deus, que subiam e desciam pela escada.

13 No topo da escada estava o Senhor, que lhe disse: "Eu sou o Senhor, o Deus de seu avô, Abraão, e o Deus de seu pai, Isaque. A terra na qual você está deitado lhe pertence. Eu a darei a você e a seus descendentes. 14 Seus descendentes serão tão numerosos quanto o pó da terra! Eles se espalharão por todas as direções: leste e oeste, norte e sul. E todas as famílias da terra serão abençoadas por seu intermédio e de sua descendência. 15 Além disso, estarei com você e o protegerei aonde quer que vá. Um dia, trarei você de volta a esta terra. Não o deixarei enquanto não tiver terminado de lhe dar tudo que prometi".

16 Então Jacó acordou e disse: "Certamente o Senhor está neste lugar, e eu não havia percebido!". 17 Contudo, também teve medo e disse: "Como é temível este lugar! Não é outro, senão a casa de Deus; é a porta para os céus!".

18 Na manhã seguinte, Jacó se levantou bem cedo. Pegou a pedra na qual havia descansado a cabeça, colocou-a em pé, como coluna memorial, e derramou azeite de oliva sobre ela. 19 Chamou o lugar de Betel,[b] embora anteriormente se chamasse Luz.

20 Então Jacó fez o seguinte voto: "Se, de fato, Deus for comigo e me proteger nesta jornada, se ele me providenciar alimento e roupa, 21 e se eu voltar são e salvo à casa de meu pai, então o Senhor certamente será o meu Deus. 22 E esta coluna memorial que eu levantei será um lugar de adoração a Deus, e eu entregarei a Deus a décima parte de tudo que ele me der".

JACÓ CHEGA A PADÃ-ARÃ

29 Jacó seguiu viagem e, por fim, chegou à terra do leste. 2 Viu um poço

[a] **28.3** Em hebraico, *El-Shaddai*.

[b] **28.19** *Betel* significa "casa de Deus".

ao longe e, junto ao poço, no campo, três rebanhos de ovelhas, à espera de que lhes dessem água. Uma pedra pesada cobria a boca do poço.

3 Era costume naquele lugar esperar que todos os rebanhos chegassem para, então, remover a pedra e dar água aos animais. Depois, a pedra era recolocada na boca do poço. 4 Jacó se aproximou dos pastores e perguntou: "De onde vocês são, amigos?".

"Somos de Harã", disseram eles.

5 "Conhecem um homem chamado Labão, neto de Naor?", perguntou Jacó.

"Sim, conhecemos", responderam eles.

6 "Ele vai bem?", perguntou Jacó.

"Sim, vai bem", disseram. "Olhe, ali vem Raquel, filha dele, com o rebanho."

7 Jacó disse: "Ainda é dia claro, cedo demais para recolher os animais. Por que vocês não dão de beber às ovelhas, para que elas possam voltar a pastar?".

8 "Não podemos dar de beber aos animais enquanto não chegarem todos os rebanhos", responderam. "Só então os pastores removem a pedra da boca do poço e damos de beber a todas as ovelhas."

9 Jacó ainda conversava com eles quando Raquel chegou com o rebanho de seu pai, pois era pastora. 10 Uma vez que Raquel era sua prima, filha de Labão, irmão de sua mãe, e as ovelhas pertenciam a seu tio Labão, Jacó foi até o poço, removeu a pedra que o cobria e deu de beber ao rebanho de seu tio. 11 Então Jacó beijou Raquel e chorou em alta voz. 12 Explicou para Raquel que era seu primo por parte do pai dela e filho de Rebeca, tia dela. Raquel foi correndo contar a seu pai, Labão.

13 Assim que Labão soube que seu sobrinho Jacó havia chegado, correu ao seu encontro. Ele o abraçou, o beijou e o levou para casa. Depois que Jacó lhe contou sua história, 14 Labão exclamou: "Você é, de fato, sangue do meu sangue!".

JACÓ SE CASA COM LIA E RAQUEL

Quando Jacó estava na casa de Labão havia cerca de um mês, 15 Labão lhe disse: "Você não deve trabalhar de graça para mim só porque somos parentes. Diga-me qual deve ser o seu salário".

16 Labão tinha duas filhas. A mais velha se chamava Lia, e a mais nova, Raquel. 17 Os olhos de Lia eram sem brilho,[a] mas Raquel tinha bela aparência e rosto atraente. 18 Visto que Jacó estava apaixonado por Raquel, disse a Labão: "Trabalharei para o senhor por sete anos se me der Raquel, sua filha mais nova, para ser minha esposa".

19 "Melhor entregá-la a você do que a qualquer outro", respondeu Labão. "Fique aqui e trabalhe comigo." 20 Então Jacó trabalhou sete anos por Raquel. Ele a amava tanto que lhe pareceram apenas alguns dias.

21 Chegada a hora, Jacó disse a Labão. "Cumpri minha parte do acordo. Agora, dê-me minha esposa, para que eu me deite com ela."

22 Labão convidou toda a vizinhança e preparou uma grande festa de casamento. 23 À noite, porém, quando estava escuro, Labão tomou Lia e a entregou a Jacó, e Jacó se deitou com ela. 24 (Labão deu sua serva Zilpa a Lia para servi-la.)

25 Na manhã seguinte, quando Jacó acordou, viu que era Lia. Então Jacó perguntou a Labão: "O que o senhor fez comigo? Trabalhei sete anos por Raquel! Por que o senhor me enganou?".

26 Labão respondeu: "Aqui não é costume casar a filha mais nova antes da mais velha. 27 Espere, contudo, até terminar a semana de núpcias, e eu também lhe entregarei Raquel, desde que você prometa trabalhar mais sete anos para mim".

28 Jacó concordou em trabalhar mais sete anos. Uma semana depois de Jacó ter se casado com Lia, Labão lhe entregou Raquel. 29 (Labão deu sua serva Bila a Raquel para servi-la.) 30 Jacó se deitou também com Raquel, a quem ele amava muito mais que a Lia. Então permaneceu ali e trabalhou mais sete anos para Labão.

OS FILHOS DE JACÓ

31 Quando o Senhor viu que Lia não era amada, permitiu que ela tivesse filhos; Raquel, porém, era estéril. 32 Lia engravidou e deu à luz um filho. Chamou-o de Rúben,[b]

[a] **29.17** Ou *Lia tinha olhos apagados*, ou *Lia tinha olhos meigos*. O significado do hebraico é incerto.

[b] **29.32** *Rúben* significa "Veja, um filho!". O som do nome *Rúben* é semelhante à expressão hebraica que significa "Ele viu minha infelicidade".

pois disse: "O SENHOR viu minha infelicidade, e agora meu marido me amará".
33 Pouco tempo depois, Lia engravidou novamente e deu à luz outro filho. Chamou-o de Simeão,[a] pois disse: "O SENHOR ouviu que eu não era amada e me deu outro filho".

34 Lia engravidou pela terceira vez e deu à luz outro filho. Chamou-o de Levi,[b] pois disse: "Certamente, desta vez meu marido terá afeição por mim, pois lhe dei três filhos!".

35 Lia engravidou mais uma vez e deu à luz outro filho. Chamou-o de Judá,[c] pois disse: "Agora louvarei ao SENHOR!". Então, parou de ter filhos.

30 Quando Raquel viu que não dava filhos a Jacó, teve inveja da irmã e implorou a Jacó: "Dê-me filhos, ou morrerei!".
2 Jacó se enfureceu com Raquel. "Por acaso sou Deus?", perguntou ele. "Foi ele que não permitiu que você tivesse filhos!"
3 Raquel lhe disse: "Tome minha serva Bila e deite-se com ela. Ela dará à luz filhos em meu lugar[d] e, por meio dela, também terei uma família". 4 Então Raquel entregou sua serva Bila a Jacó por mulher, e Jacó se deitou com ela. 5 Bila engravidou e deu um filho a Jacó. 6 Raquel o chamou de Dã,[e] pois disse: "Deus me fez justiça! Ouviu meu pedido e me deu um filho!". 7 Bila engravidou novamente e deu a Jacó o segundo filho. 8 Raquel o chamou de Naftali,[f] pois disse: "Tive uma luta intensa com minha irmã e venci!".
9 Quando Lia percebeu que tinha parado de engravidar, tomou sua serva Zilpa e a entregou a Jacó por mulher. 10 Pouco tempo depois, Zilpa deu um filho a Jacó. 11 Lia o chamou de Gade,[g] pois disse: "Como sou afortunada!". 12 Então Zilpa deu a Jacó o segundo filho. 13 Lia o chamou de Aser,[h] pois disse: "Como estou alegre! Agora as outras mulheres celebrarão comigo".

14 Certo dia, durante a colheita do trigo, Rúben encontrou algumas mandrágoras que cresciam no campo e as trouxe para Lia, sua mãe. Raquel suplicou a Lia: "Por favor, dê-me algumas das mandrágoras de seu filho".
15 Lia, porém, respondeu: "Não basta ter roubado meu marido? Agora também quer roubar as mandrágoras de meu filho?".
Raquel propôs: "Em troca de algumas mandrágoras, deixarei que Jacó se deite com você esta noite".
16 Ao entardecer, quando Jacó estava voltando do campo, Lia foi ao seu encontro e disse: "Esta noite você deve se deitar comigo. Paguei por você com algumas mandrágoras que meu filho encontrou". Assim, naquela noite Jacó se deitou com Lia. 17 Deus respondeu às orações de Lia, que engravidou novamente e deu a Jacó o quinto filho. 18 Chamou-o de Issacar,[i] pois disse: "Deus me recompensou porque entreguei minha serva por mulher a meu marido". 19 Lia engravidou outra vez e deu a Jacó o sexto filho. 20 Chamou-o de Zebulom,[j] pois disse: "Deus me deu uma boa recompensa. Agora meu marido me tratará com respeito, porque lhe dei seis filhos". 21 Depois, Lia deu à luz uma filha e a chamou de Diná.
22 Então Deus se lembrou de Raquel e, em resposta a suas orações, permitiu que ela se tornasse fértil. 23 Ela engravidou e deu à luz um filho. "Deus tirou a minha humilhação", declarou, 24 e o chamou de José,[k] pois disse: "Que o SENHOR me acrescente ainda outro filho!".

AS RIQUEZAS DE JACÓ AUMENTAM

25 Logo depois que Raquel deu à luz José, Jacó disse a Labão: "Por favor, libere-me para que eu volte à minha terra natal. 26 Permita-me levar minhas mulheres e meus filhos, pelos quais o servi, e deixe-me partir. O senhor sabe muito bem como trabalhei arduamente a seu serviço".
27 Labão respondeu: "Se mereço seu favor, fique. Eu enriqueci, pois[l] o SENHOR me abençoou por sua causa. 28 Diga-me qual

[a] **29.33** *Simeão* provavelmente significa "aquele que ouve".
[b] **29.34** O som do nome *Levi* é semelhante ao termo hebraico que significa "ser apegado" ou "ter afeição por".
[c] **29.35** O nome *Judá* é relacionado ao termo hebraico para "louvor".
[d] **30.3** Em hebraico, *dará à luz nos meus joelhos.*
[e] **30.6** *Dã* significa "ele julgou" ou "ele vindicou".
[f] **30.8** *Naftali* significa "minha luta".
[g] **30.11** *Gade* significa "boa fortuna".
[h] **30.13** *Aser* significa "feliz".
[i] **30.18** O som do nome *Issacar* é semelhante ao do termo hebraico que significa "recompensa".
[j] **30.20** *Zebulom* provavelmente significa "honra".
[k] **30.24** *José* significa "que ele acrescente".
[l] **30.27** Ou *Eu descobri por meio de adivinhação que.*

será seu salário e, qualquer que seja o valor, eu lhe pagarei".

29 Jacó respondeu: "O senhor sabe como trabalhei arduamente a seu serviço e como seus rebanhos cresceram sob meus cuidados. 30 De fato, o senhor tinha pouco antes de eu chegar, mas sua riqueza aumentou consideravelmente. O SENHOR o abençoou por meio de tudo que eu fiz. Mas e quanto a mim? Quando começarei a cuidar de minha própria família?".

31 "Quanto quer receber de salário?", perguntou Labão mais uma vez.

Jacó respondeu: "Não me dê coisa alguma. Se o senhor fizer o que lhe direi, continuarei a cuidar de seus rebanhos: 32 deixe-me inspecionar seus rebanhos hoje e remover todas as ovelhas e cabras salpicadas e malhadas, além de todas as ovelhas pretas. Elas serão o meu salário. 33 No futuro, quando o senhor conferir os animais que me deu como salário, verá que fui honesto. Se encontrar em meu rebanho alguma cabra que não seja salpicada ou malhada, ou alguma ovelha que não seja preta, saberá que as roubei do senhor".

34 "Está bem", respondeu Labão. "Será como você diz." 35 Naquele mesmo dia, porém, Labão saiu e tirou do rebanho todos os bodes listrados e malhados, todas as cabras salpicadas e malhadas ou com manchas brancas, e todas as ovelhas pretas. Colocou os animais sob os cuidados de seus filhos, 36 que os levaram a um lugar a três dias de viagem de onde Jacó estava. Assim, Jacó ficou e tomou conta do resto do rebanho de Labão.

37 Então Jacó pegou alguns galhos verdes de álamo, amendoeira e plátano e removeu tiras das cascas, formando listras brancas nos galhos. 38 Em seguida, colocou os galhos descascados junto aos bebedouros onde os rebanhos iam beber água, pois era ali que se acasalavam. 39 Quando se acasalavam diante desses galhos descascados com listras brancas, davam crias listradas, salpicadas e malhadas. 40 Jacó separava esses cordeiros do rebanho de Labão. Na época do cio, colocava o rebanho de frente para os animais listrados e pretos de Labão. Assim, Jacó foi formando seu próprio rebanho, que mantinha separado do de Labão.

41 Sempre que as fêmeas mais fortes estavam no cio, Jacó colocava os galhos descascados nos bebedouros em frente delas, para que se acasalassem diante dos galhos. 42 Não fazia o mesmo, porém, com as fêmeas mais fracas, de modo que as crias mais fracas ficavam com Labão, e as mais fortes, com Jacó. 43 O resultado foi que Jacó se tornou muito rico, dono de grandes rebanhos e também de servos e servas e muitos camelos e jumentos.

JACÓ FOGE DE LABÃO

31 Logo, porém, Jacó percebeu que os filhos de Labão estavam reclamando dele: "Jacó roubou tudo que era de nosso pai! À custa de nosso pai, adquiriu toda a sua riqueza!". 2 Jacó também começou a notar uma mudança na atitude de Labão para com ele.

3 Então o SENHOR disse a Jacó: "Volte para a terra de seu pai e de seu avô, a terra de seus parentes, e eu estarei com você".

4 Jacó mandou chamar Raquel e Lia ao campo onde ele cuidava de seus rebanhos 5 e disse a elas: "Notei que seu pai mudou de atitude em relação a mim. O Deus de meu pai, porém, tem estado comigo. 6 Vocês sabem como tenho trabalhado arduamente a serviço de seu pai. 7 Contudo, ele me enganou e mudou meu salário dez vezes. Mas Deus não permitiu que ele me prejudicasse. 8 Se ele dizia: 'Os salpicados serão o seu salário', o rebanho começava a dar crias salpicadas. E, quando mudava de ideia e dizia: 'Os listrados serão o seu salário', então o rebanho inteiro dava crias listradas. 9 Desse modo, Deus tirou os animais de seu pai e os deu a mim.

10 "Certa vez, na época do acasalamento, tive um sonho e vi que os bodes que se acasalavam com as cabras eram listrados, salpicados e malhados. 11 Então, em meu sonho, o anjo de Deus me disse: 'Jacó!'. E eu respondi: 'Aqui estou!'.

12 "E o anjo disse: 'Levante os olhos e você verá que apenas os machos listrados, salpicados e malhados estão se acasalando com as fêmeas de seu rebanho, pois vejo como Labão tem tratado você. 13 Eu sou o Deus que lhe apareceu em Betel,[a] o lugar onde você ungiu a colu-

[a] **31.13** Conforme a Septuaginta e um targum aramaico;

na de pedra e fez seu voto a mim. Agora, apronte-se, saia desta terra e volte à sua terra natal'".

14 Raquel e Lia responderam: "Da nossa parte, tudo bem! Afinal, não herdaremos coisa alguma da riqueza de nosso pai. 15 Ele reduziu nossos direitos aos mesmos que têm as mulheres estrangeiras. Depois que nos vendeu, desperdiçou todo o dinheiro que você pagou por nós. 16 Toda a riqueza que Deus tirou de nosso pai e deu a você é, por direito, nossa e de nossos filhos. Por isso, faça o que Deus ordenou".

17 Então Jacó montou suas mulheres e seus filhos em camelos 18 e conduziu adiante todos os seus rebanhos. Juntou todos os bens que havia adquirido em Padã-Arã e partiu para a terra de Canaã, onde vivia Isaque, seu pai. 19 Quando partiram, Labão estava num lugar afastado, tosquiando suas ovelhas. Raquel roubou os ídolos da casa que pertenciam a seu pai e os levou consigo. 20 Assim, Jacó enganou Labão, o arameu, partindo sem avisá-lo de que iam embora. 21 Jacó levou todos os seus bens e atravessou o rio Eufrates,[a] rumo à região montanhosa de Gileade.

CONFLITO ENTRE LABÃO E JACÓ

22 Três dias depois, Labão foi informado de que Jacó havia fugido. 23 Reuniu um grupo de parentes e saiu em perseguição a Jacó. Sete dias depois o alcançou, na região montanhosa de Gileade. 24 Na noite anterior, porém, Deus havia aparecido em sonho a Labão, o arameu, e dito a ele: "Estou avisando: deixe Jacó em paz!".

25 Labão o alcançou enquanto Jacó estava acampado na região montanhosa de Gileade e armou seu acampamento ali perto. 26 "O que você fez?", perguntou Labão. "Como ousou me enganar e levar minhas filhas embora, como se fossem prisioneiras de guerra? 27 Por que fugiu em segredo? Por que me enganou? E por que não avisou que desejava partir? Eu lhe teria dado uma festa de despedida, com canções e música, ao som de tamborins e harpas. 28 Por que não me deixou beijar minhas filhas e meus netos e me despedir deles? Você agiu de forma extremamente tola! 29 Eu poderia destruí-lo, mas o Deus de seu pai me apareceu ontem à noite e me advertiu: 'Deixe Jacó em paz!'. 30 Entendo sua vontade de partir e seu desejo de voltar à casa de seu pai. Mas por que roubou meus deuses?"

31 Jacó respondeu: "Fugi porque tive medo. Pensei que o senhor tiraria suas filhas de mim à força. 32 Quanto a seus deuses, veja se consegue encontrá-los, e quem os tiver roubado deve morrer! Se encontrar qualquer outra coisa que lhe pertença, identifique-a diante de todos estes nossos parentes, e eu a devolverei". Jacó, porém, não sabia que Raquel havia roubado os ídolos da casa.

33 Labão foi procurar primeiro na tenda de Jacó e, depois, nas tendas de Lia e das duas servas, mas nada encontrou. Por fim, entrou na tenda de Raquel. 34 Acontece que Raquel havia pego os ídolos da casa e os escondido na sela do seu camelo, e estava sentada em cima deles. Quando Labão terminou de vasculhar toda a sua tenda sem encontrar os ídolos, 35 Raquel disse ao pai: "Por favor, perdoe-me por não me levantar para o senhor, mas estou em meu período menstrual". Labão continuou a busca, mas não encontrou os ídolos da casa.

36 Jacó se enfureceu e discutiu com Labão. "Qual foi o meu crime?", perguntou ele. "O que fiz de errado para o senhor me perseguir como se eu fosse um criminoso? 37 O senhor vasculhou todos os meus bens. Por acaso encontrou algum objeto que lhe pertença? Coloque-o aqui, diante de nossos parentes, para que todos vejam. Que eles julguem entre nós dois!

38 "Estive vinte anos com o senhor, cuidando de seus rebanhos. Ao longo de todo esse tempo, suas ovelhas e cabras nunca abortaram. Não me servi de um carneiro sequer de seu rebanho para alimento. 39 Quando algum deles era despedaçado por um animal selvagem, eu nunca lhe mostrava a carcaça. Não, eu mesmo arcava com o prejuízo! O senhor me obrigava a pagar por todo animal roubado, quer à plena luz do dia, quer na escuridão da noite.

40 "Trabalhei para o senhor em dias de calor escaldante e também em noites frias e insones. 41 Sim, por vinte anos trabalhei feito um escravo em sua casa! Trabalhei catorze anos por suas duas filhas e, depois, mais seis anos para formar meu rebanho.

o hebraico traz *o Deus de Betel.*

[a] **31.21** Em hebraico, *o rio.*

E dez vezes o senhor mudou meu salário. 42 De fato, se o Deus de meu pai não estivesse comigo, o Deus de Abraão e o Deus temível de Isaque,[a] o senhor teria me mandado embora de mãos vazias. Mas Deus viu como fui maltratado, apesar de meu árduo trabalho. Por isso ele lhe apareceu na noite passada e o repreendeu!"

O ACORDO ENTRE LABÃO E JACÓ

43 Labão respondeu a Jacó: "Essas mulheres são minhas filhas, as crianças são meus netos, e os rebanhos são meus rebanhos. Na verdade, tudo que você vê é meu. Mas o que posso fazer agora por minhas filhas e pelos filhos delas? 44 Façamos, portanto, você e eu, uma aliança que sirva de testemunho do nosso compromisso".

45 Então Jacó pegou uma pedra e a colocou em pé como monumento. 46 Em seguida, disse aos membros de sua família: "Juntem algumas pedras". Eles pegaram as pedras e as amontoaram. Jacó e Labão se sentaram perto do monte de pedras e fizeram uma refeição para selar a aliança. 47 A fim de comemorar a ocasião, Labão chamou o lugar de Jegar-Saaduta, e Jacó o chamou de Galeede.[b]

48 Labão declarou: "Este monte de pedras servirá de testemunha para nos lembrar da aliança que fizemos hoje". Isso explica por que o lugar foi chamado de Galeede. 49 Também foi chamado de Mispá,[c] pois Labão disse: "Vigie o SENHOR a você e a mim para garantir que guardaremos esta aliança quando estivermos longe um do outro. 50 Se você maltratar minhas filhas ou se casar com outras mulheres, mesmo que ninguém mais veja, Deus verá. Ele é testemunha desta aliança entre nós."

51 "Veja este monte de pedras", prosseguiu Labão. "Veja também este monumento que levantei entre nós dois. 52 Estão entre mim e você como testemunhas dos nossos votos. Nunca atravessarei para o lado de lá do monte de pedras a fim de prejudicá-lo, e você jamais deve atravessar para o lado de cá a fim de prejudicar-me. 53 Invoco o Deus de nossos antepassados, o Deus de seu avô Abraão e o Deus de meu avô Naor, para que sirva de juiz entre nós."

Assim, diante do Deus temível de seu pai Isaque,[d] Jacó jurou respeitar a linha divisória. 54 Então Jacó ofereceu sacrifício a Deus na montanha e convidou todos para a refeição comemorativa. Depois de comerem, passaram a noite ali.

55[e] Na manhã seguinte, Labão se levantou cedo, beijou seus netos e suas filhas e os abençoou. Depois, partiu e voltou para casa.

32 1[f] Quando Jacó seguiu viagem, anjos de Deus vieram encontrar-se com ele. 2 Ao vê-los, Jacó exclamou: "Este é o acampamento de Deus!". Por isso, chamou o lugar de Maanaim.[g]

JACÓ ENVIA PRESENTES A ESAÚ

3 Então Jacó enviou adiante dele mensageiros a seu irmão Esaú, que vivia na região de Seir, na terra de Edom. 4 Disse-lhes: "Deem a seguinte mensagem ao meu senhor Esaú: 'Assim diz seu servo Jacó: Até o momento, estava morando com nosso tio Labão 5 e, agora, tenho bois, jumentos, rebanhos de ovelhas e cabras, além de muitos servos e servas. Enviei estes mensageiros para informar meu senhor da minha chegada, na esperança de que me receba amistosamente'".

6 Depois de transmitirem a mensagem, voltaram a Jacó e lhe disseram: "Estivemos com seu irmão Esaú, e ele está vindo ao seu encontro com um bando de quatrocentos homens!". 7 Quando ouviu a notícia, Jacó ficou apavorado. Dividiu em dois grupos sua família e seus servos, e também os rebanhos, os bois e os camelos, 8 pois pensou: "Se Esaú encontrar um dos grupos e atacá-lo, talvez o outro consiga escapar".

9 Então Jacó orou: "Ó Deus de meu avô, Abraão, e Deus de meu pai, Isaque; ó SENHOR, tu me disseste: 'Volte para sua terra natal, para seus parentes'. E prometeste: 'Tratarei

É fácil ser Jacó, uma pessoa dominada pela carne; difícil é nos abrirmos à transformação divina.

[a] **31.42** Ou *e o Temor de Isaque*.
[b] **31.47** *Jegar-Saaduta* e *Galeede* significam "monte de pedras do testemunho", em aramaico e hebreu, respectivamente.
[c] **31.49** *Mispá* significa "torre de vigia".
[d] **31.53** Ou *do Temor de seu pai, Isaque*.
[e] **31.55** No texto hebraico, o versículo 31.55 é numerado 32.1.
[f] **32.1** No texto hebraico, os versículos 32.1-32 são numerados 32.2-33.
[g] **32.2** *Maanaim* significa "dois acampamentos".

bem de você'. 10 Não sou digno de toda a bon-
dade e fidelidade que tens mostrado a mim,
teu servo. Quando saí de casa e atravessei o
rio Jordão, não possuía nada além de um ca-
jado. Agora, minha família e meus servos for-
mam duas caravanas! 11 Por favor, salva-me
de meu irmão, Esaú. Estou com medo de que
ele venha atacar tanto a mim quanto a mi-
nhas mulheres e meus filhos. 12 Mas tu pro-
meteste: 'Certamente tratarei bem de você e
multiplicarei seus descendentes até que se
tornem tão numerosos quanto a areia à beira
do mar, que não se pode contar' ".

13 Jacó passou a noite ali. Depois, escolheu
entre seus bens os seguintes presentes para
seu irmão, Esaú: 14 duzentas cabras, vinte
bodes, duzentas ovelhas, vinte carneiros,
15 trinta fêmeas de camelo com seus filho-
tes, quarenta vacas, dez touros, vinte jumen-
tas e dez jumentos. 16 Dividiu esses animais
em rebanhos, entregou cada rebanho a um
servo e lhes disse: "Vão à minha frente com
os animais, mas mantenham certa distância
entre os rebanhos".

17 Aos homens encarregados do primei-
ro grupo, deu as seguintes instruções:
"Quando meu irmão, Esaú, se encontrar
com vocês, ele perguntará: 'De quem são
servos? Para onde vão? Quem é o dono des-
tes animais?'. 18 Respondam: 'Eles perten-
cem ao seu servo Jacó, mas são um presente
para Esaú, o senhor dele. Veja, ele está vindo
atrás de nós' ".

19 Jacó deu a mesma instrução aos encar-
regados do segundo e do terceiro grupo e a
todos que seguiam os rebanhos: "Digam a
mesma coisa a Esaú quando o encontrarem,
20 e não se esqueçam de acrescentar: 'Veja,
seu servo Jacó está vindo atrás de nós' ".

Jacó pensou: "Tentarei apaziguá-lo com
os presentes que estou enviando à minha
frente. Quando o vir, quem sabe ele me rece-
berá amistosamente". 21 Assim, os presentes
foram enviados à frente, enquanto Jacó pas-
sou aquela noite no acampamento.

JACÓ LUTA COM DEUS

22 Durante a noite, Jacó se levantou, tomou
suas duas mulheres, suas duas servas e
seus onze filhos e atravessou com eles o rio
Jaboque. 23 Depois de levá-los para a outra
margem, fez passar todos os seus bens.

24 Com isso, Jacó ficou sozinho no acam-
pamento. Veio então um homem, que lu-
tou com ele até o amanhecer. 25 Quando o
homem viu que não poderia vencer, tocou
a articulação do quadril de Jacó e a deslo-
cou. 26 O homem disse: "Deixe-me ir, pois
está amanhecendo!".

Jacó, porém, respondeu: "Não o deixarei
ir enquanto não me abençoar".

27 "Qual é seu nome?", perguntou o ho-
mem.

"Jacó", respondeu ele.

28 O homem disse: "Seu nome não será
mais Jacó. De agora em diante, você se cha-
mará Israel,[a] pois lutou com Deus e com os
homens e venceu".

29 "Por favor, diga-me qual é seu nome",
disse Jacó.

"Por que quer saber meu nome?", repli-
cou o homem. E abençoou Jacó ali.

30 Jacó chamou aquele lugar de Peniel,[b]
pois disse: "Vi Deus face a face e, no entan-
to, minha vida foi poupada". 31 O sol estava
nascendo quando Jacó partiu de Peniel,[c]
mancando por causa do quadril deslocado.
32 (Até hoje, o povo de Israel não come o ten-
dão perto da articulação do quadril, por cau-
sa do que aconteceu naquela noite em que
o homem feriu o tendão do quadril de Jacó.)

A RECONCILIAÇÃO DE JACÓ E ESAÚ

33 Jacó levantou os olhos e viu Esaú
aproximando-se com seus qua-
trocentos homens. Assim, dividiu os fi-
lhos entre Lia, Raquel e as duas servas.
2 Colocou as servas e os filhos delas à fren-
te, Lia e seus filhos em seguida, e Raquel e
José por último. 3 Jacó passou à frente e, ao
aproximar-se de seu irmão, curvou-se até
o chão sete vezes. 4 Esaú correu ao encon-
tro de Jacó e o abraçou; pôs os braços em
volta do pescoço do irmão e o beijou. E os
dois choraram.

5 Então Esaú viu as mulheres e as crian-
ças e perguntou: "Quem são estas pessoas
que estão com você?".

Jacó respondeu: "São os filhos que Deus,
em sua bondade, concedeu a seu servo".

---

[a] **32.28** *Israel* significa "Deus luta".
[b] **32.30** *Peniel* significa "face de Deus".
[c] **32.31** Em hebraico, *Penuel*, variação de Peniel.

6 As servas e seus filhos se aproximaram
e se curvaram diante de Esaú. 7 Em segui-
da, Lia e seus filhos vieram e se curvaram
diante dele. Por fim, José e Raquel se apro-
ximaram e se curvaram diante dele.
8 "E o que eram todos aqueles rebanhos
que encontrei no caminho?", perguntou
Esaú.
Jacó respondeu: "São presentes, meu se-
nhor, para garantir sua amizade".
9 "Meu irmão, eu já tenho muitos bens",
disse Esaú. "Guarde para você o que é seu."
10 Mas Jacó insistiu: "Não! Se obtive seu
favor, peço que aceite meu presente. E que
alívio é ver seu sorriso amigável! É como
ver a face de Deus! 11 Por favor, aceite o
presente que eu lhe trouxe, pois Deus tem
sido muito bondoso comigo. Tenho mais
que suficiente". Diante da insistência de
Jacó, Esaú acabou aceitando o presente.
12 Então Esaú disse: "Vamos andando.
Eu o acompanharei".
13 Jacó, porém, respondeu: "Como meu
senhor pode ver, algumas das crianças
são bem pequenas, e os rebanhos também
têm crias. Se os forçarmos demais, mes-
mo que por um dia, pode ser que os ani-
mais morram. 14 Por favor, meu senhor, vá
adiante do seu servo. Seguiremos mais de-
vagar, em um ritmo que os rebanhos e as
crianças possam acompanhar. Encontrarei
com meu senhor em Seir".
15 "Está bem", disse Esaú. "Mas, pelo me-
nos, permita-me deixar alguns dos meus
homens para acompanhá-lo."
Jacó respondeu: "Não é necessário. Para
mim, ter sido bem recebido por meu se-
nhor já é o bastante!".
16 Esaú deu meia-volta e regressou a
Seir naquele mesmo dia. 17 Jacó, por sua
vez, viajou até Sucote, onde construiu
uma casa para si e abrigos para seus re-
banhos. Por isso, aquele lugar é chamado
de Sucote.[a]
18 Depois de percorrer todo o caminho
desde Padã-Arã, Jacó chegou em seguran-
ça à cidade de Siquém, na terra de Canaã,
e acampou em seus arredores. 19 Jacó com-
prou da família de Hamor, pai de Siquém,
o terreno onde estava acampado, por cem
peças de prata.[b] 20 Ali, construiu um altar e
o chamou de El-Elohe-Israel.[c]

VINGANÇA CONTRA SIQUÉM

34 Certa vez, Diná, filha de Jacó e Lia,
saiu para visitar algumas moças
que viviam na região. 2 O príncipe daquela
terra era Siquém, filho de Hamor, o heveu.
Quando ele viu Diná, a agarrou e a violen-
tou, 3 mas depois apaixonou-se por ela e
tentou conquistar sua afeição com pala-
vras carinhosas. 4 Disse a seu pai, Hamor:
"Consiga-me essa moça, pois quero me ca-
sar com ela".
5 Jacó logo soube que Siquém tinha violen-
tado Diná, sua filha. Mas, como seus filhos
estavam no campo cuidando dos rebanhos,
não disse nada até que eles voltassem.
6 Hamor, pai de Siquém, foi tratar da ques-
tão com Jacó. 7 Nesse meio-tempo, os filhos
de Jacó voltaram do campo assim que sou-
beram o que havia acontecido. Ficaram aba-
lados e furiosos porque sua irmã havia sido
violentada. Siquém tinha cometido um ato
vergonhoso contra a família de Jacó,[d] algo
que jamais se deve fazer.
8 Hamor fez um pedido a Jacó e seus fi-
lhos: "Meu filho Siquém se apaixonou por
sua filha. Por favor, permitam que ele se case
com ela. 9 Aliás, podemos arranjar outros ca-
samentos: vocês entregam suas filhas para
nossos filhos, e nós entregamos nossas fi-
lhas para seus filhos. 10 Vocês poderão viver
em nosso meio; a terra está à sua disposi-
ção! Estabeleçam-se aqui e façam negócios
conosco. Fiquem à vontade para comprar
propriedades na região".
11 Então o próprio Siquém falou ao pai e
aos irmãos de Diná: "Por favor, sejam bon-
dosos comigo e deixem que eu me case com
ela", implorou. "Eu lhes darei o que me pedi-
rem. 12 Seja qual for o dote ou o presente que
pedirem, eu o pagarei, por maior que seja;
só peço que me entreguem a moça para ser
minha mulher."
13 Os filhos de Jacó responderam com
falsidade a Siquém e a seu pai, Hamor,
uma vez que Siquém tinha violado Diná,

[a] **33.17** *Sucote* significa "abrigos".

[b] **33.19** Em hebraico, *100 quesitas*; não se sabe mais o peso ou o valor da quesita.

[c] **33.20** *El-Elohe-Israel* significa "Deus, o Deus de Israel".

[d] **34.7** Em hebraico, *coisa vergonhosa em Israel*.

a irmã deles. 14 Disseram: "Não podemos permitir uma coisa dessas, pois você não é circuncidado. Seria uma vergonha para nossa irmã casar-se com um homem como você. 15 Porém, temos uma solução. Se todos os homens do seu povo forem circuncidados, como nós somos, 16 entregaremos nossas filhas e nos casaremos com suas filhas. Viveremos entre vocês e nos tornaremos um só povo. 17 Mas, se não concordarem em ser circuncidados, tomaremos nossa irmã e iremos embora".

18 Hamor e seu filho Siquém aceitaram a proposta. 19 Sem demora, Siquém fez o que tinham pedido, pois desejava ardentemente a filha de Jacó. Siquém era o mais respeitado dos membros de sua família 20 e foi com seu pai, Hamor, apresentar a proposta aos líderes que estavam à porta da cidade.

21 "Esses homens são nossos amigos", disseram eles. "Devemos convidá-los para viver entre nós e negociar livremente conosco. Há bastante espaço para eles nesta terra. Podemos nos casar com as filhas deles, e eles, com as nossas. 22 Mas eles só aceitarão ficar aqui e tornar-se um só povo conosco se todos os nossos homens forem circuncidados, como eles são. 23 Se o fizermos, todos os seus rebanhos e bens passarão, com o tempo, a ser nossos. Aceitemos a condição deles e deixemos que se estabeleçam entre nós."

24 Todos os membros do conselho da cidade concordaram com Hamor e Siquém, e todos os homens da cidade foram circuncidados. 25 Três dias depois, quando eles ainda sentiam dores, dois filhos de Jacó, Simeão e Levi, irmãos de Diná por parte de pai e mãe, tomaram suas espadas e entraram na cidade sem encontrar resistência. Então, massacraram todos os homens de lá 26 e mataram Hamor e seu filho Siquém ao fio da espada. Depois, tiraram Diná da casa de Siquém e voltaram para o acampamento.

27 Enquanto isso, os outros filhos de Jacó chegaram à cidade. Vendo eles que todos os homens estavam mortos, saquearam a cidade, pois sua irmã tinha sido violentada ali. 28 Levaram as ovelhas, os bois e os jumentos, tudo que conseguiram encontrar dentro da cidade e nos campos. 29 Tomaram todas as riquezas, saquearam as casas e levaram as crianças e mulheres como prisioneiras.

30 Depois de tudo isso, Jacó disse a Simeão e a Levi: "Vocês arruinaram minha vida! Serei odiado por todos os povos desta terra, pelos cananeus e ferezeus. Somos tão poucos que eles se unirão e nos esmagarão. Eles me atacarão, e toda a minha família será exterminada!".

31 Mas eles responderam: "Por acaso deveríamos permitir que nossa irmã fosse tratada como prostituta?".

O RETORNO DE JACÓ A BETEL

35 Deus disse a Jacó: "Apronte-se, mude-se para Betel e estabeleça-se ali. Ao chegar, construa um altar para o Deus que lhe apareceu quando você estava fugindo de seu irmão, Esaú".

2 Jacó disse à sua família e a todos que estavam com ele: "Joguem fora todos os seus ídolos pagãos, purifiquem-se e vistam roupas limpas. 3 Vamos a Betel, onde construirei um altar para o Deus que respondeu às minhas orações quando eu estava angustiado. Ele tem estado comigo por onde ando".

4 Então entregaram a Jacó todos os ídolos pagãos e as argolas que usavam nas orelhas, e ele os enterrou ao pé da grande árvore perto de Siquém. 5 Quando partiram, o terror de Deus se espalhou de tal forma entre os moradores das cidades próximas que ninguém atacou a família de Jacó.

6 Por fim, Jacó e todos que estavam com ele chegaram a Luz (também chamada Betel), em Canaã. 7 Jacó construiu um altar ali e chamou o lugar de El-Betel,[a] pois Deus lhe havia aparecido em Betel quando ele estava fugindo de seu irmão.

8 Pouco tempo depois, Débora, a serva que havia amamentado Rebeca, morreu e foi sepultada ao pé do carvalho no vale perto de Betel. Desde então, a árvore é chamada de Alom-Bacute.[b]

9 Agora que Jacó havia regressado de Padã-Arã, Deus lhe apareceu outra vez em Betel e o abençoou: 10 "Seu nome é Jacó, mas você não se chamará mais Jacó. De agora em diante, seu nome será Israel". Assim, Deus deu a ele o nome de Israel.

[a] **35.7** *El-Betel* significa "Deus de Betel".
[b] **35.8** *Alom-Bacute* significa "carvalho do choro".

11 Deus também lhe disse: "Eu sou o Deus Todo-poderoso.[a] Seja fértil e multiplique-se. Você se tornará uma grande nação, até mesmo muitas nações. Haverá reis entre seus descendentes. 12 Eu lhe darei a terra que dei a Abraão e Isaque. Sim, eu a darei a você e a seus descendentes". 13 Em seguida, Deus se elevou do lugar onde havia falado a Jacó.

14 Jacó levantou uma coluna de pedra para marcar o lugar onde Deus lhe havia falado. Depois, derramou vinho sobre a coluna, como oferta a Deus, e a ungiu com azeite de oliva. 15 Chamou o lugar de Betel,[b] pois ali Deus lhe havia falado.

A MORTE DE RAQUEL E DE ISAQUE

16 Depois que partiram de Betel, rumaram para Efrata. Raquel, porém, sentiu fortes dores e entrou em trabalho de parto quando ainda estavam a certa distância da cidade. 17 As dores de parto aumentaram, e a parteira lhe disse: "Não tenha medo! Você terá outro menino!". 18 Raquel estava quase morrendo, mas, com seu último suspiro, chamou o menino de Benoni.[c] O pai do bebê, no entanto, o chamou de Benjamim.[d] 19 Assim, Raquel morreu e foi sepultada junto ao caminho para Efrata (ou seja, Belém). 20 Sobre o túmulo de Raquel, Jacó levantou um monumento de pedra, que está lá até hoje.

21 Então Jacó[e] seguiu viagem e acampou além de Migdal-Éder. 22 Enquanto moravam ali, Rúben teve relações com Bila, concubina de seu pai, e Jacó ficou sabendo disso.

Estes são os nomes dos doze filhos de Jacó:

23 Os filhos de Lia foram Rúben (o filho mais velho de Jacó), Simeão, Levi, Judá, Issacar e Zebulom.

24 Os filhos de Raquel foram José e Benjamim.

25 Os filhos de Bila, serva de Raquel, foram Dã e Naftali.

26 Os filhos de Zilpa, serva de Lia, foram Gade e Aser.

Esses são os filhos que nasceram a Jacó em Padã-Arã.

27 Então Jacó voltou à casa de seu pai, Isaque, em Manre, perto de Quiriate-Arba (hoje chamada Hebrom), onde Abraão e Isaque viveram como estrangeiros. 28 Isaque viveu 180 anos. 29 Deu o último suspiro e, ao morrer em boa velhice, reuniu-se a seus antepassados. Seus filhos, Esaú e Jacó, o sepultaram.

OS DESCENDENTES DE ESAÚ

36 Este é o relato dos descendentes de Esaú (também chamado Edom). 2 Esaú se casou com duas moças de Canaã: Ada, filha de Elom, o hitita, e Oolibama, filha de Aná e neta de Zibeão, o heveu. 3 Também se casou com sua prima Basemate, que era filha de Ismael e irmã de Nebaiote. 4 Ada deu à luz um filho chamado Elifaz. Basemate deu à luz um filho chamado Reuel. 5 Oolibama deu à luz filhos chamados Jeús, Jalão e Corá. Todos esses filhos nasceram a Esaú na terra de Canaã.

6 Esaú tomou suas mulheres, seus filhos e filhas e todos os de sua casa, além de seus rebanhos e o gado, toda a riqueza que havia adquirido na terra de Canaã, e se mudou para longe de seu irmão, Jacó. 7 Seus rebanhos e bens eram tantos que a terra onde moravam não era suficiente para sustentá-los. 8 Portanto, Esaú (também chamado Edom) se estabeleceu na região montanhosa de Seir.

9 Este é o relato dos descendentes de Esaú, os edomitas, que viviam na região montanhosa de Seir.

10 Estes são os nomes dos filhos de Esaú: Elifaz, filho de Ada, mulher de Esaú; e Reuel, filho de Basemate, mulher de Esaú.

11 Os descendentes de Elifaz foram: Temã, Omar, Zefô, Gaetã e Quenaz. 12 Timna, concubina de Elifaz, filho de Esaú, deu à luz um filho chamado Amaleque. Esses são os descendentes de Ada, mulher de Esaú.

13 Os descendentes de Reuel foram: Naate, Zerá, Samá e Mizá. Esses são os descendentes de Basemate, mulher de Esaú.

14 Esaú também teve filhos com Oolibama, filha de Aná, neta de Zibeão. Seus nomes eram: Jeús, Jalão e Corá.

[a] **35.11** Em hebraico, *Eu sou El-Shaddai*.
[b] **35.15** *Betel* significa "casa de Deus".
[c] **35.18a** *Benoni* significa "filho da minha aflição".
[d] **35.18b** *Benjamim* significa "filho da minha mão direita".
[e] **35.21** Em hebraico, *Israel*; também em 35.22a. Os nomes "Jacó" e "Israel" são usados de forma intercambiável ao longo de todo o Antigo Testamento e se referem, por vezes, ao patriarca e, em outras ocasiões, à nação.

15 Estes são os descendentes de Esaú que
se tornaram chefes de vários clãs:

Os descendentes de Elifaz, filho mais ve-
lho de Esaú, se tornaram chefes dos clãs
de Temã, Omar, Zefô, Quenaz, 16 Corá,
Gaetã e Amaleque. Esses são os chefes
de clãs descendentes de Elifaz na terra
de Edom. Todos eles foram descenden-
tes de Ada, mulher de Esaú.
17 Os descendentes de Reuel, filho de Esaú,
se tornaram chefes dos clãs de Naate,
Zaerá, Samá e Mizá. Esses são os chefes
dos clãs descendentes de Reuel na terra
de Edom. Todos eles foram descenden-
tes de Basemate, mulher de Esaú.
18 Os descendentes de Esaú e sua mulher
Oolibama se tornaram os chefes dos clãs
de Jeús, Jalão e Corá. Esses são os chefes
dos clãs descendentes de Oolibama, mu-
lher de Esaú, filha de Aná.
19 Esses são os clãs que descenderam de
Esaú (também chamado de Edom), cada
um identificado pelo nome de seu chefe.

OS HABITANTES ORIGINAIS DE EDOM

20 Estes são os nomes das tribos que des-
cenderam de Seir, o horeu, que habitavam
na terra de Edom: Lotã, Sobal, Zibeão e
Aná, 21 Disom, Ézer e Disã. Estes são os
chefes dos clãs horeus, descendentes de
Seir, que habitavam na terra de Edom.

22 Os descendentes de Lotã foram: Hori e
Hemã. A irmã de Lotã se chamava Timna.
23 Os descendentes de Sobal foram: Alvã,
Manaate, Ebal, Sefô e Onã.
24 Os descendentes de Zibeão foram: Aiá
e Aná. (Foi este Aná que descobriu as
fontes de águas quentes no deserto en-
quanto levava os jumentos de seu pai
para pastar.)
25 Os descendentes de Aná foram: seu filho
Disom e sua filha Oolibama.
26 Os descendentes de Disom[a] foram:
Hendã, Esbã, Itrã e Querã.
27 Os descendentes de Ézer foram: Bilã,
Zaavã e Acã.
28 Os descendentes de Disã foram Uz e Arã.

[a] **36.26** Em hebraico, *Disam*, variação de Disom; comparar com 36.21,28.

29 Estes, portanto, foram os chefes dos clãs
horeus: Lotã, Sobal, Zibeão, Aná, 30 Disom,
Ézer e Disã. Os clãs horeus são identifica-
dos pelo nome de seus chefes, que habita-
vam na terra de Seir.

REIS DE EDOM

31 Estes são os reis que governaram na terra
de Edom antes de os israelitas terem rei:[b]

32 Belá, filho de Beor, reinou em Edom, na
cidade de Dinabá.
33 Quando Belá morreu, Jobabe, filho de
Zerá, de Bozra, foi seu sucessor.
34 Quando Jobabe morreu, Husã, da terra
dos temanitas, foi seu sucessor.
35 Quando Husã morreu, Hadade, filho de
Bedade, foi seu sucessor na cidade de
Avite. Foi Hadade quem derrotou os mi-
dianitas na terra de Moabe.
36 Quando Hadade morreu, Samlá, da cida-
de de Masreca, foi seu sucessor.
37 Quando Samlá morreu, Saul, da cida-
de de Reobote, próxima ao Eufrates,[c] foi
seu sucessor.
38 Quando Saul morreu, Baal-Hanã, filho
de Acbor, foi seu sucessor.
39 Quando Baal-Hanã, filho de Acbor, mor-
reu, Hadade[d] foi seu sucessor na cidade
de Paú. Sua mulher era Meetabel, filha
de Matrede e neta de Mezaabe.

40 Estes são os nomes dos chefes dos clãs
descendentes de Esaú, que habitavam nos
lugares que têm seus nomes: Timna, Alvá,
Jetete, 41 Oolibama, Elá, Pinom, 42 Quenaz,
Temã, Mibzar, 43 Magdiel e Irã. Esses são
os chefes dos clãs de Edom, relaciona-
dos de acordo com seus assentamentos
na terra que ocupavam. Todos eles fo-
ram descendentes de Esaú, antepassado
dos edomitas.

OS SONHOS DE JOSÉ

37 Jacó passou a morar na terra de
Canaã, onde seu pai tinha vivido
como estrangeiro.

[b] **36.31** Ou *antes de um rei israelita governá-los.*
[c] **36.37** Em hebraico, *ao rio.*
[d] **36.39** Conforme alguns manuscritos hebraicos, o Pentateuco Samaritano e a versão siríaca (ver tb. 1Cr 1.50); a maioria dos manuscritos hebraicos traz *Hadar*.

2 Este é o relato de Jacó e sua família. Quando José tinha 17 anos, cuidava dos rebanhos de seu pai. Trabalhava com seus meios-irmãos, os filhos de Bila e Zilpa, mulheres de seu pai, e contava para seu pai algumas das coisas erradas que seus irmãos faziam.

3 Jacó[a] amava José mais que a qualquer outro de seus filhos, pois José havia nascido quando Jacó era idoso. Por isso, certo dia Jacó encomendou um presente especial para José: uma linda túnica.[b] 4 Os irmãos de José, por sua vez, o odiavam, pois o pai deles o amava mais que a todos os outros filhos. Não eram capazes de lhe dizer uma única palavra amigável.

5 Certa noite, José teve um sonho e, quando o contou a seus irmãos, eles o odiaram ainda mais. 6 "Ouçam este sonho que tive", disse ele. 7 "Estávamos no campo, amarrando feixes de trigo. De repente, meu feixe se levantou e ficou em pé, e seus feixes se juntaram ao redor do meu e se curvaram diante dele!"

8 Seus irmãos responderam: "Você imagina que será nosso rei? Pensa mesmo que nos governará?". E o odiaram ainda mais por causa de seus sonhos e da maneira como os contava.

9 Pouco tempo depois, José teve outro sonho e, mais uma vez, contou-o a seus irmãos. "Ouçam, tive outro sonho", disse ele. "O sol, a lua e onze estrelas se curvavam diante de mim!"

10 Dessa vez, contou o sonho não apenas aos irmãos, mas também ao pai, que o repreendeu, dizendo: "Que sonho é esse? Por acaso eu, sua mãe e seus irmãos viremos e nos curvaremos até o chão diante de você?". 11 Os irmãos de José ficaram com inveja dele, mas seu pai se perguntou qual seria o significado dos sonhos.

JOSÉ É VENDIDO COMO ESCRAVO

12 Pouco depois, os irmãos de José levaram os rebanhos de seu pai para pastar junto de Siquém. 13 Então Jacó disse a José: "Seus irmãos estão cuidando das ovelhas em Siquém. Apronte-se, e eu o enviarei até eles".

"Estou pronto para ir", respondeu José.

14 "Vá ver como estão seus irmãos e os rebanhos", disse Jacó. "E traga-me notícias deles." Jacó o enviou, e José viajou de sua casa no vale de Hebrom até Siquém.

15 Quando José chegou a Siquém, um homem da região notou que ele andava perdido pelos campos. "O que você está procurando?", perguntou o homem.

16 "Estou procurando meus irmãos", respondeu José. "O senhor sabe onde eles estão cuidando dos rebanhos?"

17 O homem lhe disse: "Sim, eles foram embora daqui, mas eu os ouvi dizer: 'Vamos a Dotã' ". Então José foi atrás de seus irmãos e os encontrou em Dotã.

18 Quando os irmãos de José o viram, o reconheceram de longe. Antes que ele se aproximasse, planejaram uma forma de matá-lo. 19 "Lá vem o sonhador!", disseram uns aos outros. 20 "Vamos matá-lo e jogá-lo numa dessas cisternas. Diremos a nosso pai: 'Um animal selvagem o devorou'. Então veremos o que será dos seus sonhos!"

21 Mas, quando Rúben ouviu o plano, tratou de livrar José. "Não o matemos", disse ele. 22 "Por que derramar sangue? Joguem-no nesta cisterna vazia aqui no deserto e não toquemos nele." Rúben planejava resgatar José e levá-lo de volta ao pai.

23 Assim, quando José chegou, os irmãos lhe arrancaram a linda túnica que ele estava usando, 24 o agarraram e o jogaram na cisterna vazia, ou seja, sem água. 25 Mais tarde, quando se sentaram para comer, viram ao longe uma caravana de camelos vindo em sua direção. Era um grupo de negociantes ismaelitas, que transportavam especiarias, bálsamo e mirra de Gileade para o Egito.

26 Judá disse a seus irmãos: "O que ganharemos se matarmos nosso irmão e encobrirmos o crime?[c] 27 Em vez de matá-lo, vamos vendê-lo aos negociantes ismaelitas. Afinal, ele é nosso irmão, sangue do nosso sangue!". Seus irmãos concordaram. 28 Então, quando os ismaelitas, que eram negociantes midianitas, se aproximaram, os irmãos de José o tiraram da cisterna e

[a] **37.3a** Em hebraico, *Israel*; também em 37.13. Ver nota em 35.21.

[b] **37.3b** Traduzido tradicionalmente como *uma túnica de várias cores*. O significado exato do hebraico é incerto.

[c] **37.26** Em hebraico, *encobrirmos seu sangue*.

o venderam para eles por vinte peças[a] de prata. E os negociantes o levaram para o Egito.

29 Algum tempo depois, Rúben voltou para tirar José da cisterna. Quando descobriu que seu irmão não estava lá, rasgou as roupas. 30 Voltou a seus irmãos e lamentou-se: "O menino sumiu! E agora, o que farei?".

31 Então os irmãos mataram um bode e mergulharam a túnica de José no sangue do animal. 32 Enviaram a linda túnica para o pai, com a seguinte mensagem: "Veja o que encontramos. Não é a túnica de seu filho?".

33 O pai a reconheceu de imediato e disse: "Sim, é a túnica de meu filho. Um animal selvagem o deve ter devorado. Com certeza José morreu despedaçado!". 34 Jacó rasgou suas roupas e vestiu-se de pano de saco. Por longo tempo, lamentou profundamente a morte do filho. 35 A família toda tentou consolá-lo, mas ele se recusava. "Descerei à sepultura[b] lamentando a morte de meu filho", dizia, e continuou a lamentar-se.

36 Enquanto isso, os negociantes midianitas[c] chegaram ao Egito, onde venderam José a Potifar, oficial e capitão da guarda do faraó.

JUDÁ E TAMAR

38 Por essa época, Judá saiu de casa e se mudou para Adulão, onde foi morar na casa de um homem chamado Hira. 2 Ali, Judá viu uma mulher cananeia, filha de Suá, e se casou com ela. Teve relações com a mulher, 3 e ela engravidou e deu à luz um filho, que ele chamou de Er. 4 Ela engravidou novamente e deu à luz outro filho, que chamou de Onã. 5 Quando estavam morando em Quezibe, ela deu à luz o terceiro filho e o chamou de Selá.

6 No devido tempo, Judá arranjou o casamento de Er, seu filho mais velho, com uma moça chamada Tamar. 7 Mas Er era um homem perverso aos olhos do Senhor, por isso o Senhor lhe tirou a vida. 8 Então Judá disse a Onã, irmão de Er: "Case-se com Tamar, como é exigido para com a viúva do irmão. Você deve gerar um herdeiro para seu irmão".

9 Onã, porém, não estava disposto a ter um filho que não seria seu herdeiro. Por isso, cada vez que tinha relações com a mulher de seu irmão, derramava o sêmen no chão. Desse modo, evitava que Tamar tivesse um filho que pertenceria ao irmão dele. 10 O Senhor, porém, considerou maldade a sua atitude e, por isso, também tirou a vida de Onã.

11 Então Judá disse à sua nora Tamar: "Volte para a casa de seus pais e permaneça viúva até que meu filho Selá tenha idade suficiente para se casar com você". (Na verdade, Judá disse isso apenas porque temia que Selá também morresse, como seus dois irmãos.) Assim, Tamar voltou para a casa do pai.

12 Alguns anos depois, a mulher de Judá morreu. Quando terminou o período de luto, Judá e seu amigo Hira, o adulamita, subiram a Timna para supervisionar a tosquia das ovelhas de Judá. 13 Alguém disse a Tamar: "Seu sogro está subindo a Timna para tosquiar as ovelhas".

14 Tamar sabia que Selá já era adulto, mas nenhuma providência havia sido tomada para que ela se casasse com ele. Por isso, trocou suas roupas de viúva e, para disfarçar-se, cobriu-se com um véu. Depois, foi sentar-se junto à entrada da vila de Enaim, no caminho para Timna. 15 Judá a viu e pensou que fosse uma prostituta, pois ela estava com o rosto coberto. 16 Ele parou à beira da estrada e, sem saber que era sua própria nora, disse: "Quero me deitar com você".

"Quanto você me pagará para deitar-se comigo?", perguntou Tamar.

17 "Eu lhe mandarei um cabrito do meu rebanho", prometeu Judá.

"Mas o que me dá como garantia de que mandará o cabrito?", perguntou ela.

18 "Que tipo de garantia você quer?", replicou ele.

Ela disse: "Deixe comigo seu selo pessoal, junto com o cordão dele e o cajado que você está segurando". Judá entregou os objetos. Depois, teve relações com Tamar, e ela engravidou. 19 Em seguida, Tamar voltou para

[a] **37.28** Em hebraico, *20 [siclos]*, cerca de 240 gramas.
[b] **37.35** Em hebraico, *ao Sheol*.
[c] **37.36** Em hebraico, *os medanitas*. A relação entre midianitas e medanitas não é clara; comparar com 37.28. Ver também 25.2.

casa, tirou o véu e tornou a vestir as roupas de viúva, como de costume.

20 Mais tarde, Judá pediu que seu amigo Hira, o adulamita, levasse o cabrito para a mulher e pegasse de volta as coisas que ele havia deixado como garantia. Hira, porém, não conseguiu encontrá-la. 21 Perguntou aos homens que moravam lá: "Onde posso encontrar a prostituta do templo que estava sentada junto à entrada de Enaim?".

"Aqui nunca houve uma prostituta do templo", responderam eles.

22 Então Hira voltou para onde Judá estava e lhe disse: "Não consegui encontrá-la em lugar algum, e os homens da vila disseram que lá nunca houve uma prostituta do templo".

23 "Que ela fique com as minhas coisas", disse Judá. "Mandei o cabrito como tínhamos combinado, mas você não a encontrou. Se voltássemos para procurá-la, o povo da vila zombaria de nós."

24 Uns três meses depois, disseram a Judá: "Sua nora, Tamar, se comportou como prostituta e, por isso, está grávida".

Judá ordenou: "Tragam-na para fora e queimem-na!".

25 Quando a estavam tirando de casa para matá-la, ela enviou a seguinte mensagem a seu sogro: "Estou grávida do homem que é dono destes objetos. Olhe com atenção. De quem são este selo, este cordão e este cajado?".

26 Judá os reconheceu de imediato e disse: "Ela é mais justa que eu, pois não tomei as providências para que ela se casasse com meu filho Selá". E Judá nunca mais teve relações com Tamar.

27 Quando chegou a época de Tamar dar à luz, descobriu que teria gêmeos. 28 Durante o trabalho de parto, um dos bebês pôs a mão para fora. A parteira segurou a mão do bebê, amarrou um fio vermelho no pulso e anunciou: "Este saiu primeiro". 29 O bebê, porém, recolheu a mão, e seu irmão saiu. Então a parteira disse: "Como você conseguiu sair primeiro?". Por isso, ele recebeu o nome de Perez.[a] 30 Logo depois, o bebê com o fio vermelho no pulso nasceu e recebeu o nome de Zerá.[b]

[a] **38.29** *Perez* significa "romper".
[b] **38.30** *Zerá* significa "vermelho" ou "brilho".

JOSÉ NA CASA DE POTIFAR

39 Quando José foi levado para o Egito pelos negociantes ismaelitas, eles o venderam a Potifar, um oficial egípcio. Potifar era capitão da guarda do faraó, o rei do Egito.

2 O Senhor estava com José, por isso ele era bem-sucedido em tudo que fazia no serviço da casa de seu senhor egípcio. 3 Potifar percebeu que o Senhor estava com José e lhe dava sucesso em tudo que ele fazia. 4 Satisfeito com isso, nomeou José seu assistente pessoal e o encarregou de toda a sua casa e de todos os seus bens. 5 A partir do dia em que José foi encarregado de toda a casa e de todas as propriedades de Potifar, o Senhor começou a abençoar a casa do egípcio por causa de José. Tudo corria bem na casa, e as plantações e os animais prosperavam. 6 Assim, Potifar entregou tudo que possuía aos cuidados de José e, tendo-o como administrador, não se preocupava com nada, exceto com o que iria comer.

José era um rapaz muito bonito, de bela aparência, 7 e logo a esposa de Potifar começou a olhar para ele com desejo. "Venha e deite-se comigo", ordenou ela.

8 José recusou e disse: "Meu senhor me confiou todos os bens de sua casa e não precisa se preocupar com nada. 9 Ninguém aqui tem mais autoridade que eu. Ele não me negou coisa alguma, exceto a senhora, pois é mulher dele. Como poderia eu cometer tamanha maldade? Estaria pecando contra Deus!".

10 A mulher continuava a assediar José diariamente, mas ele se recusava a deitar-se com ela. 11 Certo dia, porém, quando José entrou para fazer seu trabalho, não havia mais ninguém na casa. 12 Ela se aproximou, agarrou-o pelo manto e exigiu: "Venha, deite-se comigo!". José se desvencilhou e fugiu da casa, mas o manto ficou na mão da mulher.

13 Quando ela viu que José tinha fugido, mas que o manto havia ficado na mão dela, 14 chamou seus servos. "Vejam!", disse ela. "Meu marido trouxe esse escravo hebreu para nos fazer de bobos! Ele entrou no meu quarto para me violentar, mas eu gritei. 15 Quando ele me ouviu gritar, saiu

Deus transforma pessoas improváveis em elementos surpresa do Céu para estabelecer belos propósitos na Terra.

correndo e escapou, mas largou seu manto comigo."

16 Ela guardou o manto até o marido voltar para casa. 17 Então, contou-lhe sua versão da história. "O escravo hebreu que você trouxe para nossa casa tentou aproveitar-se de mim", disse ela. 18 "Mas, quando eu gritei, ele saiu correndo e largou seu manto comigo!"

JOSÉ É PRESO

19 Ao ouvir a mulher contar como José a havia tratado, Potifar se enfureceu. 20 Pegou José e o lançou na prisão onde ficavam os prisioneiros do rei, e ali José permaneceu. 21 Mas o Senhor estava com ele na prisão e o tratou com bondade. Fez José conquistar a simpatia do carcereiro, que, 22 em pouco tempo, encarregou José de todos os outros presos e de todas as tarefas da prisão. 23 O carcereiro não precisava mais se preocupar com nada, pois José cuidava de tudo. O Senhor estava com ele e lhe dava sucesso em tudo que ele fazia.

JOSÉ INTERPRETA O SONHO DE DOIS PRISIONEIROS

40 Algum tempo depois, o chefe dos copeiros e o chefe dos padeiros do faraó ofenderam seu senhor, o rei do Egito. 2 O faraó se enfureceu com os dois oficiais 3 e os mandou para a prisão onde José estava, no palácio do capitão da guarda. 4 Eles ficaram presos por um bom tempo, e o capitão da guarda os colocou sob a responsabilidade de José, para que cuidasse deles.

5 Certa noite, enquanto estavam presos, o copeiro e o padeiro tiveram, cada um, um sonho, e cada sonho tinha o seu significado. 6 Quando José os viu no dia seguinte, notou que os dois estavam perturbados 7 e perguntou: "Por que vocês estão preocupados?".

8 Eles responderam: "Esta noite, nós dois tivemos sonhos, mas ninguém sabe nos dizer o que significam".

"A interpretação dos sonhos vem de Deus", disse José. "Contem-me o que sonharam."

9 O chefe dos copeiros foi o primeiro a relatar seu sonho a José. "Em meu sonho, vi na minha frente uma videira", disse ele. 10 "Havia três ramos que começaram a brotar e florescer e, em pouco tempo, produziram cachos de uvas. 11 Eu tinha na mão o copo do faraó. Tomei um dos cachos de uva, espremi o suco na taça e a coloquei na mão do faraó."

12 José disse: "Este é o significado do sonho: os três ramos representam três dias. 13 Dentro de três dias, o faraó o elevará de volta ao seu cargo de chefe dos copeiros. 14 Quando a situação estiver bem para você, peço que se lembre de mim. Fale de mim ao faraó, para que ele me tire deste lugar, 15 pois fui trazido à força da minha terra natal, a terra dos hebreus, e agora estou nesta prisão, onde fui lançado sem motivo justo".

16 Ao ouvir a interpretação favorável de José para o primeiro sonho, o chefe dos padeiros lhe disse: "Também tive um sonho. Nele, havia três cestos de pães brancos empilhados sobre a minha cabeça. 17 No cesto de cima, havia pães e doces de todo tipo para o faraó, mas as aves vieram e comeram do cesto que estava sobre a minha cabeça".

18 José lhe disse: "Este é o significado do sonho: os três cestos também representam três dias. 19 Dentro de três dias, o faraó pendurará sua cabeça em um poste, e as aves comerão sua carne".

20 Três dias depois, era o aniversário do faraó, e ele preparou um banquete para todos os seus oficiais e funcionários. Convocou o chefe dos copeiros e o chefe dos padeiros para comparecerem à festa. 21 Elevou o chefe dos copeiros de volta a seu cargo, para que voltasse a entregar o copo ao faraó. 22 Quanto ao chefe dos padeiros, mandou enforcá-lo, como José havia previsto ao interpretar o sonho dele. 23 O chefe dos copeiros, porém, se esqueceu completamente de José e não pensou mais nele.

O SONHO DO FARAÓ

41 Dois anos inteiros se passaram, e o faraó sonhou que estava em pé na margem do rio Nilo. 2 Em seu sonho, viu sete vacas gordas e saudáveis saírem do rio e começarem a pastar no meio dos juncos. 3 Em seguida, viu outras sete vacas saírem do Nilo. Eram feias e magras e pararam junto das vacas gordas à beira do rio. 4 Então as vacas feias e magras comeram as sete vacas gordas e saudáveis. Nessa parte do sonho, o faraó acordou.

5 Depois, voltou a dormir e teve outro sonho. Dessa vez, viu sete espigas de trigo, cheias e boas, que cresciam em um só talo. 6 Em seguida, apareceram mais sete espigas, mas elas eram murchas e ressequidas pelo vento do leste. 7 Então as espigas miúdas engoliram as sete espigas cheias e bem formadas. O faraó acordou novamente e percebeu que era um sonho.

8 Na manhã seguinte, perturbado com os sonhos, o faraó chamou todos os magos e os sábios do Egito. Contou-lhes os sonhos, mas ninguém conseguiu interpretá-los.

9 Por fim, o chefe dos copeiros se pronunciou. "Hoje eu me lembrei do meu erro", disse ao faraó. 10 "Algum tempo atrás, o senhor se irou com o chefe dos padeiros e comigo e mandou prender-nos no palácio do capitão da guarda. 11 Certa noite, o chefe dos padeiros e eu tivemos, cada um, um sonho, e cada sonho tinha o seu significado. 12 Estava conosco na prisão um rapaz hebreu que era escravo do capitão da guarda. Contamos a ele nossos sonhos, e ele explicou o que cada um significava. 13 E tudo aconteceu exatamente como ele havia previsto. Fui restaurado ao meu cargo de chefe dos copeiros, e o chefe dos padeiros foi enforcado em público."

14 Na mesma hora, o faraó mandou chamar José, e ele foi trazido depressa da prisão. Depois de barbear-se e trocar de roupa, apresentou-se ao faraó. 15 Disse o faraó a José: "Tive um sonho esta noite e ninguém aqui conseguiu me dizer o que ele significa. Soube, porém, que ao ouvir um sonho você é capaz de interpretá-lo".

16 José respondeu: "Essa capacidade não está em minhas mãos, mas Deus pode revelar o significado ao faraó e acalmá-lo".

17 Então o faraó contou o sonho a José: "Em meu sonho, eu estava em pé na margem do rio Nilo 18 e vi sete vacas gordas e saudáveis saírem do rio e começarem a pastar no meio dos juncos. 19 Em seguida, vi saírem do rio sete vacas feias e magras que pareciam doentes. Nunca vi animais tão horríveis em toda a terra do Egito. 20 Essas vacas feias e magras comeram as sete vacas gordas. 21 Contudo, não parecia que haviam acabado de comer as outras vacas, pois continuavam tão magras e feias quanto antes. Então, acordei.

22 "Em meu sonho, também vi sete espigas de trigo, cheias e boas, que cresciam em um só talo. 23 Em seguida, apareceram outras sete espigas, mas elas eram murchas, miúdas e ressequidas pelo vento do leste. 24 As espigas miúdas engoliram as sete espigas saudáveis. Contei os sonhos aos magos, mas ninguém foi capaz de dizer o que significam".

25 José respondeu: "Os dois sonhos do faraó significam a mesma coisa. Deus está dizendo ao faraó de antemão o que ele vai fazer. 26 As sete vacas saudáveis e as sete espigas de trigo cheias representam sete anos de prosperidade. 27 As sete vacas feias e magras e as sete espigas miúdas e ressequidas pelo vento do leste representam sete anos de fome.

28 "Acontecerá exatamente como eu descrevi, pois Deus revelou ao faraó de antemão o que ele vai fazer. 29 Os próximos sete anos serão um período de grande prosperidade em toda a terra do Egito. 30 Depois, haverá sete anos de fome tão grande que toda essa prosperidade será esquecida no Egito, pois a fome destruirá a terra. 31 A escassez de alimento será tão terrível que apagará até a lembrança dos anos de fartura. 32 Quanto ao fato de terem sido dois sonhos parecidos, significa que esses acontecimentos foram decretados por Deus, e ele os fará ocorrer em breve.

33 "Portanto, o faraó deve encontrar um homem inteligente e sábio e encarregá-lo de administrar o Egito. 34 O faraó também deve nomear supervisores sobre a terra, para que recolham um quinto de todas as colheitas durante os sete anos de fartura. 35 Encarregue-os de juntar todo o alimento produzido nos anos bons que virão e levá-lo para os armazéns do faraó. Mande-os estocar e guardar os cereais, para que haja mantimento nas cidades. 36 Desse modo, quando os sete anos de fome vierem sobre a terra do Egito, haverá comida suficiente. Assim, a fome não destruirá a terra".

O FARAÓ COLOCA JOSÉ NO PODER

37 O faraó e seus oficiais gostaram das sugestões de José. 38 Por isso, o faraó perguntou aos oficiais: "Será que encontraremos alguém como este homem? Sem dúvida, há nele o espírito de Deus!". 39 Então o faraó disse a José: "Uma vez que Deus lhe revelou o significado dos sonhos, é evidente que não há ninguém tão inteligente ou sábio quanto você. 40 Ficará encarregado de minha corte, e todo o meu povo obedecerá às suas ordens. Apenas eu, que ocupo o trono, terei uma posição superior à sua".

41 O faraó acrescentou: "Eu o coloco oficialmente no comando de toda a terra do Egito". 42 Então o faraó tirou do dedo o seu anel com o selo real e o pôs no dedo de José. Mandou vesti-lo com roupas de linho fino e pôs uma corrente de ouro em seu pescoço. 43 Também o fez andar na carruagem reservada para quem era o segundo no poder, e, por onde José passava, gritava-se a ordem: "Ajoelhem-se!". Assim, o faraó colocou José no comando de todo o Egito 44 e lhe disse: "Eu sou o faraó, mas ninguém levantará a mão ou o pé em toda a terra do Egito sem a sua permissão".

45 O faraó deu a José um nome egípcio: Zafenate-Paneia.[a] Também lhe deu uma mulher, que se chamava Azenate. Ela era filha de Potífera, sacerdote de Om.[b] Assim, José recebeu autoridade sobre todo o Egito. 46 Tinha 30 anos quando começou a servir na corte do faraó, o rei do Egito. Depois de sair da presença do faraó, José foi inspecionar toda a terra do Egito.

47 Como previsto, durante sete anos a terra produziu fartas colheitas. 48 Ao longo desse tempo, José juntou todas as colheitas do Egito e armazenou nas cidades os cereais produzidos nos campos ao redor. 49 Armazenou uma quantidade imensa de cereais, como a areia do mar. Por fim, parou de manter registros, pois havia demais para medir.

50 Durante esse tempo, antes do primeiro ano de fome, José e sua mulher, Azenate, filha de Potífera, sacerdote de Om, tiveram dois filhos. 51 José chamou o filho mais velho de Manassés,[c] pois disse: "Deus me fez esquecer todas as minhas dificuldades e toda a família de meu pai". 52 José chamou o segundo filho de Efraim,[d] pois disse: "Deus me fez prosperar na terra da minha aflição".

53 Por fim, terminaram os sete anos de colheitas fartas em toda a terra do Egito, 54 e começaram os sete anos de fome, como José havia previsto. A fome também afetou as regiões vizinhas, mas havia alimento de sobra em todo o Egito. 55 Depois de algum tempo, porém, a fome também se espalhou pelo Egito. Quando o povo clamou ao faraó para que lhe desse alimento, ele respondeu a todos os egípcios: "Dirijam-se a José e sigam as instruções dele". 56 Quando faltou alimento em toda parte, José mandou abrir os armazéns e vendeu cereais aos egípcios, pois a fome era terrível em toda a terra do Egito. 57 Gente de todos os lugares ia ao Egito comprar cereais de José, pois a fome era terrível no mundo inteiro.

OS IRMÃOS DE JOSÉ VÃO AO EGITO

42 Quando Jacó soube que no Egito havia cereais, disse a seus filhos: "Por que vocês estão aí parados, olhando uns para os outros? 2 Ouvi dizer que há cereais no Egito. Desçam até lá e comprem cereais em quantidade suficiente para nos mantermos vivos. Do contrário, morreremos".

3 Então os dez irmãos mais velhos de José desceram ao Egito para comprar cereais. 4 Mas Jacó não deixou Benjamim, o irmão mais novo de José, ir com eles, pois tinha medo de que algum mal lhe acontecesse. 5 Os filhos de Jacó[e] chegaram ao Egito junto com outros para comprar mantimentos, porque também havia fome em Canaã.

6 Uma vez que José era governador do Egito e o encarregado de vender cereais a todos, foi a ele que seus irmãos se dirigiram. Quando chegaram, curvaram-se diante dele

[a] **41.45a** É provável que *Zafenate-Paneia* signifique "Deus fala e vive".
[b] **41.45b** A Septuaginta traz *Heliópolis*; também em 41.50.
[c] **41.51** O som do nome *Manassés* é semelhante ao do termo hebraico que significa "fazer esquecer".
[d] **41.52** O som do nome *Efraim* é semelhante ao do termo hebraico que significa "frutífero".
[e] **42.5** Em hebraico, *Israel*. Ver nota em 35.21.

com o rosto no chão. 7 José reconheceu os irmãos de imediato, mas fingiu não saber quem eram e lhes perguntou com aspereza: "De onde vocês vêm?".

"Da terra de Canaã", responderam eles. "Viemos comprar mantimentos."

8 Embora José tivesse reconhecido seus irmãos, eles não o reconheceram. 9 José se lembrou dos sonhos que tivera a respeito deles muitos anos antes e lhes disse: "Vocês são espiões! Vieram para descobrir os pontos fracos de nossa terra".

10 "Não, meu senhor!", responderam eles. "Seus servos vieram apenas para comprar mantimentos. 11 Somos todos irmãos, membros da mesma família. Somos homens honestos, meu senhor, e não espiões!"

12 Mas José insistiu: "São espiões, sim! Vieram para descobrir os pontos fracos de nossa terra".

13 Eles disseram: "Senhor, na verdade, nós, seus servos, éramos doze irmãos, todos filhos de um homem que vive na terra de Canaã. Nosso irmão mais novo está em casa com o pai, e um de nossos irmãos já não está conosco."

14 José, porém, continuou a insistir: "Como eu disse, vocês são espiões! 15 Mas há uma forma de verificar sua história. Juro pela vida do faraó que vocês só deixarão o Egito quando seu irmão mais novo vier para cá. 16 Um de vocês deve buscá-lo. Os outros ficarão presos aqui. Então veremos se sua história é verdadeira ou não. Pela vida do faraó, se não tiverem um irmão mais novo, saberei com certeza que são espiões".

17 Então José os colocou na prisão por três dias. 18 No terceiro dia, José lhes disse: "Sou um homem temente a Deus. Façam o que direi e viverão. 19 Se são mesmo homens honestos, escolham um de seus irmãos para continuar preso. Os demais podem voltar para casa com cereais para seus parentes que estão passando fome. 20 Tragam-me, porém, seu irmão mais novo. Com isso, provarão que estão dizendo a verdade e não morrerão".

Eles concordaram e, 21 conversando entre si, disseram: "É evidente que estamos sendo castigados por aquilo que fizemos a José tanto tempo atrás. Vimos sua angústia quando ele implorou por sua vida, mas nós o ignoramos. Por isso estamos nesta situação difícil".

22 Rúben disse: "Não lhes falei que não pecassem contra o rapaz? Mas vocês não quiseram me ouvir. Agora, temos de prestar contas pelo sangue dele!".

23 Não sabiam, porém, que José os entendia, pois falava com eles por meio de um intérprete. 24 José se afastou dos irmãos e começou a chorar. Quando se recompôs, voltou a falar com eles. Escolheu Simeão e mandou amarrá-lo diante dos demais.

25 Em seguida, José ordenou que seus servos enchessem de cereais os sacos que os irmãos haviam trazido e, em segredo, devolvessem o pagamento, colocando o dinheiro na boca de cada saco. Também mandou que lhes dessem mantimentos para a viagem, e assim fizeram. 26 Os irmãos colocaram os sacos de cereal sobre seus jumentos e partiram de volta para casa.

27 Contudo, quando um deles abriu a bagagem a fim de pegar cereal para seu jumento, encontrou o dinheiro na boca do saco. 28 "Vejam só!", exclamou para seus irmãos. "Devolveram meu dinheiro; está aqui no saco!" O coração deles desfaleceu e, tremendo, disseram uns aos outros: "O que Deus fez conosco?".

29 Quando os irmãos chegaram à casa de Jacó, seu pai, na terra de Canaã, relataram-lhe tudo que havia acontecido com eles. 30 Disseram: "O homem que governa o país falou conosco asperamente e nos acusou de sermos espiões em sua terra, 31 mas nós lhe garantimos: 'Somos homens honestos, e não espiões. 32 Somos doze irmãos, filhos do mesmo pai. Um de nossos irmãos já não está conosco, e o mais novo está em casa com nosso pai, na terra de Canaã'.

33 "Então o homem que governa o país disse: 'Saberei com certeza se vocês são homens honestos da seguinte forma: deixem um de seus irmãos comigo e voltem para casa levando cereais para seus parentes que estão passando fome. 34 Tragam-me, porém, seu irmão mais novo e saberei que são homens honestos, e não espiões. Então eu lhes devolverei seu irmão, e vocês poderão negociar livremente nesta terra' ".

35 Ao esvaziarem os sacos, viram que dentro de cada um havia uma bolsa com o

dinheiro do pagamento pelos cereais. Os ir-
mãos e o pai ficaram apavorados quando
viram as bolsas de dinheiro. 36 Jacó disse:
"Vocês estão tirando meus filhos de mim!
José se foi, Simeão não está aqui, e agora
querem levar Benjamim também. Tudo está
contra mim!".
37 Então Rúben disse ao pai: "Se eu não
trouxer Benjamim de volta, o senhor pode
matar meus dois filhos. Eu me responsabili-
zo por ele e prometo trazê-lo de volta".
38 Jacó, porém, respondeu: "Meu filho não
descerá com vocês. Seu irmão José morreu,
e Benjamim é tudo que me resta. Se algu-
ma coisa acontecesse com ele na viagem,
vocês me mandariam velho e infeliz para
a sepultura".[a]

OS IRMÃOS VOLTAM AO EGITO

43 A fome se agravou na terra de Canaã.
2 Quando os cereais que eles haviam
trazido do Egito estavam para acabar, Jacó
disse a seus filhos: "Voltem e comprem um
pouco mais de mantimento para nós".
3 Judá, porém, respondeu: "O homem esta-
va falando sério quando nos advertiu: 'Vocês
não me verão novamente se não trouxerem
seu irmão'. 4 Se o senhor enviar Benjamim
conosco, desceremos e compraremos mais
mantimento, 5 mas, se não deixar Benjamim
ir, nós também não iremos. Lembre-se de
que o homem disse: 'Vocês não me verão
novamente se não trouxerem seu irmão' ".
6 "Por que vocês foram tão cruéis comigo?",
lamentou-se Jacó.[b] "Por que disseram ao ho-
mem que tinham outro irmão?"
7 "Ele fez uma porção de perguntas sobre
nossa família", responderam. "Quis saber:
'Seu pai ainda está vivo? Vocês têm outro
irmão?'. Nós apenas respondemos às per-
guntas dele. Como poderíamos imaginar
que ele diria: 'Tragam seu irmão'?"
8 Judá disse a seu pai: "Deixe o rapaz ir co-
migo e partiremos. Do contrário, todos nós
morreremos de fome, e não apenas nós,
mas também nossos pequeninos. 9 Garanto
pessoalmente a segurança dele. O senhor
pode me responsabilizar se eu não o trou-
xer de volta. Carregarei a culpa para sempre.
10 Se não tivéssemos perdido todo esse tem-
po, poderíamos ter ido e voltado duas vezes".
11 Por fim, Jacó, seu pai, lhes disse: "Se não
há outro jeito, pelo menos façam o seguinte.
Coloquem na bagagem os melhores produ-
tos desta terra: bálsamo, mel, especiarias
e mirra, pistache e amêndoas, e levem de
presente para o homem. 12 Levem tam-
bém o dobro do dinheiro que foi devolvi-
do, pois alguém deve tê-lo colocado nos
sacos por engano. 13 Depois, peguem seu
irmão e voltem àquele homem. 14 Que o
Deus Todo-poderoso[c] lhes conceda mise-
ricórdia quando estiverem diante daquele
homem, para que ele liberte Simeão e deixe
Benjamim voltar. Mas, se devo perder meus
filhos, que assim seja".
15 Então os homens pegaram os presen-
tes de Jacó e o dobro do dinheiro e partiram
com Benjamim. Por fim, chegaram ao Egito
e se apresentaram a José. 16 Quando José viu
Benjamim com eles, disse ao administrador
de sua casa: "Estes homens almoçarão co-
migo ao meio-dia. Leve-os ao palácio, mate
um animal e prepare um grande banquete".
17 O homem fez conforme José ordenou e os
levou ao palácio de José.
18 Quando os irmãos viram que estavam
sendo levados à casa de José, ficaram apavo-
rados. "É por causa do dinheiro que alguém
colocou de volta nos sacos da outra vez que
estivemos aqui", disseram uns aos outros.
"Ele planeja nos acusar de roubo e, depois,
nos prender, nos tornar escravos e tomar
nossos jumentos."

O BANQUETE NO PALÁCIO DE JOSÉ

19 À entrada do palácio, os irmãos se diri-
giram ao administrador de José e lhe dis-
seram: 20 "Ouça, senhor. Viemos ao Egito
anteriormente para comprar mantimen-
tos. 21 No caminho de volta para casa, pa-
ramos para pernoitar e abrimos os sacos.
Descobrimos que o dinheiro de cada um,
a quantia exata que havíamos pago, esta-
va na boca do saco. Trouxemos o dinheiro
de volta. Aqui está. 22 Também trouxemos
mais dinheiro para comprar mantimentos.
Não fazemos ideia de quem colocou o di-
nheiro nos sacos".

[a] **42.38** Em hebraico, *para o Sheol.*
[b] **43.6** Em hebraico, *Israel*; também em 43.11. Ver nota em 35.21.
[c] **43.14** Em hebraico, *El-Shaddai.*

23 "Fiquem tranquilos", disse o adminis-
trador. "Não tenham medo. Seu Deus, o
Deus de seu pai, deve ter colocado esse te-
souro nos sacos. Tenho certeza de que re-
cebi seu pagamento." Depois disso, soltou
Simeão e o levou até onde eles estavam.

24 Em seguida, o administrador os con-
duziu para dentro do palácio de José. Deu-
lhes água para lavar os pés e providenciou
ração para seus jumentos. 25 Quando
foram avisados que almoçariam lá, os ir-
mãos prepararam os presentes para a che-
gada de José ao meio-dia.

26 Assim que José chegou em casa, entre-
garam-lhe os presentes que haviam trazi-
do e curvaram-se até o chão diante dele.
27 Depois de cumprimentá-los, José quis
saber: "Como está seu pai, o senhor idoso
do qual me falaram? Ainda está vivo?".

28 "Sim", responderam eles. "Nosso pai,
seu servo, ainda está vivo e vai bem." E cur-
varam-se mais uma vez.

29 Então José olhou para seu irmão Ben-
jamim, o filho de sua mãe, e perguntou:
"Este é o irmão mais novo de que vocês
me falaram?". E disse a Benjamim: "Deus
seja bondoso com você, meu filho". 30 Mui-
to emocionado por causa do irmão, José
saiu depressa da sala. Foi para o quarto,
onde chorou. 31 Depois de lavar o rosto,
voltou mais controlado e ordenou: "Tra-
gam a comida!".

32 José foi servido em sua própria mesa,
e seus irmãos, em uma mesa separada.
Os egípcios que comiam com José, por sua
vez, foram servidos em outra mesa, pois
os egípcios desprezavam os hebreus e se
recusavam a comer com eles. 33 José disse a
cada um dos irmãos onde deviam sentar-se
e, para espanto deles, colocou-os ao redor
da mesa em ordem de idade, do mais velho
para o mais novo. 34 Mandou encher os pra-
tos deles com comida de sua própria mesa,
e deram a Benjamim uma porção cinco ve-
zes maior que a dos outros. E eles comeram
e beberam à vontade com José.

O COPO DE PRATA DE JOSÉ

44 Então José deu a seguinte ordem ao
administrador do palácio: "Coloque
nos sacos que eles trouxeram todo o cereal
que puderem carregar, e coloque o dinheiro
de cada um de volta no saco. 2 Depois, co-
loque meu copo de prata na boca do saco
de mantimento do mais novo, junto com
o dinheiro dele". O administrador fez tudo
conforme José ordenou.

3 Assim que amanheceu, os irmãos se
levantaram e partiram com os jumentos
carregados. 4 Quando haviam percorrido
apenas uma distância curta e mal haviam
saído da cidade, José disse ao administra-
dor do palácio: "Vá atrás deles e detenha-
-os. Quando os alcançar, diga-lhes: 'Por
que retribuíram o bem com o mal? 5 Por
que roubaram o copo de prata[a] do meu
senhor, que ele usa para prever o futuro?
Vocês agiram muito mal!' ".

6 Quando o administrador do palácio
alcançou os homens, repetiu para eles as
palavras de José.

7 "Do que o senhor está falando?", disse-
ram os irmãos. "Somos seus servos e jamais
faríamos uma coisa dessas! 8 Por acaso não
devolvemos o dinheiro que encontramos
nos sacos? Nós o trouxemos de volta da ter-
ra de Canaã. Por que roubaríamos ouro ou
prata da casa do seu senhor? 9 Se encontrar
o copo de prata com um de nós, que morra
quem estiver com ele! E nós, os restantes,
seremos seus escravos."

10 "Sua proposta é justa", respondeu ele.
"Mas apenas aquele que roubou o copo de
prata se tornará meu escravo. Os outros es-
tarão livres."

11 Sem demora, eles descarregaram os
sacos e os abriram. 12 O administrador do
palácio examinou a bagagem de cada um,
começando pelo mais velho até o mais
novo. E o copo foi encontrado no saco de
mantimento de Benjamim. 13 Quando os
irmãos viram isso, rasgaram as roupas.
Depois, colocaram a carga de volta sobre
os jumentos e retornaram à cidade.

14 José ainda estava em seu palácio
quando Judá e seus irmãos chegaram, e
eles se curvaram até o chão diante dele.
15 "O que vocês fizeram?", exigiu ele. "Não
sabem que um homem como eu é capaz
de prever o que vai acontecer?"

16 Judá respondeu: "Meu senhor, o que
podemos dizer? Que explicação podemos

[a] **44.5** Conforme a Septuaginta; o texto em hebraico não traz essa frase.

dar? Como podemos provar nossa inocên-
cia? Deus está nos castigando por causa de
nossa maldade. Todos nós voltamos para
ser seus escravos, todos nós, e não ape-
nas nosso irmão com quem foi encontra-
do o copo de prata".

17 José, no entanto, disse: "Eu jamais faria
uma coisa dessas! Apenas o homem que
roubou o copo será meu escravo. Os ou-
tros podem voltar em paz para a casa de
seu pai".

JUDÁ INTERCEDE POR BENJAMIM

18 Então Judá deu um passo à frente e dis-
se: "Por favor, meu senhor, permita que
seu servo lhe diga apenas uma palavra.
Peço que não perca a paciência comigo,
embora o senhor seja tão poderoso quan-
to o próprio faraó.

19 "Meu senhor perguntou a nós, seus ser-
vos: 'Vocês têm pai ou irmão?'. 20 E nós res-
pondemos: 'Sim, meu senhor, nosso pai é
idoso e tem um filho mais novo, nascido em
sua velhice. O irmão desse filho, por parte
de pai e mãe, morreu. Ele é o único filho de
sua mãe, e nosso pai o ama muito'.

21 "O senhor nos disse: 'Tragam-no aqui
para que eu possa vê-lo com os próprios
olhos'. 22 E nós respondemos: 'Meu senhor,
o rapaz não pode deixar o pai, pois, se o fi-
zesse, o pai morreria'. 23 Mas o senhor nos
disse: 'Vocês não me verão novamente se
não trouxerem seu irmão'.

24 "Assim, voltamos para seu servo, nosso
pai, e contamos a ele o que o senhor tinha
dito. 25 Passado algum tempo, quando ele
disse: 'Voltem e comprem mais mantimen-
tos', 26 nós respondemos: 'Só poderemos
voltar se nosso irmão mais novo nos acom-
panhar. Não temos como ver o homem outra
vez, a menos que nosso irmão mais novo
esteja conosco'.

27 "Então meu pai nos disse: 'Como vocês
sabem, minha mulher teve dois filhos, 28 e
um deles foi embora e nunca mais voltou.
Sem dúvida, foi despedaçado por algum
animal selvagem, e eu nunca mais o vi.
29 Se agora vocês levarem de mim o irmão
dele e lhe acontecer algum mal, vocês me
mandarão velho e infeliz para a sepultura'.[a]

30 "E agora, meu senhor, não posso voltar
para a casa de meu pai sem o rapaz. A vida
de nosso pai está ligada à vida do rapaz.
31 Quando ele vir que o rapaz não está co-
nosco, morrerá. Nós, seus servos, seremos, de
fato, responsáveis por mandar para a sepultu-
ra seu servo, nosso pai, em profunda tristeza.
32 Meu senhor, garanti a meu pai que levaria
o rapaz de volta. Disse-lhe: 'Se não o trouxer
de volta, carregarei a culpa para sempre'.

33 "Por isso, peço ao senhor que me per-
mita ficar aqui como escravo no lugar do
rapaz e que o deixe voltar com os irmãos
dele. 34 Pois, como poderei voltar a meu pai
sem o rapaz? Não suportaria ver a angústia
que isso lhe causaria!".

JOSÉ REVELA SUA IDENTIDADE

45 José não conseguiu mais se conter.
Havia muita gente na sala, e ele dis-
se a seus assistentes: "Saiam todos daqui!".
Assim, ficou a sós com seus irmãos e lhes
revelou sua identidade. 2 José se emocionou
e começou a chorar. Chorou tão alto que os
egípcios o ouviram, e logo a notícia chegou
ao palácio do faraó.

3 "Sou eu, José!", disse a seus irmãos. "Meu
pai ainda está vivo?" Mas seus irmãos fica-
ram espantados ao se dar conta de que o ho-
mem diante deles era José e perderam a fala.
4 "Cheguem mais perto", disse José. Quando
eles se aproximaram, José continuou:
"Eu sou José, o irmão que vocês venderam
como escravo ao Egito. 5 Agora, não fiquem
aflitos ou furiosos uns com os outros por
terem me vendido para cá. Foi Deus quem
me enviou adiante de vocês para lhes pre-
servar a vida. 6 A fome que assola a terra há
dois anos continuará por mais cinco anos, e
não haverá plantio nem colheita. 7 Deus me
enviou adiante para salvar a vida de vocês e
de suas famílias, e para salvar muitas vidas.[b]
8 Portanto, foi Deus quem me mandou para
cá, e não vocês! E foi ele quem me fez con-
selheiro[c] do faraó, administrador de todo o
seu palácio e governador de todo o Egito.

9 "Agora, voltem depressa a meu pai e di-
gam-lhe: 'Assim diz seu filho José: Deus me
fez senhor de toda a terra do Egito. Venha

[a] **44.29** Em hebraico, *para o Sheol*; também em 44.31.

[b] **45.7** Ou *para salvá-los com livramento extraordinário*. O significado do hebraico é incerto.

[c] **45.8** Em hebraico, *pai*.

para cá sem demora! 10 O senhor poderá viver na região de Gósen, onde estará perto de mim com todos os seus filhos e netos, rebanhos e gado, e todos os seus bens. 11 Ali eu cuidarei do senhor, pois ainda haverá cinco anos de escassez. Do contrário, o senhor e toda a sua família perderão tudo que têm' ".

12 José acrescentou: "Vejam! Vocês podem comprovar com seus próprios olhos, e também meu irmão Benjamim, que sou eu mesmo, José, que falo com vocês! 13 Contem a meu pai a posição de honra que ocupo aqui no Egito. Descrevam para ele tudo que viram e tragam-no para cá o mais rápido possível". 14 Chorando de alegria, ele abraçou Benjamim, e Benjamim também o abraçou e chorou. 15 Então José beijou cada um de seus irmãos e chorou com eles; depois os irmãos conversaram à vontade com ele.

O FARAÓ CONVIDA JACÓ PARA MORAR NO EGITO

16 A notícia não demorou a chegar ao palácio do faraó: "Os irmãos de José estão aqui!". O faraó e seus oficiais se alegraram muito quando souberam disso.

17 O faraó disse a José: "Diga a seus irmãos: 'Coloquem as cargas em seus animais e voltem depressa à terra de Canaã. 18 Tragam seu pai e todas as suas famílias para cá. Eu lhes darei a melhor terra do Egito, e vocês comerão do que esta terra produz de melhor' ".

19 O faraó prosseguiu: "Diga a seus irmãos: 'Levem carruagens do Egito para transportar as crianças pequenas, as mulheres e também seu pai. 20 Não se preocupem com seus pertences, pois o melhor de toda a terra do Egito será de vocês' ".

21 Os filhos de Jacó[a] seguiram essas instruções. José providenciou carruagens, conforme o faraó havia ordenado, e lhes deu mantimentos para a viagem. 22 Também presenteou cada irmão com um traje novo, mas a Benjamim deu cinco roupas novas e trezentas peças de prata.[b] 23 E, a seu pai, enviou dez jumentos carregados com os melhores produtos do Egito e dez jumentas carregadas com cereais, pães e outros mantimentos para a viagem.

24 Depois, José se despediu de seus irmãos e, enquanto partiam, disse a eles: "Não briguem no caminho por causa do que aconteceu". 25 Eles saíram do Egito e voltaram a seu pai, Jacó, na terra de Canaã.

26 "José ainda está vivo!", eles disseram a seu pai. "É o governador de toda a terra do Egito!" Jacó ficou atônito com a notícia. Não podia acreditar. 27 Quando, porém, repetiram para Jacó tudo que José lhes tinha dito, e quando ele viu as carruagens que José havia mandado para levá-lo, encheu-se de ânimo.

28 Então Jacó exclamou: "Deve ser verdade! Meu filho José está vivo! Preciso ir e vê-lo antes que eu morra!".

JACÓ E SUA FAMÍLIA SE MUDAM PARA O EGITO

46 Jacó[c] partiu para o Egito com todos os seus bens. Quando chegou a Berseba, ofereceu sacrifícios ao Deus de Isaque, seu pai. 2 Durante a noite, Deus lhe falou numa visão. "Jacó! Jacó!", chamou ele.

"Aqui estou!", respondeu Jacó.

3 "Eu sou Deus,[d] o Deus de seu pai", disse a voz. "Não tenha medo de descer ao Egito, pois lá farei de sua família uma grande nação. 4 Descerei com você ao Egito e certamente o trarei de volta. E José estará ao seu lado quando você morrer."

5 Então Jacó saiu de Berseba, e seus filhos o levaram para o Egito. Transportaram o pai, as crianças e as mulheres nas carruagens que o faraó lhes havia providenciado. 6 Também levaram todos os seus rebanhos e os bens que haviam adquirido na terra de Canaã. Assim, Jacó e toda a sua família foram para o Egito: 7 filhos e netos, filhas e netas, todos os seus descendentes.

8 Estes são os nomes dos descendentes de Israel, os filhos de Jacó, que foram ao Egito:

Rúben foi o filho mais velho de Jacó.
9 Os filhos de Rúben foram: Enoque, Palu, Hezrom e Carmi.
10 Os filhos de Simeão foram: Jemuel, Jamim, Oade, Jaquim, Zoar e Saul. (A mãe de Saul era cananeia.)

[a] **45.21** Em hebraico, *Israel*; também em 45.28. Ver nota em 35.21.
[b] **45.22** Em hebraico, *300 [siclos]*, cerca de 3,6 quilos.
[c] **46.1** Em hebraico, *Israel*; também em 46.29,30. Ver nota em 35.21.
[d] **46.3** Em hebraico, *Eu sou El*.

11 Os filhos de Levi foram: Gérson, Coate e Merari.

12 Os filhos de Judá foram: Er, Onã, Selá, Perez e Zerá (embora Er e Onã tivessem morrido na terra de Canaã). Os filhos de Perez foram: Hezrom e Hamul.

13 Os filhos de Issacar foram: Tolá, Puá,[a] Jasube[b] e Sinrom.

14 Os filhos de Zebulom foram: Serede, Elom e Jaleel.

15 Esses foram os filhos de Lia e Jacó nascidos em Padã-Arã, além de sua filha Diná. Por meio de Lia, Jacó teve 33 descendentes, tanto homens quanto mulheres.

16 Os filhos de Gade foram: Zefom,[c] Hagi, Suni, Esbom, Eri, Arodi e Areli.

17 Os filhos de Aser foram: Imná, Isvá, Isvi e Berias. A irmã deles se chamava Sera. Os filhos de Berias foram: Héber e Malquiel.

18 Esses foram os filhos de Zilpa, serva dada a Lia por Labão, seu pai. Por meio de Zilpa, Jacó teve dezesseis descendentes.

19 Os filhos de Raquel, mulher de Jacó, foram: José e Benjamim.

20 Os filhos de José, nascidos no Egito, foram: Manassés e Efraim. Sua mãe foi Azenate, filha de Potífera, sacerdote de Om.[d]

21 Os filhos de Benjamim foram: Belá, Bequer, Asbel, Gera, Naamã, Eí, Rôs, Mupim, Hupim e Arde.

22 Esses foram os filhos de Raquel e Jacó. Por meio de Raquel, Jacó teve catorze descendentes.

23 O filho de Dã foi Husim.

24 Os filhos de Naftali foram: Jazeel, Guni, Jezer e Silém.

25 Esses foram os filhos de Bila, serva dada a Raquel por Labão, seu pai. Por meio de Bila, Jacó teve sete descendentes.

26 No total, 66 descendentes diretos de Jacó foram com ele para o Egito, sem contar as esposas de seus filhos. 27 Além deles, José teve dois filhos[e] que nasceram no Egito, totalizando setenta[f] membros da família de Jacó no Egito.

A FAMÍLIA DE JACÓ CHEGA A GÓSEN

28 Quando estavam quase chegando, Jacó enviou Judá adiante para encontrar-se com José e pedir-lhe informações sobre o caminho para Gósen. 29 José mandou preparar sua carruagem e partiu para Gósen, a fim de encontrar-se com seu pai, Jacó. Quando José chegou, abraçou fortemente seu pai e, sem soltá-lo, chorou por longo tempo. 30 Por fim, Jacó disse a José: "Agora estou pronto para morrer, pois vi seu rosto novamente e sei que você está vivo".

31 José disse a seus irmãos e a toda a família de seu pai: "Irei ao faraó e lhe direi: 'Meus irmãos e toda a família de meu pai chegaram da terra de Canaã. 32 Eles são pastores e criadores de gado. Trouxeram consigo seus rebanhos, seu gado e todos os seus bens' ".

33 Disse também: "Quando o faraó mandar chamá-los e perguntar-lhes em que vocês trabalham, 34 digam o seguinte: 'Durante toda a vida, nós, seus servos, criamos rebanhos e gado, como sempre fizeram nossos antepassados'. Quando lhe disserem isso, ele permitirá que vivam aqui na região de Gósen, pois os egípcios desprezam os pastores".

JACÓ ABENÇOA O FARAÓ

47 José foi ver o faraó e lhe disse: "Meu pai e meus irmãos chegaram da terra de Canaã. Trouxeram seus rebanhos, seu gado e todos os seus bens, e agora estão na região de Gósen".

2 José levou consigo cinco de seus irmãos e os apresentou ao faraó. 3 "Em que vocês trabalham?", o faraó perguntou aos irmãos.

Eles responderam: "Nós, seus servos, somos pastores, como nossos antepassados. 4 Viemos morar no Egito por algum tempo,

[a] **46.13a** Conforme a versão siríaca e o Pentateuco Samaritano (ver tb. 1Cr 7.1); o hebraico traz *Puvá*.

[b] **46.13b** Conforme alguns manuscritos gregos e o Pentateuco Samaritano (ver tb. Nm 26.24; 1Cr 7.1); o hebraico traz *Iobe*.

[c] **46.16** Conforme a Septuaginta e o Pentateuco Samaritano (ver tb. Nm 26.15); o hebraico traz *Zifiom*.

[d] **46.20** A Septuaginta traz *Heliópolis*.

[e] **46.27a** A Septuaginta traz *nove filhos*, provavelmente incluindo os netos de José, filhos de Efraim e Manassés (ver 1Cr 7.14-20).

[f] **46.27b** A Septuaginta traz *75*; ver nota em Êx 1.5.

pois não há pastagem para nossos rebanhos em Canaã. A fome é terrível naquela região. Por isso, pedimos sua permissão para morar na região de Gósen".

5 Então o faraó disse a José: "Agora que seu pai e seus irmãos estão com você, 6 escolha qualquer lugar em todo o Egito para morarem. Dê-lhes a melhor terra do Egito. Que vivam na região de Gósen. Se você descobrir entre eles homens capazes, coloque-os para cuidar de meus rebanhos".

7 Em seguida, José trouxe seu pai, Jacó, e o apresentou ao faraó. E Jacó abençoou o faraó.

8 "Quantos anos o senhor tem?", perguntou o faraó.

9 Jacó respondeu: "Tenho andado por este mundo há 130 árduos anos. Comparada à vida de meus antepassados, minha vida foi curta". 10 Então Jacó abençoou o faraó novamente antes de deixar a corte.

11 José deu a seu pai e a seus irmãos a melhor terra do Egito, a região de Ramessés, e os acomodou ali, conforme o faraó havia ordenado. 12 José também providenciou mantimentos para seu pai e seus irmãos, em quantidades proporcionais ao número de seus dependentes, incluindo as crianças pequenas.

A ADMINISTRAÇÃO DE JOSÉ DURANTE A FOME

13 A essa altura, a escassez era tanta que se esgotaram todos os mantimentos, e havia gente passando fome em toda a terra do Egito e de Canaã. 14 Com o tempo, vendendo cereais para o povo, José arrecadou todo o dinheiro do Egito e de Canaã e o depositou no tesouro do faraó. 15 Quando acabou o dinheiro do povo do Egito e de Canaã, todos os egípcios foram implorar a José: "Não temos mais dinheiro! Mas, por favor, dê-nos alimento, ou morreremos de fome diante dos seus olhos!".

16 José respondeu: "Visto que seu dinheiro acabou, tragam-me seus animais. Eu lhes darei alimento em troca". 17 Então eles entregaram seus animais a José em troca de alimento. José lhes forneceu mantimentos para mais um ano em troca de seus cavalos, rebanhos de ovelhas, bois e jumentos.

18 Mas aquele ano chegou ao fim e, no ano seguinte, o povo voltou a José, dizendo: "Não podemos esconder a verdade. Nosso dinheiro acabou, e nossos rebanhos e gado lhe pertencem. Não nos resta coisa alguma para oferecer além de nosso corpo e nossas terras. 19 Por que morreríamos de fome diante dos seus olhos? Compre nossas terras em troca de mantimento; oferecemos nossas propriedades e a nós mesmos como servos do faraó. Dê-nos cereais para que vivamos e não morramos, e para que a terra não fique vazia e desolada".

20 Assim, José comprou toda a terra do Egito para o faraó. Todos os egípcios venderam seus campos, pois a fome era terrível, e em pouco tempo todas as terras passaram a ser propriedade do faraó. 21 Quanto ao povo, José os tornou todos escravos,[a] de uma extremidade do Egito à outra. 22 As únicas terras que ele não comprou foram as dos sacerdotes. Eles recebiam do faraó uma porção regular de mantimentos, por isso não precisaram vender suas terras.

23 Então José disse ao povo: "Hoje eu comprei vocês e suas terras para o faraó. Em troca, fornecerei sementes para cultivarem os campos. 24 Quando vocês os ceifarem, um quinto da colheita será do faraó. Fiquem com os outros quatro quintos e usem como alimento para vocês, para os membros de sua casa e para suas crianças".

25 "O senhor salvou nossa vida!", exclamaram. "Permita-nos servir ao faraó." 26 Então José mandou publicar um decreto que vale até hoje na terra do Egito, segundo o qual um quinto de todas as colheitas pertence ao faraó. Apenas as terras dos sacerdotes não foram entregues ao faraó.

27 Enquanto isso, o povo de Israel se estabeleceu na região de Gósen, no Egito. Ali, adquiriram propriedades e tiveram muitos filhos, e sua população cresceu rapidamente. 28 Depois de chegar ao Egito, Jacó viveu mais dezessete anos; portanto, viveu ao todo 147 anos.

29 Quando se aproximava a hora de sua morte, Jacó[b] chamou seu filho José e lhe dis-

[a] **47.21** Conforme a Septuaginta e o Pentateuco Samaritano; o hebraico traz *os transferiu todos para as cidades.*

[b] **47.29** Em hebraico, *Israel*; também em 47.31b. Ver nota em 35.21.

O nosso sucesso não é medido pelos padrões do mundo. O verdadeiro sucesso é medido pelos padrões de Deus.

se: "Peço que me faça um favor. Coloque
sua mão debaixo da minha coxa e jure que
mostrará sua bondade e lealdade a mim
atendendo a este último desejo: não me
sepulte no Egito. 30 Quando eu morrer, leve
meu corpo para fora do Egito e sepulte-me
com meus antepassados".

José prometeu: "Farei como o senhor
me pede".

31 "Jure que o fará", insistiu. José fez o ju-
ramento, e Jacó se curvou humildemente à
cabeceira de sua cama.[a]

JACÓ ABENÇOA MANASSÉS E EFRAIM

48 Certo dia, não muito tempo depois,
avisaram José: "Seu pai está bastan-
te doente". José foi visitá-lo e levou consigo
seus dois filhos, Manassés e Efraim.

2 Quando José chegou, anunciaram a Jacó:
"Seu filho José está aqui para vê-lo". Com as
forças que lhe restavam, Jacó[b] se sentou
na cama.

3 Jacó disse a José: "O Deus Todo-podero-
so[c] me apareceu em Luz, na terra de Canaã,
e me abençoou. 4 Ele me disse: 'Eu o tornarei
fértil e multiplicarei seus descendentes. Fa-
rei de você muitas nações e darei esta terra
de Canaã a seus descendentes como pro-
priedade permanente'.

5 "Agora, tomo para mim, como meus
próprios filhos, seus dois rapazes, Efraim
e Manassés, nascidos aqui na terra do
Egito antes de minha chegada. Eles serão
meus filhos, como são Rúben e Simeão.
6 Os filhos que você tiver depois deles,
porém, serão seus e herdarão proprieda-
des dentro do território dos irmãos deles,
Efraim e Manassés.

7 "Muito tempo atrás, quando eu voltava
de Padã-Arã,[d] Raquel morreu na terra de
Canaã. Ainda estávamos viajando, a certa
distância de Efrata (ou seja, Belém). Com
grande tristeza, sepultei-a ali mesmo, junto
ao caminho para Efrata".

8 Em seguida, Jacó olhou para os dois rapa-
zes e perguntou: "Quem são estes?".

9 José respondeu: "Estes são os filhos que
Deus me deu aqui no Egito".

Jacó disse: "Traga-os mais perto, para que
eu os abençoe".

10 Os olhos de Jacó estavam enfraque-
cidos por causa da idade, e ele quase não
conseguia enxergar. José levou os rapazes
para perto dele, e Jacó os beijou e abraçou.
11 Então Jacó disse a José: "Nunca imaginei
que voltaria a ver seu rosto, mas agora Deus
me permitiu ver também seus filhos!".

12 José tirou os rapazes de junto dos joe-
lhos do avô e se curvou com o rosto no chão.
13 Em seguida, colocou os rapazes na frente
de Jacó. Com a mão direita, colocou Efraim
diante da mão esquerda de Jacó e, com a
mão esquerda, colocou Manassés sob a mão
direita de Jacó. 14 Mas, ao estender as mãos
para colocá-las sobre a cabeça dos rapazes,
Jacó cruzou os braços. Pôs a mão direita
sobre a cabeça de Efraim, embora fosse o
mais novo, e a mão esquerda sobre a cabe-
ça de Manassés, embora fosse o mais velho.
15 Em seguida, abençoou José, dizendo:

"Que o Deus diante do qual andaram
meu avô, Abraão, e meu pai, Isaque,
o Deus que tem sido meu pastor
toda a minha vida, até o dia de hoje,
16 o Anjo que me resgatou de todo o mal,
abençoe estes rapazes.
Que eles preservem meu nome
e o nome de Abraão e Isaque,
e seus descendentes se multipliquem
grandemente na terra".

17 José, porém, não se agradou quando
viu o pai colocar a mão direita sobre a ca-
beça de Efraim. Por isso, levantou-a para
passá-la da cabeça de Efraim para a cabeça
de Manassés. 18 "Não, meu pai", disse ele.
"Este é o mais velho; coloque a mão direita
sobre a cabeça dele."

19 Mas seu pai se recusou e disse: "Eu sei,
meu filho; eu sei. Manassés também se
tornará um grande povo, mas seu irmão
mais novo será ainda maior. E seus des-
cendentes se tornarão muitas nações".

20 Assim, Jacó abençoou os rapazes na-
quele dia com a seguinte bênção: "O povo
de Israel usará seus nomes quando pro-
nunciarem uma bênção. Dirão: 'Deus os

---

[a] **47.31** A Septuaginta traz *Israel se curvou em adoração, apoiado em seu bordão.* Comparar com Hb 11.21.

[b] **48.2** Em hebraico, *Israel*; também em 48.8,10,11,13, 14,21. Ver nota em 35.21.

[c] **48.3** Em hebraico, *El-Shaddai.*

[d] **48.7** Em hebraico, *Padã*; comparar com 35.9.

faça prosperar como Efraim e Manassés!' ".
Desse modo, Jacó pôs Efraim adiante
de Manassés.
21 Então Jacó disse a José: "Morrerei em
breve, mas Deus estará com vocês e os levará de volta a Canaã, a terra de seus antepassados.
22 Em razão de sua autoridade
sobre seus irmãos, eu lhe dou uma porção
a mais da terra,[a] que tomei dos amorreus
com a minha espada e o meu arco".

JACÓ ABENÇOA SEUS FILHOS

49 Então Jacó mandou chamar todos os seus filhos e lhes disse: "Reúnam-se ao meu redor, e eu direi o que acontecerá a cada um de vocês nos dias que virão.

2 "Venham e ouçam, filhos de Jacó,
ouçam Israel, seu pai!

3 "Rúben, você é meu filho mais
velho, minha força,
o filho da minha juventude vigorosa;
é o primeiro em importância
e o primeiro em poder.
4 É, contudo, impetuoso
como uma enchente,
e não será mais o primeiro.
Pois deitou-se em minha cama,
desonrou meu leito conjugal.

5 "Simeão e Levi são iguais em tudo;
suas armas são instrumentos
de violência.
6 Que eu jamais esteja presente
em suas reuniões
e nunca participe de seus planos.
Pois, em sua ira, mataram homens
e, por diversão, aleijaram bois.
7 Maldita seja sua ira, pois é feroz;
maldita sua fúria, pois é cruel.
Eu os espalharei entre os
descendentes de Jacó,
eu os dispersarei por todo o Israel.

8 "Judá, seus irmãos o louvarão;
você agarrará seus inimigos
pelo pescoço,
e todos os seus parentes
se curvarão à sua frente.
9 Judá, meu filho, é um leão novo
que acabou de comer sua presa.
Como o leão, ele se agacha,
e como a leoa, se deita;
quem tem coragem de acordá-lo?
10 O cetro não se afastará de Judá,
nem o bastão de autoridade
de seus descendentes,[b]
até que venha aquele a quem pertence,[c]
aquele que todas as nações honrarão.
11 Ele amarra seu potro a uma videira,
seu jumentinho a uma videira seleta.
Lava suas roupas em vinho,
suas vestes, no sangue das uvas.
12 Seus olhos são mais escuros
que o vinho,
seus dentes, mais brancos que o leite.

13 "Zebulom se estabelecerá à beira-mar
e será um porto para os navios;
suas fronteiras se estenderão
até Sidom.

14 "Issacar é um jumento forte,
que descansa entre dois
sacos de carga.[d]
15 Quando vir como o campo é bom
e como a terra é agradável,
curvará seus ombros para a carga
e se sujeitará a trabalhos forçados.

16 "Dã governará seu povo,
como qualquer outra tribo de Israel.
17 Dã será uma serpente à
beira da estrada,
uma víbora junto ao caminho
que morde o calcanhar do cavalo
e faz o cavaleiro cair.
18 Ó SENHOR, espero pelo teu livramento!

19 "Gade será atacado por
bandos de saqueadores,
mas os atacará quando
baterem em retirada.

20 "Aser se alimentará de
comidas deliciosas
e produzirá iguarias dignas de reis.

[a] **48.22** Ou *uma região montanhosa*. O significado do hebraico é incerto.

[b] **49.10a** Em hebraico, *de entre seus pés*.

[c] **49.10b** Ou *até que lhe paguem tributo*. Traduzido tradicionalmente como *até que venha Siló*.

[d] **49.14** Ou *apriscos*, ou *fogueiras*.

21 "Naftali é uma gazela solta
que dá à luz lindos filhotes.

22 "José é árvore frutífera,
árvore frutífera junto à fonte;
seus ramos se estendem
por cima do muro.[a]
23 Arqueiros o atacaram brutalmente;
atiraram nele e o atormentaram.
24 Seu arco, porém,
permaneceu esticado,
e seus braços foram fortalecidos
pelas mãos do Poderoso de Jacó,
pelo Pastor, a Rocha de Israel.
25 Que o Deus de seu pai o ajude;
o Todo-poderoso o abençoe
com bênçãos dos altos céus,
bênçãos das profundezas das águas,
bênçãos dos seios e do ventre.
26 Que as bênçãos de seu
pai ultrapassem
as bênçãos de meus antepassados
e alcancem as alturas das
antigas colinas.
Que essas bênçãos descansem
sobre a cabeça de José,
que é príncipe entre seus irmãos.

27 "Benjamim é um lobo voraz;
pela manhã devora seus inimigos,
ao entardecer divide o despojo".

28 Essas são as doze tribos de Israel, e foi
isso que seu pai disse ao despedir-se de
seus filhos. Deu a cada um deles a bênção
que lhe era adequada.

A MORTE E O SEPULTAMENTO DE JACÓ

29 Em seguida, Jacó lhes deu a seguinte
instrução: "Em breve morrerei e me reu-
nirei a meus antepassados. Sepultem-me
com meu pai e com meu avô na caverna no
campo de Efrom, o hitita. 30 É a caverna de
Macpela, perto de Manre, em Canaã, que
Abraão comprou do hitita como sepultu-
ra permanente. 31 Ali estão sepultados
Abraão e sua mulher, Sara. Ali também
estão sepultados Isaque e sua mulher,
Rebeca. E ali sepultei Lia. 32 É o campo e
a caverna que meu avô, Abraão, comprou
dos hititas".
33 Quando Jacó terminou de dar essa
instrução a seus filhos, deitou-se em sua
cama, deu o último suspiro e, ao morrer,
reuniu-se a seus antepassados.

50 José atirou-se sobre seu pai, cho-
rou sobre ele e o beijou. 2 Em segui-
da, deu ordens aos médicos que o serviam
para que embalsamassem o corpo de seu
pai, e Jacó[b] foi embalsamado. 3 O processo
de embalsamamento levou os quarenta
dias habituais. E os egípcios lamentaram
sua morte durante setenta dias.
4 Quando terminou o período de luto,
José procurou os conselheiros do faraó e
lhes disse: "Por gentileza, peço que falem
com o faraó em meu favor. 5 Digam-lhe
que meu pai me fez prestar um juramento.
Disse: 'Morrerei em breve. Leve meu corpo
de volta para a terra de Canaã e coloque-
-me na sepultura que preparei para mim'.
Portanto, peço que me deixe ir sepultar
meu pai; depois, voltarei sem demora".
6 O faraó atendeu ao pedido de José e
disse: "Vá e sepulte seu pai, como ele o fez
prometer". 7 Então José partiu para sepul-
tar seu pai. Foi acompanhado de todos os
oficiais do faraó, todos os membros mais
importantes da casa do faraó e todos os
oficiais de alto escalão do Egito. 8 José
também levou consigo toda a sua família,
seus irmãos e a família deles. As crianças
pequenas, os rebanhos e o gado, porém,
deixaram na terra de Gósen. 9 Muitas car-
ruagens e seus condutores acompanha-
ram José, formando um grande cortejo.
10 Quando chegaram à eira de Atade, per-
to do rio Jordão, realizaram uma grande ce-
rimônia fúnebre, com um período de sete
dias de luto pelo pai de José. 11 Os cana-
neus que moravam na região os viram cho-
rar na eira de Atade e mudaram o nome
do lugar (que fica próximo ao Jordão)
para Abel-Mizraim,[c] pois disseram: "Este
é um lugar de lamento profundo para es-
ses egípcios".

[a] **49.22** Ou *José é o potro de um jumento selvagem, / potro de um jumento selvagem junto à fonte, / um dos jumentos selvagens no penhasco.* O significado do hebraico é incerto.

[b] **50.2** Em hebraico, *Israel.* Ver nota em 35.21.

[c] **50.11** *Abel-Mizraim* significa "choro dos egípcios".

12 Assim, os filhos de Jacó fizeram o que ele lhes havia ordenado. 13 Levaram seu corpo para a terra de Canaã e o sepultaram na caverna no campo de Macpela, perto de Manre. Essa é a caverna que Abraão havia comprado de Efrom, o hitita, como sepultura permanente.

JOSÉ TRANQUILIZA SEUS IRMÃOS

14 Depois de sepultar Jacó, José voltou para o Egito com seus irmãos e com todos que o haviam acompanhado. 15 Uma vez que seu pai estava morto, porém, os irmãos de José ficaram temerosos e disseram: "Agora José mostrará sua ira e se vingará de todo o mal que lhe fizemos".

16 Por isso, enviaram a seguinte mensagem a José: "Antes de morrer, nosso pai mandou 17 que lhe disséssemos: 'Por favor, perdoe seus irmãos pelo grande mal que eles lhe fizeram, pelo pecado que cometeram ao tratá-lo com tanta crueldade'. Por isso, nós, servos do Deus de seu pai, suplicamos que você perdoe nosso pecado". Quando José recebeu a mensagem, começou a chorar. 18 Depois, seus irmãos chegaram e se curvaram com o rosto no chão diante de José. "Somos seus escravos!", disseram eles.

19 José, porém, respondeu: "Não tenham medo de mim. Por acaso sou Deus para castigá-los? 20 Vocês pretendiam me fazer o mal, mas Deus planejou tudo para o bem. Colocou-me neste cargo para que eu pudesse salvar a vida de muitos. 21 Não tenham medo. Continuarei a cuidar de vocês e de seus filhos". Desse modo, ele os tranquilizou ao tratá-los com bondade.

A MORTE DE JOSÉ

22 José, seus irmãos e suas famílias continuaram a viver no Egito. José viveu 110 anos. 23 Chegou a ver três gerações de descendentes de seu filho Efraim e o nascimento dos filhos de Maquir, filho de Manassés, os quais ele tomou para si como se fossem seus.[a]

24 José disse a seus irmãos: "Em breve morrerei, mas certamente Deus os ajudará e os tirará desta terra. Ele os levará de volta para a terra que prometeu solenemente dar a Abraão, Isaque e Jacó".

25 Então José fez os filhos de Israel prestarem um juramento e disse: "Quando Deus vier ajudá-los e conduzi-los de volta, levem meus ossos com vocês". 26 José morreu com 110 anos. Os egípcios o embalsamaram e o colocaram em um caixão no Egito.

---

a **50.23** Em hebraico, *que nasceram sobre os joelhos de José.*

Pentateuco

Êxodo

Livro 2 do Pentateuco com

40 CAPÍTULOS

O AUTOR

A tradição de judeus e cristãos aponta Moisés (com base em passagens como Êx 17.14; 24.4; 34.27-28; Mc 7.10; 12.26; Lc 2.22-23). Mais recentemente, estudiosos passaram a cogitar a contribuição de outros autores em sua escrita.

O TÍTULO "ÊXODO"

Êxodo significa "saída" ou "partida". No hebraico, o título original é *shemoth*, que significa "nomes".

INFORMAÇÕES GERAIS

Estima-se que o Êxodo ocorreu por volta de 1446 a.C., pois 1Reis 6.1 afirma que aconteceu 480 anos antes do quarto ano do reinado de Salomão em Israel (966 a.C.). Até hoje não se sabe o local exato da travessia do mar Vermelho, apesar de haver pelo menos três teorias.

ADORAÇÃO A DEUS

A primeira metade de Êxodo revela por que o Senhor é digno de adoração. A segunda metade revela como os hebreus deveriam adorá-lo. O livro também apresenta a necessidade de um mediador entre o povo pecador e o Deus santo.

A PALAVRA-CHAVE É LIBERTAÇÃO

ESTRUTURA DO LIVRO

- ★ A opressão de Israel e o libertador Êx 1—2
- ★ O chamado de Moisés Êx 3—4
- ★ O início da liderança de Moisés Êx 5—6
- ★ As dez pragas Êx 7—11
- ★ A Páscoa e a saída do Egito Êx 12—13
- ★ A travessia do mar Vermelho Êx 14—15.21
- ★ Do mar Vermelho ao Sinai Êx 15.22—18
- ★ A aliança do Sinai Êx 19—24
- ★ Instruções sobre o tabernáculo Êx 25—31
- ★ Idolatria e renovação da aliança Êx 32—34
- ★ Construção do tabernáculo Êx 35—40

TEOLOGIA DA SALVAÇÃO

Um dos temas principais de Êxodo é a teologia da salvação. O texto mostra que Deus se preocupa em resgatar (Êx 6.6; 15.13), e a Páscoa judaica aponta para o princípio da redenção, em que o cordeiro é morto para propiciar a preservação do povo de Deus (Jo 1.29; 1Co 5.7).

OS DEZ MANDAMENTOS RESUMIDOS (ÊX 20.3-17)

1. Não tenha outros deuses além de mim.
2. Não faça para si espécie alguma de ídolo.
3. Não use o nome do Senhor de forma indevida.
4. Lembre-se de guardar o sábado, fazendo dele um dia santo.
5. Honra seu pai e sua mãe.
6. Não mate.
7. Não cometa adultério.
8. Não roube.
9. Não dê falso testemunho contra o seu próximo.
10. Não cobice [...] qualquer outra coisa que [...] pertença [ao próximo].

OS ISRAELITAS NO EGITO

1 Estes são os nomes dos filhos de Israel[a] que se mudaram para o Egito com Jacó, cada um com sua família: 2 Rúben, Simeão, Levi, Judá, 3 Issacar, Zebulom, Benjamim, 4 Dã, Naftali, Gade e Aser. 5 Ao todo, desceram ao Egito setenta[b] descendentes de Jacó, incluindo José, que já estava lá.

6 Com o tempo, José e seus irmãos morreram, e toda aquela geração chegou ao fim. 7 Mas seus descendentes, os israelitas, tiveram muitos filhos e netos. Multiplicaram-se tanto que se fortaleceram e encheram a terra.

8 Por fim, subiu ao poder no Egito um novo rei, que não sabia coisa alguma sobre José. 9 O rei disse a seu povo: "Vejam, agora o povo de Israel é mais numeroso e mais forte que nós. 10 Precisamos tramar um plano para evitar que se tornem ainda mais numerosos. Se não o fizermos e houver guerra, eles se unirão a nossos inimigos, lutarão contra nós e depois fugirão desta terra".[c]

11 Assim, os egípcios nomearam capatazes para dirigir o trabalho do povo. Sob opressão, os israelitas construíram Pitom e Ramessés, duas cidades que serviam de centros de armazenamento para o faraó. 12 Porém, quanto mais eram oprimidos, mais os israelitas se multiplicavam e se espalhavam, e mais preocupados os egípcios ficavam. 13 Por isso, os egípcios os forçavam com crueldade a trabalhar pesado. 14 Tornaram a vida deles amarga, obrigando-os a preparar argamassa, produzir tijolos e fazer todo o trabalho nos campos. Eram cruéis em todas as suas exigências.

15 O faraó, rei do Egito, deu a seguinte ordem às parteiras hebreias Sifrá e Puá: 16 "Quando ajudarem as hebreias a dar à luz, prestem atenção durante o parto.[d] Se for menino, matem o bebê; se for menina, deixem que viva". 17 Mas as parteiras temiam a Deus e se recusaram a obedecer à ordem do rei; assim, deixaram os meninos viver.

18 Então o rei do Egito mandou chamar as parteiras e lhes perguntou: "Por que fizeram isso? Por que deixaram os meninos viver?".

19 "As mulheres hebreias não são como as egípcias", responderam as parteiras ao faraó. "São mais vigorosas e dão à luz com tanta rapidez que não conseguimos chegar a tempo."

20 Deus foi bondoso com as parteiras, e os israelitas continuaram a multiplicar-se e tornaram-se cada vez mais fortes. 21 E, porque as parteiras temeram a Deus, ele deu a cada uma delas a sua própria família.

22 Então o faraó deu a seguinte ordem a todo o seu povo: "Lancem no rio Nilo todos os meninos hebreus recém-nascidos, mas deixem as meninas viver".

O NASCIMENTO DE MOISÉS

2 Por essa época, um homem e uma mulher da tribo de Levi se casaram. 2 A mulher engravidou e deu à luz um menino. Viu que era um lindo bebê e o escondeu por três meses. 3 Quando não conseguia mais escondê-lo, pegou um cesto feito de juncos de papiro e o revestiu com betume e piche. Acomodou o bebê no cesto e o colocou entre os juncos, à margem do rio Nilo. 4 A irmã do bebê ficou observando a certa distância, para ver o que lhe aconteceria.

5 Pouco depois, a filha do faraó desceu ao Nilo para tomar banho, e suas servas foram caminhar pela margem do rio. Quando a princesa viu o cesto entre os juncos, mandou sua serva buscá-lo. 6 Ao abrir o cesto, a princesa viu o bebê. O menino chorava, e ela sentiu pena dele. "Deve ser um dos meninos hebreus", disse ela.

7 Então a irmã do menino se aproximou e perguntou à princesa: "A senhora quer que eu chame uma mulher hebreia para amamentar o bebê?".

8 "Quero", respondeu a princesa. A moça foi e chamou a mãe do bebê.

9 A princesa disse à mãe do bebê: "Leve este menino e amamente-o para mim. Eu pagarei por sua ajuda". A mulher levou o bebê para casa e o amamentou.

[a] **1.1** Os nomes "Israel" e "Jacó" são frequentemente usados de forma intercambiável ao longo de todo o Antigo Testamento e se referem, por vezes, ao patriarca e, em outras ocasiões, à nação.

[b] **1.5** Os manuscritos do mar Morto e a Septuaginta trazem *75*; ver notas em Gn 46.27.

[c] **1.10** Ou *tomarão posse desta terra*.

[d] **1.16** Em hebraico, *olhem para as duas pedras*. O significado do hebraico é incerto.

10 Quando o menino cresceu, ela o le-
vou de volta à filha do faraó, que o ado-
tou como seu próprio filho. A princesa o
chamou de Moisés,[a] pois disse: "Eu o tirei
da água".

MOISÉS FOGE PARA MIDIÃ

11 Anos depois, já adulto, Moisés foi visitar
seu povo e descobriu que eles eram força-
dos a realizar trabalhos pesados. Durante
sua visita, viu um egípcio espancar um
hebreu, um homem de seu povo. 12 Olhou
para todos os lados e, não avistando nin-
guém por perto, matou o egípcio. Em se-
guida, escondeu o corpo na areia.
13 No dia seguinte, quando Moisés saiu
novamente para visitar seu povo, viu dois
hebreus brigando. "Por que você está es-
pancando seu amigo?", perguntou Moisés
ao que havia começado a briga.
14 O homem respondeu: "Quem o no-
meou nosso príncipe e juiz? Vai me matar
como matou o egípcio?".

Moisés teve medo e pensou: "Com cer-
teza todos já sabem o que aconteceu!".
15 E, de fato, o faraó tomou conhecimento
do que havia acontecido e tentou matar
Moisés, mas ele fugiu e foi morar na terra
de Midiã.

Quando chegou a Midiã, estabeleceu-se
junto a um poço. 16 O sacerdote de Midiã
tinha sete filhas, que foram ao poço tirar
água e encher os bebedouros para o reba-
nho de seu pai. 17 Então alguns pastores
chegaram e as expulsaram de lá. Moisés,
porém, defendeu as moças e tirou água
para o rebanho delas.
18 Quando as moças voltaram para seu
pai, Reuel, ele lhes perguntou: "Por que
voltaram tão cedo hoje?".
19 Elas responderam: "Um egípcio nos
defendeu dos pastores; depois, tirou água
e deu de beber ao nosso rebanho".
20 "E onde está ele?", perguntou o pai.
"Por que o deixaram lá? Convidem-no para
comer conosco."
21 Moisés aceitou o convite e foi mo-
rar com Reuel. Depois de algum tempo,
Reuel entregou sua filha Zípora em casa-
mento a Moisés. 22 Mais tarde, ela deu à
luz um menino, a quem Moisés chamou
de Gérson,[b] pois disse: "Sou forasteiro em
terra alheia".
23 Depois de muitos anos, o rei do Egito
morreu. Os israelitas, porém, continua-
vam a gemer sob o peso da escravidão.
Clamaram por socorro, e seu clamor su-
biu até Deus. 24 Ele ouviu os gemidos e se
lembrou da aliança que havia feito com
Abraão, Isaque e Jacó. 25 Olhou para os is-
raelitas e percebeu sua necessidade.

MOISÉS E O ARBUSTO EM CHAMAS

3 Certo dia, Moisés estava cuidando do
rebanho de seu sogro, Jetro,[c] sacerdote
de Midiã. Ele levou o rebanho para o de-
serto e chegou ao Sinai,[d] o monte de Deus.
2 Ali, o anjo do Senhor lhe apareceu no fogo
que ardia no meio de um arbusto. Moisés
olhou admirado, pois embora o arbusto
estivesse envolto em chamas, o fogo não
o consumia. 3 "Que coisa espantosa!", pen-
sou ele. "Por que o fogo não consome o ar-
busto? Preciso ver isso de perto."
4 Quando o Senhor viu Moisés se aproxi-
mar para observar melhor, Deus o chamou
do meio do arbusto: "Moisés! Moisés!".

"Aqui estou!", respondeu ele.
5 "Não se aproxime mais", o Senhor ad-
vertiu. "Tire as sandálias, pois você está
pisando em terra santa. 6 Eu sou o Deus
de seu pai,[e] o Deus de Abraão, o Deus de
Isaque e o Deus de Jacó." Quando Moisés
ouviu isso, cobriu o rosto, porque teve
medo de olhar para Deus.
7 Então o Senhor lhe disse: "Por certo,
tenho visto a opressão do meu povo no
Egito. Tenho ouvido seu clamor por cau-
sa de seus capatazes. Sei bem quanto eles
têm sofrido. 8 Por isso, desci para libertá-
-los do poder dos egípcios e levá-los do
Egito a uma terra fértil e espaçosa. É uma
terra que produz leite e mel com fartura,
onde hoje habitam os cananeus, os hititas,
os amorreus, os ferezeus, os heveus e os
jebuseus. 9 Sim, o clamor do povo de Israel
chegou até mim, e eu tenho visto como os

[a] **2.10** O som do nome *Moisés* é semelhante ao de um termo hebraico que significa "tirar para fora".

[b] **2.22** O som do nome *Gérson* é semelhante ao de um termo hebraico que significa "forasteiro ali".

[c] **3.1a** O sogro de Moisés era conhecido por dois nomes, *Jetro* e *Reuel*. Ver 2.18.

[d] **3.1b** Em hebraico, *Horebe*, outro nome para o Sinai.

[e] **3.6** A Septuaginta traz *de seus pais*.

egípcios os tratam cruelmente. 10 Agora vá, pois eu o envio ao faraó. Você deve tirar meu povo, Israel, do Egito".

11 Moisés, porém, disse a Deus: "Quem sou eu para me apresentar ao faraó? Quem sou eu para tirar o povo de Israel do Egito?"

12 Deus respondeu: "Eu estarei com você. Este é o sinal de que eu sou aquele que o envia: depois que você tirar o povo do Egito, vocês adorarão a Deus neste monte".

13 Moisés disse a Deus: "Se eu for aos israelitas e lhes disser: 'O Deus de seus antepassados me enviou a vocês', eles perguntarão: 'Qual é o nome dele?'. O que devo dizer?".

14 Deus respondeu a Moisés: "Eu Sou o que Sou.[a] Diga ao povo de Israel: Eu Sou me enviou a vocês". 15 Deus também instruiu Moisés: "Diga ao povo de Israel: Javé,[b] o Deus de seus antepassados, o Deus de Abraão, o Deus de Isaque e o Deus de Jacó, me enviou a vocês.

Esse é meu nome para sempre,
o nome pelo qual serei lembrado
de geração em geração.

16 "Agora vá e reúna os líderes de Israel. Diga-lhes que Javé, o Deus de seus antepassados, o Deus de Abraão, Isaque e Jacó, lhe apareceu e disse: 'Tenho observado atentamente e vejo como os egípcios os têm tratado. 17 Prometi libertá-los da opressão no Egito e levá-los a uma terra que produz leite e mel com fartura, onde hoje habitam os cananeus, os hititas, os amorreus, os ferezeus, os heveus e os jebuseus'.

18 "Os líderes de Israel aceitarão sua mensagem. Em seguida, você e eles se apresentarão ao rei do Egito e lhe dirão: 'O Senhor, o Deus dos hebreus, veio ao nosso encontro. Agora, pedimos que nos permita fazer uma viagem de três dias ao deserto para oferecermos sacrifícios ao Senhor, nosso Deus'.

19 "Eu sei que o rei do Egito não os deixará ir, a não ser que uma mão poderosa o force.[c] 20 Por isso, levantarei minha mão e ferirei os egípcios com todo tipo de milagres que farei no meio deles. Então, por fim, o faraó os deixará ir. 21 Farei que os egípcios sejam bondosos com os israelitas, e assim vocês não sairão do Egito de mãos vazias. 22 Toda mulher israelita pedirá de suas vizinhas egípcias e das mulheres que as visitam artigos de ouro e prata e roupas caras, com as quais vestirão seus filhos e suas filhas. Desse modo, vocês tomarão para si as riquezas dos egípcios".

SINAIS DO PODER DO SENHOR

4 Moisés respondeu: "E se não acreditarem em mim ou não quiserem me ouvir? E se disserem: 'O Senhor nunca lhe apareceu'?".

2 Então o Senhor lhe perguntou: "O que você tem na mão?".

"Uma vara", respondeu Moisés.

3 "Jogue-a no chão", disse o Senhor. Moisés jogou a vara no chão, e ela se transformou numa serpente. Moisés fugia dela, 4 mas o Senhor lhe disse: "Estenda a mão e pegue-a pela cauda". Moisés estendeu a mão e pegou a serpente, e ela voltou a ser uma vara.

5 Então o Senhor lhe disse: "Faça esse sinal e eles acreditarão que o Senhor, o Deus de seus antepassados, o Deus de Abraão, o Deus de Isaque e o Deus de Jacó, de fato lhe apareceu".

6 O Senhor também disse a Moisés: "Agora, coloque a mão dentro do seu manto". Moisés colocou a mão dentro do manto e, quando a tirou, ela estava com lepra,[d] branca como neve. 7 "Coloque a mão dentro do manto outra vez", disse o Senhor. Moisés colocou a mão dentro do manto outra vez e, quando a tirou, ela estava tão saudável quanto o resto do corpo.

8 Disse ainda: "Se eles não acreditarem em você e não se deixarem convencer pelo primeiro sinal, serão convencidos pelo segundo. 9 E, se não acreditarem em você nem o ouvirem depois desses dois sinais, tire um pouco de água do rio Nilo e derrame-a sobre a terra seca. Quando o fizer, a água do Nilo se transformará em sangue na terra".

[a] **3.14** Ou *Eu Serei o que Serei.*

[b] **3.15** *Javé* é a transliteração mais provável do nome próprio YHWH; nesta tradução aparece, em geral, como "Senhor".

[c] **3.19** Conforme a Septuaginta e a Vulgata; o hebraico traz *não os deixará sair, nem por mão poderosa.*

[d] **4.6** O termo hebraico não se refere somente à hanseníase, mas também a diversas doenças de pele.

10 Moisés, porém, disse ao SENHOR:
"Ó Senhor, não tenho facilidade para fa-
lar, nem antes, nem agora que falaste com
teu servo! Não consigo me expressar e me
atrapalho com as palavras".
11 O SENHOR perguntou a Moisés: "Quem
forma a boca do ser humano? Quem torna
o homem mudo ou surdo? Quem o torna
cego ou o faz ver? Por acaso não sou eu,
o SENHOR? 12 Agora vá! Eu estarei com você
quando falar e o instruirei a respeito do
que deve dizer".
13 "Por favor, Senhor!", suplicou Moisés.
"Envia qualquer outra pessoa!"
14 Então o SENHOR se irou com Moisés e
lhe disse: "E quanto a seu irmão Arão, o
levita? Sei que ele fala bem. Veja, ele está
vindo ao seu encontro e se alegrará em vê-
-lo. 15 Fale com ele e diga as palavras que
ele deve transmitir. Estarei com vocês dois
quando falarem e os instruirei a respeito
do que devem fazer. 16 Arão falará por você
diante do povo. Ele será seu porta-voz, e
você será como Deus para ele. 17 Leve com
você a vara e use-a para realizar os sinais
que eu lhe mostrei".

MOISÉS VOLTA AO EGITO

18 Moisés voltou à casa de Jetro, seu sogro,
e lhe disse: "Por favor, permita-me voltar
ao Egito para procurar meus parentes.
Nem sei se ainda vivem".
"Vá em paz", respondeu Jetro.
19 Antes de Moisés partir de Midiã, o
SENHOR lhe disse: "Volte ao Egito, pois to-
dos que queriam matá-lo já morreram".
20 Então Moisés tomou sua mulher e
seus filhos, montou-os num jumento e
voltou para a terra do Egito. Levava na mão
a vara de Deus.
21 O SENHOR disse a Moisés: "Quando che-
gar ao Egito, apresente-se ao faraó e faça
todos os milagres para os quais eu o capa-
citei. Contudo, endurecerei o coração dele,
para que se recuse a deixar o povo sair.
22 Você dirá ao faraó: 'Assim diz o SENHOR:
Israel é meu filho mais velho. 23 Ordenei
que você deixasse meu filho sair para me
adorar. Mas, uma vez que você se recusou,
matarei seu filho mais velho'".
24 No caminho para o Egito, no lu-
gar onde Moisés e sua família haviam
parado a fim de passar a noite, o SENHOR
o confrontou e estava prestes a matá-lo.
25 Mas Zípora pegou uma faca de pedra e
circuncidou seu filho. Com o prepúcio, to-
cou os pés[a] de Moisés e lhe disse: "Agora
você é para mim um marido de sangue".
26 (Quando disse "um marido de sangue",
estava se referindo à circuncisão.) Depois
disso, o SENHOR deixou Moisés.
27 O SENHOR tinha dito a Arão: "Vá ao de-
serto, ao encontro de Moisés". Arão foi,
encontrou Moisés no monte de Deus e o
saudou com um beijo. 28 Moisés contou
a Arão tudo que o SENHOR havia ordenado
que ele dissesse e falou também sobre os
sinais que deveria realizar.
29 Então Moisés e Arão voltaram ao Egito
e convocaram uma reunião com todos os
líderes de Israel. 30 Arão lhes comunicou
tudo que o SENHOR tinha dito a Moisés, que
realizou os sinais diante deles. 31 O povo
de Israel se convenceu de que o SENHOR ti-
nha enviado Moisés e Arão. Quando ouvi-
ram que o SENHOR se preocupava com eles e
tinha visto seu sofrimento, prostraram-se
e o adoraram.

MOISÉS E ARÃO FALAM COM O FARAÓ

5 Depois disso, Moisés e Arão foram
ver o faraó e declararam: "Assim diz o
SENHOR, o Deus de Israel: 'Deixe meu povo
sair para celebrar uma festa em minha
honra no deserto'".
2 "Quem é o SENHOR?", retrucou o faraó.
"Por que devo dar ouvidos a ele e deixar
Israel sair? Não conheço o SENHOR e não
deixarei Israel sair."
3 Então Arão e Moisés disseram: "O Deus
dos hebreus se encontrou conosco.
Portanto, deixe-nos fazer uma viagem de
três dias ao deserto para oferecermos sa-
crifícios ao SENHOR, nosso Deus. Do contrá-
rio, ele nos castigará com alguma praga ou
pela espada".
4 O rei do Egito respondeu: "Moisés e
Arão, por que distraem o povo de suas
tarefas? Voltem ao trabalho! 5 Olhem!
Há muitos do seu povo nesta terra, e vocês
os estão impedindo de trabalhar!".

[a] **4.25** O termo hebraico para "pés" pode se referir ao órgão sexual masculino.

Foi em um deserto, quando Moisés estava escondido, que Deus o atraiu novamente ao chamado.

O FARAÓ OPRIME ISRAEL AINDA MAIS

6 Naquele mesmo dia, o faraó deu a seguinte ordem aos capatazes egípcios e aos supervisores israelitas: 7 "Não forneçam mais palha para o povo fazer tijolos. De agora em diante, eles mesmos devem juntá-la! 8 No entanto, continuem a exigir que produzam a mesma quantidade de tijolos que antes. Não reduzam a cota. Eles são preguiçosos e, por isso, clamam: 'Deixe-nos sair para sacrificar ao nosso Deus'. 9 Aumentem a carga de trabalho deles e cobrem o cumprimento das tarefas. Isso os ensinará a não dar ouvidos a mentiras!".

10 Os capatazes e os supervisores saíram e informaram o povo: "Assim diz o faraó: 'Vocês não receberão mais palha. 11 Saiam e juntem-na onde puderem encontrá-la. No entanto, continuarão a produzir a mesma quantidade de tijolos que antes'". 12 Então o povo se espalhou por toda a terra do Egito para juntar a palha que sobrava das colheitas.

13 Enquanto isso, os capatazes egípcios continuavam a pressioná-los: "Completem sua cota diária de tijolos, como faziam quando nós lhes fornecíamos palha!". 14 E açoitavam os supervisores israelitas que haviam sido encarregados das equipes de trabalhadores. "Por que não completaram as cotas nem ontem nem hoje?", perguntavam.

15 Então os supervisores israelitas foram suplicar ao faraó: "Por favor, não trate seus servos desse modo. 16 Não recebemos palha, mas os capatazes continuam a exigir: 'Façam tijolos!'. Somos açoitados constantemente, mas a culpa é do seu próprio povo!".

17 O faraó, porém, gritou: "Vocês são preguiçosos! Preguiçosos! Por isso, andam dizendo: 'Deixe-nos sair para oferecer sacrifícios ao Senhor'. 18 Voltem agora mesmo ao trabalho! Não receberão palha, mas terão de produzir a mesma cota de tijolos".

19 Quando os supervisores israelitas ouviram: "Vocês não poderão reduzir a quantidade de tijolos produzidos por dia", perceberam que estavam em sérios apuros. 20 Ao sair do palácio do faraó, encontraram Moisés e Arão, que os esperavam do lado de fora. 21 Eles disseram aos dois irmãos: "O Senhor os julgue e os castigue por terem feito o faraó e seus oficiais nos odiarem. Vocês colocaram uma espada na mão deles e lhes deram uma desculpa para nos matar!".

22 Moisés voltou ao Senhor e disse: "Por que trouxeste toda essa desgraça sobre este povo, Senhor? Por que me enviaste? 23 Desde que me apresentei ao faraó como teu porta-voz, ele passou a tratar teu povo com ainda mais crueldade. E tu não fizeste coisa alguma para libertá-lo!".

PROMESSAS DE LIBERTAÇÃO

6 Então o Senhor disse a Moisés: "Agora você verá o que vou fazer ao faraó. Quando ele sentir o peso de minha mão forte, deixará o povo sair. Sim, pelo peso de minha mão forte, fará o povo ir embora de sua terra!".

2 Deus também disse a Moisés: "Eu sou Javé, 'o Senhor'.[a] 3 Apareci a Abraão, Isaque e Jacó como El-Shaddai, 'o Deus Todo-poderoso',[b] mas não lhes revelei meu nome, Javé. 4 Estabeleci com eles a minha aliança, mediante a qual prometi lhes dar a terra de Canaã, onde viviam como estrangeiros. 5 Esteja certo de que ouvi os gemidos dos israelitas, que agora são escravos dos egípcios, e me lembrei da aliança que fiz com eles.

6 "Portanto, diga ao povo de Israel: 'Eu sou o Senhor. Eu os libertarei da opressão e os livrarei da escravidão no Egito. Eu os resgatarei com meu braço poderoso e com grandes atos de julgamento. 7 Eu os tomarei como meu povo e serei o seu Deus. Então vocês saberão que eu sou o Senhor, seu Deus, que os libertou da opressão no Egito. 8 Eu os levarei à terra que jurei dar a Abraão, Isaque e Jacó. Eu a darei a vocês como propriedade. Eu sou o Senhor!'".

9 Moisés transmitiu ao povo essa mensagem do Senhor, mas eles já não quiseram lhe dar ouvidos. Estavam desanimados

---

[a] **6.2** *Javé* é a transliteração mais provável do nome próprio YHWH; nesta tradução aparece, em geral, como "Senhor".

[b] **6.3** O nome hebraico *El-Shaddai*, que significa "Deus Todo-poderoso", é o nome de Deus usado em Gn 17.1; 28.3; 35.11; 43.14; 48.3.

demais por causa da escravidão brutal que sofriam.

10 Então o SENHOR disse a Moisés: 11 "Volte ao faraó, o rei do Egito, e diga a ele que deixe o povo de Israel sair de sua terra".

12 "Mas SENHOR!", retrucou Moisés. "Os israelitas já não querem me dar ouvidos. Como posso esperar que o faraó me escute? Tenho tanta dificuldade para falar!"[a]

13 O SENHOR, porém, falou com Moisés e Arão e lhes deu ordens, sobre os israelitas e sobre o faraó, rei do Egito, para tirarem o povo de Israel do Egito.

OS ANTEPASSADOS DE MOISÉS E ARÃO

14 Estes são os chefes de clãs dos antepassados de Israel:

Os filhos de Rúben, o filho mais velho de Israel, foram: Enoque, Palu, Hezrom e Carmi. Seus descendentes formaram os clãs de Rúben.

15 Os filhos de Simeão foram: Jemuel, Jamim, Oade, Jaquim, Zoar e Saul. (A mãe de Saul era cananeia.) Seus descendentes se tornaram os clãs de Simeão.

16 Estes são os descendentes de Levi, conforme relacionados nos registros de família. Os filhos de Levi foram Gérson, Coate e Merari. (Levi viveu 137 anos.)

17 Os descendentes de Gérson foram: Libni e Simei; cada um deles se tornou antepassado de um clã.

18 Os descendentes de Coate foram: Anrão, Isar, Hebrom e Uziel. (Coate viveu 133 anos.)

19 Os descendentes de Merari foram: Mali e Musi.

Estes são os clãs dos levitas, conforme relacionados nos registros de família.

20 Anrão se casou com Joquebede, irmã de seu pai, e ela deu à luz dois filhos: Arão e Moisés. (Anrão viveu 137 anos.)

21 Os filhos de Isar foram: Corá, Nefegue e Zicri.

22 Os filhos de Uziel foram: Misael, Elzafã e Sitri.

23 Arão se casou com Eliseba, filha de Aminadabe e irmã de Naassom. Ela deu à luz seus filhos Nadabe, Abiú, Eleazar e Itamar.

24 Os filhos de Corá foram: Assir, Elcana e Abiasafe.

25 Eleazar, filho de Arão, se casou com uma das filhas de Putiel, e ela deu à luz seu filho Fineias.

Esses são os chefes dentre os antepassados das famílias levitas, relacionados de acordo com seus clãs.

26 Foi a estes dois, Arão e Moisés, que o SENHOR disse: "Tirem os israelitas do Egito, organizados segundo seus clãs". 27 Foram eles, Moisés e Arão, que se dirigiram ao faraó, rei do Egito, para falar sobre a saída dos israelitas daquela terra.

28 Quando o SENHOR falou com Moisés na terra do Egito, 29 disse-lhe: "Eu sou o SENHOR! Transmita ao faraó, rei do Egito, tudo que eu lhe disser". 30 Contudo, Moisés questionou o SENHOR e disse: "Não posso fazer isso! Tenho tanta dificuldade para falar! Por que o faraó me daria ouvidos?".

A VARA DE ARÃO SE TRANSFORMA EM SERPENTE

7 Então o SENHOR disse a Moisés: "Preste atenção ao que vou dizer. Eu o farei parecer Deus para o faraó, e Arão, seu irmão, será seu profeta. 2 Diga a Arão tudo que eu lhe ordenar, e Arão mandará o faraó deixar o povo de Israel sair de sua terra. 3 Contudo, endurecerei o coração do faraó e depois multiplicarei meus sinais e maravilhas na terra do Egito. 4 Mesmo assim, o faraó se recusará a ouvi-lo, de modo que farei minha mão pesar sobre o Egito. Então resgatarei meu exército — meu povo, os israelitas — da terra do Egito com grandes atos de julgamento. 5 Quando eu levantar minha mão e tirar os israelitas do meio deles, os egípcios saberão que eu sou o SENHOR".

6 Moisés e Arão fizeram conforme o SENHOR lhes ordenou. 7 Quando falaram com o faraó, Moisés tinha 80 anos, e Arão, 83.

8 O SENHOR disse a Moisés e a Arão: 9 "O faraó exigirá: 'Mostre-me um milagre'.

[a] **6.12** Em hebraico, *Tenho lábios incircuncisos;* também em 6.30.

Quando ele o fizer, diga a Arão: 'Tome sua vara e jogue-a no chão, na frente do faraó, e ela se transformará numa serpente'".[a]

10 Então Moisés e Arão foram ver o faraó e fizeram conforme o SENHOR havia ordenado. Arão jogou a vara no chão, diante do faraó e de seus oficiais, e ela se transformou numa serpente. 11 O faraó mandou chamar seus sábios e feiticeiros e, por meio de suas artes mágicas, esses magos egípcios fizeram a mesma coisa: 12 jogaram suas varas no chão, e elas também se transformaram em serpentes. Mas a vara de Arão engoliu as varas dos magos. 13 O coração do faraó, porém, permaneceu endurecido. Ele continuou se recusando a ouvir, exatamente como o SENHOR tinha dito.

A PRAGA DE SANGUE

14 O SENHOR disse a Moisés: "O coração do faraó é duro, e ele continua se recusando a deixar o povo sair. 15 Portanto, vá ao faraó pela manhã, quando ele estiver descendo até o rio. Pare à margem do Nilo e encontre-se com ele ali. Não se esqueça de levar a vara que se transformou em serpente. 16 Então diga-lhe: 'O SENHOR, o Deus dos hebreus, me enviou para lhe falar: 'Deixe meu povo sair para me adorar no deserto'. Até agora, você se recusou a ouvi-lo, 17 por isso, assim diz o SENHOR: 'Eu lhe mostrarei que sou o SENHOR'. Veja! Com esta vara que tenho na mão, baterei nas águas do Nilo, e elas se transformarão em sangue. 18 Os peixes do rio morrerão, e o rio ficará malcheiroso. Os egípcios não poderão beber de sua água'".

19 O SENHOR disse a Moisés: "Diga a Arão: 'Tome sua vara e estenda a mão sobre as águas do Egito, sobre todos os seus rios, canais, açudes e reservatórios. Toda a água se transformará em sangue, até mesmo a água armazenada em vasilhas de madeira e pedra'".

20 Moisés e Arão fizeram conforme o SENHOR ordenou. Diante dos olhos do faraó e de todos os seus oficiais, Arão levantou a vara e bateu nas águas do Nilo, e o rio inteiro se transformou em sangue. 21 Os peixes do rio morreram, e a água ficou tão malcheirosa que os egípcios não podiam bebê-la. Havia sangue em toda a terra do Egito. 22 Mais uma vez, porém, os magos do Egito usaram sua mágica e também transformaram água em sangue, e o coração do faraó continuou endurecido. Ele se recusou a ouvir Moisés e Arão, como o SENHOR tinha dito. 23 O faraó voltou para seu palácio e não pensou mais no assunto. 24 Todos os egípcios cavaram às margens do rio para encontrar água potável, pois não podiam beber da água do Nilo.

25 Sete dias se passaram desde o momento em que o SENHOR feriu o Nilo.

A PRAGA DAS RÃS

8 1[b] Então o SENHOR disse a Moisés: "Volte ao faraó e anuncie: 'Assim diz o SENHOR: Deixe meu povo sair para me adorar. 2 Se você se recusar a deixá-lo sair, enviarei uma praga de rãs sobre todo o seu território. 3 O rio Nilo fervilhará de rãs. Elas subirão do rio e invadirão seu palácio, e até mesmo seu quarto e sua cama. Entrarão nas casas de seus oficiais e de seu povo. Saltarão para dentro dos fornos e das tigelas de amassar pão. 4 As rãs avançarão sobre você, sobre seu povo e sobre todos os seus oficiais'".

5[c] O SENHOR também disse a Moisés: "Diga a Arão: 'Estenda a vara que traz em sua mão sobre todos os rios, canais e açudes do Egito e faça subir rãs sobre toda a terra'". 6 Arão estendeu a mão sobre as águas do Egito, e as rãs subiram e cobriram toda a terra. 7 Os magos, porém, usaram suas artes mágicas para imitar a praga e também fizeram aparecer rãs sobre a terra do Egito.

8 Então o faraó convocou Moisés e Arão e disse: "Supliquem ao SENHOR que afaste as rãs de mim e de meu povo. Deixarei seu povo sair para oferecer sacrifícios ao SENHOR".

9 "Pois escolha a hora!", respondeu Moisés. "Diga-me quando deseja que eu suplique pelo faraó, por seus oficiais e por seu povo. Então o faraó e suas casas

[a] **7.9** Em hebraico, *tannin*, termo que, em outras passagens, refere-se a um monstro marinho. A Septuaginta traduz como "dragão".

[b] **8.1** No texto hebraico, os versículos 8.1-4 são numerados 7.26-29.

[c] **8.5** No texto hebraico, os versículos 8.5-32 são numerados 8.1-28.

ficarão livres das rãs, e elas permanecerão
apenas no rio Nilo."
10 "Que seja amanhã", disse o faraó.
"Será como o faraó disse", respondeu
Moisés. "Então saberá que não há nin-
guém como o SENHOR, nosso Deus. 11 As rãs
deixarão o faraó e suas casas, seus oficiais
e seu povo e permanecerão apenas no
rio Nilo."
12 Moisés e Arão saíram do palácio do fa-
raó, e Moisés clamou ao SENHOR a respeito
das rãs que ele havia mandado para afligir
o faraó. 13 O SENHOR fez exatamente con-
forme Moisés tinha dito. Todas as rãs nas
casas, nos pátios e nos campos morreram.
14 Os egípcios as juntaram em montões, e
um fedor terrível encheu a terra. 15 Mas,
quando o faraó percebeu que a situação
havia melhorado, seu coração se endu-
receu, e ele se recusou a dar ouvidos a
Moisés e a Arão, como o SENHOR tinha dito.

A PRAGA DOS PIOLHOS

16 Então o SENHOR disse a Moisés: "Diga a
Arão: 'Estenda a vara e bata no chão. O pó
se transformará em enxames de piolhos[a]
em toda a terra do Egito'". 17 Moisés e Arão
assim fizeram. Quando Arão estendeu
a mão e bateu no chão com a vara, pio-
lhos infestaram toda a terra e cobriram
os egípcios e seus animais. Todo o pó da
terra do Egito se transformou em piolhos.
18 Os magos do faraó tentaram fazer o
mesmo com suas artes mágicas, mas não
conseguiram. E os piolhos cobriram tudo,
tanto as pessoas como os animais.
19 "Isso é o dedo de Deus!", exclamaram
os magos ao faraó. Mas o coração do faraó
continuou endurecido. Recusou-se a ouvi-
-los, como o SENHOR tinha dito.

A PRAGA DAS MOSCAS

20 Em seguida, o SENHOR disse a Moisés:
"Levante-se cedo amanhã e coloque-se
diante do faraó quando ele descer ao rio.
Diga-lhe: 'Assim diz o SENHOR: Deixe meu
povo sair para me adorar. 21 Se você se
recusar, enviarei enxames de moscas so-
bre você, seus oficiais, seu povo e sobre to-
das as casas. Os lares dos egípcios e todo
o chão ficarão cheios de moscas. 22 Desta
vez, porém, pouparei a região de Gósen,
onde meu povo vive. Lá, não aparecerão
moscas. Então você saberá que eu sou o
SENHOR e que estou presente até mesmo no
meio de sua terra. 23 Farei clara distinção
entre[b] o meu povo e o seu. Esse sinal acon-
tecerá amanhã'".
24 O SENHOR fez exatamente o que disse.
Um denso enxame de moscas encheu o
palácio do faraó e as casas de seus oficiais.
Todo o Egito ficou em estado de calamida-
de por causa das moscas.
25 O faraó mandou chamar Moisés e
Arão e disse: "Vão e ofereçam sacrifícios
ao seu Deus. Mas façam-no aqui mesmo,
nesta terra".
26 "Não seria certo", respondeu Moisés.
"Os sacrifícios que oferecemos ao SENHOR,
nosso Deus, são detestáveis aos egípcios.
Se apresentarmos aqui mesmo nossos
sacrifícios, que os egípcios consideram
detestáveis, eles nos apedrejarão. 27 Para
oferecer sacrifícios ao SENHOR, nosso Deus,
precisamos fazer uma viagem de três dias
ao deserto, como ele ordenou."
28 "Podem ir", respondeu o faraó. "Dei-
xarei que viajem ao deserto para oferecer
sacrifícios ao SENHOR, seu Deus, mas não se
afastem demais. E supliquem por mim."
29 Moisés respondeu: "Assim que sairmos
de sua presença, suplicaremos ao SENHOR,
e amanhã os enxames de moscas deixa-
rão o faraó, seus oficiais e todo o seu povo.
Mas fique avisado, ó faraó, de que não deve
mentir novamente, recusando-se a deixar o
povo sair para sacrificar ao SENHOR".
30 Moisés saiu do palácio do faraó e su-
plicou ao SENHOR que removesse todas as
moscas. 31 O SENHOR atendeu Moisés e fez
os enxames de moscas deixarem o faraó,
seus oficiais e seu povo. Não restou uma
só mosca. 32 Mas o coração do faraó se en-
dureceu outra vez, e ele se recusou a dei-
xar o povo sair.

A PRAGA SOBRE OS ANIMAIS

9 O SENHOR ordenou a Moisés: "Volte ao
faraó e diga-lhe: 'Assim diz o SENHOR,

[a] **8.16** Ou *mosquitos*; também em 8.17-18. O termo he-
braico é de identificação incerta.

[b] **8.23** Conforme a Septuaginta e a Vulgata; o hebraico
traz *Colocarei redenção entre*.

o Deus dos hebreus: Deixe meu povo sair para me adorar. 2 Se você continuar a detê-lo e a recusar-se a deixá-lo sair, 3 a mão do Senhor ferirá com uma praga mortal todos os seus animais: cavalos, jumentos, camelos, bois e ovelhas. 4 Mais uma vez, porém, o Senhor fará distinção entre os animais dos israelitas e os dos egípcios. Não morrerá um só animal de Israel. 5 O Senhor já definiu quando a praga começará: amanhã o Senhor ferirá a terra'".

6 O Senhor fez como tinha dito. Na manhã seguinte, todos os animais dos egípcios morreram, mas os israelitas não perderam um só animal. 7 O faraó mandou investigar e confirmou que o povo de Israel não havia perdido um só animal. Ainda assim, o coração do faraó permaneceu endurecido, e ele continuou se recusando a deixar o povo sair.

A PRAGA DAS FERIDAS PURULENTAS

8 O Senhor disse a Moisés e a Arão: "Peguem um punhado de cinzas de um forno de olaria. Moisés deve lançá-las no ar, diante dos olhos do faraó. 9 As cinzas se espalharão sobre a terra do Egito como poeira fina e provocarão feridas purulentas nas pessoas e nos animais em todo o Egito".

10 Então Moisés e Arão pegaram um punhado de cinzas de um forno de olaria e se colocaram diante do faraó. Moisés lançou as cinzas no ar, e surgiram feridas tanto nas pessoas como nos animais. 11 Nem mesmo os magos conseguiram permanecer diante de Moisés, pois surgiram feridas neles, e também em todos os egípcios. 12 Mas o Senhor endureceu o coração do faraó e, como o Senhor tinha dito a Moisés, o faraó se recusou a ouvir.

A PRAGA DO GRANIZO

13 O Senhor disse a Moisés: "Amanhã, levante-se cedo, vá até o faraó e diga-lhe: 'Assim diz o Senhor, o Deus dos hebreus: Deixe meu povo sair para me adorar. 14 Do contrário, enviarei mais pragas sobre você,[a] sobre seus oficiais e sobre seu povo. Então você saberá que não há ninguém como eu em toda a terra. 15 A esta altura, eu poderia ter estendido minha mão e ferido você e seu povo com uma praga que os apagaria da face da terra. 16 Mas eu o poupei a fim de lhe mostrar meu poder[b] e propagar meu nome por toda a terra. 17 Ainda assim, você se exalta sobre meu povo, recusando-se a deixá-lo sair. 18 Por isso, amanhã, a esta hora, enviarei a tempestade de granizo mais devastadora de toda a história do Egito. 19 Rápido! Mande seus animais e servos deixarem os campos e procurarem abrigo. Quando o granizo cair, todas as pessoas e animais que estiverem ao ar livre morrerão'".

20 Alguns dos oficiais do faraó se atemorizaram com o que o Senhor tinha dito. Sem demora, recolheram seus servos e animais dos campos. 21 Mas aqueles que não deram atenção à palavra do Senhor deixaram seus rebanhos e servos no campo.

22 Então o Senhor disse a Moisés: "Estenda a mão em direção ao céu para que caia granizo sobre toda a terra do Egito, sobre as pessoas, sobre os animais e sobre todas as plantas em toda a terra do Egito".

23 Moisés estendeu a vara em direção ao céu, e o Senhor mandou trovões e granizo, além de raios que caíam sobre a terra. O Senhor enviou uma horrível tempestade de granizo sobre todo o Egito. 24 Nunca em toda a história do Egito houve uma tempestade como aquela, com granizo tão devastador e raios tão constantes. 25 A chuva de granizo deixou toda a terra do Egito em ruínas. Destruiu tudo que estava no campo, tanto pessoas como animais e plantas, e até mesmo as árvores foram despedaçadas. 26 O único lugar em que não caiu granizo foi a região de Gósen, onde vivia o povo de Israel.

27 Então o faraó mandou chamar Moisés e Arão. "Desta vez eu pequei", disse ele. "O Senhor é justo, e eu e meu povo somos culpados. 28 Por favor, supliquem ao Senhor que ele ponha fim à tempestade horrível de trovões e granizo. Já chega! Eu os deixarei ir. Não precisam mais ficar aqui."

[a] **9.14** Em hebraico, *sobre o seu coração*.

[b] **9.16** A Septuaginta traz *para mostrar em você meu poder*. Comparar com Rm 9.17.

29 Moisés respondeu: "Assim que eu sair
da cidade, estenderei as mãos ao SENHOR.
Os trovões e o granizo cessarão, e o faraó
saberá que a terra pertence ao SENHOR.
30 Mas sei que o faraó e seus oficiais ainda
não temem o SENHOR Deus."

31 (Todo o linho e a cevada foram destruí-
dos pelo granizo, pois a cevada estava na
espiga, e o linho, em flor. 32 O trigo comum
e o trigo candeal, porém, foram poupados,
pois ainda não tinham brotado do solo.)

33 Moisés deixou a corte do faraó e saiu
da cidade. Quando estendeu as mãos ao
SENHOR, os trovões e o granizo cessaram,
e a chuva torrencial parou. 34 Ao perceber
que a chuva, o granizo e os trovões haviam
cessado, o faraó voltou a pecar, e seu co-
ração mais uma vez se endureceu, assim
como o de seus oficiais. 35 Uma vez que
seu coração continuava endurecido, o fa-
raó se recusou a deixar o povo sair, como o
SENHOR tinha dito por meio de Moisés.

A PRAGA DOS GAFANHOTOS

10 O SENHOR disse a Moisés: "Volte ao
faraó, pois endureci o coração dele
e o de seus oficiais, para que eu demons-
tre meus sinais entre eles, 2 e também para
que você conte a seus filhos e netos como
eu ridicularizei os egípcios e lhes fale dos
sinais que realizei no meio deles. Assim,
vocês saberão que eu sou o SENHOR".

3 Moisés e Arão foram ver o faraó nova-
mente e lhe disseram: "Assim diz o SENHOR,
o Deus dos hebreus: 'Até quando você
se recusará a submeter-se a mim? Deixe
meu povo sair para me adorar. 4 Se você
se recusar, tome cuidado! Amanhã trarei
sobre seu território uma nuvem de gafa-
nhotos. 5 Cobrirão toda a terra, de modo
que não se poderá ver o chão. Devorarão
o que restou de suas colheitas depois da
tempestade de granizo, e também todas
as árvores que estiverem crescendo nos
campos. 6 Invadirão seus palácios, as casas
de seus oficiais e todas as casas do Egito.
Nunca em toda a história do Egito seus an-
tepassados viram uma praga como esta!'".
Quando terminou de falar, Moisés deu as
costas ao faraó e saiu.

7 Os oficiais da corte se aproximaram do
faraó e suplicaram: "Até quando o faraó
permitirá que esse Moisés seja uma amea-
ça para nós? Deixe os homens saírem para
adorar o SENHOR, o Deus deles! O faraó não
vê que o Egito está em ruínas?".

8 Logo, Moisés e Arão foram trazidos de
volta à presença do faraó. "Está bem", disse
ele. "Vão e adorem o SENHOR, seu Deus. Mas
quem exatamente irá?"

9 Moisés respondeu: "Iremos todos: jo-
vens e velhos, nossos filhos e filhas, e
todos os nossos rebanhos, pois celebrare-
mos uma festa em honra ao SENHOR".

10 O faraó retrucou: "Sem dúvida preci-
sarão que o SENHOR esteja com vocês se eu
permitir que levem seus filhos pequenos!
Eu sei do seu plano mal-intencionado.
11 De jeito nenhum! Só os homens pode-
rão sair para adorar o SENHOR, pois foi isso
que vocês pediram". E o faraó mandou ex-
pulsá-los do palácio.

12 Então o SENHOR disse a Moisés: "Estenda
a mão sobre a terra do Egito para que ve-
nham os gafanhotos. Que eles cubram a
terra do Egito e devorem todas as plantas
que sobreviveram à tempestade de granizo".

13 Assim, Moisés estendeu a vara sobre
a terra do Egito, e o SENHOR fez soprar um
vento leste sobre a terra durante todo o
dia e toda a noite. Quando amanheceu,
o vento leste havia trazido os gafanhotos.
14 Eles invadiram todo o Egito e desceram
em nuvens densas sobre seu território, de
uma extremidade à outra. Foi a pior pra-
ga de gafanhotos em toda a história do
Egito e jamais houve outra igual, 15 pois
os gafanhotos cobriram toda a superfície
e escureceram a terra. Devoraram todas as
plantas nos campos e todas as frutas nas
árvores que tinham sobrevivido à tempes-
tade de granizo. Não restou uma só folha
nas árvores nem nas plantas em toda a
terra do Egito.

16 Sem demora, o faraó mandou cha-
mar Moisés e Arão e lhes disse: "Pequei
contra o SENHOR, seu Deus, e contra vocês.
17 Perdoem meu pecado apenas mais esta
vez e supliquem ao SENHOR, seu Deus, que
ele me livre desta morte".

18 Moisés deixou a corte do faraó e su-
plicou ao SENHOR. 19 O SENHOR respondeu e
mudou a direção do vento. Fez soprar um
forte vento oeste que levou os gafanhotos

para o mar Vermelho.[a] Não sobrou um só gafanhoto em toda a terra do Egito. 20 Mas o SENHOR endureceu o coração do faraó, e ele se recusou a deixar o povo de Israel sair.

A PRAGA DA ESCURIDÃO

21 O SENHOR disse a Moisés: "Estenda a mão em direção ao céu, e a terra do Egito ficará coberta de escuridão tão densa que poderá ser apalpada". 22 Moisés estendeu a mão em direção ao céu, e uma escuridão profunda cobriu toda a terra do Egito por três dias. 23 Nesse período, as pessoas não conseguiam ver umas às outras e ninguém saía do lugar. Mas, onde viviam os israelitas, havia luz, como de costume.

24 Por fim, o faraó mandou chamar Moisés. "Vão e adorem o SENHOR", disse ele. "Podem até levar seus filhos pequenos, mas deixem seus rebanhos aqui."

25 "De jeito nenhum!", respondeu Moisés. "Por acaso o faraó nos daria os animais necessários para as ofertas e os holocaustos ao SENHOR, nosso Deus? 26 Todos os nossos animais devem ir conosco; não podemos deixar nem um casco para trás. Temos de escolher dentre esses animais para adorar o SENHOR, nosso Deus, e só saberemos como adorar o SENHOR quando chegarmos lá."

27 Mais uma vez, porém, o SENHOR lhe endureceu o coração, e o faraó se recusou a deixá-los sair. 28 "Fora daqui!", gritou para Moisés. "Estou avisando: nunca mais apareça diante de mim! No dia em que vir meu rosto, você morrerá!"

29 "Muito bem", respondeu Moisés. "Nunca mais verei seu rosto novamente."

A MORTE DOS FILHOS MAIS VELHOS DOS EGÍPCIOS

11 Então o SENHOR disse a Moisés: "Atingirei o faraó e a terra do Egito com mais uma praga. Depois disso, o faraó os deixará sair de seu território. Quando, por fim, ele permitir que saiam, praticamente os expulsará. 2 Diga a todos os homens e mulheres israelitas que peçam objetos de prata e ouro a seus vizinhos egípcios". 3 (O SENHOR havia feito os egípcios verem o povo com bons olhos. Moisés era tido em alta consideração na terra do Egito e respeitado tanto pelos oficiais do faraó como pelo povo egípcio.)

4 Moisés disse: "Assim diz o SENHOR: À meia-noite de hoje, passarei pelo meio do Egito. 5 Morrerão todos os filhos mais velhos do sexo masculino, em todas as famílias do Egito, desde o filho mais velho do faraó, sentado em seu trono, até o filho mais velho da serva mais humilde que trabalha no moinho. Até mesmo os primeiros machos dentre todos os animais morrerão. 6 Então se ouvirá um grande lamento na terra do Egito, um lamento como nunca houve e nunca mais haverá. 7 Quanto aos israelitas, porém, nem um cão latirá contra eles ou seus animais. Com isso vocês saberão que o SENHOR faz distinção entre os egípcios e os israelitas. 8 Todos os oficiais do Egito virão até mim e se curvarão, suplicando: 'Por favor, vá embora! Saia logo do Egito e leve com você todo este povo que o segue!'. Só então eu sairei!". E, ardendo de ira, Moisés saiu da presença do faraó.

9 O SENHOR tinha avisado a Moisés: "O faraó não lhe dará ouvidos, por isso farei milagres ainda mais poderosos na terra do Egito". 10 Moisés e Arão fizeram todos esses milagres na presença do faraó, mas o SENHOR lhe endureceu o coração, e ele se recusou a deixar o povo de Israel sair de sua terra.

A PRIMEIRA PÁSCOA

12 Então o SENHOR disse a Moisés e a Arão no Egito: 2 "De agora em diante, este mês será para vocês o primeiro do ano. 3 Anunciem a toda a comunidade de Israel que, no décimo dia deste mês, cada família escolherá um cordeiro ou um cabrito para fazer um sacrifício, um animal para cada casa. 4 A família que for pequena demais para comer um animal inteiro deverá compartilhá-lo com outra família da vizinhança. O animal será dividido de acordo com o número de pessoas e a quantidade que cada um puder comer. 5 O animal escolhido deverá ser um cordeiro ou um cabrito de um ano, sem defeito algum.

[a] **10.19** Em hebraico, *mar de juncos*.

6 "Guardem bem o animal escolhido até
a tarde do décimo quarto dia do primei-
ro mês. Nesse dia, toda a comunidade de
Israel sacrificará seu cordeiro ou cabrito ao
anoitecer. 7 Em seguida, tomarão um pou-
co do sangue e o passarão nos batentes la-
terais e no alto das portas das casas onde
comerem o animal. 8 Nessa mesma noite,
assarão a carne no fogo e a comerão acom-
panhada de folhas verdes amargas e de
pão sem fermento. 9 Não comerão a carne
crua nem cozida. O animal todo, incluin-
do a cabeça, as pernas e as vísceras, deverá
ser assado no fogo. 10 Não deixem sobras
para a manhã seguinte. Queimem o que
não for consumido antes do amanhecer.

11 "Estas são as instruções para quando
fizerem a refeição. Estejam vestidos para
a viagem,[a] de sandálias nos pés e cajado
na mão. Façam a refeição apressadamente,
pois é a Páscoa do SENHOR. 12 Nessa noite,
passarei pela terra do Egito e matarei to-
dos os filhos mais velhos e todos os pri-
meiros machos dentre os animais na terra
do Egito. Executarei juízo sobre todos os
deuses do Egito, pois eu sou o SENHOR.
13 Mas o sangue nos batentes das portas
servirá de sinal e marcará as casas onde
vocês estão. Quando eu vir o sangue, pas-
sarei por sobre aquela casa. E, quando eu
ferir a terra do Egito, a praga de morte não
os tocará.

14 "Este será um dia a ser recordado. Todo
ano, de geração em geração, vocês o cele-
brarão como festa especial para o SENHOR.
Essa é uma lei permanente. 15 Durante
sete dias, comerão pão sem fermento.
No primeiro dia da festa, removerão das
casas qualquer mínima quantidade de
fermento. Quem comer pão com fermento
durante algum dos sete dias da festa será
eliminado do meio de Israel. 16 No primei-
ro e no sétimo dia da festa, todo o povo
celebrará um dia oficial de reunião sagra-
da. Não será permitido nenhum tipo de
trabalho nessas datas, exceto o preparo
da comida.

17 "Celebrem a Festa dos Pães sem
Fermento, pois ela os lembrará de que
eu tirei suas multidões da terra do Egito
exatamente nesse dia. A festa será uma
lei permanente para vocês; celebrem-na
nesse dia de geração em geração. 18 O pão
que comerem será preparado sem fermen-
to desde a tarde do décimo quarto dia do
primeiro mês até a tarde do vigésimo pri-
meiro dia do mesmo mês. 19 Durante os
sete dias, não deverá haver qualquer míni-
ma quantidade de fermento em suas casas.
Quem comer algo preparado com fermento
durante a semana será eliminado do meio
de Israel. Essas regras se aplicam tanto aos
estrangeiros que vivem entre vocês como
aos israelitas de nascimento. 20 Durante
esses dias, não comam coisa alguma pre-
parada com fermento. Onde quer que mo-
rarem, comam apenas pão sem fermento".

21 Em seguida, Moisés mandou chamar
todos os líderes de Israel e lhes disse: "Vão,
escolham um cordeiro ou um cabrito para
cada família e sacrifiquem o animal para a
Páscoa. 22 Deixem o sangue escorrer para
uma vasilha. Tomem um feixe de ramos
de hissopo e molhem-no com o sangue.
Usando o hissopo, passem o sangue nos
batentes laterais e no alto da porta das ca-
sas. Ninguém saia de casa até o amanhe-
cer, 23 pois o SENHOR passará pela terra para
ferir mortalmente os egípcios. Mas, quan-
do ele vir o sangue nas laterais e no alto
da porta, passará por sobre aquela casa.
Não permitirá que o anjo da morte entre
em suas casas para matar vocês.

24 "Lembrem-se de que estas instruções
são uma lei que vocês e seus descendentes
deverão cumprir para sempre. 25 Quando
entrarem na terra que o SENHOR prometeu
lhes dar, continuarão a realizar essa ceri-
mônia. 26 Então seus filhos perguntarão:
'O que significa esta cerimônia?', 27 e vo-
cês responderão: 'É o sacrifício da Páscoa
para o SENHOR, pois ele passou por sobre
as casas dos israelitas no Egito. E, embora
tenha abatido os egípcios, poupou nossas
famílias'". Então todos que ali estavam se
prostraram e adoraram.

28 Assim, o povo de Israel fez confor-
me o SENHOR havia ordenado por meio de
Moisés e Arão. 29 À meia-noite, o SENHOR fe-
riu mortalmente todos os filhos mais ve-
lhos da terra do Egito, desde o filho mais
velho do faraó, sentado em seu trono, até

[a] **12.11** Em hebraico, *Cinjam os lombos.*

o filho mais velho do prisioneiro no calabouço. Até mesmo os primeiros machos dentre os animais foram mortos. 30 O faraó, todos os seus oficiais e todo o povo egípcio acordaram durante a noite, e ouviu-se um grande lamento em toda a terra do Egito. Não houve uma só casa onde não morresse alguém.

O ÊXODO DE ISRAEL DO EGITO

31 No meio da noite, o faraó mandou chamar Moisés e Arão. "Saiam daqui!", ordenou ele. "Deixem meu povo e levem os demais israelitas com vocês. Vão e adorem o Senhor, como pediram. 32 Levem seus rebanhos, como disseram, e sumam daqui! Vão embora, mas abençoem-me ao sair."
33 Os egípcios pressionavam o povo de Israel para que deixasse a terra quanto antes, pois pensavam: "Vamos todos morrer!".
34 Os israelitas levaram a massa de pão sem fermento, embrulharam as vasilhas em seus mantos e as colocaram sobre os ombros. 35 Seguindo as instruções de Moisés, pediram aos egípcios que lhes dessem roupas e objetos de prata e ouro. 36 O Senhor fez os egípcios serem bondosos com o povo, de modo que lhes entregaram tudo que pediram. Assim, os israelitas tomaram para si as riquezas dos egípcios.
37 Naquela mesma noite, os israelitas partiram de Ramessés rumo a Sucote. Havia cerca de seiscentos mil homens,[a] além das mulheres e crianças. 38 Saiu com eles uma mistura de gente que não era israelita, além de imensos rebanhos de ovelhas, bois e outros animais. 39 Com a massa sem fermento que haviam levado do Egito, assaram pães achatados. A massa era sem fermento, pois foram expulsos do Egito com tanta pressa que não tiveram tempo de preparar alimento para a viagem.
40 O povo de Israel tinha vivido 430 anos no Egito.[b] 41 Na verdade, essa grande multidão do Senhor deixou a terra exatamente no dia em que se completaram os 430 anos. 42 O Senhor passou a noite toda em vigília para tirar seu povo do Egito. Essa, portanto, é a noite do Senhor e deverá ser celebrada por todos os israelitas, de geração em geração.

MAIS INSTRUÇÕES PARA A PÁSCOA

43 Então o Senhor disse a Moisés e a Arão: "Estas são as instruções para a festa da Páscoa. Nenhum estrangeiro poderá comer a ceia de Páscoa. 44 O escravo comprado poderá participar se for circuncidado. 45 Os residentes temporários e os empregados não poderão participar. 46 Cada cordeiro de Páscoa será comido em uma só casa. Nenhum pedaço de carne será levado para fora, e nenhum osso do cordeiro será quebrado. 47 Toda a comunidade de Israel celebrará a festa da Páscoa.

48 "Se os estrangeiros que vivem entre vocês quiserem celebrar a Páscoa do Senhor, todos os homens dentre eles devem ser circuncidados. Só então poderão celebrar a Páscoa com vocês, como qualquer israelita de nascimento. Os homens que não forem circuncidados, porém, jamais poderão participar da ceia de Páscoa. 49 Essa instrução se aplica a todos, tanto aos israelitas de nascimento como aos estrangeiros que vivem entre vocês".

50 Todo o povo de Israel seguiu as ordens que o Senhor deu a Moisés e a Arão. 51 Naquele mesmo dia, o Senhor tirou os israelitas da terra do Egito como um exército.

A CONSAGRAÇÃO DO PRIMEIRO FILHO

13 O Senhor disse a Moisés: 2 "Consagre a mim todos os primeiros filhos homens dos israelitas. O primeiro filho de cada família e a primeira cria dos animais me pertencem".

3 Então Moisés disse ao povo: "Este é um dia a ser lembrado: é o dia em que vocês deixaram o Egito, onde eram escravos. Hoje o Senhor os tirou de lá pela força de sua mão poderosa. (Lembrem-se de não comer coisa alguma com fermento.) 4 Neste dia, no mês de abibe,[c] vocês foram libertos. 5 Depois que o Senhor os fizer entrar na terra dos cananeus, dos hititas, dos

[a] **12.37** Ou *homens de guerra*; o hebraico traz *homens a pé*.
[b] **12.40** O Pentateuco Samaritano traz *em Canaã e no Egito*; a Septuaginta traz *no Egito e em Canaã*.

[c] **13.4** No antigo calendário lunar hebraico, esse primeiro mês normalmente caía entre março e abril, quando começava a colheita da cevada.

amorreus, dos heveus e dos jebuseus, ce-
lebrem esta cerimônia neste mesmo mês,
a cada ano. (Ele jurou a seus antepassados
que lhes daria essa terra, uma terra que
produz leite e mel com fartura.) 6 Durante
sete dias, vocês deverão comer pão sem
fermento. No sétimo dia, façam uma fes-
ta ao SENHOR. 7 Comam pão sem fermento
nos sete dias. Nesse período, não deverá
haver nenhuma comida fermentada nem
a mínima quantidade de fermento dentro
do seu território.
8 "No sétimo dia, cada um explique a seus
filhos: 'Hoje celebro aquilo que o Senhor
fez por mim quando saí do Egito'. 9 Essa
festa anual será um sinal visível para vo-
cês, como uma marca gravada na mão ou
um símbolo colocado na testa. Ela ser-
virá para lembrá-los sempre de manter
as instruções do Senhor em seus lábios,
pois o Senhor os resgatou do Egito com
mão poderosa.[a] 10 Portanto, cumpram a
ordem de realizar a festa a cada ano na
data estabelecida.
11 "É isto que farão quando o SENHOR
cumprir o juramento dele a seus antepas-
sados. Quando ele lhes der a terra onde
hoje vivem os cananeus, 12 apresentem ao
SENHOR todos os primeiros filhos homens e
todos os machos das primeiras crias, pois
pertencem ao SENHOR. 13 Para resgatar a
primeira cria dos jumentos, entreguem ao
SENHOR, como substituto, um cordeiro ou
um cabrito. Caso não resgatem o animal,
terão de quebrar o pescoço dele. Quanto
aos primeiros filhos homens, será obriga-
tório resgatá-los.
14 "No futuro, seus filhos lhes perguntarão:
'O que significa tudo isso?', e vocês respon-
derão: 'Com a força de sua mão poderosa,
o SENHOR nos tirou do Egito, onde éramos
escravos. 15 O faraó se recusou teimosa-
mente a nos deixar sair, por isso o SENHOR
matou todos os primeiros filhos homens
da terra do Egito, e também os machos das
primeiras crias dos animais. É por isso que
hoje sacrificamos todos os machos das pri-
meiras crias ao SENHOR, mas sempre resga-
tamos os primeiros filhos homens'. 16 Essa
cerimônia será como uma marca gravada
na mão ou um símbolo colocado na testa.
É uma lembrança de que a força da mão
poderosa do SENHOR nos tirou do Egito".

O DESVIO PELO DESERTO

17 Quando, por fim, o faraó deixou o povo
sair, Deus não os conduziu pela estrada
principal que corta o território dos filisteus,
embora fosse o caminho mais curto. Deus
disse: "Se eles tiverem de enfrentar uma
batalha, pode ser que mudem de ideia e
voltem ao Egito". 18 Por isso, Deus fez o povo
dar a volta pelo deserto, rumo ao mar Ver-
melho.[b] Assim, os israelitas saíram do Egito
como um exército preparado para marchar.
19 Moisés levou consigo os ossos de José,
pois José havia feito os filhos de Israel
jurarem, dizendo: "Deus certamente virá
ajudá-los. Quando isso acontecer, levem
meus ossos daqui com vocês".
20 O povo saiu de Sucote e acampou em
Etã, à beira do deserto. 21 O SENHOR ia adian-
te deles. Durante o dia, guiava-os com uma
coluna de nuvem e, durante a noite, forne-
cia luz com uma coluna de fogo. Isso per-
mitia que caminhassem de dia e de noite.
22 E a coluna de nuvem não se afastava do
povo durante o dia, nem a coluna de fogo
durante a noite.

14 O SENHOR disse a Moisés: 2 "Ordene
aos israelitas que deem a volta e
acampem em Pi-Hairote, entre Migdol e
o mar. Acampem ali, à beira do mar, em
frente a Baal-Zefom. 3 O faraó pensará: 'Os
israelitas estão vagando perdidos, prisio-
neiros do deserto!'. 4 Mais uma vez, endure-
cerei o coração do faraó, e ele os perseguirá.
Planejei tudo isso para mostrar minha gló-
ria por meio do faraó e de todo o seu exérci-
to. Então os egípcios saberão que eu sou o
SENHOR". E os israelitas assim fizeram.

OS EGÍPCIOS PERSEGUEM ISRAEL

5 Quando o rei do Egito soube que o povo
de Israel havia fugido, ele e seus oficiais
mudaram de ideia. "O que fizemos?", per-
guntavam. "Como pudemos deixar todos os
escravos israelitas escaparem?" 6 Então o

Deus cuida de nós não por causa do que fazemos, mas por causa do que ele fez por nós.

[a] **13.9** Ou *Que ela sirva para lembrá-los de recitar sempre o ensinamento do SENHOR: "Com mão poderosa, o SENHOR resgatou seu povo do Egito".*

[b] **13.18** Em hebraico, *mar de juncos.*

faraó mandou preparar sua carruagem e convocou suas tropas. 7 Levou consigo seiscentos dos melhores carros de guerra, além das demais carruagens de batalha do Egito, cada uma com seu comandante. 8 O Senhor endureceu o coração do faraó, rei do Egito, para que ele perseguisse os israelitas, que haviam partido triunfantemente. 9 Os egípcios os perseguiram com todas as forças do exército do faraó — todos os seus cavalos e carros de guerra, cavaleiros e tropas — e os alcançaram no acampamento em Pi-Hairote, à beira do mar, em frente a Baal-Zefom.

10 Quando o faraó se aproximava, os israelitas levantaram os olhos e viram os egípcios marchando contra eles. Em pânico, clamaram ao Senhor 11 e disseram a Moisés: "Por que você nos trouxe ao deserto para morrer? Não havia sepulturas no Egito? O que você fez conosco? Por que nos forçou a sair do Egito? 12 Quando ainda estávamos no Egito, não lhe avisamos que isso aconteceria? Dissemos: 'Deixe-nos em paz! Continuaremos a servir os egípcios. Afinal, é melhor ser escravo no Egito que ser um cadáver no deserto!'".

13 Moisés, porém, disse: "Não tenham medo. Apenas permaneçam firmes e vejam como o Senhor os resgatará neste dia. Vocês nunca mais verão os egípcios que estão vendo hoje. 14 O próprio Senhor lutará por vocês. Fiquem calmos!".

A FUGA PELO MAR VERMELHO

15 Então o Senhor disse a Moisés: "Por que você está clamando a mim? Diga ao povo que marche! 16 Tome sua vara e estenda a mão sobre o mar. Divida as águas para que os israelitas atravessem pelo meio do mar, em terra seca. 17 Endurecerei o coração dos egípcios, e eles virão atrás de vocês. Mostrarei minha glória por meio do faraó e de suas tropas, seus carros de guerra e seus cavaleiros. 18 Quando minha glória se manifestar por meio do faraó e de seus carros de guerra e seus cavaleiros, todo o Egito a verá e saberá que eu sou o Senhor".

19 Então o anjo de Deus que ia adiante do acampamento de Israel se posicionou atrás do povo. A coluna de nuvem também mudou de lugar; foi para a retaguarda 20 e ficou entre o acampamento egípcio e o acampamento de Israel. A nuvem escura trouxe trevas para os egípcios, mas luz para os israelitas. Com isso, os dois grupos não se aproximaram durante toda a noite.

21 Então Moisés estendeu a mão sobre o mar e, com um forte vento leste, o Senhor abriu caminho no meio das águas. O vento soprou a noite toda, transformando o fundo do mar em terra seca. 22 E o povo de Israel atravessou pelo meio do mar, caminhando em terra seca, com uma parede de água de cada lado.

23 Os egípcios, com todos os seus cavalos, carros de guerra e cavaleiros, perseguiram o povo até o meio do mar. 24 Mas, pouco antes de amanhecer, do alto da coluna de fogo e de nuvem o Senhor olhou para o exército dos egípcios e causou grande confusão entre eles. 25 Ele travou[a] as rodas dos carros, dificultando sua condução. "Fujamos daqui, para longe do povo de Israel!", gritaram os egípcios. "O Senhor está lutando por eles e contra o Egito!"

26 Então o Senhor disse a Moisés: "Estenda a mão sobre o mar outra vez, e as águas correrão fortemente de volta a seu lugar e cobrirão os egípcios, seus carros de guerra e seus cavaleiros". 27 Assim, ao amanhecer, Moisés estendeu a mão sobre o mar, e as águas voltaram fortemente a seu lugar. Quando os egípcios tentaram escapar, foram de encontro às águas, e o Senhor os arrastou para dentro do mar. 28 As águas voltaram e cobriram todos os carros de guerra e cavaleiros, todo o exército do faraó. Nenhum dos egípcios que havia perseguido os israelitas até o meio do mar sobreviveu.

29 O povo de Israel, por sua vez, atravessou pelo meio do mar, em terra seca, enquanto as águas formavam uma parede de cada lado. 30 Foi assim que o Senhor libertou Israel das mãos dos egípcios naquele dia, e os israelitas conseguiam ver os cadáveres dos egípcios na praia. 31 Quando o povo de Israel viu o grande poder do Senhor contra os egípcios, encheu-se de temor diante dele e passou a confiar no Senhor e em seu servo Moisés.

[a] **14.25** Conforme a Septuaginta, o Pentateuco Samaritano e a versão siríaca; o hebraico traz *Ele removeu.*

CÂNTICO DE LIBERTAÇÃO

15 Então Moisés e o povo de Israel entoaram este cântico ao SENHOR:

"Cantarei ao SENHOR, pois ele
triunfou gloriosamente;
lançou no mar o cavalo e seu cavaleiro.
2 O SENHOR é minha força e minha canção;
ele é meu salvador.
É o meu Deus e eu o louvarei;
é o Deus de meu pai e eu o exaltarei.
3 O SENHOR é guerreiro;
Javé[a] é seu nome!
4 Lançou no mar
os carros de guerra e as tropas do faraó;
os melhores oficiais egípcios
se afogaram no mar Vermelho.[b]
5 Águas profundas os encobriram,
e afundaram como pedra.

6 "Tua mão direita, ó SENHOR,
é gloriosa em poder.
Tua mão direita, ó SENHOR,
despedaça o adversário.
7 Na grandeza de tua majestade,
derrubas os que se levantam contra ti.
Envias tua fúria ardente,
que os consome como palha.
8 Com o forte sopro de tuas narinas,
as águas se amontoaram;
como muralhas se levantaram
e no coração do mar se endureceram.

9 "O inimigo dizia:
'Eu os perseguirei e os alcançarei;
eu os saquearei e deles me vingarei.
Puxarei minha espada
e com forte mão os destruirei'.
10 Mas tu sopraste com teu fôlego,
e o mar os encobriu.
Afundaram como chumbo
nas águas poderosas.

11 "Quem entre os deuses é
semelhante a ti, ó SENHOR,
glorioso em santidade,
temível em esplendor,
autor de grandes maravilhas?
12 Estendeste tua mão direita,
e a terra engoliu nossos inimigos.

13 "Com o teu fiel amor,
conduzes o povo que resgataste.
Com teu poder,
o guias à tua santa habitação.
14 Os povos ouvem e estremecem,
a angústia se apodera dos
que vivem na Filístia.
15 Aterrorizam-se os líderes de Edom,
estremecem os nobres de Moabe.
Desfalecem os habitantes de Canaã;
16 espanto e terror caem sobre eles.
O poder do teu braço
os deixa paralisados,
como pedra,
até teu povo passar, ó SENHOR,
até passar o povo que compraste.
17 Tu os trarás e os plantarás
em teu próprio monte,
no lugar reservado, ó SENHOR,
para tua habitação:
o santuário, ó Soberano,
que tuas mãos estabeleceram.
18 O SENHOR reinará para todo o sempre!".

19 Quando os cavalos, os carros de guerra
e os cavaleiros do faraó entraram no mar, o
SENHOR fez as águas do mar voltarem sobre
eles. Mas o povo de Israel atravessou pelo
meio do mar em terra seca.
20 Então a profetisa Miriã, irmã de Arão,
pegou um tamborim e todas as mulheres a
seguiram, tocando tamborins e dançando.
21 E Miriã entoava esta canção:

"Cantem ao SENHOR,
pois ele triunfou gloriosamente;
lançou no mar
o cavalo e seu cavaleiro".

ÁGUA AMARGA EM MARA

22 Em seguida, Moisés conduziu o povo
de Israel do mar Vermelho para o deserto
de Sur. Caminharam pelo deserto por três
dias sem encontrar água. 23 Quando che-
garam a Mara, descobriram que a água era
amarga demais para beber. Por isso cha-
maram aquele lugar de Mara.[c]

[a] **15.3** *Javé* é a transliteração mais provável do nome próprio YHWH; nesta tradução aparece, em geral, como "SENHOR".

[b] **15.4** Em hebraico, *mar de juncos*; também em 15.22.

[c] **15.23** *Mara* significa "amarga".

24 O povo começou a se queixar e se voltou contra Moisés. "O que beberemos?", perguntavam. 25 Então Moisés clamou ao SENHOR, e o SENHOR lhe mostrou um pedaço de madeira. Moisés o jogou na água, e ela se tornou boa para beber.

Foi em Mara que o SENHOR instituiu o seguinte decreto como norma, para provar a fidelidade do povo. 26 Ele disse: "Se ouvirem com atenção a voz do SENHOR, seu Deus, e fizerem o que é certo aos olhos dele, obedecendo a seus mandamentos e cumprindo todos os seus decretos, não os farei sofrer nenhuma das doenças que enviei sobre o Egito, pois eu sou o SENHOR que os cura".

27 Depois que saíram de Mara, os israelitas viajaram até Elim, onde encontraram doze fontes de água e setenta palmeiras, e acamparam ali, junto às águas.

MANÁ E CODORNAS

16 A comunidade de Israel partiu de Elim e chegou ao deserto de Sim, entre Elim e o monte Sinai, no décimo quinto dia do segundo mês, após a saída do Egito.[a] 2 Também ali, toda a comunidade de Israel se queixou de Moisés e Arão. 3 "Se ao menos o SENHOR tivesse nos matado no Egito!", lamentavam-se. "Lá, nós nos sentávamos em volta de panelas cheias de carne e comíamos pão à vontade. Mas agora vocês nos trouxeram a este deserto para nos matar de fome!"

4 Então o SENHOR disse a Moisés: "Vejam, farei chover comida do céu para vocês. Diariamente o povo sairá e recolherá a quantidade de alimento que precisar para aquele dia. Com isso, eu os provarei para ver se seguirão ou não minhas instruções. 5 No sexto dia, quando recolherem o alimento e o prepararem, haverá o dobro do normal".

6 Assim, Moisés e Arão disseram a todos os israelitas: "Ao entardecer, vocês saberão que foi o SENHOR quem os tirou da terra do Egito. 7 Pela manhã, verão a glória do SENHOR, pois ele ouviu suas queixas, que são contra ele, e não contra nós. O que fizemos para vocês se queixarem de nós?". 8 E Moisés acrescentou: "O SENHOR lhes dará carne para comer à tarde e os saciará com pão pela manhã, pois ouviu suas queixas contra ele. O que fizemos? Sim, suas queixas são contra o SENHOR, e não contra nós".

9 Em seguida, Moisés disse a Arão: "Anuncie à toda a comunidade de Israel: 'Apresentem-se diante do SENHOR, pois ele ouviu suas queixas'". 10 Enquanto Arão falava a toda a comunidade de Israel, o povo olhou em direção ao deserto e viu a glória do SENHOR na nuvem.

11 O SENHOR disse a Moisés: 12 "Ouvi as queixas dos israelitas. Agora diga-lhes: 'Ao entardecer, vocês terão carne para comer e, pela manhã, pão à vontade. Assim, saberão que eu sou o SENHOR, seu Deus'".

13 Ao entardecer, muitas codornas apareceram, cobrindo o acampamento. Na manhã seguinte, os arredores do acampamento estavam úmidos de orvalho. 14 Quando o orvalho se evaporou, havia sobre o chão uma camada de flocos finos como geada. 15 Quando os israelitas viram aquilo, perguntaram uns aos outros: "O que é isso?", pois não faziam ideia do que era.

Moisés lhes disse: "Este é o alimento que o SENHOR lhes deu para comer. 16 E estas são as instruções do SENHOR: 'Cada família deve recolher a quantidade necessária, dois litros[b] para cada pessoa de sua tenda'".

17 Os israelitas seguiram as instruções. Alguns recolheram mais, outros menos. 18 Contudo, quando mediram,[c] cada um tinha o suficiente. Não sobrou alimento para os que recolheram mais nem faltou para os que recolheram menos. Cada família recolheu exatamente a quantidade necessária.

19 Moisés lhes disse: "Não guardem coisa alguma para o dia seguinte". 20 Alguns deles, porém, não deram ouvidos e guardaram um pouco de alimento até a manhã seguinte. A essa altura, a comida estava cheia de vermes e cheirava muito mal. Moisés ficou furioso com eles.

21 Depois disso, as famílias passaram a recolher, a cada manhã, a quantidade necessária de alimento. E, quando o sol

[a] **16.1** O êxodo havia ocorrido no décimo quinto dia do primeiro mês (ver Nm 33.3).

[b] **16.16** Em hebraico, *1 ômer*; também em 16.32,33.

[c] **16.18** Em hebraico, *mediram com 1 ômer*.

esquentava, os flocos que não tinham sido recolhidos derretiam e desapareciam. 22 No sexto dia, recolheram o dobro do habitual, ou seja, quatro litros[a] para cada pessoa. Então todos os líderes da comunidade se dirigiram a Moisés e o informaram a esse respeito. 23 Moisés lhes disse: "Foi o que o SENHOR ordenou: 'Amanhã será um dia de descanso, o sábado consagrado para o SENHOR. Portanto, assem ou cozinhem hoje a quantidade que desejarem e guardem o restante para amanhã'".

24 Eles separaram uma porção para o dia seguinte, como Moisés havia ordenado. Pela manhã, a comida restante não tinha mau cheiro nem vermes. 25 Moisés disse: "Comam o alimento hoje, pois é o sábado do SENHOR. Hoje não haverá alimento no chão para recolher. 26 Durante seis dias vocês podem recolher alimento, mas o sétimo dia é o sábado, quando não haverá alimento algum no chão".

27 Ainda assim, algumas pessoas saíram para recolhê-lo no sétimo dia, mas não o encontraram. 28 O SENHOR disse a Moisés: "Até quando este povo se recusará a obedecer às minhas ordens e instruções? 29 Entendam que o sábado é um presente do SENHOR para vocês. Por isso, no sexto dia, ele lhes dá uma porção dobrada de alimento, suficiente para dois dias. No sábado, cada um deve ficar onde está. Não saiam para recolher alimento no sétimo dia". 30 No sétimo dia, portanto, o povo descansou.

31 Os israelitas chamaram aquela comida de maná.[b] Era branco como a semente de coentro e tinha gosto de massa folhada de mel.

32 Então Moisés disse: "É isto que o SENHOR ordenou: 'Encham uma vasilha de dois litros com maná e preservem-no para seus descendentes. Assim, as gerações futuras poderão ver o alimento que eu lhes dei no deserto quando os libertei do Egito'".

33 Moisés disse a Arão: "Pegue uma vasilha e encha-a com dois litros de maná. Em seguida, coloque-a diante do SENHOR, a fim de preservar o maná para as gerações futuras". 34 Arão fez conforme o SENHOR havia ordenado a Moisés e colocou a vasilha de maná diante das tábuas da aliança,[c] para guardá-la. 35 Os israelitas comeram maná durante quarenta anos, até chegarem à terra onde se estabeleceriam. Comeram maná até chegarem à fronteira da terra de Canaã.

36 (A vasilha usada para medir o maná continha um ômer, que era a décima parte da medida padrão.[d])

ÁGUA DA ROCHA

17 Por ordem do SENHOR, toda a comunidade de Israel partiu do deserto de Sim e andou de um lugar para outro. Por fim, acamparam em Refidim, mas ali não havia água para beberem. 2 Mais uma vez, o povo se queixou de Moisés e exigiu: "Dê-nos água para beber!".

Moisés retrucou: "Por que brigam comigo? Por que põem o SENHOR à prova?".

3 Afligido pela sede, o povo continuou a se queixar de Moisés. "Por que você nos tirou do Egito? Quer matar de sede a nós, nossos filhos e nossos animais?".

4 Então Moisés clamou ao SENHOR: "O que devo fazer com este povo? Estão a ponto de me apedrejar!".

5 O SENHOR disse a Moisés: "Passe à frente do povo. Leve sua vara, aquela que você usou para bater nas águas do Nilo, e chame alguns dos líderes de Israel para acompanhá-lo. 6 Eu me colocarei diante de você sobre a rocha no monte Sinai.[e] Bata na rocha e dela jorrará água que o povo poderá beber". Assim, na presença dos líderes de Israel, Moisés fez conforme ordenado.

7 Moisés chamou aquele lugar de Massá e Meribá,[f] pois o povo de Israel discutiu com Moisés e pôs o SENHOR à prova, dizendo: "O SENHOR está conosco ou não?".

ISRAEL DERROTA OS AMALEQUITAS

8 Quando os israelitas ainda estavam em Refidim, os guerreiros de Amaleque

[a] **16.22** Em hebraico, *2 ômeres*.

[b] **16.31** *Maná* é semelhante à expressão hebraica que significa "O que é isso?". Ver 16.15.

[c] **16.34** Em hebraico, *diante do testemunho*; ver nota em 25.16.

[d] **16.36** Em hebraico, *1 ômer é 1/10 de efa*.

[e] **17.6** Em hebraico, *Horebe*, outro nome para o Sinai.

[f] **17.7** *Massá* e *Meribá* significam, respectivamente, "prova" e "contenda".

os atacaram. 9 Moisés ordenou a Josué: "Escolha homens para saírem e lutarem contra o exército de Amaleque. Amanhã, ficarei no alto da colina, segurando em minha mão a vara de Deus".

10 Josué fez o que Moisés lhe ordenou e lutou contra o exército de Amaleque. Moisés, Arão e Hur subiram até o topo de uma colina que ficava perto dali. 11 Enquanto Moisés mantinha os braços erguidos, os israelitas tinham a vantagem. Quando abaixava os braços, a vantagem era dos amalequitas. 12 Os braços de Moisés, porém, logo se cansaram. Então Arão e Hur encontraram uma pedra para Moisés se sentar e, um de cada lado, mantiveram as mãos dele erguidas. Assim, as mãos permaneceram firmes até o pôr do sol. 13 Como resultado, Josué aniquilou o exército de Amaleque na batalha.

14 Então o SENHOR disse a Moisés: "Escreva isto em um rolo como lembrança permanente e leia-o em voz alta para Josué: 'Apagarei toda e qualquer recordação de Amaleque de debaixo do céu'". 15 Moisés construiu um altar ali e o chamou de Javé-Nissi.[a] 16 E disse: "Uma mão foi erguida perante o trono do SENHOR; de geração em geração, o SENHOR guerreará contra os amalequitas".

JETRO VISITA MOISÉS

18 Jetro, sogro de Moisés e sacerdote de Midiã, soube de tudo que Deus havia feito por Moisés e seu povo, os israelitas, e de como o SENHOR os havia tirado do Egito.

2 Moisés tinha mandado Zípora, sua mulher, e seus dois filhos de volta para a casa de Jetro, que os acolheu. 3 (O primeiro filho de Moisés se chamava Gérson, pois quando o menino nasceu, Moisés disse: "Sou forasteiro em terra alheia".[b] 4 O segundo filho se chamava Eliézer,[c] pois Moisés disse: "O Deus de meus antepassados foi meu ajudador e me livrou da espada do faraó".) 5 Jetro, sogro de Moisés, foi visitá-lo no deserto, levando consigo a mulher e os dois filhos de Moisés. Quando chegaram, Moisés e o povo estavam acampados perto do monte de Deus. 6 Jetro havia mandado um recado a Moisés, dizendo: "Eu, seu sogro Jetro, estou indo vê-lo com sua mulher e seus dois filhos".

7 Então Moisés saiu ao encontro de seu sogro, curvou-se e o beijou. Depois de perguntarem um ao outro se estavam bem, entraram na tenda de Moisés. 8 Ele contou ao sogro tudo que o SENHOR havia feito ao faraó e aos egípcios em favor de Israel. Contou também dos apuros que tinham passado ao longo do caminho e de como o SENHOR os tinha livrado de todas as dificuldades. 9 Jetro se alegrou imensamente ao ouvir tudo de bom que o SENHOR havia feito por Israel ao libertar o povo das mãos dos egípcios.

10 "Louvado seja o Senhor!", disse Jetro. "Ele os libertou da mão dos egípcios e do faraó! 11 Agora sei que o Senhor é maior que todos os outros deuses, pois libertou seu povo da opressão dos arrogantes egípcios."

12 Em seguida, Jetro, sogro de Moisés, ofereceu um holocausto e outros sacrifícios a Deus. Arão e os líderes de Israel vieram e, na presença de Deus, participaram com ele da refeição.

O SÁBIO CONSELHO DE JETRO

13 No dia seguinte, Moisés sentou-se para resolver problemas que surgiram entre os israelitas. O povo esperou diante dele, em pé, desde a manhã ate a tarde.

14 Quando o sogro de Moisés viu tudo que ele tentava fazer pelo povo, perguntou: "O que você está fazendo com este povo? Por que você se senta sozinho para julgar e os obriga a ficarem de pé diante de você o dia inteiro?".

15 Moisés respondeu: "O povo me procura para conhecer as decisões de Deus. 16 Quando surge algum problema, eles me procuram e eu resolvo a questão entre as partes em conflito. Informo o povo sobre os decretos de Deus e transmito suas instruções".

17 "O que você está fazendo não é bom", disse o sogro de Moisés. 18 "Você ficará esgotado e deixará o povo exausto. É um

[a] **17.15** *Javé-Nissi* significa "o SENHOR é minha bandeira".
[b] **18.3** O som do nome *Gérson* é semelhante ao de um termo hebraico que significa "forasteiro ali".
[c] **18.4** *Eliézer* significa "Deus é meu ajudador".

trabalho pesado demais para uma pessoa só. 19 Agora ouça-me e escute meu conselho, e Deus esteja com você. Continue a ser o representante do povo diante de Deus, apresentando-lhe as questões trazidas pelo povo. 20 Ensine a eles os decretos e as instruções de Deus. Mostre aos israelitas como devem viver e o que devem fazer. 21 No entanto, escolha dentre todo o povo homens capazes e honestos que temam a Deus e odeiem suborno. Nomeie-os líderes de grupos de mil, cem, cinquenta e dez pessoas. 22 Eles deverão estar sempre disponíveis para resolver os problemas cotidianos do povo e só lhe trarão os casos mais difíceis. Deixe que os líderes decidam as questões mais simples por conta própria. Eles dividirão com você o peso da responsabilidade e facilitarão seu trabalho. 23 Se você seguir esse conselho, e se Deus assim lhe ordenar, poderá suportar as pressões, e todo este povo voltará para casa em paz."

24 Moisés aceitou o conselho do sogro e seguiu todas as suas recomendações. 25 Escolheu homens capazes dentre todo o povo de Israel e os nomeou líderes de grupos de mil, cem, cinquenta e dez pessoas. 26 Os homens ficavam à disposição para resolver os problemas cotidianos do povo. Traziam para Moisés os casos mais difíceis, mas cuidavam, eles mesmos, das questões mais simples.

27 Pouco tempo depois, Moisés se despediu de seu sogro, que voltou para sua terra.

O SENHOR SE REVELA NO SINAI

19 Exatamente dois meses depois de saírem do Egito,[a] chegaram ao deserto do Sinai. 2 Depois de levantar acampamento em Refidim, chegaram ao deserto do Sinai e acamparam ao pé do monte.

3 Então Moisés subiu ao monte para apresentar-se diante de Deus. Lá de cima, o Senhor o chamou e disse: "Transmita esta mensagem à família de Jacó; anuncie-a aos descendentes de Israel: 4 'Vocês viram o que fiz aos egípcios. Sabem como carreguei vocês sobre asas de águias e os trouxe para mim. 5 Agora, se me obedecerem e cumprirem minha aliança, serão meu tesouro especial dentre todos os povos da terra, pois toda a terra me pertence. 6 Serão meu reino de sacerdotes, minha nação santa'. Essa é a mensagem que você deve transmitir ao povo de Israel".

7 Moisés voltou do monte, convocou os líderes do povo e lhes comunicou tudo que o Senhor havia ordenado. 8 Todo o povo respondeu a uma só voz: "Faremos tudo que o Senhor ordenou!". E Moisés comunicou ao Senhor a resposta do povo.

9 O Senhor disse a Moisés: "Virei até você numa nuvem densa, para que o povo me ouça quando eu lhe falar e, assim, confie sempre em você".

Moisés relatou ao Senhor o que o povo tinha declarado. 10 Então o Senhor disse a Moisés: "Desça e consagre o povo, hoje e amanhã. Providencie que eles lavem suas roupas 11 e estejam prontos no terceiro dia, pois nesse dia o Senhor descerá sobre o monte Sinai à vista de todos. 12 Marque um limite ao redor de todo o monte e avise o povo: 'Tenham cuidado! Não subam ao monte, nem mesmo toquem o limite. Quem tocar o monte certamente será morto. 13 Ninguém ponha a mão na pessoa ou no animal que ultrapassar o limite; antes, apedreje-o ou atravesse-o com flechas. Quem cruzar o limite não poderá continuar a viver'. Mas, quando soar o toque longo da trombeta, o povo poderá subir ao monte".

14 Moisés desceu do monte e foi até onde o povo estava. Ele os consagrou, providenciou que lavassem suas roupas 15 e lhes disse: "Preparem-se para o terceiro dia e, até lá, não tenham relações sexuais".

16 Na manhã do terceiro dia, houve estrondo de trovões e clarão de raios, e uma nuvem densa envolveu o monte. Um toque longo de trombeta ressoou, e todo o povo que estava no acampamento tremeu. 17 Moisés conduziu o povo para fora do acampamento, ao encontro de Deus, e todos pararam ao pé do monte. 18 O monte Sinai estava todo coberto de fumaça, pois o Senhor havia descido em forma de fogo. Nuvens de fumaça subiam ao céu, como de uma imensa fornalha, e todo o monte

[a] **19.1** Em hebraico, *No terceiro mês depois que os israelitas deixaram o Egito, naquele mesmo dia*, isto é, dois meses lunares depois do êxodo. Comparar com Nm 33.3.

tremia violentamente. 19 Enquanto o ba-
rulho da trombeta aumentava, Moisés fa-
lava e Deus respondia com voz de trovão.
20 O SENHOR desceu sobre o topo do Sinai
e chamou Moisés para o alto do monte, e
ele subiu.

21 Então o SENHOR disse a Moisés: "Desça
e alerte o povo que não ultrapasse o limi-
te para ver o SENHOR. Do contrário, muitos
morrerão. 22 Até mesmo os sacerdotes, que
se aproximam do SENHOR, deverão purifi-
car-se para que o SENHOR não os destrua".

23 Moisés respondeu ao SENHOR: "Mas o
povo não pode subir ao monte Sinai. Tu já
nos advertiste: 'Marque um limite ao redor
de todo o monte para separá-lo como lugar
sagrado'".

24 O SENHOR, porém, disse: "Desça do
monte e depois suba de novo, acompanha-
do de Arão. Enquanto isso, não permita
que os sacerdotes nem o povo ultrapas-
sem o limite para se aproximar do SENHOR.
Do contrário, ele os destruirá".

25 Moisés desceu até onde o povo estava
e lhes comunicou o que tinha sido dito.

OS DEZ MANDAMENTOS

20 Então o SENHOR deu ao povo todas
estas palavras:

2 "Eu sou o SENHOR, seu Deus, que o libertou
da terra do Egito, onde você era escravo.
3 "Não tenha outros deuses além de mim.
4 "Não faça para si espécie alguma de ídolo
ou imagem de qualquer coisa no céu, na
terra ou no mar. 5 Não se curve diante de-
les nem os adore, pois eu, o SENHOR, seu
Deus, sou um Deus zeloso. Trago as con-
sequências do pecado dos pais sobre os
filhos até a terceira e quarta geração dos
que me rejeitam, 6 mas demonstro amor
por até mil gerações[a] dos que me amam
e obedecem a meus mandamentos.
7 "Não use o nome do SENHOR, seu Deus, de
forma indevida. O SENHOR não deixará
impune quem usar o nome dele de for-
ma indevida.
8 "Lembre-se de guardar o sábado, fazen-
do dele um dia santo. 9 Você tem seis
dias na semana para fazer os trabalhos
habituais, 10 mas o sétimo dia é o sába-
do do SENHOR, seu Deus. Nesse dia, nin-
guém em sua casa fará trabalho algum:
nem você, nem seus filhos e filhas, nem
seus servos e servas, nem seus animais,
nem os estrangeiros que vivem entre
vocês. 11 O SENHOR fez os céus, a terra, o
mar e tudo que neles há em seis dias; no
sétimo dia, porém, descansou. Por isso
o SENHOR abençoou o sábado e fez dele
um dia santo.
12 "Honre seu pai e sua mãe. Assim você
terá vida longa e plena na terra que o
SENHOR, seu Deus, lhe dá.
13 "Não mate.
14 "Não cometa adultério.
15 "Não roube.
16 "Não dê falso testemunho contra o
seu próximo.
17 "Não cobice a casa do seu próximo. Não
cobice a mulher dele, nem seus servos
ou servas, nem seu boi ou jumento, nem
qualquer outra coisa que lhe pertença".

18 Quando o povo ouviu os trovões e
o som forte da trombeta, e quando viu
o clarão dos raios e a fumaça que subia
do monte, ficou a distância, tremendo
de medo.

19 Disseram a Moisés: "Fale você conosco
e ouviremos; mas não deixe que Deus nos
fale diretamente, pois morreríamos!".

20 Moisés respondeu: "Não tenham
medo, pois Deus veio desse modo para
prová-los e para que o temor a ele os im-
peça de pecar".

21 Enquanto o povo continuava a distân-
cia, Moisés se aproximou da nuvem escura
onde Deus estava.

O USO APROPRIADO DOS ALTARES

22 O SENHOR disse a Moisés: "Diga ao povo
de Israel: Vocês viram com os próprios
olhos que eu lhes falei do céu. 23 Lembrem-
se de que não devem fazer ídolos de prata
ou ouro que tomem o meu lugar.

24 "Construam para mim um altar feito de
terra e nele ofereçam holocaustos e ofer-
tas de paz, sacrifícios de ovelhas e bois.
Em todo lugar onde eu exaltar meu nome,
construam um altar. Eu virei até vocês e

[a] **20.6** Em hebraico, *milhares*.

os abençoarei. 25 Se usarem pedras para
construir meu altar, que sejam apenas pe-
dras inteiras, em sua forma natural. Não
alterem a forma das pedras com alguma
ferramenta, pois isso tornaria o altar im-
próprio para o uso sagrado. 26 E não usem
degraus para chegarem diante do meu al-
tar, para que sua nudez não seja exposta."

O JUSTO TRATAMENTO DOS ESCRAVOS

21 "Estes são os decretos que você
apresentará a Israel:
2 "Se você comprar um escravo hebreu,
ele não poderá servi-lo por mais de seis
anos. Liberte-o no sétimo ano, e ele nada
lhe deverá pela liberdade. 3 Se ele era sol-
teiro quando se tornou seu escravo, partirá
solteiro. Mas, se era casado antes de se tor-
nar seu escravo, a esposa deverá ser liberta
com ele.
4 "Se seu senhor lhe deu uma mulher
em casamento enquanto ele era escravo,
e se o casal teve filhos e filhas, somente o
homem será liberto no sétimo ano. A mu-
lher e os filhos continuarão a pertencer ao
senhor. 5 O escravo, contudo, poderá de-
clarar: 'Amo meu senhor, minha esposa e
meus filhos. Não desejo ser liberto'. 6 Nesse
caso, seu senhor o apresentará aos juízes.[a]
Em seguida, o levará até a porta ou até o
batente da porta e furará a orelha dele com
um furador. Depois disso, o escravo servirá
a seu senhor pelo resto da vida.
7 "Quando um homem vender a filha
como escrava, ela não será liberta como os
homens. 8 Se ela não agradar seu senhor,
ele permitirá que alguém lhe pague o res-
gate, mas não poderá vendê-la a estran-
geiros, pois rompeu o contrato com ela.
9 Mas, se o senhor da escrava a entregar
como mulher ao filho dele, não a tratará
mais como escrava, mas sim como filha.
10 "Se um homem que se casou com uma
escrava tomar para si outra esposa, não
deverá descuidar dos direitos da primeira
mulher com respeito a alimentação, ves-
tuário e intimidade sexual. 11 Se ele não
cumprir alguma dessas obrigações, ela
poderá sair livre, sem pagar coisa alguma."

[a] **21.6** Ou *a Deus.*

CASOS DE DANOS PESSOAIS

12 "Quem agredir e matar outra pessoa
será executado, 13 mas se for apenas um
acidente permitido por Deus, definirei um
lugar de refúgio para onde o responsável
pela morte possa fugir. 14 Se, contudo, al-
guém matar outra pessoa intencional-
mente, o assassino será preso e executado,
mesmo que tenha buscado refúgio em
meu altar.
15 "Quem agredir seu pai ou sua mãe será
executado.
16 "Quem sequestrar alguém será executa-
do, quer a vítima seja encontrada em
seu poder, quer ele a tenha vendido como
escrava.
17 "Quem ofender a honra de[b] seu pai ou
de sua mãe será executado.
18 "Se dois homens brigarem e um deles
acertar o outro com uma pedra ou com o
punho e o outro não morrer, mas ficar de
cama, 19 o agressor não será castigado se,
posteriormente, o que foi ferido conseguir
voltar a andar fora de casa, mesmo que
precise de muletas; o agressor indenizará
a vítima pelos salários que ela perder e se
responsabilizará por sua total recuperação.
20 "Se um senhor espancar seu escravo ou
sua escrava com uma vara e, como resulta-
do, o escravo morrer, o senhor será castiga-
do. 21 Mas, se o escravo se recuperar em um
ou dois dias, o senhor não receberá castigo
algum, pois o escravo é sua propriedade.
22 "Se dois homens brigarem e um deles
atingir, por acidente, uma mulher grávi-
da e ela der à luz prematuramente,[c] sem
que haja outros danos, o homem que atin
giu a mulher pagará a indenização que o
marido dela exigir e os juízes aprovarem.
23 Mas, se houver outros danos, o castigo
deverá corresponder à gravidade do dano
causado: vida por vida, 24 olho por olho,
dente por dente, mão por mão, pé por pé,
25 queimadura por queimadura, ferida por
ferida, contusão por contusão.
26 "Se um senhor ferir seu escravo ou
sua escrava no olho e o cegar, libertará o
escravo como compensação pelo olho.
27 Se quebrar o dente de seu escravo ou de

[b] **21.17** A Septuaginta traz *Quem insultar*. Comparar com Mt 15.4; Mc 7.10.

[c] **21.22** Em hebraico, e *seu filho sair.*

Tudo o que Deus faz em nossa vida começa pelos fundamentos.

sua escrava, libertará o escravo como com-
pensação pelo dente.
28 "Se um boi[a] matar a chifradas um ho-
mem ou uma mulher, o boi será apedreja-
do, e não será permitido comer sua carne.
Nesse caso, porém, o dono do boi não será
responsabilizado. 29 Mas, se o boi costuma-
va chifrar pessoas e o dono havia sido in-
formado, porém não manteve o animal sob
controle, se o boi matar alguém, será ape-
drejado, e o dono também será executado.
30 Os parentes do morto, no entanto, po-
derão aceitar uma indenização pela vida
perdida. O dono do boi poderá resgatar a
própria vida ao pagar o que for exigido.
31 "A mesma lei se aplica se o boi chifrar
um menino ou uma menina. 32 Mas, se o boi
chifrar um escravo ou uma escrava, o dono
do boi pagará trinta moedas[b] de prata ao
senhor do escravo, e o boi será apedrejado.
33 "Se alguém cavar ou destampar um
poço e um boi ou jumento cair dentro dele,
34 o proprietário do poço indenizará total-
mente o dono do animal, mas poderá ficar
com o animal morto.
35 "Se o boi de alguém ferir o boi do vi-
zinho e o animal ferido morrer, os dois
donos venderão o animal vivo e dividi-
rão o dinheiro entre si em partes iguais;
também dividirão entre si o animal mor-
to. 36 Mas, se o boi costumava chifrar e o
dono não manteve o animal sob controle,
o dono entregará um boi vivo como inde-
nização pelo boi morto e poderá ficar com
o animal morto."

PROTEÇÃO DA PROPRIEDADE

22 1[c] "Se alguém roubar um boi[d] ou
uma ovelha e matar o animal ou
vendê-lo, o ladrão pagará cinco bois para
cada boi roubado e quatro ovelhas para
cada ovelha roubada.
2[e] "Se um ladrão for pego em flagrante ar-
rombando uma casa e for ferido e morto no
confronto, a pessoa que matou o ladrão não
será culpada de homicídio. 3 Mas, se isso
acontecer durante o dia, a pessoa que ma-
tou o ladrão será culpada de homicídio.
"O ladrão que for pego restituirá o valor
total daquilo que roubou. Se não puder
restituir o valor, será vendido como escra-
vo para pagar pelos bens roubados. 4 Se al-
guém roubar um boi, um jumento ou uma
ovelha e o animal for encontrado vivo, em
poder do ladrão, ele pagará o dobro do va-
lor do animal roubado.
5 "Se um animal estiver pastando no
campo ou na videira e o dono o soltar para
pastar no campo de outra pessoa, o dono
do animal entregará como indenização o
melhor de seus cereais ou de suas uvas.
6 "Se alguém estiver queimando espi-
nheiros e o fogo se espalhar para o campo
de outra pessoa e destruir o cereal já colhi-
do, ou a plantação pronta para a colheita,
ou a lavoura inteira, aquele que começou
o fogo pagará por todo o prejuízo.
7 "Se alguém entregar valores ou bens a
um vizinho para que este os guarde e eles
forem roubados da casa do vizinho, o la-
drão, se for pego, restituirá o dobro do va-
lor dos itens roubados. 8 Mas, se o ladrão
não for pego, o dono da casa comparecerá
diante dos juízes[f] para que se determine
se foi ele quem roubou os bens.
9 "Em qualquer caso de disputa entre
vizinhos em que ambos afirmem ser do-
nos de determinado boi, jumento, ovelha,
peça de roupa ou objeto perdido, as duas
partes comparecerão diante dos juízes, e
a pessoa que eles considerarem[g] culpada
pagará o dobro à outra.
10 "Se alguém deixar um jumento, um
boi, uma ovelha ou outro animal sob os
cuidados de outra pessoa e o animal mor-
rer, for ferido ou levado embora, e nin-
guém vir o que aconteceu, 11 a pessoa que
estava cuidando do animal fará diante do
SENHOR um juramento de que não roubou o
animal; o dono aceitará o juramento e não
será exigido pagamento algum. 12 Mas, se
o animal for roubado do vizinho, ele inde-
nizará o dono. 13 Se tiver sido despedaçado
por um animal selvagem, o que restou da
carcaça será apresentado como prova, e
não será exigido pagamento algum.

[a] **21.28** Ou *touro*, ou *vaca*; também em 21.29-36.
[b] **21.32** Em hebraico, *30 siclos*, cerca de 360 gramas.
[c] **22.1a** No texto hebraico, o versículo 22.1 é numerado 21.37.
[d] **22.1b** Ou *touro*, ou *vaca*; também em 22.4,9,10.
[e] **22.2** No texto hebraico, os versículos 22.2-31 são numerados 22.1-30.
[f] **22.8** Ou *diante de Deus*.
[g] **22.9** Ou *diante de Deus, e a pessoa que Deus declarar*.

14 “Se alguém pedir um animal empres-
tado ao vizinho e o animal for ferido ou
morrer na ausência do dono, a pessoa que
pediu o animal emprestado indenizará o
dono totalmente. 15 Mas, se o dono estiver
presente, não será exigido pagamento al-
gum. Também não será exigida indeniza-
ção alguma se o animal tiver sido alugado,
pois o valor do aluguel cobrirá a perda.”

RESPONSABILIDADES GERAIS

16 “Se um homem seduzir uma moça vir-
gem que não esteja comprometida e tiver
relações sexuais com ela, pagará à família
dela o preço costumeiro do dote e se ca-
sará com ela. 17 Mas, se o pai da moça não
permitir o casamento, o homem lhe paga-
rá o equivalente ao dote de uma virgem.
18 “Não deixe que a feiticeira viva.
19 “Quem tiver relações sexuais com um
animal certamente será executado.
20 “Quem sacrificar a qualquer outro
deus além do Senhor será destruído.
21 “Não maltrate nem oprima os estran-
geiros. Lembre-se de que vocês também
foram estrangeiros na terra do Egito.
22 “Não explore a viúva nem o órfão.
23 Se você os explorar e eles clamarem a
mim, certamente ouvirei seu clamor. 24 Mi-
nha ira se acenderá contra você e o matarei
pela espada. Então sua esposa ficará viúva
e seus filhos ficarão órfãos.
25 “Se você emprestar dinheiro a alguém
do meu povo que esteja necessitado, não
cobre juros visando lucro, como fazem os
credores. 26 Se tomar a capa do seu próxi-
mo como garantia para um empréstimo,
devolva-a antes do pôr do sol. 27 Talvez a
capa seja a única coberta que ele tem para
se aquecer. Como ele poderá dormir sem
ela? Se não a devolver e se o seu próximo
pedir socorro a mim, eu o ouvirei, pois
sou misericordioso.
28 “Não blasfeme contra Deus nem amal-
diçoe as autoridades do seu povo.
29 “Quando entregar as ofertas das co-
lheitas, do vinho e do azeite, não retenha
coisa alguma.
“Consagre a mim seu primeiro filho.
30 “Também entregue a mim os machos
das primeiras crias das vacas, das ove-
lhas e das cabras. Deixe o animal com a
mãe por sete dias e, no oitavo, entregue-o
a mim.
31 “Vocês serão meu povo santo. Por isso,
não comam a carne de animais despeda-
çados e mortos por feras no campo; jo-
guem a carne para os cães.”

UM CHAMADO À PRÁTICA DA JUSTIÇA

23 “Não espalhe boatos falsos. Não
coopere com pessoas perversas
sendo falsa testemunha.
2 “Não se deixe levar pela maioria na
prática do mal. Quando o chamarem para
testemunhar em um processo legal, não
permita que a multidão o influencie a per-
verter a justiça. 3 E não incline seu teste-
munho em favor de uma pessoa só porque
ela é pobre.
4 “Se você deparar com o boi ou o jumen-
to perdido de seu inimigo, leve-o de volta
ao dono. 5 Se vir o jumento de alguém que
o odeia cair sob o peso de sua carga, não
faça de conta que não viu. Pare e ajude o
dono a levantá-lo.
6 “Não negue a justiça ao pobre em um
processo legal.
7 “Jamais acuse alguém falsamente.
Jamais condene à morte uma pessoa ino-
cente ou íntegra, pois eu nunca declaro
inocente aquele que é culpado.
8 “Não aceite subornos, pois eles o levam
a fazer vista grossa para algo que se pode
ver claramente. O suborno faz até o justo
distorcer a verdade.
9 “Não explore os estrangeiros. Vocês sa-
bem o que significa viver em terra estra-
nha, pois foram estrangeiros no Egito.
10 “Plantem e colham os produtos da
terra por seis anos, 11 mas, no sétimo ano,
deixem que ela se renove e descanse sem
cultivo. Permitam que os pobres do povo
colham o que crescer espontaneamente du-
rante esse ano. Deixem o resto para servir
de alimento aos animais selvagens. Façam
o mesmo com os vinhedos e os olivais.
12 “Vocês têm seis dias da semana para
realizar suas tarefas habituais, mas não
devem trabalhar no sétimo. Desse modo,
seu boi e seu jumento descansarão, e os
escravos e estrangeiros que vivem entre
vocês recuperarão as forças.

13 "Prestem muita atenção a todas as minhas instruções. Não invoquem o nome de outros deuses; nem mesmo mencionem o nome deles."

TRÊS FESTAS ANUAIS

14 "A cada ano, celebrem três festas em minha honra. 15 Primeiro, celebrem a Festa dos Pães sem Fermento. Durante sete dias, o pão que vocês comerem será preparado sem fermento, conforme eu lhes ordenei. Celebrem essa festa anualmente no tempo determinado, no mês de abibe,[a] pois é o aniversário de sua partida do Egito. Ninguém deve se apresentar diante de mim de mãos vazias.

16 "Celebrem também a Festa da Colheita,[b] quando me trarão os primeiros frutos de suas colheitas.

"Por fim, celebrem a Festa da Última Colheita[c] no final da safra, quando tiverem colhido todos os produtos de seus campos. 17 A cada ano, nessas três ocasiões, todos os homens de Israel devem comparecer diante do Soberano, o SENHOR.

18 "Não ofereçam o sangue de meus sacrifícios com pão que contenha fermento. E não guardem até a manhã seguinte a gordura das ofertas da festa.

19 "Quando fizerem a colheita, levem à casa do SENHOR, seu Deus, o melhor de seus primeiros frutos.

"Não cozinhem o cabrito no leite da mãe dele."

PROMESSA DA PRESENÇA DO SENHOR

20 "Vejam, eu enviarei um anjo à sua frente para protegê-los ao longo da jornada e conduzi-los em segurança ao lugar que lhes preparei. 21 Prestem muita atenção nele e obedeçam a suas instruções. Não se rebelem contra ele, pois é meu representante e não perdoará sua rebeldia. 22 Mas, se tiverem o cuidado de lhe obedecer e de seguir todas as minhas instruções, serei inimigo de seus inimigos e farei oposição aos que se opuserem a vocês. 23 Meu anjo irá à sua frente e os conduzirá à terra dos amorreus, hititas, ferezeus, cananeus, heveus e jebuseus, e eu destruirei todas essas nações. 24 Não adorem seus deuses, nem os sirvam de maneira alguma, e nem sequer imitem suas práticas. Antes, destruam-nas completamente e despedacem suas colunas sagradas.

25 "Sirvam somente ao SENHOR, seu Deus, e eu os abençoarei com alimento e água e os protegerei[d] de doenças. 26 Em sua terra, nenhuma grávida sofrerá aborto e nenhuma mulher será estéril. Eu lhes darei vida longa e plena.

27 "Enviarei pavor à sua frente e criarei pânico entre os povos cujas terras vocês invadirem. Farei todos os seus inimigos darem meia-volta e fugirem. 28 Sim, enviarei terror[e] adiante de vocês para expulsar os heveus, os cananeus e os hititas, 29 mas não os expulsarei num só ano, pois a terra ficaria deserta e os animais se multiplicariam e se tornariam uma ameaça para vocês. 30 Eu os expulsarei aos poucos, até que sua população tenha aumentado o suficiente para tomar posse da terra. 31 Estabelecerei os limites de seu território desde o mar Vermelho até o mar Mediterrâneo,[f] e do deserto do leste até o rio Eufrates.[g] Entregarei em suas mãos os povos que hoje vivem na terra e os expulsarei de diante de vocês.

32 "Não façam tratados com eles nem com seus deuses. 33 Esses povos não devem habitar em sua terra, pois os fariam pecar contra mim. Se vocês servirem aos deuses deles, cairão na armadilha da idolatria".

ISRAEL ACEITA A ALIANÇA DO SENHOR

24 Então o SENHOR disse a Moisés: "Suba ao monte para encontrar-se comigo e traga Arão, Nadabe, Abiú e

[a] **23.15** No antigo calendário lunar hebraico, esse primeiro mês normalmente caía entre março e abril, quando começava a colheita da cevada.

[b] **23.16a** Ou *Festa das Semanas*. Chamada posteriormente de *Festa de Pentecostes* (ver At 2.1) e comemorada hoje com o nome *Shavuot*.

[c] **23.16b** Ou *Festa de Recolha das Colheitas*. Chamada posteriormente de *Festa das Cabanas* ou *Festival dos Tabernáculos* (ver Lv 23.33-36) e comemorada hoje com o nome *Sucot*.

[d] **23.25** Conforme a Septuaginta e a Vulgata; o hebraico traz *ele os abençoará [...] e os protegerá*.

[e] **23.28** Traduzido habitualmente como *vespas*. O significado do hebraico é incerto.

[f] **23.31a** Em hebraico, *do mar de juncos até o mar dos filisteus*.

[g] **23.31b** Em hebraico, *do deserto até o rio*.

setenta líderes de Israel. Todos devem adorar de longe. 2 Somente Moisés está autorizado a se aproximar do SENHOR. Os outros não devem chegar perto, e ninguém mais do povo tem permissão de subir ao monte com ele".

3 Moisés desceu e transmitiu ao povo todas as instruções e ordens do SENHOR, e todo o povo respondeu em uma só voz: "Faremos tudo que o SENHOR ordenou!".

4 Moisés anotou com exatidão todas as instruções do SENHOR. Logo cedo na manhã seguinte, levantou-se e construiu um altar ao pé do monte. Também ergueu doze colunas, uma para cada tribo de Israel. 5 Em seguida, enviou alguns rapazes israelitas para apresentarem ao SENHOR holocaustos e touros sacrificados como ofertas de paz. 6 Moisés colocou em vasilhas metade do sangue desses animais e aspergiu a outra metade sobre o altar.

7 Depois, pegou o Livro da Aliança e o leu em voz alta para o povo. Mais uma vez, todos responderam: "Obedeceremos ao SENHOR! Faremos tudo que ele ordenou!".

8 Moisés pegou o sangue das vasilhas, aspergiu-o sobre o povo e declarou: "Este sangue confirma a aliança que o SENHOR fez com vocês quando lhes deu estas instruções".

9 Depois, Moisés, Arão, Nadabe, Abiú e os setenta líderes de Israel subiram ao monte, 10 onde viram o Deus de Israel, e sob os pés dele havia uma superfície azulada como a safira e clara como o céu. 11 E, embora esses nobres de Israel tenham visto Deus, ele não os destruiu, e eles participaram de uma refeição na presença dele.

12 Então o SENHOR disse a Moisés: "Suba ao monte para encontrar-se comigo. Fique lá e eu lhe darei tábuas de pedra nas quais gravei a lei e os mandamentos para ensinar ao povo". 13 Moisés e seu auxiliar, Josué, partiram e subiram ao monte de Deus.

14 "Esperem aqui até voltarmos", disse Moisés aos líderes. "Arão e Hur ficarão com vocês. Quem tiver algum problema para resolver durante minha ausência poderá consultá-los."

15 Então Moisés subiu ao monte, e a nuvem cobriu o monte. 16 A glória do SENHOR pousou sobre o monte Sinai, e a nuvem o cobriu por seis dias. No sétimo dia, o SENHOR chamou Moisés de dentro da nuvem. 17 Para os israelitas que estavam ao pé do monte, a glória do SENHOR no alto do Sinai parecia um fogo consumidor. 18 Moisés desapareceu na nuvem ao subir ao monte e ali permaneceu quarenta dias e quarenta noites.

OFERTAS PARA O TABERNÁCULO

25 O SENHOR disse a Moisés: 2 "Diga ao povo de Israel que me traga suas ofertas. Aceite as contribuições de todos cujo coração os dispuser a doar. 3 Aqui está uma lista das ofertas que você aceitará deles:

ouro, prata e bronze;
4 fios de tecido azul, roxo e vermelho;
linho fino e pelos de cabra para
  confeccionar tecido;
5 peles de carneiro tingidas de vermelho
  e couro fino;
madeira de acácia;
6 óleo de oliva para as lâmpadas;
especiarias para o óleo da unção e para
  o incenso perfumado;
7 pedras de ônix e outras pedras
  preciosas para serem fixadas no
  colete e no peitoral do sacerdote.

8 "Instrua os israelitas a construírem para mim um santuário, para que eu viva no meio deles. 9 Devem fazer esse tabernáculo e sua mobília de acordo com o modelo que eu lhe mostrarei."

INSTRUÇÕES SOBRE A ARCA DA ALIANÇA

10 "Faça para mim uma arca de madeira de acácia, com 1,15 metro de comprimento, 67,5 centímetros de largura e 67,5 centímetros de altura.[a] 11 Revista-a com ouro puro por dentro e por fora e coloque uma moldura de ouro ao seu redor. 12 Mande fundir quatro argolas de ouro e prenda-as aos quatro pés da arca, duas argolas de cada lado. 13 Faça varas de madeira de acácia e revista-as com ouro. 14 Passe-as por dentro das argolas dos lados da arca para transportá-la. 15 Essas varas ficarão dentro

[a] **25.10** Em hebraico, *2,5 côvados de comprimento, 1,5 côvado de largura e 1,5 côvado de altura.*

das argolas; nunca as remova. 16 Coloque dentro da arca as tábuas da aliança[a] que eu lhe darei.

17 "Faça a tampa da arca, que é o lugar de expiação, de ouro puro. Deve medir 1,15 metro de comprimento e 67,5 centímetros de largura.[b] 18 Em seguida, faça dois querubins de ouro batido e coloque um em cada extremidade da tampa. 19 Modele um querubim em cada extremidade da tampa, para formar uma só peça de ouro com a tampa. 20 Os querubins ficarão de frente um para o outro, com o rosto voltado para a tampa da arca. Estenderão as asas sobre a tampa para protegê-la. 21 Coloque dentro da arca as tábuas da aliança que eu lhe darei. Ponha a tampa sobre a arca. 22 Ali, sobre a tampa, que é o lugar de expiação, entre os querubins de ouro que estão sobre a arca da aliança,[c] virei ao seu encontro e falarei com você. Dali eu lhe darei meus mandamentos para o povo de Israel."

INSTRUÇÕES SOBRE A MESA

23 "Faça também uma mesa de madeira de acácia com 90 centímetros de comprimento, 45 centímetros de largura e 67,5 centímetros de altura.[d] 24 Revista-a com ouro puro e coloque uma moldura de ouro ao seu redor. 25 Enfeite-a com uma borda de 8 centímetros de largura[e] e com uma moldura de ouro ao redor da borda. 26 Faça quatro argolas de ouro para a mesa e prenda-as aos quatro cantos, junto aos quatro pés. 27 Prenda as argolas junto à borda para sustentar as varas que serão usadas para transportar a mesa. 28 Faça essas varas de madeira de acácia e revista-as com ouro; com elas a mesa será carregada. 29 Faça recipientes especiais de ouro puro para a mesa: tigelas, colheres, vasilhas e jarras, que serão usados para as ofertas derramadas. 30 Coloque sobre a mesa os pães da presença, de modo que fiquem diante de mim o tempo todo."

INSTRUÇÕES SOBRE O CANDELABRO

31 "Faça um candelabro de ouro puro batido. Todo o candelabro e seus enfeites formarão uma só peça: a base, a haste central, as lâmpadas, os botões e as flores. 32 Da haste central sairão seis ramos, três de cada lado. 33 Cada um dos seis ramos terá três lâmpadas em forma de flor de amendoeira, com botões e pétalas. 34 A haste central do candelabro terá quatro lâmpadas em forma de flor de amendoeira, cada uma com botões e flores. 35 Também haverá um botão de amendoeira debaixo de cada par dos seis ramos que saem da haste central. 36 Os botões de amendoeira e os ramos formarão uma só peça com a haste central e serão feitos de ouro puro batido. 37 Em seguida, faça sete lâmpadas para o candelabro e posicione-as de modo que reflitam a luz para a frente. 38 Os cortadores de pavio e os apagadores também serão de ouro puro. 39 Serão necessários 35 quilos[f] de ouro puro para o candelabro e seus acessórios.

40 "Cuide para que tudo seja feito de acordo com o modelo que eu lhe mostrei aqui no monte."

INSTRUÇÕES SOBRE O TABERNÁCULO

26 "Faça o tabernáculo com dez cortinas de linho finamente tecido. Enfeite as cortinas com fios de tecido azul, roxo e vermelho e com querubins bordados com habilidade. 2 Essas dez cortinas devem ser todas exatamente do mesmo tamanho, com 12,6 metros de comprimento e 1,8 metro de largura.[g] 3 Junte cinco cortinas para formar uma cortina longa e depois junte as cinco restantes para formar outra cortina longa. 4 Faça laços de tecido azul na borda da última cortina de cada conjunto. 5 Os cinquenta laços ao longo da borda da cortina do primeiro conjunto devem coincidir com os cinquenta laços da

[a] **25.16** Em hebraico, *Coloque dentro dela o testemunho*; também em 25.21. O termo hebraico para "testemunho" se refere aos termos da aliança do Senhor com Israel gravados nas tábuas de pedra, e também à aliança em si.

[b] **25.17** Em hebraico, *2,5 côvados de comprimento e 1,5 côvado de largura.*

[c] **25.22** Ou *arca do testemunho.*

[d] **25.23** Em hebraico, *2 côvados de comprimento, 1 côvado de largura e 1,5 côvado de altura.*

[e] **25.25** Em hebraico, *4 dedos de largura.*

[f] **25.39** Em hebraico, *1 talento.*

[g] **26.2** Em hebraico, *28 côvados de comprimento e 4 côvados de largura.*

cortina do outro conjunto. 6 Em seguida, faça cinquenta colchetes de ouro e use-os para prender as cortinas longas uma à outra. Desse modo, o tabernáculo será formado de uma só peça contínua.

7 "Faça onze cortinas de tecido de pelo de cabra para cobrir o tabernáculo. 8 Essas onze cortinas devem ser todas exatamente do mesmo tamanho, com 13,5 metros de comprimento e 1,8 metro de largura.[a] 9 Junte cinco cortinas para formar uma cortina longa e depois junte as seis restantes para formar outra cortina longa. No segundo conjunto de cortinas, deixe uma sobra de 90 centímetros de tecido pendurada sobre a parte da frente da tenda.[b] 10 Faça cinquenta laços para a borda de cada cortina longa. 11 Em seguida, faça cinquenta colchetes de bronze e prenda com eles os laços das cortinas longas. Assim, a cobertura da tenda será formada de uma só peça contínua. 12 Os 90 centímetros restantes[c] do tecido da cobertura ficarão pendurados na parte de trás do tabernáculo. 13 Deixe pendurados de cada lado os 45 centímetros[d] restantes de tecido, para que o tabernáculo fique inteiramente coberto. 14 Complete a cobertura da tenda com uma camada protetora feita de peles de carneiro tingidas de vermelho e uma camada de couro fino.

15 "Para a estrutura do tabernáculo, construa armações de madeira de acácia. 16 Cada armação deve ter 4,5 metros de altura e 67,5 centímetros de largura,[e] 17 com duas hastes na parte inferior de cada armação. Todas as armações devem ser idênticas. 18 Construa vinte armações para sustentar as cortinas do lado sul do tabernáculo. 19 Faça também quarenta bases de prata, duas para cada armação, para que as hastes se encaixem firmemente nas bases. 20 Para o lado norte do tabernáculo, construa outras vinte armações, 21 com quarenta bases de prata, duas bases para cada armação. 22 Construa seis armações para a parte de trás, o lado oeste do tabernáculo, 23 junto com mais duas armações para reforçar os cantos das duas extremidades do tabernáculo. 24 As armações dos cantos serão emparelhadas na parte inferior e firmemente ligadas uma à outra na parte superior com uma argola, formando um só suporte de canto. Siga o mesmo procedimento para ambos os suportes de canto. 25 O tabernáculo, portanto, terá oito armações na parte de trás, encaixadas sobre dezesseis bases de prata, duas bases para cada armação.

26 "Faça travessões de madeira de acácia para ligar as armações, cinco travessões para o lado norte do tabernáculo 27 e cinco travessões para o lado sul. Faça também cinco travessões para a parte de trás do tabernáculo, que ficará virada para o oeste. 28 O travessão central, ligado a meia altura às armações, se estenderá de uma ponta à outra do tabernáculo. 29 Revista as armações com ouro e faça argolas de ouro para sustentar os travessões. Também revista com ouro os travessões.

30 "Arme o tabernáculo de acordo com o modelo que lhe foi mostrado no monte.

31 "Para o interior do tabernáculo, confeccione uma cortina especial de linho finamente tecido. Enfeite-a com fios de tecido azul, roxo e vermelho e com querubins bordados com habilidade. 32 Pendure a cortina em ganchos de ouro presos em quatro colunas de madeira de acácia revestidas de ouro e apoiadas sobre quatro bases de prata. 33 Pendure a cortina interna com colchetes e coloque a arca da aliança[f] atrás da cortina. Essa cortina separará o lugar santo do lugar santíssimo.

34 "Coloque a tampa, o lugar de expiação, sobre a arca da aliança, dentro do lugar santíssimo. 35 Coloque a mesa do lado de fora da cortina interna, no lado norte do tabernáculo, e posicione o candelabro em frente à mesa, ou seja, no lado sul.

36 "Confeccione outra cortina para a entrada da tenda. Ela deve ser de linho finamente tecido e artisticamente bordada com fios de tecido azul, roxo e vermelho.

---

[a] **26.8** Em hebraico, *30 côvados de comprimento e 4 côvados de largura.*

[b] **26.9** Em hebraico, *Dobre a sexta cortina na parte dianteira da tenda.*

[c] **26.12** Em hebraico, *A meia cortina que sobrou.*

[d] **26.13** Em hebraico, *1 côvado.*

[e] **26.16** Em hebraico, *10 côvados de altura e 1,5 côvado de largura.*

[f] **26.33** Ou *a arca do testemunho*; também em 26.34.

37 Faça cinco colunas de madeira de acácia, revista-as com ouro e pendure nelas a cortina com ganchos de ouro. Mande fundir cinco bases de bronze para as colunas."

INSTRUÇÕES SOBRE O ALTAR DOS HOLOCAUSTOS

27 "Usando madeira de acácia, construa um altar quadrado com 2,25 metros de largura e comprimento e 1,35 metro de altura.[a] 2 Faça uma ponta em forma de chifre para cada um dos quatro cantos, de modo que as pontas e o altar formem uma só peça. Revista o altar com bronze. 3 Faça baldes para recolher as cinzas, e também pás, bacias, garfos para a carne e braseiros, todos de bronze. 4 Faça ainda uma grelha de bronze e quatro argolas de bronze, uma para cada canto da grelha. 5 Coloque-a a meia altura do altar, debaixo da borda. 6 Para transportar o altar, faça varas de madeira de acácia e revista-as com bronze. 7 Passe as varas por dentro das argolas dos dois lados do altar quando ele for transportado. 8 O altar deve ser oco e feito de tábuas. Faça-o de acordo com o que lhe foi mostrado no monte."

INSTRUÇÕES PARA O PÁTIO

9 "Em seguida, faça um pátio para o tabernáculo, fechado com cortinas de linho finamente tecido. As cortinas do lado sul terão 45 metros de comprimento[b] 10 e serão penduradas em vinte colunas apoiadas firmemente em vinte bases de bronze. Pendure as cortinas com ganchos e argolas de prata. 11 Coloque do lado norte cortinas idênticas a essas, com 45 metros de comprimento, penduradas em vinte colunas apoiadas firmemente em vinte bases de bronze. Pendure as cortinas com ganchos e argolas de prata. 12 As cortinas do lado oeste do pátio terão 22,5 metros de comprimento[c] e serão penduradas em dez colunas apoiadas em dez bases. 13 No lado leste do pátio, ou seja, na parte da frente, as cortinas também terão 22,5 metros de comprimento. 14 A entrada do pátio ficará do lado leste, situada entre duas cortinas. A cortina do lado direito terá 6,75 metros de comprimento[d] e será pendurada em três colunas apoiadas em três bases. 15 A cortina do lado esquerdo também terá 6,75 metros de comprimento e será pendurada em três colunas apoiadas em três bases.

16 "Para a entrada do pátio, confeccione uma cortina com 9 metros de comprimento.[e] Faça-a de linho finamente tecido e enfeite-a com lindos bordados de fio azul, roxo e vermelho. Pendure-a em quatro colunas, cada uma firmemente apoiada em sua própria base. 17 Todas as colunas ao redor do pátio devem ter argolas e ganchos de prata e bases de bronze. 18 No total, o pátio terá 45 metros de comprimento e 22,5 metros de largura, com divisórias feitas de cortinas de linho finamente tecido com 2,25 metros de altura.[f] As bases das colunas serão de bronze.

19 "Serão de bronze todos os utensílios para as cerimônias do tabernáculo, além das estacas usadas para sustentar o santuário e as cortinas do pátio."

A ILUMINAÇÃO DO TABERNÁCULO

20 "Ordene aos israelitas que lhe tragam óleo puro de oliva para a iluminação, a fim de manter as lâmpadas sempre acesas. 21 O candelabro ficará na tenda do encontro, do lado de fora da cortina interna que protege a arca da aliança.[g] Arão e seus filhos manterão as lâmpadas acesas na presença do SENHOR a noite toda. Essa é uma lei permanente para o povo de Israel e deve ser cumprida de geração em geração."

AS ROUPAS DOS SACERDOTES

28 "Mande chamar seu irmão Arão e os filhos dele, Nadabe, Abiú, Eleazar e Itamar. Separe-os dos demais israelitas para que me sirvam e sejam meus sacerdotes. 2 Faça para Arão roupas sagradas, trajes de grande beleza e esplendor. 3 Instrua todos os artesãos habilidosos que eu enchi de espírito de sabedoria a fim de que confeccionem para Arão roupas que o

[a] **27.1** Em hebraico, *5 côvados de largura, 5 côvados de comprimento, um quadrado, e 3 côvados de altura.*
[b] **27.9** Em hebraico, *100 côvados*; também em 27.11.
[c] **27.12** Em hebraico, *50 côvados*; também em 27.13.
[d] **27.14** Em hebraico, *15 côvados*; também em 27.15.
[e] **27.16** Em hebraico, *20 côvados.*
[f] **27.18** Em hebraico, *100 côvados de comprimento por 50 de largura [...] e 5 côvados de altura.*
[g] **27.21** Ou *a arca do testemunho.*

consagrarão como sacerdote para o meu serviço. 4 Estas são as roupas que devem confeccionar: um peitoral, um colete, um manto, uma túnica bordada, um turbante e um cinturão. Devem fazer essas roupas sagradas para seu irmão Arão e para os filhos deles vestirem quando me servirem como sacerdotes. 5 Dê a eles, portanto, linho finamente tecido com fios de ouro e de tecido azul, roxo e vermelho."

O MODELO DO COLETE SACERDOTAL

6 "Os artesãos devem fazer o colete sacerdotal de linho finamente tecido e artisticamente bordado, usando fios de ouro e fios de tecido azul, roxo e vermelho. 7 O colete terá duas peças, unidas nos ombros por duas ombreiras. 8 O cinturão decorativo será feito dos mesmos materiais: linho finamente tecido bordado com fios de ouro e fios de tecido azul, roxo e vermelho.

9 "Grave em duas pedras de ônix os nomes das tribos de Israel, 10 seis nomes em cada pedra, organizados de acordo com a ordem de nascimento dos filhos de Israel. 11 Grave esses nomes nas duas pedras da mesma forma que o ourives grava um selo. Em seguida, encrave-as em suportes de filigranas de ouro. 12 Prenda-as às ombreiras do colete sacerdotal como recordação de que Arão representa os israelitas. Arão levará esses nomes sobre seus ombros como lembrança contínua sempre que se apresentar diante do SENHOR. 13 Faça suportes para as pedras com filigranas de ouro, 14 trance duas correntes de ouro puro e prenda-as aos suportes de filigrana sobre as ombreiras do colete."

O MODELO DO PEITORAL

15 "Em seguida, faça com grande habilidade o peitoral para decisões. Confeccione-o de modo que combine com o colete sacerdotal, usando linho finamente tecido com fios de ouro e fios de tecido azul, roxo e vermelho. 16 Faça o peitoral de uma só peça dobrada de tecido, formando um bolso quadrado com 22,5 centímetros de lado.[a] 17 Fixe no peitoral quatro fileiras de pedras preciosas.[b] A primeira fileira terá um rubi, um topázio e um berilo. 18 A segunda fileira será composta de uma turquesa, uma safira e uma esmeralda. 19 A terceira fileira será composta de um jacinto, uma ágata e uma ametista. 20 A quarta fileira terá um crisólito, um ônix e um jaspe. Todas essas pedras serão presas a suportes de filigranas de ouro. 21 Cada pedra representará um dos doze filhos de Israel, e o nome da tribo correspondente será gravado na pedra como um selo.

22 "Para prender o peitoral ao colete sacerdotal, faça correntes de fios trançados de ouro puro. 23 Faça também duas argolas de ouro e prenda-as aos cantos superiores do peitoral. 24 Amarre as duas correntes de ouro nas duas argolas dos cantos superiores do peitoral. 25 Amarre as outras pontas das correntes às filigranas de ouro sobre as ombreiras do colete. 26 Em seguida, faça mais duas argolas de ouro e prenda-as às bordas interiores do peitoral, junto ao colete. 27 Faça outras duas argolas de ouro e prenda-as à parte da frente do colete, abaixo das ombreiras e logo acima do nó com o qual o cinturão decorativo é amarrado ao colete. 28 Depois, prenda as argolas inferiores do peitoral às argolas do colete com cordões azuis, para que o peitoral fique firmemente preso ao colete acima do cinturão decorativo.

29 "Com isso, Arão levará os nomes das tribos de Israel sobre seu coração no peitoral para decisões quando entrar no lugar santo. Essa será uma lembrança contínua de que ele representa o povo diante do SENHOR. 30 Dentro do peitoral para decisões, coloque o Urim e o Tumim para que Arão os leve sobre o coração quando se apresentar diante do SENHOR. Assim, sempre que se apresentar diante do SENHOR, Arão levará sobre o coração os objetos usados para determinar as decisões a respeito do povo de Israel."

OUTRAS PEÇAS DE ROUPA PARA OS SACERDOTES

31 "De uma só peça de tecido azul, confeccione o manto que é usado com o colete

[a] **28.16** Em hebraico, *1 palmo.*

[b] **28.17** Não é possível identificar com precisão algumas dessas pedras preciosas.

sacerdotal. 32 Faça uma abertura para a cabeça de Arão no meio da peça e reforce a abertura com uma gola,[a] para que não se rasgue. 33 Faça romãs de fios de tecido azul, roxo e vermelho e prenda-as à borda do manto, com sinos de ouro entre elas. 34 Os sinos de ouro e as romãs serão intercalados por toda a volta da borda. 35 Arão vestirá esse manto sempre que servir diante do SENHOR, e os sinos tocarão quando ele entrar na presença do SENHOR no lugar santo e também quando sair. Se ele usar o manto, não morrerá.

36 "Em seguida, faça uma tiara de ouro puro e grave nela, como em um selo, as palavras SANTO PARA O SENHOR. 37 Prenda a tiara com um cordão azul à parte da frente do turbante de Arão. 38 Arão a usará na testa, para que tome sobre si toda a culpa dos israelitas quando consagrarem suas ofertas sagradas. Terá de usá-la sempre na testa para que o SENHOR aceite seu povo.

39 "Teça a túnica bordada de Arão com linho fino. Com o mesmo linho, faça o turbante. Confeccione também um cinturão e enfeite-o com bordados coloridos.

40 "Para os filhos de Arão, confeccione túnicas, cinturões e turbantes especiais, trajes de grande beleza e esplendor. 41 Vista seu irmão Arão e os filhos dele com essas roupas e, em seguida, unja-os e consagre-os. Santifique-os para que sirvam como meus sacerdotes. 42 Faça também roupas de baixo de linho para serem usadas diretamente sobre a pele, indo da cintura até as coxas. 43 Arão e seus filhos deverão usar esses calções sempre que entrarem na tenda do encontro ou se aproximarem do altar para servir no lugar santo. Desse modo, não levarão culpa alguma sobre si e não morrerão. Essa é uma lei permanente para Arão e todos os seus descendentes."

A CONSAGRAÇÃO DOS SACERDOTES

29 "Quando consagrar Arão e seus filhos para me servirem como sacerdotes, realize a seguinte cerimônia: tome um novilho e dois carneiros sem defeito. 2 Em seguida, usando farinha de trigo da melhor qualidade e sem fermento, faça pães, bolos misturados com azeite e pães finos untados com azeite. 3 Coloque-os em um só cesto e apresente-os, junto com o novilho e os dois carneiros.

4 "Apresente Arão e seus filhos à entrada da tenda do encontro e lave-os com água. 5 Vista Arão com as roupas sacerdotais: a túnica, o manto usado com o colete sacerdotal, o colete propriamente dito e o peitoral. Amarre o cinturão do colete na cintura. 6 Ponha-lhe o turbante na cabeça e prenda no devido lugar a tiara sagrada do turbante. 7 Unja Arão derramando o óleo da unção sobre a cabeça dele. 8 Em seguida, apresente os filhos de Arão e vista-os com as respectivas túnicas. 9 Amarre o cinturão em volta da cintura de Arão e de seus filhos e coloque o turbante especial na cabeça de cada um. Assim, o direito de sacerdócio lhes pertencerá por lei para sempre. Desse modo, você consagrará Arão e seus filhos.

10 "Leve o novilho até a entrada da tenda do encontro, onde Arão e seus filhos colocarão as mãos sobre a cabeça do animal. 11 Sacrifique o novilho na presença do SENHOR, à entrada da tenda do encontro. 12 Com o dedo, coloque um pouco do sangue do animal nas pontas do altar e derrame o restante na base do altar. 13 Tome toda a gordura que envolve os órgãos internos, o lóbulo do fígado, os dois rins e a gordura ao redor deles e queime tudo no altar. 14 Depois, tome o restante do novilho, incluindo o couro, a carne e o excremento, e queime-o fora do acampamento como oferta pelo pecado.

15 "Em seguida, Arão e seus filhos colocarão as mãos sobre a cabeça de um dos carneiros. 16 Sacrifique o carneiro e derrame o sangue dele em todos os lados do altar. 17 Corte o carneiro em pedaços e lave os órgãos internos e as pernas. Coloque-os junto à cabeça e aos demais pedaços do corpo 18 e queime o animal inteiro no altar. Esse é um holocausto ao SENHOR, é aroma agradável, uma oferta especial apresentada ao SENHOR.

19 "Tome o outro carneiro e peça a Arão e seus filhos que coloquem as mãos sobre a cabeça do animal. 20 Sacrifique-o e coloque um pouco do sangue na

[a] 28.32 O significado do hebraico é incerto.

ponta da orelha direita de Arão e seus
filhos. Coloque também um pouco do
sangue no polegar da mão direita e do pé
direito de cada um deles. Derrame o san-
gue restante em todos os lados do altar.
21 Recolha um pouco do sangue do altar e
um pouco do óleo da unção e aspirja sobre
Arão e seus filhos e sobre as roupas deles.
Desse modo, tanto eles como as roupas se-
rão consagrados.

22 "Uma vez que esse é o carneiro da
consagração de Arão e seus filhos, pegue
a gordura do animal, incluindo a parte
gorda da cauda, a gordura que envolve os
órgãos internos, o lóbulo do fígado, os dois
rins, a gordura em volta deles e a coxa di-
reita. 23 Pegue também um pão redondo,
um bolo misturado com azeite e um pão
fino de dentro do cesto de pães sem fer-
mento colocado na presença do SENHOR.
24 Coloque todo o alimento nas mãos de
Arão e seus filhos para que seja movido
para o alto como oferta especial para o
SENHOR. 25 Depois, tome os pães das mãos
deles e queime-os no altar junto com o ho-
locausto. É aroma agradável, uma oferta
especial apresentada ao SENHOR. 26 Separe
o peito do carneiro da consagração de
Arão e mova-o para o alto na presença
do SENHOR como oferta especial para ele.
Depois, tome-o para si como sua porção.

27 "Divida as porções do carneiro da
consagração pertencentes a Arão e seus
filhos, incluindo o peito e a coxa que fo-
ram movidos para o alto diante do SENHOR
como oferta especial. 28 No futuro, sempre
que os israelitas moverem para o alto uma
oferta de paz, uma parte dela deverá ser
separada para Arão e seus descendentes.
Será direito permanente deles e oferta sa-
grada dos israelitas para o SENHOR.

29 "As roupas sagradas de Arão deverão
ser preservadas para seus descendentes,
que as vestirão quando forem ungidos e
consagrados. 30 O descendente que o su-
ceder como sumo sacerdote vestirá essas
roupas por sete dias quando entrar na ten-
da do encontro para servir no lugar santo.

31 "Tome o carneiro usado na cerimônia
de consagração e cozinhe a carne dele
em um lugar sagrado. 32 Arão e seus fi-
lhos comerão a carne, junto com os pães
do cesto, à entrada da tenda do encontro.
33 Somente eles poderão comer a carne e o
pão usados para sua expiação na cerimô-
nia de consagração. Ninguém mais poderá
consumir esses alimentos, pois são sagra-
dos. 34 Se sobrar alguma carne ou pão da
consagração até a manhã seguinte, essa
sobra deverá ser queimada. Não se deve
comer desse alimento, pois é sagrado.

35 "É desse modo que você realizará a
consagração de Arão e seus filhos, de acor-
do com todas as minhas instruções. A ce-
rimônia de consagração durará sete dias.
36 A cada dia, sacrifique um novilho como
oferta pelo pecado, para fazer expiação.
Depois, purifique o altar, fazendo expiação
por ele, e unja-o com óleo, para consagrá-
-lo. 37 Faça expiação pelo altar e consa-
gre-o diariamente por sete dias. No final
desse período, o altar será absolutamente
santo, e tudo que o tocar se tornará santo.

38 "Estes são os sacrifícios que você
deve oferecer regularmente sobre o altar:
a cada dia, ofereça dois cordeiros de um
ano, 39 um pela manhã e outro ao entarde-
cer. 40 Junto com um deles, ofereça duas
medidas de farinha da melhor qualidade
misturada com um litro de azeite puro de
azeitonas prensadas; ofereça também um
litro de vinho[a] como oferta derramada.
41 Ofereça o outro cordeiro ao entardecer,
junto com ofertas de farinha e vinho iguais
às da manhã. Será aroma agradável, uma
oferta especial apresentada ao SENHOR.

42 "Esses holocaustos devem ser ofereci-
dos todos os dias, de geração em geração.
Ofereça-os à entrada da tenda do encon-
tro, na presença do SENHOR; ali eu virei
ao encontro do povo e falarei com você.
43 Eu me reunirei ali com os israelitas, no
lugar santificado por minha presença glo-
riosa. 44 Sim, consagrarei a tenda do en-
contro e o altar e consagrarei Arão e seus
filhos para me servirem como sacerdotes.
45 Então viverei no meio dos israelitas e se-
rei seu Deus, 46 e eles saberão que eu sou
o SENHOR, seu Deus. Eu os tirei da terra do
Egito a fim de viver no meio deles. Eu sou
o SENHOR, seu Deus."

[a] **29.40** Em hebraico, *1/10 [de efa de] farinha da melhor qualidade [...] 1/4 de him de azeite puro [...] 1/4 de him de vinho.*

Cada uma de nós carrega um potencial dado por Deus, que deve ser desenvolvido com perseverança.

INSTRUÇÕES SOBRE O ALTAR DE INCENSO

30 "Construa um altar de madeira de acácia para queimar incenso. 2 Faça-o quadrado, com 45 centímetros de lado e 90 centímetros de altura,[a] com pontas em forma de chifre nos cantos entalhados da mesma peça de madeira que o altar. 3 Revista o topo, os lados e as pontas do altar com ouro puro e coloque uma moldura de ouro ao seu redor. 4 Faça duas argolas de ouro e prenda-as nos lados opostos do altar, debaixo da moldura de ouro, para sustentar as varas usadas para transportá-lo. 5 Faça as varas de madeira de acácia e revista-as com ouro. 6 Coloque o altar de incenso diante da cortina que protege a arca da aliança,[b] em frente à tampa da arca, o lugar de expiação, que cobre as tábuas da aliança.[c] Ali eu me encontrarei com você.

7 "Todas as manhãs, quando cuidar das lâmpadas, Arão queimará incenso perfumado no altar. 8 E todas as noites, quando acender as lâmpadas, ele queimará incenso novamente na presença do Senhor. Esse ato deverá ser repetido de geração em geração. 9 Não ofereçam sobre o altar incenso algum que não seja sagrado e não o usem para holocaustos, ofertas de cereal ou ofertas derramadas.

10 "Uma vez por ano, Arão fará expiação pelo altar, aplicando em suas pontas o sangue da oferta realizada para a expiação pelo pecado do povo. Essa cerimônia será realizada todos os anos de geração em geração, pois esse é o altar santíssimo do Senhor".

RECURSOS PARA O TABERNÁCULO

11 Então o Senhor disse a Moisés: 12 "Toda vez que você fizer o censo dos israelitas, cada homem que for contado pagará ao Senhor um resgate por si mesmo. Com isso, nenhuma praga ferirá o povo quando você o contar. 13 Cada pessoa contada entregará uma pequena quantidade de prata como oferta sagrada ao Senhor. (O pagamento corresponderá a meio siclo, com base no siclo padrão do santuário, equivalente a doze gramas.[d]) 14 Todos os homens de 20 anos para cima entregarão ao Senhor essa oferta sagrada. 15 Quando entregarem ao Senhor a oferta para fazer expiação pela vida deles, os ricos não darão mais que a quantia especificada, e os pobres não darão menos. 16 Receba o dinheiro de resgate dos israelitas e use-o para cuidar da tenda do encontro. Será uma lembrança diante do Senhor em favor dos israelitas e fará expiação pela vida deles".

INSTRUÇÕES SOBRE A BACIA DE BRONZE

17 O Senhor também disse a Moisés: 18 "Faça uma bacia de bronze com um suporte de bronze para a lavagem cerimonial. Coloque-a entre a tenda do encontro e o altar e encha-a de água. 19 Ali, Arão e seus filhos lavarão as mãos e os pés. 20 Cada vez que entrarem na tenda do encontro, deverão se lavar com água; do contrário, morrerão. Cada vez que se aproximarem do altar para servir ao Senhor e queimar ofertas especiais para ele, 21 deverão lavar as mãos e os pés; do contrário, morrerão. Essa é uma lei permanente para Arão e seus descendentes e deve ser cumprida de geração em geração".

O ÓLEO DA UNÇÃO

22 O Senhor disse ainda a Moisés: 23 "Junte as seguintes especiarias da melhor qualidade: seis quilos de mirra líquida, três quilos de canela perfumada, três quilos de cálamo perfumado, 24 e seis quilos de cássia,[e] medidos de acordo com o siclo do santuário. Junte também quatro litros de azeite.[f] 25 Usando as técnicas de um perfumista habilidoso, misture esses ingredientes para fazer o óleo sagrado para a unção. 26 Use esse óleo sagrado para ungir a tenda do encontro, a arca da aliança, 27 a mesa e todos os seus utensílios, o candelabro e todos os seus acessórios, o altar de incenso,

---

[a] **30.2** Em hebraico, *1 côvado de comprimento e 1 côvado de largura, um quadrado, e 2 côvados de altura.*

[b] **30.6a** Ou *arca do testemunho*; também em 30.26.

[c] **30.6b** Em hebraico, *que cobre o testemunho*; ver nota em 25.16.

[d] **30.13** Em hebraico, *equivalente a 20 geras.*

[e] **30.23-24a** Em hebraico, *500 [siclos] de mirra pura, 250 [siclos] de canela perfumada, 250 [siclos] de cálamo perfumado, 24 e 500 [siclos] de cássia.*

[f] **30.24b** Em hebraico, *1 him de azeite de oliva.*

28 o altar do holocausto e todos os seus utensílios, e a bacia com o seu suporte. 29 Consagre-os para que sejam absolutamente santos. Depois disso, tudo que tiver contato com eles também se tornará santo.

30 "Unja também Arão e seus filhos e consagre-os para que me sirvam como sacerdotes. 31 E diga ao povo de Israel: 'Este óleo sagrado é reservado para mim de geração em geração. 32 Jamais usem o óleo para ungir qualquer outra pessoa e nunca preparem uma mistura igual a essa para si mesmos. Ele é sagrado e deve ser tratado como tal. 33 Quem preparar uma mistura igual a essa ou ungir com ela alguém que não seja sacerdote será eliminado do meio do povo'".

O INCENSO

34 Em seguida, o SENHOR disse a Moisés: "Junte especiarias perfumadas: gotas de resina, conchas de moluscos e gálbano. Misture-as com incenso puro, tudo em quantidades iguais. 35 Usando as técnicas de um perfumista, misture as especiarias e acrescente um pouco de sal, a fim de produzir um incenso puro e santo. 36 Moa uma parte da mistura até formar um pó bem fino e coloque-o diante da arca da aliança,[a] na tenda do encontro, onde me encontrarei com você. Considerem o incenso algo santíssimo. 37 Jamais usem essa fórmula para preparar incenso para si mesmos. Ele é reservado para o SENHOR e deve ser considerado santo. 38 Quem fizer incenso igual a esse para uso pessoal será eliminado do meio do povo".

OS ARTESÃOS: BEZALEL E AOLIABE

31 O SENHOR disse a Moisés: 2 "Veja, escolhi especificamente Bezalel, filho de Uri e neto de Hur, da tribo de Judá. 3 Enchi-o do Espírito de Deus e lhe dei grande sabedoria, habilidade e perícia para trabalhos artísticos de todo tipo. 4 Ele é exímio artesão, perito no trabalho com ouro, prata e bronze. 5 Tem aptidão para gravar e encravar pedras preciosas e entalhar madeira. É mestre em todo trabalho artístico.

6 "Para ajudá-lo, designei pessoalmente Aoliabe, filho de Aisamaque, da tribo de Dã. Além disso, conferi habilidade especial a todos os artesãos de talento para que façam tudo que lhe ordenei:

7 a tenda do encontro;
a arca da aliança;[b]
a tampa da arca, que é o lugar
  de expiação;
todos os objetos do tabernáculo;
8 a mesa e seus utensílios;
o candelabro de ouro puro e todos os
  seus acessórios;
o altar de incenso;
9 o altar do holocausto e todos os
  seus utensílios;
a bacia de bronze e seu suporte;
10 o vestuário finamente confeccionado:
  as roupas sagradas para o
  sacerdote Arão e as roupas para
  seus filhos usarem em seu serviço
  como sacerdotes;
11 o óleo da unção;
o incenso perfumado para o lugar santo.

Os artesãos deverão fazer tudo conforme eu lhe ordenei".

INSTRUÇÕES SOBRE O SÁBADO

12 Em seguida, o SENHOR disse a Moisés: 13 "Diga ao povo de Israel: 'Guardem o meu sábado, pois ele é um sinal entre mim e vocês de geração em geração, para que saibam que eu sou o SENHOR, que os santifica. 14 Guardem o sábado, pois é dia santo para vocês. Quem o profanar será executado; quem trabalhar nesse dia será eliminado do meio do povo. 15 Vocês têm seis dias na semana para fazer os trabalhos habituais, mas o sétimo dia será um sábado de descanso total, um dia consagrado ao SENHOR. Quem trabalhar no sábado será executado. 16 Os israelitas guardarão o sábado, celebrando-o de geração em geração, como uma aliança para sempre. 17 É um sinal permanente entre mim e o povo de Israel, pois em seis dias o SENHOR fez os céus e a terra, mas no sétimo dia descansou e se revigorou'".

[a] **30.36** Em hebraico, *diante do testemunho*; ver nota em 25.16.

[b] **31.7** Em hebraico, *arca do testemunho.*

18 Quando o Senhor terminou de falar
com Moisés no monte Sinai, entregou-lhe
as duas tábuas de pedra gravadas com
os termos da aliança,[a] escritas pelo dedo
de Deus.

O BEZERRO DE OURO

32 Quando o povo viu que Moisés de-
morava a descer do monte, reuniu-
-se ao redor de Arão e disse: "Tome uma
providência! Faça para nós deuses que
nos guiem. Não sabemos o que aconteceu
com esse Moisés, que nos trouxe da terra
do Egito para cá".
2 Arão respondeu: "Tirem as argolas de
ouro das orelhas de suas mulheres e de
seus filhos e filhas e tragam-nas para mim".
3 Todos tiraram as argolas de ouro e as
levaram a Arão. 4 Ele recebeu o ouro, derre-
teu-o e trabalhou nele, dando-lhe a forma
de um bezerro. Quando o povo viu o be-
zerro, começou a exclamar: "Ó Israel, estes
são os seus deuses que o tiraram da terra
do Egito!".
5 Percebendo o entusiasmo do povo,
Arão construiu um altar diante do bezer-
ro e anunciou: "Amanhã haverá uma festa
para o Senhor!".
6 Na manhã seguinte, o povo se levantou
cedo para apresentar holocaustos e ofertas
de paz. Depois, todos comeram e beberam
e se entregaram à farra.
7 O Senhor disse a Moisés: "Rápido!
Desça do monte! Seu povo, que você tirou
da terra do Egito, se corrompeu. 8 Como se
desviaram depressa do caminho que eu
lhes havia ordenado! Derreteram ouro e
fizeram um bezerro, curvaram-se diante
dele e lhe ofereceram sacrifícios. Dizem:
'Ó Israel, estes são os seus deuses que o
tiraram da terra do Egito!'".
9 Então o Senhor declarou: "Vi como este
povo é teimoso e rebelde. 10 Agora fique de
lado, e eu lançarei contra eles minha ira ar-
dente e os destruirei. Depois, farei de você,
Moisés, uma grande nação".
11 Moisés, porém, tentou apaziguar o
Senhor, seu Deus. "Ó Senhor!", exclamou
ele. "Por que estás tão irado com teu pró-
prio povo, que tiraste do Egito com tão
grande poder e mão forte? 12 Por que dei-
xar os egípcios dizerem: 'O Deus deles
os resgatou com a má intenção de exter-
miná-los nos montes e apagá-los da face
da terra'? Deixa de lado tua ira ardente!
Arrepende-te quanto a esta calamidade
terrível que ameaçaste enviar sobre teu
povo! 13 Lembra-te dos teus servos Abraão,
Isaque e Jacó.[b] Assumiste um compromis-
so com eles por meio de juramento, di-
zendo: 'Tornarei seus descendentes tão
numerosos quanto as estrelas do céu.
Eu lhes darei toda esta terra que lhes pro-
meti, e eles a possuirão para sempre'".
14 Então o Senhor se arrependeu da cala-
midade terrível que havia ameaçado en-
viar sobre seu povo.
15 Em seguida, Moisés se virou e desceu
o monte. Trazia nas mãos as duas tábuas
da aliança,[c] que estavam escritas dos dois
lados, frente e verso. 16 As tábuas eram
obra de Deus; cada palavra tinha sido gra-
vada pelo próprio Deus.
17 Quando Josué ouviu o alvoroço do povo
que gritava lá embaixo, disse a Moisés:
"Parece que há guerra no acampamento!".
18 Moisés respondeu: "Não são gritos de
vitória nem lamentos de derrota. Ouço ba-
rulho de festa".
19 Quando se aproximaram do acampa-
mento, Moisés viu o bezerro e as danças
e ficou furioso. Jogou as tábuas de pedra
no chão e as despedaçou ao pé do monte.
20 Tomou o bezerro que haviam feito e o
queimou. Moeu-o até virar pó, jogou-o na
água e obrigou os israelitas a bebê-la.
21 Por fim, dirigiu-se a Arão e perguntou:
"O que este povo lhe fez para que você os
levasse a cometer tamanho pecado?".
22 "Não fique tão furioso comigo, meu se-
nhor", respondeu Arão. "Você sabe como
este povo é mau. 23 Eles me disseram: 'Faça
para nós deuses que nos guiem. Não sa-
bemos o que aconteceu com esse Moisés,
que nos trouxe da terra do Egito para cá'.
24 Então eu lhes disse: 'Quem tiver joias de
ouro, tire-as'. Quando eles as trouxeram
para mim, simplesmente as joguei no fogo
e saiu este bezerro!"

[a] **31.18** Em hebraico, *as duas tábuas do testemunho*; ver nota em 25.16.

[b] **32.13** Em hebraico, *Israel*. Ver nota em 1.1.

[c] **32.15** Em hebraico, *as duas tábuas do testemunho*; ver nota em 25.16.

25 Moisés viu que Arão havia permitido
que o povo se descontrolasse completa-
mente, dando motivo de zombaria a seus
inimigos.[a] 26 Portanto, colocou-se à entra-
da do acampamento e gritou: "Todos que
estiverem do lado do SENHOR, venham até
aqui e juntem-se a mim!". E todos os levi-
tas se reuniram ao redor dele.
27 Moisés lhes disse: "Assim diz o SENHOR,
o Deus de Israel: 'Cada um de vocês pegue
sua espada e vão e voltem de uma extre-
midade à outra do acampamento. Matem
todos, até mesmo seus irmãos, amigos e
vizinhos'". 28 Os levitas obedeceram à or-
dem de Moisés, e cerca de três mil pessoas
morreram naquele dia.
29 Então Moisés disse aos levitas: "Hoje
vocês se consagraram[b] para o serviço
do SENHOR, pois lhe obedeceram mesmo
quando tiveram de matar seus próprios fi-
lhos e irmãos. Hoje vocês receberam dele
uma bênção".

MOISÉS INTERCEDE POR ISRAEL

30 No dia seguinte, Moisés disse ao povo:
"Vocês cometeram um pecado terrível,
mas eu subirei ao monte e me encontrarei
com o SENHOR outra vez. Talvez eu consiga
fazer expiação por este pecado!".
31 Moisés voltou ao SENHOR e disse:
"Que pecado terrível este povo cometeu!
Fizeram para si deuses de ouro. 32 Agora,
porém, eu te suplico que lhes perdoes o
pecado; do contrário, apaga meu nome
do registro que escreveste!".
33 O SENHOR, porém, respondeu a Moisés:
"Apagarei o nome de todos que pecaram
contra mim. 34 Agora vá e leve o povo ao lu-
gar do qual eu lhe falei. Veja, meu anjo irá
à sua frente. E, no dia do acerto de contas,
certamente eu castigarei este povo pelo
pecado que cometeram".
35 Então o SENHOR castigou severamente o
povo, por causa do que fizeram com o be-
zerro que Arão lhes tinha construído.

33 O SENHOR disse a Moisés: "Ponha-
-se a caminho, junto com o povo
que você tirou da terra do Egito. Subam
à terra que eu jurei dar a Abraão, Isaque e
Jacó, dizendo: 'Darei esta terra a seus des-
cendentes'. 2 Enviarei um anjo à sua frente
para expulsar os cananeus, os amorreus,
os hititas, os ferezeus, os heveus e os je-
buseus. 3 Subam à terra que produz leite
e mel com fartura. Mas eu não viajarei no
meio de vocês, pois são um povo teimoso
e rebelde. Se eu os acompanhasse, certa-
mente os destruiria ao longo do caminho".
4 Quando o povo ouviu essas palavras
severas, chorou e deixou de usar seus or-
namentos. 5 Pois o SENHOR havia ordenado
a Moisés: "Diga ao povo de Israel: 'Vocês
são um povo teimoso e rebelde. Se eu os
acompanhasse, mesmo que só por um
momento, eu os destruiria. Deixem de
usar seus ornamentos enquanto decido
o que fazer com vocês'". 6 Assim, desde
quando partiram do monte Sinai,[c] os is-
raelitas deixaram de usar ornamentos.
7 Moisés costumava montar uma tenda
fora do acampamento, a certa distância
dele, e a chamava de tenda da reunião.
Quem quisesse fazer uma petição ao SENHOR
ia até essa tenda, fora do acampamento.
8 Sempre que Moisés se dirigia a essa
tenda, todo o povo se levantava e perma-
necia em pé, cada um junto à entrada de
sua própria tenda. Observavam Moisés
até ele entrar na tenda. 9 Logo que Moisés
entrava, uma coluna de nuvem descia e
ficava suspensa no ar, à entrada da ten-
da, enquanto o SENHOR falava com ele.
10 Quando o povo via a nuvem à entrada
da tenda, cada um permanecia em frente
à própria tenda e se curvava. 11 Ali o SENHOR
falava com Moisés face a face, como quem
fala com um amigo. Depois Moisés voltava
ao acampamento, mas seu jovem auxiliar
Josué, filho de Num, ficava na tenda.

MOISÉS VÊ A GLÓRIA DO SENHOR

12 Então Moisés disse ao SENHOR: "Tu me
ordenaste: 'Leve este povo', mas não dis-
seste quem enviarias comigo. Declaraste:
'Eu o conheço pelo nome e me agrado
de você'. 13 Se é verdade que te agradas de

[a] **32.25** Ou *perdesse todo o controle e zombasse de quem se opunha a eles*. O significado do hebraico é incerto.

[b] **32.29** Conforme a Septuaginta e a Vulgata; o hebraico traz *Consagrem-se hoje*.

[c] **33.6** Em hebraico, *Horebe*, outro nome para o Sinai.

mim, permita-me conhecer teus caminhos para que eu te conheça melhor e continue a contar com teu favor. E lembra-te de que esta nação é teu povo".

14 O SENHOR respondeu: "Acompanharei você pessoalmente e lhe darei descanso".

15 Então Moisés disse: "Se não nos acompanhares pessoalmente, não nos faças sair deste lugar. 16 Se não nos acompanhares, como os outros saberão que teu povo e eu contamos com teu favor? Pois é tua presença em nosso meio que nos distingue, teu povo e eu, de todos os outros povos da terra".

17 O SENHOR respondeu a Moisés: "Certamente farei o que me pede, pois me agrado de você e o conheço pelo nome".

18 Moisés disse: "Então peço que me mostres tua presença gloriosa".

19 O SENHOR respondeu: "Farei passar diante de você toda a minha bondade e anunciarei diante de você o meu nome, Javé.[a] Pois terei misericórdia de quem eu quiser, e mostrarei compaixão a quem eu quiser. 20 Mas você não poderá olhar diretamente para minha face, pois ninguém pode me ver e continuar vivo". 21 O SENHOR disse ainda: "Fique nesta rocha, perto de mim. 22 Quando minha presença gloriosa passar, eu o colocarei numa abertura da rocha e o cobrirei com minha mão até que eu tenha passado. 23 Depois, tirarei minha mão e você me verá pelas costas. Meu rosto, porém, ninguém poderá ver".

O SENHOR RENOVA A ALIANÇA

34 O SENHOR disse a Moisés: "Corte duas tábuas de pedra como as primeiras. Nelas escreverei as mesmas palavras que estavam nas tábuas que você despedaçou. 2 Esteja pronto amanhã cedo para subir ao Sinai e apresentar-se diante de mim no topo do monte. 3 Ninguém deve acompanhá-lo. Aliás, ninguém deve aparecer em parte alguma do monte. Não permita sequer que os rebanhos pastem próximo ao monte".

4 Moisés cortou as duas tábuas de pedra como as primeiras. Logo de manhã, subiu ao monte Sinai conforme o SENHOR havia ordenado, levando nas mãos as duas tábuas de pedra.

5 Então o SENHOR desceu em uma nuvem, ficou ali com Moisés e anunciou seu nome, Javé.[b] 6 O SENHOR passou diante de Moisés, proclamando:

"Javé! O SENHOR!
O Deus de compaixão e misericórdia!
Sou lento para me irar
e cheio de amor e fidelidade.
7 Cubro de amor mil gerações[c]
e perdoo o mal, a rebeldia e o pecado.
Contudo, não absolvo o culpado;
trago as consequências do pecado
dos pais sobre os filhos
até a terceira e quarta geração".

8 No mesmo instante, Moisés se prostrou com o rosto no chão e adorou. 9 Em seguida, disse: "Senhor, se é verdade que te agradas de mim, peço que nos acompanhes na jornada. É verdade que o povo é teimoso e rebelde, mas eu te peço que perdoes nossa maldade e nosso pecado. Toma-nos como tua propriedade especial".

10 O SENHOR respondeu: "Faço hoje uma aliança com você na presença de todo o seu povo. Realizarei maravilhas jamais vistas em nação alguma ou lugar algum da terra. E todos ao seu redor verão o poder do SENHOR, o poder temível que demonstrarei em seu favor. 11 Observe com atenção, porém, tudo que eu lhe ordeno hoje. Irei à sua frente e expulsarei os amorreus, os cananeus, os hititas, os ferezeus, os heveus e os jebuseus.

12 "Tenha muito cuidado para não assinar tratados com os povos que vivem na terra para a qual você está indo. Se o fizer, seguirá pelos maus caminhos deles e cairá numa armadilha. 13 Em vez disso, destrua os altares idólatras, despedace as colunas sagradas e derrube os postes dedicados à deusa Aserá. 14 Não adore outros deuses, pois o SENHOR, cujo nome é Zeloso, é Deus zeloso de seu relacionamento com vocês.

[a] **33.19** *Javé* é a transliteração mais provável do nome próprio YHWH; nesta tradução aparece, em geral, como "SENHOR".

[b] **34.5** *Javé* é a transliteração mais provável do nome próprio YHWH; nesta tradução aparece, em geral, como "SENHOR".

[c] **34.7** Em hebraico, *milhares*.

15 "Não faça tratado algum com os po-
vos que vivem na terra. No culto a seus
deuses, eles se prostituem e oferecem
sacrifícios. Eles o convidarão para comer
dessas ofertas, e você aceitará o convite.
16 Depois, aceitará que as filhas deles, as
quais sacrificam a outros deuses, se casem
com seus filhos. Elas seduzirão seus filhos
para que se prostituam adorando outros
deuses. 17 Não faça para si deuses de me-
tal fundido.

18 "Celebre a Festa dos Pães sem Fer-
mento. Durante sete dias, coma seu pão
sem fermento, conforme eu lhe ordenei.
Celebre essa festa anualmente no tempo
determinado, no mês de abibe,[a] pois é o
aniversário de sua partida do Egito.

19 "As primeiras crias de todos os ani-
mais me pertencem, incluindo os machos
das primeiras crias de seus rebanhos de
bois e ovelhas. 20 Para resgatar a primeira
cria de uma jumenta, entregue ao SENHOR,
como substituto, um cordeiro ou um ca-
brito. Caso você não resgate o animal, terá
de quebrar o pescoço dele. Quanto aos
primeiros filhos homens, será obrigatório
resgatá-los.

"Ninguém deve se apresentar diante de
mim de mãos vazias.

21 "Você tem seis dias na semana para fa-
zer os trabalhos habituais, mas no sétimo
dia não deve trabalhar, mesmo nas épocas
de arar e colher.

22 "Celebre a Festa da Colheita[b] com os
primeiros frutos da colheita do trigo. Cele-
bre também a Festa da Última Colheita[c] no
final da safra. 23 Três vezes por ano, todos
os homens de Israel comparecerão diante
do Soberano, o SENHOR, o Deus de Israel.
24 Expulsarei as outras nações de diante de
você e aumentarei seu território, para que
ninguém cobice sua terra enquanto você
comparece diante do SENHOR, seu Deus,
três vezes por ano.

25 "Não ofereça o sangue de meus sacri-
fícios com pão que contenha fermento.
Não guarde até a manhã seguinte carne
alguma do sacrifício de Páscoa.

26 "Quando fizer a colheita, leve à casa do
SENHOR, seu Deus, o melhor de seus primei-
ros frutos.

"Não cozinhe o cabrito no leite da mãe
dele".

27 O SENHOR também disse a Moisés:
"Escreva todas essas palavras, pois elas
representam os termos da aliança que eu
faço com você e com Israel".

28 Moisés permaneceu no monte com o
SENHOR quarenta dias e quarenta noites.
Durante todo esse tempo, não comeu pão
nem bebeu água. E escreveu os termos da
aliança, os dez mandamentos,[d] nas tábuas
de pedra.

29 Quando Moisés desceu do monte
Sinai carregando as duas tábuas da alian-
ça,[e] não percebeu que seu rosto brilha-
va, pois ele havia falado com o SENHOR.
30 Quando Arão e os israelitas viram o bri-
lho do rosto de Moisés, tiveram medo de
se aproximar dele.

31 Moisés, porém, chamou Arão e os líde-
res da comunidade, que se aproximaram, e
Moisés falou com eles. 32 Em seguida, todo
o povo se aproximou, e Moisés lhes trans-
mitiu todas as instruções que o SENHOR
lhe tinha dado no monte Sinai. 33 Quando
Moisés terminou de falar com eles, cobriu
o rosto com um véu. 34 No entanto, sempre
que entrava na tenda da reunião para falar
com o SENHOR, tirava o véu até sair. Depois,
transmitia ao povo as instruções que o
SENHOR lhe dava, 35 e os israelitas viam o
brilho de seu rosto. Então Moisés cobria
novamente o rosto com o véu até voltar
para falar com o SENHOR.

INSTRUÇÕES SOBRE O SÁBADO

35 Moisés reuniu toda a comunidade
de Israel e disse: "Estas são as ins-
truções que o SENHOR mandou que seguis-
sem. 2 Vocês têm seis dias na semana para
fazer o trabalho habitual, mas o sétimo
dia será um sábado de descanso total, um

---

[a] **34.18** No antigo calendário lunar hebraico, esse primeiro mês normalmente caía entre março e abril, quando começava a colheita da cevada.

[b] **34.22a** Em hebraico, *Festa das Semanas*; comparar com 23.16. Chamada posteriormente de *Festa de Pentecostes* (ver At 2.1) e comemorada hoje com o nome *Shavuot*.

[c] **34.22b** Ou *Festa de Recolha das Colheitas*. Chamada posteriormente de *Festa das Cabanas* ou *Festival dos Tabernáculos* (ver Lv 23.33-36) e comemorada hoje com o nome *Sucot*.

[d] **34.28** Em hebraico, *as dez palavras*.

[e] **34.29** Em hebraico, *as duas tábuas do testemunho*; ver nota em 25.16.

dia consagrado ao SENHOR. Quem trabalhar
no sábado será executado. 3 Nem sequer
acendam fogo em suas casas no sábado".

OFERTAS PARA O TABERNÁCULO

4 Então Moisés disse a toda a comunidade
de Israel: "Foi isto que o SENHOR ordenou:
5 entreguem uma oferta ao SENHOR. Todas
as pessoas de coração generoso apresen-
tem as seguintes ofertas ao SENHOR:

ouro, prata e bronze;
6 fios de tecido azul, roxo e vermelho;
linho fino e pelos de cabra para
confeccionar tecidos;
7 peles de carneiro tingidas de vermelho
e couro fino;
madeira de acácia;
8 óleo de oliva para as lâmpadas;
especiarias para o óleo da unção e para
o incenso perfumado;
9 pedras de ônix e outras pedras
preciosas para serem fixadas no
colete e no peitoral do sacerdote.

10 "Todos que são artesãos talentosos, ve-
nham e façam tudo que o SENHOR ordenou:

11 o tabernáculo, tanto a tenda como a
cobertura, os colchetes, as armações,
os travessões, as colunas e as bases;
12 a arca e as varas para transportá-la;
a tampa da arca, que é o lugar de
expiação;
a cortina interna que protege a arca;
13 a mesa, as varas para transportá-la
e todos os seus utensílios;
os pães da presença;
14 o candelabro, seus acessórios,
as lâmpadas e o óleo de oliva
para a iluminação;
15 o altar de incenso e as varas
para transportá-lo;
o óleo da unção e o incenso perfumado;
a cortina para a entrada do tabernáculo;
16 o altar do holocausto;
a grelha de bronze do altar, as varas
para transportá-lo e seus utensílios;
a bacia de bronze e seu suporte;
17 a cortina para as divisórias do pátio;
as colunas e suas bases;
a cortina para a entrada do pátio;
18 as estacas do tabernáculo e do pátio e
suas cordas;
19 as roupas finamente confeccionadas
para os sacerdotes vestirem durante
o serviço no lugar santo, as roupas
sagradas do sacerdote Arão e de seus
filhos que também são sacerdotes".

20 Então toda a comunidade de Israel se
despediu de Moisés. 21 Todos aqueles cujo
coração foi movido e cujo espírito foi to-
cado voltaram com ofertas para o SENHOR.
Trouxeram todos os materiais necessários
para a construção da tenda do encontro,
para a realização das cerimônias e para a
confecção das roupas sagradas. 22 Todos
os que tinham o coração disposto, tanto
homens como mulheres, vieram e trou-
xeram para o SENHOR suas ofertas de ouro
na forma de argolas, brincos, anéis e cola-
res. Apresentaram todo tipo de objeto de
ouro como oferta especial para o SENHOR.
23 Todos os que tinham fios de tecido azul,
roxo e vermelho, linho fino e pelo de cabra
para fazer tecidos, peles de carneiro tingi-
das de vermelho e couro fino os trouxeram.
24 Todos os que tinham objetos de prata e
bronze os entregaram como oferta para o
SENHOR. E todos os que tinham madeira de
acácia a trouxeram para ser usada na obra.
25 Todas as mulheres com habilidade
para costurar e fiar prepararam fios de teci-
do azul, roxo e vermelho e tecido de linho
fino. 26 Todas as mulheres que se dispu-
seram usaram sua habilidade para fiar o
pelo de cabra. 27 Os líderes trouxeram pe-
dras de ônix e as outras pedras preciosas
para serem colocadas no colete sacerdotal
e no peitoral das decisões. 28 Trouxeram
também especiarias e óleo de oliva para a
iluminação, para o óleo da unção e para o
incenso perfumado. 29 Assim, todos os is-
raelitas, todos os homens e mulheres dis-
postos a ajudar no trabalho que o SENHOR
havia ordenado por meio de Moisés, trou-
xeram suas ofertas e as entregaram de
bom grado ao SENHOR.
30 Então Moisés disse ao povo de Israel:
"O SENHOR escolheu especificamente
Bezalel, filho de Uri e neto de Hur, da tri-
bo de Judá. 31 O SENHOR encheu Bezalel
com o Espírito de Deus e lhe deu grande

sabedoria, habilidade e perícia para trabalhos artísticos de todo tipo. 32 Ele é exímio artesão, perito no trabalho com ouro, prata e bronze. 33 Tem aptidão para gravar e encravar pedras preciosas e entalhar madeira. É mestre em todo trabalho artístico. 34 O SENHOR capacitou tanto Bezalel como Aoliabe, filho de Aisamaque, da tribo de Dã, para ensinarem suas aptidões a outros. 35 O SENHOR lhes deu habilidade especial para gravar, projetar, tecer e bordar linho fino com fios de tecido azul, roxo e vermelho. São excelentes artesãos e projetistas."

36 "O SENHOR deu sabedoria a Bezalel, a Aoliabe e aos demais artesãos talentosos e os capacitou com habilidade e entendimento para realizarem todas as tarefas relacionadas à construção do tabernáculo. Eles o construirão conforme o SENHOR ordenou".

2 Moisés chamou Bezalel, Aoliabe e os demais artesãos especialmente capacitados pelo SENHOR e que estavam dispostos a realizar a obra. 3 Moisés lhes deu os materiais doados pelos israelitas como ofertas para a construção do santuário. O povo, porém, continuava a trazer voluntariamente mais ofertas todas as manhãs. 4 Por fim, os artesãos que estavam trabalhando no santuário interromperam a obra 5 e informaram a Moisés: "O povo trouxe mais que o suficiente para completarmos o trabalho que o SENHOR nos ordenou!".

6 Então Moisés deu a seguinte ordem, que foi transmitida a todo o acampamento: "Homens e mulheres, não preparem mais ofertas para o santuário. Temos o suficiente!". Assim, o povo parou de trazer suas ofertas. 7 Suas contribuições foram mais que suficientes para completar todo o projeto.

A CONSTRUÇÃO DO TABERNÁCULO

8 Os artesãos habilidosos fizeram para o tabernáculo dez cortinas de linho finamente tecido. Bezalel[a] enfeitou as cortinas com fios de tecido azul, roxo e vermelho e com querubins bordados com habilidade. 9 As dez cortinas eram exatamente do mesmo tamanho, com 12,6 metros de comprimento e 1,8 metro de largura.[b] 10 Juntaram cinco das cortinas para formar uma cortina longa e depois juntaram as cinco restantes para formar outra cortina longa. 11 Bezalel fez cinquenta laços de tecido azul e prendeu-os ao longo da borda da última cortina de cada conjunto. 12 Os cinquenta laços ao longo da borda de uma cortina coincidiam com os cinquenta laços ao longo da borda da outra cortina. 13 Em seguida, fez cinquenta colchetes de ouro e prendeu as cortinas longas uma à outra. Desse modo, o tabernáculo foi formado de uma só peça contínua.

14 Fez também onze cortinas de tecido de pelo de cabra para cobrir o tabernáculo. 15 Essas onze cortinas eram todas exatamente do mesmo tamanho, com 13,5 metros de comprimento e 1,8 metro de largura.[c] 16 Bezalel juntou cinco das cortinas para formar uma cortina longa e depois juntou as seis restantes para formar outra cortina longa. 17 Fez cinquenta laços para a borda de cada cortina longa. 18 Fez ainda cinquenta colchetes de bronze para prender as cortinas longas uma à outra. Desse modo, a cobertura da tenda foi formada de uma só peça contínua. 19 Por fim, completou a cobertura da tenda com uma camada protetora feita de peles de carneiro tingidas de vermelho e uma camada de couro fino.

20 Para a estrutura do tabernáculo, Bezalel construiu armações de madeira de acácia. 21 Cada armação tinha 4,5 metros de altura e 67,5 centímetros de largura,[d] 22 com duas hastes na parte inferior de cada armação. Todas as armações eram idênticas. 23 Construiu vinte armações para sustentar as cortinas do lado sul do tabernáculo. 24 Fez também quarenta bases de prata, duas para cada armação, de modo que as hastes se encaixavam firmemente nas bases. 25 Para o lado norte do tabernáculo, construiu outras vinte armações, 26 com quarenta bases

[a] **36.8** Em hebraico, *ele*; também em 36.16,20,35. Ver 37.1.

[b] **36.9** Em hebraico, *28 côvados de comprimento e 4 côvados de largura*.

[c] **36.15** Em hebraico, *30 côvados de comprimento e 4 côvados de largura*.

[d] **36.21** Em hebraico, *10 côvados de altura e 1,5 côvado de largura*.

O Espírito Santo nos ensina que fazemos parte do Israel de Deus, o povo escolhido, e nos chama a seguir ao seu lado, permanecendo fiéis até o fim.

de prata, duas bases para cada armação. 27 Fez seis armações para a parte de trás, o lado oeste do tabernáculo, 28 junto com mais duas armações para reforçar os cantos das duas extremidades do tabernáculo. 29 As armações dos cantos foram emparelhadas na parte inferior e firmemente ligadas uma à outra na parte superior com uma argola, formando um só suporte de canto. Ambos os suportes de canto foram feitos dessa maneira. 30 Havia, portanto, oito armações na parte de trás do tabernáculo, encaixadas sobre dezesseis bases de prata, duas bases debaixo de cada armação.

31 Em seguida, fez travessões de madeira de acácia para ligar as armações, cinco travessões para o lado norte do tabernáculo 32 e cinco travessões para o lado sul. Fez também cinco travessões para a parte de trás do tabernáculo, que ficava virada para o oeste. 33 Fez o travessão central ligado a meia altura às armações, estendendo-se de uma ponta à outra do tabernáculo. 34 Revestiu as armações com ouro e fez argolas de ouro para sustentar os travessões. Depois, revestiu com ouro os travessões.

35 Para o interior do tabernáculo, Bezalel confeccionou uma cortina especial de linho fino, trançado com fios de tecido azul, roxo e vermelho e com querubins bordados com habilidade. 36 Fez para a cortina quatro colunas de madeira de acácia e quatro ganchos de ouro. Revestiu as colunas com ouro e apoiou-as sobre quatro bases de prata.

37 Em seguida, fez outra cortina para a entrada da tenda. Confeccionou-a com linho finamente tecido e bordou-a artisticamente, usando fios de tecido azul, roxo e vermelho. 38 Pendurou a cortina em ganchos de ouro presos a cinco colunas. Revestiu com ouro as colunas, seus capitéis e seus ganchos e mandou fundir para elas cinco bases de bronze.

A ARCA DA ALIANÇA

37 Em seguida, Bezalel fez uma arca de madeira de acácia, com 1,15 metro de comprimento, 67,5 centímetros de largura e 67,5 centímetros de altura.[a] 2 Revestiu-a com ouro puro por dentro e por fora e fez uma moldura de ouro ao seu redor. 3 Mandou fundir quatro argolas de ouro e prendeu-as aos quatro pés da arca, duas argolas de cada lado. 4 Fez varas de madeira de acácia e revestiu-as com ouro. 5 Passou-as por dentro das argolas dos lados da arca para transportá-la.

6 Fez ainda a tampa da arca, o lugar de expiação, de ouro puro. Media 1,15 metro de comprimento e 67,5 centímetros de largura.[b] 7 Fez dois querubins de ouro batido e colocou um em cada extremidade da tampa. 8 Modelou o querubim em cada extremidade da tampa de modo a formar uma só peça de ouro com a tampa. 9 Os querubins ficavam de frente um para o outro, com o rosto voltado para a tampa da arca. Estendiam suas asas sobre a tampa para cobri-la.

A MESA

10 Bezalel[c] fez a mesa de madeira de acácia com 90 centímetros de comprimento, 45 centímetros de largura e 67,5 centímetros de altura.[d] 11 Revestiu-a com ouro puro e colocou uma moldura de ouro ao seu redor. 12 Enfeitou-a com uma borda de 8 centímetros de largura[e] e com uma moldura de ouro ao redor da borda. 13 Fez quatro argolas de ouro para a mesa e prendeu-as aos quatro cantos, junto aos quatro pés. 14 Prendeu as argolas junto da borda para sustentar as varas usadas para transportar a mesa. 15 Fez essas varas de madeira de acácia e revestiu-as com ouro. 16 Fez ainda recipientes especiais de ouro puro para a mesa: tigelas, colheres, vasilhas e jarras para as ofertas derramadas.

O CANDELABRO

17 Bezalel fez um candelabro de ouro puro batido. Todo o candelabro e seus enfeites formavam uma só peça: a base, a haste central, as lâmpadas, os botões e as flores. 18 Da haste central saíam seis ramos, três de cada lado. 19 Cada um dos seis ramos tinha três lâmpadas em forma de flor de

[a] **37.1** Em hebraico, *2,5 côvados de comprimento, 1,5 côvado de largura e 1,5 côvado de altura.*

[b] **37.6** Em hebraico, *2,5 côvados de comprimento e 1,5 côvado de largura.*

[c] **37.10a** Em hebraico, *ele*; também em 37.17,25.

[d] **37.10b** Em hebraico, *2 côvados de comprimento, 1 côvado de largura e 1,5 côvado de altura.*

[e] **37.12** Em hebraico, *4 dedos de largura.*

amendoeira, com botões e flores. 20 A haste central do candelabro tinha quatro lâmpadas em forma de flor de amendoeira, cada uma com botões e flores. 21 Havia um botão de amendoeira debaixo de cada par dos seis ramos que saíam da haste central. 22 Os botões de amendoeira e os ramos formavam uma só peça com a haste central e eram feitos de ouro puro batido.

23 Fez também sete lâmpadas para o candelabro, cortadores de pavio e apagadores, todos de ouro puro. 24 Foram necessários 35 quilos[a] de ouro puro para o candelabro e seus acessórios.

O ALTAR DE INCENSO

25 Depois, Bezalel usou madeira de acácia para construir o altar de incenso. Ele o fez quadrado, com 45 centímetros de lado e 90 centímetros de altura,[b] com pontas em forma de chifre nos cantos entalhados da mesma peça de madeira que o altar. 26 Revestiu o topo, os lados e as pontas do altar com ouro puro e fez uma moldura de ouro ao seu redor. 27 Fez duas argolas de ouro e prendeu-as nos lados opostos do altar, debaixo da moldura de ouro, para sustentar as varas usadas para transportá-lo. 28 Fez as varas de madeira de acácia e revestiu-as com ouro.

29 Em seguida, preparou o óleo sagrado da unção e o incenso perfumado usando as técnicas de um perfumista.

O ALTAR DOS HOLOCAUSTOS

38 Usando madeira de acácia, Bezalel[c] construiu um altar quadrado para o holocausto, com 2,25 metros de largura e comprimento e 1,35 metro de altura.[d] 2 Fez uma ponta em forma de chifre para cada um dos quatro cantos, de modo que as pontas e o altar formavam uma só peça. Revestiu o altar com bronze. 3 Depois, fez os utensílios do altar: baldes para recolher as cinzas, pás, bacias, garfos para a carne e braseiros, todos de bronze. 4 Fez também uma grelha de bronze e a colocou a meia altura do altar, debaixo da borda. 5 Fez quatro argolas de bronze e prendeu-as aos cantos da grelha de bronze, para sustentar as varas usadas para carregar o altar. 6 Fez as varas de madeira de acácia e as revestiu com bronze. 7 Por dentro das argolas dos dois lados do altar, passou as varas usadas para transportá-lo. O altar era oco e feito de tábuas.

A BACIA DE BRONZE

8 Bezalel fez a bacia de bronze e seu suporte de bronze com espelhos doados pelas mulheres que serviam à entrada da tenda do encontro.

O PÁTIO

9 Bezalel fez ainda o pátio, que era fechado com cortinas de linho finamente tecido. As cortinas do lado sul tinham 45 metros de comprimento[e] 10 e eram penduradas em vinte colunas apoiadas firmemente em vinte bases de bronze. Pendurou as cortinas com ganchos e argolas de prata. 11 Colocou do lado norte cortinas idênticas a essas, com 45 metros de comprimento, penduradas em vinte colunas apoiadas firmemente em bases de bronze. Pendurou as cortinas com ganchos e argolas de prata. 12 As cortinas do lado oeste do pátio tinham 22,5 metros de comprimento[f] e eram penduradas com ganchos e argolas de prata em dez colunas apoiadas em dez bases. 13 O lado leste do pátio também tinha 22,5 metros de comprimento.

14 A entrada do pátio ficava do lado leste, situada entre duas cortinas. A cortina do lado sul tinha 6,75 metros de comprimento[g] e era pendurada em três colunas apoiadas em três bases. 15 A cortina do lado norte também tinha 6,75 metros de comprimento e era pendurada em três colunas apoiadas em três bases. 16 Todas as cortinas ao redor do pátio eram de linho finamente tecido. 17 Cada uma das colunas tinha uma base de bronze, e todos os ganchos e argolas eram de prata. Os capitéis das colunas do pátio eram revestidos de

[a] **37.24** Em hebraico, *1 talento*.
[b] **37.25** Em hebraico, *1 côvado de comprimento e 1 côvado de largura, um quadrado, e 2 côvados de altura*.
[c] **38.1a** Em hebraico, *ele*; também em 38.8,9.
[d] **38.1b** Em hebraico, *5 côvados de largura, 5 côvados de comprimento, um quadrado, e 3 côvados de altura*.
[e] **38.9** Em hebraico, *100 côvados*; também em 38.11.
[f] **38.12** Em hebraico, *50 côvados*; também em 38.13.
[g] **38.14** Em hebraico, *15 côvados*; também em 38.15.

prata, e as argolas usadas para pendurar as cortinas eram de prata.

18 Para a entrada do pátio, confeccionou uma cortina de linho finamente tecido e a enfeitou com lindos bordados de fios de tecido azul, roxo e vermelho. A cortina tinha 9 metros de comprimento e 2,25 metros de altura,[a] como as cortinas das divisórias do pátio. 19 Era pendurada em quatro colunas, cada uma apoiada firmemente em sua própria base de bronze. Os capitéis das colunas eram revestidos de prata, e os ganchos e argolas também eram de prata.

20 Todas as estacas usadas para sustentar o tabernáculo e o pátio eram de bronze.

RELAÇÃO DOS MATERIAIS

21 Esta é uma relação dos materiais usados na construção do tabernáculo, o santuário da aliança.[b] Os levitas registraram os valores totais conforme Moisés os havia instruído, e Itamar, filho do sacerdote Arão, supervisionou esse trabalho. 22 Bezalel, filho de Uri e neto de Hur, da tribo de Judá, fez tudo exatamente conforme o Senhor havia ordenado a Moisés. 23 Recebeu a ajuda de Aoliabe, filho de Aisamaque, da tribo de Dã, artesão perito em gravar, projetar e bordar em linho fino com fios de tecido azul, roxo e vermelho.

24 O povo contribuiu com ofertas especiais de ouro que totalizaram 1.024 quilos,[c] calculados de acordo com o siclo do santuário. Esse ouro foi usado em toda a construção do santuário.

25 A comunidade toda de Israel contribuiu com 3.520 quilos[d] de prata, calculados de acordo com o siclo do santuário. 26 Essa prata veio do imposto recolhido de cada homem registrado no censo (o imposto era de uma beca, isto é, meio siclo, conforme o siclo do santuário). O imposto foi arrecadado de 603.550 homens de 20 anos para cima. 27 Para fazer as cem bases para as armações das paredes do santuário e das colunas que sustentavam a cortina interna foram necessários 3.500 quilos de prata, cerca de 35 quilos para cada base.[e] 28 Os 20 quilos[f] de prata restantes foram usados para fazer os ganchos e argolas e para revestir os capitéis das colunas.

29 O povo também contribuiu com uma oferta especial de 2.480 quilos[g] de bronze, 30 usados para fundir as bases das colunas à entrada da tenda do encontro e para o altar de bronze com sua grelha de bronze e todos os utensílios do altar. 31 O bronze também foi usado para fazer as bases das colunas nas quais era pendurada a cortina da entrada do pátio e para todas as estacas ao redor do tabernáculo e o pátio.

AS ROUPAS DOS SACERDOTES

39 Os artesãos confeccionaram belas roupas sagradas de tecido azul, roxo e vermelho para Arão vestir ao servir no lugar santo, conforme o Senhor havia ordenado a Moisés.

A CONFECÇÃO DO COLETE SACERDOTAL

2 Bezalel[h] fez o colete sacerdotal de linho finamente tecido e bordou-o usando fios de ouro e fios de tecido azul, roxo e vermelho. 3 Para fazer os fios de ouro, bateu o metal até formar lâminas finas e as cortou em fios. Com grande habilidade e cuidado, bordou os fios de ouro no linho fino, com fios de tecido azul, roxo e vermelho.

4 O colete sacerdotal tinha duas peças, unidas nos ombros por duas ombreiras. 5 O cinturão decorativo era feito dos mesmos materiais: linho finamente tecido bordado com fios de ouro e fios de tecido azul, roxo e vermelho, conforme o Senhor havia ordenado a Moisés. 6 Duas pedras de ônix foram presas em suportes de filigranas de ouro. Nas pedras tinham sido gravados os nomes das tribos de Israel, da mesma forma que se grava um selo. 7 Bezalel prendeu as pedras às ombreiras do colete como

---

[a] **38.18** Em hebraico, *20 côvados de comprimento e 5 côvados de altura.*

[b] **38.21** Em hebraico, *tabernáculo, o tabernáculo do testemunho.*

[c] **38.24** Em hebraico, *29 talentos e 730 siclos.* O siclo equivalia a 12 gramas.

[d] **38.25** Em hebraico, *100 talentos e 1.775 siclos.*

[e] **38.27** Em hebraico, *100 talentos de prata, 1 talento para cada base.*

[f] **38.28** Em hebraico, *1.775 [siclos].*

[g] **38.29** Em hebraico, *70 talentos e 2.400 siclos.*

[h] **39.2** Em hebraico, *ele*; também em 39.8,22.

recordação de que o sacerdote representa os israelitas. Tudo isso foi feito conforme o Senhor havia ordenado a Moisés.

A CONFECÇÃO DO PEITORAL

8 Bezalel fez o peitoral com grande habilidade e cuidado. Confeccionou-o de modo que combinasse com o colete sacerdotal, usando linho finamente tecido, bordado com ouro e com fios de tecido azul, roxo e vermelho. 9 Fez o peitoral de uma só peça dobrada de tecido, formando um bolso quadrado com 22,5 centímetros de lado.[a] 10 Fixou no peitoral quatro fileiras de pedras preciosas.[b] A primeira fileira tinha um rubi, um topázio e um berilo. 11 A segunda fileira era composta de uma turquesa, uma safira e uma esmeralda. 12 A terceira fileira era composta de um jacinto, uma ágata e uma ametista. 13 A quarta fileira tinha um crisólito, um ônix e um jaspe. Todas essas pedras eram presas a suportes de filigranas de ouro. 14 Cada pedra representava um dos doze filhos de Israel e trazia gravado o nome da tribo correspondente, como em um selo.

15 Para prender o peitoral ao colete sacerdotal, fizeram correntes de fios trançados de ouro puro. 16 Fizeram também dois suportes de filigranas de ouro e duas argolas de ouro, que foram presas aos cantos superiores do peitoral. 17 Amarraram as duas correntes de ouro nas duas argolas do peitoral. 18 Amarraram as outras pontas das correntes aos suportes de filigrana de ouro sobre as ombreiras do colete. 19 Em seguida, fizeram mais duas argolas de ouro e as prenderam às bordas interiores do peitoral, junto ao colete. 20 Fizeram outras duas argolas de ouro e as prenderam à parte da frente do colete, abaixo das ombreiras e logo acima do nó que amarrava o cinturão decorativo ao colete. 21 Prenderam as argolas inferiores do peitoral às argolas do colete com cordões azuis, para que o peitoral ficasse firmemente preso ao colete acima do cinturão. Tudo isso foi feito conforme o Senhor havia ordenado a Moisés.

OUTRAS PEÇAS DE ROUPA PARA OS SACERDOTES

22 Bezalel fez de uma só peça de tecido azul o manto que é usado com o colete sacerdotal, 23 com uma abertura no meio da peça para a cabeça de Arão. A abertura foi reforçada com uma gola,[c] para que não se rasgasse. 24 Fizeram romãs de fios de tecido azul, roxo e vermelho e as prenderam à borda do manto. 25 Fizeram também sinos de ouro puro e os prenderam entre as romãs à borda do manto, 26 intercalando sinos e romãs por toda a volta da borda. Esse manto deveria ser usado sempre que o sacerdote realizasse seu serviço, conforme o Senhor havia ordenado a Moisés.

27 Confeccionaram para Arão e seus filhos túnicas de linho fino. 28 O turbante especial e os outros turbantes também foram confeccionados de linho fino, e as roupas de baixo foram feitas de linho finamente tecido. 29 Os cinturões foram feitos de linho finamente tecido e bordados com fios de tecido azul, roxo e vermelho, conforme o Senhor havia ordenado a Moisés.

30 Fizeram de ouro puro a tiara sagrada, o emblema de santidade. Gravaram nela, como em um selo, as palavras Santo para o Senhor. 31 Prenderam a tiara com um cordão azul à parte da frente do turbante de Arão, conforme o Senhor havia ordenado a Moisés.

MOISÉS INSPECIONA O TRABALHO

32 Assim, a construção do tabernáculo, a tenda do encontro, foi concluída. Os israelitas fizeram tudo conforme o Senhor havia ordenado a Moisés. 33 Então apresentaram a Moisés o tabernáculo completo:

a tenda com toda a sua mobília, os
  colchetes, as armações, os travessões,
  as colunas e as bases;
34 as coberturas da tenda, feitas
  de peles de carneiro tingidas
  de vermelho e couro fino;
a cortina interna que protegia a arca;
35 a arca da aliança[d] e as varas
  para transportá-la;
a tampa da arca, que é o lugar de expiação;

[a] **39.9** Em hebraico, *1 palmo.*
[b] **39.10** Não é possível identificar com precisão algumas dessas pedras preciosas.

[c] **39.23** O significado do hebraico é incerto.
[d] **39.35** Ou *arca do testemunho.*

36 a mesa e todos os seus utensílios;
os pães da presença;
37 o candelabro de ouro puro, com
suas lâmpadas simétricas, todos os
seus acessórios e o óleo de oliva para
a iluminação;
38 o altar de ouro;
o óleo da unção e o incenso perfumado;
a cortina para a entrada da tenda;
39 o altar de bronze com a grelha de
bronze, as varas para transportá-lo e
seus utensílios;
a bacia de bronze e seu suporte;
40 a cortina para as divisórias do pátio;
as colunas e suas bases;
a cortina para a entrada do pátio;
as cordas e as estacas;
todos os utensílios a serem usados
durante as cerimônias no tabernáculo,
a tenda do encontro;
41 as roupas finamente confeccionadas
para os sacerdotes vestirem enquanto
estiverem servindo no lugar santo, as
roupas sacerdotais sagradas de Arão
e as roupas que seus filhos vestiriam
durante o serviço.

42 Os israelitas seguiram todas as ins-
truções que o Senhor tinha dado a Moisés
acerca da obra. 43 Então Moisés ins-
pecionou todo o trabalho. Quando verifi-
cou que tinha sido feito conforme o Senhor
havia ordenado, abençoou o povo.

O TABERNÁCULO É ARMADO

40 O Senhor disse a Moisés: 2 "Arme
o tabernáculo, a tenda do encon-
tro, no primeiro dia do primeiro mês.[a]
3 Coloque a arca da aliança[b] dentro dele e
pendure a cortina interna para proteger a
arca. 4 Depois, traga a mesa para dentro e
coloque sobre ela os utensílios. Traga tam-
bém o candelabro e instale suas lâmpadas.
5 "Ponha o altar de ouro para o incenso
diante da arca da aliança e pendure a cor-
tina à entrada do tabernáculo. 6 Coloque o
altar do holocausto diante da entrada do
tabernáculo, a tenda do encontro. 7 Ponha
a bacia entre a tenda do encontro e o altar
e encha-a de água. 8 Em seguida, arme o
pátio ao redor da tenda e pendure a corti-
na da entrada do pátio.
9 "Pegue o óleo da unção e unja o taber-
náculo e toda a sua mobília, para consa-
grá-los; assim, ele será santo. 10 Unja o
altar do holocausto e seus utensílios para
consagrá-los; assim, ele será santíssimo.
11 Depois, unja a bacia e seu suporte para
consagrá-los.
12 "Traga Arão e seus filhos até a entrada
da tenda do encontro e lave-os com água.
13 Vista Arão com as roupas sagradas, un-
ja-o e consagre-o, para que me sirva como
sacerdote. 14 Traga os filhos de Arão e
vista-os com as túnicas. 15 Unja-os como
ungiu o pai deles, para que também me
sirvam como sacerdotes. Com a unção,
os descendentes de Arão são separados
para o sacerdócio para sempre, de geração
em geração".
16 Moisés fez tudo que o Senhor lhe havia
ordenado. 17 O tabernáculo foi armado no
primeiro dia do primeiro mês do segundo
ano. 18 Para armar o tabernáculo, Moisés
colocou as bases em seus lugares, encai-
xou as armações, prendeu os travessões
e levantou as colunas. 19 Em seguida, es-
tendeu a tenda sobre a estrutura do taber-
náculo e, por cima, colocou a cobertura,
conforme o Senhor havia ordenado.
20 Pegou as tábuas da aliança e as co-
locou[c] dentro da arca. Prendeu à arca as
varas para transportá-la e a cobriu com
a tampa, o lugar de expiação. 21 Depois,
trouxe a arca da aliança para dentro da
tenda do encontro e pendurou a cortina
interna que a protegia, conforme o Senhor
havia ordenado.
22 Em seguida, Moisés colocou a mesa da
tenda do encontro do lado norte do lugar
santo, do lado de fora da cortina interna.
23 Arrumou sobre a mesa os pães da pre-
sença diante do Senhor, conforme o Senhor
havia ordenado.
24 Pôs o candelabro dentro da tenda do
encontro, em frente à mesa, do lado sul
do lugar santo. 25 Acendeu as lâmpadas
na presença do Senhor, conforme o Senhor
havia ordenado. 26 Colocou também o altar

[a] **40.2** No antigo calendário lunar hebraico, esse dia normalmente caía em março ou abril.
[b] **40.3** Ou *arca do testemunho*; também em 40.5,21.
[c] **40.20** Em hebraico, *Colocou o testemunho*; ver nota em 25.16.

de ouro para o incenso na tenda do encon-
tro diante da cortina interna 27 e queimou
sobre ele incenso perfumado, conforme o
SENHOR havia ordenado.
28 Pendurou a cortina à entrada do taber-
náculo 29 e colocou o altar do holocausto
perto da entrada do tabernáculo, a tenda
do encontro. Apresentou sobre o altar um
holocausto e uma oferta de cereal, confor-
me o SENHOR havia ordenado.
30 Em seguida, Moisés colocou a bacia
entre a tenda do encontro e o altar e en-
cheu-a de água para que os sacerdotes pu-
dessem se lavar. 31 Moisés, Arão e os filhos
de Arão usavam a água da bacia para lavar
as mãos e os pés. 32 Lavavam-se cada vez
que se aproximavam do altar e entravam
na tenda do encontro, conforme o SENHOR
havia ordenado.
33 Moisés pendurou as cortinas que cer-
cavam o pátio ao redor do tabernáculo e
do altar e colocou a cortina à entrada do
pátio. Assim, Moisés finalmente terminou
o trabalho.

A GLÓRIA DO SENHOR ENCHE O TABERNÁCULO

34 Então a nuvem cobriu a tenda do encon-
tro, e a glória do SENHOR encheu o taber-
náculo. 35 Moisés não podia mais entrar
na tenda do encontro, pois a nuvem esta-
va sobre ela, e a glória do SENHOR a enchia.
36 Sempre que a nuvem se levantava de
cima do tabernáculo, os israelitas seguiam
viagem. 37 Mas, se a nuvem não se levanta-
va, permaneciam onde estavam até a nu-
vem se elevar. 38 Durante o dia, a nuvem do
SENHOR pairava no ar acima do tabernáculo
e, à noite, fogo ardia dentro da nuvem, de
modo que todo o povo de Israel podia vê-
-la. E isso ocorreu ao longo de todas as jor-
nadas dos israelitas.

Pentateuco

Levítico

Livro 3 do Pentateuco com

27 CAPÍTULOS

AUTORIA

Moisés, segundo a tradição de judeus e cristãos. Há referências em Levítico a Deus ter ditado regras e histórias a Moisés e por meio dele (Lv 1.1; 4.1; 5.14; 6.1; 7.22,28). Mais recentemente, estudiosos passaram a cogitar a contribuição de outros autores em sua escrita.

SIGNIFICADO DO TÍTULO

Atribuído na Septuaginta, "Levítico" significa "relativo aos levitas".

Em hebraico, o título é *wayiqra*, algo como "e chamou", ou "e ele [o Senhor] chamou".

Embora Levítico não trate somente dos deveres dos levitas, tem esse nome por abordar a adoração no tabernáculo, responsabilidade dos descendentes de Levi.

INFORMAÇÕES GERAIS

O foco de Levítico é a importância da santidade (Lv 11.45; 19.2; 20.7). O livro trata ainda de Israel como representação terrena do Reino de Deus, um povo que deveria viver em santidade, refletida no culto e com base na obediência aos mandamentos.

TEMAS DE LEVÍTICO

A teologia de Levítico enfatiza a presença de Deus no meio de seu povo. E, com a presença do ser santíssimo no meio de sua gente, torna-se imperativo haver santidade, pureza e expiação.

ESTRUTURA DO LIVRO

- ★ As cinco principais ofertas Lv 1—7
- ★ As funções de Arão e seus descendentes Lv 8—10
- ★ Leis de pureza Lv 11—15
- ★ O Dia da Expiação e a adoração no tabernáculo Lv 16—17
- ★ Leis morais Lv 18—20
- ★ Regras para sacerdotes, ofertas e festas anuais Lv 21—24.9
- ★ Castigos por pecados Lv 24.10-23
- ★ Ano sabático, Jubileu, terras e escravidão Lv 25
- ★ Bênçãos por obediência e maldições por desobediência Lv 26
- ★ Regras para ofertas a Deus Lv 27

CRISTO E LEVÍTICO

- ★ O Dia da Expiação foi estabelecido com o objetivo de purificar o tabernáculo, mediante o sacrifício de animais. Ele aponta para o futuro sacrifício de Cristo, que fez expiação por todos os que creem nele para a remissão dos pecados.

- ★ O sangue dos animais era aspergido no tabernáculo, assim como o sangue de Jesus foi derramado na cruz (Hb 9.6-14,23-24).
- ★ A expiação era feita pelos israelitas uma vez por ano, mas a de Cristo foi definitiva (Hb 9.25-10.4; Rm 8.3; Lc 22.19-20).
- ★ Os princípios elementares do sistema sacrificial de Levítico se aplicam a nós hoje (Rm 12.1; 15.16; Fp 4.18; Hb 13.15-16; 1Pe 2.5).

PROCEDIMENTOS PARA O HOLOCAUSTO

1 Da tenda do encontro, o Senhor chamou Moisés e lhe disse: 2 "Dê as seguintes instruções ao povo de Israel. Quando você apresentar um animal como oferta para o Senhor, escolha-o dos rebanhos de gado, ovelhas ou cabras.

3 "Se o animal que apresentar como holocausto for do rebanho de gado, deverá ser um macho sem defeito. Leve-o até a entrada da tenda do encontro, para que seja aceito pelo Senhor. 4 Coloque a mão sobre a cabeça do animal, para que seja aceito em seu lugar como expiação. 5 Mate o novilho na presença do Senhor, e os filhos de Arão, os sacerdotes, oferecerão o sangue do animal, derramando-o em todos os lados do altar que está à entrada da tenda do encontro. 6 Depois, tire a pele do animal e corte-o em pedaços. 7 Os filhos do sacerdote Arão acenderão o fogo no altar e ali arrumarão a lenha. 8 Arrumarão também os pedaços da oferta, incluindo a cabeça e a gordura, sobre a lenha acesa no altar, 9 mas os órgãos internos e as pernas serão lavados primeiro com água. Então o sacerdote queimará tudo no altar como holocausto. É uma oferta especial, um aroma agradável ao Senhor.

10 "Se o animal que apresentar como holocausto for um carneiro ou um cabrito, deverá ser um macho sem defeito. 11 Mate o animal junto ao lado norte do altar, na presença do Senhor, e os filhos de Arão, os sacerdotes, derramarão o sangue do animal em todos os lados do altar. 12 Depois, corte o animal em pedaços, incluindo a cabeça e a gordura. Os sacerdotes arrumarão os pedaços da oferta sobre a lenha acesa no altar, 13 mas os órgãos internos e as pernas serão lavados primeiro com água. Então o sacerdote queimará tudo no altar como holocausto. É uma oferta especial, um aroma agradável ao Senhor.

14 "Se apresentar ao Senhor uma ave como holocausto, deverá ser uma rolinha ou um pombinho. 15 O sacerdote levará a ave até o altar, destroncará a cabeça dela e deixará o sangue escorrer na lateral do altar. Em seguida, queimará a ave. 16 O sacerdote removerá o papo e as penas da cauda[a] da ave e os lançará do lado leste do altar, sobre as cinzas. 17 Depois, segurando a ave pelas asas, o sacerdote a partirá, mas sem despedaçá-la, e a apresentará como holocausto sobre a lenha acesa no altar. É uma oferta especial, um aroma agradável ao Senhor."

PROCEDIMENTOS PARA A OFERTA DE CEREAL

2 "Quando apresentar ao Senhor uma oferta de cereal, deverá ser de farinha da melhor qualidade. Derrame azeite sobre a farinha, acrescente um pouco de incenso 2 e leve-a aos filhos de Arão, os sacerdotes. O sacerdote pegará um punhado da farinha umedecida com azeite, junto com todo o incenso, e queimará essa porção memorial no altar. É uma oferta especial, um aroma agradável ao Senhor. 3 O restante da oferta de cereal será entregue a Arão e a seus filhos. Essa oferta será considerada parte santíssima das ofertas especiais apresentadas ao Senhor.

4 "Se a oferta for de cereal assado no forno, deverá ser de farinha da melhor qualidade, mas sem fermento: bolos misturados com azeite ou pães finos untados com azeite. 5 Se a oferta de cereal for preparada numa assadeira, deverá ser de farinha da melhor qualidade misturada com azeite, mas sem fermento. 6 Divida-a em pedaços e derrame azeite sobre ela. É oferta de cereal. 7 Se a oferta de cereal for preparada numa panela, deverá ser de farinha da melhor qualidade misturada com azeite.

8 "Quando trouxer a oferta de cereal que foi preparada para o Senhor, entregue-a ao sacerdote, que a apresentará no altar. 9 O sacerdote tomará uma porção memorial da oferta de cereal e a queimará no altar. É uma oferta especial, um aroma agradável ao Senhor. 10 O restante da oferta de cereal será entregue a Arão e a seus filhos como alimento. Essa oferta será considerada parte santíssima das ofertas especiais apresentadas ao Senhor.

11 "Não use fermento ao preparar qualquer das ofertas de cereal a ser apresentada

[a] **1.16** Ou *o papo e o seu conteúdo*. O significado do hebraico é incerto.

ao Senhor, pois nem fermento nem mel devem ser queimados como oferta especial apresentada ao Senhor. 12 É permitido acrescentar fermento e mel às ofertas dos primeiros frutos da colheita, mas nunca devem ser oferecidos no altar como aroma agradável ao Senhor. 13 Tempere com sal todas as suas ofertas de cereal. Não deixe de usar o sal da aliança do seu Deus em todas as suas ofertas de cereal. Todas as ofertas que trouxerem deverão ter sal.

14 "Se apresentar ao Senhor uma oferta de cereal dos primeiros frutos de sua colheita, apresente grãos frescos moídos grosseiramente e tostados no fogo. 15 Derrame azeite sobre essa oferta de cereal e acrescente um pouco de incenso. 16 O sacerdote tomará uma porção memorial dos grãos umedecidos com azeite, junto com todo o incenso, e queimará como oferta especial apresentada ao Senhor."

PROCEDIMENTOS PARA A OFERTA DE PAZ

3 "Se apresentar ao Senhor um animal do rebanho de gado como oferta de paz, poderá ser macho ou fêmea, desde que seja sem defeito. 2 Coloque a mão sobre a cabeça do animal e mate-o à entrada da tenda do encontro. Os filhos de Arão, os sacerdotes, derramarão o sangue do animal em todos os lados do altar. 3 Dessa oferta de paz, uma parte será apresentada como oferta especial para o Senhor. Incluirá toda a gordura que envolve os órgãos internos, 4 os dois rins, a gordura ao redor deles perto dos lombos e o lóbulo do fígado. Todas essas partes serão removidas junto com os rins, 5 e os filhos de Arão queimarão tudo sobre a lenha acesa no altar. É uma oferta especial, um aroma agradável ao Senhor.

6 "Se apresentar ao Senhor um animal dos rebanhos de ovelhas ou de cabras como oferta de paz, poderá ser macho ou fêmea, desde que seja sem defeito. 7 Se apresentar como oferta um cordeiro, traga-o perante o Senhor, 8 coloque a mão sobre a cabeça do animal e mate-o à entrada da tenda do encontro. Os filhos de Arão derramarão o sangue do cordeiro em todos os lados do altar. 9 Dessa oferta de paz, a gordura será apresentada como oferta especial para o Senhor. Incluirá a gordura da parte gorda da cauda, cortada rente à espinha, toda a gordura que envolve os órgãos internos, 10 os dois rins, a gordura ao redor deles perto dos lombos e o lóbulo do fígado. Todas essas partes serão removidas junto com os rins, 11 e o sacerdote queimará tudo no altar. É uma oferta especial de alimento apresentado ao Senhor.

12 "Se apresentar um cabrito como oferta, traga-o perante o Senhor, 13 coloque a mão sobre a cabeça do animal e mate-o à entrada da tenda do encontro. Os filhos de Arão derramarão o sangue do cabrito em todos os lados do altar. 14 Dessa oferta, uma parte será apresentada como oferta especial para o Senhor. Incluirá toda a gordura que envolve os órgãos internos, 15 os dois rins, a gordura ao redor deles perto dos lombos e o lóbulo do fígado. Todas essas partes serão removidas junto com os rins, 16 e o sacerdote queimará tudo no altar. É uma oferta especial de alimento, um aroma agradável ao Senhor. Toda a gordura pertence ao Senhor.

17 "Jamais coma a gordura ou o sangue. Essa é uma lei permanente para você e deve ser cumprida de geração em geração, onde quer que morarem".

PROCEDIMENTOS PARA A OFERTA PELO PECADO

4 Então o Senhor disse a Moisés: 2 "Dê as seguintes instruções ao povo de Israel. É isto que devem fazer aqueles que pecam sem intenção, quebrando algum dos mandamentos do Senhor.

3 "Se o sacerdote ungido pecar, trazendo culpa sobre todo o povo, apresentará ao Senhor um novilho sem defeito como oferta pelo pecado que cometeu. 4 Trará o novilho perante o Senhor à entrada da tenda do encontro, colocará a mão sobre a cabeça do animal e o matará diante do Senhor. 5 O sacerdote ungido levará um pouco do sangue do novilho para dentro da tenda do encontro, 6 molhará o dedo no sangue e com ele aspergirá sete vezes diante do Senhor, em frente à cortina interna do santuário. 7 Em seguida, o

sacerdote colocará um pouco do sangue
nas pontas do altar de incenso perfumado
que está na presença do Senhor, dentro da
tenda do encontro. O restante do sangue
do novilho ele derramará na base do altar
do holocausto, à entrada da tenda do en-
contro. 8 Depois, removerá toda a gordura
do novilho a ser apresentado como oferta
pelo pecado, incluindo a gordura que en-
volve os órgãos internos, 9 os dois rins, a
gordura ao redor deles perto dos lombos
e o lóbulo do fígado. Removerá todas es-
sas partes junto com os rins, 10 como se
faz com os animais apresentados como
oferta de paz, e queimará tudo no altar do
holocausto. 11 Mas o que restar do novilho
— o couro, a carne, a cabeça, as pernas, os
órgãos internos e os excrementos — 12 ele
tomará e levará para um lugar cerimonial-
mente puro, fora do acampamento, onde
são jogadas as cinzas. Ali, sobre o monte
de cinzas, queimará os restos num fogo
feito com lenha.

13 "Se toda a comunidade de Israel pecar,
quebrando algum dos mandamentos do
Senhor, mas não se der conta disso, ainda
assim será culpada. 14 Quando perceber
seu pecado, o povo trará um novilho como
oferta pelo pecado e o apresentará à entra-
da da tenda do encontro. 15 As autoridades
da comunidade colocarão as mãos sobre
a cabeça do novilho e o matarão diante
do Senhor. 16 O sacerdote ungido levará
um pouco do sangue do novilho para
dentro da tenda do encontro, 17 molha-
rá o dedo no sangue e com ele aspergirá
sete vezes diante do Senhor, em frente à
cortina interna. 18 Em seguida, colocará
um pouco do sangue nas pontas do altar
que está na presença do Senhor, dentro
da tenda do encontro. O restante do san-
gue do novilho ele derramará na base do
altar do holocausto, à entrada da tenda
do encontro. 19 Depois, removerá toda a
gordura do novilho e a queimará no altar,
20 como se faz com o novilho apresentado
como oferta pelo pecado. Desse modo, o
sacerdote fará expiação pelo povo, e eles
serão perdoados. 21 Então o sacerdote to-
mará o que restar do novilho, levará para
fora do acampamento e o queimará ali,
como se faz com a oferta pelo pecado.
Essa oferta é pelo pecado de toda a co-
munidade de Israel.

22 "Se um dos líderes do povo pecar,
quebrando algum dos mandamentos do
Senhor, seu Deus, mas não se der conta
disso, ainda assim será culpado. 23 Quan-
do perceber seu pecado, o líder apresen-
tará como oferta um bode sem defeito.
24 Colocará a mão sobre a cabeça do bode
e o matará diante do Senhor, no mesmo
lugar onde são mortos os animais para
os holocaustos. É uma oferta pelo pecado.
25 O sacerdote molhará o dedo no san-
gue da oferta pelo pecado e o colocará
nas pontas do altar do holocausto. O res-
tante do sangue ele derramará na base
do altar. 26 Em seguida, queimará no
altar toda a gordura do bode, como se
faz com a oferta de paz. Desse modo, o
sacerdote fará expiação pelo líder, e ele
será perdoado.

27 "Se outra pessoa do povo pecar, que-
brando algum dos mandamentos do
Senhor, mas não se der conta disso, ainda
assim será culpada. 28 Quando perceber
seu pecado, ela apresentará como oferta
pelo pecado uma cabra sem defeito. 29 Co-
locará a mão sobre a cabeça do animal da
oferta pelo pecado e o matará no mesmo
lugar onde são mortos os animais para
os holocaustos. 30 O sacerdote molhará
o dedo no sangue e o colocará nas pon-
tas do altar do holocausto. O restante do
sangue ele derramará na base do altar.
31 Em seguida, removerá toda a gordura
da cabra, como se faz com a oferta de
paz, e a queimará sobre o altar como um
aroma agradável ao Senhor. Desse modo,
o sacerdote fará expiação pela pessoa, e
ela será perdoada.

32 "Se alguém trouxer uma ovelha como
oferta pelo pecado, deverá ser sem defeito.
33 A pessoa colocará a mão sobre a cabe-
ça do animal da oferta pelo pecado e o
matará no mesmo lugar onde são mortos
os animais para os holocaustos. 34 O sa-
cerdote molhará o dedo no sangue da
oferta pelo pecado e o colocará nas pon-
tas do altar do holocausto. O restante do
sangue ele derramará na base do altar.
35 Em seguida, removerá toda a gordura
da ovelha, como se faz com a gordura do

cordeiro apresentado como oferta de paz,
e a queimará no altar como oferta espe-
cial apresentada ao Senhor. Desse modo,
o sacerdote fará expiação pela pessoa, e
ela será perdoada."

PECADOS QUE EXIGEM UMA OFERTA PELO PECADO

5 "Se alguém for chamado para testemu-
nhar a respeito de algo que tenha visto
ou que seja de seu conhecimento, mas se
recusar a fazê-lo, comete pecado e deverá
ser castigado por causa de seu pecado.
2 "Se alguém, mesmo sem saber, tocar
em algo cerimonialmente impuro, como
o cadáver de um animal impuro, seja um
animal selvagem, um animal doméstico
ou um animal que rasteja pelo chão, quan-
do perceber o que aconteceu, deverá reco-
nhecer sua contaminação e culpa.
3 "Se alguém, mesmo sem saber, tocar
em algo que o torne impuro, quando per-
ceber o que aconteceu, deverá reconhecer
sua culpa.
4 "Se alguém, mesmo sem saber, fizer
um voto impensado de qualquer tipo, para
o bem ou para o mal, quando perceber a
imprudência do voto, deverá reconhecer
sua culpa.
5 "Quando alguém perceber sua culpa,
em qualquer um desses casos, deverá
confessar seu pecado. 6 Como castigo
pelo pecado, trará ao Senhor uma ovelha
ou uma cabra do rebanho. É uma oferta
pelo pecado, com a qual o sacerdote fará
expiação pelo pecado da pessoa.
7 "Se a pessoa não tiver recursos para
oferecer uma ovelha, trará ao Senhor duas
rolinhas ou dois pombinhos como castigo
pelo pecado. Uma das aves será para a
oferta pelo pecado, e a outra, para o holo-
causto. 8 Ela as entregará ao sacerdote, que
apresentará a primeira ave como oferta
pelo pecado. Ele torcerá o pescoço da ave,
mas não arrancará a cabeça. 9 Em seguida,
aspergirá os lados do altar com um pouco
do sangue da oferta pelo pecado e deixará
o sangue restante escorrer para a base do
altar. É uma oferta pelo pecado. 10 Depois
disso, o sacerdote preparará a segunda ave
como holocausto, de acordo com a forma
prescrita. Desse modo, o sacerdote fará
expiação pelo pecado da pessoa, e ela
será perdoada.
11 "Se a pessoa não tiver condições de
oferecer sequer duas rolinhas ou dois
pombinhos, trará dois litros[a] de farinha
da melhor qualidade como oferta pelo
pecado. Uma vez que é uma oferta pelo
pecado, não misturará azeite com a fari-
nha nem acrescentará incenso. 12 Trará
a farinha ao sacerdote, que pegará um
punhado como porção memorial e quei-
mará a porção no altar, sobre as ofertas
especiais apresentadas ao Senhor. É uma
oferta pelo pecado. 13 Desse modo, o sa-
cerdote fará expiação por aqueles que
forem culpados de algum desses peca-
dos, e eles serão perdoados. O restante
da farinha será do sacerdote, como se faz
com a oferta de cereal".

PROCEDIMENTOS PARA A OFERTA PELA CULPA

14 O Senhor disse a Moisés: 15 "Se alguém
cometer um delito religioso, violando,
mesmo sem intenção, algum mandamen-
to sobre as coisas consagradas do Senhor,
deverá trazer ao Senhor uma oferta pela
culpa. A oferta será um carneiro sem defei-
to do seu próprio rebanho, calculado em
prata de acordo com o siclo[b] do santuá-
rio. 16 A pessoa pagará uma indenização
referente ao delito religioso que cometeu,
com um acréscimo de um quinto do valor.
Quando entregar o pagamento ao sacer-
dote, ele fará expiação pela pessoa com
o carneiro sacrificado como oferta pela
culpa, e ela será perdoada.
17 "Se alguém pecar, quebrando algum
dos mandamentos do Senhor, mesmo
que não tenha consciência do que fez, é
culpado e será castigado por causa de seu
pecado. 18 Como oferta pela culpa, trará
ao sacerdote um carneiro sem defeito do
próprio rebanho, devidamente avaliado.
Desse modo, o sacerdote fará expiação
pelo pecado não intencional que a pes-
soa cometeu, e ela será perdoada. 19 Essa
é uma oferta pela culpa, pois a pessoa
certamente se tornou culpada diante
do Senhor".

[a] **5.11** Em hebraico, *1/10 de efa*.
[b] **5.15** Cada siclo equivalia a 12 gramas.

No Reino de Deus, não caminhamos pelo que vemos, mas sim pelas verdades incrustadas em nosso interior por meio do Espírito.

PECADOS QUE EXIGEM UMA OFERTA PELA CULPA

6 1[a] Então o SENHOR disse a Moisés:
2 "Quando alguém pecar, enganando
seu próximo, também estará cometendo
um delito contra o SENHOR. Se esse alguém
for desonesto num negócio que envolve
depósito como garantia, ou roubar, ou pra-
ticar extorsão, 3 ou encontrar um objeto e
negar que o encontrou, ou mentir depois
de jurar dizer a verdade a respeito desse
pecado, ou alguma prática semelhante,
4 será culpado pelo pecado que cometeu.
Devolverá o que roubou, ou o valor que
extorquiu, ou o depósito feito como ga-
rantia, ou o objeto perdido que encontrou,
5 ou qualquer coisa que tenha obtido com
juramento falso. Fará restituição pagan-
do à pessoa prejudicada o total, com um
acréscimo de um quinto do valor. No mes-
mo dia, apresentará uma oferta pela culpa.
6 Como oferta pela culpa para o SENHOR,
trará ao sacerdote um carneiro sem de-
feito do próprio rebanho, devidamente
avaliado. 7 Desse modo, o sacerdote fará
expiação pela pessoa diante do SENHOR,
e ela será perdoada de qualquer desses
pecados que tenha cometido".

INSTRUÇÕES ADICIONAIS PARA OS HOLOCAUSTOS

8[b] Então o SENHOR disse a Moisés: 9 "Dê a
Arão e a seus filhos as seguintes instru-
ções para os holocaustos. Os holocaustos
serão deixados sobre o altar até a manhã
seguinte, e o fogo sobre o altar será man-
tido aceso a noite toda. 10 Pela manhã,
depois que o sacerdote de serviço tiver
vestido suas roupas oficiais de linho e as
roupas de baixo, também de linho, limpa-
rá as cinzas do holocausto e as colocará ao
lado do altar. 11 Em seguida, removerá as
roupas de linho, vestirá suas roupas habi-
tuais e levará as cinzas para fora do acam-
pamento, até um lugar cerimonialmente
puro. 12 Enquanto isso, o fogo do altar será
mantido aceso; nunca deverá se apagar.
A cada manhã, o sacerdote acrescentará
mais lenha ao fogo, arrumará sobre ele
o holocausto e queimará nele a gordura
das ofertas de paz. 13 Lembrem-se de que
o fogo deverá ser mantido aceso no altar
o tempo todo; nunca deverá se apagar."

INSTRUÇÕES ADICIONAIS PARA AS OFERTAS DE CEREAL

14 "Estas são as instruções para as ofer-
tas de cereal. Os filhos de Arão apresen-
tarão esta oferta ao SENHOR diante do altar.
15 O sacerdote de serviço pegará da ofer-
ta de cereal um punhado de farinha da
melhor qualidade, umedecida com azei-
te, junto com todo o incenso, e queima-
rá essa porção memorial no altar como
aroma agradável ao SENHOR. 16 Arão e seus
filhos poderão comer o restante da fari-
nha, mas deverão assá-la sem fermento e
comê-la num lugar sagrado dentro do pá-
tio da tenda do encontro. 17 Lembrem-se
de que essa oferta nunca deverá ser pre-
parada com fermento. Eu a dei aos sacer-
dotes como porção das ofertas especiais
apresentadas a mim. É santíssima, como
a oferta pelo pecado e a oferta pela culpa.
18 Todos os homens descendentes de Arão
poderão comer das ofertas especiais apre-
sentadas ao SENHOR. É seu direito perma-
nente, de geração em geração. Qualquer
pessoa ou objeto que tocar nessas ofertas
se tornará santo".

PROCEDIMENTOS PARA A OFERTA DE CONSAGRAÇÃO

19 Então o SENHOR disse a Moisés:
20 "No dia em que Arão e seus filhos fo-
rem ungidos, apresentarão ao SENHOR a
oferta padrão de cereal de dois litros[c] de
farinha da melhor qualidade; metade
pela manhã e metade à tarde. 21 Misture-a
cuidadosamente com azeite e cozinhe-a
numa assadeira. Corte em fatias[d] a ofer-
ta de cereal e apresente-a como aroma
agradável ao SENHOR. 22 A cada geração, o
sacerdote ungido que suceder a Arão pre-
parará essa mesma oferta. Ela pertence ao
SENHOR e será totalmente queimada. Essa
é uma lei permanente. 23 Todas as ofertas

[a] **6.1** No texto hebraico, os versículos 6.1-7 são numerados 5.20-26.

[b] **6.8** No texto hebraico, os versículos 6.8-30 são numerados 6.1-23.

[c] **6.20** Em hebraico, *1/10 de efa*.

[d] **6.21** O significado do termo hebraico é incerto.

de cereal do sacerdote serão totalmente queimadas. Nenhuma parte poderá ser consumida como alimento".

INSTRUÇÕES ADICIONAIS PARA A OFERTA PELO PECADO

24 O SENHOR também disse a Moisés: 25 "Dê a Arão e a seus filhos as seguintes instruções para a oferta pelo pecado. O animal apresentado como oferta pelo pecado é oferta santíssima e será morto diante do SENHOR, onde são mortos os animais para os holocaustos. 26 O sacerdote que apresentar o sacrifício como oferta pelo pecado comerá sua porção num lugar sagrado dentro do pátio da tenda do encontro. 27 Qualquer pessoa ou objeto que tocar a carne do sacrifício se tornará santo. Se o sangue do sacrifício respingar na roupa de alguém, a peça manchada será lavada num lugar sagrado. 28 Se for usada uma panela de barro para cozinhar a carne do sacrifício, terá de ser quebrada em seguida. Se for usada uma panela de bronze, terá de ser esfregada e bem enxaguada com água. 29 Qualquer homem da família dos sacerdotes poderá comer dessa oferta. É oferta santíssima. 30 Mas a oferta pelo pecado não poderá ser comida se o sangue for levado à tenda do encontro como oferta para fazer expiação no lugar santo. Nesse caso, será totalmente queimada no fogo."

INSTRUÇÕES ADICIONAIS PARA A OFERTA PELA CULPA

7 "Estas são as instruções para a oferta pela culpa. É oferta santíssima. 2 O animal sacrificado como oferta pela culpa será morto onde são mortos os animais para os holocaustos, e seu sangue será derramado em todos os lados do altar. 3 Em seguida, o sacerdote oferecerá toda a gordura sobre o altar, incluindo a gordura da parte gorda da cauda, a gordura que envolve os órgãos internos, 4 os dois rins, a gordura ao redor deles perto dos lombos e o lóbulo do fígado. Ele removerá todas essas partes junto com os rins 5 e queimará tudo no altar como oferta especial apresentada ao SENHOR. É a oferta pela culpa. 6 Qualquer homem da família dos sacerdotes poderá comer a carne. Deverá comê-la num lugar sagrado, pois é santíssima.

7 "As mesmas instruções se aplicam tanto à oferta pela culpa como à oferta pelo pecado. Ambas pertencem ao sacerdote que as utiliza para fazer expiação. 8 No caso dos holocaustos, o sacerdote poderá ficar com o couro do animal sacrificado. 9 Toda oferta de cereal assada no forno, preparada numa panela ou cozida numa assadeira, pertence ao sacerdote que a apresenta. 10 Todas as outras ofertas de cereal, preparadas com farinha seca ou farinha umedecida com azeite, deverão ser divididas em partes iguais entre todos os sacerdotes, os descendentes de Arão."

INSTRUÇÕES ADICIONAIS PARA A OFERTA DE PAZ

11 "Estas são as instruções sobre os diferentes tipos de oferta de paz que podem ser apresentados ao SENHOR. 12 Se alguém apresentar sua oferta de paz para expressar gratidão, o animal que normalmente é oferecido será acompanhado de bolos sem fermento misturados com azeite, pães finos sem fermento untados com azeite e bolos feitos de farinha da melhor qualidade misturada com azeite. 13 Essa oferta de paz para expressar gratidão também será acompanhada de pães preparados com fermento. 14 Um pão de cada tipo será apresentado como oferta para o SENHOR. Os pães serão do sacerdote que derramar o sangue da oferta de paz no altar. 15 A carne da oferta de paz para expressar gratidão será comida no mesmo dia em que for oferecida. Nada poderá ser guardado até a manhã seguinte.

16 "Se alguém apresentar uma oferta como cumprimento de um voto ou como oferta voluntária, a carne será comida no mesmo dia em que o sacrifício for oferecido, mas o que restar poderá ser comido no dia seguinte. 17 A carne que restar até o terceiro dia deverá ser totalmente queimada. 18 Se alguma porção da carne da oferta de paz for comida no terceiro dia, a pessoa que a trouxe não será aceita pelo SENHOR e a oferta não terá valor.

A essa altura, a carne estará contaminada, e quem a comer será castigado por causa de seu pecado.

19 "A carne que tocar qualquer coisa cerimonialmente impura não poderá ser comida; deverá ser totalmente queimada. Mas a carne do sacrifício poderá ser comida por quem estiver cerimonialmente puro. 20 Se alguém estiver cerimonialmente impuro e comer a carne da oferta de paz apresentada ao Senhor, será eliminado do meio do povo. 21 Se tocar em algo impuro, seja contaminação humana, de um animal impuro ou de qualquer outra coisa impura e detestável, e depois comer a carne de uma oferta de paz apresentada ao Senhor, será eliminado do meio do povo".

O SANGUE E A GORDURA SÃO PROIBIDOS

22 Então o Senhor disse a Moisés: 23 "Dê as seguintes instruções ao povo de Israel. Jamais comam gordura, seja de boi, carneiro ou cabrito. 24 A gordura de um animal encontrado morto ou despedaçado por animais selvagens jamais deverá ser comida, embora possa ser usada para outros fins. 25 Quem comer a gordura de um animal apresentado como oferta especial para o Senhor será eliminado do meio do povo. 26 Onde quer que morarem, jamais consumam o sangue de qualquer ave ou animal. 27 Quem consumir sangue será eliminado do meio do povo".

A PORÇÃO DOS SACERDOTES

28 O Senhor disse a Moisés: 29 "Dê as seguintes instruções ao povo de Israel. Quando apresentarem uma oferta de paz ao Senhor, levem uma parte dela como oferta para o Senhor. 30 Apresentem-na com suas próprias mãos como oferta especial para o Senhor. Levem a gordura do animal junto com o peito e movam o peito para o alto como oferta especial para o Senhor. 31 Em seguida, o sacerdote queimará a gordura no altar, mas o peito será de Arão e seus descendentes. 32 Entreguem como oferta ao sacerdote a coxa direita da oferta de paz. 33 A coxa direita será sempre a porção entregue ao sacerdote que apresentar o sangue e a gordura da oferta de paz. 34 Pois reservei para os sacerdotes o peito da oferta especial e a coxa direita da oferta sagrada. Arão e seus descendentes têm o direito permanente de participar das ofertas de paz que os israelitas apresentarem. 35 Essa é sua porção por direito das ofertas especiais apresentadas ao Senhor, reservada para Arão e seus descendentes desde o dia em que eles foram separados para servir ao Senhor como sacerdotes. 36 No dia em que foram ungidos, o Senhor ordenou que os israelitas entregassem essas partes aos sacerdotes como sua porção permanente, de geração em geração".

37 Essas são as instruções para o holocausto, a oferta de cereal, a oferta pelo pecado e a oferta pela culpa e também para a oferta de consagração e a oferta de paz. 38 O Senhor deu essas instruções a Moisés no monte Sinai, quando ordenou que os israelitas apresentassem suas ofertas ao Senhor no deserto do Sinai.

A CONSAGRAÇÃO DOS SACERDOTES

8 Então o Senhor disse a Moisés: 2 "Traga Arão e seus filhos, as roupas sagradas, o óleo da unção, o novilho para a oferta pelo pecado, os dois carneiros e o cesto de pães sem fermento, 3 e reúna toda a comunidade à entrada da tenda do encontro".

4 Moisés seguiu as instruções do Senhor, e toda a comunidade se reuniu à entrada da tenda do encontro. 5 "É isto que o Senhor ordenou que façamos!", anunciou Moisés. 6 Em seguida, apresentou Arão e seus filhos e os lavou com água. 7 Colocou a túnica oficial em Arão e amarrou o cinturão ao redor de sua cintura. Vestiu-o com o manto, sobre o qual colocou o colete sacerdotal, que prendeu firmemente com o cinturão decorativo. 8 Colocou em Arão o peitoral e, dentro dele, o Urim e o Tumim. 9 Pôs na cabeça de Arão o turbante e, na parte da frente do turbante, prendeu a tiara sagrada, o emblema de santidade, conforme o Senhor havia ordenado.

10 Depois, Moisés pegou o óleo da unção e ungiu o tabernáculo e tudo que nele havia, a fim de consagrá-los. 11 Aspergiu o altar com óleo sete vezes para ungi-lo, bem como todos os seus utensílios, a bacia e seu suporte, para também consagrá-los. 12 Derramou um pouco do óleo sobre a cabeça de Arão, para ungi-lo e consagrá-lo. 13 Em seguida, Moisés apresentou os filhos de Arão. Vestiu-os com as túnicas, amarrou neles o cinturão e pôs-lhes na cabeça o turbante especial, conforme o Senhor tinha ordenado.

14 Então Moisés apresentou o novilho para a oferta pelo pecado. Arão e seus filhos colocaram as mãos sobre a cabeça do novilho, 15 e Moisés o matou. Pegou um pouco do sangue e, com o dedo, colocou-o nas quatro pontas do altar, a fim de purificá-lo. O restante do sangue ele derramou na base do altar. Desse modo, consagrou o altar e fez expiação por ele.[a] 16 Depois, pegou toda a gordura que envolvia os órgãos internos, o lóbulo do fígado, os dois rins e a gordura ao redor deles e os queimou no altar. 17 Pegou o restante do novilho, incluindo o couro, a carne e os excrementos, e o queimou num fogo fora do acampamento, conforme o Senhor tinha ordenado.

18 Então Moisés apresentou o carneiro para o holocausto. Arão e seus filhos colocaram as mãos sobre a cabeça do animal, 19 e Moisés o matou. Pegou o sangue do carneiro e o derramou em todos os lados do altar. 20 Cortou o carneiro em pedaços e o queimou no altar, junto com a cabeça e a gordura. 21 Depois de lavar os órgãos internos e as pernas com água, queimou todo o carneiro sobre o altar como holocausto. Foi um aroma agradável, uma oferta especial apresentada ao Senhor, conforme o Senhor tinha ordenado.

22 Então Moisés apresentou o outro carneiro, o carneiro da consagração. Arão e seus filhos colocaram as mãos sobre a cabeça do animal, 23 e Moisés o matou. Pegou um pouco do sangue e o colocou na ponta da orelha direita, no polegar da mão direita e no polegar do pé direito de Arão. 24 Depois, apresentou os filhos de Arão e colocou um pouco do sangue na ponta da orelha direita, no polegar da mão direita e no polegar do pé direito deles. O restante do sangue ele derramou em todos os lados do altar.

25 Em seguida, pegou a gordura, incluindo a gordura da parte gorda da cauda, a gordura que envolve os órgãos internos, o lóbulo do fígado, os dois rins e a gordura ao redor deles, bem como a coxa direita. 26 Sobre essas partes colocou um pão sem fermento, um pão de massa misturada com azeite e um pão fino untado com azeite, que tirou do cesto de pães sem fermento que estava na presença do Senhor. 27 Colocou tudo nas mãos de Arão e seus filhos e moveu os alimentos para o alto como oferta especial para o Senhor. 28 Pegou as ofertas de volta das mãos deles e as queimou no altar, sobre o holocausto. Essa foi a oferta de consagração. Foi um aroma agradável, uma oferta especial apresentada ao Senhor. 29 Moisés pegou o peito e o moveu para o alto como oferta especial para o Senhor. Era a porção de Moisés do carneiro da consagração, conforme o Senhor tinha ordenado.

30 Então Moisés pegou um pouco do óleo da unção e um pouco do sangue que estava sobre o altar e aspergiu sobre Arão e suas roupas e sobre seus filhos e suas roupas. Desse modo, consagrou Arão, seus filhos e suas roupas.

31 Por fim, Moisés disse a Arão e a seus filhos: "Cozinhem o restante da carne das ofertas à entrada da tenda do encontro e comam-na ali, junto com os pães que estão no cesto de ofertas para a consagração, conforme ordenei quando disse: 'Arão e seus filhos os comerão'. 32 Queimem qualquer carne ou pão que sobrar. 33 Não saiam da entrada da tenda do encontro por sete dias, pois só então estará concluída a cerimônia de consagração. 34 Tudo que fizemos hoje foi ordenado pelo Senhor a fim de fazer expiação por vocês. 35 Agora, permaneçam à entrada da tenda do encontro dia e noite por sete dias e cumpram todas as exigências do Senhor. Se não o fizerem, morrerão, pois foi isso que o Senhor me

[a] **8.15** Ou *para se fazer expiação sobre ele.*

ordenou". 36 Arão e seus filhos fizeram
tudo que o SENHOR tinha ordenado por
meio de Moisés.

OS SACERDOTES INICIAM SEU SERVIÇO

9 No oitavo dia, depois da cerimônia
de consagração, Moisés reuniu Arão,
seus filhos e os líderes de Israel 2 e dis-
se a Arão: "Escolha um bezerro para a
oferta pelo pecado e um carneiro para o
holocausto, ambos sem defeito, e apre-
sente-os ao SENHOR. 3 Depois, diga aos is-
raelitas: 'Escolham um bode para a oferta
pelo pecado e um bezerro e um cordeiro,
ambos de um ano e sem defeito, para o
holocausto. 4 Escolham também um boi[a]
e um carneiro para a oferta de paz, além
de farinha misturada com azeite para a
oferta de cereal. Apresentem todas essas
ofertas ao SENHOR, pois hoje o SENHOR apa-
recerá a vocês'".

5 O povo trouxe todas essas coisas à
entrada da tenda do encontro, conforme
Moisés tinha ordenado. Assim, toda a
comunidade se aproximou e permane-
ceu em pé diante do SENHOR. 6 Então Moi-
sés disse: "É isto que o SENHOR ordenou
que façam para que a glória do SENHOR
lhes apareça".

7 Em seguida, Moisés disse a Arão: "Ve-
nha até o altar e apresente sua oferta pelo
pecado e seu holocausto para fazer expia-
ção por si mesmo e pelo povo. Apresente
as ofertas do povo para fazer expiação por
eles, conforme o SENHOR ordenou".

8 Arão foi até o altar e matou o bezerro
como oferta pelo pecado por si mesmo.
9 Seus filhos lhe trouxeram o sangue, e
Arão molhou o dedo nele e o colocou nas
pontas do altar. O restante do sangue ele
derramou na base do altar. 10 Queimou
no altar a gordura, os rins e o lóbulo do
fígado da oferta pelo pecado, confor-
me o SENHOR havia ordenado a Moisés.
11 A carne e o couro, porém, queimou fora
do acampamento.

12 Então Arão matou o animal para o
holocausto. Seus filhos lhe trouxeram
o sangue, e ele o derramou em todos os
lados do altar. 13 Entregaram-lhe cada um
dos pedaços do holocausto, incluindo a
cabeça, e ele os queimou no altar. 14 La-
vou os órgãos internos e as pernas e os
queimou no altar junto com o restante
do holocausto.

15 Em seguida, Arão apresentou as ofer-
tas do povo. Matou o bode do povo e o
apresentou como oferta pelo pecado de-
les, como havia feito com a oferta por seu
próprio pecado. 16 Depois, apresentou o
holocausto e o ofereceu de acordo com
a forma prescrita. 17 Apresentou também
a oferta de cereal e queimou no altar
um punhado dela, além do holocausto
da manhã.

18 Arão matou o boi e o carneiro para
a oferta de paz do povo. Seus filhos lhe
trouxeram o sangue, e ele o derramou em
todos os lados do altar. 19 Depois, pegou a
gordura do boi e do carneiro, incluindo a
gordura da parte gorda da cauda e a gor-
dura que envolve os órgãos internos, bem
como os rins e o lóbulo do fígado de cada
animal, 20 colocou as porções de gordura
sobre o peito dos animais e as queimou
no altar. 21 Arão moveu o peito e a coxa di-
reita dos animais para o alto como oferta
especial para o SENHOR, conforme Moisés
havia ordenado.

22 Por fim, Arão ergueu as mãos na dire-
ção do povo e o abençoou. Depois de apre-
sentar a oferta pelo pecado, o holocausto
e a oferta de paz, desceu do altar. 23 Então
Moisés e Arão entraram na tenda do en-
contro e, quando voltaram, abençoaram
o povo novamente, e a glória do SENHOR
apareceu a todo o povo. 24 Fogo saiu da
presença do SENHOR e consumiu o holo-
causto e a gordura no altar. Quando eles
viram isso, gritaram de alegria e se pros-
traram com o rosto no chão.

O PECADO DE NADABE E ABIÚ

10 Nadabe e Abiú, filhos de Arão, co-
locaram brasas em seus incensá-
rios e as salpicaram com incenso. Com
isso, trouxeram fogo estranho diante do
SENHOR, diferente do que ele havia orde-
nado. 2 Por isso, fogo saiu da presença
do SENHOR e os devorou, e eles morreram
diante do SENHOR.

[a] **9.4** Ou *uma vaca*; também em 9.18,19.

3 Então Moisés disse a Arão: "Foi isto que o Senhor declarou:

'Mostrarei minha santidade
entre aqueles que se
aproximarem de mim.
Mostrarei minha glória
diante de todo o povo'".

E Arão ficou em silêncio.

4 Moisés chamou Misael e Elzafã, primos de Arão e filhos de Uziel, tio de Arão, e lhes disse: "Venham cá e levem o corpo de seus parentes da frente do santuário para um lugar fora do acampamento". 5 Eles se aproximaram e os puxaram pelas roupas para fora do acampamento, conforme Moisés havia ordenado.

6 Então Moisés disse a Arão e a seus filhos Eleazar e Itamar: "Não deixem o cabelo despenteado[a] nem rasguem suas roupas em sinal de luto. Se o fizerem, morrerão, e a ira do Senhor ferirá toda a comunidade de Israel. Mas outros israelitas, seus parentes, poderão ficar de luto porque o Senhor destruiu Nadabe e Abiú com fogo. 7 Não saiam da entrada da tenda do encontro, ou morrerão, pois foram ungidos com o óleo da unção do Senhor". E fizeram conforme Moisés ordenou.

INSTRUÇÕES PARA A CONDUTA SACERDOTAL

8 Então o Senhor disse a Arão: 9 "Você e seus descendentes jamais deverão beber vinho ou qualquer outra bebida fermentada antes de entrar na tenda do encontro. Se o fizerem, morrerão. Essa é uma lei permanente para vocês e deve ser cumprida de geração em geração. 10 Façam distinção entre o que é santo e o que é comum, entre o que é impuro e o que é puro, 11 e ensinem aos israelitas todos os decretos que o Senhor lhes deu por meio de Moisés".

12 Moisés disse a Arão e aos filhos que lhe restaram, Eleazar e Itamar: "Peguem o que sobrar da oferta de cereal depois que uma porção tiver sido apresentada como oferta especial para o Senhor e comam-na junto do altar. Não deverá conter fermento, pois é santíssima. 13 Comam-na num lugar sagrado, pois foi dada a vocês e a seus descendentes como sua porção das ofertas especiais apresentadas ao Senhor. Foram essas as ordens que recebi. 14 Quanto ao peito e à coxa que foram movidos para o alto como oferta especial, poderão comê-los em qualquer lugar cerimonialmente puro. Essas são as partes que foram dadas a você e a seus descendentes como sua porção das ofertas de paz apresentadas pelos israelitas. 15 Movam para o alto o peito e a coxa como oferta especial para o Senhor, junto com a gordura das ofertas especiais. Essas partes pertencerão a vocês e a seus descendentes como direito permanente, conforme o Senhor ordenou".

16 Depois, Moisés procurou cuidadosamente pelo bode da oferta pelo pecado. Quando descobriu que tinha sido queimado, ficou furioso com Eleazar e Itamar, os filhos que restaram a Arão, e lhes disse: 17 "Por que não comeram a oferta pelo pecado no lugar sagrado? É uma oferta santíssima! O Senhor a deu a vocês para remover a culpa da comunidade e fazer expiação por ela. 18 Uma vez que o sangue do animal não foi levado ao lugar santo, vocês tinham a obrigação de comer a carne no lugar sagrado, conforme eu ordenei!".

19 Arão respondeu a Moisés: "Hoje meus filhos apresentaram ao Senhor sua oferta pelo pecado e seu holocausto. E, no entanto, esta tragédia aconteceu comigo. Será que o Senhor teria se agradado se eu tivesse comido a oferta pelo pecado do povo num dia como este?". 20 Quando Moisés ouviu isso, deu-se por satisfeito.

ANIMAIS CERIMONIALMENTE PUROS E IMPUROS

11 O Senhor disse a Moisés e a Arão: 2 "Deem as seguintes instruções ao povo de Israel.

"De todos os animais que vivem em terra,[b] estes são os que vocês poderão consumir como alimento: 3 qualquer animal

[a] **10.6** Ou *Não descubram a cabeça.*

[b] **11.2** A identificação de alguns dos animais, aves e insetos deste capítulo é incerta.

que tenha os cascos divididos em duas partes e que rumine. 4 Mas, se o animal não apresentar essas duas características, não pode ser consumido. O camelo rumina, mas não tem os cascos divididos, de modo que é impuro para vocês. 5 O coelho silvestre[a] rumina, mas não tem cascos divididos, por isso é impuro. 6 A lebre rumina, mas não tem cascos divididos, de modo que é impura. 7 O porco, embora tenha os cascos divididos, não rumina e, portanto, também é impuro. 8 Não comerão a carne desses animais nem tocarão em seu cadáver. São cerimonialmente impuros para vocês.

9 "De todos os animais que vivem nas águas, estes são os que vocês poderão consumir como alimento: qualquer animal aquático que tenha barbatanas e escamas, seja de água salgada ou de rios. 10 Contudo, jamais comerão animais de mar ou de rio que não tenham barbatanas e escamas. São detestáveis para vocês. Isso se aplica tanto às criaturas pequenas que vivem em águas rasas como a todas as criaturas que vivem em águas profundas. 11 Serão sempre detestáveis para vocês. Não comerão a carne delas nem tocarão em seu cadáver. 12 Qualquer animal aquático que não tem barbatanas e escamas é detestável para vocês.

13 "Estes são os animais voadores que vocês considerarão detestáveis e não comerão: o abutre-fouveiro, o abutre-barbudo, o abutre-fusco, 14 o milhafre e todas as espécies de falcão, 15 todas as espécies de corvos, 16 a coruja-de-chifres, a coruja-do-campo, a gaivota, todas as espécies de gaviões, 17 o mocho-galego, o cormorão, o corujão, 18 a coruja-das-torres, a coruja-do-deserto, o abutre-do-egito, 19 a cegonha, todas as espécies de garças, a poupa e o morcego.

20 "Não comerão insetos alados que rastejam pelo chão, pois são detestáveis para vocês. 21 Contudo, poderão comer insetos alados que andam pelo chão e têm pernas articuladas para saltar. 22 Os insetos que vocês poderão comer incluem todas as espécies de gafanhotos, gafanhotos migradores, grilos e gafanhotos devoradores. 23 Todos os outros insetos alados que andam pelo chão são detestáveis para vocês.

24 "Por causa dessas criaturas vocês se tornarão cerimonialmente impuros. Quem tocar em seus cadáveres ficará contaminado até o entardecer. 25 Quem carregar o cadáver delas deverá lavar as roupas e ficará contaminado até o entardecer.

26 "Todo animal com cascos divididos de forma desigual ou que não rumina é impuro para vocês. Quem tocar em algum desses animais ficará contaminado. 27 Dentre os quadrúpedes, aqueles que andam sobre a planta dos pés são impuros. Se alguém tocar no cadáver de algum desses animais, ficará impuro até o entardecer. 28 Se carregar o cadáver deles, deverá lavar as roupas e ficará contaminado até o entardecer. Esses animais são impuros para vocês.

29 "Dos animais pequenos que rastejam pelo chão, estes são impuros para vocês: a doninha, o rato, todas as espécies de lagartos grandes, 30 a lagartixa, o lagarto pintado, o lagarto comum, o lagarto da areia e o camaleão. 31 Todos esses animais pequenos são impuros para vocês. Se alguém tocar no cadáver de um deles, ficará contaminado até o entardecer. 32 Se um deles morrer e cair sobre algo, tornará impuro esse objeto, seja de madeira, tecido, couro ou pano de saco. Qualquer que seja seu uso, deverá ser colocado de molho em água e ficará impuro até o entardecer. Depois disso, estará cerimonialmente puro e poderá ser usado novamente.

33 "Se um desses animais cair numa vasilha de barro, tudo que estiver dentro da vasilha ficará contaminado, e a vasilha deverá ser despedaçada. 34 Se a água dessa vasilha cair sobre algum alimento, ele ficará contaminado. Qualquer bebida que estiver dentro da vasilha ficará contaminada. 35 Qualquer objeto no qual o cadáver de um desses animais cair ficará contaminado. Se o objeto for um fogão ou um forno de barro, deverá ser destruído, pois está contaminado e deverá ser tratado como tal.

[a] **11.5** Ou *hírace*, ou *arganaz*.

36 "Se o cadáver de um desses animais cair numa fonte ou cisterna, a água continuará pura. Quem tocar no cadáver, porém, ficará cerimonialmente impuro. 37 Se o cadáver cair sobre sementes a serem plantadas no campo, ainda assim as sementes serão consideradas puras. 38 Mas, se já tiverem sido regadas quando o cadáver cair sobre elas, as sementes serão impuras.

39 "Se morrer um animal que vocês têm permissão de comer e alguém tocar no cadáver, ficará impuro até o entardecer. 40 Se alguém comer da carne do animal ou carregar o cadáver, deverá lavar as roupas e ficará impuro até o entardecer.

41 "Todos os animais pequenos que rastejam pelo chão são detestáveis, e vocês jamais devem comê-los. 42 Isso inclui todos os animais que se arrastam sobre o ventre, bem como os que têm quatro pernas e os que têm muitas patas. Todos esses animais que rastejam pelo chão são detestáveis, e vocês jamais devem comê-los. 43 Não se contaminem com eles. Não se tornem cerimonialmente impuros por causa deles, 44 pois eu sou o Senhor, seu Deus. Consagrem-se e sejam santos, pois eu sou santo. Não se contaminem com nenhum desses animais pequenos que rastejam pelo chão. 45 Eu, o Senhor, sou aquele que os tirou da terra do Egito para ser o seu Deus. Por isso, sejam santos, pois eu sou santo.

46 "Essas são as instruções acerca dos animais que vivem em terra, dos animais voadores, das criaturas aquáticas e dos animais que rastejam pelo chão. 47 Com essas instruções, vocês saberão o que é impuro e o que é puro, os animais que vocês podem comer e os que não podem".

A PURIFICAÇÃO DEPOIS DO PARTO

12 O Senhor disse a Moisés: 2 "Dê as seguintes instruções ao povo de Israel. Se uma mulher engravidar e der à luz um filho, ficará cerimonialmente impura por sete dias, como acontece durante a menstruação. 3 No oitavo dia, circuncidem o menino. 4 Depois de esperar 33 dias, a mulher estará purificada do sangramento do parto. Durante o período de purificação, não deverá tocar em coisa alguma que seja consagrada. Também não poderá entrar no santuário enquanto não terminar o período de purificação. 5 Se a mulher der à luz uma filha, ficará cerimonialmente impura por duas semanas, como acontece durante a menstruação. Depois de esperar 66 dias, estará purificada do sangramento do parto.

6 "Quando se completar o tempo de purificação pelo nascimento de um filho ou de uma filha, a mulher levará um cordeiro de um ano como holocausto e um pombinho ou rolinha para a oferta pelo pecado. Levará as ofertas ao sacerdote à entrada da tenda do encontro. 7 O sacerdote as apresentará ao Senhor para fazer expiação pela mulher. Ela voltará a ficar cerimonialmente pura depois do sangramento do parto. Essas são as instruções para a mulher depois do nascimento de um filho ou de uma filha.

8 "Se a mulher não tiver condições de levar um cordeiro, levará duas rolinhas ou dois pombinhos. Um será para o holocausto, e o outro, para a oferta pelo pecado. O sacerdote os sacrificará para fazer expiação pela mulher, e ela ficará cerimonialmente pura".

DOENÇAS GRAVES DE PELE

13 O Senhor disse a Moisés e a Arão: 2 "Se alguém tiver um inchaço, uma erupção ou uma descoloração que possa ser sinal de lepra,[a] essa pessoa será levada ao sacerdote Arão ou a um de seus filhos. 3 O sacerdote examinará a região afetada da pele. Se houver ali pelos que ficaram brancos e parecer que o problema é mais profundo que a pele, é lepra, e o sacerdote que examinar a pessoa a declarará cerimonialmente impura.

4 "Se, contudo, a região afetada da pele apresentar apenas uma descoloração branca e a mancha não for mais profunda que a pele, e se os pelos da região não se tornaram brancos, o sacerdote isolará a pessoa por sete dias. 5 No sétimo dia, ele a examinará novamente. Se constatar que a região afetada não mudou e o

[a] **13.2** O termo hebraico não se refere somente à hanseníase, mas também a diversas doenças de pele.

problema não se espalhou pela pele, isolará a pessoa por mais sete dias. 6 No sétimo dia, voltará a examiná-la. Se constatar que a área afetada diminuiu e não se espalhou, o sacerdote declarará a pessoa cerimonialmente pura; era apenas uma erupção. A pessoa lavará suas roupas e ficará pura. 7 Mas, se a erupção vier a se espalhar depois de o sacerdote examinar a pessoa e a declarar pura, ela voltará para ser examinada. 8 Se o sacerdote constatar que a erupção se espalhou, declarará a pessoa cerimonialmente impura, pois é, de fato, lepra.

9 "Quem apresentar algum sinal de lepra irá ao sacerdote para ser examinado. 10 Se o sacerdote encontrar um inchaço branco na pele, se alguns pelos sobre a mancha tiverem ficado brancos e se houver uma ferida aberta na região afetada, 11 é um caso crônico de lepra, e o sacerdote declarará a pessoa cerimonialmente impura. Nesses casos, não será necessário isolar a pessoa para avaliá-la, pois é evidente que a pele está contaminada pela doença.

12 "Se a lepra se espalhar por toda a pele da pessoa e cobrir seu corpo da cabeça aos pés, o sacerdote examinará a pessoa infectada. 13 Se constatar que a doença cobre todo o corpo, declarará a pessoa cerimonialmente pura. Uma vez que a pele se tornou completamente branca, a pessoa está pura. 14 Mas, se aparecerem feridas abertas, a pessoa infectada será declarada cerimonialmente impura. 15 O sacerdote fará essa declaração assim que vir uma ferida aberta, pois esse tipo de ferida indica a presença de lepra. 16 Se, contudo, as feridas sararem e se tornarem brancas como o resto da pele, a pessoa voltará ao sacerdote 17 para ser examinada. Se as regiões afetadas tiverem, de fato, se tornado brancas, o sacerdote declarará a pessoa cerimonialmente pura, e assim ela estará.

18 "Se alguém tiver na pele uma ferida purulenta e ela sarar, 19 mas surgir em seu lugar um inchaço branco ou uma mancha branca avermelhada, a pessoa irá ao sacerdote para ser examinada. 20 Se o sacerdote a examinar e constatar que a mancha é mais profunda que a pele, e se os pelos da região afetada tiverem ficado brancos, o sacerdote declarará a pessoa cerimonialmente impura. A ferida purulenta indica lepra. 21 Mas, se o sacerdote não encontrar pelos brancos na região afetada e parecer que a mancha não é mais profunda que a pele, e até diminuiu, o sacerdote isolará a pessoa por sete dias. 22 Se, nesse período, a mancha ou o inchaço se espalharem na pele, o sacerdote declarará a pessoa cerimonialmente impura, pois é sinal de lepra. 23 Se, contudo, a região afetada não aumentar nem se espalhar, é apenas a cicatriz da ferida, e o sacerdote declarará a pessoa cerimonialmente pura.

24 "Se alguém sofrer uma queimadura na pele e aparecerem na região feridas abertas de cor branca avermelhada ou completamente branca, 25 o sacerdote a examinará. Se constatar que os pelos na região afetada ficaram brancos, e se parecer que a mancha é mais profunda que a pele, surgiu lepra na queimadura. O sacerdote declarará a pessoa cerimonialmente impura, pois, sem dúvida, é lepra. 26 Mas, se não encontrar pelos brancos na região afetada, e se parecer que a ferida não é mais profunda que a pele e tiver diminuído, o sacerdote isolará a pessoa por sete dias. 27 No sétimo dia, examinará a pessoa novamente. Se o problema tiver se espalhado na pele, o sacerdote declarará a pessoa cerimonialmente impura, pois, sem dúvida, é lepra. 28 Se, contudo, a região afetada não tiver mudado ou se o problema não tiver se espalhado na pele, mas tiver diminuído, é apenas o inchaço da queimadura. O sacerdote declarará a pessoa cerimonialmente pura, pois é apenas a cicatriz da queimadura.

29 "Se um homem ou uma mulher tiver uma ferida na cabeça ou no queixo, 30 o sacerdote a examinará. Se constatar que a mancha é mais profunda que a pele e tem pelos amarelados e finos, o sacerdote declarará a pessoa cerimonialmente impura. É uma ferida causada por sarna na cabeça ou no queixo. 31 Se o sacerdote examinar a ferida e constatar que não é mais profunda que a pele, mas não tem pelos escuros,

isolará a pessoa por sete dias. 32 No sétimo dia, o sacerdote examinará a ferida novamente. Se constatar que ela não se espalhou, que não há pelos amarelados e que não parece mais profunda que a pele, 33 a pessoa raspará todos os pelos, exceto na região afetada. Em seguida, o sacerdote isolará a pessoa infectada por mais sete dias. 34 No sétimo dia, examinará a ferida novamente. Se ela não tiver se espalhado, e se não parecer mais profunda que a pele, o sacerdote declarará a pessoa cerimonialmente pura. A pessoa lavará suas roupas e ficará pura. 35 Mas, se a ferida de sarna começar a se espalhar depois de a pessoa ter sido declarada cerimonialmente pura, 36 o sacerdote a examinará novamente. Se constatar que a ferida se espalhou, não é necessário procurar pelos amarelados; a pessoa infectada está cerimonialmente impura. 37 Se, contudo, a cor da ferida de sarna não mudar e pelos pretos voltarem a crescer na região afetada, a sarna está curada, e o sacerdote declarará a pessoa cerimonialmente pura.

38 "Se um homem ou uma mulher tiver manchas brancas na pele, 39 o sacerdote examinará a região afetada. Se constatar que as manchas brancas são opacas, é uma simples erupção de pele, e a pessoa está cerimonialmente pura.

40 "Se os cabelos de um homem caírem e ele ficar calvo, continua cerimonialmente puro. 41 Se caírem os cabelos da parte da frente da cabeça, ele simplesmente ficou calvo na frente e continua puro. 42 Mas, se uma ferida branca avermelhada aparecer na região calva no alto ou na parte de trás da cabeça, é lepra. 43 O sacerdote o examinará e, se constatar que há inchaço ao redor da ferida branca avermelhada em qualquer parte da calva do homem com aparência de lepra, 44 o homem está, de fato, infectado com lepra e está impuro. O sacerdote o declarará cerimonialmente impuro por causa da ferida na cabeça.

45 "Quem sofrer de lepra rasgará as roupas e deixará o cabelo despenteado.[a] Cobrirá a boca e gritará: 'Impuro! Impuro!'. 46 Enquanto durar a lepra, ficará cerimonialmente impuro e viverá isolado, fora do acampamento."

O PROCEDIMENTO PARA ROUPAS CONTAMINADAS

47 "Quando o mofo[b] contaminar uma peça de roupa de lã ou de linho, 48 um tecido de lã ou de linho, a pele de um animal ou qualquer objeto de couro, 49 e quando a região contaminada da roupa, da pele do animal, do tecido liso ou trançado, ou do artigo de couro se tornar esverdeada ou avermelhada, está contaminada com mofo e deverá ser mostrada ao sacerdote. 50 Depois de examinar a região afetada, o sacerdote isolará o objeto afetado por sete dias. 51 No sétimo dia, examinará o objeto novamente. Se a região afetada tiver se espalhado, a peça de roupa, o tecido liso ou trançado ou o artigo de couro foi, sem dúvida, contaminado por mofo corrosivo e está cerimonialmente impuro. 52 O sacerdote queimará a peça de roupa, o tecido de lã ou de linho ou o artigo de couro, pois foi contaminado por mofo corrosivo. Deve ser completamente destruído com fogo.

53 "Se, contudo, o sacerdote examinar o objeto e constatar que a região contaminada não se espalhou pela peça de roupa, pelo tecido liso ou trançado, ou pelo artigo de couro, 54 ordenará que o objeto seja lavado e, depois, isolado por mais sete dias. 55 O sacerdote examinará novamente o objeto depois de lavado. Se constatar que a região contaminada não mudou de cor depois de ser lavada, mesmo que a mancha não tenha se espalhado, o objeto está contaminado. Deve ser completamente queimado, quer o mofo esteja do lado de dentro ou de fora. 56 Mas, se o sacerdote examinar o objeto e constatar que a região contaminada diminuiu depois de ser lavada, cortará a mancha da peça de roupa, do tecido liso ou trançado, ou do couro. 57 Se a mancha reaparecer na peça de roupa, no tecido liso ou trançado, ou no artigo de couro, é evidente que o mofo está se espalhando, e o objeto

Em vez de nos expormos, precisamos permitir que Deus nos exponha no tempo certo.

[a] **13.45** Ou *e descobrirá a cabeça.*

[b] **13.47** O termo hebraico usado aqui e ao longo desta passagem é o mesmo traduzido anteriormente por "lepra"; ver nota em 13.2.

contaminado deverá ser queimado. 58 Se, contudo, a mancha desaparecer da peça de roupa, do tecido, ou do artigo de couro depois de ter sido lavado, o objeto será lavado novamente e, por fim, estará cerimonialmente puro.

59 "Essas são as instruções referentes ao mofo que contamina roupas de lã ou linho, tecidos lisos ou trançados ou qualquer objeto de couro. É dessa forma que o sacerdote determinará se os objetos estão cerimonialmente puros ou impuros".

A PURIFICAÇÃO DAS DOENÇAS DE PELE

14 O SENHOR disse a Moisés: 2 "Estas são as instruções a respeito da purificação da pessoa com lepra.[a] Ela deverá comparecer perante o sacerdote, 3 que a levará para fora do acampamento e examinará a infecção. Se o sacerdote constatar que a lepra foi curada, 4 realizará uma cerimônia de purificação usando duas aves vivas cerimonialmente puras, um pedaço de madeira de cedro, um pano vermelho e um ramo de hissopo. 5 O sacerdote mandará matar uma das aves sobre uma vasilha de barro cheia de água limpa. 6 Em seguida, pegará a ave viva, o pedaço de madeira de cedro, o pano vermelho e o ramo de hissopo e os molhará no sangue da ave que foi morta sobre a água limpa. 7 Depois disso, o sacerdote aspergirá sete vezes o sangue da ave morta sobre a pessoa que está sendo purificada da lepra. Quando o sacerdote tiver purificado a pessoa, soltará a ave viva em campo aberto.

8 "A pessoa que está sendo purificada lavará suas roupas, raspará todos os pelos e se banhará com água. Estará cerimonialmente pura e poderá voltar ao acampamento. Contudo, ficará fora de sua tenda por sete dias. 9 No sétimo dia, raspará novamente todos os pelos, cabelos, pelos faciais e sobrancelhas. Lavará também suas roupas e se banhará com água. Desse modo, estará cerimonialmente pura.

10 "No oitavo dia, a pessoa que está sendo purificada trará dois cordeiros sem defeito e uma cordeira de um ano e sem defeito, junto com uma oferta de cereal de seis litros[b] de farinha da melhor qualidade umedecida com azeite e uma caneca[c] de azeite. 11 O sacerdote encarregado da cerimônia apresentará a pessoa a ser purificada, junto com as ofertas, diante do SENHOR, à entrada da tenda do encontro. 12 O sacerdote pegará um dos cordeiros e o azeite e os apresentará como oferta pela culpa, movendo-os para o alto como oferta especial para o SENHOR. 13 Em seguida, matará o cordeiro no lugar sagrado onde são mortos os animais para as ofertas pelo pecado e para os holocaustos. Assim como a oferta pelo pecado, a oferta pela culpa pertence ao sacerdote. É uma oferta santíssima. 14 Depois disso, o sacerdote pegará um pouco do sangue da oferta pela culpa e o colocará na ponta da orelha direita, no polegar da mão direita e no polegar do pé direito da pessoa que está sendo purificada.

15 "O sacerdote também colocará um pouco do azeite na palma de sua mão esquerda. 16 Molhará o dedo direito no azeite na palma da mão esquerda e com ele aspergirá sete vezes diante do SENHOR. 17 Parte do azeite que está em sua mão ele colocará na ponta da orelha direita, no polegar da mão direita e no polegar do pé direito da pessoa que está sendo purificada, em cima do sangue da oferta pela culpa. 18 O sacerdote colocará o azeite restante em sua mão na cabeça da pessoa que está sendo purificada. Desse modo, o sacerdote fará expiação pela pessoa diante do SENHOR.

19 "Então o sacerdote apresentará a oferta pelo pecado para fazer expiação pela pessoa que foi curada da lepra. Em seguida, o sacerdote matará o animal para o holocausto 20 e o apresentará sobre o altar junto com a oferta de cereal. Desse modo, o sacerdote fará expiação pela pessoa que foi curada, e ela ficará cerimonialmente pura.

[a] **14.2** O termo hebraico não se refere somente à hanseníase, mas também a diversas doenças de pele.

[b] **14.10a** Em hebraico, *3/10 de efa*.

[c] **14.10b** Em hebraico, *1 logue* (0,3 litro); também em 14.21.

21 "Quem for muito pobre e não tiver recursos para apresentar essas ofertas poderá levar um cordeiro para a oferta pela culpa, que será movido para o alto como oferta especial para a purificação. Levará também dois litros[a] de farinha da melhor qualidade umedecida com azeite para a oferta de cereal e uma caneca de azeite. 22 A oferta incluirá ainda duas rolinhas ou dois pombinhos, de acordo com os recursos da pessoa. Uma das aves será usada para a oferta pelo pecado, e a outra, para o holocausto. 23 No oitavo dia da cerimônia de purificação, a pessoa que está sendo purificada levará as ofertas ao sacerdote na presença do Senhor, à entrada da tenda do encontro. 24 O sacerdote pegará o cordeiro para a oferta pela culpa, junto com o azeite, e os moverá para o alto como oferta especial para o Senhor. 25 Depois disso, o sacerdote matará o cordeiro para a oferta pela culpa. Pegará um pouco do sangue e o colocará na ponta da orelha direita, no polegar da mão direita e no polegar do pé direito da pessoa que está sendo purificada.

26 "O sacerdote também derramará um pouco do azeite na palma de sua mão esquerda. 27 Molhará o dedo direito no azeite na palma de sua mão esquerda e com ele aspergirá sete vezes diante do Senhor. 28 Parte do azeite que está em sua mão ele colocará na ponta da orelha direita, no polegar da mão direita e no polegar do pé direito da pessoa que está sendo purificada, em cima do sangue da oferta pela culpa. 29 O sacerdote colocará o azeite restante em sua mão na cabeça da pessoa que está sendo purificada. Desse modo, o sacerdote fará expiação pela pessoa diante do Senhor.

30 "Então o sacerdote oferecerá as duas rolinhas ou os dois pombinhos, de acordo com os recursos da pessoa. 31 Uma das aves é uma oferta pelo pecado, e a outra é um holocausto; serão apresentadas junto com a oferta de cereal. Desse modo, o sacerdote fará expiação pela pessoa diante do Senhor. 32 Essas são as instruções para a purificação daqueles que se recuperaram da lepra, mas que não têm recursos para levar as ofertas requeridas para a cerimônia de purificação".

O PROCEDIMENTO PARA CASAS CONTAMINADAS

33 Então o Senhor disse a Moisés e a Arão: 34 "Quando chegarem a Canaã, a terra que eu lhes dou como propriedade, e eu contaminar com manchas de mofo[b] algumas das casas de sua terra, 35 o dono de uma dessas casas irá ao sacerdote e dirá: 'Minha casa parece ter manchas de mofo'. 36 Antes de entrar para examinar a casa, o sacerdote mandará esvaziá-la, a fim de que nada dentro dela seja declarado cerimonialmente impuro. Em seguida, entrará na casa 37 e examinará o mofo nas paredes. Se encontrar manchas esverdeadas ou avermelhadas e a contaminação parecer mais profunda que a superfície da parede, 38 o sacerdote sairá pela porta e isolará a casa por sete dias. 39 No sétimo dia, o sacerdote voltará para examiná-la. Se constatar que as manchas se espalharam nas paredes, 40 o sacerdote ordenará que as pedras das áreas afetadas sejam removidas e levadas para fora da cidade, até um lugar cerimonialmente impuro. 41 Depois disso, as paredes internas da casa serão inteiramente raspadas, e o material raspado será jogado num lugar impuro fora da cidade. 42 Outras pedras serão trazidas para substituir as que foram removidas, e as paredes serão rebocadas com barro novo.

43 "Se, contudo, o mofo reaparecer depois de todas as pedras terem sido substituídas e de a casa ter sido raspada e rebocada de novo, 44 o sacerdote voltará e examinará a casa. Se constatar que as manchas de mofo se espalharam, é evidente que as paredes foram contaminadas por mofo corrosivo, e a casa está impura. 45 Será demolida e suas pedras, madeiras e todo o seu reboco serão levados para fora da cidade, até um lugar cerimonialmente impuro. 46 Quem entrar na casa durante o período de isolamento

[a] **14.21** Em hebraico, *1/10 de efa*.

[b] **14.34** O termo hebraico usado aqui e ao longo desta passagem é o mesmo traduzido anteriormente por "lepra"; ver nota em 13.2.

ficará cerimonialmente impuro até o entardecer. 47 Quem dormir ou comer na casa deverá lavar suas roupas.

48 "Se, contudo, o sacerdote voltar para examinar a casa e constatar que as manchas de mofo não reapareceram depois de colocado o reboco novo, ele a declarará pura, pois é evidente que o mofo desapareceu. 49 A fim de purificar a casa, o sacerdote pegará duas aves, um pedaço de madeira de cedro, um pano vermelho e um ramo de hissopo. 50 Matará uma das aves sobre uma vasilha de barro cheia de água limpa. 51 Pegará o pedaço de madeira de cedro, o ramo de hissopo, o pano vermelho e a ave viva e os molhará no sangue da ave morta e na água limpa. Em seguida, aspergirá a mistura sobre a casa sete vezes. 52 Quando o sacerdote tiver purificado a casa exatamente dessa forma, 53 soltará a ave viva em campo aberto fora da cidade. Desse modo, o sacerdote fará expiação pela casa, e ela ficará cerimonialmente pura.

54 "Essas são as instruções para lidar com a lepra, incluindo feridas de sarna, 55 com manchas de mofo sobre peças de roupa ou numa casa, 56 e com inchaços, erupções ou descolorações da pele. 57 Esse procedimento determinará se a pessoa ou objeto está cerimonialmente puro ou impuro.

"Essas são as instruções a respeito da lepra e do mofo".

SECREÇÕES CORPORAIS

15 O Senhor disse a Moisés e a Arão: 2 "Deem as seguintes instruções ao povo de Israel.

"Qualquer homem que tiver fluxo corporal estará cerimonialmente impuro. 3 A contaminação é causada pelo fluxo, prosseguindo ou não. De qualquer modo, o homem está impuro. 4 A cama onde o homem com o fluxo se deitar e qualquer coisa sobre a qual ele se sentar ficará cerimonialmente impura. 5 Se alguém tocar na cama dele, terá de lavar as roupas e banhar-se com água, e ficará impuro até o entardecer. 6 Se alguém se sentar onde ele se sentou, terá de lavar as roupas e banhar-se com água, e ficará impuro até o entardecer. 7 Se alguém tocar nesse homem que tiver fluxo, terá de lavar as roupas e banhar-se com água, e ficará impuro até o entardecer. 8 Se o homem cuspir em alguém cerimonialmente puro, essa pessoa terá de lavar as roupas e banhar-se com água, e ficará impura até o entardecer. 9 Qualquer manta de sela sobre a qual o homem se sentar quando cavalgar ficará cerimonialmente impura. 10 Se alguém tocar em qualquer coisa que tenha estado debaixo dele, ficará impuro até o entardecer; terá de lavar as roupas e banhar-se com água, e ficará impuro até o entardecer. 11 Se o homem tocar em alguém sem antes lavar as mãos, essa pessoa terá de lavar as roupas e banhar-se com água, e ficará impura até o entardecer. 12 Qualquer vasilha de barro em que o homem tocar terá de ser quebrada, e qualquer utensílio de madeira em que o homem tocar terá de ser lavado com água.

13 "Quando o fluxo do homem cessar, ele contará sete dias para o período de purificação. Em seguida, lavará suas roupas e se banhará em água limpa, e ficará cerimonialmente puro. 14 No oitavo dia, pegará duas rolinhas ou dois pombinhos, se apresentará diante do Senhor à entrada da tenda do encontro e entregará suas ofertas ao sacerdote. 15 O sacerdote apresentará uma ave como oferta pelo pecado, e a outra, como holocausto. Desse modo, o sacerdote fará expiação pelo homem diante do Senhor por causa do fluxo.

16 "Quando um homem expelir sêmen, lavará o corpo todo com água e ficará cerimonialmente impuro até o entardecer. 17 Qualquer peça de roupa ou de couro que tiver sêmen será lavada com água, e ficará impura até o entardecer. 18 Depois que um homem e uma mulher tiverem relações sexuais, ambos terão de banhar-se com água, e ficarão impuros até o entardecer.

19 "Quando uma mulher tiver sua menstruação, ficará cerimonialmente impura por sete dias. Quem tocar nela durante esse período ficará impuro até o entardecer. 20 Qualquer coisa sobre a qual a mulher se deitar ou se sentar durante a menstruação ficará cerimonialmente

impura. 21 Se alguém tocar na cama dela,
terá de lavar as roupas e banhar-se com
água, e ficará impuro até o entardecer.
22 Se alguém tocar em alguma coisa so-
bre a qual ela se sentou, terá de lavar as
roupas e banhar-se com água, e ficará
impuro até o entardecer. 23 Isso inclui a
cama e qualquer outro objeto sobre o qual
ela tenha se sentado; se alguém os tocar,
ficará impuro até o entardecer. 24 Se um
homem tiver relações sexuais com ela e o
sangue dela o tocar, a impureza menstrual
será transmitida para ele; ficará impuro
por sete dias, e qualquer cama onde ele
se deitar ficará impura.

25 "Se uma mulher tiver por muitos
dias um fluxo de sangue que não seja
sua menstruação normal, ou se ela con-
tinuar a sangrar depois da menstruação
normal, ficará cerimonialmente impura.
Enquanto durar o sangramento, a mulher
ficará impura, como acontece durante a
menstruação. 26 Qualquer cama onde ela
se deitar e qualquer objeto sobre o qual
ela se sentar durante esse período ficará
impuro, como em sua menstruação nor-
mal. 27 Se alguém tocar nessas coisas fica-
rá cerimonialmente impuro. Terá de lavar
as roupas e banhar-se com água, e ficará
impuro até o entardecer.

28 "Quando o sangramento da mulher
parar, ela contará sete dias e depois estará
cerimonialmente pura. 29 No oitavo dia,
tomará duas rolinhas ou dois pombinhos
e os entregará ao sacerdote à entrada da
tenda do encontro. 30 O sacerdote apre-
sentará uma das aves como oferta pelo
pecado, e a outra, como holocausto. Desse
modo, o sacerdote fará expiação por ela
diante do Senhor por causa da impureza
cerimonial causada pelo sangramento.

31 "Agindo assim, você manterá os is-
raelitas separados da impureza cerimo-
nial. Do contrário, eles morreriam, pois
sua impureza contaminaria meu taber-
náculo que está no meio deles. 32 Essas
são as instruções referentes a qualquer
pessoa que tenha um fluxo que sai do cor-
po, seja um homem que está impuro por
expelir sêmen 33 ou uma mulher durante
sua menstruação. Aplicam-se a qualquer
homem ou mulher que tiver fluxo e ao
homem que tiver relações sexuais com
uma mulher cerimonialmente impura".

O DIA DA EXPIAÇÃO

16 O Senhor falou com Moisés depois
que os dois filhos de Arão morre-
ram ao entrar na presença do Senhor.
2 Disse o Senhor a Moisés: "Avise seu
irmão Arão que não entre quando bem
entender no lugar santíssimo, atrás da cor-
tina interna; se o fizer, morrerá. Ali fica a
tampa da arca, o lugar de expiação, e eu
mesmo estou presente na nuvem sobre
a tampa da arca.

3 "Quando Arão entrar no santuário, se-
guirá todas estas instruções. Levará um
novilho para oferta pelo pecado e um car-
neiro para holocausto. 4 Vestirá a túnica
sagrada de linho e a roupa de baixo de
linho, diretamente sobre a pele. Amarrará
na cintura o cinturão de linho e colocará
na cabeça o turbante de linho. As roupas
são sagradas, de modo que ele deverá se
banhar com água antes de vesti-las. 5 Arão
receberá da comunidade de Israel dois bo-
des para uma oferta pelo pecado e um
carneiro para um holocausto.

6 "Arão apresentará seu próprio novilho
como oferta pelo pecado para fazer ex-
piação por si mesmo e por sua família.
7 Em seguida, pegará os dois bodes e os
apresentará ao Senhor à entrada da ten-
da do encontro. 8 Depois, fará um sorteio
para determinar qual bode será separado
como oferta para o Senhor e qual levará os
pecados do povo para o deserto de Aza-
zel. 9 Então Arão apresentará ao Senhor o
bode escolhido por sorteio e o sacrificará
como oferta pelo pecado. 10 O outro ani-
mal, o bode escolhido por sorteio para ser
enviado para o deserto, será apresentado
vivo diante do Senhor. Ao ser enviado para
Azazel no deserto, servirá para fazer ex-
piação pelo povo.

11 "Arão apresentará seu próprio novi-
lho como oferta pelo pecado para fazer
expiação por si mesmo e por sua família.
Depois de matar o novilho como oferta
pelo pecado, 12 pegará um incensário e
o encherá com brasas ardentes do altar
que está diante do Senhor. Pegará também
dois punhados do incenso perfumado em

pó e levará o incensário e o incenso para trás da cortina interna. 13 Ali, na presença do Senhor, colocará o incenso sobre as brasas ardentes, para que uma nuvem de incenso se eleve sobre a tampa da arca, o lugar de expiação, que está sobre a arca da aliança.[a] Se seguir essas instruções, não morrerá. 14 Depois, pegará um pouco do sangue do novilho, molhará nele o dedo e aspergirá o lado leste da tampa. Então, com o dedo, aspergirá com o sangue sete vezes diante da tampa.

15 "Arão matará o primeiro bode como oferta pelo pecado em favor do povo e levará o sangue para trás da cortina interna. Ali, aspergirá o sangue do bode sobre a tampa e diante dela, como fez com o sangue do novilho. 16 Desse modo, fará expiação pelo lugar santíssimo e fará o mesmo com toda a tenda do encontro por causa da contaminação pelo pecado e da rebeldia do povo. 17 Ninguém mais poderá ficar na tenda do encontro quando Arão entrar para realizar a cerimônia de expiação no lugar santíssimo. Ninguém entrará até que ele saia depois de fazer expiação por si mesmo, por sua família e por toda a comunidade de Israel.

18 "Em seguida, Arão sairá para fazer expiação pelo altar que está diante do Senhor. Para isso, pegará um pouco do sangue do novilho e do bode e o colocará em cada ponta do altar. 19 Então, com o dedo, aspergirá o sangue sete vezes sobre o altar. Desse modo, ele o purificará da contaminação dos israelitas e o tornará santo.

20 "Quando Arão terminar de fazer expiação pelo lugar santíssimo, pela tenda do encontro e pelo altar, apresentará o bode vivo. 21 Colocará as duas mãos sobre a cabeça do bode e confessará sobre ele toda a maldade, a rebeldia e os pecados dos israelitas. Assim, transferirá os pecados do povo para a cabeça do bode. Depois, um homem escolhido especialmente para essa tarefa levará o bode para o deserto. 22 Ao sair para o deserto, o bode levará sobre si todos os pecados do povo para um lugar distante.

23 "Quando Arão voltar para dentro da tenda do encontro, tirará as roupas de linho que vestia ao entrar no lugar santíssimo e as deixará ali. 24 Ele se banhará com água num lugar sagrado, vestirá suas roupas habituais e sairá para apresentar um holocausto para si mesmo e um holocausto para o povo. Desse modo, fará expiação por si mesmo e pelo povo. 25 Por fim, queimará no altar toda a gordura da oferta pelo pecado.

26 "O homem escolhido para levar o bode expiatório para o deserto de Azazel lavará suas roupas e se banhará com água antes de voltar ao acampamento.

27 "O novilho e o bode apresentados como ofertas pelo pecado, cujo sangue Arão trouxer ao lugar santíssimo para a cerimônia de expiação, serão levados para fora do acampamento. O couro, a carne e os excrementos dos animais serão queimados. 28 O homem que os queimar lavará suas roupas e se banhará com água antes de voltar ao acampamento.

29 "No décimo dia do sétimo mês,[b] vocês se humilharão.[c] Nem os israelitas de nascimento nem os estrangeiros que vivem entre vocês farão qualquer tipo de trabalho. Essa é uma lei permanente para vocês. 30 Nesse dia, serão apresentadas ofertas de expiação por vocês, a fim de purificá-los, e vocês serão purificados de todos os seus pecados na presença do Senhor. 31 Será um sábado de descanso absoluto, no qual se humilharão. Essa é uma lei permanente para vocês. 32 Nas gerações futuras, a cerimônia de expiação será realizada pelo sacerdote ungido e consagrado para servir como sacerdote no lugar de seu antepassado Arão. Ele vestirá as roupas sagradas de linho 33 e fará expiação pelo lugar santíssimo, pela tenda do encontro, pelo altar, pelos sacerdotes e por toda a comunidade. 34 Essa é uma lei permanente para vocês, para que se faça

[a] **16.13** Em hebraico, *sobre o testemunho*. O termo hebraico para "testemunho" se refere aos termos da aliança do Senhor com Israel escritos em tábuas de pedra guardadas na arca, e também à aliança em si.

[b] **16.29a** No antigo calendário lunar hebraico, esse dia caía em setembro ou outubro.

[c] **16.29b** Ou *jejuarão*; também em 16.31.

expiação pelos pecados dos israelitas uma
vez por ano".

Moisés seguiu todas essas instruções
exatamente conforme o SENHOR ha-
via ordenado.

NORMAS SOBRE O SANGUE

17 Então o SENHOR disse a Moisés:
2 "Dê as seguintes instruções a
Arão, a seus filhos e a todo o povo de Is-
rael. Isto é o que o SENHOR ordenou.
3 "Se algum israelita de nascimento sa-
crificar um boi,[a] um cordeiro ou um ca-
brito em qualquer lugar dentro ou fora
do acampamento 4 em vez de levá-lo à
entrada da tenda do encontro e apre-
sentá-lo como oferta ao SENHOR, será tão
culpado quanto um assassino.[b] Derramou
sangue e será eliminado do meio do povo.
5 A finalidade é evitar que os israelitas
sacrifiquem animais em campo aberto.
Isso garantirá que levem os sacrifícios ao
sacerdote à entrada da tenda do encontro,
para que ele os apresente ao SENHOR como
ofertas de paz. 6 Então o sacerdote derra-
mará o sangue no altar do SENHOR à en-
trada da tenda do encontro e queimará a
gordura como aroma agradável ao SENHOR.
7 Não deverão mais oferecer sacrifícios
a ídolos em forma de bode,[c] cometendo
prostituição. Essa é uma lei permanente
para eles e deverá ser cumprida de gera-
ção em geração.
8 "Dê-lhes também a seguinte ordem.
Se um israelita de nascimento ou um es-
trangeiro que vive entre vocês apresentar
um holocausto ou outro sacrifício, 9 mas
não o trouxer à entrada da tenda do en-
contro para oferecê-lo ao SENHOR, será eli-
minado do meio do povo.
10 "Se algum israelita de nascimento ou
um estrangeiro que vive entre vocês co-
mer sangue, sob qualquer circunstância,
eu me voltarei contra ele e o eliminarei
do meio do povo, 11 pois a vida do corpo
está no sangue. Eu lhes dei o sangue no
altar para fazer expiação por vocês. É o
sangue oferecido que faz a expiação em
lugar de uma vida. 12 Por isso eu disse
aos israelitas: 'Jamais comam sangue,
nem vocês, nem os estrangeiros que vi-
vem entre vocês'.
13 "Se um israelita de nascimento ou um
estrangeiro que vive entre vocês sair para
caçar e matar um animal ou uma ave que
lhes é permitido comer, deixará o sangue
do animal escorrer e o cobrirá com terra.
14 A vida de toda criatura está no sangue.
Por isso eu disse aos israelitas: 'Jamais co-
mam sangue, pois a vida de toda criatura
está no sangue'. Quem consumir sangue
será eliminado.
15 "E, se um israelita de nascimento ou
um estrangeiro comer a carne de um ani-
mal que morreu de forma natural ou foi
despedaçado por animais selvagens, lava-
rá as roupas e se banhará com água. Ficará
cerimonialmente impuro até o entardecer,
mas depois disso estará puro. 16 Se, con-
tudo, não lavar as roupas e não se banhar,
será castigado por causa de seu pecado".

PRÁTICAS SEXUAIS PROIBIDAS

18 Então o SENHOR disse a Moisés:
2 "Dê as seguintes instruções ao
povo de Israel. Eu sou o SENHOR, seu Deus.
3 Portanto, não se comportem como o
povo do Egito, onde vocês viviam, nem
como o povo de Canaã, para onde os es-
tou levando. Não imitem o estilo de vida
deles. 4 Obedeçam aos meus estatutos e
cumpram os meus decretos, pois eu sou
o SENHOR, seu Deus. 5 Sim, obedeçam aos
meus decretos e aos meus estatutos;
quem os praticar viverá por eles. Eu sou
o SENHOR.
6 "Jamais tenha relações sexuais com
uma parenta próxima, pois eu sou o SENHOR.
7 "Não desonre seu pai, tendo relações
sexuais com sua mãe. Ela é sua mãe; não
tenha relações sexuais com ela.
8 "Não tenha relações sexuais com ne-
nhuma das esposas de seu pai, pois isso
desonraria seu pai.
9 "Não tenha relações sexuais com sua
irmã ou meia-irmã, filha de seu pai ou
de sua mãe, nascida em sua casa ou em
outra casa.
10 "Não tenha relações sexuais com sua
neta, filha de seu filho ou de sua filha,
pois com isso você desonraria a si mesmo.

[a] **17.3** Ou *uma vaca.*
[b] **17.4** Em hebraico, *será culpado de sangue.*
[c] **17.7** Ou *demônios em forma de bode.*

11 "Não tenha relações sexuais com a filha de nenhuma das esposas de seu pai, pois ela é sua irmã.

12 "Não tenha relações sexuais com sua tia, irmã de seu pai, pois ela é parenta próxima de seu pai.

13 "Não tenha relações sexuais com sua tia, irmã de sua mãe, pois ela é parenta próxima de sua mãe.

14 "Não desonre seu tio, irmão de seu pai, tendo relações sexuais com a mulher dele, pois ela é sua tia.

15 "Não tenha relações sexuais com sua nora; ela é mulher de seu filho, de modo que você não deve ter relações sexuais com ela.

16 "Não tenha relações sexuais com a mulher de seu irmão, pois desonraria seu irmão.

17 "Não tenha relações sexuais com uma mulher e a filha dela. E não tome[a] a neta dela, filha do filho ou da filha dela, e tenha relações sexuais com ela, pois são parentas próximas. Isso é perversão.

18 "Enquanto sua esposa estiver viva, não se case nem tenha relações sexuais com a irmã dela, pois elas se tornariam rivais.

19 "Não tenha relações sexuais com uma mulher durante o período de impureza menstrual dela.

20 "Não tenha relações sexuais com a mulher do seu próximo, contaminando-se com ela.

21 "Não permita que nenhum de seus filhos seja oferecido como sacrifício a Moloque. Não desonre o nome do seu Deus. Eu sou o Senhor.

22 "Não pratique a homossexualidade, tendo relações sexuais com outro homem como se fosse com uma mulher. Isso é detestável.

23 "Homem nenhum deve se contaminar tendo relações sexuais com um animal. E mulher nenhuma deve se oferecer para um animal macho para ter relações com ele. Isso é depravação.

24 "Não se contaminem de nenhuma dessas formas, pois os povos que expulsarei da presença de vocês se contaminaram com todas essas práticas.
25 Uma vez que a terra toda foi contaminada, castigarei seus habitantes. Farei a terra vomitá-los.
26 Obedeçam aos meus decretos e aos meus estatutos. Não cometam nenhum desses atos detestáveis. Isso se aplica tanto aos israelitas de nascimento como aos estrangeiros que vivem entre vocês.

27 "Todos esses atos detestáveis são praticados pelos povos da terra para onde eu os estou levando, e foi assim que a terra ficou contaminada.
28 Por isso, não contaminem a terra e não lhe deem motivo para vomitá-los, como fará com os povos que agora vivem ali.
29 Quem cometer algum desses pecados detestáveis será eliminado do meio do povo.
30 Portanto, obedeçam às minhas instruções e não se contaminem por adotar alguma dessas práticas detestáveis dos povos que viveram na terra antes de vocês. Eu sou o Senhor, seu Deus".

SANTIDADE NA CONDUTA PESSOAL

19 O Senhor também disse a Moisés:
2 "Dê as seguintes instruções a toda a comunidade de Israel. Sejam santos, pois eu, o Senhor, seu Deus, sou santo.

3 "Mostrem respeito, cada um de vocês, por sua mãe e por seu pai; guardem também meus sábados. Eu sou o Senhor, seu Deus.

4 "Não depositem sua confiança em ídolos nem façam para si imagens de metal representando deuses. Eu sou o Senhor, seu Deus.

5 "Quando sacrificarem uma oferta de paz ao Senhor, apresentem-na de forma apropriada, para que sejam aceitos.
6 Comam o sacrifício no mesmo dia em que o oferecerem, ou no dia seguinte. O que restar até o terceiro dia será completamente queimado.
7 Se algo do sacrifício for comido no terceiro dia, estará contaminado e não será aceito.
8 Quem o comer no terceiro dia será castigado, pois contaminou aquilo que é santo ao Senhor, e será eliminado do meio do povo.

9 "Quando fizerem a colheita de sua terra, não colham as espigas nos cantos dos campos nem apanhem aquilo que

[a] **18.17** Ou *não se case com.*

os ceifeiros deixarem cair. 10 O mesmo se aplica à colheita da uva. Não cortem até o último cacho de cada videira nem apanhem as uvas que caírem no chão. Deixem-nas para os pobres e estrangeiros que vivem entre vocês. Eu sou o SENHOR, seu Deus.

11 "Não roubem.

"Não mintam nem enganem uns aos outros.

12 "Não desonrem o nome do seu Deus, usando-o para jurar falsamente. Eu sou o SENHOR.

13 "Não explorem nem roubem o seu próximo.

"Não fiquem até o dia seguinte com o pagamento de seus empregados.

14 "Não insultem o surdo nem façam o cego tropeçar. Temam o seu Deus. Eu sou o SENHOR.

15 "Não distorçam a justiça em questões legais, favorecendo os pobres ou tomando partido dos ricos e poderosos. Julguem sempre com imparcialidade.

16 "Não vivam como difamadores no meio do povo.

"Não fiquem de braços cruzados quando a vida do seu próximo correr perigo. Eu sou o SENHOR.

17 "Não alimentem ódio no coração contra algum de seus parentes.[a] Confrontem sem rodeios aqueles que errarem, para não serem responsabilizados pelo pecado deles.

18 "Não procurem se vingar nem guardem rancor de alguém do seu povo, mas cada um ame o seu próximo como a si mesmo. Eu sou o SENHOR.

19 "Obedeçam a todos os meus decretos.

"Não cruzem dois animais de espécies diferentes. Não plantem em seu campo duas espécies de sementes. Não usem roupas tecidas com dois tipos de pano.

20 "Se um homem tiver relações sexuais com uma escrava cuja liberdade não foi comprada, mas que está prometida para ser mulher de outro, indenizará totalmente o senhor da escrava. Uma vez que ela não é livre, nem o homem nem a mulher serão mortos. 21 O homem levará um carneiro como oferta pela culpa e o apresentará ao SENHOR à entrada da tenda do encontro. 22 O sacerdote fará expiação por ele com o carneiro da oferta pela culpa, e seu pecado será perdoado.

23 "Quando entrarem na terra e plantarem árvores frutíferas de todo tipo, não colham os frutos nos três primeiros anos. Considerem esses frutos proibidos[b] e não os comam. 24 No quarto ano, consagrem toda a colheita ao SENHOR como uma celebração de louvor. 25 Por fim, no quinto ano, vocês poderão comer os frutos. Se procederem desse modo, sua colheita aumentará. Eu sou o SENHOR, seu Deus.

26 "Não comam carne em que ainda houver sangue.

"Não pratiquem adivinhação nem feitiçaria.

27 "Não cortem o cabelo dos lados da cabeça nem raspem a barba rente à pele.

28 "Quando lamentarem a morte de alguém, não façam cortes no corpo nem marcas na pele. Eu sou o SENHOR.

29 "Ninguém contamine sua filha tornando-a uma prostituta, pois a terra ficaria cheia de prostituição e perversão.

30 "Guardem meus sábados e tratem meu santuário com reverência. Eu sou o SENHOR.

31 "Não se contaminem procurando médiuns e os que consultam os espíritos dos mortos. Eu sou o SENHOR, seu Deus.

32 "Levantem-se na presença dos idosos e honrem os anciãos. Temam o seu Deus. Eu sou o SENHOR.

33 "Não se aproveitem dos estrangeiros que vivem entre vocês na terra. 34 Tratem-nos como se fossem israelitas de nascimento e amem-nos como a si mesmos. Lembrem-se de que vocês eram estrangeiros quando moravam na terra do Egito. Eu sou o SENHOR, seu Deus.

35 "Não usem medidas desonestas ao medirem comprimento, peso ou volume. 36 Suas balanças e seus pesos devem ser exatos, assim como suas vasilhas para medir produtos secos ou líquidos.[c] Eu sou o SENHOR, seu Deus, que os tirou da terra do Egito.

---

[a] **19.17** Em hebraico, *contra seu irmão.*

[b] **19.23** Em hebraico, *Considerem-nos incircuncisos.*

[c] **19.36** Em hebraico, *Usem 1 efa* [medida para secos] *honesto e 1 him* [medida para líquidos] *honesto.*

Deus está à procura de pessoas nas quais ele possa construir um conjunto de valores que não se baseia nos padrões deste mundo.

[37] "Obedeçam a todos os meus decretos
e a todos os meus estatutos pondo-os em
prática. Eu sou o SENHOR".

CASTIGOS PELA DESOBEDIÊNCIA

20 O SENHOR disse a Moisés: [2] "Dê as
seguintes instruções ao povo de
Israel. Elas se aplicam tanto aos israelitas
de nascimento como aos estrangeiros que
vivem em Israel.

"Se algum deles oferecer seus filhos
como sacrifício a Moloque, será executa-
do. Os membros da comunidade o apedre-
jarão até que ele morra. [3] Eu mesmo me
voltarei contra ele e o eliminarei do meio
do povo, pois contaminou meu santuário
e desonrou meu nome santo ao oferecer
seus filhos a Moloque. [4] E, se os membros
da comunidade fizerem vista grossa àque-
le que ofereceu seus filhos a Moloque e se
recusarem a executá-lo, [5] eu mesmo me
voltarei contra ele e sua família. Eu eli-
minarei do meio do povo tanto aquele
homem como os que o seguiram em sua
prostituição, no culto a Moloque.

[6] "Também me voltarei contra aqueles
que procuram médiuns ou que consultam
os espíritos dos mortos, cometendo pros-
tituição. Eu os eliminarei do meio do povo.
[7] Portanto, consagrem-se e sejam santos,
pois eu sou o SENHOR, seu Deus. [8] Guardem
meus decretos pondo-os em prática, pois
eu sou o SENHOR, que os santifica.

[9] "Quem ofender a honra de[a] seu pai ou
sua mãe será executado; decretou a pró-
pria morte quando amaldiçoou seus pais.

[10] "Se um homem cometer adultério
com a mulher do seu próximo, o homem
e a mulher que cometeram adultério se-
rão executados.

[11] "Se um homem desonrar seu pai
tendo relações sexuais com qualquer
das esposas de seu pai, o homem e a
mulher serão executados; decretaram a
própria morte.

[12] "Se um homem tiver relações sexuais
com sua nora, ambos serão executados,
pois cometeram uma depravação; decre-
taram a própria morte.

[13] "Se um homem adotar práticas ho-
mossexuais e tiver relações sexuais com
outro homem como se fosse com uma
mulher, os dois cometem um ato detes-
tável e serão executados; decretaram a
própria morte.

[14] "Se um homem se casar com uma
mulher e com a mãe dela, comete uma
perversão; o homem e as duas mulheres
serão queimados vivos para acabar com
a perversidade entre vocês.

[15] "Se um homem tiver relações sexuais
com um animal, ele deverá ser executado,
e o animal será morto.

[16] "Se uma mulher se entregar a um
animal macho para ter relações sexuais
com ele, tanto ela como o animal serão
executados. Matem ambos; decretaram a
própria morte.

[17] "Se um homem se casar com sua irmã,
filha de seu pai ou de sua mãe, e se ti-
verem relações sexuais, cometeram uma
infâmia. Ambos serão eliminados do meio
do povo, à vista de todos. Uma vez que o
homem desonrou sua irmã, será castigado
por causa de seu pecado.

[18] "Se um homem tiver relações sexuais
com uma mulher durante a menstruação,
ambos serão eliminados do meio do povo,
pois, juntos, expuseram a fonte do fluxo
de sangue da mulher.

[19] "Não tenha relações sexuais com sua
tia, irmã de sua mãe ou de seu pai, pois
causaria desonra a uma parenta próxima.
As duas partes são culpadas e serão casti-
gadas por causa de seu pecado.

[20] "Se um homem tiver relações sexuais
com a mulher de seu tio, desonrou seu
tio. O homem e a mulher serão castiga-
dos por causa de seu pecado e morrerão
sem filhos.

[21] "Se um homem se casar com a mulher
de seu irmão, comete um ato de impureza.
Desonrou seu irmão, e o casal culpado
ficará sem filhos.

[22] "Guardem todos os meus decretos e
todos os meus estatutos pondo-os em
prática; do contrário, a terra para onde
os estou levando para ser seu novo lar
os vomitará. [23] Não vivam de acordo
com os costumes dos povos que expul-
sarei de diante de vocês. Eu os detesto

[a] **20.9** A Septuaginta traz *Quem insultar*. Comparar com Mt 15.4; Mc 7.10.

porque praticam essas coisas vergonho-
sas. 24 A vocês, porém, prometi: 'Possuirão
a terra deles, pois a darei a vocês como
sua propriedade, uma terra que produz
leite e mel com fartura'. Eu sou o SENHOR,
seu Deus, que os separou de todos os ou-
tros povos.
25 "Portanto, façam distinção entre ani-
mais puros e impuros e entre aves puras
e impuras. Não se contaminem com ne-
nhum animal, ave ou criatura que rasteja
pelo chão; eu determinei o que é impu-
ro para vocês. 26 Sejam santos, pois eu,
o SENHOR, sou santo. Separei-os de todos
os outros povos para serem meus.
27 "Os homens e mulheres entre vocês
que forem médiuns ou que consultam
espíritos dos mortos serão apedrejados
até morrer; decretaram a própria morte".

INSTRUÇÕES PARA OS SACERDOTES

21 O SENHOR disse a Moisés: "Dê as se-
guintes instruções aos sacerdotes,
os filhos de Arão.
"Nenhum sacerdote deverá se tornar
cerimonialmente impuro por causa da
morte de alguém do povo. 2 As únicas ex-
ceções são seus parentes mais próximos:
mãe ou pai, filho ou filha, irmão 3 ou irmã
virgem que dependa dele, uma vez que
não tem marido. Nesse caso, poderá con-
taminar-se. 4 O sacerdote não deverá con-
taminar-se e tornar-se cerimonialmente
impuro por causa de algum parente de
sua esposa.
5 "Os sacerdotes não rasparão a cabeça,
não rasparão a barba rente à pele, nem
farão cortes no corpo. 6 Serão consagrados
ao seu Deus e jamais desonrarão o nome
de Deus, pois são eles que apresentam as
ofertas especiais para o SENHOR, ofertas de
alimento para o seu Deus.
7 "Os sacerdotes não se casarão com
uma mulher contaminada pela prosti-
tuição, nem se casarão com uma mulher
divorciada do marido, pois o sacerdote
é consagrado ao seu Deus. 8 Tratem-no
como santo, pois ele traz as ofertas de
alimento perante o seu Deus. Considerem-
-no santo, pois eu, o SENHOR, sou santo e
santifico vocês.
9 "Se a filha de um sacerdote se tornar
prostituta e, desse modo, se contaminar,
também contamina a santidade de seu
pai e deverá morrer queimada.
10 "O sumo sacerdote ocupa a posição
mais elevada entre todos os sacerdotes.
O óleo da unção foi derramado sobre sua
cabeça, e ele foi consagrado para vestir
as roupas sacerdotais. Nunca deixará o
cabelo despenteado[a] nem rasgará suas
roupas em sinal de luto. 11 Não se conta-
minará por aproximar-se de um cadáver.
Não se tornará cerimonialmente impuro
nem mesmo por causa de seu pai ou de
sua mãe. 12 Não deixará o santuário, nem
contaminará o santuário do seu Deus,
pois foi consagrado pelo óleo da unção
de seu Deus. Eu sou o SENHOR.
13 "O sumo sacerdote somente se casará
com uma virgem. 14 Não se casará com
uma viúva, nem com uma mulher divor-
ciada, nem com uma mulher contaminada
pela prostituição. Sua esposa deverá ser
uma virgem de seu próprio clã, 15 para
que ele não desonre seus descendentes
entre o povo, pois eu sou o SENHOR, que
o santifico".
16 Então o SENHOR disse a Moisés: 17 "Dê as
seguintes instruções a Arão. Nas gerações
futuras, nenhum de seus descendentes
portador de algum defeito físico estará
qualificado para trazer ofertas de alimento
ao seu Deus. 18 Nenhum homem que tenha
algum defeito estará qualificado, seja ele
cego, aleijado, mutilado ou deformado,
19 ou tenha o pé ou braço quebrado, 20 ou
seja corcunda, ou anão, ou tenha um olho
defeituoso, ou feridas na pele ou sarna, ou
testículos defeituosos. 21 Nenhum descen-
dente de Arão que tenha algum defeito se
aproximará do altar para apresentar ofer-
tas especiais para o SENHOR. Uma vez que
tem defeito, não poderá se aproximar do
altar para trazer ofertas de alimento ao seu
Deus. 22 No entanto, poderá comer do ali-
mento oferecido a Deus, das ofertas santas
e das ofertas santíssimas. 23 Mas, por causa
de seu defeito físico, não passará adian-
te da cortina interna nem se aproximará
do altar, pois contaminaria meus lugares

[a] **21.10** Ou *Nunca descobrirá a cabeça.*

santos. Eu sou o SENHOR, que santifico esses lugares".

24 Moisés deu essas instruções a Arão, a seus filhos e a todos os israelitas.

22 O SENHOR disse a Moisés: 2 "Diga a Arão e a seus filhos que tenham muito respeito pelas ofertas sagradas que os israelitas consagrarem a mim, a fim de não desonrarem meu santo nome. Eu sou o SENHOR. 3 Dê a eles as seguintes instruções.

"Nas gerações futuras, se algum de seus descendentes estiver cerimonialmente impuro ao se aproximar das ofertas sagradas que os israelitas consagrarem ao SENHOR, ele será eliminado de minha presença. Eu sou o SENHOR.

4 "Se algum dos descendentes de Arão tiver lepra[a] ou qualquer tipo de fluxo que o torne cerimonialmente impuro, não comerá das ofertas sagradas enquanto não for declarado puro. Também se tornará impuro se tocar num cadáver, expelir sêmen, 5 tocar num animal que rasteja pelo chão e seja impuro ou tocar em alguém que, por qualquer motivo, esteja cerimonialmente impuro. 6 Quem se contaminar de alguma dessas formas ficará impuro até o entardecer. Não comerá das ofertas sagradas enquanto não tiver se banhado com água. 7 Depois do pôr do sol, estará cerimonialmente puro outra vez e poderá comer das ofertas sagradas, pois são seu alimento. 8 Não comerá um animal que morreu de forma natural ou que foi despedaçado por animais selvagens, pois se contaminaria. Eu sou o SENHOR.

9 "Os sacerdotes obedecerão fielmente às minhas ordens. Do contrário, serão culpados de pecado e morrerão, pois menosprezaram o que lhes ordenei. Eu sou o SENHOR, que os santifica.

10 "Ninguém de fora da família do sacerdote comerá das ofertas sagradas. Nem mesmo hóspedes e empregados da casa do sacerdote poderão comê-las. 11 Mas, se o sacerdote comprar um escravo, esse escravo poderá comer das ofertas sagradas. E, se o escravo tiver filhos, eles também poderão comer de seu alimento. 12 Se a filha do sacerdote se casar com alguém de fora da família sacerdotal, não poderá mais comer das ofertas sagradas. 13 Se, contudo, ficar viúva ou divorciar-se, sem ter filhos para sustentá-la, e voltar a morar na casa do pai, como quando era jovem, poderá comer novamente do alimento do pai. Com exceção desses casos, ninguém de fora da família do sacerdote comerá das ofertas sagradas.

14 "Se alguém não autorizado comer das ofertas sagradas por engano, pagará ao sacerdote aquilo que comeu, mais um quinto do valor. 15 Os sacerdotes não contaminarão as ofertas sagradas apresentadas pelos israelitas ao SENHOR, 16 permitindo que sejam consumidas por pessoas não autorizadas. Elas se tornariam culpadas e teriam de fazer reparação. Eu sou o SENHOR, que os santifica".

OFERTAS DIGNAS E INDIGNAS

17 O SENHOR também disse a Moisés: 18 "Dê as seguintes instruções a Arão, a seus filhos e a todo o povo de Israel. Elas se aplicam tanto aos israelitas de nascimento como aos estrangeiros que vivem entre vocês.

"Se alguém apresentar ao SENHOR um holocausto, seja como cumprimento de um voto ou como oferta voluntária, 19 só será aceito se o animal oferecido for um macho sem defeito. Poderá ser um boi, um carneiro ou um bode. 20 Não apresentem um animal defeituoso, pois o SENHOR não o aceitará em favor de vocês.

21 "Se alguém apresentar ao SENHOR uma oferta de paz, seja como cumprimento de um voto ou como oferta voluntária, escolha do gado ou do rebanho um animal perfeito, sem defeito algum. 22 Não ofereçam um animal cego, aleijado, ferido, ou que tenha um quisto, um ferimento na pele, ou sarna. Nunca ofereçam nenhum desses animais no altar como ofertas especiais para o SENHOR. 23 Se um boi[b] ou um cordeiro tiver uma perna mais comprida ou mais curta que as outras, poderá ser apresentado como oferta voluntária, mas não como

[a] **22.4** O termo hebraico não se refere somente à hanseníase, mas também a diversas doenças de pele.

[b] **22.23** Ou *uma vaca*.

cumprimento de um voto. 24 Se um animal tiver testículos danificados ou for castrado, não poderá ser oferecido ao SENHOR. Nunca façam isso em sua própria terra 25 e não recebam de estrangeiros animais como esses em pagamento, para depois oferecê-los como sacrifício a Deus. Não serão aceitos em seu favor, pois são mutilados ou defeituosos".

26 E o SENHOR disse a Moisés: 27 "Quando nascer um bezerro, cordeiro ou cabrito, ficará sete dias com a mãe. Do oitavo dia em diante, será aceitável como oferta especial para o SENHOR. 28 Não matem a mãe e sua cria no mesmo dia, seja uma vaca, uma ovelha ou uma cabra. 29 Quando levarem uma oferta de gratidão ao SENHOR, sacrifiquem-na corretamente para que sejam aceitos. 30 Comam todo o animal sacrificado no dia em que for apresentado. Não deixem parte alguma do animal até a manhã seguinte. Eu sou o SENHOR.

31 "Guardem fielmente meus mandamentos pondo-os em prática, pois eu sou o SENHOR. 32 Não desonrem meu santo nome, pois demonstrarei minha santidade no meio dos israelitas. Eu sou o SENHOR, que os santifica. 33 Eu os libertei da terra do Egito para ser o seu Deus. Eu sou o SENHOR".

AS FESTAS DE ISRAEL

23 O SENHOR disse a Moisés: 2 "Dê as seguintes instruções ao povo de Israel. Estas são as festas que o SENHOR estabeleceu e que vocês proclamarão como reuniões sagradas.

3 "Vocês têm seis dias na semana para fazer os trabalhos habituais, mas o sétimo dia é o sábado, o dia de descanso absoluto e de reunião sagrada. Não façam trabalho algum, pois é o sábado do SENHOR e deve ser guardado onde quer que morarem.

4 "Além do sábado, estas são as festas que o SENHOR estabeleceu, as reuniões sagradas que serão celebradas anualmente no devido tempo."

A PÁSCOA E A FESTA DOS PÃES SEM FERMENTO

5 "A Páscoa do SENHOR começa ao entardecer do décimo quarto dia do primeiro mês.[a] 6 No dia seguinte, o décimo quinto dia, comecem a celebrar a Festa dos Pães sem Fermento. Essa celebração em homenagem ao SENHOR continuará por sete dias e, durante esse tempo, o pão que comerem será preparado sem fermento. 7 No primeiro dia da festa, todos suspenderão seus trabalhos habituais e realizarão uma reunião sagrada. 8 Durante sete dias, apresentarão ofertas especiais para o SENHOR. No sétimo dia, suspenderão novamente seus trabalhos habituais para realizar uma reunião sagrada".

A CELEBRAÇÃO DO INÍCIO DA COLHEITA

9 O SENHOR disse a Moisés: 10 "Dê as seguintes instruções ao povo de Israel. Quando entrarem na terra que eu lhes dou e começarem a primeira colheita, levem ao sacerdote um feixe dos primeiros cereais que colherem. 11 No dia depois do sábado, o sacerdote moverá o feixe para o alto diante do SENHOR, para que seja aceito em favor de vocês. 12 Nesse mesmo dia, ofereçam um cordeiro de um ano, sem defeito, como holocausto para o SENHOR. 13 Junto com o sacrifício, apresentem uma oferta de cereal de quatro litros[b] de farinha da melhor qualidade umedecida com azeite. Será uma oferta especial, um aroma agradável ao SENHOR. Ofereçam também um litro[c] de vinho como oferta derramada. 14 Nesse dia, não comam pão algum, nem cereal torrado ou fresco, enquanto não apresentarem a oferta ao seu Deus. Essa é uma lei permanente para vocês e deve ser cumprida de geração em geração, onde quer que morarem."

A FESTA DA COLHEITA

15 "A partir do dia seguinte ao sábado, o dia em que levarem o feixe de cereal a fim de ser movido para o alto como oferta especial, contem sete semanas completas. 16 Continuem contando até o dia depois do sétimo sábado, isto é, cinquenta dias depois. Então apresentem uma oferta de

[a] **23.5** No antigo calendário lunar hebraico, esse dia caía no fim de março, em abril ou no começo de maio.
[b] **23.13a** Em hebraico, *2/10 de efa*; também em 23.17.
[c] **23.13b** Em hebraico, *1/4 de him*.

cereal novo para o Senhor. [17] Onde quer que morarem, levem dois pães que serão movidos para o alto como oferta especial diante do Senhor. Preparem os pães com quatro quilos de farinha da melhor qualidade e assem-nos com fermento. Serão uma oferta para o Senhor dos primeiros frutos de sua colheita. [18] Junto com o pão, apresentem sete cordeiros de um ano e sem defeito, um novilho e dois carneiros como holocaustos para o Senhor. Esses holocaustos, junto com as ofertas de cereal e ofertas derramadas, serão uma oferta especial, um aroma agradável ao Senhor. [19] Em seguida, ofereçam um bode como oferta pelo pecado e dois cordeiros de um ano como ofertas de paz.

[20] "O sacerdote levantará os dois cordeiros como oferta especial para o Senhor, junto com os pães que representam os primeiros frutos de suas colheitas. Essas ofertas, que são santas para o Senhor, pertencem aos sacerdotes. [21] Esse mesmo dia será declarado dia de reunião sagrada, um dia em que não farão nenhum trabalho habitual. Essa é uma lei permanente para vocês e deve ser cumprida de geração em geração, onde quer que morarem.[a]

[22] "Quando fizerem a colheita da sua terra, não colham as espigas nos cantos dos campos e não apanhem aquilo que cair das mãos dos ceifeiros. Deixem esses grãos para os pobres e estrangeiros que vivem entre vocês. Eu sou o Senhor, seu Deus".

A FESTA DAS TROMBETAS

[23] O Senhor disse a Moisés: [24] "Dê as seguintes instruções ao povo de Israel. No primeiro dia do sétimo mês,[b] tenham um dia de descanso absoluto. Será uma reunião sagrada, uma celebração memorial comemorada com toques de trombeta. [25] Não façam nenhum trabalho habitual nesse dia, mas apresentem ofertas especiais para o Senhor".

O DIA DA EXPIAÇÃO

[26] O Senhor disse a Moisés: [27] "Comemorem o Dia da Expiação no décimo dia do mesmo sétimo mês.[c] Celebrem-no como uma reunião sagrada, um dia para se humilharem[d] e apresentarem ofertas especiais para o Senhor. [28] Não façam trabalho algum durante todo esse dia, pois é o Dia da Expiação, no qual se fará expiação em seu favor diante do Senhor, seu Deus. [29] Todos aqueles que não se humilharem nesse dia serão eliminados do meio do povo. [30] Destruirei aqueles que, dentre vocês, trabalharem em algo nesse dia. [31] Não façam trabalho algum. Essa é uma lei permanente para vocês e deve ser cumprida de geração em geração, onde quer que morarem. [32] Será um sábado de descanso absoluto para vocês e, nesse dia, deverão se humilhar. O dia de descanso começará ao entardecer do nono dia do mês e se estenderá até o entardecer do décimo dia".

A FESTA DAS CABANAS

[33] O Senhor também disse a Moisés: [34] "Dê as seguintes instruções ao povo de Israel. Comecem a celebrar a Festa das Cabanas[e] no décimo quinto dia do sétimo mês. Essa festa em homenagem ao Senhor durará sete dias. [35] O primeiro dia da festa será declarado reunião sagrada, na qual não farão nenhum trabalho habitual. [36] Durante sete dias, vocês apresentarão ofertas especiais para o Senhor. No oitavo dia, haverá outra reunião sagrada, na qual apresentarão ofertas especiais para o Senhor. Será uma ocasião solene, e ninguém fará nenhum trabalho habitual.

[37] ("Essas são as festas que o Senhor estabeleceu. Celebrem-nas a cada ano como reuniões sagradas, apresentando para o Senhor, no dia apropriado, as ofertas especiais de sacrifícios queimados, ofertas de cereal, sacrifícios e ofertas derramadas. [38] Celebrem-nas além dos sábados

---

[a] **23.21** Essa celebração, também conhecida como *Festa da Colheita* ou *Festa das Semanas*, passou a ser chamada posteriormente de *Festa de Pentecostes* (ver At 2.1) e é comemorada hoje com o nome *Shavuot*.

[b] **23.24** No antigo calendário lunar hebraico, esse dia caía em setembro ou outubro. Comemorado hoje com o nome *Rosh Hashanah*, o ano-novo judeu.

[c] **23.27a** No antigo calendário lunar hebraico, esse dia caía em setembro ou outubro. Comemorado hoje com o nome *Yom Kippur*.

[d] **23.27b** Ou *jejuarem*; também em 23.29,32.

[e] **23.34** Ou *Festa dos Tabernáculos*. Chamada anteriormente de *Festa da Última Colheita* (ver Êx 23.16b) e comemorada hoje com o nome *Sucot*.

habituais do SENHOR e apresentem as ofertas além das ofertas pessoais que vocês trazem no cumprimento de votos e das ofertas voluntárias para o SENHOR.)

39 "Lembrem-se de que essa festa de sete dias em homenagem ao SENHOR, a Festa das Cabanas, começa no décimo quinto dia do sétimo mês, depois de terem colhido tudo que a terra produziu. Celebrem a festa do SENHOR por sete dias. O primeiro e o oitavo dia da festa serão de descanso absoluto.
40 No primeiro dia, recolham galhos das mais belas árvores,[a] folhagens de palmeiras, ramos de árvores verdejantes e de salgueiros que crescem junto dos riachos. Celebrem com alegria diante do SENHOR, seu Deus, por sete dias.
41 Comemorem essa festa em homenagem ao SENHOR por sete dias a cada ano. Essa é uma lei permanente para vocês e deve ser cumprida no sétimo mês, de geração em geração.
42 Durante sete dias, morarão ao ar livre em pequenas cabanas. Todos os israelitas de nascimento morarão em cabanas.
43 Desse modo, lembrarão cada nova geração de israelitas que eu fiz seus antepassados morarem em cabanas quando os libertei da terra do Egito. Eu sou o SENHOR, seu Deus".

44 Assim, Moisés transmitiu aos israelitas essas instruções sobre as festas anuais do SENHOR.

ÓLEO PURO E PÃES SAGRADOS

24 O SENHOR disse a Moisés:
2 "Ordene aos israelitas que tragam óleo puro de azeitonas prensadas para a iluminação do candelabro, a fim de manter as lâmpadas sempre acesas.
3 É o candelabro que fica na tenda do encontro, em frente à cortina interna que protege a arca da aliança.[b] Arão manterá as lâmpadas acesas na presença do SENHOR a noite toda. Essa é uma lei permanente para vocês e deve ser cumprida de geração em geração.
4 Arão e os sacerdotes manterão sempre em ordem, na presença do SENHOR, as lâmpadas do candelabro de ouro puro.

5 "Asse doze pães de farinha da melhor qualidade usando quatro litros[c] de farinha para cada pão.
6 Coloque os pães diante do SENHOR sobre a mesa de ouro puro e arrume-os em duas fileiras, com seis pães em cada fileira.
7 Coloque um pouco de incenso sobre cada fileira como oferta memorial, uma oferta especial apresentada ao SENHOR.
8 A cada sábado, coloque regularmente diante do SENHOR esses pães como oferta da parte dos israelitas; é uma expressão contínua da aliança sem fim.
9 Os pães pertencerão a Arão e seus descendentes, que os comerão num lugar sagrado, pois são santíssimos. Os sacerdotes terão direito permanente a essa porção das ofertas especiais apresentadas ao SENHOR".

A PENA PARA QUEM BLASFEMAR

10 Certo dia, um homem, filho de uma israelita e de um egípcio, saiu de sua tenda e se envolveu numa briga com um dos israelitas.
11 Durante a briga, o filho da israelita blasfemou o Nome com uma maldição. Por isso, foi levado a Moisés para ser julgado. A mãe dele se chamava Selomite, filha de Dibri, da tribo de Dã.
12 O homem foi mantido preso até ficar clara a vontade do SENHOR a respeito de sua situação.

13 Então o SENHOR disse a Moisés:
14 "Leve o blasfemador para fora do acampamento e diga a todos que ouviram a maldição que coloquem as mãos sobre a cabeça dele. Depois, a comunidade toda o executará por apedrejamento.
15 Diga ao povo de Israel: Quem amaldiçoar o seu Deus será castigado por causa do seu pecado.
16 Quem blasfemar o nome do SENHOR será morto por apedrejamento por toda a comunidade de Israel. Qualquer israelita de nascimento ou estrangeiro entre vocês que blasfemar o Nome será morto.

17 "Quem tirar a vida de outra pessoa será morto.

18 "Quem matar um animal pertencente a outra pessoa a indenizará com um animal vivo.

[a] **23.40** Ou *recolham frutos de árvores imponentes*.
[b] **24.3** Em hebraico, *fora da cortina interna do testemunho*; ver nota em 16.13.
[c] **24.5** Em hebraico, *2/10 de efa*.

19 "Quem ferir outra pessoa será tratado de acordo com o ferimento que causou: 20 fratura por fratura, olho por olho, dente por dente. O dano que alguém fizer a outra pessoa, será feito a ele.

21 "Quem matar um animal indenizará seu dono totalmente, mas quem matar uma pessoa será morto.

22 "A mesma lei se aplica tanto aos israelitas de nascimento como aos estrangeiros que vivem entre vocês. Eu sou o Senhor, seu Deus".

23 Depois que Moisés transmitiu todas essas instruções aos israelitas, eles levaram o blasfemador para fora do acampamento e o executaram por apedrejamento. Os israelitas fizeram exatamente conforme o Senhor havia ordenado a Moisés.

O ANO SABÁTICO

25 Quando Moisés estava no monte Sinai, o Senhor lhe disse: 2 "Dê as seguintes instruções ao povo de Israel. Quando entrarem na terra que eu lhes dou, a terra deverá observar um sábado para o Senhor a cada sete anos. 3 Durante seis anos, vocês semearão os campos, podarão os vinhedos e farão a colheita, 4 mas no sétimo ano a terra terá um ano sabático de descanso absoluto. É o sábado do Senhor. Durante esse ano, não semeiem os campos nem façam a poda dos vinhedos. 5 Não ceifem o que crescer espontaneamente nem colham as uvas dos vinhedos não podados. A terra terá um ano de descanso absoluto. 6 Comam o que a terra produzir espontaneamente durante seu descanso. Isso se aplica a vocês, a seus filhos, a seus servos e servas, e também aos trabalhadores contratados e aos residentes temporários que vivem em seu meio. 7 Seus rebanhos e todos os animais selvagens de sua terra também poderão comer o que a terra produzir."

O ANO DO JUBILEU

8 "Contem sete anos sabáticos,[a] sete vezes sete anos, no total de 49 anos. 9 Então, no Dia da Expiação do ano seguinte,[b] façam soar por toda a terra um toque longo e alto de trombeta. 10 Consagrem esse ano, o quinquagésimo ano, como um tempo de proclamar a liberdade por toda a terra para todos os seus habitantes. Será um ano de jubileu para vocês, no qual cada um poderá voltar à terra que pertencia a seus antepassados e regressar a seu próprio clã. 11 O quinquagésimo ano será um jubileu para vocês. Nesse ano, não semearão os campos, nem ceifarão o que crescer espontaneamente, nem colherão as uvas dos vinhedos não podados. 12 Será um ano de jubileu para vocês e deverão mantê-lo santo. Comam o que a terra produzir espontaneamente. 13 No Ano do Jubileu, cada um poderá retornar à terra que pertencia a seus antepassados.

14 "Quando alguém fizer um acordo com o seu próximo para comprar ou vender uma propriedade, não deverá tirar vantagem do outro. 15 Ao comprar um terreno do seu próximo, o preço a ser pago será baseado no número de anos desde o último jubileu. O vendedor estipulará o preço levando em conta os anos que ainda restam de colheitas. 16 Quanto mais colheitas faltarem para o próximo jubileu, mais alto será o preço; quanto menos anos faltarem, mais baixo será o preço. Afinal, o que ele está vendendo é certo número de colheitas. 17 Mostrem seu temor a Deus não tirando vantagem um do outro. Eu sou o Senhor, seu Deus.

18 "Se quiserem viver seguros na terra, sigam os meus decretos e obedeçam aos meus estatutos. 19 Então a terra produzirá colheitas fartas, vocês comerão até se saciarem e viverão em segurança. 20 Talvez vocês perguntem: 'O que comeremos no sétimo ano, uma vez que não temos permissão de semear nem de colher nesse ano?'. 21 Podem ter certeza de que no sexto ano eu lhes enviarei a minha bênção, de modo que a terra produzirá o suficiente para três anos. 22 No oitavo ano, quando semearem seus campos, ainda estarão comendo da colheita farta do sexto ano. De fato, ainda estarão

[a] **25.8** Em hebraico, *sete semanas de anos.*

[b] **25.9** Em hebraico, *no décimo dia do sétimo mês, no Dia da Expiação*; ver 23.27a e respectiva nota.

comendo dessa colheita quando fizerem
a nova colheita no nono ano."

O RESGATE DE PROPRIEDADES

23 "A terra jamais será vendida em caráter
definitivo, pois ela me pertence. Vocês são
apenas estrangeiros e arrendatários que
trabalham para mim.

24 "Sempre que uma propriedade for ne-
gociada, o vendedor deverá ter o direito de
comprá-la de volta. 25 Se alguém do seu
povo empobrecer e for obrigado a vender
parte das terras da família, um parente
próximo deverá comprar a propriedade de
volta para ele. 26 Se não houver qualquer
parente próximo para comprar a proprie-
dade, mas a pessoa que a vendeu conse-
guir dinheiro suficiente para comprá-la
de volta, 27 terá o direito de resgatá-la de
quem a comprou. Do preço da terra será
descontado um valor proporcional ao
número de anos até o próximo Ano do
Jubileu. Desse modo, o primeiro dono da
propriedade terá condições de retornar à
sua terra. 28 Se, contudo, o primeiro dono
não tiver condições de comprar de volta a
propriedade, ela ficará com o novo dono
até o Ano do Jubileu seguinte. Nesse ano,
a propriedade será devolvida aos primei-
ros donos, a fim de que voltem à terra de
sua família.

29 "Quem vender uma casa dentro de
uma cidade murada terá, por um ano
completo, o direito de comprá-la de vol-
ta. Durante esse ano, o vendedor poderá
resgatar a casa. 30 Mas, se não a comprar
de volta durante esse ano, a venda da casa
dentro da cidade murada não poderá ser
revertida. A casa se tornará propriedade
permanente do comprador. Não será de-
volvida ao primeiro dono no Ano do Ju-
bileu. 31 Já uma casa num povoado, num
assentamento sem muros ao redor, será
considerada uma propriedade rural. Po-
derá ser comprada de volta a qualquer
momento e será devolvida ao primeiro
proprietário no Ano do Jubileu.

32 "Os levitas sempre terão o direito de
comprar de volta uma casa que tiverem
vendido dentro das cidades reservadas
para eles. 33 Qualquer propriedade ven-
dida pelos levitas, ou seja, todas as casas
dentro das cidades deles, será devolvida
no Ano do Jubileu. Afinal, essas casas
são suas únicas propriedades em todo o
Israel. 34 As pastagens em volta das cida-
des dos levitas não serão vendidas. São
propriedade permanente deles."

O RESGATE DOS POBRES E DOS ESCRAVOS

35 "Se alguém do seu povo empobrecer e
não puder se sustentar, ajudem-no como
ajudariam um estrangeiro ou residente
temporário e permitam que ele more com
vocês. 36 Não cobrem juros nem tenham
lucro à custa dele. Em vez disso, mostrem
seu temor a Deus permitindo que ele viva
como parente com vocês. 37 Lembrem-se
de não cobrar juros sobre o dinheiro que
lhe emprestarem nem de ter lucro com
o alimento que lhe venderem. 38 Eu sou
o SENHOR, seu Deus, que os tirou da terra
do Egito para lhes dar a terra de Canaã e
ser o seu Deus.

39 "Se alguém do seu povo empobrecer e
for obrigado a se vender para vocês, não o
tratem como escravo. 40 Tratem-no como
empregado ou residente temporário que
mora com vocês e os servirá apenas até
o Ano do Jubileu. 41 Então ele e seus fi-
lhos estarão livres e voltarão aos clãs e
à propriedade que pertencia a seus an-
tepassados. 42 Os israelitas são os meus
servos que eu tirei da terra do Egito, de
modo que jamais devem ser vendidos
como escravos. 43 Mostrem seu temor a
Deus tratando-os sem violência.

44 "Vocês poderão comprar escravos e
escravas de nações vizinhas. 45 Também
poderão comprar os filhos de residentes
temporários que moram com vocês, in-
cluindo os que nasceram em sua terra.
Poderão considerá-los sua propriedade
46 e deixá-los para seus filhos como he-
rança permanente. Poderão tratá-los como
escravos, mas jamais oprimirão alguém
do seu povo.

47 "Se algum estrangeiro ou residente
temporário enriquecer enquanto vive
entre vocês, e se algum do seu povo
empobrecer e for obrigado a se vender
para esse estrangeiro ou para um mem-
bro da família dele, 48 continuará a ter o

direito de ser resgatado, mesmo depois de comprado. Poderá ser comprado de volta por um irmão, 49 tio ou primo. Aliás, qualquer parente próximo poderá resgatá-lo. Se prosperar, também poderá resgatar a si mesmo. 50 Negociará o preço de sua liberdade com a pessoa que o comprou. O preço será baseado no número de anos transcorridos desde que foi vendido até o próximo Ano do Jubileu, ou seja, o equivalente ao custo de um trabalhador contratado para esse período. 51 Se ainda faltarem muitos anos para o jubileu, pagará na devida proporção aquilo que recebeu quando vendeu a si mesmo. 52 Se faltarem apenas poucos anos até o Ano do Jubileu, pagará proporcionalmente aos anos que faltarem. 53 O estrangeiro o tratará como um empregado com contrato anual. Não permitam que um estrangeiro trate israelitas com violência. 54 Se algum israelita não tiver sido comprado de volta, será liberto quando chegar o Ano do Jubileu, ele e seus filhos, 55 pois os israelitas me pertencem. São meus servos que eu tirei da terra do Egito. Eu sou o Senhor, seu Deus."

BÊNÇÃOS PELA OBEDIÊNCIA

26 "Não façam ídolos nem imagens para si, nem levantem em sua terra colunas sagradas ou pedras esculpidas para adorá-las. Eu sou o Senhor, seu Deus. 2 Guardem os meus sábados e tenham reverência pelo meu santuário. Eu sou o Senhor.

3 "Se seguirem os meus decretos e obedecerem diligentemente aos meus mandamentos, 4 enviarei as chuvas nas estações próprias. A terra dará suas colheitas, e as árvores do campo produzirão seus frutos. 5 A época de debulhar cereais se estenderá até o início da colheita das uvas, e a colheita das uvas, até o início do plantio dos cereais. Vocês comerão até se saciarem e viverão em segurança em sua terra.

6 "Eu lhes darei paz na terra, e vocês poderão dormir sem medo. Tirarei da terra os animais ferozes e manterei os inimigos afastados de seu território. 7 De fato, vocês perseguirão seus inimigos e os matarão à espada. 8 Cinco de vocês perseguirão cem, e cem de vocês perseguirão dez mil. Todos os seus inimigos cairão pela sua espada.

9 "Olharei para vocês com favor, os tornarei férteis e multiplicarei seu povo. Cumprirei minha aliança com vocês. 10 Suas colheitas serão tão fartas que vocês terão de se desfazer dos cereais velhos a fim de dar espaço à nova safra. 11 Habitarei no meio de vocês e não os desprezarei. 12 Andarei em seu meio; serei o seu Deus, e vocês serão o meu povo. 13 Eu sou o Senhor, seu Deus, que os tirou da terra do Egito para que não fossem mais escravos. Quebrei o jugo de servidão que vocês carregavam sobre o pescoço e os fiz andar de cabeça erguida."

CASTIGOS PELA DESOBEDIÊNCIA

14 "Mas, se vocês não me derem ouvidos e não obedecerem a todos esses mandamentos, 15 e se quebrarem a minha aliança rejeitando meus decretos, desprezando meus estatutos e recusando-se a cumprir meus mandamentos, 16 eu os castigarei. Trarei sobre vocês terrores repentinos, doenças debilitantes e febres ardentes que farão seus olhos escurecerem e sua vida definhar. Semearão em vão, pois seus inimigos comerão suas colheitas. 17 Eu me voltarei contra vocês, e seus inimigos os derrotarão. Aqueles que odeiam vocês os dominarão, e vocês fugirão mesmo quando ninguém os estiver perseguindo.

18 "E se, apesar disso tudo, vocês continuarem a me desobedecer, eu os castigarei sete vezes mais por seus pecados. 19 Quebrarei seu forte orgulho ao tornar o céu tão duro quanto o ferro e a terra tão impenetrável quanto o bronze. 20 Todo o seu trabalho será inútil, pois a terra não dará colheitas, e as árvores não produzirão frutos.

21 "Se, ainda assim, continuarem se opondo a mim e se recusarem a me obedecer, causarei desastres sete vezes piores por causa de seus pecados. 22 Enviarei animais selvagens que tomarão seus filhos de vocês e destruirão seus rebanhos. Sua população se tornará cada vez menor, e seus caminhos ficarão desertos.

23 "E, se vocês não aprenderem a lição e insistirem em se opor a mim, 24 eu mesmo

me oporei a vocês e trarei calamidades sete vezes piores por causa de seus pecados. 25 Trarei contra vocês a guerra como maldição da aliança que vocês quebraram. Quando correrem para as cidades em busca de segurança, enviarei uma praga que os destruirá ali, e vocês serão entregues nas mãos de seus inimigos. 26 Destruirei seus mantimentos, de modo que dez mulheres precisarão de apenas um forno para assar pão para suas famílias. Racionarão o alimento por peso e, mesmo tendo o que comer, não se saciarão.

27 "Se, apesar disso tudo, ainda se recusarem a me obedecer e continuarem se opondo a mim, 28 eu me oporei a vocês furiosamente. Eu mesmo os castigarei sete vezes mais por seus pecados. 29 Então vocês comerão a carne de seus próprios filhos e filhas. 30 Destruirei seus altares idólatras e derrubarei seus lugares de culto. Amontoarei seus cadáveres por sobre seus ídolos mortos[a] e os desprezarei por completo. 31 Farei suas cidades ficarem desoladas e destruirei seus santuários. Não terei prazer em suas ofertas, que deveriam ser um aroma agradável para mim. 32 Sim, eu mesmo devastarei sua terra, e os inimigos que virão ocupá-la ficarão horrorizados com aquilo que virem. 33 Eu os espalharei entre as nações e empunharei minha espada contra vocês. A terra ficará desolada, e as cidades, em ruínas. 34 Então, enquanto ela estiver desolada e vocês estiverem exilados na terra de seus inimigos, a terra desfrutará os anos sabáticos que lhe foram negados. Finalmente ela descansará e desfrutará os sábados que perdeu. 35 Durante todo o tempo em que a terra permanecer em ruínas, desfrutará o descanso que vocês não permitiram que ela tivesse a cada sete anos quando moravam nela.

36 "Quanto àqueles que sobreviverem, eu lhes causarei desespero na terra de seus inimigos. Viverão com tanto medo que até o som de uma folha levada pelo vento os fará fugir. Correrão como se fugissem de uma espada e cairão mesmo quando ninguém os estiver perseguindo. 37 Ainda que não haja ninguém atrás deles, tropeçarão uns nos outros como quem foge de uma espada. Não terão forças para resistir a seus inimigos. 38 Morrerão em nações estrangeiras, e a terra de seus inimigos os devorará. 39 Aqueles que sobreviverem definharão nas terras de seus inimigos por causa de seus pecados e dos pecados de seus antepassados.

40 "Enfim, porém, meu povo confessará seus pecados e os pecados de seus antepassados por serem infiéis e se oporem a mim. 41 Quando eu me opuser a eles e os levar à terra de seus inimigos, seu coração obstinado[b] se humilhará e receberão o castigo de seus pecados. 42 Então me lembrarei de minha aliança com Jacó, de minha aliança com Isaque e de minha aliança com Abraão, e certamente me lembrarei da terra. 43 Pois a terra precisará ser abandonada para desfrutar os anos sabáticos de descanso enquanto permanecer deserta. Por fim, o povo receberá o castigo de seus pecados, pois rejeitaram continuamente meus estatutos e desprezaram meus decretos.

44 "Apesar disso tudo, não os rejeitarei completamente nem os desprezarei enquanto estiverem exilados na terra de seus inimigos. Não cancelarei minha aliança com eles exterminando-os, pois eu sou o Senhor, seu Deus. 45 Em favor deles, eu me lembrarei da antiga aliança que fiz com seus antepassados, os quais tirei da terra do Egito diante dos olhos de todas as nações, para ser o Deus deles. Eu sou o Senhor".

46 Esses são os decretos, os estatutos e as instruções que o Senhor estabeleceu entre ele próprio e os israelitas por meio de Moisés no monte Sinai.

NORMAS ACERCA DE VOTOS E DÍZIMOS

27 O Senhor disse a Moisés: 2 "Dê as seguintes instruções ao povo de Israel. Se alguém fizer um voto especial de dedicar uma pessoa ao Senhor mediante o pagamento do valor dessa pessoa, 3 deve usar a seguinte escala de valores.

A montanha da intimidade com Deus espera para ser escalada, e cada uma de nós terá a visão da montanha que subir.

[a] **26.30** É possível que o termo hebraico usado aqui (lit., *coisas redondas*) se refira a estrume.

[b] **26.41** Em hebraico, *incircunciso*.

Um homem de 20 a 60 anos vale 600 gramas[a] de prata, de acordo com o siclo do santuário; 4 uma mulher da mesma idade vale 360 gramas[b] de prata. 5 Um menino ou rapaz de 5 a 20 anos vale 240 gramas de prata; uma menina ou moça da mesma idade vale 120 gramas de prata.[c] 6 Um menino de 1 mês a 5 anos vale 60 gramas de prata; uma menina da mesma idade vale 36 gramas de prata.[d] 7 Um homem de mais de 60 anos vale 180 gramas de prata; uma mulher da mesma idade vale 120 gramas de prata.[e] 8 Quem desejar fazer o voto, mas não puder pagar a quantia exigida, levará a pessoa ao sacerdote, e ele determinará a quantia a ser paga com base nos recursos de quem fez o voto.

9 "Se alguém fizer o voto de entregar um animal como oferta para o Senhor, toda oferta ao Senhor será considerada santa. 10 Não trocará nem substituirá o animal por outro, seja um animal bom por um ruim ou um animal ruim por um bom. Mas, se trocar um animal por outro, tanto o primeiro como o segundo serão considerados santos. 11 Se o voto for a entrega de um animal impuro que não é aceitável como oferta para o Senhor, levará o animal até o sacerdote, 12 e ele determinará o valor, e sua avaliação, alta ou baixa, será definitiva. 13 Quem desejar comprar de volta o animal pagará o valor estipulado pelo sacerdote, mais um quinto do valor.

14 "Se alguém dedicar uma casa ao Senhor, o sacerdote a avaliará. Sua avaliação, seja alta ou baixa, será definitiva. 15 Se a pessoa que dedicou a casa quiser comprá-la de volta, pagará o valor estipulado pelo sacerdote, mais um quinto do valor. Desse modo, a casa voltará a ser sua.

16 "Se alguém dedicar ao Senhor uma parte de sua propriedade familiar, o valor será determinado de acordo com a quantidade de sementes necessária para semeá-la: 600 gramas de prata por um campo semeado com 220 litros de sementes de cevada.[f] 17 Se o campo for dedicado ao Senhor no Ano do Jubileu, será aplicado o valor total. 18 Mas, se o campo for dedicado depois do Ano do Jubileu, o sacerdote calculará o valor da terra de modo proporcional ao número de colheitas restantes até o próximo Ano do Jubileu. O valor calculado será reduzido a cada ano que passar. 19 Se a pessoa que dedicou o campo desejar comprá-lo de volta, pagará o valor estipulado pelo sacerdote, mais um quinto do valor. O campo voltará a ser legalmente seu. 20 Se, contudo, não quiser reavê-lo e ele for vendido a outra pessoa, o campo não poderá mais ser comprado de volta. 21 Quando o campo for liberado no Ano do Jubileu, será santo, totalmente dedicado ao Senhor, e se tornará propriedade dos sacerdotes.

22 "Se alguém dedicar ao Senhor um campo que comprou, mas que não faz parte de sua propriedade familiar, 23 o sacerdote determinará o valor com base no número de colheitas restantes até o próximo Ano do Jubileu. Nesse mesmo dia, a pessoa entregará o valor do campo como doação sagrada para o Senhor. 24 No Ano do Jubileu, o campo será devolvido a quem o herdou como propriedade familiar. 25 (Todos os pagamentos serão calculados de acordo com o peso do siclo do santuário, equivalente a doze gramas.[g])

26 "O macho da primeira cria de um animal não poderá ser dedicado ao Senhor, pois a primeira cria de seu gado, de suas ovelhas e de suas cabras já pertence a ele. 27 É possível, porém, comprar de volta a primeira cria de um animal impuro mediante o pagamento do valor estipulado pelo sacerdote, mais um quinto do valor. Se o animal não for comprado de volta, o sacerdote o venderá pelo valor estipulado.

28 "Contudo, qualquer coisa totalmente dedicada ao Senhor, seja uma pessoa, um animal ou uma propriedade familiar, jamais será vendida ou comprada de volta.

---

[a] **27.3** Em hebraico, *50 siclos.*
[b] **27.4** Em hebraico, *30 siclos.*
[c] **27.5** Em hebraico, *Um menino [...] 20 siclos de prata; uma menina [...] 10 siclos de prata.*
[d] **27.6** Em hebraico, *Um menino [...] 5 siclos de prata; uma menina [...] 3 siclos de prata.*
[e] **27.7** Em hebraico, *Um homem [...] 15 siclos de prata; uma mulher [...] 10 siclos de prata.*
[f] **27.16** Em hebraico, *50 siclos de prata por 1 ômer de sementes de cevada.*
[g] **27.25** Em hebraico, *equivalente a 20 geras.*

Tudo que é assim consagrado é santís-
simo e pertence ao SENHOR. [29] Nenhuma
pessoa que tenha sido definitivamente
marcada para destruição poderá ser com-
prada de volta; deverá ser executada.
[30] "A décima parte dos produtos da ter-
ra, sejam os cereais dos campos ou os
frutos das árvores, pertence ao SENHOR e
deve ser consagrada a ele. [31] Se você de-
sejar comprar de volta a décima parte dos
cereais ou frutos pertencente ao SENHOR,
pagará o seu valor, mais um quinto do
valor. [32] Conte um de cada dez animais do
seu gado e dos seus rebanhos e separe-os
para o SENHOR, considerando-os santos.
[33] Não faça distinção entre animais bons e
ruins nem substitua um pelo outro. Mas,
se trocar um animal por outro, tanto o
primeiro como o seu substituto serão
considerados santos e não poderão ser
comprados de volta".
[34] Esses são os mandamentos que o
SENHOR deu aos israelitas por meio de
Moisés no monte Sinai.

Pentateuco

Números

Livro 4 do Pentateuco com **36** CAPÍTULOS

AUTORIA

Moisés, segundo a tradição de judeus e cristãos (com base em passagens como Êx 17.14; 24.4; 34.27-28; Mc 7.10; 12.26; Lc 2.22-23). Mais recentemente, estudiosos passaram a cogitar a contribuição de outros autores em sua escrita.

SIGNIFICADO DO TÍTULO

Estabelecido na Septuaginta, Números tem essa designação por causa das listas do censo registrado nos capítulos 1 e 26. Em hebraico, o título original é *bemidbar*, que significa "no deserto", referência aos locais onde ocorreram os fatos relatados no livro.

INFORMAÇÕES GERAIS

Números relata o período de 38 anos de peregrinação do povo de Deus pelo deserto depois da aliança do Sinai (Nm 1.1), até chegar a Moabe, nos limites da terra prometida. Em contraste com o manso e obediente Moisés, o povo de Israel é apresentado como rebelde e murmurador.

CRISTO E NÚMEROS

O livro aponta para Jesus por símbolos como a serpente de bronze, que prefigura sua crucificação e salvação (Jo 3.14-15), e o maná no deserto, que o representa como o pão da vida (Jo 6.31-35). Moisés como intercessor prefigura Jesus como mediador de uma nova aliança (Hb 9.15).

ESTRUTURA DO LIVRO

- ★ O primeiro censo de Israel Nm 1—4
- ★ Mandamentos sobre pureza Nm 5—10.10
- ★ Viagem do Sinai a Cades Nm 10.11—12
- ★ A rebelião mantém o povo estagnado Nm 13—20.13
- ★ Viagem de Cades a Moabe Nm 20.14—22.1
- ★ Nas planícies de Moabe: Balaão, o segundo censo e instruções Nm 22.2—32
- ★ Questões variadas Nm 33—36

TEMAS DE NÚMEROS

Números enfatiza assuntos que podem ser agrupados em três temas: Deus, o povo e a terra. O Senhor chamou um povo específico e lhe prometeu dar uma terra — inicialmente, Javé, Israel e Canaã. A promessa se mantém na nova aliança, com Javé, a Igreja e o Reino de Deus em novos céus e nova Terra.

O DEUS DE GRAÇA QUE SE IRA

Números mostra a ação de Deus na História, voltada a redimir a criação e glorificar seu nome. É uma ação graciosa, mas que revela a ira divina. Números ensina para o povo de Deus da antiga e da nova alianças (Rm 15.4; 1Co 10.6,11) que o Senhor derrama ira mesmo sobre o seu povo, mas, apesar da nossa desobediência, sua graça se renova e seu propósito redentor jamais será frustrado.

CENSO DOS SOLDADOS DE ISRAEL

1 No primeiro dia do segundo mês,[a] no segundo ano desde a saída dos israelitas do Egito, o SENHOR falou a Moisés na tenda do encontro, no deserto do Sinai, e disse: 2 "Realize um censo de toda a comunidade de Israel, de acordo com seus clãs e famílias. Faça uma lista de todos os homens 3 de 20 anos para cima, aptos para irem à guerra. Você e Arão registrarão os soldados 4 com a ajuda do chefe dos clãs de cada uma das tribos.

5 "Estes são os chefes dos clãs que os ajudarão, conforme suas tribos:

da tribo de Rúben, Elizur, filho de Sedeur;
6 da tribo de Simeão, Selumiel, filho de Zurisadai;
7 da tribo de Judá, Naassom, filho de Aminadabe;
8 da tribo de Issacar, Natanael, filho de Zuar;
9 da tribo de Zebulom, Eliabe, filho de Helom;
10 da tribo de Efraim, filho de José, Elisama, filho de Amiúde;
da tribo de Manassés, filho de José, Gamaliel, filho de Pedazur;
11 da tribo de Benjamim, Abidã, filho de Gideoni;
12 da tribo de Dã, Aieser, filho de Amisadai;
13 da tribo de Aser, Pagiel, filho de Ocrã;
14 da tribo de Gade, Eliasafe, filho de Deuel;
15 da tribo de Naftali, Aira, filho de Enã.

16 Esses são os representantes escolhidos da comunidade, líderes das tribos de seus antepassados, chefes dos clãs de Israel".

17 Assim, Moisés e Arão convocaram os líderes nomeados 18 e, naquele mesmo dia,[b] reuniram toda a comunidade. Todos foram registrados conforme sua linhagem, de acordo com seus clãs e famílias. Os homens de 20 anos para cima foram registrados um a um, 19 como o SENHOR tinha ordenado a Moisés. Desse modo, Moisés registrou seus nomes enquanto estavam no deserto do Sinai, na seguinte ordem:

20 Da tribo de Rúben, o filho mais velho de Jacó,[c] os homens de 20 anos para cima, aptos para irem à guerra, conforme os nomes anotados nos registros de seus clãs e famílias, 21 totalizaram 46.500. Esse é o número da tribo de Rúben.

22 Da tribo de Simeão, os homens de 20 anos para cima, aptos para irem à guerra, conforme os nomes anotados nos registros de seus clãs e famílias, 23 totalizaram 59.300. Esse é o número da tribo de Simeão.

24 Da tribo de Gade, os homens de 20 anos para cima, aptos para irem à guerra, conforme os nomes anotados nos registros de seus clãs e famílias, 25 totalizaram 45.650. Esse é o número da tribo de Gade.

26 Da tribo de Judá, os homens de 20 anos para cima, aptos para irem à guerra, conforme os nomes anotados nos registros de seus clãs e famílias, 27 totalizaram 74.600. Esse é o número da tribo de Judá.

28 Da tribo de Issacar, os homens de 20 anos para cima, aptos para irem à guerra, conforme os nomes anotados nos registros de seus clãs e famílias, 29 totalizaram 54.400. Esse é o número da tribo de Issacar.

30 Da tribo de Zebulom, os homens de 20 anos para cima, aptos para irem à guerra, conforme os nomes anotados nos registros de seus clãs e famílias, 31 totalizaram 57.400. Esse é o número da tribo de Zebulom.

32 Da tribo de Efraim, filho de José, os homens de 20 anos para cima, aptos para irem à guerra, conforme os nomes anotados nos registros de seus clãs e famílias, 33 totalizaram 40.500. Esse é o número da tribo de Efraim.

34 Da tribo de Manassés, filho de José, os homens de 20 anos para cima, aptos para irem à guerra, conforme os nomes anotados nos registros de seus clãs e famílias, 35 totalizaram 32.200. Esse é o número da tribo de Manassés.

[a] **1.1** No antigo calendário lunar hebraico, esse dia caía em abril ou maio.

[b] **1.18** Em hebraico, *no primeiro dia do segundo mês*; ver 1.1.

[c] **1.20** Em hebraico, *de Israel*. Os nomes "Israel" e "Jacó" são frequentemente usados de forma intercambiável ao longo de todo o Antigo Testamento e se referem, por vezes, ao patriarca e, em outras ocasiões, à nação.

36 Da tribo de Benjamim, os homens de
20 anos para cima, aptos para irem à
guerra, conforme os nomes anotados
nos registros de seus clãs e famílias,
37 totalizaram 35.400. Esse é o número
da tribo de Benjamim.
38 Da tribo de Dã, os homens de 20 anos
para cima, aptos para irem à guerra,
conforme os nomes anotados nos
registros de seus clãs e famílias, 39 totali-
zaram 62.700. Esse é o número da tribo
de Dã.
40 Da tribo de Aser, os homens de 20 anos
para cima, aptos para irem à guerra,
conforme os nomes anotados nos
registros de seus clãs e famílias, 41 totali-
zaram 41.500. Esse é o número da tribo
de Aser.
42 Da tribo de Naftali, os homens de
20 anos para cima, aptos para irem à
guerra, conforme os nomes anotados
nos registros de seus clãs e famílias,
43 totalizaram 53.400. Esse é o número
da tribo de Naftali.

44 Moisés, Arão e os doze líderes de Israel
registraram esses homens, todos incluídos
na lista de acordo com suas famílias.
45 Todos os homens de Israel de 20 anos
para cima, aptos para irem à guerra, foram
registrados de acordo com suas famílias.
46 No total, 603.550 homens.

47 Esse total, porém, não incluía os clãs dos
levitas, 48 pois o Senhor tinha dito a Moisés:
49 "Não inclua a tribo de Levi no censo e não
conte seus membros com o restante dos
israelitas. 50 Encarregue os levitas de cuida-
rem do tabernáculo da aliança[a] e de toda a
sua mobília e todos os seus utensílios. Eles
transportarão o tabernáculo e todos os seus
utensílios, cuidarão dele e acamparão ao
seu redor. 51 Sempre que o tabernáculo tiver
de ser transportado, os levitas o desmon-
tarão. Na hora de acampar, eles o armarão
novamente. Qualquer pessoa não autori-
zada que se aproximar do tabernáculo será
executada. 52 Os israelitas acamparão de
acordo com suas divisões numa área desig-
nada por sua bandeira. 53 Os levitas, por sua
vez, acamparão ao redor do tabernáculo
da aliança para proteger a comunidade de
Israel da ira do Senhor. É responsabilidade
dos levitas montar guarda ao redor do taber-
náculo da aliança".

54 Os israelitas fizeram exatamente
conforme o Senhor havia ordenado a Moisés.

A ORGANIZAÇÃO DE ISRAEL NO ACAMPAMENTO

2 Então o Senhor deu as seguintes instru-
ções a Moisés e Arão: 2 "Quando os
israelitas acamparem, cada tribo terá sua
própria área designada. As divisões das
tribos acamparão ao redor de sua bandeira
nos quatro lados da tenda do encontro, a
certa distância.

3 As divisões da tribo de Judá acampa-
rão na direção do nascer do sol, do
lado leste, ao redor de sua bandeira.
Naassom, filho de Aminadabe, será seu
líder. 4 Seu número de soldados registra-
dos é de 74.600.
5 A tribo de Issacar acampará ao lado da
tribo de Judá. Natanael, filho de Zuar,
será seu líder. 6 Seu número de soldados
registrados é de 54.400.
7 A tribo de Zebulom acampará logo em
seguida. Eliabe, filho de Helom, será seu
líder. 8 Seu número de soldados registra-
dos é de 57.400.

9 O total de soldados no acampamento do
lado de Judá é de 186.400. Essas tribos
marcharão sempre à frente.

10 As divisões da tribo de Rúben acampa-
rão no lado sul da tenda do encontro, ao
redor de sua bandeira. Elizur, filho de
Sedeur, será seu líder. 11 Seu número de
soldados registrados é de 46.500.
12 A tribo de Simeão acampará ao lado
da tribo de Rúben. Selumiel, filho de
Zurisadai, será seu líder. 13 Seu número
de soldados registrados é de 59.300.
14 A tribo de Gade acampará logo em
seguida. Eliasafe, filho de Deuel,[b] será
seu líder. 15 Seu número de soldados
registrados é de 45.650.

[a] **1.50** Ou *tabernáculo do testemunho*; também em 1.53.

[b] **2.14** Conforme vários manuscritos hebraicos, o Pentateuco Samaritano e a Vulgata (ver tb. 1.14); a maioria dos manuscritos hebraicos traz *filho de Reuel*.

16 O total de soldados no acampamento do lado de Rúben é de 151.450. Essas tribos marcharão sempre em segundo lugar.

17 "Em seguida, os levitas sairão do meio do acampamento transportando a tenda do encontro. Todas as tribos marcharão na mesma ordem em que acamparem, cada uma em sua posição, ao redor de sua bandeira.

18 As divisões da tribo de Efraim acamparão no lado oeste da tenda do encontro, ao redor de sua bandeira. Elisama, filho de Amiúde, será seu líder. 19 Seu número de soldados registrados é de 40.500.
20 A tribo de Manassés acampará ao lado da tribo de Efraim. Gamaliel, filho de Pedazur, será seu líder. 21 Seu número de soldados registrados é de 32.200.
22 A tribo de Benjamim acampará logo em seguida. Abidã, filho de Gideoni, será seu líder. 23 Seu número de soldados registrados é de 35.400.

24 O total de soldados no acampamento do lado de Efraim é de 108.100. Essas tribos marcharão sempre em terceiro lugar.

25 As divisões da tribo de Dã acamparão no lado norte da tenda do encontro, ao redor de sua bandeira. Aieser, filho de Amisadai, será seu líder. 26 Seu número de soldados registrados é de 62.700.
27 A tribo de Aser acampará ao lado da tribo de Dã. Pagiel, filho de Ocrã, será seu líder. 28 Seu número de soldados registrados é de 41.500.
29 A tribo de Naftali acampará logo em seguida. Aira, filho de Enã, será seu líder. 30 Seu número de soldados registrados é de 53.400.

31 O total de soldados no acampamento no lado de Dã é de 157.600. Essas tribos sempre marcharão por último e marcharão ao redor de sua respectiva bandeira".

32 Esses são os soldados registrados de acordo com suas famílias. O número de israelitas contados nos acampamentos, segundo suas divisões, totalizou 603.550. 33 Por ordem do SENHOR a Moisés, os levitas não foram incluídos no registro. 34 Os israelitas fizeram tudo conforme o SENHOR havia ordenado a Moisés. Cada clã e cada família acampavam e marchavam ao redor de sua bandeira.

A NOMEAÇÃO DOS LEVITAS PARA O SERVIÇO

3 Esta é a descendência de Arão e de Moisés, registrada quando o SENHOR falou a Moisés no monte Sinai. 2 Os nomes dos filhos de Arão eram Nadabe, o mais velho, Abiú, Eleazar e Itamar. 3 Esses filhos de Arão foram ungidos e consagrados para o serviço sacerdotal. 4 Nadabe e Abiú, porém, morreram na presença do SENHOR, no deserto do Sinai, quando trouxeram fogo estranho diante do SENHOR. Como não tinham filhos, restaram somente Eleazar e Itamar para servir como sacerdotes junto com seu pai, Arão.

5 Então o SENHOR disse a Moisés: 6 "Chame à frente os membros da tribo de Levi e apresente-os ao sacerdote Arão para serem seus assistentes. 7 Eles servirão a Arão e a todo o povo no desempenho das funções na tenda do encontro e no serviço do tabernáculo. 8 Cuidarão de todos os utensílios da tenda do encontro e servirão no tabernáculo como representantes dos israelitas. 9 Nomeie os levitas como assistentes de Arão e de seus filhos, pois, dentre todos os israelitas, eles foram designados para esse propósito. 10 Encarregue Arão e seus filhos de realizarem as funções do serviço sacerdotal. Qualquer pessoa não autorizada que se aproximar do santuário será executada".

11 O SENHOR também disse a Moisés: 12 "Veja, escolhi os levitas dentre os israelitas como substitutos de todos os filhos mais velhos de Israel. Os levitas me pertencem, 13 pois todos os filhos mais velhos são meus. No dia em que feri mortalmente todos os filhos mais velhos dos egípcios, consagrei para mim todos os filhos mais velhos de Israel e todos os machos das primeiras crias dos animais. Eles são meus. Eu sou o SENHOR".

O REGISTRO DOS LEVITAS

14 O SENHOR falou ainda a Moisés no deserto do Sinai: 15 "Registre os nomes dos

membros da tribo de Levi por famílias e clãs. Faça uma lista de todos os indivíduos do sexo masculino de um mês de idade para cima". 16 Moisés fez a lista, conforme o Senhor havia ordenado.

17 Levi teve três filhos: Gérson, Coate e Merari.
18 Os clãs de Gérson receberam os nomes de seus descendentes: Libni e Simei.
19 Os clãs de Coate receberam os nomes de seus descendentes: Anrão, Isar, Hebrom e Uziel.
20 Os clãs de Merari receberam os nomes de seus descendentes: Mali e Musi.
Esses foram os clãs levitas, registrados de acordo com os grupos de suas famílias.

21 Os descendentes de Gérson eram constituídos dos clãs de Libni e Simei. 22 Nos clãs gersonitas havia 7.500 indivíduos do sexo masculino de um mês de idade para cima. 23 A área designada para seu acampamento ficava no lado oeste, atrás do tabernáculo. 24 O líder dos clãs gersonitas era Eliasafe, filho de Lael. 25 Os dois clãs eram encarregados de cuidar das seguintes partes da tenda do encontro: a tenda com sua cobertura, a cortina da entrada da tenda, 26 as cortinas do pátio ao redor do tabernáculo e do altar, a cortina da entrada do pátio, as cordas e todos os objetos relacionados ao seu uso.

27 Os descendentes de Coate eram constituídos dos clãs de Anrão, Isar, Hebrom e Uziel. 28 Nos clãs coatitas havia 8.600[a] indivíduos do sexo masculino de um mês de idade para cima. Eram encarregados de cuidar do santuário, 29 e a área designada para seu acampamento ficava no lado sul do tabernáculo. 30 O líder dos clãs coatitas era Elisafã, filho de Uziel. 31 Eram encarregados de cuidar da arca, da mesa, do candelabro, dos dois altares, dos diversos utensílios do santuário, da cortina interna e de todos os objetos relacionados ao seu uso. 32 Eleazar, filho do sacerdote Arão, era o líder principal de todos os levitas e responsável pela supervisão do santuário.

33 Os descendentes de Merari eram constituídos dos clãs de Mali e Musi. 34 Nos clãs meraritas havia 6.200 indivíduos do sexo masculino de um mês de idade para cima. 35 A área designada para seu acampamento ficava no lado norte do tabernáculo. O líder dos clãs meraritas era Zuriel, filho de Abiail. 36 Os meraritas eram encarregados de cuidar das armações que sustentavam o tabernáculo, além dos travessões, das colunas, das bases e de todos os objetos relacionados ao seu uso. 37 Também eram responsáveis pelas colunas do pátio e por todas as suas bases, estacas e cordas.

38 A área na frente do tabernáculo, na direção do nascer do sol, do lado leste da tenda do encontro, era reservada para Moisés, Arão e seus filhos, os responsáveis finais pelo santuário em favor do povo de Israel. Qualquer um que não fosse sacerdote ou levita e se aproximasse do santuário seria executado.

39 Quando Moisés e Arão contaram os clãs levitas, conforme a ordem do Senhor, chegaram ao total de 22.000 indivíduos do sexo masculino de um mês de idade para cima.

O RESGATE DOS FILHOS MAIS VELHOS

40 Então o Senhor disse a Moisés: "Conte todos os filhos mais velhos que há em Israel de um mês de idade para cima e registre os nomes numa lista. 41 Os levitas serão reservados para mim como substitutos dos filhos mais velhos dos israelitas. Eu sou o Senhor. Os animais dos levitas serão reservados para mim como substitutos dos machos das primeiras crias dos animais de todo o povo de Israel".

42 Moisés contou os filhos mais velhos dos israelitas, exatamente conforme o Senhor havia ordenado. 43 O número de filhos mais velhos de um mês de idade para cima foi de 22.273.

44 O Senhor também disse a Moisés: 45 "Tome os levitas como substitutos dos filhos mais velhos dos israelitas e tome os animais dos levitas como substitutos dos machos das primeiras crias dos animais de todos os israelitas. Os levitas me pertencem. Eu sou o Senhor. 46 O número de filhos mais velhos de Israel excede em 273 o número de levitas. Para resgatar o excedente de filhos mais velhos, 47 recolha cinco peças de prata

[a] **3.28** Alguns manuscritos gregos trazem *8.300*; ver o total em 3.39.

Deus construirá as nossas raízes e estabelecerá em nosso interior fundamentos sustentadores de seu bom propósito.

para cada um deles, com base no siclo do
santuário, equivalente a doze gramas cada
peça.[a] 48 Entregue a prata a Arão e a seus
filhos como resgate pelo número excedente
de filhos mais velhos".

49 Moisés recolheu a prata para o resgate
dos filhos mais velhos de Israel que exce-
diam o número de levitas. 50 Arrecadou
1.365 peças de prata,[b] com base no siclo do
santuário, em lugar dos filhos mais velhos
de Israel. 51 Moisés entregou a prata do
resgate a Arão e a seus filhos, conforme o
SENHOR havia ordenado.

DEVERES DOS CLÃS COATITAS

4 Então o SENHOR disse a Moisés e a Arão:
2 "Realizem um censo dos membros
dos clãs e das famílias da divisão coatita da
tribo de Levi. 3 Façam uma lista de todos os
homens de 30 a 50 anos qualificados para
servir na tenda do encontro.

4 "Os deveres dos coatitas na tenda do
encontro serão relacionados aos objetos
mais sagrados. 5 Quando o acampamento se
deslocar de um lugar para outro, Arão e seus
filhos entrarão primeiro na tenda do encon-
tro para remover a cortina interna e usá-la
para cobrir a arca da aliança.[c] 6 Depois, cobri-
rão a cortina interna com couro fino e, por
cima do couro, estenderão uma peça única
de pano azul. Por fim, colocarão no devido
lugar as varas usadas para transportar a arca.

7 "Em seguida, estenderão um pano
azul sobre a mesa onde ficam expostos
os pães da presença, e sobre o pano azul
colocarão as tigelas, as colheres, as jarras
e as vasilhas para as ofertas derramadas
e o pão da presença. 8 Sobre tudo isso
estenderão um pano vermelho e, por cima
dele, uma cobertura de couro fino. Por fim,
colocarão no devido lugar as varas usadas
para transportar a mesa.

9 "Depois, cobrirão com um pano azul o
candelabro, suas lâmpadas, os cortadores de
pavio, os apagadores e as vasilhas especiais
para o óleo. 10 Cobrirão o candelabro e seus
acessórios com couro fino e os colocarão
sobre o suporte usado para transportá-los.

11 "Em seguida, estenderão um pano azul
sobre o altar de ouro e cobrirão o pano com
couro fino. Por fim, colocarão no devido
lugar as varas usadas para transportar o altar.
12 Os demais utensílios usados no serviço do
santuário serão embrulhados em pano azul,
cobertos com couro fino e colocados sobre o
suporte usado para transportá-los.

13 "Removerão as cinzas do altar de
sacrifícios e o cobrirão com um pano roxo.
14 Colocarão todos os utensílios do altar —
os braseiros, os garfos para a carne, as pás,
as bacias e todos os recipientes — sobre o
pano e os cobrirão com couro fino. Por fim,
colocarão no devido lugar as varas usadas
para transportar o altar. 15 O acampamento
estará pronto para se deslocar quando Arão
e seus filhos tiverem terminado de cobrir
o santuário e todos os objetos sagrados.
Os coatitas virão e transportarão tudo até
o lugar de destino. Contudo, não tocarão
nos objetos sagrados, pois, se o fizerem,
morrerão. Esses são os utensílios da tenda
do encontro que os coatitas transportarão.

16 "Eleazar, filho do sacerdote Arão, será
responsável pelo óleo usado no candelabro,
pelo incenso perfumado, pelas ofertas
diárias de cereal e pelo óleo da unção.
De fato, será responsável por todo o taber-
náculo e tudo que nele há, incluindo o
santuário e seus objetos".

17 Então o SENHOR disse a Moisés e a Arão:
18 "Não permitam que os clãs coatitas sejam
eliminados do meio dos levitas. 19 Para
que eles vivam e não morram quando se
aproximarem dos objetos mais sagrados,
vocês devem fazer o seguinte: Arão e seus
filhos sempre entrarão com os coatitas e
dirão a cada um o que deve fazer ou carre-
gar. 20 Os coatitas jamais entrarão para ver
os objetos sagrados, nem mesmo por um
momento, pois, se o fizerem, morrerão".

DEVERES DOS CLÃS GERSONITAS

21 O SENHOR disse a Moisés: 22 "Realize um
censo dos membros dos clãs e das famílias
da divisão gersonita da tribo de Levi. 23 Faça
uma lista de todos os homens de 30 a 50
anos qualificados para servir na tenda
do encontro.

24 "Os clãs gersonitas serão responsáveis
pelo serviço geral e pelo transporte de

[a] **3.47** Em hebraico, *5 siclos segundo o siclo do santuário, equivalente a 20 geras.*
[b] **3.50** Em hebraico, *1.365 siclos*, cerca de 16,4 quilos.
[c] **4.5** Ou *arca do testemunho.*

cargas. 25 Levarão as cortinas do taber-
náculo, a tenda do encontro com suas
coberturas, a cobertura externa de couro
fino e a cortina da entrada da tenda do
encontro. 26 Levarão também as cortinas
divisórias do pátio ao redor do tabernáculo
e do altar, a cortina da entrada do pátio, as
cordas e todos os objetos relacionados ao
seu uso. Os gersonitas são responsáveis
por todos esses itens. 27 Arão e seus filhos
orientarão os gersonitas a respeito de suas
funções, seja o transporte dos objetos ou a
execução de outras tarefas. Encarregarão
os gersonitas daquilo que devem trans-
portar. 28 Essas são as funções dos clãs
gersonitas na tenda do encontro. Prestarão
contas de suas responsabilidades direta-
mente a Itamar, filho do sacerdote Arão."

DEVERES DOS CLÃS MERARITAS

29 "Registre agora os nomes dos membros
dos clãs e das famílias da divisão merarita
da tribo de Levi. 30 Faça uma lista de todos
os homens de 30 a 50 anos qualificados
para servir na tenda do encontro.

31 "Sua única função na tenda do encontro
será transportar cargas. Levarão as armações
do tabernáculo, os travessões, as colunas e as
bases, 32 as colunas das divisórias do pátio
com suas bases, estacas e cordas, e todos os
utensílios e objetos relacionados ao seu uso.
Encarregue cada um, por nome, daquilo que
deve transportar. 33 Essa é a função dos clãs
meraritas na tenda do encontro. Prestarão
contas de sua responsabilidade diretamente
a Itamar, filho do sacerdote Arão".

RESUMO DO REGISTRO

34 Moisés, Arão e os líderes da comunidade
fizeram uma lista com os nomes dos
membros da divisão coatita de acordo com
seus clãs e famílias. 35 A lista incluía todos
os homens de 30 a 50 anos qualificados
para servir na tenda do encontro, 36 tota-
lizando 2.750, de acordo com seus clãs.
37 Esse foi, portanto, o total dos membros
dos clãs coatitas qualificados para servir na
tenda do encontro. Moisés e Arão os regis-
traram conforme o SENHOR havia ordenado
por meio de Moisés.

38 Fizeram uma lista da divisão gersonita
de acordo com seus clãs e famílias. 39 A lista
incluía todos os homens de 30 a 50 anos
qualificados para servir na tenda do encon-
tro, 40 totalizando 2.630, de acordo com seus
clãs e famílias. 41 Esse foi, portanto, o total
dos membros dos clãs gersonitas quali-
ficados para servir na tenda do encontro.
Moisés e Arão os registraram conforme o
SENHOR havia ordenado.

42 Fizeram uma lista da divisão merarita
de acordo com seus clãs e famílias. 43 A lista
incluía todos os homens de 30 a 50 anos
qualificados para servir na tenda do encon-
tro, 44 totalizando 3.200. 45 Esse foi, portanto,
o total dos membros dos clãs meraritas.
Moisés e Arão os registraram conforme o
SENHOR havia ordenado por meio de Moisés.

46 Assim, Moisés, Arão e os líderes de
Israel fizeram uma lista de todos os levitas
de acordo com seus clãs e famílias. 47 O total
de homens de 30 a 50 anos qualificados
para servir na tenda do encontro e para
transportá-la 48 foi de 8.580. 49 Quando
registraram os nomes, conforme o SENHOR
havia ordenado, encarregaram cada
homem de sua tarefa e lhe disseram o que
devia transportar.

Desse modo, o registro foi completado,
conforme o SENHOR havia ordenado a Moisés.

PUREZA NO ACAMPAMENTO DE ISRAEL

5 O SENHOR disse a Moisés: 2 "Ordene aos
israelitas que removam do acampa-
mento todo aquele que sofrer de lepra[a] ou
fluxos corporais ou que tiver se tornado ceri-
monialmente impuro ao tocar num cadáver.
3 Isso se aplica tanto a homens como a
mulheres, para que não contaminem seu
próprio acampamento, onde eu habito no
meio deles". 4 Os israelitas fizeram conforme
o SENHOR havia ordenado a Moisés e remove-
ram essas pessoas do acampamento.

5 Então o SENHOR disse a Moisés: 6 "Dê as
seguintes instruções ao povo de Israel. Se al-
guém do povo, homem ou mulher, ofender
ao SENHOR prejudicando outra pessoa, será
culpado. 7 Confessará seu pecado e pagará
indenização completa pelo dano causado,
com um acréscimo de um quinto do valor,
e entregará o total à pessoa prejudicada.

[a] **5.2** O termo hebraico não se refere somente à hanse-
níase, mas também a diversas doenças de pele.

8 Mas, se a pessoa prejudicada não tiver parentes próximos para receber a indenização, o valor pertencerá ao SENHOR e será entregue ao sacerdote. O culpado também levará um carneiro como sacrifício para fazer expiação por ele. 9 Todas as ofertas sagradas que os israelitas levarem ao sacerdote serão dele. 10 O sacerdote ficará com todas as dádivas sagradas que receber".

PROTEÇÃO PARA A FIDELIDADE CONJUGAL

11 O SENHOR também disse a Moisés: 12 "Dê as seguintes instruções ao povo de Israel.

"Se a esposa de alguém se desviar, for infiel ao marido 13 e tiver relações sexuais com outro homem, sem que o marido ou qualquer outra pessoa fique sabendo, ainda que não haja testemunhas e a esposa não tenha sido pega em flagrante, ela ficará contaminada. 14 Se o marido tiver ciúmes, suspeitar da esposa e precisar saber se ela se contaminou ou não, 15 levará a esposa ao sacerdote. Apresentará em favor dela uma oferta de dois litros[a] de farinha de cevada. Não a misturará com azeite nem incenso, pois é uma oferta pelo ciúme, isto é, uma oferta de testemunho da suspeita, para provar se a mulher é culpada ou não.

16 "O sacerdote a apresentará para ser julgada diante do SENHOR. 17 Numa vasilha de barro, colocará um pouco de água sagrada e a misturará com pó do chão do tabernáculo. 18 Uma vez que o sacerdote tiver apresentado a mulher diante do SENHOR, soltará o cabelo dela e colocará em suas mãos a oferta pelo ciúme como testemunho da suspeita. O sacerdote se colocará diante dela, segurando a vasilha de água amarga que traz maldição sobre os culpados. 19 Em seguida, o sacerdote fará a mulher jurar e lhe dirá: 'Se nenhum outro homem teve relações sexuais com você, e se você não se desviou nem se contaminou enquanto estava debaixo da autoridade de seu marido, que você permaneça imune aos efeitos desta água amarga que traz a maldição. 20 Mas, se você se desviou sendo infiel a seu marido, e contaminou a si mesma tendo relações sexuais com outro homem...'

21 "Nesse momento, o sacerdote fará a mulher jurar: 'Que o povo saiba que a maldição do SENHOR está sobre você quando ele a tornar estéril, fizer seu útero encolher[b] e seu abdômen inchar. 22 Que esta água que traz a maldição entre no seu corpo e faça seu abdômen inchar e seu útero encolher'. E a mulher responderá: 'Amém. Que assim seja'. 23 O sacerdote escreverá essas maldições num pedaço de couro, as raspará de modo que caiam na água amarga, 24 e fará a mulher beber a água amarga que traz a maldição. Se a mulher for culpada, quando a água entrar em seu corpo lhe causará amargo sofrimento.

25 "Em seguida, o sacerdote tirará a oferta pelo ciúme da mão da mulher e a moverá para o alto diante do SENHOR. Depois, levará a oferta até o altar. 26 Tomará um punhado da farinha como oferta simbólica, queimando-a no altar, e exigirá que a mulher beba a água. 27 Se a mulher tiver se contaminado sendo infiel a seu marido, a água que traz a maldição lhe causará amargo sofrimento. Seu abdômen inchará e seu útero encolherá, e ela se tornará maldição entre seu povo. 28 Mas, se ela não tiver se contaminado e estiver pura, não sofrerá castigo e poderá ter filhos.

29 "Essa é a lei ritual para lidar com a suspeita do marido. Se uma esposa se desviar e se contaminar enquanto estiver debaixo da autoridade do marido, 30 ou o marido tiver ciúme e suspeitar que sua esposa foi infiel, ele a apresentará diante do SENHOR, e o sacerdote aplicará em sua totalidade essa lei ritual. 31 O marido será isento de toda a culpa nesse caso, mas a esposa será punida por seu pecado".

LEIS ACERCA DO VOTO NAZIREU

6 Então o SENHOR disse a Moisés: 2 "Dê as seguintes instruções ao povo de Israel.

"Se alguém do povo, homem ou mulher, fizer o voto especial de nazireu e se consagrar ao SENHOR, 3 deixará de beber vinho e outras bebidas fermentadas. Não usará vinagre feito de vinho nem de outras bebidas fermentadas, e não beberá suco de uva nem comerá uvas ou passas. 4 Enquanto estiver

[a] **5.15** Em hebraico, *1/10 de efa*.

[b] **5.21** Em hebraico, *sua coxa definhar*; também em 5.27.

sob o voto de nazireu, não beberá nem
comerá coisa alguma que venha da videira,
nem mesmo sementes ou cascas de uvas.
5 "Enquanto durar o voto, o nazireu será
consagrado ao Senhor e não cortará o cabelo.
Deixará o cabelo crescer até concluir o voto.
6 Não se aproximará de cadáver enquanto
estiver consagrado ao Senhor. 7 Mesmo que
o falecido seja seu pai, mãe, irmão ou irmã,
o nazireu não se contaminará, pois o cabelo
em sua cabeça simboliza sua consagração a
Deus. 8 Essa exigência é válida enquanto ele
estiver consagrado ao Senhor.
9 "Se alguém cair morto ao lado do nazi-
reu, o cabelo que ele consagrou ficará
contaminado. Esperará sete dias e depois
raspará a cabeça. Então, estará purificado
de sua contaminação. 10 No oitavo dia, leva-
rá duas rolinhas ou dois pombinhos para
o sacerdote à entrada da tenda do encon-
tro. 11 O sacerdote oferecerá uma das aves
como oferta pelo pecado, e a outra, como
holocausto. Desse modo, fará expiação pela
culpa resultante do contato com o cadáver.
O nazireu reafirmará seu compromisso e
deixará o cabelo crescer outra vez. 12 Os dias
de voto cumpridos antes da contaminação
não serão contados. Ele se consagrará nova-
mente ao Senhor por todo o período do voto
e apresentará um cordeiro de um ano como
oferta pela culpa.
13 "Essa é a lei ritual para o nazireu.
Quando chegar ao fim do período de con-
sagração, irá até a entrada da tenda do en-
contro 14 e trará suas ofertas ao Senhor: um
cordeiro de um ano e sem defeito como
holocausto, uma cordeira de um ano e
sem defeito como oferta pelo pecado, um
carneiro sem defeito como oferta de paz,
15 um cesto de pães sem fermento, bolos
de farinha da melhor qualidade misturada
com azeite e pães finos untados com azei-
te, junto com as ofertas de cereal e ofertas
derramadas. 16 O sacerdote apresentará as
ofertas diante do Senhor: primeiro a oferta
pelo pecado e o holocausto, 17 depois o car-
neiro para a oferta de paz, junto com o cesto
de pães sem fermento. O sacerdote também
apresentará ao Senhor as ofertas de cereal e
ofertas derramadas.
18 "Em seguida, o nazireu raspará a
cabeça à entrada da tenda do encontro.
Pegará o cabelo que consagrou e o colo-
cará no fogo embaixo do sacrifício da
oferta de paz. 19 Depois que o nazireu tiver
raspado a cabeça, o sacerdote pegará um
ombro cozido de carneiro e, de dentro do
cesto, pegará um bolo e um pão fino sem
fermento e colocará tudo nas mãos do
nazireu. 20 Por fim, o sacerdote os moverá
para o alto como oferta especial diante do
Senhor. Essas são as porções santas para
o sacerdote, junto com o peito da oferta
movida e a coxa da oferta sagrada movidos
diante do Senhor. Depois dessa cerimônia,
o nazireu poderá voltar a beber vinho.
21 "Essa é a lei ritual dos nazireus que
fazem o voto de apresentar essas ofertas
para o Senhor. Se tiverem recursos mate-
riais, apresentarão outras ofertas além
dessas. Devem cumprir o voto que fizeram
quando se consagraram como nazireus".

A BÊNÇÃO SACERDOTAL

22 Então o Senhor disse a Moisés: 23 "Diga a
Arão e a seus filhos que abençoem o povo
de Israel com esta bênção especial:

24 'Que o Senhor o abençoe
e o proteja.
25 Que o Senhor olhe
para você com favor
e lhe mostre bondade.
26 Que o Senhor
se agrade de você
e lhe dê paz'.

27 Assim, Arão e seus filhos colocarão meu
nome sobre os israelitas, e eu mesmo
os abençoarei".

OFERTAS PARA A CONSAGRAÇÃO

7 No dia em que Moisés terminou de
armar o tabernáculo, ele o ungiu e o
consagrou, junto com toda a sua mobília,
o altar e seus utensílios. 2 Então os líderes
de Israel, os chefes das tribos que haviam
realizado o censo dos soldados, chegaram
com suas ofertas. 3 Trouxeram seis carro-
ças cobertas e doze bois, uma carroça para
cada dois líderes e um boi para cada líder,
e apresentaram essas ofertas ao Senhor na
frente do tabernáculo.

4 O SENHOR disse a Moisés: 5 "Receba as ofertas deles para usar no serviço na tenda do encontro. Distribua-as entre os levitas conforme o trabalho de cada um". 6 Então Moisés recebeu as carroças e os bois e os entregou aos levitas. 7 Deu duas carroças e quatro bois à divisão gersonita para seu trabalho 8 e quatro carroças e oito bois à divisão merarita para seu trabalho. Todos realizavam suas tarefas sob a supervisão de Itamar, filho do sacerdote Arão. 9 À divisão dos coatitas, porém, não deu carros nem bois, pois era seu dever carregar nos ombros os objetos sagrados.

10 Quando o altar foi ungido, os líderes das tribos apresentaram ofertas para a consagração do altar. Cada um colocou sua oferta diante do altar. 11 O SENHOR disse a Moisés: "Cada dia um líder trará sua oferta para a consagração do altar".

12 No primeiro dia, Naassom, filho de Aminadabe e líder da tribo de Judá, apresentou sua oferta.

13 Ela consistia em uma bandeja de prata que pesava 1.560 gramas e uma bacia de prata que pesava 840 gramas,[a] com base no peso do siclo do santuário, ambas cheias de ofertas de cereal de farinha da melhor qualidade umedecida com azeite. 14 Trouxe também uma vasilha de ouro que pesava 120 gramas,[b] cheia de incenso. 15 Apresentou ainda um novilho, um carneiro e um cordeiro de um ano como holocausto, 16 e um bode como oferta pelo pecado. 17 Para a oferta de paz, trouxe dois bois, cinco carneiros, cinco bodes e cinco cordeiros de um ano. Essa foi a oferta apresentada por Naassom, filho de Aminadabe.

18 No segundo dia, Natanael, filho de Zuar e líder da tribo de Issacar, apresentou sua oferta.

19 Ela consistia em uma bandeja de prata que pesava 1.560 gramas e uma bacia de prata que pesava 840 gramas, com base no peso do siclo do santuário, ambas cheias de ofertas de cereal de farinha da melhor qualidade umedecida com azeite. 20 Trouxe também uma vasilha de ouro que pesava 120 gramas, cheia de incenso. 21 Apresentou ainda um novilho, um carneiro e um cordeiro de um ano como holocausto, 22 e um bode como oferta pelo pecado. 23 Para a oferta de paz, trouxe dois bois, cinco carneiros, cinco bodes e cinco cordeiros de um ano. Essa foi a oferta apresentada por Natanael, filho de Zuar.

24 No terceiro dia, Eliabe, filho de Helom e líder da tribo de Zebulom, apresentou sua oferta.

25 Ela consistia em uma bandeja de prata que pesava 1.560 gramas e uma bacia de prata que pesava 840 gramas, com base no peso do siclo do santuário, ambas cheias de ofertas de cereal de farinha da melhor qualidade umedecida com azeite. 26 Trouxe também uma vasilha de ouro que pesava 120 gramas, cheia de incenso. 27 Apresentou ainda um novilho, um carneiro e um cordeiro de um ano como holocausto, 28 e um bode como oferta pelo pecado. 29 Para a oferta de paz, trouxe dois bois, cinco carneiros, cinco bodes e cinco cordeiros de um ano. Essa foi a oferta apresentada por Eliabe, filho de Helom.

30 No quarto dia, Elizur, filho de Sedeur e líder da tribo de Rúben, apresentou sua oferta.

31 Ela consistia em uma bandeja de prata que pesava 1.560 gramas e uma bacia de prata que pesava 840 gramas, com base no peso do siclo do santuário, ambas cheias de ofertas de cereal de farinha da melhor qualidade umedecida com azeite. 32 Trouxe também uma vasilha de ouro que pesava 120 gramas, cheia de incenso. 33 Apresentou ainda um novilho, um carneiro e um cordeiro de um ano como holocausto, 34 e um bode como oferta pelo pecado. 35 Para a oferta de paz, trouxe dois bois, cinco carneiros, cinco bodes e cinco cordeiros de um ano. Essa foi a oferta apresentada por Elizur, filho de Sedeur.

---

[a] **7.13** Em hebraico, *uma bandeja de prata pesando 130 [siclos] e uma bacia de prata pesando 70 siclos*; também em 7.19,25,31,37,43,49,55,61,67,73,79,85.

[b] **7.14** Em hebraico, *10 [siclos]*; também em 7.20,26,32,38,44,50,56,62,68,74,80,86.

36 No quinto dia, Selumiel, filho de Zurisadai
e líder da tribo de Simeão, apresentou
sua oferta.

37 Ela consistia em uma bandeja de prata
que pesava 1.560 gramas e uma bacia
de prata que pesava 840 gramas, com
base no peso do siclo do santuário,
ambas cheias de ofertas de cereal de
farinha da melhor qualidade umede-
cida com azeite. 38 Trouxe também uma
vasilha de ouro que pesava 120 gramas,
cheia de incenso. 39 Apresentou ainda
um novilho, um carneiro e um cordeiro
de um ano como holocausto, 40 e um
bode como oferta pelo pecado. 41 Para
a oferta de paz, trouxe dois bois, cinco
carneiros, cinco bodes e cinco cordeiros
de um ano. Essa foi a oferta apresentada
por Selumiel, filho de Zurisadai.

42 No sexto dia, Eliasafe, filho de Deuel e líder
da tribo de Gade, apresentou sua oferta.

43 Ela consistia em uma bandeja de prata
que pesava 1.560 gramas e uma bacia
de prata que pesava 840 gramas, com
base no peso do siclo do santuário,
ambas cheias de ofertas de cereal de
farinha da melhor qualidade umede-
cida com azeite. 44 Trouxe também uma
vasilha de ouro que pesava 120 gramas,
cheia de incenso. 45 Apresentou ainda
um novilho, um carneiro e um cordeiro
de um ano como holocausto, 46 e um
bode como oferta pelo pecado. 47 Para
a oferta de paz, trouxe dois bois, cinco
carneiros, cinco bodes e cinco cordeiros
de um ano. Essa foi a oferta apresentada
por Eliasafe, filho de Deuel.

48 No sétimo dia, Elisama, filho de Amiúde e
líder da tribo de Efraim, apresentou sua oferta.

49 Ela consistia em uma bandeja de prata
que pesava 1.560 gramas e uma bacia
de prata que pesava 840 gramas, com
base no peso do siclo do santuário,
ambas cheias de ofertas de cereal de
farinha da melhor qualidade umede-
cida com azeite. 50 Trouxe também uma
vasilha de ouro que pesava 120 gramas,
cheia de incenso. 51 Apresentou ainda
um novilho, um carneiro e um cordeiro
de um ano como holocausto, 52 e um
bode como oferta pelo pecado. 53 Para
a oferta de paz, trouxe dois bois, cinco
carneiros, cinco bodes e cinco cordeiros
de um ano. Essa foi a oferta apresentada
por Elisama, filho de Amiúde.

54 No oitavo dia, Gamaliel, filho de Pedazur
e líder da tribo de Manassés, apresentou
sua oferta.

55 Ela consistia em uma bandeja de prata
que pesava 1.560 gramas e uma bacia
de prata que pesava 840 gramas, com
base no peso do siclo do santuário,
ambas cheias de ofertas de cereal de
farinha da melhor qualidade umede-
cida com azeite. 56 Trouxe também uma
vasilha de ouro que pesava 120 gramas,
cheia de incenso. 57 Apresentou ainda
um novilho, um carneiro e um cordeiro
de um ano como holocausto, 58 e um
bode como oferta pelo pecado. 59 Para
a oferta de paz, trouxe dois bois, cinco
carneiros, cinco bodes e cinco cordeiros
de um ano. Essa foi a oferta apresentada
por Gamaliel, filho de Pedazur.

60 No nono dia, Abidã, filho de Gideoni e líder
da tribo de Benjamim, apresentou sua oferta.

61 Ela consistia em uma bandeja de prata
que pesava 1.560 gramas e uma bacia
de prata que pesava 840 gramas, com
base no peso do siclo do santuário,
ambas cheias de ofertas de cereal de
farinha da melhor qualidade umedeci-
da com azeite. 62 Trouxe também uma
vasilha de ouro que pesava 120 gra-
mas, cheia de incenso. 63 Apresentou
ainda um novilho, um carneiro e um
cordeiro de um ano como holocausto,
64 e um bode como oferta pelo peca-
do. 65 Para a oferta de paz, trouxe dois
bois, cinco carneiros, cinco bodes e
cinco cordeiros de um ano. Essa foi
a oferta apresentada por Abidã, filho
de Gideoni.

66 No décimo dia, Aieser, filho de Amisadai
e líder da tribo de Dã, apresentou sua oferta.

67 Ela consistia em uma bandeja de prata
que pesava 1.560 gramas e uma bacia
de prata que pesava 840 gramas, com
base no peso do siclo do santuário,

ambas cheias de ofertas de cereal de
farinha da melhor qualidade umedecida
com azeite. 68 Trouxe também uma
vasilha de ouro que pesava 120 gramas,
cheia de incenso. 69 Apresentou ainda
um novilho, um carneiro e um cordeiro
de um ano como holocausto, 70 e um
bode como oferta pelo pecado. 71 Para
a oferta de paz, trouxe dois bois, cinco
carneiros, cinco bodes e cinco cordeiros
de um ano. Essa foi a oferta apresentada
por Aieser, filho de Amisadai.

72 No décimo primeiro dia, Pagiel, filho de
Ocrã e líder da tribo de Aser, apresentou
sua oferta.

73 Ela consistia em uma bandeja de prata
que pesava 1.560 gramas e uma bacia de
prata que pesava 840 gramas, com base
no peso do siclo do santuário, ambas
cheias de ofertas de cereal de farinha
da melhor qualidade umedecida com
azeite. 74 Trouxe também uma vasilha
de ouro que pesava 120 gramas, cheia
de incenso. 75 Apresentou ainda um
novilho, um carneiro e um cordeiro de
um ano como holocausto, 76 e um bode
como oferta pelo pecado. 77 Para a oferta
de paz, trouxe dois bois, cinco carneiros,
cinco bodes e cinco cordeiros de um
ano. Essa foi a oferta apresentada por
Pagiel, filho de Ocrã.

78 No décimo segundo dia, Aira, filho de
Enã e líder da tribo de Naftali, apresentou
sua oferta.

79 Ela consistia em uma bandeja de prata
que pesava 1.560 gramas e uma bacia de
prata que pesava 840 gramas, com base
no peso do siclo do santuário, ambas
cheias de ofertas de cereal de farinha
da melhor qualidade umedecida com
azeite. 80 Trouxe também uma vasilha
de ouro que pesava 120 gramas, cheia
de incenso. 81 Apresentou ainda um
novilho, um carneiro e um cordeiro de
um ano como holocausto, 82 e um bode
como oferta pelo pecado. 83 Para a oferta
de paz, trouxe dois bois, cinco carneiros,
cinco bodes e cinco cordeiros de um ano.
Essa foi a oferta apresentada por Aira,
filho de Enã.

84 Estas foram as ofertas de consagração
apresentadas pelos líderes de Israel quando
o altar foi ungido: 12 bandejas de prata, 12
bacias de prata e 12 vasilhas de ouro com
incenso. 85 Cada bandeja de prata pesava
1.560 gramas e cada bacia de prata pesava
840 gramas. Ao todo, os objetos de prata
pesavam 28,8 quilos,[a] com base no peso do
siclo do santuário. 86 Cada uma das vasilhas
de ouro cheias de incenso pesava 120 gramas,
com base no peso do siclo do santuário.
Ao todo, as vasilhas de ouro pesavam 1.440
gramas.[b] 87 Para os holocaustos foram
apresentados 12 novilhos, 12 carneiros e 12
cordeiros de um ano, junto com as ofertas
obrigatórias de cereal. Para as ofertas pelo
pecado, foram apresentados 12 bodes. 88 Para
as ofertas de paz, foram apresentados 24 bois,
60 carneiros, 60 bodes e 60 cordeiros de um
ano. Essas foram as ofertas para a consagra-
ção do altar depois que este foi ungido.

89 Cada vez que Moisés entrava na tenda
do encontro para falar com o Senhor, ouvia
uma voz que falava com ele por entre os
dois querubins em cima da tampa da arca,
o lugar de expiação, que fica sobre a arca da
aliança.[c] De lá o Senhor falava com Moisés.

A PREPARAÇÃO DAS LÂMPADAS

8 O Senhor disse a Moisés: 2 "Dê as seguin-
tes instruções a Arão. Quando você
colocar as sete lâmpadas, posicione-as de
modo que iluminem o espaço à frente do
candelabro". 3 Arão seguiu essa instrução.
Posicionou as sete lâmpadas de modo que
iluminassem o espaço à frente do candela-
bro, conforme o Senhor havia ordenado a
Moisés. 4 O candelabro todo, desde a base
até as flores, era de ouro batido. Foi feito
exatamente de acordo com o modelo que o
Senhor havia mostrado a Moisés.

A CONSAGRAÇÃO DOS LEVITAS

5 O Senhor disse a Moisés: 6 "Agora, separe os
levitas do restante dos israelitas e torne-os
cerimonialmente puros. 7 Para isso, você
aspergirá sobre eles a água da purificação
e os fará raspar todo o corpo e lavar as
roupas. Assim, estarão cerimonialmente

[a] **7.85** Em hebraico, *2.400 [siclos]*.
[b] **7.86** Em hebraico, *120 [siclos]*.
[c] **7.89** Ou *arca do testemunho*.

puros. 8 Instrua-os a trazerem um novilho e uma oferta de cereal de farinha da melhor qualidade umedecida com azeite, junto com outro novilho como oferta pelo pecado. 9 Reúna toda a comunidade de Israel e apresente os levitas à entrada da tenda do encontro. 10 Quando você trouxer os levitas diante do Senhor, os israelitas colocarão as mãos sobre eles. 11 Com as mãos levantadas, Arão apresentará os levitas ao Senhor como oferta especial dos israelitas e, desse modo, os consagrará ao serviço do Senhor.

12 "Em seguida, os levitas colocarão as mãos sobre a cabeça dos novilhos. Você sacrificará um novilho ao Senhor como oferta pelo pecado, e o outro, como holocausto, a fim de fazer expiação pelos levitas. 13 Coloque os levitas em pé diante de Arão e de seus filhos e, com as mãos levantadas, apresente-os como oferta especial para o Senhor. 14 Assim, você separará os levitas do restante dos israelitas, e os levitas serão meus. 15 Depois disso, eles entrarão na tenda do encontro para realizar o trabalho deles, pois você os purificou e os apresentou como oferta especial.

16 "Dentre todos os israelitas, os levitas são reservados para mim. Tomei-os para mim em lugar de todos os filhos mais velhos dos israelitas; tomei os levitas como seus substitutos. 17 Pois todos os filhos mais velhos e todos os machos das primeiras crias dos animais em Israel são meus. Eu os separei para mim no dia em que feri mortalmente todos os filhos mais velhos dos egípcios e os machos das primeiras crias de seus animais. 18 Sim, tomei para mim os levitas em lugar de todos os filhos mais velhos de Israel. 19 E, dentre todos os israelitas, designei os levitas para Arão e seus filhos. Eles servirão na tenda do encontro em favor dos israelitas e oferecerão sacrifícios para fazer expiação pelo povo, de modo que nenhuma praga os atinja quando se aproximarem do santuário".

20 Assim, Moisés, Arão e toda a comunidade de Israel consagraram os levitas, seguindo todas as instruções que o Senhor deu a Moisés. 21 Os levitas se purificaram e lavaram as roupas, e Arão os apresentou ao Senhor como oferta especial. Em seguida, ofereceu um sacrifício e fez expiação por eles, a fim de purificá-los. 22 Depois disso, os levitas entraram na tenda do encontro para realizar suas tarefas como assistentes de Arão e seus filhos. Assim, fizeram tudo que o Senhor havia ordenado a Moisés a respeito dos levitas.

23 O Senhor também disse a Moisés: 24 "Dê a seguinte instrução aos levitas. Começarão a servir na tenda do encontro aos 25 anos 25 e deixarão o serviço aos 50 anos. 26 Depois que deixarem o serviço, ajudarão seus colegas levitas no trabalho de cuidar da tenda do encontro, mas não realizarão mais as cerimônias. Assim você designará as funções dos levitas".

A SEGUNDA PÁSCOA

9 No primeiro mês[a] do segundo ano desde a saída de Israel do Egito, o Senhor falou com Moisés no deserto do Sinai e disse: 2 "Instrua os israelitas a celebrarem a Páscoa no tempo determinado, 3 ao entardecer do décimo quarto dia do primeiro mês.[b] Siga todos os meus decretos e estatutos a respeito dessa celebração".

4 Então Moisés instruiu o povo a celebrar a Páscoa 5 no deserto do Sinai, ao entardecer do décimo quarto dia do primeiro mês. Eles celebraram a festa ali, conforme o Senhor havia ordenado a Moisés. 6 Alguns dos homens, porém, estavam cerimonialmente impuros por terem tocado num cadáver, e não puderam celebrar a Páscoa naquele dia. Eles se dirigiram a Moisés e Arão no mesmo dia 7 e disseram: "Ficamos cerimonialmente impuros, pois tocamos num cadáver. Mas por que estamos impedidos de apresentar a oferta do Senhor no devido tempo como os demais israelitas?"

8 Moisés respondeu: "Esperem aqui até eu receber instruções do Senhor para vocês".

9 Então o Senhor disse a Moisés: 10 "Dê as seguintes instruções ao povo de Israel. Se alguém do povo, agora ou nas gerações futuras, estiver cerimonialmente impuro no tempo da Páscoa por haver tocado num cadáver, ou se estiver viajando e não puder comparecer à cerimônia, ainda assim

[a] **9.1** No antigo calendário lunar hebraico, o primeiro mês geralmente caía entre março e abril.
[b] **9.3** No antigo calendário lunar hebraico, esse dia caía no final de março, em abril ou no início de maio.

celebrará a Páscoa do Senhor. 11 Oferecerá um sacrifício de Páscoa um mês depois, ao entardecer do décimo quarto dia do segundo mês.[a] Nessa ocasião, comerá o cordeiro de Páscoa, acompanhado de folhas verdes amargas e pão sem fermento. 12 Não deixará sobrar coisa alguma do cordeiro até a manhã seguinte, e não quebrará osso algum do animal. Seguirá todos os decretos acerca da Páscoa.

13 "Aquele que estiver cerimonialmente puro e não estiver viajando, mas ainda assim não celebrar a Páscoa, será eliminado do meio do povo. Se não apresentar a oferta do Senhor no devido tempo, sofrerá as consequências de sua culpa. 14 E, se algum estrangeiro que vive entre vocês desejar celebrar a Páscoa do Senhor, deverá seguir os mesmos decretos. Esses decretos se aplicam tanto aos israelitas de nascimento como aos estrangeiros que vivem entre vocês".

A NUVEM DE FOGO

15 No dia em que foi armado o tabernáculo, a tenda da aliança,[b] a nuvem o cobriu. Desde o entardecer até o amanhecer, a nuvem sobre o tabernáculo parecia uma coluna de fogo. 16 Era assim que sempre acontecia: à noite, a nuvem que cobria o tabernáculo tinha a aparência de fogo. 17 Cada vez que a nuvem se elevava da tenda, o povo de Israel levantava acampamento e a seguia. No lugar onde a nuvem parava, eles acampavam. 18 Assim, viajavam e acampavam por ordem do Senhor, para onde ele os conduzia. Enquanto a nuvem estava sobre o tabernáculo, permaneciam acampados. 19 Se a nuvem ficava sobre o tabernáculo por muito tempo, os israelitas permaneciam ali e cumpriam suas obrigações para com o Senhor. 20 Às vezes a nuvem permanecia apenas alguns dias sobre o tabernáculo, de modo que o povo também ficava apenas alguns dias, conforme o Senhor ordenava. Então, por ordem do Senhor, levantavam acampamento e seguiam viagem. 21 Às vezes a nuvem parava apenas durante a noite e se elevava na manhã seguinte. Dia ou noite, porém, quando a nuvem se elevava, os israelitas levantavam acampamento e seguiam viagem. 22 Se a nuvem permanecia sobre o tabernáculo por dois dias, um mês ou um ano, ficavam acampados e não seguiam viagem. Mas, assim que a nuvem se elevava, levantavam acampamento e seguiam viagem. 23 Com isso, acampavam por ordem do Senhor e viajavam por ordem do Senhor, e cumpriam tudo que o Senhor lhes ordenava por meio de Moisés.

AS TROMBETAS DE PRATA

10 O Senhor também disse a Moisés: 2 "Faça duas trombetas de prata batida. Com elas você chamará a comunidade para se reunir e dará o sinal para levantar acampamento. 3 Quando as duas trombetas soarem, todos se reunirão diante de você à entrada da tenda do encontro. 4 Se apenas uma trombeta soar, somente os líderes, os chefes dos clãs de Israel, se apresentarão a você.

5 "Quando o sinal para seguir viagem soar, as tribos acampadas do lado leste levantarão acampamento e avançarão. 6 Quando o sinal soar pela segunda vez, as tribos acampadas do lado sul virão em seguida. Mande soar dois toques curtos para indicar que devem partir. 7 Mas, quando convocar o povo para uma reunião sagrada, mande soar um toque diferente. 8 Apenas os sacerdotes, os descendentes de Arão, tocarão as trombetas. Essa é uma lei permanente para vocês, a ser cumprida de geração em geração.

9 "Quando chegarem à sua própria terra e guerrearem contra os inimigos que os atacarem, usem as trombetas para soar o alarme. Então o Senhor, seu Deus, se lembrará de vocês e os livrará de seus inimigos. 10 Façam soar as trombetas também em ocasiões alegres, nas festas anuais e no começo de cada mês, e toquem as trombetas ao apresentarem holocaustos e ofertas de paz. As trombetas lhes servirão de recordação diante de seu Deus. Eu sou o Senhor, seu Deus".

OS ISRAELITAS DEIXAM O SINAI

11 No segundo ano desde a saída de Israel do Egito, no vigésimo dia do segundo mês,[c] a nuvem se elevou acima do tabernáculo

[a] **9.11** No antigo calendário lunar hebraico, esse dia caía no final de abril, em maio ou no início de junho.
[b] **9.15** Ou *tenda do testemunho.*

[c] **10.11a** No antigo calendário lunar hebraico, esse dia caía no final de abril, em maio ou no início de junho.

da aliança.[a] 12 Então os israelitas saíram do deserto do Sinai e viajaram de um lugar para outro até a nuvem pousar no deserto de Parã.

13 Da primeira vez que o povo partiu, seguindo as instruções do Senhor a Moisés, 14 o exército da tribo de Judá foi à frente. Marchava atrás de sua bandeira e seu comandante era Naassom, filho de Aminadabe. 15 Em seguida, vieram o exército da tribo de Issacar, comandado por Natanael, filho de Zuar, 16 e o exército da tribo de Zebulom, comandado por Eliabe, filho de Helom.

17 O tabernáculo foi desmontado, e os levitas das divisões gersonita e merarita vieram na sequência, carregando o tabernáculo. 18 O exército de Rúben veio depois, marchando atrás de sua bandeira. Seu comandante era Elizur, filho de Sedeur. 19 Em seguida, vieram o exército da tribo de Simeão, comandado por Selumiel, filho de Zurisadai, 20 e o exército da tribo de Gade, comandado por Eliasafe, filho de Deuel.

21 Então vieram os levitas da divisão coatita carregando os objetos sagrados. Antes que o povo chegasse ao próximo acampamento, o tabernáculo deveria estar armado em seu novo local. 22 O exército de Efraim veio depois, marchando atrás de sua bandeira, comandado por Elisama, filho de Amiúde. 23 Em seguida, vieram o exército da tribo de Manassés, comandado por Gamaliel, filho de Pedazur, 24 e o exército da tribo de Benjamim, comandado por Abidã, filho de Gideoni.

25 O exército de Dã veio por último, marchando atrás de sua bandeira e formando a retaguarda de todos os acampamentos das tribos. Seu comandante era Aieser, filho de Amisadai. 26 Em seguida, vieram o exército da tribo de Aser, comandado por Pagiel, filho de Ocrã, 27 e o exército da tribo de Naftali, comandado por Aira, filho de Enã.

28 Era nessa sequência que os israelitas marchavam, exército após exército.

29 Moisés disse a seu cunhado Hobabe, filho do midianita Reuel: "Estamos a caminho do lugar que o Senhor nos prometeu, pois ele disse: 'Eu o darei a vocês'. Venha conosco e o trataremos bem, pois o Senhor prometeu boas coisas a Israel!".

30 "Não irei", respondeu Hobabe. "Preciso voltar para minha própria terra e para minha família."

31 "Por favor, não nos deixe", pediu Moisés. "Você conhece os lugares do deserto onde poderemos acampar. Venha e seja nosso guia. 32 Se nos acompanhar, compartilharemos com você todas as boas coisas que o Senhor nos der."

33 Depois de partirem do monte do Senhor, marcharam por três dias. A arca da aliança do Senhor ia à frente deles para lhes mostrar onde parar e descansar. 34 A cada dia, enquanto seguiam viagem, a nuvem do Senhor permanecia sobre eles. 35 Sempre que a arca partia, Moisés exclamava: "Levanta-te, ó Senhor! Que teus inimigos se dispersem e teus adversários fujam de diante de ti!". 36 E, quando a arca parava, ele dizia: "Volta, ó Senhor, aos muitos milhares de Israel!".

O POVO SE QUEIXA A MOISÉS

11 O povo começou a reclamar de sua situação ao Senhor, que ouviu tudo que diziam. Então a ira do Senhor se acendeu, e ele enviou fogo que ardeu entre o povo, devorando alguns que viviam nas extremidades do acampamento. 2 O povo gritou, pedindo ajuda a Moisés, e quando ele orou ao Senhor, o fogo se apagou. 3 Depois disso, aquele lugar foi chamado de Taberá,[b] pois o fogo do Senhor ardeu ali entre eles.

4 Então o bando de estrangeiros que viajava com os israelitas começou a desejar intensamente a comida do Egito. E o povo de Israel também começou a se queixar: "Ah, se tivéssemos carne para comer! 5 Que saudade dos peixes que comíamos de graça no Egito! Também tínhamos pepinos, melões, alhos-porós, cebolas e alhos à vontade. 6 Mas, agora, perdemos o apetite. Não vemos outra coisa além desse maná!".

7 O maná era como semente de coentro e tinha aparência de resina. 8 O povo saía e o recolhia do chão. Usava-o para fazer farinha, triturando-o em moinhos manuais ou socando-o em pilões. Depois, cozinhava o maná numa panela e fazia bolos achatados, que tinham gosto de massa folheada assada

Devemos adorá-lo por quem ele é e por tudo que fez e faz por nós. E quem ele é muda tudo a respeito de quem somos.

[a] **10.11b** Ou *tabernáculo do testemunho.*

[b] **11.3** *Taberá* significa "o lugar da queima".

com azeite. 9 O maná caía sobre o acampamento durante a noite, com o orvalho.

10 Moisés ouviu todas as famílias reclamando à entrada de suas tendas, e a ira do SENHOR se acendeu. Com isso, Moisés se revoltou 11 e disse ao SENHOR: "Por que tratas a mim, teu servo, com tanta crueldade? Tem misericórdia de mim! O que fiz para merecer o peso de todo este povo? 12 Por acaso gerei ou dei à luz este povo? Por que me pedes para carregá-lo nos braços como a mãe carrega o bebê que mama? Como o levarei à terra que juraste dar a seus antepassados? 13 Onde conseguirei carne para todo este povo? Eles vêm a mim reclamando dizendo: 'Dê-nos carne para comer!'. 14 Sozinho, não sou capaz de carregar todo este povo! O peso é grande demais! 15 Se é assim que pretendes me tratar, mata-me de uma vez; para mim seria um favor, pois eu não veria esta calamidade!".

MOISÉS ESCOLHE SETENTA LÍDERES

16 Então o SENHOR disse a Moisés: "Reúna diante de mim setenta homens reconhecidos como autoridades e líderes de Israel. Leve-os à tenda do encontro, para que permaneçam ali com você. 17 Eu descerei e falarei com você. Tomarei um pouco do Espírito que está sobre você e o colocarei sobre eles. Assim, dividirão com você o peso do povo, para que não precise carregá-lo sozinho.

18 "Diga ao povo: 'Consagrem-se, pois amanhã terão carne para comer. Vocês reclamaram e o SENHOR os ouviu quando disseram: 'Ah, se tivéssemos carne para comer! Estávamos melhor no Egito!'. Agora o SENHOR lhes dará carne, e vocês terão de comê-la. 19 E não será apenas um dia, ou dois, ou cinco, ou dez ou mesmo vinte. 20 Comerão carne por um mês inteiro, até lhes sair pelo nariz e vocês enjoarem dela, pois rejeitaram o SENHOR que está aqui entre vocês e reclamaram contra ele, dizendo: 'Por que saímos do Egito?'".

21 Moisés, porém, respondeu ao SENHOR: "Tenho comigo um exército de seiscentos mil soldados e, no entanto, dizes: 'Eu lhes darei carne durante um mês inteiro!'. 22 Mesmo que abatêssemos todos os nossos rebanhos, bastaria para satisfazê-los? Mesmo que pegássemos todos os peixes do mar, seria suficiente?".

23 Então o SENHOR disse a Moisés: "Você duvida do meu poder? Agora você verá se minha palavra se cumprirá ou não!".

24 Moisés saiu e transmitiu as palavras do SENHOR ao povo. Reuniu os setenta líderes e os colocou ao redor da tenda da reunião.[a] 25 O SENHOR desceu na nuvem e falou com ele. Depois, deu aos setenta líderes o mesmo Espírito que estava sobre Moisés. E, quando o Espírito pousou sobre eles, os líderes profetizaram, algo que nunca mais aconteceu.

26 Dois homens, Eldade e Medade, haviam permanecido no acampamento. Faziam parte da lista de autoridades, mas não tinham ido à tenda da reunião. E, no entanto, o Espírito também pousou sobre eles, de modo que profetizaram ali no acampamento. 27 Um rapaz correu e contou a Moisés: "Eldade e Medade estão profetizando no acampamento!".

28 Josué, filho de Num, que desde jovem era auxiliar de Moisés, protestou: "Moisés, meu senhor, faça-os parar!".

29 Moisés, porém, respondeu: "Você está com ciúmes por mim? Que bom seria se todos do povo do SENHOR fossem profetas e se o SENHOR colocasse seu Espírito sobre todos eles!". 30 Então Moisés voltou ao acampamento com as autoridades de Israel.

O SENHOR ENVIA CODORNAS

31 O SENHOR mandou um vento que trouxe codornas do lado do mar e as fez voar baixo por todo o acampamento. Numa área de vários quilômetros em todas as direções, voavam a uma altura de quase um metro do chão.[b] 32 O povo saiu e pegou codornas durante todo aquele dia, toda aquela noite e todo o dia seguinte. Ninguém recolheu menos de dez cestos grandes.[c] Em seguida, espalharam as codornas por todo o acampamento para secá-las. 33 Mas, enquanto ainda se empanturravam, com a boca cheia de carne, a ira do SENHOR se

[a] **11.24** Em hebraico, *tenda*; também em 11.26.
[b] **11.31** Ou *cobriam o chão formando uma camada de quase 1 metro* [2 côvados] *de altura*.
[c] **11.32** Em hebraico, *10 ômeres*, cerca de 2.200 litros.

acendeu contra o povo, e ele os feriu com
uma praga terrível. 34 Por isso, aquele lugar
foi chamado de Quibrote-Hataavá,[a] pois ali
sepultaram o povo que cobiçou a carne do
Egito. 35 De Quibrote-Hataavá o povo viajou
para Hazerote, onde ficou algum tempo.

AS QUEIXAS DE MIRIÃ E ARÃO

12 Miriã e Arão criticaram Moisés
porque ele havia se casado com uma
mulher cuxita.[b] 2 Disseram: "Acaso o SENHOR
fala apenas por meio de Moisés? Também
não falou por meio de nós?". E o SENHOR
ouviu isso. 3 (Ora, Moisés era muito humilde,
mais que qualquer outra pessoa na terra.)
4 No mesmo instante, o SENHOR chamou
Moisés, Arão e Miriã e disse: "Vão à tenda do
encontro, vocês três!", e eles foram para lá.
5 Então o SENHOR desceu na coluna de nuvem
e parou à entrada da tenda do encontro.
"Arão e Miriã!", chamou ele. Os dois se apro-
ximaram, 6 e o SENHOR lhes disse: "Ouçam o
que vou dizer:

"Se houver profeta entre vocês,
eu, o SENHOR, me revelarei em visões;
falarei com ele em sonhos.
7 Não é assim, porém, com
meu servo Moisés;
ele tem sido fiel
em toda a minha casa.[c]
8 Falo com ele face a face,
claramente, e não por meio de enigmas;
ele vê a forma do SENHOR.
Como vocês ousaram
criticar meu servo Moisés?".

9 A ira do SENHOR se acendeu contra eles,
e ele se retirou. 10 Enquanto a nuvem se
afastava da tenda, Miriã ficou ali, com a
pele branca como a neve, leprosa.[d] Quando
Arão viu o que havia acontecido com ela,
11 clamou a Moisés: "Ó meu senhor! Por
favor, não nos castigue pelo pecado que
insensatamente cometemos. 12 Não permita
que ela fique como um bebê que nasce
morto, já em decomposição".
13 Então Moisés clamou ao SENHOR:
"Ó Deus, eu suplico que a cures!".
14 O SENHOR respondeu a Moisés: "Se o pai
de Miriã tivesse apenas cuspido no rosto
dela, não ficaria contaminada por sete
dias? Portanto, mantenham-na fora do
acampamento por sete dias. Depois disso,
ela poderá ser aceita de volta".
15 Miriã foi mantida fora do acampamento
por sete dias, e o povo esperou até ela ser
trazida de volta para seguir viagem. 16 Então
saíram de Hazerote e acamparam no
deserto de Parã.

DOZE ESPIÕES FAZEM O RECONHECIMENTO DE CANAÃ

13 O SENHOR disse a Moisés: 2 "Envie
homens para fazer o reconhecimento
da terra de Canaã, a terra que eu dou aos
israelitas. Mande um líder de cada tribo de
seus antepassados". 3 Moisés fez conforme
o SENHOR ordenou. Do acampamento no
deserto de Parã, enviou doze homens, todos
eles chefes das tribos de Israel. 4 Estas eram
as tribos e os nomes de seus líderes:

da tribo de Rúben, Samua, filho de Zacur;
5 da tribo de Simeão, Safate, filho de Hori;
6 da tribo de Judá, Calebe, filho de Jefoné;
7 da tribo de Issacar, Igal, filho de José;
8 da tribo de Efraim, Oseias, filho de Num;
9 da tribo de Benjamim, Palti, filho de Rafu;
10 da tribo de Zebulom, Gadiel, filho de Sodi;
11 da tribo de Manassés, filho de José,
Gadi, filho de Susi;
12 da tribo de Dã, Amiel, filho de Gemali;
13 da tribo de Aser, Setur, filho de Micael;
14 da tribo de Naftali, Nabi, filho de Vofsi;
15 da tribo de Gade, Geuel, filho de Maqui.

16 Esses são os nomes dos homens que
Moisés enviou para explorar a terra.
(Moisés deu a Oseias, filho de Num, o
nome de Josué.)
17 Quando Moisés os enviou para fazer
o reconhecimento da terra, deu-lhes as
seguintes instruções: "Subam pelo Neguebe
até a região montanhosa. 18 Vejam como é
a terra e descubram se seus habitantes
são fortes ou fracos, poucos ou muitos.
19 Observem em que tipo de terra vivem, se
é boa ou ruim. As cidades têm muralhas ou

[a] **11.34** *Quibrote-Hataavá* significa "túmulos da gula".
[b] **12.1** O termo *cuxita* possivelmente indica origem etíope.
[c] **12.7** Ou *de todo o meu povo, é nele que confio.*
[d] **12.10** O termo hebraico não se refere somente à hanseníase, mas também a diversas doenças de pele.

são desprotegidas como campos abertos? 20 O solo é fértil ou pobre? A região tem muitas árvores? Façam todo o possível para trazer de volta amostras das colheitas que encontrarem". (Era a época da colheita das primeiras uvas maduras.)

21 Eles subiram e fizeram o reconhecimento da terra, desde o deserto de Zim até Reobe, perto de Lebo-Hamate. 22 Subiram pelo Neguebe e chegaram a Hebrom, onde viviam Aimã, Sesai e Talmai, todos descendentes de Enaque. (A antiga cidade de Hebrom foi fundada sete anos antes da cidade egípcia de Zoã.) 23 Quando chegaram ao vale de Escol, cortaram um ramo com um só cacho de uvas tão grande que dois deles precisaram carregá-lo numa vara. Levaram também amostras de romãs e figos. 24 Aquele lugar recebeu o nome de vale de Escol,[a] por causa do cacho de uvas que os israelitas cortaram ali.

O RELATÓRIO DA MISSÃO DE RECONHECIMENTO

25 Depois de passarem quarenta dias explorando a terra, os homens retornaram 26 a Moisés, a Arão e a toda a comunidade de Israel em Cades, no deserto de Parã. Relataram o que tinham visto a toda a comunidade e mostraram os frutos que trouxeram da terra. 27 Este foi o relatório que deram a Moisés: "Entramos na terra à qual você nos enviou e, de fato, é uma terra que produz leite e mel com fartura. Aqui está o tipo de fruto que nela há. 28 Contudo, o povo que vive ali é poderoso, e suas cidades são grandes e fortificadas. Vimos até os descendentes de Enaque! 29 Os amalequitas vivem no Neguebe, e os hititas, jebuseus e amorreus vivem na região montanhosa. Os cananeus vivem perto do litoral do mar Mediterrâneo[b] e no vale do Jordão".

30 Calebe tentou acalmar o povo que estava diante de Moisés. "Vamos partir agora mesmo para tomar a terra!", disse ele. "Com certeza podemos conquistá-la!"

31 Mas os outros homens que tinham feito com ele o reconhecimento da terra discordaram: "Não podemos enfrentá-los! São mais fortes que nós!". 32 Então espalharam entre os israelitas um relatório negativo sobre a terra, dizendo: "A terra que atravessamos ao fazer o reconhecimento devorará quem for morar ali! Todas as pessoas que vimos são enormes. 33 Vimos até gigantes,[c] os descendentes de Enaque! Perto deles, nos sentimos como gafanhotos, e também era assim que parecíamos para eles".

O POVO SE REBELA

14 Então toda a comunidade começou a chorar em voz alta e continuou em prantos a noite toda. 2 Suas vozes se elevaram em grande protesto contra Moisés e Arão. "Ah, se ao menos tivéssemos morrido no Egito, ou mesmo aqui no deserto!", diziam. 3 "Por que o SENHOR está nos levando para essa terra só para morrermos em combate? Nossas esposas e crianças serão capturadas como prisioneiros de guerra! Não seria melhor voltarmos para o Egito?" 4 E disseram uns aos outros: "Vamos escolher um novo líder e voltar para o Egito!".

5 Moisés e Arão se curvaram com o rosto em terra diante de toda a comunidade de Israel. 6 Dois dos homens que tinham feito o reconhecimento da terra, Josué, filho de Num, e Calebe, filho de Jefoné, rasgaram suas roupas 7 e disseram a toda a comunidade de Israel: "A terra da qual fizemos o reconhecimento é muito boa! 8 E, se o SENHOR se agradar de nós, ele nos levará em segurança até ela e a dará a nós. É uma terra que produz leite e mel com fartura. 9 Não se rebelem contra o SENHOR e não tenham medo dos povos da terra. Diante de nós, eles estão indefesos! Não têm quem os proteja, mas o SENHOR está conosco! Não tenham medo deles!".

10 Ainda assim, toda a comunidade começou a falar em apedrejar Josué e Calebe. Então a presença gloriosa do SENHOR apareceu na tenda do encontro a todos os israelitas, 11 e o SENHOR disse a Moisés: "Até quando este povo me tratará com desprezo? Será que nunca confiarão em mim, mesmo depois de todos os sinais que realizei entre eles? 12 Eu os deserdarei e os destruirei com uma praga. Então, farei de você um povo ainda maior e mais poderoso que eles!".

[a] **13.24** *Escol* significa "cacho".
[b] **13.29** Em hebraico, *do mar*.
[c] **13.33** Em hebraico, *nefilim*.

MOISÉS INTERCEDE PELO POVO

13 Moisés, porém, respondeu ao SENHOR: "O que
os egípcios pensarão? Eles sabem muito bem
do poder que mostraste ao resgatar o teu povo
do meio deles. 14 Os egípcios informarão isso
aos habitantes dessa terra, que já ouviram
falar que vives entre o teu povo. Sabem,
SENHOR, que apareces ao teu povo face a face
e que a tua nuvem permanece sobre ele e que
vais adiante dele na coluna de nuvem de dia
e na coluna de fogo à noite. 15 Se exterminares
todo este povo com um só golpe, as nações que
ouviram falar de tua fama dirão: 16 'O SENHOR
não foi capaz de levá-los à terra que jurou lhes
dar, por isso os matou no deserto'.

17 "Por favor, Senhor, mostra que o teu poder
é tão grande quanto declaraste. Pois disseste:
18 'O SENHOR é lento para se irar, é cheio de
amor e perdoa todo tipo de pecado e rebeldia.
Contudo, não absolve o culpado; traz as conse-
quências do pecado dos pais sobre os filhos
até a terceira e quarta geração'. 19 De acordo
com o teu grande amor, peço que perdoes os
pecados deste povo, como os tens perdoado
desde que saíram do Egito".

20 Então o SENHOR disse: "Eu os perdoarei,
como você me pediu. 21 Mas, tão certo quanto
eu vivo e tão certo quanto a terra está cheia da
glória do SENHOR, 22 nenhuma dessas pessoas
entrará na terra. Todas elas viram a minha
presença gloriosa e os sinais que realizei no
Egito e no deserto. Repetidamente, porém,
me puseram à prova, recusando-se a ouvir a
minha voz. 23 Jamais verão a terra que jurei dar
a seus antepassados. Nenhum daqueles que
me trataram com desprezo a verá. 24 Meu servo
Calebe, no entanto, teve uma atitude diferente
dos demais. Permaneceu fiel a mim, por isso
eu o farei entrar na terra da qual fez o reconhe-
cimento, e seus descendentes tomarão posse
dela. 25 Agora, deem meia-volta e não sigam
rumo à terra onde habitam os amalequitas e
cananeus. Amanhã partirão para o deserto, em
direção ao mar Vermelho".[a]

O SENHOR CASTIGA OS ISRAELITAS

26 Então o SENHOR disse a Moisés e a Arão:
27 "Até quando precisarei tolerar esta comu-
nidade perversa e suas queixas contra mim?
Sim, ouvi as queixas dos israelitas contra
mim. 28 Agora, digam-lhes o seguinte: 'Tão
certo quanto eu vivo, declara o SENHOR, farei
com vocês exatamente aquilo que os ouvi
dizerem. 29 Todos vocês cairão mortos neste
deserto! Uma vez que se queixaram contra
mim, todos com mais de 20 anos que foram
contados no censo morrerão. 30 Não entra-
rão nem tomarão posse da terra que eu jurei
lhes dar, para que nela morassem. As únicas
exceções serão Calebe, filho de Jefoné, e
Josué, filho de Num.

31 "'Vocês disseram que seus filhos seriam
tomados como prisioneiros de guerra.
Pois bem, eu os farei entrar na terra em
segurança, e eles desfrutarão daquilo que
vocês desprezaram. 32 Mas, quanto a vocês,
cairão mortos neste deserto. 33 Seus filhos
serão como pastores, andando sem rumo
pelo deserto durante quarenta anos. Desse
modo, sofrerão a consequência de sua infi-
delidade, até que o último de vocês morra
no deserto.

34 "'Uma vez que seus espiões passaram
quarenta dias fazendo o reconhecimento da
terra, vocês andarão sem rumo pelo deserto
durante quarenta anos, um ano para cada
dia, como punição por sua culpa. Assim,
saberão o resultado de se opor a mim'. 35 Eu,
o SENHOR, falei! Certamente farei essas coisas
a todos os membros da comunidade que
conspiraram contra mim. Serão destruídos
neste deserto, e aqui morrerão!".

36 Os homens que Moisés tinha enviado
para fazer o reconhecimento da terra,
aqueles que instigaram a rebelião contra
ele com seu relatório negativo, 37 morreram
repentinamente de uma praga diante do
SENHOR. 38 Dos homens que haviam feito o
reconhecimento da terra, apenas Josué e
Calebe sobreviveram.

39 Quando Moisés transmitiu essas pala-
vras aos israelitas, eles se encheram de tris-
teza. 40 No dia seguinte, levantaram-se cedo
e subiram em direção ao alto dos montes.
"Vamos!", disseram. "Reconhecemos que
pecamos, mas agora estamos prontos para
entrar na terra que o SENHOR nos prometeu."

41 Moisés, porém, disse: "Por que desobe-
decem à ordem do SENHOR? Isso não dará
certo! 42 Não subam para a terra agora, pois o
SENHOR não estará com vocês. Seus inimigos

[a] **14.25** Em hebraico, *mar de juncos*.

os aniquilarão! 43 Quando enfrentarem os amalequitas e cananeus na batalha, serão massacrados. Porque vocês abandonaram o SENHOR, ele os abandonará".

44 Arrogantemente, os israelitas avançaram até o alto dos montes, apesar de Moisés e a arca da aliança do SENHOR terem ficado no acampamento. 45 Então os amalequitas e cananeus que viviam naqueles montes desceram, derrotaram os israelitas e os perseguiram até Hormá.

LEIS ACERCA DAS OFERTAS

15 Então o SENHOR disse a Moisés: 2 "Dê as seguintes instruções ao povo de Israel.

"Quando vocês se estabelecerem na terra que eu lhes dou, 3 apresentarão ofertas especiais como aroma agradável ao SENHOR. Essas ofertas poderão ser apresentadas de diferentes formas: um holocausto, um sacrifício para cumprir um voto, uma oferta voluntária ou uma oferta em alguma das festas anuais, e serão de seus rebanhos de bois ou ovelhas. 4 Quando apresentarem essas ofertas, também entregarão ao SENHOR uma oferta de cereal de dois litros[a] de farinha da melhor qualidade misturada com um litro[b] de azeite. 5 Para cada cordeiro apresentado como holocausto ou sacrifício, vocês entregarão também um litro de vinho como oferta derramada.

6 "Se o sacrifício for um carneiro, apresentem uma oferta de cereal de quatro litros[c] de farinha da melhor qualidade misturada com um litro e um terço[d] de azeite 7 e um litro e um terço de vinho como oferta derramada. Será um aroma agradável ao SENHOR.

8 "Quando apresentarem um novilho como holocausto, como sacrifício para cumprir um voto, ou como oferta de paz ao SENHOR, 9 também entregarão uma oferta de cereal de seis litros[e] de farinha da melhor qualidade misturada com dois litros[f] de azeite 10 e dois litros de vinho como oferta derramada. Será uma oferta especial, um aroma agradável ao SENHOR.

11 "Cada sacrifício de novilho, carneiro, cordeiro ou cabrito deverá ser preparado dessa maneira. 12 Sigam essas instruções para cada sacrifício que apresentarem. 13 Todos os israelitas de nascimento seguirão essas instruções quando apresentarem uma oferta especial como aroma agradável ao SENHOR. 14 E, se algum estrangeiro que os visita ou que vive entre vocês ou entre seus descendentes quiser apresentar uma oferta especial como aroma agradável ao SENHOR, deverá seguir os mesmos procedimentos. 15 Os israelitas de nascimento e os estrangeiros são iguais diante do SENHOR e estão sujeitos aos mesmos decretos da comunidade. Essa é uma lei permanente para vocês, a ser cumprida de geração em geração. 16 As mesmas instruções e ordens se aplicam tanto a vocês como aos estrangeiros que vivem em seu meio".

17 Então o SENHOR disse a Moisés: 18 "Dê as seguintes instruções ao povo de Israel.

"Quando chegarem à terra para onde os levo 19 e comerem das colheitas que ela produz, separarão uma parte como oferta para o SENHOR. 20 Apresentem um bolo feito da primeira farinha que moerem e separem-no como oferta, como fazem com os primeiros cereais da eira. 21 Todas as gerações futuras apresentarão ao SENHOR uma oferta da primeira farinha que moerem.

22 "Se vocês, sem intenção, deixarem de cumprir todos esses mandamentos que o SENHOR ordenou a Moisés, 23 sim, tudo que o SENHOR lhes ordenou por meio de Moisés, desde o dia em que ele o ordenou, para vocês e para as gerações futuras, 24 e a comunidade não se der conta de seu erro, toda a comunidade apresentará um novilho como holocausto de aroma agradável ao SENHOR. O sacrifício será apresentado junto com a oferta de cereal e a oferta derramada, conforme prescrito, e também com um bode como oferta pelo pecado. 25 Com essa oferta, o sacerdote fará expiação por toda a comunidade de Israel, e ela será perdoada. O pecado não foi intencional e foi expiado com as ofertas apresentadas ao SENHOR, a oferta especial e a oferta pelo pecado. 26 Toda a comunidade de Israel será perdoada, incluindo os estrangeiros que vivem entre vocês, pois o pecado envolveu todo o povo.

[a] **15.4a** Em hebraico, *1/10 de efa.*
[b] **15.4b** Em hebraico, *1/4 de him*; também em 15.5.
[c] **15.6a** Em hebraico, *2/10 de efa.*
[d] **15.6b** Em hebraico, *1/3 de him*; também em 15.7.
[e] **15.9a** Em hebraico, *3/10 de efa.*
[f] **15.9b** Em hebraico, *1/2 de him*; também em 15.10.

27 "Se um único indivíduo cometer um
pecado não intencional, apresentará uma
cabra de um ano como oferta pelo pecado.
28 O sacerdote a sacrificará a fim de fazer
expiação pelo culpado diante do SENHOR,
e ele será perdoado. 29 Essas instruções
sobre o pecado involuntário se aplicam
tanto aos israelitas de nascimento como
aos estrangeiros que vivem em seu meio.
30 "Mas aquele que arrogantemente
fizer algo contrário à vontade de Deus,
seja israelita de nascimento ou estran-
geiro, blasfema contra o SENHOR e deverá
ser eliminado do meio do povo. 31 Uma
vez que tratou a palavra do SENHOR com
desprezo e desobedeceu à sua ordem de
propósito, deverá ser eliminado e sofrer o
castigo por sua culpa".

O CASTIGO POR NÃO GUARDAR O SÁBADO

32 Certo dia, enquanto o povo de Israel
estava no deserto, encontraram um homem
recolhendo lenha no sábado. 33 As pessoas
que o encontraram recolhendo lenha o
levaram perante Moisés, Arão e o restante
da comunidade. 34 Como ainda não estava
determinado o que fariam com ele, mantive-
ram o homem preso. 35 Então o SENHOR disse
a Moisés: "O homem deve ser executado!
Toda a comunidade o apedrejará fora do
acampamento". 36 Assim, toda a comuni-
dade levou o homem para fora do acampa-
mento e o apedrejou até a morte, conforme
o SENHOR havia ordenado a Moisés.

FRANJAS NAS ROUPAS

37 O SENHOR disse a Moisés: 38 "Dê as
seguintes instruções ao povo de Israel.
Vocês e as gerações futuras farão franjas
na bainha da roupa e as prenderão com
um fio azul. 39 Quando virem as franjas,
recordarão todos os mandamentos do
SENHOR e os cumprirão. Assim, não serão
infiéis, seguindo os desejos de seu
coração e de seus olhos. 40 As franjas os
ajudarão a lembrar que devem obede-
cer a todos os meus mandamentos e
ser santos para o seu Deus. 41 Eu sou o
SENHOR, seu Deus, que os tirou da terra
do Egito para ser o seu Deus. Eu sou o
SENHOR, seu Deus".

A REBELIÃO DE CORÁ

16 Corá, filho de Isar, descendente
de Coate, filho de Levi, armou
uma conspiração com Datã e Abirão,
filhos de Eliabe, e Om, filho de Pelete, da
tribo de Rúben. 2 Com outros 250 líderes
israelitas, todos membros importantes
da comunidade, os três instigaram uma
rebelião contra Moisés. 3 Juntaram-se
contra Moisés e Arão e disseram: "Vocês
foram longe demais! A comunidade foi
consagrada pelo SENHOR, e ele está em
nosso meio. Que direito vocês têm de agir
como se fossem superiores à comunidade
do SENHOR?".
4 Quando Moisés ouviu o que disse-
ram, curvou-se com o rosto em terra.
5 Em seguida, disse a Corá e a seus segui-
dores: "Amanhã cedo o SENHOR nos mostrará
quem pertence a ele[a] e quem é consagrado.
Só trará à sua presença aqueles que ele esco-
lher. 6 Você, Corá, e todos os seus seguidores,
preparem incensários. 7 Amanhã, acendam
fogo neles e queimem incenso diante do
SENHOR. Então veremos quem o SENHOR esco-
lherá como consagrado a ele. Vocês, levitas,
foram longe demais!".
8 Moisés falou novamente a Corá: "Agora
ouçam, levitas! 9 Acaso lhes parece de pouca
importância que o Deus de Israel os tenha
escolhido dentre toda a comunidade de
Israel para estar perto dele a fim de traba-
lharem no tabernáculo do SENHOR e estarem
perante a comunidade para servi-la? 10 Ele
já deu a você, Corá, e a seus companheiros
levitas essa função, e agora exigem também
o serviço sacerdotal? 11 Na verdade, é contra
o SENHOR que você e seus seguidores estão
se rebelando! Afinal, quem é Arão para se
queixarem dele?".
12 Então Moisés mandou chamar Datã e
Abirão, filhos de Eliabe, mas eles respon-
deram: "Não iremos! 13 Não basta você nos
ter tirado do Egito, uma terra que produz
leite e mel com fartura, para nos matar aqui
no deserto? Agora quer nos tratar como se
fosse autoridade sobre nós? 14 Além disso,
você não nos levou a outra terra que produz
leite e mel com fartura, e não nos deu uma
nova propriedade com campos e vinhedos.

[a] **16.5** A Septuaginta traz *Deus visitou e conhece os que são seus.* Comparar com 2Tm 2.19.

Está tentando enganar estes homens?[a] Não iremos!".

15 Moisés ficou furioso e disse ao Senhor: "Não aceites as ofertas de cereais deles! Não tomei deles nem sequer um jumento, e jamais lhes fiz algum mal". 16 E Moisés disse a Corá: "Você e seus seguidores venham aqui amanhã e apresentem-se diante do Senhor. Arão também virá. 17 Você e cada um de seus 250 seguidores prepararão um incensário e colocarão incenso nele, a fim de apresentá-lo diante do Senhor. Arão também trará seu incensário".

18 Cada um deles preparou um incensário, acendeu o fogo e colocou incenso nele. Depois, todos se apresentaram à entrada da tenda do encontro com Moisés e Arão. 19 Corá havia instigado toda a comunidade contra Moisés e Arão, e todos se reuniram à entrada da tenda do encontro. Então a presença gloriosa do Senhor apareceu a toda a comunidade, 20 e o Senhor disse a Moisés e a Arão: 21 "Afastem-se dessa comunidade, para que eu a destrua agora mesmo!".

22 Moisés e Arão, porém, se prostraram com o rosto em terra e suplicaram. "Ó Deus, tu és aquele que dá fôlego a todas as criaturas. É necessário que fiques irado com toda a comunidade quando somente um homem pecou?".

23 O Senhor disse a Moisés: 24 "Então diga a toda a comunidade que se afaste das tendas de Corá, Datã e Abirão".

25 Moisés se levantou e foi até as tendas de Datã e Abirão, e as autoridades de Israel o seguiram. 26 "Vamos!", disse ele ao povo. "Afastem-se das tendas destes homens perversos e não toquem em coisa alguma que seja deles. Do contrário, vocês serão destruídos por causa dos pecados deles." 27 Todo o povo se afastou das tendas de Corá, Datã e Abirão, e Datã e Abirão saíram e ficaram em pé à entrada das tendas, junto com suas esposas, seus filhos e suas crianças pequenas.

28 Então Moisés disse: "Assim vocês saberão que o Senhor me enviou para fazer todas estas coisas que tenho feito, pois não as realizei por minha própria conta. 29 Se estes homens morrerem de causas naturais, ou se nada fora do comum acontecer, então o Senhor não me enviou. 30 Mas, se o Senhor fizer algo completamente novo e o chão abrir sua boca e os engolir junto com todos os seus pertences, e eles descerem vivos à sepultura,[b] vocês saberão que estes homens mostraram desprezo pelo Senhor".

31 Mal ele havia acabado de dizer essas palavras, e o chão debaixo deles rachou. 32 A terra abriu a boca e engoliu os homens, todas as suas famílias, todos os seus seguidores e tudo que possuíam. 33 Desceram vivos à sepultura, junto com todos os seus pertences. A terra se fechou sobre eles, e desapareceram do meio da comunidade. 34 Todo o povo que estava ao redor fugiu quando ouviu os gritos deles. "A terra nos engolirá também!", exclamaram. 35 Em seguida, um fogo ardente saiu do Senhor e queimou os 250 homens que ofereciam incenso.

36[c] O Senhor disse a Moisés: 37 "Ordene a Eleazar, filho do sacerdote Arão, que tire todos os incensários do meio do fogo, pois são santos. Diga-lhe também que espalhe as brasas. 38 Pegue os incensários dos homens que pecaram e pagaram por isso com a própria vida e bata o metal com um martelo, até formar uma lâmina para revestir o altar. Uma vez que esses incensários foram usados na presença do Senhor, eles se tornaram santos. Que sirvam de advertência para o povo de Israel".

39 O sacerdote Eleazar recolheu os incensários de bronze usados pelos homens que morreram queimados e bateu o metal com um martelo, até formar uma lâmina para revestir o altar. 40 Essa lâmina serviria como recordação aos israelitas; ninguém que não fosse descendente de Arão poderia entrar na presença do Senhor para queimar incenso. Se alguém o fizesse, aconteceria a ele o mesmo que havia acontecido a Corá e seus seguidores, conforme o Senhor tinha dito por meio de Moisés.

41 Logo na manhã seguinte, porém, toda a comunidade de Israel começou a se queixar de Moisés e Arão outra vez. "Vocês mataram o povo do Senhor!", diziam eles.

[a] **16.14** Em hebraico, *Está tentando furar os olhos destes homens?*

[b] **16.30** Em hebraico, *ao Sheol*; também em 16.33.

[c] **16.36** No texto hebraico, os versículos 16.36-50 são numerados 17.1-15.

42 Mas, enquanto se reuniam para protestar
contra Moisés e Arão, voltaram-se para a
tenda do encontro e viram a nuvem cobri-la,
e a presença gloriosa do SENHOR apareceu.
43 Moisés e Arão foram para a frente da
tenda do encontro, 44 e o SENHOR disse a
Moisés: 45 "Afaste-se desta comunidade, para
que eu a destrua agora mesmo!", e Moisés
e Arão se prostraram com o rosto em terra.
46 Então Moisés disse a Arão: "Rápido!
Pegue um incensário e coloque nele brasas
do altar. Acrescente incenso e leve-o para o
meio da comunidade, a fim de fazer expia-
ção por ela, pois a ira do SENHOR está acesa, e
a praga já começou!".
47 Arão seguiu a ordem de Moisés e correu
para o meio da comunidade. A praga já
havia começado a matá-los, mas Arão
queimou o incenso e fez expiação por eles.
48 Colocou-se entre os mortos e os vivos,
e a praga cessou. 49 Ainda assim, 14.700
pessoas morreram da praga, além daqueles
que tinham morrido por causa da rebelião
de Corá. 50 Uma vez que a praga cessou,
Arão voltou a Moisés, que estava à entrada
da tenda do encontro.

A VARA DE ARÃO FLORESCE

17 1[a] O SENHOR disse a Moisés: 2 "Diga
aos israelitas que tragam doze varas
de madeira, uma para cada líder das tribos
de seus antepassados. Escreva o nome de
cada líder em sua vara. 3 Na vara da tribo de
Levi, escreva o nome de Arão, pois é neces-
sário que haja uma vara para cada chefe das
tribos de seus antepassados. 4 Coloque as
varas na tenda do encontro, diante da arca
que contém as tábuas da aliança,[b] onde eu
me encontro com você. 5 A vara daquele que
eu escolher florescerá, e eu acabarei de vez
com a murmuração e as queixas dos israeli-
tas contra vocês".
6 Moisés transmitiu as instruções ao
povo de Israel, e cada um dos doze líderes
das tribos, incluindo Arão, levou uma vara
para Moisés. 7 Então Moisés colocou as
varas na presença do SENHOR na tenda da
aliança.[c] 8 No dia seguinte, quando Moisés
entrou na tenda da aliança, viu que a vara
de Arão, que representava a tribo de Levi,
tinha florescido, produzindo brotos, botões,
flores e amêndoas maduras.
9 Depois que retirou as varas da presença
do SENHOR, Moisés as mostrou para o povo,
e cada líder tomou de volta sua vara.
10 O SENHOR disse a Moisés: "Ponha a vara de
Arão permanentemente diante da arca da
aliança,[d] para que sirva de advertência aos
rebeldes. Isso acabará com as queixas deles
contra mim e evitará mais mortes". 11 Moisés
fez conforme o SENHOR lhe ordenou.
12 Então os israelitas disseram a Moisés:
"Estamos condenados! Vamos morrer,
vamos todos morrer! 13 Quem se aproximar
do tabernáculo do SENHOR morrerá. Será que
estamos todos condenados a morrer?".

DEVERES DOS SACERDOTES E LEVITAS

18 O SENHOR disse a Arão: "Você, seus
filhos e seus parentes da tribo de
Levi serão responsabilizados por quaisquer
ofensas relacionadas ao santuário. Mas
somente você e seus filhos serão respon-
sabilizados por ofensas relacionadas ao
serviço sacerdotal.
2 "Traga seus parentes da tribo de Levi, a
tribo de seus antepassados, para ajudarem
você e seus filhos a cumprir o serviço
diante da tenda da aliança.[e] 3 Quando os
levitas realizarem as tarefas que lhes foram
designadas na tenda, deverão cuidar para
que não se aproximem de qualquer dos
objetos sagrados nem do altar. Se o fizerem,
tanto eles como vocês morrerão. 4 Junto
com vocês, os levitas cumprirão as respon-
sabilidades de cuidar da tenda do encontro
e trabalhar nela, mas ninguém que não seja
autorizado poderá se aproximar.
5 "Vocês se encarregarão pessoalmente
do serviço no santuário e no altar, para que
minha ira não volte a se acender contra o
povo de Israel. 6 Eu mesmo escolhi, dentre
todos os israelitas, seus parentes, os levitas,

[a] **17.1** No texto hebraico, os versículos 17.1-13 são numerados 17.16-28.

[b] **17.4** Em hebraico, *na tenda do encontro, diante do testemunho*. O termo hebraico para "testemunho" se refere aos termos da aliança do SENHOR com Israel escritos em tábuas de pedra guardadas na arca, e também à aliança em si.

[c] **17.7** Ou *tabernáculo do testemunho*; também em 17.8.

[d] **17.10** Em hebraico, *diante do testemunho*; ver nota em 17.4.

[e] **18.2** Ou *tabernáculo do testemunho*.

como presente para vocês, consagrados ao Senhor para o serviço na tenda do encontro. 7 Mas você e seus filhos, os sacerdotes, devem se encarregar pessoalmente de todo o serviço sacerdotal relacionado ao altar e ao que está por trás da cortina interna. Eu lhes dou o serviço sacerdotal como um presente. Qualquer pessoa não autorizada que se aproximar do santuário será morta".

O SUSTENTO DOS SACERDOTES E LEVITAS

8 O Senhor disse ainda a Arão: "Eu mesmo o encarreguei de todas as ofertas sagradas que os israelitas trazem a mim. Dou todas essas ofertas consagradas a você e a seus filhos como sua porção permanente. 9 A parte das ofertas santíssimas que não é queimada no fogo é reservada para vocês. Essa porção de todas as ofertas santíssimas trazidas a mim, tanto das ofertas de cereal como das ofertas pelo pecado e das ofertas pela culpa, é santíssima e pertence a você e a seus filhos. 10 Comam-na como oferta santíssima. Todos os sacerdotes a comerão e a considerarão santíssima.

11 "Todas as ofertas sagradas e ofertas movidas que os israelitas apresentarem a mim, movendo-as para o alto diante do altar, também pertencerão a vocês. Eu as dou a você e a seus filhos e filhas como sua porção permanente. Qualquer membro de sua família que estiver cerimonialmente puro comerá dessas ofertas.

12 "Também dou a vocês as primeiras ofertas das colheitas que o povo apresentar ao Senhor: o melhor do azeite, do vinho novo e dos cereais. 13 Todas as primeiras colheitas da terra que o povo apresentar ao Senhor pertencem a vocês. Qualquer membro de sua família que estiver cerimonialmente puro comerá desses alimentos.

14 "Tudo que em Israel for consagrado para o Senhor também pertence a vocês.

15 "O primeiro filho de cada família e a primeira cria de cada animal, oferecidos ao Senhor, serão seus. Mas o primeiro filho e a primeira cria de animais cerimonialmente impuros serão sempre resgatados. 16 Vocês deverão resgatá-los quando eles tiverem um mês de idade. (O preço do resgate é de cinco peças de prata, com base no siclo do santuário, equivalente a doze gramas cada peça.[a])

17 "Não deverão resgatar, porém, as primeiras crias das vacas, ovelhas e cabras; elas foram separadas. Aspirja seu sangue sobre o altar e queime a gordura como oferta especial, um aroma agradável ao Senhor. 18 A carne desses animais pertencerá a vocês, como o peito e a coxa direita que são movidas para o alto como oferta especial diante do altar. 19 Sim, eu dou a você todas essas ofertas sagradas que os israelitas apresentam ao Senhor. São para você e para seus filhos e filhas, para serem consumidos como sua porção permanente. Essa é uma aliança sem fim e irrevogável[b] entre o Senhor e você, e também se aplica a seus descendentes".

20 O Senhor disse mais a Arão: "Vocês, sacerdotes, não receberão herança nem propriedade alguma na terra do povo. Eu sou sua propriedade e sua herança entre os israelitas. 21 Darei aos levitas os dízimos de todo o povo de Israel como herança por seus serviços na tenda do encontro.

22 "De agora em diante, nenhum israelita se aproximará da tenda do encontro. Se alguém se aproximar, será declarado culpado e morrerá. 23 Somente os levitas servirão na tenda do encontro, e serão responsabilizados por quaisquer ofensas contra ela. Essa é uma lei permanente para vocês, a ser cumprida de geração em geração. Os levitas não herdarão porção alguma de terra entre os israelitas, 24 pois eu lhes dou os dízimos dos israelitas, apresentados como ofertas para o Senhor. Essa será a herança dos levitas. Por isso eu disse que eles não herdariam terra alguma entre os israelitas".

25 O Senhor disse ainda a Moisés: 26 "Dê as seguintes instruções aos levitas. Quando receberem dos israelitas os dízimos que eu dou a vocês como sua herança, entreguem a décima parte deles — um dízimo dos dízimos — ao Senhor como oferta. 27 Essa será considerada sua oferta das colheitas, como se fosse o primeiro cereal de sua eira ou do vinho de sua prensa de uvas.

Deus molda a nossa mente para que ela se expanda até onde ele deseja.

[a] **18.16** Em hebraico, *5 siclos segundo o siclo do santuário, equivalente a 20 geras.*

[b] **18.19** Em hebraico, *de sal.*

28 Apresentem a décima parte do dízimo
recebido dos israelitas como oferta para o
SENHOR. Essa é a porção sagrada do SENHOR,
e vocês devem apresentá-la ao sacerdote
Arão. 29 Entreguem ao SENHOR as melho-
res porções de todas as ofertas sagradas
que receberem.
30 "Dê também as seguintes instruções
aos levitas. Quando apresentarem a melhor
parte como sua oferta, ela será considerada
como se tivesse vindo de sua própria eira
ou de sua prensa de uvas. 31 Vocês e suas
famílias comerão desse alimento onde
quiserem, pois é a recompensa por seu
serviço na tenda do encontro. 32 Não serão
considerados culpados por aceitarem os
dízimos, desde que entreguem a melhor
porção aos sacerdotes. Mas tomem cuidado
para não tratar as ofertas sagradas dos
israelitas como se fosse algo qualquer. Se o
fizerem, morrerão".

A ÁGUA DA PURIFICAÇÃO

19 O SENHOR disse a Moisés e a Arão:
2 "Esta é uma prescrição da lei que
o SENHOR ordenou: Diga aos israelitas que
tragam até vocês uma novilha vermelha,
um animal perfeito, sem defeito, sobre o
qual nunca tenha sido colocada a canga
de um arado. 3 Entreguem a novilha ao
sacerdote Eleazar. Ele a levará para fora do
acampamento e, na presença dele, a novilha
será morta. 4 Eleazar pegará com o dedo um
pouco do sangue e dele aspergirá sete vezes
na direção da entrada da tenda do encontro.
5 A novilha inteira — couro, carne, sangue e
excrementos — será queimada na presença
de Eleazar. 6 Então ele pegará um pedaço de
madeira de cedro, um ramo de hissopo e um
pouco de fio vermelho e os lançará no fogo
onde a novilha estiver sendo queimada.
7 "Em seguida, o sacerdote lavará suas
roupas e se banhará com água. Depois
disso, voltará ao acampamento, mas ficará
cerimonialmente impuro até o entardecer.
8 O homem que queimar a novilha também
lavará suas roupas e se banhará com água,
e também ficará impuro até o entardecer.
9 Então uma pessoa cerimonialmente pura
juntará as cinzas da novilha e as colocará
num lugar cerimonialmente puro fora do
acampamento. Elas ficarão guardadas ali
para que a comunidade de Israel as use na
cerimônia da água de purificação, para a
remoção de pecados. 10 O homem que reco-
lher as cinzas da novilha lavará suas roupas
e ficará impuro até o entardecer. Essa é uma
lei permanente para os israelitas e para os
estrangeiros que vivem entre eles.
11 "Quem tocar num cadáver humano
ficará cerimonialmente impuro por sete
dias. 12 No terceiro e no sétimo dia, ele se
purificará com a água da purificação; então,
estará puro. Mas, se não seguir esse proce-
dimento no terceiro e no sétimo dia, conti-
nuará impuro mesmo depois do sétimo dia.
13 Quem toca num cadáver e não se purifica
corretamente contamina o tabernáculo do
SENHOR e será eliminado do povo de Israel.
Permanecerá impuro, uma vez que a água
da purificação não foi aspergida sobre ele.
14 "A seguinte lei se aplica quando alguém
morre numa tenda. Quem entrar nessa
tenda e quem estiver dentro dela quando
a morte ocorrer ficarão cerimonialmente
impuros por sete dias. 15 Qualquer vasilha
que não tiver sido tampada também ficará
contaminada. 16 Se, ao andar pelo campo,
alguém tocar no cadáver de uma pessoa
morta à espada ou que tenha morrido de
causas naturais, ou tocar num osso humano
ou num túmulo, ficará impuro por sete dias.
17 "Para remover a contaminação, colo-
quem parte das cinzas do holocausto de
purificação num jarro e derramem água
corrente por cima. 18 Então uma pessoa
cerimonialmente pura pegará um ramo de
hissopo e o molhará na água. Em seguida,
aspergirá a água sobre a tenda, sobre todos
os seus utensílios e sobre as pessoas que
estavam na tenda; fará o mesmo com a
pessoa que tocou num osso humano, ou
num morto, ou em alguém que morreu de
causas naturais, ou que tocou num túmulo.
19 No terceiro e no sétimo dia, a pessoa
cerimonialmente pura aspergirá água sobre
quem estiver contaminado. No sétimo dia,
aquele que está sendo purificado lavará
suas roupas e se banhará e, ao entardecer,
estará puro de sua contaminação.
20 "Contudo, aquele que se contaminar e
não se purificar será eliminado da comu-
nidade, pois contaminou o santuário do
SENHOR. Permanecerá impuro, uma vez que a

água da purificação não foi aspergida sobre
ele. 21 Essa é uma lei permanente para o
povo. Quem aspergir a água da purificação
lavará, depois, suas roupas, e quem tocar
na água usada para a purificação ficará
impuro até o entardecer. 22 Qualquer coisa
ou pessoa em que o indivíduo contaminado
tocar ficará impura até o entardecer".

A DESOBEDIÊNCIA DE MOISÉS

20 No primeiro mês do ano,[a] toda a
comunidade chegou ao deserto de
Zim e acampou em Cades. Enquanto esta-
vam lá, Miriã morreu e foi sepultada.

2 Como não havia água naquele lugar,
o povo se rebelou contra Moisés e Arão.
3 Discutiram com Moisés e disseram: "Se ao
menos tivéssemos morrido com nossos
irmãos diante do SENHOR! 4 Por que vocês
trouxeram a comunidade do SENHOR até
este deserto? Foi para morrermos, junto
com todos os nossos animais? 5 Por que nos
obrigaram a sair do Egito e nos trouxeram
para este lugar terrível? Esta terra não tem
cereais, nem figos, nem uvas, nem romãs,
nem água para beber!".

6 Moisés e Arão se afastaram do povo e
foram até a frente da tenda do encontro,
onde se prostraram com o rosto em terra.
Então a presença gloriosa do SENHOR lhes
apareceu, 7 e o SENHOR disse a Moisés: 8 "Você
e Arão, peguem a vara e reúnam todo o povo.
Enquanto eles observam, falem àquela
rocha ali, e dela jorrará água. Vocês tirarão
água suficiente da rocha para matar a sede
de toda a comunidade e de seus animais".

9 Moisés fez conforme o SENHOR havia
ordenado. Pegou a vara que ficava guardada
diante do SENHOR e, 10 em seguida, ele e Arão
mandaram chamar o povo para se reunir
em frente da rocha. "Ouçam, seus rebeldes!",
gritou Moisés. "Será que é desta rocha que
teremos de tirar água para vocês?" 11 Então
Moisés levantou a mão e bateu na rocha
duas vezes com a vara, e jorrou muita água.
Assim, toda a comunidade e todos os seus
animais beberam até matar a sede.

12 O SENHOR, porém, disse a Moisés e a
Arão: "Uma vez que vocês não confiaram
em mim para mostrar minha santidade
aos israelitas, não os conduzirão à terra
que eu lhes dou!". 13 Por isso aquele lugar
ficou conhecido como Meribá,[b] pois ali os
israelitas discutiram com o SENHOR, e ali ele
mostrou sua santidade entre eles.

EDOM NÃO DEIXA ISRAEL PASSAR

14 Enquanto estava em Cades, Moisés
enviou representantes ao rei de Edom com a
seguinte mensagem:

"É isto que dizem seus parentes, o povo
de Israel: É de seu conhecimento todas
as dificuldades que tivemos. 15 Nossos
antepassados desceram ao Egito, onde
vivemos por muito tempo. Ali, nós e
nossos antepassados fomos maltra-
tados pelos egípcios, 16 mas, quando
clamamos ao SENHOR, ele nos ouviu e
enviou um anjo que nos tirou do Egito.
Agora estamos acampados em Cades,
cidade na fronteira de seu território.
17 Pedimos que nos deixe atravessar
sua terra. Tomaremos cuidado para não
passar por seus campos e vinhedos, e
não beberemos água de seus poços.
Seguiremos pela estrada real e só a
deixaremos quando tivermos atraves-
sado seu território".

18 O rei de Edom, porém, disse: "Fiquem fora
do meu território ou irei ao seu encontro com
meu exército!".

19 Os israelitas responderam: "Ficaremos na
estrada principal. Se nós ou nossos animais
bebermos de sua água, pagaremos por ela.
Apenas deixe-nos passar por seu território; é
só o que pedimos".

20 O rei de Edom retrucou: "Vocês não
têm permissão de passar por nossa terra!".
Em seguida, mobilizou suas tropas e marchou
contra o povo de Israel com um exército
poderoso. 21 Uma vez que o povo de Edom se
recusou a deixá-los passar por seu território,
os israelitas foram obrigados a desviar-se dele.

A MORTE DE ARÃO

22 Então toda a comunidade de Israel
partiu de Cades e chegou ao monte Hor.

---

[a] **20.1** No antigo calendário lunar hebraico, o primeiro mês geralmente caía entre março e abril. O número de anos desde a saída do Egito não é especificado.

[b] **20.13** *Meribá* significa "discussão".

23 Ali, na fronteira com a terra de Edom, o SENHOR disse a Moisés e a Arão: 24 "É chegado o momento de Arão reunir-se a seus antepassados. Não entrará na terra que dou aos israelitas, pois vocês se rebelaram contra minhas instruções a respeito da água em Meribá. 25 Agora, leve Arão e seu filho Eleazar ao monte Hor. 26 Em seguida, tire as roupas sacerdotais de Arão e coloque-as em Eleazar, seu filho. Arão morrerá ali e se reunirá a seus antepassados".

27 Moisés fez conforme o SENHOR lhe ordenou. Os três subiram juntos ao monte Hor, enquanto toda a comunidade observava. 28 No topo, Moisés tirou as roupas sacerdotais de Arão e as colocou em Eleazar, filho de Arão. Então Arão morreu no alto do monte, e Moisés e Eleazar desceram. 29 Quando a comunidade percebeu que Arão havia morrido, todo o povo de Israel lamentou sua morte por trinta dias.

VITÓRIA SOBRE OS CANANEUS

21 Quando o rei cananeu de Arade, que vivia no Neguebe, soube que o povo de Israel se aproximava pelo caminho que atravessava Atarim, ele os atacou e capturou alguns deles. 2 Então o povo de Israel fez o seguinte voto ao SENHOR: "Se entregares este povo em nossas mãos, destruiremos completamente todas as suas cidades". 3 O SENHOR ouviu o pedido do povo de Israel e lhes deu vitória sobre os cananeus. Os israelitas os destruíram completamente e também suas cidades; desde então, aquele lugar passou a ser chamado de Hormá.[a]

A SERPENTE DE BRONZE

4 Em seguida, partiram do monte Hor e tomaram o caminho para o mar Vermelho,[b] a fim de contornar a terra de Edom. Mas o povo ficou impaciente 5 e começou a se queixar contra Deus e contra Moisés: "Por que você nos tirou do Egito para morrermos aqui no deserto? Aqui não há o que comer nem o que beber. E detestamos este maná horrível!".

6 Então o SENHOR enviou serpentes venenosas que morderam o povo, e muitos morreram. 7 O povo clamou a Moisés: "Pecamos ao falar contra o SENHOR e contra você. Ore para que o SENHOR tire as serpentes de nosso meio". E Moisés orou pelo povo.

8 O SENHOR lhe disse: "Faça a réplica de uma serpente venenosa e coloque-a no alto de um poste. Todos que forem mordidos viverão se olharem para ela". 9 Moisés fez uma serpente de bronze e a colocou no alto de um poste. Quem era mordido por uma serpente e olhava para a réplica de bronze era curado.

A VIAGEM DE ISRAEL PARA MOABE

10 Os israelitas viajaram para Obote e acamparam ali. 11 Depois, seguiram para Ijé-Abarim, no deserto, na fronteira leste de Moabe. 12 De lá, viajaram para o vale do ribeiro de Zerede, onde acamparam. 13 Em seguida, partiram e acamparam do outro lado do rio Arnom, na região deserta junto ao território dos amorreus. O rio Arnom é a fronteira que separa os moabitas dos amorreus. 14 Por isso, o *Livro das Guerras do SENHOR* fala sobre "... Vaebe, na região de Sufá, e os riachos do rio Arnom, 15 e os riachos que se estendem até o povoado de Ar na fronteira de Moabe".

16 De lá os israelitas viajaram até Beer,[c] o poço onde o SENHOR disse a Moisés: "Reúna o povo, e eu lhe darei água". 17 Ali os israelitas entoaram esta canção:

"Jorre, ó poço!
  Sim, cantem seus louvores!
18 Cantem a respeito deste poço,
  que príncipes cavaram,
que líderes abriram
  com seus cetros e cajados".

Então saíram do deserto e passaram por Mataná, 19 Naaliel e Bamote. 20 Depois, seguiram para o vale em Moabe, onde fica o monte Pisga. Do pico desse monte se vê o deserto.[d]

VITÓRIA SOBRE SEOM E OGUE

21 O povo de Israel enviou representantes a Seom, rei dos amorreus, com a seguinte mensagem:

a **21.3** *Hormá* significa "destruição".
b **21.4** Em hebraico, *mar de juncos.*
c **21.16** *Beer* significa "poço".
d **21.20** Ou *se vê Jesimom.*

22 "Permita-nos atravessar sua ter-
ra. Teremos cuidado de não passar
por seus campos e vinhedos, e não
beberemos água de seus poços.
Seguiremos pela estrada real e só a
deixaremos quando tivermos atra-
vessado seu território".

23 O rei Seom, porém, não os deixou atra-
vessar seu território. Em vez disso, mobili-
zou todo o seu exército e atacou o povo de
Israel no deserto. A guerra ocorreu em Jaza,
24 e o povo de Israel massacrou pela espada
os amorreus e ocupou seu território desde
o rio Arnom até o rio Jaboque. Avançaram
apenas até a fronteira com os amonitas, pois
a divisa era fortificada.[a]
25 O povo de Israel capturou todas as cida-
des dos amorreus e se estabeleceu nelas,
incluindo Hesbom e os vilarejos ao redor.
26 Hesbom era a capital de Seom, rei dos
amorreus. Ele havia derrotado o rei moabita
anterior e tomado todas as suas terras até
o rio Arnom. 27 Por isso os poetas dizem a
seu respeito:

"Venham a Hesbom! Que ela
seja reconstruída!
Que seja restaurada a cidade de Seom!
28 Fogo saiu de Hesbom,
uma chama da cidade de Seom.
Consumiu a cidade de Ar em Moabe,
destruiu os governantes
dos altos do Arnom.
29 Que aflição os espera,
povo de Moabe!
Estão arruinados, adoradores
de Camos!
Camos entregou seus filhos
como refugiados,
suas filhas como prisioneiras
a Seom, o rei amorreu.
30 Nós os aniquilamos,
desde Hesbom até Dibom.
Nós os exterminamos
até lugares distantes
como Nofá e Medeba".[b]

31 Assim, o povo de Israel ocupou o terri-
tório dos amorreus. 32 Depois que Moisés
enviou homens para fazer o reconhecimento
de Jazar, os israelitas tomaram todas as
cidades da região e expulsaram os amorreus
que viviam ali. 33 Em seguida, voltaram e
marcharam pelo caminho até Basã, mas o rei
Ogue, de Basã, e todo o seu povo os atacaram
em Edrei. 34 O Senhor disse a Moisés: "Não
tenha medo dele, pois eu o entreguei a você,
junto com todo o seu povo e sua terra. Faça
com ele o mesmo que fez com Seom, rei dos
amorreus, que vivia em Hesbom". 35 Desse
modo, mataram o rei Ogue, seus filhos e todo
o seu povo; não restou sobrevivente algum.
Então ocuparam seu território.

BALAQUE MANDA BUSCAR BALAÃO

22 Então os israelitas viajaram para as
campinas de Moabe e acamparam a
leste do rio Jordão, do lado oposto de Jericó.
2 Balaque, filho de Zipor, viu tudo que o povo
de Israel havia feito aos amorreus. 3 Quando
os moabitas viram como os israelitas eram
numerosos, ficaram apavorados. 4 Disseram
aos líderes de Midiã: "Essa multidão devorará
tudo que estiver à vista, como um boi devora
o capim no pasto!".
Então Balaque, que era rei de Moabe,
5 enviou mensageiros para chamar Balaão,
filho de Beor, que vivia em Petor, sua terra
natal, perto do rio Eufrates.[c] Sua mensa-
gem dizia:

"Um povo enorme saiu do Egito e cobre
a terra, e agora está acampado perto de
mim. 6 Venha e amaldiçoe esse povo,
pois é poderoso demais para mim.
Então, quem sabe, poderei derrotá-lo
e expulsá-lo da terra. Sei que bênçãos
vêm sobre aqueles que você abençoa,
e maldições caem sobre aqueles que
você amaldiçoa".

7 Os mensageiros de Balaque, líderes de
Moabe e Midiã, partiram levando o valor
necessário para pagar Balaão a fim de que
ele amaldiçoasse Israel.[d] Chegaram aonde

[a] **21.24** Ou *pois o terreno da fronteira com os amonitas era escarpado*; o hebraico traz *pois a divisa com os amonitas era forte*.

[b] **21.30** Ou *até que o fogo se espalhe até Medeba*. O significado do hebraico é incerto.

[c] **22.5** Em hebraico, *perto do rio*.

[d] **22.7** Em hebraico, *partiram com o dinheiro da adivinhação na mão*.

Balaão estava e lhe transmitiram a mensa-
gem de Balaque. 8 "Passem a noite aqui",
disse Balaão. "Pela manhã eu lhes direi que
orientação recebi do Senhor." E os oficiais de
Moabe permaneceram com Balaão.
9 Naquela noite, Deus veio a Balaão e lhe
perguntou: "Quem são seus visitantes?".
10 Balaão respondeu a Deus: "Balaque, filho
de Zipor, rei de Moabe, me enviou a seguinte
mensagem: 11 'Um povo enorme saiu do
Egito e cobre a terra. Venha e amaldiçoe esse
povo. Então, quem sabe, poderei enfrentá-lo
e expulsá-lo da terra'".
12 Mas Deus disse a Balaão: "Não vá com
eles nem amaldiçoe esse povo, pois é povo
abençoado!".
13 Na manhã seguinte, Balaão se levantou
e disse aos oficiais de Balaque: "Voltem para
casa! O Senhor não me permitiu ir com vocês".
14 Os oficiais moabitas voltaram ao rei
Balaque e lhe informaram: "Balaão se
recusou a vir conosco". 15 Então Balaque fez
outra tentativa. Dessa vez, enviou um número
maior de oficiais ainda mais importantes que
os homens que tinha enviado inicialmente.
16 Eles foram até Balaão e lhe transmitiram a
seguinte mensagem:

"É isto que diz Balaque, filho de Zipor:
Por favor, não se recuse a vir me ajudar.
17 Pagarei muito bem e farei tudo que
me pedir. Por favor, venha e amaldiçoe
esse povo para mim".

18 Balaão, porém, respondeu aos oficiais de
Balaque: "Mesmo que Balaque me desse seu
palácio cheio de prata e ouro, eu não poderia
fazer coisa alguma, grande ou pequena,
contra a vontade do Senhor, meu Deus.
19 Fiquem, porém, mais esta noite, e eu verei
se o Senhor tem algo mais a me dizer".
20 Naquela noite, Deus veio a Balaão e lhe
disse: "Uma vez que estes homens vieram
chamá-lo, levante-se e vá com eles. Contudo,
faça apenas o que eu mandar".

BALAÃO E SUA JUMENTA

21 Na manhã seguinte, Balaão se levantou,
pôs a sela sobre sua jumenta e partiu com
os oficiais moabitas. 22 A ira de Deus se
acendeu porque Balaão foi com eles, de
modo que enviou o anjo do Senhor para
se pôr no caminho e impedir sua passa-
gem. Enquanto Balaão ia montado na
jumenta, acompanhado por dois servos,
23 a jumenta de Balaão viu o anjo do Senhor
em pé no caminho, segurando uma espada.
A jumenta se desviou do caminho e saiu
para um campo, mas Balaão bateu nela e a
fez voltar para o caminho. 24 Então o anjo do
Senhor se pôs num lugar onde o caminho se
estreitava, entre os muros de dois vinhedos.
25 Quando a jumenta viu o anjo do Senhor,
tentou passar pelo espaço apertado e
espremeu o pé de Balaão contra o muro. Por
isso, Balaão bateu nela outra vez. 26 Então o
anjo do Senhor foi mais adiante no caminho
e se pôs num lugar estreito demais para a
jumenta passar, seja pela direita ou pela
esquerda. 27 Quando a jumenta viu o anjo,
ela se deitou, apesar de Balaão ainda estar
montado. Num ataque de raiva, Balaão a
espancou com uma vara.
28 Então o Senhor fez a jumenta falar.
"O que eu lhe fiz para você me bater três
vezes?", perguntou ela a Balaão.
29 "Você me fez de tolo!", gritou Balaão.
"Se eu tivesse uma espada, mataria você!"
30 "Mas eu sou a mesma jumenta que você
montou a vida toda", disse ela. "Alguma vez
eu fiz algo parecido?"
"Não", respondeu Balaão.
31 Então o Senhor abriu os olhos de Balaão,
e ele viu o anjo do Senhor em pé no cami-
nho, segurando a espada. Balaão curvou a
cabeça e se prostrou diante dele com o rosto
em terra.
32 "Por que você bateu três vezes na
jumenta?", perguntou o anjo do Senhor.
"Eu vim para impedir sua passagem, pois
você insiste em seguir por um caminho
que me desagrada. 33 Três vezes a jumenta
me viu e se afastou; se ela não tivesse se
desviado, certamente eu teria matado você
e poupado a vida da jumenta."
34 "Pequei", disse Balaão ao anjo do Senhor.
"Não percebi que estavas no caminho
impedindo minha passagem. Se te opões à
minha viagem, voltarei para casa."
35 O anjo do Senhor disse a Balaão:
"Vá com os homens, mas fale apenas o que
eu lhe disser". Balaão seguiu viagem com os
oficiais de Balaque. 36 Quando o rei Balaque
soube que Balaão estava a caminho, saiu

para se encontrar com ele numa cidade
moabita junto ao rio Arnom, na fronteira de
seu território.
37 Balaque perguntou a Balaão: "Não
mandei chamá-lo com urgência? Por que
não veio de imediato? Não acreditou em mim
quando eu disse que lhe daria uma grande
recompensa?".
38 Balaão respondeu: "Agora estou aqui,
mas não posso falar o que bem entender.
Transmitirei apenas a mensagem que Deus
puser em minha boca". 39 Então Balaão acom-
panhou Balaque até Quiriate-Huzote. 40 Ali,
Balaque sacrificou bois e ovelhas e mandou
entregar porções da carne a Balaão e aos
oficiais que estavam com ele. 41 Na manhã
seguinte, Balaque subiu com Balaão até
Bamote-Baal. De lá, podiam ver uma parte
do povo.

A PRIMEIRA MENSAGEM DE BALAÃO

23 Balaão disse a Balaque: "Construa
aqui sete altares e prepare sete novi-
lhos e sete carneiros". 2 Balaque seguiu as
instruções de Balaão, e os dois ofereceram
um novilho e um carneiro em cada altar.
3 Então Balaão disse a Balaque: "Fique
aqui junto aos holocaustos enquanto eu
vejo se o Senhor virá ao meu encontro.
Depois lhe direi o que ele me revelar".
Em seguida, subiu sozinho até o topo de
um monte sem vegetação, 4 e Deus veio ao
encontro dele. Balaão disse: "Preparei sete
altares e ofereci um novilho e um carneiro
em cada altar".
5 O Senhor deu a Balaão uma mensa-
gem para o rei Balaque e disse: "Volte
até onde Balaque está e transmita-lhe
essa mensagem".
6 Balaão voltou e encontrou o rei junto
aos holocaustos e, com ele, todos os líde-
res de Moabe. 7 Esta foi a mensagem que
Balaão transmitiu:

"Balaque me trouxe desde Arã;
o rei de Moabe me trouxe
dos montes do leste.
'Venha', disse ele, 'amaldiçoe
Jacó para mim!
Venha e anuncie a
condenação de Israel!'
8 Mas como posso amaldiçoar
aqueles que Deus não amaldiçoou?
Como posso condenar
aqueles que o Senhor não condenou?
9 Do alto dos rochedos eu os vejo,
dos montes os observo.
Vejo um povo que vive só,
separado das outras nações.
10 Quem pode contar os
descendentes de Jacó,
tão numerosos quanto o pó?
Quem pode contar ao menos
um quarto de Israel?
Que eu morra como os justos!
Que meu fim seja como o deles!".

11 Então o rei Balaque disse a Balaão: "O que
você me fez? Eu o trouxe aqui para amaldi-
çoar meus inimigos; em vez disso, você os
abençoou!".
12 Balaão respondeu: "Como eu poderia
transmitir algo diferente daquilo que o Senhor
pôs em minha boca?".

A SEGUNDA MENSAGEM DE BALAÃO

13 Então Balaque lhe disse: "Venha comigo
a outro lugar. Dali, você verá outra parte
do povo, mas não ele todo. Amaldiçoe dali
o povo!". 14 Então Balaque levou Balaão ao
campo de Zofim, no alto do monte Pisga.
Construiu ali sete altares e ofereceu um
novilho e um carneiro em cada altar.
15 Balaão disse ao rei: "Fique aqui junto
aos holocaustos enquanto eu vou ao encon-
tro do Senhor".
16 Então o Senhor veio ao encontro de
Balaão e lhe transmitiu uma mensagem, e
depois disse: "Volte até onde Balaque está e
transmita-lhe essa mensagem".
17 Balaão voltou e encontrou o rei junto
aos holocaustos e, com ele, todos os oficiais
de Moabe. "O que o Senhor disse?", pergun-
tou Balaque.
18 Esta foi a mensagem que Balaão trans-
mitiu:

"Levante-se, Balaque, e preste atenção!
Ouça-me, filho de Zipor!
19 Deus não é homem para mentir,
nem ser humano para mudar de ideia.
Alguma vez ele falou e não agiu?

Alguma vez prometeu e não cumpriu?
20 Ouça, recebi ordem de abençoar;
Deus abençoou, e não posso
anular sua bênção!
21 Quando ele olha para Jacó,
não vê maldade alguma;
não vê calamidade à espera de Israel.
Pois o Senhor, seu Deus, está com eles;
foi aclamado como seu rei.
22 Deus os tirou do Egito;
ele é forte como o boi selvagem.
23 Encantamento algum pode tocar Jacó,
magia alguma tem poder contra Israel.
Agora se dirá a respeito de Jacó:
'Vejam o que Deus fez por Israel!'.
24 Este povo se levanta como leoa,
como leão majestoso que desperta.
Não descansa enquanto
não devora a presa
e bebe o sangue dos que
foram mortos!".

25 Então Balaque disse a Balaão: "Pois bem!
Se não os amaldiçoar, pelo menos não os
abençoe!".
26 Mas Balaão respondeu: "Não lhe avi-
sei que faria apenas o que o Senhor me
ordenasse?".

A TERCEIRA MENSAGEM DE BALAÃO

27 O rei Balaque disse a Balaão: "Venha, eu
o levarei a mais um lugar. Quem sabe Deus
se agrade de que você os amaldiçoe dali!".
28 Balaque levou Balaão até o topo do
monte Peor, de onde se vê o deserto.[a] 29 Mais
uma vez, Balaão disse a Balaque: "Construa
sete altares e prepare sete novilhos e sete
carneiros". 30 Balaque seguiu as instruções
de Balaão e ofereceu um novilho e um
carneiro em cada altar.

24 Quando Balaão percebeu que o
Senhor se agradava de abençoar
Israel, não recorreu à adivinhação como
antes. Em vez disso, voltou-se em direção
ao deserto, 2 onde viu o povo de Israel
acampado de acordo com suas tribos. Então
o Espírito de Deus veio sobre Balaão, 3 e ele
transmitiu a seguinte mensagem:

"Esta é a mensagem de
Balaão, filho de Beor,
a mensagem do homem cujos
olhos veem com clareza,
4 a mensagem daquele que ouve
as palavras de Deus,
que tem uma visão concedida
pelo Todo-poderoso,
que se curva com os olhos bem abertos:
5 Como são belas suas tendas, ó Jacó!
Como são lindas suas moradas, ó Israel!
6 Estendem-se diante de mim
como palmeiras,[b]
como jardins à beira do rio.
São como aloés plantados pelo Senhor,
como cedros junto às águas.
7 Águas jorrarão de seus baldes,
e suas sementes serão bem regadas.
Seu rei será maior que Agague,
e seu reino será exaltado.
8 Deus os tirou do Egito;
ele é forte como o boi selvagem.
Devora todas as nações que
se opõem a ele;
despedaça seus ossos e com
flechas as atravessa.
9 Como leão, Israel se agacha e se deita;
como a leoa, quem tem
coragem de acordá-lo?
Sejam abençoados os que o abençoarem
e amaldiçoados os que o
amaldiçoarem".

10 O rei Balaque se enfureceu contra
Balaão e, batendo as palmas das mãos,
gritou: "Eu o chamei para amaldiçoar meus
inimigos; em vez disso, você os abençoou
três vezes! 11 Vá embora! Volte para casa!
Eu lhe prometi uma grande recompensa,
mas o Senhor o impediu de recebê-la!".
12 Balaão disse a Balaque: "Você não se
lembra do que expliquei a seus mensagei-
ros? Eu lhes avisei: 13 'Mesmo que Balaque
me desse seu palácio cheio de prata e ouro,
eu não poderia fazer coisa alguma, boa
ou má, contra a vontade do Senhor'! Avisei
que só poderia falar aquilo que o Senhor
dissesse! 14 Agora, volto para meu povo,
mas primeiro lhe direi o que esse povo fará
ao seu povo no futuro".

[a] **23.28** Ou *de onde se vê Jesimon.*

[b] **24.6** Ou *como um vale.*

A ÚLTIMA MENSAGEM DE BALAÃO

15 Balaão transmitiu a seguinte mensagem:

"Esta é a mensagem de Balaão,
filho de Beor,
a mensagem do homem cujos
olhos veem com clareza,
16 a mensagem daquele que ouve
as palavras de Deus,
que possui conhecimento
dado pelo Altíssimo,
que tem uma visão concedida
pelo Todo-poderoso,
que se curva com os olhos bem abertos:
17 Eu o vejo, mas não agora;
eu o avisto, mas não de perto.
Uma estrela surgirá de Jacó,
um cetro se levantará de Israel.
Esmagará a cabeça[a] do povo de Moabe
e rachará o crânio dos
descendentes de Sete.
18 Tomará posse de Edom
e conquistará seu inimigo, Seir,
enquanto Israel marcha
adiante em triunfo.
19 De Jacó surgirá um governante
que destruirá os sobreviventes de Ar".

20 Então Balaão olhou na direção do povo de Amaleque e transmitiu a seguinte mensagem:

"Amaleque era a primeira de
todas as nações,
mas seu destino é a destruição!".

21 Em seguida, Balaão olhou na direção dos queneus e transmitiu a seguinte mensagem:

"Sua habitação é segura;
seu ninho está apoiado nas rochas.
22 Os queneus, porém, serão destruídos
quando Assur os levar prisioneiros".

23 Balaão concluiu sua mensagem com estas palavras:

"Ai! Quem pode sobreviver
quando Deus fizer essas coisas?
24 Navios virão do litoral de Chipre,[b]
oprimirão Assur e afligirão Héber,
mas eles também serão destruídos".

25 Então Balaão se levantou e voltou para sua terra, e Balaque também seguiu seu caminho.

MOABE CORROMPE ISRAEL

25 Enquanto o povo estava acampado em Sitim, os homens de Israel começaram a manter relações sexuais
com mulheres moabitas da região. 2 Essas
mulheres os convidaram para os sacrifícios
a seus deuses, e o povo participou da festa
e adorou os deuses de Moabe. 3 Assim, os
israelitas prestaram culto a Baal em Peor, e
a ira do SENHOR se acendeu contra o povo.
4 O SENHOR disse a Moisés: "Prenda todos
os chefes do povo e execute-os diante do
SENHOR em plena luz do dia, para que sua ira
ardente se afaste de Israel".
5 Então Moisés ordenou aos juízes de
Israel: "Cada um de vocês executará os
homens sob sua autoridade que participaram do culto a Baal em Peor".
6 Nesse momento, enquanto todos
choravam à entrada da tenda do encontro,
um israelita levou para dentro de sua tenda
uma mulher midianita, diante dos olhos de
Moisés e de toda a comunidade de Israel.
7 Quando Fineias, filho de Eleazar e neto
do sacerdote Arão, viu isso, levantou-se e
saiu do meio do povo. Pegou uma lança,
8 correu atrás do homem até o interior de
sua tenda e atravessou o corpo do homem
e da mulher, na altura do estômago, com
um só golpe. Então a praga contra os israelitas cessou. 9 A essa altura, porém, 24 mil
pessoas já haviam morrido.
10 Então o SENHOR disse a Moisés:
11 "Fineias, filho de Eleazar e neto do sacerdote Arão, afastou minha ira dos israelitas
ao demonstrar tamanho zelo por mim no
meio deles, evitando que eu destruísse
os israelitas na ira do meu zelo. 12 Agora,
diga-lhe que faço com ele minha aliança
especial de paz. 13 Por meio dessa aliança,
dou a Fineias e a seus descendentes direito
permanente ao serviço sacerdotal, pois em

[a] **24.17** Conforme o Pentateuco Samaritano; o significado do termo hebraico é incerto.

[b] **24.24** Em hebraico, *Quitim*.

seu zelo por mim, seu Deus, ele fez expiação
pelo povo de Israel".
14 O homem israelita morto com a mu-
lher midianita se chamava Zinri, filho de
Salu, chefe de uma das famílias da tri-
bo de Simeão. 15 A mulher se chamava
Cosbi e era filha de Zur, chefe de um clã
midianita.
16 O SENHOR disse a Moisés: 17 "Ataque os
midianitas e destrua-os, 18 porque eles ata-
caram vocês, enganando-os no incidente
em Peor, e também por causa de Cosbi,
filha do chefe midianita, que foi morta
durante a praga causada no incidente
em Peor".

O SEGUNDO CENSO DOS SOLDADOS DE ISRAEL

26 Depois que a praga cessou,[a] o
SENHOR disse a Moisés e a Eleazar,
filho do sacerdote Arão: 2 "Realizem um
censo de toda a comunidade de Israel, de
acordo com suas famílias. Façam uma lista
de todos os homens de 20 anos para cima,
aptos para irem à guerra".
3 Portanto, ali nas campinas de Moabe,
junto ao rio Jordão e do lado oposto de
Jericó, Moisés e o sacerdote Eleazar de-
ram as seguintes instruções aos líderes
de Israel: 4 "Façam uma lista de todos os
homens de Israel de 20 anos para cima,
conforme o SENHOR ordenou a Moisés".

Este é o registro dos israelitas que saíram do Egito.

A TRIBO DE RÚBEN

5 Estes foram os clãs descendentes dos filhos
de Rúben, o filho mais velho de Jacó:[b]

O clã enoquita, assim chamado por causa de seu antepassado Enoque.
O clã paluíta, assim chamado por causa de seu antepassado Palu.
6 O clã hezronita, assim chamado por causa de seu antepassado Hezrom.
O clã carmita, assim chamado por causa de seu antepassado Carmi.

7 Esses foram os clãs de Rúben, que totaliza-
ram 43.730 homens registrados.

8 Palu foi antepassado de Eliabe, 9 e
Eliabe foi o pai de Nemuel, Datã e Abirão.
Datã e Abirão foram os mesmos líderes
da comunidade que conspiraram contra
Moisés e Arão e, com os seguidores de Corá,
se rebelaram contra o SENHOR. 10 Contudo, a
terra abriu sua boca e os engoliu junta-
mente com Corá, e o fogo devorou 250 de
seus seguidores. Isso serviu de advertência
a todo o povo. 11 A descendência de Corá,
porém, não desapareceu por completo.

A TRIBO DE SIMEÃO

12 Estes foram os clãs descendentes dos
filhos de Simeão:

O clã jemuelita, assim chamado por causa de seu antepassado Jemuel.[c]
O clã jaminita, assim chamado por causa de seu antepassado Jamim.
O clã jaquinita, assim chamado por causa de seu antepassado Jaquim.
13 O clã zoarita, assim chamado por causa de seu antepassado Zoar.[d]
O clã saulita, assim chamado por causa de seu antepassado Saul.

14 Esses foram os clãs de Simeão, que totali-
zaram 22.200 homens registrados.

A TRIBO DE GADE

15 Estes foram os clãs descendentes dos
filhos de Gade:

O clã zefonita, assim chamado por causa de seu antepassado Zefom.
O clã hagita, assim chamado por causa de seu antepassado Hagi.
O clã sunita, assim chamado por causa de seu antepassado Suni.
16 O clã oznita, assim chamado por causa de seu antepassado Ozni.
O clã erita, assim chamado por causa de seu antepassado Eri.
17 O clã arodita, assim chamado por causa de seu antepassado Arodi.[e]
O clã arelita, assim chamado por causa de seu antepassado Areli.

Deus não costuma nos convidar para sairmos da zona de conforto, ele simplesmente tem o hábito de nos arrancar de lá.

[a] **26.1** No texto hebraico, a primeira parte do versículo 26.1 é numerada 25.19.
[b] **26.5** Em hebraico, *Israel*; ver nota em 1.20.
[c] **26.12** Conforme a versão siríaca (ver tb. Gn 46.10; Êx 6.15); o hebraico traz *nemuelita [...] Nemuel.*
[d] **26.13** Conforme os textos paralelos em Gn 46.10 e Êx 6.15; o hebraico traz *zeraíta [...] Zerá.*
[e] **26.17** Conforme o Pentateuco Samaritano, a Septuaginta e a versão siríaca (ver tb. Gn 46.16); o hebraico traz *Arode.*

[18] Esses foram os clãs de Gade, que totalizaram 40.500 homens registrados.

A TRIBO DE JUDÁ

[19] Judá teve dois filhos, Er e Onã, que morreram na terra de Canaã. [20] Estes foram os clãs descendentes dos filhos sobreviventes de Judá:

O clã selanita, assim chamado por causa de seu antepassado Selá.
O clã perezita, assim chamado por causa de seu antepassado Perez.
O clã zeraíta, assim chamado por causa de seu antepassado Zerá.

[21] Estas foram as subdivisões dos descendentes dos perezitas:

O clã hezronita, assim chamado por causa de seu antepassado Hezrom.
O clã hamulita, assim chamado por causa de seu antepassado Hamul.

[22] Esses foram os clãs de Judá, que totalizaram 76.500 homens registrados.

A TRIBO DE ISSACAR

[23] Estes foram os clãs descendentes dos filhos de Issacar:

O clã tolaíta, assim chamado por causa de seu antepassado Tolá.
O clã puíta, assim chamado por causa de seu antepassado Puá.[a]
[24] O clã jasubita, assim chamado por causa de seu antepassado Jasube.
O clã sinromita, assim chamado por causa de seu antepassado Sinrom.

[25] Esses foram os clãs de Issacar, que totalizaram 64.300 homens registrados.

A TRIBO DE ZEBULOM

[26] Estes foram os clãs descendentes dos filhos de Zebulom:

O clã seredita, assim chamado por causa de seu antepassado Serede.
O clã elonita, assim chamado por causa de seu antepassado Elom.
O clã jaleelita, assim chamado por causa de seu antepassado Jaleel.

[27] Esses foram os clãs de Zebulom, que totalizaram 60.500 homens registrados.

A TRIBO DE MANASSÉS

[28] Os clãs de José descenderam de seus dois filhos, Manassés e Efraim.

[29] Estes foram os clãs descendentes de Manassés:

O clã maquirita, assim chamado por causa de seu antepassado Maquir.
O clã gileadita, assim chamado por causa de seu antepassado Gileade, filho de Maquir.

[30] Estas foram as subdivisões de descendentes dos gileaditas:

O clã jezerita, assim chamado por causa de seu antepassado Jezer.
O clã helequita, assim chamado por causa de seu antepassado Heleque.
[31] O clã asrielita, assim chamado por causa de seu antepassado Asriel.
O clã siquemita, assim chamado por causa de seu antepassado Siquém.
[32] O clã semidaíta, assim chamado por causa de seu antepassado Semida.
O clã heferita, assim chamado por causa de seu antepassado Héfer.
[33] (Zelofeade, um dos descendentes de Héfer, não teve filhos, mas suas filhas se chamavam Maala, Noa, Hogla, Milca e Tirza.)

[34] Esses foram os clãs de Manassés, que totalizaram 52.700 homens registrados.

A TRIBO DE EFRAIM

[35] Estes foram os clãs descendentes dos filhos de Efraim:

O clã sutelaíta, assim chamado por causa de seu antepassado Sutela.
O clã bequerita, assim chamado por causa de seu antepassado Bequer.
O clã taanita, assim chamado por causa de seu antepassado Taã.

[36] Esta foi a subdivisão de descendentes dos sutelaítas:

O clã eranita, assim chamado por causa de seu antepassado Erã.

[37] Esses foram os clãs de Efraim, que totalizaram 32.500 homens registrados.

---

[a] **26.23** Conforme o Pentateuco Samaritano, a Septuaginta, a versão siríaca e a Vulgata (ver tb. 1Cr 7.1); o hebraico traz *puvita [...] Puvá.*

Esses foram os descendentes de José, segundo seus clãs.

A TRIBO DE BENJAMIM

38 Estes foram os clãs descendentes dos filhos de Benjamim:

O clã belaíta, assim chamado por causa de seu antepassado Belá.

O clã asbelita, assim chamado por causa de seu antepassado Asbel.

O clã airamita, assim chamado por causa de seu antepassado Airã.

39 O clã sufamita, assim chamado por causa de seu antepassado Sufã.[a]

O clã hufamita, assim chamado por causa de seu antepassado Hufã.

40 Estas foram as subdivisões de descendentes dos belaítas:

O clã ardita, assim chamado por causa de seu antepassado Arde.[b]

O clã naamanita, assim chamado por causa de seu antepassado Naamã.

41 Esses foram os clãs de Benjamim, que totalizaram 45.600 homens registrados.

A TRIBO DE DÃ

42 Estes foram os clãs descendentes dos filhos de Dã:

O clã suamita, assim chamado por causa de seu antepassado Suã.

43 Esses foram os clãs suamitas de Dã, que totalizaram 64.400 homens registrados.

A TRIBO DE ASER

44 Estes foram os clãs descendentes dos filhos de Aser:

O clã imnaíta, assim chamado por causa de seu antepassado Imna.

O clã isvita, assim chamado por causa de seu antepassado Isvi.

O clã beriaíta, assim chamado por causa de seu antepassado Berias.

45 Estas foram as subdivisões de descendentes dos beriaítas:

O clã heberita, assim chamado por causa de seu antepassado Héber.

O clã malquielita, assim chamado por causa de seu antepassado Malquiel.

46 Aser teve uma filha chamada Sera.

47 Esses foram os clãs de Aser, que totalizaram 53.400 homens registrados.

A TRIBO DE NAFTALI

48 Estes foram os clãs descendentes dos filhos de Naftali:

O clã jazeelita, assim chamado por causa de seu antepassado Jazeel.

O clã gunita, assim chamado por causa de seu antepassado Guni.

49 O clã jezerita, assim chamado por causa de seu antepassado Jezer.

O clã silemita, assim chamado por causa de seu antepassado Silém.

50 Esses foram os clãs de Naftali, que totalizaram 45.400 homens registrados.

RESULTADOS DO CENSO

51 Os homens registrados em Israel totalizaram 601.730.

52 Então o Senhor disse a Moisés:
53 "Divida a terra entre as tribos e distribua as porções de terra de acordo com o número de nomes registrados na lista.
54 Dê mais terras às tribos maiores e menos terras às tribos menores, para que cada grupo receba uma herança proporcional ao tamanho de sua população.
55 Distribua a terra por sorteio e dê a cada tribo de seus antepassados a sua porção de acordo com o número de nomes registrados na lista.
56 Cada porção de terra será distribuída por sorteio entre as famílias tribais maiores e menores".

A TRIBO DE LEVI

57 Este é o registro dos levitas que foram contados de acordo com seus clãs:

O clã gersonita, assim chamado por causa de seu antepassado Gérson.

O clã coatita, assim chamado por causa de seu antepassado Coate.

---

[a] **26.39** Conforme alguns manuscritos hebraicos, o Pentateuco Samaritano, a Septuaginta, a versão siríaca e a Vulgata; a maioria dos manuscritos hebraicos traz *Sefufã*.

[b] **26.40** Conforme o Pentateuco Samaritano, alguns manuscritos gregos e a Vulgata; o hebraico não traz *por causa de seu antepassado Arde*.

O clã merarita, assim chamado por causa de seu antepassado Merari.

58 Os clãs libnita, hebronita, malita, musita e coraíta eram subdivisões de descendentes dos levitas.

Coate foi antepassado de Anrão, 59 e a esposa de Anrão se chamava Joquebede. Ela também era descendente de Levi, nascida entre os levitas na terra do Egito. Anrão e Joquebede eram pais de Arão, Moisés e sua irmã Miriã. 60 Os filhos de Arão foram Nadabe, Abiú, Eleazar e Itamar. 61 Nadabe e Abiú morreram quando trouxeram fogo estranho diante do SENHOR.

62 Os homens dos clãs levitas de um mês de idade ou mais totalizaram 23.000. Os levitas, porém, não foram incluídos no registro do restante dos israelitas, pois não receberam propriedades quando a terra foi dividida.

63 Esses foram os resultados do censo dos israelitas realizado por Moisés e pelo sacerdote Eleazar nas campinas de Moabe, junto ao rio Jordão, do lado oposto de Jericó. 64 Ninguém dessa lista estava registrado no censo anterior dos israelitas feito por Moisés e Arão no deserto do Sinai, 65 pois o SENHOR tinha dito a respeito deles: "Todos morrerão no deserto". Nenhum deles sobreviveu, com exceção de Calebe, filho de Jefoné, e de Josué, filho de Num.

AS FILHAS DE ZELOFEADE

27 Certo dia, Maala, Noa, Hogla, Milca e Tirza, as filhas de Zelofeade, fizeram uma petição. Seu pai pertencia a um dos clãs de Manassés, pois era descendente de Héfer, filho de Gileade, filho de Maquir, filho de Manassés, filho de José. 2 Essas mulheres se apresentaram diante de Moisés, do sacerdote Eleazar, dos líderes das tribos e de toda a comunidade à entrada da tenda do encontro e disseram: 3 "Nosso pai morreu no deserto. Não era um dos seguidores de Corá, que se rebelaram contra o SENHOR, mas morreu por causa do seu próprio pecado e não teve filhos. 4 Por que o nome de nosso pai deveria desaparecer de seu clã só porque ele não teve filhos? Dê-nos uma propriedade entre o restante de nossos parentes".

5 Moisés levou o caso ao SENHOR, 6 e o SENHOR respondeu a Moisés: 7 "A reivindicação das filhas de Zelofeade é justa. Dê a elas uma porção de terra entre os parentes de seu pai, a herança que teria sido entregue a seu pai.

8 "Dê as seguintes instruções ao povo de Israel. Se um homem morrer e não deixar filhos, passem a herança às filhas. 9 Se ele também não tiver filhas, transfiram a herança aos irmãos dele. 10 Se ele não tiver irmãos, deem a herança aos irmãos do pai dele. 11 Se seu pai não tiver irmãos, deem a herança ao parente mais próximo de seu clã. Essa é uma prescrição definitiva para os israelitas, conforme o SENHOR ordenou a Moisés".

JOSUÉ É ESCOLHIDO PARA LIDERAR ISRAEL

12 Então o SENHOR disse a Moisés: "Suba a um dos montes de Abarim e olhe para a terra que dou ao povo de Israel. 13 Depois de vê-la, você será reunido a seu povo, como seu irmão Arão, 14 pois vocês desobedeceram às minhas instruções no deserto de Zim. Quando a comunidade se rebelou, vocês não demonstraram minha santidade para eles junto às águas". (Essas águas são as de Meribá, em Cades, no deserto de Zim.)

15 Então Moisés disse ao SENHOR: 16 "SENHOR, tu és o Deus que dá fôlego a todas as criaturas. Por favor, indica um homem para ser o novo líder da comunidade. 17 Dá a eles alguém que os guie aonde quer que forem e os conduza nas batalhas, para que a comunidade do SENHOR não seja como ovelhas sem pastor".

18 O SENHOR respondeu: "Convoque Josué, filho de Num, em quem está o Espírito, e coloque as mãos sobre ele. 19 Apresente-o ao sacerdote Eleazar diante de toda a comunidade e encarregue-o publicamente de liderar. 20 Transfira a ele parte de sua autoridade, para que toda a comunidade de Israel lhe obedeça. 21 Quando for necessário receber orientação do SENHOR, Josué se apresentará diante do sacerdote Eleazar, que usará o Urim perante o SENHOR para determinar sua vontade. É pela palavra de Eleazar que Josué e toda a comunidade de Israel decidirão tudo que devem fazer".

22 Moisés fez o que o SENHOR ordenou.
Apresentou Josué ao sacerdote Eleazar e
a toda a comunidade, 23 colocou as mãos
sobre ele e o encarregou de liderar o povo,
exatamente como o SENHOR havia ordenado
por meio de Moisés.

AS OFERTAS DIÁRIAS

28 O SENHOR disse a Moisés: 2 "Dê as se-
guintes instruções ao povo de Israel.
Não deixem de trazer o alimento para as
ofertas especiais que vocês apresentam a
mim. São aroma agradável, que deverão ser
oferecidas na ocasião certa.
3 "Diga-lhes: Esta é sua oferta especial,
que vocês apresentarão ao SENHOR como
holocausto diário: dois cordeiros de um
ano e sem defeito. 4 Sacrifiquem um
cordeiro pela manhã e outro ao entarde-
cer. 5 Apresentem também uma oferta de
cereal de dois quilos[a] de farinha da melhor
qualidade misturada com um litro[b] de
azeite puro de olivas prensadas. 6 Esse é o
holocausto habitual instituído no monte
Sinai como oferta especial, um aroma
agradável ao SENHOR. 7 Junto com cada
cordeiro, apresentem no santuário um litro
de bebida fermentada como oferta para
o SENHOR. 8 Apresentem o segundo cordeiro
ao entardecer com a mesma oferta de cereal
e a oferta derramada. É uma oferta especial,
um aroma agradável ao SENHOR."

AS OFERTAS DO SÁBADO

9 "No sábado, sacrifiquem dois cordeiros
de um ano e sem defeito. Serão acompa-
nhados de uma oferta de cereal de quatro
quilos[c] de farinha da melhor qualidade
umedecida com azeite e de uma oferta
derramada. 10 Esse é o holocausto que será
apresentado a cada sábado além do holo-
causto habitual e da oferta derramada que
o acompanha."

AS OFERTAS MENSAIS

11 "No primeiro dia de cada mês, apresen-
tem ao SENHOR um holocausto adicional de
dois novilhos, um carneiro e sete cordeiros
de um ano, todos sem defeito. 12 Serão
acompanhados de ofertas de cereal de fari-
nha da melhor qualidade umedecida com
azeite: seis quilos[d] para cada novilho, quatro
quilos para o carneiro 13 e dois quilos para
cada cordeiro. Esse holocausto será uma
oferta especial, um aroma agradável ao
SENHOR. 14 Apresentem também uma oferta
derramada com cada sacrifício: dois litros[e]
de vinho para cada novilho, um litro e um
terço[f] para cada carneiro e um litro[g] para
cada cordeiro. Apresentem esse holocausto
no primeiro dia de cada mês ao longo de
todo o ano.
15 "No primeiro dia de cada mês, apre-
sentem também ao SENHOR um bode como
oferta pelo pecado. Esse é um acréscimo ao
holocausto habitual e à oferta derramada
que o acompanha."

AS OFERTAS DA PÁSCOA

16 "No décimo quarto dia do primeiro mês,[h]
celebrem a Páscoa do SENHOR. 17 No dia se-
guinte, o décimo quinto do mês, terá início
uma festa de sete dias durante os quais
ninguém comerá pão feito com fermento.
18 O primeiro dia da festa será um dia ofi-
cial de reunião sagrada, no qual não farão
nenhum trabalho habitual. 19 Apresentarão
ao SENHOR como oferta especial um holo-
causto de dois novilhos, um carneiro e sete
cordeiros de um ano, todos sem defeito.
20 Os sacrifícios serão acompanhados de
uma oferta de cereal de farinha da melhor
qualidade umedecida com azeite: seis qui-
los para cada novilho, quatro quilos para o
carneiro 21 e dois quilos para cada um dos
sete cordeiros. 22 Apresentem também um
bode como oferta pelo pecado para fazer
expiação por vocês. 23 Apresentem essas
ofertas além dos holocaustos habituais da
manhã. 24 Essa é a forma como devem pre-
parar, em cada um dos sete dias de festa, a
oferta de alimento apresentada como ofer-
ta especial, um aroma agradável ao SENHOR.
Será apresentada além do holocausto habi-
tual e das ofertas derramadas. 25 O sétimo

[a] **28.5a** Em hebraico, *1/10 de efa*; também em 28.13,21,29.
[b] **28.5b** Em hebraico, *1/4 de him*; também em 28.7.
[c] **28.9** Em hebraico, *2/10 de efa*; também em 28.12,20,28.
[d] **28.12** Em hebraico, *3/10 de efa*; também em 28.20,28.
[e] **28.14a** Em hebraico, *1/2 him*.
[f] **28.14b** Em hebraico, *1/3 de him*.
[g] **28.14c** Em hebraico, *1/4 de him*.
[h] **28.16** No antigo calendário lunar hebraico, esse dia caía no final de março, em abril ou no início de maio.

dia da festa será outro dia oficial de reunião sagrada, um dia em que não farão nenhum trabalho habitual."

AS OFERTAS PARA A FESTA DA COLHEITA

26 "Durante a Festa da Colheita,[a] quando apresentarem ao SENHOR seus primeiros cereais novos, convoquem um dia oficial para reunião sagrada, no qual não farão nenhum trabalho habitual. 27 Nesse dia, apresentem um holocausto adicional como aroma agradável ao SENHOR. O sacrifício será constituído de dois novilhos, um carneiro e sete cordeiros de um ano. 28 Será acompanhado de ofertas de cereal de farinha da melhor qualidade umedecida com azeite: seis quilos para cada novilho, quatro quilos para o carneiro 29 e dois quilos para cada um dos sete cordeiros. 30 Apresentem também um bode para fazer expiação por vocês. 31 Preparem esses holocaustos adicionais, junto com suas ofertas derramadas, além do holocausto habitual e da oferta de cereal que o acompanha. Cuidem para que todos os animais sejam sem defeito."

AS OFERTAS PARA A FESTA DAS TROMBETAS

29 "No primeiro dia do sétimo mês,[b] celebrem a Festa das Trombetas. Convoquem um dia oficial de reunião sagrada, no qual não farão nenhum trabalho habitual. 2 Nesse dia, apresentem um holocausto como aroma agradável ao SENHOR. O sacrifício será constituído de um novilho, um carneiro e sete cordeiros de um ano, todos sem defeito. 3 Será acompanhado de ofertas de cereal de farinha da melhor qualidade umedecida com azeite: seis quilos[c] para o novilho, quatro quilos[d] para o carneiro 4 e dois quilos[e] para cada um dos sete cordeiros. 5 Apresentem também um bode como oferta pelo pecado para fazer expiação por vocês. 6 Esses sacrifícios especiais são um acréscimo aos holocaustos mensais e habituais e serão apresentados com as ofertas de cereal e as ofertas derramadas prescritas que os acompanham. São uma oferta especial, um aroma agradável ao SENHOR."

AS OFERTAS PARA O DIA DA EXPIAÇÃO

7 "No décimo dia do sétimo mês,[f] convoquem outra reunião sagrada. Nesse dia, o Dia da Expiação, vocês se humilharão[g] e não farão nenhum trabalho habitual. 8 Apresentem um holocausto como aroma agradável ao SENHOR. Será constituído de um novilho, um carneiro e sete cordeiros de um ano, todos sem defeito. 9 Os sacrifícios serão acompanhados de ofertas de cereal de farinha da melhor qualidade umedecida com azeite: seis quilos de farinha da melhor qualidade para o novilho, quatro quilos de farinha da melhor qualidade para o carneiro 10 e dois quilos de farinha da melhor qualidade para cada um dos sete cordeiros. 11 Apresentem também um bode como oferta pelo pecado. Essa oferta é um acréscimo à oferta pelo pecado apresentada para fazer expiação e ao holocausto habitual com a oferta de cereal e as ofertas derramadas que o acompanham."

OFERTAS PARA A FESTA DAS CABANAS

12 "No décimo quinto dia do sétimo mês,[h] convoquem outra reunião sagrada. Nesse dia, não façam nenhum trabalho habitual. É o início da Festa das Cabanas,[i] uma festa de sete dias em homenagem ao SENHOR. 13 No primeiro dia da festa, apresentem um holocausto como oferta especial, um aroma agradável ao SENHOR. Será constituído de treze novilhos, dois carneiros e

[a] **28.26** Em hebraico, *Festa das Semanas*. Chamada posteriormente de *Festa de Pentecostes* (ver At 2.1) e comemorada hoje com o nome *Shavuot*.

[b] **29.1** No antigo calendário lunar hebraico, esse dia caía em setembro ou outubro. Comemorado hoje com o nome *Rosh Hashanah*, o ano-novo judeu.

[c] **29.3a** Em hebraico, *3/10 de efa*; também em 29.9,14.

[d] **29.3b** Em hebraico, *2/10 de efa*; também em 29.9,14.

[e] **29.4** Em hebraico, *1/10 de efa*; também em 29.10,15.

[f] **29.7a** No antigo calendário lunar hebraico, esse dia caía em setembro ou outubro. Comemorado hoje com o nome *Yom Kippur*.

[g] **29.7b** Ou *jejuarão*.

[h] **29.12a** No antigo calendário lunar hebraico, esse dia caía no final de setembro, em outubro ou no início de novembro.

[i] **29.12b** Ou *Festa dos Tabernáculos*. Chamada anteriormente de *Festa da Última Colheita* (ver Êx 23.16) e comemorada hoje com o nome *Sucot*.

catorze cordeiros de um ano, todos sem defeito. 14 Cada um desses sacrifícios será acompanhado de uma oferta de cereal de farinha da melhor qualidade umedecida com azeite: seis quilos para cada um dos treze novilhos, quatro quilos para cada um dos dois carneiros 15 e dois quilos para cada um dos catorze cordeiros. 16 Apresentem também um bode como oferta pelo pecado, além do holocausto habitual com a oferta de cereal e a oferta derramada que o acompanham.

17 "No segundo dia da festa, sacrifiquem doze novilhos, dois carneiros e catorze cordeiros de um ano, todos sem defeito. 18 Cada um desses sacrifícios de novilhos, carneiros e cordeiros será acompanhado de sua oferta de cereal e de sua oferta derramada, conforme o número prescrito. 19 Apresentem também um bode como oferta pelo pecado, além do holocausto habitual com a oferta de cereal e a oferta derramada que o acompanham.

20 "No terceiro dia da festa, sacrifiquem onze novilhos, dois carneiros e catorze cordeiros de um ano, todos sem defeito. 21 Cada um desses sacrifícios de novilhos, carneiros e cordeiros será acompanhado de sua oferta de cereal e de sua oferta derramada, conforme o número prescrito. 22 Apresentem também um bode como oferta pelo pecado, além do holocausto habitual com a oferta de cereal e a oferta derramada que o acompanham.

23 "No quarto dia da festa, sacrifiquem dez novilhos, dois carneiros e catorze cordeiros de um ano, todos sem defeito. 24 Cada um desses sacrifícios de novilhos, carneiros e cordeiros será acompanhado de sua oferta de cereal e de sua oferta derramada, conforme o número prescrito. 25 Apresentem também um bode como oferta pelo pecado, além do holocausto habitual com a oferta de cereal e a oferta derramada que o acompanham.

26 "No quinto dia da festa, sacrifiquem nove novilhos, dois carneiros e catorze cordeiros de um ano, todos sem defeito. 27 Cada um desses sacrifícios de novilhos, carneiros e cordeiros será acompanhado de sua oferta de cereal e de sua oferta derramada, conforme o número prescrito. 28 Apresentem também um bode como oferta pelo pecado, além do sacrifício habitual com a oferta de cereal e a oferta derramada que o acompanham.

29 "No sexto dia da festa, sacrifiquem oito novilhos, dois carneiros e catorze cordeiros de um ano, todos sem defeito. 30 Cada um desses sacrifícios de novilhos, carneiros e cordeiros será acompanhado de sua oferta de cereal e de sua oferta derramada, conforme o número prescrito. 31 Apresentem também um bode como oferta pelo pecado, além do holocausto habitual com a oferta de cereal e a oferta derramada que o acompanham.

32 "No sétimo dia da festa, sacrifiquem sete novilhos, dois carneiros e catorze cordeiros de um ano, todos sem defeito. 33 Cada um desses sacrifícios de novilhos, carneiros e cordeiros será acompanhado de sua oferta de cereal e de sua oferta derramada, conforme o número prescrito. 34 Apresentem também um bode como oferta pelo pecado, além do holocausto habitual com a oferta de cereal e a oferta derramada que o acompanham.

35 "No oitavo dia da festa, declarem uma reunião solene. Não façam nenhum trabalho habitual nesse dia. 36 Apresentem um holocausto como oferta especial, um aroma agradável ao Senhor. O sacrifício consistirá em um novilho, um carneiro e sete cordeiros de um ano, todos sem defeito. 37 Cada um desses sacrifícios será acompanhado de sua oferta de cereal e de sua oferta derramada, conforme o número prescrito. 38 Apresentem também um bode como oferta pelo pecado, além do holocausto habitual com a oferta de cereal e a oferta derramada que o acompanham.

39 "Apresentem essas ofertas ao Senhor em suas festas anuais. São um acréscimo aos sacrifícios e ofertas que vocês apresentam ao cumprirem votos ou ao realizarem ofertas voluntárias, holocaustos, ofertas de cereal, ofertas derramadas e ofertas de paz".

40[a] Moisés transmitiu todas essas instruções aos israelitas, conforme o Senhor lhe havia ordenado.

[a] **29.40** No texto hebraico, o versículo 29.40 é numerado 30.1.

LEIS ACERCA DE VOTOS E JURAMENTOS

30 1[a] Moisés mandou chamar os chefes das tribos de Israel e lhes disse: "Foi isto que o SENHOR ordenou: 2 Se um homem fizer um voto ao SENHOR ou uma promessa sob juramento, jamais deverá voltar atrás em sua palavra. Fará exatamente o que prometeu.

3 "Se uma moça fizer um voto ao SENHOR ou uma promessa sob juramento enquanto ainda estiver morando na casa de seu pai, 4 e se seu pai ficar sabendo do voto e não levantar objeções, todos os seus votos e promessas continuarão a valer. 5 Mas, se no dia em que ficar sabendo seu pai se recusar a deixá-la cumprir o voto ou a promessa, todos os seus votos ou promessas serão anulados. O SENHOR a perdoará, pois o pai não permitiu que ela os cumprisse.

6 "Se uma moça fizer um voto ou assumir um compromisso por meio de uma promessa precipitada e depois se casar, 7 e, no dia em que ficar sabendo do voto ou da promessa, o marido não levantar objeções, os votos e as promessas que ela fez continuarão a valer. 8 Mas, se no dia em que ficar sabendo seu marido se recusar a deixá-la cumprir o voto ou a promessa precipitada, os compromissos dela serão anulados, e o SENHOR a perdoará. 9 A mulher viúva ou divorciada, porém, deverá cumprir todos os seus votos e promessas.

10 "Se uma mulher já for casada e morar na casa do marido quando fizer o voto ou se comprometer por meio de uma promessa, 11 e o marido ficar sabendo e não levantar objeções, os votos ou as promessas que ela fez continuarão a valer. 12 Mas, se no dia em que ficar sabendo o marido se recusar a aceitá-los, o voto ou a promessa dela será anulada, e o SENHOR a perdoará. 13 Portanto, qualquer voto ou promessa que a esposa tenha feito de humilhar-se,[b] o marido poderá confirmar ou anular. 14 Mas, se ele não levantar objeção alguma no dia em que ficar sabendo, indicará desse modo que está de acordo com todos os seus votos ou promessas. 15 Se ele esperar mais de um dia e anular um voto ou uma promessa, sofrerá o castigo que caberia à esposa".

16 Essas são as ordens que o SENHOR deu a Moisés a respeito do relacionamento entre um homem e sua esposa e entre um pai e sua filha moça que ainda mora na casa dele.

ISRAEL CONQUISTA MIDIÃ

31 O SENHOR disse a Moisés: 2 "Vingue-se dos midianitas pelo que fizeram aos israelitas. Depois disso, você morrerá e será reunido a seus antepassados".

3 Então Moisés disse ao povo: "Escolham e armem alguns homens para lutarem na vingança do SENHOR contra Midiã. 4 De cada tribo de Israel, enviem mil homens para a batalha". 5 Assim, escolheram mil homens de cada tribo de Israel, no total de doze mil homens armados para guerrear. 6 Moisés enviou mil homens de cada tribo, sob o comando de Fineias, filho do sacerdote Eleazar. Fineias levou consigo os objetos sagrados e as trombetas para dar a ordem de ataque. 7 Atacaram Midiã, como o SENHOR havia ordenado a Moisés, e mataram todos os homens. 8 Os cinco reis midianitas morreram na batalha: Evi, Requém, Zur, Hur e Reba. Também mataram à espada Balaão, filho de Beor.

9 Os israelitas capturaram as mulheres e as crianças midianitas e tomaram como despojo o gado, os rebanhos e toda a riqueza deles. 10 Queimaram todas as cidades e acampamentos onde os midianitas moravam. 11 Depois de juntarem todos os despojos, tanto os prisioneiros como os animais, 12 trouxeram tudo a Moisés, ao sacerdote Eleazar e a toda a comunidade de Israel, que estava acampada nas campinas de Moabe, junto ao rio Jordão, do lado oposto de Jericó. 13 Moisés, o sacerdote Eleazar e todos os líderes da comunidade saíram ao encontro deles fora do acampamento. 14 Moisés, porém, se enfureceu com os generais e os capitães[c] que voltaram da batalha.

15 "Por que deixaram viver todas as mulheres?", perguntou ele. 16 "Foram justamente elas que seguiram o conselho de Balaão e fizeram os israelitas se rebelarem contra o SENHOR no incidente em Peor. Foi por causa

[a] **30.1** No texto hebraico, os versículos 30.1-16 são numerados 30.2-17.

[b] **30.13** Ou *jejuar*.

[c] **31.14** Em hebraico, *os comandantes de milhares e os comandantes de centenas*; também em 31.48,52,54.

delas que uma praga feriu o povo do Senhor.
17 Agora, matem todos os meninos e todas as
mulheres que tiveram relações sexuais com
algum homem. 18 Deixem viver somente
as meninas virgens; tragam-nas para viver
entre vocês. 19 E todos que tiverem matado
alguém ou tocado em algum cadáver
ficarão fora do acampamento por sete dias.
Purifiquem a si mesmos e às prisioneiras
no terceiro e no sétimo dia. 20 Purifiquem
também todas as roupas e todos os objetos
de couro, pelo de cabra ou madeira."

21 Então o sacerdote Eleazar disse aos
homens que participaram da batalha:
"O Senhor deu a Moisés as seguintes pres-
crições legais: 22 Tudo que for feito de ouro,
prata, bronze, ferro, estanho e chumbo, 23 ou
seja, tudo que resiste ao fogo, será passado
pelo fogo para se tornar cerimonialmente
puro. Em seguida, esses objetos de metal
serão purificados com a água da purificação.
Mas tudo que não resistir ao fogo será puri-
ficado somente com água. 24 No sétimo dia,
lavem as roupas e vocês estarão purificados.
Então poderão voltar ao acampamento".

A DIVISÃO DOS DESPOJOS

25 O Senhor também disse a Moisés: 26 "Você,
o sacerdote Eleazar e os chefes das famílias
de cada tribo farão uma lista de todos os
despojos tomados na batalha, tanto das
pessoas como dos animais. 27 Dividirão
o despojo em duas partes e entregarão
metade para os homens que lutaram na
batalha e metade para o restante do povo.
28 Da metade que pertence ao exército,
entreguem primeiro um tributo que cabe
ao Senhor, um de cada quinhentos, tanto
das pessoas como do gado, dos jumentos
e das ovelhas. 29 Entreguem essa porção
tirada da parte do exército ao sacerdote
Eleazar como oferta ao Senhor. 30 Da metade
que pertence aos israelitas, separem um de
cada cinquenta, tanto das pessoas como
do gado, dos jumentos, das ovelhas e dos
outros animais. Entreguem essa porção
aos levitas, que estão encarregados de
cuidar do tabernáculo do Senhor". 31 Moisés
e o sacerdote Eleazar fizeram conforme o
Senhor ordenou a Moisés.

32 O despojo restante de tudo que
os soldados haviam tomado totalizou
675.000 ovelhas, 33 72.000 cabeças de gado,
34 61.000 jumentos 35 e 32.000 virgens.

36 Metade do despojo foi entregue aos
homens que participaram da batalha. Essa
parte totalizou 337.500 ovelhas, 37 das quais
675 eram o tributo ao Senhor; 38 36.000
cabeças de gado, das quais 72 eram o tributo
ao Senhor; 39 30.500 jumentos, dos quais 61
eram o tributo ao Senhor; 40 e 16.000 virgens,
das quais 32 eram o tributo ao Senhor.
41 Moisés entregou ao sacerdote Eleazar
o tributo que cabia ao Senhor como oferta
movida, conforme o Senhor havia ordenado.

42 Metade do despojo pertencia aos
israelitas, e Moisés a separou da metade
que pertencia aos homens que lutaram.
43 A parte dos israelitas totalizou 337.500
ovelhas, 44 36.000 cabeças de gado,
45 30.500 jumentos 46 e 16.000 virgens.
47 Da metade entregue ao povo, Moisés
separou um de cada cinquenta, tanto das
pessoas como dos animais, e entregou aos
levitas encarregados de cuidar do taber-
náculo do Senhor. Tudo foi feito conforme o
Senhor havia ordenado a Moisés.

48 Então os generais e os capitães foram
a Moisés 49 e disseram: "Nós, seus servos,
contamos todos os homens que saíram para
a batalha sob o nosso comando; nenhum
de nós está faltando! 50 Por isso, de nossa
parte do despojo, apresentamos os objetos
de ouro como oferta ao Senhor: braceletes,
pulseiras, anéis, brincos e colares. A oferta
fará expiação por nós diante do Senhor".

51 Moisés e o sacerdote Eleazar receberam
deles as joias e os objetos artesanais de
ouro. 52 Ao todo, o ouro que os generais
e os capitães apresentaram como oferta
ao Senhor pesava por volta de duzentos
quilos.[a] 53 Todos os homens que partici-
param da batalha tomaram para si uma
parte do despojo. 54 Moisés e o sacerdote
Eleazar aceitaram as ofertas dos generais e
dos capitães e levaram o ouro para a tenda
do encontro como recordação para que o
Senhor se lembrasse dos israelitas.

AS TRIBOS A LESTE DO JORDÃO

32 As tribos de Rúben e Gade possuíam
rebanhos enormes. Por isso, quando

[a] **31.52** Em hebraico, *16.750 siclos*.

A vontade e a direção do Céu serão sempre a nossa melhor escolha na Terra.

viram que as terras de Jazar e Gileade eram
adequadas para os rebanhos, 2 foram
a Moisés, ao sacerdote Eleazar e aos
outros líderes da comunidade e disseram:
3 "Vejam as cidades de Atarote, Dibom,
Jazar, Ninra, Hesbom, Eleale, Sibma,[a]
Nebo e Beom. 4 O SENHOR conquistou toda
esta região para a comunidade de Israel, e
ela é adequada para criar rebanhos e para
nós, seus servos, que possuímos rebanhos.
5 Se contamos com o seu favor, pedimos
que nos deixem ocupar esta terra como
nossa propriedade em vez de nos dar a
terra do outro lado do Jordão".

6 Moisés perguntou aos homens de
Gade e Rúben: "Então vocês querem que
seus irmãos vão à guerra enquanto vocês
ficam aqui? 7 Por que querem desanimar o
restante dos israelitas de atravessar o rio
para a terra que o SENHOR lhes deu? 8 Seus
antepassados fizeram a mesma coisa
quando eu os enviei de Cades-Barneia
para fazer o reconhecimento da terra.
9 Depois que subiram até o vale de Escol
e fizeram o reconhecimento da região,
desanimaram os israelitas de entrarem na
terra que o SENHOR lhes dava. 10 Por isso a
ira do SENHOR se acendeu contra eles, e ele
jurou: 11 'De todos aqueles que eu resgatei
do Egito, ninguém com 20 anos para cima
verá a terra que eu jurei dar a Abraão,
Isaque e Jacó, pois não me obedeceram de
todo o coração. 12 As únicas exceções são
Calebe, filho do quenezeu Jefoné, e Josué,
filho de Num, pois eles seguiram o SENHOR
de todo o coração'.

13 "A ira do SENHOR se acendeu contra os
israelitas, e ele os fez andar sem rumo pelo
deserto durante quarenta anos, até que
toda a geração que havia pecado contra o
SENHOR tivesse morrido. 14 Mas aqui estão
vocês, uma raça de pecadores, fazendo
exatamente a mesma coisa, acendendo
ainda mais a ira do SENHOR contra Israel.
15 Se vocês se afastarem dele e se ele
abandonar o povo no deserto outra vez,
vocês serão responsáveis pela destruição
de todo este povo!".

16 Eles se aproximaram de Moisés e dis-
seram: "Queremos construir currais para
nossos animais e cidades para nossos
filhos. 17 Então nos armaremos e saire-
mos prontamente com os israelitas para
a batalha até que os tenhamos levado em
segurança para sua terra. Enquanto isso,
nossos filhos ficarão nas cidades fortifica-
das que construirmos aqui e estarão pro-
tegidos de ataques dos povos da região.
18 Só voltaremos a nossos lares quando
todos os israelitas tiverem recebido suas
porções de terra. 19 Não exigimos, porém,
terra alguma do outro lado do Jordão.
Preferimos viver aqui do lado leste do
Jordão e aceitamos esta região como nos-
sa herança na terra".

20 Então Moisés lhes disse: "Se fizerem
como prometeram e se, armadas para as
batalhas do SENHOR, 21 suas tropas atraves-
sarem o Jordão e continuarem a lutar até
que o SENHOR tenha expulsado seus ini-
migos, 22 então poderão voltar quando o
SENHOR tiver conquistado a terra. Assim vo-
cês terão cumprido seu dever para com o
SENHOR e para com o povo de Israel. A terra
do lado leste do Jordão será sua proprie-
dade da parte do SENHOR. 23 Mas, se não
fizerem como prometeram, terão pecado
contra o SENHOR e não escaparão das conse-
quências. 24 Vão, construam cidades para
suas famílias e currais para seus rebanhos,
mas façam tudo que prometeram".

25 Os homens de Gade e Rúben respon-
deram: "Nós, seus servos, seguiremos
suas instruções. 26 Nossos filhos, esposas,
rebanhos e gado ficarão aqui nas cidades
de Gileade. 27 Mas nós, seus servos, todos
armados para a guerra, atravessaremos
o rio e lutaremos pelo SENHOR, conforme
nos ordenou".

28 Moisés deu ordens ao sacerdote
Eleazar, a Josué, filho de Num, e aos chefes
das famílias das tribos de Israel. 29 Disse
ele: "Os homens de Gade e Rúben estão
armados para a batalha e atravessarão o
Jordão com vocês e lutarão pelo SENHOR.
Se o fizerem, depois que a terra for
conquistada entregue-lhes o território de
Gileade como sua propriedade. 30 Mas, se
eles se recusarem a armar-se e atravessar
o rio com vocês, serão obrigados a aceitar
uma porção de terra com o restante de
vocês em Canaã".

[a] **32.3** Conforme o Pentateuco Samaritano e a Septuaginta (ver tb. 32.38); o hebraico traz *Sebã*.

31 As tribos de Gade e Rúben disseram
outra vez: "Somos seus servos e faremos o
que o SENHOR ordenou! 32 Atravessaremos
bem armados o Jordão até Canaã e lutare-
mos para o SENHOR, mas nossa porção de
terra estará aqui deste lado do Jordão".

33 Então Moisés distribuiu terras entre as
tribos de Gade e Rúben e a meia tribo de
Manassés, filho de José. Deu-lhes o territó-
rio de Seom, rei dos amorreus, o território
de Ogue, rei de Basã, toda a terra com suas
cidades e o território ao redor delas.

34 Os descendentes de Gade construí-
ram as cidades de Dibom, Atarote, Aroer,
35 Atarote-Sofã, Jazar, Jogbeá, 36 Bete-Ninra
e Bete-Harã, e todas eram cidades fortifica-
das e com currais para os rebanhos.

37 Os descendentes de Rúben cons-
truíram as cidades de Hesbom, Eleale,
Quiriataim, 38 Nebo, Baal-Meom e Sibma, e
mudaram o nome de algumas das cidades
que conquistaram e reconstruíram.

39 Os descendentes de Maquir, da tribo
de Manassés, foram até Gileade, tomaram
posse dela e expulsaram os amorreus
que ali viviam. 40 Moisés deu Gileade aos
maquiritas, descendentes de Manassés, e
eles se estabeleceram ali. 41 O povo de Jair,
outro clã da tribo de Manassés, capturou
muitos dos povoados de Gileade e mudou
o nome da região para Cidades de Jair.[a]
42 Enquanto isso, um homem chamado
Noba conquistou a cidade de Quenate e
as vilas ao redor e deu seu próprio nome à
região, chamando-a de Noba.

RECAPITULAÇÃO DA JORNADA DE ISRAEL

33 Este é o percurso que os israelitas
fizeram quando saíram do Egito,
organizados segundo suas divisões, sob a
liderança de Moisés e Arão. 2 Por ordem do
SENHOR, Moisés guardou um registro escrito
de seu progresso. Estas são as etapas da
jornada, identificadas pelos lugares onde
pararam ao longo do caminho.

3 Os israelitas partiram da cidade de
Ramessés no décimo quinto dia do primeiro
mês,[b] na manhã seguinte à primeira celebra-
ção da Páscoa. Partiram triunfantemente, à
vista de todos os egípcios. 4 Enquanto isso,
os egípcios sepultavam o filho mais velho
de suas famílias que o SENHOR havia ferido
mortalmente na noite anterior. Naquela
noite, o SENHOR derrotou os deuses do Egito
com grandes atos de julgamento.

5 Depois de partirem de Ramessés, os israe-
litas acamparam em Sucote.

6 Saíram de Sucote e acamparam em Etã, à
beira do deserto.

7 Saíram de Etã e voltaram para Pi-Hairote,
de frente para Baal-Zefom, e acamparam
perto de Migdol.

8 Saíram de Pi-Hairote,[c] atravessaram o
mar Vermelho[d] e chegaram ao deserto.
Viajaram três dias pelo deserto de Etã e
acamparam em Mara.

9 Saíram de Mara e acamparam em Elim,
onde havia doze fontes de água e setenta
palmeiras.

10 Saíram de Elim e acamparam junto ao
mar Vermelho.[e]

11 Saíram do mar Vermelho e acamparam no
deserto de Sim.

12 Saíram do deserto de Sim e acamparam
em Dofca.

13 Saíram de Dofca e acamparam em Alus.

14 Saíram de Alus e acamparam em Refidim,
onde não havia água para o povo beber.

15 Saíram de Refidim e acamparam no
deserto do Sinai.

16 Saíram do deserto do Sinai e acamparam
em Quibrote-Hataavá.

17 Saíram de Quibrote-Hataavá e acampa-
ram em Hazerote.

18 Saíram de Hazerote e acamparam em
Ritmá.

19 Saíram de Ritmá e acamparam em
Rimom-Perez.

20 Saíram de Rimom-Perez e acamparam
em Libna.

21 Saíram de Libna e acamparam em Rissa.

22 Saíram de Rissa e acamparam em
Queelata.

---

[a] **32.41** Em hebraico, *Havote-Jair*.

[b] **33.3** No antigo calendário lunar hebraico, esse dia caía no final de março, em abril ou no início de maio.

[c] **33.8a** Conforme vários manuscritos hebraicos, o Pentateuco Samaritano e a Vulgata (ver tb. 33.7); o hebraico traz *Saíram de diante de Hairote*.

[d] **33.8b** Em hebraico, *o mar*.

[e] **33.10** Em hebraico, *mar de juncos*; também em 33.11.

23 Saíram de Queelata e acamparam no
monte Séfer.
24 Saíram do monte Séfer e acamparam em
Harada.
25 Saíram de Harada e acamparam em
Maquelote.
26 Saíram de Maquelote e acamparam em
Taate.
27 Saíram de Taate e acamparam em Terá.
28 Saíram de Terá e acamparam em Mitca.
29 Saíram de Mitca e acamparam em Hasmona.
30 Saíram de Hasmona e acamparam em
Moserote.
31 Saíram de Moserote e acamparam em
Bene-Jaacã.
32 Saíram de Bene-Jaacã e acamparam em
Hor-Gidgade.
33 Saíram de Hor-Gidgade e acamparam
em Jotbatá.
34 Saíram de Jotbatá e acamparam em Abrona.
35 Saíram de Abrona e acamparam em
Eziom-Geber.
36 Saíram de Eziom-Geber e acamparam em
Cades, no deserto de Zim.
37 Saíram de Cades e acamparam no monte
Hor, na fronteira de Edom. 38 Enquanto
estavam ao pé do monte Hor, por ordem do
SENHOR o sacerdote Arão subiu ao monte e
morreu ali. Isso aconteceu no primeiro dia
do quinto mês,[a] quarenta anos depois que
Israel saiu do Egito. 39 Arão tinha 123 anos
quando morreu no monte Hor.
40 O rei cananeu de Arade, que vivia no
Neguebe, na terra de Canaã, soube que os
israelitas se aproximavam de sua terra.
41 Saíram do monte Hor e acamparam em
Zalmona.
42 Saíram de Zalmona e acamparam em
Punom.
43 Saíram de Punom e acamparam em Obote.
44 Saíram de Obote e acamparam em
Ijé-Abarim, na fronteira de Moabe.
45 Saíram de Ijé-Abarim[b] e acamparam em
Dibom-Gade.
46 Saíram de Dibom-Gade e acamparam em
Almom-Diblataim.
47 Saíram de Almom-Diblataim e acam-
param nos montes de Abarim, perto do
monte Nebo.
48 Saíram dos montes de Abarim e acamparam
nas campinas de Moabe, junto ao rio Jordão,
do lado oposto de Jericó.
49 Junto ao rio Jordão, acamparam desde
Bete-Jesimote até Abel-Sitim nas campinas
de Moabe.

50 Enquanto estavam acampados perto do
rio Jordão, nas campinas de Moabe, do lado
oposto de Jericó, o SENHOR disse a Moisés:
51 "Dê as seguintes instruções ao povo de
Israel. Quando atravessarem o rio Jordão
para entrar na terra de Canaã, 52 expulsem
todos os povos que vivem ali. Destruam
todas as imagens esculpidas ou fundidas
e derrubem todos os santuários idólatras.
53 Tomem posse da terra e estabeleçam-se
nela, pois eu lhes dei a terra para a ocupa-
rem. 54 Distribuam a terra entre os clãs por
sorteio e de forma proporcional ao tamanho
de cada clã. Os clãs maiores receberão uma
porção maior, e os clãs menores, uma porção
menor. A decisão por sorteio é definitiva.
Assim, as porções de terra serão distribuídas
entre as tribos de seus antepassados. 55 Mas,
se vocês não expulsarem os povos que
vivem na terra, aqueles que restarem serão
como farpas em seus olhos e espinhos em
suas costas. Serão um tormento para vocês
na terra em que habitarem. 56 E eu farei a
vocês aquilo que planejava fazer a eles".

AS FRONTEIRAS DA TERRA

34 Então o SENHOR disse a Moisés:
2 "Dê as seguintes instruções ao
povo de Israel. Quando entrarem na terra
de Canaã, que eu lhes dou como sua
propriedade especial, estas serão as fron-
teiras. 3 A região sul se estenderá desde
o deserto de Zim, ao longo da divisa com
Edom. A fronteira sul começará no leste,
na extremidade do mar Morto.[c] 4 Ela se
estenderá pelo sul, passando pela ladeira
do Escorpião,[d] em direção a Zim. Seu
extremo ao sul será Cades-Barneia, de onde
seguirá até Hazar-Adar e, de lá, até Azmom.
5 De Azmom, a fronteira fará uma curva em
direção ao ribeiro do Egito e terminará no
mar Mediterrâneo.[e]

[a] **33.38** No antigo calendário lunar hebraico, esse dia caía em julho ou agosto.
[b] **33.45** Em hebraico, *Ijim*, outro nome para Ijé-Abarim.
[c] **34.3** Em hebraico, *mar Salgado*; também em 34.12.
[d] **34.4** Ou *ladeira de Acrabim*.
[e] **34.5** Em hebraico, *no mar*; também em 34.6,7.

6 "A fronteira oeste será o litoral do
mar Mediterrâneo.
7 "A fronteira norte começará no mar
Mediterrâneo e se estenderá para o leste
até o monte Hor 8 e, de lá, até Lebo-Hamate,
seguindo em direção a Zedade, 9 e conti-
nuando até Zifrom e, daí, até Hazar-Enã.
Essa será a fronteira norte.
10 "A fronteira leste começará em Hazar-
Enã, se estenderá para o sul até Sefã 11 e
descerá até Ribla, do lado leste de Aim.
De lá, descerá beirando o lado leste do mar
da Galileia[a] 12 e, depois, acompanhando
o rio Jordão até o mar Morto. Essas são as
fronteiras de sua terra".
13 Então Moisés disse aos israelitas: "Este
território é a herança que vocês repartirão
entre si por sorteio. O SENHOR ordenou que
a terra seja dividida entre as nove tribos e
meia restantes. 14 As famílias das tribos
de Rúben e Gade e da metade da tribo de
Manassés já receberam suas porções de
terra 15 do lado leste do Jordão, do lado
oposto de Jericó, na direção do nascer
do sol".

LÍDERES PARA REPARTIR A TERRA

16 O SENHOR disse a Moisés: 17 "O sacerdote
Eleazar e Josué, filho de Num, são os
homens escolhidos para repartir a terra
entre o povo. 18 Nomeiem um líder de cada
tribo para ajudá-los com a tarefa. 19 Estas são
as tribos e os nomes dos líderes:

da tribo de Judá, Calebe, filho de Jefoné;
20 da tribo de Simeão, Samuel, filho de Amiúde;
21 da tribo de Benjamim, Elidade, filho de Quislom;
22 da tribo de Dã, Buqui, filho de Jogli;
23 da tribo de Manassés, filho de José, Haniel, filho de Éfode;
24 da tribo de Efraim, filho de José, Quemuel, filho de Siftã;
25 da tribo de Zebulom, Elisafã, filho de Parnaque;
26 da tribo de Issacar, Paltiel, filho de Azã;
27 da tribo de Aser, Aiúde, filho de Selomi;
28 da tribo de Naftali, Pedael, filho de Amiúde.

29 Esses são os homens que o SENHOR
nomeou para repartir as porções da terra de
Canaã entre os israelitas".

CIDADES PARA OS LEVITAS

35 O SENHOR disse a Moisés junto ao rio
Jordão, nas campinas de Moabe, do
lado oposto de Jericó: 2 "Ordene aos israe-
litas que, das propriedades que receberem
por herança, deem algumas cidades para
os levitas morarem. Entreguem também
as pastagens ao redor delas. 3 As cidades
serão para moradia dos levitas, e as terras
ao redor servirão de pasto para seu gado,
suas ovelhas e todos os seus animais.
4 As pastagens reservadas para os levitas
ao redor dessas cidades se estenderão em
todas as direções por 450 metros[b] a partir
dos muros da cidade. 5 Meçam 900 metros[c]
fora dos muros da cidade em todas as
direções — leste, sul, oeste e norte —, com a
cidade no centro. Essa será a área de pasta-
gem das cidades.
6 "Seis das cidades que vocês derem aos
levitas serão cidades de refúgio, para onde
uma pessoa que tiver matado alguém
acidentalmente poderá fugir e ficar a
salvo. Além disso, deem a eles 42 cidades.
7 No total, vocês darão aos levitas 48 cida-
des, com as pastagens ao redor. 8 As cidades
virão da herança dos israelitas. As tribos
maiores darão mais cidades aos levitas,
enquanto as tribos menores darão menos
cidades. Cada tribo entregará propriedades
de forma proporcional ao tamanho do terri-
tório que receber".

AS CIDADES DE REFÚGIO

9 O SENHOR disse a Moisés: 10 "Dê as seguintes
instruções ao povo de Israel.
"Quando atravessarem o Jordão para entrar
na terra de Canaã, 11 escolham cidades de
refúgio para onde uma pessoa que tiver
matado alguém acidentalmente poderá
fugir. 12 Essas cidades serão lugares de
proteção contra os parentes da vítima que
quiserem vingar sua morte. A pessoa que
tirou a vida de alguém não será executada
antes de ser julgada pela comunidade.
13 Escolham para si seis cidades de refúgio:

[a] **34.11** Em hebraico, *mar de Quinerete.*

[b] **35.4** Em hebraico, *1.000 côvados.*

[c] **35.5** Em hebraico, *2.000 côvados.*

14 três do lado leste do rio Jordão e três do lado oeste, na terra de Canaã. 15 Essas cidades servirão para proteger os israelitas, os estrangeiros que vivem entre vocês e os que estiverem de passagem. Qualquer um que matar alguém acidentalmente poderá fugir para lá.

16 "Se, contudo, alguém atacar uma pessoa e matá-la com um pedaço de ferro, é assassinato e o assassino deverá ser executado. 17 Ou, se alguém com uma pedra na mão atacar e matar outra pessoa, é assassinato e o assassino deverá ser executado. 18 Ou ainda, se alguém atacar outra pessoa e matá-la com um pedaço de madeira, é assassinato e o assassino deverá ser executado. 19 O parente mais próximo da vítima é responsável pela execução do assassino. Quando o encontrar, o vingador deverá executar o assassino. 20 Portanto, se alguém odeia outra pessoa e fica à espreita dela, e a empurra ou joga contra ela um objeto perigoso e ela morre, 21 ou se alguém odeia outra pessoa e a fere com as mãos e ela morre, é assassinato. Nesses casos, o vingador deverá executar o assassino quando o encontrar.

22 "Se, contudo, alguém empurrar outra pessoa sem ter demonstrado anteriormente nenhuma hostilidade, ou jogar algo que acerte a pessoa acidentalmente, 23 ou, sem intenção, deixar cair sobre ela uma pedra grande, embora não fossem inimigos, e a outra pessoa morrer, 24 a comunidade usará as seguintes normas para julgar entre o acusado e o vingador, o parente mais próximo da vítima: 25 a comunidade protegerá o acusado do vingador e cuidará para que ele chegue à cidade de refúgio para onde fugiu. Ali ele ficará até a morte do sumo sacerdote, que foi ungido com o óleo sagrado.

26 "Se, contudo, o acusado sair alguma vez dos limites da cidade de refúgio 27 e o vingador o encontrar fora da cidade e o executar, essa morte não será considerada assassinato. 28 O acusado deveria ter ficado dentro da cidade de refúgio até a morte do sumo sacerdote. Depois da morte do sumo sacerdote, porém, o acusado poderá voltar à sua propriedade. 29 Essas são as prescrições legais a serem cumpridas de geração em geração, onde quer que morarem.

30 "Todos os assassinos deverão ser executados, mas apenas se mais de uma testemunha apresentar provas. Ninguém será executado com base no depoimento de apenas uma testemunha. 31 Jamais aceitem resgate pela vida de alguém que foi declarado culpado de assassinato e condenado à morte. Os assassinos deverão sempre ser executados. 32 E jamais aceitem resgate de alguém que fugiu para uma cidade de refúgio, permitindo, com isso, que o acusado volte à sua propriedade antes da morte do sumo sacerdote. 33 Essa medida garantirá que a terra em que vivem não seja contaminada, pois o assassinato contamina a terra. O único sacrifício que fará expiação pela terra em caso de assassinato é a execução do assassino. 34 Não contaminem a terra onde habitam, pois eu mesmo habito ali. Eu sou o Senhor e habito entre o povo de Israel".

MULHERES QUE HERDAM PROPRIEDADES

36 Os chefes das famílias do clã de Gileade, descendentes de Maquir, filho de Manassés, filho de José, apresentaram uma petição a Moisés e aos líderes de Israel, os chefes das famílias. 2 Disseram eles: "O Senhor o instruiu a repartir a terra por sorteio entre os israelitas. O Senhor também o instruiu a entregar a herança que pertencia a nosso irmão Zelofeade às filhas dele. 3 Mas, se elas se casarem com homens de outra tribo de Israel, levarão consigo suas propriedades para a tribo dos homens com quem se casarem. Com isso, a área total do território de nossa tribo será reduzida. 4 Quando chegar o Ano do Jubileu, a porção de terra que elas receberam será anexada à porção dessa nova tribo, e essa propriedade será tirada da tribo de nossos antepassados para sempre".

5 Então Moisés deu aos israelitas a seguinte ordem do Senhor: "A preocupação dos homens da tribo de José é justa. 6 É isto que o Senhor ordenou acerca das filhas de Zelofeade: Elas poderão se casar com quem quiserem, desde que seja alguém da tribo de seus antepassados. 7 Nenhuma terra poderá ser transferida de uma tribo

para outra, pois a porção entregue a cada tribo deve permanecer com a tribo para a qual foi inicialmente designada.
8 As filhas de todas as tribos de Israel que têm direito a herdar propriedades deverão se casar com homens de um dos clãs de sua própria tribo, para que todos os israelitas mantenham a propriedade de seus antepassados.
9 Nenhuma porção de terra poderá ser transferida de uma tribo para outra; cada tribo de Israel manterá a porção de terra que recebeu como herança".

10 As filhas de Zelofeade fizeram conforme o SENHOR ordenou a Moisés.
11 Maala, Tirza, Hogla, Milca e Noa se casaram com primos da família de seu pai,
12 membros dos clãs de Manassés, filho de José. Assim, sua herança permaneceu no clã e na tribo de seus antepassados.

13 Esses são os mandamentos e os estatutos que o SENHOR deu aos israelitas por meio de Moisés enquanto estavam acampados nas campinas de Moabe junto ao rio Jordão, do lado oposto de Jericó.

Pentateuco

Deuteronômio

Livro 5 do Pentateuco

34 CAPÍTULOS

SIGNIFICADO DO TÍTULO

"Deuteronômio" significa, com base no grego, "segunda lei", com o sentido de "repetição da lei". O título original, em hebraico, é *devarim*, "palavras"; da forma mais complexa *'elleh daddevarim*, "estas são as palavras".

AUTORIA

Moisés, segundo as tradições judaica e cristã, com base em trechos do livro (Dt 1.5; 31.9,22,24) e de outros livros da Bíblia (1Rs 2.3; 8.53; Mt 19.7-8; Mc 10.3-5; Jo 5.46-47; At 3.22-23; Rm 10.19). Certamente, alguém mais redigiu partes do texto, como o início (Dt 1.1-5) e o relato da morte de Moisés (Dt 34).

INFORMAÇÕES GERAIS

Os fatos de Deuteronômio se passam após a morte no deserto da geração desobediente. Escrito provavelmente por volta de 1406 a.C., apresenta os últimos discursos de Moisés ao povo de Israel em Moabe, próximo ao local onde o rio Jordão desagua no mar Morto. Nessas falas, o patriarca renova a aliança, ressalta leis e transmite a liderança a Josué.

DEUTERONÔMIO NO NT

Existem no Novo Testamento quase cem citações de trechos de Deuteronômio e referências a ele.

ESTRUTURA DO LIVRO

- ★ Preâmbulo Dt 1.1-5
- ★ Prólogo histórico Dt 1.6—4.43
- ★ Condições da aliança Dt 4.44—26
- ★ Maldições e bênçãos ratificadas Dt 27—30
- ★ Sucessão de liderança Dt 31—33
- ★ A morte de Moisés Dt 34

TEMAS DE DEUTERONÔMIO

O conteúdo de Deuteronômio é marcado pela temática da relação de amor entre Deus e seu povo, que remete a adoração e obediência. O cerne da teologia do livro está em Deuteronômio 6.4-9, o *Shemá* judaico.

CRISTO E DEUTERONÔMIO

Deuteronômio aponta para Cristo como o profeta maior prometido, o perfeito cumpridor da Lei e o mediador do novo pacto. As bênçãos e maldições ilustram a redenção em Cristo, que toma as maldições sobre si e garante as bênçãos aos crentes.

INTRODUÇÃO AO PRIMEIRO DISCURSO DE MOISÉS

1 Estas são as palavras que Moisés disse a todo o povo de Israel quando estavam no deserto, a leste do rio Jordão, acampados no vale do Jordão,[a] perto de Sufe, entre Parã, de um lado, e Tofel, Labã, Hazerote e Di-Zaabe, do outro.

2 Normalmente, são necessários apenas onze dias para viajar do monte Sinai[b] até Cades-Barneia pelo caminho do monte Seir. 3 No entanto, quarenta anos depois da saída do Egito, no primeiro dia do décimo primeiro mês,[c] Moisés se dirigiu aos israelitas e lhes transmitiu tudo que o Senhor lhe havia ordenado. 4 Isso aconteceu depois que ele derrotou Seom, rei dos amorreus que vivia em Hesbom, e, em Edrei, derrotou Ogue, o rei de Basã que vivia em Astarote.

5 Enquanto estavam na terra de Moabe, a leste do Jordão, Moisés começou a lhes explicar as seguintes instruções.

A ORDEM PARA DEIXAR HOREBE

6 "Quando estávamos no monte Sinai, o Senhor, nosso Deus, nos disse: 'Vocês já ficaram muito tempo neste monte. 7 É hora de levantar acampamento e seguir viagem. Vão à região montanhosa dos amorreus e a todas as regiões vizinhas: o vale do Jordão, a região montanhosa, as colinas do oeste,[d] o Neguebe e a planície costeira. Vão à terra dos cananeus e ao Líbano, e avancem até o grande rio Eufrates. 8 Vejam, eu lhes dou toda esta terra! Entrem e tomem posse dela, pois é a terra que o Senhor jurou dar a seus antepassados Abraão, Isaque e Jacó, e a todos os seus descendentes'."

MOISÉS NOMEIA LÍDERES DE CADA TRIBO

9 Moisés continuou: "Naquela ocasião, eu lhes disse: 'Vocês são um peso grande demais para eu carregar sozinho. 10 O Senhor, seu Deus, aumentou sua população e os tornou tão numerosos quanto as estrelas do céu. 11 Que o Senhor, o Deus de seus antepassados, os multiplique mil vezes mais e os abençoe como ele prometeu. 12 Mas vocês são um peso grande demais para mim! Como poderei lidar com todos os seus problemas e conflitos? 13 Escolham alguns homens respeitados de cada tribo, conhecidos por sua sabedoria e entendimento, e eu os designarei para serem seus líderes'.

14 "Então vocês responderam: 'Seu plano é bom!'. 15 Assim, convoquei os homens respeitados que vocês selecionaram de suas tribos e os nomeei para serem juízes e oficiais sobre vocês. Alguns ficaram responsáveis por mil pessoas, outros por cem, outros por cinquenta, e outros por dez.

16 "Naquela ocasião, ordenei aos juízes: 'Deem atenção aos casos de seus irmãos israelitas e também dos estrangeiros que vivem entre vocês. Sejam completamente justos em todas as suas decisões 17 e imparciais em seus julgamentos. Cuidem tanto dos casos dos pobres como dos ricos. Não deixem que ninguém os intimide, pois Deus dará a decisão por seu intermédio. Tragam-me os casos que forem difíceis demais para vocês, e eu cuidarei deles'.

18 "Naquela ocasião, eu lhes ordenei tudo que deveriam fazer."

ESPIÕES FAZEM O RECONHECIMENTO DA TERRA

19 "Em seguida, conforme o Senhor, nosso Deus, ordenou, partimos do monte Sinai e atravessamos o deserto imenso e assustador, como vocês lembram, e nos dirigimos à região montanhosa dos amorreus. Quando chegamos a Cades-Barneia, 20 eu lhes disse: 'Vocês chegaram à região montanhosa dos amorreus, que o Senhor, nosso Deus, nos dá. 21 Vejam, o Senhor, seu Deus, colocou a terra diante de vocês! Vão e tomem posse dela, conforme o Senhor, o Deus de seus antepassados, lhes prometeu. Não tenham medo nem desanimem!'.

22 "Então todos vocês vieram e me disseram: 'Primeiro, enviemos espiões para que façam o reconhecimento da terra para nós. Eles recomendarão o melhor

[a] **1.1** Em hebraico, *na Arabá*; também em 1.7.
[b] **1.2** Em hebraico, *Horebe*, outro nome para o Sinai; também em 1.6,19.
[c] **1.3** No antigo calendário lunar hebraico, esse dia caía em janeiro ou fevereiro.
[d] **1.7** Em hebraico, *a Sefelá*.

caminho e indicarão em quais cidades devemos entrar'.

23 "A ideia me pareceu boa, por isso escolhi doze espiões, um de cada tribo. 24 Eles foram à região montanhosa, chegaram ao vale de Escol e fizeram o reconhecimento. 25 Pegaram alguns dos frutos da região e os trouxeram para nós. Então, relataram: 'A terra que o SENHOR, nosso Deus, nos dá é, de fato, uma terra boa'."

A REBELIÃO DE ISRAEL CONTRA O SENHOR

26 "Contudo, vocês se rebelaram contra a ordem do SENHOR, seu Deus, e se recusaram a entrar. 27 Queixaram-se dentro de suas tendas e disseram: 'Com certeza o SENHOR nos odeia. Por isso nos trouxe do Egito, a fim de nos entregar nas mãos dos amorreus para sermos exterminados. 28 Para onde podemos ir? Nossos irmãos nos desanimaram com seu relatório. Eles disseram: 'Os habitantes da terra são mais altos e poderosos que nós, e suas cidades são grandes, com muros que sobem até o céu! Vimos até os descendentes de Enaque!'.

29 "Eu lhes disse: 'Não entrem em pânico nem tenham medo deles! 30 O SENHOR, seu Deus, irá adiante de vocês. Ele lutará em seu favor, conforme tudo que vocês o viram fazer no Egito. 31 Também viram como o SENHOR, seu Deus, cuidou de vocês ao longo do caminho, enquanto viajavam pelo deserto, como um pai cuida de seu filho. Agora ele os trouxe a este lugar'.

32 "No entanto, mesmo depois de tudo que ele fez, vocês se recusaram a confiar no SENHOR, seu Deus, 33 que vai adiante de vocês buscando lugares para acamparem e guiando-os com uma coluna de fogo durante a noite e uma coluna de nuvem durante o dia.

34 "Quando o SENHOR ouviu vocês se queixarem, ficou irado e, por isso, fez um juramento: 35 'Nenhum de vocês desta geração perversa viverá para ver a boa terra que eu jurei dar a seus antepassados. 36 A única exceção será Calebe, filho de Jefoné. Ele verá a terra, pois seguiu o SENHOR em tudo. Darei a ele e a seus descendentes parte da terra que ele explorou durante sua missão de reconhecimento'.

37 "Foi por causa de vocês que o SENHOR se irou contra mim. Ele me disse: 'Você também não entrará na terra! 38 Seu auxiliar, Josué, filho de Num, entrará na terra. Encoraje-o, pois ele conduzirá o povo quando Israel tomar posse dela. 39 Darei a terra a seus filhos pequenos, às crianças que não sabem a diferença entre certo e errado. Vocês temiam que seus pequeninos fossem capturados, mas serão eles que tomarão posse da terra. 40 Quanto a vocês, deem meia-volta e retornem ao deserto, em direção ao mar Vermelho'.[a]

41 "Então vocês admitiram: 'Pecamos contra o SENHOR! Agora, subiremos e lutaremos pela terra, como o SENHOR, nosso Deus, ordenou'. Seus homens se armaram para a guerra, pensando que seria fácil atacar a região montanhosa.

42 "Mas o SENHOR me encarregou de lhes dizer: 'Não ataquem, pois não estou com vocês. Se forem por conta própria, serão derrotados por seus inimigos'.

43 "Foi o que eu lhes disse, mas vocês não deram ouvidos. Em vez disso, rebelaram-se mais uma vez contra a ordem do SENHOR e, arrogantemente, foram à região montanhosa para lutar. 44 Os amorreus que viviam ali saíram e os atacaram como um enxame de abelhas. Eles os perseguiram e os massacraram ao longo de todo o caminho, desde Seir até Hormá. 45 Então vocês voltaram e choraram diante do SENHOR, mas o SENHOR se recusou a ouvi-los. 46 Por isso, ficaram em Cades por um longo tempo."

RECAPITULAÇÃO DAS ANDANÇAS DE ISRAEL

2 "Depois disso, demos meia-volta e regressamos pelo deserto, em direção ao mar Vermelho,[b] conforme a instrução que o SENHOR me deu. Por um longo tempo, vagamos de um lugar para outro na região do monte Seir.

2 "Finalmente, o SENHOR me disse: 3 'Vocês andaram por esta região montanhosa tempo suficiente; agora, sigam para o norte. 4 Dê as seguintes ordens ao povo: Vocês passarão pelo território de seus

[a] **1.40** Em hebraico, *mar de juncos.*
[b] **2.1** Em hebraico, *mar de juncos.*

parentes edomitas, os descendentes de Esaú, que habitam em Seir. Tenham muito cuidado, pois os edomitas se sentirão ameaçados. 5 Não os perturbem, pois eu dei a eles como propriedade toda a região montanhosa ao redor do monte Seir, e não darei a vocês um metro sequer da terra deles. 6 Paguem por todo alimento que comerem e pela água que beberem. 7 Pois o SENHOR, seu Deus, tem abençoado vocês em tudo que têm feito. Ele tem cuidado de cada um de seus passos por este grande deserto. Durante estes quarenta anos, o SENHOR, seu Deus, tem estado com vocês, e nada lhes tem faltado'.

8 "Assim, contornamos o território de nossos parentes, os descendentes de Esaú, que habitam em Seir. Evitamos o caminho que passa pelo vale de Arabá, que sobe de Elate e Eziom-Geber.

"Então, quando nos dirigimos para o norte pelo caminho do deserto de Moabe, 9 o SENHOR nos advertiu: 'Não perturbem os moabitas, os descendentes de Ló, nem comecem uma guerra contra eles. Eu dei a eles como propriedade a região de Ar, e não darei a vocês parte alguma do território deles'.

10 (Antigamente, um povo chamado emins havia habitado na região de Ar. Eram tão fortes, numerosos e altos quanto os enaquins. 11 Os emins e os enaquins também eram conhecidos como refains, embora os moabitas os chamassem de emins. 12 Em outros tempos, os horeus haviam habitado em Seir, mas os edomitas os expulsaram e ocuparam sua terra, da mesma forma que Israel expulsou os habitantes de Canaã quando o SENHOR lhe deu a terra deles.)

13 "Então o SENHOR nos disse: 'Mexam-se! Atravessem o ribeiro de Zerede'. Assim, atravessamos o ribeiro.

14 "Trinta e oito anos se passaram desde que partimos pela primeira vez de Cades-Barneia até atravessarmos, por fim, o ribeiro de Zerede. Àquela altura, todos os homens com idade suficiente para ir à guerra tinham morrido no deserto, como o SENHOR havia jurado que aconteceria. 15 A mão do SENHOR pesou sobre eles e os eliminou, e eles morreram no meio do acampamento.

16 "Quando todos os homens com idade suficiente para ir à guerra haviam morrido, 17 o SENHOR me disse: 18 'Hoje vocês atravessarão a fronteira com Moabe pela região de Ar 19 e se aproximarão da terra dos amonitas, os descendentes de Ló. Não os perturbem nem comecem uma guerra contra eles. Eu dei a eles como propriedade a terra de Amom, e não darei a vocês parte alguma do território deles'.

20 (Antigamente, aquela região era considerada terra dos refains que haviam habitado ali, embora os amonitas os chamassem de zanzumins. 21 Também eram tão fortes, numerosos e altos quanto os enaquins. Mas o SENHOR os destruiu para que os amonitas tomassem posse de sua terra. 22 Ele fez o mesmo pelos descendentes de Esaú que habitavam em Seir, pois destruiu os horeus para que os descendentes de Esaú se estabelecessem no lugar deles. Os descendentes de Esaú habitam nessa terra até hoje. 23 Algo parecido aconteceu quando os caftoritas de Creta[a] invadiram e destruíram os aveus, que habitavam em povoados na região de Gaza.)

24 "Então o SENHOR disse: 'Mexam-se! Atravessem o vale de Arnom. Vejam, eu lhes entregarei o amorreu Seom, rei de Hesbom, e lhes darei a terra dele. Ataquem-no e comecem a tomar posse daquele território. 25 A partir de hoje, farei os povos de toda a terra se encherem de medo por sua causa. Quando ouvirem relatos a seu respeito, tremerão de angústia e pavor'."

VITÓRIA SOBRE SEOM DE HESBOM

26 "Do deserto de Quedemote, enviei embaixadores ao rei Seom de Hesbom com a seguinte proposta de paz:

> 27 'Deixe-nos atravessar seu território. Ficaremos na estrada principal e não nos desviaremos nem para um lado nem para o outro. 28 Vendanos alimentos para comermos e água para bebermos, e pagaremos por tudo. Queremos apenas permissão para passar por seu território.

[a] **2.23** Em hebraico, *de Caftor*.

29 Os descendentes de Esaú, que
habitam em Seir, nos permitiram
passar pelo território deles, como
também fizeram os moabitas, que
habitam na região de Ar. Deixe-nos
passar até atravessarmos o Jordão e
entrarmos na terra que o Senhor, nos-
so Deus, nos dá'.

30 "Mas Seom, rei de Hesbom, não nos
permitiu passar, pois o Senhor, seu Deus,
endureceu-lhe o coração e o tornou hostil,
a fim de entregá-lo em nossas mãos, como
de fato aconteceu.
31 "Então o Senhor me disse: 'Veja, eu lhes
entrego o rei Seom e seu território. Agora,
comecem a conquistar sua terra e a tomar
posse dela'.
32 "Então o rei Seom declarou guerra con-
tra nós e mobilizou todas as suas tropas
em Jaza. 33 Mas o Senhor, nosso Deus, o
entregou a nós, e matamos a ele, seus fi-
lhos e todo o seu povo. 34 Conquistamos
todas as suas cidades e as destruímos
completamente. Matamos homens, mu-
lheres e crianças. Não poupamos nin-
guém. 35 Tomamos como despojo todos
os animais e todos os objetos de valor das
cidades que conquistamos.
36 "Também conquistamos Aroer, à beira
do vale de Arnom, além da cidade no vale
e toda a região até Gileade. Nenhuma cida-
de tinha muralhas fortes o suficiente para
nos deter, pois o Senhor, nosso Deus, nos
entregou tudo. 37 Evitamos, porém, a terra
dos amonitas, ao longo do rio Jaboque, e
as cidades da região montanhosa, ou seja,
todos os lugares que o Senhor, nosso Deus,
havia ordenado que deixássemos em paz."

VITÓRIA SOBRE OGUE DE BASÃ

3 "Em seguida, voltamos e nos dirigimos
à terra de Basã, onde o rei Ogue e todo
o seu exército nos atacaram em Edrei.
2 Mas o Senhor me disse: 'Não tenha medo,
pois eu lhe dei vitória sobre Ogue e todo o
seu exército, e lhe darei toda a terra dele.
Trate-o como você tratou Seom, rei dos
amorreus, que vivia em Hesbom'.
3 "Então o Senhor, nosso Deus, entregou
em nossas mãos o rei Ogue e todo o seu
povo. Nós os aniquilamos, de modo que não
restaram sobreviventes. 4 Conquistamos
todas as sessenta cidades deles, a região
inteira de Argobe, no reino de Basã. Não
deixamos de tomar uma cidade sequer.
5 Eram todas fortificadas com muralhas
altas e portões com trancas. Na mesma
ocasião, também conquistamos muitos
outros povoados sem muros. 6 Destruímos
completamente o reino de Ogue, como ha-
víamos destruído Seom, rei de Hesbom.
Exterminamos todo o povo das cidades
que conquistamos, tanto homens como
mulheres e crianças. 7 Ficamos, porém,
com todos os animais e levamos os des-
pojos das cidades.
8 "Assim, tomamos o território dos dois
reis amorreus a leste do rio Jordão, desde
o vale de Arnom até o monte Hermom.
9 (Os sidônios chamam o monte Hermom
de Siriom, enquanto os amorreus o cha-
mam de Senir.) 10 A essa altura, havíamos
conquistado todas as cidades do planalto
e todo o território de Gileade e Basã, até as
cidades de Salcá e Edrei, que faziam parte
do reino de Ogue, em Basã." 11 (O rei Ogue
de Basã foi o último sobrevivente dos re-
fains. Sua cama era feita de ferro e media
mais de quatro metros de comprimento
e quase dois metros de largura.[a] Ainda
hoje é possível vê-la na cidade amonita
de Rabá.)

A DIVISÃO DA TERRA A LESTE DO JORDÃO

12 "Quando tomamos posse da terra, dei
às tribos de Rúben e Gade o território para
além de Aroer, ao longo do vale de Arnom,
e também metade do território de Gileade
com suas cidades. 13 Depois, entreguei o
restante de Gileade e toda a Basã, o antigo
reino de Ogue, à meia tribo de Manassés.
(Toda essa região de Argobe, em Basã,
era conhecida como a terra dos refains.
14 Jair, um dos descendentes da tribo de
Manassés, conquistou toda a região de
Argobe, em Basã, até a fronteira com os ge-
suritas e maacatitas. Jair deu à região seu
próprio nome, Cidades de Jair,[b] pelo qual
ela é conhecida até hoje.) 15 Dei Gileade ao

[a] **3.11** Em hebraico, *9 côvados de comprimento e 4 côvados de largura.*

[b] **3.14** Em hebraico, *Havote-Jair.*

A verdadeira transformação do nosso "eu" acontece na intimidade com Deus, quando o nosso interior é tocado.

clã de Maquir, 16 mas também dei parte de Gileade às tribos de Rúben e Gade. A região que lhes entreguei se estende desde a metade do vale de Arnom, ao sul, até o rio Jaboque, na fronteira amonita. 17 Eles também receberam o vale do Jordão, desde o mar da Galileia até o mar Morto,[a] tendo o Jordão como limite a oeste e, a leste, as encostas do monte Pisga.

18 "Naquela ocasião, dei a seguinte ordem às tribos que habitariam a leste do Jordão: 'Embora o SENHOR, seu Deus, lhes tenha dado esta terra como propriedade, todos os seus homens aptos à guerra devem atravessar o Jordão à frente de seus parentes israelitas, armados e prontos para ajudá-los. 19 Suas esposas, filhos e rebanhos numerosos ficarão nas cidades que já lhes dei. 20 Quando o SENHOR tiver dado segurança aos demais israelitas, como deu a vocês, e quando eles tiverem tomado posse da terra que o SENHOR, seu Deus, lhes dá do outro lado do Jordão, então vocês poderão voltar para esta terra que lhes dei'."

MOISÉS É PROIBIDO DE ENTRAR NA TERRA

21 "Naquela ocasião, dei a Josué a seguinte ordem: 'Você viu com os próprios olhos tudo que o SENHOR, seu Deus, fez a esses dois reis. Ele fará o mesmo a todos os reinos do lado oeste do Jordão. 22 Não tenham medo dessas nações, pois o SENHOR, seu Deus, lutará por vocês'.

23 "Também naquela ocasião, supliquei ao SENHOR: 24 'Ó SENHOR Soberano, tu apenas começaste a mostrar a este teu servo a tua grandeza e a força da tua mão. Existe algum deus no céu ou na terra capaz de realizar obras tão grandiosas e poderosas como as que tu realizas? 25 Por favor, peço que me deixes atravessar o Jordão para ver a boa terra do outro lado do rio, a bela região montanhosa e o Líbano'.

26 "Mas o SENHOR estava irado comigo por causa de vocês e não me atendeu. 'Basta!', declarou ele. 'Não toque mais nesse assunto. 27 Suba ao topo do monte Pisga e contemple a terra em todas as direções. Olhe bem, pois você não atravessará o Jordão. 28 Encarregue Josué dessa tarefa, encoraje-o e fortaleça-o, pois ele conduzirá o povo para o outro lado do Jordão. Ele lhes dará como herança toda a terra que você está vendo.' 29 Assim, ficamos no vale junto a Bete-Peor."

MOISÉS ENCORAJA ISRAEL A OBEDECER

4 "Agora, Israel, ouça com atenção estes decretos e estatutos que lhe ensinarei. Cumpram-nos para que vocês vivam, entrem na terra que o SENHOR, o Deus de seus antepassados, lhes dá e tomem posse dela. 2 Não acrescentem coisa alguma às ordens que eu lhes dou, nem tirem coisa alguma delas. Simplesmente obedeçam aos mandamentos do SENHOR, seu Deus, que eu lhes dou.

3 "Vocês viram com os próprios olhos o que o SENHOR fez no incidente em Baal-Peor. Ali, o SENHOR, seu Deus, destruiu todos aqueles que adoraram Baal, o deus de Peor. 4 Mas vocês, que foram fiéis ao SENHOR, seu Deus, estão hoje todos vivos.

5 "Vejam, agora eu lhes ensino estes decretos e estatutos conforme me ordenou o SENHOR, meu Deus, para que vocês os cumpram na terra em que estão prestes a entrar para tomar posse dela. 6 Obedeçam-lhes por completo, e assim demonstrarão sabedoria e inteligência às nações vizinhas. Quando elas ouvirem estes decretos, exclamarão: 'Como é sábio e prudente o povo dessa grande nação!'. 7 Pois que grande nação tem um deus tão próximo de si como o SENHOR, nosso Deus, está próximo de nós sempre que o invocamos? 8 E que grande nação tem decretos e estatutos tão justos quanto este conjunto de leis que hoje lhes dou?

9 "Fiquem muito atentos! Cuidem para que não se esqueçam daquilo que viram com os próprios olhos. Não deixem que essas lembranças se apaguem de sua memória enquanto viverem. Passem-nas adiante a seus filhos e netos. 10 Nunca se esqueçam do dia em que estiveram diante do SENHOR, seu Deus, no monte Sinai,[b] onde

[a] **3.17** Em hebraico, *desde o Quinerete até o mar da Arabá, o mar Salgado.*

[b] **4.10** Em hebraico, *Horebe*, outro nome para o Sinai; também em 4.15.

o SENHOR me disse: 'Convoque o povo para que se apresente diante de mim, e eu os instruirei pessoalmente. Eles aprenderão a me temer enquanto viverem e ensinarão seus filhos a também me temer'.

11 "Vocês se aproximaram e ficaram ao pé do monte, enquanto o monte ardia em chamas que subiam até o céu. Ao mesmo tempo, o monte foi envolvido por nuvens negras e densa escuridão. 12 Então o SENHOR lhes falou do meio do fogo. Vocês ouviram o som de suas palavras, mas não viram sua forma; havia apenas uma voz. 13 Ele proclamou sua aliança, os dez mandamentos.[a] Gravou-os em duas tábuas de pedra e ordenou que os cumprissem. 14 Foi naquela ocasião que o SENHOR me ordenou que lhes ensinasse seus decretos e estatutos, para que vocês os cumprissem na terra em que estão prestes a entrar para tomar posse dela."

ALERTA CONTRA A IDOLATRIA

15 "Tenham muito cuidado! No dia em que o SENHOR lhes falou do meio do fogo no monte Sinai, vocês não viram forma alguma. 16 Portanto, não se corrompam fazendo ídolos de qualquer forma, seja de homem ou de mulher, 17 de animal terrestre, de ave no céu, 18 de animal que rasteja pelo chão ou de peixe das profundezas do mar. 19 E, quando olharem para o céu e virem o sol, a lua e as estrelas, todo o exército do céu, não caiam na tentação de prostrar-se diante deles e adorá-los. O SENHOR, seu Deus, os deu a todos os povos da terra. 20 Lembrem-se de que o SENHOR os libertou do Egito, uma fornalha de fundir ferro, para torná-los seu povo e sua propriedade especial, como hoje se vê.

21 "E, no entanto, o SENHOR se irou contra mim por causa de vocês. Jurou que eu não atravessaria o rio Jordão para entrar na boa terra que o SENHOR, seu Deus, lhes dá como propriedade. 22 Vocês atravessarão o Jordão e tomarão posse dessa boa terra, mas eu não. Morrerei aqui, deste lado do rio. 23 Portanto, tenham cuidado para não se esquecerem da aliança que o SENHOR, seu Deus, fez com vocês. Não façam ídolos de qualquer aparência ou forma, pois o SENHOR, seu Deus, proibiu isso. 24 O SENHOR, seu Deus, é fogo devorador; é Deus zeloso.

25 "No futuro, quando vocês tiverem filhos e netos e já estiverem habitando na terra há muito tempo, não se corrompam fazendo ídolos de qualquer forma. Isso é mau aos olhos do SENHOR, seu Deus, e provocará sua ira.

26 "Hoje, apelo para o céu e para a terra como testemunhas contra vocês. Se quebrarem a aliança, desaparecerão rapidamente da terra da qual tomarão posse depois de atravessar o Jordão. Habitarão ali por pouco tempo e depois serão totalmente destruídos. 27 O SENHOR os dispersará entre as nações, onde apenas alguns de vocês sobreviverão. 28 Lá, em terra estrangeira, adorarão deuses de madeira e pedra, feitos por mãos humanas, deuses que não podem ver, nem ouvir, nem comer, nem cheirar. 29 De lá, porém, vocês buscarão o SENHOR, seu Deus, outra vez. E, se o buscarem de todo o coração e de toda a alma, o encontrarão.

30 "No futuro distante, quando estiverem sofrendo todas essas coisas, finalmente voltarão para o SENHOR, seu Deus, e ouvirão o que ele lhes diz. 31 Pois o SENHOR, seu Deus, é Deus misericordioso; não os abandonará nem os destruirá, nem se esquecerá da aliança solene que fez com seus antepassados."

HÁ SOMENTE UM DEUS

32 "Investiguem toda a história, desde o dia em que Deus criou os seres humanos sobre a terra até agora, e procurem desde uma extremidade do céu até a outra. Alguma vez se viu ou ouviu coisa tão grandiosa como esta? 33 Algum outro povo ouviu a voz de Deus[b] falar do meio do fogo, como vocês ouviram, e sobreviveu? 34 Algum outro deus já tentou tirar uma nação do meio de outra nação e tomá-la para si com provas, sinais, maravilhas, guerra, mão forte, braço poderoso e atos temíveis? E, no entanto, foi isso que o SENHOR, seu Deus, fez por vocês no Egito, bem diante de seus olhos!

[a] **4.13** Em hebraico, *as dez palavras*.

[b] **4.33** Ou *a voz de um deus*.

35 "Ele lhes mostrou todas essas coisas para que vocês soubessem que o SENHOR é Deus, e não há outro além dele. 36 Permitiu que vocês ouvissem sua voz que vinha do céu para instruí-los e permitiu que vissem seu grande fogo na terra para falar-lhes do meio dele. 37 Porque amou seus antepassados, ele escolheu abençoar vocês, os descendentes, e ele mesmo os tirou do Egito com grande poder. 38 Ele expulsou nações muito maiores e mais poderosas que vocês para estabelecê-los na terra delas e entregá-la a vocês como herança, como hoje se vê.

39 "Portanto, reconheçam este fato e guardem-no firmemente na memória: O SENHOR é Deus nos céus e na terra, e não há outro além dele. 40 Se obedecerem a todos os decretos e mandamentos que hoje lhes dou, tudo irá bem com vocês e seus filhos, e vocês terão vida longa na terra que o SENHOR, seu Deus, lhes dá para sempre".

AS CIDADES DE REFÚGIO DO LADO LESTE

41 Então Moisés separou três cidades de refúgio do lado leste do rio Jordão. 42 Assim, alguém que tivesse matado outra pessoa acidentalmente, sem hostilidade anterior, poderia fugir para uma dessas cidades e viver em segurança. 43 Estas eram as cidades: Bezer, no planalto do deserto, para a tribo de Rúben; Ramote, em Gileade, para a tribo de Gade; Golã, em Basã, para a tribo de Manassés.

INTRODUÇÃO AO SEGUNDO DISCURSO DE MOISÉS

44 Esta é a lei que Moisés apresentou ao povo de Israel. 45 Estes são os preceitos, decretos e estatutos que Moisés deu aos israelitas quando saíram do Egito, 46 enquanto estavam acampados no vale junto a Bete-Peor, do lado leste do Jordão. (Em outros tempos, os amorreus ocuparam essa terra durante o reinado de Seom, que vivia em Hesbom. Mas, quando saíram do Egito, Moisés e os israelitas aniquilaram esse rei e seu povo. 47 Os israelitas tomaram posse do território de Seom e do território de Ogue, rei de Basã, os dois reis dos amorreus que viviam a leste do Jordão. 48 Conquistaram toda a região, desde Aroer, na beira do vale de Arnom, até o monte Siriom,[a] também chamado de Hermom. 49 Conquistaram também a margem leste do rio Jordão até o mar Morto,[b] ao sul, abaixo das encostas do monte Pisga.)

DEZ MANDAMENTOS PARA A COMUNIDADE DA ALIANÇA

5 Moisés reuniu todo o povo de Israel e disse: "Ouça com atenção, Israel! Ouça os decretos e estatutos que hoje lhes dou, para que os aprendam e os cumpram cuidadosamente!

2 "O SENHOR, nosso Deus, fez uma aliança conosco no monte Sinai.[c] 3 Não foi com nossos antepassados que o SENHOR fez essa aliança, mas com todos nós que hoje estamos vivos aqui. 4 No monte, o SENHOR falou com vocês face a face do meio do fogo. 5 Eu servi de intermediário entre o SENHOR e vocês, pois vocês tiveram medo do fogo e não quiseram se aproximar do monte. Ele falou comigo, e eu lhes transmiti suas palavras. Foi isto que ele disse:

6 "Eu sou o SENHOR, seu Deus, que o libertou
da terra do Egito, onde você era escravo.
7 "Não tenha outros deuses além de mim.
8 "Não faça para si espécie alguma de ídolo
ou imagens de qualquer coisa no céu, na
terra ou no mar. 9 Não se curve diante deles nem os adore, pois eu, o SENHOR, seu Deus, sou um Deus zeloso. Trago as consequências do pecado dos pais sobre os filhos até a terceira e quarta geração dos que me rejeitam, 10 mas demonstro amor por até mil gerações[d] dos que me amam e obedecem a meus mandamentos.
11 "Não use o nome do SENHOR, seu Deus, de forma indevida. O SENHOR não deixará impune quem usar o nome dele de forma indevida.
12 "Lembre-se de guardar o sábado, fazendo dele um dia consagrado, conforme o SENHOR, seu Deus, lhe ordenou. 13 Você tem seis dias na semana para fazer os

---

[a] **4.48** Conforme a versão siríaca (ver tb. 3.9); o hebraico traz *Siom*.
[b] **4.49** Em hebraico, *Conquistaram a Arabá, do lado leste do Jordão, até o mar da Arabá*.
[c] **5.2** Em hebraico, *Horebe*, outro nome para o Sinai.
[d] **5.10** Em hebraico, *milhares*.

trabalhos habituais, 14 mas o sétimo dia
é o sábado do Senhor, seu Deus. Nesse
dia, ninguém em sua casa fará traba-
lho algum: nem você, nem seus filhos
e filhas, nem seus servos e servas, nem
seus bois, jumentos e outros animais,
nem os estrangeiros que vivem entre
vocês. Todos os seus servos e servas
devem descansar como você. 15 Lembre-
se de que você era escravo no Egito, e o
Senhor, seu Deus, o tirou de lá com mão
forte e braço poderoso. Por isso, o Senhor,
seu Deus, ordenou que você guarde
o sábado.

16 "Honre seu pai e sua mãe, como o Senhor,
seu Deus, lhe ordenou. Assim você terá
vida longa e plena na terra que o Senhor,
seu Deus, lhe dá.

17 "Não mate.

18 "Não cometa adultério.

19 "Não roube.

20 "Não dê falso testemunho contra o seu
próximo.

21 "Não cobice a mulher do seu próximo,
nem sua casa, nem sua terra, nem seus
servos ou servas, nem seu boi ou ju-
mento, nem qualquer outra coisa que
lhe pertença.

22 "O Senhor dirigiu essas palavras a toda
a comunidade reunida ao pé do monte.
Falou em alta voz, do meio do fogo, cerca-
do de nuvens e densa escuridão. Foi tudo
que ele disse naquela ocasião. Escreveu
suas palavras em duas tábuas de pedra e
as entregou a mim.

23 "Quando vocês ouviram a voz que
vinha do meio da escuridão, enquanto o
monte ardia em chamas, todos os líderes
e autoridades de suas tribos se aproxima-
ram de mim 24 e disseram: 'O Senhor, nosso
Deus, nos mostrou sua glória e grandeza,
e ouvimos sua voz do meio do fogo. Hoje
vimos que Deus fala com os seres huma-
nos e, no entanto, ainda estamos vivos!
25 Mas por que colocaríamos a vida em ris-
co outra vez? Se o Senhor, nosso Deus, falar
conosco novamente, sem dúvida morrere-
mos e seremos devorados por seu fogo te-
mível. 26 Pode alguém ouvir a voz do Deus
vivo falando do meio do fogo, como nós
ouvimos, e sobreviver? 27 Aproxime-se
você, Moisés, e ouça o que diz o Senhor,
nosso Deus. Depois, volte e diga-nos tudo
que o Senhor, nosso Deus, lhe disser. Nós
ouviremos e obedeceremos'.

28 "O Senhor atendeu ao pedido que vo-
cês me fizeram e disse: 'Ouvi o que os is-
raelitas lhe disseram, e eles estão certos.
29 Como seria bom se o coração deles fos-
se sempre assim, se estivessem dispostos
a me temer e a obedecer a todos os meus
mandamentos! Tudo iria bem com eles e
seus descendentes para sempre. 30 Agora,
vá e diga a eles: 'Voltem às suas tendas'.
31 Você, porém, ficará aqui comigo, para
que eu lhe dê todos os meus mandamen-
tos, decretos e estatutos. Você os ensina-
rá aos israelitas para que os cumpram na
terra que eu lhes dou para conquistarem".

32 Então Moisés disse ao povo: "Tenham
o cuidado de obedecer a todos os manda-
mentos do Senhor, seu Deus, não se des-
viando deles em nada. 33 Permaneçam
no caminho que o Senhor, seu Deus, or-
denou que seguissem. Assim, terão vida
longa e plena na terra que em breve vo-
cês possuirão".

CHAMADO PARA COMPROMISSO TOTAL

6 "Estes são os mandamentos, os de-
cretos e os estatutos que o Senhor, seu
Deus, me encarregou de lhes ensinar. Não
deixem de cumpri-los na terra que em bre-
ve vocês possuirão. 2 Vocês, seus filhos e
netos temerão o Senhor, seu Deus, enquan-
to viverem. Se obedecerem a todos os seus
decretos e mandamentos, desfrutarão de
vida longa. 3 Ouça com atenção, Israel, e
tenha o cuidado de obedecer. Então tudo
irá bem com vocês e terão muitos filhos na
terra que produz leite e mel com fartura,
exatamente como lhes prometeu o Senhor,
o Deus de seus antepassados.

4 "Ouça, ó Israel! O Senhor, nosso Deus, o
Senhor é único![a] 5 Ame o Senhor, seu Deus,
de todo o seu coração, de toda a sua alma
e de toda a sua força. 6 Guarde sempre
no coração as palavras que hoje eu lhe

[a] **6.4** Ou *O Senhor é nosso Deus, somente o Senhor*; ou *O Senhor, nosso Deus, é um só Senhor*; ou *O Senhor, nosso Deus, o Senhor é um só*; ou *O Senhor é nosso Deus, o Senhor é um só.*

dou. 7 Repita-as com frequência a seus filhos. Converse a respeito delas quando estiver em casa e quando estiver caminhando, quando se deitar e quando se levantar. 8 Amarre-as às mãos e prenda-as à testa como lembrança. 9 Escreva-as nos batentes das portas de sua casa e em seus portões.

10 "Em breve, o Senhor, seu Deus, os conduzirá à terra que ele jurou dar a seus antepassados Abraão, Isaque e Jacó. É uma terra com cidades grandes e prósperas que vocês não construíram. 11 As casas estarão cheias de bens que vocês não produziram. Vocês tirarão água de cisternas que não cavaram, e comerão os frutos de vinhedos e oliveiras que não plantaram. Quando tiverem comido até se fartarem nessa terra, 12 cuidem para não se esquecerem do Senhor, que os libertou da escravidão na terra do Egito. 13 Temam o Senhor, seu Deus, e sirvam a ele. Quando fizerem um juramento, jurem somente pelo nome dele.

14 "Não sigam nenhum dos deuses das nações vizinhas, 15 pois o Senhor, seu Deus, que vive entre vocês, é Deus zeloso. Se o fizerem, a ira do Senhor, seu Deus, se acenderá contra vocês, e ele os eliminará da face da terra. 16 Não ponham à prova o Senhor, seu Deus, como fizeram quando se queixaram em Massá. 17 Obedeçam cuidadosamente aos mandamentos do Senhor, seu Deus, bem como a todos os preceitos e decretos que ele lhes ordenou. 18 Façam o que é certo e bom aos olhos do Senhor, para que tudo vá bem com vocês e tomem posse da boa terra em que vão entrar, a terra que o Senhor prometeu sob juramento a seus antepassados. 19 Vocês expulsarão todos os inimigos que vivem nela, como o Senhor disse que fariam.

20 "No futuro, seus filhos lhes perguntarão: 'O que significam estes preceitos, decretos e estatutos que o Senhor, nosso Deus, lhes deu?'.

21 "Então vocês lhes dirão: 'Éramos escravos do faraó no Egito, mas o Senhor nos tirou de lá com sua mão forte. 22 O Senhor realizou sinais e maravilhas diante de nossos olhos e enviou castigos terríveis sobre o Egito, o faraó e todo o seu povo. 23 Ele nos tirou do Egito para nos dar esta terra que ele havia prometido sob juramento a nossos antepassados. 24 E o Senhor ordenou que cumpramos todos estes decretos e temamos o Senhor, nosso Deus, para que ele sempre nos abençoe e preserve nossa vida, como tem feito até hoje. 25 Pois a nossa justiça estará em obedecermos cuidadosamente aos mandamentos que o Senhor, nosso Deus, nos ordenou'."

O PRIVILÉGIO DA SANTIDADE

7 "Quando o Senhor, seu Deus, os fizer entrar na terra que vocês em breve possuirão, ele removerá de diante de vocês muitas nações: os hititas, os girgaseus, os amorreus, os cananeus, os ferezeus, os heveus e os jebuseus. Essas sete nações são mais numerosas e mais poderosas que vocês. 2 Quando o Senhor, seu Deus, entregá-las em suas mãos e vocês as conquistarem, destruam-nas completamente. Não façam tratados nem tenham pena delas. 3 Não se unam a elas por meio de casamentos. Não deem suas filhas em casamento aos filhos delas, nem tomem as filhas delas como esposas para seus filhos, 4 pois farão seus filhos se afastarem de mim para adorar outros deuses. Então a ira do Senhor arderá contra vocês e os destruirá rapidamente. 5 Portanto, façam o seguinte: quebrem seus altares idólatras e despedacem suas colunas sagradas. Cortem os postes de Aserá e queimem seus ídolos. 6 Vocês são um povo santo que pertence ao Senhor, seu Deus. Dentre todos os povos da terra, o Senhor, seu Deus, os escolheu para serem sua propriedade especial.

7 "O Senhor não se afeiçoou a vocês nem os escolheu por serem mais numerosos que outras nações, pois vocês eram a menor de todas as nações! 8 Antes, foi simplesmente porque o Senhor os amou e foi fiel ao juramento que fez a seus antepassados. Por isso o Senhor os libertou com mão forte da escravidão e da opressão do faraó, rei do Egito. 9 Reconheçam, portanto, que o Senhor, seu Deus, é, de fato, Deus. Ele é o Deus fiel que cumpre por mil gerações sua aliança de amor com todos que o amam e obedecem a seus mandamentos. 10 Não

hesita, porém, em castigar e destruir aque-
les que o rejeitam. 11 Assim, obedeçam a
todos estes mandamentos, decretos e es-
tatutos que hoje lhes dou.

12 "Se vocês guardarem estes estatutos
e os cumprirem com cuidado, o Senhor,
seu Deus, cumprirá sua aliança de amor
com vocês, como prometeu sob juramen-
to a seus antepassados. 13 Ele os amará, os
abençoará e os fará crescer, tornando fér-
teis seus filhos, sua terra e seus animais.
Quando chegarem à terra que ele jurou
dar a seus antepassados, vocês terão pro-
dução farta de cereais, vinho novo e azeite,
e também grandes rebanhos de bois e ove-
lhas. 14 Vocês serão mais abençoados que
todas as nações da terra. Nenhum de seus
homens ou mulheres será estéril, e todos
os seus animais darão cria. 15 O Senhor os
protegerá de toda enfermidade. Não per-
mitirá que sofram as doenças terríveis que
conheceram no Egito; em vez disso, ele as
enviará sobre todos os seus inimigos!

16 "Destruam todas as nações que o
Senhor, seu Deus, lhes entregar. Não te-
nham pena delas nem adorem seus
deuses, pois isso seria uma armadilha
para vocês. 17 Talvez vocês se pergun-
tem: 'Como poderemos conquistar essas
nações que são muito mais numerosas
que nós?'. 18 Não tenham medo delas!
Lembrem-se apenas daquilo que o Senhor,
seu Deus, fez ao faraó e a toda a terra do
Egito. 19 Lembrem-se das grandes de-
monstrações de poder que o Senhor, seu
Deus, enviou contra eles. Vocês viram
com os próprios olhos! E lembrem-se dos
sinais e maravilhas, da mão forte e do bra-
ço poderoso com os quais ele os tirou do
Egito. O Senhor, seu Deus, usará esse mes-
mo poder contra todos os povos que vocês
temem. 20 Sim, o Senhor, seu Deus, enviará
terror[a] para expulsar os poucos sobrevi-
ventes que ainda estiverem escondidos
de vocês!

21 "Não tenham medo dessas nações,
pois o Senhor, seu Deus, está entre vocês,
e é Deus grande e temível. 22 O Senhor, seu
Deus, expulsará essas nações de dian-
te de vocês, pouco a pouco. Vocês não as
eliminarão de uma vez, pois, se assim fos-
se, os animais selvagens se multiplicariam
rápido demais e os ameaçariam. 23 Mas o
Senhor, seu Deus, as entregará a vocês. Ele
as lançará em total confusão, até que se-
jam destruídas. 24 Entregará os reis dessas
nações em suas mãos, e vocês apagarão
o nome deles da face da terra. Ninguém
poderá lhes resistir, e vocês destruirão
a todos.

25 "Queimem os ídolos das nações no
fogo e não cobicem a prata nem o ouro que
os revestem. Não tomem nenhum desses
metais para si, pois isso seria uma arma-
dilha para vocês; é algo detestável para o
Senhor, seu Deus. 26 Não levem para den-
tro de suas casas objeto algum que seja
detestável, pois, como eles, vocês serão
destruídos. Considerem essas coisas ab-
solutamente detestáveis, pois estão sepa-
radas para a destruição."

CHAMADO PARA LEMBRAR E OBEDECER

8 "Obedeçam cuidadosamente a todos
os mandamentos que hoje lhes dou.
Assim, vocês viverão e se multiplicarão,
e entrarão e tomarão posse da terra que
o Senhor jurou dar a seus antepassados.
2 Lembrem-se de como o Senhor, seu
Deus, os guiou pelo deserto estes quaren-
ta anos, humilhando-os e pondo à prova
seu caráter, para ver se vocês obedeceriam
ou não a seus mandamentos. 3 Sim, ele os
humilhou, permitindo que tivessem fome.
Em seguida, ele os sustentou com maná,
um alimento que nem vocês nem seus an-
tepassados conheciam, a fim de lhes ensi-
nar que as pessoas não vivem só de pão,
mas de toda palavra que vem da boca do
Senhor. 4 Ao longo de todos estes quarenta
anos, suas roupas não se gastaram e seus
pés não incharam nem criaram bolhas.
5 Pensem nisto: assim como o pai disci-
plina o filho, também o Senhor, seu Deus,
disciplina vocês para o seu próprio bem.

6 "Portanto, obedeçam aos mandamen-
tos do Senhor, seu Deus, andando em
seus caminhos e temendo a ele. 7 Pois o
Senhor, seu Deus, está levando vocês para
uma terra boa, com riachos e tanques de
água, com fontes que jorram nos vales e

[a] **7.20** Traduzido habitualmente como *vespas*. O significado do hebraico é incerto.

colinas. 8 É uma terra de trigo e cevada,
com vinhedos, figueiras e romãzeiras, com
azeite e mel. 9 É uma terra onde há muito
alimento e não falta coisa alguma. É uma
terra onde há ferro nas rochas e cobre em
grande quantidade nos montes. 10 Quando
tiverem comido até se saciarem, lembrem-
-se de louvar o Senhor, seu Deus, pela boa
terra que ele lhes deu.

11 "Tenham cuidado para que, em meio
à fartura, não se esqueçam do Senhor, seu
Deus, e desobedeçam aos mandamentos,
estatutos e decretos que hoje lhes dou.
12 Quando ficarem satisfeitos e forem
prósperos, quando tiverem construído
belas casas onde morar, 13 e quando seus
rebanhos tiverem se tornado numerosos e
sua prata e seu ouro tiverem se multiplica-
do junto com todos os seus bens, tenham
cuidado! 14 Não se tornem orgulhosos e
não se esqueçam do Senhor, seu Deus, que
os libertou da escravidão na terra do Egito.
15 Ele os guiou pelo deserto imenso e as-
sustador, cheio de serpentes venenosas e
escorpiões, uma terra quente e seca. Ele
lhes deu água da rocha. 16 Sustentou-os
no deserto com maná, alimento que seus
antepassados não conheciam, para humi-
lhá-los e prová-los para o seu próprio bem.
17 Fez tudo isso para que vocês jamais vies-
sem a pensar: 'Conquistei toda esta rique-
za com minha própria força e capacidade'.
18 Lembrem-se do Senhor, seu Deus. É ele
que lhes dá força para serem bem-suce-
didos, a fim de confirmar a aliança sole-
ne que fez com seus antepassados, como
hoje se vê.

19 "Uma coisa, porém, eu lhes garanto: se
vocês se esquecerem do Senhor, seu Deus,
e seguirem outros deuses, adorando-os
e curvando-se diante deles, certamente
serão destruídos. 20 Assim como o Senhor
destruiu outras nações em seu caminho,
vocês também serão destruídos caso se
recusem a obedecer ao Senhor, seu Deus."

VITÓRIA PELA GRAÇA DE DEUS

9 "Ouça, ó Israel! Hoje você atravessará
o rio Jordão para ocupar a terra que
pertence a nações muito maiores e mais
poderosas que você, povos que vivem em
cidades com muralhas que chegam até o
céu! 2 Seus habitantes são fortes e altos,
descendentes dos famosos enaquins. Você
já ouviu o ditado: 'Quem é capaz de resistir
aos enaquins?'. 3 Esteja certo, porém, que
hoje o Senhor, seu Deus, vai adiante de
você como fogo devorador. Ele os derrota-
rá e os humilhará diante de você, para que
você os expulse e os destrua rapidamente,
como o Senhor prometeu.

4 "Depois que o Senhor, seu Deus, tiver
feito isso por você, não diga em seu co-
ração: 'O Senhor me deu esta terra porque
sou justo'. Não! É por causa da perversida-
de das outras nações que ele as expulsa de
diante de você. 5 Você não está prestes a to-
mar posse da terra deles porque é justo ou
íntegro. O Senhor, seu Deus, expulsará es-
sas nações de diante de você somente por
causa da perversidade delas, e para cum-
prir o juramento que fez a seus antepas-
sados Abraão, Isaque e Jacó. 6 Reconheça,
portanto, que o Senhor, seu Deus, não lhe
dá essa boa terra como propriedade por-
que você é justo, pois não é. Na verdade,
você é um povo teimoso."

RECAPITULAÇÃO DO BEZERRO DE OURO

7 "Lembrem-se, e jamais se esqueçam, de
como vocês provocaram a ira do Senhor,
seu Deus, no deserto. Desde o dia em que
saíram do Egito até agora, vocês têm se
rebelado contra o Senhor constantemen-
te. 8 Até mesmo no monte Sinai,[a] tanto
provocaram a ira do Senhor que ele esteve
a ponto de destruí-los. 9 Isso aconteceu
quando eu estava no monte, recebendo as
tábuas de pedra gravadas com os termos
da aliança que o Senhor tinha feito com
vocês. Passei quarenta dias e quarenta
noites ali e, durante todo esse tempo, não
comi nem bebi coisa alguma. 10 O Senhor
me deu as duas tábuas nas quais gravou
com seu próprio dedo todas as palavras
que lhes tinha proclamado do meio do
fogo quando estavam reunidos ao pé
do monte.

11 "Passados os quarenta dias e quaren-
ta noites, o Senhor me entregou as duas
tábuas de pedra gravadas com os termos

[a] **9.8** Em hebraico, *Horebe*, outro nome para o Sinai.

da aliança. 12 Então o SENHOR me disse:
'Levante-se! Desça agora mesmo, pois o
povo que você tirou do Egito se corrompeu.
Como se desviaram depressa do caminho
que eu lhes havia ordenado! Derreteram
metal e fizeram um ídolo para si!'.
13 "O SENHOR também me disse: 'Vi como
este povo é teimoso e rebelde. 14 Fique de
lado, e eu os destruirei e apagarei o nome
deles de debaixo do céu. Depois, farei
de você e de seus descendentes uma nação
mais poderosa e mais numerosa que eles'.
15 "Então, enquanto o monte ardia em
chamas, virei-me e comecei a descer, le-
vando nas mãos as duas tábuas de pe-
dra gravadas com os termos da aliança.
16 Quando olhei para baixo, vi que vocês
haviam pecado contra o SENHOR, seu Deus.
Tinham derretido metal e feito para si um
ídolo em forma de bezerro. Como se des-
viaram depressa do caminho que o SENHOR
lhes havia ordenado! 17 Então peguei as
duas tábuas de pedra e as joguei no chão,
despedaçando-as diante de vocês.
18 "Em seguida, como havia feito antes,
prostrei-me diante do SENHOR durante qua-
renta dias e quarenta noites. Não comi
nem bebi coisa alguma por causa do gran-
de pecado que vocês haviam cometido ao
fazer o que era mau aos olhos do SENHOR,
provocando sua ira. 19 Tive muito medo
por causa da ira ardente do SENHOR, que
ameaçava destruir vocês. Mais uma vez,
porém, o SENHOR me ouviu. 20 O SENHOR esta-
va tão irado com Arão que também queria
destruí-lo, mas eu também orei em favor
de Arão. 21 Tomei o pecado de vocês, o be-
zerro que haviam feito, o derreti no fogo e
o moí até virar pó fino. Em seguida, joguei
o pó no riacho que desce do monte.
22 "Vocês também provocaram a ira
do SENHOR em Taberá,[a] em Massá[b] e em
Quibrote-Hataavá.[c] 23 E, em Cades-Barneia,
o SENHOR deu a seguinte ordem: 'Subam e
tomem posse da terra que eu lhes dei'.
Mas vocês se rebelaram contra a ordem
do SENHOR, seu Deus, e não confiaram nele
nem lhe obedeceram. 24 Sim, vocês têm
se rebelado contra o SENHOR desde que
os conheço.
25 "Prostrei-me diante do SENHOR durante
quarenta dias e quarenta noites, porque o
SENHOR tinha dito que os destruiria. 26 Orei
ao SENHOR e disse: 'Ó Soberano SENHOR,
não os destruas! Eles são o teu povo, a tua
propriedade especial, a quem resgataste
do Egito com teu grande poder e tua for-
te mão. 27 Peço que te lembres dos teus
servos Abraão, Isaque e Jacó, e não leves
em conta a teimosia, a perversidade e o
pecado deste povo. 28 Se o destruíres, os
egípcios dirão: 'Eles morreram porque o
SENHOR não foi capaz de levá-los à terra
que tinha prometido lhes dar'. Ou talvez
digam: 'Ele os destruiu porque os odia-
va; levou-os ao deserto de propósito para
matá-los'. 29 No entanto, eles são o teu
povo e a tua propriedade especial, que ti-
raste do Egito com tua grande força e teu
braço poderoso'."

UMA NOVA CÓPIA DA ALIANÇA

10 "Naquela ocasião, o SENHOR me dis-
se: 'Corte duas tábuas de pedra,
como as anteriores. Faça também uma
arca de madeira e suba ao monte para en-
contrar-se comigo, 2 e eu escreverei nas tá-
buas as mesmas palavras que estavam nas
anteriores, aquelas que você despedaçou.
Em seguida, coloque as tábuas na arca'.
3 "Fiz, portanto, a arca de madeira de acá-
cia e cortei duas tábuas de pedra, como as
anteriores. Subi ao monte levando as tá-
buas na mão. 4 Mais uma vez, o SENHOR es-
creveu os dez mandamentos[d] nas tábuas e
as entregou a mim. Eram as mesmas pala-
vras que o SENHOR lhes tinha proclamado
do meio do fogo no dia em que vocês se
reuniram ao pé do monte. 5 Então virei-
-me, desci o monte e coloquei as tábuas
na arca da aliança que eu tinha feito. As tá-
buas ainda estão dentro da arca, conforme
o SENHOR me ordenou.
6 (Os israelitas saíram dos poços do povo
de Jacã[e] e viajaram para Moserá, onde
Arão morreu e foi sepultado. Eleazar, seu
filho, serviu como sacerdote em seu lugar.

[a] **9.22a** *Taberá* significa "lugar da queima". Ver Nm 11.1-3.
[b] **9.22b** *Massá* significa "prova". Ver Êx 17.1-7.
[c] **9.22c** *Quibrote-Hataavá* significa "túmulos da gula". Ver Nm 11.31-34.

[d] **10.4** Em hebraico, *as dez palavras*.
[e] **10.6** Ou *partiram de Beerote de Benê-Jacã*.

7 Em seguida, viajaram para Gudgodá e, de
lá, para Jotbatá, terra com muitos ribeiros.
8 Naquela ocasião, o SENHOR separou a tri-
bo de Levi para carregar a arca da aliança
do SENHOR e para estar diante do SENHOR, a
fim de servi-lo e de pronunciar bênçãos
em seu nome. Essas são suas responsabi-
lidades até hoje. 9 Por isso os levitas não
têm porção alguma de terra como heran-
ça entre seus irmãos israelitas. O próprio
SENHOR é sua herança, conforme o SENHOR,
seu Deus, lhes prometeu.)

10 "Quanto a mim, fiquei no monte, na
presença do SENHOR, quarenta dias e qua-
renta noites, como da primeira vez. E,
também dessa vez, o SENHOR ouviu minhas
súplicas e concordou em não destruí-los.
11 Então o SENHOR me disse: 'Levante-se,
siga viagem e guie o povo, para que en-
trem e tomem posse da terra que jurei dar
a seus antepassados'."

CHAMADO PARA AMAR E OBEDECER

12 "Agora, Israel, o que o SENHOR, seu Deus,
requer de você? Somente que você tema
o SENHOR, seu Deus, que viva de manei-
ra agradável a ele e que ame e sirva ao
SENHOR, seu Deus, de todo o coração e de
toda a alma. 13 Obedeça sempre aos man-
damentos e decretos do SENHOR que hoje
lhe dou para o seu próprio bem.

14 "Veja, os mais altos céus e a terra, e
tudo que nela há, pertencem ao SENHOR,
seu Deus. 15 E, no entanto, o SENHOR es-
colheu seus antepassados para amá-los,
e escolheu vocês, descendentes deles,
dentre todas as nações, como hoje se vê.
16 Portanto, submetam-se a ele de coração[a]
e deixem de ser teimosos.

17 "Pois o SENHOR, seu Deus, é Deus dos
deuses e Senhor dos senhores. É o gran-
de Deus, o Deus poderoso e temível, que
não mostra parcialidade e não aceita su-
bornos. 18 Ele faz justiça aos órfãos e às
viúvas. Ama os estrangeiros que vivem
entre vocês e lhes dá alimento e roupas.
19 Portanto, amem também os estrangei-
ros, pois, em outros tempos, vocês foram
estrangeiros na terra do Egito. 20 Temam o
SENHOR, seu Deus, sirvam-no e apeguem-se
a ele. Quando fizerem juramentos, jurem
somente pelo nome dele. 21 Somente ele
é seu Deus, o único digno de seu louvor,
aquele que, por vocês, fez os milagres po-
derosos que vocês viram com os próprios
olhos. 22 Quando seus antepassados des-
ceram até o Egito, eram apenas setenta
pessoas. Agora, porém, o SENHOR, seu Deus,
os tornou tão numerosos quanto as estre-
las do céu!"

11 "Amem o SENHOR, seu Deus, e obe-
deçam sempre ao que ele exige:
seus estatutos, decretos e mandamentos.
2 Lembrem-se de que hoje não falo a seus
filhos, que nunca experimentaram a dis-
ciplina do SENHOR, seu Deus, nem viram a
grandeza, a mão forte e o seu braço pode-
roso. 3 Eles não viram os sinais e os atos
poderosos que ele realizou no Egito contra
o faraó e toda a sua terra. 4 Não viram o que
ele fez aos exércitos dos egípcios e a seus
cavalos e carros de guerra, como ele os
afogou no mar Vermelho[b] enquanto per-
seguiam vocês. Ele os destruiu e até hoje
não se recuperaram.

5 "Seus filhos não viram como o SENHOR
cuidou de vocês no deserto até chegarem
aqui. 6 Não viram o que ele fez a Datã e
Abirão (filhos de Eliabe, descendente de
Rúben) quando a terra abriu a boca no
acampamento israelita e os engoliu, junto
com suas famílias, tendas e todos os se-
res vivos que pertenciam a eles. 7 Vocês,
porém, viram com os próprios olhos
que o SENHOR realizou todos esses atos
poderosos!"

BÊNÇÃOS PELA OBEDIÊNCIA

8 "Portanto, obedeçam a todos os manda-
mentos que hoje lhes dou, para que te-
nham forças para avançar e conquistar a
terra da qual estão prestes a tomar posse.
9 Se obedecerem, terão vida longa na terra
que o SENHOR jurou dar a seus antepassados
e a vocês, os descendentes deles, uma terra
que produz leite e mel com fartura! 10 Pois
a terra em que vocês estão prestes a entrar
para tomar posse não é como a terra do

[a] **10.16** Em hebraico, *circuncidem o prepúcio do seu coração.*

[b] **11.4** Em hebraico, *mar de juncos.*

Egito, de onde vocês vieram e onde planta-
vam as sementes e faziam valas de irriga-
ção com o pé, como numa horta. 11 A terra
da qual em breve tomarão posse é uma ter-
ra de montes e vales, com chuva em grande
quantidade, 12 terra da qual o SENHOR, seu
Deus, cuida continuamente, todo o ano!

13 "Se obedecerem fielmente aos manda-
mentos que hoje lhes dou, e se amarem o
SENHOR, seu Deus, e servirem a ele de todo
o seu coração e de toda a sua alma, 14 ele
mandará as chuvas na estação apropria-
da, as chuvas de outono e de primavera,
para que vocês juntem suas colheitas de
cereais e produzam vinho novo e azeite.
15 Ele dará bons pastos para seus animais,
e vocês terão alimento com fartura.

16 "Mas tenham cuidado! Não deixem
seu coração ser enganado, levando-os
a afastar-se do SENHOR e a adorar outros
deuses. 17 Se o fizerem, a ira do SENHOR se
acenderá contra vocês. Ele fechará o céu e
reterá a chuva, e a terra não produzirá suas
colheitas. Em pouco tempo, vocês serão re-
movidos da boa terra que o SENHOR lhes dá.

18 "Gravem estas minhas palavras no co-
ração e na mente. Amarrem-nas às mãos
e prendam-nas à testa como lembrança.
19 Ensinem-nas a seus filhos. Conversem
a respeito delas quando estiverem em
casa e quando estiverem caminhando,
quando se deitarem e quando se levan-
tarem. 20 Escrevam-nas nos batentes das
portas de suas casas e em seus portões,
21 para que, enquanto o céu permanecer
acima da terra, vocês e seus filhos prospe-
rem neste chão que o SENHOR jurou dar a
seus antepassados.

22 "Obedeçam cuidadosamente a todos
os mandamentos que lhes dou. Amem o
SENHOR, seu Deus, andando em seus ca-
minhos e apegando-se firmemente a ele.
23 Então o SENHOR expulsará todas as na-
ções de diante de vocês e, embora elas
sejam muito maiores e mais fortes, vocês
tomarão posse de suas terras. 24 Todo lu-
gar em que puserem os pés será de vocês.
Suas fronteiras se estenderão do deser-
to, ao sul, até o Líbano, ao norte, e do rio
Eufrates, a leste, até o mar Mediterrâneo,[a]
a oeste. 25 Aonde quer que forem em toda
a terra, ninguém será capaz de lhes resis-
tir, pois o SENHOR, seu Deus, fará os povos
se apavorarem e temerem vocês, como
lhes prometeu.

26 "Vejam, hoje lhes dou a escolha entre
bênção e maldição! 27 Vocês serão aben-
çoados se obedecerem aos mandamentos
do SENHOR, seu Deus, que hoje lhes dou,
28 mas serão amaldiçoados se rejeitarem
os mandamentos do SENHOR, seu Deus,
afastando-se de seus caminhos e adoran-
do deuses que vocês não conheciam.

29 "Quando o SENHOR, seu Deus, os fizer
entrar na terra da qual em breve vocês
tomarão posse, pronunciem a bênção no
monte Gerizim e a maldição no monte
Ebal. 30 (Esses dois montes ficam a oes-
te do rio Jordão, na terra dos cananeus
que vivem no vale do Jordão,[b] perto da
cidade de Gilgal, junto aos carvalhos de
Moré.) 31 Vocês estão prestes a atraves-
sar o rio Jordão para tomar posse da terra
que o SENHOR, seu Deus, lhes dá. Quando
a conquistarem e estiverem vivendo nela,
32 tenham o cuidado de cumprir todos os
decretos e estatutos que hoje lhes dou."

O LUGAR DE ADORAÇÃO ESCOLHIDO PELO SENHOR

12 "Estes são os decretos e estatutos
que vocês devem ter o cuidado de
cumprir todos os dias em que viverem na
terra que o SENHOR, o Deus de seus antepas-
sados, lhes dá para tomarem posse.

2 "Quando expulsarem as nações que
vivem ali, destruam todos os lugares em
que elas adoram seus deuses: no alto dos
montes, nas colinas e debaixo de toda ár-
vore verdejante. 3 Derrubem os altares idó-
latras e despedacem as colunas sagradas.
Queimem os postes de Aserá e quebrem
suas imagens esculpidas. Apaguem com-
pletamente o nome dos seus deuses!

4 "Não adorem o SENHOR, seu Deus, da
forma como esses povos pagãos adoram
os deuses deles. 5 Em vez disso, busquem
o SENHOR, seu Deus, no lugar que ele es-
colher dentre todas as tribos para habi-
tar e estabelecer seu nome. 6 Ali vocês

Mudar quem somos por dentro requer processos mais profundos, vivenciados no secreto com Deus.

[a] **11.24** Em hebraico, *mar ocidental*.

[b] **11.30** Em hebraico, *na Arabá*.

apresentarão os holocaustos, os sacrifícios, os dízimos, as ofertas sagradas, as ofertas para cumprir votos, as ofertas voluntárias e as ofertas da primeira cria do gado e dos rebanhos. 7 Ali vocês e seus familiares comerão na presença do SENHOR, seu Deus, e se alegrarão com tudo que realizaram, porque o SENHOR, seu Deus, os abençoou.

8 "Vocês mudarão sua forma de adorar. Hoje, cada um faz o que bem entende, 9 pois ainda não chegaram ao lugar de descanso, à terra que o SENHOR, seu Deus, lhes dá como herança. 10 Em breve, porém, vocês atravessarão o rio Jordão e se estabelecerão na terra que o SENHOR, seu Deus, lhes dá. Quando ele lhes der descanso de todos os inimigos à sua volta e vocês estiverem vivendo em segurança na terra, 11 levem ao lugar que o SENHOR, seu Deus, escolher para habitação do seu nome tudo que eu lhes ordeno: os holocaustos, os sacrifícios, os dízimos, as ofertas sagradas e as ofertas para cumprir um voto que fizeram ao SENHOR.

12 "Alegrem-se ali, na presença do SENHOR, seu Deus, com seus filhos e filhas e com seus servos e servas. Lembrem-se de incluir os levitas que vivem em suas cidades, pois eles não receberão porção alguma de terra como herança entre vocês. 13 Tenham o cuidado de não sacrificar seus holocaustos onde bem entenderem, 14 mas apresentem-nos apenas no lugar que o SENHOR escolher no território de uma das tribos. Ali vocês oferecerão seus holocaustos e farão tudo que lhes ordenei.

15 "Contudo, vocês poderão abater animais e comer a carne em qualquer cidade sempre que desejarem. Comam à vontade os animais com os quais o SENHOR, seu Deus, os abençoar. Qualquer pessoa poderá comê-lo, esteja ela cerimonialmente pura ou impura, assim como qualquer um pode comer carne de gazela ou de veado. 16 Não comam, porém, o sangue; derramem-no no chão, como se fosse água.

17 "Não comam em suas cidades o dízimo dos cereais, do vinho novo e do azeite, nem a oferta da primeira cria do gado e dos rebanhos, nem oferta alguma para cumprir votos, nem as ofertas voluntárias, nem as ofertas sagradas. 18 Comam essas ofertas na presença do SENHOR, seu Deus, no lugar que ele escolher. Comam com seus filhos e filhas, com seus servos e servas e com os levitas que vivem em suas cidades. Alegrem-se na presença do SENHOR, seu Deus, em tudo que fizerem. 19 E tenham muito cuidado para não deixar de fora os levitas enquanto vocês viverem em sua terra.

20 "Quando o SENHOR, seu Deus, expandir seu território como lhes prometeu, e vocês desejarem comer carne, poderão comer à vontade. 21 Se o lugar que o SENHOR, seu Deus, escolher para estabelecer seu nome ficar distante de onde moram, vocês poderão abater qualquer um dos animais que o SENHOR lhes deu, do gado ou dos rebanhos de ovelhas, e comer a carne em suas próprias cidades, conforme lhes ordenei. 22 Qualquer pessoa poderá comê-lo, esteja cerimonialmente pura ou impura, assim como qualquer um pode comer carne de gazela ou de veado. 23 Mas nunca comam o sangue, pois o sangue é a própria vida, e vocês não podem comer carne com o sangue que lhe dá vida. 24 Não comam o sangue; derramem-no no chão, como se fosse água. 25 Não comam o sangue, para que tudo vá bem com vocês e com seus filhos, pois farão o que é certo aos olhos do SENHOR.

26 "Levem ao lugar que o SENHOR escolher as ofertas sagradas e as ofertas apresentadas para cumprir um voto. 27 Apresentem a carne e o sangue dos holocaustos no altar do SENHOR, seu Deus. O sangue dos outros sacrifícios será derramado no altar do SENHOR, seu Deus, mas vocês poderão comer a carne. 28 Tenham o cuidado de obedecer a todas as instruções que lhes dou, para que tudo vá bem com vocês e com seus descendentes, pois farão o que é bom e certo aos olhos do SENHOR, seu Deus.

29 "Quando o SENHOR, seu Deus, for adiante de vocês e destruir as nações, e vocês as expulsarem e se estabelecerem na terra delas, 30 não caiam na armadilha de seguir os costumes das nações e adorar seus deuses. Não fiquem curiosos a respeito de seus deuses, nem perguntem: 'Como essas

nações adoram seus deuses? Queremos seguir seu exemplo'. 31 Não adorem o SENHOR, seu Deus, da forma como outras nações adoram os deuses delas, pois realizam para eles todo tipo de atos detestáveis que o SENHOR odeia. Chegam até a queimar seus filhos e filhas como sacrifícios a seus deuses.

32[a] "Portanto, tenham o cuidado de cumprir todas as ordens que lhes dou. Não acrescentem nem tirem coisa alguma."

ADVERTÊNCIA ACERCA DA IDOLATRIA

13 1[b] "Surgirão entre vocês profetas ou pessoas que têm sonhos sobre o futuro, e eles prometerão sinais ou milagres. 2 Se os sinais ou milagres preditos acontecerem, e essas pessoas disserem: 'Venham, vamos adorar outros deuses!', deuses que até então vocês não conheciam, 3 não deem ouvidos às palavras deles. É um teste do SENHOR, seu Deus, para ver se vocês o amam de todo o seu coração e de toda a sua alma. 4 Sigam somente o SENHOR, seu Deus, e temam a ele somente. Obedeçam a seus mandamentos, ouçam sua voz, sirvam-no e apeguem-se a ele. 5 Os falsos profetas e sonhadores que tentarem desviá-los devem ser executados, pois incentivaram a rebelião contra o SENHOR, seu Deus, que os libertou da escravidão e os tirou da terra do Egito. Uma vez que eles tentaram desviá-los do caminho que o SENHOR, seu Deus, ordenou que seguissem, vocês terão de executá-los. Desse modo, vocês eliminarão o mal do seu meio.

6 "Se alguém o instigar secretamente, seja seu irmão, seu filho ou filha, sua esposa querida ou seu amigo mais chegado, e disser: 'Vamos adorar outros deuses!', deuses que nem você nem seus antepassados conheceram, 7 deuses dos povos vizinhos ou de povos dos confins da terra, 8 não ceda nem dê ouvidos. Não tenha pena dele, não o poupe nem o proteja. 9 Execute-o! Dê o primeiro golpe e, em seguida, todo o povo participará da execução. 10 Apedrejem os culpados até a morte, pois eles tentaram afastá-lo do SENHOR, seu Deus, que os libertou da terra do Egito, do lugar de escravidão. 11 Então todo o Israel ouvirá e temerá, e ninguém voltará a agir tão perversamente no meio de vocês.

12 "Quando começarem a viver nas cidades que o SENHOR, seu Deus, lhes dá, e ouvirem dizer 13 que homens perversos fizeram os habitantes da cidade se desviarem, dizendo: 'Venham, vamos adorar outros deuses', deuses que até então vocês não conheciam, 14 examinem os fatos com cuidado. Se descobrirem que a informação for verdadeira e esse ato detestável foi mesmo cometido entre vocês, 15 ataquem a cidade e matem à espada todos os habitantes e todos os animais, destruindo-os completamente. 16 Amontoem os despojos no meio da praça pública e queimem toda a cidade como oferta ao SENHOR, seu Deus. A cidade permanecerá em ruínas para sempre; jamais será reconstruída. 17 Não guardem coisa alguma do despojo que foi separado para destruição. Então o SENHOR afastará sua ira ardente e os tratará com misericórdia. Terá compaixão de vocês e os transformará numa nação numerosa, como prometeu sob juramento a seus antepassados.

18 "O SENHOR, seu Deus, só será misericordioso se vocês ouvirem sua voz e obedecerem a todos os seus mandamentos que hoje lhes dou, para que façam o que é certo aos olhos do SENHOR."

ANIMAIS CERIMONIALMENTE PUROS E IMPUROS

14 "Uma vez que vocês são filhos do SENHOR, seu Deus, não se cortem, nem raspem o cabelo acima da testa em sinal de luto. 2 Vocês são um povo consagrado ao SENHOR, seu Deus, e ele os escolheu dentre todas as nações da terra para serem sua propriedade especial.

3 "Não comam animais detestáveis, cerimonialmente impuros. 4 São estes os animais[c] que vocês podem comer: o boi,

[a] **12.32** No texto hebraico, o versículo 12.32 é numerado 13.1.

[b] **13.1** No texto hebraico, os versículos 13.1-18 são numerados 13.2-19.

[c] **14.4** A identificação de alguns dos animais, aves e insetos deste capítulo é incerta.

a ovelha, o bode, 5 o veado, a gazela, a corça, a cabra-selvagem, o íbex, o antílope e a ovelha montês.

6 "Vocês podem comer qualquer animal que tenha os cascos divididos em duas partes e que rumine, 7 mas, se o animal não apresentar essas duas características, não pode ser consumido. Não comam, portanto, o camelo, nem a lebre, nem o coelho silvestre.[a] Eles ruminam, mas não têm os cascos divididos, de modo que são impuros para vocês. 8 Também não comam o porco, pois, embora tenha os cascos divididos, não rumina e, portanto, é impuro para vocês. Não comam a carne desses animais nem toquem em seu cadáver.

9 "De todos os animais que vivem nas águas, vocês podem comer qualquer um que tenha barbatanas e escamas. 10 Não comam, porém, animais que vivem nas águas, mas não têm barbatanas e escamas. Eles são impuros para vocês.

11 "Vocês podem comer qualquer criatura voadora que seja cerimonialmente pura. 12 Estas são as criaturas voadoras que vocês não podem comer: o abutre-fouveiro, o abutre-barbudo, o abutre-fusco, 13 o milhafre, o falcão e todas as espécies de condores, 14 todas as espécies de corvos, 15 a coruja-de-chifres, a coruja-do-campo, a gaivota, todas as espécies de gaviões, 16 o mocho-galego, o corujão, a coruja-das-torres, 17 a coruja-do-deserto, o abutre-do-egito, o cormorão, 18 a cegonha, todas as espécies de garças, a poupa e o morcego.

19 "Todos os insetos alados que rastejam pelo chão são impuros para vocês, de modo que não podem comê-los. 20 Contudo, podem comer qualquer criatura voadora que seja cerimonialmente pura.

21 "Não comam animal algum que tenha morrido de causas naturais. Podem dá-lo a um estrangeiro que vive em sua cidade ou vendê-lo a outros estrangeiros. Vocês mesmos, porém, não o comerão, pois são um povo consagrado ao Senhor, seu Deus.

"Não cozinhem o cabrito no leite da mãe dele."

A ENTREGA DOS DÍZIMOS

22 "Separem o dízimo de suas colheitas, um décimo de toda a sua safra anual. 23 Levem o dízimo ao lugar que o Senhor, seu Deus, escolher para estabelecer seu nome e comam o dízimo ali, na presença do Senhor. Isso se aplica aos dízimos de cereais, do vinho novo, do azeite e dos machos das primeiras crias do gado e dos rebanhos. Com isso, aprenderão a sempre temer o Senhor, seu Deus.

24 "Se o Senhor, seu Deus, os abençoar com uma boa colheita, mas o lugar que ele escolher para habitação do seu nome for distante demais para vocês levarem o dízimo, 25 vendam a décima parte de suas colheitas e rebanhos, coloquem o dinheiro numa bolsa e levem-no ao lugar que o Senhor, seu Deus, escolheu. 26 Quando chegarem, usem o dinheiro para comprar o tipo de alimento que desejarem: bois, ovelhas, vinho ou qualquer outra bebida fermentada. Então, na presença do Senhor, seu Deus, comam e alegrem-se com toda a sua família. 27 E não se esqueçam de cuidar dos levitas de sua cidade, pois eles não receberão porção alguma de terra como herança entre vocês.

28 "Ao final de cada três anos, levem todo o dízimo da colheita daquele ano à cidade mais próxima e armazenem-no ali. 29 Entreguem o dízimo aos levitas, que não receberão porção alguma de terra como herança entre vocês, e também aos estrangeiros que vivem entre vocês, e aos órfãos e às viúvas de suas cidades, para que eles comam até se saciarem. Então o Senhor, seu Deus, os abençoará em todo o seu trabalho."

O CANCELAMENTO DAS DÍVIDAS

15 "Ao final de cada sete anos, cancelem as dívidas de todos a quem vocês tiverem feito um empréstimo. 2 O cancelamento será efetuado da seguinte forma: todos cancelarão os empréstimos que fizeram a irmãos israelitas. Ninguém exigirá pagamento do seu próximo ou de seus parentes, pois chegou o tempo do Senhor para liberá-los das dívidas. 3 Essa liberação se aplica somente aos irmãos israelitas, e não aos estrangeiros que vivem entre vocês.

[a] **14.7** Ou *hírace*, ou *arganaz*.

4 “Não deverá haver pobres entre vocês,
pois o Senhor, seu Deus, os abençoará
grandemente na terra que lhes dá como
herança. 5 Receberão essa bênção se tive-
rem o cuidado de obedecer ao Senhor, seu
Deus, e cumprir todos estes mandamentos
que hoje lhes dou. 6 O Senhor, seu Deus, os
abençoará conforme prometeu. Vocês
emprestarão dinheiro a muitas nações,
mas jamais precisarão tomar emprestado.
Governarão muitas nações, mas não serão
governados por nação alguma.

7 “Se, contudo, houver algum israelita
pobre em suas cidades quando chegarem
à terra que o Senhor, seu Deus, lhes dá,
não endureçam o coração e não fechem
a mão para ele. 8 Ao contrário, sejam ge-
nerosos e emprestem-lhe o que for neces-
sário. 9 Não sejam mesquinhos nem se
recusem a emprestar a alguém só porque
o ano de cancelamento das dívidas está
próximo. Se vocês se recusarem a fornecer
o empréstimo e a pessoa necessitada cla-
mar ao Senhor, vocês serão considerados
culpados de pecado. 10 Deem aos pobres
com generosidade, e não com má vonta-
de, pois o Senhor, seu Deus, os abençoará
em tudo que fizerem. 11 Sempre haverá
pobres na terra. Por isso, ordeno que com-
partilhem seus bens generosamente com
os pobres e com outros necessitados de
sua terra.”

A LIBERTAÇÃO DE ESCRAVOS HEBREUS

12 “Se um irmão hebreu, homem ou mu-
lher, vender-se a você como escravo,[a] ele
lhe servirá por seis anos. Depois disso, li-
berte-o no sétimo ano.

13 “Quando libertar um escravo, não o
mande embora de mãos vazias. 14 Seja ge-
neroso e dê-lhe de despedida um presente
dos animais de seu rebanho, dos cereais
de sua eira e do vinho de sua prensa de
uvas. Compartilhe com ele um pouco da
fartura com a qual o Senhor, seu Deus, o
abençoou. 15 Lembre-se de que, um dia,
você foi escravo na terra do Egito e o
Senhor, seu Deus, o libertou. Por isso lhe
dou essa ordem.

16 “Mas, se por estar bem com você e
amar você e sua família, o servo disser:
‘Não quero ir embora’, 17 você pegará um
furador e furará a ponta da orelha dele
contra a porta. Depois disso, ele será seu
escravo para o resto da vida. Faça o mesmo
com as escravas.

18 “Quando libertar seus escravos, não
considere isso uma grande perda. Lembre-
se de que, por seis anos, eles lhe presta-
ram serviços equivalentes a duas vezes
o salário de empregados contratados, e
o Senhor, seu Deus, o abençoará em tudo
que você fizer.”

O SACRIFÍCIO DOS MACHOS DAS PRIMEIRAS CRIAS

19 “Separem para o Senhor, seu Deus, os
machos das primeiras crias do gado e
dos rebanhos. Não usem a primeira cria
do gado para trabalhar no campo, e não
tosquiem a primeira cria das ovelhas.
20 Em vez disso, a cada ano, comam esses
animais com sua família na presença do
Senhor, seu Deus, no lugar que ele esco-
lher. 21 Mas, se essa primeira cria tiver al-
gum defeito, se o animal for manco, cego
ou tiver algum outro problema, não o sa-
crifiquem ao Senhor, seu Deus. 22 Comam
o animal na cidade em que morarem.
Qualquer pessoa poderá comê-lo, esteja
cerimonialmente pura ou impura, assim
como qualquer um pode comer uma ga-
zela ou um veado. 23 Não comam, porém, o
sangue do animal; derramem-no no chão,
como se fosse água.”

A PÁSCOA E A FESTA DOS PÃES SEM FERMENTO

16 “A cada ano, no mês de abibe,[b] cele-
brem a Páscoa em homenagem ao
Senhor, seu Deus, pois foi nesse mês, du-
rante a noite, que o Senhor, seu Deus, os
libertou do Egito. 2 O sacrifício de Páscoa
será um animal do gado ou do rebanho,
oferecido ao Senhor, seu Deus, no lugar
que ele escolher para habitação do seu
nome. 3 Comam o sacrifício com pães sem
fermento. Durante sete dias, comam pão

[a] **15.12** Ou *Se um hebreu, homem ou mulher, lhe for vendido.*

[b] **16.1** *Abibe*, o primeiro mês no antigo calendário lunar hebraico, normalmente caía entre os meses de março e abril.

sem fermento, como fizeram quando fugiram às pressas do Egito. Comam esse pão, o pão do sofrimento, para se lembrarem, por toda a vida, do dia em que saíram do Egito. 4 Durante esses sete dias, não deve haver a mínima quantidade de fermento nas casas em toda a sua terra. E, quando sacrificarem o cordeiro de Páscoa ao entardecer do primeiro dia, não deixem sobras para a manhã seguinte.

5 "Não ofereçam o sacrifício de Páscoa em nenhuma das cidades que o Senhor, seu Deus, lhes dá. 6 Ofereçam-no apenas no lugar que o Senhor, seu Deus, escolher para habitação do seu nome. Sacrifiquem-no ali ao entardecer, enquanto o sol se põe, no mesmo período do dia em que saíram do Egito. 7 Assem e comam o cordeiro no lugar que o Senhor, seu Deus, escolher. Na manhã seguinte, voltem às suas tendas. 8 Durante os seis dias seguintes, comam pão sem fermento. No sétimo dia, declarem outra reunião sagrada em homenagem ao Senhor, seu Deus, e não façam trabalho algum."

A FESTA DA COLHEITA

9 "Contem sete semanas a partir do dia em que começarem a colheita de cereais. 10 Então celebrem a Festa da Colheita[a] em homenagem ao Senhor, seu Deus. Levem uma oferta voluntária proporcional às bênçãos que receberam dele. 11 Será um tempo de celebração diante do Senhor, seu Deus, no lugar que ele escolher para habitação do seu nome. Celebrem com seus filhos e filhas, com seus servos e servas, com os levitas das suas cidades e com os estrangeiros, órfãos e viúvas que vivem entre vocês. 12 Lembrem-se de que, um dia, vocês foram escravos no Egito e, portanto, tenham o cuidado de cumprir todos estes decretos."

A FESTA DAS CABANAS

13 "Celebrem a Festa das Cabanas[b] durante sete dias, no final da época da colheita, depois que ajuntarem os cereais e prensarem as uvas. 14 Essa festa será um tempo de alegria e comemoração com seus filhos e filhas, seus servos e servas, com os levitas, estrangeiros, órfãos e viúvas de suas cidades. 15 Durante sete dias, celebrem essa festa em homenagem ao Senhor, seu Deus, no lugar que ele escolher, pois ele é quem os abençoa em todas as suas colheitas e lhes dá sucesso em todo o seu trabalho. Essa festa será um tempo de grande alegria para vocês.

16 "A cada ano, todos os homens de Israel devem celebrar estas três festas: a Festa dos Pães sem Fermento, a Festa da Colheita e a Festa das Cabanas. Em cada uma dessas ocasiões, todos os homens devem comparecer diante do Senhor, seu Deus, no lugar que ele escolher. Não devem, porém, apresentar-se diante do Senhor de mãos vazias. 17 Todos devem ofertar de acordo com as bênçãos que receberam do Senhor, seu Deus."

JUSTIÇA PARA O POVO

18 "Nomeiem juízes e oficiais de cada uma de suas tribos em todas as cidades que o Senhor, seu Deus, lhes dá. Eles julgarão o povo com justiça. 19 Nunca distorçam a justiça nem mostrem parcialidade. Nunca aceitem subornos, pois eles cegam os olhos dos sábios e corrompem as decisões dos íntegros. 20 Que a justiça verdadeira prevaleça sempre, para que vocês vivam e tomem posse da terra que o Senhor, seu Deus, lhes dá.

21 "Jamais levantem um poste de madeira para Aserá junto ao altar que edificarem para o Senhor, seu Deus. 22 Jamais levantem colunas sagradas para adoração, pois isso é detestável para o Senhor, seu Deus."

17 "Nunca sacrifiquem ao Senhor, seu Deus, bois ou ovelhas doentes ou defeituosos, pois esse tipo de oferta é detestável para ele.

2 "Quando vocês começarem a viver nas cidades que o Senhor, seu Deus, lhes dá, poderá acontecer de um homem ou uma mulher do povo fazer algo mau aos olhos do Senhor, seu Deus, e quebrar a aliança. 3 Pode ser que essa pessoa sirva outros

[a] **16.10** Em hebraico, *Festa das Semanas*; também em 16.16. Chamada posteriormente de *Festa de Pentecostes* (ver At 2.1) e comemorada hoje com o nome *Shavuot*.

[b] **16.13** Ou *Festa dos Tabernáculos*; também em 16.16. Chamada anteriormente de *Festa da Última Colheita* (ver Êx 23.16) e comemorada hoje com o nome *Sucot*.

deuses ou adore o sol, a lua ou qualquer
das estrelas, o exército do céu, algo que
eu proibi expressamente. 4 Quando fica-
rem sabendo disso, façam uma investi-
gação cuidadosa. Se for verdade que se
fez tal coisa detestável em Israel, 5 levem
o homem ou a mulher que cometeu esse
ato perverso até as portas da cidade e
executem essa pessoa por apedrejamen-
to. 6 Jamais executem alguém com base no
depoimento de apenas uma testemunha.
Deve sempre haver duas ou três testemu-
nhas. 7 As testemunhas jogarão as pri-
meiras pedras e, em seguida, todo o povo
participará da execução. Desse modo, vo-
cês eliminarão o mal do seu meio.

8 "Se um caso muito difícil de resolver
chegar a um tribunal local, como, por
exemplo, uma decisão sobre que tipo de
homicídio aconteceu, ou entre diferentes
ações judiciais, ou entre tipos diferentes
de agressão, levem esse caso ao lugar que
o SENHOR, seu Deus, escolher. 9 Apresentem
o caso aos sacerdotes levitas ou aos juízes
que estiverem de serviço na ocasião, e
eles ouvirão o caso e declararão o vere-
dicto. 10 Executem o veredicto que eles de-
clararem no lugar que o SENHOR escolher.
Façam exatamente o que eles mandarem.
11 Depois que eles tiverem interpretado a
lei e declarado o veredicto, executem em
sua totalidade a sentença que eles pro-
nunciarem; não façam modificação al-
guma. 12 Quem for arrogante a ponto de
rejeitar o veredicto do sacerdote ou do juiz
que representa o SENHOR, seu Deus, naque-
le lugar deverá ser morto. Desse modo,
vocês eliminarão o mal do meio de Israel.
13 Então todo o povo ficará sabendo o que
aconteceu e terá medo de agir novamen-
te com tamanha arrogância."

DIRETRIZES PARA O REI

14 "Vocês estão prestes a entrar na terra
que o SENHOR, seu Deus, lhes dá. Quando
a conquistarem, se estabelecerem nela
e pensarem: 'Devemos escolher um rei
para nos governar, como as outras nações
ao nosso redor', 15 tenham cuidado de no-
mear como rei o homem que o SENHOR, seu
Deus, escolher. Deverá ser um irmão israe-
lita; não pode ser estrangeiro.

16 "O rei não terá muitos cavalos, nem
enviará seu povo ao Egito para comprar
cavalos, pois o SENHOR lhes disse: 'Jamais
voltem ao Egito'. 17 O rei não tomará para
si muitas esposas, pois elas afastarão seu
coração do SENHOR. Também não acumu-
lará para si grandes quantidades de prata
e de ouro.

18 "Quando sentar-se no trono para rei-
nar, copiará esta lei para si num rolo, na
presença dos sacerdotes levitas. 19 Trará
essa cópia sempre consigo e a lerá todos
os dias enquanto viver. Assim, aprenderá
a temer o SENHOR, seu Deus, cumprindo to-
dos os termos desta lei e destes decretos.
20 Isso o impedirá de tornar-se orgulhoso
e agir como se estivesse acima de seus
irmãos israelitas. Evitará também que
ele se desvie, por menos que seja, destes
mandamentos, e garantirá que ele e seus
descendentes tenham longos reinados
em Israel."

OFERTAS PARA OS SACERDOTES E LEVITAS

18 "Lembrem-se de que os sacerdotes
levitas e todos os outros membros
da tribo de Levi não receberão porção
alguma de terra como herança entre as
outras tribos de Israel. Em vez disso, os sa-
cerdotes e levitas comerão das ofertas es-
peciais apresentadas ao SENHOR, pois essa
é parte que lhes cabe. 2 Não terão herança
entre os israelitas. O SENHOR é a sua heran-
ça, conforme lhes prometeu.

3 "Estas são as partes que os sacerdotes
receberão como sua porção dos bois e das
ovelhas que o povo entregar como ofertas:
a espádua, as queixadas e o estômago.
4 Deem também aos sacerdotes a primei-
ra porção dos cereais, do vinho novo, do
azeite e da lã na época da tosquia, 5 pois o
SENHOR, seu Deus, escolheu a tribo de Levi
dentre todas as suas tribos para servir em
nome do SENHOR para sempre.

6 "Se um levita decidir sair de sua cida-
de em Israel, seja ela qual for, e mudar-se
para o lugar que o SENHOR escolher, 7 ele
servirá ali em nome do SENHOR, seu Deus,
da mesma forma que todos os seus com-
panheiros levitas que servem o SENHOR na-
quele lugar. 8 Comerá sua porção dos

sacrifícios e ofertas, mesmo que também receba sustento de sua família."

CHAMADO PARA VIVER EM SANTIDADE

9 "Quando vocês entrarem na terra que o SENHOR, seu Deus, lhes dá, tenham muito cuidado para não imitarem os costumes detestáveis das nações que vivem ali. 10 Jamais deverá haver entre vocês alguém que queime seu filho ou sua filha como sacrifício. Não permitam que alguém do povo pratique adivinhação, use encantamentos, interprete agouros, envolva-se com bruxaria, 11 lance feitiços, atue como médium ou praticante do ocultismo, ou consulte os espíritos dos mortos. 12 Quem pratica tais coisas é detestável ao SENHOR. É justamente porque as outras nações praticam essas coisas detestáveis que o SENHOR, seu Deus, as expulsará de diante de vocês. 13 Sejam inculpáveis perante o SENHOR, seu Deus. 14 As nações cujas terras vocês estão prestes a conquistar consultam feiticeiros e adivinhos, mas o SENHOR, seu Deus, os proíbe de fazerem essas coisas."

VERDADEIROS E FALSOS PROFETAS

15 "O SENHOR, seu Deus, levantará um profeta como eu do meio de seus irmãos israelitas. Deem ouvidos a ele, 16 pois foi isso que vocês pediram ao SENHOR, seu Deus, quando estavam reunidos ao pé do monte Sinai.[a] Disseram: 'Não iremos mais ouvir a voz do SENHOR, nosso Deus, nem ver este fogo ardente, pois morreríamos'.

17 "Então o SENHOR me disse: 'Eles estão certos. 18 Levantarei um profeta como você do meio de seus irmãos israelitas e porei minhas palavras em sua boca, e ele dirá ao povo tudo que eu lhe ordenar. 19 Eu mesmo pedirei contas de qualquer um que não ouvir as mensagens que o profeta proclamar em meu nome. 20 Mas o profeta que tiver a presunção de falar em meu nome algo que não lhe ordenei, ou que falar em nome de outros deuses, será morto'.

21 "Talvez vocês se perguntem: 'Como saberemos se uma profecia vem do SENHOR ou não?'. 22 Se o profeta falar em nome do SENHOR, mas suas previsões não acontecerem nem se cumprirem, vocês saberão que a mensagem dele não vem do SENHOR. Esse profeta presumiu arrogantemente que falava em meu nome, e vocês não precisam temê-lo."

AS CIDADES DE REFÚGIO

19 "Quando o SENHOR, seu Deus, destruir as nações cujo território ele lhes dá, vocês tomarão posse da terra e se estabelecerão nas cidades e casas que elas construíram. 2 Em seguida, separarão três cidades de refúgio na terra que o SENHOR, seu Deus, lhes dá. 3 Preparem estradas[b] e dividam em três regiões a terra que o SENHOR, seu Deus, lhes dá como propriedade, com uma dessas cidades em cada região. Quem tiver matado alguém poderá fugir para uma dessas cidades de refúgio e ficar a salvo.

4 "Isso se aplica a alguém que, sem intenção e sem mostrar hostilidade anterior, matar outra pessoa: ele poderá fugir para uma dessas cidades de refúgio e viver em segurança. 5 Se acontecer, por exemplo, de alguém ir com um vizinho cortar lenha num bosque e, quando um deles levantar o machado para cortar uma árvore, o ferro do machado escapar do cabo, atingir a outra pessoa e causar sua morte, o homicida poderá fugir para uma das cidades de refúgio a fim de salvar a vida.

6 "Se, contudo, a distância até a cidade de refúgio for muito grande e acontecer que, irado, o parente encarregado de vingar a morte da vítima alcance e mate o homicida, o castigo não seria merecido, pois o fugitivo não mostrou hostilidade anterior à vítima. 7 Por isso, ordeno que separem três cidades de refúgio.

8 "Se o SENHOR, seu Deus, ampliar seu território conforme jurou a seus antepassados e lhes der toda a terra que lhes prometeu, 9 separem mais três cidades de refúgio. (Ele lhes dará a terra se vocês cumprirem cuidadosamente todos os

[a] **18.16** Em hebraico, *Horebe*, outro nome para o Sinai.

[b] **19.3** Ou *Façam um levantamento do território.*

mandamentos que hoje lhes dou, se sempre amarem o Senhor, seu Deus, e andarem em seus caminhos.) 10 Com isso, vocês evitarão a morte de inocentes na terra que o Senhor, seu Deus, lhes dá como herança. Do contrário, seriam culpados pelo sangue de inocentes.

11 "Se, contudo, alguém demonstrar hostilidade a seu vizinho, ficar à espreita dele e o atacar e matar, fugindo depois para uma das cidades de refúgio, 12 as autoridades da cidade do homicida enviarão representantes à cidade de refúgio para trazê-lo de volta e entregá-lo ao vingador da vítima, para que ele execute o homicida. 13 Não tenham pena dele. Eliminem de Israel a culpa de matar inocentes. Assim, tudo irá bem com vocês."

O INTERESSE PELA JUSTIÇA

14 "Quando tomarem posse da terra que o Senhor, seu Deus, lhes dá como herança, jamais roubem terras de outros, mudando de lugar os marcos de divisa que seus antepassados colocaram.

15 "Não condenem alguém por um crime ou delito com base no depoimento de apenas uma testemunha. Os fatos a respeito do caso devem ser confirmados pelo depoimento de duas ou três testemunhas.

16 "Se uma testemunha mal-intencionada se apresentar e acusar alguém de ter cometido um crime, 17 tanto o acusador como o acusado comparecerão diante do Senhor, apresentando-se aos sacerdotes e juízes que estiverem de serviço na ocasião. 18 Os juízes farão uma investigação cuidadosa do caso. Se a testemunha fez acusações falsas contra seu irmão israelita, 19 apliquem-lhe a sentença que ela planejava para a outra pessoa. Desse modo, vocês eliminarão o mal do seu meio. 20 O restante do povo ficará sabendo disso e terá medo de cometer tamanha maldade. 21 Não tenham pena do culpado. Sua regra deve ser: vida por vida, olho por olho, dente por dente, mão por mão, pé por pé."

NORMAS ACERCA DA GUERRA

20 "Quando saírem para lutar contra seus inimigos e enfrentarem cavalos e carros e um exército maior que o seu, não tenham medo. O Senhor, seu Deus, que os tirou da terra do Egito, está com vocês! 2 Quando se prepararem para a batalha, o sacerdote virá à frente e falará aos soldados. 3 Dirá: 'Ouçam, homens de Israel! Ao saírem hoje para lutar contra seus inimigos, sejam corajosos. Não tenham medo, nem se apavorem, nem tremam diante deles, 4 pois o Senhor, seu Deus, vai com vocês. Ele lutará contra seus inimigos em seu favor e lhes dará vitória'.

5 "Então os oficiais do exército se dirigirão aos soldados e dirão: 'Alguém aqui acabou de construir uma casa, mas ainda não a dedicou? Se houver alguém nessa situação, vá para casa! Se você morresse na batalha, outra pessoa dedicaria sua casa. 6 Alguém aqui acabou de plantar uma videira, mas ainda não comeu de seus frutos? Se houver alguém nessa situação, vá para casa! Se você morresse na batalha, outra pessoa comeria dos primeiros frutos. 7 Alguém aqui acabou de ficar noivo de uma mulher, mas ainda não se casou? Vá para casa e tome a mulher como esposa! Se você morresse na batalha, outra pessoa a tomaria como esposa'.

8 "Os oficiais também dirão: 'Alguém aqui está com medo ou angustiado? Se estiver, vá para casa antes que amedronte mais alguém'. 9 Quando os oficiais terminarem de falar aos soldados, nomearão comandantes para as tropas.

10 "Quando vocês se aproximarem de uma cidade para atacá-la, primeiro proponham paz a seus habitantes. 11 Se eles aceitarem suas condições e abrirem as portas, todo o povo dentro da cidade os servirá com trabalhos forçados. 12 Se eles recusarem a proposta de paz e se prepararem para lutar, cerquem a cidade. 13 Quando o Senhor, seu Deus, lhes entregar a cidade, matem à espada todos os homens. 14 Contudo, poderão tomar para si as mulheres, as crianças, os animais e tudo que acharem na cidade. Poderão aproveitar todos os despojos dos inimigos que o Senhor, seu Deus, entregou em suas mãos.

15 "Essas instruções se aplicam somente às cidades muito distantes, e não às cidades dos povos que vivem na terra em que

Deus deseja que suas filhas entendam a importância de crescer nele, com ele e para ele.

vocês entrarão. 16 Nessas cidades que o
Senhor lhes dá como herança, destruam
todo ser vivo. 17 Destruam completamente
os hititas, os amorreus, os cananeus, os fe-
rezeus, os heveus e os jebuseus, conforme
o Senhor, seu Deus, lhes ordenou. 18 Isso
evitará que os povos da terra os ensinem
a imitar os atos detestáveis que eles pra-
ticam quando adoram seus deuses, coisas
que fariam vocês pecarem contra o Senhor,
seu Deus.

19 "Quando cercarem uma cidade e a
guerra se prolongar, não cortem as árvores
com machados. Comam dos frutos, mas
não cortem as árvores. Acaso as árvores
são inimigos para que vocês as ataquem?
20 Cortem apenas as árvores que vocês sa-
bem que não dão frutos e usem-nas para
fazer o equipamento necessário no cerco
à cidade inimiga até que ela caia."

CASOS DE HOMICÍDIO NÃO RESOLVIDO

21 "Quando estiverem na terra que o
Senhor, seu Deus, lhes dá, e alguém
for encontrado morto no campo e não se
saiba quem o matou, 2 as autoridades e os
juízes medirão a distância do local onde
está o cadáver até as cidades vizinhas.
3 Quando se determinar qual é a cidade
mais próxima, as autoridades da cidade
escolherão do rebanho uma novilha que
nunca tenha sido usada para trabalhar no
campo e nunca tenha puxado um arado.
4 Levarão a novilha a um vale que não te-
nha sido lavrado nem semeado e pelo qual
passe um ribeiro. Ali, no vale, quebrarão o
pescoço da novilha. 5 Os sacerdotes levitas
se aproximarão, pois o Senhor, seu Deus,
os escolheu para servirem diante dele
e pronunciarem bênçãos em seu nome.
Cabe a eles decidir todos os casos legais
e criminais.

6 "As autoridades daquela cidade lavarão
as mãos sobre a novilha cujo pescoço foi
quebrado 7 e dirão: 'Nossas mãos não der-
ramaram o sangue dessa pessoa, nem vi-
mos o crime acontecer. 8 Ó Senhor, perdoa
o teu povo, Israel, o qual libertaste. Não
culpes o teu povo pela morte de um ino-
cente'. Assim, serão absolvidos da culpa
pelo sangue da pessoa. 9 Desse modo,
vocês removerão do seu meio a culpa pela
morte da vítima e farão o que é certo aos
olhos do Senhor."

O CASAMENTO COM UMA PRISIONEIRA

10 "Quando vocês saírem para guerrear
contra seus inimigos e o Senhor, seu Deus,
entregá-los em suas mãos e vocês os fi-
zerem prisioneiros, 11 pode acontecer de
algum de vocês vir uma mulher bonita
entre os cativos, sentir-se atraído por ela
e desejar casar-se com ela. 12 Nesse caso,
leve-a para casa, onde ela raspará a cabe-
ça, cortará as unhas 13 e trocará as roupas
que estava usando quando foi capturada.
Ela ficará em sua casa, mas você deixará
que ela fique de luto pelo pai e pela mãe
por um mês inteiro. Depois disso, você se
casará com ela. Passará a ser seu marido,
e ela será sua esposa. 14 Se depois do casa-
mento ela não o agradar, liberte-a. Não a
venda nem a trate como escrava, pois você
a humilhou."

DIREITOS DO FILHO MAIS VELHO

15 "Se um homem tiver duas esposas e
amar apenas uma delas, mas ambas lhe
derem filhos homens, e o filho mais velho
for da esposa que ele não ama, 16 quando
dividir sua herança o homem não poderá
dar a porção maior ao filho da esposa ama-
da, como se este fosse o filho mais velho.
17 Terá de reconhecer os direitos do filho
mais velho, da esposa não amada, dando-
-lhe porção dobrada. Ele é o primeiro filho
do vigor de seu pai, e os direitos do filho
mais velho lhe pertencem."

COMO LIDAR COM UM FILHO REBELDE

18 "Se um homem tiver um filho teimoso
e rebelde, que não obedece ao pai nem à
mãe, apesar de eles o disciplinarem, 19 o
pai e a mãe levarão o filho até a porta da
cidade e dirão às autoridades ali reunidas:
20 'Este nosso filho é teimoso e rebelde e
se recusa a obedecer. É mau-caráter e vive
bêbado'. 21 Então todos os homens da ci-
dade o executarão por apedrejamento.
Desse modo, vocês eliminarão o mal do

seu meio, e todo o Israel ficará sabendo
disso e temerá.”

OUTRAS NORMAS

22 “Se alguém cometeu um crime que
merece a pena de morte e, por isso, foi
executado e pendurado numa árvore,[a]
23 não deverá permanecer pendurado
ali durante a noite. Enterrem o corpo no
mesmo dia, pois todo aquele que é pendu-
rado[b] é maldito aos olhos de Deus. Desse
modo, vocês evitarão a contaminação
da terra que o Senhor, seu Deus, lhes dá
como herança.”

22 “Se você vir solto por aí o boi ou a
ovelha de um israelita, não fuja de
sua responsabilidade.[c] Devolva o animal
ao dono. 2 Se o dono não morar por perto
ou se você não o conhecer, leve o animal
para sua casa e fique com ele até o dono
vir procurá-lo. Então, devolva o animal.
3 Faça o mesmo se encontrar um jumento,
uma peça de roupa ou qualquer outra coi-
sa que alguém tenha perdido. Não fuja de
sua responsabilidade.
4 “Se você vir o jumento ou o boi de um
israelita caído no caminho, não o ignore.
Vá e ajude o dono a levantar o animal.
5 “A mulher não deve usar roupas de ho-
mem, e o homem não deve usar roupas de
mulher. Quem age desse modo é detestá-
vel aos olhos do Senhor, seu Deus.
6 “Se acontecer de você encontrar o ni-
nho de um pássaro numa árvore ou no
chão, e houver nele filhotes ou ovos que a
mãe esteja chocando, não leve a mãe junto
com os filhotes. 7 Leve os filhotes, mas dei-
xe a mãe, para que você prospere e tenha
vida longa.
8 “Quando você construir uma casa nova,
coloque um parapeito em torno do terra-
ço. Desse modo, se alguém cair do terraço,
você e sua família não serão culpados pela
morte da vítima.
9 “Não plantem nenhuma outra semente
entre as videiras em seu vinhedo. Se o fi-
zerem, estarão proibidos de usar tanto as
uvas desse vinhedo como o fruto da outra
plantação que semearam.
10 “Não arem a terra com um boi e um ju-
mento presos ao mesmo jugo.
11 “Não usem roupas feitas de fios de lã e
linho entrelaçados.
12 “Coloquem franjas nas quatro pontas
do manto com o qual vocês se cobrem.”

NORMAS ACERCA DA PUREZA SEXUAL

13 “Se um homem se casar com uma mu-
lher e, depois de ter relações com ela,
rejeitá-la 14 e acusá-la publicamente de
conduta vergonhosa, dizendo: ‘Quando
me casei com esta mulher, descobri que
ela não era virgem’, 15 então o pai e a mãe
da mulher levarão a prova da virgindade
da filha até a porta da cidade, onde as auto-
ridades estarão reunidas. 16 O pai lhes dirá:
‘Dei minha filha em casamento a este ho-
mem, e agora ele a rejeitou. 17 Acusou-a de
conduta vergonhosa, dizendo: ‘Descobri
que sua filha não era virgem’. Aqui está,
porém, a prova da virgindade de minha
filha’. Então os pais estenderão o lençol da
filha diante das autoridades, 18 e eles pe-
garão o homem e o castigarão. 19 Também
lhe aplicarão uma multa de cem peças[d] de
prata que ele pagará ao pai da mulher, uma
vez que acusou publicamente de condu-
ta vergonhosa uma virgem de Israel. Ela
continuará a ser esposa do homem, e ele
jamais poderá se divorciar dela.
20 “Mas, se as acusações do homem fo-
rem verdadeiras e ele puder provar que a
mulher não era virgem, 21 então ela será
levada até a porta da casa de seu pai e ali
será executada por apedrejamento pelos
homens da cidade. Ela cometeu um crime
vergonhoso em Israel, praticando imora-
lidade sexual enquanto vivia na casa de
seus pais. Desse modo, vocês eliminarão
o mal do seu meio.
22 “Se um homem for flagrado cometen-
do adultério, ele e a mulher terão de mor-
rer. Desse modo, vocês eliminarão o mal
do meio de Israel.
23 “Se um homem encontrar uma moça
virgem, prometida em casamento, e tiver

[a] **21.22** Ou *empalado numa estaca*; também em 21.23.
[b] **21.23** A Septuaginta traz *pois todo aquele que é pendurado num madeiro.* Comparar com Gl 3.13.
[c] **22.1** Em hebraico, *não se esconda*; também em 22.3.
[d] **22.19** Em hebraico, *100 [siclos]*, cerca de 1,2 quilo.

relações sexuais com ela dentro da cidade, 24 levem os dois para a porta da cidade e executem-nos por apedrejamento. A mulher é culpada porque não gritou por socorro, e o homem deverá morrer porque humilhou a esposa de outro homem. Desse modo, vocês eliminarão o mal do seu meio.

25 "Mas, se o homem encontrar a moça prometida em casamento no campo e a violentar, somente o homem deverá ser morto. 26 Não façam nada à moça; não cometeu crime algum que mereça a pena de morte. É tão inocente quanto uma vítima de homicídio. 27 Uma vez que o homem a violentou no campo, deve-se presumir que ela gritou, mas não houve quem a socorresse.

28 "Se um homem tiver relações com uma moça virgem, mas que não esteja prometida em casamento, e eles forem descobertos, 29 o homem pagará ao pai da moça cinquenta peças[a] de prata. Uma vez que ele humilhou a moça, se casará com ela e jamais poderá se divorciar.

30[b] "Nenhum homem tomará por mulher alguém que foi esposa de seu pai, pois isso desonraria seu pai."

NORMAS ACERCA DA ADORAÇÃO

23 1[c] "Se um homem tiver os testículos esmagados ou o membro amputado, não terá permissão de entrar nas reuniões sagradas do Senhor.

2 "Se alguém for filho ilegítimo, nem ele nem seus descendentes, até a décima geração, terão permissão de entrar nas reuniões sagradas do Senhor.

3 "Nenhum amonita ou moabita, e nenhum de seus descendentes, até a décima geração, terá permissão de participar das reuniões sagradas do Senhor. 4 Essas nações não os receberam com alimento e água quando vocês saíram do Egito. Em vez disso, contrataram Balaão, filho de Beor, nascido em Petor, na Mesopotâmia,[d] para amaldiçoá-los. 5 Mas o Senhor, seu Deus, se recusou a ouvir Balaão e transformou a maldição em bênção, pois o Senhor, seu Deus, os ama. 6 Enquanto viverem, jamais promovam o bem-estar e a prosperidade dos amonitas ou moabitas.

7 "Não mostrem ódio aos edomitas, pois são seus parentes, nem aos egípcios, pois vocês viveram como estrangeiros entre eles. 8 A terceira geração de edomitas e egípcios poderá entrar nas reuniões sagradas do Senhor."

NORMAS DIVERSAS

9 "Quando saírem para guerrear contra seus inimigos, mantenham-se afastados de tudo que é impuro.

10 "O homem que ficar cerimonialmente impuro por causa de uma polução noturna sairá do acampamento e ficará fora o dia todo. 11 Ao entardecer, ele se banhará e, ao pôr do sol, poderá voltar ao acampamento.

12 "Determinem uma área fora do acampamento onde possam fazer as necessidades. 13 Cada um deve ter uma pá como parte de seu equipamento. Quando forem evacuar, cavem um buraco com a pá e cubram as fezes. 14 O acampamento deverá ser santo, pois o Senhor, seu Deus, anda no meio dele para proteger vocês e derrotar seus inimigos. Cuidem para que ele não veja em seu meio qualquer coisa vergonhosa e se afaste de vocês.

15 "Se escravos fugirem e se refugiarem com vocês, não os devolvam a seus senhores. 16 Permitam que eles vivam em seu meio em qualquer cidade que escolherem, e não os oprimam.

17 "Nenhum israelita, homem ou mulher, se dedicará à prostituição em templos idólatras.

18 "Quando apresentarem uma oferta para cumprir um voto, não tragam à casa do Senhor, seu Deus, nenhuma oferta proveniente dos lucros de uma prostituta ou de um prostituto,[e] pois ambos são detestáveis ao Senhor, seu Deus.

19 "Não cobrem juros sobre os empréstimos que fizerem a um irmão israelita, seja de dinheiro, de alimento ou de qualquer

[a] **22.29** Em hebraico, *50 siclos*, cerca de 600 gramas.
[b] **22.30** No texto hebraico, o versículo 22.30 é numerado 23.1.
[c] **23.1** No texto hebraico, os versículos 23.1-25 são numerados 23.2-26.
[d] **23.4** Em hebraico, *em Arã-Naaraim.*
[e] **23.18** Em hebraico, *de um cachorro.*

outra coisa. 20 Poderão cobrar juros dos estrangeiros, mas não cobrarão juros de israelitas, para que o Senhor, seu Deus, os abençoe em tudo que fizerem na terra da qual estão prestes a tomar posse.

21 "Quando fizerem um voto ao Senhor, seu Deus, cumpram-no prontamente. O Senhor, seu Deus, cobrará de vocês o cumprimento dos votos, ou serão culpados de pecado. 22 Não é pecado deixar de fazer voto. 23 Mas, se fizerem um voto voluntário, cumpram cuidadosamente a promessa feita ao Senhor, seu Deus.

24 "Quando entrarem no vinhedo de seu vizinho, poderão comer uvas até se saciarem, mas não as levem num cesto. 25 E, quando entrarem no campo de um vizinho, poderão apanhar as espigas de cereal com a mão, mas não usem a foice para cortá-las."

24 "Se um homem se casar e a esposa não for do seu agrado porque ele descobriu alguma coisa vergonhosa da parte dela, ele escreverá um certificado de divórcio e o dará a ela, mandando-a embora de sua casa. 2 Depois de partir, ela poderá casar-se com outro homem. 3 E, se este também a rejeitar e escrever um certificado de divórcio e o der a ela, mandando-a embora de sua casa, ou até mesmo se ele morrer, 4 o primeiro homem que a mandou embora não poderá casar-se de novo com ela, pois ela foi contaminada. Isso seria detestável para o Senhor. Não tragam culpa sobre a terra que o Senhor, seu Deus, lhes dá como herança.

5 "O homem recém-casado não será recrutado para o serviço militar nem receberá nenhuma outra responsabilidade oficial. Estará livre para passar um ano em casa, proporcionando alegria à mulher com quem se casou.

6 "Não tomem um conjunto de pedras de moinho, nem mesmo só a pedra de cima, como garantia de uma dívida, pois o dono precisa das pedras para obter seu sustento.

7 "Se alguém sequestrar um irmão israelita e o tratar como escravo ou o vender, o sequestrador terá de morrer. Desse modo, vocês eliminarão o mal do seu meio.

8 "Em todos os casos de lepra,[a] cumpram com extremo cuidado as instruções dos sacerdotes levitas; obedeçam a todos os mandamentos que eu dei a eles. 9 Lembrem-se daquilo que o Senhor, seu Deus, fez com Miriã durante sua jornada no deserto, depois que vocês saíram do Egito.

10 "Se um de vocês emprestar algo a seu próximo, não entre na casa dele para pegar o objeto que ele lhe oferecer como garantia. 11 Espere do lado de fora enquanto ele pega o objeto e o traz para você. 12 Se ele for pobre e lhe der o manto como garantia, não o guarde consigo durante a noite. 13 Devolva-lhe o manto ao pôr do sol, para que ele se aqueça durante a noite e abençoe você. O Senhor, seu Deus, considerará isso um ato de justiça.

14 "Nunca se aproveitem de trabalhadores pobres e necessitados, sejam irmãos israelitas ou estrangeiros que vivem em suas cidades. 15 Paguem o salário deles todos os dias, antes do pôr do sol, pois eles são pobres e contam com isso para viver. Do contrário, quando clamarem contra vocês ao Senhor, vocês serão culpados de pecado diante dele.

16 "Os pais não serão executados por causa do pecado dos filhos, nem os filhos por causa do pecado dos pais. Aqueles que merecem morrer deverão ser executados por causa de seus próprios crimes.

17 "Sejam justos com os estrangeiros e os órfãos que vivem entre vocês, e jamais aceitem a roupa de uma viúva como garantia por sua dívida. 18 Lembrem-se sempre de que vocês foram escravos no Egito e de que o Senhor, seu Deus, os libertou da escravidão. Por isso eu lhes dou estas ordens.

19 "Quando estiverem fazendo a colheita de suas lavouras e esquecerem um feixe de cereais no campo, não voltem para buscá-lo. Deixem-no para os estrangeiros, para os órfãos e para as viúvas. Então o Senhor, seu Deus, os abençoará em tudo que fizerem. 20 Quando sacudirem as azeitonas de suas oliveiras, não passem pelos

[a] **24.8** O termo hebraico usado aqui não se refere somente à hanseníase, mas também a diversas doenças de pele.

mesmos ramos duas vezes. Deixem as
azeitonas restantes para os estrangeiros,
os órfãos e as viúvas. 21 Quando colherem
uvas em seus vinhedos, não passem nova-
mente pelas videiras. Deixem as uvas res-
tantes para os estrangeiros, os órfãos e as
viúvas. 22 Lembrem-se de que vocês foram
escravos na terra do Egito. Por isso eu lhes
dou estas ordens."

25 "Quando duas pessoas brigarem e
o caso chegar a um tribunal, os juí-
zes declararão que uma pessoa tem razão
e a outra está errada. 2 Se a pessoa que está
errada for sentenciada a receber açoites, o
juiz ordenará que ela se deite e seja açoi-
tada na presença dele, com um número de
açoites proporcional ao crime. 3 Jamais ul-
trapassem, porém, quarenta açoites; mais
que quarenta açoites seria uma humilha-
ção pública para seu irmão israelita.
4 "Não amordacem o boi para impedir que
ele coma enquanto debulha os cereais.
5 "Se dois irmãos estiverem morando
juntos na mesma propriedade e um de-
les morrer sem deixar filhos, a viúva não
se casará com alguém de fora da família.
O irmão de seu marido se casará com
ela, e eles terão relações sexuais. Desse
modo, ele cumprirá os deveres de cunha-
do. 6 O primeiro filho que ela tiver com ele
será considerado filho do irmão falecido,
para que seu nome não seja esquecido
em Israel.
7 "Se, contudo, o homem se recusar a
casar-se com a viúva de seu irmão, ela
irá até a porta da cidade e dirá às autori-
dades ali reunidas: 'O irmão de meu fale-
cido esposo se recusa a preservar o nome
do irmão em Israel. Não quer cumprir os
deveres de cunhado, casando-se comigo'.
8 As autoridades da cidade o convocarão e
conversarão com ele. Se, ainda assim, ele
insistir e disser: 'Não quero me casar com
ela', 9 a viúva se aproximará do homem na
presença das autoridades, tirará a sandália
do pé dele e cuspirá em seu rosto. Em se-
guida, ela declarará: 'É isso que acontece
com o homem que se recusa a dar filhos
para seu irmão'. 10 Desse dia em diante, a
família dele será chamada em Israel de 'fa-
mília do descalçado'.
11 "Se dois israelitas brigarem e a esposa
de um deles, na tentativa de livrar o ma-
rido de quem o agride, agarrar os órgãos
genitais do outro homem, 12 cortem a mão
da mulher. Não tenham pena dela.
13 "Quando pesarem mercadorias, usem
balanças precisas. 14 Usem também me-
didas completas e justas. 15 Sim, usem
sempre pesos e medidas exatos e justos,
para que tenham vida longa na terra que o
Senhor, seu Deus, lhes dá. 16 Quem engana
com pesos e medidas desonestos é detes-
tável ao Senhor, seu Deus.
17 "Nunca se esqueçam daquilo que os
amalequitas lhes fizeram quando vocês
saíram do Egito. 18 Eles os atacaram quan-
do vocês estavam cansados e esgotados e
feriram mortalmente os mais fracos que
ficaram para trás. Não temeram a Deus.
19 Portanto, quando o Senhor, seu Deus,
lhes proporcionar descanso de todos os
seus inimigos na terra que ele lhes dá
como herança, destruam os amalequitas e
apaguem a memória deles de debaixo do
céu. Jamais se esqueçam disso!"

DÍZIMOS E OFERTAS DAS COLHEITAS

26 "Quando tiverem entrado na ter-
ra que o Senhor, seu Deus, lhes dá
como herança e a tiverem conquistado
e se estabelecido nela, 2 coloquem num
cesto alguns dos primeiros frutos de cada
colheita que produziram e levem-no ao
lugar que o Senhor, seu Deus, escolher
para habitação do seu nome. 3 Dirijam-
se ao sacerdote que estiver de serviço
naquela ocasião e digam-lhe: 'Com esta
oferta reconheço diante do Senhor, seu
Deus, ter entrado na terra que o Senhor ju-
rou a nossos antepassados que nos daria'.
4 O sacerdote pegará o cesto de suas mãos
e o colocará diante do altar do Senhor,
seu Deus.
5 "Então vocês declararão na presença
do Senhor, seu Deus: 'Meu antepassado
Jacó era um nômade arameu que foi viver
no Egito como estrangeiro. Quando che-
gou, sua família não era numerosa, mas
no Egito ela se tornou uma grande e
poderosa nação. 6 Quando os egípcios
nos oprimiram e nos humilharam,

sujeitando-nos à escravidão, 7 clamamos ao SENHOR, o Deus de nossos antepassados. O SENHOR ouviu nossos clamores e viu nossas dificuldades, nosso trabalho árduo e a opressão que sofríamos. 8 Por isso, o SENHOR nos libertou do Egito com mão forte e braço poderoso, com atos temíveis, sinais e maravilhas. 9 Trouxe-nos para este lugar e nos deu esta terra que produz leite e mel com fartura! 10 E agora, SENHOR, trago os primeiros frutos da colheita que, do solo, me deste'. Em seguida, coloquem o cesto diante do SENHOR, seu Deus, e prostrem-se diante dele em adoração. 11 Depois disso, alegrem-se por todas as coisas boas que o SENHOR, seu Deus, tem dado a vocês e a suas famílias. Lembrem-se de incluir na celebração os levitas e os estrangeiros que vivem entre vocês.

12 "A cada três anos, separem um dízimo especial de suas colheitas. Nesse ano, entreguem seus dízimos aos levitas, aos estrangeiros, aos órfãos e às viúvas, para que eles comam até se saciarem em suas cidades. 13 Então declarem na presença do SENHOR, seu Deus: 'Dediquei, da minha casa, a oferta sagrada e a entreguei aos levitas, aos estrangeiros, aos órfãos e às viúvas, conforme ordenaste. Não quebrei nenhum dos teus mandamentos nem me esqueci de nenhum deles. 14 Não comi coisa alguma desta oferta enquanto estava de luto, nem a toquei enquanto estava cerimonialmente impuro, e não ofereci coisa alguma dela aos mortos. Obedeci ao SENHOR, meu Deus, e fiz tudo que me ordenaste. 15 Agora, olha desde a tua santa habitação no céu e abençoa o teu povo, Israel, e a terra que juraste a nossos antepassados que nos darias, uma terra que produz leite e mel com fartura'."

CHAMADO À OBEDIÊNCIA

16 "Hoje o SENHOR, seu Deus, ordenou que obedeçam a todos estes decretos e estatutos. Cumpram-nos cuidadosamente, de todo o seu coração e de toda a sua alma. 17 Hoje vocês declararam que o SENHOR é o seu Deus e que andarão em seus caminhos, obedecerão a seus decretos, mandamentos e estatutos e farão tudo que ele mandar. 18 O SENHOR declarou hoje que vocês são seu povo, sua propriedade especial, conforme ele havia prometido, e que devem obedecer a todos os seus mandamentos. 19 Se o fizerem, ele os colocará muito acima de todas as outras nações que ele fez, e vocês receberão louvores, honra e fama. Serão uma nação santa ao SENHOR, seu Deus, exatamente como ele prometeu."

O ALTAR NO MONTE EBAL

27 Então Moisés, acompanhado dos líderes de Israel, deu a seguinte ordem ao povo: "Obedeçam a todos estes mandamentos que hoje lhes dou. 2 Quando atravessarem o rio Jordão e entrarem na terra que o SENHOR, seu Deus, lhes dá, levantem pedras grandes e pintem-nas com cal. 3 Escrevam nelas todos os termos desta lei quando atravessarem o rio para entrar na terra que o SENHOR, seu Deus, lhes dá, uma terra que produz leite e mel com fartura, conforme lhes prometeu o SENHOR, o Deus de seus antepassados. 4 Depois de atravessarem o Jordão, levantem essas pedras pintadas de cal no monte Ebal, como hoje lhes ordeno.

5 "Construam ali um altar para o SENHOR, seu Deus, usando pedras inteiras, em sua forma natural. Não alterem a forma das pedras com ferramenta de ferro. 6 Construam o altar com pedras que não foram cortadas e usem-no para oferecer holocaustos ao SENHOR, seu Deus. 7 Apresentem também sacrifícios de ofertas de paz e celebrem, comendo e alegrando-se na presença do SENHOR, seu Deus. 8 Escrevam de forma bem visível todos os termos desta lei nas pedras pintadas de cal".

9 Em seguida, Moisés e os sacerdotes levitas disseram a todo o Israel: "Faça silêncio e ouça, ó Israel! Hoje você se tornou o povo do SENHOR, seu Deus. 10 Obedeça, portanto, ao SENHOR, seu Deus, cumprindo todos estes mandamentos e decretos que hoje lhe dou".

MALDIÇÕES PRONUNCIADAS NO MONTE EBAL

11 No mesmo dia, Moisés deu ao povo a seguinte ordem: 12 "Quando atravessarem o

rio Jordão, as tribos de Simeão, Levi, Judá, Issacar, José e Benjamim ficarão no monte Gerizim, de onde proclamarão uma bênção sobre o povo. 13 As tribos de Rúben, Gade, Aser, Zebulom, Dã e Naftali ficarão no monte Ebal, de onde proclamarão uma maldição.

14 "Então os levitas dirão em alta voz a todo o povo de Israel:

15 'Maldito quem esculpir ou fundir um ídolo e o levantar em segredo. Os ídolos, trabalhos de artesãos, são detestáveis ao Senhor'.
E todo o povo responderá: 'Amém!'.

16 'Maldito quem desonrar pai ou mãe'.
E todo o povo responderá: 'Amém!'.

17 'Maldito quem roubar a propriedade do próximo, movendo um marco de divisa'.
E todo o povo responderá: 'Amém!'.

18 'Maldito quem fizer o cego se desviar de seu caminho'.
E todo o povo responderá: 'Amém!'.

19 'Maldito quem negar justiça aos estrangeiros, aos órfãos ou às viúvas'.
E todo o povo responderá: 'Amém!'.

20 'Maldito quem tiver relações sexuais com a esposa de seu pai, pois desonrou seu pai'.
E todo o povo responderá: 'Amém!'.

21 'Maldito quem tiver relações sexuais com um animal'.
E todo o povo responderá: 'Amém!'.

22 'Maldito quem tiver relações sexuais com sua irmã, seja filha de seu pai ou de sua mãe'.
E todo o povo responderá: 'Amém!'.

23 'Maldito quem tiver relações sexuais com sua sogra'.
E todo o povo responderá: 'Amém!'.

24 'Maldito quem matar o seu próximo em segredo'.
E todo o povo responderá: 'Amém!'.

25 'Maldito quem aceitar pagamento para matar um inocente'.
E todo o povo responderá: 'Amém!'.

26 'Maldito quem não confirmar e cumprir os termos desta lei'.
E todo o povo responderá: 'Amém!'."

BÊNÇÃOS RESULTANTES DA OBEDIÊNCIA

28 "Se vocês obedecerem em tudo ao Senhor, seu Deus, e cumprirem fielmente todos estes mandamentos que hoje lhes dou, o Senhor, seu Deus, os colocará muito acima de todas as nações da terra. 2 Se obedecerem ao Senhor, seu Deus, vocês receberão as seguintes bênçãos:

3 Suas cidades e seus campos
serão abençoados.
4 Seus filhos e suas colheitas
serão abençoados.
As crias de seu gado e de seus rebanhos
serão abençoadas.
5 Seus cestos de frutos e tigelas
de amassar pão
serão abençoados.
6 A todo lugar que forem e
em tudo que fizerem,
serão abençoados.

7 "O Senhor derrotará seus inimigos quando eles os atacarem. Eles virão contra vocês de uma direção, mas serão dispersados em sete direções.

8 "O Senhor lhes garantirá bênção em tudo que fizerem e encherá seus celeiros de cereais. O Senhor, seu Deus, os abençoará na terra que ele lhes dá.

9 "Se obedecerem aos mandamentos do Senhor, seu Deus, e andarem em seus caminhos, o Senhor os constituirá como seu povo santo, conforme prometeu sob juramento. 10 Assim, todas as nações da terra verão que vocês são um povo que o Senhor tomou para si e os temerão.

11 "O Senhor lhes dará prosperidade na terra que ele jurou a seus antepassados que daria a vocês, e os abençoará com muitos filhos, rebanhos numerosos e colheitas fartas. 12 No tempo certo, o Senhor enviará chuvas de seu rico tesouro

no céu e abençoará todo o trabalho que
realizarem. Vocês emprestarão a muitas
nações, mas jamais precisarão tomar
emprestado delas. 13 Se derem ouvidos a
estes mandamentos que hoje lhes dou e
se os cumprirem fielmente, o SENHOR os
fará cabeça, e não cauda, e vocês esta-
rão sempre por cima, e nunca por baixo.
14 Não se desviem, por menos que seja,
de nenhum dos mandamentos que hoje
lhes dou, e não sigam outros deuses nem
os adorem."

MALDIÇÕES RESULTANTES DA DESOBEDIÊNCIA

15 "Mas, se vocês se recusarem a dar ouvi-
dos ao SENHOR, seu Deus, e não cumprirem
todos os mandamentos e decretos que
hoje lhes dou, as seguintes maldições cai-
rão sobre vocês e os atingirão:

16 Suas cidades e seus campos
serão amaldiçoados.
17 Seus cestos de frutos e suas
tigelas de amassar pão
serão amaldiçoados.
18 Seus filhos e suas colheitas
serão amaldiçoados.
As crias de seu gado e de seus rebanhos
serão amaldiçoadas.
19 A todo lugar que forem e
em tudo que fizerem,
serão amaldiçoados.

20 "O próprio SENHOR enviará maldições,
confusão e frustração em tudo que fize-
rem, até que, por fim, vocês sejam comple-
tamente destruídos por terem praticado
o mal e me abandonado. 21 O SENHOR os
afligirá com pragas, até fazê-los desapa-
recer da terra em que estão prestes a en-
trar para tomar posse. 22 O SENHOR os ferirá
com doenças debilitantes, com febres e
inflamações, com calor ardente e secas,
com ferrugem e mofo. Essas calamida-
des os perseguirão até que vocês morram.
23 O céu sobre sua cabeça será tão duro
quanto o bronze, e a terra debaixo de vo-
cês será tão impenetrável quanto o ferro.
24 O SENHOR transformará em pó a chuva
que rega sua terra, e cinzas cairão do céu
até que vocês sejam destruídos.

25 "O SENHOR fará seus inimigos os derro-
tarem. Vocês os atacarão de uma direção,
mas serão dispersados em sete direções.
Serão motivo de horror para todos os
reinos da terra. 26 Seus cadáveres serão
alimento para as aves do céu e para os
animais selvagens, e não haverá ninguém
para enxotá-los.

27 "O SENHOR os afligirá com as feridas
purulentas do Egito e com tumores, sar-
na e coceira incuráveis. 28 O SENHOR os
castigará com loucura, cegueira e pânico.
29 Andarão tateando em plena luz do dia,
como cegos na escuridão, mas não en-
contrarão o caminho. Serão oprimidos e
roubados continuamente, e ninguém virá
para socorrê-los.

30 "Você ficará noivo de uma mulher, mas
outro homem dormirá com ela. Construirá
uma casa, mas outra pessoa morará nela.
Plantará um vinhedo, mas não aproveitará
seus frutos. 31 Seu boi será abatido diante
de seus olhos, mas você não provará um
pedaço sequer da carne. Seu jumento lhe
será tomado e não será devolvido. Suas
ovelhas serão entregues a seus inimigos,
e não haverá quem o ajude. 32 Você verá
seus filhos e filhas serem levados embo-
ra como escravos. Sentirá intensa sauda-
de deles, mas nada poderá fazer. 33 Uma
nação estrangeira desconhecida consu-
mirá as colheitas que vocês trabalharam
arduamente para produzir. Vocês sofrerão
opressão constante e serão tratados com
crueldade. 34 Quando virem as tragédias
ao seu redor, acabarão enlouquecendo.
35 O SENHOR lhes cobrirá os joelhos e as per-
nas com feridas incuráveis. Terão feridas
da cabeça aos pés.

36 "O SENHOR enviará vocês e seu rei para
o exílio numa nação que vocês e seus an-
tepassados não conheceram. Ali, adora-
rão deuses de madeira e de pedra! 37 Serão
motivo de horror, de ridículo e de zomba-
ria entre as nações para as quais o SENHOR
os enviar.

38 "Semearão muito, mas colherão pou-
co, pois os gafanhotos devorarão suas
plantações. 39 Plantarão vinhedos e cuida-
rão deles, mas não beberão o vinho nem
comerão as uvas, pois vermes devorarão
as videiras. 40 Cultivarão oliveiras em todo

o seu território, mas nunca usarão azeite,
pois os frutos cairão antes de amadurecer.
41 Terão filhos e filhas, mas os perderão,
pois eles serão levados para o cativeiro.
42 Enxames de insetos destruirão suas ár-
vores e suas plantações.

43 "Os estrangeiros que vivem entre vo-
cês se tornarão cada vez mais fortes, en-
quanto vocês se tornarão cada vez mais
fracos. 44 Eles lhes emprestarão dinheiro,
mas vocês não emprestarão a eles. Eles se-
rão a cabeça, e vocês serão a cauda!

45 "Se vocês se recusarem a dar ouvi-
dos ao Senhor, seu Deus, e a obedecer aos
mandamentos e decretos que ele lhes
deu, todas estas maldições os perseguirão
e os alcançarão até que sejam destruídos.
46 Estes horrores servirão de sinal e ad-
vertência para vocês e seus descendentes
para sempre. 47 Se não servirem ao Senhor,
seu Deus, com alegria e entusiasmo pelos
muitos benefícios que receberam, 48 ser-
virão aos inimigos que o Senhor enviará
contra vocês. Ficarão famintos, sedentos,
despidos e desprovidos de tudo. O Senhor
porá um jugo de ferro sobre seu pescoço
e os oprimirá severamente até que os te-
nha destruído.

49 "Dos confins da terra, o Senhor trará
contra vocês uma nação distante que se
lançará sobre vocês como um abutre. Será
uma nação cuja língua vocês não com-
preendem, 50 povo feroz e cruel, que não
tem respeito pelos idosos nem pena dos
jovens. 51 Os exércitos deles devorarão
seus animais e colheitas, e vocês serão
destruídos. Não deixarão coisa alguma
dos seus cereais, nem vinho novo, azei-
te, bezerros ou cordeiros, e vocês morre-
rão de fome. 52 Atacarão suas cidades até
derrubarem todos os muros fortificados
de sua terra, as muralhas nas quais vocês
confiavam como proteção. Atacarão todas
as cidades da terra que o Senhor, seu Deus,
lhes dá.

53 "O cerco e a grande aflição que o ata-
que inimigo causará serão tão terríveis que
vocês comerão a carne de seus próprios fi-
lhos e filhas, que o Senhor, seu Deus, lhes
deu. 54 Até o homem de coração mais gen-
til em seu meio não terá pena do próprio
irmão, da esposa amada e dos filhos que
sobreviverem. 55 Ele se recusará a dividir
com eles a carne que estiver devorando,
a carne de um dos próprios filhos, pois
não sobrará outra coisa para ele comer
durante o cerco e a grande aflição que o
inimigo trará sobre todas as suas cidades.
56 A mulher de coração mais gentil entre
vocês, tão delicada que nem sequer toca-
ria o chão com o pé, será mesquinha com o
marido a quem ama e com o próprio filho
ou filha. 57 Esconderá deles a placenta e o
bebê recém-nascido que ela deu à luz para
comê-los sozinha em segredo. Não terá
outra coisa para comer durante o cerco e
a grande aflição que o inimigo trará sobre
todas as suas cidades.

58 "Se vocês se recusarem a obedecer a
todos os termos desta lei escritos neste
livro e se não temerem o nome glorioso
e terrível do Senhor, seu Deus, 59 o Senhor
oprimirá vocês e seus filhos com pragas
indescritíveis. Serão pragas intensas e
sem alívio, doenças agonizantes e insu-
portáveis. 60 Ele os afligirá com todas as
doenças do Egito, que vocês temiam tan-
to, e não terão alívio. 61 O Senhor os afli-
girá com todas as enfermidades e pragas
que existem, mesmo aquelas que não são
mencionadas neste Livro da Lei, até que
sejam destruídos. 62 Ainda que se tornem
tão numerosos quanto as estrelas do céu,
poucos restarão, pois não deram ouvidos
ao Senhor, seu Deus.

63 "Assim como o Senhor teve grande
prazer em fazê-los prosperar e se multi-
plicar, também terá prazer em destruí-los.
Vocês serão arrancados da terra em que
estão prestes a entrar para tomar posse.
64 O Senhor os espalhará entre todas as
nações, de uma extremidade à outra do
mundo. Ali, adorarão deuses estrangeiros
que nem vocês nem seus antepassados
conheceram, deuses de madeira e pedra.
65 Não encontrarão paz nem lugar de des-
canso entre essas nações. O Senhor fará
seu coração estremecer, sua vista falhar
e sua alma desanimar. 66 Sua vida estará
sempre por um fio. Passarão os dias e as
noites com medo, sem ter certeza se so-
breviverão. 67 Pela manhã dirão: 'Quem
nos dera já fosse noite!', e à noite: 'Quem
nos dera já fosse dia!'. Pois se encherão

de pavor com os horrores que verão ao
seu redor. 68 Então o Senhor os mandará
em navios de volta para o Egito, o lugar
que eu prometi que nunca mais veriam.
Lá, tentarão vender a si mesmos como es-
cravos para seus inimigos, mas ninguém
os comprará".

29 1[a] Estes são os termos da aliança
que o Senhor ordenou que Moisés
fizesse com os israelitas enquanto esta-
vam na terra de Moabe, além da aliança
que havia feito com eles no monte Sinai.[b]

MOISÉS FAZ UMA RECAPITULAÇÃO DA ALIANÇA

2[c] Moisés convocou todo o povo de Israel
e lhe disse: "Vocês viram com os próprios
olhos tudo que o Senhor fez na terra do
Egito ao faraó, a todos os seus servos e a
toda a sua terra. 3 Presenciaram todas as
grandes demonstrações de poder, os sinais
e as espantosas maravilhas. 4 Até hoje, po-
rém, o Senhor não lhes deu mente para
entender, nem olhos para ver, nem ouvi-
dos para ouvir! 5 Durante quarenta anos
eu os conduzi pelo deserto e, no entanto,
suas roupas e sandálias não se gastaram.
6 Vocês não comeram pão nem beberam
vinho ou outra bebida fermentada, mas
receberam alimento para que soubessem
que ele é o Senhor, seu Deus.
7 "Quando chegamos aqui, Seom, rei de
Hesbom, e Ogue, rei de Basã, nos atacaram,
mas nós os derrotamos. 8 Conquistamos
seu território e o entregamos às tribos de
Rúben, Gade e à meia tribo de Manassés,
como sua herança.
9 "Portanto, obedeçam aos termos desta
aliança, para prosperarem em tudo que fi-
zerem. 10 Todos vocês — chefes de tribos,
autoridades, oficiais, e todos os homens
de Israel — estão hoje na presença do
Senhor, seu Deus. 11 Estão acompanhados
de suas crianças e esposas, bem como dos
estrangeiros que vivem em seu meio, que
cortam lenha e carregam água para vocês.
12 Estão aqui hoje para entrar na aliança
solene que o Senhor, seu Deus, faz com vo-
cês, aliança que inclui maldições. 13 Ao en-
trarem na aliança hoje, ele os confirmará
como seu povo e reafirmará que é o seu
Deus, conforme prometeu sob juramen-
to a vocês e a seus antepassados Abraão,
Isaque e Jacó.
14 "Não é só com vocês que faço esta
aliança, incluindo suas maldições. 15 Faço
a aliança com vocês que estão hoje na
presença do Senhor, nosso Deus, e tam-
bém com as gerações futuras que não es-
tão aqui.
16 "Vocês se lembram de como vivemos
na terra do Egito e passamos pelo territó-
rio de nações inimigas quando saímos de
lá. 17 Viram as práticas detestáveis delas
e seus ídolos[d] de madeira, pedra, prata e
ouro. 18 Faço esta aliança com vocês para
que ninguém, nenhum homem, mulher,
clã ou tribo em seu meio, se afaste do
Senhor, nosso Deus, para adorar os deuses
das outras nações, e para que nenhuma
raiz em seu meio produza frutos amargos
e venenosos.
19 "Aqueles que ouvirem as advertências
desta maldição não devem se parabenizar
e pensar: 'Estou seguro, embora siga os
desejos do meu coração obstinado'. Isso
levaria à ruína total! 20 O Senhor não os
perdoará. Ao contrário, sua ira e seu zelo
arderão contra eles. Todas as maldições
escritas neste livro cairão sobre eles, e o
Senhor apagará seus nomes de debaixo do
céu. 21 O Senhor os separará de todas as tri-
bos de Israel a fim de derramar sobre eles
todas as maldições da aliança registradas
neste Livro da Lei.
22 "Então as gerações futuras, tanto seus
descendentes como os estrangeiros que
vêm de terras distantes, verão a devasta-
ção da terra e as doenças com as quais o
Senhor a aflige. 23 Dirão: 'A terra inteira foi
devastada por enxofre e sal. É uma terra
estéril, onde não há nada plantado e nada
cresce, nem uma folha de grama. É como
as cidades de Sodoma e Gomorra, Admá
e Zeboim, que o Senhor destruiu com sua
furiosa ira'.

No Reino de Deus e na jurisdição do Céu, a verdadeira autoridade é forjada no esconderijo.

[a] **29.1a** No texto hebraico, o versículo 29.1 é numerado 28.69.

[b] **29.1b** Em hebraico, *Horebe*, outro nome para o Sinai.

[c] **29.2** No texto hebraico, os versículos 29.2-29 são numerados 29.1-28.

[d] **29.17** É possível que o termo hebraico usado aqui (lit., *coisas redondas*) se refira a estrume.

24 "Todas as nações vizinhas perguntarão: 'Por que o Senhor fez isso com esta terra? Por que se irou tanto?'.

25 "E a resposta será: 'Foi porque o povo desta terra abandonou a aliança que o Senhor, o Deus de seus antepassados, fez com eles quando os tirou da terra do Egito. 26 Afastaram-se dele para servir e adorar outros deuses que não conheciam, deuses que não lhes era permitido adorar. 27 Por isso a ira do Senhor ardeu contra esta terra e trouxe sobre ela todas as maldições registradas neste livro. 28 Com grande ira e fúria, o Senhor arrancou seu povo da terra e o baniu para outra terra, onde vivem até hoje!'.

29 "O Senhor, nosso Deus, tem segredos que ninguém conhece. Não seremos responsabilizados por eles, mas nós e nossos filhos somos responsáveis para sempre por tudo que ele nos revelou, para que obedeçamos a todos os termos desta lei."

CHAMADO PARA VOLTAR AO SENHOR

30 "No futuro, quando vocês experimentarem todas as bênçãos e maldições que lhes relatei, e quando estiverem vivendo entre as nações onde o Senhor, seu Deus, os exilou, levem todas estas instruções a sério. 2 Se, nessa ocasião, vocês e seus filhos voltarem para o Senhor, seu Deus, e se obedecerem de todo o coração e de toda a alma a todos os mandamentos que hoje lhes dou, 3 então o Senhor, seu Deus, restaurará sua situação. Ele terá misericórdia de vocês e os reunirá de todas as nações por onde os espalhou. 4 Embora tenham sido banidos até os confins da terra,[a] o Senhor, seu Deus, os juntará e de lá os trará de volta. 5 O Senhor, seu Deus, os trará à terra que pertencia a seus antepassados, e ela será sua outra vez. Então ele os tornará ainda mais prósperos e numerosos que seus antepassados!

6 "O Senhor, seu Deus, transformará[b] o coração de vocês e de todos os seus descendentes, para que o amem de todo o coração e de toda a alma, e para que vivam! 7 O Senhor, seu Deus, enviará todas essas maldições sobre seus inimigos e sobre aqueles que os odeiam e os perseguem. 8 Então vocês voltarão a obedecer ao Senhor e a cumprir todos os mandamentos que hoje lhes dou.

9 "O Senhor, seu Deus, lhes dará sucesso em tudo que fizerem. Também lhes dará muitos filhos e rebanhos numerosos e fará seus campos produzirem colheitas fartas, pois o Senhor voltará a ter prazer em ser bondoso com vocês, como aconteceu com seus antepassados. 10 O Senhor, seu Deus, se alegrará em vocês se lhe obedecerem e cumprirem os mandamentos e decretos escritos neste Livro da Lei, e se voltarem para o Senhor, seu Deus, de todo o coração e de toda a alma."

A ESCOLHA ENTRE A VIDA E A MORTE

11 "Este mandamento que hoje lhes dou não é difícil demais para vocês, nem está fora de seu alcance. 12 Não está guardado no céu, tão longe que vocês tenham de perguntar: 'Quem subirá ao céu a fim de trazê-lo até nós aqui embaixo, para que possamos ouvir e obedecer?'. 13 Não está guardado além do mar, tão distante que vocês tenham de perguntar: 'Quem atravessará o mar a fim de trazê-lo até nós, para que possamos ouvir e obedecer?'. 14 Não, a mensagem está bem perto; está em seus lábios e em seu coração, para que possam obedecer.

15 "Agora ouçam! Hoje lhes dou a escolha entre a vida e a morte, entre a prosperidade e a calamidade. 16 Pois hoje ordeno que amem o Senhor, seu Deus, e guardem seus mandamentos, decretos e estatutos, andando em seus caminhos. Se o fizerem, viverão e se multiplicarão, e o Senhor, seu Deus, abençoará vocês e a terra em que estão prestes a entrar para tomar posse dela.

17 "Se, contudo, seu coração se desviar e vocês se recusarem a ouvir, se forem levados a seguir e adorar outros deuses, 18 eu os advirto hoje de que certamente serão destruídos. Não terão uma vida longa e boa na terra que estão atravessando o Jordão para ocupar.

[a] **30.4** Em hebraico, *confins dos céus*.
[b] **30.6** Em hebraico, *circuncidará*.

19 "Hoje lhes dei a escolha entre a vida e
a morte, entre bênçãos e maldições. Agora,
chamo os céus e a terra como testemu-
nhas da escolha que fizerem. Escolham a
vida, para que vocês e seus filhos vivam!
20 Façam isso amando, obedecendo e ape-
gando-se fielmente ao Senhor, pois ele é
a sua vida! Se vocês o amarem e lhe obe-
decerem, ele lhes dará vida longa na terra
que o Senhor jurou dar a seus antepassa-
dos Abraão, Isaque e Jacó".

JOSUÉ SE TORNA O LÍDER DE ISRAEL

31 Quando Moisés havia terminado
de dar estas instruções[a] a todo o
povo de Israel, 2 ele disse: "Estou com 120
anos e já não sou capaz de conduzi-los.
O Senhor me disse: 'Você não atravessará
o rio Jordão'. 3 Mas o próprio Senhor, seu
Deus, atravessará adiante de vocês. Ele
destruirá as nações que vivem ali, e vo-
cês tomarão posse da terra. Josué os con-
duzirá até o outro lado do rio, conforme o
Senhor prometeu.
4 "O Senhor destruirá as nações que vi-
vem na terra, como destruiu Seom e Ogue,
os reis dos amorreus. 5 O Senhor lhes entre-
gará os povos que vivem ali, e vocês farão
com eles o que eu lhes ordenei. 6 Portanto,
sejam fortes e corajosos! Não tenham
medo e não se apavorem diante deles.
O Senhor, seu Deus, irá adiante de vocês.
Ele não os deixará nem os abandonará".
7 Então, enquanto todo o Israel obser-
vava, Moisés mandou chamar Josué e lhe
disse: "Seja forte e corajoso, pois você con-
duzirá este povo à terra que o Senhor jurou
a seus antepassados que lhes daria. Você
a dividirá entre eles e a entregará como he-
rança. 8 Não tenha medo nem desanime,
pois o próprio Senhor irá adiante de vocês.
Ele estará com vocês; não os deixará nem
os abandonará".

LEITURA PÚBLICA DO LIVRO DA LEI

9 Moisés escreveu toda esta lei num livro
e o entregou aos sacerdotes que trans-
portavam a arca da aliança do Senhor e às
autoridades de Israel. 10 Depois, Moisés
lhes deu a seguinte ordem: "Ao final de
cada sete anos, no ano do cancelamento
das dívidas, durante a Festa das Cabanas,
11 leiam este Livro da Lei para todo o povo
de Israel, quando estiverem reunidos
diante do Senhor, seu Deus, no lugar que
ele escolher. 12 Convoquem todos: ho-
mens, mulheres, crianças e os estrangeiros
que vivem em suas cidades, para que ou-
çam este Livro da Lei e aprendam a temer
o Senhor, seu Deus, e a obedecer fielmente
a todos os termos desta lei. 13 Façam isso
para que seus filhos, que não conhecem
estas instruções, as ouçam e aprendam a
temer o Senhor, seu Deus. Façam isso en-
quanto viverem na terra da qual tomarão
posse ao atravessar o Jordão".

PREDIÇÃO DA DESOBEDIÊNCIA DE ISRAEL

14 Então o Senhor disse a Moisés: "É che-
gada a hora de você morrer. Chame Josué
e apresentem-se na tenda do encontro,
onde darei minhas ordens a ele". Moisés
e Josué foram e se apresentaram na ten-
da do encontro. 15 O Senhor lhes apareceu
numa coluna de nuvem, que parou à en-
trada da tenda sagrada.
16 O Senhor disse a Moisés: "Você está
prestes a morrer e a se reunir a seus ante-
passados. Quando não estiver mais aqui,
este povo começará a se prostituir, ado-
rando deuses estrangeiros, os deuses da
terra para onde se dirigem. Eles me aban-
donarão e quebrarão a aliança que fiz com
eles. 17 Então minha ira arderá contra eles.
Eu os abandonarei, esconderei deles mi-
nha face, e eles serão devorados. Aflições
terríveis os atingirão e, naquele dia, dirão:
'Estas calamidades nos atingiram por-
que o Senhor não está mais entre nós!'.
18 Naquele dia, esconderei deles minha
face por causa de todo o mal que pratica-
ram, adorando outros deuses.
19 "Escrevam, portanto, as palavras des-
ta canção e ensinem-na aos israelitas.
Ajudem o povo a aprendê-la, para que ela
sirva de testemunha a meu favor e contra
eles. 20 Pois eu os farei entrar na terra que
jurei dar a seus antepassados, uma terra
que produz leite e mel com fartura. Lá, eles

[a] **31.1** Conforme os manuscritos do mar Morto e a Septuaginta; o Texto Massorético traz *Moisés foi e falou estas palavras.*

se tornarão prósperos, comerão à vontade
e engordarão. Contudo, começarão a ado-
rar outros deuses; eles me desprezarão e
quebrarão a minha aliança. 21 E, quando
grandes calamidades lhes ocorrerem, esta
canção servirá de prova contra eles, pois
seus descendentes jamais se esquecerão
dela. Eu conheço as intenções deles, mes-
mo antes de entrarem na terra que jurei
lhes dar".

22 Assim, naquele mesmo dia, Moisés es-
creveu as palavras da canção e a ensinou
aos israelitas.

23 Então o Senhor deu ordens a Josué,
filho de Num, com as seguintes palavras:
"Seja forte e corajoso, pois você conduzirá
o povo de Israel à terra que jurei lhes dar.
Eu estarei com você".

24 Quando Moisés terminou de escre-
ver os termos desta lei num livro, 25 deu
a seguinte ordem aos levitas que trans-
portavam a arca da aliança do Senhor:
26 "Peguem este Livro da Lei e coloquem-
-no ao lado da arca da aliança do Senhor,
seu Deus, para que ele fique ali como tes-
temunha contra vocês. 27 Pois eu sei como
são rebeldes e teimosos. Se, mesmo agora,
enquanto ainda estou vivo e em seu meio,
vocês se rebelaram, quanto mais rebeldes
serão depois da minha morte!

28 "Convoquem agora todas as autorida-
des e os oficiais de suas tribos para que
eu lhes fale diretamente e chame os céus
e a terra para testemunharem contra eles.
29 Sei que depois de minha morte vocês se
tornarão inteiramente corruptos e se afas-
tarão do caminho que lhes ordenei que se-
guissem. Nos dias futuros, a calamidade
cairá sobre vocês, pois farão o que é mau
aos olhos do Senhor e provocarão a ira dele
contra seus atos".

A CANÇÃO DE MOISÉS

30 Então Moisés recitou a canção inteira
diante de toda a comunidade de Israel:

32 1 "Escutem, ó céus, e falarei!
Ouça, ó terra, aquilo que digo!
2 Que meu ensino desça sobre
vocês como chuva,
que minhas palavras se
derramem como orvalho.
Caiam como chuva sobre a grama,
como garoa suave sobre o capim novo.
3 Proclamarei o nome do Senhor;
exaltemos o nosso Deus!
4 Ele é a Rocha, e suas obras
são perfeitas;
tudo que ele faz é certo.
É um Deus fiel, que nunca erra,
é justo e verdadeiro!

5 "Seu povo o tratou
de maneira desleal,
agiu maldosamente, e não
como seus filhos;[a]
são uma geração perversa
e corrompida.
6 É assim que retribuem ao Senhor,
povo tolo e sem juízo?
Não é ele o Pai de vocês,
que os criou?
Não foi ele que os fez e
os estabeleceu?
7 Lembrem-se dos dias de
muito tempo atrás,
pensem nas gerações passadas.
Perguntem a seus pais, e
eles os informarão;
consultem os líderes, e
eles lhes contarão.
8 Quando o Altíssimo distribuiu
a terra entre as nações,
quando dividiu a humanidade,
fixou os limites dos povos,
de acordo com o número
dos filhos de Israel.[b]

9 "Pois o povo de Israel
pertence ao Senhor;
Jacó é sua propriedade especial.
10 Encontrou-os numa terra deserta,
numa região desolada e
de ventos uivantes.
Cercou-os e cuidou deles,
protegeu-os como a pupila
de seus olhos.
11 Como a águia que incentiva
seus filhotes
e paira sobre a ninhada,

[a] **32.5** O significado do hebraico é incerto.
[b] **32.8** Os manuscritos do mar Morto trazem *o número dos filhos de Deus*; a Septuaginta traz *o número dos anjos de Deus*.

ele estendeu as asas para tomá-los
e levá-los em segurança
sobre suas penas.
12 O Senhor, e mais ninguém, os guiou;
nenhum deus estrangeiro os conduziu.
13 Ele os fez cavalgar sobre os
lugares altos da terra
e alimentar-se dos frutos dos campos.
Nutriu-os com mel da rocha
e azeite dos altos rochedos.
14 Alimentou-os com coalhada do gado
e leite do rebanho,
com a gordura de cordeiros,
de carneiros e de bodes de Basã.
Comeram o melhor do trigo
e beberam do vinho mais fino
que as uvas podem dar.

15 "Mas Jesurum[a] não demorou
a engordar e se rebelar;
o povo se tornou pesado,
corpulento e empanturrado!
Então abandonaram o
Deus que os criou,
fizeram pouco caso da Rocha
de sua salvação.
16 Provocaram seu zelo,
adorando deuses estrangeiros;
despertaram sua fúria
com ídolos detestáveis.
17 Ofereceram sacrifícios a
demônios que não são Deus,
a deuses que não conheciam,
deuses novos, sem história,
deuses que seus antepassados
jamais temeram.
18 Abandonaram a Rocha que os gerou,
esqueceram-se do Deus
que os fez nascer.

19 "O Senhor viu isso e se afastou,
provocado à ira por seus filhos e filhas.
20 Disse: 'Eu os abandonarei;
veremos o que será deles!
Pois são uma geração perversa,
filhos infiéis.
21 Provocaram meu ciúme adorando
coisas que não são Deus;
despertaram minha ira com
seus ídolos inúteis.

[a] **32.15** Termo carinhoso para *Israel*.

Agora, provocarei seu ciúme com uma
gente que nem sequer é povo;
despertarei sua ira por meio
de uma nação insensata.
22 Pois minha ira arde como o fogo
e queima até as profundezas
da sepultura.[b]
Devora a terra e todas as suas colheitas
e incendeia os alicerces dos montes.
23 Amontoarei calamidades sobre eles
e os derrubarei com minhas flechas.
24 Eu os enfraquecerei com fome,
febre alta e enfermidade mortal.
Enviarei as presas de animais selvagens,
e o veneno das serpentes
que se arrastam no pó.
25 Fora de casa, a espada trará morte;
dentro dela, o pavor atingirá
rapazes e moças, crianças e idosos.
26 Meu desejo era aniquilá-los,
apagar até sua lembrança
dentre os povos.
27 Mas temi a reação dos
inimigos de Israel,
que entenderiam mal e diriam:
'Foi o nosso poder que triunfou!
O Senhor nada teve a ver com isso!'".

28 "Israel, porém, é uma
nação sem juízo;
seu povo é tolo, sem entendimento.
29 Ah, se fossem sábios e
compreendessem estas coisas!
Ah, se soubessem o fim que os espera!
30 Como poderia uma só pessoa
perseguir mil deles,
e duas pessoas fazer dez mil fugirem,
a não ser que sua Rocha os
tivesse vendido,
a não ser que o Senhor os
tivesse entregado?
31 Mas a rocha de nossos inimigos
não é como nossa Rocha,
como até eles mesmos reconhecem.[c]
32 A videira deles vem da
videira de Sodoma,
dos campos de Gomorra.
As uvas deles são veneno,
e seus cachos são amargos.

[b] **32.22** Em hebraico, *do Sheol*.

[c] **32.31** A Septuaginta traz *nossos inimigos são tolos*. O significado do hebraico é incerto.

[33] O vinho deles é veneno de cobras,
peçonha mortal de serpentes.

[34] "O SENHOR diz: 'Acaso não
selei estas coisas
e as guardei em meus tesouros?
[35] A vingança cabe a mim,
eu lhes darei o troco;
no devido tempo, seus
pés escorregarão.
O dia da calamidade chegará,
e seu destino os alcançará'.

[36] "Por certo o SENHOR julgará seu povo,
e mudará seus planos
para[a] seus servos,
quando vir que a força deles se esgotou
e que ninguém sobrou, nem
escravo nem livre.
[37] Então ele perguntará: 'Onde
estão seus deuses,
as rochas em que se refugiaram?
[38] Onde estão os deuses que comeram
a gordura de seus sacrifícios
e beberam o vinho de suas ofertas?
Que esses deuses se levantem
e os socorram!
Que eles lhes deem abrigo!
[39] Vejam agora que eu sou o único;
não há outro deus além de mim!
Causo a morte e dou a vida,
causo a ferida e faço sarar;
ninguém pode escapar de
minha mão poderosa!
[40] Agora, levanto minha mão
para o céu
e declaro:
'Tão certo quanto eu vivo,
[41] quando eu afiar minha
espada reluzente,
e começar a fazer justiça,
eu me vingarei de meus inimigos
e darei o troco aos que me rejeitaram.
[42] Farei minhas flechas se
embebedarem de sangue,
e minha espada
devorará carne:
o sangue dos massacrados
e dos prisioneiros,
e as cabeças dos líderes inimigos'.

[a] **32.36** Ou *se vingará em favor de.*

[43] "Alegrem-se com ele, ó céus,
e todos os anjos de Deus o adorem.[b]
Alegrem-se com seu povo, ó nações,
e todos os anjos se fortaleçam nele;[c]
Pois ele retribuirá o sangue
de seus filhos[d]
e se vingará de seus inimigos.
Ele dará o troco
aos que o odeiam[e]
e purificará a terra
de seu povo".

[44] Então Moisés foi com Josué,[f] filho de
Num, e recitou todas as palavras dessa
canção para o povo.
[45] Quando Moisés terminou de recitar
todas essas palavras ao povo de Israel,
[46] acrescentou: "Levem a sério todas as ad-
vertências que hoje lhes dei. Transmitam-
nas como ordens a seus filhos, para que
eles cumpram fielmente todos os termos
desta lei. [47] Não são palavras vazias; são a
vida de vocês! Se obedecerem a elas, terão
vida longa na terra da qual tomarão posse
quando atravessarem o rio Jordão".

A MORTE IMINENTE DE MOISÉS

[48] Naquele mesmo dia, o SENHOR disse a
Moisés: [49] "Vá a Moabe, às montanhas a
leste do rio,[g] e suba o monte Nebo, do lado
oposto de Jericó. Veja a terra de Canaã, a
terra que dou aos israelitas como sua pro-
priedade. [50] Você morrerá ali no monte e
será reunido a seus antepassados, como
Arão morreu no monte Hor e foi reunido
a seus antepassados. [51] Será assim porque
vocês dois quebraram minha confiança
diante dos israelitas nas águas de Meribá,
em Cades,[h] no deserto de Zim. Não hon-
raram minha santidade para os israeli-
tas. [52] Por isso você verá a terra de longe,
mas não entrará na terra que dou ao povo
de Israel".

[b] **32.43a** Conforme os manuscritos do mar Morto e da Septuaginta; o Texto Massorético não traz as duas primeiras linhas. Comparar com Hb 1.6.
[c] **32.43b** Conforme a Septuaginta; o hebraico não traz essa linha. Comparar com Rm 15.10.
[d] **32.43c** Conforme os manuscritos do mar Morto e a Septuaginta; o Texto Massorético traz *seus servos.*
[e] **32.43d** Conforme os manuscritos do mar Morto e a Septuaginta; o Texto Massorético não traz essa linha.
[f] **32.44** Em hebraico, *Oseias,* variante do nome *Josué.*
[g] **32.49** Em hebraico, *montanhas de Abarim.*
[h] **32.51** Em hebraico, *águas de Meribá-Cades.*

MOISÉS ABENÇOA O POVO

33 Esta é a bênção que Moisés, homem de Deus, deu aos israelitas antes de sua morte:

2 "O Senhor veio do monte Sinai
e alvoreceu sobre nós[a]
desde o monte Seir;
resplandeceu desde
o monte Parã
e veio de Meribá-Cades
com fogo ardente
em sua mão direita.[b]
3 Por certo ele ama seu povo;[c]
todos os seus santos estão
em suas mãos.
Seguem seus passos
e recebem seus ensinamentos.
4 Moisés nos deu a lei,
a propriedade especial
do povo de Israel.[d]
5 O Senhor era rei em Jesurum,[e]
quando os líderes do
povo se reuniram,
quando as tribos de Israel se
juntaram como uma só".

6 "Que a tribo de Rúben viva
e não desapareça,
embora não seja numerosa".

7 Foi isto que Moisés disse a respeito da tribo de Judá:

"Ó Senhor, ouve o clamor de Judá
e reúne-os como um só povo.
Dá-lhes forças para defender sua causa;
ajuda-os contra seus inimigos".

8 A respeito da tribo de Levi, disse:

"Ó Senhor, deste o Tumim e o Urim,
as sortes sagradas, a teus servos fiéis.
Tu os provaste em Massá
e lutaste com eles junto às
águas de Meribá.
9 Os levitas obedeceram à tua palavra
e guardaram a tua aliança.
Foram mais leais a ti
que aos próprios pais.
Ignoraram os parentes
e não reconheceram os
próprios filhos.
10 Ensinaram teus estatutos a Jacó,
deram tuas instruções a Israel.
Oferecem incenso diante de ti
e apresentam holocaustos
inteiros no teu altar.
11 Abençoa o serviço dos
levitas, ó Senhor,
e aceita todo o trabalho
de suas mãos.
Quebra os quadris de seus inimigos;
derruba seus adversários, para que
nunca voltem a se levantar".

12 A respeito da tribo de Benjamim, disse:

"Benjamim é amado pelo Senhor
e vive em segurança ao seu lado.
Ele o protege continuamente
e o faz descansar sobre seus ombros".

13 A respeito da tribo de José, disse:

"O Senhor abençoe suas terras
com a dádiva preciosa
do orvalho do céu
e água das profundezas
da terra;
14 com os ricos frutos que
amadurecem ao sol
e as colheitas fartas
de cada mês;
15 com as mais excelentes safras
dos montes antigos,
e os ricos frutos das colinas eternas;
16 com as melhores dádivas
da terra e sua fartura,
e o favor daquele que apareceu
no arbusto em chamas.
Que essas bênçãos repousem
sobre a cabeça de José
e coroem a fronte do príncipe
entre seus irmãos.

[a] **33.2a** Conforme a Septuaginta e a versão siríaca; o hebraico traz *sobre eles*.
[b] **33.2b** Ou *veio com miríades de santos, desde o sul, desde as encostas do seu monte*. O significado do hebraico é incerto.
[c] **33.3** Conforme a Septuaginta; o hebraico traz *Por certo, amante dos povos*.
[d] **33.4** Em hebraico, *de Jacó*. Os nomes "Jacó" e "Israel" são usados de forma intercambiável ao longo de todo o Antigo Testamento e se referem, por vezes, ao patriarca e, em outras ocasiões, à nação.
[e] **33.5** Termo carinhoso para *Israel*; também em 33.26.

17 José é majestoso como
um touro jovem;
tem a força de
um boi selvagem.
Com seus chifres expulsará
as nações distantes
até os confins da terra.
Essa é a minha bênção para as
multidões de Efraim
e para os milhares de Manassés".

18 A respeito da tribo de Zebulom, disse:

"Que o povo de Zebulom
prospere em suas viagens,
que o povo de Issacar prospere
em suas tendas.
19 Convocam o povo ao monte
para ali oferecer os
sacrifícios apropriados.
Fartam-se das riquezas do mar
e dos tesouros
escondidos na areia".

20 A respeito da tribo de Gade, disse:

"Abençoado é aquele que
expande o território de Gade!
Gade fica à espreita
como leão,
para arrancar um braço
ou uma cabeça.
21 O povo de Gade tomou para si
a melhor parte da terra;
a ele foi entregue
a porção do líder.
Quando os líderes do povo
estavam reunidos,
executou a justiça do
SENHOR e obedeceu a seus
estatutos para Israel".

22 A respeito da tribo de Dã, disse:

"Dã é filhote de leão,
que salta de Basã".

23 A respeito da tribo de Naftali, disse:

"Ó Naftali, você é rico em favor
e repleto das bênçãos do SENHOR;
herdará as terras do oeste e do sul".

24 E, a respeito da tribo de Aser, disse:

"Que Aser seja mais abençoado
que os outros filhos;
seja ele estimado por seus irmãos
e banhe os pés em óleo de oliva.
25 Que as trancas de suas portas
sejam de ferro e bronze
e sua força dure por todos os seus dias".

26 "Não há ninguém como o
Deus de Jesurum!
Ele cavalga pelos céus para ajudá-los
e monta as nuvens com
majestoso esplendor.
27 O Deus eterno é seu refúgio,
e seus braços eternos os sustentam.
Expulsa os inimigos de diante de vocês
e grita: 'Destruam esses povos!'.
28 Israel viverá em paz,
a fonte de Jacó estará segura
numa terra de cereais e vinho novo,
onde os céus gotejam orvalho.
29 Como você é feliz, ó Israel!
Quem é como você, povo
salvo pelo SENHOR?
Ele é seu escudo protetor
e sua espada triunfante!
Seus inimigos se encolherão de
medo diante de você,
e você lhes pisoteará as costas".

A MORTE DE MOISÉS

34 Então Moisés subiu das campinas
de Moabe ao monte Nebo, até o
topo do Pisga, do lado oposto de Jericó.
Ali o SENHOR lhe mostrou toda a terra, de
Gileade a Dã; 2 toda a terra de Naftali; a ter-
ra de Efraim e Manassés; a terra de Judá,
que se estende até o mar Mediterrâneo;[a]
3 o Neguebe; o vale do Jordão, com Jericó, a
cidade das palmeiras, até Zoar. 4 O SENHOR
disse a Moisés: "Esta é a terra que prome-
ti sob juramento a Abraão, Isaque e Jacó,
quando disse: 'Eu a darei a seus descen-
dentes'. Sim, permiti que você a visse com
seus próprios olhos, mas você não atraves-
sará o rio para entrar nela".
5 Assim, Moisés, servo do SENHOR, morreu
ali na terra de Moabe, conforme o SENHOR

[a] **34.2** Em hebraico, *mar ocidental.*

tinha dito. 6 Ele o sepultou[a] num vale junto
a Bete-Peor, em Moabe, mas até hoje nin-
guém sabe o lugar exato. 7 Moisés tinha
120 anos quando morreu e, no entanto,
ainda enxergava bem e tinha todas as suas
forças. 8 Os israelitas prantearam a morte
de Moisés por trinta dias nas campinas de
Moabe, até se cumprir o período do ritual
de luto.

9 Josué, filho de Num, estava cheio do
espírito de sabedoria, pois Moisés havia
imposto as mãos sobre ele. Por isso, os is-
raelitas lhe obedeceram e fizeram o que o
SENHOR havia ordenado a Moisés.

10 Nunca houve em Israel outro profeta
como Moisés, a quem o SENHOR conhecia
face a face. 11 O SENHOR o enviou ao Egito
para realizar todos os sinais e maravilhas
contra o faraó, contra todos os seus servos
e contra toda a sua terra. 12 Com grande po-
der, Moisés realizou atos temíveis diante
dos olhos de todo o Israel.

[a] **34.6** O Pentateuco Samaritano e alguns manuscritos gregos trazem *Eles o sepultaram.*

Introdução aos Livros Históricos

Os Livros Históricos, compostos por Josué, Juízes, Rute, 1 e 2Samuel, 1 e 2Reis, 1 e 2Crônicas, Esdras, Neemias e Ester, oferecem um relato detalhado e profundo da história do povo de Israel desde a entrada na terra prometida até o período pós-exílico. Esses livros narram eventos históricos significativos e proporcionam uma compreensão rica da relação contínua entre Deus e seu povo. Eles não são apenas registros cronológicos, mas também teológicos, que revelam a fidelidade do Senhor, os desafios da obediência e a importância do arrependimento e da fé. Os Livros Históricos conectam o Pentateuco aos Livros de Sabedoria e Proféticos, criando uma narrativa coesa da redenção divina.

ENSINAMENTOS PRINCIPAIS DOS LIVROS HISTÓRICOS

1. *A fidelidade de Deus e a infidelidade humana*: esses livros repetidamente mostram como o Senhor cumpre suas promessas, apesar da desobediência e da rebelião de Israel. Desde a conquista de Canaã, sob a liderança de Josué, até a restauração em Jerusalém, vemos um Deus que permanece fiel à sua aliança. A infidelidade humana é contrastada com a fidelidade divina, destacando a paciência e a misericórdia do Eterno, que continuamente chama seu povo ao arrependimento.
2. *A importância da liderança piedosa*: a história de Israel é marcada por líderes que buscaram o coração de Deus, como Josué, Davi e Esdras, e aqueles que se afastaram dele, como Saul e os reis de Israel. A liderança justa traz bênçãos, enquanto a liderança corrupta resulta em juízo. A vida desses líderes serve como um lembrete da responsabilidade e do impacto que uma liderança centrada no Senhor pode ter sobre uma nação inteira.
3. *A soberania de Deus na história*: a soberania divina é evidente ao longo da narrativa dos Livros Históricos. O Senhor levanta e derruba nações, guia seu povo em batalhas e provê no tempo de necessidade. Nada escapa ao seu controle. Essa soberania é um tema constante que reafirma a autoridade divina sobre toda a criação, independentemente das circunstâncias.
4. *A necessidade de arrependimento e renovação*: os períodos de declínio espiritual são frequentemente seguidos por movimentos de arrependimento e renovação. Os ciclos de pecado, opressão, arrependimento e libertação nos Juízes exemplificam essa dinâmica, destacando a misericórdia de Deus em responder ao arrependimento genuíno. A história de Israel serve como um espelho para a condição humana, mostrando a necessidade contínua de buscar ao Senhor de todo o coração.
5. *A preparação para o Messias*: esses livros não apenas relatam eventos passados, mas também preparam o cenário para a vinda do Messias. A linhagem davídica, a centralidade de Jerusalém e o retorno do exílio são elementos-chave na narrativa redentora que culmina em Jesus

6. Cristo. Os Livros Históricos são, portanto, essenciais para entender a progressão da promessa messiânica que se cumpre no Novo Testamento.

JOSUÉ: A CONQUISTA DA TERRA PROMETIDA

O livro de Josué narra a conquista de Canaã sob a liderança de Josué, sucessor de Moisés. Esse período crucial na história de Israel é marcado pela fé e obediência de Josué e do povo ao comando de Deus. A travessia do Jordão e a queda de Jericó são eventos que demonstram o poder e a fidelidade do Todo-Poderoso. A aliança é renovada em Siquém, reafirmando o compromisso de Israel com o Senhor. Josué é um tipo de Cristo, pois conduz o povo à "terra de descanso", uma antecipação do descanso espiritual encontrado em Jesus (Hb 4.8-10).

JUÍZES: CICLOS DE APOSTASIA E REDENÇÃO

Juízes cobre um período de desordem e instabilidade, durante o qual Israel repetidamente cai em idolatria, é oprimido por nações estrangeiras, clama por libertação, e é resgatado por líderes levantados por Deus. Débora, Gideão e Sansão são exemplos de juízes que o Senhor usou para libertar Israel. O livro destaca a necessidade de uma liderança justa e a misericórdia divina em responder ao arrependimento. O trecho "cada um fazia o que parecia certo a seus próprios olhos" (Jz 21.25) resume a anarquia espiritual e moral desse período, em contraste com o reinado justo que seria estabelecido sob Davi.

RUTE: REDENÇÃO E FIDELIDADE

O livro de Rute, embora curto, é profundo em significado teológico. Sua narrativa de acontecimentos durante o período dos juízes traz a história de Rute, uma moabita, que se torna parte da linhagem messiânica por sua fidelidade à sogra, a judia Noemi, e sua devoção a Deus. O casamento de Rute com Boaz, seu redentor, é uma bela prefiguração de Cristo como nosso Redentor eterno. O livro ilustra a providência divina e a inclusão dos gentios no plano de salvação, ressaltando a amplitude do amor do Eterno e seu plano de redenção que se estende além de Israel.

1 E 2SAMUEL: A MONARQUIA DE ISRAEL

Esses livros traçam a transição de Israel de uma confederação de tribos para uma monarquia unida. Samuel, juiz e profeta, unge Saul como o primeiro rei de Israel e, mais tarde, Davi, que se torna o padrão do rei ideal. A aliança davídica (2Sm 7) é central, pois promete que a dinastia do rei duraria para sempre, apontando diretamente para Jesus, a raiz de Davi. Esses livros exploram temas de liderança, pecado, arrependimento e a busca de Deus por um "homem segundo o coração dele" (1Sm 13.14).

1 E 2REIS: DECLÍNIO E EXÍLIO

Os livros de Reis narram a divisão do reino após a morte de Salomão, a decadência espiritual e política de Israel e Judá, e o eventual cativeiro de ambos os reinos. Os profetas, como Elias e Eliseu, desempenham papéis cruciais, por chamar o povo ao arrependimento e confrontar a idolatria. A queda de Samaria (722 a.C.) e de Jerusalém (586 a.C.) são testemunhos do julgamento divino sobre a infidelidade, mas também da esperança de restauração futura. Esses livros sublinham a soberania divina sobre as nações e a necessidade de fidelidade ao Eterno.

1 E 2CRÔNICAS: RETROSPECTIVA E ESPERANÇA

Os livros de Crônicas recontam a história de Israel, com ênfase nas bênçãos da obediência e na esperança messiânica. Eles começam com Adão e traçam a linhagem até o retorno do exílio, focando particularmente a dinastia de Davi e o templo. A ênfase na adoração e nas reformas religiosas sublinha a importância de um relacionamento correto com Deus. Ambos os livros de Crônicas apontam para a continuidade da promessa davídica e a esperança de um reino eterno.

ESDRAS E NEEMIAS: RESTAURAÇÃO E REFORMA

Os dois textos narram o retorno do exílio babilônico e a reconstrução de Jerusalém e do templo. Esdras, como escriba e sacerdote, lidera a restauração espiritual, enquanto Neemias, como governador, supervisiona a reconstrução das muralhas da cidade. Esses livros destacam a fidelidade de Deus em restaurar seu povo e a importância de uma liderança piedosa e de reformas comunitárias. As orações e os pactos renovados refletem um compromisso renovado com a aliança divina, e as reformas institucionais lideradas por Esdras e Neemias servem como um modelo de renovação espiritual e social.

ESTER: PROVIDÊNCIA E PRESERVAÇÃO

O livro de Ester narra a história da providência divina na preservação do povo judeu no Império Persa. A coragem de Ester e a sabedoria de Mardoqueu, ou Mordecai, são centrais na narrativa. Embora o nome de Deus não seja mencionado, sua mão soberana é evidente na proteção e no livramento dos judeus. Esse livro é um testemunho da fidelidade do Senhor e da importância da fé e da coragem em meio à adversidade. Ester serve como um exemplo de como a providência divina pode operar por meio de circunstâncias aparentemente comuns para realizar planos extraordinários.

CONCLUSÃO

Os Livros Históricos da Bíblia são essenciais para compreender a continuidade da história redentora de Deus. Eles revelam a fidelidade do Senhor, a importância da obediência e a necessidade de arrependimento e renovação. Cada livro, em seu contexto único, aponta para o Messias, preparando o caminho para Jesus Cristo. A leitura desses textos enriquece nossa compreensão da natureza do Todo-Poderoso, da história de seu povo e do plano divino de redenção.

Estudar os Livros Históricos nos ajuda a ver a mão do Criador na história e a confiar em sua soberania e fidelidade em nossa vida. Além disso, eles fornecem lições valiosas sobre a importância de viver uma vida de fé, confiança e obediência a Deus. Ao explorar esses livros, somos chamados a refletir sobre nosso relacionamento com o Senhor e a buscar uma caminhada mais profunda e significativa com ele, reconhecendo sua mão em todos os aspectos de nossa vida.

Josué

Livro 6 com

24 CAPÍTULOS

SIGNIFICADO DO TÍTULO

O nome "Josué" vem do hebraico *Yehoshua*, que significa "*Yahweh* [Javé] é a salvação" ou "*Yahweh* [Javé] é o meu auxílio". O filho de Num originariamente se chamava Oseias (do hebraico *Oshea*), que significa "salvação" (Nm 13.8), nome que foi mudado por Moisés (Nm 13.16). O nome "Jesus" deriva de sua versão grega.

AUTORIA

Não se sabe. Pela tradição judaica, o próprio Josué, com a seção sobre seu sepultamento escrita por Eleazar, filho de Arão. Como a expressão "até hoje" ocorre doze vezes no texto, isso sugere uma redação próxima aos fatos narrados. Josué 24.26 infere que Josué escreveu pelo menos parte do livro.

Muitos estudiosos, porém, consideram que não foi escrito antes do fim do período dos reis, cerca de oitocentos anos depois dos acontecimentos relatados.

INFORMAÇÕES GERAIS

Josué relata, essencialmente, a entrada do povo de Deus na terra prometida, a campanha bélica para a conquista de Canaã e a distribuição do território entre as tribos após a vitória. Os fatos teriam ocorrido entre 1406 e 1220 a.C., período que se encaixa historicamente na era conhecida como Alta Idade do Bronze.

ESTRUTURA DO LIVRO

- ★ A entrada em Canaã Js 1.1—5.12
- ★ A conquista da terra prometida Js 5.13—12
- ★ A partilha do território Js 13—21
- ★ Unidade das tribos e lealdade a Deus Js 22—24

TEMAS DE JOSUÉ

Existem diferentes temas tratados em Josué, entre os quais a garantia da presença do Deus amoroso e santo no meio do seu povo, a importância da obediência a ele, a aliança do Senhor com os que ele chama para si e a promessa de um destino bastante esperado para os escolhidos.

CRISTO E JOSUÉ

O livro aponta para Jesus ao mostrar Josué como um tipo de Cristo, liderando o povo de Deus para a terra prometida, simbolizando a liderança de Jesus na salvação. A conquista de inimigos por Josué prefigura a vitória de Jesus sobre o pecado, e a inclusão de Raabe antecipa a salvação dos gentios por meio de Cristo.

A ORDEM DE DEUS A JOSUÉ

1 Depois que Moisés, servo do SENHOR, morreu, o SENHOR disse a Josué, filho de Num, auxiliar de Moisés: 2 "Meu servo Moisés está morto; chegou a hora de você conduzir todo este povo, os israelitas, para atravessar o rio Jordão e entrar na terra que eu lhes dou. 3 Eu darei a vocês todo o lugar em que pisarem, conforme prometi a Moisés, 4 desde o deserto do Neguebe, ao sul, até os montes do Líbano, ao norte; desde o rio Eufrates, a leste, até o mar Mediterrâneo,[a] a oeste, incluindo toda a terra dos hititas. 5 Enquanto você viver, ninguém será capaz de lhe resistir, pois eu estarei com você, assim como estive com Moisés. Não o deixarei nem o abandonarei.

6 "Seja forte e corajoso, pois você conduzirá este povo para tomar posse da terra que jurei dar a seus antepassados. 7 Seja somente forte e muito corajoso. Tenha o cuidado de cumprir toda a lei que meu servo Moisés lhe ordenou. Não se desvie dela nem para um lado nem para o outro. Assim você será bem-sucedido em tudo que fizer. 8 Relembre continuamente os termos deste Livro da Lei. Medite nele dia e noite, para ter certeza de cumprir tudo que nele está escrito. Então você prosperará e terá sucesso em tudo que fizer. 9 Esta é minha ordem: Seja forte e corajoso! Não tenha medo nem desanime, pois o SENHOR, seu Deus, estará com você por onde você andar".

A ORDEM DE JOSUÉ A ISRAEL

10 Então Josué ordenou aos oficiais do povo: 11 "Percorram o acampamento e digam ao povo que prepare os suprimentos, pois daqui a três dias vocês atravessarão o rio Jordão e tomarão posse da terra que o SENHOR, seu Deus, lhes dá".

12 Em seguida, Josué convocou as tribos de Rúben e Gade e a meia tribo de Manassés e disse: 13 "Lembrem-se do que Moisés, servo do SENHOR, lhes ordenou: 'O SENHOR, seu Deus, lhes concede um lugar de descanso e lhes dá esta terra'. 14 Suas esposas, seus filhos e seus animais ficarão na terra que Moisés designou para vocês a leste do Jordão. Mas seus guerreiros valentes, completamente armados, atravessarão o Jordão à frente das outras tribos e as ajudarão. 15 Permaneçam com seus irmãos até que o SENHOR conceda descanso a eles como concedeu a vocês, e até que eles também tomem posse da terra que o SENHOR, seu Deus, lhes dá. Só então vocês voltarão e se estabelecerão na terra a leste do Jordão, o lugar que Moisés, servo do SENHOR, designou para que vocês tomassem posse".

16 Eles responderam a Josué: "Faremos tudo que você ordenar e iremos aonde nos enviar. 17 Obedeceremos a você como obedecemos em tudo a Moisés. Que o SENHOR, seu Deus, esteja sempre com você, como esteve com Moisés. 18 Quem se rebelar contra as suas ordens e não obedecer às suas palavras será morto. Seja somente forte e corajoso!".

RAABE AJUDA OS ESPIÕES ISRAELITAS

2 Então, do acampamento em Sitim, Josué, filho de Num, enviou secretamente dois espiões, com a seguinte instrução: "Façam o reconhecimento da terra, especialmente dos arredores de Jericó". Os dois homens partiram e chegaram à casa de uma prostituta chamada Raabe, e ali passaram a noite.

2 A notícia chegou ao rei de Jericó: "Alguns israelitas vieram aqui esta noite para espionar a terra". 3 Então o rei de Jericó enviou a seguinte ordem a Raabe: "Traga para fora os homens que entraram em sua casa, pois vieram espionar toda a terra".

4 Raabe havia escondido os dois homens, mas respondeu: "Sim, os homens estiveram aqui, mas eu não sabia de onde eram. 5 Foram embora da cidade ao anoitecer, quase na hora de fechar os portões. Não sei para onde foram. Se vocês os perseguirem, é provável que os alcancem". 6 Na verdade, ela havia levado os homens para o terraço e os escondido debaixo dos feixes de linho que tinha posto ali. 7 Os homens do rei procuraram os espiões pelo caminho que ia até a parte rasa do Jordão, onde se podia atravessar. Assim que eles saíram, os portões de Jericó foram fechados.

---

[a] **1.4** Em hebraico, *mar Grande*.

8 Antes que os espiões fossem dormir,
Raabe foi ao terraço falar com eles. 9 "Sei
que o Senhor lhes deu esta terra", disse ela.
"Estamos todos apavorados por sua causa.
Todos os habitantes desta terra estão de-
sesperados, 10 pois ouvimos que o Senhor
secou as águas do mar Vermelho[a] para que
vocês passassem, quando saíram do Egito.
E sabemos o que fizeram a leste do Jordão
aos dois reis amorreus Ogue e Seom, cujos
povos vocês destruíram completamente.
11 Não é à toa que estamos dominados
pelo medo! Ninguém tem ânimo para lu-
tar depois de ouvir coisas como essas, pois
o Senhor, seu Deus, é Deus supremo em
cima no céu e embaixo na terra.

12 "Agora, portanto, jurem-me pelo Senhor
que, assim como os tratei com bondade,
vocês serão bondosos comigo e com mi-
nha família. Deem-me alguma garantia de
que, 13 quando Jericó for conquistada, vo-
cês pouparão a minha vida e a vida de meu
pai e minha mãe, e também a de meus
irmãos e irmãs e de suas famílias."

14 Os homens responderam: "Oferecemos
a própria vida como garantia de sua segu-
rança. Se você não nos entregar, cumprire-
mos nossa promessa e trataremos vocês
com bondade quando o Senhor nos der
a terra".

15 Então Raabe os ajudou a descer pela
janela por uma corda, pois sua casa fazia
parte do muro da cidade. 16 "Fujam para a
região montanhosa", disse ela. "Escondam-
se ali por três dias. Quando os homens que
estão à sua procura tiverem voltado, vocês
poderão seguir seu caminho."

17 Antes de partir, os homens disseram a
Raabe: "Só estaremos obrigados pelo jura-
mento que fizemos se você seguir nossas
instruções. 18 Quando entrarmos na terra,
deixe este cordão vermelho pendurado na
janela por onde você nos ajudou a descer.
Todos os membros de sua família — pai,
mãe, irmãos e todos os seus parentes —
devem estar dentro desta casa. 19 Se saí-
rem na rua e forem mortos, não teremos
culpa. Mas, se alguém fizer mal aos que
estiverem dentro desta casa, assumire-
mos a responsabilidade por sua morte.
20 E, se você falar a outros sobre nossa
missão, estaremos livres do juramento
que fizemos".

21 "Eu aceito suas condições", respon-
deu ela, e despediu-se deles, deixando
o cordão vermelho pendurado na janela.

22 Os espiões subiram até a região mon-
tanhosa e ali ficaram por três dias. Seus
perseguidores os procuraram por todo
o caminho, mas não os encontraram
e voltaram.

23 Então os dois espiões desceram da re-
gião montanhosa, atravessaram o Jordão e
relataram a Josué, filho de Num, tudo que
lhes havia acontecido. 24 "Certamente o
Senhor nos deu toda a terra", disseram eles.
"Todos os seus habitantes estão desespe-
rados por nossa causa."

ISRAEL ATRAVESSA O JORDÃO

3 No dia seguinte, logo cedo, Josué e
todos os israelitas partiram de Sitim
e chegaram às margens do Jordão, onde
acamparam antes de atravessar o rio.
2 Três dias depois, os oficiais percorreram
o acampamento 3 e deram a seguinte or-
dem ao povo: "Quando virem a arca da
aliança do Senhor, seu Deus, sendo car-
regada pelos sacerdotes levitas, saiam de
suas posições e sigam a arca. 4 Tenham o
cuidado de ficar cerca de um quilômetro[b]
atrás dela. Não se aproximem demais!
Assim vocês saberão por onde ir, pois
nunca passaram por este caminho".

5 Então Josué disse ao povo: "Purifiquem-
se, pois amanhã o Senhor fará grandes ma-
ravilhas entre vocês!".

6 Pela manhã, Josué disse aos sacerdotes:
"Levantem a arca da aliança e conduzam o
povo para o outro lado do rio". Eles levan-
taram a arca da aliança e foram à frente
do povo.

7 O Senhor disse a Josué: "Hoje começarei
a fazer de você um grande líder aos olhos
de todo o Israel. Eles saberão que estou
com você, assim como estive com Moisés.
8 Dê a seguinte ordem aos sacerdotes que
carregam a arca da aliança: 'Quando che-
garem junto às margens do Jordão, parem
exatamente ali'".

[a] **2.10** Em hebraico, *mar de juncos*.

[b] **3.4** Em hebraico, *2.000 côvados*, cerca de 900 metros.

9 Então Josué disse aos israelitas: "Aproximem-se e ouçam o que diz o Senhor, seu Deus. 10 Hoje vocês saberão que o Deus vivo está entre vocês. Ele certamente expulsará os cananeus, os hititas, os heveus, os ferezeus, os girgaseus, os amorreus e os jebuseus de diante de vocês. 11 Vejam, a arca da aliança, que pertence ao Soberano de toda a terra, os conduzirá para o outro lado do Jordão! 12 Escolham agora doze homens das tribos de Israel, um de cada tribo. 13 Os sacerdotes levarão a arca do Senhor, o Soberano de toda a terra. Assim que seus pés tocarem as águas do Jordão, a correnteza será interrompida rio acima, e as águas se levantarão como um muro".

14 O povo deixou o acampamento para atravessar o Jordão, e os sacerdotes que levavam a arca da aliança foram à frente deles. 15 Era a estação da colheita, e o Jordão transbordava sobre as margens. Assim que os sacerdotes que levavam a arca puseram os pés na água junto às margens do rio, 16 a correnteza acima daquele ponto foi interrompida e começou a se acumular a uma grande distância de lá, perto da cidade chamada Adam, nos arredores de Zaretã. E a água abaixo daquele ponto correu para o mar Morto,[a] até o leito do rio secar. Então todo o povo atravessou em frente da cidade de Jericó.

17 Os sacerdotes que levavam a arca da aliança do Senhor ficaram parados no meio do leito do rio, em terra seca, enquanto o povo passava. Esperaram ali até que todo o Israel tivesse atravessado o Jordão em terra seca.

OS MONUMENTOS DA TRAVESSIA DO JORDÃO

4 Quando todo o povo havia atravessado o Jordão, o Senhor disse a Josué: 2 "Escolha doze homens, um de cada tribo, 3 e dê a eles as seguintes ordens: 'Peguem doze pedras do local onde os sacerdotes estão parados no meio do rio. Levem as pedras com vocês e amontoem-nas no lugar onde vão acampar esta noite'".

4 Então Josué convocou os doze homens que havia escolhido, um de cada tribo de Israel, 5 e lhes disse: 'Vão até o meio do Jordão, à frente da arca do Senhor, seu Deus. Cada um de vocês pegue uma pedra e carregue-a sobre o ombro; serão doze pedras no total, uma para cada tribo de Israel. 6 Elas serão um monumento entre vocês. No futuro, seus filhos perguntarão: 'O que significam estas pedras?', 7 e vocês dirão: 'Elas servem para nos lembrar que o rio Jordão parou de correr quando a arca da aliança do Senhor passou por ele'. Essas pedras serão uma recordação no meio dos israelitas para sempre".

8 Assim, os israelitas fizeram como Josué havia ordenado. Pegaram doze pedras do meio do Jordão, uma para cada tribo, exatamente como o Senhor tinha dito a Josué. Levaram as pedras ao lugar onde acamparam aquela noite e as deixaram ali.

9 Josué também ergueu um monumento com doze pedras no meio do Jordão, no lugar onde haviam parado os sacerdotes que levavam a arca da aliança. Essas pedras estão lá até hoje.

10 Os sacerdotes que levavam a arca ficaram parados no meio do rio até que fossem cumpridas todas as ordens do Senhor transmitidas a Josué por Moisés. E o povo se apressou em atravessar o leito do rio. 11 Quando todos chegaram ao outro lado, os sacerdotes atravessaram com a arca do Senhor, enquanto o povo observava.

12 Os guerreiros das tribos de Rúben e Gade e da meia tribo de Manassés atravessaram à frente dos israelitas, armados conforme Moisés havia instruído. 13 Esses homens, cerca de quarenta mil, estavam armados para a guerra, e o Senhor ia com eles enquanto avançavam para a planície de Jericó.

14 Naquele dia, o Senhor fez de Josué um grande líder aos olhos de todo o Israel, e eles o respeitaram enquanto ele viveu, como haviam respeitado Moisés.

15 O Senhor disse a Josué: 16 "Ordene aos sacerdotes que levam a arca da aliança[b] que saiam do meio do rio". 17 Então Josué ordenou: "Saiam do meio do rio!". 18 Assim que os sacerdotes que levavam a arca da aliança do Senhor saíram do leito do rio e pisaram em terra seca, a água do Jordão

[a] **3.16** Em hebraico, *para o mar da Arabá, o mar Salgado.*

[b] **4.16** Em hebraico, *a arca do testemunho.*

voltou a fluir e transbordou sobre as margens como antes.

19 O povo atravessou o Jordão no décimo dia do primeiro mês[a] e acampou em Gilgal, a leste de Jericó. 20 Foi ali, em Gilgal, que Josué ergueu o monumento com as doze pedras tiradas do Jordão.

21 Então Josué disse aos israelitas: "No futuro, seus filhos perguntarão: 'O que significam estas pedras?', 22 e vocês dirão: 'Aqui o povo de Israel atravessou o Jordão a pés enxutos'. 23 Pois o Senhor, seu Deus, secou o rio diante de seus olhos e o manteve seco até todos vocês atravessarem, como fez com o mar Vermelho[b] quando o secou até que todos nós tivéssemos atravessado. 24 Fez isso para que todas as nações da terra saibam que a mão do Senhor é poderosa e para que vocês temam o Senhor, seu Deus, para sempre".

5 Quando todos os reis amorreus a oeste do Jordão e todos os reis cananeus que viviam junto ao mar souberam como o Senhor havia secado o Jordão para que os israelitas atravessassem, perderam o ânimo e se encheram de medo por causa deles.

ISRAEL RESTABELECE CERIMÔNIAS DA ALIANÇA

2 Naquela ocasião, o Senhor disse a Josué: "Prepare facas de pedra e circuncide esta segunda geração de israelitas". 3 Então Josué preparou facas de pedra e circuncidou toda a população masculina de Israel em Gibeate-Aralote.[c]

4 Josué teve de circuncidá-los porque todos os homens com idade suficiente para ir à guerra quando saíram do Egito haviam morrido no deserto. 5 Todos os que saíram haviam sido circuncidados, mas isso não aconteceu com os homens que nasceram depois da saída do Egito, durante o tempo no deserto. 6 Os israelitas andaram quarenta anos pelo deserto, até que tivessem morrido todos os homens com idade suficiente para ir à guerra quando saíram do Egito. O povo havia desobedecido ao Senhor, e o Senhor jurou que não os deixaria entrar na terra que ele tinha prometido solenemente nos dar, uma terra que produz leite e mel com fartura.

7 Assim, Josué circuncidou os filhos dos israelitas que haviam crescido e tomado o lugar de seus pais, pois não tinham sido circuncidados no caminho. 8 Depois que toda a população masculina foi circuncidada, o povo permaneceu no acampamento até os homens se recuperarem.

9 Então o Senhor disse a Josué: "Hoje lancei fora a vergonha de sua escravidão no Egito". Por isso, até hoje aquele lugar se chama Gilgal.[d]

10 Enquanto estavam acampados em Gilgal, na planície de Jericó, os israelitas celebraram a Páscoa ao entardecer do décimo quarto dia do primeiro mês.[e] 11 No dia seguinte, começaram a comer pão sem fermento e grãos tostados produzidos na terra. 12 No dia em que começaram a comer das colheitas da terra, o maná deixou de cair e nunca mais apareceu. Daquele momento em diante, os israelitas passaram a se alimentar do que a terra de Canaã produzia.

O COMANDANTE DO SENHOR CONFRONTA JOSUÉ

13 Quando Josué estava perto da cidade de Jericó, olhou para cima e viu um homem em pé diante dele, com uma espada na mão. Josué se aproximou e lhe perguntou: "Você é amigo ou inimigo?".

14 O homem respondeu: "Na verdade, cheguei agora e sou comandante do exército do Senhor".

Então Josué se prostrou com o rosto no chão em sinal de reverência e disse: "Que ordens meu senhor tem para mim?".

15 O comandante do exército do Senhor respondeu: "Tire as sandálias, pois o lugar em que você está é santo". E Josué obedeceu.

A QUEDA DE JERICÓ

6 Os portões de Jericó estavam muito bem fechados, pois seus habitantes

[a] **4.19** No antigo calendário lunar hebraico, esse dia caía no final de março, em abril ou no início de maio.

[b] **4.23** Em hebraico, *mar de juncos*.

[c] **5.3** *Gibeate-Aralote* significa "colina dos prepúcios".

[d] **5.9** O som de *Gilgal* é semelhante ao do termo hebraico *galal*, traduzido aqui por "lancei fora".

[e] **5.10** No antigo calendário lunar hebraico, esse dia caía no final de março, em abril ou no início de maio.

tinham medo dos israelitas. Ninguém podia sair nem entrar. 2 Mas o SENHOR disse a Josué: "Eu lhe entreguei Jericó, seu rei e todos os seus fortes guerreiros. 3 Você e seus homens de guerra marcharão ao redor da cidade uma vez por dia, durante seis dias. 4 Sete sacerdotes irão à frente da arca, e cada um levará uma trombeta de chifre de carneiro. No sétimo dia, marchem ao redor da cidade sete vezes, enquanto os sacerdotes tocam as trombetas. 5 Quando os sacerdotes fizerem soar um toque longo, todo o povo dará um forte grito de guerra. Então cairá o muro da cidade e o povo atacará, cada um do ponto onde estiver".

6 Josué, filho de Num, reuniu os sacerdotes e disse: "Levem a arca da aliança do SENHOR e escolham sete sacerdotes para irem à frente dela, cada sacerdote com uma trombeta de chifre de carneiro". 7 Em seguida, ordenou ao povo: "Marchem ao redor da cidade. Os homens armados irão à frente da arca do SENHOR".

8 Depois que Josué falou ao povo, os sete sacerdotes que levavam as trombetas diante do SENHOR começaram a marchar, avançando e tocando os instrumentos. A arca da aliança do SENHOR ia atrás deles. 9 Alguns dos homens armados iam à frente dos sacerdotes que tocavam as trombetas e outros iam atrás da arca, enquanto os sacerdotes tocavam sem parar. 10 Josué ordenou: "Não soltem o grito de guerra! Não digam palavra alguma até que eu lhes dê a ordem. Então, gritem!". 11 Assim, a arca do SENHOR foi levada ao redor da cidade apenas uma vez naquele dia; depois, voltaram ao acampamento e ali passaram a noite.

12 Na manhã seguinte, Josué se levantou cedo e, mais uma vez, os sacerdotes levaram a arca do SENHOR. 13 Os sete sacerdotes com as trombetas de chifre de carneiro marcharam à frente da arca do SENHOR, tocando seus instrumentos. Os homens armados marcharam à frente dos sacerdotes com as trombetas e atrás da arca do SENHOR, enquanto os sacerdotes tocavam sem parar. 14 No segundo dia, marcharam ao redor da cidade uma vez e depois voltaram ao acampamento. Fizeram o mesmo por seis dias.

15 No sétimo dia, os israelitas se levantaram ao amanhecer e marcharam ao redor da cidade, como haviam feito antes. Dessa vez, porém, rodearam a cidade sete vezes. 16 Na sétima vez, enquanto os sacerdotes faziam soar um toque longo das trombetas, Josué ordenou ao povo: "Gritem! O SENHOR lhes entregou a cidade! 17 Jericó e tudo que há dentro dela serão completamente destruídos como oferta ao SENHOR. Somente a prostituta Raabe e os outros que estiverem em sua casa serão poupados, pois ela protegeu nossos espiões.

18 "Não levem coisa alguma daquilo que foi separado para destruição, ou vocês mesmos serão completamente destruídos e trarão desgraça ao acampamento de Israel. 19 Toda a prata, todo o ouro e todos os objetos de bronze e de ferro serão separados para o SENHOR e deverão ser levados para o seu tesouro".

20 Quando o povo ouviu o som das trombetas, gritou com toda a força. De repente, o muro de Jericó veio abaixo. O povo atacou a cidade, cada um do ponto onde estava, e a tomou. 21 Com suas espadas, destruíram completamente tudo que havia dentro dela: homens e mulheres, jovens e velhos, bois, ovelhas e jumentos.

22 Josué disse aos dois espiões: "Cumpram sua promessa! Vão à casa da prostituta e tirem-na de lá com toda a sua família".

23 Então os homens que haviam espionado a terra entraram na cidade e tiraram de lá Raabe, seu pai, sua mãe, seus irmãos e todos os outros parentes que estavam com ela. Levaram a família toda para um lugar seguro fora do acampamento de Israel.

24 Os israelitas incendiaram a cidade e tudo que havia dentro dela. Guardaram somente a prata, o ouro e todos os objetos de bronze e de ferro para o tesouro da casa do SENHOR. 25 Josué, no entanto, poupou a vida da prostituta Raabe e dos parentes que estavam em sua casa, pois ela escondeu os espiões que Josué tinha enviado a Jericó. E até hoje ela vive no meio de Israel.

26 Naquela ocasião, Josué pronunciou esta maldição:

"Que a maldição do SENHOR
caia sobre qualquer um
que tentar reconstruir a
cidade de Jericó.

À custa de seu filho mais velho,
lançará o alicerce.
À custa de seu filho mais novo,
colocará seus portões".

27 Assim, o Senhor estava com Josué,
e sua fama se espalhou por toda a terra.

AI DERROTA OS ISRAELITAS

7 Mas os israelitas violaram as instru-
ções a respeito das coisas separadas
para o Senhor. Um homem chamado Acã
roubou algumas delas, e a ira do Senhor
se acendeu contra os israelitas. Acã era fi-
lho de Carmi, filho de Zinri,[a] filho de Zerá,
da tribo de Judá.
2 Josué enviou de Jericó alguns de
seus homens para espionar a cidade de
Ai, a leste de Betel, perto de Bete-Áven.
"Subam e espionem a terra", disse ele.
3 Quando voltaram, disseram a Josué:
"Não é necessário que todo o povo suba
até lá; basta mandar dois ou três mil ho-
mens para atacarem Ai. Uma vez que eles
são tão poucos, não canse todo o povo".
4 Portanto, subiram apenas cerca de três
mil guerreiros, mas eles fugiram diante
dos homens de Ai, 5 que os perseguiram
desde o portão da cidade até as pedreiras[b]
e mataram 36 soldados que recuavam pela
encosta. Com isso, o povo se encheu de
medo e perdeu completamente o ânimo.
6 Josué e as autoridades de Israel rasga-
ram as roupas, jogaram terra sobre a ca-
beça e se prostraram com o rosto no chão
diante da arca do Senhor até o entarde-
cer. 7 Então Josué clamou: "Ó Soberano
Senhor, por que nos fizeste atravessar o
Jordão para nos entregar aos amorreus?
Antes tivéssemos nos contentado em ficar
do outro lado do rio! 8 Senhor, o que posso
dizer agora que Israel fugiu de seus inimi-
gos? 9 Quando os cananeus e todos os ou-
tros povos que vivem na região souberem
do que aconteceu, nos cercarão e apagarão
o nosso nome da face da terra. E então, o
que será da honra do teu grande nome?".
10 Mas o Senhor disse a Josué: "Levante-
se! Por que você está prostrado com o
rosto no chão? 11 Israel pecou e quebrou
a minha aliança! Roubou alguns dos obje-
tos que eu ordenei que fossem separados
para mim. E não apenas os roubou, mas
também mentiu a respeito e os escondeu
no meio de seus pertences. 12 Por isso os
israelitas foram derrotados e fugiram de
seus inimigos. Agora Israel foi separa-
do para a destruição. Não permanecerei
mais com vocês, a menos que eliminem
do seu meio aquilo que foi separado para
a destruição.
13 "Levante-se! Ordene ao povo que se
purifique a fim de se preparar para ama-
nhã. Pois isto é o que o Senhor, o Deus de
Israel, diz: Ó Israel, há coisas separadas
para o Senhor escondidas em seu meio!
Vocês não serão capazes de vencer seus
inimigos enquanto não removerem de seu
meio esses objetos.
14 "Apresentem-se amanhã cedo, uma tri-
bo por vez, e o Senhor mostrará de qual
tribo é o culpado. Essa tribo virá à frente
com seus clãs, e o Senhor mostrará o clã
culpado. Esse clã virá à frente, e o Senhor
mostrará a família culpada. Por fim, cada
homem da família culpada virá à frente.
15 Aquele que roubou o que foi separado
para a destruição será queimado com tudo
que lhe pertencer, pois quebrou a aliança
do Senhor e fez algo terrível em Israel".

O PECADO DE ACÃ

16 Logo cedo no dia seguinte, Josué reuniu
Israel de acordo com suas tribos, e a tribo
de Judá foi escolhida. 17 Os clãs de Judá vie-
ram à frente, e o clã de Zerá foi escolhido.
As famílias de Zerá vieram à frente, e a fa-
mília de Zinri foi escolhida. 18 Cada homem
da família de Zinri foi trazido à frente, e
Acã, filho de Carmi, filho de Zinri, filho de
Zerá, da tribo de Judá, foi escolhido.
19 Então Josué disse a Acã: "Meu filho, dê
glória e louvor ao Senhor, o Deus de Israel.
Confesse e conte-me o que você fez. Não
o esconda de mim".
20 Acã respondeu: "De fato, pequei con-
tra o Senhor, o Deus de Israel. Foi isto o
que fiz: 21 entre os despojos, vi uma bela
capa da Babilônia,[c] cerca de dois quilos e

[a] **7.1** Conforme o texto paralelo em 1Cr 2.6; o hebraico traz *Zabdi*; também em 7.17,18.
[b] **7.5** Ou *até Sebarim*.
[c] **7.21a** Em hebraico, *de Sinear*.

Tenho certeza de que os habitantes de Jericó não tinham respeito por Raabe; até que, um dia, ela demonstrou respeito por Deus e por seu povo, e passou a ser respeitada.

meio de prata[a] e uma barra de ouro com pouco mais de meio quilo.[b] Eu os desejei tanto que os tomei para mim. Estão escondidos no chão, debaixo de minha tenda, com a prata por baixo".

22 Josué mandou alguns homens fazerem uma busca. Eles correram até a tenda e encontraram escondidos ali os bens roubados como Acã tinha dito, com a prata por baixo. 23 Tiraram os objetos da tenda e os levaram a Josué e a todos os israelitas, e depois os colocaram no chão, na presença do Senhor.

24 Então Josué e todos os israelitas tomaram Acã, filho de Zerá, a prata, a capa e a barra de ouro, e também os filhos, as filhas, os bois, os jumentos, as ovelhas, a tenda e tudo que pertencia a Acã, e levaram ao vale de Acor.

25 Josué disse a Acã: "Por que você trouxe desgraça sobre nós? Agora o Senhor trará desgraça sobre você!". Então todo o povo apedrejou Acã e sua família e queimou os corpos. 26 Ergueram sobre Acã um grande monte de pedras que continua lá até hoje. Por isso, desde então, aquele lugar é chamado de vale de Acor.[c] Com isso, a ira ardente do Senhor se apagou.

OS ISRAELITAS DERROTAM AI

8 O Senhor disse a Josué: "Não tenha medo nem desanime! Pegue todos os seus homens de guerra e avance contra Ai, pois eu lhe entreguei o rei de Ai, seu povo e sua terra. 2 Você os destruirá como destruiu Jericó e seu rei. Desta vez, porém, poderão ficar com os despojos e os animais. Prepare uma emboscada atrás da cidade".

3 Então Josué e todos os seus homens de guerra partiram para atacar Ai. Josué escolheu trinta mil de seus melhores guerreiros e, de noite, os enviou 4 com as seguintes ordens: "Armem uma emboscada atrás da cidade, perto dela, e preparem-se para entrar em ação. 5 Quando nosso exército principal atacar, os homens de Ai sairão para a luta, como fizeram antes, e nós fugiremos deles. 6 Eles nos perseguirão até que os tenhamos atraído para longe da cidade, pois dirão: 'Os israelitas estão fugindo de nós como fizeram antes'. Então, enquanto corremos deles, 7 vocês sairão da emboscada e tomarão a cidade, pois o Senhor, seu Deus, a entregará em suas mãos. 8 Ponham fogo na cidade, conforme o Senhor ordenou. Essas são as minhas ordens".

9 Josué os enviou, e eles foram ao lugar da emboscada, entre Betel e o lado oeste de Ai. Josué, porém, passou a noite com o povo no acampamento. 10 No dia seguinte, logo cedo, Josué passou em revista a tropa e partiu para Ai acompanhado dos líderes de Israel. 11 Todos os homens de guerra que estavam com Josué se aproximaram da cidade e acamparam do lado norte de Ai, onde um vale os separava da cidade. 12 Naquela noite, Josué enviou cerca de cinco mil homens para esperarem escondidos entre Betel e Ai, do lado oeste da cidade. 13 O exército principal se posicionou ao norte da cidade, e o grupo da emboscada, a oeste. Josué, por sua vez, passou a noite no meio do vale.

14 Quando o rei de Ai viu os israelitas do outro lado do vale, ele e seu exército se apressaram e saíram bem cedo para os atacarem no local de onde se avista o vale do Jordão.[d] Não sabiam, porém, que havia uma emboscada atrás da cidade. 15 Josué e o exército de Israel fugiram em direção ao deserto, como se estivessem derrotados. 16 Todos os homens da cidade foram chamados para persegui-los e, com isso, acabaram atraídos para longe da cidade. 17 Não restou um só homem em Ai e em Betel que não perseguisse Israel, e as cidades ficaram totalmente desprotegidas.

18 Então o Senhor disse a Josué: "Aponte para Ai a lança que você tem na mão, pois eu lhe entregarei a cidade". Josué fez conforme ordenado 19 e, assim que deu esse sinal, todos os homens da emboscada saíram correndo de sua posição e invadiram a cidade. Em pouco tempo, eles a capturaram e a incendiaram.

20 Quando os homens de Ai olharam para trás, a fumaça da cidade subia ao céu e eles não tinham para onde ir, pois os

---

[a] **7.21b** Em hebraico, *200 siclos*.
[b] **7.21c** Em hebraico, *50 siclos*.
[c] **7.26** *Acor* significa "desgraça".
[d] **8.14** Em hebraico, *a Arabá*.

israelitas que fugiam em direção ao deser-
to se voltaram contra seus perseguidores.
[21] Ao perceberem que a emboscada havia
sido bem-sucedida e fumaça subia da ci-
dade, Josué e todo o exército de Israel
deram meia-volta e atacaram os homens
de Ai. [22] Enquanto isso, os israelitas que
estavam dentro da cidade saíram e ataca-
ram o inimigo pela retaguarda. Os homens
de Ai ficaram presos no meio, com guerrei-
ros israelitas de ambos os lados. Israel os
atacou, e nenhum deles sobreviveu nem
escapou. [23] Somente o rei de Ai foi captu-
rado vivo e levado a Josué.

[24] Quando o exército israelita terminou
de perseguir e matar todos os homens de
Ai nos campos abertos, voltou e acabou
com quem tinha ficado dentro da cidade.
[25] Toda a população de Ai, no total de doze
mil homens e mulheres, foi exterminada
naquele dia, [26] pois Josué manteve sua lan-
ça estendida até que todos os moradores
de Ai tivessem sido completamente des-
truídos. [27] Somente os animais e os tesou-
ros da cidade não foram destruídos, pois
Israel os tomou como despojo, conforme
o SENHOR havia ordenado a Josué. [28] Então
Josué pôs fogo na cidade de Ai,[a] e ela se
tornou, para sempre, uma pilha de ruínas,
um lugar desolado até hoje.

[29] Josué enforcou o rei de Ai numa árvore
e ali o deixou até a tarde. Ao pôr do sol,
os israelitas retiraram o corpo da árvore e,
por ordem de Josué, o lançaram em frente à
porta da cidade. Sobre ele levantaram uma
pilha de pedras, que permanece lá até hoje.

A RENOVAÇÃO DA ALIANÇA DO SENHOR

[30] Então Josué construiu no monte Ebal um
altar ao SENHOR, o Deus de Israel. [31] Seguiu
as ordens que Moisés, servo do SENHOR, ha-
via escrito no Livro da Lei: "Façam um altar
de pedras inteiras, em sua forma natural,
que não tenham sido trabalhadas com
ferramentas de ferro".[b] Sobre o altar, apre-
sentaram ao SENHOR holocaustos e ofertas
de paz. [32] E, enquanto os israelitas obser-
vavam, Josué copiou nas pedras a lei que
Moisés lhes tinha escrito.

[33] Todo o Israel, tanto os estrangeiros
como os israelitas de nascimento, junto
com os líderes, oficiais e juízes, se dividiu
em dois grupos. Um grupo ficou em frente
ao monte Gerizim, e o outro, em frente ao
monte Ebal. Entre os dois grupos, que esta-
vam voltados um para o outro, ficaram os
sacerdotes levitas que levavam a arca da
aliança do SENHOR. Tudo foi feito de acordo
com as ordens transmitidas de antemão
por Moisés, servo do SENHOR, para que o
povo de Israel fosse abençoado.

[34] Em seguida, Josué leu todas as bên-
çãos e maldições que Moisés havia escrito
no Livro da Lei. [35] Cada palavra de cada or-
dem de Moisés foi lida para toda a comu-
nidade de Israel, incluindo as mulheres,
as crianças e os estrangeiros que viviam
entre eles.

OS GIBEONITAS ENGANAM ISRAEL

9 Todos os reis a oeste do rio Jordão
souberam do que havia acontecido.
Eram os reis dos hititas, dos amorreus,
dos cananeus, dos ferezeus, dos heveus e
dos jebuseus que viviam nas montanhas,
nas colinas do oeste,[c] ao longo do litoral
do mar Mediterrâneo,[d] até as montanhas
do Líbano, ao norte. [2] Esses reis juntaram
suas tropas para lutar como um só exército
contra Josué e os israelitas.

[3] Contudo, quando os habitantes de
Gibeom souberam do que Josué tinha
feito com Jericó e Ai, [4] usaram de astúcia
para se salvar. Enviaram mensageiros a
Josué e carregaram seus jumentos com
sacos gastos e vasilhas de couro velhas
e rachadas. [5] Os mensageiros calçavam
sandálias gastas e remendadas e vestiam
roupas esfarrapadas, e também levavam
pães secos e esfarelados. [6] Quando chega-
ram ao acampamento em Gilgal, disseram
a Josué e aos líderes de Israel: "Viemos de
uma terra distante para pedir que vocês
façam um tratado de paz conosco".

[7] Os israelitas disseram a esses heveus:
"Como podemos ter certeza de que não vi-
vem aqui por perto? Pois, se for o caso, não
podemos fazer tratado algum com vocês".
[8] Eles responderam: "Somos seus servos".

[a] **8.28** *Ai* significa "ruína".
[b] **8.31** Êx 20.25; Dt 27.5-6.

[c] **9.1a** Em hebraico, *na Sefelá*.
[d] **9.1b** Em hebraico, *mar Grande*.

"Mas quem são vocês?", insistiu Josué. "De onde vieram?"

9 Eles disseram: "Seus servos vieram de uma terra muito distante. Ouvimos falar do poder do SENHOR, seu Deus, e de tudo que ele fez no Egito. 10 Também soubemos do que ele fez aos dois reis amorreus a leste do Jordão: Seom, rei de Hesbom, e Ogue, rei de Basã, que vivia em Astarote. 11 Por isso, nossos líderes e todo o nosso povo nos instruíram: 'Levem provisões para uma viagem longa. Vão encontrar-se com os israelitas e digam-lhes: Somos seus servos; por favor, façam um tratado conosco'.

12 "Estes pães haviam acabado de sair do forno quando partimos. Agora, como podem ver, estão secos e esfarelados. 13 Estas vasilhas de couro estavam novas quando as enchemos, mas agora estão rachadas. E nossas roupas e sandálias estão gastas da viagem extremamente longa".

14 Os israelitas examinaram as provisões deles, mas não consultaram o SENHOR a respeito. 15 Josué fez um tratado de paz com aqueles homens e garantiu que pouparia a vida deles, e os líderes da comunidade confirmaram o acordo com um juramento.

16 Três dias depois de fazerem esse tratado, os israelitas descobriram que, na verdade, os gibeonitas viviam ali perto. 17 Partiram de imediato naquela direção e, em três dias, chegaram às cidades dos gibeonitas, chamadas Gibeom, Quefira, Beerote e Quiriate-Jearim. 18 Contudo, não atacaram as cidades, pois os líderes da comunidade haviam feito um juramento em nome do SENHOR, o Deus de Israel.

Toda a comunidade se queixou contra seus líderes por causa do tratado, 19 mas eles responderam: "Uma vez que fizemos um juramento na presença do SENHOR, o Deus de Israel, não podemos tocar neles. 20 Temos de deixá-los viver, pois se quebrássemos o juramento a ira divina cairia sobre nós. 21 Que eles vivam!". Assim, os israelitas os colocaram para cortar lenha e carregar água para toda a comunidade, de acordo com a decisão dos líderes.

22 Josué reuniu os gibeonitas e lhes disse: "Por que vocês mentiram para nós? Por que disseram que viviam numa terra distante da nossa quando, na verdade, vivem aqui perto? 23 Sejam amaldiçoados! De agora em diante, vocês serão sempre servos, encarregados de cortar lenha e carregar água para a casa do meu Deus".

24 Eles responderam: "Agimos desse modo porque foi anunciado a nós, seus servos, que o SENHOR, seu Deus, havia ordenado a seu servo Moisés que desse a vocês toda esta terra e que destruísse todos os seus habitantes. Tememos muito por nossa vida por causa de vocês. 25 Agora, estamos em suas mãos. Façam conosco o que lhes parecer correto".

26 Assim, Josué livrou os gibeonitas e não permitiu que os israelitas os matassem. 27 Naquele dia, porém, encarregou-os de cortar lenha e carregar água para toda a comunidade de Israel e para o altar do SENHOR, no lugar que o SENHOR escolhesse construí-lo. Isso é o que fazem até hoje.

ISRAEL DERROTA OS EXÉRCITOS DO SUL

10 Adoni-Zedeque, rei de Jerusalém, soube que Josué havia capturado e destruído completamente a cidade de Ai e matado seu rei, assim como tinha destruído a cidade de Jericó e matado seu rei. Também soube que os gibeonitas haviam feito um tratado de paz com Israel e agora viviam no meio deles. 2 Ele e seu povo tiveram muito medo, pois Gibeom era uma cidade grande como as cidades reais, ainda maior que a cidade de Ai, e os gibeonitas eram guerreiros valentes.

3 Por isso, Adoni-Zedeque, rei de Jerusalém, enviou mensageiros a vários outros reis: a Hoão, rei de Hebrom, a Piram, rei de Jarmute, a Jafia, rei de Laquis, e a Debir, rei de Eglom. 4 "Venham e ajudem-me a destruir Gibeom, pois seu povo fez um tratado de paz com Josué e os israelitas", pediu ele. 5 Então os cinco reis amorreus uniram seus exércitos para atacar juntos. Posicionaram suas tropas perto de Gibeom e avançaram contra ela.

6 Os homens de Gibeom enviaram mensageiros a Josué em seu acampamento em Gilgal. "Não abandone seus servos!", suplicaram. "Venha depressa e salve-nos!

Ajude-nos, pois todos os reis amorreus que vivem na região montanhosa uniram forças para nos atacar!"

7 Josué e todo o seu exército, incluindo seus melhores guerreiros, partiram de Gilgal para Gibeom. 8 "Não tenha medo desses reis", disse o SENHOR a Josué. "Eu os entreguei em suas mãos. Nenhum deles será capaz de resistir a você."

9 Josué marchou a noite toda desde Gilgal e pegou os exércitos amorreus de surpresa. 10 O SENHOR trouxe pânico sobre os amorreus, e o exército de Israel massacrou muitos deles em Gibeom. Perseguiram o inimigo ao longo da subida para Bete-Horom, matando os amorreus até Azeca e Maquedá. 11 Enquanto os amorreus recuavam pelo caminho de Bete-Horom, o SENHOR os destruiu com uma terrível chuva de pedras de granizo que ele enviou do céu e que continuou até chegarem a Azeca. As pedras eliminaram mais inimigos do que os israelitas mataram à espada.

12 No dia em que o SENHOR deu aos israelitas vitória sobre os amorreus, Josué orou ao SENHOR diante do povo e disse:

"Que o sol pare sobre Gibeom,
e a lua, sobre o vale de Aijalom!".

13 O sol parou e a lua ficou onde estava, até que o povo tivesse derrotado seus inimigos.

Acaso esse acontecimento não está registrado no *Livro de Jasar*?[a] O sol parou no meio do céu e não se pôs por cerca de um dia inteiro. 14 Nunca antes nem depois houve um dia semelhante, quando o SENHOR respondeu a uma oração como essa. Certamente o SENHOR lutou por Israel naquele dia!

15 Então Josué e todo o exército de Israel voltaram ao acampamento em Gilgal.

JOSUÉ EXECUTA OS CINCO REIS DO SUL

16 Durante a batalha, os cinco reis fugiram e se esconderam numa caverna em Maquedá. 17 Quando Josué soube que eles haviam sido encontrados, 18 deu a seguinte ordem: "Fechem a entrada da caverna com pedras grandes e ponham guardas ali, para que os reis não saiam. 19 Quanto aos demais soldados, continuem a perseguir os inimigos e matem os da retaguarda. Não deixem que voltem às suas cidades, pois o SENHOR, seu Deus, lhes deu vitória sobre eles".

20 Assim, Josué e o exército israelita continuaram a aniquilar o inimigo. Exterminaram os cinco exércitos, com exceção de uns poucos sobreviventes que conseguiram chegar às cidades fortificadas. 21 As tropas voltaram em segurança para Josué, no acampamento de Maquedá. Depois disso, ninguém se atreveu a dizer uma palavra contra o povo de Israel.

22 Então Josué ordenou: "Removam as pedras que estão na entrada da caverna e tragam os cinco reis para cá". 23 Eles tiraram da caverna os cinco reis das cidades de Jerusalém, Hebrom, Jarmute, Laquis e Eglom. 24 Os reis foram trazidos para fora, diante de Josué, e ele ordenou aos comandantes de seu exército: "Venham e coloquem o pé sobre o pescoço dos reis". E eles obedeceram.

25 "Não tenham medo nem desanimem", disse Josué. "Sejam fortes e corajosos, pois é isso que o SENHOR fará com todos os inimigos que vocês enfrentarem." 26 Então Josué matou os cinco reis e os pendurou em cinco árvores, onde ficaram até a tarde.

27 Ao entardecer, Josué ordenou que os corpos fossem tirados das árvores e lançados na caverna onde os reis haviam se escondido. A entrada da caverna foi fechada com pedras grandes, que estão lá até hoje.

ISRAEL DESTRÓI AS CIDADES DO SUL

28 Naquele mesmo dia, Josué tomou a cidade de Maquedá e a destruiu. Matou todos os seus habitantes, incluindo o rei, sem deixar sobreviventes. Destruiu todos eles e matou o rei de Maquedá, como havia feito com o rei de Jericó. 29 Então Josué e todo o exército de Israel avançaram para Libna e a atacaram. 30 O SENHOR entregou a cidade e seu rei nas mãos dos israelitas, que mataram todos os seus habitantes, sem deixar sobreviventes. Depois Josué matou o rei de Libna, como havia feito com o rei de Jericó.

[a] **10.13** Ou *Livro dos Justos.*

31 De Libna, Josué e todo o exército israe-
lita avançaram para Laquis e a atacaram.
32 O SENHOR também entregou Laquis nas
mãos de Israel. Josué a tomou no segun-
do dia e matou todos os seus habitantes,
como havia feito com Libna. 33 Durante o
ataque a Laquis, Horão, rei de Gezer, che-
gou com seu exército para ajudar a de-
fender a cidade, mas os homens de Josué
mataram o rei e seu exército, sem dei-
xar sobreviventes.

34 Em seguida, Josué e todo o exército
israelita avançaram para Eglom e a ata-
caram. 35 Tomaram a cidade naquele
dia e mataram todos os seus habitantes.
Destruíram todos, como haviam feito com
Laquis. 36 De Eglom, Josué e todo o exér-
cito de Israel subiram para Hebrom e a
atacaram. 37 Tomaram a cidade e mata-
ram todos os seus habitantes, incluindo
o rei, sem deixar sobreviventes. Fizeram o
mesmo com todos os povoados vizinhos.
Destruíram toda a população, como ha-
viam feito com Eglom.

38 Então Josué e todo o exército israelita
voltaram e atacaram Debir. 39 Tomaram a
cidade, o rei e todos os povoados vizinhos.
Destruíram todos, sem deixar sobreviven-
tes. Fizeram com Debir e seu rei o mes-
mo que haviam feito com Hebrom, Libna
e seus reis.

40 Assim, Josué conquistou toda a região:
a região montanhosa, o Neguebe, as coli-
nas do oeste[a] e as encostas dos montes,
derrotando todos os seus reis. Destruiu
todos na terra, sem deixar sobreviventes,
conforme o SENHOR, o Deus de Israel, havia
ordenado. 41 Josué os massacrou de Cades-
Barneia a Gaza, e da região ao redor de
Gósen até Gibeom. 42 Conquistou todos
esses reis e suas terras numa só campa-
nha, pois o SENHOR, o Deus de Israel, lutou
por Israel.

43 Então Josué e todo o exército israelita
voltaram ao acampamento em Gilgal.

ISRAEL DERROTA OS EXÉRCITOS DO NORTE

11 Quando Jabim, rei de Hazor, sou-
be do que havia acontecido, enviou
mensagens aos seguintes reis: a Jobabe,
rei de Madom; ao rei de Sinrom; ao rei de
Acsafe; 2 a todos os reis da região monta-
nhosa ao norte; aos reis do vale do Jordão,
ao sul da Galileia;[b] aos reis das colinas
do oeste;[c] aos reis de Nafote-Dor, a oes-
te; 3 aos reis de Canaã, a leste e a oeste;
aos reis dos amorreus, dos hititas, dos fere-
zeus, dos jebuseus da região montanhosa,
e dos heveus das cidades nas encostas do
Hermom, na região de Mispá.

4 Todos esses reis saíram para lutar.
Juntos, seus exércitos formavam uma gran-
de multidão, como a areia na beira do mar,
equipados com muitos cavalos e carros de
guerra. 5 Os reis se uniram e acamparam
ao redor das águas perto de Merom, para
guerrearem contra Israel.

6 Então o SENHOR disse a Josué: "Não te-
nha medo deles. Amanhã a esta hora eu
os entregarei todos mortos a Israel. Vocês
deverão cortar os tendões de seus cavalos
e queimar seus carros de guerra".

7 Josué e todo o exército foram às águas
perto de Merom e atacaram de surpresa,
8 e o SENHOR deu a Israel vitória sobre seus
inimigos. Os israelitas os perseguiram até
a grande Sidom, até Misrefote-Maim e até
o vale de Mispá, a leste, e não sobrou ne-
nhum guerreiro inimigo com vida. 9 Então
Josué cortou os tendões dos cavalos e quei-
mou todos os carros de guerra, conforme
o SENHOR havia ordenado.

10 Depois, Josué voltou, tomou Hazor e
matou seu rei. Em outros tempos, Hazor
havia sido a capital de todos esses reinos.
11 Os israelitas mataram e destruíram com-
pletamente todos que viviam na cidade,
sem deixar sobreviventes. Ninguém foi
poupado. Por fim, Josué queimou a cidade.

12 Josué matou todos os outros reis e
seus povos e os destruiu completamen-
te, conforme Moisés, servo do SENHOR, ha-
via ordenado. 13 Mas Israel não incendiou
nenhuma das cidades construídas nas co-
linas, exceto Hazor, que Josué queimou.
14 Os israelitas tomaram todos os despo-
jos e os animais das cidades destruídas,
mas mataram todos os seus habitantes,
sem deixar sobreviventes. 15 Conforme o

[a] **10.40** Em hebraico, *a Sefelá.*

[b] **11.2a** Em hebraico, *da Arabá, ao sul de Quinerete.*

[c] **11.2b** Em hebraico, *Sefelá*; também em 11.16.

Senhor havia ordenado a seu servo Moisés, também Moisés ordenou a Josué, e ele obedeceu fielmente a todas as ordens que o Senhor tinha dado a Moisés.

16 Assim, Josué conquistou toda aquela terra: a região montanhosa, todo o Neguebe, toda a região ao redor da cidade de Gósen, as colinas do oeste, o vale do Jordão,[a] os montes de Israel e as colinas próximas. 17 O território israelita se estendia agora desde o monte Halaque, que sobe em direção a Seir, até Baal-Gade, no vale do Líbano, ao pé do monte Hermom. Josué capturou e matou todos os reis desses territórios, 18 depois de guerrear contra eles por muito tempo. 19 Ninguém na região fez tratados de paz com os israelitas, exceto os heveus de Gibeom. Todos os outros foram derrotados na guerra, 20 pois o Senhor lhes endureceu o coração para que lutassem contra Israel. Por isso, foram completamente destruídos, sem misericórdia, conforme o Senhor havia ordenado a Moisés.

21 Nesse período, Josué destruiu todos os descendentes de Enaque da região montanhosa de Hebrom, Debir, Anabe, e de toda a região montanhosa de Judá e Israel. Matou todos eles e destruiu completamente suas cidades. 22 Não sobreviveu nenhum descendente de Enaque em todo o território dos israelitas, embora restassem alguns em Gaza, Gate e Asdode.

23 Assim, Josué assumiu o controle de toda a terra, conforme o Senhor havia instruído Moisés. Josué a entregou ao povo de Israel como herança e a repartiu entre as tribos. E, por fim, a terra descansou da guerra.

REIS DERROTADOS A LESTE DO JORDÃO

12 Estes são os reis a leste do Jordão que os israelitas mataram e de cujas terras se apossaram. Seu território se estendia desde o vale do Arnom até o monte Hermom, e incluía toda a terra no lado leste do vale do Jordão.[b]

2 Derrotaram Seom, rei dos amorreus, que vivia em Hesbom. Seu reino abrangia Aroer, à beira do vale do Arnom, e se estendia desde a cidade no meio do vale até o rio Jaboque, que é a divisa com os amonitas. Esse território incluía toda a metade sul de Gileade. 3 Seom também controlava o vale do Jordão e algumas regiões a leste, desde o mar da Galileia, ao norte, até o mar Morto, ao sul,[c] incluindo o caminho para Bete-Jesimote e, mais ao sul, as encostas do monte Pisga.

4 Derrotaram Ogue, rei de Basã e o último dos refains, que vivia em Astarote e em Edrei. 5 Ele governava o território que se estendia desde o monte Hermom até Salcá, ao norte; toda a região de Basã, a leste, até a divisa com os reinos de Gesur e Maaca, a oeste. Esse território abrangia a metade norte de Gileade, até a divisa com Seom, rei de Hesbom.

6 Moisés, servo do Senhor, e os israelitas haviam destruído o povo do rei Seom e o povo do rei Ogue. Moisés havia entregado a terra deles como propriedade às tribos de Rúben e Gade e à meia tribo de Manassés.

REIS DERROTADOS A OESTE DO JORDÃO

7 Esta é a lista dos reis que Josué e os israelitas derrotaram a oeste do rio Jordão, desde Baal-Gade, no vale do Líbano, até o monte Halaque, que sobe em direção a Seir. Josué deu essa terra como propriedade às tribos de Israel e a repartiu entre elas. 8 A terra abrangia a região montanhosa, as colinas do oeste,[d] o vale do Jordão, as encostas dos montes, o deserto e o Neguebe. Nessa região viviam os hititas, os amorreus, os cananeus, os ferezeus, os heveus e os jebuseus. Estes são os reis que Israel derrotou:

9 O rei de Jericó,
o rei de Ai, próxima a Betel,
10 o rei de Jerusalém,
o rei de Hebrom,
11 o rei de Jarmute,
o rei de Laquis,
12 o rei de Eglom,
o rei de Gezer,

[a] **11.16** Em hebraico, *a Arabá.*
[b] **12.1** Em hebraico, *a Arabá*; também em 12.3,8.
[c] **12.3** Em hebraico, *desde o mar de Quinerete até o mar da Arabá, o mar Salgado.*
[d] **12.8** Em hebraico, *a Sefelá.*

[13] o rei de Debir,
o rei de Geder,
[14] o rei de Hormá,
o rei de Arade,
[15] o rei de Libna,
o rei de Adulão,
[16] o rei de Maquedá,
o rei de Betel,
[17] o rei de Tapua,
o rei de Héfer,
[18] o rei de Afeque,
o rei de Lasarom,
[19] o rei de Madom,
o rei de Hazor,
[20] o rei de Sinrom-Merom,
o rei de Acsafe,
[21] o rei de Taanaque,
o rei de Megido,
[22] o rei de Quedes,
o rei de Jocneão, no Carmelo,
[23] o rei de Dor, na cidade de Nafote-Dor,[a]
o rei de Goim, em Gilgal,[b]
[24] e o rei de Tirza.

Ao todo, os israelitas derrotaram 31 reis.

A TERRA AINDA POR CONQUISTAR

13 Josué já era idoso, e o Senhor lhe
disse: "Você está envelhecendo,
e ainda há muita terra a ser conquistada.
[2] Este é o território que resta: todas as re-
giões dos filisteus e dos gesuritas; [3] o ter-
ritório mais amplo dos cananeus, desde
o ribeiro de Sior, na divisa com o Egito,
até a divisa de Ecrom, ao norte. Abrange
o território de cinco governantes filisteus:
de Gaza, de Asdode, de Ascalom, de Gate
e de Ecrom. [4] Também falta conquistar a
terra dos aveus, ao sul. Ao norte, a seguinte
região ainda não foi conquistada: toda a
terra dos cananeus, incluindo Meara, per-
tencente aos sidônios, até Afeque, na divi-
sa com os amorreus; [5] a terra dos gibleus
e toda a região montanhosa do Líbano, a
leste, desde Baal-Gade, ao pé do monte
Hermom, até Lebo-Hamate; [6] e toda a re-
gião montanhosa, a oeste, desde o Líbano
até Misrefote-Maim, incluindo toda a terra
dos sidônios.

"Eu mesmo expulsarei esses povos da
terra de diante dos israelitas. Não dei-
xem, portanto, de dar esta terra a Israel
como herança, conforme eu lhes orde-
nei. [7] Dividam todo este território como
herança entre as nove tribos e a meia tribo
de Manassés".

A TERRA DIVIDIDA A LESTE DO JORDÃO

[8] A outra metade da tribo de Manassés e as
tribos de Rúben e Gade já haviam recebido
sua porção de terra como herança a leste
do Jordão, designada para eles por Moisés,
servo do Senhor.

[9] Seu território se estendia desde Aroer,
na beira do vale do Arnom, incluindo
a cidade no meio do vale, passando
pelo planalto além de Medeba, até
Dibom. [10] Também abrangia todas
as cidades de Seom, rei dos amor-
reus, que havia reinado em Hesbom,
e se estendia até a divisa de Amom.
[11] Incluía Gileade, o território dos rei-
nos de Gesur e Maaca, todo o monte
Hermom e toda a região de Basã, até
Salcá, [12] e também todo o reino de
Ogue, rei de Basã, que havia reinado
em Astarote e Edrei. O rei Ogue era
o último dos refains, pois Moisés os
havia atacado e expulsado. [13] Mas os
israelitas não expulsaram os habitan-
tes de Gesur e Maaca, de modo que
vivem no meio de Israel até hoje.

UMA HERANÇA PARA A TRIBO DE LEVI

[14] Moisés não havia designado porção al-
guma de terra como herança para a tribo
de Levi. Em vez disso, conforme o Senhor
lhes havia prometido, sua herança vinha
das ofertas especiais para o Senhor, o Deus
de Israel.

A TERRA ENTREGUE À TRIBO DE RÚBEN

[15] Moisés havia designado a seguinte área
aos clãs da tribo de Rúben:

[16] Seu território se estendia desde
Aroer, na beira do vale do Arnom,

[a] **12.23a** Em hebraico, *Nafate-Dor*, variação de Nafote-Dor.
[b] **12.23b** A Septuaginta traz *Goim, na Galileia.*

incluindo a cidade no meio do vale,
até o planalto além de Medeba.
17 Abrangia Hesbom e as outras ci-
dades do planalto: Dibom, Bamote-
Baal, Bete-Baal-Meom, 18 Jaza,
Quedemote, Mefaate, 19 Quiriataim,
Sibma, Zerete-Saar, na colina acima
do vale, 20 Bete-Peor, as encostas do
Pisga e Bete-Jesimote.
21 O território de Rúben também in-
cluía todas as cidades do planalto
e todo o reino de Seom, o rei amor-
reu que havia reinado em Hesbom.
Seom havia sido morto por Moisés
junto com os líderes de Midiã: Evi,
Requém, Zur, Hur e Reba, príncipes
que habitavam naquela região e eram
aliados de Seom. 22 Os israelitas tam-
bém mataram Balaão, filho de Beor,
que usava mágica para prever o fu-
turo. 23 O rio Jordão marcava a divisa
oeste da tribo de Rúben. As cidades e
seus povoados ao redor nessa região
foram entregues aos clãs da tribo de
Rúben como sua herança.

A TERRA ENTREGUE À TRIBO DE GADE

24 Moisés havia designado a seguinte área
aos clãs da tribo de Gade:

25 Seu território abrangia Jazar, todas
as cidades de Gileade e metade da
terra de Amom, até a cidade de Aroer,
logo a oeste de[a] Rabá. 26 Estendia-se
desde Hesbom até Ramate-Mispá
e Betonim, e desde Maanaim até o
território de Lo-Debar.[b] 27 No vale,
incluía Bete-Arã, Bete-Ninra, Sucote,
Zafom, e o restante das terras de
Seom, rei de Hesbom. A divisa oci-
dental acompanhava o rio Jordão e
se estendia ao norte até a ponta do
mar da Galileia,[c] e depois fazia uma
curva para o leste. 28 As cidades com
os povoados ao redor foram entre-
gues aos clãs da tribo de Gade como
sua herança.

A TERRA ENTREGUE À MEIA TRIBO DE MANASSÉS

29 Moisés havia designado a seguinte área
aos clãs da meia tribo de Manassés:

30 Seu território se estendia desde
Maanaim e abrangia toda a região de
Basã, todo o antigo território do rei
Ogue, e as sessenta cidades de Jair,
em Basã. 31 Também incluía meta-
de de Gileade, bem como Astarote e
Edrei, cidades do reino de Ogue em
Basã. Tudo isso foi entregue à meta-
de dos descendentes de Maquir, filho
de Manassés, segundo seus clãs.

32 Essa foi a divisão de terras como he-
rança que Moisés designou enquanto esta-
va nas campinas de Moabe, do outro lado
do rio Jordão, a leste de Jericó. 33 À tribo de
Levi, porém, Moisés não deu porção algu-
ma de terra como herança, pois o SENHOR,
o Deus de Israel, havia prometido que ele
próprio seria sua herança.

A TERRA DIVIDIDA A OESTE DO JORDÃO

14 As demais tribos de Israel recebe-
ram como herança as terras em
Canaã designadas pelo sacerdote Eleazar,
por Josué, filho de Num, e pelos chefes das
tribos. 2 Essas nove tribos e meia recebe-
ram as terras de sua herança por sorteio,
como o SENHOR havia ordenado por meio
de Moisés. 3 Ele já havia designado as ter-
ras de herança para as duas tribos e meia
do lado leste do rio Jordão, mas não tinha
dado uma porção de terra como herança
para os levitas. 4 Os descendentes de José
haviam se tornado duas tribos separadas:
Manassés e Efraim. Os levitas não recebe-
ram porção alguma de terra, mas apenas
cidades para morarem, com pastagens ao
redor para seus animais e todos os seus
bens. 5 Assim, os israelitas distribuíram a
terra exatamente de acordo com as ordens
do SENHOR a Moisés.

CALEBE PEDE SUA TERRA

6 Uma delegação da tribo de Judá, lidera-
da por Calebe, filho do quenezeu Jefoné,
foi a Josué em Gilgal. Calebe disse a

[a] **13.25** Em hebraico, *em frente de*.
[b] **13.26** Em hebraico, *Li-Debir*, aparentemente uma variação de Lo-Debar (comparar com 2Sm 9.4; 17.27; Am 6.13).
[c] **13.27** Em hebraico, *mar de Quinerete*.

Josué: "Lembre-se do que o SENHOR disse a Moisés, o homem de Deus, a respeito de você e de mim quando estávamos em Cades-Barneia. 7 Eu tinha 40 anos quando Moisés, servo do SENHOR, me enviou de Cades-Barneia para fazer o reconhecimento da terra de Canaã. Eu voltei e lhe dei um relatório verdadeiro, 8 mas meus irmãos israelitas que foram comigo assustaram o povo de tal maneira que eles se encheram de medo. De minha parte, segui o SENHOR, meu Deus, de todo o coração. 9 Por isso, naquele dia Moisés me prometeu solenemente: 'A terra de Canaã na qual você caminhou será herança permanente para você e seus descendentes, pois você seguiu o SENHOR, meu Deus, de todo o coração'.

10 "Agora, como você vê, em todos estes 45 anos, desde que Moisés disse essas palavras, o SENHOR me preservou como havia prometido, mesmo quando Israel vagava pelo deserto. Hoje estou com 85 anos. 11 Continuo forte como no dia em que Moisés me enviou, e ainda posso viajar e lutar tão bem quanto naquela época. 12 Portanto, dê-me a região montanhosa que o SENHOR me prometeu. Você certamente se lembra de que, enquanto fazíamos o reconhecimento da terra, descobrimos que os descendentes de Enaque viviam ali em grandes cidades fortificadas. Mas, se o SENHOR estiver comigo, eu os expulsarei da terra, como o SENHOR prometeu".

13 Então Josué abençoou Calebe, filho de Jefoné, e lhe deu Hebrom como sua porção de terra. 14 Até hoje Hebrom pertence aos descendentes de Calebe, filho do quenezeu Jefoné, pois ele seguiu fielmente o SENHOR, o Deus de Israel. 15 Antes disso, Hebrom era chamada Quiriate-Arba, em homenagem a Arba, um grande herói dos descendentes de Enaque.

E a terra descansou da guerra.

A TERRA ENTREGUE À TRIBO DE JUDÁ

15 As terras distribuídas por sorteio aos clãs da tribo de Judá se estendiam para o sul, até a divisa com Edom, e chegavam ao deserto de Zim, no extremo sul:

2 A divisa ao sul começava na extremidade sul do mar Morto,[a] 3 seguia para o sul pela ladeira do Escorpião,[b] passando pelo deserto de Zim e prosseguindo até Hezrom, ao sul de Cades-Barneia. Então subia até Adar e fazia uma curva em direção a Carca. 4 Dali passava por Azmom, continuava até o ribeiro do Egito e seguia até o mar Mediterrâneo.[c] Essa era a divisa ao sul deles.[d]

5 A divisa a leste se estendia ao longo do mar Morto até a foz do rio Jordão.

A divisa ao norte começava na extremidade onde o Jordão deságua no mar Morto, 6 subia dali para Bete-Hogla e continuava ao norte de Bete-Arabá, até a Pedra de Boã (Boã era filho de Rúben). 7 A partir desse ponto, passava pelo vale de Acor até Debir, fazendo uma curva para o norte, em direção a Gilgal, que ficava de frente ao desfiladeiro de Adumim, do lado sul do vale. Dali a divisa se estendia para as águas de En-Semes, até En-Rogel. 8 Depois passava pelo vale de Ben-Hinom, pela encosta sul dos jebuseus, onde fica a cidade de Jerusalém. Em seguida estendia-se para o oeste, até o alto do monte acima do vale de Hinom, e continuava até a extremidade norte do vale de Refaim. 9 A divisa prosseguia do alto do monte para a fonte nas águas de Neftoa,[e] até as cidades do monte Efrom. Então fazia uma curva em direção a Baalá (isto é, Quiriate-Jearim). 10 Rodeava Baalá em direção ao oeste, até o monte Seir, passava pela cidade de Quesalom, na encosta norte do monte Jearim, descia a Bete-Semes e passava por Timna. 11 Depois a divisa continuava até a encosta do monte ao norte de Ecrom, onde fazia uma curva em direção a Sicrom e o monte Baalá. Passava por Jabneel e terminava no mar Mediterrâneo.

[a] **15.2** Em hebraico, *mar Salgado*; também em 15.5.
[b] **15.3** Ou *ladeira de Acrabim*.
[c] **15.4a** Em hebraico, *mar*; também em 15.11.
[d] **15.4b** Em hebraico, *de vocês*.
[e] **15.9** Ou *fonte de Me-Neftoa*.

[12] A divisa ocidental era o litoral do
mar Mediterrâneo.[a]

Essas são as divisas dos clãs da tribo de
Judá.

A TERRA ENTREGUE A CALEBE

[13] Por ordem do SENHOR, Josué designou
uma porção no meio do território de
Judá para Calebe, filho de Jefoné. Calebe
recebeu a cidade de Quiriate-Arba (isto é,
Hebrom), assim chamada por causa
de Arba, um antepassado de Enaque.
[14] Calebe expulsou três grupos de ena-
quins: os descendentes de Sesai, de Aimã
e de Talmai, filhos de Enaque.
[15] Dali ele partiu para lutar contra os ha-
bitantes da cidade de Debir (antes cha-
mada de Quiriate-Sefer). [16] Calebe disse:
"Darei minha filha Acsa em casamento
a quem atacar e tomar Quiriate-Sefer".
[17] Otoniel, filho de Quenaz, irmão de
Calebe, tomou a cidade, e Calebe lhe deu
Acsa como esposa.
[18] Quando Acsa se casou com Otoniel,
ela insistiu para que ele[b] pedisse um cam-
po ao pai dela. Assim que ela desceu do
jumento, Calebe lhe perguntou: "O que
você quer?".
[19] Ela respondeu: "Quero mais um pre-
sente. O senhor me deu terras no deserto
do Neguebe; agora, peço que também me
dê fontes de água". Então Calebe lhe deu
as fontes superiores e as fontes inferiores.

AS CIDADES SEPARADAS PARA JUDÁ

[20] Esta foi a herança designada aos clãs
da tribo de Judá:

[21] As cidades de Judá situadas ao lon-
go da divisa com Edom, no extre-
mo sul, eram: Cabzeel, Éder, Jagur,
[22] Quiná, Dimona, Adada, [23] Quedes,
Hazor, Itnã, [24] Zife, Telém, Bealote,
[25] Hazor-Hadata, Queriote-Hezrom
(isto é, Hazor), [26] Amã, Sema, Moladá,
[27] Hazar-Gada, Hesmom, Bete-Pelete,
[28] Hazar-Sual, Berseba, Biziotiá,
[29] Baalá, Iim, Azém, [30] Eltolade,
Quesil, Hormá, [31] Ziclague, Madmana,
Sansana, [32] Lebaote, Silim, Aim e
Rimom; ao todo, 29 cidades com os
povoados ao redor.
[33] As seguintes cidades situadas nas
colinas do oeste[c] também foram en-
tregues a Judá: Estaol, Zorá, Asná,
[34] Zanoa, En-Ganim, Tapua, Enã,
[35] Jarmute, Adulão, Socó, Azeca,
[36] Saaraim, Aditaim, Gederá e
Gederotaim; catorze cidades com os
povoados ao redor.
[37] Também foram incluídas: Zenã,
Hadasa, Migdal-Gade, [38] Dileã,
Mispá, Jocteel, [39] Laquis, Bozcate,
Eglom, [40] Cabom, Laamás, Quitlis,
[41] Gederote, Bete-Dagom, Naamá e
Maquedá; dezesseis cidades com os
povoados ao redor.
[42] Além dessas, também foram entre-
gues: Libna, Eter, Asã, [43] Iftá, Asná,
Nezibe, [44] Queila, Aczibe e Maressa;
nove cidades com os povoados
ao redor.
[45] O território da tribo de Judá abrangia,
ainda, Ecrom com os assentamentos
e povoados ao redor. [46] De Ecrom, a
divisa se estendia para o oeste, e in-
cluía as cidades perto de Asdode, com
os povoados ao redor. [47] Também in-
cluía Asdode, com os assentamentos
e povoados ao redor, e Gaza, com os
assentamentos e povoados ao redor,
até o ribeiro do Egito, e ao longo do
litoral do mar Mediterrâneo.
[48] Judá também recebeu estas cida-
des na região montanhosa: Samir,
Jatir, Socó, [49] Daná, Quiriate-Sana
(isto é, Debir), [50] Anabe, Estemo,
Anim, [51] Gósen, Holom e Gilo; onze
cidades com os povoados ao redor.
[52] Foram incluídas ainda: Arabe, Dumá,
Esã, [53] Janim, Bete-Tapua, Afeque,
[54] Hunta, Quiriate-Arba (isto é,
Hebrom), e Zior; nove cidades com
os povoados ao seu redor.
[55] Além destas, também foram en-
tregues: Maom, Carmelo, Zife, Jutá,
[56] Jezreel, Jocdeão, Zanoa, [57] Caim,

Assim como uma mulher que engravida não aparenta estar grávida no dia seguinte, muitos frutos gerados em nosso lugar secreto com Deus só serão revelados no tempo e no lugar apropriados.

[a] **15.12** Em hebraico, *mar Grande*; também em 15.47.
[b] **15.18** Alguns manuscritos gregos trazem *ele insistiu para que ela*.
[c] **15.33** Em hebraico, *na Sefelá*.

Gibeá e Timna; dez cidades com os povoados ao redor.

58 E ainda: Halul, Bete-Zur, Gedor,
59 Maarate, Bete-Anote e Eltecom; seis cidades com os povoados ao redor.

60 Também: Quiriate-Baal (isto é, Quiriate-Jearim), e Rabá; duas cidades com os povoados ao redor.

61 No deserto ficavam: Bete-Arabá, Midim, Secacá, 62 Nibsã, a Cidade do Sal e En-Gedi; seis cidades com os povoados ao redor.

63 Contudo, a tribo de Judá não conseguiu expulsar os jebuseus, que habitavam em Jerusalém, de modo que os jebuseus vivem até hoje no meio de Judá.

A TERRA ENTREGUE A EFRAIM E A MANASSÉS OCIDENTAL

16 As terras distribuídas por sorteio aos descendentes de José se estendiam desde o rio Jordão, perto de Jericó, a leste das águas de Jericó, passando pelo deserto, até a região montanhosa de Betel. 2 De Betel (isto é, Luz),[a] seguiam para Atarote, no território dos arquitas. 3 Depois desciam em direção ao oeste, para o território dos jafletitas, até Bete-Horom Baixa e dali para Gezer, até o mar Mediterrâneo.[b]

4 Essa foi a herança designada às famílias de Manassés e Efraim, filhos de José.

A TERRA ENTREGUE A EFRAIM

5 A seguinte herança foi designada aos clãs da tribo de Efraim:

Sua divisa começava em Atarote-Adar, a leste. Dali se estendia para Bete-Horom Alta, 6 e depois para o mar Mediterrâneo. De Micmetá, ao norte, fazia uma curva para o leste e passava por Taanate-Siló, a leste de Janoa. 7 De Janoa fazia uma curva para o sul, até Atarote e Naarate, chegava até Jericó e terminava no rio Jordão. 8 De Tapua, a divisa se estendia para o oeste, em direção ao vale de Caná, e dali chegava até o mar Mediterrâneo. Essa foi a porção de terra designada como herança para os clãs da tribo de Efraim.

9 Além disso, algumas cidades, com os povoados ao redor, no território designado como herança à meia tribo de Manassés, foram separadas para a tribo de Efraim. 10 Eles não expulsaram os cananeus de Gezer, de modo que os habitantes de Gezer vivem até hoje no meio de Efraim, submetidos a trabalhos forçados.

A TERRA ENTREGUE A MANASSÉS OCIDENTAL

17 A porção seguinte de terra foi entregue por sorteio à meia tribo de Manassés, os descendentes do filho mais velho de José. Maquir, filho mais velho de Manassés, era pai de Gileade. Guerreiros valentes, ele e seus descendentes receberam as regiões de Gileade e Basã, a leste do rio Jordão. 2 Assim, a porção de terra a oeste do Jordão foi para as demais famílias dos clãs da tribo de Manassés: Abiezer, Heleque, Asriel, Siquém, Héfer e Semida. Esses descendentes do sexo masculino representavam os clãs de Manassés, filho de José.

3 Contudo, Zelofeade, filho de Héfer, filho de Gileade, filho de Maquir, filho de Manassés, não teve filhos, mas somente filhas. Seus nomes eram: Maala, Noa, Hogla, Milca e Tirza. 4 Essas mulheres foram ao sacerdote Eleazar, a Josué, filho de Num, e aos líderes israelitas e disseram: "O Senhor ordenou a Moisés que nos entregasse uma porção de terra como herança junto a nossos parentes".

Então Josué lhes deu uma herança entre os irmãos de seu pai, conforme o Senhor havia ordenado. 5 Assim, a tribo de Manassés recebeu, no total, dez porções de terra, além de Gileade e Basã, do outro lado do Jordão, 6 pois as descendentes de Manassés receberam uma herança entre os descendentes dele. (A terra de Gileade foi entregue aos demais descendentes de Manassés.)

7 A divisa da tribo de Manassés se estendia desde Aser até Micmetá,

[a] **16.2** Conforme a Septuaginta (ver tb. 18.13); o hebraico traz *De Betel até Luz*.

[b] **16.3** Em hebraico, *mar*; também em 16.6,8.

perto de Siquém. Dali prosseguia para o sul, de Micmetá até o assentamento junto à fonte de Tapua. 8 As terras ao redor de Tapua pertenciam a Manassés, mas a cidade de Tapua propriamente dita, na divisa do território de Manassés, pertencia à tribo de Efraim. 9 Da fonte de Tapua a divisa de Manassés seguia pelo vale de Caná e dali chegava até o mar Mediterrâneo.[a] Várias cidades ao sul do vale ficavam dentro do território de Manassés, mas, na verdade, pertenciam à tribo de Efraim. 10 Em geral, porém, a terra ao sul do vale pertencia a Efraim, e a terra ao norte do vale pertencia a Manassés. A divisa de Manassés acompanhava o lado norte do ribeiro e terminava no mar Mediterrâneo. Ao norte de Manassés ficava o território de Aser e, a leste, o território de Issacar.

11 As seguintes cidades dentro do território de Issacar e Aser foram entregues a Manassés: Bete-Sã,[b] Ibleã, Dor (isto é, Nafote-Dor),[c] En-Dor, Taanaque e Megido, cada uma com os assentamentos ao redor.

12 Contudo, os descendentes de Manassés não conseguiram ocupar essas cidades, pois os cananeus estavam determinados a permanecer naquela região. 13 Mais tarde, quando os israelitas se tornaram fortes o suficiente, submeteram os cananeus a trabalhos forçados, mas não os expulsaram completamente.

14 Os descendentes de José foram a Josué e perguntaram: "Por que você nos deu apenas uma porção de terra como herança, uma vez que o SENHOR nos tornou um povo tão numeroso?".

15 Josué respondeu: "Se vocês são tão numerosos, e se a região montanhosa de Efraim não é grande o suficiente para vocês, abram espaço nos bosques onde habitam os ferezeus e os refains".

16 Os descendentes de José disseram: "É verdade que a região montanhosa não é grande o suficiente para nós. Mas todos os cananeus do vale, tanto os de Bete-Sã e dos povoados ao redor como os do vale de Jezreel, têm carros de guerra com rodas de ferro; são fortes demais para nós".

17 Então Josué disse às tribos de Efraim e Manassés, os descendentes de José: "Uma vez que vocês são tão numerosos e fortes, receberão mais de uma porção. 18 Os bosques na região montanhosa também serão seus. Abram todo o espaço que desejarem e tomem posse de seus limites mais distantes. E, embora os cananeus dos vales sejam fortes e tenham carros de guerra com rodas de ferro, vocês conseguirão expulsá-los".

DISTRIBUIÇÃO DO RESTANTE DA TERRA

18 Agora que a terra estava sob o controle dos israelitas, toda a comunidade se reuniu em Siló e ali armou a tenda do encontro. 2 Mas ainda restavam sete tribos de Israel que não haviam recebido porções de terra como herança.

3 Então Josué disse aos israelitas: "Até quando vocês vão esperar para tomar posse do restante da terra que o SENHOR, o Deus de seus antepassados, lhes deu? 4 Escolham três homens de cada tribo, e eu os enviarei para fazer o reconhecimento da terra e mapeá-la. Eles voltarão a mim com um relatório escrito das divisões propostas de sua herança. 5 Dividirão a terra em sete partes, sem incluir o território de Judá, ao sul, e o território de José, ao norte. 6 Depois que traçarem um mapa da divisão da terra em sete partes, tragam-no para mim, e eu farei um sorteio na presença do SENHOR, nosso Deus.

7 "Os levitas, porém, não receberão porção alguma de terra entre vocês, pois seu serviço como sacerdotes do SENHOR será a sua herança. E as tribos de Gade e Rúben e a meia tribo de Manassés não receberão mais terras, pois já receberam como herança a porção de terra que Moisés, servo do SENHOR, lhes deu a leste do Jordão".

8 Quando os homens estavam de partida para mapear a terra, Josué lhes ordenou:

[a] **17.9** Em hebraico, *mar*; também em 17.10.
[b] **17.11a** Em hebraico, *Bete-Seã*, variação de Bete-Sã; também em 17.16.
[c] **17.11b** O significado do hebraico é incerto.

"Vão, façam o reconhecimento da terra e
tragam uma descrição dela por escrito.
Depois, voltem e eu distribuirei a terra
entre as tribos por sorteio na presença
do SENHOR, aqui em Siló". 9 Os homens
partiram, atravessaram a terra e traçaram
um mapa de todo o território, dividindo-o
em sete partes e relacionando as cidades
em cada parte. Registraram tudo por es-
crito e voltaram a Josué, no acampamento
em Siló. 10 E, ali em Siló, Josué fez o sorteio
na presença do SENHOR, determinando qual
tribo receberia cada parte.

A TERRA ENTREGUE A BENJAMIM

11 A primeira porção de terra foi entregue
por sorteio à tribo de Benjamim. Ficava
entre os territórios designados para as
tribos de Judá e José:

> 12 A divisa norte da terra de Benjamim
> começava no rio Jordão, passava pela
> encosta norte de Jericó e continuava
> para o oeste, atravessando a região
> montanhosa e terminando no de-
> serto de Bete-Áven. 13 Dali a divisa
> prosseguia para o sul, até a cidade
> de Luz (isto é, Betel), e descia para
> Atarote-Adar, no monte ao sul de
> Bete-Horom Baixa.
>
> 14 Nesse ponto a divisa fazia uma
> curva para o sul, pelo lado oeste do
> monte em frente de Bete-Horom, e
> terminava em Quiriate-Baal (isto é,
> Quiriate-Jearim), cidade pertencen-
> te à tribo de Judá. Essa era sua divi-
> sa ocidental.
>
> 15 A divisa ao sul começava nos arredo-
> res de Quiriate-Jearim. Desse ponto
> a oeste se estendia até a fonte nas
> águas de Neftoa[a] 16 e descia até o
> pé do monte que fica junto ao vale
> de Ben-Hinom, ao norte do vale de
> Refaim. Descia pelo vale de Hinom,
> atravessando a encosta sul da cida-
> de onde habitavam os jebuseus, e
> continuava até En-Rogel. 17 De En-
> Rogel a divisa prosseguia para o
> norte, chegava a En-Semes e conti-
> nuava até Gelilote, que fica em frente
> do desfiladeiro de Adumim. Depois
> descia até a Pedra de Boã (Boã era
> filho de Rúben). 18 Dali passava pela
> encosta norte, de onde se avista o
> vale do Jordão,[b] e descia para o vale.
>
> 19 Continuava pela encosta norte de
> Bete-Hogla e terminava na extremi-
> dade norte do mar Morto,[c] que é o
> extremo sul do rio Jordão. Essa era
> a divisa ao sul.
>
> 20 A divisa ao leste era o rio Jordão.

Essas eram as divisas da herança designa-
da aos clãs da tribo de Benjamim.

AS CIDADES ENTREGUES A BENJAMIM

21 Estas foram as cidades entregues aos
clãs da tribo de Benjamim:

> Jericó, Bete-Hogla, Emeque-Queziz,
> 22 Bete-Arabá, Zemaraim, Betel,
> 23 Avim, Pará, Ofra, 24 Quefar-Amonai,
> Ofni e Geba; doze cidades com os po-
> voados ao redor. 25 Também: Gibeom,
> Ramá, Beerote, 26 Mispá, Quefira,
> Mosa, 27 Requém, Irpeel, Tarala,
> 28 Zela, Elefe, a cidade dos jebuseus
> (isto é, Jerusalém), Gibeá e Quiriate-
> Jearim;[d] catorze cidades com os po-
> voados ao redor.

Essa foi a herança designada aos clãs da
tribo de Benjamim.

A TERRA ENTREGUE A SIMEÃO

19 A segunda porção de terra foi en-
tregue por sorteio aos clãs da tribo
de Simeão. Sua herança ficava dentro do
território de Judá:

> 2 A herança de Simeão incluía: Berse-
> ba, Seba, Moladá, 3 Hazar-Sual, Balá,
> Azém, 4 Eltolade, Betul, Hormá, 5 Zi-
> clague, Bete-Marcabote, Hazar-Susa,
> 6 Bete-Lebaote e Saruém; treze cida-
> des com os povoados ao redor. 7 Tam-
> bém incluía: Aim, Rimom, Eter e Asã;

[a] **18.15** Ou *fonte de Me-Neftoa.*

[b] **18.18** Em hebraico, *de onde se avista a Arabá*, ou *de onde se avista Bete-Arabá.*

[c] **18.19** Em hebraico, *mar Salgado.*

[d] **18.28** Conforme a Septuaginta; o hebraico traz *Quiriate.*

quatro cidades com os povoados ao
redor, 8 e também os povoados vizi-
nhos até Baalate-Beer (também co-
nhecida como Ramá do Neguebe).

Essa foi a herança designada aos clãs da
tribo de Simeão. 9 Sua porção de terra foi
tirada de uma parte da herança de Judá,
pois o território de Judá era grande demais
para eles. Assim, a tribo de Simeão recebeu
sua herança dentro do território de Judá.

A TERRA ENTREGUE A ZEBULOM

10 A terceira porção de terra foi entregue
por sorteio aos clãs da tribo de Zebulom:

A divisa da herança de Zebulom chega-
va até Saride. 11 Dali prosseguia para
o oeste, passando por Maralá, che-
gando até Dabesete e seguindo para
o ribeiro junto a Jocneão. 12 Na dire-
ção oposta, a divisa se estendia para
o leste desde Saride até o limite de
Quislote-Tabor e, dali, para Daberate,
subindo até Jafia. 13 Depois conti-
nuava para o leste, até Gate-Héfer,
Ete-Cazim e Rimom, e fazia uma cur-
va na direção de Neá. 14 A divisa norte
de Zebulom passava por Hanatom e
terminava no vale de Iftá-El. 15 Além
das cidades mencionadas, ali esta-
vam: Catate, Naalal, Sinrom, Idala e
Belém; doze cidades com os povoa-
dos ao redor.

16 A herança designada aos clãs da tribo
de Zebulom incluía essas cidades com os
povoados ao redor.

A TERRA ENTREGUE A ISSACAR

17 A quarta porção de terra foi entregue por
sorteio aos clãs da tribo de Issacar:

18 Seu território abrangia as seguin-
tes cidades: Jezreel, Quesulote,
Suném, 19 Hafaraim, Siom, Anaarate,
20 Rabite, Quisiom, Ebes, 21 Remete,
En-Ganim, En-Hadá e Bete-Pazes.
22 A divisa também chegava a Tabor,
Saazima e Bete-Semes, e terminava
no Jordão; dezesseis cidades com os
povoados ao redor.

23 A herança designada aos clãs de Issacar
incluía essas cidades com os povoados
ao redor.

A TERRA ENTREGUE A ASER

24 A quinta porção de terra foi entregue por
sorteio aos clãs da tribo de Aser:

25 Seu território abrangia as seguintes
cidades: Helcate, Hali, Béten, Acsafe,
26 Alameleque, Amade e Misal. A di-
visa a oeste chegava até o Carmelo
e Sior-Libnate, 27 depois fazia uma
curva para o leste, em direção a Bete-
Dagom, se estendia até Zebulom,
no vale de Iftá-El, ia para o norte,
até Bete-Emeque e Neiel. Dali prosse-
guia para Cabul, ao norte, 28 Abdom,[a]
Reobe, Hamom e Caná, até a grande
Sidom. 29 Depois a divisa fazia uma
curva em direção a Ramá e à cidade
fortificada de Tiro, de onde virava
em direção a Hosa e terminava no
mar Mediterrâneo.[b] O território tam-
bém incluía Meebel, Aczibe, 30 Umá,
Afeque e Reobe; 22 cidades com os
povoados ao redor.

31 A herança designada aos clãs da tribo
de Aser incluía essas cidades com os po-
voados ao redor.

A TERRA ENTREGUE A NAFTALI

32 A sexta porção de terra foi entregue por
sorteio aos clãs da tribo de Naftali:

33 Sua divisa começava em Helefe,
no carvalho de Zaanim, passa-
va por Adami-Neguebe e Jabneel,
até Lacum, e terminava no rio Jordão.
34 A divisa oeste passava por Aznote-
Tabor e ia para Hucoque. Chegava à
divisa de Zebulom, ao sul, à divisa
de Aser, a oeste, e ao rio Jordão,[c]
a leste. 35 Suas cidades fortificadas
eram: Zidim, Zer, Hamate, Racate,
Quinerete, 36 Adamá, Ramá, Hazor,
37 Quedes, Edrei, En-Hazor, 38 Irom,

---

[a] **19.28** Conforme alguns manuscritos hebraicos (ver tb. 21.30); a maioria dos manuscritos hebraicos traz *Ebrom*.
[b] **19.29** Em hebraico, *mar*.
[c] **19.34** Em hebraico, *e a Judá, no rio Jordão*.

Migdal-El, Horém, Bete-Anate e Bete-Semes; dezenove cidades com os povoados ao redor.

39 A herança designada aos clãs da tribo de Naftali incluía essas cidades com os povoados ao redor.

A TERRA ENTREGUE A DÃ

40 A sétima porção de terra foi entregue por sorteio aos clãs da tribo de Dã:

> 41 O território designado como sua herança abrangia estas cidades: Zorá, Estaol, Ir-Semes, 42 Saalabim, Aijalom, Itla, 43 Elom, Timna, Ecrom, 44 Elteque, Gibetom, Baalate, 45 Jeúde, Bene-Beraque, Gate-Rimom, 46 Me-Jarcom e Racom, e o território em frente de Jope.
>
> 47 Os membros da tribo de Dã tiveram dificuldade em tomar posse de sua terra,[a] por isso atacaram a cidade de Laís.[b] Eles a tomaram, massacraram seu povo e se estabeleceram nela. Mudaram o nome da cidade para Dã, em homenagem a seu antepassado.

48 A herança designada aos clãs da tribo de Dã incluía essas cidades com os povoados ao redor.

A TERRA ENTREGUE A JOSUÉ

49 Depois que todo o território havia sido repartido entre as tribos, os israelitas deram a Josué uma porção de terra como herança no meio deles, 50 pois o Senhor tinha dito que ele poderia receber qualquer cidade que quisesse. Ele escolheu Timnate-Sera, na região montanhosa de Efraim. Ali reconstruiu a cidade e habitou nela.

51 Foram esses os territórios que o sacerdote Eleazar, Josué, filho de Num, e os chefes das tribos designaram como herança para as tribos de Israel, por sorteio na presença do Senhor, à entrada da tenda do encontro em Siló. Assim, concluíram a distribuição da terra.

[a] **19.47a** Ou *tiveram dificuldade em manter a posse de sua terra.*

[b] **19.47b** Em hebraico, *Lesém, outro nome para Laís.*

AS CIDADES DE REFÚGIO

20 O Senhor disse a Josué: 2 "Diga aos israelitas que designem as cidades de refúgio, de acordo com as instruções que dei a Moisés. 3 Qualquer um que matar alguém acidentalmente e sem intenção poderá fugir para uma dessas cidades; serão lugares de proteção contra os parentes da vítima que quiserem vingar sua morte.

4 "Ao chegar a uma dessas cidades, a pessoa que tirou a vida de alguém comparecerá diante das autoridades à porta da cidade e apresentará seu caso. Eles permitirão que essa pessoa entre na cidade e lhe darão um lugar para habitar no meio deles. 5 Se os parentes da vítima forem até lá para vingar sua morte, as autoridades não entregarão o acusado, pois ele matou alguém sem intenção e sem hostilidade anterior. 6 O acusado, porém, deve permanecer na cidade e ser julgado pela comunidade, que dará o veredicto. Continuará a viver na cidade até a morte daquele que era o sumo sacerdote na época do acidente. Depois disso, terá liberdade de voltar para sua casa na cidade de onde fugiu".

7 Estas foram as cidades designadas como cidades de refúgio: Quedes, na Galileia, na região montanhosa de Naftali; Siquém, na região montanhosa de Efraim; e Quiriate-Arba (isto é, Hebrom), na região montanhosa de Judá. 8 Estas foram as cidades designadas no lado leste do rio Jordão, em frente de Jericó: Bezer, no planalto desértico da tribo de Rúben; Ramote, em Gileade, no território da tribo de Gade; e Golã, em Basã, no território da tribo de Manassés. 9 Essas cidades foram separadas para todos os israelitas, e também para os estrangeiros que viviam entre eles. Qualquer um que matasse alguém acidentalmente poderia se refugiar numa dessas cidades. Assim, não seria morto por vingança antes de comparecer a julgamento perante a comunidade.

AS CIDADES ENTREGUES AOS LEVITAS

21 Os líderes da tribo de Levi foram falar com o sacerdote Eleazar, com Josué, filho de Num, e com os líderes das outras tribos de Israel.

2 Encontraram-se com eles em Siló, na ter-
ra de Canaã, e disseram: "O SENHOR orde-
nou por meio de Moisés que nos fossem
dadas cidades para morarmos, além de
pastagens para nossos animais". 3 Então,
por ordem do SENHOR, os israelitas deram
aos levitas, de sua própria herança, as se-
guintes cidades com suas pastagens:

4 Os descendentes de Arão, membros
do clã coatita da tribo de Levi, receberam
por sorteio treze cidades que antes haviam
sido designadas às tribos de Judá, Simeão
e Benjamim. 5 As outras famílias do clã
coatita receberam por sorteio dez cidades
das tribos de Efraim, Dã e da meia tribo
de Manassés.

6 O clã de Gérson recebeu por sorteio
treze cidades das tribos de Issacar, Aser,
Naftali e da meia tribo de Manassés esta-
belecida em Basã.

7 O clã de Merari recebeu por sorteio
doze cidades das tribos de Rúben, Gade
e Zebulom.

8 Assim, os israelitas obedeceram à or-
dem do SENHOR a Moisés e, por sorteio, de-
signaram aos levitas essas cidades com
suas pastagens.

9 Estas foram as cidades das tribos de Judá
e Simeão que os israelitas entregaram 10 aos
descendentes de Arão, membros do clã coa-
tita da tribo de Levi, os primeiros a serem
sorteados: 11 Quiriate-Arba (isto é, Hebrom),
na região montanhosa de Judá, com as pas-
tagens ao redor. (Arba era antepassado de
Enaque.) 12 Mas os campos com os povoa-
dos ao redor foram entregues a Calebe, filho
de Jefoné, como sua propriedade.

13 Estas foram as cidades com suas pas-
tagens que os descendentes do sacerdote
Arão receberam: Hebrom (a cidade de refú-
gio para o homicida involuntário), Libna,
14 Jatir, Estemoa, 15 Holom, Debir, 16 Aim,
Jutá e Bete-Semes; foram nove cidades
dessas duas tribos.

17 Da tribo de Benjamim os sacerdotes
receberam estas cidades com suas pasta-
gens: Gibeom, Geba, 18 Anatote e Almom;
foram quatro cidades. 19 Ao todo, portanto,
os sacerdotes, descendentes de Arão, rece-
beram treze cidades com suas pastagens.

20 Os outros levitas do clã coatita rece-
beram por sorteio da tribo de Efraim estas
cidades com suas pastagens: 21 Siquém, na
região montanhosa de Efraim (uma cidade
de refúgio para o homicida involuntário),
Gezer, 22 Quibzaim e Bete-Horom; foram
quatro cidades.

23 Estas foram as cidades com suas pas-
tagens, entregues aos sacerdotes pela tribo
de Dã: Elteque, Gibetom, 24 Aijalom e Gate-
Rimom; foram quatro cidades.

25 Da meia tribo de Manassés os sacer-
dotes receberam estas cidades com suas
pastagens: Taanaque e Gate-Rimom; foram
duas cidades. 26 Ao todo, portanto, foram
entregues aos outros clãs coatitas dez ci-
dades com suas pastagens.

27 Os descendentes de Gérson, outro clã
da tribo de Levi, receberam da meia tri-
bo de Manassés estas cidades com suas
pastagens: Golã, em Basã (uma cidade de
refúgio para o homicida involuntário),
e Beesterá; foram duas cidades.

28 Da tribo de Issacar receberam estas
cidades com suas pastagens: Quisiom,
Daberate, 29 Jarmute e En-Ganim; foram
quatro cidades.

30 Da tribo de Aser receberam estas cida-
des, com suas pastagens: Misal, Abdom,
31 Helcate e Reobe; foram quatro cidades.

32 Da tribo de Naftali receberam estas
cidades, com suas pastagens: Quedes, na
Galileia (a cidade de refúgio para o homi-
cida involuntário), Hamote-Dor e Cartã;
foram três cidades. 33 Ao todo, portanto, o
clã de Gérson recebeu treze cidades, com
suas pastagens.

34 Os levitas restantes, o clã de Merari,
receberam da tribo de Zebulom estas
cidades, com suas pastagens: Jocneão,
Cartá, 35 Dimna e Naalal; foram quatro
cidades.

36 Da tribo de Rúben receberam estas
cidades com suas pastagens: Bezer, Jaza,
37 Quedemote e Mefaate; foram quatro
cidades.

38 Da tribo de Gade receberam estas ci-
dades com suas pastagens: Ramote, em
Gileade (a cidade de refúgio para o homi-
cida involuntário), Maanaim, 39 Hesbom e
Jazar. 40 Ao todo, portanto, o clã de Merari
recebeu doze cidades.

41 No total, foram entregues aos levitas
dentro do território israelita 48 cidades

com suas pastagens. 42 Cada uma dessas cidades tinha pastagens ao seu redor.

43 Assim, o Senhor deu a Israel toda a terra que havia jurado dar a seus antepassados, e eles tomaram posse dela e nela se estabeleceram. 44 O Senhor lhes deu descanso de todos os lados, como havia prometido solenemente a seus antepassados. Nenhum de seus inimigos resistiu a eles, pois o Senhor os ajudou a conquistar todos os seus adversários. 45 Nenhuma das boas promessas que o Senhor fez à família de Israel ficou sem se cumprir; tudo que ele tinha dito se realizou.

AS TRIBOS DO LESTE VOLTAM PARA CASA

22 Então Josué convocou as tribos de Rúben e Gade e a meia tribo de Manassés 2 e lhes disse: "Vocês fizeram tudo que Moisés, servo do Senhor, mandou e obedeceram a todas as minhas ordens. 3 Durante todo esse tempo e até hoje, não abandonaram seus irmãos das outras tribos e tiveram o cuidado de obedecer a tudo que o Senhor, seu Deus, ordenou. 4 Agora o Senhor, seu Deus, concedeu descanso a seus irmãos, como prometeu a eles. Portanto, voltem para casa, para a terra que Moisés, servo do Senhor, lhes deu como sua propriedade do outro lado do rio Jordão. 5 Mas tenham muito cuidado de cumprir todos os mandamentos e a lei que Moisés, servo do Senhor, lhes deu. Amem o Senhor, seu Deus, andem em todos os seus caminhos, obedeçam a seus mandamentos, apeguem-se a ele firmemente e sirvam-no de todo o coração e de toda a alma". 6 Então Josué os abençoou e se despediu deles, e eles foram para casa.

7 Moisés tinha dado o território de Basã, a leste do rio Jordão, à meia tribo de Manassés. À outra metade da tribo, Josué deu terras a oeste do Jordão. Quando Josué se despediu deles e os abençoou, 8 disse: "Voltem para casa com toda a riqueza que tomaram de seus inimigos: grandes rebanhos, prata, ouro, bronze, ferro e muitas roupas. Repartam os despojos com seus parentes".

9 Assim, os homens de Rúben e Gade e da meia tribo de Manassés deixaram os outros israelitas em Siló, na terra de Canaã, e partiram para sua própria terra em Gileade, da qual haviam tomado posse de acordo com a ordem do Senhor, por meio de Moisés.

AS TRIBOS DO LESTE CONSTROEM UM ALTAR

10 Enquanto ainda estavam em Canaã, chegaram a um lugar chamado Gelilote,[a] perto do rio Jordão. Ali os homens de Rúben e Gade e da meia tribo de Manassés pararam e construíram um altar grande e imponente.

11 Os outros israelitas souberam que os membros das tribos de Rúben e Gade e da meia tribo de Manassés haviam construído um altar em Gelilote, nos limites da terra de Canaã, do lado oeste do Jordão. 12 Por isso, toda a comunidade de Israel se reuniu em Siló e se preparou para guerrear contra eles. 13 Antes, porém, enviaram à terra de Gileade uma delegação liderada por Fineias, filho do sacerdote Eleazar, para conversar com as tribos de Rúben e Gade e a meia tribo de Manassés. 14 A delegação era formada por dez líderes de Israel, um de cada uma das dez tribos, e todos eles eram chefes de suas famílias dentro dos clãs de Israel.

15 Quando chegaram à terra de Gileade, disseram às tribos de Rúben e Gade e à meia tribo de Manassés: 16 "Toda a comunidade do Senhor quer saber por que vocês foram tão infiéis ao Deus de Israel! Como puderam se afastar tanto do Senhor? Vocês construíram para si um altar, rebelando-se contra ele! 17 Não bastou o pecado do incidente em Peor? Até hoje, não estamos completamente purificados dele, mesmo depois que a praga feriu toda a comunidade do Senhor. 18 E, ainda assim, vocês abandonam o Senhor. Se hoje vocês se rebelarem contra o Senhor, amanhã ele voltará sua ira contra toda a comunidade de Israel!

19 "Se a porção de terra que receberam como herança está impura, passem para o nosso lado, para a terra do Senhor, onde está o tabernáculo do Senhor, e tomem

[a] **22.10** Ou *ao círculo de pedras;* também em 22.11.

posse de um território entre nós. Mas
não se rebelem contra o Senhor nem con-
tra nós, construindo para si um altar que
não seja o verdadeiro altar do Senhor,
nosso Deus. 20 Quando Acã, descendente
de Zerá, foi infiel ao Senhor, roubando as
coisas separadas para o Senhor, a ira divi-
na não caiu sobre toda a comunidade de
Israel? E Acã não foi o único que morreu
por causa do seu pecado!".

21 Então os membros das tribos de Rúben
e Gade e da meia tribo de Manassés res-
ponderam aos chefes dos clãs de Israel:
22 "O Senhor, o Poderoso, é Deus! O Senhor,
o Poderoso, é Deus! Ele sabe a verdade,
e que Israel a saiba também! Não construí-
mos o altar por rebeldia nem por infideli-
dade ao Senhor. Se o fizemos, não poupem
nossa vida hoje. 23 Se construímos o altar
para nos afastarmos do Senhor ou para
apresentarmos holocaustos, ofertas de
cereal ou ofertas de paz, que o próprio
Senhor nos castigue.

24 "A verdade é que construímos este al-
tar por medo de que, no futuro, seus des-
cendentes digam aos nossos: 'Que direito
vocês têm de adorar o Senhor, o Deus de
Israel? 25 O Senhor pôs o rio Jordão como
barreira entre o nosso povo e o povo de
Rúben e Gade. Vocês não têm parte com o
Senhor'. Então seus descendentes poderão
impedir os nossos de adorarem o Senhor.

26 "Por isso, resolvemos construir o altar,
não para oferecer holocaustos ou sacri-
fícios, 27 mas como testemunho. Ele lem-
brará os nossos e os seus descendentes de
que nós também temos o direito de servir
ao Senhor em seu santuário com holocaus-
tos, sacrifícios e ofertas de paz. Então seus
descendentes não poderão dizer aos nos-
sos: 'Vocês não têm parte com o Senhor'.

28 "Se disserem isso, nossos descen-
dentes responderão: 'Vejam esta réplica
do altar do Senhor que nossos antepas-
sados fizeram. Não é para holocaustos
nem sacrifícios; é uma lembrança do re-
lacionamento que vocês e nós temos com
o Senhor'. 29 Longe de nós nos rebelarmos
contra o Senhor, ou nos afastarmos dele,
construindo nosso próprio altar para ho-
locaustos, ofertas de cereal ou sacrifícios.
Somente o altar do Senhor, nosso Deus,
que está diante do seu tabernáculo pode
ser usado para esse fim".

30 Quando o sacerdote Fineias e os lí-
deres da comunidade, os chefes dos clãs
de Israel, ouviram o que os membros das
tribos de Rúben e Gade e da meia tribo
de Manassés disseram, ficaram satisfeitos.
31 Fineias, filho do sacerdote Eleazar, lhes
respondeu: "Hoje sabemos que o Senhor
está no meio de nós, pois vocês não foram
infiéis ao Senhor, como havíamos imagi-
nado. Ao contrário, livraram Israel de ser
destruído pela mão do Senhor".

32 Então Fineias, filho do sacerdote
Eleazar, e os outros líderes deixaram as
tribos de Rúben e Gade em Gileade e vol-
taram à terra de Canaã para relatar aos is-
raelitas o que havia acontecido. 33 Todos
os israelitas ficaram satisfeitos, louvaram
a Deus e não falaram mais em guerrear
contra Rúben e Gade.

34 Os membros das tribos de Rúben e
Gade chamaram o altar de "Testemunho",[a]
pois disseram: "É um testemunho entre
nós e eles de que o Senhor é, também,
o nosso Deus".

AS PALAVRAS FINAIS DE JOSUÉ A ISRAEL

23 Muito tempo se passou depois
de o Senhor ter concedido a Israel
descanso de todos os seus inimigos. Josué,
agora bastante idoso, 2 convocou todo o
Israel, com seus líderes, chefes, juízes e ofi-
ciais, e disse: "Já estou bem idoso. 3 Vocês
viram tudo que o Senhor, seu Deus, fez por
vocês. O Senhor, seu Deus, lutou em seu fa-
vor contra seus inimigos. 4 Eu reparti entre
vocês como herança toda a terra das nações
que ainda não foram conquistadas, bem
como a terra das nações que já derrotamos
desde o rio Jordão até o mar Mediterrâneo,[b]
a oeste. 5 Essa terra será de vocês, pois o
Senhor, seu Deus, expulsará de diante de
vocês os povos que habitam ali. Vocês to-
marão posse da terra deles, conforme o
Senhor, seu Deus, lhes prometeu.

6 "Por isso, esforcem-se ao máximo para
cumprir cuidadosamente tudo que Moisés
escreveu no Livro da Lei. Não se desviem

[a] **22.34** Alguns manuscritos não trazem *Testemunho*.
[b] **23.4** Em hebraico, *mar Grande*.

O lugar secreto com Deus é onde recebemos estratégias do Céu para solucionarmos as circunstâncias terrenas.

dele, nem para um lado nem para o outro.
[7] Não se misturem com os povos que ainda
restam na terra. Nem sequer mencionem
o nome dos deuses deles e muito menos
jurem por eles. Não sirvam nem adorem es-
ses deuses, [8] mas apeguem-se firmemente
ao SENHOR, seu Deus, como fizeram até hoje.

[9] "Pois o SENHOR expulsou de diante de
vocês grandes e poderosas nações e, até
hoje, ninguém conseguiu lhes resistir.
[10] Cada um de vocês fará fugir mil ho-
mens do inimigo, porque o SENHOR, seu
Deus, luta por vocês, conforme prometeu.
[11] Portanto, dediquem-se com empenho a
amar o SENHOR, seu Deus.

[12] "Mas, se vocês se desviarem dele e se
apegarem aos costumes dos sobreviven-
tes das nações que ainda restam no meio
de vocês, e se casarem com eles, e eles
com vocês, [13] saibam, com certeza, que o
SENHOR, seu Deus, não expulsará essas na-
ções de diante de vocês. Ao contrário, elas
serão isca e armadilha para vocês, chicote
em suas costas e espinhos em seus olhos.
E vocês desaparecerão para sempre desta
boa terra que o SENHOR, seu Deus, lhes deu.

[14] "Em breve morrerei e irei pelo caminho
de toda a terra. Vocês sabem, de todo o
coração, que todas as boas promessas do
SENHOR, seu Deus, se cumpriram. Nenhuma
delas falhou! [15] Mas, assim como o SENHOR,
seu Deus, lhes deu as coisas boas que ele
prometeu, também fará vir calamida-
des sobre vocês se lhe desobedecerem.
O SENHOR, seu Deus, os eliminará com-
pletamente desta boa terra que lhes deu.
[16] Se vocês quebrarem a aliança do SENHOR,
seu Deus, servindo ou adorando outros
deuses, a ira do SENHOR arderá contra vocês,
e desaparecerão rapidamente da boa terra
que ele lhes deu".

A RENOVAÇÃO DA ALIANÇA DO SENHOR

24 Então Josué reuniu todas as tribos
de Israel em Siquém. Convocou
também os líderes, os chefes, os juízes e
os oficiais de Israel, e todos vieram e se
apresentaram diante de Deus.

[2] Josué disse a todo o povo: "Assim diz
o SENHOR, o Deus de Israel: 'Muito tempo
atrás, seus antepassados, incluindo Terá,
pai de Abraão e de Naor, viviam além do
rio Eufrates[a] e serviam outros deuses.
[3] Mas eu tirei seu antepassado Abraão da
terra além do Eufrates e o conduzi à terra
de Canaã. Dei-lhe muitos descendentes
por meio de seu filho Isaque. [4] A Isaque
dei Jacó e Esaú. A Esaú dei os montes de
Seir como propriedade, mas Jacó e seus
filhos desceram para o Egito.

[5] "'Então enviei Moisés e Arão e lancei
pragas terríveis sobre o Egito; depois,
tirei vocês de lá. [6] Quando tirei seus an-
tepassados do Egito e eles chegaram ao
mar Vermelho,[b] os egípcios os persegui-
ram com carros de guerra e cavaleiros.
[7] Seus antepassados clamaram ao SENHOR,
e eu coloquei escuridão entre os israeli-
tas e os egípcios. Fiz o mar desabar so-
bre eles e os afoguei. Vocês viram com
os próprios olhos o que eu fiz contra os
egípcios. Depois, vocês viveram muitos
anos no deserto.

[8] "'Por fim, eu os trouxe à terra dos
amorreus, a leste do Jordão. Os amorreus
lutaram contra vocês, mas eu os destruí
diante de vocês. Eu os entreguei em suas
mãos, e vocês tomaram posse da terra de-
les. [9] Então Balaque, rei de Moabe e filho
de Zipor, declarou guerra contra Israel.
Mandou chamar Balaão, filho de Beor, para
amaldiçoá-los, [10] mas eu não dei ouvidos a
Balaão. Em vez disso, fiz que ele os aben-
çoasse e, desse modo, os livrei de Balaque.

[11] "'Quando vocês atravessaram o Jordão
e chegaram a Jericó, os habitantes de Jericó
lutaram contra vocês, como fizeram os
amorreus, os ferezeus, os cananeus, os
hititas, os girgaseus, os heveus e os je-
buseus. Mas eu os entreguei nas mãos
de vocês. [12] Enviei terror[c] adiante de vocês
para expulsar os dois reis dos amorreus.
Não foram espadas nem arcos que lhes
deram a vitória. [13] Eu lhes dei uma terra
que vocês não cultivaram, e cidades que
não construíram, as cidades onde agora
habitam. Eu lhes dei vinhedos e olivais
para alimentá-los, embora vocês não os
tenham plantado'.

---

[a] **24.2** Em hebraico, *do rio*; também em 24.3,14,15.
[b] **24.6** Em hebraico, *mar de juncos*.
[c] **24.12** Traduzido habitualmente como *vespas*. O significado do hebraico é incerto.

14 "Portanto, temam o SENHOR e sirvam-no
de todo o coração. Lancem fora os ídolos
que seus antepassados serviam quando
viviam além do Eufrates e no Egito. Sirvam
somente ao SENHOR. 15 Mas, se vocês se
recusarem a servir ao SENHOR, escolham
hoje a quem servirão. Escolherão servir
os deuses aos quais seus antepassados
serviam além do Eufrates? Ou os deuses
dos amorreus, em cuja terra vocês habi-
tam? Quanto a mim, eu e minha família
serviremos ao SENHOR".
16 O povo respondeu: "Jamais abandona-
ríamos o SENHOR para servir outros deuses!
17 Pois foi o SENHOR, nosso Deus, que nos li-
bertou e a nossos antepassados da escravi-
dão na terra do Egito. Ele realizou grandes
milagres diante de nossos olhos. Enquanto
andávamos pelo deserto, cercados de ini-
migos, ele nos protegeu. 18 O SENHOR expul-
sou de diante de nós os amorreus e todas
as nações que viviam nesta terra. Portanto,
nós também serviremos ao SENHOR, pois só
ele é o nosso Deus".
19 Então Josué advertiu o povo: "Vocês
não são capazes de servir ao SENHOR, pois
ele é Deus santo e zeloso. Não perdoará
sua rebeldia e seus pecados. 20 Se abando-
narem o SENHOR e servirem outros deuses,
ele se voltará contra vocês e os extermina-
rá, apesar de todo o bem que ele lhes fez".
21 Mas o povo respondeu a Josué: "Não!
Nós serviremos ao SENHOR!".
22 "Vocês são testemunhas de sua pró-
pria decisão", disse Josué. "Escolheram
servir ao SENHOR."
"Sim", responderam eles. "Somos teste-
munhas daquilo que dissemos."
23 "Pois bem", disse Josué. "Então lan-
cem fora os falsos deuses que estão em
seu meio e voltem o coração para o SENHOR,
o Deus de Israel."
24 O povo disse a Josué: "Serviremos ao
SENHOR, nosso Deus, e obedeceremos so-
mente a ele!".
25 Naquele dia, Josué fez uma aliança
com o povo em Siquém e lhes deu decre-
tos e estatutos para obedecerem. 26 Josué
registrou todas essas coisas no Livro da Lei
de Deus. Como lembrança do pacto, pegou
uma grande pedra e a ergueu debaixo do
carvalho junto ao santuário do SENHOR.
27 Josué disse a todo o povo: "Esta pedra
ouviu tudo que o SENHOR nos disse. Ela será
testemunha contra vocês se não cumpri-
rem o que prometeram a Deus".
28 Então Josué se despediu de todo o
povo, e cada um voltou para a terra que
havia recebido como herança.

LÍDERES SEPULTADOS NA TERRA PROMETIDA

29 Depois de algum tempo, Josué, filho de
Num, servo do SENHOR, morreu aos 110
anos. 30 Sepultaram-no na terra que ele ha-
via recebido como herança, em Timnate-
Sera, na região montanhosa de Efraim, ao
norte do monte Gaás.
31 O povo de Israel serviu ao SENHOR du-
rante toda a vida de Josué e das autori-
dades que morreram depois dele e que
sabiam pessoalmente tudo que o SENHOR
tinha feito por Israel.
32 Os ossos de José, que os israelitas ha-
viam trazido consigo quando saíram do
Egito, foram sepultados em Siquém, no
terreno que Jacó havia comprado dos fi-
lhos de Hamor por cem peças de prata.[a]
Esse terreno ficava dentro do território da
herança dos descendentes de José.
33 Eleazar, filho de Arão, também morreu.
Foi sepultado na região montanhosa de
Efraim, na cidade de Gibeá, que havia sido
entregue a seu filho, Fineias.

[a] **24.32** Em hebraico, *100 quesitas*; não se sabe mais o valor ou o peso da quesita.

Juízes

Livro 7 com 21 CAPÍTULOS

SIGNIFICADO DO TÍTULO

"Juízes" vem do hebraico *shofetim*, designação de personagens que dirigiram o povo de Israel e se esforçaram para protegê-lo de nações agressoras. Eles não apenas julgavam, mas tinham papel de governo, libertação e liderança bélica. Atuaram entre a morte de Josué e o início da monarquia (séculos 13 a 11 a.C.).

AUTORIA

Não se sabe. A tradição aponta Samuel como o autor, mas é possível que pessoas como os profetas Natã e Gade tenham ajudado na compilação do texto (1Cr 29.29).

INFORMAÇÕES GERAIS

Não se conhece o período exato em que Juízes foi escrito, mas a expressão frequente "Naqueles dias, Israel não tinha rei" (Jz 17.6; 18.1; 19.1; 21.25) dá a entender uma data após a instauração da monarquia.

CRISTO E JUÍZES

Juízes revela a necessidade de um salvador definitivo em razão da contínua falha humana e dos ciclos de pecado, destacando a insuficiência dos juízes temporários. Isso aponta para Cristo como o Juiz perfeito e eterno.

ESTRUTURA DO LIVRO

- ★ Prólogo: apostasia e conquista incompleta Jz 1—3.6
- ★ Otoniel derrota Arã Jz 3.7-11
- ★ Eúde derrota Moabe Jz 3.12-30
- ★ Sangar Jz 3.31
- ★ Débora derrota Canaã Jz 4—5
- ★ Gideão derrota Midiã Jz 6—8
- ★ A opressão de Abimeleque Jz 9
- ★ Tolá Jz 10.1-2
- ★ Jair Jz 10.3-5
- ★ Jefté derrota Amom Jz 10.6—12.7
- ★ Ibsã Jz 12.8-10
- ★ Elom Jz 12.11-12
- ★ Abdom Jz 12.13-15
- ★ Sansão refreia a Filístia Jz 13—16
- ★ Epílogo: desordens religiosas e morais Jz 17—21

TEMAS DE JUÍZES

O ponto focal da teologia do livro é o senhorio de Deus sobre seu povo. A aliança no Sinai (Êx 19—24) é renovada por Moisés (Dt 29) e Josué (Js 24), mas os israelitas repetidamente rejeitam a soberania de Javé, seguindo falsos deuses. Inicia uma série de ciclos que seguem a seguinte estrutura:

O povo de Deus peca → O Senhor o entrega a povos inimigos → O povo de Deus passa anos em servidão → O povo de Deus clama a ele → O Senhor levanta e capacita um libertador → O povo de Deus derrota o inimigo → Instaura-se a paz

JUDÁ E SIMEÃO CONQUISTAM A TERRA

1 Depois da morte de Josué, os israelitas perguntaram ao Senhor: "Qual das tribos deve ser a primeira a atacar os cananeus?".

2 O Senhor respondeu: "Judá, pois eu entreguei a terra em suas mãos".

3 Os homens de Judá disseram a seus parentes da tribo de Simeão: "Venham conosco lutar contra os cananeus que vivem no território que nos foi designado como herança. Depois ajudaremos vocês a conquistar o seu território". Os homens de Simeão foram com Judá.

4 Quando os homens de Judá atacaram, o Senhor entregou os cananeus e os ferezeus em suas mãos, e eles mataram dez mil guerreiros inimigos em Bezeque. 5 Naquela cidade, encontraram o rei Adoni-Bezeque, lutaram contra ele e derrotaram os cananeus e os ferezeus. 6 Adoni-Bezeque fugiu, mas os israelitas o capturaram e cortaram os polegares de suas mãos e de seus pés.

7 Adoni-Bezeque disse: "Setenta reis com os polegares das mãos e dos pés cortados comiam migalhas debaixo de minha mesa. Agora Deus me retribuiu aquilo que fiz com eles". E o levaram a Jerusalém, onde ele morreu.

8 Os homens de Judá atacaram Jerusalém e a conquistaram. Mataram todos os seus habitantes e puseram fogo na cidade. 9 Depois disso, desceram para lutar contra os cananeus que viviam na região montanhosa do Neguebe e nas colinas do oeste.[a] 10 Judá marchou contra os cananeus que habitavam em Hebrom (antes chamada de Quiriate-Arba), e derrotou os exércitos de Sesai, Aimã e Talmai.

11 Dali avançaram contra os habitantes de Debir (antes chamada de Quiriate-Sefer). 12 Calebe disse: "Darei minha filha Acsa em casamento a quem atacar e tomar Quiriate-Sefer". 13 Otoniel, filho de Quenaz, irmão mais novo de Calebe, tomou a cidade, e Calebe lhe deu Acsa como esposa.

14 Quando Acsa se casou com Otoniel, ela insistiu para que ele[b] pedisse um campo ao pai dela. Assim que ela desceu do jumento, Calebe lhe perguntou: "O que você quer?".

15 Ela respondeu: "Quero mais um presente. O senhor me deu terras no deserto do Neguebe; agora, peço que também me dê fontes de água". Então Calebe lhe deu as fontes superiores e as fontes inferiores.

16 Quando a tribo de Judá deixou Jericó, a cidade das palmeiras, os queneus, descendentes do sogro de Moisés, os acompanharam até o deserto de Judá. Eles se estabeleceram no meio do povo dali, perto da cidade de Arade, no Neguebe.

17 Então a tribo de Judá se uniu com seus parentes da tribo de Simeão para lutar contra os cananeus que habitavam em Zefate, e destruíram completamente a cidade. Por isso, agora ela se chama Hormá.[c] 18 A tribo de Judá também conquistou as cidades de Gaza, Ascalom e Ecrom e os territórios ao redor.

ISRAEL NÃO CONQUISTA TODA A TERRA

19 O Senhor estava com a tribo de Judá. Ela tomou posse da região montanhosa, mas não conseguiu expulsar os habitantes da planície, pois eles tinham carros de guerra com rodas de ferro. 20 A cidade de Hebrom foi entregue a Calebe, conforme Moisés havia prometido, e ele expulsou seus habitantes, descendentes dos três filhos de Enaque.

21 A tribo de Benjamim, porém, não conseguiu expulsar os jebuseus que moravam em Jerusalém. Por isso, até hoje os jebuseus vivem no meio do povo de Benjamim.

22 Os descendentes de José atacaram a cidade de Betel, e o Senhor estava com eles. 23 Enviaram espiões a Betel (antes conhecida como Luz), 24 e eles abordaram um homem que saía da cidade e lhe disseram: "Mostre-nos como entrar na cidade e teremos misericórdia de você". 25 Ele mostrou a entrada, e eles mataram todos os habitantes de Betel, exceto aquele homem e sua família. 26 Mais tarde, o homem se mudou para a terra dos hititas, onde construiu uma cidade e a chamou de Luz, que é seu nome até hoje.

[a] **1.9** Em hebraico, *na Sefelá*.

[b] **1.14** A Septuaginta e a Vulgata trazem *ele insistiu para que ela*.

[c] **1.17** *Hormá* significa "destruição".

27 A tribo de Manassés, porém, não expul-
sou os habitantes de Bete-Sã,[a] Taanaque,
Dor, Ibleã e Megido, nem dos povoados
ao seu redor, pois os cananeus estavam
decididos a permanecer naquela região.
28 Quando Israel se fortaleceu, submeteu
os cananeus a trabalhos forçados, mas não
os expulsou completamente da terra.

29 A tribo de Efraim também não expulsou
os habitantes de Gezer, de modo que os ca-
naneus continuaram a viver no meio deles.

30 A tribo de Zebulom não expulsou
os habitantes de Quitrom e de Naalol,
de modo que os cananeus continuaram a
viver no meio deles, mas foram submeti-
dos a trabalhos forçados.

31 A tribo de Aser não expulsou os habi-
tantes de Aco, Sidom, Alabe, Aczibe, Helba,
Afeque e Reobe. 32 Estabeleceu-se no meio
dos cananeus que habitavam a terra, pois
não conseguiu expulsá-los.

33 Da mesma forma, a tribo de Naftali não
expulsou os habitantes de Bete-Semes e
de Bete-Anate. Estabeleceu-se no meio dos
cananeus que habitavam a terra, mas sub-
meteu os habitantes de Bete-Semes e de
Bete-Anate a trabalhos forçados.

34 Quanto à tribo de Dã, os amorreus a
obrigaram a voltar para a região monta-
nhosa e não permitiram que descesse à
planície. 35 Os amorreus estavam decidi-
dos a ficar no monte Heres, em Aijalom e
em Saalbim, mas quando os descendentes
de José se fortaleceram, submeteram os
amorreus a trabalhos forçados. 36 A divi-
sa dos amorreus se estendia da ladeira
do Escorpião[b] até Selá, continuando dali
para cima.

O ANJO DO SENHOR APARECE EM BOQUIM

2 O anjo do SENHOR subiu de Gilgal a Bo-
quim e disse aos israelitas: "Tirei vo-
cês do Egito e os trouxe a esta terra que
jurei dar a seus antepassados, e afirmei
que jamais quebraria a minha aliança com
vocês. 2 De sua parte, vocês não deviam
fazer aliança alguma com os habitantes
desta terra, mas sim, destruir seus alta-
res. Por que vocês desobedeceram à minha
ordem? 3 Agora, portanto, declaro que não
expulsarei mais os povos que habitam em
sua terra. Eles serão como espinhos em
suas costas,[c] e os deuses deles serão uma
armadilha para vocês".

4 Quando o anjo do SENHOR acabou de
falar a todos os israelitas, o povo chorou
em alta voz. 5 Por isso, chamaram aquele
lugar de Boquim,[d] e ali ofereceram sacri-
fícios ao SENHOR.

A MORTE DE JOSUÉ

6 Depois que Josué se despediu do povo,
cada tribo de Israel partiu para tomar pos-
se do território que havia recebido como
herança. 7 O povo serviu ao SENHOR durante
toda a vida de Josué, e também dos líde-
res que sobreviveram depois dele e que ti-
nham visto as grandes coisas que o SENHOR
havia feito por Israel.

8 Josué, filho de Num, servo do SENHOR,
morreu aos 110 anos. 9 Foi sepultado na
terra que havia recebido como herança, em
Timnate-Sera,[e] na região montanhosa de
Efraim, ao norte do monte Gaás.

ISRAEL DESOBEDECE AO SENHOR

10 Depois que aquela geração morreu e se
reuniu a seus antepassados, surgiu uma
nova geração que não conhecia o SENHOR
nem tinha visto as grandes coisas que ele
havia feito por Israel.

11 Os israelitas fizeram o que era mau
aos olhos do SENHOR e serviram às ima-
gens de Baal. 12 Abandonaram o SENHOR, o
Deus de seus antepassados, que os havia
tirado do Egito. Seguiram e adoraram os
deuses dos povos ao redor e, com isso, pro-
vocaram a ira do SENHOR. 13 Abandonaram
o SENHOR para servir a Baal e às imagens
de Astarote. 14 Com isso, a ira do SENHOR ar-
deu contra Israel, e ele os entregou nas
mãos de saqueadores que tomaram seus
bens. Entregou-os aos inimigos ao seu re-
dor, aos quais já não conseguiam resistir.
15 Toda vez que saíam para a batalha, o
SENHOR lutava contra eles e provocava sua
derrota, conforme lhes havia advertido

[a] **1.27** Em hebraico, *Bete-Seã*, variação de Bete-Sã.
[b] **1.36** Ou *ladeira de Acrabim*.
[c] **2.3** Em hebraico, *estarão em seu lado*; comparar com Nm 33.55.
[d] **2.5** *Boquim* significa "pranteadores".
[e] **2.9** Conforme o texto paralelo em Js 24.30; o hebraico traz *Timnate-Heres*, variação de Timnate-Sera.

com juramento. Por isso, o povo vivia em grande angústia.

O SENHOR LIVRA SEU POVO

16 Então o Senhor levantou juízes para livrar o povo de seus agressores. 17 Contudo, não quiseram ouvir os juízes, mas se prostituíram, adorando outros deuses. Como se desviaram depressa do caminho de seus antepassados, que haviam andado em obediência aos mandamentos do Senhor!

18 Sempre que o Senhor levantava um juiz sobre os israelitas, o Senhor estava com ele e livrava o povo de seus inimigos enquanto o juiz vivia; pois o Senhor tinha compaixão de seu povo, que sofria sob o peso da aflição provocada por seus opressores. 19 Quando o juiz morria, porém, eles voltavam a seus caminhos corruptos e se comportavam ainda pior que seus antepassados. Seguiam outros deuses, servindo-os e adorando-os. Não abandonavam suas práticas perversas e seus caminhos teimosos.

20 Por isso, a ira do Senhor ardeu contra Israel. Disse ele: "Uma vez que este povo violou a minha aliança, que fiz com seus antepassados, e não me deu ouvidos, 21 não expulsarei mais as nações que Josué deixou por conquistar quando morreu. 22 Fiz isso para pôr Israel à prova, para ver se seguiria os caminhos do Senhor, como fizeram seus antepassados". 23 Assim, o Senhor deixou aquelas nações na terra. Não as expulsou de imediato nem permitiu que Josué conquistasse todas elas.

AS NAÇÕES QUE FICARAM EM CANAÃ

3 Estas são as nações que o Senhor deixou na terra para pôr à prova os israelitas que não haviam participado das guerras em Canaã. 2 Ele assim fez apenas para dar treinamento de combate às gerações de israelitas que não tinham experiência no campo de batalha. 3 Estas são as nações: os filisteus com seus cinco governantes, todos os cananeus, os sidônios e os heveus que habitavam nos montes do Líbano, desde o monte Baal-Hermom até Lebo-Hamate. 4 Esses povos foram deixados para pôr Israel à prova, para ver se obedeceriam aos mandamentos que o Senhor tinha dado a seus antepassados por meio de Moisés.

5 Assim, os israelitas viveram entre os cananeus, os hititas, os amorreus, os ferezeus, os heveus e os jebuseus. 6 Casaram-se com as filhas deles e deram suas filhas em casamento aos filhos deles. E serviram aos deuses deles.

OTONIEL SE TORNA JUIZ DE ISRAEL

7 Os israelitas fizeram o que era mau aos olhos do Senhor. Esqueceram-se do Senhor, seu Deus, e serviram às imagens de Baal e aos postes de Aserá. 8 Então a ira do Senhor se acendeu contra Israel, e ele os entregou a Cusã-Risataim, rei de Arã-Naaraim.[a] E os israelitas serviram a Cusã-Risataim durante oito anos.

9 Mas, quando os israelitas pediram socorro ao Senhor, ele levantou um libertador para salvá-los. Chamava-se Otoniel, filho de Quenaz, irmão mais novo de Calebe. 10 O Espírito do Senhor veio sobre Otoniel, e ele se tornou juiz de Israel. Otoniel guerreou contra Cusã-Risataim, rei de Arã, e o derrotou, pois o Senhor o entregou em suas mãos. 11 Houve paz na terra durante quarenta anos, até a morte de Otoniel, filho de Quenaz.

EÚDE SE TORNA JUIZ DE ISRAEL

12 Mais uma vez, os israelitas fizeram o que era mau aos olhos do Senhor. Por isso, o Senhor deu a Eglom, rei de Moabe, poder sobre Israel. 13 Eglom se aliou com os amonitas e os amalequitas, atacou e derrotou Israel e conquistou Jericó, a cidade das palmeiras. 14 Os israelitas serviram a Eglom, rei de Moabe, durante dezoito anos.

15 Mas, quando os israelitas pediram socorro ao Senhor, ele levantou um libertador para salvá-los. Chamava-se Eúde, homem canhoto, filho de Gera, da tribo de Benjamim. Os israelitas encarregaram Eúde de entregar o tributo a Eglom, rei de Moabe. 16 Eúde fez um punhal de dois gumes, com cerca de quarenta centímetros[b]

[a] **3.8** *Arã-Naaraim* significa "Arã dos dois rios"; acredita-se que ficava entre os rios Eufrates e Bali, na região noroeste da Mesopotâmia.

[b] **3.16** Em hebraico, *1 gômede*; não se sabe o valor exato dessa medida de comprimento.

de comprimento, e prendeu a arma à coxa direita, onde ficou escondida debaixo da roupa. 17 Levou o tributo a Eglom, rei de Moabe, que era muito gordo.

18 Depois de entregar o pagamento, Eúde partiu com os homens que haviam ajudado a carregar o tributo. 19 Quando Eúde chegou aos ídolos de pedra perto de Gilgal, deu meia-volta, apresentou-se diante de Eglom e disse: "Tenho uma mensagem secreta para o senhor, ó rei!".

Eglom ordenou: "Não fale ainda!", e mandou todos os seus servos saírem.

20 Eúde se aproximou de Eglom, que estava sentado sozinho na sala do andar superior, um ambiente mais fresco, e disse: "Tenho uma mensagem de Deus para o senhor!". O rei Eglom se levantou, 21 e Eúde, com a mão esquerda, puxou o punhal de sua coxa direita e o cravou na barriga de Eglom. 22 O punhal foi tão fundo que seu cabo desapareceu sob a gordura do rei. Por isso, Eúde não tirou o punhal, e as fezes do rei vazaram.[a] 23 Então Eúde fechou e trancou as portas da sala e saiu pelo pórtico.[b]

24 Depois que Eúde saiu, os servos do rei voltaram e encontraram trancadas as portas da sala no andar superior. Pensaram que ele estivesse usando o banheiro privativo, 25 por isso esperaram. Mas, como depois de muita demora o rei não saiu, ficaram preocupados e pegaram a chave. Quando abriram as portas, encontraram seu senhor caído no chão, morto.

26 Enquanto os servos esperavam, Eúde escapou e passou pelos ídolos de pedra a caminho de Seirá. 27 Quando chegou à região montanhosa de Efraim, tocou a trombeta, chamando o povo para guerrear. Os israelitas desceram os montes, com Eúde à frente.

28 Ele disse: "Sigam-me, pois o Senhor entregou Moabe, seu inimigo, em suas mãos". Os israelitas o seguiram e assumiram o controle dos pontos mais rasos do Jordão, onde se atravessava para Moabe, e não deixaram ninguém passar.

29 Eles atacaram os moabitas e mataram cerca de dez mil de seus guerreiros mais fortes e valentes. Nenhum deles escapou. 30 Naquele dia, Israel derrotou Moabe, e houve paz na terra durante oitenta anos.

SANGAR SE TORNA JUIZ DE ISRAEL

31 Depois de Eúde, Sangar, filho de Anate, libertou Israel. Certa vez, ele matou seiscentos filisteus com um ferrão de conduzir bois.

DÉBORA SE TORNA JUÍZA DE ISRAEL

4 Depois da morte de Eúde, os israelitas voltaram a fazer o que era mau aos olhos do Senhor. 2 Por isso, o Senhor os entregou nas mãos de Jabim, rei cananeu de Hazor. O comandante de seu exército era Sísera, que habitava em Harosete-Hagoim. 3 Sísera, que tinha novecentos carros de guerra com rodas de ferro, oprimiu cruelmente os israelitas durante vinte anos. Então o povo pediu socorro ao Senhor.

4 Quem julgava Israel nessa época era Débora, uma profetisa, mulher de Lapidote. 5 Ela costumava sentar-se debaixo da Palmeira de Débora, entre Ramá e Betel, na região montanhosa de Efraim, e os israelitas a procuravam para que ela julgasse suas questões. 6 Certo dia, mandou chamar Baraque, filho de Abinoão, que morava em Quedes, no território de Naftali, e lhe disse: "O Senhor, o Deus de Israel, lhe dá a seguinte ordem: 'Convoque dez mil guerreiros das tribos de Naftali e Zebulom para irem ao monte Tabor. 7 Eu farei Sísera, comandante do exército de Jabim, ir com seus carros de guerra e guerreiros até o rio Quisom. Ali eu os entregarei em suas mãos'".

8 Baraque disse a Débora: "Só irei se você for comigo; senão, não irei".

9 Débora respondeu: "Está bem, eu irei, mas você não receberá a honra nesta missão, pois o Senhor entregará Sísera nas mãos de uma mulher". Então Débora foi com Baraque a Quedes. 10 Ali, Baraque convocou as tribos de Zebulom e Naftali, e dez mil guerreiros subiram com ele. Débora também o acompanhou.

11 Héber, queneu descendente de Hobabe, cunhado[c] de Moisés, havia se separado

O Pai se preocupa mais com a nossa obediência do que com a nossa conta bancária. Está mais preocupado com o nosso coração do que com o serviço que prestamos no Reino.

[a] **3.22** Ou *e o punhal saiu por trás*.
[b] **3.23** O significado do hebraico é incerto.
[c] **4.11** Ou *sogro*.

dos outros membros de sua tribo e armado
suas tendas junto ao carvalho de Zaanim,
perto de Quedes.
12 Quando disseram a Sísera que Bara-
que, filho de Abinoão, havia subido ao
monte Tabor, 13 ele mandou trazer seus
novecentos carros de guerra com rodas
de ferro e todos os seus guerreiros, e eles
marcharam de Harosete-Hagoim até o
rio Quisom.
14 Então Débora disse a Baraque: "Prepa-
re-se! Este é o dia em que o Senhor entre-
gará Sísera em suas mãos, pois o Senhor
marcha adiante de você". Baraque desceu
a encosta do monte Tabor à frente de seus
dez mil guerreiros para combater. 15 Quan-
do Baraque atacou, o Senhor trouxe pânico
sobre os carros de guerra e sobre os solda-
dos de Sísera, que abandonou sua carrua-
gem e fugiu a pé. 16 Baraque perseguiu os
carros de guerra e o exército inimigo até
Harosete-Hagoim e matou todos os guer-
reiros de Sísera. Nenhum deles escapou.
17 Enquanto isso, Sísera correu para a
tenda de Jael, esposa de Héber, o queneu,
pois havia paz entre a família de Héber e
Jabim, rei de Hazor. 18 Jael saiu ao encon-
tro de Sísera e disse: "Venha para minha
tenda, senhor. Entre; não tenha medo".
Ele entrou na tenda de Jael, e ela o cobriu
com uma manta.
19 "Por favor, dê-me um pouco de água",
disse ele. "Estou com sede." Ela lhe deu
leite de uma vasilha de couro e o co-
briu novamente.
20 Sísera disse a ela: "Fique à porta da
tenda. Se alguém chegar e perguntar se
há alguém aqui, diga que não".
21 Mas, quando Sísera, exausto, dormia
um sono profundo, Jael, a esposa de He-
ber, se aproximou silenciosamente com
um martelo e uma estaca de tenda na mão
e atravessou o crânio dele com a estaca,
que ficou presa ao chão. Foi assim que
Sísera morreu.
22 Quando Baraque passou por lá à
procura de Sísera, Jael saiu ao seu en-
contro e disse: "Venha! Eu lhe mostrarei
o homem que o senhor está procurando".
Ele a seguiu até a tenda, onde encontrou
o cadáver de Sísera, com o crânio atraves-
sado pela estaca.
23 Naquele dia, o povo de Israel viu Deus
derrotar Jabim, o rei cananeu. 24 Dali em
diante, os israelitas se fortaleceram cada
vez mais contra o rei Jabim, até que o eli-
minaram por completo.

O CÂNTICO DE DÉBORA

5 Naquele dia, Débora e Baraque, filho de
Abinoão, entoaram este cântico:

2 "Os líderes de Israel
assumiram o comando,
e o povo os seguiu de boa vontade.
Louvem o Senhor!

3 "Ouçam, reis!
Prestem atenção, governantes!
Pois eu cantarei ao Senhor;
sim, tocarei música para o
Senhor, o Deus de Israel!

4 "Senhor, quando saíste de Seir
e marchaste desde os
campos de Edom,
a terra tremeu,
e as nuvens do céu
despejaram chuva.
5 Os montes estremeceram na
presença do Senhor,
o Deus do monte Sinai,
na presença do Senhor,
o Deus de Israel.

6 "Nos dias de Sangar, filho de Anate,
e nos dias de Jael,
ninguém passava pelas estradas,[a]
e os viajantes tomavam
caminhos tortuosos.
7 Restavam poucos nos
povoados de Israel,
até que Débora se levantou[b]
como mãe para Israel.
8 Quando Israel escolheu
novos deuses,
a guerra chegou às portas
das cidades.
Mas não se via um só escudo
ou lança,
entre quarenta mil
guerreiros de Israel.

[a] **5.6** Ou *as caravanas cessaram.*
[b] **5.7** Ou *até que eu, Débora, me levantei.*

9 Meu coração está com os
comandantes de Israel,
com aqueles que se
ofereceram para lutar.
Louvem o Senhor!

10 "Considerem estas coisas,
vocês que montam em
jumentas brancas,
que se sentam em finas mantas,
vocês que caminham pela estrada.
11 Ouçam os músicos dos povoados,
reunidos junto aos bebedouros.
Ali relatam as justas vitórias
do Senhor,
as justas vitórias de seus
camponeses em Israel.
Então o povo do Senhor
desceu às portas da cidade.

12 "Desperte, Débora, desperte!
Desperte, desperte e
entoe um cântico!
Levante-se, Baraque!
Leve embora seus cativos,
filho de Abinoão!

13 "Então os sobreviventes desceram
contra os poderosos;[a]
o povo do Senhor marchou por
mim contra os guerreiros.
14 Desceram de Efraim, terra que
antes pertencia aos amalequitas;
seguiram você, Benjamim,
com seus soldados.
De Maquir, desceram os comandantes;
de Zebulom, os que levam
a vara de comando.
15 Os príncipes de Issacar estavam
com Débora e Baraque;
sob suas ordens, desceram ao vale.
Mas, na tribo de Rúben,
houve grande indecisão.[b]
16 Por que ficaram entre os currais,
ouvindo os pastores assobiarem
para seus rebanhos?
Sim, na tribo de Rúben
houve grande indecisão.
17 Gileade continuou a leste do Jordão,
e por que Dã ficou junto aos navios?
Aser sentou-se inerte na praia
e permaneceu em seus portos.
18 Mas Zebulom arriscou a vida,
assim como fez Naftali,
nas regiões altas do campo.

19 "Os reis de Canaã vieram e lutaram
em Taanaque, perto das
águas de Megido,
mas não levaram despojos de prata.
20 Desde o céu as estrelas lutaram;
as estrelas, em suas órbitas,
lutaram contra Sísera.
21 O rio Quisom os arrastou,
o antigo ribeiro, o Quisom;
que eu marche adiante
com coragem!
22 Os cascos dos cavalos
martelavam o chão;
galopavam, galopavam seus
poderosos cavalos de guerra.
23 'Amaldiçoem os habitantes de
Meroz', disse o anjo do Senhor.
'Amaldiçoem duramente,
pois não vieram ajudar o Senhor,
ajudar o Senhor contra
fortes guerreiros.'

24 "Jael, esposa de Héber, o queneu,
é a mais abençoada entre
as mulheres.
Que ela seja a mais abençoada
das mulheres
que vivem em tendas!
25 Sísera lhe pediu água,
e ela lhe deu leite.
Numa vasilha digna dos nobres,
trouxe-lhe coalhada.
26 Com a mão esquerda, pegou
uma estaca de tenda;
com a direita, o martelo
de trabalhador.
Com eles atacou Sísera e
esmagou sua cabeça;
de um só golpe, rachou e
atravessou seu crânio.
27 Ele se curvou, caiu e ali ficou,
estirado aos pés de Jael.
E, no lugar onde se curvou,
ali caiu e morreu.

[a] **5.13** Ou *Sobreviventes, dominem os poderosos.* O significado do hebraico é incerto.

[b] **5.15** Conforme alguns manuscritos hebraicos e a versão siríaca, que trazem *sondagens do coração*; o Texto Massorético traz *resolução do coração.*

28 "Da janela, a mãe de Sísera
olhava para fora;
atrás da treliça da janela, clamava:
'Por que seu carro de guerra
demora tanto?
Por que não se ouve o som
de suas carruagens?'.

29 "Suas acompanhantes mais
sábias respondiam,
e ela repetia estas palavras
a si mesma:
30 'Devem estar repartindo os
despojos que tomaram;
uma ou duas moças para
cada homem.
Haverá túnicas coloridas para Sísera,
túnicas coloridas e bordadas.
Sem dúvida, no despojo haverá
túnicas coloridas e bordadas
dos dois lados'.

31 "SENHOR, que todos os teus inimigos
assim sejam destruídos!
Mas, aqueles que te amam,
que se levantem como o sol
com toda a sua força!".

Então houve paz na terra durante quarenta anos.

GIDEÃO SE TORNA JUIZ DE ISRAEL

6 Os israelitas fizeram o que era mau aos
olhos do SENHOR. Por isso, o SENHOR os
entregou nas mãos dos midianitas durante
sete anos. 2 Os midianitas eram tão cruéis
que os israelitas fizeram para si esconderijos nas montanhas, nas cavernas e nas fortalezas.
3 Sempre que os israelitas faziam
o plantio, saqueadores de Midiã, de Amaleque e de outros povos do leste atacavam
Israel, 4 acampavam na terra e destruíam
as plantações até Gaza. Levavam ovelhas,
bois e jumentos, e não deixavam coisa alguma para Israel comer.
5 Esses bandos inimigos, que vinham com seus rebanhos e
tendas, eram como uma praga de gafanhotos. Chegavam em camelos, tão numerosos
que era impossível contá-los, e só partiam
quando a terra estava devastada. 6 Os midianitas reduziram Israel à mais absoluta
pobreza, e o povo pediu socorro ao SENHOR.

7 Quando os israelitas clamaram ao
SENHOR por causa de Midiã, 8 o SENHOR lhes
enviou um profeta, que disse: "Assim diz o
SENHOR, Deus de Israel: Eu os tirei da escravidão no Egito.
9 Eu os livrei dos egípcios e
de todos que os oprimiam. Expulsei seus
inimigos e dei a vocês a terra deles. 10 Disse a vocês: 'Eu sou o SENHOR, seu Deus.
Não adorem os deuses dos amorreus,
em cujas terras agora vivem'. Mas vocês
não me deram ouvidos".

11 Então o anjo do SENHOR veio e sentou-se debaixo do grande carvalho em Ofra
que pertencia a Joás, do clã de Abiezer.
Gideão, filho de Joás, estava debulhando
trigo no fundo de uma prensa de uvas,
a fim de não ser descoberto pelos midianitas.
12 O anjo do SENHOR apareceu a
Gideão e disse: "O SENHOR está com você,
guerreiro corajoso!".

13 Gideão respondeu: "Meu senhor, se o
SENHOR está conosco, por que nos aconteceu tudo isso? E onde estão os milagres
de que nossos antepassados nos falaram?
Acaso não disseram: 'O SENHOR nos tirou
do Egito'? Agora, porém, o SENHOR nos
abandonou e nos entregou nas mãos dos
midianitas!".

14 Então o SENHOR se voltou para ele e
disse: "Vá com a força que você tem e liberte Israel dos midianitas. Sou eu quem
o envia!".

15 "Mas, Senhor, como posso libertar Israel?", perguntou Gideão. "Meu clã é o mais
fraco de toda a tribo de Manassés, e eu sou
o menos importante de minha família!"

16 "Certamente estarei com você", disse
o SENHOR. "E você destruirá os midianitas
como se estivesse lutando contra um só
homem."

17 Gideão respondeu: "Se, de fato, posso
contar com tua ajuda, dá-me um sinal de
que é mesmo o SENHOR quem fala comigo.
18 Por favor, não vás embora até que eu te
traga a minha oferta".

Ele respondeu: "Ficarei aqui até você
voltar".

19 Gideão foi depressa para casa. Cozinhou um cabrito e, com cerca de vinte
litros[a] de farinha, preparou pães sem fer-

[a] **6.19** Em hebraico, *1 efa*.

mento. Depois, colocou a carne num cesto
e o caldo numa panela, os levou para fora
e os ofereceu ao anjo que estava debaixo
da grande árvore.
20 O anjo de Deus lhe disse: "Coloque a
carne e os pães sem fermento sobre esta
pedra e derrame neles o caldo". Gideão obe-
deceu. 21 Então o anjo do Senhor tocou na
carne e nos pães com a ponta da vara que
estava em sua mão, e fogo subiu da pedra
e consumiu tudo que Gideão havia trazido.
E o anjo do Senhor desapareceu.
22 Quando Gideão percebeu que era o
anjo do Senhor, exclamou: "Ó Soberano
Senhor, estou perdido! Vi o anjo do Senhor
face a face!".
23 "Fique em paz", respondeu o Senhor.
"Não tenha medo; você não morrerá."
24 Então Gideão construiu um altar para
o Senhor naquele local e o chamou de Ja-
vé-Shalom.[a] Até hoje o altar está em Ofra,
no território do clã de Abiezer.
25 Naquela noite, o Senhor disse a Gideão:
"Tome o segundo touro do rebanho de seu
pai, aquele de sete anos. Derrube o altar
que seu pai fez para Baal e corte o poste
de Aserá que fica ao lado do altar. 26 De-
pois, construa um altar para o Senhor, seu
Deus, no alto desta colina, arrumando as
pedras com cuidado. Sacrifique o touro so-
bre o altar como holocausto e use como
lenha a madeira do poste de Aserá que
você cortará".
27 Gideão levou dez de seus servos e fez
o que o Senhor mandou. Porém, fez tudo
de noite, com medo de sua família e do
povo da cidade.
28 Logo cedo no dia seguinte, quando os
habitantes da cidade começaram a des-
pertar, alguém descobriu que o altar de
Baal havia sido derrubado e que o poste
de Aserá ao lado dele tinha sido cortado.
Em seu lugar, havia um novo altar, sobre o
qual estavam os restos do touro sacrifica-
do. 29 Os habitantes perguntaram uns aos
outros: "Quem fez isso?". Depois de uma
investigação cuidadosa, descobriram que
tinha sido Gideão, filho de Joás.
30 "Traga seu filho para fora", os homens
da cidade exigiram de Joás. "Ele deve
morrer, pois derrubou o altar de Baal e
cortou o poste de Aserá!"
31 Joás, porém, gritou para a multidão
que o confrontava: "Por que vocês de-
fendem Baal? Acaso pretendem salvá-lo?
Quem lutar pela causa dele será morto
pela manhã! Se Baal é realmente um deus,
que ele próprio se defenda e destrua quem
derrubou seu altar!". 32 Dali em diante, Gi-
deão foi chamado de Jerubaal (isto é, "Que
Baal lute com ele"), pois derrubou o altar
de Baal.

GIDEÃO PEDE UM SINAL

33 Pouco tempo depois, os exércitos de
Midiã, de Amaleque e de outros povos
do leste se uniram. Eles atravessaram o
Jordão e acamparam no vale de Jezreel.
34 Então o Espírito do Senhor veio sobre
Gideão, que tocou a trombeta de chifre
de carneiro, convocando para a batalha,
e os homens do clã de Abiezer o segui-
ram. 35 Também enviou mensageiros às
tribos de Manassés, Aser, Zebulom e Naf-
tali, convocando seus guerreiros, e todos
atenderam ao chamado.
36 Então Gideão disse a Deus: "Se de fato
vais me usar para salvar Israel, como pro-
meteste, 37 dá-me uma prova da seguinte
forma. Hoje à noite, deixarei um pouco
de lã na eira, onde se peneiram os grãos.
Se pela manhã a lã estiver molhada de or-
valho, mas o chão estiver seco, saberei que
vais me ajudar a salvar Israel, como pro-
meteste". 38 E foi exatamente o que aconte-
ceu. Na manhã seguinte, bem cedo, Gideão
se levantou, espremeu a lã e recolheu uma
tigela cheia de água.
39 Então Gideão disse a Deus: "Peço
que não fiques irado comigo, mas que
me permitas fazer mais um pedido. Dei-
xa-me usar esta lã para mais uma prova.
Desta vez, que a lã fique seca e o chão ao
redor dela fique coberto de orvalho". 40 Na-
quela noite, Deus fez o que Gideão havia
pedido. Pela manhã, a lã estava seca, mas
o chão estava coberto de orvalho.

GIDEÃO DERROTA OS MIDIANITAS

7 Jerubaal (isto é, Gideão) e todo o seu
exército se levantaram de madrugada
e acamparam junto à fonte de Harode.

[a] **6.24** *Javé-Shalom* significa "o Senhor é paz".

Os exércitos de Midiã estavam acampados ao norte deles, no vale perto da colina de Moré. 2 O SENHOR disse a Gideão: "Você tem guerreiros demais. Se eu deixar todos vocês lutarem contra os midianitas, Israel se vangloriará diante de mim, dizendo que se libertou por sua própria força. 3 Portanto, diga ao povo: 'Quem estiver com medo e assustado pode deixar este monte[a] e voltar para casa'". Vinte e dois mil homens voltaram para casa, restando apenas dez mil.

4 O SENHOR, porém, disse a Gideão: "Seu exército ainda está grande demais. Desça com eles até a fonte, e eu os provarei para determinar quem irá com você e quem não irá". 5 Quando Gideão desceu com os guerreiros até a fonte, o SENHOR lhe disse: "Separe os homens em dois grupos. Num grupo, coloque todos que bebem água das mãos, lambendo-a como fazem os cães. No outro grupo, coloque todos que se ajoelham e põem a boca na água para beber". 6 Apenas trezentos homens beberam água das mãos; os demais se ajoelharam e puseram a boca na água.

7 O SENHOR disse a Gideão: "Com estes trezentos homens eu livrarei Israel e entregarei os midianitas em suas mãos. Mande para casa os demais". 8 Gideão ordenou que recolhessem as provisões e as trombetas de chifre de carneiro dos outros guerreiros e os mandou para casa, mas manteve consigo os trezentos homens.

O acampamento midianita ficava à frente de Gideão, descendo o vale. 9 Naquela noite, o SENHOR lhe disse: "Levante-se! Desça ao acampamento dos midianitas, pois eu os entreguei em suas mãos! 10 Mas, se você tem medo de atacá-los, desça até o acampamento com seu servo Purá. 11 Ouça o que os midianitas estão dizendo e você se encherá de coragem e terá ânimo para atacar".

Então Gideão e seu servo Purá desceram até os limites do acampamento inimigo. 12 Os exércitos de Midiã, de Amaleque e dos povos do leste cobriam o vale como uma nuvem de gafanhotos. Seus camelos eram tão numerosos como os grãos de areia da praia, impossíveis de contar. 13 Gideão se aproximou no exato momento em que um homem contava um sonho a seu amigo. O homem disse: "Tive um sonho, no qual um pão de cevada veio rolando para dentro do acampamento midianita; então, bateu numa tenda e ela virou, desmontando-se!".

14 O amigo respondeu: "O sonho só pode significar uma coisa: a espada de Gideão, filho de Joás, o israelita. Deus entregou todo o exército midianita nas mãos dele!".

15 Quando Gideão ouviu o sonho e sua interpretação, prostrou-se em adoração. Voltou para o acampamento de Israel e gritou: "Levantem-se! O SENHOR entregou o exército midianita em suas mãos!". 16 Em seguida, dividiu os trezentos homens em três grupos e deu a cada homem uma trombeta e um vaso de barro com uma tocha dentro.

17 "Olhem para mim", disse ele. "Quando chegarmos à beira do acampamento, façam o que eu fizer. 18 Assim que eu e todos os que estiverem comigo tocarmos nossas trombetas, toquem as suas também ao redor de todo o acampamento e gritem: 'Pelo SENHOR e por Gideão!'"

19 Pouco depois da meia-noite[b] e da troca da guarda inimiga, Gideão e seus cem homens chegaram aos limites do acampamento midianita. De repente, tocaram as trombetas e quebraram os vasos de barro. 20 Então os três grupos tocaram as trombetas e quebraram os vasos. Segurando a tocha na mão esquerda e a trombeta na direita, todos gritaram: "À espada, pelo SENHOR e por Gideão!".

21 Cada homem manteve sua posição ao redor do acampamento e viu todos os midianitas correrem de um lado para o outro, gritando apavorados enquanto fugiam. 22 Quando os trezentos israelitas tocaram as trombetas, o SENHOR fez os guerreiros que estavam no acampamento lutarem uns contra os outros com suas espadas. Os que sobreviveram fugiram para lugares distantes como Bete-Sita, perto de Zererá, e para a divisa de Abel-Meolá, perto de Tabate.

23 Então Gideão convocou os guerreiros de Naftali, Aser e Manassés, que se juntaram aos demais para perseguir o exército midianita. 24 Gideão também enviou

[a] **7.3** Em hebraico, *pode deixar o monte Gileade*. A identificação do monte Gileade é incerta neste contexto. Talvez seja usado aqui como outro nome para o monte Gilboa.

[b] **7.19** Em hebraico, *No começo da segunda vigília*.

mensageiros a toda a região montanhosa
de Efraim, dizendo: "Desçam e ataquem os
midianitas! Não permitam que eles che-
guem aos pontos mais rasos de travessia
do Jordão em Bete-Bara".
Todos os homens de Efraim obedeceram.
25 Capturaram Orebe e Zeebe, os dois co-
mandantes midianitas, e mataram Ore-
be na rocha de Orebe e Zeebe na prensa
de uvas de Zeebe. Depois, continuaram
a perseguir os midianitas. Por fim, leva-
ram a cabeça de Orebe e a de Zeebe para
Gideão, que estava do outro lado do Jordão.

GIDEÃO MATA ZEBA E ZALMUNA

8 Então os homens da tribo de Efraim
perguntaram a Gideão: "Por que você
nos tratou dessa forma? Por que não nos
chamou quando foi lutar com os midiani-
tas?". E o repreenderam duramente.
2 Gideão, porém, respondeu: "O que eu
fiz em comparação com vocês? A sobra das
uvas da colheita de Efraim não são melho-
res que toda a colheita do pequeno clã de
Abiezer? 3 Deus entregou em suas mãos
Orebe e Zeebe, os comandantes do exérci-
to midianita. O que eu fiz em comparação
com isso?". Quando ouviram a resposta
de Gideão, a indignação dos homens de
Efraim diminuiu.
4 Então Gideão atravessou o rio Jordão
com os trezentos homens e, embora esti-
vessem exaustos, continuaram a perseguir
o inimigo. 5 Quando chegaram a Sucote,
Gideão pediu ao povo da cidade: "Por fa-
vor, deem um pouco de comida aos meus
guerreiros. Eles estão muito cansados.
Estou perseguindo Zeba e Zalmuna, reis
de Midiã".
6 Mas os líderes de Sucote responderam:
"Primeiro capture Zeba e Zalmuna, e então
daremos comida ao seu exército".
7 "Muito bem", disse Gideão. "Depois que
o Senhor entregar Zeba e Zalmuna em mi-
nhas mãos, voltarei e rasgarei a carne de
vocês com espinhos e com espinheiros
do deserto."
8 Dali Gideão subiu a Peniel,[a] onde tam-
bém pediu comida e recebeu a mesma
resposta. 9 Disse ele ao povo de Peniel:
"Quando eu voltar vitorioso, derrubarei
esta torre".
10 A essa altura, Zeba e Zalmuna estavam
em Carcor com cerca de quinze mil guerrei-
ros. Era tudo que restava dos exércitos alia-
dos do leste, pois 120 mil já haviam sido
mortos. 11 Gideão subiu pela rota das cara-
vanas, a leste de Noba e Jogbeá, e atacou
de surpresa o exército midianita. 12 Zeba e
Zalmuna, os dois reis midianitas, fugiram,
mas Gideão os perseguiu e os capturou,
derrotando seu exército.
13 Gideão, filho de Joás, voltou da batalha
pelo desfiladeiro de Heres. 14 Ali, capturou
um jovem de Sucote e exigiu que ele escre-
vesse o nome dos 77 oficiais e autoridades
da cidade. 15 Então Gideão retornou a Suco-
te e disse ao povo: "Aqui estão Zeba e Zal-
muna. Quando estivemos aqui antes, vocês
zombaram de mim e disseram: 'Primeiro
capture Zeba e Zalmuna, e então daremos
comida aos seus guerreiros exaustos'".
16 Gideão prendeu as autoridades da cida-
de e os castigou com espinhos e espinhei-
ros do deserto. 17 Também derrubou a torre
de Peniel e matou os homens da cidade.
18 Depois disso, Gideão perguntou a Zeba
e a Zalmuna: "Como eram os homens que
vocês mataram em Tabor?".
"Como você", responderam eles. "Todos
pareciam filhos de rei."
19 "Eram meus irmãos, filhos de minha
mãe!", exclamou Gideão. "Tão certo como
vive o Senhor, eu não mataria vocês se ti-
vessem poupado a vida deles!"
20 Gideão se voltou para Jéter, seu filho
mais velho, e disse: "Mate-os!". Mas Jéter
não tirou sua espada, pois ainda era jovem
e teve medo.
21 Então Zeba e Zalmuna disseram a Gi-
deão: "Seja homem! Mate-nos você mes-
mo!". Gideão os matou e tirou os enfeites
que estavam no pescoço dos camelos deles.

O COLETE SACERDOTAL DE GIDEÃO

22 Então os israelitas disseram a Gideão:
"Seja nosso governante! Você, seu filho e
seu neto nos governarão, pois nos libertou
de Midiã".
23 Gideão, porém, respondeu: "Nem
eu nem meu filho governaremos vocês.

[a] **8.8** Em hebraico, *Penuel*, variação de Peniel; também em 8.9,17.

O SENHOR os governará! 24 Mas tenho um pedido a fazer. Cada um de vocês me dê uma argola de ouro que tomou de seus inimigos como despojo". (Uma vez que os inimigos eram ismaelitas, todos usavam argolas de ouro.)

25 "Com todo o prazer!", responderam eles. Estenderam uma capa, e cada um jogou ali uma argola de ouro que havia tomado como despojo. 26 O peso das argolas de ouro totalizou pouco mais de vinte quilos,[a] sem contar os enfeites, os pendentes e as roupas de púrpura que os reis de Midiã usavam, além das correntes que estavam no pescoço de seus camelos.

27 Com esse ouro, Gideão fez um colete sacerdotal e o colocou em Ofra, sua cidade. Todo o Israel, porém, se prostituiu, fazendo do colete objeto de adoração, e ele se tornou uma armadilha para Gideão e sua família.

28 Esse é o relato de como os israelitas derrotaram Midiã, que nunca se recuperou. Durante quarenta anos do restante da vida de Gideão, houve paz na terra.

29 Então Gideão,[b] filho de Joás, voltou para casa. 30 Gerou setenta filhos do sexo masculino, pois teve muitas esposas. 31 Também teve uma concubina em Siquém que deu à luz um filho seu, a quem ele chamou Abimeleque. 32 Gideão, filho de Joás, morreu quando era muito idoso e foi sepultado no túmulo de seu pai, Joás, em Ofra, no território do clã de Abiezer.

33 Logo depois da morte de Gideão, os israelitas se prostituíram, adorando imagens de Baal e fazendo de Baal-Berite seu deus. 34 Os israelitas se esqueceram do SENHOR, seu Deus, que os havia livrado de todos os inimigos em redor. 35 Também não demonstraram lealdade alguma para com a família de Jerubaal (isto é, Gideão), apesar de todo o bem que ele havia feito a Israel.

ABIMELEQUE GOVERNA SOBRE SIQUÉM

9 Certo dia, Abimeleque, filho de Gideão,[c] foi a Siquém visitar os irmãos de sua mãe e disse a eles e aos demais membros do seu clã materno: 2 "Perguntem aos líderes de Siquém se preferem ser governados por todos os setenta filhos de Gideão ou por um só homem. E lembrem-se de que eu sou da mesma carne e do mesmo sangue de vocês!".

3 Então os tios de Abimeleque transmitiram sua mensagem a todos os líderes de Siquém, que, depois de ouvirem a proposta, decidiram em favor de Abimeleque, pois era parente deles. 4 Deram-lhe setenta moedas de prata do templo de Baal-Berite, que ele usou para contratar indivíduos desocupados e desordeiros que concordaram em segui-lo. 5 Ele foi à casa de seu pai em Ofra e ali, sobre uma pedra, matou todos os seus setenta meios-irmãos, os filhos de Gideão, exceto Jotão, o filho mais novo, que fugiu e se escondeu. 6 Então os líderes de Siquém e Bete-Milo convocaram uma reunião debaixo do carvalho perto da coluna[d] em Siquém e proclamaram Abimeleque rei.

A PARÁBOLA DE JOTÃO

7 Quando Jotão soube disso, subiu ao topo do monte Gerizim e gritou:

"Ouçam-me, cidadãos de Siquém!
Ouçam-me se querem
que Deus os ouça!
8 Certa vez as árvores
resolveram ungir um rei.
Primeiro disseram à oliveira:
'Seja nosso rei!'.
9 Mas a oliveira se recusou e disse:
'Devo deixar de produzir o óleo
que agrada a Deus e às pessoas,
só para ser a mais alta das
árvores que o vento agita?'.

10 "Então disseram à figueira:
'Seja nosso rei!'.
11 Mas a figueira também
se recusou e disse:
'Devo deixar de produzir meus
frutos doces e deliciosos,
só para ser a mais alta das
árvores que o vento agita?'.

12 "Então disseram à videira:
'Seja nosso rei!'.

[a] **8.26** Em hebraico, *1.700 [siclos]*.
[b] **8.29** Em hebraico, *Jerubaal*; ver 6.32.
[c] **9.1** Em hebraico, *Jerubaal* (ver 6.32); também em 9.2,16,19,24,28,57.
[d] **9.6** O significado do hebraico é incerto.

[13] Mas a videira também se
recusou e disse:
'Devo deixar de produzir o vinho
que alegra a Deus e às pessoas,
só para ser a mais alta das
árvores que o vento agita?'.

[14] "Por fim, todas as árvores
se voltaram para o
espinheiro e disseram:
'Seja nosso rei!'.
[15] E o espinheiro respondeu às árvores:
'Se querem mesmo ungir-me seu rei,
venham abrigar-se à minha sombra.
Se não, que saia fogo de mim
e queime os cedros do Líbano'".

[16] Jotão prosseguiu: "Será que vocês de
fato agiram de forma honrada e íntegra ao
proclamar Abimeleque seu rei? Será que
foram justos com Gideão e seus descen-
dentes? Vocês o trataram como ele me-
rece, tendo em vista tudo que realizou?
[17] Meu pai lutou por vocês e arriscou a vida
para libertá-los dos midianitas. [18] Mas hoje
vocês se rebelaram contra ele e seus des-
cendentes e mataram seus setenta filhos
sobre uma pedra. Escolheram Abimeleque,
filho da escrava dele, para ser rei só porque
ele é seu parente.

[19] "Se hoje agiram de forma honrada e
íntegra com Gideão e seus descendentes,
então que sejam felizes com Abimeleque,
e ele seja feliz com vocês. [20] Mas, se não o
fizeram, então que saia fogo de Abimele-
que e queime os líderes de Siquém e Bete-
-Milo, e saia fogo dos líderes de Siquém e
Bete-Milo e queime Abimeleque!".

[21] Então Jotão fugiu e foi morar em Beer,
pois tinha medo de seu irmão Abimeleque.

SIQUÉM SE REBELA CONTRA ABIMELEQUE

[22] Depois que Abimeleque havia gover-
nado Israel por três anos, [23] Deus enviou
um espírito que gerou discórdia entre Abi-
meleque e os líderes de Siquém, que se
rebelaram. [24] Foi um castigo para Abime-
leque por ele ter assassinado os setenta
filhos de Gideão e para os líderes de Si-
quém por terem apoiado Abimeleque no
assassinato de seus irmãos. [25] Os líderes
de Siquém prepararam uma emboscada
para Abimeleque no alto dos montes e as-
saltavam todos os que passavam por ali.
Contudo, alguém alertou Abimeleque so-
bre essa conspiração.

[26] Nessa época, Gaal, filho de Ebede,
se mudou para Siquém com seus irmãos
e ganhou a confiança dos líderes da cida-
de. [27] Depois de irem ao campo, colherem
as uvas e pisarem nelas, realizaram uma
festa da colheita, no templo do deus lo-
cal. Foi servido vinho à vontade, e todos
começaram a amaldiçoar Abimeleque.
[28] "Quem é Abimeleque?", disse em alta
voz Gaal, filho de Ebede. "Se não é um ver-
dadeiro filho de Siquém,[a] por que devemos
servi-lo? É apenas filho de Gideão, e esse
Zebul é apenas seu ajudante. Sirvam aos
verdadeiros filhos de Hamor, o fundador
de Siquém! Por que devemos servir a Abi-
meleque? [29] Se eu estivesse no comando,
me livraria de Abimeleque. Diria a ele:
'Convoque seus soldados e venha lutar!'."

[30] Mas, quando Zebul, que governava a
cidade, tomou conhecimento das palavras
de Gaal, ficou furioso. [31] Enviou mensagei-
ros a Abimeleque em Arumá[b] para lhe di-
zer: "Gaal, filho de Ebede, e seus irmãos se
mudaram para Siquém e estão instigando
a cidade a se rebelar contra você. [32] Venha
de noite com seu exército e esconda-se
nos campos. [33] Pela manhã, assim que o
sol nascer, ataque a cidade. Quando Gaal
e aqueles que o acompanham saírem
para lutar contra você, faça com eles o
que desejar".

[34] Então Abimeleque e todos os seus
homens saíram de noite, dividiram-se em
quatro grupos e armaram uma embosca-
da ao redor de Siquém. [35] Gaal, filho de
Ebede, estava à porta da cidade quando
Abimeleque e seu exército saíram de seus
esconderijos. [36] Quando Gaal os viu, disse
a Zebul: "Olhe, há pessoas descendo do
alto das colinas!".

Zebul respondeu: "São apenas as sombras dos montes que se parecem com homens".

[37] Mas Gaal insistiu: "Não! São pessoas
descendo das colinas.[c] E outro grupo vem

[a] **9.28** Em hebraico, *Quem é Siquém?*
[b] **9.31** Ou *em segredo.*
[c] **9.37a** Ou *do centro da terra.*

Foi em um lugar escondido, malhando trigo no lagar, que Gideão foi encontrado pelo Senhor. Quando ele estava escondido das pessoas, foi achado por Deus.

pela estrada que passa pelo Carvalho
dos Adivinhos".[a]

38 Zebul se voltou para ele e pergun-
tou: "Onde foi parar toda a sua conversa?
Não foi você que disse: 'Quem é Abimele-
que e por que deveríamos servi-lo?'. Os ho-
mens dos quais você zombou estão logo
ali do lado de fora da cidade! Saia e lute
contra eles!".

39 Então Gaal marchou à frente dos líde-
res de Siquém para a batalha contra Abi-
meleque. 40 Abimeleque perseguiu Gaal, e
muitos homens de Siquém foram feridos e
caíram pelo caminho enquanto recuavam
até o portão da cidade. 41 Abimeleque vol-
tou a Arumá, e Zebul expulsou Gaal e seus
irmãos de Siquém.

42 No dia seguinte, o povo de Siquém
saiu para guerrear nos campos. Abimele-
que soube disso, 43 dividiu seus homens
em três grupos e armou emboscadas nos
campos. Quando Abimeleque viu o povo
sair da cidade, ele e seus homens saíram
de seus esconderijos e atacaram. 44 Abi-
meleque e seu grupo tomaram de assalto
o portão da cidade para impedir que os
homens de Siquém voltassem para den-
tro. Enquanto isso, os outros dois grupos
atacaram e mataram aqueles que estavam
nos campos. 45 A batalha durou o dia intei-
ro. Por fim, Abimeleque tomou Siquém e
matou seus habitantes. Depois, destruiu
a cidade e espalhou sal em todo o solo.

46 Ao tomarem conhecimento do que
havia acontecido, os líderes que viviam
na torre de Siquém correram e se esconde-
ram na fortaleza do templo de Baal-Berite.[b]
47 Quando alguém informou Abimeleque
de que esses habitantes estavam reuni-
dos ali, 48 ele levou seu exército ao mon-
te Zalmom. Pegou um machado, cortou
alguns galhos de uma árvore e os pôs so-
bre os ombros. "Rápido! Façam como eu!",
disse a seus homens. 49 Assim, cada um
cortou alguns galhos e fez como Abimele-
que. Então amontoaram os galhos junto às
paredes do templo e puseram fogo. Todos
que viviam na torre de Siquém morreram,
cerca de mil homens e mulheres.

50 Em seguida, Abimeleque atacou a ci-
dade de Tebes e a conquistou. 51 No meio
da cidade, porém, havia uma torre forte,
e toda a população, homens e mulheres,
fugiu para lá. Trancaram-se por dentro e
subiram até o terraço. 52 Abimeleque foi
até a torre e a atacou. Mas, quando se pre-
parava para incendiar a entrada da torre,
53 uma mulher que estava no terraço jogou
na cabeça de Abimeleque uma pedra de
moinho, que rachou seu crânio.

54 Sem demora, ele disse a seu jovem
escudeiro: "Tire a espada e mate-me! As-
sim ninguém dirá que uma mulher matou
Abimeleque!". O jovem o atravessou com
sua espada, e ele morreu. 55 Quando os
israelitas viram que Abimeleque estava
morto, debandaram e voltaram para casa.

56 Desse modo, Deus castigou Abimele-
que pelo mal que ele havia feito a seu pai,
matando os setenta irmãos. 57 Deus tam-
bém castigou os homens de Siquém por
toda a sua maldade. Assim cumpriu-se a
maldição de Jotão, filho de Gideão.

TOLÁ SE TORNA JUIZ DE ISRAEL

10 Depois da morte de Abimeleque,
Tolá, filho de Puá, filho de Dodô,
foi o próximo libertador de Israel. Era da
tribo de Issacar, mas morava na cidade de
Samir, na região montanhosa de Efraim.
2 Julgou Israel por 23 anos. Quando mor-
reu, foi sepultado em Samir.

JAIR SE TORNA JUIZ DE ISRAEL

3 Depois que Tolá morreu, Jair, de Gilea-
de, julgou Israel por 22 anos. 4 Seus trinta
filhos montavam trinta jumentos e pos-
suíam na terra de Gileade trinta cidades
que até hoje são chamadas de Cidades
de Jair.[c] 5 Quando morreu, foi sepultado
em Camom.

OS AMONITAS OPRIMEM ISRAEL

6 Mais uma vez, os israelitas fizeram o que
era mau aos olhos do Senhor. Serviram às
imagens de Baal e Astarote e aos deuses da
Síria, de Sidom, Moabe, Amom e da Filís-
tia. Abandonaram o Senhor e deixaram de
servi-lo. 7 Então a ira do Senhor se acendeu

[a] **9.37b** Em hebraico, *Elom-Meonenim*.
[b] **9.46** Em hebraico, *El-Berite*, outro nome para Baal-Berite; comparar com 9.4.
[c] **10.4** Em hebraico, *Havote-Jair*.

contra Israel, e ele os entregou nas mãos dos filisteus e dos amonitas, 8 que começaram a oprimi-los cruelmente naquele mesmo ano. Durante dezoito anos, oprimiram todos os israelitas a leste do Jordão na terra dos amorreus (isto é, em Gileade). 9 Os amonitas também atravessaram para o lado oeste do Jordão e atacaram as tribos de Judá, Benjamim e Efraim.

Os israelitas ficaram muito angustiados 10 e, por fim, pediram socorro ao SENHOR. "Pecamos contra ti", disseram, "pois abandonamos nosso Deus e servimos às imagens de Baal!"

11 O SENHOR respondeu: "Acaso não os livrei dos egípcios, dos amorreus, dos amonitas, dos filisteus, 12 dos sidônios, dos amalequitas e dos maonitas? Quando eles os oprimiram, vocês me pediram socorro, e eu os livrei. 13 E, no entanto, vocês me abandonaram e serviram a outros deuses. Por isso, não os livrarei mais. 14 Vão e clamem aos deuses que vocês escolheram! Que eles os livrem neste momento de angústia!".

15 Mas os israelitas suplicaram ao SENHOR: "Sim, pecamos! Castiga-nos como te parecer melhor, mas livra-nos hoje de nossos inimigos". 16 Então eles se desfizeram dos deuses estrangeiros e serviram ao SENHOR. E ele teve compaixão deles por causa de seu sofrimento.

17 Quando os exércitos de Amom foram convocados para guerrear e acamparam em Gileade, os israelitas se reuniram e acamparam em Mispá. 18 Os líderes de Gileade disseram uns aos outros: "O primeiro que atacar os amonitas governará todo o povo de Gileade".

JEFTÉ SE TORNA JUIZ DE ISRAEL

11 Jefté era um guerreiro corajoso. Era filho de Gileade, mas sua mãe era uma prostituta. 2 A esposa de Gileade teve muitos filhos, e quando esses meios-irmãos cresceram, expulsaram Jefté, dizendo: "Você não receberá parte alguma da herança de nosso pai, pois é filho de outra mulher". 3 Então Jefté fugiu de seus irmãos e foi viver na terra de Tobe. Em pouco tempo, passou a chefiar um bando de desocupados que se uniram a ele.

4 Por essa época, os amonitas começaram a guerrear contra Israel. 5 Quando os amonitas atacaram, os líderes de Gileade mandaram buscar Jefté na terra de Tobe. 6 "Venha e seja nosso comandante!", disseram. "Ajude-nos a lutar contra os amonitas!"

7 Mas Jefté lhes disse: "Não são vocês os mesmos que me odiavam e que me expulsaram da casa de meu pai? Por que me chamam agora que estão em apuros?".

8 "Porque precisamos de você", responderam os líderes. "Se você nos comandar na batalha contra os amonitas, nós o proclamaremos governante de todo o povo de Gileade."

9 Jefté lhes disse: "Quer dizer que se eu for com vocês e o SENHOR me der a vitória sobre os amonitas, governarei todo o povo?".

10 Os líderes de Gileade responderam: "O SENHOR é nossa testemunha de que faremos exatamente como você disse".

11 Então Jefté foi com os líderes de Gileade, e o povo o fez governante e comandante do exército. Em Mispá, na presença do SENHOR, Jefté repetiu o que tinha dito aos líderes.

12 Jefté enviou mensageiros ao rei de Amom para perguntar: "Por que você saiu para guerrear contra minha terra?".

13 O rei de Amom respondeu aos mensageiros de Jefté: "Quando saíram do Egito, os israelitas roubaram minhas terras desde o rio Arnom até o rio Jaboque, e até o Jordão. Agora, devolva-nos pacificamente esse território".

14 Jefté enviou a seguinte mensagem em resposta ao rei amonita:

> 15 "Assim diz Jefté: Israel não roubou terra alguma de Moabe nem de Amom. 16 Quando o povo de Israel veio do Egito e chegou a Cades, depois de atravessar o mar Vermelho,[a] 17 enviou mensageiros ao rei de Edom e pediu: 'Deixe-nos passar por sua terra'. Contudo, seu pedido foi negado. Então fizeram o mesmo pedido ao rei de Moabe, mas ele

[a] **11.16** Em hebraico, *mar de juncos*.

também não os deixou passar. Por
isso, o povo de Israel ficou em Cades.
18 “Depois, passaram pelo deserto,
contornando Edom e Moabe. Acom-
panharam a divisa de Moabe a leste
e acamparam do outro lado do rio Ar-
nom. Em momento algum atravessa-
ram o Arnom para entrar em Moabe,
pois o Arnom era a divisa de Moabe.
19 “Então Israel enviou mensageiros
a Seom, rei dos amorreus, que go-
vernava em Hesbom, e pediu: ‘Dei-
xe-nos passar por sua terra, para
chegarmos ao nosso destino’. 20 O rei
Seom, porém, não confiava em Israel
o suficiente para deixar o povo pas-
sar por seu território. Em vez disso,
mobilizou seu exército em Jaza e ata-
cou Israel. 21 Mas o Senhor, o Deus de
Israel, entregou o rei Seom nas mãos
de seu povo, que derrotou os amor-
reus. Israel tomou posse de toda
a terra dos amorreus que viviam
naquela região, 22 desde o Arnom
até o Jaboque, e desde o deserto até
o Jordão.
23 “Como você vê, foi o Senhor, o Deus
de Israel, que tirou a terra dos amor-
reus e a entregou a Israel. Por que,
então, haveríamos de devolvê-la?
24 Fique com o que seu deus Ca-
mos lhe der, e nós ficaremos com o
que o Senhor, nosso Deus, nos der.
25 Acaso você é melhor que Bala-
que, filho de Zipor, rei de Moabe?
Ele tentou disputar esses territórios
com Israel? Entrou em guerra contra
os israelitas?
26 “Israel vive aqui há trezentos anos.
Habita em Hesbom e nos povoados
ao redor, até Aroer e seus povoados,
e todas as cidades às margens do rio
Arnom. Por que, até agora, vocês não
fizeram esforço algum para reaver
esse território? 27 Portanto, não pe-
quei contra você. Pelo contrário, você
fez mal ao me atacar. Que o Senhor,
o Juiz, decida hoje qual de nós está
certo: Israel ou Amom”.

28 Mas o rei de Amom não deu atenção à
mensagem de Jefté.

O VOTO DE JEFTÉ

29 Então o Espírito do Senhor veio sobre
Jefté. Ele atravessou o território de Gileade
e Manassés, incluindo Mispá em Gileade,
e dali avançou contra os amonitas. 30 Jef-
té fez um voto ao Senhor: “Se entregares
os amonitas em minhas mãos, 31 darei ao
Senhor o que sair primeiro de minha casa
quando eu regressar vitorioso. Eu o ofere-
cerei como holocausto”.

32 Jefté saiu com seu exército para com-
bater os amonitas, e o Senhor os entregou
em suas mãos. 33 Ele aniquilou os amoni-
tas e destruiu vinte cidades, desde Aroer
até os arredores de Minite, chegando até
Abel-Queramim. Assim, os israelitas der-
rotaram os amonitas.

34 Quando Jefté voltou para casa em Mis-
pá, sua filha saiu ao seu encontro, tocan-
do tamborim e dançando. Era sua única
filha; ele não tinha nenhum outro filho
nem filha. 35 Quando Jefté a viu, rasgou
as próprias roupas e gritou. “Ah, minha fi-
lha! Você acabou comigo! Trouxe desgraça
sobre mim! Fiz um voto ao Senhor e não
posso voltar atrás!”.

36 Ela disse: “Pai, se fez um voto ao Senhor,
faça comigo o que prometeu, pois o Senhor
lhe deu grande vitória sobre seus inimi-
gos, os amonitas. 37 Mas, primeiro, permita
que eu ande pelos montes e chore com
minhas amigas por dois meses, pois mor-
rerei virgem”.

38 “Pode ir”, disse Jefté, e deixou que ela
se ausentasse por dois meses. Ela e suas
amigas foram para os montes e lamenta-
ram, pois ela jamais teria filhos. 39 Quan-
do ela voltou para casa, seu pai cumpriu o
voto que havia feito, e ela morreu sem ter
tido relações com homem algum.

Por isso, tornou-se costume em Israel
40 as moças israelitas saírem por quatro
dias todos os anos para lamentar o desti-
no da filha de Jefté, de Gileade.

EFRAIM LUTA CONTRA JEFTÉ

12 Então os homens de Efraim mobili-
zaram um exército e atravessaram
o Jordão para Zafom. Enviaram a seguinte
mensagem a Jefté: “Por que você não pediu
nossa ajuda para lutar contra os amonitas?
Vamos queimar sua casa, com você dentro!”.

2 Jefté respondeu: "Eu os convoquei no início do conflito, mas vocês se recusaram a vir! Não nos ajudaram na luta contra Amom. 3 Por isso, quando vi que vocês não viriam, arrisquei a vida e saí para a batalha sem vocês, e o SENHOR entregou os amonitas em minhas mãos. Por que agora vocês vêm lutar contra mim?".

4 Os homens de Efraim responderam: "Vocês, de Gileade, não passam de fugitivos de Efraim e Manassés". Então Jefté reuniu todos os guerreiros de Gileade, atacou os homens de Efraim e os derrotou.

5 Os homens de Gileade tomaram os pontos mais rasos de travessia do Jordão, e sempre que um fugitivo de Efraim tentava voltar para a outra margem, eles o confrontavam. "Você pertence à tribo de Efraim?", perguntavam. Se o homem negasse, 6 eles o mandavam dizer "Chibolete". Se ele era de Efraim, dizia "Sibolete", pois o povo de Efraim não consegue pronunciar essa palavra corretamente. Então eles o capturavam e o matavam no lugar de travessia do Jordão. Ao todo, foram mortos 42 mil homens de Efraim naquela ocasião.

7 Jefté julgou Israel durante seis anos. Quando morreu, foi sepultado numa das cidades de Gileade.

IBSÃ SE TORNA JUIZ DE ISRAEL

8 Depois que Jefté morreu, Ibsã, de Belém, julgou Israel. 9 Ele teve trinta filhos e trinta filhas. Deu suas filhas em casamento a homens de fora de seu clã, e trouxe trinta moças de fora de seu clã para se casarem com seus filhos. Ibsã julgou Israel durante sete anos. 10 Quando morreu, foi sepultado em Belém.

ELOM SE TORNA JUIZ DE ISRAEL

11 Depois que Ibsã morreu, Elom, da tribo de Zebulom, julgou Israel durante dez anos. 12 Quando morreu, foi sepultado em Aijalom, no território de Zebulom.

ABDOM SE TORNA JUIZ DE ISRAEL

13 Depois que Elom morreu, Abdom, filho de Hilel, de Piratom, julgou Israel. 14 Ele teve quarenta filhos e trinta netos que montavam setenta jumentos. Abdom julgou Israel durante oito anos. 15 Quando morreu, foi sepultado em Piratom, no território de Efraim, na região montanhosa dos amalequitas.

O NASCIMENTO DE SANSÃO

13 Mais uma vez, os israelitas fizeram o que era mau aos olhos do SENHOR. Por isso, o SENHOR os entregou nas mãos dos filisteus, que os oprimiram durante quarenta anos.

2 Naqueles dias, um homem chamado Manoá, da tribo de Dã, vivia na cidade de Zorá. Sua esposa era estéril, e eles não tinham filhos. 3 O anjo do SENHOR apareceu à esposa de Manoá e disse: "Embora você não tenha conseguido ter filhos até agora, ficará grávida e dará à luz um filho. 4 Portanto, tenha cuidado; não beba vinho e nenhuma outra bebida fermentada, nem coma nenhum alimento que seja impuro. 5 Você ficará grávida e dará à luz um filho, do qual jamais cortará o cabelo, porque ele será consagrado a Deus como nazireu desde o nascimento. Ele começará a libertar Israel das mãos dos filisteus".

6 A mulher foi correndo contar ao marido: "Um homem de Deus apareceu para mim! Era como um dos anjos de Deus, e sua aparência era assustadora. Não perguntei de onde era, e ele não me disse seu nome. 7 Mas ele me disse: 'Você ficará grávida e dará à luz um filho. Não beba vinho e nenhuma outra bebida fermentada, nem coma nenhum alimento que seja impuro. Seu filho será consagrado a Deus como nazireu desde o nascimento até o dia de sua morte'".

8 Então Manoá orou ao SENHOR: "Senhor, eu peço que o homem de Deus que envias te volte e nos dê mais instruções a respeito desse filho que vai nascer".

9 Deus atendeu à oração de Manoá, e o anjo de Deus apareceu outra vez à esposa quando ela estava sentada no campo. Seu marido, Manoá, não estava com ela. 10 Então ela foi correndo contar ao marido: "O homem que apareceu outro dia está aqui de novo!".

11 Manoá voltou depressa com sua esposa e perguntou: "O senhor é o homem que falou com minha esposa outro dia?".

"Sim, sou eu", respondeu ele.

12 Então Manoá perguntou: "Quando suas palavras se cumprirem, como devemos criar o menino? Qual será o trabalho dele?".

13 O anjo do Senhor respondeu: "Sua esposa deverá seguir as instruções que lhe dei. 14 Ela não deve comer uvas nem passas, não deve beber vinho e nenhuma outra bebida fermentada, nem deve comer nenhum alimento que seja impuro. Ela deverá fazer tudo que ordenei".

15 Manoá disse ao anjo do Senhor: "Por favor, fique aqui até prepararmos um cabrito para o senhor".

16 "Está bem, só que não comerei nada", respondeu o anjo do Senhor. "Mas você pode preparar um holocausto como sacrifício ao Senhor." Manoá ainda não havia percebido que era o anjo do Senhor.

17 Manoá perguntou ao anjo do Senhor: "Qual é seu nome? Queremos lhe prestar homenagem quando isso tudo se cumprir".

18 "Por que quer saber meu nome?", disse o anjo do Senhor. "Ele é tão maravilhoso que você não conseguiria entender!"

19 Então Manoá tomou um cabrito e uma oferta de cereal e os apresentou sobre uma rocha como sacrifício ao Senhor. Enquanto Manoá e sua esposa observavam, o Senhor fez algo extraordinário. 20 Quando as chamas do altar subiram ao céu, o anjo do Senhor subiu nas chamas. Ao verem isso, Manoá e sua esposa se curvaram com o rosto no chão.

21 O anjo do Senhor não voltou a aparecer a Manoá e sua esposa. Então Manoá finalmente percebeu que era o anjo do Senhor 22 e disse à sua esposa: "Com certeza vamos morrer, pois vimos a Deus!".

23 Sua esposa, porém, disse: "Se o Senhor quisesse nos matar, não teria aceitado o holocausto e a oferta de cereal. Não teria aparecido a nós, nem nos teria revelado essas coisas maravilhosas!".

24 Quando o menino nasceu, ela o chamou de Sansão. O Senhor o abençoou enquanto ele crescia, 25 e o Espírito do Senhor começou a agir nele quando ele morava em Maané-Dã, entre Zorá e Estaol.

O ENIGMA DE SANSÃO

14 Certo dia, Sansão estava em Timna e viu uma moça do povo filisteu. 2 Quando voltou para casa, disse a seu pai e a sua mãe: "Vi uma moça filisteia em Timna. Quero me casar com ela. Consigam aquela moça para mim".

3 Seu pai e sua mãe se opuseram: "Não há uma moça sequer em nossa tribo ou entre todo o nosso povo com quem você possa se casar? Por que tem de procurar uma esposa entre os filisteus pagãos?".[a]

Mas Sansão disse a seu pai: "Consiga a moça para mim. É ela que eu quero". 4 Seus pais não sabiam que o Senhor estava agindo no meio disso tudo, para criar uma oportunidade de agir contra os filisteus que, na época, dominavam Israel.

5 Quando Sansão e seus pais estavam descendo a Timna, de repente um jovem leão atacou Sansão perto dos vinhedos de Timna. 6 Naquele momento, o Espírito do Senhor veio sobre Sansão com tamanho poder que ele rasgou o animal pelas mandíbulas usando as próprias mãos, com a mesma facilidade que se despedaça um cabrito. Contudo, não contou a seus pais o que havia acontecido. 7 Quando chegou a Timna, conversou com a moça e se agradou muito dela.

8 Algum tempo depois, quando voltou a Timna para o casamento, saiu do caminho para ver o cadáver do leão. Descobriu que um enxame de abelhas havia feito mel dentro da carcaça. 9 Pegou um pouco de mel com as mãos e foi comendo pelo caminho. Também deu um pouco a seu pai e a sua mãe, e eles comeram. Mas Sansão não lhes contou que havia tirado o mel da carcaça do leão.

10 Enquanto seu pai estava em Timna para o casamento, Sansão ofereceu uma festa ali, como era costume entre os noivos. 11 Quando os pais da noiva[b] o viram, escolheram trinta rapazes da cidade para o acompanharem na festa.

12 Sansão lhes disse: "Vou lhes propor um enigma. Se conseguirem decifrá-lo durante estes sete dias de celebração, darei a vocês trinta camisas de linho fino e trinta conjuntos de roupa. 13 Mas, se não conseguirem decifrá-lo, vocês me darão trinta camisas de linho fino e trinta conjuntos de roupa".

[a] **14.3** Em hebraico, *filisteus incircuncisos.*
[b] **14.11** Em hebraico, *Quando eles.*

"Está bem", concordaram eles. "Proponha
seu enigma."
14 Ele disse:

"Do que come veio algo para comer,
do que é forte veio algo doce".

Três dias depois, eles ainda tentavam
encontrar a resposta. 15 No quarto[a] dia,
disseram à esposa de Sansão: "Conven-
ça seu marido a explicar o enigma; caso
contrário, queimaremos vivos você e sua
família! Você nos convidou à festa só para
nos deixar pobres?".
16 Então a esposa de Sansão lhe disse,
aos prantos: "Você não me ama! Você me
odeia! Propôs um enigma ao meu povo,
mas não me contou a resposta!".
Ele respondeu: "Não revelei o enigma
nem a meu pai e minha mãe. Por que de-
veria contá-lo a você?". 17 Ela chorava cada
vez que estava com ele, e assim continuou
até o último dia da festa. Por fim, de tanto
importunar Sansão, no sétimo dia ele lhe
contou a resposta. Então ela explicou o
enigma aos rapazes.
18 Antes do pôr do sol do sétimo dia, os
homens da cidade vieram dar a resposta
a Sansão:

"O que é mais doce que o mel?
O que é mais forte que o leão?".

Sansão respondeu: "Se vocês não tives-
sem arado com minha novilha, não teriam
resolvido meu enigma!".
19 Então o Espírito do SENHOR veio com
poder sobre Sansão. Ele desceu à cidade
de Ascalom, matou trinta homens, tomou
seus pertences e deu as roupas deles aos
homens que haviam resolvido o enigma.
Contudo, ficou furioso com o que tinha
acontecido e voltou a morar na casa de
seus pais. 20 A noiva de Sansão foi dada
como esposa ao rapaz que o havia acom-
panhado na cerimônia.

SANSÃO SE VINGA DOS FILISTEUS

15 Algum tempo depois, durante a
colheita do trigo, Sansão levou um
cabrito de presente para sua esposa.
"Vou ao quarto de minha esposa para
dormir com ela", disse ele. Mas o pai dela
não o deixou entrar.
2 "Eu tinha certeza de que você a odiava",
explicou ele. "Por isso eu a dei como es-
posa a seu acompanhante de casamento.
Mas veja, a irmã mais nova dela é ainda
mais bonita. Case-se com ela."
3 Sansão disse: "Desta vez ninguém
poderá me culpar de tudo que eu fizer a
vocês, filisteus". 4 Então saiu e capturou
trezentas raposas. Amarrou-as em pares
pela cauda e prendeu uma tocha em cada
par de caudas. 5 Depois, acendeu as tochas
e soltou as raposas no meio das planta-
ções de cereais dos filisteus. Assim, quei-
mou tudo, tanto os feixes já ceifados como
o cereal que ainda seria colhido. Também
destruiu os vinhedos e os olivais.
6 "Quem fez isto?", perguntaram os
filisteus.
E responderam: "Foi Sansão, pois seu so-
gro, de Timna, deu a esposa de Sansão a seu
acompanhante de casamento". Então os fi-
listeus queimaram vivos a mulher e seu pai.
7 Sansão disse aos filisteus: "Não des-
cansarei enquanto não me vingar de vo-
cês pelo que fizeram!". 8 Ele os atacou com
grande violência e matou muitos deles.
Depois, foi morar numa caverna na rocha
de Etã.
9 Então os filisteus acamparam em Judá
e se espalharam pelos arredores da cidade
de Leí. 10 Os homens de Judá perguntaram
aos filisteus: "Por que vieram nos atacar?".
Os filisteus responderam: "Viemos cap-
turar Sansão e nos vingar dele".
11 Então três mil homens de Judá desce-
ram para buscar Sansão na caverna da ro-
cha de Etã. "Você não sabe que os filisteus
nos dominam?", disseram a Sansão. "O que
você está fazendo conosco?"
Sansão respondeu: "Só fiz a eles o que
fizeram a mim".
12 Mas os homens de Judá lhe disse-
ram: "Viemos amarrá-lo e entregá-lo aos
filisteus".
"Está bem", disse Sansão. "Mas prome-
tam que vocês mesmos não me farão mal."
13 "Vamos apenas amarrá-lo e entre-
gá-lo aos filisteus", responderam eles.

[a] **14.15** Conforme a Septuaginta; o hebraico traz *sétimo*.

"Não vamos matá-lo." Então o amarraram com duas cordas novas e o fizeram sair da rocha.

14 Quando Sansão chegou a Leí, os filisteus vieram ao seu encontro, dando gritos de vitória. Mas o Espírito do SENHOR veio com poder sobre Sansão, e ele rompeu as cordas em seus braços como se fossem barbantes de linho queimados, e as amarras caíram de suas mãos. 15 Sansão encontrou a queixada de um jumento que tinha sido morto havia pouco tempo. Ele a pegou e a usou para matar mil filisteus. 16 Então disse:

"Com uma queixada de jumento,
fiz deles montões!
Com uma queixada de jumento,
matei mil homens!".

17 Quando acabou de celebrar sua vitória, jogou fora a queixada; e aquele lugar foi chamado de Ramate-Leí.[a]

18 Sansão sentiu muita sede e clamou ao SENHOR: "Por meio da força de teu servo, concedeste este grande livramento. Acaso devo morrer de sede e cair nas mãos desses incircuncisos?". 19 Então Deus fez jorrar água de um buraco no chão em Leí. Sansão bebeu e se reanimou. Chamou aquele lugar de En-Hacoré,[b] que existe em Leí até hoje.

20 Sansão julgou Israel durante vinte anos, no período em que os filisteus dominavam a terra.

SANSÃO LEVA EMBORA OS PORTÕES DE GAZA

16 Certo dia, Sansão foi à cidade filisteia de Gaza e conheceu uma prostituta, com quem passou a noite. 2 Logo correu a notícia[c] de que Sansão estava lá, e os homens de Gaza se reuniram e esperaram a noite toda junto aos portões da cidade. Ficaram em silêncio a noite inteira, pois pensavam: "Quando o dia clarear, vamos matá-lo".

3 Mas Sansão ficou deitado só até a meia-noite. Então levantou-se, agarrou os portões da cidade, com os dois batentes, e os ergueu, junto com a tranca. Colocou-os sobre os ombros e os levou para o alto da colina que fica em frente de Hebrom.

SANSÃO E DALILA

4 Algum tempo depois, Sansão se apaixonou por uma mulher chamada Dalila, que morava no vale de Soreque. 5 Os governantes dos filisteus foram vê-la e disseram: "Seduza Sansão para que ele lhe diga o que o torna tão forte e como podemos dominá-lo e amarrá-lo sem que consiga se soltar. Então cada um de nós dará a você 1.100 peças[d] de prata".

6 Assim, Dalila disse a Sansão: "Conte-me, por favor, o que o torna tão forte e como poderia ser amarrado sem conseguir se soltar".

7 Sansão respondeu: "Se eu fosse amarrado com sete cordas de arco novas, ainda não secas, ficaria tão fraco como qualquer outro homem".

8 Então os governantes filisteus levaram para Dalila sete cordas de arco novas, e ela amarrou Sansão. 9 Ela havia escondido alguns homens num dos quartos interiores da casa e gritou: "Sansão! Os filisteus vieram atacá-lo!". Mas Sansão arrebentou as cordas de arco de uma vez, como se rompe um pedaço de barbante queimado. E não descobriram o segredo de sua força.

10 Mais tarde, Dalila disse a Sansão: "Você zombou de mim e mentiu! Agora conte-me, por favor, como poderia ser amarrado".

11 Sansão respondeu: "Se eu fosse amarrado firmemente com cordas novas em folha, que nunca foram usadas, ficaria tão fraco como qualquer outro homem".

12 Assim, Dalila pegou cordas novas e o amarrou com elas. Os homens estavam escondidos no quarto interior como antes e, de novo, Dalila gritou: "Sansão! Os filisteus vieram atacá-lo!". Mais uma vez, porém, Sansão arrebentou as cordas em seus braços como se fossem fios.

13 Então Dalila disse: "Você zombou de mim e mentiu! Agora conte-me, por favor, como poderia ser amarrado".

[a] **15.17** *Ramate-Leí* significa "colina da queixada".
[b] **15.19** *En-Hacoré* significa "a fonte daquele que clamou".
[c] **16.2** Conforme a Septuaginta, a versão siríaca e a Vulgata; o hebraico não traz *Logo correu a notícia*.
[d] **16.5** Em hebraico, *1.100 [siclos]*, cerca de 13,2 quilos.

Sansão respondeu: "Se você tecesse as
sete tranças de meu cabelo no pano de
seu tear e o prendesse com o pino do tear,
eu ficaria tão fraco como qualquer outro
homem".

Enquanto Sansão dormia, Dalila teceu
as sete tranças do cabelo dele no pano.
14 Depois, prendeu-o com o pino do tear.[a]
De novo, ela gritou: "Sansão! Os filisteus
vieram atacá-lo!". Mas Sansão acordou
e soltou, de uma vez, o cabelo do tear e
do pano.
15 Então Dalila disse: "Como você pode
dizer que me ama, se não me conta seus
segredos? Zombou de mim três vezes e
ainda não me disse o que o torna tão for-
te!". 16 Todos os dias ela o atormentava
com sua importunação, até ele não su-
portar mais.
17 Por fim, contou-lhe seu segredo:
"Meu cabelo nunca foi cortado, pois fui
consagrado a Deus como nazireu desde o
nascimento. Se minha cabeça fosse raspa-
da, eu perderia as forças e ficaria tão fraco
como qualquer outro homem".
18 Dalila percebeu que, finalmente, San-
são havia lhe contado a verdade e mandou
chamar os governantes filisteus. "Venham
mais uma vez!", disse ela. "Sansão final-
mente me contou seu segredo." Os gover-
nantes foram ao encontro dela e lhe deram
o dinheiro. 19 Dalila fez Sansão dormir com
a cabeça em seu colo e então chamou um
homem para cortar as sete tranças do ca-
belo dele. Desse modo, começou a enfra-
quecê-lo,[b] e suas forças o deixaram.
20 Então ela gritou: "Sansão! Os filisteus
vieram atacá-lo!".

Ao acordar, ele pensou: "Farei como das
outras vezes e me livrarei deles". Não sa-
bia, porém, que o Senhor o havia deixado.
21 Os filisteus o capturaram e furaram
seus olhos. Levaram-no para Gaza, onde
o prenderam com duas correntes de bron-
ze, obrigando-o a moer cereais na prisão.
22 Não demorou muito, porém, e seu ca-
belo começou a crescer de novo.

A VITÓRIA FINAL DE SANSÃO

23 Os governantes filisteus realizaram
uma grande festa, na qual ofereceram
sacrifícios e louvaram seu deus, Dagom.
"Nosso deus nos deu a vitória sobre nosso
inimigo Sansão!", diziam eles.
24 Ao ver Sansão, o povo louvou o seu
deus. "Nosso deus nos entregou nosso
inimigo!", diziam. "Aquele que destruía a
nossa terra e matou muitos de nós agora
está em nosso poder!"
25 A essa altura, já estavam muito bêba-
dos e começaram a gritar: "Tragam Sansão
para que nos divirta!". Assim, trouxeram
Sansão da prisão para diverti-los e o fize-
ram ficar em pé entre as duas colunas que
sustentavam o teto.
26 Sansão disse ao jovem servo que o
guiava pela mão: "Ponha minhas mãos
nas duas colunas que sustentam o tem-
plo. Quero me apoiar nelas". 27 O templo
estava lotado. Todos os governantes filis-
teus estavam presentes, e havia cerca de
três mil homens e mulheres na cobertu-
ra vendo Sansão e se divertindo às cus-
tas dele.
28 Então Sansão orou ao Senhor: "So-
berano Senhor, lembra-te de mim nova-
mente. Por favor, ó Deus, fortalece-me
só mais esta vez. Permite que, com um
só golpe, eu me vingue dos filisteus pela
perda de meus dois olhos". 29 Então San-
são se apoiou nas colunas centrais que
sustentavam o templo, empurrou-as com
as duas mãos 30 e exclamou: "Que eu mor-
ra com os filisteus!". E o templo desabou
sobre os governantes filisteus e sobre
todo o povo. Assim, Sansão matou mais
pessoas quando morreu do que em toda
a sua vida.
31 Mais tarde, seus irmãos e outros paren-
tes desceram para buscar o corpo. Eles o
levaram de volta para casa e o sepultaram
entre Zorá e Estaol, onde seu pai, Manoá,
estava enterrado. Sansão julgou Israel du-
rante vinte anos.

OS ÍDOLOS DE MICA

17 Havia um homem chamado Mica,
que vivia na região montanhosa de
Efraim. 2 Certo dia, disse à sua mãe: "Eu a
ouvi amaldiçoar a pessoa que roubou suas

[a] **16.13-14** Conforme a Septuaginta e a Vulgata; o hebraico não traz todo o trecho *eu ficaria tão fraco como qualquer outro homem. [...] Depois, prendeu-o com o pino do tear.*

[b] **16.19** Ou *começou a atormentá-lo.* A Septuaginta traz *ele começou a enfraquecer.*

1.100 peças[a] de prata. Na verdade, fui eu quem roubou essa prata; ela está comigo".

"O Senhor o abençoe, meu filho", respondeu a mãe. 3 Ele devolveu a prata, e ela disse: "Dedico solenemente estas peças de prata ao Senhor. Em favor de meu filho, mandarei fazer uma imagem esculpida e um ídolo de metal".

4 Assim, quando ele devolveu a prata à mãe, ela separou duzentas peças e as entregou a um ourives. Delas ele fez uma imagem esculpida e um ídolo de metal, que foram colocados na casa de Mica. 5 Esse homem, Mica, construiu um santuário para o ídolo e também fez um colete sacerdotal e alguns ídolos do lar. Então nomeou um de seus filhos como seu sacerdote pessoal.

6 Naqueles dias, Israel não tinha rei; cada um fazia o que parecia certo a seus próprios olhos.

7 Certo dia, um jovem levita que vivia em Belém de Judá chegou àquela região. 8 Havia saído de Belém à procura de outro lugar para morar. Em sua viagem, chegou à região montanhosa de Efraim e aconteceu de parar na casa de Mica. 9 "De onde você vem?", perguntou Mica.

Ele respondeu: "Sou levita, de Belém de Judá, e estou à procura de um lugar para morar".

10 "Fique aqui comigo e seja pai e sacerdote para mim", disse Mica. "Eu lhe darei dez peças[b] de prata por ano, além de roupa e comida." 11 O jovem levita concordou e se tornou como um dos filhos de Mica.

12 Então Mica nomeou o levita seu sacerdote pessoal, e o jovem ficou morando em sua casa. 13 Mica disse: "Agora sei que o Senhor será bondoso comigo, pois tenho um levita como meu sacerdote!".

IDOLATRIA NA TRIBO DE DÃ

18 Naqueles dias, Israel não tinha rei. A tribo de Dã procurava um lugar onde se estabelecer, pois ainda não tinha tomado posse do território que havia recebido como herança quando a terra foi dividida entre as tribos de Israel. 2 Então os homens de Dã escolheram dentre seus clãs cinco guerreiros corajosos das cidades de Zorá e Estaol para explorar um território onde a tribo pudesse se estabelecer.

Quando esses guerreiros chegaram à região montanhosa de Efraim, pararam na casa de Mica e passaram a noite ali. 3 Enquanto estavam na casa de Mica, reconheceram o sotaque do jovem levita, de modo que se aproximaram dele e perguntaram: "Quem o trouxe para cá e o que você está fazendo neste lugar? Por que está aqui?". 4 O jovem respondeu: "Fiz um acordo com Mica, e ele me contratou como seu sacerdote pessoal".

5 Então eles disseram: "Pergunte a Deus se nossa viagem será bem-sucedida".

6 "Vão em paz", respondeu o sacerdote. "O Senhor está cuidando de sua viagem."

7 Os cinco homens prosseguiram até a cidade de Laís, onde notaram que os habitantes levavam uma vida tranquila, como os sidônios. Eram pacíficos e viviam em segurança, pois não havia quem os oprimisse em sua terra. Estavam longe de Sidom e não tinham nenhum aliado por perto.

8 Quando os homens voltaram a Zorá e a Estaol, seus parentes lhes perguntaram: "O que vocês descobriram?".

9 Eles responderam: "Vamos atacá-los! Vimos a terra, e ela é muito boa. O que vocês estão esperando? Não hesitem em avançar e tomar posse dela. 10 Quando chegarem lá, verão que o povo leva uma vida tranquila. Deus nos deu uma terra espaçosa e fértil, onde não falta nada!".

11 Então seiscentos homens da tribo de Dã armados para a guerra partiram de Zorá e de Estaol. 12 Acamparam num lugar a oeste de Quiriate-Jearim, em Judá, conhecido hoje como Maané-Dã.[c] 13 Dali prosseguiram para a região montanhosa de Efraim e chegaram à casa de Mica.

14 Os cinco homens que haviam explorado a terra nos arredores de Laís explicaram aos outros: "Numa destas casas há um colete sacerdotal, e também alguns ídolos do lar, uma imagem esculpida e um ídolo de metal. O que vocês acham que devem fazer?". 15 Os cinco homens saíram da

[a] **17.2** Em hebraico, *1.100 [siclos]*, cerca de 13,2 quilos.
[b] **17.10** Em hebraico, *10 [siclos]*, cerca de 120 gramas.
[c] **18.12** *Maané-Dã* significa "o acampamento de Dã".

estrada principal e foram à casa de Mica, onde morava o jovem levita, e o saudaram. 16 Os seiscentos guerreiros armados da tribo de Dã ficaram à entrada da porta, 17 e os cinco espiões entraram no santuário e removeram a imagem esculpida, o colete sacerdotal, os ídolos do lar e o ídolo de metal. Enquanto isso, o sacerdote ficou junto à porta, com os seiscentos guerreiros armados.

18 Quando o sacerdote viu que os homens estavam levando todos os objetos sagrados do santuário de Mica, perguntou: "O que vocês estão fazendo?".

19 "Fique quieto e venha conosco", responderam. "Seja nosso pai e sacerdote. Não é melhor ser sacerdote de uma tribo inteira e de um clã de Israel do que da casa de um só homem?"

20 O jovem sacerdote aceitou de bom grado acompanhá-los. Pegou o colete sacerdotal, os ídolos do lar e a imagem esculpida e se uniu a eles. 21 Então deram a volta, colocaram as crianças, o gado e os bens na frente do grupo e partiram.

22 Quando os membros da tribo de Dã estavam longe da casa de Mica, ele e seus vizinhos foram atrás deles. 23 Gritavam para os homens de Dã, que se voltaram e disseram a Mica: "Qual é o problema? Por que você convocou esses homens para nos perseguir?".

24 Mica respondeu: "Como é que vocês me perguntam qual é o problema? Tomaram todos os deuses que fiz e levaram meu sacerdote! Não me restou nada!".

25 Os homens de Dã disseram: "Cuidado com o que você diz! Temos em nosso meio alguns homens agressivos que poderiam ficar com raiva e matar você e sua família". 26 Assim, os homens de Dã seguiram seu caminho. Quando Mica viu que eram numerosos demais para atacá-los, deu meia-volta e foi para casa.

27 Então os homens de Dã, levando os ídolos de Mica e seu sacerdote, chegaram à cidade de Laís, cujo povo era pacífico e vivia em segurança. Mataram à espada os habitantes e queimaram a cidade. 28 Não havia ninguém que livrasse os habitantes da cidade, pois estavam longe de Sidom e não tinham nenhum aliado por perto. Isso aconteceu no vale de Bete-Reobe.

Então o povo da tribo de Dã reconstruiu a cidade e passou a habitar nela. 29 Mudaram seu nome para Dã, em homenagem ao antepassado deles, o filho de Jacó[a]. Antes disso, a cidade se chamava Laís.

30 Levantaram ali a imagem esculpida e nomearam Jônatas, filho de Gérson, filho de Moisés,[b] como seu sacerdote. Os descendentes de Jônatas serviram como sacerdotes da tribo de Dã até a época do exílio. 31 Assim, a tribo de Dã adorou a imagem esculpida de Mica durante todo o tempo em que a casa de Deus permaneceu em Siló.

O LEVITA E SUA CONCUBINA

19 Naqueles dias, Israel não tinha rei. Havia um homem da tribo de Levi que morava num lugar afastado, na região montanhosa de Efraim. Certo dia, ele trouxe para casa uma mulher de Belém de Judá para ser sua concubina. 2 Mas ela se irou com ele[c] e voltou para a casa de seu pai, em Belém.

Cerca de quatro meses depois, 3 seu marido foi a Belém para reconquistá-la e convencê-la a voltar com ele. Levou consigo um servo e dois jumentos. Quando ele chegou, a mulher o levou até seu pai, que o recebeu com alegria. 4 O sogro insistiu para que ficasse algum tempo, e ele permaneceu ali três dias, comendo, bebendo e dormindo.

5 No quarto dia, levantaram-se cedo e ele estava pronto para partir, mas o pai da mulher disse a seu genro: "Coma alguma coisa antes de sair". 6 Os dois se sentaram, comeram e beberam. Então o pai da mulher disse: "Por favor, fique mais uma noite e alegre seu coração". 7 O homem se levantou para partir, mas o sogro continuou a insistir para que ele ficasse. Por fim, ele cedeu e passou mais uma noite ali.

O alicerce firmado pelo Senhor traz nova vida. Não despreze os pequenos começos!

[a] **18.29** Em hebraico, Israel. Os nomes "Jacó" e "Israel" são usados de forma intercambiável ao longo de todo o Antigo Testamento e se referem, por vezes, ao patriarca e, em outras ocasiões, à nação.

[b] **18.30** Conforme antiga tradição hebraica, alguns manuscritos gregos e a Vulgata; o Texto Massorético traz *filho de Manassés*.

[c] **19.2** Ou *foi infiel a ele*.

8 Na manhã do quinto dia, ele se levantou cedo e estava pronto para partir, e outra vez o pai da mulher disse: "Coma alguma coisa; deixe para sair à tarde". Assim, fizeram mais uma refeição juntos. 9 Mais tarde, quando o homem, a concubina e o servo se preparavam para partir, o sogro disse: "Já está escurecendo. Passe a noite aqui e alegre seu coração. Amanhã você pode levantar cedo e partir".

10 Dessa vez, porém, o homem estava decidido a partir. Rumou para Jebus (isto é, Jerusalém), levando consigo os jumentos com suas selas e a concubina. 11 Chegaram perto de Jebus quase no final do dia, e o servo disse ao homem: "Vamos parar nesta cidade dos jebuseus e passar a noite aqui".

12 Seu senhor respondeu: "Não podemos ficar numa cidade estrangeira, que não pertence aos israelitas. Vamos prosseguir até Gibeá. 13 Venha, vamos tentar chegar a Gibeá ou a Ramá e passaremos a noite numa dessas cidades".

14 Então prosseguiram. O sol estava se pondo quando chegaram a Gibeá, uma cidade no território de Benjamim 15 e pararam ali para passar a noite. Sentaram-se na praça da cidade, mas ninguém se ofereceu para hospedá-los.

16 Ao anoitecer, um homem idoso voltava para casa do trabalho no campo. Era da região montanhosa de Efraim, mas morava em Gibeá, onde os habitantes eram da tribo de Benjamim. 17 Quando viu os viajantes sentados na praça da cidade, perguntou de onde vinham e para onde iam.

18 O homem respondeu: "Estamos viajando de Belém de Judá para um lugar afastado na região montanhosa de Efraim, onde eu moro. Fui a Belém e agora estou voltando para casa.[a] Ninguém quis nos hospedar, 19 embora tenhamos tudo de que precisamos. Temos palha e forragem para os jumentos e bastante pão e vinho para nós".

20 "Vocês são bem-vindos em minha casa", disse o homem idoso. "Eu lhes darei o que precisarem. Não passem a noite na praça, de jeito nenhum!" 21 Ele os levou para casa e alimentou os jumentos. Depois que lavaram os pés, comeram e beberam juntos.

22 Enquanto eles se alegravam, um grupo de homens perversos da cidade cercou a casa. Começaram a bater na porta e gritar para o velho, o dono da casa: "Traga para fora o homem que está hospedado com você, para que tenhamos relações com ele!".

23 O dono da casa saiu e falou com eles: "Não, meus irmãos, não façam tamanha maldade. O homem é hóspede em minha casa, e uma coisa dessas seria uma vergonha. 24 Tomem minha filha virgem e a concubina do homem. Eu as trarei para fora, e vocês poderão violentá-las e fazer o que desejarem. Mas não façam uma coisa vergonhosa dessas com meu hóspede".

25 Eles, porém, não deram ouvidos. Então o levita pegou sua concubina e a empurrou para fora. Os homens da cidade abusaram dela e a estupraram a noite toda. Por fim, quando o sol começou a nascer, eles a largaram. 26 Ao amanhecer, a mulher voltou para casa onde o marido estava hospedado. Caiu junto à porta da casa e ali ficou até o dia clarear.

27 Quando o marido se levantou e abriu a porta para sair e seguir viagem, lá estava a concubina, caída à porta, com as mãos na soleira. 28 Ele disse: "Levante-se! Vamos embora!". Mas não houve resposta.[b] Então ele pôs o corpo da mulher sobre o jumento e a levou para casa.

29 Quando chegou em casa, pegou uma faca, desmembrou o corpo da concubina em doze partes e enviou uma parte para cada tribo em todo o território de Israel.

30 Todos que viram isso disseram: "Desde que os israelitas saíram do Egito, nunca se cometeu um crime tão horrível. Pensem bem! O que vamos fazer? Quem vai se pronunciar?".

GUERRA ENTRE ISRAEL E BENJAMIM

20 Então todos os israelitas se uniram como um só homem, desde Dã, ao norte, até Berseba, ao sul, incluindo os que moravam na terra de Gileade. A comunidade toda se reuniu na presença do Senhor, em Mispá. 2 Os líderes de todo o

[a] **19.18** Conforme a Septuaginta (ver tb. 19.29); o hebraico traz *agora estou indo para o tabernáculo do Senhor.*

[b] **19.28** A Septuaginta acrescenta *pois ela estava morta.*

povo e todas as tribos de Israel, quatrocen-
tos mil guerreiros armados com espadas,
tomaram seus lugares na reunião sagrada
do povo de Deus. 3 Logo chegou à terra de
Benjamim a notícia de que as outras tribos
haviam subido a Mispá. E os israelitas se
perguntaram: "Como esse crime horrível
pôde acontecer?".

4 O levita, marido da mulher assassina-
da, disse: "Minha concubina e eu chega-
mos para passar a noite em Gibeá, cidade
da tribo de Benjamim. 5 Naquela noite, al-
guns dos líderes da cidade cercaram a casa
com a intenção de me matar, e violentaram
minha concubina até ela morrer. 6 Então
desmembrei o corpo dela em doze partes e
as enviei por todos os territórios da heran-
ça de Israel, pois esses homens cometeram
um crime terrível e vergonhoso. 7 Portanto,
todos vocês, israelitas, decidam agora o
que se deve fazer a esse respeito!".

8 Todos se levantaram ao mesmo tem-
po e declararam: "Nenhum de nós volta-
rá para casa! Nem um só homem! 9 Mas é
isto que faremos a Gibeá: realizaremos
um sorteio para resolver quem a atacará.
10 A décima parte dos homens[a] de cada
tribo ficará responsável por providenciar
a alimentação dos guerreiros, e o restan-
te se vingará de Gibeá[b] de Benjamim por
esse ato vergonhoso cometido em Israel".
11 Todos os israelitas estavam plenamente
de acordo e se uniram para atacar a cidade.

12 As tribos de Israel enviaram mensagei-
ros à tribo de Benjamim para lhes dizer:
"Que crime terrível foi cometido em seu
meio! 13 Entreguem os homens perversos
de Gibeá, para que os executemos e elimi-
nemos esse mal de Israel".

Mas o povo da tribo de Benjamim não
deu ouvidos. 14 Em vez disso, vieram de
suas cidades e se reuniram em Gibeá para
lutar contra os israelitas. 15 Ao todo, 26 mil
guerreiros armados com espadas chega-
ram a Gibeá para se juntar à tropa espe-
cial de setecentos homens que viviam ali.
16 Dentre todos esses guerreiros, havia um
grupo de setecentos canhotos, e cada um
deles conseguia atirar uma pedra com uma
funda e acertar um fio de cabelo com pre-
cisão. 17 Sem os guerreiros de Benjamim,
Israel tinha quatrocentos mil soldados
hábeis no uso da espada.

18 Antes da batalha, os israelitas foram
a Betel e perguntaram a Deus: "Qual das
tribos deve ir primeiro e atacar o povo
de Benjamim?".

O Senhor respondeu: "Judá irá primeiro".
19 Na manhã seguinte, os israelitas par-
tiram bem cedo e acamparam perto de
Gibeá. 20 Então avançaram em direção a
Gibeá para atacar os homens de Benja-
mim. 21 Os guerreiros de Benjamim que
estavam defendendo a cidade saíram e
mataram 22 mil israelitas no campo de
batalha naquele dia.

22 Mas os israelitas animaram uns aos
outros e, mais uma vez, assumiram suas
posições no mesmo lugar do dia anterior.
23 Eles tinham subido a Betel e chorado
na presença do Senhor até a tarde. Ha-
viam perguntado ao Senhor: "Devemos
lutar novamente contra nossos parentes
de Benjamim?".

E o Senhor tinha dito: "Saiam e lutem
contra eles".

24 Saíram no dia seguinte para lutar no-
vamente contra os homens de Benjamim,
25 mas os homens de Benjamim que ha-
viam partido de Gibeá mataram mais de-
zoito mil israelitas, todos hábeis no uso
da espada.

26 Então todos os israelitas subiram a
Betel, choraram na presença do Senhor
e jejuaram até a tarde. Também apresen-
taram ao Senhor holocaustos e ofertas
de paz. 27 Os israelitas subiram para bus-
car a direção do Senhor. (Naqueles dias,
a arca da aliança de Deus estava em Be-
tel, 28 e Fineias, filho de Eleazar e neto de
Arão, era o sacerdote.) Eles perguntaram
ao Senhor: "Devemos lutar novamente
contra nossos parentes de Benjamim,
ou devemos parar?".

O Senhor disse: "Vão! Amanhã eu os en-
tregarei em suas mãos".

29 Então os israelitas armaram embos-
cadas ao redor de Gibeá. 30 Avançaram
contra os guerreiros de Benjamim no ter-
ceiro dia e tomaram suas posições nos

[a] **20.10a** Em hebraico, *dez homens para cada cem, cem homens para cada mil e mil homens para cada dez mil.*

[b] **20.10b** Em hebraico, *Geba*, neste caso uma variação de Gibeá; também em 20.33.

mesmos lugares de antes. 31 Quando os homens de Benjamim saíram para atacar, foram atraídos para longe da cidade. Como antes, começaram a matar os israelitas. Cerca de trinta israelitas morreram nos campos abertos, ao longo da estrada que vai para Betel e da estrada que leva de volta a Gibeá.

32 Os guerreiros de Benjamim gritaram: "Derrotamos vocês, como antes!". Mas os israelitas já haviam planejado fugir para que os homens de Benjamim os perseguissem pelas estradas e fossem atraídos para longe da cidade.

33 Quando os guerreiros israelitas chegaram a Baal-Tamar, voltaram-se e assumiram suas posições. Enquanto isso, os israelitas que estavam escondidos na emboscada a oeste[a] de Gibeá entraram em combate. 34 Dez mil soldados da tropa especial de Israel avançaram contra Gibeá. A luta foi tão intensa que Benjamim não percebeu a calamidade que estava por vir. 35 O Senhor ajudou Israel a derrotar Benjamim e, naquele dia, os israelitas mataram 25.100 guerreiros de Benjamim, todos hábeis no uso da espada. 36 Então os homens de Benjamim viram que estavam derrotados.

Os israelitas bateram em retirada diante dos guerreiros de Benjamim a fim de dar aos homens que estavam escondidos na emboscada mais espaço para atacar Gibeá. 37 Aqueles que estavam escondidos avançaram de todos os lados e mataram todos os habitantes. 38 Tinham combinado de mandar como sinal de dentro da cidade uma grande nuvem de fumaça. 39 Quando os israelitas viram a fumaça, voltaram e atacaram os guerreiros de Benjamim.

Àquela altura, os guerreiros de Benjamim haviam matado cerca de trinta israelitas e gritaram: "Derrotamos vocês, como antes!". 40 Mas, quando os guerreiros de Benjamim olharam para trás e viram que, em todas as partes da cidade, a fumaça subia ao céu, 41 os guerreiros de Israel se voltaram e atacaram. Os homens de Benjamim ficaram apavorados, pois perceberam a calamidade que estava prestes a vir sobre eles. 42 Deram meia-volta e fugiram diante dos israelitas em direção ao deserto, mas não conseguiram escapar da batalha, pois soldados que saíram das cidades vizinhas também os atacaram.[b] 43 Os israelitas cercaram os homens de Benjamim e os perseguiram até os alcançarem no local de descanso, a leste de Gibeá.[c] 44 Naquele dia, dezoito mil dos guerreiros mais corajosos de Benjamim morreram na batalha. 45 Os sobreviventes fugiram para o deserto, em direção à rocha de Rimom, mas os israelitas mataram cinco mil deles ao longo da estrada. Eles continuaram a perseguição e mataram mais dois mil homens perto de Gidom.

46 Naquele dia, portanto, a tribo de Benjamim perdeu 25 mil guerreiros valentes e hábeis no uso da espada, 47 e restaram apenas seiscentos homens que fugiram para a rocha de Rimom, onde viveram durante quatro meses. 48 Os israelitas voltaram e mataram todo ser vivo que restou nas cidades, pessoas, animais e tudo que encontraram. Também queimaram todas as cidades por onde passaram.

ESPOSAS PARA OS HOMENS DE BENJAMIM

21 Os israelitas haviam jurado em Mispá: "Jamais entregaremos nossas filhas em casamento a homens da tribo de Benjamim". 2 Então o povo foi a Betel e permaneceu na presença de Deus até a tarde, chorando sem parar em alta voz: 3 "Ó Senhor, Deus de Israel, por que aconteceu isso com Israel?", diziam. "Agora está faltando uma de nossas tribos!"

4 Na manhã seguinte, bem cedo, construíram um altar e ali apresentaram holocaustos e ofertas de paz. 5 Então os israelitas disseram: "Quem dentre as tribos de Israel não participou da reunião sagrada que realizamos em Mispá, na presença do Senhor?". Naquela ocasião, haviam feito um juramento solene na presença do Senhor de que matariam quem se recusasse a comparecer.

6 Os israelitas tiveram pena de seu irmão Benjamim e disseram: "Hoje foi eliminada

[a] **20.33** Conforme a Septuaginta, a versão siríaca e a Vulgata; o hebraico traz *escondidos no espaço aberto*.

[b] **20.42** Ou *e as pessoas que saíram das cidades vizinhas também foram mortas*.

[c] **20.43** O significado do hebraico é incerto.

uma das tribos de Israel. 7 Como conseguiremos esposas para os poucos que restam, se juramos pelo Senhor que não lhes daríamos nossas filhas em casamento?".

8 Então perguntaram: "Quem dentre as tribos de Israel não compareceu conosco a Mispá quando nos reunimos na presença do Senhor?". E descobriram que ninguém de Jabes-Gileade havia participado da reunião sagrada. 9 Ao contarem o povo, verificaram que ninguém de Jabes-Gileade estava presente.

10 Então a comunidade enviou doze mil de seus melhores guerreiros a Jabes-Gileade com ordens para matar seus habitantes, incluindo mulheres e crianças. 11 "É isto que vocês devem fazer", disseram. "Destruam completamente todos os homens e também todas as mulheres que não forem virgens." 12 Entre os habitantes de Jabes-Gileade, encontraram quatrocentas moças que nunca haviam se deitado com um homem e as levaram para o acampamento em Siló, na terra de Canaã.

13 Toda a comunidade enviou uma delegação de paz aos homens restantes de Benjamim que estavam na rocha de Rimom. 14 Os homens de Benjamim voltaram e receberam como esposas as quatrocentas mulheres de Jabes-Gileade que tinham sido poupadas. Mas não havia mulheres em número suficiente para todos eles.

15 O povo teve pena de Benjamim, pois o Senhor havia aberto uma lacuna entre as tribos de Israel. 16 Então os líderes da comunidade perguntaram: "Como conseguiremos esposas para os poucos homens que restam, uma vez que as mulheres da tribo de Benjamim foram mortas? 17 Os sobreviventes precisam ter herdeiros, para que não seja eliminada uma tribo inteira de Israel. 18 Contudo, não podemos lhes dar nossas filhas em casamento, pois juramos solenemente que quem o fizer ficará sob a maldição de Deus".

19 Então eles se lembraram da festa anual do Senhor, em Siló, ao sul de Lebona e ao norte de Betel, do lado leste da estrada que vai de Betel a Siquém. 20 Disseram aos homens de Benjamim que ainda precisavam de esposas: "Vão e escondam-se nos vinhedos. 21 Quando virem as moças de Siló irem para as danças, saiam correndo dos esconderijos e cada um leve uma delas para a terra de Benjamim, para ser sua esposa. 22 E quando os pais e os irmãos delas vierem se queixar a nós, diremos: 'Por favor, tenham compaixão. Deixem que fiquem com suas filhas, pois não encontramos esposas para todos eles quando destruímos Jabes-Gileade. E vocês não são culpados de quebrarem seu juramento, pois, na verdade, não deram suas filhas para eles em casamento'".

23 Os homens de Benjamim seguiram essas instruções. Cada um pegou uma das moças que dançavam na comemoração e a levou para ser sua esposa. Voltaram para sua terra, reconstruíram suas cidades e habitaram nelas.

24 Então os israelitas partiram, por tribos e famílias, e cada um voltou para sua terra.

25 Naqueles dias, Israel não tinha rei; cada um fazia o que parecia certo a seus próprios olhos.

Rute

Livro 8 com

04

CAPÍTULOS

SIGNIFICADO DO TÍTULO

"Rute" significa "amiga", "companheira". O livro recebe o nome da protagonista, jovem estrangeira de Moabe que viria a se tornar bisavó do rei Davi e ancestral de Jesus (Mt 1.1).

AUTORIA

Não se sabe. A tradição dos judeus atribui a autoria a Samuel, o que não é provável, visto que Rute 4.17,22 menciona Davi. Como Samuel morreu antes de Davi se tornar rei, a data de escrita deve ser posterior.

INFORMAÇÕES GERAIS

A história do livro possivelmente se passa no período dos juízes, mas estima-se que Rute tenha sido escrito durante o reinado de Salomão (século 10 a.C.). Rute e Ester são os únicos livros da Bíblia que recebem o nome de uma mulher. Redenção é o conceito principal do livro.

ESTRUTURA DO LIVRO

- ★ Noemi perde tudo Rt 1.1-5
- ★ Noemi volta de Moabe para Belém Rt 1.6-22
- ★ O encontro de Rute e Boaz Rt 2
- ★ Rute vai a Boaz na eira Rt 3
- ★ Boaz acerta seu casamento com Rute Rt 4.1-12
- ★ Noemi é restituída Rt 4.13-17
- ★ Genealogia de Davi Rt 4.18-22

TEMAS DE RUTE

A teologia de Rute mostra que Deus age sempre, mesmo que sua ação não seja explícita, e que ele recompensa com bênçãos a misericórdia e a lealdade. O livro é, assim, um relato da providência divina em ação, que traz louvor ao seu nome (Rt 4.14).

CRISTO E RUTE

Boaz foi redentor, prefigurando Cristo como o redentor da humanidade. Rute, uma estrangeira, simboliza a inclusão dos gentios na salvação divina. Além disso, a linhagem de Rute e Boaz leva a Davi e, eventualmente, a Jesus, destacando a continuidade da promessa messiânica.

A FAMÍLIA DE ELIMELEQUE SE MUDA PARA MOABE

1 Nos dias em que os juízes governavam Israel, houve grande fome na terra. Por isso, um homem deixou seu lar, em Belém de Judá, e foi morar na terra de Moabe, levando consigo esposa e dois filhos. 2 O homem se chamava Elimeleque, e a esposa, Noemi. Os filhos se chamavam Malom e Quiliom. Eram efrateus de Belém de Judá. Quando chegaram a Moabe, estabeleceram-se ali.

3 Elimeleque morreu, e Noemi ficou com os dois filhos. 4 Eles se casaram com mulheres moabitas, que se chamavam Rute e Orfa. Cerca de dez anos depois, 5 Malom e Quiliom também morreram. Noemi ficou sozinha, sem os dois filhos e sem o marido.

NOEMI E RUTE SE MUDAM PARA BELÉM

6 Noemi soube em Moabe que o SENHOR havia abençoado seu povo, dando-lhe boas colheitas. Então Noemi e suas noras se prepararam para deixar Moabe. 7 Ela partiu com suas noras do lugar onde havia morado e seguiram para a terra de Judá.

8 A certa altura, porém, Noemi disse às noras: "Voltem para a casa de suas mães! Que o SENHOR as recompense pelo amor que demonstraram por seus maridos e por mim. 9 Que o SENHOR as abençoe com a segurança de um novo casamento". Então deu-lhes um beijo de despedida, e as três começaram a chorar em alta voz.

10 "Não!", disseram elas. "Queremos ir com você para o seu povo!"

11 Noemi, porém, respondeu: "Voltem, minhas filhas. Por que vocês viriam comigo? Acaso eu ainda poderia dar à luz outros filhos que cresceriam e se tornariam seus maridos? 12 Não, minhas filhas, voltem, pois sou velha demais para me casar outra vez. E, mesmo que fosse possível eu me casar esta noite e ter filhos, o que aconteceria então? 13 Vocês esperariam que eles crescessem, deixando assim de se casarem com outro homem? Claro que não, minhas filhas! Esta situação é muito mais amarga para mim do que para vocês, pois o próprio SENHOR está contra mim".

14 Então choraram juntas mais uma vez. Orfa se despediu de sua sogra com um beijo, mas Rute se apegou firmemente a Noemi. 15 "Olhe, sua cunhada voltou para o povo e para os deuses dela", disse Noemi a Rute. "Você deveria fazer o mesmo!"

16 Rute respondeu: "Não insista comigo para deixá-la e voltar. Aonde você for, irei; onde você viver, lá viverei. Seu povo será o meu povo, e seu Deus, o meu Deus. 17 Onde você morrer, ali morrerei e serei sepultada. Que o SENHOR me castigue severamente se eu permitir que qualquer coisa, a não ser a morte, nos separe!". 18 Quando Noemi viu que Rute estava decidida a ir com ela, não insistiu mais.

19 Então as duas seguiram viagem. Quando chegaram a Belém, toda a cidade se agitou por causa delas. "Será que é mesmo Noemi?", perguntavam as mulheres.

20 "Não me chamem de Noemi", respondeu ela. "Chamem-me de Mara,[a] pois o Todo-poderoso tornou minha vida muito amarga. 21 Cheia eu parti, mas o SENHOR me trouxe de volta vazia. Por que me chamar de Noemi se o SENHOR me fez sofrer e se o Todo-poderoso trouxe calamidade sobre mim?"

22 Assim, Noemi voltou de Moabe acompanhada de sua nora Rute, a jovem moabita. Elas chegaram a Belém quando começava a colheita da cevada.

RUTE TRABALHA NO CAMPO DE BOAZ

2 Havia em Belém um homem rico e respeitado chamado Boaz. Ele era parente de Elimeleque, o marido de Noemi.

2 Certo dia, Rute, a moabita, disse a Noemi: "Deixe-me ir ao campo ver se alguém, em sua bondade, me permite recolher as espigas de cereal que sobrarem".

Noemi respondeu: "Está bem, minha filha, pode ir". 3 Rute saiu para colher espigas após os ceifeiros. Aconteceu de ela ir trabalhar num campo que pertencia a Boaz, parente de seu sogro, Elimeleque.

4 Enquanto Rute estava ali, Boaz chegou de Belém e saudou os ceifeiros: "O SENHOR esteja com vocês!".

---

[a] **1.20** *Noemi* significa "agradável"; *Mara* significa "amarga".

"O Senhor o abençoe!", responderam os
ceifeiros.
5 Então Boaz perguntou a seu capa-
taz: "Quem é aquela moça? A quem ela
pertence?".
6 O capataz respondeu: "É a moça que
veio de Moabe com Noemi. 7 Hoje de ma-
nhã ela me pediu permissão para colher
espigas após os ceifeiros. Desde que che-
gou, não parou de trabalhar um instante
sequer, a não ser por alguns minutos de
descanso no abrigo".
8 Boaz foi até Rute e disse: "Ouça, minha
filha. Quando for colher espigas, fique
conosco; não vá a nenhum outro campo.
Acompanhe as moças que trabalham para
mim. 9 Observe em que parte do campo es-
tão colhendo e vá atrás delas. Avisei os ho-
mens para não a tratarem mal. E, quando
tiver sede, sirva-se da água que os servos
tiram do poço".
10 Rute se curvou diante dele, com o
rosto no chão, e disse: "O que fiz para me-
recer tanta bondade? Sou apenas uma
estrangeira!".
11 "Eu sei", respondeu Boaz. "Mas tam-
bém sei de tudo que você fez por sua sogra
desde a morte de seu marido. Ouvi falar de
como você deixou seu pai, sua mãe e sua
própria terra para viver aqui no meio de
desconhecidos. 12 Que o Senhor, o Deus
de Israel, sob cujas asas você veio se re-
fugiar, a recompense ricamente pelo que
você fez."
13 Ela respondeu: "Espero que eu conti-
nue a receber sua bondade, meu senhor,
pois me animou com suas palavras gentis,
embora eu nem seja uma de suas servas".
14 Na hora da refeição, Boaz lhe disse:
"Venha cá e sirva-se de comida; também
pode molhar o pão no vinagre". Rute sen-
tou-se junto aos ceifeiros, e Boaz lhe deu
grãos tostados. Ela comeu até ficar satisfei-
ta, e ainda sobrou alimento.
15 Quando Rute voltou ao trabalho, Boaz
ordenou a seus servos: "Permitam que ela
colha espigas entre os feixes e não a inco-
modem. 16 Tirem dos feixes algumas espi-
gas de cevada e deixem-nas cair para que
ela as recolha. Não a atrapalhem!".
17 Assim, Rute colheu cevada o dia todo
e, à tarde, quando debulhou o cereal,
encheu quase um cesto inteiro.[a] 18 Carre-
gou tudo para a cidade e mostrou à sua so-
gra. Também lhe deu o que havia sobrado
da refeição.
19 "Onde você colheu todo esse cereal?",
perguntou Noemi. "Onde você trabalhou
hoje? Que seja abençoado quem a ajudou!"
Então Rute contou à sogra com quem
havia trabalhado: "O homem com quem
trabalhei hoje se chama Boaz".
20 "O Senhor o abençoe!", disse Noe-
mi à nora. "O Senhor não deixou de lado
sua bondade tanto pelos vivos como pe-
los mortos. Esse homem é um de nossos
parentes mais próximos, o resgatador de
nossa família."
21 Rute, a moabita, acrescentou: "Boaz
disse que devo voltar e trabalhar com seus
ceifeiros até que terminem toda a colheita".
22 "Muito bom!", exclamou Noemi. "Faça
o que ele disse, minha filha. Fique com as
servas dele até o final da colheita. Em ou-
tros campos, poderiam maltratá-la."
23 Assim, Rute trabalhou com as servas
nos campos de Boaz e recolheu espigas
com elas até o final das colheitas da ceva-
da e do trigo. Nesse tempo, ficou morando
com sua sogra.

O ENCONTRO NA EIRA

3 Certo dia, Noemi disse a Rute: "Minha
filha, é hora de eu encontrar para você
um lar seguro e feliz. 2 Esse Boaz, senhor
das moças com quem você trabalhou,
é nosso parente próximo. Hoje à noite,
ele estará na eira, onde se debulha a ceva-
da. 3 Faça o que lhe direi: tome banho, per-
fume-se e vista sua melhor roupa. Depois
vá até lá, mas não deixe que Boaz a veja en-
quanto ele não tiver terminado de comer
e beber. 4 Repare bem no lugar onde ele
se deitar. Então vá, descubra os pés dele
e deite-se ali. Ele lhe dirá o que fazer".
5 "Farei tudo que você disse", respondeu
Rute. 6 Assim, naquela noite, ela desceu até
a eira e seguiu as instruções de sua sogra.
7 Quando Boaz terminou de comer e be-
ber e estava alegre, foi deitar-se perto de
um monte de grãos e pegou no sono. Rute
se aproximou em silêncio, descobriu os

[a] **2.17** Em hebraico, *quase 1 efa*, cerca de 20 litros.

Você começa recolhendo espigas como Rute, mas termina resgatada.

pés dele e se deitou. 8 Por volta da meia-noite, Boaz acordou de repente. Ele se virou e ficou admirado de encontrar uma mulher deitada a seus pés. 9 "Quem é você?", perguntou ele.

"Sou sua serva Rute", respondeu ela. "Estenda as abas de sua capa[a] sobre mim, pois o senhor é o resgatador de minha família."

10 Então Boaz exclamou: "O Senhor a abençoe, minha filha! Você demonstra agora ainda mais lealdade por sua família que antes, pois não foi atrás de um homem mais jovem, seja rico ou pobre. 11 Não se preocupe com nada, minha filha. Farei o que me pediu, pois toda a cidade sabe que você é uma mulher virtuosa. 12 Mas, embora eu seja de fato um dos resgatadores de sua família, há outro homem que é parente mais próximo que eu. 13 Fique aqui esta noite e pela manhã conversarei com ele. Se ele estiver disposto a resgatá-la, muito bem; que ele se case com você. Se não quiser, tão certo como vive o Senhor, eu mesmo a resgatarei".

14 Rute ficou deitada aos pés de Boaz até de manhã, mas levantou-se antes de raiar o dia, pois Boaz tinha dito: "Ninguém deve saber que uma mulher esteve na eira". 15 Então Boaz lhe disse: "Traga-me sua capa e estenda-a aqui". Ele despejou sobre a capa seis medidas[b] de cevada e a pôs sobre as costas de Rute. Depois ele[c] retornou à cidade.

16 Quando Rute voltou à sua sogra, ela lhe perguntou: "Como foi, minha filha?".

Rute contou a Noemi tudo que Boaz havia feito 17 e acrescentou: "Ele me deu estas seis medidas de cevada e disse: 'Não volte para sua sogra de mãos vazias'".

18 Então Noemi disse: "Tenha paciência, minha filha, até sabermos o que vai acontecer. Boaz não descansará enquanto não resolver esta questão ainda hoje".

BOAZ SE CASA COM RUTE

4 Boaz foi à porta da cidade e sentou-se ali. Nesse momento, ia passando o parente resgatador que ele havia mencionado. Boaz o chamou: "Venha cá e sente-se, amigo. Quero conversar com você". O homem foi e se sentou. 2 Então Boaz chamou dez autoridades da cidade e pediu que se sentassem com eles. 3 Em seguida, disse ao resgatador da família: "Você conhece Noemi, que voltou de Moabe. Ela está vendendo a propriedade de nosso parente Elimeleque. 4 Pensei que devia falar com você a esse respeito, para que você a resgate, caso tenha interesse. Se quer a propriedade, compre-a na presença das autoridades do meu povo. Se não tiver interesse por ela, diga-me logo, porque, depois de você, sou o resgatador mais próximo".

O homem respondeu: "Está certo; eu resgatarei a propriedade".

5 Então Boaz lhe disse: "É claro que, ao comprar a propriedade de Noemi, você também deve se casar com Rute, a viúva moabita. Desse modo, ela poderá ter filhos que levem o nome de seu marido e mantenham a herança na família dele".

6 "Se é assim, não posso resgatá-la", respondeu o parente resgatador. "Isso poria em risco minha própria herança. Resgate você a propriedade. Eu não posso fazê-lo."

7 Naqueles dias, havia o seguinte costume em Israel: quando alguém queria transferir o direito de resgate e troca, tirava a sandália e a entregava à outra pessoa para validar publicamente a transação. 8 Assim, o outro parente resgatador tirou a sandália e disse a Boaz: "Compre você a propriedade".

9 Então Boaz disse às autoridades da cidade e ao povo ao redor: "Vocês são testemunhas de que hoje comprei de Noemi toda a propriedade de Elimeleque, Quiliom e Malom. 10 E, junto com a propriedade, tomei como esposa Rute, a viúva moabita de Malom. Assim, ela poderá ter um filho que leve o nome da família de seu falecido marido e herde a propriedade da família aqui na cidade natal dele. Vocês hoje são testemunhas disso".

11 As autoridades da cidade e todo o povo que estava na porta responderam: "Somos testemunhas! Que o Senhor faça a esta mulher que chega à sua família o que ele fez a Raquel e Lia, das quais descendeu toda a nação de Israel! Que você seja próspero em Efrata e famoso em Belém! 12 Que o Senhor

[a] **3.9** Em hebraico, *Estenda suas asas.*
[b] **3.15a** Quantidade desconhecida; também em 3.17.
[c] **3.15b** A maioria dos manuscritos hebraicos traz *ele*; vários manuscritos hebraicos, a versão siríaca e a Vulgata trazem *ela.*

lhe dê com esta jovem uma descendência numerosa como a de nosso antepassado Perez, filho de Tamar e Judá!".

OS DESCENDENTES DE BOAZ

13 Boaz levou Rute para a casa dele, e ela
se tornou sua esposa. Quando Boaz teve
relações com ela, o SENHOR permitiu que
ela engravidasse, e ela deu à luz um filho.
14 Então as mulheres da cidade disseram a
Noemi: "Louvado seja o SENHOR, que hoje
proveu um resgatador para sua família!
Que este menino seja famoso em Israel!
15 Que ele restaure seu vigor e cuide de
você em sua velhice, pois ele é filho de
sua nora, que a ama e que tem sido melhor
para você do que sete filhos!".

16 Noemi pegou o bebê, aninhou-o jun-
to ao peito e passou a cuidar dele como
se fosse seu filho. 17 As mulheres da vizi-
nhança disseram: "Noemi tem um filho
outra vez!", e lhe deram o nome de Obede.
Ele é o pai de Jessé, pai de Davi.
18 Esta é a genealogia de Perez:

Perez gerou Hezrom.
19 Hezrom gerou Rão.
Rão gerou Aminadabe.
20 Aminadabe gerou Naassom.
Naassom gerou Salmom.[a]
21 Salmom gerou Boaz.
Boaz gerou Obede.
22 Obede gerou Jessé.
Jessé gerou Davi.

[a] **4.20** Conforme alguns manuscritos gregos (ver tb. 4.21); o hebraico traz *Salma*.

Livros Históricos

1Samuel

Livro 9 com

31 CAPÍTULOS

SIGNIFICADO DO TÍTULO

1Samuel recebe o título em razão do profeta responsável em manter a aliança de Deus com Israel na transição do governo teocrático tribal dos juízes para a monarquia, tendo ungido Saul e Davi reis. O nome "Samuel" vem do hebraico *Shemu'el*, que significa "seu nome é Deus" ou "Deus ouve".

AUTORIA

Não se sabe. Segundo a tradição judaica, o próprio Samuel seria o autor, pelo menos de grande parte do texto, pois 1Samuel 25.1; 28.3 relatam a morte do profeta.
Com base em 1Crônicas 29.29, muitos creem que Samuel, Natã e Gade sejam os autores, mas há ainda a teoria de que seja o filho de Natã, Zabude (1Rs 4.5).

INFORMAÇÕES GERAIS

Originariamente, 1 e 2Samuel compunham um só livro. Provavelmente, os tradutores da Septuaginta (tradução pré-cristã do hebraico para o grego) optaram pela divisão em razão da extensão do texto. O objetivo central de 1Samuel é registrar como a monarquia foi implementada em Israel, cumprimento de profecias bíblicas (Gn 17.6,16; 35.11; 49.10).

ESTRUTURA DO LIVRO

- ★ Nascimento, infância e chamado de Samuel 1Sm 1—3
- ★ Captura e restituição da arca; a liderança de Samuel 1Sm 4—7
- ★ Estabelecimento da monarquia em Israel: Saul 1Sm 8—12
- ★ Saul fracassa como rei 1Sm 13—15
- ★ Unção de Davi, serviço na corte e perseguição de Saul 1Sm 16—24
- ★ Morte de Samuel; Abigail 1Sm 25
- ★ Vitórias de Davi; declínio e morte de Saul 1Sm 26—31

TEMAS DE 1SAMUEL

1Samuel trata de quatro temas principais: o governo humano em uma monarquia (Dt 17.14-20; Êx 19.5-6), o Reino de Deus (Mt 2.2; 4.23; 9.35; 21.5; 27.37,42; 1Pe 1.4; 2.9), a soberania do Senhor (1Sm 2.6-7; Sl 33.11; Mt 25.34; Ef 1.4) e a aliança de Deus como meio de cumprimento de seus propósitos (2Sm 7.16).

A MONARQUIA

Diz-se que a instauração de reis em Israel subverteu a vontade de Deus (1Sm 8.6-9). Contudo, a monarquia cumpre as profecias de Gênesis 17.6,16; 35.11; 49.10. Portanto, o reinado cumpriu o propósito do Senhor. O problema é que a monarquia deveria ser teocrática, isto é, com reis que seguissem Deus (Dt 17.14-20).

ELCANA E SUA FAMÍLIA

1 Havia um homem chamado Elcana, que vivia em Ramá, na região de Zufe,[a] na região montanhosa de Efraim. Era filho de Jeroão, filho de Eliú, filho de Toú, filho de Zufe, de Efraim. 2 Elcana tinha duas esposas: a primeira se chamava Ana, e a segunda, Penina. Penina tinha filhos; Ana, porém, não os tinha.

3 Todos os anos, Elcana subia de sua cidade até Siló para adorar o SENHOR dos Exércitos e oferecer sacrifícios a ele. Nesse tempo, os sacerdotes do SENHOR eram Hofni e Fineias, os dois filhos de Eli. 4 Quando Elcana apresentava seu sacrifício, dava porções de carne à sua esposa Penina e a cada um dos filhos e filhas dela. 5 A Ana, porém, dava uma porção especial, porque a amava,[b] apesar de o SENHOR não lhe ter dado filhos. 6 E sua rival a provocava e zombava dela, porque o SENHOR não lhe tinha dado filhos. 7 Todos os anos era a mesma coisa: Penina provocava Ana quando iam à casa do SENHOR e, a cada vez, Ana chorava muito e ficava sem comer.

8 "Ana, por que você chora?", perguntava Elcana, seu marido. "Por que não come? Por que está tão triste? Será que não sou melhor para você do que dez filhos?"

ANA ORA PEDINDO UM FILHO

9 Certa vez, depois que comeram e beberam em Siló, Ana se levantou. O sacerdote Eli estava sentado ao lado da entrada do templo do SENHOR. 10 Ana estava muito angustiada e chorava sem parar enquanto orava ao SENHOR. 11 Então fez o seguinte voto: "Ó SENHOR dos Exércitos, se olhares com atenção para o sofrimento de tua serva, se responderes à minha oração e me deres um filho, eu o dedicarei para sempre ao SENHOR, e o cabelo dele nunca será cortado".

12 Enquanto ela fazia sua oração ao SENHOR, Eli a observava. 13 Viu que os lábios dela se moviam, mas, como não ouvia som algum, pensou que ela estivesse bêbada. 14 "Até quando vai se embriagar?", disse ele. "Largue esse vinho!"

15 Ana respondeu: "Meu senhor, não bebi vinho, nem outra coisa mais forte. Eu estava derramando meu coração diante do SENHOR, pois sou uma mulher profundamente triste. 16 Não pense que sou uma mulher sem caráter! Estava apenas orando por causa de minha grande angústia e aflição".

17 "Nesse caso, vá em paz", disse Eli. "Que o Deus de Israel lhe conceda o que você pediu."

18 "Muito obrigada!", exclamou ela. Então Ana voltou e começou a se alimentar novamente, e seu rosto já não estava triste.

NASCIMENTO E DEDICAÇÃO DE SAMUEL

19 Na manhã seguinte, a família toda se levantou bem cedo e foi adorar o SENHOR novamente. Depois, voltaram para casa, em Ramá. Elcana teve relações com Ana, e o SENHOR se lembrou dela. 20 No devido tempo, Ana engravidou e teve um filho. Ela lhe deu o nome de Samuel,[c] e disse: "Eu o pedi ao SENHOR".

21 No ano seguinte, Elcana e sua família fizeram a viagem anual para oferecer sacrifícios ao SENHOR e cumprir seu voto. 22 Ana, porém, não foi. "Vamos esperar até o menino ser desmamado", disse ela ao marido. "Então o levarei ao SENHOR e o deixarei lá para sempre."

23 "Faça como lhe parecer melhor", respondeu Elcana. "Fique aqui até ele desmamar, e que o SENHOR a ajude a cumprir sua promessa."[d] Então ela ficou em casa e cuidou de seu filho até desmamá-lo.

24 Quando o menino foi desmamado, Ana o levou à casa do SENHOR em Siló, embora ele ainda fosse pequeno. Também levou um novilho de três anos[e] para o sacrifício, um cesto[f] de farinha e uma vasilha de couro cheia de vinho. 25 Depois que sacrificaram o novilho, levaram o menino a Eli, 26 e Ana lhe disse: "Com certeza o senhor se lembra de mim. Sou a mulher que esteve aqui anos atrás, orando ao SENHOR. 27 Pedi ao SENHOR que me desse este menino, e o SENHOR atendeu

[a] **1.1** Conforme a Septuaginta; o hebraico traz *Ramataim-Zofim*; comparar com 1.19.

[b] **1.5** Ou *E, embora amasse Ana, lhe dava somente uma porção seleta*. O significado do hebraico é incerto.

[c] **1.20** O nome *Samuel* tem um som parecido com a expressão hebraica correspondente a "pedido a Deus" ou "ouvido por Deus".

[d] **1.23** Conforme os manuscritos do mar Morto e a Septuaginta; o Texto Massorético traz *que o SENHOR cumpra sua promessa*.

[e] **1.24a** Conforme os manuscritos do mar Morto, a Septuaginta e a versão siríaca; o Texto Massorético traz *três novilhos*.

[f] **1.24b** Em hebraico, *1 efa*, cerca de 20 litros.

a meu pedido. 28 Agora, eu o dedico ao Senhor.
Por toda a sua vida ele pertencerá ao Senhor".
E ali adoraram o Senhor.

ORAÇÃO DE LOUVOR DE ANA

2 Então Ana orou:

"Meu coração se alegra no Senhor;
o Senhor me fortaleceu![a]
Agora dou risada de meus inimigos;
sim, eu me alegro porque
me libertaste!
2 Ninguém é santo como o Senhor;
não há outro além de ti,
não há Rocha como o nosso Deus!

3 "Deixem de ser tão orgulhosos
e soberbos!
Não falem com tamanha arrogância!
Pois o Senhor é um Deus que tudo sabe;
ele julgará as ações de todos.
4 O arco dos poderosos foi quebrado,
e os que tropeçavam
agora estão firmes.
5 Os que tinham fartura de comida
agora passam fome,
e os que passavam fome
estão saciados.
A mulher que não tinha
filhos agora tem sete,
e a que tinha muitos desfalece.
6 O Senhor tira a vida e dá a vida,
faz descer à sepultura[b]
e de lá faz subir.
7 O Senhor empobrece alguns
e enriquece outros,
humilha e também exalta.
8 Levanta o pobre do pó
e do monte de cinzas tira
o necessitado.
Coloca-os entre príncipes
e os faz sentar em lugares de honra.
Ao Senhor pertencem os
alicerces da terra,
e sobre eles firmou o mundo.

9 "Ele protegerá os fiéis,
mas os perversos desaparecerão
nas trevas,
pois ninguém vencerá só pela força.

[a] 2.1 Em hebraico, *exaltou meu chifre.*
[b] 2.6 Em hebraico, *ao Sheol.*

10 Os que lutam contra o Senhor
serão despedaçados.
Do céu ele troveja contra eles;
o Senhor julga em toda a terra.
Ele dá poder a seu rei,
concede força a[c] seu ungido".

11 Então Elcana voltou para casa em Ramá.
E o menino servia ao Senhor ajudando o
sacerdote Eli.

OS FILHOS PERVERSOS DE ELI

12 Os filhos de Eli eram homens perversos,
que não tinham nenhuma consideração
pelo Senhor, 13 nem por seus deveres de
sacerdotes. Cada vez que alguém oferecia
um sacrifício, vinha um servo do sacer-
dote com um garfo grande, de três dentes.
Enquanto a carne do animal sacrificado
ainda estava cozinhando, 14 o servo colo-
cava o garfo na panela, no tacho ou no
caldeirão, e exigia que tudo que viesse
com o garfo fosse entregue aos filhos de
Eli. Assim eles tratavam todos os israelitas
que iam adorar em Siló. 15 Às vezes, o servo
chegava antes mesmo que a gordura do
animal fosse queimada no altar, exigindo:
"Não dê a carne cozida, mas sim a carne
crua, para que o sacerdote a asse".
16 Se o homem que oferecia o sacrifício
dizia: "Leve quanto quiser, mas antes é
preciso queimar a gordura", o servo retru-
cava: "Não! Entregue a carne agora, ou eu
a tomarei à força". 17 O pecado desses
homens era muito sério aos olhos do
Senhor, pois eles tratavam com desprezo
as ofertas para o Senhor.
18 Samuel, porém, embora ainda fosse
apenas um menino, servia ao Senhor.
Ele usava uma veste de linho semelhante
à do sacerdote.[d] 19 Cada ano, sua mãe lhe
fazia uma pequena túnica e a levava quando
ia com o marido oferecer o sacrifício anual.
20 Antes de Elcana e sua esposa voltarem
para casa, Eli os abençoava e dizia: "Que o
Senhor lhes dê outros filhos em lugar deste
que foi dedicado ao Senhor". 21 E o Senhor
abençoou Ana, e ela engravidou e deu à
luz três filhos e duas filhas. Enquanto isso,
Samuel crescia na presença do Senhor.

[c] 2.10 Em hebraico, *exalta o chifre de.*
[d] 2.18 Em hebraico, *usava um colete sacerdotal de linho.*

O mesmo Deus que nos livrou das batalhas internas é poderoso para nos garantir vitórias externas.

22 Eli já estava muito idoso, mas sabia o
que seus filhos faziam ao povo de Israel,
e que eles seduziam as moças que serviam
junto à entrada da tenda do encontro.[a]
23 Por isso lhes disse: "Ouvi de todo o
povo o mal que vocês praticam. Por que
continuam a agir assim? 24 Parem com
isso, meus filhos! Não são bons os comentários que escuto entre o povo do SENHOR.
25 Se alguém peca contra outra pessoa,
Deus poderá[b] intervir em favor do culpado.
Mas, se alguém peca contra o SENHOR,
quem poderá interceder?". Contudo,
os filhos de Eli não deram atenção ao pai,
pois o SENHOR já havia decidido matá-los.

26 Enquanto isso, o menino Samuel
crescia e era cada vez mais estimado pelo
SENHOR e pelo povo.

UMA ADVERTÊNCIA PARA A FAMÍLIA DE ELI

27 Certo dia, veio a Eli um homem de Deus
e lhe transmitiu a seguinte mensagem:
"Assim diz o SENHOR: Eu me revelei a seus
antepassados quando eles eram escravos
do faraó, no Egito. 28 Escolhi seus antepassados dentre todas as tribos de Israel
para serem meus sacerdotes, oferecerem
sacrifícios sobre meu altar, queimarem
incenso e usarem o colete sacerdotal em
minha presença. Além disso, designei as
ofertas queimadas dos israelitas a vocês,
sacerdotes. 29 Então por que você despreza
meus sacrifícios e ofertas? Por que honra
seus filhos mais que a mim? Pois você e
eles engordaram com as melhores partes
das ofertas de meu povo, Israel!

30 "Portanto, assim declara o SENHOR, Deus
de Israel: Prometi que membros de sua
família, da tribo de Levi,[c] sempre seriam
meus sacerdotes. Agora, porém, declara o
SENHOR: Isso não acontecerá! Honrarei aqueles que me honram, e desprezarei aqueles
que me desprezam. 31 Está chegando o
tempo em que acabarei com a força de sua
família, e nenhum de seus descendentes
chegará à velhice. 32 Você verá a aflição de
minha casa, e, quando eu trouxer todo o
bem sobre Israel, ninguém em sua família
chegará à velhice para testemunhar!
33 Sobreviverão os poucos que eu não
eliminar do serviço em meu altar, mas seus
olhos ficarão cegos e seu coração se partirá,
e seus filhos morrerão pela espada.[d] 34 E, para
provar que minhas palavras se cumprirão,
farei que seus dois filhos, Hofni e Fineias,
morram no mesmo dia!

35 "Então levantarei um sacerdote fiel
que me servirá e fará tudo que desejo.
Estabelecerei a família dele, e eles serão
sacerdotes diante do meu ungido para
sempre. 36 Então todos que restarem de sua
família se curvarão diante dele, mendigando
dinheiro e alimento e pedindo: 'Por favor,
consiga para nós algum trabalho entre os
sacerdotes, para termos o que comer'".

O SENHOR FALA COM SAMUEL

3 Enquanto isso, o menino Samuel servia
ao SENHOR ajudando Eli. Naqueles dias,
as mensagens do SENHOR eram muito raras,
e visões não eram comuns.

2 Certa noite, Eli, que estava quase cego,
tinha ido se deitar. 3 A lâmpada de Deus ainda
não havia se apagado, e Samuel dormia na
casa do SENHOR, onde estava a arca de Deus.
4 De repente, o SENHOR chamou: "Samuel!".

O menino respondeu: "Estou aqui!". 5 Ele se
levantou e correu até onde estava Eli. "Estou
aqui! O senhor me chamou?"

"Não o chamei", respondeu Eli. "Volte
para a cama." E Samuel voltou a se deitar.

6 Então o SENHOR o chamou novamente:
"Samuel!".

Mais uma vez, Samuel se levantou e foi
até Eli. "Estou aqui! O senhor me chamou?"

Mas Eli respondeu: "Meu filho, não o
chamei. Volte para a cama".

7 Samuel ainda não conhecia o SENHOR,
porque nunca havia recebido uma mensagem
dele. 8 O SENHOR o chamou pela terceira vez,
e novamente Samuel se levantou e foi até Eli.
"Estou aqui! O senhor me chamou?"

Então Eli entendeu que era o SENHOR que
chamava o menino. 9 Por isso, disse a Samuel:
"Vá e deite-se novamente. Se alguém o
chamar, diga: 'Fala, SENHOR, pois teu servo
está ouvindo'". E Samuel voltou para a cama.

---

[a] **2.22** Alguns manuscritos não trazem toda a segunda parte do versículo.

[b] **2.25** Ou *os juízes poderão*.

[c] **2.30** Em hebraico, *que sua casa e a casa de seu pai*.

[d] **2.33** Conforme os manuscritos do mar Morto e a Septuaginta; o Texto Massorético traz *morrerão como homens*.

10 Então o SENHOR veio e o chamou, como antes: "Samuel! Samuel!".

Samuel respondeu: "Fala, pois teu servo está ouvindo".

11 Então o SENHOR disse a Samuel: "Estou prestes a realizar algo em Israel que fará tinir os ouvidos daqueles que ouvirem a respeito. 12 Cumprirei do começo ao fim todas as ameaças que fiz contra Eli e sua família. 13 Eu o adverti de que castigaria sua família para sempre, pois seus filhos blasfemaram contra Deus,[a] e ele não os repreendeu por seus pecados. 14 Por isso, jurei que os pecados de Eli e de seus filhos jamais serão perdoados por meio de sacrifícios nem de ofertas".

SAMUEL FALA EM NOME DO SENHOR

15 Samuel ficou deitado até de manhã, e então se levantou e abriu as portas da casa do SENHOR. Estava com medo de contar para Eli a visão que tivera. 16 Mas Eli o chamou: "Samuel, meu filho".

"Estou aqui", respondeu Samuel.

17 "O que o SENHOR lhe disse?", perguntou Eli. "Conte-me tudo. E que o SENHOR o castigue severamente se você esconder de mim alguma coisa do que ele disse!" 18 Então Samuel contou tudo a Eli e não escondeu nada. Eli respondeu: "É a vontade do SENHOR. Que ele faça o que lhe parecer melhor".

19 À medida que Samuel crescia, o SENHOR estava com ele, e todas as suas palavras se cumpriam. 20 E todo o Israel, desde Dã, ao norte, até Berseba, ao sul, sabia que Samuel havia sido confirmado como profeta do SENHOR. 21 O SENHOR continuou a aparecer em Siló e a transmitir mensagens a Samuel ali.

4 E as palavras de Samuel chegavam a todo o povo de Israel.

OS FILISTEUS TOMAM A ARCA

Naquele tempo, Israel estava em guerra com os filisteus. O exército israelita tinha acampado perto de Ebenézer, e os filisteus acamparam em Afeque. 2 Os filisteus atacaram e derrotaram o exército de Israel, matando cerca de quatro mil homens. 3 Terminada a batalha, os soldados voltaram para o acampamento, e as autoridades de Israel se perguntaram: "Por que o SENHOR causou nossa derrota diante dos filisteus? Vamos trazer a arca da aliança do SENHOR desde Siló, para que esteja conosco e nos livre do poder do inimigo!".

4 Então enviaram homens a Siló para trazer a arca da aliança do SENHOR dos Exércitos, que está entronizado entre os querubins. Hofni e Fineias, os dois filhos de Eli, acompanharam a arca da aliança de Deus. 5 Quando todos os israelitas viram a arca da aliança do SENHOR entrando no acampamento, soltaram gritos de alegria tão altos que fizeram o chão tremer.

6 "O que está acontecendo?", perguntaram os filisteus. "Que significam esses gritos no acampamento dos hebreus?" Quando souberam que era porque a arca do SENHOR havia chegado, 7 entraram em pânico. "Os deuses vieram[b] ao acampamento deles!", disseram. "Estamos perdidos! Nunca enfrentamos uma coisa assim antes! 8 Estamos perdidos! Quem nos salvará desses deuses poderosos? São os mesmos deuses que destruíram os egípcios com pragas, quando Israel estava no deserto. 9 Tenham coragem, filisteus! Sejam homens! Do contrário, acabaremos como escravos dos hebreus, assim como eles se tornaram nossos escravos. Sejam homens e lutem!"

10 Então os filisteus saíram para a batalha, e Israel foi derrotado. A matança foi grande: trinta mil soldados israelitas morreram naquele dia. Os sobreviventes deram meia-volta e fugiram para suas tendas. 11 A arca de Deus foi tomada, e Hofni e Fineias, os dois filhos de Eli, foram mortos.

A MORTE DE ELI

12 Um homem da tribo de Benjamim correu do campo de batalha e chegou a Siló ainda naquele dia. Tinha rasgado suas roupas e colocado pó sobre a cabeça. 13 Eli estava sentado numa cadeira, ao lado da estrada, esperando para ouvir as notícias da batalha, pois seu coração tremia pela segurança da arca de Deus. Quando o mensageiro chegou e contou o que havia acontecido, gritos ressoaram por toda a cidade.

[a] **3.13** Conforme a Septuaginta; o hebraico traz *seus filhos se fizeram desprezíveis.*

[b] **4.7** Ou *Um deus veio.*

14 Eli ouviu os gritos e perguntou: "O que é esse barulho todo?".

O mensageiro correu até Eli e contou-lhe a notícia. 15 Eli estava com 98 anos e já não conseguia enxergar. 16 "Acabo de chegar do campo de batalha", disse o mensageiro. "Fugi de lá hoje mesmo."

Eli perguntou: "O que aconteceu, meu filho?". 17 O mensageiro respondeu: "Israel foi derrotado pelos filisteus, e o povo foi massacrado. Seus dois filhos, Hofni e Fineias, também morreram, e a arca de Deus foi tomada".

18 Quando ele mencionou o que havia acontecido com a arca de Deus, Eli caiu da cadeira para trás, ao lado do portão. Quebrou o pescoço e morreu, pois era velho e pesado. Havia sido juiz em Israel durante quarenta anos.

19 A nora de Eli, esposa de Fineias, estava grávida e perto de dar à luz. Quando soube que a arca de Deus havia sido tomada e que o sogro e o marido estavam mortos, teve contrações violentas e deu à luz. 20 Ela morreu no parto, mas antes de falecer as parteiras tentaram animá-la. "Não tenha medo!", disseram. "Você teve um menino!" Mas ela não respondeu nem se importou. 21 Deu ao menino o nome de Icabode,[a] e disse: "Foi-se embora a glória de Israel", pois a arca de Deus havia sido tomada, e seu sogro e seu marido estavam mortos. 22 Disse ainda: "Foi-se embora a glória de Israel, pois a arca de Deus foi tomada!".

A ARCA EM TERRITÓRIO FILISTEU

5 Depois que tomaram a arca de Deus, os filisteus a levaram do campo de batalha em Ebenézer para a cidade de Asdode. 2 Levaram a arca de Deus para o templo de Dagom e a colocaram ao lado de uma estátua de Dagom. 3 Contudo, na manhã seguinte, quando os moradores de Asdode se levantaram, viram que Dagom estava caído com o rosto em terra diante da arca do Senhor. Então levantaram Dagom e o puseram de volta em seu lugar. 4 Na manhã do outro dia, porém, viram que tinha acontecido a mesma coisa: Dagom estava caído novamente com o rosto em terra diante da arca do Senhor. Dessa vez, a cabeça e as mãos de Dagom tinham se quebrado e estavam junto à porta de entrada. Somente o corpo permaneceu intacto. 5 Por isso, até hoje os sacerdotes de Dagom e aqueles que entram em seu templo, em Asdode, não pisam na soleira da porta.

6 Então a mão do Senhor pesou sobre os moradores de Asdode e dos povoados vizinhos e os feriu com uma praga de tumores.[b] 7 Quando o povo de Asdode viu o que estava acontecendo, exclamou: "Não podemos mais ficar com a arca do Deus de Israel! A mão dele pesou sobre nós e sobre Dagom, nosso deus!". 8 Então reuniram os governantes das cidades dos filisteus e lhes perguntaram: "O que devemos fazer com a arca do Deus de Israel?".

Os governantes responderam: "Levem a arca para a cidade de Gate". Então levaram a arca do Deus de Israel para Gate. 9 Mas, quando a arca chegou a Gate, a mão do Senhor pesou sobre a cidade, ferindo com uma praga de tumores os homens de lá, tanto os jovens como os velhos, e houve grande pânico.

10 Por isso, enviaram a arca de Deus para a cidade de Ecrom, mas quando os habitantes dali viram que ela entrava na cidade, exclamaram: "Por que estão trazendo a arca do Deus de Israel para cá? Querem matar todo o nosso povo?". 11 Reuniram mais uma vez os governantes filisteus e suplicaram: "Mandem a arca do Deus de Israel de volta para sua própria terra, para que não mate todo o nosso povo!". Pois a mão de Deus já pesava sobre a cidade, e um pavor mortal se espalhava por todo o lugar. 12 Os que não morreram foram afligidos com tumores, e o clamor da cidade subiu até o céu.

OS FILISTEUS DEVOLVEM A ARCA

6 Ao todo, a arca do Senhor permaneceu sete meses em território filisteu. 2 Então os filisteus chamaram seus sacerdotes e adivinhos e lhes perguntaram: "O que faremos com a arca do Senhor? Digam-nos como devemos mandá-la de volta para sua própria terra".

3 Eles responderam: "Se vocês vão mandar a arca do Deus de Israel de volta, enviem com

[a] **4.21** *Icabode* significa "onde está a glória?".

[b] **5.6** A Septuaginta e a Vulgata acescentam *e ratos apareceram em sua terra, e houve morte e destruição por toda a cidade.*

ela uma oferta pela culpa, para que cesse a
praga. Então, se forem curados, saberão que
foi a mão dele que causou a praga".
4 "Que tipo de oferta pela culpa devemos
enviar?", perguntaram os filisteus.
Eles responderam: "Uma vez que a mesma
praga atingiu vocês e seus cinco governantes,
façam cinco tumores de ouro e cinco ratos
de ouro, como os que devastaram sua terra.
5 Façam essas imagens de tumores e de
ratos para demonstrar honra ao Deus de
Israel. Quem sabe ele pare de afligir vocês,
seus deuses e sua terra! 6 Não endureçam o
coração como fizeram o faraó e os egípcios,
que só deixaram Israel partir quando Deus
os castigou severamente.
7 "Agora, construam uma carroça nova e
escolham duas vacas que tenham acabado
de dar cria e sobre as quais nunca tenha
sido colocada a canga de um arado.
Atrelem as vacas à carroça, mas prendam
num curral os bezerros recém-nascidos.
8 Coloquem a arca do SENHOR sobre a
carroça e, ao lado dela, ponham uma caixa
com os objetos de ouro que vocês enviarão
como oferta pela culpa. Então deixem as
vacas irem para onde quiserem. 9 Se elas
atravessarem a fronteira de nossa terra e se
dirigirem a Bete-Semes, saberemos que foi
o SENHOR que trouxe sobre nós essa grande
calamidade. Do contrário, saberemos que
não foi a mão dele que pesou sobre nós,
mas que isso aconteceu por acaso".
10 Os filisteus seguiram as instruções.
Atrelaram duas vacas à carroça e prenderam
num curral os bezerros recém-nascidos.
11 Colocaram sobre a carroça a arca do
SENHOR e a caixa com os ratos de ouro e os
tumores de ouro. 12 E, de fato, as vacas não
se desviaram nem para um lado nem para
o outro, mas seguiram direto pela estrada
para Bete-Semes, mugindo por todo o
caminho. Os governantes filisteus as acom-
panharam até a fronteira de Bete-Semes.
13 Os moradores de Bete-Semes estavam
colhendo trigo no vale e, quando viram a
arca, se encheram de alegria. 14 A carroça
entrou no campo de um homem chamado
Josué e parou ao lado de uma grande pedra.
Então o povo quebrou a madeira da carroça
para fazer fogo, matou as vacas e as ofereceu
ao SENHOR como holocausto. 15 Os homens
da tribo de Levi retiraram da carroça a arca
do SENHOR e a caixa com os objetos de ouro e
os colocaram sobre a grande pedra. Naquele
dia, o povo de Bete-Semes ofereceu ao
SENHOR sacrifícios e holocaustos. 16 Os cinco
governantes filisteus viram tudo isso e,
no mesmo dia, voltaram para Ecrom.
17 Os cinco tumores de ouro enviados
pelos filisteus ao SENHOR como oferta pela
culpa eram presentes dos governantes
de Asdode, Gaza, Ascalom, Gate e Ecrom.
18 Os cinco ratos de ouro representavam as
cinco cidades filisteias e os povoados ao
redor, controlados pelos cinco governantes.
A grande pedra[a] sobre a qual a arca do
SENHOR foi colocada se encontra até hoje
no campo de Josué, de Bete-Semes, como
testemunha do que aconteceu ali.

A ARCA É LEVADA PARA QUIRIATE-JEARIM

19 O SENHOR matou setenta homens[b] de
Bete-Semes, porque olharam para dentro
da arca do SENHOR. E o povo chorou muito
por causa da grande matança. 20 "Quem
pode estar na presença do SENHOR, este
Deus santo?", clamaram. "Para onde
mandaremos a arca daqui?"
21 Então enviaram mensageiros ao povo
de Quiriate-Jearim e disseram: "Os filis-
teus devolveram a arca do SENHOR. Venham
buscá-la!".

7 Então os homens de Quiriate-Jearim
foram buscar a arca do SENHOR. Eles a
levaram até a casa de Abinadabe, numa
colina, e consagraram seu filho Eleazar
para tomar conta da arca do SENHOR.
2 A arca permaneceu em Quiriate-Jearim
por muito tempo: vinte anos no total.
Durante esse período, todo o Israel lamen-
tava à espera de alguma ação do SENHOR.

SAMUEL CONDUZ ISRAEL À VITÓRIA

3 Então Samuel disse a todo o povo de Israel:
"Se, de fato, vocês desejam de todo o coração
voltar ao SENHOR, livrem-se de seus deuses

[a] **6.18** Conforme alguns manuscritos hebraicos e a Septuaginta; a maioria dos manuscritos hebraicos traz *O grande prado* ou *Abel-Hagedola*.

[b] **6.19** Conforme alguns manuscritos hebraicos; a maioria dos manuscritos hebraicos traz *setenta homens, cinquenta mil homens*.

estrangeiros e de suas imagens de Astarote. Voltem o coração para o Senhor e obedeçam somente a ele; então ele os livrará das mãos dos filisteus". 4 Assim, os israelitas se desfizeram de suas imagens de Baal e de Astarote e serviram somente ao Senhor.

5 Então Samuel lhes disse: "Reúnam todo o Israel em Mispá, e eu orarei ao Senhor por vocês". 6 Eles se reuniram em Mispá e tiraram água do poço e a derramaram diante do Senhor. Também jejuaram o dia todo e confessaram que haviam pecado contra o Senhor. (Foi em Mispá que Samuel se tornou juiz em Israel.)

7 Quando os governantes filisteus ouviram que os israelitas haviam se reunido em Mispá, mobilizaram seu exército e avançaram. Ao saber que os filisteus se aproximavam, os israelitas ficaram muito assustados. 8 "Não pare de clamar ao Senhor, nosso Deus, para que ele nos salve dos filisteus!", imploraram a Samuel. 9 Então Samuel escolheu um cordeiro que ainda mamava e o ofereceu ao Senhor como holocausto. Suplicou ao Senhor em favor de Israel, e o Senhor o atendeu.

10 Enquanto Samuel oferecia o holocausto, os filisteus chegaram para atacar Israel. Naquele dia, porém, o Senhor falou do céu com voz poderosa de trovão, provocando pânico entre os filisteus, e eles foram derrotados diante dos israelitas. 11 Os soldados de Israel os perseguiram desde Mispá até um lugar abaixo de Bete-Car, matando-os ao longo do caminho.

12 Então Samuel pegou uma pedra grande e a colocou entre as cidades de Mispá e Jesana.[a] Deu à pedra o nome de Ebenézer,[b] pois disse: "Até aqui o Senhor nos ajudou!".

13 Assim, os filisteus foram derrotados e não voltaram a invadir Israel por algum tempo. Durante toda a vida de Samuel, a mão do Senhor esteve contra os filisteus. 14 As cidades israelitas que os filisteus tinham conquistado entre Ecrom e Gate foram devolvidas a Israel, junto com o restante do território que os filisteus haviam tomado. E houve paz entre Israel e os amorreus naqueles dias.

[a] **7.12a** Conforme a Septuaginta e a versão siríaca; o hebraico traz *Sem*.

[b] **7.12b** *Ebenézer* significa "pedra de ajuda".

15 Samuel continuou como juiz em Israel pelo resto de sua vida. 16 A cada ano, viajava pelo território e julgava o povo de Israel em três locais: primeiro em Betel, depois em Gilgal e, por fim, em Mispá. 17 Então voltava para sua casa em Ramá, de onde liderava Israel como juiz. Ali Samuel construiu um altar ao Senhor.

ISRAEL PEDE UM REI

8 Quando Samuel ficou idoso, nomeou seus filhos para serem juízes sobre Israel. 2 Joel, seu filho mais velho, e Abias, o segundo mais velho, julgavam em Berseba, 3 mas não eram como seu pai. Eram gananciosos, aceitavam subornos e pervertiam a justiça.

4 Por fim, as autoridades de Israel se reuniram em Ramá para discutir essa questão com Samuel. 5 Eles disseram: "Olhe, o senhor está idoso e seus filhos não seguem seu exemplo. Escolha um rei para nos julgar, como ocorre com todas as outras nações".

6 Samuel não gostou de que lhe tivessem pedido um rei e buscou a orientação do Senhor. 7 O Senhor lhe respondeu: "Faça tudo que eles pedem, pois é a mim que rejeitam, e não a você. Eles me rejeitaram como seu rei. 8 Desde que os tirei do Egito até hoje, eles têm me abandonado e seguido outros deuses. Agora, tratam você da mesma forma. 9 Faça o que eles pedem, mas advirta-os solenemente a respeito de como o rei os governará".

SAMUEL ADVERTE O POVO SOBRE O REI

10 Então Samuel transmitiu a advertência do Senhor ao povo que lhe pedia um rei. 11 Disse ele: "Este é o modo como o rei governará sobre vocês. Ele convocará seus filhos para servi-lo em seus carros de guerra e como seus cavaleiros e os fará correr à frente dos carros dele. 12 Colocará alguns como generais e capitães de seu exército,[c] obrigará outros a arar seus campos e a fazer as colheitas e forçará outros mais a fabricar armas e equipamentos para os carros de guerra. 13 Tomará suas filhas e as obrigará a cozinhar, assar pães e fazer perfumes para ele. 14 Tomará de vocês o melhor de seus campos, vinhedos e olivais e os dará aos servos dele. 15 Tomará um décimo

[c] **8.12** Em hebraico, *comandantes de mil e comandantes de cinquenta*.

de sua colheita de cereais e uvas para distri-
buir entre seus oficiais e servos. 16 Tomará
seus escravos e escravas e o melhor do gado[a] e
dos jumentos para uso próprio. 17 Exigirá um
décimo de seus rebanhos, e vocês se tornarão
escravos dele. 18 Quando esse dia chegar,
lamentarão por causa desse rei que agora
pedem, mas o Senhor não lhes dará ouvidos".
19 Mas o povo se recusou a ouvir a adver-
tência de Samuel. "Mesmo assim, queremos
um rei", disseram. 20 "Queremos ser como
todas as nações ao nosso redor. Nosso rei
nos julgará e nos conduzirá nas batalhas."
21 Samuel repetiu para o Senhor aquilo que
o povo tinha dito, 22 e o Senhor lhe respondeu:
"Faça o que eles pedem e dê-lhes um rei".
Então Samuel ordenou aos israelitas que
voltassem cada um para sua cidade.

SAUL E SAMUEL SE ENCONTRAM

9 Havia um homem de alta posição
chamado Quis, da tribo de Benjamim.
Era filho de Abiel, filho de Zeror, filho
de Becorate, filho de Afia, da tribo de
Benjamim. 2 Seu filho Saul era o jovem mais
atraente de todo o Israel; era tão alto que
os outros chegavam apenas a seus ombros.
3 Certo dia, as jumentas de Quis se perderam,
e ele disse a Saul: "Leve um servo com você
e vá procurar as jumentas". 4 Então Saul e o
servo percorreram toda a região montanhosa
de Efraim, a terra de Salisa, a região de Saalim
e toda a terra de Benjamim, mas não encontra-
ram as jumentas em parte alguma.
5 Por fim, chegaram à região de Zufe,
e Saul disse ao servo: "Vamos voltar para
casa. Não quero que meu pai fique mais
preocupado comigo do que com as jumentas".
6 O servo, porém, disse: "Tenho uma ideia!
Nesta cidade mora um homem de Deus.
O povo daqui o respeita muito, pois tudo que
ele diz acontece. Vamos procurá-lo. Talvez
ele possa nos dizer para onde devemos ir".
7 Saul respondeu: "Está bem, vamos!
Mas não temos nada a oferecer ao homem
de Deus. Até nossa comida acabou, e não
temos nada para lhe dar em troca".
8 O servo disse: "Tenho comigo uma
pequena quantidade de prata.[b] Pelo menos
poderemos oferecer isso ao homem de Deus
e ver o que acontece". 9 (Naquele tempo,
em Israel, quando alguém queria receber
uma mensagem de Deus, dizia: "Vamos
perguntar ao vidente", pois os profetas de
hoje eram chamados de videntes.)
10 Saul concordou: "Está bem, vamos!".
Então foram para a cidade onde morava o
homem de Deus.
11 Quando subiam a colina para chegar
à cidade, encontraram algumas jovens
descendo para buscar água. Então Saul e
o servo lhes perguntaram: "O vidente está
aqui hoje?".
12 Elas responderam: "Sim, basta seguir
em frente! Mas é preciso correr, porque ele
acabou de chegar à cidade para realizar um
sacrifício no lugar de adoração. 13 Quando
entrarem na cidade, tentem encontrá-lo
antes que ele suba para a refeição no alto da
colina. O povo não começará a comer até que
ele chegue para abençoar o sacrifício. Subam
logo, pois é agora que poderão encontrá-lo!".
14 Então chegaram à cidade e, quando entra-
vam pelos portões, Samuel vinha na direção
deles, subindo para o lugar de adoração.
15 No dia anterior à chegada de Saul,
o Senhor tinha dito a Samuel: 16 "Amanhã,
por volta desta hora, enviarei a você um
homem da terra de Benjamim. Você o ungirá
para ser líder do meu povo, Israel. Ele os
livrará dos filisteus, pois olhei para meu
povo com misericórdia e ouvi seu clamor".
17 Quando Samuel viu Saul, o Senhor
disse: "Este é o homem de quem lhe falei!
Ele governará meu povo".
18 Saul se aproximou de Samuel na
entrada da cidade e perguntou: "O senhor
pode me dizer onde fica a casa do vidente?".
19 "Eu sou o vidente", respondeu Samuel.
"Suba adiante de mim até o lugar de
adoração. Ali comeremos juntos e, pela
manhã, eu lhe direi o que você quer saber,
e depois poderá seguir viagem. 20 E não se
preocupe com as jumentas que se perderam
há três dias, pois foram encontradas.
Eu lhe digo que as esperanças de Israel
estão centradas em você e sua família!"[c]
21 Saul respondeu: "Mas sou apenas da
tribo de Benjamim, a menor das tribos de
Israel, e minha família é a mais insignificante

[a] **8.16** Conforme a Septuaginta; o hebraico traz *dos jovens*.
[b] **9.8** Em hebraico, *1/4 de 1 siclo de prata*, cerca de 3 gramas.
[c] **9.20** Ou *as riquezas de Israel serão para você e sua família*.

de todas as famílias dessa tribo! Por que o senhor fala comigo dessa maneira?".

22 Então Samuel levou Saul e seu servo para uma sala de jantar e lhes deu o lugar de honra entre os convidados, cerca de trinta pessoas. 23 Em seguida, Samuel pediu ao cozinheiro: "Traga o pedaço de carne separado para o convidado de honra!". 24 O cozinheiro trouxe a coxa do sacrifício e a colocou diante de Saul. "Coma", disse Samuel. "Reservei este pedaço para você desde que decidi convidar estes homens para a refeição." E Saul comeu com Samuel naquele dia.

25 Quando desceram do lugar de adoração e voltaram para a cidade, Samuel levou Saul ao terraço da casa e preparou uma cama para ele.[a] 26 Ao amanhecer do dia seguinte, Samuel chamou Saul novamente: "Levante-se!", disse ele. "É hora de seguir viagem." Saul se aprontou, e ele e Samuel saíram juntos. 27 Quando chegaram à saída da cidade, Samuel disse a Saul que enviasse seu servo adiante. Depois que o servo partiu, Samuel disse: "Fique aqui, pois recebi de Deus uma mensagem para você".

SAMUEL UNGE SAUL REI

10 Samuel pegou uma vasilha de óleo e o derramou sobre a cabeça de Saul. Depois, beijou Saul e disse: "Faço isto porque o Senhor o nomeou como líder de Israel, sua propriedade especial. 2 Hoje, quando você partir, verá dois homens ao lado do túmulo de Raquel, em Zelza, na divisa de Benjamim. Eles lhe dirão que as jumentas foram encontradas e que seu pai deixou de se preocupar com elas e agora está preocupado com vocês, perguntando: 'Que farei para encontrar meu filho?'.

3 "Quando você chegar ao carvalho de Tabor, encontrará três homens vindo em sua direção; estão a caminho de Betel, onde vão adorar a Deus. Um deles estará levando três cabritos, outro, três pães, e o terceiro, uma vasilha de couro cheia de vinho. 4 Eles o cumprimentarão e lhe oferecerão dois pães, que você deve aceitar.

5 "Quando chegar a Gibeá-Eloim,[b] onde fica o destacamento dos filisteus, encontrará um grupo de profetas descendo do lugar de adoração. Virão tocando harpa, tamborim, flauta e lira, e estarão profetizando. 6 Nesse momento, o Espírito do Senhor virá poderosamente sobre você, e você profetizará com eles. Será transformado numa pessoa diferente. 7 Depois que esses sinais se cumprirem, faça o que tiver de fazer, pois Deus está com você. 8 Em seguida, vá a Gilgal adiante de mim. Eu o encontrarei ali para sacrificar holocaustos e ofertas de paz. Espere lá durante sete dias, até eu chegar e lhe dar mais instruções".

OS SINAIS MENCIONADOS SE CUMPREM

9 Assim que Saul se virou para partir, Deus lhe deu um novo coração, e todos os sinais anunciados por Samuel se cumpriram naquele dia. 10 Ao chegarem a Gibeá, Saul e o servo viram um grupo de profetas vindo em sua direção. Então o Espírito de Deus veio poderosamente sobre Saul, e ele começou a profetizar com eles. 11 Quando aqueles que o conheciam souberam disso, perguntaram uns aos outros: "O que aconteceu com o filho de Quis? Acaso Saul também é profeta?".

12 Um dos que estavam ali perguntou: "Qualquer um pode se tornar profeta, seja quem for seu pai?".[c] Essa é a origem do ditado: "Acaso Saul também é profeta?".

13 Depois que Saul terminou de profetizar, subiu ao lugar de adoração. 14 O tio de Saul perguntou a ele e ao servo: "Onde vocês estavam?".

Saul respondeu: "Saímos para procurar as jumentas, mas não conseguimos encontrá-las. Então fomos a Samuel para lhe perguntar onde elas estavam".

15 "E o que foi que Samuel lhe disse?", perguntou o tio.

16 "Disse que as jumentas já haviam sido encontradas", respondeu Saul. Contudo, não contou ao tio o que Samuel tinha dito sobre o reino.

SAUL É PROCLAMADO REI

17 Algum tempo depois, Samuel convocou todo o povo para se reunir diante do Senhor

[a] **9.25** Conforme a Septuaginta; o hebraico traz *e ali conversou com ele.*

[b] **10.5** Ou *Gibeá de Deus.*

[c] **10.12** Em hebraico, *Quem é o pai deles?*

em Mispá. 18 Disse ele aos israelitas: "Assim
diz o Senhor, o Deus de Israel: Eu os tirei do
Egito e os livrei dos egípcios e de todas as
nações que os oprimiam. 19 Mas, apesar
de eu ter resgatado vocês de suas angústias
e aflições, hoje vocês rejeitaram seu Deus
e disseram: 'Queremos um rei!'. Agora,
portanto, apresentem-se diante do Senhor,
de acordo com suas tribos e seus clãs".

20 Então Samuel reuniu todas as tribos
de Israel, e a tribo de Benjamim foi esco-
lhida por sorteio. 21 Em seguida, Samuel
reuniu cada família da tribo de Benjamim,
e a família de Matri foi sorteada. Por fim,
Saul, filho de Quis foi escolhido dentre
eles. Quando o procuraram, porém, não o
encontraram. 22 Por isso, perguntaram ao
Senhor: "Ele já chegou?".

O Senhor respondeu: "Está escondido no
meio da bagagem". 23 Eles correram até lá
e o trouxeram. Era tão alto que os outros
chegavam apenas a seus ombros.

24 Samuel disse ao povo: "Este é o homem
que o Senhor escolheu para ser seu rei. Não há
ninguém semelhante a ele em todo o Israel".

E todo o povo gritou: "Viva o rei!".

25 Então Samuel explicou ao povo os
direitos e deveres do rei. Escreveu-os num
rolo e o colocou diante do Senhor. Depois,
mandou todo o povo para casa.

26 Saul também voltou para sua casa,
em Gibeá, acompanhado por um grupo de
homens cujo coração Deus tinha tocado.
27 Havia, no entanto, alguns desocupados
que debochavam: "Esse sujeito nunca nos
salvará!". Desprezaram Saul e se recusaram
a lhe trazer presentes. Mas Saul não lhes
deu atenção.

SAUL DERROTA OS AMONITAS

11 Cerca de um mês depois,[a] Naás, rei
de Amom, avançou com seu exér-
cito contra a cidade de Jabes-Gileade. Mas
os habitantes de Jabes clamaram: "Faça
um tratado conosco, e o serviremos!".

2 Então Naás disse: "Está bem, mas só com
uma condição. Arrancarei o olho direito de
cada um de vocês como humilhação para
todo o Israel!".

3 As autoridades de Jabes pediram:
"Dê-nos sete dias para que enviemos
mensageiros a todo o Israel. Se ninguém
vier nos salvar, nós nos entregaremos ao rei".

4 Os mensageiros chegaram a Gibeá,
cidade onde Saul morava, e relataram ao
povo a difícil situação em Jabes-Gileade.
Todos choraram em alta voz. 5 Quando
Saul voltou à cidade, trazendo seus bois do
campo, perguntou: "O que está acontecendo?
Por que todos estão chorando?". Então
contaram-lhe sobre a mensagem de Jabes.

6 O Espírito de Deus veio poderosamente
sobre Saul, e ele se enfureceu. 7 Pegou dois
bois, cortou-os em pedaços e enviou mensa-
geiros para levá-los a todo o Israel com
o seguinte aviso: "Isto é o que acontecerá
aos bois de quem se recusar a seguir Saul
e Samuel na batalha!". E o terror do Senhor
caiu sobre o povo, de modo que todos
saíram para guerrear como um só homem.
8 Quando Saul os reuniu em Bezeque,
viu que havia trezentos mil homens de
Israel e trinta mil[b] homens de Judá.

9 Então Saul enviou os mensageiros de
volta a Jabes-Gileade com o seguinte aviso:
"Salvaremos vocês amanhã, antes do
meio-dia". Quando os habitantes de Jabes
receberam a mensagem, houve grande
alegria em toda a cidade.

10 Então os homens de Jabes disseram a
seus inimigos: "Amanhã nos entregaremos
a vocês, e poderão fazer conosco o que
desejarem". 11 No dia seguinte, porém,
antes do amanhecer, Saul chegou com seu
exército dividido em três destacamentos.
Atacou os amonitas de surpresa e, na hora
mais quente do dia, já os tinha derrotado
completamente. O restante do exército
amonita se dispersou de tal modo que não
ficaram dois soldados juntos.

12 Então o povo disse a Samuel: "Onde
estão aqueles que perguntaram: 'Por que
Saul deveria nos governar?' Tragam esses
homens aqui, e os mataremos".

13 Saul, porém, respondeu: "Ninguém
será morto hoje, pois neste dia o Senhor
livrou Israel".

14 Então Samuel disse ao povo: "Venham,
vamos todos a Gilgal renovar o compromisso

[a] **11.1** Conforme a Septuaginta e um manuscrito do mar Morto; o Texto Massorético não traz *Cerca de um mês depois*.

[b] **11.8** Os manuscritos do mar Morto e a Septuaginta trazem *setenta mil*.

do reino". 15 Então todos foram a Gilgal e, numa cerimônia solene diante do Senhor, proclamaram Saul como rei. Depois, trouxeram ao Senhor ofertas de paz, e Saul e todos os israelitas muito se alegraram.

O DISCURSO DE DESPEDIDA DE SAMUEL

12 Então Samuel falou a todo o Israel: "Fiz o que pediram e lhes dei um rei. 2 Agora ele é seu líder. Quanto a mim, estou aqui diante de vocês, um homem velho e de cabelos brancos, e meus filhos estão com vocês. Estive a seu serviço como seu líder desde minha juventude até hoje. 3 Aqui estou: testemunhem contra mim diante do Senhor e diante do rei que ele ungiu. De quem roubei um boi ou um jumento? Acaso enganei ou oprimi alguém? De quem aceitei suborno para perverter a justiça? Digam-me, e farei restituição se cometi alguma injustiça".

4 Eles responderam: "O senhor nunca nos enganou nem nos oprimiu, e nunca aceitou suborno".

5 Então Samuel declarou: "Hoje o Senhor e o rei que ele ungiu são testemunhas de que minhas mãos estão limpas".

Eles responderam: "Sim, eles são testemunhas".

6 E Samuel continuou: "Foi o Senhor que escolheu Moisés e Arão e tirou seus antepassados da terra do Egito. 7 Agora, fiquem aqui diante do Senhor enquanto eu os confronto com todos os atos de justiça que o Senhor fez por vocês e por seus antepassados.

8 "Quando Israel[a] estava no Egito e seus antepassados clamaram ao Senhor, ele enviou Moisés e Arão para tirá-los de lá e trazê-los a esta terra. 9 Mas o povo logo se esqueceu do Senhor, seu Deus, por isso ele os entregou a Sísera, comandante do exército de Hazor, e também aos filisteus e ao rei de Moabe, que lutaram contra eles.

10 "Então clamaram novamente ao Senhor e disseram: 'Pecamos quando abandonamos o Senhor e servimos às imagens de Baal e de Astarote. Agora, se nos livrares de nossos inimigos, serviremos somente a ti'. 11 O Senhor enviou Gideão,[b] Bedã,[c] Jefté e Samuel[d] para livrá-los, e vocês viveram em segurança.

12 "No entanto, quando ficaram com medo de Naás, rei de Amom, vieram a mim e disseram que queriam um rei para governá-los, embora o Senhor, seu Deus, já fosse seu rei. 13 Pois bem, aqui está o rei que vocês escolheram. Vocês o pediram e o Senhor os atendeu.

14 "Agora, se temerem e servirem ao Senhor, derem ouvidos à sua voz e não se rebelarem contra os seus mandamentos, tanto vocês como seu rei mostrarão que reconhecem que o Senhor é seu Deus. 15 Mas, se vocês se rebelarem contra os mandamentos do Senhor e se recusarem a ouvir a sua voz, a mão do Senhor pesará sobre vocês, como fez a seus antepassados.

16 "Agora, fiquem aqui e vejam o maravilhoso feito que o Senhor está prestes a realizar. 17 Vocês sabem que não chove nesta época do ano, durante a colheita do trigo. Pedirei ao Senhor que envie trovões e chuva forte hoje. Assim, vocês reconhecerão quão grande foi sua maldade ao pedir que o Senhor lhes desse um rei!".

18 Então Samuel clamou ao Senhor, e o Senhor enviou trovões e chuva forte naquele mesmo dia. E todo o povo ficou com muito medo do Senhor e de Samuel. 19 Disseram a Samuel: "Ore ao Senhor, seu Deus, em favor de seus servos, ou morreremos! Pois, a todas as nossas faltas, acrescentamos o pecado de pedir um rei".

20 "Não tenham medo", disse Samuel. "Certamente agiram mal, mas, agora, sirvam ao Senhor de todo o coração e não se afastem dele. 21 Não se desviem dele para adorar deuses sem valor que não podem ajudar ou livrar vocês; eles são completamente inúteis! 22 O Senhor não abandonará seu povo, pois isso traria desonra para seu grande nome. Pois agradou ao Senhor fazer de vocês seu próprio povo.

23 "Quanto a mim, certamente não pecarei contra o Senhor, deixando de orar por

[a] **12.8** Em hebraico, *Quando Jacó*. Os nomes "Jacó" e "Israel" são usados de forma intercambiável ao longo de todo o Antigo Testamento e se referem, por vezes, ao patriarca e, em outras ocasiões, à nação.

[b] **12.11a** Em hebraico, *Jerubaal*, outro nome para Gideão; ver Jz 6.32.

[c] **12.11b** A Septuaginta e a versão siríaca trazem *Baraque*.

[d] **12.11c** A Septuaginta e a versão siríaca trazem *Sansão*.

vocês. Continuarei a lhes ensinar o que é bom e correto. 24 Temam o Senhor e sirvam a ele fielmente, de todo o coração. Pensem em todas as coisas maravilhosas que ele fez por vocês. 25 Mas, se continuarem a pecar, vocês e seu rei serão destruídos."

GUERRA CONSTANTE CONTRA OS FILISTEUS

13 Saul tinha 30[a] anos quando se tornou rei, e reinou por 42 anos.[b]

2 Saul escolheu três mil soldados do exército de Israel e mandou o restante dos homens para casa. Levou consigo dois mil desses homens a Micmás e à região montanhosa de Betel. Os outros mil foram com Jônatas, filho de Saul, para Gibeá, na terra de Benjamim.

3 Logo depois disso, Jônatas atacou e derrotou o destacamento dos filisteus em Geba. A notícia se espalhou entre os filisteus. Então Saul tocou a trombeta por toda a terra, anunciando: "Ouçam bem, hebreus!". 4 E todo o Israel ouviu que Saul tinha destruído o destacamento dos filisteus e que agora eles odiavam os israelitas mais que nunca. Então os soldados israelitas foram convocados para se unir a Saul em Gilgal.

5 Os filisteus reuniram um exército de três mil[c] carros de guerra, seis mil cavaleiros e tantos guerreiros como os grãos de areia na praia. Acamparam em Micmás, a leste de Bete-Áven. 6 Os homens de Israel se viram em apuros e, como estavam sendo fortemente pressionados pelo inimigo, tentaram se esconder em cavernas, em matagais, entre rochas, em buracos e em cisternas. 7 Alguns dos hebreus atravessaram o rio Jordão e fugiram para a terra de Gade e de Gileade.

SAMUEL REPREENDE SAUL

Enquanto isso, Saul permaneceu em Gilgal, e os homens que estavam com ele tremiam de medo. 8 Saul esperou ali por Samuel durante sete dias, conforme Samuel o havia instruído, mas ele não chegou. Vendo que os soldados debandavam rapidamente, 9 Saul ordenou: "Tragam-me o holocausto e as ofertas de paz!". E ele próprio ofereceu o holocausto.

10 No exato instante em que Saul terminava de oferecer o holocausto, Samuel chegou. Saul foi ao seu encontro para cumprimentá-lo, 11 mas Samuel disse: "O que você fez?".

Saul respondeu: "Vi que meus homens estavam debandando, e que o senhor não chegou no prazo que havia prometido. Além disso, os filisteus estavam em Micmás, prontos para a batalha. 12 Assim, pensei: 'Os filisteus estão prontos para lutar contra nós em Gilgal, e eu não pedi ajuda ao Senhor'. Por isso me senti na obrigação de oferecer o holocausto".

13 "Você agiu como um tolo!", exclamou Samuel. "Não guardou o mandamento que o Senhor, seu Deus, lhe deu. Se tivesse obedecido, o Senhor teria estabelecido para sempre seu reinado sobre Israel. 14 Agora, porém, seu reinado não permanecerá, pois o Senhor escolheu um homem segundo o coração dele. O Senhor já designou esse homem para ser líder de seu povo, pois você não obedeceu ao mandamento do Senhor."

A DESVANTAGEM MILITAR DE ISRAEL

15 Então Samuel partiu de Gilgal e subiu para Gibeá, na terra de Benjamim. Quando Saul contou os soldados que ainda estavam com ele, viu que havia cerca de seiscentos homens. 16 Saul, Jônatas e os soldados que estavam com eles ficaram em Geba, na terra de Benjamim. Os filisteus acamparam em Micmás. 17 Três grupos de ataque deixaram o acampamento filisteu: um foi para o norte, em direção a Ofra, na região de Sual, 18 outro foi para oeste, a Bete-Horom, e o terceiro rumou para a fronteira acima do vale de Zeboim, na direção do deserto.

19 Naqueles dias, não havia ferreiros na terra de Israel, pois os filisteus não permitiam que os hebreus fizessem espadas ou lanças. 20 Assim, sempre que o povo de Israel precisava afiar seus arados, enxadas, machados e foices,[d] tinha de levá-los a um

Deus está em busca de "Davis", homens e mulheres que se recusem a vestir algo que não lhes pertence.

[a] **13.1a** Conforme alguns manuscritos gregos; o número não aparece no texto hebraico.

[b] **13.1b** Em hebraico, *reinou... e dois*; o número está incompleto no texto hebraico. Comparar com At 13.21.

[c] **13.5** Conforme a Septuaginta e a versão siríaca; o hebraico traz *trinta mil*.

[d] **13.20** Conforme a Septuaginta; o hebraico traz *e arados*.

ferreiro filisteu. 21 O custo para afiar um arado ou uma enxada era de oito gramas[a] de prata, e, para afiar um machado, uma foice ou a ponta de ferro de uma vara de tocar bois, quatro gramas.[b] 22 Por isso, no dia da batalha, ninguém em Israel tinha espada ou lança, exceto Saul e Jônatas.

23 Nesse meio-tempo, os filisteus mandaram um destacamento para o desfiladeiro de Micmás.

O PLANO AUDACIOSO DE JÔNATAS

14 Certo dia, Jônatas, filho de Saul, disse a seu escudeiro: "Venha, vamos ao lugar onde fica o destacamento dos filisteus". Mas Jônatas não contou a seu pai o que pretendia fazer.

2 Enquanto isso, Saul estava acampado nos arredores de Gibeá, em volta da árvore de romãs[c] em Migrom, junto com cerca de seiscentos homens. 3 Entre eles estava Aías, o sacerdote, que levava o colete sacerdotal. Aías era filho de Aitube, irmão de Icabode, filho de Fineias, filho de Eli, que tinha servido como sacerdote do Senhor em Siló.

Ninguém percebeu que Jônatas havia saído do acampamento. 4 Para chegar ao destacamento dos filisteus, teve de passar por entre dois penhascos; um se chamava Bozez, e o outro, Sené. 5 Um ficava ao norte, de frente para Micmás, e o outro, ao sul, de frente para Geba. 6 Jônatas disse a seu escudeiro: "Vamos atravessar até o destacamento daqueles incircuncisos! Quem sabe o Senhor nos ajudará, pois nada pode deter o Senhor. Ele pode vencer com muitos guerreiros e, também, com apenas uns poucos!".

7 "Faça o que lhe parecer melhor", respondeu o escudeiro. "Eu o seguirei para onde o senhor for!"

8 "Pois bem", disse Jônatas. "Vamos atravessar e deixar que nos vejam. 9 Se disserem: 'Fiquem onde estão, ou mataremos vocês', ficaremos parados e não iremos até eles. 10 Mas, se disserem: 'Subam até aqui e lutem', então subiremos. Será sinal de que o Senhor os entregará em nossas mãos."

11 Quando os filisteus os viram chegando, gritaram: "Vejam! Os hebreus estão saindo dos buracos onde estavam escondidos!". 12 Então os homens do destacamento gritaram para Jônatas e seu escudeiro: "Subam até aqui, e nós lhes daremos uma lição!".

"Venha, suba logo atrás de mim", disse Jônatas a seu escudeiro. "O Senhor entregou os filisteus nas mãos de Israel!"

13 Então subiram usando os pés e as mãos. Jônatas derrubava os filisteus e, atrás dele, seu escudeiro os matava. 14 Mataram, no total, cerca de vinte homens, numa pequena porção de terra.[d]

15 De repente, o pânico tomou conta do exército filisteu, tanto no acampamento como no campo, e também nos destacamentos e nos grupos de ataque. Naquele instante, houve um terremoto, e todos se encheram de terror.

ISRAEL DERROTA OS FILISTEUS

16 As sentinelas de Saul em Gibeá de Benjamim viram que o imenso exército dos filisteus começou a debandar em todas as direções. 17 Saul ordenou ao povo: "Façam a chamada e verifiquem quem está faltando!". Quando fizeram a chamada, descobriram que Jônatas e seu escudeiro não estavam ali.

18 Então Saul gritou para Aías: "Traga o colete sacerdotal!", pois, naquele tempo, Aías usava o colete sacerdotal diante dos israelitas.[e] 19 Enquanto Saul falava com o sacerdote, o tumulto e a gritaria no acampamento dos filisteus aumentaram. Então Saul disse ao sacerdote: "Não precisa mais usar o colete!".[f]

20 Então Saul e todos os soldados correram para a batalha e encontraram os filisteus matando uns aos outros. Havia grande confusão por toda parte. 21 Até os hebreus que antes haviam desertado para o lado dos filisteus se rebelaram e se uniram a Saul, a Jônatas e ao restante dos israelitas. 22 Quando os homens de Israel que haviam se escondido na região montanhosa de

---

[a] **13.21a** Em hebraico, *1 pim*.

[b] **13.21b** Em hebraico, *1/3 [de 1 siclo]*.

[c] **14.2** Ou *em volta da rocha de Rimom*; comparar com Jz 20.45,47; 21.13.

[d] **14.14** Em hebraico, *em meia jeira de terra*. A "jeira" era uma medida equivalente à terra arada por uma junta de bois em um dia.

[e] **14.18** Conforme alguns manuscritos gregos; o hebraico traz *"Tragam a arca de Deus", pois, naquele tempo, a arca de Deus estava com os israelitas*.

[f] **14.19** Em hebraico, *Retire sua mão!*

Efraim ouviram que os filisteus fugiam, também os perseguiram. 23 Assim, o Senhor livrou Israel naquele dia, e a batalha continuou até além de Bete-Áven.

O JURAMENTO INSENSATO DE SAUL

24 Os homens de Israel estavam exaustos naquele dia, pois Saul lhes havia imposto este juramento: "Maldito seja aquele que comer antes do anoitecer, antes de eu ter me vingado inteiramente de meus inimigos". Por isso, ninguém comeu nada o dia todo, 25 embora tivessem encontrado favos de mel no chão do bosque. 26 Não se atreveram a provar o mel, pois temiam o juramento exigido por Saul.

27 Jônatas, porém, não sabendo do juramento de seu pai, enfiou a ponta de uma vara num favo e comeu o mel. Depois de comer, recuperou as forças.[a] 28 Vendo isso, um dos soldados lhe disse: "Seu pai obrigou o exército a fazer um juramento severo, pelo qual quem comer alguma coisa hoje será maldito. Por isso todos estão exaustos".

29 "Meu pai trouxe desgraça sobre o povo!", exclamou Jônatas. "Vejam como recuperei as forças depois de provar um pouco de mel. 30 Se os homens tivessem recebido permissão para comer à vontade do alimento que encontraram entre os inimigos, imaginem quantos filisteus mais teríamos matado!"

31 Os israelitas perseguiram e mataram filisteus o dia todo, desde Micmás até Aijalom, e ficaram cada vez mais enfraquecidos. 32 Naquela noite, tomaram apressadamente os despojos da batalha; mataram ovelhas, bois e bezerros e comeram a carne com sangue. 33 Alguém foi dizer a Saul: "Veja, os soldados estão pecando contra o Senhor, comendo carne com sangue".

"Vocês cometeram um grande pecado!", disse Saul. "Procurem uma pedra grande e tragam-na para cá. 34 Depois, saiam entre os soldados e digam-lhes: 'Tragam os bois e as ovelhas até aqui! Abatam os animais e deixem o sangue escorrer antes de comer. Não pequem contra o Senhor, comendo carne ainda com sangue'."

Naquela noite, portanto, todos os soldados levaram os animais e os abateram ali.

[a] **14.27** Ou *seus olhos brilharam*; também em 14.29.

35 Então Saul construiu um altar para o Senhor; foi o primeiro altar que ele construiu para o Senhor.

36 Depois Saul disse: "Vamos perseguir os filisteus a noite toda, saqueá-los até o amanhecer e destruir até o último deles".

Seus homens responderam: "Faremos o que o rei achar melhor".

O sacerdote, porém, disse: "Primeiro vamos consultar Deus".

37 Então Saul perguntou a Deus: "Devemos ir atrás dos filisteus? Tu os entregarás nas mãos de Israel?". Mas Deus não lhe respondeu naquele dia.

38 Então Saul ordenou: "Todos os comandantes do exército, apresentem-se a mim! Descubram como e por que aconteceu esse pecado! 39 Tão certo como vive o Senhor, aquele que resgatou Israel, o culpado morrerá, mesmo que seja meu filho Jônatas!". Contudo, ninguém lhe disse nada.

40 Saul disse a todo o Israel: "Jônatas e eu ficaremos aqui, e todos vocês ficarão ali".

E os homens responderam: "Faça o que o rei achar melhor".

41 Em seguida, Saul orou: "Ó Senhor, o Deus de Israel, mostra-nos quem é culpado e quem é inocente".[b] Por sorteio, Jônatas e Saul foram escolhidos como sendo os culpados, e o povo foi declarado inocente.

42 Saul disse: "Façam outro sorteio entre mim e Jônatas". E Jônatas foi escolhido como o culpado.

43 "Diga-me o que você fez", ordenou Saul.

"Provei um pouco de mel", confessou Jônatas. "Foi apenas uma pequena porção, na ponta de minha vara. Estou pronto para morrer!"[c]

44 Então Saul disse: "Sim, Jônatas, você deve morrer. Que Deus me castigue severamente se você não for morto por isso".

45 Os soldados, porém, disseram a Saul: "Jônatas conquistou esta grande vitória para Israel. Acaso ele deve morrer? De maneira nenhuma! Tão certo como o Senhor vive, ninguém tocará num fio de cabelo da cabeça dele, pois hoje Deus o ajudou a realizar um grande feito". E assim o povo salvou Jônatas da morte.

[b] **14.41** A Septuaginta acrescenta *Se a culpa for minha ou de meu filho, Jônatas, responde com Urim; mas, se a culpa for dos homens de Israel, responde com Tumim.*

[c] **14.43** Ou *Mereço morrer por causa disso?*

46 Então Saul deixou de perseguir os filisteus, e eles voltaram para sua terra.

AS VITÓRIAS MILITARES DE SAUL

47 Depois que Saul havia se firmado como rei de Israel, lutou contra seus inimigos ao redor: contra Moabe, Amom e Edom, contra os reis de Zobá e contra os filisteus. E, para qualquer lado que se voltava, era vitorioso.[a] 48 Realizou grandes feitos e derrotou os amalequitas, livrando Israel de todos que o haviam saqueado.

49 Os filhos de Saul eram Jônatas, Isbosete[b] e Malquisua. Também tinha duas filhas: Merabe, a mais velha, e Mical, a mais nova. 50 A esposa de Saul se chamava Ainoã, filha de Aimaás. O comandante do exército de Saul era Abner, filho de Ner, tio de Saul. 51 Quis, pai de Saul, e Ner, pai de Abner, eram filhos de Abiel.

52 Os israelitas lutaram ferrenhamente contra os filisteus durante toda a vida de Saul. Por isso, sempre que Saul via um jovem forte e valente, logo o convocava para seu exército.

SAUL DERROTA OS AMALEQUITAS

15 Certo dia, Samuel disse a Saul: "Foi o Senhor que me enviou para ungi-lo rei de seu povo, Israel. Agora ouça esta mensagem do Senhor! 2 Assim diz o Senhor dos Exércitos: Resolvi acertar as contas com a nação de Amaleque por ter se colocado contra Israel quando o povo saía do Egito. 3 Agora vá e destrua completamente a nação amalequita: homens, mulheres, crianças, recém-nascidos, gado, ovelhas, camelos e jumentos".

4 Então Saul reuniu seu exército em Telaim. Havia duzentos mil soldados de Israel e dez mil homens de Judá. 5 Em seguida, Saul e o exército foram à cidade dos amalequitas e armaram uma emboscada no vale. 6 Saul mandou este aviso aos queneus: "Afastem-se de onde vivem os amalequitas, para que não morram com eles, pois vocês demonstraram bondade a todos os israelitas quando eles saíram do Egito". Então os queneus saíram do meio dos amalequitas.

[a] **14.47** Conforme a Septuaginta; o hebraico traz *agia de modo perverso*.

[b] **14.49** Em hebraico, *Isvi*, variação de Isbosete; também conhecido como *Esbaal*.

7 Saul atacou e derrotou os amalequitas desde Havilá até Sur, a leste do Egito. 8 Capturou Agague, o rei amalequita, e destruiu completamente todo o povo. 9 Saul e seus homens pouparam a vida de Agague, bem como o melhor das ovelhas, do gado, dos bezerros gordos e dos cordeiros. Destruíram apenas o que não tinha valor ou que era de qualidade inferior.

O SENHOR REJEITA SAUL

10 Então o Senhor disse a Samuel: 11 "Arrependo-me de ter colocado Saul como rei, pois ele se afastou de mim e se recusou a obedecer às minhas ordens". Samuel ficou tão frustrado ao ouvir essas palavras que clamou ao Senhor a noite toda.

12 Na manhã seguinte, bem cedo, Samuel foi procurar Saul. Alguém lhe disse: "Saul foi para a região do Carmelo, onde levantou um monumento para si próprio; depois, seguiu para Gilgal".

13 Quando Samuel finalmente o encontrou, Saul o cumprimentou com alegria: "Que o Senhor o abençoe!", disse Saul. "Cumpri a ordem do Senhor!"

14 Samuel perguntou: "Então o que é esse balido de ovelhas e esse mugido de bois que estou ouvindo?"

15 Saul respondeu: "É verdade que os soldados pouparam o melhor das ovelhas e dos bois que pertenciam aos amalequitas. Mas eles vão sacrificá-los ao Senhor, seu Deus. Quanto ao resto, destruímos tudo".

16 Então Samuel disse a Saul: "Basta! Ouça o que o Senhor me disse na noite passada".

"O que foi?", perguntou Saul.

17 Samuel respondeu: "Embora a seus próprios olhos você se considerasse insignificante, não se tornou o líder das tribos de Israel? Sim, o Senhor o ungiu rei sobre o povo! 18 Então o Senhor o enviou numa missão e disse: 'Vá e destrua completamente aqueles pecadores, os amalequitas. Lute contra eles até exterminá-los'. 19 Por que você não obedeceu ao Senhor? Por que tomou apressadamente os despojos e fez o que era mau aos olhos do Senhor?".

20 "Mas eu obedeci ao Senhor!", insistiu Saul. "Cumpri a missão de que ele me encarregou. Trouxe o rei Agague, mas destruí todos os outros amalequitas.

21 Então meus soldados trouxeram o
melhor das ovelhas e dos bois, bem como o
melhor dos despojos, a fim de sacrificá-los
ao Senhor, seu Deus, em Gilgal."
22 Samuel respondeu:

"O que agrada mais ao Senhor:
holocaustos e sacrifícios
ou obediência à voz dele?
Ouça! A obediência é melhor
que o sacrifício,
e a submissão é melhor que
ofertas de gordura de carneiros.
23 A rebeldia é um pecado tão
grave quanto a feitiçaria,
e persistir no erro é um
mal tão grave
quanto adorar ídolos.
Assim como você rejeitou a
ordem do Senhor,
ele o rejeitou como rei".

SAUL SUPLICA POR PERDÃO

24 Então Saul confessou: "Sim, pequei!
Desobedeci às suas instruções e à ordem
do Senhor, pois tive medo do povo e fiz o
que eles exigiram. 25 Agora, imploro que
perdoe meu pecado e volte comigo, para
que eu possa adorar o Senhor!".
26 Samuel, porém, respondeu: "Não voltarei
com você! Uma vez que você rejeitou a ordem
do Senhor, ele o rejeitou como rei de Israel".
27 Quando Samuel se virou para ir embora,
Saul tentou detê-lo segurando a barra de
seu manto, que se rasgou. 28 Então Samuel
lhe disse: "Hoje o Senhor rasgou de você o
reino de Israel e o entregou a outro, alguém
melhor que você. 29 E aquele que é a Glória
de Israel não mente nem se arrepende, pois
não é ser humano para se arrepender!".
30 Saul implorou novamente: "Sei que
pequei! Mas, por favor, pelo menos
honre-me diante das autoridades de meu
povo e diante de Israel ao voltar comigo,
para que eu possa adorar o Senhor,
seu Deus!". 31 Por fim, Samuel concordou
e voltou com ele, e Saul adorou o Senhor.

SAMUEL EXECUTA O REI AGAGUE

32 Então Samuel disse: "Traga-me Agague,
rei dos amalequitas". Agague veio cheio
de esperança, pois pensou: "Com certeza
a ira deles já passou, e eu fui poupado!".[a]
33 Mas Samuel disse: "Assim como sua
espada matou os filhos de muitas mães,
agora sua mãe ficará sem o filho". E Samuel
cortou Agague em pedaços diante do
Senhor em Gilgal.
34 Depois, Samuel foi para Ramá, e Saul
voltou para casa em Gibeá, sua cidade.
35 Até o dia em que morreu, Samuel não
voltou a ver Saul, embora sempre lamen-
tasse o que aconteceu com ele. E o Senhor
se arrependeu de ter estabelecido Saul
como rei de Israel.

SAMUEL UNGE DAVI REI

16 O Senhor disse a Samuel: "Você já
lamentou o suficiente por Saul.
Eu o rejeitei como rei de Israel. Agora,
encha uma vasilha com óleo e vá a Belém.
Procure um homem chamado Jessé,
que vive ali, pois escolhi um dos filhos
dele para ser rei".
2 "Como posso fazer isso?", perguntou
Samuel. "Se Saul ficar sabendo, me matará."
O Senhor respondeu: "Leve um novilho
com você e diga: 'Vim oferecer um sacri-
fício ao Senhor'. 3 Convide Jessé para o
sacrifício, e eu lhe mostrarei o que você
deve fazer e qual dos filhos dele deve
ungir para mim".
4 Samuel fez o que o Senhor disse. Quando
chegou a Belém, as autoridades da cidade
foram encontrá-lo, tremendo de medo.
"O senhor vem em paz?", perguntaram.
5 "Sim", respondeu Samuel. "Vim oferecer
um sacrifício ao Senhor. Purifiquem-se e
venham comigo para o sacrifício." Então
Samuel realizou a cerimônia para purificar
Jessé e seus filhos e também os convidou
para o sacrifício.
6 Quando chegaram, Samuel olhou para
Eliabe e pensou: "Com certeza este é o
homem que o Senhor ungirá!".
7 O Senhor, porém, disse a Samuel: "Não o
julgue pela aparência nem pela altura, pois
eu o rejeitei. O Senhor não vê as coisas como
o ser humano as vê. As pessoas julgam pela
aparência exterior, mas o Senhor olha para
o coração".

---

[a] **15.32** Os manuscritos do mar Morto e a Septuaginta trazem *Agague chegou hesitante, pois pensou: "Certamente esta é a amargura da morte"*.

8 Então Jessé chamou seu filho Abinadabe e o levou até Samuel. Ele, porém, disse: "Não foi este que o Senhor escolheu". 9 Em seguida, Jessé chamou Simeia,[a] mas Samuel disse: "Também não foi este que o Senhor escolheu". 10 Da mesma forma, todos os sete filhos de Jessé foram apresentados a Samuel. Mas Samuel disse a Jessé: "O Senhor não escolheu nenhum deles". 11 Então Samuel perguntou: "São estes todos os seus filhos?".

Jessé respondeu: "Ainda tenho o mais novo, mas ele está no campo, tomando conta do rebanho".

"Mande chamá-lo", disse Samuel. "Não nos sentaremos para comer enquanto ele não chegar."

12 Jessé mandou chamá-lo. Era um jovem ruivo,[b] de boa aparência e olhos bonitos.

E o Senhor disse: "É este; levante-se e unja-o com óleo".

13 Enquanto Davi estava entre seus irmãos, Samuel pegou a vasilha com óleo que havia trazido e o ungiu. A partir daquele dia, o Espírito do Senhor veio poderosamente sobre Davi. Depois disso, Samuel voltou a Ramá.

DAVI SERVE NA CORTE DE SAUL

14 O Espírito do Senhor se retirou de Saul, e o Senhor enviou um espírito maligno, que o atormentava.

15 Os servos de Saul lhe disseram: "Um espírito maligno enviado por Deus está atormentando o senhor. 16 Permita que procuremos um bom músico para tocar harpa sempre que o espírito o afligir. Ele tocará música para acalmar o senhor e o fará sentir-se melhor".

17 "Está bem", respondeu Saul. "Encontrem alguém que saiba tocar bem e tragam-no para cá."

18 Um dos servos disse a Saul: "Um dos filhos de Jessé, de Belém, sabe tocar harpa. Além disso, é um rapaz corajoso, apto para ir à guerra, e tem bom senso. Também é moço de boa aparência, e o Senhor está com ele".

19 Então Saul enviou mensageiros a Jessé para lhe dizer: "Envie-me seu filho Davi, o pastor de ovelhas". 20 Jessé enviou Davi a Saul e, com ele, mandou um jumento carregado de pão, um cabrito e uma vasilha de couro cheia de vinho.

21 Davi se apresentou a Saul e começou a servi-lo. Saul gostou muito de Davi e o tornou seu escudeiro.

22 Então Saul enviou uma mensagem a Jessé, pedindo: "Deixe que Davi continue a meu serviço, pois estou muito satisfeito com ele".

23 Assim, sempre que o espírito maligno enviado por Deus afligia Saul, Davi tocava a harpa. Saul se sentia melhor, e o espírito se retirava dele.

GOLIAS DESAFIA OS ISRAELITAS

17 Os filisteus reuniram seu exército para a batalha e acamparam em Efes-Damim, entre Socó, em Judá, e Azeca. 2 Em resposta, Saul reuniu as tropas israelitas perto do vale de Elá. 3 Assim, os filisteus e os israelitas ficaram frente a frente, em colinas opostas, com o vale entre eles.

4 Então Golias, um guerreiro filisteu de Gate, saiu das fileiras do exército filisteu. Ele tinha 2,90 metros[c] de altura, 5 usava um capacete de bronze e vestia uma couraça de escamas de bronze que pesava sessenta quilos.[d] 6 Também usava caneleiras de bronze e carregava no ombro um dardo de bronze. 7 A haste de sua lança era pesada e grossa, como o eixo de um tear, e a ponta de ferro da lança pesava cerca de sete quilos.[e] Seu escudeiro caminhava à frente dele.

8 Golias parou e gritou para as tropas israelitas: "Por que saíram todos para lutar? Eu sou filisteu, e vocês são servos de Saul. Escolham um homem para vir aqui e lutar comigo! 9 Se ele me matar, seremos seus escravos. Mas, se eu o matar, vocês serão nossos escravos! 10 Desafio hoje os exércitos de Israel. Mandem um homem para lutar comigo!". 11 Quando Saul e os israelitas ouviram isso, ficaram aterrorizados e muito abalados.

[a] **16.9** Em hebraico, *Samá*, variação de Simeia; comparar com 1Cr 2.13; 20.7.

[b] **16.12** Ou *moreno*.

[c] **17.4** Em hebraico, *6 côvados e 1 palmo*; os manuscritos do mar Morto e a Septuaginta trazem *4 côvados e 1 palmo*, ou seja, cerca de 2 metros.

[d] **17.5** Em hebraico, *5.000 siclos*.

[e] **17.7** Em hebraico, *600 siclos*.

JESSÉ ENVIA DAVI AO ACAMPAMENTO DE SAUL

12 Davi era filho de Jessé, efrateu de Belém,
na terra de Judá. Na época do rei Saul, Jessé já
era idoso e tinha oito filhos. 13 Os três filhos
mais velhos de Jessé — Eliabe, Abinadabe e
Simeia[a] — haviam se alistado no exército de
Saul para lutar contra os filisteus. 14 Davi era
o mais novo. Seus três irmãos mais velhos
seguiam o exército de Saul, 15 enquanto
Davi ia e voltava para ajudar seu pai a cuidar
das ovelhas em Belém.

16 Durante quarenta dias, pela manhã e
à tarde, o guerreiro filisteu se apresentava
diante do exército israelita e o desafiava.

17 Um dia, Jessé disse a Davi: "Leve depressa
para seus irmãos que estão no acampamento
este cesto[b] com grãos tostados e estes dez
pães. 18 Leve também estes dez queijos para
o capitão deles. Veja como estão seus irmãos
e traga notícias[c] deles". 19 Os irmãos de Davi
estavam com Saul e o exército israelita no
vale de Elá, lutando contra os filisteus.

20 Davi deixou as ovelhas com outro
pastor e, na manhã seguinte, partiu bem
cedo com os presentes, como Jessé havia
ordenado. Chegou ao acampamento
quando o exército israelita saía para o
campo de batalha com gritos de guerra.
21 Logo, filisteus e israelitas estavam frente
a frente, exército contra exército. 22 Davi
deixou suas coisas com o responsável pelos
suprimentos e correu até a frente de batalha
para saudar seus irmãos. 23 Enquanto falava
com eles, Golias, o guerreiro filisteu de
Gate, saiu das fileiras do exército filisteu.
Davi o ouviu gritar seu desafio habitual.

24 Quando os israelitas viram Golias,
começaram a fugir, apavorados. 25 "Vocês
viram aquele homem?", perguntavam
uns aos outros. "Ele sai todos os dias para
desafiar Israel. O rei ofereceu uma grande
recompensa para quem o matar. Dará uma
de suas filhas como esposa e isentará toda
a família dele de pagar impostos!"

26 Então Davi perguntou aos soldados
que estavam por perto: "O que receberá o
homem que matar esse filisteu e acabar
com suas provocações contra Israel? Afinal
de contas, quem é esse filisteu incircunciso
para desafiar os exércitos do Deus vivo?".

27 Os soldados repetiram o que tinham
dito e confirmaram: "Sim, essa será a recom-
pensa para quem o matar".

28 Quando Eliabe, irmão mais velho de
Davi, o ouviu falando com os soldados,
ficou furioso e perguntou: "O que você está
fazendo aqui? Não devia estar tomando
conta daquelas poucas ovelhas? Conheço
sua arrogância e suas más intenções. Você
quer apenas ver a batalha!".

29 "O que eu fiz agora?", disse Davi. "Só fiz
uma pergunta!" 30 Então foi até outros
soldados, fez a mesma pergunta e recebeu
a mesma resposta. 31 Alguém contou ao rei
Saul o que Davi tinha dito, e o rei mandou
chamá-lo.

DAVI MATA GOLIAS

32 Davi disse a Saul: "Ninguém se preocupe
por causa desse filisteu. Seu servo vai lutar
contra ele".

33 Saul respondeu: "Você não conse-
guirá lutar contra esse filisteu e vencer!
É apenas um rapaz, e ele é guerreiro desde
a juventude".

34 Davi, porém insistiu: "Tomo conta
das ovelhas de meu pai e, quando um
leão ou um urso aparece para levar um
cordeiro do rebanho, 35 vou atrás dele
com meu cajado e tiro o cordeiro de sua
boca. Se o animal me ataca, eu o seguro
pela mandíbula e dou golpes nele com o
cajado até ele morrer. 36 Fiz isso com o leão
e o urso, e farei o mesmo com esse filisteu
incircunciso, pois ele desafiou os exércitos
do Deus vivo!". 37 E disse ainda: "O SENHOR
que me livrou das garras do leão e do urso
também me livrará desse filisteu!".

Por fim, Saul consentiu. "Está bem, então
vá", disse. "E que o SENHOR esteja com você!"

38 Então Saul deu a Davi sua própria arma-
dura, incluindo uma couraça e um capacete
de bronze. 39 Davi prendeu a espada sobre a
armadura e tentou dar alguns passos, pois
nunca tinha usado essas coisas.

"Não consigo andar com tudo isso, pois
não estou acostumado", disse a Saul,
e tirou a armadura. 40 Pegou cinco pedras
lisas de um riacho e as colocou em sua

[a] **17.13** Em hebraico, *Samá*, variação de *Simeia*; comparar com 1Cr 2.13; 20.7.
[b] **17.17** Em hebraico, 1 *efa*, cerca de 20 litros.
[c] **17.18** Em hebraico, *traga uma garantia*.

bolsa de pastor. Armado apenas com seu
cajado e sua funda, foi enfrentar o filisteu.
41 Golias, com seu escudeiro à frente,
caminhava em direção a Davi, 42 rindo com
desprezo do belo jovem ruivo.[a] 43 Gritou
para Davi: "Por acaso sou um cão para que
você venha a mim com um pedaço de pau?".
E amaldiçoou Davi em nome de seus deuses.
44 "Venha cá, e darei sua carne às aves e aos
animais selvagens!", berrou Golias.
45 Davi respondeu ao filisteu: "Você vem
a mim com uma espada, uma lança e um
dardo, mas eu vou enfrentá-lo em nome
do Senhor dos Exércitos, o Deus dos exér-
citos de Israel, que você desafiou. 46 Hoje
o Senhor entregará você em minhas mãos,
e eu o matarei e cortarei sua cabeça. Então
darei os cadáveres de seus homens às aves
e aos animais selvagens, e o mundo todo
saberá que há Deus em Israel! 47 E todos
que estão aqui reunidos saberão que o
Senhor salva seu povo, mas não com espada
nem com lança. A batalha é do Senhor, e ele
entregará vocês em nossas mãos!".
48 Quando o filisteu se aproximou para
atacar, Davi foi correndo enfrentá-lo.
49 Enfiou a mão na bolsa, pegou uma pedra
e atirou-a com sua funda. A pedra acertou
o filisteu na testa e ficou encravada ali.
E Golias caiu com o rosto em terra.
50 Assim, Davi venceu o filisteu e o matou
com apenas uma funda e uma pedra, pois
não tinha espada. 51 Em seguida, correu até
o filisteu, puxou da bainha a espada dele e
a usou para matá-lo e cortar-lhe a cabeça.

ISRAEL DERROTA OS FILISTEUS

Quando os filisteus viram que seu melhor
guerreiro estava morto, deram meia-volta e
fugiram. 52 Os soldados de Israel e de Judá
soltaram um forte grito de vitória e perse-
guiram os filisteus até Gate[b] e até os portões
de Ecrom. E os corpos dos filisteus mortos e
feridos ficaram espalhados pelo caminho de
Saarim até Gate e Ecrom. 53 Então o exército
israelita voltou e saqueou o acampamento
abandonado dos filisteus. 54 (Davi levou a
cabeça do filisteu para Jerusalém, mas guar-
dou as armas dele em sua própria tenda.)

55 Quando Saul viu Davi sair para lutar
contra os filisteus, perguntou a Abner,
o comandante de seu exército: "Abner, quem
é o pai desse rapaz?".
"Não faço ideia, ó rei!", disse Abner.
56 "Então descubra quem é o pai dele!",
ordenou.
57 Assim que Davi voltou, depois de matar
Golias, Abner o levou a Saul. Ele ainda carre-
gava a cabeça do filisteu em suas mãos. 58 Saul
perguntou: "Quem é seu pai, meu rapaz?".
E Davi respondeu: "Sou filho de Jessé,
que vive em Belém".

SAUL TEM INVEJA DE DAVI

18 Depois que Davi terminou de falar
com Saul, formou-se de imediato
um forte laço de amizade entre ele e Jônatas,
filho do rei, por causa do amor que Jônatas
tinha por Davi.
2 A partir daquele dia, Saul manteve Davi
consigo e não o deixou voltar para a casa de
seu pai. 3 Jônatas assumiu um compromisso
solene com Davi, pois o amava como a si
mesmo. 4 Para selar essa aliança, Jônatas tirou
seu manto e o entregou a Davi, junto com sua
armadura, sua espada, seu arco e seu cinturão.
5 Davi cumpria com êxito todas as missões
de que Saul o encarregava. Então Saul lhe
deu uma posição de comando no exército,
o que agradou tanto ao povo como aos
oficiais de Saul.
6 Quando o exército israelita regressou
vitorioso, depois que Davi matou o gigante
filisteu, mulheres de todas as cidades
saíram ao encontro do rei Saul. Cantavam
e dançavam de alegria, com tamborins e
címbalos.[c] 7 Esta era a canção:

"Saul matou milhares,
e Davi, dezenas de milhares!".

8 Saul ficou indignado com essas pala-
vras. "O que é isso?", disse ele. "Atribuem a
Davi dezenas de milhares, e a mim, apenas
milhares? Só falta o declararem rei!"
9 Daquele momento em diante, Saul
começou a olhar para Davi com suspeita.
10 No dia seguinte, um espírito maligno
enviado por Deus se apoderou de Saul, e ele

---

[a] **17.42** Ou *moreno*.
[b] **17.52** Conforme alguns manuscritos gregos; o hebraico traz *até um vale*.
[c] **18.6** Não se sabe ao certo a que tipo de instrumento esse termo se refere.

começou a delirar em sua casa, como se
fosse louco. Davi tocava a harpa, como fazia
todos os dias. Mas Saul tinha uma lança na
mão 11 e, de repente, atirou-a contra Davi,
com a intenção de encravá-lo na parede.
Davi, porém, escapou duas vezes.

12 Saul tinha medo de Davi, pois o SENHOR o
havia abandonado e agora estava com Davi.
13 Por fim, Saul o afastou de sua presença
e o nomeou comandante de mil soldados,
e Davi conduzia as tropas vitoriosamente
nas batalhas.

14 Davi continuou a ter êxito em tudo
que fazia, pois o SENHOR estava com ele.
15 Quando Saul viu isso, teve ainda mais
medo. 16 Mas todo o Israel e todo o Judá
amavam Davi, porque ele conduzia as
tropas vitoriosamente nas batalhas.

DAVI SE CASA COM A FILHA DE SAUL

17 Certo dia, Saul disse a Davi: "Estou
pronto a lhe dar minha filha mais velha,
Merabe, por esposa. Mas antes, sirva-me
como um guerreiro valente, lutando
nas batalhas do SENHOR". Pois Saul
pensou: "Em vez de matá-lo eu mesmo,
vou enviá-lo aos filisteus, e eles o matarão".

18 Davi, porém, respondeu a Saul: "Quem
sou eu, e quem é minha família em Israel
para que eu me torne genro do rei?".
19 Assim, quando chegou o tempo de Saul
dar sua filha Merabe em casamento a Davi,
ele a deu a Adriel, um homem de Meolá.

20 Contudo, a outra filha de Saul, Mical,
amava Davi, e Saul ficou contente quando
soube disso. 21 "É mais uma oportunidade
de os filisteus matarem Davi!", pensou ele.
Para Davi, porém, ele disse: "Você tem mais
uma oportunidade de se tornar meu genro".

22 Então Saul instruiu seus servos a
dizerem a Davi, em particular: "O rei gosta
muito de você, e nós também. Por que não
aceita a oferta do rei e se torna genro dele?".

23 Quando disseram isso a Davi, ele respon-
deu: "Como um homem pobre e de família
humilde terá condições de pagar o dote da
filha de um rei?".

24 Então os homens de Saul contaram-
-lhe o que Davi disse, 25 e Saul respondeu:
"Digam a Davi que o único dote que quero
são cem prepúcios de filisteus! Desejo
apenas me vingar de meus inimigos".
Mas Saul planejava que Davi fosse morto
na luta.

26 Quando os servos de Saul trouxeram
essa notícia a Davi, ele aceitou a oferta
de bom grado. Antes do prazo estipulado,
27 ele e seus homens saíram e mataram
duzentos filisteus. Davi cumpriu a exigência
para tornar-se genro do rei, trazendo-lhe os
prepúcios. Então Saul deu sua filha Mical
por esposa a Davi.

28 Quando Saul percebeu que o SENHOR
estava com Davi, e viu como sua filha
Mical o amava, 29 temeu Davi ainda mais e
continuou a ser inimigo dele pelo resto de
sua vida.

30 Sempre que os comandantes dos filis-
teus atacavam, Davi era mais bem-sucedido
contra eles que todos os outros oficiais
de Saul. Assim, o nome de Davi se tornou
muito famoso.

SAUL TENTA MATAR DAVI

19 Saul instigou seus servos e seu
filho Jônatas a matarem Davi.
Mas Jônatas, por causa de seu grande afeto
por Davi, 2 contou-lhe os planos de Saul.
"Meu pai busca uma oportunidade para
matá-lo", disse ele. "Amanhã cedo você
precisa encontrar um lugar para se esconder.
3 Pedirei a meu pai que saia comigo até o
campo e falarei com ele a seu respeito. Então
lhe contarei tudo que conseguir descobrir."

4 Na manhã seguinte, Jônatas falou com
seu pai sobre Davi e disse muitas coisas boas
a respeito dele. "O rei não deve pecar contra
seu servo Davi", disse Jônatas. "Ele nunca
fez nada para prejudicá-lo. Sempre o ajudou
como pôde. 5 O senhor se esqueceu da
ocasião em que ele arriscou a vida para
matar o guerreiro filisteu e, assim, o SENHOR
deu grande vitória a Israel? Certamente o
senhor se alegrou naquela ocasião. Então
por que pecar matando um homem inocente
como Davi? Não há motivo algum para isso!"

6 Saul atendeu Jônatas e jurou: "Tão certo
como o SENHOR vive, Davi não será morto".

7 Depois Jônatas chamou Davi e contou-lhe
o que havia acontecido. Em seguida, levou
Davi até Saul, e Davi voltou a servi-lo, como
antes.

8 Houve guerra novamente, e Davi condu-
ziu as tropas contra os filisteus. Ele os atacou

> Davi soube reconhecer as armas que tinha em mãos, e, assim como ele, precisamos discernir as armas que temos para derrubar os gigantes que estão diante de nós.

e os derrotou com tamanha fúria que eles bateram em retirada.

9 Um dia, porém, quando Saul estava sentado em casa, com uma lança na mão, outra vez o espírito maligno enviado pelo SENHOR se apoderou dele. Enquanto Davi tocava sua harpa, 10 Saul atirou a lança em sua direção, mas Davi se desviou e a lança encravou na parede. Naquela mesma noite, Davi fugiu e conseguiu escapar.

MICAL SALVA A VIDA DE DAVI

11 Saul enviou soldados para vigiar a casa de Davi e matá-lo quando ele saísse na manhã seguinte. Mical, porém, esposa de Davi, o alertou: "Se você não fugir esta noite, pela manhã estará morto!". 12 Então ela o ajudou a descer por uma janela, e ele correu e escapou. 13 Em seguida, Mical pegou um ídolo do lar,[a] colocou-o na cama, cobriu-o com um cobertor e pôs uma almofada de pelos de cabra na cabeceira.

14 Quando os oficiais de Saul vieram prender Davi, Mical lhes disse que ele estava doente e não podia sair da cama.

15 Saul, porém, enviou os oficiais de volta para prenderem Davi. "Tragam-no aqui com cama e tudo, para que eu o mate!", ordenou. 16 Mas, quando chegaram para levar Davi, descobriram que na cama havia apenas um ídolo do lar, com uma almofada de pelos de cabra na cabeceira.

17 Saul perguntou a Mical: "Por que você me traiu e deixou meu inimigo escapar?".

"Fui obrigada a deixá-lo fugir", respondeu Mical. "Ele ameaçou me matar se eu não o ajudasse."

18 Assim, Davi escapou e foi a Ramá para encontrar-se com Samuel e contou-lhe tudo que Saul havia feito. Então Davi foi morar com Samuel em Naiote. 19 Quando Saul foi informado de que Davi estava em Naiote, em Ramá, 20 enviou oficiais para o prenderem. Chegando lá, viram Samuel à frente de um grupo de profetas que profetizavam. Então o Espírito de Deus se apoderou dos oficiais de Saul, e eles também começaram a profetizar. 21 Quando Saul ouviu o que havia acontecido, enviou outros oficiais, mas eles também profetizaram. A mesma coisa aconteceu com um terceiro grupo. 22 Por fim, o próprio Saul foi a Ramá e chegou ao grande poço no lugar chamado Seco. "Onde estão Samuel e Davi?", perguntou ele.

Alguém informou: "Estão em Naiote, em Ramá".

23 Mas, no caminho para Naiote, em Ramá, o Espírito de Deus veio até mesmo sobre Saul, e ele também profetizou até chegar a Naiote. 24 Saul rasgou suas roupas e, despido, deitou-se no chão o dia todo e a noite toda, profetizando na presença de Samuel. Por isso surgiu o ditado popular: "Acaso Saul também é profeta?".

JÔNATAS AJUDA DAVI

20 Davi fugiu de Naiote, em Ramá, e se encontrou com Jônatas. "O que eu fiz?", disse Davi. "Qual é meu crime? Que pecado cometi contra seu pai para que ele esteja tão decidido a me matar?"

2 "Isso não vai acontecer!", respondeu Jônatas. "Você não será morto. Ele sempre me conta tudo que pretende fazer, até mesmo as coisas de pouca importância. Sei que meu pai não esconderia de mim algo dessa natureza. Não é assim!"

3 Então Davi fez um juramento diante de Jônatas: "Seu pai, sabendo muito bem de nossa amizade, disse a si mesmo: 'Não contarei a Jônatas. Ele ficaria magoado'. Mas, tão certo como vive o SENHOR e como você mesmo vive, eu estou a apenas um passo da morte!".

4 Jônatas perguntou: "O que posso fazer para ajudá-lo?".

5 Davi respondeu: "Amanhã celebraremos a festa da lua nova. Sempre me sentei com o rei para comer nessa ocasião, mas amanhã me esconderei no campo e ficarei ali até o entardecer do terceiro dia. 6 Se seu pai perguntar onde estou, diga a ele: 'Davi insistiu que eu o deixasse ir para casa, em Belém, participar do sacrifício que toda a família dele oferece a cada ano'. 7 Se ele disser: 'Está bem', então você saberá que não corro perigo. Mas, se ele se enfurecer, você saberá que ele está decidido a me fazer mal. 8 Mostre-me sua lealdade como amigo, pois assumimos um compromisso solene diante do SENHOR. Se, por acaso, você acha que cometi alguma ofensa contra seu pai, mate-me você mesmo,

[a] **19.13** Em hebraico, *terafim*; também em 19.16.

aqui e agora! Não é necessário me entregar
a seu pai".
9 "Nunca!", exclamou Jônatas. "Você
sabe que, se eu tivesse qualquer suspeita
de que meu pai planeja matá-lo, avisaria
você no mesmo instante."
10 Então Davi perguntou: "Como saberei
se seu pai ficou irado?".
11 Jônatas respondeu: "Venha ao campo
comigo", e os dois foram juntos para lá.
12 Então Jônatas disse a Davi: "Prometo
diante do SENHOR, o Deus de Israel,
que amanhã ou, no máximo, depois de
amanhã, a esta hora, conversarei com meu
pai e avisarei você logo em seguida do que
ele pensa a seu respeito. Se ele falar a seu
respeito de modo favorável, informarei
você. 13 Mas, se ele estiver irado e quiser
matá-lo, que o SENHOR me castigue seve-
ramente se eu não avisar você, para que
possa escapar em segurança. Que o SENHOR
esteja com você como esteve com meu pai.
14 E que você me trate com o amor leal
do SENHOR enquanto eu viver. Mas, se eu
morrer, 15 trate minha família com esse
amor leal, mesmo quando o SENHOR elimi-
nar da face da terra todos os seus inimigos".
16 Então Jônatas assumiu um compro-
misso solene com Davi e sua descendên-
cia e disse: "Que o SENHOR destrua todos os
inimigos de Davi!". 17 E Jônatas fez Davi
reafirmar seu juramento de amizade, pois
Jônatas o amava como a si mesmo.
18 Então Jônatas disse: "Amanhã cele-
braremos a festa da lua nova. Darão por
sua falta quando virem que seu lugar à
mesa está vazio. 19 Depois de amanhã,
ao entardecer, vá ao lugar onde você se
escondeu antes e espere ali, junto à pedra
de Ezel.[a] 20 Eu sairei e atirarei três flechas
para o lado da pedra, como se atirasse
num alvo. 21 Então mandarei um ajudante
trazer de volta as flechas. Se você me ouvir
dizer a ele: 'As flechas estão deste lado',
saberá, tão certo como vive o SENHOR, que
tudo está bem e que não há perigo algum.
22 Mas, se eu disser a ele: 'Vá mais para
frente; as flechas estão adiante', significará
que você deve partir de imediato, pois o
SENHOR o manda ir embora. 23 E que o SENHOR
nos ajude a preservar para sempre o forte
laço de amizade que existe entre nós".
24 Então Davi se escondeu no campo e,
quando começou a festa da lua nova,
o rei sentou-se para comer. 25 Ocupou seu
lugar de costume, encostado à parede,
com Jônatas sentado diante dele[b] e Abner
ao seu lado. O lugar de Davi, porém, ficou
vazio. 26 Saul não disse nada sobre isso
naquele dia, pois pensou: "Deve ter acon-
tecido algo que deixou Davi cerimonial-
mente impuro". 27 Mas, quando o lugar de
Davi também ficou vazio no dia seguinte,
Saul perguntou a Jônatas: "Por que o filho
de Jessé não veio para a refeição nem
ontem nem hoje?".
28 Jônatas respondeu: "Davi me pediu,
com insistência, para ir a Belém. 29 Disse:
'Por favor, deixe-me ir, pois nossa família
oferecerá um sacrifício na cidade. Meu irmão
exigiu que eu estivesse presente. Portanto,
peço que me deixe ir ver meus irmãos'.
Por isso ele não está aqui, à mesa do rei".
30 Saul se enfureceu com Jônatas e disse:
"Seu traidor, filho de uma prostituta!
Pensa que não sei que você quer que
ele seja rei, para sua própria vergonha
e de sua mãe? 31 Enquanto esse filho de
Jessé viver, você jamais será rei. Agora vá
buscá-lo para que eu o mate!".
32 "Por que ele deve morrer?", perguntou
Jônatas a seu pai. "O que ele fez?" 33 Então
Saul atirou sua lança contra Jônatas, com a
intenção de matá-lo. Com isso, Jônatas
viu que seu pai estava mesmo decidido a
matar Davi.
34 Enfurecido, Jônatas levantou-se da mesa e,
durante o segundo dia da festa, recusou-se a
comer, frustrado pelo modo como seu pai
havia desonrado Davi publicamente.
35 Na manhã seguinte, como combinado,
Jônatas foi ao campo e levou consigo um
ajudante para apanhar as flechas. 36 Disse ao
ajudante: "Comece a correr, para que possa
encontrar as flechas quando eu as atirar".
O ajudante correu, e Jônatas atirou uma
flecha para além dele. 37 Quando o ajudante
estava quase chegando ao lugar onde a flecha
havia caído, Jônatas gritou: "A flecha está
mais à frente! 38 Rápido! Não fique aí parado!".

[a] **20.19** O significado do termo hebraico é incerto.

[b] **20.25** Conforme a Septuaginta; o hebraico traz *com Jônatas em pé*.

Então o ajudante apanhou a flecha e correu de volta para seu senhor. 39 O ajudante não suspeitava de nada; apenas Jônatas e Davi entenderam o sinal. 40 Então Jônatas entregou o arco e as flechas ao ajudante e ordenou que os levasse de volta à cidade.

41 Assim que o ajudante foi embora, Davi saiu de seu esconderijo no lado sul da pedra de Ezel. Davi se curvou diante de Jônatas três vezes, com o rosto em terra. E, quando se beijaram e se despediram, ambos choravam, especialmente Davi.

42 Por fim, Jônatas disse a Davi: "Vá em paz, pois juramos lealdade um ao outro em nome do Senhor. Que o Senhor nos ajude a preservar para sempre o forte laço de amizade entre nós e entre nossos descendentes". Então Davi partiu, e Jônatas voltou à cidade.[a]

DAVI FOGE DE SAUL

21 1[b]Davi foi à cidade de Nobe para encontrar-se com o sacerdote Aimeleque. Ao vê-lo, Aimeleque tremeu. "Por que você está sozinho?", perguntou. "Por que ninguém o acompanhou?"

2 "O rei me enviou para tratar de um assunto secreto", respondeu Davi. "Pediu que eu não contasse a ninguém por que estou aqui. Eu disse a meus homens onde podem me encontrar depois. 3 Agora, o que tem para comer? Dê-me cinco pães, ou qualquer outra coisa que tiver."

4 "Não temos pão comum", respondeu o sacerdote. "Mas há o pão sagrado, que vocês podem comer, desde que seus homens não tenham se deitado com mulheres recentemente."

5 Davi respondeu: "Nunca permito que meus homens toquem em mulheres quando saímos numa campanha. E, se eles permanecem puros em viagens comuns, quanto mais nesta missão!".

6 Uma vez que não havia outro alimento disponível, o sacerdote lhe deu os pães sagrados, chamados de pães da presença, que eram colocados diante do Senhor no santuário. Naquele dia, tinham sido substituídos por pães frescos.

7 Doegue, o edomita, chefe dos pastores de Saul, estava lá naquela ocasião, pois estava cumprindo um ritual diante do Senhor.[c]

8 Davi perguntou a Aimeleque: "Você tem uma lança ou espada? O assunto do rei era tão urgente que não tive tempo nem de pegar uma espada ou outra arma!".

9 O sacerdote respondeu: "Tenho apenas a espada de Golias, o gigante filisteu que você matou no vale de Elá. Está enrolada num pano atrás do colete sacerdotal. Pode levá-la, pois não há nenhuma outra arma aqui".

"Dê-me essa espada", respondeu Davi. "Não há outra melhor que ela."

10 Então Davi fugiu de Saul e foi até Aquis, rei de Gate. 11 Os oficiais de Aquis, porém, disseram: "Não é este Davi, o rei da terra de Israel? Não é a ele que o povo honra com danças e cânticos, dizendo:

'Saul matou milhares,
e Davi, dezenas de milhares'?".

12 Davi ouviu esses comentários e teve muito medo do que Aquis, rei de Gate, poderia fazer com ele. 13 Por isso, agiu de modo estranho, fingindo estar louco, arranhando as portas e deixando saliva escorrer pela barba.

14 Por fim, Aquis disse a seus homens: "Precisavam me trazer um doido? 15 Temos doidos suficientes aqui! Por que trouxeram alguém assim ao meu palácio?".

DAVI NA CAVERNA DE ADULÃO

22 Davi fugiu de Gate e se escondeu na caverna de Adulão. Quando souberam disso, seus irmãos e parentes foram encontrá-lo ali. 2 Logo, outros começaram a chegar, pessoas aflitas, endividadas e descontentes. Davi acabou se tornando o líder de cerca de quatrocentos homens.

3 Mais tarde, Davi foi a Mispá, em Moabe, e pediu ao rei: "Por favor, permita que meu pai e minha mãe morem aqui até que eu saiba o que Deus fará comigo". 4 Assim, os pais de Davi permaneceram com o rei de Moabe por todo o tempo que Davi ficou na fortaleza.

---

[a] **20.42** No texto hebraico, essa frase é numerada 21.1.

[b] **21.1** No texto hebraico, os versículos 21.1-15 são numerados 21.2-16.

[c] **21.7** O significado do hebraico é incerto.

5 Certo dia, o profeta Gade disse a Davi:
"Deixe a fortaleza e volte à terra de Judá".
Então Davi foi para o bosque de Herete.
6 Saul logo soube da chegada de Davi e
dos homens que o acompanhavam. Nessa
ocasião, o rei estava sentado com a lança
na mão, cercado por seus oficiais, sob uma
tamargueira na colina em Gibeá.
7 Quando ouviu a notícia, Saul gritou
a seus oficiais: "Escutem, homens de
Benjamim! Por acaso aquele filho de Jessé
prometeu campos e videiras a todos vocês?
Prometeu torná-los generais e capitães de
seu exército?[a] 8 Foi por isso que conspiraram
contra mim? Pois nenhum de vocês me
informou quando meu filho assumiu um
compromisso solene com o filho de Jessé.
Não tiveram pena de mim. Sim, meu próprio
filho, instigando Davi a me matar, como ele
procura fazer hoje mesmo!".
9 Então Doegue, o edomita, que estava
ali com os oficiais de Saul, disse: "Quando
estava em Nobe, vi o filho de Jessé falar com
o sacerdote Aimeleque, filho de Aitube.
10 Aimeleque consultou o Senhor em favor
dele. Depois, deu-lhe alimento e a espada
de Golias, o filisteu".

O MASSACRE DOS SACERDOTES

11 Então o rei Saul mandou chamar Aimeleque
e toda a sua família, que serviam como
sacerdotes em Nobe, e todos vieram até o rei.
12 Quando chegaram, Saul gritou: "Escute,
filho de Aitube!".
"Sim, meu senhor", respondeu Aimeleque.
13 "Por que você e o filho de Jessé cons-
piraram contra mim?", perguntou Saul.
"Por que você lhe deu alimento e uma
espada? Por que consultou Deus em favor
dele? Por que o instigou a me matar, como
ele procura fazer hoje mesmo?"
14 Aimeleque respondeu: "Ó rei, não existe
entre todos os seus servos alguém tão fiel
quanto Davi, seu genro. Ele é capitão de sua
guarda pessoal e membro muito honrado
de sua casa. 15 Com certeza essa não foi a
primeira vez que consultei a Deus em favor
dele. Que o rei não me acuse nesta questão,
nem à minha família, pois eu não sabia de
conspiração alguma contra o senhor!".
16 O rei, porém, disse: "Certamente você
será morto, junto com toda a família de
seu pai!". 17 Então ordenou à sua guarda
pessoal: "Matem estes sacerdotes do Senhor,
pois eles são aliados de Davi e conspiraram
com ele! Sabiam que ele estava fugindo
de mim, mas não me avisaram!". Contudo,
os homens de Saul se recusaram a matar
os sacerdotes do Senhor.
18 Então o rei disse a Doegue: "Mate-os você".
E, naquele dia, Doegue, o edomita, os atacou
e, ao todo, matou 85 sacerdotes, ainda vesti-
dos com suas túnicas sacerdotais de linho.
19 Depois foi a Nobe, a cidade dos sacerdotes,
e matou as famílias deles: homens, mulheres,
crianças e recém-nascidos, além de todo o
gado, jumentos e ovelhas.
20 Somente Abiatar, um dos filhos de
Aimeleque, filho de Aitube, escapou e
fugiu para juntar-se a Davi. 21 Quando
contou a Davi que Saul havia matado os
sacerdotes do Senhor, 22 Davi exclamou:
"Eu sabia! Quando vi Doegue, o edomita,
naquele dia, sabia que ele contaria a Saul.
Agora sou responsável pela morte de toda
a família de seu pai. 23 Fique aqui comigo,
e não tenha medo. Eu o protegerei, pois
a mesma pessoa quer matar nós dois.
Comigo você estará seguro".

DAVI PROTEGE A CIDADE DE QUEILA

23 Um dia, Davi recebeu a notícia de
que os filisteus estavam atacando
a cidade de Queila e roubando cereais das
eiras. 2 Davi perguntou ao Senhor: "Devo ir
e atacá-los?".
E o Senhor lhe respondeu: "Sim, vá, lute
contra os filisteus e liberte Queila".
3 Contudo, os homens de Davi disseram:
"Estamos com medo mesmo aqui, em Judá.
Imagine como seria em Queila para lutar
contra os exércitos filisteus!".
4 Davi consultou o Senhor novamente e,
mais uma vez, o Senhor respondeu: "Vá a
Queila, pois eu entregarei os filisteus em
suas mãos".
5 Então Davi e seus homens foram a
Queila. Massacraram os filisteus, tomaram
todos os seus rebanhos e libertaram o povo
daquela cidade. 6 Quando Abiatar, filho de
Aimeleque, fugiu para juntar-se a Davi em
Queila, trouxe consigo o colete sacerdotal.

[a] **22.7** Em hebraico, *comandantes de milhares e comandantes de centenas?*

7 Saul soube que Davi estava em Queila. "Agora ele não tem como escapar de nós!", exclamou. "Deus o entregou em minhas mãos, pois ele se enfiou numa cidade com portões e trancas!" 8 Saul reuniu todo o seu exército para marchar até Queila e cercar Davi e seus homens.

9 Contudo, Davi soube do plano de Saul e pediu a Abiatar, o sacerdote: "Traga o colete sacerdotal!". 10 Então Davi orou: "Ó Senhor, Deus de Israel, ouvi que Saul planeja vir e destruir Queila porque estou aqui. 11 Será que os líderes de Queila vão me trair e me entregar a ele?[a] E Saul virá, de fato, conforme ouvi? Ó Senhor, Deus de Israel, por favor, responde-me!".

E o Senhor respondeu: "Ele virá".

12 Mais uma vez, Davi perguntou: "Os líderes de Queila entregarão a mim e a meus homens a Saul?".

E o Senhor respondeu: "Sim, entregarão".

DAVI SE ESCONDE NO DESERTO

13 Então Davi e seus homens, que agora eram cerca de seiscentos, partiram de Queila e começaram a andar sem rumo por aquela região. Quando Saul foi informado de que Davi tinha escapado, desistiu de ir a Queila. 14 Davi permaneceu nas fortalezas do deserto e na região montanhosa de Zife. Saul o perseguia continuamente, mas Deus não permitiu que o encontrasse.

15 Então, perto de Horesa, Davi recebeu a notícia de que Saul estava a caminho do deserto de Zife para procurá-lo e matá-lo. 16 Jônatas, o filho de Saul, foi encontrar Davi e o animou a permanecer firme em Deus. 17 "Não tenha medo!", disse Jônatas. "Meu pai jamais o encontrará! Você será o rei de Israel, e eu serei o segundo no comando, como meu pai, Saul, sabe muito bem." 18 Então os dois renovaram seu compromisso solene diante do Senhor. Depois Jônatas voltou para casa, enquanto Davi ficou em Horesa.

19 Os habitantes de Zife, porém, foram até Saul em Gibeá e disseram: "Sabemos onde Davi está escondido. Está nas fortalezas de Horesa, na colina de Haquilá, no sul de Jesimom. 20 Desça quando estiver preparado, ó rei, e nós apanharemos Davi e o entregaremos em suas mãos!".

21 "Que o Senhor os abençoe!", disse Saul. "Finalmente alguém se preocupou comigo. 22 Vão e verifiquem onde ele está e quem o viu ali, pois dizem que ele é muito astuto. 23 Descubram o esconderijo dele e voltem quando tiverem certeza. Então irei com vocês. E, se ele estiver naquela região, eu o encontrarei, mesmo que precise procurar por todo canto de Judá!" 24 Os homens de Zife voltaram para casa à frente de Saul.

Enquanto isso, Davi e seus homens foram para o deserto de Maom, no vale de Arabá, ao sul de Jesimom. 25 Quando Davi soube que Saul e seus homens o procuravam, foi ainda mais para o interior do deserto, até a grande rocha, e permaneceu no deserto de Maom. Saul, porém, continuou a persegui-lo naquela região.

26 Saul e Davi agora estavam em lados opostos de uma montanha, e Davi fugia apressadamente de Saul. No mesmo instante que Saul e seus homens cercaram Davi e seus homens para prendê-los, 27 chegou uma mensagem urgente para o rei, informando que os filisteus estavam atacando Israel outra vez. 28 Então Saul deixou de perseguir Davi e voltou para lutar contra os filisteus. A partir dessa ocasião, o lugar onde Davi estava acampado passou a ser chamado de Selá-Hamalecote.[b] 29[c]Depois, Davi saiu dali e foi viver nas fortalezas da região de En-Gedi.

DAVI POUPA A VIDA DE SAUL

24 1[d]Depois que Saul voltou da luta contra os filisteus, foi informado de que Davi tinha ido para o deserto de En-Gedi. 2 Então Saul escolheu três mil dos melhores soldados de todo o Israel e foi à procura de Davi e seus homens perto das rochas onde viviam cabras selvagens.

3 No lugar onde a estrada passava por alguns currais, Saul entrou numa caverna para fazer suas necessidades. Aconteceu, porém, que Davi e seus homens estavam

[a] **23.11** Alguns manuscritos não trazem toda essa frase.

[b] **23.28** *Selá-Hamalecote* significa "pedra de escape".

[c] **23.29** No texto hebraico, o versículo 23.29 é numerado 24.1.

[d] **24.1** No texto hebraico, os versículos 24.1-22 são numerados 24.2-23.

escondidos no fundo daquela mesma caverna.

4 "É sua oportunidade!", disseram os homens de Davi para ele. "Hoje o Senhor lhe diz: 'Certamente entregarei o inimigo em suas mãos, para que faça com ele o que quiser'." Então, com todo cuidado, Davi se aproximou e cortou um pedaço da borda do manto de Saul.

5 Sua consciência, porém, começou a perturbá-lo por ter cortado a borda do manto de Saul. 6 Por isso, disse a seus homens: "Que o Senhor me livre de fazer tal coisa a meu senhor, o ungido do Senhor, e atacar aquele que o Senhor ungiu como rei". 7 Assim, Davi conteve seus homens e não deixou que matassem Saul.

Depois que Saul deixou a caverna para seguir seu caminho, 8 Davi saiu e gritou para ele: "Ó meu senhor, o rei!". E, quando Saul olhou para trás, Davi se curvou com o rosto em terra.

9 Então ele gritou para Saul: "Por que o senhor dá ouvidos àqueles que dizem que eu procuro lhe fazer mal? 10 Hoje mesmo o rei pode ver com os próprios olhos que isso não é verdade. O Senhor o entregou em minhas mãos na caverna. Alguns de meus homens me disseram que o matasse, mas eu o poupei, pois disse: 'Jamais farei mal ao rei, pois ele é o ungido do Senhor'. 11 Veja, meu pai, o que tenho em minha mão. É um pedaço da borda do seu manto! Cortei seu manto, mas não matei o rei. Isso prova que não procuro lhe fazer mal e que não me rebelei nem pequei contra o rei, embora esteja me perseguindo para me matar.

12 "Que o Senhor julgue entre nós dois. Talvez o Senhor castigue o rei por aquilo que procura fazer contra mim, mas eu jamais lhe farei mal. 13 Como diz o antigo provérbio: 'De pessoas perversas vêm atos perversos', por isso o rei pode estar certo de que eu jamais lhe farei mal. 14 Afinal de contas, a quem o rei de Israel procura capturar? A quem persegue? A um cão morto? A uma pulga? 15 Que o Senhor julgue entre nós dois e mostre quem está certo! Que ele seja meu defensor e me livre de suas mãos!".

16 Quando Davi terminou de falar, Saul respondeu: "É você mesmo, meu filho Davi?". Então começou a chorar 17 e disse a Davi: "Você é mais justo que eu, pois me pagou o mal com o bem. 18 Sim, você foi extremamente bondoso comigo, pois o Senhor me entregou em suas mãos, mas você não me matou. 19 Quem mais deixaria seu inimigo escapar quando o tinha em suas mãos? Que o Senhor o recompense com o bem pela bondade que mostrou por mim hoje. 20 Agora vejo que certamente você será rei, e que o reino de Israel prosperará sob seu governo. 21 Jure-me pelo Senhor que, quando isso acontecer, você não eliminará minha família nem destruirá meus descendentes!".

22 Então Davi fez a Saul esse juramento. Saul voltou para casa, mas Davi e seus homens foram para sua fortaleza.

A MORTE DE SAMUEL

25 Samuel morreu, e todo o Israel se reuniu para lamentar sua morte. Foi sepultado em Ramá, onde tinha vivido.

DAVI SE ENFURECE CONTRA NABAL

Então Davi desceu para o deserto de Maom.[a] 2 Havia um homem rico em Maom, que tinha propriedades perto da região do Carmelo. Possuía três mil ovelhas e mil cabras, e era época da tosquia das ovelhas. 3 O homem se chamava Nabal; sua esposa, Abigail, era uma mulher inteligente e bonita. Mas Nabal, descendente de Calebe, era um homem rude e perverso em tudo que fazia.

4 Quando Davi soube que Nabal estava tosquiando as ovelhas, 5 chamou dez rapazes e lhes disse: "Subam ao Carmelo e vão a Nabal; enviem saudações em meu nome. 6 E digam a ele: 'Paz e prosperidade ao senhor e à sua família, e a tudo que é seu. 7 Disseram-me que é época da tosquia. Enquanto seus pastores estiveram entre nós perto do Carmelo, nunca lhes fizemos mal, e nada foi roubado deles. 8 Pergunte a seus homens, e eles lhe dirão que isso é verdade. Diante disso, pedimos que o senhor seja bondoso conosco, pois chegamos numa época de celebração. Por favor, reparta conosco e com seu amigo Davi

[a] **25.1** Conforme a Septuaginta (ver tb. 25.2); o hebraico traz *Parã*.

o que puder dos seus mantimentos'". 9 Os rapazes transmitiram essa mensagem a Nabal em nome de Davi e esperaram pela resposta.

10 "Quem é esse tal de Davi?", perguntou-lhes Nabal. "Quem esse filho de Jessé pensa que é? Hoje em dia, há muitos servos que fogem de seus senhores. 11 Devo pegar meu pão, minha água e a carne dos animais que abati para meus tosquiadores e entregar a um bando que vem não se sabe de onde?"

12 Então os rapazes enviados por Davi voltaram e lhe contaram tudo que Nabal tinha dito. 13 "Peguem suas espadas!", disse Davi, e pôs sua espada à cintura, e seus homens fizeram a mesma coisa. Quatrocentos deles partiram com Davi, enquanto duzentos ficaram para guardar a bagagem.

14 Enquanto isso, um dos servos de Nabal foi até Abigail e lhe disse: "Davi enviou mensageiros do deserto para saudar nosso senhor, mas ele lhes respondeu com insultos. 15 Os homens de Davi foram muito bons conosco e nunca nos fizeram mal. Nada foi roubado de nós durante o tempo em que estiveram conosco no campo. 16 Na verdade, dia e noite eles foram como um muro de proteção para nós e para as ovelhas. 17 É bom que a senhora leve esses fatos em consideração e resolva o que fazer, pois haverá problemas para nosso senhor e para toda a sua família. Nabal é um homem tão cruel que ninguém consegue conversar com ele!".

18 Sem perder tempo, Abigail providenciou duzentos pães, duas vasilhas de couro cheias de vinho, cinco ovelhas preparadas, cinco cestos[a] de grãos tostados, cem bolos de passas[b] e duzentos bolos de figo. Colocou tudo em jumentos 19 e disse aos servos: "Vão adiante, e logo os seguirei". Mas não contou a seu marido, Nabal, o que estava fazendo.

20 Quando Abigail entrava num desfiladeiro montada em seu jumento, avistou Davi e seus homens vindo em sua direção. 21 Davi tinha acabado de dizer: "De nada adiantou ajudarmos esse sujeito. Protegemos seus rebanhos no deserto, e nenhum de seus bens se perdeu ou foi roubado. Mas ele me pagou o bem com o mal. 22 Que Deus me castigue severamente[c] se eu deixar um homem ou menino vivo na casa de Nabal até amanhã de manhã!".

ABIGAIL INTERCEDE POR NABAL

23 Quando Abigail viu Davi, desceu depressa do jumento e se curvou diante de Davi com o rosto em terra. 24 Caiu a seus pés e disse: "A culpa é toda minha, meu senhor! Por favor, ouça o que sua serva tem a dizer. 25 Nabal é um homem perverso; não dê atenção ao que ele disse. Ele é um insensato, como seu nome indica.[d] Mas eu nem sequer vi os rapazes que o senhor enviou.

26 "Agora, meu senhor, tenha certeza de que, tão certo como vive o SENHOR, e tão certo como a sua própria vida, foi o SENHOR que o impediu de matar e se vingar com as próprias mãos! Que todos os seus inimigos e os que procuram matá-lo acabem como Nabal! 27 Aqui está um presente que sua serva trouxe para o senhor e seus companheiros. 28 Por favor, perdoe-me se o ofendi de algum modo. Que o SENHOR lhe conceda uma dinastia duradoura, pois está lutando as batalhas do SENHOR. Que ele o livre de fazer o mal durante toda a sua vida!

29 "Mesmo quando for perseguido por aqueles que procuram matá-lo, sua vida estará segura sob o cuidado do SENHOR, seu Deus, protegida como um tesouro. Mas a vida de seus inimigos desaparecerá como pedras atiradas de uma funda! 30 Quando o SENHOR tiver feito tudo que prometeu e o tiver colocado como líder de Israel, 31 não haverá em sua consciência a tristeza e o peso de ter derramado sangue e se vingado sem necessidade. E, quando o SENHOR tiver feito grandes coisas em seu favor, lembre-se de sua serva!".

32 Davi respondeu a Abigail: "Louvado seja o SENHOR, Deus de Israel, que hoje a enviou ao meu encontro! 33 Graças a Deus por seu bom senso! Que você seja abençoada por me impedir de matar e me vingar com minhas próprias mãos.

[a] **25.18a** Em hebraico, *5 seás*, cerca de 35 litros.
[b] **25.18b** Ou *cachos de passas*.

[c] **25.22** Conforme a Septuaginta; o hebraico traz *Que Deus castigue severamente os inimigos de Davi*.
[d] **25.25** O nome *Nabal* significa "insensato".

[34] Pois, tão certo como vive o SENHOR,
o Deus de Israel, que me impediu de
lhe fazer mal, se você não tivesse vindo
depressa ao meu encontro, amanhã pela
manhã não haveria nenhum homem ou
menino vivo na casa de Nabal". [35] Então
Davi aceitou o presente de Abigail e lhe
disse: "Volte para casa em paz. Ouvi o que
você disse e farei o que me pediu".

[36] Quando Abigail chegou em casa, viu que
Nabal estava oferecendo um banquete
digno de rei. Ele se divertia e já estava muito
bêbado, de modo que ela só lhe contou sobre
o encontro com Davi na manhã seguinte.

[37] Pela manhã, quando Nabal estava
sóbrio, sua esposa lhe contou o que havia
acontecido. Como consequência, ele teve
um mal súbito e ficou completamente
paralisado.[a] [38] Passados cerca de dez dias,
o SENHOR o feriu, e ele morreu.

DAVI SE CASA COM ABIGAIL

[39] Quando Davi soube que Nabal estava
morto, disse: "Louvado seja o SENHOR,
que vingou o insulto que recebi de Nabal e
me impediu de fazer o mal. O SENHOR retri-
buiu a Nabal o castigo por seu pecado".
Então Davi enviou mensageiros a Abigail
para pedir que se tornasse sua esposa.

[40] Quando os mensageiros chegaram ao
Carmelo, disseram a Abigail: "Davi mandou
buscá-la para que se case com ele".

[41] Ela se curvou com o rosto em terra
e respondeu: "Eu, sua serva, ficarei
contente em me casar com Davi e, como
uma serva, lavar os pés de seus servos!".
[42] Sem demora, Abigail montou num
jumento e, levando consigo cinco moças
que a serviam, voltou com os mensageiros
de Davi. E assim se tornou esposa dele.
[43] Davi também se casou com Ainoã,
de Jezreel, e ambas foram suas esposas.
[44] Nesse meio-tempo, Saul tinha dado sua
filha Mical, esposa de Davi, a um homem
de Galim chamado Palti, filho de Laís.

DAVI POUPA A VIDA DE SAUL NOVAMENTE

26 Alguns homens de Zife foram até
Saul, em Gibeá, para lhe dizer:
"Davi está escondido na colina de Haquilá,
em frente ao deserto de Jesimom".

[2] Então Saul escolheu três mil dos melho-
res soldados de Israel e saiu para perseguir
Davi no deserto de Zife. [3] Acampou à beira
da estrada, ao lado da colina de Haquilá,
junto ao deserto de Jesimom, onde Davi
estava escondido. Quando Davi soube
que Saul tinha vindo atrás dele no deserto,
[4] enviou espiões para confirmar a notícia
de que Saul havia chegado.

[5] Então Davi foi ao acampamento de
Saul para ver o que se passava por lá. Saul
e Abner, filho de Ner, comandante do seu
exército, dormiam dentro de um círculo
formado por seus guerreiros. [6] "Quem se
oferece para ir até lá comigo?", perguntou
Davi ao hitita Aimeleque e a Abisai, filho
de Zeruia, irmão de Joabe.

"Eu irei com o senhor", respondeu
Abisai. [7] Então Davi e Abisai entraram no
acampamento de Saul à noite e o encon-
traram dormindo, com a lança fincada no
chão, perto da cabeça. Abner e os soldados
dormiam à sua volta.

[8] Abisai disse a Davi: "Certamente desta
vez Deus entregou o inimigo em suas mãos!
Agora, deixe-me cravá-lo na terra com um
só golpe da lança. Não precisarei de outro!".

[9] "Não o mate!", disse Davi. "Ninguém será
considerado inocente se atacar o ungido
do SENHOR! [10] Por certo o SENHOR ferirá Saul
algum dia, ou ele morrerá de velhice, ou na
batalha. [11] Que o SENHOR me livre de matar
o homem que ele ungiu! Mas vamos pegar
a lança e o jarro de água que estão perto de
sua cabeça, e depois vamos embora."

[12] Davi pegou a lança e o jarro de água que
estavam perto da cabeça de Saul. Depois,
ele e Abisai saíram sem que ninguém os
visse nem acordasse, pois o SENHOR os
tinha feito cair num sono profundo.

[13] Davi subiu a colina e passou para
o outro lado, até estar a uma distância
segura. [14] Então gritou para os soldados e
para Abner, filho de Ner: "Acorde, Abner!".

Abner perguntou de volta: "Quem é você?
E como ousa acordar o rei aos gritos?".

[15] "Você é um grande homem, não é
mesmo, Abner?", disse Davi. "Quem,
em todo o Israel, pode se comparar a você?
Por que então não protegeu seu senhor, o rei,

[a] **25.37** Em hebraico, *seu coração morreu dentro dele e ele ficou como uma pedra.*

quando alguém chegou tão perto dele que poderia matá-lo? 16 Isso não é nada bom! Tão certo como o Senhor vive, você e seus homens merecem morrer, pois não protegeram seu rei, o ungido do Senhor. Olhe em volta! Onde estão a lança e o jarro de água do rei, que estavam perto da cabeça dele?"

17 Saul reconheceu a voz de Davi e disse: "É você, meu filho Davi?".

Davi respondeu: "Sim, meu senhor, o rei. 18 Por que meu senhor persegue seu servo? O que eu fiz? Qual é meu crime? 19 Agora, porém, peço que o rei ouça seu servo. Se o Senhor incitou o rei contra mim, então que ele aceite minha oferta. Mas, se isso tudo não passa de um plano de homens, que o Senhor os amaldiçoe! Pois eles me expulsaram de meu lar, de modo que não posso mais viver entre o povo do Senhor, e disseram: 'Vá servir outros deuses!'. 20 Devo morrer em terra estrangeira, longe da presença do Senhor? Por que o rei de Israel sai à procura de uma pulga? Por que me persegue como uma perdiz nos montes?".

21 Então Saul disse: "Pequei. Volte para casa, Davi, meu filho, e não procurarei mais lhe fazer mal, pois hoje você considerou minha vida preciosa. Tenho sido insensato e cometi erros muito graves".

22 "Aqui está sua lança, ó rei!", respondeu Davi. "Mande um dos seus servos vir pegá-la. 23 O Senhor recompensa quem age com justiça e lealdade, e eu me recusei a matar o rei, mesmo quando o Senhor o entregou em minhas mãos, pois é o ungido do Senhor. 24 Agora, que o Senhor considere minha vida preciosa, como hoje considerei preciosa a vida do rei. Que ele me livre de todos os meus sofrimentos."

25 E Saul disse a Davi: "Seja abençoado, Davi, meu filho. Você realizará muitos feitos heroicos e certamente será bem-sucedido". Então Davi foi embora, e Saul voltou para casa.

DAVI ENTRE OS FILISTEUS

27 Davi, porém, pensou: "Um dia, Saul me apanhará. O melhor que tenho a fazer é fugir para a terra dos filisteus. Então Saul deixará de me perseguir em todo o território de Israel e, por fim, estarei seguro".

2 Assim, Davi levou os seiscentos homens e foi até Aquis, filho de Maoque, rei de Gate. 3 Davi, seus soldados e suas famílias se estabeleceram ali com Aquis, em Gate. Davi levou suas duas esposas, Ainoã, de Jezreel, e Abigail, viúva de Nabal, do Carmelo. 4 Quando Saul soube que Davi tinha fugido para Gate, deixou de persegui-lo.

5 Certo dia, Davi disse a Aquis: "Se parecer bem ao meu senhor, preferimos viver em uma das cidades no campo. Seu servo não precisa morar na cidade real".

6 Então Aquis lhe deu a cidade de Ziclague, que pertence aos reis de Judá até hoje, 7 e Davi viveu um ano e quatro meses entre os filisteus.

8 Partindo de Ziclague, Davi e seus homens atacavam os gesuritas, os gersitas e os amalequitas, povos que desde tempos muito antigos viviam perto de Sur, até a terra do Egito. 9 Davi não deixava nenhum sobrevivente, homem ou mulher, nos povoados que atacava. Antes de comparecer à presença do rei Aquis, tomava ovelhas, gado, jumentos, camelos e roupas.

10 "Que lugar você atacou hoje?", perguntava Aquis.

E Davi respondia: "O sul de Judá, a região dos jerameelitas e dos queneus".

11 Davi não deixava nenhum sobrevivente, homem ou mulher, para ir a Gate e contar onde ele havia estado de fato. Isso acontecia repetidamente, enquanto ele vivia entre os filisteus. 12 Aquis acreditava em Davi e pensava: "A esta altura, o povo de Israel deve odiá-lo muito. Agora ele ficará aqui e me servirá para sempre!".

SAUL CONSULTA UMA MÉDIUM

28 Naqueles dias, os filisteus reuniram suas tropas para outra guerra contra Israel. O rei Aquis disse a Davi: "Saiba que você e seus homens sairão à batalha comigo".

2 "Está bem", disse Davi. "Agora o senhor verá por si mesmo o que somos capazes de fazer."

Então Aquis disse a Davi: "Colocarei você como meu guarda pessoal enquanto eu viver".

3 Nesse tempo, Samuel já havia morrido, e todo o Israel tinha chorado sua morte.

Estava sepultado em Ramá, sua cidade
natal. Saul havia expulsado da nação
todos os médiuns e todos os que consul-
tam os espíritos dos mortos.
4 Os filisteus acamparam em Suném,
e Saul reuniu todo o exército israelita e
acampou em Gilboa. 5 Quando Saul viu o
imenso exército dos filisteus, entrou em
pânico. 6 Consultou o Senhor a respeito
do que deveria fazer, mas o Senhor não
lhe respondeu, nem por sonhos, nem
pelo Urim, nem por profetas. 7 Então Saul
disse a seus conselheiros: "Procurem uma
mulher que seja médium, para que eu
pergunte a ela o que fazer".
Seus conselheiros responderam: "Há uma
médium em En-Dor".
8 Então Saul se disfarçou com roupas
comuns e, acompanhado de dois de seus
homens, foi à noite à casa da mulher.
"Preciso falar com um homem que está
morto", disse ele à mulher. "Você pode
invocar o espírito dele para mim?"
9 "Quer que me matem?", respondeu
ela. "Você sabe que Saul expulsou todos
os médiuns e todos os que consultam os
espíritos dos mortos. Por que prepara uma
armadilha contra a minha vida?"
10 Saul, porém, jurou em nome do Senhor
e prometeu: "Tão certo como vive o Senhor,
nenhum mal lhe acontecerá por isso".
11 Por fim, a mulher disse: "De quem é o
espírito que devo invocar?".
"De Samuel", respondeu Saul.
12 Quando a mulher viu Samuel, gritou:
"Você me enganou! Você é Saul!".
13 "Não tenha medo", disse o rei. "O que
você vê?"
"Vejo um deus[a] subindo da terra", disse
a mulher.
14 "Qual é a aparência dele?", perguntou
Saul.
"É um ancião envolto num manto", respon-
deu ela. Saul entendeu que era Samuel e se
curvou diante dele com o rosto em terra.
15 Então Samuel perguntou a Saul: "Por
que me perturba, chamando-me de volta?".
"Porque estou muito angustiado", respon-
deu Saul. "Os filisteus estão em guerra
contra mim! Deus me abandonou e não
me responde por meio de profetas nem
por sonhos. Por isso chamei o senhor, para
que me diga o que fazer."
16 Samuel, porém, disse: "Por que me
consultar, se o Senhor o abandonou e
se tornou seu inimigo? 17 O Senhor fez
exatamente conforme tinha dito por meu
intermédio. Rasgou de suas mãos o reino
e o entregou a outro, Davi. 18 O Senhor
lhe fez isso hoje porque você se recusou
a executar a ira ardente dele contra os
amalequitas. 19 Além disso, o Senhor entre-
gará você e o exército de Israel nas mãos
dos filisteus e, amanhã, você e seus filhos
estarão aqui comigo. O Senhor entregará o
exército de Israel nas mãos dos filisteus".
20 No mesmo instante, Saul caiu esten-
dido no chão, paralisado de terror com as
palavras de Samuel. Estava fraco de fome,
pois não havia comido nada durante todo
aquele dia e toda aquela noite.
21 Quando a mulher viu quanto ele estava
perturbado, disse: "Meu senhor, obedeci
à sua ordem e arrisquei minha vida.
22 Agora, faça o que digo e deixe que eu lhe
dê alguma coisa para comer, a fim de que
recupere as forças para a viagem de volta".
23 Mas Saul se recusou a comer. Seus
servos também insistiram para que ele se
alimentasse, até que, por fim, ele concor-
dou. Então ele se levantou do chão e foi
sentar-se na cama.
24 A mulher estava engordando um
bezerro, de modo que saiu depressa e o
matou. Pegou um punhado de farinha,
preparou a massa e assou um pão sem
fermento. 25 Trouxe a refeição para Saul
e seus conselheiros, e eles comeram.
Depois, saíram naquela mesma noite.

OS FILISTEUS REJEITAM DAVI

29 As tropas dos filisteus estavam
reunidas em Afeque, e os israelitas
acamparam junto à fonte de Jezreel.
2 Enquanto os governantes filisteus iam
à frente de suas tropas de centenas e de
milhares, Davi e seus homens marchavam
na retaguarda com o rei Aquis. 3 Então
os comandantes filisteus perguntaram:
"O que estes hebreus fazem aqui?".
Aquis respondeu: "Este é Davi, servo do
rei Saul, de Israel. Já faz tempo que está

Devolva o mal com o bem, e você verá como todos os "Sauls" ficarão perdidos e sem direção.

[a] **28.13** Ou *Vejo deuses.*

comigo e, desde o dia em que chegou até hoje, não encontrei nele nenhuma falta".

4 Mas os comandantes filisteus se iraram. "Mande-o de volta para a cidade que o senhor deu para ele!", exigiram. "Não pode ir à guerra conosco. E se ele se voltar contra nós na batalha e se tornar nosso adversário? Existe maneira melhor de ele se reconciliar com seu senhor do que entregando-lhe nossa cabeça? 5 Não é este o mesmo Davi a respeito de quem as mulheres de Israel cantavam em suas danças:

'Saul matou milhares,
e Davi, dezenas de milhares'?"

6 Então Aquis chamou Davi e lhe disse: "Tão certo como vive o Senhor, você foi um aliado fiel. A meu ver, deveria acompanhar-me na batalha, pois, desde o dia em que chegou até hoje, nunca encontrei nenhuma falha em você. Mas os outros governantes filisteus não o aprovam. 7 Por favor, não os desagrade; volte para casa em paz".

8 "O que fiz para merecer esse tratamento?", perguntou Davi. "O que o senhor viu de errado em mim desde que comecei a servi-lo? Por que não posso lutar contra os inimigos do meu senhor, o rei?"

9 Aquis, porém, insistiu: "Para mim, você é tão leal quanto um anjo de Deus, mas os comandantes filisteus não querem que você os acompanhe na batalha. 10 Agora, levante-se bem cedo e vá embora com seus homens assim que o dia clarear".

11 Então Davi e seus soldados voltaram bem cedo para a terra dos filisteus, enquanto o exército filisteu prosseguiu para Jezreel.

DAVI EXTERMINA OS AMALEQUITAS

30 Três dias depois, quando Davi e seus homens chegaram à cidade de Ziclague, viram que os amalequitas haviam invadido o Neguebe e atacado Ziclague; tinham destruído e queimado a cidade. 2 Não mataram ninguém, mas tomaram como prisioneiros as mulheres, as crianças e os demais e foram embora.

3 Quando Davi e seus homens viram a cidade queimada e se deram conta do que havia acontecido com suas mulheres, seus filhos e suas filhas, 4 lamentaram e choraram em alta voz até não aguentar mais. 5 As duas esposas de Davi, Ainoã, de Jezreel, e Abigail, viúva de Nabal, do Carmelo, estavam entre os que foram capturados. 6 Davi ficou muito aflito, pois os homens estavam amargurados por terem perdido seus filhos e suas filhas e começaram a falar em apedrejá-lo. Mas Davi encontrou forças no Senhor, seu Deus.

7 Então disse ao sacerdote Abiatar: "Traga o colete sacerdotal!", e Abiatar, filho de Aimeleque, o trouxe. 8 Davi perguntou ao Senhor: "Devo perseguir esse bando de saqueadores? Conseguirei apanhá-los?".

E o Senhor lhe respondeu: "Sim, vá atrás deles. Certamente conseguirá recuperar tudo que foi tomado de vocês".

9 Davi e os seiscentos homens partiram e chegaram ao ribeiro de Besor, onde ficaram alguns deles. 10 Duzentos dos homens estavam exaustos demais para atravessar o ribeiro, e Davi continuou a perseguição com quatrocentos homens.

11 No caminho, encontraram um rapaz egípcio num campo e o levaram até Davi. Deram-lhe um pouco de pão para comer e água para beber. 12 Também lhe deram um pedaço de bolo de figo e dois bolos de passas,[a] pois fazia três dias e três noites que não comia nem bebia nada. Em pouco tempo, recuperou as forças.

13 Davi lhe perguntou: "A quem você pertence e de onde veio?".

"Sou egípcio, escravo de um amalequita", respondeu ele. "Meu senhor me abandonou três dias atrás porque fiquei doente. 14 Estávamos voltando de um ataque aos queretitas, no Neguebe, ao território de Judá e à terra de Calebe, e tínhamos queimado Ziclague."

15 "Você pode me levar até esse bando de saqueadores?", perguntou Davi.

O rapaz respondeu: "Se o senhor jurar por Deus que não me matará nem me entregará ao meu senhor, eu o levarei até eles".

16 O rapaz o levou até os amalequitas. Estavam espalhados pelos campos, comendo, bebendo e festejando por causa

[a] **30.12** Ou *cachos de passas*.

da grande quantidade de bens que haviam tomado da terra dos filisteus e da terra de Judá. 17 Davi e seus homens massacraram os amalequitas, atacando-os durante toda a noite e todo o dia seguinte, até o entardecer. Nenhum deles escapou, exceto quatrocentos rapazes que fugiram montados em camelos. 18 Davi recuperou tudo que os amalequitas haviam tomado e resgatou suas duas esposas. 19 Não faltava coisa alguma: nem pequena nem grande, nem filho nem filha, nem qualquer outra coisa que havia sido tomada. Davi trouxe tudo de volta. 20 Também recuperou todos os rebanhos, e seus companheiros os levaram à frente dos outros animais. "Este despojo pertence a Davi!", disseram.

21 Então Davi voltou ao ribeiro de Besor, onde estavam os duzentos homens que tinham sido deixados para trás porque estavam exaustos demais para acompanhá-los. Saíram ao encontro de Davi e seus companheiros, e ele os cumprimentou com alegria. 22 Contudo, entre os que tinham acompanhado Davi havia alguns homens perversos que disseram: "Como eles não foram conosco, não devem receber nada dos despojos que recuperamos. Devolvam as esposas e os filhos deles e mandem todos embora".

23 Davi, porém, disse: "Não, meus irmãos! Não sejam egoístas com aquilo que o Senhor nos deu. Ele nos guardou e nos ajudou a derrotar o bando de saqueadores que nos atacou. 24 Quem lhes dará ouvidos quando falam desse modo? Dividiremos igualmente entre os que foram à batalha e os que guardaram a bagagem". 25 A partir daquele dia, Davi fez disso decreto e estatuto em Israel, e assim é até hoje.

26 Quando Davi chegou a Ziclague, enviou parte dos despojos aos líderes de Judá, que eram seus amigos. Disse: "Eis um presente para vocês, tirado dos inimigos do Senhor!".

27 Os presentes foram enviados ao povo das seguintes cidades: Betel, Ramote do Neguebe, Jatir, 28 Aroer, Sifmote, Estemoa, 29 Racal,[a] as cidades dos jerameelitas e as cidades dos queneus, 30 Hormá, Borasã, Atace, 31 Hebrom e todos os outros lugares por onde Davi e seus homens haviam passado.

A MORTE DE SAUL

31 Enquanto isso, os filisteus atacaram Israel, e os israelitas fugiram deles. Muitos foram mortos nas encostas do monte Gilboa. 2 Os filisteus cercaram Saul e seus filhos e mataram três deles: Jônatas, Abinadabe e Malquisua. 3 O combate se tornou cada vez mais intenso em volta de Saul, e os arqueiros filisteus o alcançaram e o feriram gravemente.

4 Saul disse a seu escudeiro: "Pegue sua espada e mate-me antes que esses filisteus incircuncisos venham, me torturem e zombem de mim".

Mas o escudeiro teve medo e não quis matá-lo. Então Saul pegou sua própria espada e se lançou sobre ela. 5 Quando viu que Saul estava morto, o escudeiro se lançou sobre sua espada e morreu ao lado do rei. 6 Foi assim que Saul e seus três filhos, seu escudeiro e seus soldados morreram juntos naquele mesmo dia.

7 Quando os israelitas do outro lado do vale de Jezreel e além do Jordão souberam que o exército israelita havia fugido e que Saul e seus filhos estavam mortos, abandonaram suas cidades e fugiram. Então os filisteus vieram e ocuparam essas cidades.

8 No dia seguinte, quando os filisteus foram saquear os mortos, encontraram os corpos de Saul e seus três filhos no monte Gilboa. 9 Cortaram a cabeça de Saul e removeram sua armadura. Então anunciaram o ocorrido no templo de seus ídolos e ao povo de toda a terra da Filístia. 10 Colocaram a armadura de Saul no templo de Astarote e penduraram o corpo no muro da cidade de Bete-Sã.

11 Quando os habitantes de Jabes-Gileade souberam o que os filisteus haviam feito a Saul, 12 todos os seus guerreiros mais valentes viajaram a noite toda para Bete-Sã e baixaram do muro os corpos de Saul e seus filhos. Levaram os corpos para Jabes, onde os queimaram. 13 Depois, enterraram os ossos debaixo de uma tamargueira em Jabes e jejuaram durante sete dias.

[a] **30.29** A Septuaginta traz *Carmelo*.

Livro 10 com

2Samuel

24 CAPÍTULOS

SIGNIFICADO DO TÍTULO

O nome "Samuel" vem do hebraico *Shemu'el*, que significa "seu nome é Deus" ou "Deus ouve". Assim como 1Samuel, esse segundo livro recebe o título em memória do profeta responsável em manter a aliança de Deus com Israel na transição dos juízes para a monarquia.

AUTORIA

Não se sabe. Segundo a tradição judaica, o próprio Samuel seria o autor, pelo menos de grande parte do texto, pois 1Samuel 25.1; 28.3 relatam a morte do profeta. Com base em 1Crônicas 29.29, muitos creem que Samuel, Natã e Gade sejam os autores, mas há ainda a teoria de que o autor seja o filho de Natã, Zabude (1Rs 4.5).

OBJETIVO DO LIVRO

2Samuel tem como foco apresentar Davi como o rei teocrático ideal, apesar de seus muitos pecados. O livro apresenta a promessa divina de que a dinastia davídica seria eterna (2Sm 7; Sl 89.34-37), o que se cumpre em Cristo (Is 9.6-7; 11.1-16; Jr 23.5-6; 30.8-9; 33.14-16; Ez 34.23-24; 37.24-25). Também relata as graves falhas de Davi (2Sm 11-12; 24.1-17).

ESTRUTURA DO LIVRO

- ★ Davi governa Judá 2Sm 1—4
- ★ Davi governa todo Israel 2Sm 5
- ★ A arca em Jerusalém 2Sm 6
- ★ Promessa de uma dinastia eterna 2Sm 7
- ★ Vitórias militares de Davi 2Sm 8
- ★ A restituição a Mefibosete 2Sm 9
- ★ Guerra contra os amonitas 2Sm 10
- ★ Adultério com Bate-Seba e homicídio de Urias 2Sm 11—12.25
- ★ Problemas no reinado 2Sm 12.26—20
- ★ Últimos anos 2Sm 21—24

TEMAS DE 2SAMUEL

Assim como 1Samuel, o livro de 2Samuel trata de quatro temas teológicos principais: o governo humano em uma monarquia (Dt 17.14-20; Êx 19.5-6), o Reino de Deus (Mt 2.2; 4.23; 9.35; 21.5; 27.37,42; 1Pe 1.4; 2.9), a soberania do Senhor (1Sm 2.6-7; Sl 33.11; Mt 25.34; Ef 1.4) e a aliança de Deus como meio de cumprimento de seus propósitos (2Sm 7.16).

CRISTO E 2SAMUEL

Três passagens de 2Samuel são essenciais para a compreensão messiânica do Antigo Testamento:

- ★ 2Samuel 7.12-16 - A promessa de Deus a Davi de que um descendente dele ocuparia o trono eternamente.
- ★ 2Samuel 22 - Embora não seja diretamente sobre o Messias, esse capítulo é um cântico de Davi celebrando a salvação de Deus. Muitos paralelos entre esse cântico e as profecias messiânicas são traçados, destacando a figura do Messias como o grande Salvador.
- ★ 2Samuel 23.1-7 - Último cântico de Davi registrado na Bíblia, onde ele fala sobre o Messias como aquele que seria justo e governaria com temor a Deus.

DAVI É INFORMADO DA MORTE DE SAUL

1 Depois da morte de Saul, Davi retornou de sua vitória sobre os amalequitas e passou dois dias em Ziclague. 2 No terceiro dia, apareceu um homem do exército de Saul. Ele havia rasgado as roupas e colocado terra sobre a cabeça. Ao chegar, curvou-se diante de Davi com o rosto no chão.

3 "De onde você vem?", perguntou Davi.

O homem respondeu: "Escapei do acampamento israelita".

4 "O que aconteceu?", disse Davi. "Conte-me como foi a batalha."

"Todo o nosso exército fugiu do conflito", disse o homem. "Muitos morreram, e Saul e seu filho Jônatas também estão mortos."

5 "Como você sabe que Saul e Jônatas estão mortos?", perguntou Davi.

6 O homem respondeu: "Aconteceu de eu chegar ao monte Gilboa e ver Saul apoiado em sua lança, enquanto carros de guerra e cavaleiros inimigos se aproximavam dele. 7 Quando ele se virou e me viu, gritou para que eu me aproximasse dele. 'Aqui estou, senhor', eu lhe disse. 8 Ele perguntou: 'Quem é você?'. E eu respondi: 'Sou amalequita'. 9 Então ele me suplicou: 'Venha cá e mate-me, pois a dor é terrível e quero morrer'. 10 Então o matei, pois sabia que ele não sobreviveria. Em seguida, tomei sua coroa e seu bracelete e os trouxe para cá, para o meu senhor".

11 Quando ouviram a notícia, Davi e seus homens rasgaram as vestes. 12 Lamentaram, choraram e jejuaram o dia todo por Saul e seu filho Jônatas, pelo exército do Senhor e pela nação de Israel, pois naquele dia muitos haviam morrido pela espada.

13 Depois, Davi disse ao jovem que havia trazido a notícia: "De onde você é?".

Ele respondeu: "Sou filho de um estrangeiro, um amalequita que vive em sua terra".

14 Davi perguntou: "Como você não teve medo de matar o ungido do Senhor?".

15 Então Davi chamou um de seus soldados e lhe ordenou: "Mate-o!". O soldado feriu o amalequita com sua espada e o matou. 16 Davi disse: "Você condenou a si mesmo ao confessar que matou o ungido do Senhor".

O CÂNTICO DE DAVI PARA SAUL E JÔNATAS

17 Davi entoou uma canção fúnebre para Saul e Jônatas 18 e ordenou que fosse ensinada ao povo de Judá. Ela é conhecida como Cântico do Arco e está registrada no *Livro de Jasar*.[a]

19 Seu esplendor, ó Israel, está
morto sobre os montes!
Como caíram os valentes!
20 Não contem essa notícia em Gate,
não a proclamem nas
ruas de Ascalom,
para que não se alegrem as
filhas dos filisteus,
para que as filhas dos incircuncisos
não festejem em triunfo.

21 Ó montes de Gilboa,
que não haja orvalho nem
chuva sobre vocês,
nem campos férteis que
produzam ofertas de cereais.[b]
Pois ali foram profanados os
escudos de valentes;
o escudo de Saul não será
mais ungido com óleo.
22 O arco de Jônatas não recuava,
e a espada de Saul era invencível.
Derramaram o sangue de
seus inimigos
e atravessaram o corpo
de guerreiros.

23 Quão amados e estimados
eram Saul e Jônatas!
Estiveram juntos na vida e na morte.
Eram mais velozes que as águias,
mais fortes que os leões.
24 Ó filhas de Israel, chorem por Saul,
pois ele as vestia com finos
trajes vermelhos,
com roupas adornadas de ouro.

25 Como caíram os valentes na batalha!
Jônatas está morto sobre os montes.

[a] **1.18** Ou *Livro do Justo*.

[b] **1.21** O significado do hebraico é incerto.

26 Como choro por você,
meu irmão Jônatas,
quanto eu o estimava!
Seu amor por mim era precioso,
mais que o amor das mulheres.

27 Como caíram os valentes!
Estão mortos, despojados
de suas armas.

DAVI É UNGIDO REI DE JUDÁ

2 Depois disso, Davi perguntou ao SENHOR: "Devo voltar para alguma das cidades de Judá?".

"Sim", respondeu o SENHOR.

Então Davi perguntou: "Para que cidade devo ir?".

"Para Hebrom", disse o SENHOR.

2 Entao Davi partiu com suas duas esposas, Ainoã, de Jezreel, e Abigail, a viúva de Nabal, do Carmelo, 3 e também com os homens que o acompanhavam e suas famílias. Eles se estabeleceram nos povoados vizinhos a Hebrom. 4 Então vieram os homens de Judá e ungiram Davi rei do povo de Judá.

Quando Davi soube que os moradores de Jabes-Gileade haviam sepultado Saul, 5 enviou-lhes a seguinte mensagem: "Que o SENHOR os abençoe por terem sido tão fiéis a Saul, seu senhor, e lhe terem dado um sepultamento digno. 6 Que, em troca, o SENHOR seja fiel a vocês e os recompense com sua bondade. E eu também os recompensarei pelo que fizeram. 7 Agora que Saul está morto, peço que continuem a ser fortes e corajosos. E saibam que o povo de Judá me ungiu para ser seu novo rei".

ISBOSETE É PROCLAMADO REI DE ISRAEL

8 Contudo, Abner, filho de Ner, comandante do exército de Saul, já havia levado Isbosete, filho de Saul, para Maanaim. 9 Ali, proclamou Isbosete rei sobre Gileade, Jezreel, Efraim, Benjamim e sobre a terra dos assuritas e todo o restante de Israel.

10 Isbosete, filho de Saul, tinha 40 anos quando começou a reinar sobre Israel, e reinou por dois anos. Enquanto isso, o povo de Judá permaneceu leal a Davi, 11 que fez de Hebrom sua capital e reinou sobre Judá por sete anos e meio.

GUERRA ENTRE ISRAEL E JUDÁ

12 Certo dia, Abner, filho de Ner, conduziu as tropas de Isbosete, filho de Saul, de Maanaim para Gibeom. 13 Ao mesmo tempo, Joabe, filho de Zeruia, saiu com as tropas de Davi e foi ao encontro deles na represa de Gibeom, onde os dois exércitos ficaram frente a frente, posicionando-se em lados opostos da represa.

14 Então Abner disse a Joabe: "Proponho que alguns de nossos guerreiros lutem em confronto direto diante de nós".

"Está bem", respondeu Joabe. 15 Então foram escolhidos doze soldados de Benjamim para representar Isbosete, filho de Saul, e doze soldados para representar Davi. 16 Cada um agarrou seu adversário pela cabeça e cravou a espada um no lado do outro, e todos morreram juntos. Por isso, desde então, esse lugar em Gibeom é conhecido como Helcate-Hazurim.[a]

17 Seguiu-se nesse dia uma violenta batalha, na qual Abner e os homens de Israel foram derrotados pelos soldados de Davi.

A MORTE DE ASAEL

18 Joabe, Abisai e Asael, os três filhos de Zeruia, participaram da batalha nesse dia. Asael, que era rápido como uma gazela, 19 começou a perseguir Abner. Continuou decididamente em seu encalço, sem perdê-lo de vista. 20 Quando Abner olhou para trás e viu que ele se aproximava, perguntou: "É você, Asael?".

"Sou eu mesmo", respondeu ele.

21 "Saia do meu encalço!", disse Abner. "Enfrente um dos soldados mais jovens e tome suas armas." Mas Asael continuou a persegui-lo.

22 Mais uma vez, Abner o advertiu: "Pare de me perseguir! Não quero matá-lo. Como poderia encarar seu irmão Joabe?".

23 Asael, porém, se recusou a dar meia-volta, e Abner lhe cravou no estômago a parte de trás da lança, que saiu pelas costas. Asael caiu morto no chão. E todos

[a] **2.16** *Helcate-Hazurim* significa "campo das espadas".

que passavam por ali paravam ao ver Asael caído e morto.

24 Então Joabe e Abisai saíram em perseguição a Abner. O sol estava se pondo quando chegaram ao monte Amá, perto de Gia, no caminho para o deserto de Gibeom. 25 Os soldados de Abner, da tribo de Benjamim, se reuniram no alto do monte para resistir ao ataque.

26 Então Abner gritou para Joabe: "Será que não há como evitar matarmos uns aos outros? Não vê que isso só resultará em amargura? Quando você vai ordenar que seus homens parem de perseguir seus irmãos israelitas?".

27 Joabe respondeu: "Só Deus sabe o que teria acontecido se você não tivesse falado, pois, se fosse preciso, nós os teríamos perseguido a noite toda". 28 Então Joabe tocou a trombeta e seus homens pararam de perseguir os soldados de Israel, e a batalha cessou.

29 Durante toda aquela noite, Abner e seus homens recuaram pelo vale do Jordão.[a] Atravessaram o rio, marcharam a manhã inteira[b] e só pararam quando chegaram a Maanaim.

30 Enquanto isso, Joabe e seus homens também voltaram da perseguição a Abner. Quando Joabe fez a contagem, viu que faltavam apenas dezenove homens, além de Asael. 31 Os soldados de Davi, por sua vez, haviam matado 360 homens da tribo de Benjamim e dos demais soldados de Abner. 32 Joabe e seus homens levaram o corpo de Asael para Belém e o sepultaram no túmulo de seu pai. Então caminharam a noite toda e chegaram a Hebrom ao amanhecer.

3 Assim começou uma longa guerra entre a família de Saul e a família de Davi. Com o tempo, Davi se fortaleceu cada vez mais, e a família de Saul foi se enfraquecendo.

OS FILHOS DE DAVI NASCIDOS EM HEBROM

2 Estes são os filhos de Davi que nasceram em Hebrom:

O mais velho era Amnom, filho de Ainoã, de Jezreel.

3 O segundo era Daniel,[c] filho de Abigail, a viúva de Nabal, do Carmelo.

O terceiro era Absalão, filho de Maaca, filha de Talmai, rei de Gesur.

4 O quarto era Adonias, filho de Hagite.

O quinto era Sefatias, filho de Abital.

5 O sexto era Itreão, filho de Eglá, esposa de Davi.

Todos esses filhos de Davi nasceram em Hebrom.

ABNER UNE FORÇAS COM DAVI

6 Enquanto continuava a guerra entre as famílias de Saul e de Davi, Abner se tornou um líder cada vez mais influente entre a família de Saul. 7 Um dia, Isbosete, filho de Saul, acusou Abner de ter relações com uma das concubinas de Saul, uma mulher chamada Rispa, filha de Aiá.

8 Abner ficou furioso com as palavras de Isbosete. "Por acaso sou um cão de Judá para ser tratado dessa maneira?", gritou ele. "Depois de tudo que fiz por seu pai, Saul, e pela família e os amigos dele ao não entregar você a Davi, minha recompensa é ser acusado por causa dessa mulher? 9 Que Deus me castigue severamente se eu não fizer por Davi tudo que o SENHOR prometeu a ele! 10 Tomarei o reino da família de Saul e o entregarei a Davi. Estabelecerei o trono de Davi tanto sobre Israel como sobre Judá, desde Dã, ao norte, até Berseba, ao sul!" 11 Isbosete não se atreveu a dizer nem mais uma palavra, pois teve medo do que Abner poderia fazer.

12 Então Abner enviou mensageiros para dizer a Davi: "Afinal, a quem pertence esta terra? Faça um acordo comigo, e eu o ajudarei a conseguir o apoio de todo o Israel".

13 "Está bem", respondeu Davi. "Mas só farei acordo com você se, quando vier para cá, trouxer de volta minha esposa Mical, filha de Saul."

14 Davi enviou a seguinte mensagem a Isbosete, filho de Saul: "Devolva minha

[a] **2.29a** Em hebraico, *pela Arabá*.

[b] **2.29b** Ou *prosseguiram pelo Bitrom*. O significado do hebraico é incerto.

[c] **3.3** Conforme o texto paralelo em 1Cr 3.1 (ver tb. Septuaginta, que traz *Daluia*, e o possível apoio dos manuscritos do mar Morto); o hebraico traz *Quileabe*.

esposa Mical, pois eu conquistei o direi-
to de me casar com ela com os prepúcios
de cem filisteus".
15 Então Isbosete mandou tirar Mical de
seu marido, Palti,[a] filho de Laís. 16 Palti a
seguiu até Baurim, chorando ao longo de
todo o caminho, até que Abner lhe disse:
"Volte para casa!", e ele voltou.
17 Abner reuniu as autoridades de Israel
e lhes disse: "Faz algum tempo que vocês
querem declarar Davi seu rei. 18 Chegou a
hora de agir! Pois o SENHOR disse: 'Escolhi
meu servo Davi para livrar meu povo,
Israel, das mãos dos filisteus e de todos
os seus inimigos'". 19 Abner também falou
com os homens de Benjamim. Depois, foi
a Hebrom para dizer a Davi que todo o
povo de Israel e de Benjamim tinha con-
cordado em apoiá-lo.
20 Quando Abner, acompanhado de vinte
homens, chegou a Hebrom, Davi os rece-
beu com um grande banquete. 21 Então
Abner disse a Davi: "Deixe que eu vá e
convoque uma reunião de todo o Israel
para apoiar meu senhor, o rei. Farão uma
aliança com o senhor para que reine so-
bre eles, e o senhor governará sobre tudo
que seu coração desejar". Davi se despediu
dele, e Abner partiu em paz.

ABNER É ASSASSINADO POR JOABE

22 Contudo, logo depois que Davi despediu
Abner em paz, Joabe e alguns dos soldados
de Davi retornaram de um ataque, trazen-
do muitos despojos. 23 Quando Joabe che-
gou, foi informado de que Abner, filho de
Ner, tinha acabado de visitar o rei, que o
havia despedido em paz.
24 Joabe foi até o rei e perguntou: "O que
foi que o senhor fez? Por que deixou Abner
escapar? 25 O senhor conhece muito bem
Abner, filho de Ner! Sabe que ele veio es-
pioná-lo e descobrir tudo que o senhor
anda fazendo!".
26 Então Joabe saiu da presença de Davi e
enviou mensageiros para alcançar Abner.
Eles o encontraram perto do poço de Sirá
e o trouxeram de volta, sem que Davi sou-
besse. 27 Quando Abner chegou a Hebrom,
Joabe o chamou para um lado, junto ao
portão da cidade, como se fosse falar com
ele em particular. Então, apunhalou-o no
estômago e o matou para vingar a morte
de Asael, seu irmão.
28 Quando Davi soube o que havia acon-
tecido, declarou: "Juro pelo SENHOR que eu
e meu reino somos para sempre inocen-
tes desse crime contra Abner, filho de Ner.
29 Que essa culpa permaneça sobre Joabe e
sua família! Que em todas as gerações da
família de Joabe nunca falte um homem
que tenha fluxo ou lepra,[b] que use mule-
tas,[c] que morra pela espada, ou que tenha
de mendigar o alimento!".
30 Assim, Joabe e seu irmão Abisai as-
sassinaram Abner, pois ele havia matado
Asael, irmão deles, na batalha em Gibeom.

DAVI LAMENTA A MORTE DE ABNER

31 Então Davi disse a Joabe e a todos que
estavam com ele: "Rasguem suas roupas
e vistam pano de saco. Lamentem a morte
de Abner", e o próprio rei seguiu o cortejo
fúnebre. 32 Sepultaram Abner em Hebrom,
e o rei chorou em alta voz junto ao túmulo,
e todo o povo lamentou com ele. 33 Então
o rei entoou esta canção fúnebre:

"Acaso Abner devia morrer
como um vilão?
34 Suas mãos não estavam atadas,
nem seus pés acorrentados.
Não, você foi assassinado,
vítima de uma trama perversa".

Todo o povo lamentou uma vez mais por
Abner. 35 Davi tinha se recusado a comer
no dia do funeral, e todos insistiram para
que ele se alimentasse. Mas ele havia feito
um voto: "Que Deus me castigue severa-
mente se eu comer alguma coisa antes do
pôr do sol".
36 Seu voto agradou muito o povo.
De fato, aprovavam tudo que o rei fazia.
37 Assim, todos em Judá e em Israel en-
tenderam que Davi não era responsável
pelo assassinato de Abner, filho de Ner.

[a] **3.15** Conforme 1Sm 25.44; o hebraico traz *Paltiel*, variação de Palti.

[b] **3.29a** O termo hebraico não se refere somente à hanseníase, mas também a diversas doenças de pele.

[c] **3.29b** Ou *que seja efeminado*; o hebraico traz *que manuseie um fuso*.

38 Então o rei disse a seus oficiais: "Não percebem que um grande comandante caiu hoje em Israel? 39 E, embora eu seja o rei ungido, esses dois filhos de Zeruia, Joabe e Abisai, são fortes demais para que eu os controle. Que o Senhor retribua a esses homens maus por sua maldade".

A rejeição alcançou o coração de Davi, mas não teve o poder de paralisar seus pés.

O ASSASSINATO DE ISBOSETE

4 Quando Isbosete, filho de Saul, soube da morte de Abner em Hebrom, perdeu completamente o ânimo, e todo o Israel ficou sem reação. 2 Dois irmãos, Baaná e Recabe, eram capitães dos grupos de ataque de Isbosete. Eram filhos de Rimom, membro da tribo de Benjamim, que vivia em Beerote. A cidade de Beerote fazia parte do território de Benjamim, 3 pois seus habitantes originais fugiram para Gitaim, onde ainda vivem como estrangeiros.

4 (Jônatas, filho de Saul, tinha um filho chamado Mefibosete, que ficou aleijado quando era criança. Mefibosete tinha 5 anos quando chegou de Jezreel a notícia de que Saul e Jônatas haviam sido mortos na batalha. Ao ouvir isso, a ama do menino o tomou nos braços e fugiu. Na pressa, porém, deixou-o cair, e ele ficou aleijado.)

5 Certo dia, Recabe e Baaná, filhos de Rimom, de Beerote, foram à casa de Isbosete por volta do meio-dia, quando ele estava descansando. 6 A mulher que ficava à porta estava peneirando trigo, mas ficou sonolenta e cochilou. Então Recabe e Baaná passaram por ela sem serem notados[a] 7 e entraram na casa, onde encontraram Isbosete dormindo em sua cama. Eles o feriram e o mataram, e depois cortaram sua cabeça. Então, levando a cabeça, fugiram durante a noite pelo vale do Jordão.[b] 8 Chegando a Hebrom, entregaram a cabeça de Isbosete a Davi. "Veja!", disseram ao rei. "Aqui está a cabeça de Isbosete, filho de seu inimigo, Saul, que tentou matá-lo. Hoje o Senhor concedeu ao rei vingança sobre Saul e toda a sua família!"

9 Davi, porém, disse a Recabe e Baaná, filhos de Rimom, de Beerote: "O Senhor, que me tem livrado de todos os meus sofrimentos, é minha testemunha. 10 Quando alguém me informou que Saul estava morto, pensando que trazia uma boa notícia, eu o agarrei e o matei em Ziclague. Foi essa a recompensa que recebeu pela notícia! 11 Quanto mais devo recompensar os perversos que mataram um homem inocente em sua própria casa e em sua própria cama? Não devo responsabilizá-los pela morte dele e eliminá-los da face da terra?".

12 Então Davi ordenou a seus soldados que os matassem, e assim eles fizeram. Cortaram as mãos e os pés deles e penduraram os corpos junto à represa em Hebrom. Depois, pegaram a cabeça de Isbosete e a sepultaram no túmulo de Abner, em Hebrom.

DAVI SE TORNA REI DE TODO O ISRAEL

5 Então todas as tribos de Israel vieram a Hebrom para encontrar-se com Davi. "Somos do mesmo povo e raça",[c] disseram. 2 "No passado, quando Saul era nosso rei, era você que liderava o exército de Israel. E o Senhor lhe disse: 'Você será o pastor do meu povo, Israel. Será o líder de Israel'."

3 Então, ali em Hebrom, o rei Davi fez um acordo diante do Senhor com todas as autoridades de Israel, e elas o ungiram rei de Israel.

4 Davi tinha 30 anos quando começou a reinar e, ao todo, reinou por quarenta anos. 5 Havia reinado sobre Judá sete anos e seis meses e, em Jerusalém, reinou sobre todo o Israel e Judá por 33 anos.

DAVI CONQUISTA JERUSALÉM

6 Então o rei partiu com seus soldados para Jerusalém, a fim de lutar contra os jebuseus, que viviam naquele lugar. Os jebuseus zombavam de Davi: "Você jamais entrará aqui! Até os cegos e aleijados são capazes de impedi-lo!". Diziam isso porque imaginavam estar seguros, 7 mas Davi tomou a fortaleza de Sião, que hoje é chamada de Cidade de Davi.

8 No dia do ataque, Davi disse a seus soldados: "Odeio esses jebuseus 'cegos'

---

[a] **4.6** Conforme a Septuaginta; o hebraico traz *Entraram na casa como se fossem buscar trigo, mas o apunhalaram no estômago. Então Recabe e Baaná fugiram.*

[b] **4.7** Em hebraico, *pela Arabá.*

[c] **5.1** Em hebraico, *Somos seu osso e sua carne.*

e 'aleijados'.[a] Quem os atacar deve entrar
na cidade pelo túnel de água".[b] Essa é a
origem do ditado: "Os cegos e os aleijados
não entrarão na casa".[c]
9 Então Davi foi morar na fortaleza
de Sião e a chamou de Cidade de Davi.
Ampliou a cidade, desde o aterro[d] até a
parte interna. 10 Davi foi se tornando cada
vez mais poderoso, pois o SENHOR, o Deus
dos Exércitos, estava com ele.
11 Hirão, rei de Tiro, enviou a Davi men-
sageiros com madeira de cedro, carpin-
teiros e pedreiros, que construíram um
palácio para Davi. 12 E Davi compreendeu
que o SENHOR o havia confirmado como rei
sobre Israel e exaltado seu reino por causa
de seu povo, Israel.
13 Depois de mudar-se de Hebrom para
Jerusalém, Davi tomou mais concubinas e
esposas e teve mais filhos e filhas. 14 Estes
são os nomes dos filhos de Davi que nas-
ceram em Jerusalém: Samua, Sobabe, Natã,
Salomão, 15 Ibar, Elisua, Nefegue, Jafia,
16 Elisama, Eliada e Elifelete.

DAVI DERROTA OS FILISTEUS

17 Quando os filisteus souberam que Davi
tinha sido ungido rei de Israel, mobili-
zaram suas tropas para capturá-lo. Davi,
porém, foi informado disso e desceu para
a fortaleza. 18 Os filisteus chegaram e se
espalharam pelo vale de Refaim. 19 Então
Davi perguntou ao SENHOR: "Devo sair e lu-
tar contra os filisteus? Tu os entregarás em
minhas mãos?".
O SENHOR respondeu a Davi: "Sim, vá, pois
eu certamente os entregarei em suas mãos".
20 Então Davi foi a Baal-Perazim e ali der-
rotou os filisteus, e exclamou: "O SENHOR
irrompeu no meio de meus inimigos como
uma violenta inundação!". Por isso, cha-
mou aquele lugar de Baal-Perazim.[e] 21 Davi
e seus homens levaram os ídolos que os
filisteus haviam abandonado ali.
22 Pouco tempo depois, os filisteus vol-
taram a se espalhar pelo vale de Refaim.
23 Mais uma vez, Davi consultou o SENHOR.
"Não os ataque pela frente", respondeu
o SENHOR. "Em vez disso, dê a volta por
trás deles e ataque-os perto dos álamos.[f]
24 Quando ouvir um som como de pés mar-
chando por cima dos álamos, ataque! É o
sinal de que o SENHOR vai à sua frente para
derrotar o exército filisteu." 25 Davi fez como
o SENHOR ordenou e derrotou os filisteus por
todo o caminho, desde Gibeom[g] até Gezer.

A ARCA É LEVADA PARA JERUSALÉM

6 Davi reuniu novamente todos os me-
lhores guerreiros de Israel, trinta mil
ao todo. 2 Partiu com eles para Baalá de
Judá[h] a fim de buscar a arca de Deus, jun-
to à qual era invocado o nome do SENHOR
dos Exércitos,[i] que está entronizado entre
os querubins. 3 Puseram a arca de Deus
num carro novo e a levaram da casa de
Abinadabe, que ficava num monte. Saindo
da casa, Uzá e Aiô, filhos de Abinadabe,
guiavam a carroça nova 4 que transportava
a arca de Deus.[j] Aiô estava à frente da arca.
5 Davi e todo o povo de Israel celebravam
diante do SENHOR, entoando cânticos[k] e
tocando todo tipo de instrumentos mu-
sicais: liras, harpas, tamborins, chocalhos
e címbalos.
6 Quando chegaram à eira de Nacom, os
bois tropeçaram, e Uzá estendeu a mão e
segurou a arca. 7 A ira do SENHOR se acen-
deu contra Uzá, e Deus o feriu por causa
disso.[l] E ele morreu ali mesmo, ao lado da
arca de Deus.
8 Davi ficou indignado porque a ira do
SENHOR irrompeu contra Uzá e chamou
aquele lugar de Perez-Uzá,[m] como é co-
nhecido até hoje.

---

[a] **5.8a** Ou *Esses jebuseus 'cegos' e 'aleijados' me odeiam.*
[b] **5.8b** Ou *com ganchos de escalar*. O significado do hebraico é incerto.
[c] **5.8c** O significado desse ditado é incerto.
[d] **5.9** Em hebraico, *desde o Milo*. O significado do hebraico é incerto.
[e] **5.20** *Baal-Perazim* significa "o Senhor que irrompe".
[f] **5.23** Ou *das amoreiras*, ou *dos bálsamos*; também em 5.24. A identificação da árvore é incerta.
[g] **5.25** Conforme a Septuaginta (ver tb. 1Cr 15.16); o hebraico traz *Geba*.
[h] **6.2a** Outro nome para *Quiriate-Jearim*; comparar com 1Cr 13.6.
[i] **6.2b** Ou *que é chamada pelo nome do SENHOR dos Exércitos.*
[j] **6.4** Conforme os manuscritos do mar Morto e alguns manuscritos gregos; o Texto Massorético traz *e o trouxeram da casa de Abinadabe, que ficava numa colina, com a arca de Deus.*
[k] **6.5** Conforme os manuscritos do mar Morto e a Septuaginta (ver tb. 1Cr 13.8); o Texto Massorético traz *diante do SENHOR com toda espécie de madeira de cipreste.*
[l] **6.7** Conforme os manuscritos do mar Morto; o Texto Massorético traz *por causa de sua irreverência.*
[m] **6.8** *Perez-Uzá* significa "irrompimento contra Uzá".

9 Davi teve medo do SENHOR e perguntou: "Como poderei levar a arca do SENHOR?". 10 Então resolveu não transferir mais a arca do SENHOR para a Cidade de Davi. Em vez disso, levou-a para a casa de Obede-Edom, na cidade de Gate. 11 A arca do SENHOR ficou na casa de Obede-Edom, em Gate, por três meses, e o SENHOR abençoou Obede-Edom e toda a sua família.

12 Disseram ao rei Davi: "O SENHOR tem abençoado a família de Obede-Edom e tudo que ele possui por causa da arca de Deus". Então Davi foi até lá e, com grande festa, levou a arca de Deus da casa de Obede-Edom para a Cidade de Davi. 13 Quando os homens que carregavam a arca do SENHOR davam seis passos, Davi sacrificava um boi e um novilho gordo. 14 Davi usava um colete sacerdotal de linho e dançava diante do SENHOR com todas as suas forças. 15 Assim, Davi e todo o povo de Israel levaram a arca do SENHOR com gritos de alegria e ao som de trombetas.

MICAL TRATA DAVI COM DESPREZO

16 Enquanto a arca do SENHOR entrava na Cidade de Davi, Mical, filha de Saul, olhava pela janela. Quando viu o rei Davi saltando e dançando diante do SENHOR, encheu-se de desprezo por ele.

17 Trouxeram a arca do SENHOR e a colocaram em seu lugar, dentro de uma tenda especial que Davi tinha preparado para ela. E Davi ofereceu ao SENHOR holocaustos e ofertas de paz. 18 Depois que terminou de oferecer os sacrifícios, abençoou o povo em nome do SENHOR dos Exércitos. 19 Para cada homem e mulher israelita na multidão, ele deu um pão, um bolo de tâmaras[a] e um bolo de passas. Então todos voltaram para casa.

20 Quando Davi voltou para casa a fim de abençoar sua família, Mical, filha de Saul, saiu ao encontro dele e disse: "Como o rei de Israel se mostrou digno de honra hoje, exibindo-se sem qualquer vergonha diante das servas, como um homem vulgar!".

21 Davi respondeu a Mical: "Eu dançava diante do SENHOR, que me escolheu em lugar de seu pai e de toda a sua família! Ele me nomeou líder de Israel, o povo do SENHOR, por isso continuarei a celebrar diante do SENHOR. 22 Estou disposto a me tornar ainda mais desprezível e até mesmo a ser humilhado aos meus próprios olhos! Mas as servas que você mencionou certamente me considerarão digno de honra". 23 E Mical, filha de Saul, não teve filhos até o final de sua vida.

A ALIANÇA DO SENHOR COM DAVI

7 Quando o rei Davi já havia se estabelecido em seu palácio e o SENHOR lhe tinha dado descanso de todos os inimigos ao redor, 2 mandou chamar o profeta Natã. O rei disse: "Veja, moro num palácio, uma casa de cedro, enquanto a arca de Deus está lá fora, numa simples tenda".

3 Natã respondeu ao rei: "Faça o que tem em mente, pois o SENHOR está com o rei".

4 Naquela mesma noite, porém, o SENHOR disse a Natã:

5 "Vá e diga a meu servo Davi que assim diz o SENHOR: 'Acaso cabe a você construir uma casa para eu habitar? 6 Desde o dia em que tirei os israelitas do Egito até hoje, nunca morei numa casa. Sempre acompanhei o povo de um lugar para o outro numa tenda, num tabernáculo. 7 E, no entanto, onde quer que eu tenha ido com os israelitas, nunca me queixei às tribos de Israel e aos pastores de meu povo. Nunca lhes perguntei: Por que não construíram para mim um palácio, uma casa de cedro?'.

8 "Agora vá e diga a meu servo Davi que assim diz o SENHOR dos Exércitos: 'Eu o tirei das pastagens onde você cuidava das ovelhas e o escolhi para ser o líder de meu povo, Israel. 9 Estive com você por onde andou e destruí todos os seus inimigos diante de seus olhos. Agora, tornarei seu nome tão conhecido quanto o dos homens mais importantes da terra! 10 Providenciarei uma terra para meu povo, Israel, e os plantarei num lugar seguro, onde jamais serão

[a] **6.19** Ou *um pedaço de carne*. O significado do hebraico é incerto.

perturbados. Nações perversas não os oprimirão como fizeram no passado, 11 desde o tempo em que nomeei juízes para governar meu povo, Israel. Eu lhes darei descanso de todos os seus inimigos'.

"'Além disso, o SENHOR declara que fará uma casa para você, uma dinastia real! 12 Pois, quando você morrer e for sepultado com seus antepassados, escolherei um de seus filhos, de sua própria descendência, e estabelecerei seu reino. 13 Ele é que construirá uma casa para meu nome, e estabelecerei seu trono para sempre. 14 Eu serei seu pai, e ele será meu filho. Se ele pecar, eu o corrigirei e disciplinarei com a vara, como qualquer outro pai faria. 15 Contudo, não retirarei dele meu favor, como o retirei de Saul, quando o removi do seu caminho. 16 Sua casa e seu reino continuarão para sempre diante de mim,[a] e seu trono será estabelecido para sempre'".

17 Natã voltou até Davi e contou ao rei tudo que o SENHOR lhe tinha revelado.

ORAÇÃO DE GRATIDÃO DE DAVI

18 Então o rei Davi entrou no santuário, pôs-se diante do SENHOR e orou:

"Quem sou eu, ó Soberano SENHOR, e o que é minha família, para que me trouxesses até aqui? 19 E agora, Soberano SENHOR, como se isso não bastasse, dizes que darás a teu servo uma dinastia duradoura! Tratas a todos dessa forma, ó Soberano SENHOR?[b]

20 "Que mais posso dizer-te? Tu sabes como teu servo é de fato, ó Soberano SENHOR. 21 Por causa de tua promessa e de acordo com tua vontade, fizeste todas estas grandes coisas e as tornaste conhecidas a teu servo.

22 "Quão grande és, ó Soberano SENHOR! Não há ninguém igual a ti! Jamais ouvimos falar de outro Deus como tu! 23 Engrandeceste teu nome ao livrar teu povo do Egito. Realizaste milagres impressionantes e removeste as nações e os deuses do caminho de teu povo.[c] 24 Fizeste de Israel teu próprio povo para sempre, e tu, ó SENHOR, te tornaste seu Deus.

25 "E agora, ó SENHOR Deus, sou teu servo; faze o que prometeste a meu respeito e de minha família. Confirma-o como uma promessa que durará para sempre. 26 Que o teu nome seja honrado para sempre, a fim de que todos digam: 'O SENHOR dos Exércitos é o Deus de Israel!'. E que a dinastia de teu servo Davi permaneça diante de ti para sempre.

27 "Ó SENHOR dos Exércitos, o Deus de Israel, tive a coragem de fazer-te esta oração porque revelaste tudo isso a teu servo ao dizer: 'Farei uma casa para você, uma dinastia real!'. 28 Pois tu és Deus, ó Soberano SENHOR. Tuas palavras são verdadeiras, e tu prometeste estas coisas boas a teu servo. 29 E agora, que seja do teu agrado abençoar a casa de teu servo, para que ela permaneça para sempre diante de ti. Pois tu falaste, ó Soberano SENHOR, e quando concedes uma bênção a teu servo, é uma bênção para sempre!".

VITÓRIAS MILITARES DE DAVI

8 Depois disso, Davi derrotou e sujeitou os filisteus, conquistando Gate, sua maior cidade.[d] 2 Também conquistou a terra de Moabe. Fez os moabitas se deitarem no chão numa fileira e os mediu com uma corda, formando grupos. Para cada grupo que poupou, executou dois grupos. Assim Davi sujeitou os moabitas, e eles lhe pagaram tributo.

3 Davi também derrotou Hadadezer, filho de Reobe, rei de Zobá, quando Hadadezer tentou recuperar o controle da região do rio Eufrates. 4 Davi tomou mil carros de guerra,

[a] **7.16** Conforme alguns manuscritos hebraicos e a Septuaginta; o hebraico traz *diante de você.*

[b] **7.19** Ou *Esta é tua instrução para toda a humanidade, ó Soberano SENHOR?*

[c] **7.23** Conforme a Septuaginta (ver tb. 1Cr 17.21); o hebraico traz *Fizeste um nome para ti mesmo e milagres impressionantes para tua terra à vista de teu povo, que redimiste do Egito, das nações e de seus deuses.*

[d] **8.1** Em hebraico, *conquistando Metegue-Amá*; comparar com 1Cr 18.1.

sete mil cavaleiros[a] e vinte mil soldados da infantaria. Levou cavalos suficientes para cem carros de guerra e aleijou o restante.

5 Quando os sírios de Damasco chegaram para ajudar o rei Hadadezer, Davi matou 22 mil deles. 6 Então colocou destacamentos de seu exército em Damasco, a capital dos sírios. Assim Davi sujeitou os sírios, e eles lhe pagaram tributo. O SENHOR concedia vitórias a Davi por onde quer que ele fosse.

7 Davi levou para Jerusalém os escudos de ouro dos oficiais de Hadadezer, 8 além de grande quantidade de bronze de Tebá[b] e de Berotai, cidades que pertenciam a Hadadezer.

9 Quando Toí, rei de Hamate, soube que Davi tinha destruído todo o exército de Hadadezer, 10 enviou seu filho Jorão para parabenizar Davi por sua campanha bem-sucedida. Hadadezer e Toí eram inimigos e sempre estavam em guerra. Jorão presenteou Davi com objetos de prata, ouro e bronze.

11 O rei Davi dedicou todos esses presentes ao SENHOR, como fez com a prata e o ouro das outras nações que havia derrotado: 12 de Edom,[c] Moabe, Amom, da Filístia e de Amaleque, além de Hadadezer, filho de Reobe, rei de Zobá.

13 Davi se tornou ainda mais conhecido ao voltar da batalha em que matou dezoito mil edomitas[d] no vale do Sal. 14 Davi colocou destacamentos de seu exército em todo o território de Edom, e assim sujeitou todos os edomitas. O SENHOR concedia vitórias a Davi por onde quer que ele fosse.

15 Davi reinou sobre todo o Israel e fazia o que era justo e correto para seu povo. 16 Joabe, filho de Zeruia, era comandante de seu exército. Josafá, filho de Ailude, era o historiador do reino. 17 Zadoque, filho de Aitube, e Aimeleque, filho de Abiatar, eram os sacerdotes. Seraías era o secretário da corte. 18 Benaia, filho de Joiada, era comandante da guarda pessoal do rei.[e] E os filhos de Davi serviam como líderes sacerdotais.[f]

DAVI TRATA MEFIBOSETE COM BONDADE

9 Certo dia, Davi perguntou: "Resta alguém da família de Saul, a quem eu possa mostrar bondade por causa de Jônatas?". 2 Havia um servo da família de Saul, cujo nome era Ziba, e o trouxeram a Davi. "Você é Ziba?", perguntou o rei.

"Sim, seu servo, meu senhor!", respondeu Ziba.

3 Então o rei lhe perguntou: "Resta alguém da família de Saul? Se resta, gostaria de mostrar a bondade de Deus para com ele".

"Um dos filhos de Jônatas ainda está vivo", respondeu Ziba. "Ele é aleijado dos dois pés."

4 "Onde ele está?", perguntou o rei.

Ziba respondeu: "Em Lo-Debar, na casa de Maquir, filho de Amiel".

5 Então Davi mandou buscá-lo na casa de Maquir. 6 Seu nome era Mefibosete, filho de Jônatas, filho de Saul. Quando compareceu diante de Davi, curvou-se com o rosto no chão. Davi disse: "Saudações, Mefibosete".

Mefibosete respondeu: "Aqui está seu servo, meu senhor!".

7 "Não tenha medo", disse Davi. "Quero mostrar bondade a você por causa de Jônatas, seu pai. Vou lhe dar todas as terras que pertenciam a seu avô Saul, e você comerá sempre aqui comigo, à mesa do rei."

8 Mefibosete se prostrou e disse: "Quem é seu servo, para que o senhor mostre bondade a alguém como eu, que não vale mais que um cão morto?".

9 Então o rei mandou chamar Ziba, servo de Saul, e disse: "Dei ao neto de seu senhor tudo que pertencia a Saul e sua família. 10 Você, seus filhos e servos cultivarão a terra para ele, a fim de produzir alimento para a casa de seu senhor.[g] Mefibosete, neto de seu senhor, comerá sempre à minha mesa". Ziba tinha quinze filhos e vinte servos.

[a] **8.4** Conforme os manuscritos do mar Morto e a Septuaginta (ver tb. 1Cr 18.4); o Texto Massorético traz *capturou 1.700 cavaleiros*.

[b] **8.8** Conforme alguns manuscritos (ver tb 1Cr 18.8); o hebraico traz *Betá*.

[c] **8.12** Conforme alguns manuscritos hebraicos, a Septuaginta e a versão siríaca (ver tb. 2Sm 8.14; 1Cr 18.11); a maioria dos manuscritos hebraicos traz *Aram*.

[d] **8.13** Conforme alguns manuscritos hebraicos, a Septuaginta e a versão siríaca (ver tb. 2Sm 8.14; 1Cr 18.12); a maioria dos manuscritos hebraicos traz *sírios*.

[e] **8.18a** Em hebraico, *dos queretitas e dos peletitas*.

[f] **8.18b** Em hebraico, *sacerdotes*; comparar com o texto paralelo em 1Cr 18.17.

[g] **9.10** Conforme a Septuaginta; o hebraico traz *para o neto de seu senhor*.

11 "Sou seu servo", respondeu Ziba. "Farei tudo que meu senhor, o rei, mandou." E, daquele momento em diante, Mefibosete passou a comer à mesa de Davi,[a] como se fosse um de seus filhos.

12 Mefibosete tinha um filho ainda jovem chamado Mica. Daquele momento em diante, todos os membros da casa de Ziba se tornaram servos de Mefibosete. 13 E Mefibosete, que era aleijado dos dois pés, morava em Jerusalém e comia sempre à mesa do rei.

DAVI DERROTA OS AMONITAS

10 Algum tempo depois, morreu Naás, rei dos amonitas, e seu filho Hanum subiu ao trono. 2 Davi disse: "Vou demonstrar lealdade a Hanum, assim como seu pai, Naás, sempre foi leal a mim". Então Davi enviou representantes para expressar seu pesar a Hanum pela morte do pai dele.

Mas, quando os representantes de Davi chegaram à terra de Amom, 3 os líderes amonitas disseram a Hanum, seu senhor: "O rei acredita mesmo que esses homens estão aqui para honrar seu pai? Não! Davi os enviou com o objetivo de espionar a cidade para vir e conquistá-la!". 4 Então Hanum prendeu os representantes de Davi e raspou metade da barba de cada um, cortou metade de suas roupas até as nádegas e os expulsou de sua terra.

5 Quando Davi soube o que havia acontecido, enviou mensageiros ao encontro dos homens, para que lhes dissessem: "Fiquem em Jericó até que sua barba tenha crescido e voltem em seguida", pois estavam muito envergonhados.

6 Quando os amonitas perceberam quanto haviam enfurecido Davi, contrataram vinte mil soldados de infantaria dos sírios das terras de Bete-Reobe e Zobá, mil homens do rei de Maaca e doze mil da terra de Tobe. 7 Davi foi informado disso e enviou Joabe e todos os seus guerreiros para lutarem contra eles. 8 As tropas amonitas avançaram e formaram sua frente de batalha à entrada da cidade, enquanto os sírios de Zobá e Reobe e os homens de Tobe e Maaca se posicionaram para lutar nos campos abertos.

9 Joabe viu que teria de lutar em duas frentes ao mesmo tempo, por isso escolheu alguns dos melhores guerreiros de Israel e os pôs sob seu comando pessoal para enfrentar os sírios. 10 Deixou o restante do exército sob o comando de seu irmão Abisai, que atacou os amonitas. 11 Joabe disse a seu irmão: "Se os sírios forem fortes demais para mim, venha me ajudar. E, se os amonitas forem fortes demais para você, eu irei ajudá-lo. 12 Coragem! Lutemos bravamente por nosso povo e pelas cidades de nosso Deus. E que seja feita a vontade do Senhor!".

13 Joabe e suas tropas atacaram, e os sírios começaram a fugir. 14 Quando os amonitas viram que os sírios batiam em retirada, também fugiram de Abisai e recuaram para dentro da cidade. Terminada a batalha, Joabe voltou para Jerusalém.

15 Os sírios viram que não tinham como enfrentar Israel. Assim, ao se reagrupar, 16 receberam o reforço de soldados sírios convocados por Hadadezer do outro lado do rio Eufrates.[b] Essas tropas chegaram a Helã conduzidas por Sobaque, comandante das forças de Hadadezer.

17 Quando Davi foi informado do que estava acontecendo, reuniu todo o Israel, atravessou o Jordão e levou o exército até Helã. Os sírios se posicionaram para a batalha e lutaram contra Davi. 18 Mais uma vez, porém, os sírios fugiram dos israelitas. O exército de Davi matou setecentos homens em carros de guerra e quarenta mil soldados de infantaria,[c] incluindo Sobaque, comandante de seu exército. 19 Quando todos os reis aliados a Hadadezer viram que ele havia sido derrotado pelos israelitas, renderam-se a Israel e se tornaram súditos de Davi. Depois disso, os sírios tiveram medo de voltar a ajudar os amonitas.

DAVI E BATE-SEBA

11 No começo do ano,[d] época em que os reis costumavam ir à guerra, Davi enviou Joabe e as tropas israelitas

[a] **9.11** Conforme a Septuaginta; o hebraico traz *à minha mesa.*

[b] **10.16** Em hebraico, *do rio.*

[c] **10.18** Conforme alguns manuscritos gregos (ver tb. 1Cr 19.18); o hebraico traz *cavaleiros.*

[d] **11.1** O primeiro dia do ano no antigo calendário lunar hebraico caía em março ou abril.

para lutarem contra os amonitas. Eles
destruíram o exército inimigo e cerca-
ram a cidade de Rabá. Mas Davi ficou
em Jerusalém.
2 Certa tarde, Davi se levantou da cama
depois de seu descanso e foi caminhar
pelo terraço do palácio. Enquanto olhava
do terraço, reparou numa mulher muito
bonita que tomava banho. 3 Davi mandou
alguém para descobrir quem era a mulher.
Disseram-lhe: "É Bate-Seba, filha de Eliã e
esposa de Urias, o hitita". 4 Então Davi en-
viou mensageiros para que a trouxessem,
e teve relações com ela. Bate-Seba havia
acabado de completar o ritual de purifi-
cação depois da menstruação. E ela voltou
para casa. 5 Passado algum tempo, quando
Bate-Seba descobriu que estava grávida,
enviou um mensageiro a Davi para lhe di-
zer: "Estou grávida".
6 Então Davi mandou uma mensagem
para Joabe: "Envie-me Urias, o hitita",
e Joabe o enviou a Davi. 7 Quando Urias
chegou, Davi perguntou como estavam
Joabe e o exército e como ia a guerra.
8 Então disse a Urias: "Vá para casa e des-
canse".[a] Depois que Urias deixou o palácio,
Davi lhe enviou um presente. 9 Urias, po-
rém, não foi para casa. Passou a noite na
entrada do palácio com os guardas do rei.
10 Quando Davi soube que Urias não ti-
nha ido para casa, mandou chamá-lo e per-
guntou: "O que aconteceu? Depois de ter
ficado tanto tempo fora, por que você não
foi para casa ontem à noite?".
11 Urias respondeu: "A arca e os exérci-
tos de Israel e de Judá estão em tendas,[b]
e Joabe, meu comandante, e seus solda-
dos estão acampados ao ar livre. Como eu
poderia ir para casa para beber, comer e
dormir com minha mulher? Juro diante
do rei que jamais faria uma coisa dessas".
12 Então Davi lhe disse: "Pois bem. Fique
aqui hoje, e amanhã poderá retornar".
Urias ficou em Jerusalém aquele dia e o
dia seguinte. 13 Davi o convidou para jan-
tar e o embriagou. Outra vez, porém, ele
dormiu numa esteira, com os guardas do
rei, e não foi para sua casa.

DAVI TRAMA A MORTE DE URIAS

14 Na manhã seguinte, Davi escreveu uma
carta para Joabe e mandou Urias entre-
gá-la. 15 A carta continha a seguinte ins-
trução: "Coloque Urias na linha de frente,
onde o combate estiver mais intenso.
Depois, recue para que ele seja morto".
16 Então Joabe colocou Urias numa po-
sição próxima do muro da cidade, onde
sabia que estavam os principais guerreiros
do inimigo. 17 Quando os soldados inimi-
gos saíram da cidade para lutar, Urias, o
hitita, foi morto junto com muitos outros
soldados israelitas.
18 Joabe enviou a Davi um relatório da
batalha. 19 Disse a seu mensageiro: "Conte
ao rei tudo que aconteceu na batalha.
20 Pode ser que ele fique irado e pergunte:
'Por que as tropas se aproximaram tanto
da cidade? Não sabiam que atirariam con-
tra eles dos muros? 21 Acaso Abimeleque,
filho de Gideão,[c] não foi morto em Tebes
por uma mulher que atirou uma pedra de
moinho do alto da muralha? Por que che-
garam tão perto dos muros?'. Então diga-
-lhe: 'Seu soldado Urias, o hitita, também
foi morto'".
22 O mensageiro foi a Jerusalém e deu
um relatório completo a Davi. 23 "O ini-
migo saiu contra nós em campo aberto",
disse o mensageiro. "Quando os perse-
guíamos de volta até o portão da cidade,
24 os arqueiros no alto do muro atiraram
flechas contra nós. Alguns dos homens do
rei foram mortos; entre eles estava Urias,
o hitita."
25 Davi respondeu: "Diga a Joabe que
não desanime. A espada devora este hoje
e aquele amanhã. Lutem bravamente e
conquistem a cidade!".
26 Quando a esposa de Urias soube que
seu marido havia morrido, chorou por ele.
27 Terminado o período de luto, Davi man-
dou trazê-la para o palácio. Ela se tornou
uma de suas esposas e deu à luz um filho.
Mas o que Davi fez desagradou o SENHOR.

NATÃ REPREENDE DAVI

12 Então o SENHOR enviou o profeta Natã
a Davi. Ele foi até o rei e lhe disse:

---

[a] **11.8** Em hebraico, *e lave os pés*, expressão que também pode indicar um banho cerimonial.

[b] **11.11** Ou *em Sucote*.

[c] **11.21** Em hebraico, *filho de Jerubesete*, variação de Jerubaal, outro nome para Gideão; ver Jz 6.32.

“Havia dois homens em certa cidade.
Um era rico, e o outro, pobre. 2 O rico era
dono de muitas ovelhas e muito gado.
3 O pobre não tinha nada, exceto uma cor-
deirinha que ele havia comprado. Ele criou
a cordeirinha, e ela cresceu com os filhos
dele. Comia de seu prato, bebia de seu
copo e até dormia em seus braços; ela era
como sua filha. 4 Certo dia, um visitante
chegou à casa do rico. Em vez de matar um
dos animais de seu próprio rebanho, o rico
tomou a cordeirinha do pobre, a matou e
a preparou para seu visitante”.
5 Davi ficou furioso com esse homem
rico e jurou: “Tão certo como vive o Senhor,
o homem que faz uma coisa dessas merece
morrer! 6 Deve restituir quatro ovelhas ao
pobre por ter roubado a cordeirinha e não
ter mostrado compaixão”.
7 Então Natã disse a Davi: “Você é esse
homem! Assim diz o Senhor, o Deus
de Israel: ‘Eu o ungi rei de Israel e o li-
vrei das mãos de Saul. 8 Dei-lhe a casa e
as mulheres de seu senhor e os reinos de
Israel e Judá. E, se isso não bastasse, te-
ria lhe dado muito mais. 9 Por que, então,
você desprezou a palavra do Senhor e fez
algo tão horrível? Você assassinou Urias,
o hitita, com a espada dos amonitas e rou-
bou a esposa dele! 10 De agora em diante,
a espada não se afastará de sua família,
pois você me desprezou ao tomar para si
a mulher de Urias’.
11 “Assim diz o Senhor: ‘De sua própria
família farei surgir seu castigo. Tomarei
suas mulheres diante de seus olhos e as
darei a outro homem; ele se deitará com
elas à vista de todos. 12 O que você fez em
segredo, eu farei acontecer abertamente,
diante de todo o Israel’”.

DAVI CONFESSA SUA CULPA

13 Então Davi confessou a Natã: “Pequei
contra o Senhor”.
Natã respondeu: “Sim, mas o Senhor o
perdoou, e você não morrerá por causa
do seu pecado. 14 Contudo, uma vez que
você demonstrou o mais absoluto despre-
zo pela palavra do Senhor[a] ao agir desse
modo, seu filho morrerá”.
15 Depois que Natã voltou para casa,
o Senhor fez adoecer gravemente o filho
de Davi com a mulher de Urias. 16 Davi
suplicou ao Senhor que poupasse a crian-
ça. Jejuou e passou a noite prostrado no
chão. 17 Os oficiais do palácio insistiram
para que ele se levantasse e comesse com
eles, mas Davi se recusou.
18 No sétimo dia, a criança morreu.
Os servos de Davi ficaram com medo de
contar para ele. “Não ouviu nossos con-
selhos quando a criança estava doente”,
disseram. “Se lhe contarmos que a criança
morreu, poderá cometer uma insanidade.”
19 Davi percebeu que estavam cochichan-
do e compreendeu o que havia acontecido.
“A criança morreu?”, perguntou.
“Sim”, responderam eles. “Está morta.”
20 Então Davi levantou-se do chão, lavou-
-se, perfumou-se[b] e trocou de roupa. Foi ao
santuário e adorou o Senhor. Depois, vol-
tou ao palácio, pediu que lhe trouxessem
alimento e comeu.
21 Seus servos ficaram perplexos. “Não o
entendemos”, disseram. “Enquanto a crian-
ça estava viva, o senhor chorou e jejuou.
Agora que a criança morreu, o senhor pa-
rou de lamentar e voltou a comer.”
22 Davi respondeu: “Enquanto a criança
estava viva, jejuei e chorei, pois pensava:
‘Quem sabe o Senhor terá compaixão de
mim e deixará a criança viver’. 23 Mas por
que jejuar agora que ela morreu? Poderia
eu fazê-la voltar? Um dia irei até ela,
mas ela não voltará a mim”.
24 Então Davi consolou Bate-Seba,
sua mulher, e teve relações com ela. Bate-
Seba engravidou e deu à luz um filho,
a quem Davi chamou Salomão. O Senhor
amou a criança 25 e enviou uma mensa-
gem por meio do profeta Natã, dizendo
que o menino devia se chamar Jedidias,[c]
conforme o Senhor havia ordenado.[d]

DAVI CONQUISTA RABÁ

26 Enquanto isso, Joabe continuou a lutar
contra Rabá, a capital de Amom, e tomou
a cidade real. 27 Joabe enviou mensageiros

[a] **12.14** Conforme os manuscritos do mar Morto; o Texto Massorético traz *pelos inimigos do Senhor*.

[b] **12.20** Em hebraico, *ungiu-se*.

[c] **12.25a** *Jedidias* significa “amado do Senhor”.

[d] **12.25b** Conforme a Septuaginta; o hebraico traz *por causa do Senhor*.

a Davi para lhe dizer: "Lutei contra Rabá e capturei seus reservatórios de água. 28 Traga o restante do exército aqui e conquiste a cidade. De outro modo, eu a tomarei e levarei o crédito pela vitória".

29 Então Davi reuniu o restante do exército e foi a Rabá. Eles atacaram a cidade e a conquistaram. 30 Davi removeu a coroa da cabeça do rei,[a] e ela foi colocada sobre sua cabeça. A coroa era feita de ouro, enfeitada com pedras preciosas, e pesava cerca de 35 quilos.[b] Davi tomou grande quantidade de despojos da cidade. 31 Também tornou os habitantes de Rabá seus escravos e os obrigou a trabalhar com[c] serras, picaretas e machados de ferro, e também nos fornos de tijolos.[d] Foi assim que Davi tratou o povo de todas as cidades amonitas. Então ele e todo o exército voltaram para Jerusalém.

TAMAR É VIOLENTADA

13 Absalão, filho de Davi, tinha uma irmã muito bonita chamada Tamar. Amnom, outro filho de Davi, apaixonou-se por ela. 2 Amnom ficou tão obcecado por Tamar que adoeceu. Ela era virgem, e Amnom imaginou que seria impossível possuí-la.

3 Contudo, Amnom tinha um amigo muito astuto, seu primo Jonadabe. Ele era filho de Simeia, irmão de Davi. 4 Certo dia, Jonadabe disse a Amnom: "Qual é o problema? Por que o filho do rei parece tão abatido todos os dias?".

Amnom lhe respondeu: "Estou apaixonado por Tamar, irmã de meu irmão Absalão".

5 "Faça o seguinte", disse Jonadabe. "Deite-se e finja que está doente. Quando seu pai o visitar, peça-lhe que deixe Tamar vir e preparar algo para você comer. Peça que ela prepare o alimento aqui mesmo, para que você a veja e ela o sirva."

6 Então Amnom se deitou e fingiu que estava doente. Quando o rei foi vê-lo, Amnom lhe pediu: "Por favor, permita que minha irmã Tamar venha e prepare dois bolos aqui mesmo, para que eu a veja e ela os sirva para mim". 7 Davi concordou e mandou Tamar ir à casa de Amnom preparar algo para ele comer.

8 Quando Tamar chegou à casa de Amnom, foi até o lugar onde ele estava deitado, para que ele pudesse vê-la preparar a massa. Então ela assou os bolos, conforme ele tinha pedido. 9 Contudo, quando ela colocou a bandeja diante de Amnom, ele se recusou a comer. "Saiam todos daqui", disse ele a seus servos. E todos saíram.

10 Então Amnom disse a Tamar: "Agora traga os bolos ao meu quarto e dê-me de comer". Tamar fez conforme ele pediu. 11 Quando, porém, ela lhe ofereceu a comida, ele a agarrou e exigiu: "Venha para a cama comigo, minha irmã!".

12 "Não, meu irmão! Não me violente!", exclamou Tamar. "Isso não se faz em Israel! Não faça essa loucura! 13 Como eu poderia viver com tamanha vergonha? E você cairia em desgraça em Israel! Por favor, fale com o rei, e ele permitirá que você se case comigo!"

14 Mas Amnom não quis ouvi-la e, como era mais forte que ela, violentou-a. 15 Então a paixão de Amnom se transformou em profundo desprezo, e seu desprezo por ela foi mais intenso que a paixão que havia sentido. "Saia daqui!", gritou para ela.

16 "Não, não!", respondeu Tamar. "Mandar-me embora agora seria pior do que o mal que você me fez."

Amnom, porém, não quis ouvi-la. 17 Chamou seu servo e ordenou: "Ponha esta mulher para fora daqui e tranque a porta!".

18 O servo a pôs para fora e trancou a porta. Tamar vestia uma túnica longa,[e] como era costume naqueles dias entre as filhas virgens do rei. 19 Então rasgou sua túnica, jogou cinzas sobre a cabeça e, cobrindo o rosto com as mãos, foi embora chorando.

20 Seu irmão Absalão a viu e perguntou: "É verdade que Amnom esteve com você? Bem, minha irmã, é melhor ficar quieta, pois Amnom é seu irmão. Não se aflija com isso". Então Tamar, como uma mulher desolada, foi morar na casa de seu irmão Absalão.

---

[a] **12.30a** Ou *da cabeça de Milcom* (cf. Septuaginta), deus dos amonitas também chamado de Moloque.

[b] **12.30b** Em hebraico, *1 talento*.

[c] **12.31a** Ou *Também tirou o povo de Rabá e os colocou sob*.

[d] **12.31b** Ou *e os fez passar pelos fornos de tijolos*.

[e] **13.18** Ou *uma túnica com mangas*, ou *uma túnica com enfeites*. O significado do hebraico é incerto.

[21] Quando o rei Davi soube o que havia
acontecido, ficou furioso.[a] [22] E, embo-
ra Absalão não tivesse dito nada a Amnom
a esse respeito, odiou Amnom profunda-
mente pelo que ele havia feito à sua irmã.

ABSALÃO SE VINGA DE AMNOM

[23] Dois anos depois, quando as ovelhas
de Absalão estavam sendo tosquiadas
em Baal-Hazor, perto de Efraim, Absalão
convidou todos os filhos do rei para uma
festa. [24] Foi até o rei e disse: "Meus tos-
quiadores estão trabalhando. Gostaria
que o rei e seus servos celebrassem essa
ocasião comigo".

[25] Mas o rei respondeu: "Não, meu filho.
Se todos nós fôssemos, seria um peso para
você". Embora Absalão insistisse, o rei se
recusou a ir, mas abençoou Absalão.

[26] "Está bem", disse Absalão. "Se o se-
nhor não pode vir, permita que meu irmão
Amnom vá conosco."

"Por que Amnom?", perguntou o rei.
[27] Mas Absalão continuou a insistir até
que, finalmente, o rei concordou em dei-
xar seus filhos, incluindo Amnom, irem
à festa.[b]

[28] Absalão disse a seus homens: "Es-
perem até Amnom estar bêbado; então,
quando eu ordenar, matem-no. Não te-
nham medo. A responsabilidade é mi-
nha. Sejam corajosos e valentes!". [29] Assim,
quando Absalão deu o sinal, eles mataram
Amnom. Os outros filhos do rei montaram
em suas mulas e fugiram.

[30] Quando ainda estavam a caminho
de Jerusalém, a notícia chegou a Davi:
"Absalão matou todos os filhos do rei; não
restou um sequer com vida!". [31] O rei se le-
vantou, rasgou suas roupas e lançou-se no
chão. Seus conselheiros também rasgaram
suas roupas.

[32] Nesse momento, Jonadabe, filho de
Simeia, irmão de Davi, chegou e disse: "Não
pense, meu senhor, que todos os filhos
do rei foram mortos! Foi apenas Amnom!
Absalão tramava isso desde que Amnom
violentou sua irmã Tamar. [33] O meu senhor,
o rei, não deve acreditar que todos os seus
filhos estão mortos! Apenas Amnom mor-
reu". [34] Enquanto isso, Absalão fugiu.

Então a sentinela sobre o muro de Jeru-
salém viu muita gente descendo o monte
pela estrada que vinha do oeste.[c]

[35] E Jonadabe disse ao rei: "Veja! Lá estão
eles! São os filhos do rei voltando, como
eu tinha dito".

[36] Logo eles chegaram, chorando e solu-
çando, e o rei e todos os seus servos chora-
ram amargamente com eles. [37] Davi chorou
muitos dias por seu filho Amnom.

Absalão fugiu para a terra de Talmai,
filho de Amiúde, rei de Gesur, [38] onde
permaneceu por três anos. [39] E o rei Davi,
conformado com a morte de Amnom,
abandonou a ideia de perseguir Absalão.[d]

JOABE PROVIDENCIA O RETORNO DE ABSALÃO

14 Joabe, filho de Zeruia, perce-
beu que o rei agora desejava ver
Absalão. [2] Por isso, mandou trazer de
Tecoa uma mulher conhecida por sua sa-
bedoria. Disse-lhe: "Finja que está de luto;
vista roupas de luto e não se perfume.[e]
Aja como uma mulher que está lamentan-
do a morte de alguém há muito tempo.
[3] Depois, vá até o rei e apresente a história
que vou lhe contar". Então Joabe disse o
que ela deveria falar.

[4] Quando a mulher de Tecoa se aproxi-
mou do rei, curvou-se com o rosto no chão
e disse: "Ó rei! Ajude-me!".

[5] "Qual é o problema?", perguntou o rei.

"Pobre de mim, sou viúva!", respon-
deu ela. "Meu marido morreu. [6] Meus
dois filhos brigaram no campo. Como
não havia ninguém por perto para sepa-
rá-los, um deles acabou matando o outro.
[7] Agora, o resto da família está exigindo
de sua serva: 'Entregue-nos seu filho.
Vamos executá-lo por ter matado o irmão.
Ele não merece herdar a propriedade da
família'. Querem apagar a última brasa
que me restou; se o fizerem, o nome e a

Devemos valorizar o que Deus diz a nosso respeito, não o que as pessoas pensam ou dizem sobre nós.

[a] **13.21** Os manuscritos do mar Morto e a Septuaginta acrescentam *mas não castigou seu filho Amnom porque o amava, pois ele era seu primeiro filho.*

[b] **13.27** Alguns manuscritos gregos acrescentam *Então Absalão preparou um banquete digno de um rei.*

[c] **13.34** A Septuaginta acrescenta *Ele correu para contar ao rei: "Vejo uma multidão vindo pela estrada de Horonaim, na encosta do monte".*

[d] **13.39** Ou *desejava se reencontrar com Absalão.*

[e] **14.2** Em hebraico, *não se unja com óleo.*

família de meu marido desaparecerão da
face da terra."
8 "Eu cuidarei disso", disse o rei. "Vá para
casa."
9 A mulher de Tecoa respondeu: "Ó meu
senhor, o rei, que a culpa caia sobre mim
e sobre a família de meu pai, e que o rei e
seu trono sejam inocentes!".
10 "Se alguém criar problemas, traga-o a
mim", disse o rei. "Eu lhe garanto que ele
nunca mais a incomodará."
11 Então ela disse: "Por favor, prometa
pelo SENHOR, seu Deus, que não deixa-
rá o vingador da vítima matar meu fi-
lho. Não quero mais derramamento de
sangue".
Ele respondeu: "Tão certo como vive o
SENHOR, ninguém tocará num fio de cabelo
da cabeça de seu filho!".
12 "Permita-me pedir mais uma coisa ao
meu senhor, o rei", disse a mulher.
"Fale", respondeu ele.
13 Então ela disse: "Por que o senhor
não faz pelo povo de Deus o mesmo que
prometeu fazer por mim? Ao tomar essa
decisão, o senhor condenou a si mesmo,
pois se recusou a trazer para casa seu
filho banido. 14 Um dia, todos nós mor-
reremos. Nossa vida é como água que,
depois de derramada na terra, não pode
mais ser recolhida. Mas Deus não apaga
a vida; ao contrário, ele cria meios de tra-
zer de volta aqueles que foram banidos
de sua presença.
15 "Vim suplicar ao meu senhor, o rei,
porque outros me ameaçaram. Pensei:
'Talvez o rei me escute 16 e nos livre da-
queles que desejam nos eliminar da he-
rança que Deus nos deu. 17 Sim, o meu
senhor, o rei, restaurará nossa paz de es-
pírito'. Sei que o senhor é como um anjo
de Deus, capaz de discernir entre o bem
e o mal. Que o SENHOR, seu Deus, esteja
com o rei".
18 "Preciso saber uma coisa", disse o rei.
"Diga-me a verdade."
"Sim, ó meu senhor, o rei", disse a mulher.
19 "Foi Joabe quem a mandou aqui?",
perguntou o rei.
A mulher respondeu: "Ó meu senhor, o
rei, como posso negar? Ninguém é capaz
de esconder coisa alguma do senhor. Sim,
foi Joabe, servo do rei, que me enviou e
me disse o que falar. 20 Agiu desse modo
para que o senhor pudesse ver a questão
com outros olhos. Mas o senhor é sábio
como um anjo de Deus e entende tudo
que acontece em nosso meio!".
21 Então o rei mandou chamar Joabe e
lhe disse: "Muito bem, vá e traga de volta
o jovem Absalão".
22 Joabe se curvou com o rosto no chão
e disse: "Finalmente sei que obtive o fa-
vor do meu senhor, o rei, pois atendeu a
meu pedido!".
23 Joabe foi a Gesur e trouxe Absalão de
volta a Jerusalém. 24 O rei, porém, deu a
seguinte ordem: "Absalão pode ir para
casa, mas não deve vir à minha presen-
ça". Portanto, Absalão não viu o rei.

A RECONCILIAÇÃO DE ABSALÃO E DAVI

25 Não havia nenhum homem em todo o
Israel tão elogiado por sua beleza como
Absalão; era perfeito da cabeça aos pés.
26 Cortava o cabelo uma vez por ano por
causa de seu peso: 2,4 quilos,[a] segundo o
peso real. 27 Tinha três filhos e uma filha.
Sua filha se chamava Tamar e era mui-
to bonita.
28 Absalão morou dois anos em
Jerusalém sem ver o rei. 29 Então man-
dou chamar Joabe para pedir que inter-
cedesse por ele, mas Joabe não quis vir.
Mandou chamá-lo de novo e, mais uma
vez, ele se recusou a vir. 30 Então Absalão
disse a seus servos: "Vão e ponham fogo
no campo de cevada de Joabe que fica jun-
to de minha propriedade". Os servos foram
e puseram fogo no campo, como Absalão
havia ordenado.
31 Então Joabe foi à casa de Absalão e lhe
perguntou: "Por que seus servos puseram
fogo em meu campo?".
32 Absalão respondeu: "Eu quero que
você pergunte ao rei por que ele me trou-
xe de Gesur se não pretendia me receber.
Teria sido melhor eu ficar onde esta-
va. Quero ver o rei; se ele me considera
culpado de algo, então que mande me
matar".

[a] **14.26** Em hebraico, *200 siclos*.

33 Joabe contou ao rei o que Absalão ti-
nha dito. Por fim, Davi mandou chamar
Absalão. Ele veio, curvou-se com o rosto
no chão diante do rei, e o rei o beijou.

A REBELIÃO DE ABSALÃO

15 Algum tempo depois, Absalão
providenciou para si uma carrua-
gem com cavalos e contratou cinquenta
guardas para servirem como sua guarda
de honra.[a] 2 Todas as manhãs, ele se le-
vantava cedo e ia até o portão da cidade.
Quando alguém trazia uma causa para
ser julgada pelo rei, Absalão perguntava
de que cidade a pessoa era, e ela lhe res-
pondia a qual tribo de Israel pertencia.
3 Então Absalão dizia: "Sua causa é jus-
ta e legítima. É pena que o rei não tenha
ninguém para ouvi-la". 4 E dizia ainda:
"Quem me dera ser juiz. Então todos me
apresentariam suas questões legais, e eu
lhes faria justiça!".

5 Quando alguém ia se prostrar diante
dele, Absalão não o permitia. Ao contrário,
tomava-o pela mão e o beijava. 6 Fazia isso
com todos que vinham ao rei pedir justiça
e, desse modo, ia conquistando o coração
de todos em Israel.

7 Passados quatro anos,[b] Absalão disse
ao rei: "Deixe-me ir a Hebrom para cumprir
o voto que fiz ao Senhor. 8 Enquanto eu
estava em Gesur, na Síria, prometi oferecer
sacrifícios ao Senhor em Hebrom[c] caso ele
me trouxesse de volta a Jerusalém".

9 "Está bem", disse o rei. "Vá e cumpra
seu voto."

Então Absalão foi a Hebrom. 10 Enquanto
estava lá, porém, enviou em segredo men-
sageiros para todas as tribos de Israel. Eles
diziam às pessoas: "Assim que ouvirem as
trombetas, digam: 'Absalão foi coroado rei
em Hebrom!'". 11 Absalão levou consigo
duzentos homens de Jerusalém como seus
convidados, mas eles não faziam ideia de
suas intenções. 12 Enquanto Absalão ofere-
cia os sacrifícios, mandou chamar Aitofel,
um dos conselheiros de Davi que vivia na
cidade de Gilo. Em pouco tempo, muitos
outros se uniram a Absalão, e a conspira-
ção ganhou força.

DAVI FOGE DE JERUSALÉM

13 Logo, um mensageiro chegou a
Jerusalém para informar Davi: "Todo o
Israel se uniu a Absalão!".

14 "Então devemos fugir de imediato,
ou será tarde demais!", disse Davi a seus
conselheiros. "Rápido! Se sairmos de
Jerusalém antes que Absalão chegue, es-
caparemos e impediremos que ele mate
todos os moradores da cidade."

15 "O senhor tem o nosso apoio", respon-
deram seus conselheiros. "Faça o que lhe
parecer melhor."

16 Então o rei e toda a sua família par-
tiram de imediato. Ele deixou para trás
apenas dez concubinas para cuidarem do
palácio. 17 O rei e todos que o acompanha-
vam foram a pé e pararam na última casa
da cidade, 18 a fim de deixar os soldados
do rei passarem e tomarem a dianteira.
Também iam com Davi sua guarda pes-
soal[d] e seiscentos homens de Gate.

19 Então o rei se voltou para Itai, co-
mandante dos homens de Gate, e disse:
"Por que você está vindo conosco? Volte
para o novo rei, pois Israel não é sua
pátria; você é um estrangeiro no exílio.
20 Chegou faz pouco tempo, e não seria
certo eu obrigá-lo a vir conosco. Nem sei
para onde vamos. Volte e leve consigo seus
parentes, e que a bondade e a fidelidade
o acompanhem!".

21 Itai, porém, disse ao rei: "Tão certo
como vive o Senhor e como vive o rei,
eu juro que, não importa o que aconteça,
irei aonde for o meu senhor, o rei, seja para
viver ou para morrer!".

22 Davi respondeu: "Muito bem, venha
conosco". E Itai, todos os seus homens e
suas famílias acompanharam Davi.

23 Por onde passavam o rei e os que o
seguiam, todo o povo chorava em alta voz.
Atravessaram o vale de Cedrom e foram
em direção ao deserto.

24 Zadoque e todos os levitas também
os acompanharam, carregando a arca da
aliança de Deus. Puseram a arca no chão,

[a] **15.1** Em hebraico, *para correrem adiante dele*.
[b] **15.7** Conforme a Septuaginta e a versão siríaca; o hebraico traz *quarenta anos*.
[c] **15.8** Conforme alguns manuscritos gregos; o hebraico não traz *em Hebrom*.
[d] **15.18** Em hebraico, *os queretitas e os peletitas*.

e Abiatar ofereceu sacrifícios até que todos tivessem saído da cidade.

25 Então Davi ordenou a Zadoque: "Leve a arca de Deus de volta para a cidade. Se for da vontade do SENHOR, ele me trará de volta para ver novamente a arca e o santuário.[a] 26 Mas, se ele não se agradar mais de mim, que faça comigo o que lhe parecer melhor".

27 O rei também disse ao sacerdote Zadoque: "Preste atenção. Você deve voltar à cidade, com seu filho Aimaás e com Jônatas, filho de Abiatar. 28 Farei uma parada em um dos pontos de travessia do Jordão[b] e ficarei ali esperando notícias suas". 29 Então Zadoque e Abiatar levaram a arca de Deus de volta para Jerusalém e ali permaneceram.

30 Davi prosseguiu pelo caminho para o monte das Oliveiras, chorando enquanto andava. Estava com a cabeça coberta e os pés descalços. Os que iam com ele também tinham a cabeça coberta e choravam enquanto subiam ao monte. 31 Quando alguém informou a Davi que Aitofel, seu conselheiro, agora apoiava Absalão, Davi orou: "Ó SENHOR, faze que Aitofel dê conselhos errados a Absalão!".

32 Quando Davi chegou ao alto do monte, onde o povo costumava adorar a Deus, Husai, o arquita, o esperava ali. Husai havia rasgado suas roupas e colocado terra sobre a cabeça. 33 Mas Davi lhe disse: "Se você vier comigo, será apenas um peso. 34 Volte à cidade e diga a Absalão: 'Agora serei seu conselheiro, ó rei, como no passado fui conselheiro de seu pai'. Assim, você poderá frustrar os conselhos de Aitofel. 35 Os sacerdotes Zadoque e Abiatar estarão lá. Informe-os dos planos feitos no palácio, 36 e eles enviarão seus filhos Aimaás e Jônatas para me contar o que se passa".

37 Assim, Husai, amigo de Davi, voltou para Jerusalém e ali chegou na mesma hora em que Absalão entrava na cidade.

DAVI E ZIBA

16 Quando Davi tinha acabado de passar pelo alto do monte, Ziba, servo de Mefibosete, estava à sua espera. Tinha dois jumentos carregados com duzentos pães, cem bolos de passas,[c] cem frutas de verão e uma vasilha de couro cheia de vinho.

2 "Para que tudo isso?", perguntou o rei.

Ziba respondeu: "Os jumentos são para a família do rei montar, e o pão e as frutas de verão são para os servos comerem. O vinho é para os que ficarem exaustos no deserto".

3 "E onde está Mefibosete, neto de seu senhor Saul?", perguntou o rei.

Ziba respondeu: "Ficou em Jerusalém, pois disse: 'Hoje o povo de Israel me devolverá o reino de meu avô Saul'".

4 Então o rei disse a Ziba: "Nesse caso, dou a você tudo que pertence a Mefibosete".

"Humildemente me prostro", respondeu Ziba. "Que o meu senhor, o rei, sempre se agrade de mim."

SIMEI AMALDIÇOA DAVI

5 Quando o rei Davi chegou a Baurim, um homem do povoado saiu ao seu encontro e começou a amaldiçoá-lo. Era Simei, filho de Gera, do mesmo clã da família de Saul. 6 Atirava pedras contra o rei, seus oficiais e os guerreiros que o cercavam. 7 "Saia daqui, assassino, bandido!", gritava para Davi. 8 "O SENHOR lhe está retribuindo por todo o sangue derramado no clã de Saul. Você roubou o trono, e agora o SENHOR o entregou a seu filho Absalão. Finalmente está provando de seu próprio remédio, pois é assassino!"

9 Então Abisai, filho de Zeruia, disse: "Por que este cão morto amaldiçoa meu senhor, o rei? Dê a ordem, e eu cortarei a cabeça dele!".

10 O rei, porém, disse: "Quem pediu a opinião de vocês, filhos de Zeruia? Se o SENHOR mandou este homem me amaldiçoar, quem são vocês para questioná-lo?".

11 Então Davi disse a Abisai e a todos os seus servos: "Meu próprio filho procura me matar. Não teria este parente de Saul[d] ainda mais motivos para fazer o mesmo? Deixem-no em paz. Que ele me amaldiçoe, pois foi o SENHOR que o mandou. 12 Talvez

[a] **15.25** Em hebraico, *e o lugar de sua habitação*.
[b] **15.28** Em hebraico, *da região desabitada*.

[c] **16.1** Ou *cachos de passas*.
[d] **16.11** Em hebraico, *este benjamita*.

o Senhor veja que tenho sido injustiçado[a]
e me abençoe por causa dessas maldições
de hoje". 13 Assim, Davi e seus homens
prosseguiram em seu caminho. Simei os
seguia pela encosta de um monte próxi-
mo, amaldiçoando Davi e atirando pedras
e terra contra ele.
14 O rei e todos que o acompanhavam
chegaram exaustos ao rio Jordão[b] e,
por isso, descansaram ali.

AITOFEL ACONSELHA ABSALÃO

15 Nesse meio-tempo, Absalão e uma mul-
tidão de israelitas entraram em Jerusalém,
acompanhados por Aitofel. 16 Quando
Husai, o arquita, amigo de Davi, chegou
à cidade, foi logo ao encontro de Absalão.
"Viva o rei!", exclamou. "Viva o rei!"
17 "É assim que você mostra lealdade a
seu amigo Davi?", perguntou-lhe Absalão.
"Por que não está com ele?"
18 Husai respondeu: "Estou aqui porque
pertenço àquele que é escolhido pelo
Senhor e por todos os homens de Israel.
19 Além do mais, é natural que eu sirva ao
filho de Davi. Assim como fui conselheiro
de seu pai, agora serei seu conselheiro".
20 Então Absalão se voltou para Aitofel
e perguntou: "O que devo fazer agora?".
21 Aitofel respondeu: "Tenha relações
com as concubinas que seu pai deixou
aqui para tomar conta do palácio. Então
todo o Israel saberá que você insultou seu
pai de tal modo que será impossível haver
reconciliação; isso encorajará os que estão
do seu lado". 22 Então armaram uma tenda
no terraço do palácio, e ali Absalão teve
relações com as concubinas de seu pai à
vista de todo o Israel.
23 Absalão seguiu os conselhos de
Aitofel, como Davi tinha feito, pois as pa-
lavras de Aitofel pareciam sábias, como
se fossem um conselho dado pelo pró-
prio Deus.

17 Aitofel disse a Absalão: "Permita-
me escolher doze mil homens
para sair em perseguição a Davi ainda
esta noite. 2 Eu o alcançarei enquanto
está exausto e desanimado. Farei que ele
entre em pânico, e assim todos os seus
soldados fugirão. Então matarei apenas o
rei 3 e trarei todo o exército para o senhor.
A morte do homem a quem o senhor busca
lhe trará de volta os demais. Assim, ficará
em paz com todo o povo". 4 O plano pare-
ceu bom a Absalão e a todas as autorida-
des de Israel.

HUSAI CONTESTA O CONSELHO DE AITOFEL

5 Depois, porém, Absalão disse: "Tragam
Husai, o arquita. Vejamos qual é a opinião
dele". 6 Quando Husai chegou, Absalão lhe
contou o que Aitofel tinha dito. Então per-
guntou: "Qual é sua opinião? Devemos se-
guir o conselho de Aitofel? Se não, o que
você sugere?".
7 Husai respondeu a Absalão: "Desta vez
o conselho de Aitofel está equivocado.
8 O senhor conhece seu pai e os homens
dele; são guerreiros valentes. No momen-
to, estão tão furiosos quanto uma ursa da
qual roubaram os filhotes. E lembre-se de
que seu pai é um soldado experiente; ele
não passará a noite com o povo. 9 É pro-
vável que já esteja escondido em alguma
cova ou caverna. Quando ele sair e atacar,
e alguns de nossos soldados forem mortos,
a notícia de que os homens de Absalão
foram massacrados se espalhará. 10 Então,
até os soldados mais destemidos, embo-
ra sejam corajosos como um leão, serão
tomados de pavor. Afinal, todo o Israel
sabe como seu pai é um guerreiro pode-
roso e como são valentes os homens que
o acompanham.
11 "Recomendo que o senhor reúna todo
o exército de Israel e convoque soldados
desde Dã, ao norte, até Berseba, ao sul,
tão numerosos quanto a areia da praia.
Aconselho, também, que o senhor mesmo
vá à frente das tropas. 12 Quando encon-
trarmos Davi, cairemos sobre ele como o
orvalho cai sobre a terra. Nem ele nem
nenhum de seus homens sobreviverão.
13 E, caso Davi consiga escapar para al-
guma cidade, o senhor terá todo o Israel
sob seu comando. Levaremos cordas e
arrastaremos os muros da cidade para o

---

[a] **16.12** Conforme a Septuaginta e a versão siríaca; o hebraico traz *veja minha iniquidade*.

[b] **16.14** Conforme a Septuaginta (ver tb. 2Sm 17.16); o hebraico traz *ao seu destino*.

vale mais próximo, até que não reste uma pedrinha sequer".

14 Então Absalão e todos os homens de Israel disseram: "O conselho de Husai é melhor que o de Aitofel", pois o SENHOR havia decidido frustrar o sensato conselho de Aitofel a fim de trazer desgraça sobre Absalão.

HUSAI AVISA DAVI

15 Husai contou aos sacerdotes Zadoque e Abiatar o que Aitofel tinha dito a Absalão e às autoridades de Israel e o que ele próprio havia aconselhado. 16 "Rápido!", disse ele aos sacerdotes. "Encontrem Davi e insistam para que ele não passe esta noite nos pontos de travessia do Jordão,[a] mas que atravesse o rio e vá para o deserto. Do contrário, ele e todos que o acompanham morrerão."

17 Jônatas e Aimaás haviam ficado em En-Rogel, para não serem vistos entrando e saindo da cidade. Tinham pedido que uma serva lhes trouxesse a mensagem que deviam transmitir ao rei Davi. 18 Contudo, um rapaz os viu em En-Rogel e avisou Absalão. Por isso, fugiram depressa para Baurim, onde um homem os escondeu dentro de um poço em seu quintal. 19 A esposa desse homem estendeu um grande pedaço de pano sobre o poço e em cima espalhou grãos de cereal para secar ao sol, para que ninguém suspeitasse que estivessem ali.

20 Os homens de Absalão chegaram e perguntaram à mulher: "Você viu Aimaás e Jônatas?".

A mulher respondeu: "Estiveram aqui, mas atravessaram o riacho". Os homens de Absalão os procuraram sem sucesso e voltaram para Jerusalém.

21 Jônatas e Aimaás saíram do poço e correram para onde o rei Davi estava. "Depressa!", disseram ao rei. "Atravessem o Jordão ainda esta noite!" E lhe contaram que Aitofel havia aconselhado que ele fosse capturado e morto. 22 Então Davi e todos que o acompanhavam atravessaram o rio durante a noite e chegaram à outra margem antes do amanhecer.

23 Quando Aitofel viu que Absalão não havia seguido seu conselho, selou seu jumento, foi para sua cidade natal, pôs seus negócios em ordem e se enforcou. Assim morreu, e foi sepultado no túmulo da família.

24 Davi chegou logo a Maanaim. A essa altura, Absalão havia reunido todo o exército de Israel e conduzia as tropas até o outro lado do Jordão. 25 Absalão havia nomeado Amasa para comandar seu exército em lugar de Joabe. (Amasa era primo de Joabe. Seu pai era Jéter,[b] um ismaelita,[c] e sua mãe, Abigail, era filha de Naás, irmã de Zeruia, mãe de Joabe.) 26 Absalão e o exército israelita acamparam na terra de Gileade.

27 Quando Davi chegou a Maanaim, foi recebido por Sobi, filho de Naás, de Rabá dos amonitas, e por Maquir, filho de Amiel, de Lo-Debar, e por Barzilai, de Rogelim, em Gileade. 28 Trouxeram camas, vasilhas, tigelas, trigo e cevada, farinha e grãos tostados, feijão e lentilha, 29 mel, coalhada, ovelhas e queijo para Davi e os que o acompanhavam, pois disseram: "Vocês devem estar muito famintos, cansados e sedentos depois da longa caminhada pelo deserto".

A DERROTA E A MORTE DE ABSALÃO

18 Davi passou em revista os soldados que estavam com ele e nomeou generais e capitães para liderá-los.[d] 2 Em seguida, enviou-os em três grupos: um sob o comando de Joabe; outro sob o comando de Abisai, irmão de Joabe, filho de Zeruia; e o outro sob o comando de Itai, de Gate. O rei disse a seus soldados: "Também vou com vocês".

3 Os homens, porém, se opuseram. "O senhor não deve ir", disseram. "Se tivermos de recuar ou fugir, ou mesmo se metade de nós morrer, para eles não fará diferença. O senhor vale por dez mil de nós;[e] por isso,

---

a 17.16 Em hebraico, *da região desabitada*.

b 17.25a Em hebraico, *Itra*, variação de Jéter.

c 17.25b Conforme alguns manuscritos gregos (ver tb. 1Cr 2.17); o hebraico traz *um israelita*.

d 18.1 Em hebraico, *nomeou comandantes de milhares e comandantes de centenas*.

e 18.3 Conforme dois manuscritos hebraicos e alguns manuscritos gregos e latinos; a maioria dos manuscritos hebraicos traz *O senhor ainda teria dez mil como nós*.

é melhor que fique na cidade e nos envie ajuda, se for necessário."

4 "Farei o que acharem melhor", disse o rei. Assim, ficou junto ao portão da cidade, enquanto os soldados saíam marchando em grupos de cem e de mil.

5 O rei deu a seguinte ordem a Joabe, Abisai e Itai: "Por minha causa, tratem o jovem Absalão com bondade". Todas as tropas ouviram o rei dar essa ordem a seus comandantes.

6 Então saíram para o campo, e a batalha começou no bosque de Efraim. 7 Os soldados israelitas foram derrotados pelos homens de Davi. Houve grande matança naquele dia, e vinte mil homens perderam a vida. 8 A batalha se espalhou por toda a região, e morreram mais homens no bosque do que os que foram mortos pela espada.

9 Durante a batalha, Absalão deparou com alguns homens de Davi. Tentou fugir montado numa mula, mas, ao passar debaixo dos galhos espessos de uma grande árvore, ficou enroscado neles pela cabeça. A mula continuou a correr e o deixou ali, pendurado na árvore. 10 Um dos soldados de Davi presenciou a cena e disse a Joabe: "Vi Absalão pendurado numa árvore".

11 "Você o viu?", perguntou Joabe. "E por que não o matou ali mesmo? Eu o teria recompensado com dez peças[a] de prata e um cinturão de guerreiro!"

12 Mas o soldado respondeu a Joabe: "Eu não mataria o filho do rei nem por mil peças[b] de prata! Todos nós ouvimos o rei dizer ao senhor, a Abisai e a Itai: 'Por minha causa, poupem o jovem Absalão'. 13 E, se eu tivesse traído o rei e matado seu filho, certamente ele ficaria sabendo, e o senhor seria o primeiro a ficar contra mim".

14 "Não vou perder mais tempo discutindo com você!", disse Joabe. Então pegou três dardos e atravessou com eles o peito de Absalão quando ele ainda estava vivo, pendurado na árvore. 15 Em seguida, dez jovens escudeiros de Joabe cercaram Absalão e o mataram.

16 Então Joabe tocou a trombeta, e seus homens pararam de perseguir o exército de Israel. 17 Atiraram o corpo de Absalão numa cova profunda no bosque e sobre ela colocaram um monte de pedras. E todos os israelitas fugiram para suas casas.

18 Quando ainda estava vivo, Absalão havia construído para si um monumento no vale do Rei, pois disse: "Não tenho filho para dar continuidade a meu nome". Chamou-o de Monumento de Absalão, como é conhecido até hoje.

DAVI LAMENTA A MORTE DE ABSALÃO

19 Então Aimaás, filho de Zadoque, disse: "Deixe-me ir correndo dar ao rei a boa notícia de que o SENHOR o livrou de seus inimigos!".

20 "Não", disse Joabe. "Não será uma boa notícia para o rei saber que o filho dele morreu. Você pode servir de mensageiro em outra ocasião, mas não hoje."

21 Então Joabe disse a um etíope:[c] "Vá e conte ao rei o que você viu". O homem se curvou diante de Joabe e partiu correndo.

22 Contudo, Aimaás, filho de Zadoque, insistiu com Joabe: "Não importa o que aconteça, deixe-me ir também".

"Por que você quer ir, meu filho?", disse Joabe. "Não haverá recompensa alguma pela notícia."

23 "Eu sei, mas deixe-me ir mesmo assim", implorou.

Por fim, Joabe disse: "Está bem, pode ir". Então Aimaás pegou o caminho mais fácil, pela planície, e correu até Maanaim à frente do etíope.

24 Enquanto Davi estava entre os portões interno e externo da cidade, o guarda subiu até o terraço sobre a porta, junto ao muro. Ao olhar dali, viu um homem correndo na direção deles. 25 Gritou para avisar Davi, e o rei respondeu: "Se está sozinho, traz boas notícias".

Quando o mensageiro se aproximou, 26 o guarda viu outro homem correndo na direção deles e avisou: "Outro homem se aproxima!".

E disse o rei: "Também traz boas notícias".

27 "O primeiro homem corre como Aimaás, filho de Zadoque", disse o guarda.

[a] **18.11** Em hebraico, *10 [siclos]*, cerca de 120 gramas.
[b] **18.12** Em hebraico, *1.000 [siclos]*, cerca de 12 quilos.
[c] **18.21** Em hebraico, *cuxita*; também em 18.23,31,32.

"Ele é um homem bom e traz boas notícias", respondeu o rei.

28 Então Aimaás gritou para o rei: "Tudo está bem!". Curvou-se diante do rei com o rosto no chão e disse: "Louvado seja o Senhor, seu Deus, que entregou os rebeldes que ousaram se levantar contra o meu senhor, o rei!".

29 "E quanto a Absalão?", perguntou o rei. "Ele está bem?"

Aimaás respondeu: "Quando Joabe me enviou, havia grande confusão, mas não sei o que aconteceu".

30 "Espere aqui", disse o rei. E Aimaás ficou esperando ao lado.

31 Então chegou o etíope e disse: "Tenho boas notícias para o meu senhor, o rei. Hoje o Senhor o livrou de todos que se rebelaram contra o rei".

32 "E quanto ao jovem Absalão?", perguntou o rei. "Ele está bem?"

O etíope respondeu: "Que todos os inimigos do meu senhor, o rei, e todos os que se levantam para lhe fazer mal tenham o mesmo destino daquele jovem!".

33[a] O rei ficou muito abalado. Foi para o quarto que ficava sobre o portão da cidade e começou a chorar. Andando de um lado para o outro, clamava: "Ah, meu filho Absalão! Meu filho, meu filho Absalão! Quem me dera eu tivesse morrido em seu lugar! Ah, Absalão, meu filho, meu filho!".

JOABE REPREENDE O REI

19 1[b] Logo chegou a Joabe a notícia de que o rei chorava e lamentava a morte de Absalão. 2 Quando o povo soube da grande tristeza do rei pela morte de seu filho, a alegria da vitória daquele dia se transformou em profundo pesar. 3 Os soldados entraram na cidade sem chamar a atenção, como se estivessem envergonhados e houvessem fugido da batalha. 4 O rei cobriu o rosto com as mãos e continuou a chorar: "Ah, meu filho Absalão! Ah, Absalão, meu filho, meu filho!".

5 Então Joabe foi até o quarto do rei e disse: "Hoje salvamos sua vida e a vida de seus filhos e filhas e de suas esposas e concubinas. E, no entanto, o senhor age desse modo e nos faz sentir envergonhados. 6 Parece amar os que o odeiam e odiar os que o amam. Hoje deixou claro que todos os seus comandantes e soldados não significam nada para o senhor. Pelo visto, se Absalão tivesse sobrevivido e todos nós tivéssemos morrido, o senhor estaria satisfeito. 7 Agora saia e vá parabenizar seus soldados, pois juro pelo Senhor que, se o rei não for, nem um só deles permanecerá aqui esta noite. Isso seria pior que todo o mal que já lhe aconteceu na vida".

8 Assim, o rei saiu e se sentou à entrada da cidade, e quando se espalhou a notícia de que o rei estava ali, todos foram vê-lo.

Enquanto isso, os israelitas haviam fugido para suas casas, 9 e em todas as tribos de Israel houve muita discussão. O povo dizia: "O rei nos livrou de nossos inimigos e nos libertou dos filisteus, mas teve de fugir por causa de Absalão. 10 Agora Absalão, a quem ungimos para reinar sobre nós, está morto. Não devemos demorar para trazer o rei Davi de volta!".

11 Então Davi enviou uma mensagem aos sacerdotes Zadoque e Abiatar: "Perguntem às autoridades de Judá: 'Por que vocês demoram tanto para receber o rei de volta? Até eu já sei que todo o Israel deseja a minha volta. 12 Vocês são meus parentes, minha própria tribo, meu povo e minha raça![c] Então por que são os últimos a receber o rei de volta?'". 13 E Davi pediu que dissessem a Amasa: "Você é meu parente, meu povo e minha raça. Que Deus me castigue severamente se, de hoje em diante, você não se tornar comandante de meu exército em lugar de Joabe".

14 A mensagem de Davi convenceu todas as autoridades de Judá, e eles deram uma resposta unânime. Mandaram dizer ao rei: "Volte para nós e traga todos que estão com o senhor!".

DAVI VOLTA PARA JERUSALÉM

15 Então o rei começou a viagem de volta para Jerusalém. Quando chegou ao rio Jordão, o povo de Judá foi a Gilgal para

[a] **18.33** No texto hebraico, o versículo 18.33 é numerado 19.1.

[b] **19.1** No texto hebraico, os versículos 19.1-43 são numerados 19.2-44.

[c] **19.12** Em hebraico, *meu osso e minha carne*; também em 19.13.

encontrar-se com ele e acompanhá-lo
até o outro lado do rio. 16 Simei, filho de
Gera, de Baurim, na terra de Benjamim,
atravessou com os homens de Judá para
dar as boas-vindas ao rei Davi. 17 Estavam
com ele mil homens da tribo de Benjamim,
incluindo Ziba, servo da casa de Saul,
e os quinze filhos e vinte servos de Ziba.
Desceram apressadamente ao Jordão
para receber o rei. 18 Atravessaram o rio,
para ajudar a família do rei a chegar
à outra margem e para fazer o que ele
lhes solicitasse.

DAVI TEM MISERICÓRDIA DE SIMEI

Quando o rei estava prestes a atravessar o
rio, Simei, filho de Gera, curvou-se diante
dele e suplicou: 19 "Ó meu senhor, o rei,
por favor, perdoe-me. Esqueça as coisas
terríveis que seu servo disse quando o
senhor saiu de Jerusalém. 20 Sei quanto
pequei. Por isso vim aqui hoje, a primeira
pessoa em todo o Israel[a] a receber o meu
senhor, o rei".

21 Então Abisai, filho de Zeruia, disse:
"Simei deve ser morto, pois amaldiçoou
o rei ungido do SENHOR!".

22 "Quem pediu a opinião de vocês, fi-
lhos de Zeruia?", disse Davi. "Por que agem
como se fossem meus inimigos?[b] Hoje não
é um dia de execuções, pois hoje voltei
a ser rei em Israel!" 23 Então, virando-se
para Simei, Davi prometeu: "Sua vida
será poupada".

O REENCONTRO DE DAVI E MEFIBOSETE

24 Mefibosete, neto de Saul, veio para en-
contrar-se com o rei. Desde que Davi havia
saído de Jerusalém até o dia em que vol-
tou em segurança, Mefibosete não tinha
lavado os pés, nem feito a barba, nem la-
vado as roupas. 25 Quando ele chegou a
Jerusalém, o rei lhe perguntou: "Por que
você não veio comigo, Mefibosete?".

26 Ele respondeu: "Ó meu senhor, o rei,
meu servo Ziba me enganou. Pedi que
ele selasse meu jumento para que eu
pudesse acompanhar o rei, pois, como o
senhor sabe, sou aleijado. 27 Ele, no en-
tanto, falou mal de mim e disse que eu
havia me recusado a vir. Mas sei que meu
senhor, o rei, é como um anjo de Deus.
Portanto, faça o que lhe parecer melhor.
28 Meus parentes e eu só poderíamos es-
perar que o senhor mandasse nos matar.
Contudo, o senhor me honrou ao permitir
que eu comesse à sua mesa. Que mais eu
poderia pedir?".

29 "Não precisa continuar se explican-
do", respondeu Davi. "Resolvi que você
e Ziba dividirão sua terra igualmente
entre si."

30 "Dê tudo a ele", disse Mefibosete. "Para
mim, basta saber que meu senhor, o rei,
voltou para casa em segurança."

DAVI TRATA BARZILAI COM BONDADE

31 Barzilai, de Gileade, havia descido de
Rogelim para acompanhar o rei na traves-
sia do Jordão. 32 Era bastante idoso — tinha
80 anos — e era muito rico. Foi ele quem
providenciou alimento para o rei durante
sua estada em Maanaim. 33 O rei disse a
Barzilai: "Venha comigo para Jerusalém,
e eu cuidarei de você".

34 Barzilai, porém, respondeu: "Sou ido-
so demais para ir com o rei a Jerusalém.
35 Tenho 80 anos e não consigo mais apre-
ciar coisa alguma. A comida e a bebida já
não têm sabor, e já não consigo ouvir a
voz dos cantores. Seria apenas um peso
para meu senhor, o rei. 36 Atravessar o
Jordão com o rei é honra suficiente para
mim! 37 Depois, permita que eu volte para
morrer em minha cidade, onde meu pai e
minha mãe foram sepultados. Mas aqui
está seu servo, Quimã; permita que ele vá
com meu senhor, o rei, e receba o que o
senhor quiser lhe dar".

38 "Está bem", concordou o rei. "Quimã
virá comigo, e eu o ajudarei da maneira
como você achar melhor. E farei por você
qualquer coisa que me pedir." 39 Assim,
todo o povo atravessou o Jordão com o rei.
Depois que Davi abençoou Barzilai e o bei-
jou, Barzilai voltou para casa.

40 O rei atravessou para Gilgal, levando
Quimã consigo. Todo o povo de Judá e me-
tade do povo de Israel o acompanharam.

[a] **19.20** Em hebraico, *na casa de José.*
[b] **19.22** Ou *meus acusadores?*

Devemos construir um caráter aprovado pelo Pai e deixar que ele cuide da ossa reputação.

DISCUSSÃO SOBRE O REI

41 Contudo, os homens de Israel vieram queixar-se ao rei: "Os homens de Judá se apropriaram do rei e não nos deram a honra de ajudar a levar o senhor, sua família e todos os seus acompanhantes até o outro lado do Jordão".

42 Os homens de Judá argumentaram: "O rei é nosso parente próximo. Por que vocês estão irados? Não comemos à custa do rei nem recebemos favor especial algum!".

43 "Mas há dez tribos em Israel", responderam os outros. "Portanto, temos dez vezes mais direito ao rei do que vocês. Que direito vocês têm de nos tratar com desprezo? Não fomos nós os primeiros a propor trazer nosso rei de volta?" A discussão continuou, e os homens de Judá falaram com ainda mais rispidez que os de Israel.

A REBELIÃO DE SEBA

20 Estava ali por acaso um homem perverso chamado Seba, filho de Bicri, da tribo de Benjamim. Seba tocou a trombeta e começou a gritar:

"Abaixo a dinastia de Davi!
O filho de Jessé nada tem
a nos oferecer!
Vamos, homens de Israel,
todos de volta para casa!".

2 Então todo o povo de Israel que estava ali abandonou Davi e seguiu Seba, filho de Bicri. O povo de Judá, porém, permaneceu com o rei e o acompanhou do rio Jordão até Jerusalém.

3 Quando Davi chegou a seu palácio em Jerusalém, mandou confinar as dez concubinas que haviam ficado ali. O rei lhes providenciou sustento, mas não teve mais relações com elas. Permaneceram como viúvas até o fim da vida.

4 O rei disse a Amasa: "Reúna o exército de Judá e apresente-se aqui em três dias". 5 Amasa saiu para convocar os soldados de Judá, mas levou mais tempo que o prazo definido pelo rei.

6 Então Davi disse a Abisai: "Seba, filho de Bicri, vai nos prejudicar mais que Absalão. Leve minhas tropas e persiga-o antes que ele entre numa cidade fortificada, onde não possamos alcançá-lo".

7 Os soldados de Joabe, junto com a guarda pessoal do rei[a] e os guerreiros valentes, saíram de Jerusalém para perseguir Seba. 8 Quando chegaram à grande rocha em Gibeom, Amasa foi ao encontro deles. Joabe vestia seu traje militar e levava um punhal preso ao cinto. Quando deu um passo à frente para saudar Amasa, tirou o punhal da bainha.[b]

9 "Como vai, meu primo?", disse Joabe, e o pegou pela barba com a mão direita, como se fosse beijá-lo. 10 Amasa não percebeu o punhal na mão esquerda dele, e Joabe o feriu no estômago, de modo que suas entranhas se derramaram no chão. Joabe não precisou feri-lo outra vez, pois Amasa morreu rapidamente. Joabe e seu irmão Abisai deixaram o corpo ali e continuaram a perseguir Seba.

11 Um dos soldados de Joabe gritou: "Se estiverem do lado de Joabe e Davi, venham e sigam Joabe!". 12 Amasa, porém, estava estendido numa poça de sangue no meio do caminho, e os soldados de Joabe viram que todos paravam para olhar. Então um dos soldados o arrastou para fora do caminho, até um campo, e o cobriu com um manto. 13 Com o corpo de Amasa fora do caminho, todos seguiram Joabe em perseguição a Seba, filho de Bicri.

14 Enquanto isso, Seba passou por todas as tribos de Israel e, por fim, chegou à cidade de Abel-Bete-Maaca. Todos os membros de seu clã, os bicritas,[c] se reuniram para lutar e o seguiram até a cidade. 15 Quando os soldados de Joabe chegaram, cercaram Abel-Bete-Maaca. Construíram uma rampa junto às fortificações da cidade e começaram a derrubar o muro. 16 Então uma mulher sábia da cidade gritou: "Ouçam! Digam a Joabe que se aproxime, pois desejo falar com ele!". 17 Quando ele se aproximou, a mulher perguntou: "O senhor é Joabe?".

"Sim, sou eu", respondeu ele.

[a] **20.7** Em hebraico, *os queretitas e os peletitas*; também em 20.23.

[b] **20.8** Em hebraico, *Quando deu um passo à frente, [o punhal] caiu.*

[c] **20.14** Conforme a Septuaginta e a Vulgata; o hebraico traz *Todos os beritas.*

Então ela disse: "Ouça sua serva com atenção".

"Estou ouvindo", disse ele.

18 A mulher continuou: "Antigamente era costume dizer: 'Se precisar resolver um desentendimento, peça conselho na cidade de Abel'. 19 Somos pacíficos e fiéis em Israel, mas o senhor está prestes a destruir uma cidade importante de nossa terra.[a] Por que deseja destruir aquilo que pertence ao Senhor?".

20 "De maneira nenhuma!", respondeu Joabe. "Não quero arruinar nem destruir sua cidade. 21 Não é essa a minha intenção. Quero apenas capturar um homem chamado Seba, filho de Bicri, da região montanhosa de Efraim, que se rebelou contra o rei Davi. Se vocês o entregarem para mim, deixarei a cidade em paz."

"Está bem", respondeu a mulher. "Jogaremos a cabeça dele para você por cima do muro." 22 Então a mulher levou o seu bom conselho até o povo. Eles cortaram a cabeça de Seba e a jogaram para Joabe. Ele tocou a trombeta, e seus soldados se retiraram da cidade. Todos voltaram para suas casas, e Joabe voltou para o rei, em Jerusalém.

23 Joabe era o comandante de todo o exército de Israel. Benaia, filho de Joiada, era o comandante da guarda pessoal do rei. 24 Adonirão[b] era encarregado daqueles que realizavam trabalhos forçados. Josafá, filho de Ailude, era o historiador do reino. 25 Seva era o secretário da corte. Zadoque e Abiatar eram os sacerdotes. 26 E Ira, descendente de Jair, servia Davi como sacerdote.

DAVI VINGA OS GIBEONITAS

21 Durante o reinado de Davi, houve uma terrível fome que durou três anos, e o rei consultou o Senhor a esse respeito. O Senhor disse: "A fome veio porque Saul e sua família são culpados de terem matado os gibeonitas".

2 Então o rei mandou chamar os gibeonitas. Eles não faziam parte do povo de Israel, mas eram tudo que restava dos amorreus. Os israelitas tinham jurado que não os matariam, mas Saul, em seu zelo por Israel e Judá, havia tentado exterminá-los. 3 Davi lhes perguntou: "O que posso fazer por vocês? Como posso reparar o mal que lhes foi feito, para que vocês abençoem o povo do Senhor?".

4 Os gibeonitas responderam: "Prata e ouro não resolverão a questão entre nós e a família de Saul. Também não temos o direito de exigir a vida de ninguém em Israel".

"Que farei por vocês, então?", perguntou Davi.

5 Eles responderam: "Saul planejava nos destruir; queria nos impedir de ter um lugar no território de Israel. 6 Portanto, entregue-nos sete dos filhos de Saul, para que os executemos diante do Senhor em Gibeá, no monte do Senhor".[c]

"Está bem", disse o rei. "Farei o que me pedem." 7 O rei poupou a vida de Mefibosete, filho de Jônatas, filho de Saul, por causa do juramento que Davi e Jônatas haviam feito diante do Senhor. 8 Contudo, entregou-lhes Armoni e Mefibosete, os dois filhos de Saul com Rispa, filha de Aiá. Também entregou-lhes os cinco filhos de Merabe,[d] filha de Saul, esposa de Adriel, filho de Barzilai, de Meolá. 9 Os homens de Gibeom os executaram no monte, diante do Senhor. Os sete foram mortos ao mesmo tempo, no início da colheita da cevada.

10 Então Rispa, filha de Aiá, estendeu um pano de saco sobre uma rocha e ficou ali todo o período da colheita. Não deixou que as aves de rapina despedaçassem os corpos deles durante o dia e impediu os animais selvagens de os devorarem durante a noite. 11 Quando Davi soube o que Rispa, concubina de Saul, havia feito, 12 foi até o povo de Jabes-Gileade para reaver os ossos de Saul e de seu filho Jônatas. (Quando os filisteus mataram Saul e Jônatas no monte Gilboa, o povo de Jabes-Gileade tinha roubado os corpos deles da praça de Bete-Sã, onde os filisteus os haviam pendurado.) 13 Davi trouxe os

[a] **20.19** Em hebraico, *uma cidade que é mãe em Israel*.
[b] **20.24** Conforme a Septuaginta (ver tb. 1Rs 4.6; 5.14); o hebraico traz *Adorão*.

[c] **21.6** Conforme a Septuaginta (ver tb. 2Sm 21.9); o hebraico traz *em Gibeá de Saul, o escolhido do Senhor*.
[d] **21.8** Conforme alguns manuscritos hebraicos e gregos e a versão siríaca (ver tb. 1Sm 18.19); a maioria dos manuscritos hebraicos traz *Mical*.

ossos de Saul e de Jônatas, e também os ossos dos homens que os gibeonitas haviam executado.

14 O rei ordenou que os ossos de Saul e de Jônatas fossem enterrados na sepultura de Quis, pai de Saul, na cidade de Zela, na terra de Benjamim. Depois disso, Deus atendeu às orações em favor do povo.

BATALHAS CONTRA GIGANTES FILISTEUS

15 Mais uma vez, houve guerra entre os filisteus e Israel. Quando Davi e seus soldados estavam no meio de uma batalha, Davi perdeu as forças e ficou exausto. 16 Isbibenobe era descendente de gigantes,[a] e a ponta de sua lança de bronze pesava cerca de 3,5 quilos.[b] Ele estava armado com uma espada nova e jurou que ia matar Davi. 17 Mas Abisai, filho de Zeruia, veio socorrer Davi e matou o filisteu. Então os homens de Davi exigiram: "O senhor não vai mais sair conosco para lutar! Por que correr o risco de apagar a lâmpada de Israel?".

18 Depois disso, houve outra batalha contra os filisteus, em Gobe. Enquanto lutavam, Sibecai, de Husate, matou Safe, outro descendente de gigantes.

19 Durante uma batalha em Gobe, Elanã, filho de Jair,[c] de Belém, matou o irmão de Golias, de Gate.[d] O cabo de sua lança era da grossura de um eixo de tecelão.

20 Em outra batalha com os filisteus em Gate, havia um homem de grande estatura[e] com seis dedos em cada mão e seis dedos em cada pé, 24 dedos ao todo, que também era descendente de gigantes. 21 Mas, quando ele desafiou os israelitas e zombou deles, foi morto por Jônatas, filho de Simeia,[f] irmão de Davi.

22 Esses quatro filisteus eram descendentes dos gigantes de Gate, mas Davi e seus guerreiros os mataram.

[a] **21.16a** Ou *descendente de Rafa*; também em 21.18,20,22.
[b] **21.16b** Em hebraico, *300 [siclos]*.
[c] **21.19a** Conforme o texto paralelo em 1Cr 20.5; o hebraico traz *filho de Jaaré-Oregim*.
[d] **21.19b** Conforme o texto paralelo em 1Cr 20.5; o hebraico traz *matou Golias, de Gate*.
[e] **21.20** Conforme o texto paralelo em 1Cr 20.6; o hebraico traz *um midianita*.
[f] **21.21** Conforme o texto paralelo em 1Cr 20.7; o hebraico traz *Simei*, variação de Simeia.

CÂNTICO DE LOUVOR DE DAVI

22 Davi entoou esta canção ao SENHOR no dia em que o SENHOR o livrou de todos os seus inimigos e de Saul. 2 Assim cantou:

"O SENHOR é minha rocha,
minha fortaleza
e meu libertador;
3 meu Deus é minha rocha,
em quem encontro proteção.
Ele é meu escudo, o poder
que me salva
e meu lugar seguro.
Ele é meu refúgio, meu salvador,
aquele que me livra da violência.
4 Clamei ao SENHOR, que é
digno de louvor,
e ele me livrou de meus inimigos.

5 "As ondas da morte me cercaram,
torrentes de destruição
caíram sobre mim.
6 A sepultura[g] me envolveu
em seus laços,
a morte pôs uma armadilha
em meu caminho.
7 Em minha aflição, clamei ao SENHOR;
sim, clamei a Deus por socorro.
Do seu santuário ele me ouviu;
meu clamor chegou a seus ouvidos.

8 "A terra se abalou e estremeceu;
tremeram os alicerces dos céus,
agitaram-se por causa de sua ira.
9 De suas narinas saiu fumaça,
de sua boca, fogo consumidor;
brasas vivas saíram dele.
10 Ele abriu os céus e desceu,
com nuvens escuras de
tempestade sob os pés.
11 Montado num querubim,
pairava[h] sobre as asas do vento.
12 Envolveu-se num manto
de escuridão,
em densas nuvens de chuva.
13 Um clarão resplandeceu ao seu redor,
e dele saíram brasas vivas.[i]

[g] **22.6** Em hebraico, *Sheol*.
[h] **22.11** Conforme alguns manuscritos hebraicos (ver tb. Sl 18.10); outros manuscritos hebraicos trazem *surgia*.
[i] **22.13** Ou *relâmpagos*.

14 O Senhor trovejou dos céus;
a voz do Altíssimo ressoou.
15 Atirou flechas e dispersou
seus inimigos,
lançou raios e os fez fugir
em confusão.
16 Então, por ordem do Senhor,
com o forte sopro de suas narinas,
o fundo do mar apareceu,
e os alicerces da terra
ficaram expostos.

17 "Dos céus estendeu a
mão e me resgatou;
tirou-me de águas profundas.
18 Livrou-me de inimigos poderosos,
dos que me odiavam
e eram fortes demais para mim.
19 Quando eu estava angustiado,
eles me atacaram,
mas o Senhor me sustentou.
20 Ele me levou a um lugar seguro,
e me livrou porque se
agrada de mim.
21 O Senhor me recompensou
por minha justiça;
por causa de minha inocência,
me restaurou.
22 Pois guardei os caminhos
do Senhor,
não me afastei de Deus
para seguir o mal.
23 Cumpri todos os seus estatutos
e nunca abandonei seus decretos.
24 Sou inculpável diante de Deus;
do pecado me guardei.
25 O Senhor me recompensou
por minha justiça;
ele viu minha inocência.

26 "Aos fiéis te mostras fiel,
e, aos íntegros,
mostras integridade.
27 Aos puros te mostras puro,
mas, aos perversos,
te mostras astuto.
28 Livras os humildes,
mas teus olhos observam
os orgulhosos,
e tu os humilhas.
29 Ó Senhor, tu és minha lâmpada!
O Senhor ilumina minha escuridão.
30 Com tua força, posso atacar
qualquer exército;
com meu Deus, posso saltar
qualquer muralha.

31 "O caminho de Deus é perfeito:
as promessas[a] do Senhor
sempre se cumprem;
ele é escudo para todos
que nele se refugiam.
32 Pois quem é Deus,
senão o Senhor?
Quem é rocha firme,
senão o nosso Deus?
33 Deus é minha fortaleza inabalável
e remove os obstáculos
de meu caminho.
34 Torna meus pés ágeis
como os da corça
e me sustenta quando
ando pelos montes.
35 Treina minhas mãos
para a batalha
e fortalece meus braços para
vergar o arco de bronze.
36 Tu me deste teu escudo
de vitória;
teu socorro me engrandece.
37 Abriste um caminho largo
para meus pés,
de modo que não vacilem.

38 "Persegui meus inimigos
e os destruí;
não retornei enquanto não
foram derrotados.
39 Acabei com eles e os feri até que
não pudessem se levantar;
caíram diante de meus pés.
40 Tu me armaste fortemente
para a batalha,
ajoelhaste meus inimigos
diante de mim.
41 Puseste o pescoço deles
sob meus pés;
destruí todos que me odiavam.
42 Procuraram ajuda, mas
ninguém os socorreu;
clamaram ao Senhor, mas
ele não respondeu.

[a] **22.31** Em hebraico, *a palavra.*

43 Eu os moí tão fino como o pó da terra;
eu os esmaguei e os pisoteei
como a lama das ruas.

44 "Tu me livraste de meus acusadores
e me preservaste como
governante de nações;
povos que eu não conhecia
agora me servem.
45 Nações estrangeiras se
encolhem diante de mim;
rendem-se assim que ouvem
sobre os meus feitos.
46 Todos eles perdem a coragem
e, tremendo,[a] saem de suas fortalezas.

47 "O SENHOR vive! Louvada
seja minha Rocha!
Exaltado seja Deus, a Rocha
da minha salvação!
48 Ele é o Deus que se vinga dos
que me fazem o mal;
sujeita as nações ao meu poder
49 e me livra de meus adversários.
Tu me manténs em segurança, fora
do alcance de meus inimigos;
de homens violentos me livras.
50 Por isso, ó SENHOR, te louvarei
entre as nações;
sim, cantarei louvores ao teu nome.
51 Concedes grandes vitórias a teu rei
e mostras amor por teu ungido,
por Davi e todos os seus
descendentes, para sempre!".

PALAVRAS FINAIS DE DAVI

23 Estas são as últimas palavras de
Davi:

"Isto é o que diz Davi, filho de Jessé;
Davi, que foi tão exaltado,
Davi, o homem ungido
pelo Deus de Jacó,
Davi, o amável salmista de Israel.[b]

2 "O Espírito do SENHOR fala
por meu intermédio;
suas palavras estão em minha língua.
3 O Deus de Israel falou,
a Rocha de Israel me disse:
'Aquele que governa com justiça,
que governa no temor de Deus,
4 é como a luz da manhã
ao nascer do sol,
como a manhã sem nuvens,
como o brilho do sol
que faz crescer a grama
nova depois da chuva'.

5 "Acaso não foi minha família
que Deus escolheu?
Sim, ele fez comigo uma
aliança sem fim,
bem definida e garantida nos
mínimos detalhes;
ele me dará segurança e êxito.
6 Os perversos, porém, são como
espinhos lançados fora,
pois ferem a mão de quem os toca.
7 É preciso usar ferramentas
de ferro para cortá-los;
serão inteiramente
consumidos pelo fogo".

OS GUERREIROS MAIS VALENTES DE DAVI

8 Estes são os nomes dos guerreiros mais
valentes de Davi. O primeiro era Jabesão,
o hacmonita,[c] líder dos Três,[d] isto é,
dos três guerreiros mais valentes dentre
os soldados de Davi. Certa ocasião, usou
sua lança para matar oitocentos soldados
inimigos numa só batalha.[e]
9 O segundo era Eleazar, filho de Dodô,
descendente de Aoí. Ele era um dos três
guerreiros que estavam com Davi quando
enfrentaram os filisteus depois que todo o
exército israelita havia recuado. 10 Eleazar
matou filisteus até que sua mão ficou
cansada demais para levantar a espada,
e o SENHOR lhe deu grande vitória naquele
dia. Quando o exército voltou, os soldados
só tiveram de recolher os despojos.

[a] **22.46** Conforme o texto paralelo em Sl 18.45; o hebraico traz *cingindo-se*.
[b] **23.1** Ou *o tema predileto dos cânticos de Israel*, ou *o predileto do Poderoso de Israel*.
[c] **23.8a** Conforme o texto paralelo em 1Cr 11.11; o hebraico traz *Josebe-Bassebete, o tacmonita*.
[d] **23.8b** Conforme a Septuaginta e a Vulgata (ver tb. 1Cr 11.11); o significado do hebraico é incerto.
[e] **23.8c** Conforme alguns manuscritos gregos (ver tb. 1Cr 11.1). O significado do hebraico é incerto, embora possa ser traduzido como *Foi Adino, o esnita, que matou oitocentos homens de uma só vez*.

11 Depois dele vinha Samá, filho de Agé,
de Harar. Certa ocasião, os filisteus se re-
uniram em Leí e atacaram os israelitas
numa plantação de lentilhas. O exército
israelita fugiu, 12 mas Samá permaneceu
em sua posição no meio do campo e derro-
tou os filisteus. Desse modo, o SENHOR lhe
deu grande vitória.

13 Durante a colheita, quando Davi estava
na caverna de Adulão, o exército filisteu
acampou no vale de Refaim. Os Três — que
faziam parte dos Trinta, um grupo de elite
entre os valentes de Davi — desceram para
encontrá-lo em Adulão. 14 Nessa ocasião,
Davi estava na fortaleza, e um destaca-
mento filisteu havia ocupado a cidade
de Belém.

15 Davi comentou: "Ah, como seria bom
beber a água pura do poço que fica jun-
to ao portão de Belém!". 16 Então os Três
atravessaram as fileiras dos filisteus, tira-
ram água do poço e a trouxeram a Davi.
Ele, porém, se recusou a bebê-la. Em vez
disso, derramou-a no chão como oferta ao
SENHOR. 17 "Que o SENHOR não permita que
eu beba desta água!", exclamou. "Ela é tão
preciosa quanto o sangue destes homens[a]
que arriscaram a vida para trazê-la." E Davi
não a bebeu. Esses são exemplos dos fei-
tos desses três guerreiros.

OS TRINTA VALENTES DE DAVI

18 Abisai, filho de Zeruia, irmão de Joabe,
era líder dos Trinta.[b] Certa ocasião, usou
sua lança para matar trezentos soldados
inimigos numa só batalha. Foi por cau-
sa de feitos como esse que ele se tornou
tão famoso quanto os Três. 19 Abisai
era o mais conhecido dos Trinta[c] e era
seu comandante, embora não fosse um
dos Três.

20 Também havia Benaia, filho de Joiada,
soldado valente[d] de Cabzeel. Realizou
muitos feitos heroicos, como matar dois
grandes guerreiros[e] de Moabe. Em outra
ocasião, num dia de neve, perseguiu um
leão até uma cova e o matou. 21 Uma vez,
com apenas um cajado, matou um impo-
nente guerreiro egípcio armado com uma
lança. Benaia arrancou a lança da mão do
egípcio e com ela o matou. 22 Feitos como
esses tornaram Benaia tão famoso quan-
to os três guerreiros mais valentes. 23 Foi
mais honrado que qualquer outro mem-
bro dos Trinta, embora não fosse um dos
Três. Davi o nomeou comandante de sua
guarda pessoal.

24 Entre os Trinta estavam:

Asael, irmão de Joabe;
Elanã, filho de Dodô, de Belém;
25 Samá, de Harode;
Elica, de Harode;
26 Helez, de Pelom;[f]
Ira, filho de Iques, de Tecoa;
27 Abiezer, de Anatote;
Sibecai,[g] de Husate;
28 Zalmom, de Aoí;
Maarai, de Netofate;
29 Helede,[h] filho de Baaná, de Netofate;
Itai, filho de Ribai, de Gibeá, na terra
de Benjamim;
30 Benaia, de Piratom;
Hurai,[i] de Naal-Gaás;[j]
31 Abi-Albom, de Arbate;
Azmavete, de Baurim;
32 Eliaba, de Saalbom;
os filhos de Jasém;
Jônatas, 33 filho de Sage,[k] de Harar;
Aião, filho de Sarar, de Harar;
34 Elifelete, filho de Aasbai, de Maaca;
Eliã, filho de Aitofel, de Gilo;
35 Hezro, do Carmelo;
Paarai, de Arba;
36 Igal, filho de Natã, de Zobá;
Bani, de Gade;
37 Zeleque, de Amom;
Naarai, de Beerote, escudeiro de Joabe,
filho de Zeruia;

---

[a] **23.17** Em hebraico, *Acaso beberei do sangue destes homens?*
[b] **23.18** Conforme alguns manuscritos hebraicos e a versão siríaca; a maioria dos manuscritos hebraicos traz *dos Três.*
[c] **23.19** Conforme a versão siríaca; o hebraico traz *dos Três.*
[d] **23.20a** Ou *filho de Joiada, filho de Isai.*
[e] **23.20b** Em hebraico, *dois de Ariel.*
[f] **23.26** Conforme o texto paralelo em 1Cr 11.27 (ver tb. 1Cr 27.10); o hebraico traz *Palti.*
[g] **23.27** Conforme alguns manuscritos gregos (ver tb. 1Cr 11.29); o hebraico traz *Mebunai.*
[h] **23.29** Conforme alguns manuscritos hebraicos (ver tb. 1Cr 11.30); a maioria dos manuscritos hebraicos traz *Helebe.*
[i] **23.30a** Conforme alguns manuscritos gregos (ver tb. 1Cr 11.32); o hebraico traz *Hidai.*
[j] **23.30b** Ou *dos ribeiros de Gaás.*
[k] **23.32-33** Conforme o texto paralelo em 1Cr 11.34; o hebraico traz *Jônatas, Samá*; a Septuaginta traz *Jônatas, filho de Samá.*

38 Ira, de Jatir;
Garebe, de Jatir;
39 Urias, o hitita.

Ao todo, eram 37.

DAVI REALIZA UM CENSO

24 Mais uma vez, a ira do Senhor ardeu contra Israel e incitou Davi contra eles. "Vá e conte o povo de Israel e de Judá", disse-lhe o Senhor.

2 Então o rei disse a Joabe, comandante de seu exército: "Faça uma contagem de todas as tribos de Israel, desde Dã, ao norte, até Berseba, ao sul, para que eu saiba o número exato do povo".

3 Joabe, porém, respondeu ao rei: "Que o Senhor, seu Deus, dê ao rei vida longa para ver a população cem vezes mais numerosa do que é hoje! Mas por que meu senhor, o rei, deseja fazer essa contagem?".

4 Apesar da objeção de Joabe, o rei insistiu que fizessem o censo. Então Joabe e os comandantes do exército saíram para contar o povo de Israel. 5 Primeiro atravessaram o Jordão e acamparam em Aroer, ao sul da cidade, no meio do vale de Gade. Em seguida, foram a Jazer, 6 depois, a Gileade, na terra de Tatim-Hodsi[a] e a Dã-Jaã, e deram a volta para Sidom. 7 Então chegaram à fortaleza de Tiro, e a todas as cidades dos heveus e dos cananeus. Por fim, dirigiram-se ao sul de Judá,[b] até Berseba.

8 Tendo percorrido toda a terra em nove meses e vinte dias, voltaram para Jerusalém. 9 Joabe informou ao rei o total da contagem. Havia em Israel oitocentos mil homens aptos para irem à guerra que sabiam manejar a espada e, em Judá, havia quinhentos mil.

JULGAMENTO POR CAUSA DO PECADO DE DAVI

10 Depois que Davi fez o censo, sua consciência começou a incomodá-lo. Ele disse ao Senhor: "Pequei grandemente ao fazer essa contagem. Perdoe meu pecado, ó Senhor, pois cometi uma insensatez".

11 Na manhã seguinte, a palavra do Senhor veio ao profeta Gade, vidente de Davi. Esta foi a mensagem: 12 "Vá e diga a Davi que assim diz o Senhor: 'Darei a você três opções. Escolha um destes castigos, e eu o aplicarei a você'".

13 Gade foi a Davi e lhe perguntou: "Qual destas opções você escolhe: três[c] anos de fome por toda a terra, três meses fugindo de seus inimigos, ou três dias de praga intensa por toda a terra? Pense bem e decida o que devo responder àquele que me enviou".

14 "Não tenho para onde correr nesta situação!", respondeu Davi a Gade. "Mas é melhor cair nas mãos do Senhor, pois sua misericórdia é grande. Que eu não caia nas mãos de homens."

15 Então, naquela manhã, o Senhor enviou sobre Israel uma praga que durou o tempo determinado. Morreram setenta mil pessoas em todo o Israel, desde Dã, ao norte, até Berseba, ao sul. 16 Mas, quando o anjo estava pronto para destruir Jerusalém, o Senhor teve compaixão e disse ao anjo da morte: "Pare! Já basta!". Naquele momento, o anjo do Senhor estava perto da eira de Araúna, o jebuseu.

17 Quando Davi viu o anjo, disse ao Senhor: "Fui eu que pequei e fiz o que era mau! O povo é inocente. O que fizeram? Que tua ira caia sobre mim e minha família".

DAVI CONSTRÓI UM ALTAR

18 Naquele dia, Gade foi a Davi e disse: "Vá e construa um altar para o Senhor na eira de Araúna, o jebuseu".

19 Então Davi subiu até lá para cumprir a ordem do Senhor. 20 Quando Araúna viu o rei e seus servos se aproximando, saiu e curvou-se diante do rei com o rosto no chão. 21 "Por que meu senhor, o rei, veio aqui?", perguntou Araúna.

Davi respondeu: "Vim comprar sua eira e construir nela um altar para o Senhor, a fim de que ele faça cessar a praga".

22 "Pode ficar com a eira, meu senhor, o rei", disse Araúna. "Use-a como lhe parecer melhor. Aqui estão os bois para o holocausto, e o senhor pode usar as tábuas

[a] **24.6** A Septuaginta traz *a Gileade e a Cades, na terra dos hititas.*

[b] **24.7** Ou *ao Neguebe de Judá.*

[c] **24.13** Conforme a Septuaginta (ver tb. 1Cr 21.12); o hebraico traz *sete.*

de trilhar e as cangas dos bois como lenha
para o fogo do altar. 23 Eu lhe darei tudo,
ó rei. E que o SENHOR, seu Deus, aceite seu
sacrifício."
24 O rei, porém, respondeu a Araúna:
"Não! Faço questão de pagar por tudo.
Não apresentarei ao SENHOR, meu Deus,
holocaustos que nada me custaram". Então
Davi pagou cinquenta peças[a] de prata pela
eira e pelos bois.
25 Davi construiu ali um altar ao SENHOR
e ofereceu holocaustos e ofertas de paz.
O SENHOR respondeu à sua oração em
favor da terra, e a praga sobre Israel cessou.

[a] **24.24** Em hebraico, *50 siclos*, cerca de 600 gramas.

Livro 11 com

1Reis

22

CAPÍTULOS

SIGNIFICADO DO TÍTULO

O título "1Reis" vem da divisão dos livros de Reis na Bíblia hebraica e na Septuaginta grega. Refere-se ao reinado dos diversos monarcas em Israel, desde a morte do rei Davi até o reinado de Acabe e a sucessão de seus filhos.

AUTORIA

Embora não seja explicitamente mencionado, a tradição atribui a autoria ao profeta Jeremias. Contudo, muitos estudiosos modernos sugerem que o livro pode ter sido compilado e editado por escribas e profetas durante o período do exílio ou após o retorno dos cativos.

OBJETIVO DO LIVRO

1Reis continua a narrativa histórica de Israel após a morte do rei Davi. Descreve os reinados de Salomão, Roboão e Jeroboão, além de outros reis, até o governo de Acabe. O texto destaca a contínua luta de Israel para manter sua identidade como nação escolhida por Deus, enquanto enfrenta ameaças internas e externas.

ESTRUTURA DO LIVRO

- ★ O reinado de Salomão 1Rs 1—11
- ★ O reinado de Roboão e a divisão do reino 1Rs 12—14
- ★ O reinado de Abias e Asa em Judá 1Rs 15.24
- ★ O reinado de Nadabe, Baasa, Elá, Zinri e Onri em Israel 1Rs 15.25—16
- ★ O reinado de Acabe e o ministério de Elias 1Rs 17
- ★ Elias e os profetas de Baal 1Rs 18
- ★ Elias foge para o Sinai e o chamado de Eliseu 1Rs 19
- ★ A guerra contra a Síria 1Rs 20
- ★ Acabe e Jezabel contra Nabote 1Rs 21
- ★ A batalha de Ramote-Gileade e a morte de Acabe 1Rs 22

TEMAS DE 1REIS

A teologia de 1Reis enfatiza a importância da obediência a Deus e os resultados da desobediência. A queda de Salomão em virtude da idolatria e da desobediência mostra a necessidade de fidelidade ao Senhor e à sua aliança. O livro também destaca a soberania de Deus sobre os reinos da Terra e a fidelidade em manter suas promessas.

1REIS E CRISTO

Em 1Reis, Salomão prefigura Jesus como um rei sábio e construtor do templo; as falhas dos monarcas humanos ressaltam a necessidade do rei perfeito; a injustiça de Acabe destaca a necessidade da justiça que Jesus traz; e a fidelidade de Deus à aliança com Davi é cumprida em Jesus, o eterno Filho de Davi.

A VELHICE DE DAVI

1 O rei Davi já estava muito idoso e, por mais cobertores que pusessem sobre ele, não se aquecia. 2 Então seus conselheiros lhe disseram: "Vamos procurar uma jovem virgem para servi-lo e cuidar do senhor, o rei. Ela se deitará em seus braços e o manterá aquecido".

3 Então procuraram em toda a terra de Israel uma jovem bonita e encontraram Abisague, de Suném, e a levaram ao rei. 4 A jovem, muito bela, passou a cuidar do rei e a servi-lo. O rei, porém, não teve relações sexuais com ela.

ADONIAS REIVINDICA O TRONO

5 Por essa época, Adonias, filho de Davi e Hagite, começou a se gabar: "Eu assumirei o trono". Providenciou carruagens e cavaleiros, e também cinquenta homens que serviam como sua guarda de honra.[a] 6 Seu pai nunca o havia disciplinado, nem sequer lhe perguntava: "Por que está fazendo isso?". Adonias havia nascido depois de Absalão e também era muito bonito.

7 Adonias buscou conselho com Joabe, filho de Zeruia, e com o sacerdote Abiatar, e eles o apoiaram em seu plano. 8 Mas o sacerdote Zadoque, Benaia, filho de Joiada, o profeta Natã, Simei, Reí e a guarda pessoal de Davi se recusaram a apoiar Adonias.

9 Adonias foi à pedra de Zoelete,[b] perto de En-Rogel, onde ofereceu sacrifícios de ovelhas, bois e novilhos gordos. Convidou todos os seus irmãos, os outros filhos do rei Davi, e todos os homens de Judá, oficiais do rei. 10 Mas não convidou o profeta Natã, nem Benaia, nem a guarda pessoal do rei, nem seu irmão Salomão.

11 Então Natã foi falar com Bate-Seba, mãe de Salomão, e lhe perguntou: "Você está sabendo que Adonias, filho de Hagite, se proclamou rei, e nosso senhor Davi nem sabe? 12 Se deseja salvar a sua vida e a de seu filho Salomão, siga meu conselho. 13 Vá depressa ao rei Davi e diga-lhe: 'Meu senhor, o rei, não jurou a mim que meu filho Salomão certamente seria o próximo rei e se sentaria em seu trono? Então por que Adonias se proclamou rei?'. 14 E, enquanto você ainda estiver falando com ele, eu virei e confirmarei tudo que disse".

15 O rei Davi, já bastante idoso, estava em seu quarto, onde Abisague cuidava dele. Bate-Seba foi até lá 16 e curvou-se diante do rei.

"O que você quer?", perguntou ele.

17 Ela respondeu: "Meu senhor jurou diante do Senhor, seu Deus, que Salomão, o filho de sua serva, certamente seria o próximo rei e se sentaria em seu trono. 18 Mas, agora, Adonias se proclamou rei, e meu senhor, o rei, nem sabe. 19 Ele ofereceu muitos sacrifícios de bois, novilhos gordos e ovelhas, e convidou todos os filhos do rei para a celebração. Também convidou o sacerdote Abiatar e Joabe, o comandante do exército. Mas não convidou seu servo Salomão. 20 Agora, ó meu senhor, o rei, todo o Israel espera que o senhor anuncie quem o sucederá no trono. 21 Se o senhor não tomar uma providência, meu filho Salomão e eu seremos tratados como criminosos quando meu senhor, o rei, morrer".

22 Enquanto ela ainda falava com o rei, chegou o profeta Natã. 23 Os servos do rei lhe disseram: "O profeta Natã deseja vê-lo".

Natã entrou, curvou-se com o rosto no chão diante do rei 24 e perguntou: "Meu senhor, o rei, decidiu que Adonias será o próximo rei e se sentará em seu trono? 25 Hoje ele ofereceu muitos sacrifícios de bois, novilhos gordos e ovelhas, e convidou todos os filhos do rei para a celebração. Também convidou os comandantes do exército e o sacerdote Abiatar. Estão comendo e bebendo com ele e gritando: 'Viva o rei Adonias!'. 26 Mas ele não convidou a mim, seu servo, nem ao sacerdote Zadoque, nem a Benaia, filho de Joiada, nem a seu servo Salomão. 27 Meu senhor, o rei, fez isso sem informar nenhum de seus conselheiros quem será o próximo rei?".

SALOMÃO É PROCLAMADO REI

28 O rei Davi respondeu: "Chamem Bate-Seba!". Então ela voltou e ficou em pé diante dele. 29 O rei repetiu seu juramento: "Tão certo como vive o Senhor, que me livrou de todos os perigos, 30 seu filho Salomão será o próximo rei e se sentará em meu trono hoje mesmo, como jurei a você diante do Senhor, o Deus de Israel!".

---

[a] **1.5** Em hebraico, *que corriam adiante dele*.

[b] **1.9** Ou *pedra da Serpente*; a Septuaginta apoia o uso de *Zoelete* como nome próprio.

31 Então Bate-Seba se curvou diante do rei com o rosto no chão e exclamou: "Que o rei Davi, meu senhor, viva para sempre!".

32 O rei Davi ordenou: "Chamem o sacerdote Zadoque, o profeta Natã e Benaia, filho de Joiada". Quando eles chegaram à presença do rei, 33 ele lhes disse: "Levem Salomão e meus conselheiros à fonte de Giom. Salomão deve ir montado em minha mula. 34 Ali o sacerdote Zadoque e o profeta Natã o ungirão rei sobre Israel. Toquem a trombeta e gritem: 'Viva o rei Salomão!'. 35 Em seguida, acompanhem Salomão de volta para cá, e ele se sentará em meu trono. Será meu sucessor, pois eu decretei que ele reinará sobre Israel e Judá".

36 "Amém!", respondeu Benaia, filho de Joiada. "Que o Senhor, o Deus de meu senhor, o rei, confirme suas palavras. 37 E que o Senhor esteja com Salomão como esteve com meu senhor, o rei, e que torne o reinado de Salomão ainda maior que o seu!"

38 Então o sacerdote Zadoque, o profeta Natã, Benaia, filho de Joiada, e a guarda pessoal do rei[a] levaram Salomão à fonte de Giom, e Salomão foi montado na mula que pertencia ao rei Davi. 39 Ali o sacerdote Zadoque pegou uma vasilha de óleo da tenda sagrada e ungiu Salomão. Em seguida, tocaram a trombeta, e todo o povo gritou: "Viva o rei Salomão!". 40 E todos acompanharam Salomão, tocando flautas e soltando gritos de alegria. A celebração era tão animada e barulhenta que fazia o chão tremer.

41 Adonias e seus convidados ouviram a celebração bem na hora em que terminavam o banquete. Quando Joabe ouviu o som da trombeta, perguntou: "O que está acontecendo? Por que a cidade está nesse alvoroço?".

42 Enquanto ele ainda falava, chegou Jônatas, filho do sacerdote Abiatar. "Entre", disse-lhe Adonias. "Você é um homem de bem. Com certeza traz boas notícias."

43 "Pelo contrário!", respondeu Jônatas. "O rei Davi, nosso senhor, proclamou Salomão o novo rei! 44 Enviou-o à fonte de Giom acompanhado do sacerdote Zadoque, do profeta Natã e de Benaia, filho de Joiada, sob a proteção da guarda pessoal do rei. Salomão ia montado na mula que pertence ao rei, 45 e Zadoque e Natã o ungiram rei na fonte de Giom. Acabam de voltar, e a cidade inteira está festejando com grande alegria. Esse é o motivo de todo esse alvoroço. 46 Além disso, agora mesmo Salomão está sentado no trono real, 47 e todos os oficiais do rei foram cumprimentar Davi e lhe disseram: 'Que o seu Deus torne a fama de Salomão ainda maior que a sua, e que o reinado de Salomão seja ainda maior que o seu!'. E, deitado na cama, o rei curvou-se em adoração 48 e disse: 'Louvado seja o Senhor, o Deus de Israel, que hoje escolheu um sucessor para sentar-se em meu trono enquanto ainda estou vivo para ver isso acontecer'."

49 Então, em pânico, os convidados de Adonias se levantaram da mesa do banquete e se dispersaram. 50 Adonias, com medo de Salomão, correu para a tenda sagrada e se agarrou às pontas do altar. 51 Salomão soube que Adonias, por medo, estava agarrado às pontas do altar e dizia: "Que o rei Salomão jure hoje que não matará a mim, seu servo!".

52 Salomão respondeu: "Se ele for leal, não se tocará num só fio de cabelo de sua cabeça. Mas, se ele demonstrar más intenções, morrerá". 53 Então o rei Salomão mandou chamar Adonias, e eles o retiraram de junto do altar. Ele veio e se curvou diante do rei Salomão, que lhe disse: "Vá para casa".

INSTRUÇÕES FINAIS DE DAVI A SALOMÃO

2 Quando se aproximava o momento de sua morte, Davi deu as seguintes instruções a seu filho Salomão:

2 "Vou para onde todos na terra irão algum dia. Seja corajoso e seja homem. 3 Obedeça às ordens do Senhor, seu Deus, e siga os caminhos dele. Guarde os decretos, mandamentos, estatutos e preceitos escritos na lei de Moisés, para que seja bem-sucedido em tudo que fizer e por onde quer que for. 4 Desse modo, o Senhor manterá a promessa que me fez: 'Se seus descendentes viverem como devem e me seguirem fielmente de todo o coração e de toda a alma, sempre haverá um deles no trono de Israel'.

5 "Além disso, você sabe o mal que Joabe, filho de Zeruia, me fez quando assassinou os dois comandantes do exército de Israel, Abner, filho de Ner, e Amasa, filho de Jéter.

[a] **1.38** Em hebraico, *os queretitas e peletitas*; também em 1.44.

Deus sempre fará primeiro em nós, para que, então, atue por meio de nós.

Ele os matou como se fossem inimigos de guerra, mas era tempo de paz. Assim, manchou seu cinto e sua sandália com sangue inocente. 6 Faça com ele o que lhe parecer melhor, mas não deixe que envelheça e desça à sepultura em paz.[a]

7 "Seja bondoso com os filhos de Barzilai, de Gileade. Faça deles convidados permanentes à sua mesa, pois cuidaram de mim quando eu fugia de seu irmão Absalão.

8 "E lembre-se de Simei, filho de Gera, de Baurim, da tribo de Benjamim. Ele lançou contra mim uma terrível maldição quando fui a Maanaim. Quando ele desceu ao meu encontro no rio Jordão, jurei pelo Senhor que não o mataria. 9 Contudo, esse juramento não o torna inocente. Você é um homem sábio e saberá providenciar para ele uma morte sangrenta em sua velhice".[b]

10 Então Davi morreu e foi sepultado na Cidade de Davi com seus antepassados. 11 Reinou por quarenta anos sobre Israel: sete em Hebrom e 33 em Jerusalém. 12 Salomão se sentou no trono de seu pai, Davi, e seu reinado foi firmemente estabelecido.

SALOMÃO ESTABELECE SEU GOVERNO

13 Certo dia, Adonias, filho de Hagite, foi falar com Bate-Seba, mãe de Salomão. Ela lhe perguntou: "Você vem em paz?".

"Sim, venho em paz", disse ele. 14 "Na verdade, tenho um favor a lhe pedir."

"O que é?", perguntou ela.

15 Ele respondeu: "Como você sabe, o reino era meu por direito; todo o Israel esperava que eu fosse o próximo rei. Mas a situação mudou e o reino foi para meu irmão, pois o Senhor quis assim. 16 Agora, tenho apenas uma coisa a lhe pedir. Por favor, não deixe de me atender".

"O que você quer?", perguntou ela.

17 Ele disse: "Fale em meu favor ao rei Salomão, pois sei que ele a atenderá. Peça que ele permita que eu me case com Abisague, a jovem de Suném".

18 "Está bem", respondeu Bate-Seba. "Vou falar com o rei por você."

19 Então Bate-Seba foi até o rei Salomão para falar com ele sobre o pedido de Adonias. O rei se levantou do trono para recebê-la e se curvou diante dela. Depois que o rei voltou a sentar-se, ordenou que trouxessem um trono para sua mãe, e ela se sentou à sua direita.

20 "Tenho um pequeno pedido a lhe fazer", disse ela. "Espero que não deixe de me atender."

"O que é, minha mãe?", perguntou ele. "Eu não recusaria um pedido seu."

21 Ela respondeu: "Permita que seu irmão Adonias se case com Abisague, a jovem de Suném".

22 "Como pode me pedir que entregue Abisague a Adonias?", disse o rei Salomão. "Peça de uma vez que eu dê o reino para ele! Sabe bem que ele é meu irmão mais velho e que conta com o apoio do sacerdote Abiatar e de Joabe, filho de Zeruia."

23 Então o rei Salomão fez um juramento diante do Senhor: "Que Deus me castigue severamente se Adonias não tiver selado seu destino com esse pedido. 24 O Senhor me confirmou e me colocou no trono de meu pai, Davi, e estabeleceu minha dinastia como prometeu. Portanto, tão certo como vive o Senhor, Adonias morrerá ainda hoje!". 25 E o rei Salomão ordenou a Benaia, filho de Joiada, que atacasse Adonias, e ele foi morto.

26 Depois, o rei disse ao sacerdote Abiatar: "Volte para sua casa em Anatote. Você merece morrer, mas não o matarei hoje, pois você carregou a arca do Senhor Soberano para meu pai, Davi, e o acompanhou em todas as dificuldades dele". 27 Então Salomão depôs Abiatar de seu cargo de sacerdote do Senhor e, desse modo, cumpriu a profecia do Senhor em Siló a respeito dos descendentes de Eli.

28 Essas notícias chegaram até Joabe. Embora não houvesse apoiado a revolta de Absalão, ele tinha dado seu apoio a Adonias. Por isso, fugiu para a tenda sagrada do Senhor e se agarrou às pontas do altar. 29 Salomão soube disso e enviou Benaia, filho de Joiada, para executá-lo.

30 Benaia foi à tenda sagrada do Senhor e disse a Joabe: "O rei ordena que você saia!".

"Não", respondeu Joabe. "Vou morrer aqui."

Então Benaia voltou ao rei e lhe contou o que Joabe tinha dito.

---

[a] **2.6** Em hebraico, *não deixe que sua cabeça grisalha desça ao Sheol em paz.*

[b] **2.9** Em hebraico, *saberá providenciar que a cabeça grisalha dele desça ao Sheol com sangue.*

31 "Faça o que ele diz", respondeu o rei.
"Mate-o ali, junto ao altar, e sepulte-o.
Assim, removerá de mim e da família de
meu pai a culpa pelos crimes injustificados
que Joabe cometeu. 32 O Senhor o punirá por
sua culpa[a] no assassinato de dois homens
mais justos e melhores que ele. Sem que
meu pai soubesse, Joabe matou Abner,
filho de Ner, comandante do exército de
Israel, e Amasa, filho de Jéter, comandante
do exército de Judá. 33 Que o sangue deles
recaia sobre Joabe e seus descendentes
para sempre, e que o Senhor conceda paz
a Davi, seus descendentes, sua dinastia e
seu trono para sempre!"

34 Benaia, filho de Joiada, voltou à tenda
sagrada e matou Joabe, que foi sepultado
em sua casa no deserto. 35 Então o rei
nomeou Benaia, filho de Joiada, coman-
dante do exército em lugar de Joabe, e o
sacerdote Zadoque em lugar de Abiatar.

36 Depois, o rei mandou chamar Simei e
lhe disse: "Construa uma casa em Jerusalém
e more aqui. Não dê um passo fora da cidade
para ir a qualquer outro lugar. 37 No dia em
que sair e atravessar o vale de Cedrom,
certamente morrerá e será responsável por
sua própria morte".[b]

38 Simei respondeu: "Sua sentença é justa;
farei o que meu senhor, o rei, ordena". E Simei
morou em Jerusalém durante muito tempo.

39 Três anos mais tarde, porém, dois
escravos de Simei fugiram para a casa de
Aquis, filho de Maaca, rei de Gate. Quando
alguém disse a Simei onde eles estavam,
40 ele selou um jumento e foi até Gate
procurá-los. Ao encontrá-los, levou-os de
volta a Jerusalém.

41 Salomão soube que Simei tinha saído
de Jerusalém, ido a Gate e voltado. 42 O rei
mandou chamá-lo e perguntou: "Não o fiz
jurar pelo Senhor e não o adverti de que
não fosse a lugar algum, pois do contrário
certamente morreria? E você respondeu:
'Sua sentença é justa; farei o que ordena'.
43 Então por que não manteve o juramento
ao Senhor e não obedeceu à minha ordem?".

44 O rei também disse a Simei: "Certamente
você se lembra de todas as maldades que
fez a meu pai, Davi. Que o Senhor faça
esse mal recair sobre sua cabeça. 45 Mas
que eu, o rei Salomão, receba as bênçãos do
Senhor e que sempre haja um descendente
de Davi neste trono na presença do Senhor".
46 Então, por ordem do rei, Benaia, filho de
Joiada, levou Simei para fora e o matou.

Assim, o reino de Salomão foi firme-
mente estabelecido.

SALOMÃO PEDE SABEDORIA

3 Salomão fez um acordo com o faraó, rei
do Egito, e se casou com uma das filhas
dele. Trouxe-a para morar na Cidade de
Davi até terminar a construção do palácio
real, do templo do Senhor e do muro ao
redor de Jerusalém. 2 Nessa época, o povo
de Israel oferecia sacrifícios nos altares
das colinas de suas regiões, pois ainda
não havia sido construído um templo em
honra ao nome do Senhor.

3 Salomão amava o Senhor, seguindo os
decretos de seu pai, Davi, exceto pelo fato
de oferecer sacrifícios e queimar incenso
nos altares das colinas. 4 O lugar de adora-
ção mais importante ficava em Gibeom,
por isso o rei Salomão foi para lá e ofereceu
mil holocaustos. 5 Naquela noite, o Senhor
apareceu a Salomão num sonho e lhe
disse: "Peça o que quiser, e eu lhe darei".

6 Salomão respondeu: "Tu mostraste
grande amor leal ao teu servo, meu pai,
Davi, pois ele foi fiel, justo e verdadeiro
diante de ti. Agora, continuaste a mostrar
teu grande amor leal dando-lhe um filho
para sentar-se em seu trono.

7 "Agora, ó Senhor, meu Deus, tu me fizeste
reinar em lugar de meu pai, Davi, mas sou
como uma criança pequena que não sabe
o que fazer. 8 Aqui estou, no meio do teu
povo escolhido, uma nação tão grande e
numerosa que nem se pode contar! 9 Dá a
teu servo um coração compreensivo, para
que eu possa governar bem o teu povo e
saber a diferença entre o certo e o errado.
Pois quem é capaz de governar sozinho este
teu grande povo?".

10 O Senhor se agradou do pedido de
Salomão. 11 Por isso, Deus respondeu:
"Uma vez que você pediu sabedoria
para governar meu povo com justiça,
e não vida longa, nem riqueza, nem a
morte de seus inimigos, 12 atenderei

[a] **2.32** Em hebraico, *fará seu sangue recair sobre sua cabeça*.
[b] **2.37** Em hebraico, *e seu sangue cairá sobre sua cabeça*.

a seu pedido. Eu lhe darei um coração sábio e compassivo, como ninguém teve nem jamais terá. 13 Também lhe darei o que não pediu: riquezas e fama. Nenhum outro rei em todo o mundo se comparará a você pelo resto de sua vida. 14 E, se você me seguir e obedecer a meus decretos e mandamentos, como fez seu pai, Davi, eu lhe darei vida longa".

15 Então Salomão acordou e percebeu que tinha sido um sonho. Voltou a Jerusalém e se colocou diante da arca da aliança do Senhor, onde apresentou holocaustos e ofertas de paz. Depois, ofereceu um grande banquete a todos os seus oficiais.

SALOMÃO JULGA COM SABEDORIA

16 Algum tempo depois, duas prostitutas compareceram diante do rei para resolver uma questão. 17 Disse uma delas: "Por favor, meu senhor, esta mulher e eu moramos na mesma casa. Eu dei à luz um filho quando ela estava comigo na casa. 18 Três dias depois, esta mulher também deu à luz um filho. Estávamos só nós duas na casa; não havia mais ninguém ali.

19 "O bebê dela morreu durante a noite, porque ela rolou sobre ele enquanto dormia. 20 Então ela se levantou de noite, tirou meu filho do meu lado enquanto eu dormia e o pôs para dormir ao lado dela. Depois, colocou o filho dela, que estava morto, em meus braços. 21 De manhã, bem cedo, quando fui amamentar meu filho, ele estava morto! Quando o observei mais de perto, na claridade do dia, vi que não era meu".

22 "Não!", interrompeu a outra mulher. "O filho morto era seu, e o vivo é meu!"

"Não!", disse a primeira mulher. "O filho vivo é meu, e o morto era seu!" E assim elas discutiram diante do rei.

23 Então o rei disse: "Vamos esclarecer as coisas. As duas afirmam que o filho vivo é seu, e cada uma diz que o morto é da outra. 24 Pois bem, tragam-me uma espada". E trouxeram uma espada para o rei.

25 Ele disse: "Cortem a criança viva ao meio e deem metade a uma mulher e metade à outra!".

26 Então, por causa de seu amor pelo menino, a verdadeira mãe gritou: "Não, meu senhor! Dê o menino a ela. Por favor, não o mate!".

A outra mulher, porém, disse: "Muito bem, ele não será nem meu nem seu. Dividam a criança ao meio!".

27 Então o rei disse: "Não matem o bebê. Deem o menino à mulher que deseja que ele viva, pois ela é a mãe".

28 Quando todo o Israel soube da decisão do rei, teve grande respeito por ele, pois viu a sabedoria que Deus lhe tinha dado para fazer justiça.

OFICIAIS E GOVERNADORES DE SALOMÃO

4 O rei Salomão governou sobre todo o Israel, 2 e estes foram seus oficiais mais importantes:

Azarias, filho de Zadoque, era o sacerdote.
3 Eliorefe e Aías, filhos de Sisa, eram os secretários da corte.
Josafá, filho de Ailude, era o historiador do reino.
4 Benaia, filho de Joiada, era o comandante do exército.
Zadoque e Abiatar eram os sacerdotes.
5 Azarias, filho de Natã, era supervisor dos governadores distritais.
Zabude, filho de Natã, era sacerdote e conselheiro pessoal do rei.
6 Aisar era administrador do palácio.
Adonirão, filho de Abda, era encarregado dos trabalhos forçados.

7 Salomão tinha também em todo o Israel doze governadores distritais responsáveis por fornecer alimento para a casa do rei. Cada um deles fornecia provisões durante um mês do ano. 8 Estes são os nomes dos doze governadores:

Ben-Hur, da região montanhosa de Efraim.
9 Ben-Dequer, em Macaz, Saalbim, Bete-Semes e Elom-Bete-Hanã.
10 Ben-Hesede, em Arubote, Socó e toda a região de Héfer.
11 Ben-Abinadabe, em toda a Nafote-Dor.[a] (Ele era casado com Tafate, uma das filhas de Salomão.)
12 Baaná, filho de Ailude, em Taanaque e em Megido, e em toda a Bete-Sã, próxima

[a] **4.11** Em hebraico, *Nafate-Dor*, variação de Nafote-Dor.

de Zaretã, abaixo de Jezreel, e todo o
território desde Bete-Sã até Abel-Meolá
e para além de Jocmeão.
13 Ben-Geber, em Ramote-Gileade,
incluindo as Cidades de Jair (assim
chamadas por causa de Jair, da tribo de
Manassés[a]), em Gileade, e na região de
Argobe, em Basã, incluindo sessenta
grandes cidades fortificadas com
trancas de bronze nos portões.
14 Ainadabe, filho de Ido, em Maanaim.
15 Aimaás, em Naftali. (Ele era casado com
Basemate, outra filha de Salomão.)
16 Baaná, filho de Husai, em Aser e em
Bealote.
17 Josafá, filho de Parua, em Issacar.
18 Simei, filho de Elá, em Benjamim.
19 Geber, filho de Uri, na terra de Gileade,[b]
incluindo os territórios de Seom, rei dos
amorreus, e de Ogue, rei de Basã. Ele era
o único governador dessa região.[c]

A PROSPERIDADE E A SABEDORIA DE SALOMÃO

20 O povo de Judá e Israel era tão numeroso
quanto a areia na beira do mar. Todos esta-
vam muito contentes, e tinham comida e
bebida com fartura. 21[d]Salomão governava
sobre todos os reinos, desde o rio Eufrates,[e]
ao norte, até a terra dos filisteus e a fronteira
do Egito, ao sul. Os povos conquistados
enviavam tributos a Salomão e continua-
ram a servi-lo durante toda a vida.
22 Para a provisão diária do palácio de
Salomão, eram necessários trinta cestos
grandes[f] de farinha da melhor qualidade,
sessenta cestos grandes de farinha
comum,[g] 23 dez bois dos currais de engorda,
vinte bois do pasto, cem ovelhas, e também
veados, gazelas, corças e aves seletas.[h]
24 Salomão dominava sobre todos os rei-
nos a oeste do rio Eufrates, desde Tifsa até
Gaza, e havia paz em todas as fronteiras.
25 Durante a vida de Salomão, Judá e Israel
viveram em paz e segurança. E, desde Dã,
ao norte, até Berseba, ao sul, cada famí-
lia possuía sua própria videira e sua pró-
pria figueira.
26 Salomão possuía quatro mil[i] estábulos
para os cavalos de seus carros de guerra e
doze mil cavalos.
27 Os governadores distritais forneciam,
com regularidade, o alimento para o rei
Salomão e sua corte: cada um providen-
ciava para que nada faltasse no mês que
lhe havia sido designado. 28 Também pro-
videnciavam a cevada e a palha necessá-
rias para os cavalos de guerra e os cavalos
de carga nos estábulos do rei.
29 Deus concedeu a Salomão grande
sabedoria e entendimento, e conheci-
mento tão vasto quanto a areia na beira
do mar. 30 Sua sabedoria era maior que a
de todos os sábios do Oriente e de todos
os sábios do Egito. 31 Ele era mais sábio
que qualquer outra pessoa, incluindo Etã,
o ezraíta, e Hemã, Calcol e Darda, filhos de
Maol. Sua fama se espalhou por todas as
nações vizinhas. 32 Compôs 3.000 provér-
bios e escreveu 1.005 canções. 33 Podia
falar com entendimento sobre plantas
de toda espécie, desde o grande cedro do
Líbano até o pequeno hissopo que cresce
nas fendas dos muros. Também tinha
conhecimento de animais, aves, répteis e
peixes. 34 Reis de todas as nações envia-
vam seus representantes para ouvirem a
sabedoria de Salomão.

PREPARATIVOS PARA A CONSTRUÇÃO DO TEMPLO

5 1[j]Hirão, rei de Tiro, sempre havia sido um
fiel aliado de Davi. Quando soube que
Salomão, filho de Davi, tinha sido ungido
como o novo rei de Israel, Hirão mandou
representantes para cumprimentá-lo.
2 Salomão enviou esta mensagem a Hirão:

3 "Você sabe que meu pai, Davi, não pôde
construir um templo em honra ao nome
do Senhor, seu Deus, por causa das

---

[a] **4.13** Em hebraico, *Jair, filho de Manassés*; comparar com 1Cr 2.22.
[b] **4.19a** A Septuaginta traz *Gade*; comparar com 4.13.
[c] **4.19b** A Septuaginta traz *E havia um governador sobre a terra de Judá.*
[d] **4.21a** No texto hebraico, os versículos 4.21-34 são numerados 5.1-14.
[e] **4.21b** Em hebraico, *o rio*; também em 4.24.
[f] **4.22a** Em hebraico, *30 coros*, cerca de 6.600 quilos.
[g] **4.22b** Em hebraico, *60 coros*, cerca de 13.200 quilos.
[h] **4.23** Ou *gansos engordados.*
[i] **4.26** Conforme alguns manuscritos gregos (ver tb. 2Cr 9.25); o hebraico traz *quarenta mil.*
[j] **5.1** No texto hebraico, os versículos 5.1-18 são numerados 5.15-32.

muitas guerras que as nações vizinhas travaram contra ele. Não podia construir enquanto o SENHOR não lhe desse vitória sobre todos os seus inimigos. 4 Agora, porém, o SENHOR, meu Deus, me deu paz em todas as fronteiras; não tenho inimigos, e tudo vai bem. 5 Por isso, planejo construir um templo em honra ao nome do SENHOR, meu Deus, exatamente como ele instruiu meu pai, Davi. Pois o SENHOR lhe disse: 'Seu filho, a quem eu colocarei em seu trono, construirá o templo em honra ao meu nome'.

6 "Portanto, peço-lhe que ordene que cortem para mim cedros do Líbano. Meus servos trabalharão ao lado dos seus, e pagarei aos seus servos o salário que você pedir. Como bem sabe, ninguém aqui corta madeira como vocês, sidônios".

7 Hirão ficou muito contente quando recebeu a mensagem de Salomão e disse: "Louvado seja o SENHOR neste dia, pois deu a Davi um filho sábio para ser rei dessa grande nação!". 8 Então enviou esta resposta a Salomão:

"Recebi sua mensagem e fornecerei toda a madeira de cedro e de cipreste que precisar. 9 Meus servos levarão as toras das montanhas do Líbano para o mar Mediterrâneo;[a] ali, colocarão as toras em balsas e as farão flutuar ao longo da costa até o lugar que você escolher. Ao chegar, desembarcaremos as toras, e seus servos as levarão. O pagamento poderá ser feito com alimentos para o meu palácio".

10 Assim, Hirão forneceu toda a madeira de cedro e de cipreste que Salomão desejava. 11 Em troca, Salomão lhe enviava um pagamento anual de vinte mil cestos grandes[b] de trigo para o consumo de sua corte e vinte mil tonéis[c] de azeite puro de oliva. 12 O SENHOR deu sabedoria a Salomão, como lhe havia prometido. E Hirão e Salomão fizeram um acordo de paz.

13 Então Salomão convocou trinta mil trabalhadores de todo o Israel. 14 Enviou-os ao Líbano em grupos de dez mil por mês, de modo que cada homem passava um mês no Líbano e dois meses em casa. Adonirão era encarregado desses trabalhadores. 15 Salomão também tinha 70.000 carregadores, 80.000 cortadores de pedra na região montanhosa 16 e 3.600[d] chefes que supervisionavam as obras. 17 Por ordem do rei, eles extraíram grandes blocos de pedra de alta qualidade e os modelaram para o alicerce do templo. 18 Homens da cidade de Gebal ajudaram os construtores de Salomão e Hirão a prepararem a madeira e as pedras para o templo.

SALOMÃO CONSTRÓI O TEMPLO

6 No mês de zive,[e] o segundo mês, durante o quarto ano de seu reinado, Salomão começou a construir o templo do SENHOR. Isso ocorreu 480 anos depois que o povo de Israel foi liberto da escravidão na terra do Egito.

2 O templo que o rei Salomão construiu para o SENHOR media 27 metros de comprimento, 9 metros de largura e 13,5 metros de altura.[f] 3 A sala de entrada na frente do templo media 9 metros[g] de largura, a mesma largura do templo, e se projetava 4,5 metros[h] à frente do templo. 4 Salomão também fez janelas com grades e molduras[i] por todo o templo.

5 Junto às paredes externas do edifício, nas laterais e nos fundos, ele construiu um anexo com salas. 6 Esse anexo tinha três andares; o andar de baixo media 2,25 metros de largura, o segundo andar media 2,7 metros de largura, e o terceiro, 3,15 metros de largura.[j] As salas eram ligadas às paredes do templo por vigas apoiadas em saliências

[a] **5.9** Em hebraico, *o mar*.
[b] **5.11a** Em hebraico, *20.000 coros*, cerca de 4.400.000 litros.
[c] **5.11b** Conforme a Septuaginta, que traz *20.000 batos*, cerca de 420.000 litros (ver tb. 2Cr 2.10); o hebraico traz *20 coros*, cerca de 4.400 litros.
[d] **5.16** Conforme alguns manuscritos gregos (ver tb. 2Cr 2.2,18); o hebraico traz *3.300*.
[e] **6.1** Mês do antigo calendário lunar hebraico que geralmente ocorria entre abril e maio.
[f] **6.2** Em hebraico, *60 côvados de comprimento, 20 côvados de largura e 30 côvados de altura*.
[g] **6.3a** Em hebraico, *20 côvados*; também em 6.16,20.
[h] **6.3b** Em hebraico, *10 côvados*.
[i] **6.4** O significado do hebraico é incerto.
[j] **6.6** Em hebraico, *o andar de baixo media 5 côvados de largura, o segundo, 6 côvados de largura, e o terceiro, 7 côvados de largura*.

nas paredes, por isso as vigas não eram in-
seridas nas paredes em si.
7 O acabamento das pedras usadas na
construção do templo era feito na própria
pedreira, de modo que não havia barulho
algum de martelo, machado ou qualquer
outra ferramenta de ferro no local da
construção.
8 A entrada para o andar de baixo[a] ficava
no lado sul do templo. Havia uma escada
em caracol que subia para o segundo
andar, e outro lance de escadas que ia do
segundo para o terceiro andar. 9 Uma vez
concluída a estrutura do templo, Salomão
colocou um forro de vigas e tábuas de
cedro. 10 Além disso, construiu um anexo
com salas junto aos lados do edifício,
ligado às paredes do templo por vigas
de cedro. Cada andar do anexo media
2,25 metros[b] de altura.
11 Então esta mensagem do Senhor veio
a Salomão: 12 "Quanto a este templo que
você está construindo, se seguir todos os
meus decretos e estatutos e obedecer a
todos os meus mandamentos, cumpri-
rei a promessa que fiz a seu pai, Davi.
13 Habitarei no meio dos israelitas e jamais
abandonarei meu povo, Israel".

O INTERIOR DO TEMPLO

14 Assim, Salomão terminou a constru-
ção do templo. 15 Todo o interior, desde o
piso até o teto, foi revestido com madeira.
Revestiu as paredes e o teto com tábuas de
cedro e, para o piso, usou tábuas de cipres-
te. 16 Na parte de trás do templo, separou
um santuário interno, o lugar santíssimo.
Esse santuário interno media 9 metros de
profundidade e era revestido com cedro do
piso ao teto. 17 O salão principal do templo,
fora do lugar santíssimo, media 18 metros[c]
de comprimento. 18 Em todo o interior do
templo, tábuas de cedro cobriam comple-
tamente as paredes de pedra, e as tábuas
eram enfeitadas com entalhes de frutos e
flores abertas.
19 Ele preparou o santuário interno na par-
te de trás do templo, onde seria colocada a
arca da aliança do Senhor. 20 Esse santuário
interno media 9 metros de comprimento,
9 metros de largura e 9 metros de altura.
Revestiu com ouro puro o interior do san-
tuário e também o altar de cedro.[d] 21 Depois,
Salomão revestiu com ouro puro o interior
do restante do templo e fez correntes de
ouro para a entrada do lugar santíssimo.
22 Assim, terminou de revestir com ouro o
interior de todo o templo, incluindo o altar
do lugar santíssimo.
23 Fez dois querubins de madeira de oli-
veira,[e] cada um medindo 4,5 metros[f] de
altura, e os colocou no santuário interno.
24 As asas abertas de cada querubim me-
diam de uma ponta à outra 4,5 metros,
e cada asa media 2,25 metros[g] de com-
primento. 25 Os dois querubins tinham a
mesma forma e o mesmo tamanho; 26 cada
um media 4,5 metros de altura. 27 Ele os
colocou lado a lado no santuário interno
do templo. Suas asas abertas iam de uma
parede à outra, enquanto as asas internas
se tocavam no meio da sala. 28 Revestiu os
dois querubins com ouro.
29 Enfeitou todas as paredes do santuá-
rio interno e do salão principal com en-
talhes de querubins, palmeiras e flores
abertas. 30 Revestiu o piso do santuário e
do salão com ouro.
31 Para a entrada do santuário interno,
fez portas de duas folhas de madeira de
oliveira e batentes de cinco lados.[h] 32 Essas
portas de duas folhas eram enfeitadas
com entalhes de querubins, palmeiras e
flores abertas. As portas, incluindo os en-
feites de querubins e palmeiras, foram re-
vestidas com ouro.
33 Depois, para a entrada do templo, fez
batentes de quatro lados de madeira de
oliveira. 34 Fez também duas portas ar-
ticuladas de cipreste, cada uma com do-
bradiças que permitiam dobrar uma folha
sobre a outra. 35 Essas portas eram enfeita-
das com entalhes de querubins, palmeiras
e flores abertas e eram completamente re-
vestidas com ouro.

---

[a] **6.8** Conforme a Septuaginta; o hebraico traz *andar do meio*.
[b] **6.10** Em hebraico, *5 côvados*.
[c] **6.17** Em hebraico, *40 côvados*.
[d] **6.20** Ou *também revestiu o altar com cedro*. O significado do hebraico é incerto.
[e] **6.23a** Ou *pinho*; o hebraico traz *árvore de azeite*; também em 6.31,33.
[f] **6.23b** Em hebraico, *10 côvados*; também em 6.24,26.
[g] **6.24** Em hebraico, *5 côvados*.
[h] **6.31** O significado do hebraico é incerto.

36 As paredes do pátio interno foram construídas com uma camada de vigas de cedro entre cada três camadas de pedras cortadas.

37 O alicerce do templo do SENHOR foi lançado no mês de zive, durante o quarto ano do reinado de Salomão. 38 A construção toda foi completada no oitavo mês, no mês de bul,[a] durante o décimo primeiro ano de seu reinado. Portanto, a construção do templo levou sete anos.

SALOMÃO CONSTRÓI SEU PALÁCIO

7 Salomão também construiu para si um palácio e levou treze anos para terminá-lo.

2 Um dos edifícios que Salomão construiu se chamava Palácio da Floresta do Líbano. Media 45 metros de comprimento, 22,5 metros de largura e 13,5 metros de altura.[b] Nele havia quatro fileiras de colunas de cedro, com grandes vigas de cedro assentadas sobre as colunas. 3 O teto do salão era de cedro e ficava acima das vigas, que eram sustentadas por colunas. Havia 45 vigas, dispostas em três fileiras com 15 vigas em cada uma. 4 Em cada lado do longo salão havia três fileiras de janelas, uma de frente para a outra. 5 Todas as portas e suas vergas[c] tinham batentes retangulares e eram dispostas de três em três, uma de frente para a outra.

6 Salomão também construiu o Salão das Colunas, que media 22,5 metros de comprimento e 13,5 metros de largura.[d] Tinha na frente uma varanda com colunas e uma cobertura acima delas.

7 Salomão construiu ainda a sala do trono, conhecida como Salão do Julgamento, onde se sentava para ouvir as questões a serem julgadas. A sala era revestida de madeira de cedro desde o piso até o teto.[e] 8 A residência onde ele morava ficava em torno de um pátio atrás do Salão do Julgamento e era construída da mesma forma. Ele também construiu uma residência semelhante para a filha do faraó, com quem havia se casado.

9 Todos esses edifícios foram construídos com grandes blocos de pedra de alta qualidade, cortados na medida exata de todos os lados, do alicerce até o beiral do telhado, desde o lado externo até o grande pátio. 10 Algumas das grandes pedras do alicerce mediam 4,5 metros por 3,6 metros.[f] 11 Por cima dos alicerces foram colocados blocos de pedra de alta qualidade, cortados sob medida, e vigas de cedro. 12 As paredes do grande pátio foram construídas com uma camada de vigas de cedro entre cada três camadas de pedras cortadas, como as paredes do pátio interno do templo do SENHOR, com sua sala de entrada.

OS UTENSÍLIOS DO TEMPLO

13 O rei Salomão mandou que viesse de Tiro um homem chamado Hirão.[g] 14 Ele era israelita por parte de mãe, uma viúva da tribo de Naftali, e seu pai, originário de Tiro, havia sido artífice em bronze. Hirão era extremamente hábil e talentoso em qualquer obra em bronze e veio realizar todo o trabalho com metais para o rei Salomão.

15 Hirão fundiu duas colunas de bronze, cada uma com 8,1 metros de altura e 5,4 metros de circunferência.[h] 16 Para o alto das colunas, fundiu capitéis de bronze, com 2,25 metros[i] de altura cada um. 17 Cada capitel era enfeitado com sete conjuntos de correntes entrelaçadas. 18 Para enfeitar os capitéis no alto das colunas, fez duas fileiras de romãs ao redor desses conjuntos de correntes. 19 Os capitéis no alto das colunas da sala de entrada tinham forma de lírios e mediam 1,8 metro[j] de altura. 20 Nos capitéis das duas colunas havia duzentas romãs dispostas em duas fileiras, perto da superfície arredondada e do conjunto de correntes entrelaçadas. 21 Hirão colocou as colunas na entrada do templo, uma à direita e outra à esquerda. À que estava à direita deu o nome de Jaquim; e à outra, à esquerda, deu o nome de Boaz.[k] 22 Os capitéis no alto das

[a] **6.38** Mês do antigo calendário lunar hebraico que geralmente ocorria entre outubro e novembro.
[b] **7.2** Em hebraico, *100 côvados de comprimento, 50 côvados de largura e 30 côvados de altura.*
[c] **7.5** A Septuaginta traz *janelas.*
[d] **7.6** Em hebraico, *50 côvados de comprimento e 30 côvados de largura.*
[e] **7.7** Conforme a versão siríaca e a Vulgata; o hebraico traz *de piso a piso.*
[f] **7.10** Em hebraico, *10 côvados por 8 côvados.*
[g] **7.13** Não é a mesma pessoa mencionada em 5.1.
[h] **7.15** Em hebraico, *18 côvados de altura e 12 côvados de circunferência.*
[i] **7.16** Em hebraico, *5 côvados.*
[j] **7.19** Em hebraico, *4 côvados.*
[k] **7.21** *Jaquim* provavelmente significa "ele estabelece"; Boaz provavelmente significa "nele há força".

colunas tinham a forma de lírios. E assim foi terminada a obra das colunas.

23 Depois, Hirão fundiu um grande tanque redondo, que chamaram de Mar. O tanque media 4,5 metros de uma borda à outra, 2,25 metros de profundidade e 13,5 metros de circunferência.[a] 24 Logo abaixo da borda, tinha ao seu redor duas fileiras de frutos decorativos. Havia cerca de vinte frutos por metro[b] em toda a circunferência, formando uma única peça de fundição com o tanque.

25 O tanque ficava apoiado sobre doze touros,[c] todos voltados para fora: três voltados para o norte, três para o oeste, três para o sul e três para o leste. 26 As paredes do tanque tinham 8 centímetros[d] de espessura, e sua borda se projetava para fora como uma taça, semelhante a um lírio. Tinha capacidade para cerca de 42 mil litros[e] de água.

27 Hirão também fez dez bases móveis de bronze para levar água. Cada uma media 1,8 metro de comprimento, 1,8 metro de largura e 1,35 metro de altura.[f] 28 Foram construídos com painéis laterais presos com travessões. 29 Tanto os painéis como os travessões eram enfeitados com entalhes de leões, bois e querubins. Acima e abaixo dos leões e bois havia guirlandas decorativas. 30 Cada uma das bases tinha quatro rodas de bronze e eixos de bronze. Nos cantos das bases, havia suportes para as pias de bronze; os suportes eram decorados, de cada lado, com entalhes de guirlandas. 31 Na parte superior de cada base havia um encaixe redondo para a bacia. Projetava-se 45 centímetros[g] acima da parte superior da base, como um pedestal redondo, e sua abertura tinha 67,5 centímetros[h] de um lado ao outro; do lado de fora, era enfeitada com entalhes de guirlandas. Os painéis das bases eram quadrados, e não redondos. 32 Sob os painéis ficavam as quatro rodas ligadas aos eixos que haviam sido fundidos como parte da base. As rodas tinham 67,5 centímetros de diâmetro 33 e eram semelhantes a rodas de carros de guerra. Os eixos, raios, aros e cubos das rodas eram todos de bronze fundido.

34 Em cada um dos quatro cantos da base havia alças, que também eram fundidas como parte da estrutura. 35 Em volta da parte superior de cada base havia uma borda com 22,5 centímetros[i] de largura. Os suportes nos cantos e os painéis laterais eram fundidos com a base, como se fossem uma só peça. 36 Entalhes de querubins, leões e palmeiras enfeitavam os painéis e os suportes nos cantos em todos os espaços disponíveis, e havia guirlandas ao redor de tudo. 37 As dez bases tinham todas o mesmo tamanho e foram feitas iguais, cada uma fundida no mesmo molde.

38 Hirão também fez dez pias menores de bronze, uma para cada base móvel. Cada pia media 1,8 metro de diâmetro e tinha capacidade para cerca de 840 litros[j] de água. 39 Ele colocou cinco bases do lado sul do templo e cinco do lado norte. O grande tanque de bronze chamado Mar foi colocado perto do canto sudeste do templo. 40 Também fez as bacias, pás e tigelas necessárias.

Assim, Hirão terminou tudo que o rei Salomão havia ordenado que ele fizesse para o templo do Senhor:

41 as duas colunas;
os dois capitéis em forma de taça no alto das colunas;
os dois conjuntos de correntes entrelaçadas que enfeitavam os capitéis;
42 as quatrocentas romãs penduradas nas correntes nos capitéis (duas fileiras de romãs para cada conjunto de correntes que enfeitavam os capitéis no alto das colunas);
43 as dez bases móveis para levar água com as dez pias;
44 o Mar e os doze bois debaixo dele;
45 os baldes das cinzas, as pás e as tigelas.

[a] **7.23** Em hebraico, *10 côvados de uma borda à outra, 5 côvados de profundidade e 30 côvados de circunferência.*
[b] **7.24** Em hebraico, *10 para cada côvado.*
[c] **7.25** Comparar com 2Rs 16.17, que especifica *touros de bronze.*
[d] **7.26a** Em hebraico, *1 palmo menor.*
[e] **7.26b** Em hebraico, *2.000 batos.*
[f] **7.27** Em hebraico, *4 côvados de comprimento, 4 côvados de largura e 3 côvados de altura.*
[g] **7.31a** Em hebraico, *1 côvado.*
[h] **7.31b** Em hebraico, *1,5 côvado*; também em 7.32.
[i] **7.35** Em hebraico, *1/2 côvado.*
[j] **7.38** Em hebraico, *40 batos.*

Hirão fez todos esses objetos de bronze polido para o templo do SENHOR, conforme as instruções do rei Salomão. 46 O rei ordenou que fossem fundidos em moldes de barro no vale do Jordão, entre Sucote e Zaretã. 47 Salomão não pesou todos esses objetos, porque eram muitos; o peso do bronze não pôde ser medido.

48 Salomão também fez toda a mobília do templo do SENHOR:

o altar de ouro;
a mesa de ouro para os pães da presença;
49 os candelabros de ouro maciço, cinco do lado direito e cinco do lado esquerdo, em frente ao lugar santíssimo;
os enfeites de flores, as lâmpadas e as tenazes, todos de ouro;
50 os baldes pequenos, os cortadores de pavio, as tigelas, as colheres e os incensários, todos de ouro maciço;
as dobradiças das portas de entrada para o lugar santíssimo e do salão principal do templo, revestidas com ouro.

51 Assim, o rei Salomão concluiu toda a sua obra no templo do SENHOR. Então trouxe todos os presentes que seu pai, Davi, havia consagrado — a prata, o ouro e os diversos objetos — e os guardou na tesouraria do templo do SENHOR.

O TRANSPORTE DA ARCA PARA O TEMPLO

8 Em seguida, Salomão mandou chamar a Jerusalém todas as autoridades de Israel e todos os líderes das tribos, os chefes das famílias israelitas. Eles levariam a arca da aliança do SENHOR do lugar onde estava, na Cidade de Davi, também conhecida como Sião, para o templo. 2 Todos os homens de Israel se reuniram diante do rei Salomão durante a Festa das Cabanas, celebrada no mês de etanim,[a] o sétimo mês.

3 Quando todos os líderes de Israel chegaram, os sacerdotes ergueram a arca. 4 Os sacerdotes e os levitas levaram a arca do SENHOR, junto com a tenda do encontro[b] e todos os seus utensílios sagrados. 5 Ali, diante da arca, o rei Salomão e toda a comunidade de Israel ofereceram tantos sacrifícios de ovelhas e bois que não puderam ser contados.

6 Então os sacerdotes levaram a arca da aliança do SENHOR para o santuário interno do templo, o lugar santíssimo, e a colocaram sob as asas dos querubins. 7 Os querubins tinham as asas abertas sobre a arca, e elas cobriam a arca e as varas usadas para transportá-la. 8 Essas varas eram tão compridas que suas pontas podiam ser vistas do lugar santo, diante do lugar santíssimo, mas não de fora; e estão ali até hoje. 9 Na arca havia só as duas tábuas de pedra que Moisés tinha colocado dentro dela no monte Sinai,[c] onde o SENHOR fez uma aliança com os israelitas depois que eles saíram da terra do Egito.

10 Quando os sacerdotes saíram do lugar santo, uma densa nuvem encheu o templo do SENHOR. 11 Com isso, os sacerdotes não puderam dar continuidade a seus serviços, pois a presença gloriosa do SENHOR encheu o templo do SENHOR.

SALOMÃO LOUVA O SENHOR

12 Então Salomão orou: "Ó SENHOR, tu disseste que habitarias numa densa nuvem. 13 Agora, construí para ti um templo majestoso, um lugar para habitares para sempre!".

14 Então o rei se voltou para toda a comunidade de Israel que estava em pé diante dele e abençoou o povo. 15 Em seguida, orou: "Louvado seja o SENHOR, o Deus de Israel, que cumpriu o que prometeu a meu pai, Davi, pois lhe disse: 16 'Desde o dia em que tirei Israel, meu povo, do Egito, não escolhi nenhuma cidade das tribos de Israel como lugar onde deveria ser construído um templo em honra ao meu nome. Contudo, escolhi Davi para reinar sobre meu povo, Israel'".

17 Salomão disse: "Meu pai, Davi, queria construir este templo em honra ao nome do SENHOR, o Deus de Israel. 18 Mas o SENHOR lhe disse: 'Sua intenção de construir um templo em honra ao meu nome

[a] **8.2** Em hebraico, *durante a festa no mês de etanim.* A Festa das Cabanas começava no décimo quinto dia do sétimo mês do antigo calendário lunar hebraico. Esse dia ocorria em final de setembro, outubro ou início de novembro.

[b] **8.4** Isto é, a tenda mencionada em 2Sm 6.17 e 1Cr 16.1.

[c] **8.9** Em hebraico, *Horebe*, outro nome para o Sinai.

é boa, 19 mas essa tarefa não caberá a você.
Um de seus filhos construirá o templo em
honra ao meu nome'.
20 "O Senhor cumpriu sua promessa, pois
eu sou o sucessor de meu pai, Davi, e ago-
ra ocupo o trono de Israel, como o Senhor
havia prometido. Construí este templo
em honra ao nome do Senhor, o Deus de
Israel, 21 e preparei nele um lugar para a
arca que contém a aliança que o Senhor fez
com nossos antepassados quando os ti-
rou do Egito".

ORAÇÃO DE DEDICAÇÃO DO TEMPLO

22 Então Salomão se pôs diante do altar do
Senhor, na presença de toda a comunidade
de Israel. Levantou as mãos para o céu
23 e orou:

"Ó Senhor, o Deus de Israel, não há Deus
como tu em cima, nos céus, nem
embaixo, na terra. Tu guardas a tua
aliança e mostras amor leal àqueles
que andam diante de ti de todo o co-
ração. 24 Cumpriste tua promessa a
teu servo Davi, meu pai. Fizeste essa
promessa com a tua própria boca, e
hoje a cumpriste com as tuas pró-
prias mãos.
25 "Agora, ó Senhor, o Deus de Israel,
cumpre a outra promessa que fizeste
a teu servo Davi, meu pai, quando lhe
disseste: 'Se seus descendentes vive-
rem como devem e me seguirem fiel-
mente como você fez, sempre haverá
um deles no trono de Israel'. 26 Agora,
ó Deus de Israel, cumpre a promessa
que fizeste a teu servo Davi, meu pai.
27 "Contudo, será possível que Deus
habite na terra? Nem mesmo os mais
altos céus podem contê-lo, muito
menos este templo que construí!
28 Ainda assim, ouve minha oração e
minha súplica, ó Senhor, meu Deus.
Ouve o clamor e a oração que teu
servo te faz hoje. 29 Guarda noite e dia
este templo, o lugar do qual disseste:
'Meu nome estará ali'. Ouve sempre
as orações que teu servo fizer voltado
para este lugar. 30 Ouve as súplicas de
teu servo e de Israel, teu povo, quando
orarmos voltados para este lugar. Sim,
ouve-nos dos céus onde habitas e,
quando ouvires, perdoa-nos.
31 "Se alguém pecar contra outra pes-
soa e se for exigido que faça um ju-
ramento de inocência diante do teu
altar neste templo, 32 ouve dos céus e
julga entre teus servos, entre o acusa-
dor e o acusado. Castiga o culpado e
declara justo o inocente, cada um
conforme merece.
33 "Se o teu povo, Israel, for derrotado
por seus inimigos porque pecou con-
tra ti, e se voltar para ti, invocar o teu
nome e orar a ti neste templo, 34 ouve
dos céus, perdoa o pecado de teu
povo, Israel, e traze-o de volta a esta
terra que deste a seus antepassados.
35 "Se o céu se fechar e não houver chu-
va porque o povo pecou contra ti, e se
eles orarem voltados para este tem-
plo, invocarem o teu nome e se afas-
tarem de seus pecados porque tu os
castigaste, 36 ouve dos céus e perdoa
os pecados de teus servos, o teu povo,
Israel. Ensina-os a seguir o caminho
certo e envia chuva à terra que deste
por herança a teu povo.
37 "Se houver fome na terra, ou peste, ou
praga nas lavouras, ou se elas forem
atacadas por gafanhotos ou lagartas,
ou se os inimigos do teu povo inva-
direm a terra e sitiarem suas cidades,
seja qual for o desastre ou epidemia
que ocorrer, 38 e se alguém do teu
povo, ou toda a nação de Israel, orar a
respeito de suas aflições com as mãos
levantadas para este templo, 39 ouve
dos céus onde habitas e perdoa.
Trata o teu povo como ele merece,
pois somente tu conheces o coração
de cada um. 40 Assim eles te temerão
enquanto viverem na terra que deste
a nossos antepassados.
41 "No futuro, estrangeiros que não
pertencem a teu povo, Israel, ouvirão
falar de ti. Virão de terras distantes
por causa do teu nome, 42 porque
ouvirão falar do teu grande nome, da
tua mão forte e do teu braço poderoso.
E, quando orarem voltados para este
templo, 43 ouve dos céus onde habitas
e concede o que pedem. Assim, todos

Tanto nas perseguições quanto nos aplausos, o nosso coração precisa permanecer ouvindo o que Deus diz.

os povos da terra conhecerão teu nome
e te temerão, como faz teu povo, Israel.
Também saberão que neste templo
que construí teu nome é honrado.
44 “Se o teu povo sair para onde o
enviares a fim de lutar contra seus
inimigos, e se orarem ao SENHOR volta-
dos para esta cidade que escolheste
e para este templo que construí em
honra ao teu nome, 45 ouve dos céus
suas orações e defende sua causa.
46 “Quando pecarem contra ti, pois não
há quem não peque, tua ira cairá sobre
eles e tu permitirás que seus inimigos
os conquistem e os levem como
escravos para outras terras, próximas
ou distantes. 47 Se caírem em si nessa
terra de exílio e se arrependerem,
suplicando-te: ‘Pecamos, praticamos
o mal e agimos perversamente’, 48 e se
voltarem para ti de todo o coração e
de toda a alma na terra de seus inimi-
gos e orarem voltados para a terra
que deste a seus antepassados, para
esta cidade que escolheste e para este
templo que construí em honra ao teu
nome, 49 ouve dos céus onde habitas
suas orações e súplicas e defende sua
causa. 50 Perdoa teu povo que pecou
contra ti. Perdoa todas as ofensas que
cometeram contra ti. Faze que seus
conquistadores os tratem com mise-
ricórdia, 51 pois são o teu povo, a tua
propriedade especial, que libertaste
do Egito, uma fornalha de fundir ferro.
52 “Olha atentamente para as súplicas
do teu servo e para as súplicas do teu
povo, Israel. Ouve e responde sempre
que clamarmos a ti. 53 Pois, quando
tiraste nossos antepassados do Egito,
ó Soberano SENHOR, disseste a teu
servo Moisés que separarias Israel de
todas as nações da terra para ser tua
propriedade especial”.

A DEDICAÇÃO DO TEMPLO

54 Quando Salomão terminou de fazer es-
sas orações e súplicas ao SENHOR, levantou-
-se de diante do altar do SENHOR, onde havia
se ajoelhado com as mãos estendidas para
o céu. 55 Ficou em pé e, em alta voz, aben-
çoou toda a comunidade de Israel:
56 “Louvado seja o SENHOR, que deu des-
canso ao seu povo, Israel, como prometeu.
Nenhuma só palavra falhou das maravi-
lhosas promessas que ele fez por meio de
seu servo Moisés. 57 Que o SENHOR, nosso
Deus, seja conosco assim como foi com
nossos antepassados; que ele jamais nos
deixe nem nos abandone. 58 Que ele nos
dê a disposição de fazer sua vontade e
obedecer a todos os seus mandamentos,
decretos e estatutos que ele deu a nossos
antepassados. 59 E que as palavras des-
sa minha oração na presença do SENHOR
estejam sempre diante dele, dia e noite,
para que o SENHOR, nosso Deus, defenda a
causa de seu servo e de seu povo, Israel,
conforme as necessidades de cada dia.
60 Então os povos de toda a terra saberão
que somente o SENHOR é Deus, e que não
há nenhum outro. 61 Quanto a vocês, sejam
inteiramente fiéis ao SENHOR, nosso Deus, e
obedeçam sempre a seus decretos e man-
damentos, como fazem hoje”.
62 Então o rei e todo o Israel ofereceram
sacrifícios ao SENHOR. 63 Salomão apresen-
tou ao SENHOR uma oferta de paz de 22 mil
bois e 120 mil ovelhas. Assim, o rei e todo
o povo de Israel fizeram a dedicação do
templo do SENHOR.
64 Naquele mesmo dia, o rei consagrou a
parte central do pátio em frente ao templo
do SENHOR. Ali apresentou holocaustos,
ofertas de cereal e a gordura das ofertas
de paz, pois o altar de bronze, na presença
do SENHOR, era pequeno demais para tantos
holocaustos, ofertas de cereal e gordura
das ofertas de paz.
65 Então Salomão e todo o Israel celebra-
ram a Festa das Cabanas[a] na presença do
SENHOR, nosso Deus. Uma grande multidão
havia se reunido, de lugares distantes
como Lebo-Hamate, ao norte, e o ribeiro do
Egito, ao sul. A celebração durou, no total,
catorze dias: sete dias para a dedicação do
altar e sete dias para a Festa das Cabanas.[b]
66 Terminada a festa,[c] Salomão mandou o
povo para casa. Eles abençoaram o rei e

---

[a] **8.65a** Em hebraico, *a festa*; ver nota em 8.2.
[b] **8.65b** Em hebraico, *sete dias e sete dias, catorze dias*; comparar com o texto paralelo em 2Cr 7.8-10.
[c] **8.66** Em hebraico, *No oitavo dia*, provável referência ao dia depois da Festa das Cabanas, que durava sete dias; comparar com o texto paralelo em 2Cr 7.9-10.

foram embora alegres e exultantes, pois o SENHOR tinha mostrado sua bondade a seu servo Davi e a seu povo, Israel.

A RESPOSTA DO SENHOR A SALOMÃO

9 Salomão terminou de construir o templo do SENHOR e o palácio real. Concluiu tudo que havia planejado fazer. 2 Então o SENHOR apareceu a Salomão pela segunda vez, como havia aparecido em Gibeom. 3 O SENHOR lhe disse:

"Ouvi sua oração e sua súplica. Consagrei este templo que você construiu, onde meu nome será honrado para sempre. Olharei continuamente para ele, com todo o meu coração.

4 "Quanto a você, se me seguir com integridade e retidão, como fez seu pai, Davi, obedecendo a todos os meus mandamentos, decretos e estatutos, 5 estabelecerei o trono de sua dinastia sobre Israel para sempre. Pois fiz esta promessa a seu pai, Davi: 'Um de seus descendentes sempre se sentará no trono de Israel'.

6 "Mas, se você ou seus descendentes me abandonarem e desobedecerem a meus mandamentos e decretos, seguindo e adorando outros deuses, 7 arrancarei Israel desta terra que lhe dei. Rejeitarei este templo que consagrei em honra ao meu nome, e farei de Israel objeto de zombaria e desprezo entre as nações. 8 E, embora este templo seja agora imponente, todos que passarem perto dele ficarão chocados e horrorizados. Perguntarão: 'Por que o SENHOR fez coisas tão terríveis com esta terra e com este templo?'.

9 "E a resposta será: 'Porque os israelitas abandonaram o SENHOR, seu Deus, que tirou seus antepassados da terra do Egito e, em lugar dele, adoraram outros deuses e se prostraram diante deles. Por isso o SENHOR trouxe sobre eles essas calamidades'".

O ACORDO DE SALOMÃO COM HIRÃO

10 Salomão levou vinte anos para construir o templo do SENHOR e o palácio real. Depois desse tempo, 11 Salomão deu a Hirão, rei de Tiro, vinte cidades da Galileia. Hirão havia fornecido toda a madeira de cedro e de cipreste e todo o ouro que Salomão havia pedido. 12 Contudo, quando Hirão veio de Tiro para ver as cidades que Salomão lhe tinha dado, não ficou nada satisfeito com elas. 13 "Que espécie de cidades são essas, meu irmão?", perguntou ele. Então Hirão chamou aquela região de Cabul,[a] como é conhecida até hoje. 14 Hirão tinha enviado a Salomão 4.200 quilos[b] de ouro.

AS MUITAS REALIZAÇÕES DE SALOMÃO

15 Este é o relato do trabalho forçado que o rei Salomão impôs para a construção do templo do SENHOR, do palácio real, do aterro[c] e do muro de Jerusalém, além das cidades de Hazor, Megido e Gezer. 16 (O faraó, rei do Egito, havia atacado e conquistado Gezer. Matou seus habitantes cananeus, incendiou a cidade e a deu como presente à sua filha quando ela se casou com Salomão. 17 Assim, Salomão reconstruiu a cidade de Gezer.) Também construiu Bete-Horom Baixa, 18 Baalate e Tamar,[d] no deserto daquela região. 19 Construiu cidades para servirem como centros de armazenamento e também cidades para seus carros de guerra e cavalos. Construiu tudo que desejou em Jerusalém, no Líbano e em todo o reino.

20 Ainda havia na terra habitantes que não eram israelitas: amorreus, hititas, ferezeus, heveus e jebuseus. 21 Eram descendentes das nações que os israelitas não haviam destruído completamente. Salomão os recrutou para trabalhos forçados, e é nessa condição que trabalham até hoje. 22 Mas Salomão não recrutou nenhum israelita para trabalhos forçados; eles o serviram como soldados, funcionários do governo, oficiais e capitães de seu exército, comandantes de carros de guerra e cavaleiros. 23 Nomeou 550 israelitas para supervisionarem os trabalhadores de seus vários projetos.

---

[a] **9.13** *Cabul* significa "inútil".
[b] **9.14** Em hebraico, *120 talentos*.
[c] **9.15** Em hebraico, *do Milo*; também em 9.24. O significado do hebraico é incerto.
[d] **9.18** Uma leitura alternativa no Texto Massorético traz *Tadmor*.

24 Salomão transferiu a residência de sua esposa, a filha do faraó, da Cidade de Davi para o novo palácio que ele havia construído para ela. Depois, construiu o aterro.

25 Três vezes por ano, Salomão apresentava holocaustos e ofertas de paz sobre o altar que havia construído para o SENHOR e também queimava incenso perante o SENHOR. Assim, ele terminou o trabalho de construção do templo.

26 O rei Salomão também construiu navios em Eziom-Geber, um porto próximo a Elate,[a] na terra de Edom, às margens do mar Vermelho.[b] 27 Hirão enviou uma frota com marinheiros experientes para servirem nas tripulações dos navios, junto com os marinheiros de Salomão. 28 Navegaram a Ofir e trouxeram para Salomão 14.700 quilos[c] de ouro.

A VISITA DA RAINHA DE SABÁ

10 Quando a rainha de Sabá ouviu falar da fama de Salomão, que honrava o nome do SENHOR,[d] foi até ele para pô-lo à prova com perguntas difíceis. 2 Chegou a Jerusalém com uma comitiva numerosa e uma imensa caravana de camelos carregados de especiarias, grande quantidade de ouro e pedras preciosas. Quando se encontrou com Salomão, conversou com ele a respeito de tudo que tinha em mente. 3 Salomão respondeu a todas as suas perguntas; nada era difícil demais para o rei explicar. 4 Quando a rainha de Sabá percebeu quanto Salomão era sábio e viu o palácio que ele havia construído, 5 a comida que era servida às mesas do rei, os alojamentos e a organização de seus oficiais e servos, os trajes esplêndidos que vestiam, os copeiros da corte e os holocaustos que Salomão oferecia no templo do SENHOR, ficou muito admirada.

6 Disse ela ao rei: "É verdade tudo que ouvi em meu país a respeito de suas realizações[e] e de sua sabedoria! 7 Não acreditava no que diziam até que cheguei aqui e vi com os próprios olhos. Aliás, não tinham me contado nem a metade! Sua sabedoria e prosperidade vão muito além do que ouvi. 8 Como deve ser feliz o seu povo![f] Que privilégio para seus oficiais estarem em sua presença todos os dias, ouvindo sua sabedoria! 9 Louvado seja o SENHOR, seu Deus, que se agradou de você e o colocou no trono de Israel. Por causa do amor eterno do SENHOR por Israel, ele o fez rei para governar com justiça e retidão".

10 Então ela presenteou o rei com 4.200 quilos[g] de ouro, especiarias em grande quantidade e pedras preciosas. Nunca mais foram recebidas tantas especiarias quanto as que a rainha de Sabá deu ao rei Salomão.

11 (Além disso, os navios de Hirão trouxeram ouro de Ofir e grandes carregamentos de madeira de sândalo[h] e pedras preciosas. 12 O rei usou a madeira de sândalo para fazer corrimões[i] para o templo e para o palácio real, e também liras e harpas para os músicos. Nunca antes nem depois se viu tamanho suprimento de madeira de sândalo.)

13 O rei Salomão deu à rainha de Sabá tudo que ela pediu, além dos presentes costumeiros que ele já havia entregado com generosidade. Então ela e sua comitiva regressaram para sua terra.

A RIQUEZA E O ESPLENDOR DE SALOMÃO

14 A cada ano, Salomão recebia cerca de 23.300 quilos[j] de ouro, 15 sem contar a renda adicional proveniente dos mercadores e comerciantes, de todos os reis da Arábia e dos governadores do país.

16 O rei Salomão fez duzentos escudos grandes de ouro batido, cada um pesando 7,2 quilos.[k] 17 Também fez trezentos escudos menores de ouro batido, cada um pesando 1,8 quilo.[l] O rei colocou esses escudos no Palácio da Floresta do Líbano.

18 Então o rei fez um grande trono de marfim revestido de ouro puro. 19 O trono

[a] **9.26a** Conforme a Septuaginta (ver tb. 2Rs 14.22; 16.6); o hebraico traz *Elote*, variação de Elate.
[b] **9.26b** Em hebraico, *mar de juncos*.
[c] **9.28** Em hebraico, *420 talentos*.
[d] **10.1** Ou *que se devia ao nome do SENHOR*. O significado do hebraico é incerto.
[e] **10.6** Em hebraico, *suas palavras*.
[f] **10.8** A Septuaginta, a versão siríaca e a Vulgata trazem *Como devem ser felizes suas esposas!*
[g] **10.10** Em hebraico, *120 talentos*.
[h] **10.11** Ou *madeira de junípero*; também em 10.12.
[i] **10.12** Ou *colunas*. O significado do hebraico é incerto.
[j] **10.14** Em hebraico, *666 talentos*.
[k] **10.16** Em hebraico, *600 siclos*.
[l] **10.17** Em hebraico, *3 minas*.

tinha seis degraus e um encosto arredondado. De cada lado do assento havia um apoio para o braço e, junto de cada apoio, a escultura de um leão. 20 Também havia outros doze leões, um de cada lado dos seis degraus. Nenhum outro trono em todo o mundo se comparava ao de Salomão.

21 Todas as taças do rei Salomão eram de ouro, e todos os utensílios do Palácio da Floresta do Líbano eram de ouro puro. Não eram de prata, pois nos dias de Salomão a prata era considerada um metal sem valor.

22 O rei tinha uma frota de navios mercantes[a] que navegavam com os navios de Hirão. Uma vez a cada três anos, as embarcações voltavam trazendo ouro, prata, marfim, macacos e pavões.[b]

23 Salomão se tornou o mais rico e sábio de todos os reis da terra. 24 Gente de todas as nações vinha consultá-lo e ouvir a sabedoria que Deus lhe tinha dado. 25 A cada ano, os visitantes traziam presentes de prata e ouro, roupas, armas, especiarias, cavalos e mulas.

26 Salomão ajuntou muitos carros de guerra e cavalos. Possuía 1.400 carros de guerra e 12.000 cavalos. Mantinha alguns deles nas cidades designadas para guardar esses carros de guerra e outros perto dele, em Jerusalém. 27 O rei tornou a prata tão comum em Jerusalém como as pedras. E havia tanta madeira valiosa de cedro como as figueiras-bravas que crescem nas colinas de Judá.[c] 28 Os cavalos de Salomão eram importados do Egito[d] e da Cilícia;[e] os comerciantes do rei os adquiriam da Cilícia pelo preço de mercado. 29 Naquela época, um carro de guerra do Egito custava 600 peças[f] de prata, e um cavalo, 150 peças[g] de prata. Depois, eram exportados aos reis dos hititas e aos reis da Síria.

AS MUITAS ESPOSAS DE SALOMÃO

11 O rei Salomão amou muitas mulheres estrangeiras. Além da filha do faraó, ele se casou com mulheres de Moabe, de Amom, de Edom, de Sidom e dos hititas. 2 O Senhor havia instruído os israelitas claramente: "Não se casem com mulheres dessas nações, pois desviarão seu coração para os deuses delas". E, no entanto, Salomão amou essas mulheres. 3 No total, casou-se com setecentas princesas e teve trezentas concubinas. E elas desviaram seu coração do Senhor.

4 Quando Salomão era idoso, elas o induziram a adorar outros deuses em vez de ser inteiramente fiel ao Senhor, seu Deus, como seu pai, Davi, tinha sido. 5 Salomão adorou Astarote, a deusa dos sidônios, e Moloque,[h] o repulsivo deus dos amonitas. 6 Com isso, Salomão fez o que era mau aos olhos do Senhor; recusou-se a seguir inteiramente o Senhor, como seu pai, Davi, tinha feito.

7 No monte que fica a leste de Jerusalém, chegou a construir um lugar de culto para Camos, o repulsivo deus de Moabe, e outro para Moloque, o repulsivo deus dos amonitas. 8 Salomão construiu esses lugares de culto para que suas esposas estrangeiras queimassem incenso e oferecessem sacrifícios aos deuses delas.

9 O Senhor se irou com Salomão, porque o coração dele tinha se desviado do Senhor, o Deus de Israel, que lhe havia aparecido duas vezes. 10 Ele tinha advertido Salomão especificamente de que não adorasse outros deuses, mas Salomão não obedeceu à ordem do Senhor. 11 Por isso, o Senhor lhe disse: "Uma vez que você não cumpriu minha aliança e desobedeceu a meus decretos, certamente tirarei de você o reino e o entregarei a um de seus servos. 12 Mas, por causa de seu pai, Davi, não farei isso enquanto você estiver vivo. Tirarei o reino de seu filho 13 e, ainda assim, não tirarei dele o reino inteiro; deixarei que governe sobre uma tribo, por causa do meu servo Davi e de Jerusalém, a cidade que escolhi".

OS ADVERSÁRIOS DE SALOMÃO

14 Então o Senhor levantou o edomita Hadade, da família real de Edom, para ser adversário de Salomão. 15 Anos antes, Davi tinha derrotado Edom. Joabe, comandante do

[a] **10.22a** Em hebraico, *navios de Társis*.
[b] **10.22b** Ou *babuínos*.
[c] **10.27** Em hebraico, *na Sefelá*.
[d] **10.28a** Possivelmente, *de Muzur*, região próxima da Cilícia; também em 10.29.
[e] **10.28b** Em hebraico, *de Cuve*, provavelmente outro nome para Cilícia.
[f] **10.29a** Em hebraico, *600 [siclos]*, cerca de 7,2 quilos.
[g] **10.29b** Em hebraico, *150 [siclos]*, cerca de 1,8 quilo.
[h] **11.5** Em hebraico, *Milcom*, variação de Moloque; também em 11.33.

exército de Davi, tinha ficado para trás a fim de enterrar alguns soldados israelitas mortos na batalha. Enquanto estavam ali, mataram todos os homens de Edom. 16 Joabe e o exército de Israel tinham permanecido ali seis meses, até matarem todos os edomitas.

17 Contudo, Hadade e alguns dos oficiais de seu pai conseguiram fugir e seguiram para o Egito. Na época, Hadade ainda era bem jovem. 18 Partiram de Midiã e foram a Parã, onde outros se juntaram a eles. Em seguida, foram ao Egito e se apresentaram ao faraó, o rei do Egito, que lhes ofereceu casas, sustento e terras. 19 O faraó se agradou de Hadade e lhe deu em casamento sua cunhada, a irmã da rainha Tafnes. 20 A esposa de Hadade deu à luz um filho chamado Genubate. Tafnes o criou na casa do faraó, entre os próprios filhos do faraó.

21 Quando chegou a Hadade no Egito a notícia de que Davi e seu comandante Joabe estavam mortos, ele disse ao faraó: "Deixe-me voltar para minha terra".

22 "Por quê?", perguntou o faraó. "O que lhe falta aqui para que você queira voltar para sua terra?"

"Não me falta nada", respondeu ele. "Ainda assim, peço que me deixe voltar."

23 Deus também levantou Rezom, filho de Eliada, para ser adversário de Salomão. Rezom havia fugido de seu senhor Hadadezer, rei de Zobá, 24 e se tornado líder de um bando de rebeldes. Depois que Davi derrotou Hadadezer, Rezom e seus homens fugiram para Damasco, onde Rezom se tornou rei. 25 Ele foi inimigo ferrenho de Israel durante o resto do reinado de Salomão e, assim como Hadade, causou muitos problemas. Rezom continuou a reinar na Síria e odiava Israel profundamente.

JEROBOÃO SE REBELA CONTRA SALOMÃO

26 Outro líder rebelde foi Jeroboão, filho de Nebate, um dos próprios oficiais de Salomão. Veio da cidade de Zeredá, em Efraim; sua mãe era viúva e se chamava Zerua.

27 Esta é a história por trás de sua rebelião. Salomão estava construindo o aterro[a] e reparando os muros da Cidade de Davi, seu pai. 28 Jeroboão era um jovem muito capaz e, quando Salomão viu como era diligente, encarregou-o dos trabalhadores das tribos de Efraim e Manassés, os descendentes de José.

29 Certo dia, quando Jeroboão saía de Jerusalém, Aías, profeta de Siló, encontrou-se com ele no caminho. Aías vestia uma capa nova. Enquanto os dois estavam sozinhos no campo, 30 Aías pegou sua capa nova e a rasgou em doze partes. 31 Disse a Jeroboão: "Fique com dez pedaços, pois assim diz o Senhor, o Deus de Israel: 'Estou prestes a tirar o reino das mãos de Salomão e entregar dez tribos a você. 32 Contudo, deixarei uma tribo para ele, por causa do meu servo Davi e de Jerusalém, a cidade que escolhi dentre todas as tribos de Israel. 33 Pois Salomão me abandonou e adorou[b] Astarote, a deusa dos sidônios, Camos, o deus de Moabe, e Moloque, o deus dos amonitas. Não seguiu meus caminhos nem fez o que me agrada. Não obedeceu a meus decretos e estatutos, como fez seu pai, Davi.

34 "'Contudo, não tirarei o reino inteiro de Salomão agora. Por causa do meu servo Davi, a quem escolhi e que obedeceu a meus mandamentos e decretos, manterei Salomão no governo enquanto ele viver. 35 Mas tirarei o reino do filho dele e darei dez tribos a você. 36 O filho de Salomão terá uma tribo, para que os descendentes de meu servo Davi continuem a brilhar como uma lâmpada em Jerusalém, a cidade que escolhi como lugar para o meu nome. 37 Eu o colocarei no trono de Israel, e você governará sobre tudo que seu coração desejar. 38 Se der ouvidos ao que digo, seguir meus caminhos e fizer o que me agrada, e se obedecer a meus estatutos e mandamentos, como fez meu servo Davi, sempre estarei com você. Estabelecerei para você uma dinastia, como fiz com Davi, e lhe darei Israel. 39 Por causa do pecado de Salomão, castigarei os descendentes de Davi, mas não para sempre'".

40 Salomão tentou matar Jeroboão, mas ele fugiu para junto de Sisaque, rei do Egito, e ficou ali até a morte de Salomão.

[a] **11.27** Em hebraico, *o Milo*. O significado do hebraico é incerto.

[b] **11.33** Conforme a Septuaginta, a versão siríaca e a Vulgata; o hebraico traz *Pois eles me abandonaram e adoraram.*

RESUMO DO REINADO DE SALOMÃO

41 Os demais acontecimentos do reinado de Salomão, incluindo todos os seus feitos e sua sabedoria, estão registrados no *Livro dos Atos de Salomão*. 42 Salomão reinou por quarenta anos sobre todo o Israel, em Jerusalém. 43 Quando morreu e se reuniu a seus antepassados, foi sepultado na Cidade de Davi, seu pai. Seu filho Roboão foi seu sucessor.

AS TRIBOS DO NORTE SE REBELAM

12 Roboão foi a Siquém, onde todo o Israel havia se reunido para proclamá-lo rei. 2 Quando Jeroboão, filho de Nebate, soube disso, voltou do Egito,[a] para onde havia fugido do rei Salomão. 3 Os líderes de Israel convocaram Jeroboão, e ele e toda a comunidade de Israel foram falar com Roboão. 4 "Seu pai foi muito duro conosco", disseram. "Alivie a carga pesada de trabalho e de impostos altos que seu pai nos obrigou a carregar. Então seremos seus súditos leais."

5 Roboão respondeu: "Deem-me três dias para pensar. Depois, voltem para saber minha resposta". E o povo foi embora.

6 O rei Roboão discutiu o assunto com os homens mais velhos que haviam sido conselheiros de seu pai, Salomão. "O que vocês aconselham?", perguntou ele. "Como devo responder a este povo?"

7 Eles disseram: "Se o senhor estiver disposto a servir este povo hoje e lhe der uma resposta favorável, eles serão seus súditos leais para sempre".

8 Mas Roboão rejeitou o conselho dos homens mais velhos e pediu a opinião dos jovens que haviam crescido com ele e agora o acompanhavam. 9 "O que vocês aconselham?", perguntou ele. "Como devo responder a este povo que deseja que eu alivie as cargas impostas por meu pai?"

10 Os jovens responderam: "Você deve dizer o seguinte a essa gente que diz que seu pai foi muito duro com eles e que pede alívio: 'Meu dedo mínimo é mais grosso que a cintura de meu pai! 11 Sim, meu pai lhes impôs cargas pesadas, mas eu as tornarei ainda mais pesadas! Meu pai os castigou com chicotes comuns, mas eu os castigarei com chicotes de pontas de metal!'".[b]

12 Três dias depois, Jeroboão e todo o povo voltaram para saber a decisão do rei, como ele havia ordenado. 13 Roboão lhes respondeu com aspereza, pois rejeitou o conselho dos homens mais velhos 14 e seguiu o conselho dos mais jovens. Disse ao povo: "Meu pai lhes impôs cargas pesadas, mas eu as tornarei ainda mais pesadas! Meu pai os castigou com chicotes comuns, mas eu os castigarei com chicotes de pontas de metal!".

15 Assim, o rei não atendeu o povo. Essa mudança nos acontecimentos foi da vontade do Senhor, pois cumpriu a mensagem do Senhor a Jeroboão, filho de Nebate, por meio do profeta Aías, de Siló.

16 Quando todo o Israel viu que o rei não iria atender a seu pedido, respondeu:

"Abaixo a dinastia de Davi!
  O filho de Jessé nada tem a nos oferecer!
Volte para casa, Israel!
  E você, Davi, cuide de sua própria casa!".

Então o povo de Israel voltou para casa. 17 Roboão, porém, continuou a governar sobre os israelitas que moravam nas cidades de Judá.

18 O rei Roboão enviou Adonirão,[c] encarregado dos trabalhos forçados, para restaurar a ordem, mas o povo de Israel o apedrejou até a morte. Quando essa notícia chegou ao rei Roboão, ele subiu rapidamente em sua carruagem e fugiu para Jerusalém. 19 E até hoje as tribos do norte de Israel se recusam a ser governadas por um descendente de Davi.

20 Quando o povo de Israel soube que Jeroboão tinha voltado do Egito, convocou uma assembleia e o proclamou rei sobre todo o Israel. Apenas a tribo de Judá permaneceu leal à família de Davi.

A PROFECIA DE SEMAÍAS

21 Quando Roboão chegou a Jerusalém, mobilizou os homens das tribos de Judá e Benjamim, 180 mil dos melhores soldados, para guerrearem contra Israel e recuperarem o reino.

[a] **12.2** Conforme a Septuaginta e a Vulgata (ver tb. 2Cr 10.2); o hebraico traz *ele vivia no Egito*.

[b] **12.11** Em hebraico, *com escorpiões*; também em 12.14.

[c] **12.18** Conforme alguns manuscritos gregos e a versão siríaca (ver tb. 1Rs 4.6; 5.14); o hebraico traz *Adorão*.

22 Deus, porém, falou a Semaías, homem de Deus: 23 "Diga a Roboão, filho de Salomão, rei de Judá, e a todo o povo de Judá e Benjamim, e ao restante do povo: 24 'Assim diz o SENHOR: Não lutem contra seus compatriotas, os israelitas. Voltem para casa, pois eu mesmo fiz isso acontecer!'". Eles obedeceram à palavra do SENHOR e voltaram para casa, conforme o SENHOR havia ordenado.

JEROBOÃO FAZ BEZERROS DE OURO

25 Então Jeroboão fortificou a cidade de Siquém, na região montanhosa de Efraim, e se estabeleceu ali. Mais tarde, fortificou Peniel.[a]

26 Jeroboão pensou: "Se eu não tiver cuidado, o reino voltará à dinastia de Davi. 27 Quando o povo for a Jerusalém para oferecer sacrifícios no templo do SENHOR, voltará a ser leal a Roboão, rei de Judá. Eles me matarão e o proclamarão rei deles".

28 Então, seguindo a recomendação de seus conselheiros, o rei fez dois bezerros de ouro. Disse ao povo: "É complicado demais ir a Jerusalém para adorar. Veja, Israel, estes são os deuses que tiraram vocês do Egito!". 29 Colocou um dos bezerros em Betel e o outro em Dã, nos dois extremos de seu reino. 30 Isso se tornou um grande pecado, pois o povo viajava até Dã, ao norte, para adorar o ídolo que ficava ali.

31 Jeroboão também construiu santuários idólatras e designou para serem sacerdotes homens do povo, que não eram da tribo sacerdotal de Levi. 32 Instituiu uma festa religiosa em Betel, no décimo quinto dia do oitavo mês,[b] uma imitação da festa celebrada todos os anos em Judá. Ali em Betel, Jeroboão ofereceu sacrifícios aos bezerros que havia feito e designou sacerdotes para os santuários idólatras que havia construído. 33 No décimo quinto dia do oitavo mês, data que ele mesmo tinha definido, ofereceu sacrifícios no altar em Betel. Instituiu, desse modo, uma festa religiosa para Israel e subiu ao altar para queimar incenso.

[a] **12.25** Em hebraico, *Penuel*, variação de Peniel.

[b] **12.32** No antigo calendário lunar hebraico, esse dia ocorria no final de outubro ou no início de novembro, exatamente um mês depois da celebração anual da Festa das Cabanas em Judá (ver Lv 23.34).

UM PROFETA CONDENA JEROBOÃO

13 Por ordem do SENHOR, um homem de Deus, vindo de Judá, foi até Betel e chegou ali quando Jeroboão se aproximava do altar para queimar incenso. 2 Então, por ordem do SENHOR, ele gritou: "Altar, altar! Assim diz o SENHOR: 'Um menino chamado Josias nascerá na dinastia de Davi. Sobre você ele sacrificará os sacerdotes dos santuários idólatras que queimam incenso aqui, e sobre você serão queimados ossos humanos!'". 3 Naquele mesmo dia, o homem de Deus deu um sinal. Disse ele: "O SENHOR anunciou este sinal: O altar se rachará, e suas cinzas se derramarão pelo chão".

4 Quando o rei Jeroboão ouviu o homem de Deus falar contra o altar em Betel, apontou para o homem e ordenou: "Prendam-no!". No mesmo instante, porém, a mão do rei ficou paralisada nessa posição, e ele não conseguia fazê-la voltar à posição normal. 5 Ao mesmo tempo, uma grande rachadura apareceu no altar e as cinzas se derramaram, exatamente como o homem de Deus tinha dito na mensagem recebida do SENHOR.

6 O rei disse ao homem de Deus: "Por favor, peça ao SENHOR, seu Deus, que restaure a minha mão!". O homem de Deus orou ao SENHOR e a mão do rei foi restaurada, e ele pôde movimentá-la novamente.

7 Então o rei disse ao homem de Deus: "Venha ao palácio comigo e coma alguma coisa, e eu lhe darei um presente".

8 Mas o homem de Deus respondeu a Jeroboão: "Mesmo que o rei me desse metade de tudo que possui, eu não o acompanharia. Não comeria nem beberia coisa alguma neste lugar, 9 pois o SENHOR me ordenou: 'Não coma nem beba coisa alguma enquanto estiver lá e não volte pelo mesmo caminho por onde foi'". 10 Então ele partiu de Betel e voltou para casa por outro caminho.

11 Acontece que morava em Betel um profeta idoso. Seus filhos[c] foram até ele e lhe contaram o que o homem de Deus havia feito em Betel naquele dia. Também contaram ao pai o que o homem de Deus tinha

[c] **13.11** Conforme a Septuaginta; o hebraico traz *Seu filho*.

dito ao rei. 12 O profeta idoso lhes pergun-
tou: "Por onde ele foi?". Eles mostraram
ao pai[a] o caminho por onde o homem de
Deus tinha ido. 13 "Selem o jumento", dis-
se o profeta idoso. Eles selaram o jumento
para o pai, e ele montou.

14 Foi atrás do homem de Deus e o en-
controu sentado debaixo de uma grande
árvore. Perguntou-lhe: "Você é o homem
de Deus que veio de Judá?".

"Sim, sou eu", respondeu ele.

15 Então o profeta disse ao homem de
Deus: "Venha para casa comigo e coma
alguma coisa".

16 "Não posso ir com você", respondeu
ele. "Não tenho permissão para comer
nem beber coisa alguma neste lugar,
17 pois o Senhor me ordenou: 'Não coma
nem beba coisa alguma enquanto estiver
lá e não volte pelo mesmo caminho por
onde foi'."

18 O profeta idoso, porém, respondeu:
"Também sou profeta como você. E um
anjo me deu esta ordem da parte do Senhor:
'Traga-o para casa com você, para que ele
coma pão e beba água'". No entanto, esta-
va mentindo. 19 Eles voltaram juntos, e o
homem de Deus comeu e bebeu na casa
do profeta.

20 Então, enquanto estavam sentados à
mesa, veio uma ordem do Senhor ao profeta
idoso. 21 Ele falou ao homem de Deus que
tinha vindo de Judá: "Assim diz o Senhor:
'Você desafiou a palavra do Senhor e deso-
bedeceu à ordem que o Senhor, seu Deus,
lhe deu. 22 Voltou a este lugar e comeu e
bebeu onde ele lhe disse que não comesse
nem bebesse. Por isso seu corpo não será
sepultado no túmulo de seus antepassados'".

23 Quando o homem de Deus terminou
de comer e beber, o profeta idoso selou
seu próprio jumento para ele, 24 e o ho-
mem de Deus partiu. Enquanto estava a
caminho, apareceu um leão e o matou. Seu
corpo ficou na estrada, com o jumento e o
leão parados ao lado dele. 25 Algumas pes-
soas que passaram viram o corpo esten-
dido ali, com o leão parado ao lado dele,
e deram a notícia em Betel, onde morava
o profeta idoso.

[a] **13.12** Conforme a Septuaginta; o hebraico traz *Eles tinham visto.*

26 Quando o profeta que o trouxe de volta
soube do que havia acontecido, disse:
"É o homem de Deus que desafiou a palavra
do Senhor. O Senhor cumpriu sua palavra ao
fazer que o leão o atacasse e matasse".

27 Então o profeta disse a seus filhos: "Selem
o jumento para mim". Eles selaram o jumento,
28 e o profeta foi e encontrou o corpo estendido
na estrada. O jumento e o leão ainda estavam
parados ao lado dele; o leão não havia comido
o corpo nem atacado o jumento. 29 O profeta
colocou o corpo do homem de Deus sobre
o jumento e o levou de volta à cidade para
lamentar por ele e sepultá-lo. 30 Pôs o corpo
em sua própria sepultura e lamentou por ele,
exclamando: "Ah, meu irmão!".

31 Depois de sepultá-lo, o profeta dis-
se a seus filhos: "Quando eu morrer,
enterrem-me no túmulo onde está sepulta-
do o homem de Deus. Ponham meus ossos
ao lado dos ossos dele, 32 pois a mensagem
que o Senhor ordenou que ele proclamasse
contra o altar em Betel e contra os santuá-
rios idólatras nas cidades de Samaria certa-
mente se cumprirá".

33 Mesmo depois disso, Jeroboão não se ar-
rependeu de seus maus caminhos. Continuou
a nomear sacerdotes dentre o povo comum;
qualquer um que desejasse podia se tornar
sacerdote dos santuários idólatras. 34 Com
isso, por causa desse pecado, a dinastia de
Jeroboão foi eliminada da face da terra.

A PROFECIA DE AÍAS CONTRA JEROBOÃO

14 Por esse tempo, Abias, filho de
Jeroboão, ficou doente. 2 Jeroboão
disse à sua esposa: "Ponha um disfarce para
que ninguém reconheça que você é minha
esposa e vá a Siló falar com o profeta Aías,
o homem que me disse que eu seria rei
sobre este povo. 3 Leve para ele um presen-
te de dez pães, alguns bolos e uma vasilha
de mel. Ele lhe dirá o que acontecerá com
o menino".

4 A esposa de Jeroboão foi à casa de Aías,
em Siló. Ele já estava velho e não podia mais
enxergar. 5 O Senhor, porém, tinha dito a Aías:
"A esposa de Jeroboão virá aqui, fingindo que
é outra pessoa. Perguntará a respeito do filho
dela, pois ele está doente. Transmita-lhe a
resposta que eu darei a você".

> Andamos em círculos quando não nos submetemos ao processo, assim como caminhamos feridos quando não nos submetemos à cura.

6 Quando Aías ouviu os passos dela junto
à porta, disse: "Entre, esposa de Jeroboão!
Por que finge ser outra pessoa? Tenho más
notícias para você. 7 Leve a seu marido,
Jeroboão, esta mensagem: 'Assim diz o
Senhor, o Deus de Israel: Eu o exaltei dentre
o povo e o fiz líder de Israel, meu povo.
8 Arranquei o reino da família de Davi e o
entreguei a você. Mas você não tem sido
como meu servo Davi, que obedeceu a
meus mandamentos e me seguiu de todo
o coração, e sempre fez o que me agrada.
9 Você pecou mais que todos os que vieram
antes. Fez para si outros deuses e me enfu-
receu com seus bezerros de ouro. Sim, você
me deu as costas! 10 Por isso, trarei desgraça
sobre sua família e destruirei todos os seus
descendentes do sexo masculino em Israel,
tanto escravos como livres. Queimarei sua
dinastia como se queima lixo, até que tenha
desaparecido. 11 Os membros da família de
Jeroboão que morrerem na cidade serão
comidos pelos cães, e os que morrerem
no campo serão comidos pelos abutres.
Eu, o Senhor, falei!'".

12 Então Aías disse à esposa de Jeroboão:
"Volte para casa; quando você puser os pés
na cidade, o menino morrerá. 13 Todo o Israel
lamentará a morte dele e o sepultará. Ele será
o único membro de sua família que terá um
sepultamento digno, pois esse menino é o
único de toda a família de Jeroboão do qual
o Senhor, o Deus de Israel, se agradou.

14 "Além disso, o Senhor levantará um
rei sobre Israel que destruirá a família de
Jeroboão. Isso acontecerá hoje, agora mesmo!
15 O Senhor sacudirá Israel como a corrente
de água agita as canas de junco. Arrancará
os israelitas desta boa terra que deu a seus
antepassados e os dispersará além do rio
Eufrates,[a] pois enfureceram o Senhor com os
postes que levantaram para adorar a deusa
Aserá. 16 Ele abandonará Israel, porque
Jeroboão pecou e fez Israel pecar com ele".

17 Então a esposa de Jeroboão voltou a
Tirza, e o menino morreu no instante em
que ela entrou em casa. 18 E todo o Israel
o sepultou e lamentou por ele, conforme
o Senhor havia anunciado por meio do
profeta Aías.

19 Os demais acontecimentos do reina-
do de Jeroboão, as guerras e o modo como
governou, estão registrados no *Livro da
História dos Reis de Israel.* 20 Jeroboão rei-
nou em Israel por 22 anos. Quando morreu
e se reuniu a seus antepassados, seu filho
Nadabe foi seu sucessor.

ROBOÃO REINA EM JUDÁ

21 Enquanto isso, Roboão, filho de Salomão,
reinava em Judá. Tinha 41 anos quando
começou a reinar, e reinou por dezessete
anos em Jerusalém, a cidade que o Senhor
havia escolhido dentre todas as tribos
de Israel como lugar para o seu nome.
A mãe de Roboão era uma mulher amonita
chamada Naamá.

22 O povo de Judá fez o que era mau aos
olhos do Senhor e provocou sua ira com os
pecados que cometeu, pois foram ainda
piores que os de seus antepassados.
23 Construíram santuários idólatras e
levantaram colunas sagradas e postes de
Aserá em todos os montes e debaixo de
toda árvore verdejante. 24 Havia até mesmo
prostitutos cultuais por toda a terra. O povo
imitava as práticas detestáveis das nações
que o Senhor havia expulsado de diante
dos israelitas.

25 No quinto ano do reinado de Roboão,
Sisaque, rei do Egito, subiu e atacou
Jerusalém. 26 Saqueou os tesouros do
templo do Senhor e do palácio real; roubou
tudo, incluindo os escudos de ouro que
Salomão havia feito. 27 Mais tarde, o rei
Roboão fez escudos de bronze para
substituí-los e os confiou aos oficiais da
guarda que protegiam a entrada do palácio
real. 28 Sempre que o rei ia ao templo do
Senhor, os guardas levavam os escudos e,
em seguida, os devolviam à sala da guarda.

29 Os demais acontecimentos do reinado
de Roboão e tudo que ele fez estão regis-
trados no *Livro da História dos Reis de Judá.*
30 Houve guerra constante entre Roboão
e Jeroboão. 31 Quando Roboão morreu,
foi sepultado com seus antepassados na
Cidade de Davi. Sua mãe era uma mulher
amonita chamada Naamá. Seu filho Abias[b]
foi seu sucessor.

[a] **14.15** Em hebraico, *rio.*

[b] **14.31** Também conhecido como *Abião.*

ABIAS REINA EM JUDÁ

15 No décimo oitavo ano do reinado de Jeroboão, filho de Nebate, Abias[a] começou a reinar em Judá. 2 Reinou por três anos em Jerusalém. Sua mãe se chamava Maaca e era neta de Absalão.

3 Cometeu os mesmos pecados que seu pai e não foi inteiramente fiel ao SENHOR, seu Deus, como seu antepassado Davi. 4 Mas, por causa de Davi, o SENHOR, seu Deus, permitiu que seus descendentes continuassem a brilhar como uma lâmpada em Jerusalém e deu a Abias um filho para reinar depois dele. 5 Pois Davi tinha feito o que era certo aos olhos do SENHOR e obedecido a seus mandamentos durante toda a vida, exceto no caso de Urias, o hitita.

6 Durante todo o reinado de Abias, houve guerra entre Abias e Jeroboão.[b] 7 Os demais acontecimentos do reinado de Abias e tudo que ele fez estão registrados no *Livro da História dos Reis de Judá*. Houve guerra constante entre Abias e Jeroboão. 8 Quando Abias morreu e se reuniu a seus antepassados, foi sepultado na Cidade de Davi. Seu filho Asa foi seu sucessor.

ASA REINA EM JUDÁ

9 No vigésimo ano do reinado de Jeroboão em Israel, Asa começou a reinar em Judá. 10 Reinou em Jerusalém por 41 anos. Sua avó[c] se chamava Maaca e era neta de Absalão.

11 Asa fez o que era certo aos olhos do SENHOR, como seu antepassado Davi. 12 Expulsou da terra os prostitutos cultuais e removeu todos os ídolos[d] que seus antepassados haviam feito. 13 Chegou a depor sua avó Maaca da posição de rainha-mãe, pois ela havia feito um poste obsceno para a deusa Aserá. Derrubou esse poste obsceno e o queimou no vale de Cedrom. 14 Embora os santuários idólatras não tivessem sido removidos, o coração de Asa permaneceu inteiramente fiel ao SENHOR durante toda a sua vida. 15 Ele trouxe para o templo do SENHOR a prata, o ouro e os diversos utensílios que ele e seu pai haviam consagrado.

16 Houve guerra constante entre Asa e Baasa, rei de Israel. 17 Baasa, rei de Israel, invadiu Judá e fortificou Ramá, a fim de impedir que qualquer um entrasse ou saísse do território de Asa, rei de Judá.

18 Em resposta, Asa juntou toda a prata e todo o ouro que restavam na tesouraria do templo do SENHOR e no palácio real. Enviou alguns de seus oficiais a Ben-Hadade, rei da Síria, que governava em Damasco, filho de Tabrimom e neto de Heziom, com a prata e o ouro e a seguinte mensagem:

> 19 "Façamos um acordo, você e eu, como aquele que houve entre seu pai e o meu. Envio um presente de prata e ouro. Rompa seu acordo com Baasa, rei de Israel, para que ele me deixe em paz".

20 Ben-Hadade aceitou a proposta do rei Asa e enviou os comandantes de seu exército para atacarem as cidades de Israel. Eles conquistaram Ijom, Dã, Abel-Bete-Maaca e todo o Quinerete, bem como a terra de Naftali. 21 Quando Baasa, rei de Israel, soube do que havia acontecido, abandonou seu projeto de fortificar Ramá e permaneceu em Tirza. 22 Então o rei Asa decretou que todos os homens de Judá, sem exceção, ajudassem a levar embora as pedras e a madeira usadas por Baasa para fortificar Ramá. Asa empregou esses materiais para fortificar a cidade de Geba, em Benjamim, e a cidade de Mispá.

23 Os demais acontecimentos do reinado de Asa, a extensão de seu poder, tudo que ele fez e o nome das cidades que ele construiu, estão registrados no *Livro da História dos Reis de Judá*. Em sua velhice, sofreu de uma doença nos pés. 24 Quando Asa morreu, foi sepultado com seus antepassados na Cidade de Davi. Seu filho Josafá foi seu sucessor.

NADABE REINA EM ISRAEL

25 Nadabe, filho de Jeroboão, começou a reinar em Israel no segundo ano do reinado de Asa, rei de Judá. Reinou em Israel por dois anos. 26 Fez o que era mau aos

---

[a] **15.1** Também conhecido como *Abião*.

[b] **15.6** Conforme alguns manuscritos hebraicos e gregos; a maioria dos manuscritos hebraicos traz *entre Roboão e Jeroboão*.

[c] **15.10** Ou *A rainha-mãe*; o hebraico traz *Sua mãe* (tb. em 15.13); comparar com 15.2.

[d] **15.12** É provável que o termo hebraico (lit. *coisas redondas*) se refira a esterco.

olhos do Senhor; seguiu o exemplo de seu pai, Jeroboão, e persistiu nos pecados que ele havia levado Israel a cometer.

27 Baasa, filho de Aías, da tribo de Issacar, conspirou contra Nadabe e o assassinou enquanto ele e o exército israelita sitiavam a cidade filisteia de Gibetom. 28 Baasa matou Nadabe no terceiro ano do reinado de Asa, rei de Judá, e se tornou seu sucessor.

29 Assim que Baasa subiu ao poder, matou todos os descendentes de Jeroboão. Não restou ninguém de sua família, exatamente como o Senhor havia anunciado por meio do profeta Aías, de Siló. 30 Isso aconteceu porque Jeroboão havia provocado a ira do Senhor com os pecados que tinha cometido e levado Israel a cometer.

31 Os demais acontecimentos do reinado de Nadabe e tudo que ele fez estão registrados no *Livro da História dos Reis de Israel.*

BAASA REINA EM ISRAEL

32 Houve guerra constante entre Asa, rei de Judá, e Baasa, rei de Israel. 33 Baasa, filho de Aías, começou a reinar sobre todo o Israel no terceiro ano do reinado de Asa, rei de Judá. Reinou em Tirza por 24 anos. 34 Fez o que era mau aos olhos do Senhor; seguiu o exemplo de Jeroboão e persistiu nos pecados que Jeroboão havia levado Israel a cometer.

16 Esta mensagem do Senhor foi transmitida ao rei Baasa pelo profeta Jeú, filho de Hanani: 2 "Eu o levantei do pó a fim de torná-lo líder do meu povo, Israel, mas você seguiu o exemplo de Jeroboão. Provocou minha ira ao fazer meu povo, Israel, pecar. 3 Por isso, destruirei você e sua família, assim como destruí os descendentes de Jeroboão, filho de Nebate. 4 Os membros da família de Baasa que morrerem na cidade serão comidos pelos cães, e os que morrerem no campo serão comidos pelos abutres".

5 Os demais acontecimentos do reinado de Baasa, o que ele fez e a extensão de seu poder estão registrados no *Livro da História dos Reis de Israel.* 6 Quando Baasa morreu e se reuniu a seus antepassados, foi sepultado em Tirza. Seu filho Elá foi seu sucessor.

7 A mensagem do Senhor contra Baasa e sua família veio por meio do profeta Jeú, filho de Hanani. Foi transmitida porque Baasa havia feito o que era mau aos olhos do Senhor, como a família de Jeroboão, e também porque Baasa havia destruído a família de Jeroboão. Os pecados de Baasa provocaram a ira do Senhor.

ELÁ REINA EM ISRAEL

8 Elá, filho de Baasa, começou a reinar em Israel no vigésimo sexto ano do reinado de Asa, rei de Judá. Reinou em Tirza por dois anos.

9 Então Zinri, comandante de metade dos carros de guerra do rei, conspirou contra ele. Certo dia, em Tirza, Elá estava se embebedando na casa de Arza, supervisor do palácio. 10 Zinri entrou, feriu Elá e o matou. Isso aconteceu no vigésimo sétimo ano do reinado de Asa, rei de Judá. Zinri se tornou o sucessor de Elá.

11 Logo que Zinri subiu ao poder, matou toda a família de Baasa. Não deixou vivo nenhum filho do sexo masculino. Exterminou até mesmo parentes e amigos. 12 Desse modo, Zinri destruiu a dinastia de Baasa, como o Senhor havia anunciado por meio do profeta Jeú. 13 Isso aconteceu por causa de todos os pecados que Baasa e seu filho Elá haviam cometido e levado Israel a cometer. Com seus ídolos inúteis, provocaram a ira do Senhor, Deus de Israel.

14 Os demais acontecimentos do reinado de Elá e tudo que ele fez estão registrados no *Livro da História dos Reis de Israel.*

ZINRI REINA EM ISRAEL

15 Zinri começou a reinar em Israel no vigésimo sétimo ano do reinado de Asa, rei de Judá. Reinou em Tirza por apenas sete dias. Nessa ocasião, o exército de Israel estava acampado próximo à cidade filisteia de Gibetom. 16 Quando souberam que Zinri havia traído e assassinado o rei, naquele mesmo dia proclamaram Onri, comandante do exército, o novo rei de Israel. 17 Onri levou todo o exército de Israel de Gibetom a Tirza e cercou a cidade. 18 Quando Zinri viu que a cidade havia sido conquistada, foi para a parte mais protegida do palácio real, ateou fogo ao edifício e morreu no meio das chamas. 19 Ele também havia feito o que era mau aos olhos do Senhor. Seguiu o exemplo de Jeroboão nos pecados que tinha cometido e levado Israel a cometer.

20 Os demais acontecimentos do reinado
de Zinri e sua conspiração estão registrados
no *Livro da História dos Reis de Israel.*

ONRI REINA EM ISRAEL

21 O povo de Israel se dividiu em dois
partidos. Metade queria proclamar rei
Tibni, filho de Ginate, e a outra metade
apoiava Onri. 22 Os partidários de Onri
derrotaram os de Tibni, filho de Ginate.
Tibni morreu, e Onri se tornou rei.

23 Onri começou seu reinado no trigé-
simo primeiro ano do reinado de Asa,
rei de Judá. Ao todo, reinou por doze anos,
seis deles em Tirza. 24 Então Onri comprou
de Sêmer o monte de Samaria por setenta
quilos[a] de prata. Construiu ali uma cidade
que chamou de Samaria, em homenagem
a Sêmer, o antigo proprietário do monte.

25 Onri fez o que era mau aos olhos do
SENHOR, pior que todos os reis antes dele.
26 Seguiu o exemplo de Jeroboão, filho
de Nebate, em todos os pecados que
tinha cometido e levado Israel a cometer.
Com seus ídolos inúteis, o povo provocou
a ira do SENHOR, Deus de Israel.

27 Os demais acontecimentos do reinado
de Onri, o que ele fez e a extensão de
seu poder estão registrados no *Livro da
História dos Reis de Israel.* 28 Quando Onri
morreu e se reuniu a seus antepassados,
foi sepultado em Samaria. Seu filho Acabe
foi seu sucessor.

ACABE REINA EM ISRAEL

29 Acabe, filho de Onri, começou a reinar em
Israel no trigésimo oitavo ano do reinado
de Asa, rei de Judá. Reinou em Samaria por
22 anos. 30 Acabe, filho de Onri, fez o que
era mau aos olhos do SENHOR, pior que todos
os reis antes dele. 31 E, como se não bastasse
seguir o exemplo pecaminoso de Jeroboão,
casou-se com Jezabel, filha de Etbaal,
rei dos sidônios, e começou a se prostrar
diante de Baal e adorá-lo. 32 Primeiro, Acabe
construiu um templo e um altar para Baal
em Samaria. 33 Depois, levantou um poste
para a deusa Aserá. Fez mais coisas para
provocar a ira do SENHOR, Deus de Israel,
que todos os reis de Israel antes dele.

34 Durante o reinado de Acabe, Hiel, um
homem de Betel, reconstruiu Jericó. Quando
lançou os alicerces, morreu seu filho mais
velho, Abirão. E, quando terminou a recons-
trução e colocou as portas, morreu seu filho
mais novo, Segube. Tudo isso aconteceu
de acordo com a mensagem do SENHOR a
respeito de Jericó, transmitida por meio de
Josué, filho de Num.

ELIAS É ALIMENTADO POR CORVOS

17 Elias, que era de Tisbe, em Gileade,
disse ao rei Acabe: "Tão certo como
vive o SENHOR, o Deus de Israel, a quem sirvo,
não haverá orvalho nem chuva durante os
próximos anos, até que eu ordene!".

2 Então o SENHOR disse a Elias: 3 "Vá para
o leste e esconda-se junto ao riacho de
Querite, que fica a leste do rio Jordão. 4 Beba
água do riacho e coma o que os corvos lhe
trouxerem, pois eu dei ordem para leva-
rem alimento até você".

5 Elias fez o que o SENHOR ordenou e
acampou junto ao riacho de Querite, a les-
te do Jordão. 6 Os corvos lhe traziam pão e
carne de manhã e à tarde, e ele bebia água
do riacho. 7 Depois de algum tempo, po-
rém, o riacho secou, pois não caía chuva
em parte alguma da terra.

A VIÚVA DE SAREPTA

8 Então o SENHOR disse a Elias: 9 "Vá morar
em Sarepta, perto da cidade de Sidom.
Dei ordem a uma viúva que mora ali para
lhe dar alimento".

10 Elias foi a Sarepta. Quando chegou ao
portão da cidade, viu uma viúva apanhando
gravetos e lhe perguntou: "Pode me dar
um pouco de água para beber, por favor?".
11 Enquanto ela ia buscar a água, ele disse:
"Traga também um pedaço de pão".

12 Mas ela respondeu: "Tão certo como
vive o SENHOR, seu Deus, não tenho um
pedaço sequer de pão em casa. Tenho
apenas um punhado de farinha que restou
numa vasilha e um pouco de azeite no
fundo do jarro. Estava apanhando alguns
gravetos para preparar esta última refeição,
e depois meu filho e eu morreremos".

13 Elias, porém, disse: "Não tenha medo!
Faça o que acabou de dizer, mas primeiro
faça um pouco de pão para mim. Depois,

a **16.24** Em hebraico, *2 talentos*.

use o resto para preparar uma refeição para você e seu filho. 14 Pois assim diz o Senhor, Deus de Israel: 'Sempre haverá farinha na vasilha e azeite no jarro, até o dia em que o Senhor enviar chuva'".

15 Ela fez conforme Elias disse. Assim, Elias, a mulher e a família dela tiveram alimento para muitos dias. 16 Sempre havia farinha na vasilha e azeite no jarro, exatamente como o Senhor tinha prometido por meio de Elias.

17 Algum tempo depois, o filho da mulher ficou doente. Foi piorando e, por fim, morreu. 18 Disse ela a Elias: "Homem de Deus, o que você me fez? Veio para lembrar-me de meus pecados e matar meu filho?".

19 Elias, porém, respondeu: "Dê-me seu filho". Tomou o corpo do menino dos braços dela, carregou-o para o andar de cima, onde estava hospedado, e o pôs na cama. 20 Então Elias clamou ao Senhor: "Ó Senhor, meu Deus, por que trouxeste desgraça a esta viúva que me recebeu em seu lar e fizeste o filho dela morrer?".

21 Em seguida, Elias se deitou sobre o menino três vezes e clamou ao Senhor: "Ó Senhor, meu Deus, por favor, permite que a vida volte a este menino!". 22 O Senhor ouviu a oração de Elias, e o menino voltou a viver. 23 Elias o levou para baixo e o entregou à mãe. "Veja, seu filho está vivo", disse ele.

24 Então a mulher disse a Elias: "Agora tenho certeza de que você é um homem de Deus, e de que o Senhor verdadeiramente fala por seu intermédio!".

CONFRONTO NO MONTE CARMELO

18 Algum tempo depois, no terceiro ano da seca, o Senhor disse a Elias: "Vá apresentar-se ao rei Acabe. Diga-lhe que enviarei chuva". 2 Elias foi apresentar-se a Acabe.

A fome era severa em Samaria. 3 Acabe mandou chamar Obadias, o administrador do palácio. (Obadias temia profundamente o Senhor. 4 Certa vez, quando Jezabel havia tentado matar todos os profetas do Senhor, Obadias escondeu cem deles em duas cavernas. Colocou cinquenta em cada caverna e forneceu alimento e água para eles.) 5 Acabe disse a Obadias: "Precisamos ir a todas as fontes e vales na terra. Quem sabe encontraremos pasto suficiente para salvar pelo menos alguns de meus cavalos e mulas!". 6 Então dividiram o território entre si. Acabe foi para um lado, e Obadias, para o outro.

7 Enquanto Obadias caminhava, viu de repente Elias vindo em sua direção. Ao reconhecê-lo, Obadias curvou-se diante dele com o rosto no chão. "É o senhor mesmo, meu senhor Elias?", perguntou.

8 "Sim, sou eu", respondeu Elias. "Agora vá e diga ao rei: 'Elias está aqui'."

9 Obadias, porém, protestou: "Que mal lhe fiz para que me envie para morrer nas mãos de Acabe? 10 Pois, tão certo como vive o Senhor, seu Deus, o rei o procurou em todas as nações e reinos da terra, de uma extremidade à outra. E cada vez que lhe diziam: 'Elias não está aqui', o rei Acabe fazia o rei daquela nação jurar que tinha falado a verdade. 11 E agora o senhor diz: 'Vá e diga ao rei: Elias está aqui'. 12 Mas, assim que eu o deixar, o Espírito do Senhor o levará embora, sabe-se lá para onde, e quando Acabe chegar e não o encontrar, ele me matará. E, no entanto, tenho servido fielmente ao Senhor toda a minha vida. 13 Ninguém lhe falou da ocasião em que Jezabel tentou matar os profetas do Senhor? Escondi cem deles em duas cavernas e lhes forneci alimento e água. 14 E agora o senhor diz: 'Vá e diga ao rei: Elias está aqui'. Se eu fizer isso, certamente Acabe me matará!".

15 Mas Elias disse: "Tão certo como vive o Senhor dos Exércitos, em cuja presença estou, hoje mesmo me apresentarei ao rei Acabe".

16 Então Obadias foi dizer a Acabe que Elias tinha vindo, e Acabe saiu para encontrar-se com Elias. 17 Quando Acabe o viu, disse: "É você mesmo, perturbador de Israel?".

18 "Não causei problema algum a Israel", respondeu Elias. "O senhor e sua família é que são os perturbadores, pois se recusaram a obedecer aos mandamentos do Senhor e, em vez disso, adoraram imagens de Baal. 19 Agora, convoque todo o Israel para encontrar-se comigo no monte Carmelo, além dos 450 profetas de Baal e os 400 profetas de Aserá que comem à mesa de Jezabel."

20 Acabe convocou todo o povo de Israel e os profetas para se reunirem no monte Carmelo. 21 Elias se colocou diante do povo e disse: "Até quando ficarão oscilando de um lado para o outro? Se o Senhor é Deus, sigam-no! Mas,

se Baal é Deus, então sigam Baal!". O povo, contudo, ficou em silêncio.

22 Então Elias lhes disse: "Sou o único que resta dos profetas do SENHOR, mas Baal tem 450 profetas. 23 Agora, tragam para cá dois novilhos. Que os profetas de Baal escolham um deles, cortem o animal em pedaços e o coloquem sobre a lenha do altar, mas não ponham fogo na lenha. Eu prepararei o outro novilho e o colocarei sobre a lenha no altar, mas não porei fogo na lenha. 24 Então invoquem o nome de seu deus, e eu invocarei o nome do SENHOR. O deus que responder com fogo, esse é o Deus verdadeiro!". E todo o povo concordou.

25 Então Elias disse aos profetas de Baal: "Comecem vocês, pois são muitos. Escolham um dos novilhos, preparem-no e invoquem o nome de seu deus. Mas não ponham fogo na lenha".

26 Eles prepararam um dos novilhos e o colocaram sobre o altar. Invocaram o nome de Baal desde a manhã até o meio-dia e gritavam: "Ó Baal, responde-nos!", mas não houve resposta alguma. E dançavam em volta do altar que haviam feito.

27 Por volta do meio-dia, Elias começou a zombar deles: "Vocês precisam gritar mais alto", dizia ele. "Sem dúvida ele é um deus! Talvez esteja meditando ou ocupado em outro lugar.[a] Ou talvez esteja viajando, ou dormindo, e precise ser acordado!"

28 Então gritaram mais alto e, como era seu costume, cortaram-se com facas e espadas, até sangrarem. 29 Agitaram-se em transe desde o meio-dia até a hora do sacrifício da tarde, mas não houve sequer um som, nem resposta ou reação alguma.

30 Então Elias disse ao povo: "Venham aqui!". Todos se reuniram em volta dele enquanto ele consertava o altar do SENHOR que havia sido derrubado. 31 Pegou doze pedras, uma para cada tribo dos filhos de Jacó, a quem o SENHOR disse: "Teu nome será Israel", 32 e com elas reconstruiu o altar em nome do SENHOR. Depois, cavou ao redor do altar uma valeta com capacidade suficiente para doze litros de água.[b] 33 Empilhou lenha sobre o altar, cortou o novilho em pedaços e colocou os pedaços sobre a lenha.

[a] **18.27** Ou *fazendo suas necessidades.*

[b] **18.32** Em hebraico, *2 seás de sementes.*

[c]Em seguida, ordenou: "Encham quatro jarras grandes com água e derramem a água sobre o holocausto e a lenha".

34 Depois que fizeram isso, disse: "Façam a mesma coisa novamente". Quando terminaram, ele disse: "Agora façam o mesmo pela terceira vez". Eles seguiram sua instrução, 35 e a água corria ao redor do altar e encheu a valeta.

36 Na hora costumeira de oferecer o sacrifício da tarde, o profeta Elias se aproximou do altar e orou: "Ó SENHOR, Deus de Abraão, Isaque e Jacó,[d] prova hoje que és Deus em Israel e que sou teu servo. Prova que fiz tudo isso por ordem tua. 37 Ó SENHOR, responde-me! Que este povo saiba que tu, ó SENHOR, és o verdadeiro Deus e estás buscando o povo de volta para ti!".

38 No mesmo instante, fogo do SENHOR desceu do céu e queimou o novilho, a madeira, as pedras e o chão, e secou até a água da valeta. 39 Quando o povo viu isso, todos se prostraram com o rosto no chão e gritaram: "O SENHOR é Deus! Sim, o SENHOR é Deus!".

40 Então Elias ordenou: "Prendam todos os profetas de Baal. Não deixem nenhum escapar!". O povo os prendeu, e Elias os levou para o riacho de Quisom e ali os matou.

ELIAS ORA PEDINDO CHUVA

41 Em seguida, Elias disse a Acabe: "Vá comer e beber, pois ouço uma forte tempestade chegando".

42 Acabe foi comer e beber. Elias, porém, subiu ao topo do monte Carmelo, prostrou-se até o chão com o rosto entre os joelhos e orou. 43 Depois, disse a seu servo: "Vá e olhe na direção do mar".

O servo foi e olhou, depois voltou e disse: "Não vi nada".

Sete vezes Elias mandou que ele fosse e olhasse. 44 Por fim, na sétima vez, o servo lhe disse: "Vi subir do mar uma pequena nuvem, do tamanho da mão de um homem".

Então Elias lhe disse: "Vá depressa dizer a Acabe: 'Apronte seu carro e volte para casa. Se não se apressar, a chuva o impedirá!'".

[c] **18.33** No texto hebraico, o versículo 18.34 começa aqui.

[d] **18.36** Em hebraico, *Israel.* Os nomes "Jacó" e "Israel" são usados de forma intercambiável ao longo de todo o Antigo Testamento e se referem, por vezes, ao patriarca e, em outras ocasiões, à nação.

45 Em pouco tempo, o céu ficou escuro com nuvens. Um vento forte trouxe uma grande tempestade, e Acabe partiu em sua carruagem a toda velocidade para Jezreel. 46 Então o Senhor concedeu força extraordinária a Elias. Ele prendeu a capa no cinto[a] e correu à frente do carro de Acabe até a entrada de Jezreel.

ELIAS FOGE PARA O SINAI

19 Acabe contou a Jezabel tudo que Elias havia feito, incluindo o modo como havia matado todos os profetas de Baal. 2 Por isso, Jezabel enviou esta mensagem a Elias: "Que os deuses me castiguem severamente se, até amanhã nesta hora, eu não fizer a você o que você fez aos profetas de Baal!".

3 Elias teve medo e fugiu para salvar a vida. Foi para Berseba, uma cidade em Judá, e ali deixou seu servo. 4 Depois, foi sozinho para o deserto, caminhando o dia todo. Sentou-se debaixo de um pé de giesta e orou, pedindo para morrer. "Já basta, Senhor", disse ele. "Tira minha vida, pois não sou melhor que meus antepassados que já morreram."

5 Então ele se deitou debaixo do pé de giesta e dormiu. Enquanto dormia, um anjo o tocou e disse: "Levante-se e coma!". 6 Elias olhou em redor e viu, perto de sua cabeça, um pão assado sobre pedras quentes e um jarro de água. Ele comeu, bebeu e se deitou novamente.

7 O anjo do Senhor voltou, tocou-o mais uma vez e disse: "Levante-se e coma um pouco mais, do contrário não aguentará a viagem que tem pela frente".

8 Elias se levantou, comeu e bebeu, e o alimento lhe deu forças para uma jornada de quarenta dias e quarenta noites até o monte Sinai,[b] o monte de Deus. 9 Ali encontrou uma caverna onde passou a noite.

O SENHOR FALA COM ELIAS

Então o Senhor lhe disse: "O que você faz aqui, Elias?".

10 Ele respondeu: "Tenho servido com zelo ao Senhor, o Deus dos Exércitos. Contudo, os israelitas quebraram a aliança contigo, derrubaram teus altares e mataram todos os teus profetas. Sou o único que restou, e agora também procuram me matar".

11 "Saia e ponha-se diante de mim no monte", disse o Senhor. E, enquanto Elias estava ali, o Senhor passou, e um forte vendaval atingiu o monte. Era tão intenso que as pedras se soltavam do monte diante do Senhor, mas o Senhor não estava no vento. Depois do vento houve um terremoto, mas o Senhor não estava no terremoto. 12 Depois do terremoto houve fogo, mas o Senhor não estava no fogo. E, depois do fogo, veio um suave sussurro. 13 Quando Elias o ouviu, cobriu o rosto com a capa, saiu e ficou na entrada da caverna.

E uma voz disse: "O que você faz aqui, Elias?".

14 Ele respondeu outra vez: "Tenho servido com zelo ao Senhor, o Deus dos Exércitos. Contudo, os israelitas quebraram a aliança contigo, derrubaram teus altares e mataram todos os teus profetas. Sou o único que restou, e agora também procuram me matar".

15 Então o Senhor lhe disse: "Volte pelo caminho por onde veio e vá para o deserto de Damasco. Quando chegar lá, unja Hazael para ser rei da Síria. 16 Depois, unja também Jeú, neto de[c] Ninsi, para ser rei de Israel, e unja Eliseu, filho de Safate, da cidade de Abel-Meolá, para substituir você como meu profeta. 17 Quem escapar da espada de Hazael será morto por Jeú, e quem escapar da espada de Jeú será morto por Eliseu. 18 No entanto, preservarei sete mil de Israel que nunca se prostraram diante de Baal nem o beijaram!".

O CHAMADO DE ELISEU

19 Elias partiu e encontrou Eliseu, filho de Safate, arando um campo. Havia doze parelhas de bois no campo, e Eliseu arava com a última parelha. Elias se aproximou de Eliseu, lançou sua capa sobre os ombros dele e continuou a caminhar. 20 Eliseu deixou os bois ali, correu atrás de Elias e disse: "Primeiro deixe-me dar um beijo de despedida em meu pai e em minha mãe; então o seguirei!".

Elias respondeu: "Pode voltar, mas pense no que lhe fiz".

21 Eliseu voltou para sua parelha de bois e os matou. Usou a madeira do arado para fazer fogo e assar a carne. Distribuiu a carne para o povo da cidade, e todos eles comeram. Então partiu com Elias, como seu ajudante.

[a] **18.46** Em hebraico, *cingiu os lombos*.
[b] **19.8** Em hebraico, *Horebe*, outro nome para o Sinai.
[c] **19.16** Em hebraico, *descendente de*; comparar com 2Rs 9.2,14.

BEN-HADADE ATACA SAMARIA

20 Por esse tempo, Ben-Hadade, rei da Síria, mobilizou seu exército com o apoio de 32 reis aliados e seus carros de guerra e cavalos. Eles cercaram Samaria e a atacaram. 2 Ben-Hadade enviou mensageiros à cidade para dizer a Acabe, rei de Israel: "Assim diz Ben-Hadade: 3 'Sua prata e seu ouro são meus, bem como suas esposas e os melhores de seus filhos'".

4 "Está bem, ó meu senhor, o rei", respondeu o rei de Israel. "Tudo que tenho é seu."

5 Pouco depois, os mensageiros voltaram e disseram: "Assim diz Ben-Hadade: 'Já exigi que entregasse sua prata, seu ouro, suas esposas e seus filhos. 6 Mas amanhã, a esta hora, enviarei meus oficiais para vasculharem seu palácio e as casas de seus oficiais e tomarem tudo que considerarem de valor'".

7 Então Acabe convocou todas as autoridades de Israel e lhes disse: "Vejam como esse homem quer nossa desgraça! Já concordei em lhe entregar minhas esposas, meus filhos, minha prata e meu ouro!".

8 "Não ceda a nenhuma outra exigência!", aconselharam as autoridades e o povo.

9 Portanto, Acabe respondeu aos mensageiros de Ben-Hadade: "Digam ao meu senhor, o rei: 'Eu lhe darei tudo que pediu da primeira vez, mas não posso aceitar sua última exigência'". Os mensageiros voltaram a Ben-Hadade com essa resposta.

10 Então Ben-Hadade enviou a seguinte mensagem a Acabe: "Que os deuses me castiguem severamente se restar pó suficiente de Samaria para dar um punhado a cada um de meus soldados!".

11 O rei de Israel respondeu: "O guerreiro que se arma com sua espada para lutar não deve se vangloriar como o guerreiro que já venceu".

12 A resposta de Acabe chegou a Ben-Hadade e aos outros reis quando bebiam em suas tendas.[a] "Preparem-se para atacar!", ordenou Ben-Hadade a seus oficiais. E eles se prepararam para atacar a cidade.

A VITÓRIA DE ACABE SOBRE BEN-HADADE

13 Enquanto isso, um profeta foi a Acabe, rei de Israel, e lhe disse: "Assim diz o SENHOR: 'Está vendo esse enorme exército inimigo? Hoje eu o entregarei em suas mãos. Com isso, você saberá que eu sou o SENHOR'".

14 Acabe perguntou: "Por meio de quem ele fará isso acontecer?".

O profeta respondeu: "Assim diz o SENHOR: 'Os soldados dos comandantes das províncias o farão'".

"Devemos atacar primeiro?", perguntou Acabe.

"Sim", respondeu o profeta.

15 Então Acabe convocou os 232 soldados dos comandantes das províncias. Em seguida, reuniu o restante do exército de Israel, cerca de sete mil homens. 16 Por volta do meio-dia, quando Ben-Hadade e os 32 reis aliados ainda estavam em suas tendas, bebendo até ficarem bêbados, 17 o primeiro contingente, formado pelos soldados dos comandantes das províncias, saiu da cidade.

Quando eles se aproximavam, os espiões de Ben-Hadade o avisaram: "Há alguns soldados vindo de Samaria".

18 Ele ordenou: "Quer tenham vindo em paz, quer para guerrear, tragam esses soldados com vida!".

19 Os soldados dos comandantes das províncias de Acabe e todo o exército haviam saído para lutar. 20 Cada soldado israelita matou seu adversário sírio e, de repente, todo o exército sírio fugiu. Os israelitas os perseguiram, mas o rei Ben-Hadade e alguns dos cavaleiros fugiram a cavalo. 21 O rei de Israel destruiu os outros cavalos e carros de guerra e massacrou os sírios.

22 Depois disso, o profeta disse ao rei Acabe: "Prepare-se para outro ataque. Comece a planejar desde já, pois o rei da Síria voltará na virada do ano".[b]

O SEGUNDO ATAQUE DE BEN-HADADE

23 Depois da derrota, os oficiais de Ben-Hadade lhe disseram: "Os deuses israelitas são deuses dos montes; por isso venceram. Mas podemos derrotá-los com facilidade nas planícies. 24 Desta vez, porém, substitua os reis por outros comandantes. 25 Reúna outro exército como o que o senhor perdeu. Dê-nos o mesmo

[a] **20.12** Ou *em Sucote*; também em 20.16.

[b] **20.22** No antigo calendário lunar hebraico, o primeiro dia do ano ocorria em março ou abril.

número de cavalos e carros de guerra, e lutaremos contra os israelitas nas planícies. Certamente os derrotaremos!". O rei Ben-Hadade fez conforme aconselharam.

26 Na virada do ano, convocou o exército sírio e marchou novamente contra Israel, dessa vez em Afeque. 27 Israel reuniu seu exército, organizou linhas de abastecimento e saiu para lutar. Mas, em comparação com o enorme exército sírio que cobria todo o campo, os israelitas pareciam dois pequenos rebanhos de cabras.

28 O homem de Deus foi ao rei de Israel e lhe disse: "Assim diz o Senhor: 'Os sírios pensam que o Senhor é um deus dos montes, e não das planícies. Por isso, entregarei todo o enorme exército sírio em suas mãos. Então vocês saberão que eu sou o Senhor'".

29 Os dois exércitos acamparam um de frente para o outro durante sete dias e, no sétimo dia, a batalha começou. Os israelitas mataram cem mil soldados de infantaria dos sírios em um só dia. 30 O restante fugiu para a cidade de Afeque, mas o muro caiu sobre eles e matou mais 27 mil. Ben-Hadade fugiu para a cidade e se escondeu num quarto secreto.

31 Os oficiais de Ben-Hadade lhe disseram: "Senhor, ouvimos que os reis de Israel são misericordiosos. Vamos nos humilhar, usar panos de saco na cintura e cordas na cabeça e nos render ao rei de Israel. Talvez ele deixe o senhor viver".

32 Então vestiram panos de saco e cordas, foram ao rei de Israel e suplicaram: "Seu servo Ben-Hadade diz: 'Peço que me deixe viver!'".

O rei de Israel respondeu: "Ele ainda está vivo? Ele é meu irmão!".

33 Os homens interpretaram isso como um bom sinal e, aproveitando essas palavras, responderam: "Sim, seu irmão Ben-Hadade!".

"Vão buscá-lo", disse o rei de Israel. E, quando Ben-Hadade chegou, Acabe o convidou para subir em sua carruagem.

34 Ben-Hadade lhe disse: "Devolverei as cidades que meu pai tomou de seu pai, e você poderá estabelecer centros de comércio em Damasco, como meu pai fez em Samaria".

Acabe disse: "Sob essas condições, eu o libertarei". Então os dois fizeram um acordo, e Ben-Hadade foi liberto.

UM PROFETA CONDENA ACABE

35 Enquanto isso, o Senhor instruiu um dos membros de um grupo de profetas a dizer a outro: "Dê um soco em mim!", mas o homem se recusou a fazê-lo. 36 Então o profeta lhe disse: "Como você não obedeceu à voz do Senhor, um leão o matará assim que você sair daqui". E, quando ele partiu, um leão o atacou e o matou.

37 Em seguida, o profeta se dirigiu a outro homem e disse: "Dê um soco em mim!". O homem deu um soco no profeta e o feriu.

38 O profeta colocou uma faixa de pano sobre os olhos para se disfarçar e esperou pelo rei junto à estrada. 39 Quando o rei ia passando, o profeta gritou: "Eu, seu servo, estava no meio da batalha acirrada quando, de repente, alguém me trouxe um prisioneiro e disse: 'Vigie este homem. Se ele escapar, você morrerá ou pagará uma multa de 35 quilos[a] de prata!'. 40 Contudo, enquanto eu estava ocupado fazendo outra coisa, o prisioneiro desapareceu".

"A culpa é sua", respondeu o rei. "Você mesmo pronunciou sua condenação."

41 Então, sem demora, o profeta tirou a faixa dos olhos, e o rei de Israel reconheceu que era um dos profetas. 42 O profeta lhe disse: "Assim diz o Senhor: 'Uma vez que você poupou o homem que eu havia ordenado que fosse destruído, você deve morrer em lugar dele, e seu povo, em lugar do povo dele'". 43 O rei de Israel foi para casa, em Samaria, indignado e aborrecido.

A VIDEIRA DE NABOTE

21 Naquela época, um homem chamado Nabote, de Jezreel, possuía um vinhedo que ficava ao lado do palácio de Acabe, rei de Samaria. 2 Certo dia, Acabe disse a Nabote: "Como sua videira fica tão próxima do meu palácio, quero comprá-la para fazer uma horta. Em troca, darei a você uma videira melhor, ou, se preferir, pagarei o valor em dinheiro".

3 Nabote, porém, respondeu: "O Senhor me livre de lhe entregar a herança que recebi de meus antepassados!".

4 Então Acabe foi para casa indignado e aborrecido por causa da resposta

[a] **20.39** Em hebraico, *1 talento*.

de Nabote. O rei foi deitar-se, virou o rosto
e não quis comer.
5 "Qual é o problema?", perguntou sua
esposa Jezabel. "Por que você está tão
aborrecido que nem quer comer?"
6 Acabe respondeu: "Pedi a Nabote, de
Jezreel, que me vendesse sua videira ou
que a trocasse por outra, mas ele não quis".
7 "Afinal, você é o rei de Israel ou não é?",
disse Jezabel. "Levante-se e coma alguma
coisa, e não se preocupe com isso.
Conseguirei para você a videira de Nabote."
8 Então ela escreveu cartas em nome
de Acabe, selou-as com o selo do rei e as
enviou para as autoridades e outros líderes
da cidade onde Nabote morava. 9 Nas cartas,
ela ordenava: "Reúnam os habitantes da
cidade para jejuar e coloquem Nabote num
lugar onde todos possam vê-lo. 10 Mandem
sentar-se em frente dele dois homens de
mau caráter que o acusem de amaldiçoar
a Deus e o rei. Depois, levem-no para fora e
matem-no por apedrejamento".
11 As autoridades e os outros líderes da
cidade seguiram as instruções dadas por
Jezabel em suas cartas. 12 Convocaram
os habitantes da cidade para um jejum e
colocaram Nabote num lugar onde todos
podiam vê-lo. 13 Então dois homens de mau
caráter vieram, sentaram-se de frente para
ele e o acusaram diante de todo o povo,
dizendo: "Ele amaldiçoou a Deus e o rei!".
Em seguida, foi arrastado para fora da cidade
e morto por apedrejamento. 14 Os líderes da
cidade mandaram avisar Jezabel: "Nabote
foi apedrejado e está morto".
15 Quando Jezabel ouviu a notícia,
disse a Acabe: "Lembra-se da videira que
Nabote se recusou a vender? Agora você
pode ficar com ela. Nabote está morto".
16 Acabe desceu de imediato à videira de
Nabote para tomar posse dela.
17 Contudo, o SENHOR disse a Elias, de Tisbe:
18 "Vá encontrar-se com Acabe, rei de Israel,
que governa em Samaria. Ele estará na
videira de Nabote, para tomar posse dela.
19 Transmita-lhe esta mensagem: 'Assim diz
o SENHOR: Não foi suficiente para você matar
Nabote? Era preciso que também roubasse
a propriedade dele? Por causa do que você
fez, os cães lamberão seu sangue no mesmo
lugar onde lamberam o sangue de Nabote'".
20 "Quer dizer que você me encontrou,
meu inimigo!", disse Acabe a Elias.
"Sim", respondeu Elias. "Vim porque
você se vendeu para fazer o que é mau
aos olhos do SENHOR. 21 Agora o SENHOR diz:[a]
'Trarei desgraça sobre você e o extermi-
narei, e destruirei todos os seus descen-
dentes do sexo masculino em Israel, tanto
escravos como livres. 22 Acabarei com
sua família como fiz com a família de
Jeroboão, filho de Nebate, e com a família
de Baasa, filho de Aías, pois você provocou
minha ira e levou Israel a pecar'.
23 "E quanto a Jezabel, o SENHOR diz: 'Cães
devorarão o corpo de Jezabel no campo[b]
em Jezreel'.
24 "Os membros da família de Acabe que
morrerem na cidade serão comidos pelos
cães, e os que morrerem no campo serão
comidos pelos abutres."
25 Não houve ninguém que tenha se
vendido tão completamente para fazer
o que é mau aos olhos do SENHOR como
Acabe, influenciado por sua esposa
Jezabel. 26 Sua prática mais repugnante foi
adorar ídolos[c] como haviam feito os amor-
reus, povo que o SENHOR tinha expulsado
de diante dos israelitas.
27 Quando Acabe ouviu essa mensagem,
rasgou suas roupas, vestiu-se de pano de
saco e jejuou. Passou a dormir em cima de
panos de saco e a andar cabisbaixo.
28 Então Elias, de Tisbe, recebeu outra
mensagem do SENHOR: 29 "Vê como Acabe
se humilhou diante de mim? Por isso, não
trarei calamidade durante sua vida. Farei
cair a calamidade sobre os filhos dele;
destruirei sua dinastia".

JOSAFÁ E ACABE

22 Durante três anos, não houve guerra
entre a Síria e Israel. 2 No terceiro
ano, porém, Josafá, rei de Judá, foi visitar
o rei de Israel. 3 Durante a visita, o rei de
Israel disse a seus oficiais: "Não sabem que
a cidade de Ramote-Gileade nos pertence?

Não existem limites para o que Deus pode fazer em você e através de você.

[a] **21.21** Conforme a Septuaginta; o hebraico não traz *Agora o SENHOR diz.*
[b] **21.23** Conforme vários manuscritos hebraicos, a versão siríaca e a Vulgata (ver tb. 2Rs 9.26,36); a maioria dos manuscritos hebraicos traz *junto ao muro da cidade.*
[c] **21.26** É provável que o termo hebraico (lit. *coisas redondas*) se refira a esterco.

E, no entanto, não fizemos coisa alguma para retomá-la do rei da Síria!".

4 Então se voltou para Josafá e perguntou: "Você se juntará a mim na batalha para reconquistar Ramote-Gileade?".

Josafá respondeu ao rei de Israel: "Claro que sim! Você e eu somos como um só. Meus soldados são seus soldados, e meus cavalos são seus cavalos". 5 E acrescentou: "Antes, porém, consulte o Senhor".

6 Então o rei de Israel convocou os profetas, cerca de quatrocentos no total, e lhes perguntou: "Devo ir à guerra contra Ramote-Gileade ou não?".

Todos eles responderam: "Sim, deve! O Senhor entregará o inimigo nas mãos do rei".

7 Josafá, porém, perguntou: "Acaso não há aqui um profeta do Senhor? Devemos consultá-lo também".

8 O rei de Israel respondeu a Josafá: "Há mais um homem que pode consultar o Senhor para nós, mas eu o odeio, pois nunca profetiza nada de bom a meu respeito, só coisas ruins! Chama-se Micaías, filho de Inlá".

"O rei não devia falar assim", respondeu Josafá.

9 Então o rei de Israel chamou um de seus oficiais e disse: "Traga Micaías, filho de Inlá. Rápido!".

MICAÍAS PROFETIZA CONTRA ACABE

10 Vestidos com seus trajes reais, o rei de Israel e Josafá, rei de Judá, estavam sentados cada um em seu trono na eira, junto à porta de Samaria. Todos os profetas estavam profetizando diante deles. 11 Um dos profetas, Zedequias, filho de Quenaaná, fez chifres de ferro e declarou: "Assim diz o Senhor: 'Com estes chifres o rei ferirá os sírios até a morte!'".

12 Todos os outros profetas concordaram, dizendo: "Sim, suba a Ramote-Gileade e seja vitorioso, pois o Senhor a entregará nas mãos do rei!".

13 Enquanto isso, o mensageiro que foi buscar Micaías lhe disse: "Veja, todos os profetas prometem vitória para o rei. Concorde com eles e também prometa sucesso".

14 Micaías, porém, respondeu: "Tão certo como vive o Senhor, direi apenas o que o Senhor ordenar".

15 Quando Micaías chegou, o rei lhe perguntou: "Micaías, devemos ir à guerra contra Ramote-Gileade ou não?".

Micaías respondeu: "Sim, suba e será vitorioso, pois o Senhor a entregará nas mãos do rei!".

16 Mas o rei disse: "Quantas vezes preciso exigir que diga somente a verdade quando falar em nome do Senhor?".

17 Então Micaías respondeu: "Vi todo o Israel espalhado pelos montes, como ovelhas sem pastor. E o Senhor disse: 'Seu líder foi morto.[a] Mande-os para casa em paz'".

18 O rei de Israel disse a Josafá: "Não falei? Ele nunca profetiza nada de bom a meu respeito, mas somente coisas ruins".

19 Micaías prosseguiu: "Ouça o que o Senhor diz! Vi o Senhor sentado em seu trono, com todo o exército do céu ao redor, à sua direita e à sua esquerda. 20 E o Senhor perguntou: 'Quem enganará Acabe para que vá à guerra contra Ramote-Gileade e seja morto ali?'.

"Houve muitas sugestões, 21 até que, por fim, um espírito se aproximou do Senhor e disse: 'Eu o enganarei!'.

22 "'De que maneira?', perguntou o Senhor.

"E o espírito respondeu: 'Sairei e porei um espírito mentiroso na boca de todos os seus profetas'.

"O Senhor disse: 'Você conseguirá enganá-lo!'.

23 "Como vê, o Senhor pôs um espírito mentiroso na boca de todos os seus profetas, pois o Senhor decretou sua desgraça".

24 Então Zedequias, filho de Quenaaná, se aproximou de Micaías e lhe deu uma bofetada. "Como foi que o Espírito do Senhor me deixou para falar com você?",[b] perguntou ele.

25 Micaías respondeu: "Você descobrirá em breve, quando tentar se esconder em algum quarto secreto!".

26 Então o rei de Israel ordenou: "Prendam Micaías e levem-no de volta a Amom, governador da cidade, e a meu filho Joás, 27 com a seguinte ordem: 'Ponham este homem na prisão e deem-lhe apenas pão e água até que eu volte da batalha em segurança!'".

28 Micaías, porém, respondeu: "Se voltar em segurança, significará que o Senhor não

[a] **22.17** Em hebraico, *Esse povo não tem senhor.*
[b] **22.24** Ou *Por onde saiu o Espírito do Senhor para falar com você?*

falou por meu intermédio!". E acrescentou
aos que estavam ao redor: "Todos vocês,
prestem atenção às minhas palavras!".

A MORTE DE ACABE

29 Então o rei de Israel e Josafá, rei de Judá,
levaram seus exércitos para atacar Ramote-
Gileade. 30 O rei de Israel disse a Josafá:
"Quando entrarmos no combate, usarei um
disfarce para que ninguém me reconheça,
mas você vestirá seus trajes reais". O rei de
Israel se disfarçou, e os dois foram à batalha.
31 Enquanto isso, o rei da Síria tinha dado
as seguintes ordens aos 32 comandantes
dos carros de guerra: "Ataquem somente
o rei de Israel. Não lutem contra ninguém
mais!". 32 Quando os comandantes dos
carros de guerra sírios viram Josafá em
seus trajes reais, foram atrás dele. "É o rei
de Israel!", disseram. Contudo, quando
Josafá gritou, 33 os comandantes dos carros
perceberam que não era o rei de Israel e pa-
raram de persegui-lo.
34 Então um soldado sírio disparou uma
flecha ao acaso e acertou o rei de Israel entre as
juntas de sua armadura. "Dê a volta e tire-me
daqui!", exclamou Acabe para o condutor
de seu carro. "Estou gravemente ferido!"
35 A batalha, cada vez mais violenta,
prosseguiu durante todo o dia, e o rei
permaneceu em pé, apoiado em seu carro,
de frente para os sírios. O sangue de seu
ferimento escorria para o piso do carro e,
ao entardecer, ele morreu. 36 Quando o sol
se punha, um clamor se espalhou entre
seus soldados: "Estamos perdidos! Voltem
para suas casas!".
37 Assim, o rei morreu, e seu corpo foi
levado para Samaria e sepultado ali.
38 Seu carro de guerra foi lavado junto ao
tanque de Samaria, e os cães vieram e
lamberam seu sangue no lugar onde as
prostitutas se banhavam,[a] exatamente
como o Senhor havia prometido.
39 Os demais acontecimentos do reina-
do de Acabe, e tudo que ele fez, incluin-
do o palácio de marfim e as cidades que
construiu, estão escritos no *Livro da
História dos Reis de Israel*. 40 Acabe morreu
e se reuniu a seus antepassados, e seu fi-
lho Acazias foi seu sucessor.

O REINADO DE JOSAFÁ EM JUDÁ

41 Josafá, filho de Asa, começou a reinar em
Judá no quarto ano do reinado de Acabe,
rei de Israel. 42 Josafá tinha 35 anos quando
começou a reinar e reinou em Jerusalém
por 25 anos. Sua mãe se chamava Azuba e
era filha de Sili.
43 Josafá foi um bom rei, que seguiu o
exemplo de seu pai, Asa, e fez o que era
certo aos olhos do Senhor. [b]Contudo,
não removeu todos os santuários idólatras,
e o povo continuou a oferecer sacrifícios e
queimar incenso neles. 44 Josafá manteve
paz com o rei de Israel.
45 Os demais acontecimentos do reina-
do de Josafá, a extensão de seu poder e
suas guerras estão registrados no *Livro da
História dos Reis de Judá*. 46 Ele expulsou
da terra os prostitutos cultuais dos san-
tuários idólatras que restaram do tempo
de seu pai, Asa.
47 (Naquela época, não havia rei em Edom,
mas apenas um governador.)
48 Josafá construiu uma frota de navios
mercantes[c] para buscar ouro em Ofir.
As embarcações, porém, nunca chegaram
a navegar, pois naufragaram no porto de
Eziom-Geber. 49 Certa vez, Acazias, filho
de Acabe, propôs a Josafá: "Deixe que
meus homens naveguem com os seus",
mas Josafá não aceitou a proposta.
50 Quando Josafá morreu, foi sepultado
com seus antepassados na Cidade de Davi.
Seu filho Jeorão foi seu sucessor.

O REINADO DE ACAZIAS EM ISRAEL

51 Acazias, filho de Acabe, começou a reinar
em Israel no décimo sétimo ano do reinado
de Josafá em Judá. Reinou em Samaria por
dois anos. 52 Contudo, fez o que era mau aos
olhos do Senhor, pois seguiu o exemplo de
seu pai e sua mãe e o exemplo de Jeroboão,
filho de Nebate, que levou Israel a pecar.
53 Serviu a Baal e o adorou, provocando a
ira do Senhor, Deus de Israel, como seu pai
havia feito.

[a] **22.38** Ou *seu sangue, e as prostitutas se banharam [nele]*; ou *seu sangue, e lavaram sua armadura*. O significado do hebraico é incerto.

[b] **22.43** No texto hebraico, os versículos 22.43b-53 são numerados 22.44-54.

[c] **22.48** Em hebraico, *navios de Társis*.

Livro 12 com

2Reis

25 CAPÍTULOS

SIGNIFICADO DO TÍTULO

O título “2Reis” vem da continuidade da história dos reis de Israel e de Judá, cobrindo o período desde a morte de Acabe até o exílio do Reino do Sul. Registra os sucessos e fracassos dos governantes, a influência dos profetas e os eventos que levaram à queda de ambos os reinos.

AUTORIA

Assim como em 1Reis, o autor de 2Reis não é identificado explicitamente. A tradição atribui a autoria a Jeremias, embora seja mais provável que o livro tenha sido compilado e editado por escribas e profetas.

INFORMAÇÕES GERAIS

2Reis continua a narrativa de Israel e de Judá e descreve os reinados de diversos monarcas, citando Elias e Eliseu como profetas ativos durante o período. O livro culmina com a queda de Judá diante do Império Babilônico e o exílio do povo de Deus.

ESTRUTURA DO LIVRO

- ★ Reinado de Acazias e ascensão de Eliseu 2Rs 1—2
- ★ Reinado de Jorão e milagres de Eliseu 2Rs 3—8.15
- ★ Reinados de Jeorão, Acazias, Jeú, Jeoacaz, Jeoás e Amazias 2Rs 8.16—14.22
- ★ Reinados de Jeroboão II, Uzias, Zacarias, Salum, Menaém, Pecaías, Peca e Jotão 2Rs 14.23 — 15
- ★ Reinados de Acaz e Oseias e a queda de Samaria 2Rs 16—17
- ★ Reinado de Ezequias 2Rs 18—20
- ★ Reinados de Manassés e Amom 2Rs 21
- ★ Reinado de Josias 2Rs 22—23.30
- ★ Fim de Judá e o exílio babilônico 2Rs 23.31—25

TEMAS DE 2REIS

A teologia de 2Reis enfatiza a justiça e o julgamento de Deus sobre as nações. Os eventos narrados destacam a importância da fidelidade ao Senhor e as consequências da idolatria e da desobediência. Apesar das falhas dos reis e do povo, Deus continua a agir em misericórdia e julgamento de acordo com a sua vontade.

2REIS E CRISTO

2Reis aponta para Cristo por meio dos milagres de Eliseu; da necessidade de um rei perfeito; do juízo e da esperança de redenção; da graça de Deus alcançando todas as nações; e da promessa de um reino eterno — todos culminando em Jesus como o cumprimento das promessas divinas.

Amar a Deus quando as coisas vão bem é fácil; o verdadeiro amor, no entanto, revela-se nas dificuldades.

ELIAS CONFRONTA O REI ACAZIAS

1 Depois da morte do rei Acabe, a terra de Moabe se rebelou contra Israel.

2 Certo dia, Acazias caiu pela grade de um cômodo no terraço de seu palácio em Samaria e ficou gravemente ferido. Ele enviou mensageiros ao templo de Baal-Zebube, deus de Ecrom, para saber se iria se recuperar.

3 O anjo do SENHOR, porém, disse a Elias, de Tisbe: "Vá ao encontro dos mensageiros do rei de Samaria e diga-lhes: 'Acaso não há Deus em Israel? Por que vão consultar Baal-Zebube, o deus de Ecrom? 4 Por isso, assim diz o SENHOR: Você nunca mais se levantará da cama onde está; certamente morrerá!'". Então Elias partiu.

5 Quando os mensageiros voltaram ao rei, ele lhes perguntou: "Por que voltaram tão depressa?".

6 Eles responderam: "Um homem veio ao nosso encontro e nos instruiu a voltarmos ao rei e lhe darmos esta mensagem: 'Assim diz o SENHOR: Acaso não há Deus em Israel? Por que enviou seus homens para consultar Baal-Zebube, o deus de Ecrom? Por isso, nunca mais se levantará da cama onde está; certamente morrerá'".

7 "Como era o homem que lhes anunciou essa mensagem?", perguntou o rei.

8 Eles responderam: "Vestia roupas feitas de pelos[a] e usava um cinto de couro".

"Era Elias, de Tisbe!", exclamou o rei.

9 Em seguida, enviou um capitão de seu exército com cinquenta soldados para prender Elias. Eles o encontraram sentado no alto de um monte. O capitão lhe disse: "Homem de Deus, o rei ordena que você desça conosco".

10 Elias respondeu ao capitão: "Se sou homem de Deus, que desça fogo do céu e destrua você e seus cinquenta soldados!". Então desceu fogo do céu e matou todos eles.

11 O rei enviou outro capitão com cinquenta soldados. O capitão disse a Elias: "Homem de Deus, o rei ordena que você desça imediatamente".

12 Elias, porém, respondeu: "Se sou homem de Deus, que desça fogo do céu e destrua você e seus cinquenta soldados!". Novamente desceu fogo do céu e matou todos eles.

13 Pela terceira vez, o rei enviou um capitão com cinquenta soldados. Esse capitão, porém, subiu o monte todo, ajoelhou-se diante de Elias e implorou: "Ó homem de Deus, por favor, poupe minha vida e a vida destes seus cinquenta servos. 14 Sabemos que desceu fogo do céu e destruiu os outros dois capitães e seus grupos de soldados. Mas, agora, peço que poupe minha vida!".

15 Então o anjo do SENHOR disse a Elias: "Desça com ele e não tenha medo". Assim, Elias se levantou, desceu e foi falar com o rei.

16 Elias disse ao rei: "Assim diz o SENHOR: Por que enviou mensageiros para consultar Baal-Zebube, o deus de Ecrom? Acaso não há Deus em Israel? Por isso, você nunca mais se levantará da cama onde está; certamente morrerá".

17 Então Acazias morreu, conforme o SENHOR havia anunciado por meio de Elias. Acazias não tinha nenhum filho para reinar em seu lugar, de modo que seu irmão Jorão[b] foi seu sucessor. Isso aconteceu no segundo ano do reinado de Jeorão, filho de Josafá, rei de Judá.

18 Os demais acontecimentos do reinado de Acazias e tudo que ele fez estão registrados no *Livro da História dos Reis de Israel*.

ELIAS É LEVADO AO CÉU

2 Quando o SENHOR estava para levar Elias ao céu num redemoinho, Elias e Eliseu partiram de Gilgal. 2 No caminho, Elias disse a Eliseu: "Fique aqui, pois o SENHOR me mandou ir a Betel".

Eliseu, porém, respondeu: "Tão certo como vive o SENHOR, e tão certo como a sua própria vida, não o deixarei!". E desceram juntos a Betel.

3 O grupo de profetas de Betel foi ao encontro de Eliseu e lhe perguntou: "Você sabe que o SENHOR levará seu mestre hoje?".

"Sim, eu sei", respondeu Eliseu. "Mas não falem sobre isso."

4 Então Elias disse a Eliseu: "Fique aqui, pois o SENHOR me mandou ir a Jericó".

[a] **1.8** Ou *Era um homem peludo.*

[b] **1.17** Em hebraico, *Jeorão*, variação de Jorão.

Mas Eliseu respondeu novamente:
"Tão certo como vive o Senhor, e tão certo
como a sua própria vida, não o deixarei".
E foram juntos a Jericó.
5 O grupo de profetas de Jericó foi ao
encontro de Eliseu e lhe perguntou: "Você
sabe que o Senhor levará seu mestre hoje?".
"Sim, eu sei", respondeu Eliseu. "Mas não
falem sobre isso."
6 Então Elias disse a Eliseu: "Fique aqui,
pois o Senhor me mandou ir ao rio Jordão".
Mais uma vez, porém, Eliseu respondeu:
"Tão certo como vive o Senhor, e tão certo
como a sua própria vida, não o deixarei".
E seguiram juntos pelo caminho.
7 Cinquenta homens do grupo de profetas
também foram e observaram de longe
quando Elias e Eliseu pararam junto ao
rio Jordão. 8 Elias dobrou seu manto e ba-
teu com ele nas águas. O rio se abriu, e os
dois atravessaram em terra seca.
9 Quando chegaram à outra margem, Elias
disse a Eliseu: "Diga-me, o que posso fazer
por você antes de ser levado embora?".
Eliseu respondeu: "Peço-lhe que eu
receba uma porção dobrada do seu espí-
rito e me torne seu sucessor".
10 Elias respondeu: "O que você pediu é
uma tarefa difícil, mas, se me vir quando
eu for separado de você, receberá o que
pediu; caso contrário, não será atendido".
11 De repente, enquanto caminhavam e
conversavam, surgiu uma carruagem de
fogo, puxada por cavalos de fogo. Passou
entre os dois e os separou, e Elias foi levado
para o céu num redemoinho. 12 Eliseu viu
isso e gritou: "Meu pai, meu pai! Você era
como os carros de guerra de Israel e seus
cavaleiros!". E, quando ele sumiu de vista,
Eliseu rasgou as roupas ao meio.
13 Em seguida, pegou o manto de Elias,
que tinha caído, e voltou à margem do
Jordão. 14 Bateu nas águas com o manto
e gritou: "Onde está o Senhor, o Deus de
Elias?". Então o rio se dividiu, e Eliseu o
atravessou.
15 Quando os membros do grupo de pro-
fetas de Jericó viram o que havia aconte-
cido, exclamaram: "O espírito de Elias
repousa sobre Eliseu!". Então foram en-
contrar-se com Eliseu e se curvaram com
o rosto no chão diante dele. 16 Disseram:
"Nós, seus servos, temos cinquenta ho-
mens corajosos que podem procurar seu
mestre no deserto. Talvez o Espírito do
Senhor o tenha deixado em algum monte
ou em algum vale".
"Não enviem ninguém", disse Eliseu.
17 Mas insistiram tanto que, por fim,
constrangido, ele consentiu: "Está bem,
enviem os homens". Os cinquenta homens
procuraram por três dias, mas não encon-
traram Elias. 18 Eliseu ainda estava em
Jericó quando eles voltaram, e disse:
"Não lhes falei que não fossem?".

OS PRIMEIROS MILAGRES DE ELISEU

19 Certo dia, alguns moradores de Jericó
disseram a Eliseu: "Temos um proble-
ma, meu senhor. A cidade está situada
numa boa região, como o senhor pode
ver. Contudo, a água não é boa, e a terra
é improdutiva".
20 Eliseu disse: "Tragam-me uma tigela
nova cheia de sal", e fizeram o que ele
pediu. 21 Eliseu foi à nascente que abas-
tecia a cidade com água e jogou ali o sal.
Disse ele: "Assim diz o Senhor: 'Purifiquei
esta água. Ela não causará mais morte nem
tornará a terra improdutiva'". 22 E, desde
então, a água permanece pura, conforme
a palavra de Eliseu.
23 Eliseu saiu dali e foi a Betel. Enquanto
subia pelo caminho, um grupo de adoles-
centes da cidade começou a zombar dele.
"Vá embora, careca! Vá embora, careca!",
gritavam. 24 Eliseu se voltou para trás,
olhou para eles e os amaldiçoou em nome
do Senhor. Então duas ursas saíram do
bosque e despedaçaram 42 adolescentes.
25 Dali Eliseu foi para o monte Carmelo e,
por fim, voltou a Samaria.

GUERRA ENTRE ISRAEL E MOABE

3 Jorão,[a] filho de Acabe, começou a
reinar em Israel no décimo oitavo ano
do reinado de Josafá, rei de Judá. Reinou
em Samaria por doze anos. 2 Fez o que
era mau aos olhos do Senhor, mas não
tanto quanto seu pai e sua mãe. Pelo
menos derrubou a coluna sagrada de Baal

[a] **3.1** Em hebraico, *Jeorão*, variação de Jorão; também em 3.6.

que seu pai havia levantado. 3 Contudo, persistiu nos pecados que Jeroboão, filho de Nebate, havia cometido e levado o povo de Israel a cometer.

4 Messa, rei de Moabe, era criador de ovelhas. Costumava pagar ao rei de Israel um tributo anual de cem mil cordeiros e a lã de cem mil carneiros. 5 Depois da morte de Acabe, porém, o rei de Moabe se rebelou contra o rei de Israel. 6 Então, sem demora, o rei Jorão partiu de Samaria e reuniu o exército de Israel. 7 No caminho, enviou esta mensagem a Josafá, rei de Judá: "O rei de Moabe se rebelou contra mim. Você sairá comigo para batalhar contra ele?".

Josafá respondeu: "Claro que sim! Meus soldados são seus soldados, e meus cavalos são seus cavalos". 8 E perguntou: "Que caminho vamos tomar?".

"Vamos atacar pelo deserto de Edom", respondeu o rei de Israel.

9 O rei de Edom e seus soldados se uniram ao rei de Israel e ao rei de Judá, e os três exércitos seguiram pelo caminho. Depois que andaram sete dias pelo deserto, já não havia água para os homens nem para os animais.

10 "O que vamos fazer?", exclamou o rei de Israel. "Será que o Senhor trouxe os três reis até aqui só para permitir que o rei de Moabe nos derrote?"

11 Então Josafá perguntou: "Não há aqui um profeta do Senhor? Se houver, podemos consultar o Senhor por meio dele".

Um dos oficiais do rei de Israel respondeu: "Eliseu, filho de Safate, está aqui. Ele era o ajudante de Elias".[a]

12 "Sim, o Senhor fala por meio dele", disse Josafá. Então o rei de Israel, Josafá, o rei de Judá, e o rei de Edom foram consultar Eliseu.

13 "Por que veio me procurar?",[b] perguntou Eliseu ao rei de Israel. "Vá consultar os profetas idólatras de seu pai e de sua mãe!"

O rei de Israel, porém, disse: "Vim procurá-lo porque foi o Senhor que chamou esses três reis só para entregá-los nas mãos do rei de Moabe!".

14 Eliseu respondeu: "Tão certo como vive o Senhor dos Exércitos, a quem sirvo, eu não lhe daria atenção alguma se não fosse por respeito a Josafá, rei de Judá. 15 Agora, tragam-me alguém que saiba tocar harpa".

Enquanto o músico tocava, a mão do Senhor veio sobre Eliseu, 16 e ele disse: "Assim diz o Senhor: 'Este vale seco se encherá de poços de água!'. 17 Pois assim diz o Senhor: 'Vocês não verão vento nem chuva, mas o vale se encherá de água. Terão o suficiente para vocês, seus rebanhos e outros animais'. 18 E, como se isso não bastasse, o Senhor ainda entregará o exército de Moabe em suas mãos! 19 Vocês conquistarão as melhores cidades deles, até mesmo as fortificadas. Cortarão as árvores frutíferas, taparão todas as fontes e entulharão com pedras as terras de plantio".

20 No dia seguinte, por volta da hora em que se oferecia o sacrifício da manhã, começou a aparecer água, descendo desde Edom, e, em pouco tempo, havia água por toda parte.

21 Enquanto isso, o povo de Moabe soube que os três exércitos marchavam contra eles, e todos os homens com idade suficiente para lutar foram convocados e se posicionaram ao longo da fronteira. 22 Quando se levantaram na manhã seguinte, o sol brilhava sobre a água. Para os moabitas, ela parecia vermelha como sangue. 23 "É sangue!", exclamaram. "Os três exércitos atacaram uns aos outros e se mataram! Venha, povo de Moabe, vamos tomar os despojos!"

24 Mas, quando os moabitas chegaram ao acampamento de Israel, o exército israelita se levantou e os atacou até que deram meia-volta e fugiram. Os israelitas os perseguiram até Moabe, avançando pelo território e derrotando Moabe definitivamente.[c] 25 Arrasaram as cidades, entulharam com pedras as terras de plantio, taparam as fontes de água e cortaram as árvores frutíferas. Por fim, só restou Quir-Haresete com suas muralhas de pedra, mas atiradores com fundas a cercaram e a atacaram.

26 Quando o rei de Moabe percebeu que estava perdendo a batalha, liderou setecentos homens com espadas, numa tentativa de romper as linhas inimigas

[a] **3.11** Em hebraico, *Ele derramava água nas mãos de Elias.*
[b] **3.13** Em hebraico, *O que tenho em comum com você?*
[c] **3.24** O significado do hebraico é incerto.

próximas do rei de Edom, mas fracassou.
27 Então o rei de Moabe pegou seu filho
mais velho, que devia sucedê-lo, e o
ofereceu como holocausto sobre o muro
da cidade. Por isso, houve grande ira
contra Israel,[a] e os israelitas se retiraram
e voltaram para sua terra.

ELISEU AJUDA UMA VIÚVA POBRE

4 Certo dia, a viúva de um dos membros
do grupo de profetas foi pedir ajuda a
Eliseu: "Meu marido, que o servia, morreu,
e o senhor sabe como ele temia o SENHOR.
Agora, veio um credor que ameaça levar
meus dois filhos como escravos".

2 "O que posso fazer para ajudá-la?", per-
guntou Eliseu. "Diga-me, o que você tem
em casa?"

"Não tenho nada, exceto uma vasilha de
azeite", respondeu ela.

3 Então Eliseu disse: "Tome emprestadas
muitas vasilhas de seus amigos e vizinhos,
quantas conseguir. 4 Depois, entre em casa
com seus filhos e feche a porta. Derrame
nas vasilhas o azeite que você tem e sepa-
re-as quando estiverem cheias".

5 A viúva seguiu as instruções de Eliseu.
Seus filhos traziam vasilhas, e ela as enchia.
6 Logo, todas estavam cheias até a borda.

"Traga mais uma vasilha", disse ela a um
dos filhos.

"Acabaram as vasilhas!", respondeu ele.
E o azeite parou de correr.

7 Quando ela contou ao homem de
Deus o que havia acontecido, ele lhe dis-
se: "Agora venda o azeite e pague suas
dívidas. Você e seus filhos poderão viver
do que sobrar".

ELISEU E A MULHER DE SUNÉM

8 Certo dia, Eliseu foi à cidade de Sunén.
Uma mulher rica que morava na cidade o
convidou para fazer uma refeição em sua
casa. Depois disso, sempre que ele passava
por lá, parava na casa dela para comer.

9 A mulher disse ao marido: "Sem dúvida
esse homem que sempre passa por aqui
é um santo homem de Deus. 10 Vamos
construir um quartinho para ele no
terraço e mobiliá-lo com uma cama, uma
mesa, uma cadeira e uma lâmpada. Assim,
quando ele passar por aqui, terá um lugar
para ficar".

11 Um dia, Eliseu voltou a Sunén e subiu
ao quarto para descansar. 12 Disse a seu
servo, Geazi: "Chame a sunamita". Quando
ela veio, 13 Eliseu disse a Geazi: "Diga-lhe:
'Somos gratos por sua bondade e seu
cuidado conosco. O que podemos fazer
por você? Podemos falar em seu favor ao
rei ou ao comandante do exército?'".

"Não", respondeu ela. "Minha família cui-
da bem de mim."

14 Mais tarde, Eliseu perguntou a Geazi:
"O que podemos fazer por ela?".

Geazi respondeu: "Ela não tem filhos, e o
marido é idoso".

15 "Chame-a de novo", disse Eliseu. A mu-
lher voltou e, enquanto ela estava à por-
ta do quarto, 16 Eliseu lhe disse: "Ano que
vem, por esta época, você estará com um
filho nos braços!".

"Não, meu senhor!", exclamou ela. "Por
favor, homem de Deus, não me dê falsas
esperanças."

17 Mas, de fato, a mulher ficou grávida.
No ano seguinte, naquela mesma época,
teve um filho, como Eliseu tinha dito.

18 Certo dia, quando o menino estava
mais crescido, saiu para acompanhar o
pai, que estava no campo com os ceifeiros.
19 De repente, o menino gritou: "Ai! Que
dor de cabeça!".

Seu pai disse a um dos servos: "Leve-o
para casa, para a mãe dele".

20 O servo levou o menino para casa, e
a mãe o segurou no colo. Mas, por volta
do meio-dia, ele morreu. 21 Ela o carregou
para cima e o deitou na cama do homem
de Deus; fechou a porta e o deixou ali.
22 Então enviou um recado para o marido:
"Mande um dos servos e uma jumenta,
para que eu vá depressa falar com o
homem de Deus e volte em seguida".

23 "Por que hoje?", perguntou ele. "Não é
a festa da lua nova nem sábado."

Ela, porém, respondeu: "Não se preocupe".

24 Então ela mandou selar a jumenta
e disse ao servo: "Rápido! Só diminua o
passo quando eu mandar". 25 E partiu para
encontrar-se com o homem de Deus no
monte Carmelo.

[a] **3.27** Ou *a ira de Israel foi grande*. O significado do hebraico é incerto.

Quando ele a viu a distância, disse a Geazi: "Olhe! Lá vem a sunamita! 26 Corra ao seu encontro e pergunte: 'Está tudo bem com a senhora, com seu marido e com seu filho?'".

A mulher respondeu: "Sim, está tudo bem".

27 Mas, quando ela chegou ao homem de Deus no monte, abraçou os pés dele. Geazi quis afastá-la, mas o homem de Deus disse: "Deixe-a em paz. Ela está profundamente angustiada, mas o SENHOR não me revelou o motivo".

28 Então a mulher disse: "Acaso eu lhe pedi um filho, meu senhor? Não lhe disse que não me desse falsas esperanças?".

29 Eliseu disse a Geazi: "Prepare-se para viajar;[a] pegue meu cajado e vá! Não cumprimente ninguém pelo caminho. Quando chegar, coloque o cajado sobre o rosto do menino".

30 Mas a mãe do menino disse: "Tão certo como vive o SENHOR, e tão certo como a sua própria vida, não voltarei para casa se o senhor não for comigo". Então Eliseu voltou com ela.

31 Geazi foi à frente e pôs o cajado sobre o rosto do menino, mas não aconteceu nada. Não havia sinal de vida. Geazi voltou para encontrar-se com Eliseu e lhe disse: "O menino ainda não despertou".

32 De fato, quando Eliseu chegou, o menino estava morto, deitado em sua cama. 33 Eliseu entrou sozinho no quarto, fechou a porta e orou ao SENHOR. 34 Depois, deitou-se sobre o corpo do menino e colocou sua boca sobre a dele, seus olhos sobre os dele e suas mãos sobre as dele. E, enquanto se estendia sobre ele, o corpo do menino começou a se aquecer. 35 Eliseu se levantou, andou de um lado para o outro no quarto e, em seguida, se estendeu novamente sobre ele. Dessa vez, o menino espirrou sete vezes e abriu os olhos.

36 Eliseu chamou Geazi e lhe disse: "Chame a sunamita!". Quando ela entrou, Eliseu disse: "Aqui está seu filho". 37 Ela caiu aos pés do profeta e se curvou diante dele. Então pegou o filho e saiu.

[a] **4.29** Em hebraico, *Cinja os lombos.*

MILAGRES DURANTE O PERÍODO DE FOME

38 Eliseu voltou a Gilgal, onde havia fome na terra. Certo dia, quando o grupo de profetas estava sentado diante dele, ordenou a seu servo: "Ponha no fogo uma panela grande e faça um ensopado para o resto do grupo".

39 Um dos profetas foi ao campo apanhar ervas. Encontrou uma trepadeira do campo e voltou trazendo frutos silvestres em sua capa. Cortou os frutos em pedaços e os colocou na panela, sem saber exatamente o que eram. 40 O ensopado foi servido aos homens, mas, assim que provaram alguns bocados, gritaram: "Homem de Deus, há veneno neste ensopado!". E não puderam comê-lo.

41 Eliseu disse: "Tragam-me um pouco de farinha". Jogou a farinha na panela e disse: "Agora podem comer". E o ensopado não lhes fez mal.

42 Outro dia, um homem de Baal-Salisa trouxe comida para o homem de Deus, vinte pães de cevada feitos dos primeiros grãos da colheita e também grãos frescos. Eliseu disse: "Distribua entre o povo para que comam".

43 "Como vamos alimentar cem pessoas só com isso?", perguntou seu servo.

Mas Eliseu repetiu: "Distribua entre o povo para que comam, pois assim diz o SENHOR: 'Todos comerão e ainda sobrará!'". 44 E, quando distribuíram o alimento, houve suficiente para todos e ainda sobrou, como o SENHOR tinha dito.

A CURA DE NAAMÃ

5 O rei da Síria tinha grande respeito por Naamã, comandante do seu exército, pois, por meio dele, o SENHOR tinha dado grandes vitórias à Síria. Mas, embora Naamã fosse um guerreiro valente, sofria de lepra.[b]

2 Naquela época, saqueadores sírios tinham invadido o território de Israel, e entre os cativos havia uma menina que se tornou serva da esposa de Naamã. 3 Certo dia, a menina disse à sua senhora: "Como seria bom se meu senhor fosse ver o profeta em Samaria! Ele o curaria da lepra!".

[b] **5.1** O termo hebraico não se refere somente à hanseníase, mas também a diversas doenças de pele.

4 Naamã contou ao rei o que a menina israelita tinha dito. 5 Então o rei da Síria lhe respondeu: "Vá visitar o profeta. Eu lhe darei uma carta de apresentação ao rei de Israel". Naamã partiu levando 350 quilos de prata, 72 quilos de ouro[a] e dez roupas de festa. 6 A carta para o rei de Israel dizia: "Com esta carta apresento meu servo Naamã. Quero que o rei o cure da lepra".

7 Quando o rei de Israel leu a carta, rasgou as roupas e disse: "Acaso sou Deus, capaz de dar ou de tirar a vida? Por que esse homem me pede que cure um leproso? Como vocês podem ver, ele procura um pretexto para nos atacar!".

8 Mas, quando Eliseu, o homem de Deus, soube que o rei de Israel havia rasgado as roupas, mandou-lhe esta mensagem: "Por que o rei ficou tão aflito? Envie Naamã a mim, e ele saberá que há um profeta verdadeiro em Israel".

9 Então Naamã foi com seus cavalos e carruagens e parou à porta da casa de Eliseu. 10 Ele mandou um mensageiro dizer a Naamã: "Vá e lave-se sete vezes no rio Jordão. Sua pele será restaurada, e você ficará curado da lepra".

11 Naamã ficou indignado e disse: "Imaginei que ele sairia para me receber! Esperava que movesse as mãos sobre a lepra, invocasse o nome do Senhor, seu Deus, e me curasse! 12 Não são os rios Abana e Farfar, em Damasco, melhores que qualquer rio de Israel? Será que eu não poderia me lavar em um deles e ser curado?". Naamã deu meia-volta e partiu furioso.

13 Mas seus oficiais tentaram convencê-lo, dizendo: "Meu senhor, se o profeta lhe tivesse pedido para fazer algo muito difícil, o senhor não teria feito? Por certo o senhor deve obedecer à instrução dele, pois disse apenas: 'Vá, lave-se e será curado'". 14 Assim, Naamã desceu ao Jordão e mergulhou sete vezes, conforme a instrução do homem de Deus. Sua pele ficou saudável como a de uma criança, e ele foi curado.

15 Então Naamã e toda a sua comitiva voltaram para onde morava o homem de Deus. Ao chegar diante dele, Naamã disse: "Agora sei que no mundo inteiro não há Deus, senão em Israel. Por favor, aceite um presente de seu servo".

16 Eliseu, porém, respondeu: "Tão certo como vive o Senhor, a quem sirvo, não aceitarei presente algum". Embora Naamã insistisse, Eliseu recusou.

17 Então Naamã disse: "Está bem, mas peço que permita que este seu servo leve para casa duas mulas carregadas com a terra deste lugar. De agora em diante, nunca mais oferecerei holocaustos ou sacrifícios a qualquer outro deus, senão ao Senhor. 18 Mas que o Senhor me perdoe por uma coisa: quando meu senhor, o rei, for ao templo do deus Rimom para adorar ali e se apoiar em meu braço, que o Senhor me perdoe quando eu também me curvar".

19 "Vá em paz", disse Eliseu. Então Naamã partiu para casa.

A GANÂNCIA DE GEAZI

20 Mas Geazi, servo de Eliseu, o homem de Deus, pensou: "Meu senhor não deveria ter deixado esse sírio, Naamã, partir sem aceitar os presentes. Tão certo como vive o Senhor, vou correr atrás dele para ver se consigo alguma coisa". 21 E Geazi correu atrás de Naamã.

Quando Naamã viu que Geazi corria atrás dele, desceu de sua carruagem e foi ao encontro dele. "Está tudo bem?", perguntou Naamã.

22 "Sim, está tudo bem", respondeu Geazi. "Meu senhor me enviou para dizer que acabaram de chegar dois jovens profetas da região montanhosa de Efraim. Meu senhor pediu 35 quilos[b] de prata e duas roupas de festa para eles."

23 "Claro, leve setenta quilos[c] de prata", insistiu Naamã. Ele lhe deu duas roupas de festa, colocou a prata em duas sacolas e enviou dois servos para carregarem os presentes para Geazi. 24 Ao chegarem à colina,[d] Geazi pegou as sacolas, enviou os servos de volta e escondeu os presentes dentro de casa.

25 Quando entrou para ver seu senhor, Eliseu, este lhe perguntou: "Onde você esteve, Geazi?".

[a] **5.5** Em hebraico, *10 talentos de prata, 6 mil [siclos] de ouro.*

[b] **5.22** Em hebraico, *1 talento.*

[c] **5.23** Em hebraico, *2 talentos.*

[d] **5.24** Em hebraico, *a Ofel.*

"Não estive em lugar algum", respondeu Geazi.

26 Mas Eliseu lhe disse: "Você não percebe que eu estava presente em espírito quando Naamã desceu da carruagem para encontrar-se com você? Esta definitivamente não era ocasião de receber dinheiro e roupas, oliveiras e videiras, ovelhas, gado e servos. 27 Por isso, você e seus descendentes sofrerão da lepra de Naamã para sempre". Quando Geazi saiu dali, seu corpo estava coberto de lepra; sua pele estava branca como a neve.

O FERRO DO MACHADO

6 Certo dia, os membros do grupo de profetas disseram a Eliseu: "Como vê, este lugar onde nos reunimos é pequeno demais. 2 Vamos descer ao rio Jordão, onde há muitos troncos, e construir ali um lugar para nos reunirmos".

"Está bem", disse Eliseu. "Podem ir."

3 "Venha conosco", sugeriu um deles.

"Eu irei", disse ele. 4 E foi com eles.

Quando chegaram ao Jordão, começaram a derrubar árvores. 5 Enquanto um deles cortava um tronco, a parte de ferro do machado caiu no rio. "Ai, meu senhor!", gritou. "O machado era emprestado!"

6 "Onde caiu?", perguntou o homem de Deus. Quando mostraram o lugar para Eliseu, ele cortou um galho e o jogou na água, e fez o ferro do machado flutuar. 7 "Pegue-o", disse Eliseu. E o homem estendeu a mão e o pegou.

ELISEU FRUSTRA O EXÉRCITO DA SÍRIA

8 Quando o rei da Síria estava em guerra contra Israel, consultava seus oficiais e dizia: "Posicionaremos nossas tropas em tal lugar".

9 De imediato, o homem de Deus advertia o rei de Israel: "Não se aproxime de tal lugar, pois os sírios planejam posicionar suas tropas ali". 10 E o rei de Israel mandava um aviso para o lugar indicado pelo homem de Deus. Várias vezes ele advertiu o rei de que ficasse alerta naqueles lugares.

11 Furioso com essa situação, o rei sírio reuniu seus oficiais e perguntou: "Qual de vocês anda informando o rei de Israel sobre meus planos?".

12 "Ó meu senhor, o rei, não somos nós", respondeu um dos oficiais. "Eliseu, o profeta de Israel, revela ao rei de Israel até as palavras que o senhor diz em seus aposentos!"

13 O rei ordenou: "Vão e descubram onde ele está, para que eu mande capturá-lo!".

Então lhe informaram: "Eliseu está em Dotã". 14 Assim, certa noite, o rei da Síria mandou um grande exército com muitos carros de guerra e cavalos para cercar a cidade.

15 Na manhã seguinte, o servo do homem de Deus se levantou bem cedo. Ao sair, viu que havia soldados, cavalos e carros de guerra por toda parte. "Ai, meu senhor, o que faremos agora?", exclamou o servo.

16 "Não tenha medo!", disse Eliseu. "Pois do nosso lado há muitos mais que do lado deles!" 17 Então Eliseu orou: "Ó Senhor, abre os olhos dele, para que veja". O Senhor abriu os olhos do servo, e ele viu as colinas ao redor de Eliseu cheias de cavalos e carruagens de fogo.

18 Quando os sírios avançaram na direção de Eliseu, ele orou: "Ó Senhor, faze que fiquem cegos". E o Senhor fez que ficassem cegos, conforme Eliseu havia pedido.

19 Então Eliseu saiu e lhes disse: "Vocês tomaram o caminho errado! Esta não é a cidade certa! Sigam-me, e eu os levarei até o homem que procuram". Então ele os guiou à cidade de Samaria.

20 Assim que entraram em Samaria, Eliseu orou: "Ó Senhor, agora abre os olhos deles, para que vejam". O Senhor abriu os olhos deles, e descobriram que estavam no meio de Samaria.

21 Quando o rei de Israel os viu, perguntou a Eliseu: "Devo matá-los, meu senhor? Devo matá-los?".

22 "Claro que não!", respondeu Eliseu. "Eles não são prisioneiros que você capturou na batalha. Dê-lhes comida e bebida e mande-os de volta para casa, para o senhor deles."

23 Então o rei lhes ofereceu um grande banquete e os mandou de volta para casa, para o senhor deles. Depois disso, os invasores sírios não invadiram mais a terra de Israel.

BEN-HADADE CERCA SAMARIA

24 Algum tempo depois, porém, Ben-Hadade,
rei da Síria, reuniu todo o seu exército e cercou
Samaria. 25 Como resultado, houve grande
fome na cidade. O cerco durou tanto tempo
que uma cabeça de jumento era vendida por
960 gramas[a] de prata, e um terço de litro de
esterco de pombo, por 60 gramas[b] de prata.
26 Um dia, quando o rei de Israel cami-
nhava pelos muros da cidade, uma mulher
gritou para ele: "Ó meu senhor, o rei! Por
favor, ajude-me!".
27 Ele respondeu: "Se o Senhor não a ajudar,
o que poderei fazer? Não tenho alimento na
eira, nem vinho na prensa de uvas". 28 Mas
depois o rei perguntou: "Qual é o problema?".

Ela respondeu: "Esta mulher me disse:
'Vamos comer o seu filho hoje, e amanhã
comeremos o meu'. 29 Então cozinhamos
meu filho e o comemos. No dia seguinte,
eu disse a ela: 'Mate seu filho para que o
comamos', mas ela o havia escondido".
30 Quando o rei ouviu isso, rasgou as
roupas. E, enquanto ele caminhava pelos
muros, o povo viu que, por baixo do manto,
ele usava pano de saco junto à pele. 31 Então
o rei jurou: "Que Deus me castigue severa-
mente se eu não separar a cabeça de Eliseu
de seus ombros ainda hoje!".
32 Eliseu estava sentado em sua casa com as
autoridades de Israel quando o rei mandou
um mensageiro até ele. Antes, porém, que o
mensageiro chegasse, Eliseu disse às auto-
ridades: "O filho do assassino enviou um
homem para cortar minha cabeça. Quando
o mensageiro chegar, fechem a porta e não o
deixem entrar. Logo ouviremos os passos de
seu senhor atrás dele".
33 Enquanto Eliseu ainda falava, o mensa-
geiro chegou e comunicou a mensagem
do rei:[c] "Toda essa desgraça vem do Senhor!
Por que devo continuar a esperar no Senhor?".

7 Eliseu respondeu: "Ouçam esta mensa-
gem do Senhor! Assim diz o Senhor:
'Amanhã a esta hora, na porta de Samaria,
seis litros de farinha fina custarão apenas
doze gramas[d] de prata, e doze litros de
cevada também custarão apenas doze
gramas de prata'".[e]
2 O oficial que auxiliava o rei disse ao
homem de Deus: "Ainda que o Senhor abrisse
as janelas do céu, isso não poderia acontecer!".

Eliseu, porém, respondeu: "Você verá
com os próprios olhos, mas não comerá
coisa alguma!".

LEPROSOS VÃO AO ACAMPAMENTO INIMIGO

3 Havia quatro homens com lepra[f] sentados
junto à porta da cidade. "Por que ficarmos
sentados aqui, esperando a morte?", pergun-
taram uns aos outros. 4 "Morreremos de
fome se ficarmos aqui, mas também morre-
remos de fome se entrarmos na cidade, pois
não há alimento lá. Vamos sair e nos render
ao exército sírio. Se eles nos deixarem viver,
melhor. Mas, se nos matarem, de qualquer
maneira teríamos morrido."
5 Ao anoitecer, partiram para o acampa-
mento dos sírios. Quando chegaram às
extremidades do acampamento, viram
que não havia ninguém ali. 6 Pois o Senhor
havia feito o exército sírio ouvir o ruído de
carros de guerra e o galope de cavalos e os
sons de um grande exército que se apro-
ximava. Disseram uns aos outros: "O rei
de Israel contratou mercenários hititas e
egípcios para nos atacarem!". 7 Por isso,
fugiram ao anoitecer, abandonando
tendas, cavalos, jumentos e tudo mais,
e correram para salvar a vida.
8 Quando os leprosos chegaram às
extremidades do acampamento, foram de
uma tenda à outra, comendo e bebendo.
Pegaram a prata, o ouro e as roupas que
encontraram e esconderam tudo. 9 Por fim,
disseram uns aos outros: "Isto não está
certo. Este é um dia de boas notícias e não
contamos a ninguém! Se esperarmos até o
amanhecer, seremos castigados. Venham!
Vamos voltar e dar as notícias no palácio".
10 Então voltaram à cidade e relataram aos
guardas do portão o que havia acontecido.

[a] **6.25a** Em hebraico, *80 [siclos]*.
[b] **6.25b** Em hebraico, *1/4 de cabo de esterco de pombo era vendido por 5 [siclos]*. É possível que *esterco de pombo* fosse uma espécie de vegetal silvestre.
[c] **6.33** Em hebraico, *e o rei disse*.
[d] **7.1a** Em hebraico, *1 seá de farinha fina custará 1 siclo*; também em 7.16,18.
[e] **7.1b** Em hebraico, *2 seás de cevada custarão 1 siclo*; também em 7.16,18.
[f] **7.3** O termo hebraico não se refere somente à hanseníase, mas também a diversas doenças de pele.

"Fomos ao acampamento sírio e não havia ninguém!", disseram eles. "Os cavalos e os jumentos estavam amarrados, e as tendas, todas armadas, mas não havia ninguém por ali." 11 Os guardas gritaram, anunciando a notícia no palácio.

ISRAEL SAQUEIA O ACAMPAMENTO

12 O rei se levantou no meio da noite e disse a seus oficiais: "Vou explicar o que aconteceu. Os sírios sabem que estamos morrendo de fome, por isso deixaram o acampamento e se esconderam nos campos. Estão à nossa espera para nos capturar com vida e conquistar a cidade quando sairmos".

13 Um de seus oficiais disse: "Seria melhor que enviássemos espiões para ver. Eles podem usar cinco dos cavalos que sobraram. Se acontecer alguma coisa com eles, não será pior que se ficarem aqui e morrerem com o restante de nós".

14 Assim, prepararam dois carros de guerra com cavalos, e o rei enviou espiões para ver o que havia acontecido ao acampamento sírio. 15 Foram até o rio Jordão, seguindo o rastro de roupas e equipamentos que os sírios tinham abandonado em sua fuga desesperada. Os espiões voltaram e contaram tudo ao rei. 16 Então o povo correu e saqueou o acampamento sírio. E, de fato, naquele dia seis litros de farinha fina foram vendidos por apenas doze gramas de prata, e doze litros de cevada também foram vendidos por apenas doze gramas de prata, como o Senhor tinha dito. 17 O rei colocou o oficial que o auxiliava para controlar o movimento à porta da cidade, mas ele foi derrubado, pisoteado e morto quando a multidão correu para fora.

Tudo aconteceu, portanto, conforme o homem de Deus tinha dito quando o rei foi à sua casa. 18 O homem de Deus tinha dito ao rei: "Amanhã a esta hora, na porta de Samaria, seis litros de farinha fina custarão apenas doze gramas de prata, e doze litros de cevada também custarão apenas doze gramas de prata".

19 O oficial do rei havia respondido: "Ainda que o Senhor abrisse as janelas do céu, isso não poderia acontecer!". E o homem de Deus tinha dito: "Você verá com os próprios olhos, mas não comerá coisa alguma!". 20 E assim aconteceu, pois ele foi pisoteado pelo povo à porta da cidade e morreu.

A MULHER DE SUNÉM VOLTA PARA CASA

8 Eliseu tinha dito à mulher cujo filho ele havia ressuscitado: "Reúna sua família e mude-se para outro lugar, pois o Senhor proclamou sobre a terra de Israel uma fome que durará sete anos". 2 A mulher seguiu a instrução do homem de Deus. Reuniu sua família e mudou-se para a terra dos filisteus, onde ficou sete anos.

3 Ao final dos sete anos, a mulher voltou da terra dos filisteus e foi ao rei para reaver sua casa e suas terras. 4 Quando ela chegou, o rei falava com Geazi, o servo do homem de Deus. O rei havia acabado de dizer: "Conte-me alguns dos grandes feitos de Eliseu", 5 e Geazi lhe falava sobre a ocasião em que Eliseu havia ressuscitado um menino. Naquele exato momento, a mãe do menino entrou e apresentou ao rei sua petição para reaver a casa e as terras.

"Veja, ó meu senhor, o rei!", exclamou Geazi. "Esta é a mulher, e este é o filho dela, que Eliseu ressuscitou!"

6 "É verdade?", perguntou o rei à mulher. E ela lhe contou o que havia acontecido. Então o rei ordenou a um de seus oficiais: "Providencie que tudo seja devolvido a ela, incluindo o valor das colheitas realizadas durante o tempo em que esteve ausente".

HAZAEL MATA BEN-HADADE

7 Eliseu foi a Damasco, capital da Síria, onde o rei Ben-Hadade estava doente. Quando alguém disse ao rei que o homem de Deus tinha chegado, 8 o rei disse a Hazael: "Leve um presente para o homem de Deus. Depois, peça que ele pergunte ao Senhor se vou me recuperar desta doença".

9 Hazael levou consigo o presente, quarenta camelos carregados com os melhores produtos de Damasco. Foi vê-lo e disse: "Seu servo Ben-Hadade, rei da Síria, me enviou para perguntar se ele vai se recuperar de sua doença".

10 Eliseu respondeu: "Vá e diga-lhe: 'Certamente se recuperará'. Na verdade,

porém, o SENHOR me mostrou que ele cer-
tamente morrerá". 11 Eliseu olhou fixamen-
te para Hazael[a] até deixá-lo constrangido.[b]
Então o homem de Deus começou a chorar.
12 "Por que o senhor está chorando?",
perguntou Hazael.
Eliseu respondeu: "Sei das coisas terríveis
que você fará com os israelitas. Queimará
as cidades fortificadas, matará os jovens à
espada, esmagará as criancinhas e rasgará
o ventre das mulheres grávidas!".
13 Hazael disse: "Como é que alguém tão
sem importância[c] como eu poderia fazer
coisas tão grandes?".
Eliseu respondeu: "O SENHOR me mostrou
que você será rei da Síria".
14 Hazael se despediu de Eliseu e, quan-
do voltou, o rei lhe perguntou: "O que
Eliseu lhe disse?".
Hazael respondeu: "Disse que o senhor
certamente se recuperará".
15 Mas, no dia seguinte, Hazael pegou uma
coberta, encharcou-a em água e a segurou
sobre o rosto do rei, até que morresse.
E Hazael foi seu sucessor na Síria.

JEORÃO REINA EM JUDÁ

16 No quinto ano de Jorão, filho de Acabe,
rei de Israel, enquanto Josafá ainda
reinava em Judá, Jeorão, filho de Josafá,
começou a reinar em Judá. 17 Jeorão
tinha 32 anos quando começou a reinar,
e reinou em Jerusalém por oito anos.
18 Seguiu o exemplo dos reis de Israel e
foi tão perverso quanto a família do rei
Acabe, pois se casou com uma das filhas
de Acabe. Jeorão fez o que era mau aos
olhos do SENHOR. 19 Mas o SENHOR não
quis destruir Judá, pois havia prometido
a seu servo Davi que os descendentes
dele continuariam a brilhar como uma
lâmpada para sempre.
20 Durante o reinado de Jeorão, os
edomitas se rebelaram contra Judá e pro-
clamaram seu próprio rei. 21 Então Jeorão[d]
saiu com todos os seus carros de guerra
para atacar a cidade de Zair.[e] Os edomitas
cercaram o rei e os comandantes de seus
carros, mas ele saiu à noite e os atacou.[f]
Contudo, o exército de Jeorão desertou
e voltou para casa. 22 Até hoje, portanto,
Edom é independente de Judá. A cidade de
Libna também se rebelou nessa ocasião.
23 Os demais acontecimentos do reinado
de Jeorão e tudo que ele fez estão registra-
dos no *Livro da História dos Reis de Judá*.
24 Quando Jeorão morreu, foi sepultado
com seus antepassados na Cidade de Davi.
Seu filho Acazias foi seu sucessor.

ACAZIAS REINA EM JUDÁ

25 Acazias, filho de Jeorão, começou a reinar
em Judá no décimo segundo ano do reinado
de Jorão, filho de Acabe, rei de Israel.
26 Acazias tinha 22 anos quando come-
çou a reinar, e reinou em Jerusalém por
um ano. Sua mãe era Atalia, neta de Onri,
rei de Israel. 27 Acazias seguiu o exemplo
da família do rei Acabe. Fez o que era mau
aos olhos do SENHOR, como a família de
Acabe, pois se casou com uma mulher
dessa família.
28 Acazias se uniu a Jorão, filho de Acabe,
na guerra contra Hazael, rei da Síria,
em Ramote-Gileade. Quando os sírios
feriram o rei Jorão na batalha, 29 ele voltou
a Jezreel para se recuperar dos ferimentos
sofridos em Ramote.[g] Acazias, filho de
Jeorão, rei de Judá, foi visitar Jorão, filho de
Acabe, em Jezreel, pois ele ainda se recupe-
rava de seus ferimentos.

JEÚ É UNGIDO REI DE ISRAEL

9 Enquanto isso, o profeta Eliseu chamou
um membro do grupo de profetas e lhe
disse: "Prepare-se para viajar[h] e leve esta
vasilha de óleo. Vá a Ramote-Gileade 2 e
procure Jeú, filho de Josafá, filho de Ninsi.
Chame-o a uma sala à parte, longe de seus
companheiros, 3 e derrame o óleo sobre a
cabeça dele. Diga-lhe: 'Assim diz o SENHOR:
Eu o ungi rei de Israel'. Depois, abra a porta
e saia correndo".
4 O jovem profeta fez o que Eliseu ordenou
e foi a Ramote-Gileade. 5 Quando chegou lá,

Tudo o que Deus realiza traz a marca dele; atos divinos em nós constituem uma semente.

[a] **8.11a** Em hebraico, *Ele o olhou fixamente*.
[b] **8.11b** O significado do hebraico é incerto.
[c] **8.13** Em hebraico, *um cão*.
[d] **8.21a** Em hebraico, *Jorão*, variação de Jeorão; também em 8.23,24.
[e] **8.21b** A Septuaginta traz *Seir*.
[f] **8.21c** Ou *ele saiu e escapou*. O significado do hebraico é incerto.
[g] **8.29** Em hebraico, *Ramá*, variação de Ramote.
[h] **9.1** Em hebraico, *Cinja os lombos*.

encontrou Jeú sentado com outros oficiais
do exército. "Comandante, tenho uma
mensagem para o senhor", disse o profeta.
"Para qual de nós?", perguntou Jeú.
"Para o senhor, comandante", respondeu ele.
6 Jeú se levantou e entrou na casa. O jo-
vem profeta derramou o óleo sobre a cabe-
ça de Jeú e disse: "Assim diz o Senhor, o Deus
de Israel: 'Eu o ungi rei de Israel, o povo do
Senhor. 7 Destrua a família de Acabe, seu
senhor. Desse modo, vingarei o assassi-
nato de meus profetas e de todos os ser-
vos do Senhor mortos por Jezabel. 8 Toda
a família de Acabe deve ser exterminada.
Destruirei todos os seus descendentes do
sexo masculino em Israel, tanto escravos
como livres. 9 Destruirei a família de Acabe
como destruí as famílias de Jeroboão, filho
de Nebate, e de Baasa, filho de Aías. 10 Cães
comerão Jezabel no campo em Jezreel, e
ninguém a sepultará'". Então o jovem pro-
feta abriu a porta e saiu correndo.
11 Jeú voltou aos outros oficiais do rei,
e um deles lhe perguntou: "O que esse
louco queria? Está tudo bem?".
"Vocês conhecem gente desse tipo e as
coisas que eles dizem", respondeu Jeú.
12 "Você está escondendo algo", disseram.
"Conte-nos o que ele disse."
Então Jeú lhes contou: "Ele me disse:
'Assim diz o Senhor: Eu o ungi rei de Israel'".
13 No mesmo instante, eles estenderam
suas capas sobre os degraus para Jeú passar,
tocaram a trombeta e gritaram: "Jeú é rei!".

JEÚ MATA JORÃO E ACAZIAS

14 Assim, Jeú, filho de Josafá, filho de Ninsi,
liderou uma conspiração contra o rei Jorão.
(O rei Jorão havia estado com o exército
em Ramote-Gileade, onde defendeu
Israel do exército de Hazael, rei da Síria.
15 Contudo, o rei Jorão[a] tinha sido ferido
na batalha e voltou a Jezreel para se
recuperar dos ferimentos causados pelos
sírios.) Jeú disse aos homens que estavam
com ele: "Se querem que eu seja rei,
não deixem que ninguém saia da cidade e
vá a Jezreel contar o que fizemos".
16 Em seguida, Jeú subiu numa carruagem
e foi a Jezreel, onde o rei Jorão se recuperava
de seus ferimentos. Acazias, rei de Judá,
também estava ali, pois tinha ido visitar
Jorão. 17 Quando a sentinela na torre de
Jezreel viu Jeú e sua tropa se aproximarem,
gritou: "Uma tropa se aproxima!".
O rei Jorão ordenou: "Envie um cavaleiro
para perguntar se eles vêm em paz".
18 O cavaleiro foi ao encontro de Jeú e disse:
"O rei quer saber se vocês vêm em paz".
Jeú respondeu: "O que lhe interessa a
paz? Junte-se a nós!".
A sentinela informou: "O mensageiro se
encontrou com eles, mas não está voltando!".
19 Então o rei enviou outro cavaleiro.
Ele foi ao encontro deles e disse: "O rei
quer saber se vocês vêm em paz".
Jeú respondeu novamente: "O que lhe
interessa a paz? Junte-se a nós!".
20 A sentinela exclamou: "O mensageiro se
encontrou com eles, mas também não está
voltando! Deve ser Jeú, filho de Ninsi, pois
conduz seu carro de guerra como um louco!".
21 "Rápido! Prepare meu carro de guerra!",
ordenou o rei Jorão.
Jorão, rei de Israel, e Acazias, rei de Judá,
cada um em seu carro, saíram ao encontro
de Jeú e o acharam no campo de Nabote,
em Jezreel. 22 O rei Jorão perguntou: "Você
vem em paz, Jeú?".
Jeú respondeu: "Como pode haver paz
enquanto estamos cercados da idolatria e
da feitiçaria de sua mãe, Jezabel?".
23 Então o rei Jorão deu meia-volta com
seus cavalos e fugiu, gritando para o rei
Acazias: "Traição, Acazias!". 24 Jeú disparou
seu arco com toda a força e atingiu Jorão
entre os ombros. A flecha atravessou seu
coração, e ele caiu morto dentro do carro
de guerra.
25 Jeú disse a Bidcar, seu oficial: "Jogue-o
no campo que pertencia a Nabote de Jezreel.
Lembra-se de quando você e eu acom-
panhávamos a cavalo o pai dele, Acabe?
O Senhor pronunciou esta mensagem
contra ele: 26 'Assim diz o Senhor: Ontem vi
o assassinato de Nabote e seus filhos. Juro
solenemente que o farei pagar por ele neste
campo'. Portanto, jogue-o na propriedade
de Nabote, como o Senhor disse".
27 Quando Acazias, rei de Judá, viu o que
estava acontecendo, fugiu pela estrada
para Bete-Hagã. Jeú foi atrás dele, gritando:

[a] **9.15** Em hebraico, *Jeorão*, variação de Jorão; também em 9.17,21,22,23,24.

"Atirem nele também!". E atingiram
Acazias[a] em seu carro de guerra, na subida
para Gur, perto de Ibleã. Ele conseguiu ir
até Megido, mas morreu ali. 28 Os servos
de Acazias levaram seu corpo no carro de
guerra para Jerusalém, onde o sepultaram
com seus antepassados na Cidade de Davi.
29 Acazias havia começado a reinar em
Judá no décimo primeiro ano do reinado
de Jorão, filho de Acabe.

A MORTE DE JEZABEL

30 Quando Jezabel soube que Jeú tinha che-
gado a Jezreel, pintou os olhos, arrumou
os cabelos e sentou-se em frente a uma
janela. 31 Quando Jeú entrou pela porta do
palácio, ela gritou para ele: "Veio em paz,
assassino? Você é como Zinri, que matou
seu senhor!".[b]

32 Jeú olhou para cima, viu Jezabel na
janela e gritou: "Quem está do meu lado?".
Dois ou três eunucos olharam para ele.
33 "Joguem-na para baixo!", ordenou Jeú.
Eles a jogaram pela janela, e o sangue espir-
rou na parede e nos cavalos. E Jeú atropelou
o corpo com as patas de seus cavalos.

34 Em seguida, Jeú entrou no palácio, comeu
e bebeu. Depois, disse: "Alguém vá sepultar
aquela maldita mulher, pois era filha de rei".
35 Mas, quando foram sepultá-la, só encontra-
ram o crânio, os pés e as mãos.

36 Quando voltaram e contaram a Jeú,
ele disse: "Isso cumpre a mensagem do
Senhor, anunciada por meio de seu servo
Elias, de Tisbe: 'Cães devorarão o corpo
de Jezabel no campo em Jezreel. 37 Seus
restos serão espalhados como esterco no
campo, de modo que ninguém será capaz
de reconhecê-la'".

JEÚ MATA A FAMÍLIA DE ACABE

10 Acabe tinha setenta filhos que mora-
vam na cidade de Samaria. Jeú escre-
veu uma carta às autoridades e aos oficiais
da cidade[c] e aos guardiões dos filhos do rei
Acabe, em que dizia: 2 "Os filhos do rei es-
tão sob seus cuidados, e vocês têm carros
de guerra, cavalos, uma cidade fortificada e
armas. Assim que receberem esta carta, 3 es-
colham para ser rei o melhor e mais capaz
dos filhos de seu senhor e preparem-se para
lutar pela dinastia de Acabe".

4 Eles ficaram apavorados e disseram:
"Dois reis não foram capazes de enfrentar
esse homem! O que podemos fazer?".

5 Então os administradores do palácio e
da cidade, juntamente com as autoridades
e os guardiões dos filhos do rei, envia-
ram esta mensagem a Jeú: "Somos seus
servos e faremos o que o senhor ordenar.
Não proclamaremos nenhum rei; faça o que
lhe parecer melhor".

6 Jeú respondeu com outra carta: "Se estão
do meu lado e vão me obedecer, tragam-me
as cabeças dos filhos de seu senhor a
Jezreel, amanhã a esta hora". Os setenta
filhos de Acabe estavam sob os cuidados
dos líderes de Samaria, onde haviam sido
criados desde a infância. 7 Quando a carta
chegou, os líderes mataram os setenta
filhos do rei. Colocaram as cabeças em
cestos e as entregaram a Jeú, em Jezreel.

8 Um mensageiro foi a Jeú e disse: "Eles
trouxeram as cabeças dos filhos do rei".

Então Jeú ordenou: "Façam com elas
dois montões junto ao portão de entrada
da cidade e deixem que fiquem lá até
amanhã cedo".

9 Na manhã seguinte, ele saiu e se dirigiu
à multidão que havia se reunido ali. "Vo-
cês não têm culpa", disse ele. "Eu conspirei
contra meu senhor e o matei. Mas quem
matou todos estes? 10 Podem ter certeza de
que a mensagem do Senhor a respeito da
família de Acabe se cumprirá. O Senhor de-
clarou por meio de seu servo Elias que
isso aconteceria." 11 Então Jeú matou to-
dos os parentes de Acabe que restavam
em Jezreel e todos os seus oficiais mais
importantes, seus amigos pessoais e seus
sacerdotes. Nenhum descendente de Aca-
be sobreviveu.

12 Depois, Jeú partiu para Samaria.
No caminho, em Bete-Equede dos Pastores,
13 encontrou alguns parentes de Acazias,
rei de Judá. "Quem são vocês?", perguntou.

Eles responderam: "Somos parentes do
rei Acazias. Vamos visitar a família do rei
Acabe e da rainha-mãe".

[a] **9.27** Conforme a Septuaginta e a versão siríaca; o hebraico não traz *E atingiram Acazias*.

[b] **9.31** Ver 1Rs 16.9-10.

[c] **10.1** Conforme alguns manuscritos gregos e a Vulgata (ver tb. 10.6); o hebraico traz *de Jezreel*.

14 "Prendam-nos vivos!", ordenou Jeú a seus homens. Eles os capturaram, 42 pessoas ao todo, e os mataram junto ao poço de Bete-Equede. Nenhum deles escapou.

15 Quando Jeú partiu dali, encontrou Jonadabe, filho de Recabe, que vinha falar com ele. Depois de cumprimentá-lo, Jeú lhe disse: "Você é leal a mim como sou a você?".

"Sim, eu sou", respondeu Jonadabe.

"Então dê-me sua mão", disse Jeú. Jonadabe estendeu a mão, e Jeú o ajudou a subir à carruagem. 16 E lhe disse: "Venha comigo, e você verá a minha dedicação ao Senhor". Jonadabe foi com ele.

17 Quando Jeú chegou a Samaria, matou todos que restavam ali da família de Acabe, como o Senhor havia anunciado por meio de Elias.

JEÚ MATA OS SACERDOTES DE BAAL

18 Jeú reuniu todo o povo da cidade e lhes disse: "A adoração de Acabe a Baal não foi nada comparado ao modo como eu o adorarei! 19 Portanto, convoquem todos os profetas e adoradores de Baal e reúnam todos os seus sacerdotes. Todos devem vir, pois vou oferecer um grande sacrifício a Baal. Quem não comparecer será morto". O plano astuto de Jeú, porém, era destruir todos os adoradores de Baal.

20 Então Jeú ordenou: "Preparem uma reunião solene para prestar culto a Baal!". A convocação foi feita, 21 e ele enviou mensageiros por todo o Israel. Todos os adoradores de Baal vieram, e ninguém faltou. Encheram o templo de Baal de uma extremidade à outra. 22 Jeú instruiu o responsável pela sala de vestimentas: "Todos os adoradores de Baal devem usar estas roupas". E as roupas foram distribuídas.

23 Em seguida, Jeú entrou no templo de Baal com Jonadabe, filho de Recabe. Disse aos adoradores de Baal: "Certifiquem-se de que ninguém que adora o Senhor esteja aqui, mas somente aqueles que adoram Baal". 24 Estavam todos dentro do templo para oferecer sacrifícios e holocaustos. Jeú havia colocado oitenta homens do lado de fora do edifício e os avisado: "Se deixarem alguém escapar, pagarão com a própria vida".

25 Assim que Jeú terminou de oferecer o holocausto, deu ordem a seus guardas e oficiais: "Entrem e matem todos. Não deixem ninguém escapar!". Os guardas e os oficiais mataram todos e arrastaram os corpos para fora.[a] Então os homens de Jeú entraram na câmara mais interna do templo de Baal. 26 Levaram para fora a coluna sagrada usada no culto a Baal e a jogaram no fogo. 27 Despedaçaram a coluna sagrada, demoliram o templo de Baal e o transformaram em banheiros públicos, como é até hoje.

28 Desse modo, Jeú destruiu todos os vestígios do culto a Baal em Israel. 29 Contudo, não destruiu os bezerros de ouro em Betel e Dã com os quais Jeroboão, filho de Nebate, havia levado Israel a pecar.

30 Ainda assim, o Senhor disse a Jeú: "Você fez bem em seguir minhas instruções e destruir a família de Acabe. Por isso, seus descendentes serão reis de Israel até a quarta geração". 31 Mas Jeú não obedeceu de todo o coração à lei do Senhor, o Deus de Israel. Não se afastou dos pecados que Jeroboão havia levado Israel a cometer.

A MORTE DE JEÚ

32 Naquele tempo, o Senhor começou a reduzir o território de Israel. O rei Hazael conquistou várias regiões do reino 33 a leste do rio Jordão, incluindo toda a terra de Gileade, de Gade, de Rúben e de Manassés. Conquistou a região desde a cidade de Aroer, perto do vale do Arnom, até Gileade e Basã, ao norte.

34 Os demais acontecimentos do reinado de Jeú, tudo que ele fez e a extensão de seu poder, estão registrados no *Livro da História dos Reis de Israel*.

35 Quando Jeú morreu e se reuniu a seus antepassados, foi sepultado em Samaria. Seu filho Jeoacaz foi seu sucessor. 36 Ao todo, Jeú reinou por 28 anos sobre Israel em Samaria.

A RAINHA ATALIA REINA EM JUDÁ

11 Quando Atalia, mãe de Acazias, rei de Judá, soube que seu filho estava morto, começou a exterminar o restante da família real. 2 Mas Jeoseba, filha do rei Jeorão[b] e irmã de Acazias, pegou Joás, o filho

---

[a] **10.25** Ou *e deixaram os corpos estendidos ali*, ou *e lançaram os corpos no pátio mais externo.*

[b] **11.2** Em hebraico, *Jorão*, variação de Jeorão.

ainda pequeno de Acazias, dentre os outros filhos do rei que estavam para ser mortos, e o colocou com sua ama num quarto para escondê-los de Atalia. Assim, a criança não foi morta. 3 Joás ficou escondido no templo do Senhor durante seis anos, enquanto Atalia governava o país.

REBELIÃO CONTRA ATALIA

4 No sétimo ano do reinado de Atalia, o sacerdote Joiada mandou chamar ao templo do Senhor os comandantes dos mercenários cários e dos guardas do palácio. Firmou com eles um pacto solene e os fez jurar lealdade ali, no templo do Senhor; então lhes mostrou o filho do rei.

5 Disse-lhes: "Vocês devem fazer o seguinte: Uma terça parte dos que entrarem em serviço no sábado ficará de guarda no palácio real. 6 Outra terça parte ficará de guarda na porta de Sur. E a última terça parte ficará na porta atrás dos outros guardas do palácio. Esses três grupos vigiarão o palácio. 7 As outras duas companhias, que não estiverem em serviço no sábado, guardarão o rei no templo do Senhor. 8 Posicionem-se em volta do rei, de armas na mão. Matem qualquer pessoa que tentar romper a defesa. Permaneçam com o rei aonde ele for".

9 Os comandantes fizeram tudo que o sacerdote Joiada ordenou. Cada um levou seus oficiais ao sacerdote Joiada, tanto os que iam entrar em serviço naquele sábado como os que iam sair. 10 O sacerdote lhes forneceu lanças e escudos que haviam pertencido ao rei Davi e que estavam guardados no templo do Senhor. 11 Os guardas do palácio se posicionaram em volta do rei, de armas na mão. Formaram uma fileira desde o lado sul do templo até o lado norte e ao redor do altar.

12 Então Joiada trouxe Joás, o filho do rei, para fora, pôs a coroa em sua cabeça e lhe entregou uma cópia da lei.[a] Depois, ungiram Joás e o proclamaram rei, e todos bateram palmas e gritaram: "Viva o rei!".

A MORTE DE ATALIA

13 Quando Atalia ouviu o barulho dos guardas e do povo, foi para o templo do Senhor, onde o povo estava reunido. 14 Ao chegar, viu o rei em pé, no lugar de honra junto à coluna, como era costume durante as coroações. Estava rodeado pelos comandantes e tocadores de trombeta, e gente de toda a terra se alegrava e tocava trombetas. Quando Atalia viu tudo isso, rasgou suas roupas e gritou: "Traição! Traição!".

15 Então o sacerdote Joiada ordenou aos comandantes encarregados das tropas: "Levem-na aos soldados que estão na frente do templo[b] e matem qualquer pessoa que a seguir". Pois o sacerdote tinha dito: "Ela não deve ser morta dentro do templo do Senhor". 16 Eles a prenderam e a levaram à porta por onde os cavalos entram no palácio, e ela foi morta ali.

AS REFORMAS RELIGIOSAS DE JOIADA

17 Joiada fez uma aliança entre o Senhor, o rei e o povo, estabelecendo que eles seriam o povo do Senhor. Também firmou uma aliança entre o rei e o povo. 18 Todo o povo foi ao templo de Baal e o derrubou. Demoliram os altares, despedaçaram os ídolos e executaram Matã, sacerdote de Baal, em frente aos altares.

O sacerdote Joiada pôs guardas no templo do Senhor. 19 Em seguida, os comandantes dos mercenários cários e todo o povo escoltaram o rei para fora do templo do Senhor. Passaram pela porta da guarda e entraram no palácio, onde o rei se sentou no trono real. 20 Todo o povo do reino se alegrou e a cidade ficou em paz, pois Atalia tinha sido morta no palácio real.

21[c]Joás[d] tinha 7 anos quando começou a reinar.

JOÁS FAZ REPAROS NO TEMPLO

12 1[e]Joás[f] começou a reinar em Judá no sétimo ano do reinado de Jeú, rei de Israel. Reinou em Jerusalém por quarenta anos. Sua mãe se chamava Zíbia e era

[a] **11.12** Ou *uma cópia da aliança*; o hebraico traz *entregou o testemunho*.

[b] **11.15** Ou *Tirem-na dentre as fileiras*, ou *Tirem-na das dependências do templo*. O significado do hebraico é incerto.

[c] **11.21a** No texto hebraico, o versículo 11.21 é numerado 12.1

[d] **11.21b** Em hebraico, *Jeoás*, variação de Joás.

[e] **12.1a** No texto hebraico, os versículos 12.1-21 são numerados 12.2-22.

[f] **12.1b** Em hebraico, *Jeoás*, variação de Joás; também em 12.2,4,6,7,18.

de Berseba. 2 Durante toda a vida, Joás fez o que era certo aos olhos do SENHOR, como o sacerdote Joiada o orientava. 3 Mesmo assim, não destruiu os santuários idólatras, e o povo continuou a oferecer sacrifícios e a queimar incenso nesses lugares.

4 Certo dia, o rei Joás disse aos sacerdotes: "Juntem toda a prata trazida como oferta sagrada ao templo do SENHOR, tanto o imposto do censo e os pagamentos de votos como as ofertas voluntárias. 5 Cada sacerdote deve recolher a prata com um dos tesoureiros e usá-la para fazer os reparos necessários no templo".

6 Contudo, no vigésimo terceiro ano do reinado de Joás, os sacerdotes ainda não haviam feito os reparos no templo. 7 Então o rei Joás chamou Joiada e os outros sacerdotes e lhes perguntou: "Por que ainda não fizeram os reparos no templo? Não recebam mais a prata dos tesoureiros, exceto a que for usada para reparar o templo". 8 Os sacerdotes concordaram em não aceitar mais a prata do povo e em deixar que outros assumissem a responsabilidade de fazer os reparos no templo.

9 O sacerdote Joiada fez uma abertura na tampa de uma caixa grande e a colocou do lado direito do altar, na entrada do templo do SENHOR. Os sacerdotes que guardavam a entrada colocavam na caixa todas as contribuições do povo. 10 Sempre que a caixa ficava cheia, o secretário da corte e o sumo sacerdote pesavam a prata trazida ao templo do SENHOR e a colocavam em sacolas. 11 Entregavam a prata aos supervisores da construção, que a usavam para pagar os homens que trabalhavam no templo do SENHOR: os carpinteiros, os construtores, 12 os pedreiros e os cortadores de pedra. Também compravam a madeira e as pedras lavradas necessárias para fazer os reparos no templo do SENHOR e pagavam outras despesas relacionadas à reforma do templo.

13 A contribuição trazida ao templo não era usada para fazer taças de prata, nem cortadores de pavio, nem bacias, nem trombetas, nem outros utensílios de ouro ou prata para o templo do SENHOR. 14 Era entregue aos trabalhadores, que a usavam para fazer os reparos no templo. 15 Não se pedia que os supervisores da construção prestassem contas desse valor, pois eram homens de confiança. 16 Mas as contribuições das ofertas pela culpa e das ofertas pelo pecado não eram trazidas ao templo do SENHOR. Eram entregues aos sacerdotes para seu uso pessoal.

O FINAL DO REINO DE JOÁS

17 Nessa época, Hazael, rei da Síria, guerreou contra Gate e a conquistou. Então resolveu atacar Jerusalém. 18 O rei Joás recolheu todos os objetos sagrados que Josafá, Jeorão e Acazias, os reis anteriores de Judá, tinham consagrado e os que ele mesmo consagrara. Enviou-os a Hazael, junto com todo o ouro que havia na tesouraria do templo do SENHOR e no palácio real. Com isso, Hazael suspendeu o ataque a Jerusalém.

19 Os demais acontecimentos do reinado de Joás e tudo que ele fez estão registrados no *Livro da História dos Reis de Judá*.

20 Os oficiais de Joás conspiraram contra ele e o assassinaram em Bete-Milo, na estrada para Sila. 21 Os oficiais que o assassinaram foram Jozacar,[a] filho de Simeate, e Jeozabade, filho de Somer.

Joás foi sepultado com seus antepassados na Cidade de Davi. Seu filho Amazias foi seu sucessor.

JEOACAZ REINA EM ISRAEL

13 Jeoacaz, filho de Jeú, começou a reinar em Israel no vigésimo terceiro ano do reinado de Joás, filho de Acazias, rei de Judá. Reinou em Samaria por dezessete anos. 2 Fez o que era mau aos olhos do SENHOR; seguiu o exemplo de Jeroboão, filho de Nebate, e persistiu nos pecados que Jeroboão havia levado Israel a cometer. 3 O SENHOR se irou grandemente com Israel e permitiu que Hazael, rei da Síria, e seu filho Ben-Hadade, derrotassem os israelitas repetidas vezes.

4 Então Jeoacaz orou ao SENHOR pedindo ajuda, e o SENHOR atendeu à sua oração, pois viu como o rei da Síria oprimia Israel cruelmente. 5 O SENHOR providenciou um libertador para salvar os israelitas da tirania dos sírios, e Israel voltou a viver em segurança, como em outros tempos.

[a] **12.21** Conforme a Septuaginta e a versão siríaca; o hebraico traz *Jozabade*.

6 Ainda assim, continuaram a seguir o mau
exemplo de Jeroboão. Também permitiram
que o poste de Aserá permanecesse em pé em
Samaria. 7 Por fim, o exército de Jeoacaz foi
reduzido a cinquenta cavaleiros, dez carros
de guerra e dez mil soldados de infantaria.
O rei da Síria havia destruído o restante, como
se fosse pó debaixo de seus pés.

8 Os demais acontecimentos do reinado
de Jeoacaz, tudo que ele fez e a extensão
de seu poder, estão registrados no *Livro
da História dos Reis de Israel*. 9 Quando
Jeoacaz morreu e se reuniu a seus antepas-
sados, foi sepultado em Samaria. Seu filho
Jeoás[a] foi seu sucessor.

JEOÁS REINA EM ISRAEL

10 Jeoás, filho de Jeoacaz, começou a reinar
em Israel no trigésimo sétimo ano do
reinado de Joás, rei de Judá. Reinou em
Samaria por dezesseis anos. 11 Fez o que
era mau aos olhos do Senhor. Não se afastou
dos pecados que Jeroboão, filho de Nebate,
havia levado Israel a cometer.

12 Os demais acontecimentos do reinado
de Jeoás e tudo que ele fez, incluindo a
extensão de seu poder e a guerra contra
Amazias, estão registrados no *Livro da
História dos Reis de Israel*. 13 Quando Jeoás
morreu e se reuniu a seus antepassados,
foi sepultado em Samaria, com os reis de
Israel. Seu filho Jeroboão II foi seu sucessor.

A PROFECIA FINAL DE ELISEU

14 Quando Eliseu estava sofrendo da
doença da qual morreria, Jeoás, rei de
Israel, o visitou e chorou por ele, dizendo:
"Meu pai, meu pai! Você era como os carros
de guerra de Israel e seus cavaleiros!".

15 Eliseu lhe disse: "Pegue um arco e
algumas flechas", e o rei fez o que ele pediu.
16 Então Eliseu lhe disse: "Ponha a mão sobre
o arco", e pôs suas mãos sobre as mãos do rei.

17 Em seguida, ordenou: "Abra a janela que
dá para o leste", e o rei a abriu. Depois, Eliseu
disse: "Atire!", e o rei atirou uma flecha. "Essa
é a flecha do Senhor", anunciou Eliseu.
"É uma flecha de vitória sobre a Síria, pois
você conquistará completamente os sírios
em Afeque."

18 Depois, Eliseu disse: "Agora pegue as
outras flechas e atire-as contra o chão". O rei
pegou as flechas e atirou-as contra o chão
três vezes. 19 O homem de Deus se irou
com ele. "Você deveria ter atirado contra
o chão cinco ou seis vezes!", exclamou.
"Assim, teria ferido os sírios até que fossem
completamente destruídos. Agora você
será vitorioso apenas três vezes."

20 Eliseu morreu e foi sepultado.

Grupos de saqueadores moabitas costu-
mavam invadir a terra na virada do ano.
21 Certa vez, enquanto alguns israelitas
sepultavam um homem, viram um desses
bandos. Rapidamente, jogaram o corpo no
túmulo de Eliseu e fugiram. Assim que o
corpo tocou os ossos de Eliseu, o homem
voltou à vida e se pôs em pé.

22 Hazael, rei da Síria, oprimiu Israel du-
rante todo o reinado de Jeoacaz. 23 O Senhor,
porém, foi bondoso e misericordioso com
os israelitas, e eles não foram totalmente
destruídos. Teve compaixão deles por cau-
sa da aliança que havia feito com Abraão,
Isaque e Jacó. Naquela ocasião, como até
hoje, não quis destruí-los completamente
nem expulsá-los de sua presença.

24 Hazael, rei da Síria, morreu, e seu filho
Ben-Hadade foi seu sucessor. 25 Então Jeoás,
filho de Jeoacaz, reconquistou as cidades
que Ben-Hadade havia tomado de seu pai,
Jeoacaz. Jeoás derrotou Ben-Hadade em três
ocasiões e recuperou as cidades israelitas.

AMAZIAS REINA EM JUDÁ

14 Amazias, filho de Joás, começou a
reinar em Judá no segundo ano do
reinado de Jeoás,[b] filho de Jeoacaz, rei de
Israel. 2 Amazias tinha 25 anos quando
começou a reinar, e reinou em Jerusalém
por 29 anos. Sua mãe se chamava Jeoadã
e era de Jerusalém. 3 Amazias fez o que era
certo aos olhos do Senhor, mas não como
seu antepassado Davi. Seguiu o exemplo
de seu pai, Joás. 4 Amazias não destruiu os
santuários idólatras, e o povo continuou
a oferecer sacrifícios e a queimar incenso
nesses lugares.

5 Quando Amazias se firmou no poder,
executou os oficiais que haviam assassinado

[a] **13.9** Em hebraico, *Joás*, variação de Jeoás; também em 13.10,12,13,14,25.

[b] **14.1** Em hebraico, *Joás*, variação de Jeoás; também em 14.13,23,27.

seu pai. 6 Contudo, não matou os filhos dos
assassinos, em obediência ao mandamento
do Senhor registrado por Moisés no Livro
da Lei: "Os pais não serão executados por
causa do pecado dos filhos, nem os filhos
por causa do pecado dos pais. Aqueles que
merecem morrer deverão ser executados por
causa de seus próprios crimes".[a]

7 Amazias também matou dez mil edomi-
tas no vale do Sal. Conquistou a cidade de
Selá e mudou seu nome para Jocteel, como
se chama até hoje.

8 Certo dia, ele enviou mensageiros a
Jeoás, filho de Jeoacaz, filho de Jeú, rei
de Israel, com este desafio: "Venha
enfrentar-me numa batalha!".

9 Mas Jeoás, rei de Israel, respondeu a
Amazias, rei de Judá, com a seguinte história:
"Nos montes do Líbano, o espinheiro enviou
esta mensagem ao poderoso cedro: 'Dê sua
filha em casamento a meu filho'. No entanto,
um animal selvagem do Líbano veio, piso-
teou o espinheiro e o esmagou.

10 "De fato, você derrotou Edom e está
orgulhoso disso. Mas contente-se com
sua vitória e fique em casa! Por que trazer
desgraça sobre você e o povo de Judá?".

11 Amazias, porém, se recusou a ouvir.
Então Jeoás, rei de Israel, mobilizou seu
exército contra Amazias, rei de Judá.
Os dois exércitos se enfrentaram em
Bete-Semes, em Judá. 12 O exército de
Judá foi derrotado pelo exército de Israel,
e os soldados fugiram para casa. 13 Jeoás,
rei de Israel, capturou Amazias, filho de
Joás, filho de Acazias, rei de Judá, em Bete-
Semes. Em seguida, marchou para
Jerusalém, onde destruiu 180 metros[b] do
muro da cidade, desde a porta de Efraim
até a porta da Esquina. 14 Levou embora
todo o ouro, toda a prata e todos os
utensílios do templo do Senhor. Também
levou os tesouros do palácio real e fez
reféns; depois, voltou para Samaria.

15 Os demais acontecimentos do reinado
de Jeoás e tudo que ele fez, incluindo a
extensão de seu poder e sua guerra contra
Amazias, rei de Judá, estão registrados
no *Livro da História dos Reis de Israel*.
16 Quando Jeoás morreu e se reuniu a
seus antepassados, foi sepultado em
Samaria, com os reis de Israel. Seu filho
Jeroboão II foi seu sucessor.

17 Amazias, filho de Joás, rei de Judá, viveu
ainda mais quinze anos depois da morte
de Jeoás, filho de Jeoacaz, rei de Israel.
18 Os demais acontecimentos do reinado
de Amazias estão registrados no *Livro da
História dos Reis de Judá*.

19 Houve uma conspiração contra
Amazias em Jerusalém, e ele fugiu para
Laquis. Seus inimigos, porém, mandaram
assassinos atrás dele e o mataram ali.
20 Seu corpo foi trazido de volta para
Jerusalém num cavalo, e ele foi sepultado
com seus antepassados na Cidade de Davi.

21 Todo o povo de Judá proclamou rei seu
filho Uzias,[c] de 16 anos, como sucessor de
seu pai, Amazias. 22 Depois que seu pai
morreu e se reuniu a seus antepassados,
Uzias reconstruiu a cidade de Elate e a
recuperou para Judá.

JEROBOÃO II REINA EM ISRAEL

23 Jeroboão II, filho de Jeoás, começou a
reinar em Israel no décimo quinto ano do
reinado de Amazias, filho de Joás, rei de
Judá. Reinou em Samaria por 41 anos.
24 Fez o que era mau aos olhos do Senhor.
Não se afastou dos pecados que Jeroboão,
filho de Nebate, havia levado Israel a
cometer. 25 Jeroboão II recuperou os
territórios de Israel entre Lebo-Hamate e o
mar Morto,[d] conforme o Senhor, o Deus de
Israel, havia anunciado por meio de Jonas,
filho de Amitai, profeta de Gate-Héfer.

26 O Senhor viu como era grande o sofri-
mento em Israel, tanto para escravos como
para livres, e não havia ninguém em Israel
que pudesse socorrê-los. 27 E, porque
o Senhor não tinha dito que apagaria
completamente o nome de Israel, usou
Jeroboão II, filho de Jeoás, para socorrê-los.

28 Os demais acontecimentos do reinado
de Jeroboão II, tudo que ele fez, a extensão
de seu poder, as guerras que travou e como
ele recuperou para Israel as cidades de
Damasco e de Hamate, que haviam perten-
cido a Judá,[e] estão registrados no *Livro*

---

[a] **14.6** Dt 24.16.

[b] **14.13** Em hebraico, *400 côvados*.

[c] **14.21** Em hebraico, *Azarias*, variação de Uzias.

[d] **14.25** Em hebraico, *mar da Arabá*.

[e] **14.28** Ou *a Iaudi*. O significado do hebraico é incerto.

da História dos Reis de Israel. 29 Quando Jeroboão II morreu e se reuniu a seus antepassados, foi sepultado em Samaria,[a] com os reis de Israel. Seu filho Zacarias foi seu sucessor.

UZIAS REINA EM JUDÁ

15 Uzias,[b] filho de Amazias, começou a reinar em Judá no vigésimo sétimo ano do reinado de Jeroboão II, rei de Israel. 2 Tinha 16 anos quando começou a reinar, e reinou em Jerusalém por 52 anos. Sua mãe se chamava Jecolias e era de Jerusalém.

3 Fez o que era certo aos olhos do SENHOR, como seu pai, Amazias. 4 Contudo, não destruiu os santuários idólatras, e o povo continuou a oferecer sacrifícios e a queimar incenso nesses lugares. 5 O SENHOR feriu o rei com lepra,[c] enfermidade que durou até o dia de sua morte. Vivia isolado, numa casa separada. Jotão, filho do rei, tomava conta do palácio e governava o povo.

6 Os demais acontecimentos do reinado de Uzias e tudo que ele fez estão registrados no *Livro da História dos Reis de Judá.* 7 Quando Uzias morreu, foi sepultado com seus antepassados na Cidade de Davi. Seu filho Jotão foi seu sucessor.

ZACARIAS REINA EM ISRAEL

8 Zacarias, filho de Jeroboão II, começou a reinar em Israel no trigésimo oitavo ano do reinado de Uzias, rei de Judá. Reinou em Samaria por seis meses. 9 Fez o que era mau aos olhos do SENHOR, como seus antepassados. Não se afastou dos pecados que Jeroboão, filho de Nebate, havia levado Israel a cometer. 10 Então Salum, filho de Jabes, conspirou contra Zacarias, matou-o diante do povo e se tornou seu sucessor.

11 Os demais acontecimentos do reinado de Zacarias estão registrados no *Livro da História dos Reis de Israel.* 12 Assim se cumpriu a mensagem do SENHOR a Jeú: "Seus descendentes serão reis de Israel até a quarta geração".

SALUM REINA EM ISRAEL

13 Salum, filho de Jabes, começou a reinar em Israel no trigésimo nono ano do reinado de Uzias, rei de Judá. Reinou em Samaria por apenas um mês. 14 Então Menaém, filho de Gadi, veio de Tirza a Samaria, matou Salum, filho de Jabes, e se tornou seu sucessor.

15 Os demais acontecimentos do reinado de Salum, incluindo a conspiração que liderou, estão registrados no *Livro da História dos Reis de Israel.*

MENAÉM REINA EM ISRAEL

16 Nessa ocasião, Menaém destruiu a cidade de Tapua[d] e seus arredores, até Tirza, pois seus habitantes se recusaram a entregar a cidade. Matou toda a população e rasgou o ventre das mulheres grávidas.

17 Menaém, filho de Gadi, começou a reinar em Israel no trigésimo nono ano do reinado de Uzias, rei de Judá. Reinou em Samaria por dez anos. 18 Fez o que era mau aos olhos do SENHOR. Durante todo o seu reinado, não se afastou dos pecados que Jeroboão, filho de Nebate, havia levado Israel a cometer.

19 Então Tiglate-Pileser,[e] rei da Assíria, invadiu a terra de Israel. Contudo, Menaém lhe pagou 35 toneladas[f] de prata a fim de obter seu apoio e firmar-se no poder. 20 Menaém extorquiu esse valor dos ricos de Israel e exigiu que cada um contribuísse com seiscentos gramas[g] de prata para o tributo pago ao rei da Assíria. Assim, o rei da Assíria parou de atacar Israel e foi embora.

21 Os demais acontecimentos do reinado de Menaém e tudo que ele fez estão registrados no *Livro da História dos Reis de Israel.* 22 Quando Menaém morreu e se reuniu a seus antepassados, seu filho Pecaías se tornou seu sucessor.

PECAÍAS REINA EM ISRAEL

23 Pecaías, filho de Menaém, começou a reinar em Israel no quinquagésimo ano do reinado de Uzias, rei de Judá. Reinou em Samaria por dois anos. 24 Fez o que era mau aos olhos do SENHOR. Não se afastou

[a] **14.29** Conforme alguns manuscritos gregos; o hebraico não traz *foi sepultado em Samaria.*

[b] **15.1** Em hebraico, *Azarias*, variação de Uzias; também em 15.6,7,8,17,23,27.

[c] **15.5** O termo hebraico não se refere somente à hanseníase, mas também a diversas doenças de pele.

[d] **15.16** Conforme alguns manuscritos gregos; o hebraico traz *Tifsa.*

[e] **15.19a** Em hebraico, *Pul*, outro nome para Tiglate-Pileser.

[f] **15.19b** Em hebraico, *1.000 talentos.*

[g] **15.20** Em hebraico, *50 siclos.*

dos pecados que Jeroboão, filho de Nebate, havia levado Israel a cometer.

25 Então Peca, filho de Remalias e comandante do exército de Pecaías, conspirou contra ele. Acompanhado de cinquenta homens de Gileade, assassinou o rei, e também Argobe e Arié, na fortaleza do palácio em Samaria. E Peca se tornou seu sucessor.

26 Os demais acontecimentos do reinado de Pecaías e tudo que ele fez estão registrados no *Livro da História dos Reis de Israel*.

PECA REINA EM ISRAEL

27 Peca, filho de Remalias, começou a reinar em Israel no quinquagésimo segundo ano do reinado de Uzias, rei de Judá. Reinou em Samaria por vinte anos. 28 Fez o que era mau aos olhos do SENHOR. Não se afastou dos pecados que Jeroboão, filho de Nebate, havia levado Israel a cometer.

29 Durante o reinado de Peca, Tiglate-Pileser, rei da Assíria, atacou Israel novamente e conquistou as cidades de Ijom, Abel-Bete-Maaca, Janoa, Quedes e Hazor. Também conquistou as regiões de Gileade e da Galileia, e todo o território de Naftali, e levou os habitantes cativos para a Assíria. 30 Então Oseias, filho de Elá, conspirou contra Peca, filho de Remalias, e o assassinou. Começou a reinar em Israel no vigésimo ano do reinado de Jotão, filho de Uzias.

31 Os demais acontecimentos do reinado de Peca e tudo que ele fez estão registrados no *Livro da História dos Reis de Israel*.

O Senhor está atento às nossas raízes, aquilo que ninguém é capaz de ver.

JOTÃO REINA EM JUDÁ

32 Jotão, filho de Uzias, começou a reinar em Judá no segundo ano do reinado de Peca, filho de Remalias, rei de Israel. 33 Tinha 25 anos quando começou a reinar, e reinou em Jerusalém por dezesseis anos. Sua mãe se chamava Jerusa e era filha de Zadoque.

34 Jotão fez o que era certo aos olhos do SENHOR, como seu pai, Uzias. 35 Contudo, não destruiu os santuários idólatras, e o povo continuou a oferecer sacrifícios e a queimar incenso nesses lugares. Jotão reconstruiu a porta superior do templo do SENHOR.

36 Os demais acontecimentos do reinado de Jotão e tudo que ele fez estão registrados no *Livro da História dos Reis de Judá*. 37 Naqueles dias, o SENHOR começou a instigar Rezim, rei da Síria, e Peca, filho de Remalias, a atacarem Judá. 38 Quando Jotão morreu, foi sepultado com seus antepassados na Cidade de Davi. Seu filho Acaz foi seu sucessor.

ACAZ REINA EM JUDÁ

16 Acaz, filho de Jotão, começou a reinar em Judá no décimo sétimo ano do reinado de Peca, filho de Remalias. 2 Tinha 20 anos quando começou a reinar, e reinou em Jerusalém por dezesseis anos. Ao contrário de seu antepassado Davi, não fez o que era certo aos olhos do SENHOR, seu Deus. 3 Em vez disso, seguiu o exemplo dos reis de Israel e até sacrificou seu filho no fogo. Desse modo, seguiu as práticas detestáveis das nações que o SENHOR havia expulsado da terra diante dos israelitas. 4 Ofereceu sacrifícios e queimou incenso nos santuários idólatras, nos montes e debaixo de toda árvore verdejante.

5 Então Rezim, rei da Síria, e Peca, filho de Remalias, rei de Israel, subiram para atacar Jerusalém. Cercaram Acaz, mas não conseguiram derrotá-lo. 6 Nessa época, o rei de Edom[a] recuperou a cidade de Elate para os edomitas.[b] Expulsou o povo de Judá e colocou edomitas[c] para morarem ali, onde estão até hoje.

7 O rei Acaz enviou mensageiros para dizer a Tiglate-Pileser, rei da Assíria: "Sou seu servo e seu súdito.[d] Venha salvar-me dos exércitos da Síria e de Israel que estão me atacando". 8 Então Acaz pegou a prata e o ouro do templo do SENHOR e dos tesouros do palácio e os enviou como pagamento para o rei da Assíria. 9 O rei da Assíria atendeu ao pedido e atacou Damasco, a capital da Síria, e deportou seus habitantes para Quir. Também matou Rezim, rei da Síria.

10 Então o rei Acaz foi a Damasco para encontrar-se com Tiglate-Pileser, rei da Assíria. Enquanto estava lá, viu o altar da cidade e enviou ao sacerdote Urias um modelo e um desenho detalhado do altar. 11 O sacerdote Urias seguiu as instruções

[a] **16.6a** Conforme a Vulgata; o hebraico traz *Rezim, rei da Síria*.
[b] **16.6b** Conforme a Vulgata; o hebraico traz *para a Síria*.
[c] **16.6c** Conforme a Septuaginta, a Vulgata e uma leitura alternativa do Texto Massorético; a outra leitura traz *sírios*.
[d] **16.7** Em hebraico, *e seu filho*.

do rei e construiu um altar exatamente igual, que ficou pronto antes de o rei voltar de Damasco. 12 Quando o rei voltou, viu o altar e ofereceu sacrifícios sobre ele. 13 Apresentou um holocausto, uma oferta de cereal e uma oferta derramada e aspergiu o altar com o sangue de uma oferta de paz.

14 O rei Acaz removeu o antigo altar de bronze de seu lugar, na frente do templo do Senhor, entre o novo altar e a entrada, e o colocou do lado norte do novo altar. 15 Disse ao sacerdote Urias: "Use o novo altar[a] para o holocausto da manhã, para a oferta de cereal da tarde, para o holocausto e a oferta de cereal do rei, e para o holocausto, a oferta de cereal e a oferta derramada de todo o povo. Com o sangue de todos os holocaustos e sacrifícios, faça aspersão sobre o novo altar. O altar de bronze será apenas para meu uso pessoal". 16 Urias fez como o rei Acaz ordenou.

17 Depois, o rei Acaz tirou os painéis e as bacias das dez bases móveis usadas para levar água. Também removeu o grande tanque de bronze chamado Mar de cima dos touros e o colocou sobre o pavimento de pedra. 18 Por causa do rei da Assíria, removeu a cobertura construída dentro do templo para ser usada aos sábados,[b] bem como a entrada externa do rei para o templo do Senhor.

19 Os demais acontecimentos do reinado de Acaz e tudo que ele fez estão registrados no *Livro da História dos Reis de Judá*. 20 Quando Acaz morreu, foi sepultado com seus antepassados na Cidade de Davi. Seu filho Ezequias foi seu sucessor.

OSEIAS REINA EM ISRAEL

17 Oseias, filho de Elá, começou a reinar em Israel no décimo segundo ano do reinado de Acaz, rei de Judá. Reinou em Samaria por nove anos. 2 Fez o que era mau aos olhos do Senhor, mas não tanto quanto os reis que governaram Israel antes dele.

3 Salmaneser, rei da Assíria, atacou o rei Oseias e o obrigou a lhe pagar tributos. 4 Oseias, porém, conspirou contra o rei da Assíria. Deixou de pagar o tributo anual e pediu ajuda a Sô, rei do Egito.[c] Quando o rei da Assíria descobriu a traição de Oseias, mandou colocá-lo na prisão.

OS ASSÍRIOS CONQUISTAM SAMARIA

5 O rei da Assíria ocupou todo o território de Israel e, durante três anos, cercou a cidade de Samaria. 6 Por fim, no nono ano do reinado de Oseias, o rei assírio conquistou Samaria e exilou os israelitas na Assíria. Criou assentamentos para eles em Hala, ao longo das margens do rio Habor, em Gozã, e nas cidades da Média.

7 Isso aconteceu porque os israelitas adoraram outros deuses. Pecaram contra o Senhor, seu Deus, que os havia tirado da terra do Egito e os livrado do poder do faraó, o rei do Egito. 8 Seguiram as práticas das nações que o Senhor tinha expulsado de diante deles, bem como as práticas introduzidas pelos reis de Israel. 9 Os israelitas também fizeram, em segredo, muitas coisas que não eram corretas diante do Senhor, seu Deus. Construíram santuários idólatras em todas as cidades, desde o menor posto de vigilância até a maior cidade murada. 10 Ergueram colunas sagradas e postes de Aserá no alto de todo monte e debaixo de toda árvore verdejante. 11 Queimaram incenso no topo dos montes, como faziam as nações que o Senhor havia expulsado de diante deles. Os israelitas praticaram muitos atos perversos que provocaram a ira do Senhor. 12 Adoraram ídolos,[d] apesar das advertências claras do Senhor contra isso.

13 Repetidamente, o Senhor enviou profetas e videntes para advertirem Israel e Judá, com esta mensagem: "Afastem-se de seus maus caminhos. Obedeçam a meus mandamentos e decretos, a toda a lei que ordenei a seus antepassados e que lhes entreguei por meio de meus servos, os profetas".

14 Mas os israelitas se recusaram a ouvir. Foram tão teimosos quanto seus antepassados que não quiseram crer no Senhor, seu Deus. 15 Rejeitaram seus decretos e a aliança que ele havia feito com seus antepassados e desprezaram todas as suas advertências. Adoraram ídolos inúteis, de modo que eles próprios se tornaram inúteis. Seguiram o exemplo das nações

a **16.15** Em hebraico, *o grande altar*.
b **16.18** O significado do hebraico é incerto.
c **17.4** Ou *pediu ajuda ao rei do Egito em Sais*.
d **17.12** É provável que o termo hebraico (lit. *coisas redondas*) se refira a esterco.

ao redor e desobedeceram à ordem do SENHOR para que não as imitassem.

16 Rejeitaram todos os mandamentos do SENHOR, seu Deus, e fizeram dois bezerros de metal. Ergueram um poste de Aserá e adoraram Baal e todos os astros do céu. 17 Chegaram a sacrificar os próprios filhos e filhas no fogo. Consultaram adivinhos, praticaram feitiçaria, venderam-se para fazer o que é mau aos olhos do SENHOR e provocaram sua ira.

18 O SENHOR se indignou muito com Israel e o expulsou de sua presença. Com isso, restou somente a tribo de Judá. 19 Mesmo o povo de Judá, porém, não obedeceu aos mandamentos do SENHOR, seu Deus, pois seguiu as práticas perversas introduzidas por Israel. 20 O SENHOR rejeitou todos os descendentes de Israel. Como castigo, entregou-os a seus inimigos, até que expulsou Israel de sua presença.

21 Pois quando o SENHOR[a] arrancou Israel do reino de Davi, os israelitas escolheram Jeroboão, filho de Nebate, como rei. Mas Jeroboão afastou Israel do SENHOR e os levou a cometer grande pecado. 22 E os israelitas continuaram a seguir todos os caminhos maus de Jeroboão. Não se afastaram desses pecados, 23 até que, por fim, o SENHOR os expulsou de sua presença, como todos os seus profetas haviam advertido. Assim, Israel foi deportado de sua terra para a Assíria, onde permanece até hoje.

ESTRANGEIROS SE ESTABELECEM EM ISRAEL

24 O rei da Assíria trouxe povos da Babilônia, de Cuta, de Ava, de Hamate e de Sefarvaim e os estabeleceu nas cidades de Samaria, em lugar dos israelitas. Eles tomaram posse de Samaria e habitaram em suas cidades. 25 Assim que chegaram, esses estrangeiros não adoravam o SENHOR, de modo que o SENHOR mandou leões, que mataram alguns deles.

26 Por isso, enviaram uma mensagem ao rei da Assíria: "O povo que o senhor deportou para as cidades de Samaria não conhece os costumes do deus da terra. Ele mandou leões para destruí-los, porque não conhecem suas exigências".

27 Então o rei da Assíria deu esta ordem: "Enviem um dos sacerdotes exilados de volta a Samaria. Ele viverá ali e ensinará aos novos habitantes os costumes do deus da terra". 28 Um dos sacerdotes exilados de Samaria voltou a Betel e ensinava os novos habitantes a adorarem corretamente o SENHOR.

29 Contudo, cada um desses povos estrangeiros continuou a fazer seus deuses e adorá-los. Em todas as cidades onde habitavam, colocaram seus ídolos nos santuários idólatras que o povo de Samaria havia construído. 30 Os da Babilônia adoravam as imagens do deus Sucote-Benote. Os de Cuta adoravam o deus Nergal. Os de Hamate adoravam o deus Asima. 31 Os aveus adoravam os deuses Nibaz e Tartaque. E o povo de Sefarvaim até queimava os próprios filhos como sacrifício aos deuses Adrameleque e Anameleque.

32 Esses novos habitantes adoravam o SENHOR, mas também nomeavam qualquer pessoa como sacerdote para oferecer sacrifícios nos lugares de culto. 33 E, embora adorassem o SENHOR, continuavam a seguir seus próprios deuses, de acordo com os costumes de suas nações de origem. 34 Até hoje, continuam com suas antigas práticas em vez de adorar verdadeiramente o SENHOR e obedecer aos decretos, estatutos, leis e mandamentos que o SENHOR deu aos descendentes de Jacó, cujo nome ele mudou para Israel.

35 Pois o SENHOR havia feito uma aliança com eles e ordenado: "Não adorem outros deuses, nem se prostrem diante deles, não os sirvam, nem lhes ofereçam sacrifícios. 36 Adorem somente o SENHOR, que os tirou do Egito com grande força e com braço poderoso. Curvem-se somente diante dele e ofereçam sacrifícios a ele somente. 37 Tomem sempre o cuidado de obedecer aos decretos, estatutos, leis e mandamentos que ele lhes prescreveu. Não adorem outros deuses. 38 Não se esqueçam da aliança que fiz com vocês e não adorem outros deuses. 39 Adorem somente o SENHOR, seu Deus. Ele os livrará de todos os seus inimigos".

40 Mas o povo se recusou a ouvir e continuou com suas antigas práticas. 41 Assim, embora os novos habitantes

[a] **17.21** Em hebraico, *ele*; compare com 1Rs 11.31-32.

adorassem o SENHOR, também adoravam seus ídolos. E até hoje seus descendentes fazem a mesma coisa.

EZEQUIAS REINA EM JUDÁ

18 Ezequias, filho de Acaz, começou
a reinar em Judá no terceiro ano
do reinado de Oseias, filho de Elá, rei de
Israel. 2 Tinha 25 anos quando começou a
reinar, e reinou em Jerusalém por 29 anos.
Sua mãe se chamava Abia[a] e era filha de
Zacarias. 3 Ezequias fez o que era certo aos
olhos do SENHOR, como seu antepassado
Davi. 4 Removeu os santuários idólatras,
quebrou as colunas sagradas e derrubou
os postes de Aserá. Despedaçou a serpente
de bronze que Moisés havia feito, pois os
israelitas queimavam incenso para ela.
A serpente de bronze se chamava Neustã.[b]

5 Ezequias confiava no SENHOR, o Deus
de Israel. Não houve ninguém como ele
entre todos os reis de Judá, nem antes nem
depois. 6 Ezequias se apegou ao SENHOR,
não se afastou dele e teve o cuidado de
obedecer a todos os mandamentos que
o SENHOR tinha ordenado por meio de
Moisés. 7 Assim, o SENHOR estava com
Ezequias, e ele era bem-sucedido em
tudo que fazia. Rebelou-se contra o rei da
Assíria e não lhe pagou tributo. 8 Derrotou
os filisteus até Gaza e seu território, desde
o menor posto de vigilância até a maior
cidade fortificada.

9 No quarto ano do reinado de Ezequias,
o sétimo ano do reinado de Oseias, filho
de Elá, rei de Israel, Salmaneser, rei da
Assíria, atacou a cidade de Samaria e a
cercou. 10 Três anos depois, no sexto ano
do reinado de Ezequias e no nono ano do
reinado de Oseias, rei de Israel, Samaria
foi conquistada. 11 O rei assírio deportou
os israelitas para a Assíria e os colocou
em assentamentos em Hala, ao longo das
margens do rio Habor, em Gozã, e nas cidades da Média.
12 Isso aconteceu porque
eles não ouviram nem obedeceram ao SENHOR, seu Deus. Em vez disso, violaram sua aliança, todas as leis às quais Moisés, servo do SENHOR, havia ordenado que obedecessem.

A ASSÍRIA INVADE JUDÁ

13 No décimo quarto ano do reinado de
Ezequias, Senaqueribe, rei da Assíria,
atacou as cidades fortificadas de Judá e as
conquistou. 14 Ezequias, rei de Judá, enviou
esta mensagem ao rei da Assíria, em Laquis:
"Cometi um erro. Se você se retirar, eu lhe
pagarei qualquer tributo que exigir". O rei
da Assíria exigiu 10.500 quilos de prata e
1.050 quilos de ouro.[c] 15 Para juntar essa
quantia, Ezequias usou toda a prata guardada no templo do SENHOR e nos tesouros do
palácio. 16 Arrancou até o ouro das portas e
dos batentes do templo do SENHOR que ele
havia coberto com ouro e entregou tudo ao
rei da Assíria.

SENAQUERIBE AMEAÇA JERUSALÉM

17 Apesar disso, o rei da Assíria enviou,
de Laquis, seu comandante em chefe,
seu comandante de campo e seu porta-voz,[d]
juntamente com um grande exército, para
confrontarem o rei Ezequias em Jerusalém.
Os assírios se posicionaram ao lado do
aqueduto que abastece o tanque superior,
perto do caminho para o campo onde se
lava[e] roupa. 18 Mandaram chamar o rei
Ezequias, mas ele enviou os seguintes
oficiais ao encontro deles: Eliaquim, filho
de Hilquias, o administrador do palácio;
Sebna, o secretário da corte; e Joá, filho de
Asafe, o historiador do reino.

19 O porta-voz do rei assírio mandou que
transmitissem esta mensagem a Ezequias:

"Assim diz o grande rei da Assíria:
Em que você confia, que lhe dá tanta
segurança? 20 Pensa que meras palavras podem substituir experiência e
força militar? Com quem você conta
para se rebelar contra mim? 21 Com
o Egito? Se você se apoiar no Egito,
ele será como um junco que se quebra sob seu peso e perfura sua mão.

[a] **18.2** Conforme o texto paralelo em 2Cr 29.1; o hebraico traz Abi, variação de Abia.

[b] **18.4** O som da palavra *Neustã* é semelhante ao de termos hebraicos que significam "serpente", "bronze" e "coisa impura".

[c] **18.14** Em hebraico, *300 talentos de prata e 30 talentos de ouro*.

[d] **18.17a** Ou *o rabsaqué*; também em 18.19,26,27,28,37.

[e] **18.17b** Ou *onde se branqueia*.

O faraó, rei do Egito, não é digno de
nenhuma confiança!
22 "Talvez vocês digam: 'Confiamos no
Senhor, nosso Deus!'. Mas não foi a
ele que Ezequias insultou? Ezequias
não destruiu os santuários e alta-
res dele e obrigou todos em Judá e
Jerusalém a adorarem somente no
altar em Jerusalém?
23 "Vou lhes dizer uma coisa: Façam
um acordo com meu senhor, o rei da
Assíria. Eu lhes darei dois mil cava-
los se forem capazes de encontrar
homens em número suficiente para
montá-los! 24 Com seu exército mi-
núsculo, como podem pensar em de-
safiar até o contingente mais fraco do
exército de meu senhor, mesmo com
a ajuda dos carros de guerra e dos ca-
valeiros do Egito? 25 Além disso, ima-
ginam que invadimos sua terra sem
a direção do Senhor? Foi o próprio
Senhor que nos disse: 'Ataquem essa
terra e destruam-na!'".

26 Então Eliaquim, filho de Hilquias,
Sebna e Joá disseram ao porta-voz:
"Por favor, fale conosco em aramaico, pois
entendemos bem essa língua. Não fale
em hebraico,[a] pois o povo sobre o muro
o ouvirá".
27 O porta-voz, no entanto, respondeu:
"Vocês pensam que meu senhor enviou
essa mensagem apenas para vocês e para
seu senhor? Ele quer que todo o povo a
ouça, pois, quando cercarmos esta cidade,
eles sofrerão junto com vocês. Ficarão tão
famintos e sedentos que comerão as pró-
prias fezes e beberão a própria urina!".
28 Então o porta-voz se levantou e gritou
em hebraico: "Ouçam esta mensagem do
grande rei da Assíria! 29 Assim diz o rei:
Não deixem que Ezequias os engane. Ele
jamais será capaz de livrá-los de meu po-
der. 30 Não deixem que ele os convença a
confiar no Senhor, dizendo: 'Certamente o
Senhor nos livrará; esta cidade jamais cairá
nas mãos do rei da Assíria!'.
31 "Não deem ouvidos a Ezequias! Estas
são as condições que o rei da Assíria
oferece: Façam as pazes comigo, abram as
portas e saiam. Então, cada um de vocês
continuará a comer de sua própria videira
e de sua própria figueira e a beber de seu
próprio poço. 32 Depois, providenciarei que
sejam levados a outra terra como esta, uma
terra com cereais e vinho novo, com pão e
vinhedos, com olivais e mel. Escolham a
vida, e não a morte!
"Não deem ouvidos a Ezequias quan-
do ele tentar enganá-los, dizendo:
'O Senhor nos livrará!'. 33 Acaso os deuses
de alguma outra nação livraram seu povo
do rei da Assíria? 34 O que aconteceu aos
deuses de Hamate e de Arpade? E quanto
aos deuses de Sefarvaim, de Hena e de Iva?
Acaso algum deus livrou Samaria de meu
poder? 35 Qual dos deuses de qualquer na-
ção foi capaz de livrar seu povo de meu po-
der? O que os faz pensar que o Senhor pode
livrar Jerusalém de minhas mãos?".
36 Mas o povo permaneceu em silêncio e
não disse uma palavra sequer, pois Ezequias
havia ordenado: "Não lhe respondam".
37 Então Eliaquim, filho de Hilquias, ad-
ministrador do palácio, Sebna, secretário
da corte, e Joá, filho de Asafe, historiador
do reino, voltaram a Ezequias. Rasgaram
suas roupas e foram contar ao rei o que o
porta-voz tinha dito.

EZEQUIAS BUSCA A AJUDA DO SENHOR

19 Quando o rei Ezequias ouviu esse
relato, rasgou as roupas, vestiu-se
com panos de saco e entrou no templo do
Senhor. 2 Enviou Eliaquim, o administrador
do palácio, Sebna, o secretário da corte, e
os principais sacerdotes, todos vestidos
com panos de saco, ao profeta Isaías, filho
de Amoz. 3 Eles lhe disseram: "Assim diz o
rei Ezequias: 'Hoje é um dia de angústia,
insulto e humilhação. É como quando a
criança está prestes a nascer, mas a mãe
não tem forças para dar à luz. 4 Contudo,
talvez o Senhor, seu Deus, tenha ouvido
o porta-voz[b] que o rei da Assíria enviou
para desafiar o Deus vivo e o castigue por
suas palavras. Por favor, ore por nós que
restamos!'".

[a] **18.26** Em hebraico, *no dialeto de Judá*; também em 18.28.

[b] **19.4** Ou *o rabsaqué*; também em 19.8.

5 Depois que os oficiais do rei Ezequias
transmitiram a mensagem ao profeta Isaías,
6 ele respondeu: "Digam ao rei que assim diz
o Senhor: 'Não se assuste com os insultos
que os mensageiros do rei da Assíria lança-
ram contra mim. 7 Ouça! Eu mesmo agirei
contra o rei da Assíria,[a] e ele receberá notí-
cias que o farão voltar para sua terra. Ali eu
providenciarei que ele seja morto à espada'".
8 Enquanto isso, o porta-voz partiu de
Jerusalém e foi consultar o rei da Assíria,
pois tinha sido informado de que o rei havia
deixado Laquis e estava atacando Libna.
9 Logo depois, o rei Senaqueribe recebeu
a notícia de que Tiraca, rei da Etiópia,[b]
havia saído com seu exército para lutar
contra ele. Então enviou seus homens
de volta a Ezequias em Jerusalém com a
seguinte mensagem:

10 "Esta é uma mensagem para Ezequias,
rei de Judá. Não deixe que seu Deus,
em quem você confia, o engane com
promessas de que Jerusalém não
será conquistada pelo rei da Assíria.
11 Você sabe muito bem o que os reis
da Assíria fizeram por onde passaram.
Destruíram completamente todos que
atravessaram seu caminho! Quem é
você para escapar? 12 Acaso os deuses
de outras nações, como Gozã, Harã,
Rezefe, e o povo de Éden, que estava
em Telassar, as livraram? Meus
antecessores destruíram todos eles!
13 O que aconteceu ao rei de Hamate e
ao rei de Arpade? O que aconteceu aos
reis de Sefarvaim, de Hena e de Iva?".

14 Depois que Ezequias recebeu a
carta dos mensageiros e a leu, subiu ao
templo do Senhor e a estendeu diante
do Senhor. 15 Então Ezequias fez esta
oração na presença do Senhor: "Ó Senhor,
o Deus de Israel, que estás entronizado
entre os querubins! Só tu és Deus de
todos os reinos da terra. Sim, tu criaste
os céus e a terra. 16 Inclina teus ouvidos,
ó Senhor, e ouve! Abre teus olhos, ó Senhor,
e vê! Ouve as palavras com as quais
Senaqueribe desafia o Deus vivo!
17 "É verdade, Senhor, que os reis da
Assíria destruíram todas essas nações.
18 Lançaram os deuses dessas nações no
fogo e os queimaram. É claro que os assí-
rios conseguiram destruí-los! Não eram
deuses de verdade, mas apenas ídolos
de madeira e pedra moldados por mãos
humanas. 19 Agora, Senhor, nosso Deus,
salva-nos do poder desse rei; então todos
os reinos da terra saberão que somente tu,
Senhor, és Deus!".

ISAÍAS PREDIZ O LIVRAMENTO DE JUDÁ

20 Então Isaías, filho de Amoz, enviou esta
mensagem a Ezequias: "Assim diz o Senhor,
o Deus de Israel: Ouvi sua oração a respeito
de Senaqueribe, rei da Assíria. 21 E o
Senhor proferiu esta palavra contra ele:

"A filha virgem de Sião
o despreza e ri de você.
A filha de Jerusalém
balança a cabeça com desdém
enquanto você foge.

22 "A quem você desafiou e
de quem zombou?
Contra quem levantou a voz?
Para quem olhou com arrogância?
Para o Santo de Israel!
23 Por meio de seus mensageiros,
desafiou o Senhor.
Disse: 'Com meus numerosos
carros de guerra,
conquistei os montes mais elevados,
sim, os picos mais remotos do Líbano.
Cortei seus cedros mais altos
e seus melhores ciprestes.
Cheguei a suas regiões mais distantes
e explorei suas florestas mais densas.
24 Cavei poços em muitas
terras estrangeiras
e me refresquei com sua água.
Com a sola de meu pé,
sequei todos os rios do Egito!'.

25 "Mas você não sabe?
Eu decidi tudo isso há muito tempo.
Planejei essas coisas no
passado distante,
e agora as realizo.

[a] **19.7** Em hebraico, *Eu porei nele um espírito.*
[b] **19.9** Em hebraico, *de Cuxe.*

Planejei que você transformaria
cidades fortificadas
em montes de escombros.
26 Por isso, seus habitantes
perdem as forças
e ficam assustados e envergonhados.
São frágeis como a relva,
indefesos como brotos verdes e tenros.
São como capim que surge no telhado,
queimado antes mesmo de crescer.

27 "Mas eu o conheço bem:
sei onde está
e sei de suas idas e vindas;
sei como se enfureceu contra mim.
28 E, por causa de sua raiva contra mim
e de sua arrogância, que eu mesmo ouvi,
porei minha argola em seu nariz
e meu freio em sua boca.
Eu o farei voltar
pelo mesmo caminho por onde veio".

29 Então Isaías disse a Ezequias: "Esta é a prova de que minhas palavras são verdadeiras:

"Neste ano vocês comerão somente
o que crescer por si,
e, no ano seguinte, o que brotar disso.
Mas, no terceiro ano, semeiem e colham,
cuidem de suas videiras e
comam de seus frutos.
30 Vocês que restarem em Judá,
os que escaparem da destruição,
lançarão raízes em seu próprio solo,
crescerão e darão frutos.
31 Pois um remanescente de meu povo sairá
de Jerusalém,
um grupo de sobreviventes partirá
do monte Sião.
O zelo do Senhor dos Exércitos[a]
fará que isso aconteça!

32 "E assim diz o Senhor a respeito do rei da Assíria:

"Seus exércitos não entrarão
em Jerusalém,
nem dispararão contra
ela uma só flecha.
Não marcharão com escudos
fora de suas portas,
nem construirão rampas de
terra contra seus muros.
33 O rei voltará à terra dele
pelo mesmo caminho por onde veio.
Não entrará na cidade,
diz o Senhor.
34 Por minha própria honra e por
causa de meu servo Davi,
defenderei esta cidade
e a libertarei".

35 Naquela noite, o anjo do Senhor foi ao
acampamento assírio e matou 185 mil sol-
dados assírios. Quando os sobreviventes[b]
acordaram na manhã seguinte, encon-
traram cadáveres por toda parte. 36 Então
Senaqueribe, rei da Assíria, levantou
acampamento e partiu para sua terra.
Voltou para Nínive e ali ficou.
37 Certo dia, enquanto ele adorava no
templo de seu deus Nisroque, seus filhos[c]
Adrameleque e Sarezer o mataram à espa-
da. Fugiram para a terra de Ararate, e outro
filho, Esar-Hadom, se tornou seu sucessor
na Assíria.

A DOENÇA E A RECUPERAÇÃO DE EZEQUIAS

20 Por esse tempo, Ezequias ficou
doente e estava para morrer. O pro-
feta Isaías, filho de Amoz, foi visitá-lo e
transmitiu-lhe a seguinte mensagem: "As-
sim diz o Senhor: 'Ponha suas coisas em
ordem, pois você vai morrer. Não se recupe-
rará dessa doença'".
2 Quando Ezequias ouviu isso, virou
o rosto para a parede e orou ao Senhor:
3 "Ó Senhor, lembra-te de como sempre te
servi com fidelidade e devoção, e de como
sempre fiz o que é certo aos teus olhos".
Depois, o rei chorou amargamente.
4 Então, antes que Isaías deixasse o pátio
intermediário,[d] recebeu esta mensagem
do Senhor: 5 "Volte a Ezequias, líder de

[a] **19.31** Conforme a Septuaginta, a versão siríaca, a Vulgata e uma leitura alternativa do Texto Massorético (ver tb. Is 37.32); o hebraico traz *do Senhor*.

[b] **19.35** Em hebraico, *Quando eles*.

[c] **19.37** Conforme a Septuaginta e uma leitura alternativa do Texto Massorético (ver tb. Is 37.38); a outra leitura do Texto Massorético não traz *seus filhos*.

[d] **20.4** Conforme a Septuaginta e uma leitura alternativa do Texto Massorético (ver tb. Is 37.38); a outra leitura do Texto Massorético traz *o meio da cidade*.

meu povo, e diga-lhe: Assim diz o SENHOR, o Deus de seu antepassado Davi: 'Ouvi sua oração e vi suas lágrimas. Vou curá-lo e, daqui a três dias, você sairá da cama e irá ao templo do SENHOR. 6 Acrescentarei quinze anos à sua vida e livrarei você e esta cidade do rei da Assíria. Defenderei esta cidade por causa de minha honra e por causa de meu servo Davi'".

7 Então Isaías disse: "Preparem uma pasta de figos". Os servos de Ezequias fizeram a pasta e a espalharam sobre a ferida, e Ezequias se recuperou.

8 Ezequias tinha perguntado a Isaías: "Que sinal o SENHOR dará como prova de que ele vai me curar e de que irei ao templo do SENHOR daqui a três dias?".

9 Isaías respondeu: "Este é o sinal do SENHOR de que cumprirá o que prometeu. Você prefere que a sombra do relógio de sol avance dez graus ou recue dez graus?".[a]

10 "É natural que a sombra avance", disse Ezequias. "Isso seria fácil. Faça-a voltar dez graus." 11 O profeta Isaías orou ao SENHOR, e ele fez a sombra recuar dez graus no relógio de sol[b] de Acaz.

MENSAGEIROS DA BABILÔNIA

12 Pouco tempo depois, Merodaque-Baladã,[c] filho de Baladã, rei da Babilônia, enviou cartas e um presente para Ezequias, pois soube que o rei tinha estado muito doente. 13 Ezequias recebeu os mensageiros babilônios e lhes mostrou tudo que havia na casa do tesouro: a prata, o ouro, as especiarias e os óleos aromáticos. Também os levou para conhecer seu arsenal e lhes mostrou tudo que havia nos tesouros do rei. Não houve nada em seu palácio nem em seu reino que Ezequias não lhes mostrasse.

14 Então o profeta Isaías foi ver o rei Ezequias e lhe perguntou: "O que esses homens queriam? De onde vieram?".

Ezequias respondeu: "Vieram da Babilônia, uma terra distante".

15 "O que viram em seu palácio?", perguntou Isaías.

"Viram tudo", Ezequias respondeu. "Eu lhes mostrei tudo que possuo, todos os meus tesouros."

16 Então Isaías disse a Ezequias: "Ouça esta mensagem do SENHOR: 17 'Está chegando o dia em que tudo em seu palácio, todos os tesouros que seus antepassados acumularam até agora, será levado para a Babilônia. Não ficará coisa alguma', diz o SENHOR. 18 'Até mesmo alguns de seus descendentes serão levados para o exílio. Eles se tornarão eunucos e servirão no palácio do rei da Babilônia'".

19 Ezequias disse a Isaías: "A mensagem do SENHOR que você transmitiu é boa". Pois o rei pensava: "Pelo menos haverá paz e segurança durante minha vida".

20 Os demais acontecimentos do reinado de Ezequias, incluindo a extensão de seu poder e como construiu uma represa e cavou um túnel[d] para abastecer a cidade com água, estão registrados no *Livro da História dos Reis de Judá*. 21 Ezequias morreu e se reuniu a seus antepassados, e seu filho Manassés foi seu sucessor.

MANASSÉS REINA EM JUDÁ

21 Manassés tinha 12 anos quando começou a reinar, e reinou em Jerusalém por 55 anos. Sua mãe se chamava Hefzibá. 2 Manassés fez o que era mau aos olhos do SENHOR e seguiu as práticas detestáveis das nações que o SENHOR havia expulsado de diante dos israelitas. 3 Reconstruiu os santuários idólatras que seu pai, Ezequias, havia destruído. Construiu altares para Baal e ergueu um poste de Aserá, como Acabe, rei de Israel, havia feito. Também se curvou diante de todos os astros dos céus e lhes prestou culto.

4 Construiu altares idólatras no templo do SENHOR, sobre o qual o SENHOR tinha dito: "Meu nome permanecerá em Jerusalém para sempre". 5 Nos dois pátios do templo do SENHOR, construiu altares para os astros do céu. 6 Manassés também sacrificou seu filho no fogo. Praticou feitiçaria e adivinhação e consultou médiuns e praticantes do ocultismo. Fez muitas

[a] **20.9** Ou *Você prefere que a sombra da escadaria avance dez degraus ou recue dez degraus?*

[b] **20.11** Ou *dez degraus na escadaria.*

[c] **20.12** Conforme alguns manuscritos hebraicos, a Septuaginta e a versão siríaca (ver tb. Is 39.1); o hebraico traz *Berodaque-Baladã.*

[d] **20.20** Em hebraico, *um curso de água.*

coisas perversas aos olhos do SENHOR e, com isso, provocou sua ira.

7 Manassés chegou a fazer uma imagem esculpida da deusa Aserá e colocá-la no templo, sobre o qual o SENHOR tinha dito a Davi e a seu filho Salomão: "Meu nome será honrado para sempre neste templo em Jerusalém, a cidade que escolhi dentre todas as tribos de Israel. 8 Se os israelitas tiverem o cuidado de obedecer a meus mandamentos, todas as leis que meu servo Moisés lhes deu, não os expulsarei desta terra que dei a seus antepassados". 9 Mas o povo se recusou a ouvir, e Manassés os levou a fazer coisas piores do que as nações que o SENHOR tinha destruído quando os israelitas entraram na terra.

10 Então o SENHOR disse por meio de seus servos, os profetas: 11 "Manassés, rei de Judá, fez muitas coisas detestáveis. É ainda mais perverso que os amorreus que habitavam nesta terra antes de Israel e fez o povo de Judá pecar com seus ídolos.[a] 12 Portanto, assim diz o SENHOR, o Deus de Israel: Trarei desgraça tão grande sobre Jerusalém e Judá que fará tinir os ouvidos daqueles que ouvirem a respeito. 13 Julgarei Jerusalém de acordo com o mesmo critério que usei para julgar Samaria[b] e a família de Acabe. Limparei Jerusalém como quem limpa um prato e depois o vira de cabeça para baixo. 14 Rejeitarei até mesmo o remanescente de meu povo e o entregarei a seus inimigos como despojo. 15 Pois eles fizeram o que era mau aos meus olhos e provocaram minha ira desde que seus antepassados saíram do Egito".

16 Além de levar o povo de Judá a pecar e fazer o que era mau aos olhos do SENHOR, Manassés assassinou muitos inocentes, até encher Jerusalém do sangue deles, de uma extremidade à outra.

17 Os demais acontecimentos do reinado de Manassés e tudo que ele fez, incluindo os pecados que cometeu, estão registrados no *Livro da História dos Reis de Judá*. 18 Quando Manassés morreu e se reuniu a seus antepassados, foi sepultado no jardim de seu palácio, o jardim de Uzá. Seu filho Amom foi seu sucessor.

AMOM REINA EM JUDÁ

19 Amom tinha 22 anos quando começou a reinar, e reinou em Jerusalém por dois anos. Sua mãe se chamava Mesulemete e era filha de Haruz, de Jotbá. 20 Fez o que era mau aos olhos do SENHOR, como seu pai, Manassés, havia feito. 21 Seguiu o exemplo de seu pai e adorou os mesmos ídolos que ele. 22 Abandonou o SENHOR, o Deus de seus antepassados, e não andou nos caminhos do SENHOR.

23 Os próprios oficiais de Amom conspiraram contra ele e o assassinaram em seu palácio. 24 Mas o povo da terra matou todos que haviam conspirado contra o rei Amom e proclamou rei seu filho Josias.

25 Os demais acontecimentos do reinado de Amom e tudo que ele fez estão registrados no *Livro da História dos Reis de Judá*. 26 Ele foi sepultado em seu túmulo no jardim de Uzá. Seu filho Josias foi seu sucessor.

JOSIAS REINA EM JUDÁ

22 Josias tinha 8 anos quando começou a reinar, e reinou por 31 anos em Jerusalém. Sua mãe se chamava Jedida e era filha de Adaías, de Bozcate. 2 Josias fez o que era certo aos olhos do SENHOR e seguiu o exemplo de seu antepassado Davi, não se desviando nem para um lado nem para o outro.

3 No décimo oitavo ano de seu reinado, o rei Josias enviou Safã, secretário da corte, filho de Azalias, filho de Mesulão, ao templo do SENHOR. Disse-lhe: 4 "Vá ao sumo sacerdote Hilquias e peça-lhe que pese a prata que os guardas das portas recolheram do povo no templo do SENHOR. 5 Entregue a prata aos homens encarregados de supervisionar a reforma do templo. Eles a usarão para pagar os trabalhadores que farão reparos no templo do SENHOR. 6 Precisarão de carpinteiros, construtores e pedreiros. Também deverão comprar a madeira e as pedras cortadas necessárias para os reparos no templo. 7 Contudo, não exija que os supervisores prestem

[a] **21.11** É provável que o termo hebraico (lit. *coisas redondas*) se refira a esterco.

[b] **21.13** Em hebraico, *Estenderei sobre Jerusalém o mesmo cordel que usei para Samaria e o mesmo prumo.*

contas do valor que receberam, pois são
homens de confiança".

HILQUIAS ENCONTRA A LEI DE DEUS

8 O sumo sacerdote Hilquias disse a Safã,
secretário da corte: "Encontrei o Livro
da Lei no templo do SENHOR!". E Hilquias
entregou o livro a Safã, que o leu.
9 Safã voltou ao rei e relatou: "Seus oficiais
entregaram a prata recolhida no templo do
SENHOR aos trabalhadores e supervisores
no templo". 10 Safã também disse ao rei:
"O sacerdote Hilquias me entregou um
livro". E Safã leu o livro para o rei.
11 Quando o rei ouviu o que estava es-
crito no Livro da Lei, rasgou suas roupas.
12 Em seguida, deu estas ordens ao sacerdo-
te Hilquias, a Aicam, filho de Safã, a Acbor,
filho de Micaías, a Safã, o secretário da corte,
e a Asaías, conselheiro pessoal do rei: 13 "Vão
consultar o SENHOR por mim, pelo povo e por
todo o Judá. Perguntem a respeito das pala-
vras escritas neste livro que foi encontrado.
A grande ira do SENHOR arde contra nós, pois
nossos antepassados não obedeceram às
palavras deste livro. Eles não fizeram tudo
que ele diz que devemos fazer".
14 Então o sacerdote Hilquias, Aicam,
Acbor, Safã e Asaías foram ao Bairro Novo[a]
de Jerusalém consultar a profetisa Hulda.
Ela era esposa de Salum, filho de Ticvá,
filho de Harás, responsável pelo guarda-
-roupa do templo.
15 Ela lhes disse: "O SENHOR, o Deus de
Israel, falou! Voltem e digam ao homem
que os enviou 16 que assim diz o SENHOR:
'Trarei desgraça sobre esta cidade[b] e sobre
seus habitantes. Todas as palavras escritas
no livro que o rei de Judá leu se cumprirão.
17 Pois meu povo me abandonou e quei-
mou incenso a outros deuses, e estou
grandemente irado com eles por tudo que
fizeram. Minha ira arderá contra este lugar
e não será apagada'.
18 "Mas vão ao rei de Judá que os enviou
para consultarem o SENHOR e digam-lhe que
assim diz o SENHOR a respeito da mensagem
que acabaram de ouvir: 19 'Você se arre-
pendeu e se humilhou diante do SENHOR
quando ouviu o que eu disse contra esta
cidade e contra seus habitantes, que esta
terra seria amaldiçoada e se tornaria
desolada. Você rasgou as roupas e chorou
diante de mim. E eu certamente o ouvi, diz
o SENHOR. 20 Portanto, só enviarei a calami-
dade anunciada depois que você tiver se
reunido a seus antepassados e tiver sido
sepultado em paz. Você não verá a desgraça
que trarei sobre esta cidade'".
Então eles levaram a mensagem ao rei.

AS REFORMAS RELIGIOSAS DE JOSIAS

23 Josias mandou chamar todas as
autoridades de Judá e de Jerusa-
lém. 2 Então o rei subiu ao templo do
SENHOR com os sacerdotes e os profetas e
com todo o povo de Judá e de Jerusalém,
dos mais simples até os mais importantes.
Leu para eles todo o Livro da Aliança en-
contrado no templo do SENHOR. 3 O rei ficou
em pé no lugar de honra junto à coluna e
renovou a aliança na presença do SENHOR.
Comprometeu-se a obedecer ao SENHOR e
a cumprir seus mandamentos, preceitos
e decretos de todo o coração e de toda a
alma. Confirmou, desse modo, os termos
da aliança escritos no livro, e todo o povo
se comprometeu com a aliança.
4 Em seguida, o rei deu ordens ao
sumo sacerdote Hilquias, aos sacerdotes
auxiliares e aos guardas das portas do
templo para que removessem do templo
do SENHOR todos os utensílios usados para
o culto a Baal, a Aserá e a todos os astros
do céu. Mandou queimar tudo fora de
Jerusalém, nos terraços do vale de Cedrom,
e levou as cinzas para Betel. 5 Eliminou os
sacerdotes idólatras nomeados por reis
anteriores de Judá, pois haviam oferecido
sacrifícios nos santuários idólatras em
todo o território de Judá e nos arredores
de Jerusalém. Também haviam oferecido
sacrifícios a Baal, ao sol, à lua, às constela-
ções e a todos os astros dos céus. 6 Removeu
do templo do SENHOR o poste de Aserá e o
levou para fora de Jerusalém, para o vale
de Cedrom, onde o queimou. Depois, moeu
as cinzas do poste e lançou o pó sobre os
túmulos do povo. 7 Também demoliu os
alojamentos dos prostitutos e das prosti-
tutas cultuais dentro do templo do SENHOR,

A Palavra de Deus, que é o fundamento do nosso edifício, precisa ter liberdade e acesso irrestrito para vasculhar cada fragmento do nosso ser.

[a] **22.14** Ou *Segundo Bairro*, uma parte mais nova de Jerusalém. O hebraico traz *o Mishneh*.

[b] **22.16** Em hebraico, *sobre este lugar*; também em 22.19,20.

onde as mulheres teciam enfeites[a] para o poste de Aserá.

8 Josias trouxe para Jerusalém todos os sacerdotes que moravam em outras cidades de Judá. Profanou os santuários idólatras, onde haviam queimado incenso, desde Geba até Berseba. Destruiu os santuários na entrada da porta de Josué, governador de Jerusalém, à esquerda de quem entra pela porta da cidade. 9 Os sacerdotes que haviam servido nos santuários idólatras não tinham permissão de servir no[b] altar do SENHOR, em Jerusalém, mas podiam comer dos pães sem fermento junto com os outros sacerdotes.

10 O rei profanou o altar de Tofete, no vale de Ben-Hinom, a fim de que ninguém mais pudesse usá-lo para sacrificar no fogo um filho ou uma filha como oferta a Moloque. 11 Removeu da entrada do templo do SENHOR as estátuas de cavalos que os reis anteriores de Judá haviam dedicado ao sol. Ficavam perto do alojamento do eunuco Natã-Meleque, oficial do templo.[c] O rei também queimou os carros de guerra consagrados ao sol.

12 Derrubou os altares que os reis de Judá haviam construído no terraço do palácio, sobre a sala de Acaz. Destruiu os altares que Manassés havia construído nos dois pátios do templo do SENHOR. Despedaçou-os[d] e espalhou o entulho no vale de Cedrom. 13 O rei também profanou os santuários idólatras a leste de Jerusalém, ao sul do monte da Corrupção, que Salomão, rei de Israel, havia construído para Astarote, a repulsiva deusa dos sidônios, e para Camos, o repulsivo deus dos moabitas, e para Moloque,[e] o repugnante deus dos amonitas. 14 Fez em pedaços as colunas sagradas e cortou os postes de Aserá. Depois, espalhou sobre eles ossos humanos.

15 O rei também demoliu o altar em Betel, o santuário idólatra que Jeroboão, filho de Nebate, havia construído quando levou Israel a pecar. Queimou o santuário e o reduziu a pó e queimou o poste de Aserá. 16 Então Josias olhou ao redor e viu várias sepulturas na encosta do monte. Mandou retirar os ossos das sepulturas e os queimou no altar em Betel para profaná-lo. Tudo isso aconteceu exatamente como o SENHOR havia anunciado por meio do homem de Deus, quando Jeroboão estava junto ao altar durante a festa.

Depois, Josias se voltou e viu o túmulo do homem de Deus[f] que havia predito essas coisas. 17 "Que monumento é aquele ali?", o rei perguntou.

E o povo da cidade lhe disse: "É o túmulo do homem de Deus que veio de Judá e anunciou exatamente o que o senhor acaba de fazer ao altar em Betel!".

18 Josias respondeu: "Deixem-no em paz. Não mexam nos ossos". Assim, não queimaram seus ossos, nem os ossos do profeta de Samaria.

19 Então Josias demoliu todos os santuários idólatras nas cidades de Samaria, como havia feito em Betel. Tinham sido construídos pelos reis de Israel e haviam provocado a ira do SENHOR.[g] 20 Matou os sacerdotes dos santuários idólatras em seus próprios altares e queimou ossos humanos sobre os altares para profaná-los. Por fim, voltou para Jerusalém.

JOSIAS CELEBRA A PÁSCOA

21 O rei Josias deu a seguinte ordem a todo o povo: "Celebrem a Páscoa do SENHOR, seu Deus, como requer este Livro da Aliança". 22 A Páscoa não havia sido celebrada dessa forma desde o tempo em que os juízes governavam Israel, nem nos dias dos reis de Israel e de Judá. 23 Mas, no décimo oitavo ano do reinado de Josias, a Páscoa foi celebrada ao SENHOR em Jerusalém.

24 Josias também exterminou os médiuns e os praticantes de ocultismo, os ídolos do lar, os ídolos em geral[h] e toda espécie de prática repulsiva tanto em Jerusalém como em todo o território de Judá. Fez isso em obediência às leis

[a] **23.7** Ou *tendas*.
[b] **23.9** Em hebraico, *não subiam para o*.
[c] **23.11** Ou *no pátio anexo ao templo*. O significado do hebraico é incerto.
[d] **23.12** Ou *Removeu-os rapidamente*.
[e] **23.13** Em hebraico, *Milcom*, variação de Moloque.
[f] **23.16** Conforme a Septuaginta; o hebraico não traz todo o trecho *quando Jeroboão [...] o túmulo do homem de Deus*.
[g] **23.19** Conforme a Septuaginta, a versão siríaca e a Vulgata; o hebraico não traz *do SENHOR*.
[h] **23.24** É provável que o termo hebraico (lit. *coisas redondas*) se refira a esterco.

escritas no livro que o sacerdote Hilquias
havia encontrado no templo do SENHOR.
25 Nunca antes houve um rei como Josias,
que se voltasse para o SENHOR de todo
o coração, de toda a alma e de todas as
forças, e obedecesse a toda a lei de Moisés.
E nunca mais houve um rei como ele.

26 Ainda assim, o SENHOR continuou gran-
demente irado contra Judá, por causa de
todas as coisas que Manassés havia feito
para provocá-lo. 27 Pois o SENHOR disse:
"Também expulsarei Judá de minha
presença, como expulsei Israel. E rejeitarei
Jerusalém, a cidade que escolhi, e o templo
onde meu nome deveria ser honrado".

28 Os demais acontecimentos do reinado
de Josias e tudo que ele fez estão registra-
dos no *Livro da História dos Reis de Judá*.

29 Durante o reinado de Josias, o faraó
Neco, rei do Egito, foi ao rio Eufrates dar
apoio ao rei da Assíria. O rei Josias e seu
exército saíram para lutar contra ele, mas o
faraó[a] o matou quando se enfrentaram em
Megido. 30 Os oficiais de Josias levaram seu
corpo de volta num carro, de Megido para
Jerusalém, e o sepultaram em seu próprio
túmulo. Então o povo ungiu Jeoacaz, filho
de Josias, e o proclamou rei.

JEOACAZ REINA EM JUDÁ

31 Jeoacaz tinha 23 anos quando começou
a reinar, e reinou em Jerusalém por três
meses. Sua mãe se chamava Hamutal e
era filha de Jeremias, de Libna. 32 Fez o
que era mau aos olhos do SENHOR, como
seus antepassados.

33 O faraó Neco prendeu Jeoacaz em
Ribla, na terra de Hamate, para impedir
que reinasse[b] em Jerusalém. Também
exigiu que Judá pagasse um tributo de
3.500 quilos de prata e 35 quilos de ouro.[c]

JEOAQUIM REINA EM JUDÁ

34 Em seguida, o faraó Neco escolheu
Eliaquim, outro filho de Josias, como
sucessor de seu pai e mudou o nome dele
para Jeoaquim. Jeoacaz foi levado como
prisioneiro para o Egito, onde morreu.

35 A fim de obter o ouro e a prata que o
faraó Neco havia exigido como tributo,
Jeoaquim cobrou dos habitantes de Judá um
imposto proporcional às posses de cada um.

36 Jeoaquim tinha 25 anos quando
começou a reinar, e reinou em Jerusalém
por onze anos. Sua mãe se chamava Zebida
e era filha de Pedaías, de Ruma. 37 Ele fez
o que era mau aos olhos do SENHOR, como
seus antepassados.

24 Durante o reinado de Jeoaquim,
Nabucodonosor, rei da Babilônia,
invadiu a terra de Judá. Jeoaquim se rendeu
e lhe pagou tributo por três anos, mas de-
pois se rebelou. 2 Então o SENHOR enviou
bandos de saqueadores babilônios,[d] sírios,
moabitas e amonitas contra o reino de Judá
para destruí-lo, como tinha anunciado por
meio de seus profetas. 3 Essas desgraças
aconteceram a Judá por ordem do SENHOR.
Ele havia resolvido expulsar Judá de sua
presença por causa dos muitos pecados de
Manassés, 4 que havia enchido Jerusalém
de sangue inocente. O SENHOR não perdoou
esse pecado.

5 Os demais acontecimentos do reinado
de Jeoaquim e tudo que ele fez estão regis-
trados no *Livro da História dos Reis de Judá*.
6 Quando Jeoaquim morreu e se reuniu a
seus antepassados, seu filho Joaquim foi
seu sucessor.

7 Depois disso, o rei do Egito não se atre-
veu a sair de suas fronteiras, pois o rei da
Babilônia conquistou toda a região que
antes havia pertencido ao Egito, desde o
ribeiro do Egito até o rio Eufrates.

JOAQUIM REINA EM JUDÁ

8 Joaquim tinha 18 anos quando come-
çou a reinar, e reinou em Jerusalém por
três meses. Sua mãe se chamava Neústa
e era filha de Elnatã, de Jerusalém. 9 Fez
o que era mau aos olhos do SENHOR, como
seus antepassados.

10 Durante o reinado de Joaquim, os ofi-
ciais de Nabucodonosor, rei da Babilônia,
subiram contra Jerusalém e a cercaram.
11 O próprio Nabucodonosor chegou à ci-
dade durante o cerco. 12 Então Joaquim,

[a] **23.29** Em hebraico, *mas ele*.
[b] **23.33a** O significado do hebraico é incerto.
[c] **23.33b** Em hebraico, *100 talentos de prata e 1 talento de ouro*.
[d] **24.2** Ou *caldeus*.

rei de Judá, a rainha-mãe, os conselheiros,
os comandantes e os oficiais se renderam
aos babilônios.

No oitavo ano de seu reinado, Nabuco-
donosor levou Joaquim como prisioneiro.
13 Conforme o SENHOR havia declarado de
antemão, Nabucodonosor levou embora to-
dos os tesouros do templo do SENHOR e do
palácio real. Removeu[a] todos os utensílios
de ouro que Salomão, rei de Israel, havia
colocado no templo. 14 O rei Nabucodonosor
deportou gente de toda a cidade de Jerusa-
lém, incluindo todos os comandantes e os
melhores soldados, artífices e ferreiros, dez
mil pessoas ao todo. Só ficaram na terra os
mais pobres.

15 Nabucodonosor levou cativos para
a Babilônia o rei Joaquim, a rainha-mãe,
as esposas e os oficiais do rei e todos os
nobres de Jerusalém. 16 Também depor-
tou sete mil soldados, todos fortes e aptos
para a guerra, além de mil artífices e fer-
reiros. 17 Então o rei da Babilônia escolheu
Matanias, tio de Joaquim,[b] como rei de
Judá e mudou o nome dele para Zedequias.

ZEDEQUIAS REINA EM JUDÁ

18 Zedequias tinha 21 anos quando come-
çou a reinar, e reinou em Jerusalém por
onze anos. Sua mãe se chamava Hamutal
e era filha de Jeremias, de Libna. 19 Fez o
que era mau aos olhos do SENHOR, como
Jeoaquim antes dele. 20 Estas coisas acon-
teceram por causa da ira do SENHOR contra
o povo de Jerusalém e de Judá. Por fim, ele
os expulsou de sua presença e os mandou
para o exílio.

A QUEDA DE JERUSALÉM

Zedequias se rebelou contra o rei da
Babilônia.

25 Assim, em 15 de janeiro,[c] durante o
nono ano do reinado de Zedequias,
Nabucodonosor, rei da Babilônia, e todo
o seu exército cercaram Jerusalém e
construíram rampas de ataque contra os
muros. 2 Jerusalém permaneceu cerca-
da até o décimo primeiro ano do reinado
de Zedequias.

3 Em 18 de julho, no décimo primeiro
ano do reinado de Zedequias,[d] a fome na
cidade tinha se tornado tão severa que
não havia mais nenhum alimento. 4 Assim,
abriram uma brecha no muro da cidade.
Como a cidade estava cercada pelos babi-
lônios,[e] os soldados esperaram até o anoi-
tecer e fugiram[f] pelo portão entre os dois
muros atrás do jardim do rei. Então segui-
ram em direção ao vale do Jordão.[g]

5 Contudo, o exército babilônio[h] per-
seguiu o rei e o alcançou nas planícies
de Jericó, pois todos os seus soldados
o haviam abandonado e se dispersado.
6 Capturaram Zedequias e o levaram ao rei
da Babilônia, em Ribla, onde ele recebeu
sua sentença. 7 Mataram seus filhos dian-
te dele, depois lhe arrancaram os olhos,
o prenderam com correntes de bronze e o
levaram para a Babilônia.

O TEMPLO É DESTRUÍDO

8 Em 14 de agosto daquele ano,[i] o déci-
mo nono do reinado de Nabucodonosor,
Nebuzaradã, capitão da guarda e oficial
do rei da Babilônia, chegou a Jerusalém.
9 Queimou o templo do SENHOR, o palácio
real e todas as casas de Jerusalém. Pôs fogo
em todos os edifícios importantes[j] da ci-
dade. 10 Depois supervisionou o exército
babilônio na demolição de todos os muros
de Jerusalém. 11 Em seguida, Nebuzaradã,
capitão da guarda, deportou o povo que
havia ficado na cidade, os desertores que
se entregaram ao rei da Babilônia e o res-
tante da população. 12 Permitiu, no entan-
to, que alguns dos mais pobres ficassem
para cuidar das videiras e dos campos.

[a] **24.13** Ou *Cortou em pedaços.*
[b] **24.17** Em hebraico, *tio dele.*
[c] **25.1** Em hebraico, *no décimo dia do décimo mês*, do antigo calendário lunar hebraico. Vários acontecimentos de 2Reis podem ser verificados com base em datas de registos babilônicos ainda existentes e relacionados com precisão ao calendário moderno. O ano foi 588 a.C.
[d] **25.3** Em hebraico, *No nono dia do [quarto] mês* [do décimo primeiro ano do reinado de Zedequias] (cp. com Jr 39.2; 52.6 e as respectivas notas). O ano foi 586 a.C.; ver também nota em 25.1.
[e] **25.4a** Ou *caldeus*; também em 25.5,13,24,25,26.
[f] **25.4b** Conforme a Septuaginta (ver tb. Jr 39.4; 52.7); o hebraico não traz *fugiram.*
[g] **25.4c** Em hebraico, *à Arabá.*
[h] **25.5** Ou *caldeu*; também em 25.10.
[i] **25.8** Em hebraico, *No sétimo dia do quinto mês*, do antigo calendário lunar hebraico. O ano foi 586 a.C.; ver também nota em 25.1.
[j] **25.9** Ou *Incendiou as casas de todas as pessoas importantes.*

13 Os babilônios despedaçaram as colunas
de bronze na frente do templo do Senhor, as
bases móveis de bronze e o grande tanque
de bronze chamado Mar, e levaram todo o
bronze para a Babilônia. 14 Também leva-
ram os baldes para cinzas, as pás, os cor-
tadores de pavios, as colheres e todos os
outros utensílios de bronze usados para o
serviço no templo. 15 O capitão da guarda le-
vou ainda os incensários e as bacias e todos
os outros utensílios de ouro puro ou prata.

16 Era impossível calcular o peso do bron-
ze das duas colunas, do Mar e das bases mó-
veis para levar água. Esses objetos tinham
sido feitos para o templo do Senhor nos dias
de Salomão. 17 Cada coluna media 8,1 me-
tros[a] de altura. O capitel de bronze no alto de
cada coluna media cerca de 2,25 metros[b] de
altura e era enfeitado ao redor com corren-
tes entrelaçadas de romãs feitas de bronze.

18 O capitão da guarda levou como prisio-
neiros o sumo sacerdote Seraías, o sacer-
dote auxiliar Sofonias e três dos principais
guardas das portas. 19 Dentre o povo que
ainda estava escondido na cidade, levou
um oficial responsável pelo exército de
Judá, cinco dos conselheiros pessoais
do rei; o secretário do comandante do exér-
cito, que era encarregado do alistamento
de soldados, e outros sessenta homens
do povo. 20 Nebuzaradã, capitão da guar-
da, levou-os ao rei da Babilônia, em Ribla.
21 E ali em Ribla, na terra de Hamate, o rei
da Babilônia mandou executá-los. Assim, o
povo de Judá foi enviado para o exílio, para
longe de sua terra.

GEDALIAS GOVERNA EM JUDÁ

22 Nabucodonosor, rei da Babilônia, no-
meou Gedalias, filho de Aicam, filho de
Safã, como governador do povo que ele
havia deixado em Judá. 23 Quando os co-
mandantes do exército e seus homens
souberam que o rei da Babilônia havia
nomeado Gedalias governador, foram vê-
-lo em Mispá. Entre eles estavam Ismael,
filho de Netanias, Joanã, filho de Careá,
Seraías, filho do netofatita Tanumete,
Jezanias,[c] filho do maacatita, e todos os
seus homens.

24 Gedalias jurou a eles que os oficiais
babilônios não tinham intenção de lhes
fazer nenhum mal. "Não tenham medo
deles", disse. "Vivam na terra e sirvam ao
rei da Babilônia, e tudo lhes irá bem."

25 Mas, no sétimo mês desse mesmo
ano,[d] Ismael, filho de Netanias, filho de
Elisama, que era da família real, foi com
dez homens a Mispá e matou Gedalias.
Também matou todos os judeus e babilô-
nios que estavam com ele em Mispá.

26 Então todo o povo de Judá, dos mais
simples até os mais importantes, bem
como os comandantes do exército, fugiu
para o Egito, com medo do que os babilô-
nios lhe fariam.

ESPERANÇA PARA A LINHAGEM REAL DE ISRAEL

27 No trigésimo sétimo ano do exílio de
Joaquim, rei de Judá, Evil-Merodaque co-
meçou a reinar na Babilônia. Foi bondoso
com[e] Joaquim e o libertou[f] da prisão em
2 de abril daquele ano.[g] 28 Falou com ele
gentilmente e o colocou num lugar mais
elevado que o de outros reis exilados na
Babilônia. 29 Providenciou roupas novas
para Joaquim, no lugar das roupas de pri-
sioneiro, e permitiu que ele comesse na
presença do rei enquanto vivesse. 30 Assim
o rei lhe deu uma provisão diária de ali-
mento pelo resto de sua vida.

[a] **25.17a** Em hebraico, *18 côvados*.

[b] **25.17b** Conforme os textos paralelos em 1Rs 7.16; 2Cr 3.15; Jr 52.22, que trazem *5 côvados*; o hebraico traz *3 côvados*.

[c] **25.23** Conforme o texto paralelo em Jr 40.8; o hebraico traz *Jazanias*, variação de Jezanias.

[d] **25.25** Esse mês ocorreu entre outubro e novembro de 586 a.C.; ver também nota em 25.1.

[e] **25.27a** Em hebraico, *Levantou a cabeça de*.

[f] **25.27b** Conforme alguns manuscritos hebraicos, a Septuaginta e a versão siríaca (ver tb. Jr 52.31); o Texto Massorético não traz *e o libertou*.

[g] **25.27c** Em hebraico, *no vigésimo sétimo dia do décimo segundo mês*, do antigo calendário lunar hebraico. O ano foi 561 a.C.; ver também nota em 25.1.

Livros Históricos

1Crônicas

Livro 13 com **29** CAPÍTULOS

SIGNIFICADO DO TÍTULO

Na Bíblia hebraica, 1Crônicas e 2Crônicas são conhecidos coletivamente como *Divrei HaYamim*, traduzido por "as palavras dos dias" ou "os eventos dos dias". O título "Crônicas" é derivado do grego *paralipomenon*, que significa "coisas omitidas" ou "restantes dos atos", por seu caráter complementar aos relatos de Samuel e Reis.

AUTORIA

Não se sabe. A tradição considera o escriba Esdras como autor, o qual teria compilado os registros históricos após o exílio babilônico (Ed 7.6,10).

OBJETIVO DO LIVRO

1Crônicas visa recontar a história de Israel, com ênfase na linhagem de Davi e nas promessas de Deus ao seu povo. Destaca a fidelidade divina e a importância de adorar e obedecer ao Senhor.

ESTRUTURA DO LIVRO

- ★ Genealogias de Israel 1Cr 1—9
- ★ Morte de Saul e reinado de Davi 1Cr 10—12
- ★ Conquistas de Davi 1Cr 13—14
- ★ Preparativos para o templo 1Cr 15—17
- ★ Vitórias de Davi 1Cr 18—20
- ★ O censo 1Cr 21
- ★ Preparativos para o templo 1Cr 22
- ★ Organização dos levitas 1Cr 23—26
- ★ Preparativos para o templo 1Cr 28—29.25
- ★ Morte de Davi 1Cr 29.26-30

1CRÔNICAS E CRISTO

1Crônicas destaca a linhagem messiânica de Davi, que culmina em Jesus Cristo, o descendente prometido que cumpriria as promessas de Deus. A aliança davídica (1Cr 17.11-14) é um prenúncio da realeza eterna de Cristo (Lc 1.32-33).

TEMAS DE 1CRÔNICAS

1Crônicas enfatiza a soberania de Deus, a importância da adoração correta e a continuidade da linhagem davídica. O livro reafirma a promessa do Senhor de estabelecer a casa de Davi para sempre (1Cr 17.11-14), apontando para a fidelidade e a santidade de Deus.

DE ADÃO AOS FILHOS DE NOÉ

1 Os descendentes de Adão foram: Sete,
Enos, 2 Cainã, Maalalel, Jarede, 3 Enoque, Matusalém, Lameque 4 e Noé.
Os filhos de Noé foram:[a] Sem, Cam e Jafé.

DESCENDENTES DE JAFÉ

5 Os descendentes de Jafé foram: Gômer, Magogue, Madai, Javã, Tubal, Meseque e Tirás.
6 Os descendentes de Gômer foram: Asquenaz, Rifate[b] e Togarma.
7 Os descendentes de Javã foram: Elisá, Társis, Quitim e Rodanim.

DESCENDENTES DE CAM

8 Os descendentes de Cam foram: Cuxe, Mizraim,[c] Pute e Canaã.
9 Os descendentes de Cuxe foram: Sebá, Havilá, Sabtá, Raamá e Sabtecá. Os descendentes de Raamá foram: Sabá e Dedã.
10 Cuxe também foi o antepassado de Ninrode, o primeiro guerreiro valente da terra.
11 Mizraim foi o antepassado dos luditas, anamitas, leabitas, naftuítas, 12 patrusitas,
casluítas e dos caftoritas, dos quais descendem os filisteus.[d]
13 O filho mais velho de Canaã foi Sidom. Canaã também foi o antepassado dos hititas,[e] 14 jebuseus, amorreus, girgaseus,
15 heveus, arqueus, sineus, 16 arvadeus,
zemareus e hamateus.

DESCENDENTES DE SEM

17 Os descendentes de Sem foram: Elão, Assur, Arfaxade, Lude e Arã.
Os descendentes de Arã foram:[f] Uz, Hul, Géter e Más.[g]
18 Arfaxade gerou Salá, e Salá gerou Héber.
19 Héber teve dois filhos. O primeiro recebeu o nome de Pelegue,[h] pois em sua época a terra foi dividida. O irmão de Pelegue recebeu o nome de Joctã.
20 Joctã foi o antepassado de Almodá, Salefe, Hazarmavé, Jerá, 21 Adorão, Uzal,
Dicla, 22 Obal,[i] Abimael, Sabá, 23 Ofir,
Havilá e Jobabe. Todos eles foram descendentes de Joctã.
24 Os descendentes de Sem foram: Arfaxade,
Selá,[j] 25 Héber, Pelegue, Reú, 26 Serugue,
Naor, Terá 27 e Abrão, mais tarde chamado de Abraão.

DESCENDENTES DE ABRAÃO

28 Os filhos de Abraão foram: Isaque e Ismael. 29 Estes são seus registros genealógicos:
Os filhos de Ismael foram: Nebaiote, o mais velho, Quedar, Adbeel, Mibsão, 30 Misma,
Dumá, Massá, Hadade, Temá, 31 Jetur,
Nafis e Quedemá. Esses foram os filhos de Ismael.

32 Estes foram os filhos de Quetura, concubina de Abraão: Zinrã, Jocsã, Medã, Midiã, Isbaque e Suá.
Os filhos de Jocsã foram: Sabá e Dedã.
33 Os filhos de Midiã foram: Efá, Éfer, Enoque, Abida e Elda.
Todos esses foram descendentes de Abraão com sua concubina Quetura.

DESCENDENTES DE ISAQUE

34 Abraão gerou Isaque. Os filhos de Isaque foram: Esaú e Israel.[k]

DESCENDENTES DE ESAÚ

35 Os filhos de Esaú foram: Elifaz, Reuel, Jeús, Jalão e Corá.
36 Os descendentes de Elifaz foram: Temã, Omar, Zefô,[l] Gaetã, Quenaz e Amaleque, que nasceu a Timna.[m]

[a] **1.4** Conforme a Septuaginta (ver tb. Gn 5.3-32); o hebraico não traz *Os filhos de Noé foram*.
[b] **1.6** Conforme alguns manuscritos hebraicos e a Septuaginta (ver tb. Gn 10.3); a maioria dos manuscritos hebraicos traz *Difate*.
[c] **1.8** Ou *Egito*; também em 1.11.
[d] **1.12** Em hebraico, *casluítas, dos quais descendem os filisteus, caftoritas*. Ver Jr 47.4; Am 9.7.
[e] **1.13** Em hebraico, *antepassado de Hete*.
[f] **1.17a** Conforme um manuscrito hebraico e alguns manuscritos gregos (ver tb. Gn 10.23); a maioria dos manuscritos hebraicos não traz *Os descendentes de Arã foram*.
[g] **1.17b** Conforme o texto paralelo em Gn 10.23; o hebraico traz *e Meseque*.
[h] **1.19** *Pelegue* significa "divisão".
[i] **1.22** Conforme alguns manuscritos hebraicos e a versão siríaca (ver tb. Gn 10.28); a maioria dos manuscritos hebraicos traz *Ebal*.
[j] **1.24** Alguns manuscritos gregos trazem *Arfaxade, Cainã, Selá*. Ver notas em Gn 10.24; 11.12-13.
[k] **1.34** *Israel* é o nome que Deus deu a Jacó.
[l] **1.36a** Conforme alguns manuscritos hebraicos e gregos (ver tb. Gn 36.11); a maioria dos manuscritos hebraicos traz *Zefi*.
[m] **1.36b** Conforme alguns manuscritos gregos (ver tb. Gn 36.12); o hebraico traz *Quenaz, Timna e Amaleque*.

37 Os descendentes de Reuel foram: Naate,
Zerá, Samá e Mizá.

POVOS DE EDOM

38 Os descendentes de Seir foram: Lotã,
Sobal, Zibeão, Aná, Disom, Ézer e Disã.
39 Os descendentes de Lotã foram: Hori e
Hemã.[a] A irmã de Lotã se chamava Timna.
40 Os descendentes de Sobal foram: Alvã,[b]
Maanate, Ebal, Sefô[c] e Onã.
Os descendentes de Zibeão foram: Aiá
e Aná.
41 O filho de Aná foi Disom.
Os descendentes de Disom foram: Hendã,[d]
Esbã, Itrã e Querã.
42 Os descendentes de Ézer foram: Bilã,
Zaavã e Acã.[e]
Os descendentes de Disã[f] foram: Uz e Arã.

REIS DE EDOM

43 Estes são os reis que governaram na terra
de Edom antes de os israelitas terem rei:[g]

Belá, filho de Beor, reinou na cidade de
Dinabá.
44 Quando Belá morreu, Jobabe, filho de
Zerá, de Bozra, foi seu sucessor.
45 Quando Jobabe morreu, Husã, da terra
dos temanitas, foi seu sucessor.
46 Quando Husã morreu, Hadade, filho
de Bedade, foi seu sucessor na cidade
de Avite. Foi Hadade quem derrotou os
midianitas na terra de Moabe.
47 Quando Hadade morreu, Samlá, da cida-
de de Masreca, foi seu sucessor.
48 Quando Samlá morreu, Saul, da cida-
de de Reobote, próxima ao Eufrates[h] foi
seu sucessor.
49 Quando Saul morreu, Baal-Hanã, filho
de Acbor, foi seu sucessor.

50 Quando Baal-Hanã morreu, Hadade
foi seu sucessor na cidade de Paú.[i] Sua
mulher era Meetabel, filha de Matrede
e neta de Mezaabe. 51 Então Hadade
morreu.

Os chefes dos clãs de Edom foram: Timna,
Alvá,[j] Jetete, 52 Oolibama, Elá, Pinom,
53 Quenaz, Temã, Mibzar, 54 Magdiel e Irã.
Esses foram os chefes dos clãs de Edom.

DESCENDENTES DE ISRAEL

2 Os filhos de Israel[k] foram: Rúben,
Simeão, Levi, Judá, Issacar, Zebulom,
2 Dã, José, Benjamim, Naftali, Gade e Aser.

DESCENDENTES DE JUDÁ

3 Judá teve três filhos com Bate-Suá, uma
mulher cananeia: Er, Onã e Selá. Mas o
Senhor viu que Er, o filho mais velho,
era perverso, e por isso o matou. 4 Algum
tempo depois, Judá teve filhos gêmeos
com sua nora, Tamar. Chamavam-se Perez
e Zerá. Ao todo, Judá teve cinco filhos.
5 Os filhos de Perez foram: Hezrom e Hamul.
6 Os filhos de Zerá foram: Zinri, Etã, Hemã,
Calcol e Darda,[l] cinco ao todo.
7 O filho de Carmi se chamava Acã[m] e trou-
xe calamidade sobre Israel ao tomar para
si despojos consagrados para o Senhor.
8 O filho de Etã foi Azarias.

DE HEZROM, NETO DE JUDÁ, A DAVI

9 Os filhos de Hezrom foram: Jerameel,
Rão e Calebe.[n]
10 Rão gerou Aminadabe.
Aminadabe gerou Naassom, um dos líderes
de Judá.

---

[a] **1.39** Conforme o texto paralelo em Gn 36.22; o hebraico traz *e Homã*.

[b] **1.40a** Conforme alguns manuscritos hebraicos e gregos (ver tb. Gn 36.23); a maioria dos manuscritos hebraicos traz *Aliã*.

[c] **1.40b** Conforme alguns manuscritos hebraicos (ver tb. Gn 36.23); a maioria dos manuscritos hebraicos traz *Sefi*.

[d] **1.41** Conforme alguns manuscritos hebraicos e gregos (ver tb. Gn 36.26); a maioria dos manuscritos hebraicos traz *Hanrão*.

[e] **1.42a** Conforme alguns manuscritos hebraicos e gregos (ver tb. Gn 36.27); a maioria dos manuscritos hebraicos traz *Jaacã*.

[f] **1.42b** Em hebraico, *Disom*; comparar com 1.38 e o texto paralelo em Gn 36.28.

[g] **1.43** Ou *antes de um rei israelita governá-los*.

[h] **1.48** Em hebraico, *ao rio*.

[i] **1.50** Conforme alguns manuscritos hebraicos e gregos, a versão siríaca e a Vulgata (ver tb. Gn 36.39); a maioria dos manuscritos hebraicos traz *Paí*.

[j] **1.51** Conforme uma leitura alternativa do Texto Massorético (ver tb. Gn 36.40); a outra leitura traz *Aliá*.

[k] **2.1** *Israel* é o nome que Deus deu a Jacó.

[l] **2.6** Conforme alguns manuscritos hebraicos e gregos e a versão siríaca (ver tb. 1Rs 4.31); a maioria dos manuscritos hebraicos traz *Dara*.

[m] **2.7** Em hebraico, *Acar*; comparar com Js 7.1. *Acar* significa "calamidade".

[n] **2.9** Em hebraico, *Quelubai*, variação de Calebe; comparar com 2.18.

11 Naassom gerou Salmom.[a]
Salmom gerou Boaz.
12 Boaz gerou Obede.
Obede gerou Jessé.
13 O primeiro filho de Jessé foi Eliabe; o se-
gundo, Abinadabe; o terceiro, Simeia;
14 o quarto, Natanael; o quinto, Radai;
15 o sexto, Ozém; e o sétimo, Davi.
16 As irmãs deles se chamavam Zeruia e
Abigail. Os três filhos de Zeruia foram:
Abisai, Joabe e Asael. 17 Abigail se casou
com Jéter, um ismaelita, e tiveram um
filho chamado Amasa.

OUTROS DESCENDENTES DE HEZROM

18 Calebe, filho de Hezrom, teve filhos
com sua esposa Azuba e com Jeriote.[b]
Os filhos de Azuba foram: Jeser, Soba-
be e Ardom. 19 Quando Azuba morreu,
Calebe se casou com Efrata,[c] e teve com
ela um filho chamado Hur. 20 Hur gerou
Uri. Uri gerou Bezalel.
21 Quando Hezrom tinha 60 anos, casou-se
com a irmã de Gileade, filha de Maquir.
Tiveram um filho chamado Segube.
22 Segube gerou Jair, que governou 23 ci-
dades na terra de Gileade. 23 (Contudo,
Gesur e Arã tomaram as Cidades de Jair,[d]
além de Quenate e os sessenta povoados
ao redor.) Todos esses foram descenden-
tes de Maquir, pai de Gileade.
24 Logo depois que Hezrom morreu na ci-
dade de Calebe-Efrata, sua esposa Abia
deu à luz um filho chamado Asur, pai
de[e] Tecoa.

DESCENDENTES DE JERAMEEL, FILHO DE HEZROM

25 Os filhos de Jerameel, filho mais velho
de Hezrom, foram: Rão, o mais velho,
Buna, Orém, Ozém e Aías. 26 Atara, se-
gunda esposa de Jerameel, teve um filho
chamado Onã.
27 Os filhos de Rão, filho mais velho de
Jerameel, foram: Maaz, Jamim e Equer.

28 Os filhos de Onã foram: Samai e Jada.
Os filhos de Samai foram: Nadabe e Abisur.
29 Os filhos de Abisur com sua esposa Abiail
foram: Abã e Molide.
30 Os filhos de Nadabe foram Selede e Apaim.
Selede morreu sem filhos, 31 mas Apaim
teve um filho chamado Isi. O filho de Isi
se chamava Sesã, e o filho de Sesã, Alai.
32 Os filhos de Jada, irmão de Samai, foram:
Jéter e Jônatas. Jéter morreu sem filhos,
33 mas Jônatas teve dois filhos: Pelete e Zaza.
Todos esses foram descendentes
de Jerameel.
34 Sesã não teve filhos, mas teve filhas.
Tinha também um servo egípcio chama-
do Jará. 35 Sesã deu uma de suas filhas em
casamento a Jará, e eles tiveram um filho
chamado Atai.
36 Atai gerou Natã.
Natã gerou Zabade.
37 Zabade gerou Eflal.
Eflal gerou Obede.
38 Obede gerou Jeú.
Jeú gerou Azarias.
39 Azarias gerou Helez.
Helez gerou Eleasá.
40 Eleasá gerou Sismai.
Sismai gerou Salum.
41 Salum gerou Jecamias.
Jecamias gerou Elisama.

DESCENDENTES DE CALEBE, FILHO DE HEZROM

42 Um dos descendentes de Calebe, irmão
de Jerameel, foi Messa, o filho mais velho.
Messa gerou Zife. Outros descendentes
de Calebe foram os filhos de Maressa, pai
de Hebrom.
43 Os filhos de Hebrom foram: Corá, Tapua,
Requém e Sema. 44 Sema gerou Raão. Raão
gerou Jorqueão. Requém gerou Samai.
45 O filho de Samai se chamava Maom.
Maom foi o pai de Bete-Zur.
46 Efá, concubina de Calebe, deu à luz Harã,
Moza e Gazez. Harã gerou Gazez.
47 Os filhos de Jadai foram: Regém, Jotão,
Gesã, Pelete, Efá e Saafe.
48 Maaca, outra concubina de Calebe,
deu à luz Seber e Tiraná. 49 Também deu
à luz Saafe, pai de Madmana, e Seva, pai
de Macbena e de Gibeá. Calebe também
teve uma filha chamada Acsa.

[a] **2.11** Conforme a Septuaginta (ver tb. Rt 4.21); o hebraico traz *Salma*.
[b] **2.18** Ou *Azuba, também conhecida como Jeriote*. O significado do hebraico é incerto.
[c] **2.19** Em hebraico, *Efrate*, variação de Efrata; comparar com 2.50 e 4.4.
[d] **2.23** Ou *tomaram Havote-Jair*.
[e] **2.24** Ou *fundador de*; também em 2.42,45,49.

50 Todos esses foram descendentes de
Calebe.

DESCENDENTES DE HUR, FILHO DE CALEBE

Os filhos de Hur, filho mais velho de
Efrata, esposa de Calebe, foram: Sobal,
fundador de Quiriate-Jearim, 51 Salma,
fundador de Belém, e Harefe, fundador
de Bete-Gader.
52 Os descendentes de Sobal, fundador de
Quiriate-Jearim, foram: o povo de Haroé,
metade dos manaatitas, 53 e os clãs de
Quiriate-Jearim: os itritas, os fateus, os
sumateus e os misraeus, dos quais des-
cenderam os povos de Zorá e Estaol.
54 Os descendentes de Salma foram:
o povo de Belém, os netofatitas, o povo
de Atarote-Bete-Joabe, a outra metade
dos manaatitas, os zoreus, 55 e as famí-
lias dos escribas que viviam em Jabez:
os tiratitas, os simeatitas e os sucatitas.
Todos esses foram os queneus, descen-
dentes de Hamate, pai do clã de Recabe.[a]

DESCENDENTES DE DAVI

3 Estes são os filhos de Davi que nasce-
ram em Hebrom:

O mais velho era Amnom, filho de Ainoã,
de Jezreel.
O segundo era Daniel, filho de Abigail,
do Carmelo.
2 O terceiro era Absalão, filho de Maaca,
filha de Talmai, rei de Gesur.
O quarto era Adonias, filho de Hagite.
3 O quinto era Sefatias, filho de Abital.
O sexto era Itreão, filho de Eglá, esposa
de Davi.
4 Esses foram os seis filhos de Davi nasci-
dos em Hebrom, onde ele reinou por sete
anos e meio.

Depois Davi reinou por 33 anos em
Jerusalém. 5 Os filhos de Davi nascidos em
Jerusalém foram: Samua,[b] Sobabe, Natã
e Salomão; a mãe deles era Bate-Seba,[c]
filha de Amiel. 6 Davi também teve outros
nove filhos: Ibar, Elisua,[d] Elpalete,[e] 7 Nogá,
Nefegue, Jafia, 8 Elisama, Eliada e Elifelete.
9 Todos esses foram filhos de Davi, além
dos filhos que teve com suas concubinas.
Davi também teve uma filha chamada
Tamar.

DESCENDENTES DE SALOMÃO

10 Os descendentes de Salomão foram:
Roboão, Abias, Asa, Josafá, 11 Jeorão,[f] Acazias,
Joás, 12 Amazias, Uzias,[g] Jotão, 13 Acaz,
Ezequias, Manassés, 14 Amom, Josias.
15 Os filhos de Josias foram: o mais velho,
Joanã; o segundo, Jeoaquim; o terceiro,
Zedequias; e o quarto, Jeoacaz.[h]
16 Os sucessores de Jeoaquim foram: seu
filho Joaquim e seu irmão Zedequias.[i]

DESCENDENTES DE JOAQUIM

17 Os filhos de Joaquim,[j] exilado pelos babilô-
nios, foram: Sealtiel, 18 Malquirão, Pedaías,
Senazar, Jecamias, Hosama e Nedabias.
19 Os filhos de Pedaías foram: Zorobabel
e Simei.
Os filhos de Zorobabel foram: Mesulão
e Hananias. A irmã deles se chamava
Selomite. 20 Seus outros cinco filhos fo-
ram: Hasubá, Oel, Berequias, Hasadias e
Jusabe-Hesede.
21 Os filhos de Hananias foram: Pelatias e
Jesaías. O filho de Jesaías foi Refaías. O fi-
lho de Refaías foi Arnã. O filho de Arnã foi
Obadias. O filho de Obadias foi Secanias.[k]
22 Os descendentes de Secanias foram:
Semaías e seus filhos Hatus, Igal, Bariá,
Nearias e Safate, seis ao todo.
23 Os filhos de Nearias foram: Elioenai,
Ezequias e Azricão, três ao todo.
24 Os filhos de Elioenai foram: Hodavias,
Eliasibe, Pelaías, Acube, Joanã, Delaías
e Anani, sete ao todo.

[a] **2.55** Ou *o fundador de Bete-Recabe.*
[b] **3.5a** Conforme a versão siríaca (ver tb. 14.4; 2Sm 5.14); o hebraico traz *Simeia.*
[c] **3.5b** Em hebraico, *Bate-Sua*, variação de Bate-Seba.
[d] **3.6a** Conforme alguns manuscritos hebraicos e gregos (ver tb. 14.5-7; 2Sm 5.15); a maioria dos manuscritos hebraicos traz *Elisama.*
[e] **3.6b** Em hebraico, *Elifelete*; comparar com o texto paralelo em 14.5-7.
[f] **3.11** Em hebraico, *Jorão*, variação de Jeorão.
[g] **3.12** Em hebraico, *Azarias*, variação de Uzias.
[h] **3.15** Em hebraico, *Salum*, outro nome para Jeoacaz.
[i] **3.16** Em hebraico, *Os filhos de Jeoaquim foram: seu filho Jeconias* [variação de Joaquim] *e seu filho Zedequias.*
[j] **3.17** Em hebraico, *Jeconias*, variação de Joaquim.
[k] **3.21** Em hebraico, *Pelatias e Jesaías, os filhos de Refaías, os filhos de Arnã, os filhos de Obadias, os filhos de Secanias.* O significado do hebraico é incerto.

OUTROS DESCENDENTES DE JUDÁ

4 Os descendentes de Judá foram: Perez,
Hezrom, Carmi, Hur e Sobal.
2 Reaías, filho de Sobal, gerou Jaate. Jaate
gerou Aumai e Laade. Esses foram os clãs
dos zoratitas.
3 Os descendentes de[a] Etã foram: Jezreel,
Isma e Idbás, sua irmã Hazelelponi,
4 Penuel, pai de[b] Gedor, e Ézer, pai de
Husá. Todos esses foram descendentes
de Hur, o filho mais velho de Efrata, an-
tepassado de Belém.
5 Asur, pai de Tecoa, teve duas esposas: Helá e
Naará. 6 Naará deu à luz Auzã, Héfer, Temeni
e Haastari. 7 Helá deu à luz Zerete, Izar,[c] Etnã
8 e Coz, antepassado de Anube, Zobeba e to-
dos os clãs de Aarel, filho de Harum.
9 Havia um homem chamado Jabez, mais
respeitado que qualquer um de seus ir-
mãos. Sua mãe lhe deu o nome de Jabez,[d]
porque disse: "Eu o dei à luz com muita
dor". 10 Jabez orou ao Deus de Israel: "Ah,
como seria bom se me abençoasses e
expandisses meu território! Sê comigo
em tudo que eu fizer e guarda-me de
todo mal e aflição!". E Deus atendeu a
seu pedido.
11 Quelube, irmão de Suá, gerou Meir. Meir
gerou Estom. 12 Estom gerou Bete-Rafa,
Paseia e Teína. Teína gerou Ir-Naás.
Esses foram os habitantes de Reca.
13 Os filhos de Quenaz foram: Otniel
e Seraías. Os filhos de Otniel foram:
Hatate e Meonotai.[e] 14 Meonotai gerou
Ofra. Seraías gerou Joabe, fundador de
Ge-Harasim,[f] assim chamada porque
seus habitantes eram artesãos.
15 Os filhos de Calebe, filho de Jefoné, foram:
Iru, Elá e Naã. O filho de Elá foi Quenaz.
16 Os filhos de Jealelel foram: Zife, Zifa,
Tiria e Asareel.
17 Os filhos de Ezra foram: Jéter, Merede,
Éfer e Jalom. Uma das esposas de Merede
deu à luz[g] Miriã, Samai e Isbá, pai de
Estemoa. 18 Ele se casou com uma mu-
lher de Judá que deu à luz Jerede, pai
de Gedor, Héber, pai de Socó, e Jecutiel,
pai de Zanoa. Merede também se ca-
sou com Bitia, filha do faraó, e ela lhe
deu filhos.
19 A esposa de Hodias era irmã de Naã.
Um de seus filhos gerou Queila, o garmi-
ta, e o outro gerou Estemoa, o maacatita.
20 Os filhos de Simão foram: Amnom, Rina,
Ben-Hanã e Tilom.
Os filhos de Isi foram: Zoete e Ben-Zoete.

DESCENDENTES DE SELÁ, FILHO DE JUDÁ

21 Os descendentes de Selá, filho de Judá,
foram: Er, pai de Leca; Laada, pai de
Maressa; os clãs dos que trabalham com
linho em Bete-Asbeia; 22 Joquim; os ho-
mens de Cozeba; Joás e Sarafe, que go-
vernaram Moabe e Jasubi-Leém. Esses
nomes vêm de registros antigos. 23 Eram
oleiros que habitavam em Netaim e em
Gederá e que trabalhavam para o rei.

DESCENDENTES DE SIMEÃO

24 Os filhos de Simeão foram: Jemuel,[h]
Jamim, Jaribe, Zoar[i] e Saul.
25 Os descendentes de Saul foram: Salum,
Mibsão e Misma.
26 Os descendentes de Misma foram:
Hamuel, Zacur e Simei.
27 Simei teve dezesseis filhos e seis fi-
lhas, mas nenhum de seus irmãos teve
uma família grande. Por isso a tribo de
Simeão nunca chegou a ser tão nume-
rosa quanto a tribo de Judá.
28 Habitavam em Berseba, Moladá, Hazar-
Sual, 29 Bila, Azém, Tolade, 30 Betuel,
Hormá, Ziclague, 31 Bete-Marcabote,
Hazar-Susim, Bete-Biri e Saaraim. Essas
cidades permaneceram sob seu con-
trole até o tempo do rei Davi. 32 Seus
descendentes também habitavam em

[a] **4.3** Conforme a Septuaginta; o hebraico traz *O pai de*. O significado do hebraico é incerto.
[b] **4.4** Ou *fundador de*; também em 4.5,12,14,17,18 e, talvez, em outras ocasiões em que o texto diz *pai de* ou *gerou*.
[c] **4.7** Conforme leitura alternativa do Texto Massorético (ver tb. Vulgata); a outra leitura e a Septuaginta trazem *Zoar*.
[d] **4.9** *Jabez* tem um som semelhante ao termo hebraico que significa "angústia" ou "dor".
[e] **4.13** Conforme alguns manuscritos gregos e a Vulgata; o hebraico não traz *e Meonotai*.
[f] **4.14** *Ge-Harasim* significa "vale dos artesãos".
[g] **4.17** Ou *A esposa de Jéter deu à luz*; o hebraico traz *Ela foi mãe de*.
[h] **4.24a** Conforme a versão siríaca (ver tb. Gn 46.10 e Êx 6.15); o hebraico traz *Nemuel*.
[i] **4.24b** Conforme os textos paralelos em Gn 46.10 e Êx 6.15; o hebraico traz *Zerá*.

Etã, Aim, Rimom, Toquém e Asã, cinco
cidades 33 com os povoados ao seu re-
dor, até Baalate.[a] Esse era seu território,
e esses nomes estão listados em seus
registros genealógicos.
34 Outros descendentes de Simeão fo-
ram: Mesobabe, Janleque, Josa, filho de
Amazias; 35 Joel, Jeú, filho de Josibias, fi-
lho de Seraías, filho de Asiel; 36 Elioenai,
Jaacobá, Jesoaías, Asaías, Adiel, Jesimiel,
Benaia 37 e Ziza, filho de Sifi, filho de
Alom, filho de Jedaías, filho de Sinri e
filho de Semaías.

38 Esses foram os nomes de alguns dos
chefes dos clãs de Simeão. Suas famílias
cresceram muito 39 e mudaram-se para
a região de Gerar,[b] na parte leste do vale,
à procura de pastos para seus rebanhos.
40 Encontraram ali muitas pastagens boas,
e a terra era ampla, tranquila e pacífica.
Alguns dos descendentes de Cam
tinham vivido naquela região. 41 Mas,
durante o reinado de Ezequias, rei de
Judá, esses líderes de Simeão invadiram
a região e destruíram completamente as
habitações dos descendentes de Cam
e dos meunitas. Hoje não resta vestígio
deles. Mataram todos que viviam ali e
tomaram a terra para si, pois queriam bons
pastos para seus rebanhos. 42 Quinhentos
homens da tribo de Simeão invadiram o
monte Seir, liderados por Pelatias, Nearias,
Refaías e Uziel, filhos de Isi. 43 Destruíram
os amalequitas que haviam sobrevivido, e
habitam ali até hoje.

DESCENDENTES DE RÚBEN

5 O filho mais velho de Israel[c] era Rúben,
mas ele teve relações com uma das
concubinas de seu pai e o desonrou.[d]
Por isso seus direitos de filho mais velho
foram dados aos filhos de seu irmão José.
Desse modo, Rúben não aparece nos regis-
tros genealógicos como filho mais velho.
2 Os descendentes de Judá se tornaram
a tribo mais poderosa e dela veio um
governante para a nação,[e] mas os direitos
de filho mais velho pertenciam a José.

3 Os filhos de Rúben, filho mais velho de
Israel, foram: Enoque, Palu, Hezrom
e Carmi.
4 Os descendentes de Joel foram: Semaías,
Gogue, Simei, 5 Mica, Reaías, Baal 6 e
Beera. Beera era o chefe dos rubenitas
quando foram levados ao cativeiro por
Tiglate-Pileser,[f] rei da Assíria.
7 Os parentes de Beera, listados em seus
registros genealógicos de acordo com
seus clãs, foram: Jeiel, o chefe, Zacarias
8 e Belá, filho de Azaz, filho de Sema, fi-
lho de Joel.
Os rubenitas habitavam na região que se
estende de Aroer até Nebo e Baal-Meom.
9 Uma vez que tinham tantos rebanhos
na terra de Gileade, espalharam-se para
o leste, em direção ao limite do deserto
que se estende para o rio Eufrates.
10 Durante o reinado de Saul, os rubeni-
tas guerrearam contra os hagarenos e os
derrotaram. Então passaram a viver nos
acampamentos deles em toda a região a
leste de Gileade.

DESCENDENTES DE GADE

11 Ao lado dos rubenitas, ficaram os des-
cendentes de Gade, que habitavam na
terra de Basã até Salcá. 12 Joel foi o chefe
na terra de Basã, e Safã, o segundo no
poder, seguido de Janai e Safate.
13 Seus parentes, chefes de outros sete clãs,
foram: Micael, Mesulão, Seba, Jorai, Jacã,
Zia e Héber. 14 Todos esses foram descen-
dentes de Abiail, filho de Huri, filho de
Jaroa, filho de Gileade, filho de Micael,
filho de Jesisai, filho de Jado, filho de
Buz. 15 Aí, filho de Abdiel, filho de Guni,
foi o chefe de seus clãs.

16 Os gaditas habitaram na terra de
Gileade, em Basã e em seus povoados,
e em toda a região de pastagens de Sarom.
17 Todos foram listados nos registros
genealógicos no tempo de Jotão, rei de
Judá, e de Jeroboão, rei de Israel.

Não anule a sua essência esperando a aprovação das pessoas; muito menos se mova com base em carências ou expectativas alheias.

[a] **4.33** Conforme alguns manuscritos gregos (ver tb. Js 19.8); o hebraico traz *Baal*.
[b] **4.39** Conforme a Septuaginta; o hebraico traz *Gedor*.
[c] **5.1a** *Israel* é o nome que Deus deu a Jacó.
[d] **5.1b** Em hebraico, *ele desonrou o leito de seu pai*. Ver Gn 35.22; 49.8.
[e] **5.2** Ou *e de Judá veio um príncipe*.
[f] **5.6** Em hebraico, *Tiglate-Pilneser*, variação de Tiglate-Pileser; também em 5.26.

AS TRIBOS A LESTE DO JORDÃO

18 Havia 44.760 homens aptos para a guerra nos exércitos de Rúben e Gade e da meia tribo de Manassés. Eram todos hábeis no combate e armados com escudos, espadas e arcos. 19 Guerrearam contra os hagarenos e contra Jetur, Nafis e Nodabe. 20 Durante a batalha, clamaram a Deus e ele atendeu às suas orações, pois confiaram nele. Assim, os hagarenos e todos os seus aliados foram derrotados. 21 Tomaram dos hagarenos como despojo 50 mil camelos, 250 mil ovelhas e 2 mil jumentos, e fizeram 100 mil prisioneiros. 22 Muitos dos hagarenos foram mortos na batalha, pois Deus lutou contra eles. As tribos se estabeleceram na terra deles, até que foram levadas para o exílio.

23 A meia tribo de Manassés era numerosa e se espalhou por toda a terra, desde Basã até Baal-Hermom, Senir e o monte Hermom. 24 Os chefes de seus clãs foram: Éfer, Isi, Eliel, Azriel, Jeremias, Hodavias e Jadiel. Esses homens foram guerreiros valentes de grande reputação e chefes de seus clãs.

25 Contudo, essas tribos foram infiéis ao Deus de seus antepassados. Adoraram os deuses das nações que Deus havia destruído diante deles. 26 Por isso, o Deus de Israel fez Pul, rei da Assíria, também conhecido como Tiglate-Pileser, invadir a terra e levar cativos os membros das tribos de Rúben e Gade e da meia tribo de Manassés. Os assírios os deportaram para Hala, Habor, Hara e para o rio Gozã, onde estão até hoje.

A LINHAGEM SACERDOTAL

6 1[a]Os filhos de Levi foram: Gérson, Coate e Merari.

2 Os descendentes de Coate foram: Anrão, Isar, Hebrom e Uziel.

3 Os filhos de Anrão foram: Arão, Moisés e Miriã.

Os filhos de Arão foram: Nadabe, Abiú, Eleazar e Itamar.

4 Eleazar gerou Fineias.
Fineias gerou Abisua.
5 Abisua gerou Buqui.
Buqui gerou Uzi.
6 Uzi gerou Zeraías.
Zeraías gerou Meraiote.
7 Meraiote gerou Amarias.
Amarias gerou Aitube.
8 Aitube gerou Zadoque.
Zadoque gerou Aimaás.
9 Aimaás gerou Azarias.
Azarias gerou Joanã.
10 Joanã gerou Azarias, sumo sacerdote no templo que Salomão construiu em Jerusalém.
11 Azarias gerou Amarias.
Amarias gerou Aitube.
12 Aitube gerou Zadoque.
Zadoque gerou Salum.
13 Salum gerou Hilquias.
Hilquias gerou Azarias.
14 Azarias gerou Seraías.
Seraías gerou Jeozadaque, 15 que foi deportado quando o SENHOR enviou o povo de Judá e de Jerusalém para o exílio por meio de Nabucodonosor.

OS CLÃS DOS LEVITAS

16[b]Os filhos de Levi foram: Gérson,[c] Coate e Merari.

17 Os descendentes de Gérson foram: Libni e Simei.

18 Os descendentes de Coate foram: Anrão, Isar, Hebrom e Uziel.

19 Os descendentes de Merari foram: Mali e Musi.

Estes foram os clãs dos levitas, listados de acordo com seus antepassados:

20 Os descendentes de Gérson foram: Libni, Jaate, Zima, 21 Joá, Ido, Zerá e Jeaterai.

22 Os descendentes de Coate foram: Aminadabe, Coré, Assir, 23 Elcana, Abiasafe,[d] Assir, 24 Taate, Uriel, Uzias e Saul.

25 Os descendentes de Elcana foram: Amasai, Aimote, 26 Elcana, Zofai, Naate, 27 Eliabe, Jeroão, Elcana e Samuel.[e]

[a] **6.1** No texto hebraico, os versículos 6.1-15 são numerados 5.27-41.

[b] **6.16a** No texto hebraico, os versículos 6.16-81 são numerados 6.1-66.

[c] **6.16b** Em hebraico, *Gersom*, variação de Gérson (ver 6.1); também em 6.17,20,43,62,71.

[d] **6.23** Em hebraico, *Ebiasafe*, variação de Abiasafe (ver tb. Êx 6.24); também em 6.37.

[e] **6.27** Conforme alguns manuscritos gregos (ver tb. 6.33-34); o hebraico não traz *e Samuel*.

28 Os filhos de Samuel foram: Joel,[a] o mais
velho, e Abias, o segundo.
29 As gerações de descendentes de Merari
foram: Mali, Libni, Simei, Uzá, 30 Simeia,
Hagias e Asaías.

OS MÚSICOS DO TEMPLO

31 Estes foram os homens que Davi no-
meou para dirigirem a música na casa
do SENHOR depois que a arca foi colocada
ali. 32 Ministravam com música no taber-
náculo, na tenda do encontro, até que
Salomão construiu o templo do SENHOR em
Jerusalém. Realizavam seu trabalho de
acordo com as normas que lhes haviam
sido transmitidas. 33 Estes são os homens
que serviram ali, junto com seus filhos.

O músico Hemã era do clã de Coate.
Os antepassados de Hemã foram: Joel,
Samuel, 34 Elcana, Jeroão, Eliel, Toá,
35 Zufe, Elcana, Maate, Amasai, 36 Elcana,
Joel, Azarias, Sofonias, 37 Taate, Assir,
Abiasafe, Coré, 38 Isar, Coate, Levi
e Israel.[b]
39 O primeiro ajudante de Hemã foi seu
irmão Asafe. Os antepassados de Asafe
foram: Berequias, Simeia, 40 Micael,
Baaseias, Malquias, 41 Etni, Zerá, Adaías,
42 Etã, Zima, Simei, 43 Jaate, Gérson e Levi.
44 O segundo ajudante de Hemã foi Etã,
do clã de Merari. Os antepassados de Etã
foram: Quisi, Abdi, Maluque, 45 Hasabias,
Amazias, Hilquias, 46 Anzi, Bani, Sêmer,
47 Mali, Musi, Merari e Levi.

48 Seus parentes levitas foram encarre-
gados de muitas outras tarefas no taber-
náculo, a casa de Deus.

DESCENDENTES DE ARÃO

49 Somente Arão e seus descendentes ser-
viam na função de sacerdotes. Apresen-
tavam as ofertas no altar do holocausto
e no altar de incenso e realizavam todas
as tarefas relacionadas ao lugar santís-
simo. Faziam expiação por Israel con-
forme tudo que Moisés, servo de Deus,
havia ordenado.
50 Os descendentes de Arão foram: Eleazar,
Fineias, Abisua, 51 Buqui, Uzi, Zeraías,
52 Meraiote, Amarias, Aitube, 53 Zadoque
e Aimaás.

TERRITÓRIO PARA OS LEVITAS

54 Este é um registro das cidades e do ter-
ritório que, por sorteio, foram entregues
aos descendentes de Arão, do clã de Coa-
te. 55 Seu território abrangia Hebrom, em
Judá, e as pastagens ao redor, 56 mas os
campos e os povoados vizinhos foram en-
tregues a Calebe, filho de Jefoné. 57 Assim,
os descendentes de Arão receberam as
seguintes cidades, cada uma com as pas-
tagens ao redor: Hebrom (uma cidade de
refúgio),[c] Libna, Jatir, Estemoa, 58 Holom,[d]
Debir, 59 Aim,[e] Jutá[f] e Bete-Semes. 60 E, do
território de Benjamim, receberam: Gi-
beom,[g] Geba, Alemete e Anatote, cada
uma com suas pastagens. Ao todo, os des-
cendentes de Arão receberam treze cida-
des, de acordo com seus clãs. 61 Os demais
descendentes de Coate receberam, por
sorteio, dez cidades no território da meia
tribo de Manassés.
62 Os descendentes de Gérson recebe-
ram, por sorteio, de acordo com seus clãs,
treze cidades nos territórios de Issacar,
Aser, Naftali e da região de Basã, de
Manassés, a leste do Jordão.
63 Os descendentes de Merari receberam,
por sorteio, de acordo com seus clãs, doze
cidades nos territórios de Rúben, Gade
e Zebulom.
64 Os israelitas entregaram todas es-
sas cidades e pastagens aos levitas. 65 As
cidades nos territórios de Judá, Simeão e
Benjamim, mencionadas anteriormente,
foram entregues por sorteio.
66 Os descendentes de Coate recebe-
ram as seguintes cidades no território de
Efraim, cada uma com suas pastagens:

[a] **6.28** Conforme alguns manuscritos gregos e a versão siríaca (ver tb. 6.33 e 1Sm 8.2); o hebraico não traz *Joel.*
[b] **6.38** *Israel* é o nome que Deus deu a Jacó.
[c] **6.57** Conforme o texto paralelo em Js 21.13; o hebraico traz *receberam as cidades de refúgio: Hebrom e as seguintes cidades, com as pastagens ao redor.*
[d] **6.58** Conforme o texto paralelo em Js 21.15; o hebraico traz *Hilez*; outros manuscritos trazem *Hilém.*
[e] **6.59a** Conforme o texto paralelo em Js 21.16; o hebraico traz *Asã.*
[f] **6.59b** Conforme a versão siríaca (ver tb. Js 21.16); o hebraico não traz *Jutá.*
[g] **6.60** Conforme o texto paralelo em Js 21.17; o hebraico não traz *Gibeom.*

67 Siquém, uma das cidades de refúgio
na região montanhosa de Efraim, e Gezer,
68 Jocmeão, Bete-Horom, 69 Aijalom e Gate-
Rimom. 70 Os demais descendentes de
Coate receberam as seguintes cidades no
território da meia tribo de Manassés: Aner
e Bileã, cada uma com suas pastagens.

71 Os descendentes de Gérson rece-
beram as cidades de Golã, em Basã,
e Asterote, no território da meia tribo de
Manassés, cada uma com suas pasta-
gens. 72 No território de Issacar, recebe-
ram Quedes, Daberate, 73 Ramote e Aném,
cada uma com suas pastagens. 74 No ter-
ritório de Aser, receberam Masal, Abdom,
75 Hucoque e Reobe, cada uma com suas
pastagens. 76 No território de Naftali, re-
ceberam Quedes, na Galileia, Hamom e
Quiriataim, cada uma com suas pastagens.

77 Os demais descendentes de Merari
receberam as seguintes cidades: Jocneã,
Carta,[a] Rimom[b] e Tabor, no território de
Zebulom, cada uma com suas pasta-
gens. 78 No território de Rúben, a leste
do rio Jordão, defronte de Jericó, recebe-
ram Bezer (uma cidade no deserto), Jaza,
79 Quedemote e Mefaate, cada uma com
suas pastagens. 80 E, no território de
Gade, receberam Ramote, em Gileade,
Maanaim, 81 Hesbom e Jazer, cada uma
com suas pastagens.

DESCENDENTES DE ISSACAR

7 Os quatro filhos de Issacar foram: Tolá,
Puá, Jasube e Sinrom.

2 Os filhos de Tolá foram: Uzi, Refaías,
Jeriel, Jamai, Ibsão e Samuel. Cada um
deles foi chefe de um clã. No tempo do
rei Davi, o total de homens aptos para a
guerra listados no registro desses clãs
era de 22.600.

3 O filho de Uzi foi Israías. Os filhos de
Israías foram: Micael, Obadias, Joel e
Issias. Os cinco foram chefes de clãs.
4 Todos eles tiveram muitas esposas e
muitos filhos, por isso o total de homens
disponíveis para o serviço militar entre
seus descendentes era de 36.000.

5 O total de homens aptos para a guerra
de todos os clãs da tribo de Issacar era
de 87.000. Todos eles foram listados nos
registros genealógicos.

DESCENDENTES DE BENJAMIM

6 Os três filhos de Benjamim foram: Belá,
Bequer e Jediael.

7 Os cinco filhos de Belá foram: Esbom,
Uzi, Uziel, Jerimote e Iri. Cada um de-
les foi chefe de um clã. O total de ho-
mens aptos para a guerra desses clãs era
de 22.034, conforme listado nos regis-
tros genealógicos.

8 Os filhos de Bequer foram: Zemira, Joás,
Eliézer, Elioenai, Onri, Jeremote, Abias,
Anatote e Alemete. 9 Cada um deles foi
chefe de um clã. O total de homens aptos
para a guerra e chefes desses clãs era
de 20.200, conforme listado nos regis-
tros genealógicos.

10 O filho de Jediael foi Bilã. Os filhos
de Bilã foram: Jeús, Benjamim, Eúde,
Quenaaná, Zetã, Társis e Aisaar. 11 Cada
um deles foi chefe de um clã. O total de
homens aptos para a guerra desses clãs
era de 17.200.

12 Os filhos de Ir foram: Supim e Hupim.
O filho de Aer foi Husim.

DESCENDENTES DE NAFTALI

13 Os filhos de Naftali foram: Jazeel,[c] Guni,
Jezer e Silém.[d] Todos eles foram descen-
dentes de Bila, concubina de Jacó.

DESCENDENTES DE MANASSÉS

14 Os descendentes de Manassés com
sua concubina arameia foram: Asriel e
Maquir, pai de Gileade. 15 Maquir se ca-
sou com uma mulher do clã de Hupim
e Supim. A irmã de Maquir se chamava
Maaca. Outro descendente de Manassés
foi Zelofeade, que só teve filhas.

16 Maaca, esposa de Maquir, deu à luz
um filho e lhe deu o nome de Perez.
Seu irmão se chamava Seres. Os fi-
lhos de Perez foram: Ulão e Requém.
17 O filho de Ulão foi Bedã. Todos esses

[a] **6.77a** Conforme a Septuaginta (ver tb. Js 21.34); o hebraico não traz *Jocneã, Carta*.

[b] **6.77b** Conforme a Septuaginta (ver tb. Js 19.13); o hebraico traz *Rimono*.

[c] **7.13a** Conforme o texto paralelo em Gn 46.24; o hebraico traz *Jaziel*, variação de Jazeel.

[d] **7.13b** Conforme alguns manuscritos hebraicos e gregos (ver tb. Gn 46.24; Nm 26.49); a maioria dos manuscritos hebraicos traz *Salum*.

foram descendentes de Gileade, filho de
Maquir, filho de Manassés.
18 Hamolequete, irmã de Maquir, deu à luz
Isode, Abiezer e Maalá.
19 Os filhos de Semida foram: Aiã, Siquém,
Liqui e Anião.

DESCENDENTES DE EFRAIM

20 Os descendentes de Efraim foram:
Sutela, Berede, Taate, Eleada, Taate,
21 Zabade, Sutela, Ézer e Eleade. Estes
dois foram mortos quando tentavam rou-
bar o gado de moradores dos arredores
de Gate. 22 Seu pai, Efraim, lamentou sua
morte por muito tempo, e seus parentes
vieram consolá-lo.
23 Depois, Efraim teve relações com sua
esposa, e ela engravidou e deu à luz um
filho. Efraim lhe deu o nome de Berias,[a]
por causa da desgraça que sua família
havia sofrido. 24 Sua filha se chama-
va Seerá. Ela construiu as cidades de
Bete-Horom Baixa, Bete-Horom Alta e
Uzém-Seerá.
25 Os descendentes de Efraim foram:
Refa, Resefe, Telá, Taã, 26 Ladã, Amiúde,
Elisama, 27 Num e Josué.

28 Os descendentes de Efraim habitavam
no território que incluía Betel e seus po-
voados ao sul, Naarã a leste, Gezer e seus
povoados a oeste, e Siquém e seus po-
voados ao norte, até Aiá e seus povoados.
29 Ao longo da divisa de Manassés, ficavam
as cidades de Bete-Sã, Taanaque, Megido e
Dor, com seus povoados. Os descendentes
de José, filho de Israel,[b] habitavam nes-
sas cidades.

DESCENDENTES DE ASER

30 Os filhos de Aser foram: Imna, Isvá,
Isvi e Berias. A irmã deles se chamava
Sera.
31 Os filhos de Berias foram: Héber e
Malquiel, pai de Birzavite.
32 Os filhos de Héber foram: Jaflete, Somer
e Hotão. A irmã deles se chamava Suá.
33 Os filhos de Jaflete foram: Pasaque,
Bimal e Asvate.
34 Os filhos de Somer foram: Aí,[c] Roga,
Jeubá e Arã.
35 Os filhos de Helém,[d] irmão de Somer,
foram: Zofa, Imna, Seles e Amal.
36 Os filhos de Zofa foram: Suá, Harnefer,
Sual, Beri, Inra, 37 Bezer, Hode, Samá, Silsa,
Itrã[e] e Beera.
38 Os filhos de Jéter foram: Jefoné, Pispa
e Ara.
39 Os filhos de Ula foram: Ará, Haniel e Rizia.
40 Cada um desses descendentes de Aser foi
chefe de um clã. Eram todos homens es-
colhidos, guerreiros valentes e líderes de
destaque. O total de homens disponíveis
para o serviço militar era de 26.000, con-
forme listado nos registros genealógicos.

DESCENDENTES DE BENJAMIM

8 O primeiro filho de Benjamim foi Belá,
o segundo, Asbel, o terceiro, Aará, 2 o
quarto, Noá, e o quinto, Rafa.
3 Os filhos de Belá foram: Adar, Gera,
Abiúde,[f] 4 Abisua, Naamã, Aoá, 5 Gera,
Sefufá e Hurão.
6 Os filhos de Eúde, chefes dos clãs que
habitavam em Geba, foram deportados
para Maanate. 7 Os filhos de Eúde foram:
Naamã, Aías e Gera. Gera, que os exilou,
foi o pai de Uzá e Aiúde.[g]
8 Depois que Saarim se divorciou de suas
esposas Husim e Baara, teve filhos na
terra de Moabe. 9 Hodes, sua esposa, deu
à luz Jobabe, Zíbia, Messa, Malcã, 10 Jeús,
Saquias e Mirma. Todos esses filhos fo-
ram chefes de clãs.
11 Husim, esposa de Saarim, deu à luz
Abitube e Elpaal. 12 Os filhos de Elpaal
foram Héber, Misã, Semede (que cons-
truiu as cidades de Ono e Lode, com seus
povoados), 13 Berias e Sema. Todos eles
foram chefes de clãs que habitavam em
Aijalom; eles expulsaram os moradores
de Gate.
14 Aiô, Sasaque, Jeremote, 15 Zebadias,
Arade, Éder, 16 Micael, Ispa e Joá foram os
filhos de Berias.

---

[a] **7.23** *Berias* tem um som parecido com o termo hebraico que significa "tragédia" ou "desgraça".
[b] **7.29** *Israel* é o nome que Deus deu a Jacó.
[c] **7.34** Ou *Os filhos de Somer, seu irmão, foram.*
[d] **7.35** Possivelmente outro nome para *Hotão*; comparar com 7.32.
[e] **7.37** Possivelmente outro nome para *Jéter*; comparar com 7.38
[f] **8.3** Possivelmente *Gera, pai de Eúde*; comparar com 8.6.
[g] **8.7** Ou *Gera, isto é, Eglã, gerou Uzá e Aiúde.*

17 Zebadias, Mesulão, Hizqui, Héber,
18 Ismerai, Izlias e Jobabe foram filhos
de Elpaal.
19 Jaquim, Zicri, Zabdi, 20 Elienai, Ziletai,
Eliel, 21 Adaías, Beraías e Sinrate foram
filhos de Simei.
22 Ispã, Héber, Eliel, 23 Abdom, Zicri, Hanã,
24 Hananias, Elão, Antotias, 25 Ifdeias e
Penuel foram filhos de Sasaque.
26 Sanserai, Searias, Atalias, 27 Jaaresias,
Elias e Zicri foram filhos de Jeroão.
28 Esses foram os chefes dos clãs, conforme listados em seus registros genealógicos; todos moravam em Jerusalém.

A FAMÍLIA DE SAUL

29 Jeiel,[a] pai de[b] Gibeom, morava em
Gibeom. Sua esposa se chamava Maaca,
30 e seu filho mais velho, Abdom. Os ou-
tros filhos de Jeiel foram: Zur, Quis, Baal,
Ner,[c] Nadabe, 31 Gedor, Aiô, Zacarias[d]
32 e Miclote, que gerou Simeão.[e] Todos
moravam com suas famílias, próximos uns dos outros, em Jerusalém.
33 Ner gerou Quis.
Quis gerou Saul.
Os filhos de Saul foram: Jônatas, Malquisua, Abinadabe e Isbosete.[f]
34 O filho de Jônatas se chamava Mefibosete.[g]
Mefibosete gerou Mica.
35 Os filhos de Mica foram: Pitom, Meleque, Tareia e Acaz.
36 Acaz gerou Jadá.[h]
Os filhos de Jadá foram: Alemete, Azmavete e Zinri.
Zinri gerou Moza.
37 Moza gerou Bineá.
Bineá gerou Refaías.[i]
Refaías gerou Eleasá.
Eleasá gerou Azel.
38 Azel teve seis filhos: Azricão, Bocru, Ismael, Searias, Obadias e Hanã. Todos esses foram filhos de Azel.
39 Eseque, irmão de Azel, teve três filhos:
o primeiro se chamava Ulão, o segundo,
Jeús, e o terceiro, Elifelete. 40 Todos os
filhos de Ulão foram guerreiros valentes e arqueiros habilidosos. Tiveram muitos filhos e netos, 150 ao todo.

Todos esses foram descendentes de Benjamim.

9 Todo o Israel foi listado nos registros genealógicos do *Livro dos Reis de Israel.*

OS EXILADOS QUE VOLTARAM

O povo de Judá foi exilado na Babilônia por
causa de sua infidelidade. 2 Os primeiros
exilados a regressar a suas propriedades em suas respectivas cidades foram os sacerdotes, os levitas, os servidores do
templo, além de outros israelitas. 3 Alguns
membros das tribos de Judá, Benjamim, Efraim e Manassés se estabeleceram em Jerusalém.

4 Uma das famílias a voltar foi a de Utai, filho de Amiúde, filho de Onri, filho de Inri, filho de Bani, descendente de Perez, filho de Judá.
5 Do clã dos silonitas, alguns dos que voltaram foram: Asaías, o mais velho, e seus filhos.
6 Do clã dos zeraítas, alguns dos que voltaram foram: Jeuel e seus parentes.
Ao todo, voltaram 690 famílias da tribo de Judá.

7 Da tribo de Benjamim, alguns dos que vol-
taram foram: Salu, filho de Mesulão, filho
de Hodavias, filho de Hassenua; 8 Ibneias,
filho de Jeroão; Elá, filho de Uzi, filho de Micri; e Mesulão, filho de Sefatias, filho de Reuel, filho de Ibnias.
9 Todos esses homens foram chefes de clãs e estão listados nos registros genealógicos. Ao todo, voltaram 956 famílias da tribo de Benjamim.

[a] **8.29a** Conforme alguns manuscritos gregos (ver tb. 9.35); o hebraico não traz *Jeiel.*
[b] **8.29b** Ou *fundador de.*
[c] **8.30** Conforme alguns manuscritos gregos (ver tb. 9.36); o hebraico não traz *Ner.*
[d] **8.31** Conforme o texto paralelo em 9.37; o hebraico traz *Zequer*, variação de Zacarias.
[e] **8.32** Conforme o texto paralelo em 9.38; o hebraico traz *Simeia*, variação de Simeão.
[f] **8.33** Em hebraico, *Esbaal*, outro nome para Isbosete (ver tb. 1Sm 14.49).
[g] **8.34** Em hebraico, *Meribe-baal*, outro nome para Mefibosete (ver tb. 2Sm 4.4).
[h] **8.36** Conforme o texto paralelo em 9.42; o hebraico traz *Jeoada*, variação de Jadá.
[i] **8.37** Conforme o texto paralelo em 9.43; o hebraico traz *Rafa*, variação de Refaías.

OS SACERDOTES QUE VOLTARAM

10 Dos sacerdotes, alguns dos que volta-
ram foram: Jedaías, Jeoiaribe, Jaquim,
11 Azarias, filho de Hilquias, filho
de Mesulão, filho de Zadoque, filho
de Meraiote, filho de Aitube. Azarias era
o principal encarregado da casa de Deus.
12 Outros sacerdotes que voltaram foram:
Adaías, filho de Jeroão, filho de Pasur,
filho de Malquias; e Masai, filho de Adiel,
filho de Jazera, filho de Mesulão, filho de
Mesilemite, filho de Imer.
13 Ao todo, voltaram 1.760 sacerdotes.
Foram chefes de clãs e homens muito
capazes. Eram responsáveis por servir na
casa de Deus.

OS LEVITAS QUE VOLTARAM

14 Dos levitas, os que voltaram foram:
Semaías, filho de Hassube, filho de
Azricão, filho de Hasabias, descen-
dente de Merari; 15 Baquebacar; Heres;
Galal; Matanias, filho de Mica, filho de
Zicri, filho de Asafe; 16 Obadias, filho de
Semaías, filho de Galal, filho de Jedutum;
e Berequias, filho de Asa, filho de Elcana,
que morava na região de Netofate.
17 Dos guardas das portas, os que vol-
taram foram: Salum, Acube, Talmom,
Aimã e seus parentes. Salum era o che-
fe dos guardas. 18 Antes dessa época,
eram responsáveis pela Porta do Rei, do
lado leste. Eram guardas das portas dos
acampamentos dos levitas. 19 Salum era
filho de Coré, descendente de Abiasafe,[a]
do clã de Corá. Ele e seus parentes,
os coraítas, eram responsáveis por
guardar a entrada do santuário, como
seus antepassados haviam guardado a
entrada do tabernáculo.
20 Naquele tempo, Fineias, filho de Elea-
zar, era o encarregado dos guardas
das portas, e o Senhor estava com ele.
21 Mais tarde, Zacarias, filho de Mese-
lemias, foi o responsável por guardar
a entrada.

22 Ao todo, havia 212 guardas das por-
tas naquele tempo, e foram listados nos
registros genealógicos de seus povoados.
Os antepassados deles haviam sido no-
meados por Davi e por Samuel, o viden-
te, porque eram homens de confiança.
23 Esses guardas das portas e seus des-
cendentes, conforme suas divisões, eram
responsáveis por guardar a entrada da
casa do Senhor quando ela era uma tenda.
24 Os guardas das portas ficavam nos qua-
tro lados: leste, oeste, norte e sul. 25 Seus
parentes nos povoados vinham de tempo
em tempo dividir essa responsabilidade
com eles por períodos de sete dias.

26 Os quatro principais guardas das
portas, todos levitas, eram oficiais de
confiança, pois eram responsáveis pelas
salas e pelos tesouros da casa de Deus.
27 Passavam a noite ao redor da casa de
Deus, pois era seu dever guardá-la e abrir
suas portas todas as manhãs.

28 Alguns dos guardas das portas foram
nomeados para cuidar dos diversos obje-
tos usados no culto. Conferiam tudo que
era retirado e devolvido, para que nada
se perdesse. 29 Outros eram responsáveis
pela mobília, pelos utensílios do santuá-
rio e pelos suprimentos, como farinha da
melhor qualidade, vinho, azeite, incenso
e especiarias. 30 Eram os sacerdotes,
porém, que misturavam as especiarias.
31 Matitias, levita e filho mais velho de
Salum, o coraíta, era encarregado de
assar os pães para as ofertas. 32 E alguns
membros do clã de Coate eram encar-
regados de preparar os pães colocados
sobre a mesa todos os sábados.

33 Os músicos, todos chefes de famílias
levitas, moravam no templo. Eram
isentos de outras responsabilidades,
pois realizavam seu serviço dia e noi-
te. 34 Todos esses homens moravam
em Jerusalém. Eram chefes de famílias
levitas, listados como líderes nos regis-
tros genealógicos.

GENEALOGIA DO REI SAUL

35 Jeiel, pai de[b] Gibeom, morava na cida-
de de Gibeom. Sua esposa se chamava
Maaca, 36 e seu filho mais velho, Abdom.
Os outros filhos de Jeiel foram: Zur, Quis,
Baal, Ner, Nadabe, 37 Gedor, Aiô, Zacarias

[a] **9.19** Em hebraico, *Ebiasafe*, variação de Abiasafe; comparar com Êx 6.24.

[b] **9.35** Ou *fundador de*.

e Miclote. 38 Miclote gerou Simeão. Todos moravam com suas famílias, próximos uns dos outros, em Jerusalém.

39 Ner gerou Quis.
Quis gerou Saul.
Os filhos de Saul foram: Jônatas, Malquisua, Abinadabe e Isbosete.[a]
40 Jônatas gerou Mefibosete.[b]
Mefibosete gerou Mica.
41 Os filhos de Mica foram: Pitom, Meleque, Tareia e Acaz.[c]
42 Acaz gerou Jadá.[d]
Os filhos de Jadá foram: Alemete, Azmavete e Zinri.
Zinri gerou Moza.
43 Moza gerou Bineá.
O filho de Bineá foi Refaías.
O filho de Refaías foi Eleasá.
O filho de Eleasá foi Azel.
44 Estes foram os seis filhos de Azel: Azricão, Bocru, Ismael, Searias, Obadias e Hanã. Todos esses foram filhos de Azel.

A MORTE DE SAUL

10 Os filisteus atacaram Israel, e os israelitas fugiram deles. Muitos foram mortos nas encostas do monte Gilboa. 2 Os filisteus cercaram Saul e seus filhos e mataram três deles: Jônatas, Abinadabe e Malquisua. 3 O combate se tornou cada vez mais intenso em volta de Saul, e os arqueiros filisteus o alcançaram e o feriram.

4 Saul disse a seu escudeiro: "Pegue sua espada e mate-me antes que esses filisteus incircuncisos venham e me torturem".

Mas o escudeiro teve medo e não quis matá-lo. Então Saul pegou sua própria espada e se lançou sobre ela. 5 Quando viu que Saul estava morto, o escudeiro se lançou sobre sua espada e morreu. 6 Saul e seus três filhos morreram juntos, e sua dinastia chegou ao fim.

7 Quando os israelitas no vale de Jezreel viram que o exército israelita havia fugido e que Saul e seus filhos estavam mortos, abandonaram suas cidades e fugiram. Então os filisteus vieram e ocuparam essas cidades.

8 No dia seguinte, quando os filisteus foram saquear os mortos, encontraram os corpos de Saul e seus três filhos no monte Gilboa. 9 Removeram a armadura de Saul e cortaram sua cabeça. Então anunciaram o ocorrido diante de seus ídolos e ao povo de toda a terra da Filístia. 10 Colocaram a armadura de Saul no templo de seus deuses e penduraram sua cabeça no templo de Dagom.

11 Quando os habitantes de Jabes-Gileade souberam o que os filisteus haviam feito a Saul, 12 todos os seus guerreiros mais valentes foram e trouxeram os corpos de Saul e seus filhos de volta para Jabes. Enterraram os ossos debaixo de uma grande árvore em Jabes e jejuaram durante sete dias.

13 Saul morreu porque foi infiel ao Senhor. Não obedeceu ao mandamento do Senhor e chegou a consultar uma médium, 14 em vez de pedir orientação ao Senhor. Por isso o Senhor o matou e entregou o reino a Davi, filho de Jessé.

DAVI SE TORNA REI DE TODO O ISRAEL

11 Então todo o Israel se reuniu diante de Davi, em Hebrom. "Somos do mesmo povo e raça",[e] disseram. 2 "No passado, quando Saul era rei, era você que liderava o exército de Israel. E o Senhor, seu Deus, lhe disse: 'Você será o pastor do meu povo, Israel. Será o líder do meu povo, Israel.'"

3 Então, ali em Hebrom, Davi fez um acordo diante do Senhor com todas as autoridades de Israel, e elas o ungiram rei de Israel, conforme o Senhor havia anunciado por meio de Samuel.

DAVI CONQUISTA JERUSALÉM

4 Então Davi e todo o Israel foram a Jerusalém (isto é, Jebus), onde moravam os jebuseus, que viviam naquele lugar. 5 Os jebuseus zombaram de Davi: "Você jamais entrará aqui!", mas Davi tomou a fortaleza de Sião, que hoje é chamada de Cidade de Davi.

6 Davi tinha dito a seus soldados: "O primeiro que atacar os jebuseus se tornará o

[a] **9.39** Em hebraico, *Esbaal*, outro nome para Isbosete (ver tb. 1Sm 14.49).
[b] **9.40** Em hebraico, *Meribe-baal*, outro nome para Mefibosete (ver tb. 2Sm 4.4).
[c] **9.41** Conforme a versão siríaca e a Vulgata (ver tb. 8.35); o hebraico não traz *e Acaz*.
[d] **9.42** Conforme alguns manuscritos hebraicos e a Septuaginta (ver tb. 1Cr 8.36); o hebraico traz *Jaerá*.
[e] **11.1** Em hebraico, *Somos seu osso e sua carne*.

comandante de meus exércitos!". Joabe, filho de Zeruia, foi o primeiro a atacar, e assim se tornou o comandante dos exércitos de Davi.

7 Davi foi morar na fortaleza, e ela passou a ser chamada de Cidade de Davi. 8 Ampliou a cidade, desde o aterro[a] até a região ao redor, enquanto Joabe reconstruiu o restante da cidade. 9 Davi foi se tornando cada vez mais poderoso, pois o SENHOR dos Exércitos estava com ele.

OS GUERREIROS MAIS VALENTES DE DAVI

10 Estes foram os líderes dos guerreiros valentes de Davi. Junto com todo o Israel, apoiaram firmemente o reinado de Davi, conforme o SENHOR havia prometido a respeito de Israel.

11 Este é o registro dos guerreiros mais valentes de Davi. O primeiro era Jasobeão, o hacmonita, líder dos Três, isto é, dos guerreiros mais valentes dentre os soldados de Davi.[b] Certa ocasião, usou sua lança para matar trezentos soldados inimigos numa só batalha.

12 O segundo era Eleazar, filho de Dodai,[c] descendente de Aoí. 13 Estava com Davi quando os filisteus se reuniram para a batalha em Pas-Damim e atacaram os israelitas numa plantação de cevada. O exército israelita fugiu, 14 mas Eleazar e Davi[d] mantiveram sua posição no meio do campo e derrotaram os filisteus. O SENHOR os salvou e lhes deu grande vitória.

15 Certa vez, Davi estava na rocha junto à caverna de Adulão, e o exército filisteu estava acampado no vale de Refaim. Os Três — que faziam parte dos Trinta, um grupo de elite entre os valentes de Davi — desceram para encontrá-lo em Adulão. 16 Nessa ocasião, Davi estava na fortaleza, e um destacamento filisteu havia ocupado a cidade de Belém.

17 Davi comentou: "Ah, como seria bom beber a água pura do poço que fica junto ao portão de Belém!". 18 Então os Três atravessaram as fileiras dos filisteus, tiraram água do poço junto ao portão de Belém e a trouxeram a Davi. Ele, porém, se recusou a bebê-la. Em vez disso, derramou-a no chão como oferta ao SENHOR. 19 "Que Deus não permita que eu beba desta água!", exclamou. "Ela é tão preciosa quanto o sangue destes homens[e] que arriscaram a vida para trazê-la." E Davi não a bebeu. Esses são exemplos dos feitos desses três guerreiros.

OS TRINTA VALENTES DE DAVI

20 Abisai, irmão de Joabe, era o líder dos Trinta.[f] Certa ocasião, usou sua lança para matar trezentos soldados inimigos numa só batalha. Foi por causa de feitos como esse que ele se tornou tão famoso quanto os Três. 21 Abisai era o mais conhecido dos Trinta e era seu comandante, embora não fosse um dos Três.

22 Também havia Benaia, filho de Joiada, soldado valente[g] de Cabzeel. Realizou muitos feitos heroicos, como matar dois grandes guerreiros[h] de Moabe. Em outra ocasião, num dia de neve, perseguiu um leão até uma cova e o matou. 23 Uma vez, com apenas um cajado, matou um guerreiro egípcio de 2,25 metros[i] de altura armado com uma lança da grossura de um eixo de tecelão. Benaia arrancou a lança da mão do egípcio e com ela o matou. 24 Feitos como esses tornaram Benaia tão famoso quanto os três guerreiros mais valentes. 25 Foi mais honrado que qualquer outro membro dos Trinta, embora não fosse um dos Três. Davi o nomeou comandante de sua guarda pessoal.

26 Outros guerreiros valentes de Davi foram:

Asael, irmão de Joabe;
Elanã, filho de Dodô, de Belém;
27 Samá, de Harode;[j]
Helez, de Pelom;
28 Ira, filho de Iques, de Tecoa;
Abiezer, de Anatote;

[a] **11.8** Em hebraico, *o Milo*. O significado do hebraico é incerto.
[b] **11.11** Conforme alguns manuscritos gregos (ver tb. 2Sm 23.8); o hebraico traz *líder dos Trinta*, ou *líder dos capitães*.
[c] **11.12** Conforme o texto paralelo em 2Sm 23.9 (ver tb. 27.4); o hebraico traz *Dodô*, variação de Dodai.
[d] **11.14** Em hebraico, *eles*.
[e] **11.19** Em hebraico, *Acaso beberei do sangue destes homens?*
[f] **11.20** Conforme a versão siríaca; o hebraico traz *dos Três* (tb. em 11.21).
[g] **11.22a** Ou *filho de Joiada, filho de Isai*.
[h] **11.22b** Em hebraico, *dois de Ariel*.
[i] **11.23** Em hebraico, *5 côvados*.
[j] **11.27** Conforme o texto paralelo em 2Sm 23.25; o hebraico traz *Samote, de Haror*.

Seja aprovada na escola do quebrantamento, e Deus poderá usar você!

29 Sibecai, de Husate;
Zalmom,[a] de Aoí;
30 Maarai, de Netofate;
Helede, filho de Baaná, de Netofate;
31 Itai, filho de Ribai, de Gibeá, na terra de Benjamim;
Benaia, de Piratom;
32 Hurai, de Naal-Gaás;[b]
Abi-Albom,[c] de Arbate;
33 Azmavete, de Baurim;[d]
Eliaba, de Saalbom;
34 os filhos de Jasém,[e] de Gizom;
Jônatas, filho de Sage, de Harar;
35 Aião, filho de Sarar,[f] de Harar;
Elifal, filho de Ur;
36 Héfer, de Maquerate;
Aías, de Pelom;
37 Hezro, do Carmelo;
Paarai,[g] filho de Ezbai;
38 Joel, irmão de Natã;
Mibar, filho de Hagri;
39 Zeleque, de Amom;
Naarai, de Beerote, escudeiro de Joabe, filho de Zeruia;
40 Ira, de Jatir;
Garebe, de Jatir;
41 Urias, o hitita;
Zabade, filho de Alai;
42 Adina, filho de Siza, líder rubenita que tinha consigo trinta homens;
43 Hanã, filho de Maaca;
Josafá, de Mitene;
44 Uzia, de Asterote;
Sama e Jeiel, filhos de Hotão, de Aroer;
45 Jediael, filho de Sinri;
Joá, de Tiz;
46 Eliel, de Maave;
Jeribai e Josavias, filhos de Elnaão;
Itma, de Moabe;
47 Eliel e Obede;
Jaasiel, de Zobá.[h]

[a] **11.29** Conforme o texto paralelo em 2Sm 23.28; o hebraico traz *Ilai*.
[b] **11.32a** Ou *dos ribeiros de Gaás*.
[c] **11.32b** Conforme o texto paralelo em 2Sm 23.31; o hebraico traz *Abiel*.
[d] **11.33** Conforme o texto paralelo em 2Sm 23.31; o hebraico traz *Baarum*.
[e] **11.34** Conforme o texto paralelo em 2Sm 23.32; o hebraico traz *filhos de Hasém*.
[f] **11.35** Conforme o texto paralelo em 2Sm 23.33; o hebraico traz *filho de Sacar*.
[g] **11.37** Conforme o texto paralelo em 2Sm 23.35; o hebraico traz *Naarai*.
[h] **11.47** Ou *o mezobaíta*.

GUERREIROS SE UNEM AO EXÉRCITO DE DAVI

12 Estes foram os homens que se juntaram a Davi em Ziclague, quando ele estava escondido de Saul, filho de Quis. Estavam entre os guerreiros que lutaram ao lado de Davi na batalha.
2 Todos eles eram arqueiros habilidosos, capazes de atirar flechas com o arco, ou pedras com a funda, tanto com a mão esquerda como com a direita. Eram todos parentes de Saul, da tribo de Benjamim.
3 Seu chefe era Aiezer, filho de Semaá, de Gibeá; seu irmão Joás era o segundo no comando. Os outros guerreiros foram:

Jeziel e Pelete, filhos de Azmavete;
Beraca;
Jeú, de Anatote;
4 Ismaías, de Gibeom, guerreiro valente e líder entre os Trinta;
[i]Jeremias, Jaaziel, Joanã e Jozabade, de Gederá;
5 Eluzai, Jerimote, Bealias, Semarias e Sefatias, de Harufe;
6 Elcana, Issias, Azareel, Joezer e Jasobeão, todos coraítas;
7 Joela e Zebadias, filhos de Jeroão, de Gedor.

8 Alguns guerreiros valentes e treinados para o combate da tribo de Gade também se juntaram a Davi quando ele estava na fortaleza no deserto. Eram hábeis com o escudo e a lança, ferozes como leões e ágeis como gazelas nos montes.

9 Ézer era o chefe;
Obadias, o segundo;
Eliabe, o terceiro;
10 Mismana, o quarto;
Jeremias, o quinto;
11 Atai, o sexto;
Eliel, o sétimo;
12 Joanã, o oitavo;
Elzabade, o nono;
13 Jeremias, o décimo;
e Macbanai, o décimo primeiro.

14 Esses guerreiros de Gade eram comandantes do exército. O mais fraco deles era

[i] **12.4** No texto hebraico, os versículos 12.4b-40 são numerados 12.5-41.

capaz de enfrentar cem soldados, e o mais
forte, capaz de enfrentar mil. 15 Esses foram
os homens que atravessaram o Jordão
durante a época de cheia do rio, no início
do ano, e expulsaram todos que habitavam
nos vales nas margens leste e oeste.

16 Outros de Benjamim e de Judá se
juntaram a Davi na fortaleza. 17 Davi foi
ao encontro deles e lhes disse: "Se vieram
em paz, para me ajudar, somos amigos.
Mas, se vieram para me entregar a meus
inimigos, embora eu seja inocente,
que o Deus de seus antepassados veja isso
e castigue vocês!".

18 Então o Espírito veio sobre Amasai,
chefe dos Trinta, e ele disse:

"Somos seus, Davi!
  Estamos do seu lado, filho de Jessé!
Paz e prosperidade sejam com você
  e com todos que o ajudam,
  pois o seu Deus o ajuda!".

Davi os recebeu e os nomeou oficiais de
suas tropas.

19 Alguns homens de Manassés deser-
taram do exército israelita e se juntaram
a Davi quando ele saiu com os filisteus
para guerrear contra Saul. Os governantes
filisteus, porém, não permitiram que Davi
e seus homens fossem com eles. Depois
de discutirem, mandaram-no embora, pois
disseram: "Se Davi passar para o lado de
Saul e voltar-se contra nós, isso custará
nossa cabeça".

20 Os homens de Manassés que se
uniram a Davi quando ele voltava para
Ziclague foram: Adna, Jozabade, Jediael,
Micael, Jozabade, Eliú e Ziletai. Cada um
deles comandava mil soldados da tribo de
Manassés. 21 Ajudaram Davi a perseguir
bandos de saqueadores, pois eram guer-
reiros valentes que se tornaram coman-
dantes de seu exército. 22 A cada dia, mais
homens se juntavam a Davi, até que ele
passou a ter um grande exército, como o
exército de Deus.

23 Estes são os números de guerreiros
armados que se uniram a Davi em
Hebrom. Todos queriam que Davi se
tornasse rei no lugar de Saul, como o
SENHOR havia prometido.

24 Da tribo de Judá, 6.800 guerreiros arma-
dos com escudos e com lanças.

25 Da tribo de Simeão, 7.100 guerreiros va-
lentes preparados para a guerra.

26 Da tribo de Levi, 4.600 guerreiros, 27 in-
cluindo Joiada, chefe da família de Arão,
com 3.700 homens sob seu comando, 28 e
Zadoque, jovem guerreiro valente, com
22 oficiais, membros de sua família.

29 Da tribo de Benjamim, parente de Saul,
3.000 guerreiros. Até então, a maioria
dos homens de Benjamim tinha per-
manecido leal a Saul.

30 Da tribo de Efraim, 20.800 guerreiros va-
lentes, cada um deles muito respeitado
em seu próprio clã.

31 Da meia tribo de Manassés a oeste do
Jordão, 18.000 foram indicados por
nome para ajudarem Davi a se tornar rei.

32 Da tribo de Issacar, 200 chefes com seus
parentes. Todos eles entendiam bem os
acontecimentos daquele tempo e sa-
biam qual era o melhor caminho para
Israel seguir.

33 Da tribo de Zebulom, 50.000 guerrei-
ros treinados. Estavam bem armados e
preparados para a batalha e eram intei-
ramente leais a Davi.

34 Da tribo de Naftali, 1.000 oficiais e 37.000
guerreiros armados com escudos e lanças.

35 Da tribo de Dã, 28.600 guerreiros, todos
preparados para a batalha.

36 Da tribo de Aser, 40.000 guerrei-
ros treinados, todos preparados para
a batalha.

37 Do lado leste do rio Jordão, onde habita-
vam as tribos de Rúben e Gade e a meia
tribo de Manassés, 120.000 soldados
equipados com todos os tipos de armas.

38 Todos esses soldados vieram a
Hebrom em ordem de batalha, com o único
propósito de fazer Davi rei sobre todo o
Israel. Na verdade, todo o Israel concordava
que ele devia ser seu rei. 39 Durante três
dias, comeram e beberam com Davi, pois
seus parentes haviam feito preparativos
para recebê-los. 40 Pessoas de lugares tão
distantes como Issacar, Zebulom e Naftali
trouxeram provisões sobre jumentos,
camelos, mulas e bois. Trouxeram grandes
quantidades de farinha, bolos de figo,

bolos de passas,[a] vinho, azeite, bois e
ovelhas para a celebração. Houve grande
alegria em todo o Israel.

DAVI TENTA LEVAR A ARCA PARA JERUSALÉM

13 Davi consultou todos os seus
oficiais, incluindo os generais e capi-
tães de seu exército.[b] 2 Em seguida, dirigiu-
-se a toda a comunidade de Israel e disse:
"Se vocês estiverem de acordo, e se for da
vontade do Senhor, nosso Deus, enviemos
uma mensagem aos israelitas por toda a
terra, incluindo os sacerdotes e levitas em
suas cidades, com suas pastagens, para
que se unam a nós. 3 É hora de trazermos
de volta a arca de nosso Deus, pois descui-
damos dela durante o reinado de Saul".
4 Toda a comunidade concordou, pois
o povo entendeu que era a coisa certa
a fazer. 5 Então Davi convocou todos os
israelitas, desde o ribeiro Sior, no Egito,
ao sul, até Lebo-Hamate, ao norte, para
trazerem a arca de Deus, que estava em
Quiriate-Jearim. 6 Davi e todo o Israel
foram a Baalá de Judá (também chamada
de Quiriate-Jearim), a fim de buscar a
arca de Deus, junto à qual era invocado
o nome do Senhor,[c] que está entronizado
entre os querubins. 7 Puseram a arca
de Deus numa carroça nova e a levaram da
casa de Abinadabe. Uzá e Aiô guiavam a
carroça. 8 Davi e todo o Israel se alegravam
diante de Deus com todas as suas forças,
entoando cânticos e tocando todo tipo
de instrumentos musicais: liras, harpas,
tamborins, címbalos e trombetas.
9 Quando chegaram à eira de Nacom,[d]
os bois que puxavam a carroça tropeçaram,
e Uzá estendeu a mão para segurar a arca.
10 A ira do Senhor se acendeu contra Uzá,
e ele o matou por haver tocado na arca. E Uzá
morreu ali mesmo, na presença de Deus.
11 Davi ficou indignado porque a ira do
Senhor irrompeu contra Uzá e chamou
aquele lugar de Perez-Uzá,[e] como é conhe-
cido até hoje.
12 Davi teve medo do Senhor e perguntou:
"Como poderei levar a arca do Senhor?".
13 Assim, não transferiu a arca do Senhor
para a Cidade de Davi. Em vez disso,
levou-a para a casa de Obede-Edom,
na cidade de Gate. 14 A arca do Senhor ficou
na casa de Obede-Edom por três meses,
e o Senhor abençoou a família de Obede-
Edom e tudo que ele possuía.

O PALÁCIO E A FAMÍLIA DE DAVI

14 Hirão, rei de Tiro, enviou a Davi men-
sageiros com madeira de cedro,
pedreiros e carpinteiros, para que lhe
construíssem um palácio. 2 E Davi com-
preendeu que o Senhor o havia confirmado
como rei sobre Israel e exaltado seu reino
por causa de seu povo, Israel.
3 Em Jerusalém, Davi tomou para si ou-
tras mulheres, que lhe deram mais filhos
e filhas. 4 Estes são os nomes dos filhos de
Davi que nasceram em Jerusalém: Samua,
Sobabe, Natã, Salomão, 5 Ibar, Elisua,
Elpalete, 6 Nogá, Nefegue, Jafia, 7 Elisama,
Eliada[f] e Elifelete.

DAVI DERROTA OS FILISTEUS

8 Quando os filisteus souberam que Davi
tinha sido ungido rei de Israel, mobili-
zaram suas tropas para capturá-lo. Davi,
porém, foi informado disso e saiu para
enfrentá-los. 9 Os filisteus chegaram e in-
vadiram o vale de Refaim. 10 Então Davi
perguntou a Deus: "Devo sair e lutar contra
os filisteus? Tu os entregarás em minhas
mãos?".
O Senhor respondeu a Davi: "Sim, vá, pois
eu certamente os entregarei em suas mãos".
11 Então Davi e seus soldados foram a
Baal-Perazim e ali derrotaram os filisteus.
Davi exclamou: "Por meu intermédio,
Deus irrompeu no meio de meus inimigos
como uma violenta inundação!". Por isso,
chamou aquele lugar de Baal-Perazim.[g]
12 Os filisteus haviam deixado seus ídolos
ali, e Davi ordenou que fossem queimados.
13 Pouco tempo depois, os filisteus
voltaram a invadir o vale. 14 Mais uma vez,
Davi consultou a Deus. "Não os ataque

[a] **12.40** Ou *cachos de passas.*
[b] **13.1** Em hebraico, *comandantes de milhares e de centenas.*
[c] **13.6** Ou *que é chamada pelo nome do Senhor.*
[d] **13.9** Conforme o texto paralelo em 2Sm 6.6; o hebraico traz *Quidom.*
[e] **13.11** *Perez-Uzá* significa "irrompimento contra Uzá".
[f] **14.7** Em hebraico, *Beeliada*, variação de Eliada; comparar com 3.8 e com o texto paralelo em 2Sm 5.16.
[g] **14.11** *Baal-Perazim* significa "o Senhor que irrompe".

pela frente", respondeu Deus. "Em vez
disso, dê a volta por trás deles e ataque-os
perto dos álamos.[a] 15 Quando ouvir um
som como de pés marchando por cima
dos álamos, saia e ataque! É o sinal de
que Deus vai à sua frente para derrotar o
exército filisteu." 16 Davi fez como Deus
ordenou e derrotou os filisteus por todo o
caminho, desde Gibeom até Gezer.

17 Assim, a fama de Davi se espalhou
por toda parte, e o SENHOR fez que todas as
nações o temessem.

PREPARATIVOS PARA TRANSPORTAR A ARCA

15 Davi construiu várias casas para si
na Cidade de Davi. Também prepa-
rou um lugar para a arca de Deus e armou
uma tenda especial para ela. 2 Em seguida,
ordenou: "Ninguém, a não ser os levitas,
levará a arca de Deus. O SENHOR os esco-
lheu para carregarem a arca de Deus e o
servirem para sempre".

3 Então Davi convocou todo o Israel para
ir a Jerusalém a fim de trazer a arca do
SENHOR para o lugar que ele havia prepa-
rado. 4 Este é o número de descendentes
de Arão e de levitas convocados:

5 Do clã de Coate, 120, e seu chefe era Uriel.
6 Do clã de Merari, 220, e seu chefe era Asaías.
7 Do clã de Gérson,[b] 130, e seu chefe era Joel.
8 Dos descendentes de Elisafã, 200, e seu chefe era Semaías.
9 Dos descendentes de Hebrom, 80, e seu chefe era Eliel.
10 Dos descendentes de Uziel, 112, e seu chefe era Aminadabe.

11 Em seguida, Davi convocou os sacer-
dotes Zadoque e Abiatar, e os chefes dos
levitas Uriel, Asaías, Joel, Semaías, Eliel e
Aminadabe. 12 Disse-lhes: "Vocês são os
chefes das famílias levitas. Consagrem-se,
vocês e todos os seus parentes levitas,
para trazerem a arca do SENHOR, o Deus de
Israel, para o lugar que preparei para ela.
13 A ira do SENHOR irrompeu contra nós
da primeira vez, pois não foram vocês,
os levitas, que levaram a arca. Não consul-
tamos a Deus sobre o modo apropriado de
transportá-la". 14 Então os sacerdotes e os
levitas se consagraram a fim de trazer para
Jerusalém a arca do SENHOR, Deus de Israel.
15 Os levitas carregaram a arca de Deus
sobre os ombros, usando as varas presas a
ela, conforme o SENHOR havia instruído por
meio de Moisés.

16 Davi também ordenou aos chefes
dos levitas que nomeassem cantores e
músicos para entoarem cânticos alegres
acompanhados por harpas, liras e
címbalos. 17 Os levitas escolheram Hemã,
filho de Joel, e seus parentes levitas:
Asafe, filho de Berequias, e Etã, filho de
Cuxaías, do clã de Merari. 18 Foram esco-
lhidos como seus ajudantes os seguintes
homens: Zacarias, Jaaziel,[c] Semiramote,
Jeiel, Uni, Eliabe, Benaia, Maaseias,
Matitias, Elifeleu, Micneias e os guardas
das portas: Obede-Edom e Jeiel.

19 Os músicos Hemã, Asafe e Etã foram
escolhidos para tocar os címbalos de
bronze. 20 Zacarias, Aziel, Semiramote,
Jeiel, Uni, Eliabe, Maaseias e Benaia foram
escolhidos para tocar as harpas, em tons
agudos.[d] 21 Matitias, Elifeleu, Micneias,
Obede-Edom, Azazias e Jeiel foram
escolhidos para tocar as liras, em tons de
oitava.[e] 22 Quenanias, chefe dos levitas,
foi escolhido para dirigir o canto, pois
tinha habilidade para isso.

23 Berequias e Elcana foram escolhidos
para cuidar[f] da arca. 24 Sebanias, Josafá,
Natanael, Amasai, Zacarias, Benaia e
Eliézer, todos sacerdotes, foram escolhi-
dos para tocar as trombetas enquanto iam
à frente da arca de Deus. Obede-Edom
e Jeías também foram escolhidos para
cuidar da arca.

[a] **14.14** Ou *das amoreiras*, ou *dos bálsamos*; também em 14.15. A identificação da árvore é incerta.

[b] **15.7** Em hebraico, *Gersom*, variação de Gérson.

[c] **15.18** Conforme alguns manuscritos hebraicos e a Septuaginta (ver tb. listas paralelas em 15.20; 16.5); a maioria dos manuscritos hebraicos traz *Zacarias ben* [ou *filho de*] *Jaaziel*.

[d] **15.20** Em hebraico, *de acordo com Alamote*. O significado do hebraico é incerto.

[e] **15.21** Em hebraico, *de acordo com Seminite*. O significado do hebraico é incerto.

[f] **15.23** Em hebraico, *foram escolhidos como guardas das portas*; também em 15.24.

A ARCA É LEVADA PARA JERUSALÉM

25 Então Davi, as autoridades de Israel e os generais do exército[a] foram à casa de Obede-Edom a fim de trazer a arca da aliança do SENHOR para Jerusalém com grande celebração. 26 E, como Deus estava claramente ajudando os levitas enquanto carregavam a arca da aliança do SENHOR, ofereceram como sacrifício sete novilhos e sete carneiros.

27 Davi vestia um manto de linho fino, assim como os levitas que carregavam a arca, os músicos e Quenanias, o dirigente do canto. Davi também vestia um colete sacerdotal. 28 Assim, todo o Israel trouxe a arca da aliança do SENHOR com gritos de alegria, ao som de trombetas, cornetas, címbalos, harpas e liras.

29 Enquanto a arca da aliança do SENHOR entrava na Cidade de Davi, Mical, filha de Saul, olhava pela janela. Quando viu o rei Davi saltando e rindo de alegria, encheu-se de desprezo por ele.

16 Trouxeram a arca de Deus e a colocaram dentro da tenda especial que Davi tinha preparado para ela. Em seguida, apresentaram a Deus holocaustos e ofertas de paz. 2 Quando Davi terminou de oferecer os holocaustos e ofertas de paz, abençoou o povo em nome do SENHOR. 3 Depois, para cada homem e mulher em todo o Israel, deu um pão, um bolo de tâmaras[b] e um bolo de passas.

4 Davi nomeou os seguintes levitas para servirem diante da arca do SENHOR, invocarem as bênçãos dele e darem graças e louvarem o SENHOR, o Deus de Israel: 5 Asafe, o chefe do grupo, tocava os címbalos. Depois dele vinha Zacarias, seguido de Jeiel, Semiramote, Jeiel, Matitias, Eliabe, Benaia, Obede-Edom e Jeiel, que tocavam harpas e liras. 6 Os sacerdotes Benaia e Jaaziel tocavam trombetas continuamente diante da arca da aliança de Deus.

O CÂNTICO DE LOUVOR DE DAVI

7 Naquele dia, Davi encarregou Asafe e seus parentes levitas de louvarem com ação de graças ao SENHOR:

8 "Deem graças ao SENHOR e
proclamem seu nome,
anunciem entre os povos
o que ele tem feito.
9 Cantem a ele, sim, cantem
louvores a ele,
falem a todos de
suas maravilhas.
10 Exultem em seu santo nome,
alegrem-se todos que
buscam o SENHOR.
11 Busquem o SENHOR e sua força,
busquem sua presença
todo o tempo.
12 Lembrem-se das maravilhas
que ele fez,
dos milagres que realizou e dos
juízos que pronunciou,
13 vocês que são filhos de
seu servo Israel,
descendentes de Jacó,
seus escolhidos.

14 "Ele é o SENHOR, nosso Deus;
vemos sua justiça em toda a terra.
15 Lembrem-se de sua aliança
para sempre,
do compromisso que ele
firmou com mil gerações.
16 É a aliança que fez com Abraão,
o juramento que fez a Isaque.
17 Ele a confirmou a Jacó por decreto,
ao povo de Israel como
aliança sem fim:
18 'Darei a vocês a terra de Canaã,
como a porção de sua herança'.

19 "Assim declarou quando vocês
ainda eram poucos,
um punhado de estrangeiros
em Canaã.
20 Vagaram de uma nação a outra,
de um reino a outro.
21 E, no entanto, ele não permitiu
que ninguém os oprimisse
e, em seu favor, repreendeu reis:
22 'Não toquem em meu
povo escolhido,[c]
não façam mal a
meus profetas'.

[a] **15.25** Em hebraico, *comandantes de milhares.*
[b] **16.3** Ou *um pedaço de carne.* O significado do hebraico é incerto.
[c] **16.22** Em hebraico, *em meus ungidos.*

23 "Toda a terra cante ao Senhor!
Proclamem todos os dias
a sua salvação.
24 Anunciem a sua glória entre as nações,
contem a todos as suas maravilhas.
25 Grande é o Senhor! Digno
de muito louvor!
Ele é mais temível que
todos os deuses.
26 Os deuses de outros povos
não passam de ídolos,
mas o Senhor fez os céus!
27 Glória e majestade o cercam,
força e alegria enchem
sua habitação.

28 "Ó nações do mundo,
reconheçam o Senhor,
reconheçam que o Senhor é
glorioso e forte.
29 Deem ao Senhor a glória que
seu nome merece,
tragam ofertas e venham
à sua presença.
Adorem o Senhor em todo o
seu santo esplendor;
30 toda a terra trema diante dele.
O mundo permanece firme
e não pode ser abalado.

31 "Alegrem-se os céus e exulte a terra!
Digam entre as nações:
'O Senhor reina!'.
32 Deem louvor o mar e
tudo que nele há!
Os campos e suas colheitas
gritem de alegria!
33 As árvores do bosque exultem
diante do Senhor,
pois ele vem para julgar a terra.

34 "Deem graças ao Senhor,
porque ele é bom;
seu amor dura para sempre!
35 Clamem: 'Salva-nos, ó Deus
de nossa salvação!
Reúne-nos e livra-nos das nações,
para darmos graças ao teu santo nome,
para nos alegrarmos no teu louvor'.

36 "Louvem o Senhor, o Deus de Israel,
que vive de eternidade a eternidade!".

Todo o povo disse em alta voz: "Amém!" e
louvou o Senhor.

CULTO EM JERUSALÉM E EM GIBEOM

37 Davi providenciou que Asafe e seus parentes levitas servissem continuamente diante da arca da aliança do Senhor e cumprissem seus deveres de cada dia.
38 Faziam parte desse grupo: Obede-Edom, filho de Jedutum, Hosa e 68 levitas que eram guardas das portas.

39 Enquanto isso, Davi deixou o sacerdote Zadoque e seus parentes no tabernáculo do Senhor, no lugar de adoração em Gibeom, onde continuaram a servir diante do Senhor.
40 Todas as manhãs e todas as tardes, ofereciam holocaustos ao Senhor no altar separado para essa finalidade, em obediência a tudo que estava escrito na lei do Senhor, conforme ele tinha ordenado a Israel.
41 Davi também designou Hemã, Jedutum e outros escolhidos por nome para darem graças ao Senhor, pois "seu amor dura para sempre".
42 Acompanhavam os cânticos de louvor a Deus com trombetas, címbalos e outros instrumentos. Os filhos de Jedutum foram nomeados guardas das portas.

43 Então todos voltaram para casa, e Davi também voltou para abençoar sua família.

A ALIANÇA DO SENHOR COM DAVI

17 Quando Davi já havia se estabelecido em seu palácio, mandou chamar o profeta Natã. Disse: "Veja, moro num palácio, uma casa de cedro, enquanto a arca da aliança do Senhor está lá fora, numa simples tenda".

2 Natã respondeu a Davi: "Faça o que tem em mente, pois Deus está com o rei".

3 Naquela mesma noite, porém, Deus disse a Natã:

4 "Vá e diga a meu servo Davi que assim diz o Senhor: 'Não será você que construirá uma casa para eu habitar.
5 Desde o dia em que tirei os israelitas do Egito até hoje, nunca morei numa casa. Sempre acompanhei o povo de um lugar para o outro numa tenda, num tabernáculo.
6 E, no entanto,

onde quer que tenha ido com os is-
raelitas, nunca me queixei aos líderes
de Israel, aos pastores de meu povo.
Nunca lhes perguntei: Por que não
construíram para mim um palácio,
uma casa de cedro?'.
7 "Agora vá e diga a meu servo Davi
que assim diz o Senhor dos Exércitos:
'Eu o tirei das pastagens onde você
cuidava das ovelhas e o escolhi
para ser o líder de meu povo, Israel.
8 Estive com você por onde andou
e destruí todos os seus inimigos
diante de seus olhos. Agora, tornarei
seu nome tão conhecido quanto o
dos homens mais importantes da
terra! 9 Providenciarei uma terra para
meu povo, Israel, e os plantarei num
lugar seguro, onde jamais serão per-
turbados. Nações perversas não os
oprimirão como fizeram no passado,
10 desde o tempo em que nomeei juí-
zes para governar meu povo, Israel.
Também derrotarei todos os seus
inimigos.
"'Além disso, eu declaro que o Senhor
fará uma casa para você, uma dinas-
tia real! 11 Pois, quando você morrer
e se reunir a seus antepassados,
escolherei um de seus filhos, de sua
própria descendência, e estabelece-
rei seu reino. 12 Ele é que construirá
uma casa para mim, e estabelecerei
seu trono para sempre. 13 Eu serei
seu pai, e ele será meu filho. Jamais
retirarei dele meu favor, como o
retirei daquele que governou antes
de você. 14 Eu o confirmarei para
sempre como rei sobre minha casa
e sobre meu reino, e seu trono será
estabelecido para sempre'".

15 Natã voltou até Davi e contou ao rei tudo
que o Senhor lhe tinha revelado.

ORAÇÃO DE GRATIDÃO DE DAVI

16 Então o rei Davi entrou no santuário,
pôs-se diante do Senhor e orou:

"Quem sou eu, ó Senhor Deus, e o que
é minha família, para que me trou-
xesses até aqui? 17 E agora, ó Deus,
como se isso não bastasse, dizes que
darás a teu servo uma dinastia dura-
doura! Como alguém pode ser tão
privilegiado, ó Senhor Deus?[a]
18 "Que mais posso dizer sobre o modo
como me honraste? Tu sabes como
teu servo é de fato. 19 Por causa de teu
servo, ó Senhor, e de acordo com tua
vontade, fizeste todas estas grandes
coisas e as tornaste conhecidas.
20 "Ó Senhor, não há ninguém igual a ti!
Jamais ouvimos falar de outro Deus
como tu! 21 Que outra nação na terra
é como teu povo, Israel? Que outra na-
ção, ó Deus, resgataste da escravidão
para ser teu povo? Engrandeceste
teu nome ao livrar teu povo do Egito.
Realizaste milagres impressionantes
e removeste as nações do caminho
de teu povo. 22 Escolheste Israel para
ser teu próprio povo para sempre, e tu,
ó Senhor, te tornaste seu Deus.
23 "E agora, ó Senhor, sou teu servo; faze o
que prometeste a meu respeito e de
minha família. Confirma-o como uma
promessa que durará para sempre.
24 Que o teu nome seja estabelecido
e honrado para sempre, a fim de que
todos digam: 'O Senhor dos Exércitos,
o Deus de Israel, é Deus para Israel!'.
E que a dinastia de teu servo Davi per-
maneça diante de ti para sempre.
25 "Ó Deus meu, tive a coragem de
fazer-te esta oração porque revelaste
a teu servo que farás uma casa para
mim, uma dinastia real! 26 Pois tu és
Deus, ó Senhor, e prometeste estas
coisas boas a teu servo. 27 E agora,
que seja do teu agrado abençoar a
casa de teu servo, para que ela per-
maneça para sempre diante de ti.
Pois, quando concedes uma bên-
ção, ó Senhor, é uma bênção para
sempre!".

VITÓRIAS MILITARES DE DAVI

18 Depois disso, Davi derrotou e
sujeitou os filisteus, conquis-
tando Gate e seus povoados. 2 Também
conquistou a terra de Moabe, e os moabitas

[a] **17.17** O significado do hebraico é incerto.

que foram poupados se tornaram súditos
de Davi e lhe pagaram tributo.
³ Davi também destruiu o exército de
Hadadezer, rei de Zobá, derrotando-o em
Hamate, quando Hadadezer tentou fortalecer seu controle ao longo do rio Eufrates.
⁴ Davi tomou mil carros de guerra, sete
mil cavaleiros e vinte mil soldados da
infantaria. Levou cavalos suficientes para
cem carros de guerra e aleijou o restante.
⁵ Quando os sírios de Damasco chegaram para ajudar Hadadezer, rei de Zobá,
Davi matou 22 mil deles. ⁶ Então colocou destacamentos de seu exército[a] em Damasco, a capital dos sírios.
Assim Davi sujeitou os sírios, e eles lhe pagaram tributo. O SENHOR concedia vitórias a
Davi por onde quer que ele fosse.
⁷ Davi levou para Jerusalém os escudos
de ouro dos oficiais de Hadadezer, ⁸ bem
como grande quantidade de bronze de
Tebá[b] e de Cum, cidades que pertenciam
a Hadadezer. Mais tarde, Salomão derreteu
o bronze e o usou para fazer o grande tanque de bronze chamado Mar, as colunas e
os diversos utensílios de bronze do templo.
⁹ Quando Toí,[c] rei de Hamate, soube que
Davi tinha destruído todo o exército de
Hadadezer, rei de Zobá, ¹⁰ enviou seu filho Jorão[d] para parabenizar Davi por sua
campanha bem-sucedida. Hadadezer e Toí
eram inimigos e sempre estavam em guerra. Jorão presenteou Davi com objetos de
prata, ouro e bronze.
¹¹ O rei Davi dedicou todos esses presentes ao SENHOR, junto com a prata e o
ouro que ele havia tomado de outras nações: de Edom, Moabe, Amom, da Filístia
e de Amaleque.
¹² Abisai, filho de Zeruia, destruiu dezoito mil edomitas no vale do Sal. ¹³ Colocou
destacamentos do exército em Edom e,
assim, todos os edomitas se tornaram súditos de Davi. O SENHOR concedia vitórias a
Davi por onde quer que ele fosse.
¹⁴ Davi reinou sobre todo o Israel e fazia
o que era justo e correto para seu povo.
¹⁵ Joabe, filho de Zeruia, era comandante
de seu exército. Josafá, filho de Ailude,
era o historiador do reino. ¹⁶ Zadoque,
filho de Aitube, e Aimeleque,[e] filho de
Abiatar, eram sacerdotes. Seraías[f] era o secretário da corte. ¹⁷ Benaia, filho de Joiada,
era comandante da guarda pessoal do rei.[g]
E os filhos de Davi eram seus assistentes diretos.

DAVI DERROTA OS AMONITAS

19 Algum tempo depois, morreu Naás,
rei dos amonitas, e seu filho Hanum[h]
subiu ao trono. ² Davi disse: "Vou demonstrar lealdade a Hanum assim como seu pai,
Naás, sempre foi leal a mim". Então Davi
enviou representantes para expressar seu
pesar a Hanum pela morte do pai dele.

Mas, quando os representantes de Davi
chegaram à terra de Amom, ³ os líderes
amonitas disseram a Hanum: "O rei acredita mesmo que esses homens estão aqui
para honrar seu pai? Não! Davi os enviou
com o objetivo de espionar a terra para vir
e conquistá-la!". ⁴ Então Hanum prendeu
os representantes de Davi, raspou a barba
de cada um, cortou metade de suas roupas até as nádegas e os mandou de volta
a Davi.
⁵ Quando Davi soube do que havia acontecido, enviou mensageiros ao encontro
dos homens, para que lhes dissessem:
"Fiquem em Jericó até que sua barba tenha crescido e voltem em seguida", pois
estavam muito envergonhados.
⁶ Quando Hanum e os amonitas perceberam quanto haviam enfurecido Davi,
enviaram 35 toneladas[i] de prata para
Arã-Naarim, Arã-Maaca e Zobá, a fim de
contratarem seus carros de guerra e cavaleiros. ⁷ Também contrataram 32 mil
carros de guerra e obtiveram o apoio
do rei de Maaca e de seu exército. Esses

[a] **18.6** Conforme a Septuaginta e a Vulgata (ver tb. 2Sm 8.6); o hebraico não traz *destacamentos de seu exército.*
[b] **18.8** O hebraico traz *Tibate*, variação de Tebá; comparar com o texto paralelo em 2Sm 8.8.
[c] **18.9** Conforme o texto paralelo em 2Sm 8.9; o hebraico traz *Toú*; também em 18.10.
[d] **18.10** Conforme o texto paralelo em 2Sm 8.10; o hebraico traz *Adorão.*
[e] **18.16a** Conforme alguns manuscritos hebraicos, a versão siríaca e a Vulgata (ver tb. 2Sm 8.17); a maioria dos manuscritos hebraicos traz *Abimeleque.*
[f] **18.16b** Conforme o texto paralelo em 2Sm 8.17; o hebraico traz *Sausa.*
[g] **18.17** Em hebraico, *dos queretitas e dos peletitas.*
[h] **19.1** Conforme o texto paralelo em 2Sm 10.1; o hebraico não traz *Hanum.*
[i] **19.6** Em hebraico, *1.000 talentos.*

soldados acamparam em Medeba, onde se juntaram a eles tropas amonitas que Hanum havia recrutado em suas próprias cidades. 8 Davi foi informado disso e enviou Joabe e todos os seus guerreiros para lutarem contra eles. 9 As tropas amonitas avançaram e formaram sua frente de batalha à entrada da cidade, enquanto os outros reis se posicionaram para lutar nos campos abertos.

10 Joabe viu que teria de lutar em duas frentes ao mesmo tempo, por isso escolheu alguns dos melhores guerreiros de Israel e os pôs sob seu comando pessoal para enfrentar os sírios. 11 Deixou o restante do exército sob o comando de seu irmão Abisai, que atacou os amonitas. 12 Joabe disse a seu irmão: "Se os sírios forem fortes demais para mim, venha me ajudar. E, se os amonitas forem fortes demais para você, eu irei ajudá-lo. 13 Coragem! Lutemos bravamente por nosso povo e pelas cidades de nosso Deus. E que seja feita a vontade do SENHOR!".

14 Joabe e suas tropas atacaram, e os sírios começaram a fugir. 15 Quando os amonitas viram que os sírios batiam em retirada, também fugiram de Abisai e recuaram para dentro da cidade. Então Joabe voltou para Jerusalém.

16 Os sírios viram que não tinham como enfrentar Israel. Assim, enviaram mensageiros para convocar mais soldados do outro lado do rio Eufrates.[a] Essas tropas eram conduzidas por Sobaque,[b] comandante do exército de Hadadezer.

17 Quando Davi foi informado do que estava acontecendo, reuniu todo o Israel, atravessou o Jordão e posicionou suas tropas em formação de batalha. Entrou em combate com os sírios, que lutaram contra ele. 18 Mais uma vez, porém, os sírios fugiram dos israelitas. O exército de Davi matou sete mil homens em carros de guerra e quarenta mil soldados de infantaria, incluindo Sobaque, comandante de seu exército. 19 Quando os aliados de Hadadezer viram que ele havia sido derrotado por Israel, renderam-se a Davi e se tornaram seus súditos. Depois disso, os sírios não quiseram mais ajudar os amonitas.

[a] **19.16a** Em hebraico, *do rio*.

[b] **19.16b** Conforme o texto paralelo em 2Sm 10.16; o hebraico traz *Sofaque*; também em 19.18.

DAVI CONQUISTA RABÁ

20 No começo do ano,[c] época em que os reis costumavam ir à guerra, Joabe conduziu o exército israelita em ataques bem-sucedidos contra a terra dos amonitas. Durante essas operações, cercou a cidade de Rabá, a atacou e a destruiu. Mas Davi ficou em Jerusalém. Joabe conquistou Rabá e a destruiu.

2 Então Davi chegou a Rabá, removeu a coroa da cabeça do rei,[d] e ela foi colocada sobre sua cabeça. A coroa era feita de ouro, enfeitada com pedras preciosas, e pesava cerca de 35 quilos.[e] Davi tomou grande quantidade de despojos da cidade. 3 Também tornou os habitantes de Rabá seus escravos e os obrigou a trabalhar com serras, picaretas e machados de ferro.[f] Foi assim que Davi tratou o povo de todas as cidades amonitas. Então ele e todo o exército voltaram para Jerusalém.

BATALHAS CONTRA GIGANTES FILISTEUS

4 Depois disso, houve guerra contra os filisteus em Gezer. Enquanto lutavam, Sibecai, de Husate, matou Safe,[g] um descendente de gigantes,[h] e, desse modo, os filisteus foram subjugados.

5 Durante outra batalha contra os filisteus, Elanã, filho de Jair, matou Lami, irmão de Golias, de Gate. O cabo da lança de Lami era da grossura de um eixo de tecelão.

6 Em outra batalha com os filisteus em Gate, havia um homem de grande estatura com seis dedos em cada mão e seis dedos em cada pé, 24 dedos ao todo, que também era descendente de gigantes. 7 Mas, quando ele desafiou os israelitas e

[c] **20.1** O primeiro dia do ano no antigo calendário lunar hebraico caía em março ou abril.

[d] **20.2a** Ou *da cabeça de Milcom* (cf. Septuaginta e Vulgata), deus dos amonitas também chamado de Moloque.

[e] **20.2b** Em hebraico, *1 talento*.

[f] **20.3** Conforme o texto paralelo em 2Sm 12.31; o hebraico traz *e os cortou com serras, picaretas de ferro e serras*.

[g] **20.4a** Conforme o texto paralelo em 2Sm 21.18; o hebraico traz *Sipai*.

[h] **20.4b** Em hebraico, *descendente dos refains*; também em 20.6,8.

zombou deles, foi morto por Jônatas, filho
de Simeia, irmão de Davi.
8 Esses filisteus eram descendentes dos
gigantes de Gate, mas Davi e seus guerreiros
os mataram.

DAVI REALIZA UM CENSO

21 Satanás[a] se levantou contra Israel
e incitou Davi a fazer um censo.
2 Davi disse a Joabe e aos comandantes do
exército: "Façam uma contagem de todo
o Israel, desde Berseba, ao sul, até Dã,
ao norte, e tragam-me um relatório para
que eu saiba o número exato do povo".
3 Joabe, porém, respondeu: "Que o Senhor
torne a população cem vezes mais nume-
rosa do que é hoje! Mas por que meu se-
nhor, o rei, deseja fazer essa contagem?
Eles não são todos seus servos? Por que
levar Israel a pecar?".
4 Apesar da objeção de Joabe, o rei in-
sistiu que fizessem o censo. Então Joabe
saiu para contar o povo de Israel. Depois,
voltou para Jerusalém
5 e informou a
Davi o número de pessoas. Havia em
Israel 1.100.000 homens aptos para irem
à guerra que sabiam manejar a espada
e, em Judá, havia 470.000.
6 Mas Joabe
não incluiu no censo as tribos de Levi e
Benjamim, pois achou absurda a ordem
do rei.

JULGAMENTO POR CAUSA DO PECADO DE DAVI

7 Deus se desagradou muito do censo e
castigou Israel por isso.
8 Então Davi dis-
se a Deus: "Pequei grandemente ao fazer
essa contagem. Perdoe meu pecado, pois
cometi uma insensatez".
9 O Senhor falou a Gade, o vidente de
Davi. Esta foi a mensagem:
10 "Vá e diga a
Davi que assim diz o Senhor: 'Darei a você
três opções. Escolha um destes castigos,
e eu o aplicarei a você'".
11 Gade foi a Davi e disse: "Estas são as
três opções que o Senhor lhe deu:
12 três
anos de fome, três meses de destruição
pela espada de seus inimigos, ou três
dias de praga intensa, durante os quais
o anjo do Senhor trará devastação sobre
toda a terra de Israel. Decida o que devo
responder àquele que me enviou".
13 "Não tenho para onde correr nesta si-
tuação!", respondeu Davi a Gade. "Mas é
melhor cair nas mãos do Senhor, pois sua
misericórdia é grande. Que eu não caia nas
mãos de homens."
14 Então o Senhor enviou uma praga
sobre Israel, e setenta mil pessoas mor-
reram.
15 E Deus enviou um anjo para des-
truir Jerusalém. Mas, quando o anjo estava
prestes a fazê-lo, o Senhor teve compaixão
e disse ao anjo da morte: "Pare! Já basta!".
Naquele momento, o anjo do Senhor estava
perto da eira de Araúna,[b] o jebuseu.
16 Davi olhou para cima e viu o anjo do
Senhor entre o céu e a terra, com a espada
desembainhada na mão, estendida sobre
Jerusalém. Então Davi e as autoridades
de Israel se vestiram de pano de saco e se
prostraram com o rosto no chão.
17 Davi
disse a Deus: "Fui eu que ordenei o censo!
Eu pequei e fiz o que era mau! Mas o povo
é inocente, como ovelhas. O que fizeram?
Ó Senhor, meu Deus, que tua ira caia sobre
mim e minha família, mas não castigue
teu povo!".

DAVI CONSTRÓI UM ALTAR

18 Então o anjo do Senhor disse a Gade
que mandasse Davi construir um altar
ao Senhor na eira de Araúna, o jebuseu.
19 Davi subiu para lá a fim de cumprir a or-
dem que o Senhor deu por meio de Gade.
20 Araúna debulhava o trigo quando virou-
-se e viu o anjo. Seus quatro filhos, que es-
tavam com ele, fugiram e se esconderam.
21 Quando Araúna viu que o rei se aproxi-
mava, saiu da eira e curvou-se diante de
Davi com o rosto no chão.
22 Davi disse a Araúna: "Quero com-
prar de você esta eira pelo preço justo.
Construirei nela um altar para o Senhor,
a fim de que ele faça cessar a praga".
23 "Pode ficar com a eira, meu senhor,
o rei", disse Araúna. "Use-a como lhe pare-
cer melhor. Eu lhe darei os bois para os ho-
locaustos, as tábuas de trilhar como lenha

O nosso amor por Deus é provado nas dificuldades, nas tribulações, nas aflições, nos momentos em que não apenas a sinceridade desse sentimento é testada, como também o nosso coração.

[a] **21.1** Ou *Um adversário.*

[b] **21.15** Conforme o texto paralelo em 2Sm 24.16; o hebraico traz *Ornã*, outro nome de Araúna; também em 21.18-28.

para o fogo do altar e o trigo como oferta
de cereais. Eu lhe darei tudo, ó rei."
24 O rei Davi, porém, respondeu a
Araúna: "Não! Faço questão de comprá-la
pelo preço justo. Não tomarei o que é seu
para oferecer ao Senhor. Não apresenta-
rei holocaustos que nada me custaram".
25 Então Davi pagou a Araúna seiscentas
peças[a] de ouro pela eira.
26 Davi construiu ali um altar ao Senhor
e ofereceu holocaustos e ofertas de paz.
E, quando Davi orou, o Senhor respondeu
com fogo do céu para queimar a oferta so-
bre o altar. 27 Então o Senhor deu ordem
para que o anjo pusesse a espada de volta
na bainha.
28 Quando Davi percebeu que o Senhor ha-
via respondido à sua oração, ofereceu sa-
crifícios ali na eira de Araúna, o jebuseu.
29 Naquela época, o tabernáculo do Senhor,
que Moisés havia feito no deserto, e o altar
de holocaustos estavam no lugar de ado-
ração em Gibeom. 30 Mas Davi não podia ir
até lá para consultar Deus, pois tinha pavor
da espada do anjo do Senhor.

22 Então Davi disse: "Este será o lugar
do templo do Senhor Deus e o lugar
do altar para os holocaustos de Israel!".

PREPARATIVOS PARA O TEMPLO

2 Davi deu ordens para reunir os estrangeiros
que viviam em Israel e os encarregou de pre-
parar as pedras cortadas para a construção
do templo de Deus. 3 Davi providenciou
grandes quantidades de ferro para os pre-
gos necessários para as portas e suas dobra-
diças, e deu tanto bronze que não se podia
pesar. 4 Também providenciou inúmeras
toras de cedro, pois os homens de Tiro e
Sidom lhe haviam trazido grandes quanti-
dades dessa madeira.
5 Davi disse: "Meu filho Salomão ain-
da é jovem e inexperiente. Uma vez que
o templo do Senhor deve ser um edifício
magnífico, famoso e glorioso por todo o
mundo, começarei desde já a fazer os pre-
parativos". Assim, antes de sua morte, Davi
juntou grandes quantidades de materiais
para a construção.
6 Então mandou chamar seu filho
Salomão e lhe ordenou que construísse
um templo para o Senhor, o Deus de Israel.
7 Disse-lhe: "Meu filho, eu quis construir
um templo em honra ao nome do Senhor,
meu Deus, 8 mas o Senhor me disse: 'Você
matou muitos homens nas batalhas em
que lutou. Derramou muito sangue dian-
te de mim, por isso não será você quem
construirá um templo em honra ao meu
nome. 9 Contudo, você terá um filho que
será um homem de paz. Darei a ele des-
canso de seus inimigos de todas as terras
vizinhas. Seu nome será Salomão,[b] e darei
paz e tranquilidade a Israel durante seu
reinado. 10 Ele construirá um templo em
honra ao meu nome. Ele será meu filho, e
eu serei seu pai, e eu estabelecerei o trono
de seu reino sobre Israel para sempre'.
11 "Agora, meu filho, que o Senhor seja
com você e lhe dê êxito na construção
do templo do Senhor, seu Deus, exata-
mente como ele prometeu a seu respeito.
12 E que o Senhor lhe dê sabedoria e en-
tendimento, para que você obedeça à lei
do Senhor, seu Deus, ao governar Israel.
13 Você terá êxito se for cuidadoso em
obedecer aos decretos e estatutos que
o Senhor ordenou a Israel por meio de
Moisés. Seja forte e corajoso; não tenha
medo nem desanime!
14 "Trabalhei arduamente para provi-
denciar os materiais para a construção do
templo do Senhor: 3.500 toneladas de ouro,
35.000 toneladas de prata[c] e tanto ferro e
bronze que não se pode pesar. Também
juntei madeira e pedra, embora talvez você
precise providenciar mais. 15 Você tem mui-
tos trabalhadores habilidosos: cortadores
de pedra, pedreiros, carpinteiros e artesãos
de todo tipo, 16 peritos nos trabalhos com
ouro, prata, bronze e ferro. Agora comece a
obra, e que o Senhor esteja com você!".
17 Então Davi ordenou a todos os líderes
de Israel que ajudassem Salomão nesse
projeto. 18 "O Senhor, seu Deus, está com vo-
cês", declarou. "Ele lhes deu descanso das
nações ao redor. Entregou-as em minhas

[a] **21.25** Em hebraico, *600 siclos*, cerca de 7,2 quilos.

[b] **22.9** *Salomão* tem um som parecido com o termo hebraico que significa "paz" e provavelmente é derivado dele.

[c] **22.14** Em hebraico, *100 mil talentos de ouro, 1 milhão de talentos de prata.*

mãos, e agora estão sujeitas ao Senhor e ao
seu povo. 19 Agora busquem o Senhor, seu
Deus, de todo o coração e de toda a alma.
Construam o santuário do Senhor Deus, a
fim de trazer a arca da aliança do Senhor e
os utensílios sagrados para o templo edificado em honra ao nome do Senhor."

DEVERES DOS LEVITAS

23 Quando Davi já era bem idoso, nomeou seu filho Salomão rei sobre
Israel. 2 Convocou todos os líderes de Israel, e também os sacerdotes e os levitas.
3 Foram contados os levitas com 30 anos
ou mais, e o total chegou a 38 mil. 4 De todos os levitas, 24 mil foram designados
para supervisionar o trabalho no templo
do Senhor, 6 mil para ser oficiais e juízes,
5 4 mil para ser guardas das portas e 4 mil
para louvar o Senhor com os instrumentos
musicais que Davi fez para esse fim. 6 Davi
dividiu os levitas em grupos com os nomes dos clãs descendentes dos três filhos
de Levi: Gérson, Coate e Merari.

OS GERSONITAS

7 Os descendentes de Gérson foram: Libni[a]
e Simei, filhos de Gérson. 8 Os três filhos
de Libni foram: Jeiel, o chefe da família,
Zetã e Joel. 9 Esses foram os chefes da
família de Libni.

Três descendentes de Simei foram:
Selemote, Haziel e Harã. 10 Outros quatro descendentes de Simei foram: Jaate,
Ziza,[b] Jeús e Berias. 11 Jaate era o chefe da
família, e Ziza, o segundo. Jeús e Berias
foram contados como uma só família,
pois nenhum dos dois teve muitos filhos.

OS COATITAS

12 Quatro descendentes de Coate foram:
Anrão, Isar, Hebrom e Uziel.

13 Os filhos de Anrão foram: Arão e Moisés.
Arão e seus descendentes foram separados para consagrar as coisas santíssimas,
queimar incenso na presença do Senhor,
servi-lo e pronunciar bênçãos em seu
nome para sempre.

14 Quanto a Moisés, homem de Deus,
seus filhos foram contados com a tribo
de Levi. 15 Os filhos de Moisés foram:
Gérson e Eliézer. 16 Um dos descendentes de Gérson foi Sebuel, chefe da
família. 17 Eliézer teve apenas um filho,
Reabias, o chefe da família. Reabias teve
muitos descendentes.

18 Um dos descendentes de Isar foi
Selomite, chefe da família.

19 Os descendentes de Hebrom foram:
Jerias, o chefe da família, Amarias, o segundo, Jaaziel, o terceiro, e Jecameão,
o quarto.

20 Os descendentes de Uziel foram: Mica,
o chefe da família, e Issias, o segundo.

OS MERARITAS

21 Os descendentes de Merari foram: Mali
e Musi.

Os filhos de Mali foram: Eleazar e Quis.
22 Eleazar morreu sem ter filhos; teve apenas filhas. Suas filhas se casaram com os
primos delas, os filhos de Quis.

23 Três descendentes de Musi foram: Mali,
Éder e Jeremote.

24 Estes foram os descendentes de Levi
conforme seus clãs, os chefes de suas famílias, registrados por nome. Cada um
precisava ter 20 anos ou mais a fim de se
qualificar para o serviço na casa do Senhor.
25 Pois Davi disse: "O Senhor, Deus de
Israel, nos deu paz e habitará sempre em
Jerusalém. 26 Os levitas não precisam mais
carregar o tabernáculo nem seus utensílios de um lugar para outro". 27 De acordo
com as últimas instruções de Davi, foram
registrados para o serviço todos os levitas
de 20 anos ou mais.

28 O trabalho dos levitas era ajudar os sacerdotes, os descendentes de Arão, no serviço da casa do Senhor. Também cuidavam
dos pátios e das salas laterais, ajudavam
a realizar as cerimônias de purificação e
serviam na casa de Deus de várias outras
maneiras. 29 Eram encarregados dos pães
da presença colocados sobre a mesa, da
farinha da melhor qualidade para as ofertas de cereais, dos bolos sem fermento,
dos pães assados em azeite e da mistura
das massas. Eram responsáveis, ainda,

[a] **23.7** Em hebraico, *Ladã* (tb. em 23.8,9), variação de Libni; comparar com 6.17.

[b] **23.10** Conforme a Septuaginta e a Vulgata (ver tb. 23.11); o hebraico traz *Zina*.

por verificar todos os pesos e medidas.
30 Todas as manhãs e todas as tardes,
apresentavam-se diante do SENHOR para
entoar cânticos de ação de graças e lou-
vor. 31 Ajudavam nos holocaustos ofereci-
dos ao SENHOR nos sábados, nas festas de
lua nova e em todas as outras festas fixas.
O número requerido de levitas estava sem-
pre de serviço na presença do SENHOR, e se-
guiam todos os procedimentos que lhes
haviam sido prescritos.

32 E assim, sob a supervisão dos sacer-
dotes, os descendentes de Arão, os levitas
guardavam a tenda do encontro e o san-
tuário e cumpriam seus deveres no serviço
da casa do SENHOR.

DEVERES DOS SACERDOTES

24 Os descendentes de Arão, os sa-
cerdotes, foram divididos em
turnos para o serviço. Os filhos de Arão
foram: Nadabe, Abiú, Eleazar e Itamar.
2 Mas Nadabe e Abiú morreram antes de
seu pai e não tinham filhos. Então Eleazar e
Itamar deram continuidade ao sacerdócio.

3 Com a ajuda de Zadoque, descendente
de Eleazar, e de Aimeleque, descendente
de Itamar, Davi dividiu os descendentes
de Arão em turnos, de acordo com suas
responsabilidades. 4 Os descendentes de
Eleazar foram divididos em dezesseis tur-
nos, e os de Itamar, em oito, pois havia
mais chefes de família entre os descen-
dentes de Eleazar.

5 As tarefas foram designadas aos gru-
pos por sorteio, para que não houvesse
nenhuma preferência, pois havia entre
os descendentes de Eleazar e de Itamar
muitos líderes qualificados para servir
a Deus no santuário. 6 Semaías, filho do
levita Natanael, foi o secretário e anotou
os nomes e as tarefas na presença do
rei, dos líderes, do sacerdote Zadoque,
de Aimeleque, filho de Abiatar, e dos
chefes das famílias dos sacerdotes e
dos levitas. Os descendentes de Eleazar
e de Itamar foram designados por sor-
teio alternadamente.

7 A primeira sorte caiu para Jeoiaribe;
a segunda, para Jedaías;
8 a terceira, para Harim;
a quarta, para Seorim;
9 a quinta, para Malquias;
a sexta, para Miamim;
10 a sétima, para Hacoz;
a oitava, para Abias;
11 a nona, para Jesua;
a décima, para Secanias;
12 a décima primeira, para Eliasibe;
a décima segunda, para Jaquim;
13 a décima terceira, para Hupá;
a décima quarta, para Jesebeabe;
14 a décima quinta, para Bilga;
a décima sexta, para Imer;
15 a décima sétima, para Hezir;
a décima oitava, para Hapises;
16 a décima nona, para Petaías;
a vigésima, para Jeezquel;
17 a vigésima primeira, para Jaquim;
a vigésima segunda, para Gamul;
18 a vigésima terceira, para Delaías;
a vigésima quarta, para Maazias.

19 Cada grupo realizava as tarefas que
lhe haviam sido designadas na casa do
SENHOR, de acordo com os procedimentos
definidos por seu antepassado Arão em
obediência às ordens do SENHOR, o Deus
de Israel.

CHEFES DE FAMÍLIAS LEVITAS

20 Os outros chefes de famílias descenden-
tes de Levi foram:

Dos descendentes de Anrão: Sebuel.[a]
Dos descendentes de Sebuel: Jedias.
21 Dos descendentes de Reabias: Issias.
22 Dos descendentes de Isar: Selomite.[b]
Dos descendentes de Selomite: Jaate.
23 Dos descendentes de Hebrom: Jerias, o chefe,[c] Amarias, o segundo, Jaaziel, o terceiro, e Jecameão, o quarto.
24 Dos descendentes de Uziel: Mica.
Dos descendentes de Mica: Samir 25 e Issias, irmão de Mica.
Dos descendentes de Issias: Zacarias.
26 Dos descendentes de Merari: Mali e Musi.

---

[a] **24.20** Em hebraico, *Subael* (tb. em 1Cr 24.20b), variação de Sebuel; comparar com 23.16 e 26.24.

[b] **24.22** Em hebraico, *Selomote* (tb. em 1Cr 24.22b), variação de Selomite; comparar com 23.18.

[c] **24.23** Em hebraico, *Dos descendentes de Jerias*; comparar com 23.19.

Dos descendentes de Jaazias: Beno.
27 Dos descendentes de Merari, por Jaazias: Beno, Soão, Zacur e Ibri.
28 Dos descendentes de Mali: Eleazar, que não teve filhos.
29 Dos descendentes de Quis: Jerameel.
30 Dos descendentes de Musi: Mali, Éder e Jerimote.

Esses foram os descendentes de Levi,
de acordo com suas famílias. 31 Como os
descendentes de Arão, suas tarefas foram designadas por sorteio, sem distinção de idade nem de posição entre as famílias. As sortes foram lançadas na presença do rei Davi, de Zadoque, de Aimeleque e dos chefes das famílias dos sacerdotes e dos levitas.

RESPONSABILIDADES DOS MÚSICOS

25 Depois, Davi e os comandantes do exército nomearam homens das famílias de Asafe, Hemã e Jedutum para profetizar, com o acompanhamento de liras, harpas e címbalos. Esta é a lista de seus nomes e de suas responsabilidades:

2 Dos filhos de Asafe: Zacur, José, Netanias e Asarela. Trabalhavam sob a direção de seu pai, Asafe, que profetizava por ordem do rei.
3 Dos filhos de Jedutum: Gedalias, Zeri, Jesaías, Simei,[a] Hasabias e Matitias, seis ao todo. Trabalhavam sob a direção de seu pai, Jedutum, que profetizava com o acompanhamento da lira, dando graças e louvando o SENHOR.
4 Dos filhos de Hemã: Buquias, Matanias, Uziel, Subael,[b] Jerimote, Hananias, Hanani, Eliata, Gidalti, Romanti-Ézer,
Josbecasa, Maloti, Hotir e Maaziote.
5 Todos eram filhos de Hemã, vidente do rei, pois Deus lhe tinha dado o privilégio de ter catorze filhos e filhas, de acordo com sua promessa.

6 Todos esses homens estavam sob a direção de seus pais e serviam como músicos na casa do SENHOR. Eram responsáveis por tocar címbalos, harpas e liras na casa de Deus. Asafe, Jedutum e Hemã
se reportavam diretamente ao rei. 7 Eles
e suas famílias estavam preparados para cantar diante do SENHOR, e todos, 288 no to-
tal, eram músicos talentosos. 8 Os músicos
foram nomeados para seu serviço por sorteio, tanto jovens como idosos, mestres ou aprendizes.

9 A primeira sorte caiu para José, do clã de Asafe, e doze de seus filhos e parentes;[c]
a segunda, para Gedalias e doze de seus filhos e parentes;
10 a terceira, para Zacur e doze de seus filhos e parentes;
11 a quarta, para Zeri[d] e doze de seus filhos e parentes;
12 a quinta, para Netanias e doze de seus filhos e parentes;
13 a sexta, para Buquias e doze de seus filhos e parentes;
14 a sétima, para Asarela[e] e doze de seus filhos e parentes;
15 a oitava, para Jesaías e doze de seus filhos e parentes;
16 a nona, para Matanias e doze de seus filhos e parentes;
17 a décima, para Simei e doze de seus filhos e parentes;
18 a décima primeira, para Uziel[f] e doze de seus filhos e parentes;
19 a décima segunda, para Hasabias e doze de seus filhos e parentes;
20 a décima terceira, para Subael e doze de seus filhos e parentes;
21 a décima quarta, para Matitias e doze de seus filhos e parentes;
22 a décima quinta, para Jerimote[g] e doze de seus filhos e parentes;

[a] **25.3** Conforme um manuscrito hebraico e alguns manuscritos gregos (ver tb. 25.17); a maioria dos manuscritos hebraicos não traz *Simei.*

[b] **25.4** Em hebraico, *Sebuel*, variação de Subael; comparar com 25.20.

[c] **25.9** Conforme a Septuaginta; o hebraico não traz *e doze de seus filhos e parentes.*

[d] **25.11** Em hebraico, *Izri*, variação de Zeri; comparar com 25.3.

[e] **25.14** Em hebraico, *Jesarela*, variação de Asarela; comparar com 25.2.

[f] **25.18** Em hebraico, *Azareel*, variação de Uziel; comparar com 25.4.

[g] **25.22** Em hebraico, *Jeremote*, variação de Jerimote; comparar com 25.4.

23 a décima sexta, para Hananias e doze
de seus filhos e parentes;
24 a décima sétima, para Josbecasa e
doze de seus filhos e parentes;
25 a décima oitava, para Hanani e doze de
seus filhos e parentes;
26 a décima nona, para Maloti e doze de
seus filhos e parentes;
27 a vigésima, para Eliata e doze de seus
filhos e parentes;
28 a vigésima primeira, para Hotir e doze
de seus filhos e parentes;
29 a vigésima segunda, para Gidalti e
doze de seus filhos e parentes;
30 a vigésima terceira, para Maaziote e
doze de seus filhos e parentes;
31 a vigésima quarta, para Romanti-Ézer
e doze de seus filhos e parentes.

DEVERES DOS GUARDAS DAS PORTAS

26 Estas são as divisões dos guardas
das portas:

Dos coraítas: Meselemias, filho de Coré, da
família de Abiasafe.[a] 2 O primeiro filho
de Meselemias foi Zacarias, o segundo,
Jediael, o terceiro, Zebadias, o quarto,
Jatniel, 3 o quinto, Elão, o sexto, Joanã,
e o sétimo, Elioenai.
4 O primeiro filho de Obede-Edom foi
Semaías, o segundo, Jeozabade, o ter-
ceiro, Joá, o quarto, Sacar, o quinto,
Natanael, 5 o sexto, Amiel, o sétimo,
Issacar, e o oitavo, Peuletai. Deus havia
abençoado Obede-Edom.
6 Semaías, filho de Obede-Edom, teve fi-
lhos muito capazes, que ocuparam posi-
ções de grande autoridade no clã. 7 Estes
eram os nomes deles: Otni, Rafael,
Obede e Elzabade. Seus parentes, Eliú
e Semaquias, também foram homens
muito capazes.
8 Todos esses descendentes de Obede-
Edom, incluindo seus filhos e parentes,
62 ao todo, foram homens muito capazes
e aptos para seu trabalho.
9 Os dezoito filhos e parentes de
Meselemias também foram homens
muito capazes.
10 Os filhos de Hosa, do clã de Merari,
foram: Sinri, nomeado chefe por seu
pai, embora não fosse o mais velho,
11 Hilquias, o segundo, Tebalias, o ter-
ceiro, e Zacarias, o quarto. Os filhos e
parentes de Hosa foram treze ao todo.

12 Essas divisões de guardas das por-
tas foram feitas conforme os chefes de
suas famílias. Os guardas, como os ou-
tros levitas, serviam na casa do Senhor.
13 Foram encarregados de guardar
as portas por sorteio, de acordo com
as famílias, sem levar em conta idade
ou treinamento.
14 Meselemias[b] e seu grupo ficaram
responsáveis pela porta leste. Seu fi-
lho Zacarias, conselheiro de grande
sabedoria, ficou responsável pela porta
norte. 15 Obede-Edom ficou responsável
pela porta sul, e seus filhos, pelo depó-
sito. 16 Supim e Hosa ficaram responsá-
veis pela porta oeste e pela passagem
que dava para o templo.[c] O serviço dos
guardas foi dividido de forma igual.
17 Todos os dias, seis levitas ficavam en-
carregados da porta leste, quatro da porta
norte, quatro da porta sul, e duas duplas
do depósito. 18 Cada dia, seis ficavam
encarregados da porta oeste, quatro da
passagem que dava para o templo, e dois
do pátio.[d]
19 Essas foram as divisões dos guardas
das portas dos clãs de Coré e de Merari.

TESOUREIROS E OUTROS OFICIAIS

20 Outros levitas, sob a liderança de Aías,
eram encarregados dos tesouros da casa
de Deus e dos depósitos onde ficavam
os objetos consagrados. 21 Da família de
Libni,[e] no clã de Gérson, Jeiel[f] era o chefe.
22 Os filhos de Jeiel, Zetã e seu irmão Joel,
eram encarregados dos tesouros da casa
do Senhor.

[a] **26.1** Conforme a Septuaginta (ver tb. Êx 6.24); o hebraico traz *Asafe*.

[b] **26.14** Em hebraico, *Selemias*, variação de Meselemias; comparar com 26.2.

[c] **26.16** Ou *pela porta de Salequete, na rua de cima* (tb. em 26.18). O significado do hebraico é incerto.

[d] **26.18** Ou *da colunata*. O significado do hebraico é incerto.

[e] **26.21a** Em hebraico, *Ladã*, variação de Libni; comparar com 6.17.

[f] **26.21b** Em hebraico, *Jeieli* (tb. em 26.22), variação de Jeiel; comparar com 23.8.

23 Os líderes descendentes de Anrão,
de Isar, de Hebrom e de Uziel foram:

24 Do clã de Anrão, Sebuel foi descendente
de Gérson, filho de Moisés. Era o oficial
encarregado dos tesouros. 25 Suas ge-
rações de parentes por parte de Eliézer
foram: Reabias, Jesaías, Jorão, Zicri
e Selemote.
26 Selemote e seus parentes eram en-
carregados dos tesouros que o rei Davi,
os chefes das famílias, os generais e
capitães[a] e outros oficiais do exército
haviam dedicado ao SENHOR. 27 Esses
homens dedicaram parte dos despo-
jos que haviam obtido nas batalhas
para a manutenção da casa do SENHOR.
28 Selomote[b] e seus parentes também
cuidavam de todas as ofertas dedica-
das ao SENHOR pelo vidente Samuel, por
Saul, filho de Quis, por Abner, filho de
Ner, e por Joabe, filho de Zeruia. Eram
responsáveis, ainda, pelas demais
ofertas dedicadas ao SENHOR.
29 Do clã de Isar, Quenanias e seus filhos
receberam as responsabilidades ad-
ministrativas[c] de Israel como oficiais
e juízes.
30 Do clã de Hebrom, Hasabias e seus pa-
rentes, 1.700 homens capazes, foram en-
carregados das terras israelitas a oeste
do rio Jordão. Eram responsáveis por to-
das as questões relacionadas ao serviço
do SENHOR e do rei nessa região.
31 Também do clã de Hebrom, Jerias era
o chefe dos hebronitas, de acordo com
os registros genealógicos. No quadragé-
simo ano do reinado de Davi, fez-se uma
busca nos registros e foram encontrados
homens capazes do clã de Hebrom em
Jazer, na terra de Gileade. 32 Havia 2.700
homens capazes e chefes de família
entre os parentes de Jerias. O rei Davi
os enviou para o lado leste do Jordão
e os encarregou das tribos de Rúben e
Gade e da meia tribo de Manassés. Eram
responsáveis por todas as questões
relacionadas a Deus e ao rei.

COMANDANTES E DIVISÕES MILITARES

27 Esta é a lista dos israelitas, chefes
de família, generais e capitães[d] que
serviam o rei na supervisão das divisões
do exército de serviço a cada mês do ano.
Cada divisão tinha 24 mil homens e servia
durante um mês.

2 Jasobeão, filho de Zabdiel, era coman-
dante da primeira divisão de 24 mil
homens, de serviço durante o primei-
ro mês. 3 Era descendente de Perez e
chefe de todos os oficiais do exército
para o primeiro mês.
4 Dodai, descendente de Aoí, era coman-
dante da segunda divisão de 24 mil ho-
mens, de serviço durante o segundo mês.
Miclote era o chefe da divisão.
5 Benaia, filho do sacerdote Joiada, era co-
mandante da terceira divisão de 24 mil
homens, de serviço durante o terceiro
mês. 6 Esse Benaia comandou o grupo
militar de elite de Davi, conhecido como
os Trinta. Seu filho Amizabade era o che-
fe da divisão.
7 Asael, irmão de Joabe, era comandante
da quarta divisão de 24 mil homens, de
serviço durante o quarto mês. Asael foi
sucedido por seu filho Zebadias.
8 Sama,[e] o izraíta, era comandante da quin-
ta divisão de 24 mil homens, de serviço
durante o quinto mês.
9 Ira, filho de Iques, de Tecoa, era coman-
dante da sexta divisão de 24 mil ho-
mens, de serviço durante o sexto mês.
10 Helez, de Pelom, descendente de Efraim,
era comandante da sétima divisão de
24 mil homens, de serviço durante o
sétimo mês.
11 Sibecai, de Husate, descendente de
Zera, era comandante da oitava divisão
de 24 mil homens, de serviço durante
o oitavo mês.
12 Abiezer, de Anatote, da tribo de
Benjamim, era comandante da nona
divisão de 24 mil homens, de serviço
durante o nono mês.

[a] **26.26** Em hebraico, *comandantes de milhares e de centenas.*
[b] **26.28** Em hebraico, *Selomite*, variação de Selomote.
[c] **26.29** Ou *receberam responsabilidades externas*, ou *receberam responsabilidades fora da área do templo.*

[d] **27.1** Em hebraico, *comandantes de milhares e de centenas.*
[e] **27.8** Em hebraico, *Samute*, variação de Sama; comparar com 11.27 e 2Sm 23.25.

13 Maarai, de Netofate, descendente de Zera, era comandante da décima divisão de 24 mil homens, de serviço durante o décimo mês.

14 Benaia, de Piratom, em Efraim, era comandante da décima primeira divisão de 24 mil homens, de serviço durante o décimo primeiro mês.

15 Helede,[a] de Netofate, descendente de Otniel, era comandante da décima segunda divisão de 24 mil homens, de serviço durante o décimo segundo mês.

LÍDERES DAS TRIBOS

16 Estas foram as tribos de Israel e seus líderes:

da tribo de Rúben: Eliézer, filho de Zicri;
da tribo de Simeão: Sefatias, filho de Maaca;
17 da tribo de Levi: Hasabias, filho de Quemuel;
da tribo de Arão: o sacerdote, Zadoque;
18 da tribo de Judá: Eliú, irmão de Davi;
da tribo de Issacar: Onri, filho de Micael;
19 da tribo de Zebulom: Ismaías, filho de Obadias;
da tribo de Naftali: Jeremote, filho de Azriel;
20 da tribo de Efraim: Oseias, filho de Azazias;
da tribo de Manassés, a oeste: Joel, filho de Pedaías;
21 da tribo de Manassés, em Gileade, a leste: Ido, filho de Zacarias;
da tribo de Benjamim: Jaasiel, filho de Abner;
22 da tribo de Dã: Azareel, filho de Jeroão.

Esses foram os líderes das tribos de Israel.
23 Quando Davi fez o censo, não contou
os que tinham menos de 20 anos, pois o
Senhor havia prometido que os israelitas
seriam numerosos como as estrelas no céu.
24 Joabe, filho de Zeruia, começou o censo,
mas nunca o terminou, porque a ira de Deus
caiu sobre Israel. O número total nunca foi
anotado nos registros oficiais do rei Davi.

OFICIAIS DO REINO DE DAVI

25 Azmavete, filho de Adiel, era encarregado dos depósitos do palácio.

Jônatas, filho de Uzias, era encarregado dos depósitos nos campos, nas cidades, nos povoados e nas fortalezas.

26 Ezri, filho de Quelube, era encarregado dos trabalhadores nos campos, que cultivavam as terras.

27 Simei, de Ramá, era encarregado dos vinhedos.

Zabdi, de Sifá, era encarregado das uvas e do fornecimento de vinho.

28 Baal-Hanã, de Gederá, era encarregado das plantações de oliveiras e figueiras-bravas do rei nas colinas de Judá.[b]

Joás era encarregado dos depósitos de azeite.

29 Sitrai, de Sarom, era encarregado do gado na planície de Sarom.

Safate, filho de Adlai, era encarregado do gado nos vales.

30 Obil, o ismaelita, era encarregado dos camelos.

Jedias, de Meronote, era encarregado dos jumentos.

31 Jaziz, o hagareno, era encarregado das ovelhas.

Todos esses oficiais administravam as propriedades do rei Davi.

32 Jônatas, tio de Davi, era conselheiro
do rei, homem sábio e também escriba.
Jeiel, filho de Hacmoni, era responsável
por ensinar os filhos do rei. 33 Aitofel
era conselheiro do rei. Husai, o arquita,
era amigo do rei. 34 Aitofel foi sucedido
por Joiada, filho de Benaia, e por Abiatar.
Joabe era comandante do exército do rei.

INSTRUÇÕES DE DAVI A SALOMÃO

28 Davi convocou todos os oficiais de
Israel para irem a Jerusalém: os lí-
deres das tribos, os comandantes das divi-
sões do exército, os generais e os capitães,[c]
os administradores das propriedades e
dos rebanhos do rei, os oficiais do palácio,
os guerreiros valentes, e todos os outros
soldados do reino. 2 Davi se pôs em pé e
disse: "Meus irmãos e meu povo! Era meu
desejo construir um templo onde a arca da

[a] **27.15** Em hebraico, *Heldai*, variação de Helede; comparar com 11.30 e 2Sm 23.29.

[b] **27.28** Em hebraico, *na Sefelá*.

[c] **28.1** Em hebraico, *os comandantes de milhares e os comandantes de centenas*.

aliança do Senhor, o lugar de descanso dos
pés de nosso Deus, repousasse para sem-
pre. Fiz os preparativos necessários para
construí-lo, 3 mas Deus me disse: 'Você
não construirá um templo em honra ao
meu nome, pois é homem de guerra e der-
ramou muito sangue'.
4 "Contudo, o Senhor, o Deus de Israel,
me escolheu dentre toda a família de meu
pai para ser rei em Israel, para sempre.
Escolheu a tribo de Judá para governar
e, dentre as famílias de Judá, escolheu a
de meu pai. Dentre os filhos de meu pai,
agradou-se de me fazer rei sobre todo o
Israel. 5 E, dentre os muitos filhos que o
Senhor me deu, escolheu Salomão para
ser meu sucessor no trono de Israel e para
governar o reino do Senhor. 6 Ele me disse:
'Seu filho Salomão construirá meu templo
e meus pátios, pois eu o escolhi para ser
meu filho, e eu serei seu pai. 7 E, se ele con-
tinuar a obedecer a meus mandamentos
e estatutos, como obedece hoje, farei seu
reino durar para sempre'.
8 "Agora, portanto, com Deus como nos-
sa testemunha, e diante de todo o Israel,
a comunidade do Senhor, eu lhes digo: te-
nham o cuidado de obedecer a todos os
mandamentos do Senhor, seu Deus, para
que continuem a possuir esta boa terra
e a deixem para seus filhos como heran-
ça permanente.
9 "E você, meu filho Salomão, aprenda
a conhecer o Deus de seus antepassados.
Sirva-o de todo o coração e com a alma
alegre. Pois o Senhor vê todos os corações
e conhece todos os planos e pensamentos.
Se você o buscar, o encontrará. Mas, se você
o abandonar, ele o rejeitará para sempre.
10 Portanto, leve isto a sério. O Senhor o es-
colheu para construir um templo que sirva
de santuário. Seja forte e faça o trabalho".
11 Então Davi entregou a seu filho
Salomão as plantas do templo e de tudo
que ficava ao redor, incluindo a sala de en-
trada, os depósitos, as salas dos andares
superiores, as salas internas e o lugar
de expiação. 12 Davi também entregou
a Salomão as plantas de tudo que havia
planejado para os pátios do templo do
Senhor, das salas externas, dos tesouros e
dos depósitos para as ofertas dedicadas ao
Senhor. 13 Deu, ainda, instruções a respeito
das divisões dos sacerdotes e dos levitas,
além das responsabilidades no templo do
Senhor e das especificações para os objetos
usados no serviço do templo.
14 Davi deu instruções a respeito de
quanto ouro e quanta prata deviam ser
usados para confeccionar esses objetos
para o serviço. 15 Informou a quantidade
de ouro necessária para os candelabros e
as lâmpadas de ouro, e a quantidade de
prata necessária para os candelabros e
as lâmpadas de prata, de acordo com o
uso de cada um. 16 Especificou a quanti-
dade de ouro para a mesa sobre a qual
seriam colocados os pães da presen-
ça, e a quantidade de prata para as ou-
tras mesas.
17 Davi também especificou a quantidade
de ouro puro para os garfos, as bacias, os
jarros e as tigelas, bem como a quantida-
de de prata para as tigelas. 18 Especificou,
ainda, a quantidade de ouro refinado para
o altar de incenso. E, por fim, entregou-
-lhe o projeto para o trono do Senhor, os
querubins[a] de ouro cujas asas se esten-
diam sobre a arca da aliança do Senhor.
19 Davi disse a Salomão: "Todos os deta-
lhes dessas plantas me foram escritos sob
a direção do Senhor".
20 E continuou: "Seja forte e corajoso e
faça o trabalho. Não tenha medo nem de-
sanime, pois o Senhor Deus, meu Deus,
está com você. Ele não o deixará nem
o abandonará durante toda a constru-
ção do templo do Senhor. 21 As divisões
dos sacerdotes e dos levitas servirão no
templo do Senhor. Outros, com todo tipo
de habilidade, se oferecerão para aju-
dar, e os oficiais e todo o povo estarão às
suas ordens".

OFERTAS PARA A CONSTRUÇÃO DO TEMPLO

29 O rei Davi se voltou para toda a co-
munidade e disse: "Meu filho Salo-
mão, que Deus escolheu, ainda é jovem e
inexperiente. O trabalho que ele tem pela
frente é enorme, pois o templo que ele
construirá não será para meros humanos,

[a] **28.18** Em hebraico, *para a carruagem de ouro do querubim.*

Os frutos de cada um devem ter Deus como destinatário, não as pessoas; eles são a prova de que a nossa vida de fato cumpre um propósito.

mas para o SENHOR Deus. 2 Usando todos os recursos a meu dispor, juntei o que pude para a construção do templo de meu Deus. Agora, há ouro, prata, bronze, ferro e madeira suficientes, bem como grandes quantidades de ônix e outras pedras preciosas, joias caras, todo tipo de pedra da melhor qualidade e mármore.

3 "E agora, por causa de minha alegria com a construção do templo de meu Deus, entrego todos os meus tesouros pessoais, ouro e prata, para ajudar na construção, além de todos os materiais que juntei para o santo templo. 4 Ofereço 105 toneladas de ouro de Ofir e 245 toneladas de prata[a] refinada para revestir as paredes das construções, 5 e para os outros trabalhos em ouro e prata a serem feitos pelos artesãos. Quem seguirá meu exemplo e entregará, hoje, ofertas ao SENHOR?".

6 Então os chefes das famílias, os líderes das tribos, os generais e os capitães,[b] e os administradores do rei ofertaram voluntariamente. 7 Para a construção do templo de Deus, entregaram 175 toneladas de ouro, 10.000 peças de ouro, 350 toneladas de prata, 630 toneladas de bronze e 3.500 toneladas de ferro.[c] 8 Também contribuíram com pedras preciosas, que foram guardadas no tesouro da casa do SENHOR, sob os cuidados de Jeiel, descendente de Gérson. 9 O povo se alegrou com as ofertas, pois as entregou ao SENHOR voluntariamente e de todo o coração, e o rei Davi também se encheu de alegria.

ORAÇÃO DE LOUVOR DE DAVI

10 Então Davi louvou o SENHOR na presença de toda a comunidade:

"Ó SENHOR, Deus de nosso antepassado Israel,[d] louvado sejas para sempre! 11 Ó SENHOR, a ti pertencem a grandeza, o poder, a glória, a vitória e a majestade. Tudo que há nos céus e na terra é teu, ó SENHOR, e este é teu reino. Tu estás acima de tudo. 12 Riqueza e honra vêm somente de ti, pois tu governas sobre tudo. Poder e força estão em tuas mãos, e cabe a ti exaltar e dar força.

13 "Ó nosso Deus, damos graças e louvamos teu nome glorioso! 14 Mas quem sou eu, e quem é meu povo, para que pudéssemos te dar alguma coisa? Tudo que temos vem de ti, e demos apenas o que primeiro de ti recebemos! 15 Somos estrangeiros e peregrinos na terra, como nossos antepassados antes de nós. Nossos dias na terra são como uma sombra, passam rápido, sem deixar vestígio.

16 "Ó SENHOR, nosso Deus, até mesmo estes materiais que juntamos para construir um templo em honra ao teu nome santo vêm de ti! Tudo pertence a ti! 17 Eu sei, meu Deus, que examinas nosso coração e te regozijas quando nele encontras integridade. Tu sabes que fiz tudo isso com boas intenções e vi teu povo entregar ofertas voluntariamente e com alegria.

18 "Ó SENHOR, o Deus de nossos antepassados Abraão, Isaque e Israel, leva teu povo a sempre desejar te obedecer. Mantém o coração deles sempre leal a ti. 19 Dá a meu filho Salomão o desejo sincero de obedecer a todos os teus mandamentos, preceitos e decretos, e de fazer todo o necessário a fim de construir este templo, para o qual realizei estes preparativos".

20 Então Davi disse a toda a comunidade: "Louvem o SENHOR, seu Deus!". E toda a comunidade louvou o SENHOR, o Deus de seus antepassados, e eles se prostraram e se ajoelharam diante do SENHOR e do rei.

SALOMÃO É PROCLAMADO REI

21 No dia seguinte, trouxeram mil novilhos, mil carneiros e mil cordeiros e os apresentaram ao SENHOR como sacrifícios e holocaustos. Também trouxeram ofertas derramadas e muitos outros sacrifícios em favor de todo o Israel. 22 Naquele dia,

a **29.4** Em hebraico, *3.000 talentos de ouro de Ofir e 7.000 talentos de prata.*

b **29.6** Em hebraico, *os comandantes de milhares e os comandantes de centenas.*

c **29.7** Em hebraico, *5.000 talentos de ouro, 10.000 dáricos* [uma moeda persa], *10.000 talentos de prata, 18.000 talentos de bronze e 100.000 talentos de ferro.*

d **29.10** *Israel* é o nome que Deus deu a Jacó.

festejaram e comeram na presença do
Senhor com grande alegria.

Mais uma vez, proclamaram Salomão,
filho de Davi, como rei. Ungiram Salomão
diante do Senhor, como seu líder, e ungi-
ram Zadoque como sacerdote. 23 Salomão
se sentou no trono do Senhor em lugar de
seu pai, Davi. Foi bem-sucedido em tudo, e
todo o Israel lhe obedecia. 24 Todos os ofi-
ciais, os guerreiros e os filhos de Davi
prometeram ser leais ao rei Salomão.
25 O Senhor exaltou Salomão diante de
todo o Israel e lhe deu mais esplendor que
qualquer outro rei de Israel antes dele.

RESUMO DO REINADO DE DAVI

26 Davi, filho de Jessé, reinou sobre todo o
Israel. 27 Reinou em Israel por quarenta anos,
sete anos em Hebrom e 33 em Jerusalém.
28 Morreu em boa velhice, depois de
desfrutar uma vida longa, cheia de riqueza
e honra. Seu filho Salomão foi seu sucessor.

29 Todos os acontecimentos do reinado
de Davi, do início ao fim, estão escritos
no *Registro do Vidente Samuel*, no *Registro
do Profeta Natã* e no *Registro do Vidente
Gade*, 30 incluindo os grandes feitos de seu
reinado e tudo que aconteceu com ele, com
Israel e com todos os reinos vizinhos.

Livros Históricos

Livro 14 com

2Crônicas

36 CAPÍTULOS

SIGNIFICADO DO TÍTULO

Junto com 1Crônicas, na Bíblia hebraica, 2Crônicas é conhecido como *Divrei HaYamim*, traduzido por "as palavras dos dias" ou "os eventos dos dias". O título "Crônicas" é derivado do grego *paralipomenon*, que significa "coisas omitidas" ou "restantes dos atos", por seu caráter complementar aos relatos de Samuel e Reis.

AUTORIA

Não se sabe. A tradição considera o escriba Esdras como autor, o qual teria compilado os registros históricos após o cativeiro babilônico (Ed 7.6,10), com o intuito de fortalecer a identidade religiosa e nacional do povo de Israel após o exílio.

OBJETIVO DO LIVRO

2Crônicas continua a história iniciada em 1Crônicas, focando os reinados dos reis de Judá, desde Salomão até o cativeiro babilônico. O livro pretende exortar o povo à fidelidade a Deus, destacando as consequências da obediência e da desobediência.

ESTRUTURA DO LIVRO

- ★ Reinado de Salomão 2Cr 1—9
- ★ Reinado de Roboão 2Cr 10 — 12
- ★ Reinados de Abias, Asa, Josafá, Jeorão, Acazias e Atalia 2Cr 13—24
- ★ Reinados de Joás, Amazias, Uzias, Jotão, Acaz e Ezequias 2Cr 25—32
- ★ Reinados de Manassés, Amom, Josias, Jeoacaz, Jeoaquim, Joaquim e Zedequias 2Cr 33—36

TEMAS DE 2CRÔNICAS

2Crônicas sublinha a centralidade do templo e do culto a Deus, além de destacar a importância da obediência à Lei. O livro demonstra como a fidelidade dos reis influenciava a bênção ou o julgamento divino sobre a nação.

2CRÔNICAS E CRISTO

A dedicação do templo por Salomão (2Cr 6—7) prefigura a obra de Jesus como o verdadeiro templo de Deus (Jo 2.19-21). Além disso, a promessa de um reinado eterno por meio da linhagem de Davi aponta para o reino eterno de Cristo (Mt 1.1; Lc 1.32-33).

SALOMÃO PEDE SABEDORIA

1 Salomão, filho de Davi, estabeleceu firme controle sobre seu reino, pois o SENHOR, seu Deus, estava com ele e o tornou muito poderoso.

2 Salomão convocou todas as autoridades de Israel: os generais e capitães do exército,[a] os juízes e todos os líderes e chefes dos clãs. 3 Então conduziu toda a comunidade ao lugar de culto em Gibeom, pois ali ficava a tenda do encontro. Essa era a tenda que Moisés, servo do SENHOR, havia feito no deserto.

4 Davi tinha transportado a arca de Deus de Quiriate-Jearim para a tenda que ele havia preparado para ela em Jerusalém. 5 Mas o altar de bronze feito por Bezalel, filho de Uri e neto de Hur, ainda estava ali[b] em Gibeom, em frente ao tabernáculo do SENHOR. Então Salomão e o povo se reuniram nesse local para consultar o SENHOR.[c] 6 Na presença do SENHOR, Salomão ofereceu mil holocaustos sobre o altar de bronze, que estava na tenda do encontro.

7 Naquela noite, Deus apareceu a Salomão e lhe disse: "Peça o que quiser, e eu lhe darei".

8 Salomão respondeu a Deus: "Tu mostraste grande amor leal a meu pai, Davi, e agora me fizeste rei em seu lugar. 9 Ó SENHOR Deus, cumpre a promessa que fizeste a meu pai, Davi, pois me fizeste rei sobre um povo tão numeroso como o pó da terra! 10 Dá-me sabedoria e conhecimento para que eu os lidere bem,[d] pois quem é capaz de governar este teu grande povo?".

11 Deus disse a Salomão: "Uma vez que esse é seu desejo, e não pediu riqueza, nem bens, nem fama, nem a morte de seus inimigos, nem vida longa, mas sabedoria e conhecimento para governar bem meu povo, sobre o qual o fiz rei, 12 certamente lhe darei a sabedoria e o conhecimento que pediu. Também lhe darei riqueza, bens e fama como nenhum rei teve nem jamais terá".

13 Então Salomão voltou da tenda do encontro, no lugar de culto em Gibeom, para Jerusalém, e reinou sobre todo o Israel.

14 Salomão ajuntou muitos carros de guerra e cavalos. Possuía 1.400 carros de guerra e 12.000 cavalos. Mantinha alguns deles nas cidades designadas para guardar esses carros de guerra e outros perto dele, em Jerusalém. 15 O rei tornou a prata e o ouro tão comuns em Jerusalém como as pedras. E havia tanta madeira valiosa de cedro como as figueiras-bravas que crescem nas colinas de Judá.[e] 16 Os cavalos de Salomão eram importados do Egito[f] e da Cilícia;[g] os comerciantes do rei os adquiriam da Cilícia pelo preço de mercado. 17 Naquela época, um carro de guerra do Egito custava 600 peças[h] de prata, e um cavalo, 150 peças[i] de prata. Depois, eram exportados aos reis dos hititas e aos reis da Síria.

PREPARATIVOS PARA A CONSTRUÇÃO DO TEMPLO

2 1[j]Salomão resolveu construir um templo em honra ao nome do SENHOR, e um palácio para si próprio. 2[k]Convocou 70.000 carregadores, 80.000 homens para cortarem pedras na região montanhosa e 3.600 chefes para supervisionarem as obras.

3 Salomão enviou a seguinte mensagem a Hirão,[l] rei de Tiro:

> "Peço que me forneça madeira de cedro, como fez com meu pai, Davi, quando ele construiu seu palácio. 4 Estou para construir um templo em honra ao nome do SENHOR, meu Deus. Será um lugar consagrado para queimar incenso aromático diante dele, para apresentar os pães da presença e para oferecer holocaustos todas as manhãs e todas as tardes, nos sábados, nas luas novas e nas festas fixas estabelecidas pelo SENHOR, nosso Deus. Ele ordenou que Israel fizesse isso para sempre.

[a] **1.2** Em hebraico, *comandantes de milhares e de centenas.*
[b] **1.5a** Conforme a Septuaginta, a Vulgata e alguns manuscritos em hebraico; o Texto Massorético traz *ele colocou.*
[c] **1.5b** Em hebraico, *para consultá-lo.*
[d] **1.10** Em hebraico, *para sair e entrar diante deste povo.*
[e] **1.15** Em hebraico, *na Sefelá.*
[f] **1.16a** Possivelmente, *de Muzur*, região próxima da Cilícia; também em 1.17.
[g] **1.16b** Em hebraico, *de Cuve*, provavelmente outro nome para Cilícia.
[h] **1.17a** Em hebraico, *600 [siclos]*, cerca de 7,2 quilos.
[i] **1.17b** Em hebraico, *150 [siclos]*, cerca de 1,8 quilo.
[j] **2.1** No texto hebraico, o versículo 2.1 é numerado 1.18.
[k] **2.2** No texto hebraico, os versículos 2.2-18 são numerados 2.1-17.
[l] **2.3** Em hebraico, *Hurão*, variação de Hirão; também em 2.11.

5 "O templo que vou construir será im-
ponente, pois nosso Deus é maior
que todos os outros deuses. 6 Contu-
do, quem poderia construir uma casa
digna dele? Nem mesmo os mais al-
tos céus seriam capazes de contê-lo!
E quem sou eu para pensar em cons-
truir um templo para ele, a não ser
como lugar para queimar sacrifícios
diante dele?
7 "Portanto, envie-me um mestre artífice
competente, que saiba trabalhar com
ouro, prata, bronze, ferro, com tecido
púrpura, vermelho e azul, que seja
habilidoso para fazer entalhes e que
trabalhe com os artífices de Judá e Je-
rusalém que meu pai, Davi, escolheu.
8 "Mande-me, também, madeira de
cedro, cipreste e sândalo[a] do Líba-
no, pois sei que ninguém no Líba-
no corta madeira como seus servos.
Enviarei meus servos para ajudá-los.
9 Será necessária muita madeira, pois
o templo que vou construir será gran-
de e imponente. 10 Como pagamento
a seus cortadores de madeira, envia-
rei vinte mil cestos grandes de trigo
batido, vinte mil cestos grandes de
cevada,[b] vinte mil tonéis de vinho e
vinte mil tonéis de azeite".[c]

11 Hirão, rei de Tiro, enviou esta resposta
a Salomão:

"O Senhor ama seu povo, por isso o
fez rei sobre ele! 12 Louvado seja o
Senhor, o Deus de Israel, que criou
os céus e a terra! Ele deu ao rei Davi
um filho sábio, que tem inteligência
e entendimento, e que construirá um
templo para o Senhor e um palácio
para si próprio.
13 "Envio-lhe Hurão-Abi, mestre artífi-
ce muito talentoso. 14 Sua mãe é da
tribo de Dã, em Israel, e seu pai é de
Tiro. Ele tem habilidade para traba-
lhar com ouro, prata, bronze e ferro,
e também com pedra, madeira, teci-
do púrpura, vermelho e azul e linho
fino. É habilidoso para fazer entalhes
e capaz de executar qualquer projeto
que você lhe der. Ele trabalhará com
seus artífices e com os homens indi-
cados por meu senhor Davi, seu pai.
15 "Agora, envie o trigo, a cevada, o azei-
te e o vinho, conforme meu senhor
mencionou. 16 Cortaremos toda a ma-
deira necessária das montanhas do Lí-
bano, colocaremos as toras em balsas
e as faremos flutuar ao longo da costa
do mar Mediterrâneo[d] até Jope. Dali
você as transportará até Jerusalém".

17 Salomão fez um censo de todos os es-
trangeiros na terra de Israel, como o censo
que seu pai, Davi, havia feito, e descobriu
que eram 153.600. 18 Designou 70.000 de-
les como carregadores, 80.000 como cor-
tadores de pedra na região montanhosa
e 3.600 como chefes para supervisionar
a obra.

SALOMÃO CONSTRÓI O TEMPLO

3 Então Salomão começou a construir
o templo do Senhor em Jerusalém, no
monte Moriá, onde o Senhor havia apareci-
do a seu pai, Davi. O templo foi construído
na eira de Araúna,[e] o jebuseu, o local es-
colhido por Davi. 2 A construção começou
no segundo dia do segundo mês[f] do quar-
to ano do reinado de Salomão.
3 O alicerce do templo de Deus construí-
do por Salomão tinha 27 metros de com-
primento e 9 metros de largura,[g] conforme
a medida antiga.[h] 4 A sala de entrada na
frente do templo media 9 metros[i] de largu-
ra, a mesma largura do templo, e 9 metros
de altura.[j] Salomão revestiu seu interior
com ouro puro.

[a] **2.8** Ou *junípero.*
[b] **2.10a** Em hebraico, *20.000 coros de trigo batido, 20.000 coros de cevada,* cerca de 4.400.000 litros, respectivamente.
[c] **2.10b** Em hebraico, *20.000 batos de vinho e 20.000 batos de azeite,* cerca de 420.000 litros, respectivamente.
[d] **2.16** Em hebraico, *do mar.*
[e] **3.1** Em hebraico, *Ornã,* variação de Araúna; comparar com 2Sm 24.16.
[f] **3.2** Esse dia do antigo calendário lunar hebraico caía em abril ou maio.
[g] **3.3a** Em hebraico, *60 côvados de comprimento e 20 côvados de largura.*
[h] **3.3b** A "medida antiga" era o côvado de 45 centímetros; a medida nova era o côvado real, de 53 centímetros.
[i] **3.4a** Em hebraico, *20 côvados*; também em 3.8,11,13.
[j] **3.4b** Conforme alguns manuscritos gregos e siríacos, que trazem *20 côvados*; o hebraico traz *120 côvados,* isto é, 54 metros.

5 Cobriu todas as paredes do salão principal do templo com madeira de cipreste revestida com ouro puro e enfeitada com entalhes de palmeiras e de correntes. 6 Enfeitou as paredes do templo com pedras preciosas e com ouro da terra de Parvaim. 7 Revestiu com ouro as vigas, os batentes, as paredes e as portas de todo o templo e entalhou nas paredes figuras de querubins.

8 Fez o lugar santíssimo com 9 metros de largura, a mesma largura do templo, e 9 metros de comprimento. Revestiu seu interior com 21 toneladas[a] de ouro puro. 9 Cada um dos pregos de ouro pesava 600 gramas.[b] Também revestiu com ouro as paredes das salas superiores.

10 Fez duas figuras em forma de querubins, as revestiu com ouro e as colocou no lugar santíssimo. 11 As asas abertas dos querubins mediam, juntas, 9 metros. Uma das asas do primeiro querubim media 2,25 metros[c] e tocava a parede do templo. A outra asa, que também media 2,25 metros, tocava a asa do segundo querubim. 12 De igual modo, uma das asas do segundo querubim media 2,25 metros e tocava a parede oposta. A outra asa, que também media 2,25 metros, tocava a asa do primeiro querubim. 13 Portanto, as asas abertas dos querubins mediam, juntas, 9 metros. Os querubins ficavam em pé, de frente para o salão principal do templo.

14 Na entrada do lugar santíssimo, colocou uma cortina de linho fino, enfeitada com fio azul, púrpura e vermelho, e bordada com figuras de querubins.

15 Para a frente do templo, fez duas colunas, cada uma com 8,1 metros[d] de altura e com um capitel de 2,25 metros de altura. 16 Fez conjuntos de correntes entrelaçadas[e] e os colocou para enfeitar o alto das colunas. Também fez cem romãs decorativas e as prendeu às correntes. 17 Depois, levantou as duas colunas na frente do templo, uma ao sul da entrada e outra ao norte. Chamou a coluna ao sul de Jaquim, e a coluna ao norte, de Boaz.[f]

A MOBÍLIA DO TEMPLO

4 Salomão[g] também fez um altar de bronze com 9 metros de comprimento, 9 metros de largura e 4,5 metros de altura.[h] 2 Depois, fundiu um grande tanque redondo, chamado Mar. O tanque media 4,5 metros de uma borda à outra, 2,25 metros de profundidade e 13,5 metros de circunferência.[i] 3 Logo abaixo da borda, tinha ao seu redor duas fileiras de figuras semelhantes a touros. Havia cerca de vinte figuras por metro[j] em toda a circunferência, formando uma única peça de fundição com o tanque.

4 O tanque ficava apoiado sobre doze touros, todos voltados para fora: três voltados para o norte, três para o oeste, três para o sul e três para o leste. 5 As paredes do tanque tinham oito centímetros[k] de espessura, e sua borda se projetava para fora como uma taça, semelhante a um lírio. Tinha capacidade para cerca de sessenta mil litros[l] de água.

6 Fez também dez pias menores para lavar os utensílios para os holocaustos. Colocou cinco do lado sul e cinco do lado norte. Os sacerdotes, porém, se lavavam no tanque chamado Mar.

7 Fez dez candelabros de ouro, de acordo com as especificações que havia recebido, e os colocou no templo, cinco do lado sul e cinco do lado norte.

8 Fez dez mesas e as colocou no templo, cinco do lado sul e cinco do lado norte. Também fez cem bacias de ouro.

9 Depois, construiu o pátio dos sacerdotes e o grande pátio externo. Fez portas para as entradas dos pátios e as revestiu com bronze. 10 O grande tanque de bronze chamado Mar foi colocado perto do canto sudeste do templo.

[a] **3.8** Em hebraico, *600 talentos.*
[b] **3.9** Em hebraico, *50 siclos.*
[c] **3.11** Em hebraico, *5 côvados*; também em 3.11b,12,15.
[d] **3.15** Conforme a versão siríaca (ver tb. 1Rs 7.15; 2Rs 25.17; Jr 52.21), que traz *18 côvados*; o hebraico traz *35 côvados*, isto é, 15,7 metros.
[e] **3.16** Em hebraico, *Fez correntes no santuário interno.* O significado do hebraico é incerto.
[f] **3.17** *Jaquim* provavelmente significa "ele estabelece"; Boaz provavelmente significa "nele há força".
[g] **4.1a** Ou *Hurão-Abi*; o hebraico traz *Ele.*
[h] **4.1b** Em hebraico, *20 côvados de comprimento, 20 côvados de largura e 10 côvados de altura.*
[i] **4.2** Em hebraico, *10 côvados de uma borda à outra, 5 côvados de profundidade e 30 côvados de circunferência.*
[j] **4.3** Em hebraico, *10 para cada côvado.*
[k] **4.5a** Em hebraico, *1 palmo menor.*
[l] **4.5b** Em hebraico, *3.000 batos.*

11 Hurão-Abi também fez as bacias, pás e
tigelas necessárias.
Assim, Hurão-Abi terminou tudo que o
rei Salomão havia ordenado que ele fizes-
se para o templo de Deus:

12 as duas colunas;
os dois capitéis em forma de taça no alto
das colunas;
os dois conjuntos de correntes entrelaça-
das que enfeitavam os capitéis;
13 as quatrocentas romãs penduradas
nas correntes dos capitéis (duas filei-
ras de romãs para cada conjunto de
correntes que enfeitavam os capitéis
no alto das colunas);
14 as bases móveis para levar água com
as pias;
15 o Mar e os doze bois debaixo dele;
16 os baldes das cinzas, as pás, os garfos
de carne e os demais utensílios.

Hurão-Abi fez todos esses utensílios de
bronze polido para o templo do Senhor,
conforme as instruções do rei Salomão.
17 O rei ordenou que fossem fundidos em
moldes de barro no vale do Jordão, entre
Sucote e Zaretã.[a] 18 Salomão usou uma
quantidade tão grande de bronze que seu
peso não pôde ser medido.
19 Salomão também fez toda a mobília
para o templo de Deus:

o altar de ouro;
as mesas para os pães da presença;
20 os candelabros e suas lâmpadas de ouro
maciço, para serem acesas diante do lu-
gar santíssimo, conforme determinado;
21 os enfeites de flores, as lâmpadas e as
tenazes, todos do ouro mais puro;
22 os cortadores de pavio, as tigelas,
as colheres e os incensários, todos de
ouro maciço;
as dobradiças das portas de entrada do
lugar santíssimo e do salão principal
do templo, revestidas com ouro.

5 Assim, o rei Salomão concluiu toda a
sua obra no templo do Senhor. Então
trouxe todos os presentes que seu pai,
Davi, havia consagrado — a prata, o ouro
e os diversos objetos — e os guardou na
tesouraria do templo de Deus.

O TRANSPORTE DA ARCA PARA O TEMPLO

2 Em seguida, Salomão mandou chamar a
Jerusalém todas as autoridades de Israel e
todos os líderes das tribos, os chefes das
famílias israelitas. Eles levariam a arca
da aliança do Senhor do lugar onde esta-
va, na Cidade de Davi, também conhecida
como Sião, para o templo. 3 Todos os ho-
mens de Israel se reuniram diante do rei
durante a Festa das Cabanas, celebrada
anualmente no sétimo mês.[b]
4 Quando todos os líderes de Israel chega-
ram, os levitas ergueram a arca. 5 Os sacer-
dotes e os levitas levaram a arca do Senhor,
junto com a tenda do encontro[c] e todos os
seus utensílios sagrados. 6 Ali, diante da
arca, o rei Salomão e toda a comunidade de
Israel ofereceram tantos sacrifícios de ove-
lhas e bois que não puderam ser contados.
7 Então os sacerdotes levaram a arca da
aliança do Senhor para o santuário interno
do templo, o lugar santíssimo, e a coloca-
ram sob as asas dos querubins. 8 Os queru-
bins tinham as asas abertas sobre a arca, e
elas cobriam a arca e as varas usadas para
transportá-la. 9 Essas varas eram tão com-
pridas que suas pontas podiam ser vistas
do lugar santo,[d] diante do lugar santíssi-
mo, mas não de fora; e estão ali até hoje.
10 Na arca havia só as duas tábuas de pedra
que Moisés tinha colocado dentro dela no
monte Sinai,[e] onde o Senhor fez uma alian-
ça com os israelitas depois que eles saíram
da terra do Egito.
11 Então os sacerdotes saíram do lugar
santo. Todos eles haviam se purificado,
estivessem ou não de serviço naquele
dia. 12 E os levitas que eram músicos —
Asafe, Hemã, Jedutum, e todos os seus
filhos e parentes — vestiam roupas de

[a] **4.17** Conforme o texto paralelo em 1Rs 7.46; o hebraico traz *Zeredá*.

[b] **5.3** Em hebraico, *durante a festa no sétimo mês*. A Festa das Cabanas começava no décimo quinto dia do sétimo mês do antigo calendário lunar hebraico. Esse dia caía no final de setembro, em outubro, ou no início de novembro.

[c] **5.5** Isto é, a tenda mencionada em 2Sm 6.17 e 1Cr 16.1.

[d] **5.9** Conforme alguns manuscritos hebraicos e a Septuaginta (ver tb. 1Rs 8.8); o Texto Massorético traz *da arca*.

[e] **5.10** Em hebraico, *Horebe*, outro nome para o Sinai.

linho fino e estavam em pé do lado leste do altar, tocando címbalos, liras e harpas. Cento e vinte sacerdotes tocando trombetas os acompanhavam. 13 Os que tocavam trombetas e os cantores, em uníssono, louvaram e agradeceram ao SENHOR. Acompanhados de trombetas, címbalos e outros instrumentos, levantaram as vozes e louvaram o SENHOR com estas palavras:

"Ele é bom!
Seu amor dura para sempre!".

Nesse momento, uma densa nuvem encheu o templo do SENHOR. 14 Com isso, os sacerdotes não puderam dar continuidade a seus serviços, pois a presença gloriosa do SENHOR encheu o templo de Deus.

SALOMÃO LOUVA O SENHOR

6 Então Salomão orou: "Ó SENHOR, tu disseste que habitarias numa densa nuvem. 2 Agora, construí para ti um templo majestoso, um lugar para habitares para sempre!".

3 Então o rei se voltou para toda a comunidade de Israel que estava em pé diante dele e abençoou o povo. 4 Em seguida, orou: "Louvado seja o SENHOR, o Deus de Israel, que cumpriu o que prometeu a meu pai, Davi, pois lhe disse: 5 'Desde o dia em que tirei meu povo da terra do Egito, não escolhi nenhuma cidade das tribos de Israel como lugar onde deveria ser construído um templo em honra ao meu nome. Também não escolhi um líder para meu povo, Israel. 6 Agora, porém, escolhi Jerusalém como lugar para que meu nome seja honrado, e escolhi Davi para reinar sobre Israel, meu povo'".

7 Salomão disse: "Meu pai, Davi, queria construir este templo em honra ao nome do SENHOR, o Deus de Israel. 8 Mas o SENHOR lhe disse: 'Sua intenção de construir um templo em honra ao meu nome é boa, 9 mas essa tarefa não caberá a você. Um de seus filhos construirá o templo em honra ao meu nome'.

10 "O SENHOR cumpriu sua promessa, pois eu sou o sucessor de meu pai, Davi, e agora ocupo o trono de Israel, como o SENHOR havia prometido. Construí este templo em honra ao nome do SENHOR, o Deus de Israel, 11 e coloquei nele a arca que contém a aliança que o SENHOR fez com os israelitas".

ORAÇÃO DE DEDICAÇÃO DO TEMPLO

12 Então Salomão se pôs diante do altar do SENHOR, na presença de toda a comunidade de Israel, e levantou as mãos para orar. 13 Ele havia feito uma plataforma de bronze com 2,25 metros de comprimento, 2,25 metros de largura e 1,35 metro de altura,[a] e a havia colocado no centro do pátio externo do templo. Ficou em pé na plataforma e depois ajoelhou-se diante de toda a comunidade de Israel. Levantou as mãos para o céu 14 e orou:

"Ó SENHOR, o Deus de Israel, não há Deus
como tu em cima, nos céus, nem embaixo, na terra. Tu guardas a tua aliança e mostras amor leal àqueles que andam diante de ti de todo o coração.
15 Cumpriste tua promessa a teu servo Davi, meu pai. Fizeste essa promessa com a tua própria boca e hoje a cumpriste com as tuas próprias mãos.

16 "Agora, ó SENHOR, o Deus de Israel, cumpre a outra promessa que fizeste a teu servo Davi, meu pai, quando lhe disseste: 'Se seus descendentes viverem como devem e seguirem fielmente minha lei, como você fez, sempre haverá um deles no trono de Israel'.
17 Agora, ó SENHOR, o Deus de Israel, cumpre a promessa que fizeste a teu servo Davi.

18 "Contudo, será possível que Deus habite na terra com os seres humanos? Nem mesmo os mais altos céus podem contê-lo, muito menos este templo que construí! 19 Ainda assim, ouve minha oração e minha súplica, ó SENHOR, meu Deus. Ouve o clamor e a oração que teu servo te faz hoje.
20 Guarda noite e dia este templo, o lugar no qual disseste que colocarias teu nome. Ouve sempre as orações que teu servo fizer voltado para este lugar. 21 Ouve as súplicas de teu

[a] **6.13** Em hebraico, *5 côvados de comprimento, 5 côvados de largura e 3 côvados de altura*.

servo e de Israel, teu povo, quando
oramos voltados para este lugar.
Sim, ouve-nos dos céus onde habitas
e, quando ouvires, perdoa-nos.
22 "Se alguém pecar contra outra pes-
soa, e se for exigido que faça um ju-
ramento de inocência diante do teu
altar neste templo, 23 ouve dos céus e
julga entre teus servos, entre o acusa-
dor e o acusado. Castiga o culpado e
declara justo o inocente, cada um
conforme merece.
24 "Se o teu povo, Israel, for derrotado
por seus inimigos porque pecou
contra ti, e se voltar para ti, invocar
teu nome e orar a ti neste templo,
25 ouve dos céus, perdoa o peca-
do de teu povo, Israel, e traze-o de
volta a esta terra que deste a ele e a
seus antepassados.
26 "Se o céu fechar e não houver chuva
porque o povo pecou contra ti, e se
eles orarem voltados para este tem-
plo, invocarem teu nome e se afas-
tarem de seus pecados porque tu os
castigaste, 27 ouve dos céus e perdoa
os pecados de teus servos, o teu povo,
Israel. Ensina-os a seguir o caminho
certo e envia chuva à terra que deste
por herança a teu povo.
28 "Se houver fome na terra, ou peste,
ou praga nas lavouras, ou se elas
forem atacadas por gafanhotos ou
lagartas, ou se os inimigos do teu
povo invadirem a terra e sitiarem
suas cidades, seja qual for o desas-
tre ou epidemia que ocorrer, 29 e se
alguém do teu povo, ou toda a nação
de Israel, orar a respeito de suas di-
ficuldades e aflições com as mãos
levantadas para este templo, 30 ouve
dos céus onde habitas e perdoa. Tra-
ta o teu povo como ele merece, pois
somente tu conheces o coração de
cada um. 31 Assim eles te temerão e
andarão em teus caminhos enquan-
to viverem na terra que deste a nos-
sos antepassados.
32 "No futuro, estrangeiros que não
pertencem a teu povo, Israel, ouvirão
falar de ti. Virão de terras distantes
quando ouvirem falar do teu grande
nome, da tua mão forte e do teu bra-
ço poderoso. E, quando orarem vol-
tados para este templo, 33 ouve dos
céus onde habitas e concede o que
pedem. Assim, todos os povos da ter-
ra conhecerão teu nome e te temerão,
como faz teu povo, Israel. Também
saberão que neste templo que cons-
truí teu nome é honrado.
34 "Se o teu povo sair para onde o en-
viares a fim de lutar contra seus ini-
migos, e se orarem a ti voltados para
esta cidade que escolheste e para
este templo, que construí em honra
ao teu nome, 35 ouve dos céus suas
orações e defende sua causa.
36 "Quando pecarem contra ti, pois não
há quem não peque, tua ira cairá sobre
eles e tu permitirás que seus inimigos
os conquistem e os levem como escra-
vos para terras estrangeiras, próximas
ou distantes. 37 Se caírem em si nessa
terra de exílio e se arrependerem, su-
plicando-te: 'Pecamos, praticamos o
mal e agimos perversamente', 38 e se
voltarem para ti de todo o coração e
de toda a alma na terra de seu cati-
veiro e orarem voltados para a terra
que deste a seus antepassados, para
esta cidade que escolheste e para este
templo que construí em honra ao teu
nome, 39 ouve dos céus onde habitas
suas orações e súplicas e defende
sua causa. Perdoa teu povo que pe-
cou contra ti.
40 "Ó meu Deus, olha e ouve atenta-
mente todas as orações feitas a ti
neste lugar.

41 "E, agora, levanta-te, ó Senhor Deus,
e entra neste teu lugar de descanso,
junto à arca,
o símbolo do teu poder.
Estejam teus sacerdotes,
ó Senhor Deus,
vestidos de salvação;
alegrem-se teus servos leais
em tua bondade.
42 Ó Senhor Deus, não rejeites
o rei que ungiste.
Lembra-te do teu amor leal
por teu servo Davi".

A DEDICAÇÃO DO TEMPLO

7 Quando Salomão terminou de orar, desceu fogo do céu e queimou os holocaustos e os sacrifícios, e a presença gloriosa do Senhor encheu o templo. 2 Os sacerdotes não podiam entrar no templo do Senhor, pois a presença gloriosa do Senhor havia enchido o templo. 3 Quando todos os israelitas viram o fogo descer e a presença gloriosa do Senhor encher o templo, prostraram-se com o rosto no chão, adoraram e louvaram o Senhor, dizendo:

"Ele é bom!
Seu amor dura para sempre!".

4 Então o rei e todo o povo ofereceram sacrifícios ao Senhor. 5 O rei Salomão apresentou um sacrifício de 22 mil bois e 120 mil ovelhas. Assim, o rei e todo o povo fizeram a dedicação do templo do Senhor. 6 Os sacerdotes tomaram seus lugares designados, bem como os levitas, que cantavam: "Seu amor dura para sempre!". Os levitas acompanhavam o cântico com os instrumentos musicais que o rei Davi tinha feito para louvar o Senhor. Os sacerdotes, de frente para os levitas, tocavam as trombetas, e todo o Israel estava em pé.

7 Em seguida, Salomão consagrou a parte central do pátio em frente ao templo do Senhor. Ali apresentou holocaustos e a gordura das ofertas de paz, pois o altar de bronze que ele havia construído era pequeno demais para tantos holocaustos, ofertas de cereal e gordura das ofertas de paz.

8 Durante os sete dias seguintes, Salomão e todo o Israel celebraram a Festa das Cabanas.[a] Uma grande multidão havia se reunido, de lugares distantes como Lebo-Hamate, ao norte, e o ribeiro do Egito, ao sul. 9 No oitavo dia, foi realizada uma cerimônia de encerramento, pois haviam comemorado a dedicação do altar por sete dias e a Festa das Cabanas por mais sete dias. 10 Terminada a festa,[b] Salomão mandou o povo para casa. Foram embora alegres e exultantes, pois o Senhor tinha mostrado toda a sua bondade a Davi, a Salomão e a seu povo, Israel.

A RESPOSTA DO SENHOR A SALOMÃO

11 Salomão terminou o templo do Senhor e o palácio real. Concluiu tudo que havia planejado fazer na construção do templo e do palácio. 12 Então, certa noite, o Senhor lhe apareceu e disse:

"Ouvi sua oração e escolhi este templo
como o lugar para se fazer sacrifícios.
13 Se, por vezes, eu fechar o céu para
que não chova, ou ordenar que gafanhotos devorem suas colheitas,
ou enviar pragas entre meu povo,
14 então, se meu povo, que se chama
pelo meu nome, humilhar-se e orar,
buscar minha presença e afastar-se
de seus maus caminhos, eu os ouvirei
dos céus, perdoarei seus pecados e
restaurarei sua terra. 15 Olharei e ouvirei atentamente cada oração feita
neste lugar. 16 Pois escolhi e consagrei este templo, onde meu nome
será honrado para sempre. Olharei
continuamente para ele, com todo o
meu coração.

17 "Quanto a você, se me seguir fielmente, como fez seu pai, Davi, obedecendo
a todos os meus mandamentos, decretos e estatutos, 18 estabelecerei o trono
de sua dinastia. Pois fiz esta aliança
com seu pai, Davi: 'Um de seus descendentes sempre governará Israel'.

19 "Mas, se você ou seus descendentes
me abandonarem e desobedecerem
a meus decretos e mandamentos,
seguindo e adorando outros deuses,
20 arrancarei o povo desta terra que
lhe dei. Rejeitarei este templo que
consagrei em honra ao meu nome, e
farei dele objeto de zombaria e desprezo entre as nações. 21 E, embora
este templo seja agora imponente,
todos que passarem perto dele ficarão chocados. Perguntarão: 'Por que
o Senhor fez coisas tão terríveis com
esta terra e com este templo?'.

22 "E a resposta será: 'Porque os israelitas abandonaram o Senhor, o Deus

[a] **7.8** Em hebraico, *a festa*; também em 7.9; ver nota em 5.3.
[b] **7.10** Em hebraico, *No vigésimo terceiro dia do sétimo mês.* Esse dia do antigo calendário lunar hebraico caía em outubro ou no início de novembro.

de seus antepassados, que os tirou da terra do Egito e, em lugar dele, adoraram outros deuses e se prostraram diante deles. Por isso ele trouxe sobre eles todas essas calamidades'".

AS MUITAS REALIZAÇÕES DE SALOMÃO

8 Salomão levou vinte anos para construir o templo do SENHOR e o palácio real. Depois desse tempo, 2 voltou sua atenção para a reconstrução das cidades que o rei Hirão[a] lhe tinha dado e nelas estabeleceu israelitas.

3 Salomão também lutou contra a cidade de Hamate-Zobá e a conquistou. 4 Reconstruiu Tadmor, no deserto, e construiu na região de Hamate cidades para servirem como centros de armazenamento. 5 Fortificou as cidades de Bete-Horom Alta e Bete-Horom Baixa, reconstruindo seus muros e colocando portões com trancas. 6 Também reconstruiu Baalate e outros centros de armazenamento e construiu cidades para seus carros de guerra e cavalos. Construiu tudo que desejou em Jerusalém, no Líbano e em todo o reino.

7 Ainda havia na terra habitantes que não eram israelitas: hititas, amorreus, ferezeus, heveus e jebuseus. 8 Eram descendentes das nações que os israelitas não haviam destruído completamente. Salomão os recrutou para trabalhos forçados, e é nessa condição que trabalham até hoje. 9 Mas Salomão não recrutou nenhum israelita para trabalhos forçados; eles o serviram como soldados, oficiais de seu exército, comandantes de carros de guerra e cavaleiros. 10 Nomeou 250 oficiais para supervisionarem os trabalhadores.

11 Salomão transferiu a residência de sua esposa, a filha do faraó, da Cidade de Davi para o novo palácio que ele havia construído para ela. Disse: "Minha esposa não deve morar no palácio de Davi, rei de Israel, pois a arca do SENHOR esteve ali, e é lugar sagrado".

12 Depois, Salomão ofereceu holocaustos ao SENHOR sobre o altar que havia construído para ele diante da sala de entrada do templo. 13 Conforme Moisés havia ordenado, oferecia sacrifícios aos sábados, nas festas de lua nova e nas três festas anuais: a Páscoa, a Festa da Colheita[b] e a Festa das Cabanas.

14 Segundo as instruções de seu pai, Davi, designou os turnos dos sacerdotes. Também encarregou os levitas de dirigirem o louvor e ajudarem os sacerdotes em suas responsabilidades diárias. Designou, por divisões, os guardas das portas, de acordo com as ordens de Davi, homem de Deus. 15 Todas as ordens de Davi com respeito aos sacerdotes, aos levitas e aos tesouros foram cumpridas à risca.

16 Salomão certificou-se de que fosse realizado todo o trabalho relacionado à construção do templo do SENHOR, desde o dia em que foram lançados os alicerces até a conclusão das obras.

17 Por fim, Salomão foi a Eziom-Geber e a Elate,[c] portos às margens do mar Vermelho,[d] na terra de Edom. 18 Hirão lhe enviou embarcações comandadas por seus próprios oficiais, com uma tripulação de marinheiros experientes. Essas embarcações navegaram com os marinheiros de Salomão para Ofir e trouxeram de volta para o rei Salomão 15.750 quilos[e] de ouro.

A VISITA DA RAINHA DE SABÁ

9 Quando a rainha de Sabá ouviu falar da fama de Salomão, foi até Jerusalém para pô-lo à prova com perguntas difíceis. Chegou à cidade com uma comitiva numerosa e uma imensa caravana de camelos carregados de especiarias, grande quantidade de ouro e pedras preciosas. Quando se encontrou com Salomão, conversou com ele a respeito de tudo que tinha em mente. 2 Salomão respondeu a todas as suas perguntas; nada era difícil demais para ele explicar. 3 Quando a rainha de Sabá percebeu quanto Salomão era sábio e viu o palácio que ele havia construído, 4 a comida que era servida às mesas do rei, os alojamentos e a organização de

---

[a] **8.2** Em hebraico, *Hurão*, variação de Hirão; também em 8.18.

[b] **8.13** Ou *Festa das Semanas*.

[c] **8.17a** Conforme a Septuaginta (ver tb. 2Rs 14.22; 16.6); o hebraico traz *Elote*, variação de Elate.

[d] **8.17b** Conforme o texto paralelo em 1Rs 9.26; o hebraico traz *do mar*.

[e] **8.18** Em hebraico, *450 talentos*.

seus oficiais e servos, os trajes esplêndidos que vestiam, os copeiros da corte e suas roupas, e os holocaustos[a] que Salomão oferecia no templo do SENHOR, ficou muito admirada.

5 Disse ela ao rei: "É verdade tudo que ouvi em meu país a respeito de suas realizações[b] e de sua sabedoria! 6 Não acreditava no que diziam até que cheguei aqui e vi com os próprios olhos. Aliás, não tinham me contado nem a metade a respeito de sua grande sabedoria! Vai muito além do que ouvi. 7 Como deve ser feliz o seu povo! Que privilégio para seus oficiais estarem em sua presença todos os dias, ouvindo sua sabedoria! 8 Louvado seja o SENHOR, seu Deus, que se agradou de você e o fez rei para governar para ele. Por causa do amor de Deus por Israel, e porque ele deseja estabelecer para sempre este reino, ele o fez rei para governar com justiça e retidão".

9 Então ela presenteou o rei com 4.200 quilos[c] de ouro, especiarias em grande quantidade e pedras preciosas. Nunca houve especiarias tão finas como as que a rainha de Sabá deu ao rei Salomão.

10 (Além disso, os marinheiros de Hirão e de Salomão trouxeram ouro de Ofir, madeira de sândalo[d] e pedras preciosas. 11 O rei usou a madeira de sândalo para fazer os degraus das escadas[e] do templo e do palácio real, e também liras e harpas para os músicos. Nunca se tinham visto coisas tão belas em Judá.)

12 O rei Salomão deu à rainha de Sabá tudo que ela pediu, muito mais que os presentes que ela havia trazido. Então ela e sua comitiva regressaram para sua terra.

O importante é que a Palavra de Deus a encontre, ilumine seu caminho e lhe dê sustentação.

A RIQUEZA E O ESPLENDOR DE SALOMÃO

13 A cada ano, Salomão recebia 23.300 quilos[f] de ouro, 14 sem contar a renda adicional proveniente dos mercadores e comerciantes. Todos os reis da Arábia e os governadores das províncias também lhe traziam ouro e prata.

15 O rei Salomão fez duzentos escudos grandes de ouro batido, cada um pesando 7,2 quilos.[g] 16 Também fez trezentos escudos menores de ouro batido, cada um pesando 3,6 quilos.[h] O rei colocou esses escudos no Palácio da Floresta do Líbano.

17 Então o rei fez um grande trono de marfim revestido de ouro puro. 18 O trono tinha seis degraus e um lugar de descanso para os pés feito de ouro. De cada lado do assento havia um apoio para o braço e, junto de cada apoio, a escultura de um leão. 19 Também havia outros doze leões, um de cada lado dos seis degraus. Nenhum outro trono em todo o mundo se comparava ao de Salomão.

20 Todas as taças do rei Salomão eram de ouro, e todos os utensílios do Palácio da Floresta do Líbano eram de ouro puro. Não eram de prata, pois nos dias de Salomão a prata era considerada um metal sem valor.

21 O rei tinha uma frota de navios mercantes[i] que navegavam com os marinheiros enviados por Hirão.[j] Uma vez a cada três anos, as embarcações voltavam trazendo ouro, prata, marfim, macacos e pavões.[k]

22 Salomão se tornou o mais rico e sábio de todos os reis da terra. 23 Reis de todas as nações vinham consultá-lo e ouvir a sabedoria que Deus lhe tinha dado. 24 A cada ano, os visitantes traziam presentes de prata e ouro, roupas, armas, especiarias, cavalos e mulas.

25 Salomão tinha quatro mil estábulos para seus cavalos e carros de guerra, e doze mil cavalos. Mantinha alguns deles nas cidades designadas para guardar esses carros de guerra e outros perto dele, em Jerusalém. 26 Governava sobre todos os reis, desde o rio Eufrates,[l] ao norte, até a terra dos filisteus e a fronteira do Egito, ao sul. 27 O rei tornou a prata tão comum em Jerusalém como as pedras. E havia tanta madeira valiosa de cedro como as

---

[a] **9.4** Conforme a Septuaginta e a versão siríaca (ver tb. 1Rs 10.5); o hebraico traz *e a subida*.
[b] **9.5** Em hebraico, *suas palavras*.
[c] **9.9** Em hebraico, *120 talentos*.
[d] **9.10** Ou *madeira de junípero*; também em 9.11
[e] **9.11** Ou *os portais*. O significado do hebraico é incerto.
[f] **9.13** Em hebraico, *666 talentos*.
[g] **9.15** Em hebraico, *600 [siclos]*.
[h] **9.16** Em hebraico, *300 [siclos]*.
[i] **9.21a** Em hebraico, *navios que podiam ir para Társis*.
[j] **9.21b** Em hebraico, *Hurão*, variação de Hirão.
[k] **9.21c** Ou *babuínos*.
[l] **9.26** Em hebraico, *o rio*.

figueiras-bravas que crescem nas colinas
de Judá.[a] 28 Os cavalos de Salomão eram
importados do Egito[b] e de muitos ou-
tros países.

RESUMO DO REINADO DE SALOMÃO

29 Os demais acontecimentos do reinado
de Salomão, do início ao fim, estão ano-
tados no *Registro do Profeta Natã*, na *Pro-
fecia de Aías, de Siló* e nas *Visões do Vidente
Ido*, acerca de Jeroboão, filho de Nebate.
30 Salomão reinou por quarenta anos so-
bre todo o Israel, em Jerusalém. 31 Quando
morreu e se reuniu a seus antepassados,
foi sepultado na Cidade de Davi, seu pai.
Seu filho Roboão foi seu sucessor.

AS TRIBOS DO NORTE SE REBELAM

10 Roboão foi a Siquém, onde todo o
Israel havia se reunido para pro-
clamá-lo rei. 2 Quando Jeroboão, filho de
Nebate, soube disso, voltou do Egito, para
onde havia fugido do rei Salomão. 3 Os lí-
deres de Israel convocaram Jeroboão, e ele
e todo o Israel foram falar com Roboão.
4 "Seu pai foi muito duro conosco", disse-
ram. "Alivie a carga pesada de trabalho e
de impostos altos que seu pai nos obrigou
a carregar. Então seremos seus súditos
leais."
5 Roboão respondeu: "Voltem daqui três
dias para saber minha resposta". E o povo
foi embora.
6 O rei Roboão discutiu o assunto com os
homens mais velhos que haviam sido con-
selheiros de seu pai, Salomão. "O que vo-
cês aconselham?", perguntou ele. "Como
devo responder a este povo?"
7 Eles disseram: "Se o senhor tratar este
povo com bondade, se agradá-los e lhes
der uma resposta favorável, eles serão
seus súditos leais para sempre".
8 Mas Roboão rejeitou o conselho dos
homens mais velhos e pediu a opinião
dos jovens que haviam crescido com ele
e agora o acompanhavam. 9 "O que vocês
aconselham?", perguntou ele. "Como deve-
mos responder a este povo que deseja que
eu alivie as cargas impostas por meu pai?"
10 Os jovens responderam: "Você deve di-
zer o seguinte a essa gente que diz que seu
pai foi muito duro com eles e que pede alí-
vio: 'Meu dedo mínimo é mais grosso que
a cintura de meu pai! 11 Sim, meu pai lhes
impôs cargas pesadas, mas eu as tornarei
ainda mais pesadas! Meu pai os castigou
com chicotes comuns, mas eu os castigarei
com chicotes de pontas de metal!'".[c]
12 Três dias depois, Jeroboão e todo o
povo voltaram para saber a decisão do rei,
como ele havia ordenado. 13 Roboão lhes
respondeu com aspereza, pois rejeitou
o conselho dos homens mais velhos 14 e
seguiu o conselho dos mais jovens. Dis-
se ao povo: "Meu pai lhes impôs[d] cargas
pesadas, mas eu as tornarei ainda mais
pesadas! Meu pai os castigou com chicotes
comuns, mas eu os castigarei com chicotes
de pontas de metal!".
15 Assim, o rei não atendeu o povo. Essa
mudança nos acontecimentos foi da von-
tade de Deus, pois cumpriu a mensagem
do Senhor a Jeroboão, filho de Nebate, por
meio do profeta Aías, de Siló.
16 Quando todo o Israel viu[e] que o rei não
iria atender a seu pedido, respondeu:

"Abaixo a dinastia de Davi!
O filho de Jessé nada tem
a nos oferecer!
Volte para casa, Israel!
E você, Davi, cuide de sua
própria casa!".

Então todo o povo de Israel voltou para
casa. 17 Roboão, porém, continuou a gover-
nar sobre os israelitas que moravam nas
cidades de Judá.
18 O rei Roboão enviou Adonirão,[f] en-
carregado dos trabalhos forçados, para
restaurar a ordem, mas o povo de Israel o
apedrejou até a morte. Quando essa notícia
chegou ao rei Roboão, subiu rapidamente
em sua carruagem e fugiu para Jerusalém.

[a] **9.27** Em hebraico, *na Sefelá*.
[b] **9.28** Possivelmente, *de Muzur*, região próxima da Cilícia.
[c] **10.11** Em hebraico, *com escorpiões*; também em 10.14.
[d] **10.14** Conforme a Septuaginta e alguns manuscritos hebraicos (ver tb. 1Rs 12.14); o Texto Massorético traz *Eu lhes imporei*.
[e] **10.16** Conforme a versão siríaca, a Vulgata e alguns manuscritos hebraicos (ver tb. 1Rs 12.16); o Texto Massorético não traz *viu*.
[f] **10.18** Em hebraico, *Adorão*, variação de Adonirão; comparar com 1Rs 4.6; 5.14; 12.18.

19 E até hoje as tribos do norte de Israel se recusam a ser governadas por um descendente de Davi.

A PROFECIA DE SEMAÍAS

11 Quando Roboão chegou a Jerusalém, mobilizou os homens das tribos de Judá e Benjamim, 180 mil dos melhores soldados, para guerrearem contra Israel e recuperarem o reino.

2 O Senhor, porém, disse a Semaías, homem de Deus: 3 "Diga a Roboão, filho de Salomão, rei de Judá, e a todos os israelitas em Judá e Benjamim: 4 'Assim diz o Senhor: Não lutem contra seus compatriotas. Voltem para casa, pois eu mesmo fiz isto acontecer!'". Eles obedeceram à palavra do Senhor e não lutaram contra Jeroboão.

ROBOÃO FORTIFICA JUDÁ

5 Roboão permaneceu em Jerusalém e fortificou várias cidades para defender Judá. 6 Fortificou Belém, Etã, Tecoa, 7 Bete-Zur, Socó, Adulão, 8 Gate, Maressa, Zife, 9 Adoraim, Laquis, Azeca, 10 Zorá, Aijalom e Hebrom. Essas cidades foram fortificadas em Judá e em Benjamim. 11 Roboão fortaleceu suas defesas, colocou nelas comandantes e armazenou provisões de alimento, azeite e vinho. 12 Também colocou nessas cidades escudos e lanças, fortalecendo-as ainda mais. Assim, apenas Judá e Benjamim permaneceram sob seu controle.

13 Todos os sacerdotes e levitas que moravam nas tribos do norte de Israel apoiaram Roboão. 14 Os levitas abandonaram suas pastagens e seus bens e se mudaram para Judá e Jerusalém, pois Jeroboão e seus filhos não permitiam que eles servissem ao Senhor como sacerdotes. 15 Jeroboão nomeou seus próprios sacerdotes para servirem nos santuários idólatras, onde prestavam culto aos ídolos em forma de bodes e bezerros que ele havia feito. 16 De todas as tribos de Israel, aqueles que desejavam sinceramente adorar o Senhor, o Deus de Israel, acompanharam os levitas até Jerusalém, onde podiam oferecer sacrifícios ao Senhor, o Deus de seus antepassados. 17 Fortaleceram o reino de Judá e, durante três anos, apoiaram Roboão, filho de Salomão, pois durante esse tempo seguiram fielmente os passos de Davi e de Salomão.

A FAMÍLIA DE ROBOÃO

18 Roboão se casou com sua prima Maalate, filha de Jerimote, filho de Davi. A mãe dela era Abiail, filha de Eliabe, filho de Jessé. 19 Maalate deu à luz três filhos: Jeús, Semarias e Zaão.

20 Depois Roboão se casou com Maaca, neta de Absalão. Maaca deu à luz Abias, Atai, Ziza e Selomite. 21 Roboão amava Maaca mais que a qualquer outra de suas esposas e concubinas. Ao todo, teve 18 esposas e 60 concubinas, que deram à luz 28 filhos e 60 filhas.

22 Roboão nomeou Abias, filho de Maaca, como líder entre seus irmãos e, desse modo, deixou claro que ele seria seu sucessor. 23 Com inteligência, espalhou os outros filhos por toda a terra de Judá e de Benjamim e por todas as cidades fortificadas. Deu-lhes grande quantidade de suprimentos e arranjou muitas esposas para eles.

O EGITO INVADE JUDÁ

12 Quando Roboão havia se fortalecido e se estabelecido firmemente, ele e todo o Israel abandonaram a lei do Senhor. 2 Por causa dessa infidelidade ao Senhor, no quinto ano do reinado de Roboão, Sisaque, rei do Egito, subiu e atacou Jerusalém. 3 Veio com 1.200 carros de guerra, 60.000 cavaleiros e um exército incontável de soldados de infantaria líbios, suquitas e etíopes.[a] 4 Sisaque conquistou as cidades fortificadas de Judá e avançou para atacar Jerusalém.

5 Então o profeta Semaías foi ao encontro de Roboão e dos líderes de Judá, que haviam todos fugido para Jerusalém por causa de Sisaque. Semaías lhes disse: "Assim diz o Senhor: 'Vocês me abandonaram, por isso agora eu os abandonei, entregando-os nas mãos de Sisaque'".

6 Então os líderes de Israel e o rei se humilharam e disseram: "O Senhor é justo!".

7 Quando o Senhor viu que eles se humilharam, deu a Semaías esta mensagem: "Visto que se humilharam, não os

[a] **12.3** Em hebraico, *e cuxitas*.

destruirei completamente, mas logo lhes darei algum alívio. Não usarei Sisaque para derramar minha ira sobre Jerusalém. 8 Eles, contudo, se tornarão servos dele, para que aprendam a diferença entre servir a mim e servir aos governantes da terra".

9 Então Sisaque, rei do Egito, subiu e atacou Jerusalém. Saqueou os tesouros do templo do SENHOR e do palácio real; levou tudo, incluindo os escudos de ouro que Salomão havia feito. 10 Mais tarde, o rei Roboão fez escudos de bronze para substituí-los e os confiou aos oficiais da guarda que protegiam a entrada do palácio real. 11 Sempre que o rei ia ao templo do SENHOR, os guardas levavam os escudos e, em seguida, os devolviam à sala da guarda. 12 Porque Roboão se humilhou, a ira do SENHOR se afastou dele, e ele não foi completamente destruído. Ainda havia coisas boas na terra de Judá.

RESUMO DO REINADO DE ROBOÃO

13 O rei Roboão se estabeleceu firmemente em Jerusalém e continuou a reinar. Tinha 41 anos quando começou a reinar, e reinou por dezessete anos em Jerusalém, a cidade que o SENHOR havia escolhido dentre todas as tribos de Israel como lugar para o seu nome. A mãe de Roboão se chamava Naamá e era de Amom. 14 Ele foi um rei perverso, pois não buscou o SENHOR de todo o coração.

15 Os demais acontecimentos do reinado de Roboão, do início ao fim, estão anotados no *Registro do Profeta Semaías* e no *Registro do Vidente Ido*, que fazem parte do registro genealógico. Houve guerra constante entre Roboão e Jeroboão. 16 Quando Roboão morreu e se reuniu a seus antepassados, foi sepultado na Cidade de Davi. Seu filho Abias foi seu sucessor.

A GUERRA ENTRE ABIAS E JEROBOÃO

13 No décimo oitavo ano do reinado de Jeroboão em Israel, Abias começou a reinar em Judá. 2 Reinou por três anos em Jerusalém. Sua mãe se chamava Maaca[a] e era filha de Uriel, de Gibeá.

Houve guerra entre Abias e Jeroboão. 3 Judá, sob o comando do rei Abias, foi à batalha com quatrocentos mil de seus melhores soldados, e Jeroboão reuniu oitocentos mil dos melhores soldados de Israel.

4 Quando o exército de Judá chegou à região montanhosa de Efraim, Abias ficou em pé no alto do monte Zemaraim e gritou para Jeroboão e todo o Israel: "Ouçam-me! 5 Não sabem que o SENHOR, o Deus de Israel, fez uma aliança permanente[b] com Davi e deu o trono de Israel a seus descendentes para sempre? 6 Mesmo assim, Jeroboão, filho de Nebate, servo de Salomão, filho de Davi, rebelou-se contra seu senhor. 7 Homens desocupados e perversos se juntaram a ele e conspiraram contra Roboão, filho de Salomão, quando ele era jovem, inexperiente e incapaz de enfrentá-los.

8 "Vocês acreditam, de fato, que podem resistir ao reino do SENHOR, que ele entregou aos descendentes de Davi? Seu exército é enorme, e vocês têm os bezerros de ouro que Jeroboão fez para serem seus deuses. 9 No entanto, expulsaram os sacerdotes do SENHOR, descendentes de Arão, e os levitas e nomearam seus próprios sacerdotes, como fazem as outras nações. Qualquer um que se apresente com um novilho ou sete carneiros para ser consagrado pode se tornar sacerdote de seus falsos deuses!

10 "Quanto a nós, o SENHOR é nosso Deus, e não o abandonamos. Somente os descendentes de Arão servem ao SENHOR como sacerdotes, e somente os levitas os ajudam em seu trabalho. 11 Eles apresentam holocaustos e incenso aromático ao SENHOR todas as manhãs e todas as tardes. Colocam os pães da presença sobre a mesa sagrada e todas as tardes acendem o candelabro de ouro. Nós seguimos as instruções do SENHOR, nosso Deus, mas vocês o abandonaram. 12 Podem ver, portanto, que Deus está conosco. Ele é nosso líder. Os sacerdotes dele tocam as trombetas e nos conduzem à batalha contra vocês. Ó israelitas, não lutem contra o SENHOR, o Deus

[a] **13.2** Conforme a maioria dos manuscritos gregos e a versão siríaca (ver tb. 2Cr 11.20-21; 1Rs 15.2); o hebraico traz *Micaías*, variação de Maaca.
[b] **13.5** Em hebraico, *uma aliança de sal*.

de seus antepassados, pois não serão bem-sucedidos!".

13 Enquanto isso, Jeroboão tinha mandado uma parte de seu exército dar a volta por trás do exército de Judá, formando uma emboscada. 14 Quando os homens de Judá perceberam que eram atacados pela frente e por trás, clamaram ao Senhor. Então os sacerdotes tocaram as trombetas, 15 e os homens de Judá gritaram. Ao som desse brado de guerra, Deus derrotou Jeroboão e dispersou todo o Israel diante de Abias e do exército de Judá.

16 Os israelitas fugiram dos soldados de Judá, e Deus os entregou em suas mãos. 17 Abias e seu exército lhes infligiram grandes perdas; quinhentos mil dos melhores soldados de Israel foram mortos naquele dia. 18 Nessa ocasião, portanto, o exército de Judá derrotou os israelitas, pois confiou no Senhor, o Deus de seus antepassados. 19 Abias e seu exército perseguiram os soldados de Jeroboão e conquistaram as cidades de Betel, Jesana e Efrom, e os povoados ao redor.

20 Jeroboão, rei de Israel, não recuperou seu poder enquanto Abias viveu; por fim, o Senhor feriu Jeroboão, e ele morreu. 21 Enquanto isso, Abias de Judá se tornou cada vez mais poderoso. Casou-se com 14 mulheres e teve 22 filhos e 16 filhas.

22 Os demais acontecimentos do reinado de Abias, incluindo suas palavras e seus atos, estão registrados no *Comentário do Profeta Ido*.

OS PRIMEIROS ANOS DO REINADO DE ASA

14 1[a]Quando Abias morreu e se reuniu a seus antepassados, foi sepultado na Cidade de Davi. Seu filho Asa foi seu sucessor. Houve paz na terra durante dez anos. 2[b]Asa fez o que era bom e certo aos olhos do Senhor, seu Deus. 3 Removeu os altares estrangeiros e os santuários idólatras, despedaçou as colunas sagradas e derrubou os postes de Aserá. 4 Ordenou ao povo de Judá que buscasse o Senhor, o Deus de seus antepassados, e obedecesse a suas leis e a seus mandamentos. 5 Asa também removeu os santuários idólatras e os altares de incenso de todas as cidades de Judá. Assim, o reino de Asa desfrutou um tempo de paz. 6 Nesse período, ele construiu cidades fortificadas em toda a terra de Judá. Ninguém lutou contra ele durante esses anos, pois o Senhor lhe deu descanso.

7 Asa disse ao povo de Judá: "Vamos construir essas cidades e fortificá-las com muros, torres, portões e trancas. A terra ainda é nossa porque buscamos o Senhor, nosso Deus, e ele nos deu descanso de todos os lados". Assim, eles prosseguiram com os projetos e os concluíram com êxito.

8 O rei Asa tinha um exército de 300 mil guerreiros da tribo de Judá, armados com escudos grandes e lanças. Também tinha um exército de 280 mil guerreiros da tribo de Benjamim, armados com escudos pequenos e arcos. Os dois exércitos eram formados por homens valentes.

9 Certa vez, um etíope[c] chamado Zerá atacou Judá com um exército de um milhão de soldados[d] e trezentos carros de guerra. Avançaram até a cidade de Maressa, 10 de modo que Asa saiu com seu exército para a batalha no vale ao norte de Maressa.[e] 11 Então Asa clamou ao Senhor, seu Deus: "Ó Senhor, ninguém além de ti pode ajudar os fracos contra os poderosos! Ajuda-nos, ó Senhor, nosso Deus, pois em ti confiamos. Em teu nome enfrentamos esse exército imenso. Ó Senhor, tu és nosso Deus; não permitas que simples homens prevaleçam contra ti!".

12 Então o Senhor derrotou os etíopes[f] diante de Asa e do exército de Judá, e eles fugiram. 13 Asa e seu exército os perseguiram até Gerar, e caíram tantos etíopes que não conseguiram se recuperar. Foram destruídos pelo Senhor e por seu exército, e os soldados de Judá levaram grande quantidade de despojos.

14 Enquanto estavam em Gerar, atacaram todas as cidades da região, e o terror

[a] **14.1** No texto hebraico, o versículo 14.1 é numerado 13.23.

[b] **14.2** No texto hebraico, os versículos 14.2-15 são numerados 14.1-14.

[c] **14.9a** Em hebraico, *um cuxita*.

[d] **14.9b** Ou *um exército de milhares e milhares*; o hebraico traz *um exército de mil milhares*.

[e] **14.10** Conforme a Septuaginta; o hebraico traz *no vale de Zefatá, perto de Maressa*.

[f] **14.12** Em hebraico, *os cuxitas*; também em 14.13.

do Senhor veio sobre o povo dali. Como
resultado, os soldados de Judá levaram
muitos despojos também dessas cida-
des. 15 Atacaram, ainda, os acampamentos
onde havia rebanhos e levaram muitas
ovelhas e camelos. Em seguida, voltaram
para Jerusalém.

AS REFORMAS RELIGIOSAS DE ASA

15 Então o Espírito de Deus veio sobre
Azarias, filho de Odede, 2 e ele foi
ao encontro do rei Asa. "Ouça-me, Asa!",
disse ele. "Ouça-me todo o povo de Judá e
de Benjamim! O Senhor estará com vocês
enquanto estiverem com ele! Sempre que
o buscarem, o encontrarão. Mas, se o aban-
donarem, ele os abandonará. 3 Durante
muito tempo, Israel esteve sem o verda-
deiro Deus, sem sacerdote para ensiná-los
e sem lei para instruí-los. 4 No entanto,
sempre que se viram em dificuldades e se
voltaram para o Senhor, o Deus de Israel,
e o buscaram, eles o encontraram.

5 "Naquele tempo, não era seguro viajar.
Problemas afligiam os habitantes de todas
as terras. 6 Uma nação lutava contra outra,
e uma cidade contra outra, pois Deus os
afligia com todo tipo de angústia. 7 Quan-
to a vocês, porém, sejam fortes e corajosos,
pois seu trabalho será recompensado."

8 Quando Asa ouviu essa mensagem do
profeta Azarias,[a] encheu-se de coragem
e removeu todos os ídolos repulsivos da
terra de Judá e de Benjamim e das cidades
que ele havia capturado na região monta-
nhosa de Efraim. Além disso, restaurou o
altar do Senhor, que ficava na frente da sala
de entrada do templo do Senhor.

9 Depois, Asa reuniu todo o povo de
Judá e de Benjamim, e também o povo de
Efraim, de Manassés e de Simeão que ha-
via se estabelecido entre eles. Muita gen-
te de Israel tinha se mudado para Judá no
reinado de Asa, quando viu que o Senhor,
seu Deus, estava com ele. 10 Reuniram-se
em Jerusalém no terceiro mês[b] do décimo
quinto ano do reinado de Asa.

11 Naquele dia, sacrificaram ao Senhor se-
tecentos bois e sete mil ovelhas dos despo-
jos que haviam tomado na batalha. 12 Então
fizeram um acordo de buscar o Senhor, o
Deus de seus antepassados, de todo o co-
ração e de toda a alma. 13 Concordaram que
qualquer um que não buscasse o Senhor, o
Deus de Israel, deveria morrer, jovem ou ido-
so, homem ou mulher. 14 Fizeram esse jura-
mento de lealdade ao Senhor em alta voz, ao
som de trombetas e clarins. 15 Todo o Judá
se alegrou com esse acordo, pois o fizeram
de todo o coração. Buscaram o Senhor com
sinceridade e o encontraram. E o Senhor lhes
deu descanso de todos os lados.

16 O rei Asa chegou a depor sua avó[c] Maa-
ca da posição de rainha-mãe, pois ela havia
feito um poste obsceno para a deusa Aserá.
Derrubou esse poste obsceno, o quebrou e
o queimou no vale de Cedrom. 17 Embora os
santuários idólatras não tivessem sido re-
movidos de Israel, o coração de Asa perma-
neceu inteiramente fiel durante toda a sua
vida. 18 Ele trouxe para o templo de Deus a
prata, o ouro e os diversos utensílios que ele
e seu pai haviam consagrado.

19 Não houve mais guerra até o trigésimo
quinto ano do reinado de Asa.

OS ÚLTIMOS ANOS DO REINADO DE ASA

16 No trigésimo sexto ano do reinado
de Asa, Baasa, rei de Israel, invadiu
Judá e fortificou Ramá, a fim de impedir
que qualquer um entrasse ou saísse do ter-
ritório de Asa, rei de Judá.

2 Em resposta, Asa removeu a prata e o
ouro dos tesouros do templo do Senhor e
do palácio real. Enviou a prata e o ouro a
Ben-Hadade, rei da Síria, que governava
em Damasco, com a seguinte mensagem:

> 3 "Façamos um acordo, você e eu, como
> aquele que houve entre seu pai e o
> meu. Envio-lhe prata e ouro. Rompa
> seu acordo com Baasa, rei de Israel,
> para que ele me deixe em paz".

4 Ben-Hadade aceitou a proposta do
rei Asa e enviou os comandantes de seu

---

a **15.8** Conforme a versão siríaca e a Vulgata (ver tb. 15.1); o hebraico traz *do profeta Odede*.

b **15.10** Esse mês do antigo calendário lunar hebraico caía entre os meses de maio e junho.

c **15.16** Em hebraico, *sua mãe*.

exército para atacarem as cidades de Is-
rael. Eles conquistaram Ijom, Dã, Abel-Be-
te-Maaca[a] e todas as cidades de Naftali que
serviam como centros de armazenamento.
5 Quando Baasa, rei de Israel, soube o que
havia acontecido, abandonou seu projeto
de fortificar Ramá e parou todas as obras ali.
6 Então o rei Asa ordenou aos homens de
Judá que levassem embora as pedras e
a madeira usadas por Baasa para fortifi-
car Ramá. Asa empregou esses materiais
para fortificar as cidades de Geba e Mispá.

7 Por esse tempo, o vidente Hanani foi a
Asa, rei de Judá, e lhe disse: "Uma vez que
você confiou no rei da Síria, em vez de con-
fiar no Senhor, seu Deus, perdeu a oportu-
nidade de destruir o exército do rei da Síria.
8 Você não se lembra do que aconteceu aos
etíopes,[b] aos líbios e a seu exército enor-
me, com todos os seus carros de guerra e
cavaleiros? Naquela ocasião, você confiou
no Senhor, e ele os entregou em suas mãos.
9 Os olhos do Senhor passam por toda a ter-
ra para mostrar sua força àqueles cujo co-
ração é inteiramente dedicado a ele. Como
você foi tolo! De agora em diante, haverá
guerras contra você".

10 Asa se irou tanto com o vidente por
lhe ter dito isso que mandou prendê-lo e
colocá-lo no tronco. Nessa época, Asa tam-
bém começou a oprimir duramente alguns
do povo.

RESUMO DO REINADO DE ASA

11 Os demais acontecimentos do reinado
de Asa, do início ao fim, estão registra-
dos no *Livro dos Reis de Judá e de Israel.*
12 No trigésimo nono ano de seu reinado,
Asa foi atacado por uma doença nos pés.
Embora a doença fosse muito grave,
ele não buscou a ajuda do Senhor, mas só
dos médicos. 13 Então, no quadragésimo
primeiro ano de seu reinado, morreu e se
reuniu a seus antepassados. 14 Foi sepul-
tado no túmulo que havia mandado abrir
na Cidade de Davi. Foi colocado num leito
perfumado com especiarias e vários óleos
aromáticos, e o povo fez uma imensa fo-
gueira em sua honra.

[a] **16.4** Conforme o texto paralelo em 1Rs 15.20; o hebraico traz *Abel-Maim*, outro nome para Abel-Bete-Maaca.

[b] **16.8** Em hebraico, *aos cuxitas.*

JOSAFÁ REINA EM JUDÁ

17 Josafá, filho de Asa, foi seu suces-
sor. Ele fortaleceu Judá, para que
pudesse resistir a Israel. 2 Colocou tropas
em todas as cidades fortificadas de Judá e
designou guarnições adicionais para a ter-
ra de Judá e para as cidades de Efraim que
seu pai, Asa, havia conquistado.

3 O Senhor esteve com Josafá, pois ele
seguiu o exemplo dos primeiros anos de
seu pai[c] e não adorou as imagens de Baal.
4 Buscou o Deus de seu pai e obedeceu a
seus mandamentos, em vez de seguir as
práticas perversas do reino de Israel. 5 Por
isso, o Senhor estabeleceu o controle de
Josafá sobre o reino de Judá. Todo o povo
de Judá trazia tributos a Josafá, e ele se
tornou muito rico e respeitado. 6 Compro-
meteu-se de coração a seguir os caminhos
do Senhor. Removeu de Judá os santuários
idólatras e os postes de Aserá.

7 No terceiro ano de seu reinado, enviou
seus oficiais Ben-Hail, Obadias, Zacarias,
Natanael e Micaías para ensinarem em to-
das as cidades de Judá. 8 Com eles foram
os levitas Semaías, Netanias, Zebadias,
Asael, Semiramote, Jônatas, Adonias, To-
bias e Tobe-Adonias e os sacerdotes Elisa-
ma e Jeorão. 9 Eles levaram consigo cópias
do Livro da Lei do Senhor e foram por todas
as cidades de Judá, ensinando o povo.

10 Então o temor do Senhor caiu sobre
todos os reinos vizinhos, de modo que
nenhum deles declarou guerra a Josafá.
11 Alguns filisteus trouxeram presentes e
prata como tributo, e os árabes trouxeram
7.700 carneiros e 7.700 bodes.

12 Josafá se tornou cada vez mais pode-
roso e construiu fortalezas e cidades para
servirem como centros de armazenamen-
to em toda a terra de Judá. 13 Guardou
muitos suprimentos nas cidades de Judá
e colocou em Jerusalém um exército com
guerreiros experientes. 14 Seu exército foi
registrado de acordo com os clãs.

De Judá havia 300 mil soldados organi-
zados em grupos de mil, sob o coman-
do de Adna. 15 Em seguida, vinha Joanã,
que comandava 280 mil soldados.

[c] **17.3** Alguns manuscritos hebraicos trazem *o exemplo de seu pai Davi.*

16 Depois dele vinha Amazias, filho de
Zicri, que se apresentou voluntariamen-
te para o serviço do SENHOR e que coman-
dava 200 mil soldados.
17 De Benjamim havia 200 mil soldados
equipados com arcos e escudos. Seu co-
mandante era Eliada, guerreiro experien-
te. 18 Em seguida, vinha Jozabade, que
comandava 180 mil homens armados.

19 Essas eram as tropas que estavam à dis-
posição do rei, além daquelas que ele ha-
via colocado nas cidades fortificadas em
toda a terra de Judá.

JOSAFÁ E ACABE

18 Josafá, muito rico e respeitado,
aliou-se a Acabe por meio do ca-
samento de seu filho com a filha de Acabe.
2 Alguns anos depois, foi a Samaria visitar
Acabe, que ofereceu a ele e a seus oficiais
um enorme banquete, para o qual abateu
um grande número de ovelhas e bois. En-
tão Acabe persuadiu Josafá a unir forças
com ele para recuperar Ramote-Gileade.
3 Acabe, rei de Israel, perguntou a Josafá,
rei de Judá: "Você irá comigo a Ramote-
-Gileade?".

Josafá respondeu: "Claro que sim! Você e
eu somos como um só. Meus soldados são
seus soldados. Certamente iremos com
você à batalha!". 4 E acrescentou: "Antes,
porém, consulte o SENHOR".
5 Então o rei de Israel convocou os pro-
fetas, cerca de quatrocentos no total, e
perguntou: "Devemos ir à guerra contra
Ramote-Gileade ou não?".

Todos eles responderam: "Sim, devem!
Deus entregará o inimigo nas mãos do rei".
6 Josafá, porém perguntou: "Acaso não há
aqui um profeta do SENHOR? Devemos con-
sultá-lo também".
7 O rei de Israel respondeu a Josafá:
"Há mais um homem que pode consultar o
SENHOR para nós, mas eu o odeio, pois nunca
profetiza nada de bom a meu respeito, só coi-
sas ruins! Chama-se Micaías, filho de Inlá".

"O rei não devia falar assim", respondeu
Josafá.
8 Então o rei de Israel chamou um de
seus oficiais e disse: "Traga Micaías, filho
de Inlá. Rápido!".

MICAÍAS PROFETIZA CONTRA ACABE

9 Vestidos com seus trajes reais, o rei de
Israel e Josafá, rei de Judá, estavam senta-
dos cada um em seu trono na eira junto à
porta de Samaria. Todos os profetas esta-
vam profetizando diante deles. 10 Um dos
profetas, Zedequias, filho de Quenaaná,
fez chifres de ferro e declarou: "Assim diz
o SENHOR: 'Com estes chifres o rei ferirá os
sírios até a morte!'".
11 Todos os outros profetas concordaram,
dizendo: "Sim, suba a Ramote-Gileade e
seja vitorioso, pois o SENHOR a entregará
nas mãos do rei!".
12 Enquanto isso, o mensageiro que foi
buscar Micaías lhe disse: "Veja, todos
os profetas prometem vitória para o rei.
Concorde com eles e também prometa
sucesso".
13 Micaías, porém, respondeu: "Tão cer-
to como vive o SENHOR, direi apenas o que
meu Deus ordenar".
14 Quando Micaías chegou, o rei lhe per-
guntou: "Micaías, devemos ir à guerra con-
tra Ramote-Gileade ou não?".

Micaías respondeu: "Sim, suba e será vi-
torioso, pois eles serão entregues em suas
mãos!".
15 Mas o rei disse: "Quantas vezes preciso
exigir que diga somente a verdade quando
falar em nome do SENHOR?".
16 Então Micaías respondeu: "Vi todo o
Israel espalhado pelos montes, como ove-
lhas sem pastor. E o SENHOR disse: 'Seu líder
foi morto.[a] Mande-os para casa em paz'".
17 O rei de Israel disse a Josafá: "Não fa-
lei? Ele nunca profetiza nada de bom a
meu respeito, mas apenas coisas ruins".
18 Micaías prosseguiu: "Ouça o que o
SENHOR diz! Vi o SENHOR sentado em seu tro-
no, com todo o exército do céu ao redor, à
sua direita e à sua esquerda. 19 E o SENHOR
perguntou: 'Quem enganará Acabe, rei de
Israel, para que vá à guerra contra Ramote-
-Gileade e seja morto ali?'.

"Houve muitas sugestões, 20 até que, por
fim, um espírito se aproximou do SENHOR e
disse: 'Eu o enganarei!'.

"'De que maneira?', perguntou o SENHOR.

[a] 18.16 Em hebraico, *Esse povo não tem senhor.*

21 “E o espírito respondeu: ‘Sairei e porei um espírito mentiroso na boca de todos os seus profetas’.

“O SENHOR disse: ‘Você conseguirá enganá-lo. Vá e faça isso!’.

22 “Como vê, o SENHOR pôs um espírito mentiroso na boca de todos os seus profetas, pois o SENHOR decretou sua desgraça”.

23 Então Zedequias, filho de Quenaaná, se aproximou de Micaías e lhe deu uma bofetada. “Como foi que o Espírito do SENHOR me deixou para falar com você?”,[a] perguntou ele.

24 Micaías respondeu: “Você descobrirá em breve, quando tentar se esconder em algum quarto secreto!”.

25 Então o rei de Israel ordenou: “Prendam Micaías e levem-no de volta a Amom, governador da cidade, e a meu filho Joás, 26 com a seguinte ordem: ‘Ponham este homem na prisão e deem-lhe apenas pão e água até que eu volte da batalha em segurança!’”.

27 Micaías, porém, respondeu: “Se voltar em segurança, significará que o SENHOR não falou por meu intermédio!”. E acrescentou aos que estavam ao redor: “Todos vocês, prestem atenção às minhas palavras!”.

A MORTE DE ACABE

28 Então o rei de Israel e Josafá, rei de Judá, levaram seus exércitos para atacar Ramote-Gileade. 29 O rei de Israel disse a Josafá: “Quando entrarmos no combate, usarei um disfarce para que ninguém me reconheça, mas você vestirá seus trajes reais”. O rei de Israel se disfarçou, e os dois foram à batalha.

30 Enquanto isso, o rei da Síria tinha dado as seguintes ordens aos comandantes dos carros de guerra: “Ataquem somente o rei de Israel. Não lutem contra ninguém mais!”. 31 Quando os comandantes dos carros de guerra sírios viram Josafá em seus trajes reais, foram atrás dele. “É o rei de Israel!”, disseram. Contudo, Josafá clamou, e o SENHOR o salvou. Deus o ajudou e afastou dele seus inimigos. 32 Assim que os comandantes dos carros perceberam que ele não era o rei de Israel, pararam de persegui-lo.

33 Então um soldado sírio disparou uma flecha a esmo e acertou o rei de Israel entre as juntas de sua armadura. “Dê a volta e tire-me daqui!”, exclamou Acabe para o condutor de seu carro. “Estou gravemente ferido!”

34 A batalha, cada vez mais violenta, prosseguiu durante todo o dia, e o rei permaneceu em pé, apoiado em seu carro, de frente para os sírios. Ao entardecer, quando o sol se punha, ele morreu.

JOSAFÁ NOMEIA JUÍZES

19 Quando Josafá, rei de Judá, voltou em segurança a seu palácio, em Jerusalém, 2 o vidente Jeú, filho de Hanani, saiu ao encontro dele. “Por que o rei ajuda os perversos e ama os que odeiam o SENHOR?”, perguntou-lhe Jeú. “Por causa disso, o SENHOR está muito irado com você. 3 Mas ainda há algo de bom em você, pois removeu os postes de Aserá de toda a terra e buscou a Deus de todo o coração.”

4 Josafá morava em Jerusalém, mas saía para visitar o povo por todo o território, desde Berseba até a região montanhosa de Efraim, a fim de animar todos a voltarem para o SENHOR, o Deus de seus antepassados. 5 Nomeou juízes na terra, em todas as cidades fortificadas, 6 e lhes disse: “Sejam cuidadosos! Lembrem-se de que não estão julgando para agradar as pessoas, mas para agradar o SENHOR. Ele estará com vocês sempre que derem um veredicto. 7 Temam o SENHOR e julguem com integridade, pois o SENHOR, nosso Deus, não tolera injustiça, nem parcialidade, nem suborno”.

8 Em Jerusalém, Josafá nomeou alguns levitas, sacerdotes e chefes de famílias de Israel para julgarem os casos que envolvessem a lei do SENHOR e questões civis. 9 Estas foram suas ordens para eles: “Ajam sempre no temor do SENHOR, com fidelidade e coração íntegro. 10 Toda vez que chegar até vocês uma causa de seus compatriotas israelitas de outras cidades, seja de homicídio, seja de outra violação da lei, dos mandamentos, dos decretos ou dos estatutos de Deus, advirtam-nos para que eles não pequem contra o SENHOR, a fim de que a ira dele não venha sobre vocês e sobre eles. Se agirem desse modo, estarão livres de culpa.

[a] **18.23** Ou *Por onde saiu o Espírito do SENHOR para falar com você?*

11 "Amarias, o sumo sacerdote, terá a última palavra nos casos relacionados ao SENHOR. Zebadias, filho de Ismael, líder da tribo de Judá, terá a última palavra em todas as questões relativas ao reino. Os levitas os ajudarão nesses trabalhos. Sejam corajosos no cumprimento de seus deveres, e que o SENHOR esteja com aqueles que agirem corretamente!".

GUERRA COM AS NAÇÕES VIZINHAS

20 Depois disso, os exércitos dos moabitas e dos amonitas e alguns meunitas[a] declararam guerra a Josafá. 2 Mensageiros informaram a Josafá: "Um exército enorme de Edom[b] vem de além do mar Morto[c] contra o rei. Já está em Hazazom-Tamar (isto é, em En-Gedi)".

3 Josafá ficou amedrontado com essa notícia e pediu orientação ao SENHOR. Ordenou um jejum em todo o Judá, 4 e habitantes de todas as cidades de Judá vieram a Jerusalém para buscar a ajuda do SENHOR.

5 Josafá se pôs em pé diante da comunidade de Judá e de Jerusalém, em frente ao pátio novo do templo do SENHOR, 6 e orou: "Ó SENHOR, o Deus de nossos antepassados, somente tu és o Deus que está nos céus. Tu governas todos os reinos da terra. És forte e poderoso, e ninguém pode resistir a ti! 7 Ó nosso Deus, acaso não expulsaste os habitantes desta terra quando Israel, teu povo, chegou? Não deste esta terra para sempre aos descendentes de teu amigo Abraão? 8 Teu povo se estabeleceu aqui e construiu este templo em honra ao teu nome. 9 Disseram: 'Se enfrentarmos alguma calamidade, como guerra, praga ou fome, nos colocaremos em tua presença diante deste templo onde teu nome é honrado. Clamaremos a ti em nossa angústia, e tu nos ouvirás e nos salvarás'.

10 "Agora, vê o que fazem os exércitos de Amom, Moabe e do monte Seir. Tu não permitiste que nossos antepassados invadissem essas nações quando Israel saiu do Egito, por isso os israelitas se desviaram deles e não os destruíram. 11 Vê como nos retribuem! Vieram nos expulsar de nossa terra, que nos deste por herança. 12 Ó nosso Deus, não os castigarás por isso? Não temos forças para lutar com esse exército imenso que está prestes a nos atacar. Não sabemos o que fazer, mas esperamos o socorro que vem de ti".

13 Enquanto todos os homens de Judá estavam diante do SENHOR com suas crianças de colo, suas esposas e seus filhos, 14 o Espírito do SENHOR veio sobre um homem ali no meio. Seu nome era Jaaziel, filho de Zacarias, filho de Benaia, filho de Jeiel, filho de Matanias, levita descendente de Asafe.

15 Ele disse: "Escutem-me, todos vocês, povo de Judá e de Jerusalém! Escute, rei Josafá! Assim diz o SENHOR: Não tenham medo! Não fiquem desanimados por causa desse exército imenso, pois a batalha não é sua, mas de Deus. 16 Amanhã, marchem contra eles. Vocês os encontrarão vindo pela subida de Ziz, no fim do vale que abre para o deserto de Jeruel. 17 Quando os encontrarem, porém, não terão de lutar. Tomem suas posições; depois, fiquem parados e vejam o livramento do SENHOR. Ele está com vocês, povo de Judá e de Jerusalém. Não tenham medo nem desanimem. Saiam para enfrentá-los amanhã, pois o SENHOR está com vocês!".

18 Então o rei Josafá se prostrou com o rosto no chão, e todo o povo de Judá e de Jerusalém fez o mesmo, em adoração ao SENHOR. 19 Em seguida, os levitas dos clãs de Coate e de Coré se levantaram para louvar em alta voz o SENHOR, o Deus de Israel.

20 Bem cedo, na manhã seguinte, o exército de Judá saiu para o deserto de Tecoa. No caminho, Josafá parou e disse: "Escutem-me, povo de Judá e de Jerusalém! Creiam no SENHOR, seu Deus, e permanecerão firmes. Creiam em seus profetas e terão êxito".

21 Depois de consultar o povo, o rei nomeou cantores para irem adiante do exército, cantando e louvando o SENHOR por sua santa majestade.[d] Cantavam assim:

"Deem graças ao SENHOR;
seu amor dura para sempre!".

Esperar e perseverar são tarefas difíceis, mas é justamente essa temporada estéril que desafia a nossa capacidade de crer e nos revela, se permitirmos, ainda mais do caráter de nosso Deus.

[a] **20.1** Conforme alguns manuscritos gregos (ver tb. 26.7); o hebraico repete *amonitas*.
[b] **20.2a** Conforme um manuscrito hebraico; a maioria dos manuscritos hebraicos e versões antigas traz *da Síria*.
[c] **20.2b** Em hebraico, *do mar*.
[d] **20.21** Ou *com vestimentas sagradas*.

22 No momento em que começaram a cantar e louvar, o SENHOR trouxe confusão sobre[a] os exércitos de Amom, Moabe e do monte Seir, e eles começaram a lutar entre si. 23 Os exércitos de Moabe e Amom se voltaram contra seus aliados do monte Seir e mataram todos eles. Depois que haviam destruído o exército de Seir, começaram a atacar uns aos outros. 24 Quando os homens de Judá chegaram ao local de onde se avista o deserto, viram apenas cadáveres no chão, até onde se podia enxergar. Não escapou nem um só dos inimigos.

25 O rei Josafá e seus homens saíram para recolher os despojos. Encontraram grande quantidade de suprimentos, roupas[b] e outros objetos de valor, mais do que eram capazes de carregar. Havia tantos despojos que levaram três dias para recolher tudo. 26 No quarto dia, reuniram-se no vale de Beracá,[c] que recebeu esse nome depois daquele dia, pois louvaram o SENHOR ali. Por isso, até hoje é chamado de vale de Beracá.

27 Então todos os soldados de Judá e de Jerusalém voltaram, com Josafá à frente, muito alegres porque o SENHOR lhes tinha dado vitória sobre seus inimigos. 28 Entraram marchando em Jerusalém, ao som de harpas, liras e trombetas, e foram ao templo do SENHOR.

29 Quando todos os reinos vizinhos souberam que o próprio SENHOR havia lutado contra os inimigos de Israel, o temor de Deus veio sobre eles. 30 E o reino de Josafá teve paz, pois seu Deus lhe deu descanso de todos os lados.

RESUMO DO REINADO DE JOSAFÁ

31 Assim, Josafá reinou sobre a terra de Judá. Tinha 35 anos quando começou a reinar, e reinou em Jerusalém por 25 anos. Sua mãe se chamava Azuba e era filha de Sili.

32 Josafá foi um bom rei, que seguiu o exemplo de seu pai, Asa, e fez o que era certo aos olhos do SENHOR. 33 Contudo, não removeu todos os santuários idólatras, e o povo não se comprometeu a seguir o Deus de seus antepassados.

34 Os demais acontecimentos do reinado de Josafá, do início ao fim, estão anotados nos *Registros de Jeú, filho de Hanani*, e foram incluídos no *Livro dos Reis de Israel*.

35 Algum tempo depois, Josafá, rei de Judá, fez um acordo com Acazias, rei de Israel, que era um homem muito perverso.[d] 36 Juntos, construíram uma frota de navios mercantes[e] no porto em Eziom-Geber. 37 Então Eliézer, filho de Dodava, de Maressa, profetizou contra Josafá, dizendo: "Porque você se aliou ao rei Acazias, o SENHOR destruirá o que você construiu". Assim, as embarcações naufragaram e nunca chegaram a navegar.[f]

JEORÃO REINA EM JUDÁ

21 Quando Josafá morreu, foi sepultado com seus antepassados na Cidade de Davi. Seu filho Jeorão foi seu sucessor.

2 Os irmãos de Jeorão, os outros filhos de Josafá, foram: Azarias, Jeiel, Zacarias, Micael e Sefatias; todos foram filhos de Josafá, rei de Judá.[g] 3 Seu pai tinha dado a cada um deles presentes caros de prata, ouro e objetos de valor, e também algumas das cidades fortificadas de Judá. Contudo, nomeou Jeorão para ser seu sucessor, pois era o filho mais velho. 4 Quando Jeorão havia se estabelecido firmemente no reino de seu pai, matou todos os seus irmãos e outros líderes de Judá.

5 Jeorão tinha 32 anos quando começou a reinar, e reinou em Jerusalém por oito anos. 6 Seguiu o exemplo dos reis de Israel e foi tão perverso quanto a família do rei Acabe, pois se casou com uma das filhas de Acabe. Jeorão fez o que era mau aos olhos do SENHOR. 7 Mas o SENHOR não quis destruir a dinastia de Davi, pois havia feito uma aliança com Davi e prometido que seus descendentes continuariam a brilhar como uma lâmpada para sempre.

[a] **20.22** Em hebraico, *montou emboscadas para*.
[b] **20.25** Conforme alguns manuscritos hebraicos e a Vulgata; a maioria dos manuscritos traz *cadáveres*.
[c] **20.26** *Beracá* significa "bênção" ou "louvor"; também em 20.26b.
[d] **20.35** Ou *que o levou a praticar o mal*.
[e] **20.36** Em hebraico, *navios que podiam ir para Társis*.
[f] **20.37** Ou *nunca foram para Társis*.
[g] **21.2** O Texto Massorético traz *de Israel*; também em 21.4. Para o autor de Crônicas, Judá representa o verdadeiro Israel. (Alguns manuscritos hebraicos, a Septuaginta, a versão siríaca e a Vulgata trazem *Judá*.)

8 Durante o reinado de Jeorão, os edomi-
tas se rebelaram contra Judá e proclama-
ram seu próprio rei. 9 Então Jeorão saiu
com todo o seu exército e todos os seus
carros de guerra. Os edomitas cercaram o
rei e os comandantes de seus carros, mas
ele saiu à noite e os atacou.[a] 10 Ainda as-
sim, até hoje Edom é independente de
Judá. A cidade de Libna também se rebelou
nessa ocasião. Tudo isso aconteceu porque
Jeorão havia abandonado o SENHOR, o Deus
de seus antepassados. 11 Havia construído
santuários idólatras na região montanhosa
de Judá e levado o povo de Judá e de Jerusa-
lém a prostituir-se e desviar-se.
12 Então o profeta Elias escreveu esta car-
ta para Jeorão:

"Assim diz o SENHOR, o Deus de seu ante-
passado Davi: Você não seguiu o bom
exemplo de seu pai, Josafá, nem de
seu avô, Asa, rei de Judá. 13 Em vez
disso, tem sido tão perverso quanto
os reis de Israel e tem levado o povo
de Jerusalém e de Judá a prostituir-se,
como fez o rei Acabe em Israel. E che-
gou a matar seus próprios irmãos, ho-
mens melhores que você. 14 Por isso,
agora o SENHOR está prestes a castigar
você, seu povo, seus filhos, suas espo-
sas e tudo que lhe pertence, com uma
terrível praga. 15 Você sofrerá de uma
séria doença intestinal que se agrava-
rá a cada dia, até que seus intestinos
saiam do corpo".

16 Então o SENHOR instigou os filisteus e
os árabes que moravam perto dos etíopes[b]
a atacarem Jeorão. 17 Eles marcharam con-
tra Judá, romperam suas defesas e levaram
tudo que era de valor do palácio real, e tam-
bém os filhos e as esposas do rei. Somente
Acazias,[c] seu filho mais novo, foi poupado.
18 Depois de tudo isso, o SENHOR feriu
Jeorão com uma doença intestinal incurá-
vel. 19 Ela se tornou cada vez mais gra-
ve e, ao fim de dois anos, seus intestinos
saíram do corpo e ele morreu em agonia.
Seu povo não fez nenhuma fogueira em
sua homenagem, como havia feito para
seus antepassados.
20 Jeorão tinha 32 anos quando come-
çou a reinar, e reinou em Jerusalém por
oito anos. Ninguém lamentou sua mor-
te. Ele foi sepultado na Cidade de Davi,
mas não no cemitério dos reis.

ACAZIAS REINA EM JUDÁ

22 Então o povo de Jerusalém procla-
mou Acazias, filho mais novo de
Jeorão, o novo rei, pois os bandos de sa-
queadores que vieram com os árabes[d] ti-
nham matado todos os filhos mais velhos
de Jeorão. Assim, Acazias, filho de Jeorão,
reinou em Judá.
2 Acazias tinha 22 anos[e] quando come-
çou a reinar, e reinou em Jerusalém por
um ano. Sua mãe era Atalia, neta do rei
Onri. 3 Acazias também seguiu o exemplo
da família do rei Acabe, pois sua mãe o in-
centivou a praticar o mal. 4 Fez o que era
mau aos olhos do SENHOR, como a família
de Acabe. Depois da morte de seu pai, eles
se tornaram seus conselheiros e o levaram
à ruína.
5 Seguindo o conselho deles, Acazias
se uniu a Jorão,[f] filho de Acabe, rei de Is-
rael, na guerra contra Hazael, rei da Síria,
em Ramote-Gileade. Quando os sírios[g]
feriram Jorão na batalha, 6 ele voltou a
Jezreel para se recuperar dos ferimentos
sofridos em Ramote.[h] Visto que Jorão esta-
va ferido, Acazias,[i] rei de Judá, foi visitá-lo
em Jezreel.
7 Deus havia decidido que essa visita
seria a ruína de Acazias. Enquanto Aca-
zias estava em Jezreel, saiu com Jorão ao
encontro de Jeú, neto de Ninsi,[j] a quem o
SENHOR havia escolhido para destruir a di-
nastia de Acabe.

[a] **21.9** Ou *ele saiu e escapou*. O significado do hebraico é incerto.
[b] **21.16** Em hebraico, *dos cuxitas*.
[c] **21.17** Em hebraico, *Jeoacaz*, variação de Acazias; comparar com 22.1.
[d] **22.1** Ou *bandos de saqueadores árabes*.
[e] **22.2** Conforme alguns manuscritos gregos e a versão siríaca (ver tb. 2Rs 8.26); o hebraico traz *42 anos*.
[f] **22.5a** Em hebraico, *Jeorão*, variação de Jorão; também em 22.6,7.
[g] **22.5b** Conforme dois manuscritos hebraicos e a Vulgata (ver tb. 2Rs 8.28); o Texto Massorético traz *os arqueiros*.
[h] **22.6a** Em hebraico, *Ramá*, variação de Ramote.
[i] **22.6b** Conforme alguns manuscritos hebraicos, a Septuaginta, a versão siríaca e a Vulgata (ver tb. 2Rs 8.29); a maioria dos manuscritos hebraicos traz *Azarias*.
[j] **22.7** Em hebraico, *filho de Ninsi*; comparar com 2Rs 9.2,14.

8 Quando Jeú executava o juízo contra
a família de Acabe, encontrou alguns ofi-
ciais de Judá e parentes de Acazias[a] que o
serviam, e os matou. 9 Então os homens
de Jeú partiram em busca de Acazias e o
encontraram escondido na cidade de Sa-
maria. Eles o trouxeram a Jeú e o mataram.
Acazias recebeu um sepultamento digno,
pois o povo disse: "Ele era neto de Josafá,
homem que buscou o Senhor de todo o co-
ração". Contudo, nenhum dos membros da
família de Acazias que sobreviveram con-
seguiu reinar em seu lugar.

A RAINHA ATALIA REINA EM JUDÁ

10 Quando Atalia, mãe de Acazias, rei de
Judá, soube que seu filho estava morto,
mandou exterminar o restante da família
real de Judá. 11 Mas Jeoseba,[b] filha do rei
Jeorão, pegou Joás, o filho ainda pequeno
de Acazias, dentre os outros filhos do rei
que estavam para ser mortos, e o colocou
num quarto com sua ama. Assim, Jeoseba,
esposa do sacerdote Joiada e irmã de Aca-
zias, escondeu o menino para que Atalia
não o matasse. 12 Joás ficou escondido
com eles no templo de Deus durante seis
anos, enquanto Atalia governava o país.

REBELIÃO CONTRA ATALIA

23 No sétimo ano do reinado de Ata-
lia, o sacerdote Joiada decidiu agir.
Criou coragem e fez um acordo com os co-
mandantes dos batalhões: Azarias, filho
de Jeroão; Ismael, filho de Joanã; Azarias,
filho de Obede; Maaseias, filho de Adaías;
e Elisafate, filho de Zicri. 2 Esses homens
viajaram por todo o reino de Judá e convo-
caram os levitas e os chefes das famílias
de todas as cidades para irem a Jerusalém.
3 Todos se reuniram no templo de Deus,
onde firmaram um pacto solene com o jo-
vem rei Joás.

Joiada lhes disse: "Aqui está o filho
do rei! Chegou a hora de ele governar!
O Senhor prometeu que um descenden-
te de Davi seria nosso rei. 4 Vocês devem
fazer o seguinte: quando os sacerdotes e
os levitas entrarem em serviço no sábado,
uma terça parte de vocês ficará de guarda
nas portas. 5 Outra terça parte irá ao pa-
lácio real. E a última terça parte ficará de
guarda na Porta do Alicerce. Os demais
permanecerão nos pátios do templo do
Senhor. 6 Lembrem-se: apenas os sacerdo-
tes e os levitas de serviço podem entrar no
templo do Senhor, pois foram consagrados.
O restante do povo deve obedecer às ins-
truções do Senhor e ficar do lado de fora.
7 Vocês, levitas, posicionem-se em volta
do rei, de armas na mão. Matem qualquer
pessoa que tentar entrar no templo. Per-
maneçam com o rei aonde ele for".

8 Então os levitas e o povo de Judá fize-
ram tudo que o sacerdote Joiada ordenou.
Os comandantes se encarregaram dos ho-
mens que iam entrar em serviço naquele
sábado e dos que iam sair. O sacerdote
Joiada não deixou ninguém ir para casa
no fim do turno. 9 Depois, Joiada forneceu
aos comandantes as lanças e os escudos
grandes e pequenos que haviam perten-
cido ao rei Davi e que estavam guardados
no templo de Deus. 10 Posicionou todos os
homens em volta do rei, de armas na mão.
Formaram uma fileira desde o lado sul do
templo até o lado norte e ao redor do altar.

11 Então Joiada e seus filhos trouxeram
Joás, o filho do rei, para fora, puseram a co-
roa em sua cabeça e lhe entregaram uma
cópia da lei.[c] Depois, ungiram Joás e o pro-
clamaram rei, e todos gritaram: "Viva o rei!".

A MORTE DE ATALIA

12 Quando Atalia ouviu o barulho do
povo correndo e os gritos de louvor ao rei,
foi para o templo do Senhor, onde o povo
estava reunido. 13 Ao chegar, viu o rei em
pé, no lugar de honra junto à coluna na
entrada do templo. Estava rodeado pelos
comandantes e tocadores de trombeta, e
gente de toda a terra se alegrava e tocava
trombetas. Cantores com instrumentos
musicais dirigiam o povo numa grande
celebração. Quando Atalia viu tudo isso,
rasgou suas roupas e gritou: "Traição!
Traição!".

14 Então o sacerdote Joiada ordenou aos
comandantes encarregados das tropas:

---

[a] **22.8** Conforme a Septuaginta (ver tb. 2Rs 10.13); o hebraico traz *e filhos dos irmãos de Acazias*.

[b] **22.11** Em hebraico, *Jeosabeate*, variação de Jeoseba.

[c] **23.11** Ou *uma cópia da aliança*; o hebraico traz *entregaram o testemunho*.

"Levem-na aos soldados que estão na fren-
te do templo[a] e matem qualquer pessoa
que a seguir". Pois o sacerdote tinha dito:
"Ela não deve ser morta dentro do templo
do SENHOR". 15 Eles a prenderam e a levaram
à porta dos Cavalos, no terreno do palácio,
e a mataram ali.

AS REFORMAS RELIGIOSAS DE JOIADA

16 Joiada fez uma aliança entre ele, o povo
e o rei, estabelecendo que eles seriam o
povo do SENHOR. 17 Todo o povo foi ao tem-
plo de Baal e o derrubou. Demoliram os
altares, despedaçaram os ídolos e executa-
ram Matã, sacerdote de Baal, em frente
aos altares.
18 Joiada encarregou os sacerdotes e os
levitas de cuidarem do templo do SENHOR,
segundo as instruções de Davi. Ordenou
que apresentassem holocaustos ao SENHOR,
como ordenava a lei de Moisés, com cânti-
cos e alegria, conforme Davi tinha instruí-
do. 19 Também pôs guardas às portas do
templo do SENHOR, para que não entrasse
ninguém que, por algum motivo, estivesse
cerimonialmente impuro.
20 Então os comandantes dos batalhões,
os nobres, os governantes e todo o povo da
terra escoltaram o rei para fora do templo
do SENHOR. Passaram pela porta Superior e
entraram no palácio, onde o rei se sentou
no trono real. 21 Todo o povo do reino se
alegrou e a cidade ficou em paz, pois Ata-
lia tinha sido morta.

JOÁS FAZ REPAROS NO TEMPLO

24 Joás tinha 7 anos quando começou
a reinar, e reinou em Jerusalém por
quarenta anos. Sua mãe se chamava Zíbia
e era de Berseba. 2 Joás fez o que era certo
aos olhos do SENHOR enquanto o sacerdote
Joiada estava vivo. 3 Joiada escolheu duas
esposas para Joás, e ele teve filhos e filhas.
4 Algum tempo depois, Joás resolveu fa-
zer reparos no templo do SENHOR. 5 Reuniu
os sacerdotes e os levitas e lhes deu as
seguintes instruções: "Vão a todas as cida-
des de Judá e recolham o imposto anual
para fazer os reparos no templo do SENHOR.
Façam isso logo!". Os levitas, porém, não
se apressaram.
6 Então o rei mandou chamar o sumo sa-
cerdote Joiada e lhe perguntou: "Por que
você não exigiu que os levitas saíssem e
recolhessem os impostos que as cidades
de Judá e a cidade de Jerusalém devem
pagar para o templo? Moisés, servo do
SENHOR, estabeleceu que a comunidade de
Israel pagasse esse imposto para a manu-
tenção do tabernáculo da aliança".[b]
7 Ao longo dos anos, os seguidores da
perversa Atalia haviam arrombado o tem-
plo de Deus e usado os objetos sagrados
do templo do SENHOR para adorar as ima-
gens de Baal.
8 Por isso, o rei ordenou que fizessem
uma caixa grande e a colocassem do lado
de fora da porta do templo do SENHOR. 9 En-
tão foi proclamado em Judá e em Jerusa-
lém que o povo devia trazer ao SENHOR o
imposto que Moisés, servo de Deus, havia
requerido dos israelitas no deserto. 10 Isso
agradou todos os líderes e o povo, e eles
trouxeram de bom grado suas contribui-
ções e as colocaram na caixa até enchê-la.
11 Sempre que a caixa ficava cheia, os
levitas a levavam aos oficiais do rei. O se-
cretário da corte e um oficial do sumo sa-
cerdote a esvaziavam e a levavam de volta
ao templo. Assim faziam diariamente e
reuniram muitos recursos. 12 O rei e Joiada
entregavam o valor aos supervisores da
construção, que contratavam pedreiros,
carpinteiros e artífices que trabalhavam
com ferro e bronze para reformar o templo
do SENHOR.
13 Os homens encarregados da reforma
trabalhavam com dedicação, e a obra foi
progredindo. Restauraram o templo de
Deus de acordo com o modelo original e o
reforçaram. 14 Quando todos os reparos fo-
ram concluídos, trouxeram ao rei e a Joia-
da os recursos que sobraram. O valor foi
usado para fazer diversos objetos para o
templo do SENHOR, utensílios para o serviço
e para os holocaustos, além de vasilhas e
outros objetos de ouro e de prata. Enquan-
to o sacerdote Joiada viveu, os holocaustos

[a] **23.14** Ou *Tirem-na dentre as fileiras e levem-na para fora*, ou *Tirem-na das dependências do templo*. O significado do hebraico é incerto.

[b] **24.6** Em hebraico, *tenda do testemunho*.

eram oferecidos continuamente no templo do Senhor.

15 Joiada viveu muitos anos e morreu em idade avançada, com 130 anos. 16 Foi sepultado entre os reis na Cidade de Davi, pois havia feito o bem em Israel para Deus e seu templo.

AS REFORMAS DE JOIADA SÃO DESFEITAS

17 Depois da morte de Joiada, os líderes de Judá vieram ao rei Joás e se curvaram diante dele, e ele ouviu seus conselhos. 18 Abandonaram o templo do Senhor, o Deus de seus antepassados, e adoraram postes de Aserá e ídolos. Por causa desse pecado, a ira de Deus veio sobre Judá e Jerusalém. 19 Ainda assim, o Senhor enviou profetas para trazê-los de volta para ele. Os profetas os advertiram, mas o povo não quis ouvir.

20 Então o Espírito de Deus veio sobre Zacarias, filho do sacerdote Joiada. Ele se pôs em pé diante do povo e disse: "Isto é o que Deus diz: 'Por que vocês desobedecem aos mandamentos do Senhor e, com isso, deixam de prosperar? Visto que abandonaram o Senhor, agora ele os abandonou!'".

21 Então os líderes conspiraram contra Zacarias, e o rei ordenou que ele fosse morto por apedrejamento no pátio do templo do Senhor. 22 O rei Joás não levou em conta a lealdade que Joiada, pai de Zacarias, lhe havia demonstrado, e matou seu filho. As últimas palavras de Zacarias antes de morrer foram: "Que o Senhor veja o que estão fazendo e vingue a minha morte!".

O FIM DO REINADO DE JOÁS

23 Na virada do ano,[a] o exército sírio marchou contra Joás. Invadiram Judá e Jerusalém e mataram todos os líderes do povo. Enviaram para seu rei em Damasco tudo que haviam saqueado. 24 Embora os sírios tivessem atacado com apenas um exército pequeno, o Senhor entregou em suas mãos o exército muito maior de Judá. O povo de Judá havia abandonado o Senhor, o Deus de seus antepassados, por isso o juízo foi executado contra Joás.

25 Os sírios se retiraram e deixaram Joás gravemente ferido. Seus próprios oficiais conspiraram contra ele porque havia assassinado o filho do sacerdote Joiada e o mataram em sua cama. Ele foi sepultado na Cidade de Davi, mas não no cemitério dos reis. 26 Os assassinos foram Jozacar,[b] filho de uma amonita chamada Simeate, e Jeozabade, filho de uma moabita chamada Somer.[c]

27 O relato sobre os filhos de Joás, as muitas profecias a respeito dele e o registro da reforma do templo de Deus estão registrados no *Comentário sobre o Livro dos Reis*. Seu filho Amazias foi seu sucessor.

AMAZIAS REINA EM JUDÁ

25 Amazias tinha 25 anos quando começou a reinar, e reinou em Jerusalém por 29 anos. Sua mãe se chamava Jeoadã e era de Jerusalém. 2 Amazias fez o que era certo aos olhos do Senhor, mas não de todo o coração.

3 Quando Amazias se firmou no poder, executou os oficiais que haviam assassinado seu pai. 4 Contudo, não matou os filhos dos assassinos, em obediência ao mandamento do Senhor registrado por Moisés no Livro da Lei: "Os pais não serão executados por causa do pecado dos filhos, nem os filhos por causa do pecado dos pais. Aqueles que merecem morrer deverão ser executados por causa de seus próprios crimes".[d]

5 Amazias organizou o exército e nomeou generais e capitães[e] para todo o Judá e para Benjamim. Fez um censo e constatou que tinha um exército de trezentos mil soldados de elite, com mais de 20 anos, todos treinados no uso da espada e do escudo. 6 Também pagou 3.500 quilos[f] de prata para contratar cem mil guerreiros experientes de Israel.

7 Então um homem de Deus foi até ele e lhe disse: "Ó rei, não contrate soldados de Israel, pois o Senhor não está com Israel.

[a] **24.23** O primeiro dia do ano no antigo calendário lunar hebraico caía em março ou abril.

[b] **24.26a** Conforme o texto paralelo em 2Rs 12.21; o hebraico traz *Zabade*.

[c] **24.26b** Conforme o texto paralelo em 2Rs 12.21; o hebraico traz *Sinrite*, variação de Somer.

[d] **25.4** Dt 24.16.

[e] **25.5** Em hebraico, *comandantes de milhares e comandantes de centenas*.

[f] **25.6** Em hebraico, *100 talentos*.

Ele não ajudará o povo de Efraim! 8 Se deixar que acompanhem seus soldados na batalha, mesmo que lutem com coragem, serão derrotados pelo inimigo. Deus o derrubará, pois ele tem poder para ajudá-lo ou fazê-lo tropeçar".

9 Amazias perguntou ao homem de Deus: "E quanto à prata que paguei para contratar o exército de Israel?".

O homem de Deus respondeu: "O Senhor pode lhe dar muito mais que isso!". 10 Então Amazias dispensou os soldados que havia contratado e os mandou de volta para Efraim. Eles ficaram furiosos com Judá e voltaram para casa indignados.

11 Amazias criou coragem e conduziu seu exército até o vale do Sal, onde mataram dez mil soldados edomitas da região de Seir. 12 Capturaram outros dez mil e os levaram para o alto de um penhasco, de onde os atiraram, e eles se despedaçaram.

13 Enquanto isso, os soldados que Amazias havia contratado e depois mandado de volta atacaram muitas cidades de Judá entre Samaria e Bete-Horom. Mataram três mil pessoas e levaram grande quantidade de despojos.

14 Quando o rei Amazias voltou da matança dos edomitas, trouxe os deuses que havia tomado do povo de Seir. Estabeleceu-os como seus próprios deuses, prostrou-se diante deles e ofereceu-lhes sacrifícios. 15 O Senhor se irou grandemente e lhe enviou um profeta para perguntar: "Por que você se volta para deuses que não foram capazes nem de salvar de suas mãos o próprio povo deles?".

16 O rei, porém, o interrompeu e disse: "Desde quando você é conselheiro do rei? Cale-se antes que eu mande matá-lo!".

O profeta parou, mas o advertiu: "Sei que Deus resolveu destruí-lo, porque você fez isso e porque não quis aceitar meu conselho".

17 Depois de consultar seus conselheiros, Amazias, rei de Judá, enviou este desafio a Jeoás,[a] filho de Jeoacaz e neto de Jeú, rei de Israel: "Venha enfrentar-me numa batalha!".

[a] **25.17** Em hebraico, *Joás*, variação de Jeoás; também em 25.18,21,23,25.

18 Mas Jeoás, rei de Israel, respondeu a Amazias, rei de Judá, com a seguinte história: "Nos montes do Líbano, o espinheiro enviou esta mensagem ao poderoso cedro: 'Dê sua filha em casamento a meu filho'. No entanto, um animal selvagem do Líbano veio, pisoteou o espinheiro e o esmagou.

19 "Você diz: 'Derrotei Edom', e está muito orgulhoso disso. Mas meu conselho é que fique em casa. Por que causar problemas que só trarão desgraça sobre você e o povo de Judá?".

20 Amazias, porém, se recusou a ouvir, pois Deus havia resolvido destruí-lo por ter se voltado para os deuses de Edom. 21 Então Jeoás, rei de Israel, mobilizou seu exército contra Amazias, rei de Judá. Os dois exércitos se enfrentaram em Bete-Semes, em Judá. 22 O exército de Judá foi derrotado pelo exército de Israel, e os soldados fugiram para casa. 23 Jeoás, rei de Israel, capturou Amazias, filho de Joás e neto de Acazias, em Bete-Semes. Trouxe-o para Jerusalém, onde destruiu 180 metros[b] do muro da cidade, desde a porta de Efraim até a porta da Esquina. 24 Levou embora todo o ouro, toda a prata e todos os utensílios do templo de Deus guardados por Obede-Edom. Também levou os tesouros do palácio real e fez reféns; depois, voltou para Samaria.

25 Amazias, filho de Joás, rei de Judá, viveu ainda mais quinze anos depois da morte de Jeoás, filho de Jeoacaz, rei de Israel. 26 Os demais acontecimentos do reinado de Amazias, do início ao fim, estão registrados no *Livro dos Reis de Judá e de Israel*.

27 Depois que Amazias se afastou do Senhor, houve uma conspiração contra ele em Jerusalém, e ele fugiu para Laquis. Seus inimigos, porém, mandaram assassinos atrás dele e o mataram ali. 28 Seu corpo foi trazido de volta para Jerusalém num cavalo, e ele foi sepultado com seus antepassados na Cidade de Davi.[c]

UZIAS GOVERNA EM JUDÁ

26 Todo o povo de Judá proclamou Uzias, de 16 anos, rei, como sucessor

[b] **25.23** Em hebraico, *400 côvados*.

[c] **25.28** Conforme alguns manuscritos hebraicos e outras versões antigas (ver tb. 2Rs 14.20); a maioria dos manuscritos hebraicos traz *na cidade de Judá*.

de seu pai, Amazias. 2 Depois que seu pai morreu e se reuniu a seus antepassados, Uzias reconstruiu a cidade de Elate[a] e a recuperou para Judá.

3 Uzias tinha 16 anos quando começou a reinar, e reinou em Jerusalém por 52 anos. Sua mãe se chamava Jecolias e era de Jerusalém. 4 Fez o que era certo aos olhos do Senhor, como seu pai, Amazias. 5 Uzias buscou a Deus durante a vida de Zacarias, que o ensinou a temer a Deus.[b] Enquanto o rei buscou a direção do Senhor, Deus lhe deu êxito.

6 Uzias declarou guerra contra os filisteus e derrubou os muros de Gate, Jabne e Asdode. Ele construiu novas cidades na região de Asdode e em outras partes da Filístia. 7 Deus o ajudou nas guerras contra os filisteus, nas batalhas contra os árabes de Gur[c] e nas guerras contra os meunitas. 8 Os meunitas[d] lhe pagavam tributo anual, e sua fama se espalhou até o Egito, pois ele havia se tornado muito poderoso.

9 Uzias construiu torres fortificadas em Jerusalém, junto à porta da Esquina, à porta do Vale e no canto do muro. 10 Também construiu fortalezas no deserto e cavou muitas cisternas, pois tinha grandes rebanhos nas colinas de Judá[e] e na planície. Era um homem que amava a terra. Tinha muitos trabalhadores que cuidavam de seus campos e vinhedos, tanto nas colinas como nos vales férteis.

11 Uzias tinha um exército de guerreiros bem treinados, prontos para irem à batalha, divididos em tropas. Esse exército havia sido convocado e organizado pelo secretário Jeiel e pelo oficial Maaseias. Estavam sob o comando de Hananias, um dos oficiais do rei. 12 As tropas de guerreiros valentes eram comandadas por 2.600 chefes de famílias. 13 O exército era formado por uma elite de 307.500 homens, preparados para ajudar o rei contra qualquer inimigo.

14 Uzias providenciou para todo o exército escudos, lanças, capacetes, couraças, arcos e fundas de atirar pedras. 15 Construiu sobre os muros de Jerusalém máquinas de guerra criadas por peritos; elas atiravam flechas e lançavam grandes pedras das torres e dos cantos dos muros. Sua fama se espalhou até lugares distantes, pois o Senhor o ajudou extraordinariamente e ele se tornou muito poderoso.

O PECADO E O CASTIGO DE UZIAS

16 Quando Uzias se tornou poderoso, também se encheu de orgulho, o que o levou à ruína. Pecou contra o Senhor, seu Deus, ao entrar no santuário do templo do Senhor para queimar incenso no altar de incenso. 17 O sacerdote Azarias foi atrás dele com outros oitenta sacerdotes do Senhor, todos homens corajosos. 18 Confrontaram o rei Uzias e disseram: "Não cabe a você, Uzias, queimar incenso ao Senhor. Isso é tarefa somente dos sacerdotes, os descendentes de Arão, consagrados para esse trabalho. Saia do santuário, pois você pecou. O Senhor Deus não o honrará".

19 Uzias, que segurava um incensário, ficou indignado. Enquanto ele demonstrava sua raiva contra os sacerdotes diante do altar de incenso no templo do Senhor, apareceu lepra[f] em sua testa. 20 Quando viram a lepra, o sumo sacerdote Azarias e todos os outros sacerdotes o expulsaram imediatamente do templo. O próprio rei se apressou em sair dali, pois o Senhor o havia ferido. 21 O rei Uzias ficou leproso até o dia de sua morte. Vivia isolado, numa casa separada, e havia sido excluído do templo do Senhor. Seu filho Jotão tomava conta do palácio e governava o povo.

22 Os demais acontecimentos do reinado de Uzias, do início ao fim, foram registrados pelo profeta Isaías, filho de Amoz. 23 Quando Uzias morreu, foi sepultado com seus antepassados. Seu túmulo ficava num campo próximo que pertencia aos reis, pois o povo disse: "Era leproso". Seu filho Jotão foi seu sucessor.

[a] **26.2** Conforme a Septuaginta (ver tb. 2Rs 14.22; 16.6); o hebraico traz *Elote*, variação de Elate.

[b] **26.5** Conforme a Septuaginta e a versão siríaca; o hebraico traz *que o instruiu em visões divinas*.

[c] **26.7** Conforme a Septuaginta; o hebraico traz *Gur-Baal*.

[d] **26.8** Conforme a Septuaginta; o hebraico traz *amonitas*. Comparar com 26.7.

[e] **26.10** Em hebraico, *na Sefelá*.

[f] **26.19** O termo hebraico não se refere somente à hanseníase, mas também a diversas doenças de pele.

JOTÃO REINA EM JUDÁ

27 Jotão tinha 25 anos quando come-
çou a reinar, e reinou em Jerusalém
por dezesseis anos. Sua mãe se chamava
Jerusa e era filha de Zadoque.
2 Jotão fez o que era certo aos olhos do
Senhor, como seu pai, Uzias, mas não come-
teu o pecado de entrar no templo do Senhor.
Mesmo assim, o povo continuou com suas
práticas perversas.
3 Jotão reconstruiu a porta superior do tem-
plo do Senhor. Também realizou trabalhos
extensos de reparo no muro, sobre o monte
Ofel. 4 Construiu cidades na região monta-
nhosa de Judá e edificou fortalezas e torres
nos bosques. 5 Guerreou contra os amonitas
e os derrotou. Durante os três anos seguin-
tes, recebeu deles um tributo anual de 3.500
quilos[a] de prata, dez mil cestos grandes de
trigo e dez mil cestos grandes de cevada.[b]
6 O rei Jotão se tornou poderoso porque
teve o cuidado de viver em obediência ao
Senhor, seu Deus.
7 Os demais acontecimentos do reinado
de Jotão, incluindo suas guerras e outras ati-
vidades, estão registrados no *Livro dos Reis
de Israel e de Judá*. 8 Tinha 25 anos quando
começou a reinar, e reinou em Jerusalém
por dezesseis anos. 9 Quando Jotão morreu
e se reuniu a seus antepassados, foi sepul-
tado na Cidade de Davi. Seu filho Acaz foi
seu sucessor.

ACAZ REINA EM JUDÁ

28 Acaz tinha 20 anos quando come-
çou a reinar, e reinou em Jerusalém
por dezesseis anos. Ao contrário de seu an-
tepassado Davi, não fez o que era certo aos
olhos do Senhor. 2 Em vez disso, seguiu o
exemplo dos reis de Israel. Fez ídolos de
metal para adorar Baal, 3 queimou incen-
so no vale de Ben-Hinom e chegou a sa-
crificar os próprios filhos no fogo. Desse
modo, seguiu as práticas detestáveis das
nações que o Senhor havia expulsado da
terra diante dos israelitas. 4 Ofereceu sacri-
fícios e queimou incenso nos santuários
idólatras, nos montes e debaixo de toda
árvore verdejante.
5 Por isso, o Senhor, seu Deus, entregou
Acaz nas mãos do rei da Síria, que o der-
rotou e levou muitos de seu povo para o
exílio em Damasco. Também o entregou
nas mãos do rei de Israel, que derrotou
Acaz e matou muitos de seus soldados.
6 Em um só dia, Peca, filho de Remalias,
matou 120 mil soldados de Judá, todos
guerreiros experientes, pois haviam aban-
donado o Senhor, o Deus de seus ante-
passados. 7 Então Zicri, um guerreiro de
Efraim, matou Maaseias, filho do rei, Azri-
cão, oficial encarregado do palácio do rei,
e Elcana, o segundo no comando depois
do rei. 8 Os soldados de Israel capturaram
duzentas mil mulheres e crianças de Judá
e tomaram enormes quantidades de des-
pojos, que levaram para Samaria.
9 Odede, profeta do Senhor, estava em
Samaria quando o exército de Israel vol-
tou. Saiu ao encontro deles e lhes disse:
"O Senhor, o Deus de seus antepassados,
estava irado com Judá e o entregou em
suas mãos, mas vocês foram longe de-
mais e os mataram com fúria que chegou
até os céus. 10 Agora, pretendem escra-
vizar esse povo de Judá e de Jerusalém.
E quanto a seus próprios pecados contra o
Senhor, seu Deus? 11 Ouçam-me e mandem
de volta esses prisioneiros que vocês cap-
turaram, pois são seus parentes. Tenham
cuidado, pois a ira ardente do Senhor se
voltou contra vocês!".
12 Então alguns dos líderes de Israel[c] —
Azarias, filho de Joanã, Berequias, filho
de Mesilemote, Jeizquias, filho de Salum,
e Amasa, filho de Hadlai — confronta-
ram os homens que voltavam da batalha.
13 "Não tragam os prisioneiros para cá!",
disseram. "Se o fizerem, aumentaremos
nossos pecados e nossa culpa diante do
Senhor. Nossa culpa já é grande, e a ira ar-
dente do Senhor se voltou contra Israel!"
14 Então os guerreiros libertaram os pri-
sioneiros e colocaram os despojos diante
dos líderes do povo. 15 Os quatro homens
já mencionados por nome vieram à frente
e deram roupas dos despojos aos presos
que estavam nus. Vestiram-nos, deram-
-lhes sandálias, providenciaram comida

[a] **27.5a** Em hebraico, *100 talentos*.
[b] **27.5b** Em hebraico, *10.000 coros de trigo e 10.000 coros de cevada*, cerca de 2.200.000 litros, respectivamente.

[c] **28.12** Em hebraico, *de Efraim*, referência a Israel, o reino do norte.

Se você não nutrir o seu espírito com a dádiva que vem do Alto, os atos carnais passarão a ocupar uma lacuna que não lhes pertence.

e bebida para eles e aplicaram bálsamo
sobre seus ferimentos. Puseram sobre ju-
mentos aqueles que estavam fracos e le-
varam todos os prisioneiros de volta para
seu povo em Jericó, a cidade das palmei-
ras. Depois, voltaram para Samaria.

ACAZ FECHA O TEMPLO

16 Nessa época, o rei Acaz pediu ajuda ao
rei da Assíria. 17 Os exércitos de Edom ti-
nham invadido Judá outra vez e levado
prisioneiros. 18 Os filisteus haviam atacado
cidades nas colinas de Judá[a] e no Neguebe.
Conquistaram e ocuparam Bete-Semes, Ai-
jalom e Gederote, além de Socó, Timna e
Ginzo, com seus povoados. 19 O SENHOR hu-
milhou Judá por causa de Acaz, rei de
Judá,[b] pois ele havia incentivado o povo
a pecar e havia sido inteiramente infiel
ao SENHOR.

20 Quando Tiglate-Pileser,[c] rei da Assíria,
chegou, atacou Acaz em vez de ajudá-lo.
21 Acaz tomou objetos de valor do templo
do SENHOR, do palácio real e das casas de
seus oficiais e os entregou ao rei da Assíria
como tributo, mas de nada adiantou.

22 Mesmo nesse tempo de grande di-
ficuldade, o rei Acaz foi ainda mais infiel
ao SENHOR. 23 Ofereceu sacrifícios aos deu-
ses de Damasco que o haviam derrotado,
pois disse: "Visto que esses deuses ajuda-
ram o rei da Síria, também me ajudarão se
eu lhes oferecer sacrifícios". Em vez disso,
porém, eles foram a causa de sua ruína e
da ruína de todo o Judá.

24 Acaz pegou os utensílios do templo de
Deus e os despedaçou. Trancou as portas
do templo do SENHOR para que ninguém
pudesse adorar ali e fez altares idólatras
em cada esquina de Jerusalém. 25 Colocou
santuários idólatras em todas as cida-
des de Judá para queimar incenso a ou-
tros deuses. Com isso, provocou a ira do
SENHOR, o Deus de seus antepassados.

26 Os demais acontecimentos do reinado
de Acaz e tudo que ele fez, do início ao fim,
estão registrados no *Livro dos Reis de Judá e
de Israel*. 27 Quando Acaz morreu e se reu-
niu a seus antepassados, foi sepultado em
Jerusalém, mas não no cemitério dos reis
de Judá. Seu filho Ezequias foi seu sucessor.

EZEQUIAS REINA EM JUDÁ

29 Ezequias tinha 25 anos quando
começou a reinar, e reinou em Je-
rusalém por 29 anos. Sua mãe se chamava
Abia e era filha de Zacarias. 2 Fez o que
era certo aos olhos do SENHOR, como seu
antepassado Davi.

EZEQUIAS REABRE O TEMPLO

3 Logo no primeiro mês do primeiro ano
de seu reinado, Ezequias reabriu as portas
do templo do SENHOR e as consertou. 4 Man-
dou chamar os sacerdotes e os levitas para
se encontrarem com ele na praça do lado
leste do templo. 5 "Ouçam-me, levitas!",
disse ele. "Purifiquem-se e purifiquem o
templo do SENHOR, o Deus de seus ante-
passados. Removam do santuário todos
os objetos impuros. 6 Nossos antepassa-
dos foram infiéis e fizeram o que era mau
aos olhos do SENHOR, nosso Deus. Abando-
naram o SENHOR e seu lugar de habitação;
deram as costas para ele. 7 Também fecha-
ram as portas da sala de entrada do tem-
plo e apagaram as lâmpadas. Deixaram
de queimar incenso e de apresentar ho-
locaustos no santuário do Deus de Israel.

8 "Por isso a ira do SENHOR veio sobre Judá
e sobre Jerusalém. Ele fez deles objeto de
espanto, horror e zombaria, como vocês
veem com os próprios olhos. 9 Por cau-
sa disso, nossos pais foram mortos pela
espada, e nossos filhos, filhas e esposas
foram capturados. 10 Agora, porém, farei
uma aliança com o SENHOR, o Deus de Is-
rael, para que sua ira ardente se afaste de
nós. 11 Meus filhos, não sejam mais negli-
gentes quanto a seus deveres! O SENHOR os
escolheu para estarem diante dele, para o
servirem, para dirigirem o povo no culto e
para lhe queimarem incenso."

12 Os levitas que começaram a trabalhar
de imediato foram:

Do clã de Coate: Maate, filho de Amasai,
e Joel, filho de Azarias.

[a] **28.18** Em hebraico, *na Sefelá*.

[b] **28.19** O Texto Massorético traz *de Israel*; também em 28.23,27. Para o autor de Crônicas, Judá representa o verdadeiro Israel. (Alguns manuscritos hebraicos, a Septuaginta, a versão siríaca e a Vulgata trazem *Judá*.)

[c] **28.20** Em hebraico, *Tiglate-Pilneser*, variação de Tiglate-Pileser.

Do clã de Merari: Quis, filho de Abdi, e Azarias, filho de Jealelel.
Do clã de Gérson: Joá, filho de Zima, e Éden, filho de Joá.
13 Da família de Elisafã: Sinri e Jeuel.
Da família de Asafe: Zacarias e Matanias.
14 Da família de Hemã: Jeuel e Simei.
Da família de Jedutum: Semaías e Uziel.

15 Esses homens reuniram seus parentes levitas, e todos se purificaram. Em seguida, começaram a purificar o templo do SENHOR, obedecendo às ordens do rei, de acordo com as instruções do SENHOR.
16 Os sacerdotes foram até o interior do templo do SENHOR para purificá-lo e trouxeram para fora, ao pátio do templo, todas as coisas impuras que encontraram. Os levitas as levaram dali para o vale de Cedrom.
17 Começaram o trabalho no primeiro dia do primeiro mês[a] e, em oito dias, haviam chegado à sala de entrada do templo do SENHOR. Depois, levaram oito dias para purificar o templo do SENHOR, de modo que todo o trabalho foi completado em dezesseis dias.

A REDEDICAÇÃO DO TEMPLO

18 Então os levitas foram ao rei Ezequias e lhe relataram: "Purificamos todo o templo do SENHOR, o altar de holocaustos com todos os seus utensílios e a mesa dos pães da presença com todos os seus utensílios.
19 Recuperamos todos os objetos que o rei Acaz jogou fora quando foi infiel e fechou o templo. Agora estão diante do altar do SENHOR, purificados e prontos para o uso".
20 Logo cedo na manhã seguinte, o rei Ezequias reuniu os líderes da cidade e subiu ao templo do SENHOR.
21 Trouxeram sete novilhos, sete carneiros e sete cordeiros como holocausto e sete bodes como oferta pelo pecado em favor do reino, do templo e de Judá. O rei ordenou que os sacerdotes, descendentes de Arão, sacrificassem os animais no altar do SENHOR.
22 Os sacerdotes abateram os novilhos, pegaram o sangue e o aspergiram no altar. Em seguida, abateram os carneiros e aspergiram o sangue sobre o altar. Por fim, fizeram o mesmo com os cordeiros.
23 Os bodes para a oferta pelo pecado foram levados para diante do rei e da comunidade, que impuseram as mãos sobre eles.
24 Depois disso, os sacerdotes abateram os bodes como oferta pelo pecado e aspergiram o sangue sobre o altar para fazer expiação pelos pecados de todo o Israel. O rei havia ordenado que o holocausto e a oferta pelo pecado fossem apresentados em favor de todo o Israel.
25 O rei Ezequias colocou os levitas no templo do SENHOR, com címbalos, harpas e liras. Ele obedeceu a todas as instruções que o SENHOR tinha dado ao rei Davi por meio de Gade, o vidente do rei, e por meio do profeta Natã.
26 Os levitas tomaram seus lugares com os instrumentos musicais de Davi, e os sacerdotes tomaram seus lugares com as trombetas.
27 Ezequias ordenou que o holocausto fosse oferecido sobre o altar. Enquanto o sacrifício era oferecido, tiveram início os cânticos de louvor ao SENHOR, acompanhados das trombetas e dos outros instrumentos musicais de Davi, rei de Israel.
28 Toda a comunidade adorou ao som dos cânticos dos músicos e do toque das trombetas, até que terminaram todos os holocaustos.
29 Em seguida, o rei e todos ali presentes se prostraram em adoração.
30 O rei Ezequias e os oficiais ordenaram aos levitas que louvassem o SENHOR com os cânticos escritos por Davi e pelo vidente Asafe. Eles o louvaram com alegria e se prostraram em adoração.
31 Então Ezequias declarou: "Agora que vocês se consagraram ao SENHOR, tragam seus sacrifícios e ofertas de gratidão ao templo do SENHOR". E a comunidade trouxe sacrifícios e ofertas de gratidão, e alguns, voluntariamente, também trouxeram holocaustos.
32 No total, a comunidade ofereceu ao SENHOR setenta novilhos, cem carneiros e duzentos cordeiros como holocaustos.
33 Também trouxeram seiscentos bois e três mil ovelhas como ofertas consagradas.
34 Não havia, porém, sacerdotes em número suficiente para preparar todos os holocaustos. Então seus parentes, os levitas, os ajudaram até que o trabalho fosse

[a] **29.17** Esse dia do antigo calendário lunar hebraico caiu em março ou no início de abril de 715 a.C.

concluído e mais sacerdotes fossem purificados, pois os levitas haviam respondido mais depressa que os sacerdotes à ordem para se purificarem. 35 Houve grande quantidade de holocaustos, além das ofertas derramadas que os acompanhavam e da gordura das muitas ofertas de paz.

Assim, o templo do Senhor foi restaurado para o culto. 36 Ezequias e todo o povo se alegraram com o que Deus havia feito pelo povo, pois tudo foi realizado sem demora.

PREPARATIVOS PARA A PÁSCOA

30 O rei Ezequias enviou uma mensagem a todo o Israel e Judá e escreveu cartas para o povo de Efraim e Manassés. Convidou todos a virem ao templo do Senhor em Jerusalém para celebrar a Páscoa do Senhor, o Deus de Israel. 2 O rei, seus oficiais e toda a comunidade de Jerusalém decidiram celebrar a Páscoa um mês depois da data estabelecida.[a] 3 Não conseguiram celebrá-la na data prescrita, porque não havia como purificar sacerdotes em número suficiente até esse dia, e o povo ainda não tinha se reunido em Jerusalém.

4 Esse plano para celebrar a Páscoa pareceu bom ao rei e a toda a comunidade. 5 Assim, fizeram uma proclamação em todo o Israel, desde Berseba, ao sul, até Dã, ao norte, convidando todos a virem a Jerusalém para celebrar a Páscoa do Senhor, o Deus de Israel. Fazia tempo que essa festa não era celebrada por um grande número de pessoas,[b] como a lei exigia.

6 Por ordem do rei, mensageiros foram enviados a todo o Israel e Judá. Levavam cartas que diziam:

> "Ó israelitas, voltem para o Senhor, o Deus de Abraão, Isaque e Israel,[c] para que ele se volte para nós, os poucos que sobrevivemos à conquista pelos reis assírios. 7 Não sejam como seus antepassados e parentes que foram infiéis ao Senhor, o Deus de seus antepassados, e se tornaram objeto de desprezo, como vocês mesmos podem ver. 8 Não sejam teimosos, como eles foram, mas submetam-se ao Senhor. Venham a este templo que ele consagrou para sempre. Adorem o Senhor, seu Deus, para que sua ira ardente se desvie de vocês.
>
> 9 "Pois, se voltarem para o Senhor, seus parentes e seus filhos serão tratados com bondade por aqueles que os capturaram e voltarão a esta terra. Pois o Senhor, seu Deus, é cheio de graça e compaixão. Não os rejeitará se voltarem para ele".

A CELEBRAÇÃO DA PÁSCOA

10 Os mensageiros foram de cidade em cidade em Efraim e Manassés e até o território de Zebulom, mas a maioria do povo riu e zombou deles. 11 Contudo, alguns de Aser, Manassés e Zebulom se humilharam e vieram a Jerusalém.

12 Ao mesmo tempo, a mão de Deus estava sobre o povo da terra de Judá, dando-lhes um só coração para obedecer às ordens do rei e de seus oficiais, conforme a palavra do Senhor. 13 Assim, uma grande multidão se reuniu em Jerusalém no segundo mês,[d] para comemorar a Festa dos Pães sem Fermento. 14 Começaram a trabalhar e removeram os santuários idólatras de Jerusalém. Também removeram todos os altares de incenso e os jogaram no vale de Cedrom.

15 No décimo quarto dia do segundo mês,[e] o povo abateu o cordeiro pascal. Isso deixou os sacerdotes e levitas envergonhados, por isso se purificaram e trouxeram holocaustos ao templo do Senhor. 16 Tomaram seus lugares no templo, conforme a instrução da lei de Moisés, homem de Deus. Os levitas trouxeram sangue dos sacrifícios para os sacerdotes, que o aspergiram sobre o altar.

17 Visto que muitas pessoas não haviam se purificado, os levitas tiveram de abater para elas o cordeiro pascal, a fim de consagrá-las ao Senhor. 18 A maioria dos que

[a] **30.2** Em hebraico, *no segundo mês*. Costumava-se celebrar a Páscoa no primeiro mês do antigo calendário lunar hebraico.

[b] **30.5** O significado do hebraico é incerto.

[c] **30.6** *Israel* é o nome que Deus deu a Jacó.

[d] **30.13** O segundo mês do antigo calendário lunar hebraico normalmente caía entre os meses de abril e maio.

[e] **30.15** Normalmente a Páscoa começava no décimo quarto dia do primeiro mês (ver Lv 23.5).

vieram de Efraim, Manassés, Issacar e Ze-
bulom não havia se purificado. Mas o rei
Ezequias orou por eles e foi permitido que
comessem a refeição pascal, embora isso
fosse contrário aos requisitos da lei. Pois
Ezequias orou: "Que o Senhor, que é bon-
doso, perdoe 19 aqueles que resolveram
buscar o Senhor, o Deus de seus antepas-
sados, mesmo que não estejam devida-
mente purificados conforme os padrões
do santuário". 20 E o Senhor ouviu a oração
de Ezequias e perdoou[a] o povo.

21 Então os israelitas que estavam em
Jerusalém comemoraram com grande ale-
gria durante sete dias a Festa dos Pães sem
Fermento. A cada dia, os levitas e os sacer-
dotes louvavam o Senhor com instrumen-
tos ressoantes.[b] 22 Ezequias elogiou todos
os levitas pela aptidão que demonstraram
no serviço ao Senhor. A celebração prosse-
guiu por sete dias. Apresentaram ofertas
de paz, e o povo agradeceu ao Senhor, o
Deus de seus antepassados.

23 Toda a comunidade resolveu continuar
com a festa por mais sete dias, de modo
que celebraram com alegria por mais uma
semana. 24 Ezequias, rei de Judá, deu à co-
munidade mil novilhos e sete mil ovelhas
para as ofertas, e os oficiais deram mil no-
vilhos e dez mil ovelhas e cabras. Nesse
meio-tempo, muitos outros sacerdotes
se purificaram.

25 Toda a comunidade de Judá se ale-
grou, incluindo os sacerdotes, os levitas,
todos que vieram da terra de Israel, os es-
trangeiros residentes em Israel que vieram
para a festa e todos que moravam em Judá.
26 Houve grande alegria em Jerusalém, pois
a cidade não via uma celebração como essa
desde os dias de Salomão, filho do rei Davi.

27 Então os sacerdotes e os levitas se le-
vantaram e abençoaram o povo, e Deus,
de sua santa habitação nos céus, ouviu
sua oração.

AS REFORMAS RELIGIOSAS DE EZEQUIAS

31 Quando a festa terminou, os israeli-
tas que haviam participado saíram
pelas cidades de Judá, Benjamim, Efraim
e Manassés e despedaçaram todas as co-
lunas sagradas, derrubaram os postes de
Aserá e removeram os santuários e altares
idólatras. Depois disso, voltaram para suas
cidades e casas.

2 Ezequias organizou os sacerdotes e os
levitas em divisões, para oferecerem os
holocaustos e as ofertas de paz e para ser-
virem, darem graças e louvarem ao Senhor
junto às portas da habitação do Senhor.
3 O rei também contribuiu pessoalmente
com animais para os holocaustos diários
da manhã e da tarde e para os holocaustos
dos sábados, das festas da lua nova e das
festas anuais prescritas pela lei do Senhor.

4 Além disso, ordenou ao povo de Jeru-
salém que trouxesse uma parte de seus
bens para os sacerdotes e os levitas, a fim
de que pudessem se dedicar inteiramente
à lei do Senhor.

5 Quando os israelitas souberam dessa
exigência, responderam generosamente e
trouxeram a primeira porção de seus ce-
reais, do vinho novo, do azeite, do mel e
de tudo que os campos produziam. Trou-
xeram uma grande quantidade, o dízimo
de tudo que haviam produzido. 6 Os ha-
bitantes de Israel que tinham se muda-
do para Judá, e os próprios habitantes de
Judá, trouxeram o dízimo do gado, das
ovelhas, bem como das coisas que ha-
viam sido consagradas ao Senhor, seu
Deus, e juntaram tudo em vários mon-
tões. 7 Começaram a amontoar as ofertas
no terceiro mês e terminaram no sétimo.[c]
8 Quando Ezequias e seus oficiais viram
esses montões, agradeceram ao Senhor e
a seu povo, Israel.

9 "De onde veio tudo isto?", perguntou
Ezequias aos sacerdotes e aos levitas.

10 Azarias, o sumo sacerdote, da famí-
lia de Zadoque, respondeu: "Desde que o
povo começou a trazer ofertas para o tem-
plo do Senhor, temos alimento suficiente e
ainda tem sobrado muito. O Senhor aben-
çoou seu povo, e tudo isto é o que sobra".

11 Ezequias mandou preparar depósi-
tos no templo do Senhor. Quando esta-
vam prontos, 12 o povo trouxe fielmente

[a] **30.20** Em hebraico, *curou.*
[b] **30.21** Ou *cantavam ao Senhor com toda a força.*
[c] **31.7** O terceiro mês do antigo calendário lunar hebraico normalmente caía entre maio e junho; o sétimo mês, entre setembro e outubro.

as ofertas, os dízimos e os objetos con-
sagrados para serem usados no templo.
O levita Conanias foi encarregado desses
depósitos, e seu irmão Simei era seu au-
xiliar. 13 Os supervisores subordinados a
eles eram Jeiel, Azazias, Naate, Asael, Je-
rimote, Jozabade, Eliel, Ismaquias, Maate
e Benaia. As nomeações foram feitas pelo
rei Ezequias e por Azarias, o principal en-
carregado do templo de Deus.

14 Coré, filho do levita Imna, guarda da
porta do Leste, foi encarregado de distri-
buir as ofertas voluntárias feitas a Deus, as
contribuições e os objetos consagrados ao
SENHOR. 15 Seus assistentes fiéis eram Éden,
Miniamim, Jesua, Semaías, Amarias e Se-
canias. Distribuíam as ofertas entre as fa-
mílias dos sacerdotes em suas cidades, de
acordo com suas divisões, e as repartiam
por igual entre idosos e jovens. 16 Distri-
buíam as ofertas a todos os homens e me-
ninos, de 3 anos para cima, que constavam
dos registros genealógicos. A distribuição
incluía todos que vinham ao templo do
SENHOR para realizar suas tarefas diárias,
de acordo com suas divisões. 17 Repartiam
as ofertas entre os sacerdotes que esta-
vam listados nos registros genealógicos,
de acordo com suas famílias, e entre os
levitas de 20 anos para cima, anotados de
acordo com suas tarefas e divisões. 18 Tam-
bém entregavam porções de alimento às
famílias de todos que estavam listados nos
registros genealógicos, incluindo as crian-
ças pequenas, as esposas, os filhos e as fi-
lhas, pois toda a comunidade havia sido
fiel ao se purificar.

19 Quanto aos sacerdotes, os descenden-
tes de Arão, que viviam nos campos ao re-
dor das cidades, foram nomeados homens
para distribuir em porções a todos os sa-
cerdotes e a todos os levitas listados nos
registros genealógicos.

20 Assim, o rei Ezequias organizou a
distribuição em todo o Judá, e fez o que
era bom, certo e verdadeiro aos olhos
do SENHOR, seu Deus. 21 Em tudo que fez
no serviço do templo de Deus e em seus
esforços para obedecer à lei e aos man-
damentos de Deus, Ezequias buscou seu
Deus de todo o coração. Como resultado,
foi muito bem-sucedido.

A ASSÍRIA INVADE JUDÁ

32 Depois de Ezequias ter sido tão
fiel em todas essas situações, Se-
naqueribe, rei da Assíria, invadiu Judá.
Cercou as cidades fortificadas e deu or-
dem para que seu exército rompesse os
muros. 2 Quando Ezequias percebeu que
Senaqueribe também pretendia atacar
Jerusalém, 3 consultou seus oficiais e
conselheiros militares, e eles resolveram
fechar a passagem das águas das fontes
que havia do lado de fora da cidade. 4 Or-
ganizaram uma enorme equipe de traba-
lho para fechar as fontes de água e o riacho
que atravessava os campos, pois disseram:
"Não devemos permitir que os reis da As-
síria encontrem toda essa água quando
chegarem aqui".

5 Então Ezequias se dedicou a reparar
todos os trechos onde o muro estava que-
brado, construiu torres e fez outro muro do
lado de fora do primeiro. Também refor-
çou o aterro[a] da Cidade de Davi e fabricou
grande quantidade de armas e escudos.
6 Nomeou oficiais militares sobre o povo,
os reuniu diante dele na praça junto à
porta da cidade e os encorajou, dizendo:
7 "Sejam fortes e corajosos! Não tenham
medo nem desanimem por causa do rei
da Assíria e de seu exército poderoso, pois
um poder muito maior está do nosso lado!
8 Ele tem um grande exército, mas são ape-
nas homens. Nós, porém, temos o SENHOR,
nosso Deus, para nos ajudar e lutar nossas
batalhas!". As palavras de Ezequias deram
grande ânimo a seu povo.

SENAQUERIBE AMEAÇA JERUSALÉM

9 Enquanto Senaqueribe, rei da Assíria,
cercava a cidade de Laquis, enviou seus
oficiais a Jerusalém com esta mensagem
para Ezequias, rei de Judá, e para todo o
povo da cidade:

10 "Assim diz Senaqueribe, rei da Assí-
ria: Em que vocês confiam, para ima-
ginar que sobreviverão quando eu
cercar Jerusalém? 11 Ezequias disse:
'O SENHOR, nosso Deus, nos salvará do

[a] **32.5** Em hebraico, *o Milo*. O significado do hebraico é incerto.

rei da Assíria'. Não é verdade! Ele está
enganando vocês e os condenando
a morrer de fome e sede! 12 Não per-
cebem que o próprio Ezequias des-
truiu todos os santuários e altares
do SENHOR? Ordenou que Judá e Je-
rusalém adorassem somente no al-
tar do templo e queimassem incenso
apenas ali.

13 "Sem dúvida, vocês sabem o que eu
e os reis da Assíria antes de mim fi-
zemos a todos os povos da terra! Aca-
so algum dos deuses dessas nações
livrou seu povo de minhas mãos?
14 Qual de seus deuses foi capaz de
salvar seu povo do poder destruidor
de meus antecessores? O que os faz
pensar que seu Deus poderá livrá-
-los de minhas mãos? 15 Não permi-
tam que Ezequias os engane! Não se
deixem iludir por ele! Volto a dizer:
nenhum deus de qualquer nação ou
reino foi capaz de livrar seu povo das
minhas mãos ou das mãos de meus
antepassados. Muito menos o Deus
de vocês os salvará de meu poder!".

16 Os oficiais de Senaqueribe zombaram
ainda mais do SENHOR Deus e de seu ser-
vo Ezequias. 17 O rei Senaqueribe também
enviou cartas insultando o SENHOR, o Deus
de Israel. Escreveu: "Assim como os deu-
ses de todas as outras nações não foram
capazes de salvar seu povo das minhas
mãos, também o Deus de Ezequias fracas-
sará". 18 Os oficiais assírios que trouxeram
as cartas gritaram isso em hebraico[a] para
o povo sobre os muros da cidade, tentan-
do amedrontá-lo para que fosse mais fácil
conquistar a cidade. 19 Falaram do Deus de
Jerusalém como se fosse um dos deuses
estrangeiros, feito por mãos humanas.

20 Então o rei Ezequias e o profeta Isaías,
filho de Amoz, oraram e clamaram aos
céus. 21 E o SENHOR enviou um anjo que des-
truiu o exército assírio com todos os seus
comandantes e oficiais. O rei da Assíria vol-
tou envergonhado para sua terra. Quando
entrou no templo de seu deus, alguns de
seus próprios filhos o mataram ali à espada.

22 Foi assim que o SENHOR salvou Eze-
quias e o povo de Jerusalém das mãos de
Senaqueribe, rei da Assíria, e de todos os
outros que os ameaçavam. Então houve
paz em toda a terra. 23 Daquela ocasião
em diante, o rei Ezequias se tornou muito
respeitado entre todas as nações, e muitos
traziam a Jerusalém ofertas para o SENHOR
e presentes valiosos para o rei.

A DOENÇA E A RECUPERAÇÃO DE EZEQUIAS

24 Por esse tempo, Ezequias ficou doen-
te e estava para morrer. Orou ao SENHOR,
que respondeu à sua oração e lhe deu
um sinal miraculoso. 25 Ezequias, porém,
não correspondeu como devia à bondade
com que foi tratado e se tornou orgulhoso.
Por isso, a ira do SENHOR veio sobre ele e so-
bre Judá e Jerusalém. 26 Então Ezequias se
humilhou e se arrependeu de seu orgulho,
como também os habitantes de Jerusalém.
Com isso, a ira do SENHOR não caiu sobre
eles durante a vida de Ezequias.

27 Ezequias era muito rico e respeitado.
Construiu depósitos especiais para guar-
dar prata, ouro, pedras preciosas, espe-
ciarias, escudos e outros objetos de valor
que lhe pertenciam. 28 Também construiu
armazéns para guardar cereais, vinho
novo e azeite e fez muitos estábulos para
o gado e currais para as ovelhas. 29 Cons-
truiu cidades e adquiriu muitos rebanhos
e gado, pois o SENHOR lhe deu grande rique-
za. 30 Bloqueou a fonte superior de Giom
e trouxe a água por um túnel para o lado
oeste da Cidade de Davi. Ezequias foi bem-
-sucedido em tudo que fez.

31 No entanto, quando chegaram repre-
sentantes da Babilônia para perguntar
sobre os acontecimentos extraordinários
que haviam ocorrido na terra, Deus se
afastou de Ezequias para testá-lo e ver o
que havia, de fato, em seu coração.

RESUMO DO REINADO DE EZEQUIAS

32 Os demais acontecimentos do reinado
de Ezequias e seus atos de devoção estão
registrados na *Visão do Profeta Isaías, Filho
de Amoz*, incluída no *Livro dos Reis de Judá
e de Israel*. 33 Quando Ezequias morreu e se

[a] **32.18** Em hebraico, *no dialeto de Judá*.

reuniu a seus antepassados, foi sepultado
na parte superior do cemitério dos reis,
e todo o Judá e os habitantes de Jerusa-
lém o honraram por ocasião de sua morte.
Seu filho Manassés foi seu sucessor.

MANASSÉS REINA EM JUDÁ

33 Manassés tinha 12 anos quando
começou a reinar, e reinou em Je-
rusalém por 55 anos. 2 Fez o que era mau
aos olhos do Senhor e seguiu as práticas
detestáveis das nações que o Senhor havia
expulsado de diante dos israelitas. 3 Re-
construiu os santuários idólatras que seu
pai, Ezequias, havia destruído. Construiu
altares para Baal e ergueu postes de Aserá.
Também se curvou diante de todos os as-
tros dos céus e lhes prestou culto.

4 Construiu altares idólatras no templo
do Senhor, sobre o qual o Senhor tinha
dito: "Meu nome permanecerá em Jeru-
salém para sempre". 5 Nos dois pátios do
templo do Senhor, construiu altares para
os astros do céu. 6 Manassés também sa-
crificou seus filhos no fogo no vale de Ben-
-Hinom. Praticou feitiçaria, adivinhação e
magia e consultou médiuns e praticantes
do ocultismo. Fez muitas coisas perversas
aos olhos do Senhor e, com isso, provocou
sua ira.

7 Manassés chegou a fazer uma imagem
esculpida e colocá-la no templo de Deus,
sobre o qual Deus tinha dito a Davi e a seu
filho Salomão: "Meu nome será honrado
para sempre neste templo e em Jerusalém,
a cidade que escolhi dentre todas as tribos
de Israel. 8 Se os israelitas tiverem o cui-
dado de obedecer a meus mandamentos,
todas as leis, estatutos e decretos que meu
servo Moisés lhes deu, não os expulsarei
desta terra que dei a seus antepassados".
9 Manassés, porém, levou o povo de Judá e
de Jerusalém a fazer coisas piores do que
as nações que o Senhor tinha destruído
diante dos israelitas.

10 O Senhor falou a Manassés e a seu
povo, mas eles ignoraram seus avisos.
11 Por isso, o Senhor enviou os comandan-
tes dos exércitos assírios, e eles captura-
ram Manassés. Puseram um gancho em
seu nariz, o prenderam com correntes
de bronze e o levaram para a Babilônia.
12 Em sua angústia, Manassés buscou o
Senhor, seu Deus, e se humilhou com sin-
ceridade diante do Deus de seus antepas-
sados. 13 Quando ele orou, Deus ouviu sua
súplica, atendeu a seu pedido e o trouxe de
volta a Jerusalém e a seu reino. Então Ma-
nassés reconheceu que o Senhor é Deus.

14 Depois disso, Manassés reconstruiu
o muro externo da Cidade de Davi, bem
alto, desde o oeste da fonte de Giom, no
vale de Cedrom, até a porta do Peixe e ao
redor da colina de Ofel. Colocou coman-
dantes militares em todas as cidades for-
tificadas de Judá. 15 Manassés também
removeu do templo do Senhor os deuses
estrangeiros e o ídolo que havia colocado
ali. Derrubou todos os altares que havia
construído na colina do templo e todos os
altares em Jerusalém e os jogou fora da ci-
dade. 16 Depois, restaurou o altar do Senhor
e apresentou sobre ele sacrifícios de paz e
ofertas de gratidão. Também incentivou o
povo de Judá a adorar o Senhor, o Deus de
Israel. 17 O povo continuou a sacrificar na-
queles lugares de adoração, mas somente
ao Senhor, seu Deus.

18 Os demais acontecimentos do reinado
de Manassés, sua oração a Deus e as pa-
lavras que os videntes lhe disseram em
nome do Senhor, o Deus de Israel, estão re-
gistrados no *Livro dos Reis de Israel*. 19 A ora-
ção de Manassés, o modo como Deus lhe
respondeu e um relato de todos os seus
pecados e de sua infidelidade se encon-
tram no *Registro dos Videntes*.[a] Inclui uma
lista dos locais onde ele construiu altares
idólatras e levantou postes de Aserá e ído-
los antes de se humilhar e se arrepender.
20 Quando Manassés morreu e se reuniu a
seus antepassados, foi sepultado em seu
palácio. Seu filho Amom foi seu sucessor.

AMOM REINA EM JUDÁ

21 Amom tinha 22 anos quando começou
a reinar, e reinou em Jerusalém por dois
anos. 22 Fez o que era mau aos olhos do
Senhor, como seu pai, Manassés. Adorou
todos os ídolos que seu pai havia feito e
lhes ofereceu sacrifícios. 23 Mas, ao con-
trário de seu pai, não se humilhou diante

[a] **33.19** Ou *Registro de Hozai.*

do Senhor. Em vez disso, Amom pecou ain-
da mais.
24 Os próprios oficiais de Amom conspi-
raram contra ele e o assassinaram em seu
palácio. 25 O povo de Judá, porém, matou
todos que haviam conspirado contra o rei
Amom e proclamou seu filho Josias como
rei em seu lugar.

JOSIAS REINA EM JUDÁ

34 Josias tinha 8 anos quando come-
çou a reinar, e reinou em Jerusalém
por 31 anos. 2 Fez o que era certo aos olhos
do Senhor e seguiu o exemplo de seu ante-
passado Davi, não se desviando nem para
um lado nem para o outro.
3 No oitavo ano de seu reinado, enquanto
ainda era jovem, começou a buscar o Deus
de seu antepassado Davi. Então, no dé-
cimo segundo ano, começou a purificar
Judá e Jerusalém, destruindo os santuá-
rios idólatras, os postes de Aserá, os ído-
los esculpidos e as imagens de metal.
4 Deu ordens para que fossem destruídos
os altares de Baal e despedaçados os alta-
res de incenso que ficavam acima deles.
Também ordenou que os postes de Aserá,
os ídolos esculpidos e as imagens de me-
tal fossem despedaçados e espalhados so-
bre os túmulos daqueles que lhes haviam
oferecido sacrifícios. 5 Queimou os ossos
dos sacerdotes idólatras sobre seus pró-
prios altares e, com isso, purificou Judá
e Jerusalém.
6 Fez a mesma coisa nas cidades de Ma-
nassés, Efraim e Simeão, e até na distante
Naftali, bem como nas ruínas[a] ao seu re-
dor. 7 Destruiu os santuários idólatras e os
postes de Aserá, reduziu os ídolos a pó e
despedaçou todos os altares de incenso
em toda a terra de Israel. Por fim, voltou
a Jerusalém.
8 No décimo oitavo ano do reinado de
Josias, depois de ele purificar a terra e o
templo, nomeou Safã, filho de Azalias,
Maaseias, governador de Jerusalém, e
Joá, filho de Joacaz, o historiador do rei-
no, para restaurarem o templo do Senhor,
seu Deus. 9 Eles entregaram ao sumo sa-
cerdote Hilquias a prata recolhida pelos
levitas que guardavam as portas do tem-
plo de Deus. As ofertas foram trazidas pelo
povo de Manassés, de Efraim e de todo o
remanescente de Israel, bem como de
Judá e de Benjamim, e pelos habitantes
de Jerusalém.
10 Hilquias e os outros líderes entrega-
ram a prata aos homens encarregados
de supervisionar a reforma do templo do
Senhor. Eles pagaram os trabalhadores
que faziam os reparos e a restauração do
templo. 11 Também contrataram carpintei-
ros e construtores que compraram pedras
cortadas para as paredes e madeira para
os suportes e as vigas. Restauraram aquilo
que reis anteriores de Judá haviam deixa-
do ficar em ruínas.
12 Os trabalhadores realizaram a obra
com fidelidade, sob a liderança de Jaate e
Obadias, levitas do clã de Merari, e de Za-
carias e Mesulão, levitas do clã de Coate.
Outros levitas, todos músicos talentosos,
13 ficaram responsáveis pelos carregadores
e pelos trabalhadores em várias funções.
Ainda outros auxiliavam como secretários,
oficiais e guardas das portas.

HILQUIAS ENCONTRA A LEI DE DEUS

14 Enquanto estavam retirando a prata re-
colhida no templo do Senhor, o sacerdo-
te Hilquias encontrou o Livro da Lei do
Senhor, escrito por Moisés. 15 Hilquias dis-
se a Safã, secretário da corte: "Encontrei o
Livro da Lei no templo do Senhor!". E Hil-
quias entregou o livro a Safã.
16 Safã levou o livro ao rei e relatou:
"Seus oficiais estão fazendo tudo que lhes
foi ordenado. 17 A prata recolhida no tem-
plo do Senhor foi entregue aos superviso-
res e trabalhadores". 18 Safã também disse
ao rei: "O sacerdote Hilquias me entregou
um livro". E Safã leu o livro para o rei.
19 Quando o rei ouviu o que estava escri-
to na Lei, rasgou suas roupas. 20 Em segui-
da, deu estas ordens a Hilquias, a Aicam,
filho de Safã, a Acbor, filho de Micaías,[b] a
Safã, secretário da corte, e a Asaías, con-
selheiro pessoal do rei: 21 "Vão consultar o
Senhor por mim e por todo o remanescente

[a] **34.6** O significado do hebraico é incerto.

[b] **34.20** Conforme o texto paralelo em 2Rs 22.12; o hebraico traz *Abdom, filho de Mica*.

de Israel e de Judá. Perguntem a respeito das palavras escritas no livro que foi encontrado. A grande ira do SENHOR foi derramada sobre nós, pois nossos antepassados não obedeceram à palavra do SENHOR. Não temos feito o que este livro ordena".

22 Então Hilquias e os outros homens foram ao Bairro Novo[a] de Jerusalém consultar a profetisa Hulda. Ela era esposa de Salum, filho de Tocate, filho de Harás,[b] responsável pelo guarda-roupa do templo.

23 Ela lhes disse: "O SENHOR, o Deus de Israel, falou! Voltem e digam ao homem que os enviou 24 que assim diz o SENHOR: 'Trarei desgraça sobre esta cidade[c] e sobre seus habitantes. Todas as maldições escritas no livro que foi lido para o rei de Judá se cumprirão. 25 Pois o meu povo me abandonou e queimou incenso a outros deuses, e estou grandemente irado com eles por tudo que fizeram. Minha ira será derramada sobre este lugar e não será apagada'.

26 "Mas vão ao rei de Judá que os enviou para consultarem o SENHOR e digam-lhe que assim diz o SENHOR, o Deus de Israel, a respeito da mensagem que acabaram de ouvir: 27 'Você se arrependeu e se humilhou diante de Deus quando ouviu as palavras dele contra esta cidade e contra seus habitantes. Você se humilhou, rasgou suas roupas e chorou diante de mim. E eu certamente o ouvi, diz o SENHOR. 28 Portanto, só enviarei a calamidade anunciada depois que você tiver se reunido a seus antepassados e tiver sido sepultado em paz. Você não verá a desgraça que trarei sobre esta cidade e sobre seus habitantes'".

Então eles levaram a mensagem ao rei.

AS REFORMAS RELIGIOSAS DE JOSIAS

29 Josias mandou chamar todas as autoridades de Judá e de Jerusalém. 30 Subiu ao templo do SENHOR com os sacerdotes e os levitas e com todo o povo de Judá e de Jerusalém, dos mais importantes até os mais simples. Leu para eles todo o Livro da Aliança encontrado no templo do SENHOR. 31 O rei tomou seu lugar de honra junto à coluna e renovou a aliança na presença do SENHOR. Comprometeu-se a obedecer ao SENHOR e a cumprir seus mandamentos, preceitos e decretos de todo o coração e de toda a alma. Prometeu cumprir todos os termos da aliança escritos no livro. 32 Exigiu o mesmo de todos em Jerusalém e do povo de Benjamim. Os habitantes de Jerusalém fizeram essa promessa e renovaram sua aliança com Deus, o Deus de seus antepassados.

33 Josias removeu todos os ídolos repulsivos de toda a terra de Israel e exigiu que todos adorassem o SENHOR, seu Deus. E, pelo restante da vida do rei, eles não se afastaram do SENHOR, o Deus de seus antepassados.

JOSIAS CELEBRA A PÁSCOA

35 Então Josias celebrou a Páscoa do SENHOR em Jerusalém, e assim o cordeiro pascal foi abatido no décimo quarto dia do primeiro mês.[d] 2 Josias também nomeou os sacerdotes para suas atribuições e os encorajou a realizar seu trabalho no templo do SENHOR. 3 Deu a seguinte ordem aos levitas encarregados de instruir todo o Israel e consagrados para servir ao SENHOR: "Coloquem a arca sagrada no templo construído por Salomão, filho de Davi, rei de Israel. Não precisam mais levá-la de um lado para outro sobre os ombros. Agora, dediquem seu tempo a servir ao SENHOR, seu Deus, e a seu povo, Israel. 4 Apresentem-se para o serviço de acordo com as divisões de seus antepassados por famílias, conforme as instruções de Davi, rei de Israel, e de seu filho Salomão.

5 "Fiquem no santuário, no lugar indicado para cada divisão, e ajudem as famílias das quais foram encarregados quando elas trouxerem suas ofertas ao templo. 6 Abatam os cordeiros pascais, consagrem-se e preparem-se para ajudar os que chegarem. Sigam todas as instruções que o SENHOR deu por meio de Moisés".

[a] **34.22a** Ou *Segundo Bairro*, uma parte mais nova de Jerusalém. O hebraico traz *o Mishneh*.
[b] **34.22b** Conforme o texto paralelo em 2Rs 22.14; o hebraico traz *filho de Tocate, filho de Hasrá*.
[c] **34.24** Em hebraico, *este lugar*; também em 34.27,28.

[d] **35.1** Esse dia do antigo calendário lunar hebraico correspondeu a 5 de abril de 622 a.C.

7 Então Josias deu ao povo 30.000 cor-
deiros e cabritos para as ofertas de Páscoa,
além de 3.000 bois, todos dos rebanhos
e do gado do rei. 8 Os oficiais do rei tam-
bém deram contribuições voluntárias
para o povo, para os sacerdotes e para os
levitas. Hilquias, Zacarias e Jeiel, os che-
fes do templo de Deus, deram aos sacer-
dotes 2.600 cordeiros e cabritos e 300
bois como ofertas de Páscoa. 9 Os líderes
dos levitas — Conanias e seus irmãos Se-
maías e Natanael, bem como Hasabias,
Jeiel e Jozabade — deram 5.000 cordeiros
e cabritos e 500 bois aos levitas para suas
ofertas de Páscoa.
10 Quando tudo estava pronto para a
comemoração da Páscoa, os sacerdotes e
os levitas tomaram seus lugares, organi-
zados de acordo com suas divisões, con-
forme o rei havia ordenado. 11 Então os
levitas abateram os cordeiros da Páscoa
e apresentaram o sangue aos sacerdotes,
que o aspergiram sobre o altar enquanto
os levitas preparavam os animais. 12 Re-
partiram os holocaustos entre o povo de
acordo com suas divisões, para que as fa-
mílias os oferecessem ao Senhor conforme
prescrito no Livro de Moisés, e fizeram o
mesmo com os bois. 13 Assaram os cordei-
ros da Páscoa, como prescrito, cozinharam
as ofertas sagradas em potes, caldeirões e
panelas e os levaram depressa ao povo.
14 Em seguida, os levitas prepararam as
ofertas de Páscoa para si mesmos e para
os sacerdotes, os descendentes de Arão,
pois os sacerdotes haviam ficado ocupa-
dos desde a manhã até a noite, oferecendo
os holocaustos e as porções de gordu-
ra. Os levitas se encarregaram de todos
os preparativos.
15 Os músicos, descendentes de Asa-
fe, estavam em seus lugares, segundo as
ordens de Davi, Asafe, Hemã e Jedutum,
vidente do rei. Os guardas das portas não
precisaram deixar seus postos, pois seus
parentes, os levitas, também lhes prepara-
ram as ofertas de Páscoa.
16 Toda a cerimônia para a Páscoa do
Senhor foi realizada naquele dia. Os ho-
locaustos foram sacrificados no altar do
Senhor, como o rei Josias havia ordena-
do. 17 Todos os israelitas presentes em
Jerusalém celebraram a Páscoa e a Fes-
ta dos Pães sem Fermento por sete dias.
18 A Páscoa não havia sido celebrada dessa
maneira desde o tempo do profeta Samuel.
Nenhum dos reis de Israel havia comemo-
rado a Páscoa como o rei Josias, com todos
os sacerdotes e os levitas, os habitantes de
Jerusalém e o povo de todo o Judá e Israel
que estavam presentes na cidade. 19 Essa
comemoração de Páscoa ocorreu no déci-
mo oitavo ano do reinado de Josias.

JOSIAS MORRE NA BATALHA

20 Depois que Josias terminou de restaurar
o templo, Neco, rei do Egito, levou seu exér-
cito para Carquemis, junto ao rio Eufrates,
e Josias e seu exército saíram para lutar
contra ele. 21 O rei Neco, porém, enviou
mensageiros a Josias para lhe dizer:

> "O que quer comigo, rei de Judá? Hoje não tenho nada contra você! Estou a caminho da batalha contra outra nação, e Deus ordenou que eu me apressasse! Não interfira com Deus, que está comigo, ou ele o destruirá".

22 Josias, porém, não deu ouvidos às pa-
lavras de Neco, que ele havia falado a man-
do de Deus, e não quis voltar atrás. Em vez
disso, disfarçou-se e levou seu exército
para a batalha na planície de Megido.
23 Arqueiros do inimigo atingiram o rei
Josias com suas flechas, e ele gritou para
seus homens: "Tirem-me da batalha, pois
estou gravemente ferido!".
24 Então tiraram Josias de sua carrua
gem e o colocaram em outra. Levaram-no
de volta para Jerusalém, onde morreu e
foi sepultado no cemitério dos reis. Todo
o Judá e Jerusalém lamentaram por ele.
25 O profeta Jeremias compôs cânticos fú-
nebres em homenagem a Josias, e até hoje
os cantores e cantoras ainda entoam esses
lamentos sobre sua morte. Eles se torna-
ram uma tradição e estão registrados no
Livro das Lamentações.
26 Os demais acontecimentos do reina-
do de Josias e seus atos de devoção, rea-
lizados de acordo com a lei do Senhor,
27 do início ao fim, estão registrados no
Livro dos Reis de Israel e de Judá.

Um caráter aprovado com frutos bons é consequência de uma vida plantada e enraizada em Jesus.

JEOACAZ REINA EM JUDÁ

36 O povo da terra proclamou Jeoacaz, filho de Josias, como seu sucessor em Jerusalém. 2 Jeoacaz[a] tinha 23 anos quando começou a reinar, e reinou em Jerusalém por três meses.

3 Foi deposto pelo rei do Egito, que exigiu de Judá o pagamento de 3.500 quilos de prata e 35 quilos de ouro[b] como tributo.

JEOAQUIM REINA EM JUDÁ

4 O rei do Egito nomeou Eliaquim, irmão de Jeoacaz, rei sobre Judá e sobre Jerusalém, e mudou o nome dele para Jeoaquim. Depois, Neco levou Jeoacaz para o Egito como prisioneiro.

5 Jeoaquim tinha 25 anos quando começou a reinar, e reinou em Jerusalém por onze anos. Fez o que era mau aos olhos do Senhor, seu Deus.

6 Então Nabucodonosor, rei da Babilônia, atacou Jerusalém e prendeu Jeoaquim com correntes de bronze. Depois, levou-o para a Babilônia. 7 Nabucodonosor também levou alguns dos tesouros do templo do Senhor e os colocou em seu palácio,[c] na Babilônia.

8 Os demais acontecimentos do reinado de Jeoaquim, incluindo todas as coisas detestáveis que fez e tudo que foi achado contra ele, estão registrados no *Livro dos Reis de Israel e de Judá*. Seu filho Joaquim foi seu sucessor.

JOAQUIM REINA EM JUDÁ

9 Joaquim tinha 18 anos[d] quando começou a reinar, e reinou em Jerusalém por três meses e dez dias. Fez o que era mau aos olhos do Senhor.

10 Na virada do ano,[e] o rei Nabucodonosor levou Joaquim para a Babilônia. Nessa ocasião, também levou os tesouros do templo do Senhor. Nabucodonosor nomeou Zedequias, tio[f] de Joaquim, rei sobre Judá e sobre Jerusalém.

ZEDEQUIAS REINA EM JUDÁ

11 Zedequias tinha 21 anos quando começou a reinar, e reinou em Jerusalém por onze anos. 12 Zedequias fez o que era mau aos olhos do Senhor, seu Deus, e não se humilhou quando o profeta Jeremias lhe falou diretamente da parte do Senhor. 13 Também se rebelou contra o rei Nabucodonosor, embora lhe tivesse jurado lealdade em nome de Deus. Zedequias era um homem duro e teimoso e se recusou a voltar para o Senhor, o Deus de Israel.

14 Da mesma forma, todos os líderes dos sacerdotes e o povo se tornaram cada vez mais infiéis. Seguiram todas as práticas detestáveis das nações vizinhas e profanaram o templo do Senhor que havia sido consagrado em Jerusalém.

15 Repetidamente, o Senhor, o Deus de seus antepassados, enviou profetas para adverti-los, pois tinha compaixão de seu povo e do lugar de sua habitação. 16 No entanto, eles zombaram dos mensageiros de Deus e desprezaram suas palavras. Caçoaram dos profetas até que a ira do Senhor não pôde mais ser contida e nada mais se pôde fazer.

A QUEDA DE JERUSALÉM

17 Então o Senhor trouxe o rei da Babilônia contra eles. Os babilônios[g] mataram os jovens e foram atrás deles até dentro do santuário. Não tiveram piedade nem dos rapazes, nem das moças, nem dos idosos e doentes. Deus os entregou todos nas mãos do rei. 18 Ele levou para a Babilônia todos os utensílios, grandes e pequenos, do templo de Deus e todos os tesouros do templo do Senhor e do palácio do rei e de seus oficiais. 19 Seu exército queimou o templo de Deus, derrubou os muros de Jerusalém, queimou todos os palácios e destruiu tudo que era de valor.[h] 20 Os poucos habitantes que sobreviveram foram levados para o exílio na Babilônia e se tornaram servos

[a] **36.2** Em hebraico, *Joacaz*, variação de Jeoacaz; também em 36.4.
[b] **36.3** Em hebraico, *100 talentos de prata e 1 talento de ouro*.
[c] **36.7** Ou *em seu templo*.
[d] **36.9** Conforme um manuscrito hebraico, alguns manuscritos gregos e a versão siríaca (ver tb. 2Rs 24.8); a maioria dos manuscritos hebraicos traz *8 anos*.
[e] **36.10a** Esse dia do antigo calendário lunar hebraico correspondeu a 13 de abril de 597 a.C.
[f] **36.10b** Conforme o texto paralelo em 2Rs 24.17; o hebraico traz *irmão*, ou *parente*.
[g] **36.17** Ou *Os caldeus*.
[h] **36.19** Ou *destruiu todos os objetos de valor do templo*.

do rei e de seus filhos, até que o reino da Pérsia conquistou o poder.

21 Cumpriu-se, desse modo, a mensagem do Senhor transmitida por Jeremias. A terra finalmente desfrutou seu descanso sabático e permaneceu desolada até que se completaram os setenta anos, conforme o profeta havia anunciado.

CIRO PERMITE QUE OS EXILADOS REGRESSEM

22 No primeiro ano do reinado de Ciro, rei da Pérsia,[a] o Senhor cumpriu a profecia que havia anunciado por meio de Jeremias.[b] O Senhor despertou o coração de Ciro para registrar por escrito a seguinte proclamação e enviá-la a todo o seu reino:

23 "Assim diz Ciro, rei da Pérsia:
"O Senhor, o Deus dos céus, me deu todos os reinos da terra. Ele me encarregou de construir para ele um templo em Jerusalém, na terra de Judá. Quem pertence ao povo dele, volte para realizar essa tarefa. E que o Senhor, seu Deus, esteja com vocês!".

[a] **36.22a** O primeiro ano do reinado de Ciro sobre a Babilônia foi 538 a.C.

[b] **36.22b** Ver Jr 25.11-12; 29.10.

Esdras

Livro 15 com **10** CAPÍTULOS

SIGNIFICADO DO TÍTULO

O nome “Esdras” significa “ajuda” ou “auxílio”, o que ou reflete o papel do personagem principal na restauração espiritual e física de Israel ou pode apontar para Deus como ajudador e auxiliador.

AUTORIA

Embora o autor do livro de Esdras não seja especificamente identificado, muitos estudiosos atribuem a autoria ao escriba Esdras. Sua ênfase na Lei e na restauração do culto judaico sugere uma conexão próxima com aquela figura histórica.

OBJETIVO DO LIVRO

Esdras narra o retorno dos exilados judeus da Babilônia à terra de Judá, sob o decreto de Ciro, rei da Pérsia. O livro detalha a reconstrução do templo em Jerusalém, bem como os esforços de Esdras para restaurar a Lei de Moisés e a adoração verdadeira entre o povo.

ESTRUTURA DO LIVRO

- ★ O retorno dos exilados da Babilônia sob Zorobabel Ed 1—2
- ★ A reconstrução do templo em Jerusalém Ed 3—6
- ★ O retorno de Esdras a Jerusalém e a reforma religiosa Ed 7—10

TEMAS DE ESDRAS

O livro de Esdras enfatiza a importância da fidelidade a Deus e à sua Palavra, mesmo em meio a dificuldades e oposição. A restauração espiritual de Israel, simbolizada pela reconstrução do templo e a renovação da aliança, destaca a misericórdia e o cuidado de Deus com seu povo, mesmo após o exílio.

ESDRAS E CRISTO

O livro aponta para Jesus ao mostrar a fidelidade de Deus em cumprir suas promessas após o exílio. Esdras restaura o culto a Deus e a obediência à Lei, simbolizando a reconciliação espiritual que é plenamente realizada em Cristo. O livro enfatiza a importância da Palavra de Deus, preparando o caminho para Jesus, a Palavra viva e encarnada, que restaura a comunhão entre o Senhor e a humanidade.

CIRO PERMITE QUE OS EXILADOS REGRESSEM

1 No primeiro ano de Ciro, rei da Pérsia,[a] o SENHOR cumpriu a profecia que havia anunciado por meio de Jeremias.[b] Despertou o coração de Ciro para registrar por escrito a seguinte proclamação e enviá-la a todo o seu reino:

> 2 "Assim diz Ciro, rei da Pérsia:
> "O SENHOR, o Deus dos céus, me deu todos os reinos da terra. Ele me encarregou de lhe construir um templo em Jerusalém, em Judá. 3 Quem pertence ao povo de Deus, volte a Jerusalém, em Judá, para reconstruir o templo do SENHOR, o Deus de Israel, que habita em Jerusalém. E que seu Deus esteja com vocês! 4 Onde quer que se encontre esse remanescente judeu, que seus vizinhos ajudem com as despesas, dando-lhes prata e ouro, suprimentos e animais, além de ofertas voluntárias para o templo de Deus, em Jerusalém".

5 Então o SENHOR despertou o coração dos sacerdotes, dos levitas e dos chefes das tribos de Judá e Benjamim, para que fossem a Jerusalém e reconstruíssem o templo do SENHOR. 6 Todos os seus vizinhos ajudaram, dando-lhes utensílios de prata e ouro, suprimentos e animais. Também lhes deram muitos presentes valiosos, além de todas as ofertas voluntárias.

7 O rei Ciro tirou os utensílios que o rei Nabucodonosor havia levado do templo do SENHOR, em Jerusalém, e colocado no templo de seus próprios deuses. 8 Ciro, rei da Pérsia, deu instruções a Mitredate, seu tesoureiro, para que contasse esses utensílios e os entregasse a Sesbazar, líder dos exilados que voltavam para Judá.[c] 9 Esta é uma lista dos objetos que foram devolvidos:

30 bacias de ouro,
1.000 bacias de prata,
29 incensários[d] de prata,
10 30 tigelas de ouro,
410 tigelas de prata,
1.000 objetos diversos.

11 Ao todo, havia 5.400 utensílios de ouro e prata. Sesbazar trouxe tudo isso consigo quando os exilados voltaram da Babilônia para Jerusalém.

EXILADOS QUE REGRESSARAM COM ZOROBABEL

2 Esta é uma lista dos judeus da província que regressaram do cativeiro. O rei Nabucodonosor os havia deportado para a Babilônia, mas eles voltaram para Jerusalém e Judá, cada um para sua cidade de origem. 2 Seus líderes eram Zorobabel, Jesua, Neemias, Seraías, Reelaías, Mardoqueu, Bilsã, Mispar, Bigvai, Reum e Baaná.

Este é o número de homens de Israel que regressaram do exílio:
3 da família de Parós, 2.172;
4 da família de Sefatias, 372;
5 da família de Ará, 775;
6 da família de Paate-Moabe (descendentes de Jesua e Joabe), 2.812;
7 da família de Elão, 1.254;
8 da família de Zatu, 945;
9 da família de Zacai, 760;
10 da família de Bani, 642;
11 da família de Bebai, 623;
12 da família de Azgade, 1.222;
13 da família de Adonicam, 666;
14 da família de Bigvai, 2.056;
15 da família de Adim, 454;
16 da família de Ater (descendentes de Ezequias), 98;
17 da família de Bezai, 323;
18 da família de Jora, 112;
19 da família de Hasum, 223;
20 da família de Gibar, 95;
21 do povo de Belém, 123;
22 do povo de Netofa, 56;
23 do povo de Anatote, 128;
24 do povo de Bete-Azmavete,[e] 42;
25 do povo de Quiriate-Jearim,[f] Quefira e Beerote, 743;
26 do povo de Ramá e Geba, 621;

[a] **1.1a** O primeiro ano do reinado de Ciro sobre a Babilônia foi 538 a.C.
[b] **1.1b** Ver Jr 25.11-12; 29.10.
[c] **1.8** Em hebraico, *Sesbazar, príncipe de Judá.*
[d] **1.9** O significado do termo hebraico é incerto.
[e] **2.24** Conforme o texto paralelo em Ne 7.28; o hebraico traz *Azmavete*.
[f] **2.25** Conforme alguns manuscritos hebraicos e a Septuaginta (ver tb. Ne 7.29); o hebraico traz *Quiriate-Arim*.

27 do povo de Micmás, 122;
28 do povo de Betel e Ai, 223;
29 dos cidadãos de Nebo, 52;
30 dos cidadãos de Magbis, 156;
31 dos cidadãos de Elão Ocidental,[a] 1.254;
32 dos cidadãos de Harim, 320;
33 dos cidadãos de Lode, Hadide e Ono, 725;
34 dos cidadãos de Jericó, 345;
35 dos cidadãos de Senaá, 3.630.

36 Estes são os sacerdotes que regressaram do exílio:
da família de Jedaías (da linhagem de Jesua), 973;
37 da família de Imer, 1.052;
38 da família de Pasur, 1.247;
39 da família de Harim, 1.017.

40 Estes são os levitas que regressaram do exílio:
das famílias de Jesua e Cadmiel (descendentes de Hodavias), 74;
41 os cantores da família de Asafe, 128;
42 os guardas das portas das famílias de Salum, Ater, Talmom, Acube, Hatita e Sobai, 139.

43 Os descendentes destes servidores do templo regressaram do exílio:
Zia, Hasufa, Tabaote,
44 Queros, Sia, Padom,
45 Lebana, Hagaba, Acube,
46 Hagabe, Salmai,[b] Hanã,
47 Gidel, Gaar, Reaías,
48 Rezim, Necoda, Gazão,
49 Uzá, Paseá, Besai,
50 Asná, Meunim, Nefusim,
51 Baquebuque, Hacufa, Harur,
52 Baslute, Meída, Harsa,
53 Barcos, Sísera, Tamá,
54 Nesias, Hatifa.

55 Os descendentes destes servidores do rei Salomão regressaram do exílio:
Sotai, Soferete, Peruda,
56 Jaala, Darcom, Gidel,
57 Sefatias, Hatil, Poquerete-Hazebaim e Ami.

58 Ao todo, os servidores do templo e os descendentes dos servos de Salomão eram 392.

59 Nessa ocasião, outro grupo regressou das cidades de Tel-Melá, Tel-Harsa,
Querube, Adã e Imer. Contudo, não puderam comprovar que eles ou suas famílias
eram descendentes de Israel. 60 Estavam
nesse grupo as famílias de Delaías, Tobias
e Necoda, 652 pessoas ao todo.
61 Também regressaram as famílias
de três sacerdotes: Habaías, Hacoz e
Barzilai. (Esse Barzilai havia se casado
com uma mulher descendente de Barzilai,
de Gileade, e assumido o nome da família
dela.) 62 Procuraram seus nomes nos registros genealógicos, mas não os encontraram,
por isso não se qualificaram para servir
como sacerdotes. 63 O governador ordenou
que não comessem das porções dos sacrifícios separadas para os sacerdotes até que
um sacerdote consultasse o Senhor a esse
respeito usando o Urim e o Tumim.
64 Portanto, os que regressaram para
Judá foram 42.360, 65 além dos 7.337 servos e servas e dos 200 cantores e cantoras.
66 Levaram consigo 736 cavalos, 245 mulas, 67 435 camelos e 6.720 jumentos.
68 Quando chegaram ao templo do Senhor,
em Jerusalém, alguns dos chefes das famílias entregaram ofertas voluntárias para a
reconstrução do templo de Deus em seu
local original. 69 Cada chefe contribuiu
com o que pôde. Suas ofertas totalizaram
525 quilos de ouro, 3.000 quilos de prata[c] e
100 vestes para os sacerdotes.
70 Assim, os sacerdotes, os levitas,
os cantores, os guardas das portas, os servidores do templo e alguns do povo se
estabeleceram em povoados perto de
Jerusalém. O restante do povo regressou
às suas cidades em todo o Israel.

A RECONSTRUÇÃO DO ALTAR

3 No sétimo mês,[d] quando os israelitas já haviam se estabelecido em suas

[a] **2.31** Ou *do outro Elão.*
[b] **2.46** Conforme leitura alternativa do Texto Massorético (ver tb. Ne 7.48); a outra leitura traz *Samlai.*
[c] **2.69** Em hebraico, *61.000 dáricos de ouro, 5.000 minas de prata.*
[d] **3.1** O ano não é especificado, de modo que pode ter sido no primeiro ano do reinado de Ciro (538 a.C.) ou no segundo (537 a.C.). Esse sétimo mês do antigo calendário lunar hebraico caiu entre setembro e outubro de 538 a.C., ou entre outubro e novembro de 537 a.C.

O propósito de Deus não diz respeito à felicidade efêmera e circunstancial, e sim à plenitude e à alegria no Espírito.

cidades, todo o povo se reuniu em Jerusalém com um só propósito. 2 Então Jesua, filho de Jeozadaque,[a] juntou-se a seus colegas, os sacerdotes, e a Zorobabel, filho de Sealtiel, e seus companheiros, para reconstruir o altar do Deus de Israel. Queriam apresentar holocaustos ali, conforme a instrução da lei de Moisés, homem de Deus. 3 Embora o povo tivesse medo dos habitantes daquela região, reconstruíram o altar no mesmo lugar original. Assim, começaram a oferecer holocaustos no altar do SENHOR todas as manhãs e todas as tardes.

4 Celebraram a Festa das Cabanas, conforme prescrito pela lei, e ofereceram o número de holocaustos especificado para cada dia da festa. 5 Ofereceram ainda os holocaustos regulares e as ofertas exigidas para as celebrações da lua nova e para as festas anuais do SENHOR. O povo também trouxe ofertas voluntárias para o SENHOR. 6 Quinze dias antes do início da Festa das Cabanas,[b] os sacerdotes haviam começado a oferecer ao SENHOR os holocaustos, antes mesmo de lançarem os alicerces do templo do SENHOR.

O POVO COMEÇA A RECONSTRUIR O TEMPLO

7 Então contrataram pedreiros e carpinteiros e lhes pagaram com moedas de prata. Também compraram toras de cedro dos povos de Tiro e de Sidom e lhes pagaram com alimento, vinho e azeite. As toras eram trazidas dos montes do Líbano e vinham pela costa do mar Mediterrâneo[c] até Jope, pois Ciro, rei da Pérsia, havia permitido que assim se fizesse.

8 A construção do templo de Deus começou no segundo mês[d] do segundo ano depois da chegada a Jerusalém. O grupo de trabalhadores era constituído de todos que haviam regressado do exílio, incluindo Zorobabel, filho de Sealtiel, Jesua, filho de Jeozadaque, e seus colegas, os sacerdotes, bem como todos os levitas. Os levitas de 20 anos para cima foram encarregados de supervisionar a construção do templo do SENHOR. 9 Jesua, seus filhos e seus parentes, Cadmiel e seus filhos e os descendentes de Hodavias[e] supervisionavam aqueles que trabalhavam no templo de Deus. Os levitas da família de Henadade os auxiliavam nessa tarefa.

10 Quando os construtores terminaram os alicerces do templo do SENHOR, os sacerdotes puseram suas vestes e tomaram seus lugares para tocar as trombetas. Os levitas, descendentes de Asafe, fizeram soar os címbalos para louvar o SENHOR, conforme o rei Davi havia prescrito. 11 Com louvores e ação de graças, entoaram este cântico ao SENHOR:

"Ele é bom!
Seu amor por Israel dura
para sempre!".

Então todo o povo louvou o SENHOR em alta voz, pois haviam sido lançados os alicerces do templo do SENHOR.

12 Muitos dos sacerdotes, dos levitas e dos outros chefes de família mais velhos, que tinham visto o primeiro templo, choraram alto quando viram os alicerces do novo templo. Outros tantos, porém, gritavam de alegria. 13 Os gritos alegres e o choro se misturavam num barulho tão forte que se podia ouvir de muito longe.

INIMIGOS SE OPÕEM À RECONSTRUÇÃO

4 Os inimigos de Judá e Benjamim souberam que os exilados estavam reconstruindo o templo do SENHOR, o Deus de Israel. 2 Eles foram a Zorobabel e aos outros chefes de família e disseram: "Queremos participar da construção, pois também adoramos seu Deus, como vocês. Temos oferecido sacrifícios para ele desde que Esar-Hadom, rei da Assíria, nos trouxe para cá".

[a] **3.2** Em hebraico, *Jozadaque*, variação de Jeozadaque; também em 3.8.

[b] **3.6** Em hebraico, *No primeiro dia do sétimo mês.* Esse dia do antigo calendário lunar hebraico caía em setembro ou outubro. A Festa das Cabanas começava no décimo quinto dia do sétimo mês.

[c] **3.7** Em hebraico, *do mar.*

[d] **3.8** Esse segundo mês do antigo calendário lunar hebraico caiu entre abril e maio de 536 a.C.

[e] **3.9** Em hebraico, *os filhos de Judá* (i.e., *bene Yehudah*). *Bene* também pode ser lido aqui como o nome próprio Binui; é provável que *Yehudah* seja outro nome para Hodavias. Comparar com 2.40; Ne 7.43.

³ Mas Zorobabel, Jesua e os outros che-
fes de família de Israel responderam:
"De maneira nenhuma! Vocês não podem
participar desse trabalho. Somente nós
construiremos o templo para o SENHOR,
o Deus de Israel, conforme Ciro, rei da Pér-
sia, nos ordenou".
⁴ Então os habitantes da região tentaram
desanimar e amedrontar o povo de Judá,
para que não continuassem a construção.
⁵ Subornaram agentes para trabalhar contra
eles e frustrar seus planos. Isso prosseguiu
durante todo o reinado de Ciro, rei da Pérsia,
até que Dario, rei da Pérsia, subiu ao poder.[a]

OPOSIÇÃO DURANTE OS REINADOS DE XERXES E ARTAXERXES

⁶ Anos depois, quando Xerxes[b] começou
a reinar, os inimigos de Judá escreveram
uma carta de acusação contra o povo de
Judá e de Jerusalém.
⁷ Mais tarde, durante o reinado de
Artaxerxes, rei da Pérsia,[c] os inimigos
de Judá, liderados por Bislão, Mitredate e
Tabeel, enviaram a Artaxerxes uma carta
em aramaico, que foi traduzida para o rei.
⁸[d] O comandante Reum e o secretário da
corte Sinsai escreveram a carta, na qual
apresentaram ao rei Artaxerxes um relatório
negativo sobre Jerusalém. ⁹ Saudaram o rei
em nome de todos os seus colegas: os juízes
e as autoridades locais, o povo de Tarpel, os
persas, os babilônios e o povo de Ereque e
de Susã (isto é, Elão). ¹⁰ Também enviaram
saudações do restante do povo que o gran-
de e renomado Assurbanípal[e] havia depor-
tado e estabelecido em Samaria e em todas
as terras vizinhas da província a oeste do
rio Eufrates.[f] ¹¹ Esta é uma cópia da carta:

"Ao rei Artaxerxes, de seus súditos leais
na província a oeste do rio Eufrates.
¹² "Informamos ao rei que os judeus que
saíram da Babilônia para Jerusalém
estão reconstruindo esta cidade rebel-
de e má. Já restauraram os alicerces
e, em breve, terminarão os muros.
¹³ É bom o rei saber que, se esta ci-
dade for reconstruída e seus muros
forem concluídos, haverá grande pre-
juízo para o tesouro real, pois os ju-
deus se recusarão a lhe pagar tributos,
impostos e taxas.
¹⁴ "Visto que somos seus súditos leais[g] e
não desejamos vê-lo desonrado desse
modo, enviamos ao rei estas informa-
ções. ¹⁵ Sugerimos que se faça uma
busca no registro de seus antepassa-
dos, no qual o rei descobrirá como
esta cidade foi rebelde em outros
tempos. Aliás, foi destruída por causa
de sua longa e problemática história
de rebelião contra os reis e as nações
que a dominavam. ¹⁶ Declaramos ao
rei que, se esta cidade for reconstruí-
da e seus muros forem concluídos,
o rei perderá a província a oeste do
rio Eufrates".

¹⁷ O rei Artaxerxes enviou a seguinte res-
posta:

"Ao comandante Reum, ao secretário
da corte Sinsai, e a seus companhei-
ros em Samaria e em toda a província
a oeste do rio Eufrates. Saudações.
¹⁸ "A carta que vocês enviaram foi tra-
duzida e lida para mim. ¹⁹ Ordenei
que se fizesse uma busca nos regis-
tros e descobri que, de fato, Jerusalém
tem sido, ao longo dos anos, foco de
insurreição contra vários reis. Aliás,
rebeliões e revoltas são normais ali.
²⁰ Reis poderosos governaram sobre
Jerusalém e sobre toda a província a
oeste do rio Eufrates e receberam tri-
butos, impostos e taxas. ²¹ Portanto,
deem ordens para que esses homens
parem seu trabalho. A cidade não
deve ser reconstruída enquanto eu
não mandar. ²² Sejam diligentes e
não descuidem desse assunto, pois
não devemos permitir que a situa-
ção prejudique os interesses do rei".

[a] **4.5** Dario reinou de 521 a 486 a.C.
[b] **4.6** Em hebraico, *Assuero*, outro nome para Xerxes. Ele reinou de 486 a 465 a.C.
[c] **4.7** Artaxerxes reinou de 465 a 424 a.C.
[d] **4.8** O texto original de 4.8—6.18 está em aramaico.
[e] **4.10a** Em aramaico, *Osnapar*, outro nome para Assurbanípal.
[f] **4.10b** Em aramaico, *província além do rio*; também em 4.11,16,17,20.
[g] **4.14** Em aramaico, *Visto que comemos o sal do palácio.*

23 Quando a carta do rei Artaxerxes foi
lida para Reum, Sinsai e seus companhei-
ros, eles foram depressa a Jerusalém e, fa-
zendo uso de força, obrigaram os judeus a
parar a construção.

A RECONSTRUÇÃO É RETOMADA

24 Assim, a obra no templo de Deus em
Jerusalém foi interrompida e ficou para-
da até o segundo ano do reinado de Dario,
rei da Pérsia.[a]

5 Nessa época, os profetas Ageu e
Zacarias, filho de Ido, profetizaram
aos judeus de Judá e Jerusalém. Falavam
em nome do Deus de Israel, que estava
sobre eles. 2 Em resposta, Zorobabel, filho
de Sealtiel, e Jesua, filho de Jeozadaque,[b]
começaram outra vez a reconstruir o tem-
plo de Deus em Jerusalém. E os profetas
de Deus estavam com eles e os auxiliavam.
3 Tatenai, governador da província a
oeste do rio Eufrates,[c] Setar-Bozenai e
seus companheiros foram a Jerusalém e
perguntaram: "Quem lhes deu permissão
para reconstruir este templo e restaurar
esta estrutura?". 4 Também perguntaram[d]
os nomes de todos os homens que tra-
balhavam no templo. 5 Mas os olhos de
Deus estavam sobre os líderes judeus, e
eles não foram impedidos de prosseguir
com a construção até que um relatório
fosse enviado a Dario e ele comunicasse
sua decisão.

A CARTA DE TATENAI AO REI DARIO

6 Esta é uma cópia da carta que o gover-
nador Tatenai, Setar-Bozenai e os outros
oficiais da província a oeste do rio Eufrates
enviaram ao rei Dario:

7 "Ao rei Dario. Saudações.
8 "Informamos ao rei que fomos até
o local da construção do templo do
grande Deus na província de Judá.
O templo está sendo reconstruído com
pedras especialmente preparadas,
e as vigas já estão sendo colocadas
nas paredes. A obra avança com mui-
ta energia e êxito.
9 "Perguntamos aos líderes: 'Quem
lhes deu permissão para reconstruir
este templo e restaurar esta estrutu-
ra?'. 10 E exigimos os nomes deles,
para que pudéssemos dizer ao rei
quem eram os líderes.
11 "Esta foi a resposta: 'Somos servos
do Deus dos céus e da terra e esta-
mos reconstruindo o templo que
foi construído aqui muitos anos
atrás, por um grande rei de Israel.
12 Nossos antepassados, porém, pro-
vocaram a ira do Deus dos céus, e ele
os entregou a Nabucodonosor, rei da
Babilônia,[e] que destruiu este templo
e deportou o povo para a Babilônia.
13 No entanto, Ciro, rei da Babilônia,[f]
no primeiro ano de seu reinado, pu-
blicou um decreto ordenando que
o templo de Deus fosse reconstruí-
do. 14 O rei Ciro também devolveu
os utensílios de ouro e de prata que
Nabucodonosor havia tirado do tem-
plo de Deus, em Jerusalém, e colo-
cado no templo da Babilônia. Esses
utensílios foram removidos dali e
entregues a um homem chamado
Sesbazar, a quem o rei Ciro nomeou
governador de Judá. 15 O rei instruiu
Sesbazar a colocar os utensílios de
volta em seu lugar, em Jerusalém, e
a reconstruir o templo de Deus em
seu antigo local. 16 Então Sesbazar
veio e lançou os alicerces do templo
de Deus em Jerusalém. O povo tem
trabalhado nele desde então, embora
ainda não esteja acabado'.
17 "Portanto, se parecer bem ao rei,
pedimos que se faça uma busca
nos arquivos reais da Babilônia,
para descobrir se o rei Ciro de fato
publicou esse decreto ordenando
a reconstrução do templo de Deus,
em Jerusalém. E que o rei nos infor-
me sua decisão sobre esse assunto".

[a] **4.24** O segundo ano do reinado de Dario foi 520 a.C. O versículo 24 retoma a narrativa iniciada em 4.1-5.
[b] **5.2** Em aramaico, *Jozadaque*, variação de Jeozadaque.
[c] **5.3** Em aramaico, *província além do rio*; também em 5.6.
[d] **5.4** Conforme um manuscrito hebraico, a Septuaginta e a versão siríaca; o Texto Massorético traz *Então lhes dissemos*.
[e] **5.12** Em aramaico, *Nabucodonosor, o caldeu*.
[f] **5.13** Ciro, rei da Pérsia, é identificado aqui como rei da Babilônia porque a Pérsia havia conquistado o império babilônico.

DARIO APROVA A RECONSTRUÇÃO

6 Então o rei Dario ordenou que se fi-
zesse uma busca nos arquivos da Ba-
bilônia, que ficavam guardados junto aos
tesouros. 2 Mas foi na fortaleza em Ecbata-
na, na província da Média, que se encon-
trou um documento que dizia:

"Memorando:
3 "No primeiro ano do reinado do
rei Ciro, foi publicado um decre-
to a respeito do templo de Deus,
em Jerusalém.
"Que o templo seja reconstruído para
ser um local onde se ofereçam sa-
crifícios, usando os alicerces origi-
nais. Ele terá 27 metros de altura e
27 metros de largura.[a] 4 A cada três
camadas de grandes pedras, será
colocada uma camada de madei-
ra. Todas as despesas serão pagas
pela tesouraria real. 5 Além disso,
os utensílios de ouro e de prata que
Nabucodonosor levou do templo de
Deus, em Jerusalém, para a Babilônia
devem ser devolvidos a Jerusalém e
colocados em seus devidos lugares.
Que sejam levados de volta ao tem-
plo de Deus".

6 O rei Dario enviou esta mensagem:

"Agora, portanto, Tatenai, governador
da província a oeste do rio Eufrates,[b]
Setar-Bozenai, seus companhei-
ros e outros oficiais a oeste do rio
Eufrates, permaneçam afastados de
lá! 7 Não interfiram na construção
do templo de Deus. Deixem que seja
reconstruído em seu antigo local, e
não impeçam o governador de Judá
e os líderes dos judeus de realizarem
seu trabalho.
8 "Além disso, decreto que ajudem es-
ses líderes dos judeus a reconstruir
o templo de Deus. Paguem, sem de-
mora, todos os custos da construção,
usando os impostos recolhidos na
província a oeste do rio Eufrates, para
que a obra não seja interrompida.
9 "Deem aos sacerdotes em Jerusalém
tudo que eles precisarem: novilhos,
carneiros e cordeiros para os holo-
caustos oferecidos ao Deus dos céus.
Providenciem, sem falta, a quantida-
de de trigo, sal, vinho e azeite que for
necessária para cada dia. 10 Assim,
eles poderão oferecer sacrifícios
agradáveis ao Deus dos céus e orar
pelo bem-estar do rei e de seus filhos.
11 "Se alguém desobedecer a este de-
creto de alguma maneira, terá uma
viga de sua casa arrancada. Ele será
amarrado a essa viga e pendurado
nela, e sua casa será transforma-
da num monte de entulho.[c] 12 Que
o Deus que escolheu a cidade de
Jerusalém como lugar para que seu
nome seja honrado destrua qualquer
rei ou nação que desobedecer a esta
ordem e destruir este templo.
"Eu, Dario, publiquei este decreto.
Que ele seja obedecido com toda
a diligência".

A DEDICAÇÃO DO TEMPLO

13 Tatenai, governador da província a oes-
te do rio Eufrates, Setar-Bozenai e seus
companheiros obedeceram de imediato à
ordem do rei Dario. 14 Com isso, os líderes
dos judeus puderam continuar seu traba-
lho e foram encorajados pela pregação
dos profetas Ageu e Zacarias, filho de Ido.
Finalmente, o templo foi terminado, como
havia sido ordenado pelo Deus de Israel e
decretado por Ciro, Dario e Artaxerxes, reis
da Pérsia. 15 O templo foi concluído no dia
12 de março,[d] no sexto ano do reinado do
rei Dario.
16 Então o templo de Deus foi dedicado
com grande alegria pelos israelitas, pelos
sacerdotes, pelos levitas e pelo restante do
povo que regressou do exílio. 17 Durante a
cerimônia de dedicação, foram sacrifica-
dos cem novilhos, duzentos carneiros e

[a] **6.3** Em aramaico, *60 côvados de altura e 60 côvados de largura.*

[b] **6.6** Em aramaico, *província além do rio*; também em 6.6b,8,13.

[c] **6.11** Em aramaico, *num monte de esterco.*

[d] **6.15** Em aramaico, *no terceiro dia do mês de adar*, do antigo calendário lunar hebraico. Vários acontecimentos em Esdras podem ser confirmados por datas em registros persas que sobreviveram ao tempo e relacionados com precisão ao calendário moderno. O ano foi 515 a.C.

quatrocentos cordeiros. Doze bodes foram apresentados como oferta pelo pecado de todo o Israel, de acordo com o número das tribos. 18 Em seguida, os sacerdotes e os levitas foram divididos em vários grupos para servirem no templo de Deus, em Jerusalém, conforme prescrito no Livro de Moisés.

A CELEBRAÇÃO DA PÁSCOA

19 No dia 21 de abril,[a] o povo que havia regressado do exílio celebrou a Páscoa. 20 Os sacerdotes e os levitas haviam se purificado e estavam cerimonialmente puros. Abateram o cordeiro da Páscoa por todos que regressaram, por seus colegas, os sacerdotes, e por si mesmos. 21 Todo o povo de Israel que havia regressado do exílio participou da refeição de Páscoa, junto com todos que haviam deixado os costumes impuros dos povos que ali viviam a fim de adorar o SENHOR, o Deus de Israel. 22 Em seguida, comemoraram durante sete dias a Festa dos Pães sem Fermento. Houve grande alegria em toda a terra, pois o SENHOR tornou o rei da Assíria[b] favorável a eles e o levou a ajudá-los a reconstruir o templo de Deus, o Deus de Israel.

ESDRAS CHEGA A JERUSALÉM

7 Muitos anos depois, durante o reinado de Artaxerxes, rei da Pérsia,[c] havia um homem chamado Esdras. Ele era filho de[d] Seraías, filho de Azarias, filho de Hilquias, 2 filho de Salum, filho de Zadoque, filho de Aitube, 3 filho de Amarias, filho de Azarias, filho de[e] Meraiote, 4 filho de Zeraías, filho de Uzi, filho de Buqui, 5 filho de Abisua, filho de Fineias, filho de Eleazar, filho do sumo sacerdote[f] Arão. 6 Esdras era escriba, conhecedor da lei de Moisés, dada ao povo pelo SENHOR, o Deus de Israel. Esdras foi da Babilônia a Jerusalém, e o rei lhe deu tudo que ele pediu, porque a mão do SENHOR, seu Deus, estava sobre ele. 7 Alguns dos israelitas, e também alguns sacerdotes, levitas, cantores, guardas das portas e servidores do templo, viajaram com ele para Jerusalém no sétimo ano do reinado de Artaxerxes.

8 Esdras chegou a Jerusalém em agosto[g] desse mesmo ano. 9 Partiu da Babilônia em 8 de abril, o primeiro dia do novo ano,[h] e chegou a Jerusalém em 4 de agosto,[i] porque a bondosa mão do SENHOR, seu Deus, estava sobre ele. 10 Pois Esdras tinha decidido estudar a lei do SENHOR, obedecer a ela e ensinar seus decretos e estatutos ao povo de Israel.

A CARTA DE ARTAXERXES A ESDRAS

11 O rei Artaxerxes tinha dado uma cópia da seguinte carta a Esdras, o sacerdote e escriba que estudava os mandamentos e decretos do SENHOR e os ensinava a Israel:

> 12[j] "De Artaxerxes, rei dos reis, ao sacerdote Esdras, mestre da lei do Deus dos céus. Saudações.
>
> 13 "Eu decreto que qualquer israelita em meu reino, incluindo os sacerdotes e os levitas, que desejar regressar com você para Jerusalém, poderá ir. 14 Eu e meus sete conselheiros o instruímos a investigar a situação em Judá e em Jerusalém, com base na lei de seu Deus, que está em suas mãos. 15 Também o encarregamos de levar consigo a prata e o ouro que lhe entregamos voluntariamente como oferta para o Deus de Israel, que habita em Jerusalém.
>
> 16 "Além disso, você levará toda prata e todo ouro que obtiver na província da Babilônia, bem como as ofertas voluntárias do povo e dos sacerdotes para o templo de seu Deus,

[a] **6.19** Em aramaico, *No décimo quarto dia do primeiro mês*, do antigo calendário lunar hebraico. O ano foi 515 a.C.; ver também nota em 6.15.

[b] **6.22** Dario, rei da Pérsia, é identificado aqui como rei da Assíria porque a Pérsia havia conquistado o império babilônico, que incluía o império assírio, anterior ao babilônico.

[c] **7.1a** Artaxerxes reinou de 465 a 424 a.C.

[d] **7.1b** Ou *descendente de*; ver 1Cr 6.14.

[e] **7.3** Ou *descendente de*; ver 1Cr 6.6-10.

[f] **7.5** Ou *do primeiro sacerdote*.

[g] **7.8** Em hebraico, *no quinto mês*, do antigo calendário lunar hebraico. O ano foi 458 a.C.

[h] **7.9a** Em hebraico, *no primeiro dia do primeiro mês*, do antigo calendário lunar hebraico. O ano foi 458 a.C.; ver também nota em 6.15.

[i] **7.9b** Em hebraico, *no primeiro dia do quinto mês*, do antigo calendário lunar hebraico. O ano foi 458 a.C.; ver também nota em 6.15.

[j] **7.12** O texto original de 7.12-26 está em aramaico.

em Jerusalém. 17 Use esses recursos
para comprar novilhos, carneiros,
cordeiros e as respectivas ofertas de
cereal e ofertas derramadas. Tudo
isso será oferecido no altar do templo
de seu Deus, em Jerusalém. 18 A pra-
ta e o ouro que restarem poderão ser
usados como parecer melhor a você
e a seu povo, conforme a vontade
de Deus.
19 "Quanto aos utensílios que lhe con-
fiamos para o serviço no templo de
seu Deus, entregue-os todos diante
do Deus de Jerusalém. 20 Se precisar
de mais alguma coisa para o templo
de seu Deus, ou para qualquer neces-
sidade semelhante, use recursos da
tesouraria real.
21 "Eu, o rei Artaxerxes, envio o seguinte
decreto a todos os tesoureiros da pro-
víncia a oeste do rio Eufrates:[a] 'Deem
a Esdras, sacerdote e mestre da lei do
Deus dos céus, tudo que ele requisitar.
22 Deem-lhe até 3.500 quilos[b] de prata,
100 cestos grandes[c] de trigo, 100 to-
néis de vinho, 100 tonéis de azeite[d]
e sal à vontade. 23 Tenham o cuidado
de providenciar tudo que o Deus dos
céus ordenar para seu templo; afinal,
por que provocar a ira de Deus contra
este império do rei e de seus filhos?
24 Também decreto que nenhum sa-
cerdote, levita, cantor, guarda das
portas, servidor do templo, nem qual-
quer outro trabalhador no templo será
obrigado a pagar tributos, impostos e
taxas de qualquer tipo'.
25 "E você, Esdras, use a sabedoria que
seu Deus lhe deu para nomear magis-
trados e juízes que conheçam as leis
de seu Deus para governarem todo
o povo na província a oeste do rio
Eufrates. Ensine a lei a todos que não
a conhecem. 26 Qualquer um que se
recusar a obedecer à lei de seu Deus e
do rei será castigado de imediato com
a morte, com o exílio, com o confisco
dos bens ou com a prisão".

ESDRAS LOUVA O SENHOR

27 Louvem o SENHOR, o Deus de nossos an-
tepassados, que colocou no coração do rei
o desejo de embelezar o templo do SENHOR,
em Jerusalém, 28 e que me mostrou seu
amor leal ao honrar-me diante do rei, de
seu conselho e de todos os seus oficiais
poderosos! Senti-me encorajado porque
a mão do SENHOR, meu Deus, estava sobre
mim e reuni alguns dos líderes de Israel
para voltar comigo a Jerusalém.

EXILADOS QUE REGRESSARAM COM ESDRAS

8 Esta é uma lista dos chefes de família,
com suas genealogias, aqueles que re-
gressaram comigo da Babilônia durante o
reinado do rei Artaxerxes:

2 da família de Fineias: Gérson;
da família de Itamar: Daniel;
da família de Davi: Hatus, 3 descendente
de Secanias;
da família de Parós: Zacarias e 150 ho-
mens registrados com ele;
4 da família de Paate-Moabe: Elioenai,
filho de Zeraías, e 200 homens regis-
trados com ele;
5 da família de Zatu:[e] Secanias, filho
de Jaaziel, e 300 homens registrados
com ele;
6 da família de Adim: Ebede, filho de
Jônatas, e 50 homens registrados
com ele;
7 da família de Elão: Jesaías, filho de
Atalias, e 70 homens registrados
com ele;
8 da família de Sefatias: Zebadias, filho
de Micael, e 80 homens registrados
com ele;
9 da família de Joabe: Obadias, filho
de Jeiel, e 218 homens registrados
com ele;
10 da família de Bani:[f] Selomite, filho
de Josifias, e 160 homens registrados
com ele;
11 da família de Bebai: Zacarias, filho
de Bebai, e 28 homens registrados
com ele;

[a] **7.21** Em aramaico, *província além do rio*; também em 7.25.
[b] **7.22a** Em aramaico, *100 talentos*.
[c] **7.22b** Em aramaico, *100 coros*, cerca de 22.000 litros.
[d] **7.22c** Em aramaico, *100 batos de vinho, 100 batos de azeite*, cerca de 2.100 litros.
[e] **8.5** Conforme alguns manuscritos gregos; o hebraico não traz *Zatu*.
[f] **8.10** Conforme alguns manuscritos gregos; o hebraico não traz *Bani*.

12 da família de Azgade: Joanã, filho
de Hacatã, e 110 homens registrados
com ele;
13 da família de Adonicam, que chega-
ram depois:[a] Elifelete, Jeiel e Semaías,
e 60 homens registrados com eles;
14 da família de Bigvai: Utai e Zacur,[b]
e 70 homens registrados com eles.

A VIAGEM DE ESDRAS A JERUSALÉM

15 Reuni os exilados perto do canal de
Aava, e acampamos ali por três dias en-
quanto eu revisava as listas do povo e dos
sacerdotes que haviam chegado. Descobri
que nenhum levita se havia oferecido para
nos acompanhar. 16 Por isso, mandei cha-
mar Eliézer, Ariel, Semaías, Elnatã, Jaribe,
Elnatã, Natã, Zacarias e Mesulão, líderes
do povo. Também mandei chamar Joiaribe
e Elnatã, dois homens com discernimen-
to. 17 Enviei-os a Ido, chefe dos levitas em
Casifia, para que pedissem a ele, a seus
parentes e aos servidores do templo que
nos enviassem ministros para o templo de
Deus, em Jerusalém.

18 Visto que a bondosa mão de nosso
Deus estava sobre nós, eles nos enviaram
Serebias, junto com 18 de seus filhos e
parentes. Era um homem inteligente, des-
cendente de Mali, descendente de Levi,
filho de Israel.[c] 19 Também nos enviaram
Hasabias, junto com Jesaías, dos des-
cendentes de Merari, 20 de seus filhos e
parentes, 20 e 220 servidores do templo.
Os servidores do templo eram assistentes
dos levitas, um grupo de trabalhadores
do templo instituído pelo rei Davi e por
seus oficiais. Todos estavam registrados
por nome.

21 Ali, junto ao canal de Aava, ordenei
que todos nós jejuássemos e nos humi-
lhássemos diante de nosso Deus. Oramos
para que ele nos proporcionasse uma
viagem segura e nos protegesse, como
também a nossos filhos e a nossos bens.
22 Pois tive vergonha de pedir ao rei sol-
dados e cavaleiros para nos acompanhar
e nos proteger de inimigos ao longo do
caminho. Afinal, tínhamos dito ao rei:
"A bondosa mão de nosso Deus está sobre
todos que o adoram, mas seu poder e sua
ira estão contra todos que o abandonam".
23 Assim, jejuamos e pedimos com fervor
que nosso Deus cuidasse de nós, e ele
atendeu à nossa oração.

24 Nomeei doze chefes dos sacerdotes —
Serebias, Hasabias e outros dez sacerdo-
tes — 25 para ficarem encarregados do
transporte da prata, do ouro e dos outros
objetos que o rei, seu conselho, seus ofi-
ciais e todo o povo de Israel haviam doado
para o templo de Deus. 26 Pesei o tesouro
ao entregá-lo, e seu total era:

22.750 quilos[d] de prata,
3.500 quilos[e] de utensílios de prata,
3.500 quilos de ouro,
27 20 tigelas de ouro, cada uma pesando
8,6 quilos;[f]
2 utensílios finos de bronze polido,
tão valiosos como ouro.

28 Eu disse aos sacerdotes: "Vocês e es-
ses tesouros foram consagrados ao Senhor.
A prata e o ouro são ofertas voluntárias ao
Senhor, o Deus de nossos antepassados.
29 Guardem bem esses tesouros até que
os apresentem aos líderes dos sacerdo-
tes, aos levitas e aos chefes de família de
Israel, que os pesarão nos depósitos do
templo do Senhor, em Jerusalém". 30 Os sa-
cerdotes e os levitas aceitaram a respon-
sabilidade de transportar esses tesouros
de prata e de ouro até o templo de nosso
Deus, em Jerusalém.

31 Levantamos acampamento junto ao
canal de Aava, no dia 19 de abril,[g] e par-
timos para Jerusalém. E a mão de nos-
so Deus nos protegeu e nos guardou de
inimigos e bandidos ao longo do cami-
nho. 32 Assim, chegamos em seguran-
ça a Jerusalém, onde descansamos por
três dias.

[a] **8.13** Ou *que foram os últimos de sua família.*
[b] **8.14** Conforme a Septuaginta, a versão siríaca e uma leitura alternativa do Texto Massorético; a outra leitura traz *Zabude.*
[c] **8.18** *Israel* é o nome que Deus deu a Jacó.
[d] **8.26a** Em hebraico, *650 talentos.* Cada talento equivalia a 35 quilos.
[e] **8.26b** Em hebraico, *100 talentos*; também em 8.26c.
[f] **8.27** Em hebraico, *1.000 dáricos.*
[g] **8.31** Em hebraico, *no décimo segundo dia do primeiro mês*, do antigo calendário lunar hebraico. O ano foi 458 a.C.; ver também nota em 6.15.

33 No quarto dia depois de nossa chega-
da, a prata, o ouro e os utensílios valiosos
foram pesados no templo de nosso Deus
e entregues a Meremote, filho do sacer-
dote Urias. Estavam com ele Eleazar, filho
de Fineias, e os levitas Jozabade, filho de
Jesua, e Noadias, filho de Binui. 34 Pesaram
e contaram tudo, e o peso total foi registra-
do oficialmente.
35 Os exilados que haviam regressado do
cativeiro ofereceram holocaustos ao Deus
de Israel. Apresentaram 12 touros por todo
o povo de Israel, 96 carneiros e 77 cor-
deiros. Também apresentaram 12 bodes
como oferta pelo pecado. Tudo isso foi
oferecido como holocausto ao Senhor.
36 Os decretos do rei foram entregues aos
oficiais que ocupavam os cargos mais
elevados e aos governadores da província
a oeste do rio Eufrates,[a] que passaram a
apoiar o povo e o templo de Deus.

A ORAÇÃO DE ESDRAS A RESPEITO DOS CASAMENTOS MISTOS

9 Depois que essas coisas foram feitas,
os líderes judeus vieram e me dis-
seram: "Muitos israelitas, e até mesmo
alguns sacerdotes e levitas, não se man-
tiveram separados dos outros povos que
habitam nesta terra. Adotaram as práti-
cas detestáveis dos cananeus, dos hititas,
dos ferezeus, dos jebuseus, dos amonitas,
dos moabitas, dos egípcios e dos amor-
reus. 2 Os homens de Israel se casaram
com mulheres desses povos e as tomaram
como esposas para seus filhos. A descen
dência santa se contaminou por meio
desses casamentos mistos. E, pior ainda,
os líderes e os oficiais foram os primeiros
a cometer essa infidelidade".
3 Quando ouvi isso, rasguei minha túnica
e meu manto, arranquei cabelos da cabe-
ça e da barba e me sentei, absolutamente
pasmo. 4 Então todos que tremiam diante
das palavras do Deus de Israel vieram e
sentaram-se comigo por causa dessa in-
fidelidade cometida pelos exilados que
haviam regressado. E fiquei sentado ali,
atônito, até o sacrifício da tarde.
5 Na hora do sacrifício, levantei-me de
onde havia sentado em lamentação, com
as roupas rasgadas. Caí de joelhos, ergui as
mãos ao Senhor, meu Deus, 6 e orei:

"Ó meu Deus, estou profundamente
humilhado e tenho vergonha de le-
vantar meu rosto para ti. Pois nossos
pecados se elevam acima de nossa
cabeça, e nossa culpa chegou até os
céus. 7 Desde os dias de nossos an-
tepassados até agora, temos vivido
cheios de pecado. Por isso, nós, nos-
sos reis e nossos sacerdotes fomos
entregues nas mãos dos reis da terra.
Fomos mortos, capturados, roubados
e desprezados, como acontece hoje.
8 "Agora, porém, a graça do Senhor, nos-
so Deus, nos foi concedida por um
breve momento. Ele permitiu que al-
guns de nós sobrevivêssemos como
um remanescente e nos deu seguran-
ça neste lugar santo. Nosso Deus ilu-
minou nossos olhos e nos concedeu
um pouco de alívio de nossa escravi-
dão. 9 Éramos escravos, mas, em seu
amor leal, nosso Deus não nos aban-
donou na escravidão. Em vez disso,
fez os reis da Pérsia nos tratarem
com bondade. Ele renovou nossas
forças, para que reconstruíssemos o
templo de nosso Deus e restaurásse-
mos suas ruínas. Deu-nos um muro
de proteção em Judá e em Jerusalém.
10 "Agora, ó nosso Deus, o que pode-
mos dizer depois de tudo isso? Pois,
mais uma vez, abandonamos teus
mandamentos! 11 Tu nos advertiste
por meio de teus servos, os profe-
tas, quando eles disseram: 'A terra
em que estão entrando está inteira-
mente contaminada pelas práticas
detestáveis dos povos que nela ha-
bitam. Está cheia de corrupção, de
uma extremidade à outra. 12 Não per-
mitam que suas filhas se casem com
os filhos deles, nem tomem as filhas
deles como esposas para seus filhos.
Jamais promovam a paz e a prospe-
ridade dessas nações. Se seguirem
essas instruções, serão fortes, des-
frutarão das coisas boas que a terra

[a] **8.36** Em hebraico, *província além do rio*.

produz e deixarão essa prosperidade como herança para seus filhos para sempre'.

13 "Tudo que nos aconteceu é castigo de nossa maldade e de nossa grande culpa. Ainda assim, recebemos um castigo muito menor do que merecíamos, pois tu, nosso Deus, permitiste que alguns de nós sobrevivêssemos como um remanescente. 14 E, no entanto, quebramos teus mandamentos outra vez e nos casamos com pessoas que praticam essas coisas detestáveis. Acaso tua ira não será suficiente para nos destruir, a ponto de não sobreviver nem mesmo este pequeno remanescente? 15 Ó SENHOR, Deus de Israel, tu és justo. Aqui estamos diante de ti com nossa culpa, um mero remanescente que escapou, embora, por sermos culpados, nenhum de nós tenha o direito de estar em tua presença".

O POVO CONFESSA SEU PECADO

10 Enquanto Esdras orava e fazia essa confissão, chorando e com o rosto no chão diante do templo de Deus, uma grande multidão de israelitas — homens, mulheres e crianças — se reuniu e chorou amargamente com ele. 2 Então Secanias, filho de Jeiel, descendente de Elão, disse a Esdras: "Fomos infiéis a nosso Deus, pois nos casamos com mulheres estrangeiras, dos povos desta terra. Apesar disso, há esperança para Israel. 3 Façamos agora uma aliança com nosso Deus, firmando que nos divorciaremos de nossas esposas estrangeiras e as mandaremos embora com seus filhos. Seguiremos seu conselho e o conselho dos outros que tremem diante dos mandamentos de nosso Deus. Que tudo seja feito de acordo com a lei de Deus. 4 Levante-se, pois é seu dever nos dizer como corrigir esta situação. Nós o apoiaremos; portanto, seja forte e faça o que tem de ser feito!".

5 Então Esdras se levantou e exigiu que os líderes dos sacerdotes, os levitas e todo o povo de Israel jurassem que fariam o que Secanias tinha dito. E todos fizeram um juramento solene. 6 Em seguida, Esdras se retirou de diante do templo de Deus e foi à sala de Joanã, filho de Eliasibe. Não bebeu nem comeu nada enquanto esteve ali, pois ainda lamentava a infidelidade dos exilados que haviam regressado.

7 Depois disso, foi feita uma proclamação por todo o Judá e Jerusalém, para que todos os que vieram do exílio se reunissem em Jerusalém. 8 Aqueles que não viessem em três dias perderiam todas as suas propriedades e seriam expulsos da comunidade dos exilados, conforme a decisão dos líderes e das autoridades.

9 Dentro de três dias, todo o povo de Judá e de Benjamim havia se reunido em Jerusalém. A reunião aconteceu no dia 19 de dezembro,[a] e todo o povo estava sentado na praça diante do templo de Deus. Tremiam por causa da seriedade do assunto e porque chovia. 10 Então o sacerdote Esdras se levantou e disse: "Vocês agiram de modo infiel. Aumentaram a culpa de Israel ao se casar com mulheres estrangeiras. 11 Agora, confessem seu pecado ao SENHOR, o Deus de seus antepassados, e façam o que agrada a ele. Separem-se do povo da terra e dessas mulheres estrangeiras".

12 Toda a comunidade respondeu em alta voz: "Você tem razão! Faremos o que disse! 13 No entanto, não é algo que possa ser feito em um dia ou dois, pois há muitos de nós envolvidos neste grande pecado. E agora é a estação das chuvas, portanto não podemos ficar aqui fora por muito mais tempo. 14 Que nossos líderes decidam por toda a comunidade. Todo aquele que tiver uma esposa estrangeira virá num dia marcado, acompanhado das autoridades e dos juízes de sua cidade, para que a ira ardente de nosso Deus a esse respeito seja afastada de nós".

15 Os únicos que se opuseram à proposta foram Jônatas, filho de Asael, e Jazeías, filho de Ticvá, apoiados por Mesulão e pelo levita Sabetai.

16 Foi esse, portanto, o plano que seguiram. Esdras escolheu líderes para representarem suas famílias e designou cada representante por nome. No dia 29 de

[a] **10.9** Em hebraico, *no vigésimo dia do nono mês*, do antigo calendário lunar hebraico. O ano foi 458 a.C.; ver também nota em 6.15.

dezembro,[a] os líderes se reuniram para
tratar da questão. 17 Assim, em 27 de mar-
ço, o primeiro dia do novo ano,[b] haviam
terminado de resolver todos os casos de
homens que tinham se casado com mu-
lheres estrangeiras.

OS CULPADOS DE CASAMENTO MISTO

18 Os sacerdotes que se casaram com mu-
lheres estrangeiras foram:
Da família de Jesua, filho de Jeozadaque,[c]
e de seus irmãos: Maaseias, Eliézer,
Jaribe e Gedalias. 19 Assumiram o com-
promisso de divorciar-se de suas es-
posas, e cada um ofereceu um carneiro
como sacrifício por causa de sua culpa.
20 Da família de Imer: Hanani e Zebadias.
21 Da família de Harim: Maaseias, Elias,
Semaías, Jeiel e Uzias.
22 Da família de Pasur: Elioenai, Maaseias,
Ismael, Natanael, Jozabade e Elasa.

23 Os levitas culpados desse pecado fo-
ram: Jozabade, Simei, Quelaías (também
chamado Quelita), Petaías, Judá e Eliézer.

24 O cantor culpado desse pecado foi:
Eliasibe.
Os porteiros culpados desse pecado fo-
ram: Salum, Telém e Uri.

25 Os outros israelitas culpados desse pe-
cado foram:
Da família de Parós: Ramias, Jezias,
Malquias, Miamim, Eleazar, Malquias e
Benaia.
26 Da família de Elão: Matanias, Zacarias,
Jeiel, Abdi, Jeremote e Elias.
27 Da família de Zatu: Elioenai, Eliasibe,
Matanias, Jeremote, Zabade e Aziza.
28 Da família de Bebai: Joanã, Hananias,
Zabai e Atlai.
29 Da família de Bani: Mesulão, Maluque,
Adaías, Jasube, Seal e Jeremote.
30 Da família de Paate-Moabe: Adna, Quelal,
Benaia, Maaseias, Matanias, Bezaleel,
Binui e Manassés.
31 Da família de Harim: Eliézer, Issias,
Malquias, Semaías, Simeão, 32 Benjamim,
Maluque e Semarias.
33 Da família de Hasum: Matenai, Matatá,
Zabade, Elifelete, Jeremai, Manassés
e Simei.
34 Da família de Bani: Maadai, Anrão,
Uel, 35 Benaia, Bedias, Queluí, 36 Vanias,
Meremote, Eliasibe, 37 Matanias, Matenai
e Jaasai.
38 Da família de Binui:[d] Simei, 39 Selemias,
Natã, Adaías, 40 Macnadbai, Sasai, Sarai,
41 Azareel, Selemias, Semarias, 42 Salum,
Amarias e José.
43 Da família de Nebo: Jeiel, Matitias,
Zabade, Zebina, Jadai, Joel e Benaia.

44 Todos esses homens se casaram com
mulheres estrangeiras, e alguns tiveram
filhos com essas esposas.[e]

Há algo especialmente belo que Deus tem o poder de realizar: reestruturar fundamentos e paredes, ainda que haja abalos e desconfortos durante o processo.

[a] **10.16** Em hebraico, *No primeiro dia do décimo mês*, do antigo calendário lunar hebraico. O ano foi 458 a.C.; ver também nota em 6.15.
[b] **10.17** Em hebraico, *No primeiro dia do primeiro mês*, do antigo calendário lunar hebraico. O ano foi 457 a.C.; ver também nota em 6.15.
[c] **10.18** Em hebraico, *Jozadaque*, variação de Jeozadaque.
[d] **10.37-38** Conforme a Septuaginta; o hebraico traz *Jaasai, 38 Bani, Binui.*
[e] **10.44** Ou *e as mandaram embora com seus filhos.* O significado do hebraico é incerto.

Livros Históricos

Neemias

Livro 16 com

13

CAPÍTULOS

SIGNIFICADO DO TÍTULO

O livro de Neemias é uma peça vital na história da restauração de Jerusalém após o exílio babilônico. Neemias, cujo nome significa "*YHWH* [Javé] consola", desempenha um papel central na reconstrução dos muros de Jerusalém e na revitalização espiritual do povo judeu.

AUTORIA

O próprio Neemias é geralmente aceito como o autor do livro que leva seu nome. Ele era um judeu que servia como copeiro do rei *Artaxerxes*, da Pérsia. Sua posição privilegiada e sua fé fervorosa o capacitaram a liderar a restauração de Jerusalém.

OBJETIVO DO LIVRO

O texto narra o retorno de Neemias a Jerusalém, onde ele lidera o esforço para reconstruir os muros da cidade que haviam sido destruídos. O livro detalha não apenas os aspectos físicos da reconstrução, mas também as batalhas espirituais e os desafios enfrentados por Neemias e seu povo.

ESTRUTURA DO LIVRO

- ★ Chamado e preparação de Neemias Ne 1—2
- ★ Reconstrução dos muros Ne 3—7
- ★ Reformas sociais e espirituais Ne 8—13

TEMAS DE NEEMIAS

Neemias é um testemunho vívido da fidelidade de Deus em cumprir suas promessas e da importância da oração e da ação humana na realização dos propósitos divinos. A liderança corajosa e compassiva de Neemias inspira os crentes a confiar em Deus e a trabalhar arduamente em prol da justiça e da restauração nos próprios contextos.

O PODER DA PALAVRA

Uma das passagens mais emocionantes em Neemias é o relato da leitura pública da Lei, no capítulo 8. Quando Esdras lê o Livro da Lei para o povo, há uma resposta profunda e sincera de arrependimento e compromisso com Deus. Esse evento marca um momento significativo na renovação espiritual de Israel e destaca o poder transformador da Palavra de Deus.

NEEMIAS E CRISTO

O livro aponta para Jesus ao prefigurar Cristo como o grande restaurador e redentor. Neemias reconstrói as muralhas de Jerusalém e reforma a comunidade, simbolizando a obra de Cristo que restaura e renova o povo de Deus. Assim como Neemias intercedeu pelo povo e enfrentou oposição, Jesus intercede por nós e vence o pecado e a morte. Neemias protege Jerusalém, refletindo Cristo como nossa proteção e a pedra angular da Igreja.

1 Estas são as memórias de Neemias, filho de Hacalias.

A PREOCUPAÇÃO DE NEEMIAS COM JERUSALÉM

No mês de quisleu, no vigésimo ano do reinado do rei Artaxerxes,[a] eu estava na fortaleza de Susã. 2 Hanani, um de meus irmãos, veio me visitar com alguns homens que haviam chegado de Judá. Perguntei-lhes a respeito dos judeus que haviam regressado do cativeiro e da situação em Jerusalém.

3 Eles responderam: "As coisas não vão bem para os que regressaram à província de Judá. Eles estão passando por dificuldades e humilhações. O muro de Jerusalém foi derrubado, e suas portas foram destruídas pelo fogo".

4 Quando ouvi isso, sentei-me e chorei. Durante alguns dias, lamentei, jejuei e orei ao Deus dos céus. 5 Então disse:

"Ó Senhor, Deus dos céus, Deus grande e temível, que guardas tua aliança de amor leal para com os que te amam e obedecem a teus mandamentos, 6 ouve minha oração! Olha do alto e vê que oro noite e dia por teu povo, Israel. Confesso que temos pecado contra ti. Sim, minha própria família e eu temos pecado! 7 Temos pecado terrivelmente contra ti. Não temos obedecido a teus mandamentos, decretos e estatutos, que nos deste por meio de teu servo Moisés.

8 "Por favor, lembra-te do que disseste a teu servo Moisés: 'Se forem infiéis a mim, eu os dispersarei entre as nações, 9 mas, se voltarem para mim e obedecerem a meus mandamentos e viverem de acordo com eles, então, mesmo que estejam exilados nos confins da terra,[b] eu os reunirei e os trarei de volta ao lugar que escolhi para estabelecer meu nome'.

10 "O povo que tu resgataste com teu grande poder e com tua forte mão é teu servo. 11 Ó Senhor, por favor, ouve a oração deste teu servo! Ouve as orações de teus servos que se agradam em te honrar. Peço que me concedas êxito hoje e que o rei me seja favorável".[c]

Nesse tempo, eu era copeiro do rei.

NEEMIAS RECEBE PERMISSÃO PARA IR A JERUSALÉM

2 No mês de nisã,[d] no vigésimo ano do reinado do rei Artaxerxes, eu estava servindo vinho ao rei. Nunca eu tinha estado triste em sua presença. 2 O rei me perguntou: "Por que está com o rosto tão triste? Você não parece doente. Deve estar profundamente angustiado".

Fiquei com muito medo, 3 mas respondi: "Que o rei viva para sempre! Como meu rosto não pareceria triste? A cidade onde estão sepultados meus antepassados está em ruínas, e suas portas foram destruídas pelo fogo".

4 "O que você deseja que eu faça?", perguntou o rei.

Depois de orar ao Deus dos céus, 5 respondi: "Se lhe parecer bem, e se o rei for favorável a mim, seu servo, peço que me envie a Judá para reconstruir a cidade onde meus antepassados estão sepultados".

6 O rei, com a rainha sentada ao seu lado, perguntou: "Quanto tempo você ficará ausente? Quando voltará?". Respondi ao rei quanto tempo ficaria ausente, e ele atendeu a meu pedido.

7 Disse também: "Se lhe parecer bem, gostaria que o rei me desse cartas para levar aos governadores da província a oeste do rio Eufrates,[e] com instruções para que eles permitam que eu viaje em segurança por seus territórios até chegar a Judá. 8 Peço ainda que o rei me dê uma

---

[a] **1.1** Em hebraico, *No mês de quisleu do vigésimo ano.* Vários acontecimentos em Neemias podem ser confirmados por datas em registros persas que sobreviveram ao tempo e relacionados com precisão ao calendário moderno. Esse mês do antigo calendário lunar hebraico caiu entre novembro e dezembro de 446 a.C. O *vigésimo ano* provavelmente se refere ao reinado de Artaxerxes I; comparar com 2.1; 5.14.

[b] **1.9** Em hebraico, *dos céus.*

[c] **1.11** Em hebraico, *hoje aos olhos deste homem.*

[d] **2.1** Esse mês do antigo calendário lunar hebraico caiu entre abril e maio de 445 a.C.

[e] **2.7** Em hebraico, *província além do rio*; também em 2.9.

carta para levar a Asafe, administrador da
floresta real, com instruções para que me
forneça madeira. Precisarei desse mate-
rial para as vigas das portas da fortaleza
junto ao templo, para o muro da cidade e
para minha própria casa". O rei atendeu
a esses pedidos, pois a bondosa mão de
Deus estava sobre mim.
9 Fui aos governadores da província a
oeste do rio Eufrates e lhes entreguei as
cartas do rei. Além disso, o rei enviou
oficiais do exército e cavaleiros para me
protegerem. 10 Mas, quando Sambalate, o
horonita, e Tobias, o oficial amonita, sou-
beram de minha chegada, ficaram muito
irritados porque alguém veio promover o
bem dos israelitas.

NEEMIAS INSPECIONA O MURO DE JERUSALÉM

11 Assim, cheguei a Jerusalém. Três dias
depois, 12 saí discretamente durante a
noite, levando comigo uns poucos ho-
mens. Não havia contado a ninguém os
planos para Jerusalém que Deus tinha
colocado em meu coração. Não levamos
nenhum animal de carga além daquele
que eu montava. 13 Depois que escureceu,
saí pela porta do Vale, passei pelo poço
do Chacal[a] e fui até a porta do Esterco
para inspecionar o muro de Jerusalém,
que tinha sido derrubado, e as portas,
que haviam sido destruídas pelo fogo.
14 Em seguida, fui à porta da Fonte e ao
tanque do Rei, mas, por causa do entulho,
não havia espaço para meu animal passar.
15 Por isso, embora ainda estivesse escuro,
subi pelo vale de Cedrom[b] e inspecionei
os muros ali, antes de voltar e entrar de
novo pela porta do Vale.
16 Os oficiais da cidade não sabiam aon-
de eu tinha ido nem o que estava fazen-
do, pois não havia contado meus planos a
ninguém. Ainda não tinha falado com os
líderes judeus: os sacerdotes, os nobres,
os oficiais e outros que realizariam o tra-
balho. 17 Mas, então, eu lhes disse: "Vocês
sabem muito bem da terrível situação em
que estamos. Jerusalém está em ruínas, e
suas portas foram destruídas pelo fogo.
Venham, vamos reconstruir o muro de
Jerusalém e acabar com essa vergonha!".
18 Então lhes contei como a mão de Deus
tinha estado sobre mim e lhes relatei mi-
nha conversa com o rei.
Eles responderam: "Sim, vamos recons-
truir o muro!", e ficaram animados para
realizar essa boa obra.
19 Mas, quando Sambalate, o horonita,
Tobias, o oficial amonita, e Gesém, o ára-
be, souberam de nosso plano, zombaram
de nós com desprezo e perguntaram:
"O que estão fazendo? Estão se rebelando
contra o rei?".
20 Eu lhes respondi: "O Deus dos céus
nos dará êxito. Nós, seus servos, come-
çaremos a reconstruir este muro. Vocês,
porém, não têm nenhuma parte, ne-
nhum direito legal ou histórico sobre
Jerusalém".

A RECONSTRUÇÃO DO MURO DE JERUSALÉM

3 Então o sumo sacerdote Eliasibe e os
outros sacerdotes começaram a re-
construir a porta das Ovelhas. Eles a con-
sagraram, colocaram as portas no lugar e
reconstruíram o muro até a torre dos Cem,
que também consagraram, e até a torre de
Hananel. 2 Os habitantes da cidade de
Jericó trabalharam ao lado deles, e mais
adiante estava Zacur, filho de Inri.
3 A porta do Peixe foi construída pelos
filhos de Hassenaá. Colocaram as vigas,
levantaram as portas e puseram os fer-
rolhos e as trancas. 4 Meremote, filho de
Urias e neto de Hacoz, consertou o tre-
cho seguinte do muro. Ao seu lado esta-
va Mesulão, filho de Berequias e neto de
Mesezabel, e mais adiante, Zadoque, filho
de Baaná. 5 Os habitantes de Tecoa con-
sertaram o trecho seguinte, embora seus
líderes se recusassem a trabalhar com os
supervisores da construção.
6 Os reparos da porta Antiga[c] foram rea-
lizados por Joiada, filho de Paseia, e por
Mesulão, filho de Besodias. Colocaram
as vigas, levantaram as portas e puseram
os ferrolhos e as trancas. 7 Ao lado deles
estavam Melatias, de Gibeom, Jadom,

[a] **2.13** Ou *poço da Serpente*.
[b] **2.15** Em hebraico, *pelo vale*.
[c] **3.6** Ou *porta de Mishneh*, ou *porta de Jesana*.

de Meronote, homens de Gibeom e homens de Mispá, cidades sob a autoridade do governador da província a oeste do rio Eufrates.[a] 8 Uziel, filho de Haraías, ourives de profissão, consertou o trecho seguinte, e mais adiante estava Hananias, fabricante de perfumes. Reconstruíram Jerusalém até o muro Largo.

9 Refaías, filho de Hur, governador de metade do distrito de Jerusalém, trabalhou ao lado deles no muro. 10 No trecho seguinte, Jedaías, filho de Harumafe, consertou o muro em frente de sua própria casa, e ao lado dele estava Hatus, filho de Hasabneias. 11 Em seguida vinham Malquias, filho de Harim, e Hassube, filho de Paate-Moabe, que consertaram outra parte do muro e a torre dos Fornos. 12 Salum, filho de Haloes, e as filhas dele, consertaram o trecho seguinte. Salum era governador da outra metade do distrito de Jerusalém.

13 Os reparos da porta do Vale foram realizados pelos habitantes de Zanoa, sob a liderança de Hanum. Levantaram as portas e puseram os ferrolhos e as trancas. Também consertaram os 450 metros[b] seguintes do muro até a porta do Esterco.

14 Os reparos da porta do Esterco foram realizados por Malquias, filho de Recabe, governador do distrito de Bete-Haquerém. Ele a reconstruiu, levantou as portas e pôs os ferrolhos e as trancas.

15 Os reparos da porta da Fonte foram realizados por Salum, filho de Col-Hozé, governador do distrito de Mispá. Ele a reconstruiu, colocou o telhado, levantou as portas e pôs os ferrolhos e as trancas. Além disso, consertou o muro do tanque de Siloé,[c] perto do jardim do rei, e reconstruiu o muro até os degraus que descem da Cidade de Davi. 16 Ao lado dele estava Neemias, filho de Azbuque, governador de metade do distrito de Bete-Zur. Ele reconstruiu o muro desde o lugar em frente dos túmulos da família de Davi até o reservatório de água e até a Casa dos Guerreiros.

17 Os reparos do trecho seguinte foram realizados por um grupo de levitas que trabalharam sob a supervisão de Reum, filho de Bani. Depois deles vinha Hasabias, governador de metade do distrito de Queila, representando seu distrito. 18 No trecho seguinte trabalharam seus parentes, liderados por Binui,[d] filho de Henadade, governador da outra metade do distrito de Queila.

19 Ézer, filho de Jesua, governador do distrito de Mispá, consertou o trecho seguinte do muro, desde o lugar em frente da subida para a casa das armas até a esquina do muro. 20 Mais adiante, Baruque, filho de Zabai, consertou com grande zelo o trecho desde a esquina do muro até a entrada da casa do sumo sacerdote Eliasibe. 21 Meremote, filho de Urias e neto de Hacoz, reconstruiu o trecho do muro desde a entrada da casa de Eliasibe até o fim da casa.

22 Os reparos do trecho seguinte foram realizados pelos sacerdotes que moravam ao redor da cidade. 23 Ao seu lado, Benjamim e Hassube consertaram o trecho em frente de suas casas, e Azarias, filho de Maaseias e neto de Ananias, consertou o trecho ao lado de sua casa. 24 Em seguida vinha Binui, filho de Henadade, que consertou o trecho desde a casa de Azarias até a esquina do muro. 25 Palal, filho de Uzai, consertou o trecho em frente da esquina do muro e da torre do palácio real, ao lado do pátio da guarda. Ao lado dele estavam Pedaías, filho de Parós, 26 e os servidores do templo que moravam na colina de Ofel, que consertaram o muro até o lugar em frente da porta das Águas, a leste, e da torre do palácio. 27 Mais adiante, os habitantes de Tecoa consertaram outro trecho, desde o lugar em frente da grande torre alta até o muro de Ofel.

28 Os reparos acima da porta dos Cavalos foram realizados pelos sacerdotes; cada um consertou o trecho do muro em frente de sua própria casa. 29 Depois deles, Zadoque, filho de Imer, também

[a] **3.7** Em hebraico, *província além do rio.*
[b] **3.13** Em hebraico, *1.000 côvados.*
[c] **3.15** Em hebraico, *tanque de Selá,* outro nome para o tanque de Siloé.

[d] **3.18** Conforme alguns manuscritos hebraicos, alguns manuscritos gregos e a versão siríaca (ver tb. 3.24; 10.9); a maioria dos manuscritos hebraicos traz *Bavai.*

consertou o trecho do muro em frente de sua casa. Ao seu lado estava Semaías, filho de Secanias, guarda da porta Oriental. 30 Hananias, filho de Selemias, e Hanum, sexto filho de Zalafe, consertaram o trecho seguinte, enquanto Mesulão, filho de Berequias, consertou o trecho em frente de onde ele morava. 31 Malquias, um dos ourives, consertou o muro até as casas para os servidores do templo e para os negociantes, em frente da porta da Guarda; então continuou o trabalho até a sala superior da esquina. 32 Os outros ourives e negociantes consertaram o muro desde a sala superior da esquina até a porta das Ovelhas.

INIMIGOS SE OPÕEM À RECONSTRUÇÃO

4 1[a]Sambalate ficou furioso quando soube que estávamos reconstruindo o muro. Indignou-se e zombou dos judeus. 2 Disse na presença de seus companheiros e dos oficiais do exército samaritano: "O que esse punhado de judeus fracos pensa que está fazendo? Imaginam que serão capazes de construir o muro em um dia só porque ofereceram alguns sacrifícios?[b] Pensam que podem fazer algo com as pedras queimadas que tiraram de um monte de entulho?".

3 Tobias, o amonita, estava ao seu lado e comentou: "Basta uma raposa subir lá, e esse muro de pedra desaba!".

4 Então orei: "Ouve-nos, nosso Deus, pois estamos sendo ridicularizados. Que essa zombaria caia sobre a cabeça deles, e que eles próprios se tornem prisioneiros numa terra estrangeira! 5 Não ignores sua culpa. Não apagues seus pecados, pois provocaram tua ira aqui, diante[c] dos construtores".

6 Por fim, o muro foi reconstruído até metade de sua altura ao redor de toda a cidade, pois o povo trabalhou com entusiasmo.

7[d]No entanto, quando Sambalate, Tobias, os árabes, os amonitas e os asdoditas souberam que a obra avançava e que as brechas no muro de Jerusalém estavam sendo fechadas, encheram-se de ira. 8 Eles planejaram vir, lutar contra Jerusalém e causar confusão em nosso meio. 9 Mas nós oramos a nosso Deus e colocamos guardas na cidade de dia e de noite para nos proteger.

10 Então o povo de Judá começou a se queixar: "Os trabalhadores estão cansados, e ainda há muito entulho para remover. Não seremos capazes de construir o muro sozinhos".

11 Enquanto isso, nossos inimigos diziam: "Antes que eles se deem conta do que está acontecendo, cairemos sobre eles e os mataremos, acabando com seu trabalho".

12 Os judeus que moravam perto dos inimigos nos disseram diversas vezes: "Eles virão de todas as direções e nos atacarão!".[e] 13 Por isso, coloquei guardas armados atrás das partes mais baixas do muro e nos lugares mais expostos. Dividi-os por famílias, para que montassem guarda armados com espadas, lanças e arcos.

14 Examinei a situação, reuni os nobres, os oficiais e o restante do povo e lhes disse: "Não tenham medo do inimigo! Lembrem-se do Senhor, que é grande e temível, e lutem por seus irmãos, seus filhos, suas filhas, suas esposas e seus lares!".

15 Quando nossos inimigos descobriram que sabíamos de seus planos e que Deus os havia frustrado, todos nós voltamos ao trabalho no muro. 16 Dali em diante, porém, apenas metade de meus homens trabalhava, pois a outra metade ficava de guarda com lanças, escudos, arcos e couraças. Os líderes ficavam na retaguarda de todo o povo de Judá, 17 que construía o muro. Os trabalhadores prosseguiram com a obra; com uma das mãos levavam as cargas, enquanto, com a outra, seguravam uma arma. 18 Todos os construtores tinham uma espada presa à cintura. O tocador de trombeta ficava comigo para dar o sinal de alerta.

19 Então expliquei aos nobres, aos oficiais e ao restante do povo: "A obra é

---

[a] **4.1** No texto hebraico, os versículos 4.1-6 são numerados 3.33-38.
[b] **4.2** O significado do hebraico é incerto.
[c] **4.5** Ou *porque lançaram insultos no rosto.*
[d] **4.7** No texto hebraico, os versículos 4.7-23 são numerados 4.1-17.

[e] **4.12** O significado do hebraico é incerto.

extensa, e estamos muito separados uns
dos outros ao longo do muro. 20 Quando
ouvirem o toque da trombeta, corram para
onde ele soar. Nosso Deus lutará por nós".
21 Trabalhávamos o dia inteiro, do nas-
cer ao pôr do sol, e metade dos homens
estava sempre de guarda. 22 Nessa oca-
sião, eu disse aos que moravam fora
dos muros que passassem a noite em
Jerusalém. Assim, eles e seus servos pode-
riam ajudar na guarda à noite e trabalhar
durante o dia. 23 Nenhum de nós — nem
eu, nem meus parentes, nem meus servos,
nem os guardas que estavam comigo —
trocava de roupa. Carregávamos sempre
nossas armas, até mesmo quando íamos
beber água.[a]

NEEMIAS DEFENDE OS OPRIMIDOS

5 Por esse tempo, alguns homens e suas
esposas fizeram um grande protes-
to contra seus irmãos judeus. 2 Alguns
deles diziam: "Nossas famílias são gran-
des; precisamos de mais alimento
para sobreviver".
3 Outros diziam: "Hipotecamos nossos
campos, nossas videiras e nossas casas
para conseguir comida durante este pe-
ríodo de escassez".
4 Ainda outros diziam: "Tomamos di-
nheiro emprestado para pagar os im-
postos do rei sobre nossos campos e
vinhedos. 5 Somos da mesma família que
os ricos, e nossos filhos são iguais aos fi-
lhos deles. Contudo, somos obrigados a
vender nossos filhos como escravos só
para termos dinheiro suficiente para viver.
Já vendemos algumas de nossas filhas, e
não há nada que possamos fazer, pois
nossos campos e vinhedos agora perten-
cem a outros".
6 Quando ouvi essas reclamações, fiquei
muito indignado. 7 Depois de pensar bem
na questão, repreendi os nobres e os ofi-
ciais, dizendo: "Vocês estão prejudican-
do seus próprios irmãos ao cobrar juros
quando lhes pedem dinheiro emprestado!".
do!". Em seguida, convoquei uma reunião
pública para tratar do problema.
8 Na reunião, eu lhes disse: "Temos feito
todo o possível para resgatar nossos ir-
mãos judeus que se venderam a estrangei-
ros, mas agora vocês os vendem de volta
à escravidão. Quantas vezes precisaremos
resgatá-los?". E eles não tinham nada a di-
zer em sua defesa.
9 Então prossegui: "O que vocês estão
fazendo não é certo! Acaso não deviam
andar no temor de nosso Deus, para
evitar a zombaria das nações inimigas?
10 Eu, meus irmãos e os homens que tra-
balham para mim temos emprestado di-
nheiro e cereal para o povo. Agora, porém,
deixemos de cobrar juros! 11 Devolvam-
lhes hoje mesmo seus campos, seus
vinhedos, seus olivais e suas casas.
Devolvam também a centésima parte,
os juros que cobraram quando lhes em-
prestaram dinheiro, cereais, vinho novo
e azeite".
12 Eles responderam: "Devolveremos
tudo e não exigiremos mais nada do
povo. Faremos conforme você diz". Então
chamei os sacerdotes e fiz os nobres e
os oficiais jurarem que cumpririam sua
promessa.
13 Depois, sacudi as dobras de meu man-
to e disse: "Que Deus assim os sacuda de
seus lares e de suas propriedades se vocês
não cumprirem o que prometeram! Que fi-
quem sem absolutamente nada!".
Toda a comunidade respondeu: "Amém",
e louvaram o SENHOR. E o povo cumpriu o
que havia prometido.
14 Durante os doze anos em que fui go-
vernador de Judá, do vigésimo ano ao
trigésimo segundo ano do reinado do rei
Artaxerxes,[b] nem eu nem meus oficiais co-
bramos o tributo de alimentação ao qual
tínhamos direito. 15 Os governadores an-
teriores, no entanto, haviam colocado car-
gas pesadas sobre o povo; exigiam uma
porção de alimento e de vinho, além de
quarenta peças[c] de prata. Até mesmo os
oficiais deles se aproveitavam do povo.
Mas, por temor a Deus, não agi dessa
maneira.
16 Dediquei-me ao trabalho no muro
e não adquiri terras. Exigi que todos

[a] **4.23** Ou *Cada um carregava sua arma na mão direita.* O significado do hebraico é incerto.

[b] **5.14** Isto é, de 445 a 433 a.C.

[c] **5.15** Em hebraico, *40 siclos*, cerca de 480 gramas.

os meus servos também trabalhas-
sem no muro. 17 Não pedi nada, embo-
ra 150 judeus e oficiais comessem com
frequência à minha mesa, além de todos
os visitantes de outras terras. 18 Os su-
primentos pelos quais eu pagava todos
os dias eram um boi, seis das melhores
ovelhas, e muitas aves. Além disso, a cada
dez dias, precisávamos de uma grande
quantidade de vinhos de todo tipo. E, no
entanto, não cobrei o tributo de alimenta-
ção a que o governador tinha direito, pois
o trabalho que o povo realizava já repre-
sentava uma carga pesada.

> 19 Lembra-te, ó meu Deus, de tudo que
> tenho feito por este povo, e abençoa-
> -me por isso.

A OPOSIÇÃO CONTINUA

6 Sambalate, Tobias, Gesém, o árabe, e
o restante de nossos inimigos desco-
briram que eu havia terminado de recons-
truir o muro e que não restavam brechas,
embora as portas ainda não tivessem
sido colocadas em seus lugares. 2 Então
Sambalate e Gesém enviaram uma men-
sagem pedindo que eu me encontrasse
com eles num dos povoados[a] da planície
de Ono.

Sabendo que eles planejavam me fa-
zer mal, 3 respondi com a seguinte men-
sagem: "Estou envolvido com uma obra
muito importante e não posso ir. Por que
eu deveria interromper o trabalho para
me encontrar com vocês?".
4 Quatro vezes eles enviaram a mesma
mensagem, e cada vez lhes respondi da
mesma forma. 5 Na quinta vez, o servo
de Sambalate trouxe nas mãos uma carta
aberta, 6 que dizia:

> "Há um boato entre as nações vizi-
> nhas, e Gesém[b] o confirma, que você
> e os judeus planejam se rebelar e,
> por isso, estão reconstruindo o muro.
> De acordo com esses relatos, você
> planeja se tornar o rei deles. 7 Corre
> a notícia de que você nomeou profe-
> tas em Jerusalém para proclamarem
> a seu respeito: 'Olhem! Há um rei
> em Judá!'.
> "Pode ter certeza de que essa informa-
> ção chegará ao conhecimento do rei.
> Sugiro, portanto, que venha conver-
> sar comigo".

8 Eu lhe respondi: "Nada do que você diz
é verdade. É tudo invenção sua".
9 Estavam apenas tentando nos intimi-
dar e imaginavam que iríamos interrom-
per a obra. Assim, continuei o trabalho
com determinação ainda maior.[c]
10 Algum tempo depois, fui visitar
Semaías, filho de Delaías e neto de
Meetabel, que não podia sair de sua casa.
Ele disse: "Vamos nos encontrar no templo
de Deus e trancar as portas. Esta noite seus
inimigos virão matá-lo".
11 Eu, porém, respondi: "Alguém de mi-
nha posição deve fugir do perigo? Alguém
como eu deve entrar no templo para sal-
var a vida? Não farei isso!". 12 Percebi que
Deus não tinha falado com Semaías,
mas que ele havia sido contratado por
Sambalate e Tobias para anunciar essa
profecia contra mim. 13 Eles esperavam
me intimidar e me fazer pecar. Assim, po-
deriam me difamar e me desacreditar.

> 14 Lembra-te, ó meu Deus, de todo mal
> feito por Tobias e Sambalate. E lem-
> bra-te da profetisa Noadia e de todos
> os outros profetas que tentaram me
> intimidar.

OS CONSTRUTORES TERMINAM O MURO

15 Por fim, no dia 2 de outubro,[d] 52 dias
depois de começarmos o trabalho, o muro
ficou pronto. 16 Quando nossos inimigos
e as nações vizinhas souberam disso, fi-
caram assustados e sentiram-se humi-
lhados. Perceberam que a obra havia sido
realizada com a ajuda de nosso Deus.
17 Durante esses 52 dias, Tobias e os
nobres de Judá trocaram várias cartas.

[a] **6.2** Conforme a Septuaginta; o hebraico traz *em Quefirim*.
[b] **6.6** Em hebraico, *Gasmu*, variação de Gesém.
[c] **6.9** Conforme a Septuaginta; o hebraico traz *Mas, agora, fortalece minhas mãos*.
[d] **6.15** Em hebraico, *no vigésimo quinto dia do mês de elul*, do antigo calendário lunar hebraico. O ano foi 445 a.C.; ver também nota em 1.1.

Escolher se fundamentar na Rocha é o que fará total diferença na sua vida e em tudo o que você edificar.

18 Muitos em Judá haviam jurado lealdade
a Tobias, pois seu sogro era Secanias, filho
de Ará, e seu filho Joanã era casado com
a filha de Mesulão, filho de Berequias.
19 Eles sempre me falavam das boas ações
de Tobias e lhe contavam tudo que eu
dizia. E Tobias continuava a mandar car-
tas de ameaça para me intimidar.

7 Depois que o muro foi terminado e
que eu havia colocado as portas em
seus lugares, foram nomeados os guar-
das das portas, os cantores e os levitas.
2 Entreguei a responsabilidade de gover-
nar Jerusalém a meu irmão Hanani e a
Hananias, comandante da fortaleza, pois
era um homem fiel que temia a Deus
mais do que a maioria dos homens.
3 Eu lhes disse: "Não deixem as portas
abertas durante a parte mais quente do
dia.[a] Mesmo quando os guardas das por-
tas estiverem de serviço, deverão fechá-
-las e trancá-las. Nomeiem moradores
de Jerusalém para montar guarda, todos
em turnos regulares. Alguns ficarão em
postos de sentinela, e outros, em frente
de suas casas".

NEEMIAS REGISTRA O POVO

4 Nesse tempo, a cidade era grande e espa-
çosa, mas a população era pequena e ne-
nhuma das casas havia sido reconstruída.
5 Então meu Deus me deu a ideia de con-
vocar todos os nobres e as autoridades da
cidade e todos os cidadãos comuns para
registrá-los. Eu havia encontrado o regis-
tro genealógico dos primeiros a regressar
a Judá. Nele estava escrito:

> 6 Esta é uma lista dos judeus da pro-
> víncia que regressaram do cativei-
> ro. O rei Nabucodonosor os havia
> deportado para a Babilônia, mas
> eles voltaram para Jerusalém e Judá,
> cada um para sua cidade de ori-
> gem. 7 Seus líderes eram Zorobabel,
> Jesua, Neemias, Seraías,[b] Reelaías,[c]
> Naamani, Mardoqueu, Bilsã, Mispar,[d]
> Bigvai, Reum[e] e Baaná.
>
> Este é o número de homens de Israel
> que regressaram do exílio:
> 8 da família de Parós, 2.172;
> 9 da família de Sefatias, 372;
> 10 da família de Ará, 652;
> 11 da família de Paate-Moabe (descendentes de Jesua e de Joabe), 2.818;
> 12 da família de Elão, 1.254;
> 13 da família de Zatu, 845;
> 14 da família de Zacai, 760;
> 15 da família de Bani,[f] 648;
> 16 da família de Bebai, 628;
> 17 da família de Azgade, 2.322;
> 18 da família de Adonicam, 667;
> 19 da família de Bigvai, 2.067;
> 20 da família de Adim, 655;
> 21 da família de Ater (descendentes de Ezequias), 98;
> 22 da família de Hassum, 328;
> 23 da família de Bezai, 324;
> 24 da família de Jora,[g] 112;
> 25 da família de Gibar,[h] 95;
> 26 do povo de Belém e Netofa, 188;
> 27 do povo de Anatote, 128;
> 28 do povo de Bete-Azmavete, 42;
> 29 do povo de Quiriate-Jearim, Quefira e Beerote, 743;
> 30 do povo de Ramá e Geba, 621;
> 31 do povo de Micmás, 122;
> 32 do povo de Betel e Ai, 123;
> 33 do povo de Nebo Ocidental,[i] 52;
> 34 dos cidadãos de Elão Ocidental,[j] 1.254;
> 35 os cidadãos de Harim, 320;
> 36 os cidadãos de Jericó, 345;
> 37 os cidadãos de Lode, Hadide e Ono, 721;
> 38 os cidadãos de Senaá, 3.930.

---

[a] **7.3** Ou *Mantenham as portas de Jerusalém fechadas até que o sol esteja quente.*
[b] **7.7a** Conforme o texto paralelo em Ed 2.2; o hebraico traz *Azarias.*
[c] **7.7b** Conforme o texto paralelo em Ed 2.2; o hebraico traz *Raamias.*
[d] **7.7c** Conforme o texto paralelo em Ed 2.2; o hebraico traz *Misperete.*
[e] **7.7d** Conforme o texto paralelo em Ed 2.2; o hebraico traz *Neum.*
[f] **7.15** Conforme o texto paralelo em Ed 2.10; o hebraico traz *Binui.*
[g] **7.24** Conforme o texto paralelo em Ed 2.18; o hebraico traz *Harife.*
[h] **7.25** Conforme o texto paralelo em Ed 2.20; o hebraico traz *Gibeão.*
[i] **7.33** Ou *do outro Nebo.*
[j] **7.34** Ou *do outro Elão.*

[39] Estes são os sacerdotes que regressaram do exílio:
da família de Jedaías (da linhagem de Jesua), 973;
[40] da família de Imer, 1.052;
[41] da família de Pasur, 1.247;
[42] da família de Harim, 1.017.

[43] Estes são os levitas que regressaram do exílio:
das famílias de Jesua e Cadmiel (descendentes de Hodavias),[a] 74;
[44] os cantores da família de Asafe, 148;
[45] os guardas das portas das famílias de Salum, Ater, Talmom, Acube, Hatita e Sobai, 138.

[46] Os descendentes destes servidores do templo regressaram do exílio:
Zia, Hasufa, Tabaote,
[47] Queros, Sia, Padom,
[48] Lebana, Hagaba, Salmai,
[49] Hanã, Gidel, Gaar,
[50] Reaías, Rezim, Necoda,
[51] Gazão, Uzá, Paseia,
[52] Besai, Meunim, Nefusim,[b]
[53] Baquebuque, Hacufa, Harur,
[54] Baslute,[c] Meída, Harsa,
[55] Barcos, Sísera, Tamá,
[56] Nesias e Hatifa.

[57] Os descendentes destes servos do rei Salomão regressaram do exílio:
Sotai, Soferete, Peruda,[d]
[58] Jaala, Darcom, Gidel,
[59] Sefatias, Hatil, Poquerete-Hazebaim e Ami.[e]

[60] Ao todo, os servidores do templo e os descendentes dos servos de Salomão eram 392.

[61] Nessa ocasião, outro grupo regressou das cidades de Tel-Melá, Tel-Harsa, Querube, Adã[f] e Imer. Contudo, não puderam comprovar que eles ou suas famílias eram descendentes de Israel.
[62] Estavam nesse grupo as famílias de Delaías, Tobias e Necoda, 642 pessoas ao todo.
[63] Também regressaram as famílias de três sacerdotes: Habaías, Hacoz e Barzilai. (Esse Barzilai havia se casado com uma mulher descendente de Barzilai, de Gileade, e assumido o nome da família dela.)
[64] Procuraram seus nomes nos registros genealógicos, mas não os encontraram, por isso não se qualificaram para servir como sacerdotes.
[65] O governador ordenou que não comessem das porções dos sacrifícios separadas para os sacerdotes até que um sacerdote consultasse o Senhor a esse respeito usando o Urim e o Tumim.
[66] Portanto, os que regressaram para
Judá foram 42.360, [67] além dos
7.337 servos e servas e dos 245 cantores e cantoras.
[68] Levaram consigo
736 cavalos, 245 mulas,[g] [69] 435 camelos e 6.720 jumentos.
[70] Alguns dos chefes das famílias fizeram donativos para a obra. O governador deu à tesouraria o total de 8,6 quilos de ouro,[h] 50 bacias de ouro e 530 vestes para os sacerdotes.
[71] Os outros líderes deram à tesouraria o total de 172 quilos[i] de ouro e
1.320 quilos[j] de prata. [72] O restante do povo deu 172 quilos de ouro, 1.200 quilos[k] de prata e 67 vestes para os sacerdotes.
[73] Assim, os sacerdotes, os levitas, os guardas das portas, os cantores, os servidores do templo e alguns do povo se estabeleceram perto de

[a] **7.43** Conforme o texto paralelo em Ed 2.40; o hebraico traz *Hodeva*.
[b] **7.52** Conforme o texto paralelo em Ed 2.50; o hebraico traz *Nefusesim*.
[c] **7.54** Conforme o texto paralelo em Ed 2.52; o hebraico traz *Baslite*.
[d] **7.57** Conforme o texto paralelo em Ed 2.55; o hebraico traz *Perida*.
[e] **7.59** Conforme o texto paralelo em Ed 2.57; o hebraico traz *Amom*.
[f] **7.61** Conforme o texto paralelo em Ed 2.59; o hebraico traz *Adom*.
[g] **7.68** Conforme alguns manuscritos hebraicos (ver tb. Ed 2.66); a maioria dos manuscritos hebraicos não traz este versículo. No texto hebraico, os versículos 7.69-73 são numerados 7.68-72.
[h] **7.70** Em hebraico, *1.000 dáricos de ouro*.
[i] **7.71a** Em hebraico, *20.000 dáricos*; também em 7.72.
[j] **7.71b** Em hebraico, *2.200 minas*.
[k] **7.72** Em hebraico, *2.000 minas*.

Jerusalém. O restante do povo regres-
sou às suas cidades em todo o Israel.

ESDRAS FAZ A LEITURA DA LEI

8 Em outubro,[a] quando os israelitas já
haviam se estabelecido em suas ci-
dades,[b] todo o povo se reuniu com um
só propósito na praça em frente da porta
das Águas. Pediram ao escriba Esdras que
trouxesse o Livro da Lei de Moisés, que o
Senhor tinha dado a Israel.
2 Assim, no dia 8 de outubro,[c] o sacer-
dote Esdras trouxe o Livro da Lei peran-
te a comunidade constituída de homens
e mulheres e de todas as crianças com
idade suficiente para entender. 3 Ficou
de frente para a praça, junto à porta das
Águas, desde o amanhecer até o meio-dia,
e leu em voz alta para todos que podiam
entender. Todo o povo ouviu com atenção
a leitura do Livro da Lei.
4 O escriba Esdras estava em pé so-
bre uma plataforma de madeira feita
para a ocasião. À sua direita estavam
Matitias, Sema, Anaías, Urias, Hilquias
e Maaseias; à sua esquerda, Pedaías,
Misael, Malquias, Hasum, Hasbadana,
Zacarias e Mesulão. 5 Esdras estava so-
bre a plataforma, à vista de todo o povo.
Quando o viram abrir o Livro da Lei, todos
se levantaram.
6 Esdras louvou o Senhor, o grande Deus,
e todo o povo disse: "Amém! Amém!", com
as mãos erguidas. Depois, prostraram-se
com o rosto no chão e adoraram o Senhor.
7 Em seguida, os levitas Jesua, Bani,
Serebias, Jamim, Acube, Sabetai, Hodias,
Maaseias, Quelita, Azarias, Jozabade,
Hanã e Pelaías instruíram o povo acerca
da Lei, e todos permaneceram em seus
lugares. 8 Liam o Livro da Lei de Deus,
explicavam com clareza o significado do
que era lido e ajudavam o povo a entender
cada passagem.

9 Então o governador Neemias, o sa-
cerdote e escriba Esdras e os levitas que
instruíam o povo disseram: "Não se la-
mentem nem chorem num dia como este!
Hoje é um dia consagrado ao Senhor, seu
Deus!". Pois todo o povo chorava enquan-
to ouvia as palavras da Lei.
10 E Neemias[d] prosseguiu: "Vão e come-
morem com um banquete de comidas
saborosas e bebidas doces e repartam
o alimento com aqueles do povo que
não prepararam nada. Este é um dia consa-
grado ao nosso Senhor. Não fiquem tristes,
pois a alegria do Senhor é sua força!".
11 Os levitas também acalmaram o povo,
dizendo: "Aquietem-se! Não fiquem tris-
tes! Hoje é um dia santo!". 12 Então o povo
saiu para comer e beber numa refeição
festiva, para repartir o alimento e celebrar
com grande alegria, pois tinham ouvido e
entendido as palavras de Deus.

A FESTA DAS CABANAS

13 No dia 9 de outubro,[e] os chefes de to-
das as famílias do povo, junto com os sa-
cerdotes e os levitas, reuniram-se com o
escriba Esdras para examinar a Lei mais
atentamente. 14 Enquanto estudavam a
Lei, descobriram que o Senhor havia or-
denado por meio de Moisés que os is-
raelitas morassem em cabanas durante
a festa a ser comemorada naquele mês.[f]
15 Ele tinha dito que se devia fazer uma
proclamação por todas as suas cidades e
em Jerusalém, para que o povo fosse até
os montes apanhar ramos de oliveiras
cultivadas e oliveiras silvestres,[g] ramos de
murtas, de palmeiras e de outras árvores
frondosas. Deviam usar esses ramos para
construir as cabanas, conforme prescrito
pela Lei.
16 O povo saiu, cortou ramos e os usou
para construir cabanas nos terraços das
casas, nos seus pátios, nos pátios do tem-
plo de Deus, na praça junto à porta das

[a] **8.1a** Em hebraico, *No sétimo mês*. Esse mês do antigo calendário lunar hebraico caiu entre outubro e novembro de 445 a.C.

[b] **8.1b** No texto hebraico, a primeira parte do versículo é numerada 7.73.

[c] **8.2** Em hebraico, *no primeiro dia do sétimo mês*, do antigo calendário lunar hebraico. O ano foi 445 a.C.; ver também nota em 1.1.

[d] **8.10** Em hebraico, *ele*.

[e] **8.13** Em hebraico, *No segundo dia*, do sétimo mês do antigo calendário lunar hebraico. O ano foi 445 a.C.; ver também notas em 1.1 e 8.2.

[f] **8.14** Em hebraico, *no sétimo mês*. Esse mês do antigo calendário lunar hebraico geralmente caía entre setembro e outubro. Ver Lv 23.39-43.

[g] **8.15** Ou *pinho*; o hebraico traz *árvore de azeite*.

Águas e na praça junto à porta de Efraim.
17 Então todos que haviam regressado do
cativeiro moraram nessas cabanas duran-
te a festa, e todos estavam cheios de gran-
de alegria. Os israelitas não celebravam
a festa dessa maneira desde os dias de
Josué,[a] filho de Num.
18 Durante os sete dias da festa, Esdras
leu o Livro da Lei de Deus a cada dia.
Então, no oitavo dia, realizaram uma reu-
nião solene, conforme prescrito.

O POVO CONFESSA SEUS PECADOS

9 No dia 31 de outubro,[b] o povo de
Israel se reuniu novamente; dessa
vez, jejuaram, vestiram pano de saco e jo-
garam terra sobre a cabeça. 2 Os que eram
de descendência israelita se separaram
de todos os estrangeiros. Levantaram-se
e confessaram seus pecados e as malda-
des de seus antepassados. 3 Durante três
horas,[c] permaneceram em pé no mesmo
lugar enquanto o Livro da Lei do Senhor,
seu Deus, era lido para eles em voz alta.
Depois, confessaram seus pecados e
adoraram o Senhor, seu Deus, durante
mais três horas. 4 Os levitas Jesua, Bani,
Cadmiel, Sebanias, Buni, Serebias, Bani
e Quenani estavam em pé em sua plata-
forma e clamavam em alta voz ao Senhor,
seu Deus.
5 Então os levitas Jesua, Cadmiel, Bani,
Hasabneias, Serebias, Hodias, Sebanias e
Petaías disseram ao povo: "Levantem-se e
louvem o Senhor, seu Deus, que vive des-
de sempre e para sempre!". Em seguida,
oraram:

"Louvado seja teu nome glorioso!
Exaltado seja acima de toda bênção
e todo louvor!
6 "Somente tu és o Senhor. Fizeste o
céu e os céus além do céu, e todas
as estrelas. Fizeste a terra, os mares,
e tudo que neles há. Preservas todos
os seres com vida, e o exército dos
céus te presta adoração.
7 "Tu és o Senhor Deus, que escolheste
Abrão, o trouxeste de Ur dos caldeus
e lhe deste o nome de Abraão. 8 Viste
a fidelidade de seu coração e fizeste
com ele uma aliança, para dar a ele e
à tua descendência a terra dos cana-
neus, dos hititas, dos amorreus, dos
ferezeus, dos jebuseus e dos girga-
seus. E cumpriste tua promessa, pois
és sempre fiel à tua palavra.
9 "Viste a aflição de nossos antepas-
sados no Egito e ouviste os clamo-
res deles junto ao mar Vermelho.[d]
10 Fizeste sinais e maravilhas contra
o faraó, seus oficiais e todo o seu
povo, pois sabias como tratavam
arrogantemente nossos antepassa-
dos. Tens uma fama tremenda, que
não foi esquecida. 11 Dividiste o mar,
para que teu povo atravessasse em
terra seca, e depois lançaste seus
inimigos nas profundezas do mar,
e eles afundaram como pedras nas
águas impetuosas. 12 Conduziste
nossos antepassados com uma co-
luna de nuvem durante o dia e uma
coluna de fogo durante a noite, para
que encontrassem o caminho por
onde deviam ir.
13 "Desceste ao monte Sinai e falas-
te com eles do céu. Deste estatutos
justos, leis verdadeiras e decretos
e mandamentos bons. 14 Tu os ins-
truíste a respeito de teu sábado san-
to. Ordenaste, por meio de teu servo
Moisés, que obedecessem a teus
mandamentos, decretos e leis.
15 "Providenciaste-lhes pão do céu
quando tiveram fome e água da ro-
cha quando tiveram sede. Ordenaste
que fossem e tomassem posse da
terra que juraste lhes dar.
16 "Nossos antepassados, porém, eram
orgulhosos e teimosos e não deram
atenção a teus mandamentos. 17 Não
quiseram obedecer e não se lembra-
ram dos milagres que havias reali-
zado em favor deles. Em vez disso,

[a] **8.17** O hebraico traz *Jesua*, variação de Josué.
[b] **9.1** Em hebraico, *No vigésimo quarto dia desse mesmo mês*, o sétimo mês do antigo calendário lunar hebraico. O ano foi 445 a.C.; ver também notas em 1.1 e 8.2.
[c] **9.3** Em hebraico, *Por um quarto de dia*; também em 9.3b.
[d] **9.9** Em hebraico, *mar de juncos*.

rebelaram-se e nomearam um líder
para levá-los de volta à escravidão
no Egito.[a] Mas tu és Deus de perdão,
misericordioso e compassivo, lento
para se irar e cheio de amor. Não os
abandonaste, 18 mesmo quando fize-
ram um ídolo em forma de bezerro e
disseram: 'Este é seu deus que os ti-
rou do Egito!'. Sim, cometeram blas-
fêmias terríveis!
19 "Mas, em tua grande misericórdia,
não os abandonaste para morrer no
deserto. A coluna de nuvem conti-
nuava a conduzi-los durante o dia,
e a coluna de fogo lhes mostrava o
caminho durante a noite. 20 Enviaste
teu bom Espírito para instruí-los
e não deixaste de lhes dar maná
do céu para se alimentarem, nem
água para matarem a sede. 21 Tu os
sustentaste no deserto durante qua-
renta anos, e nada lhes faltou. Suas
roupas não se desgastaram, nem
seus pés ficaram inchados.
22 "Depois, entregaste reinos e nações
a nossos antepassados e distribuíste
teu povo por todos os cantos da ter-
ra. Eles tomaram posse da terra de
Seom, rei de Hesbom, e da terra de
Ogue, rei de Basã. 23 Tornaste seus
descendentes tão numerosos como
as estrelas do céu e os trouxeste
para a terra que havias prometido a
seus antepassados.
24 "Eles entraram e tomaram posse da
terra. Tu derrotaste nações inteiras
diante deles e entregaste nas mãos
de teu povo os cananeus que habi-
tavam na terra. Teu povo fez o que
quis com essas nações e seus reis.
25 Nossos antepassados conquista-
ram cidades fortificadas e terras fér-
teis. Apossaram-se de casas cheias
de coisas boas, com cisternas já es-
cavadas e com vinhedos, olivais e
muitas árvores frutíferas. Comeram
até se fartar, engordaram e desfruta-
ram de tuas muitas bênçãos.
26 "Apesar de tudo isso, foram deso-
bedientes e se rebelaram contra ti.
Deram as costas para tua Lei, ma-
taram os profetas que enviaste para
adverti-los a voltarem para ti e co-
meteram blasfêmias terríveis. 27 Por
isso, tu os entregaste nas mãos de
seus inimigos, que os fizeram sofrer.
Nos momentos de angústia, porém,
clamaram a ti, e tu os ouviste do céu.
Em tua grande misericórdia, envias-
te libertadores que os livraram de
seus inimigos.
28 "Mas, assim que teu povo tinha des-
canso, voltava a praticar o mal diante
de ti. Portanto, permitiste que seus
inimigos os dominassem. E, no en-
tanto, quando teu povo voltava para
ti e pedia socorro, tu os ouvias no-
vamente. Em tua misericórdia, tu os
resgataste muitas vezes.
29 "Tu os advertiste a voltarem para tua
Lei, mas eles se tornaram orgulhosos
e desobedeceram a teus mandamen-
tos. Não cumpriram teus estatutos,
que dão vida a quem lhes obedece.
Em rebeldia, deram as costas para ti
e, teimosamente, não quiseram ou-
vir. 30 Por muitos anos, foste pacien-
te com eles. Enviaste teu Espírito,
que os advertiu por meio dos pro-
fetas. Ainda assim, eles se recusa-
ram a ouvir. Por isso, mais uma vez,
permitiste que os povos da terra os
dominassem. 31 Em tua grande mi-
sericórdia, porém, não os destruíste
completamente nem os abandonas-
te para sempre. Que Deus bondoso e
compassivo tu és!
32 "Agora, nosso Deus, o grande, po-
deroso e temível Deus, que guardas
tua aliança de amor leal, não permi-
tas que te pareçam insignificantes
todas as dificuldades que enfren-
tamos. Grande aflição veio sobre
nós e sobre nossos reis, líderes,
sacerdotes, profetas e antepassa-
dos, sobre todo o teu povo, desde os
dias em que os reis da Assíria triun-
faram sobre nós até hoje. 33 Foste
justo todas as vezes que nos casti-
gaste. Agimos perversamente e nos
deste apenas o que merecíamos.
34 Nossos reis, líderes, sacerdotes

[a] **9.17** Conforme a Septuaginta; o hebraico traz *em sua rebelião.*

e antepassados não obedeceram à
tua lei nem deram ouvidos às ad-
vertências em teus mandamentos e
preceitos. 35 Mesmo quando tinham
seu próprio reino, não te serviram,
apesar de teres derramado tua bon-
dade sobre eles. Deste-lhes uma
terra ampla e fértil, mas eles não
quiseram servir-te nem abandonar
sua perversidade.
36 "Por isso, hoje somos escravos na
terra de fartura que deste a nossos
antepassados para que desfrutas-
sem dela. Somos escravos aqui nes-
ta boa terra. 37 A grande produção
desta terra se acumula nas mãos dos
reis que puseste sobre nós por causa
de nossos pecados. Eles têm poder
sobre nós e sobre nossos rebanhos.
Nós lhes servimos como eles que-
rem e estamos em grande angústia".

O POVO CONCORDA EM OBEDECER

38[a] O povo respondeu: "Em vista disso tu-
do,[b] fazemos uma aliança solene e a re-
gistramos por escrito. Neste documento
selado estão os nomes de nossos líderes,
levitas e sacerdotes".

10 1[c] Os que assinaram e selaram o
documento foram:
O governador Neemias, filho de Hacalias,
e Zedequias.
2 Os sacerdotes Seraías, Azarias, Jeremias,
3 Pasur, Amarias, Malquias, 4 Hatus,
Sebanias, Maluque, 5 Harim, Meremote,
Obadias, 6 Daniel, Ginetom, Baruque,
7 Mesulão, Abias, Miamim, 8 Maazias,
Bilgai e Semaías.
9 Os levitas Jesua, filho de Azanias,
Binui, dos descendentes de Henadade,
Cadmiel, 10 Sebanias, Hodias, Quelita,
Pelaías, Hanã, 11 Mica, Reobe, Hasabias,
12 Zacur, Serebias, Sebanias, 13 Hodias,
Bani e Beninu.
14 Os líderes do povo Parós, Paate-Moabe,
Elão, Zatu, Bani, 15 Buni, Azgade, Bebai,
16 Adonias, Bigvai, Adim, 17 Ater,
Ezequias, Azur, 18 Hodias, Hasum, Besai,
19 Harife, Anatote, Nebai, 20 Magpias,
Mesulão, Hezir, 21 Mesezabel, Zadoque,
Jadua, 22 Pelatias, Hanã, Anaías, 23 Oseias,
Hananias, Hassube, 24 Haloes, Pílea,
Sobeque, 25 Reum, Hasabná, Maaseias,
26 Aías, Hanã, Anã, 27 Maluque, Harim
e Baaná.

O COMPROMISSO DO POVO

28 Então o restante do povo — os sacer-
dotes, os levitas, os guardas das portas,
os cantores, os servidores do templo e
todos que haviam se separado dos povos
estrangeiros da terra a fim de obedecer à
Lei de Deus, na companhia de suas espo-
sas, seus filhos, suas filhas e de todos que
tinham idade para entender — 29 uniu-se
a seus líderes e assumiu um compromis-
so solene. Juraram que seriam amaldiçoa-
dos se não obedecessem à Lei de Deus,
dada por seu servo Moisés, e prometeram
obedecer atentamente a todos os manda-
mentos, estatutos e decretos do SENHOR,
nosso Senhor:

30 "Prometemos não permitir que nos-
sas filhas se casem com os habitan-
tes desta terra, nem permitir que
as filhas deles se casem com nos-
sos filhos.
31 "Também prometemos que, se os
habitantes desta terra trouxerem
mercadorias ou cereais para vender
no sábado ou em qualquer outro
dia santo, não compraremos deles.
A cada sete anos, deixaremos a ter-
ra descansar e cancelaremos todas
as dívidas.
32 "Além disso, prometemos obedecer
ao mandamento de pagar o impos-
to anual de quatro gramas de prata[d]
para o serviço do templo de nosso
Deus. 33 Esse imposto também será
usado para providenciar os pães da
presença, as ofertas regulares de
cereais e os holocaustos, as ofertas
para os sábados, para as celebrações

[a] **9.38a** No texto hebraico, o versículo 9.38 é numerado 10.1.
[b] **9.38b** Ou *Apesar disso tudo.*
[c] **10.1** No texto hebraico, os versículos 10.1-39 são numerados 10.2-40.

[d] **10.32** Em hebraico, *o imposto de um terço de siclo.*

da lua nova e para as festas anuais,
as ofertas sagradas e as ofertas pelo
pecado para fazer expiação por
Israel. Será usado para tudo que for
necessário para o trabalho no tem-
plo de nosso Deus.
34 "Fizemos um sorteio a fim de definir
uma escala anual regular para que as
famílias dos sacerdotes, dos levitas e
do povo tragam ao templo de nosso
Deus a lenha para ser queimada no
altar do Senhor, nosso Deus, confor-
me prescrito na Lei.
35 "Prometemos trazer anualmente ao
templo do Senhor os primeiros fru-
tos de todas as colheitas, tanto dos
produtos da terra como das árvores
frutíferas. 36 Concordamos em entre-
gar a Deus nossos filhos mais velhos
e as primeiras crias de todos os nos-
sos rebanhos, tanto de bois como
de ovelhas, conforme prescrito pela
Lei. Nós os apresentaremos aos sa-
cerdotes que ministram no templo
de nosso Deus. 37 Armazenaremos
os produtos da terra nos depósitos
do templo de nosso Deus. Traremos
o melhor de nossa farinha e outras
ofertas de cereal, o melhor de nos-
sos frutos, de nosso vinho novo e
de nosso azeite. Prometemos ain-
da entregar aos levitas um décimo
de tudo que nossa terra produzir,
pois são os levitas que recolhem
os dízimos em todas as cidades
onde trabalhamos.
38 "Um sacerdote descendente de
Arão acompanhará os levitas quan-
do receberem esses dízimos. A déci-
ma parte de tudo que for recolhido
como dízimo será entregue pelos
levitas ao templo de nosso Deus e
colocada nos depósitos. 39 O povo e
os levitas deverão trazer essas ofer-
tas de cereal, de vinho novo e de
azeite para os depósitos e colocá-las
nos recipientes sagrados perto dos
sacerdotes que ali estiverem mi-
nistrando, dos guardas das portas e
dos cantores.
"Prometemos não descuidar do tem-
plo de nosso Deus".

O REPOVOAMENTO DE JERUSALÉM

11 Os líderes do povo passaram a
morar em Jerusalém, a cidade
santa. Um décimo do povo das outras
cidades foi escolhido por sorteio para
morar lá também, enquanto o restante
permaneceu onde estava. 2 O povo aben-
çoou todos que se ofereceram para morar
em Jerusalém.
3 Esta é uma lista dos nomes dos lí-
deres das províncias que foram morar
em Jerusalém. A maioria do povo, dos
sacerdotes, dos levitas, dos servido-
res do templo e dos descendentes dos
servos de Salomão continuou a viver
em suas próprias casas nas várias cida-
des de Judá, 4 mas alguns do povo de
Judá e de Benjamim se mudaram para
Jerusalém.

Da tribo de Judá:
Ataías, filho de Uzias, filho de Zacarias,
filho de Amarias, filho de Sefatias, filho
de Maalaleel, da descendência de Perez;
5 também Maaseias, filho de Baruque,
filho de Col-Hozé, filho de Hazaías, fi-
lho de Adaías, filho de Joiaribe, filho de
Zacarias, da família de Selá.[a] 6 Dos des-
cendentes de Perez, 468 foram morar em
Jerusalém. Eram todos homens valorosos.
7 Da tribo de Benjamim:
Salu, filho de Mesulão, filho de Joede, fi-
lho de Pedaías, filho de Colaías, filho de
Maaseias, filho de Itiel, filho de Jesaías;
8 depois dele, Gabai e Salai e 928 pa-
rentes ao todo. 9 O chefe deles era Joel,
filho de Zicri, auxiliado por Judá, fi-
lho de Hassenua, o segundo no coman-
do da cidade.
10 Dos sacerdotes:
Jedaías, filho de Joiaribe, Jaquim 11 e Se-
raías, filho de Hilquias, filho de Mesu-
lão, filho de Zadoque, filho de Meraiote,
filho de Aitube, principal encarregado do
templo de Deus; 12 também 822 colegas
que serviam no templo; Adaías, filho de
Jeroão, filho de Pelalias, filho de Anzi,
filho de Zacarias, filho de Pasur, filho
de Malquias, 13 junto com 242 colegas,

[a] **11.5** Em hebraico, *filho do silonita*.

chefes de suas famílias; e ainda Amas-
sai, filho de Azareel, filho de Azai, filho
de Mesilemote, filho de Imer, 14 e 128 de
seus colegas, homens valorosos. O chefe
deles era Zabdiel, filho de Gedolim.

15 Dos levitas:

Semaías, filho de Hassube, filho de Azri-
cam, filho de Hasabias, filho de Buni;
16 também Sabetai e Jozabade, líderes
dos levitas, encarregados do trabalho
fora do templo de Deus; 17 e ainda Ma-
tanias, filho de Mica, filho de Zabdi, des-
cendente de Asafe, que dirigia as ação
de graças e as orações; também Baque-
buquias, assistente de Matanias, e Abda,
filho de Samua, filho de Galal, filho de
Jedutum. 18 Havia ao todo 284 levitas na
cidade santa.

19 Dos guardas das portas:

Acube e Talmom e 172 colegas que guar-
davam as portas.

20 Os outros sacerdotes e levitas e o res-
tante dos israelitas moravam cada um na
propriedade de sua família nas outras
cidades de Judá. 21 Mas os servidores do
templo, sob a liderança de Zia e Gispa,
moravam todos na colina de Ofel.

22 O chefe dos levitas em Jerusalém era
Uzi, filho de Bani, filho de Hasabias, filho
de Matanias, filho de Mica, descenden-
te de Asafe. Os membros da família de
Asafe eram cantores no templo de Deus.
23 Exerciam suas responsabilidades diá-
rias de acordo com os termos de uma or-
dem do rei.

24 Petaías, filho de Mesezabel, descen-
dente de Zera, filho de Judá, era o con-
selheiro do rei em todos os assuntos
referentes ao povo.

25 Quanto aos povoados vizinhos, com
seus campos, alguns do povo de Judá fo-
ram morar em Quiriate-Arba e seus po-
voados, em Dibom e seus povoados e em
Jecabzeel e seus povoados. 26 Também fo-
ram morar em Jesua, em Moladá, em Be-
te-Palete, 27 em Hazar-Sual, em Berseba e
seus povoados, 28 em Ziclague e em Me-
coná e seus povoados. 29 E ainda, em En-
-Rimom, em Zorá, em Jarmute, 30 em
Zanoa e em Adulão e seus povoados, em
Laquis, com seus campos, e em Azeca e
seus povoados. Assim, o povo de Judá se
estabeleceu desde Berseba, no sul, até o
vale de Hinom.

31 Alguns do povo de Benjamim foram
morar em Geba, em Micmás, em Aia e
em Betel e seus povoados. 32 Também
foram morar em Anatote, em Nobe,
em Ananias, 33 em Hazor, em Ramá,
em Gitaim, 34 em Hadide, em Zeboim, em
Nebalate, 35 em Lode, em Ono e em Ge-Ha-
rasim.[a] 36 Alguns dos levitas que viviam
em Judá foram morar com a tribo de
Benjamim.

A LISTA DOS SACERDOTES E DOS LEVITAS

12 Os sacerdotes e levitas que regres-
saram com Zorobabel, filho de
Sealtiel, e com Jesua, o sumo sacerdote,
foram:

Seraías, Jeremias, Esdras,
2 Amarias, Maluque, Hatus,
3 Secanias, Harim,[b] Meremote,
4 Ido, Ginetom,[c] Abias,
5 Miniamim, Moadias,[d] Bilga,
6 Semaías, Joiaribe, Jedaías,
7 Salu, Amoque, Hilquias e Jedaías.

Esses foram os líderes dos sacerdotes e
seus companheiros nos dias de Jesua.

8 Os levitas que regressaram com eles
foram: Jesua, Binui, Cadmiel, Serebias,
Judá e também Matanias, que, com seus
companheiros, era encarregado dos cân-
ticos de ação de graças. 9 Seus compa-
nheiros Baquebuquias e Uni ficavam em
frente deles durante o culto.

10 O sumo sacerdote Jesua gerou Joiaquim;
Joiaquim gerou Eliasibe;
Eliasibe gerou Joiada;
11 Joiada gerou Joanã;[e]
Joanã gerou Jadua.

---

[a] **11.35** *Ge-Harasim* quer dizer "vale dos artesãos".

[b] **12.3** Em hebraico, *Reum*; comparar com 7.42; 12.15; Ed 2.39.

[c] **12.4** Conforme alguns manuscritos hebraicos e a Vulgata (ver tb. 12.16); a maioria dos manuscritos hebraicos traz *Ginetoi*.

[d] **12.5** Em hebraico, *Miamim, Maadias*; comparar com 12.17.

[e] **12.11** Em hebraico, *Jônatas*; comparar com 12.22.

12 Quando Joiaquim era sumo sacerdote, os chefes das famílias dos sacerdotes foram:

Meraías, chefe da família de Seraías;
Hananias, chefe da família de Jeremias;
13 Mesulão, chefe da família de Esdras;
Joanã, chefe da família de Amarias;
14 Jônatas, chefe da família de Maluqui;
José, chefe da família de Secanias;[a]
15 Adna, chefe da família de Harim;
Helcai, chefe da família de Meremote;[b]
16 Zacarias, chefe da família de Ido;
Mesulão, chefe da família de Ginetom;
17 Zicri, chefe da família de Abias;
um[c] chefe da família de Miniamin;
Piltai, chefe da família de Moadias;
18 Samua, chefe da família de Bilga;
Jônatas, chefe da família de Semaías;
19 Matenai, chefe da família de Joiaribe;
Uzi, chefe da família de Jedaías;
20 Calai, chefe da família de Salu;[d]
Héber, chefe da família de Amoque;
21 Hasabias, chefe da família de Hilquias;
Netanel, chefe da família de Jedaías.

22 Nos dias de Eliasibe, Joiada, Joanã e Jadua, manteve-se um registro dos chefes das famílias dos levitas. Durante o reinado de Dario, o persa,[e] manteve-se um registro dos sacerdotes. 23 Até os dias de Joanã, neto[f] de Eliasibe, manteve-se um registro dos chefes das famílias dos levitas no *Livro da História*.

24 Estes foram os chefes das famílias dos levitas: Hasabias, Serebias, Jesua, Binui,[g] Cadmiel e outros companheiros que ficavam em frente deles durante as cerimônias de louvor e ação de graças; um lado respondia ao outro, conforme ordenado por Davi, homem de Deus.

25 Matanias, Baquebuquias, Obadias, Mesulão, Talmom e Acube eram os guardas das portas encarregados dos depósitos junto às portas. 26 Todos eles serviam nos dias de Joiaquim, filho de Jesua, filho de Jeozadaque,[h] e nos dias do governador Neemias e do sacerdote e escriba Esdras.

A DEDICAÇÃO DO MURO DE JERUSALÉM

27 Para a dedicação do novo muro de Jerusalém, pediu-se que os levitas de toda a terra viessem a Jerusalém para auxiliar nas cerimônias. Deviam participar dessa ocasião alegre com cânticos de ação de graças e com música de címbalos, harpas e liras. 28 Os cantores foram reunidos da região ao redor de Jerusalém e dos povoados dos netofatitas. 29 Também vieram de Bete-Gilgal e das regiões rurais próximas de Geba e de Azmavete, pois os cantores haviam construído seus próprios povoados ao redor de Jerusalém. 30 Primeiro, os sacerdotes e os levitas purificaram a si mesmos; depois, purificaram o povo, as portas e o muro.

31 Eu conduzi os líderes de Judá até o alto do muro e organizei dois grandes coros. Um dos coros foi para o sul pelo alto do muro,[i] até a porta do Esterco. 32 Hosaías e metade dos líderes de Judá seguiram o coro, 33 junto com Azarias, Esdras, Mesulão, 34 Judá, Benjamim, Semaías e Jeremias. 35 Depois deles vinham alguns sacerdotes que tocavam trombetas: Zacarias, filho de Jônatas, filho de Semaías, filho de Matanias, filho de Micaías, filho de Zacur, descendente de Asafe. 36 Os companheiros de Zacarias eram Semaías, Azarel, Milalai, Gilalai, Maai, Natanel, Judá e Hanani. Eles tocavam os instrumentos musicais prescritos por Davi, homem de Deus. O escriba Esdras ia à frente deles. 37 Quando chegaram à porta da Fonte, foram em frente e subiram pelos degraus que levavam até a Cidade de Davi. Passaram pela casa de

[a] **12.14** Conforme alguns manuscritos hebraicos e gregos e a versão siríaca (ver tb. 12.3); a maioria dos manuscritos hebraicos traz *Sebanias*.
[b] **12.15** Conforme alguns manuscritos gregos (ver tb. 12.3); o hebraico traz *Meraiote*.
[c] **12.17** O hebraico não traz o nome desse chefe de família.
[d] **12.20** Em hebraico *Salai*; comparar com 12.7.
[e] **12.22** Provavelmente Dario II, que reinou de 423 a 404 a.C., ou talvez Dario III, que reinou de 336 a 331 a.C.
[f] **12.23** Em hebraico, *descendente*; comparar com 12.10-11.
[g] **12.24** Em hebraico, *filho de* [i.e., *ben*], que provavelmente deve ser lido aqui como o nome próprio Binui; comparar com Ed 3.9 e respectiva nota.
[h] **12.26** Em hebraico, *Jozadaque*, variação de Jeozadaque.
[i] **12.31** Em hebraico, *para a direita*.

Davi e, de lá, foram até a porta das Águas,
a leste.
38 O segundo coro foi para o norte,[a] no
sentido oposto, para encontrar-se com o
primeiro coro. Fui com eles e com a outra
metade do povo pelo alto do muro, pas-
sando pela torre dos Fornos, até o muro
Largo, 39 e depois desde a porta de Efraim
até a porta Antiga,[b] passando pela porta do
Peixe e pela torre de Hananel e prosseguin-
do até a torre dos Cem. Dali, continuamos
para a porta das Ovelhas e paramos junto à
porta da Guarda.
40 Os dois corais seguiram, então, para o
templo de Deus, onde tomaram seus luga-
res. Eu fiz o mesmo, junto com os líderes
que estavam comigo. 41 Acompanhamos
os sacerdotes que tocavam trombetas:
Eliaquim, Maaseias, Miniamim, Micaías,
Elioenai, Zacarias e Hananias, 42 e os can-
tores: Maaseias, Semaías, Eleazar, Uzi,
Joanã, Malquias, Elão e Ézer. Eles toca-
vam e cantavam bem alto, sob a direção
de Jezraías.
43 Naquele dia alegre, foram oferecidos
muitos sacrifícios, pois Deus tinha dado ao
povo motivo para se alegrar. As mulheres e
as crianças também participaram da cele-
bração, e podia-se ouvir de longe a alegria
do povo de Jerusalém.

PROVISÕES PARA O CULTO NO TEMPLO

44 Naquele dia, foram nomeados os ho-
mens encarregados dos depósitos para as
ofertas e os primeiros frutos da colheita
e para os dízimos. Eram responsáveis por
recolher dos campos fora das cidades as
porções exigidas pela lei para os sacer-
dotes e os levitas, pois todo o povo esta-
va alegre com os sacerdotes e os levitas
e com seu trabalho. 45 Tanto eles como
os cantores e os guardas das portas rea-
lizavam o serviço de seu Deus e o serviço
de purificação, conforme Davi e seu filho
Salomão haviam ordenado. 46 O costume
de ter regentes do coro para dirigir os hi-
nos de louvor e de ação de graças a Deus
havia começado muito tempo antes, nos
dias de Davi e Asafe. 47 Por isso, agora, nos
dias de Zorobabel e de Neemias, todo o
Israel trazia uma provisão diária de ali-
mentos para os cantores, os guardas das
portas e os levitas. Os levitas, por sua vez,
entregavam uma porção daquilo que re-
cebiam aos sacerdotes, os descendentes
de Arão.

AS DIVERSAS REFORMAS REALIZADAS POR NEEMIAS

13 Naquele mesmo dia, enquanto
o Livro de Moisés era lido para o
povo, encontrou-se escrito nele que ja-
mais se deveria permitir que amonitas
ou moabitas fizessem parte da comuni-
dade de Deus,[c] 2 pois não tinham dado
aos israelitas alimento e água no deserto.
Em vez disso, tinham contratado Balaão
para amaldiçoá-los. Nosso Deus, porém,
transformou a maldição em bênção.
3 Quando o povo ouviu esse trecho da Lei,
mandou embora todos os descendentes
de estrangeiros.
4 Antes disso, o sacerdote Eliasibe ha-
via sido nomeado para supervisionar
os depósitos no templo de nosso Deus.
Ele era parente de Tobias 5 e tinha colo-
cado à disposição dele uma grande sala
junto ao templo. Anteriormente, esse lu-
gar era usado para armazenar as ofertas
de cereal, o incenso, diversos utensílios
do templo e os dízimos dos cereais, do
vinho novo e do azeite (prescritos para
os levitas, os cantores e os guardas das
portas), e também as ofertas para os
sacerdotes.
6 Nesse tempo, eu não estava em
Jerusalém, pois tinha voltado a Artaxerxes,
rei da Babilônia, no trigésimo segundo ano
de seu reinado.[d] Mais tarde, porém, pedi
sua permissão para regressar. 7 Quando
cheguei a Jerusalém, soube da maldade
que Eliasibe havia feito ao providenciar
para Tobias uma sala nos pátios do templo
de Deus. 8 Fiquei extremamente indignado
e joguei todos os pertences de Tobias para
fora da sala. 9 Em seguida, ordenei que as
salas fossem purificadas e trouxe de volta

Devemos trazer à memória a restauração dos muros de Jerusalém e do povo de Israel, e pedir ao Espírito de Deus que restaure a nossa essência.

[a] **12.38** Em hebraico, *para a esquerda*.
[b] **12.39** Ou *porta de Mishneh*, ou *porta de Jesana*.

[c] **13.1** Ver Dt 23.3-6.
[d] **13.6** Artaxerxes, rei da Pérsia, é identificado como rei da Babilônia porque a Pérsia havia conquistado o império babilônico. O trigésimo segundo ano de Artaxerxes foi 433 a.C.

os utensílios do templo de Deus, as ofertas de cereal e o incenso.

10 Descobri também que os levitas não haviam recebido as porções de alimento que lhes eram devidas, de modo que eles e os cantores responsáveis pelos cultos de adoração tinham todos voltado a trabalhar em seus campos. 11 De imediato, confrontei as autoridades e lhes perguntei: "Por que o templo de Deus foi abandonado?". Então chamei de volta todos os levitas e os coloquei de novo em seus postos. 12 Assim, mais uma vez, todo o povo de Judá começou a trazer para os depósitos do templo os dízimos dos cereais, do vinho novo e do azeite.

13 Nomeei supervisores para os depósitos: o sacerdote Selemias, o escriba Zadoque e o levita Pedaías. Designei Hanã, filho de Zacur e neto de Matanias, para ser seu ajudante. Eles eram homens de confiança e ficaram encarregados de repartir as provisões entre seus colegas levitas.

> 14 Lembra-te desta boa obra, ó meu
> Deus, e não te esqueças de tudo
> que tenho feito com fidelidade pelo
> templo de meu Deus e pelo culto ali
> prestado.

15 Naqueles dias, vi homens de Judá trabalhando nas prensas de uvas no sábado. Também ajuntavam cereais, que colocavam sobre jumentos, e traziam vinho, uvas, figos e produtos de toda espécie a Jerusalém para vendê-los no sábado. Então os repreendi por venderem seus produtos nesse dia. 16 Alguns homens de Tiro que moravam em Jerusalém traziam peixes e mercadorias de todo tipo. No sábado, vendiam para o povo de Judá, e isso em Jerusalém!

17 Assim, confrontei os nobres de Judá e lhes perguntei: "Por que fazem tamanho mal profanando o sábado? 18 Acaso nossos antepassados não cometeram o mesmo erro, fazendo nosso Deus trazer toda esta desgraça sobre nós e sobre nossa cidade? Agora vocês trazem ainda mais ira contra Israel ao permitir que o sábado seja profanado desse modo!".

19 Em seguida, ordenei que as portas de Jerusalém fossem fechadas no dia antes do sábado, assim que começasse a escurecer, e só fossem abertas depois que o sábado tivesse terminado. Enviei alguns de meus servos para guardar as portas, a fim de que não entrasse nenhuma mercadoria no sábado. 20 Os comerciantes e vendedores de vários produtos acamparam do lado de fora de Jerusalém uma ou duas vezes, 21 mas falei duramente com eles: "O que fazem aqui, acampados ao redor do muro? Se fizerem isso de novo, mandarei prendê-los!". E essa foi a última vez que vieram no sábado. 22 Então ordenei que os levitas se purificassem e guardassem as portas, para manter o sábado como um dia sagrado.

> Lembra-te também desta boa obra,
> ó meu Deus! Tem compaixão de
> mim de acordo com teu grande amor
> leal!

23 Nessa mesma época, vi que alguns homens de Judá haviam se casado com mulheres de Asdode, de Amom e de Moabe. 24 Além disso, a metade de seus filhos falava a língua de Asdode ou de algum outro povo, mas não sabia falar a língua de Judá. 25 Por isso, confrontei esses homens e invoquei maldições sobre eles. Bati em alguns deles e arranquei seus cabelos. Também os fiz jurar em nome de Deus que não permitiriam que suas filhas se casassem com os filhos dos povos da terra, nem que as filhas deles se casassem com seus filhos ou com eles mesmos.

26 "Não foi exatamente isso que levou Salomão, rei de Israel, a pecar?", perguntei-lhes. "Não havia nenhum rei igual a ele entre as nações, e Deus o amou e o fez rei sobre todo o Israel. Até mesmo ele, porém, foi levado a pecar por suas esposas estrangeiras. 27 Como puderam ao menos pensar em cometer essa grande maldade e ser infiéis a Deus casando com mulheres estrangeiras?"

28 Um dos filhos de Joiada, filho do sumo sacerdote Eliasibe, havia se casado com uma filha de Sambalate, o horonita, por isso o expulsei de minha presença.

[29] Lembra-te deles, ó meu Deus, pois profanaram o sacerdócio e a aliança dos sacerdotes e dos levitas.

[30] Assim, eliminei tudo que era estrangeiro e designei tarefas específicas para
os sacerdotes e os levitas. [31] Também
me certifiquei de que a provisão de lenha para o altar e os primeiros frutos da colheita fossem trazidos nas datas estabelecidas.

Lembra-te disso em meu favor, ó meu Deus.

Livros Históricos

Ester

Livro 17 com

10

CAPÍTULOS

AUTORIA

O autor do livro de Ester não é especificamente identificado no texto. Alguns estudiosos sugerem que pode ter sido Mardoqueu (ou Mordecai), primo da protagonista, dado o seu envolvimento central na história. No entanto, a autoria permanece incerta.

SIGNIFICADO DO NOME

O nome "Ester" significa "estrela", em persa, refletindo a beleza e o papel proeminente da protagonista no relato.

OBJETIVO DO LIVRO

O livro de Ester conta a história de uma jovem judia que se torna rainha do Império Persa. A trama se desenrola em meio a intriga política, conspiração e perigo para o povo judeu. Ester, com coragem e sabedoria, desempenha um papel crucial na proteção de seu povo da destruição.

ESTRUTURA DO LIVRO

- ★ A escolha de Ester como rainha Et 1—2
- ★ A conspiração de Hamã Et 3—5
- ★ A vitória dos judeus e o Purim Et 6—10

TEMAS DE ESTER

Embora Deus não seja mencionado explicitamente no livro, sua providência é evidente em toda a narrativa. Os eventos aparentemente coincidentes e as reviravoltas dramáticas revelam o cuidado e a intervenção divina para proteger e preservar seu povo, mesmo em meio a circunstâncias adversas.

ESTER E CRISTO

O livro de Ester aponta para Jesus por meio do tema da providência divina e da preservação do povo de Deus, que prefigura a obra redentora de Cristo. Ester, como mediadora que arrisca sua vida para salvar o povo judeu do extermínio, é vista como uma prefiguração de Cristo, que se entregou para salvar a humanidade da condenação. A história destaca a soberania de Deus em orquestrar eventos para a realização de seus propósitos salvadores, o que culmina na vinda do Messias prometido.

OCASIÃO HISTÓRICA

A história ocorre durante o reinado de Xerxes I (Assuero) no Império Persa, no século 5 a.C., após o exílio babilônico. A narrativa se passa na cidade de Susã.

“RAINHA ESTER DA PÉRSIA”

O BANQUETE DO REI

1 Estes acontecimentos ocorreram nos
dias do rei Xerxes,[a] que reinou sobre
127 províncias, desde a Índia até a Etió-
pia.[b] 2 Do trono real na fortaleza de Susã,
Xerxes governava seu império. 3 No terceiro
ano de reinado, ofereceu um banquete a
todos os seus nobres e oficiais. Convidou
todos os oficiais militares da Pérsia e
da Média e os príncipes e nobres das
províncias. 4 A festa durou 180 dias e foi
uma demonstração formidável da grande
riqueza do império e da pompa e esplendor
de sua majestade.

5 Terminada a celebração, o rei ofereceu
um banquete para todo o povo que estava
na fortaleza de Susã, desde os mais impor-
tantes até os mais humildes. O banquete
durou sete dias e foi realizado no pátio
do jardim do palácio real. 6 O pátio estava
enfeitado com cortinas brancas de algo-
dão e com tapeçarias azuis, presas com
cordas de linho branco e fitas vermelhas
a argolas de prata fixadas a colunas de
mármore. Havia sofás com armação de
ouro e de prata sobre um piso de mosaico
de pórfiro, mármore, madrepérola e outras
pedras preciosas.

7 As bebidas eram servidas em taças de
ouro de diversos modelos, e havia grande
quantidade de vinho real, para mostrar a
generosidade do rei. 8 Por ordem do rei, po-
dia-se beber à vontade, pois ele havia ins-
truído os oficiais de seu palácio a servirem
quanto vinho cada convidado quisesse.

9 Na mesma ocasião, a rainha Vasti ofe-
receu um banquete para as mulheres no
palácio do rei Xerxes.

A RAINHA VASTI É DEPOSTA

10 No sétimo dia da festa, quando o rei
Xerxes estava muito alegre por causa do
vinho, ordenou aos sete eunucos que
o serviam — Meumã, Bizta, Harbona,
Bigtá, Abagta, Zetar e Carcas — 11 que lhe
trouxessem a rainha Vasti, usando a
coroa real. Ele queria que os nobres e os
demais convidados contemplassem sua
beleza, pois era uma mulher muito bonita.
12 Mas, quando transmitiram a ordem do
rei à rainha Vasti, ela se recusou a ir. O rei
ficou furioso e indignado.

13 Então o rei consultou seus sábios,
que entendiam das leis e dos costumes
dos persas, e aos quais ele sempre pedia
conselhos. 14 Seus nomes eram Carsena,
Setar, Admata, Társis, Meres, Marsena e
Memucã, sete nobres da Pérsia e da Média.
Tinham acesso direto ao rei e ocupavam os
cargos mais altos do império.

15 "O que se deve fazer com a rainha
Vasti?", perguntou o rei. "De acordo com
a lei, qual é o castigo para uma rainha
que se recusa a obedecer às ordens do rei,
transmitidas pelos eunucos?"

16 Memucã respondeu ao rei e aos nobres:
"A rainha Vasti ofendeu não somente o rei,
mas todos os nobres e cidadãos das provín-
cias do império. 17 Mulheres de toda parte
começarão a desprezar o marido quando
souberem que a rainha Vasti se recusou
a comparecer diante do rei. 18 Antes de
terminar este dia, as esposas dos nobres do
rei em toda a Pérsia e a Média saberão o que
a rainha fez e começarão a tratar o marido
da mesma forma. Haverá grande desprezo e
indignação sem fim.

19 "Portanto, se parecer bem ao rei, sugeri-
mos que publique um decreto real, uma lei
dos medos e dos persas que não pode ser
revogada. Determinará que a rainha Vasti
seja expulsa para sempre da presença do
rei Xerxes e que o rei escolha outra rainha
mais digna que ela. 20 Quando o decreto for
publicado em todo o vasto império do rei,
maridos de toda parte, seja qual for a posi-
ção social, serão respeitados pela esposa".

21 O conselho pareceu razoável ao rei
e a seus nobres, e ele aceitou a proposta
de Memucã. 22 Enviou cartas a todas as
partes do império, a cada província, em sua
própria escrita e língua, proclamando que
todo homem devia ser o chefe de sua
própria casa e ter sempre a última palavra.[c]

ESTER SE TORNA RAINHA

2 Passada a indignação de Xerxes, ele co-
meçou a pensar em Vasti, naquilo que

---

[a] **1.1a** Em hebraico, *Assuero*, outro nome para Xerxes; também em todo o livro de Ester. Xerxes reinou de 486 a 465 a.C.

[b] **1.1b** Em hebraico, *até Cuxe.*

[c] **1.22** Ou *e devia falar a língua de seu próprio povo.*

ela havia feito e no decreto que ele havia publicado. 2 Então seus conselheiros sugeriram: "Permita que procuremos em todo o império moças belas e virgens para o rei. 3 E que o rei nomeie agentes em cada província para que tragam essas lindas moças ao harém na fortaleza em Susã. Hegai, eunuco do rei e encarregado do harém, providenciará que elas recebam tratamentos de beleza. 4 Depois disso, a moça que mais agradar o rei se tornará rainha em lugar de Vasti". O rei gostou muito desse conselho e o pôs em prática.

5 Nesse tempo, havia na fortaleza de Susã um judeu chamado Mardoqueu, filho de Jair. Era da tribo de Benjamim e descendente de Quis e Simei. 6 Sua família[a] estava entre aqueles que, com Joaquim,[b] rei de Judá, tinham sido deportados de Jerusalém para a Babilônia pelo rei Nabucodonosor. 7 Mardoqueu tinha uma prima jovem, muito bonita e atraente, chamada Hadassa, também conhecida como Ester. Quando o pai e a mãe de Ester morreram, Mardoqueu a criou como sua própria filha.

8 Como resultado do decreto do rei, Ester e muitas outras moças foram trazidas ao palácio real, na fortaleza de Susã, e colocadas sob os cuidados de Hegai, o encarregado do harém. 9 Hegai ficou muito impressionado com a beleza de Ester e a tratou com bondade. Sem demora, providenciou que ela recebesse comida especial e tratamentos de beleza. Também lhe designou sete moças escolhidas do palácio real e a transferiu, com as jovens, para o melhor lugar do harém.

10 Mardoqueu havia instruído Ester a não revelar a ninguém sua nacionalidade nem a origem de sua família. 11 Todos os dias, Mardoqueu caminhava perto do pátio do harém para saber notícias de Ester e descobrir o que estava acontecendo.

12 Antes de ser levada aos aposentos reais, cada moça recebia os doze meses prescritos de tratamentos de beleza: seis meses com óleo de mirra e seis meses com perfumes e cosméticos. 13 Quando chegava sua vez de ir aos aposentos reais, podia escolher do harém as roupas e as joias que quisesse. 14 À tarde, era conduzida aos aposentos reais e, na manhã seguinte, ia para outra parte do harém,[c] onde moravam as mulheres do rei. Ali, ficava sob os cuidados de Saasgaz, eunuco do rei encarregado das concubinas. Ela não voltaria a se encontrar com o rei a menos que ele tivesse gostado muito dela e mandasse chamá-la pelo nome.

15 Ester era filha de Abiail, tio de Mardoqueu. (Mardoqueu havia adotado Ester, sua prima mais nova, como filha.) Quando chegou a vez de Ester se apresentar ao rei, ela aceitou o conselho de Hegai, eunuco encarregado do harém. Não pediu nada além do que ele sugeriu e agradou a todos que a viram.

16 Ester foi levada ao rei Xerxes no palácio real no mês de dezembro,[d] no sétimo ano de seu reinado. 17 O rei gostou mais de Ester que de qualquer outra moça. Agradou-se tanto dela que pôs a coroa real sobre sua cabeça e a declarou rainha em lugar de Vasti. 18 Para comemorar a ocasião, ofereceu a todos os seus nobres e oficiais um grande banquete em homenagem a Ester. Declarou aquele dia feriado em todas as províncias e distribuiu presentes generosos para todos.

19 Mesmo depois que todas as moças haviam sido transferidas para a outra parte do harém e que Mardoqueu tinha se tornado um dos oficiais do palácio,[e] 20 Ester continuou a manter em segredo sua nacionalidade e a origem de sua família. Ainda seguia as instruções de Mardoqueu como havia feito quando vivia sob os seus cuidados.

A LEALDADE DE MARDOQUEU AO REI

21 Certo dia, quando Mardoqueu estava de serviço junto à porta do palácio real, dois eunucos do rei, Bigtana[f] e Teres, guardas

[a] **2.6a** Em hebraico, *Ele*.
[b] **2.6b** Em hebraico, *Jeconias*, variação de Joaquim.

[c] **2.14** Ou *para o segundo harém*; também em 2.19.
[d] **2.16** Em hebraico, *no décimo mês, o mês de tebete*. Vários acontecimentos em Ester podem ser confirmados por datas em registros persas que sobreviveram ao tempo e relacionados com precisão ao calendário moderno. Esse mês do antigo calendário lunar hebraico caiu entre dezembro de 479 a.C. e janeiro de 478 a.C.
[e] **2.19** Em hebraico, *e que Mardoqueu estava sentado à porta do rei*.
[f] **2.21** Em hebraico, *Bigtã*; comparar com 6.2.

da porta dos aposentos do rei, se indignaram com Xerxes e conspiraram para matá-lo. 22 Mardoqueu, porém, soube do plano e transmitiu a informação à rainha Ester, que contou ao rei em nome de Mardoqueu. 23 Quando o caso foi investigado e descobriu-se que o relato de Mardoqueu era verdadeiro, os dois homens foram enforcados. Tudo isso está registrado no *Livro da História do Reinado do Rei Xerxes*.

A CONSPIRAÇÃO DE HAMÃ CONTRA OS JUDEUS

3 Algum tempo depois, o rei Xerxes promoveu Hamã, filho de Hamedata, o agagita, e lhe deu posição de autoridade sobre todos os nobres do império. 2 Quando Hamã passava, todos os oficiais do palácio real se curvavam diante dele para lhe demonstrar respeito, pois o rei assim havia ordenado. Mardoqueu porém, não se curvava diante dele para lhe demonstrar respeito.

3 Então os oficiais do palácio real perguntaram a Mardoqueu: "Por que você desobedece à ordem do rei?". 4 Todos os dias lhe diziam isso, mas, ainda assim, ele não dava ouvidos. Então contaram tudo a Hamã, para ver se ele iria tolerar a conduta de Mardoqueu, pois Mardoqueu lhes tinha dito que era judeu.

5 Quando Hamã viu que Mardoqueu não se curvava para lhe demonstrar respeito, ficou furioso. 6 Foi informado da nacionalidade de Mardoqueu e decidiu que não bastava matar somente a ele. Em vez disso, procurou um modo de destruir todos os judeus, o povo de Mardoqueu, do império de Xerxes.

7 Em abril,[a] no décimo segundo ano do reinado de Xerxes, foram lançadas sortes (chamadas purim) na presença de Hamã, a fim de determinar o melhor dia e mês para executar o plano. A data sorteada foi 7 de março, quase um ano depois.[b]

8 Então Hamã foi ao rei Xerxes e disse: "Há certo povo espalhado por todas as províncias de seu império que se mantém separado dos demais. Eles têm leis diferentes das leis dos outros povos e não obedecem às leis do rei. Portanto, não é do interesse do rei deixar que vivam. 9 Se parecer bem ao rei, publique um decreto para que eles sejam destruídos, e eu darei 350 toneladas[c] de prata aos administradores do governo para serem depositadas nos tesouros do rei".

10 O rei concordou e, para confirmar sua decisão, tirou do dedo o anel com o selo real e o entregou a Hamã, filho de Hamedata, o agagita, inimigo dos judeus. 11 O rei disse: "A prata e o povo são seus; faça com eles o que lhe parecer melhor".

12 Assim, no dia 17 de abril,[d] os secretários do rei foram convocados, e um decreto foi redigido exatamente da forma como Hamã ditou. Em seguida, foi enviado aos mais altos oficiais do rei, aos governadores das respectivas províncias e aos nobres de cada província, em sua própria escrita e língua. O decreto foi redigido em nome do rei Xerxes e selado com seu anel. 13 As cartas foram enviadas por mensageiros a todas as províncias do império, com ordens para que todos os judeus — jovens e idosos, mulheres e crianças — fossem destruídos, mortos e aniquilados num único dia. A data marcada para que isso acontecesse era 7 de março do ano seguinte.[e] Os bens dos judeus seriam entregues a quem os matasse.

14 Uma cópia do decreto devia ser publicada como lei em cada província e proclamada a todos os povos, a fim de que estivessem preparados para cumprir seu dever na data marcada. 15 Por ordem do rei, o decreto foi rapidamente enviado por mensageiros e também foi proclamado na fortaleza de Susã. Então o rei e Hamã se sentaram para beber, enquanto a confusão se espalhava pela cidade de Susã.

---

[a] **3.7a** Em hebraico, *No primeiro mês, o mês de nisã*. Esse mês do antigo calendário lunar hebraico caiu entre abril e maio de 474 a.C.; ver também nota em 2.16.

[b] **3.7b** Conforme 3.13, que traz *o décimo terceiro dia do décimo segundo mês, o mês de adar*. O hebraico traz *no décimo segundo mês*, do antigo calendário lunar hebraico. O ano foi 473 a.C.; ver também nota em 2.16.

[c] **3.9** Em hebraico, *10.000 talentos*.

[d] **3.12** Em hebraico, *no décimo terceiro dia do primeiro mês*, do antigo calendário lunar hebraico. O ano foi 474 a.C.; ver também nota em 2.16.

[e] **3.13** Em hebraico, *o décimo terceiro dia do décimo segundo mês*, do antigo calendário lunar hebraico. O ano foi 473 a.C.; ver também nota em 2.16.

MARDOQUEU PEDE AJUDA A ESTER

4 Quando Mardoqueu soube de tudo que
havia acontecido, rasgou suas roupas,
vestiu-se de pano de saco, cobriu-se de
cinzas e saiu pela cidade, chorando alto e
amargamente. 2 Foi até a porta do palácio,
mas ninguém que estivesse usando rou-
pas de luto tinha permissão para entrar.
3 Quando a notícia do decreto chegou a
todas as províncias, houve grande pranto
entre os judeus. Jejuaram, choraram e la-
mentaram, e muitos se deitaram em pano
de saco e em cinzas.

4 Quando as criadas de Ester e os eunucos
vieram e lhe contaram sobre Mardoqueu,
ela ficou muito angustiada. Enviou-lhe rou-
pas para vestir em lugar do pano de saco,
mas ele não aceitou. 5 Então Ester mandou
chamar Hataque, um dos eunucos do rei
que havia sido nomeado para servi-la.
Ordenou que ele fosse até Mardoqueu
e descobrisse o que o perturbava e por
que ele estava de luto. 6 Hataque foi até
Mardoqueu na praça da cidade, em frente
à porta do palácio.

7 Mardoqueu lhe contou tudo e lhe in-
formou a quantidade exata de prata que
Hamã havia prometido pagar ao tesouro
real pela destruição dos judeus. 8 Mardo-
queu entregou a Hataque uma cópia do
decreto publicado em Susã que ordenava
o extermínio de todos os judeus. Pediu a
Hataque que mostrasse o decreto a Ester e
lhe explicasse a situação. Também pediu
a Hataque que a orientasse a ir falar com o
rei para implorar por misericórdia e inter-
ceder em favor de seu povo. 9 Hataque vol-
tou a Ester com o recado de Mardoqueu.

10 Então Ester mandou Hataque dizer a
Mardoqueu: 11 "Todos os oficiais do rei,
e até mesmo o povo das províncias, sabem
que qualquer pessoa que se apresenta
diante do rei no pátio interno sem ter
sido convidada está condenada a morrer,
a menos que o rei lhe estenda seu cetro de
ouro. Além do mais, há trinta dias o rei não
me chama à sua presença". 12 E o recado de
Ester foi transmitido a Mardoqueu.

13 Mardoqueu enviou esta resposta a
Ester: "Não pense que por estar no palácio
você escapará quando todos os outros
judeus forem mortos. 14 Se ficar calada
num momento como este, alívio e livra-
mento virão de outra parte para os judeus,
mas você e seus parentes morrerão. Quem
sabe não foi justamente para uma ocasião
como esta que você chegou à posição de
rainha?".

15 Então Ester enviou esta resposta a
Mardoqueu: 16 "Vá, reúna todos os judeus
de Susã e jejuem por mim. Não comam
nem bebam durante três dias e três noites.
Minhas criadas e eu faremos o mesmo.
Depois, irei à presença do rei, mesmo que
seja contra a lei. Se eu tiver de morrer,
morrerei". 17 Mardoqueu foi e fez tudo
conforme as instruções de Ester.

O PEDIDO DE ESTER AO REI

5 No terceiro dia do jejum, Ester vestiu
seus trajes reais e entrou no pátio
interno do palácio, em frente do salão do
rei. O rei estava sentado no trono, voltado
para a entrada. 2 Quando viu a rainha Ester
ali no pátio interno, ele a recebeu de bom
grado e lhe estendeu o cetro de ouro. Ester
se aproximou e tocou a ponta do cetro.

3 "O que você deseja, rainha Ester?", per-
guntou o rei. "Qual é seu pedido? Eu aten-
derei, mesmo que peça metade do reino!"

4 Ester respondeu: "Se lhe parecer bem,
venha hoje com Hamã a um banquete que
preparei para o rei".

5 O rei se voltou para seus servos e disse:
"Digam a Hamã que venha depressa para
um banquete, como Ester pediu". Então o
rei e Hamã foram ao banquete que Ester
havia preparado.

6 Enquanto bebiam vinho, o rei disse a
Ester: "Agora diga-me o que você deseja.
Qual é seu pedido? Eu atenderei, mesmo
que peça metade do reino!".

7 Ester respondeu: "Este é meu pedido e
meu desejo: 8 Se conto com o favor do rei e
se lhe parecer bem atender a meu pedido,
venha amanhã com Hamã ao banquete
que lhes prepararei. Então explicarei do
que se trata".

O PLANO DE HAMÃ PARA MATAR MARDOQUEU

9 Hamã saiu do banquete muito feliz e
animado. Contudo, ficou furioso quando

Ester teve sabedoria de buscar na intimidade com Deus a estratégia para livrar o povo hebreu de um grande massacre.

viu que Mardoqueu, sentado à porta do
palácio, não se levantou nem demonstrou
nervosismo em sua presença. 10 Hamã,
porém, se conteve e foi para casa.

Então reuniu seus amigos e sua esposa,
Zeres, 11 e gabou-se de sua grande riqueza
e de seus muitos filhos. Vangloriou-se das
honras que o rei lhe havia concedido e
de como havia sido promovido acima de
todos os outros nobres e oficiais.

12 Disse também: "Se isso não bastasse,
a rainha Ester convidou somente o rei e a
mim para um banquete que ela preparou!
E ainda me convidou para outro banquete
com ela e com o rei amanhã!". 13 Depois,
acrescentou: "Nada disso, porém, me satis-
fará enquanto eu vir o judeu Mardoqueu
sentado à porta do paláciot".

14 Então Zeres, esposa de Hamã, e todos
os amigos dele sugeriram: "Mande fazer
uma forca de mais de vinte metros[a] e, pela
manhã, peça ao rei que Mardoqueu seja
enforcado nela. Depois disso, você poderá
ir alegremente ao banquete com o rei".
A sugestão agradou Hamã, e ele mandou
fazer a forca.

O REI HONRA MARDOQUEU

6 Naquela noite, o rei não conseguia dor-
mir; então mandou que trouxessem o
livro da história de seu reinado e o lessem
para ele. 2 Nesses registros ele descobriu
que Mardoqueu havia denunciado Bigtana
e Teres, os dois eunucos que guardavam
a porta dos aposentos reais e que haviam
conspirado para matar o rei Xerxes.

3 "Que recompensa ou reconhecimento
Mardoqueu recebeu por isso?", quis saber
o rei.

Seus servos responderam: "Não se fez
nada por ele".

4 "Quem está no pátio?", perguntou o rei.
Hamã tinha acabado de entrar no pátio
externo do palácio para pedir ao rei que
Mardoqueu fosse executado na forca que
ele havia preparado.

5 Os servos responderam: "É Hamã que
está no pátio".

"Digam a ele que entre", ordenou o rei.
6 Hamã entrou, e o rei lhe perguntou:
"O que devo fazer para honrar um homem
que muito me agrada?".

Hamã pensou: "A quem o rei desejaria
honrar senão a mim?". 7 Por isso, res-
pondeu: "Se o rei deseja honrar alguém,
8 mande trazer um dos mantos que o rei
costuma usar, e um cavalo no qual o rei
costuma montar, e que tenha o emblema
real na cabeça. 9 Ordene que o manto e
o cavalo sejam entregues a um dos mais
nobres oficiais do rei e que ele ponha o
manto sobre o homem que o rei deseja
honrar e o conduza pela praça da cidade
sobre o cavalo do rei. Mande que o oficial
proclame em alta voz: 'Assim o rei faz a
quem ele deseja honrar!'".

10 "Excelente!", disse o rei a Hamã.
"Vá depressa pegar meu manto e meu ca-
valo e faça ao judeu Mardoqueu, que está
sentado à porta do palácio, exatamente
o que você sugeriu. Não se esqueça de
nenhum detalhe!"

11 Então Hamã pegou o manto e o cavalo
do rei, vestiu Mardoqueu com o manto e
o conduziu sobre o cavalo pela praça da
cidade, proclamando em alta voz: "Assim
o rei faz a quem ele deseja honrar!". 12 De-
pois disso, Mardoqueu voltou para a porta
do palácio, mas Hamã correu para casa,
abatido e humilhado.

13 Quando Hamã contou a Zeres, sua es-
posa, e a todos os seus amigos o que havia
acontecido, seus conselheiros e sua espo-
sa disseram: "Visto que Mardoqueu, diante
de quem você foi humilhado, é judeu de
nascimento, seus planos contra ele jamais
serão bem-sucedidos. Você ficará arruina-
do se continuar a se opor a ele".

14 Enquanto ainda falavam, os eunu-
cos do rei chegaram e, sem demora,
levaram Hamã ao banquete que Ester
havia preparado.

O REI MANDA EXECUTAR HAMÃ

7 O rei e Hamã foram ao banquete da
rainha Ester. 2 Mais uma vez, enquanto
bebiam vinho, o rei perguntou a Ester:
"Diga-me o que deseja, rainha Ester. Qual
é seu pedido? Eu atenderei, mesmo que
peça metade do reino!".

3 A rainha Ester respondeu: "Se conto
com o favor do rei, e se lhe parecer bem

[a] **5.14** Em hebraico, *50 côvados*, isto é, 22,5 metros.

atender meu pedido, poupe minha vida e
a vida de meu povo. 4 Pois eu e meu povo
fomos vendidos para sermos destruídos,
mortos e aniquilados. Se fosse apenas o
caso de termos sido vendidos como escra-
vos, eu teria permanecido calada, pois não
teria cabimento perturbar o rei com um
assunto de tão pouca importância".

5 "Quem faria uma coisa dessas?", per-
guntou o rei Xerxes. "Onde está o homem
que teria a audácia de fazer isso?"

6 Ester respondeu: "Nosso inimigo e
adversário é Hamã, este homem perverso".
Hamã ficou apavorado diante do rei e da
rainha. 7 Furioso, o rei se levantou e saiu
para o jardim do palácio.

Hamã, porém, ficou ali, implorando por
sua vida à rainha Ester, pois sabia que o
rei certamente o condenaria à morte.
8 Em desespero, atirou-se sobre o sofá
onde a rainha Ester estava reclinada e,
nesse exato momento, o rei voltou do
jardim do palácio.

O rei exclamou: "Ele se atreve até a
violentar a rainha aqui no palácio, diante
de meus próprios olhos?". E, assim que
o rei falou, seus servos cobriram o rosto
de Hamã.

9 Harbona, um dos eunucos do rei,
disse: "Hamã construiu uma forca de
mais de vinte metros[a] no pátio da casa
dele. Pretendia usá-la para enforcar
Mardoqueu, o homem que salvou o rei de
ser assassinado".

"Usem-na para enforcar Hamã!", orde-
nou o rei. 10 Assim, executaram Hamã na
forca que ele havia construído para Mar-
doqueu; e a ira do rei se acalmou.

UM DECRETO EM FAVOR DOS JUDEUS

8 Naquele mesmo dia, o rei Xerxes en-
tregou à rainha Ester os bens de Hamã,
inimigo dos judeus. Então Mardoqueu foi
trazido à presença do rei, pois Ester havia
contado ao rei que ele era seu parente.
2 O rei tirou do dedo o anel com o selo real,
que ele havia tomado de volta de Hamã,
e o entregou a Mardoqueu. Assim, Ester o
nomeou administrador dos bens de Hamã.

[a] **7.9** Em hebraico, *50 côvados*, isto é, 22,5 metros.

3 Então Ester voltou a apresentar-se ao rei
e, caindo a seus pés, suplicou com lágrimas
que ele cancelasse o plano perverso de
Hamã, o agagita, contra os judeus. 4 Mais
uma vez, o rei estendeu o cetro de ouro
para Ester. Ela se levantou e ficou em pé
diante dele.

5 Disse ela: "Se parecer bem ao rei,
se conto com seu favor, se o rei considerar
correto e se o tenho agradado, que seja pu-
blicado um decreto anulando as ordens de
Hamã, filho de Hamedata, o agagita, para
aniquilar os judeus em todas as províncias
do rei. 6 Pois como eu suportaria ver meu
povo passar por tal calamidade? Acaso
poderia assistir à destruição de minha
família?".

7 O rei Xerxes disse à rainha Ester e ao
judeu Mardoqueu: "Entreguei a Ester os
bens de Hamã, e ele foi enforcado porque
tentou destruir os judeus. 8 Agora, enviem
aos judeus um decreto em nome do rei,
dizendo o que vocês acharem melhor,
e selem-no com o anel do rei. Lembrem-
-se, porém, de que o que já foi escrito em
nome do rei e selado com seu anel não
pode ser revogado".

9 Assim, no dia 25 de junho,[b] os secretá-
rios do rei foram convocados, e um decreto
foi redigido exatamente da forma como
Mardoqueu ditou. O decreto foi enviado
aos judeus, aos mais altos oficiais do rei,
aos governadores e aos nobres de todas
as 127 províncias, desde a Índia até a
Etiópia.[c] As ordens foram redigidas na es-
crita e na língua de cada povo do império,
incluindo as dos judeus. 10 Mardoqueu
escreveu o decreto em nome do rei Xerxes
e o selou com o anel do rei. Enviou as car-
tas por mensageiros montados em cavalos
velozes criados nas estrebarias do rei.

11 O decreto do rei concedia aos judeus
de todas as cidades autoridade para se
reunirem e defenderem a própria vida.
Permitia que destruíssem, matassem e
aniquilassem qualquer exército, de qual-
quer nacionalidade ou província, que os
atacasse ou a seus filhos e esposas.

[b] **8.9a** Em hebraico, *no vigésimo terceiro dia do terceiro mês, o mês de sivã*, do antigo calendário lunar hebraico. O ano foi 474 a.C.; ver também nota em 2.16.

[c] **8.9b** Em hebraico, *até Cuxe*.

Também permitia que tomassem os bens de seus inimigos. 12 A data marcada para que isso acontecesse em todas as províncias do rei Xerxes era 7 de março do ano seguinte.[a]

13 Uma cópia do decreto devia ser publicada como lei em cada província e proclamada a todos os povos, a fim de que os judeus estivessem preparados para se vingar de seus inimigos na data marcada. 14 Por ordem do rei, os mensageiros saíram a toda pressa, montados em cavalos velozes criados nas estrebarias do rei. O decreto também foi proclamado na fortaleza de Susã.

15 Mardoqueu saiu da presença do rei vestido com trajes reais em azul e branco, uma grande coroa de ouro e um manto de linho fino e tecido vermelho; e o povo de Susã comemorou alegremente o novo decreto. 16 Os judeus se encheram de felicidade e alegria e foram honrados em toda parte. 17 Em cada província e cidade, em cada lugar aonde o decreto do rei chegava, os judeus se alegravam muito e comemoravam com grandes banquetes, festas e feriados. Muitos que pertenciam a outros povos do império se tornaram judeus, porque temiam o que os judeus pudessem fazer com eles.

A VITÓRIA DOS JUDEUS

9 Assim, no dia 7 de março,[b] os dois decretos do rei entraram em vigor. Nesse dia, os inimigos dos judeus esperavam dominá-los, mas aconteceu o contrário; os judeus dominaram seus inimigos. 2 Reuniram-se em suas cidades em todas as províncias do rei Xerxes para atacar qualquer um que procurasse lhes fazer mal. Ninguém conseguiu resistir-lhes, pois todos tinham muito medo deles. 3 E todos os nobres das províncias, os mais altos oficiais, os governadores e os oficiais do rei ajudaram os judeus, pois temiam Mardoqueu. 4 Ele havia sido promovido no palácio do rei e, à medida que se tornava mais poderoso, sua fama se espalhava por todas as províncias.

5 Portanto, na data marcada, os judeus feriram seus inimigos à espada. Mataram e aniquilaram seus inimigos e fizeram o que queriam com aqueles que os odiavam. 6 Só na fortaleza de Susã, os judeus atacaram e mataram quinhentos homens. 7 Também mataram Parsandata, Dalfom, Aspata, 8 Porata, Adalia, Aridata, 9 Parmasta, Arisai, Aridai e Vaizata, 10 os dez filhos de Hamã, filho de Hamedata, inimigo dos judeus. No entanto, não tomaram nenhum despojo.

11 Naquele mesmo dia, quando o rei foi informado do número de pessoas mortas na fortaleza de Susã, 12 mandou chamar a rainha Ester e disse: "Só na fortaleza de Susã, os judeus mataram quinhentos homens, além dos filhos de Hamã. Se fizeram isso aqui, o que terão feito nas províncias? E agora, o que mais deseja? Seu pedido será atendido; diga-me e será feito".

13 Ester respondeu: "Se parecer bem ao rei, dê permissão aos judeus de Susã para que façam novamente amanhã o mesmo que fizeram hoje; e que os corpos dos dez filhos de Hamã sejam pendurados na forca".

14 O rei concordou e publicou o decreto em Susã, e os corpos dos dez filhos de Hamã foram pendurados na forca. 15 Então, no dia 8 de março,[c] os judeus de Susã se reuniram e mataram trezentos homens. Mais uma vez, porém, não tomaram nenhum despojo.

16 Enquanto isso, os outros judeus em todas as províncias do rei haviam se reunido para defender a própria vida. Livraram-se de seus inimigos ao matar 75 mil dos que odiavam os judeus. No entanto, não tomaram nenhum despojo. 17 Isso foi feito em todas as províncias no dia 7 de março, e no dia 8[d] descansaram e comemoraram sua vitória com um dia de festa e alegria. 18 (Os judeus de Susã mataram seus inimigos nos dias 7 e 8 de março e descansaram

[a] **8.12** Em hebraico, *o décimo terceiro dia do décimo segundo mês, o mês de adar*, do antigo calendário lunar hebraico. O ano foi 473 a.C.; ver também nota em 2.16.

[b] **9.1** Em hebraico, *no décimo terceiro dia do décimo segundo mês, o mês de adar*, do antigo calendário lunar hebraico. O ano foi 473 a.C.; ver também nota em 2.16.

[c] **9.15** Em hebraico, *no décimo quarto dia do mês de adar*, do antigo calendário lunar hebraico. O ano foi 473 a.C.; ver também nota em 2.16.

[d] **9.17** Em hebraico, *no décimo terceiro dia do mês de adar, e no décimo quarto dia*, do antigo calendário lunar hebraico. O ano foi 473 a.C.; ver também nota em 2.16.

no dia 9,[a] fazendo dele um dia de festa e alegria.) 19 Por isso, os judeus que vivem em povoados nas regiões rurais celebram a festa anual nesse dia determinado,[b] data em que se alegram, festejam e presenteiam uns aos outros com alimentos.

A FESTA DE PURIM

20 Mardoqueu registrou esses acontecimentos e enviou cartas aos judeus em todas as províncias do rei Xerxes, tanto aos de perto como aos de longe, 21 instruindo-os a celebrar uma festa anual nesses dois dias.[c] 22 Ordenou que celebrassem com festas e alegria, presenteando uns aos outros com alimentos e distribuindo presentes aos pobres. Assim, recordariam a ocasião em que os judeus se livraram de seus inimigos e em que sua tristeza foi transformada em alegria, e seu lamento, em dia de festa.

23 Os judeus aceitaram a orientação de Mardoqueu e adotaram esse costume anual. 24 Hamã, filho de Hamedata, o agagita, inimigo dos judeus, havia tramado destruí-los numa data determinada pelo lançamento de sortes (chamadas purim). 25 Mas, quando Ester foi à presença do rei, ele publicou um decreto que fez o plano perverso de Hamã se voltar contra ele, e Hamã e seus filhos foram pendurados numa forca. 26 Por isso, essa comemoração se chama Purim, palavra que se usava antigamente para "lançar sortes".[d]

Assim, por causa da carta de Mardoqueu e daquilo que lhes havia acontecido, 27 os judeus em todo o reino concordaram em dar início a essa tradição e transmiti-la a seus descendentes e a todos que se tornassem judeus. Declararam que não deixariam de celebrar anualmente esses dois dias na data determinada. 28 Esses dias seriam lembrados e comemorados de geração em geração, por todas as famílias, em todas as províncias e cidades do império. A Festa de Purim jamais deixaria de ser celebrada pelos judeus, nem a lembrança do que havia acontecido se apagaria entre seus descendentes.

29 Então a rainha Ester, filha de Abiail, e o judeu Mardoqueu escreveram outra carta com toda a autoridade para confirmar a carta de Mardoqueu e estabelecer a Festa de Purim. 30 Enviaram cartas a todos os judeus das 127 províncias do império de Xerxes, desejando-lhes paz e segurança. 31 Essas cartas estabeleciam a Festa de Purim, uma celebração anual desses dias na data determinada, conforme decretado tanto pelo judeu Mardoqueu como pela rainha Ester. O povo resolveu celebrar essa festa, assim como haviam estabelecido para si e seus descendentes os tempos de jejum e de lamentação. 32 Assim, o decreto de Ester confirmou as orientações para a Festa de Purim, e tudo foi escrito nos registros.

A GRANDEZA DE XERXES E DE MARDOQUEU

10 O rei Xerxes impôs tributos a todo o seu império, incluindo as distantes regiões do litoral. 2 Suas grandes realizações e o relato completo da grandeza de Mardoqueu, a quem o rei havia promovido, estão registrados no *Livro da História dos Reis da Média e da Pérsia*. 3 O judeu Mardoqueu ocupou o cargo mais alto do reino, abaixo apenas do próprio rei Xerxes. Era muito importante entre os judeus, que o tinham em alta consideração, pois ele continuou a trabalhar para o bem de seu povo e a buscar o bem-estar de todos os seus descendentes.

---

[a] **9.18** Em hebraico, *no décimo terceiro e no décimo quarto dia e descansaram no décimo quinto dia*, do antigo calendário lunar hebraico. O ano foi 473 a.C.; ver também nota em 2.16.

[b] **9.19** Esse dia do antigo calendário lunar hebraico caía entre fevereiro e março.

[c] **9.21** Em hebraico, *no décimo quarto e no décimo quinto dias de adar*, do antigo calendário lunar hebraico.

[d] **9.26** Em hebraico, *Purim, do nome pur*

Introdução aos
Livros Poéticos

Os Livros Poéticos, que compreendem Jó, Salmos, Provérbios, Eclesiastes e Cântico dos Cânticos, formam um corpo literário distinto e profundamente significativo dentro das Escrituras. Esses livros, conhecidos por sua riqueza literária e profundidade espiritual, abordam uma ampla gama de experiências humanas, desde o sofrimento e a dor até a alegria e a exultação. Eles exploram a natureza de Deus, a condição humana e a busca por sabedoria e sentido na vida.

São textos escritos por diversos autores ao longo de séculos e oferecem uma visão multifacetada da fé e da espiritualidade. Os Livros Poéticos não se restringem a uma simples expressão de sentimentos; eles apresentam uma teologia profunda e prática, revelando a soberania de Deus, a sabedoria divina e a beleza da criação. Esse bloco literário é essencial para a compreensão da Bíblia como um todo, pois nele encontramos reflexões e respostas para questões fundamentais sobre a vida, a justiça e a relação entre o Senhor e a humanidade.

TEMAS E MENSAGENS DOS LIVROS POÉTICOS

Os Livros Poéticos abordam uma série de temas universais que são relevantes para a vida de qualquer pessoa, independentemente da época ou cultura. Entre os temas centrais, destacam-se:

1. *Sofrimento e justiça divina*: o livro de Jó explora o mistério do sofrimento humano e a soberania de Deus. Jó, um homem justo que enfrenta terríveis provações, questiona a justiça divina e busca respostas para seu sofrimento. O diálogo entre Jó e seus amigos, bem como a intervenção do Senhor, revela que a sabedoria divina transcende o entendimento humano e que a confiança no Todo-Poderoso deve ser mantida mesmo nas adversidades. Esse livro é um lembrete poderoso de que, mesmo quando não conseguimos compreender nossas provações, Deus permanece soberano e justo.
2. *Adoração e louvor*: o livro de Salmos é uma coleção de cânticos e orações que expressam uma ampla gama de emoções humanas, desde o desespero até a exultação. Eles são utilizados tanto para adoração pessoal quanto comunitária, e muitos deles foram escritos por Davi, Asafe e outros líderes espirituais. Salmos enfatiza a importância de adorar a Deus em todas as circunstâncias e de buscar refúgio e força no Senhor. Cada salmo é uma expressão sincera da alma humana diante do Criador, refletindo a luta, a esperança e a fé.
3. *Sabedoria e conduta*: Provérbios é um compêndio de sabedoria prática e conselhos para a vida diária. Atribuídos principalmente a Salomão, esses provérbios cobrem temas, como o temor do Senhor, a honestidade, o trabalho diligente, a justiça e as relações interpessoais. Eles ensinam que

a verdadeira sabedoria começa com o temor de Deus e que seguir seus princípios resulta em uma vida abençoada e justa. Esse livro é um guia prático para viver uma vida de integridade e retidão.

4. *Futilidade e propósito da vida*: Eclesiastes, escrito por um autor identificado como "o Pregador" (tradicionalmente Salomão), oferece uma reflexão profunda sobre o significado da vida. Esse livro aborda a futilidade das realizações humanas e a busca por propósito. Ele conclui que a verdadeira satisfação e o real sentido só podem ser encontrados em uma vida em reverência a Deus. Eclesiastes desafia os leitores a olhar além das ambições mundanas e a encontrar um propósito duradouro na relação com Deus.
5. *Amor e relacionamentos*: Cântico dos Cânticos é uma celebração poética do amor e da união entre um homem e uma mulher. O livro é entendido por muitos como uma alegoria da relação entre Deus e seu povo, mas em primeiro plano celebra o amor conjugal como uma dádiva divina. Sua linguagem rica e sensível destaca a beleza e a santidade do amor matrimonial. É uma obra que exalta a pureza, a paixão e a profundidade do amor verdadeiro.

A IMPORTÂNCIA DOS LIVROS POÉTICOS

Os Livros Poéticos são essenciais para a vida espiritual e emocional do cristão. Eles fornecem consolo e orientação em momentos de dificuldade, ajudam a expressar alegria e gratidão e oferecem uma perspectiva divina sobre os desafios da vida. Esses livros mostram que Deus está presente em todas as experiências humanas e que a adoração, a sabedoria e a busca por entendimento são componentes vitais de uma vida de fé.

JÓ: A SOBERANIA DE DEUS NO SOFRIMENTO

O livro de Jó é uma meditação profunda sobre o sofrimento e a justiça divina. Jó, um homem justo e íntegro, enfrenta perdas imensas e questiona a razão de seu sofrimento. Seus amigos oferecem explicações simplistas, mas Jó busca uma resposta mais profunda. Deus lhe responde não com explicações, mas revelando sua soberania e majestade. A história de Jó ensina que, mesmo sem compreender completamente o sofrimento, os fiéis podem confiar na sabedoria e na justiça de Deus. Esse livro também nos desafia a manter nossa fé e integridade, mesmo quando enfrentamos as mais difíceis provações.

SALMOS: LOUVOR E ADORAÇÃO EM TODAS AS CIRCUNSTÂNCIAS

Os salmos são a expressão máxima de adoração e louvor na Bíblia. Eles capturam a ampla gama de experiências humanas. Os salmistas derramam a alma diante de Deus, reconhecendo sua majestade, buscando sua ajuda e celebrando sua fidelidade. Salmos nos ensina que é apropriado levar todas as nossas emoções e circunstâncias perante o Senhor, sabendo que ele é nosso refúgio e força. Além disso, Salmos nos mostra que a adoração não é apenas um ato de devoção, mas uma forma de vida que permeia todas as áreas da existência.

PROVÉRBIOS: A SABEDORIA NA VIDA COTIDIANA

O livro oferece conselhos práticos para viver uma vida que agrada a Deus. Ele enfatiza que a verdadeira sabedoria começa com o temor do Senhor. Salomão e outros sábios compartilham ensinamentos sobre honestidade, trabalho diligente, justiça e relacionamentos saudáveis. Provérbios nos lembra de que aplicar a sabedoria divina nas decisões diárias resulta em uma vida justa e abençoada. O livro é um manual de vida, que oferece orientação prática sobre como viver de maneira ética e moralmente correta.

ECLESIASTES: O SIGNIFICADO DA VIDA

Trata-se de uma reflexão filosófica sobre a busca do sentido da vida. O autor examina as realizações humanas e conclui que, sem Deus, tudo é vaidade e correr atrás do vento. O livro nos desafia a reconhecer a futilidade das ambições puramente humanas e a buscar um propósito duradouro em uma vida vivida em reverência ao Todo-Poderoso. Esse livro também nos convida a refletir sobre a nossa mortalidade e a importância de viver de maneira que cause impactos eternos.

CÂNTICO DOS CÂNTICOS: A BELEZA DO AMOR

O livro é uma celebração poética do amor entre um homem e uma mulher. Ele destaca a beleza, a paixão e a santidade do amor conjugal. Por meio de uma linguagem rica e vívida, o texto nos lembra de que o amor é um presente de Deus e deve ser celebrado e valorizado. O livro também é interpretado como uma alegoria do amor entre Deus e seu povo, mostrando a profundidade e a intimidade dessa relação. Cântico dos Cânticos é um hino ao amor, que exalta a pureza, a paixão e a intensidade do amor verdadeiro.

CONCLUSÃO

Os Livros Poéticos da Bíblia oferecem uma riqueza de sabedoria, consolo e inspiração. Eles abordam as grandes questões da vida, fornecem orientação prática e expressam a profundidade da experiência humana. Por meio de sua poesia e prosa, esses livros revelam a beleza da criação, a soberania de Deus e a busca de entendimento e propósito. Estudar e meditar nos Livros Poéticos é essencial para uma fé vibrante e uma vida espiritual rica, proporcionando *insights* que continuam a ressoar profundamente no coração dos cristãos de todas as gerações. Além disso, esses livros nos convidam a uma vida de adoração sincera, de busca pela sabedoria divina e de reconhecimento da soberania de Deus em todas as circunstâncias da vida. Eles nos lembram de que, apesar das dificuldades e incertezas, podemos encontrar consolo, esperança e orientação na Palavra de Deus, confiando que o Todo-Poderoso está presente e ativo em nossa vida. Com os Livros Poéticos, somos convidados a explorar a profundidade da experiência humana pela lente da fé, encontrando beleza, significado e propósito nas palavras eternas das Escrituras.

Livro 18 com

Jó

42 CAPÍTULOS

SIGNIFICADO DO NOME

O nome "Jó" pode significar "perseguido" ou "odiado", refletindo a experiência do personagem principal, que enfrenta grandes sofrimentos e provações.

AUTORIA

Não se sabe. É tradicionalmente atribuída a Moisés ou a um autor anônimo que viveu na mesma época.

OBJETIVO DO LIVRO

O livro de Jó narra a história de um homem justo e íntegro que enfrenta uma série de tragédias devastadoras, incluindo a perda da família, saúde e riquezas. As discussões entre Jó e seus amigos exploram questões profundas sobre o sofrimento humano, a justiça de Deus e a natureza do mal.

ESTRUTURA DO LIVRO

- ★ A provação de Jó Jó 1—2
- ★ O lamento de Jó Jó 3
- ★ Primeiro ciclo de diálogos entre Jó e seus amigos Jó 4—14
- ★ Segundo ciclo de diálogos entre Jó e seus amigos Jó 15—21
- ★ Terceiro ciclo de diálogos entre Jó e seus amigos Jó 22—31
- ★ Discursos de Eliú Jó 32—37
- ★ Primeiro discurso do Senhor Jó 38—40.2
- ★ Resposta de Jó ao primeiro discurso do Senhor Jó 40.3-5
- ★ Segundo discurso do Senhor Jó 40.6—41
- ★ Resposta final de Jó e sua restauração Jó 42

TEMAS DE JÓ

O livro de Jó desafia as concepções tradicionais sobre o sofrimento e a justiça divina, explorando questões profundas sobre a natureza de Deus e o propósito do sofrimento humano. Embora não forneça respostas fáceis, Jó destaca a importância da confiança e da fé em Deus, mesmo em meio às circunstâncias mais difíceis.

JÓ E CRISTO

Jó sofre sendo inocente, o que prefigura o sofrimento de Cristo como o Servo Sofredor. Jó intercede por seus amigos, refletindo o papel de Cristo como intercessor pelos pecadores. A justificação pela fé, tema central em Jó, aponta para a justificação pela fé em Cristo no Novo Testamento. Finalmente, o sofrimento de Jó seguido por restauração e bênçãos abundantes reflete a vitória e a glória vindoura de Cristo e dos salvos.

PRÓLOGO

1 Havia um homem chamado Jó que vivia na terra de Uz. Ele era íntegro e correto, temia a Deus e se mantinha afastado do mal. 2 Tinha sete filhos e três filhas. 3 Era dono de sete mil ovelhas, três mil camelos, quinhentas juntas de bois e quinhentas jumentas. Também tinha muitos servos. Na verdade, era o homem mais rico de toda aquela região.

4 Os filhos de Jó se revezavam em preparar banquetes em suas casas e convidavam suas três irmãs para celebrar com eles. 5 Quando terminavam esses dias de festas, Jó mandava chamar seus filhos, a fim de purificá-los. Levantava-se de manhã bem cedo e oferecia um holocausto em favor de cada um deles, pois pensava: "Pode ser que meus filhos tenham pecado e amaldiçoado a Deus em seu coração". Essa era a prática habitual de Jó.

A PRIMEIRA PROVAÇÃO DE JÓ

6 Certo dia, os anjos[a] vieram à presença do SENHOR, e Satanás, o acusador,[b] veio com eles. 7 "De onde você vem?", perguntou o SENHOR.

Satanás respondeu: "Estive rodeando a terra, observando o que nela acontece".

8 Então o SENHOR perguntou: "Você reparou em meu servo Jó? Não há ninguém na terra como ele. É homem íntegro e correto, teme a Deus e se mantém afastado do mal".

9 Satanás respondeu: "É verdade, mas Jó tem bons motivos para temer a Deus. 10 Tu puseste um muro de proteção ao redor dele, de sua família e de seus bens e o abençoaste em tudo que ele faz. Vê como ele é rico! 11 Estende tua mão e toma tudo que ele tem, e certamente ele te amaldiçoará na tua face!".

12 "Pois bem, você pode prová-lo", disse o SENHOR. "Faça o que quiser com tudo que ele possui, mas não lhe cause nenhum dano físico." Então Satanás saiu da presença do SENHOR.

13 Certo dia, quando os filhos e as filhas de Jó estavam num banquete na casa do irmão mais velho, 14 chegou à casa de Jó um mensageiro com esta notícia: "Seus bois estavam arando, e os jumentos, pastando perto deles, 15 quando os sabeus nos atacaram. Roubaram todos os animais e mataram todos os empregados. Só eu escapei para lhe contar".

16 Enquanto ele falava, outro mensageiro chegou com esta notícia: "O fogo de Deus caiu do céu e queimou suas ovelhas e todos os seus pastores. Só eu escapei para lhe contar".

17 Enquanto ele falava, outro mensageiro chegou com esta notícia: "Três bandos de saqueadores caldeus roubaram seus camelos e mataram seus servos. Só eu escapei para lhe contar".

18 Enquanto ele falava, ainda outro mensageiro chegou com esta notícia: "Seus filhos e suas filhas estavam num banquete na casa do irmão mais velho. 19 De repente, veio do deserto um vendaval terrível e atingiu a casa de todos os lados. A casa desabou, e todos os seus filhos morreram. Só eu escapei para lhe contar".

20 Então Jó se levantou e rasgou seu manto. Depois, raspou a cabeça, prostrou-se com o rosto no chão em adoração 21 e disse:

"Saí nu do ventre de minha mãe,
 e estarei nu quando partir.
O SENHOR me deu o que eu tinha,
 e o SENHOR o tomou.
Louvado seja o nome do SENHOR!".

22 Em tudo isso, Jó não pecou nem culpou a Deus.

A SEGUNDA PROVAÇÃO DE JÓ

2 Certo dia, os anjos[c] vieram outra vez à presença do SENHOR, e Satanás, o acusador,[d] veio com eles. 2 "De onde você vem?", perguntou o SENHOR.

Satanás respondeu: "Estive rodeando a terra, observando o que nela acontece".

3 Então o SENHOR perguntou: "Você reparou em meu servo Jó? Não há ninguém na terra como ele. É homem íntegro e correto,

[a] **1.6a** Em hebraico, *os filhos de Deus*.
[b] **1.6b** Em hebraico, *e o satanás*; também ao longo de todo este capítulo.

[c] **2.1a** Em hebraico, *os filhos de Deus*.
[d] **2.1b** Em hebraico, *e o satanás*; também ao longo de todo este capítulo.

teme a Deus e se mantém afastado do mal.
E não perdeu sua integridade, apesar
de você me ter instigado a prejudicá-lo
sem motivo".
4 Satanás respondeu: "Pele por pele!
Um homem dará tudo que tem para salvar
a própria vida. 5 Estende tua mão e tira a
saúde dele, e certamente ele te amaldi-
çoará na tua face!".
6 "Pois bem", disse o Senhor. "Faça o que
quiser com ele, mas poupe-lhe a vida." 7 En-
tão Satanás saiu da presença do Senhor e
causou em Jó feridas terríveis, da sola dos
pés ao alto da cabeça.
8 Jó, sentado em meio a cinzas, raspava a
pele com um caco de cerâmica. 9 Sua espo-
sa lhe disse: "Você ainda tenta manter sua
integridade? Amaldiçoe a Deus e morra!".
10 Jó respondeu: "Você fala como uma
mulher insensata. Aceitaremos da mão
de Deus apenas as coisas boas e nunca
o mal?". Em tudo isso, Jó não pecou com
seus lábios.

OS TRÊS AMIGOS DE JÓ COMPARTILHAM DE SUA ANGÚSTIA

11 Quando três amigos de Jó souberam das
tragédias que o haviam atingido, cada um
saiu de onde vivia e os três foram juntos
consolá-lo e animá-lo. Seus nomes eram
Elifaz, de Temã, Bildade, de Suá, e Zofar,
de Naamá. 12 Quando viram Jó de longe,
mal o reconheceram. Choraram alto,
rasgaram seus mantos e jogaram terra ao
ar, sobre a cabeça. 13 Depois, sentaram-se
no chão com ele durante sete dias e sete
noites. Não disseram nada, pois viram que
o sofrimento de Jó era grande demais.

O PRIMEIRO DISCURSO DE JÓ

3 Por fim, Jó falou e amaldiçoou o dia de
seu nascimento. 2 Disse ele:

3 "Apagado seja o dia em que nasci
e a noite em que fui concebido.
4 Transforme-se esse dia em escuridão;
Deus, lá do alto, o ignore,
e luz nenhuma brilhe sobre ele.
5 Domine esse dia a escuridão absoluta;
uma nuvem negra o cubra,
e densa escuridão o encha de terror.
6 Apodere-se dessa noite a escuridão;
nunca mais seja contada
entre os dias do ano,
nunca mais seja incluída entre os meses.
7 Sim, estéril seja essa noite,
desprovida de toda a alegria.
8 Amaldiçoem esse dia os que
vivem a amaldiçoar,
aqueles que podem
despertar o Leviatã.[a]
9 Escureçam-se suas estrelas matutinas;
espere o dia pela luz, mas em vão,
e jamais veja a luz do amanhecer.
10 Amaldiçoado seja esse dia
por não fechar o ventre de minha mãe,
por permitir que eu nascesse,
para presenciar todo este sofrimento.

11 "Por que eu não nasci morto?
Por que não morri ao sair do ventre?
12 Por que me deitaram no
colo de minha mãe?
Por que ela me amamentou no seio?
13 Se eu tivesse morrido ao nascer,
agora estaria em paz;
sim, dormiria e repousaria.
14 Descansaria com os reis da
terra e seus conselheiros,
cujos edifícios agora estão em ruínas.
15 Descansaria com os príncipes,
ricos em ouro,
cujos palácios eram cheios de prata.
16 Por que não me sepultaram como
uma criança que nasceu morta,
como um bebê que nunca viu a luz?
17 Pois na morte os perversos já
não causam problemas,
e os cansados repousam.
18 Até mesmo os cativos
encontram sossego nela,
onde não há capatazes para ameaçá-los.
19 Os ricos e os pobres estão ali,
e o escravo se vê livre de seu senhor.

20 "Por que conceder luz aos miseráveis
e vida aos amargurados?
21 Anseiam pela morte, e ela não vem;
cavam à procura dela mais
que de tesouros ocultos.

[a] **3.8** A identificação do *Leviatã* é controversa; as propostas vão desde uma criatura terrestre até um monstro marinho mítico da literatura antiga.

[22] Enchem-se de alegria
quando enfim morrem
e exultam quando chegam ao túmulo.
[23] Por que conceder luz aos
que não têm futuro,
aos que Deus cercou de todos os lados?
[24] De tanto gemer, não consigo comer;
meus gritos de dor se
derramam como água.
[25] O que sempre temi veio sobre mim,
o que tanto receava me aconteceu.
[26] Não tenho paz, nem sossego;
não tenho descanso, só aflição".

A PRIMEIRA RESPOSTA DE ELIFAZ A JÓ

4 Então Elifaz, de Temã, respondeu a Jó:

[2] "Você terá paciência e me
permitirá dizer algo?
Afinal, quem poderia
permanecer calado?
[3] Você já deu ânimo a muita gente
e deu força aos fracos.
[4] Suas palavras sustentaram
os que tropeçavam,
e você deu apoio aos vacilantes.
[5] Mas agora, quando vem a
aflição, você desanima;
quando é atingido por ela,
entra em pânico.
[6] Seu temor a Deus não
lhe dá confiança?
Sua vida íntegra não lhe
traz esperança?

[7] "Pense bem! Acaso os
inocentes morrem?
Quando os justos foram destruídos?
[8] Pelo que tenho observado, os
que cultivam a maldade
e semeiam a opressão, isso
também é o que colhem.
[9] Um sopro de Deus os destrói;
desaparecem com uma
rajada de sua ira.
[10] O leão ruge e seu filhote rosna,
mas os dentes dos leões
jovens são quebrados.
[11] O leão feroz morre de fome
porque não há presa,
e os filhotes da leoa se dispersam.

[12] "Esta verdade me foi
revelada em segredo,
como que sussurrada em meu ouvido.
[13] Ela veio à noite, numa
visão perturbadora,
quando todos estão em sono profundo.
[14] O medo e o terror se
apoderaram de mim
e fizeram estremecer meus ossos.
[15] Um espírito[a] passou diante
de meu rosto,
e os pelos de meu corpo
se arrepiaram.[b]
[16] O espírito parou, mas não
pude ver sua forma;
um vulto estava diante de meus olhos.
No silêncio, ouvi uma voz dizer:
[17] 'Pode algum mortal ser
inocente perante Deus?
Pode o homem ser puro
diante do Criador?'.

[18] "Se Deus não confia nos
próprios anjos
e acusa seus mensageiros
de insensatez,
[19] quanto menos confiará em
pessoas feitas de barro!
Vêm do pó e são facilmente
destruídas, como traças.
[20] Estão vivas pela manhã e
mortas ao entardecer;
desaparecem para sempre,
sem deixar vestígio.
[21] As cordas de sua tenda são
arrancadas e a tenda desaba,
e na ignorância morrem."

CONTINUAÇÃO DA RESPOSTA DE ELIFAZ

5 "Grite por socorro, mas alguém
responderá?
Qual dos anjos[c] o ajudará?
[2] Por certo, o ressentimento
destrói o insensato,
e a inveja mata o tolo.
[3] Observei que os insensatos têm
sucesso por um tempo,
mas desgraça repentina vem sobre eles.

[a] **4.15a** Ou *vento*; também em 4.16.
[b] **4.15b** Ou *seu vento me deu calafrios*.
[c] **5.1** Em hebraico, *santos*.

[4] Seus filhos perdem toda e
qualquer segurança;
são oprimidos no tribunal, e
não há quem os defenda.
[5] Os famintos devoram sua colheita,
mesmo quando protegida
por espinheiros,[a]
e os sedentos anseiam
por sua riqueza.[b]
[6] Embora o mal não surja do solo,
nem as dificuldades brotem da terra,
[7] o ser humano nasce para
enfrentar aflições,
tão certo como as faíscas do
fogo voam para o alto.

[8] "Se eu fosse você, buscaria a Deus
e lhe apresentaria minha causa.
[9] Ele faz grandes coisas, maravilhosas
demais para entender,
e realiza milagres incontáveis.
[10] Dá chuva à terra e água aos campos.
[11] Exalta os humildes
e protege os que sofrem.
[12] Frustra os planos dos maliciosos,
para que as obras de suas
mãos fracassem.
[13] Apanha os sábios em sua
própria astúcia
e frustra as intrigas dos ardilosos.
[14] Ficam na escuridão em pleno dia
e tateiam ao meio-dia
como se fosse noite.
[15] Ele salva os pobres das
ofensas dos fortes
e os livra das garras dos poderosos.
[16] Por fim, os desamparados
têm esperança,
e a boca dos perversos é fechada.

[17] "Mas como são felizes os
que Deus corrige!
Não despreze, portanto, a
disciplina do Todo-poderoso.
[18] Pois ele fere, mas enfaixa a ferida;
bate, mas suas mãos curam.
[19] Ele o livrará de seis desgraças,
e até mesmo na sétima o
guardará do mal.
[20] Ele o livrará da morte no
tempo de fome
e do poder da espada no
tempo de guerra.
[21] Você estará protegido das calúnias
e não terá medo quando
vier a destruição.
[22] Rirá da destruição e da fome,
e animais selvagens não o assustarão.
[23] Fará um pacto com as
pedras do campo,
e os animais selvagens estarão
em paz com você.
[24] Saberá que seu lar está seguro;
ao contar seus bens, de
nada achará falta.
[25] Terá muitos filhos,
tantos descendentes como
o capim no pasto.
[26] Em boa velhice irá para a sepultura,
como um feixe de cereal
colhido no tempo certo.

[27] "Observamos a vida e vimos
que tudo isso é verdade;
ouça meu conselho e
aplique-o à sua vida".

O SEGUNDO DISCURSO DE JÓ: RESPOSTA A ELIFAZ

6 Então Jó falou novamente:

[2] "Se fosse possível pesar minha aflição
e pôr numa balança meu sofrimento,
[3] pesariam mais que toda
a areia do mar;
por isso falei de modo impulsivo.
[4] Pois o Todo-poderoso me
derrubou com suas flechas,
e minha alma bebe o veneno delas;
os terrores de Deus se
alinham contra mim.
[5] Os jumentos selvagens não zurram
ao não encontrar capim?
Os bois não mugem quando
não têm alimento?
[6] As pessoas não se queixam
quando falta sal na comida?
Alguém gosta da clara de ovo,[c]
que não tem sabor?

Todo sofrimento é aproveitado pelo Senhor com a finalidade de produzir em nós um caráter aprovado.

[a] **5.5a** O significado do hebraico é incerto.
[b] **5.5b** Conforme a Septuaginta e a versão siríaca; o hebraico traz *e um laço apanha sua riqueza.*
[c] **6.6** Ou *do suco da malva.*

[7] Perco o apetite só de olhar para ela;
tenho enjoo só de pensar em comê-la!

[8] "Quem dera meu pedido
fosse atendido,
e Deus concedesse meu desejo.
[9] Quem dera ele me esmagasse,
estendesse a mão e acabasse comigo.
[10] Ao menos tenho este consolo e alegria:
apesar da dor, não neguei
as palavras do Santo.
[11] Contudo, faltam-me forças
para prosseguir;
não vejo motivo para viver.
[12] Acaso tenho a força de uma pedra?
Meu corpo é feito de bronze?
[13] Não! Estou completamente
desamparado,
sem chance alguma de sucesso.

[14] "É preciso ter compaixão
de um amigo abatido,
mas vocês me acusam sem nenhum
temor do Todo-poderoso.[a]
[15] Meus irmãos, vocês se mostraram
indignos de confiança,
como um riacho intermitente que
transborda sobre as margens,
[16] quando fica turvo por causa do gelo,
e a neve sobre ele se amontoa.
[17] Mas, chegado o tempo de
seca, a água desaparece,
e o riacho some no calor.
[18] As caravanas saem de suas rotas,
mas não há o que beber, e morrem ali.
[19] As caravanas de Temá
procuram essa água,
e os viajantes de Sabá
esperam encontrá-la.
[20] Contam com ela, mas
se decepcionam;
quando chegam, suas
esperanças são frustradas.
[21] Da mesma forma, vocês
não me ajudaram;
viram minha desgraça e
ficaram com medo.
[22] Mas, por quê? Alguma vez
lhes pedi presentes?
Supliquei que me dessem algo seu?
[23] Pedi que me livrassem
de meus inimigos
ou que me resgatassem de
meus opressores?
[24] Ensinem-me, e eu me calarei;
mostrem-me onde errei.
[25] Palavras honestas são dolorosas,
mas de que servem suas críticas?
[26] Consideram suas
palavras convincentes,
enquanto ignoram meu
clamor de desespero?
[27] Seriam capazes de apostar um
órfão num jogo de azar;
sim, venderiam até mesmo um amigo.
[28] Olhem para mim!
Acaso eu mentiria para vocês?
[29] Não pressuponham que sou culpado,
pois nada fiz de errado.
[30] Pensam que sou mentiroso?
Acaso não sei mais distinguir
entre bem e mal?"

7 "Acaso a vida na terra não é uma luta?
Nossos dias são como os de
um trabalhador braçal,
[2] como o servo que anseia pela sombra,
como o empregado à espera
do pagamento.
[3] Recebi de herança meses
de puro vazio,
fui condenado a passar noites
longas em aflição.
[4] Deitado na cama, penso: 'Quando
chegará a manhã?',
mas a noite se arrasta e
reviro-me até o amanhecer.
[5] Meu corpo está coberto de
vermes e crostas de feridas;
minha pele se racha e vaza pus."

JÓ CLAMA A DEUS

[6] "Meus dias correm mais depressa
que a lançadeira de um tecelão
e terminam sem esperança.
[7] Lembra-te, ó Deus, de que minha
vida é apenas um sopro;
nunca mais voltarei a ver a felicidade.
[8] Tu me vês agora, mas em
breve não me verás;
procurarás por mim,
mas já não existirei.

[a] **6.14** Ou *para que ele não perca o temor do Todo-poderoso.*

[9] Como uma nuvem que se dissipa e some,
os que descem à sepultura[a]
não voltam mais.
[10] Deixam seu lar para sempre,
e ninguém se lembrará deles novamente.

[11] "Não posso me calar, tenho de
expressar minha angústia;
minha alma amargurada
precisa se queixar.
[12] Acaso sou eu o mar revolto ou
algum monstro marinho,
para que me ponhas sob vigilância?
[13] Penso: 'Na cama encontrarei descanso,
e o leito me aliviará o sofrimento',
[14] mas tu me assustas com sonhos
e me aterrorizas com visões.
[15] Preferiria ser estrangulado;
melhor morrer que sofrer assim.
[16] Odeio minha vida e não
quero continuar a viver;
deixa-me em paz, pois meus dias
passam como um sopro.

[17] "O que é o ser humano, para que
lhe dês tanta importância
e penses nele com tanta atenção?
[18] Pois o examinas todas as manhãs
e o pões à prova a cada instante.
[19] Por que não me deixas em paz?
Dá-me tempo pelo menos
para engolir a saliva!
[20] Se eu pequei, o que te fiz,
ó Vigia de toda a humanidade?
Por que fizeste de mim o teu alvo?
Acaso sou um fardo para ti?[b]
[21] Por que não perdoas meu pecado
e removes minha culpa?
Pois em breve me deitarei
no pó e morrerei;
quando procurares por
mim, já não existirei".

A PRIMEIRA RESPOSTA DE BILDADE A JÓ

8 Então Bildade, de Suá, respondeu a Jó:

[2] "Até quando continuará a falar assim?
Suas palavras parecem um vendaval!
[3] Acaso Deus perverte o que é justo?
O Todo-poderoso distorce
o que é certo?
[4] Certamente seus filhos
pecaram contra ele
e, por isso, receberam o
castigo devido.
[5] Mas, se você buscar a Deus
e clamar ao Todo-poderoso,
[6] e, se for puro e íntegro, ele sem
demora agirá em seu favor
e devolverá o que por
direito lhe pertence.
[7] E, embora tenha começado
com pouco,
no final você terá muito.

[8] "Pergunte às gerações anteriores,
atente à experiência
dos antepassados.
[9] Pois nós nascemos ontem
e nada sabemos;
nossos dias na terra passam
como uma sombra.
[10] Mas os que vieram antes
de nós o instruirão;
eles lhe ensinarão a
sabedoria de outrora.

[11] "Pode o papiro crescer fora do brejo?
O junco se desenvolve sem água?
[12] Quando ainda estão florescendo,
antes de ser cortados,
começam a secar mais
depressa que a grama.
[13] O mesmo acontece com todos
que se esquecem de Deus;
as esperanças do ímpio
se evaporam.
[14] A confiança dele está por um fio;
apoia-se numa teia de aranha.
[15] Busca segurança no lar,
mas ela não durará;
tenta agarrá-la com força, mas
ela não permanecerá.
[16] O ímpio é como a planta
verdejante que cresce ao sol;
seus ramos se espalham
pelo jardim,
[17] suas raízes se aprofundam por
entre um montão de pedras
e num leito de rochas se firmam.

[a] **7.9** Em hebraico, *ao Sheol*.
[b] **7.20** Conforme a Septuaginta; o hebraico traz *o teu alvo, para que eu fosse um fardo para mim mesmo?*

18 Mas, quando a planta é arrancada,
é como se nunca houvesse existido!
19 Esse é o fim de sua vida,
e do solo brotam outras plantas
que tomam seu lugar.

20 "Mas uma coisa é certa: Deus
não rejeitará o íntegro,
nem estenderá a mão ao perverso.
21 Voltará a encher sua boca de riso,
e seus lábios, de gritos de alegria.
22 Os que odeiam você serão
cobertos de vergonha,
e o lar dos perversos será destruído".

O TERCEIRO DISCURSO DE JÓ: RESPOSTA A BILDADE

9 Então Jó falou novamente:

2 "Sim, eu sei que tudo isso é
verdade de modo geral,
mas como alguém pode ser
inocente aos olhos de Deus?
3 Se uma pessoa quisesse levar
Deus ao tribunal,[a]
acaso poderia lhe responder
uma vez em mil?
4 Pois Deus é muito sábio e poderoso:
quem alguma vez o enfrentou
e saiu vencedor?

5 "Ele move montanhas sem dar aviso,
e, em sua ira, as põe abaixo.
6 Sacode a terra de seu lugar
e faz tremer seus alicerces.
7 Se ele ordena, o sol não nasce
e as estrelas não brilham.
8 Ele, sozinho, estendeu os céus
e marcha sobre as ondas do mar.
9 Criou todas as estrelas:
a Ursa e o Órion,
as Plêiades e as constelações do sul.
10 Ele faz grandes coisas, maravilhosas
demais para entender,
e realiza milagres incontáveis.

11 "Quando se aproxima de
mim, não posso vê-lo;
quando passa, não percebo
sua presença.

[a] **9.3** Ou *Se Deus quisesse levar alguém ao tribunal.*

12 Se ele toma à força, quem
o fará devolver?
Quem ousa perguntar:
'O que estás fazendo?'.
13 E Deus não refreia sua ira;
até os monstros marinhos[b] são
esmagados sob os seus pés.

14 "Quem sou eu, então, para
tentar responder a Deus,
ou mesmo argumentar com ele?
15 Ainda que fosse inocente, seria
incapaz de me defender;
poderia apenas implorar por
misericórdia ao meu Juiz.
16 E, mesmo que eu o chamasse
e ele me respondesse,
não acredito que me daria atenção.
17 Pois ele me ataca com
uma tempestade
e, sem motivo, me fere
repetidas vezes.
18 Não permite que eu recupere o fôlego,
mas enche minha vida de amargura.
19 Se é uma questão de
força, ele é o forte;
se é uma questão de justiça, quem
ousa levá-lo[c] ao tribunal?
20 Embora eu seja inocente, minha
própria boca me declararia culpado;
embora eu seja íntegro, ela[d]
provaria que sou perverso.

21 "Sou íntegro, mas isso não
faz diferença para mim;
desprezo minha vida.
22 Íntegro ou perverso, é tudo
a mesma coisa;
por isso digo: 'Ele destrói tanto
o íntegro como o perverso'.
23 Quando uma praga[e]
vem repentinamente,
ele ri da morte dos inocentes.
24 A terra está nas mãos dos perversos,
e ele cega os olhos dos juízes;
se não é Deus quem faz
isso, então quem é?

[b] **9.13** Em hebraico, *Até os ajudantes de Raabe*, monstro marinho mítico que, na literatura antiga, representava o caos.
[c] **9.19** Conforme a Septuaginta; o hebraico traz *levar-me*.
[d] **9.20** Ou *ele*.
[e] **9.23** Ou *uma calamidade*.

[25] "Minha vida corre mais
depressa que um atleta,
foge sem jamais ver a alegria.
[26] Desaparece como um barco
veloz de papiro,
como a águia que se lança
sobre a presa.
[27] Se eu decidisse esquecer
minhas queixas,
deixar de lado a tristeza e
exibir um rosto alegre,
[28] ainda assim temeria todos
os meus sofrimentos,
pois sei, ó Deus, que não me
considerarás inocente.
[29] Não importa o que aconteça,
serei considerado culpado;
então de que adianta
continuar lutando?
[30] Mesmo que eu me lave com sabão
e limpe as mãos com soda,
[31] tu me lançarás num poço de lodo,
e até minhas roupas terão nojo de mim.

[32] "Deus não é ser humano, como eu;
não posso discutir com ele
nem levá-lo ao tribunal.
[33] Se ao menos houvesse um
mediador entre nós,
alguém que nos aproximasse
um do outro![a]
[34] Ele afastaria de mim o castigo de Deus,
e eu já não viveria aterrorizado.
[35] Então falaria com ele sem medo,
mas, sozinho, não consigo fazê-lo."

JÓ EXPRESSA SEU PEDIDO A DEUS

10 "Estou cansado de minha vida,
vou me queixar abertamente;
minha alma amargurada
precisa se expressar.
[2] Direi a Deus: 'Não apenas
me condenes;
dize-me que acusações
tens contra mim.
[3] Que vantagem tens em me oprimir?
Por que me rejeitas, se sou
obra de tuas mãos,
enquanto sorris para as
tramas dos perversos?
[4] Acaso teus olhos são como os nossos?
Vês as coisas como um ser
humano qualquer?
[5] Tua vida é tão breve como a nossa?
Vives tão pouco, como o homem,
[6] que precisas, sem demora,
investigar minha culpa
e procurar meu pecado?
[7] Embora saibas que não sou culpado,
não há quem possa livrar-me
de tuas mãos.

[8] "'Tu me formaste com tuas
mãos; tu me fizeste
e, no entanto, me destróis
por completo.
[9] Lembra-te de que do barro me fizeste;
acaso me farás voltar tão
depressa ao pó?
[10] Tu guiaste minha concepção
e me moldaste no ventre materno.[b]
[11] Com carne e pele me vestiste
e me teceste os ossos com
meus tendões.
[12] Tu me deste vida e me
mostraste teu amor,
e com teu cuidado me preservaste.

[13] "'Teu verdadeiro motivo, porém,
tua real intenção,
[14] era me vigiar e, se eu pecasse,
não perdoar minha culpa.
[15] Se sou culpado, pior para mim;
e, mesmo que eu seja inocente,
não posso manter a cabeça erguida,
pois estou cheio de vergonha
e sofrimento.
[16] Se mantenho a cabeça erguida,
tu me caças como um leão
e manifestas contra mim
teu imenso poder.
[17] Repetidas vezes depões contra mim;
sobre mim derramas tua ira crescente
e me atacas com um
exército após o outro.

[18] "'Por que, então, me tiraste do
ventre de minha mãe?
Por que não me deixaste morrer
antes de vir ao mundo?

[a] **9.33** Em hebraico, *impusesse as mãos sobre nós dois.*

[b] **10.10** Em hebraico, *Tu me derramaste como leite / e me coalhaste como queijo.*

[19] Seria como se eu nunca tivesse existido;
iria direto do ventre para o túmulo.
[20] Restam-me apenas alguns dias;
por favor, deixa-me em paz, para que
eu tenha um instante de alívio
[21] antes de partir para a terra de
escuridão e densas sombras,
para nunca mais voltar.
[22] É uma terra escura como a meia-noite,
terra de profunda escuridão
e desordem,
onde até mesmo a luz é escura
como a meia-noite'".

A PRIMEIRA RESPOSTA DE ZOFAR A JÓ

11 Então Zofar, de Naamá, respondeu a Jó:

[2] "Não haverá resposta a essa
torrente de palavras?
Uma pessoa é inocentada
só por falar muito?
[3] Devem todos calar-se enquanto
você continua a tagarelar?
Quando zomba de Deus,
ninguém o repreenderá?
[4] Você afirma: 'Minhas crenças são puras'
e 'Sou limpo aos olhos de Deus'.
[5] Se ao menos Deus se pronunciasse
e lhe dissesse o que pensa!
[6] Se ao menos lhe revelasse os
segredos da sabedoria,
pois a verdadeira sabedoria
não é coisa simples!
Escute! Deus sem dúvida
o está castigando
muito menos do que você merece.

[7] "Acaso você pode desvendar
os mistérios de Deus
e descobrir tudo sobre o
Todo-poderoso?
[8] Esse conhecimento é mais
alto que os céus,
e o que você pode fazer?
É mais profundo que o abismo,[a]
e o que você pode saber?
[9] É mais vasto que a terra
e mais amplo que o mar.
[10] Se Deus passa e prende alguém
ou convoca o tribunal,
quem pode detê-lo?
[11] Pois ele conhece os falsos
e registra seus pecados.
[12] É tão impossível um tolo tornar-se sábio
como um jumento selvagem
dar à luz uma criança.

[13] "Se ao menos você
preparasse o coração
e levantasse as mãos a Deus
em oração!
[14] Livre-se de seus pecados
e deixe toda a maldade para trás.
[15] Então seu rosto se iluminará
com a inocência;
você será forte e não terá medo.
[16] Você se esquecerá de
seus sofrimentos;
serão como águas passadas.
[17] Sua vida será mais luminosa
que o meio-dia;
até a escuridão será clara
como a manhã.
[18] Você se sentirá seguro,
pois terá esperança;
estará protegido e
descansará tranquilo.
[19] Sem medo se deitará,
e muitos buscarão sua ajuda.
[20] Os perversos, porém, ficarão cegos,
sem ter para onde fugir;
sua única esperança será a morte".

O QUARTO DISCURSO DE JÓ: RESPOSTA A ZOFAR

12 Então Jó falou novamente:

[2] "Vocês de fato sabem tudo, não é?
Mas, quando morrerem, a
sabedoria morrerá com vocês!
[3] Pois bem, eu também sei
algumas coisas,
e vocês não são melhores que eu;
qualquer um sabe aquilo
que me disseram.
[4] Meus amigos, contudo, riem de mim,
pois clamo a Deus e espero
uma resposta.
Sou justo e íntegro,
e, no entanto, eles riem de mim.

[a] **11.8** Em hebraico, *que o Sheol.*

5 Quem está tranquilo zomba
de quem sofre;
dá um empurrão em quem tropeça.
6 Os ladrões, porém,
são deixados em paz,
e os que provocam a Deus
vivem em segurança,
embora Deus os mantenha
sob o seu poder.[a]

7 "Pergunte aos animais,
e eles lhe ensinarão;
pergunte às aves do céu,
e elas lhe dirão.
8 Fale com a terra, e ela o instruirá;
deixe que os peixes do
mar o informem.
9 Pois todos eles sabem
que meu sofrimento veio
da mão do SENHOR.
10 Em suas mãos está a vida
de todas as criaturas
e o fôlego de toda a humanidade.
11 O ouvido prova as palavras que ouve,
assim como a língua
distingue os sabores.
12 A sabedoria pertence aos idosos,
e o entendimento, aos mais velhos.

13 "Em Deus, porém, estão a
sabedoria e o poder;
a ele pertencem o conselho
e o entendimento.
14 Ninguém pode reconstruir
o que ele derruba,
ninguém pode libertar
quem ele aprisiona.
15 Se ele retém a chuva, a terra se
transforma em deserto;
se ele libera as águas, há
inundações em toda parte.
16 Sim, a ele pertencem a
força e a sabedoria;
enganadores e enganados
estão sob seu poder.
17 Ele destitui os conselheiros
e os dispensa;
faz de tolos juízes sábios.
18 Tira o manto dos reis
e lhes amarra uma corda na cintura.
19 Destitui os sacerdotes e os dispensa;
derruba os que estão no
poder há muitos anos.
20 Silencia o conselheiro de confiança
e retira o entendimento dos anciãos.
21 Derrama desonra sobre os príncipes
e deixa os fortes desarmados.

22 "Ele revela mistérios ocultos nas trevas
e ilumina a escuridão mais profunda.
23 Exalta nações e as destrói,
expande nações e as abandona.
24 Despoja os reis de entendimento
e os deixa vagar por um
deserto sem caminhos.
25 Andam tateando na escuridão, sem luz;
ele os faz cambalear como bêbados."

JÓ QUER DEFENDER SUA CAUSA DIANTE DE DEUS

13 "Vi tudo isso com os
próprios olhos;
ouvi com os próprios ouvidos,
e agora entendo.
2 O que vocês sabem, eu também sei;
não são melhores que eu.
3 Quero falar diretamente
com o Todo-poderoso,
quero defender minha
causa diante de Deus.
4 Vocês me difamam com mentiras;
são médicos incapazes de curar.
5 Se ao menos se calassem!
É a atitude mais sábia que
poderiam tomar.
6 Ouçam minha defesa,
prestem atenção a meus argumentos.

7 "Vocês querem defender
Deus com mentiras?
Apresentam argumentos
desonestos em nome dele?
8 Distorcem seu testemunho
em favor dele?
Acaso são advogados de Deus?
9 O que acontecerá quando ele
decidir investigá-los?
Conseguirão enganá-lo como
enganam qualquer pessoa?
10 Não! Certamente ele os repreenderá
se distorcerem às escondidas seu
testemunho em favor dele.

[a] **12.6** Ou *embora o seu deus seja seu próprio poder.* O significado do hebraico é incerto.

[11] Acaso a majestade dele
não os aterrorizará?
O terror dele não cairá sobre vocês?
[12] Suas frases feitas valem
tanto quanto cinzas;
sua defesa é fraca como
um pote de barro.

[13] "Calem-se e deixem-me em paz!
Permitam-me falar, e eu arcarei
com as consequências.
[14] Sim, porei minha vida em risco
e direi o que penso de fato.
[15] Ainda que Deus me mate,
ele é minha única esperança;
apresentarei a ele minha causa.
[16] Isto, porém, é o que me
salvará: não sou ímpio;
se o fosse, não poderia me
colocar diante dele.

[17] "Escutem bem o que vou dizer,
ouçam-me com atenção.
[18] Preparei minha defesa;
serei declarado inocente.
[19] Quem pode discutir comigo
a esse respeito?
E, se provarem que estou errado,
me calarei e morrerei."

JÓ PERGUNTA QUAL FOI SEU PECADO

[20] "Ó Deus, concede-me estas duas coisas,
e não me esconderei de ti.
[21] Remove tua mão de cima de mim
e não me assustes com tua
temível presença.
[22] Chama-me, e eu responderei;
ou permita que eu fale e responde-me.
[23] Diga-me, o que fiz de errado?
Mostra-me minha rebeldia
e meu pecado.
[24] Por que te afastas de mim?
Por que me tratas como teu inimigo?
[25] Atormentarias uma folha
soprada pelo vento?
Perseguirias a palha seca?

[26] "Escreves acusações
amargas contra mim
e trazes à tona os pecados
de minha juventude.
[27] Prendes meus pés com correntes,
vigias todos os meus caminhos
e examinas todas as minhas pegadas.
[28] Eu me consumo como
madeira que apodrece,
como roupa comida pela traça."

14 "Como é frágil o ser humano!
Sua vida é breve e
cheia de aflições.
[2] Como uma flor, nasce e
depois murcha;
como uma sombra passageira,
some depressa.
[3] É preciso que vigies uma
criatura tão frágil
e exijas que te preste contas?
[4] Quem pode extrair pureza
de algo impuro?
Ninguém!
[5] Estabeleceste a extensão
de nossa vida;
sabes quantos meses viveremos,
e não recebemos nem um
dia a mais.
[6] Portanto, dá-nos sossego,
deixa-nos descansar!
Somos como trabalhadores braçais;
permite que terminemos
nosso trabalho em paz.

[7] "Até mesmo uma árvore
tem mais esperança,
pois, se for cortada, voltará a
brotar e dar novos ramos.
[8] Ainda que as raízes tenham
envelhecido na terra
e o tronco esteja podre,
[9] com o cheiro da água, voltará a brotar
e dar ramos, como uma planta nova.

[10] "Mas, quando as pessoas
morrem, perdem as forças;
dão o último suspiro e,
depois, onde estão?
[11] Como a água evapora do lago
e o rio desaparece na seca,
[12] são colocadas no túmulo e
não voltam a se levantar.
Até que os céus deixem de
existir, não acordarão;
não serão despertadas de seu sono.

[13] "Quem dera tu me escondesses
na sepultura[a]
e me esquecesses ali até
tua ira passar!
Quem dera me desses um
tempo de descanso,
para que só então te lembrasses de mim!
[14] Podem os mortos voltar a viver?
Assim eu teria esperança durante
todos os meus anos de luta
e aguardaria a libertação
que a morte traz.
[15] Tu chamarias, e eu responderia;
tu ansiarias por mim,
a obra de tuas mãos.
[16] Assim, tu protegerias meus passos,
em vez de vigiares meus pecados.
[17] Meus pecados seriam
fechados num saco,
e tu cobririas minha culpa.

[18] "Em vez disso, assim como
os montes desmoronam
e as rochas caem de onde estão,
[19] como a água desgasta as pedras
e as enchentes arrastam a terra,
tu destróis a esperança
do ser humano.
[20] Tu prevaleces sempre
sobre ele, e ele se vai;
tu o desfiguras na morte e
o mandas embora.
[21] Não sabe se os filhos
crescerão com honra
ou afundarão no esquecimento.
[22] Ele sofre sua própria dor
e lamenta apenas por si mesmo".

A SEGUNDA RESPOSTA DE ELIFAZ A JÓ

15 Então Elifaz, de Temã, respondeu:

[2] "Um homem sábio não responderia
com esse falatório!
Suas palavras não passam de vento.
[3] O sábio não se envolve em
conversas sem propósito,
nem usa palavras sem sentido.
[4] De fato, você não tem temor a Deus
e não lhe mostra reverência.
[5] Seus pecados dizem à boca
o que ela deve falar;
suas palavras se baseiam
em engano astuto.
[6] Sua própria boca o condena, não eu;
seus próprios lábios
depõem contra você.

[7] "Acaso você foi o primeiro
ser humano a nascer?
Veio ao mundo antes de serem
criados os montes?
[8] Estava presente no conselho
secreto de Deus?
Só você é dono da sabedoria?
[9] O que você sabe que nós não sabemos?
Que compreensão tem
que nós não temos?
[10] Homens idosos, de cabelo grisalho,
mais velhos que seu pai,
pensam exatamente como nós!

[11] "A consolação de Deus não
é suficiente para você?
Palavras amáveis não lhe bastam?
[12] O que o fez perder a razão?
Por que seus olhos chegam a faiscar
[13] quando você se volta contra Deus
e diz tais absurdos?
[14] O que é o ser humano,
para se considerar puro?
Pode alguém nascido de
mulher ser justo?
[15] Deus não confia nem nos anjos![b]
Aos olhos dele, nem mesmo
os céus são puros.
[16] Quanto menos um ser humano
detestável e corrupto,
que tem sede de perversidade!

[17] "Escute, e eu lhe mostrarei;
falarei com base em
minha experiência.
[18] Ela é confirmada pelo relato
de homens sábios,
que ouviram as mesmas verdades
de seus antepassados,
[19] daqueles aos quais foi dada a terra,
muito antes de chegar
qualquer estrangeiro.

[a] **14.13** Em hebraico, *no Sheol*.

[b] **15.15** Em hebraico, *nem nos santos*.

Os vendavais das tribulações podem até nos açoitar vez ou outra, mas, ao nos agarrarmos a Cristo, poderemos passar pelas tempestades e pressões.

20 “Os perversos se contorcem
de dor a vida toda;
aos cruéis estão reservados
tempos de sofrimento.
21 Em seus ouvidos ressoam
sons de terror,
e mesmo em dias tranquilos
temem o ataque do destruidor.
22 Não se atrevem a sair no escuro,
por medo de serem mortos
pela espada.
23 Ficam perambulando e dizendo:
‘Onde posso encontrar pão?’;[a]
sabem que o dia de sua
destruição se aproxima.
24 Vivem angustiados e aflitos,
cheios de terror,
como um rei que se prepara
para a batalha,
25 pois agitam os punhos contra Deus
e desafiam arrogantemente
o Todo-poderoso.
26 Com seus fortes escudos levantados,
avançam contra ele em rebeldia.

27 “Em sua prosperidade, o rosto
dos perversos inchou,
e sua barriga acumulou gordura.
28 Suas cidades, porém,
serão arruinadas;
habitarão em casas abandonadas,
prestes a desabar.
29 Suas riquezas não durarão, seus
bens não permanecerão,
e suas propriedades não se
estenderão pela terra.

30 “Não escaparão das trevas;
o sol abrasador queimará seus ramos,
e o sopro de Deus os destruirá.
31 Que não se iludam mais ao
confiar em riquezas vazias,
pois o vazio será sua
única recompensa.
32 Serão cortados na flor da idade;
seus ramos jamais voltarão a verdejar.
33 Serão como a videira cujas uvas
são colhidas cedo demais,
como a oliveira que perde as flores
antes que se formem os frutos.
34 Pois os ímpios não têm futuro;[b]
o fogo destruirá suas casas
enriquecidas com subornos.
35 Concebem desgraça e
dão à luz maldade;
seu ventre só gera engano”.

O QUINTO DISCURSO DE JÓ: RESPOSTA A ELIFAZ

16 Então Jó falou novamente:

2 “Já ouvi tudo isso antes;
que péssimos consoladores são vocês!
3 Será que nunca vão parar de tagarelar?
Que perturbação os faz
continuar falando?
4 Eu poderia dizer as mesmas coisas
se estivessem em meu lugar,
poderia berrar críticas e balançar
a cabeça contra vocês.
5 Mas eu faria diferente: eu
lhes daria ânimo
e tentaria aliviar seu sofrimento.
6 Em vez disso, sofro se me defendo,
e sofro igualmente se
me recuso a falar.

7 “Ó Deus, tu me esgotaste
e destruíste toda a minha família!
8 Reduziste-me a pele e osso, como
para provar que pequei;
minha magreza depõe contra mim.
9 Deus me odeia e, em sua
ira, me despedaçou;
range os dentes contra mim
e me transpassa com seu olhar.
10 As pessoas zombam e riem de mim
e, com desprezo, me dão
tapas no rosto;
sim, uma multidão se
junta contra mim.
11 Deus me entregou aos pecadores,
atirou-me nas mãos dos perversos.

12 “Eu vivia tranquilo, até que
ele me despedaçou;
pelo pescoço me agarrou e
me quebrou ao meio.
Fez de mim seu alvo,
13 e agora seus arqueiros me cercam.

[a] **15.23** A Septuaginta traz *São designados como comida para os abutres.*

[b] **15.34** Ou *os ímpios são estéreis.*

Suas flechas me perfuram
sem misericórdia,
e meu sangue[a] molha o chão.
14 Repetidamente, ele se
lança contra mim
e me ataca como um guerreiro.
15 Em minha tristeza, visto pano de saco;
meu orgulho se revolve no pó.
16 Meu rosto está vermelho de tanto chorar,
e sombras escuras me
circundam os olhos.
17 No entanto, nada fiz de errado,
e minha oração é pura.

18 "Ó terra, não esconda meu sangue!
Não permita que meu clamor
permaneça oculto.
19 Agora mesmo, minha
testemunha está nos céus,
meu advogado está nas alturas.
20 Meus amigos me desprezam,
mas derramo minhas lágrimas
diante de Deus.
21 Preciso de um mediador
entre mim e Deus,
como alguém que intercede
por seu amigo.
22 Pois em breve seguirei pelo caminho
do qual jamais voltarei."

JÓ CONTINUA A DEFENDER SUA INOCÊNCIA

17 "Meu espírito está quebrado, e
minha vida, quase apagada;
o túmulo está pronto para me receber.
2 Estou cercado de zombadores;
seus insultos estão sempre
diante de mim.

3 "Dá-me garantia de que me
defenderás, ó Deus,
pois ninguém mais tomará
meu partido.
4 Fechaste a mente deles para
o entendimento,
mas não permitas que triunfem.
5 Traem os amigos em
benefício próprio;
deixa que os filhos deles
desfaleçam de fome.
6 "Deus me transformou em
motivo de zombaria;
as pessoas cospem em meu rosto.
7 Meus olhos estão inchados
de tanto chorar;
sou apenas sombra do que já fui.
8 Os virtuosos ficam horrorizados
quando me veem,
e os inocentes se levantam
contra os ímpios.
9 Os justos prosseguem
em seu caminho,
e os de mãos limpas se
fortalecem cada vez mais.

10 "Quanto a vocês, voltem com
um argumento melhor;
ainda assim, não encontrarei
sábio algum em seu meio.
11 Meus dias chegaram ao fim e
minhas esperanças se foram;
os desejos de meu coração
não se realizaram.
12 Esses homens dizem
que a noite é dia,
afirmam que a escuridão é luz.
13 E se eu descer à sepultura[b]
e arrumar minha cama
na escuridão?
14 E se eu chamar o túmulo[c] de pai
e o verme, de mãe ou irmã?
15 Onde está, então, minha esperança?
Há alguém que possa encontrá-la?
16 Não, minha esperança descerá
comigo à sepultura;
descansaremos juntos no pó".

A SEGUNDA RESPOSTA DE BILDADE A JÓ

18 Então Bildade, de Suá, respondeu:
2 "Até onde você vai com suas palavras?
Mostre sensatez, se deseja
que respondamos!
3 Imagina que somos animais?
Pensa que somos ignorantes?
4 Ainda que arranque os
cabelos de raiva,
acaso isso destruirá a terra?
Fará as rochas mudarem de lugar?

[a] **16.13** Em hebraico, *minha bile*.

[b] **17.13** Em hebraico, *ao Sheol*; também em 17.16.

[c] **17.14** Ou *a decomposição*.

[5] "Por certo, a luz do perverso se apagará;
as faíscas de seu fogo
deixarão de brilhar.
[6] A luz de sua tenda se escurecerá;
a lâmpada pendurada sobre
ele se extinguirá.
[7] Os passos confiantes do
perverso serão encurtados;
será arruinado pelas próprias tramas.
[8] O perverso caminha direto para a rede;
cai num alçapão.
[9] Uma armadilha o pega pelo calcanhar,
um laço o prende com força.
[10] Há uma cilada escondida na terra,
uma corda estendida em seu caminho.

[11] "Terrores cercam o perverso
e o perseguem a cada passo.
[12] A fome esgota suas forças,
e a calamidade aguarda seu tropeço.
[13] A doença consumirá sua pele,
e uma morte horrível devorará
seus membros.
[14] É arrancado da segurança de seu lar
e levado ao rei dos terrores.
[15] O lar do perverso será
consumido pelo fogo,
e enxofre se espalhará sobre sua casa.
[16] Por baixo, suas raízes secarão;
por cima, seus ramos murcharão.
[17] Toda lembrança de sua existência
desaparecerá da terra;
ninguém recordará seu nome.
[18] Será lançado da luz para as trevas,
expulso do mundo.
[19] Não terá filhos nem netos,
nem haverá sobreviventes
no lugar onde morava.
[20] No oeste, ficarão espantados
com seu destino;
no leste, serão tomados de horror.
[21] Dirão: 'Esta era a habitação do perverso,
o lugar de alguém que não
conheceu a Deus'".

O SEXTO DISCURSO DE JÓ: RESPOSTA A BILDADE

19 Então Jó falou novamente:

[2] "Até quando vocês vão me atormentar?
Até quando vão me esmagar
com suas palavras?
[3] Dez vezes já me insultaram;
deveriam se envergonhar
de me tratar tão mal.
[4] Ainda que eu tivesse pecado,
seria problema meu, e não de vocês.
[5] Pensam que são melhores que eu;
usam minha humilhação como
prova de meu pecado.
[6] Mas Deus é que foi injusto comigo
e me prendeu em sua rede.

[7] "Clamo: 'Socorro!', mas
ninguém responde;
grito em protesto, mas não há justiça.
[8] Deus fechou meu caminho
para eu não passar
e cobriu de escuridão minha estrada.
[9] Despojou-me de minha honra
e removeu a coroa de minha cabeça.
[10] Destruiu-me por todos os
lados, e estou acabado;
como se eu fosse uma árvore,
arrancou minha esperança pela raiz.
[11] Sua ira arde contra mim;
ele me considera seu inimigo.
[12] Suas tropas avançam e abrem
caminhos para me atacar;
acampam ao redor de minha tenda.

[13] "Meus irmãos se mantêm afastados,
meus conhecidos se
voltaram contra mim.
[14] Minha família se foi,
meus amigos chegados
me esqueceram.
[15] Meus hóspedes e criadas me
consideram um estranho;
para eles, sou como um estrangeiro.
[16] Quando chamo meu servo, ele não vem;
tenho de suplicar!
[17] Meu hálito enoja minha esposa;
sou rejeitado pela própria família.
[18] Até as crianças me desprezam;
quando me levanto para
falar, me dão as costas.
[19] Meus amigos chegados me detestam;
aqueles que eu amo se
voltaram contra mim.
[20] Fui reduzido a pele e osso;
escapei da morte por um triz.[a]

[a] **19.20** Em hebraico, *escapei só com a pele de meus dentes.*

[21] "Tenham misericórdia de
mim, meus amigos!
Tenham misericórdia, pois a
mão de Deus me feriu.
[22] Será que também precisam me
perseguir, como Deus me persegue?
Já não me criticaram o suficiente?

[23] "Quem dera minhas palavras
fossem registradas!
Quem dera fossem escritas
num monumento,
[24] entalhadas com um cinzel de ferro
e preenchidas com chumbo,
gravadas para sempre na rocha!

[25] "Quanto a mim, sei que
meu Redentor vive
e que um dia, por fim, ele se
levantará sobre a terra.
[26] E, depois que meu corpo
tiver se decomposto,
ainda assim, em meu corpo,[a]
verei a Deus!
[27] Eu o verei por mim mesmo,
sim, o verei com meus próprios olhos;
meu coração muito anseia
por esse dia!

[28] "Como vocês se atrevem
a me perseguir
e dizer: 'É culpa dele'?
[29] Deveriam temer o castigo,
pois sua atitude merece ser punida;
então saberão que há juízo".

A SEGUNDA RESPOSTA DE ZOFAR A JÓ

20 Então Zofar, de Naamá, respondeu:
[2] "Preciso falar,
pois é profundo meu incômodo.
[3] Tive de suportar seus insultos,
mas agora meu espírito me
leva a responder.

[4] "Você não sabe que, desde
a antiguidade,
desde que o ser humano
foi posto na terra,
[5] o triunfo dos perversos dura pouco,
e a alegria dos ímpios é
apenas temporária?
[6] Embora seu orgulho chegue aos céus,
e sua cabeça toque as nuvens,
[7] eles desaparecerão para sempre,
lançados fora como seu
próprio excremento.
Seus conhecidos perguntarão:
'Onde estão eles?'.
[8] Passarão como um sonho e
não serão encontrados;
desaparecerão como uma
visão na noite.
[9] Aqueles que os viram, não os verão mais;
suas famílias não os reconhecerão.
[10] Seus filhos pedirão esmolas aos pobres,
pois terão de devolver as
riquezas que roubaram.
[11] Embora sejam jovens e vigorosos,
seus ossos serão deitados no pó.

[12] "Desfrutaram o doce gosto
da perversidade
e a deixaram derreter sob a língua.
[13] Ficaram com ela na boca,
para melhor saboreá-la.
[14] De repente, a comida azeda
em seu estômago;
torna-se veneno de serpente
em seu interior.
[15] Vomitarão a riqueza que engoliram;
Deus não permitirá que a retenham.
[16] Sugarão veneno de cobra;
a língua da víbora os matará.
[17] Nunca mais desfrutarão os ribeiros,
os rios de onde emanam leite e mel.
[18] Devolverão tudo pelo que trabalharam;
sua riqueza não lhes trará alegria.
[19] Pois oprimiram os pobres e os
deixaram desamparados;
tomaram casas que não
haviam construído.
[20] Sempre gananciosos,
nunca satisfeitos;
perderam tudo com que sonharam.
[21] Comem até se fartar e, depois,
não sobra coisa alguma;
por isso, sua prosperidade não durará.

[22] "Em meio à fartura, enfrentarão aflições,
e o sofrimento os dominará.

[a] **19.26** Ou *sem meu corpo*. O significado do hebraico é incerto.

[23] Que Deus lhes encha o
estômago de problemas;
que Deus faça chover sobre
eles sua ira ardente!
[24] Quando tentarem escapar
da arma de ferro,
a flecha com ponta de
bronze os atravessará.
[25] Quando a flecha lhes for
arrancada das costas,
a ponta brilhará com sangue.[a]
O terror da morte virá sobre eles;
[26] seus tesouros serão lançados
em profunda escuridão.
Um fogo descontrolado os devorará
e consumirá tudo que lhes resta.
[27] Os céus revelarão a culpa
dos perversos;
a terra se levantará contra eles.
[28] Uma inundação arrastará
suas casas;
a ira de Deus cairá sobre eles
como chuva torrencial.
[29] Essa é a recompensa que
Deus dá aos perversos;
é a herança decretada por Deus".

O SÉTIMO DISCURSO DE JÓ: RESPOSTA A ZOFAR

21 Então Jó falou novamente:

[2] "Escutem com atenção o que eu digo;
essa é a consolação
que podem me dar.
[3] Enquanto eu estiver falando,
tenham paciência;
depois que tiver falado, podem
continuar a zombar de mim.

[4] "Minha queixa não é contra
seres humanos;
tenho bons motivos para
estar impaciente.
[5] Olhem para mim,
e ficarão pasmos;
assustados, colocarão a
mão sobre a boca.
[6] Quando penso no que estou
dizendo, fico arrepiado;
todo o meu corpo estremece.

[7] "Por que os perversos
continuam com vida,
chegam à velhice e se
tornam poderosos?
[8] Veem seus filhos crescer
e se estabelecer
e desfrutam a companhia de seus netos.
[9] Seus lares são seguros e
livres de todo medo,
e Deus não os castiga.
[10] Seus touros nunca deixam de procriar,
suas vacas dão crias e não abortam.
[11] Deixam seus filhos brincar
como cordeiros;
seus pequeninos saltam e dançam.
[12] Cantam com tamborins e harpas
e celebram ao som da flauta.
[13] Passam os dias em prosperidade
e descem à sepultura[b] em paz.
[14] E, no entanto, dizem a Deus:
'Deixa-nos em paz!
Não queremos saber de ti
nem de teus caminhos.
[15] Quem é o Todo-poderoso e por
que deveríamos lhe obedecer?
De que nos adiantará orar?'.
[16] Acreditam que a prosperidade
depende de si mesmos,
mas eu quero distância
desse modo de pensar.

[17] "Quantas vezes a luz dos
perversos se apaga?
Quantas vezes sofrem desgraças?
Acaso Deus, em sua ira, lhes
reparte tristezas?
[18] Quantas vezes são carregados
pelo vento, como palha,
ou levados embora pela
tempestade, como ciscos?

[19] "Vocês dizem: 'Ao menos Deus
castiga os filhos deles!'.
Mas eu digo que ele deveria
castigar os pais,
para que entendam seu juízo.
[20] Que seus próprios olhos
vejam sua destruição;
que eles mesmos bebam da
ira do Todo-poderoso!

[a] **20.25** Em hebraico, *com bile.*

[b] **21.13** Em hebraico, *ao Sheol.*

21 Afinal, depois de mortos,
não se importarão com o que
acontece à sua família.

22 "Mas quem pode dar lições a Deus,
uma vez que ele julga até
os mais poderosos?
23 Um morre em prosperidade,
confortável e seguro,
24 um retrato perfeito de boa saúde,
em excelente forma e cheio de vigor.
25 Outro morre em amarga pobreza,
sem nunca ter experimentado
as coisas boas da vida.
26 Ambos, porém, são enterrados
no mesmo pó;
ambos são comidos pelos
mesmos vermes.

27 "Sei o que estão pensando,
sei dos planos que tramam contra mim.
28 'Onde está a casa dos ricos?',
vocês me dirão.
'Onde está a casa dos perversos?'
29 Perguntem, porém, àqueles que viajam,
e eles lhes dirão a verdade.
30 Os perversos são poupados
no dia da calamidade
e socorridos no dia da fúria.
31 Ninguém os critica abertamente,
nem lhes dá o que merecem
por seus atos.
32 Quando são levados à sepultura,
uma guarda de honra vigia seu túmulo.
33 A terra lhes dá doce repouso,
e uma grande multidão
acompanha o funeral
e presta homenagens enquanto
o corpo é sepultado.

34 "Como podem suas palavras
vazias me consolar?
Suas explicações não
passam de mentiras!".

A TERCEIRA RESPOSTA DE ELIFAZ A JÓ

22 Então Elifaz, de Temã, respondeu:

2 "Pode alguém fazer algo
para ajudar a Deus?
Pode alguém, ainda que sábio, lhe ser útil?
3 Que vantagem há para o
Todo-poderoso em você ser justo?
Ele ganharia alguma coisa
se você fosse perfeito?
4 É por causa de seu temor
que ele o acusa
e traz juízo contra você?
5 Não! É por causa de sua
perversidade;
seus pecados não têm limites!

6 "Por certo você emprestou
dinheiro a seu amigo
e exigiu roupas dele
como garantia;
sim, você o deixou sem ter
o que vestir.
7 Recusou-se a dar água ao sedento
e comida ao faminto.
8 Pensou que a terra pertencia
aos poderosos
e que somente os privilegiados
tinham direito a ela.
9 Mandou a viúva embora
de mãos vazias
e acabou com as esperanças
dos órfãos.
10 Por isso está cercado
de armadilhas
e estremece com temores
repentinos.
11 Por isso está em trevas e
não consegue ver,
e ondas de águas o cobrem.

12 "Deus é grande, mais alto
que os céus,
mais alto que as estrelas
mais distantes.
13 Você, porém, responde:
'Por isso Deus não vê o que faço!
Como pode julgar através
da densa escuridão?
14 Nuvens espessas se movem ao seu
redor, e ele não pode nos ver;
está lá no alto, caminhando
pela abóbada do céu!'.

15 "Você continuará nos
velhos caminhos,
nos quais sempre andaram
os perversos?

16 Eles foram levados embora
em tenra idade;
os alicerces de sua vida foram
arrastados pela correnteza.
17 Pois disseram a Deus:
'Deixa-nos em paz!
O que o Todo-poderoso
pode fazer conosco?'.
18 E, no entanto, foi ele que lhes
encheu o lar de coisas boas;
por isso quero distância
desse modo de pensar.

19 "Os justos se alegrarão ao ver a
destruição dos perversos,
e, com desprezo, os inocentes
zombarão deles.
20 Dirão: 'Vejam, nossos inimigos
foram destruídos,
e suas riquezas, consumidas
pelo fogo'.

21 "Sujeite-se a Deus, e terá paz;
então as coisas lhe irão bem.
22 Ouça as instruções de Deus
e guarde-as no coração.
23 Se voltar para o Todo-poderoso,
será restaurado;
portanto, coloque sua vida
em ordem.
24 Se abrir mão de sua
cobiça por dinheiro
e lançar no rio seu ouro precioso,
25 o Todo-poderoso será
seu tesouro;
ele será sua prata de grande valor!

26 "Então você se alegrará
no Todo-poderoso
e levantará os olhos para ele.
27 Orará a Deus, e ele o ouvirá,
e você cumprirá seus votos.
28 Será bem-sucedido em tudo
que decidir fazer,
e a luz brilhará em seu caminho.
29 Se outros estiverem em dificuldade
e você disser: 'Ajuda-os',
Deus os salvará.
30 Até mesmo pecadores
serão resgatados;
sim, serão resgatados porque
você tem mãos puras".

O OITAVO DISCURSO DE JÓ: RESPOSTA A ELIFAZ

23 Então Jó falou novamente:

2 "Minha queixa hoje ainda é amarga,
e me esforço para não gemer.
3 Se ao menos eu soubesse
onde encontrar a Deus,
iria a seu tribunal.
4 Exporia minha causa
e apresentaria meus argumentos.
5 Ouviria sua resposta
e entenderia o que ele me dissesse.
6 Acaso ele usaria seu grande
poder para discutir comigo?
Não! Ele me ouviria
com imparcialidade.
7 Os justos podem lhe
apresentar sua causa;
meu Juiz me absolveria de
uma vez por todas.
8 Se vou para o leste, lá ele não está;
sigo para o oeste, mas não
consigo encontrá-lo.
9 Não o vejo no norte, pois
está escondido;
quando olho para o sul, ele está oculto.

10 "E, no entanto, ele sabe aonde vou;
quando ele me provar, sairei
puro como o ouro.
11 Pois permaneci nos
caminhos de Deus;
segui seus passos e nunca me desviei.
12 Não me afastei de
seus mandamentos;
dei mais valor a suas palavras
que ao alimento diário.
13 Mas, quando ele toma sua decisão,
quem pode fazê-lo mudar de ideia?
Ele faz o que bem deseja.
14 Portanto, fará comigo
tudo que planejou;
ele controla meu destino.
15 Não é de admirar que eu me
apavore em sua presença;
quando penso nisso, entro em pânico.
16 Deus fez meu coração desfalecer;
o Todo-poderoso me encheu de medo.
17 A escuridão me cerca;
há trevas densas e impenetráveis
por toda parte."

JÓ PERGUNTA POR QUE OS PERVERSOS NÃO SÃO CASTIGADOS

24 "Por que o Todo-poderoso não
marca uma data para seu juízo?
Por que os que o conhecem
esperam por ele em vão?
2 Os perversos mudam os
marcos das divisas,
roubam rebanhos e os trazem
para seus pastos.
3 Levam o jumento que pertence
ao órfão
e exigem o boi da viúva como penhor.
4 Os pobres são empurrados
para fora do caminho,
e os necessitados se escondem
para se proteger.
5 Como jumentos selvagens
nas regiões áridas,
passam todo o tempo em
busca de comida;
até no deserto procuram
alimento para os filhos.
6 Fazem a colheita de um campo
que não semearam
e recolhem as uvas nas
videiras dos perversos.
7 Passam a noite nus e com frio,
pois não têm roupas nem cobertas.
8 Encharcados pelas chuvas
das montanhas,
encolhem-se junto às rochas
por falta de abrigo.

9 "Os perversos arrancam o filho
da viúva do seio dela;
tomam o bebê como garantia
por um empréstimo.
10 Os pobres andam nus por
falta de roupas;
colhem alimento para outros,
enquanto passam fome.
11 Espremem azeitonas para obter
azeite, mas não podem prová-lo;
pisam uvas para fazer vinho,
enquanto passam sede.
12 Os gemidos dos que estão para
morrer sobem da cidade,
e os feridos clamam por socorro,
mas Deus não faz caso
de seus lamentos.
13 "Os perversos se revoltam
contra a luz;
não reconhecem os caminhos dela,
nem permanecem em suas estradas.
14 O assassino se levanta bem cedo,
para matar os pobres e
os necessitados;
à noite ele se torna ladrão.
15 O adúltero espera o cair da noite,
pois pensa: 'Ninguém me verá';
esconde o rosto para
ninguém o reconhecer.
16 Os bandidos arrombam casas à noite
e dormem durante o dia;
não estão acostumados com a luz.
17 A noite escura é sua manhã;
aliam-se aos terrores da escuridão.

18 "Mas, como espuma num
rio, desaparecem;
tudo que possuem é amaldiçoado,
e temem entrar nas próprias videiras.
19 A sepultura[a] consome os pecadores,
como a seca e o calor
consomem a neve.
20 Sua própria mãe se esquecerá deles;
para os vermes, terão sabor doce.
Ninguém se lembrará deles;
os perversos serão derrubados
como árvores.
21 Enganam a mulher que não
tem filhos para defendê-la;
não socorrem a viúva necessitada.

22 "Deus, em seu poder,
leva embora os ricos;
ainda que prosperem, não têm
garantia de que viverão.
23 Talvez lhes seja permitido
ficar em segurança,
mas Deus os vigia sem cessar.
24 Ainda que sejam
importantes agora,
depressa desaparecerão,
como todos os outros,
cortados como espigas de cereal.
25 Acaso alguém pode
afirmar o contrário?
Quem pode provar que
estou errado?".

[a] **24.19** Em hebraico, *O Sheol*.

A TERCEIRA RESPOSTA DE BILDADE A JÓ

25 Então Bildade, de Suá, respondeu:

2 "Deus é poderoso e temível;
ele impõe a paz nos céus.
3 Quem pode contar seu
exército celestial?
Acaso sua luz não brilha
sobre toda a terra?
4 Pode algum mortal ser
inocente perante Deus?
Pode alguém nascido de
mulher ser puro?
5 Deus é mais glorioso que a lua;
brilha mais que as estrelas.
6 Comparados a ele, somos larvas;
nós, mortais, não passamos de vermes".

O NONO DISCURSO DE JÓ: RESPOSTA A BILDADE

26 Então Jó falou novamente:

2 "Grande ajuda você deu aos indefesos!
Belo socorro prestou aos fracos!
3 Como esclareceu minha ignorância!
Sábio conselho ofereceu!
4 De onde tirou todas essas
palavras de sabedoria?
De quem é o espírito que fala
por seu intermédio?

5 "Tremem os mortos,
aqueles que vivem debaixo das águas.
6 O lugar dos mortos[a] está
nu diante de Deus;
o lugar de destruição[b] está descoberto.
7 Deus estende o céu do
norte sobre o vazio
e suspende a terra sobre o nada.
8 Envolve a chuva com densas nuvens,
e elas não se rompem com
o peso da água.
9 Encobre a face da lua[c]
e a esconde com suas nuvens.
10 Criou o horizonte ao separar as águas
e definiu o limite entre dia e noite.
11 Tremem os alicerces do céu,
estremecem diante de sua repreensão.
12 Com seu poder, acalmou o mar;
com sua habilidade, despedaçou
o monstro marinho.[d]
13 Com seu sopro,[e] trouxe beleza aos céus;
com sua mão, feriu a serpente veloz.
14 Isso é apenas o começo
de tudo que ele faz,
um mero sussurro de sua força;
quem pode compreender o
trovão de seu poder?".

O DISCURSO FINAL DE JÓ

27 Jó continuou a falar:

2 "Juro pelo Deus vivo, que tirou
de mim meus direitos,
pelo Todo-poderoso, que me
encheu a alma de amargura:
3 enquanto eu viver
e tiver o fôlego de Deus nas narinas,
4 meus lábios não
pronunciarão maldades,
e minha língua não falará mentiras.
5 Jamais darei razão a vocês;
defenderei até a morte
minha integridade.
6 Afirmarei minha inocência sem hesitar;
por toda a vida, terei a
consciência limpa.

7 "Que meu inimigo seja castigado
como os perversos,
e meu adversário, como os
que praticam o mal.
8 Pois que esperança têm os ímpios
quando Deus os elimina,
quando ele lhes tira a vida?
9 Acaso Deus lhes ouvirá o clamor
quando vier sobre eles o sofrimento?
10 Acaso se alegram no Todo-poderoso?
Podem clamar a Deus a
qualquer momento?
11 Eu lhes ensinarei sobre
o poder de Deus;
não esconderei nada a respeito
do Todo-poderoso.
12 Vocês, porém, já viram tudo isso
e, no entanto, dizem essas
coisas inúteis.

[a] **26.6a** Em hebraico, *O Sheol.*
[b] **26.6b** Em hebraico, *Abadom.*
[c] **26.9** Ou *Cobre seu trono.*
[d] **26.12** Em hebraico, *Raabe*, monstro marinho mítico que, na literatura antiga, representava o caos.
[e] **26.13** Ou *seu Espírito.*

13 "Isto é o que os perversos
receberão de Deus,
esta é a herança que o Todo-
poderoso dará aos opressores.
14 Pode ser que tenham grandes famílias,
mas seus filhos morrerão em
guerras ou de fome.
15 Uma praga eliminará os
que sobreviverem,
e nem mesmo suas viúvas
chorarão por eles.

16 "Pode ser que os perversos
tenham muita riqueza
e acumulem montes de roupas,
17 mas os justos vestirão essas roupas,
e os inocentes repartirão
essas riquezas.
18 Os perversos constroem casas
frágeis como teias de aranha,[a]
precárias como o abrigo
temporário do vigia.
19 Os perversos são ricos
quando vão dormir,
mas, ao acordar, veem que
toda a sua riqueza se foi.
20 O terror os encobre, como
uma inundação,
e são arrastados pelas
tempestades da noite.
21 Um vento do leste os carrega,
e desaparecem;
arranca-os de seu lugar.
22 Sopra violentamente sobre
eles, sem piedade;
lutam para escapar de seu poder.
23 Então todos batem palmas
e riem deles com desprezo."

JÓ FALA DE SABEDORIA E ENTENDIMENTO

28 "As pessoas sabem de
onde extrair a prata
e onde refinar o ouro.
2 Sabem de onde tirar o ferro da terra
e como separar o cobre da rocha.
3 Sabem fazer brilhar luz na escuridão
e procurar minério nas regiões
mais distantes,
em meio às trevas profundas.
4 Cavam entradas para minas,
em lugares onde ninguém vive.
Descem por meio de cordas,
balançando de um lado para o outro.
5 O alimento cresce na superfície,
mas, abaixo dela, a terra é
derretida como que por fogo.
6 Ali, as rochas contêm safiras,
e, no pó, se encontra ouro.
7 São tesouros que nenhuma ave
de rapina consegue enxergar,
nem o olho do falcão pode ver.
8 Nenhum animal selvagem
pisou nessas riquezas,
nenhum leão pôs a pata
sobre elas.
9 As pessoas sabem como despedaçar
as rochas mais duras
e como revirar até as
raízes dos montes.
10 Abrem túneis nas rochas
e encontram pedras preciosas.
11 Represam a água dos ribeiros
e trazem à luz tesouros ocultos.

12 "Mas onde se pode
encontrar sabedoria?
Onde se pode achar entendimento?
13 Ninguém sabe onde encontrá-la,[b]
pois ela não se acha entre os vivos.
14 'Não está aqui', diz o abismo,
'Nem aqui', diz o mar.
15 Não se pode comprá-la com ouro,
nem adquiri-la com prata.
16 Vale mais que todo o ouro de Ofir,
mais que o ônix precioso e a safira.
17 A sabedoria é mais valiosa
que ouro e cristal;
não se pode comprá-la com
joias de ouro fino.
18 Coral e jaspe não se comparam a ela;
o preço da sabedoria
ultrapassa o dos rubis.
19 Não se pode trocá-la pelo
precioso topázio da Etiópia;[c]
ela vale mais que o ouro puríssimo.

20 "Onde, afinal, está a sabedoria?
Onde está o entendimento?

Você nunca sairá perdendo se obedecer e se submeter à vontade divina.

[a] **27.18** Conforme a Septuaginta e a versão siríaca (ver tb. 8.14); o hebraico traz *como a traça*.

[b] **28.13** Conforme a Septuaginta; o hebraico traz *sabe seu valor*.

[c] **28.19** Em hebraico, *de Cuxe*.

21 Está escondida dos olhos de
toda a humanidade;
nem mesmo as aves do céu
conseguem descobri-la.
22 A Destruição[a] e a Morte dizem:
'Ouvimos apenas rumores
de onde encontrá-la'.

23 "Somente Deus conhece o
caminho para a sabedoria;
ele sabe onde encontrá-la.
24 Pois ele enxerga toda a terra;
vê tudo que há debaixo do céu.
25 Determina a força dos ventos
e o volume das águas.
26 Fez as leis para controlar a chuva
e definiu o caminho dos relâmpagos.
27 Então viu a sabedoria e a avaliou;
em seu lugar a pôs e
cuidadosamente a examinou.
28 É isto que ele diz a toda a humanidade:
'O temor do Senhor é a
verdadeira sabedoria;
afastar-se do mal é o verdadeiro
entendimento'".

JÓ FALA DAS BÊNÇÃOS DO PASSADO

29 Jó continuou a falar:
2 "Tenho saudade dos tempos
que passaram,
dos dias em que Deus cuidava de mim.
3 Ele iluminava o caminho à minha frente,
e eu andava em segurança
em meio à escuridão.
4 Na flor de minha idade,
a amizade de Deus estava
presente em meu lar.
5 O Todo-poderoso ainda estava comigo,
e eu tinha meus filhos ao redor.
6 Meus pés eram lavados em leite,
e ribeiros de azeite corriam
das rochas para mim.

7 "Naquele tempo, eu ia até
a porta da cidade
e tomava meu lugar entre os líderes.
8 Os jovens abriam caminho ao me ver,
e até os idosos se punham em pé.
9 As autoridades se calavam
e colocavam a mão sobre a boca.
10 Os mais altos oficiais da
cidade faziam silêncio
e refreavam a língua em
sinal de respeito.

11 "Todos que me ouviam me elogiavam,
todos que me viam falavam
bem de mim.
12 Pois eu auxiliava os pobres
que pediam ajuda
e os órfãos que precisavam de socorro.
13 Os que estavam à beira da
morte me abençoavam;
eu trazia alegria ao coração das viúvas.
14 Era honesto em tudo que fazia;
a retidão me cobria como manto,
e a justiça eu usava como turbante.
15 Servia de olhos para os cegos
e de pés para os aleijados.
16 Era um pai para os pobres
e defendia a causa dos estrangeiros.
17 Quebrava as mandíbulas dos ímpios
e de seus dentes resgatava as vítimas.
18 'Por certo morrerei rodeado
por minha família',
pensava, 'depois de uma
vida longa e boa.[b]
19 Pois sou como a árvore cujas
raízes chegam até a água,
cujos ramos são refrescados
pelo orvalho.
20 Recebo sempre novas honras,
e minha força vive renovada.'

21 "Todos escutavam meus conselhos;
ficavam em silêncio e
esperavam que eu falasse.
22 E, depois que eu falava, nada
tinham a acrescentar,
pois o que eu dizia os satisfazia.
23 Esperavam minhas palavras
como quem espera a chuva;
bebiam-nas como chuva
de primavera.
24 Quando estavam desanimados,
eu sorria para eles;
valorizavam meu olhar de aprovação.

[a] **28.22** Em hebraico, *Abadom*.

[b] **29.18** Em hebraico, *depois que eu tiver contado meus dias como areia.*

[25] Como um líder, eu lhes
dizia o que fazer;
vivia como rei entre suas tropas e
consolava os que choravam."

JÓ FALA DE SUA ANGÚSTIA

30 "Agora, porém, os mais jovens
zombam de mim,
rapazes cujos pais não são dignos de
correr com meus cães pastores.
[2] De que me serve a força deles?
Seu vigor já desapareceu!
[3] Enfraquecidos pela pobreza
e pela fome,
roem a terra seca, em regiões
sombrias e desoladas.
[4] Colhem ervas silvestres
entre os arbustos
e comem as raízes das giestas.
[5] São expulsos, aos gritos, da
companhia das pessoas,
como se fossem ladrões.
[6] Agora, moram em
desfiladeiros medonhos,
em cavernas e entre as rochas.
[7] Uivam como animais no
meio dos arbustos
e ajuntam-se debaixo
dos espinheiros.
[8] São gente insensata, sem
nome nem valor;
foram expulsos da terra.

[9] "Agora, divertem-se às minhas custas!
Sou alvo de piadas e canções vulgares.
[10] Desprezam-me e ficam longe de mim;
só se aproximam para
cuspir em meu rosto.
[11] Pois Deus cortou a corda de meu arco;
já que ele me humilhou,
eles não se refreiam mais.
[12] Essa gente desprezível se opõe
a mim abertamente;
lançam-me de um lado para o outro
e planejam minha desgraça.
[13] Bloqueiam meu caminho
e fazem de tudo para me destruir.
Sabem que não tenho quem me ajude;
[14] atacam-me de todos os lados.
Quando estou caído,
lançam-se sobre mim;
[15] vivo aterrorizado.
O vento carregou minha honra;
minha prosperidade passou
como uma nuvem.

[16] "Agora, minha vida se esvai;
a aflição me persegue durante o dia.
[17] A noite corrói meus ossos;
a dor que me atormenta não descansa.
[18] Com mão forte, Deus
agarra minha roupa;[a]
pega-me pela gola de minha túnica.
[19] Lança-me na lama;
não passo de pó e cinza.

[20] "Clamo a ti, ó Deus,
e não me respondes;
fico em pé diante de ti,
mas não me dás atenção.
[21] Tu me tratas com crueldade
e usas teu poder para me perseguir.
[22] Tu me lanças no redemoinho
e me destróis na tempestade.
[23] E sei que me envias para a morte,
para o destino de todos os que vivem.

[24] "Por certo, ninguém se voltaria
contra os necessitados,
quando clamam por socorro
em suas dificuldades.
[25] Acaso eu não chorava pelos aflitos?
Não me angustiava pelos pobres?
[26] Esperava o bem, mas em
seu lugar veio o mal;
aguardava a luz, mas em seu
lugar veio a escuridão.
[27] Meu coração está agitado
e não sossega;
dias de aflição me atormentam.
[28] Ando nas sombras, sem a luz do sol;
levanto-me em praça pública
e clamo por socorro.
[29] Contudo, sou considerado
irmão dos chacais
e companheiro das corujas.
[30] Minha pele escureceu,
e meus ossos ardem de febre.
[31] Minha harpa toca
canções fúnebres,
e minha flauta acompanha
os que choram."

[a] **30.18** Conforme a Septuaginta; o hebraico traz *minha mão, minha veste está desfigurada.*

JÓ DEFENDE SUA INOCÊNCIA PELA ÚLTIMA VEZ

31 "Fiz uma aliança com meus olhos
de não olhar com cobiça
para nenhuma jovem.
2 Pois o que Deus, lá de cima,
escolheu para nós?
Qual é nossa herança do
Todo-poderoso, que está lá no alto?
3 Não é calamidade para os perversos
e desgraça para os que
praticam o mal?
4 Afinal, ele não vê tudo que faço
e cada passo que dou?

5 "Se minha conduta foi falsa,
e se procurei enganar alguém,
6 que Deus me pese numa balança justa,
pois conhecerá minha integridade.
7 Se me desviei de seu caminho,
se meu coração cobiçou o
que os olhos viram,
ou se sou culpado de
algum outro pecado,
8 que outros comam o que semeei;
que minhas plantações sejam
arrancadas pela raiz.

9 "Se meu coração foi seduzido
por uma mulher,
ou se cobicei a esposa de meu próximo,
10 que minha esposa se torne
serva de outro homem;[a]
que outros durmam com ela.
11 Pois a cobiça é um
pecado vergonhoso,
um crime que merece castigo.
12 É fogo que tudo consome,
levando à destruição,[b]
capaz de destruir tudo que tenho.

13 "Se fui injusto com meus
servos e servas
quando me apresentaram
suas queixas,
14 que farei quando Deus
me confrontar?
Que direi quando ele me chamar
para prestar contas?

15 Pois o mesmo Deus que me criou,
também criou meus servos;
formou no ventre materno
tanto eles como eu.

16 "Acaso me recusei a ajudar os pobres
ou acabei com a esperança da viúva?
17 Fui mesquinho com meu alimento
e me recusei a compartilhá-lo
com os órfãos?
18 Não! Desde a juventude, tenho
cuidado dos órfãos como um pai
e, por toda a vida, tenho
ajudado as viúvas.
19 Sempre que via alguém passar
frio por falta de roupa,
e o pobre que não tinha o que vestir,
20 acaso eles não me abençoavam
por lhes prover roupas de
lã para aquecê-los?

21 "Se levantei a mão contra o órfão,
certo de que os juízes
tomariam meu partido,
22 que meu ombro seja deslocado
e meu braço, arrancado da articulação!
23 Seria melhor que enfrentar
o castigo de Deus;
pois, se a majestade de Deus é
contra mim, que esperança resta?

24 "Acaso confiei no dinheiro
ou me senti seguro por causa
de meu ouro?
25 Acaso me vangloriei de minha riqueza
e de tudo que possuo?

26 "Olhei para o sol, que brilha no céu,
ou para a lua, que percorre
seu resplendor,
27 e, em segredo, meu coração
foi seduzido
a lhes lançar beijos de adoração?
28 Se o fiz, devo ser castigado
pelos juízes,
pois significa que neguei o
Deus que está lá no alto.

29 "Alguma vez me alegrei com a
desgraça de meus inimigos,
ou exultei porque lhes
aconteceu algum mal?

[a] **31.10** Em hebraico, *que minha esposa moa para outro homem.*
[b] **31.12** Em hebraico, *a Abadom.*

[30] Não, jamais cometi o pecado
de amaldiçoar alguém
ou de pedir sua morte como vingança.

[31] "Meus servos nunca disseram:
'Ele deixa os outros passar fome'.
[32] Nunca deixei o estrangeiro
dormir na rua;
minha porta sempre esteve
aberta para todos.

[33] "Acaso procurei encobrir meus
pecados, como outros fazem,
e esconder a culpa em meu coração?
[34] Mantive-me calado e não saí de casa,
por medo da multidão ou
do desprezo do povo?

[35] "Se ao menos alguém me ouvisse!
Vejam, aqui está minha
defesa assinada.
Que o Todo-poderoso me responda;
que meu adversário registre
sua denúncia por escrito.
[36] Eu enfrentaria a acusação
de peito aberto
e a usaria como coroa.
[37] Pois eu diria a Deus exatamente
o que tenho feito;
compareceria diante dele
como um príncipe.

[38] "Se a terra protestar contra mim,
se todos os seus sulcos clamarem,
[39] se roubei suas colheitas,
ou se matei seus donos,
[40] que cresçam espinhos
em lugar de trigo
e ervas daninhas em lugar
de cevada".

Assim terminam as palavras de Jó.

ELIÚ RESPONDE AOS AMIGOS DE JÓ

32 Os três amigos de Jó pararam de
lhe responder, pois ele insistia em
dizer que era inocente.
[2] Então Eliú, filho de Baraquel, o buzita,
da família de Rão, ficou irado. Indignou-se
porque Jó se achava mais justo que Deus.
[3] Também indignou-se com os três amigos
de Jó, pois não conseguiram responder a
seus argumentos, a fim de demonstrar que
Jó[a] estava errado. [4] Eliú havia esperado os
outros falarem, pois eram mais velhos que
ele. [5] Mas, quando viu que não tinham
mais nada a dizer, expressou sua indig-
nação. [6] Assim, Eliú, filho de Baraquel, o
buzita, disse:

"Eu sou jovem, e vocês são idosos;
por isso me contive e não
dei minha opinião.
[7] Pensei: 'Os mais velhos devem falar,
pois a sabedoria vem com o tempo'.
[8] Contudo, há um espírito[b]
dentro de cada um,
o sopro do Todo-poderoso,
que lhe dá entendimento.
[9] Nem sempre os de mais
idade são sábios;
às vezes, os velhos não
entendem o que é justo.
[10] Portanto, ouçam-me,
e eu lhes direi o que penso.

[11] "Esperei todo esse tempo, ouvindo
seus argumentos atentamente,
observando enquanto
procuravam palavras.
[12] Dei-lhes toda a atenção,
mas nenhum de vocês provou
que Jó está errado,
nem respondeu a seus argumentos.
[13] Não venham me dizer: 'Ele é
sábio demais para nós;
só Deus pode convencê-lo'.
[14] Se Jó tivesse discutido comigo,
eu não teria respondido como vocês.
[15] Estão aí perplexos, sem resposta,
sem terem mais o que dizer.
[16] Devo continuar a esperar,
agora que se calaram?
Devo também permanecer
em silêncio?
[17] Não! Darei minha resposta;
também expressarei minha opinião.
[18] Pois tenho muito a dizer,
e o espírito em mim me
impulsiona a falar.

[a] **32.3** Conforme o Texto Massorético; uma antiga tradição dos escribas hebreus traz *Deus*.
[b] **32.8** Ou *o Espírito*; também em 32.18.

[19] Sou como um barril de vinho
sem respiradouro,
como uma vasilha de couro
prestes a romper.
[20] Preciso falar para ter alívio;
sim, deixem-me responder!
[21] Não tomarei partido, nem
tentarei bajular ninguém.
[22] Pois, se tentasse usar de bajulação,
meu Criador logo me destruiria."

ELIÚ APRESENTA SEUS ARGUMENTOS CONTRA JÓ

33 "Jó, ouça minhas palavras,
preste atenção ao que vou dizer.
[2] Chegou minha vez de falar;
as palavras estão na ponta da língua.
[3] Falo com toda a sinceridade,
digo a pura verdade.
[4] O Espírito de Deus
me criou,
o sopro do Todo-poderoso
me dá vida.
[5] Responda-me, se puder;
apresente seus argumentos
e defina sua posição.
[6] Você e eu somos iguais
diante de Deus;
eu também fui formado do barro.
[7] Portanto, não tenha medo de mim;
não serei severo demais com você.

[8] "Você falou em minha presença,
e ouvi bem suas palavras.
[9] Você disse: 'Sou puro e não tenho pecado;
sou inocente e não tenho culpa.
[10] Deus procura motivos
para se opor a mim
e me considera seu inimigo.
[11] Prende meus pés no tronco
e vigia todos os meus movimentos'.

[12] "Mas você está enganado,
e eu lhe mostrarei o motivo,
pois Deus é maior que
qualquer ser humano.
[13] Sendo assim, por que você o acusa?
Por que diz que ele não responde
às queixas humanas?
[14] Pois Deus fala repetidamente,
embora as pessoas não
prestem atenção.
[15] Fala em sonhos, em visões
durante a noite,
quando o sono profundo
cai sobre todos,
enquanto dormem em suas camas.
[16] Sussurra em seus ouvidos
e aterroriza-os com advertências.
[17] Faz que deixem de praticar o
mal e livra-os do orgulho.
[18] Preserva-os do túmulo e de serem
atravessados pela espada.

[19] "Deus os disciplina no leito
de enfermidade,
com dores constantes nos ossos.
[20] Eles perdem a vontade de comer;
nem mesmo o alimento mais
delicioso lhes apetece.
[21] Sua carne definha a olhos nus,
e seus ossos ficam à vista.
[22] Estão cada vez mais perto do túmulo;
os mensageiros da morte os esperam.

[23] "Mas, se um dos milhares
de anjos do céu aparecer,
para interceder por alguém
e declará-lo justo,
[24] Deus terá compaixão e dirá:
'Livre-o do túmulo,
pois encontrei resgate por sua vida'.
[25] Então seu corpo se tornará saudável
como o de um menino;
será forte e jovem outra vez.
[26] Quando ele orar a Deus, será aceito.
Deus o receberá com alegria e o
restituirá à condição de justo.
[27] Ele declarará a seus amigos:
'Pequei e perverti o que é correto,
mas não valeu a pena.[a]
[28] Deus me livrou do túmulo;
agora minha vida contempla a luz'.

[29] "Sim, Deus faz essas
coisas acontecerem
repetidas vezes com as pessoas.
[30] Ele as livra da sepultura,
para que desfrutem a luz da vida.
[31] Preste atenção, Jó; fique
quieto e ouça-me,
pois tenho mais coisas para falar.

[a] **33.27** A Septuaginta traz *mas ele [Deus] não me castigou como meu pecado merecia.*

32 Mas, se você tem algo
a dizer, responda;
fale, pois quero que seja absolvido.
33 Se não tem nada a dizer,
fique quieto e ouça-me,
e eu lhe ensinarei a sabedoria".

ELIÚ ACUSA JÓ DE ARROGÂNCIA

34 Então Eliú disse:

2 "Ouçam-me, vocês que são sábios;
prestem atenção, vocês que
têm conhecimento.
3 Jó disse: 'O ouvido prova
as palavras que ouve,
assim como a língua
distingue os sabores'.
4 Portanto, vamos discernir para
nós mesmos o que é certo;
vamos descobrir juntos o que é bom.
5 Pois Jó também disse: 'Sou inocente,
mas Deus tirou de mim meus direitos.
6 Sou inocente, mas eles me
chamam de mentiroso;
minha dor é incurável, embora
eu não tenha pecado'.

7 "Digam-me, alguma vez houve
um homem como Jó,
com sua sede por
palavras irreverentes?
8 Escolhe como companheiros
os que praticam o mal
e anda com homens perversos.
9 Chegou até a dizer: 'Por que
desperdiçar meu tempo
tentando agradar a Deus?'.

10 "Ouçam-me, vocês que
têm entendimento:
Deus não peca de forma alguma!
O Todo-poderoso não pratica o mal!
11 Ele retribui a cada um de
acordo com seus atos;
trata as pessoas como merecem.
12 Na verdade, Deus não fará o mal;
o Todo-poderoso não
cometerá injustiça.
13 Quem entregou a terra
aos cuidados de Deus?
Quem o fez responsável
por todo o mundo?
14 Se Deus retirasse seu espírito
e removesse seu sopro,
15 toda a vida cessaria, e
a humanidade voltaria ao pó.

16 "Portanto, se você é sábio, ouça-me;
preste atenção ao que digo.
17 Acaso Deus poderia governar
se odiasse a justiça?
Você pretende condenar o
Juiz todo-poderoso?
18 Ele diz aos reis: 'Vocês são perversos',
e aos nobres: 'Vocês são injustos'.
19 Para Deus, não importa a
posição da pessoa;
ele não dá mais atenção aos
ricos que aos pobres,
pois todos foram criados por ele.
20 Morrem de repente, falecem
no meio da noite;
os poderosos são removidos sem
a ajuda de mãos humanas.

21 "Pois Deus observa como
as pessoas vivem;
ele vê tudo que fazem.
22 Não há escuridão densa o bastante
onde os perversos possam se
esconder de seus olhos.
23 Não são as pessoas que
decidem o momento
em que comparecerão diante
de Deus para ser julgadas.
24 Ele destrói os poderosos sem
consultar ninguém
e põe outros em seu lugar.
25 Ele sabe o que fazem
e à noite os derruba e os destrói.
26 Ele os fere porque são perversos
e os castiga em público,
para que todos vejam.
27 Pois deixaram de segui-lo
e não têm respeito algum
por seus caminhos.
28 Fazem os pobres clamar e
chamar a atenção de Deus,
e ele ouve os gritos dos aflitos.
29 Mas, se ele permanecer calado,
quem o criticará?
Quando ele esconde seu rosto,
ninguém pode encontrá-lo,
nem indivíduo nem nação.

30 Ele impede que os ímpios governem,
para que não sejam uma
cilada para o povo.

31 "Por que ninguém diz a Deus:
'Pequei, mas não voltarei a pecar'?
32 Ou: 'Não sei qual foi meu erro;
mostra-me se fiz o mal,
e deixarei de fazê-lo de imediato'?

33 "Acaso Deus deve adaptar a
justiça dele a suas exigências?
Você o rejeitou!
A escolha é sua, não minha;
compartilhe sua sabedoria conosco.
34 Afinal, pessoas inteligentes me dirão,
e os sábios que me ouvem falarão:
35 'Jó fala por ignorância;
suas palavras não fazem sentido'.
36 Jó, você merece o castigo mais severo
pelo modo perverso como falou.
37 Pois, ao seu pecado,
acrescentou a rebeldia;
não mostra respeito e não para
de falar contra Deus".

ELIÚ LEMBRA JÓ DA JUSTIÇA DE DEUS

35 Então Eliú disse:

2 "Você acha certo afirmar:
'Sou justo diante de Deus'?
3 Pois você também pergunta:
'O que eu ganho com isso?
Que vantagem há em não pecar?'.

4 "Responderei a você e a
todos os seus amigos.
5 Olhe para o céu,
e veja as nuvens lá no alto,
muito acima de você.
6 Se você pecar, em que
isso afetará Deus?
Mesmo que peque repetidamente,
que efeito terá sobre ele?
7 Se você for justo, isso será um
grande presente para ele?
O que você tem para lhe dar?
8 Seus pecados só afetam
gente como você;
suas boas ações só afetam
outros humanos.

9 "As pessoas clamam por socorro
quando oprimidas;
gritam pedindo ajuda sob a
força dos poderosos.
10 E, no entanto, não perguntam:
'Onde está Deus, meu Criador,
aquele que me dá canções
durante a noite?
11 Onde está aquele que nos torna
mais inteligentes que os animais
e mais sábios que as aves do céu?'.
12 Quando clamam, Deus não responde,
por causa do orgulho dos maus.
13 É errado, porém, dizer
que Deus não ouve
e afirmar que o Todo-poderoso
não se importa.
14 Você diz que não vê Deus,
mas espere, e ele lhe fará justiça.[a]
15 Você diz que Deus, em sua ira,
não castiga os pecadores,
e, portanto, não faz muito
caso da perversidade.[b]
16 Você não sabe o que diz, Jó;
fala como um tolo".

36 Eliú continuou a falar:

2 "Deixe-me prosseguir e
lhe mostrarei a verdade,
pois ainda não terminei
de defender a Deus!
3 Apresentarei argumentos profundos
em favor da justiça de meu Criador.
4 Digo somente a verdade,
pois sou homem de
pleno conhecimento.

5 "Deus é poderoso, mas não
despreza ninguém;
ele é grande em força e entendimento.
6 Não permite que os perversos vivam,
mas faz justiça aos aflitos.
7 Observa atentamente os justos,
coloca-os em tronos com reis
e exalta-os para sempre.

---

[a] **35.13-14** Esses versículos podem ser traduzidos da seguinte forma: [13] *De fato, Deus não ouve sua súplica vazia; / O Todo-poderoso não se importa.* / [14] *Muito menos ouvirá quando você diz que não o vê, / e que sua causa está diante dele e você espera justiça.*

[b] **35.15** Conforme a Septuaginta e a Vulgata; o significado desse termo hebraico é incerto.

8 Se estão acorrentados
e amarrados com cordas de aflição,
9 ele faz que vejam o motivo;
mostra-lhes que pecaram,
sendo orgulhosos.
10 Chama-lhes a atenção
e ordena que se afastem do mal.

11 "Se obedecerem e servirem a Deus,
serão abençoados com
prosperidade a vida inteira;
todos os seus dias serão agradáveis.
12 Se, porém, não o ouvirem,
serão atravessados pela espada
e perecerão por falta de entendimento.
13 Pois os ímpios são cheios
de ressentimento;
mesmo quando Deus os castiga,
não clamam por socorro.
14 Morrem em plena juventude,
depois de desperdiçar a
vida em imoralidade.
15 Mas, por meio do sofrimento,
ele livra os que sofrem
e, por meio da adversidade,
obtém sua atenção.

16 "Jó, Deus também quer
afastá-lo do sofrimento
e levá-lo a um lugar onde não há aflição;
quer pôr em sua mesa as
comidas mais saborosas.
17 Você, porém, insiste em saber
se os perversos serão julgados;
só consegue pensar no juízo e na justiça.
18 Tome cuidado, para que a
riqueza não o seduza;[a]
não deixe que o suborno o leve a pecar.
19 Acaso toda a sua riqueza[b] ou
todos os seus grandes esforços
poderiam guardá-lo da aflição?
20 Não deseje a proteção da noite,
pois é quando as pessoas
serão destruídas.[c]
21 Fique atento! Afaste-se do mal,
pois Deus enviou este sofrimento
para guardá-lo de uma
vida de maldade."

[a] **36.18** Ou *Não deixe, porém, que sua ira o leve a zombar.*
[b] **36.19** Ou *Acaso todos os seus gritos por socorro.*
[c] **36.16-20** O significado do hebraico nessa passagem é incerto.

ELIÚ LEMBRA JÓ DO PODER DE DEUS

22 "Deus é muito poderoso;
quem é mestre como ele?
23 Ninguém pode lhe
ordenar o que fazer,
nem lhe dizer: 'Agiste mal'.
24 Você deve, sim, dar glória a Deus
por suas obras poderosas
e entoar cânticos de louvor.
25 Todos viram suas obras,
ainda que apenas de longe.

26 "Deus é tão grande que não
podemos compreender;
não há como calcular os
anos de sua existência.
27 Ele faz a água subir como vapor
e depois a destila em chuva.
28 As nuvens derramam a chuva,
e a humanidade toda se beneficia.
29 Quem pode entender a
extensão das nuvens
e o trovão que ressoa do céu?
30 Deus espalha relâmpagos
em volta de si
e cobre as profundezas do mar.
31 Com esses atos poderosos,
governa os povos
e lhes dá comida com fartura.
32 Enche as mãos de relâmpagos
e atira cada um em seu alvo.
33 O trovão anuncia sua presença,
e a tempestade, sua ira indignada."[d]

37 "Quando penso nisso, meu
coração bate mais depressa
e estremece dentro de mim.
2 Ouça com atenção o estrondo
da voz de Deus,
que da boca dele troveja.
3 Ressoa pelo céu,
e seus relâmpagos brilham
em todas as direções.
4 Depois vem o rugido de trovões,
a voz tremenda de sua majestade;
quando ele fala, não a refreia.
5 A voz de Deus é gloriosa no trovão;
é impossível imaginar a
grandeza de seu poder!

[d] **36.33** Ou *até mesmo o gado sabe quando a tempestade se aproxima.* O significado do hebraico é incerto.

Como filhas de Deus, os nossos valores e métricas não são deste mundo.

6 "Ele diz à neve: 'Venha sobre a terra!',
e ordena à chuva: 'Caia em torrentes!'.
7 Todos param de trabalhar,
a fim de observar seu poder.
8 Os animais selvagens buscam abrigo
e ficam em suas tocas.
9 A tempestade sai de seus aposentos,
e ventos fortes trazem o frio.
10 O sopro de Deus envia o gelo
e congela grandes extensões de água.
11 Ele carrega de umidade as nuvens
e espalha entre elas seus relâmpagos.
12 As nuvens se agitam sob sua direção
e cumprem suas ordens
sobre toda a terra.
13 Deus faz tudo isso para
castigar as pessoas,
ou para mostrar seu amor.

14 "Preste atenção, Jó!
Pare e pense nos feitos
maravilhosos de Deus!
15 Você sabe como Deus
controla a tempestade
e faz os relâmpagos
brilharem nas nuvens?
16 Você entende como ele
move as nuvens
com perfeição e
conhecimento maravilhosos?
17 Enquanto você fica sufocado
de calor em sua roupa,
e o vento sul perde a força
e tudo se acalma,
18 ele faz o céu refletir o calor
como um espelho de bronze;
acaso você pode fazer o mesmo?

19 "Ensina-nos, então, o que dizer a Deus;
somos ignorantes demais para
apresentar nossos argumentos.
20 Deus deve ser avisado
de que desejo falar?
É possível falar quando se está confuso?[a]
21 Não podemos olhar para o sol,
pois ele brilha intensamente no céu,
quando o vento dispersa as nuvens.
22 Da mesma forma, dourado esplendor
vem do monte de Deus;[b]
ele está vestido de tremenda majestade.
23 O Todo-poderoso está além
de nossa compreensão;
apesar de seu grande poder,
a ninguém oprime em
sua justiça e retidão.
24 Por isso em toda parte
as pessoas o temem;
todos os sábios lhe
mostram devoção".[c]

O SENHOR DESAFIA JÓ

38 Então, do meio de um redemoinho,
o SENHOR respondeu a Jó:

2 "Quem é esse que questiona
minha sabedoria
com palavras tão ignorantes?
3 Prepare-se como um guerreiro,
pois lhe farei algumas perguntas,
e você me responderá.

4 "Onde você estava quando eu
lancei os alicerces do mundo?
Diga-me, já que sabe tanto.
5 Quem definiu suas dimensões e
estendeu a linha de medir?
Vamos, você deve saber.
6 O que sustenta seus alicerces
e quem lançou sua pedra angular,
7 enquanto as estrelas da
manhã cantavam juntas,
e os anjos[d] davam gritos
de alegria?

8 "Quem estabeleceu os limites do mar
quando do ventre ele brotou,
9 quando eu o vesti com nuvens
e o envolvi em escuridão profunda?
10 Pois o contive atrás de
portas com trancas,
para delimitar seus litorais.
11 Disse: 'Daqui não pode passar;
aqui suas ondas orgulhosas
devem parar!'.

12 "Você alguma vez deu ordem
para que a manhã aparecesse
e fez o amanhecer se
levantar no leste?

[a] **37.20** Ou *falar sem ser engolido?*
[b] **37.22** Ou *do norte*, ou *da habitação.*
[c] **37.24** Conforme a Septuaginta; o hebraico traz *ele não se impressiona com os sábios.*
[d] **38.7** Em hebraico, *os filhos de Deus.*

13 Fez a luz do dia se espalhar
até os confins da terra,
para acabar com a
perversidade da noite?
14 À medida que a luz se aproxima,
a terra toma forma, como o
barro sob um anel de selar;
como uma veste, seus
contornos se mostram.[a]
15 A luz incomoda os perversos
e detém o braço levantado
para cometer violência.

16 "Você explorou as nascentes do mar?
Percorreu suas profundezas?
17 Sabe onde ficam as portas da morte?
Viu as portas da escuridão absoluta?
18 Tem ideia da extensão da terra?
Responda-me, se é que você sabe!

19 "De onde vem a luz,
e para onde vai a escuridão?
20 Você é capaz de levar cada
uma a seu lugar?
Sabe como chegar lá?
21 Claro que sabe de tudo isso!
Afinal, já havia nascido antes
de tudo ser criado
e tem muita experiência!

22 "Você alguma vez visitou
os depósitos de neve
ou viu onde fica guardado o granizo?
23 Eu os reservo como armas
para os tempos de angústia,
para o dia de batalha e guerra.
24 Onde os relâmpagos se dividem?
De onde se dispersa o vento leste?

25 "Quem abriu um canal para
as chuvas torrenciais?
Quem definiu o percurso
dos relâmpagos?
26 Quem faz a chuva cair
sobre a terra árida,
no deserto,
onde ninguém habita?
27 Quem envia a chuva para
saciar a terra seca
e fazer brotar o capim novo?

28 "Acaso a chuva tem pai?
Quem gera o orvalho?
29 Quem é a mãe do gelo?
Quem dá à luz a geada
que vem do céu?
30 Pois a água se transforma em
gelo, duro como pedra,
e a superfície das águas
profundas se congela.

31 "Você é capaz de controlar as estrelas
e amarrar o grupo das Plêiades
ou afrouxar as cordas do Órion?
32 Pode fazer aparecer no tempo
exato as constelações,
ou guiar a Ursa e seus filhotes pelo céu?
33 Conhece as leis do universo?
Pode usá-las para governar a terra?

34 "Pode gritar para as nuvens
e fazer chover?
35 Pode fazer os raios aparecerem
e lhes dizer onde cair?
36 Quem dá intuição ao coração
e instinto à mente?[b]
37 Quem é sábio o suficiente para
contar todas as nuvens?
Quem pode inclinar as
vasilhas de água do céu,
38 quando a terra está seca
e o solo se endureceu em torrões?

39 "Acaso você pode caçar a
presa para a leoa
e saciar a fome dos leõezinhos,
40 enquanto eles se agacham na toca
ou ficam à espreita no mato?
41 Quem providencia alimento
para os corvos
quando seus filhotes clamam a Deus
e, famintos, andam de um
lado para o outro?"

O SENHOR CONTINUA COM SEU DESAFIO

39 "Você sabe quando as cabras
monteses dão à luz?
Viu as corças nascerem?
2 Sabe quantos meses dura sua gestação?
Sabe qual é o momento do parto?

[a] **38.14** Ou *veste-se de cores brilhantes.*

[b] **38.36** Ou *Quem dá intuição à íbis e percepção ao galo?* O significado do hebraico é incerto.

[3] Elas se agacham para dar
à luz seus filhotes,
e assim suas crias nascem.
[4] Os filhotes crescem nos
campos abertos
e vão embora,
para nunca mais voltar.

[5] "Quem deu ao jumento
sua liberdade?
Quem desatou suas cordas?
[6] Eu o coloquei no deserto;
as terras estéreis são seu lar.
[7] Ele despreza o barulho da cidade
e não faz caso
dos gritos do condutor.
[8] Os montes são seu pasto,
onde ele procura o capim.

[9] "Acaso o boi selvagem
aceitará ser domado?
Passará a noite no curral?
[10] Você consegue prendê-lo ao arado?
Acaso ele lavrará um
campo para você?
[11] Sendo ele muito forte,
pode-se confiar nele?
Você pode ir embora, certo de
que ele fará seu trabalho?
[12] Pode depender dele para
recolher o trigo
e levá-lo ao lugar de
debulhar os grãos?

[13] "A avestruz bate as asas, alegre,
mas não tem a plumagem
da cegonha.
[14] Ela põe seus ovos na terra,
para que sejam aquecidos no pó.
[15] Não se preocupa que
alguém possa pisá-los
ou que um animal selvagem
os destrua.
[16] Trata seus filhotes com dureza,
como se não fossem seus;
não se importa se eles morrem.
[17] Pois Deus não lhe deu sabedoria,
nem lhe concedeu entendimento.
[18] Quando, porém, ela se
levanta para correr,
zomba até mesmo do cavalo
mais veloz e seu cavaleiro.

[19] "Acaso você deu força ao cavalo
ou lhe cobriu o pescoço
com a crina?
[20] Deu-lhe a habilidade de pular
como um gafanhoto?
Seu bufar majestoso é assustador!
[21] Ele revolve o chão com as patas
e alegra-se em sua força
quando corre para a batalha.
[22] Ri do medo e nada teme;
não foge da espada.
[23] Flechas voam ao seu redor,
lanças e dardos faíscam.
[24] Agitado e enfurecido,
devora o caminho;
lança-se à batalha quando
a trombeta ressoa.
[25] Relincha ao toque da trombeta
e fareja de longe a batalha,
à espera das ordens do capitão
e do ruído de luta.

[26] "Acaso é sua sabedoria que
faz o falcão voar alto
e abrir as asas para o sul?
[27] É por ordem sua que
a águia se eleva
e faz o ninho lá no alto?
[28] Ela mora nos rochedos;
constrói seu ninho nas
pedras mais altas.
[29] Dali, ela caça sua presa;
de longe, seus olhos a avistam.
[30] Seus filhotes bebem sangue;
onde há um animal
morto, ali ela está".

40 Então o Senhor disse a Jó:

[2] "Ainda quer discutir com
o Todo-poderoso?
Você critica Deus, mas será
que tem as respostas?".

JÓ RESPONDE AO SENHOR

[3] Então Jó respondeu ao Senhor:

[4] "Eu não sou nada; como poderia
encontrar as respostas?
Cobrirei minha boca com a mão.
[5] Já falei demais;
não tenho mais nada a dizer".

O SENHOR DESAFIA JÓ OUTRA VEZ

6 Então, do meio do redemoinho, o SENHOR respondeu a Jó:

7 "Prepare-se como um guerreiro,
pois lhe farei algumas perguntas,
e você responderá.

8 "Porá em dúvida minha justiça
e me condenará só para
provar que tem razão?
9 Você é tão forte quanto Deus?
Sua voz pode trovejar como a dele?
10 Então vista-se
de glória e esplendor,
de honra e majestade.
11 Dê vazão à sua ira,
deixe-a transbordar contra
os orgulhosos.
12 Humilhe-os com um olhar,
pise os perversos onde estiverem.
13 Enterre-os no pó,
prenda-os no mundo dos mortos.
14 Então eu mesmo reconheceria
que você pode se salvar por
sua própria força.

15 "Veja o Beemote,[a]
que eu criei, assim como criei você;
ele come capim, como o boi.
16 Veja a força que ele tem nos lombos
e o vigor nos músculos da barriga.
17 Sua cauda é forte como o cedro,
e os tendões de suas coxas
são entrelaçados.
18 Seus ossos são canos de bronze,
e suas pernas, barras de ferro.
19 É ótimo exemplo das obras de Deus,
e somente seu Criador é
capaz de ameaçá-lo.
20 Os montes lhe oferecem
seu melhor alimento,
e ali brincam os animais selvagens.
21 Ele se deita sob arbustos espinhosos,[b]
onde os juncos do brejo o escondem.
22 Os arbustos lhe dão sombra
entre os salgueiros junto ao riacho.
23 Ele não se perturba
com as enchentes do rio,
nem se preocupa quando o Jordão
transborda e se agita ao redor.
24 Ninguém o pega de surpresa,
nem lhe prende um anel no nariz."

O SENHOR CONTINUA SEU DESAFIO

41 1[c] "Você é capaz de pegar o
Leviatã[d] com um anzol
ou prender sua língua com um laço?
2 É capaz de amarrá-lo, passando
uma corda por seu nariz,
ou atravessar seu queixo
com um gancho?
3 Acaso ele implorará por misericórdia
ou suplicará por piedade?
4 Aceitará trabalhar para você
e ser seu escravo para o resto da vida?
5 Fará dele um animal de estimação,
como um pássaro,
ou deixará que suas meninas
brinquem com ele?
6 Comerciantes o comprarão
para vendê-lo no mercado?
7 É possível furar sua pele com lanças
ou ferir sua cabeça com arpões?
8 Se você encostar a mão nele,
o resultado será uma batalha
que você não esquecerá,
e nunca mais tentará fazê-lo!
9 [e]Não! É inútil procurar capturá-lo;
o caçador que tentar será derrubado.
10 E, visto que ninguém ousa perturbá-lo,
quem será capaz de me enfrentar?
11 Quem me deu alguma coisa, para
que eu precise retribuir depois?
Tudo debaixo do céu me pertence.

12 "Quero destacar as pernas do Leviatã,
sua enorme força e sua forma perfeita.
13 Quem é capaz de arrancar seu couro?
Quem pode atravessar
sua couraça dupla?[f]

[a] **40.15** A identificação do *Beemote* é controversa; as propostas vão desde uma criatura terrestre até um monstro marinho mítico da literatura antiga.
[b] **40.21** Ou *lotos*; também em 40.22.

[c] **41.1a** No texto hebraico, os versículos 41.1-8 são numerados 40.25-32.
[d] **41.1b** A identificação do *Leviatã* é controversa; as propostas vão desde uma criatura terrestre até um monstro marinho mítico da literatura antiga.
[e] **41.9** No texto hebraico, os versículos 41.9-34 são numerados 41.1-26.
[f] **41.13** Conforme a Septuaginta; o hebraico traz *sua rédea?*

[14] Quem é capaz de fazê-lo abrir a boca?
Seus dentes são aterrorizantes!
[15] As escamas de suas costas são
como[a] fileiras de escudos
firmemente unidos uns aos outros.
[16] São tão próximas umas às outras
que nem mesmo ar passa entre elas.
[17] Cada escama é presa à vizinha;
são entrelaçadas e nada
pode atravessá-las.

[18] "Seu forte sopro atira lampejos de luz,
seus olhos são como o
sol do amanhecer.
[19] De sua boca saltam relâmpagos;
saem chamas de fogo.
[20] Suas narinas soltam fumaça,
como vapor de uma panela aquecida
numa fogueira de juncos.
[21] Seu hálito faria acender carvão,
pois chamas saltam de sua boca.

[22] "A força tremenda do
pescoço do Leviatã
espalha terror por onde ele passa.
[23] Sua carne é dura e firme
e não se pode atravessá-la.
[24] Seu coração é duro como rocha,
como pedra de moinho.
[25] Quando ele se levanta, os
valentes se enchem de medo
e são tomados de pavor.
[26] Nenhuma espada pode detê-lo,
nem lança, nem dardo, nem arpão.
[27] Para essa criatura, ferro é como palha,
e bronze, como madeira podre.
[28] Flechas não o levam a fugir,
pedras lançadas de uma
funda são como ciscos.
[29] Bastões são como folhas de capim,
e ele ri do zunido das lanças.
[30] Sua barriga é coberta de escamas
afiadas como vidro;
quando ela se arrasta na lama,
escava como um arado.

[31] "O Leviatã faz as profundezas se
agitarem como uma panela
e o mar se revolver como
um pote de óleo.
[32] Deixa na água um rastro luminoso,
que faz o mar parecer branco.
[33] Não há nada na terra
semelhante a ele,
nenhuma criatura tão destemida.
[34] De todas as criaturas, ele é
a mais imponente;
é o rei de todos os animais selvagens".

JÓ RESPONDE AO SENHOR

42 Então Jó respondeu ao SENHOR:

[2] "Sei que podes fazer todas as coisas,
e ninguém pode frustrar teus planos.
[3] Perguntaste: 'Quem é esse que,
com tanta ignorância,
questiona minha sabedoria?'.
Sou eu; falei de coisas de que
eu não entendia,
coisas maravilhosas demais
que eu não conhecia.
[4] Disseste: 'Ouça, e eu falarei!
Eu lhe farei algumas perguntas,
e você responderá'.
[5] Antes, eu só te conhecia de ouvir falar;
agora, eu te vi com meus próprios olhos.
[6] Retiro tudo que disse
e me sento arrependido
no pó e nas cinzas".

CONCLUSÃO: O SENHOR ABENÇOA JÓ

[7] Depois que o SENHOR terminou de falar
com Jó, disse a Elifaz, de Temã: "Estou
muito irado com você e com seus dois ami-
gos, pois não falaram o que é certo a meu
respeito, como fez meu servo Jó. [8] Por isso,
peguem sete novilhos e sete carneiros, le-
vem os animais a meu servo Jó e ofereçam
holocaustos em favor de si mesmos. Meu
servo Jó orará por vocês, e eu aceitarei a
oração dele. Não tratarei vocês como mere-
cem por sua insensatez, pois não falaram
o que é certo a meu respeito, como fez meu
servo Jó". [9] Então Elifaz, de Temã, Bildade,
de Suá, e Zofar, de Naamá, fizeram o que o
SENHOR havia ordenado, e o SENHOR aceitou
a oração de Jó.

[10] Quando Jó orou por seus amigos, o
SENHOR o tornou próspero de novo. Na ver-
dade, o SENHOR lhe deu o dobro do que ti-
nha antes. [11] Todos os seus irmãos, suas

[a] **41.15** Conforme alguns manuscritos gregos e a Vulgata; o hebraico traz *Seu orgulho está em suas.*

irmãs e seus amigos de outros tempos vie-
ram e festejaram com ele à mesa de sua
casa. Eles o consolaram e o confortaram
por todas as provações que o SENHOR tinha
enviado contra ele, e cada um lhe trouxe
um presente de prata[a] e um anel de ouro.
12 O SENHOR abençoou Jó na segunda
parte de sua vida ainda mais que na
primeira. Ele teve catorze mil ovelhas,
seis mil camelos, mil juntas de bois e
mil jumentas. 13 Deus também deu a
Jó sete filhos e três filhas. 14 Jó chamou
a primeira filha de Jemima, a segunda, de
Quézia, e a terceira, de Quéren-Hapuque.
15 Em toda a terra, não havia mulheres tão
lindas como as filhas de Jó. E seu pai lhes
deu herança junto com os irmãos delas.
16 Depois disso, Jó viveu 140 anos e viu
quatro gerações de filhos e netos. 17 Então,
morreu, depois de uma vida longa e plena.

[a] **42.11** Em hebraico, *uma quesita*; não se sabe mais o valor ou o peso da quesita.

Salmos

Livro 19 com

150 SALMOS

SIGNIFICADO DO TÍTULO

Salmos é uma coleção de cânticos e poemas que expressam uma ampla gama de manifestações humanas, incluindo louvor, adoração, gratidão, arrependimento, tristeza, alegria e confiança em Deus. O nome "Salmos" no hebraico é *Tehillim*, que significa "louvores", ou "cânticos de louvor", e deriva do grego *psalmos*, que se refere a "música acompanhada por instrumento de corda".

AUTORIA

O livro de Salmos foi escrito por muitos autores, com base em títulos que aparecem no início de cada salmo, alguns deles nas versões hebraica e grega. Questões críticas e históricas podem levantar dúvidas sobre a autenticidade de algumas atribuições específicas. Os autores e os salmos de sua autoria seriam: Davi (73 salmos), Moisés (Sl 90), Salomão (Sl 72; 127), Asafe (Sl 50; 73—83), Hemã (Sl 88) e Etã (Sl 89).

ESTRUTURA DO LIVRO

- ★ Salmos de louvor e adoração Sl 1—41
- ★ Salmos de lamento e súplica Sl 42—72
- ★ Salmos de confiança e esperança Sl 73—89
- ★ Salmos de gratidão e louvor Sl 90—106
- ★ Salmos de confissão e arrependimento Sl 107—150

TEMAS DE SALMOS

Salmos revela uma teologia profunda e abrangente, que destaca a soberania, a bondade, a misericórdia e a fidelidade de Deus. Também explora a natureza humana, revelando a fragilidade e a necessidade do ser humano, bem como a resposta adequada à grandeza de Deus: adoração, confiança e obediência.

SALMOS E CRISTO

Salmos revela Jesus com profecias detalhadas sobre sua vida e ministério (cf. Sl 22; 110) e até imagens e atributos messiânicos que encontram seu cumprimento nele como Rei, Pastor, Justo e Salvador.

LIVRO 1 (SALMOS 1—41)

1 Feliz é aquele que não segue o
conselho dos perversos,
não se detém no caminho
dos pecadores,
nem se junta à roda dos zombadores.
2 Pelo contrário, tem prazer
na lei do Senhor
e nela medita dia e noite.
3 Ele é como a árvore plantada
à margem do rio,
que dá seu fruto no tempo certo.
Suas folhas nunca murcham,
e ele prospera em tudo que faz.

4 O mesmo não acontece
com os perversos!
São como palha levada pelo vento.
5 Serão condenados quando
vier o juízo;
os pecadores não terão
lugar entre os justos.
6 Pois o Senhor guarda o
caminho dos justos,
mas o caminho dos perversos
leva à destruição.

2 Por que as nações se
enfurecem tanto?
Por que perdem seu tempo
com planos inúteis?
2 Os reis da terra se preparam
para a batalha;
os governantes conspiram juntos,
contra o Senhor e contra seu ungido.
3 "Vamos quebrar estas
correntes!", eles dizem.
"Vamos nos libertar da escravidão!"

4 Aquele que governa nos céus ri;
o Senhor zomba deles.
5 Então, em sua ira, ele os repreende
e, com sua fúria, os aterroriza.
6 Ele diz: "Estabeleci meu rei no trono
em Sião, em meu santo monte".

7 O rei proclama o decreto do Senhor:
"O Senhor me disse: 'Você é meu filho;[a]
hoje eu o gerei.[b]

[a] **2.7a** Ou *Filho*; também em 2.12.
[b] **2.7b** Ou *hoje eu o revelo como meu filho*.

8 Basta pedir e lhe darei as
nações como herança,
a terra inteira como sua propriedade.
9 Você as quebrará[c] com cetro de ferro
e as despedaçará como
vasos de barro'".

10 Portanto, reis, sejam prudentes!
Aceitem a advertência,
governantes da terra!
11 Sirvam ao Senhor com temor,
alegrem-se nele com tremor.
12 Sujeitem-se ao filho,[d]
para que ele não se ire
e vocês não sejam destruídos de repente,
pois sua ira se acende num instante;
felizes, porém, os que nele se refugiam!

3 *Salmo de Davi, quando fugia de Absalão, seu filho.*

1 Ó Senhor, tenho tantos inimigos;
tanta gente é contra mim!
2 São muitos os que dizem:
"Deus nunca o livrará!".

Interlúdio[e]

3 Mas tu, Senhor, és um
escudo ao meu redor;
és minha glória e manténs
minha cabeça erguida.
4 Clamei ao Senhor,
e ele me respondeu de
seu santo monte.

Interlúdio

5 Deitei-me e dormi;
acordei em segurança,
pois o Senhor me guardava.
6 Não tenho medo de dez mil inimigos
que me cercam de todos os lados.

7 Levanta-te, Senhor!
Salva-me, Deus meu!
Acerta meus inimigos no queixo
e quebra os dentes dos perversos.

[c] **2.9** A Septuaginta traz *governará*. Comparar com Ap 2.27.
[d] **2.12** O significado do hebraico é incerto.
[e] **3.2** Em hebraico, *Selá*. O significado da palavra é incerto, embora se trate, provavelmente, de um termo musical ou literário. É traduzido como *Interlúdio* ao longo de todo o livro de Salmos.

[8] De ti, SENHOR, vem o livramento;
abençoa o teu povo!
Interlúdio

4

Ao regente do coral: salmo de Davi, para ser acompanhado com instrumentos de cordas.

[1] Responde-me quando clamo a ti,
ó Deus que me faz justiça.
Livra-me de minha angústia;
tem compaixão de mim e
ouve minha oração.

[2] Até quando vocês jogarão
minha reputação na lama?
Até quando farão acusações
infundadas e continuarão
a mentir?
Interlúdio

[3] Estejam certos disto:
o SENHOR separa o fiel para si;
o SENHOR responderá quando
eu clamar a ele.

[4] Não pequem ao permitir
que a ira os controle;
reflitam durante a noite e
permaneçam em silêncio.
Interlúdio

[5] Ofereçam os sacrifícios exigidos
e confiem no SENHOR.

[6] Muitos dizem: "Quem nos
mostrará o bem?".
Que a luz do teu rosto brilhe
sobre nós, SENHOR!
[7] Tu me deste alegria maior
que a daqueles
que têm fartas colheitas de
cereais e vinho novo.
[8] Em paz me deitarei e dormirei,
pois somente tu, SENHOR, me
guardas em segurança.

5

Ao regente do coral: salmo de Davi, para ser acompanhado com flauta.

[1] Ó SENHOR, ouve minhas palavras
e presta atenção a meus gemidos.
[2] Atende a meu clamor por socorro,
meu Rei e meu Deus,
pois é somente a ti que oro.
[3] Escuta minha voz logo cedo, SENHOR;
toda manhã te apresento meus
pedidos e fico à espera.

[4] Ó Deus, tu não tens prazer
algum na maldade
e não toleras o pecado dos perversos.
[5] Os orgulhosos não terão
lugar em tua presença,
pois odeias todos que praticam o mal.
[6] Tu destróis os mentirosos;
o SENHOR detesta assassinos
e enganadores.

[7] Por causa do teu grande amor
entrarei em tua casa;
adorarei em teu templo com
profunda reverência.
[8] Conduz-me pela tua justiça, SENHOR,
para que meus inimigos
não me vençam.
Remove os obstáculos do teu caminho,
para que eu o siga.

[9] Meus inimigos são incapazes
de falar a verdade;
seu desejo mais intenso é destruir.
Sua conversa é repulsiva, como o mau
cheiro de um túmulo aberto;
sua língua é cheia de bajulação.[a]
[10] Ó Deus, declara-os culpados;
que eles caiam nas
próprias armadilhas.
Expulsa-os por causa de seus
muitos pecados,
pois se rebelaram contra ti.

[11] Alegrem-se, porém, todos
que em ti se refugiam;
que cantem alegres louvores
para sempre.
Estende sobre eles tua proteção,
para que exultem todos
que amam teu nome.
[12] Pois tu, SENHOR, abençoas os justos;
com teu favor os proteges
como um escudo.

[a] **5.9** A Septuaginta traz *de mentiras*. Comparar com Rm 3.13.

6

Ao regente do coral: salmo de Davi, para ser acompanhado com instrumento de oito cordas.[a]

1 Ó SENHOR, não me repreendas
em tua ira,
nem me disciplines em tua fúria.
2 Tem compaixão de mim,
SENHOR, pois estou fraco;
cura-me, SENHOR, pois meus
ossos agonizam.
3 Meu coração está muito angustiado;
SENHOR, quando virás me restaurar?

4 Volta-te, SENHOR, e livra-me!
Salva-me por causa do teu amor.
5 Pois os mortos não se lembram de ti;
quem te louvará da sepultura?[b]

6 Estou exausto de tanto gemer;
à noite inundo a cama de
tanto chorar,
e de lágrimas a encharco.
7 A tristeza me embaça a vista;
meus olhos estão cansados por
causa de todos os meus inimigos.

8 Afastem-se de mim, todos
vocês que praticam o mal,
pois o SENHOR ouviu meu pranto.
9 O SENHOR ouviu minha súplica;
o SENHOR responderá à minha oração.
10 Sejam humilhados e aterrorizados
todos os meus inimigos;
recuem de repente, envergonhados.

7

Salmo[c] *que Davi cantou ao SENHOR sobre Cuxe, da tribo de Benjamim.*

1 Em ti me refugio, SENHOR, meu Deus;
salva-me dos que me
perseguem e livra-me!
2 Do contrário, eles me
atacarão como leões
e me despedaçarão, sem que
ninguém me resgate.
3 Ó SENHOR, meu Deus, se fiz o mal,
se cometi alguma injustiça,
4 se traí um amigo
ou saqueei meu adversário
sem razão,
5 que meus inimigos me
persigam e capturem;
que me pisoteiem no chão
e no pó arrastem minha honra.
Interlúdio

6 Levanta-te, SENHOR, em tua ira!
Ergue-te contra a fúria de
meus inimigos!
Desperta, meu Deus, e faz justiça!
7 Reúne as nações diante de ti
e toma teu lugar de
autoridade sobre elas.
8 O SENHOR julga as nações;
declara-me justo, ó SENHOR,
pois sou inocente, ó Altíssimo!
9 Faz cessar a maldade dos perversos
e dá segurança ao justo.
Pois tu sondas a mente e o
coração, ó Deus justo.

10 Deus é meu escudo;
ele salva os que têm coração íntegro.
11 Deus é justo juiz;
todos os dias ele mostra sua
ira contra os perversos.

12 Se eles não se arrependerem,
Deus[d] afiará sua espada;
armará seu arco para disparar,
13 preparará suas armas mortais
e acenderá suas flechas com fogo.

14 Sim, o perverso gera o mal;
concebe o sofrimento e
dá à luz a mentira.
15 Abre uma cova profunda,
mas ele próprio cai em
sua armadilha.
16 Sua maldade se volta contra ele;
sua violência lhe cai sobre
a cabeça.

17 Darei graças ao SENHOR
porque ele é justo;
cantarei louvores ao nome
do SENHOR Altíssimo.

[a] **6 título** Em hebraico, *com instrumentos de cordas; de acordo com o sheminith.*
[b] **6.5** Em hebraico, *do Sheol?*
[c] **7 título** Em hebraico, *Shiggaion*, possivelmente indicação de uma forma musical para o salmo.
[d] **7.12** Em hebraico, *ele.*

8

Ao regente do coral: salmo de Davi, para ser acompanhado com instrumento de cordas.[a]

[1] Ó Senhor, nosso Senhor, teu nome
majestoso enche a terra;
tua glória é mais alta que os céus!
[2] Tu ensinaste crianças e bebês
a anunciarem tua força;[b]
assim calaste teus inimigos
e todos que a ti se opõem.

[3] Quando olho para o céu e contemplo
a obra de teus dedos,
a lua e as estrelas que ali
puseste, pergunto:
[4] Quem são os simples mortais,
para que penses neles?
Quem são os seres humanos, para
que com eles te importes?[c]
[5] E, no entanto, os fizeste apenas
um pouco menores que Deus[d]
e os[e] coroaste de glória e honra.
[6] Tu os encarregaste de tudo que criaste
e puseste sob a autoridade
deles todas as coisas:
[7] os rebanhos, o gado
e todos os animais selvagens;
[8] as aves do céu, os peixes do mar
e tudo que percorre as
correntes dos oceanos.

[9] Ó Senhor, nosso Senhor, teu nome
majestoso enche a terra!

9

Ao regente do coral: salmo de Davi, para ser cantado com a melodia "A morte do filho".

[1] Eu te louvarei, Senhor, de
todo o meu coração;
anunciarei as maravilhas que fizeste.
[2] Por causa de ti, me alegrarei
e celebrarei;
cantarei louvores ao teu
nome, ó Altíssimo.

[a] **8 título** Em hebraico, *de acordo com o* gittîth.
[b] **8.2** A Septuaginta traz *a te louvarem*. Comparar com Mt 21.16.
[c] **8.4** Em hebraico, *O que é o homem, para que penses nele, / o filho do homem, para que com ele te importes?*
[d] **8.5a** Ou *E, no entanto, os fizeste apenas um pouco menores que os anjos*; o hebraico traz *E, no entanto o fizeste* [i.e., o homem] *apenas um pouco abaixo de Elohim*.
[e] **8.5b** Em hebraico, *o* [i.e., o homem]; também em 8.6.

[3] Meus inimigos recuaram;
tropeçaram e morreram
diante de tua presença.
[4] Pois julgaste meu direito e minha causa;
de teu trono julgaste com justiça.
[5] Repreendeste as nações e
destruíste os perversos;
apagaste o nome deles de
uma vez por todas.
[6] O inimigo está acabado,
arruinado para sempre;
arrasaste suas cidades e elas
caíram em esquecimento.

[7] O Senhor, porém, reina para sempre;
de seu trono, executa o julgamento.
[8] Julgará o mundo com justiça
e governará as nações
com imparcialidade.
[9] O Senhor é abrigo para os oprimidos,
refúgio em tempos de aflição.
[10] Quem conhece teu nome confia em ti,
pois tu, Senhor, não abandonas
quem te busca.

[11] Cantem louvores ao Senhor,
que reina em Sião;
anunciem ao mundo seus feitos.
[12] Pois aquele que vinga o
sangue derramado não se
esquece dos aflitos;
ele não ignora seu clamor.

[13] Senhor, tem misericórdia de mim!
Vê como meus inimigos
me atormentam
e livra-me das garras da morte.
[14] Salva-me, para que eu te louve
às portas de Jerusalém;[f]
para que eu me alegre por teu resgate.

[15] As nações caíram na
cova que abriram;
seus pés ficaram presos no
laço que esconderam.
[16] O Senhor é conhecido por sua justiça;
os perversos são pegos nas
próprias armadilhas.
Interlúdio silencioso[g]

[f] **9.14** Em hebraico, *às portas da filha de Sião*.
[g] **9.16** Em hebraico, *Higgaion Selá*. O significado dessa expressão é incerto.

[17] Os perversos descerão à sepultura;[a]
esse é o destino de todas as nações
que se esquecem de Deus.
[18] O necessitado, porém, não será
esquecido para sempre;
a esperança dos pobres nunca
mais será frustrada.

[19] Levanta-te, Senhor!
Não permitas que simples
mortais te desafiem!
Julga as nações!
[20] Faze-as tremer de medo, Senhor;
que as nações saibam que não
passam de simples mortais.
Interlúdio

10

Ó Senhor, por que
permaneces distante?
Por que te escondes em
tempos de aflição?
[2] O perverso, em sua arrogância,
persegue o pobre;
que seja pego em suas
próprias tramas.
[3] Pois conta vantagem de
seus desejos maus;
elogia os gananciosos e
amaldiçoa o Senhor.

[4] O perverso é orgulhoso
demais para buscá-lo;
seus planos não levam em
conta que Deus existe.
[5] No entanto, é bem-sucedido
em tudo que faz;
não vê que teu castigo o aguarda
e despreza todos os seus inimigos.
[6] Pensa: "Nenhum mal nos atingirá;
nunca teremos problemas!".

[7] Sua boca é cheia de maldições,
mentiras e ameaças;[b]
em sua língua há violência
e maldade.
[8] Fica de tocaia nos povoados,
à espera para matar inocentes;
está sempre à procura de
vítimas indefesas.
[9] Como o leão à espreita
em seu esconderijo,
aguarda para atacar
os desamparados.
Como o caçador, ele os apanha
e os arrasta dali.
[10] As vítimas indefesas são
esmagadas;
caem sob a força do perverso.
[11] O perverso diz consigo:
"Deus não se importa!
Fechou os olhos e não vê
o que faço!".

[12] Levanta-te, Senhor!
Castiga o perverso, ó Deus!
Não te esqueças dos indefesos!
[13] Por que o perverso continua
a desprezar a Deus?
Ele pensa: "Deus jamais
me pedirá contas".
[14] Tu, porém, vês o sofrimento e
a angústia que ele causa;
observa-o e castiga-o.
O indefeso confia em ti;
tu amparas o órfão.

[15] Quebra os braços dessa
gente má e perversa;
pede contas de sua maldade
até nada mais restar.
[16] O Senhor é rei para todo o sempre!
As nações desaparecerão de sua terra.
[17] Tu, Senhor, conheces o
desejo dos humildes;
ouvirás seu clamor e os confortarás.
[18] Farás justiça ao órfão e ao oprimido,
para que nenhum simples mortal
volte a lhes causar terror.

11

Ao regente do coral: salmo de Davi.

[1] No Senhor eu me refugio.
Por que, então, vocês me dizem:
"Voe para os montes,
como um pássaro!
[2] Os perversos preparam seus arcos
e colocam as flechas nas cordas.
Das sombras eles atiram
contra os que têm coração íntegro.
[3] Os alicerces ruíram;
o que pode fazer o justo?".

[a] **9.17** Em hebraico, *ao Sheol.*
[b] **10.7** A Septuaginta traz *maldições e amarguras.* Comparar com Rm 3.14.

[4] O SENHOR, porém, está em
seu santo templo;
o SENHOR governa dos céus.
Observa a todos com atenção,
examina cada pessoa na terra.
[5] O SENHOR põe à prova tanto o
justo como o perverso;
ele odeia quem ama a violência.
[6] Fará chover brasas vivas e
enxofre sobre os perversos
e com ventos abrasadores
os castigará.
[7] Pois o SENHOR é justo e ama a justiça;
os íntegros verão sua face.

12 *Ao regente do coral: salmo de Davi, para ser acompanhado com instrumento de oito cordas.*[a]

[1] Socorro, SENHOR, pois os fiéis estão
desaparecendo depressa!
Os que te temem sumiram da terra!
[2] Todos mentem uns aos outros;
falam com lábios bajuladores
e coração fingido.
[3] Que o SENHOR corte os
lábios bajuladores
e cale a língua arrogante.
[4] Eles dizem: "Mentiremos
quanto quisermos.
Os lábios são nossos; quem
nos impedirá?".

[5] O SENHOR responde:
"Vi a violência cometida
contra os indefesos
e ouvi o gemido dos pobres.
Agora me levantarei para salvá-los,
como eles tanto desejam".
[6] As promessas do SENHOR são puras
como prata refinada no forno,
purificada sete vezes.
[7] Portanto, SENHOR, sabemos que
protegerás os oprimidos
e para sempre os guardarás
desta geração mentirosa,
[8] ainda que os perversos
andem confiantes,
e a maldade seja elogiada
em toda a terra.

[a] **12 título** Em hebraico, *de acordo com o sheminith.*

13 *Ao diretor do coral: salmo de Davi.*

[1] Até quando, SENHOR, te esquecerás
de mim? Será para sempre?
Até quando esconderás de
mim o teu rosto?
[2] Até quando terei de lutar com a
angústia em minha alma,
com a tristeza em meu
coração a cada dia?
Até quando meu inimigo terá
vantagem sobre mim?

[3] Volta-te e responde-me,
SENHOR, meu Deus!
Restaura o brilho de meus
olhos, ou morrerei.
[4] Não permitas que meus inimigos
digam: "Nós o derrotamos!";
não deixes que se alegrem
com meu tropeço.

[5] Eu, porém, confio em teu amor;
por teu livramento me alegrarei.
[6] Cantarei ao SENHOR,
porque ele é bom para mim.

14 *Ao regente do coral: salmo de Davi.*

[1] Os tolos dizem em seu coração:
"Não há Deus".
São corruptos e praticam o mal;
nenhum deles faz o bem.

[2] O SENHOR olha dos céus
para toda a humanidade,
para ver se alguém é sábio,
se alguém busca a Deus.
[3] Todos, porém, se desviaram;
todos se corromperam.[b]
Ninguém faz o bem,
nem um sequer!

[4] Acaso os que praticam o mal
jamais aprenderão?
Devoram meu povo como se fosse pão
e nem pensam em orar ao SENHOR.
[5] Grande terror se apoderará deles,
pois Deus está com os
que lhe obedecem.

[b] **14.3** A Septuaginta traz *se tornaram inúteis.* Comparar com Rm 3.12.

[6] Os perversos frustram os
planos dos oprimidos,
mas o SENHOR protegerá seu povo.

[7] Quem virá do monte Sião
para salvar Israel?
Quando o SENHOR restaurar
seu povo,
Jacó dará gritos de alegria,
e Israel exultará.

15 *Salmo de Davi.*

[1] SENHOR, quem pode ter acesso
a teu santuário?
Quem pode permanecer
em teu santo monte?
[2] Quem leva uma vida íntegra
e pratica a justiça;
quem, de coração, fala a verdade.
[3] Quem não difama os outros,
não prejudica o próximo,
nem fala mal dos amigos.
[4] Quem despreza os que têm
conduta reprovável,
e honra os que temem o SENHOR,
e cumpre suas promessas mesmo
quando é prejudicado.
[5] Quem empresta dinheiro
sem visar lucro
e não aceita suborno para
mentir sobre o inocente.
Quem age assim jamais
será abalado.

16 *Salmo*[a] *de Davi.*

[1] Guarda-me, ó Deus,
pois em ti me refugio.

[2] Eu disse ao SENHOR: "Tu és meu Senhor!
Tudo que tenho de bom vem de ti".
[3] Os que são fiéis aqui na terra
são os verdadeiros heróis;
tenho prazer na companhia deles.
[4] Muitas são as aflições dos que
correm atrás de outros deuses;
não participarei de seus
sacrifícios de sangue,
nem invocarei o nome deles.

[a] **16 título** Em hebraico, *miktam*, possivelmente um termo literário ou musical.

[5] Somente tu, SENHOR, és minha
herança, meu cálice de bênçãos;
tu guardas tudo que possuo.
[6] A terra que me deste é agradável;
que herança maravilhosa!

[7] Louvarei o SENHOR, que me guia;
mesmo à noite meu coração me ensina.
[8] Sei que o SENHOR está sempre comigo;
não serei abalado, pois ele
está à minha direita.

[9] Não é de admirar que meu coração
esteja alegre e eu exulte;[b]
meu corpo repousa em segurança.
[10] Pois tu não deixarás minha
alma entre os mortos,[c]
nem permitirás que teu santo[d]
apodreça no túmulo.
[11] Tu me mostrarás o caminho da vida
e me darás a alegria de tua presença
e o prazer de viver contigo para sempre.[e]

17 *Oração de Davi.*

[1] Ouve, SENHOR, minha
súplica por justiça;
atende a meu clamor por socorro.
Escuta minha oração,
pois ela vem de lábios sinceros.
[2] Declara-me inocente,
pois teus olhos veem
com imparcialidade.

[3] Tu puseste à prova
meus pensamentos;
durante a noite, examinaste
meu coração.
Tu me sondaste e não
encontraste nenhum mal;
estou decidido a não pecar
com minhas palavras.
[4] Quanto ao modo de agir, segui
teus mandamentos,
que me guardam de imitar as
ações de pessoas cruéis.

[b] **16.9** A Septuaginta traz *e minha língua o louve*. Comparar com At 2.26.
[c] **16.10a** Em hebraico, *no Sheol*.
[d] **16.10b** Ou *teu Santo*.
[e] **16.11** A Septuaginta traz *Tu me mostraste o caminho da vida / e me encherás da alegria de tua presença*. Comparar com At 2.28.

5 Meus passos permaneceram
em teu caminho,
meus pés não se desviaram dele.

6 Clamo a ti, ó Deus, pois sei
que responderás;
inclina-te e ouve minha oração.
7 Mostra-me as maravilhas
do teu amor;
com teu poder, tu livras os que
buscam em ti refúgio dos inimigos.
8 Protege-me, como a menina
de teus olhos;
esconde-me à sombra de tuas asas.
9 Guarda-me dos perversos
que me atacam,
dos inimigos mortais que me cercam.
10 Eles não têm compaixão;
ouve como contam vantagem!
11 Seguem meus passos e me rodeiam,
prontos para me derrubar.
12 São como leões famintos,
ansiosos para me despedaçar,
como jovens leões
escondidos, de tocaia.

13 Levanta-te, ó Senhor!
Enfrenta-os e faze-os cair de joelhos!
Com tua espada, livra-me
dos perversos!
14 Pelo poder de tua mão, Senhor,
destrói os que buscam neste
mundo sua recompensa.
Satisfaz, porém, a fome dos
que te são preciosos;
que os filhos deles tenham fartura
e deixem herança para os netos.
15 Porque sou justo, verei a ti;[a]
quando acordar, te verei face
a face e me satisfarei.

18

Ao regente do coral: salmo de Davi, servo do Senhor. Ele entoou este cântico ao Senhor no dia em que o Senhor o livrou de todos os seus inimigos e de Saul. Cantou:

1 Eu te amo, Senhor;
tu és minha força.
2 O Senhor é minha rocha,
minha fortaleza
e meu libertador;
meu Deus é meu rochedo,
em quem encontro proteção.
Ele é meu escudo, o poder que me salva
e meu lugar seguro.
3 Clamei ao Senhor, que é
digno de louvor,
e ele me livrou de meus inimigos.

4 Os laços da morte me cercaram,
torrentes de destruição
caíram sobre mim.
5 A sepultura[b] me envolveu
em seus laços,
a morte pôs uma armadilha
em meu caminho.
6 Em minha aflição, clamei ao Senhor;
sim, pedi socorro a meu Deus.
De seu santuário ele me ouviu;
meu clamor chegou a seus ouvidos.

7 A terra se abalou e estremeceu;
tremeram os fundamentos
dos montes,
agitaram-se por causa de sua ira.
8 De suas narinas saiu fumaça,
de sua boca, fogo consumidor;
brasas vivas saíram dele.
9 Ele abriu os céus e desceu,
com nuvens escuras de
tempestade sob os pés.
10 Montado num querubim,
pairava sobre as asas do vento.
11 Envolveu-se num manto
de escuridão,
em densas nuvens de chuva.
12 Nuvens espessas escondiam
o brilho ao seu redor
e faziam chover granizo
e brasas vivas.[c]
13 O Senhor trovejou dos céus;
a voz do Altíssimo ressoou,
em meio ao granizo e às
brasas vivas.
14 Atirou flechas e dispersou
seus inimigos,
lançou muitos raios e os fez
fugir em confusão.

Quando nos permitirmos estar enraizadas no amor do Senhor, seremos como a árvore descrita no primeiro capítulo do livro de Salmos, que frutifica no tempo certo e sua folhagem permanece viva.

[a] **17.14-15** Ou [14] *Satisfaz com riquezas seu apetite; / que seus filhos tenham fartura, e que sobre até para os netos. /* [15] *Eu, porém, sou justo e verei a ti.*

[b] **18.5** Em hebraico, *O Sheol.*

[c] **18.12** Ou *raios*; também em 18.13.

[15] Então, por tua ordem, Senhor,
com o forte sopro de tuas narinas,
o fundo do mar apareceu,
e os alicerces da terra ficaram expostos.

[16] Dos céus estendeu a mão
e me resgatou;
tirou-me de águas profundas.
[17] Livrou-me de inimigos poderosos,
dos que me odiavam e eram
fortes demais para mim.
[18] Quando eu estava angustiado,
eles me atacaram,
mas o Senhor me sustentou.
[19] Ele me levou a um lugar seguro
e me livrou porque se agrada de mim.
[20] O Senhor me recompensou
por minha justiça;
por causa de minha inocência,
me restaurou.
[21] Pois guardei os caminhos do Senhor;
não me afastei de meu Deus
para seguir o mal.
[22] Cumpri todos os seus estatutos
e nunca abandonei seus decretos.
[23] Sou inculpável diante de Deus;
do pecado me guardei.
[24] O Senhor me recompensou
por minha justiça;
ele viu minha inocência.

[25] Aos fiéis te mostras fiel,
e, aos íntegros, mostras integridade.
[26] Aos puros te mostras puro,
mas, aos perversos, te mostras astuto.
[27] Livras os humildes,
mas humilhas os orgulhosos.
[28] Manténs acesa minha lâmpada;
o Senhor, meu Deus, ilumina
minha escuridão.
[29] Com tua força, posso atacar
qualquer exército;
com meu Deus, posso saltar
qualquer muralha.

[30] O caminho de Deus é perfeito;
as promessas[a] do Senhor
sempre se cumprem;
ele é escudo para todos que
nele se refugiam.

[a] **18.30** Em hebraico, *a palavra*.

[31] Pois quem é Deus, senão o Senhor?
Quem é rocha firme, senão
o nosso Deus?
[32] Deus me reveste de força
e remove os obstáculos
de meu caminho.
[33] Torna meus pés ágeis
como os da corça
e me sustenta quando
ando pelos montes.
[34] Treina minhas mãos para a batalha
e fortalece meus braços para
vergar o arco de bronze.
[35] Tu me deste teu escudo de vitória;
tua mão direita me sustenta,
teu socorro[b] me engrandece.
[36] Abriste um caminho largo
para meus pés,
de modo que não vacilem.

[37] Persegui meus inimigos e os alcancei;
não retornei enquanto não
foram derrotados.
[38] Eu os feri até que não
pudessem se levantar;
tombaram diante de meus pés.
[39] Tu me armaste fortemente
para a batalha;
ajoelhaste meus inimigos
diante de mim.
[40] Puseste o pescoço deles
sob meus pés;
destruí todos que me odiavam.
[41] Pediram ajuda, mas
ninguém os socorreu;
clamaram ao Senhor, mas
ele não respondeu.
[42] Eu os moí tão fino como o pó da terra;
eu os lancei fora como
a lama das ruas.

[43] Tu me livraste de meus acusadores
e me puseste como
governante das nações;
povos que eu não conhecia
agora me servem.
[44] Rendem-se assim que ouvem
sobre meus feitos;
nações estrangeiras se
encolhem diante de mim.

[b] **18.35** Em hebraico, *tua humildade*; comparar com 2Sm 22.36.

45 Todos eles perdem a coragem
e, tremendo, saem de suas fortalezas.

46 O SENHOR vive! Louvada
seja minha Rocha!
Exaltado seja o Deus de
minha salvação!
47 Ele é o Deus que se vinga dos
que me fazem o mal;
sujeita as nações ao meu poder
48 e me livra de meus adversários.
Tu me manténs em segurança, fora
do alcance de meus inimigos;
de homens violentos me livras.
49 Por isso, ó SENHOR, te louvarei
entre as nações;
sim, cantarei louvores
ao teu nome.
50 Concedes grandes vitórias ao teu rei
e mostras amor por teu ungido,
por Davi e todos os seus
descendentes, para sempre!

19 *Ao regente do coral: salmo de Davi.*

1 Os céus proclamam a glória de Deus;
o firmamento demonstra a
habilidade de suas mãos.
2 Dia após dia, eles continuam a falar;
noite após noite, eles o
tornam conhecido.
3 Não há som nem palavras,
nunca se ouve o que eles dizem.[a]
4 Sua mensagem, porém,
chegou a toda a terra,
e suas palavras, aos confins
do mundo.

Deus preparou no céu
uma morada para o sol.
5 Dela o sol irrompe como o noivo
depois do casamento;
alegra-se como o valente
guerreiro em seu caminho.
6 O sol nasce numa
extremidade do céu
e realiza seu trajeto até a
outra extremidade;
nada pode se esconder
de seu calor.

7 A lei do SENHOR é perfeita
e revigora a alma.
Os decretos do SENHOR são
dignos de confiança
e dão sabedoria aos ingênuos.
8 Os preceitos do SENHOR são justos
e alegram o coração.
Os mandamentos do SENHOR
são límpidos
e iluminam a vida.
9 O temor do SENHOR é puro
e dura para sempre.
As instruções do SENHOR
são verdadeiras
e todas elas são corretas.
10 São mais desejáveis que o ouro,
mesmo o ouro puro.
São mais doces que o mel,
mesmo o mel que goteja do favo.
11 São uma advertência para teu servo,
grande recompensa para
quem os cumpre.

12 Quem é capaz de distinguir
os próprios erros?
Absolve-me das faltas que
me são ocultas.
13 Livra teu servo dos
pecados intencionais!
Não permitas que me controlem.
Então serei inculpável
e inocente de grande pecado.

14 Que as palavras da minha boca
e a meditação do meu coração
sejam agradáveis a ti, SENHOR,
minha rocha e meu redentor!

20 *Ao regente do coral: salmo de Davi.*

1 Que o SENHOR responda ao seu clamor
em tempos de sofrimento;
o nome do Deus de Jacó o
guarde de todo mal.
2 Que, de seu santuário, ele
lhe envie socorro
e, de Sião, o fortaleça.
3 Que ele se lembre de todas
as suas ofertas
e olhe com favor para os
seus holocaustos.
Interlúdio

[a] **19.3** Ou *Não há discurso nem linguagem em que não se ouça sua voz.*

[4] Que ele conceda os desejos
do seu coração
e lhe dê sucesso em todos
os seus planos.
[5] Daremos gritos de alegria
pela sua vitória
e hastearemos bandeiras em
nome de nosso Deus.
Que o SENHOR responda a
todas as suas orações.

[6] Agora sei que o SENHOR salva seu ungido;
ele responderá de seu santo céu
e o livrará com seu grande poder.
[7] Alguns povos confiam em carros
de guerra, outros, em cavalos,
mas nós confiamos no nome
do SENHOR, nosso Deus.
[8] Tais nações perdem as forças e caem,
mas nós nos levantamos e
permanecemos firmes.

[9] Dá vitória ao teu rei, ó SENHOR!
Responde ao nosso clamor por socorro.

21 *Ao regente do coral: salmo de Davi.*

[1] Em tua força, SENHOR, o rei se alegra;
grita de alegria porque lhe dás vitória.
[2] Concedeste o desejo de seu coração
e não negaste nada do que ele pediu.
Interlúdio

[3] Tu o recebeste com riqueza
de bênçãos;
puseste em sua cabeça uma
coroa de ouro puro.
[4] Ele pediu que lhe preservasses a vida,
e tu atendeste a seu pedido;
seus dias se estendem para sempre.
[5] Tua vitória lhe dá grande honra,
e tu o cobriste de esplendor
e majestade.
[6] A ele deste bênçãos eternas
e a alegria de tua presença.
[7] Pois o rei confia no SENHOR;
o amor do Altíssimo não
permitirá que ele se abale.

[8] Tu alcançarás todos os teus inimigos;
tua forte mão direita apanhará
todos que te odeiam.
[9] Quando te manifestares,
tu os lançarás numa fornalha ardente.
Em sua ira, o SENHOR os consumirá;
sim, fogo os devorará.
[10] Eliminarás da face da
terra seus filhos;
jamais terão descendentes.
[11] Embora conspirem contra ti,
suas tramas perversas
não terão sucesso.
[12] Pois darão meia-volta e fugirão
quando virem tuas flechas
apontadas para eles.
[13] Levanta-te, ó SENHOR, em teu poder!
Com música e cânticos
celebraremos tua força.

22 *Ao regente do coral: salmo de Davi, para ser cantado com a melodia "Corça da manhã".*

[1] Meu Deus, meu Deus, por
que me abandonaste?
Por que estás tão distante de
meus gemidos por socorro?
[2] Todos os dias clamo a ti, meu
Deus, mas não respondes;
todas as noites levanto a voz,
mas não encontro alívio.

[3] Tu, porém, és santo
e estás entronizado sobre
os louvores de Israel.
[4] Nossos antepassados confiaram em ti,
e tu os livraste.
[5] Clamaram a ti e foram libertos;
em ti confiaram e jamais
foram envergonhados.

[6] Mas eu sou um verme,
e não um homem;
todos me insultam e me desprezam.
[7] Os que me veem zombam de mim;
riem com maldade e balançam a cabeça:
[8] "Esse é o que confia no SENHOR?
Que ele o livre!
Que o liberte, se dele se agrada!".

[9] Tu, porém, me tiraste a salvo
do ventre de minha mãe
e me deste segurança quando
ela ainda me amamentava.

10 Fui colocado em teus braços
assim que nasci;
desde o ventre de minha mãe,
tens sido meu Deus.

11 Não permaneças distante de mim,
pois o sofrimento está próximo,
e ninguém mais pode me ajudar.
12 Meus inimigos me rodeiam
como touros;
sim, touros ferozes de Basã me cercam.
13 Abrem a boca contra mim como leões
que rugem e despedaçam a presa.
14 Minha vida é derramada como água;
todos os meus ossos
estão desconjuntados.
Meu coração é como cera
que se derrete dentro de mim.
15 Minha força secou, como
um caco de barro,
minha língua está grudada
ao céu da boca;
tu me deitaste no pó, à beira da morte.
16 Meus inimigos me rodeiam como cães,
um bando de perversos me cerca;
perfuraram[a] minhas mãos e meus pés.
17 Posso contar todos os meus ossos;
meus inimigos me encaram
e desdenham de mim.
18 Repartem minhas roupas entre si
e lançam sortes por minha veste.

19 Ó Senhor, não permaneças distante!
És minha força; vem
depressa me ajudar.
20 Livra-me da espada
e não permitas que esses
cães me tirem a vida.
21 Salva-me da boca do leão
e dos chifres dos bois selvagens.

22 Proclamarei teu nome a meus irmãos;
no meio de teu povo
reunido te louvarei.
23 Louvem o Senhor, todos que o temem!
Glorifiquem-no, todos os
descendentes de Jacó!
Reverenciem-no, todos os
descendentes de Israel!

[a] **22.16** Conforme alguns manuscritos hebraicos, a Septuaginta e a versão siríaca; a maioria dos manuscritos hebraicos traz *são como um leão em.*

24 Pois ele não desprezou nem
desdenhou o sofrimento dos aflitos;
não lhes deu as costas, mas ouviu
seus clamores por socorro.

25 Eu te louvarei na grande congregação;
cumprirei meus votos na
presença dos que te adoram.
26 Os pobres comerão e se saciarão;
todos que buscam o Senhor o louvarão
e terão o coração cheio de
alegria sem fim.
27 Toda a terra reconhecerá o
Senhor e voltará para ele;
diante dele se prostrarão todas
as famílias das nações.
28 Pois o Senhor reina e governa
sobre todos os povos.

29 Que os ricos da terra
celebrem e o adorem;
todos os mortais se
prostrem diante dele,
todos cuja vida terminará como pó.
30 Nossos filhos também o servirão,
as gerações futuras ouvirão
sobre o Senhor.
31 Proclamarão sua justiça aos
que ainda não nasceram
e falarão a respeito de tudo que ele fez.

23 *Salmo de Davi.*

1 O Senhor é meu pastor,
e nada me faltará.
2 Ele me faz repousar em verdes pastos
e me leva para junto de
riachos tranquilos.
3 Renova minhas forças
e me guia pelos caminhos da justiça;
assim, ele honra o seu nome.
4 Mesmo quando eu andar
pelo escuro vale da morte,[b]
não terei medo,
pois tu estás ao meu lado.
Tua vara e teu cajado me protegem.
5 Preparas um banquete para mim
na presença de meus inimigos.
Unges minha cabeça com óleo;
meu cálice transborda.

[b] **23.4** Ou *pelo vale mais escuro.*

[6] Certamente a bondade e o
amor me seguirão
todos os dias de minha vida,
e viverei na casa do Senhor
para sempre.

24

Salmo de Davi.

[1] A terra e tudo que nela há são do Senhor;
o mundo e todos os seus
habitantes lhe pertencem.
[2] Pois sobre os mares ele edificou
os alicerces da terra
e sobre as profundezas do
oceano a estabeleceu.

[3] Quem pode subir o monte do Senhor?
Quem pode permanecer
em seu santo lugar?
[4] Somente os que têm as mãos
puras e o coração limpo,
que não se entregam aos ídolos
e não juram em falso.
[5] Eles receberão a bênção do Senhor
e a justiça do Deus de sua salvação.
[6] São esses os que te buscam
e adoram em tua presença,
ó Deus de Jacó.[a]

Interlúdio

[7] Abram-se, portões da cidade!
Abram-se, antigos portais,
para que entre o Rei da glória.
[8] Quem é o Rei da glória?
O Senhor, forte e poderoso.
O Senhor, invencível nas batalhas.
[9] Abram-se, portões da cidade!
Abram-se, antigos portais,
para que entre o Rei da glória.
[10] Quem é o Rei da glória?
O Senhor dos Exércitos;
ele é o Rei da glória.

25

[b] *Salmo de Davi.*

[1] Ó Senhor, a ti entrego minha vida;
[2] confio em ti, meu Deus!
Não permitas que eu
seja envergonhado,
nem que meus inimigos se
alegrem com minha derrota.
[3] Quem confia em ti jamais
será envergonhado,
mas os que buscam enganar o
próximo serão envergonhados.

[4] Mostra-me o caminho certo, Senhor,
ensina-me por onde devo andar.
[5] Guia-me pela tua verdade
e ensina-me,
pois és o Deus que me salva;
em ti ponho minha
esperança todo o dia.
[6] Lembra-te, Senhor, de tua
compaixão e de teu amor,
que tens mostrado desde
tempos antigos.
[7] Não te lembres dos pecados e da
rebeldia de minha juventude;
lembra-te de mim segundo
o teu amor,
pois és misericordioso, ó Senhor.

[8] O Senhor é bom e justo;
mostra o caminho correto
aos que se desviam.
[9] Guia os humildes na justiça
e ensina-lhes seu caminho.
[10] O Senhor conduz com
amor e fidelidade
a todos que cumprem sua aliança
e obedecem a seus preceitos.

[11] Por causa do teu nome, ó Senhor,
perdoa meus pecados,
que são muitos.
[12] Quem são os que temem o Senhor?
Ele lhes mostrará o caminho
que devem escolher.
[13] Viverão em prosperidade,
e seus filhos herdarão a terra.
[14] O Senhor é amigo dos que o temem;
ele lhes ensina sua aliança.
[15] Meus olhos estão sempre
voltados para o Senhor,
pois ele livra meus pés de armadilhas.

[16] Volta-te para mim e tem misericórdia,
pois estou sozinho e aflito.

[a] **24.6** Conforme dois manuscritos hebraicos, a Septuaginta e a versão siríaca; a maioria dos manuscritos hebraicos traz *ó Jacó*.

[b] **25** Em hebraico este salmo é um poema acróstico; cada versículo começa com uma letra sucessiva do alfabeto hebraico.

17 Meus problemas só aumentam;
livra-me de toda a minha angústia!
18 Atenta para minha dor e
para meu sofrimento;
perdoa todos os meus pecados.
19 Vê quantos inimigos tenho
e a crueldade com que me odeiam.
20 Protege minha vida e livra-me!
Não permitas que eu
seja envergonhado,
pois em ti me refugio.
21 Que a integridade e a
retidão me guardem,
pois em ti ponho minha esperança.

22 Ó Deus, resgata Israel
de todas as suas angústias.

26 *Salmo de Davi.*

1 Declara-me inocente, SENHOR,
pois tenho vivido com integridade;
tenho confiado no SENHOR sem vacilar.
2 Põe-me à prova, SENHOR, e examina-me;
investiga meu coração e minha mente.
3 Pois estou sempre consciente
do teu amor
e tenho vivido de acordo
com a tua verdade.
4 Não passo tempo com mentirosos,
nem ando com hipócritas.
5 Detesto as reuniões dos
que praticam o mal
e não me associo aos perversos.
6 Lavo as mãos para declarar
minha inocência.
Venho ao teu altar, ó SENHOR,
7 para entoar um cântico de gratidão
e anunciar todas as tuas maravilhas.
8 Amo o teu santuário, SENHOR,
o lugar onde habita tua
presença gloriosa.

9 Não permitas que eu tenha o
destino dos pecadores,
não me condenes junto
com os assassinos.
10 Eles têm as mãos sujas de
tramas perversas
e vivem a aceitar subornos.
11 Eu, porém, vivo com integridade;
resgata-me e tem misericórdia de mim.
12 Agora estou em solo firme
e louvarei o SENHOR no meio do povo.

27 *Salmo de Davi.*

1 O SENHOR é minha luz e
minha salvação;
então, por que ter medo?
O SENHOR é a fortaleza de minha vida;
então, por que estremecer?
2 Quando os maus vierem
para me destruir,
quando meus inimigos e
adversários me atacarem,
eles tropeçarão e cairão.
3 Ainda que um exército me cerque,
meu coração não temerá.
Ainda que invistam contra mim,
permanecerei confiante.

4 A única coisa que peço ao SENHOR,
o meu maior desejo,
é morar na casa do SENHOR todos
os dias de minha vida,
para contemplar a beleza do SENHOR
e meditar em seu templo.
5 Pois ali me abrigará em
tempos de aflição
e em seu santuário me esconderá;
em segurança, numa rocha
alta, me colocará.
6 Então manterei a cabeça erguida,
acima dos inimigos que me cercam.
Em seu santuário, oferecerei
sacrifícios com gritos de alegria;
cantarei e louvarei o SENHOR com música.

7 Ouve minha oração, ó SENHOR;
tem compaixão e responde-me!
8 Meu coração ouviu tua voz dizer:
"Venha e entre na minha presença",
e meu coração respondeu:
"SENHOR, eu irei!".
9 Não voltes as costas para mim;
em tua ira, não rejeites teu servo.
Sempre foste meu auxílio;
não me deixes agora, não
me abandones,
ó Deus de minha salvação!
10 Mesmo que meu pai e minha
mãe me abandonem,
o SENHOR me acolherá.

[11] Ensina-me a viver, SENHOR;
guia-me pelo caminho certo,
pois meus inimigos estão
à minha espera.
[12] Não permitas que eu caia
nas mãos deles,
pois me acusam de coisas
que nunca fiz
e me ameaçam, respirando violência.
[13] Ainda assim, confio que verei
a bondade do SENHOR
enquanto estiver aqui,
na terra dos vivos.

[14] Espere pelo SENHOR
e seja valente e corajoso;
sim, espere pelo SENHOR.

28 *Salmo de Davi.*

[1] A ti eu clamo, ó SENHOR, minha rocha;
não feches teus ouvidos para mim.
Pois, se permaneceres calado,
será melhor que eu desista e morra.
[2] Ouve minha súplica por misericórdia,
quando eu clamar por socorro,
quando levantar as mãos
para o teu santuário.

[3] Não me arrastes com os perversos,
com os que praticam o mal,
que dirigem palavras
amigáveis ao próximo,
enquanto tramam maldades
no coração.
[4] Dá o castigo pelo que fizeram,
segundo a medida de
sua perversidade.
Retribui-lhes por seus atos
e faz que recebam o que merecem.
[5] Eles não se importam com
as obras do SENHOR,
nem com o que suas mãos criaram.
Por isso ele os derrubará,
e nunca mais voltarão a se erguer.

[6] Louvado seja o SENHOR,
pois ouviu meu clamor
por misericórdia!
[7] O SENHOR é minha força
e meu escudo;
confio nele de todo o coração.
Ele me ajuda, e meu coração
se enche de alegria;
por isso lhe dou graças
com meus cânticos.

[8] O SENHOR é a força de seu povo,
fortaleza segura para seu ungido.
[9] Salva o teu povo!
Abençoa os que pertencem a ti!
Conduze-os como pastor
e leva-os em teus braços para sempre.

29 *Salmo de Davi.*

[1] Honrem o SENHOR, seres celestiais,[a]
honrem o SENHOR por sua glória e força.
[2] Honrem o SENHOR pela
glória de seu nome,
adorem o SENHOR no esplendor
de sua santidade.

[3] A voz do SENHOR ecoa sobre o mar,
o Deus da glória troveja;
sobre o imenso mar, o SENHOR fala.
[4] A voz do SENHOR é poderosa,
a voz do SENHOR é majestosa.
[5] A voz do SENHOR quebra os
grandes cedros,
o SENHOR despedaça os cedros do Líbano.
[6] Faz os montes do Líbano
saltarem como bezerros,
faz o monte Hermom[b] pular
como novilhos selvagens.
[7] A voz do SENHOR risca o céu
com relâmpagos.
[8] A voz do SENHOR sacode o deserto,
o SENHOR faz tremer o deserto de Cades.
[9] A voz do SENHOR torce os fortes carvalhos[c]
e arranca as folhas dos bosques;
em seu templo todos
proclamam: "Glória!".

[10] O SENHOR comanda as
águas da inundação,
o SENHOR governa como
Rei para sempre.
[11] O SENHOR dá força ao seu povo,
o SENHOR os abençoa com paz.

[a] **29.1** Em hebraico, *filhos de Deus*.
[b] **29.6** Em hebraico, *Siriom*, outro nome para o monte Hermom.
[c] **29.9** Ou *faz a corça se retorcer de dor no parto*.

30 *Salmo de Davi; cântico para a dedicação do templo.*

[1] Eu te exaltarei, SENHOR, pois me livraste;
não permitiste que meus
inimigos rissem de mim.
[2] SENHOR, meu Deus, clamei
a ti por socorro,
e restauraste minha saúde.
[3] SENHOR, da sepultura[a] me tiraste
e não me deixaste cair na cova da morte.

[4] Cantem ao SENHOR, todos
que lhe são fiéis!
Louvem seu santo nome,
[5] pois sua ira dura apenas um instante,
mas seu favor, a vida inteira!
O choro pode durar toda a noite,
mas a alegria vem com o amanhecer.

[6] Quando eu era próspero, dizia:
"Agora, nada pode me derrubar!".
[7] Ó SENHOR, teu favor me mantinha
firme como uma montanha;
então o SENHOR me deu as
costas, e entrei em pânico.

[8] Clamei a ti, SENHOR,
supliquei ao Senhor por misericórdia:
[9] "Que vantagem terás se eu morrer,
se eu descer à cova?
Acaso o pó te louvará?
Falará de tua fidelidade?
[10] Ouve-me, SENHOR, e tem
misericórdia de mim;
ajuda-me, SENHOR!".

[11] Transformaste meu pranto em dança;
tiraste minhas roupas de luto
e me vestiste de alegria,
[12] para que eu cante louvores
a ti e não me cale.
SENHOR, meu Deus, te darei
graças para sempre!

31 *Ao regente do coral: salmo de Davi.*

[1] Em ti, SENHOR, me refugio;
não permitas que eu seja
envergonhado.
Salva-me por causa da tua justiça;
[2] inclina o teu ouvido para me escutar
e livra-me depressa.

Que tu sejas para mim
rocha de proteção,
fortaleza onde estarei seguro.
[3] És minha rocha e minha fortaleza;
por causa do teu nome,
guia-me e conduze-me.
[4] Tira-me da armadilha que
me prepararam,
pois só em ti encontro proteção.
[5] Em tuas mãos entrego meu espírito;
resgata-me, SENHOR, pois és Deus fiel.

[6] Detesto os que adoram ídolos inúteis;
eu, porém, confio no SENHOR.
[7] Exultarei e me alegrarei
em teu amor,
pois viste minha aflição e te
importas com minha angústia.
[8] Não me entregaste a meus inimigos,
mas me puseste em lugar seguro.

[9] Tem misericórdia de mim, SENHOR,
pois estou angustiado;
lágrimas me embaçam os olhos,
e meu corpo e minha alma definham.
[10] A tristeza me consome,
e meus dias se encurtam
com gemidos.
Minha força se esvai por
causa do pecado,
e meus ossos se desgastam.
[11] Todos os meus inimigos
zombam de mim,
e meus vizinhos me desprezam;
até meus amigos têm medo
de se aproximar.
Quando me veem na rua,
correm para o outro lado.
[12] Não se lembram de mim,
como se eu estivesse morto,
como se fosse um jarro quebrado.
[13] Ouço muitos boatos a meu respeito,
e o terror me cerca.
Conspiram contra mim,
tramam tirar minha vida.

[14] Eu, porém, confio em ti, SENHOR,
e digo: "Tu és meu Deus!".

[a] **30.3** Em hebraico, *do Sheol*.

Somente a constância e a permanência nas raízes são capazes de produzir frutos dignos de transformação.

15 Meu futuro está em tuas mãos;
livra-me dos que me
perseguem sem cessar.
16 Que a luz do teu rosto brilhe
sobre teu servo;
salva-me por causa do teu amor.
17 Não permitas que eu seja
envergonhado, SENHOR,
pois clamo a ti.
Que os perversos sejam envergonhados,
que fiquem calados na sepultura.[a]
18 Silencia seus lábios mentirosos,
lábios orgulhosos e arrogantes
que acusam os justos.

19 Grande é a bondade
que reservaste para os que te temem!
Tu a concedes aos que em ti se refugiam
e os abençoas à vista de todos.
20 Tu os escondes em tua presença,
a salvo de todos que contra
eles conspiram.
Tu os proteges num abrigo,
longe das línguas acusadoras.

21 Louvado seja o SENHOR,
pois ele me mostrou as
maravilhas de seu amor;
manteve-me a salvo numa
cidade cercada de inimigos.
22 Apavorado, clamei:
"Estou separado de tua presença!".
Mas ele ouviu a minha súplica
por misericórdia
e respondeu ao meu clamor por socorro.

23 Amem o SENHOR, todos vocês
que lhe são fiéis,
pois o SENHOR protege quem nele confia,
mas castiga severamente o arrogante.
24 Portanto, sejam fortes e corajosos,
todos vocês que põem sua
esperança no SENHOR!

32

Salmo[b] de Davi.

1 Como é feliz aquele
cuja desobediência é perdoada,
cujo pecado é coberto!
2 Sim, como é feliz aquele
cuja culpa[c] o SENHOR não
leva em conta,
cuja consciência é sempre sincera!
3 Enquanto me recusei a
confessar meu pecado,
meu corpo definhou,
e eu gemia o dia inteiro.
4 Dia e noite, tua mão
pesava sobre mim;
minha força evaporou como
água no calor do verão.
Interlúdio

5 Finalmente, confessei a ti
todos os meus pecados
e não escondi mais a minha culpa.
Disse comigo: "Confessarei ao
SENHOR a minha rebeldia",
e tu perdoaste toda a minha culpa.
Interlúdio

6 Portanto, todos que forem fiéis
orem a ti enquanto há tempo,
para que não se afoguem
quando vier a inundação.
7 Pois és meu esconderijo;
tu me guardas da aflição
e me cercas de cânticos de vitória.
Interlúdio

8 O SENHOR diz:
"Eu o guiarei pelo melhor
caminho para sua vida,
lhe darei conselhos e
cuidarei de você.
9 Não sejam como o cavalo ou a mula,
que não têm entendimento
e precisam de freios e rédeas
para ser controlados".

10 O perverso tem muitas tristezas,
mas o que confia no SENHOR
é cercado de amor.
11 Portanto, alegrem-se no
SENHOR e exultem,
todos vocês que são justos!
Gritem de alegria,
todos vocês que têm coração
íntegro!

---

[a] **31.17** Em hebraico, *no Sheol*.
[b] **32 título** Em hebraico, *maskil*, possivelmente um termo literário ou musical.
[c] **32.2** A Septuaginta traz *cujo pecado*. Comparar com Rm 4.7.

33 Cantem de alegria ao SENHOR,
vocês que são justos;
é apropriado que os
íntegros o louvem.
2 Celebrem ao SENHOR com
melodias da harpa,
toquem música para ele com
instrumento de dez cordas.
3 Entoem para ele um novo cântico,
toquem com habilidade e
cantem com alegria.
4 Pois a palavra do SENHOR é verdadeira
e podemos confiar em
tudo que ele faz.
5 Ele ama o que é justo e bom;
o amor do SENHOR enche a terra.

6 O SENHOR falou, e os céus
foram criados;
pelo sopro de sua boca as
estrelas nasceram.
7 Determinou os limites do mar
e juntou os oceanos em reservatórios.
8 Que o mundo inteiro tema o SENHOR,
e todos os habitantes da terra
tremam diante dele.
9 Pois, quando ele falou, o
mundo veio a existir;
tudo surgiu por sua ordem.

10 O SENHOR desfaz os planos das nações
e frustra os projetos dos povos.
11 Mas os planos do
SENHOR permanecem para sempre;
seus propósitos jamais
serão abalados.

12 Como é feliz a nação cujo
Deus é o SENHOR,
cujo povo ele escolheu
para lhe pertencer!

13 O SENHOR olha dos céus
e vê toda a humanidade.
14 De seu trono ele observa
todos os habitantes da terra.
15 Formou o coração de cada um;
por isso, entende tudo que fazem.
16 Nem mesmo um poderoso
exército pode salvar um rei;
grande força não é suficiente
para livrar um guerreiro.
17 Não confie em seu cavalo de
guerra para obter vitória;
apesar de toda a sua força, ele
não é capaz de salvá-lo.

18 O SENHOR, porém, está atento
aos que o temem,
aos que esperam por seu amor.
19 Ele os livra da morte
e os conserva com vida em
tempos de fome.

20 Nossa esperança está no SENHOR;
ele é nosso auxílio e nosso escudo.
21 Nele nosso coração se alegra,
pois confiamos em seu santo nome.
22 Que o teu amor nos cerque, SENHOR,
pois só em ti temos esperança.

34 [a] *Salmo de Davi sobre a ocasião em que se fingiu de louco diante de Abimeleque, que o expulsou de sua presença.*

1 Louvarei o SENHOR em todo o tempo;
meus lábios sempre o louvarão.
2 Somente no SENHOR me gloriarei;
que todos os humildes se alegrem.
3 Venham, proclamemos a
grandeza do SENHOR;
juntos, exaltemos o seu nome.

4 Busquei o SENHOR, e ele me
respondeu;
livrou-me de todos os
meus temores.
5 Os que olham para ele
ficarão radiantes;
no rosto deles não haverá
sombra de decepção.
6 Clamei ao SENHOR em meu
desespero, e ele me ouviu;
livrou-me de todas as
minhas angústias.
7 O anjo do SENHOR é guardião;
ele cerca e defende os que o temem.

8 Provem e vejam que o SENHOR é bom!
Como é feliz o que nele se refugia!

[a] **34** Em hebraico este salmo é um poema acróstico; cada versículo começa com uma letra sucessiva do alfabeto hebraico.

[9] Temam o SENHOR, vocês que lhe são fiéis,
pois os que o temem terão
tudo de que precisam.
[10] Até mesmo os leões jovens
e fortes passam fome,
mas aos que buscam o SENHOR
nada de bom faltará.

[11] Venham, meus filhos, e ouçam-me;
eu os ensinarei a temer o SENHOR.
[12] Quem deseja ter uma vida
longa e próspera?
[13] Refreie a língua de falar maldades
e os lábios de dizerem mentiras.
[14] Afaste-se do mal e faça o bem;
busque a paz e esforce-se
para mantê-la.

[15] Os olhos do SENHOR estão
sobre os justos,
e seus ouvidos, abertos
para seus clamores.
[16] O SENHOR, porém, volta o rosto
contra os que praticam o mal;
apagará da terra qualquer
lembrança deles.
[17] O SENHOR ouve os justos quando
clamam por socorro;
ele os livra de todas as suas angústias.
[18] O SENHOR está perto dos que têm
o coração quebrantado
e resgata os de espírito oprimido.

[19] O justo enfrenta muitas dificuldades,
mas o SENHOR o livra de todas elas.
[20] Pois o SENHOR protege os ossos do justo;
nem um sequer será quebrado.

[21] A calamidade certamente
destruirá os perversos,
e os que odeiam o justo
serão castigados.
[22] O SENHOR, porém, resgatará
os que o servem;
ninguém que nele se refugia
será condenado.

35

Salmo de Davi.

[1] Ó SENHOR, defende-me dos
que me acusam;
luta contra os que lutam contra mim.
[2] Põe tua armadura e toma teu escudo,
prepara-te para a batalha
e vem me socorrer.
[3] Levanta tua lança e teu dardo
contra aqueles que me perseguem.
Que eu te ouça dizer:
"Eu lhe darei vitória!".
[4] Sejam derrotados e humilhados
os que procuram me matar,
recuem envergonhados os que
planejam me prejudicar.
[5] Sopra-os para longe, como
palha ao vento,
e que o anjo do SENHOR os disperse.
[6] Torna o caminho deles
escuro e escorregadio,
e que o anjo do SENHOR os persiga.
[7] Não lhes fiz mal algum, mas eles
me prepararam uma armadilha;
sem motivo, abriram uma
cova para me pegar.
[8] Portanto, que venha sobre eles
destruição repentina!
Sejam pegos na armadilha
que me prepararam,
sejam destruídos na cova
que abriram para mim.

[9] Então me alegrarei no SENHOR,
exultarei porque ele me salva.
[10] Eu o louvarei com todos os
ossos de meu corpo:
"SENHOR, quem se compara a ti?
Quem além de ti resgata o
indefeso das mãos do forte?
Quem protege o pobre e o humilde
daqueles que os exploram?".

[11] Testemunhas maldosas
depõem contra mim
e me acusam de crimes que não cometi.
[12] Pagam-me o bem com o mal;
estou desesperado!
[13] Quando eles ficavam
doentes, eu lamentava;
humilhava-me com jejuns por eles,
mas minhas orações não
eram respondidas.
[14] Como se fossem meus amigos ou
familiares, eu me entristecia,
como se lamentasse por
minha própria mãe.

[15] Mas agora, em minha aflição,
eles se alegram;
triunfantes, juntam-se contra mim.
Pessoas que nem conheço me atacam,
agridem-me sem cessar.
[16] Zombam de mim e me insultam,
rosnam e me mostram os dentes.

[17] Até quando, Senhor, ficarás olhando?
Salva-me de seus ataques ferozes,
livra-me desses leões!
[18] Então te darei graças diante
da comunidade
e te louvarei perante todo o povo.
[19] Não permitas que meus inimigos
traiçoeiros riam de mim,
não deixes que me desprezem os
que me odeiam sem razão.
[20] Não falam de paz;
tramam contra os que vivem
tranquilos na terra.
[21] Gritam: "Ah! Agora o pegamos!
Nós o vimos com os próprios olhos!".

[22] Viste tudo isso, Senhor;
não permaneças calado, Senhor,
e não me abandones agora.
[23] Desperta! Levanta-te para
me fazeres justiça!
Defende minha causa, meu
Deus e meu Senhor.
[24] Julga-me, Senhor, meu Deus,
conforme a tua justiça;
não permitas que meus inimigos
riam às minhas custas.
[25] Não deixes que digam:
"Conseguimos o que queríamos!
Agora vamos acabar com ele!".

[26] Sejam envergonhados e humilhados
os que se alegram com a
minha desgraça.
Sejam cobertos de vergonha e desonra
os que triunfam sobre mim.
[27] Exultem e alegrem-se, porém,
os que me defendem;
que eles digam sempre:
"Grande é o Senhor,
que se agrada de abençoar
seu servo com paz!".
[28] Então proclamarei tua justiça
e te louvarei o dia todo.

36 *Ao regente do coral: salmo de Davi, servo do Senhor.*

[1] O pecado do ímpio sussurra
ao seu coração;[a]
ele não tem o menor temor de Deus.
[2] Em sua cega presunção,
não percebe quão grande
é sua perversidade.
[3] Tudo que diz é distorcido e enganoso;
não quer agir com prudência
nem fazer o bem.
[4] Mesmo à noite, trama maldades;
suas ações nunca são boas,
e não se esforça para fugir do mal.

[5] Teu amor, Senhor, é imenso
como os céus;
tua fidelidade vai além das nuvens.
[6] Tua justiça é como os
montes imponentes,
teus decretos, como as
profundezas do oceano;
tu, Senhor, cuidas tanto das
pessoas como dos animais.
[7] Como é precioso o teu amor, ó Deus!
Toda a humanidade encontra
abrigo à sombra de tuas asas.
[8] Tu os alimentas com a fartura de tua casa
e deixas que bebam de teu rio de delícias.
[9] Pois és a fonte de vida,
a luz pela qual vemos.

[10] Derrama teu amor sobre
os que te conhecem,
concede justiça aos sinceros de coração.
[11] Não permitas que os
arrogantes me pisoteiem,
nem que os perversos me empurrem.
[12] Vejam! Caíram os que praticam o mal!
Foram derrubados e nunca
mais se levantarão.

37 [b] *Salmo de Davi.*

[1] Não se preocupe com os perversos,
nem tenha inveja dos que
praticam o mal.

[a] **36.1** Conforme alguns manuscritos hebraicos e a versão siríaca; o Texto Massorético traz *ao meu coração.*
[b] **37** Em hebraico este salmo é um poema acróstico; cada estrofe começa com uma letra sucessiva do alfabeto hebraico.

[2] Pois, como o capim, logo secarão
e, como a grama verde, logo murcharão.

[3] Confie no SENHOR e faça o bem,
e você viverá seguro na
terra e prosperará.
[4] Busque no SENHOR a sua alegria,
e ele lhe dará os desejos
de seu coração.

[5] Entregue seu caminho ao SENHOR;
confie nele, e ele o ajudará.
[6] Tornará sua inocência radiante
como o amanhecer,
e a justiça de sua causa, como
o sol do meio-dia.

[7] Aquiete-se na presença do SENHOR,
espere nele com paciência.
Não se preocupe com o
perverso que prospera,
nem se aborreça com seus
planos maldosos.
[8] Deixe a ira de lado!
Não se enfureça!
Não perca a calma;
isso só lhe trará prejuízo.
[9] Pois os perversos serão destruídos,
mas os que confiam no SENHOR
possuirão a terra.

[10] Em breve, o perverso desaparecerá;
ainda que o procure, não o encontrará.
[11] Os humildes possuirão a terra
e viverão em paz e prosperidade.

[12] O perverso trama contra o justo;
rosna e lhe mostra os dentes.
[13] Mas o Senhor ri,
pois vê que o dia do
julgamento se aproxima.

[14] Os perversos puxam suas espadas
e preparam seus arcos,
para matar o pobre e o oprimido,
para massacrar os que são corretos.
[15] Suas espadas, porém, lhes
atravessarão o próprio coração,
e seus arcos serão quebrados.

[16] Melhor ser justo e ter pouco
que ser perverso e rico.
[17] Pois a força dos perversos
será despedaçada,
mas o SENHOR sustenta os justos.

[18] A cada dia, o SENHOR cuida dos íntegros;
eles receberão uma herança
que dura para sempre.
[19] Em tempos de calamidade,
não serão envergonhados;
mesmo em dias de fome, terão
mais que o suficiente.

[20] Os perversos, contudo, morrerão;
os inimigos do SENHOR são
como flores do campo
e desaparecerão como fumaça.

[21] O perverso toma emprestado
e nunca paga,
mas o justo dá com generosidade.
[22] Aqueles a quem o SENHOR abençoa
possuirão a terra,
mas aqueles a quem amaldiçoa
serão destruídos.

[23] O SENHOR dirige os passos do justo;
ele se agrada de quem anda
em seu caminho.
[24] Ainda que tropece, não cairá,
pois o SENHOR o segura pela mão.

[25] Fui jovem e agora sou velho,
mas nunca vi o justo ser abandonado,
nem seus filhos mendigarem pão.
[26] O justo é generoso e empresta
de boa vontade,
e seus filhos são uma bênção.

[27] Afaste-se do mal e faça o bem,
e você viverá na terra para sempre.
[28] Pois o SENHOR ama a justiça
e jamais abandonará seu povo fiel.
Ele sempre os protegerá,
mas os filhos dos perversos
serão destruídos.
[29] Os justos possuirão a terra
e nela habitarão para sempre.

[30] O justo oferece conselhos sábios
e ensina o que é certo.
[31] Guarda no coração a lei de Deus,
por isso seus passos são firmes.

[32] O perverso fica à espreita do justo
e procura matá-lo.
[33] O SENHOR, porém, não deixará que
o perverso tenha sucesso,
nem condenará o justo
quando ele for julgado.

[34] Ponha sua esperança no SENHOR
e ande com firmeza pelo
caminho dele.
Ele o honrará e lhe dará a terra,
e você verá os perversos
serem destruídos.

[35] Vi pessoas más e cruéis
florescerem como árvores
em solo nativo.
[36] Mas, quando voltei a olhar,
tinham desaparecido;
procurei por elas, mas
não as encontrei.

[37] Observe os que são
íntegros e justos;
um futuro maravilhoso espera
os que amam a paz.
[38] Os rebeldes, porém, serão
destruídos de uma só vez;
não têm futuro algum.

[39] O SENHOR salva os justos;
ele é sua fortaleza em
tempos de aflição.
[40] O SENHOR os socorre
e os livra dos perversos.
Ele os salva,
porque nele se refugiam.

38 *Salmo de Davi, em que pede a Deus que se lembre dele.*

[1] Ó SENHOR, não me repreendas
em tua ira,
nem me disciplines em tua fúria!
[2] Tuas flechas se cravam fundo em mim,
e o peso de tua mão me esmaga.
[3] Por causa de tua ira, todo o
meu corpo adoece;
minha saúde está arruinada,
por causa de meu pecado.
[4] Minha culpa me sufoca;
é um fardo pesado e insuportável.

[5] Minhas feridas infeccionaram
e cheiram mal,
por causa de minha insensatez.
[6] Estou encurvado e atormentado;
entristecido, ando o dia todo
de um lado para o outro.
[7] Meu corpo arde em febre,
minha saúde está arruinada.
[8] Estou exausto e abatido;
meus gemidos vêm de um
coração angustiado.

[9] Tu conheces meus desejos, Senhor,
e ouves cada um de meus suspiros.
[10] Meu coração bate depressa,
minhas forças se esvaem,
e a luz de meus olhos se apaga.
[11] Amigos e conhecidos se
afastam de mim,
por causa de minha doença,
e até minha família se mantém distante.
[12] Meus inimigos preparam
armadilhas para me matar;
os que desejam meu mal
tramam para me arruinar
e passam o dia planejando sua traição.

[13] Eu, porém, me faço de surdo
para suas ameaças;
como mudo, permaneço
calado diante deles.
[14] Escolhi nada ouvir
e nada responder.
[15] Pois espero por ti, ó SENHOR;
responde por mim, Senhor, meu Deus.
[16] Orei: "Não deixes que meus
inimigos zombem de mim,
nem que se divirtam com minha queda".

[17] Estou à beira de um colapso;
enfrento dor constante.
[18] Confesso, porém, minha culpa;
sinto profundo lamento do que fiz.
[19] Meus inimigos são muitos e fortes;
eles me odeiam sem razão.
[20] Pagam o bem com o mal
e opõem-se a mim porque
procuro o bem.
[21] Não me abandones, SENHOR;
não permaneças distante, meu Deus.
[22] Vem depressa me ajudar,
ó Senhor, meu salvador!

39 *Para Jedutum, regente do coral: salmo de Davi.*

[1] Disse comigo: "Tomarei
cuidado com o que faço
e não pecarei no que digo.
Ficarei calado enquanto o
perverso estiver por perto".
[2] Mas, enquanto eu estava em silêncio,
sem falar sequer de coisas boas,
a angústia cresceu dentro de mim.
[3] Quanto mais eu pensava,
mais ardia meu coração;
então, decidi falar:
[4] "Mostra-me, SENHOR, como é
breve meu tempo na terra;
mostra-me que meus dias
estão contados
e que minha vida é passageira.
[5] A vida que me deste não é mais
longa que alguns palmos,
e diante de ti toda a minha existência
não passa de um momento;
na verdade, o ser humano
não passa de um sopro".

Interlúdio

[6] Somos apenas sombras
que se movem,
e nossas inquietações
não dão em nada.
Acumulamos riquezas
sem saber quem as gastará.
[7] Agora, Senhor, o que devo esperar?
És minha única esperança.
[8] Livra-me de minha rebeldia
e não permitas que os tolos
zombem de mim.
[9] Estou calado; não direi
uma só palavra,
pois minha punição vem de ti.
[10] Mas, por favor, para de
me castigar;
os golpes de tua mão me
reduzem a nada!
[11] Quando nos disciplinas
por nossos pecados,
consomes como a traça o que
nos é mais precioso;
o ser humano não passa
de um sopro.

Interlúdio

[12] Ouve minha oração, SENHOR!
Escuta meus clamores por socorro!
Não ignores minhas lágrimas,
pois sou como estrangeiro diante de ti,
um viajante que está só de passagem,
como eram meus antepassados.
[13] Desvia de mim o olhar, para
que eu volte a sorrir,
antes que eu me vá e deixe de existir.

40 *Ao regente do coral: salmo de Davi.*

[1] Esperei com paciência pelo SENHOR;
ele se voltou para mim e
ouviu meu clamor.
[2] Tirou-me de um poço de desespero,
de um atoleiro de lama.
Pôs meus pés sobre uma rocha
e firmou meus passos.
[3] Deu-me um novo cântico para entoar,
um hino de louvor a nosso Deus.
Muitos verão o que ele fez,
temerão e confiarão no SENHOR.

[4] Como é feliz o que confia no SENHOR,
que não depende dos arrogantes,
nem dos que se desviam
para a mentira!
[5] SENHOR, meu Deus, tu nos fizeste
muitas maravilhas,
e teus planos para nós são tantos
que não se pode contá-los;
não há ninguém igual a ti.
Se eu tentasse relatar todos
os teus feitos,
jamais chegaria ao fim.

[6] Não tens prazer em ofertas
nem em sacrifícios;
agora que me fizeste ouvir,
compreendo:[a]
tu não exiges holocaustos
nem ofertas pelo pecado.
[7] Então eu disse: "Aqui estou,
conforme está escrito a meu
respeito no livro.
[8] Tenho prazer em fazer tua
vontade, meu Deus,
pois a tua lei está em
meu coração".

[a] **40.6** A Septuaginta traz *tu me deste um corpo*. Comparar com Hb 10.5.

9 Anunciei a tua justiça a toda
a comunidade;
não tive medo de falar,
como bem sabes, ó SENHOR.
10 Não escondi em meu
coração a tua justiça;
falei de tua fidelidade e de tua salvação.
Proclamei a toda a comunidade
o teu amor e a tua verdade.

11 SENHOR, não retenhas de
mim a tua compaixão;
que o teu amor e a tua verdade
sempre me protejam.
12 Pois as dificuldades me cercam;
são tantas que não se pode contá-las.
Meus pecados se acumularam
de tal modo
que não consigo enxergar saída.
São mais numerosos que os
cabelos de minha cabeça;
por isso, perdi todo o ânimo.

13 Por favor, SENHOR, livra-me!
Vem depressa, SENHOR, e ajuda-me!
14 Sejam envergonhados e humilhados
os que procuram me matar.
Voltem atrás em desonra
os que se alegram com a minha desgraça.
15 Recuem horrorizados com
a própria vergonha,
pois disseram: "Ah! Agora o pegamos!".

16 Alegrem-se e exultem, porém,
todos que te buscam.
Todos que amam tua salvação,
digam sempre: "Grande é o SENHOR!".
17 Quanto a mim, pobre e aflito,
que o Senhor me mantenha
em seus pensamentos.
Tu és meu auxílio e minha salvação;
ó meu Deus, não te demores!

41 *Ao regente do coral: salmo de Davi.*

1 Como é feliz aquele que se
importa com o pobre!
Em tempos de aflição, o SENHOR o livra.
2 O SENHOR o protege
e lhe conserva a vida.
Ele o faz prosperar na terra
e o livra de seus inimigos.
3 O SENHOR cuida dele quando fica doente
e lhe restaura a saúde.

4 Orei: "Ó SENHOR, tem
misericórdia de mim!
Cura-me, pois pequei contra ti!".
5 Meus inimigos, porém, só
falam mal de mim:
"Quando ele morrerá e
será esquecido?".
6 Visitam-me como se fossem
meus amigos,
mas todo o tempo reúnem
calúnias contra mim
e depois as espalham por aí.
7 Todos que me odeiam falam
de mim em sussurros
e imaginam o pior.
8 "Ele está com uma doença
mortal", dizem,
"nunca mais se levantará da cama!"
9 Até meu melhor amigo, em
quem eu confiava
e com quem repartia meu pão,
voltou-se contra mim.

10 SENHOR, tem misericórdia de mim!
Devolve-me a saúde, para que
eu lhes dê o que merecem.
11 Sei que te agradas de mim,
pois não deixaste que meus
inimigos triunfassem.
12 Preservaste minha vida
porque sou inocente
e trouxeste-me à tua
presença para sempre.

13 Louvado seja o SENHOR, o Deus de Israel,
de eternidade a eternidade.
Amém e amém!

LIVRO 2 (SALMOS 42—72)

42 *Ao regente do coral: salmo[a] dos descendentes de Corá.*

1 Como a corça anseia pelas
correntes de água,
assim minha alma anseia
por ti, ó Deus.

[a] **42 título** Em hebraico, *maskil*, possivelmente um termo literário ou musical.

[2] Tenho sede de Deus, do Deus vivo;
quando poderei estar na
presença dele?
[3] Dia e noite, as lágrimas têm
sido meu alimento,
enquanto zombam de
mim o tempo todo,
dizendo: "Onde está o seu Deus?".

[4] Meu coração se enche de tristeza,
pois me lembro de como eu andava
com a multidão de adoradores,
à frente do cortejo que subia
até a casa de Deus,
cantando de alegria e
dando graças,
em meio aos sons de
uma grande festa.

[5] Por que você está tão abatida,
ó minha alma?
Por que está tão triste?
Espere em Deus!
Ainda voltarei a louvá-lo,
meu Salvador e [6] meu Deus!

Agora estou profundamente abatido,
mas me lembro de ti,
desde o distante monte Hermom,
onde nasce o Jordão,
desde a terra do monte Mizar.
[7] Ouço o tumulto do mar revolto,
enquanto suas ondas e correntezas
passam sobre mim.
[8] Durante o dia, porém, o Senhor
me derrama seu amor,
e à noite entoo seus cânticos
e faço orações ao Deus
que me dá vida.

[9] Clamo: "Ó Deus, minha rocha,
por que te esqueceste de mim?
Por que tenho de andar entristecido,
oprimido por meus inimigos?".
[10] Os insultos deles me
quebram os ossos;
zombam de mim o tempo todo,
dizendo: "Onde está o seu Deus?".

[11] Por que você está tão abatida,
ó minha alma?
Por que está tão triste?
Espere em Deus!
Ainda voltarei a louvá-lo,
meu Salvador e meu Deus!

43

Declara-me inocente, ó Deus!
Defende-me desse povo mau,
livra-me dos falsos e injustos.
[2] Pois tu és minha fortaleza, ó Deus;
por que me rejeitaste?
Por que tenho de andar entristecido,
oprimido por meus inimigos?
[3] Envia a tua luz e a tua verdade,
para que me guiem.
Que elas me conduzam ao
teu santo monte,
ao lugar onde habitas.
[4] Ali, irei ao altar de Deus,
a Deus, fonte de toda a minha alegria.
Eu te louvarei com minha harpa,
ó Deus, meu Deus!

[5] Por que você está tão abatida,
ó minha alma?
Por que está tão triste?
Espere em Deus!
Ainda voltarei a louvá-lo,
meu Salvador e meu Deus!

44

Ao regente do coral: salmo[a] *dos descendentes de Corá.*

[1] Ó Deus, ouvimos com os
próprios ouvidos;
nossos antepassados
nos contaram
tudo que fizeste em seus dias,
muito tempo atrás.
[2] Com teu poder, expulsaste
as nações
e estabeleceste teu povo na terra.
Esmagaste os povos inimigos
e libertaste nossos antepassados.
[3] Não foi por suas espadas que
eles conquistaram a terra,
não foi pela força de seus braços
que alcançaram vitória.
Foi pela tua mão direita e
pelo teu braço forte,
pela luz intensa do teu rosto;
foi por causa do teu amor por eles.

[a] **44 título** Em hebraico, *maskil*, possivelmente um termo literário ou musical.

4 Tu és meu Rei e meu Deus;
decretas vitórias para Israel.[a]
5 Com teu poder, afastamos
nossos inimigos;
em teu nome, pisoteamos
nossos adversários.
6 Não confio em meu arco,
não conto com minha
espada para me salvar.
7 Tu nos concedes vitória
sobre nossos inimigos
e envergonhas os que nos odeiam.
8 Ó Deus, o dia todo te damos glória
e louvamos teu nome para sempre.
Interlúdio

9 Agora, porém, tu nos rejeitaste
e nos envergonhaste;
já não conduzes nossos
exércitos para as batalhas.
10 Tu nos fazes bater em retirada
diante de nossos inimigos
e permites que sejamos saqueados
por aqueles que nos odeiam.
11 Entregaste-nos como ovelhas
para o matadouro
e espalhaste-nos entre as nações.
12 Vendeste teu povo precioso
por uma ninharia
e não tiveste lucro com a venda.
13 Permitiste que as nações
vizinhas zombassem de nós;
somos objeto de desprezo e ridículo
para os que nos rodeiam.
14 Fizeste de nós motivo de
riso entre as nações;
com desdém, balançam
a cabeça para nós.
15 Não há como escapar da
humilhação constante;
temos o rosto coberto
de vergonha.
16 Não ouvimos outra coisa,
senão os insultos dos que
zombam de nós.
Não vemos outra coisa,
senão os inimigos que
desejam vingança.
17 Tudo isso aconteceu sem que
nos esquecêssemos de ti,
sem que fôssemos infiéis
à tua aliança.
18 Nosso coração não te abandonou,
não desviamos os pés de teu caminho.
19 Tu, porém, nos esmagaste no
deserto, onde vivem os chacais,
e nos cobriste de escuridão e morte.
20 Se tivéssemos nos esquecido
do nome de nosso Deus,
ou estendido as mãos em oração
a deuses estrangeiros,
21 Deus com certeza saberia,
pois ele conhece os segredos
de cada coração.
22 Mas, por causa de ti, enfrentamos
a morte todos os dias;
somos como ovelhas levadas
para o matadouro.

23 Desperta, Senhor! Por que dormes?
Levanta-te! Não nos rejeites
para sempre!
24 Por que escondes o rosto de nós?
Por que te esqueces de nosso
sofrimento e opressão?
25 Desfalecemos no pó,
caídos com o corpo no chão.
26 Levanta-te e ajuda-nos!
Resgata-nos por causa do teu amor!

45

Ao regente do coral: canção de amor para ser cantada com a melodia "Lírios". Salmo[b] dos descendentes de Corá.

1 Lindas palavras comovem
meu coração;
recitarei um belo poema
a respeito do rei,
pois minha língua é como a pena
de um habilidoso escritor.

2 Tu és o mais belo de todos;
palavras graciosas fluem
de teus lábios.
Sim, Deus te abençoou para sempre.
3 Põe tua espada à cintura, ó
poderoso guerreiro;
tu és glorioso e majestoso!

A mesa de Davi fazia seu cálice transbordar mesmo diante de seus inimigos. Escolha a mesa certa, porque nem todas as mesas são para você.

[a] **44.4** Em hebraico, *para Jacó*. Os nomes "Jacó" e "Israel" são usados de forma intercambiável ao longo de todo o Antigo Testamento e se referem, por vezes, ao patriarca e, em outras ocasiões, à nação.

[b] **45 título** Em hebraico, *maskil*, possivelmente um termo literário ou musical.

[4] Em tua majestade, cavalga
para a vitória
e defende a verdade, a
humildade e a justiça;
avança e realiza feitos notáveis.
[5] Tuas flechas são agudas e atravessam
o coração de teus inimigos;
as nações caem a teus pés.

[6] Teu trono, ó Deus,[a] permanece
para todo o sempre;
tu governas com cetro de justiça.
[7] Amas a justiça e odeias o mal;
por isso, Deus, o teu Deus, te ungiu.
Derramou sobre ti o óleo da alegria
mais que sobre qualquer outro.
[8] Mirra, aloés e cássia
perfumam tuas roupas;
em palácios de marfim, instrumentos
de cordas te alegram.
[9] Entre as mulheres de tua
corte há filhas de reis;
à tua direita, está a rainha,
usando joias de ouro puro de Ofir.

[10] Ouça, ó filha de rei; leve
a sério o que digo.
Esqueça seu povo e sua família,
[11] pois o rei, seu marido, se
encanta com sua beleza;
honre-o, pois ele é seu senhor.
[12] A cidade de Tiro[b] a cobrirá
de presentes,
os ricos suplicarão por seu favor.
[13] A princesa é uma linda noiva,
belíssima em seu vestido dourado.
[14] Em suas roupas bordadas,
é levada até o rei,
acompanhada de suas damas de honra.
[15] Formam um grupo alegre e festivo
que entra no palácio real.

[16] Teus filhos serão reis,
como o pai deles;
tu os farás governantes de muitas terras.
[17] Eu darei honra ao teu nome
por todas as gerações;
por isso, as nações te louvarão
para todo o sempre.

[a] **45.6** Ou *Teu trono divino.*
[b] **45.12** Ou *A princesa de Tiro*; o hebraico traz *A filha de Tiro.*

46 *Ao regente do coral: cântico dos descendentes de Corá, para ser cantado com vozes de soprano.*[c]

[1] Deus é nosso refúgio e nossa força,
sempre pronto a nos socorrer
em tempos de aflição.
[2] Portanto, não temeremos
quando vierem terremotos
e montes desabarem no mar.
[3] Que o oceano estrondeie e espumeje!
Que os montes estremeçam
enquanto as águas se elevam!
Interlúdio

[4] Um rio e seus canais alegram
a cidade de nosso Deus,
o santo lugar do Altíssimo.
[5] Deus habita nessa cidade, e
ela não será destruída;
desde o amanhecer, Deus a protegerá.
[6] As nações estão em confusão,
e seus reinos desmoronam.
A voz de Deus troveja,
e a terra se dissolve.
[7] O Senhor dos Exércitos está entre nós;
o Deus de Jacó é nossa fortaleza.
Interlúdio

[8] Venham, contemplem as
gloriosas obras do Senhor!
Vejam como ele traz destruição
sobre o mundo!
[9] Acaba com as guerras em toda a terra,
quebra o arco e parte ao meio a lança,
e destrói os escudos com fogo.

[10] "Aquietem-se e saibam que eu sou Deus!
Serei honrado entre todas as nações;
serei honrado no mundo inteiro."

[11] O Senhor dos Exércitos está entre nós;
o Deus de Jacó é nossa fortaleza.
Interlúdio

47 *Ao regente do coral: salmo dos descendentes de Corá.*

[1] Batam palmas, todos os povos!
Celebrem a Deus em alta voz!

[c] **46 título** Em hebraico, *de acordo com alamoth.*

[2] Pois o SENHOR Altíssimo é temível;
é o grande Rei de toda a terra.
[3] Ele derrota os povos diante de nós
e põe as nações sob nossos pés.
[4] Escolheu para nós uma
terra como herança,
o orgulho dos descendentes
de Jacó, a quem ele ama.
Interlúdio

[5] Deus subiu em meio a
gritos de alegria;
o SENHOR se elevou ao forte
som de trombetas.
[6] Cantem louvores a Deus,
cantem louvores,
cantem louvores ao nosso
Rei, cantem louvores!
[7] Pois Deus é o Rei de toda a terra;
louvem-no com um salmo.[a]
[8] Deus reina sobre as nações,
sentado em seu santo trono.
[9] Os governantes do mundo se juntaram
ao povo do Deus de Abraão.
Pois todos os reis da terra
pertencem a Deus;
ele é grandemente exaltado
em toda parte.

48 *Cântico; salmo dos descendentes de Corá.*

[1] Grande é o SENHOR
e muito digno de louvor,
na cidade de nosso Deus,
em seu santo monte.
[2] O monte Sião, o santo monte,[b]
é alto e magnífico;
toda a terra se alegra em vê-lo;
é a cidade do grande Rei.
[3] O próprio Deus está em suas torres
e se revela como seu protetor.

[4] Os reis da terra uniram forças
e avançaram contra a cidade.
[5] Mas, quando a viram,
ficaram espantados
e fugiram aterrorizados.
[6] Foram tomados de medo
e se contorceram de dores,
como a mulher no parto.
[7] Tu os destruíste como os
navios de Társis,
despedaçados por um
forte vento do leste.

[8] Tínhamos ouvido falar da
glória da cidade,
mas agora a vimos com
os próprios olhos,
a cidade do SENHOR dos Exércitos.
É a cidade de nosso Deus,
que a manterá segura para sempre.
Interlúdio

[9] Ó Deus, em teu amor meditamos
enquanto adoramos em teu templo.
[10] Como teu nome merece, ó Deus,
serás louvado até os
confins da terra;
tua forte mão direita está
cheia de vitória.
[11] Alegre-se o povo no monte Sião!
Todas as cidades de Judá exultem
por causa de teus decretos!

[12] Percorram a cidade de Sião,
vão e contem suas muitas torres.
[13] Observem os muros fortificados
e caminhem por todas as cidadelas,
para que possam descrevê-las
às gerações futuras.
[14] Pois assim é nosso Deus;
ele é nosso Deus para todo o sempre
e nos guiará até o dia de nossa morte.

49 *Ao regente do coral: salmo dos descendentes de Corá.*

[1] Ouçam isto, todos os povos!
Escutem, todos os habitantes da terra!
[2] Toda a humanidade,
sem exceção,
tanto ricos como pobres,
prestem atenção!
[3] Pois minhas palavras são sábias,
e meus pensamentos, cheios
de entendimento.
[4] Ouço muitos provérbios com atenção
e, ao som da harpa, explico enigmas.

[a] **47.7** Em hebraico, *maskil*, possivelmente um termo literário ou musical.
[b] **48.2** Ou *monte Sião, no extremo norte*; o hebraico traz *monte Sião, as alturas de Zafom*.

[5] Por que terei medo quando
vierem as dificuldades,
quando inimigos perversos
me cercarem?
[6] Eles confiam em seus bens
e contam vantagem de suas
grandes riquezas.
[7] Mas não são capazes de se
redimir da morte[a]
e pagar um resgate a Deus.
[8] O preço para resgatar uma
vida é altíssimo,
e ninguém é capaz de pagar o suficiente
[9] para viver para sempre
e jamais ver a sepultura.

[10] Os sábios, no fim, morrerão, como
os tolos e os ignorantes,
que deixam toda a sua
riqueza para trás.
[11] A sepultura[b] é seu lar eterno,
onde ficarão para sempre.
Dão o próprio nome às suas terras,
[12] mas a sua fama não durará;
como os animais, eles
também morrerão.
[13] Esse é o destino dos tolos,
embora sejam admirados
pelo que dizem.[c]

Interlúdio

[14] Como ovelhas, são levados
à sepultura,[d]
onde a morte será seu pastor.
Pela manhã, os justos
governarão sobre eles;
seus corpos apodrecerão na sepultura,
longe de suas grandes propriedades.
[15] Quanto a mim, Deus
resgatará minha vida
e me livrará do poder da sepultura.

Interlúdio

[16] Portanto, não desanimem quando
o perverso enriquecer
e sua casa se tornar ainda mais luxuosa.
[17] Pois, quando morrer, nada
levará consigo;
sua riqueza não o acompanhará
ao túmulo.
[18] Nesta vida, ele se considera
afortunado
e é elogiado por seu sucesso.
[19] Contudo, morrerá como todos
os seus antepassados
e nunca mais voltará a ver a luz do dia.
[20] Os que contam vantagem de suas
riquezas nada entendem;
como os animais, também morrerão.

50 *Salmo de Asafe.*

[1] O SENHOR, o Deus Poderoso, falou;
convocou toda a humanidade,
desde onde o sol nasce até onde se põe.
[2] Do monte Sião, lugar de perfeita beleza,
Deus resplandece.
[3] Nosso Deus se aproxima
e não está em silêncio.
Fogo devora tudo em seu caminho,
e ao seu redor há uma
grande tempestade.
[4] Ele convoca os céus em cima
e a terra embaixo,
para testemunharem o
julgamento de seu povo.
[5] "Tragam aqui os que me são fiéis,
os que fizeram comigo uma aliança
de oferta de sacrifícios."
[6] Então, que os céus proclamem
sua justiça,
pois o próprio Deus será o juiz.

Interlúdio

[7] "Ó meu povo, ouça o que direi,
estas são minhas acusações
contra você, ó Israel:
Eu sou Deus, o seu Deus!
[8] Não o reprovo por seus sacrifícios,
nem pelos holocaustos que
sempre oferecem.
[9] Não preciso, contudo, dos
novilhos de seus estábulos,
nem dos bodes de seus currais.
[10] Pois são meus todos os
animais dos bosques,
e sou dono do gado nos
milhares de colinas.

---

[a] **49.7** Alguns manuscritos hebraicos trazem *Ninguém é capaz de redimir a vida de outra pessoa.*
[b] **49.11** Conforme a Septuaginta e a versão siríaca; o hebraico traz *O seu [pensamento] interior.*
[c] **49.13** Ou *embora sejam lembrados como sábios.* O significado do hebraico é incerto.
[d] **49.14** Em hebraico, *Sheol*; também em 49.14b,15.

11 Conheço cada pássaro dos montes,
e todos os animais dos
campos me pertencem.
12 Se eu tivesse fome, não lhes diria,
pois meu é o mundo inteiro
e tudo que nele há.
13 Acaso como a carne de touros
ou bebo o sangue de bodes?
14 Ofereçam a Deus seu
sacrifício de gratidão
e cumpram os votos que
fizerem ao Altíssimo.
15 Então clamem a mim em
tempos de aflição;
eu os livrarei,
e vocês me darão glória."

16 Ao perverso, porém, Deus diz:
"De que adianta recitar meus decretos
e falar a respeito de minha aliança?
17 Pois você recusa minha disciplina
e trata minhas palavras como lixo.
18 Quando vê ladrões, aprova o que fazem
e passa seu tempo com adúlteros.
19 Sua boca está cheia de maldade,
e sua língua, repleta de mentiras.
20 Vive a caluniar seu irmão,
filho de sua própria mãe.
21 Enquanto você assim agia,
permaneci calado,
e você pensou que éramos iguais.
Agora, porém, o repreenderei;
contra você apresentarei
minhas acusações.
22 Pensem bem e arrependam-se
todos vocês que de mim se esquecem;
caso contrário, eu os despedaçarei
e ninguém os ajudará.
23 A gratidão, porém, é um sacrifício
que de fato me honra;
se permanecerem em meus caminhos,
eu lhes revelarei a salvação de Deus".

51

Ao regente do coral: salmo de Davi, sobre a ocasião em que o profeta Natã veio falar com Davi após o adultério com Bate-Seba.

1 Tem misericórdia de mim, ó Deus,
por causa do teu amor.
Por causa da tua grande compaixão,
apaga as manchas de minha rebeldia.
2 Lava-me de toda a minha culpa,
purifica-me do meu pecado.
3 Pois reconheço minha rebeldia;
meu pecado me persegue
todo o tempo.
4 Pequei contra ti, somente contra ti;
fiz o que é mau aos teus olhos.
Por isso, tens razão no que dizes,
e é justo teu julgamento contra mim.[a]
5 Pois sou pecador desde que nasci,
sim, desde que minha
mãe me concebeu.
6 Tu, porém, desejas a
verdade no íntimo
e no coração me mostras a sabedoria.[b]

7 Purifica-me de minha
impureza,[c] e ficarei limpo;
lava-me, e ficarei mais
branco que a neve.
8 Devolve-me a alegria e a felicidade!
Tu me quebraste;
agora, permite que eu
exulte outra vez.
9 Não continues a olhar para
meus pecados;
remove as manchas de minha culpa.
10 Cria em mim, ó Deus,
um coração puro;
renova dentro de mim
um espírito firme.
11 Não me expulses de tua presença
e não retires de mim teu
Santo Espírito.[d]

12 Restaura em mim a alegria
de tua salvação
e torna-me disposto a te obedecer.
13 Então ensinarei teus
caminhos aos rebeldes,
e eles voltarão a ti.
14 Perdoa-me por ter derramado sangue,
ó Deus de minha salvação;
então, com alegria,
anunciarei tua justiça.
15 Abre meus lábios, Senhor,
para que minha boca te louve.

---

[a] **51.4** A Septuaginta traz *e ganharás tua causa no juízo.* Comparar com Rm 3.4.
[b] **51.6** Ou *Tu, porém, desejas a verdade desde o ventre, / e mesmo ali me ensinavas sabedoria.*
[c] **51.7** Em hebraico, *Purifica-me com o ramo de hissopo.*
[d] **51.11** Ou *teu espírito de santidade.*

[16] Tu não desejas sacrifícios, do
contrário eu os ofereceria;
também não queres holocaustos.
[17] O sacrifício que desejas é um
espírito quebrantado;
não rejeitarás um coração
humilde e arrependido.
[18] Olha com favor para Sião e ajuda-a;
reconstrói os muros de Jerusalém.
[19] Então te agradarás dos
sacrifícios de justiça,
dos holocaustos e das
ofertas queimadas;
e sobre teu altar novilhos
voltarão a ser sacrificados.

52

Ao regente do coral: salmo[a] de Davi sobre a ocasião em que Doegue, o edomita, disse a Saul: "Davi foi à casa de Aimeleque".

[1] Por que conta vantagem de seus
crimes, grande guerreiro?
Não sabe que o amor de Deus
dura para sempre?
[2] O dia todo você trama
destruição;
sua língua mentirosa corta
como navalha afiada.
[3] Ama o mal mais que o bem
e fala mais mentiras que verdades.
Interlúdio

[4] Você gosta de destruir os outros
com suas palavras,
seu mentiroso!
[5] Por isso, Deus o destruirá de
uma vez por todas;
ele o tirará de sua casa e o
arrancará da terra dos vivos.
Interlúdio

[6] Os justos verão isso e temerão;
rirão de você e dirão:
[7] "Vejam o que acontece aos
poderosos guerreiros
que não fazem de Deus
sua fortaleza!
Confiam em suas muitas riquezas
e se refugiam em sua maldade".

[8] Eu, porém, sou como a oliveira
que floresce na casa de Deus;
sempre confiarei no
amor de Deus.
[9] Eu te louvarei para sempre, ó Deus,
por aquilo que fizeste.
Confiarei em teu bom nome,
na presença de teu povo fiel.

53

Ao regente do coral: meditação; salmo[b] de Davi.

[1] Os tolos dizem em seu coração:
"Não há Deus".
São corruptos e praticam o mal;
nenhum deles faz o bem.

[2] Deus olha dos céus
para toda a humanidade,
para ver se alguém é sábio,
se alguém busca a Deus.
[3] Todos, porém, se desviaram;
todos se corromperam.[c]
Ninguém faz o bem,
nem um sequer!

[4] Acaso os que praticam o mal
jamais aprenderão?
Devoram meu povo como
se fosse pão
e nem pensam em orar a Deus.
[5] Grande terror se apoderará deles,
terror como nunca experimentaram.[d]
Deus espalhará os ossos dos
que atacam seu povo;
serão humilhados, pois
Deus os rejeitou.

[6] Quem virá do monte Sião
para salvar Israel?
Quando Deus restaurar seu povo,
Jacó dará gritos de alegria,
e Israel exultará.

54

Ao regente do coral: salmo[e] de Davi sobre a ocasião em que os zifeus

[a] **52 título** Em hebraico, *maskil*, possivelmente um termo literário ou musical.

[b] **53 título** Em hebraico, *de acordo com mahalath; um maskil*, possivelmente termos literários ou musicais.
[c] **53.3** A Septuaginta traz *se tornaram inúteis*. Comparar com Rm 3.12.
[d] **53.5** Ou *mesmo quando não havia motivo para temer.*
[e] **54 título** Em hebraico, *maskil*, possivelmente um termo literário ou musical.

vieram e disseram a Saul: "Davi está escondido entre nós". Para ser acompanhado com instrumentos de cordas.

1 Vem com a força do teu nome,
ó Deus, e salva-me!
Defende-me com teu grande poder.
2 Ouve minha oração, ó Deus;
escuta minha súplica.
3 Pois desconhecidos me atacam,
pessoas violentas tentam me matar;
eles não se importam com Deus.
Interlúdio

4 Deus, porém, é meu auxílio;
o Senhor me mantém com vida.
5 Que as tramas perversas de meus
inimigos se voltem contra eles;
destrói-os, como prometeste.

6 Oferecerei a ti um sacrifício voluntário;
louvarei teu nome, ó SENHOR,
porque és bom.
7 Pois me livraste de minhas aflições
e me ajudaste a vencer meus inimigos.

55

Ao regente do coral: salmo[a] de Davi, para ser acompanhado com instrumentos de cordas.

1 Ouve minha oração, ó Deus!
Não ignores meu clamor por socorro!
2 Ouve-me e responde-me,
pois estou sobrecarregado e confuso.
3 Meus inimigos gritam contra mim
e fazem ameaças perversas.
Sobre mim trazem desgraças
e me perseguem furiosamente.

4 Dentro do peito, meu coração acelera;
o terror da morte se apodera de mim.
5 Sou tomado de medo e pânico,
e não consigo parar de tremer.
6 Quem dera eu tivesse asas
como a pomba;
voaria para longe e
encontraria descanso.
7 Sim, fugiria para bem longe,
para o sossego do deserto.
Interlúdio

8 Sim, eu me apressaria em escapar
para um lugar distante do
vendaval e da tempestade.

9 Confunde-os, Senhor, e
frustra seus planos,
pois vejo violência e
conflito na cidade.
10 Dia e noite os muros são
guardados de invasores,
mas a perversidade e a maldade
estão do lado de dentro.
11 Tudo está desmoronando;
ameaça e engano correm
soltos pelas ruas.

12 Não é meu inimigo que me insulta;
se fosse, eu poderia suportar.
Não são meus adversários que
se levantam contra mim;
deles eu poderia me esconder.
13 Antes, é você, meu igual,
meu companheiro e amigo chegado.
14 Como era agradável a comunhão
que desfrutávamos
quando acompanhávamos a
multidão à casa de Deus!

15 Que a morte apanhe meus
inimigos de surpresa;
que desçam vivos à sepultura,[b]
pois a maldade mora dentro deles.

16 Eu, porém, invocarei a Deus,
e o SENHOR me livrará.
17 Pela manhã, ao meio-dia e à noite,
clamo angustiado,
e ele ouve minha voz.
18 Ele me resgata e me mantém
a salvo na batalha,
embora muitos ainda
estejam contra mim.
19 Deus, que governa desde
a eternidade,
me ouvirá e lhes dará o que merecem.
Interlúdio

Pois meus inimigos não querem
mudar sua conduta;
eles não temem a Deus.

[a] **55 título** Em hebraico, *maskil*, possivelmente um termo literário ou musical.

[b] **55.15** Em hebraico, *ao Sheol*.

[20] Quanto a meu companheiro,
ele traiu seus amigos
e não cumpriu suas promessas.
[21] Sua fala é macia como manteiga,
mas em seu coração há guerra.
Suas palavras são suaves
como azeite,
mas na verdade são punhais.

[22] Entregue suas aflições ao SENHOR,
e ele cuidará de você;
jamais permitirá que o
justo tropece e caia.

[23] Tu, porém, ó Deus, lançarás
os perversos
no abismo de destruição.
Assassinos e mentirosos
morrerão ainda jovens,
mas eu sempre confiarei em ti.

56

Ao regente do coral: salmo[a] *de Davi sobre a ocasião em que os filisteus o prenderam em Gate. Para ser cantado com a melodia "Pomba em carvalhos distantes".*

[1] Ó Deus, tem misericórdia de mim,
pois sofro perseguição;
meus inimigos me atacam
o dia todo.
[2] Vivo perseguido por aqueles
que me caluniam,
e muitos me atacam
abertamente.
[3] Quando eu tiver medo, porém,
confiarei em ti.
[4] Louvo a Deus por suas promessas,
confio em Deus e não temerei;
o que me podem fazer os
simples mortais?

[5] Sempre distorcem o que digo
e passam dias tramando
me prejudicar.
[6] Reúnem-se para me espionar
e vigiam meus passos,
ansiosos para me matar.
[7] Castiga-os por sua maldade;
ó Deus, derruba-os em tua ira.

[8] Conheces bem todas as
minhas angústias;[b]
recolheste minhas lágrimas
num jarro
e em teu livro registraste
cada uma delas.

[9] Meus inimigos baterão em retirada
quando eu clamar a ti;
uma coisa sei: Deus está
do meu lado!
[10] Louvo a Deus por
suas promessas,
sim, louvo o SENHOR por
suas promessas.
[11] Confio em Deus e não temerei;
o que me podem fazer os
simples mortais?

[12] Cumprirei os votos que fiz
a ti, ó Deus,
e te oferecerei um sacrifício
de gratidão.
[13] Pois me livraste da morte;
não deixaste que meus
pés tropeçassem.
Agora, posso andar em tua
presença, ó Deus,
em tua luz que dá vida.

57

Ao regente do coral: salmo[c] *de Davi sobre a ocasião em que ele fugiu de Saul para a caverna. Para ser cantado com a melodia "Não destruas!".*

[1] Tem misericórdia de mim, ó
Deus, tem misericórdia!
Em ti me refugio.
À sombra de tuas asas me esconderei,
até que passe o perigo.
[2] Clamo ao Deus Altíssimo,[d]
ao Deus que cumpre seus
propósitos para mim.
[3] Dos céus ele enviará socorro
para me salvar
e envergonhará os que
me perseguem.

Interlúdio

[a] **56 título** Em hebraico, *miktam*, possivelmente um termo literário ou musical.

[b] **56.8** Ou *minhas andanças.*

[c] **57 título** Em hebraico, *miktam*, possivelmente um termo literário ou musical.

[d] **57.2** Em hebraico, *Elohim-Elyon.*

Meu Deus enviará seu amor
e sua fidelidade!

4 Estou cercado de leões ferozes,
ansiosos para devorar suas
presas humanas.
Seus dentes são como lanças e flechas,
e sua língua corta como
espada afiada.

5 Sê exaltado, ó Deus, acima
dos mais altos céus;
que a tua glória brilhe
sobre toda a terra!
6 Meus inimigos me prepararam
uma armadilha;
estou exausto de tanta angústia.
Abriram uma cova profunda
em meu caminho,
mas eles próprios caíram nela.
Interlúdio

7 Meu coração está firme em ti, ó Deus,
meu coração está firme;
por isso canto louvores a ti!
8 Desperte, minha alma!
Despertem, lira e harpa!
Quero acordar o amanhecer
com a minha canção.
9 Eu te darei graças, Senhor,
no meio dos povos;
cantarei louvores a ti
entre as nações.
10 Pois o teu amor se eleva até os céus;
a tua fidelidade alcança as nuvens.

11 Sê exaltado, ó Deus, acima
dos mais altos céus;
que a tua glória brilhe
sobre toda a terra!

58

Ao regente do coral: salmo[a] de Davi, para ser cantado com a melodia "Não destruas!".

1 Vocês, governantes,[b] sabem
o que significa justiça?
Acaso julgam o povo
com imparcialidade?
2 De modo algum! Tramam
injustiça em seu coração
e espalham violência por toda a terra.
3 Os perversos são pecadores
desde o ventre materno;
mentem e se corrompem
desde o nascimento.
4 São venenosos como serpentes,
como cobras que se fazem de surdas,
5 para não ouvir a música
dos encantadores,
ainda que eles toquem
com habilidade.

6 Quebra os dentes dos
perversos, ó Deus!
Despedaça, Senhor, a
mandíbula desses leões!
7 Que desapareçam como água
em terra sedenta,
que se tornem inúteis as
armas em suas mãos.[c]
8 Que sejam como a lesma que
se desmancha em lodo,
como a criança que nasce
morta e nunca verá o sol.
9 Deus os eliminará, tanto os
jovens como os velhos,
mais depressa que um fogo de
espinhos esquenta uma panela.

10 O justo se alegrará quando vir a
vingança contra a injustiça;
no sangue do perverso, lavará os pés.
11 Então, por fim, alguém dirá:
"De fato, há recompensa para o justo;
com certeza há um Deus que
faz justiça na terra".

59

Ao regente do coral: salmo[d] de Davi, sobre a ocasião em que Saul enviou soldados para vigiar a casa de Davi a fim de matá-lo. Para ser cantado com a melodia "Não destruas!".

1 Livra-me de meus inimigos, ó Deus,
protege-me dos que
vieram me destruir.

[a] **58 título** Em hebraico, *miktam*, possivelmente um termo literário ou musical.
[b] **58.1** Ou *Vocês, deuses*.

[c] **58.7** Ou *que eles sejam pisoteados e sequem como grama*. O significado do hebraico é incerto.
[d] **59 título** Em hebraico, *miktam*, possivelmente um termo literário ou musical.

2 Livra-me dos criminosos,
salva-me dos assassinos.
3 Armaram uma emboscada para mim;
inimigos ferozes estão à
minha espera, SENHOR,
embora eu não tenha pecado
nem os tenha ofendido.
4 Sou inocente, mas eles se
apressam em me atacar.
Desperta! Vê o que está
acontecendo e ajuda-me!
5 Ó SENHOR, Deus dos Exércitos,
Deus de Israel,
desperta e castiga as nações;
não tenhas misericórdia dos
traidores perversos.
Interlúdio

6 Eles saem à noite,
rosnando como cães ferozes
enquanto rondam a cidade.
7 Ouve as coisas imundas que
lhes saem da boca;
suas palavras cortam como espadas.
"Afinal, quem nos ouvirá?",
dizem com desprezo.
8 Mas tu, SENHOR, ris deles;
zombas das nações.
9 És minha força; em ti espero,
pois tu, ó Deus, és minha fortaleza.
10 Em seu amor, meu Deus
estará comigo;
permitirá que eu triunfe
sobre meus inimigos.

11 Não os mates, para que meu povo
não se esqueça depressa;
dispersa-os com teu poder
e derruba-os,
ó Senhor, nosso escudo.
12 Pelas coisas pecaminosas
que dizem,
pelo mal que há em seus lábios,
que sejam apanhados em seu orgulho,
em suas maldições e mentiras.
13 Destrói-os em tua ira!
Extermina-os por completo!
Então o mundo todo saberá
que Deus reina em Israel.[a]
Interlúdio

14 Eles saem à noite,
rosnando como cães ferozes
enquanto rondam a cidade.
15 Andam à procura de alimento,
mas vão dormir insatisfeitos.[b]

16 Eu, porém, cantarei sobre o teu poder;
cada manhã, cantarei com
alegria sobre o teu amor.
Pois tu tens sido minha fortaleza,
lugar seguro em minha aflição.
17 Ó minha Força, a ti canto louvores,
pois tu, ó Deus, és minha fortaleza,
o Deus que mostra amor por mim.

Deus é o único que pode satisfazer a nossa alma.

60 *Ao regente do coral: salmo[c] de Davi, útil para o ensino, sobre a ocasião em que Davi lutou contra Arã-Naaraim e Arã-Zobá, e Joabe regressou e matou doze mil edomitas no vale do Sal. Para ser cantado com a melodia "Lírio do testemunho".*

1 Tu nos rejeitaste, ó Deus, e
quebraste nossas defesas;
sobre nós derramaste tua ira;
agora, restaura-nos.
2 Sacudiste nossa terra e
nela abriste fendas;
repara as brechas, pois a
terra estremece.
3 Foste muito severo conosco, teu povo,
e nos fizeste beber vinho que
nos deixou atordoados.
4 Contudo, levantaste uma bandeira
para os que te temem,
um ponto de abrigo em meio ao ataque.
Interlúdio

5 Agora, livra teu povo amado;
responde-nos e salva-nos
por teu poder.
6 Deus, em seu santuário,[d] prometeu:
"Com alegria dividirei Siquém
e medirei o vale de Sucote.
7 Gileade é minha, e também Manassés;
Efraim é meu capacete,
e Judá, meu cetro.

[a] **59.13** Em hebraico, *em Jacó*. Ver nota em 44.4.

[b] **59.15** Ou *rosnam se não conseguem o suficiente*.

[c] **60 título** Em hebraico, *miktam*, possivelmente um termo literário ou musical.

[d] **60.6** Ou *em sua santidade*.

[8] Moabe é minha bacia de lavar;
sobre Edom limparei os pés
e darei um grito de triunfo
sobre a Filístia".

[9] Quem me levará à cidade fortificada?
Quem me guiará até Edom?
[10] Acaso nos rejeitaste, ó Deus?
Não marcharás mais com
nossos exércitos?
[11] Ajuda-nos contra nossos inimigos,
pois todo socorro humano é inútil.
[12] Com o auxílio de Deus,
realizaremos grandes feitos,
pois ele pisará os nossos inimigos.

61

Ao regente do coral: salmo de Davi, para ser acompanhado com instrumentos de cordas.

[1] Ó Deus, ouve meu clamor!
Escuta minha oração!
[2] Dos confins da terra clamo a ti,
com meu coração sobrecarregado.
Leva-me à rocha alta e segura,
[3] pois és meu refúgio e minha fortaleza,
onde meus inimigos não me alcançarão.
[4] Permite-me viver para sempre
em teu santuário,
seguro sob o abrigo de tuas asas!
Interlúdio

[5] Pois ouviste meus votos, ó Deus,
e me deste a bênção reservada
para os que temem teu nome.
[6] Acrescenta muitos anos à vida do rei!
Que ele viva por muitas gerações!
[7] Que ele reine na presença
de Deus para sempre,
e que o teu amor e a tua
fidelidade o guardem.
[8] Então cantarei para sempre
louvores ao teu nome,
enquanto cumpro meus
votos a cada dia.

62

Para Jedutum, regente do coral: salmo de Davi.

[1] Em silêncio diante de Deus,
minha alma espera,
pois dele vem minha vitória.
[2] Somente ele é minha rocha
e minha salvação,
minha fortaleza onde
jamais serei abalado.

[3] São tantos os inimigos
contra um só homem;
todos tentam me matar.
Para eles, não passo de um
muro inclinado
ou uma cerca prestes a cair.
[4] Planejam me derrubar de
minha posição elevada;
têm prazer em contar mentiras.
Diante de mim, me elogiam;
em seu coração, porém,
me amaldiçoam.
Interlúdio

[5] Que minha alma espere em
silêncio diante de Deus,
pois nele está minha esperança.
[6] Somente ele é minha rocha
e minha salvação,
minha fortaleza onde não serei abalado.
[7] Minha vitória e minha honra
vêm somente de Deus;
ele é meu refúgio, uma rocha segura.
[8] Ó meu povo, confie nele em todo tempo;
derrame o coração diante dele,
pois Deus é nosso refúgio.
Interlúdio

[9] As pessoas são vazias e enganosas,
como uma rajada de vento.
Se fosse colocada numa balança,
toda a humanidade pesaria
menos que um sopro.

[10] Não ganhem a vida por
meio da extorsão,
nem ponham sua esperança
em coisas roubadas.
Se suas riquezas aumentarem,
não façam delas o centro de sua vida.

[11] Deus falou claramente,
e eu ouvi várias vezes:
O poder, ó Deus, pertence a ti;
[12] o amor, Senhor, é teu.
Certamente retribuirás a cada um
conforme suas ações.

63 *Salmo de Davi, sobre a ocasião em que estava no deserto de Judá.*

1 Ó Deus, tu és meu Deus;
eu te busco de todo o coração.
Minha alma tem sede de ti;
todo o meu corpo anseia por ti
nesta terra seca, exausta e sem água.
2 Eu te vi em teu santuário
e contemplei teu poder e tua glória.
3 Teu amor é melhor que a própria vida;
com meus lábios te louvarei.
4 Sim, te louvarei enquanto viver;
a ti em oração levantarei as mãos.
5 Tu me satisfazes mais que
um rico banquete;
com cânticos de alegria te louvarei.

6 Quando me deito, fico acordado
pensando em ti,
meditando a teu respeito a noite toda.
7 Pois tu és meu auxílio;
à sombra de tuas asas canto de alegria.
8 Minha alma se apega a ti;
tua forte mão direita me sustenta.

9 Aqueles, porém, que tramam me destruir
descerão às profundezas da terra.
10 Morrerão pela espada
e servirão de comida para os chacais.
11 O rei, contudo, se alegrará em Deus;
todos que juraram falar a
verdade o louvarão,
mas os mentirosos serão calados.

64 *Ao regente do coral: salmo de Davi.*

1 Ó Deus, ouve minha queixa;
protege-me das ameaças
de meus inimigos.
2 Esconde-me das tramas dessa
multidão perversa,
do tumulto dos que praticam o mal.
3 Eles afiam a língua como espada
e apontam palavras amargas
como flechas.
4 De emboscadas, atiram nos inocentes;
atacam de repente, sem medo algum.
5 Animam uns aos outros a fazer o mal
e planejam como preparar
armadilhas em segredo.
"Quem nos verá?", perguntam.
6 Enquanto tramam seus crimes, dizem:
"Criamos o plano perfeito!".
Sim, o coração e a mente do
ser humano são astutos.

7 Deus, porém, os atingirá
com suas flechas
e repentinamente os derrubará.
8 A própria língua os levará à ruína,
e todos que os virem balançarão
a cabeça em desprezo.
9 Quando isso acontecer, todos temerão;
proclamarão as obras de Deus
e entenderão o que ele faz.
10 Os justos se alegrarão no SENHOR
e nele encontrarão refúgio,
e os que têm coração íntegro
o louvarão.

65 *Ao regente do coral: cântico; salmo de Davi.*

1 Que grande louvor, ó Deus,
te aguarda em Sião!
Cumpriremos os votos que te fizemos,
2 pois respondes às nossas orações;
todos virão a ti.
3 Embora sejam muitos os
nossos pecados,
tu perdoas nossa rebeldia.
4 Como é feliz aquele que tu escolhes
para se aproximar de ti,
aquele que vive em teus pátios.
Quantas coisas boas nos
saciarão em tua casa,
em teu santo templo.

5 Tu respondes às nossas orações
com notáveis feitos de justiça,
ó Deus de nossa salvação.
És a esperança de todos na terra,
e até dos que navegam por
mares distantes.
6 Formaste os montes com teu poder
e de grande força te armaste.
7 Acalmaste a fúria dos mares
e as ondas impetuosas,
e calaste o tumulto das nações.
8 Os habitantes dos confins da terra
se admiram com tuas maravilhas.
Desde onde o sol nasce até onde se põe,
despertas gritos de alegria.

9 Cuidas da terra e a regas,
tornando-a rica e fértil.
O rio de Deus tem muita água;
proporciona fartura de cereais,
porque assim ordenaste.
10 Encharcas o solo arado,
dissolves os torrões e nivelas os sulcos.
Amoleces a terra com chuvas
e abençoas suas plantações.
11 Coroas o ano com boas colheitas;
tuas pegadas deixam um
rastro de fartura.
12 Os pastos no deserto ficam verdes,
e as encostas dos montes
florescem de alegria.
13 Os campos estão cobertos
de rebanhos,
e os vales, forrados de cereais;
toda a terra grita e canta de alegria!

66 *Ao regente do coral: cântico; salmo.*

1 Aclamem a Deus, todos os
habitantes da terra!
2 Cantem a glória de seu nome,
anunciem ao mundo quão
glorioso ele é.
3 Digam a Deus: "Como são
notáveis os teus feitos!
Teus inimigos rastejam diante
do teu grande poder.
4 Tudo que há na terra te adorará;
cantará louvores a ti
e anunciará teu nome em cânticos".
Interlúdio

5 Venham e vejam as obras de Deus!
Que feitos notáveis ele realiza
em favor das pessoas!
6 Abriu um caminho seco
pelo meio do mar,
e seu povo atravessou a pé;
ali nos alegramos nele.
7 Com seu grande poder, ele
governa para sempre
e vigia cada movimento das nações;
que nenhum rebelde se
levante contra ele.
Interlúdio

8 Que o mundo inteiro celebre nosso Deus
e cante louvores a ele em alta voz!
9 Nossa vida está em suas mãos;
ele não permite que nossos
pés tropecem.
10 Tu nos puseste à prova, ó Deus,
e nos purificaste como prata.
11 Tu nos prendeste em tua armadilha
e colocaste sobre nossas costas
o fardo da opressão.
12 Permitiste que inimigos
nos pisoteassem;
passamos pelo fogo e pela água,
mas tu nos trouxeste a um
lugar de grande fartura.

13 Agora venho ao teu templo
com holocaustos
para cumprir os votos que fiz a ti,
14 sim, os votos sagrados que fiz
quando estava em grande aflição.
15 Por isso te apresentarei holocaustos:
meus melhores carneiros,
como aroma agradável,
e um sacrifício de novilhos e cabritos.
Interlúdio

16 Venham e ouçam, todos vocês
que temem a Deus,
e eu lhes contarei o que ele fez por mim.
17 Pois a ele clamei por socorro
e o louvei enquanto falava.
18 Se eu não tivesse confessado o
pecado em meu coração,
o Senhor não teria ouvido.
19 Mas Deus ouviu!
Ele atendeu à minha oração.
20 Louvado seja Deus, que não
rejeitou minha oração,
nem afastou de mim o seu amor.

67 *Ao regente do coral: cântico; salmo para ser acompanhado com instrumentos de cordas.*

1 Que Deus seja misericordioso
e nos abençoe.
Que a luz de seu rosto brilhe sobre nós.
Interlúdio

2 Que teus caminhos sejam
conhecidos em toda a terra,
e tua salvação, entre as
nações de toda parte.

³ Que os povos te louvem, ó Deus,
sim, que todos os povos te louvem.
⁴ Que o mundo inteiro cante de alegria,
pois governas os povos com justiça
e guias as nações de toda a terra.
Interlúdio

⁵ Que os povos te louvem, ó Deus,
sim, que todos os povos te louvem.
⁶ Então a terra dará suas colheitas,
e Deus, o nosso Deus, nos
abençoará ricamente.
⁷ Sim, Deus nos abençoará,
e todos os habitantes da
terra o temerão.

68 *Ao regente do coral: cântico; salmo de Davi.*

¹ Levanta-te, ó Deus, e dispersa
teus inimigos;
fujam de ti todos que te odeiam.
² Sopra-os para longe como fumaça
e derrete-os como cera no fogo.
Que os perversos sejam destruídos
na presença de Deus.
³ Que os justos, porém, se alegrem;
exultem na presença de Deus
e sejam cheios de alegria.
⁴ Cantem louvores a Deus e a seu nome,
exaltem aquele que cavalga
sobre as nuvens.[a]
Seu nome é SENHOR;
alegrem-se em sua presença!

⁵ Pai dos órfãos, defensor das viúvas,
esse é Deus, cuja habitação é santa.
⁶ Deus dá uma família aos
que vivem sós;
liberta os presos e os faz prosperar.
Os rebeldes, porém, ele faz
morar em terra árida.

⁷ Ó Deus, quando conduziste teu povo,
quando marchaste através do deserto,
Interlúdio
⁸ a terra tremeu, e o céu
derramou chuva,
diante de ti, o Deus do Sinai,
diante de ti, o Deus de Israel.
⁹ Enviaste muitas chuvas, ó Deus,
para refrescar a terra exausta.
¹⁰ Ali teu povo se estabeleceu,
e com farta colheita, ó Deus,
proveste aos necessitados.

¹¹ O Senhor dá a ordem,
e um grande exército[b]
traz boas notícias.
¹² Reis inimigos e seus exércitos fogem,
enquanto as mulheres repartem
em casa os despojos.
¹³ Mesmo os que viviam entre
os currais de ovelhas
encontraram pombas com asas
de prata e penas de ouro.
¹⁴ O Todo-poderoso dispersou os reis,
como uma tempestade de neve
sobre o monte Zalmom.

¹⁵ Os montes de Basã são majestosos,
com cumes altos que
chegam até o céu.
¹⁶ Ó montes elevados, por que
olham com inveja
para o monte Sião, onde
Deus escolheu habitar,
onde o SENHOR habitará
para sempre?

¹⁷ Cercado de milhares e
milhares de carruagens,
o Senhor veio do monte Sinai
para seu santuário.
¹⁸ Quando subiste às alturas,
levaste muitos prisioneiros;
recebeste dádivas do povo,
até mesmo dos que se
rebelaram contra ti.
Agora o SENHOR Deus viverá
ali, em nosso meio.

¹⁹ Louvado seja o Senhor; louvado
seja Deus, nosso salvador!
A cada dia ele nos carrega
em seus braços.
Interlúdio

²⁰ O nosso Deus é Deus que salva!
O SENHOR Soberano nos livra da morte.

[a] **68.4** Ou *cavalga pelos desertos.*

[b] **68.11** Ou *um exército de mulheres.*

21 Deus esmagará a cabeça
de seus inimigos,
esmagará o crânio dos que
insistem em pecar.
22 O Senhor diz: "De Basã farei
descer meus inimigos;
das profundezas do mar
os farei subir.
23 Você, meu povo, lavará[a] os
pés no sangue deles,
e até seus cães terão
sua porção!".

24 Já se vê teu cortejo, ó Deus,
o cortejo de meu Deus e Rei,
entrando no santuário.
25 À frente vão os cantores,
atrás vêm os músicos,
no meio vêm as moças
tocando tamborins.
26 Louvem a Deus, todos vocês,
louvem o Senhor, a fonte
de vida de Israel.
27 Vejam, à frente vai a pequena
tribo de Benjamim;
logo atrás vem a grande multidão
de governantes de Judá
e todos os governantes de
Zebulom e Naftali.

28 Manifesta tua força, ó Deus,[b]
mostra teu poder divino por nós,
como fizeste no passado.
29 Os reis levam tributos
ao teu templo, em Jerusalém.
30 Repreende-os, esses animais
selvagens à espreita entre os juncos,
essa manada de touros no
meio de bezerros fracos.
Faze-os trazer barras de prata
como humilde tributo,
dispersa as nações que têm
prazer em guerrear.
31 Que o Egito venha com dádivas
de metais preciosos,[c]
que a Etiópia[d] traga tributos a Deus.

32 Cantem a Deus, reinos da terra,
cantem louvores ao Senhor!
Interlúdio

33 Cantem àquele que cavalga
pelos céus antigos,
cuja voz poderosa troveja dos céus.
34 Anunciem a todos o poder de Deus;
sua majestade está sobre Israel,
sua força é poderosa nos céus.
35 Deus é temível em seu santuário;
o Deus de Israel dá poder
e força a seu povo.

Louvado seja Deus!

69

Ao regente do coral: salmo de Davi, para ser cantado com a melodia "Lírios".

1 Salva-me, ó Deus,
pois as águas subiram
até meu pescoço.
2 Afundo cada vez mais na lama
e não tenho onde apoiar os pés.
Entrei em águas profundas,
e as correntezas me cobrem.
3 Estou exausto de tanto clamar;
minha garganta está seca.
Meus olhos estão inchados
de tanto chorar,
à espera de meu Deus.
4 Os que me odeiam sem razão
são mais numerosos que os
cabelos de minha cabeça.
Muitos inimigos tentam me
destruir com mentiras;
exigem que eu devolva o
que não roubei.

5 Ó Deus, tu sabes como sou tolo;
é impossível esconder de
ti meus pecados.
6 Não permitas que por minha
causa sejam envergonhados
os que em ti confiam, ó Soberano
Senhor dos Exércitos.
Não deixes que por minha causa
sejam humilhados,
ó Deus de Israel.
7 Pois, por tua causa, suporto insultos;
meu rosto está coberto de vergonha.

[a] **68.23** Conforme a Septuaginta e a versão siríaca; o hebraico traz *despedaçará*.
[b] **68.28** Conforme alguns manuscritos hebraicos, a Septuaginta e a versão siríaca; a maioria dos manuscritos hebraicos traz *Seu Deus ordenou sua força*.
[c] **68.31a** Ou *de ricos tecidos*.
[d] **68.31b** Em hebraico, *Cuxe*.

[8] Até meus irmãos fingem
não me conhecer;
tratam-me como um desconhecido.

[9] O zelo por tua casa me consome;
os insultos dos que te insultam
caíram sobre mim.
[10] Quando choro e jejuo,
eles zombam de mim.
[11] Quando visto pano de saco,
eles riem de mim.
[12] Sou o assunto principal
de suas conversas,
e os bêbados cantam a meu respeito.

[13] Eu, porém, continuo orando a ti, SENHOR,
na esperança de que, desta
vez, mostrarás teu favor.
Responde-me, ó Deus, por
teu grande amor;
salva-me por tua fidelidade.
[14] Livra-me do atoleiro,
não permitas que eu
afunde ainda mais.
Salva-me dos que me odeiam,
tira-me destas águas profundas.
[15] Não deixes que as correntezas
me cubram,
nem que as águas profundas
me engulam,
nem que a cova da morte me devore.

[16] Responde às minhas
orações, ó SENHOR,
pois o teu amor é bom.
Cuida de mim,
pois a tua misericórdia é imensa.
[17] Não te escondas de teu servo;
responde-me sem demora,
pois estou aflito.
[18] Vem e resgata-me;
livra-me de meus inimigos!

[19] Tu sabes que sofro zombaria,
vergonha e humilhação;
vês tudo que meus inimigos fazem.
[20] Os insultos deles me
partiram o coração;
estou desesperado!
Se ao menos alguém tivesse
piedade de mim;
quem dera viessem me consolar.
[21] Em vez disso, põem veneno[a]
em minha comida;
oferecem vinagre para
matar minha sede.

[22] Que a mesa farta diante deles
se transforme em laço,
e que sua prosperidade se
torne armadilha.[b]
[23] Que seus olhos se escureçam
para que não vejam,
e que seu corpo trema sem parar.[c]
[24] Derrama tua fúria sobre eles,
consome-os com o ardor de tua ira.
[25] Que as casas deles fiquem desoladas,
e que não reste ninguém
em suas tendas.
[26] Pois insultam aquele a quem castigaste,
acrescentam dor a quem feriste.
[27] Amontoa uns sobre os outros
os pecados deles;
não permitas que sejam absolvidos.
[28] Apaga o nome deles do Livro da Vida;
não deixes que sejam
incluídos entre os justos.

[29] Estou aflito e sofro;
socorre-me, ó Deus, com tua salvação!

[30] Então louvarei o nome de
Deus com cânticos
e o exaltarei com ações de graças.
[31] Pois isso agrada o SENHOR mais
que sacrifícios de bois,
mais que ofertas de touros
com chifres e cascos.
[32] Os humildes verão Deus
agir e se alegrarão;
animem-se todos que buscam
socorro em Deus.
[33] Pois o SENHOR ouve o
clamor dos pobres;
não despreza seu povo aprisionado.

[34] Louvem-no, céus e terra,
os mares e tudo que neles se move.

---

[a] **69.21** Ou *fel*.
[b] **69.22** A Septuaginta traz *Que sua mesa farta diante deles se transforme em laço, / em armadilha que os faça pensar que tudo vai bem. / Que suas bênçãos os façam tropeçar, / e que recebam o que merecem*. Comparar com Rm 11.9.
[c] **69.23** A Septuaginta traz *que suas costas se curvem para sempre*. Comparar com Rm 11.10.

35 Pois Deus salvará Sião
e reconstruirá as cidades de Judá.
Seu povo viverá ali
e em sua própria terra se estabelecerá.
36 Os descendentes dos que o
servem herdarão a terra,
e os que o amam ali viverão,
em segurança.

70

Ao regente do coral: salmo de Davi pedindo a Deus que se lembre dele.

1 Por favor, Deus, livra-me!
Vem depressa, SENHOR, e ajuda-me!
2 Sejam envergonhados e humilhados
os que procuram me matar.
Voltem atrás em desonra
os que se alegram com a
minha desgraça.
3 Recuem horrorizados com
a própria vergonha,
pois disseram: "Ah! Agora o pegamos!".

4 Alegrem-se e exultem, porém,
todos que te buscam.
Todos que amam tua salvação,
digam sempre: "Deus é grande!".
5 Quanto a mim, pobre e aflito,
vem depressa me socorrer, ó Deus.
Tu és meu auxílio e minha salvação;
ó SENHOR, não te demores!

71

Em ti, SENHOR, me refugio;
não permitas que eu
seja envergonhado.
2 Salva-me e resgata-me, pois tu és justo.
Inclina teu ouvido para me
escutar e livra-me.
3 Sê minha rocha de refúgio,
onde sempre posso me esconder.
Dá ordem para que eu seja liberto,
pois és minha rocha e minha fortaleza.
4 Livra-me, meu Deus, do
poder dos perversos,
das garras dos opressores cruéis.
5 Só tu, Senhor, és minha esperança;
confio em ti, SENHOR, desde a infância.
6 Sim, de ti dependo desde
meu nascimento;
cuidas de mim desde o
ventre de minha mãe.
Sempre te louvarei!
7 Minha vida é exemplo para muitos,
pois tens sido minha força
e meu refúgio.
8 Por isso, não deixo de te louvar;
o dia todo declaro tua glória.
9 Não me rejeites agora, em minha velhice;
não me abandones quando
me faltam as forças.
10 Pois meus inimigos falam contra mim;
juntos, planejam me matar.
11 Dizem: "Deus o abandonou!
Vamos persegui-lo e prendê-lo,
pois agora ninguém o livrará".

12 Ó Deus, não permaneças distante;
vem depressa me socorrer, meu Deus.
13 Traz vergonha e destruição
sobre meus acusadores,
cobre de vergonha e humilhação
os que desejam me prejudicar.
14 Eu, porém, continuarei a esperar em ti
e te louvarei cada vez mais.
15 Falarei a todos de tua justiça;
o dia todo, anunciarei tua salvação,
embora não seja habilidoso
com as palavras.[a]
16 Louvarei teus feitos poderosos,
SENHOR Soberano;
contarei a todos que somente tu és justo.

17 Ó Deus, desde a infância
me tens ensinado,
e até hoje anuncio tuas maravilhas.
18 Não me abandones, ó Deus,
agora que estou velho, de
cabelos brancos.
Deixe-me proclamar tua força
a esta nova geração,
teu poder a todos que vierem
depois de mim.

19 Tua justiça, ó Deus, chega
até os mais altos céus;
tens feito coisas grandiosas.
Quem se compara a ti, ó Deus?
20 Permitiste que eu passasse
por muito sofrimento,
mas ainda restaurarás minha vida
e me farás subir das
profundezas da terra.

[a] **71.15** Ou *embora não seja capaz de contá-la.*

[21] Tu me darás ainda mais honra
e voltarás a me confortar.

[22] Então te louvarei com
instrumento de cordas,
pois és fiel às tuas promessas,
ó meu Deus.
Cantarei louvores a ti com a harpa,
ó Santo de Israel.
[23] Darei gritos de alegria e
cantarei louvores a ti,
pois tu me resgataste.
[24] Anunciarei, o dia todo,
teus feitos de justiça,
pois foram envergonhados
e humilhados
todos que tentaram me prejudicar.

72

Salmo de Salomão.

[1] Dá ao rei tua justiça, ó Deus,
e concede retidão ao filho do rei.
[2] Ajuda-o a julgar teu
povo corretamente;
que os pobres sejam tratados
com imparcialidade.
[3] Que os montes produzam
prosperidade para todos,
e que as colinas deem muitos frutos.
[4] Ajuda-o a defender os
pobres dentre o povo,
a salvar os filhos dos necessitados
e a esmagar seus opressores.
[5] Que eles te temam[a] enquanto
o sol brilhar,
enquanto a lua permanecer no céu;
sim, para sempre!

[6] Que o governo do rei seja como a
chuva sobre a grama recém-cortada,
como os aguaceiros que regam a terra.
[7] Que todos os justos floresçam
durante seu reinado,
que haja grande paz até que
a lua deixe de existir.
[8] Que ele reine de mar a mar,
e do rio Eufrates[b] até os confins da terra.
[9] Nômades do deserto se
curvarão diante dele,
seus inimigos lamberão o pó a seus pés.
[10] Os reis de Társis e de outras
terras distantes
lhe pagarão tributos.
Os reis de Sabá e de Sebá
lhe darão presentes.
[11] Todos os reis se curvarão diante dele,
e todas as nações o servirão.

[12] Ele livrará o pobre que
clamar por socorro
e ajudará o oprimido indefeso.
[13] Ele tem compaixão do fraco e
do necessitado e os salvará.
[14] Ele os resgatará da opressão
e da violência,
pois considera preciosa a vida deles.

[15] Viva o rei!
Que ele receba o ouro de Sabá.
Que o povo sempre ore por ele
e o abençoe o dia todo.
[16] Que haja fartura de cereais
em toda a terra,
crescendo até o alto dos montes.
Que as árvores frutíferas sejam
como as do Líbano,
e que o povo prospere como
grama no campo.
[17] Que o nome do rei permaneça
para sempre,
que dure enquanto o sol brilhar.
Que todas as nações sejam
abençoadas por meio dele
e o louvem.

[18] Louvado seja o SENHOR Deus,
o Deus de Israel,
o único que realiza tais maravilhas!
[19] Louvado seja seu nome
glorioso para sempre!
Que sua glória encha toda a terra.
Amém e amém!

[20] Terminam aqui as orações de Davi, filho de Jessé.

LIVRO 3 (SALMOS 73—89)

73

Salmo de Asafe.

[1] Certamente Deus é bom para Israel,
para os que têm coração puro.

[a] **72.5** A Septuaginta traz *Que eles permaneçam.*
[b] **72.8** Em hebraico, *do rio.*

2 Quanto a mim, quase tropecei;
meus pés escorregaram e quase caí.
3 Pois tive inveja dos orgulhosos
quando os vi prosperar apesar
de sua perversidade.
4 Levam uma vida sem sofrimento
e têm o corpo saudável e forte.
5 Não enfrentam dificuldades,
nem estão cheios de problemas,
como os demais.
6 Ostentam o orgulho como um
colar de pedras preciosas
e vestem-se de crueldade.
7 Seus olhos cobiçam sempre mais,
e o coração vive cheio de
más intenções.
8 Zombam e falam somente maldades;
em seu orgulho, ameaçam
usar de violência.
9 Falam como se fossem donos dos céus,
e suas palavras arrogantes
percorrem a terra.
10 Por isso, o povo se volta para eles
e bebe todas as suas palavras.
11 "O que Deus sabe?", perguntam.
"Acaso o Altíssimo tem
conhecimento disso?"
12 Vejam como os perversos
desfrutam uma vida tranquila,
enquanto suas riquezas
se multiplicam.

13 Foi à toa que mantive o coração puro?
Foi em vão que agi de modo íntegro?
14 O dia todo só enfrento problemas;
cada manhã sou castigado.

15 Se eu tivesse falado como eles,
teria traído teu povo.
16 Tentei compreender por que prosperam;
que tarefa difícil!
17 Então, entrei em teu santuário, ó Deus,
e por fim entendi o destino deles.
18 Tu os puseste num caminho
escorregadio
e os fizeste cair do precipício
para a destruição.
19 São destruídos de repente,
completamente tomados de pavor.
20 Quando te levantares, ó Senhor,
rirás das ideias tolas deles,
como quem ri de um sonho pela manhã.
21 Percebi, então, que meu
coração se amargurou
e que eu estava despedaçado
por dentro.
22 Fui tolo e ignorante;
a teus olhos devo ter parecido
um animal irracional.
23 E, no entanto, ainda pertenço a ti;
tu seguras minha mão direita.
24 Tu me guias com teu conselho
e me conduzes a um destino glorioso.
25 Quem mais eu tenho no céu senão a ti?
Eu te desejo mais que a
qualquer coisa na terra.
26 Minha saúde pode acabar e
meu espírito fraquejar,
mas Deus continua sendo a
força de meu coração;
ele é minha possessão para sempre.

27 Os que te abandonam perecerão,
pois destróis os que de ti se afastam.
28 Quanto a mim, como é bom
estar perto de Deus!
Fiz do Senhor Soberano meu refúgio
e anunciarei a todos tuas maravilhas.

74

Salmo[a] *de Asafe.*

1 Ó Deus, por que nos rejeitaste
por tanto tempo?
Por que é tão intensa tua ira contra
as ovelhas de teu pasto?
2 Lembra-te de que somos o povo que
adquiriste muito tempo atrás,
a tribo que resgataste como
tua propriedade;
lembra-te ainda do monte
Sião, a tua habitação.
3 Caminha pelas ruínas
assustadoras da cidade;
vê como o inimigo destruiu
teu santuário.

4 Ali teus inimigos deram
gritos de vitória;
ali, hastearam suas
bandeiras de guerra.
5 Usaram seus machados
como lenhadores no bosque.

A presença do Espírito Santo em nós prepara a terra do nosso coração.

[a] **74 título** Em hebraico, *maskil*, possivelmente um termo literário ou musical.

[6] Com machados e picaretas,
despedaçaram os painéis entalhados.
[7] Incendiaram todo o teu santuário,
profanaram o lugar de
habitação do teu nome.
[8] Pensaram: "Vamos destruir tudo!",
e queimaram todos os lugares
de adoração a Deus.

[9] Já não vemos teus sinais;
não há mais profetas,
e ninguém sabe quando isso acabará.
[10] Até quando, ó Deus, permitirás que
nossos inimigos te insultem?
Acaso deixarás que blasfemem
teu nome para sempre?
[11] Por que reténs tua forte mão direita?
Estende-a com poder e destrói-os!

[12] Tu, ó Deus, és meu rei
desde a antiguidade
e trazes salvação à terra.
[13] Com tua força, dividiste o mar
e despedaçaste as cabeças
dos monstros marinhos.
[14] Esmagaste as cabeças do Leviatã[a]
e o deste como alimento aos
animais do deserto.
[15] Fizestes jorrar fontes e riachos
e secaste rios de águas torrenciais.
[16] Tanto o dia como a noite
pertencem a ti;
criaste a luz das estrelas[b] e o sol.
[17] Determinaste os limites da terra
e fizeste o verão e o inverno.

[18] Vê como os inimigos te
insultam, Senhor;
uma nação insensata
blasfemou teu nome.
[19] Não permitas que esses animais
selvagens destruam tua pomba;
não te esqueças para sempre
de teu povo aflito.

[20] Lembra-te das promessas da aliança,
pois a terra está cheia de
escuridão e violência.
[21] Não permitas que os oprimidos
voltem a ser humilhados;
em vez disso, que os pobres e os
necessitados louvem teu nome.

[22] Levanta-te, ó Deus, e
defende tua causa;
lembra-te de como esses tolos
te insultam o dia todo.
[23] Não ignores o que teus
inimigos disseram,
nem o tumulto que cresce sem parar.

75

Ao regente do coral: salmo de Asafe. Para ser cantado com a melodia "Não destruas!".

[1] Graças te damos, ó Deus!
Graças te damos porque estás próximo;
em toda parte se fala de
tuas maravilhas.

[2] Tu disseste: "No tempo
que determinei,
julgarei com justiça.
[3] Quando a terra e seus
moradores estremecem,
sou eu que mantenho
firmes seus alicerces.
Interlúdio

[4] "Adverti aos orgulhosos: 'Parem
de contar vantagem!'.
Disse aos perversos: 'Não
levantem os punhos!
[5] Não levantem os punhos
aos céus em rebeldia,
nem falem com tamanha arrogância'".
[6] Pois ninguém na terra, de leste a oeste,
nem mesmo no deserto,
deve exaltar a si mesmo.[c]
[7] Somente Deus é quem julga;
ele decide quem se levantará
e quem cairá.
[8] Pois o Senhor tem na mão um cálice
cujo vinho espuma misturado
com especiarias.
Ele derrama o vinho,
e todos os perversos o bebem
até a última gota.

[a] **74.14** A identificação do *Leviatã* é controversa; as propostas vão desde uma criatura terrestre até um monstro marinho mítico da literatura antiga.
[b] **74.16** Ou *a lua*; o hebraico traz *luz*.
[c] **75.6** O significado do hebraico é incerto.

9 Quanto a mim, sempre anunciarei
o que Deus tem feito;
cantarei louvores ao Deus de Jacó.
10 Pois Deus disse: "Acabarei com
a força dos perversos,
mas farei crescer o poder dos justos".

76

Ao regente do coral: salmo de Asafe, para ser acompanhado com instrumentos de cordas.

1 Deus é honrado em Judá,
grande é seu nome em Israel.
2 Jerusalém[a] é onde ele habita,
o monte Sião é seu lar.
3 Quebrou ali as flechas
flamejantes do inimigo,
os escudos, as espadas e
as armas de guerra.
Interlúdio

4 Tu és glorioso e mais majestoso
que os montes eternos.[b]
5 Os inimigos mais valentes
foram saqueados
e jazem no sono da morte;
nenhum guerreiro foi capaz
de levantar as mãos.
6 Quando os repreendeste, ó Deus de Jacó,
cavalos e cavaleiros ficaram imóveis.

7 Não é de admirar que sejas tão temido!
Quem pode permanecer diante de
ti quando irrompe a tua ira?
8 Dos céus pronunciaste tua sentença;
a terra estremeceu e se calou.
9 Tu te levantaste para julgar, ó Deus,
para salvar os oprimidos da terra.
Interlúdio

10 A rebeldia humana resultará
em tua glória,
pois tu a usas como arma.[c]

11 Façam votos ao SENHOR, seu
Deus, e cumpram-nos;
todos paguem tributos àquele
que deve ser temido.

12 Pois ele acaba com o
orgulho dos príncipes,
e os reis da terra o temem.

77

Para Jedutum, regente do coral: salmo de Asafe.

1 Clamo a Deus; sim, grito bem alto.
Quem dera Deus me ouvisse!
2 Quando eu estava angustiado,
busquei o Senhor.
Orei a noite toda, de mãos
estendidas para o céu,
mas minha alma recusou
ser consolada.
3 Lembro-me de Deus e
começo a gemer;
desfaleço, ansioso por sua ajuda.
Interlúdio

4 Tu não me deixas dormir;
estou tão desesperado que
nem consigo falar!
5 Penso nos dias que passaram,
nos anos que há muito se foram.
6 À noite, relembro canções alegres;
consulto minha alma e procuro
compreender minha situação.
7 Acaso o Senhor me
rejeitou em definitivo?
Jamais voltará a ser
bondoso comigo?
8 Seu amor se foi para
nunca mais voltar?
Deixou de cumprir suas
promessas para sempre?
9 Deus se esqueceu de ser bondoso?
Em sua ira, fechou a porta
para a compaixão?
Interlúdio

10 Pensei: "É por esta razão que sofro;
o Altíssimo voltou sua mão
direita contra mim".
11 Depois, porém, lembro-me de
tudo que fizeste, SENHOR;
recordo-me de tuas
maravilhas do passado.
12 Estão sempre em meus
pensamentos;
não deixo de refletir sobre
teus poderosos feitos.

[a] **76.2** Em hebraico, *Salém*, outro nome para Jerusalém.
[b] **76.4** Conforme a Septuaginta; o hebraico traz *que os montes cheios de animais de presa*.
[c] **76.10** O significado do hebraico é incerto.

[13] Teus caminhos, ó Deus, são santos;
que deus é poderoso como
o nosso Deus?
[14] És o Deus que realiza maravilhas;
mostras o teu poder entre as nações!
[15] Com teu braço forte resgataste teu povo,
os descendentes de Jacó e José.
Interlúdio

[16] As águas te viram, ó Deus, as águas
te viram e estremeceram;
até as profundezas do mar se agitaram.
[17] As nuvens derramaram chuva,
os trovões ressoaram nas alturas,
os teus relâmpagos riscaram os céus.
[18] No redemoinho ouviu-se o
estrondo de teu trovão;
os relâmpagos iluminaram o mundo,
e a terra tremeu e se abalou.
[19] Teu caminho passou pelo mar,
teu trajeto, pelas águas poderosas,
e ninguém percebeu teus passos.
[20] Conduziste teu povo como
um rebanho de ovelhas,
pelas mãos de Moisés e Arão.

78

Salmo[a] de Asafe.

[1] Ó meu povo, ouça minhas instruções!
Abra os ouvidos para o que direi,
[2] pois lhe falarei por meio de parábola.
Ensinarei enigmas de nosso passado,
[3] histórias que ouvimos e conhecemos,
que nossos antepassados
nos transmitiram.
[4] Não esconderemos essas
verdades de nossos filhos;
contaremos à geração seguinte
os feitos gloriosos do Senhor,
seu poder e suas maravilhas.
[5] Pois ele estabeleceu seus
preceitos a Jacó,
deu sua lei a Israel.
Ordenou a nossos antepassados
que a ensinassem a seus filhos,
[6] para que a geração seguinte, os
filhos ainda por nascer,
a conhecesse,
e eles, por sua vez, a
ensinarão a seus filhos.
[7] Portanto, cada geração deve pôr
sua esperança em Deus,
não esquecer seus poderosos feitos
e obedecer a seus mandamentos.
[8] Assim, não serão como
seus antepassados,
teimosos, rebeldes e infiéis,
que se recusaram a confiar em
Deus de todo o coração.

[9] Os guerreiros de Efraim, embora
armados de arcos,
deram meia-volta e fugiram
no dia da batalha.
[10] Não cumpriram a aliança de Deus,
não quiseram viver de
acordo com sua lei.
[11] Esqueceram o que ele havia feito,
as maravilhas que lhes
tinha mostrado,
[12] os milagres que realizara
para seus antepassados
na planície de Zoã, na terra do Egito.
[13] Pois ele dividiu o mar e os
conduziu na travessia;
fez as águas se erguerem
como muralhas.
[14] Durante o dia, os guiava
com uma nuvem,
durante a noite, com a luz do fogo.
[15] No deserto, partiu as rochas
para lhes dar água,
como a que jorra de um manancial.
[16] Da pedra, fez brotar riachos
e correr água como um rio.

[17] Ainda assim, continuaram
a pecar contra ele
e se rebelaram contra o
Altíssimo no deserto.
[18] Puseram Deus à prova
em seu coração
e exigiram a comida que
tanto queriam.
[19] Chegaram a falar contra o
próprio Deus, dizendo:
"Deus não é capaz de nos
dar comida no deserto.
[20] Sim, ele pode bater numa rocha
e dela fazer brotar água,
mas não é capaz de dar pão
e carne a seu povo".

[a] **78 título** Em hebraico, *maskil*, possivelmente um termo literário ou musical.

[21] Quando o Senhor os ouviu,
se enfureceu;
o fogo de sua ira ardeu contra Jacó.
Sim, sua ira se levantou contra Israel,
[22] pois não creram em Deus
nem confiaram em seu cuidado.
[23] Apesar disso, ele deu ordem às nuvens;
abriu as portas dos céus.
[24] Fez chover maná para alimentá-los;
deu-lhes pão dos céus.
[25] Eles comeram o pão dos anjos;
receberam comida à vontade.
[26] Ele enviou dos céus o vento do leste
e, por seu poder, guiou o vento do sul.
[27] Fez chover carne como se fosse pó,
muitas e muitas aves, como
a areia da praia.
[28] Fez as aves caírem dentro
do acampamento,
ao redor de suas tendas.
[29] O povo comeu à vontade;
ele atendeu ao desejo deles.
[30] Mas, antes que estivessem satisfeitos,
enquanto ainda tinham
comida na boca,
[31] a ira de Deus se levantou contra eles.
Ele matou seus homens mais fortes;
feriu mortalmente os jovens de Israel.

[32] Ainda assim, continuaram a pecar;
não confiaram em Deus, apesar
de suas maravilhas.
[33] Por isso, reduziu a vida
deles a um sopro
e fez seus dias terminarem em terror.
[34] Quando Deus começou a matá-los,
finalmente o buscaram;
arrependeram-se e levaram
Deus a sério.
[35] Então lembraram que
Deus era sua rocha,
que o Deus Altíssimo[a]
era seu redentor.
[36] Contudo, foi só da boca para fora;
mentiram para ele com os lábios.
[37] Pois o coração não era leal a Deus;
não foram fiéis à sua aliança.
[38] E, no entanto, ele foi misericordioso;
perdoou seus pecados e
não os destruiu.
Muitas vezes conteve sua ira
e não se enfureceu contra eles.
[39] Pois se lembrou de que
eram simples mortais;
passam como o vento, que
não volta mais.

[40] Quantas vezes se rebelaram
contra ele no deserto
e o entristeceram naquela
terra desolada!
[41] Repetidamente, puseram
Deus à prova
e provocaram o Santo de Israel.
[42] Não se recordaram do seu poder,
nem do dia em que ele os
resgatou de seus inimigos.
[43] Não se lembraram dos sinais
que ele fizera no Egito,
das maravilhas realizadas
na planície de Zoã.
[44] Ele transformou os rios em sangue,
para que ninguém bebesse
de suas águas.
[45] Enviou enxames de moscas
para devorá-los
e rãs para destruí-los.
[46] Entregou suas plantações
às lagartas
e suas colheitas, aos gafanhotos.
[47] Destruiu as videiras com granizo
e as figueiras, com geadas.
[48] Entregou seu gado à chuva
de pedras
e seus rebanhos, aos raios.
[49] Lançou sobre eles sua ira ardente,
sua fúria, indignação e hostilidade.
Enviou contra eles
muitos anjos destruidores.
[50] Voltou sua ira contra eles;
não lhes poupou a vida,
mas os devastou com a peste.
[51] Matou todos os filhos mais
velhos do Egito,
a flor da juventude na terra de Cam.
[52] Mas conduziu seu povo como
um rebanho de ovelhas
e os guiou em segurança
pelo deserto.
[53] Manteve-os a salvo, e não
tiveram medo;
o mar cobriu seus inimigos.

[a] **78.35** Em hebraico, *El-Elyon*.

54 Levou o povo até a fronteira
de sua terra santa,
à região montanhosa que
para eles conquistou.
55 Diante deles expulsou as nações
e repartiu entre eles sua herança;
estabeleceu as tribos de
Israel em seus lugares.

56 Ainda assim, continuaram a pôr
à prova o Deus Altíssimo
e a se rebelar contra ele;
não obedeceram a seus preceitos.
57 Voltaram atrás e foram infiéis,
como seus antepassados;
mostraram-se indignos de confiança,
como um arco defeituoso.
58 Provocaram a ira de Deus ao construir
altares para outros deuses;
com seus ídolos, despertaram
nele ciúmes.
59 Quando Deus os ouviu, se enfureceu
e rejeitou por completo Israel.
60 Abandonou sua habitação em Siló,
o tabernáculo onde vivia
no meio do povo.
61 Deixou que a arca de seu
poder fosse capturada,
entregou sua glória nas
mãos de inimigos.
62 Permitiu que seu povo
fosse morto à espada,
pois se enfureceu com eles,
sua propriedade.
63 Os jovens foram consumidos pelo fogo,
e as moças não puderam entoar
canções de núpcias.
64 Os sacerdotes foram mortos à espada,
e as viúvas não puderam
lamentar as mortes.

65 Então o Senhor se levantou,
como de um sono,
como o guerreiro que desperta
da embriaguez.
66 Fez os inimigos recuarem
e os entregou à vergonha para sempre.
67 Rejeitou, porém, os
descendentes de José;
não escolheu a tribo de Efraim.
68 Antes, escolheu a tribo de Judá,
o monte Sião, que ele amou.
69 Ali construiu seu santuário,
alto como os céus,
firme e duradouro como a terra.
70 Escolheu Davi, seu servo,
e dos currais o chamou.
71 Tirou-o do pastoreio de
ovelhas e cordeiros
e tornou-o pastor dos
descendentes de Jacó,
o povo que a Deus pertence, Israel.
72 Com coração sincero, Davi cuidou deles
e os conduziu com sensatez.

79

Salmo de Asafe.

1 Ó Deus, as nações invadiram
a terra que te pertence;
profanaram teu santo templo
e transformaram Jerusalém
num monte de ruínas.
2 Deixaram os corpos de teus servos
para servirem de alimento
às aves do céu.
A carne de teus fiéis
se tornou comida para os
animais selvagens.
3 O sangue correu como água
ao redor de Jerusalém,
e não resta ninguém para
sepultar os mortos.
4 Nossos vizinhos zombam de nós;
somos objeto de riso e desprezo
para os que nos rodeiam.

5 Até quando, SENHOR, ficarás irado
conosco? Será para sempre?
Até quando teu zelo
arderá como fogo?
6 Derrama tua fúria sobre as nações
que não te reconhecem,
sobre os reinos que não
invocam teu nome.
7 Pois devoraram teu povo, Israel,[a]
e transformaram suas
casas em ruínas.
8 Não nos culpes pelos pecados
de nossos antepassados!
Que a tua compaixão venha
depressa nos socorrer,
pois é grande o nosso desespero!

[a] **79.7** Em hebraico, *devoraram Jacó.* Ver nota em 44.4.

9 Ajuda-nos, ó Deus de nossa salvação,
pela glória do teu nome.
Livra-nos e perdoa nossos pecados,
pela honra do teu nome.
10 Por que permitir que as
nações digam:
"Onde está o seu Deus?"
Mostra-nos tua vingança
contra as nações,
pois elas derramaram o
sangue de teus servos.
11 Ouve os gemidos dos prisioneiros;
por teu grande poder, salva
os condenados à morte.

12 Ó Senhor, retribui sete vezes
mais a nossos vizinhos
pelos insultos que lançaram contra ti.
13 Então nós, teu povo,
ovelhas do teu pasto,
para sempre te daremos graças
e louvaremos tua grandeza
por todas as gerações.

80

Ao regente do coral: salmo de Asafe, para ser cantado com a melodia "Lírios da aliança".

1 Ouve, ó Pastor de Israel,
que conduz os descendentes
de José como um rebanho.
Tu que estás entronizado
acima dos querubins,
manifesta teu esplendor
2 a Efraim, a Benjamim e a Manassés.
Mostra-nos teu poder
e vem salvar-nos!

3 Restaura-nos, ó Deus!
Que a luz do teu rosto brilhe sobre nós;
só então seremos salvos.
4 Ó Senhor, Deus dos Exércitos,
até quando ficarás irado com
as orações do teu povo?
5 Tu nos deste tristeza como alimento
e nos fizeste beber copos
cheios de lágrimas.
6 Tu nos tornaste motivo de desprezo
das[a] nações vizinhas;
agora nossos inimigos zombam de nós.

[a] **80.6** Conforme a versão siríaca; o hebraico traz *contenda para as.*

7 Restaura-nos, ó Deus
dos Exércitos!
Que a luz do teu rosto
brilhe sobre nós;
só então seremos salvos.
8 Tu nos trouxeste do Egito,
como uma videira;
expulsaste as nações e nos
plantaste no solo.
9 Limpaste o terreno para nós;
fincamos raízes e enchemos a terra.
10 Nossa sombra se estendeu
por cima dos montes,
nossos ramos cobriram
os altos cedros.
11 Estendemos nossos ramos
até o Mediterrâneo,
nossos brotos se espalharam
até o Eufrates.[b]
12 Mas, agora, por que derrubaste
nossos muros?
Todos que passam roubam
nossos frutos.
13 Os javalis da floresta
devoram a videira,
animais selvagens se
alimentam dela.

14 Ó Deus dos Exércitos,
suplicamos que voltes!
Olha dos céus e vê a
nossa aflição.
Cuida desta videira 15 que tu
mesmo plantaste,
o filho que criaste para ti.
16 Somos cortados e queimados
por nossos inimigos;
que eles pereçam ao ver a
repreensão em tua face!
17 Fortalece aquele a quem amas,
o filho que criaste para ti.
18 Então jamais te abandonaremos;
reanima-nos, para que
invoquemos o teu nome.

19 Restaura-nos, ó Senhor, o
Deus dos Exércitos!
Que a luz do teu rosto
brilhe sobre nós;
só então seremos salvos.

[b] **80.11** Em hebraico, *até o mar [...] até o rio.*

81 *Ao regente do coral: salmo de Asafe, para ser acompanhado com instrumento de cordas.*[a]

1 Cantem louvores a Deus, nossa força!
Aclamem ao Deus de Jacó.
2 Cantem! Façam soar o tamborim,
a doce lira e a harpa.
3 Toquem a trombeta na lua
nova e na lua cheia,
para convocar a nossa festa.
4 Pois assim exigem os
estatutos de Israel;
esse é o decreto do Deus de Jacó.
5 Ele o ordenou como lei para Israel,[b]
quando atacou o Egito
para nos libertar.

Ouvi uma voz desconhecida dizer:
6 "Agora removerei o peso
de seus ombros
e libertarei suas mãos das
tarefas pesadas.
7 Vocês clamaram a mim em sua
aflição, e eu os salvei;
da nuvem de tempestade
lhes respondi
e pus vocês à prova quando não
havia água em Meribá.
Interlúdio

8 "Ó meu povo, ouça
minhas advertências;
quem dera você me
escutasse, ó Israel!
9 Jamais tenha em seu meio outro deus;
não se curve diante de
deus estrangeiro.
10 Pois fui eu, o SENHOR, seu Deus,
que o tirei da terra do Egito.
Abra bem a boca, e a encherei
de coisas boas.

11 "Meu povo, no entanto,
não quis ouvir;
Israel não me obedeceu.
12 Por isso, deixei que seguissem
seus desejos teimosos
e vivessem de acordo com
suas próprias ideias.
13 Ah, se meu povo me escutasse;
quem dera Israel andasse
em meus caminhos!
14 Então eu derrotaria seus
inimigos sem demora;
minhas mãos cairiam sobre
seus adversários.
15 Os que odeiam o SENHOR se
encolheriam diante dele,
condenados para sempre.
16 Vocês, porém, eu alimentaria com
trigo da melhor qualidade
e os saciaria com mel silvestre
tirado da rocha".

[a] **81 título** Em hebraico, *de acordo com o gittîth.*
[b] **81.5** Em hebraico, *para José.*

82 *Salmo de Asafe.*

1 Deus preside a assembleia dos céus;
no meio dos seres celestiais,[c]
anuncia seu julgamento:
2 "Até quando tomarão decisões injustas
que favorecem a causa dos perversos?
Interlúdio

3 "Façam justiça ao pobre e ao órfão,
defendam os direitos do
oprimido e do desamparado.
4 Livrem o pobre e o necessitado,
libertem-nos das garras
dos perversos.
5 Esses opressores nada entendem;
são completos ignorantes!
Andam sem rumo na escuridão,
enquanto os alicerces da
terra estremecem.
6 Eu digo: 'Vocês são deuses,
são todos filhos do Altíssimo.
7 Morrerão, porém, como
simples mortais
e cairão como qualquer
governante'".

8 Levanta-te, ó Deus, e julga a terra,
pois todas as nações te pertencem.

83 *Cântico; salmo de Asafe.*

1 Ó Deus, não fiques em silêncio!
Não feches os ouvidos
e não permaneças calado, ó Deus!

[c] **82.1** Ou *dos deuses.*

[2] Não ouves o tumulto de teus adversários?
Não vês que teus inimigos te desafiam?
[3] Tramam com astúcia
contra o teu povo;
conspiram contra os teus protegidos.
[4] Dizem: "Venham, exterminemos
a nação de Israel,
para que ninguém se lembre
de sua existência".
[5] Sim, em unanimidade decidiram;
fizeram um tratado e
aliaram-se contra ti
[6] os edomitas e os ismaelitas,
os moabitas e os hagarenos,
[7] os gebalitas, os amonitas
e os amalequitas,
os povos da Filístia e de Tiro.
[8] A eles também se uniram os assírios
e se aliaram aos descendentes de Ló.
Interlúdio

[9] Trata-os como trataste os midianitas,
como trataste Sísera e
Jabim no rio Quisom.
[10] Foram destruídos em En-Dor;
tornaram-se adubo para a terra.
[11] Que seus nobres morram
como Orebe e Zeebe,
e todos os seus príncipes,
como Zeba e Zalmuna,
[12] pois disseram: "Vamos nos apossar
das pastagens de Deus!".
[13] Ó meu Deus, espalha-os como
folhas num redemoinho,
como palha ao vento.
[14] Assim como o fogo
consome o bosque,
como a chama incendeia os montes,
[15] persegue-os com a tua tempestade,
enche-os de medo com
o teu vendaval.
[16] Faze-os cair na desgraça
mais profunda,
até que se sujeitem ao
teu nome, Senhor.
[17] Sejam envergonhados e
aterrorizados para sempre
e morram em desonra.
[18] Então aprenderão que somente
tu és chamado Senhor,
somente tu és o Altíssimo,
supremo sobre toda a terra.

84

Ao regente do coral: salmo dos descendentes de Corá, para ser acompanhado com instrumento de cordas.[a]

[1] Como é agradável o lugar
de tua habitação,
ó Senhor dos Exércitos!
[2] Sinto desejo profundo, sim,
morro de vontade
de entrar nos pátios do Senhor.
Com todo o meu coração
e todo o meu ser,
aclamarei ao Deus vivo.
[3] Até o pardal encontra um lar,
e a andorinha faz um ninho
e cria seus filhotes
perto do teu altar, ó Senhor dos
Exércitos, meu Rei e meu Deus!
[4] Como são felizes os que
habitam em tua casa,
sempre cantando louvores a ti!
Interlúdio

[5] Como são felizes os que de
ti recebem forças,
os que decidem percorrer
os teus caminhos.
[6] Quando passarem pelo vale do Choro,[b]
ele se transformará num lugar
de fontes revigorantes;
as primeiras chuvas o
cobrirão de bênçãos.
[7] Eles continuarão a se fortalecer,
e cada um deles se apresentará
diante de Deus, em Sião.

[8] Ó Senhor, Deus dos Exércitos,
ouve minha oração;
escuta, ó Deus de Jacó!
Interlúdio

[9] Ó Deus, olha com favor para
o rei, nosso escudo;
mostra bondade ao teu ungido!

[10] Um só dia em teus pátios
é melhor que mil dias em
qualquer outro lugar.
Prefiro ser porteiro da casa de meu Deus
a viver na morada dos perversos.

[a] **84 título** Em hebraico, *de acordo com o gittîth.*
[b] **84.6** Ou *vale dos Choupos*; o hebraico traz *vale de Baca.*

Alguns milagres só terão espaço para acontecer se permitirmos que Deus organize o nosso interior.

11 Pois o Senhor Deus é nosso
sol e nosso escudo;
ele nos dá graça e honra.
O Senhor não negará bem algum
àqueles que andam no
caminho certo.
12 Ó Senhor dos Exércitos,
como são felizes os que
confiam em ti!

85 *Ao regente do coral: salmo dos descendentes de Corá.*

1 Senhor, abençoaste a tua terra;
restauraste a condição de Israel.[a]
2 Perdoaste a culpa do teu povo;
cobriste todos os seus pecados.
Interlúdio

3 Reprimiste tua fúria,
sim, refreaste tua ira ardente.

4 Agora, ó Deus de nossa
salvação, restaura-nos;
deixa de lado tua ira contra nós.
5 Ficarás indignado conosco
para sempre?
Prolongarás tua ira por
todas as gerações?
6 Não nos reanimarás,
para que o teu povo se alegre em ti?
7 Mostra-nos o teu amor, Senhor,
e concede-nos a tua salvação.

8 Ouço com atenção o que
Deus, o Senhor, diz,
pois ele fala de paz a seu povo fiel;
que não voltem, porém, a seus
caminhos insensatos.
9 Certamente sua salvação está
perto dos que o temem;
então nossa terra se encherá
de sua glória.

10 O amor e a verdade se encontraram,
a justiça e a paz se beijaram.
11 A verdade brota da terra,
e a justiça sorri dos céus.
12 Sim, o Senhor dará suas bênçãos;
nossa terra produzirá
uma farta colheita.
13 A justiça vai adiante dele
e prepara o caminho para
os seus passos.

86 *Oração de Davi.*

1 Inclina-te, Senhor, e ouve
minha oração;
responde-me, pois estou
aflito e necessitado.
2 Protege-me, pois sou fiel a ti;
salva-me, pois sou teu
servo e em ti confio.
Tu és meu Deus!
3 Tem misericórdia de mim, ó Senhor,
pois clamo a ti sem parar.
4 Alegra-me, Senhor,
pois a ti me entrego.
5 Ó Senhor, tu és tão bom, tão
pronto a perdoar,
tão cheio de amor por todos
que te buscam.
6 Ouve minha oração, Senhor,
e atende a meu clamor.
7 Em tempos de aflição, clamarei a ti,
e tu me responderás.

8 Nenhum dos deuses é
semelhante a ti, Senhor,
nenhum deles pode fazer
o que tu fazes.
9 Todas as nações que criaste virão e
se prostrarão diante de ti, Senhor,
e glorificarão o teu nome.
10 Pois tu és grande e
realizas maravilhas;
só tu és Deus.

11 Ensina-me os teus caminhos, Senhor,
para que eu viva segundo
a tua verdade.
Concede-me pureza de coração,
para que eu honre o teu nome.
12 Ó Senhor, meu Deus, de todo o
meu coração te louvarei;
glorificarei o teu nome
para sempre.
13 Pois grande é o teu amor por mim;
tu me livraste das
profundezas da morte.[b]

[a] **85.1** Em hebraico, *de Jacó*. Ver nota em 44.4.

[b] **86.13** Em hebraico, *do Sheol*.

[14] Ó Deus, os arrogantes se
levantam contra mim,
pessoas violentas tentam me matar;
não se importam contigo.
[15] Mas tu, Senhor,
és Deus de compaixão e misericórdia,
lento para se irar
e cheio de amor e fidelidade.
[16] Olha para cá e tem
compaixão de mim!
Dá tua força a teu servo;
sim, salva teu humilde servo.
[17] Mostra-me um sinal do teu favor;
então serão envergonhados
os que me odeiam,
pois tu, Senhor, me ajudas
e me consolas.

87

Cântico; salmo dos descendentes de Corá.

[1] No monte santo
está a cidade fundada pelo Senhor.
[2] Ele ama a cidade de Jerusalém,
mais que qualquer outro
lugar em Israel.[a]
[3] Ó cidade de Deus,
que coisas gloriosas são
ditas a seu respeito!

Interlúdio

[4] Incluirei o Egito[b] e a Babilônia
entre os que me conhecem,
também a Filístia e Tiro, e
até a distante Etiópia;[c]
ali todos se tornaram seus cidadãos!
[5] A respeito de Jerusalém[d] se dirá:
"Ali todos desfrutam os
direitos de cidadãos",
e o próprio Altíssimo
abençoará a cidade.
[6] Quando o Senhor registrar
as nações, dirá:
"Ali todos se tornaram
seus cidadãos!".

Interlúdio

[7] O povo tocará flautas[e] e cantará:
"A fonte de minha vida
brota de Jerusalém!".

88

Ao regente do coral: salmo dos descendentes de Corá, para ser cantado com a melodia "O sofrimento da aflição". Salmo[f] de Hemã, o ezraíta.

[1] Ó Senhor, Deus de minha salvação,
clamo a ti de dia,
venho a ti de noite.
[2] Agora, ouve minha oração;
escuta meu clamor.
[3] Pois minha vida está cheia
de problemas,
e a morte[g] se aproxima.
[4] Fui considerado morto,
alguém que já não tem forças.
[5] Deixaram-me entre os mortos,
estendido como um cadáver no túmulo.
Caí no esquecimento
e estou separado do teu cuidado.
[6] Tu me lançaste na cova mais funda,
nas profundezas mais escuras.
[7] Tua ira pesa sobre mim;
uma após a outra, tuas
ondas me encobrem.

Interlúdio

[8] Afastaste de mim os meus amigos
e para eles me tornaste repulsivo;
estou preso numa armadilha,
e não há como escapar.
[9] As lágrimas de aflição me
cegaram os olhos;
todos os dias, clamo por ti, Senhor,
e a ti levanto as mãos.
[10] Será que tuas maravilhas têm
algum uso para os mortos?
Acaso os mortos se levantam
e te louvam?

Interlúdio

[11] Podem os que estão no túmulo
anunciar teu amor?
Podem proclamar tua fidelidade
no lugar de destruição?[h]

---

[a] **87.2** Em hebraico, *ele ama as portas de Sião mais que todas as habitações de Jacó.* Ver nota em 44.4.

[b] **87.4a** Em hebraico, *Raabe*, nome de um monstro marinho mítico que representa o caos na literatura antiga. O termo é usado aqui como nome poético para o Egito.

[c] **87.4b** Em hebraico, *Cuxe.*

[d] **87.5** Em hebraico, *Sião.*

[e] **87.7** Ou *dançará.*

[f] **88 título** Em hebraico, *maskil*, possivelmente um termo literário ou musical.

[g] **88.3** Em hebraico, *o Sheol.*

[h] **88.11** Em hebraico, *em Abadom?*

[12] Acaso as trevas falam de
tuas maravilhas?
Pode alguém na terra do
esquecimento contar de tua justiça?
[13] A ti, Senhor, eu clamo;
dia após dia, continuarei a suplicar.
[14] Ó Senhor, por que me rejeitas?
Por que escondes de mim o rosto?

[15] Desde a juventude estive
doente e à beira da morte;
teus terrores me deixaram
indefeso e desesperado.
[16] Sim, tua ira intensa me esmagou,
teus terrores acabaram comigo.
[17] O dia todo, agitam-se ao meu
redor como uma inundação
e me encobrem por completo.
[18] Tiraste de mim meus companheiros
e pessoas queridas;
a escuridão é a minha amiga
mais chegada.

89

Salmo[a] *de Etã, o ezraíta.*

[1] Cantarei para sempre o teu
amor, ó Senhor!
Anunciarei a tua fidelidade
a todas as gerações.
[2] Pois sei que o teu amor dura para sempre,
e a tua fidelidade permanece
firme como os céus.

[3] Tu disseste: "Fiz uma aliança com
Davi, meu servo escolhido.
A ele fiz este juramento:
[4] 'Estabelecerei seus descendentes
como reis para sempre;
eles se sentarão em seu trono
de geração em geração'".

Interlúdio

[5] Ó Senhor, os céus louvam
as tuas maravilhas;
multidões de anjos te exaltam
por tua fidelidade.
[6] Pois quem nos céus se
compara ao Senhor?
Quem é semelhante ao Senhor
entre os seres celestiais?
[7] Os mais altos poderes angelicais
reverenciam a Deus;
ele é mais temível que todos
que rodeiam seu trono.
[8] Ó Senhor, Deus dos Exércitos,
quem é poderoso como tu, Senhor?
Tu és totalmente fiel!

[9] Governas os mares revoltos
e acalmas as ondas agitadas.
[10] Esmagaste o grande
monstro marinho;[b]
com o teu braço poderoso,
dispersaste teus inimigos.
[11] Os céus são teus, a terra é tua,
tudo que há no mundo pertence a ti;
tu fizeste todas as coisas.
[12] Criaste o norte e o sul;
o monte Tabor e o monte
Hermom louvam o teu nome.
[13] Teu braço é poderoso!
Tua mão é forte!
Tua mão direita se levanta
com força gloriosa.
[14] Justiça e retidão são os
alicerces do teu trono,
amor e verdade vão à tua frente.
[15] Feliz é o povo que ouve o alegre
chamado para adorar,
pois andará na luz de tua
presença, Senhor.
[16] O dia todo eles se alegram
em teu nome
e exultam em tua justiça.
[17] Tu és a força gloriosa deles;
é do teu agrado nos fortalecer.
[18] Sim, nossa proteção vem do Senhor;
ele, o Santo de Israel, nos
deu nosso rei.

[19] Muito tempo atrás, numa
visão, falaste a teus fiéis
e disseste: "Levantei um guerreiro;
dentre o povo o escolhi para ser rei.
[20] Encontrei meu servo Davi
e o ungi com meu santo óleo.
[21] Com minha mão o firmarei,
com meu braço o fortalecerei.
[22] Seus inimigos não o derrotarão,
os perversos não o dominarão.

[a] **89 título** Em hebraico, *maskil*, possivelmente um termo literário ou musical.

[b] **89.10** Em hebraico, *Raabe*, nome de um monstro marinho mítico que representa o caos na literatura antiga.

[23] Esmagarei seus adversários
diante dele,
destruirei aqueles que o odeiam.
[24] Minha fidelidade e meu
amor o acompanharão;
em meu nome, ele crescerá em poder.
[25] Estenderei seu governo sobre o mar,
seu domínio, sobre os rios.
[26] Ele me dirá: 'Tu és meu Pai,
meu Deus e a Rocha de
minha salvação'.
[27] Darei a ele os privilégios
de filho mais velho,
e ele será o rei mais poderoso da terra.
[28] Eu o amarei e lhe serei
bondoso para sempre;
minha aliança com ele
jamais será quebrada.
[29] Farei que ele sempre tenha herdeiros;
enquanto existirem os céus,
seu trono não terá fim.
[30] Se, porém, seus descendentes
abandonarem minha lei
e não seguirem meus estatutos,
[31] se não obedecerem aos
meus decretos
e não guardarem meus mandamentos,
[32] castigarei seu pecado com a vara
e sua desobediência, com açoites.
[33] Contudo, não desistirei de amá-lo,
nem deixarei de lhe ser fiel.
[34] Não quebrarei minha aliança,
não voltarei atrás em minhas palavras.
[35] Fiz um juramento a Davi
e, em minha santidade, não minto.
[36] Sua dinastia continuará para sempre,
seu reino permanecerá como o sol.
[37] Será duradouro como a lua,
minha fiel testemunha no céu".

Interlúdio

[38] Agora, porém, tu o rejeitaste
e o descartaste;
estás irado com o teu ungido.
[39] Renunciaste tua aliança com ele
e jogaste sua coroa no pó.
[40] Derrubaste os muros que o protegiam
e destruíste as fortalezas
que o defendiam.
[41] Todos que por ali passam o saqueiam,
e ele se tornou motivo de
zombaria para seus vizinhos.
[42] Tu fortaleceste seus inimigos
e lhes deste razão para celebrar.
[43] Tornaste inútil sua espada
e não o ajudaste na batalha.
[44] Acabaste com seu esplendor
e derrubaste seu trono.
[45] Fizeste-o envelhecer antes do tempo
e o envergonhaste em público.

Interlúdio

[46] Até quando, SENHOR, esta
situação continuará?
Acaso te esconderás para sempre?
Até quando tua ira arderá como fogo?
[47] Lembra-te de como
minha vida é curta,
de como é vazia a existência humana!
[48] Ninguém vive para sempre,
todos morrem;
ninguém escapa das garras
da sepultura.[a]

Interlúdio

[49] Onde está, Senhor, o teu antigo amor?
Tu o prometeste a Davi com
um juramento fiel.
[50] Considera, Senhor, como teus
servos passam vergonha;
levo no coração os insultos de muitos.
[51] Teus inimigos, SENHOR, têm
zombado de mim;
zombam do teu ungido por onde ele vai.

[52] Louvado seja o SENHOR para sempre!
Amém e amém!

LIVRO 4 (SALMOS 90—106)

90 *Oração de Moisés, homem de Deus.*

[1] Senhor, tu tens sido nosso refúgio
ao longo das gerações.
[2] Antes que os montes nascessem,
antes que formasses a
terra e o mundo,
de eternidade a eternidade, tu és Deus.

[3] Fazes as pessoas voltarem
ao pó quando dizes:
"Retornem ao pó, mortais".

[a] **89.48** Em hebraico, *do Sheol*.

[4] Para ti, mil anos são como
um dia que passa,
breves como algumas horas da noite.
[5] Arrastas as pessoas como
numa enchente;
elas são como sonhos
que desaparecem.
São como a grama que
nasce pela manhã;
[6] pela manhã, brota e floresce,
mas, à tarde, murcha e seca.
[7] Somos consumidos por tua ira,
ficamos apavorados com tua fúria.
[8] Tu pões diante de ti os
nossos pecados,
nossos pecados secretos,
e vês todos eles.
[9] Passamos a vida debaixo de tua ira
e terminamos nossos dias
com um gemido.

[10] Recebemos setenta anos,
alguns chegam aos oitenta.
Mas até os melhores anos são
cheios de dor e desgosto;
logo desaparecem, e nós voamos.
[11] Quem conhece o poder de tua ira?
Grande é a tua fúria, como o
temor de que és digno.
[12] Ajuda-nos a entender
como a vida é breve,
para que vivamos com sabedoria.

[13] Ó Senhor, volta-te para nós!
Até quando te demorarás?
Tem compaixão de teus servos.
[14] Satisfaze-nos a cada manhã
com o teu amor,
para que cantemos de alegria
até o final da vida.
[15] Dá-nos alegria proporcional
aos dias de aflição;
compensa-nos pelos anos
em que sofremos.
[16] Que nós, teus servos, vejamos
teus feitos outra vez;
que nossos filhos vejam
a tua glória.
[17] Seja sobre nós a bondade do
Senhor, nosso Deus;
faze prosperar nossos esforços,
sim, faze prosperar nossos esforços.

91

Aquele que habita no
abrigo do Altíssimo
encontrará descanso à sombra
do Todo-poderoso.
[2] Isto eu declaro a respeito do Senhor:
ele é meu refúgio, meu lugar seguro,
ele é meu Deus e nele confio.
[3] Pois ele o livrará das
armadilhas da vida
e o protegerá de doenças mortais.
[4] Ele o cobrirá com as suas penas
e o abrigará sob as suas asas;
a sua fidelidade é armadura
e proteção.
[5] Não tenha medo dos terrores da noite,
nem da flecha que voa durante o dia.
[6] Não tema a praga que se
aproxima na escuridão,
nem a calamidade que
devasta ao meio-dia.
[7] Ainda que mil caiam ao seu lado
e dez mil morram ao seu redor,
você não será atingido.
[8] Basta abrir os olhos,
e verá como são castigados
os perversos.

[9] Se você se refugiar no Senhor,
se fizer do Altíssimo seu abrigo,
[10] nenhum mal o atingirá,
nenhuma praga se aproximará
de sua casa.
[11] Pois ele ordenará a seus anjos
que o protejam aonde
quer que você vá.
[12] Eles o sustentarão com as mãos,
para que não machuque o
pé em alguma pedra.
[13] Você pisará leões e cobras,
esmagará leões ferozes e
serpentes debaixo dos pés.

[14] O Senhor diz: "Livrarei
aquele que me ama,
protegerei o que confia em meu nome.
[15] Quando clamar por mim,
eu responderei
e estarei com ele em meio
às dificuldades;
eu o resgatarei e lhe darei honra.
[16] Com vida longa o recompensarei
e lhe darei minha salvação".

92

Salmo; cântico para ser entoado no sábado.

1 É bom dar graças ao Senhor
e cantar louvores ao Altíssimo.
2 É bom proclamar de manhã o teu amor
e, de noite, a tua fidelidade,
3 ao som de um instrumento
de dez cordas,
da harpa e da melodia da lira.

4 Tu me alegras, Senhor, com
tudo que tens feito;
canto de alegria por causa
de tuas obras.
5 Quão grandes, Senhor,
são os teus feitos
e profundos os teus pensamentos!
6 Só o ignorante não sabe,
só o tolo não entende:
7 embora os perversos brotem
como a grama
e floresçam os que praticam o mal,
eles serão destruídos para sempre.

8 Mas tu, Senhor, serás
eternamente exaltado!
9 Teus inimigos, Senhor, perecerão;
todos que praticam o mal
serão dispersados.
10 Tu, porém, me tornaste forte
como o boi selvagem
e me ungiste com óleo da
melhor qualidade.
11 Meus olhos viram a queda
de meus inimigos,
meus ouvidos ouviram a derrota
de meus perversos adversários.
12 Os justos, porém, florescerão
como palmeiras
e crescerão como os cedros
do Líbano.
13 Pois estão plantados na
casa do Senhor;
florescerão nos pátios de nosso Deus.
14 Mesmo na velhice
produzirão frutos;
continuarão verdejantes
e cheios de vida.
15 Anunciarão: "O Senhor é justo!
Ele é minha rocha;
nele não há injustiça".

93

O Senhor reina!
Está vestido de majestade;
sim, o Senhor está vestido de majestade
e armado de força.
O mundo permanece firme
e não será abalado.

2 Teu trono permanece desde
os tempos antigos;
tu existes desde a eternidade.
3 As águas subiram, ó Senhor,
as águas rugiram como trovão,
as águas levantaram
ondas impetuosas.
4 Mais poderoso que o
estrondo dos mares,
mais poderoso que as ondas
que rebentam na praia,
mais poderoso que tudo isso
é o Senhor nas alturas.
5 Teus preceitos soberanos não
podem ser alterados;
teu reino, Senhor, é santo
para todo o sempre!

94

Ó Senhor, Deus da vingança,
ó Deus da vingança,
manifesta teu esplendor!
2 Levanta-te, ó Juiz da terra,
dá aos orgulhosos o que merecem.
3 Até quando, Senhor?
Até quando os perversos se
alegrarão de suas maldades?
4 Até quando falarão com arrogância?
Até quando os que praticam o
mal contarão vantagens?
5 Esmagam o teu povo, Senhor,
oprimem os que pertencem a ti.
6 Matam viúvas e estrangeiros
e assassinam órfãos.
7 "O Senhor não vê", eles dizem.
"O Deus de Israel[a] não se importa."

8 Pensem melhor, tolos!
Quando vocês, insensatos,
entenderão?
9 Acaso é surdo aquele que
fez os ouvidos?
É cego aquele que formou
os olhos?

[a] **94.7** Em hebraico, *de Jacó*. Ver nota em 44.4.

10 Aquele que castiga as nações
não os castigará?
Aquele que tudo sabe não
sabe o que vocês fazem?
11 O SENHOR conhece os
pensamentos de cada um;
sabe que nada valem.

12 Feliz é aquele a quem
disciplinas, SENHOR,
aquele a quem ensinas tua lei.
13 Tu lhe dás alívio em
tempos de aflição,
até que se abra uma cova
para os perversos.
14 Pois o SENHOR não rejeitará seu povo;
não abandonará os que
lhe pertencem.
15 Os julgamentos voltarão a
se basear na justiça,
e os de coração íntegro a buscarão.

16 Quem me protegerá dos perversos?
Quem me defenderá dos
que praticam o mal?
17 Se o SENHOR não tivesse me ajudado,
eu já estaria no silêncio do túmulo.
18 Gritei: "Estou caindo!",
mas o teu amor, SENHOR, me sustentou.
19 Quando minha mente estava
cheia de dúvidas,
teu consolo me deu
esperança e ânimo.
20 Podem os líderes injustos,
aqueles cujos decretos
permitem a injustiça,
afirmar que Deus está do lado deles?
21 Juntam-se contra os justos
e condenam os inocentes à morte.
22 Mas o SENHOR é a minha fortaleza;
meu Deus é a rocha onde me refugio.
23 Deus fará os pecados dos
perversos caírem sobre eles;
ele os destruirá por suas maldades.
O SENHOR, nosso Deus, os destruirá.

95 Venham, vamos cantar ao SENHOR!
Vamos aclamar a Rocha
de nossa salvação.
2 Vamos chegar diante dele
com ações de graças
e cantar a ele salmos de louvor.
3 Pois o SENHOR é o grande Deus,
o grande Rei acima de todos os deuses.
4 Em suas mãos estão as
profundezas da terra,
a ele pertencem os mais altos montes.
5 O mar é dele, pois ele o criou;
suas mãos formaram a terra firme.

6 Venham, vamos adorar e nos prostrar,
vamos nos ajoelhar diante do
SENHOR, nosso Criador,
7 pois ele é o nosso Deus.
Somos o povo que ele pastoreia,
o rebanho sob o seu cuidado.

Quem dera hoje vocês ouvissem
a voz do SENHOR!
8 Pois ele diz: "Não endureçam
o coração,
como fizeram seus
antepassados em Meribá,
como fizeram em Massá, no deserto.
9 Ali eles me tentaram e me
puseram à prova,
apesar de terem visto tudo que fiz.
10 Por quarenta anos estive
irado com eles e disse:
'São um povo cujo coração
sempre se afasta de mim;
recusam-se a andar em
meus caminhos'.
11 Assim, jurei em minha ira:
'Jamais entrarão em meu descanso'".

96 Cantem ao SENHOR um
cântico novo!
Toda a terra cante ao SENHOR!
2 Cantem ao SENHOR e louvem
o seu nome;
proclamem todos os dias
a sua salvação.
3 Anunciem a sua glória entre as nações,
contem a todos as suas maravilhas.
4 Grande é o SENHOR! Digno
de muito louvor!
Ele é mais temível que
todos os deuses.
5 Os deuses de outros povos
não passam de ídolos,
mas o SENHOR fez os céus!
6 Glória e majestade o cercam,
força e beleza enchem seu santuário.

7 Ó nações do mundo,
reconheçam o Senhor;
reconheçam que o Senhor
é forte e glorioso.
8 Deem ao Senhor a glória que
seu nome merece,
tragam ofertas e entrem
em seus pátios.
9 Adorem o Senhor em todo o
seu santo esplendor;
toda a terra trema diante dele.
10 Digam entre as nações:
"O Senhor reina!";
ele firmou o mundo para
que não seja abalado
e com imparcialidade julgará
todos os povos.

11 Alegrem-se os céus e exulte a terra!
Deem louvor o mar e tudo que nele há!
12 Os campos e suas colheitas
gritem de alegria!
As árvores do bosque exultem
13 diante do Senhor, pois ele vem;
ele vem julgar a terra.
Julgará o mundo com justiça
e as nações, com sua verdade.

97

O Senhor reina!
Alegre-se a terra,
exultem os litorais mais distantes.
2 Nuvens escuras o cercam;
justiça e retidão são a
base de seu trono.
3 Fogo se espalha adiante dele,
queimando todos os seus inimigos.
4 Seus relâmpagos iluminam o mundo;
a terra os vê e estremece.
5 Os montes se derretem como
cera diante do Senhor,
diante do Senhor de toda a terra.
6 Os céus proclamam sua justiça;
todos os povos veem sua glória.
7 Sejam envergonhados os
que adoram ídolos,
os que contam vantagem de
seus deuses inúteis,
pois todos os deuses se
prostram diante dele.
8 Sião ouviu e se alegrou,
e todas as cidades de Judá exultam,
por causa de tua justiça, ó Senhor.
9 Pois tu, Senhor, és supremo
sobre toda a terra;
és exaltado muito acima
de todos os deuses.

10 Vocês que amam o Senhor,
odeiem o mal!
Ele protege a vida de seus fiéis
e os resgata da mão dos perversos.
11 A luz brilha sobre os justos,
e a alegria, sobre os que
têm coração íntegro.
12 Alegrem-se no Senhor todos os justos
e louvem seu santo nome!

98

Salmo.

1 Cantem ao Senhor um cântico novo,
pois ele fez maravilhas;
sua mão direita e seu braço santo
conquistaram a vitória!
2 O Senhor anunciou seu
poder de salvar
e revelou sua justiça às nações.
3 Lembrou-se de seu amor e
fidelidade a Israel;
os confins da terra viram a
vitória de nosso Deus.

4 Aclamem ao Senhor todos os
habitantes da terra;
louvem-no em alta voz com
alegres cânticos!
5 Cantem louvores ao Senhor
com a harpa,
com a harpa e com
cânticos harmoniosos,
6 com trombetas e ao som
de cornetas;
exultem e cantem diante
do Senhor, o Rei!

7 Deem gritos de louvor o mar
e tudo que nele há,
e também a terra e todos
os seres vivos.
8 Os rios batam palmas,
e os montes cantem de alegria
9 diante do Senhor,
pois ele vem julgar a terra.
Julgará o mundo com justiça
e as nações, com imparcialidade.

99

O Senhor reina!
Tremam os povos!
Ele está sentado em seu trono
acima dos querubins.
Trema toda a terra!
2 O Senhor é soberano em Sião,
exaltado acima de todos os povos.
3 Seja louvado teu grande
e temível nome,
pois é santo!
4 Rei poderoso, que ama a justiça,
tu estabeleceste a imparcialidade.
Agiste com justiça
e retidão em Israel.[a]
5 Exaltem o Senhor, nosso Deus;
prostrem-se a seus pés,
pois ele é santo!

6 Moisés e Arão estavam entre
seus sacerdotes,
e Samuel também invocava
seu nome.
Clamavam ao Senhor,
e ele lhes respondia.
7 Da coluna de nuvem
lhes falava,
e eles seguiam os preceitos e os
decretos que ele lhes dava.
8 Ó Senhor, nosso Deus, tu
lhes respondias;
eras para eles Deus perdoador,
mas os castigava quando
se desviavam.
9 Exaltem o Senhor, nosso Deus,
e prostrem-se em seu santo monte,
pois o Senhor, nosso Deus, é santo!

100

Salmo de ações de graças.

1 Aclamem ao Senhor todos os
habitantes da terra!
2 Sirvam ao Senhor com alegria,
apresentem-se diante
dele com cânticos.
3 Reconheçam que o Senhor é Deus!
Ele nos criou e a ele pertencemos;[b]
somos seu povo, o rebanho
que ele pastoreia.

[a] **99.4** Em hebraico, *Jacó*. Ver nota em 44.4.
[b] **100.3** Conforme leitura alternativa do Texto Massorético; outra leitura e algumas versões antigas trazem *e não nós mesmos*.

4 Entrem por suas portas
com ações de graças
e, em seus pátios, com
cânticos de louvor;
deem-lhe graças e louvem
o seu nome.
5 Pois o Senhor é bom!
Seu amor dura para sempre,
e sua fidelidade, por
todas as gerações.

101

Salmo de Davi.

1 Cantarei o teu amor e a
tua justiça, Senhor;
com cânticos te louvarei.
2 Buscarei viver de modo inculpável;
quando virás me ajudar?
Viverei com integridade
em minha própria casa.
3 Não olharei para coisa alguma
que seja má e vulgar.
Odeio todos que agem de
forma desonesta;
não terei nada a ver com eles.
4 Rejeitarei ideias perversas
e me manterei afastado
de todo mal.
5 Não tolerarei quem difama
seu próximo,
não suportarei presunção
nem orgulho.

6 Irei à procura dos fiéis
para conviverem comigo.
Só terão permissão de me servir
os que andam no caminho certo.
7 Não permitirei que enganadores
habitem em minha casa,
nem que mentirosos permaneçam
em minha presença.
8 Minha tarefa diária será acabar
com os perversos
e expulsar da cidade do Senhor
os que praticam o mal.

102

Oração de um aflito que derrama seus problemas diante do Senhor.

1 Senhor, ouve minha oração,
escuta minha súplica!

² Não escondas de mim o rosto
na hora de minha aflição.
Inclina-te para ouvir
e responde-me depressa
quando clamo a ti.
³ Pois meus dias somem
como fumaça;
como brasas ardentes, meus
ossos queimam.
⁴ Meu coração está esgotado,
secou-se como capim;
até perdi o apetite.
⁵ Por causa de minha ansiedade,
não passo de pele e osso.
⁶ Sou como a coruja no deserto,
como a pequena coruja
num lugar desolado.
⁷ Não consigo dormir;
sou como o pássaro
solitário no telhado.
⁸ Todos os dias meus inimigos
me insultam;
zombam de mim e me amaldiçoam.
⁹ As cinzas são meu alimento,
e as lágrimas se misturam
com minha bebida,
¹⁰ por causa de tua ira e de tua fúria,
pois me levantaste e depois
me lançaste fora.
¹¹ Minha vida passa rápido, como
as sombras que se vão;
vou murchando, como o capim.

¹² Tu, porém, SENHOR, reinarás
para sempre;
teu nome será lembrado
por todas as gerações.
¹³ Tu te levantarás e terás
misericórdia de Sião;
já é tempo de lhe mostrar compaixão,
este é o momento esperado.
¹⁴ Pois teus servos amam cada
pedra de seus muros
e estimam até mesmo o
pó em suas ruas.
¹⁵ As nações temerão o nome do SENHOR,
os reis da terra estremecerão
diante de sua glória.
¹⁶ Pois o SENHOR reconstruirá Sião;
ele aparecerá em sua glória.
¹⁷ Ouvirá as orações dos indefesos
e não rejeitará suas súplicas.
¹⁸ Fique isto registrado para
as gerações futuras,
para que um povo ainda não
criado louve o SENHOR.
¹⁹ Contem-lhes que o SENHOR
olhou para baixo,
de seu santuário celeste.
Do alto olhou para a terra,
²⁰ para ouvir o gemido
dos prisioneiros,
para libertar os condenados
à morte.
²¹ Assim, o nome do SENHOR será
proclamado em Sião,
seu louvor, em Jerusalém,
²² quando os povos se reunirem
e os reinos vierem para
servir ao SENHOR.

²³ No meio de minha vida,
ele me tirou as forças
e me encurtou os dias.
²⁴ Mas eu clamei a ele: "Ó meu
Deus, que vive para sempre,
não tires minha vida enquanto
ainda sou jovem!".
²⁵ Muito tempo atrás, lançaste
os fundamentos da terra
e com as tuas mãos formaste os céus.
²⁶ Eles deixarão de existir, mas tu
permanecerás para sempre;
eles se desgastarão, como roupa velha.
Tu os trocarás, como se
fossem vestuário,
e os jogarás fora.
²⁷ Tu, porém, és sempre o mesmo;
teus dias jamais terão fim.
²⁸ Os filhos de teus servos
viverão em segurança,
e seus descendentes prosperarão
em tua presença.

103 *Salmo de Davi.*

¹ Todo o meu ser louve o SENHOR;
louvarei seu santo nome
de todo o coração.
² Todo o meu ser louve o SENHOR;
que eu jamais me esqueça
de suas bênçãos.
³ Ele perdoa todos os meus pecados
e cura todas as minhas doenças.

Não se desgaste nem perca tempo fazendo algo que é paralelo ao seu propósito e que o Senhor não tinha em mente quando planejou você.

[4] Ele me resgata da morte
e me coroa de amor e misericórdia.
[5] Ele enche minha vida de coisas boas;
minha juventude é renovada
como a águia!

[6] O Senhor faz justiça
e defende a causa dos oprimidos.

[7] Revelou seus planos a Moisés e
seus feitos, aos israelitas.
[8] O Senhor é compassivo
e misericordioso,
lento para se irar e cheio de amor.
[9] Não nos acusará o tempo todo,
nem permanecerá irado para sempre.
[10] Não nos castiga por nossos pecados,
nem nos trata como merecemos.
[11] Pois seu amor por aqueles que o temem
é imenso como a distância
entre os céus e a terra.
[12] De nós ele afastou nossos pecados,
tanto como o Oriente está
longe do Ocidente.
[13] O Senhor é como um pai
para seus filhos,
bondoso e compassivo para
os que o temem.
[14] Pois ele sabe como somos fracos;
lembra que não passamos de pó.
[15] Nossos dias na terra são como o capim;
como as flores do campo,
desabrochamos.
[16] O vento sopra, porém,
e desaparecemos,
como se nunca tivéssemos existido.
[17] Mas o amor do Senhor por
aqueles que o temem
dura de eternidade a eternidade.
Sua justiça se estende até
os filhos dos filhos
[18] dos que guardam sua aliança,
dos que obedecem a
seus mandamentos.

[19] O Senhor fez dos céus o seu trono,
de onde reina sobre todas as coisas.

[20] Louvem o Senhor todos os anjos,
os poderosos que executam seus planos,
os que cumprem cada uma
de suas ordens.
[21] Sim, louvem o Senhor os
exércitos de anjos,
os que o servem e fazem sua vontade.
[22] Louve o Senhor tudo o que ele criou,
todas as coisas em todo o seu reino.

Todo o meu ser louve o Senhor.

104

Todo o meu ser
louve o Senhor.

Ó Senhor, meu Deus, como és grandioso!
Estás vestido de glória e majestade,
[2] envolto num manto de luz.
Estendes a cortina estrelada dos céus,
[3] pões as vigas de tua casa
nas nuvens de chuva.
Fazes das nuvens o teu
carro de combate,
cavalgas nas asas do vento.
[4] Os ventos são teus mensageiros,
e as chamas de fogo, teus servos.[a]

[5] Firmaste o mundo sobre
seus alicerces,
para que jamais seja abalado.
[6] Vestiste a terra com torrentes de água,
com água que cobriu até os montes.
[7] Por tua ordem, as águas fugiram;
ao som de teu trovão, saíram correndo.
[8] Montes se ergueram e vales afundaram,
ao nível que tu decretaste.
[9] Estabeleceste um limite para as águas,
para que nunca mais
cobrissem a terra.

[10] Fazes as fontes derramarem
água nos vales,
e os riachos correm entre os montes.
[11] Todos os animais bebem dessa água,
e os jumentos selvagens
matam a sede.
[12] As aves fazem ninhos
junto aos riachos
e cantam entre os ramos das árvores.
[13] De tua habitação celeste, envias
chuva sobre os montes
e enches a terra com o fruto
do teu trabalho.

[a] **104.4** A Septuaginta traz *Ele envia seus anjos como ventos, / e seus servos, como chamas de fogo.* Comparar com Hb 1.7.

14 Fazes o pasto crescer para os animais,
e as plantas, para as
pessoas cultivarem.
Permites que, da terra, colham
seu alimento:
15 vinho para alegrar o coração,
azeite para fazer brilhar a pele,
pão para dar forças.
16 As árvores do SENHOR são
bem cuidadas,
os cedros do Líbano que ele plantou.
17 Nelas as aves fazem seus ninhos,
nos ciprestes as cegonhas têm seu lar.
18 No alto dos montes vivem
as cabras selvagens,
nas rochas se escondem os
coelhos silvestres.[a]

19 Fizeste a lua para marcar as estações,
e o sol sabe a hora de se pôr.
20 Envias a escuridão e se faz noite,
quando vagueiam os
animais do bosque.
21 Os leões jovens rugem por sua presa,
saem à procura do alimento
que Deus lhes provê.
22 Ao amanhecer eles se recolhem,
voltam à toca para descansar.
23 Então as pessoas saem para o serviço,
onde trabalham até o entardecer.

24 Ó SENHOR, que variedade
de coisas criaste!
Fizeste todas elas com sabedoria;
a terra está cheia de tuas criaturas.
25 Ali está o oceano, vasto e imenso,
cheio de seres de todo tipo,
grandes e pequenos.
26 Por ele passam navios,
e o Leviatã,[b] que criaste
para brincar no mar.

27 Todos dependem de ti
para lhes proveres o alimento
de que necessitam.
28 Quando tu lhes dás, eles o recolhem;
abres a mão para alimentá-los,
e eles ficam satisfeitos.

[a] **104.18** Ou *híraces*, ou *arganazes*.
[b] **104.26** A identificação do *Leviatã* é controversa; as propostas vão desde uma criatura terrestre até um monstro marinho mítico da literatura antiga.

29 Se te afastas deles, porém,
enchem-se de medo;
quando lhes retiras o fôlego,
morrem e voltam ao pó.
30 Quando sopras teu fôlego,[c]
novos seres são gerados,
e renovas a face da terra.

31 Que a glória do SENHOR
permaneça para sempre;
o SENHOR tem prazer em
tudo que criou!
32 Basta um olhar, e a terra estremece;
com um simples toque, faz
fumegar os montes.

33 Cantarei ao SENHOR enquanto viver,
louvarei meu Deus até
meu último suspiro.
34 Todos os meus pensamentos
lhe sejam agradáveis;
no SENHOR me alegrarei.
35 Desapareçam da terra
todos os pecadores,
deixem de existir para
sempre os perversos.

Todo o meu ser louve o SENHOR.

Louvado seja o SENHOR!

105 Deem graças ao SENHOR e
proclamem seu nome;
anunciem entre os povos
o que ele tem feito.
2 Cantem a ele, sim, cantem
louvores a ele;
falem a todos de suas maravilhas.
3 Exultem em seu santo nome,
alegrem-se todos que
buscam o SENHOR.
4 Busquem o SENHOR e sua força,
busquem sua presença continuamente.
5 Lembrem-se das maravilhas que ele fez,
dos milagres que realizou e dos
juízos que pronunciou,
6 vocês que são filhos de
seu servo Abraão,
descendentes de Jacó,
seus escolhidos.

[c] **104.30** Ou *Quando envias o teu Espírito*.

[7] Ele é o Senhor, nosso Deus;
vemos sua justiça em toda a terra.
[8] Ele é fiel à sua aliança para sempre,
ao compromisso que firmou
com mil gerações.
[9] É a aliança que fez com Abraão,
o juramento que fez a Isaque.
[10] Ele a confirmou a Jacó por decreto,
ao povo de Israel como
aliança sem fim:
[11] "Darei a vocês a terra de Canaã,
como a porção de sua herança".

[12] Assim declarou quando eles
ainda eram poucos,
um punhado de estrangeiros em Canaã.
[13] Vagaram de uma nação a outra,
de um reino a outro.
[14] E, no entanto, não permitiu
que ninguém os oprimisse
e, em seu favor, repreendeu reis:
[15] "Não toquem em meu
povo escolhido,[a]
não façam mal a meus profetas".

[16] Mandou vir fome sobre a terra de Canaã
e cortou a provisão de alimento.
[17] Então enviou um homem
adiante deles,
José, que foi vendido como escravo.
[18] Feriram seus pés com correntes
e com ferros prenderam seu pescoço.
[19] O Senhor pôs José à prova,
até chegar a hora de
cumprir sua palavra.
[20] O faraó mandou chamar
José e o libertou;
o governante de nações lhe
abriu a porta da prisão.
[21] José foi encarregado do palácio real
e se tornou administrador
de todos os seus bens.
[22] Tinha toda a liberdade de instruir[b]
os assistentes do faraó
e de ensinar os conselheiros da corte.

[23] Então Israel chegou ao Egito;
Jacó viveu como estrangeiro
na terra de Cam.
[24] O Senhor multiplicou seu povo,
até que se tornaram mais numerosos
que seus opressores.
[25] Voltou os egípcios contra seu povo,
e eles tramaram contra os
servos do Senhor.
[26] Mas o Senhor enviou
Moisés, seu servo,
e Arão, a quem havia escolhido.
[27] Eles realizaram sinais
entre os egípcios,
maravilhas na terra de Cam.
[28] O Senhor cobriu o Egito com trevas,
pois desobedeceram[c] à ordem
para deixar seu povo ir.
[29] Transformou as águas em sangue
e matou os peixes.
[30] Rãs infestaram a terra
e invadiram até os aposentos do rei.
[31] Por sua ordem, moscas
desceram sobre os egípcios,
e piolhos encheram todo
o seu território.
[32] Enviou-lhes granizo em
lugar de chuva,
e relâmpagos faiscaram
sobre a terra.
[33] Destruiu as videiras e as figueiras
e despedaçou todas as árvores.
[34] Por sua ordem, vieram
enxames de gafanhotos,
incontáveis gafanhotos jovens.
[35] Devoraram toda a vegetação da terra
e destruíram toda a plantação
nos campos.
[36] Depois, matou o filho mais velho
de todos os lares egípcios,
a força e o orgulho de cada família.

[37] Tirou seu povo do Egito cheio
de prata e de ouro,
e ninguém das tribos de
Israel sequer tropeçou.
[38] Os egípcios se alegraram
quando eles partiram,
pois muito os temiam.
[39] O Senhor estendeu sobre o povo
uma cobertura de nuvem
e lhe deu fogo para iluminar
a escuridão.

[a] **105.15** Em hebraico, *em meus ungidos*.
[b] **105.22** Conforme a Septuaginta e a versão siríaca; o hebraico traz *amarrar* ou *aprisionar*.
[c] **105.28** Conforme a Septuaginta e a versão siríaca; o hebraico traz *não desobedeceram*.

[40] Quando pediram carne,
enviou codornas;
saciou sua fome com o pão do céu.
[41] Partiu uma rocha, e jorrou água,
que correu como um rio pelo deserto.
[42] Pois ele se lembrou da
santa promessa
que havia feito a seu servo Abraão.
[43] Tirou seu povo do Egito com alegria,
seus escolhidos, com celebração.
[44] Deu a seu povo as terras das nações,
e eles colheram o que outros
haviam plantado.
[45] Tudo isso aconteceu para que
guardassem seus decretos
e obedecessem a suas leis.

Louvado seja o SENHOR!

106 Louvado seja o SENHOR!

Deem graças ao SENHOR
porque ele é bom;
seu amor dura para sempre!
[2] Quem poderá contar os feitos
poderosos do SENHOR?
Quem poderá louvá-lo
como ele merece?
[3] Como são felizes os que
fazem o que é certo
e praticam a justiça todo o tempo!

[4] Lembra-te de mim, SENHOR, quando
mostrares favor ao teu povo;
aproxima-te e resgata-me.
[5] Que eu compartilhe da prosperidade
dos teus escolhidos;
que eu me alegre na alegria do teu povo
e exulte com aqueles que
pertencem a ti.

[6] Pecamos, como nossos antepassados;
fomos desobedientes e rebeldes.
[7] No Egito, nossos antepassados
não deram valor às
maravilhas do SENHOR.
Não se lembraram de seus
muitos atos de bondade;
rebelaram-se contra ele junto
ao mar Vermelho.[a]

[a] **106.7** Em hebraico, *ao mar, ao mar de juncos*.

[8] Assim mesmo ele os resgatou,
para proteger a honra de seu nome,
para mostrar seu grande poder.
[9] Ordenou que o mar Vermelho[b] secasse
e os conduziu pelas águas
como por um deserto.
[10] Ele os resgatou das mãos
de seus inimigos
e os libertou das garras de
seus adversários.
[11] As águas se fecharam e
cobriram seus opressores;
nenhum deles sobreviveu.
[12] Então creram em suas promessas
e cantaram louvores a ele.

[13] Depressa, porém, esqueceram-se
do que ele havia feito;
não quiseram esperar por
seus conselhos.
[14] No deserto, os desejos do povo
se tornaram insaciáveis;
puseram Deus à prova
naquela terra desolada.
[15] Ele atendeu a seus pedidos,
mas também lhes enviou uma praga.
[16] No acampamento, tiveram
inveja de Moisés
e de Arão, o sacerdote
consagrado ao SENHOR.
[17] Por isso, a terra se abriu;
engoliu Datã e sepultou Abirão
e os outros rebeldes.
[18] Fogo desceu sobre aqueles
que os seguiam;
uma chama consumiu os perversos.

[19] No monte Sinai,[c] fizeram um bezerro;
prostraram-se diante de uma
imagem de metal.
[20] Trocaram seu Deus glorioso
pela estátua de um boi
que come capim.
[21] Esqueceram-se de Deus, seu salvador,
que havia feito coisas
grandiosas no Egito,
[22] atos maravilhosos na terra de Cam,
feitos notáveis no mar Vermelho.

[b] **106.9** Em hebraico, *o mar de juncos*; também em 106.22.
[c] **106.19** Em hebraico, *Em Horebe*, outro nome para o Sinai.

[23] Por isso, declarou que os destruiria,
mas Moisés, seu escolhido,
pôs-se entre ele e o povo
e suplicou-lhe que afastasse
sua ira e não os destruísse.

[24] Eles, porém, se recusaram a
entrar na terra agradável,
pois não creram na promessa.
[25] Em vez disso, resmungaram
em suas tendas
e não deram ouvidos ao SENHOR.
[26] Assim, ele jurou solenemente
que os mataria no deserto,
[27] que dispersaria[a] seus
descendentes entre as nações
e os enviaria para o exílio
em terras distantes.

[28] Depois, juntaram-se aos
adoradores de Baal em Peor;
chegaram a comer sacrifícios
oferecidos a mortos.
[29] Com todos esses atos,
provocaram a ira do SENHOR,
por isso uma praga se
espalhou entre eles.
[30] Fineias, porém, teve
coragem de intervir,
e a praga foi detida.
[31] Assim, desde então,
ele foi considerado justo.

[32] Também em Meribá,
provocaram a ira do SENHOR,
e causaram sérios
problemas a Moisés.
[33] Fizeram Moisés se irar,[b]
e ele falou sem refletir.

[34] Não destruíram as nações
que habitavam na terra,
como o SENHOR lhes havia ordenado.
[35] Em vez disso, misturaram-se com elas
e adotaram seus costumes.
[36] Adoraram ídolos estrangeiros,
o que causou sua ruína.
[37] Chegaram a sacrificar aos demônios
seus filhos e filhas.

[38] Derramaram sangue inocente,
o sangue de seus filhos e filhas.
Ao oferecer sacrifícios aos
ídolos de Canaã,
contaminaram a terra
com sangue.
[39] A si mesmos contaminaram
com seus atos perversos;
seu amor aos ídolos foi adultério.

[40] Por isso, a ira do SENHOR
se acendeu,
e ele sentiu aversão por seu
povo, sua propriedade.
[41] Entregou-os às nações,
e foram dominados por
aqueles que os odiavam.
[42] Seus inimigos os oprimiram
e os sujeitaram ao seu poder cruel.
[43] Muitas vezes os livrou,
mas escolheram se rebelar contra ele;
por fim, seu pecado os destruiu.
[44] Ainda assim, ele viu a
aflição do povo
e ouviu seus clamores.
[45] Lembrou-se de sua
aliança com eles
e teve compaixão por causa
do seu grande amor.
[46] Fez que seus captores os
tratassem com misericórdia.

[47] Salva-nos, SENHOR, nosso Deus!
Reúne-nos dentre as nações,
para darmos graças ao teu santo nome,
para nos alegrarmos no teu louvor!

[48] Louvem o SENHOR, o Deus de Israel,
que vive de eternidade a eternidade.
Todos digam "Amém"!

Louvado seja o SENHOR!

LIVRO 5 (SALMOS 107—150)

107 Deem graças ao SENHOR,
porque ele é bom;
seu amor dura para sempre!
[2] O SENHOR os resgatou?
Proclamem em alta voz!
Contem a todos que ele os
resgatou de seus inimigos.

[a] **106.27** Conforme a versão siríaca; o hebraico traz *que derrubaria*.
[b] **106.33** Em hebraico, *Amarguraram seu espírito*.

3 Pois ele reuniu os que estavam
exilados em muitas terras,
do leste e do oeste, do norte e do sul.[a]

4 Eles vagavam pelo deserto,
perdidos e sem lar.
5 Famintos e sedentos,
chegaram à beira da morte.
6 Em sua aflição, clamaram ao SENHOR,
e ele os livrou de seus sofrimentos.
7 Conduziu-os por um caminho seguro,
a uma cidade onde pudessem morar.
8 Que louvem o SENHOR por
seu grande amor
e pelas maravilhas que fez
pela humanidade.
9 Pois ele sacia o sedento e enche
de coisas boas o faminto.

10 Estavam sentados na escuridão
e em trevas profundas,
presos com as algemas de
ferro do sofrimento.
11 Rebelaram-se contra as
palavras de Deus
e desprezaram o conselho
do Altíssimo.
12 Por isso ele os sujeitou a
trabalhos pesados;
caíram, e não houve
quem os ajudasse.
13 Em sua aflição, clamaram ao SENHOR,
e ele os livrou de seus sofrimentos.
14 Tirou-os da escuridão e
das trevas profundas
e quebrou suas algemas.
15 Que louvem o SENHOR por
seu grande amor
e pelas maravilhas que fez
pela humanidade.
16 Pois ele quebrou as portas
de bronze da prisão
e partiu as trancas de ferro.

17 Foram tolos;
rebelaram-se e sofreram por
causa de seus pecados.
18 Não conseguiam nem
pensar em comer
e estavam às portas da morte.
19 Em sua aflição, clamaram ao SENHOR,
e ele os livrou de seus sofrimentos.
20 Enviou sua palavra e os curou,
e os resgatou da morte.
21 Que louvem o SENHOR por
seu grande amor
e pelas maravilhas que fez
pela humanidade.
22 Que ofereçam sacrifícios
de ações de graças
e anunciem suas obras
com canções alegres.

23 Viajaram pelo mundo em navios;
percorreram as rotas
comerciais dos mares.
24 Também eles viram as
obras do SENHOR
e suas maravilhas nas águas
mais profundas.
25 Por sua ordem, os ventos
se levantaram
e agitaram as ondas.
26 Seus navios eram lançados
aos céus,
depois desciam às profundezas;
foram tomados de pavor.
27 Cambaleavam e tropeçavam,
como bêbados,
e não sabiam mais o que fazer.
28 Em sua aflição, clamaram ao SENHOR,
e ele os livrou de seus sofrimentos.
29 Acalmou a tempestade
e aquietou as ondas.
30 A calmaria os alegrou,
e ele os levou ao porto em segurança.
31 Que louvem o SENHOR
por sua bondade
e pelas maravilhas que fez
pela humanidade.
32 Que o exaltem em público,
diante da comunidade e
dos líderes do povo.

33 Ele transforma rios em desertos,
e fontes de água em terra seca.
34 Torna a terra fértil em solo inútil,
por causa da perversidade
de seus habitantes.
35 Também transforma os
desertos em açudes
e a terra seca em fontes de água.

[a] **107.3** Em hebraico, *e do mar.*

[36] Leva os famintos para ali
se estabelecerem
e construírem suas cidades.
[37] Eles semeiam campos,
plantam videiras
e têm grandes colheitas.
[38] Sim, ele os abençoa!
Ali, criam famílias numerosas,
e seus rebanhos não param de crescer.

[39] Mas, quando diminuem em
número e empobrecem
por causa da opressão, da
miséria e da tristeza,
[40] o SENHOR lança desprezo
sobre seus príncipes
e os faz vagar num deserto
sem caminhos.
[41] Contudo, livra do
sofrimento os pobres
e aumenta suas famílias como
rebanhos de ovelhas.
[42] Os justos verão essas
coisas e se alegrarão,
enquanto os perversos serão calados.
[43] Quem é sábio levará tudo isso a sério;
perceberá como tem sido
leal o amor do SENHOR.

108 *Cântico; salmo de Davi.*

[1] Meu coração está firme em ti, ó Deus;
por isso te cantarei louvores
com todo o meu ser.
[2] Despertem, lira e harpa!
Quero acordar o amanhecer
com a minha canção.
[3] Eu te darei graças, SENHOR,
no meio dos povos;
cantarei louvores a ti entre as nações.
[4] Pois o teu amor é mais
alto que os céus;
a tua fidelidade chega
até as nuvens.
[5] Sê exaltado, ó Deus, acima
dos mais altos céus;
que a tua glória brilhe
sobre toda a terra!

[6] Agora, livra teu povo amado;
responde-nos e salva-nos
por teu poder.
[7] Deus, em seu santuário,[a] prometeu:
"Com alegria dividirei Siquém
e medirei o vale de Sucote.
[8] Gileade é minha, e também Manassés;
Efraim é meu capacete,
e Judá, meu cetro.
[9] Moabe é minha bacia de lavar;
limparei os pés sobre Edom
e darei um grito de triunfo
sobre a Filístia".

[10] Quem me levará à cidade fortificada?
Quem me guiará até Edom?
[11] Acaso nos rejeitaste, ó Deus?
Não marcharás mais com
nossos exércitos?
[12] Ajuda-nos contra nossos inimigos,
pois todo socorro humano é inútil.
[13] Com o auxílio de Deus,
realizaremos grandes feitos,
pois ele pisará os nossos inimigos.

109 *Ao regente do coral: salmo de Davi.*

[1] Ó Deus, a quem eu louvo,
não permaneças calado,
[2] enquanto os perversos me caluniam
e falam mentiras a meu respeito.
[3] Eles me cercam de palavras odiosas
e me atacam sem motivo.
[4] Retribuem meu amor com acusações,
mesmo enquanto oro por eles.
[5] Pagam-me o bem com o mal,
e o amor, com o ódio.

[6] Que um perverso testemunhe contra ele,
e um acusador o leve a julgamento.
[7] Quando julgarem sua causa,
que o declarem culpado;
considerem pecado suas orações.
[8] Que sua vida seja curta,
e outro ocupe seu lugar.
[9] Que seus filhos se tornem órfãos,
e sua esposa, viúva.
[10] Que seus filhos andem sem
rumo, como mendigos,
e sejam expulsos de[b] suas
casas em ruínas.

[a] **108.7** Ou *em sua santidade*.
[b] **109.10** Conforme a Septuaginta; o hebraico traz *e busquem*.

11 Que os credores tomem
todos os seus bens,
e estranhos levem o fruto
de seu trabalho.
12 Que ninguém o trate com bondade,
nem tenha compaixão de seus órfãos.
13 Que todos os seus
descendentes morram;
que o nome de sua família seja
apagado na geração seguinte.
14 Que o Senhor nunca se esqueça dos
pecados de seus antepassados;
que os pecados de sua mãe
jamais sejam apagados.
15 Que o Senhor se lembre
sempre de sua culpa;
que seu nome seja de todo esquecido.
16 Pois não quis ser bondoso
com os outros;
foi no encalço dos pobres
e necessitados
e perseguiu até a morte os de
coração quebrantado.
17 Gostava de amaldiçoar;
agora, que ele próprio
seja amaldiçoado.
Não tinha prazer em abençoar;
agora, que ele não seja abençoado.
18 Para ele, amaldiçoar é como
a roupa que ele veste,
como a água que bebe,
como os alimentos saborosos que come.
19 Agora, que suas maldições
voltem para ele;
apeguem-se a seu corpo como roupas,
amarrem-se em torno dele
como um cinto.

20 Que essas maldições se
tornem castigo do Senhor
para meus acusadores,
para os que falam mal de mim.
21 Quanto a mim, ó Senhor
Soberano, trata-me bem,
por causa do teu nome;
livra-me, porque és fiel e bom.
22 Pois sou pobre e necessitado,
e meu coração está ferido.
23 Vou desaparecendo, como a
sombra ao entardecer;
sou lançado para longe,
como um gafanhoto.
24 De tanto jejuar, meus
joelhos estão fracos;
não passo de pele e osso.
25 Sou motivo de zombaria em todo lugar;
quando me veem, balançam
a cabeça em desprezo.

26 Ajuda-me, Senhor, meu Deus;
salva-me por causa do teu amor!
27 Que eles reconheçam
que isso veio de ti,
que tu mesmo o fizeste, Senhor.
28 Que importa se me amaldiçoarem?
Tu me abençoarás!
Quando me atacarem,
serão envergonhados;
mas eu, teu servo, continuarei
a me alegrar!
29 Que meus acusadores sejam
vestidos de humilhação,
que a vergonha os cubra
como um manto.
30 Eu, porém, sempre darei
graças ao Senhor;
louvarei seu nome diante de todos.
31 Pois ele está junto aos necessitados,
pronto para salvá-los dos
que os condenam.

110 *Salmo de Davi.*

1 O Senhor disse ao meu Senhor:[a]
"Sente-se no lugar de honra
à minha direita,
até que eu humilhe seus inimigos
e os ponha debaixo de seus pés".

2 O Senhor estenderá seu reino
poderoso desde Sião;
você governará seus inimigos.
3 Quando você for à guerra,
seu povo o servirá de livre vontade.
Você está envolto em vestes santas,
e sua força será renovada a cada
dia, como o orvalho da manhã.

4 O Senhor jurou e não voltará atrás:
"Você é sacerdote para
sempre, segundo a ordem
de Melquisedeque".

[a] **110.1** Ou *meu senhor.*

Não fique choramingando pelos cantos; antes, deixe-se aperfeiçoar pelas pressões da vida.

5 O Senhor está à sua direita
para protegê-lo;
esmagará muitos reis no
dia de sua ira.
6 Castigarás as nações e encherá
suas terras de cadáveres;
esmagará cabeças por todo
o mundo.
7 Ele próprio, contudo, se refrescará
em riachos ao longo do caminho;
ele será vitorioso.

111

[a] 1 Louvado seja o Senhor!
De todo o meu coração darei
graças ao Senhor
quando me reunir com os justos.
2 Como são grandiosas as
obras do Senhor!
Todos que têm prazer nele
devem nelas meditar.
3 Tudo que ele faz revela sua
glória e majestade;
sua justiça permanece
para sempre.
4 Ele nos faz recordar
suas maravilhas;
o Senhor é compassivo
e misericordioso.
5 Dá alimento aos que o temem,
lembra-se sempre de sua aliança.
6 Mostrou seu poder ao seu povo
ao lhe dar as terras de outras nações.
7 Tudo que ele faz é justo e bom;
todos os seus mandamentos
são confiáveis.
8 São verdadeiros para sempre;
devem ser obedecidos com
fidelidade e retidão.
9 Ele pagou o resgate por seu povo,
garantiu para sempre sua
aliança com eles;
seu nome é santo e temível!
10 O temor do Senhor é o princípio
do conhecimento;
todos que obedecem a seus
mandamentos mostram bom senso.

Louvem-no para sempre!

[a] **111** Em hebraico este salmo é um poema acróstico; depois da nota introdutória de louvor, cada linha começa com uma letra sucessiva do alfabeto hebraico.

112

[b] 1 Louvado seja o Senhor!
Como é feliz aquele que teme o Senhor
e tem prazer em obedecer a
seus mandamentos!
2 Seus filhos serão bem-sucedidos
em toda a terra;
uma geração inteira de
justos será abençoada.
3 Em sua casa, haverá riqueza
e prosperidade,
e suas boas ações permanecerão
para sempre.
4 A luz brilha na escuridão para o justo;
ele é compassivo,
misericordioso e íntegro.
5 Feliz é o que empresta
com generosidade
e conduz seus
negócios honestamente.
6 Ele não será abalado;
sua lembrança durará
por muito tempo.
7 Não teme más notícias;
confia plenamente no
cuidado do Senhor.
8 É confiante e destemido;
olha com triunfo para seus inimigos.
9 Compartilha generosamente
com os pobres,
e seus atos de justiça serão
lembrados para sempre;
ele terá influência e honra.
10 O perverso verá isso e ficará furioso,
rangerá os dentes de raiva
e desaparecerá;
seus desejos serão frustrados.

113

Louvado seja o Senhor!
Sim, louvem, ó servos do Senhor,
louvem o nome do Senhor!
2 Bendito seja o nome do Senhor,
agora e para sempre.
3 Em todo lugar, do Oriente ao Ocidente,
louvem o nome do Senhor.
4 Pois o Senhor é engrandecido
acima das nações;
sua glória está acima dos céus.

[b] **112** Em hebraico este salmo é um poema acróstico; depois da nota introdutória de louvor, cada linha começa com uma letra sucessiva do alfabeto hebraico.

[5] Quem se compara ao
SENHOR, nosso Deus,
entronizado nas alturas?
[6] Ele se inclina para ver
o que acontece nos céus e na terra.
[7] Levanta do pó o necessitado
e ergue do lixo o pobre.
[8] Coloca-os entre príncipes,
entre os príncipes de seu povo.
[9] Dá uma família à mulher estéril
e a torna uma mãe feliz.

Louvado seja o SENHOR!

114 Quando o povo de
Israel saiu do Egito,
quando a família de Jacó deixou
aquela terra estrangeira,
[2] a terra de Judá se tornou o
santuário de Deus,
e Israel se tornou seu domínio.

[3] O mar Vermelho[a] os viu
chegando e se abriu,
e as águas do rio Jordão
recuaram.
[4] Os montes saltaram como carneiros,
e as colinas, como cordeiros.
[5] Que aconteceu, ó mar Vermelho,
para que se abrisse?
Que aconteceu, ó rio Jordão,
para que recuasse?
[6] Por que, ó montes, saltaram
como carneiros?
Por que, ó colinas, saltaram
como cordeiros?

[7] Estremeça, ó terra, na
presença do Senhor,
na presença do Deus de Jacó.
[8] Ele transformou a rocha em açude;
sim, do rochedo fez nascer
uma fonte de água.

115 Não a nós, SENHOR, não a nós,
mas ao teu nome
seja toda a glória,
por teu amor e por tua fidelidade.
[2] Por que as nações dizem:
"Onde está o deus deles?".
[3] Nosso Deus está nos céus
e faz tudo como deseja.
[4] Seus ídolos não passam de
objetos de prata e ouro,
formados por mãos humanas.
[5] Têm boca, mas não falam;
olhos, mas não veem.
[6] Têm ouvidos, mas não ouvem;
nariz, mas não respiram.
[7] Têm mãos, mas não apalpam;
pés, mas não andam;
garganta, mas não emitem som.
[8] Aqueles que fazem ídolos
e neles confiam
são exatamente iguais a eles.

[9] Ó Israel, confie no SENHOR;
ele é seu auxílio e seu escudo!
[10] Ó sacerdotes, descendentes de
Arão, confiem no SENHOR;
ele é seu auxílio e seu escudo!
[11] Todos vocês que temem o
SENHOR, confiem nele;
ele é seu auxílio e seu escudo!

[12] O SENHOR se lembra de nós
e nos abençoará;
sim, abençoará o povo de Israel
e os sacerdotes, descendentes de Arão.
[13] Abençoará os que temem o SENHOR,
tanto os grandes como os pequenos.

[14] Que o SENHOR multiplique bênçãos
para vocês e seus filhos.
[15] Sejam abençoados pelo SENHOR,
que fez os céus e a terra.
[16] Os céus pertencem ao SENHOR,
mas ele deu a terra à humanidade.
[17] Os mortos não cantam
louvores ao SENHOR,
pois desceram ao silêncio
da sepultura.
[18] Nós, porém, louvaremos o SENHOR
agora e para sempre.

Louvado seja o SENHOR!

116 Amo o SENHOR, porque
ele ouve a minha voz
e as minhas orações.
[2] Porque ele se inclina para ouvir,
orarei enquanto viver.

[a] **114.3** Em hebraico, *o mar*; também em 114.5.

[3] A morte me envolveu com
suas cordas,
e os terrores da sepultura[a]
me dominaram;
não via outra coisa senão
sofrimento e tristeza.
[4] Então clamei pelo nome do SENHOR:
"Livra-me, SENHOR!".
[5] O SENHOR é compassivo e justo;
o nosso Deus é misericordioso!
[6] O SENHOR protege os ingênuos;
eu estava diante da morte,
e ele me salvou.
[7] Volte, minha alma, a descansar,
pois o SENHOR lhe tem sido bom.
[8] Ele livrou minha alma da morte,
meus olhos, das lágrimas,
meus pés, da queda.
[9] Por isso, andarei na
presença do SENHOR
enquanto viver aqui na terra.
[10] Eu cri, por isso disse:
"Estou profundamente aflito!".
[11] Em meu desespero, declarei:
"Todos são mentirosos!".
[12] Que posso oferecer ao SENHOR
por tudo que ele me tem feito?
[13] Celebrarei meu livramento[b]
e louvarei o nome do SENHOR.
[14] Cumprirei meus votos ao SENHOR
na presença de todo o seu povo.

[15] O SENHOR se importa profundamente
com a morte de seus fiéis.
[16] Ó SENHOR, sou teu servo,
sim, teu servo, teu humilde servo;
tu me livraste de minhas correntes.
[17] Oferecerei a ti um sacrifício
de ação de graças
e louvarei o nome do SENHOR.
[18] Cumprirei meus votos ao SENHOR
na presença de todo o seu povo,
[19] na casa do SENHOR,
no meio de Jerusalém.

Louvado seja o SENHOR!

117 Louvem o SENHOR
todas as nações;
louvem-no todos os povos.
[2] Pois grande é o seu amor por nós;
a fidelidade do SENHOR dura
para sempre.

Louvado seja o SENHOR!

118 Deem graças ao SENHOR,
porque ele é bom;
seu amor dura para sempre!

[2] Todo o Israel diga:
"Seu amor dura para sempre!".
[3] Os sacerdotes, descendentes
de Arão, digam:
"Seu amor dura para sempre!".
[4] Todos que temem o SENHOR digam:
"Seu amor dura para sempre!".

[5] Em minha angústia, orei ao SENHOR;
o SENHOR me ouviu e me livrou.
[6] O SENHOR está comigo,
portanto não temerei;
o que me podem fazer os
simples mortais?
[7] Sim, o SENHOR está comigo,
e ele me ajudará;
olharei com triunfo para
os que me odeiam.
[8] É melhor refugiar-se no SENHOR
que confiar em pessoas.
[9] É melhor refugiar-se no SENHOR
que confiar em príncipes.

[10] Todas as nações hostis me cercaram,
mas eu as destruí em nome do SENHOR.
[11] Sim, elas me cercaram
de todos os lados,
mas eu as destruí em nome do SENHOR.
[12] Como um enxame de
abelhas me rodearam
e arderam contra mim como
um fogo crepitante,
mas eu as destruí em nome do SENHOR.
[13] Meus inimigos fizeram todo o
possível para me derrubar,
mas o SENHOR me sustentou.
[14] O SENHOR é minha força e meu cântico;
ele é minha salvação.
[15] No acampamento dos justos há
cânticos de alegria e vitória;
a mão direita do SENHOR
realizou grandes feitos!

[a] **116.3** Em hebraico, *do Sheol*.
[b] **116.13** Ou *Tomarei o cálice da salvação*.

[16] A mão direita do SENHOR se
levanta em triunfo;
a mão direita do SENHOR
realizou grandes feitos!
[17] Não morrerei; pelo contrário, viverei
para contar o que o SENHOR fez.
[18] O SENHOR me castigou severamente,
mas não me deixou morrer.

[19] Abram para mim as portas por
onde entram os justos;
entrarei e darei graças ao SENHOR.
[20] Essas portas conduzem à
presença do SENHOR,
e os justos entram por elas.
[21] Eu te dou graças porque
respondeste à minha oração
e me deste vitória!

[22] A pedra que os construtores
rejeitaram
se tornou a pedra angular.
[23] Isso é obra do SENHOR
e é maravilhosa de ver.
[24] Este é o dia que o SENHOR fez;
nele nos alegraremos e exultaremos.
[25] Ó SENHOR, por favor, salva-nos!
Ó SENHOR, dá-nos sucesso!
[26] Bendito é o que vem em
nome do SENHOR;
nós os abençoamos da casa do SENHOR.
[27] O SENHOR é Deus e
resplandece sobre nós;
peguem o sacrifício e amarrem-no
com cordas sobre o altar.
[28] Tu és meu Deus, e eu te louvarei!
Tu és meu Deus, e eu te exaltarei!

[29] Deem graças ao SENHOR,
porque ele é bom;
seu amor dura para sempre!

ÁLEF

119 [a][1] Como são felizes os íntegros,
os que seguem a lei do SENHOR!
[2] Como são felizes os que
obedecem a seus preceitos
e o buscam de todo o coração.
[3] Não praticam o mal
e andam em seus caminhos.
[4] Tu nos encarregaste
de seguir fielmente tuas ordens.
[5] Meu grande desejo é que
minhas ações
sempre reflitam teus decretos.
[6] Então não ficarei envergonhado
quando meditar em todos
os teus mandamentos.
[7] Eu te darei graças por
viver corretamente,
à medida que aprender
teus justos estatutos.
[8] Obedecerei a teus decretos;
por favor, não desistas de mim!

BÊT

[9] Como pode o jovem se manter puro?
Obedecendo à tua palavra.
[10] De todo o meu coração te busquei;
não permitas que eu me desvie
de teus mandamentos.
[11] Guardei tua palavra em meu coração,
para não pecar contra ti.
[12] Eu te louvo, ó SENHOR;
ensina-me teus decretos.
[13] Recitei em voz alta todos os
estatutos que nos deste.
[14] Alegrei-me com o caminho
apontado por teus preceitos
tanto quanto com muitas riquezas.
[15] Meditarei em tuas ordens
e refletirei sobre teus caminhos.
[16] Terei prazer em teus decretos
e não me esquecerei de tua palavra.

GUÍMEL

[17] Trata teu servo com bondade,
para que eu viva e obedeça
à tua palavra.
[18] Abre meus olhos,
para que eu veja as
maravilhas de tua lei.
[19] Sou estrangeiro na terra;
não escondas de mim
teus mandamentos.
[20] Tenho sempre intenso desejo
por teus estatutos.
[21] Tu repreendes os arrogantes;
são malditos os que se desviam
de teus mandamentos.

[a] **119** Em hebraico este salmo é um poema acróstico; tem 22 estrofes, uma para cada letra sucessiva do alfabeto hebraico. Cada um dos 8 versículos dentro de cada estrofe começa com a letra hebraica indicada em seu subtítulo.

[22] Não permitas que zombem
de mim e me desprezem,
pois tenho obedecido a teus preceitos.
[23] Até os príncipes se reúnem
e falam contra mim,
mas eu meditarei em teus decretos.
[24] Tenho prazer em teus preceitos;
eles me dão conselhos sábios.

DÁLET

[25] Estou prostrado no pó;
restaura minha vida com
a tua palavra.
[26] Relatei meus planos a ti,
e me respondeste;
agora, ensina-me teus decretos.
[27] Ajuda-me a entender tuas ordens
e eu meditarei em tuas maravilhas.
[28] Minha alma chora de tristeza;
fortalece-me com tua palavra.
[29] Afasta de mim o caminho da mentira;
dá-me o privilégio de conhecer tua lei.
[30] Escolhi o caminho da verdade;
decidi viver de acordo
com teus estatutos.
[31] Apego-me a teus preceitos;
SENHOR, não permitas que eu
seja envergonhado!
[32] Buscarei teus mandamentos,
pois tu aumentas meu entendimento.

HE

[33] Ensina-me teus decretos, ó SENHOR,
e eu os guardarei até o fim.
[34] Dá-me entendimento e
obedecerei à tua lei;
de todo o coração a porei em prática.
[35] Faze-me andar em
teus mandamentos,
pois neles tenho prazer.
[36] Dá-me entusiasmo por teus preceitos,
e não pela ganância!
[37] Desvia meus olhos de coisas inúteis
e restaura-me por meio
de tua palavra.[a]
[38] Confirma a teu servo a tua promessa,
que fizeste aos que te temem.
[39] Afasta-me de meus
caminhos vergonhosos,
pois teus estatutos são bons.
[40] Anseio por obedecer às tuas ordens;
restaura minha vida por tua justiça.

VAV

[41] SENHOR, dá-me o teu amor,
a salvação que me prometeste.
[42] Então poderei responder
aos que me insultam,
pois confio em tua palavra.
[43] Não retires de mim a
palavra da verdade,
pois teus estatutos são
minha esperança.
[44] Continuarei a obedecer à tua lei
para todo o sempre.
[45] Andarei em liberdade,
pois me dediquei às tuas ordens.
[46] Falarei de teus preceitos a reis,
e não me envergonharei.
[47] Como tenho prazer em
teus mandamentos!
Como eu os amo!
[48] Celebro teus mandamentos, que amo,
e em teus decretos medito.

ZAIN

[49] Lembra-te da promessa que
fizeste a este teu servo;
ela é minha esperança.
[50] Tua promessa renova minhas forças;
ela me consola em minha aflição.
[51] O tempo todo os orgulhosos
me desprezam,
mas eu não me desvio de tua lei.
[52] Medito em teus estatutos tão antigos;
ó SENHOR, eles me consolam!
[53] Fico furioso com os perversos,
pois eles rejeitam tua lei.
[54] Teus decretos são o tema
de minhas canções,
na casa onde tenho vivido.
[55] À noite, penso em quem tu és, SENHOR;
portanto, obedeço à tua lei.
[56] Assim passo meus dias:
obedecendo às tuas ordens.

HÊT

[57] SENHOR, tu és minha herança;
prometo obedecer às tuas palavras!
[58] Busco teu favor de todo o coração;
tem misericórdia de mim,
como prometeste.

[a] **119.37** Alguns manuscritos trazem *em teus caminhos*.

[59] Refleti sobre o rumo de minha vida
e resolvi seguir teus preceitos.
[60] Eu me apressarei e, sem demora,
obedecerei a teus mandamentos.
[61] Os perversos tentam me arrastar,
mas não me esquecerei de tua lei.
[62] Levanto-me à meia-noite
para te dar graças
por teus justos estatutos.
[63] Sou amigo de todos que te temem,
dos que obedecem às tuas ordens.
[64] Ó Senhor, o teu amor enche a terra;
ensina-me teus decretos.

TÉT

[65] Muitas coisas boas me
tens feito, Senhor,
como prometeste.
[66] Ensina-me bom senso e
dá-me conhecimento,
pois creio em teus mandamentos.
[67] Antes de me disciplinares,
eu vivia desviado;
agora, porém, sigo tua palavra de perto.
[68] Tu és bom e fazes somente o bem;
ensina-me teus decretos.
[69] Os arrogantes mentem
a meu respeito,
mas eu obedeço às tuas ordens
de todo o coração.
[70] O coração deles é tolo e insensível,
mas eu tenho prazer em tua lei.
[71] O sofrimento foi bom para mim,
pois me ensinou a dar
atenção a teus decretos.
[72] Tua lei é mais valiosa para mim
que milhares de peças de
ouro e de prata.

IODE

[73] Tu me fizeste, tu me formaste;
dá-me entendimento para
aprender teus mandamentos.
[74] Que eu seja motivo de alegria
para os que te temem,
pois em tua palavra depositei
minha esperança.
[75] Eu sei, ó Senhor, que teus
estatutos são justos;
tu me disciplinaste por tua fidelidade.
[76] Agora, que o teu amor me console,
como prometeste a este teu servo.
[77] Cerca-me de tua compaixão,
para que eu viva,
pois tenho prazer em tua lei.
[78] Sejam envergonhados os arrogantes
que mentiram a meu respeito;
eu, porém, meditarei em tuas ordens.
[79] Unam-se a mim todos que te temem,
os que conhecem teus preceitos.
[80] Que eu seja inculpável na
obediência a teus decretos;
então jamais serei envergonhado.

KAF

[81] Estou exausto de tanto esperar
por teu livramento,
mas depositei minha esperança
em tua palavra.
[82] Meus olhos se esforçam para ver
tua promessa se cumprir;
quando me consolarás?
[83] Mesmo enrugado, como uma
vasilha de couro na fumaça,
não me esqueci de teus decretos.
[84] Até quando terei de esperar?
Quando castigarás os que
me perseguem?
[85] Os arrogantes, que não
seguem tua lei,
abriram covas fundas para me pegar.
[86] Todos os teus mandamentos
são confiáveis;
protege-me dos que me
perseguem sem motivo.
[87] Quase acabaram comigo,
mas eu não abandonei tuas ordens.
[88] Por teu amor, preserva minha vida;
então continuarei a obedecer
a teus preceitos.

LÂMED

[89] Tua palavra eterna, ó Senhor,
está firme nos céus.
[90] Tua fidelidade se estende de
uma geração a outra,
duradoura como a terra
que estabeleceste.
[91] Teus estatutos permanecem até hoje,
pois tudo está a serviço de teus planos.
[92] Se tua lei não fosse meu prazer,
eu teria morrido em meu sofrimento.
[93] Jamais me esquecerei de tuas ordens,
pois é por meio delas que me dás vida.

[94] Sou teu; salva-me,
pois tenho buscado tuas ordens.
[95] Embora os perversos fiquem
à espreita para me matar,
meditarei em teus preceitos.
[96] Percebi que até mesmo a
perfeição tem limite,
mas não há limite para
teu mandamento.

MEM

[97] Como eu amo a tua lei;
penso nela o dia todo!
[98] Teus mandamentos me fazem
mais sábio que meus inimigos,
pois sempre me guiam.
[99] Sim, tenho mais prudência
que meus mestres,
pois vivo a meditar em
teus preceitos.
[100] Tenho mais entendimento
que os anciãos,
pois obedeço às tuas ordens.
[101] Recuso-me a andar em
todo caminho mau,
a fim de obedecer à tua palavra.
[102] Não me afastei de teus estatutos,
pois tu me ensinaste bem.
[103] Como são doces as tuas palavras;
são mais doces que o mel!
[104] Tuas ordens me dão discernimento;
por isso odeio todo caminho falso.

NUN

[105] Tua palavra é lâmpada
para meus pés
e luz para meu caminho.
[106] Prometi uma vez e volto a prometer:
obedecerei a teus justos estatutos.
[107] Sofri muito, ó SENHOR;
restaura minha vida,
como prometeste.
[108] SENHOR, aceita minha oferta de louvor
e ensina-me teus estatutos.
[109] Minha vida está sempre por um fio,
mas não me esquecerei de tua lei.
[110] Os perversos me
prepararam armadilhas,
mas não me desviarei de tuas ordens.
[111] Teus preceitos são meu
tesouro permanente;
são o prazer do meu coração.
[112] Estou decidido a cumprir
teus estatutos
para sempre, até o fim.

SÂMEQ

[113] Odeio pessoas inconstantes,
mas amo a tua lei.
[114] Tu és meu refúgio e meu escudo;
tua palavra é minha esperança.
[115] Afastem-se de mim, vocês
que praticam o mal,
pois obedecerei aos
mandamentos de meu Deus.
[116] Sustenta-me como prometeste,
SENHOR, para que eu viva;
não permitas que minha
esperança seja frustrada.
[117] Sustenta-me e serei salvo;
então meditarei continuamente
em teus decretos.
[118] Rejeitaste, porém, todos que se
afastam de teus decretos,
os que só enganam a si mesmos.
[119] Removes os ímpios da terra
como coisa desprezível;
por isso, amo teus preceitos.
[120] Estremeço de medo de ti;
tenho temor reverente
por teus estatutos.

ÁIN

[121] Não me entregues a
meus inimigos,
pois tenho feito o que é
justo e certo.
[122] Garantas o bem deste teu servo;
não permitas que os
arrogantes me oprimam.
[123] Meus olhos se esforçam
para ver teu livramento,
o cumprimento de tua
promessa de justiça.
[124] Sou teu servo; trata-me
conforme o teu amor
e ensina-me os teus decretos.
[125] Dá discernimento a este teu servo;
então entenderei teus preceitos.
[126] SENHOR, é tempo de agires,
pois violaram a tua lei.
[127] Por isso amo teus mandamentos,
mais que o ouro, mais
que o ouro puro.

128 Cada um de teus
mandamentos é reto;
por isso, odeio todo
caminho falso.

PÊ

129 Teus preceitos são maravilhosos;
por isso eu lhes obedeço!
130 O ensinamento de tua
palavra esclarece,
e até os ingênuos entendem.
131 Abro a boca e suspiro,
pois anseio por teus mandamentos.
132 Vem e mostra-me tua misericórdia,
como fazes por todos que
amam o teu nome.
133 Firma meus passos
conforme a tua palavra,
para que o pecado não
me domine.
134 Livra-me da opressão das pessoas;
então poderei obedecer
às tuas ordens.
135 Olha para mim com favor;
ensina-me teus decretos.
136 Rios de lágrimas brotam
de meus olhos,
porque as pessoas não
cumprem tua lei.

TSADE

137 Tu, Senhor, és justo,
e imparciais são teus estatutos.
138 Teus preceitos são perfeitos,
de todo confiáveis.
139 Sou tomado de indignação,
pois meus inimigos desprezam
tuas palavras.
140 Tua promessa foi
plenamente comprovada;
por isso este teu servo tanto a ama.
141 Sou insignificante e desprezado,
mas não me esqueço de tuas ordens.
142 Tua justiça é eterna, e tua
lei é verdadeira.
143 Quando aflição e angústia
pesam sobre mim,
encontro prazer em
teus mandamentos.
144 Teus preceitos são sempre justos;
ajuda-me a entendê-los,
para que eu viva!

QOF

145 Oro de todo o coração;
responde-me, Senhor!
Obedecerei a teus decretos.
146 Clamo a ti; livra-me,
para que eu obedeça a teus preceitos.
147 Levanto-me cedo, antes
de o sol nascer;
clamo e ponho minha esperança
em tuas promessas.
148 Desperto de madrugada,
para refletir em tuas palavras.
149 Por teu amor, ó Senhor,
ouve meu clamor;
restaura minha vida conforme
teus estatutos.
150 Pessoas más aproximam-se
para me atacar;
elas estão distantes de tua lei.
151 Mas tu, Senhor, estás perto,
e todos os teus mandamentos
são verdadeiros.
152 Sei, há muito tempo,
que teus preceitos durarão
para sempre.

RÊSH

153 Vê meu sofrimento e livra-me,
pois não me esqueci de tua lei.
154 Defende minha causa e liberta-me;
protege minha vida, como prometeste.
155 Os perversos estão longe da salvação,
pois não dão importância
a teus decretos.
156 Senhor, como é grande a
tua misericórdia;
restaura minha vida conforme
teus estatutos!
157 São muitos os que me
perseguem e me afligem,
mas não me desviei de
teus preceitos.
158 Ver esses traidores me dá desgosto,
pois não obedecem à tua palavra.
159 Vê, Senhor, como eu amo
tuas ordens;
restaura minha vida por
causa do teu amor.
160 A própria essência de tuas
palavras é verdade;
todos os teus justos estatutos
permanecerão para sempre.

SHIN

[161] Os poderosos me perseguem
sem motivo,
mas só diante de tua palavra
meu coração treme.
[162] Alegro-me em tua palavra,
como quem descobre um
grande tesouro.
[163] Odeio e detesto a falsidade,
mas amo a tua lei.
[164] Sete vezes por dia te louvarei,
porque teus estatutos são justos.
[165] Os que amam tua lei estão
totalmente seguros
e não tropeçam.
[166] Anseio por teu livramento, Senhor;
tenho cumprido teus mandamentos.
[167] Tenho obedecido a teus preceitos,
pois os amo muito.
[168] Sim, obedeço às tuas ordens
e aos teus preceitos,
pois vês tudo que faço.

TAU

[169] Ó Senhor, ouve meu clamor;
dá-me entendimento, como prometeste.
[170] Ouve minha oração;
livra-me, conforme tua palavra.
[171] Que louvor transborde
de meus lábios,
pois tu me ensinas teus decretos.
[172] Que minha língua cante
sobre tua palavra,
pois todos os teus
mandamentos são justos.
[173] Estende a tua mão para me ajudar,
pois escolhi seguir tuas ordens.
[174] Ó Senhor, anseio por teu livramento;
tua lei é meu prazer.
[175] Que eu viva para poder te louvar,
e que teus estatutos me ajudem.
[176] Andei sem rumo, como
ovelha perdida;
vem buscar teu servo,
pois não me esqueci de
teus mandamentos.

120

Cântico para os peregrinos a caminho de Jerusalém.

[1] Em minha angústia, clamei ao Senhor,
e ele respondeu à minha oração.
[2] Livra-me, Senhor, dos mentirosos
e dos enganadores.
[3] Ó língua mentirosa, o que
Deus fará com você?
Como aumentará seu castigo?
[4] Ele a atravessará com flechas afiadas
e a queimará com brasas vivas.

[5] Como sofro na distante Meseque!
É doloroso viver entre os
moradores de Quedar!
[6] Estou cansado de habitar
entre os que odeiam a paz.
[7] Procuro a paz,
mas, quando falo de paz,
eles querem guerra!

121

Cântico para os peregrinos a caminho de Jerusalém.

[1] Olho para os montes e pergunto:
"De onde me virá socorro?".
[2] Meu socorro vem do Senhor,
que fez os céus e a terra!

[3] Ele não deixará que você tropece;
aquele que o protege não cochilará.
[4] Aquele que guarda Israel
não cochila nem dorme.

[5] O Senhor é seu protetor!
O Senhor está ao seu lado,
como sombra que o abriga.
[6] O sol não lhe fará mal de dia,
nem a lua, de noite.

[7] O Senhor o guarda de todo mal
e protege sua vida.
[8] O Senhor o guarda em
tudo que você faz,
agora e para sempre.

122

Cântico para os peregrinos a caminho de Jerusalém; salmo de Davi.

[1] Alegrei-me quando me disseram:
"Vamos à casa do Senhor".
[2] Agora estamos aqui,
junto às suas portas, ó Jerusalém.
[3] Jerusalém é cidade bem construída,
com muros firmes e compactos.

4 Todas as tribos de Israel,
o povo do SENHOR,
sobem para cá.
Vêm para dar graças ao nome do SENHOR,
conforme a lei requer.
5 Aqui estão os tronos de onde se
pronunciam julgamentos,
os tronos da dinastia de Davi.

6 Orem pela paz de Jerusalém;
sejam prósperos todos que
amam esta cidade.
7 Que haja paz dentro de seus muros
e prosperidade em seus palácios.
8 Em favor de minha família
e amigos, direi:
"Que você tenha paz, ó Jerusalém!".
9 Em favor da casa do SENHOR, nosso Deus,
buscarei o seu bem.

123 *Cântico para os peregrinos a caminho de Jerusalém.*

1 Levanto meus olhos para ti,
ó Deus que habitas nos céus!
2 Continuamos a olhar para o
SENHOR, nosso Deus,
esperando sua compaixão,
como os servos que olham para
as mãos de seus senhores,
e a serva que olha para a
mão de sua senhora.
3 Tem misericórdia de nós,
SENHOR, tem misericórdia,
pois estamos cansados
de tanto desprezo.
4 Estamos exaustos de tanta
zombaria dos orgulhosos
e do desprezo dos arrogantes.

124 *Cântico para os peregrinos a caminho de Jerusalém; salmo de Davi.*

1 E se o SENHOR não estivesse
ao nosso lado?
Que todo o Israel diga:
2 E se o SENHOR não estivesse
ao nosso lado
quando os inimigos nos atacaram?
3 Eles nos teriam engolido vivos
com sua ira ardente contra nós.
4 As águas nos teriam encoberto,
a correnteza nos teria afogado.
5 Sim, as águas violentas de sua fúria
nos teriam afogado.

6 Louvado seja o SENHOR,
que não permitiu que nos
despedaçassem com seus dentes!
7 Escapamos como um pássaro que
foge da armadilha do caçador;
a armadilha se quebrou,
e estamos livres!
8 Nosso socorro vem do SENHOR,
que fez os céus e a terra.

125 *Cântico para os peregrinos a caminho de Jerusalém.*

1 Os que confiam no SENHOR são
como o monte Sião;
não serão abalados, mas
permanecerão para sempre.
2 Assim como os montes
cercam Jerusalém,
o SENHOR se põe ao redor de seu
povo, agora e para sempre.
3 Os perversos não governarão
a terra dos justos,
para que os justos não sejam
tentados a fazer o mal.
4 Ó SENHOR, faze o bem àqueles
que são bons,
aos que têm o
coração sincero.
5 Expulsa, porém, os que andam por
caminhos tortuosos, ó SENHOR;
leva-os embora junto com
os que praticam o mal.

Que Israel tenha paz!

126 *Cântico para os peregrinos a caminho de Jerusalém.*

1 Quando o SENHOR trouxe os
exilados de volta a Sião,
foi como um sonho.
2 Nossa boca se encheu de riso,
e cantamos de alegria.
As outras nações disseram:
"O SENHOR fez coisas
grandiosas por eles".

Criar raízes em solos equivocados pode nos afastar do propósito divino.

[3] Sim, o Senhor fez coisas
grandiosas por nós;
que alegria!

[4] Restaura, Senhor, nossa situação,
como os riachos revigoram o deserto.
[5] Os que semeiam com lágrimas
colherão com gritos de alegria.
[6] Choram enquanto lançam
as sementes,
mas cantam quando voltam
com a colheita.

127

Cântico para os peregrinos a caminho de Jerusalém; salmo de Salomão.

[1] Se o Senhor não constrói a casa,
o trabalho dos construtores é vão.
Se o Senhor não protege a cidade,
de nada adianta guardá-la
com sentinelas.
[2] É inútil trabalhar tanto,
desde a madrugada até tarde da noite,
e se preocupar em conseguir
o alimento,
pois Deus cuida de seus amados
enquanto dormem.[a]

[3] Os filhos são um presente do Senhor,
uma recompensa que ele dá.
[4] Os filhos que o homem tem
em sua juventude
são como flechas na mão do guerreiro.
[5] Feliz é o que tem uma
aljava cheia delas;
não será envergonhado
quando enfrentar seus inimigos
às portas da cidade.

128

Cântico para os peregrinos a caminho de Jerusalém.

[1] Como é feliz aquele que teme o Senhor,
que anda em seus caminhos!
[2] Você desfrutará o fruto
de seu trabalho;
será feliz e próspero.
[3] Sua esposa será como videira frutífera
que floresce em seu lar.
Seus filhos serão como brotos de oliveiras
ao redor de sua mesa.
[4] Esta é a bênção do Senhor
para aquele que o teme.

[5] Que o Senhor o abençoe desde Sião.
Que você veja a prosperidade de
Jerusalém enquanto viver.
[6] Que você viva para ver seus netos.
Que Israel tenha paz!

129

Cântico para os peregrinos a caminho de Jerusalém.

[1] Desde minha juventude, meus
inimigos me perseguem.
Que todo o Israel diga:
[2] Desde minha juventude, meus
inimigos me perseguem,
mas nunca me derrotaram.
[3] Minhas costas estão
cobertas de feridas,
como os longos sulcos feitos
pelo arado na terra.
[4] O Senhor, porém, é justo;
ele me livrou das cordas
dos perversos.

[5] Recuem envergonhados e derrotados
todos que odeiam Sião.
[6] Sejam inúteis como o capim
que cresce no telhado,
que seca antes de crescer por inteiro,
[7] capim que não é colhido pelo ceifeiro,
deixado de lado por aquele
que amarra os feixes.
[8] Que ninguém que passar por eles diga:
"O Senhor os abençoe;
nós os abençoamos em
nome do Senhor".

130

Cântico para os peregrinos a caminho de Jerusalém.

[1] Das profundezas do desespero, Senhor,
clamo a ti.
[2] Escuta minha voz, ó Senhor;
dá ouvidos à minha oração.

[3] Senhor, se mantivesses um
registro de nossos pecados,
quem, ó Senhor, sobreviveria?

[a] **127.2** Ou *Deus dá descanso a seus amados.*

[4] Tu, porém, ofereces perdão,
para que aprendamos a te temer.

[5] Espero no SENHOR, sim, espero nele;
em sua palavra, depositei
minha esperança.
[6] Anseio pelo Senhor,
mais que as sentinelas anseiam
pelo amanhecer;
sim, mais que as sentinelas
anseiam pelo amanhecer.

[7] Ó Israel, ponha sua
esperança no SENHOR;
pois no SENHOR há amor
e transbordante redenção.
[8] Ele próprio resgatará Israel
de todos os seus pecados.

131 *Cântico para os peregrinos a caminho de Jerusalém; salmo de Davi.*

[1] SENHOR, meu coração não é orgulhoso,
e meus olhos não são arrogantes.
Não me envolvo com
questões grandiosas
ou maravilhosas demais para
minha compreensão.
[2] Pelo contrário, acalmei e
aquietei a alma,
como criança desmamada que não
chora mais pelo leite da mãe.
Sim, minha alma dentro de mim
é como uma criança desmamada.

[3] Ó Israel, ponha sua esperança no SENHOR,
agora e para sempre!

132 *Cântico para os peregrinos a caminho de Jerusalém.*

[1] SENHOR, lembra-te de Davi
e de tudo que ele sofreu.
[2] Ele fez uma promessa
solene ao SENHOR;
jurou ao Poderoso de Jacó:
[3] "Não voltarei para casa,
não descansarei em minha cama,
[4] não deixarei que meus olhos durmam,
nem fecharei as pálpebras
para cochilar,
[5] enquanto não encontrar lugar
para a habitação do SENHOR,
o santuário para o Poderoso de Jacó".

[6] Ouvimos dizer que a arca
estava em Efrata
e a encontramos nos campos de Jaar.
[7] Vamos ao santuário do SENHOR;
adoremos diante de seu trono!
[8] Levanta-te, SENHOR, e entra no
teu lugar de descanso,
junto com a arca, o símbolo
do teu poder.
[9] Que teus sacerdotes se
vistam de justiça,
que teus fiéis cantem de alegria.
[10] Por causa do teu servo Davi,
não rejeites aquele que ungiste.
[11] O SENHOR fez um juramento
solene a Davi
e prometeu jamais voltar atrás:
"Colocarei em seu trono
um de seus descendentes.
[12] Se os seus descendentes obedecerem
aos termos de minha aliança
e aos preceitos que eu lhes ensino,
sua linhagem real continuará
para todo o sempre".

[13] Pois o SENHOR escolheu Sião;
desejou-a para ser sua habitação.
[14] "Este é meu descanso para
sempre", disse ele.
"Habitarei aqui, pois este é
o lugar que desejei.
[15] Abençoarei esta cidade e
a tornarei próspera;
saciarei seus pobres com alimento.
[16] Vestirei seus sacerdotes
com salvação;
seus fiéis cantarão de alegria.
[17] Aqui aumentarei o poder de Davi;
meu ungido será luz para meu povo.
[18] Vestirei de vergonha seus inimigos,
mas ele usará uma coroa gloriosa."

133 *Cântico para os peregrinos a caminho de Jerusalém; salmo de Davi.*

[1] Como é bom e agradável
quando os irmãos vivem em união!

[2] Pois a união é preciosa como
o óleo da unção,
que era derramado sobre
a cabeça de Arão
e descia por sua barba,
até a bainha de suas vestes.
[3] É revigorante como o orvalho
do monte Hermom
que desce sobre os montes de Sião.
Ali o Senhor pronuncia sua bênção
e dá vida para sempre.

134 *Cântico para os peregrinos a caminho de Jerusalém.*

[1] Louvem o Senhor todos vocês,
servos do Senhor,
todos que servem de noite
na casa do Senhor.
[2] Levantem suas mãos para o santuário
e louvem o Senhor.

[3] De Sião os abençoe o Senhor,
que fez os céus e a terra!

135 Louvado seja o Senhor!

Louvem o nome do Senhor!
Louvem-no vocês, servos do Senhor,
[2] vocês que servem na casa do Senhor,
nos pátios da casa de nosso Deus.
[3] Louvem o Senhor, porque o Senhor é bom;
celebrem seu nome amável com música.
[4] Pois o Senhor escolheu Jacó para si;
Israel é seu tesouro especial.

[5] Sim, conheço a grandeza do Senhor;
nosso Senhor é maior que
qualquer outro deus.
[6] O Senhor faz tudo como deseja,
nos céus e na terra, nos mares
e em suas profundezas.
[7] Faz as nuvens subirem sobre toda a terra,
envia os relâmpagos que
acompanham a chuva
e manda o vento sair de seus depósitos.

[8] Matou o filho mais velho de
todos os lares egípcios,
tanto das pessoas como dos animais.
[9] Realizou sinais e maravilhas no Egito,
contra o faraó e todo o seu povo.
[10] Destruiu grandes nações
e matou reis poderosos:
[11] Seom, rei dos amorreus,
Ogue, rei de Basã,
e todos os reis de Canaã.
[12] Entregou a terra deles como herança,
sim, como herança a seu povo, Israel.

[13] Teu nome, ó Senhor,
permanece para sempre;
tua fama, ó Senhor, é conhecida
por todas as gerações.
[14] Pois o Senhor fará justiça
ao seu povo
e terá compaixão de seus servos.

[15] Os ídolos das nações não passam
de objetos de prata e de ouro,
formados por mãos humanas.
[16] Têm boca, mas não falam;
olhos, mas não veem.
[17] Têm ouvidos, mas não ouvem;
em sua boca, não há fôlego de vida.
[18] Aqueles que fazem ídolos
e neles confiam
são exatamente iguais a eles.

[19] Ó Israel, louve o Senhor!
Ó sacerdotes, descendentes de
Arão, louvem o Senhor!
[20] Ó levitas, louvem o Senhor!
Todos vocês que temem o
Senhor, louvem o Senhor!
[21] O Senhor seja louvado desde Sião,
pois ele habita em Jerusalém.

Louvado seja o Senhor!

136 Deem graças ao Senhor, porque ele é bom.

Seu amor dura para sempre!
[2] Deem graças ao Deus dos deuses.
Seu amor dura para sempre!
[3] Deem graças ao Senhor dos senhores.
Seu amor dura para sempre!

[4] Deem graças ao único que
realiza grandes maravilhas.
Seu amor dura para sempre!
[5] Deem graças àquele que criou os
céus com muita habilidade.
Seu amor dura para sempre!

[6] Deem graças àquele que colocou
a terra no meio das águas.
Seu amor dura para sempre!
[7] Deem graças àquele que
fez as luzes celestes:
Seu amor dura para sempre!
[8] o sol para governar o dia,
Seu amor dura para sempre!
[9] a lua e as estrelas para
governarem a noite.
Seu amor dura para sempre!

[10] Deem graças àquele que matou os
filhos mais velhos dos egípcios.
Seu amor dura para sempre!
[11] Ele tirou Israel do Egito.
Seu amor dura para sempre!
[12] Agiu com mão forte e braço poderoso.
Seu amor dura para sempre!
[13] Deem graças àquele que abriu
o mar Vermelho[a] ao meio.
Seu amor dura para sempre!
[14] Fez Israel atravessá-lo a salvo,
Seu amor dura para sempre!
[15] mas lançou o faraó e seu
exército no mar Vermelho.
Seu amor dura para sempre!
[16] Deem graças àquele que guiou
seu povo pelo deserto.
Seu amor dura para sempre!

[17] Deem graças àquele que feriu
mortalmente grandes reis.
Seu amor dura para sempre!
[18] Ele matou reis poderosos:
Seu amor dura para sempre!
[19] Seom, rei dos amorreus,
Seu amor dura para sempre!
[20] e Ogue, rei de Basã.
Seu amor dura para sempre!
[21] Entregou a terra desses reis como herança,
Seu amor dura para sempre!
[22] sim, como herança a seu servo, Israel.
Seu amor dura para sempre!

[23] Ele se lembrou de nós em
nossa humilhação.
Seu amor dura para sempre!
[24] Livrou-nos de nossos inimigos.
Seu amor dura para sempre!
[25] Ele dá alimento a todos os seres vivos.
Seu amor dura para sempre!
[26] Deem graças ao Deus dos céus.
Seu amor dura para sempre!

137

Junto aos rios da Babilônia,
sentamos e choramos,
ao nos lembrarmos de Sião.
[2] Pusemos de lado nossas harpas
e as penduramos nos galhos
dos salgueiros.
[3] Os que nos levaram cativos
queriam que cantássemos;
nossos opressores exigiam
uma canção alegre:
"Cantem para nós uma das
canções de Sião!".
[4] Mas como poderíamos cantar
as canções do SENHOR
estando em terra estrangeira?

[5] Se eu me esquecer de ti, ó Jerusalém,
que minha mão direita
perca sua habilidade.
[6] Que minha língua se prenda
ao céu da boca
se eu não me lembrar de ti,
se não fizer de Jerusalém
minha maior alegria.

[7] Ó SENHOR, lembra-te do que
os edomitas fizeram
no dia em que Jerusalém
foi conquistada.
Disseram: "Destruam-na!
Arrasem-na até o chão!"
[8] Ó Babilônia, você será destruída;
feliz é aquele que lhe retribuir
por tudo que fez contra nós.
[9] Feliz aquele que pegar suas crianças
e as esmagar contra a rocha.

138

Salmo de Davi.

[1] Graças te dou, SENHOR, de
todo o meu coração;
cantarei louvores a ti diante dos deuses.
[2] Prostro-me diante do teu santo templo;
louvo teu nome por teu
amor e tua fidelidade,
pois engrandeceste acima de
tudo teu nome e tua palavra.

[a] **136.13** Em hebraico, *mar de juncos*; também em 136.15.

[3] Quando eu clamo, tu me respondes;
coragem e força me dás.

[4] Os reis de toda a terra te
darão graças, Senhor,
pois todos eles ouvirão tuas palavras.
[5] Sim, cantarão a respeito dos
caminhos do Senhor,
pois a glória do Senhor é grande.
[6] Mesmo nas alturas, o Senhor
cuida dos humildes,
mas mantém distância
dos orgulhosos.

[7] Ainda que eu esteja cercado de aflições,
tu me protegerás da ira
de meus inimigos.
Estendes tua mão, e o poder de
tua mão direita me liberta.
[8] O Senhor cumprirá seus planos
para minha vida,
pois teu amor, ó Senhor,
dura para sempre;
não me abandones, pois tu me fizeste.

139

Ao regente do coral: salmo de Davi.

[1] Ó Senhor, tu examinas meu coração
e conheces tudo a meu respeito.
[2] Sabes quando me sento e
quando me levanto;
mesmo de longe, conheces
meus pensamentos.
[3] Tu me vês quando viajo e
quando descanso;
sabes tudo que faço.
[4] Antes mesmo de eu falar, Senhor,
sabes o que vou dizer.
[5] Vais adiante de mim e me segues;
pões sobre mim a tua mão.
[6] Esse conhecimento é maravilhoso
demais para mim;
é grande demais para eu compreender!

[7] É impossível escapar do teu Espírito;
não há como fugir da tua presença.
[8] Se subo aos céus, lá estás;
se desço ao mundo dos
mortos,[a] lá estás também.
[9] Se eu tomar as asas do amanhecer,
se habitar do outro lado do oceano,
[10] mesmo ali tua mão me guiará,
e tua força me sustentará.
[11] Eu poderia pedir à escuridão
que me escondesse,
e à luz ao meu redor que
se tornasse noite,
[12] mas nem mesmo na escuridão
posso me esconder de ti.
Para ti, a noite é tão clara como o dia;
escuridão e luz são a mesma coisa.

[13] Tu formaste o meu interior
e me teceste no ventre de minha mãe.
[14] Eu te agradeço por me teres feito
de modo tão extraordinário;
tuas obras são maravilhosas,
e disso eu sei muito bem.
[15] Tu me observavas quando eu estava
sendo formado em segredo,
enquanto eu era tecido na escuridão.
[16] Tu me viste quando eu
ainda estava no ventre;
cada dia de minha vida estava
registrado em teu livro,
cada momento foi estabelecido
quando ainda nenhum deles existia.

[17] Como são preciosos os
teus pensamentos a meu
respeito,[b] ó Deus;
é impossível enumerá-los!
[18] Não sou capaz de contá-los;
são mais numerosos que
os grãos de areia.
E, quando acordo,
tu ainda estás comigo.

[19] Ó Deus, quem dera destruísses
os perversos;
afastem-se de mim, assassinos!
[20] Eles blasfemam contra ti;
teus inimigos usam teu nome em vão.
[21] Acaso, Senhor, não devo odiar
os que te odeiam?
Não devo desprezar os que se opõem a ti?
[22] Sim, eu os odeio com todas
as minhas forças,
pois teus inimigos são meus inimigos.

[a] **139.8** Em hebraico, *ao Sheol.*

[b] **139.17** Ou *Como teus pensamentos são preciosos para mim.*

[23] Examina-me, ó Deus, e conhece
meu coração;
prova-me e vê meus pensamentos.
[24] Mostra-me se há em mim
algo que te ofende
e conduze-me pelo caminho eterno.

140 *Ao regente do coral: salmo de Davi.*

[1] Ó SENHOR, livra-me dos perversos;
protege-me dos violentos,
[2] dos que tramam o mal em seu coração
e provocam tumultos o tempo todo.
[3] Sua língua fere como uma serpente;
veneno de víbora goteja de seus lábios.
Interlúdio

[4] Ó SENHOR, protege-me das
mãos dos perversos;
guarda-me dos violentos,
pois eles tramam contra mim.
[5] Os orgulhosos me prepararam
uma armadilha;
estenderam uma rede
e armaram ciladas ao longo do caminho.
Interlúdio

[6] Eu disse ao SENHOR: "Tu és meu Deus!";
ouve, SENHOR, as minhas súplicas.
[7] Ó Soberano SENHOR, meu
salvador poderoso,
tu me protegeste no dia da batalha.
[8] SENHOR, não dês aos perversos
o que desejam;
não permitas que seus planos
maldosos tenham sucesso,
para que não se encham de orgulho.
Interlúdio

[9] Sejam destruídos meus inimigos
pelo mesmo mal que
tramaram contra mim.
[10] Caiam sobre eles brasas ardentes;
sejam atirados no fogo,
ou em poços fundos de onde
não poderão escapar.
[11] Não permitas que os mentirosos
prosperem em nossa terra;
derrama a calamidade
sobre os violentos.
[12] Sei, porém, que o SENHOR
defenderá a causa dos aflitos;
ele fará justiça aos pobres.
[13] Certamente os justos
louvarão teu nome;
os íntegros viverão em
tua presença.

141 *Salmo de Davi.*

[1] Ó SENHOR, eu clamo a ti;
vem depressa!
Ouve quando peço tua ajuda.
[2] Aceita minha oração, como
incenso oferecido a ti,
e minhas mãos levantadas,
como oferta da tarde.
[3] Assume o controle do que
eu digo, SENHOR,
e guarda meus lábios.
[4] Não permitas que eu me
desvie para o mal,
ou me envolva em atos
perversos.
Não deixes que eu participe
dos banquetes
dos que praticam o mal.

[5] Firam-me os justos!
Será um favor!
Se eles me corrigirem, será
remédio que dá alívio;
não permitas que
eu o recuse.

Contudo, oro constantemente,
contra os perversos e tudo
que eles fazem.
[6] Quando seus líderes forem
lançados num precipício,
ouvirão minhas palavras e
saberão que são verdadeiras.
[7] Como pedras que o arado
traz à superfície,
seus ossos ficarão espalhados,
sem que ninguém os enterre.[a]

[8] Espero por tua ajuda, SENHOR Soberano!
És meu refúgio; não permitas
que me matem.

[a] **141.7** Em hebraico, *ficarão espalhados junto à boca do Sheol.*

[9] Guarda-me das armadilhas
que me prepararam,
dos laços dos que praticam o mal.
[10] Que os perversos caiam em
suas próprias redes,
mas que eu consiga escapar.

142 *Salmo[a] de Davi a respeito de sua experiência na caverna; uma oração.*

[1] Clamo em alta voz ao Senhor;
suplico pela misericórdia do Senhor.
[2] Derramo diante dele minhas queixas
e lhe apresento minhas angústias.
[3] Quando estou abatido,
somente tu sabes o caminho
que devo seguir.
Aonde quer que eu vá,
prepararam armadilhas contra mim.
[4] Procuro alguém que venha me ajudar,
mas ninguém sequer lembra
que eu existo.
Não tenho onde me abrigar,
ninguém se importa com o
que acontece comigo.
[5] Então clamo a ti, Senhor,
e digo: "Tu és meu refúgio,
és tudo que desejo na vida.
[6] Ouve meu clamor,
pois estou muito fraco.
Livra-me dos que me perseguem,
pois são fortes demais para mim.
[7] Tira-me da prisão,
para que eu te dê graças.
Os justos se juntarão ao meu redor,
pois tu és bom para mim".

143 *Salmo de Davi.*

[1] Ouve minha oração, Senhor;
escuta minha súplica!
Responde-me, pois és fiel e justo.
[2] Não leves teu servo a julgamento,
pois diante de ti ninguém é inocente.
[3] Meu inimigo me perseguiu;
derrubou-me no chão
e obrigou-me a morar em
trevas, como as do túmulo.
[4] Vou perdendo todo o ânimo;
estou tomado de medo.
[5] Lembro-me de tempos passados;
reflito em todas as tuas obras
e penso em tudo que fizeste.
[6] Levanto minhas mãos a ti em oração;
anseio por ti, como a terra
seca tem sede de chuva.
Interlúdio

[7] Vem depressa, Senhor, e responde-me,
pois meu ânimo se esvai.
Não te afastes de mim,
ou morrerei.
[8] Faze-me ouvir do teu amor a cada manhã,
pois confio em ti.
Mostra-me por onde devo andar,
pois me entrego a ti.
[9] Livra-me de meus inimigos, Senhor,
pois me refugio em ti.
[10] Ensina-me a fazer tua vontade,
pois tu és meu Deus.
Que o teu Espírito bondoso
me conduza adiante
por um caminho reto e seguro.
[11] Pela honra do teu nome, Senhor,
preserva minha vida.
Por tua justiça,
tira-me deste sofrimento.
[12] Por teu amor, acaba com meus inimigos
e destrói meus adversários,
pois sou teu servo.

144 *Salmo de Davi.*

[1] Louvado seja o Senhor, minha rocha;
ele treina minhas mãos para a guerra
e dá a meus dedos habilidade
para a batalha.
[2] Ele é meu aliado infalível
e minha fortaleza,
minha torre segura e meu libertador.
Ele é meu escudo, em quem me refugio;
faz as nações se sujeitarem[b] a mim.

[3] Ó Senhor, quem são os seres humanos,
para que prestes atenção neles?
Quem são os simples mortais,
para que penses neles?
[4] São como uma brisa;
seus dias são como uma
sombra que passa.

[a] **142 título** Em hebraico, *maskil*, possivelmente um termo literário ou musical.

[b] **144.2** Alguns manuscritos trazem *meu povo se sujeitar*.

5 Abre os céus, Senhor, e desce;
toca os montes para que soltem fumaça.
6 Lança teus relâmpagos e
dispersa os inimigos;
atira tuas flechas e confunde-os.
7 Estende tua mão desde os
céus e salva-me;
tira-me das águas profundas,
livra-me do poder de meus inimigos.
8 Eles têm a boca cheia de mentiras;
juram dizer a verdade, mas mentem.

9 Cantarei a ti, ó Deus, um cântico novo;
cantarei louvores a ti com
instrumento de dez cordas.
10 Pois tu concedes vitória aos reis;
livraste teu servo Davi da espada mortal.
11 Salva-me!
Livra-me do poder de meus inimigos.
Eles têm a boca cheia de mentiras;
juram dizer a verdade, mas mentem.

12 Que nossos filhos floresçam
na juventude
como plantas viçosas.
Que nossas filhas sejam como
colunas graciosas,
esculpidas para enfeitar um palácio.
13 Que nossos celeiros fiquem cheios
de colheitas de todo tipo.
Que os rebanhos em nossos campos
se multipliquem aos milhares,
e até às dezenas de milhares,
14 e que nossos bois fiquem
carregados de alimentos.
Que nenhum inimigo consiga
romper nossos muros,
que ninguém seja levado ao cativeiro,
nem haja gritos de angústia
em nossas praças.
15 Como são felizes os que
vivem desse modo!
Verdadeiramente são felizes
aqueles cujo Deus é o Senhor!

145

[a] *Salmo de louvor de Davi.*

1 Eu te exaltarei, meu Deus e Rei,
louvarei teu nome para todo o sempre.
2 Todos os dias te louvarei,
sim, louvarei teu nome para sempre.
3 Grande é o Senhor! Ele é
digno de muito louvor!
É impossível medir sua grandeza.

4 Que cada geração conte a seus
filhos sobre tuas obras
e proclame teu poder.
5 Meditarei em teu majestoso
e glorioso esplendor
e em tuas maravilhas.
6 Todos falarão de teus
feitos notáveis,
e eu anunciarei tua grandeza.
7 Todos contarão a história de
tua imensa bondade
e cantarão de alegria sobre tua justiça.
8 O Senhor é misericordioso
e compassivo,
lento para se irar e cheio de amor.
9 O Senhor é bom para todos;
derrama misericórdia sobre
toda a sua criação.
10 Todas as tuas obras te darão
graças, ó Senhor,
e teus fiéis te louvarão.
11 Falarão da glória do teu reino
e proclamarão o teu poder.
12 Anunciarão teus feitos poderosos
e a majestade e glória do teu reino.
13 Pois o teu reino é reino para sempre;
tu governas por todas as gerações.

O Senhor sempre cumpre
suas promessas;
é bondoso em tudo que faz.[b]
14 O Senhor ajuda os que caíram
e levanta os que estão encurvados
sob o peso de suas cargas.
15 Os olhos de todos estão voltados
para ti com esperança;
tu lhes provês o alimento
conforme necessitam.
16 Quando abres tua mão,
satisfazes o anseio de
todos os seres vivos.
17 O Senhor é justo em tudo que faz;
é cheio de bondade.

[a] **145** Em hebraico este salmo é um poema acróstico; cada versículo (incluindo 13b) começa com uma letra sucessiva do alfabeto hebraico.

[b] **145.13** Conforme os manuscritos do mar Morto, a Septuaginta e a versão siríaca; o Texto Massorético não traz as duas últimas linhas deste versículo.

Se queremos colher frutos saudáveis nos relacionamentos, na vida com Deus e no chamado ministerial, precisamos investir tempo e atenção naquilo que foi posto sob a nossa responsabilidade.

18 O Senhor está perto de
todos que o invocam,
sim, de todos que o invocam
com sinceridade.
19 Ele concede os desejos
dos que o temem;
ouve seus clamores e os livra.
20 O Senhor protege todos que o amam,
mas destrói os perversos.

21 Louvarei o Senhor,
e que todos na terra louvem
seu santo nome,
para todo o sempre!

146

Louvado seja o Senhor!
Que todo o meu ser louve o Senhor.
2 Louvarei o Senhor enquanto eu viver;
cantarei a meu Deus até o último suspiro.

3 Não confiem nos poderosos;
não é neles que encontrarão salvação.
4 Quando sua vida se vai, voltam ao pó,
e todos os seus planos morrem com eles.
5 Como são felizes os que têm o
Deus de Jacó como seu auxílio,
os que põem sua esperança
no Senhor, seu Deus.
6 Ele fez os céus e a terra,
o mar e tudo que neles há;
ele cumpre suas promessas para sempre.
7 Faz justiça aos oprimidos
e alimenta os famintos.
O Senhor liberta os prisioneiros.
8 O Senhor abre os olhos dos cegos.
O Senhor levanta os abatidos.
O Senhor ama os justos.
9 O Senhor protege os estrangeiros
e cuida dos órfãos e das viúvas,
mas frustra os planos dos perversos.

10 O Senhor reinará para sempre;
ele será seu Deus, ó Sião,
por todas as gerações.

Louvado seja o Senhor!

147

Louvado seja o Senhor!
Como é bom cantar louvores a nosso Deus!
Como é agradável e apropriado!
2 O Senhor reconstrói Jerusalém
e traz os exilados de volta a Israel.
3 Ele cura os de coração quebrantado
e enfaixa suas feridas.
4 Conta as estrelas
e chama cada uma pelo nome.
5 Nosso Senhor é grande! Seu
poder é absoluto!
É impossível medir seu entendimento.
6 O Senhor protege os humildes,
mas lança os perversos no pó.

7 Cantem com ações de
graças ao Senhor,
cantem ao nosso Deus
louvores com a harpa.
8 Ele cobre os céus de nuvens,
provê chuva para a terra e faz o
capim crescer nos montes.
9 Alimenta os animais selvagens
e dá de comer aos filhotes dos
corvos quando pedem.
10 Seu prazer não está na força do cavalo,
nem no poder humano.
11 O Senhor se agrada dos que o temem,
dos que põem a esperança
em seu amor.

12 Exalte o Senhor, ó Jerusalém!
Louve seu Deus, ó Sião!
13 Pois ele reforçou as trancas
de suas portas
e abençoou seus filhos
dentro de seus muros.
14 Ele conserva a paz em
suas fronteiras
e satisfaz sua fome com
o melhor trigo.
15 Ele envia suas ordens ao mundo,
e sua palavra corre veloz.
16 Envia a neve como lã branca
e espalha a geada sobre a
terra como cinzas.
17 Lança granizo como pedras;[a]
quem é capaz de suportar
o frio intenso?
18 Então, por sua ordem, tudo se dissolve;
envia seus ventos, e o gelo derrete.
19 Ele revelou sua palavra a Jacó,
seus decretos e estatutos, a Israel.

[a] **147.17** Em hebraico, *como migalhas de pão.*

[20] Não fez o mesmo com
nenhuma outra nação;
elas não conhecem seus estatutos.

Louvado seja o SENHOR!

148

Louvado seja o SENHOR!

Louvem o SENHOR desde os céus!
Louvem-no desde as alturas!
[2] Louvem-no, todos os seus anjos!
Louvem-no, todos os
exércitos celestiais!
[3] Louvem-no, sol e lua!
Louvem-no, todas as
estrelas brilhantes!
[4] Louvem-no, altos céus!
Louvem-no, vapores acima das nuvens!
[5] Todas as coisas criadas louvem
o nome do SENHOR,
pois ele ordenou, e elas
vieram a existir.
[6] Ele as pôs em seu lugar
para todo o sempre;
seu decreto jamais será revogado.

[7] Louvem o SENHOR desde a terra,
vocês criaturas das
profundezas do oceano,
[8] fogo e granizo, neve e nuvens,[a]
ventos tempestuosos que
lhe obedecem,
[9] montanhas e colinas,
árvores frutíferas e cedros,
[10] animais selvagens e domésticos,
seres que rastejam e os que voam,
[11] reis da terra e todos os povos,
governantes e juízes da terra,
[12] rapazes e moças,
idosos e crianças.

[13] Louvem todos o nome do SENHOR,
pois exaltado é seu nome;
sua glória está acima da
terra e dos céus!
[14] Ele deu força a seu povo
e honra a seus fiéis,
o povo de Israel, que lhe é chegado.

Louvado seja o SENHOR!

[a] **148.8** Ou *nevoeiro*, ou *fumaça*.

149

Louvado seja o SENHOR!

Cantem ao SENHOR um cântico novo,
cantem louvores a ele na
congregação dos fiéis.

[2] Ó Israel, alegre-se em seu Criador!
Ó povo de Sião, exulte em seu Rei!
[3] Louvem o nome dele com danças,
acompanhadas de
tamborins e harpas.
[4] Pois o SENHOR tem prazer
em seu povo;
ele coroa os humildes com vitória.
[5] Alegrem-se os fiéis
porque ele os honra;
cantem de alegria
em suas camas.

[6] Louvores a Deus estejam
em seus lábios,
e uma espada afiada
em suas mãos,
[7] para se vingarem das nações
e castigarem os povos,
[8] para prenderem seus reis
com algemas
e seus líderes, com correntes de ferro,
[9] para executarem a sentença
escrita contra eles;
esse é o glorioso privilégio
de seus fiéis.

Louvado seja o SENHOR!

150

Louvado seja o SENHOR!

Louvem o SENHOR em seu santuário,
louvem-no em seu majestoso céu!
[2] Louvem-no por seus feitos poderosos,
louvem sua grandeza sem igual!
[3] Louvem-no com o toque da trombeta,
louvem-no com a lira e a harpa!
[4] Louvem-no com tamborins e danças,
louvem-no com instrumentos
de cordas e flautas!
[5] Louvem-no com o som dos címbalos,
louvem-no com
címbalos ressonantes!
[6] Tudo que respira louve ao SENHOR!

Louvado seja o SENHOR!

Provérbios

Livro 20 com

31

CAPÍTULOS

SIGNIFICADO DO TÍTULO

O livro de Provérbios é uma coleção de sabedoria prática e conselhos morais destinados a orientar os leitores na tomada de decisões sábias e na condução de uma vida justa e virtuosa. O título "Provérbios" deriva da palavra hebraica *mashal*, que significa "parábola" ou "ditado".

AUTORIA

O rei Salomão é tradicionalmente creditado como o principal autor do livro de Provérbios, embora também contenha contribuições de outros sábios, incluindo Agur e o rei Lemuel.

OBJETIVOS DO LIVRO

Provérbios oferece conselhos práticos sobre uma ampla gama de temas, incluindo sabedoria, justiça, trabalho, amizade, família, finanças, fala e moralidade. Os ensinamentos são frequentemente apresentados em forma de parábolas, metáforas e comparações, tornando-os acessíveis e memoráveis.

ESTRUTURA DO LIVRO

- ★ Provérbios de Salomão Pv 1—9
- ★ Provérbios de Salomão compilados por outros Pv 10—24
- ★ Provérbios de Salomão compilados por Ezequias Pv 25—29
- ★ Provérbios de Agur e do rei Lemuel Pv 30—31

TEMAS DE PROVÉRBIOS

O livro de Provérbios ensina de forma central que o temor do Senhor é o princípio da sabedoria e que a busca pela sabedoria é essencial para uma vida de integridade, bênçãos e sucesso. Ele destaca a importância de disciplina, humildade, justiça e respeito aos outros como marcas de uma vida sábia e piedosa.

PROVÉRBIOS E CRISTO

A sabedoria personificada em Provérbios (Pv 8.1-36) prefigura Jesus como a própria Sabedoria de Deus manifestada (1Co 1.30). Além disso, contrasta o caminho da sabedoria e da vida com o caminho dos tolos e ímpios, que leva à destruição (Pv 12.28; 14.12), antecipando Cristo como o caminho, a verdade e a vida (Jo 14.6), que oferece vida abundante e eterna aos que o seguem.

A FINALIDADE DOS PROVÉRBIOS

1 Estes são os provérbios de Salomão, filho de Davi, rei de Israel.

[2] Sua finalidade é ensinar sabedoria
e disciplina às pessoas
e ajudá-las a compreender as
instruções dos sábios.
[3] Sua finalidade é ensinar-lhes uma
vida disciplinada e bem-sucedida
e ajudá-las a fazer o que é
certo, justo e imparcial.
[4] Estes provérbios darão
juízo aos ingênuos
e conhecimento e
discernimento aos jovens.

[5] O sábio que os ouvir se tornará
ainda mais sábio.
Quem tem entendimento
receberá orientação,
[6] ao examinar o significado destes
provérbios e parábolas,
das palavras dos sábios e seus enigmas.

[7] O temor do Senhor é o princípio
do conhecimento,
mas os tolos desprezam a
sabedoria e a disciplina.

O CONSELHO DE UM PAI: ADQUIRA SABEDORIA

[8] Meu filho, preste atenção à
correção de seu pai
e não deixe de lado a
instrução de sua mãe.
[9] O que aprender com eles será
coroa de graça em sua cabeça
e colar de honra em seu pescoço.

[10] Meu filho, se pecadores
quiserem seduzi-lo,
não permita que isso aconteça.
[11] Talvez lhe digam: "Venha conosco!
Vamos nos esconder e matar alguém.
Armaremos emboscada contra inocentes,
só para passar o tempo.
[12] Vamos engoli-los vivos,
como a sepultura;[a]
vamos engoli-los inteiros, como
os que descem à cova.
[13] Encontraremos todo tipo
de riquezas
e encheremos nossas casas
com tudo que roubarmos.
[14] Venha, junte-se a nós!
Dividiremos igualmente os despojos".

[15] Meu filho, não vá com eles!
Afaste-se de seus caminhos.
[16] Eles correm para fazer o mal;
apressam-se em derramar sangue.
[17] Se um pássaro vê alguém
montar a armadilha,
sabe que não deve se aproximar.
[18] Eles, porém, armam emboscadas
para si mesmos;
tentam acabar com a própria vida.
[19] Esse é o destino de todos
os gananciosos;
sua própria cobiça os destrói.

A SABEDORIA GRITA NAS RUAS

[20] A Sabedoria grita nas ruas
e levanta a voz na praça pública.
[21] Sim, proclama nas avenidas
e anuncia em frente à porta da cidade:
[22] "Até quando vocês, ingênuos,
insistirão em sua ingenuidade?
Até quando vocês, zombadores,
terão prazer na zombaria?
Até quando vocês, tolos,
detestarão o conhecimento?
[23] Venham e ouçam
minhas advertências;
abrirei meu coração para vocês
e os tornarei sábios.

[24] "Muitas vezes eu os chamei,
mas não quiseram vir;
estendi-lhes a mão, mas não
me deram atenção.
[25] Desprezaram meu conselho
e rejeitaram minha repreensão.
[26] Por isso, rirei quando estiverem
em dificuldades;
zombarei quando estiverem
em apuros,
[27] quando a calamidade lhes
sobrevier como a tempestade,
e a desgraça os envolver
como o furacão,
e a angústia e a aflição os dominarem.

[a] **1.12** Em hebraico, *o Sheol*.

28 "Quando clamarem por
socorro, não responderei;
ainda que me procurem,
não me encontrarão.
29 Porque detestaram o conhecimento
e escolheram não temer o SENHOR.
30 Rejeitaram meu conselho
e ignoraram minha repreensão.
31 Portanto, comerão os frutos
amargos de seu estilo de vida
e engasgarão em suas
próprias intrigas.
32 Pois os ingênuos se afastam de
mim e rumam para a morte;
os tolos são destruídos por
sua própria acomodação.
33 Os que me ouvem, porém,
viverão em paz,
tranquilos e sem temer o mal".

OS BENEFÍCIOS DA SABEDORIA

2 Meu filho, preste atenção às
minhas palavras
e guarde meus mandamentos
como um tesouro.
2 Dê ouvidos à sabedoria
e concentre o coração
no entendimento.
3 Clame por inteligência
e peça entendimento.
4 Busque-os como a prata,
procure-os como a tesouros escondidos.
5 Então entenderá o que é
o temor do SENHOR
e obterá o conhecimento de Deus.
6 Pois o SENHOR concede sabedoria;
de sua boca vêm conhecimento
e entendimento.
7 Ele reserva bom senso aos honestos
e é escudo para os íntegros.
8 Guarda os caminhos dos justos
e protege seus fiéis por onde andam.

9 Então você entenderá o que é
certo, justo e imparcial
e saberá o bom caminho a seguir.
10 Pois a sabedoria entrará
em seu coração,
e o conhecimento o
encherá de alegria.
11 As escolhas sábias o guardarão,
e o entendimento o protegerá.
12 A sabedoria o livrará das
ações dos maus,
daqueles cujas palavras são perversas.
13 Eles se afastam do rumo certo
e andam por caminhos sombrios.
14 Têm prazer em praticar o mal
e aplaudem a maldade dos perversos.
15 Suas ações são desonestas,
e seus caminhos, tortuosos.

16 A sabedoria o livrará da
mulher imoral,
das palavras sedutoras da promíscua.
17 Ela abandona o marido, o
companheiro de sua juventude,
e ignora a aliança que fez
diante de Deus.
18 Entrar na casa dela leva à morte;
é a estrada para a sepultura.[a]
19 O homem que a visita está perdido;
jamais alcançará os caminhos da vida.

20 Portanto, siga os
passos dos bons
e permaneça nos caminhos
dos justos.
21 Pois os retos viverão na terra,
e os íntegros nela permanecerão.
22 Os perversos, porém, serão
eliminados da terra,
e os desleais, arrancados dela.

CONFIANÇA NO SENHOR

3 Meu filho, não se esqueça de
minhas instruções;
guarde meus mandamentos
em seu coração.
2 Se assim fizer, viverá muitos anos,
e sua vida será cheia de paz.
3 Não permita que a bondade e
a lealdade o abandonem;
prenda-as ao redor do pescoço
e escreva-as no fundo do coração.
4 Então você conseguirá favor
e boa reputação,
diante de Deus e das pessoas.

5 Confie no SENHOR de todo o coração;
não dependa de seu
próprio entendimento.

[a] **2.18** Em hebraico, *para os espíritos dos mortos.*

[6] Busque a vontade dele
em tudo que fizer,
e ele lhe mostrará o caminho
que deve seguir.

[7] Não se impressione com sua
própria sabedoria;
tema o SENHOR e afaste-se do mal.
[8] Então você terá saúde para o corpo
e força para os ossos.

[9] Honre o SENHOR com suas riquezas
e com a melhor parte de
tudo que produzir.
[10] Então seus celeiros se
encherão de cereais,
e seus tonéis transbordarão de vinho.

[11] Meu filho, não rejeite a
disciplina do SENHOR;
não desanime quando ele o corrigir.
[12] Pois o SENHOR corrige quem ele ama,
assim como o pai corrige o filho
a quem ele quer bem.[a]

[13] Feliz é a pessoa que
encontra sabedoria,
aquela que adquire entendimento.
[14] Pois a sabedoria dá mais
lucro que a prata
e rende mais que o ouro.
[15] A sabedoria vale muito
mais que rubis;
nada do que você deseja
se compara a ela.
[16] Com a mão direita, ela
oferece vida longa;
com a esquerda, riqueza e honra.
[17] Ela o guiará por estradas agradáveis;
todos os seus caminhos levam
a uma vida de paz.
[18] A sabedoria é árvore de vida
para quem dela toma posse;
felizes os que se apegam
a ela com firmeza.

[19] Por meio da sabedoria, o
SENHOR fundou a terra;
por meio do entendimento,
estabeleceu os céus.

[a] **3.12** A Septuaginta traz *e castiga a quem ele aceita como filho.* Comparar com Hb 12.6.

[20] Por seu conhecimento,
brotam as fontes profundas
e do céu cai o orvalho
durante a noite.

[21] Meu filho, não perca de vista o
bom senso e o discernimento;
apegue-se a eles,
[22] pois darão vigor à sua alma
e serão como joias em seu pescoço.
[23] Eles o manterão seguro
em seu caminho,
e seus pés não tropeçarão.
[24] Quando for dormir,
não sentirá medo;
quando se deitar,
terá sono tranquilo.
[25] Não precisará temer o
desastre repentino,
nem a destruição que vem
sobre os perversos.
[26] Pois o SENHOR será sua segurança;
não permitirá que seu pé fique
preso numa armadilha.

[27] Não deixe de fazer o bem
àqueles que precisarem,
sempre que isso estiver
ao seu alcance.
[28] Se você pode ajudar seu próximo
agora, não lhe diga:
"Volte amanhã, e lhe darei algo".

[29] Não planeje o mal contra
seu próximo,
pois quem mora por perto
confia em você.
[30] Não procure motivos para brigar,
se ninguém lhe fez mal.

[31] Não tenha inveja dos violentos,
nem imite sua conduta.
[32] Esses perversos são detestáveis
para o SENHOR,
mas aos justos ele oferece sua amizade.

[33] O SENHOR amaldiçoa a
casa dos perversos,
mas abençoa o lar dos justos.

[34] O SENHOR zomba dos zombadores,
mas concede graça aos humildes.

35 Os sábios recebem honra
como herança,
mas os tolos são envergonhados
em público.

O CONSELHO SÁBIO DE UM PAI

4 Meus filhos, ouçam quando
seu pai lhes ensina;
prestem atenção e aprendam
a ter discernimento.
2 Pois a orientação que lhes dou é boa;
não se afastem de minhas instruções.

3 Quando eu era filho de meu pai,
filho único, amado por minha mãe,
4 meu pai me ensinava:
"Leve minhas palavras a sério!
Siga meus mandamentos, e viverá.
5 Adquira sabedoria e aprenda
a ter discernimento;
não se esqueça de minhas
palavras nem se afaste delas.
6 Não abandone a sabedoria,
pois ela o protegerá;
ame-a, e ela o guardará.
7 Adquirir sabedoria é a coisa mais
sábia que você pode fazer;
em tudo o mais, aprenda a
ter discernimento.
8 Se você der valor à sabedoria,
ela o engrandecerá;
abrace-a, e ela o honrará.
9 Ela lhe colocará uma bela
grinalda na cabeça
e o presenteará com uma
linda coroa".

10 Meu filho, ouça minhas palavras
e ponha-as em prática,
e terá uma vida longa e boa.
11 Eu lhe ensinarei o caminho
da sabedoria
e o conduzirei por uma estrada reta.
12 Quando andar por ele, nada o deterá;
quando correr, não tropeçará.
13 Apegue-se às minhas
instruções e não as solte;
guarde-as bem, pois são
a chave da vida.

14 Não imite a conduta dos perversos,
nem siga pelos caminhos dos maus.
15 Nem pense nisso, não vá
por esse caminho;
desvie-se dele e siga adiante.
16 Pois os perversos não dormem
enquanto não praticam o mal;
não descansam enquanto não
fazem alguém tropeçar.
17 Comem o pão da perversidade
e bebem o vinho da violência.

18 O caminho dos justos é como a
primeira luz do amanhecer,
que brilha cada vez mais até
o dia pleno clarear.
19 O caminho dos perversos é como
a mais absoluta escuridão;
nem sequer sabem o que
os faz tropeçar.

20 Meu filho, preste atenção ao que digo;
ouça bem minhas palavras.
21 Não as perca de vista;
mantenha-as no fundo do coração.
22 Pois elas dão vida a quem
as encontra
e saúde a todo o corpo.

23 Acima de todas as coisas,
guarde seu coração,
pois ele dirige o rumo de sua vida.

24 Evite toda conversa maldosa;
afaste-se das palavras perversas.

25 Olhe sempre para frente;
mantenha os olhos fixos no
que está diante de você.
26 Estabeleça um caminho
reto para seus pés;
permaneça na estrada segura.
27 Não se desvie nem para a direita
nem para a esquerda;
não permita que seus
pés sigam o mal.

EVITE MULHERES IMORAIS

5 Meu filho, preste atenção à
minha sabedoria;
ouça bem meu conselho prudente.
2 Assim você mostrará discernimento,
e seus lábios expressarão
o que aprendeu.

[3] Pois os lábios da mulher imoral
são doces como mel,
e sua boca é mais suave que azeite.
[4] No fim, porém, ela é amarga
como veneno
e afiada como uma espada
de dois gumes.
[5] Seus pés descem para a morte;
seus passos conduzem
direto à sepultura.[a]
[6] Pois ela não se interessa
pelo caminho da vida;
não se dá conta de que anda sem
rumo por uma trilha tortuosa.

[7] Portanto, meu filho,
preste atenção;
nunca se desvie do que irei lhe dizer.
[8] Mantenha distância dessa mulher;
não se aproxime da porta de sua casa!
[9] Se o fizer, perderá sua honra
e entregará a homens impiedosos
tudo que conquistou.
[10] Estranhos consumirão sua riqueza,
e outros desfrutarão o fruto
de seu trabalho.
[11] No final, você gemerá de angústia,
quando a doença lhe
consumir o corpo.
[12] Dirá: "Como odiei a disciplina!
Se ao menos não tivesse
desprezado as advertências!
[13] Por que não ouvi meus mestres?
Por que não dei atenção aos
que me instruíam?
[14] Cheguei à beira da ruína total,
e agora todos saberão de
minha vergonha!".

[15] Beba a água de sua própria cisterna,
compartilhe seu amor somente
com sua esposa.[b]
[16] Por que derramar pelas ruas
a água de suas fontes,
ao ter sexo com qualquer mulher?[c]
[17] Reserve essa água apenas
para vocês;
não a reparta com estranhos.
[18] Seja abençoada a sua fonte!
Alegre-se com a mulher
de sua juventude!
[19] Ela é gazela amorosa, corça graciosa;
que os seios de sua esposa
o satisfaçam sempre
e você seja cativado por seu
amor todo o tempo!
[20] Por que, meu filho, se deixar
cativar pela mulher imoral,
ou acariciar os seios da promíscua?

[21] Pois o SENHOR vê com clareza
o que o homem faz
e examina todos os seus caminhos.
[22] O perverso é cativo dos
próprios pecados;
são cordas que o apanham
e o prendem.
[23] Ele morrerá por falta de disciplina
e se perderá por sua
grande insensatez.

LIÇÕES PARA A VIDA DIÁRIA

6 Meu filho, se você aceitou ser
fiador de seu amigo
ou se concordou em garantir
a dívida de um estranho,
[2] se caiu numa armadilha por
causa do acordo feito
e se está preso por suas palavras,
[3] siga meu conselho e livre-se
dessa obrigação,
pois você se colocou nas
mãos de seu amigo.
Procure-o, humilhe-se
e insista com ele.
[4] Não deixe para amanhã;
não descanse enquanto não
resolver essa situação.
[5] Livre-se como a gazela que
escapa do caçador,
como o pássaro que foge da rede.

[6] Aprenda com a formiga,
preguiçoso!
Observe como ela age e seja sábio.
[7] Embora não tenha príncipe,
nem autoridade, nem governante,
[8] ela trabalha duro durante
todo o verão,
juntando comida para o inverno.

[a] **5.5** Em hebraico, *ao Sheol.*
[b] **5.15** Em hebraico, *Beba água de sua própria cisterna, / água que brota de seu próprio poço.*
[c] **5.16** Em hebraico, *Por que derramar suas fontes nas ruas, / seus riachos nas praças da cidade?*

9 Mas você, preguiçoso, até
quando dormirá?
Quando sairá da cama?
10 Um pouco mais de sono,
mais um cochilo,
mais um descanso com os
braços cruzados,
11 e a pobreza o assaltará
como um bandido;
a escassez o atacará como
um ladrão armado.

12 Como são os desprezíveis
e os perversos?
Eles vivem mentindo:
13 demonstram sua falsidade
com um piscar de olho,
com um movimento do pé ou
por sinais com os dedos.
14 Seu coração pervertido
trama a maldade,
e andam sempre
criando problemas.
15 Por isso, serão destruídos
de repente,
despedaçados num instante sem
que possam se recuperar.

16 Há seis coisas que o Senhor odeia,
ou melhor, sete coisas que ele
considera detestáveis:
17 olhos arrogantes,
língua mentirosa,
mãos que matam o inocente,
18 coração que trama a maldade,
pés que se apressam em fazer o mal,
19 testemunha falsa que
diz mentiras,
e aquele que semeia
desentendimento entre irmãos.

20 Meu filho, obedeça aos
mandamentos de seu pai
e não deixe de lado a
instrução de sua mãe.
21 Guarde as palavras deles
em seu coração
e amarre-as em seu pescoço.
22 Quando você andar, os conselhos
de seus pais o guiarão;
quando dormir, eles o protegerão;
quando acordar, eles o orientarão.
23 Pois o mandamento é lâmpada,
e a instrução é luz;
e as correções da disciplina
são o caminho que conduz à vida.
24 Eles o protegerão da mulher imoral,
das palavras sedutoras da promíscua.
25 Não cobice sua beleza;
não deixe que seus
olhares o seduzam.
26 Pois a prostituta o levará à pobreza,[a]
mas dormir com a esposa de outro
homem lhe custará a vida.
27 Pode um homem carregar
fogo junto ao peito
sem que a roupa se queime?
28 Pode alguém caminhar sobre brasas
sem que os pés se queimem?
29 Assim acontece com quem dorme
com a mulher de outro;
aquele que a toca não
ficará sem castigo.

30 Pode-se encontrar desculpa
para o ladrão
que rouba porque está com fome.
31 Ainda assim, se for apanhado, terá
de pagar sete vezes o que roubou,
mesmo que precise vender
tudo que há em sua casa.
32 Mas o homem que comete
adultério não tem juízo,
pois destrói a si mesmo.
33 Será ferido e desonrado,
e sua vergonha jamais se apagará.
34 Porque o marido ciumento
ficará furioso
e não terá misericórdia
quando se vingar.
35 Não aceitará compensação alguma,
nem se satisfará com os
presentes mais valiosos.

OUTRA ADVERTÊNCIA SOBRE MULHERES IMORAIS

7 Meu filho, siga meu conselho;
guarde meus mandamentos
como um tesouro.
2 Obedeça a meus mandamentos e viva;
cuide de minhas instruções como
da menina de seus olhos.

[a] **6.26** Em hebraico, *a prostituta o reduzirá a um pedaço de pão.*

A primeira companheira da sabedoria é o equilíbrio.

[3] Amarre-as aos dedos como lembrança
e escreva-as no fundo do coração.

[4] Ame a sabedoria como se fosse sua irmã
e faça do discernimento um
membro da família.
[5] Eles o guardarão da mulher imoral,
das palavras sedutoras da promíscua.

[6] Enquanto estava à janela de minha casa
e olhava pela cortina,
[7] vi alguns rapazes ingênuos
e percebi um entre eles
que não tinha juízo.
[8] Ele atravessava a rua, perto da esquina
onde morava certa mulher,
e caminhava em direção à casa dela.
[9] Era o crepúsculo, o anoitecer,
quando caía a escuridão profunda.
[10] A mulher se aproximou dele,
com roupas provocantes e
coração malicioso.
[11] Era ousada e inquieta,
do tipo que nunca para em casa.
[12] Está sempre nas ruas e nos mercados,
à espreita em cada esquina.
[13] Abraçou o rapaz e o beijou
e, sem a menor vergonha, lhe disse:
[14] "Hoje apresentei uma oferta de paz
e cumpri meus votos.
[15] Por isso, estava à sua procura;
saí para encontrá-lo, e agora o achei!
[16] Estendi lindas cobertas
sobre minha cama
e lençóis coloridos de linho egípcio.
[17] Perfumei minha cama
com mirra, aloés e canela.
[18] Venha, vamos nos embriagar
de amor até o amanhecer!
Vamos desfrutar as carícias
um do outro,
[19] pois meu marido não está em casa.
Ele partiu numa longa viagem;
[20] levou consigo uma bolsa
cheia de dinheiro
e só voltará no fim do mês".[a]

[21] Assim ela o seduziu com
palavras agradáveis
e com elogios doces o atraiu.
[22] Ele a acompanhou de imediato,
como boi que vai para o matadouro,
como cervo que caiu na armadilha[b]
[23] à espera da flecha que lhe
atravessará o coração,
como o pássaro que voa
direto para o laço,
sem saber que lhe custará a vida.

[24] Portanto, meu filho, ouça-me;
preste atenção às minhas palavras.
[25] Não deixe que seu coração
se desvie para ela,
não se perca em seus
caminhos tortuosos.
[26] Pois ela causou a ruína de muitos;
não são poucas as suas vítimas.
[27] Sua casa é o caminho
para a sepultura,[c]
seu quarto é a câmara da morte.

A SABEDORIA PEDE PARA SER OUVIDA

8 Escutem, pois a Sabedoria chama!
Ouçam, porque o entendimento
levanta a voz!
[2] No alto dos montes, junto ao caminho,
a Sabedoria se coloca
nas encruzilhadas.
[3] Ao lado das portas da cidade,
na entrada, ela anuncia:
[4] "A vocês eu clamo, a todos vocês!
Levanto minha voz para todo o povo.
[5] Vocês, inexperientes,
mostrem discernimento!
Vocês, tolos, mostrem entendimento!
[6] Ouçam, pois tenho coisas
importantes a lhes dizer.
Tudo que digo é correto,
[7] pois falo a verdade,
e toda espécie de engano é
detestável para mim.
[8] Meu conselho é justo;
não há nada nele que distorça a
verdade ou dela se desvie.
[9] Minhas palavras são claras para
os que têm entendimento
e corretas para os que
têm conhecimento.

[a] **7.20** Em hebraico, *quando a lua estiver cheia.*

[b] **7.22** Conforme a Septuaginta e a versão siríaca; o hebraico traz *como as algemas para a disciplina do tolo.*
[c] **7.27** Em hebraico, *o Sheol.*

10 Escolham minha instrução
em vez da prata
e o conhecimento em vez do ouro puro.
11 Pois a sabedoria vale muito
mais que rubis;
nada do que você deseja
se compara a ela.

12 "Eu, a Sabedoria, moro
com a prudência;
sei onde encontrar conhecimento
e discernimento.
13 Quem teme o SENHOR odeia o mal;
portanto, odeio o orgulho
e a arrogância,
a corrupção e as palavras perversas.
14 O bom senso e o sucesso
me pertencem,
o discernimento e o poder são meus.
15 Graças a mim, os reis governam
e as autoridades emitem
decretos justos.
16 Com minha ajuda, as
autoridades lideram
e os nobres julgam com justiça.[a]

17 "Amo os que me amam;
os que me procuram por
certo me encontrarão.
18 Tenho riquezas e honra,
bens duradouros e justiça.
19 Minha dádiva vale mais que
ouro, mais que ouro puro;
meu rendimento é melhor
que a fina prata.
20 Ando em retidão,
nos caminhos da justiça.
21 Os que me amam recebem
riquezas como herança;
sim, encherei seus tesouros!

22 "O SENHOR me estabeleceu
desde o princípio,
antes de criar qualquer outra coisa.
23 Fui designada desde eras passadas,
logo no início, antes de a terra existir.
24 Nasci antes que os oceanos
fossem criados,
antes que a água brotasse
de suas fontes.
25 Nasci antes de serem
formados os montes,
antes de existirem as colinas,
26 quando ele ainda não havia
feito a terra e os campos,
nem o primeiro punhado de terra.
27 Eu estava lá quando ele
estabeleceu o céu,
quando traçou o horizonte
sobre os oceanos.
28 Estava lá quando ele pôs
as nuvens no alto,
quando estabeleceu fontes
nas profundezas da terra.
29 Estava lá quando ele determinou
os limites do mar,
para que não avançasse
além de suas divisas.
E, quando ele demarcou os
alicerces da terra,
30 eu estava ao seu lado
como arquiteta.
Eu era sua alegria constante,
sempre exultando em sua presença.
31 Como me alegrei com o
mundo que ele criou!
Como exultei com a humanidade!

32 "Por isso, meus filhos, ouçam-me,
pois todos que seguem meus
caminhos são felizes.
33 Ouçam minha instrução
e sejam sábios;
não a desprezem.
34 Felizes os que me ouvem, que ficam
à minha porta todos os dias,
esperando por mim na
entrada de minha casa!
35 Pois quem me encontra,
encontra vida
e recebe o favor do SENHOR.
36 Quem não me encontra,
prejudica a si mesmo;
todos que me odeiam
amam a morte".

9 A Sabedoria construiu sua casa
e ergueu suas sete colunas.
2 Preparou um grande
banquete;
misturou os vinhos e
arrumou a mesa.

[a] **8.16** Alguns manuscritos hebraicos e a Septuaginta trazem *e os nobres são juízes sobre a terra.*

3 Enviou suas servas para
convidarem a todos;
do ponto mais alto da
cidade, ela clama:
4 "Venham à minha casa
todos os ingênuos",
e aos que não têm juízo ela diz:
5 "Venham, comam de meu banquete
e bebam do vinho que misturei.
6 Deixem sua ingenuidade
para trás e vivam;
andem pelo caminho do
discernimento".

7 Quem repreende o zombador
recebe insulto como resposta;
quem corrige o perverso
prejudica a si mesmo.
8 Não se dê o trabalho de repreender
o zombador, pois ele o odiará;
repreenda, porém, o sábio,
e ele o amará.
9 Instrua o sábio, e ele crescerá
na sabedoria;
ensine o justo, e ele
aprenderá ainda mais.

10 O temor do Senhor é o
princípio da sabedoria;
o conhecimento do Santo
resulta em discernimento.

11 A sabedoria multiplicará seus dias
e tornará sua vida mais longa.
12 Se você se tornar sábio, o
benefício será seu;
se desprezar a sabedoria,
sofrerá as consequências.

A INSENSATEZ PEDE PARA SER OUVIDA

13 A mulher chamada
Insensatez é atrevida;
é ignorante e nem se dá conta disso.
14 Senta-se à porta de sua casa,
no ponto mais alto da cidade.
15 Clama aos que passam pelo caminho,
ocupados com seus
próprios assuntos:
16 "Venham à minha casa
todos os ingênuos",
e aos que não têm juízo ela diz:
17 "Água roubada é mais refrescante!
Pão comido às escondidas
é mais saboroso!".
18 Mal sabem, porém, que
ali estão os mortos;
seus convidados estão nas
profundezas da sepultura.[a]

PROVÉRBIOS DE SALOMÃO

10 Os provérbios de Salomão:

O filho sábio alegra seu pai,
o filho tolo entristece sua mãe.

2 As riquezas de origem desonesta
não têm valor duradouro,
mas uma vida justa
livra da morte.

3 O Senhor não deixa o justo
passar fome,
mas se recusa a satisfazer o
desejo dos perversos.

4 O preguiçoso logo empobrece,
mas os que trabalham com
dedicação enriquecem.

5 O jovem sábio faz a
colheita no verão,
mas o que dorme durante a
colheita é uma vergonha.

6 O justo é coberto de bênçãos,
mas as palavras dos perversos
ocultam violência.

7 O justo deixa boas lembranças,
mas o nome dos perversos
apodrece.

8 O sábio recebe os mandamentos
de bom grado,
mas as palavras do insensato
causam sua ruína.

9 Quem anda em integridade
anda em segurança;
quem segue caminhos
tortuosos será exposto.

[a] **9.18** Em hebraico, *do Sheol.*

10 Quem fecha os olhos para a
maldade causa problemas,
mas a repreensão clara
promove a paz.[a]

11 As palavras do justo são fonte de vida;
as palavras dos perversos
ocultam intenções violentas.

12 O ódio provoca brigas,
mas o amor cobre todas as ofensas.

13 Palavras sábias vêm dos lábios
de quem tem entendimento,
mas quem não tem juízo é
castigado com a vara.

14 Os sábios guardam o conhecimento
como um tesouro,
mas a conversa do insensato
só conduz à desgraça.

15 A riqueza do rico é sua fortaleza;
a pobreza dos pobres é sua destruição.

16 O salário do justo produz vida,
mas o dinheiro do perverso
o conduz ao pecado.

17 Quem aceita a disciplina está
no caminho da vida,
mas o que despreza a
repreensão se desvia dele.

18 Quem esconde o ódio se
torna mentiroso;
quem espalha calúnias é tolo.

19 Quem fala demais acaba pecando;
quem é prudente fica de boca fechada.

20 As palavras do justo são
como a fina prata;
o coração do perverso não
tem valor algum.

21 As palavras do justo dão
ânimo a muitos,
mas os insensatos são destruídos
por falta de juízo.

22 A bênção do Senhor traz riqueza,
e ele não permite que a
tristeza a acompanhe.

23 O tolo se diverte em fazer o mal,
mas o sensato tem prazer em
viver com sabedoria.

24 Os temores do perverso se
tornarão realidade;
as esperanças dos justos
lhe serão concedidas.

25 As tempestades da vida levam
embora o perverso,
mas o justo tem alicerce duradouro.

26 Como vinagre nos dentes
ou fumaça nos olhos,
assim o preguiçoso irrita seus chefes.

27 O temor do Senhor prolonga a vida,
mas os dias dos perversos
são encurtados.

28 As esperanças dos justos
resultam em alegria;
as expectativas dos perversos
não dão em nada.

29 O caminho do Senhor é
fortaleza para os íntegros,
mas é destruição para os
que praticam o mal.

30 O justo jamais será abalado,
mas os perversos serão
removidos da terra.

31 A boca do justo oferece
conselhos sábios,
mas a língua que engana
será cortada.

32 Dos lábios do justo vêm
palavras proveitosas,
mas da boca dos perversos
só vêm palavras más.

11 O uso de balanças desonestas
é detestável para o Senhor,
mas ele se alegra com pesos exatos.

[a] **10.10** Conforme a Septuaginta; o hebraico traz *mas o insensato que não mede o que diz causa a própria ruína.*

[2] O orgulho leva à desgraça,
mas com a humildade
vem a sabedoria.

[3] A honestidade guia os justos;
a desonestidade destrói os desleais.

[4] As riquezas de nada ajudarão
no dia do juízo,
mas uma vida justa livra da morte.

[5] A integridade dirige os passos do justo,
mas o peso do pecado cai
sobre os perversos.

[6] A justiça dos justos os livra;
a ambição dos desleais os
apanha numa armadilha.

[7] Quando o perverso morre, sua
esperança morre com ele,
pois confiou na própria força.

[8] O justo é salvo da angústia,
mas o perverso a recebe
em lugar dele.

[9] O hipócrita, com suas palavras,
destrói seus amigos,
mas o conhecimento livra os justos.

[10] A cidade inteira comemora
o sucesso dos justos;
todos gritam de alegria quando
morrem os perversos.

[11] A cidade prospera pelos benefícios
que os justos trazem,
mas as palavras dos
perversos a destroem.

[12] É falta de bom senso
desprezar o próximo;
a pessoa sensata permanece calada.

[13] O fofoqueiro espalha segredos,
mas a pessoa confiável sabe
guardar confidências.

[14] Sem uma liderança sábia, a nação cai;
ter muitos conselheiros
lhe dá segurança.

[15] Quem aceita ser fiador
terá problemas;
quem evita esse compromisso
está seguro.

[16] A mulher bondosa ganha respeito;
tudo que os homens cruéis
obtêm é riqueza.

[17] Quem faz o bem beneficia
a si mesmo;
quem pratica o mal
só se prejudica.

[18] A riqueza do perverso dura
apenas um momento,
mas a recompensa do
justo é duradoura.

[19] O justo encontra a vida;
o perverso encontra a morte.

[20] Os perversos de coração são
detestáveis para o Senhor,
mas ele se alegra com os que
andam em integridade.

[21] O perverso certamente
será castigado,
mas os justos serão poupados.

[22] A mulher bonita, mas indiscreta,
é como anel de ouro em
focinho de porco.

[23] Os justos têm a expectativa
de uma recompensa,
enquanto os perversos só
podem esperar o juízo.

[24] Quem dá com generosidade
se torna mais rico,
mas o mesquinho perde tudo.

[25] O generoso prospera;
quem revigora outros
será revigorado.

[26] O povo amaldiçoa quem
esconde os cereais,
mas abençoa quem os vende
no tempo de necessidade.

27 Quem procura o bem encontra favor;
quem procura o mal será
encontrado por ele.

28 Quem confia em seu dinheiro cairá,
mas o justo floresce como
a verde folhagem.

29 Quem causa problemas à
família herda o vento;
o insensato se torna servo do sábio.

30 O fruto do justo é árvore de vida;
o sábio conquista pessoas.[a]

31 Se o justo recebe o que
merece aqui na terra,
quanto mais o pecador perverso.[b]

12 Para aprender, é preciso
amar a disciplina;
é estupidez odiar a repreensão.

2 O Senhor aprova a pessoa de bem,
mas condena quem planeja o mal.

3 A perversidade nunca
traz estabilidade,
mas a raiz dos justos
permanecerá firme.

4 A mulher virtuosa coroa de
honra seu marido,
mas a que age vergonhosamente
é como câncer em seus ossos.

5 Os planos do justo são corretos,
mas os conselhos do perverso
são traiçoeiros.

6 As palavras do perverso são
emboscada mortal,
mas as palavras dos justos
salvam vidas.

7 Os perversos morrem
e desaparecem,
mas a família dos justos
permanece firme.

8 O sensato recebe elogios,
mas o perverso de coração
é desprezado.

9 É melhor ser uma pessoa
simples e ter quem a ajude
que aparentar ser quem não
é e não ter o que comer.

10 O justo cuida de seus animais,
mas os perversos são sempre cruéis.

11 Quem trabalha com dedicação
tem fartura de alimento;
quem corre atrás de fantasias
não tem juízo.

12 Os ladrões invejam o despojo
uns dos outros,
mas os justos estão bem
arraigados e florescem.

13 O perverso é apanhado na
armadilha das próprias palavras,
mas o justo escapa dessa aflição.

14 As palavras sábias produzem
muitos benefícios,
e o trabalho árduo
é recompensado.

15 O insensato pensa que sua
conduta é correta,
mas o sábio dá ouvidos
aos conselhos.

16 O insensato se ira com facilidade,
mas o sábio ignora a ofensa.

17 A testemunha honesta
diz a verdade;
a testemunha falsa conta mentiras.

18 Os comentários de algumas
pessoas ferem,
mas as palavras dos
sábios trazem cura.

19 Palavras verdadeiras resistem
à prova do tempo,
mas as mentiras logo
ficam evidentes.

[a] **11.30** Ou *quem ganha almas é sábio.*
[b] **11.31** A Septuaginta traz *Se o justo é salvo por um triz, / o que será do pecador perverso?* Comparar com 1Pe 4.18.

[20] O engano enche o coração
dos que tramam o mal;
a alegria enche o coração dos
que promovem a paz.

[21] Nenhum mal vem sobre o justo,
mas os perversos enfrentam
todo tipo de dificuldade.

[22] Os lábios mentirosos são
detestáveis para o Senhor,
mas os que dizem a verdade
lhe trazem alegria.

[23] O sábio não se gaba de
seu conhecimento,
mas os tolos mostram a
todos sua insensatez.

[24] Quem trabalha com dedicação
chega a ser líder,
mas o preguiçoso se torna escravo.

[25] A preocupação
deprime a pessoa,
mas uma palavra de
incentivo a anima.

[26] O justo dá bons conselhos
a seus amigos,[a]
mas os perversos os
desencaminham.

[27] O preguiçoso nem mesmo
cozinha o animal que caçou,
mas o que trabalha com dedicação
valoriza tudo que possui.

[28] O caminho dos justos conduz à vida;
é uma estrada que não leva à morte.

13 O filho sábio aceita a
disciplina de seu pai;
o zombador se recusa a
ouvir a repreensão.

[2] Com palavras sábias consegue-se
uma boa refeição,
mas os desleais têm fome
de violência.

[a] **12.26** Ou *O justo é cauteloso nas amizades*, ou *O justo é livrado do mal.* O significado do hebraico é incerto.

[3] Quem controla a língua
terá vida longa;
quem fala demais acaba
se arruinando.

[4] O preguiçoso muito quer
e nada alcança,
mas os que trabalham com
dedicação prosperam.

[5] O justo odeia mentiras;
o perverso causa vergonha e desonra.

[6] A justiça guarda o
caminho do íntegro,
mas a perversidade
desencaminha o pecador.

[7] Alguns que são pobres
fingem ser ricos;
outros que são ricos
fingem ser pobres.

[8] O rico tem como pagar
resgate por sua vida;
o pobre nem sequer é ameaçado.

[9] A vida dos justos brilha alegremente,
mas a luz dos perversos se apagará.

[10] O orgulho só traz conflitos,
mas os que aceitam
conselhos são sábios.

[11] O dinheiro ganho por meios
ilícitos logo acaba;
a riqueza conquistada com trabalho
árduo cresce com o tempo.

[12] A esperança adiada faz o
coração ficar doente,
mas o sonho realizado
é árvore de vida.

[13] Quem despreza o bom conselho
se envolve em dificuldades;
quem respeita o mandamento
será bem-sucedido.

[14] A instrução do sábio é fonte de vida;
quem a aceita escapa das
armadilhas da morte.

15 O sensato é respeitado;
o desleal caminha para a destruição.[a]

16 O sábio pensa antes de agir;
os tolos se gabam de sua insensatez.

17 O mensageiro desleal depara
com dificuldades,
mas o mensageiro confiável traz cura.

18 Quem despreza a disciplina
acabará em pobreza e vergonha;
quem aceita a repreensão
será honrado.

19 É agradável ver sonhos
se realizarem,
mas os tolos se recusam a
se afastar do mal.

20 Quem anda com os sábios
se torna sábio,
mas quem anda com os tolos
sofrerá as consequências.

21 Desgraças perseguem os pecadores,
enquanto bênçãos
recompensam os justos.

22 A pessoa de bem deixa
herança para os netos,
mas a riqueza do pecador vai
para as mãos do justo.

23 As terras dos pobres produzem
muito alimento,
mas a injustiça tudo consome.

24 Quem não corrige os filhos
mostra que não os ama;
quem ama os filhos se preocupa
em discipliná-los.

25 O justo come até se satisfazer,
mas o estômago dos
perversos fica vazio.

14 A mulher sábia edifica o lar,
mas a insensata o destrói
com as próprias mãos.

2 Quem anda pelo caminho
reto teme o SENHOR;
quem escolhe estradas
tortuosas o despreza.

3 A conversa arrogante do insensato
se torna uma vara que o castiga,
mas as palavras do sábio o protegem.

4 Um estábulo sem bois
permanece limpo,
mas é a força do boi que
provê a colheita farta.

5 A testemunha honesta não mente;
a testemunha falsa respira mentiras.

6 O zombador procura sabedoria
e nunca a encontra,
mas para o que tem discernimento
o conhecimento vem fácil.

7 Afaste-se do tolo,
pois em seus lábios não
achará conhecimento.

8 O prudente sabe para onde vai,
mas os insensatos enganam
a si mesmos.

9 Os insensatos zombam
da própria culpa,
mas os justos a reconhecem
e buscam reconciliação.

10 Cada coração conhece sua
própria amargura,
e ninguém pode compartilhar
de toda a sua alegria.

11 A casa dos perversos será destruída,
mas a tenda dos justos florescerá.

12 Há caminhos que a pessoa
considera corretos,
mas que acabam levando
à estrada da morte.

13 O riso pode esconder o
coração aflito,
mas, quando a alegria se
extingue, a dor permanece.

[a] **13.15** Conforme a Septuaginta; o hebraico traz *o caminho do desleal é duradouro.*

A sabedoria vem, diversas vezes, por meio da dor, do confronto, do sacrifício, dos erros, sofrimentos e tempestades que enfrentamos ao longo da vida.

14 O desleal recebe o que merece,
mas a pessoa de bem
é recompensada.

15 O ingênuo acredita em tudo que ouve;
o prudente examina seus
passos com cuidado.

16 O sábio é cauteloso[a] e evita o perigo;
o tolo confia demais em si
mesmo e se precipita.

17 Quem se ira com facilidade
faz coisas tolas;
quem trama o mal é odiado.

18 Os ingênuos são revestidos
de insensatez,[b]
enquanto os prudentes são
coroados de conhecimento.

19 Os maus se prostrarão
diante dos bons;
os perversos se curvarão
à porta dos justos.

20 Os pobres são desprezados
pelos vizinhos,
enquanto os ricos têm muitos amigos.

21 É pecado desprezar o próximo;
feliz o que ajuda os pobres.

22 Os que tramam fazer o
mal se perdem,
mas os que planejam fazer o bem
encontram amor e fidelidade.

23 O trabalho árduo produz lucro,
mas a conversa fiada leva à pobreza.

24 A riqueza é coroa para os sábios,
mas a insensatez dos tolos só
resulta em mais insensatez.

25 A testemunha confiável salva vidas,
mas a testemunha falsa é traidora.

26 Quem teme o Senhor está seguro;
ele é refúgio para seus filhos.

27 O temor do Senhor é fonte de vida;
ajuda a escapar das
armadilhas da morte.

28 Uma população que cresce
é a glória do rei,
mas a falta de súditos é a
ruína do príncipe.

29 Quem tem entendimento
controla sua raiva;
quem se ira facilmente demonstra
grande insensatez.

30 O contentamento dá
saúde ao corpo;
a inveja é como câncer nos ossos.

31 Quem oprime o pobre
insulta seu Criador,
mas quem ajuda o necessitado
honra a Deus.

32 O perverso é destruído
por sua maldade,
mas o justo encontra refúgio
mesmo na hora da morte.

33 A sabedoria é preservada
no coração sensato;
não[c] é possível encontrá-la
entre os tolos.

34 A justiça engrandece a nação,
mas o pecado é vergonha
para qualquer povo.

35 O rei se alegra em seus
servos prudentes,
mas se enfurece contra os
que o envergonham.

15 A resposta gentil desvia o furor,
mas a palavra ríspida
desperta a ira.

2 A língua dos sábios torna
atraente o conhecimento,
mas a boca dos tolos
despeja a insensatez.

[a] **14.16** Em hebraico, *O sábio teme.*
[b] **14.18** Ou *herdam a insensatez.*
[c] **14.33** Conforme a Septuaginta e a versão siríaca; o hebraico omite *não.*

[3] Os olhos do Senhor estão
em todo lugar;
observam tanto os maus
como os bons.

[4] Palavras suaves são árvore de vida,
mas a língua enganosa
esmaga o espírito.

[5] O insensato despreza a
instrução de seu pai,
mas quem aprende com a repreensão
demonstra prudência.

[6] Há tesouros na casa do justo,
mas os rendimentos dos perversos
causam problemas.

[7] A boca dos sábios
espalha conhecimento;
o coração dos tolos nada
tem a oferecer.

[8] Os sacrifícios dos perversos são
detestáveis para o Senhor,
mas ele tem prazer nas
orações dos justos.

[9] Os caminhos dos perversos são
detestáveis para o Senhor,
mas ele ama aquele que
busca a justiça.

[10] Quem abandona o caminho correto
sofrerá disciplina severa;
quem odeia a repreensão morrerá.

[11] A Morte e a Destruição[a] nada
escondem do Senhor,
quanto mais o coração humano!

[12] O zombador odeia ser repreendido,
por isso se afasta dos sábios.

[13] O coração contente alegra o rosto,
mas o coração triste abate o espírito.

[14] O sábio tem fome de conhecimento,
enquanto os tolos se alimentam
de insensatez.

[15] Para os aflitos, todos os
dias são difíceis;
para o coração alegre, a vida é
um banquete contínuo.

[16] É melhor ter pouco e temer o Senhor
que ter um grande tesouro
e viver ansioso.

[17] Um prato de verduras ao
lado de quem você ama
é melhor que carne saborosa junto
de alguém que você odeia.

[18] Quem se ira facilmente
provoca brigas,
mas quem tem paciência
acalma a discussão.

[19] O caminho do preguiçoso é
bloqueado por espinhos,
mas o caminho do justo é
uma estrada aberta.

[20] O filho sensato alegra seu pai;
o filho tolo despreza sua mãe.

[21] A insensatez alegra quem
não tem juízo,
mas quem tem bom senso
permanece no caminho certo.

[22] Planos fracassam onde
não há conselho,
mas têm êxito quando há
muitos conselheiros.

[23] Todos se alegram quando dão
a resposta apropriada;
como é bom dizer a coisa
certa na hora certa!

[24] O caminho da vida leva o
prudente para cima;
ele deixa a sepultura[b] para trás.

[25] O Senhor derruba a casa
dos orgulhosos,
mas protege a propriedade
da viúva.

[a] **15.11** Em hebraico *O Sheol e o Abadom.*

[b] **15.24** Em hebraico, *o Sheol.*

26 Os planos perversos são
detestáveis para o SENHOR,
mas ele tem prazer nas
palavras puras.

27 A cobiça traz aflição para
toda a família,
mas quem odeia subornos viverá.

28 O coração do justo pensa
bem antes de falar;
a boca dos perversos transborda
de palavras maldosas.

29 O SENHOR está longe dos perversos,
mas ouve as orações dos justos.

30 O olhar animador alegra o coração;
boas notícias dão vigor ao corpo.

31 Quem dá ouvidos à
crítica construtiva
se sente à vontade
entre os sábios.

32 Quem rejeita a disciplina
prejudica a si mesmo,
mas quem dá ouvidos à repreensão
adquire entendimento.

33 O temor do SENHOR ensina sabedoria;
a humildade precede a honra.

16 É da natureza humana
fazer planos,
mas a resposta certa vem do SENHOR.

2 Ainda que as pessoas se
considerem puras,
o SENHOR examina as
intenções de cada um.

3 Confie ao SENHOR tudo que você faz,
e seus planos serão bem-sucedidos.

4 O SENHOR fez tudo com propósito,
até mesmo o perverso para
o dia da calamidade.

5 Os orgulhosos são detestáveis
para o SENHOR;
certamente serão castigados.

6 Amor e fidelidade fazem
expiação pelo pecado;
o temor do SENHOR evita o mal.

7 Quando a vida de uma pessoa
agrada o SENHOR,
até seus inimigos vivem
em paz com ela.

8 É melhor ter pouco com justiça
que ser rico com desonestidade.

9 É da natureza humana fazer planos,
mas é o SENHOR quem dirige
nossos passos.

10 As decisões do rei têm
grande autoridade;
ele nunca deve julgar
de modo injusto.

11 O SENHOR exige balanças
e pesos exatos;
ele determina os padrões
da imparcialidade.

12 A maldade é detestável para o rei,
pois seu governo é estabelecido
sobre a justiça.

13 O rei se agrada de palavras
que vêm de lábios justos
e ama quem fala o que é certo.

14 A ira do rei é como uma
sentença de morte,
mas o sábio procura acalmá-lo.

15 Quando o rei sorri, há vida;
seu favor refresca como
chuva de primavera.

16 É melhor adquirir sabedoria que ouro,
e é melhor obter discernimento
que prata.

17 O caminho dos justos
os afasta do mal;
quem segue esse caminho está seguro.

18 O orgulho precede a destruição;
a arrogância precede a queda.

19 É melhor viver humildemente
com os pobres
que repartir o despojo
com os orgulhosos.

20 Quem ouve a instrução prospera;
quem confia no Senhor é feliz.

21 O sábio é conhecido por
seu discernimento;
palavras agradáveis são
convincentes.

22 A sensatez é fonte de vida
para quem a possui,
mas é desperdício disciplinar
os insensatos.

23 Da mente sábia vêm
conselhos sábios;
as palavras dos sábios
são convincentes.

24 Palavras bondosas
são como mel:
doces para a alma e saudáveis
para o corpo.

25 Há caminhos que a pessoa
considera corretos,
mas acabam levando à
estrada da morte.

26 É bom que os trabalhadores
tenham apetite;
o estômago vazio os impulsiona.

27 A pessoa sem caráter cria problemas;
suas palavras são fogo destruidor.

28 O perverso semeia discórdia;
o difamador separa até os
melhores amigos.

29 A pessoa violenta engana
os companheiros
e os leva para o mau caminho.

30 Com olhos semicerrados as
pessoas tramam o mal;
com sorriso malicioso o
põem em prática.

31 Os cabelos brancos são
coroa de glória,
para quem andou nos
caminhos da justiça.

32 É melhor ser paciente que poderoso;
é melhor ter autocontrole que
conquistar uma cidade.

33 As pessoas podem lançar as sortes,
mas quem determina o
resultado é o Senhor.

17 É melhor um pedaço
de pão seco e paz
que uma casa cheia de
banquetes e conflitos.

2 O servo prudente governará sobre
o filho que envergonha o pai
e terá parte na herança com
os filhos de seu senhor.

3 O fogo prova a pureza da
prata e do ouro,
mas o Senhor prova o coração.

4 A pessoa má gosta de
ouvir maldades;
o mentiroso dá atenção a
palavras destrutivas.

5 Quem zomba do pobre
insulta seu Criador;
quem se alegra com a desgraça
alheia será castigado.

6 Os netos são coroa de honra
para os idosos;
os pais são o orgulho de seus filhos.

7 Não convém ao tolo falar
com eloquência,
e muito menos ao governante mentir.

8 O suborno é como um
amuleto da sorte;
quem o oferece sempre
alcança o que quer.

9 Quem perdoa a ofensa mostra amor,
mas quem insiste nela separa amigos.

10 Uma repreensão é mais
eficaz para o prudente
que cem açoites para o tolo.

11 A pessoa má sempre procura
razão para se rebelar,
por isso será severamente castigada.

12 É melhor deparar com uma ursa
da qual roubaram os filhotes
que confrontar um tolo
em sua insensatez.

13 Quem paga o bem com o mal
sempre terá o mal em sua casa.

14 Começar uma briga é como abrir
a comporta de uma represa;
portanto, pare antes que
irrompa a discussão.

15 Absolver o culpado e
condenar o inocente
são duas coisas detestáveis
para o Senhor.

16 De nada adianta pagar
para instruir o tolo,
pois ele não tem vontade
de aprender.

17 O amigo é sempre leal,
e um irmão nasce na hora
da dificuldade.

18 É falta de juízo dar garantia
pela dívida de alguém
ou aceitar ser fiador de um amigo.

19 Quem gosta de brigar
ama o pecado;
quem confia em muralhas
procura a própria ruína.

20 O coração perverso não prospera;
a língua mentirosa se mete
em dificuldades.

21 O filho tolo causa
tristeza ao pai;
não há alegria para o pai
de um rebelde.

22 O coração alegre
é um bom remédio,
mas o espírito abatido
consome as forças.

23 O perverso recebe suborno
em segredo,
para desviar o rumo da justiça.

24 O sensato mantém os olhos
fixos na sabedoria,
mas os olhos do tolo vagueiam
até os confins da terra.

25 O filho tolo causa tristeza a seu pai
e amargura àquela que o deu à luz.

26 É errado castigar os justos
por serem bons
e açoitar os líderes por
serem honestos.

27 Quem é verdadeiramente sábio
usa poucas palavras;
quem tem entendimento
controla suas emoções.

28 Até o insensato passa por
sábio quando fica calado;
de boca fechada, até
parece inteligente.

18 Quem vive isolado se
preocupa apenas consigo
e rejeita todo bom senso.

2 O tolo não se interessa
pelo entendimento;
só quer saber de expressar
suas opiniões.

3 A prática do mal resulta em desonra;
o comportamento vergonhoso
causa desprezo.

4 Palavras sábias são como
águas profundas;
a sabedoria flui do sábio como
riacho transbordante.

5 Não é certo absolver o culpado
nem negar justiça ao inocente.

6 As palavras do tolo o
envolvem em brigas;
ele pede para receber uma surra.

7 A boca do tolo é sua ruína;
ele cai na armadilha dos
próprios lábios.

8 Calúnias são petiscos saborosos
que descem até o íntimo de quem ouve.

9 Quem é relaxado em seu trabalho
causa tanto estrago quanto
aquele que destrói.

10 O nome do Senhor é fortaleza segura;
o justo corre para ele e fica protegido.

11 O rico vê sua riqueza como
uma cidade fortificada;
imagina que é uma muralha
alta e segura.

12 A arrogância precede a destruição;
a humildade precede a honra.

13 Falar sem antes ouvir os fatos
é vergonhoso e insensato.

14 O espírito da pessoa sustenta
seu corpo enfermo,
mas quem pode suportar
o espírito abatido?

15 Quem tem discernimento está
sempre pronto a aprender;
seus ouvidos estão abertos
para o conhecimento.

16 As portas se abrem para
quem dá presentes;
eles dão acesso a
pessoas importantes.

17 Quem fala primeiro no
tribunal parece ter razão,
até que seu oponente comece
a lhe fazer perguntas.

18 Lançar sortes acaba com discussões
e resolve contendas entre
adversários poderosos.

19 É mais difícil reconquistar
um amigo ofendido que
uma cidade fortificada;
as discussões separam amigos
como um portão trancado.

20 As palavras sábias saciam
como uma boa refeição;
as palavras certas dão satisfação.

21 A língua tem poder para
trazer morte ou vida;
quem gosta de falar arcará
com as consequências.

22 O homem que encontra uma esposa
encontra um bem precioso
e recebe o favor do Senhor.

23 O pobre suplica por misericórdia;
o rico responde com insultos.

24 Alguns que se dizem amigos
destroem uns aos outros,
mas o verdadeiro amigo é mais
próximo que um irmão.

19 É melhor ser pobre e honesto
que ser desonesto e tolo.

2 De nada adianta o entusiasmo
sem conhecimento;
a pressa resulta em
escolhas erradas.

3 O insensato arruína a própria vida
e depois se ira contra o Senhor.

4 A riqueza atrai muitos que
se dizem amigos,
mas a pobreza afasta
todos eles.

5 A testemunha falsa não
ficará sem castigo;
o mentiroso também
não escapará.

6 Muitos buscam o favor
de quem governa;
todos querem ser amigos
daquele que dá presentes.

[7] Se até os parentes do
pobre o desprezam,
quanto mais seus amigos o evitarão!
Ainda que o pobre suplique,
eles todos o abandonam.

[8] Quem adquire bom senso
ama a si mesmo;
quem dá valor ao
entendimento prospera.

[9] A testemunha falsa não
ficará sem castigo;
o mentiroso será destruído.

[10] Não é certo o tolo viver no luxo
nem o escravo governar sobre príncipes.

[11] O sensato não perde a calma,
mas conquista respeito ao
ignorar as ofensas.

[12] A ira do rei é como o rugido do leão,
mas seu favor é como o
orvalho sobre a grama.

[13] O filho tolo é uma desgraça para o pai;
a esposa briguenta é irritante
como uma goteira.

[14] Os pais deixam casas e riquezas
como herança para os filhos,
mas apenas o Senhor pode dar
uma esposa prudente.

[15] O preguiçoso dorme profundamente,
mas sua apatia o leva a passar fome.

[16] Quem guarda os mandamentos
preserva a vida;
quem os despreza morrerá.

[17] Quem ajuda os pobres
empresta ao Senhor;
ele o recompensará.

[18] Discipline seus filhos
enquanto há esperança;
do contrário, você destruirá
a vida deles.[a]

[19] A pessoa que se ira facilmente
deve sofrer as consequências;
se você a livrar uma vez, terá
de fazê-lo novamente.

[20] Obtenha todo conselho e
instrução que puder,
e você será sábio para
o resto da vida.

[21] É da natureza humana
fazer planos,
mas o propósito do
Senhor prevalecerá.

[22] A lealdade torna a pessoa cativante;
é melhor ser pobre que desonesto.

[23] O temor do Senhor conduz à vida;
dá segurança e proteção contra o mal.

[24] O preguiçoso pega a comida na mão,
mas não se dá o trabalho
de levá-la à boca.

[25] Se você castigar o zombador, o
ingênuo aprenderá uma lição;
se corrigir o sábio, ele se
tornará ainda mais sábio.

[26] O filho que maltrata o pai ou
manda embora a mãe
causa vergonha e desonra pública.

[27] Meu filho, se você deixar
de ouvir a instrução,
dará as costas para o
conhecimento.

[28] A testemunha corrupta
zomba da justiça;
a boca do perverso devora o mal.

[29] O castigo está preparado
para os zombadores,
assim como o açoite para
as costas dos tolos.

20 O vinho produz zombadores;
o álcool leva a brigas;
quem é dominado pela
bebida não é sábio.

[a] **19.18** Ou *mas não se exceda a ponto de matá-lo.*

2 O furor do rei é como o rugido do leão;
quem provoca sua ira põe
a vida em risco.

3 Evitar contendas é sinal de honra;
apenas o insensato insiste em brigar.

4 Quem tem preguiça de arar
a terra na época certa
não terá comida no tempo da colheita.

5 Os bons conselhos ficam
no fundo do coração,
mas a pessoa sensata os traz à tona.

6 Muitos se dizem amigos leais,
mas quem pode encontrar
alguém realmente confiável?

7 O justo anda em integridade;
felizes os filhos que seguem
seus passos.

8 Quando o rei se senta para julgar,
analisa todas as provas
e distingue entre o mal e o bem.

9 Quem pode dizer: "Purifiquei
o coração;
estou limpo e sem pecado"?

10 Dois pesos e duas medidas:[a]
toda espécie de desonestidade
é detestável para o Senhor.

11 Até crianças mostram quem
são, por sua conduta,
se agem de modo puro e correto.

12 Ouvidos para ouvir e olhos para ver:
ambos são dádivas do Senhor.

13 Se você ama o sono, acabará pobre;
mantenha os olhos abertos e
terá fartura de alimento!

14 O comprador pechincha e
diz: "Não vale nada",
mas depois conta vantagem
de seu bom negócio.

15 As palavras que transmitem
conhecimento são mais valiosas
que grandes quantidades
de ouro e rubis.

16 Quem aceita ser fiador de
um desconhecido perderá
a roupa do corpo;
ela ficará como pagamento de quem
garante a dívida do estranho.[b]

17 Pão roubado tem sabor doce,
mas depois será como areia na boca.

18 Com bons conselhos os planos
são bem-sucedidos;
não saia para a guerra sem
boas orientações.

19 O fofoqueiro vive
espalhando segredos;
portanto, evite a companhia
de quem fala demais.

20 Quem insulta o pai ou a mãe
terá sua luz apagada na mais
absoluta escuridão.

21 A herança obtida antes da hora
acaba não sendo bênção no final.

22 Não diga: "Vou me vingar deste mal";
espere o Senhor resolver a questão.

23 A desonestidade é detestável
para o Senhor;
ele não se agrada de
balanças adulteradas.

24 É o Senhor que dirige nossos passos;
então por que tentar entender
tudo ao longo do caminho?

25 É uma armadilha prometer algo
a Deus apressadamente
e só depois calcular o custo.

26 O rei sábio espalha os
perversos como trigo
e passa sobre eles a roda de debulhar.

[a] **20.10** Em hebraico, *Uma pedra e uma pedra, um efa e um efa.*

[b] **20.16** A tradição oral hebraica traz *de uma mulher promíscua.*

[27] A luz do SENHOR penetra o
espírito humano[a]
e revela todas as intenções ocultas.

[28] Bondade e fidelidade protegem o rei;
seu trono é firmado pelo amor.

[29] A glória dos jovens está
em sua força,
e o esplendor dos idosos, em
seus cabelos brancos.

[30] O castigo físico elimina o mal;[b]
essa disciplina purifica o coração.

21 O coração do rei é como canais de
águas controlados pelo SENHOR;
ele os conduz para onde quer.

[2] Ainda que as pessoas se
considerem corretas,
o SENHOR examina o coração
de cada um.

[3] O SENHOR se agrada mais ao
fazermos o que é certo e justo
do que ao lhe oferecermos sacrifícios.

[4] Olhos arrogantes, coração orgulhoso
e atos perversos: tudo isso é pecado.

[5] Quem planeja bem e trabalha
com dedicação prospera;
quem se apressa e toma
atalhos fica pobre.

[6] A riqueza obtida por meio
de mentiras
é neblina que se dissipa e
armadilha mortal.[c]

[7] A violência dos perversos os destruirá,
pois se recusam a fazer o que é justo.

[8] O culpado anda por um
caminho tortuoso;
o inocente percorre uma
estrada reta.

[a] **20.27** Ou *O espírito humano é a luz do SENHOR.*
[b] **20.30** O significado do hebraico é incerto.
[c] **21.6** Conforme a Septuaginta; o hebraico traz *é neblina para quem procura a morte.*

[9] É melhor viver sozinho no
canto de um sótão
que morar com uma esposa
briguenta numa bela casa.

[10] O perverso deseja o mal
e não tem compaixão do próximo.

[11] Quando o zombador é castigado,
o ingênuo se torna sábio;
quando o sábio é instruído, adquire
ainda mais conhecimento.

[12] Deus, o Justo,[d] sabe o que se
passa na casa dos perversos
e trará desgraça sobre eles.

[13] Quem fecha os ouvidos aos
clamores dos pobres
será ignorado quando
passar necessidade.

[14] O presente entregue em
segredo acalma a ira;
o suborno oferecido às
escondidas abranda a fúria.

[15] A justiça é alegria para o justo,
mas causa pavor nos que
praticam o mal.

[16] Quem se desvia do caminho
da prudência
acabará na companhia
dos mortos.

[17] Quem ama os prazeres ficará pobre;
quem ama o vinho e o luxo
nunca enriquecerá.

[18] Os perversos são castigados
em lugar dos justos,
e os desleais, em lugar dos honestos.

[19] É melhor viver sozinho no deserto
que morar com uma esposa
briguenta que só sabe reclamar.

[20] O sábio possui riqueza e luxo,
mas o tolo gasta tudo que tem.

[d] **21.12** Ou *O homem justo.*

21 Quem busca a justiça e o amor
encontra vida, justiça e honra.

22 O sábio conquista a cidade dos fortes
e derruba a fortaleza em
que eles confiam.

23 Cuide da língua e fique
de boca fechada,
e você não se meterá em apuros.

24 O zombador é orgulhoso
e convencido
e age com extrema arrogância.

25 O preguiçoso deseja muitas
coisas, mas acaba em ruína,
pois suas mãos se recusam
a trabalhar.

26 Algumas pessoas cobiçam
o tempo todo,
mas o justo gosta de
repartir o que tem.

27 O sacrifício do perverso é detestável,
especialmente quando oferecido
com más intenções.

28 A testemunha falsa será morta;
a testemunha confiável terá
permissão de falar.

29 A teimosia do perverso
transparece em seu rosto,
mas o justo pensa antes de agir.

30 Não há sabedoria, entendimento,
nem conselho humano
capaz de resistir ao SENHOR.

31 O cavalo é preparado para
o dia da batalha,
mas quem dá a vitória é o SENHOR.

22 A boa reputação vale mais
que grandes riquezas;
ser estimado é melhor
que prata e ouro.

2 O rico e o pobre têm isto em comum:
o SENHOR criou os dois.

3 O prudente antevê o perigo
e toma precauções;
o ingênuo avança às cegas e
sofre as consequências.

4 A humildade e o temor do SENHOR
trazem riquezas, honra e vida longa.

5 O perverso anda por um caminho
cheio de espinhos e perigos;
quem dá valor à vida se afasta dele.

6 Ensine seus filhos no caminho certo,
e, mesmo quando envelhecerem,
não se desviarão dele.

7 Assim como o rico domina
sobre o pobre,
quem toma emprestado se torna
servo de quem empresta.

8 Quem semeia injustiça
colhe desgraça,
e seu reino de terror chegará ao fim.[a]

9 A pessoa generosa será abençoada,
pois alimenta o pobre.

10 Mande embora o zombador
e cessarão as brigas;
não haverá mais contendas
nem insultos.

11 Quem ama o coração puro e
fala de modo agradável
terá o rei como amigo.

12 O SENHOR preserva aquele
que tem conhecimento,
mas frustra os planos dos desleais.

13 O preguiçoso diz:
'Há um leão lá fora!
Se eu sair, ele me matará!".

14 A conversa da mulher imoral
é cova profunda;
quem provoca a ira do
SENHOR nela cairá.

[a] **22.8** A Septuaginta inclui outro provérbio: *Deus abençoa o homem que dá com alegria, / mas as obras inúteis chegarão ao fim.* Comparar com 2Co 9.7.

É bom lembrar que precisamos de maturidade para entender, sabedoria para escolher e obediência para nos render à poda de Deus.

15 O coração da criança é
inclinado à insensatez,
mas a vara da disciplina
a afastará dela.

16 Quem explora os pobres ou
cobre os ricos de presentes
para progredir na vida
acabará na pobreza.

DITADOS DOS SÁBIOS

17 Ouça as palavras dos sábios;
dedique o coração à minha instrução.
18 Porque é bom guardar no
coração estes ditados
e tê-los sempre na ponta da língua.
19 Hoje eu as ensino a você,
para que confie no SENHOR.
20 Escrevi para você estes trinta ditados[a]
cheios de conselhos e conhecimento.
21 Assim você saberá a verdade
e transmitirá um relato preciso
àqueles que o enviaram.

22 Não explore o pobre só porque
tem oportunidade,
nem se aproveite do
necessitado no tribunal.
23 Pois o SENHOR defenderá a causa deles;
pagará na mesma medida a
todos que os exploram.

24 Não faça amizade com os briguentos,
nem ande com quem se
ira facilmente,
25 pois aprenderá a ser igual a eles
e colocará a si mesmo em perigo.

26 Não se comprometa a garantir
a dívida de outro,
nem aceite servir de fiador.
27 Se você não tiver como
pagar a dívida,
até a cama em que dorme
será tomada.

28 Não mude de lugar os antigos
marcadores de divisa
estabelecidos pelas
gerações anteriores.

[a] **22.20** Ou *ditados excelentes*; o significado do hebraico é incerto.

29 Você já viu alguém muito
competente no que faz?
Ele servirá reis em vez de
trabalhar para gente comum.

23 Quando se sentar para comer
com uma autoridade,
preste atenção a quem
está[b] diante de você.
2 Se você costuma comer demais,
controle o apetite;[c]
3 não deseje as iguarias que
ele lhe oferece,
pois talvez queira enganá-lo.

4 Não se desgaste
tentando ficar rico;
tenha discernimento para
saber quando parar.
5 Num piscar de olhos a
riqueza desaparecerá;
criará asas e voará para longe,
como uma águia.

6 Não coma com pessoas mesquinhas,
nem deseje suas iguarias.
7 Elas pensam sempre no custo
daquilo que oferecem;[d]
insistem: "Coma e beba", mas
não falam com sinceridade.
8 Você vomitará o pouco que comeu
e desperdiçará seus elogios.

9 Não perca tempo
falando com o tolo,
pois ele despreza até os
conselhos mais sensatos.

10 Não mude de lugar os antigos
marcadores de divisa;
não tome as terras dos órfãos.
11 Pois o Resgatador[e] deles é forte;
ele próprio apresentará as
acusações contra você.

12 Dedique-se à instrução;
ouça atentamente as palavras
de conhecimento.

[b] **23.1** Ou *no que for colocado*.
[c] **23.2** Em hebraico, *ponha uma faca na garganta*.
[d] **23.7** O significado do hebraico é incerto.
[e] **23.11** Ou *redentor*.

13 Não deixe de disciplinar seus filhos;
a vara da disciplina não os matará.
14 Sim, a vara da disciplina
pode muito bem salvá-los da morte.[a]

15 Meu filho, se seu coração for sábio,
meu coração se alegrará!
16 Sentirei profunda alegria
quando seus lábios expressarem
o que é certo.

17 Não tenha inveja dos pecadores,
mas tema sempre o Senhor.
18 Você será recompensado por isso;
sua esperança não será frustrada.

19 Ouça, meu filho, e seja sábio:
mantenha seu coração no rumo certo.
20 Não ande com os beberrões,
nem se envolva com os comilões,
21 pois eles caminham para a pobreza
e, de tanto dormirem, terão
apenas trapos para vestir.

22 Ouça seu pai, que lhe deu vida,
e não despreze sua mãe
quando ela envelhecer.
23 Adquira a verdade e não a venda;
obtenha sabedoria, instrução
e discernimento.
24 O pai dos justos tem motivos
para se alegrar;
é uma grande alegria ter filhos sábios.
25 Portanto, alegre seu pai e sua mãe;
que seja feliz aquela que o deu à luz.

26 Meu filho, dê-me seu coração;
que seus olhos tenham prazer
em seguir meus caminhos.
27 A prostituta é uma cova profunda;
a promíscua é perigosa como
um poço estreito.
28 Ela se esconde e espera, como ladrão,
ansiosa para conduzir mais
homens à infidelidade.

29 Quem se sente angustiado e triste?
Quem vive brigando e se queixando?
Quem sofre ferimentos desnecessários?
Quem tem os olhos sempre vermelhos?
30 Aquele que passa horas
tomando vinho
e experimentando bebidas fortes.
31 Não olhe demoradamente
para o vinho, observando
quanto ele é vermelho;
como brilha no copo e
desce suavemente.
32 Pois, no fim, ele morde
como cobra venenosa;
pica como víbora.
33 Você terá alucinações
e dirá coisas sem sentido.
34 Ficará tonto como marinheiro
em alto-mar,
agarrado ao mastro em
meio à tempestade.
35 Dirá: "Bateram em mim, mas não senti;
nem percebi quando levei uma surra.
Quando acordarei
para beber de novo?".

24 Não tenha inveja dos maus,
nem deseje a companhia deles.
2 Pois tramam violência no coração,
e suas palavras sempre
causam problemas.

3 Com sabedoria
se constrói a casa,
e com entendimento
ela se fortalece.
4 Pelo conhecimento seus
cômodos se enchem
de toda espécie de bens
preciosos e desejáveis.

5 O sábio é mais poderoso
que o forte;[b]
quem tem conhecimento se
fortalece sempre mais.
6 Portanto, não saia para guerrear
sem boa orientação;
com muitos conselheiros
se obtém a vitória.

7 A sabedoria é elevada demais
para o insensato;
entre os líderes à porta da
cidade, nada tem a dizer.

[a] **23.14** Em hebraico, *do Sheol*.

[b] **24.5** Conforme a Septuaginta; o hebraico traz *O homem sábio é força*.

8 Quem planeja o mal
se torna conhecido como
criador de problemas.
9 Os planos do insensato
são pecado;
o zombador é detestável
para todos.

10 Se você vacilar no momento
de dificuldade,
sua força será pequena.

11 Liberte os que foram injustamente
condenados a morrer;
salve-os enquanto vão
tropeçando para a morte.
12 Não se desculpe, dizendo: "Não
sabia o que estava acontecendo";
lembre-se de que Deus
conhece cada coração.
Aquele que zela por sua vida sabe
que você estava ciente;
ele retribuirá a cada um
conforme suas ações.

13 Meu filho, coma mel, pois é bom,
e o favo é doce ao paladar.
14 Da mesma forma, a sabedoria
é doce para a alma;
se você a encontrar, terá
um futuro brilhante,
e suas esperanças não
serão frustradas.

15 Não seja como o perverso, que fica de
tocaia na frente da casa do justo,
nem ataque a moradia dele.
16 Ainda que o justo tropece sete
vezes, voltará a se levantar,
mas uma só calamidade é suficiente
para derrubar o perverso.

17 Não se alegre quando
seu inimigo cair;
não exulte quando ele tropeçar.
18 Pois o SENHOR se desagradará disso
e dele desviará sua ira.

19 Não se perturbe por causa dos maus;
não tenha inveja dos perversos.
20 Pois os maus não têm futuro;
a luz dos perversos se apagará.

21 Meu filho, tema o
SENHOR e o rei
e não se associe
com os rebeldes,
22 pois serão destruídos
repentinamente;
quem sabe que castigo virá
do SENHOR e do rei?

MAIS DITADOS DOS SÁBIOS

23 Estes são mais alguns ditados dos sábios:

É errado tomar partido
quando se julga um caso.
24 O juiz que diz ao perverso:
"Você é inocente",
será amaldiçoado pelo povo
e odiado pelas nações.
25 Mas as coisas irão bem para os
que condenam o culpado;
eles receberão grandes bênçãos.

26 Uma resposta honesta
é como um beijo de amizade.

27 Antes de construir sua casa,
planeje-se e prepare os campos.

28 Não testemunhe contra o
próximo sem motivo;
não minta a respeito dele.
29 E não diga: "Agora vou me
vingar do que ele me fez!
Vou acertar as contas com ele!".

30 Passei pelo campo do preguiçoso,
pelo vinhedo daquele
que não tem juízo.
31 Tudo estava cheio de espinhos e
coberto de ervas daninhas,
e seu muro de pedras, em ruínas.
32 Então, enquanto observava
e pensava no que via,
aprendi esta lição:
33 Um pouco mais de sono,
mais um cochilo,
mais um descanso com os
braços cruzados,
34 e a pobreza o assaltará
como um bandido;
a escassez o atacará como
um ladrão armado.

MAIS PROVÉRBIOS DE SALOMÃO

25 Estes são mais provérbios de Salomão, reunidos pelos conselheiros de Ezequias, rei de Judá.

2 É direito de Deus ocultar certas coisas,
e é direito do rei tentar descobri-las.

3 Ninguém consegue compreender
a altura do céu e a
profundidade da terra;
de igual modo, ninguém sabe o
que se passa na mente do rei.

4 Remova as impurezas da prata,
e o ourives poderá com
ela criar um vaso.
5 Remova os perversos
da corte do rei,
e seu reinado se firmará
na justiça.

6 Não chame atenção para
si diante do rei,
nem exija um lugar entre as
pessoas importantes.
7 É melhor esperar até ser
convidado perante os nobres
que ser mandado embora e
humilhado em público.

Só porque você viu algo,
8 não se apresse em ir ao tribunal.
Pois o que você fará no final
se seu oponente lhe provar
que está errado?

9 Quando discutir com o próximo,
não revele os segredos
de outra pessoa.
10 Do contrário, você ganhará má fama
e nunca mais se livrará dela.

11 O conselho oferecido na
hora certa é agradável
como maçãs de ouro numa
bandeja de prata.

12 Para quem se dispõe a ouvir,
a crítica construtiva
é como brinco de ouro ou
joia de ouro puro.

13 O mensageiro confiável é
como a neve no verão;
reanima o espírito
de seu senhor.

14 A pessoa que promete um
presente, mas não o entrega,
é como nuvens e ventos que
não trazem chuva.

15 A paciência pode convencer
o príncipe,
e palavras suaves podem
quebrar ossos.

16 Se você encontrar mel,
não coma demais, para não
enjoar e vomitar.

17 Não visite seu vizinho
com muita frequência,
pois deixará de ser bem-vindo.

18 Mentir a respeito de
outra pessoa
faz tanto mal quanto agredi-la
com um pedaço de pau,
feri-la com uma espada
ou atingi-la com uma flecha afiada.

19 Confiar numa pessoa desleal
em tempos de dificuldade
é como mastigar com um
dente quebrado
ou caminhar com um pé aleijado.

20 Entoar canções alegres para uma
pessoa com o coração aflito
é como tirar o agasalho de
alguém num dia de frio
ou derramar vinagre
sobre uma ferida.[a]

21 Se seus inimigos tiverem
fome, dê-lhes de comer;
se tiverem sede,
dê-lhes de beber.
22 Você amontoará brasas vivas
sobre a cabeça deles,
e o SENHOR o recompensará.

[a] **25.20** Conforme a Septuaginta; o hebraico traz *derramar vinagre sobre a soda.*

23 Tão certo como o vento
do norte traz chuva,
a língua que espalha
boatos provoca a ira.

24 É melhor viver sozinho no
canto de um sótão
que morar com uma esposa
briguenta numa bela casa.

25 Boas notícias vindas de
uma terra distante
são como água fresca para o sedento.

26 O justo que cede à pressão
do perverso
é como nascente poluída ou
fonte cheia de lama.

27 Não faz bem comer mel demais,
nem é bom procurar honras para si.

28 Quem não tem domínio próprio
é como uma cidade sem muros.

26

Como neve no verão e
chuva na colheita,
assim a honra é imprópria
para o tolo.

2 Como o pardal que alça voo e a
andorinha que atravessa o céu,
a maldição imerecida não pousa
sobre quem ela é dirigida.

3 Conduza o cavalo com o chicote,
o jumento com o freio
e o tolo com a vara nas costas.

4 Não responda aos argumentos
insensatos do tolo,
para que não se torne
tolo como ele.

5 Responda aos argumentos
insensatos do tolo,
para que ele não se considere sábio.

6 Confiar ao tolo a responsabilidade
de transmitir uma mensagem
é como cortar o próprio pé
ou beber veneno.

7 Um provérbio na boca do tolo
é tão inútil quanto uma
perna paralisada.

8 Honrar o tolo
é tão insensato quanto amarrar
a pedra à atiradeira.

9 Um provérbio na boca do tolo
é como um ramo cheio de espinhos
na mão de um bêbado.

10 Quem contrata um tolo ou
o primeiro que passa
é como o arqueiro que
atira ao acaso.

11 Como o cão volta a seu vômito,
assim o tolo repete sua insensatez.

12 Há mais esperança para o tolo
que para aquele que se
considera sábio.

13 O preguiçoso diz: "Há um
leão no caminho!
Tenho certeza de que há
um leão lá fora!".

14 Como a porta gira nas dobradiças,
assim o preguiçoso se revira na cama.

15 O preguiçoso pega a
comida na mão,
mas não se dá o trabalho
de levá-la à boca.

16 O preguiçoso se considera
mais esperto
que sete conselheiros sábios.

17 Meter-se em discussão alheia
é como puxar um cachorro
pelas orelhas.

18 O louco que atira com arma mortal
causa tanto estrago
19 quanto quem mente para um amigo
e depois diz: "Estava só brincando!".

20 Sem lenha, o fogo apaga;
sem intrigas, as brigas cessam.

[21] Como as brasas acendem o carvão
e o fogo acende a lenha,
assim o briguento provoca conflitos.

[22] Calúnias são como
petiscos saborosos
que descem até o íntimo
de quem ouve.

[23] Palavras suaves[a] podem esconder
um coração perverso,
como uma camada de esmalte
cobre o vaso de barro.

[24] As pessoas podem encobrir o
ódio com palavras agradáveis,
mas isso não passa de engano.
[25] Ainda que pareçam amáveis,
não acredite nelas;
seu coração está cheio
de maldade.[b]
[26] Mesmo que escondam o
ódio dissimuladamente,
sua maldade será exposta
em público.

[27] Quem prepara uma armadilha
para outros nela cairá;
quem rola uma pedra sobre
outros por ela será esmagado.

[28] A língua mentirosa odeia
suas vítimas;
palavras bajuladoras
causam ruína.

27

Não conte vantagem a
respeito do futuro,
pois você não sabe o que
o amanhã trará.

[2] Deixe que outro o elogie, e
não sua própria boca;
alguém desconhecido, e não
seus próprios lábios.

[3] A pedra é pesada, e a areia também,
mas pesa ainda mais o ressentimento
causado pelo insensato.

[a] **26.23** Conforme a Septuaginta; o hebraico traz *ardentes*.
[b] **26.25** Em hebraico, *de sete males*.

[4] A ira é cruel, e a fúria,
como a inundação,
mas a inveja é ainda mais perigosa.

[5] A repreensão franca
é melhor que o amor escondido.

[6] As feridas feitas por um
amigo sincero
são melhores que os beijos
de um inimigo.

[7] Quem está satisfeito recusa o mel,
mas para o faminto até o
alimento amargo é doce.

[8] Quem anda distante de casa
é como pássaro longe do ninho.

[9] O conselho sincero de um amigo
é agradável como perfume e incenso.

[10] Jamais abandone um amigo,
nem o seu nem o de seu pai.
Quando vier a calamidade, não
peça ajuda a seu irmão;
é melhor recorrer a um vizinho
próximo que a um irmão distante.

[11] Meu filho, seja sábio e
alegre meu coração;
então poderei responder
aos que me criticam.

[12] O prudente antevê o perigo
e toma precauções;
o ingênuo avança às cegas e
sofre as consequências.

[13] Quem aceita ser fiador de
um desconhecido perderá
a roupa do corpo;
ela ficará como pagamento de quem
garante a dívida do estranho.[c]

[14] A saudação ruidosa logo cedo
será recebida como maldição.

[15] A esposa briguenta é irritante
como a goteira num dia de chuva.

[c] **27.13** Conforme a Septuaginta e a Vulgata (ver tb. Pv 20.16); o hebraico traz *de uma mulher promíscua*.

[16] Tentar contê-la é como deter o vento
ou agarrar o óleo com a mão.

[17] Como o ferro afia o ferro,
assim um amigo afia o outro.

[18] Quem cuida da figueira
comerá de seus frutos;
quem protege os interesses de seu
senhor será recompensado.

[19] Como a água reflete o rosto,
assim o coração reflete
quem a pessoa é.

[20] Como a Morte e a Destruição[a]
nunca se satisfazem,
assim os desejos do homem
nunca são saciados.

[21] O fogo prova a pureza da
prata e do ouro,
mas a pessoa é provada pelos
elogios que recebe.[b]

[22] Ainda que se moa o insensato
como cereal no pilão,
é impossível separá-lo de
sua insensatez.

[23] Tome conhecimento do
estado de suas ovelhas
e dedique-se a cuidar de
seus rebanhos,
[24] pois a riqueza não dura para sempre,
e pode ser que a coroa não passe
para a geração seguinte.
[25] Depois de recolhido o feno,
germinada a nova plantação
e reunido o capim dos montes,
[26] os carneiros darão lã para suas roupas
e os bodes poderão ser vendidos
pelo preço de um campo.
[27] Você terá leite de cabra
suficiente para si,
para sua família e para suas servas.

28 Os perversos fogem mesmo
quando ninguém os persegue,
mas o justo é valente como o leão.

[a] **27.20** Em hebraico, *o Sheol e o Abadom.*
[b] **27.21** Ou *pela bajulação.*

[2] A corrupção moral de uma
nação faz cair seu governo,
mas o líder sábio e prudente
traz estabilidade.

[3] O pobre que oprime os pobres
é como a chuva torrencial
que destrói a plantação.

[4] Quem despreza a lei exalta
os perversos;
quem obedece à lei luta contra eles.

[5] Os que praticam o mal não
compreendem a justiça,
mas os que buscam o Senhor a
entendem plenamente.

[6] É melhor ser pobre e honesto
que ser rico e desonesto.

[7] O filho que obedece à lei
demonstra prudência;
aquele que anda com libertinos
envergonha seu pai.

[8] O lucro obtido da cobrança
de juros altos
terminará no bolso de alguém que
trata os pobres com bondade.

[9] As orações de quem se
recusa a ouvir a lei
são detestáveis para Deus.

[10] Quem leva os justos para o mau
caminho cairá na própria armadilha,
mas os íntegros herdarão o bem.

[11] O rico pode se considerar sábio,
mas não engana o pobre que
tem discernimento.

[12] Quando os justos são bem-sucedidos,
todos se alegram;
quando os perversos assumem o
poder, as pessoas se escondem.

[13] Quem oculta seus pecados
não prospera;
quem os confessa e os abandona
recebe misericórdia.

[14] Quem teme fazer o mal[a]
é feliz,
mas quem endurece o coração
cai em desgraça.

[15] O governante perverso é tão
perigoso para os pobres
quanto o leão que ruge ou
o urso que ataca.

[16] O governante que não tem
entendimento oprime seu povo,
mas o que odeia a corrupção
tem vida longa.

[17] A consciência atormentada do
assassino o levará à sepultura;
ninguém tente detê-lo.

[18] O íntegro será salvo do perigo,
mas o perverso será
destruído repentinamente.

[19] Quem trabalha com dedicação
tem fartura de alimento,
mas quem corre atrás de
fantasias acaba na miséria.

[20] A pessoa fiel obterá
grande recompensa,
mas o que deseja enriquecer
depressa se meterá em apuros.

[21] Nunca é bom agir
com parcialidade,
mas há quem faça o mal até
por um pedaço de pão.

[22] O ganancioso tenta
enriquecer depressa,
mas não percebe que caminha
para a pobreza.

[23] No fim, as pessoas apreciam
a crítica honesta
muito mais que a bajulação.

[24] Quem rouba de seu pai e de sua
mãe e diz: "Que mal há nisso?",
não é melhor que o assassino.

[25] A ganância provoca brigas;
a confiança no Senhor conduz
à prosperidade.

[26] Quem confia no próprio
entendimento é tolo;
quem anda com sabedoria
está seguro.

[27] Quem ajuda os pobres não
passará necessidade,
mas quem fecha os olhos para a
pobreza será amaldiçoado.

[28] Quando os perversos assumem o
poder, as pessoas se escondem;
quando eles são destruídos,
os justos prosperam.

29 Quem sempre se recusa a
aceitar a repreensão
será destruído de repente, sem
que possa se recuperar.

[2] Quando os justos governam,
o povo se alegra;
quando os perversos estão
no poder, o povo geme.

[3] O homem que ama a sabedoria
alegra seu pai,
mas o que anda com prostitutas
desperdiça sua riqueza.

[4] O rei justo dá estabilidade
à nação,
mas o que exige subornos
a destrói.

[5] Quem bajula os amigos
prepara uma armadilha
para os pés deles.

[6] A pessoa má é pega no laço
do próprio pecado,
mas o justo escapa e
grita de alegria.

[7] O justo se preocupa com os
direitos dos pobres,
mas o perverso não dá a
mínima atenção para isso.

[a] **28.14** Ou *Quem teme o Senhor*; o hebraico traz *Aquele que teme.*

Maus pensamentos são como um passarinho indesejado: até pode passar pela cabeça, mas não podemos permitir que faça ninho.

8 Os zombadores alvoroçam
a cidade inteira,
mas os sábios acalmam a ira.

9 Se o sábio levar o insensato
ao tribunal,
haverá tumulto e zombaria,
mas nada se resolverá.

10 Os sanguinários odeiam o íntegro,
mas os justos procuram ajudá-lo.[a]

11 O tolo mostra toda a sua ira,
mas o sábio a controla em silêncio.

12 Se um governante der
atenção aos mentirosos,
todos os seus conselheiros
serão perversos.

13 O pobre e o opressor têm
isto em comum:
o Senhor permite que
ambos enxerguem.

14 Se o rei julgar os pobres com justiça,
seu trono durará para sempre.

15 A criança que é corrigida
se torna sábia,
mas o filho indisciplinado
envergonha sua mãe.

16 Quando os perversos estão no
poder, o pecado se multiplica,
mas os justos verão sua queda.

17 Discipline seus filhos, e eles
darão paz a seu espírito
e alegria a seu coração.

18 O povo que não aceita a orientação
divina se corrompe,
mas quem obedece à lei é feliz.

19 Para corrigir o servo é preciso
mais que palavras;
ainda que ele as entenda,
não obedecerá.

20 Há mais esperança para o tolo
que para alguém que fala sem pensar.

21 O servo mimado desde a infância
se tornará rebelde.

22 A pessoa irada provoca conflitos;
quem perde a calma facilmente
comete muitos pecados.

23 O orgulho termina em humilhação,
mas a humildade alcança a honra.

24 Quem ajuda o ladrão
prejudica a si mesmo;
sob juramento,
não ousa testemunhar.

25 Temer as pessoas é uma
armadilha perigosa,
mas quem confia no
Senhor está seguro.

26 Muitos buscam o favor
do governante,
mas a justiça vem do Senhor.

27 O justo despreza o injusto;
o perverso despreza o íntegro.

DITADOS DE AGUR

30 Os ditados de Agur, filho de
Jaque, contêm esta mensagem:[b]

Estou cansado, ó Deus;
estou cansado e exausto, ó Deus.[c]
2 Sou o mais tolo dos homens;
não tenho discernimento.
3 Não aprendi a sabedoria humana,
nem tenho conhecimento do Santo.

4 Quem é capaz de subir
aos céus e descer?
Quem segura o vento nas mãos?
Quem envolve os oceanos em sua capa?
Quem criou o mundo inteiro?
Qual é seu nome? E qual é o
nome de seu filho?
Diga-me, se é que sabe!

[a] **29.10** Ou *Os sanguinários odeiam o íntegro / e procuram matar os justos*; o hebraico traz *Os sanguinários odeiam o íntegro; / quanto aos justos, eles procuram sua vida.*

[b] **30.1a** Ou *filho de Jaque, de Massá*; ou *filho de Jaque, um oráculo.*

[c] **30.1b** Ou *O homem declara isto a Itiel, / a Itiel e a Ucal.*

[5] Toda palavra de Deus se
prova verdadeira;
ele é escudo para quem
busca sua proteção.
[6] Não acrescente nada às palavras dele;
se o fizer, ele o repreenderá e
mostrará que você é mentiroso.

[7] Ó Deus, eu te peço dois favores;
concede-os antes que eu morra.
[8] Primeiro, ajuda-me a ficar longe
da falsidade e da mentira.
Segundo, não me dês nem
pobreza nem riqueza;
dá-me apenas o que for necessário.
[9] Pois, se eu ficar rico, pode ser
que te negue e diga:
"Quem é o SENHOR?".
E, se eu for pobre demais,
pode ser que roube
e, com isso, desonre o
nome do meu Deus.

[10] Não fale mal do servo a seu senhor;
do contrário, o servo o amaldiçoará,
e você sofrerá as consequências.

[11] Alguns amaldiçoam o pai
e são ingratos com a mãe.
[12] Consideram-se puros,
mas são imundos e nunca
foram lavados.
[13] Olham ao redor com orgulho
e lançam olhares de desprezo.
[14] Seus dentes são como espadas,
e suas presas, como facas.
Devoram da terra os pobres
e, da humanidade, os necessitados.

[15] A sanguessuga tem duas bocas
que dizem: "Mais, mais!".[a]

Há três coisas que nunca
se satisfazem,
ou melhor, quatro que nunca
dizem: "É suficiente!":
[16] a sepultura,[b]
o ventre estéril,
o deserto sedento
e o fogo abrasador.

[17] O olho de quem zomba do pai
e despreza as instruções da mãe
será arrancado pelos corvos do vale
e devorado pelos abutres.

[18] Há três coisas que me
deixam maravilhado,
ou melhor, quatro coisas
que não entendo:
[19] como a águia plana no céu,
como a serpente rasteja sobre a rocha,
como a embarcação navega no mar,
e como o homem ama a mulher.

[20] A mulher adúltera devora o homem,
depois limpa a boca e diz:
"Não fiz nada de errado".

[21] Há três coisas que fazem
a terra estremecer,
ou melhor, quatro que ela
não pode suportar:
[22] o servo que se torna rei,
o tolo arrogante que prospera,
[23] a mulher amargurada que
enfim arranja um marido,
e a serva que toma o lugar
de sua senhora.

[24] Quatro coisas na terra são pequenas,
mas muito sábias:
[25] as formigas, que, embora
não sejam fortes,
armazenam alimento no verão,
[26] os coelhos silvestres,[c] que,
embora não sejam poderosos,
fazem sua toca nas rochas,
[27] os gafanhotos, que, embora
não tenham rei,
marcham em fileira,
[28] e as lagartixas, que, embora
sejam fáceis de apanhar,
vivem até nos palácios dos reis.

[29] Há três seres vivos que caminham
com passo elegante,
ou melhor, quatro que se movem
de modo imponente:
[30] o leão, rei dos animais, que não
abre caminho para ninguém,

[a] **30.15** Em hebraico, *tem duas filhas que gritam: "Dá, dá!"*.
[b] **30.16** Em hebraico, *o Sheol*.
[c] **30.26** Ou *híraces*, ou *arganazes*.

[31] o galo, que anda de peito estufado,
o bode,
e o rei à frente de seu exército.

[32] Se você agiu como tolo e foi
orgulhoso ou tramou o mal,
tape a boca em sinal
de vergonha.

[33] Como bater o leite produz manteiga,
e um soco no nariz o faz sangrar,
provocar a ira resulta em brigas.

DITADOS DO REI LEMUEL

31 Os ditados do rei Lemuel contêm
esta mensagem,[a] que sua mãe lhe
ensinou:

[2] Meu filho, filho de meu ventre,
filho de meus votos,
[3] não desperdice sua força
com mulheres,
nem sua vida com aquelas
que destroem reis.

[4] Não convém aos reis, ó Lemuel,
tomar muito vinho;
os governantes não devem
desejar bebida alcoólica.
[5] Se beberem, pode ser que
se esqueçam da lei
e deixem de fazer justiça
aos oprimidos.
[6] O álcool é para os que
estão morrendo,
e o vinho, para os que
estão amargurados.
[7] Que bebam para se esquecer
de sua pobreza
e não se lembrar de suas
dificuldades.

[8] Fale em favor daqueles que
não podem se defender;
garanta justiça para os
que estão aflitos.
[9] Sim, fale em favor dos pobres
e desamparados,
e providencie que
recebam justiça.

[a] **31.1** Ou *de Lemuel, rei de Massá*; ou *do rei Lemuel, um oráculo.*

A MULHER VIRTUOSA

[10] [b] Quem encontrará uma
mulher virtuosa?
Ela é mais preciosa que rubis.
[11] O marido tem plena confiança nela,
e ela lhe enriquecerá a
vida grandemente.
[12] Ela lhe faz bem, e não mal,
todos os dias de sua vida.

[13] Ela adquire lã e linho
e, com alegria, trabalha os
fios com as mãos.
[14] Como navio mercante,
traz alimentos de longe.
[15] Levanta-se de madrugada para
preparar a refeição da família
e planeja as tarefas do dia
para suas servas.

[16] Vai examinar um campo e o compra;
com o que ganha, planta um vinhedo.
[17] É cheia de energia,
forte e trabalhadora.
[18] Certifica-se de que seus
negócios sejam lucrativos;
sua lâmpada permanece
acesa à noite.

[19] Suas mãos operam o tear,
e seus dedos manejam a roca.
[20] Estende a mão para ajudar os pobres
e abre os braços para os
necessitados.
[21] Quando chega o inverno,
não se preocupa,
pois todos em sua família
têm roupas quentes.[c]

[22] Faz suas próprias cobertas
e usa vestidos de linho fino
e tecido vermelho.
[23] Seu marido é respeitado
na porta da cidade,
onde se senta com as
demais autoridades.
[24] Faz roupas de linho com cintos
e faixas para vender aos comerciantes.

[b] **31.10** Os versículos 10-31 formam um poema acróstico; cada versículo começa com uma letra sucessiva do alfabeto hebraico.

[c] **31.21** Conforme a Septuaginta e a Vulgata; o hebraico traz *escarlates*.

25 Veste-se de força e dignidade
e ri sem medo do futuro.
26 Quando ela fala, suas
palavras são sábias;
quando dá instruções,
demonstra bondade.
27 Cuida bem de tudo em sua casa
e nunca dá lugar à preguiça.

28 Seus filhos se levantam e a
chamam de "abençoada",
e seu marido a elogia:

29 "Há muitas mulheres
virtuosas neste mundo,
mas você supera todas elas!".

30 Os encantos são enganosos, e a
beleza não dura para sempre,
mas a mulher que teme o
Senhor será elogiada.
31 Recompensem-na por
tudo que ela faz;
que suas obras a
elogiem publicamente.

Livros Poéticos

Eclesiastes

Livro 21 com

12

CAPÍTULOS

AUTORIA

A tradição atribui a autoria a Salomão, o filho de Davi, conhecido por sua sabedoria (Ec 1.1,12). No entanto, alguns estudiosos sugerem que o livro pode ter sido escrito por um autor posterior, influenciado pela sabedoria salomônica.

OBJETIVO DO LIVRO

Refletir sobre a futilidade e a transitoriedade da vida humana quando vivida sem o temor a Deus. Eclesiastes examina a busca pelo significado e a satisfação em um mundo imperfeito e muitas vezes injusto.

SIGNIFICADO DO TÍTULO

O termo "Eclesiastes" vem do grego e significa "pregador" ou "membro da assembleia". Na Bíblia hebraica, o livro se chama *Qohelet*, isto é, "pregador" ou "professor".

ESTRUTURA DO LIVRO

- ★ A futilidade de tudo Ec 1.1-11
- ★ Busca pela sabedoria Ec 1.12-18
- ★ Prazer e trabalho Ec 2
- ★ Tempos e estações Ec 3
- ★ Justiça e maldade Ec 4
- ★ Cumprimento dos votos Ec 5.1-7
- ★ Riqueza e pobreza Ec 5.8-20
- ★ O valor da sabedoria Ec 6—7
- ★ Obediência ao rei Ec 8
- ★ Incerteza da vida Ec 9.1-12
- ★ Sabedoria e loucura Ec 9.13—10
- ★ Generosidade e juventude Ec 11
- ★ Temor a Deus e conclusão Ec 12

> "A INSIGNIFICÂNCIA DA VIDA SEM DEUS"

ECLESIASTES E CRISTO

Eclesiastes destaca a insuficiência da vida sem Deus e a busca por sentido, que é plenamente satisfeita em Jesus (Jo 10.10; 8.12). O livro menciona o julgamento final, cumprido por Cristo como juiz (At 17.31). Além disso, Jesus resolve a inquietação existencial descrita em Eclesiastes (Mt 11.28-30).

1 Estas são as palavras do Mestre,[a] filho
de Davi, que reinou em Jerusalém.

NADA FAZ SENTIDO

2 "Nada faz sentido", diz o Mestre. "Nada
faz o menor sentido."
3 O que as pessoas ganham com todo
o seu árduo trabalho debaixo do sol?
4 Gerações vêm e gerações vão, mas a terra
permanece a mesma. 5 O sol nasce, o sol se
põe e, logo, retorna a seu lugar para nascer
outra vez. 6 O vento sopra para o sul, depois
para o norte; dá voltas e mais voltas, so-
prando em círculos. 7 Os rios correm para o
mar, mas ele nunca se enche; a água retor-
na aos rios e corre novamente para o mar.
8 Tudo é tão cansativo que não há como
descrever. Não importa quanto vemos,
nunca ficamos satisfeitos; não importa
quanto ouvimos, nunca nos contentamos.
9 A história simplesmente se repete.
O que foi feito antes será feito outra vez.
Nada debaixo do sol é realmente novo.
10 De vez em quando, alguém diz: "Isto é
novidade!". O fato, porém, é que nada é
realmente novo. 11 Não nos lembramos do
que aconteceu no passado, e as gerações
futuras tampouco se lembrarão do que fa-
zemos hoje.

A INUTILIDADE DA SABEDORIA

12 Eu, o Mestre, fui rei de Israel e vivi em
Jerusalém. 13 Dediquei-me a buscar o
entendimento e a usar a sabedoria para
examinar tudo que se faz debaixo do céu.
Descobri que Deus deu uma existência trá-
gica à humanidade. 14 Observei tudo que
acontece debaixo do sol e, de fato, nada faz
sentido; é como correr atrás do vento.

15 O que está errado não pode ser corrigido;
o que ainda falta não pode
ser recuperado.

16 Disse a mim mesmo: "Sou mais sá-
bio que todos os reis que governaram em
Jerusalém antes de mim. Tenho mais sa-
bedoria e conhecimento que eles". 17 Então
me dediquei a aprender de tudo: desde a
sabedoria até a loucura e a insensatez.
Descobri, por experiência, que procurar
essas coisas também é como correr atrás
do vento.

18 Quanto maior a sabedoria,
maior a aflição;
quanto maior o conhecimento,
maior a tristeza.

A INUTILIDADE DOS PRAZERES

2 Disse a mim mesmo: "Venha, vamos ex-
perimentar o prazer; vamos procurar as
coisas boas da vida!". Descobri, porém, que
isso também não fazia sentido. 2 Portanto,
disse: "O riso é tolice. De que adianta bus-
car o prazer?". 3 Depois de pensar muito,
resolvi me animar com vinho. E, enquanto
ainda buscava a sabedoria, apeguei-me à
insensatez. Assim, procurei experimentar
o que haveria de melhor para as pessoas
em sua curta vida debaixo do sol.
4 Dediquei-me a projetos grandiosos,
construindo casas enormes e plantando
belos vinhedos. 5 Fiz jardins e parques e os
enchi de árvores frutíferas de toda espécie.
6 Construí açudes para juntar água e regar
meus pomares verdejantes. 7 Comprei
escravos e escravas, e outros nasceram
em minha casa. Tive muito gado e reba-
nhos, mais que todos os que viveram em
Jerusalém antes de mim. 8 Juntei grande
quantidade de prata e ouro, tesouros de
muitos reis e províncias. Contratei canto-
res e cantoras e tive muitas concubinas.
Tive tudo que um homem pode desejar!
9 Tornei-me mais importante que todos
os que viveram em Jerusalém antes de
mim, e nunca me faltou sabedoria. 10 Tudo
que desejei, busquei e consegui. Não me
neguei prazer algum. No trabalho árduo,
encontrei grande prazer, a recompensa por
meus esforços. 11 Mas, ao olhar para tudo
que havia me esforçado tanto para realizar,
vi que nada fazia sentido; era como correr
atrás do vento. Não havia nada que valesse
a pena debaixo do sol.

O SÁBIO E O TOLO

12 Então resolvi comparar a sabedoria com
a loucura e a insensatez (pois quem pode
fazê-lo melhor que eu, o rei?[b]). 13 Pensei:

[a] **1.1** Em hebraico, *Qoheleth*; o termo é traduzido como "o Mestre" em todo o livro de Eclesiastes.

[b] **2.12** O significado do hebraico é incerto.

"A sabedoria é melhor que a insensatez,
assim como a luz é melhor que as trevas.
14 O sábio vê para onde está indo, mas o
tolo anda na escuridão". Apesar disso, vi
que o sábio e o tolo têm o mesmo destino.
15 Disse a mim mesmo: "Uma vez que terei
o mesmo fim do tolo, de que vale toda a
minha sabedoria? Nada disso faz sentido!".
16 Pois nem o sábio nem o tolo serão lem-
brados por muito tempo; ambos morrerão,
e logo serão esquecidos.

17 Por isso, passei a odiar minha vida,
pois tudo que é feito debaixo do sol é frus-
trante. Nada faz sentido; é como correr
atrás do vento.

A INUTILIDADE DO TRABALHO

18 Passei a odiar todo o meu árduo tra-
balho debaixo do sol, pois deixarei para
meus sucessores tudo que me esforcei
para obter. 19 E quem pode dizer se eles
serão sábios ou tolos? No entanto, terão
controle sobre tudo que consegui debaixo
do sol, com minha habilidade e meu esfor-
ço. Isso não faz o menor sentido! 20 Assim,
cheguei a me desesperar e questionei o va-
lor de todo o meu árduo trabalho debaixo
do sol.

21 Algumas pessoas trabalham com sa-
bedoria, conhecimento e habilidade, mas
terão de deixar o resultado de seu traba-
lho para alguém que não se esforçou. Isso
também não faz sentido; é uma grande
tragédia. 22 O que as pessoas ganham com
tanto esforço e ansiedade debaixo do sol?
23 Seus dias de trabalho são cheios de dor
e tristeza, e nem mesmo à noite sua mente
descansa. Nada faz sentido.

24 Por isso, concluí que a melhor coisa
a fazer é desfrutar a comida e a bebida e
encontrar satisfação no trabalho. Percebi,
então, que esses prazeres vêm da mão de
Deus. 25 Pois quem pode comer ou des-
frutar algo sem ele?[a] 26 Deus concede sa-
bedoria, conhecimento e alegria àqueles
que lhe agradam. Se, porém, um pecador
enriquece, Deus lhe toma a riqueza e a en-
trega àqueles que lhe agradam. Isso tam-
bém não faz sentido; é como correr atrás
do vento.

[a] **2.25** Conforme a Septuaginta e a versão siríaca; o hebraico traz *sem mim?*

TUDO TEM SEU TEMPO

3 Há um momento certo para tudo,
um tempo para cada atividade
debaixo do céu.
2 Há tempo de nascer, e tempo de morrer;
tempo de plantar, e tempo de colher.
3 Tempo de matar, e tempo de curar;
tempo de derrubar, e tempo de construir.
4 Tempo de chorar, e tempo de rir;
tempo de se entristecer, e
tempo de dançar.
5 Tempo de espalhar pedras,
e tempo de ajuntá-las;
tempo de abraçar, e tempo de se afastar.
6 Tempo de procurar, e tempo
de deixar de buscar;
tempo de guardar, e tempo de jogar fora.
7 Tempo de rasgar, e tempo de remendar;
tempo de calar, e tempo de falar.
8 Tempo de amar, e tempo de odiar;
tempo de guerra, e tempo de paz.

9 O que as pessoas ganham com tanto
trabalho árduo? 10 Vi o fardo que Deus pôs
sobre toda a humanidade. 11 E, no entanto,
Deus fez tudo apropriado para seu devido
tempo. Ele colocou um senso de eternida-
de no coração humano, mas mesmo assim
ninguém é capaz de entender toda a obra
de Deus, do começo ao fim. 12 Concluí, por-
tanto, que a melhor coisa a fazer é ser fe-
liz e desfrutar a vida enquanto é possível.
13 Cada um deve comer e beber e desfrutar
os frutos de seu trabalho, pois são presen-
tes de Deus.

14 E sei que tudo que Deus faz é definiti-
vo; não se pode acrescentar ou tirar nada.
O propósito de Deus é que as pessoas o te-
mam. 15 O que acontece agora já aconteceu
antes, e o que acontecerá no futuro tam-
bém já aconteceu, pois Deus faz as mes-
mas coisas acontecerem repetidamente.

AS INJUSTIÇAS DA VIDA

16 Observei também que debaixo do sol há
maldade onde deveria haver justiça. Sim,
até os tribunais são corruptos. 17 Disse a
mim mesmo: "No devido tempo, Deus jul-
gará tanto os justos como os perversos, por
tudo que fizeram".

18 Também refleti sobre a condição huma-
na, como Deus mostra às pessoas que elas

não são melhores que os animais. 19 Pois
tanto pessoas como animais têm o mesmo
destino: ambos respiram[a] e ambos mor-
rem. As pessoas não têm vantagem algu-
ma sobre os animais. Isso não faz o menor
sentido! 20 Todos vão para o mesmo lugar:
vieram do pó e a ele retornam. 21 Afinal,
quem pode afirmar que o espírito dos se-
res humanos vai para cima e o espírito dos
animais desce para a terra? 22 Vi, portanto,
que a melhor coisa a fazer é alegrar-se com
seu trabalho. É isso que nos cabe na vida.
Ninguém nos trará de volta para ver o que
acontece depois que morremos.

4 Observei, ainda, toda a opressão que
ocorre debaixo do sol. Vi as lágrimas
dos oprimidos, e ninguém para consolá-
-los. Os opressores são poderosos, e suas
vítimas, indefesas. 2 Concluí, portanto,
que os mortos são mais felizes que os
vivos. 3 Mais felizes que todos, porém,
são os que ainda não nasceram, pois não
viram o mal que se faz debaixo do sol.
4 Então observei que todo esforço e traba-
lho é motivado pela inveja que as pessoas
sentem umas das outras. Isso também não
faz sentido; é como correr atrás do vento.

5 "Os tolos cruzam os braços
e se arruínam."

6 E, no entanto,

"É melhor ter um punhado
com tranquilidade
que dois punhados com trabalho árduo
e correr atrás do vento".

AS VANTAGENS DO COMPANHEIRISMO

7 Observei outra coisa que não faz sentido
debaixo do sol. 8 É o caso do homem que
vive completamente sozinho, sem filho
nem irmão, mas que ainda assim se esfor-
ça para obter toda riqueza que puder. A cer-
ta altura, porém, ele se pergunta: "Para
quem trabalho? Por que deixo de aprovei-
tar tantos prazeres?". Nada faz sentido, e é
tudo angustiante.
9 É melhor serem dois que um, pois
um ajuda o outro a alcançar o sucesso.
10 Se um cair, o outro o ajuda a levantar-
-se. Mas quem cai sem ter quem o ajude
está em sérios apuros. 11 Da mesma forma,
duas pessoas que se deitam juntas aque-
cem uma à outra. Mas como fazer para
se aquecer sozinho? 12 Sozinha, a pessoa
corre o risco de ser atacada e vencida, mas
duas pessoas juntas podem se defender
melhor. Se houver três, melhor ainda, pois
uma corda trançada com três fios não arre-
benta facilmente.

A INUTILIDADE DO PODER POLÍTICO

13 É melhor ser um jovem pobre e sábio
que um rei velho e tolo, que não aceita
conselhos. 14 Pode acontecer de o jovem
sair da pobreza e ser bem-sucedido, e até
tornar-se rei, mesmo que tenha estado na
prisão. 15 Em pouco tempo, porém, todos
correm para o lado de outro jovem,[b] que o
sucede. 16 Multidões incontáveis o cercam,[c]
mas depois surge uma nova geração que
o rejeita. Isso também não faz sentido; é
como correr atrás do vento.

INSTRUÇÕES PARA SE APROXIMAR DE DEUS

5 1 [d] Quando você entrar na casa de Deus,
tome cuidado com o que faz e ouça com
atenção. Age mal quem apresenta ofertas a
Deus sem pensar. 2 [e] Não se precipite em
fazer promessas nem em apresentar suas
questões a Deus. Afinal, Deus está nos
céus, e você, na terra; portanto, fale pouco.
3 Do excesso de trabalho vem o sonho
agitado; do excesso de palavras vêm as
promessas do tolo.
4 Quando fizer uma promessa a Deus,
não demore a cumpri-la, pois ele não se
agrada dos tolos. Cumpra todas as promes-
sas que fizer. 5 É melhor não dizer nada
que fazer uma promessa e não cumprir.
6 Não permita que sua boca o leve a pecar.
E não se defenda dizendo ao mensageiro

[a] **3.19** Ou *ambos têm o mesmo espírito.*

[b] **4.15** Em hebraico, *do segundo jovem.*
[c] **4.16** Em hebraico, *Não há fim para todo o povo, para todos que estão diante dele.*
[d] **5.1** No texto hebraico, o versículo 5.1 é numerado 4.17.
[e] **5.2** No texto hebraico, os versículos 5.2-20 são numerados 5.1-19.

Reter o perdão fecha as portas das bênçãos e dá lugar a uma coleção de amarguras e ressentimentos.

do templo que a promessa foi um engano. Isso deixaria Deus irado, e ele poderia destruir tudo que você conquistou.

7 Sonhar demais é inútil, assim como falar muito. Em vez disso, tema a Deus.

A INUTILIDADE DAS RIQUEZAS

8 Não se surpreenda se, em toda a terra, você vir os pobres sofrendo opressão pelos poderosos, e a justiça e o direito sendo pervertidos. Cada oficial é subordinado a uma autoridade superior, e a justiça se perde em meio à burocracia. 9 Até mesmo o rei tira para si o máximo proveito da terra.[a]

10 Quem ama o dinheiro nunca terá o suficiente. Quem ama a riqueza nunca se satisfará com o que ganha. Não faz sentido viver desse modo! 11 Quanto mais você tem, mais pessoas aparecem para ajudá-lo a gastar. Portanto, de que serve a riqueza, senão para vê-la escapar por entre os dedos?

12 Quem trabalha com dedicação dorme bem, quer coma pouco, quer muito. As muitas riquezas, porém, não deixam o rico dormir.

13 Observei ainda outro grave problema debaixo do sol: o acúmulo de riquezas prejudica seu dono. 14 Se o dinheiro é colocado em investimentos arriscados e eles dão errado, perde-se tudo. No final, não sobra nada para deixar aos filhos. 15 Todos nós chegamos ao fim da vida nus e de mãos vazias, como no dia em que nascemos. Não levamos conosco o fruto de nosso trabalho.

16 Isto também é um grande mal: as pessoas vão embora deste mundo como vieram. Todo o seu esforço é inútil, como trabalhar para o vento. 17 Passam a vida sob uma nuvem escura de frustração, doença e indignação.

18 Ainda assim, observei pelo menos uma coisa positiva: é bom que as pessoas comam, bebam e desfrutem os resultados de seu trabalho debaixo do sol durante a vida curta que Deus lhes dá e aceitem a parte que lhes cabe. 19 Também é bom receber de Deus riqueza e boa saúde para aproveitá-la. Alegrar-se com seu trabalho e aceitar a parte que lhe cabe na vida são, sem dúvida, presentes de Deus. 20 Deus mantém as pessoas tão ocupadas com as alegrias da vida que não lhes sobra tempo para refletir sobre o passado.

6 Vi debaixo do sol outra grande tragédia que pesa sobre a humanidade. 2 Deus concede a alguns muita riqueza, honra e tudo que desejam, mas não lhes dá a oportunidade de usufruir disso. Eles morrem e outro acaba usufruindo de todas essas coisas! Isso também não faz sentido; é uma verdadeira desgraça.

3 Um homem pode ter cem filhos e viver muitos anos. Se, porém, não encontrar satisfação alguma na vida e não tiver nem mesmo um enterro digno, teria sido melhor que houvesse nascido morto. 4 Pois assim seu nascimento teria sido inútil, e ele teria desaparecido na escuridão. Não teria recebido sequer um nome, 5 e jamais teria visto o sol, nem saberia de sua existência. E, no entanto, teria desfrutado mais paz que se houvesse crescido e se tornado um homem infeliz. 6 Mesmo que vivesse dois mil anos, não acharia contentamento. E, visto que deve morrer como todos os outros, de que adiantaria?

7 Todos passam a vida se esforçando para ter o que comer, mas nunca parece suficiente. 8 Será, então, que o sábio tem alguma vantagem sobre o tolo? O pobre ganha algo por saber como agir diante dos outros?

9 Aproveite o que você tem em vez de desejar o que não tem. Querer cada vez mais não faz sentido; é como correr atrás do vento.

O FUTURO: DEFINIDO E DESCONHECIDO

10 Tudo já foi decidido; sabia-se há muito tempo o que cada pessoa seria. Portanto, não adianta discutir com Deus sobre nosso destino.

11 Quanto mais palavras são ditas, mais vazias elas são. Então, que diferença fazem?

12 Nesta vida breve e sem sentido, quem sabe como é melhor passar os dias? A vida é como a sombra. Quem sabe o que acontecerá debaixo do sol depois que tivermos partido?

[a] **5.8-9** Ou *Pois um oficial vigia sobre o outro, e há oficiais superiores acima destes.* [9] *A terra se beneficia de um rei que cultiva a terra.* O significado do hebraico é incerto.

SABEDORIA PARA A VIDA

7 Uma boa reputação vale
mais que perfume caro,
e o dia da morte é melhor
que o do nascimento.
2 É melhor ir a funerais que ir a festas;
afinal, todos morrem,
e é bom que os vivos se
lembrem disso.
3 A tristeza é melhor que o riso,
pois aperfeiçoa o coração.
4 O sábio pensa na morte com frequência,
enquanto o tolo só pensa
em se divertir.

5 É melhor ouvir a repreensão do sábio
que o elogio do tolo.
6 O riso do tolo some depressa,
como espinhos que estalam no fogo;
isso também não faz sentido.

7 A extorsão transforma o sábio em tolo,
e os subornos corrompem o coração.

8 Terminar algo é melhor que começar;
a paciência é melhor que o orgulho.

9 Não se ire facilmente,
pois a raiva é a marca dos tolos.

10 Não viva saudoso dos
"bons e velhos tempos";
isso não é sábio.

11 A sabedoria é ainda melhor quando
acompanhada do dinheiro;
ambos são proveitosos debaixo do sol.
12 Tanto sabedoria como
dinheiro dão proteção,
mas somente a sabedoria
preserva a vida.

13 Aceite o modo como Deus faz as coisas;
afinal, quem é capaz de endireitar
o que ele fez torto?
14 Desfrute a prosperidade
enquanto pode,
mas, quando chegarem
os tempos difíceis,
reconheça que ambos vêm de Deus;
lembre-se de que nada é
garantido nesta vida.

OS LIMITES DA SABEDORIA HUMANA

15 Vi de tudo nesta vida sem sentido, in-
cluindo justos que morrem cedo e per-
versos que têm vida longa. 16 Portanto,
não seja justo nem sábio demais! Por que
destruir a si mesmo? 17 Tampouco seja per-
verso demais. Não seja tolo; por que mor-
rer antes da hora? 18 Preste atenção a estas
instruções, pois quem teme a Deus evita os
dois extremos.[a]

19 A sabedoria torna o sábio mais pode-
roso que dez líderes de uma cidade.

20 Não há uma única pessoa na terra que
sempre faça o bem e nunca peque.

21 Não escute a conversa alheia às es-
condidas; pode ser que ouça seu servo
falar mal a seu respeito. 22 Pois você sabe
que muitas vezes você mesmo falou mal
de outros.

23 Sempre me esforcei para que a sabe-
doria guiasse meus pensamentos e ações.
Disse a mim mesmo: "Serei sábio", mas
não adiantou. 24 A sabedoria está sempre
distante e é difícil de encontrar. 25 Procurei
por toda parte, decidido a encontrar sa-
bedoria e entender a razão dos aconteci-
mentos. Resolvi provar a mim mesmo que
a perversidade é tolice, e a insensatez,
loucura.

26 Descobri que a mulher sedutora[b] é
mais amarga que a morte. Sua paixão é
um laço, e suas mãos são correntes. Quem
agrada a Deus escapará dela, mas o peca-
dor será pego em sua armadilha.

27 "Esta é a minha conclusão", diz o
Mestre. "Descobri isso depois de analisar
a questão por todos os ângulos. 28 Embora
tenha procurado repetidamente, ainda
não encontrei o que busco. Entre mil ho-
mens, somente um é sábio; mas entre as
mulheres não achei uma sequer! 29 Foi isto,
porém, que descobri: Deus criou os seres
humanos para serem justos, mas eles bus-
caram todo tipo de maldade."

8 Como é maravilhoso ser sábio,
analisar e interpretar as coisas!
A sabedoria ilumina o rosto
e abranda a dureza das feições.

---

[a] **7.18** Ou *seguirá ambas as coisas.*
[b] **7.26** Em hebraico, *uma mulher.*

OBEDIÊNCIA AO REI

2 Obedeça ao rei, como jurou a Deus que faria. 3 Não procure evitar seu dever, nem se junte aos que tramam o mal, pois o rei faz o que bem entende. 4 Suas ordens têm respaldo em seu grande poder. Ninguém pode resistir a elas nem as questionar. 5 Quem obedece às suas ordens não será castigado. Quem é sábio encontrará o tempo e o modo apropriado de fazer o que é certo, 6 pois há um tempo e um modo para tudo, mesmo em meio às dificuldades.

7 Aliás, como é possível evitar o que não se sabe que acontecerá? 8 Ninguém pode impedir o próprio espírito de partir.[a] Ninguém é capaz de evitar o dia de sua morte; não há como fugir dessa batalha. E, diante da morte, a maldade certamente não livrará o perverso.

OS PERVERSOS E OS JUSTOS

9 Pensei muito sobre tudo que acontece debaixo do sol, onde as pessoas têm poder para prejudicar umas às outras. 10 Vi perversos serem sepultados com honra; frequentavam o templo e hoje são elogiados[b] na mesma cidade em que cometeram seus crimes. Isso também não faz sentido. 11 Quando um crime não é castigado de imediato, as pessoas se veem incentivadas a fazer o mal. 12 Mas, ainda que alguém peque cem vezes e continue a viver por muito tempo, sei que aqueles que temem a Deus terminarão em situação melhor. 13 Os perversos não prosperarão, pois não temem a Deus. Seus dias, como as sombras do anoitecer, não se prolongarão.

14 Há mais uma coisa que não faz sentido em nosso mundo. Nesta vida, justos muitas vezes são tratados como se fossem perversos, e perversos, como se fossem justos. Isso não faz sentido algum!

15 Recomendo, portanto, que as pessoas aproveitem a vida, pois a melhor coisa a fazer neste mundo é comer, beber e alegrar-se. Assim, terão algo que os acompanhe em todo o árduo trabalho que Deus lhes dá debaixo do sol.

16 Enquanto procurava sabedoria e observava os fardos pesados que as pessoas carregam aqui na terra, vi que, dia e noite, sua atividade não cessa. 17 Percebi que ninguém é capaz de descobrir tudo que Deus faz debaixo do sol. Nem mesmo os mais sábios conseguem compreender tudo, embora afirmem o contrário.

A MORTE CHEGA PARA TODOS

9 Dediquei-me também a investigar isto: embora os justos e os sábios, e também suas ações, estejam nas mãos de Deus, ninguém sabe o que os aguarda, se amor ou ódio. 2 No fim, todos têm o mesmo destino, seja a pessoa justa ou perversa, boa ou má,[c] cerimonialmente pura ou impura, religiosa ou não.[d] Ocorre o mesmo à pessoa de bem e ao pecador; aquele que faz promessas a Deus é tratado como o que teme fazê-lo.

3 É uma grande tragédia que todos debaixo do sol tenham o mesmo destino. Além disso, o coração das pessoas está cheio de maldade. Elas seguem seu próprio caminho de loucura, pois não há nada adiante, senão a morte. 4 Só para os vivos há esperança. Como dizem: "Melhor ser um cão vivo que um leão morto".

5 Os vivos pelo menos sabem que vão morrer, mas os mortos nada sabem. Já não têm recompensas para receber e caem no esquecimento. 6 Amar, odiar, invejar, tudo que já fizeram ao longo da vida passou há muito tempo. Já não participam de coisa alguma que acontece debaixo do sol. 7 Portanto, coma sua comida com prazer e beba seu vinho com alegria, pois Deus se agrada disso. 8 Vista roupas elegantes e use perfume.

9 Viva alegremente com a mulher que você ama todos os dias desta vida sem sentido que Deus lhe deu debaixo do sol, pois essa é a recompensa por todos os seus esforços neste mundo. 10 Tudo que fizer, faça bem feito, pois quando descer à sepultura[e] não haverá trabalho, nem planos, nem conhecimento, nem sabedoria.

a **8.8** Ou *Ninguém pode controlar o vento.*

b **8.10** Conforme alguns manuscritos hebraicos e a Septuaginta; a maioria dos manuscritos hebraicos traz *são esquecidos.*

c **9.2a** Conforme a Septuaginta, a versão siríaca e a Vulgata; o hebraico não traz *ou má.*

d **9.2b** Em hebraico, *ofereça sacrifícios ou não.*

e **9.10** Em hebraico, *ao Sheol.*

[11] Observei outra coisa debaixo do sol.
Aquele que corre mais rápido nem sempre
ganha a corrida, e o guerreiro mais forte
nem sempre vence a batalha. Às vezes os
sábios passam fome, os sensatos não enri-
quecem, e os instruídos não alcançam su-
cesso. Tudo depende de se estar no lugar
certo na hora certa.
[12] Ninguém é capaz de prever quando vi-
rão os tempos difíceis. Como peixe na rede
ou pássaro na armadilha, as pessoas caem
em desgraça de modo repentino.

CONSIDERAÇÕES SOBRE A SABEDORIA E A INSENSATEZ

[13] Outro exemplo de sabedoria me impres-
sionou enquanto eu observava como as
coisas funcionam debaixo do sol. [14] Havia
uma cidade pequena, com poucos habi-
tantes, e um grande rei veio com seu exér-
cito e a cercou. [15] Um homem sábio, mas
muito pobre, usou sua sabedoria para sal-
var a cidade. Depois, porém, ninguém se
lembrou de lhe agradecer. [16] Por isso, pen-
sei: embora a sabedoria seja melhor que
a força, o sábio é desprezado quando é
pobre. Suas palavras logo são esquecidas.

[17] É melhor ouvir as palavras
calmas da pessoa sábia
que os gritos do rei tolo.
[18] É melhor ter sabedoria que
armas de guerra,
mas um só pecador destrói
muitas coisas boas.

10 Como moscas mortas
produzem mau cheiro até
num frasco de perfume,
assim um pouco de insensatez
estraga muita sabedoria e honra.

[2] O sábio escolhe o caminho certo,
mas o tolo toma o rumo errado.

[3] Os tolos podem ser identificados
apenas por seu modo de andar.

[4] Se uma autoridade se irar contra
você, não abandone seu posto;
o espírito calmo pode superar
até mesmo grandes erros.

AS IRONIAS DA VIDA

[5] Observei outro mal debaixo do sol.
Governantes cometem um erro grave
[6] quando dão grande autoridade aos tolos
e colocam pessoas valorosas[a] em cargos
inferiores. [7] Cheguei a ver servos andan-
do a cavalo, como príncipes, e príncipes
andando a pé, como servos!

[8] Quem cava um poço
corre o risco de cair nele.
Quem derruba um muro
corre o risco de ser mordido
por uma cobra.
[9] Quem trabalha numa pedreira
corre o risco de ser ferido
pelas pedras.
Quem corta lenha
corre perigo a cada golpe
do machado.

[10] Trabalhar com um machado sem
corte exige muito mais esforço;
portanto, afie a lâmina.
Esse é o valor da sabedoria:
ela o ajuda a ser bem-sucedido.

[11] Se a cobra morde antes
de ser encantada,
de que adianta ser encantador
de serpentes?

[12] As palavras do sábio
trazem aprovação,
mas o tolo é destruído por
aquilo que ele mesmo diz.

[13] O tolo baseia seus argumentos
em ideias insensatas,
por isso suas conclusões
são perversa loucura;
[14] mesmo assim, fala sem parar.

Ninguém sabe de fato o que acontecerá;
ninguém é capaz de prever o futuro.

[15] O tolo fica tão exausto
com seu trabalho
que nem consegue encontrar
o caminho de casa.

[a] **10.6** Ou *ricos*.

[16] Como é triste a terra governada
por uma pessoa imatura,[a]
cujas autoridades fazem
banquetes logo de manhã.
[17] Como é feliz a terra que tem
como rei um líder nobre,
cujas autoridades fazem banquetes
no momento apropriado,
para recuperarem as forças, e
não para se embebedarem.

[18] Por causa da preguiça,
o telhado enverga;
por causa do ócio, surgem
goteiras na casa.

[19] A festa proporciona riso,
o vinho proporciona alegria,
e o dinheiro proporciona isso tudo!

[20] Nunca faça pouco do rei,
nem mesmo em pensamento.
Não zombe dos poderosos,
nem mesmo em seu quarto.
Pois um passarinho poderia
contar a eles
tudo que você disse.

AS INCERTEZAS DA VIDA

11 Envie os grãos de sua
colheita mar afora,
e com o tempo isso lhe trará retorno.[b]
[2] Invista seus recursos em
vários lugares,[c]
pois desconhece os riscos adiante.

[3] Quando as nuvens estão
carregadas, vêm as chuvas;
quando a árvore cai, para o norte
ou para o sul, ali permanece.

[4] O agricultor que espera condições de
tempo perfeitas nunca semeia;
se ele fica observando cada
nuvem, não colhe.

[5] Assim como é impossível entender
o caminho do vento ou o mistério do
crescimento do bebê no ventre da mãe[d],
também é impossível entender as obras
de Deus, que faz todas as coisas.
[6] Semeie pela manhã e continue a trabalhar à tarde, pois você não sabe se o lucro
virá de uma atividade ou de outra, ou talvez de ambas.

CONSELHOS PARA JOVENS E IDOSOS

[7] A luz é doce; como é bom ver o nascer de
um novo dia.
[8] Se você chegar à velhice, desfrute cada
dia de sua vida. Lembre-se, porém, que
haverá muitos dias sombrios. Nada do que
ainda está por vir faz sentido.
[9] Jovem, alegre-se em sua juventude!
Aproveite cada momento. Faça tudo que
desejar; não perca nada! Lembre-se, porém,
que Deus lhe pedirá contas de tudo que fizer.
[10] Não se preocupe com coisa alguma
e mantenha o corpo saudável. Lembre-se,
porém, que a juventude, e a vida inteira
diante de você, não fazem sentido.

12 Não se esqueça de seu Criador nos
dias de sua juventude. Honre-o enquanto você é jovem, antes que venham os
tempos difíceis e cheguem os anos em que
você dirá: "Não tenho mais prazer em viver".
[2] Lembre-se dele antes que o sol, a
lua e as estrelas percam o brilho aos seus
olhos, e as nuvens voltem a cobrir o céu depois da chuva.
[3] Lembre-se dele antes que
suas pernas comecem a tremer, e antes que
seus ombros se encurvem. Lembre-se dele
antes que os poucos dentes que lhe restam
já não possam mastigar, e antes que seus
olhos deixem de ver com clareza.[e]
[4] Lembre-se dele antes que seus ouvidos
fiquem fracos e você já não ouça o som das
pessoas trabalhando nas ruas.[f] Hoje você
levanta com o primeiro canto dos pássaros, mas um dia não os ouvirá mais.
[5] Lembre-se dele antes que você tenha
medo de cair e se preocupe com os perigos

[a] **10.16** Ou *uma criança*, ou *um servo*.
[b] **11.1** Ou *Dê com generosidade, / pois mais adiante suas dádivas voltarão para você.*
[c] **11.2** Em hebraico, *entre sete ou mesmo oito.*
[d] **11.5** Alguns manuscritos trazem *Assim como é impossível entender como o bebê recebe o fôlego da vida no ventre da mãe.*
[e] **12.3** Em hebraico, *antes que os guardas da casa tremam, os homens fortes se encurvem, os moedores cessem porque são poucos e os que olham pela janela se escureçam.*
[f] **12.4** Em hebraico, *antes que as portas da rua se fechem e o som da moedura diminua.*

nas ruas; antes que seus cabelos fiquem
brancos como a amendoeira em flor, e você
se arraste como um gafanhoto prestes a
morrer; e antes que você perca o desejo.[a]
Lembre-se dele antes que falte pouco para
descer ao túmulo, seu lar eterno, quando
os pranteadores chorarão em seu funeral.

6 Sim, lembre-se de seu Criador agora,
enquanto você é jovem, antes que o fio de
prata da vida se rompa e antes que a taça
de ouro se quebre. Não espere até que o
cântaro se despedace junto à fonte e a rol-
dana se parta junto ao poço. 7 Pois, então,
o pó voltará à terra e o espírito voltará a
Deus, que o deu.

REFLEXÕES FINAIS A RESPEITO DO MESTRE

8 "Nada faz sentido", diz o Mestre. "Nada
faz o menor sentido."

9 O Mestre era considerado sábio e en-
sinou ao povo tudo que sabia. Com mui-
ta atenção, ouviu, examinou e organizou
muitos provérbios. 10 O Mestre se esforçou
para usar as palavras certas a fim de ex-
pressar verdades com clareza.[b]

11 As palavras do sábio são como hastes
de ferro, e a coleção de seus ditados, como
pregos bem fixados, que o pastor usa para
conduzir as ovelhas.

12 Meu filho, deixe-me dar-lhe mais
um conselho: tenha cuidado, pois escre-
ver livros não tem fim, e estudar demais
é cansativo.

13 Aqui termina meu relato. Esta é mi-
nha conclusão: tema a Deus e obedeça a
seus mandamentos, pois esse é o dever
de todos. 14 Deus nos julgará por todos os
nossos atos, incluindo o que fazemos em
segredo, seja o bem, seja o mal.

[a] **12.5** Em hebraico, *antes que a alcaparra perca o efeito.*

[b] **12.10** Ou *procurou escrever o que era correto e verdadeiro.*

Livros Poéticos

Cântico dos Cânticos

“Também chamado de Cantares”

Livro 22 com

8

CAPÍTULOS

AUTORIA

É incerta. A tradição atribui a autoria a Salomão, famoso por seus numerosos cânticos (1Rs 4.32).

OBJETIVO DO LIVRO

Celebrar o amor romântico e o casamento como dons de Deus. Muitos o enxergam como uma alegoria do amor entre Deus e seu povo.

SIGNIFICADO DO TÍTULO

A versão “Cântico dos Cânticos” significa “o mais excelente dos cânticos”, superlativo que denota a importância e a beleza singular desse poema.

CÂNTICO DOS CÂNTICOS E CRISTO

Alegoricamente, Cântico dos Cânticos antecipa o relacionamento íntimo entre Cristo e a Igreja, descrito no Novo Testamento como um casamento (Ef 5.25-27; Ap 19.7-9). O amor apaixonado e comprometido do livro reflete o amor sacrificial de Jesus (Jo 15.13).

ESTRUTURA DO LIVRO

- ★ O anseio dos amantes Ct 1
- ★ A beleza do amado e da amada Ct 2—3.5
- ★ O cortejo e a união Ct 3.6—5.1
- ★ A busca da amada Ct 5.2—6.3
- ★ A beleza da amada Ct 6.4—7.9
- ★ O desejo e a fidelidade Ct 7.10—8.4
- ★ A força do amor Ct 8.5-14

TEMAS DE CÂNTICO DOS CÂNTICOS

O livro celebra como bons, desejáveis e divinos o amor e a intimidade entre homem e mulher no casamento. Seus temas incluem amor e desejo (Ct 1.2; 2.16), beleza e atração (Ct 4.1-7), busca e encontro (Ct 3.1-4; 5.2-8) e compromisso e fidelidade (Ct 6.3; 8.6-7).

1 Este é o cântico dos cânticos de Salomão.

A AMADA[A]

² Beije-me, beije-me
mais uma vez,
pois seu amor é mais
doce que o vinho.
³ Como é agradável
seu perfume;
seu nome é como a fragrância
que se espalha.
Não é de admirar que todas
as moças o amem!
⁴ Leve-me com você; venha,
vamos depressa!
O rei me trouxe ao quarto dele.

AS MULHERES DE JERUSALÉM

Ó rei, estamos alegres e
felizes por sua causa!
Celebraremos seu amor
mais que o vinho.

A AMADA

Com razão elas o amam.

⁵ Sou morena e bela,
ó mulheres de Jerusalém;
morena como as tendas de Quedar,
bela como as cortinas de Salomão.
⁶ Não me olhem assim
porque sou morena;
o sol me escureceu a pele.
Meus irmãos se zangaram comigo
e me obrigaram a cuidar
de seus vinhedos;
de mim mesma, de minha
videira, não pude cuidar.

⁷ Diga-me, meu amor, aonde
levará seu rebanho hoje?
Onde fará suas ovelhas
descansarem ao meio-dia?
Por que eu andaria sem rumo,
como uma prostituta,[b]
entre seus amigos e os
rebanhos deles?

[a] **1.1** Os subtítulos identificam os interlocutores e não fazem parte do texto original, embora o hebraico geralmente forneça indicações por meio do gênero de quem fala.
[b] **1.7** Em hebraico, *como uma mulher com véu.*

O AMADO

⁸ Se você não sabe, mais bela
de todas as mulheres,
siga a trilha de meu rebanho
e leve seus cabritos para pastar
junto às tendas dos pastores.
⁹ Você é cativante, minha querida,
como uma égua entre os
cavalos do faraó.
¹⁰ Como são belas suas faces;
seus brincos realçam sua beleza!
Como é lindo seu pescoço,
enfeitado com um colar de joias!
¹¹ Faremos para você brincos de ouro
com enfeites de prata.

A AMADA

¹² O rei está deitado em seu sofá,
encantado com a fragrância
de meu perfume.
¹³ Meu amado é como uma
delicada bolsa de mirra
que repousa entre meus seios.
¹⁴ É como um ramo de
flores de hena
dos vinhedos de En-Gedi.

O AMADO

¹⁵ Como você é linda, minha querida,
como você é linda!
Seus olhos são como pombas.

A AMADA

¹⁶ Como você é belo, meu amor,
como você é encantador!
A grama macia é nosso leito;
¹⁷ os ramos perfumados do cedro
são as vigas de nossa casa,
e os pinheiros aromáticos,
os caibros do telhado.

A AMADA

2 Eu sou a flor que nasce na
planície de Sarom,[c]
o lírio que cresce no vale.

O AMADO

² Como um lírio entre os espinhos,
assim é minha querida
entre as moças.

[c] **2.1** Traduzido tradicionalmente como *Eu sou a rosa de Sarom*, região na planície costeira da Palestina.

A AMADA

[3] Como uma macieira entre
as árvores do bosque,
assim é meu amado
entre os rapazes.
À sua sombra agradável eu me sento
e saboreio seus deliciosos frutos.
[4] Ele me trouxe ao salão de banquetes;
seu grande amor por mim é evidente.[a]
[5] Fortaleçam-me com bolos de passas,
revigorem-me com maçãs,
pois desfaleço de amor.
[6] Seu braço esquerdo está
sob a minha cabeça,
e o direito me abraça.

[7] Prometam, ó mulheres de Jerusalém,
pelas gazelas e corças selvagens,
que não despertarão o amor
antes do tempo.[b]

[8] Ah, ouço meu amado chegando!
Ele salta sobre os montes,
pula sobre as colinas.
[9] Meu amado é como a gazela,
como o jovem cervo.
Vejam, lá está ele atrás do muro,
observando pelas janelas,
espiando por entre as grades.

[10] Meu amado me disse:
"Levante-se, minha querida!
Venha comigo, minha bela!
[11] Veja, o inverno acabou,
e as chuvas passaram.
[12] As flores estão brotando;
chegou a época das canções,[c]
e o arrulhar das pombas enche o ar.
[13] As figueiras começam
a dar frutos,
e as videiras perfumadas
florescem.
Levante-se, minha querida!
Venha comigo, minha bela!".

O AMADO

[14] Minha pomba está escondida
entre as pedras,
oculta nas fendas das rochas.
Mostre-me seu rosto
e deixe-me ouvir sua voz.
Pois sua voz é doce,
e seu rosto é lindo.

AS MULHERES DE JERUSALÉM

[15] Peguem todas as raposas,
as raposinhas,
antes que destruam o vinhedo do amor,
pois as videiras estão em flor!

A AMADA

[16] Meu amado é meu, e eu sou dele;
ele pastoreia entre os lírios.
[17] Antes que soprem as brisas
do amanhecer,
e fujam as sombras da noite,
volte para mim, meu amor, como a gazela,
como o jovem cervo nos
montes íngremes.[d]

A AMADA

3 Certa noite, na cama, ansiei
por meu amado;
ansiei por ele, mas ele não veio.
[2] Pensei: "Vou me levantar e
andar pela cidade,
vou procurá-lo em todas as ruas e praças;
sim, vou em busca de meu amado".
Procurei por toda parte, mas
não o encontrei.
[3] Os guardas me pararam
enquanto faziam a ronda,
e eu lhes perguntei: "Vocês
viram meu amado?".
[4] Pouco depois de me afastar deles,
encontrei meu amado!
Segurei-o e abracei-o com força;
levei-o à casa de minha mãe,
à cama onde fui concebida.

[5] Prometam, ó mulheres de Jerusalém,
pelas gazelas e corças selvagens,
que não despertarão o amor
antes do tempo.[e]

AS MULHERES DE JERUSALÉM

[6] O que é isso que vem
subindo do deserto,
como nuvem de fumaça?

[a] **2.4** Ou *seu estandarte de amor está sobre mim.*
[b] **2.7** Ou *enquanto não estiver pronto.*
[c] **2.12** Ou *época das podas.*
[d] **2.17** Ou *nos montes de Beter.*
[e] **3.5** Ou *enquanto não estiver pronto.*

De onde vem esse perfume
de mirra e incenso,
o aroma de todo tipo de especiaria?
7 Vejam, é a liteira de Salomão,
cercada por sessenta
homens valentes,
os melhores soldados de Israel!
8 São todos habilidosos com a espada,
guerreiros experientes.
Cada um traz sua espada,
pronto para defender o rei
dos perigos da noite.
9 A liteira do rei Salomão é feita
de madeira importada do Líbano.
10 As colunas são de prata,
a cobertura[a] é de ouro,
as almofadas são de tecido púrpura.
Foi enfeitada com carinho
pelas mulheres de Jerusalém.

A AMADA

11 Mulheres de Sião,
venham ver o rei Salomão!
Ele usa a coroa que sua mãe lhe deu
no dia em que ele se casou,
no dia mais feliz de sua vida.

O AMADO

4 Você é linda, minha querida,
como você é linda!
Seus olhos por trás do véu
são como pombas.
Seu cabelo é como um
rebanho de cabras
que desce pelas encostas de Gileade.
2 Seus dentes são brancos como ovelhas
recém-tosquiadas e lavadas.
Seu sorriso é perfeito;
cada dente tem seu par ideal.[b]
3 Seus lábios são como uma
fita vermelha;
sua boca é linda.
Suas faces por trás do véu
são rosadas como romãs.
4 Seu pescoço é belo, como
a torre de Davi,
enfeitada com escudos de
mil guerreiros valentes.
5 Seus dois seios são como
duas crias de gazela,
filhotes gêmeos que se
alimentam entre os lírios.
6 Antes que soprem as brisas
do amanhecer,
e fujam as sombras da noite,
irei ao monte de mirra
e à colina de incenso.
7 Você é inteiramente linda,
minha querida;
não há em você defeito algum!

8 Venha comigo do Líbano, minha noiva,
venha comigo do Líbano.
Desça[c] do monte Amana,
dos cumes do Senir e do Hermom,
onde os leões têm suas tocas
e os leopardos vivem nas montanhas.

9 Você conquistou meu coração,
minha amiga,[d] minha noiva.
Você o cativou com um só
olhar de relance,
com um só enfeite de seu colar.
10 Seu amor é delicioso,
minha amiga, minha noiva.
Seu amor é melhor que vinho;
seu perfume é mais agradável
que especiarias.
11 Seus lábios são doces como
néctar, minha noiva;
debaixo de sua língua
há mel e leite.
Seus vestidos são perfumados
como os cedros do Líbano.

12 Você é meu jardim particular,
minha amiga, minha noiva,
nascente fechada,
fonte escondida.
13 Seus renovos guardam um
paraíso de romãs
com especiarias raras:
hena e nardo,
14 nardo e açafrão,
cálamo perfumado e canela,
com todas as árvores de incenso,
com mirra, aloés
e todas as outras especiarias finas.

[a] **3.10** Ou *encosto*, ou *base*. O significado do hebraico é incerto.
[b] **4.2** Em hebraico, *Nenhum está faltando; / cada um tem um gêmeo.*
[c] **4.8** Ou *Olhe para baixo.*
[d] **4.9** Em hebraico, *minha irmã*; também em 4.10,12.

Tenha em mente que o maior presente que Deus pode nos dar é sua presença.

15 Você é uma fonte de jardim,
um poço de água fresca
que desce dos montes do Líbano.

A AMADA

16 Desperte, vento norte!
Levante-se, vento sul!
Soprem em meu jardim
e espalhem sua fragrância
por toda parte.
Entre em seu jardim, meu amor,
e saboreie seus melhores frutos.

O AMADO

5 Entrei em meu jardim, minha
amiga,[a] minha noiva!
Recolhi mirra com minhas especiarias,
comi meu favo com mel,
bebi meu vinho com leite.

AS MULHERES DE JERUSALÉM

Comam e bebam, amado e amada!
Sim, bebam de seu amor
quanto puderem!

A AMADA

2 Eu dormia, mas meu coração
estava desperto,
quando ouvi meu amado
bater à porta e chamar:
"Abra a porta para mim, minha
amiga, minha querida,
minha pomba, minha perfeita.
Minha cabeça está molhada de orvalho,
e meu cabelo, úmido do
sereno da noite".

3 Eu respondi:
"Já tirei a túnica;
vou ter de me vestir de novo?
Já lavei os pés;
vou ter de sujá-los?".

4 Meu amado tentou destrancar a porta,
e meu coração se agitou.
5 Levantei-me de um salto para
abrir a porta ao meu amor.
Minhas mãos destilavam perfume
e de meus dedos pingava mirra,
quando puxei o ferrolho.
6 Abri para meu amado,
mas ele já havia partido!
Meu coração quase parou de tristeza.
Procurei por ele,
mas não o encontrei.
Chamei por ele,
mas ele não respondeu.
7 Os guardas me encontraram
enquanto faziam a ronda.
Bateram-me e feriram-me,
arrancaram-me o manto,
aqueles guardas dos muros.

8 Prometam, ó mulheres
de Jerusalém:
Se encontrarem meu amado,
digam-lhe que desfaleço de amor.

AS MULHERES DE JERUSALÉM

9 Diga-nos, mulher de beleza
incomparável:
Por que seu amado é melhor
que todos os outros?
O que ele tem de tão especial
para fazermos a você
essa promessa?

A AMADA

10 Meu amado é moreno e fascinante;
ele se destaca no meio da multidão!
11 Sua cabeça é como o ouro puro,
seu cabelo ondulado,
preto como o corvo.
12 Seus olhos são como pombas
junto aos riachos,
incrustados como joias
lavadas em leite.
13 Suas faces são como jardins
de especiarias
que espalham sua fragrância.
Seus lábios são como lírios
perfumados com mirra.
14 Seus braços são como barras
redondas de ouro,
enfeitadas com berilo.
Seu ventre é como marfim polido,
que resplandece com safiras.
15 Suas pernas são como
colunas de mármore
apoiadas em bases de ouro puro.
Seu porte é majestoso,
como o dos cedros do Líbano.

---
[a] **5.1** Em hebraico, *minha irmã*; também em 5.2.

16 Sua voz é a própria doçura;
ele é desejável em todos os sentidos.
Esse, ó mulheres de Jerusalém,
é meu amado, meu amigo.

AS MULHERES DE JERUSALÉM

6 Para onde foi seu amado,
ó mulher de beleza incomparável?
Diga-nos que caminho ele tomou,
e a ajudaremos a encontrá-lo.

A AMADA

2 Meu amado desceu a seu jardim,
aos canteiros de especiarias,
para pastorear nos jardins
e para colher lírios.
3 Eu sou de meu amado, e
meu amado é meu;
ele pastoreia entre os lírios.

O AMADO

4 Você é linda, minha querida,
como a bela cidade de Tirza.
Sim, é linda como Jerusalém,
majestosa como um exército
com bandeiras ao vento.
5 Desvie de mim seus olhos,
pois eles me dominam.
Seu cabelo é como um
rebanho de cabras
que desce pelas encostas de Gileade.
6 Seus dentes são brancos como ovelhas
recém-lavadas.
Seu sorriso é perfeito;
cada dente tem seu par ideal.[a]
7 Suas faces por trás do véu
são rosadas como romãs.

8 Mesmo entre sessenta rainhas,
oitenta concubinas
e incontáveis moças,
9 eu ainda escolheria minha
pomba, minha perfeita,
a predileta de sua mãe,
muito amada por aquela
que a deu à luz.
As moças a veem e dizem
que ela é feliz;
até mesmo as rainhas e as
concubinas do rei a elogiam:

[a] **6.6** Em hebraico, *Nenhum está faltando; cada um tem um gêmeo.*

10 "Quem é essa que se levanta
como o amanhecer,
bela como a lua,
brilhante como o sol,
majestosa como um exército
com bandeiras ao vento?".

A AMADA

11 Desci ao bosque das nogueiras
e fui ao vale ver as novas plantas,
ver se as videiras tinham brotado
e se as romãs tinham florescido.
12 Antes que eu me desse conta,
meu desejo me levou à
carruagem de um nobre.[b]

AS MULHERES DE JERUSALÉM

13[c] Volte, volte para junto
de nós, sulamita!
Volte, volte para que a
vejamos outra vez!

O AMADO

Por que vocês olham para a sulamita
enquanto ela se move com tanta graça
entre duas fileiras de dançarinas?[d]

7 1[e] Como são lindos seus pés
calçados com sandálias,
moça com porte de princesa!
As curvas de seus quadris
são como joias,
trabalho de artífice habilidoso.
2 Seu umbigo tem forma perfeita,
como taça cheia de vinho
de boa mistura.
Sua cintura é como um monte de trigo
cercado de lírios.
3 Seus dois seios são como duas crias,
como filhotes gêmeos da gazela.
4 Seu pescoço é gracioso
como uma torre de marfim.
Seus olhos são como os açudes
cristalinos de Hesbom,
junto à porta de Bete-Rabim.

[b] **6.12** Ou *me levou aos carros reais de meu povo*, ou *aos carros de Aminadabe.* O significado do hebraico é incerto.
[c] **6.13a** No texto hebraico, o versículo 6.13 é numerado 7.1.
[d] **6.13b** Ou *como olhariam os movimentos de dois exércitos?*, ou *como olhariam a dança de Maanaim?* O significado do hebraico é incerto.
[e] **7.1** No texto hebraico, os versículos 7.1-13 são numerados 7.2-14.

Seu nariz é belo como a torre do Líbano,
de onde se avista Damasco.
5 Sua cabeça é majestosa como
o monte Carmelo,
e o brilho de seu cabelo
irradia nobreza;
o rei é prisioneiro de suas tranças.
6 Como você é linda!
Como você é agradável, meu amor,
e cheia de delícias!
7 É esbelta como uma palmeira,
e seus seios são como os
cachos de frutos.
8 Eu disse: "Subirei a palmeira
e me apossarei de seus frutos".
Que seus seios sejam como
cachos de uva,
e que o aroma de sua respiração
tenha o perfume das maçãs.
9 Que seus beijos sejam como
o melhor vinho.

A AMADA

Sim, vinho que escorre
para meu amado,
que flui suave por lábios e dentes.[a]
10 Eu sou de meu amado,
e ele me deseja.
11 Venha, meu amor, vamos aos campos,
passar a noite entre as
flores silvestres.[b]
12 Vamos levantar cedo para
ir aos vinhedos
ver se as videiras brotaram,
se as flores abriram
e se as romãs já estão em flor;
ali eu lhe darei meu amor.
13 Ali as mandrágoras espalham
sua fragrância,
e os melhores frutos estão
à nossa porta,
delícias novas e antigas,
que guardei para você, meu amado.

A AMADA

8 Quem dera você fosse meu irmão,
amamentado nos seios de minha mãe.
Então eu poderia beijá-lo publicamente,
e ninguém me criticaria.
2 Eu o levaria ao lar de
minha infância,
e ali você me ensinaria.[c]
Eu lhe daria de beber vinho
com especiarias,
o néctar de minhas romãs.
3 Seu braço esquerdo estaria
sob a minha cabeça,
e o direito me abraçaria.

4 Prometam, ó mulheres
de Jerusalém,
que não despertarão o amor
antes do tempo.[d]

AS MULHERES DE JERUSALÉM

5 Quem é essa que vem
subindo do deserto,
apoiada em seu amado?

A AMADA

Despertei você debaixo da macieira,
onde sua mãe o deu à luz,
onde, com muitas dores, ela
o trouxe ao mundo.
6 Coloque-me como selo
sobre seu coração,
como selo sobre seu braço.
Pois o amor é forte como a morte,
e o ciúme, exigente[e]
como a sepultura.[f]
O amor arde como fogo,
como as labaredas mais intensas.
7 As muitas águas não podem
apagar o amor,
nem os rios podem afogá-lo.
Se algum homem tentasse usar
todas as suas riquezas
para comprar o amor,
sua oferta seria por
completo desprezada.

OS IRMÃOS DA AMADA

8 Temos uma irmãzinha,
que ainda é jovem demais
para ter seios.
O que faremos por nossa irmã,
se alguém a pedir em casamento?

[a] **7.9** Conforme a Septuaginta, a versão siríaca e a Vulgata; o hebraico traz *sobre os lábios dos que dormem.*
[b] **7.11** Ou *nas vilas.*
[c] **8.2** Ou *ali ela me ensinará.*
[d] **8.4** Ou *enquanto não estiver pronto.*
[e] **8.6a** Ou *a paixão é duradoura.*
[f] **8.6b** Em hebraico, *o Sheol.*

9 Se ela for um muro,
nós a protegeremos com
uma torre de prata.
Se ela for uma porta,
nós a fecharemos com uma
tranca de cedro.

A AMADA

10 Eu sou um muro,
e meus seios são suas torres.
Quando meu amado olha para mim,
ele se agrada do que vê.

11 Salomão tem um vinhedo
em Baal-Hamom,
que ele arrenda para lavradores.
Cada um lhe paga mil peças de prata
para colher os frutos.

12 Quanto a meu vinhedo,
faço dele o que quero,
e Salomão não precisa pagar
mil peças de prata.
Darei, contudo, duzentas peças
aos que cuidam de seus frutos.

O AMADO

13 Minha querida, que mora nos jardins,
seus companheiros ouvem
atentamente sua voz;
deixe-me ouvi-la também!

A AMADA

14 Venha correndo, meu amado!
Seja como a gazela,
como o jovem cervo sobre os
montes de especiarias.

Introdução aos
Livros dos Profetas Maiores

O bloco dos Profetas Maiores, composto pelos livros de Isaías, Jeremias, Lamentações, Ezequiel e Daniel, é uma seção fundamental da Bíblia, uma vez que oferece profundas revelações sobre a natureza de Deus, a condição humana e o plano redentor divino. Esses livros, escritos por profetas significativos que serviram como porta-vozes de Deus, abrangem períodos cruciais da história de Israel e Judá, desde a ameaça de invasão pelos impérios estrangeiros até o exílio babilônico e as esperanças de restauração. Por meio de uma combinação de poesia, narrativa e visão apocalíptica, os Profetas Maiores comunicam a soberania de Deus, sua justiça e misericórdia, e apontam para a vinda do Messias.

Esses textos não se limitam a registros históricos; eles são altamente teológicos e espirituais e revelam o caráter de Deus e seu relacionamento com seu povo. A mensagem central desses livros gira em torno da santidade do Todo-Poderoso, da necessidade de arrependimento e da promessa de redenção. Os profetas foram chamados para proclamar a palavra do Senhor, denunciar a idolatria e a injustiça, e oferecer esperança em meio à desolação.

A esperança messiânica é um tema recorrente nos Profetas Maiores. Isaías, por exemplo, contém várias profecias sobre o Messias, que são cumpridas em Jesus Cristo. Ele é descrito como o "Servo Sofredor" que levará os pecados do mundo (Is 53) e como o "Príncipe da Paz" que governará com justiça (Is 9.6-7). Essas profecias não apenas apontam para o futuro, mas também fornecem um quadro teológico que molda a compreensão cristã de quem é Jesus e o que ele veio realizar.

ENSINAMENTOS PRINCIPAIS DOS PROFETAS MAIORES

1. *A santidade de Deus*: os livros que compõem o bloco dos Profetas Maiores enfatizam a santidade e a justiça do Senhor. Ele é retratado como um juiz justo que não tolera o pecado, mas também como um Pai misericordioso que oferece perdão e restauração a todo aquele que vai até ele em real arrependimento.
2. *O arrependimento e a restauração*: a chamada ao arrependimento é uma constante nesses livros. Os profetas exortam o povo a abandonar seus caminhos perversos e voltar-se para Deus, prometendo que ele será fiel em restaurar aqueles que verdadeiramente se arrependem.
3. *O julgamento divino*: o julgamento do Justo Juiz é uma resposta à persistente rebelião e injustiça do ser humano. As nações de Israel e Judá enfrentam as consequências de seus pecados,

4. mas os profetas também anunciam o julgamento das nações ímpias, mostrando com isso que o Todo-Poderoso é o soberano sobre toda a Terra, e não somente sobre aqueles que o temem.
5. *A esperança messiânica*: profecias sobre a vinda do Salvador futuro permeiam os livros que compõem o bloco dos Profetas Maiores. O Messias é retratado como aquele que trará redenção não apenas a Israel, mas a todas as nações, cumprindo o plano redentor de Deus.
6. *A soberania de Deus*: os Profetas Maiores reafirmam repetidamente que o Senhor está no controle de todas as coisas, incluindo as nações e os eventos históricos. Sua vontade é definitiva, e ele trabalha no decorrer da história para cumprir seus propósitos.

ISAÍAS

Um dos livros mais citados no Novo Testamento, Isaías é uma rica tapeçaria de julgamento e salvação. O livro se divide em duas partes principais: os capítulos 1—39, que focam a condenação e o julgamento de Judá, Israel e nações estrangeiras; e os capítulos 40—66, que oferecem mensagens de conforto e esperança, destacando a futura restauração e o advento do Messias. Isaías é conhecido por suas visões majestosas do Todo-Poderoso e pela promessa de um novo reino sob um governante que seria plenamente justo. Suas profecias messiânicas são fundamentais para a teologia cristã, uma vez que o cristianismo identifica Jesus como o cumprimento dessas antigas promessas. O Servo Sofredor (Is 52.13—53.12) é talvez a profecia mais conhecida e detalha o sofrimento e a morte de Cristo como o sacrifício expiatório por nossos pecados.

JEREMIAS

Frequentemente chamado de "profeta chorão" por causa de sua profunda empatia e seu sofrimento pelo povo de Judá, Jeremias profetizou durante um dos períodos mais tumultuados da história do povo de Israel. Suas mensagens de advertência sobre a iminente destruição de Jerusalém e o exílio babilônico, pelas mãos do monarca Nabucodonosor, foram amplamente ignoradas, levando-o a uma vida de perseguição e sofrimento. Jeremias destaca a fidelidade de Deus em meio à infidelidade do povo. Ele proclama a nova aliança que o Senhor estabelecerá com aqueles que são seus, escrita não em tábuas de pedra, mas nos corações (Jr 31.31-34). Essa nova aliança encontra seu cumprimento em Jesus Cristo, que institui um novo relacionamento entre o Criador e a humanidade.

LAMENTAÇÕES

Lamentações, cuja autoria é por muitos atribuída a Jeremias, é um livro poético que expressa a dor e o desespero após a terrível destruição de Jerusalém pelos babilônios. Por meio de uma série de cinco lamentos, o livro capta o sofrimento profundo e a devastação causados pelo pecado dos habitantes e pelo julgamento de Deus. Apesar do tom sombrio, Lamentações também oferece um raio de esperança. A fidelidade e a misericórdia do Eterno são destacadas como motivos para esperar a restauração futura: "O amor do Senhor não tem fim! Suas misericórdias são inesgotáveis" (Lm 3.22). Esse lembrete de que o Todo-Poderoso é compassivo mesmo em tempos de julgamento é um tema consolador para os cristãos.

EZEQUIEL

Profeta exilado na Babilônia, Ezequiel é conhecido por suas visões nítidas e simbólicas. Seu ministério profético começa com a visão da glória de Deus (Ez 1) e abrange a condenação de Israel, a queda de Jerusalém e a promessa de um futuro de renovação e restauração. Ezequiel enfatiza a responsabilidade pessoal e a necessidade de um novo coração e um novo espírito (Ez 36.26). Suas visões do vale de ossos secos (Ez 37) e do novo templo (Ez 40—47) apontam para a futura ressurreição e renovação espiritual que são realizadas por meio de Cristo.

DANIEL

Um dos livros mais apocalípticos da Bíblia, Daniel narra a vida desse profeta e seus amigos na corte babilônica, bem como suas visões proféticas sobre o futuro dos impérios mundiais. O texto destaca a soberania de Javé sobre os reinos humanos e a eventual vitória do reino de Deus. As narrativas de Daniel na cova dos leões (Dn 6) e da fornalha ardente (Dn 3) demonstram a fidelidade do Altíssimo com aqueles que permanecem firmes em sua fé. As visões apocalípticas de Daniel prefiguram a vitória final de Cristo sobre as forças do mal e a instauração de um reino eterno.

OS PROFETAS MAIORES E CRISTO

Os livros que compõem o bloco dos Profetas Maiores são essenciais para entender a expectativa messiânica e a realização dessa expectativa em Jesus. Suas profecias são frequentemente citadas no Novo Testamento para validar a identidade e a missão de Jesus como o Messias prometido. Em Mateus 1.23, por exemplo, a profecia de Isaías sobre o nascimento virginal do Emanuel (Is 7.14) é cumprida em Jesus. Da mesma forma, as promessas de uma nova aliança em Jeremias são realizadas na obra redentora de Cristo, que inaugura um novo relacionamento com o Criador do Universo.

CONCLUSÃO

Isaías, Jeremias, Lamentações, Ezequiel e Daniel não são apenas crônicas de tempos passados; eles são vozes atemporais que falam ao coração de cada geração. Suas mensagens de arrependimento, julgamento e esperança ressoam ainda hoje, convidando-nos a reconhecer a santidade de Deus, a buscar seu perdão e a confiar em suas promessas. Estudar os Profetas Maiores nos proporciona uma visão mais profunda do caráter de Deus e de seu plano redentor. Eles nos desafiam a viver em obediência e fé, lembrando-nos de que, independentemente das circunstâncias, Javé é soberano e sua misericórdia é eterna. Por meio desses livros, somos levados a apreciar mais profundamente a obra de Cristo e a ansiar pelo cumprimento final de todas as promessas divinas.

Profetas Maiores

Isaías

Livro 23 com

66

CAPÍTULOS

AUTORIA

Profeta Isaías, filho de Amoz, que exerceu seu ministério durante os reinados de Uzias, Jotão, Acaz e Ezequias, reis de Judá (Is 1.1). Seu ministério profético durou aproximadamente sessenta anos, de 740 a 680 a.C.

SIGNIFICADO DO TÍTULO

Isaías significa, em hebraico, "o Senhor salva".

ESTRUTURA DO LIVRO

- ★ Introdução e visão de Isaías Is 1
- ★ Chamado de Isaías e primeiras profecias Is 2—6
- ★ Acaz e a profecia do Emanuel Is 7—12
- ★ Oráculos contra as nações Is 13—23
- ★ Juízo de Deus sobre a Terra Is 24—27
- ★ Profecias sobre Judá e Israel Is 28—35
- ★ Ezequias Is 36—39
- ★ Consolo para o povo de Deus Is 40—48
- ★ O Servo Sofredor e a redenção pelo Messias Is 49—55
- ★ Salvação e o futuro glorioso de Sião Is 56—66

TEMAS DE ISAÍAS

Isaías enfatiza a santidade e soberania de Deus, demonstrando que ele é tanto juiz quanto salvador, a necessidade de arrependimento e a certeza da redenção divina para os que confiam no Senhor.

ISAÍAS E CRISTO

Isaías aponta diretamente para Cristo como o Servo Sofredor que levaria sobre si os pecados da humanidade (Is 53). Ele também profetiza sobre o nascimento virginal do Messias (Is 7.14) e sua divindade (Is 9.6-7). Isaías é fundamental para entender a obra redentora de Jesus e a esperança messiânica cumprida nele.

OBJETIVO DO LIVRO

Anunciar a salvação do Senhor e a vinda do Messias. Isaías profetiza tanto a destruição quanto a restauração de Israel, apresentando visões de julgamento e esperança. Ele também aborda temas como a santidade de Deus, o pecado de Judá e das nações e a futura glória de Jerusalém.

CURIOSIDADES

★ Isaías é frequentemente citado no Novo Testamento, com aproximadamente 66 referências diretas.

★ O capítulo 53 é considerado um dos textos messiânicos mais claros do Antigo Testamento.

★ Isaías usa o título "Santo de Israel" cerca de 25 vezes para se referir a Deus.

1 Estas são as visões de Isaías, filho de Amoz, acerca de Judá e Jerusalém. Ele teve estas visões durante os anos em que Uzias, Jotão, Acaz e Ezequias eram reis de Judá.[a]

MENSAGEM PARA O POVO REBELDE DE JUDÁ

2 Ouçam, ó céus! Preste atenção, ó terra!
Assim diz o SENHOR:
"Os filhos que criei e dos quais cuidei
se rebelaram contra mim.
3 Até mesmo o boi conhece seu dono,
e o jumento reconhece o
cuidado de seu senhor,
mas Israel não conhece seu Senhor;
meu povo não reconhece
meu cuidado por ele".
4 Ah, como é pecadora esta nação,
sobrecarregada pelo peso da culpa!
São um povo perverso,
filhos corruptos que
rejeitaram o SENHOR.
Desprezaram o Santo de Israel
e deram as costas para ele.

5 Por que continuam a atrair
castigo sobre si?
Vão se rebelar para sempre?
Sua cabeça está ferida,
seu coração está enfermo.
6 Estão machucados da cabeça aos pés,
cheios de contusões, vergões
e feridas abertas,
e não há ataduras nem
óleo para dar alívio.
7 Sua terra está em ruínas,
suas cidades foram queimadas.
Estrangeiros saqueiam seus
campos diante de vocês
e destroem tudo que veem pela frente.
8 A bela Sião[b] está abandonada,
como o abrigo do vigia no vinhedo,
como a cabana numa
plantação de pepinos,
como a cidade que foi sitiada.
9 Se o SENHOR dos Exércitos
não houvesse poupado
alguns de nós,[c]
teríamos sido exterminados
como Sodoma
e destruídos como Gomorra.

10 Ouçam a palavra do SENHOR,
líderes de "Sodoma"!
Prestem atenção à lei de nosso
Deus, povo de "Gomorra"!
11 "O que os faz pensar que desejo
seus muitos sacrifícios?",
diz o SENHOR.
"Estou farto de holocaustos de carneiros
e da gordura de novilhos gordos.
Não tenho prazer no sangue de touros,
de cordeiros e de bodes.
12 Quem lhes pediu que fizessem
esse alvoroço por meus pátios
quando vêm me adorar?
13 Parem de trazer ofertas inúteis;
o incenso que oferecem
me dá náusea!
Suas festas de lua nova, seus sábados
e seus dias especiais de jejum
são pecaminosos e falsos;
não aguento mais suas
reuniões solenes!
14 Odeio suas festas de lua nova
e celebrações anuais;
são um peso para mim,
não as suporto!
15 Não olharei para vocês quando
levantarem as mãos para orar;
ainda que ofereçam muitas
orações, não os ouvirei,
pois suas mãos estão
cobertas de sangue.
16 Lavem-se e limpem-se!
Removam seus pecados
de minha vista
e parem de fazer o mal.
17 Aprendam a fazer o bem
e busquem a justiça.
Ajudem os oprimidos,
defendam a causa dos órfãos,
lutem pelos direitos das viúvas.

18 "Venham, vamos resolver
este assunto",
diz o SENHOR.
"Embora seus pecados sejam
como o escarlate,
eu os tornarei brancos como a neve;

[a] **1.1** Os reis citados governaram entre 792 e 686 a.C.
[b] **1.8** Em hebraico, *A filha de Sião*.
[c] **1.9** A Septuaginta traz *alguns de nossos filhos*. Comparar com Rm 9.29.

embora sejam vermelhos
como o carmesim,
eu os tornarei brancos como a lã.
19 Se estiverem dispostos
a me obedecer,
terão comida com fartura.
20 Se, porém, se desviarem e
se recusarem a ouvir,
serão devorados pela espada.
Eu, o Senhor, falei!"

JERUSALÉM, CIDADE INFIEL

21 Vejam como a cidade antes tão fiel
tornou-se uma prostituta.
Antes era o centro da justiça
e da retidão,
agora está cheia de assassinos.
22 Antes era como prata,
agora se tornou coisa desprezível.
Antes era pura,
agora é como vinho
misturado com água.
23 Seus líderes são rebeldes,
companheiros de ladrões.
Todos eles amam subornos
e exigem propinas,
mas não defendem a causa
dos órfãos
nem se preocupam com os
direitos das viúvas.

24 Por isso o Soberano
Senhor dos Exércitos,
o Poderoso de Israel, diz:
"Eu me vingarei de meus inimigos;
darei a meus adversários o
que eles merecem!
25 Levantarei o punho contra você;
o derreterei e separarei o
que é descartável
e removerei todas as
suas impurezas.
26 Eu lhe darei bons juízes e
conselheiros sábios,
como tinha no passado.
Então você voltará a ser chamada
de Centro da Justiça
e Cidade Fiel".

27 Sião será redimida pela justiça,
e os que se arrependerem serão
restaurados pela retidão.
28 Mas os rebeldes e os pecadores
serão destruídos,
e serão consumidos os que
abandonarem o Senhor.

29 Vocês se envergonharão
de sua idolatria
em bosques de carvalhos.
Ficarão desconcertados de
terem adorado
em jardins dedicados a ídolos.
30 Serão como uma grande árvore
com folhas murchas,
como um jardim sem água.
31 Os mais fortes em seu meio
desaparecerão como palha;
seus atos perversos serão a
faísca que a incendeia.
Queimarão junto com suas obras,
e ninguém conseguirá apagar o fogo.

O REINADO FUTURO DO SENHOR

2 Esta é uma visão que Isaías, filho de
Amoz, teve acerca de Judá e Jerusalém:

2 Nos últimos dias, o monte
da casa do Senhor
será o mais alto de todos.
Será elevado acima de todos
os outros montes,
e povos de todo o mundo
irão até lá para adorar.
3 Gente de muitas nações virá e dirá:
"Venham, vamos subir ao
monte do Senhor,
à casa do Deus de Jacó.
Ali ele nos ensinará seus caminhos,
e neles andaremos".
Pois a lei do Senhor sairá de Sião;
sua palavra virá de Jerusalém.
4 O Senhor será mediador entre os povos
e resolverá os conflitos das nações.
Os povos transformarão suas
espadas em arados
e suas lanças em podadeiras.
As nações deixarão de lutar entre si
e já não treinarão para a guerra.

ADVERTÊNCIA SOBRE O JULGAMENTO

5 Venham, descendentes de Jacó,
vamos andar na luz do Senhor!

Não tente pegar atalhos, porque, quando você se render ao processo divino, o Senhor romperá os cativeiros da sua alma.

6 Pois tu, SENHOR, rejeitaste teu povo,
os descendentes de Jacó,
porque encheram a terra com
práticas do oriente e feiticeiros,
como é costume dos filisteus;
sim, fizeram acordos com
nações estrangeiras.
7 Israel está cheia de prata e ouro;
seus tesouros são incontáveis.
Sua terra está cheia de
cavalos de guerra;
seus carros de combate não têm fim.
8 Sua terra está cheia de ídolos;
o povo adora objetos que fez
com as próprias mãos.
9 Por isso, agora serão humilhados,
e todos serão rebaixados;
não os perdoes!
10 Escondam-se em cavernas
no meio das rochas,
escondam-se no pó,
para escaparem do terror do SENHOR
e da glória de sua majestade.
11 O orgulho humano será rebaixado,
a arrogância humana será humilhada.
Somente o SENHOR será exaltado
naquele dia de julgamento.

12 Pois o SENHOR dos Exércitos
tem um dia de acerto de contas.
Ele castigará os orgulhosos
e os poderosos
e derrubará tudo que se exalta.
13 Cortará os cedros
imponentes do Líbano
e os grandes carvalhos de Basã.
14 Arrasará os montes altos
e as colinas elevadas.
15 Derrubará as torres altas
e os muros fortificados.
16 Afundará os grandes
navios mercantes[a]
e todas as magníficas embarcações.
17 O orgulho humano será humilhado,
a arrogância humana será rebaixada.
Somente o SENHOR será exaltado
naquele dia de julgamento.

18 Os ídolos desaparecerão
por completo.

19 Quando o SENHOR se levantar
para sacudir a terra,
seus inimigos rastejarão para
dentro de buracos no chão.
Em cavernas no meio das rochas,
se esconderão do terror do SENHOR
e da glória de sua majestade.
20 Naquele dia, abandonarão os
ídolos de ouro e prata
que eles próprios fizeram para adorar.
Deixarão seus deuses para
roedores e morcegos,
21 enquanto rastejam para
dentro de cavernas
e se escondem entre as rochas
dos desfiladeiros.
Tentarão escapar do terror do SENHOR
e da glória de sua majestade
quando ele se levantar
para sacudir a terra.
22 Não ponham sua confiança
em simples mortais;
são frágeis como um sopro.
Que valor eles têm?

JULGAMENTO CONTRA JUDÁ

3 O Soberano SENHOR dos Exércitos,
tirará de Jerusalém e de Judá
tudo aquilo de que dependem:
cada pedaço de pão,
cada gota de água,
2 todos os seus heróis e soldados,
juízes e profetas,
adivinhos e autoridades,
3 oficiais do exército e
altos funcionários,
conselheiros, magos e astrólogos.

4 Nomearei meninos como seus líderes,
crianças pequenas para governá-los.
5 As pessoas oprimirão umas às outras:
homem contra homem,
vizinho contra vizinho.
Os jovens insultarão os idosos,
e os canalhas desprezarão
os honrados.

6 Naquele dia, um homem
dirá a seu irmão:
"Você tem roupas; seja nosso líder!
Assuma o governo deste
monte de ruínas".

[a] **2.16** Em hebraico, *todos os navios de Társis.*

[7] Mas ele responderá:
"Não posso ajudar!
Não tenho roupa nem
comida sobrando;
não me escolham como líder".
[8] Jerusalém tropeçará, e Judá cairá,
pois falam contra o SENHOR e não
querem lhe obedecer;
rebelam-se abertamente
contra sua glória.
[9] A expressão do rosto os denuncia;
exibem seu pecado como
o povo de Sodoma,
nem sequer procuram escondê-lo.
Estão perdidos!
Trouxeram desgraça sobre si mesmos.

[10] Digam aos justos que
tudo lhes irá bem;
desfrutarão a recompensa
de seus esforços.
[11] Os perversos, porém, estão perdidos,
pois receberão exatamente
o que merecem.

[12] Líderes imaturos oprimem meu povo,
mulheres o governam.
Ó meu povo, seus líderes o enganam
e o conduzem pelo caminho errado.

[13] O SENHOR toma seu lugar no tribunal
e apresenta sua causa contra seu povo.[a]
[14] O SENHOR se apresenta para
pronunciar julgamento
sobre as autoridades do povo
e seus governantes:
"Vocês acabaram com Israel,
meu vinhedo;
o que roubaram dos pobres
agora enche suas casas.
[15] Como ousam esmagar meu povo
e esfregar o rosto dos pobres no pó?".
Quem exige uma resposta é o
Soberano SENHOR dos Exércitos.

ADVERTÊNCIA A JERUSALÉM

[16] O SENHOR diz: "A bela Sião[b] é arrogante;
estica seu pescoço elegante
e lança olhares atrevidos,
caminhando com passos curtos,
fazendo tinir os enfeites
de seus tornozelos.
[17] Por isso, o Senhor fará surgir
crostas em sua cabeça;
o SENHOR deixará calva a bela Sião".

[18] Naquele dia, o Senhor removerá
tudo que a embeleza:
os enfeites, as tiaras, os colares
em forma de meia-lua,
[19] os brincos, as pulseiras e os véus;
[20] os lenços, os enfeites para
o tornozelo, os cintos,
os perfumes e os amuletos;
[21] os anéis, as joias do nariz,
[22] as roupas de festa, os vestidos,
os mantos e as bolsas;
[23] os espelhos, as roupas de linho fino,
os adornos para a cabeça e os xales.

[24] Em vez de exalar perfume
agradável, ela terá mau cheiro;
usará cordas como cinto e perderá
todo o seu lindo cabelo.
Vestirá pano de saco em vez
de roupas finas,
e a vergonha tomará o
lugar de sua beleza.[c]
[25] Os homens da cidade serão
mortos à espada,
e seus guerreiros morrerão na batalha.
[26] Os portões de Sião chorarão
e se lamentarão;
a cidade será como uma
mulher devastada,
encolhida no chão.

4 Naquele dia, restarão tão poucos homens que sete mulheres brigarão por um só e dirão: "Deixe que todas nós nos casemos com você! Providenciaremos nossa comida e nossas roupas. Só queremos seu sobrenome, para que não zombem de nós!".

PROMESSA DE RESTAURAÇÃO

[2] Naquele dia, porém, o renovo[d] do SENHOR
será belo e glorioso;

[a] **3.13** Conforme a Septuaginta e a versão siríaca; o hebraico traz *contra os povos*.
[b] **3.16** Ou *As mulheres de Sião* (com mudanças correspondentes à forma plural até o v. 24); o hebraico traz *As filhas de Sião*; também em 3.17.
[c] **3.24** Conforme os manuscritos do mar Morto; o Texto Massorético traz *roupas finas / porque em lugar de beleza*.
[d] **4.2** Ou *o Renovo*.

o fruto da terra será o orgulho
e o esplendor
de todos que sobreviverem em Israel.
[3] Todos que restarem em Sião
serão um povo santo,
aqueles que permanecerem
em Jerusalém,
que estiverem registrados
entre os vivos.
[4] O Senhor lavará a imundície
da bela Sião;[a]
removerá de Jerusalém as
manchas de sangue
com o quente sopro de
julgamento abrasador.
[5] Então o SENHOR proverá sombra
para o monte Sião,
e todos se reunirão ali.
Durante o dia, proverá uma
camada de nuvem
e, à noite, de fumaça e fogo ardente,
que cobrirá a terra gloriosa.
[6] Será abrigo contra o calor do dia
e esconderijo contra
tempestades e chuvas.

CÂNTICO SOBRE O VINHEDO DO SENHOR

5 Agora, cantarei a meu amado
uma canção sobre seu vinhedo:
Meu amado tinha um vinhedo
numa colina muito fértil.
[2] Ele arou a terra, tirou as pedras
e plantou as melhores videiras.
No meio do vinhedo, construiu
uma torre de vigia
e, junto às rochas, fez um
tanque de prensar.
Então esperou pela colheita
de uvas doces,
mas o vinhedo só produziu
uvas amargas.

[3] Agora, habitantes de Jerusalém e Judá,
julguem entre mim e meu vinhedo.
[4] O que mais poderia ter feito
por meu vinhedo
que já não fiz?
Por que, quando esperava uvas doces,
ele produziu uvas amargas?
[5] Agora lhes digo
o que farei com meu vinhedo:
Removerei suas cercas
e deixarei que seja destruído.
Derrubarei seus muros
e deixarei que seja pisoteado.
[6] Farei dele um lugar desolado,
onde as videiras não são podadas
e a terra não é capinada,
um lugar cheio de espinhos e mato.
Darei ordem às nuvens
para que não derramem chuva sobre ele.

[7] A nação de Israel é o vinhedo
do SENHOR dos Exércitos,
o povo de Judá é seu jardim agradável.
Ele esperava colher justiça,
mas encontrou opressão.
Esperava colher retidão,
mas ouviu gritos de angústia.

A CULPA E O JULGAMENTO DE JUDÁ

[8] Que aflição espera vocês
que compram casas e mais casas,
campos e mais campos,
até não haver lugar para outros
e vocês se tornarem os
únicos donos da terra!
[9] Mas eu ouvi o SENHOR dos Exércitos
fazer um juramento solene:
"Muitas casas ficarão desertas;
até as belas mansões ficarão vazias.
[10] Um vinhedo de dez jeiras[b] não
produzirá vinte litros[c] de vinho;
dez cestos grandes[d] de sementes só
produzirão um cesto[e] de cereais".

[11] Que aflição espera os que se
levantam cedo pela manhã,
para começar a beber,
e passam a noite tomando vinho,
para ficar embriagados.
[12] Em suas festas sempre há
vinho e belas músicas,
de lira e harpa, tamborim e flauta,
mas nunca pensam no SENHOR,
não se dão conta do que ele faz.

[a] **4.4** Ou *das mulheres de Sião*; o hebraico traz *das filhas de Sião*.

[b] **5.10a** O equivalente à terra arada por dez juntas de bois em um dia.
[c] **5.10b** Em hebraico, *1 bato*, cerca de 21 litros.
[d] **5.10c** Em hebraico, *1 ômer*, cerca de 220 litros.
[e] **5.10d** Em hebraico, *1 efa*, cerca de 20 litros.

13 Por isso meu povo irá para o
exílio num lugar distante,
pois não me conhece.
Os nobres morrerão de fome,
e a multidão morrerá de sede.
14 A sepultura[a] saliva de ansiedade,
com a boca bem aberta.
Os mais importantes e os mais simples
e toda a multidão embriagada
serão devorados.
15 A humanidade será abatida,
o povo será rebaixado;
até os arrogantes baixarão o
olhar em humilhação.
16 O Senhor dos Exércitos, porém,
será exaltado em sua justiça;
a santidade de Deus será
demonstrada em sua retidão.
17 Naquele dia, os cordeiros
encontrarão bons pastos;
as ovelhas gordas e os cabritos[b]
comerão entre as ruínas.

18 Que aflição espera os que
arrastam sua perversidade
com cordas feitas de mentiras,
que arrastam atrás de si o pecado
como quem puxa uma carroça!
19 Zombam de Deus e dizem:
"Anda logo! Toma uma providência!
Queremos ver o que és capaz de fazer.
Que o Santo de Israel realize seu plano,
pois queremos saber o que é".

20 Que aflição espera os que chamam
o mal de bem e o bem de mal,
a escuridão de luz e a luz de escuridão,
o amargo de doce e o
doce de amargo!
21 Que aflição espera os que são
sábios aos próprios olhos
e pensam ter entendimento!
22 Que aflição espera os que são
heróis em tomar vinho
e se gabam de quanta bebida
conseguem ingerir!
23 Aceitam subornos para deixar
o perverso em liberdade
e negam justiça ao inocente.

[a] **5.14** Em hebraico, *O Sheol*.
[b] **5.17** Conforme a Septuaginta; o hebraico traz *e os estrangeiros*.

24 Portanto, assim como o
fogo consome a palha
e o capim seco se desfaz
com a chama,
suas raízes apodrecerão
e suas flores murcharão.
Pois rejeitaram a lei do
Senhor dos Exércitos,
desprezaram a palavra do
Santo de Israel.
25 Por isso a ira do Senhor se
acende contra seu povo,
por isso ele levantou sua
mão para esmagá-los.
Os montes estremecem,
e os cadáveres do povo estão
espalhados pelas
ruas como lixo.
Mesmo assim, a ira do Senhor
não se satisfará;
sua mão ainda está levantada
para castigar.

26 Ele enviará um sinal a
nações distantes,
assobiará para os que estão
nos confins da terra;
eles virão correndo.
27 Não se cansarão nem tropeçarão;
ninguém descansará nem dormirá.
Nenhum cinto estará solto,
nenhuma correia de sandália
se arrebentará.
28 Suas flechas estarão afiadas,
seus arcos, prontos
para a batalha.
Os cascos de seus cavalos
soltarão faíscas,
as rodas de seus carros girarão
como um turbilhão.
29 Rugirão como leões,
como os leões mais fortes.
Rosnarão e se lançarão sobre suas
vítimas, e as levarão embora;
ninguém poderá livrá-las.
30 Naquele dia, rugirão
sobre suas vítimas
como ruge o mar.
Se alguém olhar por toda a terra,
só verá trevas e aflição;
até a luz será obscurecida
pelas nuvens.

A PURIFICAÇÃO E O CHAMADO DE ISAÍAS

6 No ano em que o rei Uzias morreu,[a] eu vi o Senhor. Ele estava sentado em um trono alto, e a borda de seu manto enchia o templo. 2 Acima dele havia serafins, cada um com seis asas: com duas asas cobriam o rosto, com duas cobriam os pés e com duas voavam. 3 Diziam em alta voz uns aos outros:

"Santo, santo, santo é o
Senhor dos Exércitos;
toda a terra está cheia de sua glória!"

4 Suas vozes sacudiam o templo até os alicerces, e todo o edifício estava cheio de fumaça.

5 Então eu disse: "Estou perdido! É o meu fim, pois sou um homem de lábios impuros e vivo no meio de pessoas de lábios impuros. Meus olhos, porém, viram o Rei, o Senhor dos Exércitos!".

6 Então um dos serafins voou em minha direção, trazendo uma brasa ardente que ele havia tirado do altar com uma tenaz. 7 Tocou meus lábios com a brasa e disse: "Veja, esta brasa tocou seus lábios. Sua culpa foi removida, e seus pecados foram perdoados".

8 Então ouvi o Senhor perguntar: "Quem enviarei como mensageiro a este povo? Quem irá por nós?".

E eu respondi: "Aqui estou; envia-me".

9 Ele disse: "Vá e diga a este povo:

'Ouçam com atenção, mas
não entendam;
observem bem, mas não aprendam'.
10 Endureça o coração deste povo;
tape os ouvidos e feche os olhos deles.
Assim, não verão com os olhos,
nem ouvirão com os ouvidos,
não entenderão com o coração,
nem se voltarão para mim a
fim de serem curados".[b]

11 Então eu disse: "Senhor, até quando
isso vai durar?", e ele respondeu:

"Até que as cidades fiquem vazias,
e as casas, abandonadas,
e toda a terra seja devastada;
12 até que o Senhor tenha
mandado todos embora,
e toda a terra de Israel esteja deserta.
13 Se ainda sobreviver uma décima
parte, um remanescente,
ela será invadida outra
vez e queimada.
Mas, assim como o terebinto
e o carvalho deixam um
toco quando cortados,
o toco de Israel será uma
semente santa".

MENSAGEM PARA ACAZ

7 Quando Acaz, filho de Jotão e neto de Uzias, era rei de Judá, Rezim, rei da Síria,[c] e Peca, filho de Remalias, rei de Israel, saíram para atacar Jerusalém. Contudo, não conseguiram executar seu plano.

2 Havia chegado à corte de Judá a seguinte notícia: "A Síria se aliou com Israel[d] contra nós!". O coração do rei e de seu povo estremeceu de medo, como árvores se agitam numa tempestade.

3 Então o Senhor disse a Isaías: "Pegue seu filho, Sear-Jasube,[e] e vá encontrar-se com o rei Acaz. Ele estará no final do aqueduto que abastece o tanque superior, perto do caminho para o campo onde se lava[f] roupa. 4 Diga a Acaz que pare de se preocupar e que não precisa ter medo da ira ardente daquelas duas brasas apagadas, Rezim, rei da Síria, e Peca, filho de Remalias. 5 É verdade que os reis da Síria e de Israel tramam contra ele e dizem: 6 'Atacaremos Judá e a conquistaremos; então colocaremos o filho de Tabeal para reinar sobre Judá'. 7 Mas assim diz o Senhor Soberano:

[a] **6.1** Isto é, no ano 740 a.C.

[b] **6.9-10** A Septuaginta traz *Ele disse: "Vá e diga a este povo: / 'Quando ouvirem o que digo, não entenderão. / Quando virem o que faço, não compreenderão'. / Pois o coração deste povo está endurecido; / ouvem com dificuldade, e têm os olhos fechados, / de modo que seus olhos não veem, / e seus ouvidos não ouvem, / e seu coração não entende, / e não se voltam para mim, nem permitem que eu os cure"*. Comparar com Mt 13.14-15; Mc 4.12; Lc 8.10; At 28.26-27.

[c] **7.1** Em hebraico, *Arã*; também em 7.2,4,5,8.

[d] **7.2** Em hebraico, *Efraim*, referência a Israel, o reino do norte; também em 7.5,8,9,17.

[e] **7.3a** *Sear-Jasube* significa "um remanescente voltará".

[f] **7.3b** Ou *branqueia*.

"Essa invasão não acontecerá;
jamais ocorrerá,
8 pois a Síria não é mais forte
que sua capital, Damasco,
e Damasco não é mais forte
que seu rei, Rezim.
Quanto a Israel, em sessenta
e cinco anos,
será esmagada e
completamente destruída.
9 Israel não é mais forte que
sua capital, Samaria,
e Samaria não é mais forte que seu
rei, Peca, filho de Remalias.
Se vocês não crerem com firmeza,
não permanecerão firmes".

O SINAL DE EMANUEL

10 Depois, o SENHOR enviou esta mensagem
ao rei Acaz: 11 "Peça ao SENHOR, seu Deus,
um sinal de confirmação. Pode ser algo di-
fícil, alto como os céus ou profundo como
o lugar dos mortos".[a]
12 O rei Acaz, porém, respondeu: "Não po-
rei o SENHOR à prova desse modo".
13 Então o profeta disse: "Ouçam bem,
descendentes de Davi! Não basta esgota-
rem a paciência das pessoas? Agora tam-
bém querem esgotar a paciência de meu
Deus? 14 Por isso, o Senhor mesmo lhes
dará um sinal. Vejam! A virgem[b] ficará
grávida! Ela dará à luz um filho e o cha-
mará de Emanuel.[c] 15 Quando essa crian-
ça tiver idade suficiente para escolher o
bem e rejeitar o mal, comerá coalhada[d] e
mel. 16 Pois, antes de a criança chegar a es-
sa idade, as terras dos dois reis que vocês
tanto temem ficarão desertas.
17 "Então o SENHOR trará sobre vocês, sua
nação e sua família, coisas como nunca
houve desde que Israel se separou de Ju-
dá; trará contra vocês o rei da Assíria!".
18 Naquele dia, o SENHOR assobiará pa-
ra chamar o exército do sul do Egito e o
exército da Assíria, e eles os cercarão co-
mo enxames de moscas e abelhas. 19 Virão
em grandes multidões e ocuparão as re-
giões férteis e também os vales desolados,
as cavernas e os lugares tomados de es-
pinhos. 20 Naquele dia, o Senhor alugará
uma "navalha" que virá de além do rio Eu-
frates[e] — o rei da Assíria — e a usará pa-
ra raspar tudo: sua terra, suas plantações
e seu povo.[f]
21 Naquele dia, o camponês terá sorte se
lhe sobrarem uma vaca e duas ovelhas.
22 Ainda assim, haverá leite suficiente pa-
ra todos, pois restarão poucas pessoas na
terra. Comerão coalhada e mel até fica-
rem satisfeitos. 23 Naquele dia, os vinhe-
dos prósperos, que hoje valem mil peças[g]
de prata, se tornarão terrenos cheios de
espinhos e mato. 24 Toda a terra ficará co-
berta de espinhos e mato, e será uma re-
gião de caça cheia de animais selvagens.
25 Ninguém irá às encostas férteis das co-
linas, onde antes cresciam jardins, pois es-
tarão tomadas de espinhos e mato. Ali bois
e ovelhas pastarão.

A FUTURA INVASÃO ASSÍRIA

8 Então o SENHOR me disse: "Faça uma
grande placa e escreva de modo bem
claro o seguinte nome: Maher-Shalal-
-Hash-Baz".[h] 2 Pedi ao sacerdote Urias e
a Zacarias, filho de Jeberequias, dois ho-
mens conhecidos por sua honestidade,
que fossem testemunhas do que fiz.
3 Então deitei-me com minha esposa,
e ela ficou grávida e deu à luz um filho.
E o SENHOR disse: "Dê-lhe o nome Maher-
-Shalal-Hash-Baz. 4 Pois, antes que esse
menino tenha idade suficiente para dizer
'papai' ou 'mamãe', o rei da Assíria levará
embora os bens de Damasco e as riquezas
de Samaria".
5 Mais uma vez, o SENHOR falou comigo e
disse: 6 "Meu cuidado pelo povo de Judá é
como as águas de Siloé, que fluem suave-
mente. Contudo, eles me rejeitaram e ago-
ra se alegram com o que acontecerá aos[i]
reis Rezim e Peca.[j] 7 Portanto, o Senhor fa-
rá vir sobre eles uma grande inundação

[a] **7.11** Em hebraico, *como o Sheol*.
[b] **7.14a** Ou *a jovem*.
[c] **7.14b** *Emanuel* significa "Deus conosco".
[d] **7.15** Ou *iogurte*; também em 7.22.

[e] **7.20a** Em hebraico, *do rio*.
[f] **7.20b** Em hebraico, *para raspar a cabeça, os pelos das pernas e a barba*.
[g] **7.23** Em hebraico, *mil [siclos]*, cerca de 12 quilos.
[h] **8.1** *Maher-Shalal-Hash-Baz* significa "Veloz para saquear e rápido para levar embora".
[i] **8.6a** Ou *agora se alegram por causa dos*.
[j] **8.6b** Em hebraico, *a Rezim e ao filho de Remalias*.

do rio Eufrates:[a] o rei da Assíria com toda
a sua glória. A inundação fará transbordar
todos os seus canais [8] e cobrirá Judá até o
pescoço. Abrirá as asas e submergirá sua
terra de um extremo ao outro, ó Emanuel.

[9] "Reúnam-se, nações,
e fiquem aterrorizadas;
prestem atenção, todas
as terras distantes.
Preparem-se para a batalha,
mas serão destruídas;
sim, preparem-se para a batalha,
mas serão destruídas.
[10] Convoquem conselhos de guerra,
mas de nada adiantará;
desenvolvam estratégias,
mas não terão sucesso.
Pois Deus está conosco!"[b]

CHAMADO PARA CONFIAR NO SENHOR

[11] O Senhor me advertiu firmemente de
que não pensasse como todos os outros.
Disse ele:

[12] "Não chame tudo de conspiração,
como eles fazem;
não viva com medo do
que eles temem.
[13] Considere o Senhor dos Exércitos
santo em sua vida;
é a ele que você deve temer.
Ele é quem deve fazê-lo estremecer;
[14] ele o manterá seguro.
Mas, para Israel e Judá,
ele será pedra de tropeço,
rocha que os faz cair.
Para o povo de Jerusalém,
será armadilha e laço.
[15] Muitos tropeçarão e cairão
e nunca mais se levantarão;
serão presos no laço e capturados".

[16] Preserve os ensinamentos de Deus;
confie a lei àqueles que me seguem.
[17] Esperarei pelo Senhor,
que se afastou dos
descendentes de Jacó;
porei nele minha esperança.

[a] **8.7** Em hebraico, *do rio*.
[b] **8.10** Em hebraico, *Emanuel!*

[18] Eu e os filhos que o Senhor me deu ser-
viremos de sinal e advertência para Israel
da parte do Senhor dos Exércitos, que habi-
ta no monte Sião.
[19] Talvez alguém lhes diga: "Vamos per-
guntar aos médiuns e aos que consultam
os espíritos dos mortos. Com sussurros
e murmúrios eles nos dirão o que fazer".
Mas será que o povo não deve pedir orien-
tação a Deus? Será que os vivos devem
buscar a orientação de mortos?
[20] Consultem a lei e os ensinamentos de
Deus! Aqueles que contradizem sua pala-
vra jamais verão a luz. [21] Andam sem ru-
mo, cansados e famintos. E, por causa da
fome, amaldiçoam seu rei e seu Deus.
Olharão para o céu, [22] depois olharão para
a terra, mas para onde voltarem os olhos
só haverá problemas, angústia e sombrio
desespero. Serão lançados nas trevas.

ESPERANÇA NO MESSIAS

9 [1c] Esse tempo de escuridão e desespe-
ro, no entanto, não durará para sem-
pre. A terra de Zebulom e de Naftali será
humilhada, mas no futuro a Galileia dos
gentios, localizada junto à estrada entre o
Jordão e o mar, se encherá de glória.

[2d] O povo que anda na escuridão
verá grande luz.
Para os que vivem na terra de trevas
profundas,[e] uma luz brilhará.
[3] Tu multiplicarás a nação de Israel,
e seu povo se alegrará.
Eles se alegrarão diante de ti
como os camponeses se
alegram na colheita,
como os guerreiros ao
repartir os despojos.
[4] Pois tu quebrarás o jugo de
escravidão que os oprimia
e levantarás o fardo que lhes
pesava sobre os ombros.
Quebrarás a vara do opressor,
como fizeste ao destruir o
exército de Midiã.

[c] **9.1** No texto hebraico, o versículo 9.1 é numerado 8.23.
[d] **9.2a** No texto hebraico, os versículos 9.2-21 são numerados 9.1-20.
[e] **9.2b** A Septuaginta traz *numa terra onde a morte lança sua sombra*. Comparar com Mt 4.16.

5 As botas dos guerreiros
e os uniformes manchados de sangue
das batalhas serão queimados;
servirão de lenha para o fogo.

6 Pois um menino nos nasceu,
um filho nos foi dado.
O governo estará sobre seus ombros,
e ele será chamado de
Maravilhoso Conselheiro,[a]
Deus Poderoso,
Pai Eterno e Príncipe da Paz.
7 Seu governo e sua paz
jamais terão fim.
Reinará com imparcialidade e
justiça no trono de Davi,
para todo o sempre.
O zelo do Senhor dos Exércitos
fará que isso aconteça!

A IRA DO SENHOR CONTRA ISRAEL

8 O Senhor se pronunciou contra Jacó,
seu julgamento caiu sobre Israel.
9 Os habitantes de Israel[b] e de Samaria,
que falaram com tanto
orgulho e arrogância,
logo ficarão sabendo.
10 Disseram: "No lugar dos tijolos
quebrados de nossas ruínas,
colocaremos pedras trabalhadas,
e no lugar das figueiras-
bravas derrubadas,
plantaremos cedros".

11 O Senhor, porém, trará os inimigos
de Rezim contra Israel
e instigará seus adversários.
12 Os sírios[c] do leste e os filisteus do oeste
mostrarão suas presas e
devorarão Israel.
Mesmo assim, a ira do
Senhor não se satisfará;
sua mão ainda está levantada
para castigar.

13 Pois mesmo depois do castigo,
o povo não se arrependerá;
não buscará o Senhor dos Exércitos.

[a] **9.6** Ou *Maravilhoso, Conselheiro.*
[b] **9.9** Em hebraico, *de Efraim*, referência a Israel, o reino do norte.
[c] **9.12** Em hebraico, os arameus.

14 Portanto, em um só dia, o Senhor
destruirá a cabeça e a cauda,
o ramo da palmeira e o junco.
15 Os líderes de Israel são a cabeça,
os profetas mentirosos são a cauda.
16 Pois esses líderes enganaram o povo
e o conduziram pelo caminho
da destruição.
17 Por isso o Senhor não se
agrada dos jovens,
nem mostra compaixão pelas
viúvas e pelos órfãos.
Pois todos são hipócritas perversos;
todos falam tolices.
Mesmo assim, a ira do
Senhor não se satisfará;
sua mão ainda está levantada
para castigar.

18 Essa maldade é como
incêndio num matagal;
consome não apenas os
espinhos e o mato,
mas também queima os bosques
e faz subir nuvens de fumaça.
19 A terra ficará ressecada,
por causa da fúria do
Senhor dos Exércitos.
O povo servirá de lenha para o fogo,
e ninguém poupará sequer seu irmão.
20 Atacarão o vizinho à direita,
mas continuarão com fome.
Devorarão o vizinho à esquerda,
mas não se saciarão;
por fim, comerão os próprios filhos.[d]
21 Manassés se alimentará de Efraim,
Efraim se alimentará de Manassés,
ambos devorarão Judá.
Mesmo assim, a ira do
Senhor não se satisfará;
sua mão ainda está levantada
para castigar.

10 Que aflição espera os juízes injustos
e os que decretam leis opressoras!
2 Não fazem justiça aos pobres
e negam os direitos dos
necessitados de meu povo.
Exploram as viúvas
e tiram proveito dos órfãos.

[d] **9.20** Ou *os próprios braços.*

Suas raízes precisam ser podadas se o objetivo é crescer e se desenvolver em um novo ambiente.

[3] O que farão quando eu os castigar,
quando trouxer de uma terra
distante calamidade sobre vocês?
A quem pedirão ajuda?
Onde seus tesouros
estarão seguros?
[4] Serão levados como prisioneiros
ou ficarão caídos entre os mortos.
Mesmo assim, a ira do
SENHOR não se satisfará;
sua mão ainda está levantada
para castigar.

JULGAMENTO CONTRA A ASSÍRIA

[5] "Que aflição espera a Assíria,
a vara de minha ira;
uso-a como bastão para
expressar minha fúria!
[6] Envio a Assíria contra
uma nação ímpia,
contra o povo com o qual
estou irado.
A Assíria os saqueará e os pisará
como pó sob os seus pés.
[7] O rei da Assíria, porém,
não entenderá que é
meu instrumento;
esse não é seu modo de pensar.
Seu plano é somente destruir,
derrubar uma nação após a outra.
[8] Ele dirá:
'Em breve cada um de meus
príncipes será rei.
[9] 'Destruímos Calno, como
fizemos com Carquemis,
Hamate caiu diante de nós, como
aconteceu com Arpade,
e derrotamos Samaria, como
fizemos com Damasco.
[10] Sim, acabamos com muitos reinos,
cujos deuses eram mais poderosos
que os de Jerusalém e Samaria.
[11] Portanto, derrotaremos
Jerusalém e seus deuses,
como destruímos Samaria
e seus deuses'".

[12] Depois que o Senhor tiver usado o rei
da Assíria para realizar seus propósitos no
monte Sião e em Jerusalém, ele se voltará
contra o rei da Assíria e o castigará, pois o
rei é orgulhoso e arrogante. [13] Ele diz:

"Fiz isto com meu braço poderoso,
com minha astuta
sabedoria o planejei.
Destruí as defesas das nações
e levei seus tesouros;
como um touro, derrubei seus reis.
[14] Roubei as riquezas de seus ninhos
e ajuntei reinos como o
camponês ajunta ovos.
Ninguém pode bater as
asas contra mim,
nem dar um pio de protesto".

[15] Mas será que o machado pode se
orgulhar de ser mais poderoso
que aquele que o usa?
É a serra mais importante que a
pessoa que com ela corta?
Pode a vara golpear se não
houver quem a mova?
Acaso o cajado de madeira
anda sozinho?
[16] Por isso, o Soberano SENHOR
dos Exércitos
enviará uma praga sobre as
tropas orgulhosas da Assíria,
e fogo ardente consumirá sua glória.
[17] O SENHOR, a Luz de Israel, será o fogo;
o Santo será a chama.
Devorará como fogo os
espinhos e o mato
e queimará o inimigo em um só dia.
[18] O SENHOR consumirá a
glória da Assíria,
como o fogo consome um
bosque em terra fértil;
ela definhará como os enfermos
durante uma praga.
[19] De todo esse bosque glorioso,
restarão apenas algumas árvores,
tão poucas que uma criança
poderá contá-las.

ESPERANÇA PARA O POVO DO SENHOR

[20] Naquele dia, o remanescente
de Israel,
os sobreviventes da família de Jacó,
não dependerão mais de aliados
que procuram destruí-los.
Confiarão fielmente no SENHOR,
o Santo de Israel.

21 Um remanescente voltará,[a]
sim, o remanescente de Jacó
voltará para o Deus Poderoso.
22 Embora o povo de Israel
seja numeroso
como a areia do mar,
apenas um remanescente voltará.
O Senhor, em sua justiça, decidiu
destruir seu povo;
23 sim, o Soberano Senhor
dos Exércitos,
já decidiu destruir toda a terra.[b]

24 Portanto, assim diz o Soberano Senhor
dos Exércitos: "Ó meu povo em Sião, não
tema os assírios quando oprimirem vo-
cês com vara e bastão, como fizeram os
egípcios muito tempo atrás. 25 Em breve,
minha fúria contra vocês passará, e minha
ira se levantará para destruir os assírios".
26 O Senhor dos Exércitos os castigará com
seu chicote, como fez quando Gideão ven-
ceu os midianitas na rocha de Orebe, ou
quando o Senhor ergueu sua vara para afo-
gar o exército egípcio no mar.

27 Naquele dia, o Senhor acabará
com a servidão de seu povo;
quebrará o jugo de escravidão
e o levantará de seus ombros.[c]

28 Vejam, agora os assírios
estão em Aiate;
passam por Migrom,
e guardam seus pertences em Micmás.
29 Atravessam o desfiladeiro
e acampam em Geba.
A cidade de Ramá está
tomada de medo;
o povo de Gibeá, cidade natal
de Saul, foge para se salvar.
30 Gritem de terror,
habitantes de Galim!
Alertem Laís!
Ah, pobre Anatote!
31 O povo de Madmena foge,
e os habitantes de Gebim
tentam se esconder.
32 O inimigo para em Nobe
pelo resto do dia;
sacode o punho contra o belo monte
Sião, o monte de Jerusalém.

33 Mas, vejam, o Soberano
Senhor dos Exércitos
cortará com grande força a
poderosa árvore da Assíria!
Ele derrubará os orgulhosos;
a árvore imponente será
lançada por terra.
34 Cortará as árvores do bosque
com um machado;
o Líbano cairá pelas mãos
do Poderoso.[d]

O RAMO DA LINHAGEM DE JESSÉ

11 Do tronco da linhagem de Jessé[e]
brotará um renovo;
sim, um novo Ramo que de
suas raízes dará frutos.
2 E o Espírito do Senhor estará sobre ele,
o Espírito de sabedoria
e discernimento,
o Espírito de conselho e poder,
o Espírito de conhecimento
e temor do Senhor.
3 Ele terá prazer em obedecer ao Senhor;
não julgará pela aparência,
nem acusará com base em rumores.
4 Fará justiça aos pobres
e tomará decisões imparciais
em favor dos oprimidos.
A terra estremecerá com a
força de sua palavra,
e o sopro de sua boca
destruirá os perversos.
5 Vestirá a justiça como um cinto
e a verdade como uma
cinta nos quadris.

6 Naquele dia, o lobo viverá
com o cordeiro,
e o leopardo se deitará
junto ao cabrito.

[a] **10.21** Em hebraico, *Sear-Jasube*. Ver 7.3; 8.18.
[b] **10.23** A Septuaginta traz *apenas um remanescente deles será salvo. / Pois ele executará sua sentença rapidamente, de modo decisivo e justo; / pois Deus executará sua sentença sobre todo o mundo de modo decisivo*. Comparar com Rm 9.27-28.
[c] **10.27** Conforme a Septuaginta; o hebraico traz *o jugo será quebrado, / pois você se tornou tão gordo*.
[d] **10.34** Ou *com um machado, / como até mesmo as árvores poderosas do Líbano caem*.
[e] **11.1** Em hebraico, *Do toco de Jessé*, o pai do rei Davi.

O bezerro estará seguro perto do leão,
e uma criança os guiará.
7 A vaca pastará perto do urso,
e seus filhotes descansarão juntos;
o leão comerá capim, como a vaca.
8 O bebê brincará em segurança
perto da toca da cobra;
sim, a criancinha colocará a
mão num ninho de víboras.
9 Em todo o meu santo monte, não se
fará mal nem haverá destruição,
pois, como as águas enchem o mar,
a terra estará cheia de gente
que conhece o SENHOR.

10 Naquele dia, o descendente de Jessé[a]
será uma bandeira de salvação
para todo o mundo.
As nações se reunirão junto a ele,
e a terra onde ele habita será
um lugar glorioso.[b]
11 Naquele dia, o Senhor estenderá
a mão pela segunda vez,
para trazer de volta o
remanescente de seu povo,
aqueles que restarem na Assíria
e no norte do Egito,
no sul do Egito, na Etiópia[c] e em Elão,
na Babilônia,[d] em Hamate e nas
distantes terras costeiras.
12 Levantará uma bandeira
entre as nações
e reunirá os exilados de Israel.
Ajuntará o povo disperso de Judá,
desde os confins da terra.

13 Então, por fim, acabará o
ciúme entre Israel[e] e Judá,
e deixarão de ser rivais.
14 Unirão forças para vir sobre
a Filístia no oeste;
juntos, atacarão e saquearão
as nações do leste.
Ocuparão as terras de Edom e Moabe,
e Amom lhes obedecerá.

15 O SENHOR abrirá um caminho seco
no golfo do mar Vermelho,[f]
moverá a mão sobre o rio Eufrates[g]
e enviará um vento forte que o
dividirá em sete riachos,
para que possa ser atravessado a pé.
16 Fará uma estrada para o
remanescente de seu povo,
o remanescente que virá da Assíria,
como fez por Israel muito tempo atrás,
quando o povo voltou do Egito.

CÂNTICOS DE LOUVOR PELA SALVAÇÃO

12 Naquele dia, vocês cantarão:
"Eu te louvarei, ó SENHOR!
Estavas irado comigo, mas
tua ira passou;
agora tu me consolas.
2 Vejam, Deus veio me salvar;
confiarei nele e não terei medo.
O SENHOR Deus é minha força
e meu cântico;
ele me deu vitória!".

3 Com alegria vocês beberão
das fontes da salvação.
4 Naquele dia, cantarão:
"Deem graças ao SENHOR!
Louvem seu nome!
Contem aos povos o que ele fez,
anunciem que seu nome é magnífico.
5 Cantem ao SENHOR, pois ele
tem feito maravilhas;
tornem seu louvor conhecido
em todo o mundo.
6 Todos os habitantes de Sião
celebrem em alta voz,
pois grande é o Santo de Israel
que vive em seu meio".

MENSAGEM A RESPEITO DA BABILÔNIA

13 Isaías, filho de Amoz, recebeu esta
mensagem acerca da Babilônia:

2 "Levantem uma bandeira no topo
descoberto de uma colina;
convoquem um exército
contra a Babilônia.

[a] **11.10a** Em hebraico, *a raiz de Jessé.*
[b] **11.10b** A Septuaginta traz *Naquele dia, a raiz de Jessé virá / e reinará sobre os gentios. / Nele depositarão suas esperanças.* Comparar com Rm 15.12.
[c] **11.11a** Em hebraico, *em Patros, em Cuxe.*
[d] **11.11b** Em hebraico, *em Sinar.*
[e] **11.13** Em hebraico, *Efraim,* referência a Israel, o reino do norte.
[f] **11.15a** Em hebraico, *destruirá a língua do mar do Egito.*
[g] **11.15b** Em hebraico, *o rio.*

Quando eles entrarem nos palácios
dos grandes e poderosos,
acenem com a mão para encorajá-los.
3 Eu, o SENHOR, consagrei esses soldados;
sim, chamei guerreiros valentes
para executar minha ira,
e eles se alegrarão quando
eu for exaltado".

4 Ouçam o barulho nos montes!
Escutem os grandes
exércitos marchando!
São ruídos e gritos de muitas nações;
o SENHOR dos Exércitos
reuniu essas tropas.
5 Vêm de países distantes,
dos mais longínquos horizontes.
São as armas do SENHOR para
executar sua ira;
com elas destruirá toda a terra.

6 Gritem de terror, pois o dia
do SENHOR chegou,
o dia em que o Todo-poderoso
virá para destruir.
7 Todo braço está paralisado de medo,
todo coração se derrete,
8 todos estão apavorados.
São tomados de dores agudas de aflição,
como as dores da mulher no parto.
Apavorados, olham uns para os outros,
com o rosto ardendo de medo.

9 Vejam, o dia do SENHOR está chegando,
o dia terrível de sua fúria e ira ardente!
A terra ficará desolada,
e os pecadores serão destruídos.
10 Os céus acima deles escurecerão,
e as estrelas deixarão de brilhar.
O sol estará escuro ao nascer,
e a lua não iluminará.

11 "Eu, o SENHOR, castigarei o
mundo por sua maldade,
os perversos por seu pecado.
Esmagarei a pretensão dos arrogantes,
humilharei o orgulho dos poderosos.
12 Tornarei as pessoas mais
escassas que o ouro,
mais raras que o ouro puro de Ofir.
13 Pois sacudirei os céus;
a terra se moverá de seu lugar,
quando o SENHOR dos Exércitos
mostrar sua fúria,
no dia de sua ira ardente."

14 Todos na Babilônia correrão
como uma gazela perseguida,
como ovelhas sem pastor.
Tentarão encontrar seu povo
e fugir para sua terra.
15 Quem for capturado será morto,
atravessado com a espada.
16 Suas crianças serão massacradas
diante de seus olhos;
suas casas serão saqueadas, e
suas esposas, violentadas.

17 "Vejam, instigarei o reino da
Média contra a Babilônia;
não se poderá comprá-lo com prata,
nem suborná-lo com ouro.
18 Matarão os jovens com flechas,
não terão misericórdia dos
bebês indefesos,
nem compaixão das crianças."

19 A Babilônia, o mais
glorioso dos reinos,
o esplendor e o orgulho dos caldeus,
será devastada como
Sodoma e Gomorra,
quando Deus as destruiu.
20 A Babilônia jamais voltará
a ser habitada;
permanecerá vazia geração
após geração.
Nômades não acamparão ali,
pastores não levarão suas
ovelhas para passar a noite.
21 Animais do deserto habitarão
na cidade arruinada,
criaturas uivantes rondarão as casas.
Corujas viverão entre as ruínas,
bodes selvagens ali saltarão.
22 Hienas uivarão nas fortalezas,
chacais farão tocas nos
palácios luxuosos.
Os dias da Babilônia estão contados;
logo chegará a hora de sua destruição.

CONSOLO PARA ISRAEL

14 O SENHOR, porém, terá misericórdia
dos descendentes de Jacó. Mais

uma vez, escolherá Israel para ser seu povo. Ele os trará de volta e os estabelecerá em sua própria terra. Gente de muitas nações virá, se juntará a eles ali e se unirá ao povo de Israel.[a] **2** As nações do mundo ajudarão o povo de Israel a retornar, e aqueles que vierem morar na terra do Senhor os servirão. Os que conquistaram Israel serão conquistados, e Israel dominará seus opressores.

ZOMBARIA DO REI DA BABILÔNIA

3 Naquele dia, quando o Senhor der a seu povo descanso da tristeza, do medo e da terrível escravidão a que foram submetidos, **4** vocês zombarão do rei da Babilônia e dirão:

"O homem poderoso foi destruído;
acabou sua insolência.[b]
5 O Senhor esmagou seu poder perverso
e derrubou seu reino de maldade.
6 Você feriu o povo com
incontáveis golpes de fúria;
cheio de ira, dominou as nações
com tirania implacável.
7 Mas, por fim, a terra
descansa tranquila;
agora pode voltar a cantar!
8 Até as árvores do bosque,
os ciprestes e os cedros do Líbano,
entoam esta alegre canção:
'Agora que você foi derrubado,
ninguém virá nos derrubar!'.

9 "O lugar dos mortos[c] se empolga
com a sua chegada.
Líderes e reis mortos há muito tempo
se levantam para vê-lo.
10 A uma só voz eles clamam:
'Agora você é tão fraco quanto nós!
11 Seu orgulho foi enterrado
com você;[d]
o som da harpa em seu
palácio cessou.
Agora larvas são seu lençol,
e vermes, sua coberta'.

12 "Como você caiu dos céus,
ó estrela brilhante, filho da alvorada!
Foi lançado à terra,
você que destruía as nações.
13 Pois dizia consigo:
'Subirei aos céus
e colocarei meu trono acima
das estrelas de Deus.
Dominarei no monte dos deuses,
nos lugares distantes do norte.[e]
14 Subirei aos mais altos céus
e serei como o Altíssimo'.
15 Em vez disso, será lançado
ao lugar dos mortos,
ao mais profundo abismo.
16 Todos olharão para você
e perguntarão:
'É esse o homem que fazia a terra tremer
e abalava os reinos do mundo?
17 É esse o rei que destruiu a terra
e a transformou em deserto?
É ele que arrasava as grandes cidades
e não tinha misericórdia de
seus prisioneiros?'.

18 "Os reis das nações foram
sepultados em glória majestosa,
cada um em seu túmulo,
19 mas você será lançado fora
de sua sepultura,
como um galho inútil.
Como um cadáver pisoteado, será
jogado numa vala comum,
com os que foram mortos na batalha.
Descerá ao abismo
20 e não terá um sepultamento digno,
pois destruiu sua nação
e massacrou seu povo.
Os descendentes de alguém
tão perverso
nunca mais receberão honras.
21 Matem os filhos desse homem!
Que morram por causa
dos pecados do pai,
para que não se levantem a fim
de conquistar a terra
e encher o mundo com suas cidades".

[a] **14.1** Em hebraico, *à casa de Jacó*. Os nomes "Jacó" e "Israel" são usados de forma intercambiável ao longo de todo o Antigo Testamento e se referem, por vezes, ao patriarca e, em outras ocasiões, à nação.
[b] **14.4** Conforme os manuscritos do mar Morto; o significado do Texto Massorético é incerto.
[c] **14.9** Em hebraico, *Sheol*; também em 14.15.
[d] **14.11** Em hebraico, *foi baixado ao Sheol*.
[e] **14.13** Ou *nas alturas de Zafom*.

22 Assim diz o SENHOR dos Exércitos:
"Eu mesmo me levantei
contra a Babilônia!
Destruirei seus filhos e os filhos
de seus filhos", diz o SENHOR.
23 "Transformarei a Babilônia
em lugar para corujas,
cheio de pântanos e brejos;
varrerei a terra com a vassoura
da destruição.
Eu, o SENHOR dos Exércitos, falei!"

MENSAGEM A RESPEITO DA ASSÍRIA

24 O SENHOR dos Exércitos jurou:

"Tudo acontecerá como planejei;
será conforme decidi.
25 Derrubarei os assírios quando
estiverem em Israel
e os pisotearei em meus montes.
Meu povo não será mais seu escravo,
nem se curvará sob o peso
de suas cargas.
26 Tenho um plano para toda a terra;
minha mão está sobre todas as nações.
27 O SENHOR dos Exércitos falou;
quem pode mudar seus planos?
Quando levanta sua mão,
quem pode detê-la?".

MENSAGEM A RESPEITO DA FILÍSTIA

28 Recebi esta mensagem no ano em que o
rei Acaz morreu:[a]

29 Não se alegrem, filisteus,
por estar morto o rei que os feriu.
Pois dessa cobra nascerá
outra mais venenosa,
uma serpente terrível e abrasadora!
30 Alimentarei os pobres em meus pastos,
e os necessitados se deitarão em paz.
Quanto a vocês, eu os matarei de fome
e destruirei os poucos que restarem.
31 Lamentem junto aos portões!
Chorem alto nas cidades!
Derretam-se de medo, filisteus!
Um exército poderoso vem do
norte, como fumaça;
cada soldado avança depressa,
ansioso para lutar.

32 Que diremos aos mensageiros filis-
teus? Digam-lhes:

"O SENHOR reconstruiu Sião;
dentro de seus muros seu povo
oprimido encontrará refúgio".

MENSAGEM A RESPEITO DE MOABE

15 Recebi esta mensagem acerca de
Moabe:

Em uma só noite, a cidade
de Ar será arrasada,
e a cidade de Quir, destruída.
2 Seu povo irá ao templo em
Dibom para lamentar,
aos lugares de culto nos
montes para chorar.
Chorarão pelo destino de
Nebo e Medeba,
rasparão a cabeça e cortarão a barba.
3 Vestirão pano de saco e
vagarão pelas ruas;
de todas as casas e praças públicas
virão gemidos de lamento.
4 Os habitantes de Hesbom
e Eleale clamarão;
suas vozes serão ouvidas até em Jaaz.
Os guerreiros mais valentes de
Moabe gritarão de terror;
indefesos, tremerão de medo.

5 Meu coração chora por Moabe;
seus habitantes fogem para
Zoar e para Eglate-Selisia.
Sobem chorando pelo
caminho de Luíte;
seus clamores de angústia
são ouvidos por toda a
estrada de Horonaim.
6 Até as águas de Ninrim secaram;
a vegetação às suas
margens murchou.
As plantas morreram;
todo verde desapareceu.
7 O povo reúne seus bens
e os carrega para o outro lado
do riacho dos Salgueiros.

[a] **14.28** Isto é, no ano 715 a.C.

8 Um clamor de angústia ecoa
pela terra de Moabe,
de uma extremidade à outra,
de Eglaim até Beer-Elim.
9 O riacho perto de Dibom[a] está
vermelho de sangue,
mas ainda não terminei
de castigar Dibom!
Leões caçarão os sobreviventes,
tanto os que tentarem fugir
como os que ficarem para trás.

16 Enviem cordeiros desde Selá,
como tributo ao
governante da terra.
Enviem-nos pelo deserto,
para o monte da bela Sião.[b]
2 As mulheres de Moabe foram
abandonadas, como aves
sem ninho,
nas partes rasas do rio Arnom.
3 "Ajudem-nos!", elas clamam.
"Defendam-nos como uma
sombra ao meio-dia!
Protejam os fugitivos;
não nos traiam agora
que escapamos.
4 Deixem que o povo de Moabe
more com vocês;
escondam nossos refugiados do
inimigo, até que passe o terror."

Quando a opressão e a destruição
tiverem terminado,
quando os invasores inimigos
tiverem partido,
5 Deus estabelecerá como rei um
dos descendentes de Davi.
Ele reinará com misericórdia
e verdade,
julgará sempre com imparcialidade
e buscará fazer o que é justo.

6 Ouvimos falar da arrogante Moabe,
de seu orgulho, sua altivez e sua fúria,
mas toda essa soberba desapareceu.
7 Toda a terra de Moabe chora,
sim, todos em Moabe lamentam
ao lembrar dos bolos de passas
de Quir-Haresete;
não resta um sequer.
8 As plantações de Hesbom
estão abandonadas,
os vinhedos de Sibma, desertos.
Os governantes das nações
derrubaram Moabe,
essa bela videira.
Seus ramos se estendiam para
o norte, até a cidade de Jazar,
e se espalhavam para o
leste, até o deserto.
Seus brotos se estendiam tão
longe para o oeste
que atravessavam o mar Morto.[c]

9 Por isso, agora choro por Jazar
e pelos vinhedos de Sibma;
minhas lágrimas correrão por
Hesbom e por Eleale.
Não há mais gritos de alegria
por seus frutos de verão
e suas colheitas.
10 Encerrou-se a alegria,
acabou-se a celebração pela colheita.
Já não haverá cânticos nos vinhedos,
nem gritos de exultação,
ninguém pisará as uvas nos
tanques de prensar;
acabei com toda a alegria
de suas colheitas.
11 O clamor de meu coração por Moabe
é como o lamento de uma harpa;
estou cheio de angústia
por Quir-Haresete.[d]
12 O povo de Moabe adorará em
seus santuários idólatras,
mas de nada lhe adiantará.
Clamarão aos deuses
em seus templos,
mas ninguém poderá salvá-los.

13 O SENHOR já havia anunciado essas
coisas sobre Moabe no passado. 14 Agora,
porém, o SENHOR diz: "Dentro de três anos,
contando cada dia,[e] a glória de Moabe

[a] **15.9** Conforme os manuscritos do mar Morto, alguns manuscritos gregos e a Vulgata; o Texto Massorético traz *Dimom*; também em 15.9b.
[b] **16.1** Em hebraico, *filha de Sião*.
[c] **16.8** Em hebraico, *o mar*.
[d] **16.11** Em hebraico, *Quir-Heres*, variação de Quir-Haresete.
[e] **16.14** Em hebraico, *Dentro de três anos, como um servo obrigado por contrato os contaria*.

chegará ao fim. De sua grande população,
restarão uns poucos sobreviventes".

MENSAGEM A RESPEITO DE DAMASCO E DE ISRAEL

17 Recebi esta mensagem acerca de Damasco:

"Vejam, a cidade de
Damasco desaparecerá;
ela se tornará um monte de ruínas!
2 As cidades de Aroer ficarão desertas;
rebanhos pastarão nas ruas
e ali se deitarão,
sem que ninguém os espante.
3 As cidades fortificadas de Israel[a]
também serão destruídas,
e acabará o poder do
reino de Damasco.
Tudo que restar da Síria[b]
terá o mesmo destino da
glória de Israel",
declara o SENHOR dos Exércitos.

4 "Naquele dia, a glória de Israel[c]
perderá seu brilho;
seu corpo robusto definhará.
5 A terra toda parecerá um
campo de cereais
depois que os ceifeiros
colheram as espigas.
Ficará desolada,
como os campos no vale de
Refaim depois da colheita.
6 Restarão apenas uns
poucos de seu povo,
como as azeitonas que sobram
quando a árvore é sacudida.
Apenas duas ou três restam
nos galhos mais altos,
quatro ou cinco aqui e ali
em seus ramos",
declara o SENHOR, o Deus de Israel.

7 Naquele dia, enfim, as pessoas
olharão para seu Criador
e voltarão os olhos para
o Santo de Israel.
8 Não buscarão mais a ajuda
de seus ídolos,
nem adorarão aquilo que suas
próprias mãos fizeram.
Já não se curvarão para seus
postes de Aserá,
nem adorarão nos santuários
idólatras que construíram.
9 Suas maiores cidades ficarão
como um bosque desabitado,
como a terra que os heveus e os
amorreus abandonaram[d]
quando os israelitas vieram para
cá tanto tempo atrás;
tudo ficará desolado.
10 Pois você se afastou do
Deus que o salva,
se esqueceu da Rocha que o protege.
Por isso, pode até plantar as
melhores videiras
e importar as mudas mais caras.
11 Pode ser que elas brotem no dia
em que as puser na terra,
pode ser que floresçam na
manhã em que as plantar,
mas você jamais colherá delas
uma uva sequer;
sua colheita será apenas
tristeza e dor contínua.

12 Ouça! As tropas de muitas
nações rugem
como ruge o mar.
Escute o estrondo dos exércitos,
que avançam como
ondas estrondosas.
13 Embora rujam como a
rebentação na praia,
Deus os calará e eles fugirão,
como palha dispersada pelo vento,
como folhas num redemoinho
antes da tempestade.
14 Ao cair da tarde, Israel
espera, cheio de pavor,
mas, ao amanhecer, seus
inimigos estão mortos.
Esse é o castigo merecido dos
que nos saqueiam,
o fim apropriado para os
que nos destroem.

[a] **17.3a** Em hebraico, *Efraim*, referência a Israel, o reino do norte.
[b] **17.3b** Em hebraico, Arã.
[c] **17.4** Em hebraico, *de Jacó*. Ver nota em 14.1.
[d] **17.9** Conforme a Septuaginta; o hebraico traz *como lugares do bosque e do ramo mais alto.*

MENSAGEM A RESPEITO DA ETIÓPIA

18 Que aflição espera você, Etiópia,[a]
terra de velas tremulantes[b]
junto à nascente do Nilo,
2 que envia embaixadores
pelo rio em rápidas embarcações!

Vão, velozes mensageiros!
Levem a mensagem a um
povo alto, de pele lisa,
temido em toda parte por suas
conquistas e destruição,
cuja terra é dividida por rios.

3 Todos vocês, povos do mundo,
todos os habitantes da terra,
olhem quando eu erguer sobre o
monte minha bandeira de guerra;
ouçam quando eu soar a trombeta!
4 Pois o Senhor me disse:
"Do lugar onde habito
observarei quieto,
como sobe o calor num dia de verão,
como se forma o orvalho da
manhã durante a colheita".
5 Antes de começarem a atacar,
enquanto seus planos
amadurecem como uvas,
o Senhor cortará seus brotos
com a podadeira;
removerá os ramos que se
espalharam e os lançará fora.
6 Seu exército poderoso será
deixado morto nos campos,
para os abutres dos montes e
para os animais selvagens.
Abutres despedaçarão os
cadáveres no verão,
e animais selvagens roerão
os ossos no inverno.

7 Naquele tempo, o Senhor dos
Exércitos receberá presentes
dessa terra dividida por rios,
desse povo alto, de pele lisa,
temido em toda parte por suas
conquistas e destruição.
Levarão presentes ao monte Sião,
onde habita o Senhor dos Exércitos.

[a] **18.1a** Em hebraico, *Cuxe*.
[b] **18.1b** Ou *terra de muitos gafanhotos*; o hebraico traz *terra do zumbido de asas*.

MENSAGEM A RESPEITO DO EGITO

19 Recebi esta mensagem acerca do Egito:

Vejam, o Senhor avança contra o Egito,
montado em uma nuvem veloz!
Os ídolos do Egito estremecem
diante dele;
o coração dos egípcios se
derrete de medo.

2 "Farei egípcio lutar contra egípcio,
irmão contra irmão,
vizinho contra vizinho,
cidade contra cidade,
província contra província.
3 Os egípcios se desesperarão,
e eu confundirei seus planos.
Pedirão sabedoria a seus ídolos
e invocarão espíritos;
consultarão médiuns
e praticantes do ocultismo.
4 Entregarei o Egito
a um senhor cruel;
um rei feroz os governará",
declara o Soberano Senhor
dos Exércitos.

5 As águas do Nilo deixarão de
inundar os campos;
o leito do rio ficará seco e árido.
6 Os canais do Nilo secarão;
os ribeiros do Egito terão
mau cheiro,
e juncos e canas apodrecerão.
7 Toda a vegetação às margens do rio,
todas as plantações junto a ele,
secarão e serão levadas pelo vento.
8 Os pescadores lamentarão,
os que lançam anzóis
no Nilo gemerão,
e os que usam redes
perderão o ânimo.
9 Não haverá linho para os ceifeiros,
nem fio para os tecelões.
10 Ficarão todos desesperados;
os trabalhadores se
encherão de tristeza.

11 Como são tolos os oficiais de Zoã;
seus conselhos ao rei do
Egito são absurdos!

Ainda assim, contarão
vantagem ao faraó?
Ousarão se gabar da sabedoria
de seus antepassados?
12 Onde estão seus grandes
conselheiros, faraó?
Que lhe informem os
planos de Deus,
o que o SENHOR dos Exércitos
fará ao Egito.
13 Os oficiais de Zoã são tolos,
os oficiais de Mênfis[a]
foram enganados.
As autoridades do povo
fizeram o Egito se desviar.
14 O SENHOR enviou sobre eles
um espírito de confusão;
estão equivocados em
tudo que dizem.
Fazem o Egito cambalear,
como um bêbado em seu vômito.
15 Não há nada que o Egito possa fazer;
todos estão indefesos:
a cabeça e a cauda,
o ramo da palmeira e o junco.

16 Naquele dia, os egípcios serão frágeis
como mulheres. Eles se encolherão de me-
do debaixo da mão levantada do SENHOR dos
Exércitos. 17 A simples menção à terra de
Judá os encherá de terror, pois o SENHOR dos
Exércitos traçou seus planos contra eles.
18 Naquele dia, cinco cidades egípcias
seguirão o SENHOR dos Exércitos e até co-
meçarão a falar a língua de Canaã. Uma
dessas cidades será Heliópolis, a Cidade
do Sol.[b]
19 Naquele dia, haverá um altar ao SENHOR
no centro do Egito e um monumento ao
SENHOR em sua fronteira. 20 Serão sinal e
testemunho de que o SENHOR dos Exérci-
tos é adorado na terra do Egito. Quando o
povo clamar ao SENHOR por causa de seus
opressores, ele enviará um salvador que
lutará por eles e os livrará. 21 Naquele dia,
o SENHOR se revelará aos egípcios. Sim,
eles conhecerão o SENHOR e lhe apresen-
tarão sacrifícios e ofertas. Farão um voto
ao SENHOR e o cumprirão. 22 O SENHOR feri-
rá o Egito, mas depois trará cura. Pois os
egípcios se voltarão para o SENHOR, e ele
ouvirá suas súplicas e lhes dará cura.
23 Naquele dia, o Egito e a Assíria serão
ligados por uma estrada. Os egípcios e os
assírios viajarão livremente entre seus paí-
ses e adorarão juntos. 24 Naquele dia, Israel
será o terceiro, junto com o Egito e a Assí-
ria, uma bênção no meio da terra. 25 Por-
que o SENHOR dos Exércitos dirá: "Bendito
seja o Egito, meu povo. Bendita seja a As-
síria, a terra que criei. Bendito seja Israel,
minha propriedade especial".

MENSAGEM A RESPEITO DO EGITO E DA ETIÓPIA

20 No ano em que Sargom, rei da As-
síria, enviou seu comandante em
chefe para conquistar a cidade de Asdode,
na Filístia,[c] 2 o SENHOR disse a Isaías, filho
de Amoz: "Tire o pano de saco que você
está vestindo e as sandálias que está cal-
çando". Isaías obedeceu e passou a andar
nu e descalço.
3 Então o SENHOR disse: "Meu servo Isaías
andou nu e descalço durante três anos co-
mo sinal e advertência das dificuldades ter-
ríveis que trarei sobre o Egito e a Etiópia.[d]
4 O rei da Assíria levará como prisioneiros
os egípcios e os etíopes,[e] tanto jovens como
velhos. Ele os fará andar nus e descalços,
com as nádegas descobertas, para vergo-
nha do Egito. 5 Então os filisteus entrarão
em pânico, pois contavam com o poder da
Etiópia e se gabavam de seus aliados no
Egito. 6 Dirão: 'Se isso aconteceu com aque-
les que eram nossa esperança de socorro,
o que será de nós? Confiávamos que eles
nos protegeriam do rei da Assíria!'".

MENSAGEM A RESPEITO DA BABILÔNIA

21 Recebi esta mensagem acerca da
Babilônia, o deserto junto ao mar:[f]

O desastre se aproxima,
vindo do deserto,
como um vendaval impetuoso
que chega do Neguebe.

Seja em qual fase nos encontramos, temos de estar sempre cientes de que, enquanto vivermos e andarmos com Deus, seremos podadas.

[a] **19.13** Em hebraico, *Nofe*.
[b] **19.18** Ou *será a Cidade da Destruição*.
[c] **20.1** Isto é, no ano 711 a.C.
[d] **20.3** Em hebraico, *Cuxe*; também em 20.5.
[e] **20.4** Em hebraico, *cuxitas*.
[f] **21.1** Em hebraico, *a respeito do deserto junto ao mar*.

2 Tenho uma visão assustadora:
vejo o traidor trair,
o destruidor destruir.
Prossigam, elamitas e medos,
ataquem e cerquem as cidades.
Porei fim a todos os gemidos
que ela causou.
3 Sinto pontadas intensas no estômago;
sou tomado de dores agudas,
como as dores da mulher
em trabalho de parto.
Desfaleço quando ouço o que
Deus planeja fazer;
não consigo olhar de tanto medo.
4 Minha mente está confusa e
meu coração dispara;
desejava que a noite chegasse,
mas agora a escuridão me aterroriza.

5 Eles preparam um grande banquete,
estendem tapetes para que os
convidados se sentem;
todos comem e bebem.
Rápido, levantem-se!
Peguem seus escudos e
preparem-se para a batalha!

6 Enquanto isso, o Senhor me disse:
"Coloque um vigia no muro da cidade;
ele deve anunciar em
alta voz o que vê.
7 Deve ficar atento a carros de guerra
puxados por pares de cavalos,
e a cavaleiros montados em
jumentos e em camelos.
Que o vigia permaneça bem alerta!".

8 Então o vigia[a] gritou:
"Meu senhor, todos os dias
fico na torre de vigia,
todas as noites permaneço
em meu posto.
9 Agora, veja! Finalmente!
Aí vem um homem num
carro de guerra,
com um par de cavalos!".
Então o vigia disse:
"Ela caiu! A Babilônia caiu!
Todos os ídolos da Babilônia
estão despedaçados no chão".

10 Ó meu povo, moído e peneirado,
eu lhes anunciei tudo que o
Senhor dos Exércitos disse,
tudo que o Deus de Israel me falou.

MENSAGEM A RESPEITO DE EDOM

11 Recebi esta mensagem acerca de Edom:[b]

Alguém em Edom[c] grita para mim:
"Guarda, quanto falta para amanhecer?
Quando terminará a noite?".
12 O guarda responde:
"O amanhecer está próximo,
mas logo a noite voltará;
se quiser perguntar de novo,
volte e pergunte".

MENSAGEM A RESPEITO DA ARÁBIA

13 Recebi esta mensagem acerca da Arábia:

Ó caravanas de Dedã,
escondam-se nos bosques da Arábia.
14 Ó habitantes de Temã,
tragam água para essa gente sedenta,
alimento para esses
refugiados exaustos.
15 Fugiram da espada,
da espada desembainhada,
do arco preparado
e dos terrores da batalha.

16 O Senhor me disse: "Dentro de um
ano, contando cada dia,[d] toda a glória de
Quedar chegará ao fim. 17 Somente alguns
de seus arqueiros valentes sobreviverão.
Eu, o Senhor, o Deus de Israel, falei!".

MENSAGEM A RESPEITO DE JERUSALÉM

22 Recebi esta mensagem acerca de
Jerusalém, o vale da Visão:[e]

O que está acontecendo?
Por que todos correm para os terraços?

[a] **21.8** Conforme os manuscritos do mar Morto e a versão siríaca; o Texto Massorético traz *um leão*.

[b] **21.11a** Em hebraico, *Dumá*, que significa "silêncio" ou "quietude"; é um trocadilho com a palavra *Edom*.

[c] **21.11b** Em hebraico, *Seir*, outro nome para Edom.

[d] **21.16** Em hebraico, *Dentro de um ano, como um servo obrigado por contrato o contaria*. Alguns manuscritos antigos trazem *Dentro de três anos*, como em 16.14.

[e] **22.1** Em hebraico, *acerca do vale da Visão*.

2 A cidade inteira está em
grande agitação.
O que vejo nesta cidade festiva?
Há cadáveres por toda parte;
não morreram pela espada,
nem na batalha.
3 Todos os seus líderes fugiram;
renderam-se sem resistir.
O povo tentou escapar,
mas também foi capturado.
4 Por isso eu disse: "Deixem-
me chorar em paz;
não tentem me consolar.
Deixem-me chorar por meu povo,
enquanto vejo sua destruição".

5 Que dia de grande aflição!
Que dia de confusão e terror
enviado pelo Soberano
Senhor dos Exércitos
sobre o vale da Visão!
Os muros de Jerusalém
foram derrubados;
lamentos ressoam das
encostas dos montes.
6 Os elamitas são arqueiros,
com seus carros e cavaleiros;
os homens de Quir
levantam os escudos.
7 Carros de guerra enchem
seus lindos vales,
cavaleiros atacam seus portões.
8 As defesas de Judá
foram removidas;
vocês correm ao arsenal[a]
para pegar suas armas.
9 Inspecionam as brechas nos
muros de Jerusalém;[b]
guardam água no tanque inferior.
10 Examinam as casas e
derrubam algumas;
usam suas pedras para
reforçar os muros.
11 Entre os muros da cidade
constroem um reservatório,
para guardar a água do tanque velho.
Em nenhum momento, pedem
ajuda àquele que fez tudo isso;
não levam em conta aquele que há
muito planejou essas coisas.

12 Naquele dia, o Soberano
Senhor dos Exércitos,
os chamou para que chorassem
e lamentassem.
Disse-lhes que raspassem a cabeça
e vestissem pano de saco.
13 Em vez disso, vocês
dançam e brincam;
abatem gado e matam ovelhas,
comem carne e bebem vinho.
Dizem: "Comamos e bebamos,
porque amanhã morreremos!".

14 O Senhor dos Exércitos me revelou o se-
guinte: "Até o dia em que vocês morrerem,
esse terrível pecado não será perdoado. Eu,
o Soberano Senhor dos Exércitos, falei!".

MENSAGEM PARA SEBNA

15 O Soberano Senhor dos Exércitos me dis-
se: "Confronte Sebna, administrador do
palácio, e transmita-lhe esta mensagem:

16 "Quem você pensa que é,
e o que está fazendo aqui,
construindo uma bela sepultura para si,
um monumento no alto da rocha?
17 Pois o Senhor está prestes a
lançá-lo para longe,
ó homem poderoso!
Ele o pegará com firmeza,
18 o embrulhará como uma bola
e o atirará para uma terra distante.
Você morrerá naquele lugar,
e seus gloriosos carros de
guerra lá ficarão.
Você é uma vergonha para seu senhor!

19 "Sim, eu o expulsarei de seu cargo", diz
o Senhor. "Eu o removerei de sua posição.
20 Então chamarei meu servo Eliaquim,
filho de Hilquias, para ocupar seu lugar.
21 Vestirei Eliaquim com as roupas oficiais
que você usava e lhe darei seu título e au-
toridade. Ele será como um pai para o povo
de Jerusalém e de Judá. 22 Darei a ele a cha-
ve da casa de Davi, o cargo mais elevado
da corte. Quando ele abrir portas, ninguém
poderá fechá-las; quando fechar portas,
ninguém poderá abri-las. 23 Trará honra ao
nome de seus familiares, pois o colocarei
firmemente no lugar, como um prego na

[a] **22.8** Em hebraico, *ao Palácio da Floresta*; ver 1Rs 7.2-5.
[b] **22.9** Em hebraico, *da cidade de Davi*.

parede. 24 A família toda dependerá dele,
e ele honrará até o membro mais humilde
de sua casa."[a]
25 Contudo, o Senhor dos Exércitos tam-
bém disse: "Chegará o dia em que arranca-
rei o prego que parecia tão firme. Ele será
derrubado e cairá no chão. Tudo que nele
se apoia cairá com ele. Eu, o Senhor, falei!".

MENSAGEM A RESPEITO DE TIRO

23 Recebi esta mensagem acerca de Tiro:

Lamentem, navios de Társis,
pois o porto e as casas de
Tiro foram destruídos!
Os boatos que vocês ouviram
em Chipre[b]
são verdadeiros.
2 Chorem em silêncio,
moradores do litoral
e comerciantes de Sidom!
Seus negociantes atravessavam o mar[c]
3 e navegavam em águas profundas.
Traziam-lhe os cereais do Egito[d]
e as colheitas do Nilo.
Você era o mercado das nações.

4 Agora, porém, será envergonhada,
cidade de Sidom,
pois Tiro, a fortaleza do mar, diz:[e]
"Nunca tive dores de parto
nem dei à luz;
não tenho filhos nem filhas".
5 Quando o Egito receber a
notícia sobre Tiro,
haverá grande tristeza.
6 Avisem Társis!
Lamentem, moradores do litoral!
7 Essas ruínas são tudo que resta de
sua cidade antes tão alegre?
Como foi longa sua história!
Quantos colonizadores enviaram
para lugares distantes!

[a] **22.24** Em hebraico, *Nele pendurarão toda a glória da casa de seu pai: sua prole e seus descendentes, todas as vasilhas de menor importância, das tigelas aos jarros.*
[b] **23.1** Em hebraico, *Quitim*; também em 23.12.
[c] **23.2** Conforme os manuscritos do mar Morto e a Septuaginta; o Texto Massorético traz *Aqueles que atravessaram o mar deixaram vocês cheios.*
[d] **23.3** Em hebraico, *de Sior*, braço do rio Nilo.
[e] **23.4** Ou *pois o deus do mar diz*; o hebraico traz *pois o mar, a fortaleza do mar, diz.*

8 Quem trouxe essa
calamidade sobre Tiro,
a grande fundadora de reinos?
Seus comerciantes eram
todos príncipes,
seus negociantes eram
os nobres da terra.
9 O Senhor dos Exércitos fez isso
para acabar com seu orgulho,
para rebaixar os nobres da terra.
10 Venham, habitantes de Társis,
percorram a terra como faz o Nilo,
pois Tiro está indefesa.[f]
11 O Senhor estendeu a mão sobre o mar
e sacudiu os reinos da terra.
Pronunciou-se contra a Fenícia[g]
e ordenou que suas fortalezas
fossem destruídas.
12 Disse: "Você nunca mais se alegrará,
ó filha de Sidom, pois foi esmagada.
Mesmo que fuja para Chipre, não
encontrará descanso".

13 Olhem para a terra da Babilônia;[h]
seu povo não existe mais!
Os assírios entregaram a Babilônia
aos animais selvagens do deserto.
Construíram rampas de
ataque junto a seus muros,
demoliram seus palácios
e transformaram a cidade
num monte de ruínas.

14 Lamentem, navios de Társis,
pois seu porto está destruído!

15 Durante setenta anos, o tempo de vi-
da de um rei, Tiro ficará esquecida. Depois
disso, porém, a cidade voltará à vida, como
na canção sobre a prostituta:

16 Pegue a harpa e ande pelas ruas,
ó prostituta esquecida.
Cante uma doce melodia
e entoe suas canções,
para que voltem a lembrar-se
de você.

[f] **23.10** O significado do hebraico é incerto.
[g] **23.11** Em hebraico, *Canaã*.
[h] **23.13** Ou *Caldeia*.

17 Depois de setenta anos, o SENHOR fará
Tiro renascer. Contudo, não será diferente
do que era antes. Voltará a ser prostituta
de todos os reinos do mundo. 18 No final,
porém, seu lucro será entregue ao SENHOR.
Suas riquezas não serão acumuladas, mas
proverão comida farta e roupas finas para
os servos do SENHOR.

A DESTRUIÇÃO DA TERRA

24 Vejam, o SENHOR está prestes
a destruir a terra
e transformá-la num enorme deserto!
Ele devasta sua superfície
e dispersa seus habitantes.
2 Sacerdotes e povo,
servos e senhores,
servas e senhoras,
os que compram e os que vendem,
os que emprestam e os que
tomam emprestado,
credores e devedores,
ninguém será poupado.
3 A terra será completamente
esvaziada e saqueada.
O SENHOR falou!

4 A terra lamenta e seca,
sim, o mundo definha e murcha;
até mesmo os mais nobres
da terra definham.
5 A terra sofre por causa do
pecado de seus habitantes,
pois transgrediram as leis de Deus,
violaram seus decretos
e quebraram sua aliança eterna.
6 Por isso, a maldição consome a terra;
seus habitantes pagam
por seus pecados.
São destruídos pelo fogo,
e apenas alguns sobrevivem.
7 O vinho novo seca,
e as videiras murcham;
os que festejavam agora gemem.
8 O som animado dos tamborins cessou,
e já não se ouvem os gritos
alegres de celebração;
os acordes melodiosos da
harpa se calaram.
9 Acabaram-se as alegrias do
vinho e das canções;
a bebida forte tem gosto amargo.
10 A cidade se contorce em meio ao caos;
todas as casas estão trancadas,
para que ninguém entre.
11 Nas ruas, multidões
clamam por vinho;
a alegria se transformou em tristeza,
a celebração foi expulsa da terra.
12 A cidade foi deixada em ruínas;
seus portões foram despedaçados.
13 Assim é em toda a terra:
sobrou apenas um remanescente,
como as azeitonas que sobram
quando a árvore é sacudida,
como as uvas que restam na
videira depois da colheita.

14 Mas todos que restaram gritam
e cantam de alegria;
os que moram no oeste louvam
a majestade do SENHOR.
15 Nas terras do leste, deem
glória ao SENHOR;
nas terras além do mar, louvem o
nome do SENHOR, o Deus de Israel!
16 Ouvimos cânticos de louvor
desde os confins da terra,
cânticos que glorificam o Justo!

Meu coração, porém, está
pesado de angústia;
chorem por mim, pois desfaleço.
O engano ainda prevalece;
há traição por toda parte.
17 Terror, armadilhas e laços
esperam por vocês,
habitantes da terra.
18 Os que fogem apavorados
cairão numa armadilha;
os que escaparem da armadilha
serão pegos num laço.

Destruição cai dos céus como chuva;
os alicerces da terra estremecem.
19 A terra se despedaçou;
está totalmente destruída
e é sacudida com violência.
20 A terra cambaleia como um bêbado,
estremece como uma tenda
na tempestade.
Cai e não voltará a se levantar,
pois a culpa de sua rebelião
é pesada demais.

21 Naquele dia, o Senhor castigará
os poderes celestiais nos céus
e os governantes das
nações na terra.
22 Serão reunidos e presos,
trancados na prisão
e, por fim, castigados.
23 Então o esplendor da lua minguará,
e o brilho do sol se apagará,
pois o Senhor dos Exércitos
reinará no monte Sião;
reinará com grande glória
em Jerusalém,
diante das autoridades do povo.

LOUVOR PELO JULGAMENTO E PELA SALVAÇÃO

25 Ó Senhor, honrarei e louvarei
teu nome,
pois és meu Deus.
Fazes coisas maravilhosas!
Tu as planejaste há muito tempo
e agora as realizaste.
2 Transformas cidades poderosas
em montes de ruínas;
cidades com muros fortes
se tornam escombros.
Belos palácios em terras
distantes são destruídos
e jamais serão reconstruídos.
3 Por isso, nações fortes
declararão tua glória;
povos cruéis te temerão.

4 Mas tu, Senhor, és fortaleza
para os pobres,
torre de refúgio para os
necessitados em sua angústia.
És abrigo contra a tempestade
e sombra contra o calor.
Pois os atos opressores
dos cruéis
são como tempestade que
açoita um muro,
5 como o calor implacável
do deserto.
Tu, porém, calas o rugido das
nações estrangeiras;
como a sombra de uma nuvem
diminui o calor implacável,
assim os cânticos de soberba
dos cruéis são silenciados.

6 Em Jerusalém,[a] o Senhor dos Exércitos
oferecerá um grande banquete
para todos os povos do mundo.
Será um banquete delicioso,
com vinho puro e envelhecido e
carne da melhor qualidade.
7 Ali removerá a nuvem de tristeza,
a sombra escura que cobre toda a terra.
8 Ele engolirá a morte para sempre;
o Senhor Soberano enxugará
todas as lágrimas!
Removerá para sempre todo insulto,
contra sua terra e seu povo.
O Senhor falou!

9 Naquele dia, o povo dirá:
"Este é nosso Deus!
Confiamos nele, e ele nos salvou!
Este é o Senhor, em quem confiamos;
alegremo-nos em seu livramento!".
10 Pois a mão do Senhor descansará
sobre Jerusalém.
Moabe, porém, será esmagada;
será como palha pisada e
deixada para apodrecer.
11 Deus empurrará para baixo
o povo de Moabe,
como um nadador empurra a
água para baixo com as mãos.
Acabará com seu orgulho
e com todas as suas obras perversas.
12 Os muros altos de Moabe
serão demolidos;
serão derrubados por terra,
até o pó.

CÂNTICO DE LOUVOR AO SENHOR

26 Naquele dia, todos na terra de Judá
entoarão este cântico:

Nossa cidade é forte;
estamos cercados pelos muros
da salvação de Deus!
2 Abram os portões para os justos,
deixem entrar os fiéis.
3 Tu guardarás em perfeita paz
todos que em ti confiam,
aqueles cujos propósitos
estão firmes em ti.

[a] **25.6** Em hebraico, *Neste monte*; também em 25.10.

4 Confiem sempre no SENHOR,
pois o SENHOR Deus é a Rocha eterna.
5 Ele humilha os orgulhosos;
rebaixa a cidade arrogante
e a lança ao pó.
6 Os pobres a pisoteiam,
e os necessitados caminham sobre ela.

7 Para os justos, porém,
o caminho é reto.
Tu, que ages com retidão,
tornas plano o caminho adiante deles.
8 SENHOR, ao seguir tuas justas decisões,
depositamos em ti nossa esperança;
o desejo de nosso coração
é glorificar teu nome.
9 À noite eu te procuro, ó Deus;
pela manhã[a] te busco de
todo o coração.
Pois só quando vens julgar a terra
as pessoas aprendem a justiça.
10 Tua bondade com os perversos
não os leva a fazer o bem.
Embora outros pratiquem a justiça,
eles continuam a fazer o mal;
não levam em conta a
majestade do SENHOR.
11 Ó SENHOR, eles não prestam
atenção à tua mão levantada;
mostra-lhes teu zelo em
defender teu povo.
Então serão envergonhados;
que o fogo de tua ira consuma
teus inimigos!

12 SENHOR, tu nos concederás paz;
sim, tudo que realizamos vem de ti.
13 Ó SENHOR, nosso Deus, outros
senhores nos governaram,
mas só a ti adoramos.
14 Aqueles a quem servimos
estão mortos;
seus espíritos jamais voltarão a viver.
Tu os atacaste e os destruíste;
há muito caíram no esquecimento.
15 Ó SENHOR, engrandeceste nosso povo;
sim, tu nos tornaste grandes.
Expandiste nossas fronteiras
e foste glorificado.

[a] **26.9** Em hebraico, *dentro de mim.*

16 SENHOR, em angústia te buscamos;
oramos sob o peso de tua disciplina.
17 Como a mulher grávida
que se contorce e grita de
dor quando dá à luz,
assim estávamos em tua
presença, SENHOR.
18 Nós também nos contorcemos
de dor intensa,
mas nosso sofrimento
em nada resultou.
Não trouxemos salvação à terra,
nem vida ao mundo.
19 Teus mortos, porém, viverão;
seus corpos ressuscitarão.
Aqueles que dormem na terra
se levantarão e cantarão de alegria.
Pois tua luz que dá vida descerá
como o orvalho
sobre teu povo no lugar dos mortos.

RESTAURAÇÃO PARA ISRAEL

20 Vá para casa, meu povo,
e tranque as portas!
Esconda-se por um breve tempo,
até que tenha passado a ira do SENHOR.
21 Vejam, o SENHOR vem dos céus
para castigar os habitantes da
terra por seus pecados!
A terra já não esconderá os
que foram mortos;
ela os mostrará para que
todos os vejam.

27 Naquele dia, o SENHOR tomará sua
veloz e terrível espada e castigará o
Leviatã,[b] a serpente que se move com rapi-
dez, a serpente que se enrola e se contorce.
Ele matará o dragão do mar.

2 "Naquele dia,
cantem sobre a videira frutífera.
3 Eu, o SENHOR, a vigiarei
e a regarei com cuidado.
Dia e noite a vigiarei,
para que ninguém lhe cause dano.
4 Minha ira terá passado;
se houver espinhos e mato
crescendo ali,

[b] **27.1** A identificação do *Leviatã* é controversa; as propostas vão desde uma criatura terrestre até um monstro marinho mítico da literatura antiga.

eu os atacarei e os queimarei,
[5] a menos que se voltem para
mim e me peçam ajuda.
Que façam as pazes comigo,
sim, que façam as pazes comigo."
[6] Está chegando o tempo em que os
descendentes de Jacó criarão raízes;
Israel brotará e florescerá
e encherá de frutos toda a terra!

[7] Acaso o Senhor feriu Israel
como feriu seus inimigos?
Destruiu o povo
como destruiu seus adversários?
[8] Não, mas os exilou para que
lhe prestassem contas;
foram exilados de sua terra,
como se um vento oriental os
tivesse soprado para longe.
[9] O Senhor fez isso para purificar
Israel[a] de sua perversidade,
para remover todo o seu pecado.
Por isso, todos os santuários
idólatras serão reduzidos a pó;
nenhum poste de Aserá ou altar
de incenso continuará em pé.
[10] As cidades fortificadas ficarão
silenciosas e vazias,
as casas, abandonadas,
as ruas, cobertas de
ervas daninhas.
Bezerros pastarão ali
e mastigarão brotos e ramos.
[11] Israel é como os ramos
secos de uma árvore,
quebrados e usados para acender
o fogo sob as panelas;
é nação tola e insensata.
Por isso, aquele que os criou
não terá compaixão nem misericórdia.

[12] Chegará o dia, porém, em que o Senhor
os ajuntará como grãos colhidos à mão.
Um por um, ele os reunirá, desde o rio Eu-
frates,[b] no leste, até o ribeiro do Egito, no
oeste. [13] Naquele dia, soará a grande trom-
beta. Muitos que estavam perecendo no
exílio na Assíria e no Egito voltarão a Je-
rusalém para adorar o Senhor em seu san-
to monte.

[a] **27.9** Em hebraico, *Jacó*. Ver nota em 14.1.
[b] **27.12** Em hebraico, *o rio*.

MENSAGEM A RESPEITO DE SAMARIA

28 Que aflição espera a orgulhosa
cidade de Samaria,
a coroa gloriosa dos
bêbados de Israel![c]
Fica na parte alta de um vale fértil,
mas sua beleza gloriosa
murchará como uma flor.
Ela é o orgulho de um povo
que o vinho derrubou.
[2] O Senhor enviará um exército
poderoso contra ela;
como forte tempestade de granizo,
chuva torrencial,
ou violenta inundação,
eles irromperão contra ela
e a derrubarão por terra.
[3] A orgulhosa cidade de Samaria,
a coroa gloriosa dos bêbados de Israel,
será pisoteada pelos inimigos.
[4] Fica na parte alta de um vale fértil,
mas sua beleza gloriosa
murchará como uma flor.
Quem a vir a apanhará,
como o figo temporão que
alguém apanha e come.

[5] Naquele dia, o próprio
Senhor dos Exércitos
será a coroa gloriosa de Israel.
Será o orgulho e a alegria
do remanescente de seu povo.
[6] Dará a seus juízes anseio pela justiça
e coragem aos guerreiros que
defendem seus portões.

[7] Agora, porém, Israel é
conduzida por bêbados,
que vacilam por causa do vinho
e cambaleiam por causa do álcool.
Os sacerdotes e os profetas cambaleiam
por causa da bebida forte
e ficam tontos por causa do vinho.
Vacilam quando têm visões
e cambaleiam quando
pronunciam suas decisões.
[8] Suas mesas estão cobertas de vômito;
há sujeira por toda parte.

[c] **28.1** Em hebraico, *Que aflição espera a coroa de glória dos bêbados de Efraim*, referência a Samaria, capital de Israel, o reino do norte; também em 28.3.

9 Perguntam: "Quem o Senhor
pensa que somos?
Por que fala conosco
dessa maneira?
Acaso somos crianças pequenas,
recém-desmamadas?
10 Ele nos diz as mesmas
coisas repetidamente,
uma linha de cada vez,
uma linha mais uma vez,
um pouco aqui,
um pouco ali!".

11 Agora o Senhor terá de
falar a seu povo
por meio de opressores estrangeiros
de língua estranha.
12 Ele disse a seu povo:
"Este é o lugar de descanso;
que os exaustos repousem aqui.
Este é o lugar de conforto",
mas eles não quiseram ouvir.
13 Por isso, mais uma vez,
o Senhor lhes explicará
sua mensagem,
uma linha de cada vez,
uma linha mais uma vez,
um pouco aqui,
um pouco ali,
para que tropecem e caiam;
serão feridos, pegos em
armadilhas e capturados.

14 Portanto, ouçam esta
mensagem do Senhor,
vocês, governantes zombadores
em Jerusalém.
15 Dizem: "Fizemos um acordo
para enganar a morte,
uma negociação para
evitar a sepultura.[a]
A destruição que se aproxima
jamais nos tocará,
pois construímos um forte refúgio
feito de mentiras e engano".
16 Por isso, assim diz
o Senhor Soberano:
"Vejam, ponho em Sião
uma pedra angular,
uma pedra firme e testada!
É uma pedra angular preciosa,
sobre a qual se pode construir
com segurança;
quem crer jamais será abalado.[b]
17 Provarei vocês com a corda
de medir da justiça
e com o prumo da retidão.
Porque seu refúgio é feito
de mentiras,
uma tempestade de
granizo o derrubará.
Porque é feito de engano,
uma inundação o arrastará.
18 Cancelarei o acordo que fizeram
para enganar a morte,
acabarei com sua negociação
para evitar a sepultura.
Quando o terrível inimigo chegar,
vocês serão pisoteados.
19 A inundação virá repetidamente,
a cada manhã,
dia e noite,
até que sejam levados embora".

Essa mensagem deixará seu
povo aterrorizado.
20 A cama que vocês fizeram é curta
demais para se deitarem,
os cobertores são muito
estreitos para se cobrirem.
21 O Senhor virá, como fez contra os
filisteus no monte Perazim
e contra os amorreus em Gibeão.
Virá para fazer algo estranho,
para realizar um ato incomum.
22 Pois o Soberano
Senhor dos Exércitos
disse claramente que está decidido
a destruir toda a terra.
Portanto, deixem de zombar,
ou seu castigo será ainda maior.

23 Ouçam o que vou dizer;
escutem e prestem muita atenção.
24 Acaso o agricultor vive arando
a terra, mas nunca semeia?
Vive preparando o solo,
mas nunca planta?

[a] **28.15** Em hebraico, *o Sheol*; também em 28.18.

[b] **28.16** A Septuaginta traz *Vejam, ponho uma pedra no alicerce de Sião, / uma pedra angular preciosa para seu alicerce, escolhida para grande honra; / quem confiar nele jamais será envergonhado*. Comparar com Rm 9.33; 1Pe 2.6.

Mulher, o Senhor é fiel para concluir o cultivo que iniciou em você.

25 Por fim, não lança as sementes
de endro, cominho, trigo,
cevada e trigo candeal,
cada uma de maneira apropriada,
cada uma em seu devido lugar?
26 O agricultor sabe exatamente
o que fazer,
pois Deus lhe deu entendimento.
27 Não se debulha o endro
com uma marreta;
ele é malhado com uma vara.
Não se passa uma roda de
trilhar sobre o cominho;
ele é batido de leve com uma ripa.
28 É fácil moer o cereal para o pão,
portanto ele não o soca demais.
Ele o debulha sob as rodas
de uma carroça,
mas não o tritura até virar pó.
29 O SENHOR dos Exércitos é
excelente mestre
e dá grande sabedoria
ao agricultor.

MENSAGEM A RESPEITO DE JERUSALÉM

29 "Que aflição espera Ariel,[a]
a cidade de Davi!
Ano após ano celebram suas festas.
2 Contudo, trarei calamidade
sobre vocês;
haverá muito choro e tristeza.
Ariel se tornará exatamente o
que significa seu nome:
um altar coberto de sangue.
3 Serei seu inimigo,
cercarei Jerusalém e
atacarei seus muros.
Levantarei torres de cerco
e a destruirei.
4 Então, das profundezas da
terra, você falará;
suas palavras virão do pó.
Sua voz sussurrará do chão,
como um fantasma chamado
da sepultura.

5 "De repente, porém, seus inimigos
cruéis serão esmagados
como o mais fino pó.
Seus muitos agressores serão expulsos
como palha ao vento.
De repente, num instante,
6 eu, o SENHOR dos Exércitos,
entrarei em ação
com trovão, terremoto e
grande estrondo,
com vendaval, tempestade
e fogo consumidor.
7 Todas as nações que
lutam contra Ariel
desaparecerão como um sonho.
Os que atacam seus muros
sumirão como uma visão noturna.
8 O faminto sonha que está comendo,
mas ao acordar ainda sente fome.
O sedento sonha que está bebendo,
mas ao amanhecer ainda sente sede.
Assim será com seus muitos inimigos,
aqueles que atacam o monte Sião".

9 Estão espantados? Não acreditam?
Continuem cegos, se quiserem.
Estão entorpecidos, mas
não é pelo vinho;
cambaleiam, mas não é
por bebida forte.
10 É porque o SENHOR derramou sobre
vocês um espírito de sono profundo;
fechou os olhos de seus
profetas e videntes.

11 Para eles, todos os acontecimentos
futuros desta visão são um livro selado.
Quando você o entregar aos que sabem ler,
dirão: "Não podemos ler, pois está selado".
12 Quando o entregar aos que não sabem
ler, dirão: "Não sabemos ler".

13 Portanto, o Senhor diz:
"Este povo fala que me pertence;
honra-me com os lábios,
mas o coração está longe de mim.
A adoração que me prestam
não passa de regras ensinadas
por homens.[b]
14 Por isso, mais uma vez deixarei
este povo maravilhado
com obras maravilhosas.

[a] **29.1** *Ariel* tem um som semelhante a um termo hebraico que significa "lareira" ou "altar".

[b] **29.13** A Septuaginta traz *Sua adoração é uma farsa, / pois ensinam ideias humanas como se fossem mandamentos divinos.* Comparar com Mc 7.7.

A sabedoria dos sábios passará,
e a inteligência dos inteligentes
desaparecerá".

15 Que aflição espera os que procuram
esconder seus planos do SENHOR,
que realizam seus atos
perversos na escuridão!
Dizem: "O SENHOR não nos vê;
não sabe o que se passa".
16 Como são tolos!
Ele é o oleiro e certamente é
maior que vocês, o barro.
Pode o objeto criado dizer sobre
aquele que o criou:
"Ele não me fez"?
Pode o vaso dizer:
"O oleiro não sabe o que faz"?

17 Logo, em pouco tempo,
os bosques do Líbano se
tornarão campo fértil,
e o campo fértil produzirá
colheitas fartas.
18 Naquele dia, os surdos ouvirão
as palavras lidas de um livro,
e os cegos verão no meio da
escuridão e das trevas.
19 Os humildes ficarão cheios
de alegria do SENHOR,
e os pobres exultarão no
Santo de Israel.
20 O opressor já não existirá, o
arrogante desaparecerá,
e os que tramam o mal
serão destruídos.
21 Os que condenam os inocentes
com testemunhos
falsos desaparecerão.
O mesmo acontecerá aos que
trapaceiam para perverter a justiça
e contam mentiras para
destruir os inocentes.

22 Por isso o SENHOR, que resgatou Abraão,
diz ao povo de Israel:[a]

"Meu povo não será
mais envergonhado,
nem ficará pálido de medo.

23 Quando virem seus muitos filhos
e todas as bênçãos que lhes dei,
reconhecerão a santidade
do Santo de Jacó
e temerão o Deus de Israel.
24 Os que se desviam
terão discernimento,
e os que se queixam
aceitarão instrução."

A INÚTIL ALIANÇA ENTRE JUDÁ E O EGITO

30 "Que aflição espera
meus filhos rebeldes!",
diz o SENHOR.
"Vocês fazem planos
contrários aos meus,
acordos não dirigidos por mim;
com isso, amontoam
pecado sobre pecado.
2 Pois, sem me consultar,
desceram ao Egito em busca
de ajuda.
Puseram sua confiança na
proteção do faraó;
tentaram esconder-se na
sombra dele.
3 Mas, ao confiar no faraó,
serão envergonhados;
ao esconder-se nele,
serão humilhados.
4 Pois, embora o poder dele
se estenda até Zoã,
e seus embaixadores tenham
chegado a Hanes,
5 todos que confiam nele
serão envergonhados;
ele de nada os ajudará,
mas sim lhes trará
humilhação e desonra."

6 Recebi esta mensagem acerca dos animais do Neguebe:

As caravanas se movem lentamente
pelo terrível deserto,
lugar de leoas e leões,
de serpentes e cobras venenosas.
Seguem em direção ao Egito,
com jumentos carregados de riquezas,
camelos levando muitos tesouros,
pagamentos em troca de proteção.

[a] **29.22** Em hebraico, *de Jacó*. Ver nota em 14.1.

O Egito nada dará
como retribuição;
7 as promessas do Egito não
têm valor algum!
Por isso eu o chamo de Raabe,
o Dragão Inofensivo.[a]

ADVERTÊNCIA PARA O POVO REBELDE DE JUDÁ

8 Agora vá e escreva estas palavras;
registre-as num livro.
Elas permanecerão até o
fim dos tempos
como testemunha
9 de que esse povo é rebelde
e teimoso
e se recusa a ouvir
a lei do SENHOR.
10 Dizem aos videntes:
"Não tenham mais visões!",
e aos profetas:
"Não nos digam o que é certo.
Falem de coisas agradáveis,
contem-nos mentiras.
11 Esqueçam a verdade,
saiam do caminho estreito.
Parem de nos falar do
Santo de Israel".

12 Esta é a resposta do Santo de Israel:

"Porque desprezam o que lhes digo
e preferem confiar em
opressão e mentiras,
13 a calamidade virá sobre
vocês de repente,
como um muro inclinado que
se rompe e desmorona.
Num instante desabará
e cairá por terra.
14 Serão despedaçados como
vasilha de barro,
esmigalhados tão completamente
que não sobrará um caco
grande o suficiente
para tirar brasas da lareira
ou um pouco de água do poço".

15 Assim diz o SENHOR Soberano,
o Santo de Israel:
"Vocês só serão salvos
se voltarem para mim e em
mim descansarem.
Na tranquilidade e na confiança
está sua força,
mas vocês não quiseram saber.
16 Disseram: 'Nada disso!
Entraremos na batalha,
montados em cavalos velozes'.
A única velocidade que verão, porém,
será a de seus inimigos
os perseguindo!
17 Cada um deles perseguirá
mil de vocês;
cinco deles farão todos
vocês fugirem.
Serão deixados como mastro
solitário numa colina,
como bandeira no alto de
um monte distante".

BÊNÇÃOS PARA O POVO DO SENHOR

18 Portanto, o SENHOR esperará
até que voltem para ele,
para lhes mostrar seu
amor e compaixão.
Pois o SENHOR é Deus fiel;
felizes os que nele esperam.

19 Ó povo de Sião, que mora
em Jerusalém,
você não chorará mais!
Ele será bondoso quando
lhe pedirem ajuda;
certamente atenderá
a seus clamores.
20 Embora o Senhor lhes tenha dado
angústia como alimento
e aflição como bebida,
ele permanecerá com vocês
para lhes ensinar.
Vocês verão seu mestre com
os próprios olhos,
21 e seus ouvidos o ouvirão.
Uma voz atrás de vocês dirá:
"Este é o caminho pelo
qual devem andar",
quer se voltem para a direita,
quer para a esquerda.

[a] **30.7** Em hebraico, *Raabe, que permanece imóvel.* Raabe é o nome de um monstro marinho mítico que, na literatura antiga, representa o caos. É usado aqui como nome poético para o Egito.

22 Então vocês destruirão todos
os seus ídolos de prata
e suas valiosas imagens de ouro.
Jogarão tudo fora como se
fossem trapos imundos
e dirão: "Já vai tarde!".

23 Então o SENHOR os abençoará com chu-
va na época de plantar. Terão colheitas far-
tas e muita pastagem para seus animais.
24 Os bois e os jumentos que lavram a ter-
ra comerão cereais de boa qualidade, e o
vento levará a palha. 25 No dia em que seus
inimigos forem massacrados e as torres
caírem, haverá riachos correndo em to-
dos os montes e colinas. 26 A lua será tão
brilhante quanto o sol, e o sol será sete
vezes mais claro, como a luz de sete dias
em um só! Assim será quando o SENHOR co-
meçar a sarar seu povo e a curar as feridas
que lhe causou.

27 Vejam, o SENHOR vem de longe,
ardendo de ira,
cercado de densas nuvens de fumaça!
Seus lábios estão cheios de fúria,
suas palavras consomem como fogo.
28 Seu sopro é como inundação
que sobe até o pescoço
de seus inimigos.
Com sua peneira, separará as
nações para a destruição;
colocará nelas um freio e
as levará à ruína.

29 Mas vocês entoarão um
cântico de alegria,
como os cânticos
das festas sagradas.
Vocês se alegrarão,
como quando o flautista conduz
um grupo de peregrinos
a Jerusalém, o monte do SENHOR,
a Rocha de Israel.
30 O SENHOR fará ouvir
sua voz majestosa
e mostrará a força de seu
braço poderoso.
Em sua ira, descerá com
chamas devoradoras,
chuvas torrenciais, tempestades
e pedras de granizo.
31 Por ordem do SENHOR, os assírios
serão despedaçados;
ele os ferirá mortalmente com seu cetro.
32 Quando o SENHOR os ferir com
sua vara de castigo,[a]
seu povo celebrará com
tamborins e harpas.
Ele levantará seu braço poderoso
e lutará contra seus inimigos.
33 Tofete, o lugar de fogo, há muito
está pronto para o rei assírio;
um monte de lenha aguarda
sobre a fogueira.
O sopro do SENHOR, como
fogo de um vulcão,
a acenderá.

É INÚTIL CONFIAR NO EGITO

31 Que aflição espera os que
buscam a ajuda do Egito,
que confiam em seus cavalos,
carros e cavaleiros
e dependem da força de
exércitos humanos
em vez de olhar para o SENHOR,
o Santo de Israel!
2 Em sua sabedoria, o SENHOR
enviará grande calamidade;
não mudará de ideia.
Ele se levantará contra os perversos
e contra aqueles que os ajudam.
3 Pois os egípcios são simples
mortais, e não Deus!
Seus cavalos são apenas
carne, e não espírito!
Quando o SENHOR levantar
a mão contra eles,
tropeçarão aqueles que ajudam
e aqueles que sao ajudados;
todos cairão e morrerão juntos.

4 Pois o SENHOR me disse:

"Quando um leão jovem e forte
ruge sobre a ovelha que ele matou,
não se assusta com os gritos
nem com os ruídos
de um bando de pastores.
De igual modo, o SENHOR dos Exércitos
descerá e lutará sobre o monte Sião.

[a] **30.32** Conforme alguns manuscritos hebraicos e a versão siríaca; o Texto Massorético traz *vara estabelecida*.

[5] O SENHOR dos Exércitos
sobrevoará Jerusalém
e a protegerá como uma
ave protege o ninho.
Defenderá e livrará a cidade,
passará sobre ela e a salvará".

[6] Ó israelitas, embora sejam rebeldes e
perversos, voltem para o SENHOR. [7] Chegará
o dia em que cada um de vocês jogará fo-
ra os ídolos de ouro e as imagens de prata
que suas mãos pecaminosas fizeram.

[8] "Os assírios serão destruídos,
mas não por espadas de homens.
A espada de Deus os ferirá;
entrarão em pânico e fugirão.
Os jovens assírios
serão levados como escravos.
[9] Até os mais fortes tremerão
de pavor,
e os príncipes fugirão ao ver
suas bandeiras de guerra."
Assim diz o SENHOR, cujo fogo
queima em Sião,
cujas chamas ardem
em Jerusalém.

O LIVRAMENTO FINAL DE ISRAEL

32 Vejam, aí vem um rei justo!
Seus príncipes governarão
com retidão.
[2] Cada um será como abrigo
contra o vento
e refúgio contra a tempestade,
como riacho no deserto
e sombra de uma grande
pedra em terra seca.

[3] Então todos que têm olhos
verão a verdade,
e todos que têm ouvidos a ouvirão.
[4] Até os que se iram depressa terão
bom senso e entendimento,
e os que gaguejam falarão
com clareza.
[5] Naquele dia, os tolos não serão
considerados heróis,
e as pessoas sem caráter
não serão respeitadas.
[6] Pois os tolos dizem tolices
e planejam o mal.
Praticam a perversidade
e espalham falsos ensinamentos
a respeito do SENHOR.
Negam comida aos famintos
e não dão água aos sedentos.
[7] As artimanhas dessa gente sem
caráter são perversas;
tramam planos maldosos
e mentem para condenar os pobres,
mesmo quando a causa
dos pobres é justa.
[8] Os generosos, porém, planejam
fazer o que é generoso
e permanecem firmes em
sua generosidade.

[9] Ouçam, mulheres negligentes;
prestem atenção, vocês que
são tão arrogantes.
[10] Em breve, pouco mais
de um ano,
vocês, presunçosas,
ficarão apavoradas.
Suas plantações de frutas
nada produzirão,
e não haverá colheitas.
[11] Tremam, mulheres negligentes,
deixem de lado sua arrogância.
Arranquem suas lindas roupas e
vistam-se de pano de saco.
[12] Batam no peito em lamento por
suas belas propriedades
e videiras frutíferas.
[13] Pois suas terras ficarão cobertas
de espinhos e mato;
seus lares alegres e suas cidades
felizes desaparecerão.
[14] O palácio será abandonado,
e a cidade, sempre agitada,
ficará vazia.
Jumentos selvagens andarão soltos,
e rebanhos pastarão nas fortalezas[a]
e nas torres de vigia,
[15] até que, por fim, o Espírito
seja derramado
do céu sobre nós.
Então o deserto se tornará
campo fértil,
e o campo fértil produzirá
colheitas fartas.

[a] **32.14** Em hebraico, *em Ofel.*

16 A retidão governará no deserto,
e a justiça, no campo fértil.
17 E essa justiça trará paz;
haverá sossego e confiança para sempre.
18 Meu povo viverá em paz,
tranquilo em seu lar;
terá descanso e segurança.
19 Ainda que os bosques
sejam destruídos
e a cidade seja arrasada,
20 o povo será abençoado.
Onde quer que semeiem,
terão colheitas fartas;
seu gado e seus jumentos
pastarão livremente.

MENSAGEM A RESPEITO DA ASSÍRIA

33 Que aflição espera vocês, assírios,
que destroem os outros,[a]
mas nunca foram destruídos!
Traem outros,
mas nunca foram traídos.
Quando terminarem de destruir,
serão destruídos.
Quando terminarem de trair,
serão traídos.
2 Mas tem misericórdia de nós, SENHOR,
pois esperamos em ti.
Sê nosso braço forte a cada dia,
nossa salvação em tempos
de angústia.
3 O inimigo corre quando
ouve tua voz;
quando te levantas, as nações fogem.
4 Como os campos são despojados
por lagartas e gafanhotos,
assim o exército da Assíria
será despojado!

5 Embora o SENHOR seja grandioso
e viva nos céus,
fará de Sião a habitação de
sua justiça e retidão.
6 Ele será seu firme alicerce
e lhe proverá farto suprimento
de salvação,
sabedoria e conhecimento;
o temor do SENHOR será seu tesouro.

[a] **33.1** Em hebraico, *Que aflição o espera, ó Destruidor*. O texto hebraico não especifica a Assíria como objeto da profecia deste capítulo.

7 Agora, porém, seus guerreiros
valentes choram em público;
seus embaixadores da paz derramam
lágrimas de amargura.
8 Suas estradas estão desertas;
ninguém mais viaja por elas.
Quebraram o tratado de paz
e não se importam com as promessas
que fizeram perante testemunhas;[b]
não têm respeito por ninguém.
9 A terra de Israel murcha
de tanto chorar;
o Líbano seca de vergonha.
A planície de Sarom agora é um deserto;
Basã e Carmelo foram saqueados.

10 O SENHOR, no entanto, diz:
"Agora me levantarei;
agora mostrarei meu poder
e minha força.
11 Vocês só produzem capim
seco e palha;
seu sopro se transformará em
fogo e os consumirá.
12 Seu povo será
completamente queimado,
como espinheiros cortados
e lançados no fogo.
13 Prestem atenção ao que
fiz, nações distantes!
Vocês que estão próximas,
reconheçam meu poder!".

14 Os pecadores em Sião
tremem de medo;
o terror se apodera dos ímpios.
"Quem pode conviver com
esse fogo consumidor?
Quem pode sobreviver a essas
chamas devoradoras?"
15 Os que são justos e íntegros,
que não lucram por meios desonestos,
que se mantêm afastados de subornos,
que não dão ouvidos aos que
tramam assassinatos,
que fecham os olhos para toda
tentação de fazer o mal,
16 esses habitarão nas alturas;
as rochas dos montes
serão sua fortaleza.

[b] **33.8** Conforme os manuscritos do mar Morto; o Texto Massorético traz *não se importam com as cidades*.

Terão provisão de alimento e
não lhes faltará água.

17 Seus olhos verão o rei em
todo o seu esplendor,
verão uma terra que se
estende para longe.
18 Vocês se lembrarão deste tempo
de terror e perguntarão:
"Onde estão os oficiais
que contaram nossas torres?
Onde estão os que registraram
o despojo
tirado de nossa cidade derrotada?".
19 Não verão mais esse povo arrogante,
que fala uma língua estranha
e desconhecida.

20 Em vez disso, verão Sião como
lugar de festas sagradas;
verão Jerusalém, cidade
tranquila e segura.
Será como uma tenda com as
cordas bem esticadas
e estacas firmemente
cravadas no chão.
21 O Senhor será nosso Poderoso;
será como um largo rio
de proteção
que nenhum adversário
consegue atravessar,
em que nenhuma embarcação
inimiga consegue navegar.
22 Pois o Senhor é nosso juiz,
nosso comandante e nosso rei;
ele nos livrará.
23 As velas dos inimigos pendem
soltas de mastros quebrados,
presas com cordas inúteis.
Seu tesouro será repartido
entre o povo de Israel;
até mesmo os deficientes físicos
receberão sua parte.
24 O povo já não dirá:
"Estamos doentes e indefesos",
pois o Senhor perdoará
seus pecados.

MENSAGEM PARA AS NAÇÕES

34 Venham e escutem, nações da terra;
o mundo e tudo que nele há,
ouçam minhas palavras!
2 Pois é grande a ira do Senhor
com as nações;
está furioso com todos
os seus exércitos.
Ele as destruirá por completo,
ele as condenará à matança.
3 Seus mortos não serão sepultados;
o fedor de seus cadáveres
encherá a terra,
e o sangue escorrerá
pelos montes.
4 Os céus lá no alto se dissolverão
e desaparecerão como
pergaminho enrolado.
As estrelas cairão do céu,
como folhas secas da videira,
como figos murchos da figueira.

5 E, quando minha espada tiver
terminado seu trabalho nos céus,
cairá sobre Edom,
a nação que condenei à destruição.
6 A espada do Senhor está
banhada em sangue
e coberta de gordura,
de sangue de cordeiros e bodes,
de gordura de carneiros.
Sim, o Senhor oferecerá um
sacrifício na cidade de Bozra,
fará grande matança em Edom.
7 Até homens fortes como
bois morrerão,
tanto os mais jovens como
os mais velhos.
A terra ficará ensopada de sangue,
e o solo, cheio de gordura.

8 Pois é o dia da vingança do Senhor,
o ano em que retribuirá a Edom
por tudo que fez a Israel.[a]
9 Os riachos de Edom se encherão
de piche ardente,
e a terra ficará coberta de
fogo e enxofre.
10 Esse julgamento sobre
Edom jamais terá fim;
sua fumaça subirá para sempre.
A terra ficará deserta de
geração em geração;
ninguém voltará a habitar nela.

[a] **34.8** Em hebraico, *a Sião*.

11 Ali viverão a coruja do
deserto e o mocho,
o corujão e o corvo.[a]
Pois Deus medirá aquela
terra com cuidado;
ele a medirá para o caos e
para a destruição.
12 Ela se chamará Terra do Nada,
e logo seus nobres desaparecerão.[b]
13 Espinhos invadirão seus palácios,
urtigas e cardos crescerão
em suas fortalezas.
As ruínas serão morada de chacais
e habitação de corujas.
14 Animais do deserto se
misturarão ali com hienas,
bodes selvagens berrarão uns
para os outros entre as ruínas,
criaturas da noite[c] irão até
lá para descansar.
15 Ali a coruja fará seu ninho
e porá seus ovos;
chocará os filhotinhos e os
cobrirá com suas asas.
Os abutres também irão para lá,
cada um com seu par.

16 Procurem no livro do Senhor
e vejam o que ele fará.
Não faltará nenhum desses animais,
nenhum deles ficará sem par,
pois o Senhor assim prometeu;
seu Espírito fará tudo se realizar.
17 Ele lançou sortes e dividiu a terra
e a entregou a essas criaturas
como propriedade.
Elas a possuirão para sempre,
de geração em geração.

ESPERANÇA DE RESTAURAÇÃO

35 As regiões desabitadas e
o deserto exultarão;
a terra desolada se alegrará e
florescerá como o açafrão.
2 Haverá muitas flores,
cânticos e alegria!
Os desertos se tornarão verdes
como os montes do Líbano,
belos como o monte Carmelo
e a planície de Sarom.
Ali o Senhor mostrará sua glória,
o esplendor de nosso Deus.
3 Fortaleçam os de mãos cansadas,
apoiem os de joelhos fracos.
4 Digam aos de coração temeroso:
"Sejam fortes e não temam,
pois seu Deus vem para vingar-
-se de seus inimigos;
ele vem para salvá-los".

5 Quando ele vier, abrirá os
olhos dos cegos
e os ouvidos dos surdos.
6 Os aleijados pularão como o cervo,
e os mudos cantarão de alegria.
Fontes brotarão no deserto,
e rios correrão na região desolada.
7 O solo ressecado se tornará um açude,
e a terra sedenta, mananciais de água.
O capim, a cana e o junco florescerão
onde antes viviam os
chacais do deserto.

8 Um caminho largo atravessará
a terra antes desabitada
e será chamado Caminho
de Santidade;
os impuros jamais passarão por ele.
Será somente para os que andam
nos caminhos de Deus;
os tolos jamais andarão por ele.
9 Ao longo desse trajeto, leões
não ficarão à espreita,
nem qualquer outro animal feroz.
Não haverá nenhum perigo;
somente os redimidos
andarão por ele.
10 Os que foram resgatados
pelo Senhor voltarão;
entrarão cantando em Sião,
coroados com alegria sem fim.
A tristeza e o lamento desaparecerão,
e eles ficarão cheios de
alegria e felicidade.

A ASSÍRIA INVADE JUDÁ

36 No décimo quarto ano do reinado de
Ezequias,[d] Senaqueribe, rei da Assíria,

[a] **34.11** A identificação de algumas dessas aves é incerta.
[b] **34.12** O significado do hebraico é incerto.
[c] **34.14** Em hebraico, *lilith*, possivelmente uma referência a um demônio mítico da noite.
[d] **36.1** Isto é, no ano 701 a.C.

atacou as cidades fortificadas de Judá e as conquistou. 2 Então o rei da Assíria enviou, de Laquis, seu comandante em chefe,[a] junto com um grande exército, para confrontarem o rei Ezequias em Jerusalém. Os assírios se posicionaram ao lado do aqueduto que abastece o tanque superior, perto do caminho para o campo onde se lava[b] roupa.

3 Estes são os oficiais que saíram ao encontro deles: Eliaquim, filho de Hilquias, o administrador do palácio; Sebna, o secretário da corte; e Joá, filho de Asafe, o historiador do reino.

SENAQUERIBE AMEAÇA JERUSALÉM

4 O porta-voz do rei assírio mandou que transmitissem esta mensagem a Ezequias:

> "Assim diz o grande rei da Assíria: Em que você confia, que lhe dá tanta segurança? 5 Pensa[c] que meras palavras podem substituir experiência e força militar? Com quem você conta para se rebelar contra mim? 6 Com o Egito? Se você se apoiar no Egito, ele será como um junco que se quebra sob seu peso e perfura sua mão. O faraó, rei do Egito, não é digno de nenhuma confiança!
>
> 7 "Talvez vocês digam: 'Confiamos no Senhor, nosso Deus!'. Mas não foi a ele que Ezequias insultou? Ezequias não destruiu os santuários e altares dele e obrigou todos em Judá e Jerusalém a adorarem somente no altar em Jerusalém?
>
> 8 "Vou lhes dizer uma coisa: Façam um acordo com meu senhor, o rei da Assíria. Eu lhes darei dois mil cavalos se forem capazes de encontrar homens em número suficiente para montá-los! 9 Com seu exército minúsculo, como podem pensar em desafiar até o contingente mais fraco do exército de meu senhor, mesmo com a ajuda dos carros e dos cavaleiros do Egito? 10 Além disso, imaginam que invadimos sua terra sem a direção do Senhor? Foi o próprio Senhor que nos disse: 'Ataquem essa terra e destruam-na!'".

11 Então Eliaquim, Sebna e Joá disseram ao porta-voz: "Por favor, fale conosco em aramaico, pois entendemos bem essa língua. Não fale em hebraico,[d] pois o povo sobre o muro o ouvirá".

12 O porta-voz, no entanto, respondeu: "Vocês pensam que meu senhor enviou essa mensagem apenas para vocês e para seu senhor? Ele quer que todo o povo a ouça, pois, quando cercarmos esta cidade, eles sofrerão junto com vocês. Ficarão tão famintos e sedentos que comerão as próprias fezes e beberão a própria urina!".

13 Então o porta-voz se levantou e gritou em hebraico: "Ouçam esta mensagem do grande rei da Assíria! 14 Assim diz o rei: Não deixem que Ezequias os engane. Ele jamais será capaz de livrá-los. 15 Não deixem que ele os convença a confiar no Senhor, dizendo: 'Certamente o Senhor nos livrará; esta cidade jamais cairá nas mãos do rei da Assíria'.

16 "Não deem ouvidos a Ezequias! Estas são as condições que o rei da Assíria oferece: Façam as pazes comigo, abram as portas e saiam. Então, cada um de vocês continuará a comer de sua própria videira e de sua própria figueira e a beber de seu próprio poço. 17 Depois, providenciarei que sejam levados a outra terra como esta, uma terra com cereais e vinho novo, com pão e vinhedos.

18 "Não deixem Ezequias enganá-los, dizendo: 'O Senhor nos livrará!'. Acaso os deuses de alguma outra nação livraram seu povo do rei da Assíria? 19 O que aconteceu aos deuses de Hamate e de Arpade? E quanto aos deuses de Sefarvaim? Acaso algum deus livrou Samaria de meu poder? 20 Qual dos deuses de qualquer nação foi capaz de livrar seu povo de meu poder? O que os faz pensar que o Senhor pode livrar Jerusalém de minhas mãos?".

21 Mas o povo permaneceu em silêncio e não disse uma palavra sequer, pois Ezequias havia ordenado: "Não lhe respondam".

[a] **36.2a** Ou *o rabsaqué*; também em 36.4,11,12,22.
[b] **36.2b** Ou *branqueia*.
[c] **36.5** Conforme os manuscritos do mar Morto (ver tb. 2Rs 18.20); o Texto Massorético traz *Penso*.
[d] **36.11** Em hebraico, *no dialeto de Judá*; também em 36.13.

22 Então Eliaquim, filho de Hilquias, ad-
ministrador do palácio, Sebna, secretário
da corte, e Joá, filho de Asafe, historiador
do reino, voltaram a Ezequias. Rasgaram
suas roupas e foram contar ao rei o que o
porta-voz tinha dito.

EZEQUIAS BUSCA A AJUDA DO SENHOR

37 Quando o rei Ezequias ouviu esse
relato, rasgou as roupas, vestiu-se
com panos de saco e entrou no templo do
SENHOR. 2 Enviou Eliaquim, o administrador
do palácio, Sebna, o secretário da corte, e
os principais sacerdotes, todos vestidos
com panos de saco, ao profeta Isaías, filho
de Amoz. 3 Eles lhe disseram: "Assim diz
o rei Ezequias: 'Hoje é um dia de angús-
tia, insulto e humilhação. É como quan-
do a criança está prestes a nascer, mas a
mãe não tem forças para dar à luz. 4 Con-
tudo, talvez o SENHOR, seu Deus, tenha ouvi-
do o porta-voz[a] que o rei da Assíria enviou
para desafiar o Deus vivo e o castigue por
suas palavras. Por favor, ore por nós que
restamos!'".
5 Depois que os oficiais do rei Ezequias
transmitiram a mensagem ao profeta
Isaías, 6 ele respondeu: "Digam ao rei
que assim diz o SENHOR: 'Não se assus-
te com os insultos que os mensageiros
do rei da Assíria lançaram contra mim.
7 Ouça! Eu mesmo agirei contra o rei da
Assíria,[b] e ele receberá notícias que o farão
voltar para sua terra. Ali eu providenciarei
que ele seja morto à espada'".
8 Enquanto isso, o porta-voz partiu de Je-
rusalém e foi consultar o rei da Assíria, pois
tinha sido informado de que o rei havia
deixado Laquis e estava atacando Libna.
9 Logo depois, o rei Senaqueribe recebeu
a notícia de que Tiraca, rei da Etiópia,[c] ha-
via saído com seu exército para lutar con-
tra ele. Então enviou seus homens de volta
a Ezequias em Jerusalém com a seguin-
te mensagem:

10 "Esta é uma mensagem para Eze-
quias, rei de Judá. Não deixe que seu
Deus, em quem você confia, o enga-
ne com promessas de que Jerusa-
lém não será conquistada pelo rei
da Assíria. 11 Você sabe muito bem
o que os reis da Assíria fizeram por
onde passaram. Destruíram com-
pletamente todos que atravessaram
seu caminho! Quem é você para es-
capar? 12 Acaso os deuses de outras
nações, como Gozã, Harã, Rezefe, e o
povo de Éden, que estava em Telas-
sar, as livraram? Meus antecessores
destruíram todos eles! 13 O que acon-
teceu ao rei de Hamate e ao rei de Ar-
pade? O que aconteceu aos reis de
Sefarvaim, de Hena e de Iva?".

14 Depois que Ezequias recebeu a carta
dos mensageiros e a leu, subiu ao templo
do SENHOR e a estendeu diante do SENHOR.
15 Então Ezequias fez esta oração na pre-
sença do SENHOR: 16 "Ó SENHOR dos Exércitos,
o Deus de Israel, que estás entronizado en-
tre os querubins! Só tu és Deus de todos
os reinos da terra. Sim, tu criaste os céus e
a terra. 17 Inclina teus ouvidos, ó SENHOR,
e ouve! Abre teus olhos, ó SENHOR, e vê! Ou-
ve as palavras com as quais Senaqueribe
desafia o Deus vivo!
18 "É verdade, SENHOR, que os reis da Assí-
ria destruíram todas essas nações. 19 Lan-
çaram os deuses dessas nações no fogo
e os queimaram. É claro que os assírios
conseguiram destruí-los! Não eram deu-
ses de verdade, mas apenas ídolos de
madeira e pedra moldados por mãos hu
manas. 20 Agora, SENHOR, nosso Deus, sal-
va-nos do poder desse rei; então todos os
reinos da terra saberão que somente tu,
SENHOR, és Deus".[d]

ISAÍAS PREDIZ O LIVRAMENTO DE JUDÁ

21 Então Isaías, filho de Amoz, enviou es-
ta mensagem a Ezequias: "Assim diz o
SENHOR, o Deus de Israel: Visto que você
orou a mim a respeito de Senaqueribe, rei
da Assíria, 22 o SENHOR proferiu esta palavra
contra ele:

O Senhor chama e convoca mulheres que levem transformação às suas próprias casas e às pessoas ao redor.

[a] **37.4** Ou *o rabsaqué*; também em 37.8.
[b] **37.7** Em hebraico, *Eu porei nele um espírito*.
[c] **37.9** Em hebraico, *de Cuxe*.
[d] **37.20** Conforme os manuscritos do mar Morto (ver tb. 2Rs 19.19); o Texto Massorético traz *somente tu és o SENHOR*.

"A filha virgem de Sião
o despreza e ri de você.
A filha de Jerusalém
balança a cabeça com desdém
enquanto você foge.

23 "A quem você desafiou e
de quem zombou?
Contra quem levantou a voz?
Para quem olhou com arrogância?
Para o Santo de Israel!
24 Por meio de seus mensageiros,
desafiou o Senhor.
Disse: 'Com meus numerosos
carros de guerra,
conquistei os montes
mais elevados,
sim, os picos mais remotos do Líbano.
Cortei seus cedros mais altos
e seus melhores ciprestes.
Cheguei a suas maiores alturas
e explorei suas florestas mais densas.
25 Cavei poços em muitas
terras estrangeiras[a]
e me refresquei com sua água.
Com a sola de meu pé,
sequei todos os rios do Egito!'.

26 "Mas você não sabe?
Eu decidi tudo isso há muito tempo.
Planejei essas coisas no
passado distante,
e agora as realizo.
Planejei que você transformaria
cidades fortificadas
em montes de escombros.
27 Por isso, seus habitantes
perdem as forças
e ficam assustados
e envergonhados.
São frágeis como a relva,
indefesos como brotos
verdes e tenros.
São como capim que
surge no telhado,
queimado[b] antes de crescer.

28 "Mas eu o conheço bem;
sei onde está
e sei de suas idas e vindas;
sei como se enfureceu contra mim.
29 E, por causa de sua raiva contra mim
e de sua arrogância, que
eu mesmo ouvi,
porei minha argola em seu nariz
e meu freio em sua boca.
Eu o farei voltar
pelo mesmo caminho por onde veio".

30 Então Isaías disse a Ezequias: "Esta é a pro-
va de que minhas palavras são verdadeiras:

"Neste ano vocês comerão somente
o que crescer por si,
e no ano seguinte, o que brotar disso.
Mas, no terceiro ano,
semeiem e colham,
cuidem de suas videiras e
comam de seus frutos.
31 Vocês que restarem em Judá,
os que escaparem da destruição,
lançarão raízes em seu próprio solo,
crescerão e darão frutos.
32 Pois um remanescente
de meu povo sairá
de Jerusalém,
um grupo de sobreviventes
partirá do monte Sião.
O zelo do SENHOR dos Exércitos
fará que isso aconteça!

33 "E assim diz o SENHOR a respeito do rei
da Assíria:

"Seus exércitos não entrarão
em Jerusalém,
nem dispararão contra
ela uma só flecha.
Não marcharão com escudos
fora de seus portões,
nem construirão rampas de
terra contra seus muros.
34 O rei voltará à terra dele
pelo mesmo caminho por onde veio.
Não entrará na cidade
diz o SENHOR.
35 Por minha própria honra e por
causa de meu servo Davi,
defenderei esta cidade e a libertarei".

[a] **37.25** Conforme os manuscritos do mar Morto (ver tb. 2Rs 19.24); o Texto Massorético não traz *em muitas terras estrangeiras.*

[b] **37.27** Conforme os manuscritos do mar Morto e alguns manuscritos gregos (ver tb. 2Rs 19.26); a maioria dos manuscritos hebraicos traz *como um campo com terraços.*

36 Naquela noite, o anjo do SENHOR foi ao
acampamento assírio e matou 185 mil
soldados assírios. Quando os sobreviven-
tes[a] acordaram na manhã seguinte, encon-
traram cadáveres por toda parte. 37 Então
Senaqueribe, rei da Assíria, levantou acam-
pamento e partiu para sua terra. Voltou pa-
ra Nínive e ali ficou.
38 Certo dia, enquanto ele adorava no
templo de seu deus Nisroque, seus filhos
Adrameleque e Sarezer o mataram à espa-
da. Fugiram para a terra de Ararate, e outro
filho, Esar-Hadom, se tornou seu sucessor
na Assíria.

A DOENÇA E A RECUPERAÇÃO DE EZEQUIAS

38 Por esse tempo, Ezequias ficou
doente e estava para morrer. O pro-
feta Isaías, filho de Amoz, foi visitá-lo e
transmitiu-lhe a seguinte mensagem: "As-
sim diz o SENHOR: 'Ponha suas coisas em
ordem, pois você vai morrer. Não se recu-
perará dessa doença'".
2 Quando Ezequias ouviu isso, virou o
rosto para a parede e orou ao SENHOR: 3 "Ó
SENHOR, lembra-te de como sempre te servi
com fidelidade e devoção, e de como sem-
pre fiz o que é certo aos teus olhos". De-
pois, o rei chorou amargamente.
4 Então Isaías recebeu esta mensagem
do SENHOR: 5 "Volte a Ezequias e diga-lhe:
Assim diz o SENHOR, o Deus de seu ante-
passado Davi: 'Ouvi sua oração e vi suas
lágrimas. Acrescentarei quinze anos à sua
vida 6 e livrarei você e esta cidade do rei da
Assíria. Sim, defenderei esta cidade.
7 "'Este é o sinal do SENHOR de que cum-
prirá o que prometeu. 8 Farei a sombra do
sol recuar dez graus no relógio de sol[b] de
Acaz'". Então a sombra no relógio de sol
de Acaz recuou dez graus.

POEMA DE LOUVOR DE EZEQUIAS

9 Quando o rei Ezequias se recuperou, es-
creveu este poema:

10 Eu disse: "No pleno vigor de minha vida,
devo entrar no lugar dos mortos?[c]
Serei roubado do restante
de meus anos?".
11 Eu disse: "Nunca mais
verei o SENHOR Deus
na terra dos vivos.
Nunca mais verei pessoa alguma,
nem estarei com os que
vivem neste mundo.
12 Minha vida foi levada embora,
como uma tenda de pastor
na tempestade.
Foi cortada como o tecelão
corta o tecido do tear;
de repente, minha vida se acabou.
13 Esperei a noite inteira
com paciência,
mas era como se leões
me despedaçassem;
de repente, minha vida se acabou.
14 Delirante, chilreava como a
andorinha ou como o grou,
depois gemia como a pomba.
Meus olhos se cansaram de olhar
para o céu à espera de socorro.
Estou aflito, Senhor;
responde-me!".

15 Mas o que posso dizer?
Ele mesmo enviou esta doença.
Agora, andarei humildemente
toda a vida,
por causa da angústia que senti.[d]
16 Senhor, tua disciplina é boa,
pois conduz à vida e à saúde.
Tu restauras minha saúde
e permites que eu viva!
17 Sim, a angústia me fez bem,
pois tu me livraste da morte
e perdoaste todos os
meus pecados.
18 Pois os mortos[e]
não podem exaltar-te;
não podem entoar louvores.
Aqueles que descem à cova
já não podem esperar em
tua fidelidade.
19 Somente os vivos te louvam
como faço hoje;
cada geração fala de tua fidelidade
à geração seguinte.

---

[a] **37.36** Em hebraico, *Quando eles.*
[b] **38.8** Em hebraico, *nos degraus.*
[c] **38.10** Em hebraico, *entrar pelas portas do Sheol?*
[d] **38.15** O significado do hebraico é incerto.
[e] **38.18** Em hebraico, *o Sheol.*

20 Sim, o Senhor está disposto
a me curar!
Com instrumentos de cordas,
entoarei louvores
todos os dias de minha vida,
no templo do Senhor.

21 Isaías tinha dito aos servos de Ezequias:
"Preparem uma pasta de figos e coloquem-
-na sobre a ferida, e Ezequias se recuperará".
22 Ezequias tinha perguntado: "Que sinal
o Senhor dará como prova de que irei ao
templo do Senhor?".

MENSAGEIROS DA BABILÔNIA

39 Pouco tempo depois, Merodaque-
-Baladã, filho de Baladã, rei da Ba-
bilônia, enviou cartas e um presente para
Ezequias, pois soube que o rei tinha estado
muito doente e havia se recuperado. 2 Eze-
quias recebeu com alegria os mensageiros
babilônios e lhes mostrou tudo que havia
na casa do tesouro: a prata, o ouro, as es-
peciarias e os óleos aromáticos. Também
os levou para conhecer seu arsenal e lhes
mostrou tudo que havia nos tesouros do rei.
Não houve nada em seu palácio nem em
seu reino que Ezequias não lhes mostrasse.
3 Então o profeta Isaías foi ver o rei Eze-
quias e lhe perguntou: "O que esses ho-
mens queriam? De onde vieram?".
Ezequias respondeu: "Vieram da Babilô-
nia, uma terra distante".
4 "O que viram em seu palácio?", pergun-
tou Isaías.
"Viram tudo", Ezequias respondeu. "Eu
lhes mostrei tudo que possuo, todos os
meus tesouros."
5 Então Isaías disse a Ezequias: "Ouça
esta mensagem do Senhor dos Exércitos:
6 'Está chegando o dia em que tudo em seu
palácio, todos os tesouros que seus ante-
passados acumularam até agora, será le-
vado para a Babilônia. Não ficará coisa
alguma', diz o Senhor. 7 'Até mesmo alguns
de seus descendentes serão levados para o
exílio. Eles se tornarão eunucos e servirão
no palácio do rei da Babilônia'".
8 Ezequias disse a Isaías: "A mensagem
do Senhor que você transmitiu é boa". Pois
o rei pensava: "Pelo menos haverá paz e se-
gurança durante minha vida".

CONSOLO PARA O POVO DE DEUS

40 "Consolem, consolem meu povo",
diz o seu Deus.
2 "Falem com carinho a Jerusalém;
digam-lhe que seus dias
de luta acabaram
e que seus pecados foram perdoados.
Sim, o Senhor a castigou em dobro
por todos os seus pecados."

3 Ouçam! Uma voz clama:
"Abram caminho no deserto
para o Senhor![a]
Preparem para nosso Deus
uma estrada reta na terra desolada!
4 Aterrem os vales,
nivelem os montes e as colinas.
Endireitem as curvas,
tornem planos os
trechos acidentados.
5 Então a glória do Senhor
será revelada,
e todos a verão.
O Senhor falou!".[b]

6 Uma voz disse: "Clame!".
Eu perguntei: "O que devo clamar?".

"Anuncie que os seres humanos
são como capim;
sua beleza passa depressa,
como as flores do campo.
7 O capim seca e as flores murcham
quando o Senhor sopra sobre elas;
o mesmo acontece aos
seres humanos.
8 O capim seca e as flores murcham,
mas a palavra de nosso Deus
permanece para sempre."

9 Ó Sião, mensageiro de boas notícias,
grite do alto dos montes!
Grite mais forte, ó Jerusalém,[c]
grite sem medo!

---

[a] **40.3** Ou *Uma voz clama no deserto: "Abram caminho para o Senhor!"*.

[b] **40.3-5** A Septuaginta traz *Ele é uma voz que clama no deserto: / "Preparem o caminho para a vinda do Senhor! / Abram uma estrada para nosso Deus! / Aterrem os vales, / nivelem os montes e colinas. / Então a glória do Senhor será revelada, / e todos verão a salvação enviada por Deus. / O Senhor falou!"*. Comparar com Mt 3.3; Mc 1.3; Lc 3.4-6.

[c] **40.9** Ou *Ó mensageiro de boas notícias, grite do alto dos montes para Sião! Grite mais forte para Jerusalém.*

Diga às cidades de Judá:
"Seu Deus está chegando!".
10 Sim, o SENHOR Soberano
vem com poder;
com braço forte governará.
Vejam, ele traz consigo
sua recompensa!
11 Como pastor, ele alimentará
seu rebanho;
levará os cordeirinhos nos braços
e os carregará junto ao coração;
conduzirá ternamente as
ovelhas com suas crias.

NÃO HÁ OUTRO COMO O SENHOR

12 Quem mais segurou os
oceanos nas mãos?
Quem mediu os céus com os dedos?
Quem mais sabe o peso da terra
ou pesou na balança os
montes e as colinas?
13 Quem pode orientar o
Espírito do SENHOR?[a]
Quem sabe o suficiente para
aconselhá-lo ou instruí-lo?
14 Acaso o SENHOR já precisou do
conselho de alguém?
Necessita que o instruam a
respeito do que é bom?
Alguém lhe ensinou o que é certo
ou lhe mostrou o caminho
da sabedoria?

15 Não, pois todas as nações do mundo
não passam de uma gota num balde.
Não são nada mais que pó
sobre a balança.
Ele levanta toda a terra
como se fosse um grão de areia.
16 Nem toda a madeira nos
bosques do Líbano
nem todos os seus animais
seriam suficientes
para um holocausto digno
de nosso Deus.
17 As nações do mundo não
têm valor para ele;
aos seus olhos, valem
menos que nada,
são apenas vazio.

18 A quem vocês podem
comparar Deus?
Que imagem usarão para
representá-lo?
19 Acaso pode ser comparado a
um ídolo feito num molde,
coberto de ouro e enfeitado
com correntes de prata?
20 Quem é pobre demais para
ter um ídolo desses
pode escolher madeira
que não apodrece
e um artesão habilidoso
para entalhar uma imagem
que não tombe!

21 Acaso não ouviram? Não entendem?
Estão surdos para as palavras de Deus,
palavras que ele falou antes
que o mundo existisse?
Será que são tão ignorantes?
22 Deus se senta acima do
círculo da terra;
para ele, as pessoas lá embaixo
parecem gafanhotos.
Estende os céus como uma cortina
e faz com eles sua tenda.
23 Julga os poderosos do mundo
e reduz todos eles a nada.
24 Mal são plantados, mal
chegam a criar raízes,
logo murcham, quando
sopra sobre eles;
o vento os leva embora como palha.

25 "A quem vocês me compararão?
Quem é igual a mim?",
pergunta o Santo.

26 Olhem para os céus;
quem criou as estrelas?
Ele as faz sair como um exército,
uma após a outra,
e chama cada uma pelo nome.
Por causa de seu grande poder e
sua força incomparável,
nenhuma delas ousa se ausentar.

27 Ó Jacó, como pode dizer que o
SENHOR não vê o que se passa?
Ó Israel, como pode dizer que Deus
não se importa com seus direitos?

[a] **40.13** A Septuaginta traz *Quem conhece os pensamentos do SENHOR?* Comparar com Rm 11.34; 1Co 2.16.

28 Você não ouviu?
Não entendeu?
O Senhor é o Deus eterno,
o Criador de toda a terra.
Ele nunca perde as forças nem se cansa,
e ninguém pode medir a
profundidade de sua sabedoria.
29 Dá forças aos cansados
e vigor aos fracos.
30 Até os jovens perdem as
forças e se cansam,
e os rapazes tropeçam
de tão exaustos.
31 Mas os que confiam no Senhor
renovam suas forças;
voam alto, como águias.
Correm e não se cansam,
caminham e não desfalecem.

O AUXÍLIO DE DEUS PARA ISRAEL

41 "Ouçam em silêncio diante de
mim, povos do outro lado do mar;
preparem seus argumentos
mais convincentes.
Venham agora e falem;
o tribunal está pronto para
ouvir seu caso.

2 "Quem instigou esse rei
que vem do leste
e o chamou para o justo
serviço de Deus?
Quem lhe dá vitória sobre
muitas nações
e permite que ele pisoteie seus reis?
Com sua espada, reduz exércitos a pó;
com seu arco, dispersa-os
como palha ao vento.
3 Ele os persegue e segue
adiante em segurança,
mesmo que caminhe em
território desconhecido.
4 Quem realizou feitos tão poderosos
e chamou cada nova geração,
desde o princípio dos tempos?
Eu, o Senhor, o Primeiro e o Último,
somente eu."

5 Os povos do outro lado do mar
observam com temor;
terras distantes estremecem e
se aprontam para a guerra.
6 Cada um encoraja seu amigo,
dizendo: "Seja forte!".
7 O escultor anima o ourives,
e o que faz moldes ajuda na bigorna.
"Muito bem", dizem, "está ficando bom."
Com todo o cuidado, juntam as partes
e fixam o ídolo com pregos,
para que não tombe.

8 "Quanto a você, meu servo Israel,
Jacó, meu escolhido,
descendente de meu amigo Abraão,
9 eu o chamei de volta dos
confins da terra
e disse: 'Você é meu servo'.
Pois eu o escolhi
e não o lançarei fora.
10 Não tenha medo, pois estou com você;
não desanime, pois sou o seu Deus.
Eu o fortalecerei e o ajudarei;
com minha vitoriosa mão
direita o sustentarei.

11 "Sim, todos os seus furiosos inimigos
ficarão confusos e humilhados.
Quem se opuser a você morrerá
e não dará em nada.
12 Você procurará e não encontrará
aqueles que tentaram conquistá-lo.
Quem o atacar
será reduzido a nada.
13 Pois eu o seguro pela mão direita,
eu, o Senhor, seu Deus,
e lhe digo:
'Não tenha medo, estou
aqui para ajudá-lo.
14 Embora você não passe de
um verme, ó Jacó,
não tenha medo, pequenino
Israel, pois eu o ajudarei.
Eu sou o Senhor, seu Redentor,
eu sou o Santo de Israel'.
15 Você será um novo instrumento
de debulhar,
com muitos dentes afiados.
Despedaçará seus inimigos
e transformará os montes em palha.
16 Você os lançará para o alto,
e o vento os levará embora;
um redemoinho os espalhará.
Então você se alegrará no Senhor
e se gloriará no Santo de Israel.

17 "Quando os pobres e
necessitados procurarem
água e não a encontrarem,
e tiverem a língua ressequida
de sede,
eu, o Senhor, os ouvirei;
eu, o Deus de Israel, jamais
os abandonarei.
18 Abrirei rios para eles nos planaltos
e lhes darei fontes de água nos vales.
Encherei o deserto de açudes
e a terra seca, de mananciais.
19 Plantarei árvores no deserto:
cedro, acácia, murta, oliveira,
cipreste, abeto e pinheiro.
20 Assim, todos que virem esse milagre
entenderão o que ele significa:
o Senhor fez isso,
o Santo de Israel o criou.

21 "Apresentem a causa de seus ídolos",
diz o Senhor.
"Que eles mostrem o que são
capazes de fazer",
diz o Rei de Israel.[a]
22 "Que nos digam o que aconteceu
há muito tempo,
para que analisemos as provas,
ou digam o que o futuro reserva,
para que saibamos o que acontecerá.
23 Sim, anunciem o que acontecerá
nos dias por vir;
então saberemos que são
deuses de fato.
Façam alguma coisa, boa ou má!
Façam algo que cause espanto
e nos encha de medo.
24 Mas não! Vocês são menos que
nada e nada podem fazer;
os que escolhem vocês
contaminam a si mesmos.

25 "Eu, porém, levantei um
líder que virá do norte;
desde o leste ele invocará
meu nome.
Eu lhe darei vitória sobre os
líderes dos povos;
ele os pisará como o
oleiro pisa o barro.

[a] **41.21** Em hebraico, *o rei de Jacó*. Ver nota em 14.1.

26 "Quem lhes falou desde o começo
que isto aconteceria?
Quem previu estas coisas
e os fez admitir que tinha razão?
Ninguém disse coisa alguma,
nem uma só palavra!
27 Eu fui o primeiro a dizer a Sião:
'Veja! O socorro está a caminho!'.[b]
Enviarei a Jerusalém um mensageiro
com boas notícias.
28 Nenhum de seus ídolos
lhes disse isso,
nenhum deles respondeu
quando perguntei.
29 São objetos tolos e sem valor;
todos os seus ídolos são
vazios como o vento."

O SERVO ESCOLHIDO DO SENHOR

42 "Vejam meu servo,
que eu fortaleço;
ele é meu escolhido, que
me dá alegria.
Pus sobre ele meu Espírito;
ele trará justiça às nações.
2 Não gritará,
nem levantará a voz em público.
3 Não esmagará a cana quebrada,
nem apagará a chama
que já está fraca;
fará justiça a todos os injustiçados.
4 Não vacilará nem desanimará,
enquanto não fizer a justiça
prevalecer em toda a terra.
Até mesmo terras distantes,
do outro lado do mar,
aguardarão suas instruções."[c]

5 Deus, o Senhor, criou os
céus e os estendeu;
criou a terra e tudo que nela há.
Dá fôlego a cada um
e vida a todos que caminham
sobre a terra.
É ele quem diz:
6 "Eu, o Senhor, o chamei para
mostrar minha justiça;
eu o tomarei pela mão e o protegerei.

[b] **41.27** Ou *Veja! Eles estão voltando para casa!*
[c] **42.4** A Septuaginta traz *E seu nome será a esperança de todo o mundo*. Comparar com Mt 12.21.

Eu o darei a meu povo, Israel,
como símbolo de minha
aliança com eles,
e você será luz para guiar as nações:
7 abrirá os olhos dos cegos,
libertará da prisão os cativos,
livrará os que estão em
calabouços escuros.

8 "Eu sou o Senhor; este é meu nome!
Não darei minha glória a ninguém,
não repartirei meu louvor
com ídolos esculpidos.
9 Tudo que profetizei se cumpriu,
e agora profetizarei novamente;
eu lhes falarei do futuro
antes que aconteça".

CÂNTICO DE LOUVOR AO SENHOR

10 Cantem um novo cântico ao Senhor,
cantem seu louvor desde
os confins da terra!
Cantem, vocês que navegam
pelos mares,
todos vocês que moram em
litorais distantes!
11 Levantem a voz, cidades do deserto,
alegrem-se as vilas de Quedar!
Exultem, habitantes de Sela,
aclamem do alto dos montes!
12 Que o mundo inteiro
glorifique o Senhor
e cante seu louvor!
13 O Senhor marchará como
herói poderoso;
sairá como guerreiro, cheio de fúria.
Dará seu grito de guerra
e esmagará todos os seus inimigos.

14 "Durante muito tempo,
fiquei em silêncio;
sim, me contive.
Agora, porém, como a mulher no parto,
gritarei, gemerei e ficarei ofegante.
15 Arrasarei os montes e as colinas
e acabarei com sua vegetação.
Tornarei os rios em terra seca
e secarei os açudes.
16 Conduzirei este povo cego
por um novo caminho
e o guiarei por um
rumo desconhecido.
Transformarei em luz a
escuridão diante dele
e tornarei planos os
trechos acidentados.
Sim, farei estas coisas;
não o abandonarei.
17 Mas os que confiam em ídolos e
dizem: 'Vocês são nossos deuses',
sofrerão vergonhosa derrota."

ISRAEL NÃO OUVE NEM VÊ

18 "Ouçam, surdos!
Olhem e vejam, cegos!
19 Quem é cego como meu
povo, meu servo?
Quem é surdo como
meu mensageiro?
Quem é cego como meu
povo escolhido,
o servo do Senhor?
20 Vocês veem e reconhecem
o que é certo,
mas se recusam a fazê-lo.
Ouvem com os ouvidos, mas
não prestam atenção."

21 Porque o Senhor é justo,
ele exaltou sua lei gloriosa.
22 Seu povo, porém, foi
roubado e saqueado,
escravizado, aprisionado e
apanhado numa armadilha.
São presa fácil para qualquer um
e não têm quem os proteja,
ninguém que os leve de
volta para casa.

23 Quem ouvirá essas lições do passado
e verá a ruína que os espera no futuro?
24 Quem permitiu que Israel
fosse roubado e ferido?
Foi o Senhor, contra quem pecamos,
pois seu povo não andou
em seu caminho,
nem obedeceu à sua lei.
25 Por isso ele derramou sobre
eles sua ira ardente
e os destruiu na batalha.
Ficaram envoltos em chamas,
mas se recusaram a entender.
Foram consumidos pelo fogo,
mas não aprenderam a lição.

O SALVADOR DE ISRAEL

43 Mas agora, ó Jacó, ouça o
Senhor que o criou;
ó Israel, assim diz aquele
que o formou:
"Não tema, pois eu o resgatei;
eu o chamei pelo nome,
você é meu.
2 Quando passar por
águas profundas,
estarei a seu lado.
Quando atravessar rios,
não se afogará.
Quando passar pelo fogo,
não se queimará;
as chamas não lhe farão mal.
3 Pois eu sou o Senhor, seu Deus,
o Santo de Israel, seu Salvador.
Dei o Egito como resgate
por sua liberdade;
em troca de você, dei a Etiópia[a] e Sebá.
4 Outros foram entregues em seu lugar,
troquei a vida deles pela sua.
Pois você é precioso para mim,
é honrado e eu o amo.

5 "Não tema, pois estou com você;
reunirei você e seus descendentes
desde o leste e o oeste.
6 Direi ao norte e ao sul:
'Tragam de volta meus filhos e filhas,
desde os confins da terra.
7 Tragam todos que me reconhecem
como seu Deus,
pois eu os criei para minha glória;
fui eu quem os formou'".

8 Tragam o povo que tem
olhos, mas é cego,
que tem ouvidos, mas é surdo.
9 Reúnam as nações!
Juntem os povos do mundo!
Qual de seus ídolos predisse
coisas semelhantes a estas?
Qual deles pode prever o que
acontecerá amanhã?
Onde estão as testemunhas
dessas previsões?
Quem pode comprovar que
disseram a verdade?
10 "Você é minha testemunha,
ó Israel!", diz o Senhor.
"Você é meu servo.
Foi escolhido para me conhecer,
para crer em mim,
para entender que somente
eu sou Deus.
Não há outro Deus,
nunca houve e nunca haverá.
11 Eu, somente eu, sou o Senhor,
e não há outro Salvador.
12 Primeiro, previ sua salvação,
então o salvei e proclamei
isso ao mundo.
Nenhum deus estrangeiro
jamais fez algo assim;
você, Israel, é testemunha de
que sou o único Deus",
diz o Senhor.
13 "Desde a eternidade,
eu sou Deus;
não há quem possa livrar
alguém de minha mão,
não há quem possa desfazer
o que eu fiz."

O SENHOR PROMETE VITÓRIA

14 Assim diz o Senhor, seu Redentor, o San-
to de Israel:

"Por sua causa, enviarei um
exército contra a Babilônia;
obrigarei os babilônios[b] a fugir
nos navios de que tanto
se orgulham.
15 Eu sou o Senhor, seu Santo,
Criador e Rei de Israel.
16 Eu sou o Senhor, que abriu uma
passagem no meio das águas,
um caminho seco pelo mar.
17 Chamei o exército poderoso do Egito,
com seus carros e cavalos.
Eu os submergi nas ondas,
e eles se afogaram;
sua vida se apagou como
um pavio fumegante.

18 "Esqueçam tudo isso,
não é nada comparado
ao que vou fazer.

[a] **43.3** Em hebraico, *Cuxe.*

[b] **43.14** Ou *os caldeus.*

O mesmo Deus que corrige é o Todo-Poderoso que cura. Aquele que permite a dor é também o Médico que traz o alívio.

19 Pois estou prestes a realizar algo novo.
Vejam, já comecei! Não percebem?
Abrirei um caminho no
meio do deserto,
farei rios na terra seca.
20 Os animais selvagens nos
campos me glorificarão,
e também os chacais e as corujas,
por lhes dar água no deserto.
Sim, farei rios na terra seca,
para que meu povo escolhido
se refresque.
21 Formei este povo para mim mesmo;
um dia, ele me honrará
perante o mundo.

22 "Mas você, ó Jacó, não clama por mim;
você se cansou de mim, ó Israel!
23 Não me trouxe ovelhas nem
bodes para holocaustos,
não me honrou com sacrifícios,
embora eu não o tenha
sobrecarregado nem cansado
com exigências de ofertas
de cereal e incenso.
24 Você não me trouxe cálamo perfumado,
nem me agradou com a
gordura de sacrifícios.
Em vez disso, me sobrecarregou
com seus pecados
e me cansou com suas maldades.

25 "Eu, somente eu, por minha própria
causa, apagarei seus pecados
e nunca mais voltarei a pensar neles.
26 Relembremos juntos a situação,
apresente sua defesa para
provar inocência.
27 Desde o princípio, seu primeiro
antepassado pecou,
e seus líderes se rebelaram contra mim.
28 Por isso, humilhei seus sacerdotes;
decretei destruição total para Jacó,
vergonha para Israel."

44 "Agora ouça-me, meu servo Jacó,
Israel, meu escolhido.
2 O Senhor, que o criou e que o ajuda, diz:
Não tema, ó Jacó, meu servo,
ó querido Israel,[a] meu escolhido.
3 Pois eu derramarei água
para matar sua sede
e regar seus campos secos.
Derramarei meu Espírito sobre
seus descendentes
e minha bênção sobre suas
futuras gerações.
4 Eles crescerão como capim regado,
como salgueiros à beira do rio.
5 Alguns afirmarão: 'Pertenço ao Senhor',
outros dirão: 'Sou
descendente de Jacó'.
Alguns escreverão nas mãos
o nome do Senhor
e tomarão para si o nome Israel."

A INSENSATEZ DA IDOLATRIA

6 Assim diz o Senhor, Rei e Redentor de Is-
rael, o Senhor dos Exércitos:

"Eu sou o Primeiro e o Último;
não há outro Deus.
7 Quem é semelhante a mim?
Que se apresente à minha frente!
Que faça o que eu fiz desde
os tempos antigos,
quando estabeleci um povo
e anunciei seu futuro.
8 Não tremam, não tenham medo;
acaso não lhes anunciei meus
propósitos há muito tempo?
Vocês são minhas testemunhas:
há outro Deus além de mim?
Não! Não há nenhuma outra
Rocha, nenhuma sequer!".

9 Como são tolos os que
fabricam ídolos!
Esses objetos que tanto estimam
não têm valor algum.
Os que adoram ídolos não sabem disso,
por isso serão envergonhados.
10 Quem senão um tolo faria
seu próprio deus,
um ídolo que em nada pode ajudá-lo?
11 Todos que adoram ídolos
serão envergonhados,
bem como todos esses artesãos,
simples mortais que se dizem
capazes de fazer um deus.
Ainda que unam forças,
estarão unidos em terror e vergonha.

[a] **44.2** Em hebraico, *Jesurum*, termo carinhoso para Israel.

12 O ferreiro trabalha na forja para
criar uma ferramenta afiada;
martela e modela com toda a força.
De tanto trabalhar, sente fome e fraqueza,
fica sedento e desfalece.
13 O escultor, por sua vez, mede
um bloco de madeira
e nele desenha um esboço.
Trabalha com cinzel e plaina
e entalha a imagem de uma pessoa.
Dá à imagem beleza humana
e a coloca num pequeno santuário.
14 Corta cedros,
escolhe cipreste e carvalho,
planta um pinheiro no bosque,
para que a chuva o faça crescer.
15 Então, usa parte da madeira
para fazer fogo
e com ele se aquece e assa o pão.
Depois, pega o que resta
e faz para si um deus para adorar.
Faz um ídolo
e se curva diante dele.
16 Queima parte da árvore
para assar carne,
come e se mantém aquecido.
"Que fogo bom!", diz.
"Já não sinto frio!"
17 Então, pega o que resta
e faz seu deus: um ídolo esculpido.
Curva-se diante dele e o adora,
ora a ele e diz:
"Livra-me,
pois tu és meu deus!".

18 Quanta estupidez e ignorância!
Seus olhos estão fechados, e
ele não consegue ver,
sua mente está fechada, e não
consegue compreender.
19 Aquele que fez o ídolo
não para e pensa:
"Queimei metade da madeira
para me aquecer
e para assar o pão e a carne;
como é possível o restante ser um deus?
Vou me curvar para adorar um
pedaço de madeira?".
20 Tal pessoa se alimenta de cinzas
e engana a si mesma,
confia em algo que em
nada pode ajudá-la.
E, no entanto, não é capaz de perguntar:
"Será que este ídolo que tenho em
mãos não é uma mentira?".

RESTAURAÇÃO PARA JERUSALÉM

21 "Preste atenção, ó Jacó,
pois você é meu servo, ó Israel.
Eu, o Senhor, o formei
e não me esquecerei de você.
22 Afastei seus pecados para
longe, como uma nuvem;
dispersei suas maldades,
como a névoa da manhã.
Volte para mim,
pois paguei o preço do seu resgate."

23 Cantem, ó céus, pois o Senhor
fez esta maravilha!
Gritem de alegria, ó
profundezas da terra!
Irrompam em cânticos,
ó montes, bosques e todas as árvores!
Pois o Senhor resgatou Jacó
e é glorificado em Israel.

24 Assim diz o Senhor,
seu Redentor e Criador:
"Eu sou o Senhor,
que fiz todas as coisas;
sozinho estendi os céus.
Quem estava comigo
quando criei a terra?
25 Mostro que os falsos profetas
são mentirosos
e faço os adivinhos parecerem tolos.
Faço os sábios errarem suas previsões
e assim provo que são insensatos.
26 Mas cumpro as previsões
de meus profetas!
Por meio deles, digo a Jerusalém:
'Este lugar voltará a ser habitado',
e às cidades de Judá:
'Vocês serão reconstruídas;
restaurarei todas as suas ruínas'.
27 Quando eu falar aos rios: 'Sequem',
eles secarão.
28 Quando disser a respeito de
Ciro: 'Ele é meu pastor',
ele certamente fará tudo
que eu quiser.
Ele dirá: 'Reconstruam Jerusalém!'
e ordenará: 'Restaurem o templo!'".

CIRO, O ESCOLHIDO DO SENHOR

45 É isto que diz o Senhor
a Ciro, seu ungido,
cuja mão direita ele fortalecerá.
Diante dele, reis poderosos ficarão
paralisados de medo;
os portões de suas fortalezas se
abrirão e nunca mais se fecharão.
2 Assim diz ele:

"Irei à sua frente, Ciro,
e tornarei planos os montes;
quebrarei os portões de bronze
e destruirei as trancas de ferro.
3 Eu lhe darei tesouros
escondidos na escuridão,
sim, riquezas secretas.
Farei isso para que saiba que
eu sou o Senhor,
o Deus de Israel, que chama
você pelo nome.

4 "Foi por causa de Jacó,
meu servo,
Israel, meu escolhido,
que o chamei para realizar
essa tarefa.
Por isso o chamei pelo nome,
quando você não me conhecia.
5 Eu sou o Senhor;
não há outro Deus.
Eu o preparei para a batalha,
embora você não me conheça,
6 para que todo o mundo,
de leste a oeste,
saiba que não há outro Deus;
eu sou o Senhor, e não há outro.
7 Formo a luz e crio as trevas,
trago a paz e crio a calamidade;
eu, o Senhor, faço essas coisas.

8 "Abram-se, ó céus,
e derramem justiça.
Abra-se a terra,
para que brote a salvação
e, com ela, a justiça;
eu, o Senhor, as criei.

9 "Que aflição espera quem
contesta seu Criador!
Acaso o pote de barro
discute com o oleiro?
O barro argumenta com aquele
que lhe dá forma e diz:
'Você não está fazendo direito!'
ou exclama:
'Você não sabe trabalhar!'?
10 Que terrível seria se uma
criança dissesse ao pai:
'Por que você me gerou?',
e à mãe:
'Por que me trouxe ao mundo?'".

11 Assim diz o Senhor,
o Santo de Israel e seu Criador:
"Querem questionar o que
farei por meus filhos?
Querem dar ordens a respeito do
que minhas mãos fizeram?
12 Eu fiz a terra
e criei os seres humanos
para nela habitarem.
Com minhas mãos, estendi os céus,
e todas as estrelas estão
às minhas ordens.
13 Levantarei esse homem para que
cumpra meu justo propósito
e guiarei suas ações.
Ele restaurará minha cidade e
libertará meu povo cativo,
sem exigir recompensa
nem tributo.
Eu, o Senhor dos Exércitos, falei!".

CONVERSÃO FUTURA DOS GENTIOS

14 Assim diz o Senhor:

"Você governará os egípcios,
os etíopes[a] e os sabeus.
Eles lhe trarão toda a sua mercadoria,
e ela será sua.
Caminharão atrás de você, como
prisioneiros acorrentados;
cairão de joelhos à sua frente e dirão:
'Deus está com você, e ele
é o único Deus;
não há outro além dele'".

15 De fato, ó Deus de Israel,
nosso Salvador,
tu ages de formas misteriosas.

[a] **45.14** Em hebraico, *os cuxitas*.

16 Todos os artesãos que fazem
ídolos serão humilhados;
juntos, serão envergonhados.
17 Mas o Senhor salvará o povo de Israel
com salvação permanente;
nunca mais serão humilhados
e envergonhados.

18 Pois o Senhor é Deus;
criou os céus e a terra
e pôs todas as coisas no devido lugar.
Fez o mundo para ser habitado,
e não para ser um lugar
de vazio e caos.
Ele diz: "Eu sou o Senhor,
e não há outro.
19 Não sussurro coisas obscuras
em algum canto escondido,
nem teria dito ao povo de
Israel[a] que me buscasse
se não fosse possível me encontrar.
Eu, o Senhor falo apenas a verdade
e declaro somente o que é certo.

20 "Reúnam-se e venham,
fugitivos de nações vizinhas!
Como são tolos os que levam consigo
seus ídolos de madeira
e oram a deuses que não
podem salvar!
21 Consultem uns aos outros e
defendam sua causa,
juntem-se e decidam o que dizer.
Quem anunciou essas coisas
tanto tempo atrás?
Quem lhes disse o que aconteceria?
Não fui eu, o Senhor?
Pois não há outro Deus além de mim,
Deus justo e Salvador;
não há outro além de mim.
22 Que todo o mundo se volte
para mim para ser salvo!
Pois eu sou Deus, e não
há nenhum outro.
23 Jurei por meu próprio nome,
disse o que é justo
e não voltarei atrás em minha palavra:
Diante de mim todo joelho se dobrará,
e toda língua me declarará lealdade".[b]

[a] **45.19** Em hebraico, *de Jacó*. Ver nota em 14.1.
[b] **45.23** Em hebraico, *confessará*; a Septuaginta traz *declarará lealdade a Deus*. Comparar com Rm 14.11.

24 O povo dirá:
"O Senhor é a única fonte de
minha justiça e força".
E todos que contra ele se iraram
virão até ele e serão envergonhados.
25 No Senhor, todas as gerações
de Israel serão justificadas
e nele se gloriarão.

OS FALSOS DEUSES DA BABILÔNIA

46 Bel e Nebo, os deuses da Babilônia,
se curvam enquanto
são postos no chão.
São transportados em carros de boi,
e os pobres animais tropeçam
por causa do peso;
2 tanto os ídolos como seus
donos se curvam.
Os deuses não podem proteger o povo,
e o povo não pode proteger os deuses;
vão juntos para o cativeiro.

3 "Ouçam-me, descendentes de Jacó,
todos vocês que restam em Israel.
Eu os carreguei desde que nasceram,
cuidei de vocês desde que
estavam no ventre.
4 Serei o seu Deus por toda a sua vida,
até que seus cabelos fiquem brancos.
Eu os criei e cuidarei de vocês,
eu os carregarei e os salvarei.

5 "A quem vocês me compararão?
Que imagem usarão para
me representar?
6 Alguns gastam seu ouro e sua prata
e contratam um artesão para
lhes fazer um deus;
então se curvam diante
dele e o adoram!
7 Levam-no consigo sobre os ombros
e, quando o põem no lugar,
ali ele fica;
não pode nem mesmo se mexer!
Quando alguém lhe faz uma oração,
ele não responde;
não pode livrar as pessoas
de suas aflições.

8 "Não se esqueçam disto;
tenham-no em mente!
Lembrem-se bem, ó rebeldes!

[9] Lembrem-se do que fiz no passado,
pois somente eu sou Deus;
eu sou Deus, e não há outro
semelhante a mim.
[10] Só eu posso lhes anunciar, desde já,
o que acontecerá no futuro.
Todos os meus planos se cumprirão,
pois faço tudo que desejo.
[11] Chamarei do leste uma
ave de rapina veloz,
um líder de uma terra distante,
para que cumpra minhas ordens.
O que eu disse,
isso farei.

[12] "Ouça-me, povo teimoso
que está longe da justiça.
[13] Pois estou pronto para
endireitar as coisas,
não no futuro distante, mas agora!
Estou pronto para salvar Sião
e para mostrar minha glória a Israel."

QUEDA DA BABILÔNIA

47 "Desça, ó Babilônia,[a]
e sente-se no pó,
pois chegaram ao fim
seus dias no trono.
A bela Babilônia[b] nunca voltará a ser
princesa encantadora e delicada.
[2] Pegue as pedras de moer
e faça farinha,
remova seu véu e tire seu manto;
exponha-se à vista de todos.[c]
[3] Você ficará nua e envergonhada;
eu me vingarei e não terei compaixão."

[4] Nosso Redentor, cujo nome
é SENHOR dos Exércitos,
é o Santo de Israel.

[5] "Ó bela Babilônia, sente-se na
escuridão e no silêncio;
nunca mais será conhecida
como rainha de reinos.
[6] Pois eu estava irado com
meu povo escolhido
e, para castigá-los, os entreguei
em suas mãos.
Mas você não teve compaixão deles
e oprimiu até os idosos.
[7] Disse: 'Serei rainha para sempre!'.
Não refletiu sobre suas ações,
nem pensou nas consequências.

[8] "Ouça isto, você que ama o prazer,
que vive despreocupada,
sentindo-se segura.
Você diz: 'Sou a única, e não há outra;
nunca serei viúva nem
perderei meus filhos'.
[9] Estas duas coisas lhe acontecerão
no mesmo instante:
ficará viúva e perderá seus filhos.
Sim, essas calamidades
virão sobre você,
apesar de toda a sua
feitiçaria e magia.

[10] "Sentia-se segura em sua maldade
e dizia: 'Ninguém me vê'.
Sua sabedoria e seu conhecimento
a enganavam,
e pensava: 'Sou a única, não há outra'.
[11] Por isso a desgraça a alcançará,
e você não poderá evitá-la
com encantamentos.
A calamidade cairá sobre você,
e não terá como comprar
seu livramento.
Uma catástrofe a atingirá de repente,
e não estará preparada para ela.

[12] "Use sua magia!
Use os encantamentos a que se
dedicou todos esses anos!
Talvez eles tenham algum proveito,
talvez assustem alguém.
[13] Você está cansada de
tantos conselhos;
onde estão seus astrólogos,
que observam as estrelas e fazem
previsões todos os meses?
Que se levantem e a salvem do
que o futuro lhe reserva!
[14] Mas eles são como palha
que queima no fogo;
não podem salvar a si
mesmos das chamas.
Você não receberá deles ajuda alguma;
a fogueira deles não aquece ninguém.

[a] **47.1a** Em hebraico, *filha virgem da Babilônia*.
[b] **47.1b** Ou *filha dos caldeus*; também em 47.5.
[c] **47.2** Em hebraico, *desnude as pernas, atravesse os rios*.

15 Seus amigos,
com quem você negociou
desde a juventude,
seguirão cada um o próprio caminho,
e não haverá ninguém que a salve."

O TEIMOSO POVO DE DEUS

48 "Ouça-me, ó família de Jacó,
vocês que são chamados
pelo nome de Israel
e vieram da linhagem de Judá.
Escutem, vocês que juram
em nome do Senhor
e invocam o Deus de Israel,
mas não em verdade e em justiça.
2 Vocês se chamam de habitantes
da cidade santa
e dizem que confiam no
Deus de Israel,
cujo nome é Senhor
dos Exércitos.
3 Muito tempo atrás, eu lhes
disse o que aconteceria;
então agi de modo repentino,
e todas as minhas previsões
se cumpriram.
4 Pois sei como vocês são teimosos;
seu pescoço é rígido como ferro,
e sua cabeça, dura como bronze.
5 Por isso lhes falei o que aconteceria,
anunciei de antemão o que faria,
para que vocês não dissessem:
'Meus ídolos fizeram isso;
minha imagem de madeira
e meu deus de metal
ordenaram que acontecesse!'.
6 Vocês ouviram minhas previsões
e as viram se cumprir,
mas não querem admitir.
Agora lhes anuncio coisas novas,
segredos que vocês ainda
não conheciam.
7 São coisas novíssimas,
não do passado,
para que não digam:
'Já sabíamos disso!'.

8 "Sim, eu lhes falarei de coisas
totalmente novas,
sobre as quais nunca ouviram.
Pois sei muito bem que são traidores,
rebeldes desde que nasceram.
9 Contudo, por causa do meu
nome e minha honra,
refrearei minha ira e não
os exterminarei.
10 Eu os purifiquei, não como
a prata é purificada,
mas na fornalha do sofrimento.
11 Faço isso por minha própria causa,
sim, por minha própria causa.
Não permitirei que meu
nome seja manchado
e não repartirei minha
glória com outros."

LIBERTOS DA BABILÔNIA

12 "Ouça-me, ó família de Jacó,
Israel, meu escolhido!
Somente eu sou Deus,
o Primeiro e o Último.
13 Minha mão lançou os
alicerces da terra,
minha mão direita estendeu
os céus lá no alto.
Quando chamo as estrelas,
elas aparecem todas em ordem."

14 Acaso algum de seus ídolos
lhes disse isso?
Venham todos vocês e ouçam:
O Senhor escolheu seu aliado
e o usará para acabar com o
império da Babilônia
e destruir os exércitos babilônios.[a]

15 "Eu disse: Eu o chamei!
Sim, eu o enviarei nesta missão
e o ajudarei a ter êxito.
16 Cheguem mais perto e ouçam;
desde o princípio, eu lhes disse
claramente o que aconteceria."

Agora, o Senhor Soberano
e seu Espírito
me enviaram com esta mensagem:
17 Assim diz o Senhor,
seu Redentor, o Santo de Israel:
"Eu sou o Senhor, seu Deus,
que lhe ensina o que é bom
e o conduz pelo caminho
que deve seguir.

[a] **48.14** Ou *caldeus.*

[18] Quem dera tivesse prestado
atenção às minhas ordens!
Teria experimentado paz
que flui como um rio,
justiça que o cobriria como
as ondas do mar.
[19] Seus descendentes seriam incontáveis,
como a areia da praia!
Não teria sido necessário destruí-lo,
nem eliminar o nome de sua família".

[20] Saiam do cativeiro!
Deixem a Babilônia e os babilônios![a]
Proclamem esta mensagem!
Anunciem-na em alta voz
para os confins da terra!
O Senhor resgatou seus servos,
o povo de Israel.[b]
[21] Não passaram sede
quando ele os guiou pelo deserto.
Ele partiu a rocha,
e água jorrou para que bebessem.
[22] "Mas para os perversos não
há paz", diz o Senhor.

A COMISSÃO DO SERVO DO SENHOR

49 Ouçam-me, vocês em
terras distantes!
Prestem atenção, vocês
que estão longe!
O Senhor me chamou antes
de meu nascimento;
desde o ventre ele me
chamou pelo nome.
[2] Tornou minhas palavras de
juízo afiadas como espada,
escondeu-me na sombra de sua mão;
sou como flecha afiada em sua aljava.

[3] Ele me disse: "Você é meu servo, Israel,
e me trará glória".

[4] Respondi: "Mas meu trabalho
parece tão inútil!
Esforcei-me em vão, sem
propósito algum.
No entanto, deixo tudo nas
mãos do Senhor;
confio que Deus me recompensará".

[5] Agora, fala o Senhor,
aquele que no ventre me
formou para ser seu servo,
que me encarregou de trazer
Israel de volta para ele.
O Senhor me honrou,
meu Deus me fortaleceu.
[6] Ele diz: "Você fará mais que restaurar
o povo de Israel para mim;
eu o farei luz para os gentios,
e você levará minha salvação
aos confins da terra".

[7] O Senhor, o Redentor e o
Santo de Israel,
diz àquele que é desprezado
e rejeitado pelas nações,
àquele que é servo dos governantes:
"Reis se levantarão
quando você passar,
príncipes se curvarão até o chão,
por causa do Senhor, que é fiel,
por causa do Santo de Israel,
que o escolheu".

PROMESSAS DA RESTAURAÇÃO DE ISRAEL

[8] Assim diz o Senhor:

"No tempo certo, eu lhe responderei;[c]
no dia da salvação, o ajudarei.
Eu o protegerei e o darei ao povo,
para que seja símbolo da
minha aliança com eles.
Por seu intermédio, restabelecerei
a terra de Israel
e a devolverei a seu povo.
[9] Direi aos prisioneiros:
'Saiam em liberdade!',
e aos que estão na escuridão:
'Venham para a luz!'.
Serão minhas ovelhas e se
alimentarão em pastos verdes
e nas colinas que antes
eram estéreis.
[10] Não terão fome nem sede,
e o sol ardente não os atingirá.
Pois o Senhor, em sua
misericórdia, os guiará;
ele os conduzirá a águas frescas.

[a] **48.20a** Ou *os caldeus.*
[b] **48.20b** Em hebraico, *seu servo Jacó.* Ver nota em 14.1.
[c] **49.8** A Septuaginta traz *eu o ouvirei.* Comparar com 2Co 6.2.

11 Transformará os montes
em caminhos planos,
e as estradas serão erguidas
acima dos vales.
12 Vejam, meu povo retornará de longe,
de terras ao norte e a oeste,
e de lugares distantes ao
sul, como o Egito".[a]

13 Cantem, ó céus!
Alegre-se, ó terra!
Irrompam em cânticos, ó montes!
Pois o Senhor consolou seu povo
e terá compaixão dele em
meio ao sofrimento.
14 Sião, porém, diz: "O Senhor
nos abandonou,
o Senhor se esqueceu de nós".

15 "Pode a mãe se esquecer do
filho que ainda mama?
Pode deixar de sentir amor pelo
filho que ela deu à luz?
Mesmo que isso fosse possível,
eu não me esqueceria de vocês!
16 Vejam, escrevi seu nome na
palma de minhas mãos;
seus muros em ruínas estão
sempre em minha mente.
17 Em breve, seus descendentes voltarão,
e todos que procuram
destruí-la irão embora.
18 Olhe ao redor e veja,
pois todos os seus filhos
voltarão para você.
Tão certo como eu vivo", diz o Senhor,
"eles serão como joias, e você
se enfeitará com eles,
como uma noiva se enfeita.

19 "Seu povo logo encherá
até as regiões mais desoladas
de sua terra abandonada.
Seus inimigos, que a escravizaram,
estarão bem longe.
20 As gerações nascidas no
exílio voltarão e dirão:
'Precisamos de mais espaço!
Esta terra é pequena demais!'.
21 Então você pensará:
'Quem me deu todos
esses descendentes?
Quase todos os meus filhos
foram mortos,
e os que restaram foram
levados para o exílio;
fiquei aqui sozinha.
De onde veio tanta gente?
Quem os criou para mim?'"

22 Assim diz o Senhor Soberano:
"Vejam, darei um sinal às nações;
elas trarão os filhos pequenos de
Israel de volta nos braços
e carregarão as filhas nos ombros.
23 Reis e rainhas os servirão
e atenderão a todas as
suas necessidades.
Eles se curvarão diante de você
com o rosto no chão
e lamberão o pó de seus pés.
Então você saberá que eu sou o Senhor;
quem confia em mim jamais
será envergonhado".

24 Quem pode tirar o despojo das
mãos de um guerreiro?
Quem pode exigir que um tirano[b]
liberte seus prisioneiros?
25 Mas o Senhor diz:
"Os cativos dos guerreiros serão libertos,
e o despojo dos tiranos será retomado.
Pois lutarei contra os que
lutam contra você
e salvarei seus filhos.
26 Alimentarei seus inimigos com
a própria carne deles,
ficarão bêbados com rios
do próprio sangue.
Todo o mundo saberá que eu, o Senhor,
sou seu Salvador e seu Redentor,
o Poderoso de Israel".[c]

50 Assim diz o Senhor:
"Acaso sua mãe foi mandada embora
porque me divorciei dela?

[a] **49.12** Conforme os manuscritos do mar Morto, que trazem *da região de Assuã*, no sul do Egito; o Texto Massorético traz *da região de Sinim*.

[b] **49.24** Conforme os manuscritos do mar Morto, a versão siríaca e a Vulgata (ver tb. 49.25); o Texto Massorético traz *um justo*.

[c] **49.26** Em hebraico, *de Jacó*. Ver nota em 14.1.

Vendi vocês como escravos
para meus credores?
Não, foram vendidos por causa
de seus pecados,
e sua mãe se foi por causa
da rebeldia de vocês.
2 Por que ninguém apareceu
quando eu vim?
Por que ninguém respondeu
quando chamei?
É porque não tenho poder para libertar?
Pois eu, com uma simples
palavra, seco o mar
e transformo rios em desertos
cheios de peixes mortos.
3 Visto os céus com escuridão
e cubro-os com roupas de luto".

O OBEDIENTE SERVO DO SENHOR

4 O Senhor Soberano me deu suas
palavras de sabedoria,
para que eu saiba consolar
os cansados.
Todas as manhãs ele me acorda
e abre meu entendimento
para ouvi-lo.
5 O Senhor Soberano falou comigo,
e eu ouvi;
não me rebelei nem me afastei.
6 Ofereci as costas aos que me batiam
e a face aos que me
arrancavam a barba.
Não escondi o rosto
daqueles que zombavam de mim
e em mim cuspiam.

7 Porque o Senhor Soberano me ajuda,
não serei envergonhado.
Por isso, firmei o rosto como uma pedra
e sei que não serei envergonhado.
8 Aquele que me faz justiça está perto;
quem se atreverá a se
queixar de mim?
Onde estão meus acusadores?
Que se apresentem!
9 Vejam, o Senhor Soberano
está do meu lado!
Quem me declarará culpado?
Todos os meus inimigos
serão destruídos
como roupas velhas,
comidas pelas traças.

10 Quem entre vocês teme o Senhor
e obedece a seu servo?
Se vocês caminham na escuridão,
sem um raio de luz sequer,
confiem no Senhor
e apoiem-se em seu Deus.
11 Mas tenham cuidado, vocês que
vivem em sua própria luz
e se aquecem em seu próprio fogo.
Esta é a recompensa que
receberão de mim:
em breve cairão em
grande tormento.

CHAMADO PARA CONFIAR NO SENHOR

51 "Ouçam-me, todos que
procuram justiça,
todos que buscam o Senhor!
Olhem para a rocha da qual
foram cortados,
para a pedreira de onde
foram extraídos.
2 Sim, pensem em Abraão,
seu antepassado,
e em Sara, que deu à luz sua nação.
Abraão era apenas um
quando eu o chamei,
mas o abençoei e o tornei
uma grande nação."

3 O Senhor voltará a consolar Sião
e terá compaixão de suas ruínas.
Seu deserto florescerá como o Éden,
sua terra desolada, como
o jardim do Senhor.
Ali haverá alegria e exultação,
e cânticos de gratidão
encherão o ar.

4 "Ouça-me, povo meu;
escute-me, nação minha,
pois minha lei será proclamada,
e meu juízo se tornará luz
para as nações.
5 Minha justiça logo virá,
minha salvação está a caminho;
meu braço forte julgará as nações.
Todas as terras distantes
olharão para mim
e aguardarão com esperança
meu braço poderoso.

6 Levantem os olhos para
os céus lá no alto
e olhem para a terra embaixo.
Os céus desaparecerão como fumaça,
e a terra se gastará como
uma peça de roupa.
Os habitantes da terra morrerão
como moscas,
mas minha salvação é permanente;
meu governo justo não terá fim!

7 "Ouçam-me, vocês que sabem a
diferença entre certo e errado,
que têm minha lei no coração.
Não se assustem com o
desprezo das pessoas,
nem temam seus insultos.
8 Pois a traça os comerá como
se fossem uma roupa;
o verme os devorará como
se fossem lã.
Minha justiça, porém, durará
para sempre;
minha salvação continuará
de geração em geração!"

9 Desperta, desperta, ó Senhor!
Veste-te de força!
Move teu braço poderoso!
Levanta-te como fizeste
nos dias passados,
quando mataste o Egito,
o dragão do Nilo.[a]
10 Não és o mesmo hoje,
aquele que secou as águas
e fez um caminho no fundo do mar
para que seu povo atravessasse?
11 Os que foram resgatados
pelo Senhor voltarão;
entrarão em Sião cantando,
coroados de alegria sem fim.
Tristeza e lamento desaparecerão,
e eles se encherão de
alegria e exultação.

12 "Sim, sou eu quem os consola;
por que, então, temem
simples mortais,
que murcham como o capim
e desaparecem?
13 Vocês, porém, se esqueceram
do Senhor, seu Criador,
aquele que estendeu os céus e
lançou os alicerces da terra.
Viverão com medo de
opressores humanos?
Continuarão a temer a ira
de seus inimigos?
Onde está a fúria deles agora?
14 Em breve, todos vocês
cativos serão libertos;
prisão, fome e morte não
serão seu destino!
15 Pois eu sou o Senhor, seu Deus,
que agita os mares e faz
as ondas rugirem;
meu nome é Senhor dos Exércitos.
16 Pus minhas palavras em sua boca
e o escondi em segurança
em minha mão.
Estendi[b] os céus
e lancei os alicerces da terra.
Sou eu quem diz a Israel:
'Tu és meu povo!'."

17 Desperte, desperte, ó Jerusalém!
Você bebeu do cálice da ira do Senhor,
bebeu do cálice do terror,
virou-o até a última gota.
18 Não sobrou nenhum de seus filhos
para pegá-la pela mão e guiá-la.
19 Duas calamidades a atingiram:
desolação e destruição, fome e guerra.
E quem restou para ter
compaixão de você?
Quem restou para consolá-la?[c]
20 Seus filhos desmaiaram e
estão caídos pelas ruas,
indefesos como antílopes
pegos numa rede.
O Senhor derramou sua ira,
sim, Deus os repreendeu.

21 Agora, porém, ouçam isto,
vocês que estão aflitos
e completamente embriagados,
mas não com vinho.

O belo está em tudo o que o Senhor realiza, pois faz parte de sua essência.

[a] **51.9** Em hebraico, *mataste Raabe, transpassaste o dragão*. Ver nota em 30.7.

[b] **51.16** Conforme a versão siríaca (ver tb. 51.13); o hebraico traz *Plantei*.

[c] **51.19** Conforme os manuscritos do mar Morto, a Septuaginta, a versão siríaca e a Vulgata; o Texto Massorético traz *Como posso consolá-la?*

22 Assim diz o SENHOR Soberano,
seu Deus e Defensor:
"Vejam, tirei de suas mãos
o cálice terrível;
não beberão mais de minha ira.
23 Agora, darei esse cálice aos
que os atormentaram
e lhes disseram:
'Pisaremos em vocês no pó
e andaremos sobre suas costas'".

LIVRAMENTO PARA JERUSALÉM

52 Desperte, desperte, ó Sião!
Vista-se de força!
Ponha suas lindas roupas, ó
cidade santa de Jerusalém,
pois os incircuncisos e os impuros
não entrarão mais por
seus portões.
2 Levante-se do pó, ó Jerusalém,
sente-se no lugar de honra.
Tire de seu pescoço as correntes
de escravidão,
ó cativa Sião.[a]
3 Pois assim diz o SENHOR:
"Quando eu a vendi ao exílio,
não recebi pagamento algum.
Agora a resgatarei
sem ter de pagar por você".

4 Assim diz o SENHOR Soberano: "Há mui-
to tempo, meu povo escolheu morar no
Egito. Agora, a Assíria os oprime sem ne-
nhuma razão. 5 O que é isso?", pergunta o
SENHOR. "Por que meu povo foi escravizado
novamente? Aqueles que os dominam gri-
tam de alegria.[b] Meu nome é blasfemado o
dia inteiro.[c] 6 Mas eu revelarei meu nome
ao meu povo, e eles, por fim, reconhecerão
que sou eu quem fala com eles."

7 Como são belos sobre os montes
os pés do mensageiro que
traz boas-novas,
boas-novas de paz e salvação,
de que o Deus de Israel[d] reina!
8 Os vigias gritam e cantam de alegria,
pois, com os próprios olhos,
veem o SENHOR voltar a Sião.
9 Que as ruínas de Jerusalém
gritem de alegria,
pois o SENHOR consolou seu povo;
ele resgatou Jerusalém.
10 O SENHOR mostrou seu santo poder
diante dos olhos de todas as nações.
Todos os confins da terra verão
a salvação de nosso Deus.

11 Saiam! Saiam e deixem
para trás o cativeiro,
não toquem no que é impuro.
Saiam daí e purifiquem-se,
vocês que levam de volta os
objetos sagrados do SENHOR.
12 Não partirão às pressas,
como quem foge para salvar a vida,
pois o SENHOR irá à sua frente;
sim, o Deus de Israel os
protegerá na retaguarda.

O SERVO SOFREDOR

13 Vejam, meu servo terá êxito;
será muito exaltado.
14 Muitos, porém, ficaram
espantados quando o viram:[e]
seu rosto estava tão desfigurado
que mal parecia humano;
por seu aspecto, quase não era
possível reconhecê-lo como homem.
15 Ele causará assombro em[f]
muitas nações;
reis ficarão mudos diante dele,
pois verão aquilo que ninguém
lhes havia falado,
entenderão aquilo que
nunca tinham ouvido.[g]

53 Quem creu em nossa mensagem?
A quem o SENHOR revelou
seu braço forte?
2 Meu servo cresceu em sua presença,
como tenro broto verde,
como raiz em terra seca.

[a] **52.2** Em hebraico, *filha de Sião.*
[b] **52.5a** Conforme os manuscritos do mar Morto; o Texto Massorético traz *Aqueles que os dominam se lamentam.*
[c] **52.5b** A Septuaginta traz *Os gentios continuam a blasfemar meu nome por causa de vocês.* Comparar com Rm 2.24.
[d] **52.7** Em hebraico, *de Sião.*
[e] **52.14** Conforme a versão siríaca; o hebraico traz *viram você.*
[f] **52.15a** Ou *purificará.*
[g] **52.15b** A Septuaginta traz *Aqueles aos quais ele nunca foi anunciado verão, / e os que nunca ouviram falar dele entenderão.* Comparar com Rm 15.21.

Não havia nada de belo nem
majestoso em sua aparência,
nada que nos atraísse.
3 Foi desprezado e rejeitado,
homem de dores, que conhece o
sofrimento mais profundo.
Demos as costas para ele e
desviamos o olhar;
ele foi desprezado, e não
nos importamos.

4 Apesar disso, foram as
nossas enfermidades que
ele tomou sobre si,
e foram as nossas doenças
que pesaram sobre ele.
Pensamos que seu sofrimento
era castigo de Deus,
castigo por sua culpa.
5 Mas ele foi ferido por causa
de nossa rebeldia
e esmagado por causa de
nossos pecados.
Sofreu o castigo para que
fôssemos restaurados
e recebeu açoites para que
fôssemos curados.
6 Todos nós nos desviamos
como ovelhas;
deixamos os caminhos de Deus
para seguir os nossos caminhos.
E, no entanto, o Senhor fez cair sobre ele
os pecados de todos nós.

7 Ele foi oprimido e humilhado,
mas não disse uma só palavra.
Foi levado como cordeiro
para o matadouro;
como ovelha muda diante
dos tosquiadores,
não abriu a boca.
8 Condenado injustamente,
foi levado embora.[a]
Ninguém se importou de ele morrer
sem deixar descendentes,
de sua vida ser cortada no
meio do caminho.[b]
Mas ele foi ferido mortalmente
por causa da rebeldia do meu povo.
9 Não havia cometido nenhuma injustiça
e jamais havia enganado alguém.
Ainda assim, foi sepultado
como criminoso,
colocado no túmulo de um homem rico.

10 Fazia parte do plano
do Senhor esmagá-lo
e causar-lhe dor.
Quando, porém, sua vida for entregue
como oferta pelo pecado,
ele terá muitos descendentes.
Terá vida longa,
e o plano do Senhor prosperará
em suas mãos.
11 Quando ele vir tudo que
resultar de sua angústia,
ficará satisfeito.
E, por causa de tudo que meu
servo justo passou,
ele fará que muitos sejam
considerados justos,
pois levará sobre si os pecados deles.
12 Eu lhe darei as honras de
um soldado vitorioso,
pois ele se expôs à morte.
Foi contado entre os rebeldes;
levou sobre si a culpa de muitos
e intercedeu pelos pecadores.

A GLÓRIA FUTURA DE JERUSALÉM

54 "Cante, ó mulher sem filhos,
você que nunca deu à luz!
Cante alegremente, em alta
voz, ó Jerusalém,
você que nunca esteve
em trabalho de parto!
Pois a abandonada agora
tem mais filhos
que a mulher que vive com o marido",
diz o Senhor.
2 "Amplie o lugar onde mora,
construa mais um cômodo,
aumente sua casa, e não
economize nisso!
3 Pois logo você transbordará
para todos os lados;
seus descendentes ocuparão
outras nações
e povoarão as cidades arruinadas.

[a] **53.8a** A Septuaginta traz *Foi humilhado e a justiça lhe foi negada*. Comparar com At 8.33.

[b] **53.8b** Ou *Quanto a seus contemporâneos, / quem se importou que sua vida foi cortada no meio do caminho?* A Septuaginta traz *Quem pode falar de seus descendentes? / Pois sua vida foi tirada da terra*. Comparar com At 8.33.

4 "Não se assuste; você não
será envergonhada.
Não tenha medo; você não
sofrerá humilhação.
Não se lembrará mais da vergonha
de sua juventude,
nem da tristeza da viuvez.
5 Pois seu marido será aquele que a fez;
o Senhor dos Exércitos é seu nome!
Ele é seu Redentor, o Santo de Israel,
o Deus de toda a terra.
6 Pois o Senhor a chamou de
volta de seu lamento,
você que era como uma jovem
esposa abandonada",
diz o seu Deus.
7 "Por um breve tempo eu a abandonei,
mas com grande compaixão
a receberei de volta.
8 Num ímpeto de fúria, escondi meu
rosto de você por um momento,
mas com amor eterno terei
compaixão de você",
diz o Senhor, seu Redentor.

9 "Assim como jurei no tempo de Noé
que nunca mais cobriria a
terra com um dilúvio,
agora juro que nunca mais
ficarei irado com você
nem a castigarei.
10 Pois, ainda que os montes se movam
e as colinas desapareçam,
meu amor por você permanecerá.
A aliança de minha bênção
jamais será quebrada",
diz o Senhor, que tem
compaixão de você.

11 "Ó cidade açoitada por tempestades,
aflita e desolada!
Eu a reconstruirei com pedras preciosas
e edificarei seus alicerces com safiras.
12 Farei suas torres de rubis cintilantes,
seus portões, de joias brilhantes,
seus muros, de pedras preciosas.
13 Ensinarei seus filhos,
e eles terão grande paz.
14 Você estará segura sob um
governo justo e imparcial,
e seus inimigos se
manterão afastados.
Viverá em paz,
e nenhum terror se aproximará.
15 Se alguma nação vier
lutar contra você,
não será porque eu a enviei;
todos que a atacarem
serão derrotados.

16 "Eu criei o ferreiro
que abana as brasas do fogo
e produz armas de destruição,
e criei os exércitos que destroem.
17 Naquele dia, porém,
nenhuma arma voltada
contra você prevalecerá.
Você calará toda voz
que se levantar para acusá-la.
É assim que o Senhor agirá em
favor de seus servos;
eu lhes farei justiça.
Eu, o Senhor, falei!"

CONVITE À SALVAÇÃO

55 "Alguém tem sede?
Venha e beba, mesmo
que não tenha dinheiro!
Venha, beba vinho ou leite;
é tudo de graça!
2 Por que gastar seu dinheiro com
comida que não fortalece?
Por que pagar por aquilo
que não satisfaz?
Ouçam-me, e vocês comerão
o que é bom
e se deliciarão com os alimentos
mais saborosos.

3 "Venham a mim com os
ouvidos bem abertos;
escutem, e encontrarão vida.
Farei com vocês uma
aliança permanente,
o amor que fielmente prometi a Davi.
4 Vejam como eu o usei para mostrar
meu poder aos povos;
eu o fiz governante das nações.
5 Vocês também darão ordens a
nações que não conhecem,
e povos desconhecidos virão
correndo lhes obedecer.
Pois eu, o Senhor, seu Deus,
o Santo de Israel, os tornei gloriosos."

6 Busquem o Senhor enquanto
podem achá-lo;
invoquem-no agora, enquanto
ele está perto.
7 Que os perversos mudem de conduta
e deixem de lado até mesmo
a ideia de fazer o mal.
Que se voltem para o Senhor, para que
ele tenha misericórdia deles;
sim, voltem-se para nosso Deus, pois
ele os perdoará generosamente.

8 "Meus pensamentos são muito
diferentes dos seus", diz o Senhor,
"e meus caminhos vão muito
além de seus caminhos.
9 Pois, assim como os céus são
mais altos que a terra,
meus caminhos são mais altos
que seus caminhos,
e meus pensamentos, mais altos
que seus pensamentos.

10 "A chuva e a neve descem dos céus
e na terra permanecem até regá-la.
Fazem brotar os cereais
e produzem sementes para o agricultor
e pão para os famintos.
11 O mesmo acontece à minha palavra:
eu a envio, e ela sempre produz frutos.
Ela fará o que desejo
e prosperará aonde quer que eu a enviar.
12 Vocês viverão com alegria e paz;
os montes e as colinas cantarão,
e as árvores do campo baterão palmas.
13 Onde antes havia espinhos,
crescerá o cipreste;
onde antes havia urtigas,
brotará a murta.
Isso resultará em glória para
o nome do Senhor;
será sinal permanente, que
nunca será destruído."

BÊNÇÃOS PARA TODAS AS NAÇÕES

56 Assim diz o Senhor:

"Sejam justos e façam o que é certo,
pois logo virei para livrá-los
e para mostrar minha
justiça entre vocês.
2 Feliz é aquele
que tiver o cuidado de
agir desse modo.
Feliz é aquele que honrar
meus sábados
e evitar fazer o mal.

3 "Não permitam que o estrangeiro
comprometido com o Senhor diga:
'O Senhor jamais me deixará
fazer parte de seu povo'.
E não permitam que o eunuco diga:
'Sou uma árvore seca, sem
filhos e sem futuro'.
4 Pois assim diz o Senhor:
Eu abençoarei os eunucos
que guardarem meus sábados
e fizerem o que me agrada
e se apegarem à minha aliança.
5 Eu lhes darei, dentro dos
muros de minha casa,
um memorial e um nome
muito maior que filhos e filhas.
Pois o nome que lhes darei
é permanente;
nunca desaparecerá!

6 "Abençoarei também os estrangeiros
comprometidos com o Senhor,
que o servem e amam seu nome,
que o adoram e não profanam o sábado
e que se apegam firmemente
à minha aliança.
7 Eu os levarei ao meu santo monte
e os encherei de alegria em
minha casa de oração.
Aceitarei seus holocaustos
e sacrifícios,
pois meu templo será chamado casa
de oração para todas as nações.
8 Pois o Senhor Soberano,
que traz de volta os exilados, diz:
Também trarei outros de volta,
além do meu povo, Israel".

CONDENAÇÃO DOS LÍDERES PECADORES

9 Venham, animais do campo!
Venham, animais do bosque!
Venham e devorem!
10 Pois os vigias do meu povo
são cegos e ignorantes.

São como cães de guarda mudos,
que não avisam quando o
perigo se aproxima.
Gostam de ficar deitados,
dormindo e sonhando;
11 como cães gulosos, nunca
estão satisfeitos.
São pastores ignorantes;
cada um segue seu caminho e
procura seus interesses.
12 Dizem: "Venham, vamos arranjar
vinho e dar uma festa;
vamos nos embebedar.
Amanhã faremos a mesma coisa,
e daremos uma festa ainda maior!".

57 O justo perece,
e o fiel muitas vezes morre cedo,
mas ninguém parece se importar
nem se perguntar por quê.
Ninguém parece entender
que Deus os poupa do mal que virá.
2 Pois quem anda
por caminhos íntegros
descansará em paz quando morrer.

CONDENAÇÃO DA IDOLATRIA

3 "Mas vocês, filhos de
feiticeiras, venham cá!
Aproximem-se, filhos de
adúlteros e de prostitutas!
4 De quem vocês zombam,
fazendo caretas e
mostrando a língua?
Vocês são filhos de pecadores
e de mentirosos!
5 Adoram seus ídolos com
ardente paixão,
debaixo dos carvalhos e de
toda árvore verdejante.
Sacrificam os filhos nos vales,
entre as rochas dos desfiladeiros.
6 Seus deuses são as pedras
lisas nos vales;
vocês os adoram com ofertas
derramadas e ofertas de cereais.
Eles, e não eu, são sua herança;
pensam que tudo isso me agrada?
7 Cometeram adultério em
todos os montes altos;
ali adoraram seus ídolos
e foram infiéis a mim.
8 Puseram símbolos pagãos
nos batentes e atrás das portas.
Abandonaram-me
e foram para a cama com esses
deuses detestáveis.
Comprometeram-se com eles
e gostam de olhar seus corpos nus.
9 Foram até Moloque,[a]
com óleo de azeite e
muitos perfumes,
e enviaram para longe
seus mensageiros,
até mesmo ao mundo dos mortos.[b]
10 Cansaram-se de tanto procurar,
mas nunca desistiram.
O desejo renovou suas forças,
de modo que não ficaram exaustos.

11 "Vocês temem esses ídolos?
Eles os apavoram?
Foi por isso que mentiram para mim
e se esqueceram de mim e
de minhas palavras?
Foi por causa do meu longo silêncio
que deixaram de me temer?
12 Agora mostrarei a todos
essas suas boas obras;
nenhuma delas os ajudará.
13 Vejamos se seus ídolos os salvarão
quando clamarem por socorro.
Até um sopro de vento é
capaz de derrubá-los;
basta alguém respirar sobre eles
para que tombem!
Mas quem confia em mim
herdará a terra
e possuirá meu santo monte."

DEUS PERDOA OS ARREPENDIDOS

14 Deus diz: "Preparem o caminho!
Tirem do meio da estrada
as rochas e as pedras,
para que meu povo passe!".
15 O Alto e Sublime, que
vive na eternidade,
o Santo diz:
"Habito nos lugares altos e santos,
e também com os de espírito
oprimido e humilde.

[a] **57.9a** Ou *Foram ao rei.*
[b] **57.9b** Em hebraico, *até o Sheol.*

Dou novo ânimo aos abatidos
e coragem aos de coração arrependido.
16 Porque não lutarei contra
vocês para sempre,
nem ficarei eternamente irado.
Se o fizesse, todos morreriam,
sim, todos os seres que eu criei.
17 Por causa da cobiça do meu povo,
fiquei furioso e os castiguei.
Afastei-me deles,
mas continuaram a seguir
seu caminho obstinado.
18 Tenho visto o que fazem,
mas ainda assim irei curá-los.
Eu os guiarei,
consolarei os que choram,
19 porei em seus lábios
palavras de louvor.
Que eles tenham muita paz,
tanto os que estão perto como
os que estão longe",
diz o Senhor, que os cura.
20 "Os perversos, porém,
são como o mar agitado
que nunca se aquieta
e revolve lama e sujeira sem parar.
21 Para os perversos não há paz",
diz o meu Deus.

VERDADEIRA E FALSA ADORAÇÃO

58 "Grite alto, com todas as suas forças!
Grite alto, como o
som da trombeta!
Fale ao meu povo, Israel,[a]
sobre sua rebeldia e seus pecados!
2 Apesar disso, agem como
se fossem piedosos!
Vêm ao templo todos os dias
e parecem ter prazer em
aprender a meu respeito.
Agem como nação justa
que jamais abandonaria
as leis de seu Deus.
Pedem que eu atue em favor deles
e fingem querer estar perto de mim.
3 Dizem: 'Jejuamos diante de ti!
Por que não prestas atenção?
Nós nos humilhamos com severidade,
e tu nem reparas!'.

"Vou lhes dizer por quê", eu respondo.
"É porque jejuam para
satisfazer a si mesmos.
Enquanto isso,
oprimem seus empregados.
4 De que adianta jejuar,
se continuam a brigar e discutir?
Com esse tipo de jejum,
não ouvirei suas orações.
5 Vocês se humilham
ao cumprir os rituais:
curvam a cabeça,
como junco ao vento,
vestem-se de pano de saco e
cobrem-se de cinzas.
É isso que chamam de jejum?
Acreditam mesmo que
agradará o Senhor?

6 "Este é o tipo de jejum que desejo:
Soltem os que foram
presos injustamente,
aliviem as cargas
de seus empregados.
Libertem os oprimidos,
removam as correntes que
prendem as pessoas.
7 Repartam seu alimento
com os famintos,
ofereçam abrigo
aos que não têm casa.
Deem roupas aos que precisam,
não se escondam dos que
carecem de ajuda.

8 "Então sua luz virá como o amanhecer,
e suas feridas sararão num instante.
Sua justiça os conduzirá adiante,
e a glória do Senhor os
protegerá na retaguarda.
9 Então vocês clamarão, e o
Senhor responderá.
'Aqui estou', ele dirá.

"Removam o jugo pesado de opressão,
parem de fazer acusações
e espalhar boatos maldosos.
10 Deem alimento aos famintos
e ajudem os aflitos.
Então sua luz brilhará na escuridão,
e a escuridão ao redor se tornará
clara como o meio-dia.

[a] **58.1** Em hebraico, *Jacó*. Ver nota em 14.1.

[11] O SENHOR os guiará continuamente,
lhes dará água quando tiverem sede
e restaurará suas forças.
Vocês serão como um jardim bem regado,
como a fonte que não para de jorrar.
[12] Reconstruirão as ruínas
desertas de suas cidades
e serão conhecidos como
reparadores de muros
e restauradores de ruas e casas.

[13] "Guardem o sábado como dia santo;
não usem esse dia para cuidar
de seus interesses.
Desfrutem o sábado
e falem dele com prazer, como
dia santo do SENHOR.
Honrem o sábado com tudo
que fizerem nesse dia;
não sigam seus desejos, nem
falem coisas inúteis.
[14] Então o SENHOR será sua alegria;
grande honra lhes darei
e os sustentarei com a propriedade que
prometi a seu antepassado Jacó.
Eu, o SENHOR, falei!"

ADVERTÊNCIAS CONTRA O PECADO

59 Ouçam! O braço do SENHOR não
é fraco demais para salvá-los,
nem seu ouvido é surdo para ouvi-los.
[2] Foram suas maldades que os
separaram de Deus;
por causa de seus pecados,
ele se afastou
e já não os ouvirá.
[3] Suas mãos estão manchadas de sangue,
e seus dedos, imundos de pecado.
Seus lábios estão cheios de mentiras,
e sua boca transborda de corrupção.

[4] Ninguém se preocupa em
ser justo e íntegro;
os processos judiciais se
baseiam em mentiras.
As pessoas concebem maldades
e dão à luz o pecado.
[5] Chocam serpentes venenosas
e tecem teias de aranha.
Quem comer seus ovos morrerá,
quem neles pisar fará sair uma víbora.
[6] Suas teias não servem de roupa,
e ninguém pode se cobrir com elas.
Tudo que fazem é cheio de pecado,
e a violência é sua marca.
[7] Seus pés correm para fazer o mal
e se apressam em cometer homicídio.
Pensam somente em pecar;
por onde passam, deixam
sofrimento e destruição.
[8] Não sabem onde encontrar paz,
não entendem o que
significa ser justo.
Traçaram caminhos tortuosos,
e quem os segue não sabe
o que é paz.

[9] Não há retidão em nosso meio,
não sabemos viver de modo justo.
Procuramos luz, mas só
encontramos trevas;
procuramos claridade, mas
andamos na escuridão.
[10] Apalpamos as paredes,
como cegos;
andamos tateando, como
quem não tem olhos.
Mesmo no mais claro meio-dia,
tropeçamos como se fosse noite.
Entre os vivos,
somos como os mortos.
[11] Rugimos como ursos,
gememos como pombas.
Procuramos justiça, mas
ela nunca chega;
procuramos salvação, mas
ela está distante de nós.
[12] Nossos pecados estão
amontoados diante de Deus
e testemunham contra nós;
sim, sabemos
que somos pecadores.
[13] Sabemos que nos rebelamos
e negamos o SENHOR;
demos as costas
para nosso Deus.
Sabemos que fomos injustos
e opressores;
planejamos cada uma de
nossas mentiras.
[14] Nossos tribunais se opõem
ao que é certo;
não há justiça em parte alguma.

A verdade anda tropeçando pelas ruas,
e a honestidade foi banida.
15 Sim, a verdade sumiu, e quem
rejeita o mal é perseguido.

O Senhor viu tudo isso e se desagradou
de não encontrar justiça alguma.
16 Admirou-se porque ninguém
se apresentou
para ajudar os oprimidos.
Então ele mesmo interveio para
salvá-los com seu braço forte,
e sua justiça o susteve.
17 Vestiu a justiça como armadura
e pôs na cabeça o capacete
da salvação.
Cobriu-se com a túnica da vingança e
envolveu-se com o manto do zelo.
18 Ele retribuirá a seus inimigos
pelo mal que fizeram;
sua fúria cairá sobre seus adversários,
e até os confins da terra lhes
dará o castigo merecido.
19 No oeste, temerão o nome do Senhor;
no leste, o glorificarão.
Pois ele virá como uma forte correnteza,
impelida pelo sopro do Senhor.[a]

20 "O Redentor virá a Jerusalém
para resgatar em Israel
aqueles que se afastaram de seus
pecados",[b] diz o Senhor.

21 "E esta é minha aliança com eles", diz o
Senhor. "Meu Espírito não os deixará, nem
estas palavras que lhes dei. Estarão em se-
us lábios, nos lábios de seus filhos e nos
lábios de seus descendentes, para sempre.
Eu, o Senhor, falei!"

A GLÓRIA FUTURA DE JERUSALÉM

60 "Levante-se, Jerusalém!
Que sua luz brilhe para
que todos a vejam,
pois sobre você se levanta e
reluz a glória do Senhor.

2 Trevas escuras como a noite
cobrem as nações da terra,
mas sobre você se levanta e se
manifesta a glória do Senhor.
3 As nações virão à sua luz,
os reis verão o seu esplendor.

4 "Levante os olhos e veja,
pois todos se reúnem e
voltam para casa!
Seus filhos vêm de terras distantes,
e suas filhas pequenas são
carregadas nos braços.
5 Você os verá,
e seu coração vibrará de alegria,
pois comerciantes do mundo
todo virão até você
e lhe trarão as riquezas
de muitas nações.
6 Grandes caravanas de camelos
cobrirão sua terra,
camelos vindos de Midiã
e de Efá.
O povo de Sabá trará ouro
e incenso
e adorará o Senhor.
7 Entregarão a você os
rebanhos de Quedar
e trarão para meus altares os
carneiros de Nebaiote.
Aceitarei suas ofertas
e tornarei meu templo
ainda mais glorioso.

8 "O que vejo voando como
nuvens para Israel,
como pombas para seus ninhos?
9 São navios dos confins da terra,
de nações que confiam em mim.
À frente vêm as grandes
embarcações de Társis,
trazendo de volta
o povo de Israel,
que vem de lugares distantes
com sua prata e seu ouro.
Eles honrarão o Senhor, seu Deus,
o Santo de Israel,
pois ele a encheu de esplendor.

10 "Estrangeiros virão para
reconstruir suas cidades,
e seus reis a servirão.

[a] **59.19** Ou *Quando o inimigo vier como uma corrente impetuosa, / o Espírito do Senhor o fará recuar.*

[b] **59.20** Em hebraico, *O Redentor virá a Sião / para resgatar aqueles que estão em Jacó, / aqueles que se afastaram de seus pecados.* A Septuaginta traz *O libertador virá em favor de Sião / e afastará Jacó da impiedade.* Comparar com Rm 11.26.

Submeta-se ao Agricultor e permita que suas raízes sejam podadas por ele.

Pois, ainda que eu a tenha
destruído em minha ira,
por causa de minha graça terei
misericórdia de você.
11 Seus portões ficarão
abertos dia e noite
para receber as riquezas
de muitas nações.
Os reis do mundo serão conduzidos
como prisioneiros
num desfile de vitória.
12 Pois as nações que não a servirem
serão destruídas.

13 "A glória do Líbano será sua:
os bosques de ciprestes,
abetos e pinheiros.
Ela adornará meu santuário;
meu templo será glorioso!
14 Os descendentes de seus opressores
virão e se curvarão diante de você.
Aqueles que a desprezavam
beijarão seus pés.
Eles a chamarão de Cidade do Senhor,
a Sião do Santo de Israel.

15 "Antes você era desprezada
e odiada,
e ninguém sequer passava por você,
mas agora eu a tornarei
majestosa para sempre,
uma alegria para todas as gerações.
16 Reis poderosos e grandes nações
atenderão a todas as
suas necessidades,
como se você fosse uma criança
amamentada por uma rainha.
Você saberá, enfim, que eu, o Senhor,
sou seu Salvador e seu Redentor,
o Poderoso de Israel.[a]
17 Trocarei seu bronze por ouro,
seu ferro por prata,
sua madeira por bronze,
e suas pedras por ferro.
A paz será seu líder,
e a justiça, seu governante.
18 A violência desaparecerá
de sua terra;
a desolação e a destruição da
guerra chegarão ao fim.
A salvação a rodeará como os
muros de uma cidade,
e o louvor estará nos lábios de
todos que ali entrarem.

19 "Você não precisará do brilho
do sol durante o dia,
nem da claridade da lua durante a noite,
pois o Senhor será sua luz eterna;
seu Deus será sua glória.
20 Seu sol nunca se porá,
sua lua nunca deixará de brilhar.
Pois o Senhor será sua luz eterna;
seus dias de lamento chegarão ao fim.
21 Todo o seu povo será justo;
possuirão a terra para sempre.
Pois eu os plantarei ali com
as próprias mãos,
para manifestar minha glória.
22 A menor família se tornará mil pessoas,
e o grupo mais minúsculo,
uma nação poderosa.
No tempo certo, eu, o Senhor,
farei isso acontecer."

BOAS-NOVAS PARA OS OPRIMIDOS

61 O Espírito do Senhor
Soberano está sobre mim,
pois o Senhor me ungiu
para levar boas-novas aos pobres.
Ele me enviou para consolar os
de coração quebrantado
e para proclamar que os
cativos serão soltos
e os prisioneiros, libertos.[b]
2 Ele me enviou para dizer
aos que choram
que é chegado o tempo
do favor do Senhor[c]
e o dia da ira de Deus contra
seus inimigos.
3 A todos que choram em Sião
ele dará uma bela coroa
em vez de cinzas,
uma alegre bênção em vez de lamento,
louvores festivos em vez de desespero.
Em sua justiça, serão como
grandes carvalhos
que o Senhor plantou para sua glória.

[a] **60.16** Em hebraico, *de Jacó*. Ver nota em 14.1.

[b] **61.1** A Septuaginta traz *e os cegos verão*. Comparar com Lc 4.18.

[c] **61.2** Ou *para proclamar o ano aceitável do Senhor*.

[4] Reconstruirão as antigas ruínas,
restaurarão os lugares desde
muito destruídos
e renovarão as cidades
devastadas há gerações e gerações.
[5] Estrangeiros serão seus servos;
alimentarão seus rebanhos,
lavrarão seus campos
e cuidarão de suas videiras.
[6] Vocês serão chamados de
sacerdotes do Senhor,
ministros de nosso Deus.
Das riquezas das nações
se alimentarão
e se orgulharão de possuírem
os tesouros delas.
[7] Em lugar de vergonha e desonra,
desfrutarão uma porção
dupla de honra.
Terão prosperidade em
dobro em sua terra
e alegria sem fim.

[8] "Pois eu, o Senhor, amo a justiça
e odeio o roubo e a maldade.
Recompensarei meu povo fielmente
e farei com ele aliança permanente.
[9] Seus descendentes serão reconhecidos
e honrados entre as nações.
Todos saberão que eles são um povo
abençoado pelo Senhor."

[10] É imensa a minha alegria
no Senhor, meu Deus!
Pois ele me vestiu com
roupas de salvação
e pôs sobre mim um manto de justiça.
Sou como o noivo com suas
vestes de casamento,
como a noiva com suas joias.
[11] O Senhor Soberano mostrará sua
justiça às nações do mundo;
todos o louvarão!
Será como um jardim no
começo da primavera,
quando as plantas brotam
por toda parte.

ORAÇÃO DE ISAÍAS POR JERUSALÉM

62 Por causa de Sião,
não permanecerei quieto.
Por causa de Jerusalém,
não ficarei calado,
até sua justiça brilhar como
o amanhecer
e sua salvação resplandecer
como uma tocha acesa.
[2] As nações verão sua justiça,
reis de todo o mundo
contemplarão sua glória.
E você receberá um novo nome,
da boca do Senhor.
[3] Será uma esplêndida coroa
na mão do Senhor,
erguida na mão de Deus para
que todos a vejam.
[4] Nunca mais será chamada de
"Cidade Abandonada"[a]
nem de "Terra Desolada".[b]
Seu novo nome será "Cidade
do Prazer de Deus"[c]
e "Esposa de Deus",[d]
pois o Senhor tem prazer em você
e a tomará como esposa.
[5] Seus filhos se comprometerão com você,
como o jovem se compromete
com sua noiva.
Então Deus se alegrará por você,
como o noivo se alegra por sua noiva.

[6] Ó Jerusalém, coloquei vigias
sobre seus muros;
eles vigiarão continuamente,
dia e noite.
Não descansem, vocês que
oram ao Senhor!
[7] Não deem descanso ao Senhor até
que ele complete sua obra,
até que ele torne Jerusalém motivo
de orgulho de toda a terra.
[8] O Senhor jurou a Jerusalém
por sua própria força:
"Nunca mais a entregarei
a seus inimigos;
nunca mais virão guerreiros
de outras nações
para levar seu cereal
e seu vinho novo.

---

[a] **62.4a** Em hebraico, *Azubá*, que significa "abandonada".
[b] **62.4b** Em hebraico, *Semamá*, que significa "desolada".
[c] **62.4c** Em hebraico, *Hefzibá*, que significa "nela tenho prazer".
[d] **62.4d** Em hebraico, *Beulá*, que significa "casada".

9 Vocês que colherem o cereal o comerão
e louvarão o SENHOR.
Nos pátios do templo
beberão o vinho que prensaram".

10 Saiam pelos portões!
Saiam pelos portões!
Preparem o caminho para
meu povo retornar!
Aplanem, aplanem a estrada
e removam as pedras,
levantem uma bandeira para que
todas as nações a vejam!
11 O SENHOR enviou esta mensagem
até os confins da terra:
"Digam ao povo de Sião:[a]
Vejam, seu Salvador se aproxima!
Olhem, ele traz consigo
sua recompensa!".
12 Eles serão chamados de "Povo Santo"
e "Povo que o SENHOR Resgatou".
E Jerusalém será conhecida
como "Lugar Desejável"
e "Cidade Não Abandonada".

JULGAMENTO DOS INIMIGOS DO SENHOR

63 Quem é este que vem de Edom,
da cidade de Bozra,
com as roupas manchadas
de vermelho?
Quem é este vestido de trajes reais,
que marcha em sua grande força?

"Sou eu, o SENHOR, anunciando
sua justiça!
Sou eu, o SENHOR, poderoso
para salvar!"

2 Por que suas roupas estão vermelhas,
como se você tivesse pisado uvas?

3 "Pisei uvas sozinho no
tanque de prensar;
não havia ninguém para me ajudar.
Em minha ira, esmaguei meus inimigos
como se fossem uvas.
Em minha fúria, pisoteei
meus adversários;
seu sangue manchou minhas roupas.
4 Chegou a hora de vingar meu povo,
de resgatá-los de seus opressores.
5 Admirei-me porque ninguém
se apresentou
para ajudar os oprimidos.
Então eu mesmo intervim para
salvá-los com meu braço forte,
e minha fúria me susteve.
6 Em minha ira, esmaguei as nações;
eu as fiz cambalear e cair
e derramei seu sangue na terra."

LOUVOR PELO LIVRAMENTO

7 Falarei do amor do SENHOR,
louvarei o SENHOR por tudo que tem feito.
Eu me alegrarei em sua grande
bondade por Israel,
que ele concedeu
conforme sua misericórdia
e seu imenso amor.
8 Ele disse: "São meu próprio povo;
certamente não me trairão outra vez";
por isso ele se tornou seu Salvador.
9 Em todo o sofrimento deles,
ele também sofreu
e ele mesmo os salvou.[b]
Em seu amor e misericórdia,
ele os resgatou;
levantou-os e nos braços os carregou
ao longo dos anos.
10 Mas eles se rebelaram
e entristeceram seu Espírito Santo.
Por isso ele se tornou seu inimigo
e lutou contra eles.

11 Então eles se lembraram
dos dias passados,
quando Moisés tirou o povo do Egito.
Clamaram: "Onde está aquele que
conduziu Israel através do mar,
com Moisés como pastor?
Onde está aquele que enviou
seu Espírito Santo
para estar no meio de seu povo?
12 Onde está aquele que
manifestou seu poder
quando Moisés levantou a mão,
que dividiu o mar diante deles
e assim tornou seu nome
conhecido para sempre?

[a] **62.11** Em hebraico, *Digam à filha de Sião.*

[b] **63.9** Em hebraico, *e o anjo de sua presença os salvou.*

13 Onde está aquele que os
conduziu pelo fundo do mar?
Eram como magníficos
cavalos selvagens,
correndo pelo deserto sem tropeçar.
14 Como o gado que desce
para um vale tranquilo,
o Espírito do SENHOR lhes deu descanso.
Sim, tu conduziste teu povo
e tornaste teu nome glorioso".

SÚPLICA POR MISERICÓRDIA E PERDÃO

15 Ó SENHOR, olha dos céus!
Olha para nós de tua santa
e gloriosa habitação!
Onde estão o zelo e o poder
que costumavas mostrar
em nosso favor?
Onde estão tua misericórdia
e compaixão?
16 Certamente ainda és nosso Pai!
Ainda que Abraão e Jacó[a]
nos deserdassem,
continuarias, SENHOR, a ser nosso Pai;
és nosso Redentor desde
as eras passadas.
17 Por que permitiste, SENHOR, que nos
desviássemos de teus caminhos?
Por que nos endureceste o coração,
para que deixássemos de te temer?
Volta, pois somos teus servos,
as tribos que são tua propriedade.
18 Por pouco tempo teu povo santo
possuiu teu lugar santo;
agora nossos inimigos o destruíram.
19 Parece que nunca pertencemos a ti;
é como se nunca tivéssemos
sido teu povo.

64 1[b] Quem dera abrisses os
céus e descesses!
Os montes tremeriam em tua presença!
2[c] Assim como o fogo faz a lenha queimar
e a água ferver,
tua vinda faria as nações estremecerem;
então seus inimigos entenderiam
a razão de tua fama!

[a] **63.16** Em hebraico, *Israel*. Ver nota em 14.1.
[b] **64.1** No texto hebraico, o versículo 64.1 faz parte de 63.19.
[c] **64.2** No texto hebraico, os versículos 64.2-12 são numerados 64.1-11.

3 Quando desceste muito
tempo atrás,
realizaste coisas maravilhosas
que não esperávamos;
ah, como os montes
tremeram diante de ti!
4 Porque desde o começo
do mundo,
nenhum ouvido ouviu
e nenhum olho viu um Deus
semelhante a ti,
que trabalha em favor dos
que nele esperam.
5 Recebes de braços abertos os que
praticam a justiça com alegria,
os que seguem teus caminhos.
Mas ficaste muito irado conosco,
pois pecamos constantemente;
como seremos salvos?
6 Estamos todos impuros por
causa de nosso pecado;
quando mostramos nossos
atos de justiça,
não passam de trapos imundos.
Como as folhas das árvores,
murchamos e caímos,
e nossos pecados nos levam
embora como o vento.
7 Ainda assim, ninguém
invoca teu nome
nem suplica por tua misericórdia.
Por isso te afastaste de nós e nos
entregaste[d] a nossos pecados.

8 Apesar de tudo, ó SENHOR, és nosso Pai.
Nós somos o barro, e tu és o oleiro;
somos todos formados por tua mão.
9 Não te ires tanto conosco, SENHOR,
não te lembres para sempre
de nossos pecados.
Pedimos que olhes para nós
e vejas que somos teu povo.
10 Tuas cidades santas estão destruídas;
Sião é um deserto,
sim, Jerusalém é uma ruína desolada.
11 O santo e belo templo,
onde nossos antepassados
te louvavam,
foi queimado;
tudo que era precioso foi destruído.

[d] **64.7** Conforme a Septuaginta e as versões siríaca e aramaica; o hebraico traz *nos derreteste*.

[12] Depois disso tudo, Senhor, ainda te
recusarás a nos ajudar?
Permanecerás calado e
continuarás a nos castigar?

JULGAMENTO E SALVAÇÃO FINAIS

65 O Senhor diz:

"Estava pronto para atender, mas
ninguém pediu ajuda;
estava pronto para ser encontrado,
mas ninguém me procurou.
A uma nação que não
invocava meu nome,[a]
eu disse: 'Aqui estou! Aqui estou!'.
[2] O dia todo abri os braços
para um povo rebelde,[b]
mas eles seguiram seus
caminhos perversos
e suas ideias distorcidas.
[3] O dia todo me insultam abertamente,
ao adorarem ídolos em seus jardins
e queimarem incenso
em seus altares.
[4] À noite, andam no meio das sepulturas
e consultam os mortos.
Comem carne de porco
e fazem ensopados com outros
alimentos proibidos.
[5] Apesar disso, dizem uns aos outros:
'Não se aproxime, pois vai
me contaminar!
Sou mais santo que você!'.
Essa gente é fedor em minhas narinas,
fumaça irritante que nunca passa.

[6] "Vejam, meu decreto está
escrito[c] diante de mim:
Não permanecerei calado;
retribuirei conforme merecem!
Sim, eu lhes darei o que merecem,
[7] tanto por seus pecados
como pelos pecados de
seus antepassados",
diz o Senhor.
"Pois eles também queimaram
incenso nos montes
e me insultaram nas colinas;
eu lhes darei o que merecem!

[8] "Contudo, não destruirei todos
eles", diz o Senhor.
"É possível encontrar uvas boas
num cacho de uvas podres;
pois alguém dirá: 'Não jogue todas fora,
algumas ainda estão boas!'.
Assim também não destruirei
todo o Israel,
pois ainda tenho ali servos fiéis.
[9] Preservarei um remanescente
do povo de Israel[d]
e de Judá para possuir minha terra.
Aqueles que eu escolhi a herdarão,
e meus servos ali habitarão.
[10] A planície de Sarom voltará a
ficar cheia de rebanhos
para meu povo que me buscou,
e o vale de Acor servirá de
pasto para o gado.

[11] "Mas, porque vocês
abandonaram o Senhor
e se esqueceram de seu
santo monte,
e porque prepararam banquetes
para honrar a deusa Sorte
e oferecer vinho misturado
ao deus Destino,
[12] hoje eu os destinarei à espada;
todos vocês se curvarão
diante do carrasco.
Pois, quando chamei, não responderam;
quando falei, não ouviram.
Praticaram o mal, bem diante
dos meus olhos,
e escolheram fazer o que desprezo."

[13] Portanto, assim diz o
Senhor Soberano:
"Meus servos comerão,
mas vocês passarão fome.
Meus servos beberão,
mas vocês terão sede.
Meus servos se alegrarão,
mas vocês serão humilhados.

[a] **65.1** Ou *a uma nação que não levava meu nome.*
[b] **65.1-2** A Septuaginta traz *Fui encontrado por aqueles que não me procuravam, / revelei-me àqueles que não perguntavam por mim. / O dia todo abri meus braços para eles, / mas eles foram desobedientes e rebeldes.* Comparar com Rm 10.20-21.
[c] **65.6** Ou *seus pecados estão escritos*; o hebraico traz *está escrito.*
[d] **65.9** Em hebraico, *remanescente de Jacó.* Ver nota em 14.1.

14 Meus servos cantarão de alegria,
mas vocês gritarão de
tristeza e desespero.
15 Seu nome será maldição entre
meu povo escolhido,
pois o Senhor Soberano os
destruirá e chamará seus
servos por outro nome.
16 Todos que pedem uma bênção
ou fazem um juramento
o farão pelo Deus da verdade.
Pois deixarei de lado minha ira
e me esquecerei das maldades
cometidas no passado.

17 "Vejam! Crio novos céus e nova terra,
e ninguém mais pensará
nas coisas passadas.
18 Alegrem-se e exultem para
sempre em minha criação!
Vejam! Criarei Jerusalém para
ser um lugar de celebração;
seu povo será fonte de alegria.
19 Eu me alegrarei por Jerusalém
e terei prazer em meu povo.
Nela não se ouvirá mais o som
de pranto e clamor.

20 "Nunca mais morrerão
bebês de poucos dias,
nunca mais morrerão adultos
antes de terem uma vida plena.
Ninguém mais será considerado
velho aos cem anos;
somente os amaldiçoados
morrerão jovens.
21 Naqueles dias, habitarão nas
casas que construíram
e comerão dos frutos de
suas próprias videiras.
22 Invasores não habitarão
em suas casas,
nem lhes tomarão suas videiras.
Pois meu povo terá vida longa
como as árvores;
meus escolhidos terão
tempo para desfrutar
tudo que conseguiram
com grande esforço.
23 Não trabalharão inutilmente,
e seus filhos não serão
condenados à desgraça.
Pois são um povo abençoado
pelo Senhor,
e seus filhos também
serão abençoados.
24 Eu os atenderei antes mesmo
de clamarem a mim;
enquanto ainda estiverem falando
de suas necessidades,
responderei a suas orações!
25 O lobo e o cordeiro comerão juntos,
o leão se alimentará de
palha como o boi,
mas as serpentes comerão pó.
Em meu santo monte, ninguém
será ferido nem destruído;
eu, o Senhor falei!".

66

Assim diz o Senhor:

"O céu é meu trono,
e a terra é o suporte de meus pés.
Acaso construiriam para mim um
templo assim tão bom?
Que lugar de descanso me
poderiam fazer?
2 Minhas mãos criaram
os céus e a terra;
eles e tudo que neles há são meus.[a]
Eu, o Senhor, falei!

"Abençoarei os de coração
humilde e oprimido,
os que tremem diante de
minha palavra.
3 Quanto aos que escolhem seguir
os próprios caminhos,
que têm prazer em seus
pecados detestáveis,
não aceitarei suas ofertas.
Quando oferecem um boi,
é tão inaceitável quanto um
sacrifício humano.
Quando sacrificam um cordeiro,
é como se tivessem oferecido um cão.
Quando trazem uma oferta de cereal,
é como uma oferta de
sangue de porco.
Quando queimam incenso,
é como se tivessem
abençoado um ídolo.

[a] **66.2** Conforme a Septuaginta, a versão siríaca e a Vulgata; o hebraico traz *essas coisas são minhas.*

[4] Enviarei sobre eles grande aflição,
tudo que mais temem.
Pois, quando chamei,
não responderam;
quando falei, não ouviram.
Praticaram o mal, bem diante
dos meus olhos,
e escolheram fazer o que desprezo".

[5] Ouçam esta mensagem do SENHOR,
todos vocês que tremem
diante de suas palavras:
"Seu próprio povo os odeia
e os expulsa porque são
leais ao meu nome.
Zombam: 'Que o SENHOR
seja glorificado!
Alegrem-se nele!',
mas eles serão envergonhados.
[6] Que tumulto é esse na cidade?
Que barulho é esse que
vem do templo?
É a voz do SENHOR, vingando-se
de seus inimigos.

[7] "Antes mesmo que comecem
as dores de parto,
Jerusalém dá à luz um filho.
[8] Quem ouviu falar de algo
tão estranho?
Quem viu uma coisa dessas?
Acaso algum país nasceu
em um só dia?
Alguma nação veio a existir
num instante?
Mas, quando começarem as
dores de parto de Sião,
seus filhos já terão nascido.
[9] Acaso eu levaria esta nação
à hora do parto
e não a faria nascer?",
diz o SENHOR.
"Não! Jamais a impediria de
nascer", diz o seu Deus.

[10] "Alegrem-se com Jerusalém!
Exultem por ela, todos que a amam
e todos que por ela choraram!
[11] Bebam de sua glória
até se fartarem,
como a criancinha mama e é
confortada no seio da mãe."

[12] Assim diz o SENHOR:
"Darei a Jerusalém um rio de
paz e prosperidade;
as riquezas das nações fluirão para ela.
Seus filhos serão amamentados
em seus seios,
levados em seus braços e
acalentados em seus joelhos.
[13] Eu os consolarei em Jerusalém,
como a mãe consola seu filho".

[14] Quando virem essas coisas,
seu coração se alegrará;
vocês florescerão como
uma planta viçosa!
Todos verão a mão do SENHOR
abençoar seus servos
e sua ira pesar contra seus inimigos.
[15] Vejam, o SENHOR vem com fogo,
e seus carros de guerra são
velozes como um vendaval.
Trará castigo com a fúria de sua ira
e com o fogo ardente de
sua repreensão.
[16] O SENHOR julgará o mundo
com fogo e sua espada,
e muitos serão mortos por ele.

[17] "Os que se consagram e se purificam
num jardim sagrado com um ídolo no centro, que comem carne de porco e de rato
e outras carnes detestáveis, terão um fim
terrível", diz o SENHOR.
[18] "Eu vejo o que fazem e sei o que pensam. Por isso, reunirei todas as nações e
todos os povos, e eles verão minha glória.
[19] Realizarei um sinal no meio deles. Enviarei os sobreviventes como mensageiros
às nações: a Társis, aos líbios,[a] aos lídios[b]
(flecheiros famosos), a Tubal e à Grécia[c]
e a todas as terras além do mar que não
ouviram falar de minha fama nem viram minha glória. Ali, anunciarão minha
glória às nações. [20] Trarão de volta das
nações os remanescentes do povo e os levarão ao meu santo monte em Jerusalém,
como se fossem ofertas de cereais levadas
ao templo do SENHOR. Virão em cavalos,

[a] **66.19a** Conforme alguns manuscritos gregos, que trazem *Pute* [i.e., Líbia]; o hebraico traz *Pul*.
[b] **66.19b** Em hebraico, *Lude*.
[c] **66.19c** Em hebraico, *Javã*.

em carruagens e em carroças, em mulas e
em camelos", diz o SENHOR. 21 "E eu nomea-
rei alguns deles para serem meus sacerdo-
tes e levitas. Eu, o SENHOR, falei!

22 "Tão certo como meus novos céus e
minha nova terra permanecerão,
vocês sempre serão meu povo,
com um nome que
jamais desaparecerá",
diz o SENHOR.

23 "Toda a humanidade virá me adorar
uma semana após a outra,
um mês após o outro.
24 Quando saírem, verão os cadáveres
dos que se rebelaram contra mim.
Pois os vermes que os devoram
nunca morrerão,
e o fogo que os queima
nunca se apagará.
Todos que passarem por ali
os verão com o mais absoluto horror."

Profetas Maiores

Livro 24 com

Jeremias

52

CAPÍTULOS

AUTORIA

O profeta Jeremias é reconhecido como o autor do livro que leva seu nome, embora seu escriba, Baruque, tenha desempenhado um papel significativo na escrita e compilação das profecias (Jr 36.4). Jeremias era filho do sacerdote Hilquias, da cidade de Anatote, na terra de Benjamim (Jr 1.1).

Chamado por Deus para ser profeta ainda jovem (Jr 1.4-10), serviu durante os reinados de Josias, Jeoaquim e Zedequias, presenciando a destruição de Jerusalém em 586 a.C.

OBJETIVO DO LIVRO

Advertir Judá sobre o iminente julgamento de Deus por causa da sua contínua desobediência e idolatria e, ao mesmo tempo, oferecer esperança de restauração após o exílio. Jeremias destaca a necessidade de um novo coração e uma nova aliança entre Deus e seu povo.

SIGNIFICADO DO TÍTULO

Jeremias significa "o Senhor exalta".

ESTRUTURA DO LIVRO

- ★ Chamado e missão Jr 1
- ★ Profecias de julgamento contra Judá Jr 2—25
- ★ Conflitos e sofrimentos de Jeremias Jr 26—29
- ★ Promessas de restauração e nova aliança Jr 30—33
- ★ Profecias sobre a queda de Jerusalém Jr 34—39
- ★ Eventos após a queda Jr 40—45
- ★ Oráculos contra as nações Jr 46—51
- ★ Queda de Jerusalém e epílogo Jr 52

TEMAS DE JEREMIAS

Jeremias destaca a justiça e a misericórdia de Deus: o Senhor exige fidelidade e justiça de seu povo, mas também promete redenção e renovação.

JEREMIAS E CRISTO

- ★ A nova aliança prometida em Jeremias 31.31-34 é cumprida em Jesus, que institui a nova aliança por meio de seu sacrifício na cruz (Lc 22.20). Jeremias aponta para a necessidade de um novo coração, algo que Cristo oferece por meio do Espírito Santo (Ez 36.26-27; Jo 3.5-6).
- ★ O sofrimento e o lamento de Jeremias também prefiguram o sofrimento de Cristo, que chorou por Jerusalém e enfrentou rejeição por amor ao seu povo (Mt 23.37; Jo 1.11).
- ★ Jeremias é conhecido como o "profeta chorão" por causa de suas frequentes lamentações pelo destino do povo.

1 Estas são as palavras de Jeremias, filho de Hilquias, um dos sacerdotes da cidade de Anatote, na terra de Benjamim. 2 O Senhor lhe deu esta mensagem no décimo terceiro ano do reinado de Josias, filho de Amom, rei de Judá.[a] 3 Também lhe deu outras mensagens durante todo o reinado de Jeoaquim, filho de Josias, rei de Judá, até o décimo primeiro ano do reinado de Zedequias, outro filho de Josias. Em agosto daquele ano,[b] o povo de Jerusalém foi levado para o exílio.

O CHAMADO DE JEREMIAS E SUAS PRIMEIRAS VISÕES

4 O Senhor me deu esta mensagem:

5 "Eu o conheci antes de formá-lo
no ventre de sua mãe;
antes de você nascer, eu o separei
e o nomeei para ser meu
profeta às nações".

6 Então eu disse: "Ó Soberano Senhor, não sou capaz de falar em teu nome! Sou jovem demais para isso!".

7 O Senhor respondeu: "Não diga: 'Sou jovem demais', pois você irá aonde eu o enviar e dirá o que eu lhe ordenar. 8 E não tenha medo do povo, pois estarei com você e o protegerei. Eu, o Senhor, falei!". 9 Então o Senhor estendeu a mão, tocou minha boca e disse:

"Veja, coloquei minhas
palavras em sua boca!
10 Hoje lhe dou autoridade para
enfrentar nações e reinos,
para arrancar e derrubar,
para destruir e arrasar,
para edificar e plantar".

11 Então o Senhor me disse: "O que você vê, Jeremias?".

Eu respondi: "Vejo o ramo de uma amendoeira".

12 "Você viu bem", disse o Senhor. "Isso significa que estou vigiando[c] e certamente realizarei todos os meus planos."

13 Então o Senhor falou comigo outra vez e perguntou: "O que vê agora?".

Respondi: "Vejo uma panela fervendo, derramando-se do norte para cá".

14 O Senhor disse: "Terror vindo do norte ferverá e se derramará sobre o povo desta terra. 15 Ouça! Estou convocando todos os exércitos dos reinos do norte. Eu, o Senhor, falei!

"Eles colocarão seus tronos
junto aos portões de Jerusalém.
Atacarão seus muros
e todas as outras cidades de Judá.
16 Pronunciarei julgamento
contra meu povo por toda
a sua maldade,
por terem me abandonado e queimado
incenso para outros deuses;
adoram ídolos que fizeram
com as próprias mãos!

17 "Levante-se e prepare-se para agir;
diga-lhes tudo que eu ordenar.
Não tenha medo deles,
senão o farei parecer
medroso diante deles.
18 Pois hoje eu o fortaleci como
uma cidade fortificada,
como uma coluna de ferro
ou um muro de bronze.
Você enfrentará toda esta terra:
os reis, os oficiais, os sacerdotes
e o povo de Judá.
19 Eles lutarão contra você,
mas não vencerão,
pois estou com você e o protegerei.
Eu, o Senhor, falei!".

O SENHOR ACUSA SEU POVO

2 O Senhor me deu outra mensagem: 2 "Vá e proclame esta mensagem para Jerusalém. Assim diz o Senhor:

"Lembro-me de como você
desejava me agradar,
quando era uma jovem noiva,
muito tempo atrás.

[a] **1.2** Isto é, no ano 627 a.C.

[b] **1.3** Em hebraico, *No quinto mês*, do antigo calendário lunar hebraico. Vários acontecimentos de Jeremias podem ser comparados com datas de registros babilônios ainda existentes e relacionados com precisão ao calendário moderno. O quinto mês caiu entre agosto e setembro de 586 a.C.

[c] **1.12** Os termos hebraicos para "vigiar" (*shoqed*) e "amendoeira" (*shaqed*) têm sonoridade semelhante.

Você me amava e me seguia
até mesmo no deserto.
3 Naqueles dias, Israel era
santo para o SENHOR,
era como os primeiros frutos
de sua colheita.
Todos que faziam mal a seu povo
eram declarados culpados,
e sobre eles vinha calamidade.
Eu, o SENHOR, falei!".

4 Ouçam a palavra do SENHOR, descen-
dentes de Jacó e todas as famílias de Is-
rael! 5 Assim diz o SENHOR:

"Que defeito seus antepassados
encontraram em mim,
para que se afastassem tanto?
Foram atrás de ídolos inúteis,
e eles próprios se tornaram inúteis.
6 Não perguntaram: 'Onde está o SENHOR,
que nos tirou do Egito em segurança
e nos conduziu pelo deserto,
uma terra árida e cheia de covas,
terra de seca e densa escuridão,
onde ninguém vive e pela
qual ninguém passa?'.

7 "E, quando eu os trouxe
para uma terra fértil,
para desfrutar sua fartura e as
coisas boas que ela produzia,
vocês contaminaram minha terra
e corromperam a herança que
eu lhes tinha dado.
8 Os sacerdotes não perguntaram:
'Onde está o SENHOR?'.
Os que ensinavam minha lei
não me deram atenção,
os governantes se voltaram contra mim,
os profetas falaram em nome de Baal
e foram atrás de ídolos inúteis.
9 Portanto, apresentarei minha
acusação contra vocês", diz o SENHOR.
"Também apresentarei acusações
contra seus descendentes.

10 "Vão para a terra de Chipre,[a]
no oeste, e vejam;
vão para a terra de Quedar, no
leste, e prestem atenção.

[a] **2.10** Em hebraico, *Quitim*.

Alguém já ouviu falar de algo parecido?
11 Alguma vez uma nação trocou
seus deuses por outros,
mesmo que não sejam
deuses de verdade?
Meu povo, no entanto, trocou
seu Deus glorioso[b]
por ídolos inúteis!
12 Os céus se espantam diante disso,
ficam horrorizados e abalados",
diz o SENHOR.
13 "Pois meu povo cometeu
duas maldades:
Abandonaram a mim,
a fonte de água viva,
e cavaram para si cisternas rachadas,
que não podem reter água."

OS RESULTADOS DO PECADO DE ISRAEL

14 "Por que Israel se tornou escravo?
Por que foi levado como despojo?
15 Leões rugiram contra ele,
e a terra foi destruída.
As cidades estão arruinadas,
e ninguém mais vive nelas.
16 Egípcios vindos de Mênfis[c]
e de Tafnes
destruíram o orgulho de Israel.[d]
17 E você mesmo é responsável por isso,
pois abandonou o SENHOR, seu Deus,
embora ele o guiasse pelo caminho!

18 "Que lucro você teve com seus
tratados com o Egito
e seus acordos com a Assíria?
De que lhe adiantam as
águas do Nilo[e]
ou as águas do Eufrates?[f]
19 Sua maldade trará seu
próprio castigo;
será envergonhado por ter
se afastado de mim
e verá como é mau e amargo
abandonar o SENHOR, seu Deus,
e não o temer.
Eu, o Soberano SENHOR dos
Exércitos, falei!

[b] **2.11** Em hebraico, *sua glória*.
[c] **2.16a** Em hebraico, *Nofe*.
[d] **2.16b** Em hebraico, *rasparam sua cabeça*.
[e] **2.18a** Em hebraico, *de Sior*, braço do rio Nilo.
[f] **2.18b** Em hebraico, *do rio?*

20 "Há muito tempo, quebrei
o jugo que o oprimia
e despedacei as correntes
de sua escravidão.
Ainda assim, você disse:
'Jamais o servirei'.
No alto dos montes e debaixo
de toda árvore verdejante,
você se prostituiu ao se
curvar para ídolos.
21 Contudo, eu o plantei,
como videira de origem pura,
da melhor qualidade;
como você se transformou em
videira silvestre e degenerada?
22 Por mais sabão ou soda que use,
não consegue se limpar;
ainda vejo a mancha de sua culpa.
Eu, o SENHOR Soberano, falei!"

ISRAEL, ESPOSA INFIEL

23 "Você diz: 'Não tenho
mancha nenhuma!
Não adorei as imagens de Baal!'.
Mas como pode dizer isso?
Vá a qualquer vale da terra
e veja como agiu!
Reconheça o que fez!
Você é como a fêmea do camelo,
inquieta e desesperada para
encontrar um macho.
24 É como a jumenta selvagem,
que fareja o vento na época
do acasalamento.
Quem é capaz de conter seu desejo?
Os que a desejam não
precisam procurá-la,
pois você vai correndo até eles!
25 Quando parará de correr?
Quando deixará de ofegar
por outros deuses?
Mas você diz:
'Não adianta falar comigo;
estou apaixonada pelos deuses
estrangeiros e irei atrás deles'.

26 "A nação de Israel é como ladrão
que só fica envergonhado
quando é pego em flagrante.
O povo, seus reis, oficiais,
sacerdotes e profetas
são todos iguais.
27 Dizem a um pedaço de madeira:
'Você é meu pai',
e a um bloco de pedra:
'Você é minha mãe'.
Dão as costas para mim,
mas, em tempos de aflição, clamam:
'Vem nos salvar!'.
28 Por que não clamam aos deuses
que vocês mesmos fizeram?
Que eles os salvem quando
vier a aflição!
Pois seus deuses são tão numerosos
quanto as cidades de Judá.
29 Por que me acusam de fazer o mal?
Foram vocês que se rebelaram",
diz o SENHOR.
30 "Eu castiguei seus filhos,
mas eles não aceitaram
minha disciplina.
Vocês mesmos mataram seus profetas,
como um leão mata sua presa.

31 "Ó meu povo, ouça as palavras do SENHOR!
Acaso tenho sido como um
deserto para Israel?
Tenho sido como uma terra de
profunda escuridão?
Por que, então, meu povo diz:
'Finalmente nos livramos de Deus!
Não precisamos mais dele!'?
32 Acaso uma jovem se
esquece de suas joias
ou a noiva esconde seu vestido?
Contudo, por anos a fio,
meu povo se esqueceu de mim.

33 "Você trama a melhor forma de
conquistar seus amantes;
até uma prostituta poderia
aprender com você!
34 Suas roupas estão manchadas
com o sangue dos
inocentes e dos pobres,
embora você não os tenha pego
arrombando sua casa.
35 Ainda assim, você diz:
'Não fiz nada de errado;
certamente Deus não
está irado comigo'.
Agora, porém, eu a
julgarei severamente,
pois você afirma que não pecou.

[36] Primeiro aqui, depois ali,
vai de um aliado a outro
pedindo ajuda.
Mas seus novos amigos no
Egito a decepcionarão,
como fez a Assíria.
[37] Em desespero, será levada para o exílio
com as mãos sobre a cabeça,
pois o SENHOR rejeitou as nações
em que você confia;
elas em nada a ajudarão."

3 "Se um homem se divorciar da esposa
e ela se casar com outro homem,
ele não a receberá de volta,
pois isso contaminaria a terra.
Você, porém, se prostituiu
com muitos amantes
e, no entanto, quer voltar para mim?",
diz o SENHOR.
[2] "Olhe para o alto dos montes:
existe um só lugar em que você
não tenha se contaminado
pelo adultério com outros deuses?
Senta-se à beira do caminho,
como uma prostituta à
espera de um cliente,
sozinha, como um nômade no deserto.
Contaminou a terra com sua prostituição
e sua perversidade.
[3] Por isso não vieram as
chuvas de primavera,
pois você é uma prostituta descarada,
que não tem vergonha alguma.
[4] Ainda assim, você me diz:
'Pai, tens me conduzido desde
minha juventude.
[5] Certamente não ficarás
irado para sempre!
Certamente te esquecerás
do que aconteceu!'.
Você fala desse modo,
mas continua a praticar
todo o mal possível."

JUDÁ SEGUE O EXEMPLO DE ISRAEL

[6] Durante o reinado de Josias, o SENHOR me
disse: "Viu o que fez a infiel nação de Is-
rael? Como esposa que comete adultério,
Israel adorou outros deuses no alto dos
montes e debaixo de toda árvore verde-
jante. [7] Pensei: 'Depois de fazer tudo isso,
ela voltará para mim', mas não voltou, e
Judá, sua irmã traiçoeira, viu isso. [8] Ela viu[a]
que me divorciei da infiel Israel por causa
de seu adultério. Mas Judá, irmã traiçoeira,
não teve temor algum; também me dei-
xou e se entregou à prostituição. [9] Israel
não se preocupou nem um pouco em co-
meter adultério ao adorar ídolos feitos de
madeira e pedra. Agora, a terra está conta-
minada. [10] Apesar de tudo isso, Judá, sua
irmã traiçoeira, não voltou para mim com
sinceridade. Apenas fingiu estar arrepen-
dida. Eu, o SENHOR, falei!".

ESPERANÇA PARA A REBELDE ISRAEL

[11] Então o SENHOR me disse: "Até mesmo a
infiel Israel é menos culpada que a trai-
çoeira Judá! [12] Portanto, vá e proclame es-
ta mensagem a Israel.[b] Assim diz o SENHOR:

"Ó Israel, meu povo infiel,
volte para mim,
pois sou misericordioso;
não ficarei irado com você para sempre.
[13] Reconheça sua culpa;
admita que se rebelou contra
o SENHOR, seu Deus,
e cometeu adultério contra ele
ao adorar ídolos debaixo de
toda árvore verdejante.
Confesse que não quis ouvir minha voz.
Eu, o SENHOR falei!".

[14] O SENHOR diz:
"Voltem para casa, filhos rebeldes,
pois eu sou seu mestre.
Eu os trarei de volta a Sião —
um desta cidade, dois daquela família —
de onde quer que estejam dispersos.
[15] Eu lhes darei líderes
segundo meu coração,
que os guiarão com conhecimento
e entendimento.

[16] "E, quando sua terra voltar a ficar cheia
de gente", diz o SENHOR, "vocês não terão
mais saudades da época em que tinham a

[a] **3.8** Conforme os manuscritos do mar Morto, um manuscrito grego e a versão siríaca; o Texto Massorético traz *Eu vi*.
[b] **3.12** Em hebraico, *ao norte*.

arca da aliança do SENHOR. Não sentirão fal-
ta da arca nem se lembrarão dela, e não
será necessário reconstruí-la. 17 Então Je-
rusalém será conhecida como 'O Trono do
SENHOR'. Todas as nações irão até lá para
honrar o SENHOR. Não seguirão mais os de-
sejos teimosos de seu coração perverso.
18 Naqueles dias, o povo de Judá e o povo
de Israel voltarão juntos do exílio no nor-
te, para a terra que dei a seus antepassa-
dos como herança para sempre.

19 "Disse comigo:
Como eu gostaria de tratá-los
como filhos!
Meu maior desejo era lhes
dar esta linda terra,
a herança mais excelente do mundo.
Queria que me chamassem de 'Pai'
e que jamais se afastassem de mim.
20 Mas você me traiu, povo de Israel!
Foi como esposa infiel que
abandona o marido.
Eu, o SENHOR, falei."

21 Ouvem-se vozes no alto dos montes,
choro e súplicas dos israelitas,
porque escolheram caminhos tortuosos
e se esqueceram do SENHOR, seu Deus.

22 "Meus filhos rebeldes", diz o SENHOR,
"voltem para mim, e eu curarei
a rebeldia de seu coração."

"Sim, nós voltaremos", o povo responde,
"pois tu és o SENHOR, nosso Deus.
23 Nossa idolatria nas colinas
e as orgias religiosas nos montes
não passam de ilusão.
Somente no SENHOR, nosso Deus,
Israel encontrará salvação.
24 Desde a juventude observamos
nossos antepassados
desperdiçarem com algo vergonhoso
tudo que trabalharam para ter:
rebanhos e gado, filhos e filhas.
25 Que a vergonha nos sirva de cama,
e a desonra, de cobertor,
pois nós e nossos antepassados pecamos
contra o SENHOR, nosso Deus.
Desde a juventude até hoje,
nunca lhe obedecemos."

4 "Ó Israel", diz o SENHOR,
"se quisesse, poderia voltar para mim.
Poderia jogar fora seus
ídolos detestáveis
e nunca mais se desviar.
2 Quando jurasse por meu
nome e dissesse:
'Tão certo como vive o SENHOR',
poderia fazê-lo em verdade,
justiça e retidão.
Então você seria uma bênção
para as nações do mundo,
e todos os povos viriam e
louvariam meu nome."

JULGAMENTO FUTURO CONTRA JUDÁ

3 Assim diz o SENHOR ao povo de Judá e de
Jerusalém:

"Passem o arado na terra endurecida!
Não desperdicem sementes
entre os espinhos!
4 Ó povo de Judá e habitantes
de Jerusalém,
removam os obstáculos de seu coração
e mudem sua atitude
perante o SENHOR.[a]
Do contrário, por causa de
seus pecados,
minha ira arderá como fogo
que ninguém pode apagar.

5 "Anunciem em Judá e
proclamem em Jerusalém!
Mandem tocar a trombeta
em toda a terra e avisem:
'Reúnam-se! Corram para as
cidades fortificadas!'.
6 Levantem a bandeira
para advertir Sião:
'Fujam agora mesmo! Não demorem!'.
Pois, do norte, trago sobre vocês
terrível destruição!".

7 Um leão saiu de seu abrigo,
um destruidor de nações.
Saiu de sua toca e se
encaminha até vocês;
ele devastará sua terra.

[a] **4.4** Em hebraico, *circuncidem-se ao SENHOR e removam o prepúcio de seu coração.*

Suas cidades serão arruinadas,
e ninguém viverá nelas.
8 Portanto, vistam roupas de luto,
chorem e lamentem,
pois a ira ardente do Senhor
ainda está sobre nós.

9 "Naquele dia", diz o Senhor,
"os reis e os oficiais
estremecerão de medo.
Os sacerdotes ficarão horrorizados,
e os profetas, espantados."

10 Então eu disse: "Ó Soberano Senhor,
o povo foi enganado por
aquilo que disseste,
pois prometeste paz a Jerusalém,
mas a espada está em
nossa garganta!".

11 Naquele dia, o Senhor dirá
ao povo de Jerusalém:
"Meu povo querido, do deserto
sopra um vento abrasador,
e não uma brisa suave para
separar a palha dos cereais.
12 É uma rajada violenta, que eu enviei;
agora pronunciarei sua sentença".

13 Os inimigos avançam sobre nós
como nuvens de tempestade;
seus carros de guerra são
como vendavais,
seus cavalos, mais velozes que águias.
Que terrível será! Estamos perdidos!
14 Ó Jerusalém, purifique seu coração,
para que seja salva.
Até quando abrigará
pensamentos malignos?
15 Sua destruição foi anunciada desde Dã
até a região montanhosa de Efraim.

16 "Avisem as nações ao redor
e anunciem a Jerusalém:
Os inimigos vêm de uma terra distante
e dão gritos de guerra contra
as cidades de Judá.
17 Cercam Jerusalém como guardas
ao redor de um campo,
pois meu povo se rebelou
contra mim",
diz o Senhor.
18 "Suas próprias ações trouxeram
isso sobre vocês;
é um castigo amargo, que
atinge o seu coração!"

JEREMIAS CHORA POR SEU POVO

19 Meu coração, meu coração!
Estou me contorcendo de dor!
Meu coração bate forte dentro de
mim; não consigo me aquietar!
Pois ouvi o som das trombetas
dos inimigos
e o rugido de seus gritos de guerra.
20 Ondas de destruição cobrem a terra,
até deixá-la inteiramente desolada.
De repente, minhas tendas
foram destruídas;
meus abrigos foram derrubados
num instante.
21 Até quando terei de ver as bandeiras
e ouvir o som das trombetas?

22 "Meu povo é tolo
e não me conhece", diz o Senhor.
"São crianças sem juízo,
que não entendem coisa alguma.
São astutos para fazer o mal,
mas não têm ideia de como
fazer o bem."

JEREMIAS VÊ A CALAMIDADE QUE SE APROXIMA

23 Olhei para a terra, e ela estava
sem forma e vazia;
olhei para os céus, e não
havia luz alguma.
24 Olhei para os montes e
para as colinas,
e eles estremeciam e balançavam.
25 Olhei, e todo o povo
tinha desaparecido;
as aves do céu voaram para longe.
26 Olhei, e os campos férteis haviam
se transformado em deserto;
as cidades estavam em ruínas,
por causa da ira ardente do Senhor.

27 Assim diz o Senhor:
"Toda a terra será devastada,
mas não a destruirei
por completo.

[28] A terra lamentará
e os céus escurecerão,
por causa de meu decreto
contra meu povo;
estou decidido e não voltarei atrás".

[29] Ao som de cavaleiros e arqueiros,
os habitantes da cidade fogem.
Escondem-se entre os arbustos
e correm para os montes.
Todas as cidades foram abandonadas;
não resta uma pessoa sequer!
[30] O que você está fazendo,
cidade devastada?
Por que se veste com belas roupas
e põe joias de ouro?
Por que pinta os olhos?
De nada adiantará enfeitar-se toda!
Seus aliados, que eram seus amantes,
a desprezam e tentam matá-la.

[31] Ouço gritos, como os da mulher
em trabalho de parto,
gemidos de quem dá à luz
o primeiro filho.
É a bela Sião,[a] que grita ofegante:
"Socorro, estão me matando!".

OS PECADOS DE JUDÁ

5 "Corram por todas as ruas de
Jerusalém", diz o Senhor.
"Procurem por toda parte,
busquem em cada lugar!
Se encontrarem ao menos uma
pessoa justa e honesta,
não destruirei a cidade.
[2] Contudo, mesmo quando
estão sob juramento
e declaram: 'Tão certo
como vive o Senhor',
continuam a mentir!"

[3] Senhor, tu procuras honestidade;
feriste teu povo,
mas eles não se importaram.
Tu os esmagaste,
mas eles se recusaram
a ser corrigidos.
São teimosos, duros como pedra;
não querem se arrepender.

[4] Então eu pensei: "O que se pode
esperar dos pobres?
Eles nada sabem.
Não conhecem os caminhos
do Senhor,
não entendem o que a
justiça de Deus exige.
[5] Portanto, irei a seus líderes
e falarei com eles;
por certo conhecem os
caminhos do Senhor
e entendem o que a justiça
de Deus exige.
Mas os líderes também, de
comum acordo,
livraram-se do jugo de Deus e
quebraram suas correntes.
[6] Agora, um leão do bosque os atacará;
um lobo do deserto os destruirá.
Um leopardo ficará à espreita nos
arredores de suas cidades
e despedaçará qualquer um
que se arriscar a sair.
Pois sua rebeldia é grande,
e muitos são seus pecados.

[7] "Como posso perdoá-los?
Até mesmo seus filhos se
afastaram de mim;
juram por deuses que, na
verdade, não são deuses!
Eu os alimentei até que
estivessem satisfeitos,
e, no entanto, cometeram adultério
e se reuniram para ir a prostíbulos!
[8] São garanhões bem alimentados
e cheios de desejo,
cada um relinchando para a
esposa de seu próximo.
[9] Acaso não devo castigá-los
por isso?", diz o Senhor.
"Não devo me vingar de uma
nação como esta?

[10] "Vão por entre as fileiras dos
vinhedos e destruam as videiras,
mas deixem algumas vivas.
Cortem os ramos das videiras,
pois essa gente não
pertence ao Senhor.
[11] O povo de Israel e o povo de Judá
têm me traído", diz o Senhor.

[a] **4.31** Em hebraico, *a filha de Sião.*

12 "Mentiram a respeito do Senhor
e disseram: 'Ele não vai nos incomodar!
Nenhuma calamidade virá sobre nós;
não haverá guerra nem fome.
13 Os profetas que ele envia
são uns tagarelas
que não falam em nome dele.
Que suas previsões de calamidade
caiam sobre eles mesmos!'"

14 Portanto, assim me diz o Senhor, o Deus
dos Exércitos:

"Porque meu povo fala desse modo,
minhas mensagens sairão de sua
boca como chamas de fogo
e queimarão o povo como lenha.
15 Ó Israel, trarei uma nação distante
para atacá-lo", diz o Senhor.
"É uma nação poderosa, nação antiga,
cuja língua você não conhece,
cuja fala você não entende.
16 Suas armas são mortais,
seus guerreiros são valentes.
17 Devorarão suas colheitas
e seu alimento,
seus filhos e suas filhas.
Devorarão seus rebanhos e seu gado,
suas uvas e seus figos.
Destruirão suas cidades fortificadas,
que vocês consideram tão seguras.

18 "Mesmo naqueles dias, porém, eu não
os destruirei completamente", diz o Senhor.
19 "E, quando o povo lhe perguntar: 'Por que
o Senhor, nosso Deus, fez tudo isso conos-
co?', responda: 'Vocês o rejeitaram e se en-
tregaram a deuses estrangeiros em sua
própria terra. Agora, servirão estrangeiros
numa terra que não é de vocês'."

ADVERTÊNCIA PARA O POVO DE DEUS

20 "Anuncie a Israel,[a]
diga a Judá:
21 Ouça, povo tolo e insensato,
que tem olhos, mas não vê,
que tem ouvidos, mas não ouve.
22 Acaso não me temem?
Por que não tremem diante de mim?
Eu, o Senhor, pus a areia
como limite do mar,
limite permanente que as águas
não podem atravessar.
Ainda que as ondas se
levantem e se agitem,
não ultrapassam os limites
que estabeleci.
23 Mas este povo tem coração
teimoso e rebelde;
afastaram-se de mim e
me abandonaram.
24 Não dizem com sinceridade:
'Vivamos com temor do
Senhor, nosso Deus,
pois ele nos dá as chuvas de
outono e de primavera
e nos garante a colheita
no tempo certo'.
25 Sua perversidade afastou de vocês
essas bênçãos maravilhosas;
seu pecado lhes tomou todas
essas coisas boas.

26 "No meio do meu povo existem
homens perversos
que espreitam suas vítimas
como o caçador de tocaia.
Estão sempre colocando armadilhas
para apanhar as pessoas.
27 Como uma gaiola cheia de pássaros,
a casa deles é cheia de tramas perversas.
Por isso, são poderosos e ricos,
28 gordos e de aparência saudável.
Suas maldades não têm limites;
não querem fazer justiça aos órfãos
e negam os direitos dos pobres.
29 Acaso não devo castigá-los
por isso?", diz o Senhor.
"Não devo me vingar de uma
nação como esta?
30 Algo horrível e espantoso
ocorre nesta terra:
31 os profetas fazem profecias falsas,
os sacerdotes governam
com mão de ferro,
e, pior ainda, meu povo fica
feliz com isso!
O que farão, porém, quando
o fim chegar?"

Não há como desfrutar de uma vida plena e próspera sem um coração perdoador.

[a] **5.20** Em hebraico, *à casa de Jacó*. Os nomes "Jacó" e "Israel" são usados de forma intercambiável ao longo de todo o Antigo Testamento e se referem, por vezes, ao patriarca e, em outras ocasiões, à nação.

ÚLTIMA ADVERTÊNCIA PARA JERUSALÉM

6 "Fujam, habitantes de Benjamim!
Saiam de Jerusalém!
Toquem a trombeta em Tecoa!
Enviem um sinal para
Bete-Haquerém!
Um exército poderoso vem do norte,
trazendo calamidade e destruição.
2 Ó Sião, você é minha bela
e delicada filha,
mas eu a destruirei!
3 Inimigos a cercarão, como pastores
acampados ao redor da cidade;
cada um escolherá um lugar
para suas tropas devorarem.
4 Gritam: 'Preparem-se para a batalha!
Ataquem ao meio-dia!'.
'Não! É tarde demais; o dia está
quase no fim,
e as sombras da noite já vêm.'
5 'Então, vamos atacar à noite e
destruir seus palácios!'"

6 Assim diz o Senhor dos Exércitos:
"Cortem árvores e construam
rampas de ataque
contra os muros de Jerusalém.
Essa cidade deve ser castigada,
pois dentro dela só há opressão.
7 Dela brota maldade, como
água de uma fonte;
pelas ruas se ouve o som de
violência e destruição,
e vejo somente doenças e feridas.
8 Ouça esta advertência, Jerusalém,
ou me afastarei de você.
Ouça, para que eu não a transforme
num monte de ruínas,
numa terra onde ninguém vive".

9 Assim diz o Senhor dos Exércitos:
"Até os poucos que restarem em Israel
serão colhidos,
como faz o lavrador que examina
cada videira novamente
para apanhar as uvas que
deixou escapar".

A REBELIÃO CONSTANTE DE JUDÁ

10 A quem darei esta advertência?
Quem ouvirá quando eu falar?
Seus ouvidos estão tapados
e não conseguem escutar.
Desprezam a palavra do Senhor
e detestam ouvi-la.
11 Por isso, estou cheio
da ira do Senhor;
estou cansado de contê-
-la dentro de mim!

"Derramarei minha ira sobre
as crianças nas ruas
e sobre os jovens reunidos em grupo;
sobre maridos e esposas
e sobre pessoas de idade.
12 Suas casas serão entregues
a seus inimigos,
e também seus campos e esposas.
Pois levantarei minha mão poderosa.
contra o povo desta terra",
diz o Senhor.
13 "Desde o mais humilde até
o mais importante,
sua vida é dominada pela ganância.
Desde os profetas até os sacerdotes,
são todos impostores.
14 Oferecem curativos superficiais
para a ferida mortal do meu povo.
Dão garantias de paz,
quando não há paz alguma.
15 Acaso se envergonham de
sua conduta detestável?
De maneira alguma! Nem
sabem o que é vergonha!
Portanto, estarão entre os que
caírem no massacre;
ficarão arruinados quando
eu os castigar",
diz o Senhor.

JUDÁ REJEITA O CAMINHO DO SENHOR

16 Assim diz o Senhor:

"Parem nas encruzilhadas
e olhem ao redor,
perguntem qual é o caminho
antigo, o bom caminho;
andem por ele e encontrarão
descanso para a alma.
Vocês, porém, respondem:
'Não é esse o caminho que
queremos seguir'.

[17] Coloquei sobre vocês
vigias que disseram:
'Fiquem atentos ao som da trombeta'.
Vocês, porém, respondem:
'Não vamos prestar atenção'.

[18] "Portanto, ouçam isto,
todas as nações,
considerem a situação do meu povo.
[19] Ouça, toda a terra:
Trarei calamidade sobre meu povo.
Será fruto de suas próprias intrigas,
pois não querem me ouvir;
rejeitaram a minha lei.
[20] De nada adianta me oferecerem
incenso doce de Sabá;
fiquem com seu cálamo perfumado,
importado de terras distantes!
Não aceitarei seus holocaustos;
seus sacrifícios não têm aroma
agradável para mim".

[21] Portanto, assim diz o Senhor:
"Colocarei obstáculos no
caminho deste povo;
pais e filhos tropeçarão neles,
vizinhos e amigos morrerão".

UMA INVASÃO VINDA DO NORTE

[22] Assim diz o Senhor:

"Vejam, um exército vem do norte!
De terras distantes se levanta
uma grande nação.
[23] Estão armados com arcos e lanças;
são cruéis e não têm misericórdia.
Quando avançam montados em cavalos,
o barulho é como o rugido do mar.
Vêm em formação de batalha
com o intuito de destruí-la, bela Sião".[a]

[24] Ouvimos relatos sobre o inimigo,
e nossas mãos tremem de medo.
Somos tomados de pontadas de angústia,
como as dores da mulher
em trabalho de parto.
[25] Não saiam para os campos!
Não viajem pelas estradas!
A espada do inimigo está por toda parte
e nos aterroriza a cada passo.

[26] Ó meu povo, vista-se de pano de saco
e sente-se sobre as cinzas.
Lamente e chore amargamente, como
quem perdeu o único filho,
pois, de repente, o destruidor
virá sobre você.

[27] "Jeremias, fiz de você um
examinador de metais,[b]
para que determine a
qualidade do meu povo.
[28] São rebeldes da pior espécie
e vivem espalhando calúnias.
São duros como o bronze e o ferro
e corrompem as pessoas.
[29] O fole assopra o fogo com força
para separar as impurezas,
mas não os purifica,
pois sua maldade permanece.
[30] São chamados de 'Prata Rejeitada',
pois eu, o Senhor, os rejeito."

JEREMIAS FALA NO TEMPLO

7 O Senhor deu outra mensagem a Jere-
mias: [2] "Vá à entrada do templo do
Senhor e proclame esta mensagem ao povo:
'Ó Judá, ouça esta mensagem do Senhor!
Escutem, todos vocês que adoram neste
lugar! [3] Assim diz o Senhor dos Exércitos,
o Deus de Israel:
"'Se vocês abandonarem seus maus ca-
minhos, deixarei que fiquem em sua pró-
pria terra. [4] Não se deixem enganar por
aqueles que lhes fazem falsas promessas
e repetem: 'O templo do Senhor está aqui!
O templo do Senhor está aqui!'. [5] Contudo,
só serei misericordioso se vocês abando-
narem seus pensamentos e atos perversos
e começarem a tratar uns aos outros com
justiça, [6] se pararem de explorar os estran-
geiros, os órfãos e as viúvas, se pararem de
cometer homicídio e se deixarem de preju-
dicar a si mesmos ao adorar outros deuses.
[7] Então permitirei que fiquem nesta terra
que há muito tempo dei a seus antepassa-
dos para sempre.
[8] "'Não se deixem enganar por falsas pro-
messas e conversas inúteis. [9] Acreditam
mesmo que podem roubar, matar, cometer
adultério, mentir e queimar incenso para

[a] **6.23** Em hebraico, *filha de Sião*.

[b] **6.27** Conforme a Septuaginta; o hebraico traz *um examinador do meu povo, uma fortaleza*.

Baal e para todos os seus outros novos deuses 10 e depois vir aqui, se apresentar diante de mim em meu templo e dizer: 'Estamos seguros!', para depois voltar a praticar todas essas coisas detestáveis? 11 Vocês mesmos não reconhecem que este templo, que leva meu nome, se transformou em esconderijo de ladrões? Certamente vejo todo o mal que acontece nele. Eu, o Senhor, falei!

12 "'Agora, vão a Siló, o primeiro lugar onde coloquei a tenda que levava meu nome. Vejam o que fiz ali por causa da perversidade do meu povo, os israelitas. 13 Enquanto vocês praticavam essas maldades, diz o Senhor, eu lhes falei repetidamente, mas vocês não quiseram ouvir. Eu os chamei, mas vocês se recusaram a responder. 14 Portanto, assim como destruí Siló, agora destruirei este templo que leva meu nome, este templo no qual vocês confiam, este lugar que dei a vocês e a seus antepassados. 15 Expulsarei vocês de minha presença e os enviarei para longe, como fiz com seus parentes, o povo de Israel.'"[a]

A IDOLATRIA PERSISTENTE DE JUDÁ

16 "Jeremias, não interceda mais por este povo. Não chore nem faça orações por eles, e não suplique para que eu os ajude, pois não o ouvirei. 17 Não vê o que fazem nas cidades de Judá e nas ruas de Jerusalém? 18 Veja como as crianças juntam lenha e os pais acendem fogo para os sacrifícios. Veja como as mulheres preparam a massa e fazem bolos para a Rainha dos Céus. Além disso, apresentam ofertas derramadas para outros deuses. Tenho razão para estar tão irado! 19 Acaso é a mim que eles prejudicam?", pergunta o Senhor. "Na verdade, prejudicam a si mesmos, para sua própria vergonha."

20 Portanto, assim diz o Senhor Soberano: "Derramarei minha ira ardente sobre este lugar. Seus habitantes, seus animais, suas árvores e suas colheitas serão consumidos pelo fogo de minha ira, que ninguém pode apagar".

21 Assim diz o Senhor dos Exércitos, o Deus de Israel: "Peguem seus holocaustos e demais sacrifícios e comam a carne vocês mesmos! 22 Quando tirei seus antepassados do Egito, não eram ofertas e holocaustos que eu queria deles. 23 Esta foi minha ordem: 'Obedeçam ao que digo, e eu serei o seu Deus, e vocês serão o meu povo. Façam o que ordeno, e tudo lhes irá bem'.

24 "Meu povo, porém, não me deu ouvidos. Continuaram a fazer o que bem queriam e a seguir os desejos teimosos de seu coração perverso. Andaram para trás em vez de avançar. 25 Desde o dia em que seus antepassados saíram do Egito até agora, continuo a enviar meus servos, os profetas, dia após dia. 26 Meu povo, porém, não me deu ouvidos. Foram ainda mais teimosos e desobedientes que seus antepassados.

27 "Diga-lhes tudo isso, mas eles não escutarão. Anuncie estas advertências, mas eles não responderão. 28 Diga-lhes: 'Esta é a nação que não obedece ao Senhor, seu Deus, e não quer ser ensinada. A verdade já não existe no meio deles; desapareceu de seus lábios. 29 Raspem a cabeça em sinal de luto e chorem nos montes. Pois o Senhor rejeitou e abandonou esta geração que provocou sua ira.'

O VALE DA MATANÇA

30 "O povo de Judá pecou diante dos meus olhos", diz o Senhor. "Colocaram ídolos detestáveis no templo que leva meu nome e o contaminaram. 31 Construíram santuários idólatras em Tofete, no vale de Ben-Hinom, e ali sacrificaram seus filhos e filhas no fogo. Jamais ordenei tamanha maldade; nunca me passou pela mente! 32 Portanto, tenham cuidado", diz o Senhor, "pois está chegando o dia em que não se chamará mais Tofete, nem vale de Ben-Hinom, mas vale da Matança. Sepultarão corpos em Tofete até não haver mais lugar. 33 Os cadáveres deste povo servirão de alimento para os abutres e os animais selvagens, e não restará ninguém para espantá-los. 34 Acabarei com os cânticos alegres e com o riso nas ruas de Jerusalém, e já não se ouvirão as vozes felizes de noivos e de noivas nas cidades de Judá. A terra ficará inteiramente desolada."

[a] **7.15** Em hebraico, *de Efraim*, referência a Israel, o reino do norte.

8 "Naquele tempo", diz o SENHOR, "os ini-
migos abrirão as sepulturas dos reis e
dos oficiais de Judá, e os túmulos dos sa-
cerdotes, dos profetas e dos habitantes de
Jerusalém. 2 Espalharão os ossos no chão,
diante do sol, da lua e das estrelas, os deu-
ses que meu povo amou, serviu, seguiu,
buscou e adorou. Seus ossos não serão re-
colhidos nem sepultados outra vez, mas
ficarão espalhados no chão como esterco.
3 E o povo que sobreviver dessa nação per-
versa preferirá a morte a viver nos luga-
res para onde os enviarei. Eu, o SENHOR dos
Exércitos, falei!"

O ENGANO DOS FALSOS PROFETAS

4 "Jeremias, diga ao povo: 'Assim diz o SENHOR:

"'Quando uma pessoa cai, não
volta a se levantar?
Quando descobre que está no
caminho errado, não dá meia-volta?
5 Então por que este povo de Jerusalém
continua em seu caminho
e se recusa a voltar?
Apegam-se firmemente a suas mentiras
e não querem retornar.
6 Escuto suas conversas
e não ouço uma só palavra verdadeira.
Acaso alguém está arrependido
de sua maldade?
Alguém diz: 'Que coisa terrível eu fiz'?
Não! Todos correm pelo
caminho do pecado,
velozes como cavalos
galopando para a batalha.
7 Até a cegonha que voa pelos céus
sabe a época de migrar,
assim como a rolinha, a
andorinha e o grou;[a]
todos voltam no tempo
certo a cada ano.
Meu povo, contudo,
não conhece os decretos do SENHOR.

8 "'Como podem dizer: 'Somos sábios,
pois temos a lei do SENHOR',
se seus mestres a distorcem
escrevendo mentiras?
9 Esses mestres sábios serão
envergonhados
e cairão na armadilha de
sua insensatez,
pois rejeitaram a palavra do SENHOR;
afinal, será que são
mesmo tão sábios?
10 Entregarei suas esposas a outros
e darei seus campos a estranhos.
Desde o mais humilde até
o mais importante,
sua vida é dominada
pela ganância.
Até meus profetas e sacerdotes
agem desse modo;
são todos impostores.
11 Oferecem curativos superficiais
para a ferida mortal do meu povo.
Dão garantias de paz,
quando não há paz alguma.
12 Acaso se envergonham de
sua conduta detestável?
De maneira nenhuma! Nem
sabem o que é vergonha!
Portanto, estarão entre os que
caírem no massacre;
ficarão arruinados quando eu
os castigar, diz o SENHOR.
13 Certamente os consumirei;
não haverá mais colheita
de figos nem de uvas.
Suas árvores frutíferas morrerão,
tudo que lhes dei em breve acabará.
Eu, o SENHOR, falei!'.

14 "Então o povo dirá:
'Por que devemos ficar
parados esperando?
Venham, vamos para as cidades
fortificadas e morramos ali!
Pois o SENHOR, nosso Deus,
decretou nossa destruição
e nos deu um cálice de
veneno para beber,
pois pecamos contra o SENHOR.
15 Esperávamos paz, mas ela não veio;
esperávamos tempo de cura,
mas só encontramos terror'.

16 "Desde a terra de Dã, ao norte,
pode-se ouvir o bufar dos cavalos
de guerra dos inimigos.

[a] **8.7** A identificação de algumas dessas aves é incerta.

O relinchar de seus garanhões
faz a terra tremer;
vêm para devorar a terra
e tudo que nela há,
tanto as cidades como
seus habitantes.
17 Enviarei essas tropas
inimigas entre vocês,
serpentes venenosas que
ninguém consegue encantar;
elas os morderão,
e vocês morrerão.
Eu, o Senhor, falei!"

JEREMIAS CHORA POR JUDÁ

18 Minha tristeza não tem cura;
meu coração está enfermo.
19 Escutem o choro do meu povo,
pode-se ouvi-lo por toda a terra:
"Acaso o Senhor abandonou Sião?
Seu rei não está mais ali?".
"Por que provocaram minha ira
com ídolos esculpidos
e seus inúteis deuses
estrangeiros?", diz o Senhor.

20 O povo se lamenta: "A colheita
chegou ao fim, o verão acabou,
e, no entanto, não estamos salvos!".

21 Sofro com a dor do meu povo,
lamento e sou tomado de tristeza.
22 Não há remédio em Gileade?
Não há médico ali?
Por que não há cura para as
feridas do meu povo?

9 1[a] Quem dera minha cabeça
fosse uma represa,
e meus olhos,
uma fonte de lágrimas!
Choraria dia e noite
por meu povo que foi massacrado.
2[b] Quem dera pudesse ir
para bem longe,
morar numa cabana no deserto
e me esquecer do meu povo!
Pois todos são adúlteros,
um bando de traidores.

JULGAMENTO PELA DESOBEDIÊNCIA

3 "Meu povo curva a língua como um arco
para disparar mentiras.
Não querem defender a verdade;
vão de mal a pior
e não me conhecem", diz o Senhor.

4 "Cuidado com seu amigo!
Não confie nem mesmo em seu irmão!
Pois irmão engana irmão,
e amigo calunia amigo.
5 Todos trapaceiam e mentem,
ninguém diz a verdade.
Com língua experiente,
contam mentiras;
cansam-se de tanto pecar.
6 Amontoam falsidade sobre falsidade
e se recusam a me conhecer",
diz o Senhor.

7 Portanto, assim diz o Senhor
dos Exércitos:
"Vejam, eu os purificarei e os provarei,
como se faz com o metal;
que mais posso fazer com meu povo?[c]
8 Pois sua língua dispara mentiras
como flechas envenenadas;
falam palavras amigáveis
a seus vizinhos
enquanto, no coração, tramam matá-los.
9 Acaso não devo castigá-los
por isso?", diz o Senhor.
"Não devo me vingar de uma
nação como esta?"

10 Chorarei pelos montes
e lamentarei pelas pastagens
no deserto.
Pois estão desolados e sem vida;
não se ouve mais o mugido do gado,
e as aves e os animais
selvagens fugiram.

11 "Farei de Jerusalém um
monte de ruínas;
será morada de chacais.
As cidades de Judá serão abandonadas,
e ninguém viverá nelas", diz o Senhor.

[a] **9.1** No texto hebraico, o versículo 9.1 é numerado 8.23.
[b] **9.2** No texto hebraico, os versículos 9.2-26 são numerados 9.1-25.
[c] **9.7** Em hebraico, *com a filha do meu povo?* A Septuaginta traz *com a filha perversa do meu povo?*

[12] Quem é sábio o bastante para enten-
der todas essas coisas? Quem foi instruído
pelo Senhor para explicá-las? Por que a ter-
ra foi arruinada de tal modo que ninguém
tem coragem de passar por ela?
[13] O Senhor responde: "Isso aconteceu
porque meu povo abandonou a minha lei;
não quiseram obedecer às minhas instru-
ções. [14] Em vez disso, seguiram os dese-
jos teimosos de seu coração e adoraram
imagens de Baal, como seus antepassa-
dos lhes ensinaram. [15] Agora, assim diz o
Senhor dos Exércitos, o Deus de Israel: Ou-
çam! Eu os alimentarei com amargura e
lhes darei veneno para beber. [16] Eu os es-
palharei por todo o mundo, até lugares de
que nem eles nem seus antepassados ou-
viram falar. Mesmo lá, eu os perseguirei
com a espada até que os tenha destruído
por completo".

PRANTO EM JERUSALÉM

[17] Assim diz o Senhor dos Exércitos:
"Considerem tudo isso e chamem
as mulheres que pranteiam;
mandem trazer aquelas que
choram em funerais.
[18] Venham depressa!
Comecem a lamentar!
Que seus olhos se encham
de lágrimas.
[19] Ouçam o pranto desesperado
do povo de Sião:
'Estamos arruinados!
Que humilhação!
Temos de deixar nossa terra,
pois nossas casas foram destruídas!'".

[20] Ouçam, mulheres, as
palavras do Senhor,
abram os ouvidos para o
que ele tem a dizer.
Ensinem as filhas a prantear,
ensinem umas às outras
a lamentar.
[21] Pois a morte subiu
por nossas janelas
e entrou em nossas mansões.
Exterminou as crianças que
brincavam nas ruas
e os jovens que se reuniam
nas praças.

[22] Assim diz o Senhor:
"Corpos ficarão espalhados
pelos campos
como montes de esterco,
como feixes de cereal depois da colheita;
não restará ninguém para enterrá-los".

[23] Assim diz o Senhor:
"Que o sábio não se orgulhe
de sua sabedoria,
nem o poderoso de seu poder,
nem o rico de suas riquezas.
[24] Aquele que deseja se orgulhar,
que se orgulhe somente disto:
de me conhecer e entender
que eu sou o Senhor,
que demonstra amor leal
e traz justiça e retidão à terra;
isso é o que me agrada.
Eu, o Senhor, falei!

[25] "Está chegando o dia", diz o Senhor, "em
que castigarei todos, tanto circuncidados
como incircuncisos: [26] os egípcios, os edo-
mitas, os amonitas, os moabitas, os povos
que vivem no deserto, em lugares distan-
tes,[a] e até mesmo o povo de Judá. Pois, co-
mo todas essas nações, o povo de Israel
também tem o coração incircunciso."

A IDOLATRIA TRAZ DESTRUIÇÃO

10 Ó Israel, ouça esta palavra do Senhor
para você! [2] Assim diz o Senhor:
"Não se comportem como
as outras nações,
que tentam ler seu futuro
nas estrelas.
Não tenham medo de suas previsões,
ainda que elas encham
outras nações de terror.
[3] Os costumes dessas
nações são inúteis:
cortam uma árvore, e dela o
artesão esculpe um ídolo.
[4] Enfeitam-no com ouro e prata
e fixam-no com martelo e pregos,
para que não tombe.
[5] Seus deuses são como
espantalhos numa plantação
de pepinos.

[a] **9.26** Ou *no deserto e cortam os cantos do cabelo.*

Não são capazes de falar
e precisam ser carregados, pois
não conseguem andar.
Não tenham medo desses deuses,
pois não podem lhes fazer
nem mal, nem bem".

6 Senhor, não há ninguém
semelhante a ti!
Tu és grande, e teu nome
é poderoso.
7 Quem não te temeria, ó
Rei das nações?
Esse título pertence a ti somente!
Entre todos os sábios da terra
e em todos os reinos do mundo,
não há ninguém semelhante a ti.

8 Os que adoram ídolos são
tolos e insensatos;
adoram objetos feitos de madeira.
9 Trazem placas de prata batida
de Társis e ouro de Ufaz
e entregam a artesãos habilidosos,
que fazem seus ídolos.
Vestem-nos com mantos azuis e roxos,
feitos por hábeis alfaiates.
10 Mas o Senhor é o único
Deus verdadeiro;
ele é o Deus vivo e o Rei eterno!
A terra treme com sua ira;
as nações não podem
suportar sua fúria.

11 Diga isto àqueles que adoram outros
deuses: "Esses deuses, que não fizeram os
céus nem a terra, desaparecerão da terra e
de debaixo dos céus".[a]

12 O Senhor, porém, fez a
terra com seu poder
e a estabeleceu com sua sabedoria.
Com seu entendimento,
estendeu os céus.
13 Quando fala no meio do trovão,
as chuvas rugem nos céus.
Eleva as nuvens acima da terra,
envia relâmpagos com a chuva
e ordena que o vento saia
de seus depósitos.

14 Todo ser humano é tolo e
não tem conhecimento!
Os artesãos são envergonhados
pelos ídolos que fazem,
pois as imagens que esculpiram
são uma fraude;
não têm fôlego nem poder.
15 Os ídolos são inúteis,
são mentiras ridículas;
no dia do acerto de contas,
serão todos destruídos.
16 Mas o Deus de Israel[b] não
é como esses ídolos;
ele é o Criador
de todas as coisas,
incluindo Israel, a nação
que lhe pertence.
Seu nome é Senhor dos Exércitos!

A DESTRUIÇÃO QUE SE APROXIMA

17 Reúnam seus pertences e
preparem-se para partir;
o cerco está para começar.
18 Pois assim diz o Senhor:
"Lançarei fora repentinamente
todos vocês que vivem nesta terra.
Derramarei sobre vocês
grandes aflições;
finalmente sentirão minha ira".

19 Minha ferida é grave,
e minha dor é grande.
Minha doença não tem cura,
mas devo suportá-la.
20 Destruíram minha casa,
e não resta ninguém que me
ajude a reconstruí-la.
Levaram meus filhos;
nunca mais os verei.
21 Os pastores do meu povo
perderam a razão;
não buscam mais o Senhor.
Por isso fracassaram,
e seus rebanhos estão espalhados.
22 Ouçam o ruído assustador
dos grandes exércitos
que avançam do norte!
As cidades de Judá serão destruídas
e se tornarão morada de chacais.

[a] **10.11** No texto original, o versículo 10.11 está em aramaico.

[b] **10.16** Em hebraico, *a Porção de Jacó*. Ver nota em 5.20.

A ORAÇÃO DE JEREMIAS

23 Eu sei, ó SENHOR, que nossa
vida não nos pertence;
não somos capazes de planejar
o próprio caminho.
24 Por isso, SENHOR, corrige-me, mas
não sejas severo demais;
não uses tua ira, pois se o
fizesses eu morreria.
25 Derrama tua fúria sobre as
nações que não te conhecem,
sobre os povos que não
invocam teu nome.
Pois devoraram teu povo, Israel;[a]
sim, o devoraram e o consumiram,
transformando a terra num
lugar desolado.

JUDÁ QUEBRA A ALIANÇA

11 O SENHOR deu outra mensagem a Je-
remias: 2 "Lembre os habitantes de
Judá e de Jerusalém dos termos de minha
aliança com eles. 3 Diga-lhes: 'Assim diz
o SENHOR, o Deus de Israel: Maldito será
aquele que não obedecer aos termos de
minha aliança! 4 Pois eu disse a seus an-
tepassados quando os tirei do Egito, uma
fornalha de fundir ferro: 'Se vocês me obe-
decerem e fizerem tudo que ordeno, serão
o meu povo, e eu serei o seu Deus'. 5 Dis-
se isso para cumprir a promessa que fiz a
seus antepassados de lhes dar uma terra
que produzisse leite e mel com fartura, a
terra em que hoje vocês habitam'".

Então eu respondi: "Que assim seja,
SENHOR!".

6 E o SENHOR disse: "Proclame esta men-
sagem nas cidades de Judá e nas ruas
de Jerusalém. Diga: 'Lembrem-se da an-
tiga aliança e de todas as suas exigên-
cias. 7 Pois adverti solenemente seus
antepassados quando os tirei do Egito:
'Obedeçam-me!'. Repeti essa advertência
inúmeras vezes até hoje, 8 mas seus an-
tepassados não me deram ouvidos nem
prestaram atenção. Pelo contrário, segui-
ram os desejos teimosos de seu coração
perverso. E, porque se recusaram a obe-
decer, eu trouxe sobre eles todas as mal-
dições descritas nesta aliança'".

9 O SENHOR falou comigo novamente e
disse: "Descobri uma conspiração contra
mim entre os habitantes de Judá e de Je-
rusalém. 10 Voltaram aos pecados de seus
antepassados. Não quiseram me ouvir e
adoraram outros deuses. Israel e Judá que-
braram a aliança que fiz com seus antepas-
sados. 11 Por isso, assim diz o SENHOR: Trarei
calamidade sobre eles, e não escaparão.
Ainda que me supliquem, não ouvirei seu
clamor. 12 Os habitantes de Judá e de Jeru-
salém clamarão a seus ídolos e queimarão
incenso para eles, mas os ídolos não os
salvarão quando vier a calamidade. 13 Ve-
jam, habitantes de Judá, seus deuses são
tão numerosos quanto suas cidades! Seus
altares vergonhosos, altares para queimar
incenso a Baal, são tão numerosos quanto
as ruas de Jerusalém!

14 "Portanto, Jeremias, não ore mais por
este povo. Não chore por eles, pois não os
ouvirei quando clamarem a mim em sua
aflição.

15 "Que direito tem meu povo
amado de vir ao meu templo
depois de ter cometido
tanta imoralidade?
Acaso seus votos e sacrifícios
poderão evitar sua destruição?
A verdade é que se alegram
em praticar o mal.
16 Eu, o SENHOR, os chamava de
oliveira verdejante,
bonita de ver e cheia de bons frutos.
Agora, porém, enviei a fúria
de seus inimigos
para incendiar e
destruir seus ramos.

17 "Eu, o SENHOR dos Exércitos, que plan-
tei essa oliveira, ordenei que fosse destruí-
da. Pois o povo de Israel e o povo de Judá
fizeram o mal e provocaram minha ira ao
queimar incenso a Baal".

CONSPIRAÇÃO CONTRA JEREMIAS

18 Então o SENHOR me falou das conspira-
ções que meus inimigos tramavam contra
mim. 19 Eu era como cordeiro levado para
o matadouro. Não fazia ideia de que pla-
nejavam me matar. "Vamos destruir esse

[a] **10.25** Em hebraico, *devoraram Jacó*. Ver nota em 5.20.

Examine se suas raízes têm estado insensíveis à Palavra de Deus e precisam de restauração.

homem e suas palavras!",[a] diziam. "Vamos derrubá-lo para que seu nome seja esquecido para sempre!"

20 Ó Senhor dos Exércitos,
tu julgas com justiça
e examinas pensamentos
e emoções.
Permite que eu veja tua
vingança contra eles,
pois coloquei minha causa
em tuas mãos.

21 Assim diz o Senhor a respeito dos homens de Anatote que queriam me ver
morto. Eles tinham dito: "Nós o mataremos se não parar de profetizar em nome
do Senhor". 22 Portanto, assim diz o Senhor
dos Exércitos a respeito deles: "Eu os castigarei! Seus jovens morrerão na batalha, e seus filhos e filhas morrerão de fome.
23 Nenhum dos conspiradores de Anatote sobreviverá, pois eu trarei calamidade sobre eles quando chegar a hora de seu castigo".

JEREMIAS QUESTIONA A JUSTIÇA DO SENHOR

12 Senhor, tu sempre me fazes justiça
quando apresento uma
causa diante de ti.
Portanto, desejo te fazer esta queixa:
Por que os perversos são
tão prósperos?
Por que os desonestos
vivem em paz?
2 Tu os plantaste,
e eles criaram raízes e deram frutos.
Teu nome está em seus lábios,
mas tu estás longe de seu coração.
3 Quanto a mim, Senhor,
tu me conheces;
tu me vês e provas
meus pensamentos.
Arrasta essa gente como ovelhas
para o matadouro;
separa-os para a matança!

4 Até quando esta terra ficará de luto?
Até o capim nos campos secou.
Os animais selvagens e as
aves desapareceram
por causa da maldade dos
que nela habitam.
Pois o povo disse:
"O Senhor não vê o que o
futuro nos reserva!".

A RESPOSTA DO SENHOR A JEREMIAS

5 "Se correr com homens
o deixa cansado,
como poderá competir
com cavalos?
Se tropeça e cai em
campo aberto,
o que fará nas matas
junto ao Jordão?
6 Até seus irmãos, membros
de sua família,
se voltaram contra você;
conspiram e se queixam
a seu respeito.
Não confie neles,
por mais agradáveis que
sejam suas palavras.

7 "Abandonei meu povo, a
nação que me pertence;
entreguei aqueles que eu mais
amo a seus inimigos.
8 Meu povo escolhido rugiu contra
mim como leão no bosque,
por isso os tratei com desprezo.
9 Meu povo escolhido age
como ave de rapina,[b]
mas ele próprio será
cercado por abutres;
tragam os animais selvagens
para devorar os cadáveres!

10 "Muitos governantes
destruíram meu vinhedo;
pisotearam minha propriedade
e transformaram sua
beleza em deserto.
11 Fizeram dela uma terra devastada;
ouço seu triste lamento.
Toda a terra está desolada,
e ninguém se importa.

[a] **11.19** Em hebraico, *Vamos derrubar a árvore e seu pão.*

[b] **12.9** Ou *hienas malhadas.*

12 Pode-se ver exércitos destruidores
no alto dos montes.
A espada do SENHOR devora o povo
de uma extremidade à
outra da terra;
ninguém escapará!
13 Meu povo semeou trigo,
mas colhe espinhos.
Esforçou-se muito,
mas de nada adiantou.
Terá uma colheita de vergonha
por causa da ira ardente do SENHOR."

UMA MENSAGEM PARA OS VIZINHOS DE ISRAEL

14 Assim diz o SENHOR: "Arrancarei de suas
terras todas as nações perversas que se
apossam da herança que dei ao meu povo,
Israel. E arrancarei Judá do meio delas.
15 Depois disso, porém, voltarei e terei
compaixão de todos eles. Eu os trarei de
volta às suas terras, cada nação à sua he-
rança. 16 E se, verdadeiramente, essas na-
ções aprenderem os caminhos do meu
povo e jurarem por meu nome: 'Tão cer-
to como vive o SENHOR' — como ensinaram
meu povo a jurar pelo nome de Baal —,
elas receberão um lugar no meio do meu
povo. 17 Mas qualquer nação que não qui-
ser me obedecer será arrancada e destruí-
da. Eu, o SENHOR, falei!".

O CINTO DE LINHO DE JEREMIAS

13 O SENHOR me disse: "Vá, compre um
cinto de linho e vista-o, mas não o
lave". 2 Comprei o cinto de linho, como o
SENHOR me havia instruído, e o vesti.
3 Então recebi outra mensagem do SENHOR:
4 "Pegue o cinto de linho que está vestindo
e vá ao rio Eufrates.[a] Esconda-o ali, num
buraco entre as pedras". 5 Fui e o escondi
junto ao Eufrates, como o SENHOR me havia
ordenado.
6 Depois de muito tempo, o SENHOR me
disse: "Volte ao rio Eufrates e pegue o cinto
que eu lhe disse que escondesse ali". 7 Fui
ao Eufrates, cavei onde havia escondido o
cinto e o tirei dali. Mas o cinto tinha apodre-
cido e não servia para nada.
8 Então recebi esta mensagem do SENHOR:
9 "Assim diz o SENHOR: Do mesmo modo fa-
rei apodrecer o orgulho de Judá e de Je-
rusalém. 10 Este povo perverso não quer
me ouvir. Seguem os desejos teimosos
de seu coração e adoram outros deuses.
Portanto, eles se tornarão semelhan-
tes a esse cinto: não servirão para nada!
11 Assim como o cinto se apega à cintura
do homem, eu criei Judá e Israel para se
apegarem a mim, diz o SENHOR. Deveriam
ser meu povo, meu louvor e minha glória,
uma honra para meu nome. Mas não qui-
seram me ouvir.
12 "Portanto, diga-lhes: 'Assim diz o SENHOR,
o Deus de Israel: Que todas as suas vasilhas
fiquem cheias de vinho'. E eles responde-
rão: 'Claro! As vasilhas são feitas para ficar
cheias de vinho'.
13 "Então diga-lhes: 'Assim diz o SENHOR:
Deixarei todos nesta terra completamente
embriagados, desde o rei sentado no trono
de Davi até os sacerdotes e os profetas, e to-
dos os habitantes de Jerusalém. 14 Eu os des-
pedaçarei, colocando uns contra os outros,
até mesmo pais contra filhos, diz o SENHOR.
Não deixarei que minha piedade, nem mi-
nha misericórdia, nem minha compaixão
me impeçam de destruí-los'".

ADVERTÊNCIA A RESPEITO DO ORGULHO

15 Ouçam e prestem atenção;
não sejam arrogantes,
pois o SENHOR falou.
16 Deem glória ao SENHOR,
seu Deus,
antes que as trevas venham
sobre vocês,
antes que ele os faça tropeçar e
cair nos montes sombrios.
Então, quando procurarem luz,
só encontrarão escuridão
densa e terrível.
17 E, se ainda assim não
quiserem ouvir,
chorarei sozinho por causa
de seu orgulho.
Lágrimas amargas se derramarão
de meus olhos,
pois o rebanho do SENHOR será
levado para o exílio.

---

[a] **13.4** Em hebraico, *Perate*; também em 13.5,6,7.

[18] Diga ao rei e à mãe dele:
"Desçam de seus tronos e
sentem-se no pó,
pois sua coroa gloriosa
será arrancada de sua cabeça".
[19] As cidades do Neguebe
fecharão os portões,
e ninguém conseguirá abri-los.
Os habitantes de Judá serão
levados como prisioneiros;
todos irão para o exílio.

[20] Abra os olhos e veja
os exércitos que vêm do norte!
Onde está seu rebanho,
o lindo rebanho de que ele a
encarregou de cuidar?
[21] O que dirá quando o Senhor colocar
seus antigos aliados para a dominarem?
Pontadas de angústia tomarão
conta de você,
como as dores da mulher
em trabalho de parto.
[22] Você se perguntará: "Por que
isso me aconteceu?".
Foi por causa de seus muitos pecados!
Por isso os exércitos invasores
arrancaram suas roupas
e a violentaram.
[23] Acaso o etíope[a] pode mudar
a cor de sua pele?
Pode o leopardo tirar suas manchas?
De igual modo, você é incapaz
de fazer o bem,
pois se acostumou a fazer o mal.

[24] "Eu a dispersarei como palha
levada pelos ventos do deserto.
[25] Esta é sua parte, a porção
que lhe reservei",
diz o Senhor,
"pois você se esqueceu de mim
e confiou em falsos deuses.
[26] Eu mesmo arrancarei suas roupas,
para que apareça sua vergonha.
[27] Vi seu adultério e sua lascívia,
sua idolatria detestável nos
campos e sobre as colinas.
Que aflição a espera, Jerusalém!
Quando você se purificará?"

[a] **13.23** Em hebraico, *cuxita*.

SECA TERRÍVEL EM JUDÁ

14 Jeremias recebeu esta mensagem
do Senhor acerca da grande seca:

[2] "Judá anda chorando;
o comércio às portas da
cidade parou.
O povo senta-se no chão,
pois está de luto;
de Jerusalém sobe um
grande clamor.
[3] Os nobres mandam os servos
buscarem água,
mas todos os poços secaram.
Confusos e desesperados,
voltam com jarros vazios
e cobrem a cabeça, entristecidos.
[4] A terra está seca
e rachada por falta de chuva.
Preocupados, os lavradores
também cobrem a cabeça.
[5] Até a corça abandona sua cria,
pois não há capim no campo.
[6] Os jumentos selvagens ficam
no alto dos montes
e ofegam como chacais sedentos.
Forçam a vista para achar pastagem,
mas nada encontram".

[7] "Nossa maldade nos alcançou,
Senhor", diz o povo,
"ainda assim, ajuda-nos por
causa do teu nome.
De ti nos afastamos
e contra ti pecamos repetidamente.
[8] Ó Esperança de Israel, nosso
Salvador em tempos de angústia,
por que és como estrangeiro
entre nós?
Por que és como viajante de
passagem pela terra,
que fica só uma noite?
[9] Acaso também estás surpreso?
Nosso guerreiro valente não
tem poder para nos salvar?
Tu estás em nosso meio, Senhor,
somos conhecidos como teu povo;
por favor, não nos abandones!"

[10] Assim diz o Senhor a seu povo:
"Vocês gostam de andar longe de mim
e não controlam os pés.

Por isso, não me agradarei
mais de vocês;
agora me lembrarei de toda
a sua perversidade
e os castigarei por seus pecados".

O SENHOR PROÍBE JEREMIAS DE INTERCEDER

11 Então o SENHOR me disse: "Não ore mais
pelo bem deste povo. 12 Quando jejuarem,
não darei atenção a seu clamor. Quando
apresentarem seus holocaustos e ofertas
de cereal, não me agradarei. Em vez disso,
os devorarei com guerra, fome e doença".
13 Então eu disse: "Ó Soberano SENHOR, os
profetas dizem ao povo: 'Tudo está bem.
Não haverá guerra nem fome. O SENHOR cer-
tamente lhes dará paz'".
14 O SENHOR me disse: "Esses profetas con-
tam mentiras em meu nome. Não os en-
viei nem ordenei que falassem. Não lhes
dei mensagem alguma. Profetizam a
respeito de visões e revelações que nun-
ca viram nem ouviram. Dizem tolices que
inventaram em seu próprio coração men-
tiroso. 15 Por isso, assim diz o SENHOR: Casti-
garei esses profetas mentirosos, pois falam
em meu nome, embora eu não os tenha
enviado. Dizem que não haverá guerra nem
fome, mas eles próprios morrerão por guer-
ra e fome. 16 Quanto ao povo para o qual
profetizam, terão o corpo jogado nas ruas
de Jerusalém, vítimas da fome e da guerra.
Não restará ninguém para enterrá-los. Mari-
dos, esposas, filhos e filhas, todos morrerão.
Pois derramarei sobre eles sua própria mal-
dade. 17 Portanto, diga-lhes o seguinte:

"Noite e dia, meus olhos se
enchem de lágrimas;
não consigo parar de chorar,
pois minha filha virgem, meu povo
precioso, foi derrubada
e está mortalmente ferida.
18 Se saio aos campos,
vejo os corpos daqueles
que o inimigo matou.
Se ando pelas ruas,
vejo aqueles que morreram de fome.
Os profetas e sacerdotes prosseguem
com seu trabalho,
mas não sabem o que fazem".

ORAÇÃO POR CURA

19 SENHOR, tu rejeitaste
Judá completamente?
Acaso odeias Sião?
Por que nos feriste a ponto
de não podermos ser curados?
Esperávamos paz, mas ela não veio;
esperávamos tempo de cura,
mas só encontramos terror.
20 SENHOR, confessamos a nossa maldade
e a maldade de nossos antepassados;
todos pecamos contra ti.
21 Por causa do teu nome, SENHOR,
não nos abandones;
não desonres teu trono glorioso.
Lembra-te de nós
e não quebres tua aliança conosco.
22 Acaso algum desses deuses
estrangeiros pode enviar a chuva?
Ela cai por si mesma do céu?
Somente tu, ó SENHOR, nosso Deus,
podes fazer essas coisas;
por isso esperamos teu socorro.

A INEVITÁVEL CONDENAÇÃO DE JUDÁ

15 Então o SENHOR me disse: "Mesmo
que Moisés e Samuel intercedes-
sem diante de mim em favor deste povo,
eu não ajudaria. Fora com eles! Expul-
se-os de minha presença! 2 E se lhe per-
guntarem: 'Para onde iremos?', diga-lhes:
'Assim diz o SENHOR:

"'Os destinados à morte,
para a morte;
os destinados à guerra,
para a guerra;
os destinados à fome,
para a fome;
os destinados ao cativeiro,
para o cativeiro'.

3 "Enviarei contra eles quatro tipos de
destruidores", diz o SENHOR. "Enviarei es-
pada para matá-los, cães para arrastá-los,
abutres para devorá-los e animais selva-
gens para acabar com o que tiver sobrado.
4 Por causa das maldades que Manassés,
filho de Ezequias, rei de Judá, fez em Jeru-
salém, farei de meu povo objeto de horror
para todos os reinos da terra.

5 "Quem terá compaixão de
você, Jerusalém?
Quem chorará por você?
Quem se dará o trabalho de
perguntar se está bem?
6 Você me abandonou e
me deu as costas",
diz o Senhor.
"Portanto, levantarei a mão para destruí-la;
estou cansado de mostrar compaixão.
7 Às portas das cidades, eu os
espalharei ao vento,
como palha separada do cereal,
e levarei seus filhos queridos.
Destruirei meu próprio povo,
pois não querem abandonar
seus maus caminhos.
8 Haverá mais viúvas
que grãos de areia do mar.
Ao meio-dia, trarei um destruidor
contra as mães dos jovens.
Farei cair sobre elas
angústia e terror repentinos.
9 A mãe de sete filhos desmaia e
respira com dificuldade;
para ela, o sol se pôs
enquanto ainda era dia.
Agora está sem filhos,
envergonhada e humilhada.
Entregarei os que restarem
para serem mortos pelo inimigo.
Eu, o Senhor falei!"

A QUEIXA DE JEREMIAS

10 Então eu disse:

"Como estou aflito, minha mãe!
Quem dera eu tivesse
morrido ao nascer!
Sou odiado em todo lugar.
Não sou um credor que ameaça
cobrar a dívida,
nem um devedor que se
recusa a pagá-la;
ainda assim, todos me amaldiçoam".

11 O Senhor respondeu:

"Eu cuidarei de você;
em tempos de calamidade e aflição,
seus inimigos lhe pedirão
que interceda por eles.
12 Alguém é capaz de quebrar uma
barra de ferro do norte
ou uma barra de bronze?
13 Entregarei de graça
sua riqueza e seus tesouros
como despojo a seus inimigos,
pois o pecado corre solto pela terra.
14 Farei que seus inimigos os levem
como prisioneiros para uma
terra estrangeira.
Pois minha ira se acendeu como
fogo e arderá contra vocês".[a]

15 Então eu disse:

"Senhor, tu sabes o que me
tem acontecido;
intervém, ajuda-me e castiga
meus perseguidores!
Dá-me tempo, não permitas que
eu morra ainda jovem;
é por teu nome que tenho
sofrido humilhações.
16 Quando descobri tuas
palavras, devorei-as;
são minha alegria e dão
prazer a meu coração,
pois pertenço a ti, ó Senhor,
Deus dos Exércitos.
17 Nunca participei dos banquetes
alegres do povo;
sentei-me sozinho, porque tua
mão pesava sobre mim,
e enchi-me de indignação
com os pecados deles.
18 Por que, então, continuo a sofrer?
Por que minha ferida não tem cura?
Teu socorro parece incerto como
um riacho inconstante;
é como uma fonte que secou".

19 Assim diz o Senhor:

"Se voltar para mim, eu o restaurarei,
para que possa continuar
a me servir.
Se disser palavras de valor, em
vez de palavras inúteis,
será meu porta-voz.

[a] **15.14** Conforme a maioria dos manuscritos hebraicos; alguns manuscritos hebraicos (ver tb. 17.4) trazem *arderá para sempre*.

Você os influenciará,
mas não deixará que o influenciem.
20 Lutarão contra você
como um exército,
mas o tornarei invencível como
uma muralha de bronze.
Não o vencerão,
pois estou com você para
protegê-lo e livrá-lo.
Eu, o Senhor, falei!
21 Certamente o livrarei desses
homens perversos
e o resgatarei de suas mãos cruéis".

JEREMIAS É PROIBIDO DE CASAR-SE

16 Recebi outra mensagem do Senhor.
Ele disse: 2 "Não se case nem tenha
filhos neste lugar. 3 Pois assim diz o Senhor
a respeito dos filhos e das filhas que nascerem nesta terra e a respeito de suas mães e
seus pais: 4 Eles morrerão de doenças terríveis. Ninguém chorará por eles, nem os enterrará; ficarão espalhados pela terra como esterco. Morrerão por guerra e fome, e seus cadáveres servirão de alimento para os abutres e os animais selvagens".

CASTIGO QUE VIRÁ SOBRE JUDÁ

5 Assim diz o Senhor: "Não vá a funerais
para prantear, nem demonstre compaixão por este povo, pois tirei dele minha proteção; removi minha bondade e minha mise-
ricórdia. 6 Tanto os mais importantes como
os mais simples morrerão nesta terra. Ninguém os sepultará nem chorará por eles. Seus amigos não se cortarão nem rasparão
a cabeça em sinal de tristeza. 7 Ninguém
oferecerá uma refeição para consolar os que estiverem de luto, nem mesmo pela morte da mãe ou do pai. Ninguém lhe dará um cálice de vinho para consolá-los.
8 "Não vá a seus banquetes e a suas fes-
tas. Não coma nem beba com eles. 9 Pois
assim diz o Senhor dos Exércitos, o Deus de Israel: Durante sua vida, diante de seus olhos, acabarei com os cânticos alegres e com o riso nesta terra, e não se ouvirão mais as vozes felizes de noivos e de noivas.
10 "Quando você anunciar tudo isso
ao povo, eles perguntarão: 'Por que o Senhor decretou coisas tão terríveis contra nós? O que fizemos para ser tratados desse modo? Qual foi nosso pecado contra o Senhor, nosso Deus?'.
11 "Então você lhes responderá que assim
diz o Senhor: 'Seus antepassados me deixaram. Adoraram e serviram outros deuses, me abandonaram e não obedeceram à
minha lei. 12 E vocês são ainda piores que
seus antepassados! Seguem os desejos teimosos de seu coração perverso e não
querem me ouvir. 13 Por isso os expulsa-
rei desta terra e os enviarei a uma terra estrangeira, onde vocês e seus antepassados nunca estiveram. Ali poderão adorar deuses dia e noite, e não lhes concederei nenhum favor'."

ESPERANÇA APESAR DA CALAMIDADE

14 "Mas está chegando o dia", diz o Senhor,
"em que, ao fazer um juramento, ninguém mais dirá: 'Tão certo como vive o Senhor, que tirou o povo de Israel da terra do Egito'.
15 Em vez disso, dirá: 'Tão certo como vive
o Senhor, que trouxe o povo de Israel de volta da terra do norte e de todas as nações onde os havia exilado'. Pois eu os trarei de volta à terra que dei a seus antepassados.
16 "Agora, porém, envio muitos pescado-
res que os pescarão", diz o Senhor, "e envio caçadores que os caçarão nos montes, nas
colinas e nas cavernas. 17 Eu os observo de
perto e vejo cada pecado. É impossível se
esconderem de mim. 18 Eu os castigarei
em dobro por todos os seus pecados, pois contaminaram minha terra com as imagens sem vida de seus ídolos repulsivos e encheram minha terra com suas práticas detestáveis."

JEREMIAS EXPRESSA CONFIANÇA

19 Senhor, és minha força e fortaleza,
meu refúgio no dia da angústia.
Nações de todo o mundo
virão a ti e dirão:
"Nossos antepassados nos deixaram
uma herança enganosa,
pois adoraram ídolos inúteis.
20 Acaso alguém pode fazer
seus próprios deuses?
De maneira nenhuma são
deuses verdadeiros!".

21 O Senhor diz:
"Agora lhes mostrarei meu poder,
agora lhes mostrarei minha força.
Finalmente entenderão
e saberão que eu sou o Senhor."

O PECADO E O CASTIGO DE JUDÁ

17 "O pecado de Judá
está escrito com cinzel de ferro,
gravado com ponta de diamante
em seu coração de pedra
e nas pontas de seus altares.
2 Até seus filhos adoram
nos altares e nos postes
dedicados a Aserá,
debaixo de toda árvore verdejante
e no alto das colinas,
3 nos montes e nos campos.
Entregarei todas as suas
riquezas, seus tesouros
e seus santuários idólatras
como despojo para seus inimigos,
porque o pecado corre
solto na terra.
4 A herança que reservei para vocês
lhes escapará por entre os dedos.
Farei que seus inimigos os levem
como prisioneiros para uma
terra estrangeira.
Pois minha ira se acendeu como fogo
e arderá para sempre".

SABEDORIA DO SENHOR

5 Assim diz o Senhor:
"Maldito é quem confia nas pessoas,
que se apoia na força humana
e afasta seu coração do Senhor.
6 É como arbusto solitário
no deserto;
não tem esperança alguma.
Habitará em lugares
desolados e estéreis,
numa terra salgada, onde
ninguém vive.

7 "Feliz é quem confia no Senhor,
cuja esperança é o Senhor.
8 É como árvore plantada junto ao rio,
com raízes que se estendem
até as correntes de água.
Não se incomoda com o calor,
e suas folhas continuam verdes.
Não teme os longos meses de seca,
e nunca deixa de produzir frutos.

9 "O coração humano é mais
enganoso que qualquer coisa
e é extremamente perverso;
quem sabe, de fato, o quanto é mau?
10 Eu, o Senhor, examino o coração
e provo os pensamentos.
Dou a cada pessoa a
devida recompensa,
de acordo com suas ações".

A confiança de Jeremias no Senhor

11 Como a perdiz que choca
ovos de outro pássaro,
assim são os que obtêm riquezas
por meios injustos.
Na metade da vida, perderão
suas riquezas;
no final, não passarão de velhos tolos.
12 Nós, porém, adoramos
diante do teu trono
eterno, exaltado e glorioso.
13 Ó Senhor, esperança de Israel,
todos que se afastarem de ti
serão envergonhados.
Serão enterrados no pó da terra,
pois abandonaram o Senhor,
a fonte de água viva.

14 Ó Senhor, se me curares, serei
verdadeiramente curado;
se me salvares, serei
verdadeiramente salvo.
Louvo somente a ti!
15 As pessoas zombam de mim
e dizem:
"Onde está a mensagem do Senhor?
Por que suas profecias
não se cumprem?".

16 Senhor, não abandonei meu trabalho
como pastor do teu povo.
Não pedi que enviasses calamidades;
ouviste tudo que eu disse.
17 Senhor, não me aterrorizes;
somente tu és meu refúgio
no dia da calamidade.
18 Traze vergonha e desespero
sobre os que me perseguem,
mas não permitas que eu fique
envergonhado e desesperado.

Traze sobre eles um dia
de calamidade,
sim, traze sobre eles
destruição em dobro!

GUARDAR O SÁBADO

19 Assim me disse o Senhor: "Vá e fique
junto aos portões de Jerusalém, primei-
ro junto ao portão por onde o rei entra e
sai, depois junto a cada um dos outros
portões. 20 Diga ao povo: 'Ouçam esta
mensagem do Senhor, reis de Judá, todo
o povo de Judá e todos os habitantes de
Jerusalém, vocês todos que passam por
estes portões. 21 Assim diz o Senhor: Ou-
çam minha advertência! Parem de ne-
gociar junto aos portões de Jerusalém
no dia de sábado. 22 Não trabalhem no
sábado, mas façam dele um dia santo.
Foi o que ordenei a seus antepassados,
23 mas eles não deram ouvidos nem obe-
deceram. Recusaram-se teimosamente
a prestar atenção e não aceitaram mi-
nha disciplina.
24 "'Se, contudo, vocês me obedecerem,
diz o Senhor, e não negociarem junto aos
portões da cidade nem trabalharem no
sábado, se o guardarem como dia san-
to, 25 então o rei e seus oficiais entrarão
e sairão por estes portões para sempre.
Sempre haverá um descendente de Davi
sentado no trono em Jerusalém. Os reis e
seus oficiais entrarão e sairão em carrua-
gens e a cavalo no meio do povo de Judá,
e esta cidade permanecerá para sempre.
26 De todas as partes ao redor de Jerusa-
lém, das cidades de Judá e Benjamim, das
colinas do oeste,[a] da região montanhosa
e do Neguebe, virá gente para apresentar
holocaustos e sacrifícios. Trarão ofertas
de cereal, incenso e ofertas de gratidão
ao templo do Senhor.
27 "'Mas, se vocês não me ouvirem e não
guardarem o sábado como dia santo e se,
nesse dia, trouxerem cargas de mercado-
rias pelos portões de Jerusalém como nos
outros dias, porei fogo nestes portões.
O fogo se espalhará até os palácios e os
consumirá, e ninguém será capaz de apa-
gar as chamas'".

O OLEIRO E O BARRO

18 O Senhor deu outra mensagem a
Jeremias: 2 "Desça até a casa do
oleiro, e eu lhe falarei ali". 3 Fui à casa do
oleiro e o encontrei trabalhando na roda.
4 Mas o vaso de barro que ele estava fazen-
do não saiu como desejava, por isso ele
amassou o barro e começou novamente.
5 Então o Senhor me deu esta mensagem:
6 "Ó Israel, acaso não posso fazer com vo-
cês o mesmo que o oleiro fez com o bar-
ro? Como o barro está nas mãos do oleiro,
vocês estão em minhas mãos. 7 Se eu
anunciar que uma nação ou reino será ar-
rancado, derrubado e destruído, 8 mas es-
sa nação abandonar seus maus caminhos,
não a destruirei como havia planejado. 9 E,
se eu anunciar que plantarei e edificarei
uma nação ou reino, 10 mas essa nação
praticar o mal e não quiser me obedecer,
não a abençoarei como havia declarado.
11 "Portanto, Jeremias, vá e proclame a
todo o povo de Judá e aos habitantes de
Jerusalém: 'Assim diz o Senhor: Planejo
calamidade para vocês, e não o bem. Por
isso, cada um abandone seus maus cami-
nhos e faça o que é certo'".
12 "Não perca seu tempo", o povo respon-
deu. "Continuaremos a viver como qui-
sermos e a seguir os desejos teimosos de
nosso coração perverso."
13 Portanto, assim diz o Senhor:

"Quem ouviu coisa igual a essa,
mesmo entre as outras nações?
Israel, minha filha virgem,
fez algo terrível!
14 Pode a neve desaparecer do
alto dos montes do Líbano?
Podem secar-se os riachos que
correm desses montes distantes?
15 Meu povo, contudo, me abandonou
e queima incenso
para ídolos inúteis.
Tropeçaram e saíram dos
caminhos antigos
e andam por trilhas lamacentas.
16 Portanto, sua terra ficará desolada;
será um monumento à sua tolice.
Todos que passarem por
lá ficarão pasmos
e balançarão a cabeça em espanto.

[a] **17.26** Em hebraico, *da Sefelá*.

17 Espalharei meu povo diante
de seus inimigos,
como o vento leste espalha o pó.
Darei as costas para eles
e não os ajudarei
em sua calamidade".

CONSPIRAÇÃO CONTRA JEREMIAS

18 Então o povo disse: "Venham, vamos planejar um jeito de nos livrarmos de Jeremias. Temos vários sacerdotes, e também homens sábios e profetas. Não precisamos que ele nos ensine a lei, e não precisamos de seus conselhos e profecias. Vamos espalhar boatos a seu respeito e ignorar o que ele diz".

19 Senhor, olha para mim!
Ouve o que dizem meus inimigos!
20 Acaso se paga o bem com o mal?
Cavaram um buraco para me matar,
mesmo eu tendo intercedido por eles
e tentado protegê-los de tua ira.
21 Portanto, que os filhos deles
morram de fome!
Que morram pela espada!
Que suas esposas se tornem
viúvas e fiquem sem filhos!
Que os mais velhos sejam
mortos por uma praga,
e os jovens, na batalha!
22 Que se ouçam gritos vindos
de suas casas
quando guerreiros
atacarem repentinamente,
pois cavaram um buraco para mim
e esconderam armadilhas ao
longo do meu caminho.
23 Senhor, tu conheces os planos
que fizeram para me matar;
não os perdoes por seus crimes
nem apagues seus pecados.
Que eles morram diante de ti;
trata-os de acordo com a tua ira.

O VASO DESPEDAÇADO

19 Assim me disse o Senhor: "Vá e compre um vaso de barro. Depois, peça a alguns líderes do povo e dos sacerdotes que o acompanhem. 2 Vá ao depósito de lixo no vale de Ben-Hinom, que fica junto ao portão dos Cacos, e proclame esta mensagem: 3 'Ouçam esta mensagem do Senhor, reis de Judá e habitantes de Jerusalém! Assim diz o Senhor dos Exércitos, o Deus de Israel: Trarei calamidade sobre este lugar, calamidade tão terrível que fará tinir os ouvidos de quem ouvir a respeito!

4 "'Pois o povo me abandonou e transformou este vale num lugar de perversidade. Queimam incenso a deuses estrangeiros, ídolos até então desconhecidos desta geração, de seus antepassados e dos reis de Judá. Encheram este lugar com o sangue de crianças inocentes. 5 Construíram lugares de adoração a Baal e lhe queimaram os filhos como sacrifício. Jamais ordenei tamanha maldade; nunca me passou pela mente! 6 Portanto, tomem cuidado, diz o Senhor, pois está chegando o dia em que este lugar não se chamará mais Tofete, nem vale de Ben-Hinom, mas vale da Matança.

7 "'Pois eu transtornarei os planos minuciosos de Judá e Jerusalém. Permitirei que seu povo seja massacrado por exércitos invasores e deixarei seus cadáveres para servirem de alimento para os abutres e os animais selvagens. 8 Transformarei Jerusalém em um monte de escombros; será um monumento à sua tolice. Todos que passarem por lá ficarão pasmos e abrirão a boca de espanto quando virem suas ruínas. 9 Farei os inimigos cercarem a cidade, até que acabe toda a comida. Então, os que estiverem presos dentro dela comerão os próprios filhos, filhas e amigos. Serão levados ao mais absoluto desespero'.

10 "Então, Jeremias, você quebrará o vaso à vista desses homens 11 e lhes dirá: 'Assim diz o Senhor dos Exércitos: Como este vaso está despedaçado, assim despedaçarei o povo de Judá e o povo de Jerusalém, e não haverá quem possa restaurá-los. Enterrarão os corpos aqui em Tofete, até que não haja mais espaço. 12 Assim farei a este lugar e a seu povo, diz o Senhor. Farei a cidade ficar contaminada como Tofete. 13 Sim, todas as casas de Jerusalém, incluindo o palácio dos reis de Judá, se tornarão como Tofete, todas as casas em que vocês queimaram incenso nos terraços para adorar as estrelas e apresentaram ofertas derramadas para seus ídolos'".

14 Então Jeremias voltou de Tofete, onde
havia anunciado essa mensagem, e parou
diante do templo do Senhor. Ali, disse ao
povo: 15 "Assim diz o Senhor dos Exércitos,
o Deus de Israel: Trarei calamidade sobre
esta cidade e sobre os povoados ao redor
conforme prometi, pois vocês se recusa-
ram teimosamente a me ouvir".

JEREMIAS E PASUR

20 Pasur, filho de Imer, sacerdote en-
carregado do templo do Senhor, ou-
viu o que Jeremias profetizava. 2 Mandou
prender o profeta Jeremias e ordenou que
o açoitassem e o pusessem no tronco junto
à porta de Benjamim, no templo do Senhor.
3 No dia seguinte, Pasur o soltou, e Je-
remias disse: "Pasur, o Senhor mudou seu
nome. De agora em diante, você será cha-
mado de 'Homem que Vive em Terror'.[a]
4 Pois assim diz o Senhor: 'Enviarei terror
sobre você e sobre todos os seus amigos,
e você verá quando forem mortos pelas
espadas do inimigo. Entregarei o povo de
Judá ao rei da Babilônia, e ele os levará pre-
sos para a Babilônia ou os atravessará com
a espada. 5 Entregarei Jerusalém nas mãos
de seus inimigos, e eles saquearão todos os
tesouros da cidade — as pedras preciosas,
o ouro e a prata de seus reis — e levarão
para a Babilônia. 6 Você, Pasur, e todos em
sua casa serão levados para o exílio na Ba-
bilônia. Ali morrerão e serão sepultados,
você e todos os seus amigos a quem você
profetizou mentiras'".

A QUEIXA DE JEREMIAS

7 Ó Senhor, tu me constrangeste,
e eu me deixei constranger.
És mais forte que eu
e prevaleceste.
Agora, sou motivo de zombaria
todos os dias;
todos riem de mim.
8 Pois, sempre que abro a
boca, é para gritar:
"Violência e destruição!".
Essas mensagens do Senhor
me transformaram em alvo
constante de piadas.
9 Mas, se digo que nunca mais
mencionarei o Senhor,
nem falarei em seu nome,
sua palavra arde como fogo
em meu coração;
é como fogo em meus ossos.
Estou cansado de tentar contê-la;
é impossível!
10 Ouvi muitos boatos a meu respeito;
me chamam de "Homem
que Vive em Terror"
e me ameaçam: "Se disser alguma
coisa, o denunciaremos".
Até os que se dizem amigos
íntimos me vigiam
e esperam que eu cometa
algum erro fatal.
Dizem: "Ele cairá em sua
própria armadilha;
então nos vingaremos dele".

11 O Senhor, porém, está ao meu lado
como poderoso guerreiro.
Diante dele meus
perseguidores tropeçarão;
não conseguirão me derrotar.
Fracassarão e serão
totalmente humilhados;
sua desonra jamais será esquecida.
12 Ó Senhor dos Exércitos,
tu provas o justo
e examinas pensamentos e emoções.
Permite que eu veja tua
vingança contra eles,
pois coloquei minha causa
em tuas mãos.
13 Cantem ao Senhor!
Louvem o Senhor!
Pois ele salva o pobre e necessitado
da mão de seus opressores.

14 E, no entanto, amaldiçoo
o dia em que nasci;
ninguém celebre o dia em que
minha mãe me deu à luz.
15 Maldito o mensageiro que
disse a meu pai:
"Tenho boas notícias! Alegre-
-se, seu filho nasceu!".
16 Que ele seja destruído como
as cidades antigas
que o Senhor arrasou sem compaixão.

Não tente assentar-se no banco da frente enquanto o Pai está curando as suas raízes e você está amadurecendo.

[a] **20.3** Em hebraico, *Magor-Missabibe*, que significa "cer-
cado de terror"; também em 20.10.

Que seja aterrorizado todo o dia
com gritos de guerra,
17 pois não me matou quando nasci.
Quem dera eu tivesse morrido
no ventre de minha mãe
e seu corpo tivesse sido
minha sepultura!
18 Por que eu nasci?
Toda a minha vida é apenas
sofrimento, tristeza e vergonha.

JUDÁ NÃO ESCAPARÁ DA BABILÔNIA

21 O SENHOR deu esta mensagem a Jeremias quando o rei Zedequias enviou Pasur, filho de Malquias, e o sacerdote Sofonias, filho de Maaseias, para falarem com o profeta. Suplicaram a Jeremias: 2 "Consulte o SENHOR por nós e peça que nos ajude. Nabucodonosor, rei da Babilônia, está atacando Judá. Quem sabe o SENHOR não fará um de seus milagres poderosos, como no passado, e obrigará Nabucodonosor a retirar seus exércitos".

3 Jeremias respondeu: "Voltem ao rei Zedequias e digam-lhe: 4 'Assim diz o SENHOR, o Deus de Israel: Tornarei inúteis suas armas contra o rei da Babilônia e os babilônios[a] que os atacam do lado de fora de seus muros. Trarei seus inimigos para dentro desta cidade. 5 Eu mesmo lutarei contra vocês com mão forte e braço poderoso, pois é grande a minha ira. Sim, vocês me deixaram furioso! 6 Enviarei sobre esta cidade uma peste terrível, e tanto as pessoas como os animais morrerão. 7 Depois de tudo isso, diz o SENHOR, entregarei o rei Zedequias, seus servos, e todos os habitantes desta cidade que sobreviverem à doença, à guerra e à fome a Nabucodonosor, rei da Babilônia, e a seus outros inimigos. Nabucodonosor os matará sem misericórdia, nem piedade, nem compaixão'.

8 "Digam a todo o povo: 'Assim diz o SENHOR: Escolham entre a vida e a morte! 9 Quem ficar em Jerusalém morrerá por guerra, fome ou doença, mas os que saírem e se renderem aos babilônios viverão. Sua recompensa será a vida. 10 Pois decidi trazer calamidade, e não o bem, sobre esta cidade, diz o SENHOR. Será entregue ao rei da Babilônia, e ele a queimará de alto a baixo'."

JULGAMENTO DOS REIS DE JUDÁ

11 "Digam à família real de Judá: 'Ouçam esta mensagem do SENHOR! 12 Assim diz o SENHOR à dinastia de Davi:

"'A cada manhã, façam justiça ao
povo que vocês julgam;
ajudem os que são explorados
e livrem-nos de seus opressores.
Do contrário, minha ira
arderá como fogo
que ninguém é capaz de apagar,
por causa de todos os seus pecados.
13 Eu mesmo lutarei contra os
habitantes de Jerusalém,
essa fortaleza poderosa,
contra o povo que diz: 'Estamos
seguros aqui;
ninguém conseguirá entrar'.
14 Eu mesmo os castigarei por
tudo que fizeram,
diz o SENHOR.
Acenderei um fogo em seus bosques,
e ele queimará tudo ao redor'".

MENSAGEM PARA OS REIS DE JUDÁ

22 O SENHOR me disse: "Vá e fale diretamente com o rei de Judá. Diga-lhe: 2 'Ouça esta mensagem do SENHOR, ó rei de Judá, sentado no trono de Davi. Que seus servos e todo o seu povo também escutem. 3 Assim diz o SENHOR: Sejam imparciais e justos. Ajudem os que são explorados e livrem-nos de seus opressores. Abandonem suas maldades: não maltratem os estrangeiros, nem os órfãos, nem as viúvas e parem de matar inocentes! 4 Se me obedecerem, sempre haverá um descendente de Davi sentado no trono em Jerusalém. O rei passará pelas portas do palácio em carruagens e cavalos, acompanhado de seus servos e súditos. 5 Mas, se vocês não derem ouvidos a esta advertência, juro por meu próprio nome, diz o SENHOR, que este palácio se tornará um monte de escombros'".

[a] **21.4** Ou *caldeus*; também em 21.9.

MENSAGEM A RESPEITO DO PALÁCIO

6 Assim diz o SENHOR acerca do palácio de Judá:

"Eu o amo tanto quanto a fértil
floresta de Gileade
e os bosques verdes do Líbano.
Contudo, o transformarei num deserto,
e ninguém habitará dentro
de seus muros.
7 Chamarei demolidores,
que trarão consigo suas ferramentas.
Arrancarão suas belas vigas de cedro
e as lançarão no fogo.

8 "Pessoas de muitas nações passarão pe-
las ruínas desta cidade e dirão umas às ou-
tras: 'Por que o SENHOR destruiu esta grande
cidade?'. 9 E a resposta será: 'Porque eles
quebraram sua aliança com o SENHOR, seu
Deus, ao adorar e servir outros deuses'".

MENSAGEM A RESPEITO DE JEOACAZ

10 Não chorem pelo rei morto
nem lamentem sua perda;
chorem, porém, pelo rei que foi
levado como prisioneiro,
pois nunca mais voltará nem
verá sua terra natal.

11 Pois assim diz o SENHOR acerca de Jeoa-
caz,[a] que sucedeu seu pai, o rei Josias, e foi
levado para o exílio: "Ele jamais voltará.
12 Morrerá exilado numa terra distante e
nunca mais verá sua terra natal".

MENSAGEM A RESPEITO DE JEOAQUIM

13 "Que aflição espera Jeoaquim,[b]
que edifica seu palácio de
forma desonesta!
Constrói suas paredes com injustiça,
pois obriga gente do seu
povo a trabalhar
sem pagar salário.
14 Diz: 'Construirei para mim
um palácio magnífico,
com salas espaçosas e muitas janelas.
Revestirei tudo com painéis de cedro
e pintarei de vermelho vívido'.
15 Mas um belo palácio de cedro
não faz um grande rei!
Josias, seu pai, também tinha
muita comida e bebida,
mas em tudo que fazia era
justo e íntegro;
por isso tudo deu certo para ele.
16 Fez justiça ao pobre e ao
necessitado e os ajudou,
e tudo lhe correu bem.
Não é isso que significa me conhecer?",
diz o SENHOR.
17 "Você, porém, só tem olhos para
a cobiça e a desonestidade;
derrama sangue inocente
e reina com crueldade e opressão."

18 Portanto, assim diz o SENHOR acerca de
Jeoaquim, filho de Josias, rei de Judá:

"O povo não lamentará por
ele, nem clamará:
'Que tristeza, meu irmão! Que
tristeza, minha irmã!'.
Seus súditos não lamentarão
por ele, nem clamarão:
'Que tristeza, nosso senhor morreu!
Que tristeza, sua majestade se foi!'.
19 Será enterrado como se
enterra um jumento:
arrastado e jogado fora dos
portões de Jerusalém.
20 Chore por seus aliados no Líbano,
grite por eles em Basã.
Procure-os nas regiões a oeste do rio;[c]
veja, foram todos destruídos!
21 Eu o adverti quando você
era próspero,
mas você respondeu:
'Recuso-me a ouvir'.
Sempre foi assim, desde a juventude;
nunca me obedece!
22 Agora o vento levará para
longe seus aliados;
todos os seus amigos serão
levados para o exílio.
Então certamente verá sua perversidade
e ficará envergonhado.

[a] **22.11** Em hebraico, *Salum*, outro nome de Jeoacaz.
[b] **22.13** Irmão e sucessor do exilado Jeoacaz. Ver 22.18.
[c] **22.20** Ou *em Abarim*.

23 Você que mora num lindo palácio,
todo revestido de madeira
de cedro do Líbano,
logo gemerá com pontadas de angústia,
como as dores da mulher
em trabalho de parto."

MENSAGEM PARA JOAQUIM

24 "Tão certo como eu vivo", diz o SENHOR,
"eu o abandonarei, Joaquim,[a] filho de Jeoa-
quim, rei de Judá. Mesmo que você fos-
se o anel de selar em minha mão direita,
eu o arrancaria. 25 Eu o entregarei àqueles
que procuram matá-lo, àqueles que você
tanto teme: o rei Nabucodonosor da Ba-
bilônia e o exército babilônio.[b] 26 Expul-
sarei você e sua mãe desta terra e vocês
morrerão em nação estrangeira, e não em
sua terra natal. 27 Jamais voltarão à terra
pela qual anseiam.

28 "Por que esse homem,
Joaquim, é como um vaso
quebrado, jogado fora?
Por que ele e seus filhos serão
exilados em terra estrangeira?
29 Ó terra, terra, terra de Judá!
Ouça esta mensagem do SENHOR!
30 Assim diz o SENHOR:
'Registrem Joaquim como
homem sem filhos.
Ele não terá êxito,
pois não terá filhos que o
sucedam no trono de Davi
para reinar em Judá'."

O DESCENDENTE JUSTO

23 "Que aflição espera os pastores de
minhas ovelhas, pois destruíram
e dispersaram aqueles de quem deviam
cuidar", diz o SENHOR.
2 Portanto, assim diz o SENHOR, o Deus de
Israel, a esses líderes do povo: "Em vez
de cuidarem do meu rebanho e o condu-
zirem em segurança, vocês o abandona-
ram e o levaram à destruição. Agora, eu os
castigarei pelo mal que fizeram. 3 Contu-
do, reunirei o remanescente do meu reba-
nho das terras para onde os expulsei. Eu os
trarei de volta para seu curral, e eles serão
férteis e se multiplicarão. 4 Em seguida, no-
mearei bons pastores que cuidarão dessas
ovelhas. Elas nunca mais terão medo, e ne-
nhuma delas se perderá. Eu, o SENHOR, falei!

5 "Pois está chegando o dia",
diz o SENHOR,
"em que levantarei um Renovo,
um descendente justo,
da linhagem do rei Davi.
Ele reinará com sabedoria
e fará o que é justo e certo
em toda a terra.
6 E este será seu nome:
'O SENHOR é nossa justiça'.[c]
Nesse dia, Judá será salvo,
e Israel viverá em segurança.

7 "Está chegando o dia", diz o SENHOR, "em
que as pessoas que fizerem um juramento
não dirão: 'Tão certo como vive o SENHOR,
que tirou o povo de Israel da terra do Egi-
to'. 8 Em vez disso, dirão: 'Tão certo como
vive o SENHOR, que trouxe o povo de Israel
de volta da terra do norte e de todas as na-
ções onde os havia exilado'. Então viverão
em sua própria terra."

JULGAMENTO DOS FALSOS PROFETAS

9 Meu coração está quebrantado
por causa dos falsos profetas,
e todos os meus ossos tremem.
Cambaleio como um bêbado,
como alguém vencido pelo vinho,
por causa das santas palavras
que o SENHOR pronunciou contra eles.
10 Pois a terra está cheia de adultério
e debaixo de maldição.
A terra está de luto;
os pastos do deserto secaram.
Pois todos praticam o mal
e abusam do poder.

11 "Até os sacerdotes e profetas
são homens corrompidos.
Vi seus atos desprezíveis
aqui mesmo, em meu templo",
diz o SENHOR.

[a] **22.24** Em hebraico, *Conias*, variação de Joaquim; também em 22.28.
[b] **22.25** Ou *caldeu*.
[c] **23.6** Em hebraico, *Javé-Tsidqenu*.

12 "Portanto, os caminhos deles
se tornarão escorregadios.
Serão perseguidos na escuridão,
e ali cairão.
Pois trarei calamidade sobre eles
no tempo determinado
para seu castigo.
Eu, o SENHOR, falei!

13 "Vi que os profetas de
Samaria eram terríveis,
pois profetizavam em nome de Baal
e faziam Israel, meu povo, pecar.
14 Agora, porém, vejo que os profetas
de Jerusalém são ainda piores;
cometem adultério, gostam
da desonestidade
e incentivam quem pratica o mal,
para que ninguém se arrependa
de sua maldade.
Esses profetas são tão perversos
quanto os habitantes de
Sodoma e Gomorra."

15 Portanto, assim diz o SENHOR dos Exércitos acerca dos profetas:

"Eu os alimentarei com amargura
e lhes darei veneno para beber,
pois foi por causa dos profetas
de Jerusalém
que a perversidade
encheu esta terra".

16 Assim diz o SENHOR dos Exércitos a seu povo:

"Não deem ouvidos a esses profetas
quando profetizam para vocês
e os enchem de falsas esperanças.
Eles inventam tudo que dizem;
não falam da parte do SENHOR.
17 Vivem repetindo aos que
desprezam minha palavra:
'O SENHOR diz que terão paz!'.
E aos que seguem os desejos
teimosos de seu coração, dizem:
'Nada de mal lhes acontecerá!'.

18 "Acaso algum desses profetas
esteve na presença do SENHOR
para ouvir suas palavras?
Algum deles prestou
atenção e obedeceu?
19 Vejam, a ira do SENHOR irrompe
como uma tempestade,
um vendaval sobre a cabeça
dos perversos!
20 A ira do SENHOR não passará
até que ele cumpra tudo
que planejou.
Em dias futuros,
vocês entenderão tudo
isso claramente.

21 "Não enviei esses profetas,
mas eles correm de um
lado para o outro.
Não lhes dei mensagem alguma,
e ainda assim continuam
a profetizar.
22 Se houvessem estado diante
de mim e me ouvido,
teriam anunciado minhas palavras
e levado meu povo a se arrepender
de seus maus caminhos
e suas más ações.
23 Acaso sou Deus apenas de
perto?", diz o SENHOR.
"Não sou Deus também de longe?
24 Pode alguém se esconder de
mim onde eu não veja?
Não estou em toda parte,
nos céus e na terra?",
diz o SENHOR.

25 "Ouvi esses profetas dizerem: 'Ti-
ve um sonho! Tive um sonho!' e depois
contarem mentiras em meu nome. 26 Até
quando isso continuará? Se são profetas,
são profetas do engano e inventam tudo
que dizem. 27 Relatando esses sonhos fal-
sos, procuram fazer meu povo se esque-
cer de mim, como seus antepassados se
esqueceram de mim ao adorar os ídolos
de Baal.

28 "Que esses falsos profetas
relatem seus sonhos,
mas que meus verdadeiros
mensageiros
proclamem fielmente todas
as minhas palavras;
há diferença entre palha e trigo!

29 Acaso minha palavra não arde
como fogo?",
diz o Senhor.
"Não é como martelo
que despedaça a rocha?

30 "Portanto", diz o Senhor, "sou contra
esses profetas que roubam palavras uns
dos outros e afirmam que as receberam de
mim. 31 Sou contra esses profetas cheios
de lábia que dizem: 'Esta profecia é do
Senhor!'. 32 Sou contra esses falsos profetas.
Seus sonhos imaginários são mentiras des-
caradas que fazem meu povo pecar. Não os
enviei nem os nomeei, e eles não têm na-
da a dizer a este povo. Eu, o Senhor, falei!"

FALSAS PROFECIAS E FALSOS PROFETAS

33 "Se alguém do povo, ou algum dos pro-
fetas ou dos sacerdotes lhe perguntar: 'Que
palavras pesadas o Senhor lhe deu para
anunciar hoje?', responda: 'Vocês são o
peso![a] O Senhor diz que os abandonará!'.
34 "Se algum profeta, sacerdote ou qual-
quer outra pessoa disser: 'Tenho uma pro-
fecia do Senhor', castigarei essa pessoa e
toda a sua família. 35 Perguntem uns aos
outros: 'Qual é a resposta do Senhor?', ou
'O que o Senhor diz?'. 36 Mas parem de usar
a expressão 'profecia do Senhor'. Pois al-
guns a usam para conferir autoridade
às próprias ideias e distorcem as pala-
vras de nosso Deus, o Deus vivo, o Senhor
dos Exércitos.
37 "Isto é o que você dirá aos profetas:
'Qual é a resposta do Senhor?', ou 'O que o
Senhor diz?'. 38 Mas, se responderem: 'Esta
é uma profecia do Senhor!', você deve di-
zer: 'Assim diz o Senhor: Porque usaram a
expressão 'profecia do Senhor', embora eu
os tenha advertido de que não a usassem,
39 eu me esquecerei completamente de vo-
cês.[b] Sim, os expulsarei de minha presen-
ça, junto com esta cidade que dei a vocês
e a seus antepassados. 40 Farei de vocês
objeto de ridículo, e seu nome será infa-
me para sempre'."

[a] **23.33** Conforme a Septuaginta e a Vulgata; o hebraico traz *Que peso?*
[b] **23.39** Alguns manuscritos hebraicos e a Septuaginta trazem *eu certamente os levantarei.*

FIGOS BONS E FIGOS RUINS

24 Depois que Nabucodonosor, rei da
Babilônia, levou para o exílio o rei
Joaquim,[c] filho de Jeoaquim, junto com
os oficiais de Judá e seus artífices e arte-
sãos, o Senhor me deu esta visão. Vi dois
cestos de figos postos diante do templo do
Senhor, em Jerusalém. 2 Um cesto estava
cheio de figos frescos e maduros, e o ou-
tro, cheio de figos ruins e tão estragados
que não serviam para comer.
3 Então o Senhor me disse: "O que você
vê, Jeremias?".
"Figos", respondi. "Alguns muito bons
e outros muito ruins, tão estragados que
não servem para comer."
4 Então o Senhor me deu esta mensagem:
5 "Assim diz o Senhor, o Deus de Israel:
Os figos bons representam os exilados
que enviei de Judá para a terra dos babi-
lônios.[d] 6 Eu os guardarei e cuidarei deles
e os trarei de volta para cá. Eu os edificarei,
e não os derrubarei. Eu os plantarei, e não
os arrancarei. 7 Darei a eles coração capaz
de reconhecer que eu sou o Senhor. Eles
serão o meu povo, e eu serei o seu Deus,
pois eles se voltarão para mim de todo
o coração.
8 "Os figos ruins", diz o Senhor, "represen-
tam Zedequias, rei de Judá, seus oficiais, o
povo que restou em Jerusalém e aqueles
que moram no Egito. Eu os tratarei como
figos ruins, tão estragados que não servem
para comer. 9 Farei deles objeto de horror
e símbolo de calamidade para todas as
nações na terra. Em todos os lugares por
onde eu os espalhar, serão alvo de vergo-
nha e zombaria, insulto e maldição. 10 E eu
enviarei guerra, fome e doença até que te-
nham desaparecido da terra de Israel, que
dei a eles e a seus antepassados."

SETENTA ANOS DE CATIVEIRO

25 Jeremias recebeu do Senhor esta
mensagem para todo o povo de
Judá no quarto ano do reinado de Jeoa-
quim,[e] filho de Josias, rei de Judá. Nesse
mesmo ano, Nabucodonosor, rei da Babi-
lônia, começou a reinar.

[c] **24.1** Em hebraico, *Jeconias*, variação de Joaquim.
[d] **24.5** Ou *caldeus.*
[e] **25.1** Isto é, no ano 605 a.C.

2 O profeta Jeremias disse a todo o povo de Judá e a todos os habitantes de Jerusalém: 3 "Durante 23 anos, desde o décimo terceiro ano do reinado de Josias, filho de Amom,[a] rei de Judá, até hoje, o Senhor me tem dado suas mensagens. Eu as anunciei fielmente, mas vocês não ouviram.

4 "Repetidamente, o Senhor tem enviado seus servos, os profetas, mas vocês não ouviram nem prestaram atenção. 5 Todas as vezes a mensagem foi a mesma: 'Abandonem seus maus caminhos e suas más ações. Só então habitarão nesta terra que o Senhor deu a vocês e a seus antepassados para sempre. 6 Não provoquem minha ira ao adorar deuses que vocês fizeram com suas próprias mãos. Então, não lhes farei mal algum'.

7 "Mas vocês não me deram ouvidos", diz o Senhor. "Provocaram minha ira ao adorar ídolos que vocês fizeram com as próprias mãos e trouxeram calamidades sobre si mesmos. 8 Agora, o Senhor dos Exércitos diz: Porque não me escutaram, 9 reunirei todos os exércitos do norte sob o comando de meu servo Nabucodonosor, rei da Babilônia. Eu os trarei contra esta terra e seus habitantes e contra as nações vizinhas. Destruirei vocês completamente e os transformarei para sempre em ruínas e em objeto de horror e desprezo. 10 Acabarei com seus cânticos alegres e seu riso, e não se ouvirão mais as vozes felizes de noivos e de noivas. As pedras de moinho se calarão, e as luzes das casas se apagarão. 11 Esta terra inteira se transformará em desolação e ruína. Israel e as nações vizinhas servirão ao rei da Babilônia durante setenta anos.

12 "Então, quando terminarem os setenta anos de exílio, castigarei o rei e o povo da Babilônia por seus pecados", diz o Senhor. "Transformarei a terra dos babilônios[b] em ruínas para sempre. 13 Trarei sobre eles todos os terrores que prometi neste livro, todos os castigos anunciados por Jeremias contra as nações. 14 Muitas nações e muitos grandes reis escravizarão os babilônios, assim como eles escravizaram meu povo. Eu os castigarei na mesma proporção do sofrimento que causaram com suas ações."

O CÁLICE DA IRA DO SENHOR

15 Assim me disse o Senhor, o Deus de Israel: "Pegue da minha mão este cálice cheio do vinho de minha ira e faça que bebam dele todas as nações às quais eu o enviar. 16 Quando beberem, ficarão cambaleando, enlouquecidas por causa das guerras que enviarei contra elas".

17 Então peguei o cálice da ira do Senhor e fiz todas as nações beberem dele, cada uma das nações às quais o Senhor me enviou. 18 Fui a Jerusalém e às outras cidades de Judá, e seus reis e oficiais beberam do cálice. Hoje, não passam de ruína desolada, objeto de horror, desprezo e maldição. 19 Dei o cálice ao faraó, rei do Egito, a seus servos e oficiais e a todo o seu povo, 20 bem como aos estrangeiros que vivem naquela terra. Também o dei a todos os reis da terra de Uz e aos reis das cidades filisteias de Ascalom, Gaza, Ecrom, e ao que resta de Asdode. 21 Dei o cálice às nações de Edom, Moabe e Amom, 22 aos reis de Tiro e Sidom e aos reis das regiões além do mar. 23 Dei-o também a Dedã, Temá, Buz e àqueles que vivem em lugares distantes.[c] 24 Dei-o aos reis da Arábia, aos reis das tribos nômades do deserto 25 e aos reis de Zinri, de Elão e da Média. 26 Dei-o ainda aos reis das terras do norte, próximas e distantes, uma após a outra, a todos os reinos do mundo. E, por fim, o próprio rei da Babilônia[d] bebeu do cálice.

27 Então o Senhor me disse: "Agora diga-lhes: 'Assim diz o Senhor dos Exércitos, o Deus de Israel: Bebam do cálice, fiquem embriagados e vomitem; caiam para nunca mais levantar, pois envio contra vocês guerras terríveis'. 28 E, se não quiserem aceitar o cálice, diga-lhes: 'Assim diz o Senhor dos Exércitos: Vocês serão obrigados a beber. 29 Comecei a castigar Jerusalém, a cidade que leva meu nome. Acaso deixarei que escapem do castigo? Não, vocês não escaparão. Trarei guerra contra todas as nações da terra. Eu, o Senhor dos Exércitos, falei!'.

[a] **25.3** Isto é, no ano 627 a.C.

[b] **25.12** Ou *caldeus*.

[c] **25.23** Ou *que cortam os cantos do cabelo*.

[d] **25.26** Em hebraico, *de Sesaque*, codinome para a Babilônia.

30 "Agora, profetize todas essas coisas e
diga-lhes:

"'De sua santa habitação nos céus
o Senhor rugirá contra sua terra.
Gritará como aqueles que pisam uvas,
gritará contra todos os
habitantes da terra.
31 O estrondo de sua voz chegará
aos confins da terra,
pois o Senhor apresentará sua
causa contra as nações.
Julgará toda a humanidade
e matará os perversos à espada.
Eu, o Senhor, falei!'".

32 Assim diz o Senhor dos Exércitos:
"Vejam, a calamidade virá sobre
uma nação após a outra!
Um grande vendaval está se formando
nos confins da terra!".

33 Nesse dia, aqueles que o Senhor tiver
massacrado encherão a terra de uma extre-
midade à outra. Ninguém chorará por eles
nem ajuntará seus corpos para enterrá-los.
Ficarão espalhados pela terra como esterco.

34 Chorem e gemam,
pastores perversos!
Rolem no pó, líderes do rebanho!
O dia de sua matança chegou;
vocês cairão e se despedaçarão
como um vaso frágil.
35 Não encontrarão lugar
para se esconder,
não terão como escapar.
36 Ouçam os gritos desesperados
dos pastores,
o lamento dos líderes do rebanho,
pois o Senhor está destruindo
o pasto deles.
37 Campos tranquilos
serão devastados
pela ira ardente do Senhor.
38 Como um leão forte à procura de
alimento, ele saiu da toca;
a terra dos pastores ficará em ruínas
por causa da espada[a] do inimigo
e da ira ardente do Senhor.

[a] **25.38** Conforme alguns manuscritos hebraicos e a Septuaginta; o Texto Massorético traz *por causa da ira.*

JEREMIAS ESCAPA DA MORTE

26 Jeremias recebeu esta mensagem
do Senhor no início do reinado
de Jeoaquim, filho de Josias,[b] rei de Judá:
2 "Assim diz o Senhor: Vá ao pátio do tem-
plo do Senhor e fale aos habitantes das
cidades de Judá que vieram adorar no
templo. Transmita-lhes minha mensa-
gem completa, sem que falte uma só pa-
lavra. 3 Talvez eles escutem e abandonem
seus maus caminhos. Então voltarei atrás
e não enviarei a calamidade que estou
prestes a derramar sobre eles por causa
de seus pecados.
4 "Diga-lhes: 'Assim diz o Senhor: Se vo-
cês não me derem ouvidos e não obede-
cerem à minha lei, que lhes dei, 5 e se não
derem ouvidos a meus servos, os profetas
— pois eu os enviei repetidamente para
adverti-los, mas vocês não quiseram ouvir
—, 6 então destruirei o templo, como des-
truí Siló, o lugar onde ficava o tabernáculo.
Farei de Jerusalém objeto de maldição en-
tre todas as nações da terra'".
7 Os sacerdotes, os profetas e todo o
povo ouviram Jeremias falar na frente
do templo do Senhor. 8 Quando Jeremias
terminou sua mensagem e disse tudo
que o Senhor lhe havia ordenado, os sa-
cerdotes, os profetas e todo o povo o ata-
caram e gritaram: "Vamos matá-lo! 9 Que
direito você tem de profetizar, em nome
do Senhor, que este templo será destruído
como Siló? Que história é essa de que Jeru-
salém será destruída e ficará desabitada?".
E todo o povo o ameaçava em frente ao
templo do Senhor.
10 Quando os oficiais de Judá ouviram
o que estava acontecendo, correram do
palácio até o templo e sentaram-se para
julgar à entrada da porta Nova do templo
do Senhor. 11 Os sacerdotes e os profetas
apresentaram suas acusações aos oficiais
e ao povo. "Este homem deve ser conde-
nado à morte", disseram. "Vocês ouviram
com os próprios ouvidos que ele profeti-
zou contra esta cidade!"
12 Então Jeremias disse aos oficiais e ao
povo: "O Senhor me enviou para profetizar
contra este templo e esta cidade. O Senhor

[b] **26.1** Isto é, no ano 608 a.C.

me deu cada palavra que lhes falei. 13 Se,
contudo, vocês deixarem de pecar e come-
çarem a obedecer ao Senhor, seu Deus, ele
voltará atrás e não enviará a calamidade
que anunciou contra vocês. 14 Quanto a
mim, estou em suas mãos. Façam comigo
o que lhes parecer melhor. 15 Se me mata-
rem, porém, saibam que derramarão san-
gue inocente. Vocês, esta cidade e cada
um de seus habitantes serão responsa-
bilizados por isso. Pois é verdade que o
Senhor me enviou para dizer cada palavra
que ouviram".

16 Então os oficiais e o povo disseram aos
sacerdotes e aos profetas: "Este homem
não merece a sentença de morte, pois nos
falou em nome do Senhor, nosso Deus".
17 Então alguns dos anciãos do povo se
levantaram e falaram a todos que estavam
reunidos ali. 18 Disseram: "Lembrem-se de
quando Miqueias, de Moresete, profetizou
durante o reinado de Ezequias, rei de Judá.
Ele disse ao povo de Judá:

'Assim diz o Senhor dos Exércitos:
O monte Sião será lavrado
como um campo aberto;
Jerusalém será transformada
em ruínas.
Mato cobrirá o monte
onde hoje está o templo'.[a]

19 Acaso o rei Ezequias e o povo o mataram
porque ele disse isso? Não, mas temeram o
Senhor e lhe suplicaram por misericórdia.
Então o Senhor voltou atrás e não enviou a
calamidade que havia pronunciado contra
eles. Estamos prestes a fazer grande mal a
nós mesmos".

20 Urias, filho de Semaías, de Quiriate-
-Jearim, também profetizava nessa épo-
ca em nome do Senhor. E, como Jeremias,
previu a mesma calamidade sobre a cida-
de e a nação. 21 Quando o rei Jeoaquim,
os comandantes do exército e os oficiais
ouviram o que Urias disse, o rei planejou
matá-lo. Urias, porém, soube do plano e,
com medo, fugiu para o Egito. 22 Então o
rei Jeoaquim enviou Elnatã, filho de Acbor,
e outros homens ao Egito para capturar
Urias. 23 Eles o prenderam e o levaram de
volta ao rei Jeoaquim. O rei matou Urias
com uma espada e mandou sepultá-lo
numa vala comum.

24 Apesar disso, Aicam, filho de Safã, pro-
tegeu Jeremias e convenceu o tribunal a
não o entregar à multidão para ser morto.

JEREMIAS USA UM JUGO DE BOI

27 Jeremias recebeu esta mensagem
do Senhor no início do reinado de
Zedequias,[b] filho de Josias, rei de Judá.

2 Assim me disse o Senhor: "Faça um
jugo, ponha-o sobre o pescoço e prenda-o
com cordas de couro. 3 Depois, envie men-
sagens aos reis de Edom, Moabe, Amom,
Tiro e Sidom por meio dos embaixadores
que vieram ver o rei Zedequias em Jeru-
salém. 4 Diga-lhes que transmitam esta
mensagem a seus senhores: 'Assim diz
o Senhor dos Exércitos, o Deus de Israel:
5 Com minha grande força e meu braço
poderoso, fiz a terra, todas as pessoas e
todos os animais. Isso tudo é meu, e pos-
so entregá-lo a quem eu quiser. 6 Agora,
entregarei suas nações a meu servo, Na-
bucodonosor, rei da Babilônia. Coloquei
tudo debaixo de seu controle, até os ani-
mais selvagens. 7 Todas as nações servirão
a ele, seu filho e seu neto, até terminar
o tempo deles. Então, muitas nações e
grandes reis conquistarão e dominarão a
Babilônia. 8 Submetam-se, portanto, ao
rei da Babilônia e sirvam-no. Coloquem
o pescoço debaixo do jugo da Babilô-
nia. Eu castigarei qualquer nação que se
recusar a servi-lo. Enviarei guerra, fome e
doença sobre essa nação até que a Babi-
lônia a conquiste.

9 "'Não deem ouvidos a seus falsos pro-
fetas, adivinhos, intérpretes de sonhos,
médiuns e feiticeiros, que dizem: 'O rei da
Babilônia não os dominará'. 10 São todos
mentirosos, e suas mentiras os levarão a
ser expulsos da terra. Eu os expulsarei e
os enviarei para longe, e vocês morrerão.
11 Mas a nação que se sujeitar ao rei da
Babilônia poderá continuar em sua terra
e cultivá-la. Eu, o Senhor, falei!'".

[a] **26.18** Mq 3.12.

[b] **27.1** Conforme alguns manuscritos hebraicos e a versão siríaca (ver tb. 27.3,12); a maioria dos manuscritos hebraicos traz *Jeoaquim*.

Deus está à espera de que você entregue o controle de sua história ao Espírito Santo em vez de às suas emoções, para ser preparada e saber a hora correta de agir.

12 Depois, repeti a mesma mensagem a
Zedequias, rei de Judá: "Submeta-se ao
jugo do rei da Babilônia e de seu povo, e
vocês viverão. 13 Por que você e seu povo
morreriam? Por que escolher guerra, fome
e doença que o Senhor trará contra toda
nação que não se submeter ao rei da Ba-
bilônia? 14 Não deem ouvidos aos falsos
profetas que lhes dizem: 'O rei da Babi-
lônia não os dominará'. São mentirosos.
15 Assim diz o Senhor: 'Não enviei esses
profetas. Eles contam mentiras em meu
nome. Por isso expulsarei vocês desta ter-
ra. Todos vocês morrerão, junto com todos
esses profetas'".

16 Então falei aos sacerdotes e ao povo
e disse: "Assim diz o Senhor: 'Não deem
ouvidos aos profetas que afirmam que,
em breve, serão devolvidos os objetos
preciosos que foram tirados do meu tem-
plo e levados para a Babilônia. É tudo
mentira. 17 Não lhes deem ouvidos. Sub-
metam-se ao rei da Babilônia, e viverão.
Por que provocar a destruição desta cida-
de inteira? 18 Se, de fato, eles são profetas
e transmitem mensagens do Senhor, que
orem ao Senhor dos Exércitos e supliquem
que os objetos que restam no templo do
Senhor, no palácio do rei e em Jerusalém
não sejam levados para a Babilônia'.

19 "Pois assim diz o Senhor dos Exércitos
acerca das colunas à entrada do templo,
do tanque de bronze chamado Mar, das
bases móveis e de todos os outros obje-
tos cerimoniais. 20 Nabucodonosor, rei da
Babilônia, os deixou aqui quando levou
Joaquim,[a] filho de Jeoaquim, rei de Judá,
para o exílio na Babilônia com todos os
nobres de Judá e Jerusalém. 21 Assim diz
o Senhor dos Exércitos, o Deus de Israel,
a respeito dos objetos preciosos que res-
taram no templo e no palácio do rei de
Judá: 22 'Todos eles serão levados para a
Babilônia e ali ficarão até que eu mande
buscá-los', diz o Senhor. 'Então os trarei de
volta a Jerusalém'".

JEREMIAS CONDENA HANANIAS

28 Naquele mesmo ano, o quarto ano
do reinado de Zedequias, rei de
Judá, no mês de agosto,[b] Hananias, filho
de Azur, um profeta de Gibeom, se dirigiu
a mim publicamente no templo, diante
de todos os sacerdotes e do povo, e disse:
2 "Assim diz o Senhor dos Exércitos, o Deus
de Israel: 'Removerei do seu pescoço o jugo
do rei da Babilônia. 3 Dentro de dois anos,
trarei de volta todos os objetos preciosos
do templo que o rei Nabucodonosor levou
para a Babilônia. 4 Também trarei de volta
Joaquim,[c] filho de Jeoaquim, rei de Judá, e
todos os outros exilados de Judá levados
para a Babilônia. Certamente quebrarei o
jugo que o rei da Babilônia colocou sobre
seu pescoço. Eu, o Senhor, falei!'".

5 Jeremias respondeu a Hananias diante
de todos os sacerdotes e do povo que esta-
va no templo do Senhor: 6 "Amém! Que sua
profecia se cumpra! Espero que o Senhor
faça tudo que você anunciou. Espero que
ele traga de volta da Babilônia os objetos
preciosos do templo e todos os exilados.
7 Agora, porém, ouça as palavras que lhe
digo na presença de todo o povo. 8 Os an-
tigos profetas, que vieram antes de você
e de mim, falaram contra muitas nações
e grandes reinos, e sempre advertiram a
respeito de guerra, calamidade e doença.
9 Portanto, um profeta que anuncia paz
precisa esperar que suas previsões se
cumpram antes de ser considerado, de
fato, enviado pelo Senhor".

10 Então o profeta Hananias tirou do
pescoço de Jeremias o jugo e o quebrou
em pedaços. 11 E disse novamente a todo
o povo: "Assim diz o Senhor: 'Assim como
este jugo foi quebrado, dentro de dois anos
quebrarei o jugo de opressão de todas as
nações que agora estão sujeitas a Nabuco-
donosor, rei da Babilônia'". Depois disso,
Jeremias saiu dali.

12 Logo após o confronto com Hananias,
o Senhor deu esta mensagem a Jeremias:
13 "Vá e diga a Hananias: 'Assim diz o
Senhor: Você quebrou o jugo de madeira,
mas em seu lugar colocou um jugo de fer-
ro. 14 O Senhor dos Exércitos, o Deus de Is-
rael, diz: Coloquei um jugo de ferro sobre o

[a] **27.20** Em hebraico, *Jeconias*, variação de Joaquim.

[b] **28.1** Em hebraico, *no quinto mês*, do antigo calendário lunar hebraico. Esse mês caiu entre agosto e setembro de 593 a.C. Ver também nota em 1.3.

[c] **28.4** Em hebraico, *Jeconias*, variação de Joaquim.

pescoço de todas essas nações para serem
escravas de Nabucodonosor, rei da Babilô-
nia. Coloquei tudo debaixo de seu contro-
le, até os animais selvagens'".
15 Então Jeremias disse a Hananias:
"Ouça, Hananias! O SENHOR não enviou
você, mas o povo acredita em suas men-
tiras. 16 Por isso, assim diz o SENHOR: 'Você
morrerá. Sua vida chegará ao fim ain-
da este ano, pois você se rebelou contra
o SENHOR'".
17 Naquele mesmo ano, dois meses de-
pois,[a] o profeta Hananias morreu.

UMA CARTA PARA OS EXILADOS

29 O profeta Jeremias escreveu uma
carta e a enviou de Jerusalém aos
líderes, sacerdotes, profetas e a todo o
povo que o rei Nabucodonosor havia leva-
do para a Babilônia. 2 Isso aconteceu de-
pois que o rei Joaquim,[b] a rainha-mãe, os
oficiais do palácio e os outros oficiais de
Judá, bem como todos os artífices e arte-
sãos, foram deportados de Jerusalém. 3 Ele
enviou a carta por meio de Elasa, filho de
Safã, e de Gemarias, filho de Hilquias,
quando eles foram à Babilônia como em-
baixadores de Zedequias a Nabucodono-
sor. A carta de Jeremias dizia:

4 Assim diz o SENHOR dos Exércitos, o
Deus de Israel, a todos os exilados
que ele deportou de Jerusalém para a
Babilônia: 5 "Construam casas e esta-
beleçam-se nelas. Plantem pomares
e comam os frutos que eles produ-
zirem. 6 Casem-se e tenham filhos.
Encontrem esposas para seus filhos
e maridos para suas filhas, a fim de
que vocês tenham muitos netos.
Multipliquem-se! Não diminuam!
7 Trabalhem pela paz e pela prospe-
ridade da cidade para a qual os de-
portei. Orem por ela ao SENHOR, pois
a prosperidade de vocês depende da
prosperidade dela".
8 Assim diz o SENHOR dos Exércitos, o
Deus de Israel: "Não se deixem en-
ganar pelos profetas e adivinhos que
há no meio de vocês na terra da Ba-
bilônia. Não deem ouvidos aos so-
nhos deles, porque sonham o que
vocês querem ouvir. 9 Eles contam
mentiras em meu nome. Eu não os
enviei", diz o SENHOR.
10 Assim diz o SENHOR: "Vocês ficarão na
Babilônia durante setenta anos. De-
pois disso, eu virei e cumprirei todas
as boas promessas que lhes fiz e os
trarei de volta para casa. 11 Porque eu
sei os planos que tenho para vocês",
diz o SENHOR. "São planos de bem, e
não de mal, para lhes dar o futuro
pelo qual anseiam. 12 Naqueles dias,
quando vocês clamarem por mim
em oração, eu os ouvirei. 13 Se me
buscarem de todo o coração, me en-
contrarão. 14 Serei encontrado por vo-
cês", diz o SENHOR. "Acabarei com seu
exílio e os restaurarei. Eu os reunirei
de todas as nações para as quais os
enviei e os trarei de volta para casa,
para sua terra."
15 Vocês dizem que o SENHOR levantou
profetas para vocês na Babilônia.
16 Mas assim diz o SENHOR acerca do
rei sentado no trono de Davi e de to-
dos que ainda moram aqui em Jeru-
salém, seus compatriotas que não
foram enviados para o exílio na Ba-
bilônia. 17 Assim diz o SENHOR dos
Exércitos: "Enviarei guerra, fome e
doença sobre eles e farei que sejam
como figos ruins, tão estragados que
não servem para comer. 18 Sim, eu
os perseguirei com guerra, fome e
doença e os espalharei pelo mundo.
Em todas as nações para onde eu os
enviar, farei deles objeto de conde-
nação, horror, desprezo e zombaria.
19 Pois não querem me ouvir, embo-
ra eu lhes tenha falado repetidamen-
te por meio dos profetas que enviei.
E vocês que estão no exílio também
não deram ouvidos", diz o SENHOR.
20 Portanto, ouçam esta mensagem do
SENHOR, todos vocês exilados na Babi-
lônia. 21 Assim diz o SENHOR dos Exér-
citos, o Deus de Israel, acerca de seus
profetas — Acabe, filho de Colaías, e
Zedequias, filho de Maaseias — que

[a] **28.17** Em hebraico, *no sétimo mês*. Ver 28.1 e respectiva nota.
[b] **29.2** Em hebraico, *Jeconias*, variação de Joaquim.

contam mentiras em meu nome:
"Eu os entregarei a Nabucodonosor,
rei da Babilônia, para que sejam mor-
tos diante de vocês. 22 O terrível desti-
no deles se tornará notório; por isso,
quando os exilados judeus quise-
rem amaldiçoar alguém, dirão: 'Que
o SENHOR faça com você o que fez com
Zedequias e Acabe, que foram quei-
mados vivos pelo rei da Babilônia!'.
23 Pois esses homens fizeram coisas
horríveis entre meu povo: comete-
ram adultério com a esposa de seu
próximo e mentiram em meu nome,
dizendo coisas que eu não havia or-
denado. E eu sou testemunha disso.
Eu, o SENHOR, falei".

MENSAGEM PARA SEMAÍAS

24 O SENHOR enviou esta mensagem a Se-
maías, o neelamita: 25 "Assim diz o SENHOR
dos Exércitos, o Deus de Israel: Você escre-
veu uma carta em seu próprio nome pa-
ra o sacerdote Sofonias, filho de Maaseias,
e enviou cópias para outros sacerdotes e
para o povo em Jerusalém. Você escreveu:

> 26 "O SENHOR o nomeou para substituir
> Joiada, o sacerdote encarregado do
> templo do SENHOR. É responsabilida-
> de sua prender no tronco e colocar
> uma corrente de ferro no pescoço de
> qualquer louco que afirmar ser pro-
> feta. 27 Por que, então, não fez nada
> para deter Jeremias, de Anatote, que
> finge ser profeta entre vocês? 28 Jere-
> mias enviou uma carta à Babilônia e
> previu que nosso exílio seria longo.
> Disse: 'Construam casas e estabele-
> çam-se nelas. Plantem pomares e co-
> mam os frutos que eles produzirem'".

29 Quando o sacerdote Sofonias recebeu
essa carta, leu-a para Jeremias. 30 Então
o SENHOR deu esta mensagem a Jeremias:
31 "Envie uma carta aberta a todos os exi-
lados na Babilônia. Diga-lhes: 'Assim diz
o SENHOR acerca de Semaías, o neelamita:
Porque ele profetizou a vocês sem que eu o
tivesse enviado e os fez acreditar em suas
mentiras, 32 castigarei a ele e a sua famí-
lia. Nenhum de seus descendentes verá as
coisas boas que farei por meu povo, pois
ele os incitou a se rebelarem contra mim.
Eu, o SENHOR, falei!'".

PROMESSAS DE LIVRAMENTO

30 O SENHOR deu outra mensagem a
Jeremias: 2 "Assim diz o SENHOR, o
Deus de Israel: Jeremias, registre por es-
crito tudo que eu lhe disse. 3 Porque está
chegando o dia em que restaurarei meu
povo de Israel e de Judá. Eu os trarei para
casa, para esta terra que dei a seus ante-
passados, e eles voltarão a possuí-la. Eu,
o SENHOR, falei!".

4 Esta é a mensagem do SENHOR acerca de
Israel e de Judá. 5 Assim diz o SENHOR:

"Ouço gritos de medo;
há terror, e não paz.
6 Parem e pensem:
Acaso homens dão à luz?
Então por que estão aí, com
o rosto pálido
e as mãos na barriga,
como a mulher em trabalho de parto?
7 Em toda a história, nunca houve
uma ocasião de tanto terror;
será um tempo de angústia
para Israel.[a]
No final, porém, ele será resgatado!
8 Pois naquele dia",
diz o SENHOR dos Exércitos,
"quebrarei o jugo que está
sobre seu pescoço
e arrebentarei suas correntes;
não serão mais escravizados
por estrangeiros.
9 Pois meu povo servirá ao
SENHOR, seu Deus,
e ao descendente de Davi,
o rei que estabelecerei para eles.

10 "Portanto, não tenha medo,
meu servo Jacó;
não desanime, ó Israel",
diz o SENHOR.
"Pois o trarei de volta de
terras distantes,
e seus descendentes
retornarão do exílio.

[a] **30.7** Em hebraico, *Jacó*; também em 30.10b,18. Ver nota em 5.20.

Israel voltará a ter uma vida
de paz e sossego,
e ninguém o assustará.
11 Porque estou com você
e o resgatarei",
diz o Senhor.
"Destruirei completamente
todas as nações
entre as quais o espalhei,
mas você não será
completamente destruído.
Eu o disciplinarei, mas com justiça;
não posso permitir que fique impune."

12 Assim diz o Senhor:
"Seu ferimento é incurável;
é uma ferida grave.
13 Não há ninguém para socorrê-la,
não há remédio que cure sua ferida.
14 Todos os seus amantes
a abandonaram;
não se importam com você.
Eu a feri cruelmente,
como se fosse meu inimigo.
Pois seus pecados são muitos,
e sua culpa é grande.
15 Por que se queixa de seu castigo,
dessa ferida que não tem cura?
Tive de castigá-la,
pois seus pecados são muitos,
e sua culpa é grande.

16 "Mas todos que a devorarem
serão devorados,
todos os seus inimigos serão
enviados para o exílio.
Todos que a saquearem
serão saqueados,
todos que a despojarem
serão despojados.
17 Restaurarei sua saúde e curarei
suas feridas", diz o Senhor.
"Pois a chamam de rejeitada,
'Sião, cidade com que
ninguém se importa'."

18 Assim diz o Senhor:
"Quando eu trouxer Israel de volta do
exílio e restaurar sua situação,
Jerusalém será reconstruída
sobre suas ruínas,
e o palácio voltará a ser habitado.
19 Haverá alegria e cânticos de gratidão,
e eu farei meu povo se
multiplicar, e não diminuir;
eu os honrarei, e não os humilharei.
20 Seus filhos prosperarão,
como no passado;
eu os estabelecerei como
nação diante de mim
e castigarei quem lhes fizer mal.
21 Voltarão a ter o próprio governante,
e ele virá do meio deles.
Eu o aproximarei de mim", diz o Senhor,
"pois quem ousaria se aproximar
por conta própria?
22 Vocês serão o meu povo,
e eu serei o seu Deus."

23 Vejam, a ira do Senhor irrompe
como uma tempestade,
um vendaval sobre a cabeça
dos perversos!
24 A ira ardente do Senhor não passará
até que ele cumpra tudo que planejou.
Em dias futuros,
vocês entenderão tudo isso.

ESPERANÇA DE RESTAURAÇÃO

31 "Naquele tempo", diz o Senhor, "eu
serei o Deus de todas as famílias
de Israel, e eles serão o meu povo. 2 Assim
diz o Senhor:

"Os que sobreviverem à
destruição que está por vir
encontrarão favor até no deserto,
pois darei descanso ao povo de Israel."

3 Há muito tempo, o Senhor disse a Israel:
"Eu amei você com amor eterno,
com amor leal a atraí para mim.
4 Eu a reconstruirei, Israel,
minha filha virgem;
você voltará a ser feliz
e a dançar alegremente
com seus tamborins.
5 Voltará a plantar suas videiras
nos montes de Samaria
e ali comerá de seus frutos.
6 Virá o dia em que os vigias gritarão
da região montanhosa de Efraim:
'Venham, vamos subir a Sião
para adorar o Senhor, nosso Deus!'".

[7] Assim diz o SENHOR:
"Cantem de alegria por causa de Israel,[a]
pois ela é a maior das nações!
Cantem alegres louvores, dizendo:
'Ó SENHOR, salva teu povo,
o remanescente de Israel!'.
[8] Pois eu os trarei de volta do norte
e dos confins da terra.
Não me esquecerei dos cegos
nem dos aleijados,
nem das grávidas nem das
mulheres em trabalho de parto;
uma grande multidão voltará!
[9] Virão com lágrimas de alegria,
e eu os conduzirei para casa
com grande cuidado.
Andarão junto a riachos tranquilos
e em caminhos planos,
onde não tropeçarão.
Pois eu sou o pai de Israel,
e Efraim é meu filho mais velho.

[10] "Ouçam esta mensagem
do SENHOR, ó nações,
anunciem estas palavras
nos litorais distantes:
Aquele que espalhou seu povo
o reunirá e o guardará,
como um pastor cuida de seu rebanho.
[11] Pois o SENHOR resgatou Israel
daqueles que eram mais fortes que ele.
[12] Eles virão e cantarão de alegria
no alto do monte Sião;
estarão radiantes pelas boas
dádivas do SENHOR:
cereais, vinho novo, azeite,
rebanhos e gado.
Sua vida será como um jardim regado,
e não haverá mais tristeza.
[13] As moças dançarão de alegria,
e os homens — jovens e idosos —
tomarão parte na celebração.
Transformarei seu pranto em alegria;
eu os consolarei e lhes darei
exultação em lugar de tristeza.
[14] Seus sacerdotes terão
fartura de alimento,
e meu povo se saciará com
minhas boas dádivas.
Eu, o SENHOR, falei!"

[a] **31.7** Em hebraico, *Jacó*; também em 31.11. Ver nota em 5.20.

A TRISTEZA DE RAQUEL SE TRANSFORMA EM ALEGRIA

[15] Assim diz o SENHOR:

"Ouve-se um clamor em Ramá,
angústia profunda e pranto amargo.
Raquel chora por seus filhos
e se recusa a ser consolada,
pois eles já não existem".

[16] Agora, porém, assim diz o SENHOR:
"Não chore mais,
pois eu a recompensarei por
seu choro", diz o SENHOR.
"Seus filhos voltarão
da terra do inimigo.
[17] Há esperança para seu
futuro", diz o SENHOR.
"Seus filhos voltarão
para sua terra.
[18] Ouvi Israel[b] dizer:
'Tu me disciplinaste severamente,
como bezerro que precisa
ser domesticado.
Faze-me voltar para ti e restaura-me,
pois somente tu és o
SENHOR, meu Deus.
[19] Afastei-me de Deus,
mas depois me arrependi.
Indignei-me comigo mesmo
por causa de minha estupidez.
Senti profunda vergonha
de tudo que fiz
quando era jovem'.

[20] "Acaso Israel não continua a ser
meu filho querido?",
diz o SENHOR.
"Tenho de castigá-lo com frequência,
mas ainda assim o amo.
Por isso meu coração
anseia por ele
e dele certamente
terei misericórdia.
[21] Ponha sinais na estrada,
coloque postes indicadores.
Preste atenção no caminho
pelo qual você veio.
Volte, ó minha filha virgem, Israel,
volte para suas cidades.

[b] **31.18** Em hebraico, *Efraim*, referência a Israel, o reino do norte; também em 31.20.

22 Até quando andará sem rumo,
minha filha rebelde?
Porque o SENHOR fará algo
novo acontecer:
Israel abraçará seu Deus."[a]

23 Assim diz o SENHOR dos Exércitos, o
Deus de Israel: "Quando eu restaurar o po-
vo, os habitantes de Judá e de suas cida-
des dirão novamente: 'O SENHOR a abençoe,
ó morada justa, ó monte santo!'. 24 O povo
das cidades, os lavradores e os pastores
habitarão juntos em Judá. 25 Pois dei des-
canso aos exaustos e alegria aos aflitos".
26 Então acordei e olhei ao redor. Meu so-
no havia sido muito agradável.
27 "Está chegando o dia", diz o SENHOR, "em
que farei aumentar o número de pessoas e
de animais em Israel e em Judá. 28 No pas-
sado, tive o cuidado de arrancar e derrubar
esta nação. Eu a arrasei e a destruí e trouxe
calamidade sobre ela. No futuro, porém, te-
rei o mesmo cuidado de edificá-la e plantá-
-la. Eu, o SENHOR, falei!
29 "O povo não citará mais este provérbio:

'Os pais comeram uvas azedas,
mas os dentes dos filhos
é que estragaram'.

30 Cada um morrerá por seus próprios pe-
cados; quem comer uvas azedas é que fi-
cará com os dentes estragados.
31 "Está chegando o dia", diz o SENHOR,
"em que farei uma nova aliança com o po-
vo de Israel e de Judá. 32 Não será como a
aliança que fiz com seus antepassados,
quando os tomei pela mão e os tirei da ter-
ra do Egito. Embora eu os amasse como o
marido ama a esposa, eles quebraram a
aliança", diz o SENHOR.
33 "E esta é a nova aliança que farei com
o povo de Israel depois daqueles dias",
diz o SENHOR. "Porei minhas leis em sua
mente e as escreverei em seu coração. Se-
rei o seu Deus, e eles serão o meu povo.
34 E não será necessário ensinarem a seus
vizinhos e parentes, dizendo: 'Você preci-
sa conhecer o SENHOR'. Pois todos, desde o
mais humilde até o mais importante, me
conhecerão", diz o SENHOR. "E eu perdoarei
sua maldade e nunca mais me lembra-
rei de seus pecados."

35 O SENHOR dá o sol para
iluminar o dia
e a lua e as estrelas para
iluminarem a noite;
agita o mar e faz rugir as ondas.
Seu nome é SENHOR dos Exércitos,
e é isto o que ele diz:
36 "Assim como não anulo
as leis da natureza,
não descartarei meu povo, Israel".
37 Assim diz o SENHOR:
"Assim como não se pode
medir os céus
nem explorar os alicerces da terra,
não rejeitarei o povo de Israel
pelo mal que fizeram.
Eu, o SENHOR, falei!".

38 "Está chegando o dia", diz o SENHOR,
"em que Jerusalém será reconstruída pa-
ra mim, desde a torre de Hananeel até o
portão da Esquina. 39 Uma linha de medir
será estendida sobre a colina de Garebe
até Goa. 40 Toda a região, incluindo o ce-
mitério e o lugar onde se jogavam as cin-
zas, e todos os campos a leste, até o vale
de Cedrom e até o portão dos Cavalos, se-
rão santos para o SENHOR. Jerusalém nun-
ca mais será conquistada nem destruída."

JEREMIAS COMPRA UM CAMPO

32 Jeremias recebeu esta mensagem
do SENHOR no décimo ano do reina-
do de Zedequias, rei de Judá. Esse também
foi o décimo oitavo ano do reinado de Na-
bucodonosor.[b] 2 Nessa ocasião, o exército
babilônio cercava Jerusalém, e Jeremias
estava preso no pátio da guarda, no pa-
lácio real. 3 Zedequias, rei de Judá, o ha-
via colocado ali e perguntado por que ele
continuava a anunciar esta profecia: "As-
sim diz o SENHOR: 'Estou prestes a entre-
gar esta cidade ao rei da Babilônia, e ele a
conquistará. 4 O rei Zedequias será captu-
rado pelos babilônios[c] e levado para falar
face a face com o rei da Babilônia. 5 O rei

[a] **31.22** Em hebraico, *uma mulher cercará um homem.*

[b] **32.1** Isto é, o ano 587 a.C.

[c] **32.4** Ou *caldeus*; também em 32.5,24,25,28,29,43.

levará Zedequias para a Babilônia, onde
lidarei com ele', diz o SENHOR. 'Vocês não
serão bem-sucedidos se lutarem contra
os babilônios'".
6 Nesse tempo, o SENHOR me enviou uma
mensagem: 7 "Seu primo Hanameel, filho
de Salum, virá e lhe dirá: 'Compre meu
campo em Anatote. Pela lei, você tem di-
reito de comprá-lo antes que eu o ofere-
ça a outro'".
8 Exatamente como o SENHOR tinha dito,
meu primo Hanameel veio me visitar na
prisão e disse: "Compre meu campo em
Anatote, na terra de Benjamim. Pela lei,
você tem direito de comprá-lo antes que
eu o ofereça a outro. Portanto, compre-o
para si". Então entendi que a mensagem
que eu tinha ouvido era do SENHOR.
9 Assim, comprei o campo em Anatote
e paguei a Hanameel dezessete peças[a] de
prata. 10 Assinei e selei a escritura dian-
te de testemunhas, pesei a prata e lhe
paguei. 11 Em seguida, peguei a escritu-
ra selada e uma cópia não selada com
os termos e as condições da compra 12 e
as entreguei a Baruque, filho de Nerias,
neto de Maaseias. Fiz tudo isso na pre-
sença de meu primo Hanameel, das tes-
temunhas que assinaram a escritura e
dos homens de Judá que estavam no pá-
tio da guarda.
13 Então, na presença deles, disse a Ba-
ruque: 14 "Assim diz o SENHOR dos Exérci-
tos, o Deus de Israel: 'Pegue a escritura
selada e a cópia não selada e coloque-
-as num vaso de barro, a fim de conser-
vá-las por muito tempo'. 15 Pois assim diz
o SENHOR dos Exércitos, o Deus de Israel:
'Algum dia, as pessoas voltarão a ter pro-
priedades nesta terra e comprarão e ven-
derão casas, vinhedos e campos'".

A ORAÇÃO DE JEREMIAS

16 Depois que entreguei os documentos a
Baruque, filho de Nerias, orei ao SENHOR:

17 "Ó Soberano SENHOR! Tu fizeste os
céus e a terra com tua mão forte e teu
braço poderoso. Nada é difícil de-
mais para ti! 18 Mostras tua bondade
a milhares de pessoas, mas também
permites que as consequências do
pecado de uma geração recaiam so-
bre a geração seguinte. Tu és Deus
grande e poderoso, o SENHOR dos
Exércitos. 19 Tens toda sabedoria e fa-
zes grandes milagres. Vês a conduta
de todos e lhes dás o que merecem.
20 Realizaste sinais e maravilhas na
terra do Egito, feitos lembrados ain-
da hoje. E continuas a fazer gran-
des milagres em Israel e em todo o
mundo. Por isso o teu nome é famo-
so até hoje.
21 "Tiraste Israel do Egito com sinais e
maravilhas, com mão forte e braço
poderoso e com grande terror. 22 Des-
te ao povo de Israel esta terra que ha-
vias prometido a seus antepassados
muito tempo atrás, terra que produz
leite e mel com fartura. 23 Nossos an-
tepassados vieram e tomaram posse
da terra, mas não quiseram te obede-
cer nem seguir tuas instruções. Não
fizeram nada do que lhes ordenaste.
Por isso enviaste sobre eles esta ter-
rível calamidade.
24 "Vê como foram construídas ram-
pas junto aos muros da cidade! Por
meio de guerra, fome e doença, a ci-
dade será entregue aos babilônios,
que a conquistarão. Tudo aconte-
ceu exatamente como anunciaste.
25 E, no entanto, ó Soberano SENHOR,
ordenaste que eu comprasse o cam-
po e pagasse um bom preço por ele
diante destas testemunhas, embora
a cidade esteja prestes a ser entregue
aos babilônios".

PROFECIA DA QUEDA DE JERUSALÉM

26 Então Jeremias recebeu esta mensagem
do SENHOR: 27 "Eu sou o SENHOR, o Deus de
toda a humanidade. Acaso alguma coi-
sa é difícil demais para mim? 28 Portanto,
assim diz o SENHOR: Entregarei esta cidade
aos babilônios e a Nabucodonosor, rei da
Babilônia, e ele a conquistará. 29 Os babi-
lônios que estão cercando os muros entra-
rão na cidade e a incendiarão. Queimarão
todas as casas em que o povo provocou

[a] **32.9** Em hebraico, *17 siclos*, cerca de 194 gramas.

minha ira queimando incenso a Baal em
seus terraços e apresentando ofertas der-
ramadas a outros deuses. 30 Desde o prin-
cípio, Israel e Judá fizeram somente o mal.
Provocaram minha ira com suas malda-
des", diz o SENHOR. 31 "Desde o dia em que
esta cidade foi construída até hoje, não fez
outra coisa senão despertar minha fúria,
por isso estou decidido a me livrar dela.

32 "Os pecados de Israel e de Judá — os
pecados do povo de Jerusalém, dos reis,
dos oficiais, dos sacerdotes e dos profe-
tas — provocaram minha ira. 33 Meu povo
deu as costas para mim e se recusou a vol-
tar. Embora eu os tenha ensinado repeti-
damente, não quiseram receber instrução
nem obedecer. 34 Colocaram seus ídolos
detestáveis em meu templo e o profana-
ram. 35 Construíram lugares de adoração
a Baal no vale de Ben-Hinom e ali sacri-
ficaram seus filhos e filhas a Moloque. Ja-
mais ordenei tamanha maldade; nunca
me passou pela mente! Esse terrível mal
fez Israel pecar."

PROMESSA DE RESTAURAÇÃO

36 "Agora, quero dizer algo mais a respeito
desta cidade. Vocês afirmam: 'Ela será en-
tregue ao rei da Babilônia por meio de
guerra, fome e doença'. Mas assim diz o
SENHOR, o Deus de Israel: 37 Certamente
trarei meu povo de volta de todas as na-
ções entre as quais o espalhei em minha
fúria. Eu os trarei de volta para este lugar
e farei que vivam em segurança. 38 Eles
serão o meu povo, e eu serei o seu Deus.
39 Eu lhes darei um só coração e um só
propósito: adorar-me para sempre, para
o seu próprio bem e para o bem de seus
descendentes. 40 Estabelecerei com eles
uma aliança permanente: jamais deixa-
rei de lhes fazer o bem. Porei em seu cora-
ção o desejo de me adorar, e eles nunca se
afastarão de mim. 41 Terei alegria em lhes
fazer o bem e os plantarei nesta terra fir-
memente, de todo o coração.

42 "Assim diz o SENHOR: Assim como trou-
xe todas essas calamidades sobre eles,
também lhes farei todo o bem que prome-
ti. 43 Campos voltarão a ser comprados e
vendidos nesta terra sobre a qual hoje vo-
cês dizem: 'Foi arrasada pelos babilônios,
é uma terra desolada, em que não há mais
pessoas nem animais'. 44 Sim, campos
voltarão a ser comprados e vendidos e
escrituras serão assinadas na terra de Ben-
jamim, aqui em Jerusalém, nas cidades de
Judá, na região montanhosa, nas colinas
de Judá[a] e no Neguebe. Pois, um dia, eu os
restaurarei à sua terra. Eu, o SENHOR, falei!"

PROMESSAS DE PAZ E PROSPERIDADE

33 Enquanto Jeremias estava preso no
pátio da guarda, o SENHOR lhe deu
outra mensagem: 2 "Assim diz o SENHOR, o
SENHOR que fez a terra, que a formou e a
estabeleceu; o SENHOR é seu nome: 3 Per-
gunte-me e eu lhe contarei coisas mara-
vilhosas, segredos que você não sabe, a
respeito do que está por vir. 4 Pois assim
diz o SENHOR, o Deus de Israel: Vocês der-
rubaram as casas desta cidade e até o pa-
lácio do rei a fim de obter material para
fortalecer os muros contra as rampas de
cerco e as espadas dos inimigos. 5 Espe-
ram lutar contra os babilônios,[b] mas os
homens desta cidade já estão praticamen-
te mortos, pois, em minha ira ardente, de-
cidi destruí-los. Abandonei-os por causa
de toda a sua maldade.

6 "Virá o dia, porém, em que curarei as
feridas de Jerusalém e lhe darei prospe-
ridade e paz verdadeira. 7 Restaurarei
o povo de Judá e de Israel à sua terra e
reconstruirei suas cidades. 8 Eu as puri-
ficarei de suas maldades contra mim e
perdoarei todos os seus pecados de rebel-
dia. 9 Então esta cidade me trará louvor,
glória e honra diante de todas as nações
da terra! Os povos do mundo verão todo o
bem que faço por meu povo e tremerão de
espanto diante da paz e da prosperidade
que lhes dou.

10 "Assim diz o SENHOR: Vocês disseram:
'Esta é uma terra desolada, onde não há
mais pessoas nem animais'. Contudo, nas
ruas vazias de Jerusalém e das outras ci-
dades de Judá serão ouvidos novamente
11 os sons de alegria e de riso. As vozes
felizes de noivos e de noivas voltarão a
ser ouvidas, e também os cânticos alegres

[a] **32.44** Em hebraico, *na Sefelá*.
[b] **33.5** Ou *caldeus*.

dos que trazem ofertas de gratidão ao
SENHOR. Cantarão:

'Deem graças ao SENHOR dos Exércitos,
porque o SENHOR é bom;
seu amor dura para sempre!'.

Pois eu restaurarei a situação desta terra
ao que era no passado, diz o SENHOR.

12 "Assim diz o SENHOR dos Exércitos:
Embora hoje esta terra esteja desolada e
não tenha pessoas nem animais, um dia
voltará a ter pastos para os quais os pas-
tores levarão seus rebanhos. 13 Os pas-
tores voltarão a contar seus rebanhos
nas cidades da região montanhosa, nas
colinas de Judá,[a] no Neguebe, na terra
de Benjamim, nos arredores de Jerusa-
lém e em todas as cidades de Judá. Eu, o
SENHOR, falei!

14 "Virá o dia, diz o SENHOR, em que farei
por Israel e por Judá todo o bem que lhes
prometi.

15 "Naquele dia e naquele tempo,
levantarei um Renovo, um
descendente justo
da linhagem do rei Davi.
Ele fará o que é justo e certo
em toda a terra.
16 Nesse dia, Judá será salvo,
e Jerusalém viverá em segurança.
E este será seu nome:
'O SENHOR é nossa justiça'.[b]

17 Porque assim diz o SENHOR: Sempre ha-
verá um descendente de Davi no trono de
Israel. 18 E sempre haverá sacerdotes levi-
tas para me oferecer holocaustos, ofertas
de cereais e sacrifícios".

19 Então Jeremias recebeu esta men-
sagem do SENHOR: 20 "Assim diz o SENHOR:
Se alguém conseguisse anular minha
aliança com o dia e com a noite, de mo-
do que um não viesse depois do outro,
21 então se anularia minha aliança com
meu servo Davi. Só então deixaria de ha-
ver um descendente para reinar em seu
trono. O mesmo se aplica à minha aliança
com os sacerdotes levitas que me servem.
22 Como não se pode contar as estrelas no
céu nem medir a areia na beira do mar, as-
sim também tornarei incontáveis os des-
cendentes de meu servo Davi e os levitas
que me servem".

23 O SENHOR deu outra mensagem a Je-
remias: 24 "Você observou o que o povo
anda dizendo? 'O SENHOR escolheu Judá
e Israel e depois os abandonou!' Despre-
zam meu povo e dizem que não deve ser
considerada nação. 25 Mas assim diz o
SENHOR: Como não anularei minhas leis
que governam o dia e a noite, o céu e a
terra, assim também não rejeitarei meu
povo. 26 Jamais abandonarei os descen-
dentes de Jacó e de meu servo Davi, nem
mudarei o plano de que os descendentes
de Davi governem os descendentes de
Abraão, Isaque e Jacó. Pelo contrário, eu
os restaurarei à sua terra e terei compai-
xão deles".

ADVERTÊNCIA PARA ZEDEQUIAS

34 Nabucodonosor, rei da Babilônia,
veio com todos os exércitos dos
reinos que ele governava e lutou contra
Jerusalém e contra as cidades de Judá.
Naquela ocasião, Jeremias recebeu esta
mensagem do SENHOR: 2 "Vá a Zedequias,
rei de Judá, e diga-lhe: 'Assim diz o SENHOR,
o Deus de Israel: Estou prestes a entre-
gar esta cidade ao rei da Babilônia, e ele
a queimará de alto a baixo. 3 Você não es-
capará das mãos dele, mas será capturado
e levado para falar face a face com o rei da
Babilônia. Então será enviado para o exí-
lio na Babilônia.

4 "'Ouça, porém, esta promessa do
SENHOR, ó Zedequias, rei de Judá. Assim
diz o SENHOR: Você não morrerá na guerra,
5 mas em paz. O povo queimará incenso
em sua honra, como fizeram em honra de
seus antepassados, os reis que o precede-
ram. Chorarão por você e lamentarão: 'Que
tristeza! Nosso rei morreu!'. Eu decretei is-
so, diz o SENHOR'".

6 O profeta Jeremias transmitiu essa
mensagem a Zedequias, rei de Judá. 7 Nes-
sa época, o exército babilônio cercava Jeru-
salém, Laquis e Azeca, as únicas cidades
fortificadas de Judá que ainda não tinham
sido conquistadas.

[a] **33.13** Em hebraico, *na Sefelá*.
[b] **33.16** Em hebraico, *Javé-Tsidqenu*.

LIBERTAÇÃO DOS ESCRAVOS HEBREUS

8 Jeremias recebeu esta mensagem do
Senhor depois que o rei Zedequias fez
uma aliança com o povo para libertar os
escravos. 9 Ele havia ordenado que todo
o povo libertasse suas escravas e seus
escravos hebreus. Ninguém devia man-
ter em escravidão alguém de seu próprio
povo. 10 Os oficiais e todo o povo tinham
obedecido à ordem do rei e libertado ca-
da um de seus escravos, 11 mas depois
mudaram de ideia. Tomaram de volta
os homens e as mulheres que haviam li-
bertado e os obrigaram a ser escravos
novamente.

12 Então o Senhor lhes deu esta mensa-
gem por meio de Jeremias: 13 "Assim diz
o Senhor, o Deus de Israel: Fiz uma alian-
ça com seus antepassados muito tempo
atrás, quando os livrei da escravidão no
Egito. 14 Disse-lhes que todo escravo he-
breu deveria ser liberto depois de servir
durante seis anos. Contudo, seus ante-
passados não me deram ouvidos nem me
obedeceram. 15 Há pouco tempo, vocês
se arrependeram e fizeram o que era cer-
to aos meus olhos. Libertaram os escra-
vos e fizeram comigo uma aliança solene
no templo que leva meu nome. 16 Agora,
porém, voltaram atrás em seu juramen-
to e profanaram meu nome ao pegar de
volta os homens e as mulheres que ha-
viam libertado e os obrigar a ser escra-
vos novamente.

17 "Portanto, assim diz o Senhor: Vocês
não me obedeceram e não libertaram seu
povo. Por isso lhes darei liberdade para se-
rem destruídos por guerra, doença e fome.
Vocês serão objeto de horror para todas as
nações da terra. 18 Porque não cumpriram
os termos de minha aliança, eu os corta-
rei ao meio, como vocês cortaram o bezer-
ro e caminharam entre as duas partes para
confirmar seus votos. 19 Sim, cortarei ao
meio todos que se comprometeram com
a aliança, quer sejam oficiais de Judá e de
Jerusalém, oficiais do palácio, sacerdo-
tes ou gente comum. 20 Eu os entregarei a
seus inimigos, e eles os matarão. Seus cor-
pos servirão de alimento para os abutres e
os animais selvagens.

21 "Entregarei Zedequias, rei de Judá, e
seus oficiais ao exército do rei da Babilô-
nia. E, embora tenham se retirado de Jeru-
salém por um tempo, 22 chamarei de volta
os exércitos babilônios. Eles lutarão con-
tra a cidade, a conquistarão e a queimarão
de alto a baixo. Farei que todas as cidades
de Judá sejam destruídas e que ninguém
more nelas".

A FIDELIDADE DOS RECABITAS

35 O Senhor deu esta mensagem a Je-
remias quando Jeoaquim, filho de
Josias, era rei de Judá: 2 "Vá ao local onde
moram os recabitas e convide-os para vir
ao templo do Senhor. Leve-os para uma
das salas internas e ofereça-lhes vinho".

3 Então fui buscar Jazanias, filho de Je-
remias e neto de Habazinias, e todos os
seus irmãos e filhos, que representavam
todas as famílias dos recabitas. 4 Levei-os
ao templo do Senhor e fomos à sala dos fi-
lhos de Hanã, filho de Jigdalias, homem
de Deus. Ficava ao lado da sala usada pe-
los oficiais do templo, logo acima da sa-
la de Maaseias, filho de Salum, porteiro
do templo.

5 Coloquei diante deles taças e jarras
cheias de vinho e os convidei a beber,
6 mas eles recusaram, dizendo: "Não bebe-
mos vinho, pois nosso antepassado, Jona-
dabe, filho de Recabe, nos deu esta ordem:
'Nunca bebam vinho, nem vocês nem se-
us descendentes. 7 Não construam casas,
não plantem lavouras nem possuam vi-
nhedos; vivam sempre em tendas. Com
isso, terão vida longa e feliz nesta ter-
ra'. 8 Assim, temos obedecido a tudo que
ele nos ordenou. Nunca bebemos vinho,
nem nós, nem nossas esposas, nem nos-
sos filhos e filhas. 9 Não construímos ca-
sas, nem possuímos vinhedos e campos,
nem plantamos lavouras. 10 Temos vivido
em tendas e obedecido fielmente a todas
as ordens de nosso antepassado Jonada-
be. 11 Mas, quando Nabucodonosor, rei da
Babilônia, atacou esta terra, tivemos me-
do dos exércitos babilônios e sírios[a] e re-
solvemos nos mudar para Jerusalém. Por
isso estamos aqui".

Existe beleza no processo pelo qual você está passando.

[a] **35.11** Ou *caldeus e arameus.*

12 Então o SENHOR deu esta mensagem a
Jeremias: 13 "Assim diz o SENHOR dos Exér-
citos, o Deus de Israel: Vá e diga aos ha-
bitantes de Judá e de Jerusalém: 'Venham
e aprendam uma lição sobre como obe-
decer às minhas palavras, diz o SENHOR.
14 Os recabitas não bebem vinho até hoje
em obediência à ordem de seu antepas-
sado Jonadabe, filho de Recabe. Mas eu
tenho falado a vocês repetidamente e se
recusam a obedecer. 15 Tenho enviado
meus profetas vez após vez para lhes di-
zer: 'Abandonem seus maus caminhos e
façam o que é certo. Deixem de adorar ou-
tros deuses. Assim, viverão em paz nesta
terra que dei a vocês e a seus antepassa-
dos'. Mas vocês não quiseram ouvir nem
obedecer. 16 Os descendentes de Jonada-
be, filho de Recabe, têm obedecido fiel-
mente a seu antepassado, mas este povo
se recusa a me ouvir'.

17 "Portanto, assim diz o SENHOR Deus dos
Exércitos, o Deus de Israel: 'Porque não
querem me ouvir nem responder quando
os chamo, enviarei sobre Judá e sobre Jeru-
salém todas as calamidades que prometi'".

18 Então Jeremias se voltou para os re-
cabitas e disse: "Assim diz o SENHOR dos
Exércitos, o Deus de Israel: 'Vocês obede-
ceram a todas as ordens de seu antepas-
sado Jonadabe e seguiram todas as suas
instruções'. 19 Por isso, assim diz o SENHOR
dos Exércitos, o Deus de Israel: 'Sempre
haverá descendentes de Jonadabe, filho
de Recabe, para me servir'".

BARUQUE LÊ AS MENSAGENS DO SENHOR

36 No quarto ano do reinado de Jeoa-
quim, filho de Josias, rei de Judá,[a]
o SENHOR deu esta mensagem a Jeremias:
2 "Pegue um rolo e escreva nele todas as
minhas mensagens contra Israel, Judá
e as outras nações. Comece com a pri-
meira mensagem, do tempo de Josias,
e escreva todas, até hoje. 3 Talvez o povo
de Judá se arrependa ao ouvir novamen-
te todas as coisas terríveis que planejei
para eles. Então perdoarei sua maldade e
seus pecados".

4 Jeremias mandou chamar Baruque, fi-
lho de Nerias, e enquanto Jeremias ditava
para ele todas as profecias que o SENHOR
lhe tinha dado, Baruque as escrevia no
rolo. 5 Depois, Jeremias disse a Baruque:
"Estou preso aqui e não posso ir ao tem-
plo. 6 Portanto, vá você ao templo no pró-
ximo dia de jejum e leia as mensagens do
SENHOR que ditei para que as escrevesse
no rolo. Leia as mensagens para o povo
de todas as cidades de Judá que estiver
no templo. 7 Quem sabe eles abandonem
seus maus caminhos e peçam perdão ao
SENHOR antes que seja tarde demais, pois
o SENHOR os ameaçou com sua ira ardente".

8 Baruque, filho de Nerias, fez tudo con-
forme Jeremias lhe ordenou e leu as men-
sagens do SENHOR para o povo que estava
no templo. 9 Fez isso num dia de jejum sa-
grado, no final do outono,[b] no quinto ano
do reinado de Jeoaquim, filho de Josias.
Gente de todas as cidades de Judá tinha
ido a Jerusalém para participar da adora-
ção no templo naquele dia. 10 Baruque leu
para todo o povo as palavras de Jeremias
escritas no rolo. Estava diante da sala de
Gemarias, filho do secretário Safã. A sala
ficava no pátio superior do templo, perto
do portão Novo.

11 Quando Micaías, filho de Gemarias
e neto de Safã, ouviu as mensagens do
SENHOR escritas no rolo, 12 desceu à sala
do secretário no palácio onde estavam
reunidos os oficiais administrativos.
Lá estavam o secretário Elisama, Delaías,
filho de Semaías, Elnatã, filho de Acbor,
Gemarias, filho de Safã, Zedequias, filho
de Hananias, e todos os outros oficiais.
13 Quando Micaías lhes falou das men-
sagens que Baruque estava lendo para o
povo, 14 os oficiais enviaram Jeudi, filho
de Netanias, neto de Selemias e bisneto
de Cusi, para dizer a Baruque: "Venha e
leia as mensagens para nós também". En-
tão Baruque, filho de Nerias, pegou o rolo
e foi até eles. 15 "Sente-se e leia o rolo para
nós", disseram os oficiais, e Baruque fez o
que pediram.

[a] **36.1** Isto é, no ano 605 a.C.

[b] **36.9** Em hebraico, *no nono mês*, do antigo calendário lunar hebraico. Esse mês caiu entre novembro e dezembro de 604 a.C., outono no hemisfério norte; também em 36.22. Ver ainda nota em 1.3.

16 Quando ouviram as mensagens, olharam uns para os outros assustados. "Precisamos relatar ao rei o que ouvimos", disseram a Baruque. 17 "Mas, primeiro, diga-nos como você recebeu essas mensagens. Vieram diretamente de Jeremias?"

18 Baruque explicou: "Jeremias as ditou e eu as escrevi com tinta neste rolo, palavra por palavra".

19 "Você e Jeremias devem se esconder!", os oficiais disseram a Baruque. "Não digam a ninguém onde estão." 20 Então os oficiais deixaram o rolo guardado na sala do secretário Elisama e foram contar ao rei o que tinham ouvido.

O REI JEOAQUIM QUEIMA O ROLO

21 O rei mandou Jeudi buscar o rolo. Jeudi o levou da sala do secretário Elisama e o leu para o rei e para todos os oficiais presentes. 22 Era final do outono, e o rei estava numa parte do palácio usada durante o inverno, sentado diante de um braseiro para se aquecer. 23 Cada vez que Jeudi terminava de ler três ou quatro colunas, o rei pegava uma faca, cortava aquela parte do rolo e a jogava no fogo. Assim, pedaço por pedaço, o rolo inteiro foi queimado. 24 Nem o rei nem seus servos mostraram qualquer sinal de medo ou remorso diante do que tinham ouvido. 25 Mesmo quando Elnatã, Delaías e Gemarias imploraram ao rei que não queimasse o rolo, ele não lhes deu atenção.

26 Em seguida, o rei ordenou a seu filho Jerameel, a Seraías, filho de Azriel, e a Selemias, filho de Abdeel, que prendessem o profeta Jeremias e seu secretário, Baruque. O Senhor, porém, os tinha escondido.

JEREMIAS REESCREVE O ROLO

27 Depois que o rei havia queimado o rolo no qual Baruque tinha escrito as palavras de Jeremias, o Senhor deu esta mensagem a Jeremias: 28 "Pegue outro rolo e escreva novamente tudo que estava no primeiro rolo, que o rei Jeoaquim queimou. 29 Depois, diga ao rei: 'Assim diz o Senhor: Você queimou o rolo porque ele dizia que o rei da Babilônia destruiria esta terra e acabaria com as pessoas e os animais. 30 Agora, assim diz o Senhor a respeito de Jeoaquim, rei de Judá: Ele não terá herdeiros para se sentarem no trono de Davi. Seu corpo será lançado fora e não será enterrado; ficará exposto ao calor do dia e à geada da noite. 31 Castigarei o rei, sua família e seus servos por seus pecados. Derramarei sobre eles e sobre todos os habitantes de Jerusalém e de Judá todas as calamidades que prometi, pois não quiseram dar ouvidos às minhas advertências'".

32 Então Jeremias pegou outro rolo e ditou novamente a seu secretário, Baruque, filho de Nerias. Escreveu tudo que estava no rolo que o rei Jeoaquim havia queimado. Dessa vez, porém, acrescentou muitas outras coisas.

ZEDEQUIAS MANDA CHAMAR JEREMIAS

37 Zedequias, filho de Josias, foi sucessor de Joaquim,[a] filho de Jeoaquim, no trono de Judá. Foi nomeado por Nabucodonosor, rei da Babilônia. 2 Mas nem Zedequias, nem seus servos, nem o povo que restou na terra de Judá deram ouvidos ao que o Senhor tinha dito por intermédio do profeta Jeremias.

3 Ainda assim, o rei Zedequias enviou Jucal, filho de Selemias, e o sacerdote Sofonias, filho de Maaseias, para pedirem a Jeremias: "Ore por nós ao Senhor, nosso Deus". 4 Jeremias ainda não havia sido preso, de modo que podia circular livremente entre o povo.

5 Nessa época, o exército do faraó do Egito partiu de sua terra, preparado para guerrear. Quando o exército babilônio[b] soube disso, suspendeu o cerco de Jerusalém.

6 Então o Senhor deu esta mensagem a Jeremias: 7 "Assim diz o Senhor, o Deus de Israel: O rei de Judá os enviou para me consultar a respeito do que acontecerá. Digam-lhe: 'Embora o exército do faraó tenha vindo para ajudá-los, logo voltará ao Egito. 8 Os babilônios[c] retornarão, conquistarão esta cidade e a queimarão de alto a baixo'.

9 "Assim diz o Senhor: Não se iludam, imaginando que os babilônios foram

---

[a] **37.1** Em hebraico, *Conias*, variação de Joaquim.
[b] **37.5** Ou *caldeu*; também em 37.10,11.
[c] **37.8** Ou *caldeus*; também em 37.9,13.

embora para sempre. Eles voltarão! 10 Ainda que vocês destruíssem todo o exército babilônio e restasse apenas um punhado de sobreviventes feridos, eles sairiam de suas tendas e queimariam esta cidade de alto a baixo".

JEREMIAS É PRESO

11 Quando o exército babilônio se retirou de Jerusalém por causa do exército do faraó, que se aproximava, 12 Jeremias resolveu sair da cidade para ir ao território de Benjamim e tomar posse de sua propriedade ali, entre seus parentes. 13 Quando passava pelo portão de Benjamim, um guarda o prendeu e disse: "Você está desertando para o lado dos babilônios!". O guarda que o prendeu foi Jerias, filho de Selemias e neto de Hananias.

14 "Não é verdade!", disse Jeremias. "Não estou desertando para o lado dos babilônios." Jerias, porém, não deu ouvidos e levou Jeremias aos oficiais. 15 Eles ficaram furiosos com Jeremias e mandaram açoitá-lo e prendê-lo na casa do secretário Jônatas, que havia sido transformada em prisão. 16 Jeremias foi colocado numa cela do calabouço e ali ficou por muitos dias.

17 Mais tarde, em segredo, o rei Zedequias mandou buscar Jeremias e levá-lo ao palácio, onde lhe perguntou: "Você tem alguma mensagem do Senhor?".

"Sim, tenho", disse Jeremias. "Você será entregue ao rei da Babilônia."

18 Então Jeremias perguntou ao rei: "Que crime cometi? O que fiz contra o rei, contra seus servos ou contra o povo para ser preso? 19 Onde estão seus profetas, que lhe disseram que o rei da Babilônia não atacaria nem o rei nem esta terra? 20 Suplico que me ouça, ó meu senhor, o rei. Não me mande de volta para o calabouço na casa do secretário Jônatas, pois morrerei naquele lugar".

21 Então o rei Zedequias ordenou que Jeremias fosse levado ao pátio da guarda do palácio e ficasse preso ali. O rei também ordenou que Jeremias recebesse um pão fresco diariamente enquanto houvesse pão na cidade. Assim, Jeremias foi colocado na prisão do palácio.

JEREMIAS NO POÇO

38 Sefatias, filho de Matã, Gedalias, filho de Pasur, Jucal, filho de Semelias, e Pasur, filho de Maquias, ouviram o que Jeremias dizia a todo o povo: 2 "Assim diz o Senhor: 'Todos que ficarem em Jerusalém morrerão por guerra, fome ou doença, mas os que se renderem aos babilônios[a] viverão. A recompensa deles será a vida; eles viverão!'. 3 Assim diz o Senhor: 'A cidade de Jerusalém certamente será entregue ao exército do rei da Babilônia, que a conquistará'".

4 Então esses oficiais foram ver o rei e disseram: "Esse homem deve morrer! Suas palavras vão desanimar os poucos soldados que restam, bem como todo o povo. Ele não busca o bem, mas a desgraça da nação".

5 O rei Zedequias concordou e disse: "Façam o que quiserem com ele. Não posso impedi-los".

6 Então os oficiais tiraram Jeremias de sua cela e o baixaram por meio de cordas para dentro de um poço vazio no pátio da prisão. O poço pertencia a Malquias, membro da família real. Não tinha água, mas havia uma camada de lama no fundo, e Jeremias ficou atolado nela.

7 O etíope[b] Ebede-Meleque, oficial importante da corte, soube que Jeremias estava no poço. Naquele momento, o rei julgava um caso junto ao portão de Benjamim; 8 então Ebede-Meleque saiu apressadamente do palácio para falar com ele. 9 "Ó meu senhor, o rei", disse, "estes homens fizeram muito mal em colocar o profeta Jeremias no poço. Logo ele morrerá de fome, pois não há mais pão na cidade."

10 Então o rei disse a Ebede-Meleque: "Leve trinta homens sob suas ordens e tire Jeremias do poço antes que ele morra".

11 Ebede-Meleque levou os homens e foi à sala do palácio debaixo da tesouraria, onde encontrou alguns pedaços de pano e roupas velhas. Levou-os até o poço e, por meio de cordas, os desceu para Jeremias. 12 Ebede-Meleque disse a Jeremias: "Coloque os pedaços de pano debaixo dos

[a] **38.2** Ou *caldeus*; também em 38.18,19,23.
[b] **38.7** Em hebraico, *cuxita*.

braços, para que as cordas não o machu-
quem". Quando Jeremias estava pronto,
13 puxaram-no para cima. Jeremias foi le-
vado de volta para o pátio da guarda e per-
maneceu preso ali.

ZEDEQUIAS INTERROGA JEREMIAS

14 Certo dia, o rei Zedequias mandou bus-
car Jeremias para se encontrar com ele
na terceira entrada do templo do SENHOR.
"Quero lhe fazer uma pergunta", disse o
rei. "Não tente esconder a verdade."
15 Jeremias disse: "Se eu lhe disser a ver-
dade, você me matará. E, se eu lhe der con-
selhos, você não me ouvirá".
16 Então o rei Zedequias lhe prometeu
em segredo: "Tão certo como vive o SENHOR,
que nos criou, não o matarei nem o en-
tregarei aos homens que desejam tirar
sua vida".
17 Então Jeremias disse a Zedequias: "As-
sim diz o SENHOR, o Deus dos Exércitos, o
Deus de Israel: 'Se você se render aos ofi-
ciais babilônios, você e sua família vive-
rão, e a cidade não será queimada. 18 Mas,
se não se render, não escapará! A cida-
de será entregue aos babilônios, e eles a
queimarão de alto a baixo'".
19 "Tenho medo de me render", disse o
rei, "pois pode acontecer de os babilônios
me entregarem aos judeus que passaram
para o lado deles. Quem sabe que crueldа-
des farão comigo!"
20 Jeremias respondeu: "Você não se-
rá entregue a eles se obedecer ao SENHOR.
Sua vida será poupada, e tudo lhe irá bem.
21 Mas, se não quiser se render, foi isto que
o SENHOR me revelou: 22 Todas as mulheres
que restaram em seu palácio serão trazidas
para fora e entregues aos oficiais do exérci-
to babilônio. Então as mulheres lhe dirão:

'Que belos amigos você tem!
Traíram você e o enganaram.
Quando seus pés atolaram na lama,
abandonaram-no à própria sorte'.

23 Todas as suas esposas e todos os seus
filhos serão levados pelos babilônios, e
você não escapará. Será capturado pelo rei
da Babilônia, e esta cidade será queimada
de alto a baixo".
24 Então Zedequias disse a Jeremias:
"Se alguém souber dessa conversa, você
morrerá! 25 Pode ser que meus oficiais fi-
quem sabendo que falei com você e di-
gam: 'Conte-nos sobre o que você e o rei
conversaram. Se não nos contar, o matare-
mos'. 26 Se isso acontecer, diga-lhes apenas
que suplicou para não ser levado de volta
ao calabouço de Jônatas, pois tem medo
de morrer ali".
27 De fato, pouco depois, os oficiais do
rei foram ver Jeremias e lhe perguntaram
por que o rei tinha mandado chamá-lo.
Jeremias, porém, seguiu as instruções do
rei, e os oficiais foram embora sem des-
cobrir a verdade. Ninguém tinha ouvido a
conversa entre Jeremias e o rei. 28 Jeremias
continuou preso no pátio da guarda até o
dia em que Jerusalém foi conquistada.

A QUEDA DE JERUSALÉM

39 Em janeiro[a] do nono ano do reina-
do de Zedequias, rei de Judá, Na-
bucodonosor, rei da Babilônia, chegou
com todo o seu exército para cercar Jeru-
salém. 2 Dois anos e meio depois, em 18
de julho,[b] no décimo primeiro ano do rei-
nado de Zedequias, foi aberta uma brecha
no muro da cidade. 3 Todos os oficiais do
exército babilônio entraram e se sentaram
junto ao portão do Meio: Nergal-Sarezer,
de Sangar, Nebo-Sarsequim,[c] um dos che-
fes dos oficiais, Nergal-Sarezer, conselhei-
ro real, e todos os outros oficiais do rei
da Babilônia.
4 Zedequias, o rei de Judá, e todos os
soldados fugiram quando viram que os
babilônios tinham invadido a cidade. Espe-
raram até o anoitecer, passaram pelo por-
tão entre os dois muros atrás do jardim do
rei e fugiram em direção ao vale do Jordão.[d]
5 Contudo, os soldados babilônios[e] os
perseguiram e alcançaram o rei Zede-
quias nas planícies de Jericó. Eles o cap-
turaram e o levaram a Nabucodonosor
em Ribla, na terra de Hamate. Ali o rei da

[a] **39.1** Em hebraico, *No décimo mês*, do antigo calendário lunar hebraico. Esse acontecimento ocorreu em 15 de janeiro de 588 a.C.; ver também nota em 1.3.
[b] **39.2** Em hebraico, *No nono dia do quarto mês*. O ano foi 586 a.C.; ver também nota em 1.3.
[c] **39.3** Ou *Nergal-Sarezer, Sangar-Nebo e Sarsequim*.
[d] **39.4** Em hebraico, *à Arabá*.
[e] **39.5** Ou *caldeus*; também em 39.8.

Babilônia sentenciou Zedequias. 6 Obri-
gou Zedequias a testemunhar a matança
de seus filhos e de todos os nobres de Ju-
dá. 7 Depois, arrancou seus olhos, o pren-
deu com correntes de bronze e o levou
para a Babilônia.
8 Os babilônios queimaram Jerusalém,
incluindo o palácio real e as casas do po-
vo, e derrubaram os muros da cidade.
9 Nebuzaradã, capitão da guarda, depor-
tou para a Babilônia o restante do povo
que havia ficado na cidade, os desertores
que tinham passado para seu lado e to-
dos os outros sobreviventes. 10 Permitiu,
no entanto, que alguns dos mais pobres
ficassem na terra de Judá para cuidar dos
vinhedos e dos campos.

JEREMIAS PERMANECE EM JUDÁ

11 O rei Nabucodonosor tinha ordenado
a Nebuzaradã, capitão da guarda, que en-
contrasse Jeremias. 12 "Cuide que ele não
seja ferido", disse. "Tome conta dele e pro-
videncie tudo que ele pedir." 13 Então Ne-
buzaradã, capitão da guarda, Nebusazbã,
um dos chefes dos oficiais, Nergal-Sarezer,
conselheiro real, e os outros oficiais do rei
da Babilônia 14 mandaram tirar Jeremias
da prisão. Entregaram-no aos cuidados de
Gedalias, filho de Aicam e neto de Safã,
que o levou para sua casa. Jeremias per-
maneceu em Judá, no meio de seu povo.
15 Enquanto Jeremias ainda estava
na prisão, o SENHOR lhe tinha dado a se-
guinte mensagem: 16 "Diga ao etíope[a]
Ebede-Meleque: 'Assim diz o SENHOR dos
Exércitos, o Deus de Israel: Farei a esta ci-
dade tudo que prometi. Enviarei calamida-
de, e não o bem. Você a verá ser destruída,
17 mas eu o livrarei daqueles que você tan-
to teme. 18 Porque confiou em mim, darei a
você sua vida como recompensa. Eu o res-
gatarei e o protegerei. Eu, o SENHOR, falei!'".

40 O SENHOR deu uma mensagem a
Jeremias depois que Nebuzara-
dã, capitão da guarda, o pôs em liberdade
em Ramá. Ele havia encontrado Jeremias
acorrentado entre todos os prisioneiros de
Jerusalém e Judá que estavam sendo leva-
dos para o exílio na Babilônia.
2 O capitão da guarda mandou chamar
Jeremias e disse: "O SENHOR, seu Deus,
trouxe esta calamidade sobre esta terra.
3 O SENHOR cumpriu o que tinha dito, pois
esse povo pecou contra o SENHOR e lhe de-
sobedeceu. Por isso aconteceram todas
essas coisas. 4 Mas eu vou tirar suas cor-
rentes e libertá-lo. Se quiser ir comigo pa-
ra a Babilônia, está bem. Providenciarei
que cuidem de você. Se não quiser ir, fique
aqui. Toda a terra está diante de você; vá
para onde quiser. 5 Se resolver ficar, vol-
te para Gedalias, filho de Aicam e neto de
Safã. O rei da Babilônia o nomeou gover-
nador de Judá. Fique com o povo que ele
governa. E, se quiser ir para algum outro
lugar, faça o que lhe parecer melhor".
Então Nebuzaradã, capitão da guarda,
deu a Jeremias um pouco de alimento e
dinheiro e o deixou partir. 6 Jeremias vol-
tou para Gedalias, filho de Aicam, em Mis-
pá, e habitou em Judá com os poucos que
haviam ficado na terra.

GEDALIAS GOVERNA EM JUDÁ

7 Os comandantes dos grupos de soldados
que estavam no interior de Judá souberam
que o rei da Babilônia havia nomeado Ge-
dalias, filho de Aicam, para governar o po-
vo pobre que tinha ficado em Judá, isto é,
os homens, as mulheres e as crianças que
não haviam sido enviados para o exílio na
Babilônia. 8 Então foram ver Gedalias em
Mispá. Entre eles estavam Ismael, filho de
Netanias, Joanã e Jônatas, filhos de Careá,
Seraías, filho de Tanumete, os filhos de
Efai, o netofatita, Jazanias, filho do maa-
catita, e todos os seus homens.
9 Gedalias jurou a eles que os babilônios[b]
não tinham intenção de lhes fazer mal.
"Não tenham medo de servi-los. Vivam na
terra e sirvam ao rei da Babilônia, e tudo
lhes irá bem", ele prometeu. 10 "Quanto a
mim, ficarei em Mispá e os representarei
diante dos babilônios que vierem se en-
contrar conosco. Estabeleçam-se nas ci-
dades que tomaram e vivam dos frutos da
terra. Colham uvas, frutas de verão e azei-
tonas e armazenem tudo."
11 Quando os judeus em Moabe, Amom,
Edom e outras terras vizinhas souberam

[a] **39.16** Em hebraico, *cuxita*.

[b] **40.9** Ou *caldeus*; também em 40.10.

que o rei da Babilônia tinha deixado um
remanescente do povo em Judá e que Ge-
dalias era o governador, 12 começaram a
voltar para Judá dos lugares para os quais
haviam fugido. Pararam em Mispá, onde
se encontraram com Gedalias. Depois,
seguiram para os campos em Judá e ti-
veram uma farta colheita de uvas e fru-
tas de verão.

CONSPIRAÇÃO CONTRA GEDALIAS

13 Algum tempo depois, Joanã, filho de
Careá, e os outros comandantes dos sol-
dados que estavam no interior foram até
Gedalias, em Mispá, 14 e lhe disseram:
"Você sabia que Baalis, rei de Amom,
enviou Ismael, filho de Netanias, para
assassiná-lo?". Gedalias, porém, não acre-
ditou neles.

15 Mais tarde, Joanã falou com Gedalias
em particular e se ofereceu para matar Is-
mael em segredo. "Por que deixar que ele
venha e mate você?", Joanã perguntou.
"O que será, então, dos judeus que vol-
taram? Se isso acontecer, os poucos que
restaram ficarão espalhados e perdidos."

16 Gedalias, porém, disse a Joanã: "Eu o
proíbo de fazer isso, pois você está men-
tindo a respeito de Ismael".

O ASSASSINATO DE GEDALIAS

41 Em outubro daquele ano,[a] Ismael,
filho de Netanias e neto de Elisa-
ma, que era da família real e que havia
sido um alto oficial do rei, foi a Mispá
com dez homens para se encontrar com
Gedalias, filho de Aicam e neto de Sa-
fã. Enquanto faziam uma refeição juntos,
2 Ismael e os dez homens se levantaram
de um salto, puxaram suas espadas e
mataram Gedalias, que o rei da Babilô-
nia havia nomeado governador. 3 Ismael
também matou todos os soldados judeus
e babilônios[b] que estavam com Gedalias
em Mispá.

4 No dia seguinte, antes que alguém
soubesse do assassinato de Gedalias,
5 oitenta homens chegaram de Siquém,
Siló e Samaria para adorar no templo do
Senhor. Tinham raspado a cabeça, rasga-
do as roupas e se cortado e traziam ofer-
tas de cereal e incenso. 6 Ismael, filho de
Netanias, saiu de Mispá e foi ao encon-
tro deles, chorando ao longo do caminho.
Quando os encontrou, disse: "Venham e
vejam o que aconteceu a Gedalias, filho
de Aicam".

7 Assim que todos entraram na cidade,
Ismael e os homens que o acompanha-
vam mataram setenta deles e jogaram os
corpos numa cisterna. 8 Os outros dez so-
breviveram, pois haviam convencido Is-
mael a soltá-los ao prometer lhes trazer
os suprimentos de trigo, cevada, azeite
e mel que haviam escondido. 9 A cister-
na em que Ismael jogou os corpos dos
homens que ele assassinou era a gran-
de cisterna[c] cavada pelo rei Asa, quando
ele fortificou a cidade para se defender de
Baasa, rei de Israel. Ismael, filho de Neta-
nias, a encheu de cadáveres.

10 Então Ismael prendeu as filhas do rei
e outras pessoas que Nebuzaradã, capitão
da guarda, havia deixado em Mispá aos
cuidados de Gedalias. Ismael partiu para
a terra de Amom levando os prisioneiros.

11 Quando Joanã, filho de Careá, e os ou-
tros comandantes que o acompanhavam
souberam dos crimes de Ismael, 12 reuni-
ram todos os seus soldados e partiram pa-
ra lutar contra ele. Eles o alcançaram no
grande açude perto de Gibeom. 13 O povo
que Ismael tinha capturado gritou de ale-
gria quando viu Joanã e os outros coman-
dantes. 14 Todos os prisioneiros de Mispá
escaparam e começaram a ajudar Joanã.
15 Enquanto isso, Ismael e oito dos ho-
mens que estavam com ele escaparam de
Joanã e foram para a terra de Amom.

16 Então Joanã, filho de Careá, e os outros
comandantes levaram todo o povo que ti-
nham resgatado em Gibeom: os soldados,
as mulheres, as crianças e os oficiais do
palácio[d] que Ismael havia capturado em
Mispá depois de matar Gedalias. 17 Foram
todos para o povoado de Gerute-Quimã,
perto de Belém, de onde planejavam fugir

[a] **41.1** Em hebraico, *No sétimo mês*, do antigo calendário lunar hebraico. Esse mês caiu entre outubro e novembro de 586 a.C.; ver também nota em 1.3.

[b] **41.3** Ou *caldeus*; também em 41.18.

[c] **41.9** Conforme a Septuaginta; o hebraico traz *assassinou porque Gedalias era aquele*.

[d] **41.16** Ou *eunucos*.

para o Egito. 18 Tinham medo daquilo que os babilônios fariam quando soubessem que Ismael havia assassinado Gedalias, o governador nomeado pelo rei da Babilônia.

ADVERTÊNCIA PARA PERMANECER EM JUDÁ

42 Então todos os comandantes dos grupos de soldados, incluindo Joanã, filho de Careá, e Jezanias,[a] filho de Hosaías, e todo o povo, desde o mais humilde até o mais importante, procuraram 2 o profeta Jeremias e disseram: "Ore por nós ao Senhor, seu Deus. Como pode ver, somos apenas um pequeno e humilde remanescente comparado ao que éramos antes. 3 Ore para que o Senhor, seu Deus, nos mostre o que devemos fazer e para onde devemos ir".

4 "Está bem", disse Jeremias. "Orarei ao Senhor, seu Deus, como vocês pediram, e lhes direi tudo que ele responder. Não esconderei nada de vocês."

5 Então disseram a Jeremias: "Que o Senhor, seu Deus, seja testemunha verdadeira e fiel contra nós se não obedecermos a tudo que ele nos ordenar! 6 Quer suas ordens nos agradem quer não, obedeceremos ao Senhor, nosso Deus, a quem o enviamos com nossa súplica. Pois, se obedecermos ao Senhor, nosso Deus, tudo irá bem para nós".

7 Dez dias depois, o Senhor enviou sua resposta a Jeremias. 8 Então o profeta chamou Joanã, filho de Careá, os outros comandantes e todo o povo, desde o mais humilde até o mais importante, 9 e disse-lhes: "Vocês me enviaram ao Senhor, o Deus de Israel, com seu pedido, e esta é a resposta: 10 'Se ficarem nesta terra, eu os edificarei, e não os derrubarei; eu os plantarei, e não os arrancarei. Pois lamento pela calamidade que trouxe sobre vocês. 11 Não precisam mais ter medo do rei da Babilônia', diz o Senhor. 'Pois eu estou com vocês; eu os salvarei e os livrarei das mãos dele. 12 Terei compaixão de vocês e farei que ele também tenha e permita que fiquem nesta terra.'

13 "Mas, se vocês se recusarem a obedecer ao Senhor, seu Deus, e se disserem: 'Não ficaremos nesta terra; 14 iremos para o Egito onde não há guerra, nem convocação para lutar, nem fome, e ali viveremos', 15 então ouçam a mensagem do Senhor para o remanescente de Judá. Assim diz o Senhor dos Exércitos, o Deus de Israel: 'Se vocês estão decididos a ir para o Egito e morar lá, 16 a guerra e a fome que tanto temem os alcançarão e ali vocês morrerão. 17 Isso é o que espera todos que insistirem em partir e morar no Egito. Sim, morrerão por guerra, fome e doença. Ninguém escapará da calamidade que trarei sobre vocês'.

18 "Assim diz o Senhor dos Exércitos, o Deus de Israel: 'Assim como derramei minha ira e minha fúria sobre os habitantes de Jerusalém, também as derramarei sobre vocês quando entrarem no Egito. Serão objeto de condenação, horror, maldição e zombaria. Nunca mais verão sua terra natal'.

19 "Ouça, ó remanescente de Judá. O Senhor lhes disse: 'Não vão para o Egito!'. Não se esqueçam dessa advertência que hoje lhes dei. 20 Pois vocês não foram honestos quando me enviaram para orar ao Senhor, seu Deus, por vocês. Disseram: 'Diga-nos tudo que o Senhor, nosso Deus, falar, e nós o faremos'. 21 Hoje lhes disse exatamente o que ele falou, mas vocês não obedecerão ao Senhor, seu Deus, como não lhe obedeceram no passado. 22 Estejam certos, portanto, de que morrerão por guerra, fome e doença no Egito, para onde insistem em ir".

JEREMIAS É LEVADO PARA O EGITO

43 Quando Jeremias acabou de transmitir a todo o povo a mensagem do Senhor, seu Deus, 2 Azarias, filho de Hosaías, e Joanã, filho de Careá, e todos os outros homens arrogantes disseram a Jeremias: "Você está mentindo! O Senhor, nosso Deus, não nos proibiu de ir morar no Egito! 3 Baruque, filho de Nerias, o convenceu a dizer isso, pois ele deseja que fiquemos aqui e sejamos mortos pelos babilônios[b] ou levados para o exílio".

[a] **42.1** A Septuaginta traz *Azarias*; comparar com 43.2.

[b] **43.3** Ou *caldeus*.

4 Joanã, os outros comandantes e todo o povo não obedeceram à ordem do Senhor para que ficassem em Judá. 5 Joanã e os outros comandantes levaram consigo todo o povo que tinha regressado das nações vizinhas para morar em Judá. 6 Havia na multidão homens, mulheres e crianças, as filhas do rei e todos que Nebuzaradã, o capitão da guarda, havia deixado com Gedalias, filho de Aicam e neto de Safã. Também levaram o profeta Jeremias e Baruque, filho de Nerias. 7 O povo não obedeceu ao Senhor e foi para o Egito, até a cidade de Tafnes.

8 Quando chegaram a Tafnes, o Senhor deu outra mensagem a Jeremias: 9 "Pegue algumas pedras grandes e, diante do povo de Judá, enterre-as debaixo das pedras do pavimento na entrada do palácio do faraó, aqui em Tafnes. 10 Então, diga ao povo: 'Assim diz o Senhor dos Exércitos, o Deus de Israel: Certamente trarei meu servo Nabucodonosor, rei da Babilônia, aqui para o Egito. Colocarei seu trono sobre estas pedras que escondi. Ele estenderá sobre elas sua tenda real. 11 E, quando ele vier, destruirá a terra do Egito. Trará morte aos destinados à morte, exílio aos destinados ao exílio e guerra aos destinados à guerra. 12 Incendiará os templos dos deuses egípcios; queimará os templos e levará os ídolos como despojo. Limpará a terra do Egito, como um pastor que tira os piolhos de seu manto, e sairá dali sem sofrer dano algum. 13 Quebrará as colunas no templo do sol,[a] no Egito, e queimará os templos dos deuses egípcios'".

JULGAMENTO POR CAUSA DA IDOLATRIA

44 Jeremias recebeu esta mensagem acerca dos judeus que viviam no norte do Egito, nas cidades de Migdol, Tafnes e Mênfis,[b] e também no sul do Egito:[c] 2 "Assim diz o Senhor dos Exércitos, o Deus de Israel: Vocês viram a calamidade que eu trouxe sobre Jerusalém e sobre todas as cidades de Judá. Hoje elas estão desertas e em ruínas, 3 porque provocaram minha ira com sua perversidade. Queimaram incenso e adoraram outros deuses que nem eles, nem vocês, nem seus antepassados jamais conheceram.

4 "Repetidamente, enviei meus servos, os profetas, para lhes dizer: 'Não façam essas coisas terríveis que eu tanto detesto!'. 5 Mas eles não deram ouvidos nem abandonaram sua perversidade, e continuaram a queimar incenso para esses deuses. 6 Por isso minha fúria transbordou e caiu como fogo sobre as cidades de Judá e as ruas de Jerusalém, que até hoje são ruínas desoladas.

7 "Agora, o Senhor dos Exércitos, o Deus de Israel, lhes pergunta: Por que destroem a si mesmos? Nenhum de vocês sobreviverá: nenhum homem, mulher, criança ou recém-nascido que veio de Judá. 8 Por que provocar minha ira queimando incenso para os ídolos que vocês fizeram aqui no Egito? Destruirão a si mesmos e se tornarão objeto de maldição e zombaria para todas as nações. 9 Acaso se esqueceram dos pecados de seus antepassados, dos pecados dos reis e das rainhas de Judá, e dos pecados que vocês e suas esposas cometeram em Judá e em Jerusalém? 10 Até hoje, não mostraram remorso nem temor. Ninguém escolheu obedecer à minha lei e aos decretos que dei a vocês e a seus antepassados.

11 "Portanto, assim diz o Senhor dos Exércitos, o Deus de Israel: Estou decidido a destruir cada um de vocês! 12 Tomarei o remanescente de Judá, aqueles que teimaram em vir para o Egito e morar aqui, e os consumirei. Cairão no Egito, mortos por guerra e fome. Todos morrerão, desde o mais humilde até o mais importante. Serão objeto de condenação, horror, maldição e zombaria. 13 Eu os castigarei no Egito como os castiguei em Jerusalém, com guerra, fome e doença. 14 Desse remanescente que fugiu para o Egito, na esperança de um dia voltar para Judá, ninguém sobreviverá. Embora anseiem voltar para sua terra, apenas uns poucos retornarão".

15 Então todas as mulheres que estavam presentes e todos os homens que sabiam que suas esposas haviam queimado

[a] **43.13** Ou *em Heliópolis*.
[b] **44.1a** Em hebraico, *Nofe*.
[c] **44.1b** Em hebraico, *em Patros*.

Jesus sabe a medida da exposição, ele é o seu amigo e ajudador, então confie em seus comandos.

incenso para ídolos, uma grande multidão de todos os judeus que viviam no norte e no sul do Egito,[a] responderam a Jeremias: 16 "Não ouviremos as mensagens que você transmite em nome do SENHOR! 17 Faremos o que bem entendermos. Queimaremos incenso e apresentaremos ofertas derramadas para a Rainha do Céu, como nós, nossos antepassados e nossos reis e oficiais sempre fizemos nas cidades de Judá e nas ruas de Jerusalém. Naqueles dias, havia alimento com fartura, éramos prósperos e não tínhamos problemas! 18 Mas desde que paramos de queimar incenso para a Rainha do Céu e deixamos de adorá-la com ofertas derramadas, temos enfrentado grandes aflições e morrido por guerra e fome".

19 "Além disso", acrescentaram as mulheres, "você imagina que queimávamos incenso, apresentávamos ofertas derramadas à Rainha do Céu e fazíamos bolos que retratavam sua imagem sem o conhecimento e a ajuda de nossos maridos?"

20 Então Jeremias disse a todos, tanto homens como mulheres, que lhe tinham dado essa resposta: 21 "Vocês pensam que o SENHOR não sabia que vocês, seus antepassados, seus reis e oficiais e todo o povo queimavam incenso a ídolos nas cidades de Judá e nas ruas de Jerusalém? 22 O SENHOR fez de sua terra objeto de maldição, ruína desolada e sem habitantes, como está hoje, porque não suportava mais suas práticas detestáveis. 23 Todas essas coisas terríveis aconteceram a vocês porque queimaram incenso a ídolos e pecaram contra o SENHOR. Não obedeceram à sua voz nem seguiram sua lei, seus decretos e seus preceitos!".

24 Então Jeremias disse a todos, inclusive às mulheres: "Ouçam esta mensagem do SENHOR, todos vocês judeus que agora vivem no Egito. 25 Assim diz o SENHOR dos Exércitos, o Deus de Israel: 'Vocês e suas esposas disseram: 'Cumpriremos nossa promessa de queimar incenso e apresentar ofertas derramadas à Rainha do Céu', e provaram com suas ações que estavam falando sério. Portanto, cumpram as promessas e votos que fizeram para ela'.

26 "Ouçam, porém, esta mensagem do SENHOR, todos vocês judeus que agora vivem no Egito: 'Jurei por meu grande nome', diz o SENHOR, 'que nenhum judeu na terra do Egito pronunciará meu nome. Nenhum de vocês invocará meu nome nem o usará para jurar: 'Tão certo como vive o SENHOR Soberano'. 27 Pois eu os vigiarei para trazer sobre vocês calamidade, e não bem. Os judeus que hoje vivem no Egito sofrerão guerra e fome até que estejam todos mortos. 28 Apenas uns poucos escaparão da morte e voltarão do Egito para Judá. Então todos que vieram para o Egito saberão quais palavras são verdadeiras: as minhas ou as deles!

29 "'E esta é a prova que lhes dou', diz o SENHOR, 'de que todas as minhas palavras se cumprirão e de que eu os castigarei aqui.' 30 Assim diz o SENHOR: 'Entregarei o faraó Hofra, rei do Egito, nas mãos de seus inimigos que desejam matá-lo, assim como entreguei Zedequias, rei de Judá, a Nabucodonosor, rei da Babilônia'".

MENSAGEM PARA BARUQUE

45 O profeta Jeremias transmitiu esta mensagem a Baruque, filho de Nerias, no quarto ano do reinado de Jeoaquim, filho de Josias,[b] depois que Baruque escreveu tudo que Jeremias havia ditado: 2 "Assim diz o SENHOR, o Deus de Israel, a você, Baruque: 3 Você disse: 'Estou cercado de aflições! Será que já não sofri o suficiente? E agora o SENHOR acrescentou ainda mais dor! Estou exausto de tanto gemer e não encontro descanso'.

4 "Baruque, assim diz o SENHOR: 'Destruirei esta nação que edifiquei; arrancarei o que plantei. 5 Você procura grandes coisas para si mesmo? Não faça isso! Trarei calamidade sobre todo este povo; a você, porém, darei sua vida como recompensa aonde quer que vá. Eu, o SENHOR, falei!'".

MENSAGENS PARA AS NAÇÕES

46 O profeta Jeremias recebeu do SENHOR estas mensagens acerca das nações.

[a] **44.15** Em hebraico, *no Egito, em Patros.*

[b] **45.1** Isto é, no ano 605 a.C.

MENSAGENS A RESPEITO DO EGITO

2 Esta mensagem acerca do Egito foi anunciada no quarto ano do reinado de Jeoaquim, filho de Josias, rei de Judá, quando o faraó Neco, rei do Egito, e seu exército foram derrotados junto ao rio Eufrates por Nabucodonosor, rei da Babilônia, na batalha de Carquemis.[a]

3 "Preparem seus escudos
e avancem para a batalha!
4 Selem os cavalos
e montem neles, cavaleiros!
Tomem suas posições
e coloquem os capacetes.
Afiem as lanças
e vistam as armaduras.
5 Mas o que vejo?
O exército egípcio foge, apavorado.
Seus guerreiros mais valentes
correm sem olhar para trás.
Estão cercados de terror",
diz o Senhor.
6 "Os mais velozes não conseguem fugir,
os mais fortes não podem escapar.
No norte, junto ao rio Eufrates,
tropeçam e caem.

7 "Quem é este que sobe como o
Nilo no tempo das cheias
e inunda toda a terra?
8 É o exército egípcio
que inunda toda a terra.
Conta vantagem de que a cobrirá
como uma enchente
e destruirá as cidades e seus habitantes.
9 Avancem, cavalos e carros de guerra,
ataquem, guerreiros valentes do Egito!
Venham todos vocês, aliados da
Etiópia, da Líbia e da Lídia,[b]
hábeis com o escudo e o arco.
10 Porque este é o dia do Soberano
Senhor dos Exércitos,
dia de vingar-se de seus inimigos.
A espada devorará até se fartar,
sim, até se embriagar com seu sangue.
O Soberano Senhor dos Exércitos
receberá hoje um sacrifício
na terra do norte, junto ao rio Eufrates.

[a] **46.2** Isto é, no ano 605 a.C.
[b] **46.9** Em hebraico, *de Cuxe, Pute e Lude*.

11 "Suba a Gileade para buscar remédio,
ó filha virgem do Egito!
Mas de nada adiantarão seus
muitos medicamentos,
pois não há cura para você.
12 As nações ouviram falar
de sua humilhação,
a terra está cheia de seus
gritos de desespero.
Seus guerreiros mais valentes
tropeçarão uns nos outros
e juntos cairão."

13 Então o Senhor deu ao profeta Jeremias
esta mensagem acerca dos planos de Nabucodonosor, rei da Babilônia, para atacar o Egito.

14 "Anunciem esta mensagem no Egito,
proclamem-na em Migdol,
Mênfis[c] e Tafnes!
Preparem-se para a batalha,
pois a espada devorará
todos ao seu redor.
15 Por que seus guerreiros caíram?
Não conseguem ficar em pé,
pois o Senhor os derrubou.
16 Tropeçam e caem uns sobre os outros
e dizem entre si:
'Venham, vamos voltar ao nosso povo,
à nossa terra natal;
vamos fugir da espada do inimigo!'.
17 Ali eles dirão:
'O faraó, o rei do Egito, só faz barulho;
perdeu sua oportunidade!'.

18 "Tão certo como eu vivo", diz o Rei,
cujo nome é Senhor dos Exércitos,
"vem contra o Egito alguém
alto como o monte Tabor,
como o monte Carmelo junto ao mar.
19 Arrume a bagagem!
Prepare-se para ir ao exílio,
povo do Egito!
A cidade de Mênfis será destruída,
e não restará um só habitante.
20 O Egito é formoso como
uma bela novilha,
mas uma grande mosca do
norte está a caminho.

[c] **46.14** Em hebraico, *Nofe*; também em 46.19.

[21] Os mercenários do Egito são
fortes como bezerros gordos,
mas eles também darão
meia-volta e fugirão,
pois este é um dia de grande
calamidade para o Egito,
o tempo de seu castigo.
[22] O Egito foge como uma serpente
que desliza para longe;
os exércitos invasores avançam e
vêm contra ele com machados,
como se fossem lenhadores.
[23] Cortarão seu povo como
árvores", diz o SENHOR,
"pois são mais numerosos
que gafanhotos.
[24] O Egito será humilhado;
será entregue ao povo do norte."

[25] Assim diz o SENHOR dos Exércitos, o
Deus de Israel: "Castigarei Amom, o deus
de Tebas,[a] e todos os outros deuses do Egi-
to. Castigarei seus governantes, o faraó e
todos que nele confiam. [26] Eu os entrega-
rei àqueles que desejam matá-los, a Na-
bucodonosor, rei da Babilônia, e a seu
exército. Depois disso, porém, a terra vol-
tará a ser habitada, como no passado. Eu,
o SENHOR, falei!

[27] "Mas não tenha medo,
meu servo Jacó;
não desanime, ó Israel.
Pois eu o trarei de volta de
terras distantes,
e seus descendentes
retornarão do exílio.
Israel[b] voltará a ter uma vida
de paz e sossego,
e ninguém o assustará.
[28] Não tenha medo, meu servo Jacó,
pois estou com você",
diz o SENHOR.
"Destruirei completamente
todas as nações
entre as quais o espalhei,
mas você não será
completamente destruído.
Eu o disciplinarei, mas com justiça;
não posso permitir que fique impune."

[a] **46.25** Em hebraico, *de Nô*.
[b] **46.27** Em hebraico, *Jacó*. Ver nota em 5.20.

MENSAGEM A RESPEITO DA FILÍSTIA

47 O SENHOR deu esta mensagem ao
profeta Jeremias acerca dos filis-
teus de Gaza, antes de ela ser derrotada
pelo exército egípcio. [2] Assim diz o SENHOR:

"Do norte se aproxima uma enchente
para inundar a terra.
Destruirá a terra e tudo que nela há,
tanto as cidades como seus habitantes.
O povo gritará de terror,
e todos na terra se lamentarão.
[3] Ouçam o ruído dos cascos de cavalos,
o barulho dos carros de guerra
e o estrondo de suas rodas.
Os pais fogem apavorados,
sem olhar para trás, para
seus filhos indefesos.

[4] "Chegou o dia de destruir os filisteus
e seus aliados de Tiro e de Sidom.
Sim, o SENHOR destruirá os filisteus,
o remanescente da ilha de Creta.[c]
[5] Gaza será humilhada, e sua
cabeça será raspada;
Ascalom ficará em silêncio.
E você, remanescente da
planície costeira,
até quando cortará a si mesmo
em sinal de lamento?

[6] "Ó espada do SENHOR,
quando descansará?
Volte para sua bainha;
repouse e aquiete-se.

[7] "Mas como pode se aquietar
se o SENHOR a enviou numa missão?
Deve destruir a cidade de Ascalom
e o povo que vive no litoral".

MENSAGEM A RESPEITO DE MOABE

48 Esta é a mensagem acerca de Moabe.
Assim diz o SENHOR dos Exércitos, o
Deus de Israel:

"Que aflição espera a cidade de Nebo;
logo ela estará em ruínas!

[c] **47.4** Em hebraico, *de Caftor*.

A cidade de Quiriataim será
humilhada e conquistada;
a fortaleza será envergonhada
e derrubada.
2 Ninguém mais se orgulhará
de Moabe,
pois em Hesbom tramam destruí-la.
Dizem: 'Venham, vamos acabar
com aquela nação!'.
A cidade de Madmém[a]
também será silenciada;
a espada a perseguirá.
3 Ouçam os gritos de Horonaim,
gritos de devastação e de
grande destruição.
4 Toda a terra de Moabe está destruída;
suas crianças gritarão aos prantos.
5 Seus refugiados não param de chorar
enquanto sobem a ladeira para Luíte.
Gritam de terror
no caminho que desce
para Horonaim.
6 Fujam para salvar a vida!
Escondam-se[b] no deserto!
7 Porque confiaram em sua
riqueza e habilidade,
serão capturados.
Seu deus, Camos, será levado
para terras distantes,
junto com seus sacerdotes e oficiais.

8 "Todas as cidades serão destruídas,
e ninguém escapará,
nem nos planaltos nem nos vales,
pois o Senhor falou.
9 Quem dera Moabe tivesse asas
para que pudesse voar para longe,[c]
pois suas cidades ficarão desertas,
sem nenhum habitante.
10 Maldito aquele que não cumprir
diligentemente o trabalho do Senhor,
que impedir sua espada de
derramar sangue!

11 "Desde o início de sua história,
Moabe viveu em paz;
nunca foi para o exílio.
É como o vinho deixado em repouso;
não foi passado de uma
vasilha para a outra
e agora está aromático e suave.
12 Mas está chegando o
dia", diz o Senhor,
"em que enviarei homens para
tirar o vinho da vasilha.
Eles o despejarão
e despedaçarão a vasilha.
13 Enfim Moabe terá vergonha
de seu deus, Camos,
como o povo de Israel se
envergonhou do bezerro
de ouro em Betel.[d]

14 "Você costumava dizer:
'Somos fortes,
guerreiros valentes'.
15 Agora, porém, Moabe e suas
cidades serão destruídas;
seus jovens mais promissores
morrerão",
diz o Rei, cujo nome é
Senhor dos Exércitos.
16 "A destruição de Moabe
vem depressa,
a calamidade se aproxima.
17 Vocês, amigos de Moabe,
lamentem por ela e chorem!
Vejam como o cajado forte
está quebrado,
como o cetro glorioso
está em pedaços!

18 "Desçam de sua glória e sentem-
-se no pó, habitantes de Dibom,
pois os destruidores de Moabe
também os arrasarão;
derrubarão todas as suas torres.
19 Fiquem à beira do
caminho e vigiem,
habitantes de Aroer.
Perguntem àqueles que
fogem de Moabe:
'O que aconteceu?'.

20 "A resposta será:
'Moabe está em ruínas, humilhada;
chorem e lamentem!

[a] **48.2** *Madmém* tem um som parecido com o do termo hebraico para "silêncio".
[b] **48.6** Ou *Escondam-se como um jumento selvagem*; ou *Escondam-se como um arbusto de zimbro*; ou *Sejam como [a cidade de] Aroer*. O significado do hebraico é incerto.
[c] **48.9** Ou *Ponham sal em Moabe, / pois ela será devastada*.
[d] **48.13** Em hebraico, *se envergonhou quando confiou em Betel*.

Anunciem nas margens
do rio Arnom:
Moabe foi destruída!'.
21 O julgamento chegou às
cidades do planalto:
a Holom, Jaza e Mefaate,
22 a Dibom, Nebo e Bete-Diblataim,
23 a Quiriataim, Bete-
Gamul e Bete-Meom,
24 a Queriote e Bozra e a todas
as cidades de Moabe,
distantes e próximas.

25 "A força de Moabe acabou;
seu braço foi quebrado",
diz o SENHOR.
26 "Que ela cambaleie e caia
como um bêbado,
pois se rebelou contra o SENHOR.
Moabe se revolverá no próprio vômito,
e todos zombarão dela.
27 Você não zombou dos israelitas?
Acaso foram encontrados na
companhia de ladrões
para que os desprezassem
dessa forma?

28 "Fujam de suas cidades e morem em
cavernas habitantes de Moabe.
Escondam-se como pombas
que fazem seus ninhos
nas fendas dos rochedos.
29 Todos nós ouvimos falar
do orgulho de Moabe,
pois seu orgulho é muito grande.
Sabemos de sua soberba,
sua arrogância e seu coração altivo.
30 Conheço sua insolência",
diz o SENHOR,
"mas sua arrogância é vazia,
tão vazia quanto seus atos.
31 Agora, chorarei por Moabe,
sim, gritarei de tristeza por Moabe;
lamentarei pelos homens
de Quir-Haresete.[a]

32 "Habitantes de Sibma,
cheia de videiras,
chorarei por vocês mais do
que chorei por Jazer.
Seus ramos se estendiam
até o mar Morto,[b]
mas o destruidor acabou com tudo;
colheu suas uvas e seus
frutos de verão.
33 Alegria e exultação desapareceram
da fértil Moabe;
os tanques de prensar deixaram
de produzir vinho.
Ninguém mais pisa as uvas
com gritos alegres;
há gritos, mas não de alegria.

34 "Seus gritos de terror são ouvidos des-
de Hesbom até Eleale e Jaaz; desde Zoar
até Horonaim e Eglate-Selisia. Agora, até
as águas de Ninrim secaram.
35 "Darei fim a Moabe", diz o SENHOR,
"pois o povo oferece sacrifícios nos san-
tuários idólatras e queima incenso a seus
falsos deuses. 36 Meu coração geme como
uma flauta por Moabe e por Quir-Haresete,
pois toda a sua riqueza se foi. 37 Seus ha-
bitantes raspam a cabeça e a barba, fazem
cortes nas mãos e vestem panos de saco.
38 Há choro e tristeza em todas as casas e
ruas de Moabe, pois eu a despedacei co-
mo um jarro velho que ninguém quer", diz
o SENHOR. 39 "Como se estilhaçou! Ouçam
o choro! Vejam a humilhação de Moabe!
Tornou-se objeto de zombaria, exemplo de
ruína para todos os seus vizinhos."
40 Assim diz o SENHOR:

"Veja, o inimigo desce
veloz, como águia,
e abre suas asas sobre Moabe!
41 Suas cidades cairão,
e suas fortalezas serão conquistadas.
Até os guerreiros mais valentes
ficarão em agonia,
como a mulher em trabalho de parto.
42 Moabe deixará de ser nação,
pois se exaltou diante do SENHOR.

43 "Terror, armadilhas e laços a esperam,
ó Moabe!", diz o SENHOR.
44 "Quem fugir do terror
cairá na armadilha,
quem escapar da armadilha
será apanhado no laço.

[a] **48.31** Em hebraico, *Quir-Heres*, variação de Quir-Haresete; também em 48.36.

[b] **48.32** Em hebraico, *o mar de Jazer*.

Não deixarei que ninguém escape,
pois a hora de seu castigo
chegou", diz o SENHOR.
45 "O povo foge até Hesbom,
mas não consegue seguir adiante,
pois de Hesbom, antiga
cidade do rei Seom,
vem fogo para devorar toda a terra
e seus rebeldes habitantes.

46 "Que aflição a espera, ó Moabe!
O povo do deus Camos será destruído!
Seus filhos e suas filhas foram
levados para o exílio.
47 No futuro, porém,
restaurarei a situação de Moabe.
Eu, o SENHOR, falei!"

Aqui termina a profecia de Jeremias contra Moabe.

MENSAGEM A RESPEITO DE AMOM

49 Esta é a mensagem acerca dos amonitas. Assim diz o SENHOR:

"Acaso não há descendentes de Israel
para herdar a terra de Gade?
Por que vocês, que adoram Moloque,[a]
habitam nas cidades de Gade?
2 Está chegando o dia", diz o SENHOR,
"em que farei soar o grito de guerra
contra a cidade de Rabá.
Ela se tornará um monte de ruínas,
e os povoados vizinhos
serão queimados.
Então Israel tomará de volta
as terras que vocês tiraram
dele", diz o SENHOR.

3 "Grite, ó Hesbom,
pois a cidade de Ai está destruída.
Chorem, ó habitantes de Rabá,
e vistam roupas de luto.
Lamentem e escondam-
-se entre os muros,
pois seu deus, Moloque, será
levado para terras distantes,
junto com seus sacerdotes
e oficiais.

4 Você se orgulha de seus vales férteis,
ó filha rebelde.
Confiou em suas riquezas
e pensou que ninguém
jamais lhe faria mal.
5 Mas eu trarei terror sobre você",
diz o Soberano, o SENHOR dos Exércitos.
"Seus vizinhos a expulsarão
de sua terra,
e ninguém ajudará seus
habitantes quando fugirem.
6 No futuro, porém,
restaurarei a situação dos amonitas.
Eu, o SENHOR, falei."

MENSAGEM A RESPEITO DE EDOM

7 Esta é a mensagem acerca de Edom. Assim diz o SENHOR dos Exércitos:

"Não há sabedoria em Temã?
Não resta ninguém para
dar bons conselhos?
Sua sabedoria desapareceu?
8 Deem meia-volta e fujam!
Escondam-se em cavernas profundas,
ó habitantes de Dedã!
Pois, quando eu trouxer
calamidade sobre Edom,[b]
castigarei vocês também.
9 Aqueles que colhem uvas
sempre deixam algumas
para os pobres.
Se ladrões viessem à noite,
não levariam tudo.
10 Mas eu despojarei completamente
a terra de Edom,
e não restará lugar algum
para se esconder.
Seus filhos, irmãos e vizinhos
serão todos destruídos,
e Edom deixará de existir.
11 Protegerei, contudo, os órfãos
que restarem em seu meio,
e as viúvas também podem
esperar minha ajuda".

12 Assim diz o SENHOR: "Se os inocentes
têm de sofrer, quanto mais vocês! Não fica-
rão impunes; também beberão deste cáli-
ce. 13 Pois jurei por meu próprio nome", diz

[a] **49.1** Em hebraico, *Malcã*, variação de Moloque; também em 49.3.

[b] **49.8** Em hebraico, *Esaú*; também em 49.10.

o SENHOR, "que Bozra se tornará objeto de
horror e um monte de ruínas; será motivo
de zombaria e maldição. Todas as suas cidades ficarão desoladas para sempre."

14 Ouvi uma mensagem do SENHOR,
que um embaixador foi enviado
às nações para dizer:
"Formem uma coalizão contra Edom
e preparem-se para a batalha!".

15 Assim diz o SENHOR a Edom:
"Eu a tornarei pequena
entre as nações;
será desprezada por todos.
16 Você foi iludida pelo
medo que provoca
e por seu orgulho.
Vive numa fortaleza de pedra
e controla os altos dos montes.
Mas ainda que faça seu ninho
nas alturas com as águias,
eu a derrubarei",
diz o SENHOR.

17 "Edom será objeto de horror;
todos que passarem por
ela ficarão pasmos
e abrirão a boca de espanto
quando virem suas ruínas.
18 Será como a destruição de
Sodoma e Gomorra
e de suas cidades vizinhas",
diz o SENHOR.
"Ninguém viverá ali,
ninguém habitará nela.
19 Virei como um leão da
mata do Jordão
que ataca as ovelhas no pasto.
Expulsarei Edom de sua terra
e ali colocarei o líder que eu escolher.
Pois quem é semelhante a mim
e quem pode me desafiar?
Que governante pode se opor
à minha vontade?"

20 Ouçam o que o SENHOR
planejou contra Edom
e contra os habitantes de Temã.
Até as crianças serão arrastadas
como ovelhas,
e suas casas, destruídas.
21 A terra tremerá com o estrondo
da queda de Edom,
e até do mar Vermelho[a] se
ouvirá seu clamor.
22 Veja, o inimigo desce
veloz, como águia,
e abre suas asas sobre Bozra!
Até os guerreiros mais valentes
ficarão em agonia,
como a mulher em trabalho de parto.

MENSAGEM A RESPEITO DE DAMASCO

23 Esta é a mensagem acerca de Damasco:

"O medo tomou conta das cidades
de Hamate e Arpade,
pois ouviram a notícia de
sua destruição.
Seu coração está agitado,
como o mar numa tempestade.
24 Damasco se enfraqueceu,
e todos os seus habitantes
se preparam para fugir.
Medo, angústia e dor se
apoderam dela,
como da mulher em trabalho de parto.
25 A cidade famosa, antes tão alegre,
será abandonada.
26 Seus jovens cairão nas ruas,
todos os seus soldados serão mortos",
diz o SENHOR dos Exércitos.
27 "Acenderei fogo nos
muros de Damasco,
e ele queimará os palácios
de Ben-Hadade."

MENSAGEM A RESPEITO DE QUEDAR E DE HAZOR

28 Esta é a mensagem acerca de Quedar e
dos reinos de Hazor, que Nabucodonosor,
rei da Babilônia, atacou. Assim diz o SENHOR:

"Avancem contra Quedar!
Destruam o povo do Oriente!
29 Tomarão seus rebanhos e tendas
e levarão seus bens e camelos.
Por toda parte se ouvirão
gritos de pânico:
'Estamos cercados de terror!'.

[a] **49.21** Em hebraico, *mar de juncos*.

[30] Corram para salvar a
vida", diz o Senhor.
"Escondam-se em cavernas
profundas, habitantes de Hazor,
pois Nabucodonosor, rei da Babilônia,
está se preparando para destruí-los.

[31] "Subam e ataquem essa nação
confiante", diz o Senhor.
"Seu povo vive sozinho no deserto;
não tem muros nem portões.
[32] Vocês tomarão como
despojo os camelos
e todos os outros animais deles.
Espalharei ao vento essa gente
que vive em lugares distantes.[a]
Trarei calamidade sobre eles
de todos os lados", diz o Senhor.
[33] "Hazor se tornará morada
de chacais
e ficará desolada para sempre.
Ninguém viverá ali,
ninguém habitará nela."

MENSAGEM A RESPEITO DE ELÃO

[34] O profeta Jeremias recebeu esta mensa-
gem do Senhor acerca de Elão no início do
reinado de Zedequias, rei de Judá. [35] As-
sim diz o Senhor dos Exércitos:

"Destruirei os arqueiros de Elão,
os melhores soldados de
seus exércitos.
[36] Trarei inimigos de todos os lados
e espalharei os habitantes de
Elão aos quatro ventos;
serão exilados em nações
do mundo inteiro.
[37] Irei com os inimigos de Elão
para despedaçá-la;
em minha ira ardente,
trarei calamidade
sobre os elamitas", diz o Senhor.
"Seus inimigos os perseguirão
com a espada
até que os tenham
destruído completamente.
[38] Colocarei meu trono em
Elão", diz o Senhor,
"e destruirei seu rei e seus oficiais.
[39] No futuro, porém,
restaurarei a situação de Elão.
Eu, o Senhor, falei!"

MENSAGEM A RESPEITO DA BABILÔNIA

50 O Senhor deu ao profeta Jeremias
esta mensagem acerca da Babilô-
nia e da terra dos babilônios:[b]

[2] "Anunciem a todo o mundo,
não escondam nada.
Levantem uma bandeira
para proclamar a todos que
a Babilônia cairá.
Suas imagens e seus ídolos[c]
serão despedaçados;
seus deuses, Bel e Merodaque,
sofrerão completa humilhação.
[3] Porque do norte uma nação virá
e trará tamanha destruição
que ninguém voltará a habitar ali.
Tudo desaparecerá;
tanto pessoas como
animais fugirão."

ESPERANÇA PARA ISRAEL E JUDÁ

[4] "Naqueles dias e naquele tempo",
diz o Senhor,
"o povo de Israel voltará
com o povo de Judá.
Virão chorando
e buscando o Senhor, seu Deus.
[5] Perguntarão pelo caminho
para Sião
e voltarão para casa.
Eles se apegarão ao Senhor
numa aliança permanente que
jamais será esquecida.

[6] "Meu povo tem sido como
ovelhas perdidas;
seus pastores as fizeram
desviar do caminho
e as soltaram nos montes.
Elas perderam o rumo
e não lembram como
voltar para o curral.

[a] **49.32** Ou *que corta os cantos do cabelo.*

[b] **50.1** Ou *caldeus*; também em 50.8,25,35,45.
[c] **50.2** É provável que o termo hebraico (lit., *coisas redondas*) se refira a esterco.

[7] Todos que as encontraram
as devoraram.
Seus inimigos disseram:
'Não fizemos nada de errado
ao atacá-las,
pois pecaram contra o Senhor,
seu verdadeiro lugar de descanso,
a esperança de seus antepassados'.

[8] "Agora, porém, fujam da Babilônia!
Saiam da terra dos babilônios!
Como bodes que vão adiante
do rebanho,
guiem meu povo de volta para casa.
[9] Pois estou levantando um exército
de grandes nações do norte.
Unirão forças para atacar a Babilônia
e a conquistarão.
As flechas do inimigo serão certeiras;
irão direto para o alvo!
[10] A Babilônia[a] será saqueada
até que os saqueadores estejam
cheios de despojos.
Eu, o Senhor, falei!"

A BABILÔNIA CAIRÁ

[11] "Vocês se alegram e exultam,
vocês que saquearam a nação
que me pertence.
Saltam como bezerros na campina
e relincham como garanhões.
[12] Mas sua terra natal[b] será coberta
de vergonha e desonra.
Vocês se tornarão a menor
das nações,
um deserto, uma terra
seca e desolada.
[13] Por causa da fúria do Senhor,
a Babilônia ficará vazia;
ninguém viverá nela.
Todos que passarem por
lá ficarão pasmos
e abrirão a boca de espanto
quando virem suas ruínas.

[14] "Todas vocês, nações vizinhas,
preparem-se para atacar a Babilônia.
Que seus arqueiros atirem contra
ela e não poupem flechas,
pois ela pecou contra o Senhor.

[a] **50.10** Ou *Caldeia*.
[b] **50.12** Em hebraico, *sua mãe*.

[15] De todos os lados, deem gritos
de guerra contra ela.
Vejam, está se rendendo!
Seus muros caíram!
É a vingança do Senhor,
portanto vinguem-se dela;
façam a ela o mesmo que
ela fez a outros!
[16] Eliminem da Babilônia todos
que plantam lavouras
e mandem embora todos
que colhem.
Por causa da espada do inimigo,
todos fugirão para sua própria terra."

ESPERANÇA PARA O POVO DE DEUS

[17] "Os israelitas são como ovelhas
dispersadas por leões.
Primeiro o rei da Assíria os devorou,
depois Nabucodonosor, rei da
Babilônia, quebrou seus ossos."
[18] Portanto, assim diz o
Senhor dos Exércitos,
o Deus de Israel:
"Castigarei o rei da Babilônia
e sua terra,
assim como castiguei o rei da Assíria.
[19] Trarei Israel de volta para
sua própria terra,
para pastar nos campos no
Carmelo e em Basã
e para saciar-se novamente
na região montanhosa de
Efraim e em Gileade.
[20] Naqueles dias", diz o Senhor,
"não se encontrará pecado algum
em Israel nem em Judá,
pois perdoarei o remanescente
que eu preservar."

JULGAMENTO DIVINO SOBRE A BABILÔNIA

[21] "Subam, guerreiros, contra
a terra de Merataim
e contra os habitantes de Pecode!
Persigam-nos, matem-nos e
destruam-nos completamente,
como lhes ordenei", diz o Senhor.
[22] "Façam ouvir na terra o
grito de guerra,
o estrondo de grande destruição.

23 A Babilônia, o martelo
de toda a terra,
está quebrada e despedaçada;
está desolada entre as nações.
24 Preparei uma armadilha
para você, Babilônia;
foi surpreendida e apanhada,
pois lutou contra o SENHOR.
25 O SENHOR abriu seu arsenal
e trouxe para fora as
armas de sua fúria.
Sim, o Soberano SENHOR dos Exércitos,
agirá na terra dos babilônios.
26 Venham contra ela
de terras distantes,
arrombem seus celeiros,
transformem seus muros e casas
em montes de escombros.
Destruam-na completamente,
não deixem sobrar coisa alguma.
27 Ataquem todos os seus
jovens guerreiros
e acabem com eles.
Que aflição os espera,
pois chegou o dia do
castigo da Babilônia!
28 Escutem o povo que
escapou da Babilônia
contar em Sião
como o SENHOR, nosso Deus,
se vingou dos que destruíram
seu templo.

29 "Convoquem os arqueiros
para virem à Babilônia,
cerquem a cidade para que
ninguém escape.
Façam a ela o mesmo que
ela fez a outros,
pois desafiou o SENHOR,
o Santo de Israel.
30 Seus jovens cairão nas ruas,
todos os seus soldados serão mortos",
diz o SENHOR.
31 "Veja, sou seu inimigo,
povo arrogante",
diz o Soberano SENHOR dos Exércitos.
"O dia do acerto de contas chegou,
o dia em que eu o castigarei.
32 Ó povo insolente, você
tropeçará e cairá,
e ninguém o levantará.
Pois acendi um fogo nas
cidades da Babilônia
que queimará tudo
ao seu redor."

33 Assim diz o SENHOR dos Exércitos:
"O povo de Israel e o povo de
Judá foram oprimidos;
seus captores os prenderam
e não querem soltá-los.
34 Mas seu Redentor é forte;
seu nome é SENHOR dos Exércitos.
Ele os defenderá
e voltará a lhes dar
descanso em Israel.
Mas para o povo da Babilônia
não haverá descanso!

35 "A espada de guerra virá
sobre os babilônios",
diz o SENHOR.
"Virá sobre o povo da Babilônia,
sobre seus oficiais e seus sábios.
36 A espada virá sobre seus
falsos profetas,
e eles se tornarão tolos.
Virá sobre seus guerreiros valentes,
e eles se apavorarão.
37 A espada virá sobre cavalos
e carros de guerra
e sobre os estrangeiros
que ali habitam,
e eles se tornarão como mulheres.
Virá sobre seus tesouros,
e todos eles serão saqueados.
38 A seca[a] virá até mesmo sobre
suas fontes de água,
e elas secarão.
Por que tudo isso acontecerá?
Porque toda a terra se
encheu de ídolos,
e o povo está enlouquecido
por eles.

39 "Em breve a Babilônia servirá
de morada para animais
do deserto e hienas;
corujas farão ali seus ninhos.
Jamais voltará a ser habitada,
ficará desolada para sempre.

[a] **50.38** Ou *espada*; os termos hebraicos para "espada" e "seca" são similares.

Ser verdadeira e transparente é um lugar seguro. Seja de verdade!

[40] Eu a destruirei como destruí[a]
Sodoma e Gomorra
e as cidades vizinhas",
diz o Senhor.
"Ninguém viverá ali,
ninguém habitará nela.

[41] "Vejam, um grande exército
vem do norte!
Uma grande nação e muitos
reis se levantam,
de terras distantes, contra vocês.
[42] Estão armados com arcos e lanças,
são cruéis e não têm compaixão.
Quando avançam montados
em cavalos,
o barulho é como o
rugido do mar.
Vêm em formação de batalha
com o intuito de destruí-
-la, Babilônia.
[43] O rei da Babilônia ouviu
relatos sobre o inimigo,
e suas mãos tremem de medo.
Pontadas de angústia
tomam conta dele,
como as dores da mulher
em trabalho de parto.

[44] "Virei como um leão da
mata do Jordão
que ataca as ovelhas no pasto.
Expulsarei a Babilônia de sua terra
e ali colocarei o líder
que eu escolher.
Pois quem é semelhante a mim
e quem pode me desafiar?
Que governante pode se opor
à minha vontade?"

[45] Ouçam o que o Senhor planejou
contra a Babilônia
e contra a terra dos babilônios.
Até as crianças serão arrastadas
como ovelhas,
e suas casas, destruídas.
[46] A terra tremerá com a
queda da Babilônia,
e por todo o mundo se ouvirá
seu grito de desespero.

[a] **50.40** Em hebraico, *como Deus destruiu.*

51

Assim diz o Senhor:
"Levantarei um vento
destruidor contra a Babilônia
e os habitantes daquela terra.[b]
[2] Estrangeiros virão para peneirá-la
e soprá-la para longe, como palha.
Virão de todos os lados
para atacá-la no dia da calamidade.
[3] Não deem tempo para os arqueiros
vestirem suas couraças,
nem armarem seus arcos.
Não poupem nem mesmo seus
melhores soldados;
destruam seu exército completamente.
[4] Cairão mortos na terra dos babilônios,[c]
feridos em suas ruas.
[5] Pois o Senhor dos Exércitos
não abandonou Israel nem Judá.
Ele ainda é seu Deus,
embora a terra em que vivem
esteja cheia de pecado
contra o Santo de Israel".

[6] Fujam da Babilônia! Salvem-se!
Não sejam castigados com ela!
Chegou o tempo da vingança do Senhor;
ele dará à Babilônia o
castigo merecido.
[7] A Babilônia foi como uma taça
de ouro nas mãos do Senhor,
uma taça que embriagou
o mundo inteiro.
As nações beberam do vinho da
Babilônia e enlouqueceram.
[8] Mas, de repente, a Babilônia
também caiu;
chorem por ela,
deem-lhe remédio,
talvez ela ainda possa ser curada.
[9] Tentamos ajudar a Babilônia,
mas já era tarde demais.
Deixem-na,
voltem para sua própria terra.
Pois o castigo dela chega até os céus;
é tão grande que não pode ser medido.
[10] O Senhor nos fez justiça;
venham, vamos anunciar em Sião
tudo que o Senhor, nosso
Deus, tem feito.

[b] **51.1** Em hebraico, *de Lebe-Camai*, codinome para Babilônia.
[c] **51.4** Ou *caldeus*; também em 51.54.

[11] Afiem as flechas!
Levantem os escudos![a]
Pois o Senhor incitou os reis da Média
a marcharem contra a
Babilônia e a destruírem.
Essa é sua vingança contra aqueles
que profanaram seu templo.
[12] Levantem a bandeira de guerra
contra a Babilônia,
reforcem a guarda
e coloquem vigias.
Preparem uma emboscada,
pois o Senhor realizará tudo que
planejou contra seus moradores.
[13] Você fica junto a um grande rio
e está repleta de tesouros.
Mas seu fim chegou;
o fio de sua vida foi cortado.
[14] O Senhor dos Exércitos jurou
por seu próprio nome:
"Suas cidades se encherão
de inimigos,
como campos cobertos de gafanhotos,
e eles darão gritos de vitória".

CÂNTICO DE LOUVOR AO SENHOR

[15] O Senhor fez a terra
com seu poder
e a estabeleceu com sua sabedoria.
Com seu entendimento,
estendeu os céus.
[16] Quando fala no meio do trovão,
as chuvas rugem nos céus.
Eleva as nuvens acima da terra,
envia relâmpagos com a chuva
e ordena que o vento saia
de seus depósitos.

[17] Todo ser humano é tolo e
não tem conhecimento!
Os artesãos são envergonhados
pelos ídolos que fazem,
pois as imagens que esculpiram
são uma fraude;
não têm fôlego nem poder.
[18] Os ídolos são inúteis, são
mentiras ridículas;
no dia do acerto de contas,
serão todos destruídos.
[19] Mas o Deus de Israel[b] não
é como esses ídolos;
ele é o Criador de todas as coisas,
incluindo Israel, a nação
que lhe pertence.
Seu nome é Senhor dos Exércitos!

O GRANDE CASTIGO DA BABILÔNIA

[20] "Você[c] é meu martelo e
minha espada",
diz o Senhor.
"Com você despedaçarei nações
e destruirei muitos reinos.
[21] Com você destruirei o
cavalo, o cavaleiro,
o carro de guerra e o condutor.
[22] Com você despedaçarei
homens e mulheres,
velhos e crianças,
rapazes e moças.
[23] Com você despedaçarei
pastores e rebanhos,
lavradores e bois,
capitães e oficiais.

[24] "Retribuirei à Babilônia
e aos habitantes daquela terra[d]
por todo o mal que fizeram ao meu
povo em Sião", diz o Senhor.

[25] "Veja, ó montanha poderosa,
destruidora da terra!
Sou seu inimigo", diz o Senhor.
"Levantarei minha mão contra você,
e a derrubarei das alturas.
Quando eu terminar,
você não passará de um monte
de escombros queimados.
[26] Nem mesmo suas pedras
serão reaproveitadas
para outras construções.
Ficará completamente arruinada",
diz o Senhor.

[27] Levantem uma bandeira
para as nações!
Façam soar o toque de guerra!

[a] **51.11** A Septuaginta traz *Encham as aljavas*.

[b] **51.19** Em hebraico, *a Porção de Jacó*. Ver nota em 5.20.
[c] **51.20** Possivelmente Ciro, que Deus usou para conquistar a Babilônia. Comparar com Is 44.28; 45.1.
[d] **51.24** Ou *da Caldeia*; também em 51.35b.

Mobilizem-nas contra a Babilônia,
convoquem os exércitos de
Ararate, Mini e Asquenaz.
Nomeiem um comandante e
tragam muitos cavalos,
como um enxame de gafanhotos.
28 Reúnam contra ela os
exércitos das nações
comandados pelos reis da Média
e todos os seus capitães e oficiais.

29 A terra estremece e se contorce de dor,
pois todos os planos do
SENHOR contra a Babilônia
permanecem inalterados;
a Babilônia ficará desolada,
sem um só habitante.
30 Seus guerreiros valentes
pararam de lutar
e permanecem em seus quartéis,
sem coragem alguma;
tornaram-se como mulheres.
Os invasores queimaram as casas
e quebraram os portões da cidade.
31 Mensageiros correm apressados
para contar ao rei
que sua cidade foi conquistada.
32 Todas as rotas de fuga estão fechadas;
os juncos dos pântanos
foram incendiados,
e o exército está em pânico.

33 Assim diz o SENHOR dos Exércitos,
o Deus de Israel:
"A Babilônia é como o trigo na eira,
prestes a ser pisado.
Em breve,
começará sua colheita".

34 "Nabucodonosor, rei da Babilônia,
nos devorou, nos esmagou
e nos deixou sem forças.
Ele nos engoliu como um monstro;
encheu o estômago com
nossas riquezas
e nos vomitou de nossa terra.
35 Que a Babilônia sofra da mesma
forma que nos fez sofrer",
diz o povo de Sião.
"Que seus habitantes paguem por
terem derramado nosso sangue",
diz Jerusalém.

A VINGANÇA DO SENHOR CONTRA A BABILÔNIA

36 Assim diz o SENHOR a Jerusalém:

"Defenderei sua causa
e os vingarei.
Secarei o rio da Babilônia,
e também suas fontes,
37 e ela se tornará um monte de ruínas,
morada de chacais.
Será objeto de horror e desprezo,
um lugar onde ninguém vive.
38 Seus habitantes rugirão
juntos, como leões fortes;
rosnarão como leõezinhos.
39 E, enquanto estiverem
inflamados de tanto beber,
prepararei para eles outro
tipo de banquete.
Eu os farei beber até que caiam no sono,
e nunca mais acordarão", diz o SENHOR.
40 "Eu os levarei como cordeiros
para o matadouro,
como carneiros e bodes.

41 "Como caiu a Babilônia,[a]
a grande Babilônia, admirada
em toda a terra!
Tornou-se objeto de horror
entre as nações.
42 O mar se levantou sobre a Babilônia;
está coberta de ondas violentas.
43 Suas cidades estão em ruínas;
é uma terra seca e deserta,
onde ninguém vive e por
onde ninguém passa.
44 Castigarei Bel, o deus dos babilônios,
e o farei vomitar tudo que engoliu.
As nações não virão mais para adorá-lo;
o muro da Babilônia caiu!"

UMA MENSAGEM PARA OS EXILADOS

45 "Saia da Babilônia, meu povo!
Salvem-se da ira ardente do SENHOR!
46 Mas não entrem em pânico;
não tenham medo quando
ouvirem os primeiros rumores,
pois continuarão a chegar
rumores ano após ano.

[a] **51.41** Em hebraico, *Sesaque*, codinome para Babilônia.

Haverá violência na terra,
e governantes lutarão uns
contra os outros.
47 Pois certamente está chegando o dia
em que castigarei a Babilônia
e todos os seus ídolos.
Toda a sua terra será envergonhada,
e seus mortos ficarão
espalhados pelas ruas.
48 Então os céus e a terra se alegrarão,
porque do norte virão
exércitos destruidores
contra a Babilônia", diz o Senhor.
49 "Assim como a Babilônia
matou o povo de Israel
e outros povos de todo o mundo,
também seu povo será morto.
50 Saiam, todos vocês que
escaparam da espada!
Não fiquem parados, fujam
enquanto podem!
Embora estejam numa terra distante,
lembrem-se do Senhor
e pensem em seu lar em Jerusalém."

51 "Estamos envergonhados",
diz o povo.
"Fomos insultados e humilhados,
pois estrangeiros
profanaram o templo do Senhor."

52 "Sim", diz o Senhor, "mas
está chegando o dia
em que eu destruirei os
ídolos da Babilônia.
Por toda a terra se ouvirão
os gemidos de seu povo ferido.
53 Ainda que a Babilônia
chegue até os céus
e construa fortalezas poderosas,
enviarei inimigos para destruí-la.
Eu, o Senhor, falei!"

A DESTRUIÇÃO TOTAL DA BABILÔNIA

54 "Ouçam os gritos que
vêm da Babilônia,
o som de grande destruição
daquela terra!
55 Pois o Senhor está destruindo
a Babilônia;
ele calará sua voz estrondosa.
Ondas de inimigos a atingem
com violência;
pela cidade ressoam
ruídos da batalha.
56 Exércitos destruidores vêm
contra a Babilônia;
seus homens valentes são capturados,
seus arcos se quebram em suas mãos.
Pois o Senhor é Deus que
dá o justo castigo;
sempre retribui em plena medida.
57 Deixarei embriagados seus
líderes e seus sábios,
bem como seus capitães,
oficiais e guerreiros.
Eles cairão no sono
e nunca mais acordarão!",
diz o Rei, cujo nome é
Senhor dos Exércitos.

58 Assim diz o Senhor dos Exércitos:
"Os largos muros da Babilônia
serão arrasados,
e seus grandes portões, queimados.
Construtores de muitas nações
trabalharam em vão,
pois sua obra será destruída
pelo fogo".

A MENSAGEM DE JEREMIAS É ENVIADA PARA A BABILÔNIA

59 O profeta Jeremias transmitiu esta men-
sagem a Seraías, filho de Nerias e neto de
Maaseias, chefe dos assessores do rei,
quando Seraías foi à Babilônia com Ze-
dequias, rei de Judá. Isso aconteceu no
quarto ano do reinado de Zedequias.[a] 60 Je-
remias havia registrado num rolo todas as
calamidades que viriam em breve sobre a
Babilônia, todas as palavras escritas aqui.
61 Jeremias disse a Seraías: "Quando chegar
à Babilônia, leia em voz alta tudo que está
neste rolo. 62 Depois, diga: 'Senhor, tu dis-
seste que destruirás a Babilônia, de modo
que não restarão aqui nem pessoas nem
animais. Ela ficará desolada para sempre'.
63 Quando tiver terminado de ler o rolo,
amarre-o a uma pedra e jogue-o no rio
Eufrates. 64 Em seguida, diga: 'Da mesma
forma, a Babilônia e seu povo afundarão

[a] **51.59** Isto é, no ano 593 a.C.

e nunca mais se levantarão por causa das calamidades que trarei sobre ela'".

Aqui terminam as mensagens de Jeremias.

A QUEDA DE JERUSALÉM

52 Zedequias tinha 21 anos quando começou a reinar, e reinou em Jerusalém por onze anos. Sua mãe se chamava Hamutal e era filha de Jeremias, de Libna. 2 Fez o que era mau aos olhos do SENHOR, como Jeoaquim antes dele. 3 Estas coisas aconteceram por causa da ira do SENHOR contra o povo de Jerusalém e de Judá. Por fim, ele os expulsou de sua presença.

Zedequias se rebelou contra o rei da Babilônia. 4 Assim, em 15 de janeiro,[a] durante o nono ano de reinado de Zedequias, Nabucodonosor, rei de Babilônia, e todo o seu exército cercaram Jerusalém e construíram rampas de ataque contra os muros. 5 Jerusalém permaneceu cercada até o décimo primeiro ano do reinado de Zedequias.

6 Em 18 de julho, no décimo primeiro ano do reinado de Zedequias,[b] a fome na cidade tinha se tornado tão severa que não havia mais nenhum alimento. 7 Assim, abriram uma brecha no muro da cidade, e todos os soldados fugiram. Como a cidade estava cercada pelos babilônios,[c] os soldados esperaram até o anoitecer. Então, passaram pelo portão entre os dois muros atrás do jardim do rei e fugiram em direção ao vale do Jordão.[d]

8 Contudo, o exército babilônio perseguiu o rei Zedequias e o alcançou nas planícies de Jericó, pois todos os seus soldados o haviam abandonado e se dispersado. 9 Capturaram Zedequias e o levaram ao rei da Babilônia, em Ribla, na terra de Hamate. Ali o rei da Babilônia sentenciou Zedequias. 10 Obrigou Zedequias a vê-lo matar seus filhos e todos os oficiais de Judá. 11 Depois, arrancou seus olhos, o prendeu com correntes de bronze e o levou para a Babilônia. Zedequias permaneceu preso até o dia de sua morte.

O TEMPLO É DESTRUÍDO

12 Em 17 de agosto daquele ano,[e] o décimo nono ano do reinado de Nabucodonosor, Nebuzaradã, capitão da guarda e oficial do rei babilônio, chegou a Jerusalém. 13 Queimou o templo do SENHOR, o palácio real e todas as casas de Jerusalém. Queimou também todos os edifícios importantes da cidade. 14 Depois, supervisionou o exército babilônio[f] na demolição de todos os muros de Jerusalém. 15 Em seguida, Nebuzaradã, capitão da guarda, deportou alguns dos mais pobres, o povo que havia ficado na cidade, os desertores de Judá que se entregaram ao rei da Babilônia e o restante dos artesãos. 16 Permitiu, no entanto, que alguns dos mais pobres ficassem para cuidar dos vinhedos e dos campos.

17 Os babilônios despedaçaram as colunas de bronze na frente do templo do SENHOR, as bases móveis de bronze e o grande tanque de bronze chamado Mar, e levaram todo o bronze para a Babilônia. 18 Também levaram os baldes para cinzas, as pás, os cortadores de pavios, as bacias, as vasilhas e todos os outros utensílios de bronze usados para o serviço no templo. 19 O capitão da guarda também levou os baldes pequenos, os incensários, as bacias, as panelas, os candeeiros, as colheres, as vasilhas usadas para as ofertas derramadas e todos os outros utensílios de ouro puro ou de prata.

20 Era impossível calcular o peso do bronze das duas colunas, do Mar com os doze touros de bronze debaixo dele e das bases móveis. Esses objetos tinham sido feitos para o templo do SENHOR por ordem do rei Salomão. 21 Cada coluna media 8,3 metros de altura e tinha 5,5 metros de circunferência.[g] Era oca, e suas paredes tinham cerca de 8 centímetros de espessura.[h] 22 O capitel de bronze no alto de cada coluna media

[a] **52.4** Em hebraico, *no décimo dia do décimo mês*, do antigo calendário lunar hebraico. O ano foi 588 a.C.; ver também nota em 1.3.

[b] **52.6** Em hebraico, *No nono dia do quarto mês* [do décimo primeiro ano do reinado de Zedequias]. O ano foi 586 a.C.; ver também nota em 1.3.

[c] **52.7a** Ou *caldeus*; também em 52.8,17.

[d] **52.7b** Em hebraico, *à Arabá*.

[e] **52.12** Em hebraico, *No décimo dia do quinto mês*, do antigo calendário lunar hebraico. O ano foi 586 a.C.; ver também nota em 1.3.

[f] **52.14** Ou *caldeu*.

[g] **52.21a** Em hebraico, *18 côvados de altura e 12 côvados de circunferência*.

[h] **52.21b** Em hebraico, *4 dedos de espessura*.

cerca de 2,25 metros[a] de altura e era enfei-
tado ao redor com correntes entrelaçadas
de romãs feitas de bronze. 23 Havia 96 ro-
mãs nos lados, e nas correntes entrelaçadas
ao redor do topo havia, ao todo, cem romãs.
24 Nebuzaradã, capitão da guarda, levou
como prisioneiros o sumo sacerdote Se-
raías, o sacerdote auxiliar Sofonias e três
dos principais guardas das portas. 25 Den-
tre o povo que ainda estava escondido na
cidade, levou um oficial responsável pelo
exército, sete dos conselheiros pessoais do
rei, o secretário do comandante do exér-
cito, que era encarregado do alistamento,
e outros sessenta homens do povo. 26 Ne-
buzaradã, capitão da guarda, levou-os ao
rei da Babilônia, em Ribla. 27 E ali em Ri-
bla, na terra de Hamate, o rei da Babilô-
nia mandou executá-los. Assim, o povo de
Judá foi enviado para o exílio, para longe
de sua terra.
28 No sétimo ano do reinado de Nabuco-
donosor,[b] 3.023 judeus foram levados para
o exílio na Babilônia. 29 No décimo oitavo
ano de Nabucodonosor,[c] mais 832 pessoas
foram exiladas de Jerusalém. 30 No vigé-
simo terceiro ano de Nabucodonosor,[d]
ele enviou Nebuzaradã, capitão da guar-
da, que levou mais 745 judeus. Ao todo,
4.600 pessoas foram exiladas.

ESPERANÇA PARA A DINASTIA DE ISRAEL

31 No trigésimo sétimo ano do exílio de Joa-
quim, rei de Judá, Evil-Merodaque começou
a reinar na Babilônia. Foi bondoso com[e]
Joaquim e o libertou da prisão em 31 de
março daquele ano.[f] 32 Falou com ele gentil-
mente e o colocou num lugar mais elevado
que o de outros reis exilados na Babilônia.
33 Providenciou-lhe roupas novas, em lugar
das roupas de prisioneiro, e permitiu que
ele comesse na presença do rei enquanto
vivesse. 34 Joaquim recebeu do rei da Babi-
lônia uma provisão diária de alimento en-
quanto viveu, até o dia de sua morte.

[a] **52.22** Em hebraico, *5 côvados.*
[b] **52.28** Isto é, no ano 597 a.C.
[c] **52.29** Isto é, no ano 586 a.C.
[d] **52.30** Isto é, no ano 581 a.C.
[e] **52.31a** Em hebraico, *Levantou a cabeça de.*
[f] **52.31b** Em hebraico, *no vigésimo quinto dia do décimo segundo mês*, do antigo calendário lunar hebraico. O ano foi 561 a.C.; ver também nota em 1.3.

Profetas Maiores

Lamentações

Livro 25 com

5

CAPÍTULOS

AUTORIA

A tradição atribui a Jeremias, com base na sua ligação estreita com a queda de Jerusalém (2Cr 35.25; Jr 1.1-3).

SIGNIFICADO DO TÍTULO

Em hebraico, o livro é chamado *Ekhah*, que significa "como", uma expressão de surpresa e lamento pela devastação. No grego, é conhecido como *Threnoi*, com o sentido de "lamentos" ou "prantos".

O título do livro reflete seu conteúdo e propósito. Trata-se de uma coleção de poemas de luto que descrevem a dor e o sofrimento do povo de Judá após a destruição de Jerusalém e do templo, em 586 a.C., pelos babilônios.

OBJETIVO DO LIVRO

Lamentar a desolação de Judá, refletir sobre os pecados que levaram a essa calamidade e clamar pela misericórdia de Deus.

TEMAS DE LAMENTAÇÕES

O livro aborda a justiça e a misericórdia de Deus (Lm 3.31-33). Ele é um chamado ao arrependimento genuíno e à esperança na renovação divina.

LAMENTAÇÕES E CRISTO

Lamentações aponta para Cristo como o supremo consolo e redenção para o sofrimento humano. Assim como Jerusalém foi destruída por conta do pecado, Cristo veio para redimir os pecadores e restaurar a comunhão com Deus.

ESTRUTURA DO LIVRO

- ★ Lamento pela cidade desolada Lm 1
- ★ Ira de Deus sobre Jerusalém Lm 2
- ★ Esperança em meio ao sofrimento Lm 3
- ★ Reflexões sobre a queda Lm 4
- ★ Oração por restauração Lm 5

GRANDE TRISTEZA EM JERUSALÉM

1 [a]1 A cidade que antes era cheia de gente
agora está deserta.
Antes era grande entre as nações,
agora está sozinha, como uma viúva.
Antes era rainha de toda a terra,
agora é escrava.

2 Ela passa a noite aos prantos;
lágrimas correm por seu rosto.
De todos os seus amantes,
não resta um sequer para consolá-la.
Todos os seus amigos a traíram
e se tornaram seus inimigos.

3 Judá foi levada para o exílio
e oprimida com cruel escravidão.
Vive entre as nações
e não tem lugar para descansar.
Seus inimigos a perseguiram,
e ela não tem a quem recorrer.

4 As estradas para Sião estão de luto,
pois as multidões já não
vêm celebrar as festas.
Os portões da cidade estão em silêncio,
os sacerdotes gemem,
as moças choram.
Como é amargo seu destino!

5 Seus adversários se tornaram
seus senhores,
e seus inimigos prosperam,
pois o Senhor castigou Jerusalém
por seus muitos pecados.
Seus filhos foram capturados
e levados para o exílio.

6 A bela Sião[b]
foi despojada de toda a sua majestade.
Seus príncipes são como cervos famintos
em busca de pasto.
Estão fracos demais para fugir
do inimigo que os persegue.

7 Em meio à sua tristeza e
às suas andanças,
Jerusalém se lembra de seu
antigo esplendor.
Agora, porém, caiu nas mãos
de seu inimigo,
e não há quem a ajude.
Seu inimigo a derrubou e
zombou de sua queda.

8 Jerusalém pecou terrivelmente,
por isso foi jogada fora
como trapo imundo.
Todos que antes a honravam
agora a desprezam,
pois a viram nua e humilhada.
Só resta a ela gemer
e esconder o rosto.

9 Com sua impureza,
contaminou as vestes
e não pensou nas consequências.
Agora está caída no chão,
e não há quem a levante.
"Senhor, vê minha aflição", ela diz.
"O inimigo triunfou."

10 O inimigo a saqueou
e levou todos os seus valiosos bens.
Ela viu estrangeiros profanarem
seu templo sagrado,
o lugar em que o Senhor os
proibira de entrar.

11 Seu povo geme,
à procura de pão;
trocaram seus tesouros por
alimento para sobreviver.
"Olha, Senhor", ela se lamenta,
"e vê como sou desprezada!

12 "Isso tudo nada significa para
vocês que passam por mim?
Olhem ao redor e vejam se
há dor igual à minha,
que o Senhor trouxe sobre mim
quando se acendeu sua ira.

13 "Do céu enviou fogo que
me queima os ossos;
pôs uma armadilha em meu
caminho e me fez voltar atrás.

[a] **1.1** Cada um dos 4 primeiros capítulos do livro é um acróstico, apresentado na sequência do alfabeto hebraico. A primeira palavra de cada versículo começa com uma letra hebraica sucessiva. Os capítulos 1, 2 e 4 têm um versículo para cada uma das 22 letras hebraicas. O capítulo 3 tem 22 estrofes de 3 versículos cada. Embora o capítulo 5 tenha 22 versículos, não é um acróstico.

[b] **1.6** Em hebraico, *A filha de Sião.*

Deixou-me devastada,
atormentada o dia todo
por uma doença.

14 "Trançou meus pecados
como uma corda
para me prender ao jugo do exílio.
O Senhor me tirou a força e me
entregou a meus inimigos;
estou indefesa nas mãos deles.

15 "O Senhor tratou meus
homens valentes
com desprezo.
Por ordem sua, um grande
exército veio
para esmagar meus
jovens guerreiros.
O Senhor pisou a amada
cidade de Jerusalém[a]
como se pisam uvas no
tanque de prensar.

16 "Choro por todas essas coisas,
lágrimas correm por meu rosto.
Não resta ninguém para
me consolar,
estão longe os que
poderiam me animar.
Meus filhos não têm futuro,
pois o inimigo nos conquistou."

17 Sião estende as mãos,
mas ninguém a consola.
O Senhor disse
a respeito de seu povo, Israel:[b]
"Que seus vizinhos sejam
seus inimigos!
Que Jerusalém seja jogada fora
como trapo imundo!".

18 "O Senhor é justo", diz Jerusalém,
"pois me rebelei contra ele.
Ouçam todos os povos
e vejam minha angústia,
pois meus filhos e filhas
foram levados para o exílio.

19 "Pedi ajuda a meus aliados,
mas eles me traíram.
Meus sacerdotes e meus líderes
morreram de fome na cidade,
enquanto procuravam alimento
para sobreviver.

20 "Senhor, vê minha angústia!
Meu coração está aflito,
e minha alma, desesperada,
pois me rebelei terrivelmente
contra ti.
Nas ruas, a espada mata,
e, em casa, só há morte.

21 "Outros ouviram meus gemidos,
mas ninguém veio me consolar.
Quando meus inimigos souberam
de minha desgraça,
se alegraram de ver o que
tu havias feito.
Ah, traze o dia que prometeste,
em que eles sofrerão como eu sofri!

22 "Vê todas as maldades deles, Senhor,
e castiga-os
como me castigaste,
por todos os meus pecados.
Meus gemidos são muitos,
e meu coração está enfermo."

A IRA DE DEUS PELO PECADO

2 Em sua ira, o Senhor
cobriu com uma sombra a bela Sião.[c]
A mais gloriosa das cidades de Israel
foi lançada por terra das
alturas dos céus.
No dia de sua grande ira,
o Senhor não teve compaixão
nem mesmo de seu templo.[d]

2 Sem piedade, o Senhor destruiu
todas as casas de Israel.[e]
Em sua ira, derrubou
os muros fortificados da
bela Jerusalém.[f]

[a] **1.15** Em hebraico, *a filha virgem de Judá*.
[b] **1.17** Em hebraico, *Jacó*. Os nomes "Jacó" e "Israel" são usados de forma intercambiável ao longo de todo o Antigo Testamento e se referem, por vezes, ao patriarca e, em outras ocasiões, à nação.

[c] **2.1a** Em hebraico, *a filha de Sião*; também em 2.4, 8,10,18.
[d] **2.1b** Em hebraico, *do suporte de seus pés*.
[e] **2.2a** Em hebraico, *Jacó*; também em 2.3b. Ver nota em 1.17.
[f] **2.2b** Em hebraico, *da filha de Judá*; também em 2.5.

Jogou-os por terra
e humilhou o reino e
seus governantes.

3 Toda a força de Israel
desapareceu sob a sua ira ardente.
Retirou sua proteção
durante os ataques do inimigo.
Como labaredas de fogo,
consome tudo ao redor.

4 Prepara o arco para atacar seu povo,
como se fosse seu inimigo.
Usa contra eles sua força
para matar os melhores jovens.
Derrama como fogo sua fúria
sobre a tenda da bela Sião.

5 Sim, o Senhor derrotou Israel
como se fosse seu inimigo.
Destruiu seus palácios
e demoliu suas fortalezas.
Trouxe tristeza e choro sem fim
sobre a bela Jerusalém.

6 Derrubou com violência seu templo,
como uma cabana num jardim.
O Senhor fez cair no esquecimento
as festas sagradas e os sábados.
Reis e sacerdotes caíram juntos
diante de sua ira ardente.

7 O Senhor rejeitou seu altar
e desprezou seu santuário.
Entregou os palácios de Jerusalém
a seus inimigos.
No templo do Senhor, gritam
como se fosse um dia
de celebração.

8 O Senhor se decidiu
a derrubar os muros da bela Sião.
Traçou planos detalhados
para sua destruição
e fez o que planejou.
Por isso as fortificações
e os muros
caíram diante dele.

9 Os portões de Jerusalém
afundaram na terra;
ele despedaçou suas trancas.
Seu rei e seus príncipes foram
exilados entre as nações;
sua lei deixou de existir.
Seus profetas não recebem mais
visões do Senhor.

10 Os líderes da bela Jerusalém
sentam-se no chão em silêncio.
Vestem-se de pano de saco
e jogam pó sobre a cabeça.
As moças de Jerusalém
abaixam a cabeça,
envergonhadas.

11 Chorei até que não tivesse
mais lágrimas;
meu coração está aflito.
Meu espírito se derrama
de angústia,
quando vejo a calamidade
de meu povo.
Crianças pequenas e bebês
desfalecem e morrem nas ruas.

12 Clamam às mães:
"Estamos com fome e sede!".
Desfalecem nas ruas,
como o guerreiro ferido na batalha.
Lutam para respirar
e morrem lentamente nos
braços maternos.

13 Que posso dizer a seu respeito?
Quem alguma vez viu
tamanha tristeza?
Ó filha de Jerusalém, a que posso
compará-la em sua angústia?
Ó filha virgem de Sião, como
posso consolá-la?
Sua ferida é mais profunda
que o mar;
quem pode curá-la?

14 Seus profetas anunciaram
visões inúteis e mentiras.
Não lhe mostraram
seus pecados
para salvá-la do exílio.
Em vez disso, anunciaram
mensagens enganosas
e a encheram
de falsa esperança.

15 Todos que passam caçoam de você;
zombam da bela Jerusalém[a]
e a insultam:
"Esta é a cidade chamada de
'A Mais Bela do Mundo'
e 'Alegria de Toda a Terra'?".

16 Todos os seus inimigos
falam mal de você;
zombam, rosnam e dizem:
"Finalmente a destruímos!
Esperamos tanto por este dia,
e enfim ele chegou!".

17 Mas foi o SENHOR que fez
tudo que planejou;
cumpriu as promessas de
trazer calamidade
feitas muito tempo atrás.
Destruiu Jerusalém sem compaixão;
fez seus inimigos se alegrarem
com sua derrota
e lhes deu poder sobre ela.

18 Chorem em alta voz[b]
diante do Senhor,
ó muros da bela Sião!
Que suas lágrimas corram
dia e noite como um rio.
Não se permitam descanso algum,
nem deem alívio a seus olhos.

19 Levantem-se no meio da
noite e clamem,
derramem como água o
coração diante do Senhor.
Levantem as mãos em oração
e supliquem por seus filhos,
pois desfalecem de fome pelas ruas.

20 "Ó SENHOR, pensa nisso!
Acaso deves tratar teu povo
dessa maneira?
Devem as mães comer os
próprios filhos,
que elas criaram com
tanto carinho?
Devem os sacerdotes e os
profetas ser mortos
dentro do templo do Senhor?

[a] **2.15** Em hebraico, *da filha de Jerusalém.*
[b] **2.18** Em hebraico, *Seu coração chorou.*

21 "Estão jogados nas ruas,
jovens e velhos,
rapazes e moças,
mortos pelas espadas do inimigo.
Tu os mataste em tua ira
e os massacraste sem piedade.

22 "Convocaste terrores de
todos os lados,
como se os chamasses para
uma ocasião solene.
No dia da ira do SENHOR,
ninguém escapou nem sobreviveu.
Os filhos que levei em
meus braços e criei
o inimigo destruiu."

ESPERANÇA NA FIDELIDADE DO SENHOR

3 Eu sou aquele que viu as aflições
trazidas pela vara da ira do SENHOR.
2 Ele me conduziu para a escuridão
e removeu toda a luz.
3 Voltou sua mão contra mim
repetidamente, o dia todo.

4 Fez minha pele e minha
carne envelhecerem
e me quebrou os ossos.
5 Sitiou-me e cercou-me
de angústia e aflição.
6 Enterrou-me num lugar escuro,
como os que há muito morreram.

7 Cercou-me de muros, e não
consigo escapar;
prendeu-me com pesadas correntes.
8 E, ainda que eu clame e grite,
ele fechou os ouvidos
para minha oração.
9 Com um muro de pedra,
impediu meu caminho;
tornou minha estrada tortuosa.

10 Escondeu-se como um
urso ou um leão
que espera para atacar.
11 Arrastou-me para fora do
caminho e despedaçou-me;
deixou-me devastado.
12 Preparou seu arco
e me fez alvo de suas flechas.

A chave para pôr fim à estagnação gerada pela falta de perdão é aprender a perdoar.

13 As flechas que ele atirou
entraram fundo em meu coração.
14 Meu povo ri de mim;
o dia inteiro entoam
canções de zombaria.
15 De amargura ele me encheu
e me fez beber um amargo
cálice de dor.

16 Fez-me comer pedrinhas
até quebrar os dentes
e cobriu-me de pó.
17 Tirou-me a paz,
e já não sei o que é prosperar.
18 Grito: "Meu esplendor se foi!
Tudo que eu esperava do
Senhor se perdeu!".

19 Como é amargo[a] recordar
meu sofrimento
e meu desamparo!
20 Lembro-me sempre
destes dias terríveis
enquanto lamento minha perda.
21 Ainda ouso, porém, ter esperança
quando me recordo disto:

22 O amor do Senhor não tem fim![b]
Suas misericórdias são inesgotáveis.
23 Grande é sua fidelidade;
suas misericórdias se
renovam cada manhã.
24 Digo a mim mesmo: "O Senhor
é minha porção;
por isso, esperarei nele!".

25 O Senhor é bom para os
que dependem dele,
para os que o buscam.
26 Portanto, é bom esperar
em silêncio
pela salvação do Senhor.
27 É bom as pessoas se
sujeitarem, ainda jovens,
ao jugo de sua disciplina.

28 Que permaneçam sozinhas
e em silêncio
sob o jugo do Senhor.

29 Que se deitem com o rosto no pó,
pois talvez ainda haja esperança.
30 Que deem a outra face
para os que os ferem
e aceitem os insultos de
seus inimigos.

31 Pois o Senhor
não abandona ninguém para sempre.
32 Embora traga tristeza, também
mostra compaixão,
por causa da grandeza de seu amor.
33 Pois não tem prazer em
afligir as pessoas,
nem em lhes causar tristeza.

34 Quando alguém esmaga sob os pés
todos os prisioneiros da terra,
35 quando nega a outros seus direitos
em oposição ao Altíssimo,
36 quando distorce a justiça
nos tribunais,
será que o Senhor não vê tudo isso?

37 Quem pode ordenar que
algo aconteça
sem a permissão do Senhor?
38 Acaso o Altíssimo
não envia tanto a calamidade
como o bem?
39 Então por que nós, humanos,
nos queixamos
quando somos castigados
por nossos pecados?

40 Em vez disso, examinemos
nossos caminhos
e voltemos para o Senhor.
41 Levantemos o coração e as mãos
para Deus nos céus e digamos:
42 "Pecamos e nos rebelamos,
e tu não nos perdoaste.

43 "Com tua ira nos envolveste,
nos perseguiste
e nos massacraste sem piedade.
44 Tu te escondeste numa nuvem,
para que nossas orações
não chegassem a ti.
45 Como refugo e lixo, nos
lançaste fora,
no meio das nações.

[a] **3.19** Ou *É absinto e fel.*
[b] **3.22** Conforme a versão siríaca; o hebraico traz *O Senhor nos guarda da destruição.*

46 "Todos os nossos inimigos
falam contra nós.
47 Vivemos cheios de medo,
pois estamos presos numa
armadilha, devastados
e arruinados".
48 Rios de lágrimas correm
de meus olhos
pela destruição de meu povo.

49 Minhas lágrimas
correm sem parar;
não cessarão
50 até que o SENHOR se incline
dos céus e veja.
51 Meu coração está aflito
pelo destino das mulheres
de Jerusalém.

52 Meus inimigos, a quem
nunca fiz mal,
caçaram-me como se eu
fosse um pássaro.
53 Num poço me jogaram
e atiraram pedras sobre mim.
54 A água subiu acima de
minha cabeça
e clamei: "É o fim!".

55 Mas, lá do fundo do poço,
invoquei teu nome, SENHOR.
56 Tu me ouviste quando clamei:
"Ouve minha súplica!
Escuta meu clamor por socorro!".
57 Sim, tu vieste quando clamei
e disseste: "Não tenha medo".

58 Senhor, defende minha causa,
pois redimiste minha vida.
59 Viste a injustiça que me
fizeram, SENHOR;
demonstra tua justiça.
60 Viste os planos vingativos
que meus inimigos
tramaram contra mim.

61 SENHOR, ouviste os insultos deles;
sabes muito bem dos
planos que tramaram.
62 Meus inimigos me acusam
e conspiram contra mim
o dia todo.
63 Olha para eles! Sentados ou em pé,
zombam de mim com suas canções.

64 SENHOR, dá-lhes o que merecem
por todo o mal que fizeram.
65 Dá-lhes coração duro e teimoso,
e que tuas maldições
caiam sobre eles.
66 Persegue-os em tua ira
e destrói-os sob os céus do SENHOR.

A IRA DO SENHOR É SATISFEITA

4 Como o ouro perdeu seu brilho!
Até o ouro mais puro
ficou embaçado.
As pedras sagradas estão
espalhadas pelas ruas.

2 Vejam como os filhos
preciosos de Sião,
que valem seu peso
em ouro puro,
são tratados como vasos de barro
feitos por um oleiro qualquer.

3 Até os chacais amamentam
seus filhotes,
mas meu povo não age assim.
Como as avestruzes no deserto,
ignora cruelmente o clamor
de seus filhos.

4 A língua seca dos bebês
gruda no céu da boca,
por causa da sede.
As crianças imploram por
um pedaço de pão,
mas ninguém as atende.

5 Os que antes comiam as
comidas mais finas
agora morrem de fome nas ruas.
Os que antes vestiam roupas
da melhor qualidade
agora reviram os montes de lixo.

6 A culpa[a] de meu povo é maior
que a de Sodoma,
que foi destruída de repente, e
ninguém ofereceu ajuda.

[a] **4.6** Ou *O castigo.*

[7] Nossos príncipes eram
radiantes de saúde,
mais brilhantes que a neve e
mais brancos que o leite.
Seu rosto era rosado como rubis,
e sua aparência, como safiras.[a]

[8] Agora, porém, seu rosto está
mais escuro que fuligem;
ninguém os reconhece nas ruas.
Sua pele está pegada aos ossos,
seca como madeira.

[9] Os que morreram pela espada
foram mais felizes
que os que morrem de inanição.
Famintos, definham por falta
de alimento dos campos.

[10] Mulheres de bom coração
cozinharam os próprios filhos.
Elas os comeram para
sobreviver ao cerco.

[11] Agora, porém, a ira do
SENHOR está satisfeita;
sua ira ardente foi derramada.
Em Sião ele acendeu um fogo
que queimou a cidade
até seus alicerces.

[12] Nenhum rei em toda a terra,
ninguém no mundo inteiro,
poderia imaginar que o inimigo
entraria pelas portas de Jerusalém.

[13] Mas foi o que aconteceu por causa
do pecado de seus profetas
e da maldade de seus sacerdotes,
que profanaram a cidade ao
derramar sangue inocente.

[14] Andavam sem destino pelas
ruas, como cegos,
tão contaminados de sangue
que ninguém se atrevia a tocar neles.

[15] "Afastem-se!", gritavam para eles.
"Estão contaminados!
Não toquem em nós!"
Fugiram para terras distantes
e andaram sem rumo entre as nações,
mas nenhuma permitiu
que ficassem.

[16] O SENHOR, em sua ira, os espalhou
e deixou de ajudá-los.
Ninguém mais respeita os sacerdotes
nem honra os líderes.

[17] Esperamos em vão que nossos
aliados viessem nos socorrer.
Buscamos a ajuda de nações
incapazes de nos livrar.

[18] Não podíamos sair às ruas, pois
nossos passos eram vigiados.
Nosso fim se aproximava, nossos
dias estavam contados;
estávamos condenados!

[19] Nossos inimigos eram mais
rápidos que as águias no céu;
fugimos para as montanhas,
mas eles nos perseguiram.
No deserto nos escondemos,
mas eles estavam ali,
esperando por nós.

[20] Nosso rei, o ungido do SENHOR,
a vida de nossa nação,
foi capturado nos laços deles.
E nós pensávamos que sua sombra
nos protegeria de qualquer
nação da terra!

[21] Ó povo de Edom, você se alegra
e exulta na terra de Uz?
Mas você também beberá do
cálice da ira do SENHOR;
também ficará embriagado
e será despido.

[22] Ó bela Sião,[b] o castigo de sua
maldade chegará ao fim;
logo voltará do exílio.
Mas para você, Edom, o castigo
está só começando;
logo seus muitos pecados
serão expostos.

[a] **4.7** Ou *lápis-lazúlis.*

[b] **4.22** Em hebraico, *Ó filha de Sião.*

SÚPLICA POR RESTAURAÇÃO

5 Lembra-te, SENHOR,
do que aconteceu conosco
e vê como fomos humilhados!
2 Nossa herança foi entregue
a estranhos,
e nossas casas, a estrangeiros.
3 Somos órfãos e já não temos pai,
e nossa mãe ficou viúva.
4 Temos de pagar pela água
que bebemos,
e até a lenha nos custa caro.
5 Os que nos perseguem
estão bem perto;
estamos exaustos, mas não
nos deixam descansar.
6 Ao Egito e à Assíria nos sujeitamos,
para conseguir alimento e sobreviver.
7 Nossos antepassados
pecaram e já morreram,
e nós recebemos o castigo
que eles mereciam.

8 Escravos se tornaram
nossos senhores;
não restou ninguém
para nos resgatar.
9 Arriscamos a vida à procura
de alimento,
pois a violência tomou
conta do deserto.
10 A fome nos escureceu a pele,
como se tivesse sido
queimada no forno.
11 As mulheres de Sião e as
moças das cidades de Judá
são violentadas por nossos inimigos.
12 Os príncipes são pendurados
pelas mãos,
os idosos são tratados com desprezo.
13 Os rapazes são levados para
trabalhar nos moinhos,
os meninos cambaleiam sob os
pesados fardos de lenha.
14 As autoridades não se sentam
mais à porta das cidades,
os rapazes não tocam mais música.
15 A alegria desapareceu
de nosso coração,
nossas danças se transformaram
em pranto.
16 A coroa caiu de nossa cabeça;
que aflição por causa de
nosso pecado!
17 Nosso coração desfalece,
nossos olhos se embaçaram
de lágrimas,
18 pois o monte Sião está desolado;
tornou-se morada de chacais.

19 Mas tu, SENHOR, reinas eternamente!
Teu trono permanece de
geração em geração.
20 Por que continuas a te
esquecer de nós?
Por que nos abandonaste
por tanto tempo?
21 Restaura-nos, SENHOR, e faze-
-nos voltar para ti!
Devolve-nos a alegria que
tínhamos antes!
22 Ou será que nos
rejeitaste completamente?
Ainda estás irado conosco?

Profetas Maiores

Ezequiel

Livro 26 com

48

CAPÍTULOS

AUTORIA

O profeta Ezequiel (Ez 1.1-3), filho de Buzi. Ele foi deportado para a Babilônia em 597 a.C. e exerceu seu ministério profético durante o exílio, com visões e mensagens de julgamento e restauração.

SIGNIFICADO DO TÍTULO

O nome "Ezequiel" tem origem hebraica e significa "Deus fortalece" ou "Deus é a minha força".

OBJETIVO DO LIVRO

Proclamar a soberania de Deus sobre todas as nações e demonstrar sua justiça em punir o pecado, ao mesmo tempo que oferece esperança de restauração e renovação.

ESTRUTURA DO LIVRO

- ★ Chamado e visões de Ezequiel Ez 1—3
- ★ Oráculos de julgamento contra Judá Ez 4—24
- ★ Oráculos contra as nações Ez 25—32
- ★ Promessas de restauração Ez 33—48

TEMAS DE EZEQUIEL

Ezequiel enfatiza a santidade e soberania de Deus. O livro mostra que Deus é justo em seu julgamento, mas também abundante em misericórdia e fidelidade ao prometer restauração. É um chamado à fidelidade e à confiança no poder restaurador do Senhor.

EZEQUIEL E CRISTO

Ezequiel aponta para Cristo como o bom pastor que busca e salva suas ovelhas (Ez 34.11-16; Jo 10.11). As visões de renovação e um novo coração (Ez 36.26-27) são cumpridas em Cristo, que traz a nova aliança e a regeneração espiritual. O templo futuro simboliza a presença de Deus com seu povo, realizada plenamente em Jesus (Jo 2.19-21).

VISÃO DOS SERES VIVOS

1 Em 31 de julho[a] de meu trigésimo ano,[b] enquanto eu estava com os exilados judeus junto ao rio Quebar, na Babilônia, os céus se abriram e tive visões de Deus. 2 Isso aconteceu no quinto ano do exílio do rei Joaquim. 3 (O Senhor deu essa mensagem ao sacerdote Ezequiel, filho de Buzi, junto ao rio Quebar, na terra dos babilônios,[c] e a mão do Senhor estava sobre ele.)

4 Quando olhei, vi uma grande tempestade que vinha do norte. Uma nuvem faiscava com relâmpagos e brilhava com luz intensa. Dentro da nuvem havia fogo e, no meio do fogo, resplandecia algo semelhante a âmbar reluzente.[d] 5 Do centro da nuvem surgiram quatro seres vivos de aparência humana, 6 porém cada um tinha quatro rostos e quatro asas. 7 Suas pernas eram retas, e seus pés tinham cascos como os de bezerro e brilhavam como bronze polido. 8 Debaixo de cada uma das quatro asas, vi mãos humanas. Assim, cada um dos quatro seres tinha quatro rostos e quatro asas. 9 As asas de cada um dos seres tocavam as asas dos seres ao seu lado. Cada um se movia para a frente, sem se virar.

10 Cada um dos quatro seres tinha rosto humano na frente, rosto de leão à direita, rosto de boi à esquerda e rosto de águia atrás. 11 Cada um tinha dois pares de asas estendidas: com um par tocava as asas dos seres de cada lado e com o outro par cobria o corpo. 12 Deslocavam-se em qualquer direção que o espírito indicava e moviam-se para a frente, sem se virar.

13 Os seres vivos eram semelhantes a brasas acesas ou tochas reluzentes, e relâmpagos pareciam faiscar entre eles. 14 Os seres vivos se deslocavam de um lado para o outro rapidamente, como relâmpagos.

15 Enquanto eu olhava para esses seres, vi quatro rodas que tocavam o chão junto a eles, uma roda para cada um. 16 As rodas brilhavam, como se fossem feitas de berilo. As quatro rodas eram semelhantes e feitas da mesma forma; cada uma tinha dentro dela outra roda que girava na transversal. 17 Os seres podiam se deslocar em qualquer uma das quatro direções, sem se virar enquanto se moviam. 18 Os aros das rodas eram altos e assustadores, cobertos de olhos em todo o redor.

19 Quando os seres vivos se moviam, as rodas se moviam com eles. Quando eles voavam para cima, as rodas também subiam. 20 O espírito dos seres vivos estava nas rodas; aonde quer que o espírito fosse, as rodas e os seres vivos o acompanhavam. 21 Quando os seres se moviam, as rodas também se moviam. Quando os seres paravam, as rodas também paravam. Quando os seres voavam para cima, as rodas também subiam, pois o espírito dos seres vivos estava nas rodas.

22 Acima deles estendia-se uma superfície como o céu, brilhante como cristal. 23 Abaixo dessa superfície as asas de cada ser vivo se estendiam de modo a tocar as asas dos outros, e as outras duas asas cobriam seu corpo. 24 Quando voavam, o estrondo de suas asas soava para mim como ondas do mar quebrando na praia, como a voz do Todo-poderoso,[e] ou como os gritos de um grande exército. Quando os seres pararam, abaixaram as asas. 25 Enquanto estavam com as asas abaixadas, uma voz falou de além da superfície acima deles.

26 Acima dessa superfície havia algo parecido com um trono de safira. No trono, bem no alto, havia uma figura semelhante a um homem. 27 Da cintura para cima, tinha a aparência de âmbar reluzente que cintilava como o fogo, e, da cintura para baixo, parecia uma chama ardente que brilhava com esplendor. 28 Estava rodeado por um aro luminoso, como arco-íris que resplandece entre as nuvens num dia de chuva. Essa era a aparência da glória do Senhor para mim. Quando a vi, prostrei-me com o rosto no chão e ouvi a voz de alguém que falava comigo.

[a] **1.1a** Em hebraico, *No quinto dia do quarto mês*, do antigo calendário lunar hebraico. Várias datas em Ezequiel podem ser comparadas com datas de registros babilônios que sobreviveram ao tempo e relacionadas com precisão ao calendário moderno. O ano foi 593 a.C.

[b] **1.1b** Ou *no trigésimo ano.*

[c] **1.3** Ou *caldeus.*

[d] **1.4** Ou *metal polido*; também em 1.27.

[e] **1.24** Em hebraico, *Shaddai.*

O CHAMADO E A COMISSÃO DE EZEQUIEL

2 "Levante-se, filho do homem", disse a
voz. "Quero falar com você." 2 Enquan-
to ele falava, o Espírito entrou em mim
e me pôs em pé, e eu ouvi suas palavras
com atenção. 3 "Filho do homem", disse
ele, "eu o envio à nação de Israel, uma na-
ção rebelde, que se revoltou contra mim.
Até hoje, eles e seus antepassados têm
se revoltado contra mim. 4 São um povo
teimoso, de coração duro. Mas eu o envio
para lhes dizer: 'Assim diz o SENHOR Sobe-
rano!'. 5 E, quer eles ouçam quer não —
lembre-se de que são rebeldes —, pelo
menos saberão que tiveram um profeta
no meio deles.
6 "Filho do homem, não tenha medo de-
les nem de suas palavras. Não tema, ainda
que suas ameaças o cerquem como urti-
gas, espinhos e escorpiões. Não desanime
com seus olhares raivosos, pois são um
povo rebelde. 7 Anuncie-lhes minha men-
sagem, quer eles ouçam quer não, pois são
completamente rebeldes. 8 Filho do ho-
mem, preste atenção ao que lhe digo. Não
seja rebelde como eles. Abra sua boca e
coma o que lhe dou."
9 Então olhei e vi a mão de alguém es-
tendida para mim. Segurava um rolo,
10 que ela abriu. Vi que de ambos os la-
dos estavam escritos cânticos fúnebres,
lamentações e palavras de condenação.

3 A voz me disse: "Filho do homem,
coma o que lhe dou. Coma este rolo!
Depois, vá e fale ao povo de Israel". 2 En-
tão abri a boca, e ele me deu o rolo para
eu comer. 3 "Filho do homem, encha seu
estômago com ele", disse a voz. Quando
comi, o sabor era doce como mel em mi-
nha boca.
4 Em seguida, ele disse: "Filho do ho-
mem, vá ao povo de Israel e transmita-lhe
minhas mensagens. 5 Não o envio a um
povo estrangeiro, cuja língua você não en-
tende, mas ao povo de Israel. 6 Não, eu não
o envio a um povo de língua estrangeira
e difícil. Se o fizesse, eles lhe dariam ou-
vidos! 7 O povo de Israel, porém, não lhe
dará ouvidos, assim como não deu ouvi-
dos a mim. Pois todos eles têm o coração
duro e são teimosos. 8 Mas eu tornei vo-
cê tão obstinado e inflexível quanto eles.
9 Endureci sua testa como a pedra mais
dura. Portanto, não tenha medo deles nem
tema seus olhares raivosos, pois são um
povo rebelde".
10 Então ele acrescentou: "Filho do ho-
mem, primeiro deixe que minhas pala-
vras entrem até o fundo de seu coração.
Ouça-as com atenção. 11 Depois, vá a seu
povo no exílio e diga-lhes: 'Assim diz o
SENHOR Soberano!'. Faça isso quer eles ou-
çam quer não".
12 Em seguida, o Espírito me pôs em pé,
e eu ouvi uma estrondosa proclamação
atrás de mim. (Que a glória do SENHOR se-
ja louvada em sua habitação!)[a] 13 Era o
som das asas dos seres vivos que toca-
vam umas nas outras e o barulho das ro-
das debaixo deles.
14 O Espírito me levantou e me tirou de
lá. Saí amargurado e agitado, mas a mão
do SENHOR era forte sobre mim. 15 Cheguei
à colônia dos exilados judeus em Tel-
-Abibe, junto ao rio Quebar. Estava atô-
nito e permaneci no meio deles durante
sete dias.

UM VIGIA PARA ISRAEL

16 Depois de sete dias, o SENHOR me deu
uma mensagem: 17 "Filho do homem, eu
o nomeei vigia de Israel. Sempre que re-
ceber uma mensagem minha, advirta o
povo. 18 Se eu avisar os perversos: 'Vocês
estão condenados à morte', mas você não
lhes transmitir a advertência, para que
mudem sua conduta perversa e salvem a
vida, eles morrerão em seus pecados. E eu
o considerarei responsável pela morte de-
les. 19 Se você os advertir, mas eles não
quiserem se arrepender e continuarem a
pecar, eles morrerão em seus pecados. Vo-
cê, porém, salvará sua vida.
20 "Se os justos se desviarem de sua con-
duta justa e não prestarem atenção aos obs-
táculos que eu puser em seu caminho, eles
morrerão. E, se você não os advertir,
eles morrerão em seus pecados. Nenhum
dos atos de justiça deles será lembrado,

[a] **3.12** Ou *Então o Espírito me pôs em pé e, enquanto a glória do* SENHOR *se elevava de seu lugar, ouvi um som estrondoso atrás de mim.*

Não abandone o percurso nem fuja do processo. Existe vida e liberdade para você.

e eu o considerarei responsável pela mor-
te deles. 21 Mas, se você advertir os justos
a não pecarem e eles lhe derem ouvidos e
não pecarem, eles viverão. E você também
salvará sua vida".

22 A mão do Senhor veio sobre mim, e
ele disse: "Levante-se e vá até o vale, e eu
lhe falarei ali". 23 Levantei-me, fui até o vale
e ali vi a glória do Senhor, como na primei-
ra visão junto ao rio Quebar, e prostrei-me
com o rosto no chão.

24 Então o Espírito entrou em mim e me
pôs em pé. "Vá para sua casa e tranque-
-se dentro dela", disse ele. 25 "Ali, filho do
homem, você será amarrado com cordas
e não poderá sair para o meio do povo.
26 Farei sua língua se prender ao céu da
boca, para que fique mudo e não possa
repreendê-los, pois são rebeldes. 27 Mas,
quando eu lhe der uma mensagem, des-
prenderei sua língua e deixarei que fale.
Então você lhes dirá: 'Assim diz o Senhor So-
berano!'. Quem escolher ouvir, ouvirá, mas
quem se recusar, não ouvirá, pois são um
povo rebelde."

SINAL DO CERCO QUE ESTÁ PARA VIR

4 "Agora, filho do homem, pegue um ti-
jolo de barro, coloque-o à sua frente e
desenhe nele a cidade de Jerusalém. 2 Re-
trate a cidade cercada. Construa um muro
ao redor dela, arme o acampamento inimi-
go e cerque a cidade com rampas e troncos
de ataque. 3 Pegue uma panela de ferro e
coloque-a entre você e a cidade. Volte-se
para a cidade e mostre como será o cerco
de Jerusalém. Isso será um sinal de adver-
tência para o povo de Israel.

4 "Agora, deite-se sobre o lado esquer-
do e ponha sobre si os pecados de Israel.
Você terá de carregar os pecados de Israel
pelo número de dias que ficar deitado so-
bre o lado esquerdo. 5 Determinei que car-
regará os pecados de Israel por 390 dias,
um dia para cada ano de pecado do povo.
6 Depois, deite-se sobre o lado direito du-
rante quarenta dias, um dia para cada ano
de pecado de Judá.

7 "Enquanto isso, continue a olhar para
o cerco de Jerusalém. Deite-se com o bra-
ço descoberto e profetize contra a cidade.
8 Eu o amarrarei com cordas para que vo-
cê não possa virar-se de um lado para o
outro, até que tenha completado os dias
do cerco.

9 "Pegue um pouco de trigo, cevada, fei-
jão, lentilha, milho-miúdo e trigo candeal
e misture-os numa vasilha. Use-os para
preparar seu pão durante os 390 dias em
que ficará deitado sobre o lado esquerdo.
10 Racione suas porções, 240 gramas[a] por
dia, e coma-as em horas determinadas.
11 Depois, meça pouco mais de meio li-
tro[b] de água para cada dia e beba-a em ho-
ras determinadas. 12 Prepare e coma esse
alimento como faria com bolos de ceva-
da. Asse-o diante de todo o povo, usando
fezes humanas secas como combustível."
13 E o Senhor disse: "Assim os israelitas co-
merão pão impuro na terra dos gentios,
para onde eu os expulsarei".

14 Então eu disse: "Ó Senhor Sobera-
no, jamais me contaminei! Desde a in-
fância, nunca comi animais mortos por
doença ou despedaçados por outros ani-
mais. Nunca comi carne alguma proibi-
da pela lei".

15 Então ele me disse: "Em lugar de fe-
zes humanas, você pode usar esterco de
vaca para assar o pão". 16 E acrescentou:
"Filho do homem, tornarei a comida ex-
tremamente escassa em Jerusalém. Será
pesada com grande cuidado e consumi-
da com medo. A água será racionada, e o
povo beberá com desespero. 17 Diante da
falta de comida e água, olharão uns para
os outros aterrorizados e definharão de-
baixo de seu castigo."

SINAL DO JULGAMENTO QUE ESTÁ PARA VIR

5 "Filho do homem, pegue uma espa-
da afiada e use-a como navalha para
raspar sua cabeça e sua barba. Use uma
balança para pesar o cabelo e dividi-lo
em três partes. 2 Coloque uma terça par-
te no meio do desenho de Jerusalém e,
depois de encenar o cerco à cidade, quei-
me o cabelo ali. Espalhe outra terça parte
ao redor do desenho e corte-a com a es-
pada. Espalhe a terceira parte ao vento,

[a] **4.10** Em hebraico, *20 siclos*.
[b] **4.11** Em hebraico, *1/6 de him*.

pois eu espalharei meu povo com a espada. 3 Guarde apenas um pouco de cabelo e amarre-o em seu manto. 4 Então, pegue alguns desses fios de cabelo e jogue-os no fogo, para que se queimem. Dali um fogo se espalhará e destruirá todo o Israel.

5 "Assim diz o Senhor Soberano: Esta é uma ilustração do que acontecerá a Jerusalém. Coloquei-a no centro das nações, 6 mas ela se revoltou contra meus estatutos e decretos e foi mais perversa que as nações ao seu redor. Não quis obedecer a meus estatutos e decretos.

7 "Portanto, assim diz o Senhor Soberano: Vocês são mais rebeldes que as nações vizinhas e não quiseram obedecer a meus decretos e estatutos. Nem sequer viveram de acordo com os padrões de justiça das nações ao seu redor. 8 Portanto, eu mesmo, o Senhor Soberano, estou contra vocês. Eu os castigarei publicamente diante de todas as nações. 9 Por causa de seus ídolos detestáveis, punirei vocês como nunca fiz antes e nunca voltarei a fazer. 10 Pais devorarão os filhos, e filhos devorarão os pais. Eu os castigarei e espalharei aos quatro ventos os poucos que sobreviverem.

11 "Tão certo como eu vivo, diz o Senhor Soberano, eu os destruirei completamente. Não terei compaixão alguma de vocês, pois profanaram meu templo com imagens repugnantes e pecados detestáveis. 12 Uma terça parte de seu povo morrerá na cidade por doença e fome, uma terça parte será morta pelo inimigo fora dos muros da cidade, e eu espalharei uma terça parte aos quatro ventos e os perseguirei com minha espada. 13 Por fim, minha ira se completará, e ficarei satisfeito. E, quando minha fúria contra eles tiver passado, todo o Israel saberá que eu, o Senhor, lhes falei segundo o meu zelo.

14 "Portanto, eu o transformarei em uma ruína, em objeto de insulto aos olhos das nações ao redor e para todos que passarem por ali. 15 Você se tornará alvo de insultos, zombarias e horror, e servirá de advertência para todas as nações ao redor. Elas verão o que acontece quando o Senhor, em sua ira, castiga uma nação e a repreende, diz o Senhor.

16 "Farei chover sobre você as flechas mortais da fome, para destruí-la. A fome se tornará cada vez mais severa, até que desapareça todo suprimento. 17 Além da fome, enviarei animais selvagens para atacá-la e devorar seus filhos. Doença e guerra a alcançarão, e trarei contra você a espada do inimigo. Eu, o Senhor, falei!".

JULGAMENTO CONTRA OS MONTES DE ISRAEL

6 Recebi outra mensagem do Senhor: 2 "Filho do homem, volte o rosto para os montes de Israel e profetize contra eles. 3 Proclame esta mensagem do Senhor Soberano contra os montes de Israel. Assim diz o Senhor Soberano aos montes, às colinas, aos desfiladeiros e aos vales: Estou prestes a trazer guerra sobre vocês e destruir seus santuários idólatras. 4 Todos os seus altares serão demolidos, e seus lugares de adoração serão destruídos. Matarei o povo diante de seus ídolos.[a] 5 Porei os cadáveres dos israelitas diante de seus ídolos e espalharei os ossos ao redor de seus altares. 6 Onde quer que vocês vivam, haverá desolação, e destruirei os santuários idólatras. Seus altares serão demolidos, seus ídolos serão despedaçados, seus lugares de adoração serão derrubados e todos os objetos religiosos que vocês fizeram serão destruídos. 7 O lugar ficará cheio de cadáveres, e vocês saberão que somente eu sou o Senhor.

8 "Deixarei, porém, que alguns do meu povo escapem da destruição, e eles serão espalhados entre as nações do mundo. 9 Então, quando estiverem exilados entre as nações, se lembrarão de mim. Reconhecerão quanto me entristece seu coração infiel e seus olhos lascivos por seus ídolos. Por fim, terão nojo de si mesmos por causa de todos os seus pecados detestáveis. 10 Saberão que somente eu sou o Senhor e que falava sério quando disse que traria sobre eles essa calamidade.

11 "Assim diz o Senhor Soberano: Batam palmas de horror e batam os pés. Gritem por causa de todos os pecados detestáveis que o povo de Israel cometeu. Agora,

[a] **6.4** É provável que o termo hebraico (lit., *coisas redondas*) se refira a esterco; também em 6.5,6,9,13.

morrerão de guerra, fome e doença. 12 A
doença matará os que estiverem exila-
dos em lugares distantes, a guerra destruirá
os que estiverem por perto, e os que sobra-
rem morrerão de fome. Enfim derramarei
toda a minha fúria sobre eles. 13 Eles sabe-
rão que sou o SENHOR quando seus mortos
estiverem espalhados entre os ídolos e os
altares em todas as colinas e montes, de-
baixo de toda árvore verdejante e de todo
carvalho que dá sombra, os lugares onde
ofereciam sacrifícios a seus ídolos. 14 Eu
os arrasarei e deixarei suas cidades deso-
ladas, desde o deserto, no sul, até Ribla,[a] no
norte. Então saberão que eu sou o SENHOR".

O FIM SE APROXIMA

7 Então recebi esta mensagem do SENHOR:
2 "Filho do homem, assim diz o SENHOR
Soberano a Israel:

"Chegou o fim!
Para onde quer que vocês olhem,
norte, sul, leste ou oeste,
sua terra está acabada.
3 Não resta esperança,
pois lançarei minha ira contra vocês.
Eu os chamarei para prestar contas
de todos os seus pecados detestáveis.
4 Não os pouparei nem terei piedade;
darei a vocês o que merecem
por todos os seus pecados detestáveis.
Então saberão que eu sou o SENHOR.

5 "Assim diz o SENHOR Soberano:
Desgraça após desgraça
se aproximam!
6 Chegou o fim,
finalmente chegou;
sua condenação os espera!
7 Ó povo de Israel, já amanhece
o dia de sua destruição;
chegou a hora, o tempo da
aflição está próximo.
Nos montes se ouvem gritos
de angústia,
e não de alegria.
8 Em breve derramarei sobre
vocês minha fúria
e contra vocês lançarei minha ira.
Eu os chamarei para prestar contas
de todos os seus pecados detestáveis.
9 Não os pouparei nem terei piedade;
darei a vocês o que merecem
por todos os seus pecados detestáveis.
Então saberão que eu, o SENHOR, os feri.

10 "O dia do juízo chegou;
sua destruição os espera!
A vara da perversidade brotou,
sim, o orgulho do povo floresceu.
11 Sua violência se
transformou numa vara
que os castigará por sua maldade.
Nenhum dos orgulhosos sobreviverá;
toda a sua riqueza e prestígio
desaparecerão.
12 Sim, chegou a hora;
este é o dia!
Que os compradores não se alegrem,
nem os vendedores se entristeçam,
pois todos eles cairão
sob a minha ira ardente.
13 Ainda que os comerciantes
sobrevivam,
jamais voltarão a seus negócios.
Pois a profecia contra o povo
não mudará.
Ninguém cuja vida é corrompida
pelo pecado se recuperará."

A DESOLAÇÃO DE ISRAEL

14 "A trombeta convoca o exército,
mas ninguém sai para guerrear,
pois minha fúria está
contra todos eles.
15 Fora da cidade há guerra,
dentro dela, doença e fome.
Quem estiver fora dos muros
será morto pela espada do inimigo.
Quem estiver dentro da cidade
morrerá de fome e doença.
16 Os sobreviventes que
fugirem para os montes
gemerão como pombas,
por causa de seus pecados.
17 Suas mãos ficarão fracas,
e seus joelhos, frouxos como água.
18 De pano de saco se vestirão
e ficarão cobertos de horror.
Rasparão a cabeça,
em sinal de tristeza e remorso.

[a] **6.14** Conforme alguns manuscritos hebraicos; a maioria dos manuscritos hebraicos traz *Dibla*.

19 "Jogarão seu dinheiro na rua,
o lançarão fora como se fosse lixo.
Seu ouro e sua prata não os salvarão
no dia da ira do SENHOR.
Não os saciarão nem os alimentarão,
pois sua ganância só os faz tropeçar.
20 Tinham orgulho de suas
lindas joias
e com elas fizeram ídolos detestáveis
e imagens repugnantes.
Por isso farei que todas as suas
riquezas se tornem
repulsivas para eles
21 e as entregarei como
despojo a estrangeiros,
às nações perversas,
e elas as profanarão.
22 Desviarei deles meu olhar
quando ladrões invadirem e
profanarem minha terra preciosa.

23 "Preparem correntes
para meu povo,
pois o sangue de crimes
terríveis cobre a terra;
Jerusalém[a] está cheia de violência.
24 Trarei as nações mais cruéis
para ocuparem suas casas.
Acabarei com o orgulho dos poderosos
e profanarei seus santuários.
25 O terror tomará conta do povo;
buscarão a paz,
mas não a encontrarão.
26 Virá uma calamidade após a outra,
um rumor após o outro.
Buscarão sem sucesso
uma visão dos profetas.
Não receberão ensinamentos
dos sacerdotes
nem conselhos das autoridades.
27 O rei e o príncipe ficarão
desamparados
e chorarão de desespero;
as mãos do povo
tremerão de medo.
Trarei sobre eles
o mal que fizeram a outros,
e receberão o castigo
que tanto merecem.
Então saberão que eu sou o SENHOR".

[a] **7.23** Em hebraico, *a cidade*.

IDOLATRIA NO TEMPLO

8 Em 17 de setembro,[b] no sexto ano do
exílio do rei Joaquim, enquanto as au-
toridades de Judá estavam em minha casa,
a mão do SENHOR Soberano veio sobre mim.
2 Vi uma figura semelhante a um homem:[c]
da cintura para baixo, parecia uma chama
ardente, e, da cintura para cima, tinha a apa-
rência de âmbar reluzente.[d] 3 Ele estendeu
algo que parecia uma mão e me pegou pe-
los cabelos. Então o Espírito me elevou en-
tre a terra e o céu e me transportou para
Jerusalém, numa visão dada por Deus. Fui
levado à porta norte do pátio interno do
templo, onde havia um ídolo que provo-
cou o ciúme do SENHOR. 4 De repente, esta-
va ali a glória do Deus de Israel, como eu
tinha visto antes no vale.
5 Então o SENHOR me disse: "Filho do ho-
mem, olhe para o norte". Olhei para o nor-
te e ali, perto da entrada da porta junto ao
altar, estava o ídolo que havia provocado
o ciúme do SENHOR.
6 "Filho do homem", disse ele, "você vê o
que estão fazendo? Vê os pecados detestá-
veis que o povo de Israel comete para me
afastar de meu templo? Venha, e eu lhe
mostrarei pecados ainda mais detestáveis
que estes!" 7 Então ele me levou à porta do
pátio do templo, onde vi um buraco no
muro. 8 Disse-me: "Agora, filho do homem,
cave no muro". Cavei no muro e encontrei
uma passagem escondida.
9 "Entre", disse ele, "e veja os pecados
perversos e detestáveis que cometem ali!"
10 Entrei e vi as paredes cobertas de dese-
nhos de toda espécie de animal que ras-
teja e de criaturas detestáveis. Também vi
diversos ídolos[e] adorados pelos israelitas.
11 Estavam ali setenta autoridades de Is-
rael, e no meio estava Jazanias, filho de Sa-
fã. Cada um deles segurava um incensário
do qual subia uma nuvem de incenso.
12 Então o SENHOR me disse: "Filho do
homem, você vê o que as autoridades de

[b] **8.1** Em hebraico, *No quinto [dia] do sexto mês*, do antigo calendário lunar hebraico. O ano foi 592 a.C.; ver também nota em 1.1.

[c] **8.2a** Conforme a Septuaginta; o hebraico traz *semelhante a fogo*.

[d] **8.2b** Ou *de metal polido*.

[e] **8.10** É provável que o termo hebraico (lit., *coisas redondas*) se refira a esterco.

Israel fazem com seus ídolos em salas
escuras? Dizem: 'O Senhor não nos vê; o
Senhor abandonou nossa terra!'". 13 E acres-
centou: "Venha, e eu lhe mostrarei pecados
ainda mais detestáveis que estes!".

14 Em seguida, levou-me até a porta nor-
te do templo do Senhor, onde algumas mu-
lheres estavam sentadas chorando pelo
deus Tamuz. 15 "Filho do homem, você
vê isso?", ele perguntou. "Venha, e eu lhe
mostrarei pecados ainda mais detestáveis
que estes!"

16 Em seguida, levou-me para o pátio in-
terno do templo do Senhor. Na entrada do
templo, entre o pórtico e o altar, havia cerca
de 25 homens com as costas para o tem-
plo do Senhor. Estavam voltados para o les-
te, prostrados no chão, e adoravam o sol.

17 "Filho do homem, você vê isso?", per-
guntou ele. "Será que não significa nada
para o povo de Judá cometer esses peca-
dos detestáveis que levam a nação inteira
à violência, que a fazem zombar de mim[a] e
provocar minha ira? 18 Por isso responde-
rei com fúria. Não os pouparei nem terei
piedade. Mesmo que clamem bem alto,
não os ouvirei."

A MATANÇA DOS IDÓLATRAS

9 Então o Senhor disse em alta voz: "Tra-
gam os homens escolhidos para casti-
gar a cidade! Digam-lhes que venham com
suas armas de destruição!". 2 Logo surgi-
ram seis homens, vindos da porta supe-
rior, voltada para o norte, e cada um tinha
na mão uma arma mortal. Estava com eles
um homem vestido de linho, que levava
na cintura um estojo com material de es-
crever. Todos entraram no pátio do templo
e ficaram junto ao altar de bronze.

3 Então a glória do Deus de Israel se le-
vantou do meio dos querubins, onde ha-
via estado, e se moveu para a entrada do
templo. O Senhor chamou o homem ves-
tido de linho que carregava o estojo com
material de escrever 4 e lhe disse: "Ande
pelas ruas de Jerusalém e ponha um sinal
na testa de todos que choram e gemem
por causa dos pecados detestáveis come-
tidos em sua cidade".

5 Em seguida, ouvi o Senhor dizer aos
outros homens: "Sigam-no pela cidade e
matem todos cuja testa não estiver marca-
da. Não mostrem compaixão nem tenham
piedade! 6 Matem todos: idosos e jovens,
meninas, mulheres e crianças pequenas.
Mas não toquem naqueles que tiverem o
sinal. Comecem aqui mesmo, no templo!".
E eles começaram pelos setenta líderes, na
entrada do templo.

7 "Profanem o templo!", o Senhor orde-
nou. "Encham seus pátios de cadáveres.
Vão!" Então eles saíram e começaram a
matança em toda a cidade.

8 Enquanto isso, fiquei sozinho. Pros-
trei-me com o rosto no chão e clamei:
"Ó Senhor Soberano! Acaso tua fúria con-
tra Jerusalém exterminará todos que res-
tam em Israel?".

9 Então ele me disse: "Os pecados do
povo de Israel e de Judá são muito, mui-
to grandes. Toda a terra se encheu de
homicídio; a cidade está repleta de injus-
tiça. Eles dizem: 'O Senhor não nos vê; o
Senhor abandonou nossa terra!'. 10 Por is-
so não os pouparei nem terei piedade de-
les. Eu lhes darei o que merecem por tudo
que fizeram".

11 Então o homem vestido de linho, que
carregava o estojo com material de escrever,
voltou para relatar: "Fiz o que ordenaste".

A GLÓRIA DO SENHOR DEIXA O TEMPLO

10 Olhei e vi algo que se parecia com
um trono de safira sobre uma su-
perfície de cristal acima da cabeça dos
querubins. 2 Então o Senhor disse ao ho-
mem vestido de linho: "Vá entre as rodas
que estão debaixo dos querubins, pegue
um punhado de brasas ardentes e espalhe-
-as sobre a cidade". Ele assim fez enquanto
eu observava.

3 Os querubins estavam na extremida-
de sul do templo quando o homem en-
trou, e a nuvem de glória encheu o pátio
interno. 4 Então a glória do Senhor se ele-
vou acima dos querubins e foi para a porta
do templo. Essa nuvem encheu o templo,
e o pátio resplandeceu com a glória do
Senhor. 5 O movimento das asas dos que-
rubins fazia um som como a voz do Deus

[a] **8.17** Em hebraico, *que põem o ramo junto ao nariz.*

Todo-poderoso,[a] e podia-se ouvi-lo até no
pátio externo.
6 O SENHOR ordenou ao homem vestido
de linho: "Vá entre os querubins e pegue
algumas brasas ardentes que estão entre
as rodas". O homem foi e colocou-se ao
lado das rodas. 7 Em seguida, um dos que-
rubins estendeu a mão e pegou algumas
brasas ardentes do fogo que estava entre
os querubins. Colocou as brasas nas mãos
do homem vestido de linho, e o homem
as recebeu e saiu. 8 (Todos os querubins
tinham debaixo das asas o que se parecia
com mãos humanas.)
9 Olhei e vi que cada um dos quatro que-
rubins tinha ao seu lado uma roda, e as
rodas brilhavam como berilo. 10 As quatro
rodas eram semelhantes e feitas da mesma
forma; cada uma tinha dentro dela outra
roda que girava na transversal. 11 Os queru-
bins podiam se deslocar em qualquer uma
das quatro direções, sem se virar enquanto
se moviam. Deslocavam-se para a frente,
sem se virar. 12 Tanto os querubins como
as rodas eram cobertos de olhos. Os que-
rubins tinham olhos por todo o corpo, in-
clusive nas mãos, nas costas e nas asas.
13 Ouvi alguém se referir às rodas como "ro-
das giratórias". 14 Cada um dos quatro que-
rubins tinha quatro rostos: o primeiro era
rosto de boi,[b] o segundo, de homem, o ter-
ceiro, de leão, e o quarto, de águia.
15 Então os querubins se elevaram. Eram
os mesmos seres vivos que eu tinha vis-
to junto ao rio Quebar. 16 Quando os que-
rubins se moviam, as rodas se moviam
com eles. Quando levantavam as asas
para voar, as rodas os acompanhavam.
17 Quando os querubins paravam, as ro-
das paravam. Quando voavam para cima,
as rodas subiam, pois o espírito dos seres
vivos estava nas rodas.
18 Então a glória do SENHOR se afastou
da porta do templo e parou sobre os que-
rubins. 19 E, enquanto eu observava, os
querubins voaram, acompanhados de su-
as rodas, até a porta leste do templo do
SENHOR. E a glória do Deus de Israel paira-
va sobre eles.
20 Esses seres vivos eram os mesmos que
eu tinha visto debaixo do Deus de Israel
quando estava junto ao rio Quebar. Eu sa-
bia que eram querubins, 21 pois cada um
tinha quatro rostos, quatro asas e o que se
parecia com mãos humanas debaixo das
asas. 22 E seus rostos eram iguais aos dos
seres que eu tinha visto no Quebar, e se
deslocavam para a frente, como os outros.

JULGAMENTO CONTRA OS LÍDERES DE ISRAEL

11 Então o Espírito me pôs em pé e
me levou à porta leste do templo
do SENHOR, onde vi 25 homens. Entre eles
estavam Jazanias, filho de Azur, e Pelatias,
filho de Benaia, líderes do povo.
2 O Espírito me disse: "Filho do homem,
estes são os homens que planejam o mal
e dão conselhos perversos nesta cidade.
3 Dizem ao povo: 'Não acham que é uma
boa hora para construir casas? Esta cida-
de é como uma panela de ferro; estamos
seguros dentro dela, como a carne na pa-
nela'.[c] 4 Portanto, filho do homem, profe-
tize contra eles em alta voz".
5 Então o Espírito do SENHOR veio sobre
mim e ordenou que eu dissesse: "Assim
diz o SENHOR ao povo de Israel: Eu sei o
que vocês dizem, pois conheço cada pen-
samento que lhes vem à mente. 6 Assas-
sinaram muitos nesta cidade e encheram
suas ruas de cadáveres.
7 "Portanto, assim diz o SENHOR Sobera-
no: De fato, esta cidade é a panela de ferro,
mas os pedaços de carne são aqueles que
vocês mataram. Quanto a vocês, em breve
os arrancarei da panela. 8 Trarei sobre vo-
cês a espada de guerra que tanto temem,
diz o SENHOR Soberano. 9 Eu os expulsarei
de Jerusalém e os entregarei a estrangei-
ros, que executarão meus julgamentos
contra vocês. 10 Vocês serão massacra-
dos até as fronteiras de Israel. Eu os julga-
rei, e vocês saberão que eu sou o SENHOR.
11 Esta cidade não será para vocês como
uma panela de ferro, e vocês não serão
como a carne, segura dentro dela. Eu os
julgarei até as fronteiras de Israel, 12 e vo-
cês saberão que eu sou o SENHOR. Pois não

[a] **10.5** Em hebraico, *El-Shaddai*.
[b] **10.14** Em hebraico, *rosto de querubim*; comparar com 1.10.
[c] **11.3** Em hebraico, *Esta cidade é a panela, e nós somos a carne*.

quiseram seguir meus decretos e estatutos; em vez disso, imitaram as práticas das nações ao seu redor".

13 Enquanto eu ainda profetizava, Pelatias, filho de Benaia, morreu. Então prostrei-me com o rosto no chão e clamei: "Ó Senhor Soberano, matarás todos que restarem em Israel?".

ESPERANÇA PARA ISRAEL NO EXÍLIO

14 Então recebi esta mensagem do Senhor: 15 "Filho do homem, aqueles que ainda restam em Jerusalém falam de você, de seus parentes e de todo o povo de Israel que está no exílio. Dizem: 'Estão longe do Senhor, por isso agora ele nos deu a terra deles!'.

16 "Portanto, diga aos exilados: 'Assim diz o Senhor Soberano: Embora eu os tenha espalhado entre as nações do mundo, serei um santuário para vocês durante seu tempo no exílio. 17 Eu, o Senhor Soberano, digo que os reunirei das nações onde foram espalhados e lhes devolverei a terra de Israel'.

18 "Quando eles regressarem para sua terra natal, removerão todos os resquícios de suas imagens repugnantes e de seus ídolos detestáveis. 19 Eu lhes darei um só coração e colocarei dentro deles um novo espírito. Removerei seu coração de pedra e lhes darei coração de carne, 20 para que obedeçam a meus decretos e estatutos. Então eles serão o meu povo, e eu serei o seu Deus. 21 Quanto àqueles que anseiam por suas imagens repugnantes e seus ídolos detestáveis, darei a eles o castigo merecido por seus pecados. Eu, o Senhor Soberano, falei!".

A GLÓRIA DO SENHOR DEIXA JERUSALÉM

22 Então os querubins levantaram as asas, acompanhados de suas rodas, e a glória do Deus de Israel pairava sobre eles. 23 Então a glória do Senhor subiu da cidade e parou acima do monte a leste.

24 Depois disso, o Espírito de Deus me levou de volta à Babilônia,[a] para o povo no exílio. Assim terminou a minha visão. 25 E eu relatei aos exilados tudo que o Senhor me tinha mostrado.

SINAIS DO EXÍLIO QUE ESTÁ PARA ACONTECER

12 Recebi mais uma mensagem do Senhor: 2 "Filho do homem, você vive entre rebeldes que têm olhos, mas não querem ver, que têm ouvidos, mas não querem ouvir, pois são um povo rebelde.

3 "Portanto, filho do homem, prepare sua bagagem com os poucos pertences que um exilado conseguiria carregar, saia de sua casa e vá para outro lugar, como se tivesse sido enviado para o exílio. Faça isso diante de todos, para que o vejam. Talvez prestem atenção, embora sejam rebeldes. 4 Leve sua bagagem para fora durante o dia, à vista de todos. E, ao anoitecer, enquanto o observam, saia de sua casa, como fazem os exilados. 5 Faça um buraco no muro e saia por ele diante de todos. 6 Enquanto o observam, coloque sua bagagem nos ombros e caminhe na escuridão da noite. Cubra o rosto para não ver a terra que está deixando para trás, pois fiz de você um sinal para o povo de Israel".

7 Assim, fiz o que me foi ordenado. À luz do dia, carreguei para fora minha bagagem, com as coisas que levaria para o exílio. Ao anoitecer, enquanto o povo observava, fiz um buraco no muro com as mãos e caminhei na escuridão da noite, com a bagagem sobre os ombros.

8 Na manhã seguinte, recebi esta mensagem do Senhor: 9 "Filho do homem, esses rebeldes, o povo de Israel, lhe perguntaram o que significa tudo isso que você fez. 10 Diga-lhes: 'Assim diz o Senhor Soberano: Essas ações contêm uma advertência para o rei Zedequias, em Jerusalém,[b] e para todo o povo de Israel'. 11 Diga a todos que suas ações são um sinal para mostrar o que lhes acontecerá em breve, pois serão levados como prisioneiros para o exílio.

12 "Até mesmo Zedequias sairá de Jerusalém durante a noite, por um buraco no muro, levando somente o que conseguir carregar. Cobrirá o rosto, e seus olhos não

[a] **11.24** Ou *Caldeia.*

[b] **12.10** Em hebraico, *o príncipe em Jerusalém*; também em 12.12.

verão a terra que ele está deixando para
trás. 13 Então lançarei minha rede sobre ele
e o prenderei em meu laço. Eu o levarei à
Babilônia, à terra dos babilônios,[a] mas ele
não a verá, e nela morrerá. 14 Espalharei
seus servos e seus guerreiros aos quatro
ventos e enviarei a espada para persegui-
-los. 15 E, quando eu os espalhar entre as
nações, eles saberão que eu sou o Senhor.
16 Contudo, livrarei uns poucos da morte
por fome, guerra ou doença, para que con-
fessem às nações para onde forem levados
todos os seus pecados detestáveis. Então
saberão que eu sou o Senhor".

17 Depois, recebi esta mensagem do
Senhor: 18 "Filho do homem, trema ao co-
mer sua comida e estremeça de medo ao
beber sua água. 19 Diga ao povo: 'Assim diz
o Senhor Soberano acerca dos habitantes
de Israel e de Jerusalém: Com ansieda-
de comerão sua comida e com desespe-
ro beberão sua água, pois sua terra será
completamente despojada por causa da
violência dos que nela habitam. 20 As ci-
dades serão destruídas, e os campos fica-
rão devastados. Então vocês saberão que
eu sou o Senhor'".

UM NOVO PROVÉRBIO PARA ISRAEL

21 Recebi outra mensagem do Senhor: 22 "Fi-
lho do homem, você ouviu o provérbio que
citam em Israel: 'O tempo passa e as profe-
cias dão em nada'. 23 Por isso, diga ao po-
vo: 'Assim diz o Senhor Soberano: Acabarei
com esse provérbio, e logo vocês deixarão
de citá-lo'. Agora, anuncie-lhes: 'Chegou o
dia de todas as profecias se cumprirem!'.

24 "Não haverá mais visões falsas nem
previsões lisonjeiras em Israel. 25 Pois eu
sou o Senhor; o que eu disser, acontecerá.
Não haverá mais demora, ó rebeldes de Is-
rael. Cumprirei minhas palavras durante
sua vida. Eu, o Senhor, falei!".

26 Então recebi esta mensagem do Se-
nhor: 27 "Filho do homem, o povo de Israel
diz: 'Ele fala do futuro distante. Levará
muito tempo para que suas visões se cum-
pram'. 28 Portanto, diga-lhes: 'Assim diz o
Senhor Soberano: Não haverá mais demora.
Agora cumprirei todas as minhas palavras.
Eu, o Senhor Soberano, falei!'".

JULGAMENTO CONTRA OS FALSOS PROFETAS

13 Então recebi esta mensagem do
Senhor: 2 "Filho do homem, pro-
fetize contra os falsos profetas de Israel,
que falam o que lhes vem à mente. Diga-
-lhes: 'Ouçam a palavra do Senhor. 3 Assim
diz o Senhor Soberano: Que aflição espera
esses profetas insensatos, que seguem a
própria imaginação e que não viram coi-
sa alguma!'.

4 "Ó povo de Israel, seus profetas são co-
mo chacais no meio de ruínas. 5 Não toma-
ram nenhuma providência para consertar
as brechas nos muros que rodeiam a na-
ção, para que permanecesse firme na ba-
talha no dia do Senhor. 6 Em vez disso,
anunciaram visões falsas e fizeram pre-
visões mentirosas. Dizem: 'Esta mensa-
gem é do Senhor', embora o Senhor jamais
os tenha enviado. E, no entanto, esperam
que as palavras que profetizam se cum-
pram! 7 Acaso não são falsas suas visões
e mentirosas suas previsões, se vocês afir-
mam: 'Esta mensagem é do Senhor', quan-
do nem sequer falei com vocês?

8 "Portanto, assim diz o Senhor Sobe-
rano: Porque suas palavras são falsas e
suas visões, mentirosas, eu me coloca-
rei contra vocês, diz o Senhor Soberano.
9 Levantarei minha mão contra todos os
profetas que têm visões falsas e fazem
previsões mentirosas, e eles serão expul-
sos da comunidade de Israel. Apagarei
seus nomes dos registros de Israel, e eles
nunca voltarão a pisar em sua própria ter-
ra. Então vocês saberão que eu sou o Se-
nhor Soberano.

10 "Isso acontecerá porque esses profetas
enganam meu povo, dizendo: 'Tudo está
em paz', quando não há paz alguma. É co-
mo se o povo tivesse construído um mu-
ro precário e esses profetas o cobrissem
com cal! 11 Diga aos que passam cal que
o muro logo cairá. Uma forte tempestade
virá, e grandes pedras de granizo e ventos
impetuosos o derrubarão. 12 E, quando o
muro cair, o povo dirá: 'O que aconteceu
com a cal que vocês passaram?'.

[a] **12.13** Ou *caldeus*.

Mulher, embora o passado seja uma roupa que já não lhe serve mais, com certeza é uma lição e cura que você levará para o futuro.

13 "Portanto, assim diz o SENHOR Sobe-
rano: Destruirei esse muro com ventos
impetuosos de indignação, com forte tem-
pestade de ira e com pedras de granizo de
fúria. 14 Despedaçarei seu muro coberto
de cal até os alicerces e, quando ele cair,
esmagará vocês. Então vocês saberão que
eu sou o SENHOR. 15 Enfim satisfarei minha
fúria contra o muro e contra aqueles que o
cobriram com cal. Em seguida, direi a vo-
cês: 'O muro e aqueles que o cobriram com
cal não existem mais. 16 Eram os profetas
de Israel, que anunciavam visões de paz
para Jerusalém, quando não há paz algu-
ma. Eu, o SENHOR Soberano, falei!'."

JULGAMENTO CONTRA AS FALSAS PROFETISAS

17 "Agora, filho do homem, pronuncie-se
contra as mulheres que profetizam o que
lhes vem à mente. 18 Assim diz o SENHOR
Soberano: Que aflição espera vocês, mu-
lheres que enlaçam a alma de meu povo,
tanto dos jovens como dos idosos! Amar-
ram amuletos no pulso deles e lhes fazem
véus para a cabeça. Pensam que podem en-
laçar outros sem provocar a própria des-
truição? 19 Vocês me desonram no meio
de meu povo em troca de uns punhados
de cevada ou um pedaço de pão. Quando
mentem ao meu povo, que gosta de ouvir
mentiras, vocês matam aqueles que não
deviam morrer e prometem vida àqueles
que não deviam viver.

20 "Assim diz o SENHOR Soberano: Estou
contra todos os seus amuletos, que vocês
usam para enlaçar meu povo. Eu os arran-
carei de seus braços e libertarei meu povo,
como pássaros que alguém solta de uma
gaiola. 21 Arrancarei os véus e livrarei meu
povo de suas mãos, e eles não serão mais
suas vítimas. Então vocês saberão que eu
sou o SENHOR. 22 Com suas mentiras, vocês
desanimaram os justos, mas eu não queria
que eles se entristecessem. Também enco-
rajaram os perversos ao lhes prometer vi-
da, embora eles continuem a pecar. 23 Por
causa de tudo isso, vocês não falarão mais
de visões que nunca tiveram, nem farão
previsões enganosas. Pois eu livrarei meu
povo de suas mãos. Então vocês saberão
que eu sou o SENHOR".

A IDOLATRIA DOS LÍDERES DE ISRAEL

14 Então alguns dos líderes de Israel
me visitaram e, enquanto estavam
sentados comigo, 2 recebi esta mensagem
do SENHOR: 3 "Filho do homem, esses ho-
mens levantaram ídolos[a] em seu coração
e seguem coisas que os farão cair em pe-
cado. Por que eu ouviria os pedidos de-
les? 4 Por isso, diga-lhes: 'Assim diz o
SENHOR Soberano: O povo de Israel levanta
ídolos em seu coração e cai em pecado, e
depois vai consultar um profeta. Portanto,
eu, o SENHOR, lhes darei o tipo de resposta
que sua grande idolatria merece. 5 Farei
isso para conquistar o coração de todo o
meu povo, que se afastou de mim para
seguir ídolos'.

6 "Portanto, diga ao povo de Israel: 'As-
sim diz o SENHOR Soberano: Arrependam-
-se e afastem-se de seus ídolos; parem de
cometer pecados detestáveis! 7 Pois eu, o
SENHOR, responderei a todos, tanto israeli-
tas como estrangeiros, que se afastam de
mim, levantam ídolos em seu coração e,
desse modo, caem em pecado, e depois
procuram um profeta para me consultar.
8 Eu me voltarei contra essas pessoas e fa-
rei delas um exemplo ao eliminá-las do
meio de meu povo. Então vocês saberão
que eu sou o SENHOR.

9 "'E, se um profeta é enganado e leva-
do a transmitir uma mensagem, é porque
eu, o SENHOR, o enganei. Levantarei minha
mão contra esses profetas e os eliminarei
do meio de Israel. 10 Tanto os falsos pro-
fetas como os que buscam a orientação
deles serão castigados por seus pecados.
11 Assim, o povo de Israel aprenderá a não
se desviar mais de mim nem se contami-
nar com todos os seus pecados. Eles serão
o meu povo, e eu serei o seu Deus. Eu, o
SENHOR Soberano, falei!'".

A CERTEZA DO JULGAMENTO DIVINO

12 Então recebi esta mensagem do SENHOR:
13 "Filho do homem, suponhamos que o po-
vo de uma terra tivesse pecado contra mim,
e eu levantasse minha mão para esmagá-lo,

[a] **14.3** É provável que o termo hebraico (lit., *coisas redondas*) se refira a esterco; também em 14.4,5,6,7.

cortasse seu suprimento de comida e enviasse fome para destruir tanto pessoas como animais. 14 Mesmo que Noé, Daniel e Jó estivessem ali, sua justiça não salvaria ninguém a não ser eles mesmos, diz o Senhor Soberano.

15 "Ou suponhamos que eu enviasse animais selvagens para invadir a nação e tornar a terra tão desolada e perigosa que ninguém poderia passar por ela. 16 Tão certo como eu vivo, diz o Senhor Soberano, mesmo que esses três homens estivessem ali, não seriam capazes de salvar seus filhos nem suas filhas. Apenas eles seriam salvos, mas a terra seria arrasada.

17 "Ou suponhamos que eu trouxesse guerra contra a terra e enviasse exércitos inimigos para destruir tanto pessoas como animais. 18 Tão certo como eu vivo, diz o Senhor Soberano, mesmo que esses três homens estivessem ali, não seriam capazes de salvar seus filhos nem suas filhas. Apenas eles seriam salvos.

19 "Ou suponhamos que eu derramasse minha fúria ao enviar uma epidemia sobre a terra e essa doença matasse tanto pessoas como animais. 20 Tão certo como eu vivo, diz o Senhor Soberano, ainda que Noé, Daniel e Jó estivessem ali, não seriam capazes de salvar seus filhos nem suas filhas. Somente eles seriam salvos por sua justiça.

21 "Agora, assim diz o Senhor Soberano: Como será terrível quando esses quatro castigos terríveis — guerra, fome, animais selvagens e doença — caírem sobre Jerusalém e destruírem todo o seu povo e seus animais! 22 Contudo, haverá sobreviventes, que se juntarão a vocês no exílio na Babilônia. Vocês verão com os próprios olhos como eles são perversos e se sentirão consolados diante da calamidade que eu trouxe sobre Jerusalém. 23 Quando se encontrarem com eles, entenderão que não foi sem motivo que fiz essas coisas a Israel. Eu, o Senhor Soberano, falei!".

JERUSALÉM, UMA VIDEIRA INÚTIL

15 Recebi esta mensagem do Senhor: 2 "Filho do homem, como comparar uma videira com uma árvore? Acaso a madeira da videira é útil como a da árvore? 3 Pode ser usada para fazer objetos, como ganchos para pendurar vasilhas e panelas? 4 Não, ela serve apenas como lenha e, mesmo assim, queima depressa demais. 5 As videiras são inúteis tanto antes como depois de serem lançadas no fogo.

6 "Assim diz o Senhor Soberano: Os habitantes de Jerusalém são como videiras que crescem no meio das árvores do bosque. Porque são inúteis, eu os lancei no fogo para serem queimados. 7 E, se escaparem de um fogo, providenciarei outro para os consumir. Quando eu me voltar contra eles, vocês saberão que eu sou o Senhor. 8 Deixarei a terra desolada, pois meu povo foi infiel a mim. Eu, o Senhor Soberano falei!".

JERUSALÉM, ESPOSA INFIEL

16 Então recebi outra mensagem do Senhor: 2 "Filho do homem, faça Jerusalém ver como são detestáveis seus pecados. 3 Transmita-lhe esta mensagem do Senhor Soberano: Você não passa de uma cananeia! Seu pai era amorreu, e sua mãe era hitita. 4 No dia em que você nasceu, ninguém cortou seu cordão umbilical, nem a lavou, nem a esfregou com sal, nem a enrolou em panos. 5 Ninguém teve compaixão nem cuidou de você. No dia em que nasceu, você foi rejeitada e abandonada num campo.

6 "Mas eu passei por lá e a vi, indefesa, esperneando em seu sangue, e lhe disse: 'Viva!'. 7 Eu a fiz desenvolver-se, como uma planta no campo. Você cresceu e se tornou uma linda joia. Seus seios se formaram e seu cabelo cresceu, mas você continuava nua. 8 Quando passei por você outra vez, vi que já tinha idade suficiente para amar. Eu a envolvi com meu manto para cobrir sua nudez e pronunciei meus votos de casamento. Fiz uma aliança com você, diz o Senhor Soberano, e você se tornou minha.

9 "Então lavei você, limpei o sangue e passei óleo perfumado em sua pele. 10 Eu lhe dei roupas caras de linho fino e de seda com lindos bordados e sandálias feitas do mais excelente couro de cabra. 11 Também lhe dei belas joias, pulseiras e lindos colares, 12 uma argola para o nariz,

brincos para as orelhas e uma bela coroa para a cabeça. [13] Assim, você foi enfeitada com ouro e prata. Suas roupas eram feitas de linho fino e seda e tinham lindos bordados. Você comia os alimentos mais seletos — farinha da melhor qualidade, mel e azeite — e se tornou mais linda que nunca. Parecia uma rainha, e de fato era! [14] Sua fama logo se espalhou por todo o mundo, por causa de sua beleza. Eu a vesti com meu esplendor e aperfeiçoei sua beleza, diz o Senhor Soberano.

[15] "No entanto, você pensou que era dona de sua fama e de sua beleza. Então, entregou-se como prostituta a todo homem que passava. Sua beleza estava à disposição de quem a pedisse. [16] Usou os presentes lindos que lhe dei para fazer altares para seus ídolos e ali se prostituiu. Nunca se viu uma coisa dessas! [17] Pegou as joias e os enfeites de ouro e prata que lhe dei, fez estátuas de homens e as adorou. Desse modo, cometeu adultério contra mim. [18] Com as lindas roupas bordadas que lhe dei, vestiu seus ídolos e usou meu óleo perfumado e meu incenso para adorá-los. [19] Colocou diante deles como sacrifício a farinha da melhor qualidade, o azeite e o mel com que cuidei de você, diz o Senhor Soberano.

[20] "Depois, pegou seus filhos e suas filhas, que havia gerado para mim, e os sacrificou a seus deuses. Acaso não bastou você se prostituir? [21] Também teve de matar meus filhos como sacrifício a ídolos? [22] Em todo o seu pecado detestável e em seu adultério, você não se lembrou daqueles dias, muito tempo atrás, em que estava nua e abandonada, esperneando em seu sangue.

[23] "Que aflição a espera!, diz o Senhor Soberano. Além de todas as suas maldades, [24] você construiu um lugar de adoração e ergueu altares a ídolos em todas as praças da cidade. [25] Em cada esquina, contaminou sua beleza e ofereceu seu corpo a todos que passavam, aumentando sua prostituição. [26] Então acrescentou a seus amantes o lascivo Egito e provocou minha ira com promiscuidade cada vez maior. [27] Por isso eu a feri com minha mão e reduzi seu território. Entreguei-a a seus inimigos, os filisteus, e até eles ficaram espantados com sua conduta depravada. [28] Você também se prostituiu com os assírios. Parece que nunca se cansa de procurar amantes! E, mesmo depois de se prostituir com eles, não ficou satisfeita. [29] Acrescentou a seus amantes a Babilônia,[a] terra de comerciantes, mas ainda assim não se contentou.

[30] "Como seu coração é fraco, diz o Senhor Soberano, para fazer essas coisas e se comportar como uma prostituta desavergonhada! [31] Constrói lugares de adoração em todas as esquinas e altares a seus ídolos em todas as praças. Na verdade, você foi pior que uma prostituta, pois nem exigiu pagamento. [32] Sim, você é uma esposa adúltera que acolhe estranhos em vez do marido. [33] As prostitutas cobram por seus serviços, mas você não! Oferece presentes a seus amantes e os suborna para adulterarem com você. [34] Faz, portanto, o contrário de outras prostitutas. Paga seus amantes em vez de eles pagarem você!"

JULGAMENTO CONTRA JERUSALÉM POR SUA PROSTITUIÇÃO

[35] "Portanto, prostituta, ouça esta mensagem do Senhor. [36] Assim diz o Senhor Soberano: Visto que você derramou sua lascívia e se expôs em prostituição a todos os seus amantes, adorou ídolos detestáveis[b] e matou seus filhos como sacrifícios a seus deuses, [37] ouça o que farei. Reunirei todos os seus aliados — seus amantes com os quais você teve prazer, os que você amou e também os que odiou — e a deixarei nua diante deles, para que todos a vejam. [38] Eu a castigarei por homicídio e adultério e, na fúria de meu ciúme, a cobrirei de sangue. [39] Então a entregarei a esses muitos povos que são seus amantes, e eles a destruirão. Derrubarão seus lugares de adoração e os altares de seus ídolos. Arrancarão suas roupas, levarão suas lindas joias e a deixarão completamente nua. [40] Eles se juntarão e formarão uma multidão violenta que a apedrejará e a cortará com espadas. [41] Queimarão suas casas e a castigarão diante de muitas mulheres.

[a] **16.29** Ou *Caldeia*.
[b] **16.36** É provável que o termo hebraico (lit., *coisas redondas*) se refira a esterco.

Eu porei fim à sua prostituição, e você não pagará mais seus muitos amantes.

42 "Por fim, satisfarei minha fúria contra você, e meu ciúme se acalmará. Ficarei tranquilo e já não ficarei irado com você. 43 Primeiro, porém, uma vez que você não se lembrou de sua juventude, mas provocou minha ira com todas as suas maldades, eu lhe darei o castigo merecido por sua conduta, diz o SENHOR Soberano. Pois a todos os seus pecados detestáveis você acrescentou a depravação. 44 Todos que inventam provérbios dirão a seu respeito: 'Tal mãe, tal filha'. 45 Pois sua mãe detestava o marido e os filhos, e você faz o mesmo. É exatamente como suas irmãs, que também desprezaram marido e filhos. De fato, sua mãe era hitita, e seu pai, amorreu.

46 "Sua irmã mais velha era Samaria, que vivia com as filhas ao norte. Sua irmã mais nova era Sodoma, que vivia com as filhas ao sul. 47 Mas você não apenas imitou sua conduta e seus pecados detestáveis; em pouco tempo, você as superou em sua depravação. 48 Tão certo como eu vivo, diz o SENHOR Soberano, Sodoma e suas filhas nunca foram tão perversas quanto você e suas filhas. 49 Sodoma cometia os pecados de orgulho, glutonaria e preguiça, enquanto os pobres e necessitados sofriam. 50 Era arrogante e cometia pecados detestáveis, por isso eu a exterminei, como você viu.[a]

51 "Nem mesmo Samaria cometeu metade dos pecados que você cometeu. Você fez coisas muito mais detestáveis que suas irmãs. Comparadas a você, elas parecem justas. 52 Você deveria se envergonhar. Seus pecados são tão terríveis que fazem suas irmãs parecerem justas, e até mesmo puras. Que coisa vergonhosa!

53 "Um dia, porém, restaurarei Sodoma e Samaria, e você também. 54 Então você ficará verdadeiramente envergonhada de tudo que fez, pois seus pecados fazem suas irmãs se sentirem bem em comparação com você. 55 Quando suas irmãs, Sodoma e Samaria, e todos os seus habitantes forem restaurados, você também será restaurada. 56 Você, em seus dias de arrogância, desprezava Sodoma. 57 Agora, porém, sua perversidade se tornou evidente para todo o mundo, e você é desprezada por Edom,[b] por todos os vizinhos dele e pela Filístia. 58 Esse é o castigo por sua depravação e seus pecados detestáveis, diz o SENHOR.

59 "Assim diz o SENHOR Soberano: Eu lhe darei o que você merece, pois não levou a sério seus votos solenes e quebrou sua aliança. 60 Contudo, me lembrarei da aliança que fiz com você em sua juventude e estabelecerei com você uma aliança permanente. 61 Então você se lembrará com vergonha de tudo que fez. Farei que suas irmãs, Samaria e Sodoma, se tornem suas filhas, embora elas não façam parte de nossa aliança. 62 Reafirmarei minha aliança com você, e você saberá que eu sou o SENHOR. 63 Você se lembrará de seus pecados e ficará calada de tanta vergonha quando eu perdoar tudo que fez. Eu, o SENHOR Soberano, falei!".

A PARÁBOLA DAS DUAS ÁGUIAS

17 Recebi esta mensagem do SENHOR: 2 "Filho do homem, apresente esta parábola e conte esta história ao povo de Israel. 3 Transmita-lhes a seguinte mensagem do SENHOR Soberano:

"Uma grande águia, com asas
grandes e penas longas,
coberta com plumagem
de várias cores,
veio ao Líbano.
Agarrou a ponta de um cedro
4 e arrancou seu galho mais alto.
Levou-o para uma terra
de comerciantes
e plantou-o numa cidade
de mercadores.
5 Também levou da terra
uma semente
e a plantou em solo fértil.
Colocou-a junto a um rio largo,
onde pudesse crescer
como um salgueiro.

[a] **16.50** Conforme alguns manuscritos hebraicos e a Septuaginta; o Texto Massorético traz *como eu vi*.

[b] **16.57** Conforme vários manuscritos hebraicos e a versão siríaca; o Texto Massorético traz *Arã*.

6 A planta criou raízes, cresceu
e se tornou uma videira
baixa, mas espalhada.
Os ramos se voltaram para a águia,
e as raízes se aprofundaram no solo.
Produziu ramos fortes
e deu brotos.
7 Então, surgiu outra águia,
com asas grandes e muita plumagem.
A videira lançou raízes e ramos
na direção dela, em busca de água,
8 embora já estivesse plantada
em boa terra
e tivesse água com fartura,
para que crescesse e se transformasse
numa bela videira
e produzisse ramos e frutos.

9 "Agora, portanto, assim diz
o Senhor Soberano:
Acaso essa videira prosperará?
Não! Eu a arrancarei pela raiz!
Cortarei seus frutos
e deixarei que suas folhas murchem.
Eu a arrancarei facilmente;
não será necessário um braço forte
nem um grande exército.
10 Mas, quando a videira for replantada,
acaso florescerá?
Pelo contrário, murchará
quando o vento do leste
soprar contra ela.
Morrerá na mesma terra
onde havia crescido".

EXPLICAÇÃO DA PARÁBOLA

11 Então recebi esta mensagem do Senhor: 12 "Diga a este povo rebelde: Vocês não entendem o que significa essa parábola? O rei da Babilônia veio a Jerusalém e levou seu rei e seus príncipes para a Babilônia. 13 Firmou um tratado com um membro da família real e o obrigou a jurar lealdade. Também exilou os líderes mais influentes de Israel, 14 para que o reino não voltasse a se fortalecer nem se rebelasse. Ele só sobreviveria se cumprisse seu tratado com a Babilônia.

15 "Contudo, esse homem da família real de Israel se rebelou contra a Babilônia e enviou embaixadores ao Egito, para pedir um grande exército e muitos cavalos. Acaso Israel pode deixar de cumprir os tratados que fez sob juramento e ficar impune? 16 Tão certo como eu vivo, diz o Senhor Soberano, o rei de Israel morrerá na Babilônia, a terra do rei que o colocou no poder e cujo tratado ele desprezou e quebrou. 17 O faraó e todo o seu exército poderoso não serão capazes de ajudar Israel quando o rei da Babilônia cercar Jerusalém novamente e destruir muitas vidas. 18 Pois o rei de Israel desprezou seu tratado e o quebrou depois de jurar obediência; portanto, ele não escapará.

19 "Por isso, assim diz o Senhor Soberano: Tão certo como eu vivo, eu o castigarei por quebrar minha aliança e desprezar o voto solene que fez em meu nome. 20 Lançarei minha rede sobre ele e o pegarei em meu laço. Eu o levarei à Babilônia e o julgarei por sua traição contra mim. 21 Todos os seus melhores guerreiros[a] serão mortos na batalha, e os que sobreviverem serão espalhados aos quatro ventos. Então você saberá que eu, o Senhor, falei.

22 "Assim diz o Senhor Soberano: Pegarei um ramo da ponta de um cedro alto e o plantarei no topo do monte mais elevado de Israel. 23 Ele se tornará um cedro majestoso que estenderá seus ramos e produzirá sementes. Aves de toda espécie farão ninhos ali e encontrarão abrigo à sombra de seus ramos. 24 E todas as árvores saberão que eu, o Senhor, derrubo a árvore alta e faço crescer a árvore baixa. Faço a árvore verde murchar e dou vida à árvore seca. Eu, o Senhor, falei e cumprirei o que prometi!".

A JUSTIÇA DE DEUS

18 Recebi outra mensagem do Senhor: 2 "Por que vocês citam este provérbio a respeito da terra de Israel: 'Os pais comeram uvas azedas, mas os dentes dos filhos é que estragaram'? 3 Tão certo como eu vivo, diz o Senhor Soberano, vocês não citarão mais esse provérbio em Israel. 4 Pois todos me pertencem, tanto pais como filhos. Aquele que pecar é que morrerá.

a **17.21** Conforme alguns manuscritos hebraicos; o Texto Massorético traz *seus guerreiros em fuga*. O significado é incerto.

5 "Suponhamos que um homem seja justo e faça o que é certo e direito. 6 Não participa de banquetes nos lugares de adoração diante dos ídolos[a] de Israel nem os adora. Não comete adultério e não tem relações com a mulher quando ela está menstruada. 7 É um credor misericordioso, que não fica com os objetos entregues como garantia pelos devedores pobres. Não rouba dos pobres; antes, dá alimento aos famintos e providencia roupas aos necessitados. 8 Empresta dinheiro sem visar lucros, mantém-se afastado da injustiça, é honesto e imparcial quando julga 9 e obedece fielmente a meus decretos e estatutos. Quem age desse modo é justo e certamente viverá, diz o SENHOR Soberano.

10 "Suponhamos, porém, que esse homem tenha um filho ladrão ou assassino, que se recusa a fazer o que é certo. 11 Suponhamos que esse filho faça todas as maldades que seu pai jamais faria: participe de banquetes oferecidos a ídolos nos lugares de adoração, cometa adultério, 12 oprima os pobres e os desamparados, roube de seus devedores ao não lhes devolver sua garantia, adore ídolos, pratique pecados detestáveis 13 e empreste dinheiro visando lucros. Acaso esse pecador deve viver? Não, ele será responsabilizado e morrerá.

14 "Suponhamos, porém, que esse filho pecador tenha, por sua vez, um filho que vê a perversidade do pai e decide não viver desse modo. 15 Esse filho não participa de banquetes nos lugares de adoração, não adora ídolos e não comete adultério. 16 Não explora os pobres; antes, trata os devedores com imparcialidade e não rouba deles. Dá alimentos aos famintos e providencia roupas aos necessitados. 17 Ajuda os pobres,[b] não empresta dinheiro visando lucros e obedece a todos os meus decretos e estatutos. Ele não morrerá por causa dos pecados de seu pai; certamente viverá. 18 O pai, no entanto, morrerá por causa de seus muitos pecados, por ser cruel, roubar das pessoas e fazer o que era claramente errado no meio de seu povo.

19 "Vocês, porém, perguntam: 'Como assim? O filho não paga pelos pecados do pai?'. Não! Pois se o filho faz o que é justo e certo e guarda meus decretos, ele certamente viverá. 20 Aquele que pecar é que morrerá. O filho não será castigado pelos pecados do pai, e o pai não será castigado pelos pecados do filho. Os justos serão recompensados por sua justiça, e os perversos serão castigados por sua perversidade. 21 Mas, se os perversos abandonarem seus pecados e obedecerem a meus decretos e fizerem o que é justo e certo, com certeza viverão, e não morrerão. 22 Todos os pecados que cometeram no passado serão esquecidos, e eles viverão por causa de seus atos de justiça.

23 "Vocês acham que eu gosto de ver os perversos morrerem?, diz o SENHOR Soberano. Claro que não! Meu desejo é que eles se afastem de seus maus caminhos e vivam. 24 Contudo, se os justos se afastarem de sua justiça, cometerem pecados e agirem como outros pecadores, deve-se permitir que vivam? Claro que não! Todos os seus atos de justiça serão esquecidos, e eles morrerão por causa de seus pecados.

25 "Vocês, porém, dizem: 'O Senhor não é justo!'. Ouça, ó povo de Israel: quem é injusto, eu ou vocês? 26 Se os justos se afastarem de sua justiça e cometerem pecados, morrerão por causa disso. Sim, eles morrerão por causa de seus pecados. 27 E, se os perversos se afastarem de sua perversidade e fizerem o que é justo e certo, preservarão a vida. 28 Eles viverão, pois pensaram melhor e decidiram se afastar de seus pecados. 29 E, no entanto, o povo de Israel continua a dizer: 'O Senhor não é justo!'. Ó povo de Israel, vocês é que são injustos, e não eu!

30 "Portanto, julgarei cada um de vocês, ó povo de Israel, conforme suas ações, diz o SENHOR Soberano. Arrependam-se e afastem-se de seus pecados, e não permitam que eles os derrubem. 31 Deixem toda a sua rebeldia para trás e busquem um coração novo e um espírito novo. Por que morrer, ó povo de Israel? 32 Não é meu desejo que morram, diz o SENHOR Soberano. Arrependam-se e vivam!"

[a] **18.6** É provável que o termo hebraico (lit., *coisas redondas*) se refira a esterco; também em 18.12,15.

[b] **18.17** A Septuaginta traz *Recusa-se a fazer o mal.*

CÂNTICO FÚNEBRE PELOS REIS DE ISRAEL

19 "Entoe este cântico fúnebre pelos príncipes de Israel:

2 "Que é sua mãe?
Uma leoa entre os leões!
Ela se deitava entre os leõezinhos
e criava seus filhotes.
3 Criou um deles
para se tornar um leão forte.
Ele aprendeu a caçar e a
despedaçar a presa
e se tornou devorador de gente.
4 As nações ouviram falar dele
e o apanharam na cova
que lhe prepararam.
Com ganchos o levaram
para a terra do Egito.

5 "Quando a leoa viu
que sua esperança por
ele estava perdida,
pegou outro filhote
e o ensinou a ser um leão forte.
6 Ele andava entre os leões
e se destacava por sua força.
Aprendeu a caçar e a
despedaçar a presa
e também se tornou
devorador de gente.
7 Derrubou fortalezas[a]
e destruiu cidades.
A terra e seus habitantes
tremiam de medo
quando ouviam seu rugido.
8 Então os exércitos das
nações o atacaram
e o cercaram por todos os lados.
Lançaram uma rede sobre ele
e o apanharam na cova
que lhe prepararam.
9 Com ganchos o arrastaram
para dentro de uma jaula
e o levaram ao rei
da Babilônia.
Eles o mantiveram preso,
para que nunca mais se
ouvisse sua voz
nos montes de Israel.

[a] **19.7** Conforme a Septuaginta; o hebraico traz *Conheceu viúvas.*

10 "Sua mãe era como uma videira
plantada junto à água.
Tinha folhagem viçosa e dava frutos,
porque havia muita água.
11 Seus ramos se tornaram fortes
o suficiente para serem cetros de reis.
Ela cresceu, ficou muito alta
e se elevou acima de todas as outras.
12 Mas a videira foi arrancada
pela raiz com fúria
e atirada ao chão.
O vento do deserto secou seus frutos
e quebrou seus fortes ramos,
por isso ela murchou
e foi consumida pelo fogo.
13 Agora a videira está
plantada no deserto,
onde o solo é duro e seco.
14 De seus ramos saiu fogo
e consumiu seus frutos.
Os ramos que sobraram não são fortes
o suficiente para serem cetros de reis.

"Este é um cântico fúnebre e será entoado num funeral".

A REBELIÃO DE ISRAEL

20 Em 14 de agosto,[b] durante o sétimo
ano do exílio do rei Joaquim, al-
guns dos líderes de Israel vieram consul-
tar o SENHOR e, enquanto estavam sentados
comigo, 2 recebi esta mensagem do SENHOR:
3 "Filho do homem, diga aos líderes de Is-
rael: 'Assim diz o SENHOR Soberano: Como
ousam vir me consultar? Tão certo como
eu vivo, diz o SENHOR Soberano, não lhes
direi coisa alguma!'.
4 "Filho do homem, apresente acusa-
ções contra eles e condene-os. Faça-os
ver como eram detestáveis os pecados de
seus antepassados. 5 Transmita-lhes esta
mensagem do SENHOR Soberano: Quando
escolhi Israel, quando me revelei aos des-
cendentes de Jacó, no Egito, jurei solene-
mente que eu, o SENHOR, seria o seu Deus.
6 Naquele dia, jurei que os tiraria do Egito
e os levaria para uma terra que havia en-
contrado para eles, uma terra boa, que pro-
duz leite e mel com fartura, a mais linda

[b] **20.1** Em hebraico, *No quinto mês, no décimo dia*, do antigo calendário lunar hebraico. O ano foi 591 a.C.; ver também nota em 1.1.

de todas as terras. 7 Então lhes disse: 'Cada um de vocês livre-se de suas imagens repugnantes pelas quais está obcecado. Não se contamine com os ídolos[a] do Egito, pois eu sou o Senhor, seu Deus'.

8 "Eles, porém, se rebelaram contra mim e não quiseram ouvir. Não se livraram das imagens repugnantes pelas quais estavam obcecados, nem abandonaram os ídolos do Egito. Então ameacei derramar minha fúria sobre eles para satisfazer minha ira enquanto ainda estavam no Egito. 9 Mas, por causa do meu nome, não o fiz. Não permiti que meu nome fosse desonrado entre as nações vizinhas diante das quais me revelei quando tirei os israelitas do Egito. 10 Portanto, eu os tirei do Egito e os levei para o deserto. 11 Ali lhes dei meus decretos e estatutos, para que encontrassem vida ao praticá-los. 12 Também lhes dei os sábados como sinal entre mim e eles, para lembrá-los de que eu sou o Senhor, que os separou para serem santos.

13 "O povo de Israel, no entanto, se rebelou contra mim e não quis obedecer a meus decretos no deserto. A obediência lhes teria dado vida, mas não seguiram meus estatutos. Além disso, profanaram meus sábados. Portanto, ameacei derramar minha fúria sobre eles e consumi-los inteiramente no deserto. 14 Mais uma vez, porém, me contive por causa do meu nome, para que não fosse desonrado diante das nações que tinham visto meu poder quando tirei Israel do Egito. 15 Contudo, fiz um juramento solene contra eles no deserto. Jurei que não os faria entrar na terra que lhes tinha dado, uma terra que produz leite e mel com fartura, a mais linda de todas as terras. 16 Pois rejeitaram meus estatutos, recusaram-se a seguir meus decretos e profanaram meus sábados, porque entregaram o coração a seus ídolos. 17 Apesar disso, tive compaixão deles e não os destruí no deserto.

18 "Então adverti seus filhos no deserto a não seguirem os passos e o estilo de vida de seus pais, que se contaminaram com seus ídolos. 19 Disse-lhes: 'Eu sou o Senhor, seu Deus. Sigam meus decretos, obedeçam a meus estatutos 20 e guardem meus sábados como dias santos, pois são um sinal entre mim e vocês para lembrá-los de que eu sou o Senhor, seu Deus'.

21 "Seus filhos, porém, também se rebelaram contra mim. A obediência lhes teria dado vida, mas não guardaram meus decretos nem seguiram meus estatutos. Além disso, profanaram meus sábados. Portanto, mais uma vez, ameacei derramar minha fúria sobre eles no deserto para satisfazer minha ira. 22 No entanto, contive meu julgamento por causa do meu nome, para que não fosse desonrado diante das nações que tinham visto meu poder quando tirei Israel do Egito. 23 Contudo, fiz um juramento solene contra eles no deserto. Jurei que os espalharia entre todas as nações, 24 pois não obedeceram a meus estatutos. Desprezaram meus decretos, profanaram meus sábados e cobiçaram os ídolos de seus antepassados. 25 Eu os entreguei a decretos e estatutos inúteis, que não conduziriam à vida. 26 Deixei que se contaminassem[b] com suas ofertas idólatras e permiti que oferecessem seus primeiros filhos como sacrifícios a seus deuses, para que eu os devastasse e lhes mostrasse que somente eu sou o Senhor."

JULGAMENTO E RESTAURAÇÃO

27 "Portanto, filho do homem, transmita ao povo de Israel esta mensagem do Senhor Soberano: Seus antepassados continuaram a blasfemar contra mim e a me trair, 28 pois, quando os trouxe à terra que lhes havia prometido, eles ofereceram sacrifícios onde quer que vissem montes altos e árvores verdejantes. Provocaram minha fúria ao oferecer sacrifícios a seus deuses. Levaram perfumes e incenso e apresentaram ofertas derramadas. 29 Disse-lhes: 'Que lugar alto é este para onde vão?'. (Desde então, esse tipo de lugar é chamado de Bamá, 'lugar alto'.)

30 "Portanto, transmita ao povo de Israel esta mensagem do Senhor Soberano: Vocês continuarão a se contaminar,

[a] **20.7** É provável que o termo hebraico (lit., *coisas redondas*) se refira a esterco; também em 20.8,16, 18,24,31,39.

[b] **20.25-26** Ou *Eu lhes dei decretos e estatutos inúteis [...]. Eu os contaminei.*

como fizeram seus antepassados? Vão se prostituir adorando imagens repugnantes? 31 Pois, quando apresentam ofertas para elas e sacrificam seus filhos no fogo, continuam a se contaminar com ídolos até hoje. Acaso devo permitir que me consultem, ó povo de Israel? Tão certo como eu vivo, diz o SENHOR Soberano, não lhes direi coisa alguma.

32 "Vocês dizem: 'Queremos ser como as nações ao redor, que servem a ídolos de madeira e de pedra'. Mas o que vocês planejam nunca acontecerá. 33 Tão certo como eu vivo, diz o SENHOR Soberano, eu os governarei com mão de ferro, com grande ira e poder tremendo. 34 E com grande ira estenderei minha mão forte e meu braço poderoso e os trarei de volta[a] das terras onde foram espalhados. 35 Eu os levarei ao deserto das nações e ali os julgarei face a face. 36 Ali os julgarei como julguei seus antepassados no deserto depois de tirá-los do Egito, diz o SENHOR Soberano. 37 Eu os examinarei cuidadosamente[b] e os farei obedecer aos termos de minha aliança. 38 Tirarei de seu meio todos que se rebelam e se revoltam contra mim. Eu os farei sair das terras em que estão exilados, mas eles nunca entrarão na terra de Israel. Então vocês saberão que eu sou o SENHOR.

39 "Quanto a vocês, povo de Israel, assim diz o SENHOR Soberano: Continuem a adorar seus ídolos. Mais cedo ou mais tarde, porém, vocês me obedecerão e deixarão de desonrar meu santo nome com sua idolatria. 40 Pois em meu santo monte, o alto monte de Israel, diz o SENHOR Soberano, todo o povo de Israel me adorará, e eu os aceitarei. Ali exigirei que tragam todas as suas ofertas, suas melhores dádivas e tudo que me consagrarem. 41 Quando eu os trouxer de volta do exílio, vocês serão para mim como uma oferta agradável. E, por meio de vocês, demonstrarei minha santidade diante de todas as nações. 42 Então, quando eu os tiver trazido de volta à terra que, com juramento solene, prometi a seus antepassados, saberão que eu sou o SENHOR. 43 Vocês se lembrarão de todas as formas pelas quais se contaminaram e terão nojo de si mesmos por todo o mal que fizeram. 44 Saberão que eu sou o SENHOR, ó povo de Israel, quando, por causa do meu nome, eu os tratar com compaixão, apesar de toda a sua perversidade. Eu, o SENHOR Soberano, falei!".

JULGAMENTO CONTRA O NEGUEBE

45[c] Então recebi esta mensagem do SENHOR: 46 "Filho do homem, volte o rosto para o sul[d] e pronuncie-se contra ele; profetize contra os matagais do Neguebe. 47 Diga ao bosque do sul: 'Assim diz o SENHOR Soberano: Ouça a palavra do SENHOR! Eu o incendiarei, e todas as árvores, tanto as verdes como as secas, serão consumidas. As chamas ardentes não serão apagadas e queimarão tudo, desde o sul até o norte. 48 Todos verão que eu, o SENHOR, acendi esse fogo, e ele não será apagado'".

49 Então eu disse: "Ó SENHOR Soberano, eles dizem a meu respeito: 'Ele só fala por meio de parábolas!'".

A ESPADA DE JULGAMENTO DO SENHOR

21 1e Recebi esta mensagem do SENHOR: 2 "Filho do homem, volte o rosto para Jerusalém e profetize contra Israel e seus santuários. 3 Diga-lhe: 'Assim diz o SENHOR: Sou seu inimigo, ó Israel, e estou prestes a tirar a espada da bainha para destruir seu povo, tanto os justos como os perversos. 4 Sim, eliminarei tanto os justos como os perversos! Empunharei minha espada contra todos na terra, desde o sul até o norte. 5 O mundo inteiro saberá que eu sou o SENHOR. A espada está em minha mão, e ela não voltará à bainha'.

6 "Filho do homem, comece a gemer! Comece a gemer diante do povo com amargura e coração quebrantado. 7 Quando lhe perguntarem por que você está gemendo, diga-lhes: 'Estou gemendo por causa da notícia que recebi. Quando ela se realizar, até mesmo o coração mais valente se

[a] **20.34** A Septuaginta traz *eu os receberei*. Comparar com 2Co 6.17.

[b] **20.37** Em hebraico, *os passarei debaixo de minha vara*.

[c] **20.45** No texto hebraico, os versículos 20.45-49 são numerados 21.1-5.

[d] **20.46** Em hebraico, *para Temã*.

[e] **21.1** No texto hebraico, os versículos 21.1-32 são numerados 21.6-37.

derreterá de medo; toda a força desapare-
cerá. Todo espírito se angustiará; joelhos
fortes se tornarão frouxos como água. E o
SENHOR Soberano diz: Ela está vindo! Está
a caminho!'".
8 Em seguida, o SENHOR me disse: 9 "Filho
do homem, transmita ao povo esta men-
sagem do Senhor:

"Uma espada, uma espada
está sendo afiada e polida.
10 Está sendo afiada para a matança
e polida para faiscar como relâmpago.
Agora nos alegraremos com
o cetro de meu filho,
o governante de Judá?
A espada despreza qualquer
pedaço de madeira![a]
11 Sim, a espada está sendo
afiada e polida,
preparada para as mãos do carrasco.

12 "Filho do homem, grite e lamente-se,
bata nas coxas em sinal de angústia,
pois a espada matará meu
povo e seus líderes;
todos morrerão!
13 Ela porá todos eles à prova;
e o que acontecerá quando o cetro,
que a espada despreza, não mais existir?,[b]
diz o SENHOR Soberano.

14 "Filho do homem, profetize para eles
e bata palmas.
Depois, pegue a espada e
golpeie duas vezes,
ou mesmo três vezes,
para simbolizar a matança,
a grande matança que os
ameaça de todos os lados.
15 Que o coração deles se
derreta de terror,
pois a espada reluz em
todas as portas.
Faísca como relâmpago
e está polida para a matança.
16 Ó espada, golpeie à direita,
golpeie à esquerda,
para onde se virar
e onde quiser.
17 Eu também baterei palmas
e satisfarei minha fúria.
Eu, o SENHOR, falei!".

PRESSÁGIOS PARA O REI DA BABILÔNIA

18 Recebi esta mensagem do SENHOR: 19 "Fi-
lho do homem, desenhe um mapa e sobre
ele trace dois caminhos para que a espada
do rei da Babilônia os siga. Coloque um
marco na estrada que sai da Babilônia, on-
de ela se divide em dois caminhos, 20 um
para Amom e sua capital, Rabá, e outro
para Judá e Jerusalém, a cidade fortifica-
da. 21 O rei da Babilônia está na encruzi-
lhada, sem saber se deve atacar Jerusalém
ou Rabá. Ele chama seus adivinhos para
que façam previsões, e eles lançam sortes
com flechas sacudidas da aljava, consul-
tam seus ídolos e examinam o fígado de
animais sacrificados. 22 O presságio em
sua mão direita indica 'Jerusalém!'. Seus
soldados atacarão as portas da cidade com
troncos e darão gritos de guerra. Levanta-
rão torres de cerco e construirão rampas
contra os muros. 23 Os habitantes de Jeru-
salém pensarão que se trata de um pres-
ságio falso, por causa de seu acordo com
os babilônios. Mas o rei da Babilônia os
lembrará de sua rebeldia. Ele os atacará e
os levará prisioneiros.
24 "Portanto, assim diz o SENHOR Sobera-
no: Repetidamente, vocês me lembram de
seus pecados e sua rebeldia. Nem sequer
tentam escondê-los! Em tudo que fazem,
seus pecados ficam evidentes. Por isso,
chegou a hora de seu castigo.
25 "Ó príncipe de Israel, corrupto e per-
verso, o dia do acerto de contas chegou!
26 Assim diz o SENHOR Soberano:

"Tire sua coroa coberta de joias,
pois o antigo sistema
está para mudar.
Os humildes serão exaltados,
e os orgulhosos, humilhados.
27 Destruição! Destruição!
Certamente destruirei o reino,
e não será restaurado até que venha
aquele que tem
o direito de julgá-lo;
então o entregarei a ele."

Enquanto caminha rumo ao destino de Deus para a sua vida, terá de se afastar de algumas pessoas que não estão caminhando para a mesma direção que você.

[a] **21.10** O significado do hebraico é incerto.
[b] **21.13** O significado do hebraico é incerto.

MENSAGEM PARA OS AMONITAS

28 "Agora, filho do homem, profetize acerca dos amonitas e sua zombaria. Transmita-lhes esta mensagem do Senhor Soberano:

"Uma espada, uma espada
está pronta para a matança.
Está polida para destruir
e faísca como relâmpago.
29 Seus profetas lhes deram
visões falsas,
seus adivinhos lhes
contaram mentiras.
A espada cairá sobre o pescoço
dos perversos,
para quem chegou o dia do juízo.

30 "Agora, ponham a espada
de volta na bainha,
pois em sua própria terra,
no lugar onde nasceram,
eu os julgarei.
31 Derramarei minha fúria sobre vocês
e soprarei em vocês o
fogo de minha ira.
Eu os entregarei a homens cruéis,
hábeis em destruir.
32 Vocês serão combustível
para o fogo,
e seu sangue será derramado
em sua própria terra.
Não haverá mais lembrança
de vocês na história,
pois eu, o Senhor, falei!".

OS PECADOS DE JERUSALÉM

22 Recebi esta mensagem do Senhor: 2 "Filho do homem, você está preparado para pronunciar julgamento sobre Jerusalém, esta cidade de assassinos? Faça que ela veja como são detestáveis seus pecados 3 e transmita-lhe esta mensagem do Senhor Soberano: Ó cidade de assassinos, condenada e maldita, cidade de ídolos[a] imundos e repugnantes, 4 você é culpada pelo sangue que derramou e está contaminada pelos ídolos que fez. Seu dia de castigo se aproxima! Você chegou ao fim de seus anos, e farei de você objeto de zombaria no mundo inteiro. 5 Ó cidade infame, cheia de confusão, povos distantes e próximos zombarão de você!

6 "Todo líder de Israel que vive dentro de seus muros está decidido a derramar sangue. 7 Pais e mães são tratados com desprezo, estrangeiros são obrigados a pagar por proteção, órfãos e viúvas são oprimidos em seu meio. 8 Você despreza minhas coisas santas e profana meus sábados. 9 Pessoas acusam outras falsamente e as condenam à morte. Em seu meio há idólatras e gente que faz coisas obscenas. 10 Homens têm relações sexuais com a esposa do próprio pai e se impõem sobre mulheres menstruadas. 11 Há quem cometa adultério com a esposa do vizinho, quem contamine sua nora e quem violente a própria irmã. 12 Por toda parte há assassinos de aluguel, agiotas que cobram juros abusivos e sujeitos que praticam extorsão. Não se lembram de mim, diz o Senhor Soberano.

13 "Agora, porém, bato as mãos com indignação por causa do ganho desonesto e do derramamento de sangue em seu meio. 14 Quão forte e corajosa você será no dia do acerto de contas? Eu, o Senhor, falei e cumprirei o que prometi. 15 Espalharei você entre as nações e acabarei com sua perversidade. 16 E, quando você tiver sido desonrada entre as nações,[b] saberá que eu sou o Senhor".

A FORNALHA DE REFINAR DO SENHOR

17 Então recebi esta mensagem do Senhor: 18 "Filho do homem, o povo de Israel é a coisa desprezível, sem valor, que resta depois de fundir a prata. São refugo, uma mistura inútil de cobre, estanho, ferro e chumbo. 19 Portanto, diga-lhes: 'Assim diz o Senhor Soberano: Porque vocês são coisa desprezível, sem valor, eu os reunirei em Jerusalém. 20 Como a prata, o cobre, o ferro, o chumbo e o estanho são derretidos na fornalha, assim eu os derreterei com o calor de minha ira ardente. 21 Eu os reunirei e soprarei sobre vocês o fogo de minha fúria, 22 e vocês derreterão como a

[a] **22.3** É provável que o termo hebraico (lit., *coisas redondas*) se refira a esterco; também em 22.4.

[b] **22.16** Um manuscrito hebraico, a Septuaginta e a versão siríaca trazem *quando eu tiver sido desonrado entre as nações por sua causa.*

prata derrete no calor intenso. Então sabe-
rão que eu, o SENHOR, derramei sobre vocês
a minha fúria'".

OS PECADOS DOS LÍDERES DE ISRAEL

23 Recebi outra mensagem do SENHOR:
24 "Filho do homem, transmita esta
mensagem a Israel: No dia de minha
indignação, vocês serão como uma ter-
ra contaminada, uma terra sem chuva.
25 Seus príncipes[a] tramam conspirações,
como leões à espreita da presa. Devoram
inocentes, apropriam-se de tesouros, ob-
têm riquezas por extorsão e fazem mui-
tas viúvas na terra. 26 Seus sacerdotes não
guardaram minha lei e profanaram mi-
nhas coisas santas. Não fazem distinção
entre sagrado e profano e não ensinam
meu povo a distinguir entre cerimonial-
mente puro e impuro. Desrespeitam meus
sábados, de modo que sou desonrado no
meio deles. 27 Seus líderes são como lobos
que despedaçam as vítimas. Destroem a
vida das pessoas por dinheiro! 28 E seus
profetas encobrem tudo isso com visões
falsas e previsões mentirosas. Dizem: 'Re-
cebi esta mensagem do SENHOR Soberano',
quando, na verdade, o SENHOR não lhes
disse coisa alguma. 29 Até mesmo o povo
oprime os pobres, rouba dos necessitados
e nega justiça aos estrangeiros.
30 "Procurei alguém que reconstruísse
o muro que guarda a terra, que se puses-
se na brecha para que eu não a destruísse,
mas não encontrei ninguém. 31 Agora, por-
tanto, derramarei minha fúria sobre eles
e os consumirei com o fogo de minha ira.
Farei cair sobre sua cabeça o castigo me-
recido por tudo que fizeram. Eu, o SENHOR
Soberano, falei!".

O ADULTÉRIO DAS DUAS IRMÃS

23 Recebi esta mensagem do SENHOR:
2 "Filho do homem, havia duas irmãs,
filhas da mesma mãe. 3 Elas se tornaram
prostitutas no Egito. Quando ainda eram
meninas, deixavam que homens acaricias-
sem seus seios. 4 A irmã mais velha se cha-
mava Oolá, e a mais nova, Oolibá. Casei-me
com elas, e me deram filhos e filhas. Refiro-
-me a Samaria e Jerusalém, pois Oolá é Sa-
maria, e Oolibá, Jerusalém.
5 "Então, embora fosse minha, Oolá de-
sejou ardentemente outros amantes e se
entregou aos assírios. 6 Todos eles eram
jovens atraentes, capitães e comandan-
tes, com belas roupas azuis, montados a
cavalo. 7 Assim, ela se prostituiu com os
homens mais desejáveis da Assíria, ado-
rou seus ídolos[b] e se contaminou. 8 Pois,
quando ela saiu do Egito, não deixou pa-
ra trás a prostituição. Continuou depra-
vada como em sua juventude, quando os
egípcios dormiram com ela, acariciaram
seus seios e a usaram como prostituta.
9 "Por isso eu a entreguei a seus aman-
tes assírios, que ela tanto desejou. 10 Eles
arrancaram suas roupas, levaram seus fi-
lhos e filhas e então a mataram. Depois
que ela recebeu esse castigo, sua reputa-
ção tornou-se conhecida entre todas as
mulheres da terra.
11 "Contudo, embora Oolibá tenha visto
o que aconteceu à sua irmã Oolá, seguiu
pelo mesmo caminho. Na verdade, foi ain-
da mais depravada e se entregou ao desejo
e à prostituição. 12 Cobiçou os assírios —
os capitães e comandantes em belos uni-
formes, montados a cavalo —, todos eles
jovens atraentes. 13 Vi que estava se conta-
minando, como sua irmã mais velha.
14 "Então levou sua prostituição ainda
mais longe e se apaixonou por figuras
pintadas numa parede, figuras de oficiais
babilônios,[c] com uniformes vermelhos cha-
mativos 15 e com belos cintos e turbantes
de tecido fino. Estavam vestidos como ofi-
ciais da terra da Babilônia.[d] 16 Quando ela
viu essas pinturas, desejou ardentemente
entregar-se a eles, por isso enviou mensa-
geiros à Babilônia para convidá-los para a
visitarem. 17 Eles vieram, cometeram adul-
tério com ela e a contaminaram na cama
do amor. Depois de ser contaminada, po-
rém, teve nojo deles e os rejeitou.
18 "Da mesma forma, eu tive nojo de Oo-
libá e a rejeitei, como havia rejeitado sua

[a] **22.25** Conforme a Septuaginta; o hebraico traz *profetas*.

[b] **23.7** É provável que o termo hebraico (lit., *coisas redondas*) se refira a esterco; também em 23.30,37,39,49.

[c] **23.14** Ou *caldeus*.

[d] **23.15** Ou *Caldeia*; também em 23.16.

irmã, porque ela se exibiu diante deles e a eles se entregou para satisfazer seus desejos. 19 Entregou-se, porém, a prostituição ainda maior ao lembrar-se de sua juventude, quando era prostituta no Egito. 20 Desejou amantes com genitais grandes como de jumentos e ejaculação como de cavalos. 21 E assim, Oolibá, você reviveu a depravação de sua juventude no Egito, quando permitiu que seus seios fossem acariciados."

O SENHOR JULGA OOLIBÁ

22 "Portanto, Oolibá, assim diz o Senhor Soberano: De todas as partes, enviarei seus amantes contra você, as mesmas nações das quais você se afastou com nojo. 23 Os babilônios virão com todos os caldeus de Pecode, Soa e Coa. E todos os assírios virão com eles, jovens atraentes, capitães, comandantes, oficiais dos carros de guerra e outros oficiais de alto escalão, todos a cavalo. 24 Virão do norte contra você[a] com carros de guerra, carroças e muitas armas, preparados para o ataque. Assumirão posições de batalha e a cercarão com soldados armados com escudos e capacetes. E eu a entregarei a eles para ser castigada, para que façam com você o que quiserem. 25 Voltarei contra você a ira do meu ciúme, e eles a tratarão com crueldade. Cortarão fora seu nariz e suas orelhas e matarão à espada os sobreviventes. Seus filhos serão levados como prisioneiros, e tudo que restar será queimado. 26 Arrancarão suas roupas e lindas joias. 27 Desse modo, acabarei com a depravação e a prostituição que você trouxe do Egito. Nunca mais você olhará com desejo para essas coisas, nem se lembrará mais com saudade de seu tempo no Egito.

28 "Pois assim diz o Senhor Soberano: Certamente eu a entregarei a seus inimigos, àqueles que você detesta, àqueles que você rejeitou. 29 Eles a tratarão com ódio, tomarão tudo que você possui e a deixarão completamente nua. A vergonha de sua prostituição ficará exposta para todo o mundo. 30 Você trouxe tudo isso sobre si mesma ao se prostituir com outras nações, ao se contaminar com seus ídolos. 31 Porque você seguiu pelo mesmo caminho que sua irmã, eu a obrigarei a beber do mesmo cálice de terror do qual ela bebeu.

32 "Assim diz o Senhor Soberano:

"Você beberá do cálice de
terror de sua irmã,
um copo grande e fundo.
Ele está cheio até a borda
de desprezo e zombaria.
33 Embriaguez e angústia se
apossarão de você,
pois seu cálice está cheio
até a borda de desgraça
e desolação,
o mesmo copo do qual sua
irmã, Samaria, bebeu.
34 Você beberá desse cálice de terror
até a última gota.
Então o fará em pedaços
e com os cacos mutilará seus seios.
Eu, o Senhor Soberano, falei!

35 "E, porque você se esqueceu de mim e me deu as costas, assim diz o Senhor Soberano: Você sofrerá as consequências de sua depravação e prostituição".

O SENHOR JULGA AS DUAS IRMÃS

36 O Senhor me disse: "Filho do homem, pronuncie julgamento sobre Oolá e Oolibá por todos os seus pecados detestáveis. 37 Elas cometeram adultério e assassinato: adultério ao adorarem ídolos e assassinato ao queimarem como sacrifício os filhos que geraram para mim. 38 Além disso, contaminaram meu templo e profanaram meu sábado. 39 No mesmo dia em que sacrificaram seus filhos aos ídolos, tiveram a ousadia de vir ao meu templo para adorar; entraram em minha casa e a profanaram.

40 "Vocês, irmãs, enviaram mensageiros a terras distantes para conseguir homens. Quando eles chegaram, vocês tomaram banho, pintaram os olhos e colocaram suas joias mais finas para recebê-los. 41 Sentaram-se com eles num sofá com lindos bordados e colocaram meu incenso e meu óleo especial na mesa arrumada diante de

[a] **23.24** Conforme a Septuaginta; o significado do hebraico é incerto.

vocês. 42 De seu quarto vinham sons de muitos homens bebendo e se divertindo. Eram homens do deserto, lascivos e beberrões,[a] que colocaram pulseiras em seus braços e lindas coroas em sua cabeça. 43 Então eu disse: 'Se eles querem mesmo ter relações com prostitutas velhas e acabadas como essas, que tenham!'. 44 E foi o que fizeram. Tiveram relações com Oolá e Oolibá, prostitutas desavergonhadas. 45 Mas os justos julgarão essas cidades irmãs de acordo com o que de fato são: adúlteras e assassinas.

46 "Agora, assim diz o Senhor Soberano: Tragam um exército contra elas e entreguem-nas para serem aterrorizadas e saqueadas. 47 Seus inimigos as apedrejarão e as golpearão com espadas. Matarão seus filhos e filhas e queimarão suas casas. 48 Desse modo, acabarei com a depravação na terra, e meu julgamento servirá de advertência para que outras não sigam seu mau exemplo. 49 Vocês receberão o castigo merecido por sua prostituição e idolatria. Então saberão que eu sou o Senhor Soberano".

O SINAL DA PANELA DE COZINHAR

24 Em 15 de janeiro,[b] durante o nono ano do exílio do rei Joaquim, recebi esta mensagem do Senhor: 2 "Filho do homem, registre esta data, pois hoje o rei da Babilônia começou a atacar Jerusalém. 3 Depois, use uma ilustração para transmitir a esses rebeldes a seguinte mensagem do Senhor Soberano:

"Coloque uma panela no fogo
e ponha água dentro dela.
4 Encha-a com os pedaços
mais seletos de carne:
a coxa, o quarto dianteiro
e os cortes mais macios.
5 Use somente as melhores
ovelhas do rebanho
e amontoe lenha no fogo
sob a panela.
Faça a água ferver
e cozinhe os ossos com a carne.

6 "Agora, assim diz
o Senhor Soberano:
Que aflição espera Jerusalém,
cidade de assassinos!
Ela é a panela enferrujada,
cuja sujeira não se pode limpar.
Pegue a carne sem escolhê-la,
pois nenhum pedaço é
melhor que o outro.
7 Porque o sangue que ela derramou
está espalhado sobre as pedras;
nem sequer foi derramado no chão,
onde o pó o cobriria.
8 Portanto, espalharei seu
sangue numa pedra,
para que todos vejam,
uma expressão de minha ira
e de minha vingança contra ela.

9 "Assim diz o Senhor Soberano:
Que aflição espera Jerusalém,
cidade de assassinos;
eu mesmo amontoarei a
lenha debaixo dela!
10 Sim, amontoe a lenha;
que ardam as chamas
para fazer a panela ferver.
Cozinhe a carne com
diversos temperos,
depois queime os ossos.
11 Agora, coloque a panela vazia
sobre as brasas,
esquente-a até ficar incandescente
e queime a ferrugem
e a sujeira.
12 Mas de nada adianta;
não se pode limpar a ferrugem,
nem mesmo com fogo.
13 Sua impureza é sua depravação;
tentei limpá-la,
mas você não quis.
Portanto, agora ficará em
sua impureza,
até que eu tenha satisfeito
minha fúria contra você.

14 "Eu, o Senhor, falei! Chegou a hora, e
não me conterei. Não mudarei de ideia
nem terei compaixão. Você será julgada

[a] **23.42** Ou *sabeus.*
[b] **24.1** Em hebraico, *No décimo dia do décimo mês*, do antigo calendário lunar hebraico. O ano foi 588 a.C.; ver também nota em 1.1.

de acordo com suas ações, diz o Senhor Soberano".

A MORTE DA ESPOSA DE EZEQUIEL

15 Recebi esta mensagem do Senhor: 16 "Filho do homem, com um só golpe tirarei de você seu tesouro mais precioso. Contudo, você não deve mostrar tristeza alguma com a morte dela. Não chore, não derrame lágrimas. 17 Sofra em silêncio, mas não lamente junto ao túmulo. Não descubra a cabeça nem tire as sandálias. Não siga os rituais de luto nem aceite comida de amigos que vierem consolá-lo".

18 Pela manhã, anunciei essa mensagem ao povo e, à tarde, minha esposa morreu. No dia seguinte, fiz tudo que me havia sido ordenado. 19 Então o povo perguntou: "O que significa tudo isso? O que você quer nos dizer?".

20 Eu respondi: "Recebi uma mensagem do Senhor 21 e fui instruído a transmiti-la ao povo de Israel. Assim diz o Senhor Soberano: 'Profanarei meu templo, a fonte de sua segurança e seu orgulho, o lugar que lhes dá prazer ao coração. Seus filhos e filhas, que vocês deixaram para trás, serão mortos à espada. 22 Então vocês farão como Ezequiel. Não seguirão os rituais de luto nem se consolarão com comida trazida pelos amigos. 23 Sua cabeça permanecerá coberta, e não tirarão as sandálias. Não prantearão nem chorarão, mas definharão por causa de seus pecados. Lamentarão uns com os outros por todo o mal que fizeram. 24 Ezequiel lhes serve de exemplo; farão exatamente o que ele fez. E, quando esse dia chegar, saberão que eu sou o Senhor Soberano'".

25 Então o Senhor me disse: "Filho do homem, no dia em que eu tirar deles sua fortaleza — sua alegria e sua glória, o desejo de seu coração e seu tesouro mais precioso —, também tirarei deles seus filhos e filhas. 26 Nesse dia, um sobrevivente de Jerusalém virá ao seu encontro na Babilônia e lhe contará o que aconteceu. 27 Quando ele chegar, você recuperará sua voz para que possa falar com ele, e isso será um sinal para o povo. Então eles saberão que eu sou o Senhor".

MENSAGEM PARA AMOM

25 Então recebi esta mensagem do Senhor: 2 "Filho do homem, volte o rosto para a terra de Amom e profetize contra seus habitantes. 3 Transmita aos amonitas esta mensagem do Senhor Soberano: Ouçam a palavra do Senhor Soberano! Porque vocês se alegraram quando meu templo foi profanado, zombaram de Israel em sua desolação e riram de Judá quando ele foi enviado para o exílio, 4 eu os entregarei aos nômades dos desertos do leste. Eles montarão acampamentos em seu meio e armarão tendas em sua terra. Colherão seus frutos e beberão o leite de seu gado. 5 Transformarei a cidade de Rabá em pasto para camelos e todo o território dos amonitas em lugar de descanso para ovelhas. Então vocês saberão que eu sou o Senhor.

6 "Assim diz o Senhor Soberano: Porque bateram palmas, dançaram e pularam exultantes com a destruição do povo de Israel, 7 levantarei minha mão contra vocês. Eu os entregarei como despojo a muitas nações. Eliminarei vocês dentre os povos e os destruirei completamente. Então vocês saberão que eu sou o Senhor."

MENSAGEM PARA MOABE

8 "Assim diz o Senhor Soberano: Porque o povo de Moabe[a] disse que Judá é como todas as outras nações, 9 abrirei seu lado leste e acabarei com as imponentes cidades de sua fronteira: Bete-Jesimote, Baal-Meom e Quiriataim. 10 Entregarei Moabe aos nômades dos desertos do leste, como entreguei Amom. Os amonitas não serão mais contados entre as nações. 11 Da mesma forma, trarei meu julgamento sobre os moabitas. Então eles saberão que eu sou o Senhor."

MENSAGEM PARA EDOM

12 "Assim diz o Senhor Soberano: O povo de Edom pecou grandemente quando se vingou do povo de Judá. 13 Portanto, assim diz o Senhor Soberano: Levantarei minha mão contra Edom. Exterminarei seus habitantes e seus animais com a espada.

[a] **25.8** Conforme a Septuaginta; o hebraico traz *de Moabe e Seir.*

Transformarei a terra em deserto, desde Temã até Dedã. 14 Farei isso por meio de meu povo, Israel. Eles executarão minha vingança com terrível ira, e Edom saberá que essa vingança veio de mim. Eu, o Senhor Soberano, falei!"

MENSAGEM PARA A FILÍSTIA

15 "Assim diz o Senhor Soberano: Os habitantes da Filístia atacaram Judá por vingança amarga e ódio profundo. 16 Portanto, assim diz o Senhor Soberano: Levantarei minha mão contra os filisteus. Exterminarei os queretitas e destruirei completamente os habitantes do litoral. 17 Executarei vingança terrível contra eles para castigá-los por aquilo que fizeram. E, quando eu tiver me vingado, eles saberão que eu sou o Senhor".

MENSAGEM PARA TIRO

26 Em 3 de fevereiro, no décimo segundo ano do exílio do rei Joaquim,[a] recebi esta mensagem do Senhor: 2 "Filho do homem, Tiro se alegrou com a queda de Jerusalém e disse: 'Ah! Aquela que era a porta para as mais prósperas rotas comerciais do leste foi quebrada, e agora é minha vez! Porque ela está desolada, eu ficarei rico!'.

3 "Portanto, assim diz o Senhor Soberano: Ó cidade de Tiro, sou seu inimigo e trarei muitas nações contra você, como ondas do mar que quebram em suas praias. 4 Elas destruirão os muros de Tiro e derrubarão suas torres. Eu rasparei seu solo até torná-lo rocha bruta! 5 Será apenas uma rocha no mar, um lugar para os pescadores estenderem suas redes, pois eu falei, diz o Senhor Soberano. Tiro se tornará presa de muitas nações, 6 e seus povoados no continente serão destruídos pela espada. Então eles saberão que eu sou o Senhor.

7 "Assim diz o Senhor Soberano: Do norte trarei contra Tiro o rei da Babilônia, Nabucodonosor. Ele é rei de reis e virá com seus cavalos, seus carros de guerra e condutores, e com um grande exército. 8 Primeiro ele destruirá os povoados no continente, e depois, para atacá-la, construirá um muro de cerco e uma rampa e levantará uma barreira de escudos contra você. 9 Usará troncos para atacar seus muros e demolirá suas torres com marretas. 10 Os cascos dos cavalos dele encherão a cidade de poeira, e o barulho dos condutores e dos carros de guerra fará estremecer os muros quando passarem por suas portas quebradas. 11 Os cavaleiros pisotearão todas as ruas da cidade. Matarão seu povo à espada, e suas fortes colunas cairão.

12 "Saquearão todas as suas riquezas e mercadorias e derrubarão seus muros. Destruirão suas lindas casas e lançarão ao mar suas pedras, suas vigas de madeira e até mesmo seu pó. 13 Acabarei com a música de seus cânticos, e não se ouvirá mais o som da harpa no meio de seu povo. 14 Transformarei sua ilha em rocha bruta, um lugar para os pescadores estenderem suas redes. Você jamais será reconstruída, pois eu, o Senhor, falei. Sim, o Senhor Soberano falou!"

OS EFEITOS DA DESTRUIÇÃO DE TIRO

15 "Assim diz o Senhor Soberano à cidade de Tiro: Todo o litoral estremecerá com o estrondo de sua queda, enquanto os feridos gemem durante a matança. 16 Os governantes das cidades portuárias descerão de seus tronos e removerão seus mantos e suas belas roupas. Sentarão no chão, tremendo de pavor por causa de sua destruição. 17 Lamentarão por você e entoarão este cântico fúnebre:

"Ó famosa cidade da ilha,
que governava o mar,
como você foi destruída!
Seus habitantes, com poder naval,
espalhavam medo por todo o mundo.
18 Agora, as regiões litorâneas
estremecem com sua queda;
as ilhas se apavoram diante de sua ruína.

19 "Assim diz o Senhor Soberano: Transformarei Tiro em ruínas desabitadas,

[a] **26.1** Em hebraico, *No décimo primeiro ano, no primeiro dia do mês*, do antigo calendário lunar hebraico. Segundo estudiosos, a leitura provável seria *No décimo primeiro [mês do décimo segundo] ano, no primeiro dia do mês*. O ano, portanto, teria sido 585 a.C.; ver também nota em 1.1.

como muitas outras. Eu a sepultarei de-
baixo das ondas terríveis, e grandes ma-
res a engolirão. [20] Eu a enviarei à cova,
para juntar-se àqueles que desceram até
lá há muito tempo. Sua cidade permane-
cerá em ruínas, sepultada debaixo da ter-
ra, como aqueles que estão na cova, que
entraram no mundo dos mortos. Você já
não terá lugar na terra dos vivos. [21] Eu lhe
darei um fim terrível, e você deixará de
existir. Procurarão por você, mas nunca
mais a encontrarão. Eu, o Senhor Sobe-
rano, falei!".

O FIM DA GLÓRIA DE TIRO

27 Recebi esta mensagem do Senhor:
[2] "Filho do homem, entoe um cân-
tico fúnebre para Tiro, [3] essa cidade que
é entrada para o mar, que estabelece re-
lações comerciais com muitas nações.
Transmita-lhe a seguinte mensagem do
Senhor Soberano:

"Ó cidade de Tiro, você se gloriava:
'Minha beleza é perfeita!'.
[4] Estendeu seus limites para o mar;
seus construtores
aperfeiçoaram sua beleza.
[5] Você era como uma
grande embarcação,
construída com os melhores
ciprestes de Senir.[a]
Com um cedro do Líbano
fabricaram seu mastro.
[6] Fizeram seus remos
com carvalhos de Basã.
Seu convés de pinho dos
litorais de Chipre[b]
era decorado com marfim.
[7] Suas velas eram de linho egípcio
da melhor qualidade
e esvoaçavam sobre você
como uma bandeira.
Seus toldos eram azuis e vermelhos,
coloridos com tinturas
dos litorais de Elisá.
[8] Seus remadores eram de
Sidom e Arvade,
seus timoneiros, homens
habilidosos de Tiro.

[a] **27.5** Ou *Hermom*.
[b] **27.6** Em hebraico, *Quitim*.

[9] Antigos e sábios artesãos de Gebal
calafetaram a embarcação.
Navios de todas as nações
vinham com mercadorias
para negociar com você.

[10] "Homens das terras distantes da Pér-
sia, de Lídia e da Líbia[c] serviam em seu
grande exército. Penduravam os escudos
e os capacetes em seus muros e assim lhe
davam muita honra. [11] Homens de Arvade
e de Heleque montavam guarda no alto
de seus muros, e em suas torres ficavam
homens de Gamade. Os escudos deles,
pendurados em seus muros, completa-
vam sua beleza.
[12] "Társis enviava negociantes para com-
prar sua grande variedade de mercadorias
em troca de prata, ferro, estanho e chum-
bo, [13] e comerciantes da Grécia,[d] de Tubal
e de Meseque traziam escravos e artigos
de bronze para negociar com você.
[14] "De Bete-Togarma vinham cavalos de
montaria, cavalos para carros de guerra
e mulas para serem negociados por suas
mercadorias, [15] e comerciantes vinham de
Dedã.[e] Você tinha o monopólio do mer-
cado de várias regiões litorâneas, que lhe
pagavam com presas de marfim e madei-
ra de ébano.
[16] "A Síria[f] enviava negociantes para
comprar sua grande variedade de merca-
dorias, e em troca lhe dava turquesa, tin-
turas vermelhas, bordados, linho fino e
joias de coral e de rubis. [17] Judá e Israel
faziam comércio com você e pagavam
com trigo de Minite, figos,[g] mel, azeite
e bálsamo.
[18] "Damasco enviava negociantes para
comprar sua grande variedade de mer-
cadorias, e em troca lhe dava vinho de
Helbom e lã de Zaar. [19] Gregos de Uzal[h]
vinham negociar suas mercadorias, e em
troca traziam ferro trabalhado, cássia e
cálamo perfumado.

[c] **27.10** Em hebraico, *de Paras, Lude e Pute*.
[d] **27.13** Em hebraico, *de Javã*.
[e] **27.15** A Septuaginta traz *Rodes*.
[f] **27.16** Em hebraico, *Arã*; alguns manuscritos trazem *Edom*.
[g] **27.17** O significado do hebraico é incerto.
[h] **27.19** Em hebraico, *Vedã e Javã de Uzal*. O significado do hebraico é incerto.

20 "Dedã enviava negociantes para co-
mercializar com você seus valiosos man-
tos para selas. 21 Os árabes e os príncipes
de Quedar enviavam comerciantes para
negociar com você e pagavam com cor-
deiros, carneiros e bodes. 22 Negociantes
de Sabá e de Ramá lhe davam especia-
rias de todo tipo, joias e ouro em troca
de suas mercadorias.
23 "Harã, Cane, Éden, Sabá, Assur e Quil-
made também vinham com seus nego-
ciantes. 24 Traziam tecidos da melhor
qualidade para comercializar: tecido
azul, bordados e tapetes multicoloridos
enrolados e amarrados com cordões.
25 Os navios de Társis eram suas carava-
nas marítimas. Os depósitos em sua ilha
viviam abarrotados!"

A DESTRUIÇÃO DE TIRO

26 "Mas veja! Seus remadores
a levaram para águas tempestuosas!
Um poderoso vento do leste
a despedaçou no coração do mar.
27 Tudo se perdeu:
riquezas e mercadorias,
marinheiros e pilotos,
construtores de navios,
negociantes e guerreiros.
No dia de sua ruína,
todos a bordo afundam até
as profundezas do mar.
28 Suas cidades no litoral tremem,
seus pilotos gritam de pavor.
29 Todos os remadores
abandonam os navios,
os marinheiros e os pilotos
ficam na praia.
30 Gritam por você
e choram amargamente.
Jogam pó sobre a cabeça
e rolam em cinzas.
31 Por sua causa raspam a cabeça
e se vestem de pano de saco.
Choram com amarga angústia
e profunda lamentação.
32 Enquanto lamentam e
choram por você,
entoam este triste cântico fúnebre:
'Acaso houve alguma cidade como Tiro,
que agora está em silêncio
no fundo do mar?
33 As mercadorias que você
negociava pelos mares
satisfaziam os desejos
de muitas nações.
Reis nos confins da terra
se enriqueceram com seu comércio.
34 Agora você é um navio naufragado
e quebrado no fundo do mar.
Suas mercadorias e seus tripulantes
afundaram com você.
35 Todos que moram no litoral
estão espantados
com seu terrível destino.
Os reis estão horrorizados
e olham com expressão perturbada.
36 Os comerciantes entre as nações
balançam a cabeça quando a veem,[a]
pois você chegou a um terrível fim
e não mais existirá'".

MENSAGEM PARA O REI DE TIRO

28 Recebi esta mensagem do SENHOR:
2 "Filho do homem, transmita ao
príncipe de Tiro esta mensagem do SENHOR
Soberano:

"Em seu grande orgulho, você
diz: 'Sou um deus!
Sento-me num trono divino,
no coração do mar'.
Mas você é apenas homem, e não deus,
embora se considere sábio como um.
3 Pensa que é mais sábio que Daniel
e imagina que nenhum
segredo lhe está oculto.
4 Com sua sabedoria e entendimento,
acumulou grande riqueza:
ouro e prata para seus tesouros.
5 Sim, sua sabedoria o
enriqueceu grandemente,
e suas riquezas o tornaram
muito orgulhoso.

6 "Portanto, assim diz o
SENHOR Soberano:
Uma vez que se considera
sábio como um deus,
7 trarei contra você um
exército estrangeiro,
o terror das nações.

[a] **27.36** Em hebraico, *assobiam para você*.

Sozinhas, não conseguimos, mas juntos, como Noiva de Cristo, venceremos e chegaremos até o fim.

Empunharão espadas contra sua
sabedoria maravilhosa
e profanarão seu esplendor.
8 Eles o farão descer à cova,
e você morrerá no fundo do mar,
ferido violentamente.
9 Acaso dirá àqueles que o matarem:
'Sou um deus'?
Para eles você não será deus algum,
mas apenas homem!
10 Morrerá de forma vergonhosa[a]
nas mãos de estrangeiros.
Eu, o Senhor Soberano, falei!".

11 Também recebi esta mensagem do
Senhor: 12 "Filho do homem, entoe este
cântico fúnebre para o rei de Tiro. Trans-
mita-lhe a seguinte mensagem do Senhor
Soberano:

"Você era o modelo de perfeição,
cheio de sabedoria e beleza.
13 Estava no Éden,
o jardim de Deus.
Suas roupas eram enfeitadas com
todas as pedras preciosas:[b]
rubi, topázio, esmeralda,
crisólito, ônix e jaspe,
safira, berilo e turquesa,
todas trabalhadas com
cuidado para você
sobre o ouro mais puro.
Foram-lhe entregues
no dia em que você foi criado.
14 Eu o escolhi e o ungi,
como querubim guardião.
Você tinha acesso ao monte
santo de Deus
e andava entre as pedras cintilantes.

15 "Era irrepreensível
em tudo que fazia
desde o dia em que foi criado,
até que se achou maldade em você.
16 Seu rico comércio o
levou à violência,
e você pecou.
Por isso o bani em desonra
do monte de Deus.
Eu o expulsei, ó querubim guardião,
de seu lugar entre as
pedras cintilantes.
17 Seu coração se encheu de orgulho
por causa de sua beleza.
Sua sabedoria se corrompeu
por causa de seu esplendor.
Por isso o atirei à terra
e o expus ao olhar dos reis.
18 Você profanou seus santuários
com seus muitos pecados e
seu comércio desonesto.
Por isso fiz sair de dentro de você
um fogo que o consumiu.
Reduzi-o a cinzas no chão,
à vista de todos que observavam.
19 Todos que o conheciam estão
horrorizados com seu destino;
você chegou a um terrível fim,
e não mais existirá".

MENSAGEM PARA SIDOM

20 Então recebi outra mensagem do
Senhor: 21 "Filho do homem, volte o rosto
para a cidade de Sidom e profetize contra
ela. 22 Transmita aos habitantes de Sidom
esta mensagem do Senhor Soberano:

"Ó Sidom, sou seu inimigo
e revelarei minha glória
naquilo que lhe fizer.
Quando eu trouxer julgamento
sobre você
e revelar minha santidade
em seu meio,
todos que observam saberão
que eu sou o Senhor.
23 Enviarei uma peste contra você,
e sangue correrá em suas ruas.
O ataque virá de todos os lados:
seus habitantes morrerão
pela espada
e ficarão estendidos
no meio da cidade;
então todos saberão que
eu sou o Senhor.
24 Os vizinhos zombadores
de Israel
deixarão de feri-lo e rasgá-lo como
roseiras silvestres e espinhos.
Pois eles saberão
que eu sou o Senhor Soberano."

[a] **28.10** Em hebraico, *Terá a morte dos incircuncisos.*
[b] **28.13** A identificação de algumas dessas pedras preciosas é incerta.

RESTAURAÇÃO PARA ISRAEL

25 "Assim diz o SENHOR Soberano: O povo de
Israel voltará a viver em sua própria terra,
a terra que dei a meu servo Jacó. Pois eu os
reunirei das terras distantes onde os espa-
lhei e, diante das nações do mundo, revela-
rei minha santidade no meio de meu povo.
26 Eles viverão em segurança em Israel,
construirão casas e plantarão vinhedos.
E, quando eu castigar as nações vizinhas
que os trataram com desprezo, eles sabe-
rão que eu sou o SENHOR, seu Deus".

MENSAGEM PARA O EGITO

29 Em 7 de janeiro,[a] no décimo ano do
exílio do rei Joaquim, recebi esta
mensagem do SENHOR: 2 "Filho do homem,
volte o rosto para o Egito e profetize con-
tra o faraó, rei do Egito, e todo o seu povo.
3 Transmita-lhes esta mensagem do SE-
NHOR Soberano:

"Sou seu inimigo, ó faraó, rei do Egito,
grande monstro à espreita
nos ribeiros do Nilo!
Pois você disse: 'O rio Nilo é meu;
eu o fiz para mim'.
4 Porei anzóis em seu queixo
e o arrastarei para a terra firme,
com peixes presos a suas escamas.
5 Abandonarei no deserto,
para morrerem,
você e todos os peixes de seu rio.
Ficará em campo aberto,
sem ser enterrado,
pois o entreguei como alimento
aos animais selvagens e às aves.
6 Todo o povo do Egito saberá
que eu sou o SENHOR,
pois, para Israel, você foi apenas
um bordão de juncos.
7 Quando Israel o usou como apoio,
você rachou e lhe feriu o ombro.
Quando ele colocou sobre você o peso,
você desmoronou e o fez
machucar as costas.

8 "Portanto, assim diz o SENHOR Sobera-
no: Trarei a espada contra você, ó Egito,
e destruirei tanto pessoas como animais.
9 A terra do Egito ficará seca e desolada, e
os egípcios saberão que eu sou o SENHOR.

"Porque você disse: 'O rio Nilo é meu; eu
o fiz', 10 agora sou seu inimigo e de seu rio.
Tornarei a terra do Egito completamente
seca e desolada, desde Migdol até Assuã,
e até o sul, na fronteira com a Etiópia.[b]
11 Durante quarenta anos, ninguém ha-
bitará nem passará por ali, nem pessoas
nem animais. 12 Farei do Egito uma nação
desolada, cercada por outras nações deso-
ladas. Suas cidades ficarão vazias e devas-
tadas durante quarenta anos, cercadas por
outras cidades devastadas. Eu espalharei
os egípcios entre as nações do mundo.

13 "Mas assim diz o SENHOR Soberano: De-
pois de quarenta anos, trarei os egípcios
de volta das nações entre as quais foram
espalhados. 14 Restaurarei o Egito e trarei
seu povo de volta à terra de Patros, no sul,
de onde eles vieram. No entanto, conti-
nuará a ser um reino sem importância.
15 Será a mais humilde das nações e nun-
ca voltará a se elevar acima de seus vizi-
nhos. Eu a tornarei tão pequena que não
dominará mais nação alguma.

16 "Então Israel não confiará mais na aju-
da do Egito. O Egito ficará tão devastado
que lembrará Israel do pecado que come-
teu ao confiar nele no passado. Então sa-
berão que eu sou o SENHOR Soberano".

NABUCODONOSOR CONQUISTARÁ O EGITO

17 Em 26 de abril, o primeiro dia do ano
novo,[c] durante o vigésimo sétimo ano do
exílio do rei Joaquim, recebi esta men-
sagem do SENHOR: 18 "Filho do homem, o
exército de Nabucodonosor, rei da Babilô-
nia, lutou contra Tiro com tanto afinco que
a cabeça de seus guerreiros foi esfregada
até perder o cabelo e seus ombros ficarem
esfolados. E, no entanto, Nabucodonosor
e seu exército não conquistaram nenhum
despojo para compensar todo o esforço.
19 Portanto, assim diz o SENHOR Soberano:
Darei a terra do Egito a Nabucodonosor,

[a] **29.1** Em hebraico, *No décimo segundo dia do décimo mês*, do antigo calendário lunar hebraico. O ano foi 587 a.C.; ver também nota em 1.1.

[b] **29.10** Em hebraico, *de Migdol até Sevene, até a fronteira de Cuxe*.

[c] **29.17** Em hebraico, *No primeiro dia do primeiro mês*, do antigo calendário lunar hebraico. O ano foi 571 a.C.; ver também nota em 1.1.

rei da Babilônia. Ele levará sua riqueza e
saqueará tudo que houver ali para pagar
seu exército. 20 Sim, eu lhe dei a terra do
Egito como recompensa por seu esforço,
diz o SENHOR Soberano, pois ele estava tra-
balhando para mim quando destruiu Tiro.
21 "E virá o dia em que farei reviver a an-
tiga glória de Israel,[a] e suas palavras, Eze-
quiel, serão ouvidas abertamente. Então
eles saberão que eu sou o SENHOR".

UM DIA TRISTE PARA O EGITO

30 Recebi outra mensagem do SENHOR:
2 "Filho do homem, profetize e trans-
mita esta mensagem do SENHOR Soberano:

"Chorem e lamentem
por esse dia,
3 pois o dia terrível se aproxima,
o dia do SENHOR!
É um dia de nuvens densas,
um dia de desespero para as nações.
4 Uma espada virá contra o Egito,
e o chão se cobrirá de mortos.
Sua riqueza será levada,
e seus alicerces serão destruídos.
A terra da Etiópia[b] será saqueada;
5 Etiópia, Líbia, Lídia, toda a Arábia[c]
e seus outros aliados
serão destruídos nessa guerra.

6 "Pois assim diz o SENHOR:
Todos os aliados do Egito cairão,
e acabará o orgulho de seu poder.
Desde Migdol até Assuã,[d]
serão mortos pela espada,
diz o SENHOR Soberano.
7 O Egito ficará desolado,
cercado por outras nações desoladas,
e suas cidades ficarão devastadas,
cercadas por outras
cidades devastadas.
8 Os egípcios saberão que
eu sou o SENHOR
quando tiver incendiado o Egito
e destruído todos os seus aliados.
9 Naquele dia, enviarei mensageiros
velozes em navios
para aterrorizar os
confiantes etíopes.
Grande angústia se apossará deles
no dia da inevitável
destruição do Egito!

10 "Pois assim diz o SENHOR Soberano:
Pelo poder de Nabucodonosor,
rei da Babilônia,
acabarei com as
multidões do Egito.
11 Ele e seus exércitos, os
mais cruéis de todos,
serão enviados para
destruir a terra.
Guerrearão contra o Egito
até que o chão fique
coberto de mortos.
12 Secarei o rio Nilo
e venderei a terra
a homens maus.
Pelas mãos de estrangeiros,
devastarei a terra do Egito
e tudo que nela há.
Eu, o SENHOR, falei!

13 "Assim diz o SENHOR Soberano:
Despedaçarei os ídolos[e] do Egito
e as imagens em Mênfis.[f]
Não restarão governantes no Egito;
o terror se espalhará
por toda a terra.
14 Destruirei o sul do Egito,[g]
incendiarei Zoã
e trarei julgamento contra Tebas.[h]
15 Derramarei minha fúria
sobre Pelúsio,[i]
a fortaleza mais poderosa do Egito,
e exterminarei
as multidões de Tebas.
16 Sim, incendiarei todo o Egito:
Pelúsio se contorcerá de dor,
Tebas será despedaçada,
e Mênfis viverá em
constante terror.

[a] **29.21** Em hebraico, *farei brotar um chifre da casa de Israel.*
[b] **30.4** Em hebraico, *Cuxe*; também em 30.9.
[c] **30.5** Em hebraico, *Cuxe, Pute, Lude, toda a Arábia, Cube.* O nome *Cube* é desconhecido e não tem outras ocorrências; talvez seja uma variação de *Lube* (Líbia).
[d] **30.6** Em hebraico, *Sevene.*
[e] **30.13a** É provável que o termo hebraico (lit., *coisas redondas*) se refira a esterco.
[f] **30.13b** Em hebraico, *Nofe*; também em 30.16.
[g] **30.14a** Em hebraico, *Patros.*
[h] **30.14b** Em hebraico, *Nô*; também em 30.15,16.
[i] **30.15** Em hebraico, *Sim*; também em 30.16.

[17] Os jovens de Heliópolis e
de Bubastis[a] morrerão na batalha,
e as mulheres[b] serão levadas
como escravas.
[18] Quando eu quebrar a força
arrogante do Egito,
também será um dia de
trevas para Tafnes.
Uma nuvem escura a encobrirá,
e suas filhas serão levadas
como prisioneiras.
[19] Assim, trarei grande castigo sobre o Egito,
e eles saberão que eu sou o SENHOR".

OS BRAÇOS QUEBRADOS DO FARAÓ

[20] Em 29 de abril,[c] no décimo primeiro ano
do exílio do rei Joaquim, recebi esta men-
sagem do SENHOR: [21] "Filho do homem, que-
brei o braço do faraó, rei do Egito. Seu braço
não foi enfaixado para sarar, e também não
foram postas talas para fortalecê-lo de
modo que pudesse segurar uma espada.
[22] Portanto, assim diz o SENHOR Soberano:
Eu sou inimigo do faraó, rei do Egito! Que-
brarei seus dois braços, o bom e o que já
foi quebrado, e farei a espada cair de sua
mão. [23] Espalharei os egípcios entre nações
do mundo inteiro. [24] Fortalecerei os braços
do rei da Babilônia e porei minha espada
em sua mão, mas quebrarei os braços do
faraó; ele ficará caído, mortalmente ferido,
gemendo de dor. [25] Fortalecerei os braços
do rei da Babilônia, enquanto os braços do
faraó pendem inúteis. E, quando eu puser
minha espada na mão do rei da Babilônia
e ele a levantar contra o Egito, os egípcios
saberão que eu sou o SENHOR. [26] Espalharei
os egípcios entre nações do mundo inteiro.
Então eles saberão que eu sou o SENHOR".

O EGITO É COMPARADO À ASSÍRIA DERROTADA

31 Em 21 de junho,[d] no décimo primei-
ro ano do exílio do rei Joaquim, re-
cebi esta mensagem do SENHOR. [2] "Filho do
homem, transmita esta mensagem ao faraó,
rei do Egito, e a todas as suas multidões:

"Quem é comparável a você
em grandeza?
[3] Veja a poderosa Assíria,
que antes era como um
cedro do Líbano,
com lindos ramos que davam
muita sombra
e cujo topo alcançava as nuvens.
[4] Fontes profundas o regavam
e o faziam crescer e ficar viçoso.
A água corria à sua volta como um rio
e fluía para todas as
árvores do campo.
[5] Elevou-se acima de todas as árvores
que havia ao seu redor.
Cresceu e deu ramos
longos e espessos,
pela fartura de água em suas raízes.
[6] As aves se aninhavam em seus ramos,
e os animais selvagens davam
crias à sua sombra.
Todas as grandes nações do mundo
viviam sob seus galhos.
[7] Era forte e belo,
com ramos amplos, que
se espalhavam,
pois suas raízes eram profundas
e chegavam às fontes de água.
[8] Nenhum outro cedro no
jardim de Deus
se comparava a ele.
Nenhum cipreste tinha
ramos como os dele,
nenhum plátano tinha
galhos semelhantes.
Nenhuma árvore no jardim de Deus
era tão bela quanto ele.
[9] Fiz esse cedro tão lindo
e lhe dei folhagem tão magnífica
que ele era motivo de inveja de
todas as árvores do Éden,
o jardim de Deus.

[10] "Portanto, assim diz o SENHOR Sobera-
no: Porque o Egito[e] se tornou orgulhoso e
arrogante e se elevou tanto acima dos ou-
tros, e seu topo chegou até as nuvens, [11] eu

[a] **30.17a** Em hebraico, *Áven e Pi-Besete*.
[b] **30.17b** Ou *e suas cidades*.
[c] **30.20** Em hebraico, *No sétimo dia do primeiro mês*, do antigo calendário lunar hebraico. O ano foi 587 a.C.; ver também nota em 1.1.
[d] **31.1** Em hebraico, *No primeiro dia do terceiro mês*, do antigo calendário lunar hebraico. O ano foi 587 a.C.; ver também nota em 1.1.
[e] **31.10** Em hebraico, *você*.

o entregarei a uma nação poderosa que
lhe dará o que merece por sua maldade.
Sim, eu já o rejeitei. 12 Um exército estran-
geiro, o terror das nações, o derrubou e o
deixou caído no chão. Seus ramos estão
espalhados entre os montes e os vales da
terra, e todos que viviam à sua sombra fo-
ram embora e o deixaram ali jogado.

13 "As aves pousam em
seu tronco caído,
e os animais selvagens
descansam entre seus ramos.
14 Que nenhuma árvore
de outra nação
exulte com orgulho de
sua prosperidade,
ainda que seja mais alta
que as nuvens
e muito bem regada.
Pois todas estão
condenadas a morrer,
a descer às profundezas da terra.
Cairão na cova
com todo o resto do mundo.

15 "Assim diz o Senhor Soberano: Quando
a Assíria desceu à sepultura,[a] fiz as fontes
profundas ficarem de luto. Detive o curso
de seus rios e sequei suas muitas águas.
Vesti o Líbano de preto e fiz as árvores do
campo murcharem. 16 Fiz as nações treme-
rem de medo ao som de sua queda, pois
a enviei para a sepultura junto com todos
que descem à cova. E todas as outras árvo-
res do Éden, as mais belas e excelentes do
Líbano, aquelas cujas raízes descem até as
águas profundas, se consolaram nas pro-
fundezas da terra. 17 Seus aliados também
foram todos destruídos e morreram. Todas
as nações que tinham vivido à sua sombra
desceram à sepultura.
18 "Ó Egito, a qual dessas árvores do
Éden você comparará sua força e sua gló-
ria? Você também será lançado nas pro-
fundezas, junto com todas essas nações.
Ficará caído no meio dos rejeitados[b] que
morreram à espada. Esse será o destino do
faraó e de todas as suas multidões. Eu, o
Senhor Soberano, falei!".

[a] **31.15** Em hebraico, *ao Sheol*; também em 31.16,17.
[b] **31.18** Em hebraico, *no meio dos incircuncisos*.

ADVERTÊNCIA AO FARAÓ

32 Em 3 de março,[c] no décimo segundo
ano do exílio do rei Joaquim, rece-
bi esta mensagem do Senhor: 2 "Filho do
homem, lamente pelo faraó, rei do Egito,
e transmita-lhe esta mensagem:

"Você se considera um leão
forte entre as nações,
mas na verdade é um
monstro marinho
que se contorce em seus rios
e revolve a lama com os pés.
3 Portanto, assim diz o
Senhor Soberano:
Enviarei muitos povos
para apanhá-lo em minha rede
e arrastá-lo para fora da água.
4 Eu o deixarei jogado no chão;
todas as aves do céu
pousarão sobre você,
e os animais selvagens
de toda a terra
o devorarão até se fartar.
5 Espalharei sua carne pelos montes
e encherei os vales com seus ossos.
6 Encharcarei a terra com seu sangue;
ele correrá até os montes
e encherá os desfiladeiros
até a borda.
7 Quando eu exterminá-lo,
cobrirei os céus e escurecerei
as estrelas.
Taparei o sol com uma nuvem,
e a lua não dará sua luz.
8 Escurecerei as estrelas
brilhantes lá no alto
e cobrirei sua terra com trevas.
Eu, o Senhor Soberano, falei!

9 "Perturbarei o coração de muitos quan-
do levar a notícia de sua destruição a na-
ções distantes, que você não conheceu.
10 Sim, causarei espanto em muitas ter-
ras, e os reis ficarão aterrorizados ao saber
de seu destino. Tremerão de medo quan-
do eu agitar minha espada diante deles
no dia de sua queda. 11 Pois assim diz o
Senhor Soberano:

[c] **32.1** Em hebraico, *No primeiro dia do décimo segundo mês*, do antigo calendário lunar hebraico. O ano foi 585 a.C.; ver também nota em 1.1.

"A espada do rei da Babilônia
virá contra você.
12 Exterminarei suas multidões com
espadas de poderosos guerreiros,
o terror das nações.
Eles destruirão o orgulho do Egito,
e todas as suas multidões
serão vencidas.
13 Acabarei com todos os
seus rebanhos
que pastam junto aos riachos.
Nunca mais nem pessoas nem animais
levantarão lama naquelas
águas com seus pés.
14 Então farei que as águas
do Egito se acalmem,
e elas fluirão suavemente,
como azeite,
diz o SENHOR Soberano.
15 Quando eu destruir o Egito,
despojá-lo de todos os seus bens
e abater todo o seu povo,
vocês saberão que eu sou o SENHOR.
16 Sim, este é o cântico fúnebre
que entoarão para o Egito.
Que as nações lamentem pelo Egito
e por suas multidões.
Eu, o SENHOR Soberano, falei!".

O EGITO DESCE À COVA

17 Em 17 de março,[a] no décimo segundo
ano, recebi outra mensagem do SENHOR:
18 "Filho do homem, lamente pelas multi-
dões do Egito e pelas outras nações pode-
rosas,[b] pois eu as enviarei às profundezas
da terra, junto com aqueles que descem à
cova. 19 Diga-lhes:

'Ó Egito, acaso você é mais belo
que as outras nações?
Desça à cova e fique ali,
entre os rejeitados!'.[c]

20 Os egípcios cairão, junto com os mui-
tos que morreram à espada, pois a espada
está empunhada contra eles. O Egito e
suas multidões serão arrastados para seu
julgamento. 21 Lá embaixo, no lugar dos
mortos,[d] líderes poderosos receberão o
Egito e seus aliados com zombaria, dizen-
do: 'Eles desceram; estão entre os rejeita-
dos, entre as multidões mortas à espada'.
22 "A Assíria está ali, cercada pelas se-
pulturas de seu exército, aqueles que
foram mortos à espada. 23 Suas sepultu-
ras ficam no fundo da cova e estão cer-
cadas por seus aliados. Causavam terror
em toda parte, mas agora foram mortos
à espada.
24 "Elão está ali, cercado pelas sepulturas
de todas as suas multidões, aqueles que
foram mortos à espada. Causavam terror
em toda parte, mas agora estão nas pro-
fundezas da terra, como rejeitados. Sim,
estão na cova, envergonhados, junto com
aqueles que foram antes deles. 25 Têm um
lugar para deitar entre os mortos, cercados
pelas sepulturas de todas as suas multi-
dões. Em vida eles aterrorizavam nações,
mas agora estão envergonhados, junto
com outros na cova, todos eles rejeita-
dos, mortos à espada.
26 "Meseque e Tubal estão ali, cercados
pelas sepulturas de todas as suas mul-
tidões. Causavam terror em toda parte,
mas agora são rejeitados, todos mortos
à espada. 27 Não foram sepultados com
honras, como seus heróis caídos, que des-
ceram ao lugar dos mortos com suas ar-
mas, com seus escudos cobrindo o corpo[e]
e suas espadas debaixo da cabeça. Sua
culpa está sobre eles, pois, em vida, ater-
rorizaram a todos.
28 "Também você, Egito, ficará ali, es-
magado entre os rejeitados, todos mor-
tos à espada.
29 "Edom está ali com seus reis e prínci-
pes. Embora fossem poderosos, também
estão entre os que foram mortos à espada,
entre os rejeitados que desceram à cova.
30 "Todos os príncipes do norte e os si-
dônios estão ali, com os outros que morre-
ram. Causavam terror com sua força, mas
foram envergonhados. Estão ali como re-
jeitados, com outros que foram mortos

[a] **32.17** Em hebraico, *No décimo quinto dia do mês*, supostamente no décimo segundo mês do antigo calendário lunar hebraico (ver 32.1). O ano foi 585 a.C.; ver também nota em 1.1. A Septuaginta traz *No décimo quinto dia do primeiro mês*, isto é, em 27 de abril de 586 a.C., no início do décimo segundo ano do cativeiro de Joaquim.
[b] **32.18** O significado do hebraico é incerto.
[c] **32.19** Em hebraico, *os incircuncisos*; também em 32.21, 24,25,26,28,29,30,32.
[d] **32.21** Em hebraico, *Sheol*; também em 32.27.
[e] **32.27** O significado do hebraico é incerto.

à espada. Estão envergonhados, junto com aqueles que desceram à cova.

31 "Quando o faraó e todo o seu exército chegarem, ficarão consolados porque não foram os únicos que perderam suas multidões na batalha, diz o SENHOR Soberano. 32 Embora eu tenha feito esse terror vir sobre todos os vivos, o faraó e suas multidões ficarão ali entre os rejeitados que foram mortos à espada. Eu, o SENHOR Soberano, falei!".

EZEQUIEL COMO VIGIA DE ISRAEL

33 Mais uma vez, recebi uma mensagem do SENHOR: 2 "Filho do homem, transmita esta mensagem a seu povo: 'Quando eu trago um exército contra um país, os habitantes dessa terra escolhem alguém para ser vigia. 3 Quando o vigia vê o inimigo, ele dá o sinal de alarme para avisar o povo. 4 Se aqueles que ouvirem o sinal de alarme não tomarem providências, serão culpados da própria morte. 5 Ouviram o sinal de alarme, mas não deram atenção, de modo que a responsabilidade é deles. Se tivessem dado atenção à advertência, teriam salvado a vida. 6 Se, contudo, o vigia vê o inimigo, mas não dá o sinal de alarme para advertir o povo, ele é responsável. Eles morrerão em seus pecados, mas considerarei o vigia responsável pela morte deles'.

7 "Agora, filho do homem, eu o coloquei como vigia do povo de Israel. Portanto, ouça o que eu digo e advirta-os em meu nome. 8 Se eu anunciar que alguns perversos certamente morrerão e você não lhes disser que mudem sua conduta, eles morrerão em seus pecados, mas considerarei você responsável pela morte deles. 9 Se, contudo, você os advertir para que mudem sua conduta e eles não o fizerem, morrerão em seus pecados, mas você salvará a vida."

A MENSAGEM DO VIGIA

10 "Filho do homem, transmita esta mensagem ao povo de Israel: Vocês dizem: 'Nossos pecados pesam sobre nós; estamos definhando! Como sobreviveremos?'. 11 Tão certo como eu vivo, diz o SENHOR Soberano, não tenho prazer algum na morte dos perversos. Antes, meu desejo é que se afastem de seus maus caminhos, para que vivam. Arrependam-se! Afastem-se de sua maldade! Por que morrer, ó povo de Israel?

12 "Filho do homem, transmita esta mensagem a seu povo: A conduta justa dos justos não os salvará se eles se voltarem para o pecado, nem a conduta perversa dos perversos os destruirá se eles se afastarem de seus pecados. 13 Se eu disser aos justos que eles viverão, mas depois eles pecarem, confiando que sua justiça no passado os salvará, nenhum de seus atos de justiça será lembrado, e eles morrerão por causa de seus pecados. 14 Suponhamos que eu diga aos perversos que eles certamente morrerão, mas depois eles se afastem de seus pecados e façam o que é justo e certo. 15 Pode ser, por exemplo, que devolvam a garantia de um devedor, restituam o que roubaram, obedeçam a meus decretos que dão vida e não pratiquem mais o mal. Nesse caso, certamente viverão, e não morrerão. 16 Nenhum de seus pecados do passado será lembrado, pois fizeram o que é justo e certo, e certamente viverão.

17 "Seu povo diz: 'O Senhor não é justo', mas são eles os injustos. 18 Pois, se os justos se afastarem de sua conduta justa e praticarem o mal, morrerão. 19 Mas, se os perversos se afastarem de sua conduta perversa e fizerem o que é justo e certo, viverão. 20 Ó povo de Israel, vocês dizem: 'O Senhor não é justo'. Mas eu julgarei cada um de vocês de acordo com suas ações".

A QUEDA DE JERUSALÉM É EXPLICADA

21 Em 8 de janeiro,[a] no décimo segundo ano de nosso exílio, um sobrevivente de Jerusalém veio a mim e disse: "A cidade caiu!". 22 Na noite anterior, a mão do SENHOR tinha vindo sobre mim e me restaurado a voz. Por isso, consegui falar quando o homem chegou na manhã seguinte.

[a] **33.21** Em hebraico, *No quinto dia do décimo mês*, do antigo calendário lunar hebraico. O ano foi 585 a.C.; ver também nota em 1.1.

23 Então recebi esta mensagem do Se-
nhor: 24 "Filho do homem, o remanescen-
te de Israel, que vive espalhado entre as
cidades arruinadas, anda dizendo: 'Abraão
era um só e, no entanto, veio a possuir to-
da a terra. Nós somos muitos; certamen-
te a terra nos foi dada como propriedade'.
25 Portanto, diga-lhes: 'Assim diz o Senhor
Soberano: Vocês comem carne com san-
gue, adoram ídolos[a] e assassinam inocen-
tes. Acreditam mesmo que a terra deve ser
sua? 26 Assassinos! Idólatras! Adúlteros!
Acaso deveriam possuir a terra?'.

27 "Diga-lhes: 'Assim diz o Senhor Sobera-
no: Tão certo como eu vivo, os que vivem
nas ruínas morrerão à espada, os que vi-
vem nos campos abertos serão devorados
por animais selvagens que eu enviarei, e
os que estão escondidos em fortalezas
e em cavernas morrerão de doença. 28 Des-
truirei completamente a terra e arrasarei
o orgulho de seu poder. Os montes de Is-
rael ficarão desolados, e ninguém pas-
sará por eles. 29 Quando eu tiver destruído
a terra completamente por causa de seus
pecados detestáveis, eles saberão que eu
sou o Senhor'.

30 "Filho do homem, seu povo fala de vo-
cê em suas casas e junto às portas. Dizem
uns aos outros: 'Venham, vamos ouvir o
que o profeta tem a nos dizer da parte do
Senhor'. 31 Eles vêm, fingindo ser sinceros,
e sentam-se diante de você. Ouvem suas
palavras, mas não têm intenção alguma
de pô-las em prática. Têm a boca cheia de
palavras sensuais, e seu coração só quer
dinheiro. 32 Eles o consideram um diver-
timento, como alguém que entoa canções
de amor com uma linda voz ou toca be-
las músicas num instrumento. Ouvem su-
as palavras, mas não as põem em prática.
33 Quando, porém, todas essas terríveis
coisas acontecerem, e elas certamente
acontecerão, saberão que um profeta es-
teve no meio deles".

OS PASTORES DE ISRAEL

34 Então recebi esta mensagem do
Senhor: 2 "Filho do homem, profe-
tize contra os pastores, os líderes de Israel.
Transmita-lhes esta mensagem do Senhor
Soberano: Que aflição os espera, pastores
que alimentam a si mesmos! Acaso os
pastores não deveriam alimentar seu re-
banho? 3 Vocês bebem o leite, vestem-se
com a lã e abatem os melhores animais,
mas deixam seu rebanho passar fome.
4 Não cuidaram das ovelhas fracas, não
curaram as doentes nem enfaixaram as
que estavam feridas. Não foram procurar
as que se desgarraram e se perderam.
Em vez disso, conduziram-nas com du-
reza e crueldade. 5 Por não terem pastor,
minhas ovelhas se espalharam e se torna-
ram presa fácil para qualquer animal sel-
vagem. 6 Andam sem rumo pelos montes e
pelas colinas, por toda a face da terra, mas
ninguém saiu para procurá-las.

7 "Por isso, pastores, ouçam a palavra
do Senhor: 8 Tão certo como eu vivo, diz
o Senhor Soberano, vocês abandonaram
meu rebanho e o deixaram ser atacado
por animais selvagens. E, embora fossem
meus pastores, não procuraram minhas
ovelhas quando elas se perderam. Cuida-
ram de si mesmos e deixaram o rebanho
passar fome. 9 Portanto, pastores, ouçam
a palavra do Senhor. 10 Assim diz o Senhor
Soberano: Agora considero esses pasto-
res meus inimigos e os responsabilizarei
pelo que aconteceu a meu rebanho. Não
permitirei que continuem pastoreando
meu rebanho e que continuem alimen-
tando a si mesmos. Livrarei meu rebanho
de sua boca; minhas ovelhas não serão
mais sua presa."

O BOM PASTOR

11 "Pois assim diz o Senhor Soberano:
Eu mesmo procurarei minhas ovelhas e
as encontrarei. 12 Serei como o pastor que
busca o rebanho espalhado. Encontrarei
minhas ovelhas e as livrarei de todos os
lugares para onde foram espalhadas na-
quele dia de nuvens e escuridão. 13 Eu as
tirarei do meio dos povos e das nações e
as trarei de volta para sua terra. Eu as
alimentarei nos montes de Israel, junto
aos rios e em todos os lugares habitados.
14 Sim, eu lhes darei bons pastos nas altas
colinas de Israel. Elas se deitarão em luga-
res agradáveis e se alimentarão nos pastos

[a] **33.25** É provável que o termo hebraico (lit., *coisas redondas*) se refira a esterco.

verdes das colinas. 15 Eu mesmo cuidarei delas e lhes darei lugar para descansar, diz o SENHOR Soberano. 16 Procurarei as perdidas que se desgarraram e as trarei de volta. Enfaixarei as ovelhas feridas e fortalecerei as fracas. Destruirei, porém, as gordas e poderosas. Sim, eu as alimentarei, mas com juízo!

17 "Quanto a você, meu rebanho, assim diz o SENHOR Soberano: Julgarei entre um animal e outro do rebanho e separarei as ovelhas dos bodes. 18 Não lhes basta ficarem com os melhores pastos? Também precisam pisotear o resto? Não lhes basta beberem água pura? Também precisam enlamear o resto? 19 Por que meu rebanho deve se alimentar dos pastos que vocês pisotearam e beber da água que vocês sujaram?

20 "Portanto, assim diz o SENHOR Soberano: Certamente julgarei entre as ovelhas gordas e as magras. 21 Pois vocês, ovelhas gordas, empurraram, chifraram e não deram espaço para meu rebanho doente e faminto, até que o espalharam para terras distantes. 22 Portanto, salvarei meu rebanho, e ele não será mais maltratado. Julgarei entre um animal e outro do rebanho. 23 Porei sobre as ovelhas um pastor, meu servo Davi; ele as alimentará e será seu pastor. 24 E eu, o SENHOR, serei o seu Deus, e meu servo Davi será príncipe no meio de meu povo. Eu, o SENHOR, falei!"

A ALIANÇA DE PAZ DO SENHOR

25 "Farei uma aliança de paz com meu povo e expulsarei da terra os animais ferozes. Ele poderá acampar em segurança no deserto e dormir sem medo nos bosques. 26 Abençoarei meu povo e suas casas ao redor de meu santo monte. E, no devido tempo, enviarei as chuvas de que precisam; haverá chuvas de bênçãos. 27 Os pomares e os campos de meu povo darão colheitas fartas, e todos viverão em segurança. Quando eu tiver quebrado suas correntes de servidão e os resgatado daqueles que os escravizavam, eles saberão que eu sou o SENHOR. 28 Não serão mais presa para outras nações, nem serão devorados por animais selvagens. Viverão em segurança, e ninguém lhes causará medo. 29 "Tornarei sua terra conhecida por suas colheitas, e eles nunca mais passarão fome nem sofrerão os insultos de nações estrangeiras. 30 Desse modo, saberão que eu, o SENHOR, seu Deus, estou com eles. E saberão que eles, o povo de Israel, são meu povo, diz o SENHOR Soberano. 31 Vocês são o meu rebanho, ovelhas do meu pasto. Vocês são o meu povo, e eu sou o seu Deus. Eu, o SENHOR Soberano, falei!".

MENSAGEM PARA EDOM

35 Recebi outra mensagem do SENHOR: 2 "Filho do homem, volte o rosto para o monte Seir e profetize contra seu povo. 3 Transmita-lhe esta mensagem do SENHOR Soberano:

"Sou seu inimigo, ó monte Seir;
levantarei minha mão contra você
para destruí-lo completamente.
4 Transformarei suas
cidades em ruínas
e as deixarei desoladas.
Então você saberá
que eu sou o SENHOR.

5 "Seu ódio profundo dos israelitas o levou a matá-los quando estavam indefesos, quando eu já os havia castigado por todos os seus pecados. 6 Tão certo como eu vivo, diz o SENHOR Soberano, visto que vocês não mostraram aversão alguma ao sangue derramado, eu derramarei o seu sangue. Sua vez chegou! 7 Deixarei o monte Seir completamente desolado e matarei todos que tentarem escapar e qualquer um que voltar. 8 Encherei seus montes de cadáveres; suas colinas, seus vales e seus desfiladeiros ficarão cobertos de gente morta à espada. 9 Eu o deixarei desolado para sempre; suas cidades jamais serão reconstruídas. Então você saberá que eu sou o SENHOR.

10 "Pois você disse: 'As terras de Israel e Judá serão minhas. Sim, tomarei posse delas. Que me importa se o SENHOR está ali?'. 11 Portanto, tão certo como eu vivo, diz o SENHOR Soberano, eu lhe darei o castigo merecido por sua ira, sua inveja e seu ódio. Eu me revelarei a Israel[a] por meio da-

[a] **35.11** Em hebraico, *a eles*; a Septuaginta traz *a vocês*.

quilo que fizer a você. 12 Então você saberá
que eu, o SENHOR, ouvi todas as palavras de
desprezo que você pronunciou contra os
montes de Israel. Pois você disse: 'Estão
desolados; foram entregues a mim como
alimento!'. 13 Com essas palavras, você se
exaltou diante de mim, e eu ouvi tudo!
14 "Assim diz o SENHOR Soberano: O mun-
do todo se alegrará quando eu o deixar
desolado. 15 Você se alegrou com a desola-
ção do território de Israel, e agora me ale-
grarei com sua desolação. Você, povo no
monte Seir, e todos que vivem em Edom
serão exterminados! Então saberão que
eu sou o SENHOR."

RESTAURAÇÃO DE ISRAEL

36 "Filho do homem, profetize aos
montes de Israel e transmita-lhes
esta mensagem: Ó montes de Israel, ou-
çam a palavra do SENHOR! 2 Assim diz o
SENHOR Soberano: Seus inimigos zomba-
ram de vocês, dizendo: 'Bem feito! Agora
as antigas montanhas são nossas!'. 3 Por
isso, transmita aos montes de Israel esta
mensagem do SENHOR Soberano: Seus ini-
migos o atacaram de todos os lados e o
tornaram propriedade de muitas nações e
objeto de muita zombaria e calúnia. 4 Por-
tanto, ó montes de Israel, ouçam a palavra
do SENHOR Soberano. Ele fala às colinas e
aos montes, aos desfiladeiros e aos vales,
às ruínas arrasadas e às cidades desertas,
destruídas e ridicularizadas pelas nações
vizinhas. 5 Assim diz o SENHOR Soberano:
A ira de meu zelo arde contra essas na-
ções, especialmente contra Edom, porque
me desprezaram completamente, se apos-
saram de minha terra com satisfação e a
tomaram como despojo.
6 "Portanto, profetize às colinas e aos
montes, aos desfiladeiros e aos vales de
Israel. Assim diz o SENHOR Soberano: Estou
furioso em meu zelo porque vocês passa-
ram vergonha diante das nações vizinhas.
7 Portanto, assim diz o SENHOR Soberano:
Jurei solenemente que essas nações logo
passarão vergonha também.
8 "Os montes de Israel, no entanto, pro-
duzirão colheitas fartas de frutos para meu
povo, pois em breve ele voltará para ca-
sa! 9 Pois estou com vocês e lhes darei
atenção. Seu solo será arado, e suas la-
vouras serão plantadas. 10 Multiplicarei a
população de Israel, e as cidades arruina-
das serão reconstruídas e ficarão cheias
de gente. 11 Multiplicarei tanto as pessoas
como os animais. Ó montes de Israel, tra-
rei gente para habitá-los outra vez! Eu os
tornarei ainda mais prósperos que antes.
Então vocês saberão que eu sou o SENHOR.
12 Farei meu povo andar sobre vocês nova-
mente, e serão território dele. Vocês nunca
mais o deixarão sem filhos.
13 "Assim diz o SENHOR Soberano: As ou-
tras nações zombam de você e dizem:
'É uma terra que devora seu povo e os
deixa sem filhos!'. 14 Mas você nunca
mais devorará seu povo nem o deixará
sem filhos, diz o SENHOR Soberano. 15 Não
o deixarei ouvir os insultos de outras na-
ções, nem sua zombaria. Você não será
uma terra que faz sua nação cair, diz o
SENHOR Soberano".
16 Então recebi esta mensagem do
SENHOR: 17 "Filho do homem, quando os is-
raelitas viviam em sua própria terra, eles
a profanaram com seu estilo de vida. Pa-
ra mim, sua conduta foi tão impura como
o fluxo menstrual de uma mulher. 18 Eles
contaminaram a terra com assassinato e
adoração a ídolos,[a] por isso derramei so-
bre eles minha fúria. 19 Eu os espalhei
entre as nações para castigá-los por sua
conduta. 20 Quando, porém, foram espa-
lhados entre as nações, desonraram meu
santo nome. Pois as nações diziam: 'Este
é o povo do SENHOR, mas ele não foi capaz
de mantê-lo a salvo em sua própria terra!'.
21 Tive consideração por meu santo nome,
que meu povo desonrou entre as nações.
22 "Portanto, transmita ao povo de Is-
rael esta mensagem do SENHOR Sobera-
no: Eu os trarei de volta, ó povo de Israel,
mas não porque merecem. Farei isso por
causa do meu santo nome, que vocês de-
sonraram entre as nações. 23 Eu lhes mos-
trarei a santidade de meu grande nome,
o nome que vocês desonraram entre as
nações. E, quando eu mostrar minha san-
tidade por meio de vocês diante das na-
ções, diz o SENHOR, elas saberão que eu sou

[a] **36.18** É provável que o termo hebraico (lit., *coisas redondas*) se refira a esterco; também em 36.25.

Cristo é a Palavra encarnada, o verdadeiro Pão que desceu do Céu e consegue trazer direção e nutrição à alma dos seres humanos.

o Senhor. 24 Pois eu os reunirei dentre as nações e os trarei de volta para sua terra.

25 "Então aspergirei sobre vocês água pura, e ficarão limpos. Eu os purificarei de sua impureza e sua adoração a ídolos. 26 Eu lhes darei um novo coração e colocarei em vocês um novo espírito. Removerei seu coração de pedra e lhes darei coração de carne. 27 Porei dentro de vocês meu Espírito, para que sigam meus decretos e tenham o cuidado de obedecer a meus estatutos.

28 "Vocês habitarão em Israel, a terra que dei a seus antepassados. Vocês serão o meu povo, e eu serei o seu Deus. 29 Eu os livrarei de sua impureza. Aumentarei a produção de cereais e não enviarei mais fome à terra. 30 Darei colheitas fartas de suas árvores frutíferas e seus campos, e nunca mais as nações vizinhas zombarão de sua terra por causa da fome. 31 Então se lembrarão dos pecados que cometeram no passado e terão aversão de si mesmos por todas as coisas detestáveis que fizeram. 32 Mas assim diz o Senhor Soberano: Lembrem-se de que não farei tudo isso porque vocês merecem. Ó meu povo de Israel, vocês deveriam se envergonhar profundamente de tudo que fizeram!

33 "Assim diz o Senhor Soberano: Quando eu os purificar de seus pecados, farei que suas cidades voltem a ser habitadas e as ruínas sejam reconstruídas. 34 Os campos que estavam vazios e desolados à vista de todos voltarão a ser cultivados. 35 E, quando eu trouxer vocês de volta, as pessoas dirão: 'Essa terra que antes era deserta agora é como o jardim do Éden! As cidades abandonadas e em ruínas agora têm muros fortes e estão cheias de gente!'. 36 Com isso, as nações vizinhas que restarem saberão que eu, o Senhor, reconstruí as ruínas e replantei onde estava deserto. Pois eu, o Senhor, falei e cumprirei o que prometi.

37 "Assim diz o Senhor Soberano: Estou disposto a ouvir as orações de Israel e a multiplicar seu povo como um rebanho. 38 Serão numerosos como os rebanhos consagrados que enchem as ruas de Jerusalém na época de suas festas. As cidades que estavam em ruínas voltarão a ficar cheias de gente, e todos saberão que eu sou o Senhor".

O VALE DOS OSSOS SECOS

37 A mão do Senhor veio sobre mim, e o Espírito do Senhor me levou a um vale cheio de ossos. 2 Ele me conduziu por entre os ossos que cobriam o fundo do vale, espalhados por toda parte e completamente secos. 3 Então ele me perguntou: "Filho do homem, acaso estes ossos podem voltar a viver?".

Respondi: "Ó Senhor Soberano, só tu o sabes".

4 Então ele me disse: "Profetize a estes ossos e diga: 'Ossos secos, ouçam a palavra do Senhor! 5 Assim diz o Senhor Soberano: Soprarei meu espírito[a] e os trarei de volta à vida! 6 Porei carne e músculo em vocês e os cobrirei com pele. Darei fôlego a vocês, e voltarão à vida. Então saberão que eu sou o Senhor'".

7 Assim, anunciei essa mensagem, como ele me havia ordenado. De repente, enquanto eu profetizava, ouviu-se em todo o vale o barulho de ossos batendo uns contra os outros, e os ossos de cada corpo estavam se juntando. 8 Então, enquanto eu observava, músculos e carne se formaram sobre os ossos. Em seguida, pele se formou para cobrir os corpos, mas ainda não respiravam.

9 Então ele me disse: "Filho do homem, profetize aos ventos. Anuncie-lhes uma mensagem e diga: 'Assim diz o Senhor Soberano: Ó fôlego, venha dos quatro ventos! Sopre nesses corpos mortos para que voltem a viver!'".

10 Anunciei a mensagem, como ele me havia ordenado, e o espírito entrou nos corpos. Todos eles voltaram à vida e se levantaram, e formavam um grande exército.

11 Então ele me disse: "Filho do homem, esses ossos representam todo o povo de Israel. Eles dizem: 'Tornamo-nos ossos velhos e secos; não há mais esperança. Nossa nação acabou'. 12 Portanto, profetize para eles e diga: 'Assim diz o Senhor Soberano: Ó meu povo, eu abrirei as sepulturas

[a] **37.5** O termo hebraico (*ruah*) também pode ser traduzido por "fôlego" ou "vento", jogo de palavras que se repete em toda a passagem.

do exílio e os farei sair delas. Então os trarei de volta à terra de Israel. 13 Quando isso acontecer, meu povo, vocês saberão que eu sou o SENHOR. 14 Soprarei meu espírito em vocês, e voltarão a viver, e eu os trarei de volta para sua terra. Então saberão que eu, o SENHOR, falei e cumpri o que prometi. Sim, eu, o SENHOR, falei!'".

ISRAEL E JUDÁ SÃO REUNIDOS

15 Recebi outra mensagem do SENHOR: 16 "Filho do homem, pegue um pedaço de madeira e grave nele estas palavras: 'Isto representa Judá e suas tribos aliadas'. Depois, pegue outro pedaço de madeira e grave nele estas palavras: 'Isto representa Efraim e as tribos do norte de Israel'.[a] 17 Agora, segure-os juntos em sua mão, como se fossem um só pedaço de madeira. 18 Quando seus compatriotas lhe perguntarem o que isso significa, 19 diga-lhes: 'Assim diz o SENHOR Soberano: Pegarei Efraim e as tribos do norte, suas irmãs, e as juntarei a Judá. Farei delas um só pedaço de madeira em minha mão'.

20 "Em seguida, segure diante do povo os pedaços de madeira que você gravou, para que todos os vejam, 21 e transmita esta mensagem do SENHOR Soberano: Reunirei meu povo de Israel dentre as nações onde foram espalhados e os trarei de volta para sua terra. 22 Eu os reunirei em uma só nação nos montes de Israel. Um único rei os governará, e não serão mais divididos em duas nações nem em dois reinos. 23 Nunca mais se contaminarão com ídolos,[b] nem com imagens detestáveis, nem com qualquer de suas rebeliões, pois eu os salvarei de sua apostasia pecaminosa.[c] Sim, eu os purificarei; então eles serão o meu povo, e eu serei o seu Deus.

24 "Meu servo Davi será seu rei, e eles terão um só pastor. Seguirão meus estatutos e terão o cuidado de guardar meus decretos. 25 Viverão na terra que dei a meu servo Jacó, a terra onde seus antepassados viveram. Eles, seus filhos e seus netos viverão ali para sempre, de geração em geração, e meu servo Davi será seu príncipe para sempre. 26 Farei com eles uma aliança de paz, uma aliança permanente. Eu lhes darei sua terra e os multiplicarei[d] e estabelecerei meu templo no meio deles para sempre. 27 Sim, eu habitarei no meio deles. Serei o seu Deus, e eles serão o meu povo. 28 E, quando meu templo estiver entre eles para sempre, as nações saberão que eu sou o SENHOR, que santifico Israel".

MENSAGEM PARA GOGUE

38 Recebi esta mensagem do SENHOR: 2 "Filho do homem, volte o rosto para Gogue, da terra de Magogue, príncipe que governa as nações de Meseque e Tubal, e profetize contra ele. 3 Transmita-lhe esta mensagem do SENHOR Soberano: Gogue, príncipe de Meseque e Tubal, sou seu inimigo. 4 Eu o farei voltar e colocarei argolas em seu queixo para levá-lo junto com todo o seu exército: seus cavalos e condutores de carros de guerra vestidos com sua armadura completa e uma grande multidão armada com escudos e espadas. 5 A Pérsia, a Etiópia e a Líbia,[e] com todas as suas armas, o acompanharão. 6 Gômer e todos os seus exércitos também se unirão a você, bem como os exércitos de Bete-Togarma, do extremo norte, e muitos outros.

7 "Prepare-se; esteja pronto! Mantenha todos os exércitos ao seu redor de prontidão e assuma o comando deles. 8 Daqui a muito tempo, você será convocado para entrar em ação. No futuro distante, você virá de repente sobre a terra de Israel, que viverá confiante depois de ter se recuperado da guerra e depois que seu povo tiver regressado de muitas terras para os montes de Israel. 9 Você e todos os seus aliados, um exército imenso e assustador, virão sobre Israel como uma tempestade e cobrirão a terra como uma nuvem.

---

[a] **37.16** Em hebraico, *Esta é a madeira de Efraim e representa José e todas as casas de Israel*; também em 37.19.

[b] **37.23a** É provável que o termo hebraico (lit., *coisas redondas*) se refira a esterco.

[c] **37.23b** Conforme alguns manuscritos hebraicos e a Septuaginta; o Texto Massorético traz *de seus lugares de habitação onde pecaram*.

[d] **37.26** Conforme o hebraico, que traz *Eu lhes darei e aumentarei seu número*; a Septuaginta omite toda essa frase.

[e] **38.5** Em hebraico, *Paras, Cuxe e Pute*.

10 "Assim diz o Senhor Soberano: Naquele dia, maus pensamentos lhe virão à mente e você tramará um plano perverso. 11 Dirá: 'Israel é uma terra desprotegida, cheia de povoados sem muros, sem portões e sem trancas. Marcharei contra ela e acabarei com esse povo que vive tão confiante. 12 Irei às cidades antes desoladas, mas que agora estão cheias de gente que voltou do exílio em muitas nações. Tomarei grande quantidade de despojo, pois agora seus habitantes têm muito gado e outros bens. Pensam que o mundo gira em torno deles!'. 13 Contudo, Sabá, Dedã e os comerciantes de Társis, com todos os seus jovens guerreiros, perguntarão: 'Você pensa mesmo que os grandes exércitos que reuniu podem tomar a prata e o ouro deles? Acham que podem levar seus rebanhos, apoderar-se de seus bens e tomar despojos?'.

14 "Portanto, filho do homem, profetize contra Gogue. Transmita-lhe esta mensagem do Senhor Soberano: Quando meu povo estiver vivendo confiante na terra dele, então você despertará.[a] 15 Virá de sua terra no extremo norte com sua grande cavalaria e seu exército poderoso, 16 atacará meu povo, Israel, e cobrirá a terra como uma nuvem. Naquele dia, trarei você, Gogue, contra minha terra à vista de todos e mostrarei minha santidade por meio de tudo que lhe acontecer. Então todas as nações me conhecerão.

17 "Assim diz o Senhor Soberano: Acaso você é aquele de quem falei muito tempo atrás, quando anunciei por meio de meus servos, os profetas de Israel, que, no futuro, o traria contra meu povo? 18 Mas assim diz o Senhor Soberano: Quando Gogue invadir a terra de Israel, minha fúria transbordará! 19 Pois, em meu zelo e em minha ira ardente, sacudirei a terra de Israel violentamente naquele dia. 20 Todos os seres vivos, os peixes do mar, as aves do céu, os animais do campo, os animais que rastejam pelo chão, e todas as pessoas da terra, tremerão em minha presença. Montes serão derrubados, despenhadeiros cairão e muros desabarão. 21 Convocarei a espada contra você em todas as colinas de Israel, diz o Senhor Soberano, e seus homens voltarão as espadas uns contra os outros. 22 Castigarei você e seus exércitos com doença e derramamento de sangue; enviarei chuvas torrenciais, granizo, fogo e enxofre! 23 Com isso mostrarei minha grandeza e santidade e me farei conhecido às nações do mundo. Então saberão que eu sou o Senhor."

[a] **38.14** Conforme a Septuaginta; o hebraico traz *então você saberá*.

O MASSACRE DAS MULTIDÕES DE GOGUE

39 "Filho do homem, profetize contra Gogue. Transmita-lhe esta mensagem do Senhor Soberano: Sou seu inimigo, ó Gogue, príncipe que governa as nações de Meseque e Tubal. 2 Eu o farei dar a volta e o trarei do extremo norte, e o conduzirei em direção aos montes de Israel. 3 Derrubarei o arco de sua mão esquerda e as flechas de sua mão direita. 4 Você, seu exército e seus aliados morrerão nos montes. Eu os darei como alimento aos abutres e aos animais selvagens. 5 Você cairá em campos abertos, pois eu falei, diz o Senhor Soberano. 6 Enviarei fogo sobre Magogue e sobre todos os seus aliados que vivem em segurança no litoral. Então eles saberão que eu sou o Senhor.

7 "Assim, farei conhecido meu santo nome no meio de meu povo, Israel. Não deixarei que ninguém desonre meu nome. E as nações também saberão que eu sou o Senhor, o Santo de Israel. 8 Esse dia de julgamento virá, diz o Senhor Soberano. Tudo acontecerá como eu declarei.

9 "Então os habitantes das cidades de Israel sairão e recolherão seus escudos pequenos e os grandes, seus arcos e flechas, seus dardos e lanças e os usarão como lenha. Haverá o suficiente para sete anos! 10 Não precisarão cortar lenha dos campos nem dos bosques, pois essas armas fornecerão todo o combustível necessário. Eles saquearão aqueles que os saquearam e despojarão aqueles que os despojaram, diz o Senhor Soberano.

11 "Nesse dia, prepararei um enorme cemitério para Gogue e suas multidões no vale dos Viajantes, a leste do mar Morto.[b]

[b] **39.11** Em hebraico, *do mar*.

Ele impedirá a passagem dos que viajam por ali, e eles mudarão o nome do lugar para vale das Multidões de Gogue. 12 O povo de Israel levará sete meses para sepultar os corpos e purificar a terra. 13 Todos em Israel ajudarão a sepultar, pois esse dia em que eu mostrar minha glória será uma data memorável para Israel, diz o Senhor Soberano.

14 "Depois de sete meses, grupos de homens serão nomeados para percorrer a terra em busca de esqueletos para sepultar, a fim de que a terra seja purificada. 15 Onde forem encontrados ossos, será colocado um sinal para que os coveiros os levem e os enterrem no vale das Multidões de Gogue. 16 (Haverá ali uma cidade chamada Hamoná.[a]) E com isso, enfim, a terra será purificada.

17 "Agora, filho do homem, assim diz o Senhor Soberano: Chame todas as aves e todos os animais selvagens e diga-lhes: Reúnam-se para meu grande banquete sacrificial. Venham, de longe e de perto, para os montes de Israel e ali comam carne e bebam sangue! 18 Comam a carne de homens poderosos e bebam o sangue dos príncipes das nações como se fossem carneiros, cordeiros, bodes e touros, todos animais engordados de Basã. 19 Devorem carne até se empanturrar e bebam sangue até se embriagar. Este é o banquete sacrificial que lhes preparei. 20 Comam com fartura à minha mesa; comam cavalos, condutores de carros de guerra, homens valentes e guerreiros de toda espécie, diz o Senhor Soberano.

21 "Desse modo, mostrarei minha glória às nações. Todos verão o castigo que trouxe sobre eles e o poder de minha mão quando eu castigo. 22 E, daquele dia em diante, o povo de Israel saberá que sou o Senhor, seu Deus. 23 As nações saberão por que Israel foi enviado para o exílio: foi como castigo por causa do pecado, pois foram infiéis a seu Deus. Por isso me afastei deles e os entreguei a seus inimigos, para que os destruíssem. 24 Escondi deles o rosto e os castiguei por causa de sua impureza e de seus pecados."

[a] **39.16** *Hamoná* significa "multidão".

RESTAURAÇÃO DO POVO DE DEUS

25 "Portanto, assim diz o Senhor Soberano: Acabarei com o exílio de meu povo;[b] terei compaixão de todo o Israel, pois tenho zelo por meu santo nome. 26 Quando voltarem para sua terra e viverem em segurança, sem que ninguém lhes cause medo, assumirão a responsabilidade por[c] sua vergonha e infidelidade no passado. 27 Quando eu os trouxer de volta das terras de seus inimigos, mostrarei minha santidade no meio deles, para que todas as nações a vejam. 28 Então meu povo saberá que eu sou o Senhor, seu Deus, pois os enviei para o exílio entre as nações e os trouxe de volta para sua terra. Não deixarei nenhum deles para trás 29 e nunca mais me afastarei deles, pois derramarei meu Espírito sobre o povo de Israel. Eu, o Senhor Soberano, falei!".

A NOVA ÁREA DO TEMPLO

40 Em 28 de abril,[d] no vigésimo quinto ano de nosso exílio, catorze anos depois da queda de Jerusalém, a mão do Senhor veio sobre mim, e ele me levou para lá. 2 Numa visão, Deus me levou para a terra de Israel e me colocou num monte muito alto. Dali, vi em direção ao sul algo parecido com uma cidade. 3 Quando ele me levou mais perto, vi um homem cuja face brilhava como bronze. Ele estava em pé junto a uma porta e tinha na mão uma corda de medir feita de linho e uma vara de medir.

4 Disse-me: "Filho do homem, observe e ouça. Preste muita atenção a tudo que lhe mostrarei. Você foi trazido aqui para que eu lhe mostre várias coisas. Depois você voltará ao povo de Israel e contará tudo que vir".

A PORTA LESTE

5 Vi um muro que cercava completamente a área do templo. O homem pegou a vara de medir de 3 metros[e] de comprimento e

[b] **39.25** Em hebraico, *de Jacó*.

[c] **39.26** Alguns manuscritos hebraicos trazem *eles se esquecerão de*.

[d] **40.1** Em hebraico, *No início do ano, no décimo dia do mês*, do antigo calendário lunar hebraico. O ano foi 573 a.C.; ver também nota em 1.1.

[e] **40.5a** Em hebraico, *6 côvados longos, sendo que cada um tem 1 côvado* [45 centímetros] *e 4 dedos* [8 centímetros] *de comprimento*.

com ela mediu o muro, que tinha 3 metros[a] de espessura e 3 metros de altura.

6 Em seguida, foi à porta leste. Subiu os degraus e mediu a soleira da porta, que tinha 3 metros de profundidade.[b] 7 Na passagem de entrada, havia salas para guardas de cada lado. Cada uma das salas era quadrada e media 3 metros de cada lado, e a distância entre as salas era de 2,5 metros[c] ao longo da parede da passagem. A soleira interna da porta, que dava para o pórtico na extremidade interna da passagem de entrada, tinha 3 metros de profundidade. 8 Ele também mediu o pórtico.[d] 9 Tinha 4 metros[e] de extensão e suas colunas tinham 1 metro[f] de espessura. Esse pórtico era a extremidade interna da passagem de entrada e era voltado para o templo.

10 Havia três salas de cada lado da passagem de entrada. Cada uma tinha as mesmas medidas, e as paredes entre elas também eram idênticas. 11 Então o homem mediu a porta de entrada, que tinha 5 metros[g] de largura e 6,5 metros[h] de comprimento na passagem. 12 Em frente de cada sala havia uma mureta com 0,5 metro[i] de altura. As salas propriamente ditas tinham 3 metros[j] de cada lado.

13 Então ele mediu toda a largura da porta, a distância desde a parede dos fundos de uma sala para guardas até a parede dos fundos de outra sala; essa distância era de 12,5 metros.[k] 14 Mediu as paredes divisórias ao longo de todo o interior da passagem até o pórtico; a distância era de 30 metros.[l] 15 O comprimento total da passagem, de uma extremidade à outra, era de 25 metros.[m] 16 Nas paredes das salas e em suas paredes divisórias havia janelas embutidas que se estreitavam em direção à parte interna. Também havia janelas no pórtico. As superfícies das paredes divisórias eram enfeitadas com entalhes de palmeiras.

O PÁTIO EXTERNO

17 Então o homem me levou pela entrada até o pátio externo do templo. Ao longo das paredes do pátio havia uma calçada e, junto às paredes, havia trinta salas que abriam para a calçada. 18 A calçada ladeava as portas, e seu comprimento desde os muros até o pátio era o mesmo da passagem de entrada. Essa era a calçada inferior. 19 Em seguida, o homem mediu a largura do pátio externo do templo, entre a entrada externa e a interna, e a distância era de 50 metros.[n]

A PORTA NORTE

20 O homem mediu a porta norte da mesma forma que a leste. 21 Também ali havia três salas e um pórtico. Todas as medidas eram iguais às da porta leste. A passagem da entrada tinha 25 metros de comprimento e 12,5 metros de largura entre as paredes dos fundos de uma sala para guardas e a parede dos fundos de outra sala. 22 As janelas, o pórtico e os enfeites de palmeiras eram idênticos aos da porta leste. Havia sete degraus que davam para a passagem da entrada, e o pórtico ficava na extremidade interna da passagem de entrada. 23 Do lado norte, como do lado leste, havia outra porta que dava para o pátio interno do templo, oposta à entrada externa. A distância entre as duas entradas era de 50 metros.

A PORTA SUL

24 Então o homem me levou à porta sul e mediu suas partes, e eram exatamente iguais às medidas das outras portas. 25 Tinha janelas ao longo das paredes, como as

[a] **40.5b** Em hebraico, *1 vara*; também em 40.5c,7.
[b] **40.6** Conforme a Septuaginta, que traz *1 vara de profundidade*; o hebraico traz *1 vara de profundidade, 1 limiar, 1 vara*.
[c] **40.7** Em hebraico, *5 côvados*; também em 40.48.
[d] **40.8** Conforme alguns manuscritos hebraicos e a versão siríaca; outros manuscritos hebraicos acrescentam *que ficava voltado para dentro, em direção ao templo; tinha 1 vara de profundidade. 9 Então ele mediu o pórtico da entrada.*
[e] **40.9a** Em hebraico, *8 côvados*.
[f] **40.9b** Em hebraico, *2 côvados*.
[g] **40.11a** Em hebraico, *10 côvados*.
[h] **40.11b** Em hebraico, *13 côvados*.
[i] **40.12a** Em hebraico, *1 côvado*.
[j] **40.12b** Em hebraico, *6 côvados*.
[k] **40.13** Em hebraico, *25 côvados*; também em 40.21,25,29,30,33,36.
[l] **40.14** Em hebraico, *60 côvados*. A Septuaginta traz *20 côvados*. O significado do hebraico é incerto.
[m] **40.15** Em hebraico, *50 côvados*; também em 40.21, 25,29,33,36.
[n] **40.19** Em hebraico, *100 côvados*; também em 40.23, 27,47.

outras, e um pórtico no qual a passagem de entrada abria para o pátio externo. E, como nas outras portas, a passagem de entrada tinha 25 metros de comprimento e 12,5 metros de largura. 26 Essa entrada também tinha uma escada com sete degraus que davam para ela, um pórtico na extremidade interna e enfeites de palmeiras nas paredes divisórias. 27 E aqui também havia outra entrada que dava para o pátio interno, oposta à entrada externa. A distância entre as duas entradas era de 50 metros.

PORTAS PARA O PÁTIO INTERNO

28 Então o homem me levou à porta sul, que dava para o pátio interno. Ele a mediu, e tinha as mesmas medidas das outras portas. 29 Suas salas para guardas, suas paredes divisórias e seu pórtico eram do mesmo tamanho das outras portas, e havia janelas ao longo das paredes e no pórtico. E, como nas outras portas, a passagem da entrada tinha 25 metros de comprimento e 12,5 metros de largura. 30 (Os pórticos que davam para o pátio interno tinham 4 metros de comprimento[a] e 12,5 metros de largura.) 31 O pórtico da porta sul ficava voltado para o pátio externo. Suas colunas eram enfeitadas com palmeiras, e oito degraus subiam até sua entrada.

32 Então ele me levou à porta leste, que dava para o pátio interno. Ele a mediu, e tinha as mesmas medidas das outras portas. 33 Suas salas para guardas, suas paredes divisórias e seu pórtico eram do mesmo tamanho das outras portas, e havia janelas ao longo das paredes e no pórtico. A passagem da entrada tinha 25 metros de comprimento e 12,5 metros de largura. 34 Seu pórtico ficava voltado para o pátio externo. Suas colunas eram enfeitadas com palmeiras, e oito degraus subiam até sua entrada.

35 Então ele me levou à porta norte, que dava para o pátio interno. Ele a mediu, e tinha as mesmas medidas das outras portas. 36 Suas salas para guardas, suas paredes divisórias e seu pórtico tinham as mesmas medidas das outras portas e janelas dispostas da mesma forma. A entrada da passagem tinha 25 metros de comprimento e 12,5 metros de largura. 37 Seu pórtico[b] ficava voltado para o pátio externo. Suas colunas eram enfeitadas com palmeiras, e oito degraus subiam até sua entrada.

SALAS PARA O PREPARO DOS SACRIFÍCIOS

38 No pórtico de uma das entradas internas havia uma porta que dava para uma sala lateral onde era lavada a carne para os holocaustos. 39 De cada lado desse pórtico havia duas mesas onde os animais para os sacrifícios eram abatidos para os holocaustos, as ofertas pelo pecado e as ofertas pela culpa. 40 Do lado de fora do pórtico, de cada lado das escadas que subiam para a entrada norte, havia mais duas mesas. 41 Havia, portanto, oito mesas no total, quatro do lado de dentro e quatro do lado de fora, onde se abatiam os sacrifícios. 42 Também havia quatro mesas de pedra cortada para o preparo dos holocaustos, cada uma com 75 centímetros de comprimento e de largura e 50 centímetros de altura.[c] Sobre essas mesas eram colocados os instrumentos para abater os animais para os sacrifícios. 43 Havia ganchos, cada um com 8 centímetros[d] de comprimento, presos ao redor das paredes do pórtico. A carne dos sacrifícios era colocada sobre as mesas.

SALAS PARA OS SACERDOTES

44 Dentro do pátio interno havia duas salas,[e] uma ao lado da porta norte, voltada para o sul,[f] e outra ao lado da porta sul, voltada para o norte. 45 E o homem me disse: "A sala ao lado da porta norte é para os sacerdotes que supervisionam a manutenção do templo. 46 A sala ao lado da porta sul é para os sacerdotes encarregados do altar,

[a] **40.30** Conforme 40.9, que traz *8 côvados*; o hebraico traz *5 côvados*. Esse versículo não aparece em alguns manuscritos hebraicos e na Septuaginta.

[b] **40.37** Conforme a Septuaginta (ver tb. 40.26,31,34); o hebraico traz Suas *paredes divisórias*.

[c] **40.42** Em hebraico, *1,5 côvado de comprimento e 1,5 côvado de largura e 1 côvado de altura*.

[d] **40.43** Em hebraico, *4 dedos*.

[e] **40.44a** Conforme a Septuaginta; o hebraico traz *salas para cantores*.

[f] **40.44b** Conforme a Septuaginta; o hebraico traz *leste*.

os descendentes de Zadoque, pois somente eles, dentre todos os levitas, podem se aproximar do Senhor, para servir diante dele".

O PÁTIO INTERNO E O TEMPLO

47 Então o homem mediu o pátio interno, e era um quadrado com 50 metros de largura e 50 metros de comprimento. O altar ficava no pátio em frente ao templo. 48 Então ele me levou ao pórtico do templo. Mediu as paredes de ambos os lados da passagem para o pórtico, e tinham 2,5 metros de espessura. A entrada propriamente dita tinha 7 metros de largura, e as paredes de cada lado da entrada tinham mais 1,5 metro de comprimento.[a] 49 O pórtico tinha 10 metros[b] de largura e 6 metros[c] de profundidade. Dez degraus[d] subiam para ele, com uma coluna de cada lado.

41 Depois disso, o homem me levou ao santuário do templo. Mediu as paredes de cada lado de sua porta,[e] e tinham 3 metros[f] de espessura. 2 A entrada tinha 5 metros[g] de largura, e as paredes de cada lado tinham 2,5 metros[h] de comprimento. O santuário propriamente dito tinha 20 metros de comprimento e 10 metros de largura.[i]

3 Então ele passou do santuário para a sala interna. Mediu as paredes de cada lado de sua entrada, e tinham 1 metro[j] de espessura. A entrada tinha 3 metros de largura, e as paredes de cada lado da entrada tinham 3,5 metros de comprimento.[k] 4 A sala interna do santuário tinha 10 metros[l] de comprimento e 10 metros de largura. Ele me disse: "Este é o lugar santíssimo".

5 Então ele mediu a parede do templo, e tinha 3 metros de espessura. Junto à parte externa da parede havia uma fileira de salas; cada sala tinha 2 metros[m] de largura. 6 Essas salas laterais ficavam em três andares, uma acima da outra, e havia trinta salas em cada andar. Os pontos de sustentação das salas laterais ficavam apoiados em saliências externas na parede do templo; não se estendiam para dentro da parede. 7 Cada andar era mais largo que o andar abaixo, acompanhando a inclinação da parede do templo. Uma escada subia do andar inferior para os andares do meio e de cima.

8 Vi que o templo era construído sobre uma plataforma que servia de base para as salas laterais. Essa plataforma tinha 3 metros de altura.[n] 9 A parede externa das salas laterais do templo tinha 2,5 metros de espessura. Havia, portanto, uma área aberta entre essas salas laterais 10 e a fileira de salas junto à parede externa do pátio interno. Essa área aberta tinha 10 metros de largura e se estendia ao redor de todo o templo. 11 Duas portas nas salas laterais davam para a área aberta da plataforma, que tinha 2,5 metros de largura. Uma porta ficava voltada para o norte, e a outra, para o sul.

12 Havia um edifício grande a oeste, voltado para o pátio do templo. Tinha 35 metros de largura e 45 metros de comprimento, e suas paredes tinham 2,5 metros de espessura.[o] 13 Então o homem mediu o templo, e tinha 50 metros[p] de comprimento. O pátio ao redor do edifício, incluindo suas paredes, tinha mais 50 metros de comprimento. 14 O pátio interno do lado leste do templo tinha 50 metros de largura. 15 O edifício a oeste, incluindo suas duas paredes, também tinha 50 metros de largura.

O santuário, a sala interna e o pórtico do templo 16 eram todos revestidos de madeira, assim como as armações das janelas embutidas. As paredes internas eram

[a] **40.48** Conforme a Septuaginta, que traz *A entrada tinha 14 côvados de largura, e as paredes da entrada tinham 3 côvados de cada lado.* O hebraico não traz *14 côvados de largura, e as paredes da entrada tinham.*
[b] **40.49a** Em hebraico, *20 côvados.*
[c] **40.49b** Conforme a Septuaginta, que traz *12 côvados*; o hebraico traz *11 côvados*, cerca de 5,5 metros.
[d] **40.49c** Conforme a Septuaginta; o hebraico traz apenas *degraus.*
[e] **41.1a** Conforme a Septuaginta; o significado do hebraico é incerto.
[f] **41.1b** Em hebraico, *6 côvados*; também em 41.3,5.
[g] **41.2a** Em hebraico, *10 côvados.*
[h] **41.2b** Em hebraico, *5 côvados*; também em 41.9,11.
[i] **41.2c** Em hebraico, *40 côvados de comprimento e 20 côvados de largura.*
[j] **41.3a** Em hebraico, *2 côvados.*
[k] **41.3b** Em hebraico, *7 côvados.*
[l] **41.4** Em hebraico, *20 côvados*; também em 41.4b,10.

[m] **41.5** Em hebraico, *4 côvados.*
[n] **41.8** Em hebraico, *1 vara, 6 côvados.*
[o] **41.12** Em hebraico, *70 côvados de largura e 90 côvados de comprimento, e suas paredes tinham 5 côvados de espessura.*
[p] **41.13** Em hebraico, *100 côvados*; também em 41.13b, 14.15.

revestidas de madeira acima e abaixo das janelas. 17 O espaço acima da porta que dava para a sala interna e suas paredes internas e externas também eram revestidos de madeira. 18 Todas as paredes eram enfeitadas com entalhes de querubins, cada um com dois rostos, alternados com entalhes de palmeiras. 19 Um dos rostos do querubim, o rosto de homem, ficava voltado para a palmeira de um lado. O outro rosto, o de leão forte, ficava voltado para a palmeira do outro lado. Havia figuras entalhadas ao redor de todo o templo, 20 desde o chão até o alto das paredes, inclusive na parede externa do santuário.

21 Na entrada do santuário havia colunas quadradas, e as colunas na entrada do lugar santíssimo eram semelhantes. 22 Havia um altar de madeira com 1,5 metro de altura e 1 metro de cada lado.[a] Seus cantos, sua base e seus lados eram de madeira. O homem me disse: "Esta é a mesa que fica na presença do SENHOR".

23 Tanto o santuário como o lugar santíssimo tinham portas duplas, 24 cada uma com duas folhas que se abriam para os dois lados. 25 As portas que davam para o santuário eram enfeitadas com entalhes de querubins e de palmeiras, assim como as paredes. E havia uma cobertura de madeira na frente do pórtico do templo. 26 Dos dois lados do pórtico havia janelas embutidas enfeitadas com entalhes de palmeiras. As salas laterais junto à parede externa também tinham coberturas.

SALAS PARA OS SACERDOTES

42 Então o homem me levou ao pátio do templo, passando pela porta norte. Entramos no pátio externo e chegamos a um edifício com salas junto à parede do pátio interno. 2 Esse edifício, cuja entrada dava para o norte, tinha 50 metros[b] de comprimento e 25 metros[c] de largura. 3 Um conjunto de salas dava para o espaço do pátio interno, que tinha 10 metros[d] de largura. Outro conjunto de salas dava para a calçada do pátio externo. Os dois conjuntos tinham três andares e ficavam um de frente para o outro. 4 Entre os dois conjuntos de salas havia uma passagem com 5 metros[e] de largura. Estendia-se ao longo dos 50 metros[f] do edifício, e todas as portas davam para o norte. 5 Cada um dos dois andares superiores com salas era mais estreito que o andar abaixo, pois nos andares superiores precisava haver espaço para passagens na frente de cada um. 6 Uma vez que havia três andares e eles não tinham colunas de sustentação como os pátios, cada andar superior era recuado em relação ao andar abaixo. 7 Havia uma parede externa que servia de divisória entre as salas e o pátio externo e que tinha 25 metros de comprimento. 8 Essa parede acrescentava comprimento ao conjunto externo de salas, que se estendia por apenas 25 metros, enquanto o conjunto interno, cujas salas eram voltadas para o templo, tinha 50 metros de comprimento. 9 Havia uma entrada pelo lado leste do pátio externo para essas salas.

10 Do lado sul[g] do templo havia dois conjuntos de salas ao sul do pátio interno, entre o templo e o pátio externo. A disposição dessas salas era semelhante à das salas do lado norte. 11 Havia uma passagem entre os dois conjuntos de salas, como do lado norte do templo. Esse conjunto de salas tinha o mesmo comprimento do outro, e também as mesmas entradas e portas. As dimensões deles eram idênticas. 12 Havia, portanto, uma entrada na parede voltada para o conjunto interno de salas e outra na extremidade leste da passagem interior.

13 Então o homem me disse: "Estas salas ao norte e ao sul que dão para o pátio do templo são santas. Aqui os sacerdotes que oferecem sacrifícios ao SENHOR comerão as ofertas santíssimas. E, porque as salas são santas, serão usadas para guardar as ofertas sagradas: as ofertas de cereal, as ofertas pelo pecado e as ofertas pela culpa. 14 Quando os sacerdotes saírem do santuário, não irão diretamente

[a] **41.22** Em hebraico, *3 côvados de altura e 2 côvados de cada lado.*
[b] **42.2a** Em hebraico, *100 côvados*; também em 42.8.
[c] **42.2b** Em hebraico, *50 côvados*; também em 42.7,8.
[d] **42.3** Em hebraico, *20 [côvados]*.
[e] **42.4a** Em hebraico, *10 côvados*.
[f] **42.4b** Conforme a Septuaginta e a versão siríaca, que trazem *Seu comprimento era de 100 côvados*; o hebraico traz *e uma passagem e 1 côvado de largura.*
[g] **42.10** Conforme a Septuaginta; o hebraico traz *leste.*

para o pátio externo. Primeiro, removerão as roupas que usaram enquanto serviam no templo, pois elas são santas. Vestirão outras roupas antes de entrar nas dependências abertas para o povo".

15 Quando o homem terminou de medir a área interna do templo, ele me levou para fora pela porta leste a fim de medir toda a área ao redor. 16 Mediu o lado leste com a vara de medir, e tinha 250 metros[a] de comprimento. 17 Mediu o lado norte, e também tinha 250 metros. 18 O lado sul tinha 250 metros, 19 e o lado oeste também tinha 250 metros. 20 Portanto, a área tinha 250 metros de cada lado e um muro ao redor para separar o santo do comum.

A GLÓRIA DO SENHOR VOLTA AO TEMPLO

43 Depois disso, o homem me levou à porta leste. 2 De repente, a glória do Deus de Israel surgiu, vindo do leste. O som de sua vinda era como o rugido de águas revoltas, e toda a paisagem se iluminou com sua glória. 3 A visão era como as outras que eu havia tido, primeiro junto ao rio Quebar e depois quando ele veio[b] destruir Jerusalém. Prostrei-me com o rosto no chão, 4 e a glória do SENHOR entrou no templo pela porta leste.

Somente Jesus pode saciar a nossa alma.

5 Então o Espírito me pôs em pé e me levou ao pátio interno, e a glória do SENHOR encheu o templo. 6 Ouvi alguém falar comigo de dentro do templo, enquanto o homem que havia tomado as medidas estava ao meu lado. 7 O SENHOR me disse: "Filho do homem, este é o lugar de meu trono e o lugar onde descanso meus pés. Habitarei aqui para sempre no meio do povo de Israel. Eles e seus reis nunca mais profanarão meu santo nome ao cometer adultério adorando outros deuses ou ao honrar relíquias de seus reis que morreram.[c] 8 Puseram os altares de seus ídolos ao lado de meu altar, com apenas uma parede entre mim e eles. Profanaram meu santo nome com esse pecado detestável, por isso os consumi em minha ira. 9 Agora, que deixem de adorar outros deuses e honrar as relíquias de seus reis, e eu habitarei no meio deles para sempre.

10 "Filho do homem, descreva para o povo de Israel o templo que lhe mostrei, para que eles se envergonhem de todos os seus pecados. Que eles estudem a planta do templo 11 e fiquem envergonhados[d] de tudo que fizeram. Descreva-lhes todas as especificações do templo, incluindo as entradas e saídas, e todos os outros detalhes. Fale de seus decretos e suas leis. Escreva todas essas especificações e todos esses decretos diante do povo, para que se lembrem deles e lhes obedeçam. 12 E esta é a lei do templo: todo o alto do monte onde está o templo é santo. Sim, esta é a lei do templo."

O ALTAR

13 "Estas são as medidas do altar:[e] há uma calha ao redor de todo o altar com 0,5 metro de profundidade e 0,5 metro de largura,[f] com uma borda de 23 centímetros[g] à sua volta. E esta é a altura[h] do altar: 14 da calha o altar se eleva por 1 metro[i] até uma borda inferior ao seu redor com 0,5 metro[j] de largura. Da borda inferior o altar se eleva por 2 metros[k] até a borda superior, que também tem 0,5 metro de largura. 15 A parte de cima do altar, onde fica o fogo, se eleva mais 2 metros, com um chifre em cada um dos quatro cantos. 16 A parte de cima do altar é quadrada, com 6 metros de cada lado.[l] 17 A borda superior também forma um quadrado, com 7 metros de cada lado,[m] uma calha de 0,5 metro e uma saliência de 25 centímetros[n] ao redor da borda. Há degraus do lado leste do altar".

[a] **42.16** Conforme 45.2 e a Septuaginta em 42.17, que traz *500 côvados*; o hebraico traz *500 varas*, cerca de 1.500 metros; também em 42.17,18,19,20.

[b] **43.3** Conforme alguns manuscritos hebraicos e a Vulgata; o Texto Massorético traz *eu vim*.

[c] **43.7** Ou *seus reis em lugares altos*.

[d] **43.11** Conforme a Septuaginta; o hebraico traz *se ficarem envergonhados*.

[e] **43.13a** Em hebraico, *medidas do altar em côvados longos, cada um medindo 1 côvado* [45 centímetros] *e 4 dedos* [8 centímetros] *de comprimento*.

[f] **43.13b** Em hebraico, *1 côvado de profundidade e 1 côvado de altura*.

[g] **43.13c** Em hebraico, *1 palmo*.

[h] **43.13d** Conforme a Septuaginta; o hebraico traz *a base*.

[i] **43.14a** Em hebraico, *2 côvados*.

[j] **43.14b** Em hebraico, *1 côvado*; também em 43.14d.

[k] **43.14c** Em hebraico, *4 côvados*; também em 43.15.

[l] **43.16** Em hebraico, *12 [côvados] de comprimento e 12 [côvados] de largura*.

[m] **43.17a** Em hebraico, *14 [côvados] de comprimento e 14 [côvados] de largura*.

[n] **43.17b** Em hebraico, *uma calha de 1 côvado e uma*

18 Então ele me disse: "Filho do homem,
assim diz o SENHOR Soberano: Estas serão
as regras para a queima de ofertas e a as-
persão de sangue depois que o altar for
construído. 19 Nessa ocasião, os sacerdo-
tes levitas da família de Zadoque, aqueles
que servem diante de mim, devem receber
um novilho para uma oferta pelo pecado,
diz o SENHOR Soberano. 20 Você pegará um
pouco do sangue do novilho e o aplica-
rá aos quatro chifres do altar, aos quatro
cantos da borda superior e à saliência em
volta da borda. Com isso, purificará o altar
e fará expiação por ele. 21 Em seguida, pe-
gará o novilho para a oferta pelo pecado
e o queimará no lugar indicado, fora da
área do templo.

22 "No segundo dia, apresentará como
oferta pelo pecado um bode sem defeito.
Em seguida, purificará o altar e fará ex-
piação por ele novamente, como fez com
o novilho. 23 Quando tiver terminado a ce-
rimônia de purificação, apresentará outro
novilho sem defeito e um carneiro per-
feito do rebanho. 24 Você os oferecerá ao
SENHOR, e os sacerdotes espalharão sal so-
bre eles e os apresentarão como holocaus-
to ao SENHOR.

25 "Todos os dias, por sete dias, você
apresentará um bode, um novilho e um
carneiro do rebanho como oferta pelo
pecado. Nenhum desses animais deve
ter qualquer defeito. 26 Fará isso todos os
dias, por sete dias, para purificar o altar e
fazer expiação por ele e, desse modo, se-
pará-lo para o uso sagrado. 27 No oitavo
dia, e a cada dia depois disso, os sacerdo-
tes oferecerão no altar os holocaustos e
as ofertas de paz do povo. Então eu acei-
tarei vocês. Eu, o SENHOR Soberano, falei!".

O PRÍNCIPE, OS LEVITAS E OS SACERDOTES

44 Depois disso, o homem me levou
de volta à porta leste no muro ex-
terno do templo, mas ela estava fechada.
2 Então o SENHOR me disse: "Esta porta de-
ve permanecer fechada; nunca mais se-
rá aberta. Ninguém jamais a abrirá nem
passará por ela, pois o SENHOR, o Deus de
Israel, entrou por ela. Portanto, permane-
cerá sempre fechada. 3 Somente o príncipe
pode sentar-se junto a essa entrada para
comer na presença do SENHOR. Mas só po-
de entrar e sair pelo pórtico da entrada".

4 Então o homem me levou para a fren-
te do templo, passando pela porta norte.
Olhei e vi a glória do SENHOR encher o tem-
plo do SENHOR, e prostrei-me com o rosto
no chão.

5 Então o SENHOR me disse: "Filho do
homem, preste atenção. Use seus olhos
e seus ouvidos e escute atentamente tu-
do que lhe digo acerca das regras no tem-
plo do SENHOR. Observe com atenção os
procedimentos para o uso das entradas
e saídas do templo. 6 E transmita a esses
rebeldes, o povo de Israel, esta mensa-
gem do SENHOR Soberano: Ó povo de Is-
rael, basta de seus pecados detestáveis!
7 Vocês trouxeram estrangeiros incircun-
cisos para dentro de meu santuário, gen-
te incircuncisa de corpo e coração. Com
isso, profanaram meu templo enquanto
me ofereciam comida, a gordura e o san-
gue dos sacrifícios. Além de todos os seus
outros pecados detestáveis, vocês quebra-
ram minha aliança. 8 Em vez de guardar
minhas ordens sobre as coisas sagradas,
contrataram estrangeiros para realizar o
serviço de meu santuário.

9 "Portanto, assim diz o SENHOR Sobe-
rano: Nenhum estrangeiro, nem mes-
mo aqueles que vivem no meio do povo
de Israel, entrará em meu santuário se
não tiver sido circuncidado, de corpo e
coração. 10 E os homens da tribo de Le-
vi que me abandonaram quando Israel
se afastou de mim para adorar ídolos[a]
sofrerão as consequências de seus pe-
cados. 11 Ainda poderão ser guardas do
templo e das portas, poderão abater os
animais trazidos para os holocaustos e
estar presentes para servir o povo. 12 Con-
tudo, incentivaram o povo a adorar ídolos
e fizeram Israel cair em pecado profun-
do. Por isso, jurei solenemente que eles
sofrerão as consequências de seus pe-
cados, diz o SENHOR Soberano. 13 Não se
aproximarão de mim para me servir como

saliência de 0,5 côvado.

[a] **44.10** É provável que o termo hebraico (lit., *coisas redondas*) se refira a esterco; também em 44.12.

sacerdotes. Não tocarão em nenhuma das minhas coisas sagradas nem nas ofertas sagradas, pois carregarão a vergonha de todos os pecados detestáveis que cometeram. 14 Cuidarão do templo e serão encarregados do trabalho de manutenção e dos serviços gerais.

15 "Contudo, os sacerdotes levitas da família de Zadoque continuaram a servir fielmente no templo quando Israel me abandonou. Eles me servirão; estarão em minha presença e oferecerão a gordura e o sangue dos sacrifícios, diz o SENHOR Soberano. 16 Somente eles entrarão em meu santuário e se aproximarão de minha mesa para me servir. Eles cumprirão todas as minhas ordens.

17 "Quando entrarem pela porta para o pátio interno, vestirão somente roupas de linho. Não usarão veste alguma de lã enquanto estiverem de serviço no pátio interno ou no templo propriamente dito. 18 Usarão turbantes de linho e as roupas de baixo de linho. Nunca vestirão roupas que os façam transpirar. 19 Quando voltarem ao pátio externo, onde o povo está, removerão as vestes que usam enquanto me servem. Deixarão essas vestes nas salas sagradas e vestirão outras roupas, a fim de não colocar ninguém em perigo ao consagrá-lo indevidamente por meio das vestes.

20 "Não rasparão a cabeça nem deixarão o cabelo comprido demais; antes, o manterão aparado. 21 Os sacerdotes não beberão vinho antes de entrar no pátio interno. 22 Poderão escolher a esposa somente entre as virgens de Israel ou entre as viúvas dos sacerdotes. Não se casarão com outras viúvas nem com mulheres divorciadas. 23 Ensinarão meu povo a diferença entre sagrado e profano, entre cerimonialmente puro e impuro.

24 "Servirão como juízes para resolver desentendimentos entre membros de meu povo. Suas decisões serão baseadas em meus estatutos. E eles mesmos obedecerão às minhas instruções e aos meus decretos em todas as festas sagradas e se certificarão de que meus sábados sejam separados como dias santos.

25 "O sacerdote não deverá se contaminar por se aproximar de uma pessoa morta, a menos que seja seu pai, sua mãe, seu filho, sua filha, seu irmão ou sua irmã não casada. Nesses casos, será permitido que se torne impuro. 26 Mesmo assim, só poderá retomar seus deveres no templo depois de se purificar cerimonialmente e esperar sete dias. 27 No primeiro dia em que voltar ao trabalho e entrar no pátio interno e no santuário, apresentará uma oferta pelo pecado por si mesmo, diz o SENHOR Soberano.

28 "Os sacerdotes não terão propriedades nem porção alguma de terra, pois eu sou sua herança. 29 Seu alimento virá das ofertas e dos sacrifícios que os israelitas trouxerem para o templo: as ofertas de cereal, as ofertas pelo pecado e as ofertas pela culpa. Tudo que for consagrado para o SENHOR pertencerá aos sacerdotes. 30 Os primeiros frutos maduros e todas as ofertas trazidas irão para os sacerdotes. As primeiras porções serão entregues aos sacerdotes, para que os lares de vocês sejam abençoados. 31 Os sacerdotes não comerão carne de qualquer ave ou animal que morrer de causas naturais ou que for morto por outro animal."

DIVISÃO DA TERRA

45 "Quando vocês repartirem a terra entre as tribos de Israel, separem uma parte para o SENHOR como sua porção santa. Ela terá 12,5 quilômetros de comprimento e 10 quilômetros de largura.[a] Toda essa área será santa. 2 Uma parte dessa terra, com 250 metros de cada lado,[b] será separada para o templo. Ao redor dela haverá um espaço aberto com 25 metros[c] de largura. 3 Dentro da área santa maior, separem uma porção de terra com 12,5 quilômetros de comprimento e 5 quilômetros de largura.[d] Dentro dela ficará o santuário, o lugar santíssimo. 4 Essa área será santa, separada para os sacerdotes que servem ao SENHOR no santuário. Ali ficarão suas casas e meu templo. 5 A faixa de terra sagrada ao

[a] **45.1** Conforme a Septuaginta, que traz *25.000 [côvados] de comprimento e 20.000 [côvados] de largura*; o hebraico traz *25.000 [côvados] de comprimento e 10.000 [côvados] de largura*. Comparar com 45.3,5; 48.9.

[b] **45.2a** Em hebraico, *500 [côvados] por 500 [côvados], um quadrado*.

[c] **45.2b** Em hebraico, *50 côvados*.

[d] **45.3** Em hebraico, *25.000 [côvados] de comprimento e 10.000 [côvados] de largura*; também em 45.5.

lado dela, também com 12,5 quilômetros de comprimento e 5 quilômetros de largura, será destinada às casas dos levitas que trabalham no templo. Será propriedade deles e um lugar para seus povoados.[a]

6 "Junto à área santa maior haverá uma faixa de terra com 12,5 quilômetros de comprimento e 2,5 quilômetros de largura.[b] Ela será separada para uma cidade onde qualquer um em Israel poderá morar.

7 "Duas faixas de terra serão separadas para o príncipe. Uma delas fará divisa com o lado leste das terras sagradas e com a cidade, e a outra fará divisa com o lado oeste. As divisas no extremo leste e no extremo oeste das terras do príncipe ficarão junto às divisas leste e oeste dos territórios das tribos. 8 Essas porções de terra serão separadas para o príncipe. Então meus príncipes não oprimirão mais meu povo; distribuirão o restante da terra entre o povo e separarão uma parte para cada tribo."

REGRAS PARA OS PRÍNCIPES

9 "Assim diz o SENHOR Soberano: Basta, príncipes de Israel! Parem com a violência e a opressão e façam o que é justo e certo. Parem de expulsar meu povo de suas casas, diz o SENHOR Soberano. 10 Usem somente pesos, medidas e balanças honestos para secos e líquidos.[c] 11 O ômer[d] será a unidade padrão para medir volume, e o efa e o bato[e] medirão, cada um, um décimo de ômer. 12 A medida padrão para pesos será o siclo de prata.[f] Um siclo consistirá em vinte geras, e sessenta siclos corresponderão a uma mina."[g]

OFERTAS ESPECIAIS E COMEMORAÇÕES

13 "Esta é a oferta que vocês entregarão ao príncipe: um cesto de trigo ou de cevada para cada sessenta cestos[h] que colherem, 14 um centésimo de seu azeite,[i] 15 e uma ovelha ou um bode para cada duzentos de seus rebanhos em Israel. Serão ofertas de cereal, holocaustos e ofertas de paz que farão expiação por aqueles que os apresentarem, diz o SENHOR Soberano. 16 Todo o povo de Israel levará essas ofertas ao príncipe. 17 Caberá ao príncipe fornecer as ofertas apresentadas nas festas religiosas, nas comemorações da lua nova, aos sábados e em outras ocasiões semelhantes. Ele providenciará as ofertas pelo pecado, os holocaustos, as ofertas de cereal, as ofertas derramadas e as ofertas de paz para fazer expiação pelo povo de Israel.

18 "Assim diz o SENHOR Soberano: No primeiro dia do primeiro mês de cada ano,[j] vocês sacrificarão um novilho sem defeito para purificar o templo. 19 O sacerdote pegará sangue dessa oferta pelo pecado e o aplicará aos batentes da porta do templo, aos quatro cantos da borda superior do altar e aos batentes da entrada do pátio interno. 20 Vocês farão o mesmo no sétimo dia do ano novo em favor de qualquer um que houver pecado sem intenção ou por ignorância. Assim, purificarão[k] o templo.

21 "No décimo quarto dia do primeiro mês,[l] vocês celebrarão a Páscoa. Essa festa durará sete dias. O pão que comerem durante esses dias será feito sem fermento. 22 No dia da Páscoa, o príncipe fornecerá um novilho como oferta pelo pecado em favor de si mesmo e do povo de Israel. 23 A cada dia, durante os sete dias da festa, ele preparará um holocausto para o SENHOR com sete novilhos e sete carneiros sem defeito. Também apresentará, a cada dia, um bode como oferta pelo pecado. 24 O príncipe fornecerá um cesto[m] de fari-

---

[a] **45.5** Conforme a Septuaginta; o hebraico traz *Terão como propriedade vinte salas.*

[b] **45.6** Em hebraico, *25.000 [côvados] de comprimento e 5.000 [côvados] de largura.*

[c] **45.10** Em hebraico, *Usem balanças honestas, um efa honesto e um bato honesto.*

[d] **45.11a** O *ômer* equivalia a 220 litros.

[e] **45.11b** O *efa* era uma medida de secos, e o *bato* era uma medida de líquidos; ambos equivaliam a cerca de 20 litros.

[f] **45.12a** O *siclo* equivalia a 12 gramas.

[g] **45.12b** Em outras passagens, a *mina* é equiparada a 50 siclos.

[h] **45.13** Em hebraico, *1/6 de efa de cada ômer de trigo e 1/6 de efa de cada ômer de cevada.*

[i] **45.14** Em hebraico, *1 porção de azeite medida pelo bato é 1/10 de 1 bato de cada coro, que consiste em 10 batos ou 1 ômer, pois 10 batos são equivalentes a 1 ômer.*

[j] **45.18** Em hebraico, *No primeiro dia do primeiro mês*, do antigo calendário lunar hebraico. Esse dia caía em março ou abril.

[k] **45.20** Ou *farão expiação pelo.*

[l] **45.21** No antigo calendário lunar hebraico, esse dia caía em final de março, abril ou início de maio.

[m] **45.24a** Em hebraico, *1 efa*, cerca de 20 litros.

nha como oferta de cereal e um jarro[a] de azeite com cada novilho e cada carneiro.

25 "Durante os sete dias da Festa das Cabanas, que ocorre a cada ano no décimo quinto dia do sétimo mês,[b] o príncipe fornecerá esses mesmos sacrifícios como oferta pelo pecado, holocausto e oferta de cereal, bem como a quantidade requerida de azeite."

46 "Assim diz o Senhor Soberano: A porta leste do pátio interno ficará fechada durante os seis dias de trabalho da semana, mas será aberta aos sábados e nas comemorações da lua nova. 2 O príncipe entrará pelo pórtico da entrada, vindo de fora. Ficará em pé junto ao batente da porta enquanto o sacerdote apresenta os holocaustos e as ofertas de paz. Ele se curvará em adoração na passagem de entrada e depois sairá por onde entrou. A porta não será fechada até a tarde. 3 O povo se curvará e adorará o Senhor junto a essa porta aos sábados e nas comemorações da lua nova.

4 "A cada sábado o príncipe apresentará ao Senhor um holocausto de seis cordeiros e um carneiro, todos sem defeito. 5 Apresentará uma oferta de cereal de um cesto de farinha[c] com o carneiro e a quantidade de farinha que puder com cada cordeiro; também oferecerá um jarro[d] de azeite para cada cesto de farinha. 6 Nas comemorações da lua nova, trará um novilho, seis cordeiros e um carneiro, todos sem defeito. 7 Junto com o novilho, apresentará um cesto de farinha da melhor qualidade como oferta de cereal. Junto com o carneiro, apresentará outro cesto de farinha. E, junto com cada cordeiro, apresentará a quantidade de farinha que desejar. Para cada cesto de farinha, oferecerá um jarro de azeite.

8 "Quando o príncipe entrar, virá pelo pórtico e sairá por onde entrou. 9 Mas, quando o povo entrar pela porta norte para adorar o Senhor durante as festas religiosas, sairá pela porta sul. E quem entrar pela porta sul sairá pela porta norte. Ninguém sairá pela mesma porta por onde entrou, mas sempre pela porta oposta. 10 O príncipe entrará e sairá com o povo nessas ocasiões.

11 "Portanto, nas festas especiais e nas festas sagradas, a oferta de cereal será um cesto de farinha da melhor qualidade para cada novilho, mais outro cesto de farinha para cada carneiro e a quantidade de farinha que o adorador desejar oferecer com cada cordeiro. Para cada cesto de farinha será apresentado um jarro de azeite. 12 Quando o príncipe oferecer voluntariamente ao Senhor um holocausto ou uma oferta de paz, a porta leste do pátio interno será aberta para ele, e ele oferecerá os sacrifícios como faz aos sábados. Então ele sairá e a porta será fechada.

13 "A cada manhã, vocês oferecerão um cordeiro de um ano sem defeito como holocausto ao Senhor. 14 Junto com ele, apresentarão ao Senhor uma oferta de cereal com a sexta parte de um cesto[e] de farinha e um terço do jarro[f] de azeite para umedecer a farinha da melhor qualidade. Este será um decreto permanente para vocês. 15 O cordeiro, a oferta de cereal e o azeite devem ser apresentados como sacrifício diário a cada manhã, sem falta.

16 "Assim diz o Senhor Soberano: Se o príncipe der um pedaço de terra para um de seus filhos como herança, pertencerá a ele e a seus descendentes para sempre. 17 Mas, se o príncipe der um pedaço de terra de sua herança para um de seus servos, o servo a manterá apenas até o Ano do Jubileu.[g] Nessa ocasião, a terra voltará para o príncipe. Contudo, aquilo que o príncipe der a seus filhos será permanente. 18 Além disso, o príncipe não poderá tomar a propriedade de ninguém à força. Se ele der propriedades a seus filhos, terão de ser de suas próprias terras, pois não quero que meu povo seja despejado de suas propriedades".

[a] **45.24b** Em hebraico, *1 him*, cerca de 3,8 litros.

[b] **45.25** No antigo calendário lunar hebraico, esse dia caía em final de setembro, em outubro ou no início de novembro.

[c] **46.5a** Em hebraico, *1 efa*, cerca de 20 litros; também em 46.7,11.

[d] **46.5b** Em hebraico, *1 him*, cerca de 3,8 litros; também em 46.7,11.

[e] **46.14a** Em hebraico, *1/6 de efa*, cerca de 3,7 litros.

[f] **46.14b** Em hebraico, *1/3 de him*, cerca de 1,3 litro.

[g] **46.17** Em hebraico, *até o Ano da Libertação*; ver Lv 25.8-17.

AS COZINHAS DO TEMPLO

19 Depois disso, o homem me levou pe-
la entrada ao lado da porta e me condu-
ziu às salas sagradas reservadas para os
sacerdotes e que ficavam voltadas para
o norte. Mostrou-me um lugar na extre-
midade oeste dessas salas 20 e explicou:
"Aqui os sacerdotes cozinharão a carne
das ofertas pela culpa e das ofertas pelo
pecado e assarão o pão feito com a fari-
nha das ofertas de cereal. Farão isso aqui
para não ter de carregar os sacrifícios pelo
pátio externo e correr o risco de consagrar
o povo indevidamente".

21 Então ele me levou de volta ao pátio
externo e me conduziu a cada um de seus
quatro cantos. Em cada canto vi uma área
cercada. 22 Cada uma dessas áreas cerca-
das tinha 20 metros de comprimento e 15
metros de largura[a] e era rodeada por um
muro. 23 Ao longo da parte interna desses
muros havia uma saliência de pedra, com
lugares para acender fogo debaixo da sa-
liência, em todo o redor. 24 O homem me
disse: "Estas são as cozinhas onde os as-
sistentes do templo cozinharão os sacri-
fícios oferecidos pelo povo".

O RIO DE CURA

47 Depois disso, o homem me levou
de volta à entrada do templo. Ali,
notei que jorrava água para o leste por de-
baixo da porta do templo e passava à di-
reita do altar, do lado sul. 2 Ele me levou
para fora do muro pela porta norte e me
conduziu até a entrada leste. Ali, vi que a
água corria pelo lado sul da porta leste.

3 O homem me conduziu pela água e, en-
quanto caminhávamos, ele ia medindo.
Quando percorremos quinhentos metros,[b]
ele me levou para o outro lado do rio. Ali
a água chegava a meus tornozelos. 4 Ele
mediu mais quinhentos metros e atra-
vessamos o rio novamente. Dessa vez, a
água chegava a meus joelhos. Depois de
mais quinhentos metros, chegava à minha
cintura. 5 Então ele mediu mais quinhen-
tos metros e ali a água era um rio fundo
o suficiente para atravessar a nado, mas
fundo demais para atravessar a pé.

6 Ele me perguntou: "Filho do homem,
você está vendo?", e me levou de volta à
margem do rio. 7 Ao voltar, fiquei surpre-
so de ver muitas árvores que cresciam dos
dois lados do rio. 8 Então ele me disse: "Es-
te rio corre para o leste, pelo deserto, até o
vale do mar Morto.[c] Sua água tornará pura
a água salgada do mar Morto. 9 Por onde a
água deste rio passar,[d] haverá muitos seres
vivos. O mar Morto ficará cheio de peixes,
porque sua água se tornará pura. Surgi-
rá vida por onde esta água fluir. 10 Pesca-
dores ficarão às margens do mar Morto.
Desde En-Gedi até En-Eglaim, as praias
ficarão cobertas de redes secando ao sol.
O mar Morto se encherá de peixes de toda
espécie, como os peixes do mar Mediter-
râneo.[e] 11 Mas os brejos e os pântanos não
serão purificados; continuarão salgados.
12 Em ambas as margens do rio crescerão
árvores frutíferas de toda espécie. As fo-
lhas dessas árvores nunca secarão nem
cairão, e sempre haverá frutos em seus ra-
mos. Produzirão uma nova colheita a ca-
da mês, pois são regadas pela água do rio
que nasce no templo. Seus frutos servirão
de alimento, e suas folhas, de remédio".

AS FRONTEIRAS DA TERRA

13 Assim diz o SENHOR Soberano: "Dividam
a terra desta forma entre as doze tribos
de Israel: Os descendentes de José rece-
berão duas porções de terra. 14 As outras
tribos receberão porções iguais. Jurei so-
lenemente que daria esta terra a seus an-
tepassados, e agora ela passará para vocês
como sua herança.

15 "Estas são as fronteiras da terra:
A fronteira norte se estenderá do Me-
diterrâneo, passando por Hetlom, de-
pois por Lebo-Hamate, até Zedade;
16 dali seguirá para Berota e Sibraim,[f]
que ficam na divisa entre Damasco e

---

[a] **46.22** Em hebraico, *40 [côvados] de comprimento e 30 [côvados] de largura.*

[b] **47.3** Em hebraico, *1.000 côvados*; também em 47.4,5.

[c] **47.8** Em hebraico, *o mar.*

[d] **47.9** Conforme a Septuaginta e a versão siríaca; o hebraico traz *destes dois rios passar.*

[e] **47.10** Em hebraico, *o grande mar*; também em 47.15, 17,19,20.

[f] **47.15-16** Conforme a Septuaginta; o Texto Massorético traz *depois por Lebo até Zedade;* [16] *dali seguirá para Hamate, Berota e Sibraim.*

Hamate e, por fim, para Hazer-Hati-
com, na divisa com Haurã. 17 Portanto,
a fronteira norte se estenderá do Medi-
terrâneo até Hazar-Enã, na divisa entre
Hamate, ao norte, e Damasco, ao sul.
18 "A fronteira leste começará num pon-
to entre Haurã e Damasco e se esten-
derá para o sul ao longo do rio Jordão,
entre Israel e Gileade, passando o mar
Morto[a] e prosseguindo para o sul até
Tamar.[b] Essa será a fronteira leste.
19 "A fronteira sul se estenderá de Tamar
até as águas de Meribá, em Cades,[c]
e de lá seguirá o curso do ribeiro do
Egito até o Mediterrâneo. Essa será a
fronteira sul.
20 "Do lado oeste, o próprio Mediterrâneo
será sua divisa desde a fronteira sul
até o ponto em que começa a frontei-
ra norte, de frente para Lebo-Hamate.

21 "Dividam a terra dentro dessas frontei-
ras entre as tribos de Israel. 22 Distribuam
a terra como herança para si mesmos e
para todos os estrangeiros que vivem en-
tre vocês e criam os filhos em seu meio.
Eles serão para vocês como israelitas de
nascimento e receberão herança entre as
tribos. 23 Esses estrangeiros receberão ter-
ras dentro do território da tribo com a qual
eles vivem. Eu, o Senhor Soberano, falei!"

A DISTRIBUIÇÃO DA TERRA

48 "Aqui está a lista das tribos de Is-
rael e dos territórios que cada uma
delas receberá. O território de Dã fica no
extremo norte. Sua divisa segue a estra-
da de Hetlom até Lebo-Hamate e, de lá,
para Hazar-Enã, na fronteira de Damas-
co, e com Hamate ao norte. O território
de Dã se estende pela terra de Israel de
leste a oeste.
2 "O território de Aser fica ao sul do terri-
tório de Dã e também se estende de leste
a oeste. 3 A terra de Naftali fica ao sul da
terra de Aser e também se estende de les-
te a oeste. 4 Em seguida vem Manassés, ao
sul de Naftali, e seu território também se
estende de leste a oeste. 5 Ao sul de Ma-
nassés fica Efraim, 6 depois vem Rúben 7 e,
em seguida, Judá, todos com divisas que
se estendem de leste a oeste.
8 "Ao sul de Judá fica a terra separada
para um propósito especial. Ela terá 12,5
quilômetros[d] de largura e terá as mesmas
fronteiras a leste e a oeste que os terri-
tórios das tribos. No centro dela estará
o templo.
9 "A área separada para o Senhor terá
12,5 quilômetros de comprimento e 10
quilômetros de largura.[e] 10 Haverá uma
faixa de terra para os sacerdotes, com
12,5 quilômetros de comprimento e 5
quilômetros de largura.[f] No centro dela
estará o templo do Senhor. 11 Essa área
será separada para os sacerdotes consa-
grados, os descendentes de Zadoque que
me serviram fielmente e que não se des-
viaram junto com o povo de Israel e com
os outros levitas. 12 Essa será sua porção
especial quando a terra for distribuída, o
território santíssimo. Junto ao território
dos sacerdotes ficará a terra onde os ou-
tros levitas viverão.
13 "A terra separada para os levitas terá
o mesmo tamanho e a mesma forma da
terra dos sacerdotes: 12,5 quilômetros de
comprimento e 5 quilômetros de largura.
Juntas, essas porções de terra terão 12,5
quilômetros de comprimento e 10 quilô-
metros de largura.[g] 14 Nenhuma porção
dessa terra especial poderá ser vendida,
trocada ou usada por outros, pois perten-
ce ao Senhor; é consagrada.
15 "Outra faixa de terra com 12,5 quilô-
metros de comprimento e 2,5 quilôme-
tros de largura,[h] ao sul da área sagrada
do templo, será para uso público: pa-
ra casas, pastos e terras comuns. No cen-
tro dela estará a cidade. 16 A cidade terá

[a] **47.18a** Em hebraico, *o mar oriental.*

[b] **47.18b** Conforme a Septuaginta; o hebraico traz *vocês medirão.*

[c] **47.19** Em hebraico, *águas de Meribá-Cades.*

[d] **48.8** Em hebraico, *25.000 [côvados].*

[e] **48.9** Conforme um manuscrito grego e a leitura do grego em 45.1: *25.000 [côvados] de comprimento e 20.000 [côvados] de largura*; o hebraico traz *25.000 [côvados] de comprimento e 10.000 [côvados] de largura.* Também em 48.13b. Comparar com 45.1-5; 48.10-13.

[f] **48.10** Em hebraico, *25.000 [côvados] de comprimento e 10.000 [côvados] de largura*; também em 48.13.

[g] **48.13** Ver nota em 48.9.

[h] **48.15** Em hebraico, *25.000 [côvados] de comprimento e 5.000 [côvados] de largura.*

2.250 metros[a] de cada lado: norte, sul, leste e oeste. 17 Em volta da cidade haverá uma área aberta com 125 metros[b] em todas as direções. 18 Fora da cidade haverá uma área para plantações que se estenderá por 5 quilômetros para leste e 5 quilômetros para oeste[c] junto à divisa com a área sagrada. Essa terra de cultivo produzirá alimento para os trabalhadores da cidade. 19 Os que vierem das diversas tribos para trabalharem na cidade poderão cultivar essa terra. 20 A área toda, incluindo as terras sagradas e a cidade, formará um quadrado com 12,5 quilômetros[d] de cada lado.

21 "As áreas que restarem para o leste e para o oeste das terras sagradas e da cidade serão do príncipe. Cada uma dessas áreas terá 12,5 quilômetros de comprimento e se estenderá, em direções opostas, para as fronteiras leste e oeste de Israel. No centro estarão as terras sagradas e o santuário do templo. 22 Portanto, as terras do príncipe incluirão toda a área entre os territórios separados para Judá e para Benjamim, exceto a parte separada para as terras sagradas e para a cidade.

23 "Estes são os territórios separados para as tribos restantes. O território de Benjamim se estende pela terra de Israel de leste a oeste. 24 Ao sul de Benjamim fica o território de Simeão, que também se estende de leste a oeste. 25 Em seguida vem o território de Issacar, com as mesmas divisas a leste e a oeste.

26 "Depois vem o território de Zebulom, que também se estende de leste a oeste. 27 O território de Gade fica ao sul de Zebulom, com as mesmas divisas a leste e a oeste. 28 A fronteira sul de Gade vai de Tamar até as águas de Meribá, em Cades,[e] depois segue o ribeiro do Egito até o Mediterrâneo.[f]

29 "Esses são os territórios que serão distribuídos como herança a cada tribo. Eu, o Senhor Soberano, falei!"

AS PORTAS DA CIDADE

30 "Estas serão as saídas da cidade: no muro norte, que tem 2.250 metros de comprimento, 31 haverá três saídas, cada uma com o nome de uma das tribos de Israel. A primeira será chamada Rúben, a segunda, Judá, e a terceira, Levi. 32 No muro leste, que também tem 2.250 metros de comprimento, estarão as portas chamadas José, Benjamim e Dã. 33 No muro sul, que também tem 2.250 metros, estarão as portas chamadas Simeão, Issacar e Zebulom. 34 E no muro oeste, que também tem 2.250 metros de comprimento, estarão as portas chamadas Gade, Aser e Naftali.

35 "A distância ao redor de toda a cidade será de 9 quilômetros.[g] E, daquele dia em diante, o nome da cidade será 'O Senhor Está Ali'".[h]

[a] **48.16** Em hebraico, *4.500 [côvados]*; também em 48.30,32,33,34.
[b] **48.17** Em hebraico, *250 [côvados]*.
[c] **48.18** Em hebraico, *10.000 [côvados] para leste e 10.000 [côvados] para oeste*.
[d] **48.20** Em hebraico, *25.000 [côvados]*; também em 48.21.
[e] **48.28a** Em hebraico, *as águas de Meribá-Cades*.
[f] **48.28b** Em hebraico, *o grande mar*.
[g] **48.35a** Em hebraico, *18.000 [côvados]*.
[h] **48.35b** Em hebraico, *Javé-Shammah*.

Profetas Maiores

Daniel

Livro 27 com **12** CAPÍTULOS

AUTORIA

O profeta Daniel, um dos jovens nobres levados para a Babilônia durante o exílio (Dn 1.1,6,17). Ele serviu em altas posições na corte dos reis Nabucodonosor, Belsazar, Dario e Ciro.

SIGNIFICADO DO TÍTULO

Daniel vem do hebraico e significa "Deus é o meu juiz".

OBJETIVO DO LIVRO

O livro de Daniel visa encorajar os judeus exilados com histórias de fidelidade a Deus em meio à opressão, além de revelar visões proféticas sobre o futuro dos reinos do mundo e a vinda do Reino de Deus.

DANIEL E CRISTO

Daniel aponta para Cristo ao prefigurar a vinda do Filho do Homem, um título que Jesus usa para si mesmo, e ao ilustrar a soberania de Deus sobre a história e a promessa de um reino eterno, cumprido em Cristo.

TEMAS DE DANIEL

Daniel enfatiza a soberania absoluta de Deus sobre a história e os reinos humanos. O livro destaca que, independentemente das circunstâncias e dos poderes terrenos, o Senhor está no controle e seu plano redentor prevalecerá.

O texto encoraja os crentes a permanecerem fiéis e confiantes em Deus, mesmo em tempos de perseguição e tribulação, porque ele é o juiz justo e final que estabelece e depõe reis conforme a sua vontade.

Além disso, Daniel aponta para a esperança escatológica e a vinda do reino eterno de Deus, antecipando a obra redentora de Cristo e o estabelecimento do seu reinado definitivo.

ESTUTURA DO LIVRO

- ★ A formação de Daniel e seus amigos Dn 1
- ★ O sonho da estátua de Nabucodonosor Dn 2
- ★ A fornalha ardente Dn 3
- ★ O sonho da árvore Dn 4
- ★ A escrita na parede Dn 5
- ★ Daniel na cova dos leões Dn 6
- ★ A visão dos quatro animais Dn 7
- ★ A visão do carneiro e do bode Dn 8
- ★ A profecia das setenta semanas Dn 9
- ★ A visão do homem vestido de linho Dn 10
- ★ O conflito futuro Dn 11
- ★ A ressurreição e o fim dos tempos Dn 12

DANIEL NA CORTE DE NABUCODONOSOR

1 No terceiro ano do reinado de Jeoaquim, em Judá,[a] Nabucodonosor, rei da Babilônia, veio a Jerusalém e cercou a cidade. 2 O Senhor lhe deu vitória sobre Jeoaquim, rei de Judá, e permitiu que levasse para a terra da Babilônia[b] alguns dos utensílios sagrados do templo de Deus. Nabucodonosor os colocou na casa do tesouro de seu deus.

3 O rei ordenou que Aspenaz, o chefe de seus oficiais, trouxesse ao palácio alguns dos jovens israelitas da família real e de outras famílias da nobreza. 4 Disse o rei: "Escolha somente rapazes saudáveis e de boa aparência, que sejam instruídos em diversas áreas do conhecimento, que tenham entendimento e bom senso e sejam capacitados para servir no palácio real. Ensine a esses jovens a língua e a literatura da Babilônia".[c] 5 O rei determinou que recebessem, de suas próprias cozinhas, uma porção diária de alimento e vinho. Os rapazes seriam treinados durante três anos e depois passariam a servir ao rei.

6 Daniel, Hananias, Misael e Azarias, todos da tribo de Judá, estavam entre os escolhidos. 7 O chefe dos oficiais lhes deu novos nomes babilônios:

Daniel passou a ser chamado
de Beltessazar;
Hananias, de Sadraque;
Misael, de Mesaque;
Azarias, de Abede-Nego.

8 Daniel, porém, decidiu não se contaminar com a comida e o vinho que o rei lhes tinha dado. Pediu permissão ao chefe dos oficiais para não comer esses alimentos, a fim de não se contaminar. 9 Deus havia feito que o chefe dos oficiais mostrasse compaixão e simpatia a Daniel. 10 Apesar disso, Aspenaz disse: "Tenho medo de meu senhor, o rei. Ele determinou o alimento que vocês devem comer e o vinho que devem beber. Se ficarem com a aparência abatida em comparação com os outros rapazes de sua idade, temo que o rei mande cortar minha cabeça".

11 Daniel falou com o assistente designado pelo chefe dos oficiais para cuidar dele, de Hananias, Misael e Azarias. 12 "Faça uma experiência conosco durante dez dias", disse. "Dê-nos apenas legumes para comer e água para beber. 13 Terminados os dez dias, compare nossa aparência com a dos outros rapazes que comem a comida do rei. Depois, decida de acordo com o que você vir." 14 O assistente concordou com a sugestão e fez a experiência com eles durante dez dias.

15 Passados os dez dias, Daniel e seus três amigos pareciam mais saudáveis e bem nutridos que os outros rapazes que se alimentavam da comida do rei. 16 Depois disso, o assistente só lhes dava legumes em vez da comida e do vinho servidos aos outros.

17 Deus concedeu aos quatro rapazes aptidão incomum para entender todos os aspectos da literatura e da sabedoria, e a Daniel concedeu a capacidade especial de interpretar sonhos e visões.

18 Ao término do período de treinamento ordenado pelo rei, o chefe dos oficiais levou todos os rapazes a Nabucodonosor. 19 O rei conversou com eles, e nenhum o impressionou tanto quanto Daniel, Hananias, Misael e Azarias. E, assim, passaram a servir ao rei. 20 Sempre que o rei os consultava sobre alguma questão que exigia sabedoria e discernimento, observava que eles eram dez vezes mais capazes que todos os magos e encantadores de seu reino.

21 Daniel continuou no palácio até o primeiro ano do reinado de Ciro.[d]

O SONHO DE NABUCODONOSOR

2 Certa noite, no segundo ano de seu reinado,[e] Nabucodonosor teve sonhos tão perturbadores que não conseguiu mais dormir. 2 Chamou seus magos, encantadores, feiticeiros e astrólogos[f] e exigiu que lhe dissessem o que ele havia sonhado. Quando se apresentaram ao rei, 3 ele disse: "Tive um sonho que muito me perturbou e preciso saber o que significa".

---

[a] **1.1** Isto é, no ano 605 a.C.
[b] **1.2** Em hebraico, *de Sinar*.
[c] **1.4** Ou *dos caldeus*.

[d] **1.21** Ciro começou a reinar sobre a Babilônia em 539 a.C.
[e] **2.1** Isto é, no ano 603 a.C.
[f] **2.2** Ou *caldeus*; também em 2.4,5,10.

4 Então os astrólogos responderam ao
rei em aramaico:[a] "Que o rei viva para sem-
pre! Conte-nos o sonho e nós lhe diremos
o que ele significa".
5 O rei, porém, disse aos astrólogos:
"Estou falando sério! Se não me disse-
rem qual foi o sonho e o que ele significa,
vocês serão despedaçados, e suas casas,
transformadas em montes de escombros!
6 Mas, se me disserem qual foi o sonho e
o que ele significa, lhes darei muitos pre-
sentes, muitas recompensas e honras. Por-
tanto, digam-me qual foi o sonho e o que
ele significa!".
7 Eles disseram novamente: "Ó rei, con-
te-nos o sonho e então lhe diremos o que
ele significa".
8 O rei respondeu: "Sei o que estão fazen-
do! Estão tentando ganhar tempo, pois sa-
bem que falo sério quando digo: 9 'Se não
me contarem qual foi o sonho, estão con-
denados!'. Por isso, conspiraram para me
dizer mentiras, na esperança de que mu-
darei de ideia. Digam-me, porém, qual foi
o sonho e então saberei que podem expli-
car o que ele significa".
10 Os astrólogos responderam ao rei:
"Não há ninguém, em toda terra, capaz de
dizer ao rei qual foi seu sonho! E nenhum
rei, por maior e mais poderoso que fosse,
pediu algo assim a um mago, encantador
ou astrólogo! 11 É impossível cumprir a
exigência do rei. Ninguém, exceto os deu-
ses, pode dizer qual foi seu sonho, e os
deuses não vivem entre os mortais".
12 O rei ficou furioso e ordenou que todos
os sábios da Babilônia fossem executados.
13 E, por causa do decreto do rei, foram
enviados homens para encontrar Daniel e
seus amigos e matá-los.
14 Quando Arioque, comandante da guar-
da do rei, veio matá-los, Daniel se dirigiu a
ele com sabedoria e prudência. 15 Pergun-
tou-lhe: "Por que o rei publicou um decre-
to tão severo?", e Arioque lhe contou o que
havia acontecido. 16 Daniel foi ver o rei de
imediato e pediu mais tempo para comu-
nicar o significado do sonho.
17 Em seguida, Daniel voltou para casa
e contou a seus amigos Hananias, Misael
e Azarias o que havia acontecido. 18 Pediu
que suplicassem ao Deus dos céus que ti-
vesse misericórdia deles e lhes revelasse o
segredo, para que não fossem mortos com
os outros sábios da Babilônia. 19 Naque-
la noite, o segredo foi revelado a Daniel
numa visão. Então Daniel louvou o Deus
dos céus 20 e disse:

"Louvado seja o nome de Deus
para todo o sempre,
pois a ele pertencem a
sabedoria e o poder.
21 Ele muda o curso dos acontecimentos;
remove reis de seus tronos
e põe outros no lugar.
Dá sabedoria aos sábios
e conhecimento aos eruditos.
22 Revela coisas profundas e misteriosas
e sabe o que está escondido
nas trevas,
embora ele seja cercado de luz.
23 Eu te agradeço e te louvo, ó Deus
de meus antepassados,
pois me deste sabedoria e força.
Tu me mostraste o que te pedimos;
revelaste o que o rei exigiu".

DANIEL INTERPRETA O SONHO

24 Então Daniel foi falar com Arioque, a
quem o rei havia ordenado que executas-
se os sábios da Babilônia. "Não mate os
sábios", disse. "Leve-me ao rei e eu inter-
pretarei o sonho dele."
25 Sem demora, Arioque levou Daniel
ao rei e disse: "Encontrei um dos exilados
de Judá que dirá ao rei o significado do
sonho!".
26 O rei disse a Daniel (também chamado
Beltessazar): "Você pode mesmo me dizer
qual foi meu sonho e o que ele significa?".
27 Daniel respondeu: "Não existem sá-
bios, encantadores, magos nem adivinhos
capazes de revelar o segredo do rei. 28 Mas
há um Deus nos céus que revela segredos,
e ele mostrou ao rei Nabucodonosor o que
acontecerá no futuro. Agora lhe direi qual
foi o sonho e as visões que o rei teve en-
quanto estava deitado em sua cama.
29 "Enquanto o rei dormia, sonhou com
acontecimentos futuros. Aquele que reve-
la segredos lhe mostrou o que acontecerá.

[a] **2.4** Daqui até o capítulo 7, o texto original está em aramaico.

30 E eu sei o segredo de seu sonho não porque sou mais sábio que os outros, mas porque Deus deseja que o rei entenda o que se passava em seu coração.

31 "Em sua visão, ó rei, havia à sua frente uma enorme estátua brilhante, e a aparência dela era assustadora. 32 A cabeça da estátua era feita de ouro puro. O peito e os braços eram de prata, a barriga e os quadris eram de bronze, 33 as pernas eram de ferro, e os pés, uma mistura de ferro e barro cozido. 34 Enquanto o rei observava, uma pedra foi cortada de uma montanha, mas não por mãos humanas. Ela atingiu os pés de ferro e barro e os despedaçou. 35 Toda a estátua se desintegrou em minúsculos pedaços de ferro, barro, bronze, prata e ouro. Então o vento levou tudo, como se fosse palha na eira. Mas a pedra que derrubou a estátua se tornou uma grande montanha que cobriu toda a terra.

36 "Esse foi o sonho. Agora, direi ao rei o que ele significa. 37 Ó rei, o senhor é o maior de todos os reis. O Deus dos céus lhe deu soberania, poder, força e honra. 38 Ele o fez governante de todo o mundo habitado e pôs até os animais selvagens e as aves debaixo de seu controle. O senhor é a cabeça de ouro.

39 "Quando, porém, seu reino chegar ao fim, outro reino, inferior ao seu, se levantará em seu lugar. Depois que esse reino tiver caído, o terceiro reino, representado pelo bronze, se levantará para governar o mundo. 40 Depois dele haverá o quarto reino, forte como o ferro. Esse reino esmagará e despedaçará todos os impérios anteriores, como o ferro esmaga e despedaça tudo que ele atinge. 41 Os pés e os dedos que o rei viu, uma mistura de ferro e barro cozido, mostram que esse reino será dividido. Como ferro misturado com barro, ele terá um tanto da força do ferro. 42 Algumas partes serão fortes como o ferro, mas outras serão fracas como o barro. 43 A mistura de ferro e barro também mostra que esses reinos tentarão se fortalecer ao formar alianças entre si por meio de casamentos. Contudo, não permanecerão unidos, da mesma forma que o ferro não se une ao barro.

44 "Enquanto esses reis estiverem no poder, o Deus dos céus estabelecerá um reino que jamais será destruído ou conquistado. Reduzirá os outros reinos a nada e permanecerá para sempre. 45 Esse é o significado da pedra cortada da montanha, mas não por mãos humanas, que despedaçou a estátua de ferro, bronze, barro, prata e ouro. O grande Deus está mostrando ao rei o que acontecerá no futuro. O sonho é verdadeiro, e seu significado é certo".

NABUCODONOSOR RECOMPENSA DANIEL

46 Então o rei Nabucodonosor se curvou à frente dele e ordenou que o povo oferecesse sacrifícios e queimasse incenso diante de Daniel. 47 O rei lhe disse: "Verdadeiramente, seu Deus é o maior de todos os deuses, Senhor dos reis e revelador de mistérios, pois você conseguiu revelar esse segredo".

48 O rei colocou Daniel em um cargo elevado e lhe deu muitos presentes valiosos. Nomeou-o governador de toda a província da Babilônia e chefe de todos os sábios. 49 A pedido de Daniel, nomeou Sadraque, Mesaque e Abede-Nego para cuidarem de todos os negócios da província da Babilônia, enquanto Daniel permaneceu na corte do rei.

A ESTÁTUA DE OURO DE NABUCODONOSOR

3 O rei Nabucodonosor fez uma estátua de ouro de 27 metros de altura e 2,7 metros de largura[a] e a colocou na planície de Dura, na província da Babilônia. 2 Em seguida, enviou mensageiros a todos os altos funcionários, oficiais, governadores, conselheiros, tesoureiros, juízes, magistrados e todas as autoridades das províncias para que viessem à dedicação da estátua que ele havia levantado. 3 Todas essas autoridades[b] vieram e ficaram diante da estátua que o rei Nabucodonosor havia levantado.

4 Então o arauto gritou: "Povos de todas as raças, nações e línguas, ouçam a ordem do rei! 5 Quando ouvirem o som da trombeta, da flauta, da cítara, da lira, da harpa,

[a] **3.1** Em aramaico, *60 côvados de altura e 6 côvados de largura.*

[b] **3.3** Em aramaico, *os altos funcionários, oficiais, governadores, conselheiros, tesoureiros, juízes, magistrados e todas as autoridades das províncias.*

do pífaro e de outros instrumentos mu-
sicais,[a] prostrem-se no chão para adorar
a estátua de ouro levantada pelo rei Na-
bucodonosor. 6 Quem não obedecer será
lançado de imediato na fornalha ardente!".
7 Portanto, ao som dos instrumentos mu-
sicais,[b] todos, não importando sua raça,
nação ou língua, se prostraram no chão e
adoraram a estátua de ouro que o rei Na-
bucodonosor havia levantado.
8 Alguns dos astrólogos,[c] porém, foram
ao rei e denunciaram os judeus. 9 Disseram
ao rei Nabucodonosor: "Que o rei viva para
sempre! 10 O rei publicou um decreto exi-
gindo que todos se prostrassem e adoras-
sem a imagem de ouro quando ouvissem
o som da trombeta, da flauta, da cítara, da
lira, da harpa, do pífaro e dos outros instru-
mentos musicais. 11 De acordo com esse
decreto, quem não obedecer será lançado
na fornalha ardente. 12 Alguns judeus —
Sadraque, Mesaque e Abede-Nego —, que
o rei encarregou da província da Babilônia,
não lhe dão atenção, ó rei. Recusam-se a
servir seus deuses e não adoram a estátua
de ouro que o rei levantou".
13 Então Nabucodonosor se enfureceu
e ordenou que lhe trouxessem Sadraque,
Mesaque e Abede-Nego. Quando eles fo-
ram conduzidos à presença do rei, 14 ele
lhes disse: "Sadraque, Mesaque e Abede-
-Nego, é verdade que vocês se recusam
a servir meus deuses e a adorar a estátua
que levantei? 15 Eu lhes darei mais uma
chance de se prostrarem e adorarem a es-
tátua que fiz quando ouvirem o som dos
instrumentos musicais.[d] Se, contudo, vo-
cês se recusarem, serão lançados de ime-
diato na fornalha ardente. E então, que
deus será capaz de livrá-los de minhas
mãos?".
16 Sadraque, Mesaque e Abede-Nego
responderam: "Ó Nabucodonosor, não
precisamos nos defender diante do rei.
17 Se formos lançados na fornalha ardente,
o Deus a quem servimos pode nos salvar.
Sim, ele nos livrará de suas mãos, ó rei.
18 Mas, ainda que ele não nos livre, quere-
mos deixar claro, ó rei, que jamais servire-
mos seus deuses ou adoraremos a estátua
de ouro que o rei levantou".

A FORNALHA ARDENTE

19 Nabucodonosor se enfureceu tanto com
Sadraque, Mesaque e Abede-Nego que
seu rosto ficou desfigurado de raiva. Então
ordenou que a fornalha fosse aquecida
sete vezes mais que de costume. 20 Deu
ordens também para que alguns dos ho-
mens mais fortes de seu exército amarras-
sem Sadraque, Mesaque e Abede-Nego e
os lançassem na fornalha ardente. 21 Eles
os amarraram e os lançaram na fornalha
inteiramente vestidos, com túnicas, tur-
bantes, mantos e outras roupas. 22 E, uma
vez que o rei, em sua ira, havia exigido um
fogo tão quente na fornalha, as chamas
mataram os soldados que jogaram os três
lá dentro. 23 Assim, Sadraque, Mesaque e
Abede-Nego, amarrados, caíram nas cha-
mas intensas.
24 De repente, porém, o rei Nabucodono-
sor se levantou espantado e disse a seus
conselheiros: "Não foram três os homens
que amarramos e lançamos na fornalha?".
"Sim, ó rei", eles responderam.
25 "Olhem!", disse Nabucodonosor. "Vejo
quatro homens desamarrados andan-
do no meio do fogo sem se queimar! E o
quarto homem se parece com um filho de
deuses!"
26 Então Nabucodonosor se aproximou o
máximo que pôde da porta da fornalha ar-
dente e gritou: "Sadraque, Mesaque e Abe-
de-Nego, servos do Deus Altíssimo, saiam!
Venham aqui!".
E Sadraque, Mesaque e Abede-Nego saí-
ram do meio do fogo. 27 Os altos funcioná-
rios, os oficiais, os governadores e os
conselheiros se juntaram ao redor deles e
viram que o fogo não os havia tocado. Nem
um fio de cabelo na cabeça deles estava
chamuscado, e suas roupas não estavam
queimadas. Nem sequer tinham cheiro
de fumaça.
28 Então Nabucodonosor disse: "Lou-
vado seja o Deus de Sadraque, Mesaque
e Abede-Nego! Ele enviou seu anjo para

[a] **3.5** A identificação de alguns desses instrumentos musicais é incerta.
[b] **3.7** Em aramaico, *da trombeta, da flauta, da cítara, da lira, da harpa, do pífaro e de outros instrumentos musicais.*
[c] **3.8** Em aramaico, *caldeus.*
[d] **3.15** Em aramaico, *da trombeta, da flauta, da cítara, da lira, da harpa, do pífaro e de outros instrumentos musicais.*

livrar seus servos que nele confiaram. Eles
desafiaram a ordem do rei e estavam dis-
postos a morrer em vez de servir ou ado-
rar qualquer outro deus que não fosse seu
próprio Deus. 29 Portanto, faço este decre-
to: Se qualquer pessoa, não importando
sua raça, nação ou língua, disser uma pa-
lavra contra o Deus de Sadraque, Mesaque
e Abede-Nego, ela será despedaçada, e sua
casa, transformada num monte de escom-
bros. Não há outro deus capaz de livrar
dessa maneira!".

30 Então o rei promoveu Sadraque, Me-
saque e Abede-Nego a cargos ainda mais
elevados na província da Babilônia.

NABUCODONOSOR SONHA COM UMA ÁRVORE

4 1[a]O rei Nabucodonosor enviou esta
mensagem a povos de todas as raças,
nações e línguas em todo o mundo:

"Paz e prosperidade!
2 Quero que todos saibam dos sinais e
das maravilhas que o Deus Altíssimo
realizou em meu favor.

3 Como são grandes seus sinais,
como são poderosas suas maravilhas!

Seu reino durará para sempre,
e seu domínio, por todas
as gerações.

4[b]"Eu, Nabucodonosor, vivia em meu
palácio, com todo conforto e prospe-
ridade. 5 Certa noite, porém, tive um
sonho que me assustou; enquanto
estava deitado em minha cama, tive
visões que me aterrorizaram. 6 Por
isso mandei chamar todos os sábios
da Babilônia, para que me dissessem
o que meu sonho significava. 7 Quan-
do todos os magos, encantadores,
astrólogos[c] e adivinhos vieram, eu
lhes contei meu sonho, mas eles não
foram capazes de me dizer o que
ele significava. 8 Finalmente, Daniel
se apresentou diante de mim, e eu
lhe contei o sonho. (Ele se chama
Beltessazar, em homenagem a meu
deus, e o espírito dos santos deuses
está nele.)

9 "Disse-lhe: 'Beltessazar, chefe dos
magos, sei que o espírito dos santos
deuses está em você e que não há mis-
tério que não possa resolver. Agora,
diga-me o que meu sonho significa.

10 "'Enquanto estava deitado em minha
cama, tive este sonho. Vi uma grande
árvore no meio da terra. 11 A árvo-
re cresceu e ficou muito alta e forte;
chegava até o céu e podia ser vista
por todo o mundo. 12 Suas folhas
eram verdes e novas, e ela era cheia
de frutos para todos comerem. Ani-
mais selvagens viviam à sua sombra,
e aves faziam ninhos em seus ramos.
O mundo todo se alimentava des-
sa árvore.

13 "'Então, enquanto eu sonhava, vi um
mensageiro,[d] um ser santo, que des-
cia do céu. 14 O mensageiro gritou:

'Derrubem a árvore e cortem
seus ramos!
Arranquem suas folhas e
espalhem seus frutos!
Espantem os animais selvagens
de sua sombra
e as aves, de seus ramos.
15 Mas deixem na terra o
toco, com suas raízes,
preso com um anel de ferro e bronze
e cercado da relva verde.
Que seja molhado pelo orvalho do céu
e viva com os animais selvagens,
em meio às plantas do campo.
16 Durante sete períodos,
terá a mente de um animal selvagem
em vez de mente humana.
17 Pois isso foi decretado
pelos mensageiros;[e]
foi ordenado pelos seres santos,
para que todos saibam
que o Altíssimo domina sobre
os reinos do mundo.

[a] **4.1** No texto aramaico, os versículos 4.1-3 são numerados 3.31-33.

[b] **4.4** No texto aramaico, os versículos 4.4-37 são numerados 4.1-34.

[c] **4.7** Ou *caldeus.*

[d] **4.13** Ou *vigilante*; também em 4.23.

[e] **4.17** Ou *vigilantes.*

Ele os dá a quem quer,
até mesmo à pessoa mais humilde".

18 "'Beltessazar, esse foi o sonho que
eu, o rei Nabucodonosor, tive. Ago-
ra, diga-me o que ele significa, pois
nenhum dos sábios de meu reino
foi capaz de interpretá-lo. Mas você
pode fazê-lo, pois o espírito dos san-
tos deuses está em você'."

DANIEL INTERPRETA O SONHO

19 "Ao ouvir isso, Daniel (também cha-
mado Beltessazar), ficou atônito
por algum tempo, atemorizado
com o significado do sonho. Então
o rei lhe disse: 'Beltessazar, não se
assuste com o sonho, nem com o
seu significado'.
"Beltessazar respondeu: 'Meu senhor,
gostaria que os acontecimentos pre-
nunciados nesse sonho ocorressem
a seus inimigos, e não ao rei! 20 A ár-
vore que o rei viu crescia e ficava alta
e forte; chegava até o céu e podia ser
vista por todo o mundo. 21 Tinha fo-
lhas verdes e novas e era cheia de
frutos para todos comerem. Animais
selvagens viviam à sua sombra, e
aves faziam ninhos em seus ramos.
22 Essa árvore é o próprio rei. Pois o
rei cresceu e se tornou forte e grande;
sua grandeza chega até o céu, e seu
domínio, até os confins da terra.
23 "'Então o rei viu um mensageiro, um
ser santo que descia do céu e que dis-
se: 'Derrubem a árvore e destruam-
-na! Mas deixem na terra o toco,
com suas raízes, preso com um anel
de ferro e bronze e cercado da relva
verde. Que seja molhado pelo orva-
lho do céu e viva com os animais do
campo por sete períodos'.
24 "'Este é o significado do sonho, ó rei,
o que o Altíssimo declarou que acon-
tecerá a meu senhor, o rei. 25 O rei
será expulso do convívio humano e
viverá nos campos, com os animais
selvagens. Comerá capim, como os
bois, e será molhado pelo orvalho do
céu. Viverá desse modo por sete pe-
ríodos, até entender que o Altíssimo
domina sobre os reinos do mundo e
os dá a quem ele quer. 26 As raízes e o
toco, porém, foram deixados na ter-
ra. Isso significa que o senhor rece-
berá seu reino de volta quando tiver
aprendido que o céu domina.
27 "'Ó rei Nabucodonosor, aceite meu
conselho. Pare de pecar e faça o que
é certo. Deixe seus pecados para
trás e tenha compaixão dos pobres.
Quem sabe, então, o rei continuará
a prosperar'."

O SONHO SE CUMPRE

28 "Tudo isso, porém, aconteceu ao
rei Nabucodonosor. 29 Doze meses
depois, ele caminhava sobre o ter-
raço de seu palácio na Babilônia
30 e disse: 'Vejam a grande cidade da
Babilônia! Com meu próprio poder,
construí esta cidade para ser o cen-
tro de meu reino e para mostrar o es-
plendor de minha majestade'.
31 "Enquanto essas palavras ainda
estavam em sua boca, veio do céu
uma voz e disse: 'Esta mensagem é
para você, rei Nabucodonosor! Você
não governa mais sobre este reino.
32 Será expulso do convívio humano.
Viverá nos campos com os animais
selvagens e comerá capim, como
os bois. Viverá desse modo por sete
períodos, até que entenda que o Al-
tíssimo domina sobre os reinos do
mundo e os dá a quem ele quer'.
33 "Naquela mesma hora, a sentença
se cumpriu e Nabucodonosor foi
expulso do convívio humano. Pas-
sou a comer capim, como os bois,
e foi molhado pelo orvalho do céu.
Viveu desse modo até seu cabelo
crescer como as penas das águias e
suas unhas se parecerem com garras
de pássaros."

NABUCODONOSOR LOUVA A DEUS

34 "Passado esse tempo, eu, Nabuco-
donosor, olhei para o céu. Minha
sanidade voltou, louvei e adorei o
Altíssimo e honrei aquele que vive
para sempre.

Conforme investe tempo na leitura da Palavra e permite que ela entre em seu coração, você, suas falas e atitudes serão transformadas.

"Seu domínio é para sempre,
seu reino, por todas as gerações.
35 Comparados a ele,
os habitantes da terra são como nada.
Ele faz o que quer entre
os anjos do céu
e entre os habitantes da terra.
Ninguém pode detê-lo nem lhe dizer:
'Por que fazes essas coisas?'.

36 "Quando minha sanidade voltou, também recuperei minha honra e a majestade de meu reino. Meus conselheiros e nobres me procuraram e fui restaurado ao meu reino, com muito mais honra que antes.

37 "Agora eu, Nabucodonosor, louvo, glorifico e honro o Rei dos céus. Todos os seus atos são justos e verdadeiros, e ele tem poder para humilhar os orgulhosos".

A INSCRIÇÃO NA PAREDE

5 Muitos anos depois, o rei Belsazar deu um grande banquete para mil de seus nobres e bebeu vinho com eles. 2 Enquanto Belsazar tomava vinho, ordenou que trouxessem as taças de ouro e prata que seu antecessor,[a] Nabucodonosor, havia tirado do templo em Jerusalém. Queria beber nessas taças com seus nobres, suas esposas e suas concubinas. 3 Então trouxeram as taças de ouro do templo, a casa de Deus em Jerusalém, e o rei e seus nobres, suas esposas e concubinas beberam nelas. 4 Enquanto tomavam o vinho, louvavam seus ídolos feitos de ouro, prata, bronze, ferro, madeira e pedra.

5 De repente, viram dedos de mão humana escreverem no reboco da parede do palácio real, perto do candelabro. O próprio rei viu a mão enquanto ela escrevia, 6 e seu rosto ficou pálido de medo. Seus joelhos batiam um contra o outro, e suas pernas vacilavam.

7 Aos gritos, o rei mandou chamar os encantadores, os astrólogos[b] e os adivinhos. Disse aos sábios da Babilônia: "Quem conseguir ler esta inscrição e me disser o que ela significa será vestido com um manto vermelho, e em seu pescoço será colocada uma corrente de ouro. Ele se tornará o terceiro em importância em meu reino!".

8 Quando todos os sábios do rei chegaram, nenhum deles foi capaz de ler a inscrição nem de dizer o que ela significava. 9 O rei ficou muito assustado, e seu rosto, ainda mais pálido. Seus nobres também ficaram abalados.

10 A rainha-mãe soube do que estava acontecendo ao rei e seus nobres e foi depressa à sala de banquetes. Disse ela a Belsazar: "Que o rei viva para sempre! Não fique tão pálido e assustado. 11 Há em seu reino um homem que tem nele o espírito dos santos deuses. Durante o reinado de Nabucodonosor, esse homem demonstrou percepção, entendimento e sabedoria como a dos deuses. Seu antecessor, o rei Nabucodonosor, o nomeou chefe de todos os magos, encantadores, astrólogos e adivinhos da Babilônia. 12 Esse homem, Daniel, a quem o rei deu o nome de Beltessazar, tem inteligência extraordinária e é cheio de conhecimento e entendimento. É capaz de interpretar sonhos, explicar enigmas e resolver problemas difíceis. Mande chamar Daniel, e ele lhe dirá o que significa a inscrição".

DANIEL INTERPRETA A INSCRIÇÃO

13 Daniel foi levado à presença do rei, que lhe perguntou: "Você é Daniel, um dos exilados trazidos de Judá por meu antecessor, o rei Nabucodonosor? 14 Soube que o espírito dos deuses está em você, e que é cheio de percepção, entendimento e sabedoria. 15 Meus sábios e encantadores tentaram ler as palavras na parede e me dizer o que significam, mas não conseguiram. 16 Soube que você é capaz de interpretar e resolver problemas difíceis. Se conseguir ler as palavras e disser o que significam, será vestido com um manto vermelho, e em seu pescoço será colocada uma corrente de ouro. Você se tornará o terceiro em importância em meu reino".

17 Daniel respondeu ao rei: "Guarde seus presentes ou entregue-os a outra pessoa; mas eu lhe direi o que significa a inscrição. 18 Ó rei, o Deus Altíssimo deu soberania,

[a] **5.2** Em aramaico, *seu pai*; também em 5.11,13,18.
[b] **5.7** Ou *caldeus*; também em 5.11.

majestade, glória e honra a seu antecessor,
Nabucodonosor. 19 Ele o engrandeceu de tal
modo que povos de todas as raças, nações e
línguas estremeciam de medo diante dele.
Matava quem ele queria matar e poupava
quem ele queria poupar; honrava quem ele
queria honrar e humilhava quem ele queria
humilhar. 20 Quando, porém, seu coração e
sua mente se encheram de arrogância, ele
foi tirado de seu trono e despojado de sua
glória. 21 Foi expulso do convívio humano.
Sua mente se tornou como a de um animal,
e ele viveu entre os jumentos selvagens.
Passou a comer capim, como os bois, e foi
molhado pelo orvalho do céu, até entender
que o Deus Altíssimo domina sobre todos
os reinos do mundo e nomeia quem ele
quer para governar sobre eles.
22 "Ó Belsazar, o senhor é sucessor[a] dele
e sabia de tudo isso, mas mesmo assim
não se humilhou. 23 Desafiou o Senhor dos
céus e mandou trazer essas taças do tem-
plo. O rei, seus nobres, suas esposas e suas
concubinas beberam vinho dessas taças
enquanto louvavam deuses de prata, ouro,
bronze, ferro, madeira e pedra, deuses que
não veem, não ouvem, nem sabem coisa
alguma. Mas o rei não honrou ao Deus que
lhe dá fôlego de vida e controla seu desti-
no. 24 Por isso Deus enviou a mão que es-
creveu a mensagem.
25 "Esta é a mensagem que foi escrita:
MENE, MENE, TEQUEL e PARSIM. 26 E este é o
significado das palavras:

Mene:[b] Deus contou os dias de seu reina-
do e determinou seu fim.
27 *Tequel*:[c] Você foi pesado na balança e
não atingiu o peso necessário.
28 *Parsim*:[d] Seu reino será dividido e en-
tregue aos medos e aos persas".

29 Então, por ordem de Belsazar, vestiram
Daniel com um manto vermelho, coloca-
ram em seu pescoço uma corrente de ouro
e o declararam o terceiro em importância
no reino.

30 Naquela mesma noite, Belsazar, rei da
Babilônia,[e] foi morto.[f]
31[g] E Dario, o medo, tinha 62 anos quando
se apoderou do reino.

DANIEL NA COVA DOS LEÕES

6 1[h] O rei Dario resolveu dividir o reino
em 120 províncias e nomeou um alto
funcionário para governar cada uma delas.
2 O rei também escolheu como administra-
dores Daniel e outros dois homens, para
que supervisionassem os altos funcioná-
rios e protegessem os interesses do rei.
3 Em pouco tempo, Daniel se mostrou
mais capaz que todos os outros adminis-
tradores e altos funcionários. Por causa da
grande capacidade de Daniel, o rei plane-
java colocá-lo à frente de todo o reino.
4 Os outros administradores e altos
funcionários começaram a procurar falhas
no modo como Daniel conduzia as ques-
tões de governo, mas nada encontraram
para criticar ou condenar. Ele era leal, sem-
pre responsável e digno de confiança. 5 Por
isso, concluíram: "Nossa única chance de
encontrar algum motivo para acusar Da-
niel será em relação às leis de seu Deus".
6 Então os administradores e os altos
funcionários foram até o rei e lhe disse-
ram: "Que o rei Dario viva para sempre!
7 Nós administradores, oficiais, altos
funcionários, conselheiros e governado-
res estamos todos de acordo que o rei deve
decretar uma lei a ser cumprida rigorosa-
mente. Dê ordens para que, nos próximos
trinta dias, qualquer pessoa que orar a
alguém, divino ou humano, exceto ao rei,
seja lançada na cova dos leões. 8 Agora, ó
rei, decrete e assine essa lei para que não
possa ser mudada, como lei oficial dos
medos e dos persas, que não pode ser re-
vogada". 9 E o rei Dario assinou a lei.
10 Quando Daniel soube que a lei tinha
sido assinada, foi para casa e, como de cos-
tume, ajoelhou-se no quarto no andar de
cima, com as janelas abertas na direção de

[a] **5.22** Em aramaico, *filho*.
[b] **5.26** *Mene* significa "contado".
[c] **5.27** *Tequel* significa "pesado".
[d] **5.28** Em aramaico, *Peres*, singular de *Parsim*, que significa "dividido".
[e] **5.30a** Ou *rei caldeu*.
[f] **5.30b** Os persas e os medos conquistaram a Babilônia em outubro de 539 a.C.
[g] **5.31** No texto aramaico, o versículo 5.31 é numerado 6.1.
[h] **6.1** No texto aramaico, os versículos 6.1-28 são numerados 6.2-29.

Jerusalém. Orava três vezes por dia e dava graças a seu Deus. 11 Os oficiais foram juntos à casa de Daniel e o encontraram orando e pedindo ajuda a Deus. 12 Então foram diretamente ao rei e o lembraram da lei: "O rei não assinou um decreto ordenando que qualquer um que orasse a alguém, divino ou humano, exceto ao rei, fosse lançado na cova dos leões?".

"Sim", respondeu o rei. "Essa decisão está em vigor; é uma lei oficial dos medos e dos persas, que não pode ser revogada."

13 Então disseram ao rei: "Aquele homem, Daniel, um dos exilados de Judá, não dá importância ao rei nem à sua lei. Continua a orar ao Deus dele três vezes por dia".

14 Quando o rei ouviu isso, ficou muito angustiado e procurou uma forma de salvar Daniel. Passou o resto do dia pensando num modo de livrá-lo dessa situação.

15 À noite, os homens foram juntos ao rei e disseram: "Ó rei, o senhor sabe que, conforme a lei dos medos e dos persas, nenhum decreto que o rei assina pode ser revogado".

16 Por fim, o rei deu ordens para que Daniel fosse preso e lançado na cova dos leões. O rei lhe disse: "Que seu Deus, a quem você serve fielmente, o livre".

17 Então trouxeram uma pedra e a colocaram sobre a abertura da cova. O rei selou a pedra com seu anel e com os anéis de seus nobres, para que ninguém pudesse resgatar Daniel. 18 O rei voltou a seu palácio e passou a noite em jejum. Não quis nenhum dos divertimentos habituais e não conseguiu dormir a noite inteira.

19 De manhã bem cedo, levantou-se e foi apressadamente à cova dos leões. 20 Quando chegou lá, gritou angustiado: "Daniel, servo do Deus vivo! O Deus a quem você serve tão fielmente pôde livrá-lo dos leões?".

21 Daniel respondeu: "Que o rei viva para sempre! 22 Meu Deus enviou seu anjo para fechar a boca dos leões de modo que não me fizessem mal, pois fui considerado inocente aos olhos de Deus. Também não fiz coisa alguma contra o senhor, ó rei".

23 O rei ficou muito alegre e ordenou que tirassem Daniel da cova. Não havia sequer um arranhão nele, pois havia confiado em seu Deus.

24 Em seguida, o rei ordenou que prendessem os homens que haviam acusado Daniel. Ordenou que fossem lançados na cova dos leões junto com suas esposas e seus filhos. Os leões os atacaram e os despedaçaram antes que chegassem ao fundo da cova.

25 Então o rei Dario enviou esta mensagem a povos de todas as raças, nações e línguas em todo o mundo:

"Paz e prosperidade!
26 "Decreto que todos em meu reino devem tremer de medo diante do Deus de Daniel.

Pois ele é o Deus vivo
e permanecerá para sempre.
Seu reino jamais será destruído,
e seu domínio não terá fim.
27 Ele livra e salva seu povo;
realiza sinais e maravilhas
nos céus e na terra.
Foi ele que livrou Daniel
do poder dos leões".

28 Assim, Daniel prosperou durante o reinado de Dario e durante o reinado de Ciro, o persa.[a]

VISÃO DAS QUATRO BESTAS

7 Anteriormente, durante o primeiro ano do reinado de Belsazar, rei da Babilônia,[b] Daniel teve um sonho e visões enquanto estava deitado em sua cama. Escreveu o que havia sonhado e foi isto que viu.

2 Naquela noite em minha visão, eu, Daniel, vi uma tempestade que agitava o grande mar, com ventos fortes que sopravam de todas as direções. 3 Então, saíram da água quatro bestas enormes, cada uma diferente das demais.

4 A primeira besta era como um leão com asas de águia. Enquanto eu observava, suas asas foram arrancadas e ela ficou

[a] **6.28** Ou *de Dario, isto é, o reinado de Ciro, o persa.*
[b] **7.1** O primeiro ano do reinado de Belsazar (corregente com seu pai, Nabônido) foi 556 a.C. (ou talvez até 553 a.C.).

em pé no chão, sobre as duas patas trasei-
ras, como um ser humano. E lhe foi dada
mente humana.
5 Vi, então, a segunda besta, e ela se pa-
recia com um urso. Levantou-se sobre um
dos lados e tinha na boca, entre os dentes,
três costelas. E lhe foi dito: "Levante-se!
Devore a carne de muitos!".
6 Em seguida, surgiu a terceira dessas
bestas, que se parecia com um leopar-
do. Tinha quatro asas de ave nas costas
e quatro cabeças. E lhe foi dada gran-
de autoridade.
7 Então, em minha visão naquela noite,
vi uma quarta besta, terrível, assustado-
ra e muito forte. Devorava e despedaçava
suas vítimas com grandes dentes de fer-
ro e esmagava os restos debaixo de seus
pés. Era diferente das outras três e tinha
dez chifres.
8 Enquanto eu olhava para os chifres,
de repente apareceu no meio deles outro
chifre pequeno. Três dos chifres maiores
foram arrancados pela raiz para dar lugar
a ele. Esse chifre pequeno tinha olhos,
como de homem, e uma boca que falava
com arrogância.

9 Enquanto eu observava, foram
colocados alguns tronos,
e o Ancião[a] se sentou para julgar.
Suas roupas eram brancas como a neve,
e seu cabelo, como a mais pura lã.
Sentava-se num trono de fogo,
com rodas de chamas ardentes,
10 e um rio de fogo
brotava de sua presença.
Milhões de anjos o serviam,
muitos milhões estavam diante dele.
O tribunal iniciou o julgamento,
e os livros foram abertos.

11 Continuei a observar, pois podia ouvir
as palavras arrogantes do pequeno chifre.
Fiquei olhando até que a quarta besta foi
morta e seu corpo, destruído e lançado ao
fogo. 12 Então foi tirada a autoridade das
outras três bestas, mas elas tiveram per-
missão de viver por mais algum tempo.[b]

13 Depois, em minha visão naquela noi-
te, vi alguém semelhante a um filho de
homem[c] vindo com as nuvens do céu. Ele
se aproximou do Ancião e foi conduzido à
sua presença. 14 Recebeu autoridade, hon-
ra e soberania, para que povos de todas as
raças, nações e línguas lhe obedecessem.
Seu domínio é eterno; não terá fim. Seu
reino jamais será destruído.

A VISÃO É EXPLICADA

15 Eu, Daniel, fiquei perturbado com tudo
que tinha visto, e minhas visões me ater-
rorizaram. 16 Por isso aproximei-me de um
dos que estavam em pé junto ao trono e
perguntei o que tudo aquilo significava.
Ele explicou: 17 "Essas quatro grandes
bestas representam quatro reinos que sur-
girão da terra. 18 No final, porém, o reino
será entregue ao povo santo do Altíssimo,
e eles dominarão para todo o sempre".
19 Então eu quis saber o verdadeiro sig-
nificado da quarta besta, tão diferente das
demais e tão aterrorizante. Ela havia de-
vorado e despedaçado suas vítimas com
dentes de ferro e garras de bronze e esma-
gado os restos com os pés. 20 Também quis
saber sobre os dez chifres em sua cabeça e
o pequeno chifre que surgiu depois e der-
rubou três dos outros chifres. Esse chifre
parecia mais forte que os demais e tinha
olhos humanos e uma boca que falava
com arrogância. 21 Enquanto eu obser-
vava, esse chifre guerreava contra o povo
santo de Deus e o derrotava, 22 até que o
Ancião, o Altíssimo, veio e pronunciou a
sentença em favor de seu povo santo. En-
tão chegou o tempo de o povo santo tomar
posse do reino.
23 Depois ele me disse: "A quarta besta é
o quarto reino que dominará a terra, e será
diferente de todos os outros. Devorará o
mundo inteiro, pisoteará e esmagará tudo
que estiver em seu caminho. 24 Seus dez
chifres são dez reis que governarão esse
império. Então surgirá outro rei, diferente
dos dez, que subjugará três reis. 25 Ele de-
safiará o Altíssimo e oprimirá o povo san-
to do Altíssimo. Tentará mudar suas festas
sagradas e suas leis, e eles serão colocados

[a] **7.9** Em aramaico, *Ancião de Dias*; também em 7.13,22.
[b] **7.12** Em aramaico, *por um período e um tempo.*
[c] **7.13** Ou *ao Filho do Homem.*

sob o controle dele por um tempo, tempos,
e meio tempo.

26 "Contudo, o tribunal o julgará, e todo
o seu poder será tirado e completamente
destruído. 27 Então serão dados ao povo
santo do Altíssimo a soberania, o poder
e a grandeza de todos os reinos debaixo
dos céus. O reino do Altíssimo permane-
cerá para sempre, e todos os governantes
o servirão e lhe obedecerão".

28 Assim terminou a visão. Eu, Daniel,
fiquei aterrorizado por causa de meus
pensamentos e meu rosto ficou pálido
de medo, mas não contei essas coisas
a ninguém.

VISÃO DE UM CARNEIRO E DE UM BODE

8 1[a] Durante o terceiro ano do reinado de
Belsazar, eu, Daniel, tive outra visão,
depois da primeira. 2 Nessa visão eu estava
na fortaleza de Susã, na província de Elão,
em pé junto ao rio Ulai.[b]

3 Quando levantei os olhos, vi um car-
neiro com dois chifres compridos, em pé
junto ao rio.[c] Um dos chifres era mais com-
prido que o outro, embora tivesse crescido
depois do outro. 4 O carneiro dava chifra-
das em tudo em seu caminho para o oeste,
para o norte e para o sul, e ninguém con-
seguia detê-lo nem ajudar suas vítimas.
Ele fazia o que queria e se tornou mui-
to poderoso.

5 Enquanto eu observava, de repente um
bode surgiu do oeste e atravessou a terra
com tanta rapidez que nem sequer tocou
o chão. Esse bode, que tinha um chifre
enorme entre os olhos, 6 foi na direção do
carneiro de dois chifres que eu tinha vis-
to em pé junto ao rio, e avançou sobre ele
cheio de fúria. 7 O bode atacou o carneiro
furiosamente e o atingiu com um golpe
que quebrou seus dois chifres. O carneiro
ficou sem forças para resistir, e o bode o
derrubou e o pisoteou. Ninguém foi capaz
de livrar o carneiro do poder do bode.

8 O bode se tornou muito poderoso, mas,
no auge de seu poder, seu grande chifre foi
quebrado. No lugar dele nasceram quatro
chifres proeminentes, que apontavam para
as quatro direções da terra. 9 Então, de um
dos chifres proeminentes surgiu um pe-
queno chifre, cujo poder se tornou muito
grande. Estendeu-se para o sul e para o les-
te e em direção à terra gloriosa. 10 Seu poder
chegou aos céus, onde atacou o exército ce-
lestial, lançou à terra alguns do exército e
algumas das estrelas e os pisoteou. 11 Che-
gou a desafiar o Comandante do exército
celestial ao suspender os sacrifícios diá-
rios oferecidos a ele e destruir seu templo.
12 Ao exército celestial não foi permitido
reagir a essa rebelião. Portanto, o sacrifício
diário foi interrompido, e a verdade, derro-
tada. O chifre teve êxito em tudo que fez.[d]

13 Então ouvi dois seres santos con-
versando entre si. Um deles perguntou:
"Quanto tempo durarão os acontecimen-
tos dessa visão? Até quando a rebelião que
causa profanação impedirá os sacrifícios
diários? Até quando o templo e o exército
celestial serão pisoteados?".

14 O outro respondeu: "Levará 2.300 tar-
des e manhãs; então o templo será restau-
rado".

GABRIEL EXPLICA A VISÃO

15 Enquanto eu, Daniel, tentava entender
o significado dessa visão, alguém que pa-
recia um homem parou diante de mim.
16 E ouvi uma voz humana vinda do rio
Ulai gritar: "Gabriel, explique a este ho-
mem o significado da visão!".

17 Quando Gabriel se aproximou de onde
eu estava, fiquei tão aterrorizado que me
prostrei com o rosto no chão. Ele disse: "Fi-
lho de homem, você precisa entender que
os acontecimentos da visão se referem ao
tempo do fim".

18 Enquanto ele falava, desmaiei e caí
com o rosto no chão. Gabriel me despertou
com um toque e me ajudou a ficar em pé.

19 Então ele disse: "Estou aqui para lhe
contar o que acontecerá depois, no tempo
da ira, pois aquilo que você viu se refere
ao fim dos tempos. 20 O carneiro com dois
chifres representa os reis da Média e da
Pérsia. 21 O bode peludo representa o rei

[a] **8.1** Daqui até o capítulo 12, o texto original está em hebraico. Ver nota em 2.4.
[b] **8.2** Ou *à porta Ulai*; também em 8.16.
[c] **8.3** Ou *junto à porta*; também em 8.6.
[d] **8.11-12** O significado do hebraico é incerto.

da Grécia,[a] e o grande chifre entre os olhos
dele representa o primeiro rei do império
grego. 22 Os quatro chifres proeminentes
que apareceram no lugar do chifre grande
mostram que o império grego se dividirá
em quatro reinos, mas nenhum deles será
tão grande quanto o primeiro.
23 "No final de seu reinado, quando o pe-
cado estiver no auge, subirá ao poder um
rei feroz, mestre de intrigas. 24 Ele se tornará
muito forte, mas não por seu próprio poder.
Causará terrível destruição e terá êxito em
tudo que fizer. Destruirá líderes poderosos
e devastará o povo santo. 25 Será um mestre
do engano e se tornará arrogante; destruirá
muitos sem aviso. Chegará a enfrentar na
batalha o Príncipe dos príncipes, mas será
quebrado, embora não por força humana.
26 "Essa visão das 2.300 tardes e manhãs[b]
é verdadeira. Guarde, porém, a visão em se-
gredo, pois esses acontecimentos só ocor-
rerão depois de muito tempo".
27 Então eu, Daniel, fiquei abatido e
doente por vários dias. Depois, levantei-
-me e voltei a tratar dos negócios do rei,
mas a visão me deixou muito perturbado
e não consegui entendê-la.

A ORAÇÃO DE DANIEL POR SEU POVO

9 Era o primeiro ano do reinado de Dario,
o medo, filho de Assuero, que se tornou
rei dos babilônios.[c] 2 Nesse primeiro ano,
eu, Daniel, ao estudar a palavra do Senhor
revelada ao profeta Jeremias, compreendi
que Jerusalém devia permanecer desolada
por setenta anos.[d] 3 Então me voltei para o
Senhor Deus e supliquei a ele com oração
e jejum. Também vesti pano de saco e co-
loquei cinzas sobre a cabeça.
4 Orei ao Senhor, meu Deus, e confessei:

"Ó Senhor, és Deus grande e temível!
Tu guardas tua aliança de amor leal
para com os que te amam e obede-
cem a teus mandamentos. 5 Contudo,
nós pecamos e fizemos o mal. Fomos
rebeldes contra ti e desprezamos
teus mandamentos e estatutos. 6 Não
demos ouvidos a teus servos, os pro-
fetas, que falaram em teu nome a
nossos reis, príncipes, antepassados
e a todo o povo da terra.
7 "Senhor, tu és justo; mas, como vês,
nosso rosto está coberto de vergo-
nha. Todos estamos envergonhados,
incluindo os habitantes de Judá e de
Jerusalém e todo o Israel, espalhados
em lugares próximos e distantes, para
onde tu nos enviaste por causa de nos-
sa deslealdade contigo. 8 Ó Senhor, nós,
nossos reis, príncipes e antepassados
estamos cobertos de vergonha porque
pecamos contra ti. 9 Mas o Senhor,
nosso Deus, é misericordioso e per-
doador, embora tenhamos nos rebe-
lado contra ele. 10 Não obedecemos ao
Senhor, nosso Deus, pois não segui-
mos as leis que ele nos deu por meio
de seus servos, os profetas. 11 Todo o
Israel desobedeceu às tuas leis, des-
viou-se e não quis ouvir tua voz.
"Por isso, agora as maldições solenes
e os juízos escritos na lei de Moisés,
servo de Deus, foram derramados so-
bre nós por causa de nosso pecado.
12 Tu cumpriste tua palavra e fizeste
conosco e com nossos governantes
exatamente como havias advertido.
Nunca houve calamidade tão terrível
quanto a que aconteceu em Jerusa-
lém. 13 Todas as maldições escritas
contra nós na lei de Moisés se cum-
priram. E, no entanto, não quisemos
buscar a misericórdia do Senhor, nos-
so Deus, não nos afastamos de nos-
sos pecados nem reconhecemos sua
verdade. 14 Portanto, o Senhor trouxe
sobre nós a calamidade que havia
preparado. O Senhor, nosso Deus,
foi justo em fazer todas essas coisas,
pois não lhe obedecemos.
15 "Ó Senhor, nosso Deus, tu trouxeste
honra duradoura para teu nome ao
resgatar teu povo do Egito com gran-
de demonstração de poder. Mas nós
pecamos e estamos cheios de mal-
dade. 16 De acordo com toda a tua
justiça, Senhor, desvia tua ira furiosa

[a] **8.21** Em hebraico, *de Javã*.
[b] **8.26** Em hebraico, *das tardes e manhãs*; comparar com 8.14.
[c] **9.1** Ou *dos caldeus*.
[d] **9.2** Ver Jr 25.11-12; 29.10.

de Jerusalém, tua cidade e teu santo
monte. Como resultado de nossos
pecados e dos pecados de nossos an-
tepassados, todas as nações vizinhas
zombam de Jerusalém e de teu povo.
17 "Ó nosso Deus, ouve a oração de teu
servo; ouve minha súplica. Por causa
de ti mesmo, Senhor, volta a olhar com
bondade para teu santuário desolado.
18 "Ó meu Deus, inclina-te e ouve-me;
abre teus olhos e vê nossa desola-
ção. Vê como nossa cidade, a cidade
que leva teu nome, está em ruínas.
Fazemos esta súplica não porque
merecemos, mas por causa de tua
misericórdia.
19 "Ó Senhor, ouve; ó Senhor, perdoa; ó
Senhor, atende-nos e age! Por causa
de ti mesmo, não te demores, ó meu
Deus, pois teu povo e tua cidade car-
regam teu nome".

A MENSAGEM DE GABRIEL A RESPEITO DO UNGIDO

20 Continuei a orar e a confessar meu
pecado e o pecado de meu povo, Israel,
suplicando ao SENHOR, meu Deus, por Je-
rusalém, seu santo monte. 21 Enquanto eu
orava, Gabriel, que eu tinha visto na visão
anterior, veio a mim depressa, na hora do
sacrifício da tarde. 22 Ele explicou: "Daniel,
vim lhe dar percepção e entendimento.
23 Assim que você começou a orar, foi dada
uma ordem, e agora estou aqui para lhe di-
zer qual foi essa ordem, pois você é mui-
to precioso para Deus. Ouça com atenção
para entender o significado de sua visão.
24 "Um período de setenta semanas de
sete[a] foi decretado ao seu povo e à sua
cidade santa para dar fim à rebelião, aca-
bar com o pecado, fazer expiação por sua
culpa, trazer justiça eterna, confirmar a vi-
são profética e ungir o lugar santíssimo.[b]
25 Agora ouça e entenda! Passarão sete
semanas, mais 62 semanas[c] desde que for
dada a ordem para reconstruir Jerusalém
até a chegada do governante, o Ungido.[d]
Apesar dos tempos difíceis, Jerusalém será
reconstruída com ruas e fortes defesas.[e]
26 "Depois desse período de 62 semanas
de sete,[f] o Ungido será morto, e nada dele
restará.[g] Surgirá um governante cujos exér-
citos destruirão a cidade e o templo. O fim
chegará com uma inundação, e a guerra e
seus sofrimentos estão decretados desde
esse tempo até o fim. 27 O governante fará
um tratado com muitos por um período de
uma semana,[h] mas depois de metade des-
se tempo ele acabará com os sacrifícios e
com as ofertas. E, numa parte do templo,[i]
ele colocará uma terrível profanação,[j] até
que o destino declarado para esse profana-
dor seja finalmente derramado sobre ele".

VISÃO DO MENSAGEIRO

10 No terceiro ano do reinado de Ciro,
rei da Pérsia,[k] Daniel (também cha-
mado Beltessazar) teve outra visão. Ele
entendeu que essa visão era verdadeira
e se referia a certos acontecimentos que
ocorreriam no futuro, tempos de guerra e
de grande dificuldade.
2 Eu, Daniel, recebi essa visão depois
de passar três semanas de luto. 3 Durante
todo esse tempo, não havia comido nada
saboroso. Não tinha provado nenhuma
carne e nenhum vinho e não tinha usado
nenhuma loção perfumada até passarem
as três semanas.
4 Em 23 de abril daquele ano,[l] estava
em pé próximo ao grande rio Tigre. 5 Le-
vantei os olhos e vi um homem vestido
com roupas de linho e um cinto de ouro
puro. 6 Seu corpo era semelhante a uma
pedra preciosa. Seu rosto faiscava como
relâmpago, e seus olhos eram como tochas
acesas. Seus braços e seus pés brilhavam
como bronze polido, e sua voz era como o
som de uma grande multidão.

[a] **9.24a** Em hebraico, *setenta setes.*
[b] **9.24b** Ou *o Santíssimo.*
[c] **9.25a** Em hebraico, *7 setes, mais 62 setes.*
[d] **9.25b** Ou *de um ungido*; também em 9.26. O hebraico traz *de um messias.*
[e] **9.25c** Ou *e um fosso*, ou *e trincheiras.*
[f] **9.26a** Em hebraico, *Depois de 62 setes.*
[g] **9.26b** O significado do hebraico é incerto.
[h] **9.27a** Em hebraico, *por 1 sete.*
[i] **9.27b** Em hebraico, *E na asa*; o significado do hebraico é incerto.
[j] **9.27c** Em hebraico, *uma abominação de desolação.*
[k] **10.1** Isto é, no ano 536 a.C.
[l] **10.4** Em hebraico, *No vigésimo quarto dia do primeiro mês*, do antigo calendário lunar hebraico. Essa data em Daniel é confirmada por datas em registros persas que sobreviveram ao tempo e pode ser relacionada com precisão ao calendário moderno. O ano foi 536 a.C.

7 Somente eu, Daniel, tive essa visão.
Os homens que estavam comigo não vi-
ram coisa alguma. De repente, porém, eles
se encheram de terror e correram para se
esconder. 8 Assim, fiquei ali sozinho e tive
essa visão extraordinária. Perdi as forças,
fiquei muito pálido e quase desfaleci. 9 En-
tão ouvi o homem falar e, ao som de sua
voz, perdi os sentidos e fiquei ali estendi-
do, com o rosto no chão.
10 Nesse instante, a mão de alguém me
tocou e me pôs, ainda trêmulo, sobre mi-
nhas mãos e meus joelhos. 11 E o homem
me disse: "Daniel, você é muito precioso
para Deus; por isso, ouça com atenção o
que tenho a lhe dizer. Levante-se, pois fui
enviado a você". Quando ele me disse isso,
me levantei, ainda tremendo.
12 Em seguida, ele disse: "Não tenha
medo, Daniel. Pois, desde o primeiro dia
em que você começou a orar por entendi-
mento e a se humilhar diante de seu Deus,
seu pedido foi ouvido. Eu vim em resposta
à sua oração. 13 Por 21 dias, porém, o prín-
cipe do reino da Pérsia me impediu. Então
Miguel, um dos príncipes mais importan-
tes, veio me ajudar, e eu o deixei ali com
os reis da Pérsia.[a] 14 Agora estou aqui para
explicar o que acontecerá com seu povo no
futuro, pois essa visão se refere a um tem-
po que ainda está por vir".
15 Enquanto ele falava comigo, eu olhava
para o chão, sem conseguir dizer uma úni-
ca palavra. 16 Então aquele que se parecia
com um homem[b] tocou meus lábios, e eu
abri a boca e comecei a falar. Disse àquele
que estava diante de mim: "Meu senhor,
estou angustiado por causa da visão que
tive, e me sinto muito fraco. 17 Como é
possível alguém como eu, seu servo, falar
com meu senhor? Minhas forças se foram,
e mal consigo respirar".
18 Então aquele que se parecia com um
homem tocou em mim novamente, e
senti minhas forças voltarem. 19 "Não te-
nha medo", ele disse, "pois você é muito
precioso para Deus. Que a paz esteja com
você! Tenha ânimo! Seja forte!"

[a] **10.13** O significado do hebraico é incerto.
[b] **10.16** Conforme a maioria dos manuscritos do Texto Massorético; um manuscrito do Texto Massorético e uma versão grega trazem *Então algo que se parecia com a mão de um homem.*

Enquanto ele falava, logo me senti mais
forte e disse: "Fale, meu senhor, pois me
fortaleceu".
20 Então ele disse: "Você sabe por que eu
vim? Em breve terei de voltar para lutar
com o príncipe do reino da Pérsia e, depois
disso, virá o príncipe do reino da Grécia.[c]
21 Mas agora lhe direi o que está escrito no
Livro da Verdade. (Ninguém me ajuda na
luta contra esses príncipes, exceto Miguel,
o príncipe de vocês.

11 Tenho acompanhado Miguel para
apoiá-lo e fortalecê-lo desde o pri-
meiro ano do reinado de Dario, o medo.)

REIS DO SUL E DO NORTE

2 "Agora, portanto, eu lhe revelarei a verda-
de. Outros três reis persas reinarão e serão
sucedidos pelo quarto rei, muito mais rico
que os outros. Ele usará sua riqueza para
instigar todos a lutarem contra o reino
da Grécia.[d]
3 "Então surgirá um rei poderoso, que go-
vernará com grande autoridade e realizará
tudo que desejar fazer. 4 Mas, no auge de
seu poder, seu reino será quebrado e divi-
dido em quatro partes. Não será governa-
do pelos descendentes do rei e o reino não
terá a mesma autoridade de antes, pois
seu império será arrancado fora e entre-
gue a outros.
5 "O rei do sul se tornará poderoso, mas
um de seus oficiais se tornará ainda mais
poderoso e governará seu reino com gran-
de força.
6 "Alguns anos depois, será formada uma
aliança entre o rei do norte e o rei do sul.
A filha do rei do sul se casará com o rei do
norte para garantir a aliança, mas tanto ela
como seu pai perderão a influência sobre
ele. Ela será abandonada, junto com aque-
les que a apoiam. 7 Mas, quando um de
seus parentes[e] se tornar o rei do sul, ele re-
unirá um exército, entrará na fortaleza do
rei do norte e o derrotará. 8 Quando ele vol-
tar ao Egito, levará os ídolos deles, e tam-
bém objetos valiosos de ouro e prata. Por
alguns anos, deixará o rei do norte em paz.

[c] **10.20** Em hebraico, *de Javã.*
[d] **11.2** Em hebraico, *de Javã.*
[e] **11.7** Em hebraico, *um ramo de suas raízes.*

9 "Mais tarde, o rei do norte invadirá o reino do sul, mas logo voltará para sua terra. 10 Os filhos do rei do norte, porém, reunirão um exército poderoso que avançará como uma inundação e levará a batalha até a fortaleza do inimigo.

11 "Enfurecido, o rei do sul sairá para lutar contra o grande exército reunido pelo rei do norte e o derrotará. 12 Depois que o exército inimigo for vencido, o rei do sul se tornará orgulhoso e executará muitos milhares de inimigos; sua vitória, porém, não durará muito tempo.

13 "Alguns anos depois, o rei do norte voltará com um exército bem equipado, muito maior que antes. 14 Nessa ocasião, haverá uma rebelião geral contra o rei do sul. Homens violentos de seu povo, Daniel, se juntarão a eles em cumprimento desta visão, mas serão derrotados. 15 Então o rei do norte virá e cercará uma cidade fortificada e a conquistará. Nem as melhores tropas do sul conseguirão resistir a esse ataque.

Você precisa conhecer sua real identidade em Deus.

16 "O rei do norte continuará a avançar sem oposição; ninguém será capaz de resistir-lhe. Ele se deterá na terra gloriosa, decidido a destruí-la. 17 Fará planos de vir com a força de todo o seu reino e formará uma aliança com o rei do sul. Dará sua filha em casamento a fim de derrubar o reino, mas seu plano falhará.

18 "Depois disso, voltará sua atenção para o litoral e conquistará muitas cidades. No entanto, um comandante de outra terra acabará com sua insolência e o fará retirar-se, envergonhado. 19 Ele se refugiará em sua própria fortaleza, mas tropeçará e nunca mais será visto.

20 "Seu sucessor enviará um cobrador de impostos para manter o esplendor real. Depois de um breve reinado, porém, ele morrerá, mas não como resultado de ira nem na batalha.

21 "O próximo a subir ao poder será um homem desprezível, que não faz parte da linhagem real. Ele se infiltrará quando menos se espera e assumirá o controle do reino por meio de intrigas. 22 Diante dele, grandes exércitos serão arrasados, incluindo um príncipe da aliança. 23 Com promessas enganosas, fará várias alianças. Apesar de ter apenas um punhado de seguidores, ele se tornará forte. 24 Sem aviso, entrará nas regiões mais ricas da terra e distribuirá entre seus seguidores o despojo e os bens dos ricos, coisa que seus antecessores nunca fizeram. Fará planos para conquistar fortalezas, mas isso durará pouco tempo.

25 "Então juntará coragem e reunirá um grande exército contra o rei do sul. Este sairá para a batalha, mas de nada adiantará, pois haverá conspirações contra ele. 26 Sua derrota será causada por gente de sua própria confiança. Seu exército será arrasado, e muitos serão mortos. 27 Decididos a fazer o mal, esses reis tentarão enganar um ao outro enquanto estiverem à mesa de negociações; mas isso não fará diferença alguma, pois o fim chegará no tempo determinado.

28 "O rei do norte voltará para casa com muitas riquezas. No caminho, ele se colocará contra o povo da santa aliança e fará grandes estragos antes de seguir viagem.

29 "Então, no tempo determinado, ele voltará a invadir o sul, mas dessa vez o resultado será diferente. 30 Ele se assustará com os navios de guerra do litoral oeste[a] e voltará para casa. Então descarregará sua ira sobre o povo da santa aliança e recompensará os que abandonarem a aliança.

31 "Seu exército tomará a fortaleza do templo, contaminará o santuário, acabará com os sacrifícios diários e colocará ali uma terrível profanação.[b] 32 Ele usará de adulação e conquistará os que violaram a aliança; mas aqueles que conhecem seu Deus serão fortes e resistirão.

33 "Líderes sábios instruirão a muitos, mas esses mestres morrerão pela espada e pelo fogo, ou serão capturados e saqueados. 34 Durante essas perseguições, receberão pouca ajuda, e muitos que se juntarem a eles não serão sinceros. 35 Alguns dos sábios serão vítimas de perseguição e, desse modo, serão refinados, purificados e limpos até o tempo do fim, pois o tempo determinado ainda está por vir.

36 "O rei fará o que bem entender, se exaltará, afirmará ser maior que todos

[a] **11.30** Em hebraico, *de Quitim*.
[b] **11.31** Em hebraico, *a abominação de desolação*.

os deuses e chegará a blasfemar contra o
Deus dos deuses. Terá êxito, mas apenas
até que se complete o tempo da ira; pois
aquilo que foi determinado certamente
acontecerá. 37 Ele não respeitará os deu-
ses de seus antepassados, nem o deus
preferido das mulheres, nem deus al-
gum, pois dirá que é maior que todos eles.
38 Em lugar deles, adorará o deus da for-
taleza, um deus que seus antepassados
não conheceram, e lhe dará honras com
ouro, prata, pedras preciosas e presen-
tes caros. 39 Dizendo contar com a ajuda
desse deus estrangeiro, atacará as forta-
lezas mais poderosas. Honrará os que se
sujeitarem a ele, os nomeará para cargos
de autoridade e dividirá a terra entre eles
como recompensa.[a]

40 "Então, no tempo do fim, o rei do sul
lutará contra o rei do norte. O rei do norte
atacará com carros de guerra e seus condu-
tores e com muitos navios. Invadirá várias
terras e as arrasará como uma inundação.
41 Entrará na terra gloriosa e muitas nações
cairão, mas Moabe, Edom e a maior par-
te de Amom escaparão. 42 Ele conquistará
muitos países, e nem mesmo o Egito esca-
pará. 43 Tomará para si o ouro, a prata e os
tesouros do Egito, e os líbios e os etíopes[b]
serão seus servos.

44 "Mas, então, chegarão notícias do leste
e do norte que o deixarão alarmado, e ele
partirá enfurecido para destruir e aniqui-
lar muitos. 45 Armará suas tendas entre o
monte santo e glorioso e o mar. Enquanto
estiver lá, porém, chegará a seu fim, e nin-
guém o ajudará."

O TEMPO DO FIM

12 "Nessa época, Miguel, o grande
príncipe que guarda seu povo, se
levantará. Haverá um tempo de angústia
como nunca houve desde que as nações
vieram a existir. Nesse tempo, porém,
todos de seu povo que tiverem o nome
escrito no livro serão salvos. 2 Muitos dos
que estão mortos e enterrados[c] ressuscita-
rão, alguns para a vida eterna e outros para
a vergonha e a desonra eterna. 3 Os sábios
brilharão intensamente como o esplendor
do céu, e os que conduzem muitos à jus-
tiça resplandecerão como estrelas, para
sempre. 4 Mas você, Daniel, mantenha
esta profecia em segredo; sele o livro até
o tempo do fim, quando muitos correrão
de um lado para o outro e o conhecimen-
to aumentará".

5 Então eu, Daniel, olhei e vi dois ou-
tros em pé em margens opostas do rio.
6 Um deles perguntou ao homem vesti-
do de linho, que agora estava sobre o rio:
"Quanto tempo passará até que terminem
esses acontecimentos espantosos?".

7 O homem vestido de linho, que es-
tava sobre o rio, levantou as duas mãos
em direção ao céu, pronunciou um jura-
mento solene àquele que vive para sem-
pre e disse: "Passará um tempo, tempos e
meio tempo. Quando o povo santo final-
mente for quebrado, todas essas coisas
se cumprirão".

8 Ouvi o que ele disse, mas não entendi
o significado. Por isso, perguntei: "Meu se-
nhor, como estas coisas terminarão?".

9 Ele respondeu: "Agora vá, Daniel, pois
aquilo que eu disse será mantido em se-
gredo e selado até o tempo do fim. 10 Mui-
tos serão purificados, limpos e refinados
por essas provações. Os perversos, porém,
continuarão em sua perversidade, e ne-
nhum deles entenderá. Somente os sábios
compreenderão seu significado.

11 "A partir do momento em que o sacri-
fício diário for suspenso e a terrível profa-
nação[d] for colocada ali, haverá 1.290 dias.
12 Feliz aquele que esperar e permanecer
até o fim dos 1.335 dias!

13 "Quanto a você, siga seu caminho até
o fim. Você descansará e, no final dos dias,
se levantará para receber sua herança".

---

[a] **11.39** Ou *por um preço.*
[b] **11.43** Em hebraico, *os cuxitas.*
[c] **12.2** Em hebraico, *Muitos dos que dormem no pó da terra.*
[d] **12.11** Em hebraico, *a abominação de desolação.*

Introdução aos
Livros dos Profetas Menores

Os Profetas Menores compreendem 12 livros curtos e poderosos que capturam a voz de Deus ao longo de vários séculos. Esses textos oferecem uma visão única da história espiritual de Israel, revelando aspectos tanto da justiça quanto da misericórdia de Deus. Embora variem em estilo e mensagem, eles compartilham o propósito comum de chamar o povo à fidelidade, denunciando o pecado e apontando para a restauração por meio do arrependimento. Os Profetas Menores não apenas documentam eventos históricos, mas transmitem verdades eternas sobre a natureza de Deus e seu desejo de reconciliação com seu povo.

ENSINAMENTOS PRINCIPAIS DOS PROFETAS MENORES

1. *Justiça e misericórdia divinas*: os Profetas Menores revelam um Deus de justiça inabalável, que não ignora o pecado, mas também é abundantemente misericordioso. Esses profetas frequentemente confrontam a nação de Israel por suas transgressões, mas também oferecem promessas de perdão e restauração para aqueles que se voltam para Deus de todo o coração.
2. *O chamado à fidelidade*: a fidelidade ao Senhor é um tema central nos Profetas Menores. Eles enfatizam a importância de um relacionamento íntegro com o Senhor em contraste com as consequências da idolatria e da injustiça. O chamado à fidelidade é um convite contínuo para o povo de Deus em todas as épocas.
3. *Promessas e juízo*: as profecias dos Profetas Menores incluem tanto advertências severas de juízo quanto promessas de restauração e bênção futura. Elas ilustram a constante preocupação do Eterno em guiar seu povo de volta ao caminho da verdade e da justiça, mesmo diante das consequências da desobediência.
4. *Esperança messiânica*: embora os livros dos Profetas Menores sejam curtos, contêm promessas poderosas sobre o Messias vindouro e seu reino. Profecias como as de Miqueias sobre Belém (Mq 5.2) e as de Oseias sobre o retorno do povo ao Senhor (Os 14.4) apontam para a vinda de Jesus e seu papel redentor na história da humanidade.
5. *Relevância contínua*: embora escritos há milênios, os ensinamentos dos Profetas Menores continuam a ser hoje relevantes para os cristãos. Suas mensagens de esperança, arrependimento e restauração ecoam pelos séculos, convidando todos os que ouvem a retornar ao Senhor e experimentar sua graça transformadora.

OSEIAS

O profeta atuou durante um período tumultuado em Israel, retratando a infidelidade espiritual do povo por meio de seu próprio casamento com Gômer, uma mulher devassa. Essa imagem vívida ilustra não apenas a traição de Israel contra o Senhor ao buscar outros deuses, mas também a profundidade do amor inabalável de Deus por seu povo. Apesar da infidelidade de Israel, Oseias proclama a promessa de restauração e renovação por meio do amor e da graça de Deus.

JOEL

O profeta utiliza uma praga de gafanhotos devastadora como um chamado urgente ao arrependimento. Ele identifica o desastre natural como um prenúncio do "dia do Senhor", um dia de juízo divino sobre as nações. Ao convocar o povo à lamentação e ao jejum, Joel não apenas alerta sobre as consequências do pecado, mas também promete restauração e bênçãos futuras para aqueles que se voltarem sinceramente para Deus. Sua mensagem ressoa como um lembrete poderoso da misericórdia e da justiça de Javé, que está pronto a perdoar e restaurar aqueles que buscam seu caminho.

AMÓS

Pastor de ovelhas de Tecoa, Amós é chamado para profetizar contra as injustiças sociais e morais prevalentes em Israel. Ele denuncia a opressão dos pobres, a corrupção nos tribunais e a exploração dos fracos, mostrando que a verdadeira adoração não pode existir sem justiça e compaixão. Amós enfatiza que o julgamento de Deus sobre Israel não é apenas uma punição, mas uma oportunidade para restauração por meio do arrependimento genuíno e do retorno à retidão.

OBADIAS

Obadias profetiza contra Edom, povo vizinho que se orgulha de sua posição elevada e se aproveita das desgraças de Judá. Ele anuncia juízo sobre Edom por sua arrogância e crueldade, mas também oferece promessas de restauração e bênçãos futuras para o povo de Deus. A mensagem de Obadias demonstra a justiça soberana do Eterno, que não tolera a injustiça e que protege e restaura seu povo em meio às adversidades.

JONAS

O profeta é enviado por Deus para pregar arrependimento à cidade ímpia de Nínive, mas inicialmente foge de sua missão por medo e relutância. Sua experiência com a tempestade, o grande peixe e a reconciliação com o Senhor no ventre do peixe destacam a universalidade da graça divina e a mensagem de que nenhum pecador está além do alcance da misericórdia divina. Jonas não é apenas uma narrativa de aventura, mas uma poderosa lição sobre o amor e a compaixão de Javé por todos os povos.

MIQUEIAS

O profeta atua durante um período de corrupção e injustiça em Judá e Israel. Ele combina advertências severas contra os líderes corruptos e injustos com promessas de restauração e renovação para o remanescente fiel do povo de Deus. Miqueias também profetiza sobre o nascimento do Messias em Belém, destacando a promessa de um governante justo que traria paz e justiça à Terra. Seu livro ressoa como um apelo à justiça e um lembrete da fidelidade de Deus em cumprir suas promessas messiânicas.

NAUM

Naum profetiza a queda iminente de Nínive, a capital do Império Assírio, dada a sua maldade e opressão sobre as nações. Ele revela o juízo e a justiça soberanos de Deus, que não deixam o pecado impune, mas que protegem e restauram seu povo fiel. Naum é uma declaração poderosa da soberania de Deus sobre todas as nações e um lembrete de que seu juízo é equitativo e justo.

HABACUQUE

O profeta questiona Deus sobre a injustiça e o sofrimento que vê em Judá. O Senhor responde mostrando sua soberania e revelando que ele usará a Babilônia como instrumento de juízo sobre a nação, mas que também julgará os conquistadores pela própria injustiça. Habacuque aprende a confiar na justiça divina e na promessa de que o justo viverá pela fé, independentemente das circunstâncias.

SOFONIAS

O profeta anuncia juízo sobre Judá e as nações vizinhas, denunciando a idolatria, a arrogância e a opressão. Ele também oferece esperança de restauração para um remanescente fiel que se volta para Deus em arrependimento e fé. O livro é um chamado à humildade diante do Senhor e um lembrete de que sua justiça não tarda para os que perseveram na fé.

AGEU

O profeta encoraja o povo de Judá a reconstruir o templo de Jerusalém após o exílio babilônico, destacando a importância da prioridade espiritual em meio às dificuldades. Ele incentiva o povo a buscar em primeiro lugar o Reino de Deus e sua justiça, confiando na promessa de que Javé abençoará aqueles que lhe são fiéis. Ageu é um chamado à dedicação e à fidelidade ao Eterno, mesmo em tempos de adversidade.

ZACARIAS

Zacarias profetiza sobre a restauração de Jerusalém após o exílio, oferecendo visões simbólicas e profecias messiânicas que apontam para Cristo. Ele encoraja o povo a se arrepender de seus pecados e a esperar com fé nas promessas de Deus para um futuro de paz e prosperidade sob o governo do Messias. Zacarias é uma mensagem de esperança e restauração para o povo de Deus, lembrando-os de que Deus cumpre suas promessas por sua providência soberana.

MALAQUIAS

O profeta repreende o povo por sua indiferença espiritual e infidelidade a Deus. Ele antecipa a vinda de um mensageiro que preparará o caminho para o Senhor, lembrando o povo de sua responsabilidade de se arrepender e voltar ao Altíssimo em preparação para o dia do juízo. Malaquias é um chamado à sinceridade e ao comprometimento espiritual, destacando a importância de viver em fidelidade e obediência aos mandamentos.

CONCLUSÃO

Os Profetas Menores não apenas registram a voz de Deus ao longo de diferentes épocas e circunstâncias, mas também oferecem uma mensagem atemporal de justiça, misericórdia, arrependimento e esperança. Cada livro é um lembrete poderoso do compromisso do Senhor com seu povo, seu desejo de reconciliação e sua fidelidade inabalável às suas promessas. Ao estudarmos os Profetas Menores, somos desafiados a viver em obediência e fé, confiando na graça abundante de Deus e aguardando com esperança a consumação de todas as coisas em Jesus, o Messias prometido desde os tempos antigos.

Profetas Menores

Livro 28 com

Oseias

14 CAPÍTULOS

SIGNIFICADO DO TÍTULO

O nome "Oseias" vem do hebraico *Hoshea*, que significa "salvação" ou "ele salva".

AUTORIA

O profeta Oseias, conforme indicado no primeiro versículo do livro (Os 1.1). Ele foi um profeta no Reino do Norte (Israel) durante o século 8 a.C., atuando provavelmente entre 755 e 715 a.C.

É conhecido como o "profeta do amor", por sua mensagem sobre a fidelidade de Deus e o amor redentor em meio à infidelidade de Israel.

OBJETIVO DO LIVRO

Oseias mostra a infidelidade de Israel a Deus por meio de uma alegoria com a própria vida do profeta, que foi instruído a se casar com uma mulher adúltera. Isso simboliza a traição de Israel por meio da idolatria, mas também a incansável misericórdia e o desejo de redenção de Deus.

ESTRUTURA DO LIVRO

★ Infidelidade de Israel Os 1—3

★ Condenação dos pecados de Israel Os 4—10

★ Promessa de restauração Os 11—14

TEMAS DE OSEIAS

Oseias ressalta a fidelidade e o amor imutável de Deus, mesmo diante da infidelidade humana, destacando a importância do arrependimento genuíno e da volta para o Senhor como caminho para a restauração.

O livro nos ensina sobre a gravidade do pecado e da idolatria, mas também sobre a incrível misericórdia de Deus, que busca incessantemente restaurar seu povo.

OSEIAS E CRISTO

O livro aponta para Cristo ao mostrar que, assim como Oseias comprou Gômer de volta, Jesus redime a Igreja, sua noiva, com o próprio sangue. O amor incondicional e redentor de Oseias por sua esposa infiel prefigura o amor sacrificial de Cristo pela humanidade pecadora (Ef 5.25-27).

1 O Senhor revelou esta mensagem a Oseias, filho de Beeri, durante os anos em que Uzias, Jotão, Acaz e Ezequias eram reis de Judá, e Jeroboão, filho de Jeoás,[a] era rei de Israel.

A ESPOSA E OS FILHOS DE OSEIAS

2 Quando o Senhor começou a falar a Israel por meio de Oseias, disse-lhe: "Vá e case-se com uma prostituta,[b] para que os filhos dela sejam concebidos em prostituição. Isso mostrará como Israel agiu como prostituta ao afastar-se do Senhor".

3 Então Oseias se casou com Gômer, filha de Diblaim. Ela ficou grávida e deu um filho a Oseias. 4 E o Senhor disse: "Dê à criança o nome de Jezreel, 'Deus semeia', pois estou prestes a castigar a dinastia do rei Jeú para vingar os homicídios que ele cometeu em Jezreel. Sim, acabarei com o reino de Israel. 5 Nesse dia, destruirei seu poder militar no vale de Jezreel".

6 Pouco tempo depois, Gômer engravidou novamente e deu à luz uma filha. O Senhor disse a Oseias: "Dê à sua filha o nome de Lo-Ruama, 'Não Amada', pois não mostrarei mais amor ao povo de Israel, nem lhe perdoarei. 7 Contudo, mostrarei amor ao povo de Judá. Eu, o Senhor, seu Deus, os livrarei de seus inimigos, não com armas e exércitos, nem com cavalos e carros de guerra, mas por meu poder".

8 Depois de Gômer ter desmamado Lo-Ruama, ficou grávida mais uma vez e deu à luz outro filho. 9 E o Senhor disse: "Dê-lhe o nome de Lo-Ami, 'Não Meu Povo', pois Israel não é meu povo, e eu não sou seu Deus.

10[c] "Virá o tempo, porém, em que o povo de Israel se tornará como a areia à beira do mar, que não se pode contar. Então, no lugar onde lhes foi dito: 'Vocês não são meu povo', se dirá: 'Vocês são filhos do Deus vivo'. 11 Nesse tempo, o povo de Judá e o povo de Israel se unirão. Escolherão para si um só líder e voltarão juntos do exílio. Que grande dia será o dia em que Deus semear seu povo novamente em sua terra![d]

2 1[e] "Nesse dia, vocês chamarão seus irmãos de Ami, 'Meu Povo', e chamarão suas irmãs de Ruama, 'Minhas Amadas'."

ACUSAÇÕES CONTRA A ESPOSA INFIEL

2 "Apresentem acusações
contra sua mãe,
pois ela já não é minha esposa,
e eu já não sou seu marido.
Digam-lhe que remova do rosto
a maquiagem de prostituta
e que tire as roupas que
deixam os seios à mostra.
3 Do contrário, eu a deixarei nua,
como no dia em que nasceu.
Permitirei que morra de sede,
como numa terra seca e desolada.
4 E não amarei seus filhos,
pois foram concebidos
em prostituição.
5 Sua mãe é uma prostituta indecente
que engravidou de
forma vergonhosa.
Disse: 'Irei atrás de outros amantes
e me venderei a eles em
troca de comida e água,
em troca de roupas de lã e de linho,
em troca de azeite e bebidas'.

6 "Por isso a cercarei com espinheiros;
levantarei um muro à frente dela
para fazê-la se perder
em seu caminho.
7 Quando correr atrás de
seus amantes,
não os alcançará.
Procurará por eles,
mas não os encontrará.
Então pensará:
'Voltarei para meu marido,
pois com ele estava
melhor que agora'.
8 Ela não entende que tudo que
tem foi dado por mim:
o trigo, o vinho novo, o azeite.

[a] **1.1** Em hebraico, *Joás*, variação de Jeoás.
[b] **1.2** Ou *uma mulher promíscua*.
[c] **1.10** No texto hebraico, os versículos 1.10-11 são numerados 2.1-2.
[d] **1.11** Em hebraico, *o dia de Jezreel*. Ver 1.4.
[e] **2.1** No texto hebraico, os versículos 2.1-23 são numerados 2.3-25.

Dei-lhe até mesmo prata e ouro,
mas ela ofereceu meus
presentes a Baal.

9 "Agora, porém, tomarei de volta
o trigo e o vinho
que lhe providenciei a cada colheita.
Tomarei as roupas de lã e de linho
que lhe dei para cobrir sua nudez.
10 Eu a deixarei nua em público,
à vista de todos os seus amantes.
Ninguém será capaz
de livrá-la de minhas mãos.
11 Acabarei com suas celebrações,
com suas festas de lua
nova e seus sábados,
com todos os seus feriados.
12 Destruirei suas videiras e figueiras,
que ela diz ter recebido
de seus amantes.
Farei que se tornem densos matagais,
onde animais selvagens
comerão os frutos.
13 Eu a castigarei por todas as vezes
que queimou incenso a
suas imagens de Baal,
que colocou brincos e joias
e saiu atrás de seus amantes,
mas se esqueceu de mim",
diz o SENHOR.

O AMOR DO SENHOR PELA NAÇÃO INFIEL DE ISRAEL

14 "Contudo, eu a conquistarei de volta;
ao deserto a levarei
e lhe falarei com carinho.
15 Devolverei suas videiras
e transformarei o vale de Acor[a]
numa porta de esperança.
Ela se entregará a mim,
como fez há muito tempo,
quando era jovem,
quando eu a libertei da
escravidão no Egito.
16 Nesse dia", diz o SENHOR,
"você me chamará de 'meu marido',
e não de 'meu senhor'.[b]
17 Limparei de seus lábios
os nomes de Baal,
e você nunca mais os pronunciará.
18 Nesse dia, farei uma aliança
com todos os animais selvagens,
com as aves do céu
e com todos os animais
que rastejam pelo chão,
para que não lhe façam mal.
Removerei da terra todas as
armas de guerra,
as espadas e os arcos,
para que você viva
em paz e segurança.
19 Eu me casarei com você
para sempre,
e lhe mostrarei retidão e justiça,
amor e compaixão.
20 Serei fiel a você e a tornarei minha,
e você conhecerá a mim, o SENHOR.

21 "Naquele dia, eu responderei",
diz o SENHOR.
"Responderei aos céus,
e os céus responderão à terra.
22 A terra responderá aos clamores
do trigo, das videiras e das oliveiras.
E eles, por sua vez, responderão:
'Deus semeia!'.[c]
23 Então semearei uma
safra de israelitas
e os farei crescer para mim mesmo.
Mostrarei amor
por aquela que chamei 'Não Amada'.[d]
E àqueles que chamei 'Não Meu Povo',[e]
direi: 'Agora vocês são meu povo'.
E eles responderão:
'Tu és nosso Deus!'".

A ESPOSA DE OSEIAS É REDIMIDA

3 Então o SENHOR me disse: "Vá e ame sua
esposa outra vez, embora ela cometa
adultério[f] com um amante. Isso mostrará
que o SENHOR ainda ama Israel, ainda que
o povo tenha se voltado para outros deu-
ses e sinta prazer em lhes trazer ofertas".[g]
2 Assim, eu a comprei de volta por quin-
ze peças de prata,[h] um barril grande de

[a] **2.15** *Vale de Acor* significa "vale da aflição".
[b] **2.16** Em hebraico, *'meu baal'*.
[c] **2.22** Em hebraico, *Jezreel*; ver 1.4.
[d] **2.23a** Em hebraico, *Lo-Ruama*; ver 1.6.
[e] **2.23b** Em hebraico, *Lo-Ami*; ver 1.9.
[f] **3.1a** Ou *Vá e ame uma mulher que comete adultério.*
[g] **3.1b** Em hebraico, *ame seus bolos de passas.*
[h] **3.2a** Em hebraico, *15 [siclos] de prata*, cerca de 170 gramas.

cevada e um odre de vinho.[a] 3 Então eu
lhe disse: "Você viverá em minha casa
por muitos dias e deixará de se prosti-
tuir. Durante esse tempo, não terá rela-
ções sexuais com ninguém, e eu também
esperarei por você".[b]
4 Isso mostra que Israel ficará um longo
tempo sem rei nem príncipe, sem sacri-
fícios nem colunas sagradas, sem sacer-
dotes[c] nem ídolos. 5 Depois disso, porém,
o povo retornará e buscará o Senhor, seu
Deus, e o descendente de Davi, seu rei.[d]
Naquele tempo, tremerão em reverência
ao Senhor e à sua bondade.

ACUSAÇÕES DO SENHOR CONTRA ISRAEL

4 Ó israelitas, ouçam a palavra do Senhor!
O Senhor apresentou
acusações contra vocês:
"Não há fidelidade, nem bondade,
nem conhecimento de
Deus em sua terra.
2 Vocês fazem votos e
não os cumprem;
matam, roubam e
cometem adultério.
Há violência em toda parte,
um homicídio atrás do outro.
3 Por isso sua terra está de luto,
e todos desfalecem.
Até os animais selvagens,
as aves do céu
e os peixes do mar
estão desaparecendo.

4 "Não apontem o dedo
para outra pessoa,
não tentem escapar da culpa!
Minha queixa é contra vocês,
sacerdotes![e]
5 Vocês tropeçarão em plena
luz do dia,
e seus profetas cairão com
vocês durante a noite;
e eu destruirei Israel, sua mãe.
6 Meu povo está sendo destruído
porque não me conhece.
Porque vocês, sacerdotes, não
querem me conhecer,
eu não os reconhecerei como
meus sacerdotes.
Porque se esqueceram da
lei de seu Deus,
eu me esquecerei de seus filhos.
7 Quanto maior o número
de sacerdotes,
mais eles pecam contra mim.
Trocaram a glória de Deus
pela vergonha de ídolos.[f]

8 "Quando o povo traz suas
ofertas pelo pecado,
os sacerdotes se alimentam.
Por isso, eles se alegram
quando o povo peca!
9 E, assim como são os sacerdotes,
assim é o povo.
Por isso, a ambos castigarei
por seus atos perversos.
10 Eles comerão, mas ainda
sentirão fome;
eles se prostituirão, mas
nada receberão,
pois abandonaram o Senhor
11 para cometer adultério
com outros deuses.

"O vinho tirou
o entendimento de meu povo.
12 Pedem conselho a pedaços
de madeira,
pensam que uma vara
lhes dirá o futuro.
Seu desejo de ir atrás de ídolos
os tornou insensatos.
Prostituíram-se cometendo adultério
com outros deuses
e abandonando seu Deus.
13 Oferecem sacrifícios a ídolos
no alto dos montes;
sobem as colinas para
queimar incenso
à sombra agradável de carvalhos,
álamos e terebintos.

[a] **3.2b** Conforme a Septuaginta, que traz *1 ômer de cevada e 1 odre de vinho*; o hebraico traz *1 ômer de cevada* [220 litros] *e 1 letek* [110 litros] *de cevada*.
[b] **3.3** Ou *e eu viverei com você*.
[c] **3.4** Em hebraico, *colete sacerdotal*.
[d] **3.5** Em hebraico, *e Davi, seu rei*.
[e] **4.4** O significado do hebraico é incerto.
[f] **4.7** Conforme a versão siríaca e uma antiga tradição hebraica; o Texto Massorético traz *Transformarei sua glória em vergonha*.

"Por isso suas filhas se voltam
para a prostituição,
e suas noras cometem adultério.
14 Mas por que eu as castigaria
por sua prostituição e adultério?
Pois seus homens fazem
a mesma coisa,
pecando com prostitutas de
rua e dos santuários.
Ó povo sem entendimento,
você segue rumo à destruição!

15 "Embora você, Israel, se prostitua,
que Judá não seja culpado
dessas coisas.
Não participe da falsa adoração em
Gilgal nem em Bete-Áven,[a]
não faça juramentos ali
em nome do Senhor.
16 A nação de Israel é rebelde
como uma bezerra teimosa.
Acaso o Senhor deve alimentá-la
como um cordeiro em
pastos verdes?
17 Deixe Israel[b] de lado,
pois se apegou à idolatria.
18 Quando os governantes de
Israel terminam de beber,
saem à procura de prostitutas;
amam a vergonha mais
que a honra.[c]
19 Por isso, um forte vento
os levará para longe;
seus sacrifícios idólatras
os envergonharão."

O FRACASSO DOS LÍDERES DE ISRAEL

5 "Ouçam isto, sacerdotes!
Prestem atenção,
líderes de Israel!
Escutem, membros da família real;
foi pronunciada a sentença
contra vocês,
pois conduziram meu povo
a uma armadilha,
em Mispá e em Tabor.
2 Os rebeldes promoveram
grande matança,[d]
mas eu os castigarei
pelo que fizeram.
3 Conheço você, Efraim;
não pode se esconder
de mim, Israel.
Você me abandonou e se prostituiu;
está inteiramente contaminado.
4 Suas ações não lhe permitem
voltar para seu Deus;
a prostituição domina seu coração,
e você não conhece o Senhor.

5 "A arrogância de Israel
dá testemunho contra ele;
Israel e Efraim tropeçarão
sob o peso da culpa,
e Judá também cairá com eles.
6 Quando vierem com seus
rebanhos e gado
para oferecer sacrifícios ao Senhor,
não o encontrarão,
pois ele se afastou deles.
7 Traíram a honra do Senhor
ao gerar filhos que não
lhe pertencem.
Agora, por ocasião da lua nova,
serão devorados,
juntamente com sua riqueza.[e]

8 "Soem o alarme em Gibeá!
Toquem a trombeta em Ramá!
Deem o grito de guerra
em Bete-Áven![f]
Entrem na batalha, guerreiros
de Benjamim!
9 Uma coisa é certa, Israel:[g]
no dia de seu castigo,
você se tornará um monte de ruínas.

10 "Os líderes de Judá são
trapaceiros e ladrões,[h]
por isso derramarei minha ira
sobre eles como água.

[a] **4.15** *Bete-Áven* significa "casa da perversidade"; aqui é outro nome para Betel, isto é, "casa de Deus".
[b] **4.17** Em hebraico, *Efraim*, referência a Israel, o reino do norte.
[c] **4.18** Conforme a Septuaginta; o significado do hebraico é incerto.
[d] **5.2** O significado do hebraico é incerto.
[e] **5.7** O significado do hebraico é incerto.
[f] **5.8** *Bete-Áven* significa "casa da perversidade"; aqui é outro nome para Betel, isto é, "casa de Deus".
[g] **5.9** Em hebraico, *Efraim*, referência a Israel, o reino do norte; também em 5.11,12,13,14.
[h] **5.10** Em hebraico, *são como os que mudam um marco de limite.*

[11] O povo de Israel será esmagado
e quebrado por meu juízo,
pois está decidido a adorar ídolos.[a]
[12] Destruirei Israel como a
traça acaba com a lã,
tornarei Judá tão fraca
quanto madeira podre.

[13] "Quando Israel e Judá viram
como estavam doentes,
Israel se voltou para a Assíria,
para seu grande rei,
mas ele não foi capaz de curá-lo.
[14] Pois serei como um leão para Israel,
como um leão novo e
forte para Judá,
e os despedaçarei.
Eu os levarei embora,
e não sobrará ninguém
para resgatá-los.
[15] Então retornarei a meu lugar,
até que reconheçam sua culpa
e voltem para mim.
Pois, assim que vier o sofrimento,
eles me buscarão ansiosamente."

CHAMADO AO ARREPENDIMENTO

6 "Venham, voltemos para o SENHOR!
Ele nos despedaçou,
agora irá nos sarar.
Ele nos feriu,
agora nos fará curativos.
[2] Em pouco tempo[b] nos restaurará,
e logo[c] viveremos em sua presença.
[3] Ah, como precisamos
conhecer o SENHOR;
busquemos conhecê-lo!
Ele nos responderá, tão certo
como chega o amanhecer
ou vêm as chuvas da primavera."

[4] "Ó Israel[d] e Judá,
que farei com vocês?
Seu amor se dissipa como a
neblina da manhã
e desaparece como o
orvalho à luz do sol.
[5] Enviei meus profetas para
despedaçar vocês,
para matá-los com minhas palavras,
com julgamentos
inescapáveis como a luz.
[6] Quero que demonstrem amor,[e]
e não que ofereçam sacrifícios.
Quero que me conheçam,[f]
mais do que desejo holocaustos.
[7] Como Adão,[g] porém,
vocês quebraram minha aliança
e traíram minha confiança.

[8] "Gileade é uma cidade de pecadores,
cheia de marcas de sangue.
[9] Sacerdotes são como
bandos de assaltantes,
de tocaia à espera de suas vítimas.
Assassinam viajantes ao longo
da estrada para Siquém
e praticam todo tipo de perversidade.
[10] Sim, vi algo horrível
em Efraim e em Israel:
meu povo se contaminou
prostituindo-se com outros deuses!

[11] "Ó Judá, uma colheita de castigo
também espera por você,
embora eu quisesse restaurar
a situação de meu povo."

ISRAEL AMA A MALDADE

7 "Desejo curar Israel, mas seus
pecados[h] são grandes demais;
Samaria está cheia de mentirosos.
Há ladrões do lado de dentro
e bandidos do lado de fora.
[2] Seu povo não percebe
que eu o observo.
Está cercado por seus
atos pecaminosos,
e eu vejo todos eles.

[3] "Com suas maldades, divertem o rei,
e os príncipes riem de suas mentiras.
[4] São todos adúlteros,
sempre ardendo de paixão.

[a] **5.11** Ou *está decidido a seguir ordens humanas.* O significado do hebraico é incerto.
[b] **6.2a** Em hebraico, *Depois de dois dias.*
[c] **6.2b** Em hebraico, *no terceiro dia.*
[d] **6.4** Em hebraico, *Efraim*, referência a Israel, o reino do norte.
[e] **6.6a** A Septuaginta traduz esse termo hebraico como *demonstrem misericórdia.* Comparar com Mt 9.13; 12.7.
[f] **6.6b** Em hebraico, *que conheçam a Deus.*
[g] **6.7** Ou *Em Adão.*
[h] **7.1** Em hebraico, *os pecados de Efraim*, referência a Israel, o reino do norte; também em 7.8,11.

São como o forno mantido quente,
enquanto o padeiro bate a massa.
5 No dia da festa do rei, os príncipes
se embebedam com vinho
e dão as mãos aos zombadores.
6 Seu coração é como um forno
que arde com intriga.
Sua trama queima[a] a noite toda
e, pela manhã, irrompe em
chamas abrasadoras.
7 Como um forno ardente,
consomem seus líderes.
Matam seus reis, um após o outro,
e ninguém clama a mim
por socorro.

8 "O povo de Israel se mistura
com outros povos
e se torna imprestável como
um bolo mal assado.
9 Estrangeiros consomem suas forças,
mas eles não sabem disso.
Seus cabelos ficam brancos,
mas eles não se dão conta.
10 Sua arrogância testemunha
contra eles,
e, no entanto, não se voltam
para o Senhor, seu Deus,
nem buscam encontrá-lo.

11 "O povo de Israel se tornou como
pombas tolas e sem juízo,
que primeiro chamam o Egito
e depois voam até a Assíria
para pedir socorro.
12 Enquanto voam de um
lado para o outro,
lançarei sobre eles minha rede
e os derrubarei como
uma ave do céu;
eu os castigarei por todo
o mal que fizeram.[b]

13 "Que aflição espera os que
me abandonaram!
Que morram, pois se
rebelaram contra mim.
Eu desejava resgatá-los,
mas contaram mentiras
a meu respeito.
14 Não clamam a mim de
coração sincero;
em vez disso, gemem
angustiados em suas camas.
Cortam-se[c] ritualmente e suplicam
por trigo e vinho novo,
mas de mim se afastam.
15 Eu os instruí e os fortaleci,
mas agora tramam o mal contra mim.
16 Olham para toda parte,
menos para o Altíssimo;
são inúteis, como um
arco defeituoso.
Seus líderes serão mortos
por seus inimigos,
por causa de sua insolência
contra mim.
Então o povo do Egito rirá deles."

ISRAEL COLHE VENDAVAL

8 "Soem o alarme!
O inimigo desce como águia
sobre o templo do Senhor.
Pois o povo quebrou minha aliança
e se rebelou contra minha lei.
2 Agora, Israel clama a mim:
'Socorre-nos, pois és nosso Deus!'.
3 Mas os israelitas rejeitaram o bem,
e agora o inimigo os persegue.
4 Nomearam reis sem que
eu consentisse
e escolheram príncipes sem
minha aprovação.
Fizeram para si ídolos de prata e ouro
e assim provocaram a
própria destruição.

5 "Ó Samaria, rejeito o bezerro que você fez!
Minha ira arde contra você;
até quando será incapaz de
se manter inocente?
6 Esse bezerro que você adora, ó Israel,
foi feito por suas próprias mãos;
ele não é Deus!
Portanto, deve ser despedaçado.

7 "Semearam ventos
e colherão vendaval.
Os talos de trigo murcharão
e não produzirão alimento.

O lugar secreto é onde você pode estender as suas raízes com segurança, porque ali é exatamente a origem de tudo.

[a] **7.6** Em hebraico, *Seu padeiro dorme.*
[b] **7.12** O significado do hebraico é incerto.
[c] **7.14** Conforme a Septuaginta; o hebraico traz *Reúnem-se.*

E, mesmo que haja trigo,
os estrangeiros o comerão.
8 O povo de Israel foi engolido;
está abandonado entre as nações,
como utensílio que ninguém quer.
9 Como jumento selvagem no cio,
subiram até a Assíria.
O povo de Israel[a] se vendeu
a muitos amantes.
10 Embora tenham se
vendido às nações,
agora eu os reunirei para
o julgamento.
Começarão a definhar
sob a opressão do grande rei.

11 "O povo de Israel construiu muitos
altares para remover o pecado,
mas esses mesmos altares se
tornaram lugares para pecar.
12 Embora eu lhes tenha
dado minhas leis,
agem como se elas não se
aplicassem a eles.
13 Gostam de oferecer sacrifícios
e comer de sua carne,
mas eu não aceito esses sacrifícios.
Pedirei conta de seus pecados
e os castigarei;
eles voltarão para o Egito.
14 Israel se esqueceu de seu Criador
e construiu grandes palácios,
e Judá fortificou suas cidades.
Por isso, enviarei fogo
sobre suas cidades
e queimarei suas fortalezas."

OSEIAS ANUNCIA O CASTIGO DE ISRAEL

9 Ó povo de Israel,
não se alegre como as
outras nações.
Pois vocês foram infiéis a seu Deus
e se venderam como prostituta
ao adorar outros deuses em
toda eira de cereal.
2 Agora, suas colheitas não
bastarão para alimentá-los;
não haverá uvas para
fazer vinho novo.
3 Vocês não permanecerão
na terra do SENHOR;
em vez disso,
voltarão para o Egito
e, na Assíria, comerão
alimentos impuros.
4 Ali não apresentarão ofertas
de vinho ao SENHOR;
seus sacrifícios não o agradarão.
Serão impuros, como o alimento
tocado por uma pessoa de luto;
todos que apresentarem esses
sacrifícios se contaminarão.
Eles próprios comerão o alimento,
mas não poderão oferecê-lo
ao SENHOR.
5 O que oferecerão nos
feriados sagrados?
Como celebrarão as
festas do SENHOR?
6 Mesmo que escapem da destruição
nas mãos da Assíria,
o Egito os conquistará, e
Mênfis[b] os sepultará.
A urtiga cobrirá seus
tesouros de prata,
e espinhos invadirão as
ruínas de suas casas.

7 Chegou o tempo do castigo de Israel,
o dia do acerto de contas;
sim, Israel se dará conta disso.
Por causa de seu grande pecado
e sua hostilidade,
vocês dizem:
"Os profetas enlouqueceram,
e os homens inspirados não
passam de tolos!".
8 O profeta é um vigia sobre
Israel[c] para meu Deus,
mas, por onde vai,
encontra armadilhas;
até no templo de Deus
enfrenta hostilidade.
9 Meu povo faz coisas depravadas
como em Gibeá, muito tempo atrás.
Deus não esquecerá;
certamente os castigará
por seus pecados.

[a] **8.9** Em hebraico, *Efraim*, referência a Israel, o reino do norte; também em 8.11.

[b] **9.6** *Mênfis* era a capital do norte do Egito.

[c] **9.8** Em hebraico, *Efraim*, referência a Israel, o reino do norte; também em 9.11,13,16.

[10] "Quando encontrei você, Israel,
foi como encontrar uvas
no deserto.
Quando vi seus antepassados,
foi como ver os primeiros
figos maduros.
Mas eles me abandonaram
por causa de Baal-Peor
e se entregaram à
vergonhosa idolatria.
Logo se tornaram tão repugnantes
quanto o ídolo que adoravam.
[11] A glória de Israel fugirá
como uma ave,
pois não lhes nascerão filhos;
não crescerão no ventre,
nem sequer serão concebidos.
[12] Ainda que alguns de seus
filhos cheguem a crescer,
eu os tomarei de vocês.
Será um dia terrível quando
eu me afastar
e os deixar sozinhos.
[13] Vi Israel se tornar bela
como Tiro;
agora, porém, entregará seus
filhos para o massacre."

[14] Ó SENHOR, o que devo pedir
para teu povo?
Pedirei ventres que não
deem à luz
e seios que não deem leite.

[15] "Toda a perversidade deles
começou em Gilgal;
ali comecei a odiá-los.
Eu os expulsarei de minha terra
por causa de suas maldades.
Não os amarei mais,
porque todos os seus
líderes são rebeldes.
[16] O povo de Israel está ferido;
suas raízes secaram,
e eles não darão mais frutos.
E, se derem à luz,
eu matarei seus filhos queridos."

[17] Meu Deus rejeitará os israelitas,
pois não lhe obedecem.
Andarão sem rumo,
errantes entre as nações.

O JULGAMENTO DO SENHOR CONTRA ISRAEL

10 Como Israel é próspero!
É uma videira viçosa
cheia de frutos.
Mas, quanto mais seu
povo enriquece,
mais altares idólatras constrói.
Quanto mais fartas suas colheitas,
mais belas suas colunas sagradas.
[2] O coração dos israelitas
é inconstante;
são culpados e devem
ser castigados.
O SENHOR derrubará seus altares
e despedaçará suas colunas.
[3] Então eles dirão: "Não temos rei,
pois não tememos o SENHOR.
Mas, ainda que tivéssemos rei,
o que ele poderia fazer por nós?".
[4] Proferem palavras vazias
e fazem alianças que não
pretendem cumprir.
Por isso disputas legais
brotam em seu meio,
como ervas daninhas
num campo arado.

[5] Os habitantes de Samaria
tremem de medo
por causa do bezerro
em Bete-Áven,[a]
e por ele lamentam.
Embora seus sacerdotes idólatras
se alegrem com o bezerro,
será removida[b] a glória
de seu ídolo.
[6] Será levado para a Assíria,
como presente para o
grande rei de lá.
Efraim será humilhado, e
Israel, envergonhado,
porque seu povo confiou
nesse ídolo.
[7] Samaria e seu rei serão
cortados fora
e ficarão à deriva,
como um pedaço de madeira
lançado no mar.

[a] **10.5a** *Bete-Áven* significa "casa da perversidade"; aqui é outro nome para Betel, isto é, "casa de Deus".
[b] **10.5b** Ou *será levada para o exílio.*

8 Os santuários idólatras em
Áven,[a] onde Israel pecou,
serão destruídos;
espinhos e mato crescerão ao
redor de seus altares.
O povo suplicará aos montes:
"Soterrem-nos!"
e pedirá às colinas:
"Caiam sobre nós!".

9 "Ó Israel, desde o tempo de Gibeá,
só houve pecado e mais pecado!
Não foi com razão
que os perversos de Gibeá
foram atacados?
10 Agora, quando me parecer melhor,
eu também os atacarei.
Convocarei os exércitos das nações
para castigá-los por seus
muitos pecados.

11 "Israel[b] é como bezerra
treinada que pisa o trigo,
um trabalho fácil, que
ela gosta de fazer.
Mas eu colocarei um jugo opressor
sobre seu pescoço delicado;
obrigarei Judá a arar
e farei Israel[c] lavrar o
solo endurecido.
12 Eu disse: 'Plantem boas
sementes de justiça
e terão uma colheita de amor.
Arem o solo endurecido
de seu coração,
pois é hora de buscar o Senhor,
para que ele venha e faça chover
justiça sobre vocês'.

13 "Mas vocês cultivaram a maldade
e juntaram uma farta
colheita de pecados.
Comeram o fruto das mentiras
ao confiar em carros de guerra.
e em seus grandes exércitos.

[a] **10.8** Referência a Bete-Áven; ver 10.5a e respectiva nota.

[b] **10.11a** Em hebraico, *Efraim*, referência a Israel, o reino do norte.

[c] **10.11b** Em hebraico, *Jacó*. Os nomes "Jacó" e "Israel" são usados de forma intercambiável ao longo de todo o Antigo Testamento e se referem, por vezes, ao patriarca e, em outras ocasiões, à nação.

14 Agora os horrores da guerra
surgirão no meio de seu povo.
Todas as suas fortalezas cairão,
como quando Salmã
destruiu Bete-Arbel.
Até mães e crianças
foram despedaçadas ali.
15 O mesmo lhe acontecerá, Betel,
por causa de sua grande maldade.
Quando amanhecer o dia do juízo,
o rei de Israel será
totalmente destruído."

O AMOR DO SENHOR POR ISRAEL

11 "Quando Israel era
menino, eu o amei,
e do Egito chamei meu filho.
2 Mas, quanto mais o chamava,
mais ele se afastava de mim;[d]
oferecia sacrifícios às imagens de Baal
e queimava incenso aos ídolos.
3 Ensinei Israel[e] a andar,
conduzindo-o pela mão.
Mas ele não se deu conta
de que era eu quem dele cuidava.
4 Guiei Israel
com meus laços de amor.
Tirei o jugo de seu pescoço
e eu mesmo me inclinei
para alimentá-lo.

5 "Mas, porque meu povo não
quer voltar para mim,
voltará para o Egito
e será obrigado a viver na Assíria.
6 A guerra devastará suas cidades,
e os inimigos derrubarão
suas portas.
Destruirão os israelitas,
por causa de suas tramas.
7 Pois meu povo está decidido
a me abandonar;
eles me chamam Altíssimo,
mas não me honram de verdade.

8 "Como eu poderia desistir
de você, Israel?
Como poderia deixá-lo?

[d] **11.2** Conforme a Septuaginta; o hebraico traz *quanto mais eles o chamavam, mais ele se afastava deles.*

[e] **11.3** Em hebraico, *Efraim*, referência a Israel, o reino do norte; também em 11.8,9,12.

Como poderia destruí-lo como Admá
ou arrasá-lo como Zeboim?
Meu coração está dilacerado,
e minha compaixão transborda.
9 Não enviarei minha ira furiosa,
não destruirei Israel,
pois sou Deus, e não um simples mortal.
Sou o Santo que vive entre vocês,
e não virei com minha ira.
10 Pois, um dia, meu povo me seguirá;
eu, o SENHOR, rugirei como leão,
e, quando eu rugir,
meu povo retornará, tremendo,
desde o oeste.
11 Como um bando de aves,
virão do Egito;
tremendo como pombas,
voltarão da Assíria.
Eu os trarei de volta para casa",
diz o SENHOR.

ACUSAÇÕES CONTRA ISRAEL E JUDÁ

12[a] Israel me cerca de mentiras e traições,
mas Judá ainda obedece a Deus
e é fiel ao Santo.[b]

12 1[c] O povo de Israel[d] se
alimenta de vento;
corre atrás do vento leste o dia todo.
Acumula mentiras e violência,
faz acordos com a Assíria
e, ao mesmo tempo, envia azeite
para comprar o apoio do Egito.

2 Agora o SENHOR apresenta
acusações contra Judá;
está prestes a castigar Jacó[e]
por sua conduta enganosa,
e lhe retribuir por tudo que fez.
3 Ainda no ventre, Jacó agarrou
o calcanhar de seu irmão;
quando se tornou homem,
lutou com Deus.
4 Sim, lutou com o anjo e venceu;
chorou e suplicou-lhe
que o abençoasse.
Ali em Betel, encontrou Deus,
e Deus falou com ele.[f]
5 O SENHOR Deus dos Exércitos,
o SENHOR é seu nome!
6 Portanto, voltem para seu Deus;
pratiquem o amor e a justiça
e confiem sempre nele.

7 O povo, no entanto, se comporta
como comerciantes astutos,
que usam balanças desonestas
e gostam de explorar.
8 Israel diz: "Fiquei rico!
Fiz fortuna com meu próprio esforço!
Ninguém descobriu que
enganei outros;
meu histórico é impecável!".

9 "Mas eu sou o SENHOR, seu Deus,
que os tirou do Egito.
Eu os farei morar em tendas outra vez,
como fazem em feriados sagrados.
10 Enviei meus profetas para adverti-los
com muitas visões e parábolas."

11 Mas os habitantes de Gileade
não valem nada,
por causa de seu pecado.
Em Gilgal também sacrificam bois;
seus altares são enfileirados
como montes de pedras
à beira de um campo arado.
12 Jacó fugiu para a terra de Arã
e ali cuidou[g] de ovelhas para
obter uma esposa.
13 Então, por meio de um profeta,
o SENHOR tirou do Egito os
descendentes de Jacó;[h]
e, por meio de um profeta,
eles foram protegidos.
14 Mas o povo de Israel
provocou o Senhor amargamente.
Agora ele os sentenciará à morte
como pagamento por seus pecados.

[a] **11.12a** No texto hebraico, o versículo 11.12 é numerado 12.1.
[b] **11.12b** Ou *e Judá é rebelde contra Deus, o Santo fiel.* O significado do hebraico é incerto.
[c] **12.1a** No texto hebraico, os versículos 12.1-14 são numerados 12.2-15.
[d] **12.1b** Em hebraico, *Efraim*, referência a Israel, o reino do norte; também em 12.8,14.
[e] **12.2** O nome *Jacó* tem um som parecido com o termo hebraico para "enganador".
[f] **12.4** Conforme a Septuaginta e a versão siríaca; o hebraico traz *conosco.*
[g] **12.12** Em hebraico, *Israel cuidou.* Ver nota em 10.11b.
[h] **12.13** Em hebraico, *tirou Israel do Egito.* Ver nota em 10.11b.

A IRA DO SENHOR CONTRA ISRAEL

13 Quando a tribo
de Efraim falava,
o povo tremia de medo,
pois essa tribo era
importante em Israel.
Mas pecaram ao adorar Baal
e, com isso, selaram sua destruição.
2 Agora, continuam a pecar ao
fazer ídolos de prata,
imagens modeladas por
mãos humanas.
"Ofereçam-lhes sacrifícios!",
eles dizem.
"Beijem os ídolos em
forma de bezerro!"
3 Por isso, desaparecerão como
a neblina da manhã,
como o orvalho à luz do sol,
como a palha soprada pelo vento,
como a fumaça que sai pela chaminé.

4 "Eu sou o Senhor, seu Deus,
que os tirou do Egito.
Vocês não reconhecerão outro
Deus além de mim,
pois não existe outro salvador.
5 Cuidei de vocês no deserto,
naquela terra seca e sedenta.
6 Mas depois que comeram
e se saciaram,
ficaram orgulhosos e se
esqueceram de mim.
7 Agora, eu os atacarei como um leão,
como um leopardo à
espreita no caminho.
8 Como uma ursa da qual
roubaram os filhotes,
arrancarei seu coração.
Como uma leoa faminta os devorarei,
e como um animal selvagem
os despedaçarei.

9 "Ó Israel, você está prestes a
ser destruído por mim,
seu único ajudador.
10 Agora, onde está[a] seu rei?
Que ele salve suas cidades!
Onde estão os líderes da terra,
os reis e os príncipes que
vocês exigiram de mim?
11 Em minha ira, eu lhes dei reis
e, em minha fúria, os tirei.

12 "A culpa de Efraim foi acumulada,
e seu pecado, armazenado
para o castigo.
13 O povo sentiu dores, como
as dores do parto,
mas é insensato como uma criança
que não quer nascer.
A hora do nascimento chegou,
mas ele fica no ventre.

14 "Devo resgatá-los da sepultura?[b]
Devo redimi-los da morte?
Ó morte, traga seus horrores!
Ó sepultura, traga suas pragas![c]
Pois não terei compaixão deles.
15 Efraim é o mais próspero
de seus irmãos,
mas um vento leste,
uma rajada do Senhor,
se levantará no deserto.
Suas fontes se esgotarão,
e seus poços secarão.
Todas as suas riquezas
serão saqueadas e levadas embora.
16[d] O povo de Samaria
sofrerá as consequências
de sua culpa,
pois se rebelou contra seu Deus.
Serão mortos pela espada inimiga;
suas crianças serão
despedaçadas,
e suas mulheres grávidas,
abertas ao meio."

CURA PARA OS ARREPENDIDOS

14 1[e] Volte, ó Israel, para o
Senhor, seu Deus,
pois seus pecados
causaram sua queda.

---

[a] **13.10** Conforme a Septuaginta, a versão siríaca e a Vulgata; o hebraico traz *eu serei*.

[b] **13.14a** Em hebraico, *Sheol*; também em 13.14b.

[c] **13.14b** A Septuaginta traz *Ó morte, onde está seu castigo? / Ó sepultura [Hades], onde está seu aguilhão?* Comparar com 1Co 15.55.

[d] **13.16** No texto hebraico, o versículo 13.16 é numerado 14.1.

[e] **14.1** No texto hebraico, os versículos 14.1-9 são numerados 14.2-10.

2 Tragam suas confissões
e voltem para o SENHOR.
Digam-lhe:
"Perdoa nossos pecados e
recebe-nos com bondade,
para que possamos oferecer-te
nossos louvores.[a]
3 A Assíria não pode nos salvar,
nossos cavalos de guerra também não.
Nunca mais diremos aos
ídolos que fizemos:
'Vocês são nossos deuses'.
Somente em ti
os órfãos encontram misericórdia".

4 "Então eu os curarei de
sua infidelidade
e os amarei com todo o meu ser,
pois minha ira desaparecerá
para sempre.
5 Serei para Israel
como o orvalho refrescante.
Israel florescerá como o lírio;
lançará raízes profundas no solo,
como os cedros do Líbano.
6 Seus ramos se estenderão
como belas oliveiras,
perfumados como os
cedros do Líbano.
7 Meu povo viverá novamente
à minha sombra;
crescerá como o trigo e
florescerá como a videira.
Seu aroma será agradável,
como o dos vinhos do Líbano.

8 "Ó Israel,[b] fique longe dos ídolos!
Sou eu que respondo às suas
orações e cuido de vocês.
Sou como a árvore sempre verde;
todos os seus frutos vêm de mim."

9 Quem for sábio, entenda
estas coisas;
quem tiver discernimento,
ouça com atenção.
Os caminhos do SENHOR são retos,
e neles andam os justos.
Mas, nesses mesmos caminhos,
os pecadores tropeçam e caem.

[a] **14.2** Conforme a Septuaginta e a versão siríaca, que trazem *para que retribuamos os frutos de nossos lábios*; o hebraico traz *para que retribuamos os touros de nossos lábios.*

[b] **14.8** Em hebraico, *Efraim*, referência a Israel, o reino do norte.

Profetas Menores

Joel

Livro 29 com

3

CAPÍTULOS

SIGNIFICADO DO TÍTULO

O nome "Joel" vem do hebraico *Yo'el*, que significa "*Yahweh* é Deus".

AUTORIA

O profeta Joel, filho de Petuel, conforme indicado no início do livro (Jl 1.1). Sua vida pessoal é pouco conhecida.

OBJETIVO DO LIVRO

Joel foi escrito para chamar o povo de Judá ao arrependimento diante de uma terrível praga de gafanhotos, que é usada como um símbolo do julgamento de Deus. Ele também profetiza sobre o derramamento do Espírito Santo e o dia do Senhor.

ESTRUTURA DO LIVRO

- ★ Destruição pelos gafanhotos Jl 1
- ★ O dia do Senhor e arrependimento Jl 2.1-17
- ★ Promessa de restauração e derramamento do Espírito Jl 2.18—3

TEMAS DE JOEL

Joel destaca a soberania de Deus sobre a natureza e a história. O livro nos desafia a reconhecer os sinais de advertência de Deus em nossa vida e a responder com arrependimento genuíno. Ele nos lembra da promessa do Espírito Santo e da esperança segura no futuro dia da redenção e do julgamento.

JOEL E CRISTO

Joel aponta para Cristo por meio da profecia do derramamento do Espírito Santo, cumprida no Pentecostes (At 2.16-21). Além disso, o dia do Senhor que Joel descreve é um prenúncio do retorno de Cristo e do juízo final, quando Jesus estabelecerá seu reino eterno (Mt 24.29-31; Ap 19.11-16).

1 O SENHOR deu esta mensagem a Joel, filho de Petuel.

LAMENTAÇÃO PELA PRAGA DE GAFANHOTOS

[2] Ouçam isto, líderes do povo!
Ouçam todos que habitam na terra!
Em toda a sua história,
já ocorreu algo semelhante?
[3] Contem a seus filhos o
que aconteceu,
e que seus filhos contem
aos filhos deles;
transmitam esta história de
geração em geração.
[4] Depois que os gafanhotos cortadores
devoraram as colheitas,
os gafanhotos migradores
comeram o que restava;
então vieram os gafanhotos
saltadores
e, depois deles, os
gafanhotos destruidores![a]

[5] Despertem e chorem, bêbados!
Lamentem, vocês que
tomam vinho!
Todas as uvas estão arruinadas,
todo o seu vinho doce acabou.
[6] Uma nação imensa invadiu
minha terra,
um exército terrível, tão numeroso
que não se pode contar.
Seus dentes são como os de leões,
suas presas, como as da leoa.
[7] Destruiu minhas videiras
e arruinou minhas figueiras.
Arrancou sua casca e as destruiu;
seus galhos ficaram desfolhados.

[8] Chorem como a moça
vestida de luto,
que lamenta a morte do noivo.
[9] Pois não há cereal nem vinho
para oferecer no templo do SENHOR.
Por isso os sacerdotes estão de luto;
aqueles que servem na casa
do SENHOR choram.
[10] Os campos estão arruinados,
a terra está desolada.
O trigo está destruído,
as uvas secaram e o azeite acabou.

[11] Desesperem-se, agricultores!
Lamentem, vocês que
cuidam das videiras!
Chorem, pois o trigo e a cevada,
todas as colheitas nos campos,
estão arruinados.
[12] As videiras secaram, e as
figueiras murcharam.
As romãzeiras, as palmeiras
e as macieiras,
todas as árvores frutíferas secaram,
e com elas murchou a
alegria do povo.

[13] Vistam-se de pano de saco
e chorem, sacerdotes!
Lamentem, vocês que
servem diante do altar!
Venham, passem a noite
vestidos de pano de saco,
vocês que servem ao meu Deus.
Pois não há cereal nem vinho
para oferecer no templo
de seu Deus.
[14] Convoquem um tempo de jejum,
juntem o povo para uma
reunião solene.
Tragam os líderes e todos
que habitam na terra
para o templo do SENHOR, seu
Deus, e ali clamem a ele.
[15] O dia do SENHOR está próximo,
o dia em que virá destruição da
parte do Todo-poderoso;
que dia terrível será!

[16] Nosso alimento desaparece
diante dos olhos;
já não há alegria e exultação
na casa de nosso Deus.
[17] As sementes morrem na terra seca,
as colheitas de cereal se perdem.
Os celeiros estão vazios,
os armazéns, abandonados.
[18] Como os animais gemem de fome!
As manadas de gado
vagam confusas,
pois não encontram pasto;
os rebanhos de ovelhas sofrem.

[a] **1.4** A identificação exata dos quatro tipos de gafanhotos é incerta.

[19] Socorro, SENHOR!
O fogo devorou os pastos do deserto,
e as chamas queimaram as
árvores do campo.
[20] Até os animais selvagens
clamam a ti,
pois os riachos secaram,
e o fogo devorou os
pastos do deserto.

OS GAFANHOTOS INVADEM COMO UM EXÉRCITO

2 Toquem a trombeta em Sião!
Soem o alarme em meu
santo monte!
Que todos tremam de medo,
pois está chegando o dia do SENHOR.
[2] É um dia de escuridão e trevas,
um dia de densas nuvens e
sombras profundas.
Como o amanhecer se estende
pelos montes,
assim surge um grande e
poderoso exército.
Nunca se viu algo parecido,
e nunca mais se verá.

[3] À frente deles o fogo arde,
atrás deles vêm chamas.
Diante deles a terra se estende,
bela como o jardim do Éden.
Atrás deles só há desolação;
nada escapa.
[4] Parecem cavalos,
atacam como cavalos de guerra.[a]
[5] Olhem para eles, saltando
sobre o topo dos montes;
ouçam o barulho que fazem, como
o estrondo de carros de guerra,
como o fogo crepitante que devora
um campo cheio de palha,
como um exército poderoso
que avança para a batalha.

[6] O medo toma conta do povo;
todo rosto fica pálido de terror.
[7] Os agressores marcham
como guerreiros
e, como soldados, escalam
os muros da cidade.
Marcham sempre em frente,
sem deixar suas fileiras.
[8] Não empurram uns aos outros;
cada um se move na
posição correta.
Rompem as linhas de defesa,
sem desfazer a formação.
[9] Atacam a cidade
e correm ao longo de seus muros.
Entram em todas as casas
e sobem pelas janelas,
como ladrões.
[10] A terra treme com seu avanço,
e os céus estremecem.
O sol e a lua escurecem,
e as estrelas deixam de brilhar.

[11] O SENHOR está à frente
de seu exército;
com um grito, ele o comanda.
É seu exército poderoso e
segue suas ordens.
O dia do SENHOR é espantoso
e terrível;
quem poderá sobreviver?

CHAMADO AO ARREPENDIMENTO

[12] Por isso, o SENHOR diz:
"Voltem para mim de todo o coração,
venham a mim com jejum,
choro e lamento!
[13] Não rasguem as roupas
em sinal de tristeza;
rasguem o coração!".
Voltem para o SENHOR, seu Deus,
pois ele é misericordioso
e compassivo,
lento para se irar e cheio de amor;
está sempre pronto a voltar
atrás e não castigar.
[14] Quem sabe ele mude de ideia
e lhes envie bênção em
lugar desse castigo.
Talvez possam apresentar
ofertas de cereal e vinho
ao SENHOR, seu Deus, como
faziam antes.

[15] Toquem a trombeta em Sião!
Convoquem um tempo de jejum,
juntem o povo para uma
reunião solene.

[a] **2.4** Ou *como cavaleiros.*

16 Reúnam e consagrem
todo o povo,
os anciãos, as crianças
e até os bebês.
Chamem o noivo de
seu aposento
e a noiva, de seu quarto.
17 Que os sacerdotes, que servem
na presença do SENHOR,
chorem entre o pórtico
do templo e o altar.
Que façam esta oração: "Poupa
teu povo, SENHOR!
Não permitas que a nação
que pertence a ti se torne
objeto de zombaria.
Não deixes que seja motivo de piada
para as nações que dizem:
'Onde está o seu Deus?'".

O SENHOR PROMETE RESTAURAÇÃO

18 Então o SENHOR teve
compaixão de seu povo
e com zelo guardou sua terra.
19 O SENHOR respondeu:
"Vejam! Eu lhes envio cereal,
vinho novo e azeite,
suficientes para saciá-los.
Vocês não serão mais
objeto de zombaria
entre as nações vizinhas.
20 Expulsarei esses exércitos
que vêm do norte
e os enviarei para uma
terra seca e desolada.
Os que estão na vanguarda serão
empurrados para o mar Morto,
e os da retaguarda, para
o Mediterrâneo.[a]
O mau cheiro dos corpos
em decomposição
se espalhará sobre a terra".

Certamente o SENHOR tem
feito grandes coisas!
21 Não tema, ó terra;
alegre-se e exulte,
pois o SENHOR tem feito
grandes coisas.
22 Não tenham medo,
animais do campo,
pois os pastos do deserto
ficarão verdes.
As árvores voltarão a dar frutos,
as figueiras e as videiras
ficarão carregadas.
23 Alegrem-se, vocês que
habitam em Sião!
Exultem no SENHOR, seu Deus!
Pois ele envia as chuvas
na medida certa;
as chuvas de outono
voltarão a cair,
e também as chuvas de primavera.
24 As eiras voltarão a se
encher de trigo,
e os tanques de prensar
transbordarão de vinho
novo e azeite.

25 "Eu lhes devolverei o que
perderam por causa
dos gafanhotos migradores,
dos saltadores,
dos destruidores e dos cortadores;[b]
enviei esse grande exército
devastador contra vocês.
26 Vocês voltarão a ter
alimento até se saciar
e louvarão o SENHOR, seu Deus,
que realiza esses milagres
em seu favor;
nunca mais meu povo
será envergonhado.
27 Então vocês saberão que
estou no meio de Israel,
que sou o SENHOR, seu Deus, e
não há nenhum outro;
nunca mais meu povo
será envergonhado."

O SENHOR PROMETE SEU ESPÍRITO

28[c] "Então, depois que eu tiver
feito essas coisas,
derramarei meu Espírito sobre
todo tipo de pessoa.

Não devemos nem precisamos divulgar o nosso plantio quando estamos no secreto.

[a] **2.20** Em hebraico, *para o mar oriental [...] para o mar ocidental.*

[b] **2.25** A identificação exata dos quatro tipos de gafanhotos é incerta.

[c] **2.28** No texto hebraico, os versículos 2.28-32 são numerados 3.1-5.

Seus filhos e suas filhas profetizarão;
os velhos terão sonhos,
e os jovens terão visões.
29 Naqueles dias, derramarei
meu Espírito
até mesmo sobre servos e servas.
30 Farei maravilhas nos céus e na terra:
sangue e fogo, e colunas de fumaça.
31 O sol se escurecerá,
a lua se tornará vermelha
como sangue
antes que chegue o grande e
terrível[a] dia do Senhor.
32 Mas todo aquele que invocar
o nome do Senhor
será salvo,
pois alguns no monte Sião, em
Jerusalém, escaparão,
como o Senhor prometeu.
Estarão entre os sobreviventes
que o Senhor chamou."

JULGAMENTO CONTRA AS NAÇÕES INIMIGAS

3 1[b]"No tempo em que essas
coisas acontecerem,
quando eu restaurar
Judá e Jerusalém,
2 reunirei todas as nações
no vale de Josafá.[c]
Ali eu as julgarei
por terem maltratado Israel,
minha propriedade,
por terem espalhado meu
povo entre as nações
e repartido minha terra.
3 Fizeram um sorteio para decidir
quem de meu povo
seria seu escravo.
Deram meninos em troca
de prostitutas
e venderam meninas por
vinho para se embriagar.

4 "O que vocês têm contra mim, Tiro, Si-
dom e cidades da Filístia? Estão tentando
se vingar de mim? Se essa é sua inten-
ção, tomem cuidado! Eu as atacarei sem
demora e lhes darei o que merecem por
suas ações. 5 Roubaram minha prata, meu
ouro e meus tesouros preciosos e os leva-
ram para seus templos. 6 Venderam aos
gregos[d] os habitantes de Judá e Jerusalém,
para que os levassem para longe de sua
terra natal.
7 "Mas eu os trarei de volta de todos os
lugares para onde os venderam, e darei a
vocês o que merecem. 8 Venderei seus fi-
lhos e filhas aos habitantes de Judá, e eles
os venderão ao povo da Arábia,[e] uma na-
ção distante. Eu, o Senhor, falei!"

9 Anunciem às nações de toda parte:
"Preparem-se para a guerra!
Convoquem seus
melhores guerreiros;
que todos os seus soldados
avancem para a batalha.
10 Forjem seus arados para
fazer espadas
e transformem suas
podadeiras em lanças;
treinem até os mais fracos
para serem guerreiros.
11 Venham depressa, nações
de toda parte;
reúnam-se no vale!".
E agora, ó Senhor, convoca
teus guerreiros!

12 "Que as nações se mobilizem
para a guerra
e marchem para o vale de Josafá!
Ali eu, o Senhor, me sentarei
para julgar todas elas.
13 Lancem a foice,
pois a colheita está madura.[f]
Venham e pisem as uvas,
pois o tanque de prensar está cheio.
Os tonéis transbordam
com a perversidade das nações."

14 Multidões e multidões esperam
no vale da decisão,
onde o dia do Senhor chegará
em breve.

[a] **2.31** A Septuaginta traz *glorioso*.
[b] **3.1** No texto hebraico, os versículos 3.1-21 são numerados 4.1-21.
[c] **3.2** *Josafá* significa "o Senhor julga".
[d] **3.6** Em hebraico, *aos povos de Javã*.
[e] **3.8** Em hebraico, *aos sabeus*.
[f] **3.13** A Septuaginta traz *pois o tempo da colheita chegou*. Comparar com Mc 4.29.

15 O sol e a lua escurecerão,
e as estrelas deixarão de brilhar.
16 A voz do SENHOR rugirá desde Sião
e trovejará desde Jerusalém;
os céus e a terra tremerão.
Mas o SENHOR será refúgio
para seu povo,
uma fortaleza para o povo de Israel.

BÊNÇÃOS PARA O POVO DE DEUS

17 "Então vocês saberão que
eu, o SENHOR, seu Deus,
habito em Sião, meu santo monte.
Jerusalém será santa,
e exércitos estrangeiros não
voltarão a conquistá-la.
18 Naquele dia, vinho doce
gotejará dos montes,
e leite fluirá das colinas.
Água encherá o leito dos
riachos de Judá;
uma fonte brotará do
templo do SENHOR
e regará o vale das Acácias.[a]
19 O Egito, porém, se transformará
numa terra desolada,
e Edom se tornará um deserto,
pois atacaram o povo de Judá
e mataram inocentes
em sua terra.

20 "Judá, porém, ficará cheia
de gente para sempre,
e Jerusalém permanecerá
por todas as gerações.
21 Perdoarei os crimes de meu povo,
que ainda não perdoei;
e eu, o SENHOR, habitarei em Sião."

[a] **3.18** Em hebraico, *vale de Sitim.*

Profetas Menores

Amós

Livro 30 com

9

CAPÍTULOS

AUTORIA

O profeta Amós, como indicado no primeiro versículo do livro (Am 1.1). Ele era um pastor de ovelhas e cultivador de sicômoros em Tecoa, cidade de Judá. Amós não pertencia a uma família profética, mas foi chamado por Deus para profetizar no século 8 a.C.

SIGNIFICADO DO TÍTULO

"Amós" vem do hebraico *Amos*, que significa "carregador" ou "portador de fardos".

ESTRUTURA DO LIVRO

- ★ Pronunciamentos contra as nações Am 1—2
- ★ Advertências e visões de juízo Am 3—6
- ★ Visões de destruição e promessa de restauração Am 7—9

OBJETIVO DO LIVRO

Amós denuncia as injustiças sociais, a corrupção e a hipocrisia religiosa. Seu objetivo é chamar o povo ao arrependimento e advertir sobre o iminente julgamento divino caso não mudassem seus caminhos.

TEMAS DE AMÓS

Amós enfatiza a justiça de Deus e a necessidade de retidão social. Ele destaca que a verdadeira adoração deve ser acompanhada por uma vida justa e compassiva.

O livro reforça a ideia de que o Senhor é o juiz supremo que defende os oprimidos e julga os opressores. Com isso, desafia-nos a examinar nossa vida e sociedade em termos de justiça e retidão.

AMÓS E CRISTO

Amós aponta para Cristo ao enfatizar a justiça e a retidão que Jesus personificou em seu ministério. A promessa de restauração em Amós é uma antecipação do Reino de Deus estabelecido por Cristo, onde justiça e paz prevalecerão (Am 9.11-15; Lc 4.18-19).

1 Esta mensagem acerca de Israel foi dada a Amós, pastor de ovelhas da cidade de Tecoa, em Judá. Ele a recebeu em visões dois anos antes do terremoto, quando Uzias era rei de Judá, e Jeroboão, filho de Jeoás,[a] era rei de Israel.
2 Foi isto que ele viu e ouviu:

"A voz do SENHOR rugirá desde Sião
e trovejará desde Jerusalém!
Os pastos verdes dos
pastores secarão,
e o capim no monte Carmelo
murchará e morrerá".

JULGAMENTO SOBRE AS NAÇÕES VIZINHAS

3 Assim diz o SENHOR:

"Os habitantes de Damasco
pecaram repetidamente;[b]
não deixarei que fiquem impunes!
Feriram meu povo em Gileade,
como o cereal é debulhado
com trilhos de ferro.
4 Por isso enviarei fogo sobre
o palácio do rei Hazael,
e as fortalezas do rei Ben-Hadade
serão destruídas.
5 Derrubarei os portões de Damasco
e matarei todos que habitam
no vale de Áven.
Destruirei o governante
em Bete-Éden,
e o povo da Síria será levado
como escravo para Quir",
diz o SENHOR.

6 Assim diz o SENHOR:

"Os habitantes de Gaza
pecaram repetidamente;
não deixarei que fiquem impunes!
Enviaram todo o povo para o exílio
e o entregaram como
escravos para Edom.
7 Por isso enviarei fogo sobre
os muros de Gaza,
e suas fortalezas serão destruídas.
8 Matarei os que habitam em Asdode
e destruirei o governante
de Ascalom.
Então me voltarei para atacar Ecrom,
e os filisteus que restarem
serão mortos",
diz o SENHOR Soberano.

9 Assim diz o SENHOR:

"Os habitantes de Tiro
pecaram repetidamente;
não deixarei que fiquem impunes!
Quebraram o pacto de
irmãos com Israel
e entregaram todo o povo
como escravo para Edom.
10 Por isso enviarei fogo sobre
os muros de Tiro,
e suas fortalezas serão destruídas".

11 Assim diz o SENHOR:

"Os habitantes de Edom
pecaram repetidamente;
não deixarei que fiquem impunes!
Com espadas perseguiram seus
parentes, os israelitas,
e não tiveram compaixão deles.
Em sua fúria, os despedaçaram
sem parar
e foram implacáveis em sua ira.
12 Por isso enviarei fogo
sobre Temã,
e as fortalezas de Bozra
serão destruídas".

13 Assim diz o SENHOR:

"Os habitantes de Amom
pecaram repetidamente;
não deixarei que fiquem impunes!
Quando atacaram Gileade para
ampliar suas fronteiras,
abriram as mulheres grávidas
ao meio com espadas.
14 Por isso enviarei fogo sobre
os muros de Rabá,
e suas fortalezas serão destruídas.
A batalha virá sobre eles com gritos,
como um redemoinho numa
forte tempestade.

[a] **1.1** Em hebraico, *Joás*, variação de Jeoás.
[b] **1.3** Em hebraico, *cometeram três pecados, até quatro*; também em 1.6,9.11,13.

15 Seu rei[a] e seus príncipes irão
juntos para o exílio",
diz o Senhor.

2 Assim diz o Senhor:

"Os habitantes de Moabe
pecaram repetidamente;[b]
não deixarei que fiquem impunes!
Queimaram os ossos
do rei de Edom
até reduzi-los a cinzas.
2 Por isso enviarei fogo sobre
a terra de Moabe,
e as fortalezas de Queriote
serão destruídas.
Os que habitam nela cairão em meio
ao ruído da batalha,
aos gritos dos guerreiros e
ao som da trombeta.
3 Destruirei seu rei
e matarei seus príncipes",
diz o Senhor.

JULGAMENTO DE DEUS SOBRE JUDÁ E ISRAEL

4 Assim diz o Senhor:

"Os habitantes de Judá
pecaram repetidamente;
não deixarei que fiquem impunes!
Rejeitaram a lei do Senhor
e não obedeceram a seus decretos.
Foram desviados pelas
mesmas mentiras
que enganaram seus antepassados.
5 Por isso enviarei fogo sobre Judá,
e as fortalezas de Jerusalém
serão destruídas".

6 Assim diz o Senhor:

"Os habitantes de Israel
pecaram repetidamente;
não deixarei que fiquem impunes!
Vendem por prata o justo
e, por um par de sandálias,
o pobre.
7 Pisoteiam a cabeça dos
indefesos no pó
e empurram os oprimidos
para fora do caminho.
Pai e filho dormem com a
mesma mulher
e assim profanam meu santo nome.
8 Aos pés dos altares reclinam-
se com roupas
que seus devedores lhes
deram como garantia.
Na casa de seus deuses,[c]
bebem vinho comprado
com multas injustas.

9 "Diante dos olhos de meu povo,
destruí os amorreus,
embora fossem altos como cedros
e fortes como carvalhos.
Destruí os frutos de seus galhos
e arranquei suas raízes.
10 Trouxe vocês do Egito
e os guiei quarenta anos
pelo deserto,
para que possuíssem a
terra dos amorreus.
11 Escolhi alguns de seus filhos
para serem profetas
e outros, para serem nazireus.
Acaso podem negar isso, israelitas?",
diz o Senhor.
12 "Mas vocês deram vinho para
os nazireus beberem
e ordenaram a seus profetas:
'Chega de profecias!'.

13 "Por isso eu os esmagarei,
como uma carroça sobrecarregada
de trigo amassa a terra.
14 O que corre mais rápido
não escapará,
o mais forte em seu meio
se enfraquecerá,
nem o guerreiro valente se salvará.
15 O arqueiro não manterá
sua posição,
o corredor mais veloz não
conseguirá escapar,
nem o que estiver a
cavalo se salvará.

[a] **1.15** Em hebraico, *malcam*, possível referência ao deus Moloque.
[b] **2.1** Em hebraico, *cometeram três pecados, até quatro*; também em 2.4,6.
[c] **2.8** Ou *seu Deus*.

[16] Naquele dia, seus guerreiros
mais corajosos
largarão as armas e fugirão",
diz o SENHOR.

3 Povo de Israel, ouça esta mensagem que o SENHOR pronunciou contra você, contra toda a família que ele trouxe do Egito:

[2] "De todas as famílias da terra,
só escolhi vocês.
Por isso devo castigá-los
por todos os seus pecados".

TESTEMUNHAS CONTRA ISRAEL

[3] Acaso duas pessoas podem
andar juntas
se não estiverem de acordo?
[4] Acaso o leão ruge na floresta
sem antes encontrar sua presa?
O leão forte rosna em sua toca
se nada tiver caçado?
[5] A ave é pega na armadilha
se não houver isca?
A armadilha se fecha
se nada for apanhado?
[6] Quando a trombeta
soa o alarme,
o povo não fica assustado?
Acaso a calamidade sobrevém
a uma cidade
sem que o SENHOR a
tenha planejado?

[7] Certamente o SENHOR Soberano
não fará coisa alguma
sem antes revelar seu plano a
seus servos, os profetas.

[8] O leão rugiu,
quem não temerá?
O SENHOR Soberano falou,
quem não profetizará?
[9] Anunciem aos líderes da Filístia[a]
e aos poderosos do Egito:
"Reúnam-se nas colinas ao
redor de Samaria
e sejam testemunhas do caos
e da opressão em Israel".

[10] "Meu povo esqueceu como
fazer o que é certo",
diz o SENHOR.
"Suas fortalezas estão
cheias de bens
obtidos por meio de
roubo e violência.
[11] Por isso", diz o SENHOR Soberano,
"um inimigo se aproxima.
Ele os cercará e acabará
com suas defesas,
e depois saqueará
suas fortalezas."

[12] Assim diz o SENHOR:

"Como o pastor que tenta arrancar
uma ovelha da boca do leão
e só consegue recuperar duas
pernas ou um pedaço da orelha,
assim será o destino dos
israelitas em Samaria,
deitados em camas luxuosas
e recostados em sofás com
lençóis de Damasco.[b]

[13] "Agora ouçam estas palavras e anunciem-nas em todo o Israel",[c] diz o SENHOR Soberano, o Deus dos Exércitos.

[14] "No mesmo dia em que eu castigar
Israel por seus pecados,
destruirei os altares
idólatras em Betel.
As pontas do altar serão cortadas
e cairão no chão.
[15] Destruirei as belas casas dos ricos,
suas mansões de inverno e
suas residências de verão,
todos os seus palácios
cheios de marfim",
diz o SENHOR.

ISRAEL NÃO APRENDE

4 Ouçam, vacas gordas[d] que
vivem em Samaria,
mulheres que oprimem os pobres,

[a] **3.9** Em hebraico, *de Asdode.*

[b] **3.12** O significado do hebraico é incerto.

[c] **3.13** Em hebraico, *toda a casa de Jacó.* Os nomes "Jacó" e "Israel" são usados de forma intercambiável ao longo de todo o Antigo Testamento e se referem, por vezes, ao patriarca e, em outras ocasiões, à nação.

[d] **4.1** Em hebraico, *vacas de Basã.*

esmagam os necessitados
e pedem aos maridos:
"Tragam-nos mais bebida!".
2 O SENHOR Soberano jurou
por sua santidade:
"Chegará o dia em que
serão levadas
com ganchos no nariz.
Até a última de vocês será arrastada
como peixe no anzol!
3 Serão levadas para fora
pelas ruínas do muro
e expulsas de suas fortalezas",[a]
diz o SENHOR.

4 "Andem, vão a Betel cometer pecados!
Continuem a desobedecer em Gilgal!
Ofereçam sacrifícios todas as manhãs
e tragam seus dízimos
a cada três dias.
5 Apresentem seu pão com fermento
como oferta de gratidão.
Entreguem suas ofertas voluntárias
para saírem se gabando delas!
É o tipo de coisa que vocês,
israelitas, gostam de fazer",
diz o SENHOR Soberano.

6 "Eu trouxe fome sobre toda cidade,
escassez de alimento
sobre todo lugar.
Nem assim vocês voltaram
para mim",
diz o SENHOR.

7 "Segurei as chuvas
quando suas plantações
mais precisavam delas.[b]
Enviei chuva para uma cidade,
mas a retive em outra.
Chovia sobre um campo,
enquanto outro secava.
8 Andavam de cidade em cidade
em busca de água,
mas nunca havia suficiente.
Nem assim vocês voltaram
para mim",
diz o SENHOR.

9 "Castiguei suas plantações e
videiras com pragas e ferrugem;
gafanhotos devoraram suas
figueiras e oliveiras.
Nem assim vocês voltaram
para mim",
diz o SENHOR.

10 "Enviei pragas contra vocês,
como as pragas que enviei
contra o Egito.
Matei seus jovens na guerra
e levei todos os seus cavalos;[c]
o mau cheiro dos mortos
encheu o ar.
Nem assim vocês voltaram
para mim",
diz o SENHOR.

11 "Destruí algumas de suas cidades,
como destruí[d] Sodoma e Gomorra.
Os que sobreviveram
pareciam gravetos chamuscados,
tirados do fogo.
Nem assim vocês voltaram
para mim",
diz o SENHOR.

12 "Portanto, farei tudo isso
com você, ó Israel!
Prepare-se para encontrar seu Deus!"

13 Pois aquele que formou os montes
agita os ventos e revela seus
pensamentos à humanidade.
Ele transforma a luz do
amanhecer em escuridão
e pisa sobre os lugares altos da terra;
seu nome é SENHOR, o
Deus dos Exércitos!

CHAMADO AO ARREPENDIMENTO

5 Ouça, povo de Israel! Ouça este meu
cântico fúnebre:

2 "A virgem Israel caiu,
para nunca mais se levantar!
Está estendida no chão,
e não há quem a ajude
a ficar em pé".

[a] **4.3** Ou *atiradas na direção do Harmom*, possível referência ao monte Hermom.

[b] **4.7** Em hebraico, *quando ainda faltavam três meses para a colheita.*

[c] **4.10** Ou *e matei seus cavalos capturados.*

[d] **4.11** Em hebraico, *como quando Deus destruiu.*

3 O SENHOR Soberano diz:

"Quando uma cidade mandar mil
homens para a batalha,
apenas cem retornarão.
Quando dela saírem cem,
apenas dez voltarão com vida".

4 Assim diz o SENHOR ao povo de Israel:

"Busquem-me e vivam!
5 Não adorem nos altares em Betel,
não vão aos santuários em
Gilgal ou Berseba.
Pois os habitantes de Gilgal
serão levados para o exílio,
e os de Betel serão
reduzidos a nada".
6 Busquem o SENHOR e vivam!
Do contrário, ele passará por
Israel[a] como um fogo
e a destruirá por completo.
Não haverá em Betel
ninguém que possa
apagar as chamas.
7 Vocês transformam a
retidão em amargura
e tratam a justiça como lixo.

8 Pois ele criou as estrelas,
as Plêiades e o Órion.
Transforma a escuridão em manhã
e o dia em noite.
Tira água dos oceanos
e a derrama sobre a terra;
seu nome é SENHOR!
9 Com rapidez tremenda,
destrói os fortes
e esmaga suas defesas.

10 Como vocês odeiam
juízes honestos!
Como detestam os que
dizem a verdade!
11 Oprimem os pobres
e roubam seu trigo com
impostos injustos.
Por isso, ainda que construam
belas casas de pedra,
jamais morarão nelas.
Ainda que plantem
videiras verdejantes,
jamais beberão o vinho delas.
12 Pois eu sei que seus atos de
rebeldia são muitos,
e seus pecados são grandes.
Afligem o justo aceitando subornos
e não fazem justiça ao
pobre nos tribunais.
13 Quem for prudente ficará
de boca fechada,
pois este é um tempo de desgraça.

14 Façam o bem e fujam do mal,
para que tenham vida!
Então o SENHOR, o Deus dos
Exércitos, os ajudará,
como vocês afirmam.
15 Odeiem o mal e amem o bem,
estabeleçam a justiça em
seus tribunais.
Talvez o SENHOR, o Deus dos Exércitos,
ainda tenha compaixão do
remanescente de seu povo.[b]

16 Portanto, assim diz o SENHOR Soberano,
o Deus dos Exércitos:

"Haverá choro nas praças públicas
e angústia nas ruas.
Chamem os lavradores para
chorar com vocês,
convoquem pranteadores
para lamentar.
17 Haverá lamento em cada videira,
pois destruirei todas elas",
diz o SENHOR.

ADVERTÊNCIA SOBRE O JULGAMENTO QUE ESTÁ POR VIR

18 Que aflição espera vocês que dizem:
"Se ao menos o dia do
SENHOR chegasse!".
Não fazem ideia do que desejam;
aquele dia trará escuridão, e não luz.
19 Vocês serão como o homem
que foge de um leão
e acaba encontrando um urso,
que apoia a mão na parede de sua casa
e é picado por uma cobra.

[a] **5.6** Em hebraico, *pela casa de José*.

[b] **5.15** Em hebraico, *remanescente de José*.

É nossa responsabilidade cultivar o lugar secreto. Neste bom solo, plantaremos as sementes que Deus tem confirmado e confiado a nós.

20 Sim, o dia do Senhor será de
escuridão, e não de luz;
não haverá um só raio de
claridade no meio das trevas.

21 "Sinto imenso desprezo de
suas festas religiosas,
não suporto suas reuniões solenes.
22 Não aceitarei seus holocaustos
nem suas ofertas de cereal.
Não darei a mínima atenção
para suas melhores ofertas de paz.
23 Chega de seus ruidosos
cânticos de louvor!
Não ouvirei a música
de suas harpas.
24 Em vez disso, quero ver uma
grande inundação de justiça,
um rio inesgotável de retidão.

25 "Foi a mim que vocês trouxeram sacri-
fícios e ofertas durante os quarenta anos
no deserto, povo de Israel? 26 Não, vocês
serviram Sicute, seu deus rei, e Quium,
seu deus estrela, imagens que fizeram
para si mesmos! 27 Por isso eu os envia-
rei para o exílio, para uma terra a leste de
Damasco",[a] diz o Senhor, cujo nome é Deus
dos Exércitos.

6 Que aflição espera vocês que vivem
sossegados em Jerusalém[b]
e vocês que se sentem
seguros em Samaria!
São líderes famosos em Israel,
e as pessoas recorrem a vocês.
2 Vão, porém, a Calné
e vejam o que aconteceu ali.
Depois, vão à grande
cidade de Hamate
e desçam à cidade filisteia de Gate.
Vocês não são melhores que elas,
e vejam como foram destruídas.
3 Vocês afastam qualquer pensamento
de calamidade vindoura,
mas suas ações só apressam
o dia do castigo.
4 Que aflição espera vocês que se
deitam em camas de marfim
e se espreguiçam em seus sofás,
comendo a carne de cordeiros
do rebanho
e dos novilhos engordados
no estábulo.
5 Entoam canções ao
som da harpa
e pensam ser grandes
músicos, como Davi.
6 Bebem vinho em taças enormes
e se perfumam com os melhores
óleos aromáticos;
não se importam com a
ruína da nação.[c]
7 Por isso, serão os primeiros
levados para o exílio;
as festas dos que viviam
sossegados cessarão.

8 O Senhor Soberano jurou por seu próprio
nome, e é isto que ele, o Senhor, o Deus
dos Exércitos, diz:

"Não suporto a arrogância de Israel[d]
e odeio suas fortalezas.
Entregarei esta cidade e tudo que
nela há a seus inimigos".

9 (Se restarem dez homens numa casa,
todos morrerão. 10 E, quando um parente
responsável por sepultar os mortos[e] entrar
na casa para tirá-los de lá, perguntará ao
que restou: "Há mais alguém com você?".
E, quando o sobrevivente começar a res-
ponder: "Não, eu juro pelo...", o parente o
interromperá e dirá: "Pare![f] Nem sequer
mencione o nome do Senhor".)

11 Quando o Senhor der a ordem,
as casas, grandes e pequenas,
serão despedaçadas.

12 Acaso os cavalos podem
galopar sobre as rochas?
Alguém pode ará-las com bois?

[a] **5.26-27** A Septuaginta traz *Não, vocês carregaram o santuário de Moloque, a estrela de seu deus Refã e as imagens que vocês fizeram para si mesmos. Por isso eu os enviarei para o exílio, para uma terra a leste de Damasco.* Comparar com At 7.43.

[b] **6.1** Em hebraico, *em Sião*.

[c] **6.6** Em hebraico, *de José*.

[d] **6.8** Em hebraico, *de Jacó*. Ver nota em 3.13.

[e] **6.10a** Ou *queimar os mortos*. O significado do hebraico é incerto.

[f] **6.10b** O significado do hebraico é incerto.

Vocês transformam a
retidão em veneno
e o fruto da justiça, em amargura.
13 Contam vantagem pela
conquista de Lo-Debar:[a]
"Acaso não conquistamos Carnaim[b]
com nossa própria força?".

14 "Ó povo de Israel, estou prestes a
trazer contra vocês uma nação",
diz o Senhor, o Deus dos Exércitos.
"Ela os oprimirá em toda a sua terra,
desde Lebo-Hamate, ao norte,
até o vale de Arabá, ao sul."

VISÃO DOS GAFANHOTOS

7 Foi isto que o Senhor Soberano me
mostrou numa visão: ele se prepara-
va para enviar sobre a terra um exército
de gafanhotos. Isso foi depois que a por-
ção do rei havia sido colhida dos cam-
pos, quando brotava a colheita principal.
2 Em minha visão, os gafanhotos comeram
todas as plantas da terra. Então eu disse:
"Ó Senhor Soberano, perdoa-nos! Do con-
trário, não sobreviveremos, pois Israel[c] é
muito pequeno".
3 Então o Senhor voltou atrás e disse:
"O que você viu não acontecerá".

VISÃO DO FOGO

4 Foi isto que o Senhor Soberano me mos-
trou em outra visão: ele se preparava pa-
ra castigar seu povo com um grande fogo.
O fogo havia consumido as profundezas
do mar e devorava toda a terra. 5 Então eu
disse: "Ó Senhor Soberano, imploro-te que
pares. Do contrário, não sobreviveremos,
pois Israel é muito pequeno".
6 Então o Senhor Soberano voltou atrás e
disse: "Isso também não acontecerá".

VISÃO DO PRUMO

7 Foi isto que ele me mostrou em outra vi-
são: o Senhor estava em pé, junto a um
muro que havia sido construído usando-
-se um prumo, e segurava o prumo em
sua mão. 8 O Senhor me perguntou: "Amós,
o que você vê?".
Respondi: "Um prumo".
Então o Senhor disse: "Provarei meu
povo com este prumo. Não fecharei mais
os olhos para o que fazem. 9 Os santuários
idólatras de seus antepassados[d] ficarão
em ruínas, e os lugares de adoração de Is-
rael serão destruídos; trarei a espada con-
tra a dinastia de Jeroboão".

AMÓS E AMAZIAS

10 Então Amazias, sacerdote de Betel, en-
viou uma mensagem a Jeroboão, rei de
Israel: "Amós conspira contra o rei aqui
mesmo, no meio do povo, falando coisas
intoleráveis! 11 Assim diz ele: 'Em breve
Jeroboão será morto pela espada, e o po-
vo de Israel será enviado para o exílio'".
12 Então Amazias ordenou a Amós: "Vá
embora daqui, profeta! Volte para a terra
de Judá e ganhe a vida profetizando ali!
13 Não nos incomode com suas profecias
aqui em Betel. Este é o santuário do rei
e o lugar de adoração de todo o reino!".
14 Amós respondeu: "Não sou profeta e
nunca fui treinado para ser profeta.[e] Sou
apenas um boiadeiro e colhedor de figos.
15 Mas o Senhor me tirou de junto de meu
rebanho e disse: 'Vá e profetize a meu po-
vo, Israel'. 16 Agora, portanto, ouça esta
mensagem do Senhor:

"Você diz:
'Não profetize contra Israel;
pare de pregar contra
meu povo'.[f]
17 Mas assim diz o Senhor:
'Sua esposa se tornará
prostituta nesta cidade,
e seus filhos e filhas serão
mortos pela espada.
Sua terra será dividida,
e você morrerá em
terra estrangeira.
E o povo de Israel certamente
será levado para o exílio,
para longe de sua
terra natal'".

---

a **6.13a** *Lo-Debar* significa "nada".
b **6.13b** *Carnaim* significa "chifres", termo que simboliza força.
c **7.2** Em hebraico, *Jacó*; também em 7.5. Ver nota em 3.13.
d **7.9** Em hebraico, *de Isaque*.
e **7.14** Ou *Não sou profeta nem filho de profeta*.
f **7.16** Em hebraico, *contra a casa de Isaque*.

VISÃO DAS FRUTAS MADURAS

8 Em outra visão, o SENHOR Soberano
me mostrou um cesto cheio de fru-
tas maduras 2 e perguntou: "Amós, o que
você vê?".

Respondi: "Um cesto cheio de frutas maduras".

Então o SENHOR disse: "Assim como es-
sas frutas, o povo de Israel já está maduro;
não voltarei a adiar seu castigo. 3 Naquele
dia, os cânticos no templo se transforma-
rão em lamentos. Haverá cadáveres espa-
lhados por toda parte, e serão levados em
silêncio para fora da cidade. Eu, o SENHOR
Soberano, falei!".

4 Ouçam isto, vocês que
roubam dos pobres
e oprimem os necessitados!
5 Não veem a hora de
o sábado acabar
e as festas religiosas terminarem
para que voltem a fazer negócios.
Usam medidas falsas para
medir o trigo
e enganam o comprador com
balanças desonestas.[a]
6 Misturam o trigo que vendem
com palha varrida do chão.
Escravizam os pobres por
uma moeda de prata
ou um par de sandálias.

7 O SENHOR, a Glória de Israel,[b]
jurou por seu próprio nome:
"Jamais esquecerei
tudo que vocês fizeram!
8 A terra tremerá por causa
de suas maldades,
e todos que nela
habitam lamentarão.
A terra se levantará como o Nilo, o rio
do Egito, na época das enchentes;
ela se erguerá e depois afundará.

9 "Naquele dia", diz o SENHOR Soberano,
"farei o sol se pôr ao meio-dia
e em plena luz do dia
escurecerei a terra.
10 Transformarei suas festas
em tempos de lamento
e seus cânticos, em
canções fúnebres.
Vocês se vestirão de luto
e rasparão a cabeça,
como se seu único filho
tivesse morrido;
será um dia de muita amargura!

11 "Está chegando o tempo",
diz o SENHOR Soberano,
"em que enviarei fome sobre a terra,
não fome de pão nem sede de água,
mas de ouvir as palavras do SENHOR.
12 As pessoas andarão sem
rumo, de mar em mar
e de um extremo ao outro,[c]
em busca da palavra do SENHOR,
mas não a encontrarão.
13 Naquele dia, moças belas
e rapazes fortes
desmaiarão de sede.
14 E aqueles que juram pelos
ídolos de Samaria,
que fazem juramentos em
nome do deus de Dã
e votos em nome do deus de Berseba,[d]
todos eles cairão
e nunca mais se levantarão."

VISÃO DE DEUS JUNTO AO ALTAR

9 Então vi o Senhor em pé junto ao altar.
Ele disse:

"Golpeie o alto das colunas do templo,
para que os alicerces tremam.
Derrube o telhado
sobre a cabeça do povo
que estiver embaixo.
Matarei à espada os que sobreviverem;
ninguém escapará!

2 "Ainda que cavem até o
lugar dos mortos,[e]
estenderei a mão e os
arrancarei de lá.
Ainda que subam até os
céus, os farei descer.

[a] **8.5** Em hebraico, *tornam pequeno o efa e grande o siclo, e negociam falsamente ao usarem balanças enganosas.*
[b] **8.7** Em hebraico, *de Jacó.* Ver nota em 3.13.
[c] **8.12** Em hebraico, *do norte ao leste.*
[d] **8.14** Em hebraico, *do caminho de Berseba.*
[e] **9.2** Em hebraico, *Sheol.*

³ Ainda que se escondam no
topo do monte Carmelo,
os buscarei e de lá os tirarei.
Ainda que se escondam
no fundo do mar,
enviarei a serpente marinha
para que os morda.
⁴ Ainda que seus inimigos os
levem para o exílio,
ordenarei que a espada os mate ali.
Estou decidido a trazer calamidade
sobre eles, e não o bem".

⁵ O Soberano SENHOR dos Exércitos
toca a terra e ela se derrete,
e todos que nela
habitam lamentam.
A terra se levanta como o Nilo, o rio
do Egito, na época das enchentes
e depois afunda.
⁶ O SENHOR constrói sua
casa até os céus
e estabelece seus alicerces
sobre a terra.
Ele tira água dos oceanos
e a derrama sobre a terra;
SENHOR é o seu nome!

⁷ "Acaso vocês, israelitas, são mais
importantes para mim
que os etíopes?",[a] diz o SENHOR.
"Tirei Israel do Egito,
mas também tirei os
filisteus de Creta[b]
e os sírios de Quir.

⁸ "Eu, o SENHOR Soberano,
vigio a nação pecaminosa
de Israel.
Eu a varrerei da face da terra,
mas jamais destruirei por
completo o povo de Israel",[c]
diz o SENHOR.

⁹ "Pois darei ordens
e sacudirei Israel com
as outras nações,
como o trigo é sacudido na peneira;
mas nenhum grão se perderá.
¹⁰ Todos os pecadores, porém,
morrerão pela espada,
todos que dizem:
'Nenhuma calamidade
virá sobre nós'."

PROMESSA DE RESTAURAÇÃO

¹¹ "Naquele dia, restaurarei a
tenda caída de Davi
e consertarei seus muros quebrados.
Das ruínas a reconstruirei
e restaurarei sua antiga glória.
¹² Israel possuirá o que restar de Edom
e de todas as nações que chamei
para serem minhas".[d]
O SENHOR falou
e fará essas coisas.

¹³ "Virá o tempo", diz o SENHOR,
"em que o trigo e as uvas
crescerão tão rápido
que o povo não dará
conta de colhê-los.
Vinho doce gotejará das videiras
no alto das colinas de Israel.
¹⁴ Trarei meu povo exilado de Israel
de volta de terras distantes,
e eles reconstruirão as
cidades destruídas
e voltarão a morar nelas.
Plantarão vinhedos e jardins,
comerão de suas colheitas e
beberão de seu vinho.
¹⁵ Eu os plantarei firmemente ali,
em sua própria terra.
Nunca mais serão arrancados
da terra que lhes dei",
diz o SENHOR, seu Deus.

[a] **9.7a** Em hebraico, *os cuxitas?*
[b] **9.7b** Em hebraico, *Caftor.*
[c] **9.8** Em hebraico, *casa de Jacó.* Ver nota em 3.13.

[d] **9.11b-12** A Septuaginta traz *e restaurarei sua antiga glória, / para que o restante da humanidade, incluindo os gentios, / todos os que chamei para serem meus, me busquem.* Comparar com At 15.16-17.

Profetas Menores

Livro 31 com 1 CAPÍTULO

Obadias

CURIOSIDADES

- ★ É o menor livro do Antigo Testamento
- ★ A vingança do Senhor contra Edom
- ★ Obadias profetizou a destruição de Edom por conta da falta de amor dos edomitas

AUTORIA

Obadias (cf. Ob 1.1), cujo nome em hebraico significa "Servo de Javé". Pouco se sabe sobre ele, além do que é registrado em seu livro.

ESTRUTURA DO LIVRO

- ★ Orgulho de Edom Ob 1.1-4
- ★ Destruição de Edom Ob 1.5-9
- ★ Traição de Edom contra Judá Ob 1.10-14
- ★ O dia do Senhor e o julgamento das nações Ob 1.15-16
- ★ Restauração de Israel Ob 1.17-21

OBJETIVO DO LIVRO

Condenar Edom por sua traição e proclamar vindicação. Localizada a sudeste de Judá, a nação era habitada pelos descendentes de Esaú. Existia um ódio mútuo entre edomitas e israelitas desde o Êxodo, quando Edom se recusou a deixar seus parentes passarem por sua terra (Nm 20.14-21).

TEMAS DO LIVRO

Obadias destaca a justiça retributiva de Deus e sua fidelidade às promessas que faz. A mensagem do livro encoraja os cristãos a confiar no justo Senhor e naquilo que ele diz. Também é um alerta contra a arrogância e o pecado, pois mostra que nenhuma desobediência ficará impune.

OBADIAS E CRISTO

Obadias aponta para Cristo como o juiz final e o redentor que restaurará todas as coisas. A vitória final de Israel sobre seus inimigos prenuncia a vitória de Cristo sobre o pecado e a morte.

1 Esta é a visão que o SENHOR Soberano revelou a Obadias acerca da terra de Edom.

O JULGAMENTO DE EDOM É ANUNCIADO

Ouvimos uma mensagem do SENHOR,
que um embaixador foi enviado
às nações para dizer:
"Preparem-se, todos!
Vamos reunir nossos exércitos
e atacar Edom!".

2 O SENHOR diz a Edom:
"Eu o tornarei pequeno
entre as nações;
você será grandemente desprezado.
3 Foi enganado por seu orgulho,
pois vive numa fortaleza de pedra
e mora no alto dos montes.
'Quem me derrubará daqui de cima?',
pensa consigo.
4 Mesmo que suba tão alto
como as águias
e faça seu ninho entre
as estrelas,
de lá eu o derrubarei",
diz o SENHOR.

5 "Se ladrões viessem durante
a noite e o assaltassem
(que calamidade o espera!),
não levariam tudo,
e aqueles que colhem uvas
sempre deixam algumas
para os pobres.
6 No entanto, todos os
cantos de Edom[a]
serão vasculhados e saqueados;
todos os tesouros serão
encontrados e levados embora.

7 "Todos os seus aliados o
expulsarão de sua terra;
eles lhe prometerão paz
enquanto tramam enganá-
-lo e conquistá-lo.
Seus amigos de confiança lhe
prepararão armadilhas,
e você nem se dará conta.

8 Naquele dia, não restará
um sábio sequer em toda
a terra de Edom",
diz o SENHOR.
"Pois, nos montes de Edom,
destruirei todos que
têm entendimento.
9 Os guerreiros mais
poderosos de Temã
ficarão aterrorizados,
e todos nos montes de Edom serão
exterminados na matança."

MOTIVOS PARA O CASTIGO DE EDOM

10 "Por causa da violência que cometeu
contra seus parentes, os israelitas,[b]
você será coberto de vergonha
e destruído para sempre.
11 Quando eles foram invadidos,
você se manteve afastado
e não quis ajudá-los.
Estrangeiros levaram a
riqueza da nação
e tiraram sortes para
dividir Jerusalém,
e você agiu como se fosse um deles.

12 "Não deveria ter ficado satisfeito
quando exilaram seus parentes
em terras distantes.
Não deveria ter se alegrado
quando o povo de Judá sofreu
tamanha desgraça.
Não deveria ter falado com arrogância
naquele tempo de aflição.
13 Não deveria ter saqueado
a terra de Israel
naquele dia de calamidade.
Não deveria ter ficado satisfeito
com sua destruição
naquele dia de calamidade.
Não deveria ter roubado
a riqueza deles
naquele dia de calamidade.
14 Não deveria ter ficado
nas encruzilhadas
para matar os que tentavam escapar.

[a] **1.6** Em hebraico, *Esaú*; também em 1.8b,9,18,19,21.

[b] **1.10** Em hebraico, *contra seu irmão, Jacó*. Os nomes "Jacó" e "Israel" são usados de forma intercambiável ao longo de todo o Antigo Testamento e se referem, por vezes, ao patriarca e, em outras ocasiões, à nação.

Não deveria ter capturado e
entregado os sobreviventes
naquele tempo de aflição."

EDOM É DESTRUÍDO, E ISRAEL, RESTAURADO

15 "Está próximo o dia em
que eu, o SENHOR,
julgarei todas as nações!
Como você fez a Israel,
assim lhe será feito.
Toda a sua maldade
cairá sobre sua cabeça.
16 Assim como você engoliu meu povo
em meu monte santo,
você e as nações vizinhas
engolirão o castigo contínuo que
eu derramar sobre vocês.
Sim, todas as nações beberão,
cambalearão
e, por fim, desaparecerão.

17 "Mas o monte Sião se tornará
refúgio para os que escaparem;
será um lugar santo.
O povo de Israel[a] voltará
para tomar posse de sua herança.
18 O povo de Israel será
um fogo intenso,
e Edom será um campo de palha seca.
Os descendentes de José
serão uma chama
que passará pelo campo
e consumirá tudo.
Não haverá sobreviventes
em Edom;
eu, o SENHOR, falei.

19 "Então meu povo que
vive no Neguebe
ocupará os montes de Edom.
Os que vivem nas colinas de Judá[b]
possuirão as planícies dos filisteus
e tomarão os campos de
Efraim e de Samaria.
O povo de Benjamim
ocupará a terra de Gileade.
20 Os exilados de Israel
retornarão para sua terra
e ocuparão o litoral
fenício até Sarepta.
Os cativos de Jerusalém,
exilados no norte,[c]
voltarão para casa e ocuparão
as cidades do Neguebe.
21 Os que foram resgatados[d] subirão
ao[e] monte Sião, em Jerusalém,
para governar sobre os
montes de Edom;
e o reino será do SENHOR."

[a] **1.17** Em hebraico, *A casa de Jacó*; também em 1.18. Ver nota em 1.10.

[b] **1.19** Em hebraico, *na Sefelá*.

[c] **1.20** Em hebraico, *em Sefarade*.

[d] **1.21a** Conforme a Septuaginta e a versão siríaca; o hebraico traz *Os resgatadores*.

[e] **1.21b** Ou *do*.

Profetas Menores

Livro 32 com

Jonas

4

CAPÍTULOS

AUTORIA

Segundo a tradição judaica e cristã, Jonas, filho de Amitai (Jn 1.1).
O nome Jonas significa "pomba".

A MISERICÓRDIA DE DEUS COM TODOS

OBJETIVO DO LIVRO

Mostrar a amplitude da misericórdia de Deus, inclusive com os pagãos, e ensinar sobre a importância da obediência ao chamado divino.

ESTRUTURA DO LIVRO

★ A fuga de Jonas e a tempestade Jn 1

★ A oração de Jonas no ventre do peixe Jn 2

★ Jonas em Nínive e o arrependimento do povo Jn 3

★ A frustração de Jonas e a lição da planta Jn 4

TEMAS DO LIVRO

Jonas revela a misericórdia e a compaixão de Deus para com todas as pessoas, não apenas seu povo. O livro demonstra que o Senhor deseja que todos se arrependam e voltem para ele.

Jonas nos desafia a refletir sobre a própria obediência ao chamado de Deus e nossa disposição de mostrar misericórdia para com os outros, inclusive os inimigos.

NÃO SE SABE QUE TIPO DE PEIXE ENGOLIU JONAS.

JONAS E CRISTO

A experiência de Jonas no ventre do peixe é uma prefiguração de Cristo, que usou essa história para ilustrar a própria morte e ressurreição (Mt 12.40). A missão de Jonas em Nínive prefigura a missão de Cristo de levar salvação a todas as nações.

JONAS FOGE DE DEUS

1 O Senhor deu esta mensagem a Jonas,
filho de Amitai: 2 "Apronte-se e vá à
grande cidade de Nínive. Anuncie meu jul-
gamento contra ela, pois vi como seu po-
vo é perverso".
3 Jonas se aprontou, mas foi na direção
contrária, a fim de fugir do Senhor. Des-
ceu ao porto de Jope, onde encontrou um
navio que estava de partida para Társis.
Comprou a passagem e embarcou para
Társis, a fim de fugir do Senhor.
4 O Senhor, porém, enviou sobre o mar
um vento forte, e caiu uma tempestade tão
violenta que o navio estava prestes a se
despedaçar. 5 Com muito medo, os mari-
nheiros clamavam a seus deuses para que
os socorressem e lançavam a carga ao mar
para deixar o navio mais leve.
Enquanto isso, Jonas dormia profunda-
mente no porão. 6 Então o capitão desceu
para falar com ele. "Como pode dormir
numa situação dessas?", disse. "Levan-
te-se e ore a seu deus! Quem sabe ele
prestará atenção em nós e poupará nos-
sa vida!"
7 Então a tripulação tirou sortes para
ver qual deles havia ofendido os deuses
e causado a terrível tempestade. Quando
tiraram as sortes, elas indicaram que Jo-
nas era o culpado. 8 "Por que essa terrível
tempestade veio sobre nós?", pergunta-
ram. "Quem é você? Qual é sua profissão?
De onde vem? Qual é sua nacionalidade?"
9 Jonas respondeu: "Sou hebreu e ado-
ro o Senhor, o Deus dos céus, que fez o
mar e a terra".
10 Os marinheiros ficaram apavorados
quando ouviram isso, pois Jonas já ha-
via lhes contado que estava fugindo do
Senhor. "Por que fez uma coisa dessas?",
disseram. 11 E, visto que a tempestade pio-
rava cada vez mais, perguntaram-lhe: "O
que devemos fazer com você para que a
tempestade se acalme?".
12 Jonas respondeu: "Joguem-me ao mar,
e ele voltará a ficar calmo. Eu sei que esta
terrível tempestade é culpa minha".
13 Em vez disso, os marinheiros rema-
ram com ainda mais força para levar a em-
barcação à terra, mas não conseguiram,
pois o mar tempestuoso havia se tornado
muito violento. 14 Então clamaram ao Se-
nhor e disseram: "Ó Senhor, não nos deixes
morrer por causa deste homem, e não nos
responsabilizes pela morte dele! Ó Senhor,
tu sabes os motivos por que enviaste esta
tempestade sobre ele!".
15 Depois, os marinheiros pegaram Jo-
nas e o lançaram ao mar e, no mesmo
instante, a furiosa tempestade se aquie-
tou. 16 Espantados com o grande poder
do Senhor, os marinheiros lhe ofereceram
um sacrifício e firmaram o compromisso
de servi-lo.
17[a] O Senhor fez que um grande peixe en-
golisse Jonas. E Jonas ficou dentro do pei-
xe por três dias e três noites.

A ORAÇÃO DE JONAS

2 1[b] Então, de dentro do peixe, Jonas orou
ao Senhor, seu Deus, 2 e disse:

"Em minha angústia,
clamei ao Senhor,
e ele me respondeu.
Gritei da terra dos mortos,[c]
e tu me ouviste.
3 Nas profundezas do
oceano me lançaste,
e afundei até o coração do mar.
As águas me envolveram;
fui encoberto por tuas
tempestuosas ondas.
4 Então eu disse: 'Tu me
expulsaste de tua presença
e, no entanto, olharei de novo
para teu santo templo'.[d]

5 "Afundei debaixo das ondas,
e as águas se fecharam sobre mim;
algas marinhas se enrolaram
em minha cabeça.
6 Afundei até os alicerces dos montes;
fiquei preso na terra,
cujas portas se fecharam
para sempre.
Mas tu, ó Senhor, meu Deus,
me resgataste da morte!

[a] **1.17** No texto hebraico, o versículo 1.17 é numerado 2.1.

[b] **2.1** No texto hebraico, os versículos 2.1-10 são numerados 2.2-11.

[c] **2.2** Em hebraico, *do Sheol*.

[d] **2.4** Ou *algum dia olharei de novo para teu santo templo?*

7 Quando minha vida se esvaía,
me lembrei do SENHOR,
e minha oração subiu a ti
em teu santo templo.
8 Os que adoram falsos deuses
dão as costas para as
misericórdias de Deus.
9 Eu, porém, oferecerei sacrifícios
a ti com cânticos de gratidão
e cumprirei todos os meus votos,
pois somente do SENHOR
vem o livramento".

10 Então o SENHOR ordenou que o peixe
vomitasse Jonas na praia.

JONAS VAI A NÍNIVE

3 Depois disso, o SENHOR falou com Jo-
nas pela segunda vez: 2 "Apronte-se,
vá à grande cidade de Nínive e transmita
a mensagem que eu lhe dei".
3 Dessa vez, Jonas obedeceu à ordem
do SENHOR e foi a Nínive, uma cidade tão
grande que eram necessários três dias
para percorrê-la inteira.[a] 4 No dia em
que Jonas entrou na cidade, proclamou
às multidões: "Daqui a quarenta dias Ní-
nive será destruída!". 5 Os habitantes de
Nínive creram em Deus e, desde o mais
importante até o mais humilde, decla-
raram um jejum e se vestiram de pano
de saco.
6 Quando o rei de Nínive ouviu o que Jo-
nas dizia, desceu do trono, tirou as vestes
reais, vestiu-se de pano de saco e sentou-
-se sobre um monte de cinzas. 7 Então o
rei e seus nobres enviaram este decreto
a toda a cidade:

"Ninguém, nem mesmo os animais
de seu gado e de seus rebanhos, po-
derá comer ou beber coisa alguma.
8 Tanto as pessoas como os animais
devem se cobrir de pano de saco,
e todos devem orar fervorosamen-
te ao SENHOR. Devem deixar seus
maus caminhos e toda a sua vio-
lência. 9 Quem sabe Deus voltará
atrás, conterá sua ira ardente e não
nos destruirá".

10 Quando Deus viu o que fizeram e
como deixaram seus maus caminhos,
voltou atrás e não os destruiu como ha-
via ameaçado.

A IRA DE JONAS POR CAUSA DA MISERICÓRDIA DO SENHOR

4 Isso tudo deixou Jonas aborrecido e
muito irado. 2 Então, orou ao SENHOR:
"Antes de eu sair de casa, não foi isso que
eu disse que tu farias, ó SENHOR? Por esse
motivo fugi para Társis! Sabia que és Deus
misericordioso e compassivo, lento para
se irar e cheio de amor. Estás pronto a vol-
tar atrás e não trazer calamidade. 3 Agora
tira minha vida, SENHOR! Para mim é me-
lhor morrer que viver desse modo".
4 O SENHOR respondeu: "Você acha certo
ficar tão irado assim?".
5 Então Jonas foi até um lugar a leste de
Nínive e construiu um abrigo para sentar-
-se à sua sombra enquanto esperava para
ver o que aconteceria à cidade. 6 O SENHOR
Deus fez crescer ali uma planta, que lo-
go espalhou suas folhas grandes sobre a
cabeça de Jonas e o protegeu do sol. Isso
aliviou o desconforto de Jonas, e ele ficou
muito grato pela planta.
7 No dia seguinte, porém, ao amanhecer,
Deus também mandou uma lagarta. Ela
comeu o talo da planta, que secou. 8 Quan-
do o calor do sol se intensificou, Deus
mandou um vento leste quente soprar so-
bre Jonas. O sol bateu em sua cabeça até
ele sentir-se tão fraco que desejou morrer.
"Para mim é melhor morrer que viver des-
se modo", disse ele.
9 Deus perguntou a Jonas: "Você acha
certo ficar tão irado por causa da planta?".
Jonas respondeu: "Sim, acho certo ficar
tão irado a ponto de querer morrer!".
10 Então o SENHOR disse: "Você tem com-
paixão de uma planta, embora não tenha
feito coisa alguma para que ela cresces-
se. Ela depressa apareceu e depressa mur-
chou. 11 Nínive, porém, tem mais de 120
mil pessoas que não sabem decidir entre
o certo e o errado,[b] sem falar de muitos
animais. Acaso não devo ter compaixão
dessa grande cidade?".

[a] **3.3** Em hebraico, *uma grande cidade para Deus, de três dias de jornada.*

[b] **4.11** Em hebraico, *pessoas que não sabem distinguir a mão direita da mão esquerda.*

Profetas Menores

Miqueias

Livro 33 com

7

CAPÍTULOS

SIGNIFICADO DO TÍTULO

O nome "Miqueias" vem do hebraico *Micha'yahu*, que significa "Quem é como Javé?".

AUTORIA

Miqueias, de Moresete (Mq 1.1), é o autor do livro que leva seu nome. Ele foi contemporâneo de Isaías, Amós e Oseias, e sua atividade profética ocorreu durante os reinados de Jotão, Acaz e Ezequias, reis de Judá.

ESTRUTURA DO LIVRO

- ★ Juízo contra Samaria e Jerusalém Mq 1
- ★ Condenação dos líderes injustos Mq 2—3
- ★ Promessa de redenção Mq 4—5
- ★ Controvérsia do Senhor com seu povo Mq 6.1-8
- ★ Lamento e esperança Mq 6.9—7

OBJETIVO DO LIVRO

Denunciar a injustiça social e a corrupção em Judá e Israel, proclamar a justiça e a misericórdia de Deus e anunciar o juízo iminente — junto com a promessa de restauração.

TEMAS DO LIVRO

Miqueias destaca a necessidade de justiça, misericórdia e humildade diante de Deus (Mq 6.8). A soberania do Senhor é afirmada, tanto em juízo quanto em restauração. O livro nos lembra de que a verdadeira fé se manifesta em ações justas e amorosas.

MIQUEIAS E CRISTO

Miqueias aponta diretamente para Cristo ao prever seu nascimento em Belém (Mq 5.2). Além disso, Jesus é a encarnação perfeita da justiça e misericórdia proclamadas por Miqueias, e sua vida e obra cumprem a esperança de redenção anunciada pelo profeta.

1 O SENHOR deu esta mensagem a Miqueias, de Moresete, durante os anos em que Jotão, Acaz e Ezequias foram reis de Judá. As visões diziam respeito a Samaria e a Jerusalém.

GRANDE TRISTEZA POR SAMARIA E JERUSALÉM

2 Prestem atenção, todos os povos!
Que a terra e tudo que
nela há ouçam!
O SENHOR Soberano faz
acusações contra vocês;
de seu santo templo
o Senhor fala.
3 Vejam, o SENHOR se aproxima!
Ele deixa seu trono nos céus
e pisa sobre os lugares
altos da terra.
4 Os montes se derretem sob seus pés
e escorrem para os vales,
como cera no fogo,
como água que desce pela encosta.
5 E por que isso acontece?
Por causa da rebeldia de Israel,
dos pecados dos
descendentes de Jacó.
Quem é responsável pela
rebeldia de Israel?
Samaria, sua capital!
Onde fica o centro de
idolatria de Judá?
Em Jerusalém, sua capital!

6 "Por isso, transformarei a
cidade de Samaria
num monte de ruínas.
Farei de suas ruas
um campo para plantar videiras.
Atirarei no vale as pedras
de seus muros,
até que os alicerces
fiquem descobertos.
7 Todas as suas imagens esculpidas
serão despedaçadas,
todos os seus tesouros sagrados
serão queimados.
Isso tudo foi comprado
com o pagamento
de sua prostituição
e será levado embora
para pagar prostitutas em outro lugar."

8 Por isso, chorarei
e lamentarei;
andarei descalço e nu.
Uivarei como o chacal
e gemerei como a coruja.
9 Pois a ferida de meu povo
não tem cura.
Chegou a Judá,
até as portas de Jerusalém.

10 Não contem isso a nossos
inimigos em Gate;[a]
não chorem.
Vocês, habitantes de Bete-Leafra,[b]
rolem no pó.
11 Vocês, habitantes de Safir,[c]
vão para o exílio, nus
e envergonhados.
Os habitantes de Zaanã[d]
não se atrevem a sair da cidade.
Os habitantes de Bete-Ezel[e]
estão em prantos,
pois não têm proteção.
12 Os habitantes de Marote[f]
anseiam por alívio,
mas a calamidade
do SENHOR chega
até os portões de Jerusalém.

13 Atrelem os cavalos a suas
carruagens e fujam,
habitantes de Laquis.[g]
Você foi a primeira cidade
em Judá
a seguir Israel em sua rebeldia,
e levou a bela Sião[h] a pecar.
14 Deem presentes de despedida
a Moresete-Gate;[i]
a cidade de Aczibe[j] enganou
os reis de Israel.

---

[a] **1.10a** *Gate* tem som parecido com o termo hebraico para "contar".
[b] **1.10b** *Bete-Leafra* significa "casa do pó".
[c] **1.11a** *Safir* significa "agradável".
[d] **1.11b** *Zaanã* tem som parecido com o termo hebraico para "sair".
[e] **1.11c** *Bete-Ezel* significa "casa adjacente".
[f] **1.12** *Marote* tem som parecido com o termo hebraico para "amargo".
[g] **1.13a** *Laquis* tem som parecido com o termo hebraico para "parelha de cavalos".
[h] **1.13b** Em hebraico, *a filha de Sião*.
[i] **1.14a** *Moresete* tem som parecido com o termo hebraico para "presente" ou "dote".
[j] **1.14b** *Aczibe* tem som parecido com o termo hebraico para "engano".

[15] Ó habitantes de Maressa,[a]
trarei um conquistador para
tomar sua cidade.
E a liderança[b] de Israel
irá a Adulão.

[16] Ó habitantes de Judá,
raspem a cabeça,
pois seus filhos queridos
serão levados para longe.
Fiquem calvos como a águia,
pois seus pequenos serão
exilados em terras distantes.

JULGAMENTO CONTRA OS OPRESSORES RICOS

2 Que aflição espera vocês que
ficam acordados à noite
fazendo planos perversos!
Levantam-se ao amanhecer
para realizá-los,
só porque têm poder para isso.
[2] Quando desejam um terreno,
encontram um modo de
se apropriar dele.
Quando querem a casa de alguém,
tomam-na por meio de violência.
Oprimem um homem para que lhes
entregue sua propriedade
e deixam a família dele sem herança.

[3] Portanto, assim diz o SENHOR:
"Eu retribuirei sua maldade
com maldade;
não conseguirão livrar o
pescoço do laço.
Não andarão mais com arrogância,
pois será um tempo de calamidade".

[4] Naquele dia, seus inimigos
zombarão de vocês
e entoarão canções de
lamento a seu respeito:
"Estamos acabados,
totalmente arruinados!
Deus confiscou nossa terra,
ele a tomou de nós.
Entregou nossos campos
àqueles que nos levaram cativos".

[5] Então outros estabelecerão suas divisas,
e o povo do SENHOR será ignorado
na hora de repartir a terra.

VERDADEIROS E FALSOS PROFETAS

[6] "Não diga uma coisa dessas",
o povo responde.[c]
"Não profetize dessa maneira;
essa desgraça jamais nos acontecerá!"

[7] Acaso deve falar desse modo,
ó povo de Israel?[d]
O Espírito do SENHOR terá paciência
com essa conduta?
Se fizesse o que é certo,
minhas palavras lhe trariam consolo.
[8] Até agora, porém,
meu povo se rebela contra mim,
como se fosse um inimigo.
Roubam a túnica daqueles
que confiaram em vocês
e os deixam aos farrapos,
como quem volta da batalha.
[9] Expulsaram mulheres de
seus lares confortáveis
e tomaram para sempre de seus filhos
tudo que Deus lhes deu.
[10] Levantem-se! Vão embora!
Esta não é mais sua
terra nem seu lar,
pois vocês a encheram de pecado
e a arruinaram por completo.
[11] Se um profeta que vive a
mentir lhes dissesse:
"Proclamarei para vocês
as alegrias do vinho e da bebida forte",
de um profeta assim vocês
se alegrariam!

ESPERANÇA DE RESTAURAÇÃO

[12] "Algum dia, ó Israel,[e]
reunirei os que restaram.
Juntarei vocês novamente,
como ovelhas no curral,
como rebanho em seu pasto.

---

[a] **1.15a** *Maressa* tem som parecido com o termo hebraico para "conquistador".

[b] **1.15b** Em hebraico, *a glória*.

[c] **2.6** Ou *os profetas respondem*; em hebraico, *eles profetizam*.

[d] **2.7** Em hebraico, *ó casa de Jacó?* Os nomes "Jacó" e "Israel" são usados de forma intercambiável ao longo de todo o Antigo Testamento e se referem, por vezes, ao patriarca e, em outras ocasiões, à nação.

[e] **2.12** Em hebraico, *Jacó*. Ver nota em 2.7.

Sim, sua terra voltará a se encher
do ruído das multidões.
13 Seu líder abrirá o caminho
e os conduzirá para fora do exílio,
pelas portas das cidades inimigas,
de volta para sua terra.
Seu rei os conduzirá;
o próprio SENHOR os guiará."

JULGAMENTO CONTRA OS LÍDERES DE ISRAEL

3 Eu disse: "Ouçam,
líderes de Israel!
Vocês deveriam saber
o que é certo,
2 mas odeiam o bem
e amam o mal.
Esfolam meu povo
e arrancam a carne de seus ossos.
3 Sim, comem a carne
de meu povo;
arrancam sua pele e
quebram seus ossos.
Cortam-no em pedaços,
como carne para a panela.
4 Então, na hora da aflição,
clamam ao SENHOR;
esperam mesmo que
ele responda?
Depois de todo o mal que fizeram,
ele nem olhará para vocês!".

5 Assim diz o SENHOR:
"Vocês, falsos profetas, fazem
meu povo se desviar!
Prometem paz aos que
lhes dão comida,
mas anunciam guerra aos
que não os alimentam.
6 Agora, a noite se fechará
ao seu redor
e acabará com suas visões.
A escuridão os cobrirá
e dará fim a suas predições.
O sol se porá para os profetas,
e seu dia chegará ao fim.
7 Então vocês, videntes,
serão envergonhados,
e vocês, adivinhos,
serão humilhados.
Cobrirão a boca,
porque não há resposta de Deus".

8 Quanto a mim, estou cheio de poder,
cheio do Espírito do SENHOR.
Estou cheio de justiça e força
para anunciar o pecado e
a rebeldia de Israel.
9 Escutem, líderes de Israel!
Vocês odeiam a justiça e
distorcem o que é certo.
10 Constroem Jerusalém
sobre um alicerce de
homicídio e corrupção.
11 Os governantes julgam conforme
os subornos que recebem,
os sacerdotes cobram
para ensinar a lei,
os profetas só profetizam
quando são pagos,
e, no entanto, todos afirmam
depender do SENHOR.
Dizem: "Nenhum mal nos acontecerá,
pois o SENHOR está em nosso meio".
12 Por causa de vocês, o monte Sião
será arado como um campo;
Jerusalém será transformada
num monte de ruínas.
Crescerá mato na colina,
onde hoje fica o templo.

O REINO FUTURO DO SENHOR

4 Nos últimos dias, o monte
da casa do SENHOR
será o mais alto de todos.
Será elevado acima das colinas,
e povos de todo o mundo irão até lá.
2 Gente de muitas nações virá e dirá:
"Venham, subamos ao
monte do SENHOR,
à casa do Deus de Jacó.
Ali ele nos ensinará como
devemos viver
e andaremos em seus caminhos".
Pois a lei do SENHOR sairá de Sião;
sua palavra sairá de Jerusalém.
3 O SENHOR será mediador entre povos
e resolverá conflitos entre nações
poderosas e distantes.
Elas forjarão suas espadas
para fazer arados
e transformarão suas lanças
em podadeiras.
As nações já não lutarão entre si,
nem treinarão mais para a guerra.

Temos muita facilidade em desejar uma porção de coisas, mas nem sempre estamos dispostas a pagar o preço pelo que almejamos.

4 Todos viverão em paz,
sentados sob suas videiras e figueiras,
pois não haverá nada a temer.
Assim prometeu
o SENHOR dos Exércitos!
5 Embora as nações ao redor
sigam seus deuses,
nós seguiremos o SENHOR,
nosso Deus, para sempre.

ISRAEL VOLTA DO EXÍLIO

6 "Naquele dia", diz o SENHOR,
"reunirei os fracos,
os que foram exilados,
aqueles a quem feri.
7 Os fracos sobreviverão como
um remanescente,
os exilados se tornarão uma nação forte.
Então eu, o SENHOR,
reinarei sobre eles no monte
Sião, para sempre."
8 Quanto a você, bela Sião,
fortaleza do povo de Deus,[a]
voltará a ter força
e poder soberano.
O reino de minha preciosa Jerusalém[b]
será restaurado.

9 Agora, por que grita de terror?
Acaso não tem rei para governá-la?
Morreram todos os seus sábios?
Sim, você foi tomada de dor
como a mulher que dá à luz.
10 Ó habitantes da bela Sião,[c]
contorçam-se e gemam, como a
mulher em trabalho de parto,
pois terão de deixar a cidade
para morar nos campos.
Vocês serão enviados ao exílio
na distante Babilônia.
Ali, porém, o SENHOR os libertará;
ele os livrará das garras
de seus inimigos.

11 Agora muitas nações se
reuniram contra você,
dizendo: "Que ela seja profanada!
Vejamos a destruição de Sião!".
12 Mas elas não conhecem os
pensamentos do SENHOR,
nem entendem seu plano.
Essas nações não sabem
que ele as reúne
para serem batidas e pisadas,
como feixes de cereal na eira.

13 "Levante-se e esmague as
nações, ó bela Sião![d]
Pois eu lhe darei chifres de
ferro e cascos de bronze,
para que pisoteie muitas
nações até despedaçá-las.
Você dedicará ao SENHOR as
riquezas que elas roubaram;
dedicará seus tesouros ao
Soberano de toda a terra."

5 1[e] Mobilizem-se!
Reúnam suas tropas!
O inimigo cerca Jerusalém.
Com uma vara ferirá
o rosto do líder de Israel.

UM GOVERNANTE DE BELÉM

2[f] Mas você, ó Belém Efrata,
é apenas uma pequena vila
entre todo o povo de Judá.
E, no entanto, um governante de Israel,
cujas origens são do
passado distante,
sairá de você em meu favor.
3 O povo de Israel será entregue
a seus inimigos,
até que a mulher em trabalho
de parto dê à luz.
Por fim, seus compatriotas
voltarão do exílio para
sua própria terra.
4 Ele se levantará para conduzir seu
rebanho com a força do SENHOR
e a majestade do nome do
SENHOR, seu Deus.
Então seu povo viverá tranquilo,
pois ele será exaltado
em todo o mundo
5 e será a fonte de paz.

[a] **4.8a** Em hebraico, *Quanto a você, Migdal-Eder, / o Ofel da filha de Sião.*
[b] **4.8b** Em hebraico, *da filha de Jerusalém.*
[c] **4.10** Em hebraico, *filha de Sião.*
[d] **4.13** Em hebraico, *Levante-se e debulhe, ó filha de Sião.*
[e] **5.1** No texto hebraico, o versículo 5.1 é numerado 4.14.
[f] **5.2** No texto hebraico, os versículos 5.2-15 são numerados 5.1-14.

Quando os assírios invadirem
nossa terra
e romperem nossas defesas,
nomearemos sete pastores
para nos proteger,
oito príncipes para nos conduzir.
6 Eles conquistarão a Assíria
com a espada
e entrarão pelas portas da
terra de Ninrode.
Ele nos livrará dos assírios,
quando eles passarem pelas
fronteiras
para invadir nossa terra.

A PURIFICAÇÃO DO REMANESCENTE

7 Então o remanescente de Israel[a]
ocupará seu lugar entre as nações.
Será como o orvalho enviado
pelo Senhor,
como a chuva que cai
sobre a grama,
que ninguém é capaz de conter
e ninguém consegue deter.
8 Sim, o remanescente de Israel
ocupará seu lugar entre as nações.
Será como o leão entre os
animais no bosque,
como o leão forte no meio de
rebanhos de ovelhas,
que as ataca e as despedaça
quando passam,
sem que ninguém as livre.
9 O povo de Israel enfrentará
seus adversários,
e todos os seus inimigos
serão exterminados.

10 "Naquele dia", diz o Senhor,
"matarei seus cavalos
e destruirei seus carros de guerra.
11 Derrubarei seus muros
e demolirei suas fortalezas.
12 Acabarei com a prática da feitiçaria,
e não haverá mais adivinhos.
13 Destruirei seus ídolos e
suas colunas sagradas,
para que vocês nunca mais adorem
as obras de suas mãos.
14 Acabarei com seus santuários
e postes de Aserá
e destruirei suas cidades.
15 Com terrível ira, derramarei
minha vingança
sobre todas as nações que
não me obedeceram."

AS ACUSAÇÕES DO SENHOR CONTRA ISRAEL

6 Ouçam o que o Senhor diz:

"Levantem-se e apresentem sua causa!
Que os montes e as colinas sejam
testemunhas de suas queixas.
2 E agora, ó montes e firmes
alicerces da terra,
ouçam a queixa do Senhor.
Ele julgará seu povo,
fará acusações contra Israel.

3 "Ó meu povo, o que fiz para
se cansarem de mim?
Respondam-me!
4 Eu os tirei do Egito e os
resgatei da escravidão;
enviei Moisés, Arão e
Miriã para guiá-los.
5 Ó meu povo, não se lembra de
como Balaque, rei de Moabe,
planejou que você
fosse amaldiçoado,
e como, em vez disso, Balaão,
filho de Beor, o abençoou?
Não recorda sua viagem do vale
das Acácias[b] a Gilgal,
quando eu, o Senhor, lhe revelei
minha fidelidade?"

6 Que podemos apresentar ao Senhor?
Devemos trazer holocaustos
ao Deus Altíssimo?
Devemos nos prostrar diante dele
com ofertas de bezerros de um ano?
7 Devemos oferecer ao Senhor
milhares de carneiros
e dez mil rios de azeite?
Devemos sacrificar nossos
filhos mais velhos
para pagar por nossos pecados?

---

[a] **5.7** Em hebraico, *Jacó*; também em 5.8. Ver nota em 2.7.

[b] **6.5** Em hebraico, *Sitim*.

[8] Ó povo, o SENHOR já lhe
declarou o que é bom
e o que ele requer de você:
que pratique a justiça, ame
a misericórdia
e ande humildemente
com seu Deus.

A CULPA E O CASTIGO DE ISRAEL

[9] Se forem sábios, temam o SENHOR!
Sua voz clama a todos em Jerusalém:
"Ouçam os exércitos de destruição;
o SENHOR os envia.[a]
[10] Que direi sobre as casas
dos perversos,
cheias de tesouros obtidos
pelo engano?
E quanto à prática repulsiva
de calcular cereais com
medidas falsas?[b]
[11] Como posso aceitar seus
comerciantes
que usam balanças e
pesos desonestos?
[12] Os ricos entre vocês enriqueceram
por meio de extorsão e violência.
Seus habitantes estão
acostumados a mentir;
sua língua não consegue
mais dizer a verdade.

[13] "Por isso eu a farei sofrer!
Em ruínas a deixarei por
causa de seus pecados.
[14] Você comerá, mas nunca se saciará;
continuará a sentir as dores de fome.
E, embora tente economizar
alguma coisa,
no fim nada lhe sobrará.
O pouco que você ajuntar
darei àqueles que a conquistarem.
[15] Você semeará plantações,
mas não as colherá.
Espremerá azeitonas,
mas não terá óleo suficiente
para se ungir.
Pisará uvas,
mas não obterá suco
para fazer vinho.
[16] Você obedece apenas às
leis do rei Onri
e segue apenas as práticas
do rei Acabe.
Por isso farei de você um exemplo
e a levarei à ruína.
Será tratada com desprezo
e insultada por todos que a virem".

SOFRIMENTO TRANSFORMADO EM ESPERANÇA

7 Pobre de mim!
Sinto-me como quem apanha
frutas depois da colheita
e nada encontra para comer.
Não há um cacho de uvas sequer,
nem um único figo novo
para saciar minha fome.
[2] Os fiéis desapareceram;
não resta uma só pessoa
honesta na terra.
São todos assassinos,
que preparam armadilhas até
para os próprios irmãos;
[3] suas mãos são hábeis
para fazer o mal.
Governantes e juízes
exigem subornos;
os mais influentes conseguem
o que querem
e tramam juntos para
perverter a justiça.
[4] Até o melhor deles é como
um espinheiro,
e o mais honesto é perigoso
como uma cerca de espinhos.
Mas o dia anunciado se aproxima;
está chegando a hora de seu
castigo, um tempo de confusão.
[5] Não confie em ninguém,
nem mesmo em seu melhor amigo,
nem sequer em sua esposa.
[6] Pois o filho despreza o pai,
a filha se rebela contra a mãe,
a nora se rebela contra a sogra;
seus inimigos estão em
sua própria casa!

[7] Quanto a mim, busco o SENHOR
e espero confiante que
Deus me salve;
certamente meu Deus me ouvirá!

---

[a] **6.9** Em hebraico, *Ouçam a vara; / quem a nomeou?*
[b] **6.10** Em hebraico, *usar o efa curto?* O efa era uma unidade para medir cereais.

[8] Não se alegrem, meus inimigos;
pois, mesmo que eu caia,
voltarei a me levantar.
Ainda que eu esteja em trevas,
o Senhor será minha luz.
[9] Serei paciente enquanto o
Senhor me castiga,
pois pequei contra ele.
Depois disso, ele defenderá
minha causa
e fará o que é direito.
O Senhor me levará para a luz,
e verei sua justiça.
[10] Então meus inimigos verão que
o Senhor está do meu lado
e se envergonharão de ter dito:
"Onde está o Senhor,
seu Deus?".
Com os próprios olhos
eu os verei cair;
serão pisados como
lama nas ruas.

[11] Naquele dia, Israel, seus muros
serão reconstruídos,
e suas fronteiras, ampliadas.
[12] Gente de muitas terras
virá até você:
desde a Assíria até as
cidades do Egito,
desde o Egito até o rio Eufrates,[a]
e de mares e montes distantes.
[13] A terra, porém, ficará
vazia e desolada,
por causa da maldade dos
que nela habitam.

A COMPAIXÃO DO SENHOR POR ISRAEL

[14] Ó Senhor, protege teu povo
com teu cajado de pastor;
conduz este rebanho
que pertence a ti!
Embora vivam sozinhos num bosque
no alto do monte Carmelo,[b]
leva-os para pastar nos campos
verdes de Basã e Gileade,
como faziam muito tempo atrás.

[15] "Sim, realizarei grandes
milagres em seu favor,
como fiz quando os resgatei
da terra do Egito."

[16] Todas as nações ficarão admiradas
do que o Senhor fará por vocês.
Elas terão vergonha
de seu pequeno poder;
cobrirão a boca com as mãos
e taparão os ouvidos.
[17] Como serpentes que rastejam
para fora de seus esconderijos,
sairão ao encontro do
Senhor, nosso Deus.
Terão muito temor dele
e tremerão em sua presença.

[18] Que outro Deus há semelhante a ti,
que perdoas a culpa do
remanescente
e esqueces os pecados dos
que te pertencem?
Não permanecerás irado com
teu povo para sempre,
pois tens prazer em
mostrar teu amor.
[19] Voltarás a ter compaixão de nós;
pisarás nossas maldades
sob teus pés
e lançarás nossos pecados
nas profundezas do mar.
[20] Tu nos mostrarás tua
fidelidade e teu amor
como prometeste há muito tempo
a Abraão e a Jacó,
nossos antepassados.

[a] **7.12** Em hebraico, *o rio.*

[b] **7.14** Ou *cercado por uma terra fértil.*

Profetas Menores

Naum

Livro 34 com 3 CAPÍTULOS

A JUSTIÇA DE DEUS NOS JULGAMENTOS

AUTORIA

O livro é atribuído ao profeta Naum, cujo nome significa "conforto" ou "consolação". Pouco se sabe sobre sua vida pessoal, exceto o que pode ser inferido de seu próprio livro, que sugere uma origem em Elcós, cidade localizada na região da Assíria.

Naum profetizou provavelmente pouco antes da destruição de Nínive, capital do Império Assírio, por volta de 612 a.C. Sua mensagem é uma proclamação poderosa da justiça de Deus sobre as nações ímpias, especialmente a Assíria.

OBJETIVO DO LIVRO

Anunciar o juízo iminente sobre Nínive, capital do Império Assírio, como punição pelos pecados e pela opressão sobre os povos vizinhos, incluindo Judá.

TEMAS DO LIVRO

Naum apresenta um retrato vívido da justiça divina que se cumprirá na história, lembrando os leitores da soberania absoluta de Deus sobre as nações.

O juízo sobre Nínive não é apenas uma punição por seus pecados, mas também uma demonstração do cuidado de Deus pelo seu povo. Naum 1.7 destaca a confiança na proteção divina: "O Senhor é bom; é forte refúgio quando vem a aflição. Está perto dos que nele confiam".

Para os cristãos, Naum serve como um lembrete da santidade de Deus e da certeza do juízo sobre o mal.

NAUM E CRISTO

Naum 1.15 proclama: "Vejam, um mensageiro vem pelas montanhas com boas notícias! Ele traz uma mensagem de paz [...]". Esse versículo é tido como uma prefiguração da chegada de Jesus, o Messias, que trouxe paz e salvação ao mundo.

Assim como Naum anunciou a queda de Nínive e a justiça de Deus, Jesus revelou o plano divino de redimir a humanidade do pecado e restaurar a comunhão com o Senhor.

ESTRUTURA DO LIVRO

- ★ A sentença contra Nínive Na 1.1
- ★ A ira de Deus contra Nínive Na 1.2-15
- ★ A destruição de Nínive Na 2
- ★ O julgamento de Nínive Na 3

1 Naum, que vivia em Elcós, recebeu numa visão esta mensagem acerca de Nínive.

A IRA DO SENHOR CONTRA NÍNIVE

2 O Senhor é Deus zeloso,
cheio de vingança e ira.
Vinga-se de todos que a ele se opõem
e reserva sua fúria para
seus inimigos.
3 O Senhor é lento para se irar,
mas tem grande poder
e nunca deixa de castigar o culpado.
Demonstra seu poder no
vendaval e na tempestade;
as nuvens são poeira
debaixo de seus pés.
4 À sua ordem, os oceanos secam
e os rios desaparecem.
Os pastos verdejantes de Basã
e do Carmelo se esvaem,
e os bosques do Líbano murcham.
5 Em sua presença, os montes tremem
e as colinas se derretem;
a terra estremece
e seus habitantes são destruídos.
6 Quem pode resistir à sua indignação?
Quem pode sobreviver à
sua ira ardente?
Sua fúria queima como fogo,
e os montes desabam
em sua presença.

7 O Senhor é bom;
é forte refúgio quando
vem a aflição.
Está perto dos que nele confiam,
8 mas arrasará seus inimigos[a]
com uma tremenda inundação.
Perseguirá seus adversários
escuridão adentro.

9 Por que vocês tramam
contra o Senhor?
Ele os destruirá com um só golpe;
não precisará vir outra vez.
10 Seus inimigos, emaranhados
como espinheiros
e cambaleantes como bêbados,
serão queimados como palha seca.

[a] **1.8** Conforme a Septuaginta; o hebraico traz *arrasará seu lugar.*

11 Ó Nínive, quem é esse seu
conselheiro perverso,
que trama o mal contra o Senhor?

12 Assim diz o Senhor:
"Embora os assírios tenham
muitos aliados,
serão destruídos e desaparecerão.
Ó meu povo, eu o castiguei antes,
mas não o castigarei outra vez.
13 Agora quebrarei o jugo
sobre seu pescoço
e arrancarei as correntes
de sua opressão".

14 E assim diz o Senhor
acerca dos assírios:
"Vocês não terão mais filhos para
dar continuidade ao seu nome;
destruirei todos os ídolos nos
templos de seus deuses.
Estou preparando uma
sepultura para vocês,
pois são desprezíveis!".

15[b] Vejam, um mensageiro vem pelas
montanhas com boas notícias!
Ele traz uma mensagem de paz.
Celebrem suas festas,
ó habitantes de Judá,
e cumpram seus votos,
pois seus inimigos perversos nunca
mais invadirão sua terra;
serão completamente destruídos.

A QUEDA DE NÍNIVE

2 1[c] Ó Nínive, seu inimigo
vem destruí-la.
Guarde as muralhas!
Vigie as estradas!
Prepare suas defesas!
Reúna suas forças!

2 Embora os saqueadores
tenham despojado Israel,
o Senhor restaurará sua honra.
Os ramos da videira foram arrancados,
mas ele restaurará seu esplendor.

[b] **1.15** No texto hebraico, o versículo 1.15 é numerado 2.1.
[c] **2.1** No texto hebraico, os versículos 2.1-13 são numerados 2.2-14.

³ Os escudos de seus guerreiros
são vermelhos;
vejam os uniformes escarlates
dos soldados valentes!
Observem seus reluzentes carros
de guerra se alinharem,
enquanto as lanças se
agitam acima deles.
⁴ Os implacáveis carros de
guerra percorrem as ruas
e atravessam velozes as praças.
Brilham como tochas de fogo
e se movem com a rapidez
de relâmpagos.
⁵ Os oficiais são convocados
e, de tanta pressa, saem tropeçando,
correndo para os muros a fim
de organizar as defesas.
⁶ As comportas do rio foram abertas!
O palácio está prestes a desabar!
⁷ O exílio de Nínive foi decretado,
e todas as servas lamentam
sua derrota.
Gemem como pombas
e batem no peito em sinal de tristeza.
⁸ Nínive é como um açude rompido,
que deixa vazar seu povo.
"Parem! Parem!", alguém grita,
mas ninguém olha para trás.
⁹ Saqueiem a prata!
Levem o ouro!
Os tesouros de Nínive não têm fim;
sua riqueza é incalculável.
¹⁰ A cidade é saqueada e fica
vazia e arruinada;
corações se derretem e
joelhos vacilam.
O povo fica angustiado,
de rosto pálido, tremendo de medo.

¹¹ Onde está agora a grande Nínive,
toca cheia de leões?
Ali o povo, como leões e seus filhotes,
andava livremente e sem temor.
¹² O leão despedaçava a carne
para seus filhotes
e estrangulava a presa para a leoa.
Enchia sua toca de presas e suas
cavernas, de despojos.

¹³ "Sou seu inimigo!",
diz o SENHOR dos Exércitos.
"Em breve seus carros serão queimados,
e seus jovens[a] morrerão na batalha.
Você nunca mais saqueará
nações conquistadas;
jamais se ouvirá novamente a
voz de seus mensageiros."

JULGAMENTO DO SENHOR CONTRA NÍNIVE

3 Que aflição espera Nínive,
cidade de homicídio e mentiras!
É cheia de riquezas tomadas à força,
e nunca lhe faltam vítimas.
² Ouçam o estalo de chicotes,
o estrondo de rodas!
Os cavalos vêm galopando,
e os carros de guerra
sacodem sem parar.
³ Vejam as espadas faiscantes
e as lanças reluzentes
quando passa a cavalaria!
Há incontáveis mortos,
montes de cadáveres.
Os corpos são tantos
que os vivos neles tropeçam.
⁴ Tudo isso porque Nínive,
prostituta bela,
dona de encantamentos mortais,
seduziu as nações com sua beleza.
Ensinou a elas sua magia
e enfeitiçou gente de toda parte.

⁵ "Sou seu inimigo!",
diz o SENHOR dos Exércitos.
"Agora levantarei suas vestes
e mostrarei às nações sua
nudez e vergonha.
⁶ Cobrirei você de sujeira
e mostrarei ao mundo
como é desprezível.
⁷ Todos que a virem se
afastarão e dirão:
'Nínive está arruinada!
Onde estão os que choram por ela?'.
Alguém lamentará sua destruição?"

⁸ Acaso você é melhor que
a cidade de Tebas,[b]
situada junto ao rio Nilo
e cercada de água?

[a] **2.13** Em hebraico, *leões jovens*.
[b] **3.8** Em hebraico, *Nô-Amom*; também em 3.10.

Por todos os lados era protegida pelo rio,
e as águas eram seus muros.
9 A Etiópia[a] e a terra do Egito
lhe davam apoio ilimitado.
A nação de Pute e a Líbia
estavam entre seus aliados.
10 E, no entanto, Tebas foi conquistada,
e seus habitantes, levados
como escravos.
Seus bebês foram lançados
com violência
contra as pedras nas ruas.
Soldados tiraram sortes para decidir
quem levaria oficiais
egípcios como servos;
todos os seus líderes
foram acorrentados.

11 E você, Nínive, também
tropeçará como um bêbado
e se esconderá de medo do
inimigo que ataca.
12 Todas as suas fortalezas cairão;
serão devoradas como figos maduros
que caem na boca
de quem sacode a árvore.
13 Seus soldados ficarão fracos
e indefesos como mulheres.
Os portões de sua terra serão
escancarados para o inimigo,
e fogo consumirá as trancas.
14 Prepare-se para o cerco!
Estoque água!
Reforce suas defesas!
Entre nos buracos para pisar o barro,
coloque-o nas formas
e faça tijolos para reparar os muros!

15 Mesmo assim, o fogo a devorará;
a espada a exterminará.
O inimigo a consumirá
como gafanhotos
que devoram tudo pela frente.
Mesmo que você se multiplique
como gafanhotos,
não haverá como escapar.
16 Seus comerciantes se tornaram
mais numerosos que as
estrelas do céu.
Mas, como nuvem de gafanhotos,
devastam a terra e voam
para longe.
17 Seus guardas[b] e oficiais também
são como gafanhotos,
que se ajuntam sobre os
muros nos dias frios.
Mas, como gafanhotos que voam
embora quando o sol aparece,
todos vão para longe
e desaparecem.

18 Seus líderes[c] dormem, ó rei assírio;
seus nobres estão mortos,
estendidos no pó.
Seu povo está espalhado
pelos montes,
e não há quem os reúna.
19 Não há cura para sua ferida;
ela é mortal.
Todos que ouvirem sobre
sua destruição
baterão palmas de alegria.
Onde se poderá encontrar alguém
que não sofreu com sua
constante crueldade?

[a] **3.9** Em hebraico, *Cuxe*.

[b] **3.17** Ou *príncipes*.
[c] **3.18** Ou *pastores*.

Profetas Menores

Livro 35 com

Habacuque

3

CAPÍTULOS

AUTORIA

Habacuque é tradicionalmente considerado o autor desse livro, embora haja poucas informações sobre sua vida. O nome "Habacuque" significa "abraço" ou "acolhimento".

Habacuque profetizou durante um período crítico de injustiça e corrupção em Judá, por volta de 600 a.C., pouco antes da queda de Jerusalém para os babilônios. Ele confronta Deus com perguntas sobre a aparente inação diante do mal que aflige o povo escolhido.

OBJETIVO DO LIVRO

Registrar os questionamentos do profeta a Deus sobre a injustiça e o sofrimento dos justos diante da prosperidade dos ímpios, revelando que o Senhor é soberano sobre todas as circunstâncias.

TEMAS DE HABACUQUE

Habacuque destaca a soberania de Deus e a necessidade de viver pela fé. O profeta questiona Deus sobre o mal e a injustiça, e Deus responde que, mesmo quando as circunstâncias são incompreensíveis, os justos devem confiar nele.

A PREOCUPAÇÃO DIVINA COM A INJUSTIÇA

ESTRUTURA DO LIVRO

- ★ Primeira queixa de Habacuque Hc 1.1-4
- ★ Resposta de Deus Hc 1.5-11
- ★ Segunda queixa de Habacuque Hc 1.12—2.1
- ★ Resposta de Deus: o justo viverá pela fé Hc 2.2-5
- ★ Cinco ais contra os iníquos Hc 2.6-20
- ★ Oração de Habacuque Hc 3

HABACUQUE E CRISTO

A mensagem de que o justo viverá por sua fé (cf. Hc 2.4) é fundamental para a doutrina da justificação pela fé em Cristo (Rm 1.17; Gl 3.11; Hb 10.38).

Além disso, o livro mostra Deus como soberano sobre os eventos históricos, preparando o caminho para a vinda de Cristo, que cumpre o plano soberano de redenção.

Habacuque fala, ainda, do julgamento dos ímpios e da salvação dos justos, temas plenamente realizados em Cristo.

1 Esta é a mensagem que o profeta Habacuque recebeu numa visão.

A QUEIXA DE HABACUQUE

2 Até quando, SENHOR, terei
de pedir socorro?
Tu, porém, não ouves.
Clamo: "Há violência
por toda parte!",
mas tu não vens salvar.
3 Terei de ver estas maldades
para sempre?
Por que preciso assistir
a tanta opressão?
Para qualquer lugar que olho,
vejo destruição e violência.
Estou cercado de pessoas
que discutem e brigam
o tempo todo.
4 A lei está amortecida,
e não se faz justiça
nos tribunais.
Os perversos são mais
numerosos que os justos
e, com isso, a justiça
é corrompida.

A RESPOSTA DO SENHOR

5 "Observem as nações ao redor;
olhem e admirem-se![a]
Pois faço algo em seus dias,
algo em que vocês não acreditariam
mesmo que alguém lhes contasse.
6 Estou levantando os babilônios,[b]
um povo cruel e violento.
Eles marcharão por todo o mundo
e conquistarão outras terras.
7 São conhecidos por sua crueldade
e decidem por si mesmos
o que é certo.
8 Seus cavalos são mais
velozes que leopardos[c]
e mais ferozes que lobos
ao anoitecer.
Seus cavaleiros atacam,
vindos de longe;
como águias, lançam-se sobre
a presa para devorá-la.
9 "Todos eles vêm prontos para
agir com violência;
seus exércitos avançam como
o vento do deserto,
ajuntando prisioneiros
como se fossem areia.
10 Zombam de reis e príncipes
e desprezam todas as
suas fortalezas.
Constroem rampas de terra
contra seus muros
e as conquistam.
11 Passam com rapidez,
como o vento,
e desaparecem.
Sua culpa, porém, é grande,
pois têm como deus sua
própria força."

A SEGUNDA QUEIXA DE HABACUQUE

12 Ó SENHOR, meu Deus, meu
Santo, tu que és eterno
certamente não planejas
nos exterminar!
Ó SENHOR, nossa Rocha, enviaste os
babilônios para nos disciplinar,
como castigo por nossos pecados.
13 Mas tu és puro e não suportas
ver o mal e a opressão;
permanecerás indiferente
diante desses traiçoeiros?
Ficarás calado enquanto
os perversos
engolem os que são mais
justos que eles?

14 Somos apenas peixes para
ser apanhados e mortos?
Somos apenas seres do mar,
que não têm quem os guie?
15 Seremos fisgados por seus anzóis
e pegos em suas redes enquanto
eles se alegram e festejam?
16 Então eles oferecerão
sacrifícios a suas redes
e queimarão incenso diante
delas, dizendo:
"Essas redes nos enriqueceram!".
17 Deixarás que permaneçam impunes?
Continuarão a destruir
cruelmente as nações?

[a] **1.5** A Septuaginta traz *Olhem, zombadores; / olhem, admirem-se e morram.* Comparar com At 13.41.
[b] **1.6** Ou *caldeus.*
[c] **1.8** Ou *guepardos.*

2 Subirei até minha torre de vigia
e ficarei de guarda.
Ali esperarei para ver o que ele diz,
que resposta dará[a] à minha queixa.

A SEGUNDA RESPOSTA DO SENHOR

2 Então o SENHOR me disse:

"Escreva minha resposta em tábuas,
para que se possa ler
depressa e com clareza.
3 Esta é uma visão do futuro;
descreve o fim, e tudo se cumprirá.
Se parecer que demora a vir,
espere com paciência,
pois certamente acontecerá;
não se atrasará.

4 "Olhe para os arrogantes,
os perversos que em si
mesmos confiam;
o justo, porém, viverá por
sua fidelidade a Deus.[b]
5 A riqueza[c] é traiçoeira,
e os arrogantes nunca descansam.
Escancaram a boca como a sepultura[d]
e, como a morte, nunca se saciam.
Em sua cobiça, ajuntaram
muitas nações
e engoliram muitos povos.

6 "Em breve, porém, seus
cativos os insultarão;
zombarão deles, dizendo:
'Que aflição espera vocês, ladrões!
Ficaram ricos pela extorsão;
até quando continuarão
desse modo?'.
7 De repente, seus credores
tomarão providências;
eles se voltarão contra vocês
e levarão tudo que têm,
enquanto vocês olham,
trêmulos e indefesos.

[a] **2.1** Conforme a versão siríaca; o hebraico traz *darei*.
[b] **2.3b-4** A Septuaginta traz *Se a visão se demorar, espere com paciência, / pois ela certamente virá e não se atrasará. / [4] Não terei prazer algum em quem se desviar. / Mas o justo viverá por minha fé*. Comparar com Rm 1.17; Gl 3.11; Hb 10.37-38.
[c] **2.5a** Conforme o manuscrito do mar Morto 1QpHab; outros manuscritos hebraicos trazem *O vinho*.
[d] **2.5b** Em hebraico, *como o Sheol*.

8 Porque saquearam muitas nações,
agora todos os sobreviventes
os saquearão.
Cometeram homicídio nos campos
e encheram as cidades de violência.

9 "Que aflição espera vocês que
constroem casas enormes
com dinheiro obtido por
meio de opressão!
Acreditam que a riqueza
comprará segurança
e manterá sua família
afastada do perigo.
10 Mas, com os homicídios
que cometeram,
envergonharam seu nome
e condenaram a própria vida.
11 As pedras das paredes
clamam contra vocês,
e as vigas dos telhados
também se queixam.

12 "Que aflição espera vocês
que constroem cidades
com dinheiro obtido por meio
de homicídio e corrupção!
13 Acaso o SENHOR dos Exércitos
não transformará em cinzas
as riquezas das nações?
Elas trabalham com afinco,
mas de nada adianta.
14 Pois, assim como as águas
enchem o mar,
a terra se encherá do conhecimento
da glória do SENHOR.

15 "Que aflição espera vocês
que dão bebidas a seus companheiros!
Vocês os obrigam a se embriagar e
depois se alegram, maldosos,
quando eles ficam nus
e envergonhados.
16 Em breve, porém, será sua vez
de serem humilhados;
venham, bebam e fiquem
despidos e expostos![e]
Bebam do cálice do SENHOR,
e toda a sua glória será
transformada em desonra.

[e] **2.16** Os manuscritos do mar Morto, a Septuaginta e a versão siríaca trazem *e cambaleiem!*

O melhor lugar para você revelar todas as suas dificuldades, medos, aflições, tristezas e pecados, bem como as suas alegrias e gratidão, é aos pés de Cristo, no lugar secreto.

17 Derrubaram as florestas do Líbano,
agora vocês serão derrubados.
Destruíram os animais selvagens,
agora o terror deles virá sobre vocês.
Cometeram homicídio nos campos
e encheram as cidades de violência.

18 "De que vale o ídolo esculpido
por mãos humanas,
ou a imagem de metal
que só os engana?
Como é tolo confiar em sua
própria criação,
num deus que nem sequer
é capaz de falar!
19 Que aflição espera vocês que
dizem a ídolos de madeira:
'Despertem!',
e que dizem a imagens
mudas de pedra:
'Levantem-se!'.
Acaso um ídolo pode lhes
dizer o que fazer?
Apesar de serem revestidos
de ouro e prata,
não há vida dentro deles.
20 O SENHOR, porém, está em
seu santo templo;
toda a terra cale-se diante dele."

A ORAÇÃO DE HABACUQUE

3 O profeta Habacuque entoou esta oração:[a]

2 Ouvi a teu respeito, SENHOR;
estou maravilhado com tuas obras.
Neste momento de tanta necessidade,
ajuda-nos outra vez, como
fizeste no passado.
E, em tua ira,
lembra-te de tua misericórdia.

3 Vejo Deus atravessar os
desertos, vindo de Edom;[b]
o Santo vem do monte Parã.
Interlúdio[c]
Seu esplendor envolve os céus,
e a terra se enche de seu louvor.

4 Sua vinda é radiante como
o nascer do sol;
raios de luz saem de suas mãos,
onde está escondido seu poder.
5 A peste marcha adiante dele,
e a praga vem logo atrás.
6 Quando ele para, a terra estremece;
quando ele olha, as nações tremem.
Ele derruba os montes perpétuos
e arrasa as colinas antigas;
dele são os caminhos eternos.
7 Vejo o povo de Cusã em aflição,
e a nação de Midiã treme
de terror.

8 Foi com ira, SENHOR,
que feriste os rios
e dividiste o mar?
Estavas furioso com eles?
Não! Vinhas em tuas
carruagens vitoriosas!
9 Pegaste teu arco e tua aljava
cheia de flechas
e dividiste a terra com rios.
Interlúdio
10 Os montes viram e tremeram,
e as águas avançaram
com violência.
O grande abismo clamou
e levantou bem alto as mãos.
11 O sol e a lua pararam no céu
enquanto tuas flechas
brilhantes voavam
e tua lança reluzente faiscava.

12 Marchaste pela terra com ira
e, furioso, pisaste as nações.
13 Saíste para resgatar teu povo,
para libertar teus ungidos.
Esmagaste a cabeça dos perversos
e os descobriste até os ossos.
Interlúdio
14 Com tuas armas
destruíste o líder
dos que avançaram como
um vendaval,
pensando que o povo
fosse presa fácil.
15 Marchaste sobre o mar
com teus cavalos,
e as águas poderosas
se agitaram.

[a] **3.1** O hebraico acrescenta *conforme sigionote*, provavelmente uma indicação do arranjo musical para a oração.
[b] **3.3a** Em hebraico, *Temã*.
[c] **3.3b** Em hebraico, *Selá*. O significado da palavra é incerto, embora se trate, provavelmente, de um termo musical ou literário; também em 3.9,13.

16 Estremeci por dentro
quando ouvi isso;
meus lábios tremeram de medo.
Minhas pernas vacilaram,[a]
e tremi de terror.
Esperarei em silêncio pelo dia
em que a calamidade virá
sobre nossos invasores.
17 Ainda que a figueira não floresça
e não haja frutos nas videiras,
ainda que a colheita de azeitonas
não dê em nada
e os campos fiquem vazios
e improdutivos,
ainda que os rebanhos
morram nos campos
e os currais fiquem vazios,
18 mesmo assim me
alegrarei no SENHOR;
exultarei no Deus de minha salvação!
19 O SENHOR Soberano é minha força!
Ele torna meus pés firmes
como os da corça,[b]
para que eu possa andar
em lugares altos.

(Ao regente do coral: Essa oração deve ser acompanhada por instrumentos de corda.)

[a] **3.16** Em hebraico, *A decomposição entrou em meus ossos.*

[b] **3.19** Ou *Ele me dá a velocidade da corça.*

Profetas Menores

Livro 36 com

Sofonias

3

CAPÍTULOS

AUTORIA

Sofonias, cujo nome significa "Javé esconde". Ele profetizou durante o reinado do rei Josias de Judá, por volta de 640 a.C. Sofonias era descendente do rei Ezequias, o que lhe conferia posição privilegiada. Ele denunciou a corrupção religiosa e a injustiça social e advertiu sobre o iminente juízo de Deus sobre Judá e as nações.

ESTRUTURA DO LIVRO

★ Juízo iminente sobre Judá Sf 1

★ Exortação ao arrependimento Sf 2

★ Condenação de Jerusalém Sf 3.1-8

★ Promessa de restauração e bênçãos Sf 3.9-20

OBJETIVO DO LIVRO

Anunciar a vinda do "dia do Senhor", um tempo de julgamento divino sobre Judá e as nações vizinhas por sua idolatria, injustiça social e rebelião contra Deus. Sofonias também oferece esperança de restauração para os fiéis que se voltarem para o Senhor.

TEMAS DO LIVRO

Sofonias enfatiza o juízo santo de Deus contra o pecado e a rebelião, tanto do seu povo quanto das nações ao redor. Ele proclama a santidade do Senhor e sua justiça inflexível, que demanda arrependimento genuíno e retorno à obediência.

Apesar do severo juízo anunciado, o livro também oferece esperança por meio da promessa de restauração para um remanescente fiel, destacando a fidelidade de Deus em cumprir suas promessas de redenção e bênçãos futuras para o seu povo.

SOFONIAS E CRISTO

Sofonias aponta para Cristo principalmente por meio de suas profecias sobre juízo e restauração. Jesus é o cumprimento da promessa de restauração para o remanescente fiel de Deus. Ele é o Messias prometido que traz não apenas juízo sobre o pecado, mas também salvação e restauração para todos os que se arrependem e confiam nele, tornando-o o centro da esperança messiânica e redentora.

1 O SENHOR deu esta mensagem a Sofo-
nias quando Josias, filho de Amom, era
rei de Judá. Sofonias era filho de Cuchi,
filho de Gedalias, filho de Amarias, filho
de Ezequias.

JULGAMENTO FUTURO CONTRA JUDÁ

2 "Destruirei todas as coisas
sobre a face da terra", diz o SENHOR.
3 "Destruirei tanto pessoas
como animais,
destruirei as aves do céu
e os peixes do mar.
Reduzirei os perversos a
montes de escombros[a]
e exterminarei a humanidade da
face da terra", diz o SENHOR.
4 "Esmagarei Judá e Jerusalém
com meu punho
e eliminarei até o último vestígio
de seu culto a Baal.
Acabarei com os sacerdotes idólatras,
de modo que todos se
esquecerão deles.
5 Pois eles sobem a seus terraços
e se curvam para as estrelas e os astros.
Juram pelo nome do SENHOR,
mas também adoram Moloque.[b]
6 Destruirei os que antes
seguiam o SENHOR,
mas agora já não o fazem.
Não pedem a direção do SENHOR,
nem o buscam mais."

7 Fiquem em silêncio na presença
do SENHOR Soberano,
pois se aproxima o dia do SENHOR.
O SENHOR preparou seu povo para
uma grande matança
e escolheu seus carrascos.[c]
8 "Naquele dia de julgamento",
diz o SENHOR,
"castigarei os líderes e os
príncipes de Judá
e todos que seguem
costumes estrangeiros.
9 Sim, castigarei os que participam
de cultos idólatras
e enchem a casa de seus senhores
de violência e engano."

10 "Naquele dia", diz o SENHOR,
"um grito de alarme virá do
portão dos Peixes
e ressoará em todo o bairro
novo[d] da cidade;
um grande estrondo virá
das colinas.
11 Lamentem, vocês que moram
na região do mercado,[e]
pois todos os comerciantes e
negociantes serão destruídos.

12 "Vasculharei com lamparinas os
cantos mais escuros de Jerusalém,
para castigar os que vivem
acomodados em seus pecados.[f]
Pensam que o SENHOR não lhes fará
coisa alguma, nem boa nem má.
13 Por isso, seus bens
serão saqueados,
e suas casas, destruídas.
Construirão casas novas,
mas não habitarão nelas.
Plantarão videiras,
mas não beberão de seu vinho.

14 "Esse dia terrível do SENHOR
se aproxima;
ele virá depressa.
Será um dia de amargura
em que até os homens
fortes gritarão.
15 Será um dia em que o
SENHOR derramará sua ira,
dia de sofrimento e angústia,
dia de ruína e desolação,
dia de escuridão e trevas,
dia de nuvens sombrias e densas,
16 dia de toque de trombetas
e gritos de batalha.
Caem as cidades cercadas por muros
e as fortalezas mais poderosas!

[a] **1.3** O significado do hebraico é incerto.
[b] **1.5** Em hebraico, *Milcom*, variação de Moloque; pode, ainda, significar *rei deles*.
[c] **1.7** Em hebraico, *preparou um sacrifício e santificou seus convidados*.
[d] **1.10** Ou *segundo bairro*, uma nova seção de Jerusalém. O hebraico traz *o Mishneh*.
[e] **1.11** Ou *no vale*; o hebraico traz *a Maktesh*.
[f] **1.12** Em hebraico, *os que estão sedimentados como borra [de vinho]*.

17 "Porque pecaram contra o Senhor,
eu os farei tatear no
escuro como cegos.
Seu sangue será derramado no pó,
e seus corpos apodrecerão
sobre a terra."

18 Seu ouro e sua prata
não os salvarão
no dia da ira do Senhor.
Pois toda a terra será consumida
pelo fogo de seu zelo.
Ele dará um fim assustador
a todos que habitam a terra.

CHAMADO AO ARREPENDIMENTO

2 Reúna-se, ajunte-se,
ó nação desavergonhada!
2 Reúna-se antes que comece
o julgamento,
antes que o tempo passe como
palha levada pelo vento.
Tome uma providência agora,
antes que caia a terrível
fúria do Senhor
e comece o dia da ira do Senhor.
3 Todos vocês, humildes,
busquem o Senhor
e sigam suas ordens.
Busquem a justiça
e vivam com humildade;
talvez o Senhor os proteja
no dia de sua ira.

JULGAMENTO CONTRA A FILÍSTIA

4 Gaza e Ascalom serão abandonadas,
Asdode e Ecrom, demolidas.
5 Que aflição espera vocês, filisteus,[a]
que vivem no litoral e na
terra de Canaã,
pois este julgamento também
é contra vocês!
O Senhor os destruirá,
até que não reste ninguém
em seu meio.
6 O litoral filisteu se
transformará em pasto,
lugar de acampamento de pastores
e de currais para os rebanhos.

[a] **2.5** Em hebraico, *queretitas*.

7 O remanescente da tribo de
Judá ali se alimentará
e, à noite, descansará nas casas
abandonadas de Ascalom.
Pois o Senhor, seu Deus,
visitará seu povo
e, em sua bondade, os restaurará.

JULGAMENTO CONTRA MOABE E AMOM

8 "Ouvi a zombaria dos moabitas
e os insultos dos amonitas,
que riem de meu povo
e invadem suas fronteiras.
9 Agora, tão certo como eu vivo",
diz o Senhor dos Exércitos,
o Deus de Israel,
"Moabe e Amom serão destruídas,
como Sodoma e Gomorra.
Sua terra será um lugar de urtigas,
de poços de sal e
desolação sem fim.
O remanescente de meu
povo os saqueará
e tomará sua terra."

10 Eles receberão o castigo
merecido por seu orgulho,
pois zombaram do povo do
Senhor dos Exércitos.
11 O Senhor os encherá de terror
quando destruir todos os
deuses da terra.
Então nações de todo o mundo
adorarão o Senhor,
cada uma em sua terra.

JULGAMENTO CONTRA A ETIÓPIA E A ASSÍRIA

12 "Vocês, etíopes,[b] também
serão mortos
por minha espada",
diz o Senhor.

13 E, com sua mão, ele ferirá
as terras do norte
e destruirá a terra da Assíria.
Fará de Nínive uma terra
vazia e desolada,
seca como um deserto.

[b] **2.12** Em hebraico, *cuxitas*.

14 A cidade orgulhosa se tornará pasto
para rebanhos e gado,
e toda espécie de animal
selvagem ali descansará.
A coruja do deserto e o mocho
se alojarão no alto de suas
colunas arruinadas,
e pelas janelas se ouvirá
o som das aves.
O entulho fechará as entradas,
e os painéis de cedro
ficarão expostos.
15 Essa é a cidade barulhenta,
que antes vivia em segurança.
Dizia com orgulho:
"Sou a mais poderosa das cidades!
Não há outra igual a mim!".
Agora, porém, vejam como
ficou em ruínas,
morada de animais selvagens.
Todos que passarem por ela
rirão de desprezo
e sacudirão o punho em provocação.

A REBELDIA E A REDENÇÃO DE JERUSALÉM

3 Que aflição espera Jerusalém,
cidade rebelde e impura,
cheia de violência e opressão!
2 Ninguém pode lhe dizer
coisa alguma;
ela recusa toda correção.
Não confia no SENHOR,
nem se aproxima de seu Deus.
3 Seus líderes são como
leões que rugem,
caçando suas vítimas.
Seus juízes são como lobos
ao cair da noite,
que não deixam vestígio de
suas presas ao amanhecer.
4 Seus profetas são mentirosos
arrogantes
que buscam os próprios interesses.
Seus sacerdotes profanam o templo
ao transgredir a lei de Deus.
5 Mas o SENHOR ainda está na cidade
e não pratica o mal.
A cada dia, ele faz justiça
e nunca falha;
os perversos, porém, não
se envergonham.

6 "Exterminei as nações,
destruí suas torres.
Suas ruas ficaram desertas,
suas cidades são ruínas caladas.
Não há sobreviventes,
nem um sequer.
7 Pensei: 'Agora eles me temerão!
Certamente ouvirão
minhas advertências!
Então não precisarei
feri-los outra vez,
nem destruir suas casas'.
Mas eles continuam a se
levantar cedo
para praticar todo tipo de maldade.
8 Portanto, sejam pacientes",
diz o SENHOR,
"pois em breve me levantarei
para acusar essas nações.
Resolvi juntar os reinos da terra
e derramar sobre eles
minha ira ardente.
Toda a terra será consumida
pelo fogo de meu zelo.

9 "Então purificarei os
lábios dos povos,
para que possam se reunir
e adorar o SENHOR.
10 Meu povo dispersado, que vive
além dos rios da Etiópia,[a]
virá para apresentar suas ofertas.
11 Naquele dia, vocês não
precisarão se envergonhar,
pois já não serão rebeldes
contra mim.
Removerei de seu meio
os orgulhosos;
não haverá mais arrogância
em meu santo monte.
12 Só restarão os pobres
e os humildes,
pois eles confiam no
nome do SENHOR.
13 O remanescente de Israel
não cometerá injustiça;
não mentirão nem enganarão
uns aos outros.
Comerão e dormirão em segurança,
e não haverá quem os atemorize."

[a] **3.10** Em hebraico, *Cuxe*.

[14] Cante, ó filha de Sião!
Grite bem alto, ó Israel!
Alegre-se e exulte de todo o coração,
ó preciosa Jerusalém![a]
[15] Pois o Senhor removerá as
acusações contra você
e dispersará os exércitos
de seu inimigo.
O Senhor, o rei de Israel,
estará em seu meio,
e você nunca mais temerá
a calamidade.
[16] Naquele dia, se anunciará
em Jerusalém:
"Anime-se, ó Sião! Não tenha medo!
[17] Pois o Senhor, seu Deus,
está em seu meio;
ele é um Salvador poderoso.
Ele se agradará de vocês com exultação
e acalmará todos os seus
medos com amor;[b]
ele se alegrará em vocês
com gritos de alegria!".

[18] "Juntarei os que choram por não
participarem das festas sagradas;
nunca mais serão envergonhados.[c]
[19] Tratarei severamente todos
que os oprimiram;
salvarei os fracos e indefesos.
Aos que antes foram exilados,
darei reconhecimento e honra
nas terras em que
sofreram humilhação.
[20] Naquele dia, reunirei vocês
e os trarei para casa.
Eu lhes darei honra
e reconhecimento
entre todas as nações da terra,
e os restaurarei diante
dos olhos delas.
Eu, o Senhor, falei!"

Mudar pode ser assustador. Mas deveríamos ter medo de permanecermos estagnadas.

[a] **3.14** Em hebraico, *filha de Jerusalém*.
[b] **3.17** Ou *ele estará silencioso em seu amor*; a Septuaginta e a versão siríaca trazem *ele os renovará com seu amor*.
[c] **3.18** O significado do hebraico é incerto.

Profetas Menores

Livro 37 com

Ageu

2

CAPÍTULOS

AUTORIA

Ageu (Ag 1.1), cujo nome significa "festivo" ou "festividade". Ele foi um dos profetas pós-exílicos e exortou o povo a reconstruir o templo de Jerusalém após o retorno do exílio na Babilônia.

OBJETIVO DO LIVRO

Incentivar o povo de Judá a reconstruir o templo de Jerusalém, priorizando a adoração a Deus e a restauração da comunhão com ele.

ESTRUTURA DO LIVRO

★ Chamado à reconstrução do templo Ag 1

★ Encorajamento divino Ag 2.1-9

★ Promessas de bênção Ag 2.10-19

★ Promessa para Zorobabel Ag 2.20-23

TEMAS DO LIVRO

Ageu enfatiza a importância da prioridade espiritual sobre as preocupações materiais e a necessidade de obediência a Deus. A mensagem central é a restauração do culto verdadeiro ao Senhor no templo reconstruído, simbolizando a restauração do relacionamento do povo com o Eterno.

Ageu direciona o povo a pôr Deus em primeiro lugar, prometendo que sua bênção é condicional à obediência e devoção.

AGEU E CRISTO

Cristo é identificado como o verdadeiro templo de Deus (Jo 2.19-21), que cumpre e supera o templo físico reconstruído em Jerusalém. Ele também é o centro da adoração verdadeira e o mediador entre Deus e os homens.

Além disso, Ageu profetiza sobre a glória do segundo templo, que excede a do primeiro (Ag 2.9), prefigurando o reino superior de Cristo sobre todos os reinos terrenos.

Cristo é também o cumprimento da promessa feita a Zorobabel (Ag 2.23), sendo o Messias prometido que traz salvação e estabelece seu reino eterno.

CHAMADO PARA RECONSTRUIR O TEMPLO

1 Em 29 de agosto[a] do segundo ano do
reinado de Dario, o Senhor transmitiu
esta mensagem por meio do profeta Ageu
ao governador de Judá, Zorobabel, filho de
Sealtiel, e ao sumo sacerdote Josué, filho
de Jeozadaque.
2 "Assim diz o Senhor dos Exércitos: Es-
te povo diz: 'Ainda não chegou a hora de
reconstruir a casa do Senhor'".
3 Então o Senhor enviou esta mensagem
por meio do profeta Ageu: 4 "Por que vo-
cês vivem em casas luxuosas enquanto
minha casa continua em ruínas? 5 Assim
diz o Senhor dos Exércitos: Vejam o que
tem acontecido com vocês! 6 Plantam
muito, mas colhem pouco. Comem, mas
não se saciam. Bebem, mas ainda têm se-
de. Vestem-se, mas não se aquecem. Seus
salários desaparecem como se vocês os
colocassem em bolsos furados.
7 "Assim diz o Senhor dos Exércitos: Ve-
jam o que tem acontecido com vocês!
8 Agora, subam as colinas, tragam ma-
deira e reconstruam minha casa. Então
me alegrarei nela e serei honrado, diz o
Senhor. 9 Vocês esperavam colheitas far-
tas, mas elas foram escassas. E, quando
trouxeram esse pouco para casa, eu o fiz
desaparecer com um sopro. Por quê? Por-
que minha casa continua em ruínas, diz
o Senhor dos Exércitos, enquanto vocês
estão ocupados construindo suas casas.
10 É por causa de vocês que os céus retêm
o orvalho e a terra não produz colheitas.
11 Enviei uma seca sobre seus campos e
sobre as colinas, uma seca que fará mur-
char o trigo, as uvas, as azeitonas e todas
as suas plantações, que fará vocês e seus
animais passarem fome e destruirá tudo
que vocês trabalharam para conseguir".

OBEDIÊNCIA AO CHAMADO DE DEUS

12 Então Zorobabel, filho de Sealtiel, e
o sumo sacerdote Josué, filho de Jeoza-
daque, e todo o remanescente do povo
obedeceram à mensagem do Senhor, seu
Deus. Quando o povo ouviu as palavras
do profeta Ageu, que o Senhor, seu Deus,
tinha enviado, temeu o Senhor. 13 Então
Ageu, o mensageiro do Senhor, transmitiu
ao povo esta mensagem do Senhor: "Estou
com vocês, diz o Senhor!".
14 E o Senhor deu ânimo ao governador
de Judá, Zorobabel, filho de Sealtiel, ao su-
mo sacerdote Josué, filho de Jeozadaque,
e a todo o remanescente do povo. Come-
çaram a trabalhar na casa de seu Deus, o
Senhor dos Exércitos, 15 em 21 de setem-
bro[b] do segundo ano do reinado de Dario.

O ESPLENDOR MENOR DO NOVO TEMPLO

2 Então, em 17 de outubro desse mesmo
ano,[c] o Senhor transmitiu outra mensa-
gem por meio do profeta Ageu: 2 "Diga ao
governador de Judá, Zorobabel, filho de
Sealtiel, e ao sumo sacerdote Josué, filho
de Jeozadaque, e ao remanescente do po-
vo: 3 'Algum de vocês se lembra deste tem-
plo em sua antiga glória? Como ele lhes
parece agora, em comparação com o an-
terior? Deve parecer insignificante! 4 Mas
assim diz o Senhor: Seja forte, Zorobabel!
Seja forte, sumo sacerdote Josué, filho de
Jeozadaque! Sejam fortes, todos vocês que
restam na terra! Mãos à obra, pois eu es-
tou com vocês, diz o Senhor dos Exércitos.
5 Meu Espírito habita em seu meio, como
prometi quando vocês saíram do Egito.
Portanto, não tenham medo'.
6 "Pois assim diz o Senhor dos Exércitos:
Em pouco tempo sacudirei novamente
os céus e a terra, os mares e a terra seca.
7 Sacudirei todas as nações, e os tesouros
das nações virão para este templo. Enche-
rei este lugar de glória, diz o Senhor dos
Exércitos. 8 A prata e o ouro me perten-
cem, diz o Senhor dos Exércitos. 9 A gló-
ria deste novo templo será maior que a
glória do antigo, diz o Senhor dos Exérci-
tos, e neste lugar estabelecerei a paz. Eu, o
Senhor dos Exércitos, falei!".

[a] **1.1** Em hebraico, *No primeiro dia do sexto mês*, do antigo calendário lunar hebraico. Várias datas em Ageu podem ser confirmadas por datas em registros persas que sobreviveram ao tempo e relacionadas com precisão ao calendário moderno. O ano foi 520 a.C.

[b] **1.15** Em hebraico, *no vigésimo quarto dia do sexto mês*, do antigo calendário lunar hebraico. O ano foi 520 a.C.; ver também nota em 1.1.

[c] **2.1** Em hebraico, *no vigésimo primeiro dia do sétimo mês*, do antigo calendário lunar hebraico. O ano foi 520 a.C.; ver também nota em 1.1.

BÊNÇÃOS PROMETIDAS AOS OBEDIENTES

10 Em 18 de dezembro[a] do segundo ano
do reinado de Dario, o SENHOR enviou es-
ta mensagem ao profeta Ageu: 11 "Assim
diz o SENHOR dos Exércitos. Pergunte aos
sacerdotes sobre a lei: 12 'Se alguém levar
em sua roupa a carne consagrada de um
sacrifício, e se, por acaso, a roupa tocar
num pão, num ensopado, em vinho, em
azeite ou em qualquer outro tipo de ali-
mento, esse alimento também se torna-
rá consagrado?'".

"Não", responderam os sacerdotes.

13 Em seguida, Ageu perguntou: "Se al-
guém se tornar cerimonialmente impu-
ro ao tocar num cadáver e depois tocar
num desses alimentos, o alimento fica-
rá contaminado?".

"Sim", responderam os sacerdotes.

14 Então Ageu disse: "É o que aconte-
ce com este povo e com esta nação, diz
o SENHOR. Tudo que fazem e oferecem é
contaminado por seu pecado. 15 Vejam
o que estava acontecendo com vocês an-
tes de começarem a lançar os alicerces
do templo do SENHOR. 16 Quando espe-
ravam uma colheita de vinte medidas,
colhiam apenas dez. Quando espera-
vam tirar cinquenta medidas da prensa
de uvas, tiravam apenas vinte. 17 Enviei
ferrugem, mofo e granizo para destruir
tudo que vocês trabalharam para pro-
duzir. E, no entanto, vocês não voltaram
para mim, diz o SENHOR.

18 "Pensem neste 18 de dezembro, o
dia[b] em que foram lançados os alicerces
do templo do SENHOR. Sim, pensem bem.
19 Eu lhes faço uma promessa agora, en-
quanto a semente ainda está no celeiro[c] e
suas videiras, figueiras, romãzeiras e oli-
veiras ainda não deram frutos. Mas, de ho-
je em diante, eu os abençoarei".

PROMESSAS PARA ZOROBABEL

20 Naquele mesmo dia, 18 de dezembro,[d]
o SENHOR enviou mais uma mensagem
a Ageu: 21 "Diga ao governador de Judá,
Zorobabel, que estou prestes a sacudir
os céus e a terra. 22 Derrubarei tronos e
destruirei o poder de reinos estrangeiros.
Derrubarei os carros de guerra e seus con-
dutores; os cavalos cairão, e seus cavalei-
ros matarão uns aos outros.

23 "Naquele dia, diz o SENHOR dos Exérci-
tos, honrarei você, meu servo Zorobabel,
filho de Sealtiel. Farei que você seja co-
mo um anel de selar em meu dedo, diz o
SENHOR, pois eu o escolhi. Eu, o SENHOR dos
Exércitos, falei!".

[a] **2.10** Em hebraico, *No vigésimo quarto dia do nono mês*, do antigo calendário lunar hebraico; também em 2.18. O ano foi 520 a.C.; ver também nota em 1.1.

[b] **2.18** Ou *Neste 18 de dezembro, pensem no dia.*

[c] **2.19** Ou *A semente ainda está no celeiro?*

[d] **2.20** Em hebraico, *No vigésimo quarto dia do [nono] mês*; ver nota em 2.10.

Profetas Menores

Zacarias

Livro 38 com **14** CAPÍTULOS

AUTORIA

O livro é atribuído ao profeta Zacarias, filho de Berequias (Zc 1.1), contemporâneo de Ageu, durante o período de reconstrução do templo em Jerusalém após o exílio babilônico.

SIGNIFICADO DO TÍTULO

O nome "Zacarias" vem do hebraico *Zekharyah*, que significa "Javé lembra" ou "Javé recorda". O nome reflete a ênfase no papel de Zacarias como profeta, lembrando ao povo as promessas e a fidelidade de Deus.

ESTRUTURA DO LIVRO

- ★ Chamado ao arrependimento Zc 1.1-6
- ★ Oito visões noturnas Zc 1.7—6
- ★ Jejuns e a vinda do Reino de Deus Zc 7—8
- ★ Julgamento das nações e a restauração de Sião Zc 9—14
- ★ Conclusão e perspectiva escatológica Zc 12 — 14

TEMAS DO LIVRO

Zacarias enfatiza a soberania de Deus na história e na redenção de Israel. O profeta proclama a fidelidade do Senhor em cumprir suas promessas mesmo diante da desobediência e do juízo do povo. As profecias de Zacarias mostram como Deus é o agente ativo que traz salvação e restauração ao seu povo por meio do Messias prometido.

OBJETIVO DO LIVRO

Zacarias foi comissionado por Deus para encorajar o povo de Jerusalém a continuar a reconstrução do templo e renovar seu compromisso com ele. O profeta também trouxe mensagens sobre o futuro glorioso de Jerusalém e o advento do Messias.

ZACARIAS E CRISTO

Zacarias contém várias profecias messiânicas que foram cumpridas em Jesus, incluindo:

- ★ A entrada triunfal do Rei messiânico em Jerusalém montado num jumento (Zc 9.9; Mt 21.1-5);
- ★ A traição de Jesus por trinta moedas de prata (Zc 11.12-13; Mt 26.14-16; 27.3-10);
- ★ A descrição daquele que será transpassado, um claro paralelo com a crucificação de Cristo (Zc 12.10; Jo 19.34-37).

Portanto, Zacarias não apenas antecipa a vinda do Messias, mas também revela aspectos cruciais de sua missão redentora e do cumprimento das promessas de Deus por seu intermédio.

CHAMADO PARA VOLTAR AO SENHOR

1 Em novembro[a] do segundo ano do reinado de Dario, o SENHOR deu esta mensagem ao profeta Zacarias, filho de Berequias, neto de Ido:

2 "Eu, o SENHOR, fiquei extremamente irado com seus antepassados. 3 Portanto, diga ao povo: 'Assim diz o SENHOR dos Exércitos: Voltem-se para mim, e eu me voltarei para vocês, diz o SENHOR dos Exércitos'. 4 Não sejam como seus antepassados, que não quiseram ouvir nem deram atenção quando os antigos profetas lhes disseram: 'Assim diz o SENHOR dos Exércitos: Deixem seus caminhos maus e abandonem suas práticas perversas'.

5 "Onde estão agora seus antepassados? Morreram há muito tempo, assim como os profetas. 6 Mas tudo que eu disse e ordenei por meio de meus servos, os profetas, aconteceu a seus antepassados. Por isso, eles se arrependeram e disseram: 'Recebemos do SENHOR dos Exércitos o que merecíamos. Ele fez o que havia prometido'".

UM HOMEM ENTRE AS MURTAS

7 Três meses depois, no dia 15 de fevereiro,[b] o SENHOR deu outra mensagem ao profeta Zacarias, filho de Berequias, neto de Ido.

8 Numa visão durante a noite, vi um homem montado num cavalo vermelho, parado entre algumas murtas num desfiladeiro. Atrás dele, havia cavaleiros montados em cavalos vermelhos, marrons e brancos. 9 Perguntei ao anjo que falava comigo: "Meu senhor, o que significam estes cavalos?".

"Eu lhe mostrarei", o anjo respondeu.

10 O cavaleiro que estava entre as murtas explicou: "Eles são aqueles que o SENHOR enviou para percorrer a terra".

11 Então os outros cavaleiros disseram ao anjo do SENHOR, que estava entre as murtas: "Percorremos toda a terra, e ela está em paz".

12 Quando o anjo do SENHOR ouviu isso, disse: "Ó SENHOR dos Exércitos, durante estes setenta anos tens estado irado com Jerusalém e as cidades de Judá. Quanto tempo levará para voltares a ter compaixão delas?". 13 E, ao anjo que falava comigo, o SENHOR respondeu com palavras boas e consoladoras.

14 Então o anjo me disse: "Proclame esta mensagem: 'Assim diz o SENHOR dos Exércitos: Tenho grande zelo por Jerusalém e pelo monte Sião, 15 mas estou extremamente irado com as outras nações que agora vivem tranquilas. Eu estava apenas um pouco irado com meu povo, mas as nações fizeram que ele sofresse muito.

16 "'Portanto, assim diz o SENHOR: Voltei a mostrar compaixão por Jerusalém. Meu templo será reconstruído, diz o SENHOR dos Exércitos, e serão tiradas medidas para a reconstrução de Jerusalém'.[c]

17 "Diga também: 'Assim diz o SENHOR dos Exércitos: As cidades de Israel voltarão a transbordar de prosperidade, e o SENHOR voltará a consolar Sião e escolherá Jerusalém para si'".

QUATRO CHIFRES E QUATRO FERREIROS

18[d] Então levantei os olhos e vi quatro chifres de animais. 19 "O que significam estes chifres?", perguntei ao anjo que falava comigo.

Ele respondeu: "Estes chifres representam as nações que dispersaram Judá, Israel e Jerusalém".

20 Então o SENHOR me mostrou quatro ferreiros. 21 "O que estes homens vieram fazer?", perguntei.

O anjo respondeu: "Os quatro chifres são as nações que dispersaram e humilharam Judá. Agora, os ferreiros vieram para aterrorizar, derrubar e destruir essas nações".

[a] **1.1** Em hebraico, *No oitavo mês*, do antigo calendário lunar hebraico. Várias datas em Zacarias podem ser comparadas com datas de registros persas que sobreviveram ao tempo e relacionadas com precisão ao calendário moderno. Esse mês caiu entre outubro e novembro de 520 a.C.

[b] **1.7** Em hebraico, *No vigésimo quarto dia do décimo primeiro mês, o mês de sebate, no segundo ano de Dario.* O ano foi 519 a.C.; ver também nota em 1.1.

[c] **1.16** Em hebraico, *o cordão de medir será estendido sobre Jerusalém.*

[d] **1.18** No texto hebraico, os versículos 1.18-21 são numerados 2.1-4.

A FUTURA PROSPERIDADE DE JERUSALÉM

2 [1a] Quando levantei os olhos outra vez, vi um homem segurando uma corda de medir. [2] "Aonde você vai?", perguntei.

Ele respondeu: "Vou medir Jerusalém para saber sua largura e seu comprimento".

[3] Então o anjo que estava comigo foi se encontrar com outro anjo que vinha em sua direção. [4] O outro anjo disse: "Corra e diga àquele jovem: 'Um dia Jerusalém ficará tão cheia de pessoas e animais que não haverá muros na cidade, pois não caberão todos dentro dela. [5] Então eu mesmo serei um muro de fogo ao redor de Jerusalém para protegê-la, diz o SENHOR. E eu serei a glória no meio da cidade'".

OS EXILADOS SÃO CHAMADOS DE VOLTA

[6] O SENHOR diz: "Saiam! Fujam da Babilônia, na terra do norte, pois eu os espalhei aos quatro ventos. [7] Saia, povo de Sião exilado na Babilônia!".

[8] Depois de um período de glória, o SENHOR dos Exércitos me enviou[b] contra as nações que saquearam vocês e disse: "Quem lhes faz mal, faz mal à menina dos meus olhos. [9] Levantarei minha mão para esmagar essas nações, e seus próprios escravos as saquearão". Então vocês saberão que o SENHOR dos Exércitos me enviou.

[10] O SENHOR diz: "Cante e alegre-se, ó bela Sião,[c] pois venho habitar em seu meio. [11] Naquele dia, muitas nações se juntarão ao SENHOR, e elas também serão meu povo. Habitarei em seu meio, e vocês saberão que o SENHOR dos Exércitos me enviou. [12] A terra de Judá será a propriedade do SENHOR na terra santa, e mais uma vez ele escolherá Jerusalém para ser sua cidade. [13] Cale-se diante do SENHOR toda a humanidade, pois ele se levanta de sua santa habitação".

A PURIFICAÇÃO DO SUMO SACERDOTE

3 Então o anjo me mostrou o sumo sacerdote Josué em pé diante do anjo do SENHOR. Satanás, o acusador,[d] também estava ali, ao lado direito do anjo, e fazia acusações contra Josué. [2] O SENHOR disse a Satanás: "Eu, o SENHOR, rejeito suas acusações, Satanás. Sim, o SENHOR, que escolheu Jerusalém, o repreende. Este homem é como uma brasa tirada do fogo".

[3] Josué continuava em pé diante do anjo, e suas roupas estavam imundas. [4] Então o anjo disse aos que ali estavam: "Tirem as roupas imundas dele". E, voltando-se para Josué, disse: "Veja, removi seus pecados e agora lhe dou roupas de festa".

[5] Eu disse: "Também precisam colocar um turbante limpo em sua cabeça". E eles colocaram um turbante limpo na cabeça dele e o vestiram com as roupas novas, enquanto o anjo do SENHOR permanecia ali.

[6] Então o anjo do SENHOR falou solenemente a Josué e disse: [7] "Assim diz o SENHOR dos Exércitos: Se você andar em meus caminhos e seguir meus preceitos, receberá autoridade sobre meu templo e seus pátios. Deixarei que ande junto com os outros que aqui estão.

[8] "Ouçam, ó sumo sacerdote Josué e todos os outros sacerdotes. Vocês são símbolo de coisas futuras. Em breve trarei meu servo, o Renovo. [9] Agora, olhem para a pedra que coloquei diante de Josué, uma única pedra com sete faces.[e] Gravarei nela uma inscrição, diz o SENHOR dos Exércitos, e em um só dia removerei os pecados desta terra.

[10] "E, naquele dia, diz o SENHOR dos Exércitos, cada um de vocês convidará seu próximo para sentar-se debaixo de sua videira e de sua figueira".

UM CANDELABRO E DUAS OLIVEIRAS

4 Então o anjo que falava comigo voltou e me despertou, como se eu tivesse estado dormindo. [2] "O que você vê agora?", ele perguntou.

Respondi: "Vejo um candelabro de ouro maciço, com uma vasilha de azeite em cima. Ao redor da vasilha há sete lâmpadas, e cada lâmpada tem sete tubos com pavios. [3] Vejo também duas oliveiras, uma de

[a] **2.1** No texto hebraico, os versículos 2.1-13 são numerados 2.5-17.
[b] **2.8** O significado do hebraico é incerto.
[c] **2.10** Em hebraico, *ó filha de Sião*.
[d] **3.1** Em hebraico, *O satanás*; também em 3.2.
[e] **3.9** Em hebraico, *sete olhos*.

cada lado da vasilha". 4 Então perguntei ao anjo: "O que é isto, meu senhor?".

5 "Você não sabe?", perguntou o anjo.

"Não, meu senhor", respondi.

6 Então ele me disse: "Assim diz o SENHOR a Zorobabel: Não por força, nem por poder, mas pelo meu Espírito, diz o SENHOR dos Exércitos. 7 Nada será obstáculo para Zorobabel, nem mesmo uma grande montanha; diante dele ela se tornará uma planície! E, quando Zorobabel colocar em lugar a última pedra do templo, o povo gritará: 'É pela graça! É pela graça!'".

8 Depois, recebi outra mensagem do SENHOR: 9 "Zorobabel lançou os alicerces deste templo, e ele o completará. Então vocês saberão que o SENHOR dos Exércitos me enviou. 10 Não desprezem os começos humildes, pois o SENHOR se alegra ao ver a obra começar, ao ver o prumo na mão de Zorobabel".

(As sete lâmpadas[a] representam os olhos do SENHOR, que percorrem toda a terra.)

11 Então perguntei ao anjo: "O que são as duas oliveiras, uma de cada lado do candelabro? 12 E o que são os dois ramos de oliveira que derramam azeite dourado por dois tubos de ouro?".

13 "Você não sabe?", ele perguntou.

"Não, meu senhor", respondi.

14 Então ele me disse: "Eles representam os dois ungidos[b] que ficam na presença do Senhor de toda a terra".

UM ROLO QUE VOAVA

5 Levantei os olhos novamente e vi um rolo que voava.

2 "O que você vê?", perguntou o anjo.

"Vejo um rolo voando", respondi. "Parece ter uns nove metros de comprimento e a metade disso de largura."[c]

3 Em seguida, ele me disse: "Nesse rolo está a maldição que sai para toda a terra. Uma maldição do rolo diz que os ladrões serão expulsos da terra; a outra maldição diz que os que juram falsamente serão expulsos da terra. 4 E assim diz o SENHOR dos Exércitos: Envio esta maldição à casa de todo ladrão e à casa de todo que jura falsamente pelo meu nome. E minha maldição permanecerá na casa e a destruirá completamente, até sua madeira e suas pedras".

UMA MULHER NUM CESTO

5 Então o anjo que falava comigo se adiantou e disse: "Levante os olhos e veja o que está vindo".

6 "O que é?", perguntei.

Ele respondeu: "É um cesto para medir cereais[d] e está cheio do pecado[e] de todos que habitam a terra".

7 Então a tampa de chumbo do cesto foi levantada, e dentro dele havia uma mulher sentada. 8 O anjo disse: "A mulher se chama Perversidade", e a empurrou de volta para dentro do cesto e fechou a tampa.

9 Em seguida, levantei os olhos e vi duas mulheres voando em nossa direção, planando no vento. Suas asas pareciam asas de cegonha, e elas pegaram o cesto e o carregaram pelos ares.

10 "Para onde estão levando o cesto?", perguntei ao anjo.

11 Ele respondeu: "Para a terra da Babilônia,[f] onde construirão um templo para ele. E, quando o templo estiver pronto, colocarão o cesto ali, em seu pedestal".

QUATRO CARROS DE GUERRA

6 Então levantei os olhos novamente e vi quatro carros de guerra que saíam de entre dois montes de bronze. 2 Cavalos vermelhos puxavam o primeiro carro, cavalos pretos puxavam o segundo, 3 cavalos brancos puxavam o terceiro, e cavalos malhados e fortes puxavam o quarto.

4 "O que significam estes cavalos, meu senhor?", perguntei ao anjo que falava comigo.

5 O anjo respondeu: "Eles são os quatro espíritos[g] do céu que estão diante do Senhor de toda a terra. Saem para fazer o trabalho dele. 6 O carro de guerra com

[a] **4.10** Ou *As sete facetas* (ver 3.9); o hebraico traz *Estas sete*.
[b] **4.14** Ou *dois seres celestiais*; o hebraico traz *dois filhos de azeite novo*.
[c] **5.2** Em hebraico, *20 côvados de comprimento e 10 côvados de largura*.
[d] **5.6a** Em hebraico, *1 efa*, cerca de 20 litros; também em 5.7,8,9,10,11.
[e] **5.6b** Conforme a Septuaginta; o hebraico traz *da aparência*.
[f] **5.11** Em hebraico, *terra de Sinar*.
[g] **6.5** Ou *os quatro ventos*.

cavalos pretos vai para o norte, o carro de
guerra com cavalos brancos vai para o oes-
te[a] e o carro de guerra com cavalos malha-
dos vai para o sul".
7 Os cavalos fortes estavam impacientes
para sair e percorrer a terra. Então o SENHOR
disse: "Vão e percorram a terra!", e eles par-
tiram de imediato.
8 Em seguida, o SENHOR me chamou e disse:
"Veja, os que foram para o norte deram des-
canso ao meu Espírito ali na terra do norte".

A COROAÇÃO DE JOSUÉ

9 Então recebi outra mensagem do SENHOR:
10 "Heldai, Tobias e Jedaías trarão presen-
tes de prata e de ouro dos judeus exilados
na Babilônia. Assim que chegarem, vá ao
encontro deles na casa de Josias, filho de
Sofonias. 11 Aceite os presentes e faça uma
coroa usando o ouro e a prata. Depois, colo-
que-a na cabeça do sumo sacerdote Josué,
filho de Jeozadaque. 12 Diga-lhe: 'Assim diz
o SENHOR dos Exércitos: Aqui está o homem
chamado Renovo. Ele brotará de seu lugar
e construirá o templo do SENHOR. 13 Sim, ele
construirá o templo do SENHOR. Então re-
ceberá a honra devida e, de seu trono, go-
vernará como rei. De seu trono, também
servirá como sacerdote,[b] e haverá harmo-
nia perfeita entre as duas funções'.
14 "A coroa será um memorial no templo
do SENHOR para honrar aqueles que a ofe-
receram: Heldai,[c] Tobias, Jedaías e Josias,[d]
filho de Sofonias".
15 Pessoas virão de terras distantes para
reconstruir o templo do SENHOR. Quando is-
so acontecer, vocês saberão que o SENHOR
dos Exércitos me enviou. Tudo isso acon-
tecerá se vocês obedecerem fielmente às
ordens do SENHOR, seu Deus.

CHAMADO À JUSTIÇA E À MISERICÓRDIA

7 Em 7 de dezembro[e] do quarto ano do
reinado de Dario, o SENHOR deu outra
mensagem a Zacarias. 2 O povo de Betel
tinha enviado Sarezer, Regem-Meleque[f]
e seus homens para buscar o favor do
SENHOR 3 e para perguntar aos profetas e
aos sacerdotes no templo do SENHOR dos
Exércitos: "Devemos continuar a lamentar
e jejuar no quinto mês,[g] como temos feito
por tantos anos?".
4 Em resposta, o SENHOR dos Exércitos
me deu esta mensagem: 5 "Diga a todo
o seu povo e a seus sacerdotes: 'Durante
estes setenta anos de exílio, vocês jejua-
ram e lamentaram no quinto e no sétimo
mês,[h] mas foi, de fato, para mim que je-
juaram? 6 E, mesmo agora, não comem e
bebem apenas para agradar a si mesmos?
7 Não é esta a mesma mensagem que o
SENHOR proclamou por meio dos profetas
no passado, quando Jerusalém e as cida-
des de Judá estavam cheias de gente, e
quando havia muitos habitantes no Ne-
guebe e nas colinas de Judá?'".[i]
8 Então Zacarias recebeu esta mensa-
gem do SENHOR: 9 "Assim diz o SENHOR dos
Exércitos: Julguem com justiça e mostrem
compaixão e bondade uns pelos outros.
10 Não oprimam as viúvas, nem os órfãos,
nem os estrangeiros, nem os pobres. E não
tramem o mal uns contra os outros.
11 "Seus antepassados não quiseram ou-
vir esta mensagem. Em rebeldia, deram-
-me as costas e taparam os ouvidos para
não escutar. 12 Tornaram o coração du-
ro como pedra, para não ouvir as instru-
ções nem as mensagens que o SENHOR dos
Exércitos lhes enviou por seu Espírito,
por meio dos antigos profetas. Por is-
so o SENHOR dos Exércitos ficou tão irado
com eles.
13 "Porque não quiseram ouvir quando
eu os chamei, não os ouvi quando eles
me chamaram, diz o SENHOR dos Exércitos.
14 Como um vendaval, eu os espalhei en-
tre as nações distantes, que eles não co-
nheciam. Sua terra ficou tão desolada que

---

a **6.6** Em hebraico, *vai atrás deles.*

b **6.13** Ou *Haverá um sacerdote junto a seu trono.*

c **6.14a** Conforme a versão siríaca; o hebraico traz *Helém.* Comparar com 6.10.

d **6.14b** Conforme a versão siríaca; o hebraico traz *Hem.* Comparar com 6.10.

e **7.1** Em hebraico, *No quarto dia do nono mês, o mês de quisleu,* do antigo calendário lunar hebraico. O ano foi 518 a.C.; ver também nota em 1.1.

f **7.2** Ou *Betel-Sarezer havia enviado Regem-Meleque.*

g **7.3** O templo havia sido destruído no quinto mês do antigo calendário lunar hebraico (em agosto de 586 a.C.); ver 2Rs 25.8.

h **7.5** No antigo calendário lunar hebraico, o quinto mês geralmente caía entre julho e agosto, e o sétimo, entre setembro e outubro; tanto o Dia da Expiação como a Festa das Cabanas eram celebrados no sétimo mês.

i **7.7** Em hebraico, *e na Sefelá.*

ninguém sequer passava por ela. Transformaram sua terra agradável num deserto".

BÊNÇÃOS PROMETIDAS PARA JERUSALÉM

8 Então recebi outra mensagem do SENHOR dos Exércitos: 2 "Assim diz o SENHOR dos Exércitos: Tenho muito ciúme do monte Sião e sou consumido de zelo por ele!

3 "Assim diz o SENHOR: Voltarei para o monte Sião e habitarei em Jerusalém. Então Jerusalém será chamada Cidade Fiel, e o monte do SENHOR dos Exércitos será chamado Monte Santo.

4 "Assim diz o SENHOR dos Exércitos: Homens e mulheres idosos voltarão a caminhar apoiados em suas bengalas nas ruas de Jerusalém e se sentarão juntos nas praças, 5 e as ruas da cidade ficarão cheias de meninos e meninas brincando.

6 "Assim diz o SENHOR dos Exércitos: No momento, isso pode lhes parecer impossível, ó remanescente do povo. Mas acaso é impossível para mim?, diz o SENHOR dos Exércitos.

7 "Assim diz o SENHOR dos Exércitos: Podem ter certeza de que resgatarei meu povo dos lugares para onde foram levados no leste e no oeste. 8 Eu os trarei de volta para que habitem em Jerusalém. Eles serão o meu povo, e eu serei o seu Deus fiel e justo.

9 "Assim diz o SENHOR dos Exércitos: Sejam fortes e completem a tarefa! Desde que lançaram os alicerces do templo do SENHOR dos Exércitos, vocês têm ouvido o que os profetas dizem a respeito de terminar a obra. 10 Antes de iniciarem os trabalhos do templo, não havia dinheiro para contratar pessoas ou pagar por animais. Nenhum viajante estava seguro, pois havia inimigos por toda parte. Eu os havia incitado uns contra os outros.

11 "Agora, porém, não tratarei mais o remanescente de meu povo como o tratei no passado, diz o SENHOR dos Exércitos. 12 Pois, agora, plantarão as sementes em paz. As videiras ficarão carregadas de uvas, a terra produzirá suas colheitas, e os céus derramarão o orvalho. Darei essas bênçãos como herança ao remanescente deste povo. 13 Entre as outras nações, Judá e Israel se tornaram símbolo de nação amaldiçoada, mas não será mais assim! Agora eu os resgatarei e os transformarei em bênção. Portanto, não tenham medo. Sejam fortes e continuem a reconstruir o templo!

14 "Pois assim diz o SENHOR dos Exércitos: Eu estava decidido a castigá-los quando seus antepassados provocaram minha ira, e não voltei atrás, diz o SENHOR dos Exércitos. 15 Agora, porém, estou decidido a abençoar Jerusalém e o povo de Judá. Portanto, não tenham medo. 16 Isto é o que vocês devem fazer: Digam a verdade uns aos outros. Em seus tribunais, pronunciem sentenças justas, que conduzam à paz. 17 Não tramem o mal uns contra os outros. Não se agradem de fazer juramentos falsos. Odeio todas essas coisas, diz o SENHOR".

18 Esta é outra mensagem que recebi do SENHOR dos Exércitos. 19 "Assim diz o SENHOR dos Exércitos: Os jejuns habituais que vocês têm observado no quarto mês, bem como no quinto, no sétimo e no décimo mês,[a] chegaram ao fim. Eles se tornarão festas de alegria e celebração para o povo de Judá. Portanto, amem a verdade e a paz.

20 "Assim diz o SENHOR dos Exércitos: Pessoas de nações e cidades de todo lugar virão a Jerusalém. 21 Os habitantes de uma cidade dirão aos habitantes de outra: 'Venham conosco a Jerusalém para pedir ao SENHOR que nos abençoe. Vamos adorar o SENHOR dos Exércitos. Estou decidido a ir'. 22 Muitos povos e nações poderosas virão a Jerusalém para buscar o SENHOR dos Exércitos e pedir que ele os abençoe.

23 "Assim diz o SENHOR dos Exércitos: Naquele dia, dez homens de nações e línguas diferentes agarrarão a barra das vestes de um judeu e dirão: 'Deixe que o acompanhemos, pois ouvimos dizer que Deus está com vocês'".

[a] **8.19** No antigo calendário lunar hebraico, o quarto mês geralmente caía entre junho e julho; o quinto, entre julho e agosto; o sétimo, entre setembro e outubro; e o décimo, entre dezembro e janeiro.

JULGAMENTO CONTRA OS INIMIGOS DE ISRAEL

9 Esta é a sentença do Senhor contra a terra de Hadraque e a cidade de Damasco, pois os olhos da humanidade, incluindo os de todas as tribos de Israel, estão voltados para o Senhor.[a]

2 A destruição é garantida
para Hamate,
perto de Damasco,
e para as cidades de Tiro e Sidom,
embora sejam tão astutas.
3 Tiro construiu fortalezas
e tornou a prata e o ouro
tão comuns quanto o pó
e a lama nas ruas.
4 Mas o Senhor despojará
Tiro de seus bens
e lançará suas fortalezas no mar;
a cidade será consumida pelo fogo.
5 Ascalom verá a queda de Tiro
e se encherá de medo.
Gaza tremerá de pavor,
e o mesmo acontecerá a Ecrom,
pois sua esperança será frustrada.
O rei de Gaza será morto,
e Ascalom ficará deserta;
6 estrangeiros ocuparão Asdode.
Sim, acabarei com o orgulho
dos filisteus;
7 arrancarei de sua boca a
carne com sangue
e de seus dentes tirarei os
detestáveis sacrifícios.
Então os filisteus que sobreviverem
adorarão o nosso Deus
e se tornarão uma nova
família em Judá.[b]
Os filisteus de Ecrom se
unirão ao meu povo,
como fizeram em outros
tempos os jebuseus.
8 Guardarei meu templo
e o protegerei de
exércitos invasores.
Nunca mais estrangeiros opressores
invadirão a terra de meu povo,
pois agora eu a vigio de perto.

[a] **9.1** Ou *pois os olhos do Senhor estão voltados para toda a humanidade e também para todas as tribos de Israel.*
[b] **9.7** Ou *se tornarão líderes em Judá.*

A VINDA DO REI DE SIÃO

9 Alegre-se, ó povo de Sião![c]
Exulte, ó preciosa Jerusalém![d]
Vejam, seu rei está chegando;
ele é justo e vitorioso,
mas também é humilde e vem
montado num jumento,
num jumentinho, cria de jumenta.
10 Removerei de Israel[e] os
carros de guerra
e, de Jerusalém, os cavalos.
Destruirei as armas usadas na batalha,
e seu rei trará paz às nações.
Seu reino se estenderá de
um mar a outro
e do rio Eufrates[f] até os
confins da terra.
11 Por causa da aliança que
fiz com vocês,
aliança selada com sangue,
livrarei seus prisioneiros da morte
em um poço sem água.
12 Voltem para a fortaleza, todos
vocês prisioneiros que
ainda têm esperança!
Hoje mesmo proclamo
que lhes darei o dobro do que perderam.
13 Judá é meu arco,
e Israel, minha flecha.
Os filhos de Sião são minha espada,
e, como um guerreiro, eu a
empunharei contra os gregos.[g]

14 O Senhor aparecerá sobre seu povo;
suas flechas sairão como relâmpagos!
O Senhor Soberano tocará a trombeta
e atacará como um
redemoinho vindo do sul.
15 O Senhor dos Exércitos os protegerá,
e eles lançarão pedras contra
seus inimigos e os derrotarão.
Gritarão na batalha, como se
estivessem embriagados de vinho;
ficarão cheios de sangue,
como uma bacia,
cobertos de sangue, como
os cantos do altar.

[c] **9.9a** Em hebraico, *filha de Sião.*
[d] **9.9b** Em hebraico, *filha de Jerusalém.*
[e] **9.10a** Em hebraico, *Efraim*, referência a Israel, o reino do norte; também em 9.13.
[f] **9.10b** Em hebraico, *do rio.*
[g] **9.13** Em hebraico, *os filhos de Javã.*

A verdade é que você precisará escolher o que cultivar, porque isso certamente crescerá e se tornará enorme.

16 Naquele dia, o SENHOR, seu
Deus, salvará seu povo,
como o pastor salva
suas ovelhas.
Eles brilharão em sua terra
como joias numa coroa.
17 Ah, como serão belos
e maravilhosos!
A fartura de trigo dará
vigor aos rapazes,
e o vinho novo fará
florescer as moças.

O SENHOR RESTAURARÁ SEU POVO

10 Peçam ao SENHOR chuva
na primavera,
pois ele forma as nuvens
de tempestade.
E ele enviará aguaceiros,
para que todos os campos se
tornem pastos verdes.
2 Os ídolos do lar dão
conselhos inúteis,
os adivinhadores só
predizem mentiras,
e os que interpretam sonhos
proclamam falsidades que não
trazem nenhuma consolação.
Por isso meu povo
anda sem rumo,
como ovelhas perdidas
que não têm pastor.

3 "Minha ira arde contra
seus pastores,
e eu castigarei esses líderes.[a]
Pois o SENHOR dos Exércitos chegou
para cuidar de Judá, seu rebanho.
Ele o tornará forte e glorioso,
como um majestoso
cavalo na batalha.
4 De Judá virão a pedra angular,
a estaca da tenda,
o arco para a batalha,
e todos os governantes.
5 Serão como guerreiros
poderosos na batalha,
que pisam os inimigos na
lama sob seus pés.
Pois o SENHOR está com eles na luta,
e derrubarão até os
cavaleiros do inimigo.

6 "Fortalecerei Judá e livrarei Israel;[b]
eu os restaurarei, porque
tenho compaixão deles.
Será como se eu nunca os
houvesse rejeitado,
pois eu sou o SENHOR, seu Deus,
e ouvirei seus clamores.
7 Os habitantes de Israel[c] serão
como guerreiros poderosos,
e seu coração se alegrará como
se fosse pelo vinho.
Seus filhos também verão
isso e exultarão;
sim, seu coração se
alegrará no SENHOR.
8 Quando eu assobiar para
eles, virão até mim,
pois os resgatei.
Eles crescerão
e se tornarão numerosos
como antes.
9 Embora eu os tenha espalhado
entre as nações,
ainda se lembrarão de mim
nas terras distantes.
Eles e seus filhos sobreviverão
e voltarão para Israel.
10 Eu os trarei de volta do Egito
e os juntarei da Assíria.
Eu os estabelecerei outra vez
em Gileade e no Líbano,
até que não haja mais
espaço para todos.
11 Passarão pelo mar da aflição,[d]
pois as ondas do mar serão contidas,
e as águas do Nilo secarão.
O orgulho da Assíria será abatido,
e o domínio do Egito
chegará ao fim.
12 Por meu poder[e] fortalecerei
meu povo,
e, pela autoridade de meu
nome, viverão.
Eu, o SENHOR, falei!"

[a] **10.3** Ou *esses bodes*.

[b] **10.6** Em hebraico, *livrarei a casa de José*.
[c] **10.7** Em hebraico, *de Efraim*.
[d] **10.11** Ou *mar do Egito*, referência ao mar Vermelho.
[e] **10.12** Em hebraico, *No SENHOR*.

11 Abra suas portas, ó Líbano,
para que o fogo devore
seus bosques de cedro.
2 Chorem, ciprestes, por todos
os cedros caídos;
até os mais majestosos tombaram.
Chorem, carvalhos de Basã,
pois os densos bosques
foram derrubados.
3 Ouçam o gemido dos pastores,
pois os pastos verdes
foram destruídos.
Ouçam os leões fortes rugirem,
pois as matas no vale do
Jordão foram devastadas.

OS BONS E OS MAUS PASTORES

4 Assim diz o SENHOR, meu Deus: "Vá e cuide do rebanho destinado para a matança. 5 Os compradores abatem suas ovelhas sem remorso, e os vendedores dizem: 'Louvado seja o SENHOR, pois fiquei rico!'. Nem mesmo os pastores têm compaixão das ovelhas. 6 Da mesma forma, não terei compaixão dos habitantes desta terra", diz o SENHOR. "Eu os entregarei nas mãos uns dos outros e nas mãos de seu rei. Eles devastarão a terra, e eu não os livrarei."

7 Portanto, cuidei do rebanho destinado para a matança, o rebanho oprimido. Então peguei duas varas de pastor e chamei uma delas de Favor e a outra de União. 8 Num só mês, acabei com seus três pastores.

Contudo, perdi a paciência com as ovelhas, e elas também me odiaram. 9 Então eu lhes disse: "Não serei mais seu pastor. Não me importarei se morrerem ou se forem devoradas. E, aquelas que restarem, comam a carne umas das outras!".

10 Em seguida, peguei a vara chamada Favor e a quebrei ao meio, para mostrar que havia cancelado a aliança que tinha feito com todas as nações. 11 Assim acabou minha aliança com elas. O rebanho aflito me observava e entendeu que o SENHOR falava por meio de minhas ações.

12 Então eu lhes disse: "Se quiserem, paguem meu salário; mas, se não quiserem, não me paguem". E eles me pagaram trinta moedas de prata.

13 Então o SENHOR me disse: "Lance isso ao oleiro",[a] esse preço fabuloso pelo qual me avaliaram! Peguei as trinta moedas de prata e as lancei ao oleiro no templo do SENHOR.

14 Depois, peguei minha outra vara, União, e a quebrei ao meio, para mostrar que a união entre Judá e Israel havia se rompido.

15 Então o SENHOR me disse: "Volte e faça agora o papel de pastor inútil, 16 para mostrar como entregarei esta nação a um pastor que não cuidará das ovelhas que estiverem morrendo, nem protegerá as pequenas; não curará as feridas, nem alimentará as saudáveis. Em vez disso, comerá a carne das ovelhas mais gordas e arrancará seus cascos.

17 "Que aflição espera esse
pastor inútil,
que abandona o rebanho!
A espada cortará seu braço
e atravessará seu olho direito.
O braço ficará imprestável,
e o olho direito, totalmente cego".

O LIVRAMENTO FUTURO DE JERUSALÉM

12 Esta é a mensagem que o SENHOR anunciou acerca do destino de Israel: "Mensagem do SENHOR, que estendeu os céus, lançou os alicerces da terra e formou o espírito humano. 2 Farei que Jerusalém seja como uma bebida que deixará as nações vizinhas cambaleando quando enviarem seus exércitos para cercar Jerusalém e Judá. 3 Naquele dia, transformarei Jerusalém numa pedra pesada. Todas as nações se reunirão contra ela para tentar movê-la, mas só ferirão a si mesmas.

4 "Naquele dia", diz o SENHOR, "farei que todos os cavalos entrem em pânico e todos os cavaleiros enlouqueçam. Cuidarei do povo de Judá, mas cegarei todos os cavalos de seus inimigos. 5 E as famílias de Judá pensarão: 'Os habitantes de Jerusalém encontraram força no SENHOR dos Exércitos, seu Deus'.

---

[a] **11.13** A versão siríaca traz *à tesouraria*; também em 11.13b. Comparar com Mt 27.6-10.

6 "Naquele dia, farei que as famílias de
Judá sejam como uma chama que põe fo-
go num monte de lenha, ou como uma
tocha acesa no meio de feixes de cereal.
Elas incendiarão todas as nações vizi-
nhas, à direita e à esquerda, enquanto os
habitantes de Jerusalém permanecerão
em segurança.
7 "O Senhor dará vitória primeiro ao res-
tante de Judá, antes de Jerusalém, para
que a honra dos habitantes de Jerusalém
e da linhagem real de Davi não seja supe-
rior à honra do restante de Judá. 8 Naque-
le dia, o Senhor defenderá os habitantes
de Jerusalém; o mais fraco entre eles será
como o rei Davi, e os descendentes do rei
serão como Deus, como o anjo do Senhor
que vai diante deles. 9 Pois, naquele dia,
começarei a destruir todas as nações que
atacarem Jerusalém.
10 "Então derramarei um espírito[a] de gra-
ça e oração sobre a linhagem de Davi e
os habitantes de Jerusalém. Olharão para
aquele a quem transpassaram e chorarão
por ele como quem chora a morte do fi-
lho único; lamentarão amargamente por
ele, como quem lamenta a perda do filho
mais velho. 11 Naquele dia, o pranto em
Jerusalém será como o grande pranto por
Hadade-Rimom no vale de Megido.
12 "Todo o Israel chorará, cada família
separadamente, os maridos longe das es-
posas. A família de Davi chorará separa-
damente, bem como a família de Natã,
13 a família de Levi e a família de Simei.
14 Cada uma das famílias sobreviventes de
Judá chorará separadamente, os maridos
longe das esposas."

UMA FONTE DE PURIFICAÇÃO

13 "Naquele dia, uma fonte será aberta
para a linhagem de Davi e para os
habitantes de Jerusalém, uma fonte pa-
ra purificá-los de todos os seus pecados
e impurezas.
2 "Naquele dia", diz o Senhor dos Exér-
citos, "eliminarei da terra a idolatria, de
modo que até o nome dos ídolos será es-
quecido. Removerei da terra os falsos pro-
fetas e o espírito de impureza. 3 Se alguém
continuar a profetizar, seu próprio pai e
sua própria mãe lhe dirão: 'Você deve
morrer, pois profetizou mentiras em no-
me do Senhor'. E, enquanto ele estiver pro-
fetizando, seu pai e sua mãe o matarão.
4 "Naquele dia, as pessoas terão vergo-
nha de dizer que têm o dom de profeti-
zar. Ninguém vestirá roupas de profeta
para enganar outros. 5 Dirá: 'Não sou pro-
feta; sou lavrador. Comecei a trabalhar no
campo quando era menino'. 6 E se alguém
perguntar: 'Que feridas são essas em seu
peito?',[b] ele responderá: 'Fui ferido na ca-
sa de meus amigos'."

AS OVELHAS SÃO DISPERSADAS

7 "Desperte, ó espada,
contra meu pastor,
o homem que é meu companheiro",
diz o Senhor dos Exércitos.
"Fira o pastor, e as ovelhas
serão dispersas,
e eu me voltarei contra os cordeiros.
8 Dois terços dos habitantes da terra
serão feridos e morrerão",
diz o Senhor,
"mas restará um terço na terra.
9 Farei essa terça parte passar pelo fogo
e a purificarei.
Eu a refinarei como se refina a prata
e a purificarei como se
purifica o ouro.
Ela invocará meu nome,
e eu lhe responderei.
Direi: 'Este é meu povo',
e ela dirá: 'O Senhor é nosso Deus'."

O SENHOR GOVERNARÁ A TERRA

14 Fiquem atentos, pois se aproxima
o dia do Senhor, em que seus bens
serão saqueados diante de vocês! 2 Reu-
nirei todas as nações para lutarem con-
tra Jerusalém. A cidade será conquistada,
as casas serão saqueadas, e as mulheres,
violentadas. Metade da população será le-
vada para o exílio, e o restante será deixa-
do na cidade.
3 Então o Senhor sairá para lutar contra
essas nações, como fez no passado. 4 Na-
quele dia, seus pés estarão sobre o monte

[a] **12.10** Ou *o Espírito.*

[b] **13.6** Em hebraico, *Que feridas são essas entre suas mãos?*

das Oliveiras, a leste de Jerusalém. O mon-
te se dividirá ao meio, formando um vale
muito amplo, de leste a oeste. Metade do
monte se deslocará para o norte e meta-
de para o sul. 5 Vocês fugirão pelo vale,
pois ele se estenderá até Azal. Sim, vocês
fugirão, como fugiram do terremoto nos
dias de Uzias, rei de Judá. Então o Senhor,
meu Deus, virá com todos os seus santos.[a]
6 Naquele dia, as fontes de luz deixarão
de brilhar;[b] 7 ainda assim, sempre será dia!
Só o Senhor sabe como isso acontecerá. Não
haverá dia nem noite como sempre houve,
pois mesmo à noite haverá claridade.
8 Naquele dia, fluirão de Jerusalém águas
que dão vida; metade das águas correrá
para o mar Morto e metade para o Medi-
terrâneo.[c] Fluirão continuamente, tanto no
verão como no inverno.
9 E o Senhor será rei sobre toda a terra.
Naquele dia, haverá um só Senhor, e so-
mente seu nome será adorado.
10 Toda a terra, desde Geba, ao norte de
Judá, até Rimom, ao sul de Jerusalém, se
tornará uma grande planície. Jerusalém,
contudo, ficará em seu lugar elevado e se-
rá habitada desde o portão de Benjamim
até o local do portão antigo, e dali até o
portão da Esquina, e desde a torre de Ha-
nanel até as prensas de uvas do rei. 11 Jeru-
salém, por fim em segurança, ficará cheia
de gente e nunca mais será amaldiçoada
nem destruída.
12 O Senhor enviará uma praga contra to-
dos os povos que guerrearam contra Jeru-
salém. Eles se transformarão em cadáveres
ambulantes, com a carne em decomposi-
ção. Seus olhos apodrecerão nas órbitas,
e a língua apodrecerá na boca. 13 Naquele
dia, o Senhor os encherá de grande pânico,
e eles lutarão uns contra os outros com as
próprias mãos. 14 Judá também lutará em
Jerusalém. A riqueza de todas as nações vi-
zinhas será recolhida, grandes quantidades
de ouro e prata e de roupas. 15 Essa mesma
praga cairá sobre cavalos, mulas, camelos,
jumentos e todos os outros animais dos
acampamentos do inimigo.
16 No final, os inimigos que sobreviverem
à praga subirão a Jerusalém a cada ano pa-
ra adorar o Rei, o Senhor dos Exércitos, e
para celebrar a Festa das Cabanas. 17 Se al-
guma nação não quiser ir a Jerusalém para
adorar o Rei, o Senhor dos Exércitos, não
receberá chuva. 18 Se o povo do Egito não
quiser ir à festa, o Senhor o castigarád com
as mesmas pragas que enviará sobre as ou-
tras nações que se recusarem a ir. 19 O Egi-
to e as outras nações serão castigados se
não forem celebrar a Festa das Cabanas.
20 Naquele dia, até mesmo os sinos dos
cavalos terão gravadas estas palavras:
Santo para o Senhor. E as panelas no tem-
plo do Senhor serão tão sagradas quanto
as bacias usadas junto ao altar. 21 Na ver-
dade, todas as panelas em Jerusalém
e em Judá serão santas ao Senhor dos
Exércitos. Todos que vierem oferecer sa-
crifícios poderão usar qualquer uma de-
las para cozinhá-los. E, naquele dia, não
haverá mais comerciantes[e] no templo do
Senhor dos Exércitos.

---

[a] **14.5** Conforme a Septuaginta; o hebraico traz *e todos os seus santos virão com vocês.*

[b] **14.6** O significado do hebraico é incerto.

[c] **14.8** Em hebraico, *metade para o mar oriental e metade para o mar ocidental.*

[d] **14.18** Conforme alguns manuscritos hebraicos, a Septuaginta e a versão siríaca; o Texto Massorético traz *não o castigará.*

[e] **14.21** Em hebraico, *cananeus.*

Profetas Menores

Malaquias

Livro 39 com

4

CAPÍTULOS

SIGNIFICADO DO TÍTULO

O nome "Malaquias", do hebraico *Mal'ākhî*, significa "meu mensageiro".

O SILÊNCIO PROFÉTICO

Malaquias é o último livro do Antigo Testamento na tradição judaica e cristã. Ele marca o início de um período de silêncio profético, que duraria até a vinda de Jesus.

TEMAS DO LIVRO

Malaquias enfatiza a fidelidade de Deus em manter sua aliança com Israel apesar da infidelidade do povo. Ele confronta as práticas religiosas negligentes e hipócritas, chamando o povo ao arrependimento genuíno e à restauração da aliança com Deus.

A mensagem central é a santidade do Eterno, sua justiça em lidar com o pecado e a promessa de um futuro dia do Senhor, quando os fiéis serão recompensados e os ímpios, julgados.

AUTORIA

Embora o autor do livro não seja explicitamente mencionado, a tradição e a linguagem do texto sugerem que Malaquias é o próprio mensageiro de Deus que proferiu as profecias. O profeta é conhecido por sua mensagem de repreensão e exortação ao povo de Israel no período pós-exílico, aproximadamente entre 460 e 430 a.C. Ele foi contemporâneo de Esdras, Neemias e possivelmente do sumo sacerdote Joiada.

ESTRUTURA DO LIVRO

- ★ Repreensão à infidelidade de Israel Ml 1.1-5
- ★ O desdém pelo nome do Senhor Ml 1.6—2.9
- ★ Os pecados dos sacerdotes Ml 2.10-16
- ★ O juízo contra os maus Ml 2.17—3.5
- ★ O dízimo Ml 3.6-12
- ★ O dia do Senhor Ml 3.13—4.3
- ★ Arrependimento e restauração Ml 4.4-6

MALAQUIAS E CRISTO

Malaquias profetiza sobre o "mensageiro" que preparará o caminho do Senhor (Ml 3.1), cumprido em João Batista (Mt 11.10). Além disso, as profecias sobre o dia do Senhor (Ml 3.2-3; 4.1) apontam para a segunda vinda de Jesus, quando ele virá como juiz para estabelecer a justiça plena. A promessa de um remanescente fiel (Ml 3.16-18) remete à comunidade dos crentes em Cristo. Malaquias aponta para o dia do Senhor como um evento de julgamento e salvação (Ml 4.1).
Portanto, Malaquias não apenas prediz eventos históricos e juízos imediatos, mas também aponta para a vinda e o papel redentor de Cristo na consumação da história da salvação.

1 Esta é a mensagem que o Senhor anunciou
a Israel por meio do profeta Malaquias.[a]

O AMOR DE DEUS POR ISRAEL

2 "Eu sempre amei vocês", diz o Senhor.
Mas vocês perguntam: "De que maneira
nos amou?".
E o Senhor responde: "Foi desta maneira:
amei seu antepassado Jacó, 3 mas rejeitei
o irmão dele, Esaú, e devastei sua região
montanhosa. Transformei a propriedade
de Esaú num deserto para chacais".
4 O povo de Edom talvez diga: "Fomos
arrasados, mas reconstruiremos as ruínas".
O Senhor dos Exércitos, porém, declara:
"Podem reconstruir, mas eu demolirei
tudo outra vez. Seu país ficará conhecido
como 'Terra da Maldade', e seu povo será
chamado de 'Povo Contra o Qual o Senhor
Está Irado Para Sempre'. 5 Quando vocês
virem a destruição com os próprios olhos,
dirão: 'A grandeza do Senhor vai muito
além das fronteiras de Israel!'".

SACRIFÍCIOS INDIGNOS

6 O Senhor dos Exércitos diz aos sacerdo-
tes: "O filho honra seu pai, e o servo res-
peita seu senhor. Se eu sou seu pai e seu
senhor, onde estão a honra e o respeito
que mereço? Vocês desprezam meu nome!
"Mas vocês perguntam: 'De que maneira
desprezamos teu nome?'.
7 "Vocês o desprezam oferecendo sacri-
fícios contaminados sobre meu altar.
"E vocês perguntam: 'De que maneira
contaminamos os sacrifícios?'.[b]
"Vocês os contaminam dizendo que
a mesa do Senhor não merece respeito.
8 Acaso não é errado sacrificarem ani-
mais cegos? Não é errado oferecerem
animais aleijados e doentes? Apresentem
ofertas como essas a seu governador e ve-
jam se ele ficará satisfeito e se agradará de
vocês!", diz o Senhor dos Exércitos.
9 "Vão em frente, supliquem a Deus para
que tenha compaixão de vocês. Mas por
que ele atenderia, uma vez que apresen-
tam esse tipo de oferta?", diz o Senhor
dos Exércitos.
10 "Quem dera um de vocês fechasse as
portas do templo para que não se acen-
desse em vão o fogo do meu altar! Não
me agrado de vocês", diz o Senhor dos
Exércitos, "e não aceitarei suas ofertas.
11 Contudo, meu nome é honrado[c] de ma-
nhã até a noite por pessoas de outras na-
ções. Em todo o mundo oferecem[d] incenso
e sacrifícios puros em minha honra, pois
meu nome é grande entre as nações", diz
o Senhor dos Exércitos.
12 "Mas vocês, com suas ações, deson-
ram meu nome. Ao trazer alimentos
desprezíveis, declaram que não há nada
de errado em contaminar a mesa do
Senhor. 13 Dizem: 'É difícil demais servir
ao Senhor!' e desprezam minhas ordens",
diz o Senhor dos Exércitos. "Vocês trazem
como ofertas animais roubados,[e] aleija-
dos e doentes! Acaso devo aceitar de suas
mãos esse tipo de oferta?", diz o Senhor.
14 "Maldito seja o trapaceiro que pro-
mete um carneiro forte de seu rebanho,
mas depois sacrifica ao Senhor um animal
defeituoso. Pois eu sou o grande Rei", diz
o Senhor dos Exércitos, "e meu nome é te-
mido entre as nações!"

ADVERTÊNCIA AOS SACERDOTES

2 "Ouçam, sacerdotes! Este mandamen-
to é para vocês. 2 Escutem-me e deci-
dam honrar meu nome", diz o Senhor dos
Exércitos, "pois, do contrário, enviarei
maldição sobre vocês. Amaldiçoarei até
mesmo as bênçãos que receberem. Na ver-
dade, já as amaldiçoei, pois vocês não
levaram a sério minha advertência. 3 Cas-
tigarei seus descendentes, esfregarei em
seu rosto o esterco dos sacrifícios que vo-
cês ofereceram em suas festas sagradas e
os lançarei no monte de esterco. 4 Assim,
vocês saberão que enviei este mandamen-
to para que minha aliança com os levitas
continue", diz o Senhor dos Exércitos.
5 "O propósito de minha aliança com os
levitas era dar vida e paz, e foi o que lhes
dei. Para isso, era necessário que me temes-
sem, e eles demonstraram grande temor

[a] **1.1** *Malaquias* significa "meu mensageiro".
[b] **1.7** Conforme a Septuaginta; o hebraico traz *te contaminamos?*
[c] **1.11a** Ou *será honrado.*
[d] **1.11b** Ou *oferecerão.*
[e] **1.13** Ou *dilacerados.*

por mim e reverência por meu nome. 6 Transmitiram ao povo a verdade das leis que receberam de mim. Não mentiram nem enganaram; andaram comigo, vivendo de modo pacífico e justo, e desviaram muitos do pecado.

7 "As palavras do sacerdote devem guardar o conhecimento de Deus, e o povo deve buscar o sacerdote para receber instrução, pois ele é mensageiro do SENHOR dos Exércitos. 8 Mas vocês, sacerdotes, se desviaram dos caminhos de Deus. Suas instruções fizeram muitos caírem em pecado. Vocês quebraram a aliança que fiz com os levitas", diz o SENHOR dos Exércitos. 9 "Por isso fiz que vocês fossem desprezados e humilhados diante de todo o povo, pois não me obedeceram, mas mostraram parcialidade na aplicação de minha lei."

CHAMADO À FIDELIDADE

10 Não somos filhos do mesmo Pai? Não fomos todos criados pelo mesmo Deus? Então por que traímos uns aos outros e quebramos a aliança de nossos antepassados?

11 Judá foi infiel, e uma coisa detestável foi feita em Israel e em Jerusalém. Os homens de Judá contaminaram o santuário que o SENHOR ama ao se casarem com mulheres que adoram deuses estrangeiros. 12 Que o SENHOR elimine das casas de Israel[a] até o último homem que fez isso e que, ainda assim, apresenta uma oferta ao SENHOR dos Exércitos.

13 Há outra coisa que vocês fazem. Cobrem de lágrimas o altar do SENHOR, choram e gemem porque ele não dá atenção às suas ofertas nem as aceita com prazer. 14 E ainda perguntam: "Por quê?". Porque o SENHOR foi testemunha dos votos que você e sua esposa fizeram quando jovens. Mas você foi infiel, embora ela tenha continuado a ser sua companheira, a esposa à qual você fez seus votos de casamento.

15 Acaso o SENHOR não o fez um só com sua esposa? Em corpo e em espírito vocês pertencem a ele.[b] E o que ele quer? Dessa união, quer filhos dedicados a ele. Portanto, guardem seu coração; permaneçam fiéis à esposa de sua mocidade. 16 "Pois eu odeio o divórcio", diz o SENHOR, o Deus de Israel. "Divorciar-se de sua esposa é cobri-la de crueldade",[c] diz o SENHOR dos Exércitos. "Portanto, guardem seu coração; não sejam infiéis."

17 Vocês cansaram o SENHOR com suas palavras.

"De que maneira o cansamos?", vocês perguntam.

Vocês o cansaram dizendo que todos que praticam o mal são bons aos olhos do SENHOR e que ele se agrada deles, e também ao perguntar: "Onde está o Deus da justiça?".

O DIA FUTURO DE JULGAMENTO

3 "Vejam! Envio meu mensageiro, que preparará o caminho diante de mim. Então, de repente, o Senhor a quem vocês buscam virá a seu templo. O mensageiro da aliança, por quem vocês anseiam, certamente virá", diz o SENHOR dos Exércitos.

2 "Mas quem poderá suportar quando ele vier? Quem permanecerá em pé em sua presença quando ele aparecer? Pois ele será como fogo ardente que refina o metal, como sabão forte que branqueia as roupas. 3 Ele se sentará como refinador de prata e queimará toda impureza. Purificará os levitas e os refinará como ouro e prata, para que voltem a oferecer sacrifícios aceitáveis ao SENHOR. 4 Então o SENHOR se agradará novamente das ofertas do povo de Judá e do povo de Jerusalém, como no passado.

5 "Naquele dia, eu julgarei vocês. Não demorarei para testemunhar contra todos os feiticeiros, adúlteros e mentirosos. Falarei contra aqueles que roubam o salário de seus empregados, que oprimem as viúvas e os órfãos, ou que privam os estrangeiros de seus direitos, pois essas pessoas não me temem", diz o SENHOR dos Exércitos.

---

[a] **2.12** Em hebraico, *das tendas de Jacó*. Os nomes "Jacó" e "Israel" são usados de forma intercambiável ao longo de todo o Antigo Testamento e se referem, por vezes, ao patriarca e, em outras ocasiões, à nação.

[b] **2.15** Ou *Acaso o SENHOR não nos criou e preservou nossa vida e nosso fôlego?*, ou *Acaso o único Deus não a fez, carne e espírito?* O significado do hebraico é incerto.

[c] **2.16** Em hebraico, *cobrir suas vestes de violência*.

CHAMADO AO ARREPENDIMENTO

6 "Eu sou o Senhor e não mudo. Por isso vocês, descendentes de Jacó, ainda não foram destruídos. 7 Desde os dias de seus antepassados vocês se afastaram de meus decretos e não os seguiram. Agora, voltem-se para mim, e eu me voltarei para vocês", diz o Senhor dos Exércitos.

"Mas vocês perguntam: 'De que maneira voltaremos?'.

8 "Acaso alguém pode roubar a Deus? Mas vocês têm me roubado!

"Perguntam: 'Em que te roubamos?'.

"Vocês me roubaram nos dízimos e nas ofertas. 9 Estão sob maldição, pois a nação inteira tem me roubado. 10 Tragam todos os seus dízimos aos depósitos do templo, para que haja provisão em minha casa. Se o fizerem", diz o Senhor dos Exércitos, "abrirei as janelas do céu para vocês. Derramarei tantas bênçãos que não haverá espaço para guardá-las! Sim, ponham-me à prova! 11 Suas colheitas serão fartas, pois as protegerei das pragas.[a] Suas uvas não cairão das videiras antes de amadurecerem", diz o Senhor dos Exércitos. 12 "Então todas as nações os chamarão de abençoados, pois sua terra será cheia de alegria", diz o Senhor dos Exércitos.

13 "Vocês falaram coisas terríveis contra mim", diz o Senhor.

"Mas vocês perguntam: 'O que falamos contra ti?'.

14 "Vocês disseram: 'De que adianta servir a Deus? Que vantagem temos em obedecer a suas ordens ou chorar por nossos pecados diante do Senhor dos Exércitos? 15 De agora em diante, chamaremos de abençoados os arrogantes. Pois os que praticam maldades enriquecem, e os que provocam a ira de Deus nenhum mal sofrem'."

O SENHOR PROMETE MISERICÓRDIA

16 Então aqueles que temiam o Senhor falaram uns com os outros, e o Senhor ouviu o que disseram. Na presença dele, foi escrito um livro memorial para registrar os nomes dos que o temiam e que sempre honravam seu nome.

17 "Eles serão meu povo", diz o Senhor dos Exércitos. "No dia em que eu agir, eles serão meu tesouro especial. Terei compaixão deles como o pai tem compaixão de seu filho obediente. 18 Então vocês verão outra vez a diferença entre o justo e o mau, entre o que serve a Deus e o que não serve."

O DIA DO JULGAMENTO SE APROXIMA

4 1[b]Assim diz o Senhor dos Exércitos: "O dia do julgamento se aproxima e arde como uma fornalha. Naquele dia, serão queimados como palha os arrogantes e os perversos. Serão consumidos, desde as raízes até os ramos.

2 "Mas, para vocês que temem meu nome, o sol da justiça se levantará, trazendo cura em suas asas. E vocês sairão e saltarão de alegria, como bezerros soltos no pasto. 3 No dia em que eu agir, vocês pisarão sobre os perversos como se eles fossem pó sob os seus pés", diz o Senhor dos Exércitos.

4 "Lembrem-se de obedecer à lei de Moisés, meu servo, a todos os decretos e estatutos que dei a todo o Israel no monte Sinai.[c]

5 "Vejam, eu lhes envio o profeta Elias antes da vinda do grande e terrível dia do Senhor. 6 Ele fará que o coração dos pais volte para seus filhos e o coração dos filhos volte para seus pais. Do contrário, eu virei e castigarei a terra com maldição."

Quando Deus quer nos transformar, ele não se contenta em arranhar a superfície, mas deseja nos tratar profundamente, em nossas raízes.

[a] **3.11** Em hebraico, *do devorador*.

[b] **4.1** No texto hebraico, os versículos 4.1-6 são numerados 3.19-24.

[c] **4.4** Em hebraico, *Horebe*, outro nome para o Sinai.

NOVO TESTAMENTO

Introdução ao

Novo Testamento

O Novo Testamento, composto por 27 livros, é a segunda parte da Bíblia e a chave para entendermos o coração da mensagem cristã. Ele narra os eventos que cercam a vida de Cristo e o início da Igreja, revelando a obra de salvação realizada por Deus por meio de seu Filho. Esses escritos, gerados no contexto do Império Romano no primeiro século, não só descrevem a vida, a morte e a ressurreição de Jesus, mas também orientam os cristãos sobre como viver à luz do Evangelho e esperar a consumação do Reino de Deus.

A estrutura do Novo Testamento é marcada por quatro grandes blocos: os Evangelhos, Atos, as epístolas e Apocalipse. Cada uma dessas seções contribui de maneira única para o entendimento da fé cristã.

Os Evangelhos — Mateus, Marcos, Lucas e João — são o núcleo das Escrituras, pois narram a vida de Jesus. Embora cada evangelista tenha um enfoque distinto, todos concordam na mensagem central: Jesus é o Messias prometido, o Filho de Deus, que veio ao mundo para oferecer perdão e vida eterna por meio de sua morte na cruz e ressurreição. O Evangelho de João, de maneira particular, apresenta-nos uma visão profunda da identidade de Jesus, destacando-o não apenas como o Salvador, mas como o Verbo eterno de Deus que se fez carne.

Após os Evangelhos, encontramos o livro de Atos, que descreve o nascimento e a expansão da Igreja. Escrito por Lucas, Atos nos apresenta as primeiras viagens missionárias, a conversão de Paulo e a propagação do Evangelho além das fronteiras de Israel, alcançando os gentios. Esse livro nos ensina que a missão de Jesus continua por meio da Igreja, chamada a levar a Boa-Nova ao mundo.

Seguindo os Atos, as epístolas — cartas escritas por discípulos, especialmente por Paulo — abordam questões práticas e teológicas da vida cristã. Elas são cartas de aconselhamento e instrução, e tratam da salvação pela graça, da vida em comunidade, da ética cristã e da esperança na volta de Cristo. As epístolas de Paulo, como Romanos, 1 e 2Coríntios e Efésios, são profundamente teológicas, e explicam o significado da morte de Jesus, a justificação pela fé e a nova identidade do cristão.

Por fim, o Apocalipse, escrito por João, oferece uma visão simbólica do fim dos tempos, revelando a vitória definitiva de Cristo sobre o mal. Em meio a imagens poderosas e muitas vezes desafiadoras, o Apocalipse assegura aos cristãos que, embora enfrentemos tribulações, a vitória final pertence a Cristo e sua Igreja, e o Reino de Deus será plenamente estabelecido.

A mensagem central do Novo Testamento é clara e transformadora: Jesus Cristo é o Salvador do mundo. Ele veio para revelar o amor de Deus, oferecer perdão para os pecados e restaurar a relação entre o Criador e a humanidade. Por meio de sua morte na cruz e ressurreição, Jesus oferece a oportunidade de serem reconciliados com Deus e receberem a vida eterna. Como está escrito em João 3.16: "Porque Deus amou tanto o mundo que deu seu Filho único, para que todo o que nele crer não pereça, mas tenha a vida eterna".

Outro aspecto fundamental do Novo Testamento é a doutrina da graça e da fé. A salvação não é conquistada por méritos próprios, mas é um presente gratuito de Deus, recebido pela fé. Esse é o coração da mensagem paulina: "O justo viverá pela fé" (Romanos 1.17). Não há espaço para orgulho humano; a salvação é unicamente pela graça de Deus, e a fé é o meio pelo qual nos apropriamos dessa graça.

O Novo Testamento também destaca a vida no Reino de Deus. Jesus falou incessantemente sobre ele, que está presente entre nós, mas ainda será plenamente revelado no futuro. Os cristãos são chamados a viver de acordo com os valores desse Reino, como amor, misericórdia, perdão e justiça. A Igreja, como corpo de Cristo, é a comunidade onde esses valores devem ser vividos, sendo luz para o mundo e sal da Terra.

Finalmente, a esperança na volta de Cristo permeia as páginas do Novo Testamento. A promessa de que Jesus retornará em glória para estabelecer seu Reino definitivo é uma fonte de consolo e motivação para os cristãos. Essa esperança nos impulsiona a viver com perseverança, sabedoria e fé, aguardando a consumação da obra redentora de Cristo.

Em resumo, o Novo Testamento não é apenas um conjunto de escritos antigos; ele é a revelação viva de Deus em Jesus Cristo, e sua mensagem continua a transformar vidas. Ao estudá-lo, somos convidados a conhecer o amor imensurável do Eterno, a entender o significado profundo da salvação e a viver com a esperança de que, em Cristo, todas as coisas serão restauradas.

Evangelhos

Livro 40 com

Mateus

28
CAPÍTULOS

AUTORIA

Mateus, conhecido como Levi, filho de Alfeu e um dos 12 apóstolos de Jesus (Mt 9.9; 10.3). Era cobrador de impostos, e seu nome significa "dom de Deus".

OBJETIVO DO LIVRO

Mateus escreveu o Evangelho principalmente para um público judeu, com o objetivo de mostrar que Jesus é o Messias prometido no Antigo Testamento. Ele faz isso conectando a vida e o ministério de Cristo às profecias e às escrituras judaicas, demonstrando que ele é o cumprimento da Lei e dos Profetas.

O EVANGELHO DO REI

ÉPOCA DA ESCRITA

Há debates, mas acredita-se que foi escrito entre 60 e 85 d.C.

TEMAS DO LIVRO

Mateus enfatiza a realeza de Jesus, apresentando-o como o "Descendente de Davi" e o "Rei dos judeus" (Mt 1.1; 27.11). Ele destaca a autoridade de Cristo sobre a Lei (Mt 5.17-18) e sua missão de salvar "seu povo dos seus pecados" (Mt 1.21).

A importância do Reino de Deus é um tema central: Mateus apresenta Jesus como o cumprimento das promessas do Antigo Testamento e o inaugurador de uma nova era de salvação e justiça.

ESTRUTURA DO LIVRO

- ★ Genealogia e nascimento de Jesus Mt 1—2
- ★ Início do ministério Mt 3—4
- ★ Sermão do Monte Mt 5—7
- ★ Milagres e parábolas Mt 8—13
- ★ Instruções aos discípulos Mt 14—20
- ★ A semana da Paixão Mt 21—27
- ★ Ressurreição e Grande Comissão Mt 28

CURIOSIDADES

Mateus contém mais citações e alusões ao Antigo Testamento do que qualquer outro Evangelho.

Mateus é o único Evangelho que menciona explicitamente a "igreja" (Mt 16.18; 18.17).

MATEUS E CRISTO

Mateus destaca o papel de Jesus como o Messias, desde seu nascimento, que cumpre as profecias (Mt 1.23; Is 7.14), até sua morte e ressurreição, que asseguram a salvação (Mt 27.46; Sl 22.1). Também mostra Jesus como o novo Moisés, dando a nova lei no Sermão do Monte (Mt 5—7), e como o Emanuel, "Deus conosco" (Mt 1.23).

OS ANTEPASSADOS DE JESUS CRISTO

1 Este é o registro dos antepassados de
Jesus Cristo,[a] descendente de Davi e
de Abraão:[b]

2 Abraão gerou Isaque.
Isaque gerou Jacó.
Jacó gerou Judá e seus irmãos.
3 Judá gerou Perez e Zerá, cuja mãe foi
Tamar.
Perez gerou Esrom.
Esrom gerou Rão.[c]
4 Rão gerou Aminadabe.
Aminadabe gerou Naassom.
Naassom gerou Salmom.
5 Salmom gerou Boaz, cuja mãe foi Raabe.
Boaz gerou Obede, cuja mãe foi Rute.
Obede gerou Jessé.
6 Jessé gerou o rei Davi.
Davi gerou Salomão, cuja mãe foi Bate-Seba, viúva de Urias.
7 Salomão gerou Roboão.
Roboão gerou Abias.
Abias gerou Asa.[d]
8 Asa gerou Josafá.
Josafá gerou Jeorão.[e]
Jeorão gerou Uzias.
9 Uzias gerou Jotão.
Jotão gerou Acaz.
Acaz gerou Ezequias.
10 Ezequias gerou Manassés.
Manassés gerou Amom.[f]
Amom gerou Josias.
11 Josias gerou Joaquim[g] e seus irmãos, nascidos no tempo do exílio na Babilônia.
12 Depois do exílio na Babilônia:
Joaquim gerou Salatiel.
Salatiel gerou Zorobabel.
13 Zorobabel gerou Abiúde.
Abiúde gerou Eliaquim.
Eliaquim gerou Azor.
14 Azor gerou Sadoque.
Sadoque gerou Aquim.
Aquim gerou Eliúde.
15 Eliúde gerou Eleazar.
Eleazar gerou Matã.
Matã gerou Jacó.
16 Jacó gerou José, marido de Maria.
Maria deu à luz Jesus, que é chamado Cristo.

17 Portanto, são catorze gerações de Abraão
até Davi, catorze de Davi até o exílio na
Babilônia e catorze do exílio na Babilônia
até Cristo.

O NASCIMENTO DE JESUS CRISTO

18 Foi assim que nasceu Jesus Cristo. Maria,
sua mãe, estava prometida para se casar com
José. Antes do casamento, porém, ela engravi-
dou pelo poder do Espírito Santo. 19 José, seu
noivo, era um homem justo e resolveu romper
a união em segredo, pois não queria envergo-
nhá-la com uma separação pública.
20 Enquanto ele pensava nisso, um anjo do
Senhor lhe apareceu em sonho e disse: "José,
filho de Davi, não tenha medo de receber
Maria como esposa, pois a criança dentro
dela foi concebida pelo Espírito Santo. 21 Ela
terá um filho, e você lhe dará o nome de Jesus,[h]
pois ele salvará seu povo dos seus pecados".
22 Tudo isso aconteceu para cumprir o que
o Senhor tinha dito por meio do profeta:

23 "Vejam! A virgem ficará grávida!
Ela dará à luz um filho,
e o chamarão Emanuel,[i]
que significa 'Deus conosco'".

24 Quando José acordou, fez o que o anjo do
Senhor lhe havia ordenado e recebeu Maria
como esposa. 25 No entanto, não teve rela-
ções com ela até o menino nascer; e ele lhe
deu o nome de Jesus.

VISITANTES DO ORIENTE

2 Jesus nasceu em Belém, na Judeia, du-
rante o reinado de Herodes. Por esse
tempo, alguns sábios[j] das terras do Oriente

[a] **1.1a** Ou *Messias*. Tanto *Messias* (do hebraico) como *Cristo* (do grego) significam "ungido".
[b] **1.1b** Em grego, *filho de Davi e filho de Abraão*.
[c] **1.3** Em grego, *Arão*, variação de Rão; também em 1.4. Ver 1Cr 2.9-10.
[d] **1.7** Em grego, *Asafe*, variação de Asa; também em 1.8. Ver 1Cr 3.10.
[e] **1.8** Em grego, *Jorão*, variação de Jeorão; também em 1.8b. Ver 1Rs 22.50 e nota em 1Cr 3.11.
[f] **1.10** Em grego, *Amós*, variação de Amom; também em 1.10b. Ver 1Cr 3.14.
[g] **1.11** Em grego, *Jeconias*, variação de Joaquim; também em 1.12. Ver 2Rs 24.6 e nota em 1Cr 3.16.
[h] **1.21** *Jesus* significa "O Senhor salva".
[i] **1.23** Is 7.14; 8.8,10, conforme a Septuaginta.
[j] **2.1** Ou *astrólogos reais*. Em grego, *magos*; também em 2.7,16.

chegaram a Jerusalém 2 e perguntaram: "Onde
está o recém-nascido rei dos judeus? Vimos
sua estrela no Oriente e viemos adorá-lo".
3 Ao ouvir isso, o rei Herodes ficou pertur-
bado, e com ele todo o povo de Jerusalém.
4 Reuniu os principais sacerdotes e os mes-
tres da lei e lhes perguntou: "Onde nascerá
o Cristo?".
5 Eles responderam: "Em Belém da Judeia,
pois assim escreveu o profeta:

6 'E você, Belém, na terra de Judá,
não é a menor entre as principais
cidades[a] de Judá,
pois de você virá um governante
que será o pastor
do meu povo, Israel'".[b]

7 Então Herodes convocou os sábios em se-
gredo e soube por eles o momento em que
a estrela tinha aparecido. 8 "Vão a Belém e
procurem o menino com atenção", disse ele.
"Quando o encontrarem, voltem e digam-
-me, para que eu vá e também o adore."
9 Após a conversa com o rei, os sábios se-
guiram seu caminho, guiados pela estrela
que tinham visto no Oriente. Ela ia adiante
deles, até que parou acima do lugar onde o
menino estava. 10 Quando viram a estrela,
ficaram muito alegres. 11 Ao entrar na casa,
viram o menino com Maria, sua mãe, e se
prostraram e o adoraram. Então abriram
seus tesouros e o presentearam com ouro,
incenso e mirra.
12 Quando chegou a hora de partir, retorna-
ram para sua terra por outro caminho, pois
haviam sido avisados em sonho para não
voltar a Herodes.

A FUGA PARA O EGITO

13 Depois que os sábios partiram, um anjo
do Senhor apareceu a José em sonho.
"Levante-se", disse o anjo. "Fuja para o Egito
com o menino e sua mãe. Fique lá até eu lhe
dizer que volte, pois Herodes vai procurar o
menino a fim de matá-lo."
14 Naquela mesma noite, José se levantou
e partiu com o menino e Maria, sua mãe,
para o Egito, 15 onde ficaram até a morte
de Herodes. Cumpriu-se, assim, o que o
Senhor tinha dito por meio do profeta:
"Do Egito chamei meu filho".[c]
16 Quando Herodes se deu conta de que
os sábios o haviam enganado, ficou furioso.
Enviou soldados para matar todos os me-
ninos de dois anos para baixo em Belém e
seus arredores, tomando por base o relato
dos sábios acerca da primeira aparição da
estrela. 17 Com isso, cumpriu-se o que foi
dito por meio do profeta Jeremias:

18 "Ouviu-se um clamor em Ramá,
choro e grande lamentação.
Raquel chora por seus filhos
e se recusa a ser consolada,
pois eles já não existem".[d]

A VOLTA PARA ISRAEL

19 Quando Herodes morreu, um anjo do
Senhor apareceu em sonho a José, no Egito.
20 "Levante-se", disse o anjo. "Leve o meni-
no e a mãe de volta para a terra de Israel,
pois já morreram os que tentavam matar
o menino."
21 Então José se levantou e se preparou
para voltar à terra de Israel com o menino
e sua mãe. 22 Soube, porém, que o novo go-
vernador da Judeia era Arquelau, filho de
Herodes, e teve medo de ir para lá. Depois
de ser avisado em sonho, partiu para a re-
gião da Galileia. 23 A família foi morar numa
cidade chamada Nazaré, cumprindo-se,
desse modo, o que os profetas haviam dito,
que Jesus seria chamado nazareno.

JOÃO BATISTA PREPARA O CAMINHO

3 Naqueles dias, João Batista apareceu no
deserto da Judeia e começou a anunciar
a seguinte mensagem: 2 "Arrependam-se,
pois o reino dos céus está próximo".[e] 3 O pro-
feta Isaías se referia a João quando disse:

"Ele é uma voz que clama no deserto:
'Preparem o caminho para
a vinda do Senhor![f]
Abram a estrada para ele!'".[g]

[a] **2.6a** Em grego, *entre os governantes*.
[b] **2.6b** Mq 5.2; 2Sm 5.2.

[c] **2.15** Os 11.1.
[d] **2.18** Jr 31.15.
[e] **3.2** Ou *é chegado*, ou *vem em breve*.
[f] **3.3a** Ou *Ele é uma voz que clama: "Preparem no deserto o caminho para a vinda do Senhor!"*.
[g] **3.3b** Is 40.3, conforme a Septuaginta.

4 As roupas de João eram tecidas com pelos de camelo, e ele usava um cinto de couro e alimentava-se de gafanhotos e mel silvestre. 5 Gente de Jerusalém, de toda a Judeia e de todo o vale do Jordão ia até ele. 6 Quando confessavam seus pecados, ele os batizava no rio Jordão.

7 Mas, quando João viu que muitos fariseus e saduceus vinham ao lugar de batismo, ele os repreendeu abertamente. "Raça de víboras!", exclamou. "Quem os convenceu a fugir da ira que está por vir? 8 Provem por suas ações que vocês se arrependeram. 9 Não pensem que podem dizer uns aos outros: 'Estamos a salvo, pois somos filhos de Abraão'. Isso não significa nada, pois eu lhes digo que até destas pedras Deus pode fazer surgir filhos de Abraão. 10 Agora mesmo o machado do julgamento está pronto para cortar as raízes das árvores. Toda árvore que não produz bons frutos será cortada e lançada ao fogo.

11 "Eu batizo com[a] água aqueles que se arrependem. Depois de mim, porém, virá alguém mais poderoso que eu, alguém muito superior, cujas sandálias não sou digno de carregar. Ele os batizará com o Espírito Santo e com fogo.[b] 12 Ele já tem na mão a pá, e com ela separará a palha do trigo e limpará a área onde os cereais são debulhados. Juntará o trigo no celeiro, mas queimará a palha no fogo que nunca se apaga."

O BATISMO DE JESUS

13 Jesus foi da Galileia ao rio Jordão para que João o batizasse. 14 João, porém, tentou impedi-lo. "Eu é que preciso ser batizado pelo senhor", disse ele. "Então por que vem a mim?"

15 Jesus respondeu: "É necessário que seja assim, pois devemos fazer tudo que Deus requer".[c] E João concordou em batizá-lo.

16 Depois do batismo, enquanto Jesus saía da água, o céu se abriu,[d] e ele viu o Espírito de Deus descer como uma pomba e pousar sobre ele. 17 E uma voz do céu disse: "Este é meu Filho amado, que me dá grande alegria".

[a] **3.11a** Ou *em*.
[b] **3.11b** Ou *no Espírito Santo e em fogo*.
[c] **3.15** Ou *devemos cumprir toda a justiça*.
[d] **3.16** Alguns manuscritos acrescentam *diante dele*.

A TENTAÇÃO DE JESUS

4 Em seguida, Jesus foi conduzido pelo Espírito ao deserto para ser tentado pelo diabo. 2 Depois de passar quarenta dias e quarenta noites sem comer, teve fome.

3 O tentador veio e lhe disse: "Se você é o Filho de Deus, ordene que estas pedras se transformem em pães".

4 Jesus, porém, respondeu: "As Escrituras dizem:

'Uma pessoa não vive só de pão,
mas de toda palavra que vem
da boca de Deus'".[e]

5 Então o diabo o levou à cidade santa, até o ponto mais alto do templo, 6 e disse: "Se você é o Filho de Deus, salte daqui. Pois as Escrituras dizem:

'Ele ordenará a seus anjos
que o protejam.
Eles o sustentarão com as mãos,
para que não machuque o
pé em alguma pedra'".[f]

7 Jesus respondeu: "As Escrituras também dizem:

'Não ponha à prova o Senhor, seu Deus'".[g]

8 Em seguida, o diabo o levou até um monte muito alto e lhe mostrou todos os reinos do mundo e sua glória. 9 "Eu lhe darei tudo isto", declarou. "Basta ajoelhar-se e adorar-me."

10 "Saia daqui, Satanás!", disse Jesus. "Pois as Escrituras dizem:

'Adore o Senhor, seu Deus, e
sirva somente a ele'".[h]

11 Então o diabo foi embora, e anjos vieram e serviram Jesus.

O INÍCIO DO MINISTÉRIO DE JESUS

12 Quando Jesus soube que João havia sido preso, voltou à Galileia. 13 Saindo de Nazaré,

[e] **4.4** Dt 8.3.
[f] **4.6** Sl 91.11-12.
[g] **4.7** Dt 6.16.
[h] **4.10** Dt 6.13.

mudou-se para Cafarnaum, junto ao mar da Galileia,[a] na região de Zebulom e Naftali.
14 Cumpriu-se, desse modo, o que foi dito por meio do profeta Isaías:

15 "Na terra de Zebulom e Naftali,
junto ao mar, além do rio Jordão,
na Galileia, onde vivem tantos gentios,
16 o povo que vivia na escuridão
viu uma grande luz,
e sobre os que viviam na terra
onde a morte lança sua sombra,
uma luz brilhou".[b]

17 A partir de então, Jesus começou a anunciar sua mensagem: "Arrependam-se, pois o reino dos céus está próximo".[c]

OS PRIMEIROS DISCÍPULOS

18 Enquanto andava à beira do mar da Galileia, Jesus viu dois irmãos, Simão, também chamado Pedro, e André. Jogavam redes ao mar, pois viviam da pesca.
19 Jesus lhes disse: "Sigam-me, e eu farei de vocês pescadores de gente".
20 No mesmo instante, deixaram suas redes e o seguiram.
21 Pouco adiante, Jesus viu outros dois irmãos, Tiago e João, consertando redes num barco com o pai, Zebedeu. Jesus os chamou,
22 e eles também o seguiram de imediato, deixando para trás o barco e o pai.

MULTIDÕES SEGUEM JESUS

23 Jesus viajou por toda a região da Galileia, ensinando nas sinagogas, anunciando as boas-novas do reino e curando as pessoas de todo tipo de doenças.
24 As notícias a seu respeito se espalharam até a Síria, e logo o povo começou a lhe trazer todos que estavam enfermos. Qualquer que fosse a enfermidade ou dor, quer estivessem possuídos por demônio, quer sofressem de convulsões, quer fossem paralíticos, Jesus os curava.
25 Grandes multidões o seguiam, gente da Galileia, das Dez Cidades,[d] de Jerusalém, de toda a Judeia e da região a leste do rio Jordão.

[a] **4.13** Em grego, *junto ao mar*.
[b] **4.15-16** Is 9.1-2, conforme a Septuaginta.
[c] **4.17** Ou *é chegado*, ou *vem em breve*.
[d] **4.25** Em grego, *Decápolis*.

O SERMÃO DO MONTE

5 Certo dia, quando Jesus viu que as multidões se ajuntavam, subiu a encosta do monte e ali sentou-se. Seus discípulos se reuniram ao redor,
2 e ele começou a ensiná-los.

AS BEM-AVENTURANÇAS

3 "Felizes os pobres de espírito,
pois o reino dos céus lhes pertence.
4 Felizes os que choram,
pois serão consolados.
5 Felizes os humildes,
pois herdarão a terra.
6 Felizes os que têm fome
e sede de justiça,
pois serão saciados.
7 Felizes os misericordiosos,
pois serão tratados com misericórdia.
8 Felizes os que têm coração puro,
pois verão a Deus.
9 Felizes os que promovem a paz,
pois serão chamados filhos de Deus.
10 Felizes os perseguidos por
causa da justiça,
pois o reino dos céus lhes pertence.

11 "Felizes são vocês quando, por minha causa, sofrerem zombaria e perseguição, e quando outros, mentindo, disserem todo tipo de maldade a seu respeito.
12 Alegrem-se e exultem, porque uma grande recompensa os espera no céu. E lembrem-se de que os antigos profetas foram perseguidos da mesma forma."

ENSINO SOBRE SAL E LUZ

13 "Vocês são o sal da terra. Mas, se o sal perder o sabor, para que servirá? É possível torná-lo salgado outra vez? Será jogado fora e pisado pelos que passam, pois já não serve para nada.
14 "Vocês são a luz do mundo. É impossível esconder uma cidade construída no alto de um monte.
15 Não faz sentido acender uma lâmpada e depois colocá-la sob um cesto. Pelo contrário, ela é colocada num pedestal, de onde ilumina todos que estão na casa.
16 Da mesma forma, suas boas obras devem brilhar, para que todos as vejam e louvem seu Pai, que está no céu."

ENSINO SOBRE A LEI

17 "Não pensem que eu vim abolir a lei de
Moisés ou os escritos dos profetas; vim
cumpri-los. 18 Eu lhes digo a verdade: en-
quanto o céu e a terra existirem, nem a
menor letra ou o menor traço da lei desa-
parecerá até que todas as coisas se cum-
pram. 19 Portanto, quem desobedecer até
ao menor mandamento, e ensinar outros a
fazer o mesmo, será considerado o menor
no reino dos céus. Mas aquele que obede-
cer à lei de Deus e ensiná-la será conside-
rado grande no reino dos céus.

20 "Eu os advirto: a menos que sua justiça
supere muito a justiça dos mestres da lei e
dos fariseus, vocês jamais entrarão no rei-
no dos céus."

ENSINO SOBRE A IRA

21 "Vocês ouviram o que foi dito a seus an-
tepassados: 'Não mate. Se cometer homi-
cídio, estará sujeito a julgamento'.[a] 22 Eu,
porém, lhes digo que basta irar-se contra
alguém[b] para estar sujeito a julgamento.
Quem xingar alguém de estúpido,[c] corre
o risco de ser levado ao tribunal. Quem
chamar alguém de louco, corre o risco de
ir para o inferno de fogo.[d]

23 "Portanto, se você estiver apresentan-
do uma oferta no altar do templo e se lem-
brar de que alguém tem algo contra você,
24 deixe sua oferta ali no altar. Vá, reconci-
lie-se com a pessoa e então volte e apre-
sente sua oferta.

25 "Quando você e seu adversário esti-
verem a caminho do tribunal, acertem
logo suas diferenças. Do contrário, pode
ser que o acusador o entregue ao juiz, e o
juiz, a um oficial, e você seja lançado na
prisão. 26 Eu lhe digo a verdade: você não
será solto enquanto não tiver pago até o
último centavo."[e]

ENSINO SOBRE O ADULTÉRIO

27 "Vocês ouviram o que foi dito: 'Não co-
meta adultério'.[f] 28 Eu, porém, lhes digo
que quem olhar para uma mulher com co-
biça já cometeu adultério com ela em seu
coração. 29 Se o olho direito o leva a pecar,
arranque-o e jogue-o fora. É melhor perder
uma parte do corpo que ser todo ele lança-
do no inferno.[g] 30 E, se a mão direita o leva
a pecar, corte-a e jogue-a fora. É melhor
perder uma parte do corpo que ser todo
ele lançado no inferno."

ENSINO SOBRE O DIVÓRCIO

31 "Também foi dito: 'Quem se divorciar
da esposa deverá conceder-lhe um certifi-
cado de divórcio'.[h] 32 Eu, porém, lhes digo
que quem se divorcia da esposa, exceto
por imoralidade, a faz cometer adultério.
E quem se casa com uma mulher divorcia-
da também comete adultério."

ENSINO SOBRE JURAMENTOS E VOTOS

33 "Vocês também ouviram o que foi dito
a seus antepassados: 'Não quebre seus
juramentos; cumpra os juramentos que
fizer ao Senhor'.[i] 34 Eu, porém, lhes digo
que não façam juramento algum. Não di-
gam: 'Juro pelo céu', pois o céu é o trono
de Deus. 35 Também não digam: 'Juro pela
terra', pois a terra é onde ele descansa os
pés. E não digam: 'Juro por Jerusalém', pois
Jerusalém é a cidade do grande Rei. 36 Nem
sequer digam: 'Juro pela minha cabeça',
pois vocês não podem tornar branco ou
preto um fio de cabelo sequer. 37 Quando
disserem 'sim', seja de fato sim. Quando
disserem 'não', seja de fato não. Qualquer
coisa além disso vem do maligno."

ENSINO SOBRE A VINGANÇA

38 "Vocês ouviram o que foi dito: 'Olho por
olho, dente por dente'.[j] 39 Eu, porém, lhes
digo que não se oponham ao perverso.
Se alguém lhe der um tapa na face direita,
ofereça também a outra. 40 Se você for pro-
cessado no tribunal e lhe tomarem a roupa
do corpo, deixe que levem também a capa.
41 Se alguém o forçar a caminhar uma mi-
lha com ele, caminhe duas. 42 Dê a quem

---

[a] **5.21** Êx 20.13; Dt 5.17.
[b] **5.22a** Alguns manuscritos acrescentam *sem causa*.
[c] **5.22b** O grego usa um termo aramaico que expressa desprezo: *Quem disser a seu irmão "Raca"*.
[d] **5.22c** Em grego, *Geena de fogo*.
[e] **5.26** Em grego, *os últimos quadrantes*.
[f] **5.27** Êx 20.14; Dt 5.18.
[g] **5.29** Em grego, *Geena*; também em 5.30.
[h] **5.31** Dt 24.1.
[i] **5.33** Nm 30.2.
[j] **5.38** Êx 21.24; Lv 24.20; Dt 19.21.

pedir e não volte as costas a quem quiser
tomar emprestado de você."

ENSINO SOBRE O AMOR PELOS INIMIGOS

43 "Vocês ouviram o que foi dito: 'Ame
o seu próximo'[a] e odeie o seu inimigo.
44 Eu, porém, lhes digo: amem os seus
inimigos[b] e orem por quem os persegue.
45 Desse modo, vocês agirão como ver-
dadeiros filhos de seu Pai, que está no
céu. Pois ele dá a luz do sol tanto a maus
como a bons e faz chover tanto sobre jus-
tos como injustos. **46** Se amarem apenas
aqueles que os amam, que recompensa re-
ceberão? Até os cobradores de impostos
fazem o mesmo. **47** Se cumprimentarem
apenas seus amigos,[c] que estarão fazen-
do de mais? Até os gentios fazem isso.
48 Portanto, sejam perfeitos, como perfei-
to é seu Pai celestial."

ENSINO SOBRE AUXÍLIO AOS NECESSITADOS

6 "Tenham cuidado! Não pratiquem suas
boas ações em público, para serem ad-
mirados por outros, pois não receberão a
recompensa de seu Pai, que está no céu.
2 Quando ajudarem alguém necessitado,
não façam como os hipócritas que tocam
trombetas nas sinagogas e nas ruas para
serem elogiados pelos outros. Eu lhes digo
a verdade: eles não receberão outra re-
compensa além dessa. **3** Mas, quando aju-
darem alguém necessitado, não deixem
que a mão esquerda saiba o que a direita
está fazendo. **4** Deem sua ajuda em segre-
do, e seu Pai, que observa em segredo, os
recompensará."

ENSINO SOBRE ORAÇÃO

5 "Quando vocês orarem, não sejam como
os hipócritas, que gostam de orar em públi-
co nas sinagogas e nas esquinas, onde to-
dos possam vê-los. Eu lhes digo a verdade:
eles não receberão outra recompensa além
dessa. **6** Mas, quando orarem, cada um vá
para seu quarto, feche a porta e ore a seu
Pai, em segredo. Então seu Pai, que observa
em segredo, os recompensará.
7 "Ao orar, não repitam frases vazias sem
parar, como fazem os gentios. Eles acham
que, se repetirem as palavras várias vezes,
suas orações serão respondidas. **8** Não
sejam como eles, pois seu Pai sabe exa-
tamente do que vocês precisam antes
mesmo de pedirem.
9 "Portanto, orem da seguinte forma:

Pai nosso que estás no céu,
santificado seja o teu nome.
10 Venha o teu reino.
Seja feita a tua vontade,
assim na terra como no céu.
11 Dá-nos hoje o pão
para este dia,[d]
12 e perdoa nossas dívidas,
assim como perdoamos os
nossos devedores.
13 E não nos deixes
cair em tentação,[e]
mas livra-nos do mal.[f]
Pois teu é o reino, o poder e a
glória para sempre. Amém.[g]

14 "Seu Pai celestial os perdoará se per-
doarem aqueles que pecam contra vocês.
15 Mas, se vocês se recusarem a perdoar os
outros, seu Pai não perdoará seus pecados."

ENSINO SOBRE JEJUM

16 "Quando jejuarem, não façam como os
hipócritas, que se esforçam para parecer
tristes e desarrumados a fim de que as
pessoas percebam que estão jejuando.
Eu lhes digo a verdade: eles não recebe-
rão outra recompensa além dessa. **17** Mas,
quando jejuarem, penteiem o cabelo[h] e
lavem o rosto. **18** Desse modo, ninguém
notará que estão jejuando, exceto seu Pai,
que sabe o que vocês fazem em segredo.
E seu Pai, que observa em segredo, os
recompensará."

[a] **5.43** Lv 19.18.
[b] **5.44** Alguns manuscritos acrescentam *abençoem quem os amaldiçoa, façam o bem a quem os odeia*. Comparar com Lc 6.27-28.
[c] **5.47** Em grego, *seus irmãos*.
[d] **6.11** Ou *Dá-nos hoje o alimento de que precisamos*, ou *Dá-nos hoje o alimento para amanhã*.
[e] **6.13a** Ou *E guarda-nos de sermos provados*.
[f] **6.13b** Ou *do maligno*.
[g] **6.13c** Alguns manuscritos não trazem *Pois teu é o reino, o poder e a glória para sempre. Amém*.
[h] **6.17** Em grego, *unjam a cabeça*.

ENSINO SOBRE DINHEIRO E BENS

19 "Não ajuntem tesouros aqui na terra, onde as traças e a ferrugem os destroem, e onde ladrões arrombam casas e os furtam. 20 Ajuntem seus tesouros no céu, onde traças e ferrugem não destroem, e onde ladrões não arrombam nem furtam. 21 Onde seu tesouro estiver, ali também estará seu coração.

22 "Seus olhos são como uma lâmpada que ilumina todo o corpo. Quando os olhos são bons, todo o corpo se enche de luz. 23 Mas, quando os olhos são maus, o corpo se enche de escuridão. E, se a luz que há em vocês é, na verdade, escuridão, como é profunda essa escuridão!

24 "Ninguém pode servir a dois senhores, pois odiará um e amará o outro; será dedicado a um e desprezará o outro. Vocês não podem servir a Deus e ao dinheiro."[a]

ENSINO SOBRE A PREOCUPAÇÃO

25 "Por isso eu lhes digo que não se preocupem com a vida diária, se terão o suficiente para comer, beber ou vestir. A vida não é mais que comida, e o corpo não é mais que roupa? 26 Observem os pássaros. Eles não plantam nem colhem, nem guardam alimento em celeiros, pois seu Pai celestial os alimenta. Acaso vocês não são muito mais valiosos que os pássaros? 27 Qual de vocês, por mais preocupado que esteja, pode acrescentar ao menos uma hora à sua vida?[b]

28 "E por que se preocupar com a roupa? Observem como crescem os lírios do campo. Não trabalham nem fazem roupas 29 e, no entanto, nem Salomão em toda a sua glória se vestiu como eles. 30 E, se Deus veste com tamanha beleza as flores silvestres que hoje estão aqui e amanhã são lançadas ao fogo, não será muito mais generoso com vocês, gente de pequena fé?

31 "Portanto, não se preocupem, dizendo: 'O que vamos comer? O que vamos beber? O que vamos vestir?'. 32 Essas coisas ocupam o pensamento dos pagãos, mas seu Pai celestial já sabe do que vocês precisam. 33 Busquem, em primeiro lugar, o reino de Deus e a sua justiça, e todas essas coisas lhes serão dadas.

34 "Portanto, não se preocupem com o amanhã, pois o amanhã trará suas próprias inquietações. Bastam para hoje os problemas deste dia."

NÃO JULGUEM OS OUTROS

7 "Não julguem para não serem julgados, 2 pois vocês serão julgados pelo modo como julgam os outros. O padrão de medida que adotarem será usado para medi-los.

3 "Por que você se preocupa com o cisco no olho de seu amigo[c] enquanto há um tronco em seu próprio olho? 4 Como pode dizer a seu amigo: 'Deixe-me ajudá-lo a tirar o cisco de seu olho', se não consegue ver o tronco em seu próprio olho? 5 Hipócrita! Primeiro, livre-se do tronco em seu olho; então você verá o suficiente para tirar o cisco do olho de seu amigo.

6 "Não deem o que é santo aos cães, nem joguem pérolas aos porcos; pois os porcos pisotearão as pérolas, e os cães se voltarão contra vocês e os atacarão."

ORAÇÃO EFICAZ

7 "Peçam, e receberão. Procurem, e encontrarão. Batam, e a porta lhes será aberta. 8 Pois todos que pedem, recebem. Todos que procuram, encontram. E, para todos que batem, a porta é aberta.

9 "Respondam: Se seu filho lhe pedir pão, você lhe dará uma pedra? 10 Ou, se pedir um peixe, você lhe dará uma cobra? 11 Portanto, se vocês, que são maus, sabem dar bons presentes a seus filhos, quanto mais seu Pai, que está no céu, dará bons presentes aos que lhe pedirem!"

A REGRA DE OURO

12 "Em todas as coisas façam aos outros o que vocês desejam que eles lhes façam. Essa é a essência de tudo que ensinam a lei e os profetas."

A PORTA ESTREITA

13 "Entrem pela porta estreita. A estrada que conduz à destruição é ampla, e larga

[a] **6.24** Em grego, *a Deus e a Mamom*.
[b] **6.27** Ou *ao menos um côvado à sua altura?*
[c] **7.3** Em grego, *de seu irmão*; também em 7.4,5.

é sua porta, e muitos escolhem esse cami-
nho. 14 Mas a porta para a vida é estreita, e
o caminho é difícil, e são poucos os que o
encontram."

A ÁRVORE E SEUS FRUTOS

15 "Tomem cuidado com falsos profetas
que vêm disfarçados de ovelhas, mas que,
na verdade, são lobos esfomeados. 16 Vocês
os identificarão por seus frutos. É possível
colher uvas de espinheiros ou figos de er-
vas daninhas? 17 Da mesma forma, a árvore
boa produz frutos bons, e a árvore ruim
produz frutos ruins. 18 A árvore boa não
pode produzir frutos ruins, e a árvore ruim
não pode produzir frutos bons. 19 Toda ár-
vore que não produz bons frutos é cortada
e lançada ao fogo. 20 Portanto, é possível
identificar a pessoa por seus frutos."

VERDADEIROS DISCÍPULOS

21 "Nem todos que me chamam: 'Senhor!
Senhor!' entrarão no reino dos céus, mas
apenas aqueles que, de fato, fazem a von-
tade de meu Pai, que está no céu. 22 No dia
do juízo, muitos me dirão: 'Senhor! Senhor!
Não profetizamos em teu nome, não ex-
pulsamos demônios em teu nome e não
realizamos muitos milagres em teu nome?'.
23 Eu, porém, responderei: 'Nunca os co-
nheci. Afastem-se de mim, vocês que de-
sobedecem à lei!'."

CONSTRUIR SOBRE UM ALICERCE FIRME

24 "Quem ouve minhas palavras e as prati-
ca é tão sábio como a pessoa que constrói
sua casa sobre uma rocha firme. 25 Quando
vierem as chuvas e as inundações, e os
ventos castigarem a casa, ela não cairá,
pois foi construída sobre rocha firme.
26 Mas quem ouve meu ensino e não o pra-
tica é tão tolo como a pessoa que constrói
sua casa sobre a areia. 27 Quando vierem
as chuvas e as inundações e os ventos
castigarem a casa, ela cairá com grande
estrondo."

REAÇÃO AO SERMÃO

28 Quando Jesus acabou de dizer essas
coisas, a multidão ficou maravilhada
com seu ensino, 29 pois ele ensinava com
verdadeira autoridade, diferentemente
dos mestres da lei.

JESUS CURA UM LEPROSO

8 Quando Jesus desceu a encosta do
monte, grandes multidões o seguiram.
2 Um leproso aproximou-se de Jesus, ajoe-
lhou-se diante dele e disse: "Senhor, se
quiser, pode me curar e me deixar limpo".
3 Jesus estendeu a mão e tocou nele.
"Eu quero", respondeu. "Seja curado e
fique limpo!" No mesmo instante, o ho-
mem foi curado da lepra. 4 Então Jesus
disse ao homem: "Não conte isso a nin-
guém. Vá e apresente-se ao sacerdote
para que ele o examine. Leve a oferta
que a lei de Moisés exige.[a] Isso servirá
como testemunho".

UM OFICIAL ROMANO DEMONSTRA FÉ

5 Quando Jesus chegou a Cafarnaum, um
oficial romano[b] se aproximou dele e supli-
cou: 6 "Senhor, meu jovem servo[c] está de
cama, paralisado e com dores terríveis".
7 Jesus disse: "Vou até lá para curá-lo".
8 O oficial, porém, respondeu: "Senhor,
não mereço que entre em minha casa.
Basta uma ordem sua, e meu servo será
curado. 9 Sei disso porque estou sob a au-
toridade de meus superiores e tenho au-
toridade sobre meus soldados. Só preciso
dizer 'Vão', e eles vão, ou 'Venham', e eles
vêm. E, se digo a meus escravos: 'Façam
isto', eles o fazem".
10 Quando Jesus ouviu isso, ficou admi-
rado e disse aos que o seguiam: "Eu lhes
digo a verdade: jamais vi fé como esta
em Israel! 11 E também lhes digo: muitos
virão de toda parte, do leste e do oeste, e
se sentarão com Abraão, Isaque e Jacó no
banquete do reino dos céus. 12 Mas muitos
para os quais o reino foi preparado serão
lançados fora, na escuridão, onde haverá
choro e ranger de dentes".
13 Então Jesus disse ao oficial romano:
"Volte para casa. Tal como você creu, as-
sim acontecerá". E o jovem servo foi curado
na mesma hora.

---

[a] **8.4** Ver Lv 14.2-32.
[b] **8.5** Em grego, *centurião*; também em 8.8,13.
[c] **8.6** Ou *filho*; também em 8.13.

O Sermão do Monte nos ensina o padrão de caráter que devemos perseguir: Cristo.

JESUS CURA MUITAS PESSOAS

14 Quando Jesus chegou à casa de Pedro,
viu que a sogra dele estava de cama, com
febre. 15 Jesus tocou em sua mão e a fe-
bre a deixou. Então ela se levantou e pas-
sou a servi-lo.

16 Ao entardecer, trouxeram a Jesus mui-
ta gente possuída por demônios. Ele ex-
pulsou esses espíritos impuros com uma
simples ordem e curou todos os enfermos.
17 Cumpriu-se, desse modo, o que foi dito
pelo profeta Isaías:

> "Levou sobre si nossas enfermidades
> e removeu nossas doenças".[a]

O PREÇO DE SEGUIR JESUS

18 Quando Jesus viu a grande multidão
ao seu redor, ordenou que atravessassem
para o outro lado do mar.

19 Então um dos mestres da lei lhe dis-
se: "Mestre, eu o seguirei aonde quer
que vá".

20 Jesus respondeu: "As raposas têm to-
cas onde morar e as aves têm ninhos, mas
o Filho do Homem não tem sequer um lu-
gar para recostar a cabeça".

21 Outro discípulo disse: "Senhor, deixe-
-me primeiro sepultar meu pai".

22 Jesus respondeu: "Siga-me agora.
Deixe que os mortos sepultem seus pró-
prios mortos".

JESUS ACALMA A TEMPESTADE

23 Em seguida, Jesus entrou no barco, e
seus discípulos o acompanharam. 24 De re-
pente, veio sobre o mar uma tempestade
violenta, com ondas que cobriam o barco.
Jesus, no entanto, dormia. 25 Os discípulos
foram acordá-lo, clamando: "Senhor, sal-
ve-nos! Vamos morrer!".

26 "Por que vocês estão com medo?",
perguntou ele. "Como é pequena a sua fé!"
Então levantou-se, repreendeu o vento e o
mar, e houve grande calmaria.

27 Os discípulos ficaram admirados.
"Quem é este homem?", diziam eles. "Até
os ventos e o mar lhe obedecem!"

JESUS EXERCE AUTORIDADE SOBRE DEMÔNIOS

28 Quando Jesus chegou ao outro lado
do mar, à região dos gadarenos,[b] dois ho-
mens possuídos por demônios saíram do
cemitério e foram ao seu encontro. Eram
tão violentos que ninguém podia passar
por ali.

29 Eles começaram a gritar: "Por que
vem nos importunar, Filho de Deus? Veio
aqui para nos atormentar antes do tempo
determinado?".

30 A certa distância deles, havia uma
grande manada de porcos pastando.
31 Então os demônios suplicaram: "Se vai
nos expulsar, mande-nos entrar naquela
manada de porcos".

32 "Vão!", ordenou Jesus. Os demônios
saíram dos homens e entraram nos por-
cos, e toda a manada se atirou pela encos-
ta íngreme do monte para dentro do mar
e se afogou.

33 Os que cuidavam dos porcos fugiram
para uma cidade próxima e contaram a
todos o que havia ocorrido com os ho-
mens possuídos por demônios. 34 Os ha-
bitantes da cidade saíram ao encontro de
Jesus e suplicaram que ele fosse embora
da região.

JESUS CURA UM PARALÍTICO

9 Jesus entrou num barco e atraves-
sou o mar até a cidade onde morava.
2 Algumas pessoas lhe trouxeram um
paralítico deitado numa maca. Ao ver a
fé que eles tinham, Jesus disse ao para-
lítico: "Anime-se, filho! Seus pecados es-
tão perdoados".

3 Alguns mestres da lei disseram a si
mesmos: "Isso é blasfêmia!".

4 Jesus, percebendo o que pensavam,
perguntou: "Por que vocês reagem com
tanta maldade em seu coração? 5 O que
é mais fácil dizer: 'Seus pecados es-
tão perdoados' ou 'Levante-se e ande'?
6 Mas eu lhes mostrarei que o Filho do
Homem tem autoridade na terra para
perdoar pecados". Então disse ao para-
lítico: "Levante-se, pegue sua maca e vá
para casa".

---

[a] **8.17** Is 53.4.

[b] **8.28** Alguns manuscritos trazem *gerasenos*; outros, *gergesenos*. Comparar com Mc 5.1; Lc 8.26.

7 O homem se levantou e foi para casa.
8 Ao ver isso, a multidão se encheu de temor e louvou a Deus por ele ter dado tal autoridade aos seres humanos.

JESUS CHAMA MATEUS

9 Enquanto Jesus caminhava, viu um homem chamado Mateus sentado onde se coletavam impostos. "Siga-me", disse-lhe Jesus, e Mateus se levantou e o seguiu.

10 Mais tarde, na casa de Mateus, Jesus e seus discípulos estavam à mesa, acompanhados de um grande número de cobradores de impostos e pecadores.
11 Quando os fariseus viram isso, perguntaram aos discípulos: "Por que o seu mestre come com cobradores de impostos e pecadores?".

12 Jesus ouviu o que disseram e respondeu: "As pessoas saudáveis não precisam de médico, mas sim os doentes".
13 E acrescentou: "Agora vão e aprendam o significado desta passagem das Escrituras: 'Quero que demonstrem misericórdia, e não que ofereçam sacrifícios'.[a] Pois não vim para chamar os justos, mas sim os pecadores".

DISCUSSÃO SOBRE O JEJUM

14 Os discípulos de João Batista foram a Jesus e lhe perguntaram: "Por que seus discípulos não têm o hábito de jejuar, como nós e os fariseus?".

15 Jesus respondeu: "Por acaso os convidados de um casamento ficam de luto enquanto festejam com o noivo? Um dia, porém, o noivo lhes será tirado, e então jejuarão.

16 "Além disso, ninguém remendaria uma roupa velha usando pano novo. O pano rasgaria a roupa, deixando um buraco ainda maior.

17 "E ninguém colocaria vinho novo em velhos recipientes de couro. O couro se arrebentaria, deixando vazar o vinho, e os recipientes velhos se estragariam. Vinho novo é guardado em recipientes novos, para que ambos se conservem".

JESUS CURA EM RESPOSTA À FÉ

18 Enquanto Jesus ainda falava, o líder da sinagoga local veio e se ajoelhou diante dele. "Minha filha acaba de morrer", disse. "Mas, se o senhor vier e puser as mãos sobre ela, ela viverá."

19 Então Jesus e seus discípulos se levantaram e foram com ele.
20 Nesse instante, uma mulher que havia doze anos sofria de hemorragia se aproximou por trás dele e tocou na borda de seu manto,
21 pois pensava: "Se eu apenas tocar em seu manto, serei curada".

22 Jesus se voltou e, quando a viu, disse: "Filha, anime-se! Sua fé a curou". A partir daquele momento, a mulher ficou curada.

23 Quando Jesus chegou à casa do líder da sinagoga, viu a multidão agitada e ouviu a música fúnebre.
24 "Saiam daqui!", disse ele. "A menina não está morta; está apenas dormindo." Os que estavam ali riram dele.
25 Depois que a multidão foi colocada para fora, Jesus entrou e tomou a menina pela mão, e ela se levantou.
26 A notícia desse milagre se espalhou por toda a região.

JESUS CURA DOIS CEGOS E UM MUDO

27 Depois que Jesus saiu dali, dois cegos foram atrás dele, gritando: "Filho de Davi, tenha misericórdia de nós!".

28 Quando Jesus entrou em casa, os cegos se aproximaram, e ele lhes perguntou: "Vocês creem que eu posso fazê-los ver?".

"Sim, Senhor", responderam eles.

29 Ele tocou nos olhos dos dois e disse:

"Seja feito conforme a sua fé".

30 Então os olhos deles se abriram e puderam ver. Jesus os advertiu severamente: "Não contem a ninguém".
31 Eles, porém, saíram e espalharam sua fama por toda a região.

32 Quando partiram, foi levado a Jesus um homem que não conseguia falar porque estava possuído por um demônio.
33 O demônio foi expulso e, em seguida, o homem começou a falar. As multidões ficaram admiradas. "Jamais aconteceu algo parecido em Israel!", exclamavam.

34 Os fariseus, contudo, disseram: "Ele expulsa demônios porque o príncipe dos demônios lhe dá poder".

[a] **9.13** Os 6.6, conforme a Septuaginta.

A NECESSIDADE DE TRABALHADORES

35 Jesus andava por todas as cidades e todos os povoados da região, ensinando nas sinagogas, anunciando as boas-novas do reino e curando todo tipo de enfermidade e doença. 36 Quando viu as multidões, teve compaixão delas, pois estavam confusas e desamparadas, como ovelhas sem pastor. 37 Disse aos discípulos: "A colheita é grande, mas os trabalhadores são poucos. 38 Orem ao Senhor da colheita; peçam que ele envie mais trabalhadores para seus campos".

JESUS ENVIA OS DOZE APÓSTOLOS

10 Jesus reuniu seus doze discípulos e lhes deu autoridade para expulsar espíritos impuros e curar todo tipo de enfermidade e doença. 2 Estes são os nomes dos doze apóstolos:

primeiro, Simão, também
chamado Pedro,
depois André, irmão de Pedro,
Tiago, filho de Zebedeu,
João, irmão de Tiago,
3 Filipe,
Bartolomeu,
Tomé,
Mateus, o cobrador de impostos,
Tiago, filho de Alfeu,
Tadeu,[a]
4 Simão, o cananeu,
Judas Iscariotes, que depois traiu Jesus.

5 Jesus enviou os Doze com as seguintes instruções: "Não vão aos gentios nem aos samaritanos; 6 vão, antes, às ovelhas perdidas do povo de Israel. 7 Vão e anunciem que o reino dos céus está próximo.[b] 8 Curem os doentes, ressuscitem os mortos, purifiquem os leprosos e expulsem os demônios. Deem de graça, pois também de graça vocês receberam.

9 "Não levem no cinto moedas de ouro, prata ou mesmo de cobre. 10 Não levem bolsa de viagem, nem outra muda de roupa, nem sandálias, nem cajado. Quem trabalha merece seu sustento.

11 "Sempre que entrarem em uma cidade ou povoado, procurem uma pessoa digna e fiquem em sua casa até partirem. 12 Quando entrarem na casa, saúdem-na com a paz. 13 Se o lar se revelar digno, que sua paz permaneça nela; se não, retirem a bênção. 14 Se alguma casa ou cidade se recusar a recebê-los ou a ouvir sua mensagem, sacudam a poeira dos pés ao sair. 15 Eu lhes digo a verdade: no dia do juízo, as cidades perversas de Sodoma e Gomorra serão tratadas com menos rigor que essa cidade.

16 "Ouçam, eu os envio como ovelhas no meio de lobos. Portanto, sejam espertos como serpentes e simples como pombas. 17 Tenham cuidado, pois vocês serão entregues aos tribunais e chicoteados nas sinagogas. 18 Por minha causa serão julgados diante de governantes e reis, mas essa será a oportunidade de falar a meu respeito a eles e aos gentios.[c] 19 Quando forem presos, não se preocupem com o modo como responderão nem com o que dirão. Naquele momento, as palavras certas lhes serão concedidas, 20 pois não serão vocês que falarão, mas o Espírito de seu Pai falará por meio de vocês.

21 "O irmão trairá seu irmão e o entregará à morte, e assim também o pai a seu próprio filho. Os filhos se rebelarão contra os pais e os matarão. 22 Todos os odiarão por minha causa, mas quem perseverar até o fim será salvo. 23 Quando forem perseguidos numa cidade, fujam para outra. Eu lhes digo a verdade: o Filho do Homem voltará antes que tenham percorrido todas as cidades de Israel.

24 "O discípulo não está acima de seu mestre, nem o escravo acima de seu senhor. 25 Para o discípulo é suficiente ser como seu mestre, e o escravo, como seu senhor. Uma vez que o dono da casa foi chamado de Belzebu, os membros da família serão chamados de nomes ainda piores!

26 "Não tenham medo daqueles que os ameaçam, pois virá o dia em que tudo que está encoberto será revelado, e tudo que é secreto será divulgado. 27 O que agora lhes

[a] **10.3** Alguns manuscritos trazem *Lebeu*; outros, *Lebeu, que é chamado Tadeu*.
[b] **10.7** Ou *é chegado*, ou *vem em breve*.
[c] **10.18** Ou *esse será o seu testemunho contra eles e os gentios*.

digo no escuro, anunciem às claras, e o que
sussurro em seus ouvidos, proclamem
dos telhados.
28 "Não tenham medo dos que querem
matar o corpo; eles não podem tocar na
alma. Temam somente a Deus, que pode
destruir no inferno[a] tanto a alma como o
corpo. 29 Quanto custam dois pardais? Uma
moeda de cobre?[b] No entanto, nenhum de-
les cai no chão sem o conhecimento de seu
Pai. 30 Quanto a vocês, até os cabelos de sua
cabeça estão contados. 31 Portanto, não te-
nham medo; vocês são muito mais valiosos
que um bando inteiro de pardais.
32 "Quem me reconhecer em público aqui
na terra, eu o reconhecerei diante de meu
Pai no céu. 33 Mas quem me negar aqui na
terra, eu também o negarei diante de meu
Pai no céu.
34 "Não imaginem que vim trazer paz à ter-
ra! Não vim trazer paz, mas a espada.

35 'Vim para pôr o homem contra seu pai,
a filha contra sua mãe,
e a nora contra sua sogra.
36 Seus inimigos estarão
em sua própria casa'.[c]

37 "Quem ama seu pai ou sua mãe mais
que a mim não é digno de mim; e quem
ama seu filho ou sua filha mais que a mim
não é digno de mim. 38 Quem se recusa a
tomar sua cruz e me seguir não é digno de
mim. 39 Quem se apegar à própria vida a
perderá; mas quem abrir mão de sua vida
por minha causa a encontrará.
40 "Quem recebe vocês recebe a mim, e
quem me recebe também recebe aquele
que me enviou. 41 Quem acolhe um pro-
feta como alguém que fala da parte de
Deus[d] recebe a mesma recompensa que
um profeta. E quem acolhe um justo por
causa de sua justiça recebe uma recom-
pensa igual à dele. 42 Se alguém der um
copo de água fria que seja ao menor de
meus seguidores, certamente não perderá
sua recompensa".

[a] **10.28** Em grego, *Geena*.
[b] **10.29** Em grego, *1 asarion*, isto é, 1 "asse", moeda romana equivalente a 1/16 de 1 denário.
[c] **10.35-36** Mq 7.6.
[d] **10.41** Em grego, *recebe um profeta em nome de um profeta*.

JESUS E JOÃO BATISTA

11 Quando Jesus terminou de dar essas
instruções a seus doze discípulos,
saiu para ensinar e anunciar sua mensa-
gem nas cidades da região.
2 João Batista, que estava na prisão, sou-
be de todas as coisas que o Cristo estava
fazendo. Por isso, enviou seus discípulos
para perguntarem a Jesus: 3 "O senhor é
aquele que haveria de vir, ou devemos es-
perar algum outro?".
4 Jesus respondeu: "Voltem a João e con-
tem a ele o que vocês veem e ouvem: 5 os
cegos veem, os aleijados andam, os lepro-
sos são purificados, os surdos ouvem, os
mortos são ressuscitados e as boas-novas
são anunciadas aos pobres". 6 E disse ain-
da: "Felizes são aqueles que não se sentem
ofendidos por minha causa".
7 Enquanto os discípulos de João saíam,
Jesus começou a falar a respeito dele para
as multidões: "Que tipo de homem vocês
foram ver no deserto? Um caniço que qual-
quer brisa agita? 8 Afinal, o que esperavam
ver? Um homem vestido com roupas ca-
ras? Não, quem veste roupas caras mora
em palácios. 9 Acaso procuravam um pro-
feta? Sim, ele é mais que profeta. 10 João é
o homem ao qual as Escrituras se referem
quando dizem:

'Envio meu mensageiro adiante de ti,
e ele preparará teu caminho
à tua frente!'.[e]

11 "Eu lhes digo a verdade: de todos os que
nasceram de mulher, nenhum é maior
que João Batista. E, no entanto, até o menor
no reino dos céus é maior que ele. 12 Desde
os dias em que João pregava, o reino dos
céus sofre violência, e pessoas violentas o
atacam.[f] 13 Pois, antes de João vir, todos os
profetas e a lei de Moisés falavam dos dias
de João com grande expectativa, 14 e, se
vocês estiverem dispostos a aceitar o que
eu digo,[g] ele é Elias, aquele que os profetas
disseram que viria.[h] 15 Quem é capaz de
ouvir, ouça com atenção!

[e] **11.10** Ml 3.1.
[f] **11.12** Ou *o reino dos céus avança à força, e quem se esforça se apossa dele*.
[g] **11.14a** Ou *a aceitá-lo*.
[h] **11.14b** Ver Ml 4.5.

16 "A que posso comparar esta geração? Ela se parece com crianças que brincam na praça. Queixam-se a seus amigos:

17 'Tocamos flauta,
e vocês não dançaram;
entoamos lamentos,
e vocês não se entristeceram'.

18 Quando João apareceu, não costumava comer nem beber em público, e vocês disseram: 'Está possuído por demônio'. 19 O Filho do Homem, por sua vez, come e bebe, e vocês dizem: 'É comilão e beberrão, amigo de cobradores de impostos e pecadores'. Mas a sabedoria é comprovada pelos resultados que produz".

JULGAMENTO PARA OS QUE NÃO CREEM

20 Então Jesus começou a denunciar as cidades onde ele havia feito muitos milagres, pois não tinham se arrependido. 21 "Que aflição as espera, Corazim e Betsaida! Porque, se nas cidades de Tiro e Sidom tivessem sido realizados os milagres que realizei em vocês, há muito tempo seus habitantes teriam se arrependido e demonstrado isso vestindo panos de saco e jogando cinzas sobre a cabeça. 22 Eu lhes digo que, no dia do juízo, Tiro e Sidom serão tratadas com menos rigor que vocês.

23 "E você, Cafarnaum, será elevada até o céu? Não, descerá até o lugar dos mortos.[a] Porque, se na cidade de Sodoma tivessem sido realizados os milagres que realizei em você, ela estaria de pé ainda hoje. 24 Eu lhe digo que, no dia do juízo, Sodoma será tratada com menos rigor que você".

JESUS AGRADECE AO PAI

25 Naquela ocasião, Jesus orou da seguinte maneira: "Pai, Senhor dos céus e da terra, eu te agradeço porque escondeste estas coisas dos que se consideram sábios e instruídos e as revelaste aos que são como crianças. 26 Sim, Pai, foi do teu agrado fazê-lo assim.

27 "Meu Pai me confiou todas as coisas. Ninguém conhece verdadeiramente o Filho, a não ser o Pai, e ninguém conhece verdadeiramente o Pai, a não ser o Filho e aqueles a quem o Filho escolhe revelá-lo.

28 "Venham a mim todos vocês que estão cansados e sobrecarregados, e eu lhes darei descanso. 29 Tomem sobre vocês o meu jugo. Deixem que eu lhes ensine, pois sou manso e humilde de coração, e encontrarão descanso para a alma. 30 Meu jugo é fácil de carregar, e o fardo que lhes dou é leve".

DISCUSSÃO SOBRE O SÁBADO

12 Por aquele tempo, Jesus estava caminhando pelos campos de cereal, num sábado. Seus discípulos, sentindo fome, começaram a colher espigas e comê-las. 2 Alguns fariseus os viram e protestaram: "Veja, seus discípulos desobedecem à lei colhendo cereal no sábado!".

3 Jesus respondeu: "Vocês não leram nas Escrituras o que fez Davi quando ele e seus companheiros tiveram fome? 4 Ele entrou na casa de Deus e, com seus companheiros, comeram os pães sagrados que só os sacerdotes tinham permissão de comer. 5 E vocês não leram na lei de Moisés que os sacerdotes de serviço no templo podem trabalhar no sábado? 6 Eu lhes digo: há alguém aqui maior que o templo! 7 Vocês não teriam condenado meus discípulos inocentes se soubessem o significado das Escrituras: 'Quero que demonstrem misericórdia, e não que ofereçam sacrifícios'.[b] 8 Pois o Filho do Homem é senhor até mesmo do sábado".

JESUS CURA NO SÁBADO

9 Então Jesus foi à sinagoga local, 10 onde viu um homem que tinha uma das mãos deformada. Os fariseus perguntaram a Jesus: "A lei permite curar no sábado?". Esperavam que ele dissesse "sim", para que pudessem acusá-lo.

11 Jesus respondeu: "Se um de vocês tivesse uma ovelha e ela caísse num poço no sábado, não trabalharia para tirá-la de lá? 12 Quanto mais vale uma pessoa que uma ovelha! Sim, a lei permite que se faça o bem no sábado".

[a] **11.23** Em grego, *até o Hades*.

[b] **12.7** Os 6.6, conforme a Septuaginta.

13 Em seguida, disse ao homem: "Estenda
a mão". Ele a estendeu, e ela foi restaurada
e ficou igual à outra. 14 Então os fariseus
convocaram uma reunião para tramar um
modo de matá-lo.

JESUS, O SERVO ESCOLHIDO DE DEUS

15 Jesus, sabendo o que planejavam, reti-
rou-se daquela região. Muitos o seguiram, e
ele curou todos os enfermos que havia en-
tre eles. 16 Contudo, advertiu-lhes que não
revelassem quem ele era. 17 Cumpriu-se,
assim, a profecia de Isaías a seu respeito:

18 "Vejam meu Servo, aquele
que escolhi.
Ele é meu Amado; nele
tenho grande alegria.
Porei sobre ele meu Espírito,
e ele proclamará
justiça às nações.
19 Não lutará nem gritará,
nem levantará a voz em público.
20 Não esmagará a cana quebrada,
nem apagará a chama
que já está fraca.
Por fim, ele fará que a justiça
seja vitoriosa.
21 E seu nome será a esperança
de todo o mundo".[a]

A FONTE DO PODER DE JESUS

22 Então levaram até Jesus um homem cego
e mudo que estava possuído por um de-
mônio. Jesus o curou, e ele passou a falar
e ver. 23 Admirada, a multidão perguntou:
"Será que este homem é o Filho de Davi?".
24 No entanto, quando os fariseus sou-
beram do milagre, disseram: "Ele só ex-
pulsa demônios porque seu poder vem de
Belzebu, o príncipe dos demônios".
25 Jesus conhecia os pensamentos deles
e respondeu: "Todo reino dividido inter-
namente está condenado à ruína. Uma
cidade ou família dividida contra si mes-
ma se desintegrará. 26 Se Satanás expulsa
Satanás, está dividido e luta contra si mes-
mo. Seu reino não sobreviverá. 27 Se eu
expulso demônios pelo poder de Belzebu,
o que dizer de seus discípulos? Eles tam-
bém expulsam demônios, de modo que
condenarão vocês pelo que acabaram de
dizer. 28 Mas, se expulso demônios pelo
Espírito de Deus, então o reino de Deus
já chegou até vocês.[b] 29 Afinal, quem tem
poder para entrar na casa de um homem
forte e saquear seus bens? Somente al-
guém ainda mais forte, alguém capaz de
amarrá-lo e saquear sua casa.
30 "Quem não está comigo opõe-se a
mim, e quem não trabalha comigo na ver-
dade trabalha contra mim.
31 "Por isso eu lhes digo: todo pecado e
toda blasfêmia serão perdoados, mas a
blasfêmia contra o Espírito não será per-
doada. 32 Quem falar contra o Filho do
Homem será perdoado, mas quem falar
contra o Espírito Santo não será perdoado,
nem neste mundo nem no mundo por vir.
33 "Uma árvore é identificada por seus
frutos. Se a árvore é boa, os frutos se-
rão bons. Se a árvore é ruim, os frutos
serão ruins. 34 Raça de víboras! Como po-
deriam homens maus como vocês dizer o
que é bom e correto? Pois a boca fala do
que o coração está cheio. 35 A pessoa boa
tira coisas boas do tesouro de um coração
bom, e a pessoa má tira coisas más do te-
souro de um coração mau. 36 Eu lhes digo:
no dia do juízo, vocês prestarão contas de
toda palavra inútil que falarem. 37 Por suas
palavras vocês serão absolvidos, e por elas
serão condenados".

O SINAL DE JONAS

38 Alguns dos mestres da lei e fariseus vie-
ram a Jesus e disseram: "Mestre, queremos
que nos mostre um sinal de sua autoridade".
39 Jesus, porém, respondeu: "Vocês pe-
dem um sinal porque são uma geração
perversa e adúltera, mas o único sinal que
lhes darei será o do profeta Jonas. 40 Pois,
assim como Jonas passou três dias e três
noites no ventre do grande peixe, o Filho
do Homem ficará três dias e três noites no
coração da terra.
41 "No dia do juízo, os habitantes de
Nínive se levantarão contra esta geração e
a condenarão, pois eles se arrependeram

[a] **12.18-21** Is 42.1-4, conforme a Septuaginta para 42.4.

[b] **12.28** Ou *está chegando até vocês.*

de seus pecados quando ouviram a men-
sagem anunciada por Jonas; e vocês têm
à sua frente alguém maior que Jonas!
42 A rainha de Sabá[a] também se levanta-
rá contra esta geração no dia do juízo e
a condenará, pois veio de uma terra dis-
tante para ouvir a sabedoria de Salomão;
e vocês têm à sua frente alguém maior
que Salomão!

43 "Quando um espírito impuro deixa
uma pessoa, anda por lugares secos à
procura de descanso, mas não o encontra.
44 Então, diz: 'Voltarei à casa da qual saí'.
Ele volta para sua antiga casa e a encon-
tra vazia, varrida e arrumada. 45 Então o
espírito busca outros sete espíritos, pio-
res que ele, e todos entram na pessoa e
passam a morar nela, e a pessoa fica pior
que antes. Assim acontecerá com esta ge-
ração perversa".

A VERDADEIRA FAMÍLIA DE JESUS

46 Enquanto Jesus falava à multidão, sua
mãe e seus irmãos estavam do lado de fora,
pedindo para falar com ele. 47 Alguém disse
a Jesus: "Sua mãe e seus irmãos estão lá fora
e querem falar com o senhor".[b]

48 Jesus respondeu: "Quem é minha mãe?
Quem são meus irmãos?". 49 Então apontou
para seus discípulos e disse: "Vejam, estes
são minha mãe e meus irmãos. 50 Quem faz
a vontade de meu Pai no céu é meu irmão,
minha irmã e minha mãe".

A PARÁBOLA DO SEMEADOR

13 Mais tarde, naquele mesmo dia,
Jesus saiu de casa e sentou-se à
beira-mar. 2 Logo, uma grande multidão se
juntou ao seu redor. Então ele entrou num
barco, sentou-se e ensinou o povo que per-
manecia na praia. 3 Jesus contou várias pa-
rábolas, como esta:

"Um lavrador saiu para semear. 4 Enquan-
to espalhava as sementes pelo campo, al-
gumas caíram à beira do caminho, e as aves
vieram e as comeram. 5 Outras sementes
caíram em solo rochoso e, não havendo
muita terra, germinaram rapidamente,
6 mas as plantas logo murcharam sob o ca-
lor do sol e secaram, pois não tinham raízes
profundas. 7 Outras sementes caíram entre
espinhos, que cresceram e sufocaram os
brotos. 8 Ainda outras caíram em solo fértil
e produziram uma colheita trinta, sessenta
e até cem vezes maior que a quantidade se-
meada. 9 Quem é capaz de ouvir, ouça com
atenção!".

10 Os discípulos vieram e lhe perguntа-
ram: "Por que o senhor usa parábolas quan-
do fala ao povo?".

11 Ele respondeu: "A vocês é permitido en-
tender os segredos[c] do reino dos céus, mas
a outros não. 12 Pois ao que tem, mais lhe
será dado, e terá em grande quantia; mas do
que nada tem, até o que tem lhe será tirado.
13 É por isso que uso parábolas: eles olham,
mas não veem; escutam, mas não ouvem
nem entendem.

14 "Cumpre-se, desse modo, a profecia de
Isaías que diz:

'Quando ouvirem o que digo,
não entenderão.
Quando virem o que faço,
não compreenderão.
15 Pois o coração deste povo
está endurecido;
ouvem com dificuldade
e têm os olhos fechados,
de modo que seus olhos
não veem,
e seus ouvidos não ouvem,
e seu coração não entende,
e não se voltam para mim,
nem permitem que eu os cure'.[d]

16 "Felizes, porém, são seus olhos, pois
eles veem; e seus ouvidos, pois eles ouvem.
17 Eu lhes digo a verdade: muitos profetas
e justos desejaram ver o que vocês têm
visto e ouvir o que vocês têm ouvido, mas
não puderam.

18 "Agora, ouçam a explicação da parábo-
la sobre o lavrador que saiu para semear.
19 As sementes que caíram à beira do cami-
nho representam os que ouvem a mensa-
gem sobre o reino e não a entendem. Então
o maligno vem e arranca a semente que

[a] **12.42** Em grego, *A rainha do sul*.
[b] **12.47** Alguns manuscritos não trazem o versículo 47. Comparar com Mc 3.31 e Lc 8.20.
[c] **13.11** Em grego, *os mistérios*.
[d] **13.14-15** Is 6.9-10, conforme a Septuaginta.

foi lançada em seu coração. 20 As que caí-
ram no solo rochoso representam aqueles
que ouvem a mensagem e, sem demora, a
recebem com alegria. 21 Contudo, uma vez
que não têm raízes profundas, não duram
muito. Assim que enfrentam problemas ou
são perseguidos por causa da mensagem,
cedo desanimam. 22 As que caíram entre os
espinhos representam outros que ouvem a
mensagem, mas logo ela é sufocada pelas
preocupações desta vida e pela sedução da
riqueza, de modo que não produzem fruto.
23 E as que caíram em solo fértil represen-
tam os que ouvem e entendem a mensagem
e produzem uma colheita trinta, sessen-
ta e até cem vezes maior que a quantida-
de semeada".

A PARÁBOLA DO TRIGO E DO JOIO

24 Esta foi outra parábola que Jesus contou:
"O reino dos céus é como um agricultor que
semeou boas sementes em seu campo.
25 Enquanto os servos dormiam, seu inimi-
go veio, semeou joio no meio do trigo e foi
embora. 26 Quando a plantação começou a
crescer, o joio também cresceu.
27 "Os servos do agricultor vieram e disse-
ram: 'O campo em que o senhor semeou as
boas sementes está cheio de joio. De onde
ele veio?'.
28 "'Um inimigo fez isso', respondeu o
agricultor.
"'Devemos arrancar o joio?', perguntaram
os servos.
29 "'Não', respondeu ele. 'Se tirarem o joio,
pode acontecer de arrancarem também o
trigo. 30 Deixem os dois crescerem juntos
até a colheita. Então, direi aos ceifeiros que
separem o joio, amarrem-no em feixes e
queimem-no e, depois, guardem o trigo
no celeiro'".

A PARÁBOLA DA SEMENTE DE MOSTARDA

31 Então Jesus contou outra parábola:
"O reino dos céus é como a semente de
mostarda que alguém semeia num campo.
32 É a menor de todas as sementes, mas se
torna a maior das hortaliças; cresce até
se transformar em árvore, e vêm as aves e
fazem ninho em seus galhos".

A PARÁBOLA DO FERMENTO

33 Jesus também contou a seguinte pará-
bola: "O reino dos céus é como o fermen-
to usado por uma mulher para fazer pão.
Embora ela coloque apenas uma pequena
quantidade de fermento em três medidas
de farinha, toda a massa fica fermentada".

AS PARÁBOLAS CUMPREM UMA PROFECIA

34 Jesus sempre usava histórias e com-
parações como essas quando falava às
multidões. Na verdade, nunca lhes falava
sem usar parábolas. 35 Cumpriu-se, desse
modo, o que foi dito por meio do profeta:

"Eu lhes falarei por meio de parábolas;
explicarei coisas escondidas
desde a criação do mundo".[a]

EXPLICAÇÃO DA PARÁBOLA DO TRIGO E DO JOIO

36 Em seguida, deixando as multidões do
lado de fora, Jesus entrou em casa. Seus
discípulos lhe pediram: "Por favor, expli-
que-nos a história do joio no campo".
37 Jesus respondeu: "O Filho do Homem
é o agricultor que planta as boas semen-
tes. 38 O campo é o mundo, e as boas se-
mentes são o povo do reino. O joio são as
pessoas que pertencem ao maligno, 39 e o
inimigo que plantou o joio no meio do trigo
é o diabo. A colheita é o fim dos tempos,[b] e
os que fazem a colheita são os anjos.
40 "Da mesma forma que o joio é separa-
do e queimado no fogo, assim será no fim
dos tempos. 41 O Filho do Homem enviará
seus anjos, e eles removerão do reino tudo
que produz pecado e todos que praticam o
mal 42 e os lançarão numa fornalha arden-
te, onde haverá choro e ranger de dentes.
43 Então os justos brilharão como o sol no
reino de seu Pai. Quem é capaz de ouvir,
ouça com atenção!"

A PARÁBOLA DO TESOURO ESCONDIDO

44 "O reino dos céus é como um tesouro es-
condido que um homem descobriu num

[a] **13.35** Alguns manuscritos não trazem *do mundo*. Sl 78.2.
[b] **13.39** Ou *da era*; também em 13.40,49.

campo. Em seu entusiasmo, ele o escondeu novamente, vendeu tudo que tinha e, com o dinheiro da venda, comprou aquele campo."

A PARÁBOLA DA PÉROLA

45 "O reino dos céus também é como um negociante que procurava pérolas da melhor qualidade. 46 Quando descobriu uma pérola de grande valor, vendeu tudo que tinha e, com o dinheiro da venda, comprou a tal pérola."

A PARÁBOLA DA REDE DE PESCA

47 "O reino dos céus é, ainda, como uma rede de pesca que foi lançada ao mar e pegou peixes de todo tipo. 48 Quando a rede estava cheia, os pescadores a arrastaram até a praia, sentaram-se e juntaram os peixes bons em cestos, jogando fora os ruins. 49 Assim será no fim dos tempos. Os anjos virão, separarão os perversos dos justos 50 e os lançarão na fornalha ardente, onde haverá choro e ranger de dentes. 51 Vocês entendem todas essas coisas?"

"Sim", responderam eles.

MESTRES DA LEI NO REINO

52 Então ele acrescentou: "Todo mestre da lei que se torna discípulo no reino dos céus é como o dono de uma casa que tira do seu tesouro verdades preciosas, tanto novas como velhas".

JESUS É REJEITADO EM NAZARÉ

53 Quando Jesus terminou de contar essas parábolas, deixou aquela região 54 e voltou para Nazaré, cidade onde tinha morado. Enquanto ensinava na sinagoga, todos se admiravam e perguntavam: "De onde lhe vêm a sabedoria e o poder para realizar milagres? 55 Não é esse o filho do carpinteiro? Conhecemos Maria, sua mãe, e também seus irmãos, Tiago, José,[a] Simão e Judas. 56 Todas as suas irmãs moram aqui, entre nós. Onde ele aprendeu todas essas coisas?". 57 E sentiam-se muito ofendidos.

Então Jesus lhes disse: "Um profeta recebe honra em toda parte, menos em sua cidade e entre sua própria família". 58 E, por causa da incredulidade deles, realizou ali apenas uns poucos milagres.

HERODES E A MORTE DE JOÃO BATISTA

14 Quando Herodes Antipas[b] ouviu falar de Jesus, 2 disse a seus conselheiros: "Deve ser João Batista que ressuscitou dos mortos! Por isso ele tem poder para fazer esses milagres".

3 Herodes havia mandado prender e encarcerar João para agradar Herodias, que era esposa de Filipe, seu irmão. 4 João tinha dito repetidamente a Herodes: "É contra a lei que o senhor viva com ela". 5 Herodes queria matá-lo, mas tinha medo de provocar uma revolta, pois o povo acreditava que João era profeta.

6 Contudo, numa festa de aniversário de Herodes, a filha de Herodias dançou diante dos convidados e agradou muito o rei, 7 e ele prometeu, sob juramento, que lhe daria qualquer coisa que ela pedisse. 8 Instigada pela mãe, a moça disse: "Quero a cabeça de João Batista num prato!". 9 O rei se arrependeu do que tinha dito, mas, por causa do juramento feito diante dos convidados, deu as ordens para que atendessem ao pedido. 10 João foi decapitado na prisão, 11 e sua cabeça foi trazida num prato e entregue à moça, que a levou à sua mãe. 12 Os discípulos de João vieram, levaram seu corpo e o sepultaram. Em seguida, foram a Jesus e lhe contaram o que havia acontecido.

A PRIMEIRA MULTIPLICAÇÃO DOS PÃES

13 Logo que Jesus ouviu a notícia, partiu de barco para um lugar isolado, a fim de ficar só. As multidões, porém, descobriram para onde ele ia e o seguiram a pé, vindas de muitas cidades. 14 Quando Jesus saiu do barco, viu a grande multidão, teve compaixão dela e curou os enfermos.

15 Ao entardecer, os discípulos foram até ele e disseram: "Este lugar é isolado, e já está ficando tarde. Mande as multidões embora, para que possam ir aos povoados e comprar comida".

[a] **13.55** Alguns manuscritos trazem *Joses*; outros, *João*.

[b] **14.1** Em grego, *Herodes, o tetrarca*. Herodes Antipas era filho do rei Herodes e governador da Galileia.

16 "Não há necessidade", disse Jesus.
"Providenciem vocês mesmos alimento
para elas."
17 Eles responderam: "Temos apenas cin-
co pães e dois peixes!".
18 "Tragam para cá", disse ele. 19 Em se-
guida, mandou o povo sentar-se na gra-
ma. Tomou os cinco pães e os dois peixes,
olhou para o céu e os abençoou. Então,
partiu os pães em pedaços e os entregou a
seus discípulos, que distribuíram às mul-
tidões. 20 Todos comeram à vontade, e os
discípulos recolheram doze cestos com as
sobras. 21 Os que comeram foram cerca de
cinco mil homens, sem contar mulheres
e crianças.

JESUS ANDA SOBRE AS ÁGUAS

22 Logo em seguida, Jesus insistiu com
seus discípulos que voltassem ao barco
e atravessassem até o outro lado do mar,
enquanto ele despedia as multidões.
23 Depois de mandá-las para casa, Jesus
subiu sozinho ao monte a fim de orar.
Quando anoiteceu, ele ainda estava ali,
sozinho.
24 Enquanto isso, os discípulos, distantes
da terra firme, lutavam contra as ondas,
pois um vento forte havia se levantado.
25 Por volta das três da madrugada,[a] Jesus
foi até eles, caminhando sobre as águas.
26 Quando os discípulos o viram cami-
nhando sobre as águas, ficaram aterrori-
zados. "É um fantasma!", gritaram, cheios
de medo.
27 Imediatamente, porém, Jesus lhes
disse: "Não tenham medo! Coragem,
sou eu!".
28 Então Pedro gritou: "Se é realmente o
senhor, ordene que eu vá caminhando so-
bre as águas até onde está!".
29 "Venha!", respondeu Jesus.
Então Pedro desceu do barco e cami-
nhou sobre as águas em direção a Jesus.
30 Mas, quando reparou no vento forte e
nas ondas, ficou aterrorizado, começou a
afundar e gritou: "Senhor, salva-me!".
31 No mesmo instante, Jesus estendeu a
mão e o segurou. "Como é pequena a sua
fé!", disse ele. "Por que você duvidou?"
32 Quando entraram no barco, o vento
parou. 33 Então os outros discípulos o ado-
raram e exclamaram: "De fato, o senhor é
o Filho de Deus!".

JESUS CURA OS ENFERMOS

34 Depois de atravessarem o mar, chega-
ram a Genesaré. 35 Quando o povo reco-
nheceu Jesus, a notícia de sua chegada
se espalhou rapidamente por toda a re-
gião, e trouxeram os enfermos para que
fossem curados. 36 Suplicavam que ele
deixasse os enfermos apenas tocar na bor-
da de seu manto, e todos que o tocavam
eram curados.

ENSINO SOBRE A PUREZA INTERIOR

15 Então alguns fariseus e mestres da
lei chegaram de Jerusalém para ver
Jesus e lhe perguntaram: 2 "Por que seus
discípulos desobedecem à tradição dos lí-
deres religiosos? Eles não respeitam a ce-
rimônia de lavar as mãos antes de comer!".
3 Jesus respondeu: "E por que vocês, com
suas tradições, desobedecem ao man-
damento de Deus? 4 Pois Deus ordenou:
'Honre seu pai e sua mãe'[b] e 'Quem insul-
tar seu pai ou sua mãe será executado'.[c]
5 Em vez disso, vocês ensinam que, se al-
guém disser a seus pais: 'Sinto muito, mas
não posso ajudá-los; jurei entregar como
oferta a Deus aquilo que eu teria dado a
vocês', 6 não precisará mais honrar seus
pais. Com isso, vocês anulam a palavra
de Deus em favor de sua própria tradição.
7 Hipócritas! Isaías tinha razão quando as-
sim profetizou a seu respeito:

8 'Este povo me honra com os lábios,
mas o coração está longe de mim.
9 Sua adoração é uma farsa,
pois ensinam ideias humanas
como se fossem mandamentos
divinos'".[d]

10 Jesus chamou a multidão para perto
de si e disse: "Ouçam e procurem enten-
der. 11 Não é o que entra pela boca que

Escolher se fundamentar na Rocha é o que fará total diferença na sua vida e em tudo o que você edificar.

a 14.25 Em grego, *Na quarta vigília da noite.*

b 15.4a Êx 20.12; Dt 5.16.
c 15.4b Êx 21.17; Lv 20.9; conforme a Septuaginta.
d 15.8-9 Is 29.13, conforme a Septuaginta.

os contamina; vocês se contaminam com
as palavras que saem dela".
12 Então os discípulos vieram e pergun-
taram: "O senhor sabe que ofendeu os fari-
seus com isso que acabou de dizer?".
13 Jesus respondeu: "Toda planta que
meu Pai celestial não plantou será arran-
cada pela raiz. 14 Portanto, não façam caso
deles. São guias cegos conduzindo cegos e,
se um cego conduzir outro, ambos cairão
numa vala".
15 Então Pedro disse: "Explique-nos a pa-
rábola de que as pessoas não são contami-
nadas pelo que comem".
16 "Ainda não entendem?", perguntou
Jesus. 17 "Tudo que comem passa pelo
estômago e vai para o esgoto, 18 mas as
palavras vêm do coração, e é isso que
os contamina. 19 Pois do coração vêm
maus pensamentos, homicídio, adulté-
rio, imoralidade sexual, roubo, mentiras
e calúnias. 20 São essas coisas que os con-
taminam. Comer sem lavar as mãos não
os contaminará."

A MULHER CANANEIA

21 Então Jesus deixou a Galileia, rumo
ao norte, para a região de Tiro e Sidom.
22 Uma mulher cananeia que ali morava
veio a ele, suplicando: "Senhor, Filho de
Davi, tenha misericórdia de mim! Minha
filha está possuída por um demônio que a
atormenta terrivelmente".
23 Jesus não disse uma só palavra em res-
posta. Então os discípulos insistiram com
ele: "Mande-a embora; ela não para de gri-
tar atrás de nós".
24 Jesus disse à mulher: "Fui enviado para
ajudar apenas as ovelhas perdidas do povo
de Israel".
25 A mulher, porém, aproximou-se, ajoe-
lhou-se diante dele e implorou mais uma
vez: "Senhor, ajude-me!".
26 Jesus respondeu: "Não é certo tirar co-
mida das crianças e jogá-la aos cachorros".
27 "Senhor, é verdade", disse a mulher.
"No entanto, até os cachorros comem
as migalhas que caem da mesa de seus
donos."
28 "Mulher, sua fé é grande", disse-lhe
Jesus. "Seu pedido será atendido." E, no
mesmo instante, a filha dela foi curada.

JESUS CURA MUITAS PESSOAS

29 Deixando aquele lugar, Jesus voltou ao
mar da Galileia e subiu a um monte, onde
se sentou. 30 Uma grande multidão veio e
colocou diante dele aleijados, cegos, para-
líticos, mudos e muitos outros, e ele curou
a todos. 31 As pessoas ficavam admiradas
e louvavam o Deus de Israel, pois os que
eram mudos agora falavam, os paralíticos
estavam curados, os aleijados andavam e
os cegos podiam ver.

A SEGUNDA MULTIPLICAÇÃO DOS PÃES

32 Então Jesus chamou seus discípulos e
disse: "Tenho compaixão dessa gente. Estão
aqui comigo há três dias e não têm mais
nada para comer. Se eu os mandar embora
com fome, podem desmaiar no caminho".
33 Os discípulos disseram: "Onde conse-
guiríamos comida suficiente para tama-
nha multidão neste lugar deserto?".
34 Jesus perguntou: "Quantos pães vocês
têm?".
"Sete, e alguns peixinhos", responderam
eles.
35 Então Jesus mandou todo o povo sen-
tar-se no chão. 36 Tomou os sete pães e os
peixes, agradeceu a Deus e os partiu em
pedaços. Em seguida, entregou-os aos dis-
cípulos, que os distribuíram à multidão.
37 Todos comeram à vontade, e os discí-
pulos recolheram, ainda, sete cestos gran-
des com as sobras. 38 Os que comeram
foram quatro mil homens, sem contar mu-
lheres e crianças. 39 Então Jesus os mandou
para casa, entrou num barco e atravessou
para a região de Magadã.

OS LÍDERES EXIGEM UM SINAL

16 Os fariseus e saduceus vieram pôr
Jesus à prova, exigindo que lhes
mostrasse um sinal do céu.
2 Ele respondeu: "Vocês conhecem o di-
tado: 'Céu vermelho ao entardecer, bom
tempo amanhã; 3 céu vermelho e sombrio
logo cedo, mau tempo o dia todo'. Vocês sa-
bem identificar as condições do tempo no
céu, mas não sabem interpretar os sinais
dos tempos![a] 4 Pedem um sinal porque

[a] **16.2-3** Alguns manuscritos não trazem o trecho de 16.2-3 após *Ele respondeu.*

são uma geração perversa e adúltera, mas
o único sinal que lhes darei será o sinal
do profeta Jonas". Então Jesus os deixou e
se retirou.

O FERMENTO DOS FARISEUS E SADUCEUS

5 Mais tarde, depois de atravessar o mar, os
discípulos descobriram que tinham se es-
quecido de levar pães. 6 Jesus os advertiu:
"Fiquem atentos! Tenham cuidado com o
fermento dos fariseus e saduceus".
7 Os discípulos começaram a discutir
entre si por que não tinham trazido pão.
8 Ao tomar conhecimento do que falavam,
Jesus disse: "Como é pequena a sua fé! Por
que vocês discutem entre si sobre a falta
de pão? 9 Ainda não entenderam? Não se
lembram dos cinco pães para os cinco mil
e dos cestos de sobras que recolheram?
10 Nem dos sete pães para os quatro mil
e dos cestos grandes de sobras que reco-
lheram? 11 Como não conseguem enten-
der que não estou falando de pão? Repito:
tenham cuidado com o fermento dos fari-
seus e saduceus".
12 Finalmente entenderam que ele não
se referia ao fermento do pão, mas ao en-
sino dos fariseus e saduceus.

PEDRO DECLARA SUA FÉ

13 Quando Jesus chegou à região de Cesareia
de Filipe, perguntou a seus discípulos:
"Quem as pessoas dizem que o Filho do
Homem é?".
14 Eles responderam: "Alguns dizem que
o senhor é João Batista; outros, que é Elias;
e outros, ainda, que é Jeremias ou um
dos profetas".
15 "E vocês?", perguntou ele. "Quem vo-
cês dizem que eu sou?"
16 Simão Pedro respondeu: "O senhor é o
Cristo, o Filho do Deus vivo!".
17 Jesus disse: "Que grande privilégio
você teve, Simão, filho de João![a] Foi meu
Pai no céu quem lhe revelou isso. Nenhum
ser humano saberia por si só.[b] 18 Agora eu
lhe digo que você é Pedro,[c] e sobre esta pe-
dra edificarei minha igreja, e as forças da
morte[d] não a conquistarão. 19 Eu lhe darei
as chaves do reino dos céus. O que você
ligar na terra terá sido ligado no céu,[e] e o
que você desligar na terra terá sido desli-
gado no céu".[f]
20 Então ele advertiu a seus discípulos
que não dissessem a ninguém que ele era
o Cristo.

JESUS PREDIZ SUA MORTE

21 Daquele momento em diante, Jesus[g]
começou a falar claramente a seus dis-
cípulos que era necessário que ele fos-
se a Jerusalém e sofresse muitas coisas
terríveis nas mãos dos líderes do povo,
dos principais sacerdotes e dos mes-
tres da lei. Seria morto, mas no terceiro
dia ressuscitaria.
22 Pedro o chamou de lado e começou
a repreendê-lo por dizer tais coisas. "Ja-
mais, Senhor!", disse ele. "Isso nunca lhe
acontecerá!"
23 Jesus se voltou para Pedro e disse:
"Afaste-se de mim, Satanás! Você é uma
pedra de tropeço para mim. Considera as
coisas apenas do ponto de vista humano,
e não da perspectiva de Deus".

ENSINO SOBRE O DISCIPULADO

24 Então Jesus disse a seus discípulos: "Se al-
guém quer ser meu seguidor, negue a si
mesmo, tome sua cruz e siga-me. 25 Se ten-
tar se apegar à sua vida, a perderá. Mas, se
abrir mão de sua vida por minha causa, a
encontrará. 26 Que vantagem há em ganhar
o mundo inteiro, mas perder a vida? E o que
daria o homem em troca de sua vida? 27 Pois
o Filho do Homem virá com seus anjos na
glória de seu Pai e julgará cada pessoa de
acordo com suas ações. 28 Eu lhes digo a
verdade: alguns que estão aqui neste mo-
mento não morrerão antes de ver o Filho do
Homem vindo em seu reino!".

A TRANSFIGURAÇÃO

17 Seis dias depois, Jesus levou consi-
go Pedro e os dois irmãos, Tiago e

[a] **16.17a** Em grego, *Simão bar-Jonas*. Ver Jo 1.42; 21.15-17.
[b] **16.17b** Em grego, *Não foi carne e sangue quem lhe revelou isso.*
[c] **16.18a** O nome *Pedro*, em grego, significa "pedra".
[d] **16.18b** Em grego, *e as portas do Hades.*
[e] **16.19a** Ou *fechar [...] fechado.*
[f] **16.19b** Ou *abrir [...] aberto.*
[g] **16.21** Alguns manuscritos trazem *Jesus Cristo.*

João, até um monte alto. 2 Enquanto os três
observavam, a aparência de Jesus foi trans-
formada de tal modo que seu rosto brilha-
va como o sol e suas roupas se tornaram
brancas como a luz. 3 De repente, Moisés
e Elias apareceram e começaram a falar
com Jesus.

4 Pedro exclamou: "Senhor, é maravilho-
so estarmos aqui! Se quiser, farei três ten-
das: uma será sua, uma de Moisés e outra
de Elias".

5 Enquanto ele ainda falava, uma nuvem
brilhante os cobriu, e uma voz que vinha da
nuvem disse: "Este é meu Filho amado, que
me dá grande alegria. Ouçam-no!". 6 Os dis-
cípulos ficaram aterrorizados e caíram com
o rosto em terra.

7 Então Jesus veio e os tocou. "Levantem-
se", disse ele. "Não tenham medo." 8 E, quan-
do levantaram os olhos, viram apenas Jesus.

9 Enquanto desciam do monte, Jesus lhes
ordenou: "Não contem a ninguém o que vi-
ram, até que o Filho do Homem ressuscite
dos mortos".

10 Os discípulos lhe perguntaram: "Por
que os mestres da lei afirmam que é ne-
cessário que Elias volte antes que o Cristo
venha?".[a]

11 Jesus respondeu: "De fato, Elias vem e
restaurará tudo. 12 Eu, porém, lhes digo: Elias
já veio, mas não o reconheceram e preferi-
ram maltratá-lo. Da mesma forma, também
farão o Filho do Homem sofrer". 13 Então os
discípulos entenderam que ele estava falan-
do de João Batista.

JESUS CURA UM MENINO POSSUÍDO POR DEMÔNIO

14 Ao pé do monte, uma grande multidão
os esperava. Um homem veio, ajoelhou-se
diante de Jesus e disse: 15 "Senhor, tenha
misericórdia de meu filho. Ele tem con-
vulsões e sofre terrivelmente. Muitas ve-
zes, cai no fogo ou na água. 16 Eu o trouxe
a seus discípulos, mas eles não puderam
curá-lo".

17 Jesus disse: "Geração incrédula e cor-
rompida! Até quando estarei com vocês?
Até quando terei de suportá-los? Tragam o
menino para cá". 18 Então Jesus repreendeu
o demônio, e ele saiu do menino, que ficou
curado a partir daquele momento.

19 Mais tarde, os discípulos perguntaram a
Jesus em particular: "Por que não consegui-
mos expulsar aquele demônio?".

20 "Porque a sua fé é muito pequena", res-
pondeu Jesus. "Eu lhes digo a verdade: se
tivessem fé, ainda que do tamanho de uma
semente de mostarda, poderiam dizer a
este monte: 'Mova-se daqui para lá', e ele se
moveria. Nada seria impossível para vocês,
21 mas essa espécie não sai senão com ora-
ção e jejum."[b]

JESUS PREDIZ SUA MORTE PELA SEGUNDA VEZ

22 Quando voltaram a se reunir na Galileia,
Jesus lhes disse: "O Filho do Homem será
traído e entregue em mãos humanas.
23 Será morto, mas no terceiro dia res-
suscitará". E os discípulos se encheram
de tristeza.

O PAGAMENTO DO IMPOSTO DO TEMPLO

24 Quando Jesus e seus discípulos chegaram
a Cafarnaum, os cobradores do imposto do
templo[c] abordaram Pedro e lhe pergunta-
ram: "Seu mestre não paga o imposto do
templo?".

25 "Sim, paga", respondeu Pedro. Em se-
guida, entrou em casa.

Antes que ele tivesse oportunidade de fa-
lar, Jesus lhe perguntou: "O que você acha,
Simão? O que os reis costumam fazer: co-
bram impostos de seu povo ou dos povos
conquistados?".[d]

26 "Cobram dos povos conquistados", res-
pondeu Pedro.

"Pois bem", disse Jesus. "Os cidadãos[e] estão
isentos. 27 Mas, como não queremos que se
ofendam, desça até o mar e jogue o anzol.
Abra a boca do primeiro peixe que pegar e ali
encontrará uma moeda de prata.[f] Pegue-a e
use-a para pagar os impostos por nós dois."

[a] **17.10** Em grego, *que Elias deve vir primeiro?*

[b] **17.21** Alguns manuscritos não trazem o versículo 21. Comparar com Mc 9.29.

[c] **17.24** Em grego, *[imposto de] didracmas*; também em 17.24b. Ver Êx 30.13-16; Ne 10.32-33.

[d] **17.25** Em grego, *de seus filhos ou de outros?*

[e] **17.26** Em grego, *Os filhos.*

[f] **17.27** Em grego, *1 estáter*, moeda grega equivalente a quatro dracmas.

O MAIOR NO REINO

18 Nessa ocasião, os discípulos vieram
a Jesus e perguntaram: "Afinal, quem
é o maior no reino dos céus?".
2 Então Jesus chamou uma criança peque-
na e a colocou no meio deles. 3 Em segui-
da, disse: "Eu lhes digo a verdade: a menos
que vocês se convertam e se tornem como
crianças, jamais entrarão no reino dos céus.
4 Quem se torna humilde como esta criança
é o maior no reino dos céus, 5 e quem rece-
be uma criança como esta em meu nome
recebe a mim."

ADVERTÊNCIA PARA NÃO CAUSAR PECADO

6 "Mas, se alguém fizer cair em pecado um
destes pequeninos que em mim confiam,
teria sido melhor ter amarrado uma grande
pedra de moinho ao pescoço e se afogado
nas profundezas do mar.
7 "Quanto sofrimento haverá no mundo
por causa das tentações para o pecado!
Ainda que elas sejam inevitáveis, aque-
le que as provoca terá sofrimento ainda
maior. 8 Portanto, se sua mão ou seu pé o
faz pecar, corte-o e jogue-o fora. É melhor
entrar na vida eterna com apenas uma das
mãos ou apenas um dos pés que ser lançado
no fogo eterno com as duas mãos e os dois
pés. 9 E, se seu olho o faz pecar, arranque-o e
jogue-o fora. É melhor entrar na vida eterna
com apenas um dos olhos que ser lançado
no inferno de fogo[a] com os dois olhos.
10 "Tomem cuidado para não desprezar
nenhum destes pequeninos. Pois eu lhes
digo que, no céu, os anjos deles estão sem-
pre na presença de meu Pai celestial. 11 E o
Filho do Homem veio para salvar os que es-
tão perdidos."[b]

A PARÁBOLA DA OVELHA PERDIDA

12 "Se um homem tiver cem ovelhas e uma
delas se perder, o que vocês acham que ele
fará? Não deixará as outras noventa e nove
nos montes e sairá à procura da perdida?
13 E, se a encontrar, eu lhes digo a verdade:
ele se alegrará por causa dela mais que pe-
las noventa e nove que não se perderam.
14 Da mesma forma, não é da vontade de
meu Pai, no céu, que nenhum destes pe-
queninos se perca."

COMO CORRIGIR UM IRMÃO

15 "Se um irmão pecar contra você,[c] fale
com ele em particular e chame-lhe a aten-
ção para o erro. Se ele o ouvir, você terá
recuperado seu irmão. 16 Mas, se ele não
o ouvir, leve consigo um ou dois outros
e fale com ele novamente, para que tudo
que você disser seja confirmado por duas
ou três testemunhas. 17 Se ainda assim ele
se recusar a ouvir, apresente o caso à igre-
ja. Então, se ele não aceitar nem mesmo a
decisão da igreja, trate-o como gentio ou
como cobrador de impostos.
18 "Eu lhes digo a verdade: o que vocês
ligarem na terra terá sido ligado no céu,[d]
e o que desligarem na terra terá sido des-
ligado no céu.[e]
19 "Também lhes digo que, se dois de vo-
cês concordarem aqui na terra a respeito
de qualquer coisa que pedirem, meu Pai,
no céu, os atenderá. 20 Pois, onde dois ou
três se reúnem em meu nome, eu estou no
meio deles".

A PARÁBOLA SOBRE A IMPORTÂNCIA DO PERDÃO

21 Então Pedro se aproximou de Jesus e
perguntou: "Senhor, quantas vezes devo
perdoar alguém[f] que peca contra mim?
Sete vezes?".
22 Jesus respondeu: "Não sete vezes, mas
setenta vezes sete.[g]
23 "Portanto, o reino dos céus pode ser
comparado a um senhor que decidiu pôr
em dia as contas com os servos que lhe
deviam. 24 No decorrer do processo, trou-
xeram diante dele um servo que lhe devia
sessenta milhões de moedas.[h] 25 Uma vez
que o homem não tinha como pagar, o se-
nhor ordenou que ele, sua esposa, seus fi-
lhos e todos os seus bens fossem vendidos
para quitar a dívida.

[a] **18.9** Em grego, *Geena de fogo*.
[b] **18.11** Alguns manuscritos não trazem o versículo 11. Comparar com Lc 19.10.
[c] **18.15** Alguns manuscritos não trazem *contra você*.
[d] **18.18a** Ou *fecharem [...] fechado*.
[e] **18.18b** Ou *abrirem [...] aberto*.
[f] **18.21** Em grego, *meu irmão*.
[g] **18.22** Ou *setenta e sete vezes*.
[h] **18.24** Em grego, *10.000 talentos*. O talento era uma medida de peso (de ouro ou prata) equivalente a 35 quilos, isto é, cerca de 6.000 denários.

26 "O homem se curvou diante do senhor e suplicou: 'Por favor, tenha paciência comigo, e eu pagarei tudo'. 27 O senhor teve compaixão dele, soltou-o e perdoou-lhe a dívida.

28 "No entanto, quando o servo saiu da presença do senhor, foi procurar outro servo que trabalhava com ele e que lhe devia cem moedas de prata.[a] Agarrou-o pelo pescoço e exigiu que ele pagasse de imediato.

29 "O servo se curvou diante dele e suplicou: 'Tenha paciência comigo, e eu pagarei tudo'. 30 O credor, porém, não estava disposto a esperar. Mandou que o homem fosse lançado na prisão até que tivesse pago toda a dívida.

31 "Quando outros servos, companheiros dele, viram isso, ficaram muito tristes. Foram ao senhor e lhe contaram tudo que havia acontecido. 32 Então o senhor chamou o homem cuja dívida ele havia perdoado e disse: 'Servo mau! Eu perdoei sua imensa dívida porque você me implorou. 33 Acaso não devia ter misericórdia de seu companheiro, como tive misericórdia de você?'. 34 E, irado, o senhor mandou o homem à prisão para ser torturado até que lhe pagasse toda a dívida.

35 "Assim também meu Pai celestial fará com vocês caso se recusem a perdoar de coração a seus irmãos".

DISCUSSÃO SOBRE DIVÓRCIO E CASAMENTO

19 Quando Jesus terminou de dizer essas coisas, deixou a Galileia e foi para a região da Judeia, a leste do rio Jordão. 2 Grandes multidões o seguiram, e ele curou os enfermos.

3 Alguns fariseus apareceram e tentaram apanhar Jesus numa armadilha, perguntando: "Deve-se permitir que um homem se divorcie de sua mulher por qualquer motivo?".

4 "Vocês não leram as Escrituras?", respondeu Jesus. "Elas registram que, desde o princípio, o Criador 'os fez homem e mulher'[b] 5 e disse: 'Por isso o homem deixa pai e mãe e se une à sua mulher, e os dois se tornam um só'.[c] 6 Uma vez que já não são dois, mas um só, que ninguém separe o que Deus uniu."

7 Eles perguntaram: "Então por que Moisés disse na lei que o homem poderia dar à esposa um certificado de divórcio e mandá-la embora?".[d]

8 Jesus respondeu: "Moisés permitiu o divórcio apenas como concessão, pois o coração de vocês é duro, mas não era esse o propósito original. 9 E eu lhes digo o seguinte: quem se divorciar de sua esposa, o que só poderá fazer em caso de imoralidade, e se casar com outra, cometerá adultério".[e]

10 Os discípulos de Jesus disseram: "Se essa é a condição do homem em relação à sua mulher, é melhor não casar!".

11 "Nem todos têm como aceitar esse ensino", disse Jesus. "Só aqueles que recebem a ajuda de Deus. 12 Alguns nascem eunucos, alguns foram feitos eunucos por outros e alguns a si mesmos se fazem eunucos por causa do reino dos céus. Quem puder, que aceite isso."

JESUS ABENÇOA AS CRIANÇAS

13 Certo dia, trouxeram crianças para que Jesus pusesse as mãos sobre elas e orasse em seu favor, mas os discípulos repreendiam aqueles que as traziam.

14 Jesus, porém, disse: "Deixem que as crianças venham a mim. Não as impeçam, pois o reino dos céus pertence aos que são como elas". 15 Então, antes de ir embora, pôs as mãos sobre a cabeça delas e as abençoou.

O HOMEM RICO

16 Um homem veio a Jesus com a seguinte pergunta: "Mestre,[f] que boas ações devo fazer para obter a vida eterna?".

17 "Por que você me pergunta sobre o que é bom?", perguntou Jesus. "Há somente um que é bom. Se você deseja entrar na vida eterna, guarde os mandamentos."

18 "Quais?", perguntou o homem.

Jesus respondeu: "Não mate. Não cometa adultério. Não roube. Não dê falso

---

[a] **18.28** Em grego, *100 denários*. Um denário equivalia ao salário por um dia completo de trabalho.

[b] **19.4** Gn 1.27; 5.2.

[c] **19.5** Gn 2.24.

[d] **19.7** Ver Dt 24.1.

[e] **19.9** Alguns manuscritos acrescentam *E quem se casa com uma mulher divorciada comete adultério*. Comparar com Mt 5.32.

[f] **19.16** Alguns manuscritos trazem *Bom mestre*.

testemunho. 19 Honre seu pai e sua mãe.
Ame o seu próximo como a si mesmo".[a]
20 "Tenho obedecido a todos esses man-
damentos", disse o homem. "O que mais
devo fazer?"
21 Jesus respondeu: "Se você quer ser
perfeito, vá, venda todos os seus bens e dê
o dinheiro aos pobres. Então você terá um
tesouro no céu. Depois, venha e siga-me".
22 Quando o rapaz ouviu isso, foi embora
triste, porque tinha muitos bens.

AS RECOMPENSAS DO DISCIPULADO

23 Então Jesus disse a seus discípulos:
"Eu lhes digo a verdade: é muito difícil um
rico entrar no reino dos céus. 24 Digo tam-
bém: é mais fácil um camelo passar pelo
buraco de uma agulha que um rico entrar
no reino de Deus".
25 Ao ouvir isso, os discípulos ficaram
perplexos e perguntaram: "Então quem
pode ser salvo?".
26 Jesus olhou atentamente para eles e
respondeu: "Para as pessoas isso é impos-
sível, mas tudo é possível para Deus".
27 Então Pedro disse: "Deixamos tudo para
segui-lo. Qual será nossa recompensa?".
28 Jesus respondeu: "Eu lhes garanto que,
quando o mundo for renovadob e o Filho
do Homem se sentar em seu trono glo-
rioso, vocês, que foram meus seguidores,
também se sentarão em doze tronos para
julgar as doze tribos de Israel. 29 E todos
que tiverem deixado casa, irmãos, irmãs,
pai, mãe, filhos ou propriedades por mi-
nha causa receberão em troca cem vezes
mais e herdarão a vida eterna. 30 Contudo,
muitos primeiros serão os últimos, e mui-
tos últimos serão os primeiros."

A PARÁBOLA DOS TRABALHADORES DO VINHEDO

20 "Pois o reino dos céus é como o
dono de uma propriedade que saiu
de manhã cedo a fim de contratar traba-
lhadores para seu vinhedo. 2 Combinou de
pagar uma moeda de prata[c] por um dia de
serviço e os mandou trabalhar.
3 "Às nove da manhã, estava passando
pela praça e viu por ali alguns desocupa-
dos. 4 Contratou-os e disse-lhes que, no fi-
nal do dia, pagaria o que fosse justo. 5 E eles
foram trabalhar no vinhedo. Ao meio-dia e
às três da tarde, fez a mesma coisa.
6 "Às cinco da tarde, estava outra vez na
cidade e viu por ali mais algumas pessoas.
'Por que vocês não trabalharam hoje?', per-
guntou ele.
7 "'Porque ninguém nos contratou', res-
ponderam.
"Então o proprietário disse: 'Vão e traba-
lhem com os outros no meu vinhedo'.
8 "Ao entardecer, mandou o capataz cha-
mar os trabalhadores e pagá-los, começan-
do pelos que haviam sido contratados por
último. 9 Os que foram contratados às cin-
co da tarde vieram e receberam uma moe-
da de prata. 10 Quando chegaram os que
foram contratados primeiro, imaginaram
que receberiam mais. Contudo, também
receberam uma moeda de prata. 11 Ao re-
ceber o pagamento, queixaram-se ao pro-
prietário: 12 'Aqueles trabalharam apenas
uma hora e, no entanto, o senhor lhes pa-
gou a mesma quantia que a nós, que traba-
lhamos o dia todo no calor intenso'.
13 "O proprietário respondeu a um deles:
'Amigo, não fui injusto. Você não concor-
dou em trabalhar o dia inteiro por uma
moeda de prata? 14 Pegue seu dinheiro e
vá. Eu quis pagar ao último trabalhador o
mesmo que paguei a você. 15 É contra a lei
eu fazer o que quero com o meu dinheiro?
Ou você está com inveja porque fui bondo-
so com os outros?'.
16 "Assim, os últimos serão os primeiros,
e os primeiros serão os últimos".[d]

JESUS PREDIZ SUA MORTE E RESSURREIÇÃO

17 Enquanto subia para Jerusalém, Jesus
chamou os doze discípulos e lhes dis-
se, em particular, o que aconteceria com
ele: 18 "Ouçam, estamos subindo para
Jerusalém, onde o Filho do Homem será
traído e entregue aos principais sacerdo-
tes e aos mestres da lei. Eles o condena-
rão à morte 19 e o entregarão aos gentios,

[a] **19.18-19** Êx 20.12-16; Dt 5.16-20; Lv 19.18.
[b] **19.28** Ou *na regeneração.*
[c] **20.2** Em grego, *1 denário*; também em 20.9,10,13.
[d] **20.16** Alguns manuscritos acrescentam *Pois muitos são chamados, mas poucos são escolhidos.*

para que zombem dele, o açoitem e o crucifiquem. No terceiro dia, porém, ele ressuscitará".

JESUS ENSINA SOBRE SERVIR A OUTROS

20 Então a mãe dos filhos de Zebedeu veio a Jesus com seus filhos. Ela se ajoelhou diante dele a fim de lhe pedir um favor.

21 "O que você quer?", perguntou ele.

Ela respondeu: "Por favor, permita que, no seu reino, meus dois filhos se sentem em lugares de honra ao seu lado, um à sua direita e outro à sua esquerda".

22 Jesus respondeu: "Vocês não sabem o que estão pedindo! São capazes de beber do cálice que estou prestes a beber?".

"Somos!", disseram eles.

23 Então Jesus disse: "De fato, vocês beberão do meu cálice. Não cabe a mim, no entanto, dizer quem se sentará à minha direita ou à minha esquerda. Meu Pai preparou esses lugares para aqueles que ele escolheu".

24 Quando os outros dez discípulos souberam o que os dois irmãos haviam pedido, ficaram indignados. 25 Então Jesus os reuniu e disse: "Vocês sabem que os governantes deste mundo têm poder sobre o povo, e que os oficiais exercem sua autoridade sobre os súditos. 26 Entre vocês, porém, será diferente. Quem quiser ser o líder entre vocês, que seja servo, 27 e quem quiser ser o primeiro entre vocês, que se torne escravo. 28 Pois nem mesmo o Filho do Homem veio para ser servido, mas para servir e dar sua vida em resgate por muitos".

JESUS CURA DOIS CEGOS

29 Quando Jesus e seus discípulos saíam de Jericó, uma grande multidão os seguiu. 30 Dois cegos estavam sentados à beira do caminho e, quando souberam que Jesus vinha naquela direção, começaram a gritar: "Senhor, Filho de Davi, tenha misericórdia de nós!".

31 "Calem-se!", diziam aos brados os que estavam na multidão.

Eles, porém, gritavam ainda mais alto: "Senhor, Filho de Davi, tenha misericórdia de nós!".

32 Ao ouvi-los, Jesus parou e perguntou: "O que vocês querem que eu lhes faça?".

33 Eles responderam: "Senhor, nós queremos enxergar!".

34 Jesus teve compaixão deles e tocou-lhes nos olhos. No mesmo instante, passaram a enxergar e o seguiram.

A ENTRADA DE JESUS EM JERUSALÉM

21 Quando já se aproximavam de Jerusalém, Jesus e seus discípulos chegaram a Betfagé, no monte das Oliveiras. Jesus enviou na frente dois discípulos. 2 "Vão àquele povoado adiante", disse ele. "Assim que entrarem, verão uma jumenta amarrada, com seu jumentinho ao lado. Desamarrem os animais e tragam-nos para mim. 3 Se alguém lhes perguntar o que estão fazendo, digam apenas: 'O Senhor precisa deles', e de imediato a pessoa deixará que vocês os levem."

4 Isso aconteceu para cumprir o que foi dito por meio do profeta:

5 "Digam ao povo de Sião:[a]
'Vejam, seu Rei se aproxima.
Ele é humilde e vem
montado num jumento,
num jumentinho, cria de jumenta'".[b]

6 Os dois discípulos fizeram como Jesus havia ordenado. 7 Trouxeram a jumenta e o jumentinho e puseram seus mantos sobre o jumentinho, e Jesus montou nele.

8 Grande parte da multidão estendeu seus mantos ao longo do caminho diante de Jesus, e outros cortaram ramos das árvores e os espalharam pelo chão. 9 E as pessoas, tanto as que iam à frente como as que o seguiam, gritavam:

"Hosana,[c] Filho de Davi!
Bendito é o que vem
em nome do Senhor!
Hosana no mais alto céu!".[d]

10 Quando Jesus entrou em Jerusalém, toda a cidade estava em grande alvoroço. "Quem é este?", perguntavam.

[a] **21.5a** Em grego, *à filha de Sião.* Is 62.11.
[b] **21.5b** Zc 9.9.
[c] **21.9a** Exclamação de louvor que, em sua forma hebraica, significa "Salva agora!"; também em 21.9b,15.
[d] **21.9b** Sl 118.25-26; 148.1.

11 A multidão respondia: "É Jesus, o pro-
feta de Nazaré, da Galileia".

JESUS PURIFICA O TEMPLO

12 Então Jesus entrou no templo e co-
meçou a expulsar todos que ali estavam
comprando e vendendo animais para os
sacrifícios. Derrubou as mesas dos cam-
bistas e as cadeiras dos que vendiam
pombas, 13 dizendo: "As Escrituras decla-
ram: 'Meu templo será chamado casa de
oração', mas vocês o transformaram num
esconderijo de ladrões!".[a]

14 Os cegos e os coxos vieram a Jesus no
templo, e ele os curou. 15 Quando os prin-
cipais sacerdotes e mestres da lei viram
esses milagres maravilhosos e ouviram
até as crianças no templo gritar "Hosana,
Filho de Davi", ficaram indignados. 16 "Está
ouvindo o que as crianças estão dizendo?",
perguntaram a Jesus.

"Sim", respondeu ele. "Vocês nunca le-
ram as Escrituras? Elas dizem: 'Ensinaste
crianças e bebês a te dar louvor'."[b] 17 Então
ele voltou a Betânia, onde passou a noite.

JESUS AMALDIÇOA A FIGUEIRA

18 De manhã, enquanto voltava para
Jerusalém, Jesus teve fome. 19 Encontrando
uma figueira à beira do caminho, foi ver
se havia figos, mas só encontrou folhas.
Então, disse à figueira: "Nunca mais dê
frutos!". E, no mesmo instante, a figuei-
ra secou.

20 Quando os discípulos viram isso, fica-
ram admirados e perguntaram: "Como a
figueira secou tão depressa?".

21 Jesus respondeu: "Eu lhes digo a ver-
dade: se vocês tiverem fé e não duvidarem,
poderão fazer o mesmo que fiz com esta
figueira, e muito mais. Poderão até dizer a
este monte: 'Levante-se e atire-se no mar',
e isso acontecerá. 22 Se crerem, receberão
qualquer coisa que pedirem em oração".

A AUTORIDADE DE JESUS É QUESTIONADA

23 Quando Jesus voltou ao templo e co-
meçou a ensinar, os principais sacerdo-
tes e líderes do povo vieram até ele e
perguntaram: "Com que autoridade você
faz essas coisas? Quem lhe deu esse
direito?".

24 Jesus respondeu: "Eu lhes direi com
que autoridade faço essas coisas se vocês
responderem a uma pergunta: 25 A autori-
dade de João para batizar vinha do céu ou
era apenas humana?".

Eles discutiram a questão entre si:
"Se dissermos que vinha do céu, ele per-
guntará por que não cremos em João.
26 Mas, se dissermos que era apenas huma-
na, seremos atacados pela multidão, pois
todos pensam que João era profeta". 27 Por
fim, responderam a Jesus: "Não sabemos".

E Jesus replicou: "Então eu também
não direi com que autoridade faço essas
coisas."

A PARÁBOLA DOS DOIS FILHOS

28 "O que acham disto? Um homem que
tinha dois filhos disse ao mais velho:
'Filho, vá trabalhar no vinhedo hoje'. 29 O fi-
lho respondeu: 'Não vou', mas depois mu-
dou de ideia e foi. 30 Então o pai disse ao
outro filho: 'Vá você', e ele respondeu: 'Sim
senhor, eu vou', mas não foi.

31 "Qual dos dois obedeceu ao pai?"

Eles responderam: "O primeiro".

Então Jesus explicou: "Eu lhes digo a
verdade: cobradores de impostos e pros-
titutas entrarão no reino de Deus antes de
vocês. 32 Pois João veio e mostrou o cami-
nho da justiça, mas vocês não creram nele,
enquanto cobradores de impostos e pros-
titutas creram. E, mesmo depois de verem
isso, vocês se recusaram a mudar de ideia
e crer nele."

A PARÁBOLA DOS LAVRADORES MAUS

33 "Agora, ouçam outra parábola. O dono
de uma propriedade plantou um vinhe-
do. Construiu uma cerca ao redor, um tan-
que de prensar e uma torre para o guarda.
Depois, arrendou o vinhedo a alguns la-
vradores e partiu para um lugar distante.
34 No tempo da colheita da uva, enviou
seus servos a fim de receber sua parte da
colheita. 35 Os lavradores agarraram os ser-
vos, espancaram um deles, mataram outro
e apedrejaram o terceiro. 36 Então o dono

[a] **21.13** Is 56.7; Jr 7.11.
[b] **21.16** Sl 8.2, conforme a Septuaginta.

> *É a presença de Cristo unida aos ensinos divinos que proporciona as mudanças mais radicais e profundas em nosso interior.*

da propriedade enviou um grupo maior de servos para receber a parte dele, mas o resultado foi o mesmo.

37 "Por fim, o dono enviou seu filho, pois pensou: 'Certamente respeitarão meu filho'.

38 "No entanto, quando os lavradores viram o filho, disseram uns aos outros: 'Aí vem o herdeiro da propriedade. Vamos matá-lo e tomar posse desta terra!'. 39 Então o agarraram, o arrastaram para fora do vinhedo e o mataram.

40 "Quando o dono da terra voltar, o que vocês acham que ele fará com aqueles lavradores?", perguntou Jesus.

41 Os líderes religiosos responderam: "Ele os matará cruelmente e arrendará o vinhedo para outros, que lhe darão sua parte depois de cada colheita".

42 Então Jesus disse: "Vocês nunca leram nas Escrituras:

'A pedra que os construtores
  rejeitaram
 se tornou a pedra angular.
Isso é obra do Senhor
 e é maravilhosa de ver'?[a]

43 Eu lhes digo que o reino de Deus lhes será tirado e entregue a um povo que produzirá os devidos frutos. 44 Quem tropeçar nesta pedra será despedaçado, e aquele sobre quem ela cair será reduzido a pó".[b]

45 Quando os principais sacerdotes e fariseus ouviram essa parábola, perceberam que eles eram os lavradores maus a que Jesus se referia. 46 Queriam prendê-lo, mas tinham medo das multidões, pois elas o consideravam um profeta.

A PARÁBOLA DO BANQUETE DE CASAMENTO

22 Jesus lhes contou outras parábolas. Disse ele: 2 "O reino dos céus pode ser ilustrado com a história de um rei que preparou um grande banquete de casamento para seu filho. 3 Quando o banquete estava pronto, o rei enviou seus servos para avisar os convidados, mas todos se recusaram a vir.

4 "Então ele enviou outros servos para lhes dizer: 'Já preparei o banquete; os bois e novilhos gordos foram abatidos, e tudo está pronto. Venham para a festa!'. 5 Mas os convidados não lhes deram atenção e foram embora: um para sua fazenda, outro para seus negócios. 6 Outros, ainda, agarraram os mensageiros, os insultaram e os mataram.

7 "O rei ficou furioso e enviou seu exército para destruir os assassinos e queimar a cidade deles. 8 Disse a seus servos: 'O banquete de casamento está pronto, e meus convidados não são dignos dessa honra. 9 Agora, saiam pelas esquinas e convidem todos que vocês encontrarem'. 10 Então os servos trouxeram todos que encontraram, tanto bons como maus, e o salão do banquete se encheu de convidados.

11 "Quando o rei entrou para recebê-los, notou um homem que não estava vestido de forma apropriada para um casamento 12 e perguntou-lhe: 'Amigo, como é que você se apresenta sem a roupa de casamento?'. O homem não teve o que responder. 13 Então o rei disse: 'Amarrem-lhe as mãos e os pés e lancem-no para fora, na escuridão, onde haverá choro e ranger de dentes'.

14 "Pois muitos são chamados, mas poucos são escolhidos".

IMPOSTOS PARA CÉSAR

15 Então os fariseus se reuniram para tramar um modo de levar Jesus a dizer algo que desse motivo para o prenderem. 16 Enviaram alguns de seus discípulos, junto com os partidários de Herodes, para se encontrarem com ele. Disseram: "Mestre, sabemos como o senhor é honesto e ensina o caminho de Deus de acordo com a verdade. É imparcial e não demonstra favoritismo. 17 Agora, diga-nos o que o senhor pensa a respeito disto: É certo pagar impostos a César ou não?".

18 Jesus, porém, sabia de sua má intenção e disse: "Hipócritas! Por que vocês tentam me apanhar numa armadilha? 19 Mostrem-me a moeda usada para pagar o imposto". Quando lhe deram uma moeda de prata,[c] 20 ele disse: "De quem são a imagem e o título nela gravados?".

21 "De César", responderam.

[a] **21.42** Sl 118.22-23.
[b] **21.44** Alguns manuscritos não trazem o versículo 44. Comparar com Lc 20.18.
[c] **22.19** Em grego, *1 denário*.

"Então deem a César o que pertence
a César, e deem a Deus o que pertence a
Deus", disse ele.
22 Sua resposta os deixou admirados, e
eles foram embora.

DISCUSSÃO SOBRE A RESSURREIÇÃO DOS MORTOS

23 No mesmo dia, vieram a Jesus alguns sa-
duceus, líderes religiosos que afirmam não
haver ressurreição dos mortos, 24 e pergun-
taram: "Mestre, Moisés disse: 'Se um ho-
mem morrer sem deixar filhos, o irmão dele
deve se casar com a viúva e ter um filho,
que dará continuidade ao nome do irmão'.[a]
25 Numa família havia sete irmãos. O mais
velho se casou e morreu sem deixar filhos,
de modo que seu irmão se casou com a viú-
va. 26 O segundo irmão também morreu, e o
terceiro irmão se casou com ela. E assim por
diante, até o sétimo irmão. 27 Por fim, a mu-
lher também morreu. 28 Diga-nos, de quem
ela será esposa na ressurreição? Afinal, os
sete se casaram com ela".
29 Jesus respondeu: "O erro de vocês está
em não conhecerem as Escrituras nem o
poder de Deus, 30 pois, quando os mortos
ressuscitarem, não se casarão nem se da-
rão em casamento. Nesse sentido, serão
como os anjos do céu.
31 "Agora, quanto a haver ressurreição dos
mortos, vocês não leram a esse respeito
nas Escrituras? Deus disse: 32 'Eu sou o
Deus de Abraão, o Deus de Isaque e o Deus
de Jacó'.[b] Portanto, ele é o Deus dos vivos, e
não dos mortos".
33 Quando as multidões o ouviram, fica-
ram admiradas com seu ensino.

O MANDAMENTO MAIS IMPORTANTE

34 Sabendo os fariseus que Jesus tinha ca-
lado os saduceus com essa resposta, re-
uniram-se novamente para interrogá-lo.
35 Um deles, especialista na lei, tentou
apanhá-lo numa armadilha com a seguinte
pergunta: 36 "Mestre, qual é o mandamento
mais importante da lei de Moisés?".
37 Jesus respondeu: "'Ame o Senhor, seu
Deus, de todo o seu coração, de toda a sua
alma e de toda a sua mente'.[c] 38 Este é o pri-
meiro e o maior mandamento. 39 O segun-
do é igualmente importante: 'Ame o seu
próximo como a si mesmo'.[d] 40 Toda a lei
e todas as exigências dos profetas se ba-
seiam nesses dois mandamentos".

DE QUEM O CRISTO É FILHO?

41 Então, rodeado pelos fariseus, Jesus lhes
fez a seguinte pergunta: 42 "O que vocês
pensam do Cristo? De quem ele é filho?".
Eles responderam: "É filho de Davi".
43 Jesus perguntou: "Então por que Davi,
falando por meio do Espírito, chama o
Cristo de 'meu Senhor'? Pois Davi disse:

44 'O Senhor disse ao meu Senhor:
Sente-se no lugar de honra
à minha direita
até que eu humilhe seus inimigos
debaixo de seus pés'.[e]

45 Portanto, se Davi chamou o Cristo de
'meu Senhor', como ele pode ser filho
de Davi?".
46 Ninguém conseguiu responder e, de-
pois disso, não se atreveram a lhe fazer
mais perguntas.

JESUS CRITICA OS LÍDERES RELIGIOSOS

23 Então Jesus disse às multidões e a
seus discípulos: 2 "Os mestres da
lei e os fariseus ocuparam o lugar de intér-
pretes oficiais da lei de Moisés.[f] 3 Portanto,
pratiquem tudo que eles dizem e obede-
çam-lhes, mas não sigam seu exemplo,
pois eles não fazem o que ensinam.
4 Oprimem as pessoas com exigências in-
suportáveis e não movem um dedo sequer
para aliviar seus fardos.
5 "Tudo que fazem é para se exibir. Usam
nos braços filactérios[g] mais largos que
de costume e vestem mantos com fran-
jas mais longas. 6 Gostam de sentar-se
à cabeceira da mesa nos banquetes e de

[a] **22.24** Dt 25.5-6.
[b] **22.32** Êx 3.6.
[c] **22.37** Dt 6.5.
[d] **22.39** Lv 19.18.
[e] **22.44** Sl 110.1.
[f] **23.2** Em grego, *e os fariseus se sentam na cadeira de Moisés*.
[g] **23.5** Pequenas caixas, usadas na oração, contendo versículos da lei de Moisés.

ocupar os lugares de honra nas sinagogas.
7 Gostam de receber saudações respeitosas
enquanto andam pelas praças e de ser cha-
mados de 'Rabi'.[a]

8 "Não deixem que pessoa alguma os
chame de 'Rabi', pois vocês têm somen-
te um mestre, e todos vocês são irmãos.
9 Não se dirijam a pessoa alguma aqui na
terra como 'Pai', pois somente Deus no céu
é seu Pai. 10 Não deixem que pessoa algu-
ma os chame de 'Mestre', pois vocês têm
somente um mestre, o Cristo. 11 O mais
importante entre vocês deve ser servo
dos outros, 12 pois os que se exaltam se-
rão humilhados, e os que se humilham
serão exaltados.

13 "Que aflição os espera, mestres da lei
e fariseus! Hipócritas! Fecham a porta do
reino dos céus na cara das pessoas. Vocês
mesmos não entram e não permitem que
os outros entrem.

14 "Que aflição os espera, mestres da lei
e fariseus! Hipócritas! Tomam posse dos
bens das viúvas de maneira desonesta e,
depois, para dar a impressão de piedade,
fazem longas orações em público. Por cau-
sa disso, serão duramente castigados.[b]

15 "Que aflição os espera, mestres da lei
e fariseus! Hipócritas! Atravessam terra e
mar para converter alguém e depois o tor-
nam um filho do inferno,[c] duas vezes pior
que vocês.

16 "Que aflição os espera, guias cegos!
Vocês dizem não haver importância se al-
guém jura 'pelo templo de Deus', mas se
jurar 'pelo ouro do templo' será obrigado a
cumprir o juramento. 17 Tolos cegos! O que
é mais importante: o ouro ou o templo,
que torna o ouro sagrado? 18 Dizem tam-
bém não haver importância se alguém
jura 'pelo altar', mas se jurar 'pelas ofertas
sobre o altar' será obrigado a cumprir o
juramento. 19 Cegos! O que é mais impor-
tante: a oferta sobre o altar ou o altar, que
torna a oferta sagrada? 20 Quando juram
'pelo altar', juram por ele e por tudo que
está sobre ele. 21 Quando juram 'pelo tem-
plo', juram por ele e por Deus, que nele

[a] **23.7** Termo aramaico que significa "mestre" ou "professor".

[b] **23.14** Alguns manuscritos não trazem o versículo 14. Comparar com Mc 12.40 e Lc 20.47.

[c] **23.15** Em grego, *do Geena*; também em 23.33.

habita. 22 Quando juram 'pelo céu', juram
pelo trono de Deus e por Deus, que se sen-
ta no trono.

23 "Que aflição os espera, mestres da lei e
fariseus! Hipócritas! Têm o cuidado de dar
o dízimo da hortelã, do endro e do comi-
nho, mas negligenciam os aspectos mais
importantes da lei: justiça, misericórdia
e fé. Sim, vocês deviam fazer essas coi-
sas, mas sem descuidar das mais impor-
tantes. 24 Guias cegos! Coam a água para
não engolir um mosquito, mas engolem
um camelo![d]

25 "Que aflição os espera, mestres da lei
e fariseus! Hipócritas! Têm o cuidado de
limpar a parte exterior do copo e do pra-
to, enquanto o interior está imundo, cheio
de ganância e falta de domínio próprio.
26 Fariseus cegos! Lavem primeiro o inte-
rior do copo e do prato,[e] e o exterior tam-
bém ficará limpo.

27 "Que aflição os espera, mestres da lei
e fariseus! Hipócritas! São como túmulos
pintados de branco: bonitos por fora, mas
cheios de ossos e de toda espécie de impu-
reza por dentro. 28 Por fora parecem justos,
mas por dentro seu coração está cheio de
hipocrisia e maldade.

29 "Que aflição os espera, mestres da lei
e fariseus! Hipócritas! Constroem túmulos
para os profetas, enfeitam os monumentos
dos justos 30 e depois dizem: 'Se tivésse-
mos vivido no tempo de nossos antepas-
sados, não teríamos participado com eles
do derramamento de sangue dos profetas'.
31 "Ao dizer isso, porém, testemunham
contra si mesmos que são, de fato, descen-
dentes dos que assassinaram os profetas.
32 Vão e terminem o que seus antepassa-
dos começaram. 33 Serpentes! Raça de
víboras! Como escaparão do julgamento
do inferno?

34 "Por isso eu lhes envio profetas, ho-
mens sábios e mestres da lei. Vocês cru-
cificarão alguns e açoitarão outros nas
sinagogas, perseguindo-os de cidade em
cidade. 35 Como resultado, serão respon-
sabilizados pelo assassinato de todos os
justos de todos os tempos, desde o assas-
sinato do justo Abel até o de Zacarias, filho

[d] **23.24** Ver Lv 11.4,23.

[e] **23.26** Alguns manuscritos não trazem *e do prato*.

de Baraquias, que vocês mataram no tem-
plo, entre o santuário e o altar. 36 Eu lhes
digo a verdade: esse julgamento cairá so-
bre a presente geração."

O LAMENTO DE JESUS SOBRE JERUSALÉM

37 "Jerusalém, Jerusalém, cidade que mata
profetas e apedreja os mensageiros de
Deus! Quantas vezes eu quis juntar seus
filhos como a galinha protege os pintinhos
sob as asas, mas você não deixou. 38 E, ago-
ra, sua casa foi abandonada e está deserta.[a]
39 Pois eu lhe digo: você nunca mais me
verá, até que diga: 'Bendito é o que vem
em nome do Senhor!'".[b]

JESUS FALA DE ACONTECIMENTOS FUTUROS

24 Quando Jesus saía da área do tem-
plo, seus discípulos lhe chamaram
a atenção para as diversas construções do
edifício. 2 Ele, porém, disse: "Estão vendo
todas estas construções? Eu lhes digo a
verdade: elas serão completamente demo-
lidas. Não restará pedra sobre pedra!".
3 Mais tarde, Jesus sentou-se no monte
das Oliveiras. Seus discípulos vieram até
ele em particular e perguntaram: "Diga-nos,
quando isso tudo vai acontecer? Que sinal
indicará sua volta e o fim dos tempos?".[c]
4 Jesus respondeu: "Não deixem que
ninguém os engane, 5 pois muitos virão
em meu nome, dizendo: 'Eu sou o Cristo',
e enganarão muitos. 6 Vocês ouvirão falar
de guerras e ameaças de guerras, mas não
entrem em pânico. Sim, é necessário que
essas coisas ocorram, mas ainda não será
o fim. 7 Uma nação guerreará contra a ou-
tra, e um reino contra o outro. Haverá fome
e terremotos em várias partes do mundo.
8 Tudo isso, porém, será apenas o começo
das dores de parto.
9 "Então vocês serão presos, perseguidos
e mortos. Por minha causa, serão odiados em
todo o mundo. 10 Muitos se afastarão de
mim, e trairão e odiarão uns aos outros.
11 Falsos profetas surgirão em grande nú-
mero e enganarão muitos. 12 O pecado
aumentará e o amor de muitos esfriará,
13 mas quem se mantiver firme até o fim
será salvo. 14 As boas-novas a respeito do
reino serão anunciadas em todo o mundo,
para que todas as nações[d] as ouçam; então,
virá o fim.
15 "Chegará o dia em que vocês verão
aquilo de que o profeta Daniel falou, a 'ter-
rível profanação'[e] que será colocada no lu-
gar santo. (Leitor, preste atenção!) 16 Quem
estiver na Judeia, fuja para os montes.
17 Quem estiver no terraço no alto da casa,
não desça para pegar suas coisas. 18 Quem
estiver no campo, não volte nem para pegar
o manto. 19 Que terríveis serão aqueles dias
para as grávidas e para as mães que esti-
verem amamentando! 20 Orem para que a
fuga de vocês não seja no inverno nem no
sábado, 21 pois haverá mais angústia que
em qualquer outra ocasião desde o começo
do mundo, e nunca mais haverá angústia
tão grande. 22 De fato, se o tempo de cala-
midade não tivesse sido limitado, ninguém
sobreviveria, mas esse tempo foi limitado
por causa dos escolhidos.
23 "Portanto, se alguém lhes disser:
'Vejam, aqui está o Cristo!' ou 'Ali está ele!',
não acreditem, 24 pois falsos cristos e fal-
sos profetas surgirão e realizarão grandes
sinais e maravilhas a fim de enganar, se
possível, até os escolhidos. 25 Vejam que
eu os avisei disso de antemão.
26 "Portanto, se alguém lhes disser: 'Ele
está no deserto!', nem se deem ao trabalho
de sair para procurá-lo. E se disserem: 'Está
escondido aqui!', não acreditem. 27 Porque,
assim como o relâmpago lampeja no les-
te e brilha no oeste, assim será a vinda do
Filho do Homem. 28 Onde estiver o cadá-
ver, ali se ajuntarão os abutres.
29 "Imediatamente depois da angústia
daqueles dias,

'o sol escurecerá,
a lua não dará luz,
as estrelas cairão do céu
e os poderes dos céus
serão abalados'.[f]

---

[a] **23.38** Alguns manuscritos não trazem *e está deserta.*
[b] **23.39** Sl 118.26.
[c] **24.3** Ou *da era?*
[d] **24.14** Ou *todos os povos.*
[e] **24.15** Em grego, *a abominação da desolação.* Ver Dn 9.27; 11.31; 12.11.
[f] **24.29** Ver Is 13.10; 34.4; Jl 2.10.

30 Então, por fim, aparecerá no céu o sinal da vinda do Filho do Homem, e haverá grande lamentação entre todos os povos da terra. Eles verão o Filho do Homem vindo nas nuvens do céu com poder e grande glória.[a] 31 Ele enviará seus anjos com um forte sopro de trombeta, e eles reunirão os escolhidos de todas as partes do mundo,[b] de uma extremidade à outra do céu.

32 "Agora, aprendam a lição da figueira. Quando os ramos surgem e as folhas começam a brotar, vocês sabem que o verão está próximo. 33 Da mesma forma, quando virem todas essas coisas, saberão que o tempo está muito próximo, à porta. 34 Eu lhes digo a verdade: esta geração[c] certamente não passará até que todas essas coisas tenham acontecido. 35 O céu e a terra desaparecerão, mas as minhas palavras jamais desaparecerão.

36 "Contudo, ninguém sabe o dia nem a hora em que essas coisas acontecerão, nem mesmo os anjos no céu, nem o Filho.[d] Somente o Pai sabe.

37 "Quando o Filho do Homem voltar, será como no tempo de Noé. 38 Nos dias antes do dilúvio, o povo seguia sua rotina de banquetes, festas e casamentos, até o dia em que Noé entrou na arca. 39 Não perceberam o que estava para acontecer até que veio o dilúvio e levou todos. Assim será na vinda do Filho do Homem.

40 "Dois homens estarão trabalhando juntos no campo; um será levado, e o outro, deixado. 41 Duas mulheres estarão moendo cereal no moinho; uma será levada, e a outra, deixada.

42 "Portanto, vigiem, pois não sabem em que ocasião o seu Senhor virá. 43 Entendam isto: se o dono da casa soubesse exatamente a que horas viria o ladrão, ficaria atento e não permitiria que a casa fosse arrombada. 44 Estejam também sempre preparados, pois o Filho do Homem virá quando menos esperam.

45 "O servo fiel e sensato é aquele a quem seu senhor encarrega de gerir os outros servos da casa e alimentá-los. 46 Se o senhor voltar e constatar que o servo fez um bom trabalho, haverá recompensa. 47 Eu lhes digo a verdade: ele colocará todos os seus bens sob os cuidados desse servo. 48 O que acontecerá, porém, se o servo for mau e pensar: 'Meu senhor não voltará tão cedo', 49 e começar a espancar os outros servos, a comer e a beber e se embriagar? 50 O senhor desse servo voltará em dia que não se espera e em hora que não se conhece, 51 cortará o servo ao meio e lhe dará o mesmo destino dos hipócritas. Ali haverá choro e ranger de dentes."

A PARÁBOLA DAS DEZ VIRGENS

25 "Então o reino dos céus será como as dez virgens que pegaram suas lamparinas e saíram para encontrar-se com o noivo. 2 Cinco delas eram insensatas, e cinco, prudentes. 3 As cinco insensatas não levaram óleo suficiente para as lamparinas, 4 mas as outras cinco tiveram o bom senso de levar óleo de reserva. 5 Como o noivo demorou a chegar, todas ficaram sonolentas e adormeceram.

6 "À meia-noite, foram acordadas pelo grito: 'Vejam, o noivo está chegando! Saiam para recebê-lo!'.

7 "Todas as virgens se levantaram e prepararam suas lamparinas. 8 Então as cinco insensatas pediram às outras: 'Por favor, deem-nos um pouco de óleo, pois nossas lamparinas estão se apagando'.

9 "As outras, porém, responderam: 'Não temos o suficiente para todas. Vão e comprem óleo para vocês'.

10 "Quando estavam fora comprando óleo, o noivo chegou. Então as cinco que estavam preparadas entraram com ele no banquete de casamento, e a porta foi trancada. 11 Mais tarde, quando as outras cinco voltaram, ficaram do lado de fora, chamando: 'Senhor! Senhor! Abra-nos a porta!'.

12 "Mas ele respondeu: 'A verdade é que não as conheço'.

13 "Portanto, vigiem, pois não sabem o dia nem a hora da volta."

A PARÁBOLA DOS TRÊS SERVOS

14 "O reino dos céus também pode ser ilustrado com a história de um homem que estava para fazer uma longa viagem.

[a] **24.30** Ver Dn 7.13.
[b] **24.31** Em grego, *dos quatro ventos*.
[c] **24.34** Ou *esta era*, ou *esta nação*.
[d] **24.36** Alguns manuscritos não trazem *nem o Filho*.

Ele reuniu seus servos e lhes confiou seu
dinheiro, 15 dividindo-o de forma pro-
porcional à capacidade deles: ao primeiro
entregou cinco talentos;[a] ao segundo, dois
talentos; e ao último, um talento. Então
foi viajar.
16 "O servo que recebeu cinco talentos
começou a investir o dinheiro e ganhou
outros cinco. 17 O servo que recebeu dois
talentos também se pôs a trabalhar e ga-
nhou outros dois. 18 Mas o servo que rece-
beu um talento cavou um buraco no chão
e ali escondeu o dinheiro de seu senhor.
19 "Depois de muito tempo, o senhor vol-
tou de viagem e os chamou para prestarem
contas de como haviam usado o dinheiro.
20 O servo ao qual ele havia confiado cin-
co talentos se apresentou com mais cinco:
'O senhor me deu cinco talentos para in-
vestir, e eu ganhei mais cinco'.
21 "O senhor disse: 'Muito bem, meu ser-
vo bom e fiel. Você foi fiel na administra-
ção dessa quantia pequena, e agora lhe
darei muitas outras responsabilidades.
Venha celebrar comigo'.[b]
22 "O servo que havia recebido dois ta-
lentos se apresentou e disse: 'O senhor me
deu dois talentos para investir, e eu ganhei
mais dois'.
23 "O senhor disse: 'Muito bem, meu ser-
vo bom e fiel. Você foi fiel na administra-
ção dessa quantia pequena, e agora lhe
darei muitas outras responsabilidades.
Venha celebrar comigo'.
24 "Por último, o servo que havia recebi-
do um talento veio e disse: 'Eu sabia que o
senhor é homem severo, que colhe onde
não plantou e ajunta onde não semeou.
25 Tive medo de perder seu dinheiro, por
isso o escondi na terra. Aqui está ele'.
26 "O senhor, porém, respondeu: 'Servo
mau e preguiçoso! Se você sabia que eu
colho onde não plantei e ajunto onde não
semeei, 27 por que não depositou meu
dinheiro? Pelo menos eu teria recebido
os juros.
28 "Em seguida, ordenou: 'Tirem o di-
nheiro deste servo e deem ao que tem os
dez talentos. 29 Pois ao que tem, mais lhe
será dado, e terá em grande quantia; mas
do que nada tem, mesmo o que não tem
lhe será tomado. 30 Agora lancem este ser-
vo inútil para fora, na escuridão, onde ha-
verá choro e ranger de dentes'."

O JUÍZO FINAL

31 "Quando o Filho do Homem vier em
sua glória, acompanhado de todos os an-
jos, ele se sentará em seu trono glorioso.
32 Todas as nações[c] serão reunidas em sua
presença, e ele separará as pessoas como
um pastor separa as ovelhas dos bodes.
33 Colocará as ovelhas à sua direita e os bo-
des à sua esquerda.
34 "Então o Rei dirá aos que estiverem
à sua direita: 'Venham, vocês que são
abençoados por meu Pai. Recebam como
herança o reino que ele lhes preparou
desde a criação do mundo. 35 Pois tive
fome e vocês me deram de comer. Tive
sede e me deram de beber. Era estran-
geiro e me convidaram para a sua casa.
36 Estava nu e me vestiram. Estava doen-
te e cuidaram de mim. Estava na prisão e
me visitaram'.
37 "Então os justos responderão: 'Senhor,
quando foi que o vimos faminto e lhe de-
mos de comer? Ou sedento e lhe demos de
beber? 38 Ou como estrangeiro e o convi-
damos para a nossa casa? Ou nu e o vesti-
mos? 39 Quando foi que o vimos doente ou
na prisão e o visitamos?'.
40 "E o Rei dirá: 'Eu lhes digo a verdade:
quando fizeram isso ao menor destes
meus irmãos, foi a mim que o fizeram'.
41 "Em seguida, o Rei se voltará para
os que estiverem à sua esquerda e dirá:
'Fora daqui, malditos, para o fogo eter-
no preparado para o diabo e seus anjos.
42 Pois tive fome, e vocês não me deram
de comer. Tive sede, e não me deram de
beber. 43 Era estrangeiro, e não me convi-
daram para a sua casa. Estava nu, e não me
vestiram. Estava doente e na prisão, e não
me visitaram'.
44 "Então eles dirão: 'Senhor, quando o
vimos faminto, sedento, como estrangeiro,
nu, doente ou na prisão, e não o ajudamos?'.

[a] **25.15** O *talento* era uma medida de peso (de ouro ou prata) equivalente a 35 quilos.
[b] **25.21** Em grego, *Entre na alegria do seu senhor*; também em 25.23.
[c] **25.32** Ou *Todos os povos*.

45 "Ele responderá: 'Eu lhes digo a verdade: quando se recusaram a ajudar o menor destes meus irmãos e irmãs, foi a mim que se recusaram a ajudar'.

46 "E estes irão para o castigo eterno, mas os justos irão para a vida eterna".

A CONSPIRAÇÃO PARA MATAR JESUS

26 Quando Jesus terminou de falar todas essas coisas, disse a seus discípulos: 2 "Como vocês sabem, a Páscoa começa daqui a dois dias, e o Filho do Homem será entregue para ser crucificado".

3 Naquela mesma hora, os principais sacerdotes e líderes do povo estavam reunidos na residência de Caifás, o sumo sacerdote, 4 tramando uma forma de prender Jesus em segredo e matá-lo. 5 "Mas não durante a festa da Páscoa, para não haver tumulto entre o povo", concordaram entre eles.

JESUS É UNGIDO EM BETÂNIA

6 Enquanto isso, Jesus estava em Betânia, na casa de Simão, o leproso. 7 Quando ele estava à mesa, uma mulher entrou com um frasco de alabastro contendo um perfume caro e derramou o perfume sobre a cabeça dele.

8 Ao ver isso, os discípulos ficaram indignados. "Que desperdício!", disseram. 9 "O perfume poderia ter sido vendido por um alto preço, e o dinheiro, dado aos pobres!"

10 Jesus, sabendo do que falavam, disse: "Por que criticam esta mulher por ter feito algo tão bom para mim? 11 Vocês sempre terão os pobres em seu meio, mas nem sempre terão a mim. 12 Ela derramou este perfume em mim a fim de preparar meu corpo para o sepultamento. 13 Eu lhes garanto: onde quer que as boas-novas sejam anunciadas pelo mundo, o que esta mulher fez será contado, e dela se lembrarão".

JUDAS CONCORDA EM TRAIR JESUS

14 Então Judas Iscariotes, um dos Doze, foi aos principais sacerdotes 15 e perguntou: "Quanto vocês me pagarão se eu lhes entregar Jesus?". E eles lhe deram trinta moedas de prata. 16 Daquele momento em diante, Judas começou a procurar uma oportunidade para trair Jesus.

A ÚLTIMA PÁSCOA

17 No primeiro dia da Festa dos Pães sem Fermento, os discípulos vieram a Jesus e perguntaram: "Onde quer que preparemos a refeição da Páscoa?".

18 Ele respondeu: "Assim que entrarem na cidade, verão determinado homem. Digam-lhe: 'O Mestre diz: Meu tempo chegou e comerei em sua casa a refeição da Páscoa, com meus discípulos'". 19 Então os discípulos fizeram como Jesus os havia instruído e ali prepararam a refeição da Páscoa.

20 Ao anoitecer, Jesus estava à mesa com os Doze. 21 Enquanto comiam, disse: "Eu lhes digo a verdade: um de vocês vai me trair".

22 Muito aflitos, eles protestaram, um após o outro: "Certamente não serei eu, Senhor!".

23 Jesus respondeu: "Um de vocês que acabou de comer da mesma tigela comigo vai me trair. 24 O Filho do Homem deve morrer, como as Escrituras declararam há muito tempo. Mas que terrível será para aquele que o trair! Para esse homem seria melhor não ter nascido".

25 Judas, aquele que o trairia, também disse: "Certamente não serei eu, Rabi!".

E Jesus respondeu: "É como você diz".

26 Enquanto comiam, Jesus tomou o pão e o abençoou. Em seguida, partiu-o em pedaços e deu aos discípulos, dizendo: "Tomem e comam, porque este é o meu corpo".

27 Então tomou o cálice de vinho e agradeceu a Deus. Depois, entregou-o aos discípulos e disse: "Cada um beba dele, 28 porque este é o meu sangue, que confirma a aliança.[a] Ele é derramado como sacrifício para perdoar os pecados de muitos. 29 Prestem atenção ao que eu lhes digo: não voltarei a beber vinho até aquele dia em que, com vocês, beberei vinho novo no reino de meu Pai".

30 Então cantaram um hino e saíram para o monte das Oliveiras.

[a] **26.28** Alguns manuscritos trazem *a nova aliança*.

JESUS PREDIZ A NEGAÇÃO DE PEDRO

31 No caminho, Jesus disse: "Esta noite
todos vocês me abandonarão, pois as
Escrituras dizem:

'Deus ferirá[a] o pastor,
e as ovelhas do rebanho
serão dispersas'.

32 Mas, depois de ressuscitar, irei adiante
de vocês à Galileia".
33 Pedro declarou: "Pode ser que todos
os outros o abandonem, mas eu jamais
o abandonarei".
34 Jesus respondeu: "Eu lhe digo a ver-
dade: esta mesma noite, antes que o galo
cante, você me negará três vezes".
35 Pedro, no entanto, insistiu: "Mesmo
que eu tenha de morrer ao seu lado, jamais
o negarei!". E todos os outros discípulos
disseram o mesmo.

JESUS ORA NO GETSÊMANI

36 Então Jesus foi com eles a um lugar cha-
mado Getsêmani e disse: "Sentem-se aqui
enquanto vou ali orar". 37 Levou consigo
Pedro e os dois filhos de Zebedeu e come-
çou a ficar triste e angustiado. 38 "Minha
alma está profundamente triste, a ponto
de morrer", disse ele. "Fiquem aqui e vi-
giem comigo."
39 Ele avançou um pouco, curvou-se
com o rosto no chão e orou: "Meu Pai!
Se for possível, afasta de mim este cálice.
Contudo, que seja feita a tua vontade, e
não a minha".
40 Depois, voltou aos discípulos e os en-
controu dormindo. "Vocês não puderam
vigiar comigo nem por uma hora?", disse
ele a Pedro. 41 "Vigiem e orem para que não
cedam à tentação, pois o espírito está dis-
posto, mas a carne é fraca."
42 Então os deixou pela segunda vez e
orou: "Meu Pai! Se não for possível afas-
tar de mim este cálice[b] sem que eu o beba,
faça-se a tua vontade". 43 Quando voltou
pela segunda vez, encontrou-os dormin-
do de novo, pois não conseguiam manter
os olhos abertos.

[a] **26.31** Em grego, *Eu ferirei*. Zc 13.7.
[b] **26.42** Alguns manuscritos trazem *afastar isto de mim*.

44 Foi orar pela terceira vez, dizendo no-
vamente as mesmas coisas. 45 Em seguida,
voltou aos discípulos e lhes disse: "Como
é que vocês ainda dormem e descansam?
Vejam, chegou a hora. O Filho do Homem
está para ser entregue nas mãos de peca-
dores. 46 Levantem-se e vamos. Meu trai-
dor chegou".

JESUS É TRAÍDO E PRESO

47 Enquanto Jesus ainda falava, Judas, um
dos Doze, chegou com uma grande multi-
dão armada de espadas e pedaços de pau.
Tinham sido enviados pelos principais sa-
cerdotes e líderes do povo. 48 O traidor ha-
via combinado com eles um sinal: "Vocês
saberão a quem devem prender quando
eu o cumprimentar com um beijo". 49 Então
Judas veio diretamente a Jesus. "Saudações,
Rabi!", exclamou ele, e o beijou.
50 Jesus disse: "Amigo, faça de uma vez o
que veio fazer".
Então os outros agarraram Jesus e o pren-
deram. 51 Um dos que estavam com Jesus
puxou a espada e feriu o servo do sumo
sacerdote, cortando-lhe a orelha.
52 "Guarde sua espada", disse Jesus.
"Os que usam a espada morrerão pela es-
pada. 53 Você não percebe que eu poderia
pedir a meu Pai milhares[c] de anjos para me
proteger, e ele os enviaria no mesmo ins-
tante? 54 Se eu o fizesse, porém, como se
cumpririam as Escrituras, que descrevem
o que é necessário que agora aconteça?"
55 Em seguida, Jesus disse à multidão:
"Por acaso sou um revolucionário peri-
goso para que venham me prender com
espadas e pedaços de pau? Por que não
me prenderam no templo? Ali estive to-
dos os dias, ensinando. 56 Mas tudo isto
está acontecendo para que se cumpram
as palavras dos profetas registradas nas
Escrituras". Nesse momento, todos os dis-
cípulos o abandonaram e fugiram.

O JULGAMENTO DE JESUS DIANTE DO CONSELHO

57 Então os que haviam prendido Jesus
o levaram para a casa de Caifás, o sumo
sacerdote, onde estavam reunidos os

[c] **26.53** Em grego, *doze legiões*.

mestres da lei e os líderes do povo. 58 En-
quanto isso, Pedro seguia Jesus de longe,
até chegar ao pátio do sumo sacerdote.
Entrou ali, sentou-se com os guardas e es-
perou para ver o que aconteceria.

59 Lá dentro, os principais sacerdotes e
todo o conselho dos líderes do povo[a] ten-
tavam encontrar testemunhas que mentis-
sem a respeito de Jesus, para que pudessem
condená-lo à morte. 60 Embora muitos es-
tivessem dispostos a dar falso testemu-
nho, não puderam usar o depoimento de
ninguém. Por fim, apresentaram-se dois
homens, 61 que declararam: "Este homem
disse: 'Sou capaz de destruir o templo de
Deus e reconstruí-lo em três dias'".

62 Então o sumo sacerdote se levantou
e disse a Jesus: "Você não vai responder
a essas acusações? O que tem a dizer em
sua defesa?". 63 Jesus, porém, permaneceu
calado. O sumo sacerdote lhe disse: "Exijo
em nome do Deus vivo que nos diga se é o
Cristo, o Filho de Deus".

64 Jesus respondeu: "É como você diz.
Eu lhes digo que, no futuro, verão o Filho
do Homem sentado à direita do Deus
Poderoso[b] e vindo sobre as nuvens do céu".[c]

65 Então o sumo sacerdote rasgou as ves-
tes e disse: "Blasfêmia! Que necessidade
temos de outras testemunhas? Todos ou-
viram a blasfêmia. 66 Qual é o veredicto?".

"Culpado!", responderam. "Ele merece
morrer!"

67 Então começaram a cuspir no rosto de
Jesus e a dar-lhe socos. Alguns lhe davam
tapas 68 e zombavam: "Profetize para nós,
Cristo! Quem foi que lhe bateu desta vez?".

PEDRO NEGA JESUS

69 Enquanto isso, Pedro estava sentado do
lado de fora, no pátio. Uma criada foi até ele
e disse: "Você é um dos que estavam com
Jesus, o galileu".

70 Mas Pedro o negou diante de todos.
"Não sei do que você está falando", disse.

71 Mais tarde, junto ao portão, outra criada
o viu e disse aos que estavam ali: "Este ho-
mem estava com Jesus de Nazaré".[d]

72 Novamente, Pedro o negou, dessa vez
com juramento. "Nem mesmo conheço esse
homem!", disse ele.

73 Pouco depois, alguns dos outros ali
presentes vieram a Pedro e disseram: "Você
deve ser um deles; percebemos pelo seu so-
taque galileu".

74 Pedro jurou: "Que eu seja amaldiçoado
se estiver mentindo. Não conheço esse ho-
mem!". Imediatamente, o galo cantou.

75 Então Pedro se lembrou das palavras
de Jesus: "Antes que o galo cante, você me
negará três vezes". E saiu dali, chorando
amargamente.

JUDAS SE ENFORCA

27 De manhã cedo, os principais sa-
cerdotes e líderes do povo se reuni-
ram outra vez para planejar uma maneira
de levar Jesus à morte. 2 Então o amarra-
ram, o levaram e o entregaram a Pilatos, o
governador romano.

3 Quando Judas, que o havia traído, viu
que Jesus tinha sido condenado à morte,
encheu-se de remorso e devolveu as trinta
moedas de prata aos principais sacerdotes
e líderes do povo, 4 dizendo: "Pequei, pois
traí um homem inocente".

"Que nos importa?", retrucaram eles.
"Isso é problema seu."

5 Então Judas jogou as moedas de prata
no templo, saiu e se enforcou.

6 Os principais sacerdotes juntaram as
moedas e disseram: "Não seria certo co-
locar este dinheiro no tesouro do templo,
pois é dinheiro manchado de sangue".
7 Então resolveram comprar o campo do
oleiro e transformá-lo num cemitério para
estrangeiros. 8 Por isso, até hoje ele se cha-
ma Campo de Sangue. 9 Cumpriu-se, as-
sim, a profecia de Jeremias que diz:

"Tomaram as trinta
peças de prata,
preço pelo qual ele foi avaliado
pelo povo de Israel,
10 e compraram[e]
o campo do oleiro,
conforme o Senhor ordenou".[f]

---

[a] **26.59** Em grego, *o Sinédrio.*
[b] **26.64a** Em grego, *sentado à direita do poder.* Ver Sl 110.1.
[c] **26.64b** Ver Dn 7.13.
[d] **26.71** Ou *Jesus, o nazareno.*

[e] **27.9-10a** Ou *Tomei [...] comprei.*
[f] **27.9-10b** Em grego, *conforme o Senhor me dirigiu.* Zc 11.12-13; Jr 32.6-9.

O JULGAMENTO DE JESUS DIANTE DE PILATOS

11 Agora Jesus estava diante de Pilatos, o go-
vernador romano, que lhe perguntou: "Você
é o rei dos judeus?".
Jesus respondeu: "É como você diz".
12 No entanto, quando os principais sacer-
dotes e os líderes do povo fizeram acusa-
ções contra ele, Jesus permaneceu calado.
13 Então Pilatos perguntou: "Você não ouve
essas acusações que fazem contra você?".
14 Mas, para surpresa do governador, Jesus
nada disse.
15 A cada ano, durante a festa da Páscoa,
era costume do governador libertar um
prisioneiro, qualquer um que a multidão
escolhesse.
16 Nesse ano, havia um prisio-
neiro, famoso por sua maldade, chamado
Barrabás.[a]
17 Quando a multidão se reuniu
diante de Pilatos naquela manhã, ele per-
guntou: "Quem vocês querem que eu solte:
Barrabás ou Jesus, chamado Cristo?".
18 Pois
ele sabia muito bem que os líderes religiosos
judeus tinham prendido Jesus por inveja.
19 Nesse momento, enquanto Pilatos es-
tava sentado no tribunal, sua esposa lhe
mandou o seguinte recado: "Deixe esse
homem inocente em paz. Na noite passa-
da, tive um sonho a respeito dele e fiquei
muito perturbada".
20 Enquanto isso, os principais sacerdotes
e os líderes do povo convenceram a multi-
dão a pedir que Barrabás fosse solto e Jesus
executado.
21 Então o governador perguntou
outra vez: "Qual dos dois vocês querem que
eu lhes solte?".
A multidão gritou em resposta: "Barrabás!".
22 Pilatos perguntou: "E o que farei com
Jesus, chamado Cristo?".
"Crucifique-o!", gritou a multidão.
23 "Por quê?", quis saber Pilatos. "Que cri-
me ele cometeu?"
Mas a multidão gritou ainda mais alto:
"Crucifique-o!".
24 Pilatos viu que de nada adiantava in-
sistir e que um tumulto se iniciava. Assim,
mandou buscar uma bacia com água, lavou
as mãos diante da multidão e disse: "Estou
inocente do sangue deste homem. A res-
ponsabilidade é de vocês".

[a] **27.16** Alguns manuscritos trazem *Jesus Barrabás*; também em 27.17.

25 Todo o povo gritou em resposta: "Que
nós e nossos descendentes sejamos respon-
sabilizados pela morte dele!".[b]
26 Então Pilatos lhes soltou Barrabás. E,
depois de mandar açoitar Jesus, entregou-
-o para ser crucificado.

OS SOLDADOS ZOMBAM DE JESUS

27 Alguns dos soldados do governador
levaram Jesus ao quartel[c] e chamaram
todo o regimento.
28 Tiraram as roupas de
Jesus e puseram nele um manto vermelho.
29 Teceram uma coroa de espinhos e a co-
locaram em sua cabeça. Em sua mão direi-
ta, puseram um caniço, como se fosse um
cetro. Ajoelhavam-se diante dele e zomba-
vam: "Salve, rei dos judeus!".
30 Cuspiam
nele, tomavam-lhe o caniço da mão e com
ele batiam em sua cabeça.
31 Quando se
cansaram de zombar dele, tiraram o man-
to e o vestiram novamente com suas rou-
pas. Então o levaram para ser crucificado.

A CRUCIFICAÇÃO

32 No caminho, encontraram um homem
chamado Simão, de Cirene,[d] e os soldados o
obrigaram a carregar a cruz.
33 Então saíram
para um lugar chamado Gólgota (que quer
dizer "Lugar da Caveira").
34 Os soldados lhe
deram para beber vinho misturado com fel,
mas, quando Jesus o provou, recusou-se
a beber.
35 Depois de pregá-lo na cruz, os soldados
tiraram sortes para dividir suas roupas.[e]
36 Então, sentaram-se em redor e monta-
ram guarda.
37 Acima de sua cabeça estava
presa uma tabuleta com a acusação feita
contra ele: "ESTE É JESUS, O REI DOS JUDEUS".
38 Dois criminosos foram crucificados com
ele, um à sua direita e outro à sua esquerda.
39 O povo que passava por ali gritava in-
sultos e sacudia a cabeça, em zombaria:
40 "Você disse que destruiria o templo e o
reconstruiria em três dias. Pois bem, se é

[b] **27.25** Em grego, *Que seu sangue caia sobre nós e sobre nossos filhos.*
[c] **27.27** Ou *ao Pretório.*
[d] **27.32** *Cirene* era uma cidade ao norte da África.
[e] **27.35** Alguns manuscritos acrescentam *Cumpriu-se, desse modo, a palavra do profeta: 'Repartiram minhas roupas entre si e lançaram sortes por minha veste.* Ver Sl 22.18

As palavras de Jesus aos discípulos, antes de partir para estar ao lado do Pai, serviram justamente para enfatizar a necessidade de produzir frutos que permaneçam.

o Filho de Deus, salve a si mesmo e desça
da cruz!".
41 Os principais sacerdotes, os mestres
da lei e os líderes do povo também zom-
bavam de Jesus. 42 "Salvou os outros, mas
não pode salvar a si mesmo!", diziam.
"Quer dizer que ele é o rei de Israel? Que
desça da cruz agora mesmo e creremos
nele! 43 Ele confiou em Deus, então que
Deus o salve agora, se quiser. Pois ele dis-
se: 'Eu sou o Filho de Deus'." 44 Até os crimi-
nosos que tinham sido crucificados com
ele o insultavam da mesma forma.

A MORTE DE JESUS

45 Ao meio-dia, desceu sobre toda a terra
uma escuridão que durou três horas. 46 Por
volta das três da tarde, Jesus clamou em alta
voz: "Eli, Eli,[a] lamá sabactâni?", que quer
dizer: "Meu Deus, meu Deus, por que me
abandonaste?".[b]
47 Alguns dos que estavam ali pensaram
que ele chamava o profeta Elias. 48 Um deles
correu, ensopou uma esponja com vinagre e
a ergueu num caniço para que ele bebesse.
49 Os outros, porém, disseram: "Esperem!
Vamos ver se Elias vem salvá-lo".[c]
50 Então Jesus clamou em alta voz nova-
mente e entregou seu espírito. 51 Naquele
momento, a cortina do santuário do templo
se rasgou em duas partes, de cima até em-
baixo. A terra estremeceu, rochas se partiram
52 e sepulturas se abriram. Muitos do povo
santo que haviam morrido ressuscitaram.
53 Saíram do cemitério depois da ressurrei-
ção de Jesus, entraram na cidade santa de
Jerusalém e apareceram a muita gente.
54 O oficial romano[d] e os outros soldados
que vigiavam Jesus ficaram aterrorizados
com o terremoto e com tudo que havia
acontecido, e disseram: "Este homem era
verdadeiramente o Filho de Deus!".
55 Muitas mulheres que tinham vindo
da Galileia com Jesus para servi-lo olha-
vam de longe. 56 Entre elas estavam Maria
Madalena, Maria, mãe de Tiago e José, e a
mãe dos filhos de Zebedeu.

O SEPULTAMENTO DE JESUS

57 Ao entardecer, José, um homem rico de
Arimateia que tinha se tornado seguidor
de Jesus, 58 foi a Pilatos e pediu o corpo
de Jesus. Pilatos ordenou que lhe entre-
gassem o corpo. 59 José tomou o corpo e
o envolveu num lençol limpo, feito de li-
nho, 60 e o colocou num túmulo novo, de
sua propriedade, escavado na rocha. Então
rolou uma grande pedra na entrada do tú-
mulo e foi embora. 61 Maria Madalena e a
outra Maria estavam ali, sentadas em fren-
te ao túmulo.

OS GUARDAS NO TÚMULO

62 No dia seguinte, no sábado,[e] os prin-
cipais sacerdotes e os fariseus foram a
Pilatos 63 e disseram: "Senhor, lembra-
mos que, quando ainda vivia, aquele
mentiroso disse: 'Depois de três dias res-
suscitarei'. 64 Por isso, pedimos que lacre
o túmulo até o terceiro dia. Isso impedi-
rá que seus discípulos roubem o corpo e
depois digam a todos que ele ressuscitou.
Se isso acontecer, estaremos em pior si-
tuação que antes".
65 Pilatos respondeu: "Levem soldados
e guardem o túmulo como acharem me-
lhor". 66 Então eles lacraram o túmulo e
puseram guardas para protegê-lo.

A RESSURREIÇÃO

28 Depois do sábado, no primeiro dia
da semana, bem cedo, Maria Mada-
lena e a outra Maria foram visitar o túmulo.
2 De repente, houve um grande terremo-
to, pois um anjo do Senhor desceu do céu,
rolou a pedra da entrada e sentou-se sobre
ela. 3 Seu rosto brilhava como um relâm-
pago, e suas roupas eram brancas como a
neve. 4 Quando os guardas viram o anjo,
tremeram de medo e caíram desmaiados,
como mortos.
5 Então o anjo falou com as mulheres.
"Não tenham medo", disse ele. "Sei que vo-
cês procuram Jesus, que foi crucificado. 6 Ele
não está aqui! Ressuscitou, como tinha dito
que aconteceria. Venham, vejam onde seu
corpo estava. 7 Agora vão depressa e contem
aos discípulos que ele ressuscitou e que vai

[a] **27.46a** Alguns manuscritos trazem *Eloí, Eloí.*
[b] **27.46b** Sl 22.1.
[c] **27.49** Alguns manuscritos acrescentam *E outro pegou uma lança e furou seu lado, e dali correu sangue com água.* Comparar com Jo 19.34.
[d] **27.54** Em grego, *centurião.*
[e] **27.62** Ou *No dia seguinte, depois da preparação.*

adiante de vocês para a Galileia. Lá vocês o
verão. Lembrem-se do que eu lhes disse!"
8 As mulheres saíram apressadas do tú-
mulo e, assustadas mas cheias de alegria,
correram para transmitir aos discípulos a
mensagem do anjo. 9 No caminho, Jesus
as encontrou e as cumprimentou. Elas
correram para ele, abraçaram seus pés e o
adoraram. 10 Então Jesus lhes disse: "Não
tenham medo! Vão e digam a meus irmãos
que se dirijam à Galileia. Lá eles me verão".

O RELATO DOS GUARDAS

11 Enquanto as mulheres estavam a cami-
nho, alguns dos guardas entraram na cida-
de e contaram aos principais sacerdotes o
que havia acontecido. 12 Eles convocaram
uma reunião com os líderes do povo e
decidiram subornar os guardas com uma
grande soma de dinheiro. 13 Instruíram os
soldados: "Vocês devem dizer o seguinte:
'Os discípulos de Jesus vieram durante a
noite, enquanto dormíamos, e roubaram o
corpo'. 14 Se o governador ficar sabendo dis-
so, nós os defenderemos, para que não se
compliquem". 15 Os guardas aceitaram o su-
borno e falaram conforme tinham sido ins-
truídos. Essa versão se espalhou entre os
judeus, que continuam a contá-la até hoje.

A GRANDE COMISSÃO

16 Então os onze discípulos partiram para a
Galileia e foram ao monte que Jesus havia
indicado. 17 Quando o viram, o adoraram;
alguns deles, porém, duvidaram.
18 Jesus se aproximou deles e disse:
"Toda a autoridade no céu e na terra me
foi dada. 19 Portanto, vão e façam discípu-
los de todas as nações,[a] batizando-os em
nome do Pai, do Filho e do Espírito Santo.
20 Ensinem esses novos discípulos a obe-
decerem a todas as ordens que eu lhes dei.
E lembrem-se disto: estou sempre com vo-
cês, até o fim dos tempos".

[a] **28.19** Ou *de todos os povos*.

Evangelhos

Marcos

Livro 41 com 16 CAPÍTULOS

O EVANGELHO DO SERVO

AUTORIA

João Marcos, parente de Barnabé e colaborador de Paulo e Pedro (Cl 4.10; 1Pe 5.13). Ele não foi um dos 12 apóstolos, mas sua associação próxima com Pedro e Paulo dá credibilidade ao seu relato.

O nome "Marcos" deriva do latim *Mars*, que significa "Marte", em referência ao deus romano da guerra. Por extensão, Marcos significa "relativo a Marte" ou "guerreiro".

ÉPOCA DA ESCRITA

Estima-se que tenha sido escrito entre 55 e 65 d.C., possivelmente em Roma, durante ou pouco depois da perseguição de Nero.

OBJETIVO DO LIVRO

Apresentar Jesus como o Filho de Deus e o Servo Sofredor, enfatizando suas ações mais que seus ensinamentos. Marcos buscava fortalecer a fé dos cristãos sob perseguição, mostrando a autoridade de Jesus sobre todas as forças e destacando seu sacrifício.

TEMAS DO LIVRO

Marcos destaca a humanidade e a divindade de Jesus, focando sua compaixão e seu poder. Ele mostra Jesus como o Servo de Deus que não veio "para ser servido, mas para servir e dar a sua vida em resgate por muitos" (Mc 10.45).

Outros temas incluem a fé e a falta de fé, o mistério do Reino de Deus, e o sofrimento e a morte de Jesus como o caminho para a glória.

ESTRUTURA DO LIVRO

- ★ Preparação e início do ministério de Jesus Mc 1.1-13
- ★ Ministério na Galileia Mc 1.14—9
- ★ Jornada a Jerusalém Mc 10
- ★ Semana da Paixão Mc 11—15
- ★ Ressurreição Mc 16

MARCOS E CRISTO

Marcos retrata Jesus como o Servo Sofredor, cujo sofrimento e morte são centrais para sua missão redentora (Mc 8.31; 9.31; 10.33-34). Também destaca a autoridade de Jesus sobre demônios, doenças e a natureza, afirmando sua divindade (Mc 4.39-41; 5.1-20).

JOÃO BATISTA PREPARA O CAMINHO

1 Este é o princípio das boas-novas a respeito de Jesus Cristo,[a] o Filho de Deus.[b] 2 Iniciou-se como o profeta Isaías escreveu:

"Envio meu mensageiro adiante de ti,
e ele preparará teu caminho.[c]
3 Ele é uma voz que clama
no deserto:
'Preparem o caminho para
a vinda do Senhor![d]
Abram a estrada para ele!'".[e]

4 Esse mensageiro era João Batista. Ele apareceu no deserto, pregando o batismo como sinal de arrependimento para o perdão dos pecados. 5 Gente de toda a Judeia, incluindo os moradores de Jerusalém, saía para ver e ouvir João. Quando confessavam seus pecados, ele os batizava no rio Jordão. 6 João vestia roupas tecidas com pelos de camelo, usava um cinto de couro e alimentava-se de gafanhotos e mel silvestre.

7 João anunciava: "Depois de mim virá alguém mais poderoso que eu, alguém tão superior que não sou digno de me abaixar e desamarrar as correias de suas sandálias. 8 Eu os batizo com[f] água, mas ele os batizará com o Espírito Santo!".

O BATISMO E A TENTAÇÃO DE JESUS

9 Certo dia, Jesus veio de Nazaré da Galileia, e João o batizou no rio Jordão. 10 Enquanto saía da água, viu o céu se abrir e o Espírito Santo descer sobre ele como uma pomba. 11 E uma voz do céu disse: "Você é meu Filho amado, que me dá grande alegria".

12 Em seguida, o Espírito conduziu Jesus ao deserto, 13 onde ele foi tentado por Satanás durante quarenta dias. Estava entre animais selvagens, e anjos o serviam.

14 Depois que João foi preso, Jesus foi para a Galileia, onde anunciou as boas-novas de Deus.[g] 15 "Enfim chegou o tempo prometido!", proclamava. "O reino de Deus está próximo! Arrependam-se e creiam nas boas-novas!"

OS PRIMEIROS DISCÍPULOS

16 Enquanto andava à beira do mar da Galileia, Jesus viu Simão[h] e seu irmão André. Jogavam redes ao mar, pois viviam da pesca. 17 Jesus lhes disse: "Venham! Sigam-me, e eu farei de vocês pescadores de gente". 18 No mesmo instante, deixaram suas redes e o seguiram.

19 Pouco mais adiante, Jesus viu Tiago e João, filhos de Zebedeu, consertando redes num barco. 20 Chamou-os de imediato e eles também o seguiram, deixando seu pai, Zebedeu, no barco com os empregados.

JESUS EXPULSA UM ESPÍRITO IMPURO

21 Jesus e seus seguidores foram à cidade de Cafarnaum. Quando chegou o sábado, entrou na sinagoga e começou a ensinar. 22 O povo ficou admirado com seu ensino, pois ele falava com verdadeira autoridade, diferentemente dos mestres da lei.

23 De repente, um homem ali na sinagoga, possuído por um espírito impuro, gritou: 24 "Por que vem nos importunar, Jesus de Nazaré? Veio para nos destruir? Sei quem é você: o Santo de Deus!".

25 "Cale-se!", repreendeu-o Jesus. "Saia deste homem!" 26 Então o espírito impuro soltou um grito, sacudiu o homem violentamente e saiu dele.

27 Todos os presentes ficaram admirados e começaram a discutir o que tinha acontecido. "Que ensinamento novo é esse?", perguntavam. "Como tem autoridade! Até os espíritos impuros obedecem às ordens dele!" 28 As notícias a respeito de Jesus se espalharam rapidamente por toda a região da Galileia.

JESUS CURA MUITAS PESSOAS

29 Depois que Jesus saiu da sinagoga com Tiago e João, foram à casa de Simão e André. 30 A sogra de Simão estava de cama,

---

[a] **1.1a** Ou *Messias*. Tanto *Messias* (do hebraico) como *Cristo* (do grego) significam "ungido".
[b] **1.1b** Alguns manuscritos não trazem *o Filho de Deus*.
[c] **1.2** Ml 3.1.
[d] **1.3a** Ou *Ele é uma voz que clama: "Preparem no deserto o caminho para a vinda do Senhor!"*.
[e] **1.3b** Is 40.3, conforme a Septuaginta.
[f] **1.8** Ou *em*; também em 1.8b.
[g] **1.14** Alguns manuscritos trazem *as boas-novas do reino de Deus*.
[h] **1.16** A partir de 3.16, *Simão* é chamado de Pedro.

com febre. Imediatamente, falaram a seu
respeito para Jesus. 31 Ele foi até ela, to-
mou-a pela mão e ajudou-a a levantar-se.
A febre a deixou, e ela passou a servi-los.
32 Ao entardecer, depois que o sol se
pôs, trouxeram a Jesus muitos enfermos e
possuídos por demônios. 33 Toda a cidade
se reuniu à porta da casa para observar.
34 Então Jesus curou muitas pessoas que
sofriam de diversas enfermidades e ex-
pulsou muitos demônios. Não permitia,
porém, que os demônios falassem, pois
sabiam quem ele era.

JESUS ANUNCIA SUA MENSAGEM NA GALILEIA

35 No dia seguinte, antes do amanhecer,
Jesus se levantou e foi a um lugar iso-
lado para orar. 36 Mais tarde, Simão e os
outros saíram para procurá-lo. 37 Quando
o encontraram, disseram: "Todos estão à
sua procura!".
38 Jesus respondeu: "Devemos prosseguir
para outras cidades e lá também anunciar
minha mensagem. Foi para isso que vim".
39 Então ele viajou por toda a região da
Galileia, pregando nas sinagogas e expul-
sando demônios.

JESUS CURA UM LEPROSO

40 Um leproso veio e ajoelhou-se dian-
te de Jesus, implorando para ser curado:
"Se o senhor quiser, pode me curar e me
deixar limpo".
41 Cheio de compaixão, Jesus estendeu a
mão e tocou nele. "Eu quero", respondeu.
"Seja curado e fique limpo!" 42 No mesmo
instante, a lepra desapareceu e o homem
foi curado. 43 Então Jesus se despediu dele
com uma forte advertência: 44 "Não conte
isso a ninguém. Vá e apresente-se ao sacer-
dote para que ele o examine. Leve a oferta
que a lei de Moisés exige pela sua purifica-
ção.[a] Isso servirá como testemunho".
45 O homem, porém, saiu e começou a
contar a todos o que havia acontecido.
Por isso, em pouco tempo, grandes multi-
dões cercaram Jesus, e ele já não conseguia
entrar publicamente em cidade alguma.
E, embora se mantivesse em lugares iso-
lados, gente de toda parte vinha até ele.

[a] **1.44** Ver Lv 14.2-32.

JESUS CURA UM PARALÍTICO

2 Dias depois, quando Jesus retornou
a Cafarnaum, a notícia de que ele ti-
nha voltado se espalhou rapidamente.
2 Em pouco tempo, a casa onde estava hos-
pedado ficou tão cheia que não havia lugar
nem do lado de fora da porta. Enquanto
ele anunciava a palavra de Deus, 3 quatro
homens vieram carregando um paralíti-
co numa maca. 4 Por causa da multidão,
não tinham como levá-lo até Jesus. Então
abriram um buraco no teto, acima de onde
Jesus estava. Em seguida, baixaram o ho-
mem na maca, bem na frente dele. 5 Ao ver
a fé que eles tinham, Jesus disse ao paralí-
tico: "Filho, seus pecados estão perdoados".
6 Alguns dos mestres da lei que estavam
ali sentados pensaram: 7 "O que ele está
dizendo? Isso é blasfêmia! Somente Deus
pode perdoar pecados!".
8 Jesus logo percebeu o que eles estavam
pensando e perguntou: "Por que vocês
questionam essas coisas em seu coração?
9 O que é mais fácil dizer ao paralítico: 'Seus
pecados estão perdoados' ou 'Levante-se,
pegue sua maca e ande'? 10 Mas eu lhes
mostrarei que o Filho do Homem tem au-
toridade na terra para perdoar pecados".
Então disse ao paralítico: 11 "Levante-se,
pegue sua maca e vá para casa".
12 O homem se levantou de um salto, pe-
gou sua maca e saiu andando diante de
todos. A multidão ficou admirada e lou-
vava a Deus, exclamando: "Nunca vimos
nada igual!".

JESUS CHAMA LEVI

13 Em seguida, Jesus saiu outra vez para a
beira do mar e ensinou as multidões que
vinham até ele. 14 Enquanto caminhava
por ali, viu Levi,[b] filho de Alfeu, sentado
no lugar onde se coletavam os impostos.
"Siga-me", disse-lhe Jesus, e Levi se levan-
tou e o seguiu.
15 Mais tarde, na casa de Levi, Jesus e
seus discípulos estavam à mesa, acompa-
nhados de um grande número de cobrado-
res de impostos e outros pecadores, pois
eram muitos os que o seguiam. 16 Quando
alguns fariseus, mestres da lei,[c] viram

[b] **2.14** Isto é, Mateus. Ver Mt 9.9.
[c] **2.16** Em grego, *os escribas dos fariseus*.

Jesus comer com cobradores de impostos
e outros pecadores, perguntaram a seus
discípulos: "Por que ele come com cobra-
dores de impostos e pecadores?".
[17] Ao ouvir isso, Jesus lhes disse: "As pes-
soas saudáveis não precisam de médico,
mas sim os doentes. Não vim para chamar
os justos, mas sim os pecadores".

DISCUSSÃO SOBRE O JEJUM

[18] Certa vez, quando os discípulos de João
e os fariseus estavam jejuando, algumas
pessoas vieram a Jesus e perguntaram:
"Por que seus discípulos não têm o hábito
de jejuar como os discípulos de João e os
discípulos dos fariseus?".
[19] Jesus respondeu: "Por acaso os convi-
dados de um casamento jejuam enquan-
to festejam com o noivo? Não podem
jejuar enquanto o noivo está com eles.
[20] Um dia, porém, o noivo lhes será tirado,
e então jejuarão.
[21] "Além disso, ninguém remendaria uma
roupa velha usando pano novo. O pano
novo encolheria a roupa velha e a rasgaria,
deixando um buraco ainda maior.
[22] "E ninguém colocaria vinho novo em
velhos recipientes de couro. O vinho os ar-
rebentaria, e tanto o vinho como os reci-
pientes se estragariam. Vinho novo precisa
de recipientes novos".

DISCUSSÃO SOBRE O SÁBADO

[23] Num sábado, enquanto Jesus caminha-
va pelos campos de cereal, seus discípulos
começaram a colher espigas. [24] Os fariseus
lhe perguntaram: "Por que seus discípu-
los desobedecem à lei colhendo cereal no
sábado?".
[25] Jesus respondeu: "Vocês não leram
nas Escrituras o que fez Davi quando ele
e seus companheiros tiveram fome? [26] Ele
entrou na casa de Deus, nos dias em que
Abiatar era sumo sacerdote, comeu os pães
sagrados que só os sacerdotes tinham
permissão de comer e os deu também a
seus companheiros".
[27] Então Jesus disse: "O sábado foi
feito por causa do homem, e não o ho-
mem por causa do sábado. [28] Portanto,
o Filho do Homem é senhor até mesmo
do sábado".

JESUS CURA NO SÁBADO

3 Em outra ocasião, Jesus entrou na sina-
goga e notou que havia ali um homem
com uma das mãos deformada. [2] Os inimi-
gos de Jesus o observavam atentamente.
Se ele curasse a mão do homem, planeja-
vam acusá-lo, pois era sábado.
[3] Jesus disse ao homem com a mão de-
formada: "Venha e fique diante de todos".
[4] Em seguida, voltou-se para seus críticos
e perguntou: "O que a lei permite fazer no
sábado? O bem ou o mal? Salvar uma vida
ou destruí-la?". Eles ficaram em silêncio.
[5] Jesus olhou para os que estavam ao
seu redor, irado e muito triste pelo cora-
ção endurecido deles. Então disse ao ho-
mem: "Estenda a mão". O homem estendeu
a mão, e ela foi restaurada. [6] No mesmo ins-
tante, os fariseus saíram e se reuniram com
os membros do partido de Herodes para
tramar um modo de matá-lo.

MULTIDÕES SEGUEM JESUS

[7] Jesus saiu para o mar com seus discí-
pulos, e uma grande multidão os seguiu.
Vinham de todas as partes da Galileia, da
Judeia, [8] de Jerusalém, da Idumeia, do leste
do rio Jordão e até de lugares distantes ao
norte, como Tiro e Sidom. A notícia de seus
milagres havia se espalhado para longe, e
um grande número de pessoas vinha vê-lo.
[9] Jesus instruiu seus discípulos a prepa-
rarem um barco para evitar que a multidão
o esmagasse. [10] Havia curado muitos na-
quele dia, e os enfermos se empurravam
para chegar até ele e tocá-lo. [11] E, sempre
que o viam, os espíritos impuros se ati-
ravam no chão na frente dele e gritavam:
"Você é o Filho de Deus!". [12] Jesus, porém,
lhes dava ordens severas para que não re-
velassem quem ele era.

JESUS ESCOLHE OS DOZE APÓSTOLOS

[13] Depois, Jesus subiu a um monte e cha-
mou aqueles que ele desejava que o acom-
panhassem, e eles foram. [14] Escolheu doze
e os chamou seus apóstolos,[a] para que o se-
guissem e fossem enviados para anunciar
sua mensagem, [15] e lhes deu autoridade

[a] **3.14** Alguns manuscritos não trazem *e os chamou seus apóstolos.*

para expulsar demônios. 16 Estes foram os doze que ele escolheu:

Simão, a quem ele chamou Pedro,
17 Tiago e João, filhos de Zebedeu, aos quais deu o nome de Boanerges, que significa "filhos do trovão",
18 André,
Filipe,
Bartolomeu,
Mateus,
Tomé,
Tiago, filho de Alfeu,
Tadeu,
Simão, o cananeu,
19 Judas Iscariotes, que depois o traiu.

A FONTE DO PODER DE JESUS

20 Certo dia, Jesus entrou numa casa, e as multidões começaram a se juntar outra vez. Logo, ele e seus discípulos não tinham tempo nem para comer. 21 Quando os familiares de Jesus souberam o que estava acontecendo, tentaram impedi-lo de continuar. "Está fora de si", diziam.

22 Então os mestres da lei, que tinham vindo de Jerusalém, disseram: "Está possuído por Belzebu, príncipe dos demônios. É dele que recebe poder para expulsar demônios".

23 Jesus os chamou e respondeu com uma comparação: "Como é possível Satanás expulsar Satanás?", perguntou. 24 "Um reino dividido internamente será destruído. 25 Da mesma forma, uma família dividida contra si mesma se desintegrará. 26 E, se Satanás está dividido e luta contra si mesmo, não pode se manter de pé; está acabado. 27 Quem tem poder para entrar na casa de um homem forte e saquear seus bens? Somente alguém ainda mais forte, alguém capaz de amarrá-lo e saquear sua casa.

28 "Eu lhes digo a verdade: todo pecado e toda blasfêmia podem ser perdoados, 29 mas quem blasfemar contra o Espírito Santo jamais será perdoado. Esse é um pecado com consequências eternas." 30 Ele disse isso porque afirmavam: "Está possuído por um espírito impuro".

A VERDADEIRA FAMÍLIA DE JESUS

31 Então a mãe e os irmãos de Jesus foram vê-lo. Ficaram do lado de fora e mandaram alguém avisá-lo para sair e falar com eles. 32 Havia muitas pessoas sentadas ao seu redor, e alguém disse: "Sua mãe e seus irmãos[a] estão lá fora e o procuram".

33 Jesus respondeu: "Quem é minha mãe? Quem são meus irmãos?". 34 Então olhou para aqueles que estavam ao seu redor e disse: "Vejam, estes são minha mãe e meus irmãos. 35 Quem faz a vontade de Deus é meu irmão, minha irmã e minha mãe".

A PARÁBOLA DO SEMEADOR

4 Mais uma vez, Jesus começou a ensinar à beira-mar. Em pouco tempo, uma grande multidão se juntou ao seu redor. Então ele entrou num barco e sentou-se, enquanto o povo ficou na praia. 2 Ele os ensinou contando várias histórias na forma de parábolas, como esta:

3 "Ouçam! Um lavrador saiu para semear. 4 Enquanto espalhava as sementes pelo campo, algumas caíram à beira do caminho, e as aves vieram e as comeram. 5 Outras sementes caíram em solo rochoso e, não havendo muita terra, germinaram rapidamente, 6 mas as plantas logo murcharam sob o calor do sol e secaram, pois não tinham raízes profundas. 7 Outras sementes caíram entre espinhos, que cresceram e sufocaram os brotos, sem nada produzirem. 8 Ainda outras caíram em solo fértil e germinaram, cresceram e produziram uma colheita trinta, sessenta e até cem vezes maior que a quantidade semeada". 9 Então ele disse: "Quem tem ouvidos para ouvir, ouça com atenção!".

10 Mais tarde, quando Jesus estava sozinho com os Doze e os outros que estavam reunidos ao seu redor, perguntaram-lhe qual era o significado das parábolas.

11 Ele respondeu: "A vocês é permitido entender o segredo[b] do reino de Deus, mas uso parábolas para falar aos de fora, 12 de modo que:

'Mesmo que vejam o que faço,
não perceberão,
e ainda que ouçam o que digo,
não compreenderão.

---

[a] **3.32** Alguns manuscritos acrescentam *e irmãs*.
[b] **4.11** Em grego, *o mistério*.

Do contrário, poderiam
voltar-se para mim,
e ser perdoados'".[a]

13 Então Jesus disse: "Se vocês não entendem o significado desta parábola, como entenderão as demais? 14 O lavrador lança sementes ao anunciar a mensagem. 15 As sementes que caíram à beira do caminho representam os que ouvem a mensagem, mas Satanás logo vem e a toma deles. 16 As que caíram no solo rochoso representam aqueles que ouvem a mensagem e, sem demora, a recebem com alegria. 17 Contudo, uma vez que não têm raízes profundas, não duram muito. Assim que enfrentam problemas ou são perseguidos por causa da mensagem, cedo desanimam. 18 As que caíram entre os espinhos representam outros que ouvem a mensagem, 19 mas logo ela é sufocada pelas preocupações desta vida, pela sedução da riqueza e pelo desejo por outras coisas, não produzindo fruto. 20 E as que caíram em solo fértil representam os que ouvem e aceitam a mensagem e produzem uma colheita trinta, sessenta ou até cem vezes maior que a quantidade semeada".

A PARÁBOLA DA LÂMPADA

21 Em seguida, Jesus lhes perguntou: "Alguém acenderia uma lâmpada e a colocaria sob um cesto ou uma cama? Claro que não! A lâmpada é colocada num pedestal, de onde sua luz brilhará. 22 Da mesma forma, tudo que está escondido será revelado, e tudo que está oculto virá à luz. 23 Quem tem ouvidos para ouvir, ouça com atenção!".

24 Então acrescentou: "Prestem muita atenção ao que vão ouvir. Com o mesmo padrão de medida que adotarem, vocês serão medidos, e mais ainda lhes será acrescentado. 25 Pois ao que tem, mais lhe será dado; mas do que não tem, até o que tem lhe será tirado".

A PARÁBOLA DA SEMENTE QUE CRESCE

26 Jesus também disse: "O reino de Deus é como um lavrador que lança sementes sobre a terra. 27 Noite e dia, esteja ele dormindo ou acordado, as sementes germinam e crescem, mas ele não sabe como isso acontece. 28 A terra produz as colheitas por si própria. Primeiro aparece uma folha, depois se formam as espigas de trigo e, por fim, o cereal amadurece. 29 E, assim que o cereal está maduro, o lavrador vem e o corta com a foice, pois chegou o tempo da colheita".

A PARÁBOLA DA SEMENTE DE MOSTARDA

30 Jesus disse ainda: "Como posso descrever o reino de Deus? Que comparação devo usar para ilustrá-lo? 31 É como uma semente de mostarda plantada na terra. É a menor das sementes, 32 mas se torna a maior de todas as hortaliças, com ramos tão grandes que as aves fazem ninhos à sua sombra".

33 Jesus usou muitas histórias e ilustrações semelhantes para ensinar o povo, conforme tinham condições de entender. 34 Na verdade, só usava parábolas para ensinar em público. Depois, quando estava sozinho com seus discípulos, explicava tudo para eles.

JESUS ACALMA A TEMPESTADE

35 Ao anoitecer, Jesus disse a seus discípulos: "Vamos atravessar para o outro lado do mar". 36 Com ele a bordo, partiram e deixaram a multidão para trás, embora outros barcos os seguissem. 37 Logo uma forte tempestade se levantou. As ondas arrebentavam sobre o barco, que começou a encher-se de água.

38 Jesus dormia na parte de trás do barco, com a cabeça numa almofada. Os discípulos o acordaram, clamando: "Mestre, vamos morrer! O senhor não se importa?".

39 Jesus despertou, repreendeu o vento e disse ao mar: "Silêncio! Aquiete-se!". De repente, o vento parou, e houve grande calmaria. 40 Então Jesus lhes perguntou: "Por que estão com medo? Ainda não têm fé?".

41 Apavorados, os discípulos diziam uns aos outros: "Quem é este homem? Até o vento e o mar lhe obedecem!".

[a] **4.12** Is 6.9-10, conforme a Septuaginta.

JESUS EXERCE AUTORIDADE SOBRE DEMÔNIOS

5 Assim, chegaram ao outro lado do mar,
à região dos gerasenos.[a] 2 Quando Jesus
desembarcou, imediatamente um homem
possuído por um espírito impuro saiu do
cemitério e veio ao seu encontro. 3 Esse
homem morava entre as cavernas usadas
como túmulos e ninguém conseguia detê-
-lo, nem mesmo com correntes. 4 Sempre
que era acorrentado e algemado, quebra-
va as algemas dos pulsos e despedaçava
as correntes dos pés. Ninguém era forte o
suficiente para dominá-lo. 5 Dia e noite,
vagava entre os túmulos e pelos montes,
gritando e cortando-se com pedras.

6 Quando o homem viu Jesus, ainda a cer-
ta distância, correu ao seu encontro e se
curvou diante dele. 7 Então soltou um forte
grito: "Por que vem me importunar, Jesus,
Filho do Deus Altíssimo? Em nome de
Deus, suplico que não me torture!". 8 Pois
Jesus já havia falado ao espírito: "Saia des-
te homem, espírito impuro!".

9 Jesus lhe perguntou: "Qual é o seu
nome?".

Ele respondeu: "Meu nome é Legião,
porque há muitos de nós dentro deste ho-
mem". 10 E os espíritos impuros suplicaram
repetidamente que ele não os enviasse a
algum lugar distante.

11 Havia uma grande manada de porcos
pastando num monte ali perto. 12 "Mande-
nos para aqueles porcos", imploraram os
espíritos. "Deixe que entremos neles."

13 Jesus lhes deu permissão. Os espíritos
impuros saíram do homem e entraram nos
porcos, e toda a manada, cerca de dois mil
porcos, se atirou pela encosta íngreme do
monte para dentro do mar e se afogou.

14 Os que cuidavam dos porcos fugiram
para uma cidade próxima e para seus arre-
dores, espalhando a notícia. O povo correu
para ver o que havia ocorrido. 15 Chegaram
até onde Jesus estava e viram o homem
que tinha sido possuído pela legião de
demônios. Estava sentado ali, vestido e
em perfeito juízo, e todos tiveram medo.
16 Então os que presenciaram os aconteci-
mentos contaram aos outros o que havia
ocorrido com o homem possuído por de-
mônios e com os porcos. 17 A multidão co-
meçou a suplicar que Jesus fosse embora
da região.

18 Quando Jesus entrava no barco, o ho-
mem que tinha sido possuído por demô-
nios implorou para ir com ele. 19 Jesus,
porém, não permitiu e disse: "Volte para
sua casa e para sua família e conte-lhes
tudo que o Senhor fez por você e como ele
foi misericordioso". 20 Então o homem par-
tiu e começou a anunciar pela região das
Dez Cidades[b] quanto Jesus havia feito por
ele, e todos se admiravam do que ele dizia.

JESUS CURA EM RESPOSTA À FÉ

21 Jesus entrou novamente no barco e vol-
tou para o outro lado do mar, onde uma
grande multidão se juntou ao seu redor na
praia. 22 Então chegou um dos líderes da
sinagoga local, chamado Jairo. Quando viu
Jesus, prostrou-se a seus pés e 23 suplicou
repetidas vezes: "Minha filhinha está mor-
rendo. Por favor, venha e ponha as mãos
sobre ela; cure-a para que ela viva!".

24 Jesus foi com ele, e todo o povo o se-
guiu, apertando-se ao seu redor. 25 No meio
da multidão estava uma mulher que havia
doze anos sofria de hemorragia. 26 Tinha
passado por muitas dificuldades nas mãos
de vários médicos e, ao longo dos anos,
gastou tudo que possuía, sem melhorar.
Na verdade, havia piorado. 27 Tendo ouvi-
do falar de Jesus, aproximou-se por trás
dele no meio da multidão e tocou em seu
manto, 28 pois pensava: "Se eu apenas tocar
em seu manto, serei curada". 29 No mesmo
instante, a hemorragia parou, e ela sen-
tiu em seu corpo que tinha sido curada
da enfermidade.

30 Jesus imediatamente percebeu que
dele havia saído poder; por isso, virou-se
para a multidão e perguntou: "Quem tocou
em meu manto?".

31 Seus discípulos disseram: "Veja a mul-
tidão que o aperta de todos os lados. Como
o senhor ainda pergunta: 'Quem tocou em
mim?'".

32 Jesus, porém, continuou a olhar ao
redor para ver quem havia feito aquilo.

[a] **5.1** Alguns manuscritos trazem *gadarenos*; outros, *gergesenos*. Ver Mt 8.28; Lc 8.26.

[b] **5.20** Em grego, *Decápolis*.

33 Então a mulher, assustada e tremendo pelo que lhe tinha acontecido, veio e, ajoelhando-se diante dele, contou o que havia feito. 34 Jesus lhe disse: "Filha, sua fé a curou. Vá em paz. Seu sofrimento acabou".

35 Enquanto Jesus ainda falava com a mulher, chegaram mensageiros da casa de Jairo, o líder da sinagoga, e lhe disseram: "Sua filha morreu. Para que continuar incomodando o mestre?".

36 Jesus, porém, ouviu[a] essas palavras e disse a Jairo: "Não tenha medo. Apenas creia".

37 Então Jesus deteve a multidão e não deixou que ninguém o acompanhasse, exceto Pedro, Tiago e João, irmão de Tiago. 38 Quando chegaram à casa do líder da sinagoga, Jesus viu um grande tumulto, com muito choro e lamentação. 39 Então entrou e perguntou: "Por que todo esse tumulto e choro? A criança não morreu; está apenas dormindo".

40 A multidão riu de Jesus. Ele, porém, fez todos saírem e levou o pai e a mãe da menina e os três discípulos para o quarto onde ela estava deitada. 41 Segurando-a pela mão, disse-lhe: "Talita cumi!", que quer dizer "Menina, levante-se!". 42 A menina, que tinha doze anos, levantou-se de imediato e começou a andar. Todos ficaram muito admirados. 43 Jesus deu ordens claras para que não contassem a ninguém o que havia acontecido e depois mandou que dessem alguma coisa para a menina comer.

JESUS É REJEITADO EM NAZARÉ

6 Jesus deixou essa região e voltou com seus discípulos para Nazaré, cidade onde tinha morado. 2 No sábado seguinte, começou a ensinar na sinagoga, e muitos dos que o ouviam se admiraram e perguntavam: "De onde vem tanta sabedoria e poder para realizar esses milagres? 3 Não é esse o carpinteiro, filho de Maria e irmão de Tiago, José,[b] Judas e Simão? Suas irmãs moram aqui, entre nós". E sentiam-se muito ofendidos.

4 Então Jesus lhes disse: "Um profeta recebe honra em toda parte, menos em sua cidade e entre seus parentes e sua própria família". 5 Por isso, não pôde realizar milagres ali, exceto pôr as mãos sobre alguns enfermos e curá-los. 6 E ficou admirado com a incredulidade daquele povo.

JESUS ENVIA OS DOZE APÓSTOLOS

Então Jesus percorreu diversos povoados, ensinando a seus moradores. 7 Reuniu os Doze e começou a enviá-los de dois em dois, dando-lhes autoridade para expulsar espíritos impuros. 8 Instruiu-os a não levar coisa alguma na viagem, exceto um cajado. Não poderiam levar alimento, nem bolsa de viagem, nem dinheiro.[c] 9 Poderiam calçar sandálias, mas não levar uma muda de roupa extra.

10 Disse ele: "Onde quer que forem, fiquem na mesma casa até partirem da cidade. 11 Mas, se algum povoado se recusar a recebê-los ou a ouvi-los, ao saírem, sacudam a poeira dos pés como sinal de reprovação".

12 Então eles partiram, dizendo a todos que encontravam que se arrependessem. 13 Expulsaram muitos demônios e curaram muitos enfermos, ungindo-os com óleo.

A MORTE DE JOÃO BATISTA

14 Logo o rei Herodes ouviu falar de Jesus, pois todos comentavam a seu respeito. Alguns diziam:[d] "João Batista ressuscitou dos mortos. Por isso tem poder para fazer esses milagres". 15 Outros diziam: "É Elias". Ainda outros diziam: "É um profeta, como os profetas de antigamente".

16 Quando Herodes ouviu falar de Jesus, disse: "João, o homem a quem decapitei, voltou dos mortos!".

17 O rei havia mandado prender e encarcerar João para agradar Herodias. Ela era esposa de seu irmão, Filipe, mas Herodes tinha se casado com ela. 18 João dizia a Herodes: "É contra a lei que o senhor viva com a esposa de seu irmão". 19 Por isso Herodias guardava rancor de João e queria matá-lo, mas não podia fazê-lo, 20 pois Herodes o respeitava e o protegia, sabendo que ele era um homem justo e santo.

[a] **5.36** Alguns manuscritos trazem *ignorou*.
[b] **6.3** Alguns manuscritos trazem *Joses*; ver Mt 13.55.
[c] **6.8** Em grego, *nem moedas de cobre no cinto*.
[d] **6.14** Alguns manuscritos trazem *Ele dizia*.

Herodes ficava muito perturbado sempre
que falava com João, mas mesmo assim
gostava de ouvi-lo.
21 Finalmente, no aniversário de Herodes,
Herodias teve a oportunidade que procura-
va. Ele deu uma festa para os membros do
alto escalão do governo, para seus oficiais
militares e para os cidadãos mais impor-
tantes da Galileia. 22 Sua filha, também
chamada Herodias,[a] entrou e apresentou
uma dança que agradou muito Herodes
e seus convidados. "Peça-me qualquer
coisa que deseje, e eu lhe darei", disse o
rei à moça. 23 E prometeu, sob juramento:
"Eu lhe darei o que pedir, até metade do
meu reino!".
24 Ela saiu e perguntou à mãe: "O que
devo pedir?".
A mãe lhe disse: "Peça a cabeça de João
Batista!".
25 A moça voltou depressa ao rei e disse:
"Quero a cabeça de João Batista agora mes-
mo num prato!".
26 O rei muito se entristeceu com isso,
mas, por causa do juramento que havia
feito na frente dos convidados, não pôde
negar o pedido. 27 Assim, enviou no mes-
mo instante um carrasco com ordens de
cortar a cabeça de João e trazê-la. Ele de-
capitou João na prisão, 28 trouxe a cabeça
num prato e a entregou à moça, que a le-
vou à sua mãe. 29 Quando os discípulos
de João souberam o que havia aconteci-
do, foram buscar o corpo e o colocaram
numa sepultura.

A PRIMEIRA MULTIPLICAÇÃO DOS PÃES

30 Os apóstolos voltaram de sua missão e
contaram a Jesus tudo que tinham feito e
ensinado. 31 Jesus lhes disse: "Vamos so-
zinhos até um lugar tranquilo para des-
cansar um pouco", pois tanta gente ia e
vinha que eles não tinham tempo nem
para comer.
32 Então saíram de barco para um lugar
isolado, a fim de ficarem a sós. 33 Contudo,
muitos os reconheceram e os viram par-
tir, e pessoas de várias cidades correram
e chegaram antes deles. 34 Quando Jesus
saiu do barco, viu a grande multidão e teve
compaixão dela, pois eram como ovelhas
sem pastor. Então começou a lhes ensinar
muitas coisas.
35 Ao entardecer, os discípulos foram até
ele e disseram: "Este lugar é isolado, e já
está tarde. 36 Mande as multidões embora,
para que possam ir aos campos e povoados
vizinhos e comprar algo para comer".
37 Jesus, porém, disse: "Providenciem vo-
cês mesmos alimento para eles".
"Precisaríamos de muito dinheiro[b] para
comprar comida para todo esse povo!",
responderam.
38 "Quantos pães vocês têm?", perguntou
ele. "Vão verificar."
Eles voltaram e informaram: "Cinco pães
e dois peixes".
39 Então Jesus ordenou que fizessem a
multidão sentar-se em grupos na grama
verde. 40 Assim, eles se sentaram em gru-
pos de cinquenta e de cem.
41 Jesus tomou os cinco pães e os dois
peixes, olhou para o céu e os abençoou.
Então, à medida que ia partindo os pães,
entregava-os aos discípulos para que os
distribuíssem ao povo. Também dividiu
os peixes para que todos recebessem uma
porção. 42 Todos comeram à vontade, 43 e os
discípulos recolheram doze cestos com
os pães e peixes que sobraram. 44 Os que
comeram[c] foram cinco mil homens.

JESUS ANDA SOBRE O MAR

45 Logo em seguida, Jesus insistiu com seus
discípulos que voltassem ao barco e atra-
vessassem o mar até Betsaida, enquanto
ele mandava o povo para casa. 46 Depois
de se despedir de todos, subiu sozinho ao
monte para orar.
47 Durante a noite, os discípulos esta-
vam no barco, no meio do mar, e Jesus,
sozinho em terra. 48 Ele viu que estavam
em apuros, remando com força e lutando
contra o vento e as ondas. Por volta das
três da madrugada,[d] Jesus foi até eles ca-
minhando sobre o mar. Sua intenção era
passar por eles, 49 mas, quando o avistaram

Mulher, não permita que as sementes que Deus lançou na sua vida caiam no solo errado.

[a] **6.22** Alguns manuscritos trazem *A filha de Herodias*.

[b] **6.37** Em grego, *Precisaríamos de 200 denários*. Um denário equivalia ao salário por um dia completo de trabalho.

[c] **6.44** Alguns manuscritos acrescentam *dos pães*.

[d] **6.48** Em grego, *Por volta da quarta vigília da noite*.

caminhando sobre as águas, gritaram de pavor, pensando que fosse um fantasma. 50 Ficaram todos aterrorizados ao vê-lo.

Imediatamente, porém, Jesus lhes disse: "Não tenham medo! Coragem, sou eu!". 51 Em seguida, subiu no barco e o vento parou. Os discípulos ficaram admirados, 52 pois ainda não tinham entendido o milagre dos pães. O coração deles estava endurecido.

JESUS CURA OS ENFERMOS

53 Depois de atravessarem o mar, chegaram a Genesaré. Levaram o barco até a margem 54 e desceram. As pessoas reconheceram Jesus assim que o viram. 55 Quando ouviam que Jesus estava em algum lugar, corriam por toda a região, levando os enfermos em macas para onde sabiam que ele estava. 56 Aonde quer que ele fosse — aos povoados, às cidades ou aos campos ao redor —, levavam os enfermos para as praças. Suplicavam que ele os deixasse pelo menos tocar na borda de seu manto, e todos que o tocavam eram curados.

ENSINO SOBRE A PUREZA INTERIOR

7 Certo dia, alguns fariseus e mestres da lei chegaram de Jerusalém para ver Jesus. 2 Observaram que alguns de seus discípulos comiam sua refeição com as mãos impuras, ou seja, sem lavá-las. 3 (Pois todos os judeus, sobretudo os fariseus, não comem sem antes lavar cuidadosamente as mãos, como exige a tradição dos líderes religiosos. 4 Quando chegam do mercado, não comem coisa alguma sem antes mergulhar as mãos em água. Essa é apenas uma das muitas tradições às quais se apegam, como a lavagem de copos, jarras e panelas.[a])

5 Então os fariseus e mestres da lei lhe perguntaram: "Por que seus discípulos não seguem a tradição dos líderes religiosos? Eles comem sem antes realizar a cerimônia de lavar as mãos!".

6 Jesus respondeu: "Hipócritas! Isaías tinha razão quando profetizou a seu respeito, pois escreveu:

'Este povo me honra com os lábios,
mas o coração está longe de mim.
7 Sua adoração é uma farsa,
pois ensinam doutrinas humanas
como se fossem mandamentos
de Deus'.[b]

8 Vocês desprezam a lei de Deus e a substituem por sua própria tradição".

9 Disse ainda: "Vocês se esquivam com habilidade da lei de Deus para se apegar à sua própria tradição. 10 Por exemplo, Moisés deu esta lei: 'Honre seu pai e sua mãe'[c] e 'Quem insultar seu pai ou sua mãe será executado'.[d] 11 Vocês, porém, ensinam que alguém pode dizer a seus pais: 'Não posso ajudá-los. Jurei entregar como oferta a Deus aquilo que eu teria dado a vocês'.[e] 12 Com isso, desobrigam as pessoas de cuidarem dos pais, 13 anulando a palavra de Deus a fim de transmitir sua própria tradição. E esse é apenas um exemplo entre muitos outros".

14 Jesus chamou a multidão para perto de si e disse: "Ouçam, todos vocês, e procurem entender. 15 Não é o que entra no corpo que os contamina; vocês se contaminam com o que sai do coração. 16 Quem tem ouvidos para ouvir, ouça com atenção!".[f]

17 Então Jesus entrou numa casa para se afastar da multidão, e seus discípulos lhe perguntaram o que ele queria dizer com a parábola que havia acabado de contar. 18 "Vocês também ainda não entendem?", perguntou. "Não percebem que a comida que entra no corpo não pode contaminá-los? 19 O alimento não vai para o coração, mas apenas passa pelo estômago e vai parar no esgoto." (Ao dizer isso, declarou que todo tipo de comida é aceitável.)

20 Em seguida, acrescentou: "Aquilo que vem de dentro é que os contamina. 21 Pois, de dentro, do coração da pessoa, vêm maus pensamentos, imoralidade sexual, roubo, homicídio, 22 adultério, cobiça, perversidade, engano, paixões carnais, inveja,

a **7.4** Alguns manuscritos acrescentam *e divãs.*

b **7.7** Is 29.13, conforme a Septuaginta.

c **7.10a** Êx 20.12; Dt 5.16.

d **7.10b** Êx 21.17; Lv 20.9; ambos conforme a Septuaginta.

e **7.11** Em grego, *O que eu teria lhes dado é Corbã, isto é, uma oferta.*

f **7.16** Alguns manuscritos não trazem o versículo 16. Comparar com 4.9,23.

calúnias, orgulho e insensatez. 23 Todas essas coisas desprezíveis vêm de dentro; são elas que os contaminam".

A MULHER SIRO-FENÍCIA DEMONSTRA FÉ

24 Então Jesus deixou a Galileia e se dirigiu para o norte, para a região de Tiro.[a] Não queria que ninguém soubesse onde ele estava hospedado, mas não foi possível manter segredo. 25 De imediato, uma mulher que tinha ouvido falar dele veio e caiu a seus pés. A filha dela estava possuída por um espírito impuro, 26 e ela implorou que ele expulsasse o demônio que estava na menina.

Sendo ela grega, nascida na região da Fenícia, na Síria, 27 Jesus lhe disse: "Primeiro devem-se alimentar os filhos. Não é certo tirar comida das crianças e jogá-la aos cachorros".

28 "Senhor, é verdade", disse a mulher. "No entanto, até os cachorros, debaixo da mesa, comem as migalhas dos pratos dos filhos."

29 "Boa resposta!", disse Jesus. "Vá para casa, pois o demônio já deixou sua filha." 30 E, quando ela chegou à sua casa, sua filha estava deitada na cama, e o demônio a havia deixado.

JESUS CURA UM SURDO

31 Jesus saiu de Tiro e subiu para Sidom antes de voltar ao mar da Galileia e à região das Dez Cidades.[b] 32 Algumas pessoas lhe trouxeram um homem surdo e com dificuldade de fala, e lhe pediram que pusesse as mãos sobre ele e o curasse.

33 Jesus o afastou da multidão para ficar a sós com ele. Pôs os dedos nos ouvidos do homem e, em seguida, cuspiu nos dedos e tocou a língua dele. 34 Olhando para o céu, suspirou e disse: "Efatá!", que significa "Abra-se!". 35 No mesmo instante, o homem passou a ouvir perfeitamente; sua língua ficou livre, e ele começou a falar com clareza.

36 Jesus ordenou à multidão que não contasse a ninguém, mas, quanto mais ele os proibia, mais divulgavam o que havia acontecido. 37 Estavam muito admirados e diziam repetidamente: "Tudo que ele faz é maravilhoso! Ele até faz o surdo ouvir e o mudo falar!".

[a] **7.24** Alguns manuscritos acrescentam *e Sidom.*
[b] **7.31** Em grego, *Decápolis.*

A SEGUNDA MULTIPLICAÇÃO DOS PÃES

8 Naqueles dias, outra grande multidão se reuniu e, mais uma vez, o povo ficou sem comida. Jesus chamou os discípulos e disse: 2 "Tenho compaixão dessa gente. Estão aqui comigo há três dias e não têm mais nada para comer. 3 Se eu os mandar embora com fome, desmaiarão no caminho. Alguns vieram de longe".

4 Os discípulos disseram: "Como conseguiremos comida suficiente neste lugar deserto para alimentá-los?".

5 Jesus perguntou: "Quantos pães vocês têm?".

"Sete", responderam eles.

6 Então Jesus mandou todo o povo sentar-se no chão. Tomou os sete pães, agradeceu a Deus e os partiu em pedaços. Em seguida, entregou-os aos discípulos, que os distribuíram à multidão. 7 Eles encontraram, ainda, alguns peixinhos; Jesus também os abençoou e mandou que os discípulos os distribuíssem.

8 Todos comeram à vontade. Depois, os discípulos recolheram sete cestos grandes com as sobras. 9 Naquele dia, havia cerca de quatro mil homens na multidão. Após comerem, Jesus os mandou para casa. 10 Em seguida, entrou com seus discípulos num barco e atravessou para a região de Dalmanuta.

OS FARISEUS EXIGEM UM SINAL

11 Alguns fariseus vieram ao encontro de Jesus e começaram a discutir com ele. Para pô-lo à prova, exigiram que lhes mostrasse um sinal do céu.

12 Ao ouvir isso, Jesus suspirou profundamente e disse: "Por que este povo insiste em pedir um sinal? Eu lhes digo a verdade: não darei sinal algum aos homens desta geração". 13 Então ele os deixou, entrou de volta no barco e atravessou para o outro lado do mar.

O FERMENTO DOS FARISEUS E DE HERODES

14 Os discípulos, porém, se esqueceram de levar comida. Tinham no barco apenas um

pão. 15 Enquanto atravessavam o mar, Jesus os advertiu: "Fiquem atentos! Tenham cuidado com o fermento dos fariseus e de Herodes".

16 Os discípulos começaram a discutir entre si porque não tinham trazido pão. 17 Ao saber do que estavam falando, Jesus disse: "Por que discutem sobre a falta de pão? Ainda não sabem ou não entenderam? Seu coração está tão endurecido que não compreendem? 18 Vocês têm olhos, mas não veem? Têm ouvidos, mas não ouvem?[a] Não se lembram de nada? 19 Quando reparti os cinco pães entre os cinco mil, quantos cestos cheios de sobras vocês recolheram?".

"Doze", responderam eles.

20 "E quando reparti os sete pães entre os quatro mil, quantos cestos grandes cheios de sobras vocês recolheram?"

"Sete", responderam.

21 "E vocês ainda não entendem?", perguntou.

JESUS CURA UM CEGO

22 Quando chegaram a Betsaida, algumas pessoas trouxeram um cego a Jesus e lhe pediram que o tocasse. 23 Ele tomou o cego pela mão e o levou para fora do povoado. Em seguida, cuspiu nos olhos do homem, pôs as mãos sobre ele e perguntou: "Vê alguma coisa?".

24 Recuperando aos poucos a vista, o homem respondeu: "Vejo pessoas, mas não as enxergo claramente. Parecem árvores andando".

25 Jesus pôs as mãos sobre os olhos do homem mais uma vez, e sua visão foi completamente restaurada; ele passou a ver tudo com nitidez. 26 Então Jesus se despediu dele e disse: "Ao voltar para casa, não entre no povoado".

PEDRO DECLARA SUA FÉ

27 Jesus e seus discípulos deixaram a Galileia e foram para os povoados perto de Cesareia de Filipe. Enquanto caminhavam, Jesus lhes perguntou: "Quem as pessoas dizem que eu sou?".

28 Eles responderam: "Alguns dizem que o senhor é João Batista; outros, que é Elias ou um dos profetas".

29 "E vocês?", perguntou ele. "Quem vocês dizem que eu sou?"

Pedro respondeu: "O senhor é o Cristo!".

30 Mas Jesus os advertiu de que não falassem a ninguém a seu respeito.

JESUS PREDIZ SUA MORTE

31 Então Jesus começou a lhes ensinar que era necessário que o Filho do Homem sofresse muitas coisas e fosse rejeitado pelos líderes do povo, pelos principais sacerdotes e pelos mestres da lei. Seria morto, mas três dias depois ressuscitaria. 32 Enquanto falava abertamente sobre isso com os discípulos, Pedro o chamou de lado e o repreendeu por dizer tais coisas.

33 Jesus se virou, olhou para seus discípulos e repreendeu Pedro. "Afaste-se de mim, Satanás!", disse ele. "Você considera as coisas apenas do ponto de vista humano, e não da perspectiva de Deus."

34 Depois, chamou a multidão e os discípulos e disse: "Se alguém quer ser meu seguidor, negue a si mesmo, tome sua cruz e siga-me. 35 Se tentar se apegar à sua vida, a perderá. Mas, se abrir mão de sua vida por minha causa e por causa das boas-novas, a salvará. 36 Que vantagem há em ganhar o mundo inteiro, mas perder a vida? 37 E o que daria o homem em troca de sua vida? 38 Se alguém se envergonhar de mim e de minha mensagem nesta época de adultério e pecado, o Filho do Homem se envergonhará dele quando vier na glória de seu Pai com os santos anjos".

9 Jesus prosseguiu: "Eu lhes digo a verdade: alguns que estão aqui neste momento não morrerão antes de ver o reino de Deus vindo com grande poder!".

A TRANSFIGURAÇÃO

2 Seis dias depois, Jesus levou consigo Pedro, Tiago e João até um monte alto, para estarem a sós. Ali, diante de seus olhos, a aparência de Jesus foi transformada. 3 Suas roupas ficaram brancas e resplandecentes, muito mais claras do que qualquer lavandeiro seria capaz de deixá-las. 4 Então Elias e Moisés apareceram e começaram a falar com Jesus.

[a] **8.18** Ver Jr 5.21.

5 Pedro exclamou: "Rabi, é maravilhoso estarmos aqui! Vamos fazer três tendas: uma será sua, uma de Moisés e outra de Elias". 6 Disse isso porque não sabia o que mais falar, pois estavam todos apavorados.

7 Então uma nuvem os cobriu, e uma voz que vinha da nuvem disse: "Este é meu Filho amado. Ouçam-no!". 8 De repente, quando olharam em volta, só Jesus estava com eles.

9 Enquanto desciam o monte, Jesus ordenou que não contassem a ninguém o que tinham visto, até que o Filho do Homem tivesse ressuscitado dos mortos. 10 Eles guardaram segredo, mas conversavam entre si com frequência sobre o que ele queria dizer com "ressuscitar dos mortos".

11 Então eles perguntaram a Jesus: "Por que os mestres da lei afirmam que é necessário que Elias volte antes que o Cristo venha?".[a]

12 Jesus respondeu: "De fato, Elias vem primeiro para restaurar tudo. Então por que as Escrituras dizem que é necessário o Filho do Homem sofrer muito e ser tratado com desprezo? 13 Eu, porém, lhes digo: Elias já veio e eles preferiram maltratá-lo, conforme as Escrituras haviam previsto".

JESUS CURA UM MENINO POSSUÍDO POR DEMÔNIO

14 Ao voltarem para junto dos outros discípulos, viram que estavam cercados por uma grande multidão e que alguns mestres da lei discutiam com eles. 15 Quando a multidão viu Jesus, ficou muito admirada e correu para cumprimentá-lo.

16 "Sobre o que discutem?", perguntou Jesus.

17 Um dos homens na multidão respondeu: "Mestre, eu lhe trouxe meu filho, que está possuído por um espírito impuro que não o deixa falar. 18 Sempre que o espírito se apodera dele, joga-o no chão, e ele espuma pela boca, range os dentes e fica rígido.[b] Pedi a seus discípulos que expulsassem o espírito impuro, mas eles não conseguiram".

19 Jesus lhes disse:[c] "Geração incrédula! Até quando estarei com vocês? Até quando terei de suportá-los? Tragam o menino para cá".

20 Então o trouxeram. Quando o espírito impuro viu Jesus, causou uma convulsão intensa no menino e ele caiu no chão, contorcendo-se e espumando pela boca.

21 Jesus perguntou ao pai do menino: "Há quanto tempo isso acontece com ele?".

"Desde que ele era pequeno", respondeu o pai. 22 "Muitas vezes o espírito o lança no fogo ou na água e tenta matá-lo. Tenha misericórdia de nós e ajude-nos, se puder."

23 "Se puder?", perguntou Jesus. "Tudo é possível para aquele que crê."

24 No mesmo instante, o pai respondeu: "Eu creio, mas ajude-me a superar minha incredulidade".

25 Quando Jesus viu que a multidão aumentava, repreendeu o espírito impuro, dizendo: "Espírito que impede este menino de ouvir e falar, ordeno que saia e nunca mais entre nele!".

26 O espírito gritou, causou outra convulsão intensa no menino e saiu dele. O menino parecia morto. Um murmúrio correu pela multidão: "Ele morreu". 27 Mas Jesus o tomou pela mão e o ajudou a se levantar, e ele ficou em pé.

28 Depois, quando Jesus estava em casa com seus discípulos, eles perguntaram: "Por que não conseguimos expulsar aquele espírito impuro?".

29 Jesus respondeu: "Essa espécie só sai com oração".[d]

JESUS PREDIZ SUA MORTE PELA SEGUNDA VEZ

30 Ao deixarem aquela região, viajaram pela Galileia. Jesus não queria que ninguém soubesse que ele estava lá, 31 pois queria ensinar a seus discípulos. Ele lhes dizia: "O Filho do Homem será traído e entregue em mãos humanas. Será morto, mas três dias depois ressuscitará". 32 Eles, porém, não entendiam essas coisas e tinham medo de lhe perguntar.

O MAIOR NO REINO

33 Depois que chegaram a Cafarnaum e se acomodaram numa casa, Jesus perguntou

[a] **9.11** Em grego, *que Elias deve vir primeiro?*
[b] **9.18** Ou *fica fraco.*
[c] **9.19** Ou *disse a seus discípulos.*
[d] **9.29** Alguns manuscritos acrescentam *e jejum.*

a seus discípulos: "Sobre o que vocês discutiam no caminho?". 34 Eles não responderam, pois tinham discutido sobre qual deles era o maior. 35 Jesus se sentou, chamou os Doze e disse: "Quem quiser ser o primeiro, que se torne o último e seja servo de todos".

36 Então colocou uma criança no meio deles, tomou-a nos braços e disse: 37 "Quem recebe uma criança pequena como esta em meu nome recebe a mim, e quem me recebe não recebe apenas a mim, mas também ao Pai, que me enviou".

DIVERSOS ENSINAMENTOS DE JESUS

38 João disse a Jesus: "Mestre, vimos alguém usar seu nome para expulsar demônios; nós o proibimos, pois ele não era do nosso grupo".

39 "Não o proíbam!", disse Jesus. "Ninguém que faça milagres em meu nome falará mal de mim a seguir. 40 Quem não é contra nós é a favor de nós. 41 Eu lhes digo a verdade: se alguém lhes der um simples copo de água porque vocês são seguidores do Cristo, essa pessoa certamente será recompensada.

42 "Mas, se alguém fizer um destes pequeninos que confiam em mim cair em pecado, seria melhor que lhe amarrassem ao pescoço uma grande pedra de moinho e fosse jogado ao mar. 43 Se sua mão o leva a pecar, corte-a fora. É melhor entrar na vida eterna com apenas uma das mãos que ser lançado no fogo inextinguível do inferno[a] com as duas mãos. 44 Lá os vermes nunca morrem e o fogo nunca se apaga.[b] 45 Se seu pé o leva a pecar, corte-o fora. É melhor entrar na vida eterna com apenas um pé que ser lançado no inferno com os dois pés. 46 Lá os vermes nunca morrem e o fogo nunca se apaga.[c] 47 E, se seu olho o leva a pecar, lance-o fora. É melhor entrar no reino de Deus com apenas um dos olhos que ter os dois olhos e ser lançado no inferno. 48 Lá os vermes nunca morrem e o fogo nunca se apaga.[d]

49 "Pois cada um será provado com fogo.[e] 50 O sal é bom para temperar, mas, se perder o sabor, como torná-lo salgado outra vez? Tenham entre vocês as qualidades do bom sal e vivam em paz uns com os outros."

DISCUSSÃO SOBRE DIVÓRCIO E CASAMENTO

10 Então Jesus deixou Cafarnaum e foi para a região da Judeia, a leste do rio Jordão. Mais uma vez, multidões se juntaram ao seu redor e, como de costume, ele as ensinava.

2 Alguns fariseus vieram e tentaram apanhar Jesus numa armadilha com a seguinte pergunta: "Deve-se permitir que um homem se divorcie de sua mulher?".

3 Jesus respondeu: "O que Moisés disse na lei a respeito do divórcio?".

4 "Ele o permitiu", responderam os fariseus. "Disse que um homem poderia dar à esposa um certificado de divórcio e mandá-la embora."[f]

5 Jesus, porém, disse: "Moisés escreveu esse mandamento porque vocês têm o coração duro, 6 mas 'Deus os fez homem e mulher'[g] desde o princípio da criação. 7 'Por isso o homem deixa pai e mãe e se une à sua mulher,[h] 8 e os dois se tornam um só'.[i] Uma vez que já não são dois, mas um só, 9 que ninguém separe o que Deus uniu".

10 Mais tarde, quando Jesus estava em casa com seus discípulos, eles tocaram no assunto outra vez. 11 Jesus respondeu: "Quem se divorcia de sua esposa e se casa com outra mulher comete adultério contra ela. 12 E, se a mulher se divorcia do marido e se casa com outro homem, comete adultério".

JESUS ABENÇOA AS CRIANÇAS

13 Certo dia, trouxeram crianças para que Jesus pusesse as mãos sobre elas, mas os discípulos repreendiam aqueles que as traziam.

---

[a] **9.43** Em grego, *Geena*; também em 9.45,47.
[b] **9.44** Alguns manuscritos não trazem o versículo 44. Ver 9.48.
[c] **9.46** Alguns manuscritos não trazem o versículo 46. Ver 9.48.
[d] **9.48** Is 66.24.
[e] **9.49** Em grego, *salgado com fogo*; alguns manuscritos acrescentam *e todo sacrifício será salgado com sal.*
[f] **10.4** Ver Dt 24.1.
[g] **10.6** Gn 1.27; 5.2.
[h] **10.7** Alguns manuscritos não trazem *e se une à sua mulher.*
[i] **10.7-8** Gn 2.24.

14 Ao ver isso, Jesus ficou indignado com
os discípulos e disse: "Deixem que as crian-
ças venham a mim. Não as impeçam, pois o
reino de Deus pertence aos que são como
elas. 15 Eu lhes digo a verdade: quem não re-
ceber o reino de Deus como uma criança de
modo algum entrará nele". 16 Então tomou
as crianças nos braços, pôs as mãos sobre
a cabeça delas e as abençoou.

O HOMEM RICO

17 Quando Jesus saía para Jerusalém, um
homem veio correndo em sua direção,
ajoelhou-se diante dele e perguntou: "Bom
mestre, que devo fazer para herdar a vida
eterna?".
18 "Por que você me chama de bom?",
perguntou Jesus. "Apenas Deus é ver-
dadeiramente bom. 19 Você conhece os
mandamentos: 'Não mate. Não cometa
adultério. Não roube. Não dê falso teste-
munho. Não engane ninguém. Honre seu
pai e sua mãe'."[a]
20 O homem respondeu: "Mestre, tenho
obedecido a todos esses mandamentos
desde a juventude".
21 Com amor, Jesus olhou para o homem
e disse: "Ainda há uma coisa que você não
fez. Vá, venda todos os seus bens e dê o
dinheiro aos pobres. Então você terá um
tesouro no céu. Depois, venha e siga-me".
22 Ao ouvir isso, o homem ficou desa-
pontado e foi embora triste, pois tinha
muitos bens.

AS RECOMPENSAS DO DISCIPULADO

23 Jesus olhou ao redor e disse a seus dis-
cípulos: "Como é difícil os ricos entrarem
no reino de Deus!". 24 Os discípulos se ad-
miraram de suas palavras. Mas Jesus disse
outra vez: "Filhos, entrar no reino de Deus
é muito difícil.[b] 25 É mais fácil um camelo
passar pelo buraco de uma agulha que um
rico entrar no reino de Deus".
26 Perplexos, os discípulos perguntaram:
"Então quem pode ser salvo?".
27 Jesus olhou atentamente para eles
e respondeu: "Para as pessoas isso é
impossível, mas não para Deus. Para Deus,
tudo é possível".
28 Então Pedro começou a falar: "Deixamos
tudo para segui-lo".
29 Jesus respondeu: "Eu lhes garanto que
todos que deixaram casa, irmãos, irmãs,
mãe, pai, filhos ou propriedades por minha
causa e por causa das boas-novas 30 rece-
berão em troca, neste mundo, cem vezes
mais casas, irmãos, irmãs, mães, filhos e
propriedades, com perseguição, e, no mun-
do futuro, terão a vida eterna. 31 Contudo,
muitos primeiros serão os últimos, e mui-
tos últimos serão os primeiros".

JESUS PREDIZ SUA MORTE E RESSURREIÇÃO

32 Por esse tempo, subiam para Jerusalém,
e Jesus ia à frente. Os discípulos estavam
muito admirados, e o povo que os seguia
tinha grande temor. Jesus chamou os Doze
à parte e, mais uma vez, começou a descre-
ver tudo que estava prestes a lhe acontecer.
33 "Ouçam", disse ele. "Estamos subindo
para Jerusalém, onde o Filho do Homem
será traído e entregue aos principais sacer-
dotes e aos mestres da lei. Eles o conde-
narão à morte e o entregarão aos gentios.
34 Zombarão dele, cuspirão nele, o açoita-
rão e o matarão, mas depois de três dias
ele ressuscitará."

JESUS ENSINA SOBRE SERVIR A OUTROS

35 Então Tiago e João, filhos de Zebedeu,
vieram e falaram com ele: "Mestre, quere-
mos que nos faça um favor".
36 "Que favor é esse?", perguntou ele.
37 Eles responderam: "Quando o senhor
se sentar em seu trono glorioso, queremos
nos sentar em lugares de honra ao seu lado,
um à sua direita e outro à sua esquerda".
38 Jesus lhes disse: "Vocês não sabem
o que estão pedindo! São capazes de be-
ber do cálice que beberei? São capazes de
ser batizados com o batismo com que serei
batizado?".
39 "Somos!", responderam eles.
Então Jesus disse: "De fato, vocês bebe-
rão do meu cálice e serão batizados com
o meu batismo. 40 Não cabe a mim, no
entanto, dizer quem se sentará à minha

[a] **10.19** Êx 20.12-16; Dt 5.16-20.
[b] **10.24** Alguns manuscritos acrescentam *para os que confiam em riquezas.*

direita ou à minha esquerda. Esses lu-
gares serão daqueles para quem eles fo-
ram preparados".
41 Quando os outros dez discípulos ouvi-
ram o que Tiago e João haviam pedido, fi-
caram indignados. 42 Então Jesus os reuniu
e disse: "Vocês sabem que os que são con-
siderados líderes neste mundo têm poder
sobre o povo, e que os oficiais exercem sua
autoridade sobre os súditos. 43 Entre vocês,
porém, será diferente. Quem quiser ser o
líder entre vocês, que seja servo, 44 e quem
quiser ser o primeiro entre vocês, que se
torne escravo de todos. 45 Pois nem mesmo
o Filho do Homem veio para ser servido,
mas para servir e dar sua vida em resgate
por muitos".

JESUS CURA O CEGO BARTIMEU

46 Então chegaram a Jericó. Quando Jesus
e seus discípulos saíam da cidade, uma
grande multidão os seguiu. Um men-
digo cego chamado Bartimeu, filho de
Timeu, estava sentado à beira do cami-
nho. 47 Quando Bartimeu soube que Jesus
de Nazaré estava perto, começou a gritar:
"Jesus, Filho de Davi, tenha misericórdia
de mim!".
48 Muitos lhe diziam aos brados: "Cale-se!".
Ele, porém, gritava ainda mais alto: "Filho
de Davi, tenha misericórdia de mim!".
49 Quando Jesus o ouviu, parou e disse:
"Falem para ele vir aqui".
Então chamaram o cego. "Anime-se!",
disseram. "Venha, ele o está chamando!"
50 Bartimeu jogou sua capa para o lado, le-
vantou-se de um salto e foi até Jesus.
51 "O que você quer que eu lhe faça?", per-
guntou Jesus.
O cego respondeu: "Rabi,[a] quero enxergar".
52 Jesus lhe disse: "Vá, pois sua fé o
curou". No mesmo instante, o homem
passou a ver e seguiu Jesus pelo caminho.

A ENTRADA DE JESUS EM JERUSALÉM

11 Quando já se aproximavam de
Jerusalém, Jesus e seus discípulos
chegaram às cidades de Betfagé e Betânia,
no monte das Oliveiras. Jesus enviou na
frente dois discípulos. 2 "Vão àquele po-
voado adiante", disse ele. "Assim que
entrarem, verão amarrado ali um jumen-
tinho, no qual ninguém jamais montou.
Desamarrem-no e tragam-no para cá.
3 Se alguém lhes perguntar: 'O que estão
fazendo?', digam apenas: 'O Senhor precisa
dele e o devolverá em breve'."
4 Os dois discípulos foram e encon-
traram o jumentinho na rua, amarrado
junto a uma porta. 5 Enquanto o desamar-
ravam, algumas pessoas que estavam ali
perguntaram: "O que vocês estão fazen-
do, desamarrando esse jumentinho?".
6 Responderam conforme Jesus havia
instruído, e os deixaram levar o animal.
7 Os discípulos trouxeram o jumentinho,
puseram seus mantos sobre o animal, e
Jesus montou nele.
8 Muitos da multidão espalharam seus
mantos ao longo do caminho diante de
Jesus, e outros espalharam ramos que ha-
viam cortado nos campos. 9 E as pessoas,
tanto as que iam à frente como as que o
seguiam, gritavam:

"Hosana![b]
Bendito é o que vem em
nome do Senhor!
10 Bendito é o reino que vem, o reino
de nosso antepassado Davi!
Hosana no mais alto céu!".[c]

11 Jesus entrou em Jerusalém e foi ao
templo. Depois de olhar tudo ao redor
atentamente, voltou a Betânia com os
Doze, porque já era tarde.

JESUS AMALDIÇOA A FIGUEIRA

12 Na manhã seguinte, quando saíam de
Betânia, Jesus teve fome. 13 Viu que, a
certa distância, havia uma figueira cheia
de folhas e foi ver se encontraria figos.
No entanto, só havia folhas, pois ain-
da não era tempo de dar frutos. 14 Então
Jesus disse à árvore: "Nunca mais comam
de seu fruto!". E os discípulos ouviram o
que ele disse.

---

[a] **10.51** O texto grego usa o termo hebraico *Raboni*.

[b] **11.9** Exclamação de louvor que, em sua forma hebraica, significa "Salva agora!"; também em 11.10.

[c] **11.9-10** Sl 118.25-26; 148.1.

JESUS PURIFICA O TEMPLO

15 Quando voltaram a Jerusalém, Jesus en-
trou no templo e começou a expulsar os
que compravam e vendiam animais para
os sacrifícios. Derrubou as mesas dos cam-
bistas e as cadeiras dos que vendiam pom-
bas, 16 impediu todos de usarem o templo
como mercado[a] 17 e os ensinava, dizendo:
"As Escrituras declaram: 'Meu templo será
chamado casa de oração para todas as
nações', mas vocês o transformaram num
esconderijo de ladrões!".[b]
18 Quando os principais sacerdotes e mes-
tres da lei souberam o que Jesus tinha feito,
começaram a tramar um modo de matá-lo.
Contudo, tinham medo dele, pois o povo
estava muito admirado com seu ensino.
19 Ao entardecer, Jesus e seus discípulos
saíram[c] da cidade.

ENSINO SOBRE A FIGUEIRA

20 Na manhã seguinte, quando os discípulos
passaram pela figueira que Jesus tinha amal-
diçoado, notaram que ela estava seca desde
a raiz. 21 Pedro se lembrou do que Jesus ti-
nha dito à árvore e exclamou: "Veja, Rabi!
A figueira que o senhor amaldiçoou secou!".
22 Então Jesus disse aos discípulos:
"Tenham fé em Deus. 23 Eu lhes digo a
verdade: vocês poderão dizer a este mon-
te: 'Levante-se e atire-se no mar', e isso
acontecerá. É preciso, no entanto, crer que
acontecerá, e não ter nenhuma dúvida
em seu coração. 24 Digo-lhes que, se cre-
rem que já receberam, qualquer coisa que
pedirem em oração lhes será concedido.
25 Quando estiverem orando, se tiverem
alguma coisa contra alguém, perdoem-no,
para que seu Pai no céu também perdoe
seus pecados. 26 Mas, se vocês se recusa-
rem a perdoar, seu Pai no céu não perdoará
seus pecados".[d]

A AUTORIDADE DE JESUS É QUESTIONADA

27 Mais uma vez, voltaram a Jerusalém.
Enquanto Jesus passava pelo templo, os
principais sacerdotes, os mestres da lei e
os líderes do povo vieram até ele 28 e per-
guntaram: "Com que autoridade você faz
essas coisas? Quem lhe deu esse direito?".
29 Jesus respondeu: "Eu lhes direi com
que autoridade faço essas coisas se vocês
responderem a uma pergunta: 30 A auto-
ridade de João para batizar vinha do céu
ou era apenas humana? Respondam-me!".
31 Eles discutiram a questão entre si:
"Se dissermos que vinha do céu, ele per-
guntará por que não cremos em João.
32 Mas será que ousamos dizer que era
apenas humana?". Tinham medo do que
o povo faria, pois todos acreditavam que
João era profeta. 33 Por fim, responderam:
"Não sabemos".
E Jesus replicou: "Então eu também
não direi com que autoridade faço es-
sas coisas".

A PARÁBOLA DOS LAVRADORES MAUS

12 Então Jesus começou a lhes ensi-
nar por meio de parábolas: "Um ho-
mem plantou um vinhedo. Construiu uma
cerca ao seu redor, um tanque de prensar e
uma torre para o guarda. Depois, arrendou
o vinhedo a alguns lavradores e partiu para
um lugar distante. 2 No tempo da colheita
da uva, enviou um de seus servos para re-
ceber sua parte da produção. 3 Os lavrado-
res agarraram o servo, o espancaram e o
mandaram de volta de mãos vazias. 4 Então
o dono da terra enviou outro servo, mas
eles o insultaram e bateram na cabeça
dele. 5 O próximo servo que ele mandou
foi morto. Outros servos que ele enviou
foram espancados ou mortos, 6 até que só
restou um: seu filho muito amado. Por fim,
o dono o enviou, pois pensou: 'Certamente
respeitarão meu filho'.
7 "Os lavradores, porém, disseram uns
aos outros: 'Aí vem o herdeiro da proprie-
dade. Vamos matá-lo e tomar posse desta
terra!'. 8 Então o agarraram, o mataram e
jogaram seu corpo para fora do vinhedo.
9 "O que vocês acham que o dono do
vinhedo fará?", perguntou Jesus. "Ele
virá, matará os lavradores e arrendará o
vinhedo a outros. 10 Vocês nunca leram
nas Escrituras:

[a] **11.16** Ou *de carregarem mercadorias pelo templo.*
[b] **11.17** Is 56.7; Jr 7.11.
[c] **11.19** Em grego, *eles saíram.* Alguns manuscritos trazem *ele saiu.*
[d] **11.26** Alguns manuscritos não trazem o versículo 26. Comparar com Mt 6.15.

Exercer influência é importante, mas ser uma boa referência, servir de parâmetro para outros e gerar crescimento saudável é muito melhor.

'A pedra que os construtores rejeitaram
se tornou a pedra angular.
11 Isso é obra do Senhor
e é maravilhosa de ver'?"[a]

12 Os líderes religiosos[b] queriam pren-
der Jesus, pois perceberam que eram eles
os lavradores maus a que Jesus se referia.
No entanto, por medo da multidão, deixa-
ram-no e foram embora.

IMPOSTOS PARA CÉSAR

13 Mais tarde, os líderes enviaram alguns
fariseus e membros do partido de Herodes
com o objetivo de levar Jesus a dizer algo
que desse motivo para o prenderem.
14 Disseram: "Mestre, sabemos como o
senhor é honesto. É imparcial e não de-
monstra favoritismo. Ensina o caminho
de Deus de acordo com a verdade. Agora,
diga-nos: É certo pagar impostos a César ou
não? 15 Devemos pagar ou não?".

Jesus percebeu a hipocrisia deles e disse:
"Por que vocês tentam me apanhar numa
armadilha? Mostrem-me uma moeda de
prata,[c] e eu lhes direi". 16 Quando lhe de-
ram a moeda, ele disse: "De quem são a
imagem e o título nela gravados?".

"De César", responderam.

17 "Então deem a César o que pertence
a César, e deem a Deus o que pertence a
Deus", disse ele.

Sua resposta os deixou muito admirados.

DISCUSSÃO SOBRE A RESSURREIÇÃO DOS MORTOS

18 Depois vieram a Jesus alguns saduceus,
líderes religiosos que afirmam não haver
ressurreição dos mortos, e perguntaram:
19 "Mestre, Moisés nos deu uma lei segun-
do a qual se um homem morrer sem deixar
filhos, o irmão dele deve se casar com a
viúva e ter um filho que dará continuidade
ao nome do irmão.[d] 20 Numa família havia
sete irmãos. O mais velho se casou e mor-
reu sem deixar filhos. 21 O segundo irmão
se casou com a viúva, mas também morreu
sem deixar filhos. Então o terceiro irmão se
casou com ela. 22 O mesmo aconteceu até o
sétimo irmão, e nenhum deixou filhos. Por
fim, a mulher também morreu. 23 Diga-nos,
de quem ela será esposa na ressurreição?
Afinal, os sete se casaram com ela".

24 Jesus respondeu: "O erro de vocês está
em não conhecerem as Escrituras nem o
poder de Deus. 25 Pois, quando os mortos
ressuscitarem, não se casarão nem se da-
rão em casamento. Nesse sentido, serão
como os anjos do céu.

26 "Agora, quanto a haver ressurreição dos
mortos, vocês não leram a esse respeito
nos escritos de Moisés, no relato sobre o
arbusto em chamas? Deus disse a Moisés:
'Eu sou o Deus de Abraão, o Deus de Isaque
e o Deus de Jacó'.[e] 27 Portanto, ele é o Deus
dos vivos, e não dos mortos. Vocês estão
completamente enganados!".

O MANDAMENTO MAIS IMPORTANTE

28 Um dos mestres da lei estava ali ou-
vindo a discussão. Ao perceber que Jesus
tinha respondido bem, perguntou: "De to-
dos os mandamentos, qual é o mais im-
portante?".

29 Jesus respondeu: "O mandamento
mais importante é este: 'Ouça, ó Israel!
O Senhor, nosso Deus, é o único Senhor.
30 Ame o Senhor, seu Deus, de todo o seu
coração, de toda a sua alma, de toda a sua
mente e de todas as suas forças'.[f] 31 O se-
gundo é igualmente importante: 'Ame o
seu próximo como a si mesmo'.[g] Nenhum
outro mandamento é maior que esses".

32 O mestre da lei respondeu: "Muito
bem, mestre. O senhor falou a verdade ao
dizer que há só um Deus, e nenhum outro.
33 E sei que é importante amá-lo de todo o
meu coração, de todo o meu entendimento
e de todas as minhas forças, e amar o meu
próximo como a mim mesmo. É mais im-
portante que oferecer todos os holocaustos
e sacrifícios exigidos pela lei".

34 Ao perceber quanto o homem com-
preendia, Jesus disse: "Você não está longe
do reino de Deus". Depois disso, ninguém
se atreveu a lhe fazer mais perguntas.

---

[a] **12.10-11** Sl 118.22-23.
[b] **12.12** Em grego, *Eles*.
[c] **12.15** Em grego, *1 denário*.
[d] **12.19** Ver Dt 25.5-6.
[e] **12.26** Êx 3.6.
[f] **12.29-30** Dt 6.4-5.
[g] **12.31** Lv 19.18.

DE QUEM O CRISTO É FILHO?

35 Mais tarde, enquanto ensinava o povo no
templo, Jesus fez a seguinte pergunta: "Por
que os mestres da lei afirmam que o Cristo
é filho de Davi? 36 O próprio Davi, falando
por meio do Espírito Santo, disse:

'O Senhor disse ao meu Senhor:
Sente-se no lugar de honra
à minha direita
até que eu humilhe seus inimigos
debaixo de seus pés'.[a]

37 Uma vez que Davi chamou o Cristo de
'meu Senhor', como ele pode ser filho
de Davi?".
E a grande multidão o ouvia com prazer.

JESUS CRITICA OS MESTRES DA LEI

38 Jesus também ensinou: "Cuidado com
os mestres da lei! Eles gostam de se exibir
com vestes longas e de receber saudações
respeitosas quando andam pelas praças.
39 E como gostam de sentar-se nos lugares
de honra nas sinagogas e à cabeceira da
mesa nos banquetes! 40 No entanto, tomam
posse dos bens das viúvas de maneira de-
sonesta e, depois, para dar a impressão
de piedade, fazem longas orações em
público. Por causa disso, serão duramen-
te castigados".

A OFERTA DA VIÚVA

41 Jesus sentou-se perto da caixa de ofer-
tas do templo e ficou observando o povo
colocar o dinheiro. Muitos ricos contri-
buíam com grandes quantias. 42 Então
veio uma viúva pobre e colocou duas
moedas pequenas.[b]
43 Jesus chamou seus discípulos e disse:
"Eu lhes digo a verdade: essa viúva depo-
sitou na caixa de ofertas mais que todos
os outros. 44 Eles deram uma parte do que
lhes sobrava, mas ela, em sua pobreza, deu
tudo que tinha".

JESUS FALA DE ACONTECIMENTOS FUTUROS

13 Quando Jesus saía do templo, um
de seus discípulos disse: "Mestre,
olhe que construções magníficas! Que pe-
dras impressionantes!".
2 Jesus respondeu: "Está vendo estas
grandes construções? Serão completa-
mente destruídas. Não restará pedra so-
bre pedra!".
3 Mais tarde, Jesus sentou-se no monte
das Oliveiras, do outro lado do vale, de
frente para o templo. Pedro, Tiago, João e
André vieram e lhe perguntaram em par-
ticular: 4 "Diga-nos, quando isso tudo vai
acontecer? Que sinais indicarão que essas
coisas estão prestes a se cumprir?".
5 Jesus respondeu: "Não deixem que nin-
guém os engane, 6 pois muitos virão em
meu nome, dizendo: 'Eu sou o Cristo',[c] e
enganarão muitos. 7 Vocês ouvirão falar
de guerras e ameaças de guerras, mas não
entrem em pânico. Sim, é necessário que
essas coisas ocorram, mas ainda não será o
fim. 8 Uma nação guerreará contra a outra,
e um reino contra o outro. Haverá terre-
motos em vários lugares, e também fome.
Tudo isso, porém, será apenas o começo
das dores de parto.
9 "Tenham cuidado! Vocês serão entre-
gues aos tribunais e açoitados nas sina-
gogas. Por minha causa, serão julgados
diante de governadores e reis. Essa será
sua oportunidade de lhes falar a meu
respeito.[d] 10 É necessário, primeiro, que as
boas-novas sejam anunciadas a todas as
nações.[e] 11 Quando forem presos e julga-
dos, não se preocupem com o que dirão.
Falem apenas o que lhes for concedido
naquele momento, pois não serão vocês
que falarão, mas o Espírito Santo.
12 "O irmão trairá seu irmão e o entregará
à morte, e assim também o pai a seu pró-
prio filho. Os filhos se rebelarão contra os
pais e os matarão. 13 Todos os odiarão por
minha causa, mas quem se mantiver firme
até o fim será salvo.
14 "Chegará o dia em que vocês verão a
'terrível profanação'[f] no lugar onde não
deveria estar. (Leitor, preste atenção!)
Então, quem estiver na Judeia, fuja para os
montes. 15 Quem estiver na parte de cima

[a] **12.36** Sl 110.1.
[b] **12.42** Em grego, *2 leptos, que valiam 1 quadrante.*
[c] **13.6** Em grego, *dizendo: 'Eu sou'.*
[d] **13.9** Ou *Esse será o seu testemunho contra eles.*
[e] **13.10** Ou *todos os povos.*
[f] **13.14** Em grego, *a abominação da desolação.* Ver Dn 9.27; 11.31; 12.11.

da casa, não desça nem entre para pegar
coisa alguma. 16 Quem estiver no campo,
não volte nem para pegar o manto. 17 Que
terríveis serão aqueles dias para as grávi-
das e para as mães que estiverem amamen-
tando! 18 Orem para que a fuga de vocês
não aconteça no inverno, 19 pois haverá
mais angústia naqueles dias que em qual-
quer outra ocasião desde que Deus criou o
mundo, e nunca mais haverá angústia tão
grande. 20 De fato, se o Senhor não tivesse
limitado esse tempo, ninguém sobrevive-
ria, mas, por causa de seus escolhidos, ele
limitou aqueles dias.

21 "Portanto, se alguém lhes disser:
'Vejam, aqui está o Cristo!' ou 'Vejam, ali
está ele!', não acreditem, 22 pois falsos
cristos e falsos profetas surgirão e realiza-
rão sinais e maravilhas a fim de enganar,
se possível, até os escolhidos. 23 Fiquem
atentos! Eu os avisei a esse respeito de
antemão.

24 "Naquele tempo, depois da angústia
daqueles dias,

'o sol escurecerá,
a lua não dará luz,
25 as estrelas cairão do céu,
e os poderes dos céus
serão abalados'.[a]

26 Então todos verão o Filho do Homem
vindo nas nuvens com grande poder e
glória.[b] 27 Ele enviará seus anjos para reu-
nir seus escolhidos de todas as partes do
mundo,[c] das extremidades da terra às ex-
tremidades do céu.

28 "Agora, aprendam a lição da figueira.
Quando surgem seus ramos e suas folhas
começam a brotar, vocês sabem que o
verão está próximo. 29 Da mesma forma,
quando virem todas essas coisas, saberão
que o tempo está muito próximo, à porta.
30 Eu lhes digo a verdade: esta geração[d] cer-
tamente não passará até que todas essas
coisas tenham acontecido. 31 O céu e a terra
desaparecerão, mas as minhas palavras ja-
mais desaparecerão.

32 "Contudo, ninguém sabe o dia nem
a hora em que essas coisas acontecerão,
nem mesmo os anjos no céu, nem o Filho.
Somente o Pai sabe. 33 E, uma vez que vo-
cês não sabem quando virá esse tempo,
vigiem! Fiquem atentos![e]

34 "A vinda do Filho do Homem pode ser
ilustrada pela história de um homem que
partiu numa longa viagem. Quando saiu
de casa, deu instruções a cada um de seus
servos sobre o que fazer e disse ao por-
teiro que vigiasse, à espera de sua volta.
35 Vocês também devem vigiar! Pois não
sabem quando o dono da casa voltará: à
tarde, à meia-noite, de madrugada ou ao
amanhecer. 36 Que ele não os encontre dor-
mindo quando chegar sem aviso. 37 Eu lhes
digo o que digo a todos: vigiem!".

A CONSPIRAÇÃO PARA MATAR JESUS

14 Faltavam dois dias para a Páscoa e
para a Festa dos Pães sem Fermen-
to. Os principais sacerdotes e mestres da
lei ainda procuravam uma oportunidade
de prender Jesus em segredo e matá-lo.
2 "Mas não durante a festa da Páscoa, para
não haver tumulto entre o povo", concor-
daram entre eles.

JESUS É UNGIDO EM BETÂNIA

3 Enquanto isso, Jesus estava em Betânia,
na casa de Simão, o leproso. Quando ele
estava à mesa, uma mulher entrou com um
frasco de alabastro contendo um perfume
caro, feito de essência de nardo. Ela que-
brou o frasco e derramou o perfume sobre
a cabeça dele.

4 Alguns dos que estavam à mesa ficaram
indignados. "Por que desperdiçar um per-
fume tão caro?", perguntaram. 5 "Poderia
ter sido vendido por trezentas moedas de
prata,[f] e o dinheiro, dado aos pobres!" E re-
preenderam a mulher severamente.

6 Jesus, porém, disse: "Deixem-na em
paz. Por que a criticam por ter feito algo
tão bom para mim? 7 Vocês sempre terão
os pobres em seu meio e poderão ajudá-los
sempre que desejarem, mas nem sempre
terão a mim. 8 Ela fez o que podia e ungiu

---

[a] **13.24-25** Ver Is 13.10; 34.4; Jl 2.10.
[b] **13.26** Ver Dn 7.13.
[c] **13.27** Em grego, *dos quatro ventos*.
[d] **13.30** Ou *esta era*, ou *esta nação*.
[e] **13.33** Alguns manuscritos acrescentam *e orem*.
[f] **14.5** Em grego, *300 denários*.

meu corpo de antemão para o sepultamento. 9 Eu lhes digo a verdade: onde quer que as boas-novas sejam anunciadas pelo mundo, o que esta mulher fez será contado, e dela se lembrarão".

JUDAS CONCORDA EM TRAIR JESUS

10 Então Judas Iscariotes, um dos Doze, foi aos principais sacerdotes para combinar
de lhes entregar Jesus. 11 Quando souberam por que ele tinha vindo, ficaram muito satisfeitos e lhe prometeram dinheiro. Então ele começou a procurar uma oportunidade para trair Jesus.

A ÚLTIMA CEIA

12 No primeiro dia da Festa dos Pães sem Fermento, quando o cordeiro pascal era sacrificado, os discípulos de Jesus lhe perguntaram: "Onde quer que lhe preparemos a refeição da Páscoa?".

13 Então Jesus enviou dois deles a Jerusalém, com as seguintes instruções: "Ao entrarem na cidade, um homem carregando uma vasilha de água virá ao seu
encontro. Sigam-no. 14 Digam ao dono da casa em que ele entrar: 'O Mestre pergunta: Onde fica o aposento no qual comerei a refeição da Páscoa com meus discípulos?'.
15 Ele os levará a uma sala grande no andar superior, que já estará arrumada. Preparem
ali a refeição". 16 Então os dois discípulos foram à cidade e encontraram tudo como Jesus tinha dito, e ali prepararam a refeição da Páscoa.

17 Ao anoitecer, Jesus chegou com os
Doze. 18 Quando estavam à mesa, comendo, Jesus disse: "Eu lhes digo a verdade: um de vocês que está aqui comendo comigo vai me trair".

19 Aflitos, eles protestaram: "Certamente não serei eu!".

20 Jesus respondeu: "É um dos Doze. É alguém que come comigo da mesma tigela.
21 Pois o Filho do Homem deve morrer, como as Escrituras declararam há muito tempo. Mas que terrível será para aquele que o trair! Para esse homem seria melhor não ter nascido".

22 Enquanto comiam, Jesus tomou o pão e o abençoou. Em seguida, partiu-o em pedaços e deu aos discípulos, dizendo: "Tomem, porque este é o meu corpo".

23 Então tomou o cálice de vinho e agradeceu a Deus. Depois, entregou-o aos discípulos, e todos beberam. 24 Então Jesus
disse: "Este é o meu sangue, que confirma a aliança.[a] Ele é derramado como sacrifício por muitos. 25 Eu lhes digo a verdade:
não voltarei a beber vinho até aquele dia em que beberei um vinho novo no reino de Deus".

26 Então cantaram um hino e saíram para o monte das Oliveiras.

JESUS PREDIZ A NEGAÇÃO DE PEDRO

27 No caminho, Jesus disse: "Todos vocês me abandonarão, pois as Escrituras dizem:

'Deus ferirá[b] o pastor,
e as ovelhas serão dispersas'.

28 Mas, depois de ressuscitar, irei adiante de vocês à Galileia".

29 Pedro declarou: "Mesmo que todos os outros o abandonem, eu jamais farei isso".

30 Jesus respondeu: "Eu lhe digo a verdade: esta mesma noite, antes que o galo cante duas vezes, você me negará três vezes".

31 Pedro, no entanto, insistiu enfaticamente: "Mesmo que eu tenha de morrer ao seu lado, jamais o negarei!". E todos os outros discípulos disseram o mesmo.

JESUS ORA NO GETSÊMANI

32 Então foram a um lugar chamado Getsêmani, e Jesus disse a seus discípulos: "Sentem-se aqui enquanto vou orar". 33 Levou consigo Pedro, Tiago e João e começou
a sentir grande pavor e angústia. 34 "Minha alma está profundamente triste, a ponto de morrer", disse ele. "Fiquem aqui e vigiem."

35 Ele avançou um pouco e curvou-se até o chão. Então orou para que, se possível, a hora que o esperava fosse afastada dele.
36 E clamou: "Aba,[c] Pai, tudo é possível para ti. Peço que afastes de mim este cálice.

---

[a] **14.24** Alguns manuscritos trazem *a nova aliança*.
[b] **14.27** Em grego, *Eu ferirei*. Zc 13.7.
[c] **14.36** *Aba* é um termo aramaico para "pai".

Contudo, que seja feita a tua vontade, e não a minha".

37 Depois, voltou aos discípulos e os encontrou dormindo. "Simão, você está dormindo?", disse ele a Pedro. "Não pode vigiar comigo nem por uma hora? 38 Vigiem e orem para que não cedam à tentação, pois o espírito está disposto, mas a carne é fraca."

39 Então os deixou novamente e fez a mesma oração de antes. 40 Quando voltou pela segunda vez, mais uma vez encontrou os discípulos dormindo, pois não conseguiam manter os olhos abertos. Eles não sabiam o que dizer.

41 Ao voltar pela terceira vez, disse: "Vocês ainda dormem e descansam? Basta; chegou a hora. O Filho do Homem está para ser entregue nas mãos de pecadores. 42 Levantem-se e vamos. Meu traidor chegou".

JESUS É TRAÍDO E PRESO

43 No mesmo instante, enquanto Jesus ainda falava, Judas, um dos Doze, chegou com uma multidão armada de espadas e pedaços de pau. Tinham sido enviados pelos principais sacerdotes, mestres da lei e líderes do povo. 44 O traidor havia combinado com eles um sinal: "Vocês saberão a quem devem prender quando eu o cumprimentar com um beijo. Então poderão levá-lo em segurança". 45 Assim que chegaram, Judas se aproximou de Jesus. "Rabi!", exclamou ele, e o beijou.

46 Os outros agarraram Jesus e o prenderam. 47 Mas um dos que estavam com Jesus puxou a espada e feriu o servo do sumo sacerdote, cortando-lhe a orelha.

48 Jesus perguntou: "Por acaso sou um revolucionário perigoso, para que venham me prender com espadas e pedaços de pau? 49 Por que não me prenderam no templo? Todos os dias estive ali, no meio de vocês, ensinando. Mas estas coisas estão acontecendo para que se cumpra o que dizem as Escrituras".

50 Então todos o abandonaram e fugiram. 51 Um jovem que os seguia vestia apenas um lençol de linho. Quando a multidão tentou agarrá-lo, 52 ele deixou para trás o lençol e escapou nu.

O JULGAMENTO DE JESUS DIANTE DO CONSELHO

53 Levaram Jesus para a casa do sumo sacerdote, onde estavam reunidos os principais sacerdotes, os líderes do povo e os mestres da lei. 54 Pedro seguia Jesus de longe e entrou no pátio do sumo sacerdote. Ali, sentou-se com os guardas para se aquecer junto ao fogo.

55 Lá dentro, os principais sacerdotes e todo o conselho dos líderes do povo[a] tentavam, sem sucesso, encontrar provas contra Jesus, para que pudessem condená-lo à morte. 56 Muitas testemunhas falsas deram depoimentos, mas elas se contradiziam. 57 Por fim, alguns homens se levantaram e apresentaram o seguinte testemunho falso: 58 "Nós o ouvimos dizer: 'Destruirei este templo feito por mãos humanas e em três dias construirei outro, não feito por mãos humanas'". 59 Mas nem assim seus depoimentos eram coerentes.

60 Então o sumo sacerdote se levantou diante dos demais e perguntou a Jesus: "Você não vai responder a essas acusações? O que tem a dizer em sua defesa?". 61 Jesus, no entanto, permaneceu calado e não deu resposta alguma. Então o sumo sacerdote perguntou: "Você é o Cristo, o Filho do Deus Bendito?".

62 "Eu sou", disse Jesus. "E vocês verão o Filho do Homem sentado à direita do Deus Poderoso[b] e vindo sobre as nuvens do céu."[c]

63 Então o sumo sacerdote rasgou as vestes e disse: "Que necessidade temos de outras testemunhas? 64 Todos ouviram a blasfêmia. Qual é o veredicto?".

E todos o julgaram culpado e o condenaram à morte.

65 Então alguns deles começaram a cuspir em Jesus. Vendaram seus olhos e lhe deram socos. "Profetize para nós!", zombavam. E os guardas lhe davam tapas enquanto o levavam.

PEDRO NEGA JESUS

66 Enquanto isso, Pedro estava lá embaixo, no pátio. Uma das criadas que trabalhava

[a] **14.55** Em grego, *o Sinédrio*.
[b] **14.62a** Em grego, *sentado à direita do poder*. Ver Sl 110.1.
[c] **14.62b** Ver Dn 7.13.

para o sumo sacerdote passou por ali 67 e
viu Pedro se aquecendo junto ao fogo.
Olhou bem para ele e disse: "Você é um
dos que estavam com Jesus de Nazaré".[a]
68 Ele, porém, negou. "Não faço a menor
ideia do que você está falando!", disse, e
caminhou em direção à saída. Naquele
instante, o galo cantou.[b]
69 Quando a criada o viu ali, começou
a dizer aos outros: "Este homem com
certeza é um deles!". 70 Mas Pedro negou
novamente.
Um pouco mais tarde, alguns dos que es-
tavam por lá confrontaram Pedro, dizendo:
"Você deve ser um deles, pois é galileu".
71 Ele, porém, começou a praguejar e ju-
rou: "Não conheço esse homem de quem
vocês estão falando!". 72 E, no mesmo ins-
tante, o galo cantou pela segunda vez.
Então Pedro se lembrou das palavras de
Jesus: "Antes que o galo cante duas vezes,
você me negará três vezes". E começou
a chorar.

O JULGAMENTO DE JESUS DIANTE DE PILATOS

15 De manhã bem cedo, os principais
sacerdotes, os líderes do povo e os
mestres da lei — todo o alto conselho[c] —
se reuniram para discutir o que fariam em
seguida. Então amarraram Jesus, o levaram
e o entregaram a Pilatos.
2 Pilatos lhe perguntou: "Você é o rei dos
judeus?".
Jesus respondeu: "É como você diz".
3 Os principais sacerdotes o acusaram de
vários crimes, 4 e Pilatos perguntou: "Você
não vai responder? O que diz de todas es-
sas acusações?". 5 Mas, para surpresa de
Pilatos, Jesus não disse coisa alguma.
6 A cada ano, durante a festa da Páscoa,
era costume libertar um prisioneiro,
qualquer um que a multidão escolhesse.
7 Um dos prisioneiros era Barrabás, um
revolucionário que havia cometido assas-
sinato durante uma revolta. 8 A multidão
foi a Pilatos e pediu que ele libertasse um
prisioneiro, como de costume.
9 Pilatos perguntou: "Querem que eu sol-
te o 'rei dos judeus'?". 10 (Pois havia perce-
bido que os principais sacerdotes tinham
prendido Jesus por inveja.) 11 Nesse mo-
mento, os principais sacerdotes instigaram
a multidão a pedir a libertação de Barrabás
em vez de Jesus. 12 Pilatos lhes perguntou:
"Então o que farei com este homem que
vocês chamam de 'rei dos judeus'?".
13 "Crucifique-o!", gritou a multidão.
14 "Por quê?", quis saber Pilatos. "Que cri-
me ele cometeu?"
Mas a multidão gritou ainda mais alto:
"Crucifique-o!".
15 Para acalmar a multidão, Pilatos lhes
soltou Barrabás. Então, depois de mandar
açoitar Jesus, entregou-o aos soldados ro-
manos para que fosse crucificado.

OS SOLDADOS ZOMBAM DE JESUS

16 Os soldados levaram Jesus para o pa-
lácio do governador (lugar conhecido
como Pretório) e chamaram todo o regi-
mento. 17 Vestiram Jesus com um manto
vermelho, teceram uma coroa de espinhos
e a colocaram em sua cabeça. 18 Então o
saudavam, zombando: "Salve, rei dos ju-
deus!". 19 Batiam em sua cabeça com uma
vara, cuspiam nele e ajoelhavam-se, fin-
gindo adorá-lo. 20 Quando se cansaram de
zombar dele, tiraram o manto vermelho e o
vestiram com suas roupas. Então o levaram
para ser crucificado.

A CRUCIFICAÇÃO

21 Um homem chamado Simão, de Cirene,[d]
passava ali naquele momento, vindo do
campo. Os soldados o obrigaram a carre-
gar a cruz. (Simão era pai de Alexandre e
Rufo.) 22 Levaram Jesus a um lugar cha-
mado Gólgota (que quer dizer "Lugar da
Caveira"). 23 Ofereceram-lhe vinho mistu-
rado com mirra, mas ele recusou.
24 Então os soldados o pregaram na cruz.
Depois, dividiram as roupas dele e tira-
ram sortes para decidir quem ficava com
cada peça. 25 Eram nove horas da manhã
quando o crucificaram. 26 Uma tabule-
ta anunciava a acusação feita contra ele:
"O Rei dos Judeus". 27 Dois criminosos foram

[a] **14.67** Ou *Jesus, o nazareno.*

[b] **14.68** Alguns manuscritos não trazem *Naquele instante, o galo cantou.*

[c] **15.1** Em grego, *o Sinédrio*, também em 15.43.

[d] **15.21** *Cirene* era uma cidade no norte da África.

crucificados com ele, um à sua direita e outro à sua esquerda. 28 Assim, cumpriram-se as Escrituras que diziam: "Ele foi contado entre os rebeldes".[a]

29 O povo que passava por ali gritava insultos e sacudia a cabeça em zombaria. "Olhe só!", gritavam. "Você disse que destruiria o templo e o reconstruiria em três dias. 30 Pois bem, salve a si mesmo e desça da cruz!"

31 Os principais sacerdotes e os mestres da lei também zombavam de Jesus. "Salvou os outros, mas não pode salvar a si mesmo!", diziam. 32 "Que esse Cristo, o rei de Israel, desça da cruz agora mesmo para que vejamos e creiamos nele!" Até os homens crucificados com Jesus o insultavam.

A MORTE DE JESUS

33 Ao meio-dia, desceu sobre toda a terra uma escuridão que durou três horas. 34 Por volta das três da tarde, Jesus clamou em alta voz: "Eloí, Eloí, lamá sabactâni?", que quer dizer: "Meu Deus, meu Deus, por que me abandonaste?".[b]

35 Alguns dos que estavam ali, ouvindo isso, disseram: "Ele está chamando Elias". 36 Um deles correu, ensopou uma esponja com vinagre e a ergueu num caniço para que ele bebesse. "Esperem!", disse ele. "Vamos ver se Elias vem tirá-lo daí."

37 Então Jesus clamou em alta voz e deu o último suspiro. 38 A cortina do santuário do templo se rasgou em duas partes, de cima até embaixo.

39 Quando o oficial romano[c] que estava diante dele[d] viu como ele havia morrido, exclamou: "Este homem era verdadeiramente o Filho de Deus!".

40 Algumas mulheres observavam de longe. Entre elas estavam Maria Madalena, Maria, mãe de Tiago, o mais jovem, e de José,[e] e Salomé. 41 Eram seguidoras de Jesus e o haviam servido na Galileia. Também estavam ali muitas mulheres que foram com ele a Jerusalém.

O SEPULTAMENTO DE JESUS

42 Tudo isso aconteceu na sexta-feira, o dia da preparação, antes do sábado. Ao entardecer, 43 José de Arimateia foi corajosamente a Pilatos e pediu o corpo de Jesus. (José era um membro respeitado do conselho dos líderes do povo e esperava a chegada do reino de Deus.) 44 Surpreso com o fato de Jesus já estar morto, Pilatos chamou o oficial romano e perguntou se fazia muito tempo que ele havia morrido. 45 O oficial confirmou que Jesus estava morto, e Pilatos disse a José que podia levar o corpo. 46 José comprou um lençol de linho, desceu o corpo de Jesus da cruz, envolveu-o no lençol e colocou-o num túmulo escavado na rocha. Então rolou uma grande pedra na entrada do túmulo. 47 Maria Madalena e Maria, mãe de José, viram onde o corpo de Jesus tinha sido sepultado.

A RESSURREIÇÃO

16 Ao entardecer do dia seguinte, terminado o sábado, Maria Madalena, Maria, mãe de Tiago, e Salomé foram comprar especiarias para ungir o corpo de Jesus. 2 No domingo de manhã, bem cedo,[f] ao nascer do sol, elas foram ao túmulo. 3 No caminho, perguntavam umas às outras: "Quem removerá para nós a pedra da entrada do túmulo?". 4 Mas, quando chegaram, foram verificar e viram que a pedra, que era muito grande, já havia sido removida.

5 Ao entrarem no túmulo, viram um jovem vestido de branco sentado do lado direito. Ficaram assustadas, 6 mas ele disse: "Não tenham medo. Vocês procuram Jesus de Nazaré,[g] que foi crucificado. Ele não está aqui. Ressuscitou! Vejam, este é o lugar onde haviam colocado seu corpo. 7 Agora vão e digam aos discípulos, incluindo Pedro, que Jesus vai adiante deles à Galileia. Vocês o verão lá, como ele lhes disse".

8 Trêmulas e desnorteadas, as mulheres fugiram do túmulo e não disseram coisa

[a] **15.28** Ver Is 53.12. Alguns manuscritos não trazem o versículo 28. Comparar com Lc 22.37.
[b] **15.34** Sl 22.1.
[c] **15.39a** Em grego, *centurião*; também em 15.44,45.
[d] **15.39b** Alguns manuscritos acrescentam *ouviu o grito e*.
[e] **15.40** Em grego, *Joses*; também em 15.47. Ver Mt 27.56.
[f] **16.2** Em grego, *No primeiro dia da semana*; também em 16.9.
[g] **16.6** Ou *Jesus, o nazareno*.

alguma a ninguém, pois estavam assusta-
das demais.[a]

9 Quando Jesus ressuscitou dos mortos,
no domingo de manhã, bem cedo, a pri-
meira pessoa que o viu foi Maria Madale-
na, a mulher de quem ele havia expulsado
sete demônios. 10 Ela foi aos discípulos,
que lamentavam e choravam, e contou
o que havia acontecido. 11 Quando ela dis-
se que Jesus estava vivo e que o tinha visto,
eles não acreditaram.

12 Depois, Jesus apareceu em outra forma
a dois de seus seguidores, enquanto iam de
Jerusalém para o campo. 13 Voltaram cor-
rendo para contar aos outros, mas eles
não acreditaram.

14 Mais tarde, enquanto os onze discípu-
los comiam, Jesus lhes apareceu. Ele os re-
preendeu por sua incredulidade obstinada,
pois se recusaram a crer naqueles que o
tinham visto depois de sua ressurreição.

15 Jesus lhes disse: "Vão ao mundo in-
teiro e anunciem as boas-novas a todos.
16 Quem crer e for batizado será salvo,
mas quem se recusar a crer será condena-
do. 17 Os seguintes sinais acompanharão
aqueles que crerem: em meu nome expul-
sarão demônios, falarão em novas línguas,[b]
18 pegarão em serpentes sem correr perigo,
se beberem algo venenoso, não lhes fará
mal, e colocarão as mãos sobre os enfer-
mos e eles serão curados".

19 Quando o Senhor Jesus acabou de falar
com eles, foi levado para o céu e sentou-se
à direita de Deus. 20 Os discípulos foram a
toda parte e anunciavam a mensagem, e o
Senhor cooperava com eles, confirmando-
-a com muitos sinais.

[a] **16.8** Os manuscritos mais antigos terminam aqui o evangelho de Marcos. A maioria dos manuscritos, porém, acrescenta os versículos 9-20. Outros ainda concluem no versículo 8, mas acrescentam: *Então, informaram tudo isso brevemente a Pedro e seus companheiros. Depois, o próprio Jesus os enviou de leste a oeste com a sagrada e incorruptível mensagem da salvação que dá vida eterna. Amém.* Um número pequeno de manuscritos inclui tanto o final curto quanto o final longo.

[b] **16.17** Ou *novos idiomas*. Alguns manuscritos não trazem *novas*.

Evangelhos

Lucas

Livro 42 com

24

CAPÍTULOS

AUTORIA

Lucas, médico colaborador de Paulo (Cl 4.14; 2Tm 4.11). Ele não foi um dos 12 apóstolos, mas sua pesquisa cuidadosa e entrevistas com testemunhas oculares lhe permitiram compilar um relato dos eventos da vida de Jesus (Lc 1.1-4). Seu nome é de origem latina e significa “portador de luz”.

O EVANGELHO DO SALVADOR

ÉPOCA DA ESCRITA

Provavelmente, entre 60 e 70 d.C., antes da destruição do templo de Jerusalém.

OBJETIVO DO LIVRO

Lucas escreveu o Evangelho para gentios, especialmente Teófilo, com o objetivo de fazer um relato confiável da vida e do ministério de Jesus. Ele se preocupa em mostrar que a salvação é universal, disponível a todas as pessoas, independentemente de origem ou status.

ESTRUTURA DO LIVRO

- ★ Prólogo e nascimento de Jesus Lc 1—2
- ★ Preparação para o ministério Lc 3—4.13
- ★ Ministério na Galileia Lc 4.14—9.50
- ★ Viagem a Jerusalém Lc 9.51—19.27
- ★ Semana da Paixão Lc 19.28—23
- ★ Ressurreição e ascensão Lc 24

TEMAS DO LIVRO

Lucas enfatiza a compaixão e a misericórdia de Jesus, especialmente para com os marginalizados, incluindo mulheres, crianças, pobres e pecadores. Ele também destaca a importância da oração, do Espírito Santo e do cumprimento das promessas de Deus. Lucas apresenta Jesus como o Salvador de toda a humanidade, não apenas dos judeus (Lc 2.30-32).

LUCAS E CRISTO

Lucas apresenta Jesus como o Filho do homem, sublinhando sua humanidade e divindade.

Ele mostra Jesus como o Salvador que busca e salva o perdido (Lc 19.10) e o grande médico que cura o corpo e a alma (Lc 5.31-32).

A narrativa do nascimento de Jesus destaca sua missão universal e o cumprimento das promessas messiânicas (Lc 2.11,29-32).

INTRODUÇÃO

1 Muitos se propuseram a escrever uma narração dos acontecimentos que se cumpriram entre nós. 2 Usaram os relatos que nos foram transmitidos por aqueles que, desde o princípio, foram testemunhas oculares e servos da palavra. 3 Depois de investigar tudo detalhadamente desde o início, também decidi escrever-lhe um relato preciso, excelentíssimo Teófilo, 4 para que tenha plena certeza de tudo que lhe foi ensinado.

O ANÚNCIO DO NASCIMENTO DE JOÃO BATISTA

5 Quando Herodes era rei da Judeia, havia um sacerdote chamado Zacarias, que fazia parte do grupo sacerdotal de Abias. Sua esposa, Isabel, também pertencia à linhagem sacerdotal de Arão. 6 Zacarias e Isabel eram justos aos olhos de Deus e obedeciam cuidadosamente a todos os mandamentos e estatutos do Senhor. 7 Não tinham filhos, pois Isabel era estéril, e ambos já estavam bem velhos.

8 Certo dia, Zacarias estava servindo diante de Deus no templo, pois seu grupo realizava o trabalho sacerdotal, conforme a escala. 9 Foi escolhido por sorteio, como era costume dos sacerdotes, para entrar no santuário do Senhor e queimar incenso. 10 Enquanto o incenso era queimado, uma grande multidão orava do lado de fora.

11 Então um anjo do Senhor lhe apareceu, à direita do altar de incenso. 12 Ao vê-lo, Zacarias ficou muito abalado e assustado. 13 O anjo, porém, lhe disse: "Não tenha medo, Zacarias! Sua oração foi ouvida. Isabel, sua esposa, lhe dará um filho, e você o chamará João. 14 Você terá grande satisfação e alegria, e muitos se alegrarão com o nascimento do menino, 15 pois ele será grande aos olhos do Senhor. Nunca tomará vinho nem outra bebida forte. Será cheio do Espírito Santo, antes mesmo de nascer.[a] 16 Fará muitos israelitas voltarem ao Senhor, seu Deus. 17 Será um homem com o espírito e o poder de Elias, e preparará o povo para a vinda do Senhor. Fará o coração dos pais voltar para seus filhos[b] e levará os rebeldes a aceitarem a sabedoria dos justos".

18 Zacarias disse ao anjo: "Como posso ter certeza de que isso acontecerá? Já sou velho, e minha mulher também é de idade avançada".

19 O anjo respondeu: "Sou Gabriel, e estou sempre na presença de Deus. Foi ele quem me enviou para lhe trazer estas boas-novas. 20 Agora, porém, você ficará mudo até os dias em que essas coisas acontecerão, pois não acreditou em minhas palavras, que se cumprirão no devido tempo".

21 Enquanto isso, o povo esperava Zacarias sair do santuário e se perguntava por que ele demorava tanto. 22 Quando finalmente saiu, não conseguia falar com eles, e perceberam por seus gestos e seu silêncio que ele havia tido uma visão no santuário.

23 Ao fim de seus dias de serviço no templo, Zacarias voltou para casa. 24 Pouco tempo depois, sua esposa, Isabel, engravidou e não saiu de casa[c] por cinco meses. 25 "Como o Senhor foi bom para mim em minha velhice!", exclamou ela. "Tirou de mim a humilhação pública de não ter filhos!"

O ANÚNCIO DO NASCIMENTO DE JESUS

26 No sexto mês da gestação de Isabel, Deus enviou o anjo Gabriel a Nazaré, uma cidade da Galileia, 27 a uma virgem de nome Maria. Ela estava prometida em casamento a um homem chamado José, descendente do rei Davi. 28 Gabriel apareceu a ela e lhe disse: "Alegre-se, mulher favorecida! O Senhor está com você!".[d]

29 Confusa, Maria tentou imaginar o que o anjo quis dizer. 30 "Não tenha medo, Maria", disse o anjo, "pois você encontrou favor diante de Deus. 31 Ficará grávida e dará à luz um filho, e o chamará Jesus. 32 Ele será grande, e será chamado Filho do Altíssimo. O Senhor Deus lhe dará o trono de seu antepassado Davi, 33 e ele reinará sobre Israel[e] para sempre; seu reino jamais terá fim!"

[a] **1.15** Ou *desde o nascimento.*

[b] **1.17** Ver Ml 4.5-6.

[c] **1.24** Em grego, *escondeu-se em casa.*

[d] **1.28** Alguns manuscritos acrescentam *Você é bendita entre as mulheres!*

[e] **1.33** Em grego, *sobre a casa de Jacó.*

34 Maria perguntou ao anjo: "Como isso
acontecerá? Eu sou virgem!".
35 O anjo respondeu: "O Espírito Santo virá
sobre você, e o poder do Altíssimo a cobrirá
com sua sombra. Portanto, o bebê que vai
nascer será santo, e será chamado Filho de
Deus. 36 Além disso, sua parenta, Isabel, fi-
cou grávida em idade avançada. As pessoas
diziam que ela era estéril, mas ela conce-
beu um filho e está no sexto mês de gesta-
ção. 37 Pois nada é impossível para Deus".[a]
38 Maria disse: "Sou serva do Senhor. Que
aconteça comigo tudo que foi dito a meu
respeito". E o anjo a deixou.

MARIA VISITA ISABEL

39 Alguns dias depois, Maria dirigiu-se
apressadamente à região montanhosa
da Judeia, à cidade 40 onde Zacarias mo-
rava. Ela entrou na casa e saudou Isabel.
41 Ao ouvir a saudação de Maria, o bebê de
Isabel se agitou dentro dela, e Isabel ficou
cheia do Espírito Santo.
42 Em alta voz, Isabel exclamou: "Você é
abençoada entre as mulheres, e abençoa-
da é a criança em seu ventre! 43 Por que te-
nho a grande honra de receber a visita da
mãe do meu Senhor? 44 Quando ouvi sua
saudação, o bebê em meu ventre se agitou
de alegria. 45 Você é abençoada, pois creu
no que o Senhor disse que faria!".

MAGNIFICAT: O CÂNTICO DE LOUVOR DE MARIA

46 Maria respondeu:

"Minha alma exalta ao Senhor!
47 Como meu espírito se alegra
em Deus, meu Salvador!
48 Pois ele observou sua humilde serva,
e, de agora em diante, todas as
gerações me chamarão abençoada.
49 Pois o Poderoso é santo,
e fez grandes coisas por mim.
50 Demonstra misericórdia a
todos que o temem,
geração após geração.
51 Seu braço poderoso fez
coisas tremendas!
Dispersou os orgulhosos e os arrogantes.
52 Derrubou príncipes de seus tronos
e exaltou os humildes.
53 Encheu de coisas boas os famintos
e despediu de mãos vazias os ricos.
54 Ajudou seu servo Israel
e lembrou-se de ser misericordioso.
55 Pois assim prometeu a
nossos antepassados,
a Abraão e a seus descendentes
para sempre".

56 Maria ficou com Isabel cerca de três
meses, e então voltou para casa.

O NASCIMENTO DE JOÃO BATISTA

57 Chegado o tempo de seu bebê nascer,
Isabel deu à luz um filho. 58 Vizinhos e
parentes se alegraram ao tomar conheci-
mento de que o Senhor havia sido tão mi-
sericordioso com ela.
59 Quando o bebê estava com oito dias,
eles vieram para a cerimônia de circun-
cisão. Queriam chamar o menino de
Zacarias, como o pai, 60 mas Isabel disse:
"Não! Seu nome é João!".
61 Então eles lhe disseram: "Não há nin-
guém em sua família com esse nome",
62 e com gestos perguntaram ao pai como
queria chamar o bebê. 63 Ele pediu que
lhe dessem uma tabuinha e, para surpre-
sa de todos, escreveu: "Seu nome é João".
64 No mesmo instante, Zacarias voltou a
falar e começou a louvar a Deus.
65 Toda a vizinhança se encheu de te-
mor, e a notícia do que havia acontecido
se espalhou por toda a região montanhosa
da Judeia. 66 Todos que ficavam sabendo
meditavam sobre esses acontecimentos
e perguntavam: "O que vai ser esse me-
nino?". Pois a mão do Senhor estava so-
bre ele.

BENEDICTUS: A PROFECIA DE ZACARIAS

67 Então seu pai, Zacarias, ficou cheio do
Espírito Santo e profetizou:

68 "Seja bendito o Senhor,
o Deus de Israel,
pois visitou e resgatou
seu povo.

[a] **1.37** Alguns manuscritos trazem *Pois a palavra de Deus nunca falhará.*

69 Ele nos enviou poderosa salvação
da linhagem real de seu servo Davi,
70 como havia prometido
muito tempo atrás
por meio de seus santos profetas.
71 Agora seremos salvos
de nossos inimigos
e de todos que nos odeiam.
72 Ele foi misericordioso
com nossos antepassados
ao lembrar-se de sua
santa aliança,
73 o juramento solene
que fez com nosso
antepassado Abraão.
74 Prometeu livrar-nos
de nossos inimigos
para o servirmos sem medo,
75 em santidade e justiça,
enquanto vivermos.

76 "E você, meu filhinho,
será chamado profeta do Altíssimo,
pois preparará o caminho
para o Senhor.[a]
77 Dirá a seu povo
como encontrar salvação
por meio do perdão
de seus pecados.
78 Graças à terna misericórdia
de nosso Deus,
a luz da manhã, vinda do céu,
está prestes a raiar sobre nós,[b]
79 para iluminar aqueles
que estão na escuridão
e na sombra da morte
e nos guiar ao caminho da paz".

80 João cresceu e se fortaleceu em espíri-
to. E viveu no deserto até chegar o tempo
de se apresentar ao povo de Israel.

O NASCIMENTO DE JESUS

2 Naqueles dias, o imperador Augusto
decretou um recenseamento em todo
o império romano. 2 (Esse foi o primeiro
recenseamento realizado quando Quirino
era governador da Síria.) 3 Todos volta-
ram à cidade de origem para se registrar.
4 Por ser descendente do rei Davi, José
viajou da cidade de Nazaré da Galileia
para Belém, na Judeia, terra natal de Davi,
5 levando consigo Maria, sua noiva, que
estava grávida.
6 E, estando eles ali, chegou a hora de
nascer o bebê. 7 Ela deu à luz seu pri-
meiro filho, um menino. Envolveu-o em
faixas de pano e deitou-o numa manje-
doura, porque não havia lugar para eles
na hospedaria.

OS PASTORES E OS ANJOS

8 Naquela noite, havia alguns pastores
nos campos próximos, vigiando reba-
nhos de ovelhas. 9 De repente, um anjo do
Senhor apareceu entre eles, e o brilho da
glória do Senhor os cercou. Ficaram ater-
rorizados, 10 mas o anjo lhes disse: "Não
tenham medo! Trago boas notícias, que
darão grande alegria a todo o povo. 11 Hoje
em Belém, a cidade de Davi, nasceu o
Salvador, que é Cristo,[c] o Senhor! 12 Vocês
o reconhecerão por este sinal: encontrarão
o bebê enrolado em faixas de pano, deita-
do numa manjedoura".
13 De repente, juntou-se ao anjo uma
grande multidão do exército celestial, lou-
vando a Deus e dizendo:

14 "Glória a Deus
nos mais altos céus,
e paz na terra àqueles de que
Deus se agrada!".

15 Quando os anjos voltaram para o
céu, os pastores disseram uns aos outros:
"Vamos a Belém para ver esse aconteci-
mento que o Senhor nos anunciou".
16 Indo depressa ao povoado, encontra-
ram Maria e José, e lá estava o bebê, deita-
do na manjedoura. 17 Depois de o verem,
os pastores contaram a todos o que o anjo
tinha dito a respeito da criança, 18 e todos
que ouviam a história dos pastores fica-
vam admirados. 19 Maria, porém, guarda-
va todas essas coisas no coração e refletia
sobre elas. 20 Os pastores voltaram, glori-
ficando e louvando a Deus por tudo que
tinham visto e ouvido. Tudo aconteceu
como o anjo lhes havia anunciado.

[a] **1.76** Ver Is 40.3.
[b] **1.78** Ou *está prestes a nos visitar.*
[c] **2.11** Ou *Messias.* Tanto *Messias* (do hebraico) como *Cristo* (do grego) significam "ungido".

JESUS É APRESENTADO NO TEMPLO

21 Oito dias depois, quando o bebê foi
circuncidado, chamaram-no Jesus, o nome
que o anjo lhe tinha dado antes mesmo de
ele ser concebido.

22 Então chegou o tempo da oferta de pu-
rificação, como era a exigência da lei de
Moisés. Seus pais o levaram a Jerusalém
para apresentá-lo ao Senhor, 23 pois a lei
do Senhor dizia: "Se o primeiro filho for
menino, será consagrado ao Senhor".[a]
24 Assim, ofereceram o sacrifício exigido
pela lei do Senhor: "duas rolinhas ou dois
pombinhos".[b]

A PROFECIA DE SIMEÃO

25 Naquela época, vivia em Jerusalém um
homem chamado Simeão. Ele era justo
e devoto, e esperava ansiosamente pela
restauração de Israel. O Espírito Santo es-
tava sobre ele 26 e lhe havia revelado que
ele não morreria enquanto não visse o
Cristo enviado pelo Senhor. 27 Nesse dia,
o Espírito o conduziu ao templo. Assim,
quando Maria e José chegaram para apre-
sentar o menino Jesus ao Senhor, como a
lei exigia, 28 Simeão tomou a criança nos
braços e louvou a Deus, dizendo:

29 "Soberano Deus, agora podes
levar em paz o teu servo,
como prometeste.
30 Vi a tua salvação,
31 que preparaste para todos os povos.
32 Ele é uma luz de revelação às nações
e é a glória do teu povo, Israel!".

33 Os pais de Jesus ficaram admirados
com o que se dizia a respeito dele. 34 Então
Simeão os abençoou e disse a Maria, a
mãe do bebê: "Este menino está destina-
do a provocar a queda de muitos em Israel,
mas também a ascensão de tantos outros.
Foi enviado como sinal de Deus, mas
muitos resistirão a ele. 35 Como resultado,
serão revelados os pensamentos mais pro-
fundos de muitos corações, e você senti-
rá como se uma espada lhe atravessasse
a alma".

[a] **2.23** Êx 13.2.
[b] **2.24** Lv 12.8.

A PROFECIA DE ANA

36 A profetisa Ana, filha de Fanuel, da tri-
bo de Aser, também estava no templo. Era
muito idosa e havia perdido o marido de-
pois de sete anos de casados 37 e vivido
como viúva até os 84 anos.[c] Nunca deixava
o templo, adorando a Deus dia e noite, em
jejum e oração. 38 Chegou ali naquele mo-
mento e começou a louvar a Deus. Falava a
respeito da criança a todos que esperavam
a redenção de Jerusalém.

A INFÂNCIA DE JESUS EM NAZARÉ

39 Após cumprirem todas as exigências da
lei do Senhor, os pais de Jesus voltaram
para casa em Nazaré, na Galileia. 40 Ali o
menino foi crescendo, saudável e forte. Era
cheio de sabedoria, e o favor de Deus esta-
va sobre ele.

JESUS CONVERSA COM OS MESTRES DA LEI

41 Todos os anos, os pais de Jesus iam a
Jerusalém para a festa da Páscoa. 42 Quando
Jesus completou doze anos, foram à festa,
como de costume. 43 Terminada a cele-
bração, partiram de volta para Nazaré,
mas Jesus ficou para trás, em Jerusalém,
sem que seus pais notassem sua falta.
44 Pensaram que ele estivesse entre os de-
mais viajantes, mas depois de caminharem
um dia inteiro começaram a procurá-lo en-
tre os parentes e amigos.

45 Como não o encontravam, voltaram a
Jerusalém para procurá-lo. 46 Por fim, de-
pois de três dias, acharam Jesus no templo,
sentado entre os mestres da lei, ouvindo-
-os e fazendo perguntas. 47 Todos que o ou-
viam se admiravam de seu entendimento
e de suas respostas.

48 Quando o viram, seus pais ficaram
perplexos. Sua mãe lhe disse: "Filho, por
que você fez isso conosco? Seu pai e eu
estávamos aflitos, procurando você por
toda parte".

49 "Mas por que me procuravam?", per-
guntou ele. "Não sabiam que eu devia
estar na casa de meu Pai?"[d] 50 Não enten-
deram, porém, o que ele quis dizer.

[c] **2.37** Ou *tinha sido viúva por 84 anos.*
[d] **2.49** Ou *Não sabiam que devo me ocupar dos assuntos de meu Pai?*

51 Então voltou com os pais para Nazaré, e lhes era obediente. Sua mãe guardava todas essas coisas no coração.

52 Jesus crescia em sabedoria, em estatura e no favor de Deus e das pessoas.

JOÃO BATISTA PREPARA O CAMINHO

3 Era o décimo quinto ano do reinado do imperador Tibério César. Pôncio Pilatos era governador da Judeia; Herodes Antipas governava[a] a Galileia; seu irmão Filipe governava[b] a Itureia e Traconites; e Lisânias governava Abilene. 2 Anás e Caifás eram os sumos sacerdotes. Nesse ano, veio uma mensagem de Deus a João, filho de Zacarias, que vivia no deserto. 3 João percorreu os arredores do rio Jordão, pregando o batismo como sinal de arrependimento para o perdão dos pecados. 4 O profeta Isaías se referia a João quando escreveu em seu livro:

"Ele é uma voz que clama no deserto:
'Preparem o caminho para
a vinda do Senhor![c]
Abram uma estrada para ele!
5 Os vales serão aterrados,
e os montes e as colinas, nivelados.
As curvas serão endireitadas,
e os lugares acidentados, aplanados.
6 Então todos verão
a salvação enviada por Deus'".[d]

7 João dizia às multidões que vinham até ele para ser batizadas: "Raça de víboras! Quem os convenceu a fugir da ira que está por vir? 8 Provem por suas ações que vocês se arrependeram. Não digam uns aos outros: 'Estamos a salvo, pois somos filhos de Abraão'. Isso não significa nada, pois eu lhes digo que até destas pedras Deus pode fazer surgir filhos de Abraão. 9 Agora mesmo o machado do julgamento está pronto para cortar as raízes das árvores. Toda árvore que não produz bons frutos será cortada e lançada ao fogo".

[a] **3.1a** Em grego, *Herodes era tetrarca*. Herodes Antipas era filho do rei Herodes.
[b] **3.1b** Em grego, *era tetrarca*; também em 3.1c.
[c] **3.4** Ou *Ele é uma voz que clama: "Preparem no deserto o caminho para a vinda do Senhor!"*.
[d] **3.4-6** Is 40.3-5, conforme a Septuaginta.

10 As multidões perguntavam: "O que devemos fazer?".

11 João respondeu: "Se tiverem duas vestimentas, deem uma a quem não tem. Se tiverem comida, dividam com quem passa fome".

12 Cobradores de impostos também vinham para ser batizados e perguntavam: "Mestre, o que devemos fazer?".

13 Ele respondeu: "Não cobrem impostos além daquilo que é exigido".

14 "E nós?", perguntaram alguns soldados. "O que devemos fazer?"

João respondeu: "Não pratiquem extorsão nem façam acusações falsas. Contentem-se com seu salário".

15 Todos esperavam que o Cristo viesse em breve, e estavam ansiosos para saber se João era ele. 16 João respondeu às perguntas deles, dizendo: "Eu os batizo com[e] água, mas em breve virá alguém mais poderoso que eu, alguém tão superior que não sou digno de desatar as correias de suas sandálias. Ele os batizará com o Espírito Santo e com fogo.[f] 17 Ele já tem na mão a pá, e com ela separará a palha do trigo, a fim de limpar a área onde os cereais são debulhados. Juntará o trigo no celeiro, mas queimará a palha num fogo que nunca se apaga". 18 João usou muitas advertências semelhantes ao anunciar as boas-novas ao povo.

19 João também criticou publicamente Herodes Antipas, o governador da Galileia,[g] por ter se casado com Herodias, esposa de seu irmão, e por muitas outras maldades que havia cometido. 20 A essas maldades Herodes acrescentou outra, mandando prender João.

O BATISMO DE JESUS

21 Certo dia, quando as multidões estavam sendo batizadas, Jesus também foi batizado. Enquanto ele orava, o céu se abriu, 22 e o Espírito Santo desceu sobre ele em forma corpórea como uma pomba. E uma voz do céu disse: "Você é meu filho amado, que me dá grande alegria".

[e] **3.16a** Ou *em*.
[f] **3.16b** Ou *no Espírito Santo e em fogo*.
[g] **3.19** Em grego, *Herodes, o tetrarca*.

OS ANTEPASSADOS DE JESUS

23 Jesus estava com cerca de trinta anos quando começou seu ministério.

Jesus era conhecido como filho de José.
José era filho de Eli.
24 Eli era filho de Matate.
Matate era filho de Levi.
Levi era filho de Melqui.
Melqui era filho de Janai.
Janai era filho de José.
25 José era filho de Matatias.
Matatias era filho de Amós.
Amós era filho de Naum.
Naum era filho de Esli.
Esli era filho de Nagai.
26 Nagai era filho de Maate.
Maate era filho de Matatias.
Matatias era filho de Semei.
Semei era filho de Joseque.
Joseque era filho de Jodá.
27 Jodá era filho de Joanã.
Joanã era filho de Ressa.
Ressa era filho de Zorobabel.
Zorobabel era filho de Salatiel.
Salatiel era filho de Neri.
28 Neri era filho de Melqui.
Melqui era filho de Adi.
Adi era filho de Cosã.
Cosã era filho de Elmadã.
Elmadã era filho de Er.
29 Er era filho de Josué.
Josué era filho de Eliézer.
Eliézer era filho de Jorim.
Jorim era filho de Matate.
Matate era filho de Levi.
30 Levi era filho de Simeão.
Simeão era filho de Judá.
Judá era filho de José.
José era filho de Jonã.
Jonã era filho de Eliaquim.
31 Eliaquim era filho de Meleá.
Meleá era filho de Mená.
Mená era filho de Matatá.
Matatá era filho de Natã.
Natã era filho de Davi.
32 Davi era filho de Jessé.
Jessé era filho de Obede.
Obede era filho de Boaz.
Boaz era filho de Salmom.[a]
Salmom era filho de Naassom.
33 Naassom era filho de Aminadabe.
Aminadabe era filho de Admim.
Admim era filho de Arni.[b]
Arni era filho de Esrom.
Esrom era filho de Perez.
Perez era filho de Judá.
34 Judá era filho de Jacó.
Jacó era filho de Isaque.
Isaque era filho de Abraão.
Abraão era filho de Terá.
Terá era filho de Naor.
35 Naor era filho de Serugue.
Serugue era filho de Ragaú.
Ragaú era filho de Faleque.
Faleque era filho de Éber.
Éber era filho de Salá.
36 Salá era filho de Cainã.
Cainã era filho de Arfaxade.
Arfaxade era filho de Sem.
Sem era filho de Noé.
Noé era filho de Lameque.
37 Lameque era filho de Matusalém.
Matusalém era filho de Enoque.
Enoque era filho de Jarede.
Jarede era filho de Maalaleel.
Maalaleel era filho de Cainã.
38 Cainã era filho de Enos.
Enos era filho de Sete.
Sete era filho de Adão.
Adão era filho de Deus.

A TENTAÇÃO DE JESUS

4 Jesus, cheio do Espírito Santo, voltou
do rio Jordão e foi conduzido pelo
Espírito no deserto,[c] 2 onde foi tentado pelo
diabo durante quarenta dias. Não comeu
nada durante todo esse tempo, e teve fome.
3 Então o diabo lhe disse: "Se você é o
Filho de Deus, ordene que esta pedra se
transforme em pão".
4 Jesus, porém, respondeu: "As Escrituras
dizem: 'Uma pessoa não vive só de pão'".[d]
5 Então o diabo o levou a um lugar alto
e, num momento, lhe mostrou todos os
reinos do mundo. 6 "Eu lhe darei a glória
destes reinos e autoridade sobre eles, pois
são meus e posso dá-los a quem eu quiser",

[a] **3.32** Em grego, *Salá*, variação de Salmom; também em 3.32b. Ver Rt 4.20-21.

[b] **3.33** Alguns manuscritos trazem *Aminadabe era filho de Arão. Arni* e *Arão* são variações de Rão. Ver 1Cr 2.9-10.

[c] **4.1** Alguns manuscritos trazem *ao deserto*.

[d] **4.4** Dt 8.3.

Conhecemos o Deus de milagres, que tudo pode realizar. Ele é capaz de criar, restaurar, trazer vida e até abrir a madre.

disse o diabo. 7 "Eu lhe darei tudo se me
adorar."
8 Jesus respondeu: "As Escrituras dizem:

'Adore o Senhor, seu Deus, e
sirva somente a ele'".[a]

9 Então o diabo o levou a Jerusalém, até o
ponto mais alto do templo, e disse: "Se você
é o Filho de Deus, salte daqui. 10 Pois as
Escrituras dizem:

'Ele ordenará a seus anjos
que o protejam.
11 Eles o sustentarão com as mãos,
para que não machuque o
pé em alguma pedra'".[b]

12 Jesus respondeu: "As Escrituras dizem:

'Não ponha à prova o
Senhor, seu Deus'".[c]

13 Quando o diabo terminou de tentar
Jesus, deixou-o até que surgisse outra
oportunidade.

A VOLTA À GALILEIA

14 Então Jesus, cheio do poder do Espírito,
voltou para a Galileia. Relatos a seu
respeito se espalharam rapidamente por
toda a região. 15 Ele ensinava nas sinago-
gas, e todos o elogiavam.

JESUS É REJEITADO EM NAZARÉ

16 Quando Jesus chegou a Nazaré, cidade
de sua infância, foi à sinagoga no sábado,
como de costume, e se levantou para ler
as Escrituras. 17 Entregaram-lhe o livro do
profeta Isaías, e ele o abriu e encontrou o
lugar onde estava escrito:

18 "O Espírito do Senhor está sobre mim,
pois ele me ungiu para trazer
as boas-novas aos pobres.
Ele me enviou para anunciar
que os cativos serão soltos,
os cegos verão,
os oprimidos serão libertos,
19 e que é chegado o tempo
do favor do Senhor".[d]

20 Jesus fechou o livro, devolveu-o ao
assistente e sentou-se. Todos na sinago-
ga o olhavam atentamente. 21 Então ele
começou a dizer: "Hoje se cumpriram as
Escrituras que vocês acabaram de ouvir".
22 Todos falavam bem dele e estavam
admirados com as palavras de graça que
saíam de seus lábios. Contudo, pergunta-
vam: "Não é esse o filho de José?".
23 Então ele disse: "Sem dúvida, vocês ci-
tarão para mim o ditado: 'Médico, cure a si
mesmo', ou seja, 'Faça aqui, em sua cidade,
o mesmo que fez em Cafarnaum'. 24 Eu, po-
rém, lhes digo a verdade: nenhum profeta
é aceito em sua própria cidade.
25 "Por certo havia muitas viúvas necessi-
tadas em Israel no tempo de Elias, quando
o céu se fechou por três anos e meio e uma
fome terrível devastou a terra. 26 E, no en-
tanto, Elias não foi enviado a nenhuma de-
las, mas sim a uma estrangeira, uma viúva
de Sarepta, na região de Sidom. 27 E havia
muitos leprosos em Israel no tempo do
profeta Eliseu, mas o único que ele curou
foi Naamã, o sírio".
28 Quando ouviram isso, aqueles que
estavam na sinagoga ficaram furiosos.
29 Levantaram-se, expulsaram Jesus da
cidade e o arrastaram até a beira do mon-
te sobre o qual a cidade tinha sido cons-
truída. Pretendiam empurrá-lo precipício
abaixo, 30 mas ele passou por entre a mul-
tidão e seguiu seu caminho.

JESUS EXPULSA UM ESPÍRITO IMPURO

31 Então Jesus foi a Cafarnaum, uma cida-
de na Galileia, onde ensinava na sinagoga
aos sábados. 32 Ali também o povo ficou
admirado com seu ensino, pois ele falava
com autoridade.
33 Certa ocasião, estando ele na sinago-
ga, um homem possuído por um demô-
nio, um espírito impuro, gritou: 34 "Por
que vem nos importunar, Jesus de Nazaré?
Veio para nos destruir? Sei quem é você: o
Santo de Deus!".

[a] **4.8** Dt 6.13.
[b] **4.10-11** Sl 91.11-12.
[c] **4.12** Dt 6.16.
[d] **4.18-19** Ou *para proclamar o ano aceitável do Senhor.* Is 61.1-2, conforme a Septuaginta.

35 Jesus o repreendeu, dizendo: "Cale-se!
Saia deste homem!". Então o espírito jogou
o homem no chão à vista da multidão e
saiu dele, sem machucá-lo.
36 Admirado, o povo exclamava: "Que au-
toridade e poder ele tem! Até os espíritos
impuros lhe obedecem e saem quando ele
ordena!". 37 E as notícias a respeito de Jesus
se espalharam pelos povoados de toda
a região.

JESUS CURA MUITAS PESSOAS

38 Depois de sair da sinagoga naquele dia,
Jesus foi à casa de Simão, onde encontrou
a sogra dele muito doente, com febre alta.
Quando os presentes suplicaram por ela,
39 Jesus se pôs ao lado da cama e repreen-
deu a febre, que a deixou. Ela se levantou
de imediato e passou a servi-los.
40 Quando o sol se pôs, as pessoas trou-
xeram seus familiares enfermos até ele.
Qualquer que fosse a doença, ao pôr as
mãos sobre eles, Jesus curava a todos.
41 Muitos estavam possuídos por demô-
nios, que saíam gritando: "Você é o Filho
de Deus!". Jesus, no entanto, os repreendia
e não permitia que falassem, pois sabiam
que ele era o Cristo.

JESUS CONTINUA A PREGAR NA GALILEIA

42 Logo cedo na manhã seguinte, Jesus reti-
rou-se para um lugar isolado. As multidões
o procuravam por toda parte e, quando
finalmente o encontraram, suplicaram
que não as deixasse. 43 Ele, porém, disse:
"Preciso anunciar as boas-novas do reino de
Deus também em outras cidades, pois para
isso fui enviado". 44 E continuou a anunciar
sua mensagem nas sinagogas da Judeia.[a]

OS PRIMEIROS DISCÍPULOS

5 Estando Jesus à beira do lago de
Genesaré,[b] grandes multidões se
apertavam em volta dele para ouvir a pa-
lavra de Deus. 2 Ele notou que, junto à
praia, havia dois barcos vazios, deixados
por pescadores que lavavam suas redes.
3 Entrou num dos barcos e pediu a Simão,[c]
seu dono, que o afastasse um pouco da
praia. Então sentou-se no barco e dali en-
sinou as multidões.
4 Quando terminou de falar, disse a Simão:
"Agora vá para onde é mais fundo e lancem
as redes para pescar".
5 Simão respondeu: "Mestre, trabalhamos
duro a noite toda e não pegamos nada. Mas,
por ser o senhor quem nos pede, vou lançar
as redes novamente". 6 Dessa vez, as redes
ficaram tão cheias de peixes que começa-
ram a se rasgar. 7 Então pediram ajuda aos
companheiros do outro barco, e logo os
dois barcos estavam tão cheios de peixes
que quase afundaram.
8 Quando Simão Pedro se deu conta
do que havia acontecido, caiu de joelhos
diante de Jesus e disse: "Por favor, Senhor,
afaste-se de mim, porque sou homem
pecador". 9 Pois ele e seus companheiros
ficaram espantados com a quantidade
de peixes que haviam pescado, 10 assim
como seus sócios, Tiago e João, filhos
de Zebedeu.
Jesus respondeu a Simão: "Não tenha
medo! De agora em diante, você será pes-
cador de gente". 11 E, assim que chegaram
à praia, deixaram tudo e seguiram Jesus.

JESUS CURA UM LEPROSO

12 Num povoado, Jesus encontrou um ho-
mem coberto de lepra. Quando o homem
viu Jesus, prostrou-se com o rosto em ter-
ra e suplicou para ser curado, dizendo:
"Se o senhor quiser, pode me curar e me
deixar limpo".
13 Jesus estendeu a mão e o tocou. "Eu que-
ro", respondeu. "Seja curado e fique limpo!"
No mesmo instante, a lepra desapareceu.
14 Então Jesus o instruiu a não contar a
ninguém o que havia acontecido. "Vá e
apresente-se ao sacerdote para que ele o
examine", ordenou. "Leve a oferta que a
lei de Moisés exige pela sua purificação.
Isso servirá como testemunho."[d]
15 Mas as notícias a seu respeito se espa-
lhavam ainda mais, e grandes multidões
vinham para ouvi-lo e para ser curadas de
suas enfermidades. 16 Ele, porém, se reti-
rava para lugares isolados, a fim de orar.

[a] **4.44** Alguns manuscritos trazem *Galileia*.
[b] **5.1** Outro nome para o mar da Galileia.
[c] **5.3** A partir de 6.14, *Simão* é chamado de Pedro.
[d] **5.14** Ver Lv 14.2-32.

JESUS CURA UM PARALÍTICO

17 Certo dia, enquanto Jesus ensinava, alguns fariseus e mestres da lei estavam sentados por perto. Eles vinham de todos os povoados da Galileia, da Judeia e de Jerusalém. E o poder do Senhor para curar estava sobre Jesus.

18 Alguns homens vieram carregando um paralítico numa maca. Tentaram levá-lo para dentro da casa, até Jesus, 19 mas não conseguiram, por causa da multidão. Então subiram ao topo da casa e removeram uma parte do teto. Em seguida, baixaram o paralítico na maca até o meio da multidão, bem na frente dele. 20 Ao ver a fé que eles tinham, Jesus disse ao paralítico: "Homem, seus pecados estão perdoados".

21 Mas os fariseus e mestres da lei pensavam: "Quem ele pensa que é? Isso é blasfêmia! Somente Deus pode perdoar pecados!".

22 Jesus, sabendo o que pensavam, perguntou: "Por que vocês questionam essas coisas em seu coração? 23 O que é mais fácil dizer: 'Seus pecados estão perdoados?' ou 'Levante-se e ande'? 24 Mas eu lhes mostrarei que o Filho do Homem tem autoridade na terra para perdoar pecados". Então disse ao paralítico: "Levante-se, pegue sua maca e vá para casa".

25 De imediato, à vista de todos, o homem se levantou, pegou sua maca e foi para casa louvando a Deus. 26 Todos ficaram muito admirados e, cheios de temor, louvaram a Deus, exclamando: "Hoje vimos coisas maravilhosas!".

JESUS CHAMA LEVI

27 Depois disso, Jesus saiu da cidade e viu um cobrador de impostos chamado Levi[a] sentado no local onde se coletavam impostos. "Siga-me", disse-lhe Jesus, 28 e Levi se levantou, deixou tudo e o seguiu.

29 Mais tarde, Levi ofereceu um banquete em sua casa, em honra de Jesus. Muitos cobradores de impostos e outros convidados comeram com eles, 30 mas os fariseus e mestres da lei se queixaram aos discípulos: "Por que vocês comem e bebem com cobradores de impostos e pecadores?".

31 Jesus lhes respondeu: "As pessoas saudáveis não precisam de médico, mas sim os doentes. 32 Não vim para chamar os justos, mas sim os pecadores, para que se arrependam".

DISCUSSÃO SOBRE O JEJUM

33 Algumas pessoas disseram a Jesus: "Os discípulos de João Batista jejuam e oram com frequência, e os discípulos dos fariseus também. Por que os seus vivem comendo e bebendo?".

34 Jesus respondeu: "Por acaso os convidados de um casamento jejuam enquanto festejam com o noivo? 35 Um dia, porém, o noivo lhes será tirado, e então jejuarão".

36 Jesus também lhes apresentou a seguinte ilustração: "Ninguém rasgaria um pedaço de tecido de uma roupa nova para remendar uma roupa velha. Se o fizesse, estragaria a roupa nova, e o remendo não se ajustaria à roupa velha.

37 "E ninguém colocaria vinho novo em velhos recipientes de couro. Os recipientes velhos se arrebentariam, deixando vazar o vinho e estragando o recipiente. 38 Vinho novo deve ser guardado em recipientes novos. 39 E ninguém que bebe o vinho velho escolhe beber o vinho novo, pois diz: 'O vinho velho é melhor'".

DISCUSSÃO SOBRE O SÁBADO

6 Num sábado, enquanto Jesus caminhava pelos campos de cereal, seus discípulos colheram espigas, removeram a casca com as mãos e comeram os grãos. 2 Alguns fariseus lhes disseram: "Por que vocês desobedecem à lei colhendo cereal no sábado?".

3 Jesus respondeu: "Vocês não leram nas Escrituras o que fez Davi quando ele e seus companheiros tiveram fome? 4 Ele entrou na casa de Deus, comeu os pães sagrados que só os sacerdotes tinham permissão de comer e os deu também a seus companheiros". 5 E acrescentou: "O Filho do Homem é senhor até mesmo do sábado".

JESUS CURA NO SÁBADO

6 Em outro sábado, enquanto Jesus ensinava na sinagoga, estava ali um homem cuja

[a] **5.27** Isto é, Mateus. Ver Mt 9.9.

mão direita era deformada. 7 Os mestres
da lei e os fariseus observavam Jesus aten-
tamente. Se ele curasse aquele homem,
eles o acusariam, pois era sábado.
8 Jesus, porém, sabia o que planejavam
e disse ao homem com a mão deformada:
"Venha e fique aqui, diante de todos", e
o homem foi à frente. 9 Então Jesus lhes
disse: "Tenho uma pergunta para vocês:
O que a lei permite fazer no sábado? O bem
ou o mal? Salvar uma vida ou destruí-la?".
10 Depois, olhando para cada um ao re-
dor, disse ao homem: "Estenda a mão".
O homem estendeu a mão, e ela foi res-
taurada. 11 Com isso, os inimigos de Jesus
ficaram furiosos e começaram a discutir o
que fazer contra ele.

JESUS ESCOLHE OS DOZE APÓSTOLOS

12 Certo dia, pouco depois, Jesus subiu a
um monte para orar e passou a noite oran-
do a Deus. 13 Quando amanheceu, reuniu
seus discípulos e escolheu doze para se-
rem apóstolos. Estes são seus nomes:

14 Simão, a quem ele chamou Pedro,
André, irmão de Pedro,
Tiago,
João,
Filipe,
Bartolomeu,
15 Mateus,
Tomé,
Tiago, filho de Alfeu,
Simão, apelidado de zelote,
16 Judas, filho de Tiago,
Judas Iscariotes, que se tornou o traidor.

MULTIDÕES SEGUEM JESUS

17 Quando Jesus e os discípulos desceram
do monte, pararam numa região plana e
ampla. Havia ali muitos de seus seguido-
res e uma grande multidão vinda de todas
as partes da Judeia, de Jerusalém e de lu-
gares distantes ao norte, como o litoral de
Tiro e Sidom. 18 Tinham vindo para ouvi-lo
e para ser curados de suas enfermidades,
e os que eram atormentados por espíritos
impuros eram curados. 19 Todos procura-
vam tocar em Jesus, pois dele saía poder,
e ele curava a todos.

BÊNÇÃOS E CONDENAÇÕES

20 Então Jesus se voltou para seus discípu-
los e disse:

"Felizes são vocês, pobres,
pois o reino de Deus lhes pertence.
21 Felizes são vocês que agora
estão famintos,
pois serão saciados.
Felizes são vocês que agora choram,
pois no devido tempo rirão.

22 Felizes são vocês quando os odiarem
e os excluírem, quando zombarem de
vocês e os caluniarem como se fossem
maus porque seguem o Filho do Homem.
23 Quando isso acontecer, alegrem-se e
exultem, porque uma grande recompensa
os espera no céu. E lembrem-se de que os
antepassados deles trataram os profetas
da mesma forma.

24 "Que aflição espera vocês, ricos,
pois já receberam sua consolação!
25 Que aflição espera vocês
que agora têm fartura,
pois um terrível tempo de
fome os espera!
Que aflição espera vocês
que agora riem,
pois em breve seu riso se
transformará em lamento e tristeza!
26 Que aflição espera vocês que
são elogiados por todos,
pois os antepassados deles também
elogiaram falsos profetas!"

AMOR PELOS INIMIGOS

27 "Mas a vocês que me ouvem, eu digo:
amem os seus inimigos, façam o bem
a quem os odeia, 28 abençoem quem os
amaldiçoa, orem por quem os maltrata.
29 Se alguém lhe der um tapa numa face,
ofereça também a outra. Se alguém exi-
gir de você a roupa do corpo, deixe que
leve também a capa. 30 Dê a quem pedir
e, quando tomarem suas coisas, não tente
recuperá-las. 31 Façam aos outros o que vo-
cês desejam que eles lhes façam.
32 "Se vocês amam apenas aqueles que
os amam, que mérito têm? Até os pecado-
res amam quem os ama. 33 E, se fazem o

bem apenas aos que fazem o bem a vocês, que mérito têm? Até os pecadores agem desse modo. 34 E, se emprestam dinheiro apenas aos que podem devolver, que mérito têm? Até os pecadores emprestam a outros pecadores, na expectativa de receber tudo de volta.

35 "Portanto, amem os seus inimigos, façam-lhes o bem e emprestem a eles sem esperar nada de volta. Então a recompensa que receberão do céu será grande e estarão agindo, de fato, como filhos do Altíssimo, pois ele é bondoso até mesmo com os ingratos e perversos. 36 Sejam misericordiosos, assim como seu Pai é misericordioso."

NÃO JULGUEM OS OUTROS

37 "Não julguem e não serão julgados. Não condenem e não serão condenados. Perdoem e serão perdoados. 38 Deem e receberão. Sua dádiva lhes retornará em boa medida, compactada, sacudida para caber mais, transbordante e derramada sobre vocês. O padrão de medida que adotarem será usado para medi-los".

39 Jesus deu ainda a seguinte ilustração: "É possível um cego guiar outro cego? Não cairão os dois num buraco? 40 Os discípulos não são maiores que seu mestre. Mas o aluno bem instruído será como o mestre.

41 "Por que você se preocupa com o cisco no olho de seu amigo[a] enquanto há um tronco em seu próprio olho? 42 Como pode dizer: 'Amigo, deixe-me ajudá-lo a tirar o cisco de seu olho', se não consegue ver o tronco em seu próprio olho? Hipócrita! Primeiro, livre-se do tronco em seu olho; então você verá o suficiente para tirar o cisco do olho de seu amigo."

A ÁRVORE E SEUS FRUTOS

43 "Uma árvore boa não produz frutos ruins, e uma árvore ruim não produz frutos bons. 44 Uma árvore é identificada por seus frutos. Ninguém colhe figos de espinheiros, nem uvas de arbustos espinhosos. 45 A pessoa boa tira coisas boas do tesouro de um coração bom, e a pessoa má tira coisas más do tesouro de um coração mau. Pois a boca fala do que o coração está cheio."

CONSTRUIR SOBRE UM ALICERCE FIRME

46 "Por que vocês me chamam 'Senhor! Senhor!', se não fazem o que eu digo? 47 Eu lhes mostrarei como é aquele que vem a mim, ouve as minhas palavras e as pratica. 48 Ele é como a pessoa que está construindo uma casa e que cava fundo e coloca os alicerces em rocha firme. Quando a água das enchentes sobe e bate contra essa casa, ela permanece firme, pois foi bem construída. 49 Mas quem ouve e não obedece é como a pessoa que constrói uma casa sobre o chão, sem alicerces. Quando a água bater nessa casa, ela cairá, deixando uma pilha de ruínas".

UM OFICIAL ROMANO DEMONSTRA FÉ

7 Quando Jesus terminou de dizer tudo isso à multidão, entrou em Cafarnaum. 2 Naquela ocasião, um escravo muito estimado de um oficial romano[b] estava enfermo, à beira da morte. 3 Quando o oficial ouviu falar de Jesus, mandou alguns líderes judeus lhe pedirem que fosse curar seu escravo. 4 Os líderes suplicaram insistentemente que Jesus socorresse o homem, dizendo: "Ele merece sua ajuda, 5 pois ama o povo judeu e até nos construiu uma sinagoga".

6 Jesus foi com eles, mas, antes de chegarem à casa, o oficial mandou alguns amigos para dizer: "Senhor, não se incomode em vir à minha casa, pois não sou digno de tamanha honra. 7 Não sou digno sequer de ir ao seu encontro. Basta uma ordem sua, e meu servo será curado. 8 Sei disso porque estou sob a autoridade de meus superiores e tenho autoridade sobre meus soldados. Só preciso dizer 'Vão', e eles vão, ou 'Venham', e eles vêm. E, se digo a meus escravos: 'Façam isto', eles fazem".

9 Quando Jesus ouviu isso, ficou admirado. Voltou-se para a multidão que o seguia e disse: "Eu lhes digo a verdade: jamais vi fé como esta em Israel!". 10 E, quando os

[a] **6.41** Em grego, *de seu irmão*; também em 6.42.

[b] **7.2** Em grego, *centurião*; também em 7.6.

amigos do oficial voltaram para a casa
dele, encontraram o escravo em perfei-
ta saúde.

JESUS RESSUSCITA O FILHO DE UMA VIÚVA

11 Logo depois, Jesus foi com seus discí-
pulos à cidade de Naim, e uma grande
multidão o seguiu. 12 Quando ele se apro-
ximou da porta da cidade, estava saindo
o enterro do único filho de uma viúva, e
uma grande multidão da cidade a acom-
panhava. 13 Quando o Senhor a viu, sen-
tiu profunda compaixão por ela. "Não
chore!", disse ele. 14 Então foi até o caixão,
tocou nele e os carregadores pararam.
E disse: "Jovem, eu lhe digo: levante-se!".
15 O jovem que estava morto se levantou e
começou a conversar, e Jesus o devolveu
à sua mãe.

16 Grande temor tomou conta da mul-
tidão, que louvava a Deus, dizendo:
"Um profeta poderoso se levantou entre
nós!" e "Hoje Deus visitou seu povo!".
17 Essa notícia sobre Jesus se espalhou
por toda a Judeia e seus arredores.

JESUS E JOÃO BATISTA

18 Os discípulos de João Batista lhe conta-
ram tudo que Jesus estava fazendo. Então
João chamou dois de seus discípulos 19 e
os enviou ao Senhor, para lhe perguntar:
"O senhor é aquele que haveria de vir, ou
devemos esperar algum outro?".

20 Os dois discípulos de João encontra-
ram Jesus e lhe disseram: "João Batista
nos enviou para lhe perguntar: 'O senhor
é aquele que haveria de vir, ou devemos
esperar algum outro?'".

21 Naquela mesma hora, Jesus curou
muitas pessoas de suas doenças, enfer-
midades e espíritos impuros, e restaurou
a visão a muitos cegos. 22 Em seguida,
disse aos discípulos de João: "Voltem a
João e contem a ele o que vocês viram
e ouviram: os cegos veem, os aleijados
andam, os leprosos são purificados, os
surdos ouvem, os mortos são ressusci-
tados e as boas-novas são anunciadas
aos pobres". 23 E disse ainda: "Felizes são
aqueles que não se sentem ofendidos por
minha causa".

24 Depois que os discípulos de João saí-
ram, Jesus começou a falar a respeito dele
para as multidões: "Que tipo de homem
vocês foram ver no deserto? Um caniço que
qualquer brisa agita? 25 Afinal, o que espe-
ravam ver? Um homem vestido com rou-
pas caras? Não, quem veste roupas caras
e vive no luxo mora em palácios. 26 Acaso
procuravam um profeta? Sim, ele é mais
que profeta. 27 João é o homem ao qual as
Escrituras se referem quando dizem:

'Envio meu mensageiro
adiante de ti,
e ele preparará teu caminho
à tua frente'.[a]

28 Eu lhes digo: de todos que nasceram de
mulher, nenhum é maior que João Batista.
E, no entanto, até o menor no reino de
Deus é maior que ele".

29 Todos que ouviram as palavras de
Jesus, até mesmo os cobradores de impos-
tos, concordaram que o caminho de Deus
era justo,[b] pois tinham sido batizados por
João. 30 Os fariseus e mestres da lei, no en-
tanto, rejeitaram o propósito de Deus para
eles, pois recusaram o batismo de João.

31 "Assim, a que posso comparar o povo
desta geração?", perguntou Jesus. 32 "Como
posso descrevê-los? São como crianças
que brincam na praça. Queixam-se a
seus amigos:

'Tocamos flauta,
e vocês não dançaram,
entoamos lamentos,
e vocês não choraram'.

33 Quando João Batista apareceu, não
costumava comer e beber em público, e
vocês disseram: 'Está possuído por de-
mônio'. 34 O Filho do Homem, por sua vez,
come e bebe, e vocês dizem: 'É comilão
e beberrão, amigo de cobradores de im-
postos e pecadores'. 35 Mas a sabedoria
é comprovada pela vida daqueles que
a seguem."[c]

---

[a] **7.27** Ml 3.1.
[b] **7.29** Ou *louvaram a Deus por sua justiça.*
[c] **7.35** Ou *Mas a sabedoria é justificada por todos os seus filhos.*

JESUS É UNGIDO POR UMA PECADORA

36 Um dos fariseus convidou Jesus para
jantar. Jesus foi à casa dele e tomou lugar
à mesa. 37 Quando uma mulher daquela ci-
dade, uma pecadora, soube que ele estava
jantando ali, trouxe um frasco de alabastro
contendo um perfume caro. 38 Em seguida,
ajoelhou-se aos pés de Jesus, chorando.
As lágrimas caíram sobre os pés dele, e ela
os secou com seu cabelo; e continuou a
beijá-los e a derramar perfume sobre eles.
39 Quando o fariseu que havia convida-
do Jesus viu isso, disse consigo: "Se este
homem fosse profeta, saberia que tipo
de mulher está tocando nele. Ela é uma
pecadora!".
40 Jesus disse ao fariseu: "Simão, tenho
algo a lhe dizer".

"Diga, mestre", respondeu Simão.

41 Então Jesus lhe contou a seguinte
história: "Um homem emprestou dinhei-
ro a duas pessoas: quinhentas moedas
de prata[a] a uma delas e cinquenta à ou-
tra. 42 Como nenhum dos devedores
conseguiu lhe pagar, ele generosamente
perdoou ambos e cancelou suas dívidas.
Qual deles o amou mais depois disso?".
43 Simão respondeu: "Suponho que
aquele de quem ele perdoou a dívi-
da maior".

"Você está certo", disse Jesus. 44 Então
voltou-se para a mulher e disse a Simão:
"Veja esta mulher ajoelhada aqui. Quando
entrei em sua casa, você não ofereceu água
para eu lavar os pés, mas ela os lavou com
suas lágrimas e os secou com seus cabe-
los. 45 Você não me cumprimentou com
um beijo, mas, desde a hora em que entrei,
ela não parou de beijar meus pés. 46 Você
não me ofereceu óleo para ungir minha
cabeça, mas ela ungiu meus pés com um
perfume raro.
47 "Eu lhe digo: os pecados dela, que
são muitos, foram perdoados e, por isso,
ela demonstrou muito amor por mim.
Mas a pessoa a quem pouco foi perdoa-
do demonstra pouco amor". 48 Então
Jesus disse à mulher: "Seus pecados estão
perdoados".
49 Os homens que estavam à mesa di-
ziam entre si: "Quem é esse que anda por
aí perdoando pecados?".
50 E Jesus disse à mulher: "Sua fé a sal-
vou. Vá em paz".

MULHERES QUE SEGUIAM JESUS

8 Pouco tempo depois, Jesus começou
a percorrer as cidades e os povoados
vizinhos, anunciando as boas-novas a
respeito do reino de Deus. Iam com ele os
Doze 2 e também algumas mulheres que
tinham sido curadas de espíritos impuros
e enfermidades. Entre elas estavam Maria
Madalena, de quem ele havia expulsado
sete demônios; 3 Joana, esposa de Cuza,
administrador de Herodes; Susana, e mui-
tas outras que contribuíam com seus pró-
prios recursos para o sustento de Jesus e
seus discípulos.

A PARÁBOLA DO SEMEADOR

4 Certo dia, uma grande multidão, vinda de
várias cidades, juntou-se para ouvir Jesus,
e ele lhes contou uma parábola: 5 "Um la-
vrador saiu para semear. Enquanto espa-
lhava as sementes pelo campo, algumas
caíram à beira do caminho, onde foram
pisadas, e as aves vieram e as comeram.
6 Outras caíram entre as pedras e come-
çaram a crescer, mas as plantas logo mur-
charam por falta de umidade. 7 Outras
sementes caíram entre os espinhos, que
cresceram com elas e sufocaram os bro-
tos. 8 Ainda outras caíram em solo fértil e
produziram uma colheita cem vezes maior
que a quantidade semeada". Quando ele
terminou de dizer isso, declarou: "Quem é
capaz de ouvir, ouça com atenção!".
9 Seus discípulos lhe perguntaram o que
a parábola significava. 10 Ele respondeu:
"A vocês é permitido entender os segre-
dos[b] do reino de Deus, mas uso parábolas
para ensinar os outros, a fim de que,

'Quando olharem, não vejam;
quando escutarem, não entendam'.[c]

11 "Este é o significado da parábola:
As sementes são a palavra de Deus.

[a] **7.41** Em grego, *500 denários.* Um denário equivalia ao salário por um dia completo de trabalho.

[b] **8.10a** Em grego, *mistérios.*

[c] **8.10b** Is 6.9, conforme a Septuaginta.

12 As sementes que caíram à beira do ca-
minho representam os que ouvem a men-
sagem, mas o diabo vem e a arranca do
coração deles e os impede de crer e ser
salvos. 13 As sementes no solo rochoso re-
presentam os que ouvem a mensagem e
a recebem com alegria. Uma vez, porém,
que não têm raízes profundas, creem ape-
nas por um tempo e depois desanimam
quando enfrentam provações. 14 As que
caíram entre os espinhos representam ou-
tros que ouvem a mensagem, mas logo ela
é sufocada pelas preocupações, riquezas e
prazeres desta vida, de modo que nunca
amadurecem. 15 E as que caíram em solo
fértil representam os que, com coração
bom e receptivo, ouvem a mensagem, a
aceitam e, com paciência, produzem uma
grande colheita."

A PARÁBOLA DA LÂMPADA

16 "Não faz sentido acender uma lâmpada e
depois cobri-la com uma vasilha ou escon-
dê-la debaixo da cama. Pelo contrário, ela
é colocada num pedestal, de onde sua luz
pode ser vista pelos que entram na casa.
17 Da mesma forma, tudo que está escon-
dido será revelado, e tudo que está oculto
virá à luz e será conhecido por todos.

18 "Portanto, ouçam com atenção! Pois ao
que tem, mais lhe será dado, mas do que não
tem, até o que pensa ter lhe será tomado".

A VERDADEIRA FAMÍLIA DE JESUS

19 Então a mãe e os irmãos de Jesus foram
vê-lo, mas não conseguiram chegar até ele
por causa da multidão. 20 Alguém disse a
Jesus: "Sua mãe e seus irmãos estão lá fora
e querem vê-lo".

21 Jesus respondeu: "Minha mãe e meus
irmãos são aqueles que ouvem a palavra
de Deus e a praticam".

JESUS ACALMA A TEMPESTADE

22 Certo dia, Jesus disse a seus discípu-
los: "Vamos para o outro lado do mar".
Assim, entraram num barco e partiram.
23 Durante a travessia, Jesus caiu no sono.
Logo, porém, veio sobre o mar uma forte
tempestade. O barco começou a se encher
de água, colocando-os em grande perigo.

24 Os discípulos foram acordá-lo, cla-
mando: "Mestre, Mestre, vamos morrer!".

Quando Jesus despertou, repreendeu o
vento e as ondas violentas. A tempestade
parou, e tudo se acalmou. 25 Então ele lhes
perguntou: "Onde está a sua fé?".

Admirados e temerosos, os discípulos
diziam entre si: "Quem é este homem?
Quando ele ordena, até os ventos e o mar
lhe obedecem!".

JESUS EXERCE AUTORIDADE SOBRE DEMÔNIOS

26 Então chegaram à região dos gadare-
nos,[a] do outro lado do mar da Galileia.
27 Quando Jesus desembarcou, um ho-
mem possuído por demônios veio ao seu
encontro. Fazia muito tempo que ele não
tinha casa nem roupas e vivia num cemi-
tério fora da cidade.

28 Assim que viu Jesus, gritou e caiu
diante dele. Então disse em alta voz: "Por
que vem me importunar, Jesus, Filho do
Deus Altíssimo? Suplico que não me ator-
mente!". 29 Pois Jesus já havia ordenado
que o espírito impuro saísse dele. Esse es-
pírito tinha dominado o homem em várias
ocasiões. Mesmo quando era colocado sob
guarda, com os pés e as mãos acorrenta-
dos, ele quebrava as correntes e, sob con-
trole do demônio, corria para o deserto.

30 Jesus lhe perguntou: "Qual é o seu
nome?".

"Legião", respondeu ele, pois havia mui-
tos demônios dentro do homem. 31 E im-
ploravam que Jesus não os mandasse para
o abismo.[b]

32 Ali perto, uma grande manada de por-
cos pastava na encosta de uma colina, e os
demônios suplicaram que ele os deixasse
entrar nos porcos.

Jesus lhes deu permissão. 33 Os demô-
nios saíram do homem e entraram nos
porcos, e toda a manada se atirou pela
encosta íngreme para dentro do mar e
se afogou.

34 Quando os que cuidavam dos porcos
viram isso, fugiram para uma cidade pró-
xima e para seus arredores, espalhando

---

[a] **8.26** Alguns manuscritos trazem *gerasenos*; outros, *gergesenos*; também em 8.37. Ver Mt 8.28; Mc 5.1.

[b] **8.31** Ou *lugar dos mortos*.

a notícia. 35 O povo correu para ver o que havia ocorrido. Uma multidão se juntou ao redor de Jesus, e eles viram o homem que havia sido liberto dos demônios. Estava sentado aos pés de Jesus, vestido e em perfeito juízo, e todos tiveram medo. 36 Os que presenciaram os acontecimentos contaram aos demais como o homem possuído por demônios tinha sido curado. 37 Todo o povo da região dos gadarenos suplicou que Jesus fosse embora, pois ficaram muito assustados.

Então ele voltou ao barco e partiu. 38 O homem que tinha sido liberto dos demônios suplicou para ir com ele, mas Jesus o mandou para casa, dizendo: 39 "Volte para sua família e conte a eles tudo que Deus fez por você". E o homem foi pela cidade inteira, anunciando tudo que Jesus tinha feito por ele.

JESUS CURA EM RESPOSTA À FÉ

40 Do outro lado do mar, as multidões receberam Jesus com alegria, pois o estavam esperando. 41 Então um homem chamado Jairo, um dos líderes da sinagoga local, veio e se prostrou aos pés de Jesus, suplicando que ele fosse à sua casa. 42 Sua única filha, de cerca de doze anos, estava à beira da morte.

Jesus o acompanhou, cercado pela multidão. 43 Uma mulher no meio do povo sofria havia doze anos de uma hemorragia,[a] sem encontrar cura. 44 Ela se aproximou por trás de Jesus e tocou na borda de seu manto. No mesmo instante, a hemorragia parou.

45 "Quem tocou em mim?", perguntou Jesus.

Todos negaram, e Pedro disse: "Mestre, a multidão toda se aperta em volta do senhor".

46 Jesus, no entanto, disse: "Alguém certamente tocou em mim, pois senti que de mim saiu poder". 47 Quando a mulher percebeu que não poderia permanecer despercebida, começou a tremer e caiu de joelhos diante dele. Todos a ouviram explicar por que havia tocado nele e como havia sido curada de imediato. 48 Então ele disse: "Filha, sua fé a curou. Vá em paz".

49 Enquanto Jesus ainda falava com a mulher, chegou um mensageiro da casa de Jairo, o líder da sinagoga, a quem disse: "Sua filha morreu. Não incomode mais o mestre".

50 Ao ouvir isso, Jesus disse a Jairo: "Não tenha medo. Apenas creia, e ela será curada".

51 Quando chegaram à casa de Jairo, Jesus não deixou que ninguém o acompanhasse, exceto Pedro, João, Tiago e o pai e a mãe da menina. 52 A casa estava cheia de gente chorando e se lamentando, mas ele disse: "Parem de chorar! Ela não está morta; está apenas dormindo".

53 A multidão riu dele, pois todos sabiam que ela havia morrido. 54 Então Jesus a tomou pela mão e disse em voz alta: "Menina, levante-se!". 55 Naquele momento, ela voltou à vida[b] e levantou-se de imediato. Então Jesus ordenou que dessem alguma coisa para ela comer. 56 Os pais dela ficaram maravilhados, mas Jesus insistiu que não contassem a ninguém o que havia acontecido.

JESUS ENVIA OS DOZE APÓSTOLOS

9 Jesus reuniu os Doze[c] e lhes deu poder e autoridade para expulsar todos os demônios e curar enfermidades. 2 Depois, enviou-os para anunciar o reino de Deus e curar os enfermos. 3 Ele os instruiu, dizendo: "Não levem coisa alguma em sua jornada. Não levem cajado, nem bolsa de viagem, nem comida, nem dinheiro,d nem mesmo uma muda de roupa extra. 4 Aonde quer que forem, hospedem-se na mesma casa até partirem da cidade. 5 E, se uma cidade se recusar a recebê-los, sacudam a poeira dos pés ao saírem, em sinal de reprovação".

6 Então começaram a percorrer os povoados, anunciando as boas-novas e curando os enfermos.

A PERPLEXIDADE DE HERODES

7 Quando Herodes Antipas[e] ouviu falar de tudo que Jesus fazia, ficou perplexo, pois alguns diziam que João Batista havia

---

[a] **8.43** Alguns manuscritos acrescentam *e tinha gastado tudo que possuía com médicos.*

[b] **8.55** Ou *seu espírito voltou.*

[c] **9.1** Alguns manuscritos trazem *os doze apóstolos.*

[d] **9.3** Ou *moedas de prata.*

[e] **9.7** Em grego, *Herodes, o tetrarca.*

ressuscitado dos mortos. 8 Outros acredita-
vam que Jesus era Elias, ou um dos antigos
profetas que tinha voltado à vida.
9 "Eu decapitei João", dizia Herodes.
"Então quem é o homem sobre quem ouço
essas histórias?" E procurava ver Jesus.

A PRIMEIRA MULTIPLICAÇÃO DOS PÃES

10 Quando os apóstolos voltaram, conta-
ram a Jesus tudo que tinham feito. Em se-
guida, Jesus se retirou para a cidade de
Betsaida, a fim de estar a sós com eles.
11 As multidões descobriram seu paradeiro
e o seguiram. Ele as recebeu, ensinou-lhes
a respeito do reino de Deus e curou os que
estavam enfermos.
12 No fim da tarde, os Doze se aproxima-
ram e lhe disseram: "Mande as multidões
aos povoados e campos vizinhos, para que
encontrem comida e abrigo para passar a
noite, pois estamos num lugar isolado".
13 Jesus, porém, disse: "Providenciem vo-
cês mesmos alimento para eles".

"Temos apenas cinco pães e dois peixes",
responderam. "Ou o senhor espera que
compremos comida para todo esse povo?"
14 Havia ali cerca de cinco mil homens.

Jesus respondeu: "Digam a eles que se
sentem em grupos de cinquenta". 15 Os dis-
cípulos seguiram sua instrução, e todos se
sentaram. 16 Jesus tomou os cinco pães
e os dois peixes, olhou para o céu e os
abençoou. Então, partiu-os em pedaços e
os entregou aos discípulos para que dis-
tribuíssem ao povo. 17 Todos comeram à
vontade, e os discípulos encheram ainda
doze cestos com as sobras.

PEDRO DECLARA SUA FÉ

18 Certo dia, Jesus orava em particular,
acompanhado apenas dos discípulos. Ele
lhes perguntou: "Quem as multidões di-
zem que eu sou?".
19 Os discípulos responderam: "Alguns
dizem que o senhor é João Batista; outros,
que é Elias; e outros ainda, que é um dos
profetas antigos que ressuscitou".
20 "E vocês?", perguntou ele. "Quem vo-
cês dizem que eu sou?"

Pedro respondeu: "O senhor é o Cristo
enviado por Deus!".

JESUS PREDIZ SUA MORTE

21 Jesus advertiu severamente seus discí-
pulos de que não dissessem a ninguém
quem ele era. 22 "É necessário que o Filho
do Homem sofra muitas coisas", disse.
"Ele será rejeitado pelos líderes do povo,
pelos principais sacerdotes e pelos mes-
tres da lei. Será morto, mas no terceiro
dia ressuscitará."

ENSINO SOBRE DISCIPULADO

23 Disse ele à multidão: "Se alguém quer
ser meu seguidor, negue a si mesmo, tome
diariamente sua cruz e siga-me. 24 Se ten-
tar se apegar à sua vida, a perderá. Mas, se
abrir mão de sua vida por minha causa, a
salvará. 25 Que vantagem há em ganhar o
mundo inteiro, mas perder ou destruir a
própria vida? 26 Se alguém se envergonhar
de mim e de minha mensagem, o Filho do
Homem se envergonhará dele quando vier
em sua glória e na glória do Pai e dos san-
tos anjos. 27 Eu lhes digo a verdade: alguns
que aqui estão não morrerão antes de ver
o reino de Deus!".

A TRANSFIGURAÇÃO

28 Cerca de oito dias depois, Jesus levou
consigo Pedro, João e Tiago a um monte
para orar. 29 Enquanto ele orava, a aparên-
cia de seu rosto foi transformada, e suas
roupas se tornaram brancas e resplande-
centes. 30 De repente, Moisés e Elias apa-
receram e começaram a falar com Jesus.
31 Tinham um aspecto glorioso e falavam
sobre a partida de Jesus, que estava para
se cumprir em Jerusalém.
32 Pedro e os outros lutavam contra o
sono, mas acabaram despertando e vi-
ram a glória de Jesus e os dois homens
que estavam com ele. 33 Quando Moisés
e Elias iam se retirando, Pedro, sem saber
o que dizia, falou: "Mestre, é maravilhoso
estarmos aqui! Vamos fazer três tendas:
uma será sua, uma de Moisés e outra de
Elias". 34 Enquanto ele ainda falava, uma
nuvem surgiu e os envolveu, enchendo-os
de medo.
35 Então uma voz que vinha da nuvem
disse: "Este é meu Filho, meu Escolhido.[a]

[a] **9.35** Alguns manuscritos trazem *Este é meu Filho muito amado*.

Encare os momentos difíceis, vá no seu ritmo, mas esteja sempre e constantemente avançando em direção à profundidade com Deus.

Ouçam-no!". 36 Quando a voz silenciou,
só Jesus estava ali. Naquela ocasião, os
discípulos não contaram a ninguém o que
tinham visto.

JESUS CURA UM MENINO POSSUÍDO POR DEMÔNIO

37 No dia seguinte, quando desceram do
monte, uma grande multidão veio ao en-
contro de Jesus. 38 Um homem na multi-
dão gritou: "Mestre, suplico-lhe que veja
meu filho, o único que tenho! 39 Um espí-
rito impuro se apodera dele e o faz gritar.
Lança-o em convulsões e o faz espumar
pela boca. Sacode-o violentamente e qua-
se nunca o deixa em paz. 40 Supliquei a
seus discípulos que o expulsassem, mas
eles não conseguiram".
41 Jesus disse: "Geração incrédula e cor-
rompida! Até quando estarei com vocês e
terei de suportá-los?". Então disse ao ho-
mem: "Traga-me seu filho".
42 Quando o menino se aproximou, o
demônio o derrubou no chão, numa con-
vulsão violenta. Jesus, porém, repreen-
deu o espírito impuro, curou o menino
e o devolveu ao pai. 43 Todos se espan-
taram com a grandiosidade do poder
de Deus.

JESUS PREDIZ SUA MORTE PELA SEGUNDA VEZ

Enquanto todos se maravilhavam com
seus feitos, Jesus disse aos discípulos:
44 "Ouçam-me e lembrem-se do que lhes
digo: o Filho do Homem será traído e en-
tregue em mãos humanas". 45 Eles, porém,
não entendiam essas coisas. O significado
estava escondido deles, de modo que não
eram capazes de compreender e tinham
medo de perguntar.

O MAIOR NO REINO

46 Os discípulos começaram a discutir
sobre qual deles seria o maior. 47 Jesus,
conhecendo seus pensamentos, trouxe
para junto de si uma criança pequena 48 e
disse: "Quem recebe uma criança como
esta em meu nome recebe a mim, e quem
me recebe também recebe aquele que me
enviou. Portanto, o menor entre vocês será
o maior".

O USO DO NOME DE JESUS

49 João disse a Jesus: "Mestre, vimos alguém
usar seu nome para expulsar demônios;
nós o proibimos, pois ele não era do nos-
so grupo".
50 "Não o proíbam!", disse Jesus. "Quem
não é contra vocês é a favor de vocês."

A OPOSIÇÃO DOS SAMARITANOS

51 Como se aproximava o tempo de ser ele-
vado ao céu, Jesus partiu com determina-
ção para Jerusalém. 52 Enviou mensageiros
adiante até um povoado samaritano, a fim
de fazerem os preparativos para sua chega-
da. 53 Contudo, os habitantes do povoado
não receberam Jesus, porque parecia eviden-
te que ele estava a caminho de Jerusalém.
54 Percebendo isso, Tiago e João disseram
a Jesus: "Senhor, quer que mandemos cair
fogo do céu para consumi-los?".[a] 55 Jesus,
porém, se voltou para eles e os repreen-
deu.[b] 56 E seguiram para outro povoado.

O PREÇO DE SEGUIR JESUS

57 Quando andavam pelo caminho, al-
guém disse a Jesus: "Eu o seguirei aonde
quer que vá".
58 Jesus respondeu: "As raposas têm to-
cas onde morar e as aves têm ninhos, mas
o Filho do Homem não tem sequer um lu-
gar para recostar a cabeça".
59 E a outra pessoa ele disse: "Siga-me".
O homem, porém, respondeu: "Senhor,
deixe-me primeiro sepultar meu pai".
60 Jesus respondeu: "Deixe que os mortos
sepultem seus próprios mortos. Você, po-
rém, deve ir e anunciar o reino de Deus".
61 Outro, ainda, disse: "Senhor, eu o se-
guirei, mas deixe que antes me despeça
de minha família".
62 Mas Jesus lhe disse: "Quem põe a mão
no arado e olha para trás não está apto
para o reino de Deus".

JESUS ENVIA SEUS DISCÍPULOS

10 Depois disso, o Senhor escolheu
outros setenta e dois[c] discípulos e

[a] **9.54** Alguns manuscritos acrescentam *como fez Elias?*

[b] **9.55-56** Alguns manuscritos acrescentam *E ele disse: "Vocês não sabem como é o seu coração. 56 Pois o Filho do Homem não veio destruir vidas, mas salvá-las".*

[c] **10.1** Alguns manuscritos trazem *setenta*; também em 10.17.

os enviou adiante, dois a dois, às cidades
e aos lugares que ele planejava visitar.
2 Estas foram suas instruções: "A colheita é
grande, mas os trabalhadores são poucos.
Orem ao Senhor da colheita; peçam que
ele envie mais trabalhadores para seus
campos. 3 Agora vão e lembrem-se de que
eu os envio como cordeiros no meio de
lobos. 4 Não levem dinheiro algum, nem
bolsa de viagem, nem um par de sandá-
lias extras. E não se detenham para cum-
primentar ninguém pelo caminho.

5 "Quando entrarem numa casa, digam
primeiro: 'Que a paz de Deus esteja nesta
casa'. 6 Se os que vivem ali forem gente de
paz, a bênção permanecerá; se não forem,
a bênção voltará a vocês. 7 Permaneçam
naquela casa e comam e bebam o que
lhes derem, pois quem trabalha merece
seu salário. Não fiquem mudando de casa
em casa.

8 "Quando entrarem numa cidade e ela
os receber bem, comam o que lhes ofe-
recerem. 9 Curem os enfermos e digam-
-lhes: 'Agora o reino de Deus chegou até
vocês'.[a] 10 Mas, se uma cidade se recusar
a recebê-los, saiam pelas ruas e digam:
11 'Limpamos de nossos pés até o pó desta
cidade em sinal de reprovação. E saibam
disto: o reino de Deus chegou!'.[b] 12 Eu lhes
garanto que, no dia do juízo, até Sodoma
será tratada com menos rigor que aque-
la cidade.

13 "Que aflição as espera, Corazim e
Betsaida! Porque, se nas cidades de Tiro
e Sidom tivessem sido realizados os mila-
gres que realizei em vocês, há muito tempo
seus habitantes teriam se arrependido e
demonstrado isso vestindo panos de saco
e jogando cinzas sobre a cabeça. 14 Eu lhes
digo que, no dia do juízo, Tiro e Sidom se-
rão tratadas com menos rigor que vocês.
15 E você, Cafarnaum, será elevada até o
céu? Não, descerá até o lugar dos mortos".[c]

16 Então ele disse aos discípulos: "Quem
aceita sua mensagem também me acei-
ta, e quem os rejeita também me rejeita.
E quem me rejeita também rejeita aquele
que me enviou".

[a] **10.9** Ou *está próximo de vocês.*
[b] **10.11** Ou *está próximo.*
[c] **10.15** Em grego, *até o Hades.*

17 Quando os setenta e dois discípulos
voltaram, relataram com alegria: "Senhor,
até os demônios nos obedecem pela sua
autoridade!".

18 Então ele lhes disse: "Vi Satanás cain-
do do céu como um relâmpago! 19 Eu lhes
dei autoridade para pisarem sobre co-
bras e escorpiões, e sobre todo o poder
do inimigo. Nada lhes causará dano.
20 Mas não se alegrem porque os espíri-
tos impuros lhes obedecem; alegrem-se
porque seus nomes estão registrados
no céu".

JESUS AGRADECE AO PAI

21 Naquele momento, Jesus foi tomado
da alegria do Espírito Santo e disse: "Pai,
Senhor dos céus e da terra, eu te agradeço
porque escondeste estas coisas dos que
se consideram sábios e inteligentes e as
revelaste aos que são como crianças. Sim,
Pai, foi do teu agrado fazê-lo assim.

22 "Meu Pai me confiou todas as coi-
sas. Ninguém conhece verdadeiramente
o Filho, a não ser o Pai, e ninguém co-
nhece verdadeiramente o Pai, a não ser
o Filho e aqueles a quem o Filho escolhe
revelá-lo".

23 Então, em particular, ele se voltou para
os discípulos e disse: "Felizes os olhos
que veem o que vocês viram. 24 Eu lhes
digo: muitos profetas e reis desejaram ver
o que vocês têm visto e ouvir o que vocês
têm ouvido, mas não puderam".

O MANDAMENTO MAIS IMPORTANTE

25 Certo dia, um especialista da lei se le-
vantou para pôr Jesus à prova com esta
pergunta: "Mestre, o que preciso fazer para
herdar a vida eterna?".

26 Jesus respondeu: "O que diz a lei de
Moisés? Como você a entende?".

27 O homem respondeu: "'Ame o Senhor,
seu Deus, de todo o seu coração, de toda
a sua alma, de toda a sua força e de toda
a sua mente' e 'Ame o seu próximo como
a si mesmo'".[d]

28 "Está correto!", disse Jesus. "Faça isso,
e você viverá."

[d] **10.27** Dt 6.5; Lv 19.18.

A PARÁBOLA DO BOM SAMARITANO

29 O homem, porém, querendo justificar suas ações, perguntou a Jesus: "E quem é o meu próximo?".

30 Jesus respondeu com uma história: "Certo homem descia de Jerusalém a Jericó, quando foi atacado por bandidos. Eles lhe tiraram as roupas, o espancaram e o deixaram quase morto à beira da estrada.

31 "Por acaso, descia por ali um sacerdote. Quando viu o homem caído, atravessou para o outro lado da estrada. 32 Um levita fazia o mesmo caminho e viu o homem caído, mas também atravessou e passou longe.

33 "Então veio um samaritano e, ao ver o homem, teve compaixão dele. 34 Foi até ele, tratou de seus ferimentos com óleo e vinho e os enfaixou. Depois, colocou o homem em seu jumento e o levou a uma hospedaria, onde cuidou dele. 35 No dia seguinte, deu duas moedas de prata[a] ao dono da hospedaria e disse: 'Cuide deste homem. Se você precisar gastar a mais com ele, eu lhe pagarei a diferença quando voltar'.

36 "Qual desses três você diria que foi o próximo do homem atacado pelos bandidos?", perguntou Jesus.

37 O especialista da lei respondeu: "Aquele que teve misericórdia dele".

Então Jesus disse: "Vá e faça o mesmo".

JESUS VISITA MARTA E MARIA

38 Jesus e seus discípulos seguiram viagem e chegaram a um povoado onde uma mulher chamada Marta os recebeu em sua casa. 39 Sua irmã, Maria, sentou-se aos pés de Jesus e ouvia o que ele ensinava. 40 Marta, porém, estava ocupada com seus muitos afazeres. Foi a Jesus e disse: "Senhor, não o incomoda que minha irmã fique aí sentada enquanto eu faço todo o trabalho? Diga-lhe que venha me ajudar!".

41 Mas o Senhor respondeu: "Marta, Marta, você se preocupa e se inquieta com todos esses detalhes. 42 Apenas uma coisa é necessária. Quanto a Maria, ela fez a escolha certa, e ninguém tomará isso dela".

[a] **10.35** Em grego, *2 denários.*

ENSINO SOBRE A ORAÇÃO

11 Certo dia, Jesus estava orando em determinado lugar. Quando terminou, um de seus discípulos lhe disse: "Senhor, ensine-nos a orar, como João ensinou aos discípulos dele".

2 Jesus disse: "Orem da seguinte forma:

"Pai,[b] santificado seja o teu nome.
Venha o teu reino.
3 Dá-nos hoje o pão para este dia,[c]
4 e perdoa nossos pecados,
assim como perdoamos aqueles
que pecam contra nós.
E não nos deixes cair em tentação".[d]

5 E ele prosseguiu: "Suponha que você fosse à casa de um amigo à meia-noite para pedir três pães, dizendo: 6 'Um amigo meu acaba de chegar para me visitar e não tenho nada para lhe oferecer', 7 e ele respondesse lá de dentro: 'Não me perturbe. A porta já está trancada, e minha família e eu já estamos deitados. Não posso ajudá-lo'. 8 Eu lhes digo que, embora ele não o faça por amizade, se você continuar a bater à porta, ele se levantará e lhe dará o que precisa por causa da sua insistência.[e]

9 "Portanto eu lhes digo: peçam, e receberão. Procurem, e encontrarão. Batam, e a porta lhes será aberta. 10 Pois todos que pedem, recebem. Todos que procuram, encontram. E, para todos que batem, a porta é aberta.

11 "Vocês que são pais, respondam: Se seu filho lhe pedir[f] um peixe, você lhe dará uma cobra? 12 Ou, se lhe pedir um ovo, você lhe dará um escorpião? 13 Portanto, se vocês que são pecadores sabem como dar bons presentes a seus filhos, quanto mais seu Pai no céu dará o Espírito Santo aos que lhe pedirem!".

A FONTE DO PODER DE JESUS

14 Certo dia, Jesus expulsou um demônio que deixava um homem mudo e, quando

[b] **11.2** Alguns manuscritos trazem *Pai nosso que estás no céu.*

[c] **11.3** Ou *Dá-nos hoje o alimento de que precisamos*, ou *Dá-nos hoje o alimento para amanhã.*

[d] **11.4** Ou *E guarda-nos de sermos provados.*

[e] **11.8** Ou *para não passar vergonha*, ou *para que sua reputação não seja prejudicada.*

[f] **11.11** Alguns manuscritos acrescentam *pão, você lhe dará uma pedra? Ou [se pedir]...*

o demônio saiu, o homem começou a falar. A multidão ficou admirada, 15 mas alguns disseram: "É pelo poder de Belzebu, o príncipe dos demônios, que ele expulsa os demônios". 16 Outros exigiram que Jesus lhes desse um sinal do céu para provar sua autoridade.

17 Jesus, conhecendo seus pensamentos, disse: "Todo reino dividido internamente está condenado à ruína. Uma família dividida contra si mesma se desintegrará. 18 Vocês dizem que eu expulso demônios pelo poder de Belzebu. Mas, se Satanás está dividido e luta contra si mesmo, como o seu reino sobreviverá? 19 E, se meu poder vem de Belzebu, o que dizer de seus discípulos? Eles também expulsam demônios, de modo que condenarão vocês pelo que acabaram de dizer. 20 Se, contudo, expulso demônios pelo poder de Deus,[a] então o reino de Deus já chegou a vocês. 21 Pois, quando um homem forte está bem armado e guarda seu palácio, seus bens estão seguros, 22 até que alguém ainda mais forte o ataque e o vença, tire dele suas armas e leve embora seus pertences.

23 "Quem não está comigo opõe-se a mim, e quem não trabalha comigo trabalha contra mim.

24 "Quando um espírito impuro sai de uma pessoa, anda por lugares secos à procura de descanso. Mas, não o encontrando, diz: 'Voltarei à casa da qual saí'. 25 Ele volta para sua antiga casa e a encontra vazia, varrida e arrumada. 26 Então o espírito busca outros sete espíritos, piores que ele, e todos entram na pessoa e passam a morar nela, e a pessoa fica pior que antes".

27 Enquanto ele falava, uma mulher na multidão gritou: "Feliz é sua mãe, que o deu à luz e o amamentou!".

28 Jesus, porém, respondeu: "Ainda mais felizes são os que ouvem a palavra de Deus e a praticam".

O SINAL DE JONAS

29 Enquanto a multidão se apertava contra Jesus, ele disse: "Esta geração perversa insiste que eu lhe mostre um sinal, mas o único sinal que lhes darei será o de Jonas. 30 O que aconteceu com ele foi um sinal para o povo de Nínive. O que acontecer com o Filho do Homem será um sinal para esta geração.

31 "A rainha de Sabáb se levantará contra esta geração no dia do juízo e a condenará, pois veio de uma terra distante para ouvir a sabedoria de Salomão; e vocês têm à sua frente alguém maior que Salomão! 32 Os habitantes de Nínive também se levantarão contra esta geração no dia do juízo e a condenarão, pois eles se arrependeram de seus pecados quando ouviram a mensagem anunciada por Jonas; e vocês têm à sua frente alguém maior que Jonas!"

RECEBER A LUZ

33 "Não faz sentido acender uma lâmpada e depois escondê-la ou colocá-la sob um cesto.[c] Pelo contrário, ela é colocada num pedestal, de onde sua luz é vista por todos que entram na casa.

34 "Seus olhos são como uma lâmpada que ilumina todo o corpo. Quando os olhos são bons, todo o corpo se enche de luz. Mas, quando são maus, o corpo se enche de escuridão. 35 Portanto, tomem cuidado para que sua luz não seja, na verdade, escuridão. 36 Se estiverem cheios de luz, sem nenhum canto escuro, sua vida inteira será radiante, como se uma lamparina os estivesse iluminando".

JESUS CRITICA OS LÍDERES RELIGIOSOS

37 Quando Jesus terminou de falar, um dos fariseus o convidou para comer em sua casa. Ele foi e tomou lugar à mesa. 38 Seu anfitrião ficou surpreso por ele não realizar primeiro a cerimônia de lavar as mãos, como era costume entre os judeus. 39 Então o Senhor lhe disse: "Vocês, fariseus, têm o cuidado de limpar o exterior do copo e do prato, mas estão sujos por dentro, cheios de ganância e perversidade. 40 Tolos! Acaso Deus não fez tanto o interior como o exterior? 41 Portanto, limpem o

---

[a] **11.20** Em grego, *pelo dedo de Deus.*

[b] **11.31** Em grego, *rainha do sul.*

[c] **11.33** Alguns manuscritos não trazem *ou colocá-la sob um cesto.*

interior dando ofertas aos necessitados e
ficarão limpos por completo.
42 "Que aflição os espera, fariseus! Vocês
têm o cuidado de dar o dízimo da hortelã,
da arruda e de todas as ervas, mas negli-
genciam a justiça e o amor de Deus. Sim,
vocês deviam fazer essas coisas, mas sem
descuidar das mais importantes.
43 "Que aflição os espera, fariseus! Pois
gostam de sentar-se nos lugares de hon-
ra nas sinagogas e de receber saudações
respeitosas enquanto andam pelas pra-
ças. 44 Sim, que aflição os espera! Pois são
como túmulos escondidos: as pessoas
passam por cima deles sem saber onde
estão pisando".
45 Então um especialista da lei disse:
"Mestre, o senhor insultou também a nós
com o que acabou de dizer".
46 Jesus respondeu: "Sim, que aflição
também os espera, especialistas da lei!
Pois oprimem as pessoas com exigências
insuportáveis e não movem um dedo se-
quer para aliviar seus fardos. 47 Que aflição
os espera! Pois constroem monumentos
para os profetas que seus próprios ante-
passados assassinaram. 48 Com isso, po-
rém, testemunham que concordam com
o que seus antepassados fizeram. Eles
mataram os profetas, e vocês cooperam
com eles construindo os monumentos!
49 Foi a isto que Deus, em sua sabedoria,
se referiu:[a] 'Eu lhes enviarei profetas e
apóstolos, mas eles matarão alguns e per-
seguirão outros'.
50 "Portanto, esta geração será responsa-
bilizada pelo assassinato de todos os pro-
fetas de Deus desde a criação do mundo,
51 desde o assassinato do justo Abel até o
de Zacarias, morto entre o altar e o san-
tuário. Sim, certamente esta geração será
considerada responsável.
52 "Que aflição os espera, especialistas
da lei! Vocês se apossaram da chave do
conhecimento e, além de não entrarem no
reino, impedem que outros entrem".
53 Quando Jesus se retirou dali, os mes-
tres da lei e os fariseus ficaram extrema-
mente irados e tentaram provocá-lo com
muitas perguntas. 54 Queriam apanhá-lo
numa armadilha, levando-o a dizer algo
que pudessem usar contra ele.

ADVERTÊNCIA ACERCA DA HIPOCRISIA

12 Quando as multidões cresceram
a ponto de haver milhares de pes-
soas atropelando-se e pisando umas nas
outras, Jesus concentrou seu ensino nos
discípulos, dizendo: "Tenham cuidado
com o fermento dos fariseus, que é a hipo-
crisia. 2 Virá o dia em que tudo que está en-
coberto será revelado, e tudo que é secreto
será divulgado. 3 O que vocês disseram no
escuro será ouvido às claras, e o que con-
versaram a portas fechadas será proclama-
do dos telhados.
4 "Meus amigos, não tenham medo da-
queles que matam o corpo; depois disso,
nada mais podem lhes fazer. 5 Mas eu lhes
direi a quem devem temer. Temam a Deus,
que tem o poder de matar e lançar no in-
ferno.[b] Sim, a esse vocês devem temer.
6 "Qual é o preço de cinco pardais? Duas
moedas de cobre?[c] E, no entanto, Deus não
se esquece de nenhum deles. 7 Até os ca-
belos de sua cabeça estão todos contados.
Portanto, não tenham medo; vocês são
muito mais valiosos que um bando intei-
ro de pardais.
8 "Eu lhes digo a verdade: quem me re-
conhecer aqui, diante das pessoas, o Filho
do Homem o reconhecerá na presença dos
anjos de Deus. 9 Mas quem me negar aqui
será negado diante dos anjos de Deus.
10 Quem falar contra o Filho do Homem
será perdoado, mas quem blasfemar con-
tra o Espírito Santo não será perdoado.
11 "Quando vocês forem julgados nas
sinagogas e diante dos governantes e
das autoridades, não se preocupem com
o modo como se defenderão nem com o
que dirão, 12 pois o Espírito Santo, naque-
le momento, lhes dará as palavras certas".

A PARÁBOLA DO RICO INSENSATO

13 Então alguém da multidão gritou:
"Mestre, por favor, diga a meu irmão que
divida comigo a herança de meu pai!".

[a] **11.49** Em grego, *Portanto, foi isto que disse a sabedoria de Deus.*

[b] **12.5** Em grego, *Geena.*

[c] **12.6** Em grego, *2 asses*, moeda romana correspondente a 1/16 de 1 denário.

14 Jesus respondeu: "Amigo, quem me pôs como juiz sobre vocês para decidir essas coisas?". 15 Em seguida, disse: "Cuidado! Guardem-se de todo tipo de ganância. A vida de uma pessoa não é definida pela quantidade de seus bens".

16 Então lhes contou uma parábola: "Um homem rico tinha uma propriedade fértil que produziu boas colheitas. 17 Pensou consigo: 'O que devo fazer? Não tenho espaço para toda a minha colheita'. 18 Por fim, disse: 'Já sei! Vou derrubar os celeiros e construir outros maiores. Assim terei espaço suficiente para todo o meu trigo e meus outros bens. 19 Então direi a mim mesmo: Amigo, você guardou o suficiente para muitos anos. Agora descanse! Coma, beba e alegre-se!'.

20 "Mas Deus lhe disse: 'Louco! Você morrerá esta noite. E, então, quem ficará com o fruto do seu trabalho?'.

21 "Sim, é loucura acumular riquezas terrenas e não ser rico para com Deus".

ENSINO SOBRE DINHEIRO E BENS

22 Então, voltando-se para seus discípulos, Jesus disse: "Por isso eu lhes digo que não se preocupem com a vida diária, se terão o suficiente para comer, ou com o corpo, se terão o suficiente para vestir. 23 Pois a vida é mais que comida, e o corpo é mais que roupa. 24 Observem os corvos. Eles não plantam nem colhem, nem guardam comida em celeiros, pois Deus os alimenta. E vocês valem muito mais que qualquer pássaro. 25 Qual de vocês, por mais preocupado que esteja, pode acrescentar ao menos uma hora à sua vida?[a] 26 E, se não podem fazer uma coisa tão pequena, de que adianta se preocupar com as maiores?

27 "Observem como crescem os lírios. Não trabalham nem fazem suas roupas e, no entanto, nem Salomão em toda a sua glória se vestiu como eles. 28 E, se Deus veste com tamanha beleza as flores que hoje estão aqui e amanhã são lançadas ao fogo, não será muito mais generoso com vocês, gente de pequena fé?

29 "Não se inquietem com o que comer e o que beber. Não se preocupem com essas coisas. 30 Elas ocupam os pensamentos dos pagãos de todo o mundo, mas seu Pai já sabe do que vocês precisam. 31 Busquem, acima de tudo, o reino de Deus, e todas essas coisas lhes serão dadas.

32 "Não tenham medo, pequeno rebanho, pois seu Pai tem grande alegria em lhes dar o reino.

33 "Vendam seus bens e deem aos necessitados. Com isso, ajuntarão tesouros no céu, e as bolsas no céu não se desgastam nem se desfazem. Seu tesouro estará seguro; nenhum ladrão o roubará e nenhuma traça o destruirá. 34 Onde seu tesouro estiver, ali também estará seu coração."

ESTEJAM PREPARADOS PARA A VINDA DO SENHOR

35 "Estejam vestidos, prontos para servir, e mantenham suas lâmpadas acesas, 36 como se esperassem o seu senhor voltar do banquete de casamento. Então poderão abrir-lhe a porta e deixá-lo entrar no momento em que ele chegar e bater. 37 Os servos que estiverem prontos, aguardando seu retorno, serão recompensados. Eu lhes digo a verdade: ele mesmo se vestirá como servo, indicará onde vocês se sentarão e os servirá enquanto estão à mesa! 38 Quer ele venha no meio da noite, quer de madrugada,[b] ele recompensará os servos que estiverem prontos.

39 "Entendam isto: se o dono da casa soubesse exatamente a que horas o ladrão viria, não permitiria que a casa fosse arrombada. 40 Estejam também sempre preparados, pois o Filho do Homem virá quando menos esperam".

41 Então Pedro perguntou: "Senhor, essa ilustração se aplica apenas a nós, ou a todos?".

42 O Senhor respondeu: "O servo fiel e sensato é aquele a quem o senhor encarrega de chefiar os demais servos da casa e alimentá-los. 43 Se o senhor voltar e constatar que seu servo fez um bom trabalho, 44 eu lhes digo a verdade: ele colocará todos os seus bens sob os cuidados

[a] **12.25** Ou *ao menos um côvado à sua altura?*

[b] **12.38** Em grego, *na segunda ou terceira vigília da noite.*

desse servo. 45 O que acontecerá, porém,
se o servo pensar: 'Meu senhor não voltará
tão cedo', e começar a espancar os outros
servos, a comer e a beber e se embriagar?
46 O senhor desse servo voltará em dia em
que não se espera e em hora que não se
conhece, cortará o servo ao meio e lhe dará
o mesmo destino dos incrédulos.

47 "O servo que conhece a vontade do
seu senhor e não se prepara nem segue as
instruções dele será duramente castigado.
48 Mas aquele que não a conhece e faz algo
errado será castigado com menos severi-
dade. A quem muito foi dado, muito será
pedido; e a quem muito foi confiado, ainda
mais será exigido."

JESUS CAUSA DIVISÃO

49 "Eu vim para incendiar a terra, e gostaria
que já estivesse em chamas! 50 No entanto,
tenho de passar por um batismo e estou
angustiado até que ele se realize. 51 Vocês
pensam que vim trazer paz à terra? Não!
Eu vim causar divisão! 52 De agora em
diante, numa mesma casa cinco pessoas
estarão divididas: três contra duas e duas
contra três.

53 "O pai ficará contra o filho
e o filho contra o pai;
a mãe contra a filha
e a filha contra a mãe;
a sogra contra a nora
e a nora contra a sogra".[a]

54 Então Jesus se voltou para a multidão
e disse: "Quando vocês veem nuvens se
formando no oeste, dizem: 'Vai chover'.
E têm razão. 55 Quando sopra o vento sul,
dizem: 'Hoje vai fazer calor'. E assim ocorre.
56 Hipócritas! Sabem interpretar as condi-
ções do tempo na terra e no céu, mas não
sabem interpretar o tempo presente.

57 "Por que não decidem por si mesmos
o que é certo? 58 Quando você e seu adver-
sário estiverem a caminho do tribunal,
procurem acertar as diferenças antes de
chegar lá. Do contrário, pode ser que o
acusador o entregue ao juiz, e o juiz, a um
oficial que o lançará na prisão. 59 Eu lhe
digo: você não será solto enquanto não ti-
ver pago até o último centavo".[b]

CHAMADO AO ARREPENDIMENTO

13 Por essa época, Jesus foi informado
de que Pilatos havia assassinado
algumas pessoas da Galileia enquanto
ofereciam sacrifícios. 2 "Vocês pensam que
esses galileus eram mais pecadores que
todos os outros da Galileia?", perguntou
Jesus. "Foi por isso que sofreram? 3 De ma-
neira alguma! Mas, se não se arrepende-
rem, vocês também morrerão. 4 E quanto
aos dezoito que morreram quando a tor-
re de Siloé caiu sobre eles? Eram mais
pecadores que os demais de Jerusalém?
5 Não! E eu volto a lhes dizer: a menos
que se arrependam, todos vocês também
morrerão."

A PARÁBOLA DA FIGUEIRA QUE NÃO PRODUZ FRUTOS

6 Então Jesus contou a seguinte parábola:
"Um homem tinha uma figueira em seu
vinhedo e foi várias vezes procurar frutos
nela, sem sucesso. 7 Por fim, disse ao jar-
dineiro: 'Esperei três anos e não encontrei
um figo sequer. Corte a figueira, pois só
está ocupando espaço no pomar'.

8 "O jardineiro respondeu: 'Senhor, dei-
xe-a mais um ano, e eu cuidarei dela e a
adubarei. 9 Se der figos no próximo ano,
ótimo; se não, mande cortá-la'".

JESUS CURA NO SÁBADO

10 Certo sábado, quando Jesus ensinava
numa sinagoga, 11 apareceu uma mu-
lher enferma por causa de um espírito
impuro. Andava encurvada havia dezoi-
to anos e não conseguia se endireitar.
12 Ao vê-la, Jesus a chamou para perto e
disse: "Mulher, você está curada de sua
doença!". 13 Então ele a tocou e, no mesmo
instante, ela conseguiu se endireitar e co-
meçou a louvar a Deus.

14 O chefe da sinagoga ficou indignado
porque Jesus a tinha curado no sábado.
"Há seis dias na semana para trabalhar",
disse ele à multidão. "Venham nesses dias
para serem curados, e não no sábado."

[a] **12.53** Mq 7.6.

[b] **12.59** Em grego, *até o último lepto*, moeda de menor valor entre os judeus.

15 O Senhor, porém, respondeu: "Hipó-
critas! Todos vocês trabalham no sábado!
Acaso não desamarram no sábado o boi
ou o jumento do estábulo e o levam dali
para lhe dar água? 16 Esta mulher, uma filha
de Abraão, foi mantida presa por Satanás
durante dezoito anos. Não deveria ela ser
liberta, mesmo que seja no sábado?".
17 As palavras de Jesus envergonharam
seus adversários, mas todo o povo se
alegrava com as coisas maravilhosas que
ele fazia.

A PARÁBOLA DA SEMENTE DE MOSTARDA

18 Então Jesus disse: "Com que se parece
o reino de Deus? Com o que posso com-
pará-lo? 19 É como a semente de mostarda
que alguém plantou na horta. Ela cresce e
se torna uma árvore, e os pássaros fazem
ninhos em seus galhos".

A PARÁBOLA DO FERMENTO

20 Disse também: "Com que mais se parece
o reino de Deus? 21 É como o fermento que
uma mulher usa para fazer pão. Embora
ela coloque apenas uma pequena quanti-
dade de fermento em três medidas de fari-
nha, toda a massa fica fermentada".

A PORTA ESTREITA

22 Jesus foi pelas cidades e povoados en-
sinando ao longo do caminho, em direção
a Jerusalém. 23 Alguém lhe perguntou:
"Senhor, só alguns poucos serão salvos?".
Ele respondeu: 24 "Esforcem-se para
entrar pela porta estreita, pois muitos
tentarão entrar, mas não conseguirão.
25 Quando o dono da casa tiver trancado a
porta, será tarde demais. Vocês ficarão do
lado de fora, batendo e pedindo: 'Senhor,
abra a porta para nós!'. Mas ele responde-
rá: 'Não os conheço, nem sei de onde são'.
26 Então vocês dirão: 'Nós comemos e be-
bemos com o senhor, e o senhor ensinou
em nossas ruas'. 27 E ele responderá: 'Não
os conheço nem sei de onde são. Afastem-
se de mim, todos vocês que praticam o
mal!'.
28 "Haverá choro e ranger de dentes, pois
verão Abraão, Isaque, Jacó e todos os pro-
fetas no reino de Deus, mas vocês serão
lançados fora. 29 E virão pessoas de toda
parte, do leste e do oeste, do norte e do sul,
para ocupar seus lugares à mesa no reino
de Deus. 30 E prestem atenção: alguns últi-
mos serão os primeiros, e alguns primei-
ros serão os últimos".

A LAMENTAÇÃO DE JESUS SOBRE JERUSALÉM

31 Naquele momento, alguns fariseus lhe
disseram: "Vá embora daqui, pois Herodes
Antipas quer matá-lo!".
32 Jesus respondeu: "Vão dizer àquela
raposa que continuarei a expulsar demô-
nios e a curar hoje e amanhã; e, no terceiro
dia, realizarei meu propósito. 33 Sim, hoje,
amanhã e depois de amanhã, devo seguir
meu caminho. Pois nenhum profeta de
Deus deve ser morto fora de Jerusalém!
34 "Jerusalém, Jerusalém, cidade que
mata profetas e apedreja os mensageiros
de Deus! Quantas vezes eu quis juntar
seus filhos como a galinha protege os pin-
tinhos sob as asas, mas você não deixou.
35 E, agora, sua casa foi abandonada, e você
nunca mais me verá, até que diga: 'Bendito
é o que vem em nome do Senhor!'".[a]

JESUS CURA NO SÁBADO

14 Certo sábado, Jesus foi comer na
casa de um líder fariseu, onde o
observavam atentamente. 2 Estava ali
um homem com o corpo muito inchado.[b]
3 Jesus perguntou aos fariseus e aos espe-
cialistas da lei: "A lei permite ou não curar
no sábado?". 4 Eles nada responderam, e
Jesus tocou no homem enfermo, o curou
e o mandou embora. 5 Depois, perguntou
a eles: "Qual de vocês, se seu filho[c] ou seu
boi cair num buraco, não se apressará em
tirá-lo de lá, mesmo que seja sábado?".
6 Mais uma vez, não puderam responder.

JESUS ENSINA SOBRE A HUMILDADE

7 Quando Jesus observou que os convi-
dados para o jantar procuravam ocupar
os lugares de honra à mesa, deu-lhes este
conselho: 8 "Quando você for convidado

---

a **13.35** Sl 118.26.
b **14.2** Ou *que sofria de hidropsia*.
c **14.5** Alguns manuscritos trazem *seu jumento*.

Jesus não é o tipo de convidado que fica conversando à soleira da porta: a intenção dele é entrar, sentar-se à mesa, encarar o anfitrião nos olhos e desenvolver um relacionamento com ele.

para um banquete de casamento, não
ocupe o lugar de honra. E se chegar algum
convidado mais importante que você?
9 O anfitrião virá e dirá: 'Dê o seu lugar a
esta pessoa', e você, envergonhado, terá de
sentar-se no último lugar da mesa.
10 "Em vez disso, ocupe o lugar menos
importante à mesa. Assim, quando o an-
fitrião o vir, dirá: 'Amigo, temos um lugar
melhor para você!'. Então você será honra-
do diante de todos os convidados. 11 Pois
os que se exaltam serão humilhados, e os
que se humilham serão exaltados".
12 Então Jesus se voltou para o anfitrião
e disse: "Quando oferecer um banquete ou
jantar, não convide amigos, irmãos, paren-
tes e vizinhos ricos. Eles poderão retribuir
o convite, e essa será sua única recompen-
sa. 13 Em vez disso, convide os pobres, os
aleijados, os mancos e os cegos. 14 Assim,
na ressurreição dos justos, você será re-
compensado por ter convidado aqueles
que não podiam lhe retribuir".

A PARÁBOLA DO GRANDE BANQUETE

15 Ao ouvir isso, um homem que estava
à mesa com Jesus exclamou: "Feliz será
aquele que participar do banquete[a] no rei-
no de Deus!".
16 Jesus respondeu com a seguinte pa-
rábola: "Certo homem preparou um gran-
de banquete e enviou muitos convites.
17 Quando estava tudo pronto, mandou
seu servo dizer aos convidados: 'Venham,
o banquete está pronto'. 18 Mas todos eles
deram desculpas. Um disse: 'Acabei de
comprar um campo e preciso inspecioná-
-lo. Peço que me desculpe'. 19 Outro disse:
'Acabei de comprar cinco juntas de bois
e quero experimentá-las. Sinto muito'.
20 Ainda outro disse: 'Acabei de me casar
e não posso ir'.
21 "O servo voltou e informou a seu se-
nhor o que tinham dito. Ele ficou furioso e
ordenou: 'Vá depressa pelas ruas e becos
da cidade e convide os pobres, os aleija-
dos, os cegos e os mancos'. 22 Depois de
cumprir essa ordem, o servo informou:
'Ainda há lugar para mais gente'. 23 Então
o senhor disse: 'Vá pelas estradas do cam-
po e junto às cercas entre as videiras e in-
sista com todos que encontrar para que
venham, de modo que minha casa fique
cheia. 24 Pois nenhum dos que antes foram
convidados provará do meu banquete'".

O CUSTO DO DISCIPULADO

25 Uma grande multidão seguia Jesus, que
se voltou para ela e disse: 26 "Se alguém
que me segue amar pai e mãe, esposa e
filhos, irmãos e irmãs, e até mesmo a pró-
pria vida, mais que a mim, não pode ser
meu discípulo. 27 E, se não tomar sua cruz
e me seguir, não pode ser meu discípulo.
28 "Quem começa a construir uma torre
sem antes calcular o custo e ver se pos-
sui dinheiro suficiente para terminá-la?
29 Pois, se completar apenas os alicerces e
ficar sem dinheiro, todos rirão dele, 30 di-
zendo: 'Esse aí começou a construir, mas
não conseguiu terminar!'.
31 "Ou que rei iria à guerra sem antes
avaliar se seu exército de dez mil pode-
ria derrotar os vinte mil que vêm contra
ele? 32 E, se concluir que não, o rei enviará
uma delegação para negociar um acordo
de paz enquanto o inimigo está longe.
33 Da mesma forma, ninguém pode se tor-
nar meu discípulo sem abrir mão de tudo
que possui.
34 "O sal é bom para temperar, mas, se
perder o sabor, como torná-lo salgado ou-
tra vez? 35 O sal sem sabor não serve nem
para o solo nem para adubo; é jogado fora.
Quem é capaz de ouvir, ouça com atenção!".

A PARÁBOLA DA OVELHA PERDIDA

15 Cobradores de impostos e outros
pecadores vinham ouvir Jesus
ensinar. 2 Os fariseus e mestres da lei o
criticavam, dizendo: "Ele se reúne com pe-
cadores e até come com eles!".
3 Então Jesus lhes contou esta parábola:
4 "Se um homem tiver cem ovelhas e uma
delas se perder, o que acham que ele fará?
Não deixará as outras noventa e nove no
pasto e buscará a perdida até encontrá-la?
5 E, quando a encontrar, ele a carregará
alegremente nos ombros e a levará para
casa. 6 Quando chegar, reunirá os amigos

[a] **14.15** Em grego, *comer pão*.

e vizinhos e dirá: 'Alegrem-se comigo,
pois encontrei minha ovelha perdida!'.
7 Da mesma forma, há mais alegria no céu
por causa do pecador perdido que se arre-
pende do que por noventa e nove justos
que não precisam se arrepender."

A PARÁBOLA DA MOEDA PERDIDA

8 "Ou suponhamos que uma mulher tenha
dez moedas de prata[a] e perca uma. Acaso
não acenderá uma lâmpada, varrerá a
casa inteira e procurará com cuidado até
encontrá-la? 9 E, quando a encontrar, reu-
nirá as amigas e vizinhas e dirá: 'Alegrem-
se comigo, pois encontrei a minha moeda
perdida!'. 10 Da mesma forma, há alegria
na presença dos anjos de Deus quando
um único pecador se arrepende".

A PARÁBOLA DO FILHO PERDIDO

11 Jesus continuou: "Um homem tinha
dois filhos. 12 O filho mais jovem disse ao
pai: 'Quero a minha parte da herança', e o
pai dividiu seus bens entre os filhos.
13 "Alguns dias depois, o filho mais jo-
vem arrumou suas coisas e se mudou
para uma terra distante, onde desperdi-
çou tudo que tinha por viver de forma
desregrada. 14 Quando seu dinheiro aca-
bou, uma grande fome se espalhou pela
terra, e ele começou a passar necessida-
de. 15 Convenceu um fazendeiro da região
a empregá-lo, e esse homem o mandou
a seus campos para cuidar dos porcos.
16 Embora quisesse saciar a fome com as
vagens dadas aos porcos, ninguém lhe
dava coisa alguma.
17 "Quando finalmente caiu em si, disse:
'Até os empregados de meu pai têm comi-
da de sobra, e eu estou aqui, morrendo de
fome. 18 Vou retornar à casa de meu pai e
dizer: Pai, pequei contra o céu e contra o
senhor, 19 e não sou mais digno de ser cha-
mado seu filho. Por favor, trate-me como
seu empregado'.
20 "Então voltou para a casa de seu pai.
Quando ele ainda estava longe, seu pai o
viu. Cheio de compaixão, correu para o fi-
lho, o abraçou e o beijou. 21 O filho disse:
'Pai, pequei contra o céu e contra o senhor,
e não sou mais digno de ser chamado
seu filho'.[b]
22 "O pai, no entanto, disse aos servos:
'Depressa! Tragam a melhor roupa da casa
e vistam nele. Coloquem-lhe um anel no
dedo e sandálias nos pés. 23 Matem o no-
vilho gordo. Faremos um banquete e ce-
lebraremos, 24 pois este meu filho estava
morto e voltou à vida. Estava perdido e foi
achado!'. E começaram a festejar.
25 "Enquanto isso, o filho mais velho
trabalhava no campo. Na volta para casa,
ouviu música e dança, 26 e perguntou a
um dos servos o que estava acontecendo.
27 O servo respondeu: 'Seu irmão voltou,
e seu pai matou o novilho gordo, pois ele
voltou são e salvo!'.
28 "O irmão mais velho se irou e não quis
entrar. O pai saiu e insistiu com o filho,
29 mas ele respondeu: 'Todos esses anos,
tenho trabalhado como um escravo para
o senhor e nunca me recusei a obedecer
às suas ordens. E o senhor nunca me deu
nem mesmo um cabrito para eu festejar
com meus amigos. 30 Mas, quando esse
seu filho volta, depois de desperdiçar o
seu dinheiro com prostitutas, o senhor co-
memora matando o novilho!'.
31 "O pai lhe respondeu: 'Meu filho, você
está sempre comigo, e tudo que eu tenho
é seu. 32 Mas tínhamos de comemorar este
dia feliz, pois seu irmão estava morto e vol-
tou à vida. Estava perdido e foi achado!'".

A PARÁBOLA DO ADMINISTRADOR ASTUTO

16 Jesus contou a seguinte história a
seus discípulos: "Um homem rico
tinha um administrador que cuidava de
seus negócios. Certo dia, foram-lhe con-
tar que esse administrador estava des-
perdiçando seu dinheiro. 2 Então mandou
chamá-lo e disse: 'O que é isso que ouço a
seu respeito? Preste contas de sua admi-
nistração, pois não pode mais permanecer
nesse cargo'.
3 "O administrador pensou consigo:
'E agora? Meu patrão vai me demitir. Não
tenho força para trabalhar no campo, e sou

[a] **15.8** Em grego, *10 dracmas*. Uma dracma equivalia ao salário por um dia completo de trabalho.

[b] **15.21** Alguns manuscritos acrescentam *Por favor, trate-me como seu empregado*.

orgulhoso demais para mendigar. 4 Já sei como garantir que as pessoas me recebam em suas casas quando eu for despedido!'.

5 "Então ele convocou todos que deviam dinheiro a seu patrão. Perguntou ao primeiro: 'Quanto você deve a meu patrão?'. 6 O homem respondeu: 'Devo cem tonéis de azeite'. Então o administrador lhe disse: 'Pegue depressa sua conta e mude-a para cinquenta tonéis'.[a]

7 "'E quanto você deve a meu patrão?', perguntou ao segundo. 'Devo cem cestos grandes de trigo', respondeu ele. E o administrador disse: 'Tome sua conta e mude-a para oitenta cestos'.[b]

8 "O patrão elogiou o administrador desonesto por sua astúcia. E é verdade que os filhos deste mundo são mais astutos ao lidar com o mundo ao redor que os filhos da luz. 9 Esta é a lição: usem a riqueza deste mundo para fazer amigos. Assim, quando suas posses se extinguirem, eles os receberão num lar eterno.[c]

10 "Se forem fiéis nas pequenas coisas, também o serão nas grandes. Mas, se forem desonestos nas pequenas coisas, também o serão nas maiores. 11 E, se vocês não são confiáveis ao lidar com a riqueza injusta deste mundo, quem lhes confiará a verdadeira riqueza? 12 E, se não são fiéis com os bens dos outros, por que alguém lhes confiaria o que é de vocês?

13 "Ninguém pode servir a dois senhores, pois odiará um e amará o outro; será dedicado a um e desprezará o outro. Vocês não podem servir a Deus e ao dinheiro".[d]

OS FARISEUS E A LEI

14 Os fariseus, que tinham grande amor ao dinheiro, ouviam isso tudo e zombavam de Jesus. 15 Então ele disse: "Vocês gostam de parecer justos em público, mas Deus conhece o seu coração. Aquilo que este mundo valoriza é detestável aos olhos de Deus.

16 "Até a chegada de João, a lei de Moisés e a mensagem dos profetas eram seus guias. Agora, porém, as boas-novas do reino de Deus estão sendo anunciadas, e todos estão ansiosos para entrar.[e] 17 É mais fácil o céu e a terra desaparecerem que ser anulado até o menor traço da lei de Deus.

18 "Assim, o homem que se divorcia de sua esposa e se casa com outra mulher comete adultério. E o homem que se casa com uma mulher divorciada também comete adultério".

A HISTÓRIA DO RICO E DO MENDIGO

19 Jesus disse: "Havia um homem rico que se vestia de púrpura e linho fino e vivia sempre cercado de luxos. 20 À sua porta ficava um mendigo coberto de feridas chamado Lázaro. 21 Ele ansiava comer o que caía da mesa do homem rico, e os cachorros vinham lamber suas feridas abertas.

22 "Por fim, o mendigo morreu, e os anjos o levaram para junto de Abraão. O rico também morreu e foi sepultado, 23 e foi para o lugar dos mortos.[f] Ali, em tormento, ele viu Abraão de longe, com Lázaro ao seu lado.

24 "O rico gritou: 'Pai Abraão, tenha compaixão de mim! Mande Lázaro aqui para que molhe a ponta do dedo em água e refresque minha língua. Estou em agonia nestas chamas!'.

25 "Abraão, porém, respondeu: 'Filho, lembre-se de que durante a vida você teve tudo que queria e Lázaro não teve coisa alguma. Agora, ele está aqui sendo consolado, e você está em agonia. 26 Além do mais, há entre nós um grande abismo. Ninguém daqui pode atravessar para o seu lado, e ninguém daí pode atravessar para o nosso'.

27 "Então o rico disse: 'Por favor, Pai Abraão, pelo menos mande Lázaro à casa de meu pai, 28 pois tenho cinco irmãos e quero avisá-los para que não terminem neste lugar de tormento'.

29 "'Moisés e os profetas já os avisaram', respondeu Abraão. 'Seus irmãos podem ouvir o que eles disseram.'

30 "Então o rico disse: 'Não, Pai Abraão! Mas, se alguém dentre os mortos lhes fosse enviado, eles se arrependeriam!'.

31 "Abraão, porém, disse: 'Se eles não ouvem Moisés e os profetas, não se

[a] **16.6** Em grego, *100 batos [...] 50 [batos]*. Cada bato equivalia a cerca de 20 litros.

[b] **16.7** Em grego, *100 coros [...] 80 [coros]*. Cada coro equivalia a cerca de 220 quilos.

[c] **16.9** Ou *vocês serão recebidos em lares eternos*.

[d] **16.13** Em grego, *a Deus e a Mamom*.

[e] **16.16** Ou *todos são instados a entrar*.

[f] **16.23** Em grego, *para o Hades*.

convencerão, mesmo que alguém ressus-
cite dos mortos'".

ENSINO SOBRE PERDÃO E FÉ

17 Jesus disse a seus discípulos: "Sem-
pre haverá o que leve as pessoas a
cair em pecado, mas que aflição espera
quem causa a tentação! 2 Seria melhor ser
lançado no mar com uma pedra de moi-
nho amarrada ao pescoço que fazer um
destes pequeninos pecar. 3 Portanto, te-
nham cuidado!
"Se um irmão pecar, repreenda-o e, se
ele se arrepender, perdoe-o. 4 Mesmo que
ele peque contra você sete vezes por dia
e, a cada vez, se arrependa e peça perdão,
perdoe-o".
5 Os apóstolos disseram ao Senhor: "Faça
nossa fé crescer!".
6 O Senhor respondeu: "Se tivessem fé,
ainda que tão pequena quanto um grão de
mostarda, poderiam dizer a esta amorei-
ra: 'Arranque-se e plante-se no mar', e ela
lhes obedeceria.
7 "Quando um servo chega do campo
depois de arar ou cuidar das ovelhas, o
senhor lhe diz: 'Venha logo para a mesa
comer conosco'? 8 Não, ele diz: 'Prepare
minha refeição, apronte-se e sirva-me
enquanto como e bebo. Você pode comer
depois'. 9 E acaso o senhor agradece ao
servo por fazer o que lhe foi ordenado?
10 Da mesma forma, quando vocês obede-
cem, devem dizer: 'Somos servos inúteis;
apenas cumprimos nosso dever'".

A CURA DE DEZ LEPROSOS

11 Dirigindo-se a Jerusalém, Jesus che-
gou à fronteira entre a Galileia e Samaria.
12 Ao entrar num povoado dali, dez lepro-
sos, mantendo certa distância, 13 clamaram:
"Jesus, Mestre, tenha misericórdia de nós!".
14 Ele olhou para eles e disse: "Vão e apre-
sentem-se aos sacerdotes".[a] E, enquanto
eles iam, foram curados da lepra.
15 Um deles, ao ver-se curado, voltou
a Jesus, louvando a Deus em alta voz.
16 Lançou-se a seus pés, agradecendo-
-lhe pelo que havia feito. Esse homem era
samaritano.

[a] **17.14** Ver Lv 14.2-32.

17 Jesus perguntou: "Não curei dez
homens? Onde estão os outros nove?
18 Ninguém voltou para dar glórias a Deus,
exceto este estrangeiro?". 19 E disse ao ho-
mem: "Levante-se e vá. Sua fé o curou".[b]

A VINDA DO REINO

20 Certo dia, os fariseus perguntaram a
Jesus: "Quando virá o reino de Deus?".
Jesus respondeu: "O reino de Deus não
é detectado por sinais visíveis.[c] 21 Não se
poderá dizer: 'Está aqui!' ou 'Está ali!', pois
o reino de Deus já está entre vocês".[d]
22 Então ele disse a seus discípulos:
"Aproximam-se os dias em que desejarão
ver o tempo do Filho do Homem,[e] mas
não o verão. 23 Dirão a vocês: 'Vejam, lá
está!' ou 'Aqui está ele!', mas não os sigam.
24 Porque, assim como o relâmpago lam-
peja e ilumina o céu de uma extremidade
a outra, assim será no dia[f] em que vier o
Filho do Homem. 25 Mas primeiro é neces-
sário que ele sofra terrivelmente[g] e seja
rejeitado por esta geração.
26 "Quando o Filho do Homem voltar,
será como no tempo de Noé. 27 Naqueles
dias, o povo seguia sua rotina de banque-
tes, festas e casamentos, até o dia em que
Noé entrou na arca e veio o dilúvio, que
destruiu a todos.
28 "E o mundo será como no tempo de Ló.
O povo se ocupava de seus afazeres diá-
rios, comendo e bebendo, comprando e
vendendo, cultivando e construindo, 29 até
o dia em que Ló deixou Sodoma. Então
fogo e enxofre ardente caíram do céu e
destruíram a todos. 30 Sim, tudo será como
sempre foi até o dia em que o Filho do
Homem for revelado. 31 Nesse dia, quem
estiver na parte de cima da casa, não des-
ça para pegar suas coisas. Quem estiver no
campo, não volte para casa. 32 Lembrem-se
do que aconteceu à esposa de Ló! 33 Quem
se apegar à própria vida a perderá; quem
abrir mão de sua vida a salvará. 34 Naquela
noite, duas pessoas estarão dormindo na

[b] **17.19** Ou *Sua fé o salvou.*
[c] **17.20** Ou *por suas especulações.*
[d] **17.21** Ou *dentro de vocês*, ou *ao seu alcance.*
[e] **17.22** Ou *desejarão pelo menos um dia com o Filho do Homem.*
[f] **17.24** Alguns manuscritos não trazem *no dia.*
[g] **17.25** Ou *sofra muitas coisas.*

mesma cama; uma será levada, e a outra, deixada. 35 Duas mulheres estarão moendo cereal no moinho; uma será levada, e a outra, deixada. 36 Dois homens estarão trabalhando juntos num campo; um será levado, e o outro, deixado".[a]

37 "Senhor, onde isso acontecerá?",[b] perguntaram os discípulos.

Jesus respondeu: "Onde estiver o cadáver, ali se ajuntarão os abutres".

A PARÁBOLA DA VIÚVA PERSISTENTE

18 Jesus contou a seus discípulos uma parábola para mostrar-lhes que deviam orar sempre e nunca desanimar. 2 Disse ele: "Havia numa cidade um juiz que não temia a Deus nem se importava com as pessoas. 3 Uma viúva daquela cidade vinha a ele com frequência e dizia: 'Faça-me justiça contra meu adversário'. 4 Por algum tempo, o juiz não lhe deu atenção, mas, por fim, disse a si mesmo: 'Não temo a Deus e não me importo com as pessoas, 5 mas essa viúva está me irritando. Vou lhe fazer justiça, pois assim deixará de me importunar'".

6 Então o Senhor disse: "Aprendam uma lição com o juiz injusto. 7 Acaso Deus não fará justiça a seus escolhidos que clamam a ele dia e noite? Continuará a adiar sua resposta? 8 Eu afirmo que ele lhes fará justiça, e rápido! Mas, quando o Filho do Homem voltar, quantas pessoas com fé ele encontrará na terra?".

A PARÁBOLA DO FARISEU E DO COBRADOR DE IMPOSTOS

9 Em seguida, Jesus contou a seguinte parábola àqueles que confiavam em sua própria justiça e desprezavam os demais: 10 "Dois homens foram ao templo orar. Um deles era fariseu, e o outro, cobrador de impostos. 11 O fariseu, em pé, fazia esta oração: 'Eu te agradeço, Deus, porque não sou como as demais pessoas: desonestas, pecadoras, adúlteras. E, com certeza, não sou como aquele cobrador de impostos. 12 Jejuo duas vezes por semana e dou o dízimo de tudo que ganho'.

13 "Mas o cobrador de impostos ficou a distância e não tinha coragem nem de levantar os olhos para o céu enquanto orava. Em vez disso, batia no peito e dizia: 'Deus, tem misericórdia de mim, pois sou pecador'. 14 Eu lhes digo que foi o cobrador de impostos, e não o fariseu, quem voltou para casa justificado diante de Deus. Pois aqueles que se exaltam serão humilhados, e aqueles que se humilham serão exaltados".

JESUS ABENÇOA AS CRIANÇAS

15 Certo dia, trouxeram crianças para que Jesus pusesse as mãos sobre elas. Ao ver isso, os discípulos repreenderam aqueles que as traziam.

16 Jesus, porém, chamou as crianças para junto de si e disse aos discípulos: "Deixem que as crianças venham a mim. Não as impeçam, pois o reino de Deus pertence aos que são como elas. 17 Eu lhes digo a verdade: quem não receber o reino de Deus como uma criança de modo algum entrará nele".

O HOMEM RICO

18 Certa vez, um homem de alta posição perguntou a Jesus: "Bom mestre, que devo fazer para herdar a vida eterna?".

19 "Por que você me chama de bom?", perguntou Jesus. "Apenas Deus é verdadeiramente bom. 20 Você conhece os mandamentos: 'Não cometa adultério. Não mate. Não roube. Não dê falso testemunho. Honre seu pai e sua mãe'".[c]

21 O homem respondeu: "Tenho obedecido a todos esses mandamentos desde a juventude".

22 Quando Jesus ouviu sua resposta, disse: "Ainda há uma coisa que você não fez. Venda todos os seus bens e dê o dinheiro aos pobres. Então você terá um tesouro no céu. Depois, venha e siga-me".

23 Ao ouvir essas palavras, o homem se entristeceu, pois era muito rico.

AS RECOMPENSAS DO DISCIPULADO

24 Ao ver a tristeza daquele homem, Jesus disse: "Como é difícil os ricos entrarem

---

[a] **17.36** Alguns manuscritos não trazem o versículo 36.
[b] **17.37** Em grego, *Onde, senhor?*
[c] **18.20** Êx 20.12-16; Dt 5.16-20.

no reino de Deus! 25 Na verdade, é mais
fácil um camelo passar pelo buraco de
uma agulha que um rico entrar no reino
de Deus".
26 Aqueles que o ouviram disseram:
"Então quem pode ser salvo?".
27 Jesus respondeu: "O que é impossível
para as pessoas é possível para Deus".
28 Pedro disse: "Deixamos nossos lares
para segui-lo".
29 Jesus respondeu: "Eu lhes garanto que
todos que deixaram casa, esposa, irmãos,
pais ou filhos por causa do reino de Deus
30 receberão neste mundo uma recompen-
sa muitas vezes maior e, no mundo futuro,
terão a vida eterna".

JESUS PREDIZ SUA MORTE E RESSURREIÇÃO

31 Jesus chamou os Doze à parte e dis-
se: "Estamos subindo para Jerusalém,
onde tudo que foi escrito pelos profetas a
respeito do Filho do Homem se cumprirá.
32 Ele será entregue aos gentios, e zom-
barão dele, o insultarão e cuspirão nele.
33 Eles o açoitarão e o matarão, mas no ter-
ceiro dia ele ressuscitará".
34 Os discípulos, porém, não entende-
ram. O significado dessas palavras lhes es-
tava oculto, e não sabiam do que ele falava.

JESUS CURA UM MENDIGO CEGO

35 Quando Jesus se aproximava de Jericó,
havia um mendigo cego sentado à beira do
caminho. 36 Ao ouvir o barulho da multi-
dão que passava, perguntou o que estava
acontecendo. 37 Disseram-lhe que Jesus de
Nazaré estava passando por ali. 38 Então
começou a gritar: "Jesus, Filho de Davi, te-
nha misericórdia de mim!".
39 Os que estavam mais à frente o re-
preendiam e ordenavam que se calasse.
Mas ele gritava ainda mais alto: "Filho de
Davi, tenha misericórdia de mim!".
40 Então Jesus parou e ordenou que lhe
trouxessem o homem. Quando ele se apro-
ximou, Jesus lhe perguntou: 41 "O que você
quer que eu lhe faça?".
"Senhor, eu quero ver!", respondeu o
homem.
42 E Jesus disse: "Receba a visão! Sua fé
o curou". 43 No mesmo instante, o homem
passou a enxergar, e seguia Jesus, louvan-
do a Deus. E todos que presenciaram isso
também louvavam a Deus.

JESUS E ZAQUEU

19 Jesus entrou em Jericó e atravessa-
va a cidade. 2 Havia ali um homem
rico chamado Zaqueu, chefe dos cobrado-
res de impostos. 3 Tentava ver Jesus, mas
era baixo demais e não conseguia olhar
por cima da multidão. 4 Por isso, correu
adiante e subiu numa figueira-brava, no
caminho por onde Jesus passaria.
5 Quando Jesus chegou ali, olhou para
cima e disse: "Zaqueu, desça depressa!
Hoje devo hospedar-me em sua casa".
6 Sem demora, Zaqueu desceu e, com
alegria, recebeu Jesus em sua casa. 7 Ao ver
isso, o povo começou a se queixar: "Ele foi
se hospedar na casa de um pecador!".
8 Enquanto isso, Zaqueu se levantou e
disse: "Senhor, darei metade das minhas
riquezas aos pobres. E, se explorei alguém
na cobrança de impostos, devolverei qua-
tro vezes mais!".
9 Jesus respondeu: "Hoje chegou a sal-
vação a esta casa, pois este homem tam-
bém é filho de Abraão. 10 Porque o Filho do
Homem veio buscar e salvar os perdidos".

A PARÁBOLA DOS DEZ SERVOS

11 A multidão estava atenta ao que Jesus
dizia. Então, como ele se aproximava de
Jerusalém, contou-lhes uma parábola,
pois o povo achava que o reino de Deus
começaria de imediato. 12 Disse ele:
"Um nobre foi chamado a um país dis-
tante para ser coroado rei e depois vol-
tar. 13 Antes de partir, reuniu dez de seus
servos e deu a cada um deles dez moedas
de prata,[a] dizendo: 'Invistam esse dinhei-
ro enquanto eu estiver fora'. 14 Seu povo,
porém, o odiava, e enviou uma delegação
atrás dele para dizer: 'Não queremos que
ele seja nosso rei'.
15 "Depois de ser coroado, ele voltou e
chamou os servos aos quais tinha con-
fiado o dinheiro, pois queria saber quan-
to haviam lucrado. 16 O primeiro servo

[a] **19.13** Em grego, *10 minas*. Uma mina equivalia a cerca de meio quilo de prata, o salário por três meses de trabalho.

informou: 'Senhor, investi seu dinheiro, e ele rendeu dez vezes a quantia recebida.

17 "'Muito bem!', disse o rei. 'Você é um bom servo. Foi fiel no pouco que lhe confiei e, como recompensa, governará dez cidades.'

18 "O servo seguinte informou: 'Senhor, investi seu dinheiro, e ele rendeu cinco vezes a quantia recebida'.

19 "'Muito bem!', disse o rei. 'Você governará cinco cidades.'

20 "O terceiro servo, porém, trouxe de volta apenas a quantia recebida e disse: 'Senhor, escondi seu dinheiro para mantê-lo seguro. 21 Tive medo, pois o senhor é um homem severo. Toma o que não lhe pertence e colhe o que não plantou'.

22 "'Servo mau!', exclamou o senhor. 'Suas próprias palavras o condenam. Se você sabia que sou homem severo, que tomo o que não me pertence e colho o que não plantei, 23 por que não depositou meu dinheiro? Pelo menos eu teria recebido os juros.'

24 "Então, voltando-se para os outros que estavam ali perto, o rei ordenou: 'Tomem o dinheiro deste servo e deem ao que tem dez moedas.

25 "'Mas senhor!', disseram eles. 'Ele já tem dez!'

26 "Então o rei respondeu: 'Sim, ao que tem, mais lhe será dado; mas do que nada tem, até o que tem lhe será tomado. 27 E, quanto a esses meus inimigos que não queriam que eu fosse seu rei, tragam-nos aqui e executem-nos na minha presença'".

A ENTRADA DE JESUS EM JERUSALÉM

28 Depois de contar essa história, Jesus prosseguiu rumo a Jerusalém. 29 Quando chegou a Betfagé e Betânia, próximo ao monte das Oliveiras, enviou dois de seus discípulos. 30 "Vão àquele povoado adiante", disse ele. "Assim que entrarem, verão amarrado ali um jumentinho no qual ninguém jamais montou. Desamarrem-no e tragam-no para cá. 31 Se alguém perguntar: 'Por que estão soltando o jumentinho?', respondam apenas: 'O Senhor precisa dele'."

32 Eles foram e encontraram o jumentinho, exatamente como Jesus tinha dito. 33 E, enquanto o desamarravam, seus donos perguntaram: "Por que estão soltando o jumentinho?".

34 Os discípulos responderam: "O Senhor precisa dele". 35 Então trouxeram o jumentinho e lançaram seus mantos sobre o animal, para que Jesus montasse nele.

36 À medida que Jesus ia passando, as multidões espalhavam seus mantos ao longo do caminho diante dele. 37 Quando ele chegou próximo à descida do monte das Oliveiras, seus seguidores começaram a gritar e a cantar enquanto o acompanhavam, louvando a Deus por todos os milagres maravilhosos que tinham visto.

38 "Bendito é o Rei que vem
em nome do Senhor!
Paz no céu e glória nas
maiores alturas!".[a]

39 Alguns dos fariseus que estavam entre a multidão disseram: "Mestre, repreenda seus seguidores por dizerem estas coisas!".

40 Ele, porém, respondeu: "Se eles se calarem, as próprias pedras clamarão!".

JESUS CHORA POR JERUSALÉM

41 Quando Jesus se aproximou de Jerusalém e viu a cidade, começou a chorar. 42 "Como eu gostaria que hoje você compreendesse o caminho para a paz!", disse ele. "Agora, porém, isso está oculto a seus olhos. 43 Chegará o tempo em que seus inimigos construirão rampas para atacar seus muros e a rodearão e apertarão o cerco por todos os lados. 44 Esmagarão você e seus filhos e não deixarão pedra sobre pedra, pois você não reconheceu que Deus a visitou."[b]

JESUS PURIFICA O TEMPLO

45 Então Jesus entrou no templo e começou a expulsar os que ali vendiam, 46 dizendo: "As Escrituras declaram: 'Meu templo será casa de oração', mas vocês o transformaram num esconderijo de ladrões!".[c]

47 Jesus ensinava todos os dias no templo, mas os principais sacerdotes, os mestres

[a] **19.38** Sl 118.26; 148.1.
[b] **19.44** Em grego, *não reconheceu o tempo de sua visitação*, referência à vinda do Messias.
[c] **19.46** Is 56.7; Jr 7.11.

da lei e outros líderes do povo planejavam
matá-lo. 48 Contudo, não conseguiam pen-
sar num modo de fazê-lo, pois o povo ou-
via atentamente tudo que ele dizia.

A AUTORIDADE DE JESUS É QUESTIONADA

20 Certo dia, quando Jesus ensinava
o povo e anunciava as boas-novas
no templo, os principais sacerdotes, os
mestres da lei e os líderes do povo se apro-
ximaram dele 2 e perguntaram: "Com que
autoridade você faz essas coisas? Quem
lhe deu esse direito?".
3 "Primeiro, deixe-me fazer uma pergun-
ta", respondeu ele. 4 "A autoridade de João
para batizar vinha do céu ou era apenas
humana?"
5 Eles discutiram a questão entre si:
"Se dissermos que vinha do céu, ele per-
guntará por que não cremos em João.
6 Mas, se dissermos que era apenas huma-
na, seremos apedrejados pela multidão,
pois todos estão convencidos de que João
era profeta". 7 Por fim, responderam a Jesus
que não sabiam.
8 E Jesus replicou: "Então eu também
não direi com que autoridade faço es-
sas coisas".

A PARÁBOLA DOS LAVRADORES MAUS

9 Em seguida, Jesus se voltou para o povo e
contou a seguinte parábola: "Um homem
plantou um vinhedo e o arrendou a alguns
lavradores. Depois, partiu para um lugar
distante, onde passou um longo tempo.
10 Na época da colheita da uva, enviou um
de seus servos para receber sua parte da
produção. Os lavradores atacaram o servo,
o espancaram e o mandaram de volta, de
mãos vazias. 11 Então o dono da proprieda-
de enviou outro servo, mas eles também o
insultaram, o espancaram e o mandaram
de volta, de mãos vazias. 12 Enviou ainda
um terceiro, e eles o feriram e o expulsa-
ram do vinhedo.
13 "'Que farei?', disse o dono do vinhe-
do. 'Já sei; enviarei meu filho amado.
Certamente eles o respeitarão.'
14 "No entanto, quando os lavradores
viram o filho, disseram uns aos outros:
'Aí vem o herdeiro da propriedade. Vamos
matá-lo e tomar posse desta terra!'.
15 Então o arrastaram para fora do vinhedo
e o mataram.
"O que vocês acham que o dono do vi-
nhedo fará com eles?", perguntou Jesus.
16 "Ele virá, matará os lavradores, e arren-
dará o vinhedo a outros."
"Que isso jamais aconteça!", disseram os
que o ouviam.
17 Jesus olhou para eles e perguntou:
"Então o que significa esta passagem
das Escrituras:

> 'A pedra que os construtores rejeitaram
> se tornou a pedra angular'?[a]

18 Quem tropeçar nessa pedra será despe-
daçado, e aquele sobre quem ela cair será
reduzido a pó".
19 Os mestres da lei e os principais sacer-
dotes queriam prender Jesus ali mesmo,
pois perceberam que eles eram os lavra-
dores maus a que Jesus se referia. No en-
tanto, tinham medo da reação do povo.

IMPOSTOS PARA CÉSAR

20 Esperando uma oportunidade, os lí-
deres enviaram espiões que fingiam ser
pessoas sinceras. Tentaram fazer Jesus
dizer algo que pudesse ser relatado ao go-
vernador romano, de modo que ele fosse
preso. 21 Disseram: "Mestre, sabemos que
o senhor fala e ensina o que é certo, não se
deixa influenciar por outros e ensina o ca-
minho de Deus de acordo com a verdade.
22 Então, diga-nos: É certo pagar impostos
a César ou não?".
23 Jesus percebeu a hipocrisia deles e
disse: 24 "Mostrem-me uma moeda de pra-
ta.b De quem são a imagem e o título nela
gravados?".
"De César", responderam.
25 "Então deem a César o que pertence
a César, e deem a Deus o que pertence a
Deus", disse ele.
26 Eles não conseguiam apanhá-lo em
nada que ele dizia diante do povo. Em vez
disso, admiraram-se de sua resposta e
se calaram.

---

[a] **20.17** Sl 118.22.
[b] **20.24** Em grego, *1 denário*.

DISCUSSÃO SOBRE A RESSURREIÇÃO DOS MORTOS

27 Então vieram a Jesus alguns saduceus, líderes religiosos que afirmam não haver ressurreição dos mortos, 28 e perguntaram: "Mestre, Moisés nos deu uma lei segundo a qual se um homem morrer e deixar a esposa sem filhos, o irmão dele deve se casar com a viúva e ter um filho que dará continuidade ao nome do irmão.[a] 29 Numa família havia sete irmãos. O mais velho se casou e morreu sem deixar filhos. 30 O segundo irmão se casou com a viúva, mas também morreu. 31 Então o terceiro irmão se casou com ela. O mesmo aconteceu aos sete irmãos, que morreram sem deixar filhos. 32 Por fim, a mulher também morreu. 33 Diga-nos, de quem ela será esposa na ressurreição? Afinal, os sete se casaram com ela".

34 Jesus respondeu: "O casamento é para pessoas deste mundo. 35 Mas, na era futura, aqueles que forem considerados dignos de ser ressuscitados dos mortos não se casarão nem se darão em casamento, 36 e nunca mais morrerão. Nesse sentido, serão como os anjos. São filhos de Deus e filhos da ressurreição.

37 "Agora, quanto a haver ressurreição dos mortos, o próprio Moisés provou isso quando escreveu a respeito do arbusto em chamas. Ele se referiu ao Senhor como 'o Deus de Abraão, o Deus de Isaque e o Deus de Jacó'.[b] 38 Portanto, ele é o Deus dos vivos, e não dos mortos, pois para ele todos vivem".

39 "Mestre, o senhor disse bem!", comentaram alguns mestres da lei. 40 E ninguém mais teve coragem de lhe fazer perguntas.

DE QUEM O CRISTO É FILHO?

41 Então Jesus lhes perguntou: "Por que se diz que o Cristo é filho de Davi? 42 Afinal, o próprio Davi escreveu no Livro de Salmos:

'O Senhor disse ao meu Senhor,
  Sente-se no lugar de honra
    à minha direita
43 até que eu humilhe seus inimigos,
  e os ponha debaixo de seus pés'.[c]

44 Uma vez que Davi chamou o Cristo de 'meu Senhor', como ele pode ser filho de Davi?".

JESUS CRITICA OS MESTRES DA LEI

45 Então, enquanto as multidões o ouviam, Jesus se voltou para seus discípulos e disse: 46 "Cuidado com os mestres da lei! Eles gostam de se exibir com vestes longas e de receber saudações respeitosas quando andam pelas praças. E como gostam de sentar-se nos lugares de honra nas sinagogas e à cabeceira da mesa nos banquetes! 47 No entanto, tomam posse dos bens das viúvas de maneira desonesta e, depois, para dar a impressão de piedade, fazem longas orações em público. Por causa disso, serão duramente castigados".

A OFERTA DA VIÚVA

21 Estando Jesus no templo, observava os ricos depositarem suas contribuições na caixa de ofertas. 2 Então uma viúva pobre veio e colocou duas moedas pequenas.[d]

3 Jesus disse: "Eu lhes digo a verdade: esta viúva pobre deu mais que todos os outros. 4 Eles deram uma parte do que lhes sobrava, mas ela, em sua pobreza, deu tudo que tinha".

JESUS FALA DE ACONTECIMENTOS FUTUROS

5 Alguns de seus discípulos começaram a falar das pedras magníficas e das dádivas que adornavam o templo. Jesus, porém, disse: 6 "Virá o dia em que estas coisas serão completamente demolidas. Não restará pedra sobre pedra!".

7 Então eles perguntaram: "Mestre, quando isso tudo acontecerá? Que sinal indicará que essas coisas estão prestes a se cumprir?".

8 Ele respondeu: "Não deixem que ninguém os engane, pois muitos virão em meu nome, dizendo: 'Eu sou o Cristo'[e] e afirmando: 'Chegou a hora!', mas não acreditem neles. 9 E, quando ouvirem falar de guerras e rebeliões, não entrem em pânico.

---

[a] **20.28** Ver Dt 25.5-6.
[b] **20.37** Êx 3.6.
[c] **20.42-43** Sl 110.1.

[d] **21.2** Em grego, *2 leptos*, a moeda de menor valor entre os judeus.
[e] **21.8** Em grego, *Eu sou.*

Sim, é necessário que essas coisas aconte-
çam primeiro, mas ainda não será o fim".
10 E continuou: "Uma nação guerreará
contra a outra, e um reino contra o outro.
11 Haverá grandes terremotos, fome e peste
em vários lugares, e acontecimentos terrí-
veis e grandes sinais no céu.

12 "Antes de tudo isso, porém, haverá
um tempo de perseguição. Vocês serão
arrastados para sinagogas e prisões e,
por minha causa, serão julgados diante
de reis e governadores. 13 Essa, contudo,
será sua oportunidade de lhes falar sobre
mim.[a] 14 Mais uma vez lhes digo que não
se preocupem com o modo como respon-
derão às acusações contra vocês, 15 pois
eu lhes darei as palavras certas e tanta
sabedoria que seus adversários não serão
capazes de responder nem contradizer.
16 Até mesmo seus pais, irmãos, parentes
e amigos os trairão, e até matarão alguns
de vocês. 17 Todos os odiarão por minha
causa.[b] 18 Mas nem um fio de cabelo de sua
cabeça se perderá! 19 É pela perseverança
que obterão a vida.

20 "E, quando virem Jerusalém cercada
de exércitos, saberão que chegou a hora
de sua destruição. 21 Então, quem estiver
na Judeia, fuja para os montes. Quem esti-
ver na cidade, saia. E quem estiver no cam-
po, não volte para a cidade. 22 Pois aqueles
serão os dias da vingança, e as palavras
proféticas das Escrituras se cumprirão.
23 Que dias terríveis serão aqueles para
as grávidas e para as mães que estiverem
amamentando! Pois haverá calamidade na
terra e grande ira contra este povo. 24 Serão
mortos pela espada ou levados como pri-
sioneiros para todas as nações do mundo.
E Jerusalém será pisoteada pelos gentios
até que o tempo deles chegue ao fim.

25 "Haverá sinais no sol, na lua e nas es-
trelas. E, na terra, as nações ficarão angus-
tiadas, perplexas com o rugir dos mares e
a agitação das ondas. 26 As pessoas ficarão
aterrorizadas diante do que estará prestes
a acontecer na terra, pois os poderes dos
céus serão abalados. 27 Então todos verão
o Filho do Homem vindo numa nuvem
com poder e grande glória.[c] 28 Portanto,
quando todas essas coisas começarem a
acontecer, levantem-se e ergam a cabeça,
pois a sua salvação estará próxima".

29 Em seguida, deu-lhes esta ilustração:
"Observem a figueira, e todas as outras ár-
vores. 30 Quando as folhas aparecem, vo-
cês sabem reconhecer, por conta própria,
que o verão está próximo. 31 Da mesma
forma, quando virem todas essas coisas
acontecerem, saberão que o reino de Deus
está próximo. 32 Eu lhes digo a verdade:
esta geração[d] não passará até que todas
essas coisas tenham acontecido. 33 O céu e
a terra desaparecerão, mas as minhas pa-
lavras jamais desaparecerão.

34 "Tenham cuidado! Não deixem seu
coração se entorpecer com farras e bebe-
deiras, nem com as preocupações desta
vida. Não deixem que esse dia os pegue
desprevenidos, 35 como uma armadilha.
Pois esse dia virá sobre todos que vivem
na terra. 36 Estejam sempre atentos e orem
para serem considerados dignos de esca-
pare dos horrores que sucederão e de estar
em pé na presença do Filho do Homem".

JESUS ENSINA DIARIAMENTE

37 Todos os dias, Jesus ia ao templo ensi-
nar e, à tarde, voltava para passar a noite
no monte das Oliveiras. 38 Pela manhã, o
povo se reunia bem cedo no templo para
ouvi-lo falar.

JUDAS CONCORDA EM TRAIR JESUS

22 A Festa dos Pães sem Fermento,
também chamada de Páscoa, se
aproximava. 2 Os principais sacerdotes e
mestres da lei tramavam uma forma de
matar Jesus, mas tinham medo da reação
do povo.

3 Então Satanás entrou em Judas
Iscariotes, um dos Doze, 4 e ele foi aos prin-
cipais sacerdotes e aos capitães da guarda
do templo para combinar a melhor maneira
de lhes entregar Jesus. 5 Eles ficaram mui-
to satisfeitos e lhe prometeram dinheiro.

Ainda que o mundo a tenha rejeitado e sentenciado o seu futuro, o Senhor lhe presenteia com uma família e uma nova história.

[a] **21.13** Ou *este será o seu testemunho contra eles.*
[b] **21.17** Em grego, *por causa do meu nome.*
[c] **21.27** Ver Dn 7.13.
[d] **21.32** Ou *esta era*, ou *esta nação.*
[e] **21.36** Alguns manuscritos trazem *para terem forças para escapar.*

[6] Judas concordou e começou a procurar uma oportunidade de trair Jesus, para que o prendessem quando as multidões não estivessem por perto.

A ÚLTIMA PÁSCOA

[7] Chegou o dia da Festa dos Pães sem Fermento, quando o cordeiro pascal era sacrificado. [8] Jesus mandou Pedro e João na frente e disse: "Vão e preparem a refeição da Páscoa, para que a comamos juntos".

[9] "Onde o senhor quer que a preparemos?", perguntaram.

[10] Ele respondeu: "Logo que vocês entrarem em Jerusalém, um homem carregando uma vasilha de água virá ao seu encontro. Sigam-no. Na casa onde ele entrar, [11] digam ao dono: 'O Mestre pergunta: Onde fica o aposento no qual comerei a refeição da Páscoa com meus discípulos?'. [12] Ele os levará a uma sala grande no andar superior, que já estará arrumada. Preparem ali a refeição". [13] Eles foram e encontraram tudo como Jesus tinha dito, e ali prepararam a refeição da Páscoa.

[14] Quando chegou a hora, Jesus e seus apóstolos tomaram lugar à mesa. [15] Jesus disse: "Estava ansioso para comer a refeição da Páscoa com vocês antes do meu sofrimento. [16] Pois eu lhes digo agora que não voltarei a comê-la até que ela se cumpra no reino de Deus".

[17] Então tomou um cálice de vinho e agradeceu a Deus. Depois, disse: "Tomem isto e partilhem entre vocês. [18] Pois não beberei vinho outra vez até que venha o reino de Deus".

[19] Tomou o pão e agradeceu a Deus. Depois, partiu-o e o deu aos discípulos, dizendo: "Este é o meu corpo, entregue por vocês. Façam isto em memória de mim".

[20] Depois da ceia, Jesus tomou o cálice de vinho e disse: "Este é o cálice da nova aliança, confirmada com o meu sangue, que é derramado como sacrifício por vocês.[a]

[21] "Mas aqui, partilhando da mesa conosco, está o homem que vai me trair. [22] Pois foi determinado que o Filho do Homem deve morrer. Mas que aflição espera aquele que o trair!" [23] Os discípulos perguntavam uns aos outros qual deles faria uma coisa dessas.

[24] Depois, começaram a discutir entre si qual deles era o mais importante. [25] Jesus lhes disse: "Neste mundo, os reis e os grandes homens exercem poder sobre o povo e, no entanto, são chamados de seus benfeitores. [26] Entre vocês, porém, será diferente. Que o maior entre vocês ocupe a posição inferior, e o líder seja o servo. [27] Quem é mais importante, o que está à mesa ou o que serve? Não é aquele que está à mesa? Mas não aqui! Pois eu estou entre vocês como quem serve.

[28] "Vocês permaneceram comigo durante meu tempo de provação. [29] E, assim como meu Pai me concedeu um reino, eu agora lhes concedo o direito de [30] comer e beber à minha mesa, em meu reino. Vocês se sentarão em tronos e julgarão as doze tribos de Israel".

JESUS PREDIZ A NEGAÇÃO DE PEDRO

[31] Então o Senhor disse: "Simão, Simão, Satanás pediu para peneirar cada um de vocês como trigo. [32] Contudo, supliquei em oração por você, Simão, para que sua fé não vacile. Portanto, quando tiver se arrependido e voltado para mim, fortaleça seus irmãos".

[33] Pedro disse: "Senhor, estou pronto a ir para a prisão, e até a morrer ao seu lado".

[34] Jesus, porém, respondeu: "Pedro, vou lhe dizer uma coisa: hoje, antes que o galo cante, você negará três vezes que me conhece".

[35] Em seguida, Jesus lhes perguntou: "Quando eu os enviei para anunciar as boas-novas sem dinheiro, sem bolsa de viagem e sem sandálias extras, alguma coisa lhes faltou?".

"Não", responderam eles.

[36] Então ele disse: "Agora, porém, peguem dinheiro e uma bolsa de viagem. E, se não tiverem uma espada, vendam sua capa e comprem uma. [37] Pois é necessário que se cumpra esta profecia a meu respeito: 'Ele foi contado entre os rebeldes'.b Sim, tudo

[a] **22.19-20** Alguns manuscritos não trazem 22.19b-20, *entregue por vocês [...] que é derramado como sacrifício por vocês.*

[b] **22.37** Is 53.12.

que os profetas escreveram a meu respeito se cumprirá".

38 Eles responderam: "Senhor, temos aqui duas espadas".

"É suficiente", disse ele.

JESUS ORA NO MONTE DAS OLIVEIRAS

39 Então, acompanhado de seus discípulos, Jesus foi, como de costume, ao monte das Oliveiras. 40 Ao chegar, disse: "Orem para que vocês não cedam à tentação".

41 Afastou-se a uma distância como de um arremesso de pedra, ajoelhou-se e orou: 42 "Pai, se queres, afasta de mim este cálice. Contudo, que seja feita a tua vontade, e não a minha". 43 Então apareceu um anjo do céu, que o fortalecia. 44 Ele orou com ainda mais fervor, e sua angústia era tanta que seu suor caía na terra como gotas de sangue.[a]

45 Por fim, ele se levantou, voltou aos discípulos e os encontrou dormindo, exaustos de tristeza. 46 "Por que vocês dormem?", perguntou ele. "Levantem-se e orem para que não cedam à tentação."

JESUS É TRAÍDO E PRESO

47 Enquanto Jesus ainda falava, chegou uma multidão conduzida por Judas, um dos Doze. Ele se aproximou de Jesus e o cumprimentou com um beijo. 48 Jesus, porém, lhe disse: "Judas, com um beijo você trai o Filho do Homem?".

49 Quando aqueles que estavam com Jesus viram o que ia acontecer, disseram: "Senhor, devemos lutar? Trouxemos as espadas!". 50 E um deles feriu o servo do sumo sacerdote, cortando-lhe a orelha direita.

51 Mas Jesus disse: "Basta!". E, tocando a orelha do homem, curou-o.

52 Então Jesus se dirigiu aos principais sacerdotes, aos capitães da guarda do templo e aos líderes do povo que tinham vindo buscá-lo: "Por acaso sou um revolucionário perigoso para que venham me prender com espadas e pedaços de pau? 53 Por que não me prenderam no templo? Todos os dias eu estava ali, ensinando. Mas esta é a hora de vocês, o tempo em que reina o poder das trevas".

PEDRO NEGA JESUS

54 Então eles o prenderam e o levaram à casa do sumo sacerdote. Pedro o seguiu de longe. 55 Os guardas acenderam uma fogueira no meio do pátio e sentaram-se em volta, e Pedro sentou-se com eles. 56 Uma criada o notou à luz da fogueira e começou a olhar fixamente para ele. Por fim, disse: "Este homem era um dos seguidores de Jesus!".

57 Mas Pedro negou, dizendo: "Mulher, eu nem o conheço!".

58 Pouco depois, um homem olhou para ele e disse: "Você também é um deles!".

"Não sou!", retrucou Pedro.

59 Cerca de uma hora mais tarde, outro homem afirmou: "Com certeza esse aí também estava com ele, pois também é galileu!".

60 Pedro, porém, respondeu: "Homem, eu não sei do que você está falando". E, no mesmo instante, o galo cantou.

61 Então o Senhor se voltou e olhou para Pedro. E Pedro se lembrou das palavras dele: "Hoje, antes que o galo cante, você me negará três vezes". 62 E Pedro saiu dali, chorando amargamente.

63 Os guardas encarregados de Jesus começaram a zombar dele e a bater nele. 64 Vendaram seus olhos e diziam: "Profetize para nós! Quem foi que lhe bateu desta vez?". 65 E o insultavam de muitas outras maneiras.

O JULGAMENTO DE JESUS DIANTE DO CONSELHO

66 Ao amanhecer, todos os líderes do povo se reuniram, incluindo os principais sacerdotes e os mestres da lei. Jesus foi conduzido à presença desse conselho,[b] 67 e eles perguntaram: "Diga-nos, você é o Cristo?".

Jesus respondeu: "Se eu lhes disser, de modo algum acreditarão em mim. 68 E, se eu lhes fizer uma pergunta, não responderão. 69 Mas, de agora em diante, o Filho do Homem se sentará à direita do Deus Poderoso".[c]

[a] **22.43-44** A maioria dos manuscritos antigos não traz os versículos 43 e 44.

[b] **22.66** Em grego, *do Sinédrio*.

[c] **22.69** Ver Sl 110.1.

[70] Todos gritaram: "Então você afirma que é o Filho de Deus?".

E ele respondeu: "Vocês dizem que eu sou".

[71] "Que necessidade temos de outras testemunhas?", disseram eles. "Nós mesmos o ouvimos de sua boca!"

O JULGAMENTO DE JESUS DIANTE DE PILATOS

23 Então todo o conselho levou Jesus a Pilatos. [2] Começaram a apresentar o caso: "Este homem corrompe o nosso povo, dizendo que não se deve pagar impostos ao governo romano e afirmando ser ele próprio o Cristo, o rei".

[3] Então Pilatos lhe perguntou: "Você é o rei dos judeus?".

Jesus respondeu: "É como você diz".

[4] Pilatos se voltou para os principais sacerdotes e para a multidão e disse: "Não vejo crime algum neste homem!".

[5] Mas eles insistiam: "Ele provoca revoltas em toda a Judeia com seus ensinamentos, começando pela Galileia e agora aqui, em Jerusalém!".

[6] "Então ele é galileu?", perguntou Pilatos. [7] Quando responderam que sim, Pilatos o enviou a Herodes Antipas, pois a Galileia ficava sob sua jurisdição, e naqueles dias ele estava em Jerusalém.

[8] Herodes se animou com a oportunidade de ver Jesus, pois tinha ouvido falar a seu respeito e esperava, havia tempo, vê-lo realizar algum milagre. [9] Fez uma série de perguntas a Jesus, mas ele não lhe respondeu. [10] Enquanto isso, os principais sacerdotes e mestres da lei permaneciam ali, gritando acusações. [11] Então Herodes e seus soldados começaram a zombar de Jesus e ridicularizá-lo. Por fim, vestiram nele um manto real e o mandaram de volta a Pilatos. [12] Naquele dia, Herodes e Pilatos, que eram inimigos, tornaram-se amigos.

[13] Então Pilatos reuniu os principais sacerdotes e outros líderes religiosos, juntamente com o povo, [14] e anunciou seu veredicto: "Vocês me trouxeram este homem acusando-o de liderar uma revolta. Eu o interroguei minuciosamente a esse respeito na presença de vocês e vejo que não há nada que o condene. [15] Herodes chegou à mesma conclusão e o enviou de volta a nós. Nada do que ele fez merece a pena de morte. [16] Portanto, ordenarei que seja açoitado e o soltarei". [17] (Era necessário libertar-lhes um prisioneiro durante a festa da Páscoa.)[a]

[18] Um grande clamor se levantou da multidão, e a uma só voz gritavam: "Mate-o! Solte-nos Barrabás!". [19] Esse Barrabás estava preso por ter participado de uma revolta em Jerusalém contra o governo e ter cometido assassinato. [20] Pilatos discutiu com eles, pois desejava soltar Jesus. [21] Eles, porém, continuaram gritando: "Crucifique-o! Crucifique-o!".

[22] Pela terceira vez, ele perguntou: "Por quê? Que crime ele cometeu? Não encontrei motivo para condená-lo à morte. Portanto, ordenarei que seja açoitado e o soltarei".

[23] A multidão gritava cada vez mais alto, exigindo que Jesus fosse crucificado, e seu clamor prevaleceu. [24] Então Pilatos condenou Jesus à morte, conforme exigiam. [25] A pedido deles, libertou Barrabás, o homem preso por revolta e assassinato. Depois, entregou-lhes Jesus para fazerem com ele o que quisessem.

A CRUCIFICAÇÃO

[26] Enquanto levavam Jesus, um homem chamado Simão, de Cirene,[b] vinha do campo. Os soldados o agarraram, puseram a cruz sobre ele e o obrigaram a carregá-la atrás de Jesus. [27] Uma grande multidão os seguia, incluindo muitas mulheres aflitas que choravam por ele. [28] Mas Jesus, dirigindo-se a elas, disse: "Filhas de Jerusalém, não chorem por mim; chorem por si mesmas e por seus filhos. [29] Pois estão chegando os dias em que dirão: 'Felizes as mulheres que nunca tiveram filhos e os seios que nunca amamentaram!'. [30] Suplicarão aos montes: 'Caiam sobre nós!' e pedirão às colinas: 'Soterrem-nos!'.[c] [31] Pois, se fazem estas coisas com a árvore verde, o que acontecerá com a árvore seca?".

[32] Dois outros homens, ambos criminosos, foram levados com ele a fim de

[a] **23.17** Alguns manuscritos não trazem o versículo 17.
[b] **23.26** *Cirene* era uma cidade no norte da África.
[c] **23.30** Os 10.8.

também serem executados. 33 Quando
chegaram ao lugar chamado Caveira,[a] o
pregaram na cruz. Os criminosos também
foram crucificados, um à sua direita e outro
à sua esquerda.
34 Jesus disse: "Pai, perdoa-lhes, pois não
sabem o que fazem".[b] E os soldados tira-
ram sortes para dividir entre si as roupas
de Jesus.
35 A multidão observava, e os líderes
zombavam. "Salvou os outros, salve a si
mesmo, se é o Cristo, o escolhido de Deus",
diziam. 36 Os soldados também zomba-
vam dele, oferecendo-lhe vinagre para be-
ber. 37 Diziam: "Se você é o Rei dos judeus,
salve a si mesmo!". 38 Uma tabuleta presa
acima dele dizia: "ESTE É O REI DOS JUDEUS".
39 Um dos criminosos, dependurado ao
lado dele, zombava: "Então você é o Cristo?
Salve a si mesmo e a nós também!".
40 Mas o outro criminoso o repreendeu:
"Você não teme a Deus, nem mesmo ao
ser condenado à morte? 41 Nós merece-
mos morrer por nossos crimes, mas este
homem não cometeu mal algum". 42 Então
ele disse: "Jesus, lembre-se de mim quan-
do vier no seu reino".
43 E Jesus lhe respondeu: "Eu lhe assegu-
ro que hoje você estará comigo no paraíso".

A MORTE DE JESUS

44 Já era cerca de meio-dia, e a escuridão
cobriu toda a terra até as três horas da tar-
de. 45 A luz do sol desapareceu, e a cortina
do santuário do templo rasgou-se ao meio.
46 Então Jesus clamou em alta voz: "Pai, em
tuas mãos entrego meu espírito!".[c] E, com
essas palavras, deu o último suspiro.
47 Quando o oficial romano[d] que supervi-
sionava a execução viu o que havia acon-
tecido, adorou a Deus e disse: "Sem dúvida
este homem era inocente".[e] 48 E, quando
toda a multidão que tinha ido assistir à
crucificação viu isso, voltou para casa en-
tristecida e batendo no peito. 49 Mas os
amigos de Jesus, incluindo as mulheres
que o seguiram desde a Galileia, olhavam
de longe.

O SEPULTAMENTO DE JESUS

50 Havia um homem bom e justo chama-
do José, membro do conselho dos líderes
do povo, 51 mas que não tinha concordado
com a decisão e os atos dos outros líde-
res religiosos. Era da cidade de Arimateia,
na Judeia, e esperava a vinda do reino de
Deus. 52 José foi a Pilatos e pediu o corpo
de Jesus. 53 Desceu o corpo da cruz, en-
rolou-o num lençol de linho e o colocou
num túmulo novo, escavado na rocha.
54 Isso aconteceu na sexta-feira à tarde, no
dia da preparação,[f] quando o sábado esta-
va para começar.
55 As mulheres da Galileia seguiram José
e viram o túmulo onde o corpo de Jesus
foi colocado. 56 Depois, foram para casa e
prepararam especiarias e perfumes para
ungir o corpo. No sábado, descansaram,
conforme a lei exigia.

A RESSURREIÇÃO

24 No primeiro dia da semana, bem
cedo, as mulheres foram ao tú-
mulo, levando as especiarias que haviam
preparado, 2 e viram que a pedra tinha sido
afastada da entrada. 3 Quando entraram
no túmulo, não encontraram o corpo do
Senhor Jesus. 4 Enquanto estavam ali, per-
plexas, dois homens apareceram, vestidos
com mantos resplandecentes.
5 As mulheres ficaram amedrontadas e
se curvaram com o rosto em terra. Então
os homens perguntaram: "Por que vocês
procuram entre os mortos aquele que
vive? 6 Ele não está aqui. Ressuscitou!
Lembrem-se do que ele lhes disse na
Galileia: 7 'É necessário que o Filho do
Homem seja traído e entregue nas mãos
de pecadores, seja crucificado e ressuscite
no terceiro dia'".
8 Então lembraram-se dessas palavras
de Jesus 9 e, voltando do túmulo, foram
contar aos onze discípulos e a todos os
outros o que havia acontecido. 10 Maria
Madalena, Joana, Maria, mãe de Tiago, e
as outras mulheres que as acompanhavam

---

[a] **23.33** Nome traduzido, por vezes, como *Calvário*, do termo latino para "caveira".
[b] **23.34** Alguns manuscritos não trazem a primeira parte do versículo.
[c] **23.46** Sl 31.5.
[d] **23.47a** Em grego, *centurião*.
[e] **23.47b** Ou *Justo*.

[f] **23.54** Em grego, *Era o dia da preparação*.

relataram tudo aos apóstolos. 11 Para eles, porém, a história pareceu absurda, e não acreditaram nelas. 12 Mas Pedro se levantou e correu até o túmulo. Abaixando-se, olhou atentamente para dentro e viu os panos de linho vazios; então voltou para casa, admirado com o que havia acontecido.

O CAMINHO DE EMAÚS

13 Naquele mesmo dia, dois dos seguidores de Jesus caminhavam para o povoado de Emaús, a onze quilômetros[a] de Jerusalém. 14 No caminho, falavam a respeito de tudo que havia acontecido. 15 Enquanto conversavam e discutiam, o próprio Jesus se aproximou e começou a andar com eles. 16 Os olhos deles, porém, estavam como que impedidos de reconhecê-lo.

17 Jesus lhes perguntou: "Sobre o que vocês tanto debatem enquanto caminham?".

Eles pararam, com o rosto entristecido. 18 Então um deles, chamado Cleopas, respondeu: "Você deve ser a única pessoa em Jerusalém que não sabe das coisas que aconteceram lá nos últimos dias".

19 "Que coisas?", perguntou Jesus.

"As coisas que aconteceram com Jesus de Nazaré", responderam eles. "Ele era um profeta de palavras e ações poderosas aos olhos de Deus e de todo o povo. 20 Mas os principais sacerdotes e outros líderes religiosos o entregaram para que fosse condenado à morte e o crucificaram. 21 Tínhamos esperança de que ele fosse aquele que resgataria Israel. Isso tudo aconteceu há três dias.

22 "Algumas mulheres de nosso grupo foram até seu túmulo hoje bem cedo e voltaram contando uma história surpreendente. 23 Disseram que o corpo havia sumido e que viram anjos que lhes disseram que Jesus está vivo. 24 Alguns homens de nosso grupo correram até lá para ver e, de fato, tudo estava como as mulheres disseram, mas não o viram."

25 Então Jesus lhes disse: "Como vocês são tolos! Como custam a entender o que os profetas registraram nas Escrituras! 26 Não percebem que era necessário que o Cristo sofresse essas coisas antes de entrar em sua glória?". 27 Então Jesus os conduziu por todos os escritos de Moisés e dos profetas, explicando o que as Escrituras diziam a respeito dele.

28 Aproximando-se de Emaús, o destino deles, Jesus fez como quem seguiria viagem, 29 mas eles insistiram: "Fique conosco esta noite, pois já é tarde". E Jesus foi para casa com eles. 30 Quando estavam à mesa, ele tomou o pão e o abençoou. Depois, partiu-o e lhes deu. 31 Então os olhos deles foram abertos e o reconheceram. Nesse momento, ele desapareceu.

32 Disseram um ao outro: "Não ardia o nosso coração quando ele falava conosco no caminho e nos explicava as Escrituras?". 33 E, na mesma hora, levantaram-se e voltaram para Jerusalém. Ali, encontraram os onze discípulos e os outros que estavam reunidos com eles, 34 que lhes disseram: "É verdade que o Senhor ressuscitou! Ele apareceu a Pedro!".[b]

JESUS APARECE A SEUS DISCÍPULOS

35 Então os dois contaram como Jesus tinha aparecido enquanto andavam pelo caminho, e como o haviam reconhecido quando ele partiu o pão. 36 Enquanto contavam isso, o próprio Jesus apareceu entre eles e lhes disse: "Paz seja com vocês!". 37 Eles se assustaram e ficaram amedrontados, pensando que viam um fantasma.

38 "Por que estão perturbados?", perguntou ele. "Por que seu coração está cheio de dúvida? 39 Vejam minhas mãos e meus pés. Sou eu mesmo! Toquem-me e vejam que não sou um fantasma, pois fantasmas não têm carne nem ossos e, como veem, eu tenho." 40 Enquanto falava, mostrou-lhes as mãos e os pés.

41 Eles continuaram sem acreditar, cheios de alegria e espanto. Então Jesus perguntou: "Vocês têm aqui alguma coisa para comer?". 42 Eles lhe deram um pedaço de peixe assado, 43 e ele comeu diante de todos.

44 Em seguida, disse: "Enquanto ainda estava com vocês, eu lhes falei que devia

[a] **24.13** Em grego, *60 estádios*.

[b] **24.34** Em grego, *Simão*.

se cumprir tudo que a lei de Moisés,
os profetas e os salmos diziam a meu
respeito". 45 Então ele lhes abriu a men-
te para que entendessem as Escrituras,
46 e disse: "Sim, está escrito que o Cristo
haveria de sofrer, morrer e ressuscitar no
terceiro dia, 47 e que a mensagem de arre-
pendimento para o perdão dos pecados
seria proclamada com a autoridade de seu
nome a todas as nações,[a] começando por
Jerusalém. 48 Vocês são testemunhas des-
sas coisas.

49 "Agora, envio a vocês a promessa de
meu Pai. Mas fiquem na cidade até que se-
jam revestidos do poder do céu".

A ASCENSÃO

50 Depois Jesus os levou a Betânia e, le-
vantando as mãos para o céu, os aben-
çoou. 51 Enquanto ainda os abençoava,
deixou-os e foi elevado ao céu. 52 Então
eles o adoraram e voltaram para Jerusalém
cheios de grande alegria. 53 E estavam sem-
pre no templo, louvando a Deus.

[a] **24.47** Ou *todos os povos.*

Evangelhos

João

Livro 43 com

21

CAPÍTULOS

AUTORIA

João, filho de Zebedeu e irmão de Tiago, conhecido como "o discípulo amado" (Jo 13.23; 21.20). Foi um dos 12 apóstolos e testemunha ocular dos eventos que descreve. O nome João significa "Deus é gracioso" ou "agraciado por Deus".

O EVANGELHO DO FILHO DE DEUS

ÉPOCA DA ESCRITA

Estima-se que o Evangelho de João foi escrito entre 85 e 95 d.C., possivelmente em Éfeso.

OBJETIVO DO LIVRO

João escreveu o Evangelho para um público amplo, com o objetivo de mostrar que Jesus é o Cristo, o Filho de Deus, e que, crendo, os leitores possam ter vida em seu nome (Jo 20.31). Ele complementa os outros Evangelhos com uma perspectiva teológica mais profunda sobre a identidade de Jesus.

ESTRUTURA DO LIVRO

- ★ Prólogo: a Palavra encarnada Jo 1.1-18
- ★ Ministério público de Jesus Jo 1.19—12
- ★ Ministério particular aos discípulos Jo 13—17
- ★ Paixão e ressurreição Jo 18—20
- ★ Aparições pós-ressurreição Jo 21

TEMAS DO LIVRO

João enfatiza a divindade de Jesus, apresentando-o como a Palavra (ou Verbo) eterna que se fez carne, revela a glória de Deus e traz salvação (Jo 1.1,14).

São centrais na narrativa a soberania de Deus e a graça na justificação por meio da fé (Jo 3.16; 6.37-40).

João enfatiza a Trindade, mostrando a íntima união entre o Pai e o Filho, a missão redentora de Jesus (Jo 1.29; 10.30) e a obra crucial do Espírito Santo (Jo 14.16-17; 16.13).

JOÃO E CRISTO

João apresenta Jesus como a Palavra de Deus, a luz do mundo e o bom pastor que dá a vida por suas ovelhas (Jo 1.1-4; 8.12; 10.11-14).

Ele sublinha a preexistência de Cristo e sua plena divindade, bem como sua íntima relação com o Pai (Jo 1.18; 10.30).

As declarações "Eu sou" revelam a identidade e missão redentora de Jesus (Jo 6.35; 8.12; 10.9; 11.25; 14.6; 15.1).

PRÓLOGO: CRISTO, A PALAVRA ETERNA

1 No princípio, aquele que é a Palavra já existia.
A Palavra estava com Deus,
e a Palavra era Deus.
2 Ele existia no princípio com Deus.
3 Por meio dele Deus criou
todas as coisas,
e sem ele nada foi criado.
4 Aquele que é a Palavra
possuía a vida,
e sua vida trouxe luz a todos.
5 A luz brilha na escuridão,
e a escuridão nunca
conseguiu apagá-la.[a]

6 Deus enviou um homem chamado João 7 para falar a respeito da luz, a fim de que, por meio de seu testemunho, todos cressem. 8 Ele não era a luz, mas veio para falar da luz. 9 Aquele que é a verdadeira luz, que ilumina a todos, estava chegando ao mundo.

10 Veio ao mundo que ele criou, mas o mundo não o reconheceu. 11 Veio a seu próprio povo, e eles o rejeitaram. 12 Mas, a todos que creram nele e o aceitaram, ele deu o direito de se tornarem filhos de Deus. 13 Estes não nasceram segundo a ordem natural, nem como resultado da paixão[b] ou da vontade humana, mas nasceram de Deus.

14 Assim, a Palavra se tornou ser humano, carne e osso, e habitou entre nós. Ele era cheio de graça e verdade. E vimos sua glória, a glória do Filho único do Pai.

15 João deu testemunho dele quando disse em alta voz: "Este é aquele a quem eu me referia quando disse: 'Alguém virá depois de mim, muito mais poderoso que eu, pois existia muito antes de mim'".

16 De sua plenitude todos nós recebemos graça sobre graça. 17 Pois a lei foi dada por meio de Moisés, mas a graça e a verdade vieram por meio de Jesus Cristo. 18 Ninguém jamais viu a Deus, mas o Filho único,[c] que mantém comunhão íntima com o Pai, o revelou.

O TESTEMUNHO DE JOÃO BATISTA

19 Este foi o testemunho de João quando os líderes judeus enviaram de Jerusalém sacerdotes e levitas para lhe perguntar: "Quem é você?". 20 Ele respondeu com toda franqueza: "Eu não sou o Cristo".[d]

21 "Então quem é você?", perguntaram eles. "É Elias?"

"Não", respondeu ele.

"É o Profeta por quem temos esperado?"[e]

"Não."

22 "Afinal, quem é você? Precisamos de uma resposta para aqueles que nos enviaram. O que você tem a dizer de si mesmo?"

23 João respondeu com as palavras do profeta Isaías:

"Eu sou uma voz que
clama no deserto:
'Preparem o caminho para
a vinda do Senhor!'".[f]

24 Então os fariseus que tinham sido enviados 25 lhe perguntaram: "Se você não é o Cristo, nem Elias, nem o Profeta, que direito tem de batizar?".

26 João lhes disse: "Eu batizo com[g] água, mas em seu meio há alguém que vocês não reconhecem. 27 Embora ele venha depois de mim, não sou digno de desamarrar as correias de sua sandália".

28 Esse encontro aconteceu em Betânia, um povoado a leste do rio Jordão, onde João estava batizando.

JESUS, O CORDEIRO DE DEUS

29 No dia seguinte, João viu Jesus caminhando em sua direção e disse: "Vejam! É o Cordeiro de Deus, que tira o pecado do mundo! 30 Era a ele que eu me referia quando disse: 'Um homem virá depois de mim, muito mais poderoso que eu, pois existia muito antes de mim'. 31 Eu não o conhecia, mas vim batizando com água para que ele fosse revelado a Israel".

32 Então João deu o seguinte testemunho: "Vi o Espírito Santo descer do céu na forma

---

[a] **1.5** Ou *e a escuridão não a entendeu.*
[b] **1.13** Em grego, *não nasceram do sangue, nem da vontade da carne.*
[c] **1.18** Alguns manuscritos trazem *o Deus único.*
[d] **1.20** Ou *Messias*. Tanto *Messias* (do hebraico) como *Cristo* (do grego) significam "ungido".
[e] **1.21** Em grego, *É o Profeta?* Ver Dt 18.15,18; Ml 4.5-6.
[f] **1.23** Ou *Eu sou uma voz que clama: "Preparem no deserto o caminho para a vinda do Senhor!".* Is 40.3.
[g] **1.26** Ou *em*; também em 1.31,33.

de uma pomba e permanecer sobre ele. 33 Eu não sabia quem ele era, mas, quando Deus me enviou para batizar com água, disse-me: 'Aquele sobre o qual você vir o Espírito descer e permanecer, esse é o que batizará com o Espírito Santo'. 34 Eu vi isso acontecer e, portanto, dou testemunho de que ele é o Filho de Deus".[a]

OS PRIMEIROS DISCÍPULOS

35 No dia seguinte, João estava novamente com dois de seus discípulos. 36 Quando viu Jesus passar, olhou para ele e declarou: "Vejam! É o Cordeiro de Deus!". 37 Ao ouvirem isso, os dois discípulos de João seguiram Jesus.

38 Jesus olhou em volta e viu que o seguiam. "O que vocês querem?", perguntou.

Eles responderam: "Rabi (que significa 'Mestre'), onde o senhor está hospedado?".

39 "Venham e vejam", disse ele. Eram cerca de quatro horas da tarde quando o acompanharam até o lugar onde Jesus estava hospedado, e passaram o resto do dia com ele.

40 André, irmão de Simão Pedro, era um dos dois que ouviram o que João tinha dito e seguiram Jesus. 41 André foi procurar seu irmão, Simão, e lhe disse: "Encontramos o Messias (isto é, o Cristo)".

42 Então André levou Simão para conhecer Jesus. Olhando para ele, Jesus disse: "Você é Simão, filho de João, mas será chamado Cefas (isto é, Pedro)".[b]

43 No dia seguinte, Jesus decidiu ir à Galileia. Encontrou Filipe e lhe disse: "Siga-me". 44 Filipe era de Betsaida, cidade natal de André e Pedro.

45 Filipe foi procurar Natanael e lhe disse: "Encontramos aquele sobre quem Moisés, na lei, e os profetas escreveram! Seu nome é Jesus de Nazaré, filho de José".

46 "Nazaré!", exclamou Natanael. "Pode vir alguma coisa boa de Nazaré?"

"Venha e veja você mesmo", respondeu Filipe.

47 Jesus viu Natanael se aproximar e disse: "Aí está um verdadeiro filho de Israel, um homem totalmente íntegro".

48 "Como o senhor sabe a meu respeito?", perguntou Natanael.

Jesus respondeu: "Vi você sob a figueira antes que Filipe o chamasse".

49 Então Natanael exclamou: "Rabi, o senhor é o Filho de Deus, o Rei de Israel!".

50 Jesus lhe perguntou: "Você crê nisso porque eu disse que o vi sob a figueira? Você verá coisas maiores que essa". 51 E acrescentou: "Eu lhes digo a verdade: vocês verão o céu aberto e os anjos de Deus subindo e descendo sobre o Filho do Homem".

O CASAMENTO EM CANÁ

2 Três dias depois, houve uma festa de casamento no povoado de Caná da Galileia. A mãe de Jesus estava ali, 2 e Jesus e seus discípulos também foram convidados para a celebração. 3 Durante a festa, o vinho acabou, e a mãe de Jesus lhe disse: "Eles não têm mais vinho".

4 "Mulher, isso não me diz respeito", respondeu Jesus. "Minha hora ainda não chegou."

5 Sua mãe, porém, disse aos empregados: "Façam tudo que ele mandar".

6 Havia ali perto seis potes de pedra usados na purificação cerimonial judaica. Cada um tinha capacidade entre 80 e 120 litros.[c] 7 Jesus disse aos empregados: "Encham os potes com água". Quando os potes estavam cheios, 8 disse: "Agora tirem um pouco e levem ao mestre de cerimônias". Os empregados seguiram suas instruções.

9 O mestre de cerimônias provou a água transformada em vinho, sem conhecer sua procedência (embora os empregados obviamente soubessem). Então chamou o noivo. 10 "O anfitrião sempre serve o melhor vinho primeiro", disse ele. "Depois, quando todos já beberam bastante, serve o vinho de menor qualidade. Mas você guardou o melhor vinho até agora!"

11 Esse sinal em Caná da Galileia foi o primeiro milagre que Jesus fez. Com isso ele manifestou sua glória, e seus discípulos creram nele.

12 Depois do casamento, foi a Cafarnaum, onde passou alguns dias com sua mãe, seus irmãos e seus discípulos.

[a] **1.34** Alguns manuscritos trazem *o Escolhido de Deus*.
[b] **1.42** Tanto *Cefas* (do aramaico) como *Pedro* (do grego) significam "pedra".
[c] **2.6** Em grego, *2 ou 3 metretas*.

JESUS PURIFICA O TEMPLO

13 Era quase época da festa da Páscoa judai-
ca, de modo que Jesus subiu a Jerusalém.
14 No pátio do templo, viu comerciantes
que vendiam bois, ovelhas e pombas para
os sacrifícios; também viu negociantes,
em mesas, trocando dinheiro estrangeiro.
15 Jesus fez um chicote de cordas e os ex-
pulsou a todos do templo. Pôs para fora
as ovelhas e os bois, espalhou as moedas
dos negociantes no chão e virou as me-
sas. 16 Depois, foi até aqueles que vendiam
pombas e lhes disse: "Tirem essas coisas
daqui! Parem de fazer da casa de meu Pai
um mercado!".

17 Então os discípulos se lembraram des-
ta profecia das Escrituras: "O zelo pela casa
de Deus me consumirá".[a]

18 "O que você está fazendo?", questiona-
ram os líderes judeus. "Que sinal você nos
mostra para comprovar que tem autorida-
de para isso?"

19 "Pois bem", respondeu Jesus. "Des-
truam este templo, e em três dias eu o le-
vantarei."

20 Eles disseram: "Foram necessários 46
anos para construir este templo, e você o
reconstruirá em três dias?". 21 Mas quando
Jesus disse "este templo", estava se referin-
do a seu próprio corpo. 22 Depois que ele
ressuscitou dos mortos, seus discípulos se
lembraram do que ele tinha dito e creram
nas Escrituras e em suas palavras.

23 Por causa dos sinais que Jesus realizou
em Jerusalém durante a festa da Páscoa,
muitos creram nele. 24 Jesus, porém, não
confiava neles, pois conhecia a todos.
25 Ninguém precisava lhe dizer como o ser
humano é de fato, pois ele conhecia a na-
tureza humana.

NICODEMOS VISITA JESUS

3 Havia um fariseu chamado Nicode-
mos, líder religioso entre os judeus.
2 Certa noite, veio falar com Jesus e dis-
se: "Rabi, todos nós sabemos que Deus
enviou o senhor para nos ensinar. Seus
sinais são prova de que Deus está com
o senhor".

3 Jesus respondeu: "Eu lhe digo a verdade:
quem não nascer de novo,[b] não verá o reino
de Deus".

4 "Como pode um homem velho nascer
de novo?", perguntou Nicodemos. "Acaso
ele pode voltar ao ventre da mãe e nascer
uma segunda vez?"

5 Jesus respondeu: "Eu lhe digo a ver-
dade: ninguém pode entrar no reino de
Deus sem nascer da água e do Espírito.[c]
6 Os seres humanos podem gerar apenas
vida humana, mas o Espírito dá à luz vida
espiritual.[d] 7 Portanto, não se surpreenda
quando eu digo: 'É necessário nascer de
novo'. 8 O vento sopra onde quer. Assim
como você ouve o vento, mas não é capaz
de dizer de onde ele vem nem para onde
vai, também é incapaz de explicar como
as pessoas nascem do Espírito".

9 "Como pode ser isso?", perguntou Nico-
demos.

10 Jesus respondeu: "Você é um mestre
respeitado em Israel e não entende essas
coisas? 11 Eu lhe digo a verdade: falamos
daquilo que sabemos e vimos e, no entan-
to, vocês não creem em nosso testemunho.
12 Se vocês não creem em mim quando falo
de coisas terrenas, como crerão se eu falar
de coisas celestiais? 13 Ninguém jamais
subiu ao céu, exceto aquele que de lá des-
ceu, o Filho do Homem.[e] 14 E, como Moisés,
no deserto, levantou a serpente de bronze
numa estaca, também é necessário que o
Filho do Homem seja levantado, 15 para que
todo o que nele crer tenha a vida eterna.[f]

16 "Porque Deus amou tanto o mundo
que deu seu Filho único, para que todo o
que nele crer não pereça, mas tenha a vida
eterna. 17 Deus enviou seu Filho ao mundo
não para condenar o mundo, mas para sal-
vá-lo por meio dele.

18 "Não há condenação alguma para
quem crê nele. Mas quem não crê nele já
está condenado por não crer no Filho único
de Deus. 19 E a condenação se baseia nis-
to: a luz de Deus veio ao mundo, mas as

[a] **2.17** Ou *A preocupação com a casa de Deus será minha ruína.* Sl 69.9.

[b] **3.3** Ou *nascer do alto*; também em 3.4,7.

[c] **3.5** O termo grego para *Espírito* também pode ser traduzido como *vento*. Ver 3.8.

[d] **3.6** Em grego, *O que é nascido da carne é carne, e o que é nascido do Espírito é espírito.*

[e] **3.13** Alguns manuscritos acrescentam *que hoje está no céu.*

[f] **3.15** Ou *para que todo o que crer tenha a vida eterna nele.*

pessoas amaram mais a escuridão que a
luz, porque seus atos eram maus. 20 Quem
pratica o mal odeia a luz e não se aproxima
dela, pois teme que seus pecados sejam
expostos. 21 Mas quem pratica a verdade
se aproxima da luz, para que outros vejam
que ele faz a vontade de Deus".[a]

JOÃO BATISTA EXALTA JESUS

22 Então Jesus e seus discípulos saíram de
Jerusalém e foram à região da Judeia. Jesus
passou um tempo ali com eles, batizando.
23 Nessa época, João também batizava
em Enom, perto de Salim, pois havia ali
bastante água, e o povo ia até ele para ser
batizado. 24 Isso aconteceu antes de João
ser preso. 25 Surgiu uma discussão entre os
discípulos de João e certo judeu[b] a respeito
da purificação cerimonial. 26 Os discípulos
de João foram falar com ele e lhe disseram:
"Rabi, o homem que o senhor encontrou
no outro lado do rio Jordão, aquele de
quem o senhor deu testemunho, também
está batizando. Todos vão até ele".
27 João respondeu: "Ninguém pode re-
ceber coisa alguma, a menos que lhe seja
concedida do céu. 28 Vocês sabem que eu
lhes disse claramente: 'Eu não sou o Cristo.
Estou aqui apenas para preparar o cami-
nho para ele'. 29 É o noivo que se casa com
a noiva; o amigo do noivo simplesmente
se alegra de estar ao lado dele e ouvir seus
votos. Portanto, muito me alegro com o
destaque dele. 30 Ele deve se tornar cada
vez maior, e eu, cada vez menor".

A SUPERIORIDADE DO FILHO

31 Aquele que veio do alto é superior a
todos. Nós somos da terra e falamos de
coisas terrenas, mas ele veio do céu e é
superior a todos.[c] 32 Ele dá testemunho da-
quilo que viu e ouviu, mas como são pou-
cos os que creem no que ele diz! 33 Todo
aquele que aceita seu testemunho confir-
ma que Deus é verdadeiro. 34 Pois ele foi
enviado por Deus e fala as palavras de
Deus, porque Deus lhe dá, sem limites, o
Espírito. 35 O Pai ama o Filho e pôs tudo em
suas mãos. 36 E quem crê no Filho de Deus
tem a vida eterna. Quem não obedece ao
Filho não tem a vida eterna, mas a ira de
Deus permanece sobre ele.

A MULHER SAMARITANA JUNTO AO POÇO

4 Jesus[d] sabia que os fariseus tinham
ouvido dizer que ele batizava e fazia
mais discípulos que João, 2 embora Jesus
mesmo não os batizasse, e sim seus dis-
cípulos. 3 Assim, deixou a Judeia e voltou
para a Galileia.
4 No caminho, teve de passar por Sama-
ria. 5 Chegou ao povoado samaritano de
Sicar, perto do campo que Jacó tinha dado
a seu filho José. 6 O poço de Jacó ficava ali,
e Jesus, cansado da longa caminhada, sen-
tou-se junto ao poço, por volta do meio-dia.
7 Pouco depois, uma mulher samaritana
veio tirar água, e Jesus lhe disse: "Por favor,
dê-me um pouco de água para beber". 8 Na-
quele momento, seus discípulos tinham
ido ao povoado comprar comida.
9 A mulher ficou surpresa, pois os judeus
se recusam a ter qualquer contato com os
samaritanos. "Você é judeu, e eu sou uma
mulher samaritana", disse ela a Jesus.
"Como é que me pede água para beber?"
10 Jesus respondeu: "Se ao menos você
soubesse que presente Deus tem para
você e com quem está falando, você me
pediria e eu lhe daria água viva".
11 "Mas você não tem corda nem balde, e
o poço é muito fundo", disse ela. "De onde
tiraria essa água viva? 12 Além do mais,
você se considera mais importante que
nosso antepassado Jacó, que nos deu este
poço? Como pode oferecer água melhor
que esta que Jacó, seus filhos e seus ani-
mais bebiam?"
13 Jesus respondeu: "Quem bebe desta
água logo terá sede outra vez, 14 mas quem
bebe da água que eu dou nunca mais terá
sede. Ela se torna uma fonte que brota
dentro dele e lhe dá a vida eterna".
15 "Por favor, senhor, dê-me dessa água!",
disse a mulher. "Assim eu nunca mais te-
rei sede nem precisarei vir aqui para tirar
água."
16 "Vá buscar seu marido", disse Jesus.

São as samaritanas dos dias atuais, mulheres envolvidas em afazeres comuns junto aos poços da vida, mulheres improváveis, que estão sendo encontradas por Jesus neste tempo.

[a] **3.21** Ou *para que vejam Deus operar por meio de suas ações.*

[b] **3.25** Alguns manuscritos trazem *alguns judeus.*

[c] **3.31** Alguns manuscritos não trazem *e é superior a todos.*

[d] **4.1** Alguns manuscritos trazem *O Senhor.*

17 "Não tenho marido", respondeu a mulher.

Jesus disse: "É verdade. Você não tem marido, 18 pois teve cinco maridos e não é casada com o homem com quem vive agora. Certamente você disse a verdade".

19 "O senhor deve ser profeta", disse a mulher. 20 "Então diga-me: por que os judeus insistem que Jerusalém é o único lugar de adoração, enquanto nós, os samaritanos, afirmamos que é aqui, no monte Gerizim,[a] onde nossos antepassados adoraram?"

21 Jesus respondeu: "Creia em mim, mulher, está chegando a hora em que já não importará se você adora o Pai neste monte ou em Jerusalém. 22 Vocês, samaritanos, sabem muito pouco a respeito daquele a quem adoram. Nós adoramos com conhecimento, pois a salvação vem por meio dos judeus. 23 Mas está chegando a hora, e de fato já chegou, em que os verdadeiros adoradores adorarão o Pai em espírito e em verdade.[b] O Pai procura pessoas que o adorem desse modo. 24 Pois Deus é Espírito, e é necessário que seus adoradores o adorem em espírito e em verdade".

25 A mulher disse: "Eu sei que o Messias (aquele que é chamado Cristo) virá. Quando vier, ele nos explicará tudo".

26 Então Jesus lhe disse: "Sou eu, o que fala com você!".

27 Naquele momento, seus discípulos voltaram. Ficaram surpresos de encontrá-lo falando com uma mulher, mas nenhum deles se atreveu a perguntar: "O que o senhor quer?" ou "Por que conversa com ela?". 28 A mulher deixou sua vasilha de água junto ao poço e correu de volta para o povoado, dizendo a todos: 29 "Venham ver um homem que me disse tudo que eu já fiz na vida! Será que não é ele o Cristo?". 30 Então as pessoas saíram do povoado para vê-lo.

31 Enquanto isso, os discípulos insistiam com Jesus: "Rabi, coma alguma coisa".

32 Ele, porém, respondeu: "Eu tenho um tipo de alimento que vocês não conhecem".

33 Os discípulos perguntaram uns aos outros: "Será que alguém lhe trouxe comida?".

34 Então Jesus explicou: "Meu alimento consiste em fazer a vontade daquele que me enviou e em terminar a sua obra. 35 Vocês não costumam dizer: 'Ainda faltam quatro meses para a colheita'? Mas eu lhes digo: despertem e olhem em volta. Os campos estão maduros para a colheita. 36 Os que colhem já recebem salário, e os frutos que ajuntam são as pessoas que passam a ter a vida eterna. Que alegria espera tanto o que semeia como o que colhe! 37 Vocês conhecem o ditado: 'Um semeia e outro colhe'. E é verdade. 38 Eu envio vocês para colher onde não semearam; outros realizaram o trabalho, e agora vocês ajuntarão a colheita".

MUITOS SAMARITANOS CREEM

39 Muitos samaritanos do povoado creram em Jesus por causa daquilo que a mulher relatou: "Ele me disse tudo que eu já fiz!". 40 Quando saíram para vê-lo, insistiram que ficasse no povoado. Jesus permaneceu ali dois dias, 41 e muitos outros ouviram sua palavra e creram. 42 Então disseram à mulher: "Agora cremos, não apenas por causa do que você nos contou, mas porque nós mesmos o ouvimos. Agora sabemos que ele é, de fato, o Salvador do mundo".

JESUS CURA O FILHO DE UM OFICIAL

43 Depois daqueles dois dias, Jesus partiu para a Galileia. 44 Ele mesmo tinha dito que um profeta não é honrado em sua própria terra. 45 Mas, uma vez que os galileus haviam estado em Jerusalém para a festa da Páscoa e visto tudo que Jesus fizera, eles o receberam.

46 Enquanto Jesus viajava pela Galileia, chegou a Caná, onde tinha transformado água em vinho. Perto dali, em Cafarnaum, havia um oficial do governo cujo filho estava muito doente. 47 Quando soube que Jesus viera da Judeia para a Galileia, foi até ele e suplicou que fosse a Cafarnaum para curar seu filho, que estava à beira da morte.

48 Jesus exclamou: "Jamais crerão, a menos que vejam sinais e maravilhas!".

49 O oficial implorou: "Senhor, por favor, venha antes que meu filho morra".

---

a **4.20** Em grego, *neste monte*.

b **4.23** Ou *no Espírito e em verdade*, ou *de maneira verdadeiramente espiritual*; também em 4.24.

50 "Volte!", disse Jesus. "Seu filho viverá."
O homem creu nas palavras de Jesus e par-
tiu para casa.
51 Enquanto estava a caminho, alguns de
seus servos vieram a seu encontro com a
notícia de que seu filho estava vivo e bem.
52 Ele perguntou quando o menino havia
começado a melhorar, e eles responde-
ram: "Ontem à tarde, à uma hora, a febre
subitamente desapareceu!". 53 Então o pai
percebeu que havia sido naquele exato
momento que Jesus tinha dito: "Seu filho
viverá". E o oficial e todos de sua casa cre-
ram em Jesus. 54 Esse foi o segundo sinal
que Jesus realizou na Galileia, depois que
veio da Judeia.

JESUS CURA UM HOMEM NO SÁBADO

5 Depois disso, Jesus voltou a Jerusalém
para uma das festas religiosas dos ju-
deus. 2 Dentro da cidade, junto à porta das
Ovelhas, ficava o tanque de Betesda,[a] com
cinco pátios cobertos. 3 Ficavam ali cegos,
mancos e paralíticos, uma multidão de
enfermos, esperando um movimento da
água, 4 pois um anjo do Senhor descia de
vez em quando e agitava a água. O primei-
ro que entrava no tanque após a água ser
agitada era curado de qualquer enfermida-
de que tivesse.[b] 5 Um dos homens ali esta-
va doente havia 38 anos. 6 Quando Jesus o
viu e soube que estava enfermo por tanto
tempo, perguntou-lhe: "Você gostaria de
ser curado?".
7 O homem respondeu: "Não consigo,
senhor, pois não tenho quem me coloque
no tanque quando a água se agita. Alguém
sempre chega antes de mim".
8 Jesus lhe disse: "Levante-se, pegue sua
maca e ande!".
9 No mesmo instante, o homem ficou
curado. Ele pegou sua maca e começou a
andar. Uma vez que esse milagre aconteceu
no sábado, 10 os líderes judeus disseram
ao homem que havia sido curado: "Hoje é
sábado! A lei não permite que você carre-
gue essa maca!".
11 Mas ele respondeu: "O homem que me
curou disse: 'Pegue sua maca e ande'".
12 "Quem foi que lhe disse uma coisa
dessas?", perguntaram eles.
13 O homem não sabia, pois Jesus ha-
via desaparecido no meio da multidão.
14 Mais tarde, Jesus o encontrou no templo
e lhe disse: "Agora você está curado; deixe
de pecar, para que nada pior lhe aconte-
ça". 15 O homem foi até os líderes judeus
e lhes disse que tinha sido Jesus quem o
havia curado.

JESUS AFIRMA SER O FILHO DE DEUS

16 Então os líderes judeus começaram a
perseguir Jesus por não respeitar as regras
do sábado. 17 Jesus, porém, disse: "Meu Pai
sempre trabalha, e eu também". 18 Assim,
os líderes judeus se empenharam ainda
mais em encontrar um modo de matá-lo,
pois ele não apenas violava o sábado, mas
afirmava que Deus era seu Pai e, portanto,
se igualava a Deus.
19 Jesus respondeu: "Eu lhes digo a ver-
dade: o Filho não pode fazer coisa alguma
por sua própria conta. Ele faz apenas o que
vê o Pai fazer. Aquilo que o Pai faz, o Filho
também faz. 20 Pois o Pai ama o Filho e lhe
mostra tudo que faz. Na verdade, o Pai lhe
mostrará obras ainda maiores que estas,
para que vocês fiquem admirados. 21 Pois
assim como o Pai dá vida àqueles que ele
ressuscita dos mortos, também o Filho dá
vida a quem ele quer. 22 Além disso, o Pai
não julga ninguém, mas deu ao Filho au-
toridade absoluta para julgar, 23 para que
todos honrem o Filho como honram o Pai.
Quem não honra o Filho certamente não
honra o Pai, que o enviou.
24 "Eu lhes digo a verdade: quem ouve
minha mensagem e crê naquele que me
enviou tem a vida eterna. Jamais será
condenado, mas já passou da morte para
a vida.
25 "E eu lhes asseguro que está chegan-
do a hora, e de fato já chegou, em que os
mortos ouvirão minha voz, a voz do Fi-
lho de Deus. E aqueles que a ouvirem vi-
verão. 26 O Pai tem a vida em si mesmo, e
concedeu a seu Filho igual poder de dar
vida, 27 e lhe deu autoridade para julgar

[a] **5.2** Alguns manuscritos trazem *Bet-zata*; outros, *Betsaida*.

[b] **5.3-4** Alguns manuscritos não trazem a frase *esperando um movimento da água* e todo o versículo 4.

a todos, porque ele é o Filho do Homem. 28 Não fiquem tão surpresos! Na verdade, vem o tempo em que todos os mortos ouvirão, em seus túmulos, a voz do Filho de Deus 29 e ressuscitarão. Aqueles que fizeram o bem ressuscitarão para terem vida eterna, e aqueles que continuaram a fazer o mal ressuscitarão para serem julgados. 30 Não posso fazer coisa alguma por minha própria conta. Julgo conforme aquilo que Deus me diz. Logo, meu julgamento é justo, pois não faço minha própria vontade, mas a vontade do Pai, que me enviou."

TESTEMUNHAS DE JESUS

31 "Se eu testemunhasse a respeito de mim mesmo, meu testemunho não seria válido. 32 Mas há outro que também testemunha sobre mim, e eu lhes asseguro que tudo que ele diz a meu respeito é verdadeiro. 33 Vocês enviaram investigadores para ouvir João, e o testemunho dele sobre mim é verdadeiro. 34 Claro que não tenho necessidade alguma de testemunhas humanas, mas digo estas coisas para que vocês sejam salvos. 35 João era como uma lâmpada que queimava e brilhava e, por algum tempo, vocês se empolgaram com a mensagem dele. 36 Mas eu tenho um testemunho maior que o de João: as obras que realizo. O Pai me deu essas obras para concluir, e elas provam que ele me enviou. 37 E o Pai, que me enviou, testemunhou, ele próprio, a meu respeito. Vocês nunca ouviram sua voz, nem o viram pessoalmente, 38 e não têm sua mensagem no coração, pois não creem em mim, aquele que foi enviado por ele.

39 "Vocês estudam minuciosamente as Escrituras porque creem que elas lhes dão vida eterna. Mas as Escrituras apontam para mim! 40 E, no entanto, vocês se recusam a vir a mim para receber essa vida.

41 "Sua aprovação não vale nada para mim, 42 pois eu sei que o amor a Deus não está em vocês. 43 Eu vim em nome de meu Pai, e vocês me rejeitaram. Se outro vier em seu próprio nome, vocês o receberão. 44 Não é de admirar que não possam crer, pois vocês honram uns aos outros, mas não se importam com a honra que vem do único Deus![a]

45 "Mas não sou eu quem os acusará diante do Pai. Moisés os acusará! Sim, Moisés, em quem vocês põem sua esperança. 46 Se cressem, de fato, em Moisés, creriam em mim, pois ele escreveu a meu respeito. 47 Contudo, uma vez que não creem naquilo que ele escreveu, como crerão no que eu digo?".

A PRIMEIRA MULTIPLICAÇÃO DOS PÃES

6 Depois disso, Jesus atravessou o mar da Galileia, conhecido também como mar de Tiberíades. 2 Uma grande multidão o seguia por toda parte, pois tinham visto os sinais que ele havia realizado ao curar os enfermos. 3 Então Jesus subiu a um monte e sentou-se com seus discípulos. 4 Era quase tempo da festa judaica da Páscoa. 5 Jesus logo viu uma grande multidão que vinha a seu encontro. Voltando-se para Filipe, perguntou: "Onde podemos comprar pão para alimentar toda essa gente?". 6 Disse isso para pôr Filipe à prova, pois já sabia o que ia fazer.

7 Filipe respondeu: "Mesmo que trabalhássemos vários meses, não teríamos dinheiro suficiente[b] para dar alimento a todos!".

8 Então um de seus discípulos, André, irmão de Simão Pedro, falou: 9 "Aqui está um rapaz com cinco pães de cevada e dois peixes. Mas que adianta isso para tanta gente?".

10 Jesus respondeu: "Digam ao povo que se sente". Todos se sentaram na grama que cobria o monte. Só os homens eram cerca de cinco mil. 11 Então Jesus tomou os pães, agradeceu a Deus e os repartiu entre o povo. Em seguida, fez o mesmo com os peixes. E todos comeram à vontade. 12 Depois que todos estavam satisfeitos, Jesus disse a seus discípulos: "Agora juntem os pedaços que sobraram, para que nada se desperdice". 13 Eles juntaram o que restou e encheram doze cestos com as sobras.

14 Quando o povo viu Jesus fazer esse sinal, exclamou: "Sem dúvida ele é o profeta

[a] **5.44** Alguns manuscritos trazem *do único*.
[b] **6.7** Em grego, *200 denários não seriam suficientes*. Um denário equivalia ao salário de um dia de trabalho.

que haveria de vir ao mundo!".[a] 15 Jesus sa-
bia que pretendiam obrigá-lo a ser rei de-
les, de modo que se retirou, sozinho, para
o monte.

JESUS ANDA SOBRE O MAR

16 Ao entardecer, os discípulos de Jesus des-
ceram à praia, 17 entraram no barco e atra-
vessaram o mar em direção a Cafarnaum.
Quando escureceu, porém, Jesus ainda não
tinha vindo se encontrar com eles. 18 Logo,
um vento forte veio sobre eles, e o mar ficou
muito agitado. 19 Depois de remarem cin-
co ou seis quilômetros,[b] de repente viram
Jesus caminhando sobre o mar, em dire-
ção ao barco. Ficaram aterrorizados, 20 mas
ele lhes disse: "Sou eu! Não tenham medo".
21 Eles o receberam no barco e, logo em se-
guida, chegaram a seu destino.

JESUS, O PÃO DA VIDA

22 No dia seguinte, a multidão que tinha fica-
do do outro lado do mar viu que os discípu-
los haviam pegado o único barco dali e que
Jesus não fora com eles. 23 Alguns barcos de
Tiberíades se aproximaram do lugar onde
o povo tinha comido os pães depois que
o Senhor os abençoou. 24 Quando a multi-
dão viu que nem Jesus nem os discípulos
estavam ali, todos entraram nos barcos e
atravessaram para Cafarnaum, a fim de
procurá-lo. 25 Encontraram-no do outro lado
do mar e lhe perguntaram: "Rabi, quando o
senhor chegou aqui?".

26 Jesus respondeu: "Eu lhes digo a verda-
de: vocês querem estar comigo não porque
entenderam os sinais, mas porque lhes dei
alimento. 27 Não se preocupem tanto com
coisas que se estragam, como a comida,
mas usem suas energias buscando o ali-
mento que permanece para a vida eterna,
o qual o Filho do Homem pode lhes dar.
Pois Deus, o Pai, colocou em mim seu selo
de aprovação".

28 "Nós também queremos realizar as
obras de Deus", disseram eles. "O que de-
vemos fazer?"

29 Jesus lhes disse: "Esta é a única obra
que Deus quer de vocês: creiam naquele que
ele enviou".

30 Eles responderam: "Se deseja que
creiamos no senhor, mostre-nos um si-
nal. O que o senhor pode fazer? 31 Afinal,
nossos antepassados comeram maná no
deserto! As Escrituras dizem: 'Moisés lhes
deu de comer pão do céu'".[c]

32 Jesus disse: "Eu lhes digo a verdade:
não foi Moisés quem lhes deu pão do céu.
É meu Pai quem dá o verdadeiro pão do
céu a vocês. 33 O verdadeiro pão de Deus
é aquele que desce do céu e dá vida ao
mundo".

34 "Senhor, dê-nos desse pão todos os
dias", disseram eles.

35 Jesus respondeu: "Eu sou o pão da vida.
Quem vem a mim nunca mais terá fome.
Quem crê em mim nunca mais terá sede.
36 Mas vocês não creram em mim, embora
me tenham visto. 37 Contudo, aqueles que
o Pai me dá virão a mim, e eu jamais os
rejeitarei. 38 Pois desci do céu para fazer a
vontade daquele que me enviou, e não mi-
nha própria vontade. 39 E esta é a vontade
de Deus: que eu não perca um sequer de
todos que ele me deu, mas que ressuscite
todos no último dia. 40 Pois é a vontade de
meu Pai que todo aquele que olhar para o
Filho e nele crer tenha a vida eterna, e eu o
ressuscitarei no último dia".

41 Então os judeus começaram a criticá-lo,
pois ele havia afirmado: "Eu sou o pão que
desceu do céu". 42 Diziam: "Este não é Jesus,
filho de José? Conhecemos seu pai e sua
mãe. Como ele pode dizer: 'Desci do céu'?".

43 Jesus, porém, respondeu: "Parem de me
criticar. 44 Pois ninguém pode vir a mim se
o Pai, que me enviou, não o trouxer a mim;
e no último dia eu o ressuscitarei. 45 Como
dizem as Escrituras:[d] 'Todos eles serão en-
sinados por Deus'. Todo aquele que ouve o
Pai e aprende dele vem a mim. 46 Não que
alguém tenha visto o Pai; somente eu, que
fui enviado por Deus, o vi.

47 "Eu lhes digo a verdade: quem crê tem
a vida eterna. 48 Sim, eu sou o pão da vida!
49 Seus antepassados comeram maná no
deserto, mas morreram; 50 quem comer o
pão do céu, no entanto, jamais morrerá.
51 Eu sou o pão vivo que desceu do céu.
Quem comer deste pão viverá para sempre;

---

[a] **6.14** Ver Dt 18.15,18; Ml 4.5-6.
[b] **6.19** Em grego, *25 ou 30 estádios*.
[c] **6.31** Êx 16.4; Sl 78.24.
[d] **6.45** Em grego, *os profetas*. Is 54.13.

e este pão, que eu oferecerei para que o
mundo viva, é a minha carne".
52 Então os judeus começaram a discutir
entre si a respeito do que ele queria dizer.
"Como pode esse homem nos dar sua carne para comer?", perguntavam.
53 Então Jesus disse novamente: "Eu lhes
digo a verdade: se vocês não comerem a
carne do Filho do Homem e não beberem o
seu sangue, não terão a vida em si mesmos.
54 Mas quem come minha carne e bebe meu
sangue terá a vida eterna, e eu o ressuscitarei no último dia. 55 Pois minha carne é a
verdadeira comida, e meu sangue é a verdadeira bebida. 56 Quem come minha carne e
bebe meu sangue permanece em mim, e eu
nele. 57 Eu vivo por causa do Pai, que vive
e me enviou; da mesma forma, quem se
alimenta de mim viverá por minha causa.
58 Eu sou o verdadeiro pão que desceu do
céu. Seus antepassados comeram maná e
morreram; quem comer este pão não morrerá, mas viverá para sempre".
59 Ele disse essas coisas quando ensinava na sinagoga de Cafarnaum.

MUITOS DISCÍPULOS ABANDONAM JESUS

60 Muitos de seus discípulos disseram:
"Sua mensagem é dura. Quem é capaz de
aceitá-la?".
61 Jesus, sabendo que seus discípulos reclamavam, disse: "Isso os ofende? 62 Então o que pensarão se virem o Filho do
Homem subir ao céu, onde estava antes?
63 Somente o Espírito dá vida. A natureza
humana não realiza coisa alguma.[a] E as
palavras que eu lhes disse são espírito e
vida. 64 Mas alguns de vocês não creem em
mim". Pois Jesus sabia, desde o princípio,
quem não acreditava nele e quem iria traí-lo. 65 E acrescentou: "Por isso eu disse que
ninguém pode vir a mim a menos que o
Pai o dê a mim".
66 Nesse momento, muitos de seus discípulos se afastaram dele e o abandonaram. 67 Então Jesus se voltou para os Doze
e perguntou: "Vocês também vão embora?".
68 Simão Pedro respondeu: "Senhor, para
quem iremos? O senhor tem as palavras da
vida eterna. 69 Nós cremos e sabemos que
o senhor é o Santo de Deus".[b]
70 Então Jesus disse: "Eu escolhi vocês
doze, mas um de vocês é um diabo". 71 Ele
se referia a Judas, filho de Simão Iscariotes, um dos Doze, que mais tarde o trairia.

JESUS E SEUS IRMÃOS

7 Depois disso, Jesus viajou pela Galileia. Queria ficar longe da Judeia, onde
os líderes judeus planejavam sua morte.
2 Logo, porém, chegou o tempo da celebração judaica chamada Festa das Cabanas,
3 e os irmãos de Jesus lhe disseram: "Saia
daqui e vá à Judeia, onde seus seguidores
poderão ver os milagres que realiza. 4 Você
não se tornará famoso escondendo-se
dessa forma. Se você pode fazer coisas
tão maravilhosas, mostre-se ao mundo!".
5 Pois nem mesmo seus irmãos criam nele.
6 Jesus respondeu: "Agora não é o momento certo de eu ir, mas vocês podem ir a
qualquer hora. 7 O mundo não pode odiá-los, mas a mim ele odeia, pois eu o acuso
de fazer o mal. 8 Vão vocês. Eu ainda[c] não
irei a essa festa, pois meu tempo ainda
não chegou". 9 Tendo dito isso, permaneceu na Galileia.

JESUS ENSINA ABERTAMENTE NO TEMPLO

10 Contudo, depois que seus irmãos partiram para a festa, ele também foi, mas em
segredo, permanecendo distante dos olhos
do público. 11 Os líderes judeus tentavam
encontrá-lo na festa e perguntavam se alguém o tinha visto. 12 Havia muita discussão a seu respeito entre as multidões.
Alguns afirmavam: "Ele é um homem bom",
enquanto outros diziam: "Ele não passa de
um impostor, que engana o povo". 13 Mas
ninguém tinha coragem de falar sobre ele
em público, por medo dos líderes judeus.
14 Então, na metade da festa, Jesus subiu
ao templo e começou a ensinar. 15 Os judeus
que estavam ali ficaram admirados ao ouvi-lo. "Como ele sabe tanto sem ter estudado?", perguntavam.

[a] **6.63** Em grego, *A carne para nada aproveita.*

[b] **6.69** Alguns manuscritos trazem *o senhor é o Cristo, o Santo de Deus*; outros, *o senhor é o Cristo, o Filho de Deus*; e ainda outros, *o senhor é o Cristo, o Filho do Deus vivo.*

[c] **7.8** Alguns manuscritos não trazem *ainda.*

16 Jesus lhes respondeu: "Minha mensa-
gem não vem de mim mesmo; vem daquele
que me enviou. 17 Quem quiser fazer a von-
tade de Deus saberá se meu ensino vem
dele ou se falo por mim mesmo. 18 Aquele
que fala por si mesmo busca sua própria
glória, mas quem procura honrar aquele
que o enviou diz a verdade, e não mentiras.
19 Moisés lhes deu a lei, mas nenhum de vo-
cês obedece a ela. Então por que procuram
me matar?".

20 A multidão respondeu: "Você está
possuído por demônio! Quem procura
matá-lo?".

21 Jesus respondeu: "Eu fiz um milagre
no sábado, e vocês ficaram admirados.
22 No entanto, vocês também trabalham no
sábado quando obedecem à lei da circun-
cisão que Moisés lhes deu, embora, na ver-
dade, a circuncisão tenha começado com
os patriarcas, muito antes da lei de Moisés.
23 Pois, se o tempo certo de circuncidar seu
filho cai no sábado, vocês realizam a ceri-
mônia, a fim de não quebrar a lei de Moisés.
Então por que ficam indignados comigo
pelo fato de eu curar um homem no sába-
do? 24 Não julguem de acordo com as apa-
rências, mas julguem de maneira justa".

JESUS É O MESSIAS?

25 Alguns do povo, que moravam em Je-
rusalém, começaram a perguntar uns
aos outros: "Não é este o homem a quem
procuram matar? 26 Aqui está ele, porém,
falando em público, e não lhe dizem coisa
alguma. Será que nossos líderes acreditam
que ele é o Cristo? 27 Mas como pode ser
este homem? Sabemos de onde ele vem.
Quando o Cristo vier, ninguém saberá de
onde ele é".

28 Enquanto ensinava no templo, Jesus
disse em alta voz: "Sim, vocês me conhe-
cem e sabem de onde eu venho. Mas não
estou aqui por minha própria conta. Aquele
que me enviou é verdadeiro, e vocês não o
conhecem. 29 Mas eu o conheço, porque ve-
nho dele, e ele me enviou a vocês". 30 Então
tentaram prendê-lo, mas ninguém pôs as
mãos nele, porque ainda não havia chega-
do sua hora.

31 Muitos entre as multidões no tem-
plo creram nele e diziam: "Afinal, alguém
espera que o Cristo faça mais sinais do que
este homem tem feito?".

32 Quando os fariseus ouviram que as
multidões sussurravam essas coisas, eles
e os principais sacerdotes enviaram guar-
das do templo para prendê-lo. 33 Jesus,
porém, lhes disse: "Estarei com vocês só
um pouco mais. Então voltarei para aque-
le que me enviou. 34 Vocês procurarão por
mim, mas não me encontrarão. E não po-
derão ir para onde eu vou".

35 Os judeus se perguntavam: "Para onde
ele pretende ir? Será que planeja partir e
ir aos judeus em outras terras?[a] Talvez até
ensine aos gregos! 36 O que ele quer dizer
quando fala: 'Vocês procurarão por mim,
mas não me encontrarão' e 'Não poderão
ir para onde eu vou'?".

JESUS PROMETE ÁGUA VIVA

37 No último dia, o mais importante da fes-
ta, Jesus se levantou e disse em alta voz:
"Quem tem sede, venha a mim e beba!
38 Pois as Escrituras declaram: 'Rios de
água viva brotarão do interior de quem
crer em mim'". 39 Quando ele falou de
"água viva", estava se referindo ao Espírito
que seria dado mais tarde a todos que nele
cressem. Naquela ocasião o Espírito ainda
não tinha sido dado, pois Jesus ainda não
havia sido glorificado.

DIVISÃO E DESCRENÇA

40 Quando as multidões o ouviram dizer
isso, alguns declararam: "Certamente este
homem é o profeta por quem esperáva-
mos".[b] 41 Outros afirmaram: "Ele é o Cristo".
E ainda outros disseram: "Não é possível!
O Cristo virá da Galileia? 42 As Escrituras
afirmam claramente que o Cristo nascerá da
linhagem real de Davi, em Belém, o povoa-
do onde o rei Davi nasceu".[c] 43 Assim, a mul-
tidão estava dividida a respeito de Jesus.
44 Alguns queriam que ele fosse preso, mas
ninguém pôs as mãos nele.

45 Quando os guardas do templo volta-
ram sem ter prendido Jesus, os principais
sacerdotes e fariseus perguntaram: "Por
que vocês não o trouxeram?".

[a] **7.35** Ou *aos judeus que vivem entre os gregos?*
[b] **7.40** Ver Dt 18.15,18; Ml 4.5-6.
[c] **7.42** Ver Mq 5.2.

46 “Nunca ouvimos alguém falar como
ele!”, responderam.
47 “Vocês também foram enganados?”,
zombaram os fariseus. 48 “Por acaso um de
nós que seja, entre os líderes ou fariseus,
crê nele? 49 As multidões ignorantes o se-
guem, mas elas não têm conhecimento da
lei. São amaldiçoadas!”
50 Então Nicodemos, o líder que antes
havia se encontrado com Jesus, pergun-
tou: 51 “A lei permite condenar um homem
antes mesmo de haver uma audiência?”.
52 “Você também é da Galileia?”, respon-
deram eles. “Procure e veja por si mesmo:
nenhum profeta vem da Galileia!”
53 Então todos foram para casa.[a]

UMA MULHER É PEGA EM ADULTÉRIO

8 Jesus voltou ao monte das Oliveiras,
2 mas na manhã seguinte, bem cedo,
estava outra vez no templo. Logo se reuniu
uma multidão, e ele se sentou e a ensinou.
3 Então os mestres da lei e os fariseus lhe
trouxeram uma mulher pega em adultério
e a colocaram diante da multidão.
4 “Mestre, esta mulher foi pega no ato de
adultério”, disseram eles a Jesus. 5 “A lei
de Moisés ordena que ela seja apedreja-
da. O que o senhor diz?”
6 Procuravam apanhá-lo numa armadi-
lha, ao fazê-lo dizer algo que pudessem
usar contra ele. Jesus, porém, apenas se
inclinou e começou a escrever com o
dedo na terra. 7 Eles continuaram a exigir
uma resposta, de modo que ele se levan-
tou e disse: “Aquele de vocês que nunca
pecou atire a primeira pedra”. 8 Então in-
clinou-se novamente e voltou a escrever
na terra.
9 Quando ouviram isso, foram saindo,
um de cada vez, começando pelos mais
velhos, até que só restaram Jesus e a mu-
lher no meio da multidão. 10 Então Jesus
se levantou de novo e disse à mulher:
“Onde estão seus acusadores? Nenhum
deles a condenou?”.
11 “Não, Senhor”, respondeu ela.
E Jesus disse: “Eu também não a condeno.
Vá e não peque mais”.

[a] **7.53** Alguns manuscritos não trazem os versículos 7.53—8.11.

JESUS, A LUZ DO MUNDO

12 Jesus voltou a falar ao povo e disse:
“Eu sou a luz do mundo. Se vocês me se-
guirem, não andarão no escuro, pois terão
a luz da vida”.
13 Os fariseus disseram: “Você faz essas
declarações a respeito de si mesmo! Seu
testemunho não é válido”.
14 Jesus respondeu: “Meu testemunho é
válido, embora eu mesmo o dê, pois eu sei
de onde vim e para onde vou, mas vocês
não sabem de onde vim nem para onde
vou. 15 Vocês julgam por padrões humanos,
mas eu não julgo ninguém. 16 E, mesmo que
o fizesse, meu julgamento seria correto,
pois não estou sozinho. O Pai, que me en-
viou, está comigo. 17 A lei de vocês diz que,
se duas pessoas concordarem sobre algu-
ma coisa, seu testemunho é aceito como fa-
to.[b] 18 Eu sou uma testemunha, e meu Pai,
que me enviou, é a outra”.
19 “Onde está seu Pai?”, perguntaram eles.
Jesus respondeu: “Uma vez que vocês
não sabem quem sou eu, não sabem quem
é meu Pai. Se vocês me conhecessem, tam-
bém conheceriam meu Pai”. 20 Jesus fez
essas declarações enquanto ensinava na
parte do templo onde eram colocadas as
ofertas. No entanto, não foi preso, pois ain-
da não havia chegado sua hora.

O POVO INCRÉDULO É ADVERTIDO

21 Mais tarde, Jesus lhes disse outra vez:
“Eu vou embora. Vocês procurarão por
mim, mas morrerão em seus pecados. Não
podem ir para onde eu vou”.
22 Os judeus perguntaram: “Será que ele
está planejando cometer suicídio? A que
ele se refere quando diz: ‘Não podem ir
para onde eu vou’?”.
23 Jesus prosseguiu: “Vocês são daqui de
baixo; eu sou lá de cima. Vocês pertencem
a este mundo; eu não. 24 Foi por isso que
eu disse que vocês morrerão em seus pe-
cados, pois a menos que creiam que eu sou
lá de cima, morrerão em seus pecados”.
25 “Quem é você?”, perguntaram eles.
Jesus respondeu: “Sou aquele que sem-
pre afirmei ser. 26 Tenho muito que dizer e

[b] **8.17** Ver Dt 19.15.

julgar a respeito de vocês, mas não o farei.
Digo ao mundo apenas o que ouvi daquele
que me enviou, e ele é inteiramente verda-
deiro". 27 Ainda assim, não entenderam que
ele lhes falava a respeito do Pai.
28 Então Jesus disse: "Quando vocês me
levantarem, entenderão que eu sou o Filho
do Homem. Não faço coisa alguma por mi-
nha própria conta; digo apenas o que o Pai
me ensinou. 29 E aquele que me enviou está
comigo; ele não me abandonou, pois sem-
pre faço o que lhe agrada". 30 Muitos que o
ouviram dizer essas coisas creram nele.

JESUS E ABRAÃO

31 Jesus disse aos judeus que creram nele:
"Vocês são verdadeiramente meus discí-
pulos se permanecerem fiéis a meus ensi-
namentos. 32 Então conhecerão a verdade,
e a verdade os libertará".
33 "Mas somos descendentes de Abraão",
disseram eles. "Nunca fomos escravos de
ninguém. O que quer dizer com 'Vocês se-
rão libertos'?"
34 Jesus respondeu: "Eu lhes digo a ver-
dade: todo o que peca é escravo do pecado.
35 O escravo não é membro permanente da
família, mas o filho faz parte da família, para
sempre. 36 Portanto, se o Filho os libertar,
vocês serão livres de fato. 37 Sim, eu sei que
vocês são descendentes de Abraão. E, no en-
tanto, procuram me matar, pois não há lugar
em seu coração para a minha mensagem.
38 Eu lhes digo o que vi quando estava com
meu Pai, mas vocês seguem o conselho do
pai de vocês".
39 "Nosso pai é Abraão!", declararam eles.
Jesus respondeu: "Se vocês fossem, de
fato, filhos de Abraão, seguiriam o exemplo
dele.[a] 40 Em vez disso, procuram me matar
porque eu lhes disse a verdade que ouvi de
Deus. Abraão nunca fez isso. 41 Vocês estão
imitando seu verdadeiro pai".
"Não somos filhos ilegítimos!", retrucaram.
"O próprio Deus é nosso verdadeiro Pai!"
42 Jesus lhes disse: "Se Deus fosse seu
Pai, vocês me amariam, porque eu venho
até vocês da parte de Deus. Não estou aqui
por minha própria conta, mas ele me en-
viou. 43 Por que vocês não entendem o que
eu digo? É porque nem sequer conseguem
me ouvir! 44 Pois são filhos de seu pai, o
diabo, e gostam de fazer as coisas perver-
sas que ele deseja. Ele foi assassino desde
o princípio. Sempre odiou a verdade, pois
não há verdade alguma nele. Quando ele
mente, age de acordo com seu caráter, pois
é mentiroso e pai da mentira. 45 Portanto,
quando eu digo a verdade, é natural que
não creiam em mim! 46 Qual de vocês pode
me acusar de pecado? E, uma vez que lhes
digo a verdade, por que não creem em
mim? 47 Quem pertence a Deus ouve as
palavras de Deus. Mas vocês não ouvem,
pois não pertencem a Deus".
48 "Samaritano endemoninhado!", res-
ponderam os líderes judeus. "Não temos
dito desde o início que está possuído por
demônio?"
49 "Não tenho em mim demônio algum",
disse Jesus. "Pelo contrário, honro meu Pai,
e vocês me desonram. 50 Eu não procuro
minha própria glória; há quem a procure
para mim, e ele é o Juiz. 51 Eu lhes digo
a verdade: quem obedecer a meu ensino
jamais morrerá!"
52 Os líderes judeus disseram: "Agora sabe-
mos que você está possuído por demônio.
Até Abraão e os profetas morreram, mas
você diz: 'Quem obedecer a meu ensino
jamais morrerá!'. 53 Por acaso você é maior
que nosso pai Abraão? Ele morreu, assim
como os profetas. Quem você pensa que é?".
54 Jesus respondeu: "Se eu quisesse glória
para mim mesmo, essa glória não contaria.
Mas é meu Pai quem me glorifica. Vocês di-
zem: 'Ele é nosso Deus',[b] 55 mas nem o co-
nhecem. Eu o conheço. Se eu dissesse que
não o conheço, seria tão mentiroso quan-
to vocês! Mas eu o conheço e lhe obedeço.
56 Seu pai Abraão exultou com a expectativa
da minha vinda. Ele a viu e se alegrou".
57 Os líderes judeus disseram: "Você não
tem nem cinquenta anos. Como pode di-
zer que viu Abraão?".
58 Jesus respondeu: "Eu lhes digo a ver-
dade: antes mesmo de Abraão nascer,
Eu Sou!".[c] 59 Então apanharam pedras para

---

[a] **8.39** Alguns manuscritos trazem *Se vocês são mesmo filhos de Abraão, sigam o exemplo dele.*

[b] **8.54** Alguns manuscritos trazem *Vocês dizem que ele é seu Deus.*

[c] **8.58** Em grego, *antes que Abraão fosse, eu sou.* Ver Êx 3.14.

A mulher cujas raízes foram curadas e estão agarradas em Cristo dá espaço ao Espírito em vez das emoções, a fim de que ele conduza o barco.

atirar em Jesus, mas ele se ocultou deles e saiu do templo.

JESUS TRAZ LUZ AOS CEGOS

9 Enquanto caminhava, Jesus viu um homem cego de nascença. 2 Seus discípulos perguntaram: "Rabi, por que este homem nasceu cego? Foi por causa de seus próprios pecados ou dos pecados de seus pais?".

3 Jesus respondeu: "Nem uma coisa nem outra. Isso aconteceu para que o poder de Deus se manifestasse nele. 4 Devemos cumprir logo as tarefas que nos foram dadas por aquele que me enviou. A noite se aproxima, quando ninguém pode trabalhar. 5 Mas, enquanto estou aqui no mundo, eu sou a luz do mundo".

6 Depois de dizer isso, Jesus cuspiu no chão, misturou a terra com saliva e aplicou-a nos olhos do cego. 7 Em seguida, disse: "Vá lavar-se no tanque de Siloé" (que significa "enviado"). O homem foi, lavou-se e voltou enxergando.

8 Seus vizinhos e outros que o conheciam como mendigo começaram a perguntar: "Não é este o homem que costumava ficar sentado pedindo esmolas?". 9 Alguns diziam que sim, e outros diziam: "Não, apenas se parece com ele".

O mendigo, porém, insistia: "Sim, sou eu mesmo!".

10 "Quem curou você?", perguntaram eles. "O que aconteceu?"

11 Ele respondeu: "O homem chamado Jesus misturou terra com saliva, colocou-a em meus olhos e disse: 'Vá lavar-se no tanque de Siloé'. Eu fui e me lavei, e agora posso ver!".

12 "Onde está esse homem?", perguntaram.

"Não sei", respondeu ele.

13 Então levaram aos fariseus o homem que havia sido cego, 14 pois foi no sábado que Jesus misturou terra com saliva e o curou. 15 Os fariseus encheram o homem de perguntas sobre o que havia acontecido, e ele respondeu: "Ele colocou terra com saliva em meus olhos e, depois que eu me lavei, passei a enxergar!".

16 Alguns dos fariseus disseram: "Esse homem não é de Deus, pois trabalha no sábado". Outros disseram: "Mas como um pecador poderia fazer sinais como esse?". E havia entre eles uma divergência de opiniões.

17 Os fariseus voltaram a perguntar ao homem que havia sido cego: "O que você diz desse homem que o curou?".

"Ele deve ser profeta", respondeu o homem.

18 Os líderes judeus se recusavam a crer que ele havia sido cego e estava curado, por isso mandaram chamar os pais dele 19 e perguntaram: "Ele é seu filho? Ele nasceu cego? Se foi, como pode ver agora?".

20 Os pais responderam: "Sabemos que ele é nosso filho e que nasceu cego, 21 mas não sabemos como pode ver agora nem quem o curou. Ele tem idade suficiente para falar por si mesmo. Perguntem a ele".

22 Seus pais disseram isso por medo dos líderes judeus, pois estes haviam anunciado que, se alguém dissesse que Jesus era o Cristo, seria expulso da sinagoga. 23 Por isso disseram: "Ele tem idade suficiente. Perguntem a ele". 24 Então, pela segunda vez, chamaram o homem que havia sido cego e lhe disseram: "Deus é quem deve receber glória por aquilo que aconteceu, pois sabemos que esse Jesus é pecador".

25 "Não sei se ele é pecador", respondeu o homem. "Mas uma coisa sei: eu era cego e agora vejo!"

26 "Mas o que ele fez?", perguntaram. "Como ele o curou?"

27 "Eu já lhes disse!", exclamou o homem. "Vocês não ouviram? Por que querem ouvir outra vez? Por acaso também querem se tornar discípulos dele?"

28 Então eles o insultaram e disseram: "Você é discípulo dele, mas nós somos discípulos de Moisés! 29 Sabemos que Deus falou a Moisés, mas nem sabemos de onde vem esse homem".

30 "Que coisa mais estranha!", respondeu o homem. "Ele curou meus olhos e vocês não sabem de onde ele vem? 31 Sabemos que Deus não atende pecadores, mas está pronto a ouvir aqueles que o adoram e fazem a sua vontade. 32 Desde o princípio do mundo, ninguém foi capaz de abrir os olhos de um cego de nascença. 33 Se esse homem não fosse de Deus, não teria conseguido fazê-lo."

[34] "Você nasceu inteiramente pecador!",
disseram eles. "E quer ensinar a nós?" En-
tão o expulsaram da sinagoga.

CEGUEIRA ESPIRITUAL

[35] Quando Jesus soube do que havia acon-
tecido, procurou o homem e lhe disse:
"Você crê no Filho do Homem?".[a]
[36] "Quem é ele, senhor?", perguntou o ho-
mem. "Eu quero crer nele."
[37] Jesus respondeu: "Você o viu, e ele está
falando com você!".
[38] "Sim, Senhor, eu creio!", declarou o ho-
mem. E adorou a Jesus.
[39] Então Jesus disse:[b] "Eu vim a este mun-
do para julgar, para dar visão aos cegos
e para fazer que os que veem se tornem
cegos".
[40] Alguns fariseus que estavam por perto
o ouviram e perguntaram: "Você está di-
zendo que nós somos cegos?".
[41] "Se vocês fossem cegos, não seriam
culpados", respondeu Jesus. "Mas a culpa
de vocês permanece, pois afirmam que po-
dem ver."

O BOM PASTOR E SUAS OVELHAS

10 "Eu lhes digo a verdade: quem en-
tra no curral das ovelhas às escon-
didas, por sobre a cerca, em vez de passar
pela porta, é certamente ladrão e assaltante!
[2] Mas quem entra pela porta é o pastor das
ovelhas. [3] O porteiro lhe abre a porta, e as
ovelhas reconhecem sua voz e se aproxi-
mam. Ele chama suas ovelhas pelo nome
e as conduz para fora. [4] Depois de reuni-las,
vai adiante delas, e elas o seguem porque
conhecem sua voz. [5] Nunca seguirão um
desconhecido; antes, fugirão dele, pois não
reconhecem sua voz."
[6] Os que ouviram Jesus usar essa ilustra-
ção não entenderam o que ele quis dizer,
[7] por isso ele a explicou: "Eu lhes digo a
verdade: eu sou a porta das ovelhas. [8] To-
dos que vieram antes de mim eram la-
drões e assaltantes, mas as ovelhas não os
ouviram. [9] Sim, eu sou a porta. Quem en-
trar por mim será salvo.[c] Entrará e sairá e
encontrará pasto. [10] O ladrão vem para rou-
bar, matar e destruir. Eu vim para lhes dar
vida, uma vida plena, que satisfaz.
[11] "Eu sou o bom pastor. O bom pastor sacri-
fica sua vida pelas ovelhas. [12] O empregado
foge quando vê um lobo se aproximar. Aban-
dona as ovelhas porque elas não lhe perten-
cem e ele não é seu pastor. Então o lobo as
ataca e dispersa o rebanho. [13] O empregado
foge porque trabalha apenas por dinheiro e
não se importa de fato com as ovelhas.
[14] "Eu sou o bom pastor. Conheço mi-
nhas ovelhas, e elas me conhecem, [15] as-
sim como meu Pai me conhece e eu o
conheço; e eu sacrifico minha vida pelas
ovelhas. [16] Tenho outras ovelhas, que não
estão neste curral. Devo trazê-las também.
Elas ouvirão minha voz, e haverá um só re-
banho e um só pastor.
[17] "O Pai me ama, pois sacrifico minha
vida para tomá-la de volta. [18] Ninguém a
tira de mim, mas eu mesmo a dou. Tenho
autoridade para entregá-la e também para
tomá-la de volta, pois foi isso que meu
Pai ordenou".
[19] Quando Jesus disse essas coisas, as
opiniões dos judeus a respeito dele se divi-
diram outra vez. [20] Alguns diziam: "Ele está
possuído por demônio e está louco. Por
que ouvi-lo?". [21] Outros diziam: "Ele não
fala como alguém que está possuído por
demônio. Pode um demônio abrir os olhos
dos cegos?".

JESUS AFIRMA SER O FILHO DE DEUS

[22] Era inverno, e Jesus estava em Jerusa-
lém na celebração da Festa da Dedicação.
[23] Ele caminhava pelo templo, na par-
te conhecida como Pórtico de Salomão,
[24] quando os líderes judeus o rodearam e
perguntaram: "Quanto tempo vai nos dei-
xar em suspense? Se você é o Cristo, diga-
-nos claramente".
[25] Jesus respondeu: "Eu já lhes disse, e
vocês não creram em mim. A prova são as
obras que realizo em nome de meu Pai.
[26] Mas vocês não creem em mim porque
não são minhas ovelhas. [27] Minhas ove-
lhas ouvem a minha voz; eu as conheço, e
elas me seguem. [28] Eu lhes dou a vida eter-
na, e elas nunca morrerão. Ninguém pode

[a] **9.35** Alguns manuscritos trazem *Filho de Deus?*
[b] **9.38-39a** Alguns manuscritos não trazem o versículo 38 e o início do versículo 39.
[c] **10.9** Ou *encontrará segurança*.

arrancá-las de minha mão, 29 pois meu Pai as deu a mim, e ele é mais poderoso que todos.[a] Ninguém pode arrancá-las da mão de meu Pai. 30 O Pai e eu somos um".

31 Mais uma vez, os líderes judeus pegaram pedras para atirar nele. 32 Jesus disse: "Por orientação de meu Pai, eu fiz muitas boas obras. Por qual delas vocês querem me apedrejar?".

33 Eles responderam: "Não vamos apedrejá-lo por nenhuma boa obra, mas por blasfêmia. Você, um simples homem, afirma que é Deus!".

34 Jesus respondeu: "As próprias Escrituras[b] de vocês afirmam que Deus disse a certos líderes do povo: 'Eu digo: vocês são deuses!'.[c] 35 E vocês sabem que as Escrituras não podem ser alteradas. Portanto, se aqueles que receberam a mensagem de Deus foram chamados de 'deuses', 36 por que vocês consideram blasfêmia quando eu digo: 'Eu sou o Filho de Deus'? Afinal, o Pai me consagrou e me enviou ao mundo. 37 Não creiam em mim se não realizo as obras de meu Pai. 38 Mas, se as realizo, creiam na prova, que são as obras, mesmo que não creiam em mim. Então vocês saberão e entenderão que o Pai está em mim, e que eu estou no Pai".

39 Novamente, tentaram prendê-lo, mas ele escapou e os deixou. 40 Foi para o outro lado do rio Jordão, perto do lugar onde João batizava no início, e ficou ali por algum tempo. 41 Muitos o seguiram, comentando entre si: "João não realizou sinais, mas tudo que ele disse a respeito deste homem se cumpriu". 42 E muitos ali creram em Jesus.

A RESSURREIÇÃO DE LÁZARO

11 Um homem chamado Lázaro estava doente. Ele morava em Betânia com suas irmãs, Maria e Marta. 2 Foi Maria, a irmã de Lázaro, que mais tarde derramou perfume caro nos pés do Senhor e os enxugou com os cabelos.[d] 3 As duas irmãs enviaram um recado a Jesus, dizendo: "Senhor, seu amigo querido está muito doente".

4 Quando Jesus ouviu isso, disse: "A doença de Lázaro não acabará em morte. Ela aconteceu para a glória de Deus, para que o Filho de Deus receba glória por meio dela". 5 Jesus amava Marta, Maria e Lázaro. 6 Ouvindo, portanto, que Lázaro estava doente, ficou mais dois dias onde estava. 7 Depois, disse a seus discípulos: "Vamos voltar para a Judeia".

8 Os discípulos se opuseram, dizendo: "Rabi, apenas alguns dias atrás o povo da Judeia tentou apedrejá-lo. Ainda assim, o senhor vai voltar para lá?".

9 Jesus respondeu: "Há doze horas de claridade todos os dias. Durante o dia, as pessoas podem andar com segurança. Conseguem enxergar, pois têm a luz deste mundo. 10 À noite, porém, correm o risco de tropeçar, pois não há luz". 11 E acrescentou: "Nosso amigo Lázaro adormeceu, mas agora vou despertá-lo".

12 Os discípulos disseram: "Senhor, se ele dorme é porque logo vai melhorar!". 13 Pensavam que Jesus falava apenas do repouso do sono, mas ele se referia à morte de Lázaro.

14 Então ele disse claramente: "Lázaro está morto. 15 E, por causa de vocês, eu me alegro por não ter estado lá, pois agora vocês vão crer de fato. Venham, vamos até ele".

16 Tomé, apelidado de Gêmeo,[e] disse aos outros discípulos: "Vamos até lá também para morrer com Jesus".

17 Quando Jesus chegou a Betânia, disseram-lhe que Lázaro estava no túmulo havia quatro dias. 18 Betânia ficava a cerca de três quilômetros[f] de Jerusalém, 19 e muitos moradores da região tinham vindo consolar Marta e Maria pela perda do irmão. 20 Quando Marta soube que Jesus estava chegando, foi ao seu encontro. Maria, porém, ficou em casa. 21 Marta disse a Jesus: "Se o Senhor estivesse aqui, meu irmão não teria morrido. 22 Mas sei que, mesmo agora, Deus lhe dará tudo que pedir".

23 Jesus lhe disse: "Seu irmão vai ressuscitar".

[a] **10.29** Alguns manuscritos trazem *pois aquilo que meu Pai me deu é mais poderoso que tudo*; outros, *pois, com respeito àquilo que meu Pai me deu, ele é mais poderoso que todos.*
[b] **10.34a** Em grego, *A própria lei.*
[c] **10.34b** Sl 82.6.
[d] **11.2** Episódio relatado no capítulo 12.
[e] **11.16** Em grego, *Tomé, chamado Dídimo.*
[f] **11.18** Em grego, *uns 15 estádios.*

24 “Sim”, respondeu Marta. “Ele vai res-
suscitar quando todos ressuscitarem, no
último dia.”
25 Então Jesus disse: “Eu sou a ressur-
reição e a vida. Quem crê em mim viverá,
mesmo depois de morrer. 26 Quem vive e
crê em mim jamais morrerá. Você crê nis-
so, Marta?”.
27 “Sim, Senhor”, respondeu ela. “Eu creio
que o senhor é o Cristo, o Filho de Deus,
aquele que veio ao mundo da parte de
Deus.” 28 Em seguida, voltou para casa.
Chamou Maria à parte e disse: “O Mestre
está aqui e quer ver você”. 29 Maria se le-
vantou de imediato e foi até ele.
30 Jesus tinha ficado fora do povoado,
no lugar onde Marta havia se encontra-
do com ele. 31 Quando as pessoas que
estavam na casa viram Maria sair apres-
sadamente, imaginaram que ela ia ao
túmulo de Lázaro chorar e a seguiram.
32 Assim que chegou ao lugar onde Jesus
estava e o viu, caiu a seus pés e disse:
“Se o Senhor estivesse aqui, meu irmão
não teria morrido”.
33 Quando Jesus viu Maria chorar, e o
povo também, sentiu profunda indigna-
ção[a] e grande angústia. 34 “Onde vocês o
colocaram?”, perguntou.

Eles responderam: “Senhor, venha e
veja”. 35 Jesus chorou. 36 As pessoas que
estavam por perto disseram: “Vejam como
ele o amava!”. 37 Outros, porém, disseram:
“Este homem curou um cego. Não poderia
ter impedido que Lázaro morresse?”.
38 Jesus, sentindo-se novamente indig-
nado, chegou ao túmulo, uma gruta com
uma pedra fechando a entrada. 39 “Rolem
a pedra para o lado”, ordenou.

“Senhor, ele está morto há quatro dias”, disse Marta, a irmã do falecido. “O mau cheiro será terrível.”

40 Jesus respondeu: “Eu não lhe disse que,
se você cresse, veria a glória de Deus?”.
41 Então rolaram a pedra para o lado. Jesus
olhou para o céu e disse: “Pai, eu te agra-
deço porque me ouviste. 42 Tu sempre me
ouves, mas eu disse isso por causa de to-
das as pessoas que estão aqui, para que
elas creiam que tu me enviaste”. 43 Então
Jesus gritou: “Lázaro, venha para fora!”.
44 E o morto saiu, com as mãos e os pés
presos com faixas e o rosto envolto num
pano. Jesus disse: “Desamarrem as faixas
e deixem-no ir!”.

A CONSPIRAÇÃO PARA MATAR JESUS

45 Muitos dos judeus que estavam com
Maria creram em Jesus quando viram isso.
46 Alguns, no entanto, foram aos fariseus e
contaram o que Jesus tinha feito. 47 Então os
principais sacerdotes e fariseus reuniram o
conselho dos líderes do povo.[b] “Que vamos
fazer?”, perguntavam uns aos outros. “Sem
dúvida, este homem realiza muitos sinais.
48 Se permitirmos que continue assim, logo
todos crerão nele. Então o exército roma-
no virá e destruirá nosso templo[c] e nos-
sa nação.”
49 Caifás, o sumo sacerdote naquele ano,
disse: “Vocês não sabem o que estão di-
zendo! 50 Não percebem que é melhor para
vocês que um homem morra pelo povo em
vez de a nação inteira ser destruída?”.
51 Não disse isso por si mesmo, mas, sen-
do o sumo sacerdote naquele ano, profeti-
zou que Jesus morreria pela nação inteira.
52 E não apenas por aquela nação, mas para
reunir em um só corpo todos os filhos de
Deus espalhados ao redor do mundo.
53 Daquele dia em diante, começaram a
tramar a morte de Jesus. 54 Por essa razão,
Jesus parou de andar no meio do povo. Foi
para um lugar próximo do deserto, para
o povoado de Efraim, onde permaneceu
com seus discípulos.
55 Faltava pouco tempo para a festa ju-
daica da Páscoa, e muita gente de toda a
região chegou a Jerusalém para partici-
par da cerimônia de purificação, antes
que a Páscoa começasse. 56 Continuavam
procurando Jesus e, estando eles no tem-
plo, perguntavam uns aos outros: “O que
vocês acham? Será que ele virá para a
Páscoa?”. 57 Enquanto isso, os principais
sacerdotes e fariseus deram ordem para
que, se alguém soubesse onde Jesus esta-
va, o denunciasse de imediato, a fim de que
o prendessem.

[a] **11.33** Ou *irou-se em seu espírito.*

[b] **11.47** Em grego, *o Sinédrio.*

[c] **11.48** Ou *nossa posição.* Em grego, *nosso lugar.*

JESUS É UNGIDO EM BETÂNIA

12 Seis dias antes de começar a Pás-
coa, Jesus chegou a Betânia, onde
morava Lázaro, o homem que ele havia
ressuscitado dos mortos. 2 Prepararam um
jantar em homenagem a Jesus; Marta ser-
via, e Lázaro estava à mesa com ele. 3 En-
tão Maria pegou um frasco[a] de perfume
caro feito de essência de óleo aromático,
ungiu com ele os pés de Jesus e os enxu-
gou com os cabelos. A casa se encheu com
a fragrância do perfume.
4 Mas Judas Iscariotes, o discípulo que em
breve trairia Jesus, disse: 5 "Este perfume va-
lia trezentas moedas de prata.[b] Deveria ter
sido vendido, e o dinheiro, dado aos pobres".
6 Não que ele se importasse com os pobres;
na verdade, era ladrão e, como responsável
pelo dinheiro dos discípulos, muitas vezes
roubava uma parte para si.
7 Jesus respondeu: "Deixe-a em paz. Ela
faz isto como preparação para meu se-
pultamento. 8 Vocês sempre terão os po-
bres em seu meio, mas nem sempre terão
a mim".
9 Quando o povo soube da chegada de
Jesus, correu para vê-lo, e também a Lá-
zaro, a quem Jesus havia ressuscitado dos
mortos. 10 Então os principais sacerdotes
decidiram matar também Lázaro, 11 pois,
por causa dele, muitos do povo os haviam
abandonado[c] e criam em Jesus.

A ENTRADA DE JESUS EM JERUSALÉM

12 No dia seguinte, correu pela cidade a
notícia de que Jesus estava a caminho de
Jerusalém. Uma grande multidão de vi-
sitantes que tinham vindo para a Páscoa
13 tomou ramos de palmeiras e saiu ao seu
encontro, gritando:

"Hosana![d]
Bendito é o que vem em
nome do Senhor!
Bendito é o Rei de Israel!".[e]

14 Jesus conseguiu um jumentinho e mon-
tou nele, cumprindo a profecia que dizia:

15 "Não tenha medo, povo de Sião.[f]
Vejam, seu Rei se aproxima,
montado num jumentinho".[g]

16 Seus discípulos não entenderam, na-
quele momento, que se tratava do cumpri-
mento de uma profecia. Depois que Jesus
foi glorificado, porém, eles se lembraram
do que havia acontecido e perceberam
que era a respeito dele que essas coisas
tinham sido escritas.
17 Muitos tinham visto quando Jesus
mandou Lázaro sair do túmulo e o ressus-
citou dos mortos, e contavam esse fato a
outros.[h] 18 Destes, muitos saíram ao encon-
tro de Jesus, porque tinham ouvido falar
desse sinal. 19 Então os fariseus disseram
uns aos outros: "Não podemos fazer nada.
Vejam, todo mundo[i] o segue!".

JESUS PREDIZ SUA MORTE

20 Alguns gregos que tinham vindo a Je-
rusalém para adorar durante a festa da
Páscoa 21 procuraram Filipe, que era de
Betsaida, da Galileia, e lhe disseram: "Por
favor, gostaríamos de ver Jesus". 22 Filipe
falou a esse respeito com André, e os dois
foram juntos falar com Jesus.
23 Jesus respondeu: "Chegou a hora de o
Filho do Homem ser glorificado. 24 Eu lhes
digo a verdade: se o grão de trigo não for
plantado na terra e não morrer, ficará só.
Sua morte, porém, produzirá muitos novos
grãos. 25 Quem ama sua vida neste mun-
do a perderá. Quem odeia sua vida neste
mundo a conservará por toda a eternida-
de. 26 Se alguém quer ser meu discípulo, si-
ga-me, pois meus servos devem estar onde
eu estou. E o Pai honrará quem me servir.
27 "Agora minha alma está angustiada.
Acaso devo orar 'Pai, salva-me desta hora'?
Mas foi exatamente por esse motivo que
eu vim! 28 Pai, glorifica teu nome!".
Então uma voz falou do céu: "Eu já glo-
rifiquei meu nome, e o farei novamente

[a] **12.3** Em grego, *1 litra*, medida equivalente a cerca de 340 gramas.
[b] **12.5** Em grego, *300 denários*.
[c] **12.11** Ou *haviam abandonado suas tradições*. Em grego, *haviam desertado*.
[d] **12.13a** Exclamação de louvor que, em sua forma hebraica, significa "Salva agora!".
[e] **12.13b** Sl 118.25-26; Sf 3.15.
[f] **12.15a** Em grego, *filha de Sião*.
[g] **12.15b** Zc 9.9.
[h] **12.17** Em grego, *davam testemunho disso*.
[i] **12.19** Em grego, *o mundo*.

em breve". [29] Quando a multidão ouviu a
voz, alguns pensaram que era um trovão,
enquanto outros afirmavam que um anjo
havia falado com ele.
[30] Então Jesus lhes disse: "A voz foi por
causa de vocês, e não por minha causa.
[31] Chegou a hora de julgar o mundo; ago-
ra, o governante deste mundo será expul-
so. [32] E, quando eu for levantado da terra,
atrairei todos a mim". [33] Ele disse isso para
indicar como morreria.
[34] A multidão disse: "Entendemos pelas
Escrituras[a] que o Cristo viveria para sem-
pre. Como pode dizer que o Filho do Ho-
mem morrerá? Afinal, quem é esse Filho
do Homem?".
[35] Jesus respondeu: "Minha luz brilhará
para vocês só mais um pouco. Andem na
luz enquanto podem, para que a escuri-
dão não os pegue de surpresa. Quem anda
na escuridão não consegue ver aonde vai.
[36] Creiam na luz enquanto ainda há tempo;
desse modo vocês se tornarão filhos da luz".

Depois de dizer essas coisas, Jesus foi embora e se ocultou deles.

A INCREDULIDADE DO POVO

[37] Apesar de todos os sinais que Jesus ha-
via realizado, não creram nele. [38] Aconte-
ceu conforme o profeta Isaías tinha dito:

"Senhor, quem creu em
nossa mensagem?
A quem o Senhor revelou
seu braço forte?".[b]

[39] Mas o povo não podia crer, pois como
Isaías também disse:

[40] "O Senhor cegou seus olhos
e endureceu seu coração
para que seus olhos não vejam,
e seu coração não entenda,
e não se voltem para mim,
nem permitam que eu os cure".[c]

[41] As palavras de Isaías referiam-se a
Jesus, pois viu sua glória e falou sobre ele.
[42] Ainda assim, muitos creram em Jesus,
incluindo alguns dos líderes judeus.
Eles, porém, não declararam sua fé aber-
tamente, por medo de que os fariseus os
expulsassem da sinagoga. [43] Amaram a
aprovação das pessoas mais que a aprova-
ção de Deus.
[44] Jesus disse em alta voz às multidões:
"Se vocês creem em mim, não creem ape-
nas em mim, mas também naquele que
me enviou. [45] Pois, quando veem a mim,
veem aquele que me enviou. [46] Eu vim
como luz para brilhar neste mundo, a
fim de que todo aquele que crê em mim
não permaneça na escuridão. [47] Não jul-
garei aqueles que me ouvem mas não me
obedecem, pois vim para salvar o mundo,
e não para julgá-lo. [48] Mas todos que me
rejeitam e desprezam minha mensagem
serão julgados no dia do julgamento pela
verdade que tenho falado. [49] Não falo com
minha própria autoridade. O Pai, que me
enviou, me ordenou o que dizer. [50] E eu
sei que o mandamento dele conduz à vida
eterna; por isso digo tudo que o Pai me
mandou dizer".

JESUS LAVA OS PÉS DE SEUS DISCÍPULOS

13 Antes da festa da Páscoa, Jesus sa-
bia que havia chegado sua hora de
deixar este mundo e voltar para o Pai. Ele
tinha amado seus discípulos durante seu
ministério na terra, e os amou até o fim.[d]
[2] Estava na hora do jantar, e o diabo já ha-
via instigado Judas, filho de Simão Iscario-
tes, a trair Jesus.[e] [3] Jesus sabia que o Pai lhe
dera autoridade sobre todas as coisas e que
viera de Deus e voltaria para Deus. [4] Assim,
levantou-se da mesa, tirou a capa e enrolou
uma toalha na cintura. [5] Depois, derramou
água numa bacia e começou a lavar os pés
de seus discípulos, enxugando-os com a
toalha que estava em sua cintura.
[6] Quando Jesus chegou a Simão Pedro,
este lhe disse: "O Senhor vai lavar os meus
pés?".
[7] Jesus respondeu: "Você não entende
agora o que estou fazendo, mas algum
dia entenderá".

[a] **12.34** Em grego, *pela lei.*
[b] **12.38** Is 53.1.
[c] **12.40** Is 6.10.
[d] **13.1** Ou *lhes mostrou toda a plenitude do seu amor.*
[e] **13.2** Ou *o diabo já havia planejado que Judas, filho de Simão Iscariotes, trairia Jesus.*

8 "Lavar os meus pés? De jeito nenhum!", protestou Pedro.

Jesus respondeu: "Se eu não os lavar, você não terá comunhão comigo".

9 Simão Pedro exclamou: "Senhor, então lave também minhas mãos e minha cabeça, e não somente os pés!".

10 Jesus respondeu: "A pessoa que tomou banho completo só precisa lavar os pés para ficar totalmente limpa. E vocês estão limpos, mas nem todos". 11 Pois Jesus sabia quem o trairia. Foi a isso que se referiu quando disse: "Nem todos vocês estão limpos".

12 Depois de lavar os pés deles, Jesus vestiu a capa novamente, retornou a seu lugar e perguntou: "Vocês entendem o que fiz? 13 Vocês me chamam 'Mestre' e 'Senhor', e têm razão, porque eu sou. 14 E uma vez que eu, seu Senhor e Mestre, lavei seus pés, vocês devem lavar os pés uns dos outros. 15 Eu lhes dei um exemplo a ser seguido. Façam como eu fiz a vocês. 16 Eu lhes digo a verdade: o escravo não é maior que o seu senhor, nem o mensageiro é mais importante que aquele que o envia. 17 Agora que vocês sabem estas coisas, serão felizes se as praticarem."

JESUS PREDIZ A TRAIÇÃO DE JUDAS

18 "Não digo estas coisas a todos vocês; conheço os que escolhi. Mas isto cumpre as Escrituras que dizem: 'Aquele que come do meu alimento voltou-se contra mim'.[a] 19 Eu lhes digo isso de antemão, para que, quando acontecer, vocês creiam que eu sou aquele de quem falam as Escrituras. 20 Eu lhes digo a verdade: quem recebe aquele que envio recebe a mim, e quem recebe a mim recebe o Pai, que me enviou".

21 Então Jesus sentiu profunda angústia[b] e exclamou: "Eu lhes digo a verdade: um de vocês vai me trair!".

22 Os discípulos olharam uns para os outros, sem saber a quem ele se referia. 23 O discípulo a quem Jesus amava ocupava o lugar ao lado dele à mesa.[c] 24 Simão Pedro lhe fez um sinal para que perguntasse a quem Jesus se referia. 25 Então o discípulo se inclinou para Jesus e perguntou: "Senhor, quem é?".

26 Jesus respondeu: "É aquele a quem eu der o pedaço de pão que molhei na tigela". E, depois de molhar o pedaço de pão, deu-o a Judas, filho de Simão Iscariotes. 27 Quando Judas comeu o pão, Satanás entrou nele. Então Jesus lhe disse: "O que você vai fazer, faça logo". 28 Nenhum dos outros à mesa entendeu o que Jesus quis dizer. 29 Como Judas era o tesoureiro, alguns imaginaram que Jesus tinha mandado que ele comprasse o necessário para a festa ou desse algum dinheiro aos pobres. 30 Judas saiu depressa, e era noite.

JESUS PREDIZ A NEGAÇÃO DE PEDRO

31 Assim que Judas saiu, Jesus disse: "Chegou a hora de o Filho do Homem ser glorificado e, por causa dele, Deus será glorificado. 32 Uma vez que Deus recebe glória por causa do Filho,[d] ele dará ao Filho sua glória, de uma vez por todas. 33 Meus filhos, estarei com vocês apenas mais um pouco. E, como eu disse aos líderes judeus, vocês me procurarão, mas não poderão ir para onde eu vou. 34 Por isso, agora eu lhes dou um novo mandamento: Amem uns aos outros. Assim como eu os amei, vocês devem amar uns aos outros. 35 Seu amor uns pelos outros provará ao mundo que são meus discípulos".

36 Simão Pedro perguntou: "Para onde o Senhor vai?".

Jesus respondeu: "Para onde vou vocês não podem ir agora, mas me seguirão mais tarde".

37 "Senhor, por que não posso ir agora?", perguntou ele. "Estou disposto a morrer pelo senhor."

38 "Morrer por mim?", disse Jesus. "Eu lhe digo a verdade, Pedro: antes que o galo cante, você me negará três vezes."

JESUS, O CAMINHO PARA O PAI

14 "Não deixem que seu coração fique aflito. Creiam em Deus; creiam também em mim. 2 Na casa de meu Pai há

[a] **13.18** Sl 41.9.
[b] **13.21** Em grego, *angustiou-se em espírito*.
[c] **13.23** Em grego, *estava reclinado sobre o peito dele*. Provavelmente João; ver também 19.26; 20.2; 21.20.
[d] **13.32** Alguns manuscritos não incluem a primeira parte do versículo 32.

muitas moradas. Se não fosse assim, eu
lhes teria dito. Vou preparar lugar para vo-
cês[a] 3 e, quando tudo estiver pronto, virei
buscá-los, para que estejam sempre comi-
go, onde eu estiver. 4 Vocês conhecem o
caminho para onde vou."

5 "Não sabemos para onde o Senhor vai",
disse Tomé. "Como podemos conhecer o
caminho?"

6 Jesus disse: "Eu sou o caminho, a ver-
dade e a vida. Ninguém pode vir ao Pai
senão por mim. 7 Se vocês realmente me
conhecessem, saberiam quem é meu Pai.b
Mas, de agora em diante, vão conhecer e
ver o Pai".

8 Filipe disse: "Senhor, mostre-nos o Pai,
e ficaremos satisfeitos".

9 Jesus respondeu: "Filipe, estive com
vocês todo esse tempo e você ainda não
sabe quem eu sou? Quem me vê, vê o Pai!
Então por que me pede para mostrar o Pai?
10 Você não crê que eu estou no Pai e o Pai
está em mim? As palavras que eu digo não
são minhas, mas de meu Pai, que perma-
nece em mim e realiza suas obras por meu
intermédio. 11 Apenas creiam que eu estou
no Pai e que o Pai está em mim. Ou creiam
pelo menos por causa das obras que vocês
me viram realizar.

12 "Eu lhes digo a verdade: quem crê em
mim fará as mesmas obras que tenho rea-
lizado, e até maiores, pois eu vou para o
Pai. 13 Vocês podem pedir qualquer coisa
em meu nome, e eu o farei, para que o Fi-
lho glorifique o Pai. 14 Sim, peçam qual-
quer coisa em meu nome, e eu o farei!"

JESUS PROMETE O ESPÍRITO SANTO

15 "Se vocês me amam, obedeçamc a meus
mandamentos. 16 E eu pedirei ao Pai, e ele
lhes dará outro Encorajador,d que nun-
ca os deixará. 17 É o Espírito da verdade.
O mundo não o pode receber, pois não o
vê e não o conhece. Mas vocês o conhe-
cem, pois ele habita com vocês agora e
depois estará em vocês.[e] 18 Não os deixarei
órfãos; voltarei para vocês. 19 Em breve o
mundo não me verá mais, mas vocês me
verão. Porque eu vivo, vocês também vive-
rão. 20 No dia em que eu for ressuscitado,
vocês saberão que eu estou em meu Pai,
vocês em mim, e eu em vocês. 21 Aqueles
que aceitam meus mandamentos e lhes
obedecem são os que me amam. E, por-
que me amam, serão amados por meu Pai.
E eu também os amarei e me revelarei a
cada um deles."

22 Judas (não o Iscariotes) disse: "Por que
o Senhor vai se revelar somente a nós, e
não ao mundo em geral?".

23 Jesus respondeu: "Quem me ama faz
o que eu ordeno. Meu Pai o amará, e nós
viremos para morar nele. 24 Quem não me
ama não me obedece. E lembrem-se, es-
tas palavras não são minhas; elas vêm do
Pai, que me enviou. 25 Eu digo estas coisas
enquanto ainda estou com vocês. 26 Mas
quando o Pai enviar o Encorajador, o Es-
pírito Santo, como meu representante, ele
lhes ensinará todas as coisas e os fará lem-
brar tudo que eu lhes disse.

27 "Eu lhes deixo um presente, a minha
plena paz. E essa paz que eu lhes dou é um
presente que o mundo não pode dar. Por-
tanto, não se aflijam nem tenham medo.
28 Lembrem-se do que eu lhes disse: 'Vou
embora, mas voltarei para vocês'. Se o seu
amor por mim é real, vocês deveriam es-
tar felizes porque eu vou para o Pai, que é
maior que eu. 29 Eu lhes disse estas coisas
antes que aconteçam para que, quando
acontecerem, vocês creiam.

30 "Não tenho muito tempo mais para
falar com vocês, pois o governante des-
te mundo se aproxima. Ele não tem po-
der algum sobre mim, 31 mas farei o que
o Pai requer de mim, para que o mundo
saiba que eu amo o Pai. Levantem-se e va-
mos embora!"

JESUS, A VIDEIRA VERDADEIRA

15 "Eu sou a videira verdadeira, e meu
Pai é o lavrador. 2 Todo ramo que,
estando em mim, não dá fruto, ele corta.
Todo ramo que dá fruto, ele poda, para que

---

a **14.2** Ou *eu lhes teria dito que vou preparar um lugar para vocês.*

b **14.7** Alguns manuscritos trazem *Se vocês realmente me conheceram, saberão quem é meu Pai.*

c **14.15** Alguns manuscritos trazem *obedecerão.*

d **14.16** Ou *Conselheiro*, ou *Consolador*. O grego traz *parakletos*; também em 14.26.

e **14.17** Alguns manuscritos trazem *e está em vocês.*

produza ainda mais. 3 Vocês já foram limpos pela mensagem que eu lhes dei. 4 Permaneçam em mim, e eu permanecerei em vocês. Pois, assim como um ramo não pode produzir fruto se não estiver na videira, vocês também não poderão produzir frutos a menos que permaneçam em mim.

5 "Sim, eu sou a videira; vocês são os ramos. Quem permanece em mim, e eu nele, produz muito fruto. Pois, sem mim, vocês não podem fazer coisa alguma. 6 Quem não permanece em mim é jogado fora, como um ramo imprestável, e seca. Esses ramos são ajuntados num monte para serem queimados. 7 Mas, se vocês permanecerem em mim e minhas palavras permanecerem em vocês, pedirão o que quiserem, e isso lhes será concedido! 8 Quando vocês produzem muitos frutos, trazem grande glória a meu Pai e demonstram que são meus discípulos de verdade.

9 "Eu os amei como o Pai me amou. Permaneçam no meu amor. 10 Quando vocês obedecem a meus mandamentos, permanecem no meu amor, assim como eu obedeço aos mandamentos de meu Pai e permaneço no amor dele. 11 Eu lhes disse estas coisas para que fiquem repletos da minha alegria. Sim, sua alegria transbordará! 12 Este é meu mandamento: Amem uns aos outros como eu amo vocês. 13 Não existe amor maior do que dar a vida por seus amigos. 14 Vocês serão meus amigos se fizerem o que eu ordeno. 15 Já não os chamo de escravos, pois o senhor não faz confidências a seus escravos. Agora vocês são meus amigos, pois eu lhes disse tudo que o Pai me disse. 16 Vocês não me escolheram; eu os escolhi. Eu os chamei para irem e produzirem frutos duradouros, para que o Pai lhes dê tudo que pedirem em meu nome. 17 Este é meu mandamento: Amem uns aos outros."

OS DISCÍPULOS DE JESUS E O MUNDO

18 "Se o mundo os odeia, lembrem-se de que primeiro odiou a mim. 19 O mundo os amaria se pertencessem a ele, mas vocês já não fazem parte do mundo. Eu os escolhi para que não mais pertençam ao mundo, e por isso o mundo os odeia. 20 Vocês se lembram do que eu lhes disse: 'O escravo não é maior que o seu senhor'? Uma vez que eles me perseguiram, também os perseguirão. E, se obedeceram à minha palavra, também obedecerão à sua. 21 Farão tudo isso a vocês por minha causa, pois rejeitaram aquele que me enviou. 22 Eles não seriam culpados se eu não tivesse vindo nem lhes falado. Agora, porém, não têm desculpa por seu pecado. 23 Quem me odeia também odeia meu Pai. 24 Se eu não tivesse realizado no meio deles sinais que ninguém mais pode realizar, eles não seriam culpados. Agora, porém, viram tudo que fiz e, no entanto, ainda odeiam a mim e a meu Pai. 25 Isso cumpre o que está registrado nas Escrituras deles:[a] 'Odiaram-me sem motivo'.

26 "Mas eu enviarei a vocês o Encorajador,[b] o Espírito da verdade. Ele virá do Pai e testemunhará a meu respeito. 27 E vocês também devem testemunhar a meu respeito, porque estão comigo desde o início."

16 "Eu lhes digo estas coisas para que não desanimem da fé. 2 Pois vocês serão expulsos das sinagogas, e virá o tempo em que aqueles que os matarem pensarão que estão prestando um serviço sagrado a Deus. 3 Farão isso porque nunca conheceram nem o Pai nem a mim. 4 Sim, eu lhes digo estas coisas agora para que, quando elas acontecerem, vocês se lembrem de que os avisei. Eu não lhes disse antes porque ainda estaria com vocês mais um pouco."

A OBRA DO ESPÍRITO SANTO

5 "Agora, porém, vou para aquele que me enviou, e nenhum de vocês me pergunta para onde vou. 6 Em vez disso, entristecem-se por causa do que eu lhes disse. 7 Mas, na verdade, é melhor para vocês que eu vá, pois, se eu não for, o Encorajador[c] não virá. Se eu for, eu o enviarei a vocês. 8 Quando ele vier, convencerá o mundo do pecado, da justiça e do juízo. 9 Do pecado, porque o

[a] **15.25** Em grego, *na lei deles.* Sl 35.19; 69.4.
[b] **15.26** Ou *Conselheiro*, ou *Consolador*. O grego traz *parakletos.*
[c] **16.7** Ou *Conselheiro*, ou *Consolador*. O grego traz *parakletos.*

mundo se recusou a crer em mim; [10] da jus-
tiça, porque eu voltarei para o Pai e não me
verão mais; [11] do juízo, porque o governante
deste mundo já foi condenado.

[12] "Há tanta coisa que ainda quero lhes
dizer, mas vocês não podem suportar ago-
ra. [13] Quando vier o Espírito da verdade,
ele os conduzirá a toda a verdade. Não fa-
lará por si mesmo, mas lhes dirá o que ou-
viu e lhes anunciará o que ainda está para
acontecer. [14] Ele me glorificará porque lhes
contará tudo que receber de mim. [15] Tudo
que pertence ao Pai é meu; por isso eu dis-
se: 'O Espírito lhes contará tudo que rece-
ber de mim'."

A TRISTEZA SERÁ TRANSFORMADA EM ALEGRIA

[16] "Mais um pouco e vocês não me ve-
rão mais; algum tempo depois, me verão
novamente."

[17] Alguns dos discípulos perguntaram
entre si: "O que ele quer dizer com 'Mais
um pouco e vocês não me verão' e 'algum
tempo depois, me verão novamente' e 'vou
para o Pai'? [18] E o que ele quer dizer com
'mais um pouco'? Não entendemos".

[19] Jesus, percebendo que desejavam lhe
perguntar sobre essas coisas, disse: "Vo-
cês perguntam entre si o que eu quis dizer
quando falei: 'Mais um pouco e vocês não
me verão; algum tempo depois, me verão
novamente'? [20] Eu lhes digo a verdade:
vocês chorarão e se lamentarão pelo que
acontecerá comigo, mas o mundo se ale-
grará. Ficarão tristes, mas sua tristeza se
transformará em alegria. [21] No trabalho de
parto, a mulher sente dores, mas, quando
o bebê nasce, sua angústia dá lugar à ale-
gria, pois ela trouxe ao mundo uma crian-
ça. [22] Da mesma forma, agora vocês estão
tristes, mas eu os verei novamente; então
se alegrarão e ninguém lhes poderá tirar
essa alegria. [23] Naquele dia, não terão ne-
cessidade de me perguntar coisa alguma.
Eu lhes digo a verdade: vocês pedirão di-
retamente ao Pai e ele atenderá, porque
pediram em meu nome. [24] Vocês nunca pe-
diram desse modo. Peçam em meu nome e
receberão, e terão alegria completa.

[25] "Eu lhes falei destas coisas de maneira
figurativa, mas em breve deixarei de usar
esse tipo de linguagem e lhes falarei clara-
mente a respeito do Pai. [26] Então vocês pe-
dirão em meu nome. Não digo que pedirei
ao Pai em seu favor, [27] pois o próprio Pai
os ama, porque vocês me amam e creem
que eu vim de Deus.[a] [28] Sim, eu vim do Pai
e entrei no mundo, e agora deixo o mundo
e volto para o Pai".

[29] Então os discípulos disseram: "Enfim
o senhor fala claramente, e não de manei-
ra figurativa. [30] Agora entendemos que o
senhor sabe todas as coisas e não há ne-
cessidade de lhe fazer perguntas. Por isso
cremos que o senhor veio de Deus".

[31] Jesus disse: "Enfim vocês creem?
[32] Mas se aproxima o tempo, e de fato já
chegou, em que vocês serão espalhados;
cada um seguirá seu caminho e me deixa-
rá sozinho. Mas não ficarei sozinho, por-
que o Pai está comigo. [33] Eu lhes falei tudo
isso para que tenham paz em mim. Aqui
no mundo vocês terão aflições, mas ani-
mem-se, pois eu venci o mundo".

A ORAÇÃO DE JESUS

17 Depois de dizer todas essas coisas,
Jesus olhou para o céu e orou: "Pai,
chegou a hora. Glorifica teu Filho, para que
ele te glorifique, [2] pois tu lhe deste autori-
dade sobre toda a humanidade. Ele conce-
de vida eterna a cada um daqueles que lhe
deste. [3] E a vida eterna é isto: conhecer a ti,
o único Deus verdadeiro, e a Jesus Cristo,
a quem enviaste ao mundo. [4] Eu te glorifi-
quei aqui na terra, completando a obra que
me deste para realizar. [5] Agora, Pai, glori
fica-me e leva-me para junto de ti, para a
glória que tive a teu lado antes do princí-
pio do mundo.

[6] "Eu revelei teu nome àqueles que me
deste do mundo. Eles sempre foram teus.
Tu os deste a mim, e eles obedeceram à tua
palavra. [7] Agora eles sabem que tudo que
eu tenho vem de ti, [8] pois lhes transmiti a
mensagem que me deste. Eles a aceitaram
e sabem que eu vim de ti, e creem que tu
me enviaste.

[9] "Minha oração não é por este mun-
do, mas por aqueles que me deste, pois
eles pertencem a ti. [10] Tudo que é meu

[a] **16.27** Alguns manuscritos trazem *do Pai*.

Deus não tem interesse em designar guardiãs de fragrâncias baratas ou de uma essência corrompida, mas quer dispor de pessoas que reconhecem o que é valioso.

pertence a ti, e tudo que é teu pertence a mim, e eu sou glorificado por meio deles. 11 Agora deixo este mundo; eles ficam aqui, mas eu vou para tua presença. Pai santo, tu me deste teu nome;[a] agora protege-os com o poder do teu nome para que eles estejam unidos, assim como nós estamos. 12 Durante meu tempo aqui com eles, eu os protegi com o poder do nome que me deste.[b] Eu os guardei de modo que nenhum deles se perdeu, exceto aquele que estava a caminho da destruição, como as Escrituras haviam predito.

13 "Agora vou para tua presença. Enquanto ainda estou no mundo, digo estas coisas para que eles tenham minha plena alegria em si mesmos. 14 Eu lhes dei tua palavra. E o mundo os odeia, porque eles não são do mundo, como eu também não sou. 15 Não peço que os tires do mundo, mas que os protejas do maligno. 16 Eles não são deste mundo, como eu também não sou. 17 Consagra-os na verdade, que é a tua palavra. 18 Assim como tu me enviaste ao mundo, eu os envio ao mundo. 19 E eu me entrego como sacrifício santo por eles, para que sejam consagrados na verdade.

20 "Não te peço apenas por estes discípulos, mas também por todos que crerão em mim por meio da mensagem deles. 21 Minha oração é que todos eles sejam um, como nós somos um, como tu estás em mim, Pai, e eu estou em ti. Que eles estejam em nós, para que o mundo creia que tu me enviaste.

22 "Eu dei a eles a glória que tu me deste, para que sejam um, como nós somos um. 23 Eu estou neles e tu estás em mim. Que eles experimentem unidade perfeita, para que todo o mundo saiba que tu me enviaste e que os amas tanto quanto me amas. 24 Pai, quero que os que me deste estejam comigo onde estou. Então eles verão toda a glória que me deste, porque me amaste antes mesmo do princípio do mundo.

25 "Pai justo, o mundo não te conhece, mas eu te conheço; e estes discípulos sabem que tu me enviaste. 26 Eu revelei teu nome a eles, e continuarei a fazê-lo. Então teu amor por mim estará neles, e eu estarei neles".

JESUS É TRAÍDO E PRESO

18 Depois de dizer essas coisas, Jesus atravessou com seus discípulos o vale de Cedrom e entrou num bosque de oliveiras. 2 Judas, o traidor, conhecia aquele lugar, pois Jesus tinha ido muitas vezes ali com seus discípulos. 3 Os principais sacerdotes e fariseus tinham dado a Judas um destacamento de soldados e alguns guardas do templo para acompanhá-lo. Eles chegaram ao bosque de oliveiras com tochas, lanternas e armas.

4 Jesus, sabendo tudo que ia lhe acontecer, foi ao encontro deles. "A quem vocês procuram?", perguntou.

5 "A Jesus, o nazareno",[c] responderam.

"Sou eu", disse ele. (Judas, o traidor, estava com eles.) 6 Quando Jesus disse: "Sou eu", todos recuaram e caíram para trás, no chão. 7 Mais uma vez, ele perguntou: "A quem vocês procuram?".

E, novamente, eles responderam: "A Jesus, o nazareno".

8 "Já lhes disse que sou eu", respondeu ele. "E, uma vez que é a mim que vocês procuram, deixem estes outros irem embora." 9 Ele fez isso para cumprir sua própria declaração: "Não perdi um só de todos que me deste".[d]

10 Então Simão Pedro puxou uma espada e cortou a orelha direita de Malco, o servo do sumo sacerdote. 11 Jesus, porém, disse a Pedro: "Guarde sua espada de volta na bainha. Acaso não beberei o cálice que o Pai me deu?".

12 Assim, os soldados, seu comandante e os guardas do templo prenderam Jesus e o amarraram.

PEDRO NEGA JESUS PELA PRIMEIRA VEZ

13 Primeiro, levaram Jesus a Anás, pois era sogro de Caifás, o sumo sacerdote naquele ano. 14 Caifás foi quem tinha dito aos outros líderes judeus: "É melhor que um homem morra pelo povo".

[a] **17.11** Alguns manuscritos trazem *tu me deste estes [discípulos].*

[b] **17.12** Alguns manuscritos trazem *eu protegi aqueles que me deste, com o poder do teu nome.*

[c] **18.5** Ou *Jesus de Nazaré*; também em 18.7.

[d] **18.9** Ver Jo 6.39; 17.12.

15 Simão Pedro e outro discípulo segui-
ram Jesus. Esse outro discípulo era conhe-
cido do sumo sacerdote, de modo que lhe
permitiram entrar com Jesus no pátio do
sumo sacerdote. 16 Pedro teve de ficar do
lado de fora do portão. Então o discípulo
conhecido do sumo sacerdote falou com
a moça que tomava conta do portão, e ela
deixou Pedro entrar. 17 A moça perguntou
a Pedro: "Você não é um dos discípulos da-
quele homem?".

"Não", respondeu ele. "Não sou."

18 Como fazia frio, os servos da casa e os
guardas tinham feito uma fogueira com
carvão e se esquentavam ao redor dela.
Pedro estava ali com eles, esquentando-
-se também.

O SUMO SACERDOTE INTERROGA JESUS

19 Lá dentro, o sumo sacerdote começou
a interrogar Jesus a respeito de seus dis-
cípulos e de seus ensinamentos. 20 Jesus
respondeu: "Falei abertamente a to-
dos. Ensinei regularmente nas sinago-
gas e no templo, onde o povo se reúne.
21 Por que você me interroga? Pergunte
aos que me ouviram. Eles sabem o que
eu disse".

22 Um dos guardas do templo que esta-
va perto bateu no rosto de Jesus, dizendo:
"Isso é maneira de responder ao sumo
sacerdote?".

23 Jesus respondeu: "Se eu disse algo
errado, prove. Mas, se digo a verdade, por
que você me bate?"

24 Então Anás amarrou Jesus e o enviou a
Caifás, o sumo sacerdote.

PEDRO NEGA JESUS PELA SEGUNDA E TERCEIRA VEZ

25 Nesse meio-tempo, enquanto Simão
Pedro estava perto da fogueira, esquentan-
do-se, perguntaram-lhe novamente: "Você
não é um dos discípulos dele?".

Ele negou, dizendo: "Não sou".

26 Mas um dos servos da casa do sumo
sacerdote, parente do homem de quem
Pedro havia cortado a orelha, perguntou:
"Eu não vi você no bosque de oliveiras
com Jesus?". 27 Mais uma vez, Pedro negou.
E, no mesmo instante, o galo cantou.

O JULGAMENTO DE JESUS DIANTE DE PILATOS

28 O julgamento de Jesus diante de Caifás
terminou nas primeiras horas da manhã.
Em seguida, foi levado ao palácio do go-
vernador romano.[a] Seus acusadores não
entraram, pois se contaminariam e não
poderiam celebrar a Páscoa. 29 Então o go-
vernador Pilatos foi até eles e perguntou:
"Qual é a acusação contra este homem?".

30 Eles responderam: "Não o teríamos en-
tregue ao senhor se ele não fosse um cri-
minoso".

31 "Então levem-no embora e julguem-no
de acordo com a lei de vocês", disse Pilatos.

"Só os romanos têm direito de executar
alguém",[b] responderam os líderes judeus.
32 Assim cumpriu-se a previsão de Jesus
sobre como ele morreria.[c]

33 Então Pilatos entrou novamente no
palácio e ordenou que trouxessem Jesus.
"Você é o rei dos judeus?", perguntou ele.

34 Jesus respondeu: "Essa pergunta é sua
ou outros lhe falaram a meu respeito?".

35 "Acaso sou judeu?", disse Pilatos. "Seu
próprio povo e os principais sacerdotes
o trouxeram a mim para ser julgado. Por
quê? O que você fez?"

36 Jesus respondeu: "Meu reino não é
deste mundo. Se fosse, meus seguidores
lutariam para impedir que eu fosse entre-
gue aos líderes judeus. Mas meu reino não
procede deste mundo".

37 Pilatos disse: "Então você é rei?".

"Você diz que sou rei", respondeu Jesus.
"De fato, nasci e vim ao mundo para tes-
temunhar a verdade. Todos que amam a
verdade ouvem minha voz."

38 Pilatos perguntou: "Que é a verdade?".

JESUS É CONDENADO À MORTE

Depois que disse isso, Pilatos saiu outra
vez para onde estava o povo e declarou:
"Ele não é culpado de crime algum. 39 Mas
vocês têm o costume de pedir que eu solte
um prisioneiro cada ano, na Páscoa. Vocês
querem que eu solte o 'rei dos judeus'?".

---

[a] **18.28** Em grego, *Pretório*; também em 18.33.

[b] **18.31** Em grego, *Não temos permissão de executar ninguém*.

[c] **18.32** Ver Jo 12.32-33.

40 Eles, porém, gritaram: "Não! Esse homem, não! Queremos Barrabás!". Esse Barrabás era um criminoso.

19 Então Pilatos mandou açoitar Jesus. 2 Os soldados fizeram uma coroa de espinhos e a colocaram em sua cabeça, e depois puseram nele um manto vermelho. 3 Zombavam dele, dizendo: "Salve, rei dos judeus!", e batiam em seu rosto.

4 Pilatos saiu outra vez e disse ao povo: "Agora vou trazê-lo aqui para vocês, mas que fique bem claro: eu o considero inocente". 5 Então Jesus saiu com a coroa de espinhos e o manto vermelho. "Vejam, aqui está o homem!", disse Pilatos.

6 Quando os principais sacerdotes e os guardas do templo o viram, começaram a gritar: "Crucifique-o! Crucifique-o!".

"Levem-no vocês e crucifiquem-no", disse Pilatos. "Eu o considero inocente."

7 Os líderes judeus responderam: "Pela nossa lei ele deve morrer, pois chamou a si mesmo de Filho de Deus".

8 Quando Pilatos ouviu isso, ficou ainda mais amedrontado. 9 Levou Jesus de volta para dentro do palácio[a] e lhe perguntou: "De onde você vem?". Jesus, porém, não respondeu. 10 "Por que você se nega a falar comigo?", perguntou Pilatos. "Não sabe que tenho autoridade para soltá-lo ou crucificá-lo?"

11 Jesus disse: "Você não teria autoridade alguma sobre mim se esta não lhe fosse dada de cima. Portanto, aquele que me entregou a você tem um pecado maior".

12 Então Pilatos tentou libertá-lo, mas os líderes judeus gritavam: "Se o senhor soltar este homem, não é amigo de César! Quem se declara rei se rebela contra César".

13 Ao ouvir isso, Pilatos trouxe Jesus para fora novamente e se sentou no tribunal, na plataforma chamada "Pavimento de Pedras" (em aramaico, *Gábata*). 14 Era por volta de meio-dia, no dia da preparação para a Páscoa. E Pilatos disse ao povo: "Vejam, aqui está o seu rei!".

15 "Fora com ele!", gritaram. "Fora com ele! Crucifique-o!"

"O quê? Crucificar o seu rei?", perguntou Pilatos.

Em resposta, os principais sacerdotes gritaram: "Não temos outro rei além de César!".

16 Então Pilatos lhes entregou Jesus para ser crucificado. E eles levaram Jesus.

A CRUCIFICAÇÃO

17 Carregando a própria cruz, Jesus foi ao local chamado Lugar da Caveira (em aramaico, *Gólgota*). 18 Ali eles o pregaram na cruz. Outros dois foram crucificados com Jesus, um de cada lado e ele no meio. 19 Pilatos colocou no alto da cruz uma placa que dizia: "JESUS, O NAZARENO,[b] REI DOS JUDEUS". 20 O lugar onde Jesus foi crucificado ficava perto da cidade, e a placa estava escrita em aramaico, latim e grego, de modo que muitos judeus podiam ler a inscrição.

21 Os principais sacerdotes disseram a Pilatos: "Mude a inscrição de 'Rei dos judeus' para 'Ele disse: Eu sou o rei dos judeus'".

22 Pilatos respondeu: "O que escrevi, escrevi".

23 Depois que os soldados crucificaram Jesus, repartiram suas roupas em quatro partes, uma para cada um deles. Também pegaram sua túnica, mas ela era sem costura, tecida numa única peça, de alto a baixo. 24 Por isso disseram: "Em vez de rasgá-la, vamos tirar sortes para ver quem ficará com ela". Isso cumpriu as Escrituras que dizem: "Repartiram minhas roupas entre si e lançaram sortes por minha veste".[c] E foi o que fizeram.

25 Perto da cruz estavam a mãe de Jesus, a irmã dela, Maria, esposa de Clopas, e Maria Madalena. 26 Quando Jesus viu sua mãe ali, ao lado do discípulo a quem ele amava, disse-lhe: "Mulher, este é seu filho". 27 E, ao discípulo, disse: "Esta é sua mãe". Daquele momento em diante, o discípulo a recebeu em sua casa.

A MORTE DE JESUS

28 Jesus sabia que sua missão havia terminado e, para cumprir as Escrituras, disse: "Estou com sede".[d] 29 Havia ali uma vasilha com vinagre, de modo que ensoparam uma esponja no vinagre, a colocaram na ponta de um caniço de hissopo e a ergueram até

[a] **19.9** Em grego, *Pretório*.

[b] **19.19** Ou *Jesus de Nazaré*.

[c] **19.24** Sl 22.18.

[d] **19.28** Sl 22.15; 69.21.

os lábios de Jesus. 30 Depois de prová-la, Jesus disse: "Está consumado". Então, inclinou a cabeça e entregou o espírito.

31 Era o Dia da Preparação, e os líderes judeus não queriam que os corpos ficassem pendurados ali até o dia seguinte, que seria um sábado muito especial. Por isso pediram a Pilatos que mandasse quebrar as pernas dos crucificados e removê-los. 32 Assim, os soldados vieram e quebraram as pernas dos dois homens crucificados com Jesus. 33 Mas, quando chegaram a Jesus, viram que ele já estava morto e, portanto, não quebraram suas pernas. 34 Um dos soldados, porém, furou seu lado com uma lança e, no mesmo instante, correu sangue com água. 35 Essa informação provém de uma testemunha ocular. Ela diz a verdade para que vocês também creiam. 36 Essas coisas aconteceram para que se cumprissem as Escrituras que dizem: "Nenhum dos seus ossos será quebrado",[a] 37 e "Olharão para aquele a quem transpassaram".[b]

O SEPULTAMENTO DE JESUS

38 Depois disso, José de Arimateia, que tinha sido discípulo secreto de Jesus porque temia os líderes judeus, pediu autorização a Pilatos para tirar da cruz o corpo de Jesus. Quando Pilatos lhe deu permissão, José veio e levou o corpo. 39 Estava com ele Nicodemos, o homem que tinha ido conversar com Jesus à noite. Nicodemos trouxe cerca de 35 litros[c] de óleo perfumado feito com mirra e aloés. 40 Seguindo os costumes judaicos de sepultamento, envolveram o corpo de Jesus em lençóis compridos de linho, junto com essas especiarias. 41 O local da crucificação ficava próximo a um jardim, onde havia um túmulo novo que nunca tinha sido usado. 42 Como era o Dia da Preparação para a Páscoa judaica,[d] e uma vez que o túmulo ficava perto, colocaram Jesus ali.

A RESSURREIÇÃO

20 No primeiro dia da semana, bem cedo, enquanto ainda estava escuro, Maria Madalena foi ao túmulo e viu que a pedra da entrada tinha sido removida. 2 Correu e encontrou Simão Pedro e o outro discípulo, aquele a quem Jesus amava, e disse: "Tiraram do túmulo o corpo do Senhor, e não sabemos onde o colocaram!".

3 Pedro e o outro discípulo foram ao túmulo. 4 Os dois corriam, mas o outro discípulo foi mais rápido que Pedro e chegou primeiro ao túmulo. 5 Abaixou-se, olhou para dentro e viu ali as faixas de linho, mas não entrou. 6 Então Simão Pedro chegou e entrou. Também viu ali as faixas de linho 7 e notou que o pano que cobria a cabeça de Jesus estava dobrado e colocado à parte. 8 O discípulo que havia chegado primeiro ao túmulo também entrou, viu e creu. 9 Pois até então não haviam compreendido as Escrituras segundo as quais era necessário que Jesus ressuscitasse dos mortos. 10 Os discípulos voltaram para casa.

JESUS APARECE A MARIA MADALENA

11 Maria estava do lado de fora do túmulo. Chorando, abaixou-se, olhou para dentro 12 e viu dois anjos vestidos de branco, sentados à cabeceira e aos pés do lugar onde tinha estado o corpo de Jesus. 13 Os anjos lhe perguntaram: "Mulher, por que você está chorando?".

Ela respondeu: "Porque levaram o meu Senhor, e não sei onde o colocaram".

14 Então, ao virar-se para sair, viu alguém em pé. Era Jesus, mas ela não o reconheceu. 15 "Mulher, por que está chorando?", perguntou ele. "A quem você procura?"

Pensando que fosse o jardineiro, ela disse: "Se o senhor o levou embora, diga-me onde o colocou, e eu irei buscá-lo".

16 "Maria!", disse Jesus.

Ela se voltou para ele e exclamou: "Rabôni!" (que, em aramaico, quer dizer "Mestre!").

17 Jesus lhe disse: "Não se agarre a mim, pois ainda não subi ao Pai. Mas vá procurar meus irmãos e diga-lhes: 'Eu vou subir para meu Pai e Pai de vocês, para meu Deus e Deus de vocês'".

18 Maria Madalena encontrou os discípulos e lhes disse: "Vi o Senhor!". Então contou o que Jesus havia falado.

---

[a] **19.36** Êx 12.46; Nm 9.12; Sl 34.20.
[b] **19.37** Zc 12.10.
[c] **19.39** Em grego, *100 litras*.
[d] **19.42** Em grego, *Por causa do dia judaico da preparação*.

JESUS APARECE A SEUS DISCÍPULOS

19 Ao entardecer daquele primeiro dia da semana, os discípulos estavam reunidos com as portas trancadas, por medo dos líderes judeus. De repente, Jesus surgiu no meio deles e disse: "Paz seja com vocês!". 20 Enquanto falava, mostrou-lhes as feridas nas mãos e no lado. Eles se encheram de alegria quando viram o Senhor. 21 Mais uma vez, ele disse: "Paz seja com vocês! Assim como o Pai me enviou, eu os envio". 22 Então soprou sobre eles e disse: "Recebam o Espírito Santo. 23 Se vocês perdoarem os pecados de alguém, eles estarão perdoados. Se não perdoarem, eles não estarão perdoados".

JESUS APARECE A TOMÉ

24 Um dos Doze, Tomé, apelidado de Gêmeo,[a] não estava com os outros quando Jesus surgiu no meio deles. 25 Eles lhe disseram: "Vimos o Senhor!".

Ele, porém, respondeu: "Não acreditarei se não vir as marcas dos pregos em suas mãos e não puser meus dedos nelas e minha mão na marca em seu lado".

26 Oito dias depois, os discípulos estavam juntos novamente e, dessa vez, Tomé estava com eles. As portas estavam trancadas, mas, de repente, como antes, Jesus surgiu no meio deles. "Paz seja com vocês!", disse ele. 27 Então, disse a Tomé: "Ponha seu dedo aqui, e veja minhas mãos. Ponha sua mão na marca em meu lado. Não seja incrédulo. Creia!".

28 "Meu Senhor e meu Deus!", disse Tomé.

29 Então Jesus lhe disse: "Você crê porque me viu. Felizes são aqueles que creem sem ver".

PROPÓSITO DO LIVRO

30 Os discípulos viram Jesus fazer muitos outros sinais além dos que se encontram registrados neste livro. 31 Estes, porém, estão registrados para que vocês creiam que Jesus é o Cristo, o Filho de Deus, e para que, crendo nele, tenham vida pelo poder do seu nome.

[a] **20.24** Em grego, *Tomé, chamado Dídimo.*

EPÍLOGO: JESUS APARECE A SETE DISCÍPULOS

21 Depois disso, Jesus apareceu novamente a seus discípulos junto ao mar de Tiberíades.[b] Foi assim que aconteceu: 2 estavam ali Simão Pedro, Tomé, apelidado de Gêmeo,[c] Natanael, de Caná da Galileia, os filhos de Zebedeu e outros dois discípulos.

3 Simão Pedro disse: "Vou pescar".

"Nós também vamos", disseram os outros. Assim, entraram no barco e foram, mas não pegaram coisa alguma a noite toda.

4 Ao amanhecer, Jesus estava na praia, mas os discípulos não o reconheceram. 5 Ele perguntou: "Filhos, por acaso vocês têm peixe para comer?".

"Não", responderam eles.

6 Então ele disse: "Lancem a rede para o lado direito do barco e pegarão". Fizeram assim e não conseguiam recolher a rede, de tão cheia de peixes que estava.

7 O discípulo a quem Jesus amava disse a Pedro: "É o Senhor!". Quando Simão Pedro ouviu que era o Senhor, vestiu a capa, pois a havia removido para trabalhar, e saltou na água. 8 Os outros ficaram no barco e puxaram até a praia a rede carregada, pois estavam a apenas uns noventa metros[d] de distância. 9 Quando chegaram, encontraram um braseiro, no qual havia um peixe, e pão.

10 Jesus disse: "Tragam alguns dos peixes que vocês acabaram de pegar". 11 Simão Pedro entrou no barco e arrastou a rede para a praia. Havia 153 peixes grandes e, no entanto, a rede não arrebentou.

12 "Venham comer!", disse Jesus. Nenhum dos discípulos tinha coragem de perguntar: "Quem é você?", pois sabiam muito bem que era o Senhor. 13 Então Jesus lhes serviu o pão e o peixe. 14 Foi a terceira vez que Jesus apareceu a seus discípulos depois de ressuscitar dos mortos.

15 Depois da refeição, Jesus perguntou a Simão Pedro: "Simão, filho de João, você me ama mais do que estes?".[e]

"Sim, Senhor", respondeu Pedro. "O senhor sabe que eu o amo".

[b] **21.1** Outro nome para o mar da Galileia.
[c] **21.2** Em grego, *Tomé, chamado Dídimo.*
[d] **21.8** Em grego, *200 côvados.*
[e] **21.15** Ou *mais do que estes outros me amam?*

"Então alimente meus cordeiros", disse Jesus.

16 Jesus repetiu a pergunta: "Simão, filho de João, você me ama?".

"Sim, Senhor", disse Pedro. "O senhor sabe que eu o amo".

"Então cuide de minhas ovelhas", disse Jesus.

17 Pela terceira vez, ele perguntou: "Simão, filho de João, você me ama?".

Pedro ficou triste porque Jesus fez a pergunta pela terceira vez e disse: "O Senhor sabe todas as coisas. Sabe que eu o amo".

Jesus disse: "Então alimente minhas ovelhas.

18 "Eu lhe digo a verdade: quando você era jovem, podia agir como bem entendia; vestia-se e ia aonde queria. Mas, quando for velho, estenderá as mãos e outros o vestirão e o levarão[a] aonde você não quer ir". 19 Jesus disse isso para informá-lo com que tipo de morte ele iria glorificar a Deus. Então Jesus lhe disse: "Siga-me".

20 Pedro se virou e viu atrás deles o discípulo a quem Jesus amava, aquele que havia se reclinado perto de Jesus durante a ceia e perguntado: "Senhor, quem o trairá?". 21 Pedro perguntou a Jesus: "Senhor, e quanto a ele?".

22 Jesus respondeu: "Se eu quiser que ele permaneça vivo até eu voltar, o que lhe importa? Quanto a você, siga-me". 23 Por isso espalhou-se entre a comunidade dos irmãos o rumor de que esse discípulo não morreria. Não foi isso, porém, o que Jesus disse. Ele apenas disse: "Se eu quiser que ele permaneça vivo até eu voltar, o que lhe importa?".

OBSERVAÇÕES FINAIS

24 Este é o discípulo que dá testemunho destes acontecimentos e que os registrou aqui. E sabemos que seu relato é fiel.

25 Jesus também fez muitas outras coisas. Se todas fossem registradas, suponho que nem o mundo inteiro poderia conter todos os livros que seriam escritos.

[a] **21.18** Alguns manuscritos trazem *outro o vestirá e o levará*.

Históricos

Livro 44 com

Atos

28

CAPÍTULOS

AUTORIA

Atos é tradicionalmente atribuído a Lucas, o médico amado e companheiro de Paulo (Cl 4.14; Fm 24).

ÉPOCA DA ESCRITA

Provavelmente, entre 62 e 70 d.C., antes da morte de Paulo.

A EXPANSÃO DO EVANGELHO

OBJETIVO DO LIVRO

Fornecer um relato detalhado e preciso da expansão da igreja primitiva, desde a ascensão de Jesus até a chegada de Paulo a Roma. O objetivo principal é mostrar como o Espírito Santo trabalhou para cumprir a Grande Comissão, levando o Evangelho de Jerusalém para os lugares mais distantes da Terra (At 1.8).

ESTRUTURA DO LIVRO

- ★ Preparação para a missão At 1—2
- ★ Missão em Jerusalém At 3—7
- ★ Missão na Judeia e em Samaria At 8—12
- ★ Missão aos gentios At 13—21
- ★ Viagens e prisões de Paulo At 21—28

TEMAS DO LIVRO

Atos enfatiza a obra contínua de Jesus por meio do Espírito Santo, que capacita os discípulos para a missão (At 1.8). Mostra a soberania de Deus na expansão do Evangelho e a inclusão dos gentios no plano de salvação.

ATOS E CRISTO

Cristo é apresentado como o Senhor ressuscitado que continua a operar por meio do Espírito Santo.

A ascensão de Jesus marca o início da nova era da Igreja (At 1.9-11), e o discurso de Pedro no Pentecostes conecta a ressurreição de Jesus às promessas messiânicas (At 2.22-36).

Paulo prega Cristo crucificado e ressuscitado, apontando para Jesus como o cumprimento das Escrituras (At 17.2-3; 26.22-23).

O Pentecostes marca o início da Igreja com o derramamento do Espírito Santo.

A Conversão de Paulo muda a história da Igreja.

Lucas usa a primeira pessoa do plural ("nós"), indicando estar presente nos eventos descritos (At 16.10-17; 20.5-15; 21.1-18; 27.1—28.16).

A PROMESSA DO ESPÍRITO SANTO

1 Em meu primeiro livro,[a] relatei a você,
Teófilo, tudo que Jesus começou a
fazer e a ensinar 2 até o dia em que foi
levado para o céu, depois de dar a seus
apóstolos escolhidos mais instruções
por meio do Espírito Santo. 3 Durante os
quarenta dias após seu sofrimento e morte,
Jesus apareceu aos apóstolos diversas
vezes. Ele lhes apresentou muitas provas
claras de que estava vivo e lhes falou do
reino de Deus.
4 Certa ocasião, enquanto comia com
eles, deu-lhes a seguinte ordem: "Não
saiam de Jerusalém até o Pai enviar a
promessa, conforme eu lhes disse antes.
5 João batizou com[b] água, mas dentro de
poucos dias vocês serão batizados com o
Espírito Santo".

A ASCENSÃO DE JESUS

6 Então os que estavam com Jesus lhe
perguntaram: "Senhor, será esse o momento
em que restaurará o reino a Israel?".
7 Ele respondeu: "O Pai já determinou o
tempo e a ocasião para que isso aconteça,
e não cabe a vocês saber. 8 Vocês recebe-
rão poder quando o Espírito Santo descer
sobre vocês, e serão minhas testemunhas
em toda parte: em Jerusalém, em toda a
Judeia, em Samaria e nos lugares mais
distantes da terra".
9 Depois de ter dito isso, foi elevado
numa nuvem, e os discípulos não conse-
guiram mais vê-lo. 10 Continuaram a olhar
atentamente para o céu, até que dois
homens vestidos de branco apareceram
de repente no meio deles 11 e disseram:
"Homens da Galileia, por que estão
aí parados, olhando para o céu? Esse
Jesus, que foi elevado do meio de vocês
ao céu, voltará do mesmo modo como o
viram subir!".

MATIAS SUBSTITUI JUDAS

12 Então voltaram do monte das Oliveiras
para Jerusalém, cerca de um quilôme-
tro[c] de distância. 13 Quando chegaram,
subiram à sala no andar superior da casa
onde estavam hospedados.
Estavam ali Pedro, João, Tiago, André,
Filipe, Tomé, Bartolomeu, Mateus, Tiago,
filho de Alfeu, Simão, o zelote, e Judas,
filho de Tiago. 14 Todos eles se reuniam
em oração com um só propósito, acompa-
nhados de algumas mulheres e também
de Maria, mãe de Jesus, e os irmãos dele.
15 Por esse tempo, quando cerca de 120
discípulos[d] estavam reunidos num só
lugar, Pedro se levantou e disse: 16 "Irmãos,
era necessário que se cumprissem as
Escrituras a respeito de Judas, que serviu
de guia aos que prenderam Jesus. Esse
acontecimento havia sido predito pelo
Espírito Santo, por meio do rei Davi.
17 Judas era um de nós e participava do
ministério conosco".
18 (Ele comprou um campo com o
dinheiro que recebeu por sua perversidade.
Ao cair ali de cabeça, seu corpo se partiu
ao meio, e seus intestinos se derramaram.
19 A notícia se espalhou entre todos os
habitantes de Jerusalém, e eles deram
ao lugar o nome aramaico *Aceldama*, que
significa "Campo de Sangue".)
20 Pedro continuou: "Estava escrito
no livro de Salmos: 'Que sua casa fique
desolada, sem ninguém morando nela'.
Também diz: 'Que outro ocupe seu lugar'.[e]
21 "Agora, portanto, devemos escolher
um dentre os homens que estiveram
conosco durante todo o tempo em que o
Senhor Jesus andou entre nós, 22 desde
que ele foi batizado por João até o dia em
que foi tirado de nosso meio e elevado ao
céu. O escolhido se juntará a nós como
testemunha da ressurreição".
23 Então indicaram dois homens: José,
chamado Barsabás e conhecido também
como Justo, e Matias. 24 Em seguida,
oraram: "Senhor, tu conheces cada
coração. Mostra-nos qual destes homens
escolheste 25 como apóstolo para subs-
tituir Judas neste ministério, pois ele
se desviou e foi para seu devido lugar".
26 Então lançaram sortes e Matias foi
escolhido como apóstolo, juntando-se
aos outros onze.

[a] **1.1** Isto é, o evangelho de Lucas.
[b] **1.5** Ou *em*; também em 1.5b.
[c] **1.12** Em grego, *a jornada de um sábado*.
[d] **1.15** Em grego, *irmãos*.
[e] **1.20** Sl 69.25; 109.8.

A VINDA DO ESPÍRITO SANTO

2 No dia de Pentecostes,[a] todos estavam
reunidos num só lugar. 2 De repente,
veio do céu um som como o de um
poderoso vendaval e encheu a casa onde
estavam sentados. 3 Então surgiu algo
semelhante a chamas ou línguas de fogo
que pousaram sobre cada um deles.
4 Todos ficaram cheios do Espírito Santo
e começaram a falar em outras línguas,
conforme o Espírito os habilitava.

5 Naquela época, judeus devotos de todas
as nações viviam em Jerusalém. 6 Quando
ouviram o som das vozes, vieram correndo
e ficaram espantados, pois cada um deles
ouvia em seu próprio idioma.

7 Muito admirados, exclamavam: "Como
isto é possível? Estes homens são todos gali-
leus 8 e, no entanto, cada um de nós os ouve
falar em nosso próprio idioma! 9 Estão aqui
partos, medos, elamitas, habitantes da Meso-
potâmia, da Judeia, da Capadócia, do Ponto,
da província da Ásia, 10 da Frígia, da Panfília,
do Egito e de regiões da Líbia próximas a
Cirene, visitantes de Roma 11 (tanto judeus
como convertidos ao judaísmo), cretenses e
árabes, e todos nós ouvimos estas pessoas
falarem em nossa própria língua sobre as
coisas maravilhosas que Deus fez!". 12 Admi-
rados e perplexos, perguntavam uns aos
outros: "Que significa isto?".

13 Outros, porém, zombavam e diziam:
"Eles estão bêbados!".

PEDRO SE DIRIGE À MULTIDÃO

14 Então Pedro deu um passo à frente com
os onze apóstolos e dirigiu-se em alta voz
à multidão: "Ouçam com atenção, todos
vocês, povo da Judeia e habitantes de Jeru-
salém! Escutem o que lhes digo! 15 Estas
pessoas não estão bêbadas, como alguns
de vocês pensam, pois são apenas nove
horas da manhã. 16 Pelo contrário! O que
vocês estão vendo foi predito há tempos
pelo profeta Joel:

17 'Nos últimos dias', disse Deus,
'derramarei meu Espírito sobre
todo tipo de pessoa.
Seus filhos e suas filhas profetizarão;
os jovens terão visões,
e os velhos terão sonhos.
18 Naqueles dias, derramarei
meu Espírito
até mesmo sobre servos e servas,
e eles profetizarão.
19 Farei maravilhas em cima, no céu,
e sinais embaixo, na terra:
sangue e fogo, e nuvens de fumaça.
20 O sol se escurecerá,
e a lua se tornará vermelha
como sangue,
antes que chegue o grande e
glorioso dia do Senhor.
21 Mas todo aquele que invocar
o nome do Senhor
será salvo'.[b]

22 "Povo de Israel, escute! Deus apro-
vou publicamente Jesus, o nazareno,[c] ao
realizar milagres, maravilhas e sinais por
meio dele, como vocês bem sabem. 23 Ele
foi entregue conforme o plano preestabe-
lecido por Deus e seu conhecimento pré-
vio daquilo que aconteceria. Com a ajuda
de gentios que desconheciam a lei, vocês
o pregaram na cruz e o mataram. 24 Mas
Deus o ressuscitou, libertando-o dos hor-
rores da morte, pois ela não pôde mantê-lo
sob seu domínio. 25 A respeito dele disse
o rei Davi:

'Vejo que o Senhor está
sempre comigo;
não serei abalado, pois ele
está à minha direita.
26 Não é de admirar que meu
coração esteja alegre
e que minha língua o louve;
meu corpo repousa em esperança.
27 Pois tu não deixarás minha
alma entre os mortos,[d]
nem permitirás que o teu Santo
apodreça no túmulo.
28 Tu me mostraste o caminho da vida,
e me encherás com a alegria
de tua presença'.[e]

---

[a] **2.1** A Festa de Pentecostes era comemorada cinquenta dias depois da Páscoa dos judeus (quando Jesus foi crucificado).

[b] **2.17-21** Jl 2.28-32.

[c] **2.22** Ou *Jesus de Nazaré*.

[d] **2.27** Em grego, *no Hades*; também em 2.31.

[e] **2.25-28** Sl 16.8-11, conforme a Septuaginta.

29 "Irmãos, permitam-me dizer com toda convicção que o patriarca Davi não estava se referindo a si mesmo, pois ele morreu e foi sepultado, e seu túmulo ainda está aqui, entre nós. 30 Mas ele era profeta e sabia que Deus havia prometido sob juramento que um de seus descendentes se sentaria em seu trono. 31 Davi estava olhando para o futuro e falando da ressurreição do Cristo,[a] que não foi deixado entre os mortos nem seu corpo apodreceu no túmulo.

32 "Foi esse Jesus que Deus ressuscitou, e todos nós somos testemunhas disso. 33 Ele foi exaltado ao lugar de honra, à direita de Deus. E, conforme havia prometido, o Pai lhe deu o Espírito Santo, que ele derramou sobre nós, como vocês estão vendo e ouvindo hoje. 34 Pois Davi não subiu ao céu e, no entanto, disse:

'O Senhor disse ao meu Senhor:
  Sente-se no lugar de honra
    à minha direita,
35 até que eu humilhe seus inimigos
  e os ponha debaixo de seus pés'.[b]

36 "Portanto, saibam com certeza todos em Israel que a esse Jesus, que vocês crucificaram, Deus fez Senhor e Cristo!".

37 As palavras partiram o coração dos que ouviam, e eles perguntaram a Pedro e aos outros apóstolos: "Irmãos, o que devemos fazer?".

38 Pedro respondeu: "Vocês devem se arrepender, e cada um deve ser batizado em nome de Jesus Cristo, para o perdão de seus pecados. Então receberão a dádiva do Espírito Santo. 39 Essa promessa é para vocês, para seus filhos e para os que estão longe,[c] isto é, para todos que forem chamados pelo Senhor, nosso Deus". 40 Pedro continuou a pregar, advertindo com insistência a seus ouvintes: "Salvem-se desta geração corrompida!".

41 Os que acreditaram nas palavras de Pedro foram batizados, e naquele dia houve um acréscimo de cerca de três mil pessoas.

A COMUNIDADE DOS NOVOS CONVERTIDOS

42 Todos se dedicavam de coração ao ensino dos apóstolos, à comunhão, ao partir do pão e à oração.

43 Havia em todos eles um profundo temor, e os apóstolos realizavam muitos sinais e maravilhas. 44 Os que criam se reuniam num só lugar e compartilhavam tudo que possuíam. 45 Vendiam propriedades e bens e repartiam o dinheiro com os necessitados, 46 adoravam juntos no templo diariamente, reuniam-se nos lares para comer e partiam o pão com grande alegria e generosidade,[d] 47 sempre louvando a Deus e desfrutando a simpatia de todo o povo. E, a cada dia, o Senhor lhes acrescentava aqueles que iam sendo salvos.

PEDRO CURA UM MENDIGO ALEIJADO

3 Certo dia, por volta das três da tarde, Pedro e João foram ao templo orar. 2 Um homem, aleijado de nascença, estava sendo carregado. Todos os dias, ele era colocado ao lado da porta chamada Formosa, para pedir esmolas a quem entrasse no templo. 3 Quando ele viu que Pedro e João iam entrar, pediu-lhes dinheiro.

4 Pedro e João se voltaram para ele. "Olhe para nós!", disse Pedro. 5 O homem fixou o olhar neles, esperando receber alguma esmola. 6 Pedro, no entanto, disse: "Não tenho prata nem ouro, mas lhe dou o que tenho. Em nome de Jesus Cristo, o nazareno,[e] levante-se e[f] ande!".

7 Então Pedro segurou o aleijado pela mão e o ajudou a levantar-se. No mesmo instante, os pés e os tornozelos do homem foram curados e fortalecidos. 8 De um salto, ele se levantou e começou a andar. Em seguida, caminhando, saltando e louvando a Deus, entrou no templo com eles.

9 Quando o viram caminhar e o ouviram louvar a Deus, 10 todos perceberam que era o mesmo mendigo que tantas vezes tinham visto na porta Formosa, e ficaram perplexos. 11 Admirados, correram todos

[a] **2.31** Ou *Messias*. Tanto *Messias* (do hebraico) como *Cristo* (do grego) significam "ungido".
[b] **2.34-35** Sl 110.1.
[c] **2.39** Ou *para aqueles no futuro distante*, ou *para os gentios*.
[d] **2.46** Ou *e coração sincero*.
[e] **3.6a** Ou *Jesus Cristo de Nazaré*.
[f] **3.6b** Alguns manuscritos não trazem *levante-se e*.

para o Pórtico de Salomão, onde o homem
permanecia com Pedro e João e não se
afastava deles.

PEDRO ANUNCIA AS BOAS-NOVAS NO TEMPLO

12 Pedro, percebendo o que ocorria, dirigiu-
-se à multidão. "Povo de Israel, por que fi-
cam surpresos com isso?", disse ele. "Por
que olham para nós como se tivéssemos
feito este homem andar por nosso pró-
prio poder ou devoção? 13 Pois foi o Deus
de Abraão, de Isaque e de Jacó, o Deus de
nossos antepassados, quem glorificou seu
Servo Jesus, a quem vocês traíram e rejei-
taram diante de Pilatos, apesar de ele ter
decidido soltá-lo. 14 Vocês rejeitaram o San-
to e Justo e, em seu lugar, exigiram que um
assassino fosse liberto. 15 Mataram o autor
da vida, mas Deus o ressuscitou dos mor-
tos. E nós somos testemunhas desse fato!

16 "Pela fé no nome de Jesus, este homem
que vocês veem e conhecem foi curado.
A fé no nome de Jesus o curou diante de
seus olhos.

17 "Irmãos, sei que vocês e seus líderes
agiram por ignorância. 18 Mas Deus assim
cumpriu o que todos os profetas haviam
predito acerca do Cristo, que era neces-
sário ele sofrer essas coisas. 19 Agora,
arrependam-se e voltem-se para Deus,
para que seus pecados sejam apagados.
20 Então, da presença do Senhor virão
tempos de renovação, e ele enviará
novamente Jesus, o Cristo que lhes foi
designado. 21 Pois ele deve permanecer
no céu até o tempo da restauração final de
todas as coisas, conforme Deus prometeu
há muito tempo por meio de seus santos
profetas. 22 Moisés disse: 'O Senhor, seu
Deus, levantará para vocês um profeta
como eu, do meio de seu povo. Ouçam
com atenção tudo que ele lhes disser.[a]
23 Quem não der ouvidos a esse profeta
será eliminado do meio do povo'.[b]

24 "A começar por Samuel, todos os profe-
tas falaram sobre o que está acontecendo
hoje. 25 Vocês são descendentes desses
profetas e estão incluídos na aliança
que Deus fez com seus antepassados ao
dizer a Abraão: 'Por meio de sua descen-
dência,[c] todas as famílias da terra serão
abençoadas'.[d] 26 Quando Deus ressusci-
tou seu Servo, ele o enviou primeiro a
vocês, o povo de Israel, para abençoá-los,
fazendo cada um de vocês se afastar de
seus caminhos pecaminosos."

PEDRO E JOÃO DIANTE DO CONSELHO DE LÍDERES

4 Enquanto falavam ao povo, Pedro e
João foram confrontados pelos sacer-
dotes, pelo capitão da guarda do templo e
por alguns saduceus. 2 Os líderes estavam
muito perturbados porque Pedro e João
ensinavam ao povo que em Jesus há ressur-
reição dos mortos. 3 Eles os prenderam e,
como já anoitecia, os colocaram na prisão
até a manhã seguinte. 4 Muitos que tinham
ouvido a mensagem creram, totalizando,
agora, cerca de cinco mil homens.

5 No dia seguinte, o conselho das autori-
dades, dos líderes do povo e dos mestres
da lei se reuniu em Jerusalém. 6 Estavam
ali Anás, o sumo sacerdote, e também
Caifás, João, Alexandre e outros parentes
do sumo sacerdote. 7 Mandaram trazer
Pedro e João e os interrogaram: "Com
que poder, ou em nome de quem, vocês
fizeram isso?".

8 Cheio do Espírito Santo, Pedro lhes
respondeu: "Autoridades e líderes do povo,
9 estamos sendo interrogados hoje porque
realizamos uma boa ação em favor de
um aleijado, e os senhores querem saber
como ele foi curado. 10 Saibam os senhores
e todo o povo de Israel que ele foi curado
pelo nome de Jesus Cristo, o nazareno,[e]
a quem os senhores crucificaram, mas a
quem Deus ressuscitou dos mortos. 11 Pois
é a respeito desse Jesus que se diz:

'A pedra que vocês, os
construtores, rejeitaram
se tornou a pedra angular'.[f]

12 Não há salvação em nenhum outro! Não
há nenhum outro nome debaixo do céu,

---

[a] **3.22** Dt 18.15.
[b] **3.23** Dt 18.19; Lv 23.29.
[c] **3.25a** Em grego, *sua semente*.
[d] **3.25b** Gn 12.3; 22.18.
[e] **4.10** Ou *Jesus Cristo de Nazaré*.
[f] **4.11** Sl 118.22.

em toda a humanidade, por meio do qual devamos ser salvos".

13 Quando os membros do conselho viram a coragem de Pedro e João, ficaram admirados, pois perceberam que eram homens comuns, sem instrução religiosa formal. Reconheceram também que eles haviam estado com Jesus. 14 Mas não havia nada que pudessem fazer, pois o homem que tinha sido curado estava ali diante deles. 15 Assim, ordenaram que Pedro e João fossem retirados da sala do conselho[a] e começaram a discutir entre si.

16 "Que faremos com esses homens?", perguntavam uns aos outros. "Não podemos negar que realizaram um sinal, como todos em Jerusalém sabem. 17 Mas, para evitar que espalhem sua mensagem, devemos adverti-los de que não falem nesse nome a mais ninguém." 18 Então os chamaram de volta e ordenaram que nunca mais falassem nem ensinassem em nome de Jesus.

19 Pedro e João, porém, responderam: "Os senhores acreditam que Deus quer que obedeçamos a vocês, e não a ele? 20 Não podemos deixar de falar do que vimos e ouvimos!".

21 Os membros do conselho fizeram novas ameaças, mas, por fim, os soltaram. Não sabiam como castigá-los sem provocar um tumulto, visto que todos louvavam a Deus pelo ocorrido, 22 pois o aleijado que havia sido curado milagrosamente tinha mais de quarenta anos de idade.

OS DISCÍPULOS ORAM PEDINDO CORAGEM

23 Assim que foram libertos, Pedro e João voltaram ao lugar onde estavam os outros irmãos e lhes contaram o que os principais sacerdotes e líderes tinham dito. 24 Ao ouvir o relato, todos os presentes levantaram juntos a voz e oraram a Deus: "Ó Soberano Senhor, Criador dos céus e da terra, do mar e de tudo que neles há, 25 falaste muito tempo atrás pelo Espírito Santo, nas palavras de nosso antepassado Davi, teu servo:

'Por que as nações se
enfureceram tanto?
Por que perderam tempo
com planos inúteis?
26 Os reis da terra se prepararam
para guerrear;
os governantes se uniram
contra o Senhor
e contra seu Cristo'.[b]

27 "De fato, isso aconteceu aqui, nesta cidade, pois Herodes Antipas, o governador Pôncio Pilatos, os gentios e o povo de Israel se uniram contra Jesus, teu santo Servo, a quem ungiste. 28 Tudo que fizeram, porém, havia sido decidido de antemão pela tua vontade. 29 E agora, Senhor, ouve as ameaças deles e concede a teus servos coragem para anunciar tua palavra. 30 Estende tua mão com poder para curar, e que sinais e maravilhas sejam realizados por meio do nome de teu santo Servo Jesus".

31 Depois dessa oração, o lugar onde estavam reunidos tremeu, e todos ficaram cheios do Espírito Santo e pregavam corajosamente a palavra de Deus.

OS DISCÍPULOS COMPARTILHAM SEUS BENS

32 Todos os que creram estavam unidos em coração e mente. Não se consideravam donos de seus bens, de modo que compartilhavam tudo que tinham. 33 Com grande poder, os apóstolos davam testemunho da ressurreição do Senhor Jesus, e sobre todos eles havia grande graça. 34 Entre eles não havia necessitados, pois quem possuía terras ou casas vendia o que era seu 35 e levava o dinheiro aos apóstolos, para que dessem aos que precisavam de ajuda.

36 José, a quem os apóstolos deram o nome Barnabé, que significa "Filho do encorajamento", era da tribo de Levi e tinha nascido na ilha de Chipre. 37 Ele vendeu um campo que possuía e entregou o dinheiro aos apóstolos.

ANANIAS E SAFIRA

5 Havia, porém, um homem chamado Ananias que, com sua esposa, Safira,

[a] **4.15** Em grego, *do Sinédrio.*

[b] **4.25-26** Ou *seu Messias [Ungido].* Sl 2.1-2.

vendeu uma propriedade. 2 Levou apenas parte do dinheiro aos apóstolos, mas, com aprovação da esposa, afirmou que aquele era o valor total e ficou com o resto.

3 Então Pedro disse: "Ananias, por que você deixou Satanás encher seu coração? Você mentiu para o Espírito Santo quando guardou parte do dinheiro para si. 4 A propriedade era sua para vender ou não, como quisesse. E, depois de vendê-la, o dinheiro também era seu, para entregar ou não. Como pôde fazer uma coisa dessas? Você não mentiu para nós, mas para Deus!".

5 Assim que Ananias ouviu essas palavras, caiu no chão e morreu. Um grande temor se apoderou de todos que souberam o que havia acontecido. 6 Então alguns jovens se levantaram, envolveram o corpo num lençol e o levaram para fora, e depois o sepultaram.

7 Cerca de três horas depois, sua esposa entrou, sem saber o que havia acontecido. 8 Pedro lhe perguntou: "Foi esse o valor que você e seu marido receberam pelo terreno?".

Ela respondeu: "Sim, foi esse o valor".

9 Então Pedro disse: "Como vocês puderam conspirar para pôr à prova o Espírito do Senhor? Veja, os jovens que sepultaram seu marido estão logo ali, perto da porta, e também levarão você".

10 No mesmo instante, ela caiu no chão e morreu. Quando os jovens entraram e viram que ela estava morta, levaram seu corpo para fora e a sepultaram ao lado do marido. 11 Um grande temor se apoderou de toda a igreja e de todos que souberam desse acontecimento.

OS APÓSTOLOS REALIZAM MUITAS CURAS

12 Os apóstolos realizavam muitos sinais e maravilhas entre o povo. Todos se reuniam regularmente no templo, na parte conhecida como Pórtico de Salomão. 13 Quando se reuniam ali, ninguém mais tinha coragem de juntar-se a eles, embora o povo os tivesse em alta consideração. 14 Cada vez mais pessoas, multidões de homens e mulheres, criam no Senhor. 15 Como resultado, o povo levava os doentes às ruas em camas e macas para que a sombra de Pedro cobrisse alguns deles enquanto ele passava. 16 Muita gente vinha das cidades ao redor de Jerusalém, trazendo doentes e atormentados por espíritos impuros, e todos eram curados.

OS APÓSTOLOS ENFRENTAM OPOSIÇÃO

17 Tomados de inveja, o sumo sacerdote e seus oficiais, que eram saduceus, 18 prenderam os apóstolos e os colocaram numa prisão pública. 19 Um anjo do Senhor, porém, veio durante a noite, abriu as portas do cárcere e os levou para fora. 20 "Vão ao templo e transmitam ao povo esta mensagem de vida!", disse ele.

21 Desse modo, ao amanhecer, os apóstolos entraram no templo, conforme haviam sido instruídos, e, sem demora, começaram a ensinar.

Mais tarde, o sumo sacerdote e seus oficiais chegaram, reuniram o conselho,[a] isto é, toda a assembleia dos líderes de Israel, e mandaram buscar os apóstolos na prisão. 22 Mas, quando os guardas do templo chegaram à prisão, os homens não estavam lá. Então voltaram e contaram: 23 "A prisão estava bem trancada, com os guardas vigiando do lado de fora, mas, quando abrimos as portas, não havia ninguém!".

24 Ao ouvir isso, o capitão da guarda do templo e os principais sacerdotes ficaram perplexos e se perguntavam o que aconteceria em seguida. 25 Então alguém chegou com a seguinte notícia: "Os homens que os senhores puseram na cadeia estão no templo, ensinando o povo!".

26 O capitão e seus guardas foram e prenderam os apóstolos, mas sem violência, pois temiam que o povo os apedrejasse. 27 Em seguida, levaram os apóstolos e os apresentaram ao conselho de líderes do povo, onde o sumo sacerdote os confrontou. 28 "Nós lhes ordenamos firmemente que nunca mais ensinassem em nome desse homem", disse ele. "E, mesmo assim, vocês encheram Jerusalém com esse seu ensino e querem nos responsabilizar pela morte dele!"

[a] **5.21** Em grego, *Sinédrio*; também em 5.27,34,41.

29 Pedro e os apóstolos responderam: "Devemos obedecer a Deus antes de qualquer autoridade humana. 30 O Deus de nossos antepassados ressuscitou Jesus dos mortos depois que os senhores o mataram, pendurando-o numa cruz.[a] 31 Deus o colocou no lugar de honra, à sua direita, como Príncipe e Salvador, para que o povo de Israel se arrependesse de seus pecados e fosse perdoado. 32 Somos testemunhas dessas coisas, e assim é também o Espírito Santo, que Deus dá àqueles que lhe obedecem".

33 Quando ouviram isso, os membros do conselho se enfureceram e decidiram matá-los. 34 Um deles, porém, um fariseu chamado Gamaliel, especialista na lei e respeitado por todo o povo, levantou-se e ordenou que eles fossem retirados da sala do conselho por um momento. 35 Em seguida, disse aos demais: "Israelitas, cuidado com o que planejam fazer a esses homens! 36 Algum tempo atrás, surgiu um certo Teudas, que afirmava ser alguém importante. Umas quatrocentas pessoas se juntaram a ele, mas foi morto e seus seguidores se dispersaram, e o movimento deu em nada. 37 Depois dele, na época do censo, apareceu Judas, da Galileia, que fez muitos seguidores. Ele também foi morto, e seu grupo se dispersou.

38 "Portanto, meu conselho é que deixem esses homens em paz e os soltem. Se o que planejam e fazem é meramente humano, logo serão frustrados. 39 Mas, se é de Deus, vocês não serão capazes de impedi-los. Pode até acontecer de vocês acabarem lutando contra Deus".

40 Os demais membros aceitaram o conselho de Gamaliel. Chamaram os apóstolos e mandaram açoitá-los. Depois, ordenaram que nunca mais falassem em nome de Jesus e, por fim, os soltaram.

41 Quando os apóstolos saíram da reunião do conselho, estavam alegres porque Deus os havia considerado dignos de sofrer humilhação pelo nome de Jesus.[b] 42 E todos os dias, no templo e de casa em casa, continuavam a ensinar e anunciar que Jesus é o Cristo.

[a] **5.30** Em grego, *num madeiro.*

[b] **5.41** Em grego, *pelo nome.*

SETE HOMENS SÃO ESCOLHIDOS PARA SERVIR

6 À medida que o número de discípulos crescia, surgiam murmúrios de descontentamento. Os judeus de fala grega se queixavam dos de fala hebraica, dizendo que suas viúvas estavam sendo negligenciadas na distribuição diária de alimento.

2 Por isso, os Doze convocaram uma reunião com todos os discípulos e disseram: "Nós, apóstolos, devemos nos dedicar ao ensino da palavra de Deus, e não à distribuição de alimentos. 3 Sendo assim, irmãos, escolham sete homens respeitados, cheios do Espírito e de sabedoria, e nós os encarregaremos desse serviço. 4 Então nós nos dedicaremos à oração e ao ensino da palavra".

5 A ideia agradou a todos, e escolheram Estêvão, homem cheio de fé e do Espírito Santo, e também Filipe, Prócoro, Nicanor, Timom, Pármenas e Nicolau de Antioquia, que antes havia se convertido ao judaísmo. 6 Esses sete foram apresentados aos apóstolos, que oraram por eles e lhes impuseram as mãos.

7 Assim, a mensagem de Deus continuou a se espalhar. O número de discípulos se multiplicava em Jerusalém, e muitos sacerdotes também se converteram.

ESTÊVÃO É PRESO

8 Estêvão, homem cheio de graça e poder, realizava milagres e sinais entre o povo. 9 Um dia, porém, alguns homens da chamada Sinagoga dos Escravos Libertos começaram a discutir com ele. Eram judeus de Cirene, de Alexandria, da Cilícia e da província da Ásia. 10 Nenhum deles era capaz de resistir à sabedoria e ao Espírito pelo qual Estêvão falava.

11 Então convenceram alguns homens a mentir a respeito dele, dizendo: "Ouvimos Estêvão blasfemar contra Moisés, e até contra Deus". 12 Com isso, agitaram o povo, os líderes religiosos e os mestres da lei, e Estêvão foi preso e levado ao conselho dos líderes do povo.[c]

13 As falsas testemunhas declararam: "Este homem vive falando contra o santo templo e a lei de Moisés. 14 Nós o ouvimos

[c] **6.12** Em grego, *Sinédrio*; também em 6.15.

dizer que esse Jesus de Nazaré[a] destruirá o templo e mudará os costumes que Moisés nos deixou".

[15] Nesse momento, todos os membros do conselho olharam para Estêvão e viram que seu rosto parecia o rosto de um anjo.

O TESTEMUNHO DE ESTÊVÃO DIANTE DO CONSELHO

7 Então o sumo sacerdote lhe perguntou: "Estas acusações são verdadeiras?".

[2] Estêvão respondeu: "Irmãos e pais, ouçam-me! O Deus glorioso apareceu a nosso antepassado Abraão na Mesopotâmia,[b] antes de ele se estabelecer em Harã,[c] [3] e lhe disse: 'Deixe sua terra natal e seus parentes e vá para a terra que eu lhe mostrarei'.[d] [4] Então Abraão saiu da terra dos caldeus e morou em Harã até seu pai morrer. Depois, Deus o trouxe aqui para a terra onde vocês agora vivem.

[5] "Mas Deus não lhe deu herança alguma aqui, nem mesmo o espaço de um pé. Contudo, prometeu que a terra toda pertenceria a Abraão e a seus descendentes, embora ele ainda não tivesse filhos. [6] Disse-lhe também que seus descendentes viveriam numa terra estrangeira, onde seriam escravizados e oprimidos por quatrocentos anos. [7] Mas Deus disse: 'Eu castigarei a nação que os escravizar, e, por fim, sairão dali e me adorarão neste lugar'.[e]

[8] "Naquele tempo, Deus deu a Abraão a aliança da circuncisão. Assim, quando seu filho Isaque nasceu, ele o circuncidou no oitavo dia. Essa prática continuou quando nasceu Jacó, filho de Isaque, e quando nasceram os doze filhos de Jacó, os patriarcas de Israel.

[9] "Os patriarcas tiveram inveja de seu irmão José e o venderam como escravo para o Egito. Mas Deus estava com ele [10] e o livrou de todas as suas dificuldades. Deus concedeu a José favor e sabedoria diante do faraó, rei do Egito, e o faraó o nomeou governador de todo o Egito e administrador de seu palácio.

[11] "Então veio uma fome sobre o Egito e sobre Canaã. Houve grande aflição, e nossos antepassados ficaram sem comida. [12] Jacó soube que ainda havia cereal no Egito e enviou seus filhos, nossos antepassados, para comprarem alimento. [13] Da segunda vez que foram, José revelou sua identidade a seus irmãos[f] e os apresentou ao faraó. [14] Depois, José mandou trazer para o Egito seu pai, Jacó, e todos os seus parentes, 75 pessoas ao todo. [15] Assim, Jacó foi para o Egito e ali morreu, bem como nossos antepassados. [16] Seus corpos foram levados para Siquém e sepultados no túmulo que Abraão havia comprado por um certo preço dos filhos de Hamor.

[17] "Aproximando-se o tempo em que Deus cumpriria sua promessa a Abraão, nosso povo se multiplicou grandemente no Egito. [18] Então subiu ao trono do Egito um novo rei, que nada sabia a respeito de José. [19] Esse rei explorou e oprimiu nosso povo, forçando os pais a abandonarem seus filhos recém-nascidos, para que morressem.

[20] "Por essa época, nasceu Moisés, um bebê especial aos olhos de Deus. Seus pais cuidaram dele em casa por três meses. [21] Quando tiveram de abandoná-lo, a filha do faraó o adotou e o criou como seu próprio filho. [22] Moisés foi educado em toda a sabedoria dos egípcios e era poderoso em palavras e ações.

[23] "Certo dia, estando Moisés com quarenta anos, resolveu visitar seus parentes, o povo de Israel. [24] Ao ver um egípcio maltratando um israelita, defendeu o israelita e o vingou, matando o egípcio. [25] Imaginou que seus irmãos israelitas entenderiam que ele havia sido enviado por Deus para resgatá-los, mas isso não aconteceu.

[26] "No dia seguinte, visitou-os novamente e viu dois homens de Israel brigando. Tentando agir como pacificador, disse a eles: 'Homens, vocês são irmãos; por que brigam um com o outro?'.

[27] "Mas o homem que era culpado empurrou Moisés e disse: 'Quem o nomeou líder e juiz sobre nós? [28] Vai me matar como matou o egípcio ontem?'. [29] Quando Moisés

Se você chegou até aqui, é porque as suas raízes querem se aprofundar e já estão a caminho da Rocha. Permaneça!

[a] **6.14** Ou *Jesus, o nazareno.*

[b] **7.2a** *Mesopotâmia* era a região onde hoje se localiza o Iraque.

[c] **7.2b** *Harã* era uma cidade na região da atual Síria.

[d] **7.3** Gn 12.1.

[e] **7.5-7** Gn 12.7; 15.13-14; Êx 3.12.

[f] **7.13** Alguns manuscritos trazem *José foi reconhecido por seus irmãos.*

ouviu isso, fugiu e foi viver como estrangeiro na terra de Midiã. Ali nasceram seus dois filhos.

30 "Quarenta anos depois, no deserto próximo ao monte Sinai, um anjo apareceu a Moisés nas chamas de um arbusto que queimava. 31 Quando Moisés viu aquilo, ficou admirado. Aproximando-se para observar melhor, ouviu a voz do Senhor, que disse: 32 'Eu sou o Deus de seus antepassados, o Deus de Abraão, de Isaque e de Jacó'. Moisés tremia de medo e não tinha coragem de olhar.

33 "Então o Senhor lhe disse: 'Tire as sandálias, pois você está pisando em terra santa. 34 Por certo, tenho visto a aflição do meu povo no Egito. Tenho ouvido seus gemidos e desci para libertá-los. Agora vá, pois eu o envio de volta ao Egito'.[a]

35 "Era esse o mesmo Moisés que o povo havia rejeitado quando lhe perguntaram: 'Quem o nomeou líder e juiz?'. Por meio do anjo que apareceu a Moisés no arbusto em chamas, Deus o enviou para ser líder e libertador. 36 Assim, com muitas maravilhas e sinais, ele os conduziu para fora do Egito, pelo mar Vermelho e pelo deserto, durante quarenta anos.

37 "Esse mesmo Moisés disse ao povo de Israel: 'Deus levantará para vocês um profeta como eu do meio de seu povo'.[b] 38 Moisés estava com nossos antepassados, a congregação do povo de Deus no deserto, quando o anjo lhe falou no monte Sinai, e ali Moisés recebeu palavras que dão vida, para transmiti-las a nós.

39 "Mas nossos antepassados se recusaram a obedecer a Moisés. Eles o rejeitaram e, em seu íntimo, voltaram ao Egito. 40 Disseram a Arão: 'Faça para nós deuses que nos guiem, pois não sabemos o que aconteceu com esse Moisés que nos tirou do Egito'.[c] 41 Logo, fizeram um ídolo em forma de bezerro, ofereceram-lhe sacrifícios e começaram a celebrar o objeto que haviam criado. 42 Então Deus se afastou deles e os entregou para servirem as estrelas do céu como deuses, conforme está escrito no livro dos profetas:

'Foi a mim que vocês trouxeram
sacrifícios e ofertas
durante aqueles quarenta anos
no deserto, povo de Israel?
43 Não, vocês carregaram o
santuário de Moloque,
a estrela de seu deus Renfã,
e as imagens que fizeram
para adorá-los.
Por isso eu os enviarei
para o exílio,
para além da Babilônia'.[d]

44 "Nossos antepassados levaram com eles pelo deserto o tabernáculo,[e] construído de acordo com o modelo que Deus havia mostrado a Moisés. 45 Anos depois, quando Josué comandou nossos antepassados nas batalhas contra as nações que Deus expulsou desta terra, foi levado com eles para seu novo território e ali ficou até o tempo do rei Davi.

46 "Davi encontrou favor diante de Deus e pediu para construir um templo permanente para o Deus de Jacó,[f] 47 mas foi Salomão quem o construiu. 48 O Altíssimo, porém, não habita em templos feitos por mãos humanas. Como diz o profeta:

49 'O céu é meu trono,
e a terra é o suporte de meus pés.
Acaso construiriam para mim
um templo assim tão bom?',
diz o Senhor.
'Que lugar de descanso me
poderiam fazer?
50 Acaso não foram minhas mãos
que criaram o céu e a terra?'.[g]

51 "Povo teimoso! Vocês têm o coração incircuncidado e são surdos para a verdade. Resistirão para sempre ao Espírito Santo? Foi o que seus antepassados fizeram, e vocês também o fazem! 52 Que profeta seus antepassados não perseguiram? Mataram até aqueles que predisseram a vinda do Justo, a quem vocês traíram e assassinaram! 53 Vocês desobedeceram à lei

[a] **7.31-34** Êx 3.5-10.
[b] **7.37** Dt 18.15.
[c] **7.40** Êx 32.1.
[d] **7.42-43** Am 5.25-27, conforme a Septuaginta.
[e] **7.44** Em grego, *a tenda do testemunho*.
[f] **7.46** Alguns manuscritos trazem *para a casa de Jacó*.
[g] **7.49-50** Is 66.1-2.

de Deus, embora a tenham recebido das
mãos de anjos".
54 Os líderes judeus se enfureceram
com a acusação de Estêvão e rangiam os
dentes contra ele. 55 Mas Estêvão, cheio
do Espírito Santo, olhou firmemente para
o céu e viu a glória de Deus, e viu Jesus
em pé no lugar de honra, à direita de Deus.
56 "Olhem!", disse ele. "Vejo os céus aber-
tos e o Filho do Homem em pé no lugar de
honra, à direita de Deus!"
57 Eles taparam os ouvidos e, aos gritos,
lançaram-se contra ele. 58 Arrastaram-
-no para fora da cidade e começaram a
apedrejá-lo. Seus acusadores tiraram
os mantos e os deixaram aos pés de um
jovem chamado Saulo.
59 Enquanto atiravam as pedras, Estê-
vão orou: "Senhor Jesus, recebe o meu
espírito". 60 Então caiu de joelhos e gritou:
"Senhor, não os culpes por este pecado!".
E, com isso, adormeceu.

8 E Saulo concordou inteiramente com a
morte de Estêvão.

A PERSEGUIÇÃO FAZ OS DISCÍPULOS DISPERSAREM

Uma grande onda de perseguição
começou naquele dia e varreu a igreja de
Jerusalém. Todos eles, com exceção dos
apóstolos, foram dispersos pelas regiões
da Judeia e de Samaria. 2 (Alguns homens
devotos vieram e, com grande tristeza,
sepultaram Estêvão.) 3 Saulo, porém,
procurava destruir a igreja. Ia de casa em
casa, arrastava para fora homens e mulhe-
res e os lançava na prisão.

FILIPE ANUNCIA AS BOAS-NOVAS EM SAMARIA

4 Os que haviam sido dispersos, porém,
anunciavam as boas-novas a respeito de
Jesus por onde quer que fossem. 5 Filipe
foi para a cidade de Samaria e ali falou ao
povo sobre o Cristo. 6 Quando as multidões
ouviram sua mensagem e viram os sinais
que ele realizava, deram total atenção às
suas palavras. 7 Muitos espíritos impuros
eram expulsos e, aos gritos, deixavam suas
vítimas, e muitos paralíticos e aleijados
eram curados. 8 Por isso, houve grande
alegria naquela cidade.
9 Um homem chamado Simão praticava
feitiçaria ali havia anos. Ele deixava o
povo de Samaria admirado, e afirmava
ser alguém importante. 10 Todos, dos
mais simples aos mais importantes, se
referiam a ele como "o Grande Poder de
Deus". 11 Ouviam-no com atenção, pois,
durante muito tempo, ele os tinha deixado
admirados com sua magia.
12 No entanto, quando Filipe lhes levou
a mensagem sobre as boas-novas do reino
de Deus e sobre o nome de Jesus Cristo,
eles creram e, como resultado, muitos
homens e mulheres foram batizados.
13 O próprio Simão creu e foi batizado.
Começou a seguir Filipe por toda parte,
admirando-se dos sinais e milagres que
ele realizava.
14 Quando os apóstolos em Jerusalém
souberam que o povo de Samaria havia
aceitado a mensagem de Deus, enviaram
para lá Pedro e João. 15 Assim que os dois
chegaram, oraram para que aqueles conver-
tidos recebessem o Espírito Santo, 16 pois,
apesar de terem sido batizados em nome
do Senhor Jesus, o Espírito Santo ainda não
havia descido sobre nenhum deles. 17 Então
Pedro e João impuseram as mãos sobre eles,
e receberam o Espírito Santo.
18 Simão viu que as pessoas recebiam o
Espírito quando os apóstolos impunham
as mãos sobre elas. Então ofereceu-lhes
dinheiro, 19 dizendo: "Deem-me este poder
também, para que, quando eu impuser as
mãos sobre as pessoas, elas recebam o
Espírito Santo!".
20 Pedro, porém, respondeu: "Que seu di-
nheiro seja destruído com você, por imagi-
nar que o dom de Deus pode ser comprado!
21 Você não tem parte nem direito neste mi-
nistério, pois seu coração não é justo diante
de Deus. 22 Arrependa-se de sua maldade e
ore ao Senhor. Talvez ele perdoe esses seus
maus pensamentos, 23 pois vejo que você
está cheio de amarga inveja e é prisioneiro
do pecado".
24 Simão exclamou: "Orem ao Senhor por
mim, para que essas coisas terríveis não
me aconteçam!".

25 Depois de terem testemunhado e
proclamado a palavra do Senhor em
Samaria, Pedro e João voltaram a Jerusa-
lém. Ao longo do caminho, pararam em
muitas vilas samaritanas para anunciar
as boas-novas.

FILIPE E O EUNUCO ETÍOPE

26 Um anjo do Senhor disse a Filipe: "Vá
para o sul,[a] para a estrada no deserto que
liga Jerusalém a Gaza". 27 Filipe partiu e en-
controu no caminho um alto oficial etíope,
o eunuco responsável pelos tesouros de
Candace, rainha da Etiópia. Ele tinha ido a
Jerusalém para participar da adoração 28 e
estava no caminho de volta. Sentado em
sua carruagem, lia em voz alta o livro do
profeta Isaías.

29 Então o Espírito disse a Filipe: "Apro-
xime-se e acompanhe a carruagem".

30 Filipe correu até a carruagem e, ouvindo
que o homem lia o profeta Isaías, pergun-
tou-lhe: "O senhor compreende o que lê?".
31 O homem respondeu: "Como posso
entender sem que alguém me explique?".
E convidou Filipe a subir na carruagem e
sentar-se ao seu lado.

32 Era esta a passagem das Escrituras que
ele estava lendo:

"Ele foi levado como ovelha
para o matadouro;
como cordeiro mudo diante
dos tosquiadores,
não abriu a boca."
33 Foi humilhado e a justiça
lhe foi negada.
Quem pode falar de
seus descendentes?
Pois sua vida foi tirada da terra".[b]

34 O eunuco perguntou a Filipe: "Diga-
-me, o profeta estava falando de si mesmo
ou de outro?". 35 Então Filipe, começando
com essa mesma passagem das Escrituras,
anunciou-lhe as boas-novas a respeito
de Jesus.

36 Prosseguindo, chegaram a um lugar
onde havia água. Então o eunuco disse:
"Veja, aqui tem água! O que me impede
de ser batizado?". 37 Filipe disse: "Nada
o impede, se você crê de todo o coração".
O eunuco respondeu: "Creio que Jesus
Cristo é o Filho de Deus".[c] 38 Então mandou
parar a carruagem, os dois desceram até a
água e Filipe o batizou.

39 Quando saíram da água, o Espírito do
Senhor tomou Filipe e o levou. O eunuco
não tornou a vê-lo, mas seguiu viagem
cheio de alegria. 40 Então Filipe apare-
ceu mais ao norte, na cidade de Azoto.
Anunciou as boas-novas ali e em todas as
cidades ao longo do caminho, até chegar
a Cesareia.

A CONVERSÃO DE SAULO

9 Enquanto isso, Saulo, motivado pela
ânsia de matar os discípulos do Senhor,
procurou o sumo sacerdote. 2 Pediu cartas
para as sinagogas em Damasco, solicitando
que cooperassem com a prisão de todos os
seguidores do Caminho, homens e mulhe-
res, que ali encontrasse, para levá-los como
prisioneiros a Jerusalém.

3 Quando se aproximava de Damasco,
de repente uma luz do céu brilhou ao seu
redor. 4 Ele caiu no chão e ouviu uma voz
lhe dizer: "Saulo, Saulo, por que você me
persegue?".

5 "Quem és tu, Senhor?", perguntou Saulo.
E a voz respondeu: "Sou Jesus, a quem
você persegue! 6 Agora levante-se e entre
na cidade, onde lhe dirão o que fazer".

7 Os homens que estavam com Saulo
ficaram calados de espanto, pois ouviam
uma voz, mas não viam ninguém. 8 Saulo
levantou-se do chão, mas, ao abrir os olhos,
estava cego. Então o conduziram pela mão
até Damasco. 9 Lá ele permaneceu, cego,
por três dias, e não comeu nem bebeu
coisa alguma.

10 Havia em Damasco um discípulo
chamado Ananias. O Senhor o chamou
numa visão: "Ananias!".

"Sim, Senhor!", respondeu ele.

11 O Senhor disse: "Vá à rua Direita, à
casa de Judas. Ao chegar, pergunte por
um homem de Tarso chamado Saulo. Ele
está orando neste momento. 12 Mostrei-lhe
numa visão um homem chamado Ananias

[a] **8.26** Ou *Vá ao meio-dia.*

[b] **8.32-33** Is 53.7-8, conforme a Septuaginta.

[c] **8.37** Alguns manuscritos não trazem o versículo 37.

chegando e impondo as mãos sobre ele
para que voltasse a enxergar".
13 Ananias, porém, respondeu: "Senhor,
ouvi muita gente falar das coisas horríveis
que esse homem vem fazendo ao teu
povo santo em Jerusalém. 14 E ele tem
autorização dos principais sacerdotes para
prender todos que invocam o teu nome!".
15 O Senhor, no entanto, disse: "Vá, pois
Saulo é o instrumento que escolhi para
levar minha mensagem aos gentios e aos
reis, bem como ao povo de Israel. 16 E eu
mostrarei a ele quanto deve sofrer por
meu nome".
17 Ananias foi e encontrou Saulo. Ao im-
por as mãos sobre ele, disse: "Irmão Saulo,
o Senhor Jesus, que lhe apareceu no cami-
nho para cá, me enviou para que você volte
a enxergar e fique cheio do Espírito Santo".
18 No mesmo instante, algo semelhante a
escamas caiu dos olhos de Saulo, e sua vi-
são foi restaurada. Então ele se levantou,
foi batizado 19 e, depois de comer, recupe-
rou as forças.

SAULO EM DAMASCO E EM JERUSALÉM

Saulo permaneceu alguns dias em Damas-
co, com os discípulos. 20 Logo, começou a
falar de Jesus nas sinagogas, dizendo: "Ele
é o Filho de Deus!".
21 Todos que o ouviam ficavam admi-
rados. "Não é esse o homem que causou
tanta destruição entre os que invocavam o
nome de Jesus em Jerusalém?", pergunta-
vam. "E não veio aqui para levá-los como
prisioneiros aos principais sacerdotes?"
22 A pregação de Saulo tornou-se cada vez
mais poderosa, pois ele deixava os judeus
de Damasco perplexos, provando que
Jesus é o Cristo. 23 Depois de certo tempo,
alguns judeus conspiraram para matá-lo.
24 Dia e noite, vigiavam a porta da cidade
com a intenção de assassiná-lo, mas ele foi
informado desse plano. 25 Então, durante a
noite, alguns de seus discípulos o baixaram
pela muralha da cidade num grande cesto.
26 Quando Saulo chegou a Jerusalém,
tentou se encontrar com os discípulos,
mas todos estavam com medo dele, pois
não acreditavam que ele tivesse de fato
se tornado discípulo. 27 Então Barnabé o
levou aos apóstolos e lhes contou como
Saulo tinha visto o Senhor no caminho
para Damasco e como ele lhe havia falado.
Contou também que, em Damasco, Saulo
havia pregado corajosamente em nome
de Jesus.
28 Saulo permaneceu com os apóstolos
e andava com eles por Jerusalém, pregan-
do corajosamente em nome do Senhor.
29 Também conversava e discutia com
alguns judeus de fala grega, mas estes
procuravam matá-lo. 30 Quando os irmãos
souberam disso, levaram Saulo a Cesareia
e de lá o enviaram a Tarso.
31 A igreja tinha paz em toda a Judeia,
Galileia e Samaria e ia se fortalecendo à
medida que andava no temor do Senhor.
E, encorajada pelo Espírito Santo, crescia
em número.

PEDRO CURA ENEIAS E RESSUSCITA DORCAS

32 Pedro viajava por toda parte, e foi visitar
o povo santo que vivia na cidade de Lida.
33 Ali encontrou um paralítico chamado
Eneias, que permanecia de cama havia
oito anos. 34 Pedro lhe disse: "Eneias, Jesus
Cristo cura você! Levante-se e arrume
sua maca!". E, no mesmo instante, ele se
levantou. 35 Todos os moradores de Lida e
de Sarona viram Eneias e se converteram
ao Senhor.
36 Havia em Jope uma discípula cha-
mada Tabita (que em grego é Dorcas).[a]
Sempre fazia o bem às pessoas e ajudava
os pobres. 37 Por esse tempo, ficou doen-
te e morreu. Seu corpo foi lavado para
o sepultamento e colocado numa sala
no andar superior. 38 Quando os discí-
pulos souberam que Pedro estava perto
de Lida, enviaram dois homens para lhe
suplicar: "Por favor, venha o mais rápido
possível!".
39 Então Pedro voltou com eles e, assim
que chegou, foi levado para a sala do an-
dar superior. O cômodo estava cheio de
viúvas que choravam e lhe mostravam
os vestidos e outras roupas que Dor-
cas havia feito para elas. 40 Pedro pediu
que todos saíssem do quarto. Então,

[a] **9.36** Tanto *Tabita* (do aramaico) como *Dorcas* (do grego) significam "gazela".

ajoelhou-se e orou. Voltando-se para o corpo da mulher, disse: "Tabita, levante-se", e ela abriu os olhos. Quando ela viu Pedro, sentou-se. 41 Ele lhe deu a mão e a ajudou a levantar-se. Em seguida, chamou os discípulos[a] e as viúvas e a apresentou viva.

42 A notícia se espalhou por toda a cidade, e muitos creram no Senhor. 43 Pedro ficou em Jope algum tempo, hospedado na casa de Simão, um homem que trabalhava com couro.

CORNÉLIO MANDA CHAMAR PEDRO

10 Morava em Cesareia um oficial do exército romano[b] chamado Cornélio, capitão do Regimento Italiano. 2 Era um homem devoto e temente a Deus, como era também toda a sua família. Dava aos pobres esmolas generosas e sempre orava ao Senhor. 3 Certa tarde, por volta das três horas, teve uma visão na qual viu um anjo de Deus vir em sua direção e dizer: "Cornélio!".

4 Temeroso, Cornélio olhou fixamente para o anjo e perguntou: "Que é, senhor?".

E o anjo respondeu: "Suas orações e esmolas subiram até Deus, e ele as guarda na memória. 5 Agora, envie alguns homens a Jope e mande buscar Simão, também chamado Pedro. 6 Ele está hospedado com Simão, um homem que trabalha com couro e mora à beira do mar".

7 Assim que o anjo foi embora, Cornélio chamou dois servos de sua casa e um soldado devoto de seu grupo de auxiliares. 8 Ele lhes contou o que havia acontecido e os enviou a Jope.

PEDRO VISITA CORNÉLIO

9 No dia seguinte, quando os mensageiros de Cornélio se aproximavam da cidade, Pedro subiu ao terraço para orar. Era cerca de meio-dia, 10 e ele estava com fome. Enquanto a refeição era preparada, entrou num êxtase. 11 Viu o céu aberto e algo semelhante a um grande lençol ser baixado por suas quatro pontas. 12 No lençol havia toda espécie de animais, répteis e aves.

13 Então uma voz lhe disse: "Levante-se, Pedro; mate e coma".

14 "De modo nenhum, Senhor!", respondeu Pedro. "Jamais comi coisa alguma que fosse considerada impura[c] e imprópria."

15 Mas a voz falou novamente: "Não chame de impuro o que Deus purificou". 16 A mesma visão se repetiu três vezes. Então, subitamente, o lençol foi recolhido ao céu.

17 Pedro ficou perplexo, pensando em qual seria o significado da visão. Nesse momento, os homens que Cornélio tinha enviado encontraram a casa de Simão. Eles se aproximaram do portão 18 e perguntaram se estava hospedado ali Simão, também chamado Pedro.

19 Enquanto Pedro ainda refletia sobre a visão, o Espírito lhe disse: "Três homens vieram procurá-lo. 20 Levante-se, desça e vá encontrar-se com eles. Não hesite em acompanhá-los, pois eu os enviei".

21 Pedro desceu e disse aos homens: "Eu sou quem vocês procuram. Por que vieram?".

22 Eles responderam: "Cornélio, um oficial romano, nos enviou. Ele é um homem devoto e temente a Deus, respeitado por todos os judeus. Um santo anjo o instruiu a chamar o senhor à casa dele para que ele ouça sua mensagem". 23 Então Pedro convidou os homens para se hospedarem ali aquela noite. No dia seguinte, foi com eles, acompanhado de alguns irmãos de Jope.

24 Chegaram a Cesareia no dia seguinte. Cornélio os esperava e havia reunido seus parentes e amigos íntimos. 25 Quando Pedro chegou à casa, Cornélio veio ao seu encontro e prostrou-se diante dele, adorando-o. 26 Mas Pedro o levantou e disse: "Fique de pé! Eu sou apenas um homem como você". 27 Os dois conversaram e depois entraram na casa, onde muitos outros estavam reunidos.

28 Pedro lhes disse: "Vocês sabem que nossas leis proíbem que um judeu entre num lar gentio como este ou se associe com os gentios. No entanto, Deus me mostrou que não devo mais considerar

[a] **9.41** Em grego, *os santos.*
[b] **10.1** Em grego, *centurião*; também em 10.22.
[c] **10.14** Em grego, *comum*; também em 10.15,28.

ninguém impuro ou impróprio. 29 Por isso,
vim assim que fui chamado, sem levantar
objeções. Agora digam por que vocês man-
daram me buscar".

30 Cornélio respondeu: "Quatro dias
atrás, eu estava orando em casa por volta
deste mesmo horário, às três da tarde.
De repente, um homem vestido com
roupas resplandecentes apareceu diante
de mim. 31 Ele me disse: 'Cornélio, Deus
ouviu sua oração e se lembrou de suas
esmolas. 32 Agora, envie mensageiros a
Jope e mande buscar Simão, também
chamado Pedro. Ele está hospedado na
casa de Simão, um homem que trabalha
com couro e mora à beira do mar'. 33 Assim,
mandei buscá-lo de imediato, e foi bom
que tenha vindo. Agora estamos todos
aqui, esperando diante de Deus para ouvir
a mensagem que o Senhor mandou que
você nos trouxesse".

OS GENTIOS OUVEM AS BOAS-NOVAS

34 Então Pedro respondeu: "Vejo clara-
mente que Deus não mostra nenhum favo-
ritismo. 35 Em todas as nações ele aceita
aqueles que o temem e fazem o que é certo.
36 Esta é a mensagem de boas-novas para o
povo de Israel: Há paz com Deus por meio
de Jesus Cristo, que é Senhor de todos.
37 Vocês sabem o que aconteceu em toda
a Judeia, começando na Galileia, depois
do batismo que João proclamou. 38 Sabem
também que Deus ungiu Jesus de Nazaré
com o Espírito Santo e com poder. Então
Jesus foi por toda parte fazendo o bem e
curando todos os oprimidos pelo diabo,
porque Deus estava com ele.

39 "E nós somos testemunhas de tudo que
ele fez em toda a Judeia e em Jerusalém,
onde o mataram. Penduraram-no numa
cruz,[a] 40 mas Deus o ressuscitou no terceiro
dia e permitiu que ele fosse visto, 41 não
por todo o povo, mas por nós que fomos
escolhidos por Deus de antemão para
sermos suas testemunhas. Nós fomos os
que comemos e bebemos com ele depois
que ele ressuscitou dos mortos. 42 E ele
nos mandou anunciar sua mensagem
em toda parte e testemunhar que Deus o
designou juiz dos vivos e dos mortos. 43 É a
respeito dele que todos os profetas dão
testemunho, dizendo que todo o que nele
crer receberá o perdão de seus pecados
por meio de seu nome".

OS GENTIOS RECEBEM O ESPÍRITO SANTO

44 Enquanto Pedro ainda falava, o Espírito
Santo desceu sobre todos que ouviam a
mensagem. 45 Os discípulos judeus[b] que
acompanhavam Pedro ficaram admirados
de que o dom do Espírito Santo também
fosse derramado sobre os gentios, 46 pois
os ouviram falar em outras línguas e
louvar a Deus.

Pedro perguntou: 47 "Pode alguém se
opor a que eles sejam batizados agora que,
como nós, também receberam o Espírito
Santo?". 48 Então ordenou que fossem ba-
tizados em nome de Jesus Cristo. Depois,
pediram que Pedro ficasse com eles al-
guns dias.

A EXPLICAÇÃO DE PEDRO

11 Logo chegou aos apóstolos e a ou-
tros irmãos da Judeia a notícia de
que os gentios haviam recebido a pala-
vra de Deus. 2 Mas, quando Pedro voltou
a Jerusalém, os discípulos judeus[c] o criti-
caram, 3 dizendo: "Você entrou na casa de
gentios[d] e até comeu com eles!".

4 Então Pedro lhes contou exatamente o
que havia acontecido. 5 Disse: "Eu estava
na cidade de Jope e, enquanto orava, num
êxtase, tive uma visão. Algo semelhante
a um lençol grande foi baixado do céu,
preso pelas quatro pontas, vindo até onde
eu estava. 6 Quando olhei dentro do lençol,
vi toda espécie de animais domésticos e
selvagens, répteis e aves. 7 E ouvi uma voz
dizer: 'Levante-se, Pedro; mate e coma'.

8 "Eu respondi: 'De modo nenhum,
Senhor! Jamais comi coisa alguma que
fosse considerada impura[e] ou imprópria'.

9 "Mas a voz do céu falou novamente: 'Não
chame de impuro o que Deus purificou'.

[a] **10.39** Em grego, *num madeiro.*

[b] **10.45** Em grego, *Os fiéis da circuncisão.*

[c] **11.2** Em grego, *os da circuncisão.*

[d] **11.3** Em grego, *homens incircuncisos.*

[e] **11.8** Em grego, *comum*; também em 11.9.

10 Isso aconteceu três vezes, antes que o lençol, com tudo que ele continha, fosse recolhido ao céu.

11 "Nesse momento, três homens que haviam sido enviados de Cesareia chegaram à casa onde eu estava hospedado. 12 O Espírito me disse que eu fosse com eles, sem nada questionar. Esses seis irmãos me acompanharam, e logo entramos na casa do homem que havia mandado nos buscar. 13 Ele nos contou como um anjo havia aparecido em sua casa e dito: 'Envie mensageiros a Jope e mande buscar Simão, também chamado Pedro. 14 Ele lhe dirá como você e toda a sua casa podem ser salvos'.

15 "Quando comecei a falar, o Espírito Santo desceu sobre eles, como ocorreu conosco, no princípio. 16 Então me lembrei das palavras do Senhor, quando ele disse: 'João batizou com[a] água, mas vocês serão batizados com o Espírito Santo'. 17 E, uma vez que Deus deu a esses gentios a mesma dádiva que concedeu a nós quando cremos no Senhor Jesus Cristo, quem era eu para me opor a Deus?".

18 Ao ouvirem isso, pararam de levantar objeções e começaram a louvar a Deus, dizendo: "Vemos que Deus deu aos gentios o mesmo privilégio de se arrepender e receber a vida eterna!".

A IGREJA EM ANTIOQUIA DA SÍRIA

19 Enquanto isso, os discípulos que haviam sido dispersos na perseguição depois da morte de Estêvão chegaram até a Fenícia, Chipre e Antioquia da Síria. Pregaram a palavra, mas somente aos judeus. 20 Contudo, alguns dos discípulos que foram de Chipre e Cirene até Antioquia começaram a anunciar aos gentios[b] as boas-novas a respeito do Senhor Jesus. 21 A mão do Senhor estava com eles, e muitos desses gentios creram e se converteram ao Senhor.

22 Quando a igreja de Jerusalém soube do que havia acontecido, enviou Barnabé a Antioquia. 23 Ao chegar ali e ver essa demonstração da graça de Deus, alegrou-se muito e incentivou os irmãos a permanecerem fiéis ao Senhor. 24 Barnabé era um homem bom, cheio do Espírito Santo e de fé. E uma grande multidão se converteu ao Senhor.

25 Então Barnabé foi a Tarso procurar Saulo. 26 Quando o encontrou, levou-o para Antioquia. Ali permaneceram com a igreja um ano inteiro, ensinando a muitas pessoas. Foi em Antioquia que os discípulos foram chamados de cristãos pela primeira vez.

27 Durante esse tempo, alguns profetas viajaram de Jerusalém a Antioquia. 28 Um deles, chamado Ágabo, pôs-se em pé numa das reuniões e predisse, pelo Espírito, que uma grande fome viria sobre todo o mundo romano. (Isso se cumpriu durante o reinado de Cláudio.) 29 Então os discípulos de Antioquia decidiram enviar uma ajuda aos irmãos na Judeia, cada um de acordo com suas possibilidades. 30 Foi o que fizeram, enviando as doações aos presbíteros[c] por meio de Barnabé e Saulo.

O MARTÍRIO DE TIAGO E A PRISÃO DE PEDRO

12 Por essa época, o rei Herodes Agripa[d] começou a perseguir violentamente algumas pessoas da igreja. 2 Mandou matar à espada Tiago, irmão de João. 3 Quando Herodes viu quanto isso agradava os judeus, também prendeu Pedro durante a celebração da Festa dos Pães sem Fermento. 4 Depois, lançou-o na cadeia, sob a guarda de quatro escoltas, cada uma com quatro soldados. A intenção de Herodes era apresentar Pedro aos judeus para julgamento público depois da Páscoa. 5 Enquanto Pedro estava no cárcere, a igreja orava fervorosamente a Deus por ele.

A MILAGROSA FUGA DE PEDRO

6 Na noite antes de Pedro ser levado a julgamento, ele dormia, preso com duas correntes entre dois soldados, e outros montavam guarda na porta da prisão. 7 De repente, uma luz intensa brilhou na cela, e um anjo do Senhor apareceu. Tocou no lado de Pedro para acordá-lo e disse:

[a] **11.16** Ou *em*; também em 11.16b.
[b] **11.20** Em grego, *aos helenistas* (i.e., aos de fala grega); alguns manuscritos trazem *aos gregos*.
[c] **11.30** Ou *anciãos*.
[d] **12.1** Em grego, *o rei Herodes*. Sobrinho de Herodes Antipas e neto de Herodes, o Grande.

"Depressa! Levante-se!", e as correntes
caíram dos pulsos de Pedro. 8 Então o anjo
lhe disse: "Vista-se e calce as sandálias",
e Pedro obedeceu. "Agora vista a capa e
siga-me", ordenou o anjo.

9 Pedro deixou a cela, seguindo o anjo.
O tempo todo, porém, pensava que era
uma visão, sem entender que era real o
que ocorria. 10 Passaram o primeiro e o se-
gundo postos de guarda e, quando che-
garam ao portão de ferro que dava para
a cidade, o portão se abriu sozinho para
eles. Os dois passaram e foram caminhan-
do ao longo da rua até que, subitamente,
o anjo o deixou.

11 Por fim, Pedro caiu em si. "É verdade
mesmo!", disse ele. "O Senhor enviou seu
anjo para me salvar daquilo que Herodes e
os judeus planejavam me fazer!"

12 Quando Pedro se deu conta disso, foi à
casa de Maria, mãe de João Marcos, onde
muitos estavam reunidos para orar. 13 Ele
bateu à porta da frente, e uma serva cha-
mada Rode foi atender. 14 Ao reconhecer
a voz de Pedro, ficou tão contente que,
em vez de abrir a porta, correu de volta
para dentro dizendo a todos: "Pedro está
à porta!".

15 Eles, porém, disseram: "Você está fora
de si!". Diante da insistência dela, concluí-
ram: "Deve ser o anjo dele".

16 Enquanto isso, Pedro continuava a ba-
ter. Quando, por fim, abriram a porta e o
viram, ficaram admirados. 17 Ele fez um si-
nal para se acalmarem e lhes contou como
o Senhor o havia tirado da prisão. "Contem
a Tiago e aos outros irmãos o que aconte-
ceu", disse ele. Então foi para outro lugar.

18 Ao amanhecer, houve grande alvoroço
entre os soldados a respeito do que tinha
acontecido a Pedro. 19 Herodes ordenou
que fosse feita uma busca completa por
ele. Não conseguindo encontrá-lo, inter-
rogou os guardas e mandou executá-los.
Depois disso, Herodes partiu da Judeia e
foi passar algum tempo em Cesareia.

A MORTE DE HERODES AGRIPA

20 O rei Herodes estava muito irado com
o povo de Tiro e Sidom. Assim, as duas
cidades se uniram na tentativa de se
reconciliar com o rei, pois dependiam de
suas terras para obter alimento. Então,
tendo conquistado o apoio de Blasto,
assistente pessoal do rei, 21 conseguiram
uma audiência. No dia marcado, Herodes,
vestindo seus trajes reais, sentou-se em
seu trono e fez um discurso para eles.
22 O povo o ovacionava, gritando: "É a voz
de um deus, e não de um homem!".

23 No mesmo instante, um anjo do
Senhor feriu Herodes com uma enfermi-
dade, pois ele não ofereceu a glória a Deus.
Foi comido por vermes e morreu.

24 Enquanto isso, a palavra de Deus
continuava a se espalhar, e havia muitos
novos convertidos.

25 Quando Barnabé e Saulo terminaram
sua missão em Jerusalém, voltaram[a]
levando consigo João Marcos.

BARNABÉ E SAULO SÃO ENVIADOS PELA IGREJA

13 Entre os profetas e mestres da igre-
ja de Antioquia da Síria estavam
Barnabé e Simeão, chamado Negro,[b] Lúcio
de Cirene, Manaém, que tinha sido cria-
do com o rei Herodes Antipas,[c] e Saulo.
2 Certo dia, enquanto adoravam o Senhor
e jejuavam, o Espírito Santo disse: "Sepa-
rem Barnabé e Saulo para realizarem o
trabalho para o qual os chamei". 3 Então,
depois de mais jejuns e orações, impuse-
ram as mãos sobre eles e os enviaram em
sua missão.

A PRIMEIRA VIAGEM MISSIONÁRIA DE PAULO

4 Enviados pelo Espírito Santo, eles desce-
ram ao porto de Selêucia, de onde navega-
ram para a ilha de Chipre. 5 Ali, na cidade
de Salamina, foram às sinagogas judaicas
e pregaram a palavra de Deus. João Marcos
os acompanhava como assistente.

6 Viajaram por toda a ilha até que, por
fim, chegaram a Pafos, onde encontra-
ram um feiticeiro judeu, um falso profeta
chamado Barjesus. 7 Ele acompanhava o
governador Sérgio Paulo, um homem in-
teligente que convidou Barnabé e Saulo

[a] **12.25** Ou *sua missão, voltaram a Jerusalém*. Alguns manuscritos trazem *sua missão, voltaram de Jerusalém*; outros, *sua missão, voltaram de Jerusalém para Antioquia*.
[b] **13.1a** Em grego, *chamado Níger*.
[c] **13.1b** Em grego, *Herodes, o tetrarca*.

Quanto mais nos achegamos ao Senhor e investimos tempo no relacionamento com ele, mais a nossa mente é renovada, nossas intenções purificadas e nossa identidade restaurada.

para visitá-lo, pois desejava ouvir a palavra de Deus. 8 Mas Elimas, o feiticeiro (esse é o significado de seu nome), opôs-se a eles, na tentativa de impedir que o governador viesse a crer.

9 Cheio do Espírito Santo, Saulo, também conhecido como Paulo, encarou Elimas nos olhos 10 e disse: "Filho do diabo, cheio de toda espécie de engano e maldade e inimigo de tudo que é certo! Quando deixará de distorcer os caminhos retos do Senhor? 11 Preste atenção, pois o Senhor colocou a mão sobre você para castigá-lo, e você ficará cego, sem conseguir ver a luz do sol por algum tempo". No mesmo instante, neblina e escuridão cobriram-lhe os olhos e ele começou a tatear, suplicando que alguém o tomasse pela mão e o guiasse.

12 Quando o governador viu o que havia acontecido, creu, muito admirado com o ensino a respeito do Senhor.

PAULO E BARNABÉ EM ANTIOQUIA DA PISÍDIA

13 Paulo e seus companheiros saíram de Pafos num navio e foram à Panfília, onde aportaram em Perge. Ali, João Marcos os deixou e voltou para Jerusalém. 14 Paulo e Barnabé prosseguiram para o interior, até Antioquia da Pisídia.[a]

No sábado, foram à sinagoga. 15 Depois da leitura dos livros da lei e dos profetas, os chefes da sinagoga lhes mandaram um recado: "Irmãos, se vocês têm uma palavra de encorajamento para o povo, podem falar".

16 Então Paulo ficou em pé, levantou a mão para pedir silêncio e começou a falar: "Homens de Israel e gentios tementes a Deus, ouçam-me!

17 "O Deus desta nação de Israel escolheu nossos antepassados e fez que se multiplicassem e se fortalecessem durante o tempo em que ficaram no Egito. Então, com braço poderoso, ele os tirou da escravidão. 18 Ele suportou seu comportamento[b] durante os quarenta anos em que andaram sem rumo pelo deserto. 19 Destruiu sete nações em Canaã e deu seu território a Israel como herança. 20 Tudo isso levou cerca de quatrocentos e cinquenta anos.

"Depois, Deus lhes deu juízes para governá-los até o tempo do profeta Samuel. 21 Então o povo pediu um rei, e ele lhes deu Saul, filho de Quis, homem da tribo de Benjamim, e ele reinou por quarenta anos. 22 Mas Deus removeu Saul e colocou em seu lugar Davi, a respeito de quem Deus disse: 'Davi, filho de Jessé, é um homem segundo o meu coração; fará tudo que for da minha vontade'.[c]

23 "E Jesus, um dos descendentes de Davi, é o salvador que Deus concedeu a Israel, conforme sua promessa! 24 Antes da vinda de Jesus, João Batista anunciou que todo o povo de Israel precisava se arrepender e ser batizado. 25 Quando João estava concluindo seu trabalho, perguntou: 'Vocês pensam que eu sou o Cristo? Não sou! Mas ele vem em breve, e não sou digno sequer de desamarrar as correias de suas sandálias'.

26 "Irmãos, vocês que são filhos de Abraão e também vocês gentios tementes a Deus, esta mensagem de salvação foi enviada a nós. 27 O povo de Jerusalém e seus líderes não reconheceram que Jesus era aquele a respeito de quem os profetas haviam falado. Em vez disso, eles o condenaram e, ao fazê-lo, cumpriram as palavras dos profetas, que são lidas todos os sábados. 28 Não encontraram motivo legal para executá-lo, mas, ainda assim, pediram a Pilatos que o matasse.

29 "Depois de cumprirem tudo que as profecias diziam a respeito dele, eles o tiraram da cruz[d] e o colocaram num túmulo, 30 mas Deus o ressuscitou dos mortos. 31 E, por muitos dias, ele apareceu àqueles que o tinham acompanhado da Galileia para Jerusalém. Agora eles são suas testemunhas diante do povo.

32 "Estamos aqui para trazer a vocês esta boa-nova. A promessa foi feita a nossos antepassados, 33 e agora Deus a cumpriu para nós, os descendentes deles, ao

[a] **13.13-14** *Panfília e Pisídia* eram distritos na região que hoje corresponde à Turquia.

[b] **13.18** Alguns manuscritos trazem *Ele cuidou deles*; comparar com Dt 1.31.

[c] **13.22** 1Sm 13.14.

[d] **13.29** Em grego, *do madeiro*.

ressuscitar Jesus. É isto que o segundo sal-
mo diz a respeito dele:

'Você é meu Filho;
hoje eu o gerei'.[a]

34 Pois Deus havia prometido ressusci-
tá-lo dos mortos, para que jamais apo-
drecesse no túmulo. Ele disse: 'Eu lhes
darei as bênçãos sagradas que prometi a
Davi'.[b] 35 Em outro salmo, ele explicou de
modo mais direto: 'Não permitirás que o
teu Santo apodreça no túmulo'.[c] 36 Não se
trata de uma referência a Davi, porque, de-
pois que Davi fez a vontade de Deus em
sua geração, morreu e foi sepultado com
seus antepassados, e seu corpo apodre-
ceu. 37 É uma referência a outra pessoa, a
alguém a quem Deus ressuscitou e cujo
corpo não apodreceu.
38 "Ouçam, irmãos! Estamos aqui para
proclamar que, por meio de Jesus, há per-
dão para os pecados. 39 Todo o que nele crê
é declarado justo diante de Deus, algo que
a lei de Moisés jamais pôde fazer. 40 Por
isso, tomem cuidado para que não se apli-
quem a vocês as palavras dos profetas:

41 'Olhem, zombadores;
fiquem admirados e morram!
Pois faço algo em seus dias,
algo em que vocês não acreditariam
mesmo que lhes contassem'".[d]

42 Quando Paulo e Barnabé estavam
saindo da sinagoga, o povo pediu que vol-
tassem a falar dessas coisas na semana se-
guinte. 43 Muitos judeus e gentios devotos
convertidos ao judaísmo seguiram Paulo e
Barnabé, que insistiam com eles para que
continuassem a confiar na graça de Deus.

PAULO E BARNABÉ SE DIRIGEM AOS GENTIOS

44 No sábado seguinte, quase toda a ci-
dade compareceu para ouvir a palavra
do Senhor. 45 Quando alguns dos judeus
viram as multidões, ficaram com inveja,
de modo que difamaram Paulo e contes-
tavam tudo que ele dizia.
46 Então Paulo e Barnabé se pronuncia-
ram corajosamente, dizendo: "Era neces-
sário que pregássemos a palavra de Deus
primeiro a vocês, judeus. Mas, uma vez
que vocês a rejeitaram e não se conside-
raram dignos da vida eterna, agora vamos
oferecê-la aos gentios. 47 Pois foi isso que o
Senhor nos ordenou quando disse:

'Fiz de você uma luz para os gentios,
para levar a salvação até os lugares
mais distantes da terra'".[e]

48 Quando ouviram isso, os gentios se
alegraram e agradeceram ao Senhor por
essa mensagem, e todos que haviam sido
escolhidos para a vida eterna creram.
49 Assim, a palavra do Senhor se espalhou
por toda aquela região.
50 Então os judeus, instigando as mulhe-
res religiosas influentes e as autoridades
da cidade, provocaram uma multidão con-
tra Paulo e Barnabé e os expulsaram dali.
51 Eles, porém, sacudiram o pó dos pés em
sinal de reprovação e foram à cidade de
Icônio. 52 E os discípulos estavam cheios
de alegria e do Espírito Santo.

PAULO E BARNABÉ EM ICÔNIO

14 Em Icônio,[f] Paulo e Barnabé tam-
bém foram à sinagoga judaica e
falaram de tal modo que muitos creram,
tanto judeus como gentios. 2 Alguns dos
judeus que não creram, porém, incitaram
os gentios e envenenaram a mente deles
contra Paulo e Barnabé. 3 Ainda assim,
os apóstolos passaram bastante tempo ali,
falando corajosamente da graça do Senhor,
que confirmava a mensagem deles conce-
dendo-lhes poder para realizar sinais e ma-
ravilhas. 4 Com isso, o povo da cidade ficou
dividido: alguns tomaram partido dos ju-
deus, e outros, dos apóstolos.
5 Então um grupo de gentios, judeus e
seus líderes resolveu atacá-los e apedre-
já-los. 6 Quando os apóstolos souberam
disso, fugiram para a região da Licaônia,

[a] **13.33** Ou *hoje eu o revelo como meu Filho.* Sl 2.7.
[b] **13.34** Is 55.3.
[c] **13.35** Sl 16.10.
[d] **13.41** Hc 1.5, conforme a Septuaginta.
[e] **13.47** Is 49.6.
[f] **14.1** Assim como *Listra* e *Derbe* (14.6), a cidade de *Icônio* ficava na região que hoje corresponde à Turquia.

para as cidades de Listra e Derbe e seus arredores. 7 E ali anunciaram as boas-novas.

PAULO E BARNABÉ EM LISTRA E DERBE

8 Enquanto estavam em Listra, Paulo e Barnabé encontraram um homem com os pés aleijados. Sofria desse problema desde o nascimento e, portanto, nunca tinha andado. Estava sentado 9 e ouvia Paulo pregar. Paulo olhou diretamente para ele e, vendo que ele tinha fé para ser curado, 10 disse em alta voz: "Levante-se!". O homem se levantou de um salto e começou a andar.

11 A multidão, vendo o que Paulo havia feito, gritou no dialeto local:[a] "Os deuses vieram até nós em forma de homens!". 12 Concluíram que Barnabé era o deus grego Zeus, e Paulo, o deus Hermes, pois era ele quem proclamava a mensagem. 13 O sacerdote do templo de Zeus, que ficava na entrada da cidade, trouxe touros e coroas de flores até as portas da cidade, pois ele e a multidão queriam oferecer sacrifícios aos apóstolos.

14 Quando Barnabé e Paulo ouviram o que estava acontecendo, rasgaram as roupas e correram para o meio do povo, gritando: 15 "Amigos,[b] por que vocês estão fazendo isso? Somos homens como vocês! Viemos lhes anunciar as boas-novas, para que abandonem estas coisas sem valor e se voltem para o Deus vivo, que fez os céus e a terra, o mar e tudo que neles há. 16 No passado, ele permitiu que as nações seguissem seus próprios caminhos, 17 mas nunca as deixou sem evidências de sua existência e de sua bondade. Ele lhes concede chuvas e boas colheitas, e também alimento e um coração alegre". 18 Apesar dessas palavras, Paulo e Barnabé tiveram dificuldade para impedir que o povo lhes oferecesse sacrifícios.

19 Então alguns judeus chegaram de Antioquia e Icônio e instigaram a multidão. Apedrejaram Paulo e o arrastaram para fora da cidade, pensando que ele estivesse morto. 20 No entanto, quando os discípulos o rodearam, ele se levantou e entrou novamente na cidade. No dia seguinte, partiu com Barnabé para Derbe.

PAULO E BARNABÉ VOLTAM PARA ANTIOQUIA DA SÍRIA

21 Depois de terem anunciado as boas-novas em Derbe e feito muitos discípulos, Paulo e Barnabé voltaram a Listra, Icônio e Antioquia da Pisídia, 22 onde fortaleceram os discípulos. Eles os encorajaram a permanecer na fé, lembrando-os de que é necessário passar por muitos sofrimentos até entrar no reino de Deus. 23 Paulo e Barnabé também escolheram presbíteros[c] em cada igreja e, com orações e jejuns, os entregaram aos cuidados do Senhor, em quem haviam crido. 24 Então viajaram de volta pela Pisídia até a Panfília. 25 Pregaram a palavra em Perge e desceram para Atália.

26 Por fim, voltaram de navio para Antioquia, onde sua viagem tinha começado e onde haviam sido entregues à graça de Deus para realizar o trabalho que agora completavam. 27 Quando chegaram a Antioquia, reuniram a igreja e relataram tudo que Deus tinha feito por meio deles e como tinha aberto a porta da fé também para os gentios. 28 E permaneceram ali com os discípulos por muito tempo.

O CONCÍLIO DE JERUSALÉM

15 Chegaram a Antioquia alguns homens da Judeia e começaram a ensinar aos irmãos: "A menos que sejam circuncidados, conforme exige a lei de Moisés, vocês não poderão ser salvos". 2 Paulo e Barnabé discordaram deles e discutiram energicamente. Por fim, a igreja decidiu[d] enviar Paulo e Barnabé a Jerusalém, acompanhados de alguns irmãos de Antioquia, para tratar dessa questão com os apóstolos e presbíteros.[e] 3 A igreja, portanto, enviou seus representantes a Jerusalém. No caminho, eles pararam na Fenícia e em Samaria para visitar os irmãos e contaram que os gentios também estavam sendo convertidos, o que muito alegrou a todos.

4 Quando chegaram a Jerusalém, foram bem recebidos pela igreja, pelos apóstolos e presbíteros, e relataram tudo que Deus havia feito por meio deles. 5 Contudo,

[a] **14.11** Em grego, *em licaônico.*
[b] **14.15** Em grego, *Homens.*
[c] **14.23** Ou *anciãos.*
[d] **15.2a** Em grego, *eles decidiram.*
[e] **15.2b** Ou *anciãos*; também em 15.4,6,22,23.

alguns dos irmãos que pertenciam à seita dos fariseus se levantaram e disseram: "É necessário que os convertidos gentios sejam circuncidados e guardem a lei de Moisés".

6 Os apóstolos e presbíteros se reuniram para decidir a questão. 7 Depois de uma longa discussão, Pedro se levantou e se dirigiu a eles, dizendo: "Irmãos, vocês sabem que, há muito tempo, Deus me escolheu dentre vocês para falar aos gentios a fim de que eles pudessem ouvir as boas-novas e crer. 8 Deus conhece o coração humano e confirmou que aceita os gentios ao lhes dar o Espírito Santo, como o deu a nós. 9 Não fez distinção alguma entre nós e eles, pois purificou o coração deles por meio da fé. 10 Então por que agora vocês provocam a Deus, sobrecarregando os discípulos gentios com um jugo que nem nós nem nossos antepassados conseguimos suportar? 11 Cremos que todos, nós e eles, somos salvos da mesma forma, pela graça do Senhor Jesus".

12 Todos ouviram em silêncio enquanto Barnabé e Paulo lhes relatavam os sinais e maravilhas que Deus havia realizado por meio deles entre os gentios.

13 Quando terminaram de falar, Tiago se levantou e disse: "Irmãos, ouçam-me! 14 Pedro[a] lhes falou sobre como Deus visitou primeiramente os gentios para separar dentre eles um povo para si. 15 E isso está em pleno acordo com o que disseram os profetas. Como está escrito:

16 'Depois disso voltarei
  e restaurarei a tenda caída de Davi.
Reconstruirei suas ruínas
  e a restaurarei,
17 para que o restante da humanidade
  busque o Senhor,
incluindo os gentios,
  todos os que chamei
    para serem meus.
O Senhor falou,
18 aquele que tornou essas
    coisas conhecidas
  desde a eternidade'.[b]

19 "Portanto, considero que não devemos criar dificuldades para os gentios que se convertem a Deus. 20 Ao contrário, devemos escrever a eles dizendo-lhes que se abstenham de alimentos oferecidos a ídolos, da imoralidade sexual, da carne de animais estrangulados e do sangue. 21 Pois essas leis de Moisés são pregadas todos os sábados nas sinagogas judaicas em todas as cidades há muitas gerações".

A DECISÃO DO CONSELHO

22 Então os apóstolos e presbíteros e toda a igreja em Jerusalém escolheram representantes e os enviaram a Antioquia da Síria, com Paulo e Barnabé, para informar sobre essa decisão. Os homens escolhidos eram dois líderes entre os irmãos: Judas, também chamado Barsabás, e Silas. 23 Esta foi a carta que levaram:

"Nós, os apóstolos e presbíteros, e seus irmãos em Jerusalém, escrevemos esta carta aos irmãos gentios em Antioquia, Síria e Cilícia. Saudações.

24 "Soubemos que alguns homens, que daqui saíram sem nossa autorização, têm perturbado e inquietado vocês com seu ensino. 25 Portanto, depois de chegarmos a um consenso, resolvemos enviar-lhes alguns representantes com nossos amados irmãos Barnabé e Paulo, 26 que têm arriscado a vida pelo nome de nosso Senhor Jesus Cristo. 27 Estamos enviando Judas e Silas para confirmarem pessoalmente o que aqui escrevemos.

28 "Pois pareceu bem ao Espírito Santo e a nós não impor a vocês nenhum peso maior que estes poucos requisitos: 29 abstenham-se de comer alimentos oferecidos a ídolos, de consumir o sangue ou a carne de animais estrangulados, e de praticar a imoralidade sexual. Farão muito bem se evitarem essas coisas.

"Que tudo lhes vá bem."

30 Os mensageiros partiram de imediato para Antioquia, onde reuniram os irmãos e entregaram a carta. 31 Houve grande

---

[a] **15.14** Em grego, *Simeão*.

[b] **15.16-18** Am 9.11-12, conforme a Septuaginta; Is 45.21.

alegria em toda a igreja no dia em que le-
ram essa mensagem animadora.
32 Então Judas e Silas, ambos profetas,
encorajaram e fortaleceram os irmãos
com muitas palavras. 33 Permaneceram
ali algum tempo, e depois os irmãos os
enviaram em paz de volta à igreja de Je-
rusalém. 34 Silas, porém, resolveu per-
manecer ali.[a] 35 Paulo e Barnabé ficaram
em Antioquia. Eles e muitos outros ensi-
navam e pregavam a palavra do Senhor
naquela cidade.

PAULO E BARNABÉ SE SEPARAM

36 Algum tempo depois, Paulo disse a
Barnabé: "Voltemos para visitar cada
uma das cidades onde pregamos a pala-
vra do Senhor, para ver como os irmãos
estão indo". 37 Barnabé queria levar
João Marcos, 38 mas Paulo se opôs, pois
João Marcos tinha se separado deles na
Panfília, não prosseguindo com eles no
trabalho. 39 O desentendimento entre eles
foi tão grave que os dois se separaram.
Barnabé levou João Marcos e navegou para
Chipre. 40 Paulo escolheu Silas e partiu,
e os irmãos o entregaram ao cuidado
gracioso do Senhor. 41 Então ele viajou
por toda a Síria e Cilícia, fortalecendo as
igrejas de lá.

A SEGUNDA VIAGEM MISSIONÁRIA DE PAULO

16 Paulo foi primeiro a Derbe e depois
a Listra, onde havia um jovem
discípulo chamado Timóteo. A mãe dele
era uma judia convertida, e o pai era
grego. 2 Os irmãos em Listra e em Icônio
o tinham em alta consideração, 3 de modo
que Paulo pediu que ele os acompanhasse
em sua viagem. Em respeito aos judeus
da região, providenciou que Timóteo
fosse circuncidado antes de partirem,
pois todos sabiam que o pai dele era
grego. 4 Em toda cidade por onde passa-
vam, instruíam os irmãos a seguirem as
decisões tomadas pelos apóstolos e pres-
bíteros[b] em Jerusalém. 5 Assim, as igrejas
eram fortalecidas na fé e cresciam em
número a cada dia.

UMA SÚPLICA DA MACEDÔNIA

6 Em seguida, Paulo e Silas viajaram pela
região da Frígia e da Galácia, pois o Espí-
rito Santo os impediu de pregar a palavra
na província da Ásia. 7 Então, chegando à
fronteira da Mísia, tentaram ir para o nor-
te, em direção à Bitínia,[c] mas o Espírito de
Jesus não permitiu. 8 Assim, seguiram via-
gem pela Mísia até o porto de Trôade.
9 Naquela noite, Paulo teve uma visão,
na qual um homem da Macedônia em pé
lhe suplicava: "Venha para a Macedônia e
ajude-nos!". 10 Então decidimos[d] partir de
imediato para a Macedônia, concluindo
que Deus nos havia chamado para anun-
ciar ali as boas-novas.

LÍDIA DE FILIPOS CRÊ EM JESUS

11 Embarcamos em Trôade e navegamos
diretamente para a ilha de Samotrácia
e, no dia seguinte, chegamos a Neápolis.
12 Dali, alcançamos Filipos, cidade impor-
tante dessa região da Macedônia e colônia
romana, e ali permanecemos vários dias.
13 No sábado, saímos da cidade e fomos
à margem do rio, onde esperávamos en-
contrar um lugar de oração. Sentamo-nos
e começamos a conversar com algumas
mulheres ali reunidas. 14 Uma delas era
uma mulher temente a Deus chamada
Lídia, da cidade de Tiatira, comerciante
de tecido de púrpura. Enquanto ela nos
ouvia, o Senhor lhe abriu o coração, e ela
aceitou aquilo que Paulo estava dizendo.
15 Foi batizada, junto com sua família, e
pediu que nos hospedássemos em sua
casa. "Se concordam que creio de fato no
Senhor, venham ficar em minha casa", dis-
se ela, e insistiu até que aceitamos.

PAULO E SILAS NA PRISÃO

16 Certo dia, enquanto íamos ao lugar de
oração, veio ao nosso encontro uma es-
crava possuída por um espírito pelo qual
ela predizia o futuro. Com suas adivinha-
ções, ganhava muito dinheiro para seus
senhores. 17 Ela seguia Paulo e a nós, gri-
tando: "Estes homens são servos do Deus

[a] **15.34** Alguns manuscritos não trazem o versículo 34.
[b] **16.4** Ou *anciãos*

[c] **16.6-7** *Frígia, Galácia, Ásia, Mísia* e *Bitínia* eram distritos na região que hoje corresponde à Turquia.
[d] **16.10** Deste ponto em diante, Lucas, o autor de Atos, começou a viajar com Paulo.

Altíssimo e vieram anunciar como vocês
podem ser salvos!".

18 Isso continuou por vários dias, até
que Paulo, indignado, se voltou e disse ao
espírito dentro da jovem: "Eu ordeno em
nome de Jesus Cristo que saia dela". E, no
mesmo instante, o espírito a deixou.

19 Quando os senhores da escrava viram
que suas expectativas de lucro haviam
sido frustradas, agarraram Paulo e Silas e
os arrastaram à presença das autoridades,
na praça do mercado. 20 "Estes judeus es-
tão tumultuando a cidade!", gritaram para
os magistrados. 21 "Eles ensinam costumes
que nós, romanos, não podemos seguir,
pois contrariam nossas leis!"

22 Logo, uma multidão revoltada se jun-
tou contra Paulo e Silas, e os magistrados
ordenaram que os dois fossem despidos e
açoitados com varas. 23 Depois de serem
severamente açoitados, foram lançados na
prisão. O carcereiro recebeu ordens para
não os deixar escapar, 24 por isso os colo-
cou no cárcere interno, prendendo-lhes os
pés no tronco.

25 Por volta da meia-noite, Paulo e Silas
oravam e cantavam hinos a Deus, e os
outros presos ouviam. 26 De repente, hou-
ve um forte terremoto, e até os alicerces
da prisão foram sacudidos. No mesmo
instante, todas as portas se abriram e as
correntes de todos os presos se soltaram.
27 Quando o carcereiro acordou, viu as
portas da prisão escancaradas. Imaginan-
do que os prisioneiros haviam escapado,
puxou a espada para se matar. 28 Paulo,
porém, gritou: "Não se mate! Estamos
todos aqui!".

29 O carcereiro mandou que trouxessem
luz e correu até o cárcere, onde se pros-
trou, tremendo de medo, diante de Paulo
e Silas. 30 Então ele os levou para fora e
perguntou: "Senhores, que devo fazer para
ser salvo?".

31 Eles responderam: "Creia no Senhor
Jesus, e você e sua família serão salvos".
32 Então pregaram a palavra do Senhor a
ele e a toda a sua família. 33 Mesmo sendo
tarde da noite, o carcereiro cuidou deles
e lavou suas feridas. Em seguida, ele e
todos os seus foram batizados. 34 Depois,
levou-os para sua casa e lhes serviu uma
refeição, e ele e toda a sua família se ale-
graram porque creram em Deus.

35 Na manhã seguinte, os magistrados
mandaram os guardas ordenarem ao car-
cereiro: "Solte estes homens!". 36 Então o
carcereiro mandou dizer a Paulo: "Os ma-
gistrados disseram que você e Silas estão
livres. Vão em paz".

37 Paulo, no entanto, respondeu: "Eles
nos açoitaram publicamente sem julga-
mento e nos colocaram na prisão, e nós
somos cidadãos romanos. Agora querem
que vamos embora às escondidas?
De maneira nenhuma! Que venham eles
mesmos e nos soltem".

38 Os guardas relataram isso aos magis-
trados, que ficaram assustados por saber
que Paulo e Silas eram cidadãos romanos.
39 Foram até a prisão e lhes pediram
desculpas. Então os trouxeram para fora
e suplicaram que deixassem a cidade.
40 Quando Paulo e Silas saíram da prisão,
voltaram à casa de Lídia. Ali se encontra-
ram com os irmãos e os encorajaram mais
uma vez. Depois, partiram.

PAULO ANUNCIA AS BOAS-NOVAS EM TESSALÔNICA

17 Então Paulo e Silas passaram pelas
cidades de Anfípolis e Apolônia e
chegaram a Tessalônica, onde havia uma
sinagoga judaica. 2 Como era seu costume,
Paulo foi à sinagoga e, durante três sába-
dos seguidos, discutiu as Escrituras com o
povo. 3 Explicou as profecias e provou que
era necessário o Cristo sofrer e ressuscitar
dos mortos. "Esse Jesus de que lhes falo é o
Cristo", disse ele. 4 Alguns dos judeus que
o ouviam foram convencidos e se uniram
a Paulo e Silas, bem como muitos gregos
tementes a Deus e várias mulheres de
alta posição.[a]

5 Alguns judeus, porém, ficaram com
inveja, reuniram alguns desordeiros e de-
socupados e, com a multidão, começaram
um tumulto. Invadiram a casa de Jasom em
busca de Paulo e Silas para entregá-los ao
conselho da cidade,[b] 6 mas, como não os
encontraram, arrastaram para fora Jasom e

[a] **17.4** Alguns manuscritos trazem *várias esposas de homens de alta posição.*

[b] **17.5** Ou *ao povo.*

alguns outros irmãos e os levaram diante
do conselho. Gritavam: "Aqueles que têm
causado transtornos no mundo todo ago-
ra estão aqui, perturbando nossa cidade,
7 e Jasom os recebeu em sua casa! São to-
dos culpados de traição contra César, pois
afirmam que existe um outro rei, um tal
de Jesus".

8 Ao ouvir isso, o povo da cidade e o
conselho se agitaram. 9 Então os oficiais
obrigaram Jasom e os outros irmãos a
pagarem fiança, e depois os soltaram.

PAULO E SILAS EM BEREIA

10 Ao anoitecer, os irmãos enviaram Pau-
lo e Silas a Bereia. Quando lá chegaram,
foram à sinagoga judaica. 11 Os judeus
que moravam em Bereia tinham a mente
mais aberta que os de Tessalônica e ou-
viram a mensagem de Paulo com grande
interesse. Todos os dias, examinavam as
Escrituras para ver se Paulo e Silas en-
sinavam a verdade. 12 Como resultado,
muitos judeus creram, assim como vários
gregos de alta posição, tanto homens como
mulheres.

13 Mas, quando os judeus de Tessalôni-
ca souberam que Paulo estava pregando a
palavra de Deus em Bereia, foram até lá e
criaram um alvoroço. 14 Os irmãos agiram
de imediato e enviaram Paulo para o lito-
ral, enquanto Silas e Timóteo permanece-
ram na cidade. 15 Os que acompanharam
Paulo o levaram até Atenas e, depois, vol-
taram a Bereia com instruções para Silas
e Timóteo irem ao encontro dele o mais
depressa possível.

PAULO ANUNCIA AS BOAS-NOVAS EM ATENAS

16 Enquanto Paulo esperava por eles em
Atenas, ficou muito indignado ao ver ídolos
por toda a cidade. 17 Por isso, ia à sinagoga
debater com os judeus e com os gentios te-
mentes a Deus e falava diariamente na pra-
ça pública a todos que ali estavam.

18 Paulo também debateu com alguns
dos filósofos epicureus e estoicos. Quan-
do lhes falou de Jesus e da ressurreição,
eles perguntaram: "O que esse tagarela está
querendo dizer?". Outros disseram: "Parece
estar falando de deuses estrangeiros".

19 Então levaram Paulo ao conselho da ci-
dade[a] e disseram: "Pode nos dizer que novo
ensino é esse? 20 Você diz coisas um tanto
estranhas, e queremos saber o que signifi-
cam". 21 (Convém explicar que os atenien-
ses, bem como os estrangeiros que viviam
em Atenas, pareciam não fazer outra coisa
senão discutir as últimas novidades.)

22 Então Paulo se levantou diante do con-
selho e assim se dirigiu a seus membros:
"Homens de Atenas, vejo que em todos
os aspectos vocês são muito religiosos,
23 pois, enquanto andava pela cidade, re-
parei em seus diversos altares. Um deles
trazia a seguinte inscrição: 'Ao Deus Des-
conhecido'. Esse Deus que vocês adoram
sem conhecer é exatamente aquele de que
lhes falo.

24 "Ele é o Deus que fez o mundo e tudo
que nele há. Uma vez que é Senhor dos
céus e da terra, não habita em templos
feitos por homens 25 e não é servido por
mãos humanas, pois não necessita de coi-
sa alguma. Ele mesmo dá vida e fôlego a
tudo, e supre cada necessidade. 26 De um
só homem[b] ele criou todas as nações da
terra, tendo decidido de antemão onde se
estabeleceriam e por quanto tempo.

27 "Seu propósito era que as nações bus-
cassem a Deus e, tateando, talvez viessem
a encontrá-lo, embora ele não esteja longe
de nenhum de nós. 28 Pois nele vivemos,
nos movemos e existimos. Como disseram
alguns de seus[c] próprios poetas: 'Somos
descendência dele'. 29 E, por ser isso ver-
dade, não devemos imaginar Deus como
um ídolo de ouro, prata ou pedra, projeta-
do por artesãos.

30 "No passado, Deus não levou em con-
ta a ignorância das pessoas acerca dessas
coisas, mas agora ele ordena que todos,
em todo lugar, se arrependam. 31 Pois ele
estabeleceu um dia para julgar o mundo
com justiça, por meio do homem que ele
designou, e mostrou a todos quem é esse
homem ao ressuscitá-lo dos mortos".

32 Quando ouviram Paulo falar da res-
surreição dos mortos, alguns riram com

[a] **17.19** Ou *à sociedade mais erudita de filósofos da cidade*. Em grego, *ao Areópago*; também em 17.22.
[b] **17.26** Em grego, *De um só*; alguns manuscritos trazem *De um só sangue*.
[c] **17.28** Alguns manuscritos trazem *nossos*.

desprezo. Outros, porém, disseram: "Que-
remos ouvir mais sobre isso em outra
ocasião". 33 Então Paulo se retirou do con-
selho, 34 mas alguns se juntaram a ele e
creram. Entre eles estavam Dionísio, mem-
bro do conselho,[a] uma mulher chamada
Dâmaris, e alguns outros.

PAULO ENCONTRA PRISCILA E ÁQUILA EM CORINTO

18 Algum tempo depois, Paulo deixou
Atenas e foi para Corinto.[b] 2 Ali en-
controu um judeu chamado Áquila, natural
do Ponto, que havia chegado recentemente
da Itália com sua esposa, Priscila, depois
que Cláudio César expulsou todos os ju-
deus de Roma. 3 Paulo foi morar e traba-
lhar com eles, pois eram fabricantes de
tendas,[c] como ele.

4 Todos os sábados, Paulo ia à sinagoga
e buscava convencer tanto judeus como
gregos. 5 Depois que Silas e Timóteo che-
garam da Macedônia, Paulo se dedicou
totalmente à pregação da palavra e teste-
munhava aos judeus que Jesus era o Cristo.
6 Mas, quando eles se opuseram a Paulo
e o insultaram, ele sacudiu o pó da rou-
pa e disse: "Vocês são responsáveis por
sua própria destruição![d] Eu sou inocente.
De agora em diante, pregarei aos gentios".

7 Então saiu dali e foi à casa de Tício
Justo, um gentio temente a Deus que mo-
rava ao lado da sinagoga. 8 Crispo, o líder
da sinagoga, e toda a sua família creram
no Senhor. Muitos outros em Corinto
também ouviram Paulo, creram e foram
batizados.

9 Certa noite, o Senhor falou a Paulo
numa visão: "Não tenha medo! Continue
a falar e não se cale, 10 pois estou com
você, e ninguém o atacará nem lhe fará
mal, porque muita gente nesta cidade
me pertence". 11 Então Paulo permaneceu
ali um ano e meio, ensinando a palavra
de Deus.

12 Quando Gálio se tornou governador da
Acaia, alguns judeus se levantaram contra
Paulo e o levaram diante do governador
para ser julgado. 13 Eles o acusaram de
convencer as pessoas a adorar a Deus
de maneira contrária à lei judaica.

14 Mas, assim que Paulo começou a apre-
sentar sua defesa, Gálio se voltou para os
acusadores e disse: "Ouçam, judeus! Se sua
queixa envolvesse algum delito ou crime
grave, eu teria motivo para aceitar o caso.
15 Mas, como se trata apenas de uma
questão de palavras e nomes e da sua lei,
resolvam isso vocês mesmos. Recuso-me
a julgar essas coisas". 16 E os expulsou
do tribunal.

17 A multidão[e] agarrou Sóstenes, o novo
líder da sinagoga, e o espancou ali mesmo,
no tribunal. Gálio, no entanto, não se
importou com isso.

PAULO VOLTA A ANTIOQUIA DA SÍRIA

18 Paulo ainda permaneceu em Corinto
por algum tempo. Então se despediu dos
irmãos e foi a Cencreia, onde raspou a
cabeça, de acordo com o costume judaico
para marcar o fim de um voto. Em seguida,
partiu de navio para a Síria, levando
consigo Priscila e Áquila.

19 Chegaram ao porto de Éfeso, onde
Paulo os deixou. Enquanto estava ali, foi
à sinagoga para debater com os judeus.
20 Eles pediram que ficasse mais tempo,
mas ele recusou. 21 Ao despedir-se, Paulo
disse: "Voltarei depois, se Deus quiser".
Então zarpou de Éfeso. 22 A parada seguinte
foi no porto de Cesareia, de onde subiu a
Jerusalém e visitou a igreja. Em seguida,
voltou para Antioquia.

23 Depois de passar algum tempo ali,
voltou pela Galácia e pela Frígia, visitando
e fortalecendo todos os discípulos.

APOLO EM ÉFESO

24 Enquanto isso, chegou a Éfeso vindo de
Alexandria, no Egito, um judeu chamado
Apolo. Era um orador eloquente que co-
nhecia bem as Escrituras. 25 Tinha sido
instruído no caminho do Senhor e ensi-
nava a respeito de Jesus com profundo

[a] **17.34** Em grego, *o areopagita.*
[b] **18.1** *Atenas* e *Corinto* eram cidades importantes da Acaia, a região sul da península grega.
[c] **18.3** Ou *artesãos que trabalhavam com couro.*
[d] **18.6** Em grego, *O sangue de vocês está sobre sua própria cabeça.*
[e] **18.17** Em grego, *Todos*; alguns manuscritos trazem *Todos os gregos.*

entusiasmo[a] e exatidão, embora só conhecesse o batismo de João. 26 Quando o ouviram falar corajosamente na sinagoga, Priscila e Áquila o chamaram de lado e lhe explicaram com mais exatidão o caminho de Deus.

27 Apolo queria percorrer a Acaia, e os irmãos de Éfeso o incentivaram. Escreveram uma carta aos discípulos de lá, pedindo que o recebessem bem. Ao chegar, foi de grande ajuda àqueles que, pela graça, haviam crido, 28 pois, em debates públicos, refutava os judeus com fortes argumentos. Usando as Escrituras, demonstrava-lhes que Jesus é o Cristo.

A TERCEIRA VIAGEM MISSIONÁRIA DE PAULO

19 Enquanto Apolo estava em Corinto, Paulo viajou pelas regiões do interior até chegar a Éfeso, no litoral, onde encontrou alguns discípulos. 2 Ele lhes perguntou: "Vocês receberam o Espírito Santo quando creram?".

"Não", responderam eles. "Nem sequer ouvimos que existe o Espírito Santo."

3 "Então que batismo vocês receberam?", perguntou ele.

"O batismo de João", responderam.

4 Paulo disse: "João batizava com o batismo de arrependimento, dizendo ao povo que cresse naquele que viria depois, isto é, em Jesus".

5 Assim que ouviram isso, foram batizados em nome do Senhor Jesus. 6 Paulo lhes impôs as mãos e o Espírito Santo veio sobre eles, e falaram em línguas e profetizaram. 7 Eram ao todo uns doze homens.

O MINISTÉRIO DE PAULO EM ÉFESO

8 Em seguida, Paulo foi à sinagoga e ali pregou corajosamente durante três meses, argumentando de modo convincente sobre o reino de Deus. 9 Mas alguns deles se mostraram endurecidos, rejeitaram a mensagem e falaram publicamente contra o Caminho. Paulo, então, deixou a sinagoga e levou consigo os discípulos, passando a realizar discussões diárias na escola de Tirano. 10 Isso continuou durante os dois anos seguintes, e gente de toda a província da Ásia, tanto judeus como gregos, ouviu a palavra do Senhor.

11 Deus concedeu a Paulo o poder de realizar milagres extraordinários. 12 Quando lenços ou aventais usados por ele eram colocados sobre enfermos, estes eram curados de suas doenças e deles saíam espíritos malignos.

13 Alguns judeus viajavam pelas cidades expulsando espíritos malignos. Tentavam usar o nome do Senhor Jesus, dizendo: "Ordeno que saia em nome de Jesus, a quem Paulo anuncia!". 14 Os homens que faziam isso eram os sete filhos de Ceva, um dos principais sacerdotes. 15 Certa ocasião, o espírito maligno respondeu: "Eu conheço Jesus e conheço Paulo, mas quem são vocês?". 16 O homem possuído pelo espírito maligno saltou em cima deles e os atacou com tanta violência que fugiram da casa, despidos e feridos.

17 A notícia do ocorrido se espalhou rapidamente por toda a cidade de Éfeso, tanto entre judeus como entre gregos, e sobre eles veio um temor reverente, e o nome do Senhor Jesus era engrandecido. 18 Muitos dos que creram confessaram suas obras pecaminosas. 19 Vários deles, que haviam praticado feitiçaria, trouxeram seus livros de encantamentos e os queimaram publicamente. O valor dos livros totalizou cinquenta mil moedas de prata.[b] 20 Assim, a mensagem a respeito do Senhor se espalhou amplamente e teve efeito poderoso.

21 Depois disso, Paulo se sentiu impelido pelo Espírito[c] a passar pela Macedônia e a Acaia antes de ir a Jerusalém. "E, de lá, devo prosseguir para Roma!", disse ele. 22 Então, enviou adiante dele à Macedônia dois assistentes, Timóteo e Erasto, e permaneceu um pouco mais na província da Ásia.

O TUMULTO EM ÉFESO

23 Por essa época, houve enorme tumulto em Éfeso por causa do Caminho. 24 Começou com Demétrio, ourives que fabricava

a **18.25** Ou *com entusiasmo no Espírito.*

b **19.19** Em grego, *50.000 dracmas.* Uma dracma equivalia ao salário por um dia completo de trabalho.

c **19.21** Ou *decidiu em seu espírito.*

modelos de prata do templo da deusa grega Ártemis[a] e que empregava muitos artífices. 25 Ele os reuniu a outros que trabalhavam em ofícios semelhantes e disse:

"Senhores, vocês sabem que nossa prosperidade vem deste empreendimento. 26 Mas, como vocês viram e ouviram, esse sujeito, Paulo, convenceu muita gente de que deuses feitos por mãos humanas não são deuses de verdade. Fez isso não apenas aqui em Éfeso, mas em toda a província. 27 Claro que não me refiro apenas à perda do respeito público por nossa atividade. Também me preocupa que o templo da grande deusa Ártemis perca sua influência e que esta deusa magnífica, adorada em toda a província da Ásia e ao redor do mundo, seja destituída de seu grande prestígio!".

28 Ao ouvir isso, ficaram furiosos e começaram a gritar: "Grande é Ártemis dos efésios!". 29 Em pouco tempo, a cidade toda estava uma confusão. O povo correu para o anfiteatro, arrastando os macedônios Gaio e Aristarco, companheiros de viagem de Paulo. 30 Ele também quis entrar, mas os discípulos não permitiram. 31 Alguns amigos de Paulo, oficiais da província, também lhe enviaram um recado no qual suplicaram que não arriscasse a vida entrando no anfiteatro.

32 Lá dentro, em polvorosa, o povo todo gritava, e cada um dizia uma coisa. Na verdade, a maioria nem sabia por que estava ali. 33 Entre a multidão, os judeus empurraram Alexandre para a frente e ordenaram que explicasse a situação. Ele fez sinal pedindo silêncio e tentou falar. 34 No entanto, quando a multidão percebeu que ele era judeu, começou a gritar novamente e continuou por cerca de duas horas: "Grande é Ártemis dos efésios!".

35 Por fim, o escrivão da cidade conseguiu acalmar a multidão e disse: "Cidadãos de Éfeso, todos sabem que Éfeso é a guardiã do templo da grande Ártemis, cuja imagem caiu do céu para nós. 36 Portanto, sendo este um fato inegável, acalmem-se e não façam nada precipitadamente. 37 Vocês trouxeram estes homens aqui, mas eles não roubaram nada do templo nem disseram coisa alguma contra nossa deusa.

38 "Se Demétrio e seus artífices têm alguma queixa contra eles, os tribunais estão abertos e há oficiais disponíveis para ouvir o caso. Que façam acusações formais. 39 E, se há outras queixas que desejam apresentar, elas podem ser resolvidas em assembleia, conforme a lei. 40 Corremos o perigo de ser acusados de provocar desordem, pois não há motivo para este tumulto. E, se exigirem de nós uma explicação, não teremos o que dizer". 41 [b]Então os despediu, e a multidão se dispersou.

PAULO VAI À MACEDÔNIA E À GRÉCIA

20 Passado o tumulto, Paulo mandou chamar os discípulos e os encorajou. Então se despediu e partiu para a Macedônia. 2 Enquanto estava lá, encorajou os discípulos em todas as cidades por onde passou. Em seguida, desceu à Grécia, 3 onde ficou por três meses. Quando se preparava para navegar de volta à Síria, descobriu que alguns judeus conspiravam contra sua vida e decidiu voltar pela Macedônia.

4 Alguns homens viajavam com ele: Sópatro, filho de Pirro, de Bereia; Aristarco e Secundo, de Tessalônica; Gaio, de Derbe; Timóteo; e Tíquico e Trófimo, da província da Ásia. 5 Eles foram adiante e esperaram por nós em Trôade. 6 Terminada a Festa dos Pães sem Fermento, embarcamos num navio em Filipos e, cinco dias depois, nos reencontramos em Trôade, onde ficamos uma semana.

A ÚLTIMA VISITA DE PAULO A TRÔADE

7 No primeiro dia da semana, nos reunimos com os irmãos de lá para o partir do pão. Paulo começou a falar ao povo e, como pretendia embarcar no dia seguinte, continuou até a meia-noite. 8 A sala no andar superior onde estávamos reunidos era iluminada por muitas lamparinas. 9 O discurso de Paulo se estendeu por horas, e um jovem chamado Êutico, que

Quando o Senhor começar a tratar e nutrir as suas raízes, ele também mexerá em sua cosmovisão e redefinirá todos os seus conceitos equivocados a respeito de sucesso, casamento, liderança, maternidade.

[a] **19.24** Também conhecida como *Diana*.

[b] **19.41** Outras traduções apresentam o versículo 41 como parte do versículo 40.

estava sentado no parapeito da janela,
ficou muito sonolento. Por fim, adormeceu
profundamente, caiu de uma altura de três
andares e morreu. 10 Paulo desceu, incli-
nou-se sobre o jovem e o abraçou. "Não
se desesperem", disse ele. "O rapaz está
vivo!" 11 Então todos subiram novamente,
partiram o pão e comeram juntos. Paulo
continuou a lhes falar até o amanhecer e
depois partiu. 12 Enquanto isso, o jovem
foi levado para casa vivo, e todos sentiram
grande alívio.

PAULO SE ENCONTRA COM OS LÍDERES EFÉSIOS

13 Paulo foi por terra até Assôs, onde havia
definido que devíamos esperar por ele,
enquanto nós fomos de navio. 14 Encontrou-
-se conosco em Assôs e navegamos juntos
até Mitilene. 15 No dia seguinte, passamos
em frente à ilha de Quios. No outro dia,
atravessamos para a ilha de Samos e,[a] um
dia depois, chegamos a Mileto.

16 Paulo havia decidido não aportar em
Éfeso, pois não queria passar mais tempo
na província da Ásia. Tinha pressa de
chegar a Jerusalém, se possível, para a
Festa de Pentecostes. 17 Por isso, em Mileto,
mandou chamar os presbíteros[b] da igreja
de Éfeso.

18 Quando chegaram, ele lhes disse:
"Vocês sabem que, desde o dia em que pisei
na província da Ásia até agora, 19 fiz o traba-
lho do Senhor humildemente e com muitas
lágrimas. Suportei as provações decorrentes
das intrigas dos judeus 20 e jamais deixei
de dizer a vocês o que precisavam ouvir,
seja publicamente, seja em seus lares.
21 Anunciei uma única mensagem tanto
para judeus como para gregos: é necessário
que se arrependam, se voltem para Deus e
tenham fé em nosso Senhor Jesus.

22 "Agora, impelido pelo Espírito,[c] vou a
Jerusalém. Não sei o que me espera ali,
23 senão que o Espírito Santo me diz, em
todas as cidades, que tenho pela frente
prisão e sofrimento. 24 Mas minha vida não
vale coisa alguma para mim, a menos que
eu a use para completar minha carreira e
a missão que me foi confiada pelo Senhor
Jesus: dar testemunho das boas-novas da
graça de Deus.

25 "Agora sei que nenhum de vocês, a
quem anunciei o reino, me verá outra vez.
26 Por isso, declaro hoje que, se alguém se
perder, não será por minha culpa,[d] 27 pois
não deixei de anunciar tudo que Deus quer
que vocês saibam.

28 "Portanto, cuidem de si mesmos e
do rebanho sobre o qual o Espírito Santo
os colocou como bispos,[e] a fim de pasto-
rearem a igreja de Deus, comprada com
seu próprio sangue.[f] 29 Sei que depois de
minha partida surgirão em seu meio falsos
mestres, lobos ferozes que não pouparão
o rebanho. 30 Até mesmo entre vocês se
levantarão homens que distorcerão a
verdade a fim de conquistar seguidores.
31 Portanto, vigiem! Lembrem-se dos três
anos que estive com vocês, de como dia
e noite nunca deixei de aconselhar com
lágrimas cada um de vocês.

32 "E, agora, eu os entrego a Deus e à
mensagem de sua graça que pode edificá-los
e dar-lhes uma herança junto com todos
que ele separou para si.

33 "Jamais cobicei a prata, o ouro ou as
roupas de alguém. 34 Vocês sabem que
estas minhas mãos trabalharam para
prover as minhas necessidades e as dos
que estavam comigo. 35 Fui exemplo
constante de como podemos, com trabalho
árduo, ajudar os necessitados, lembrando
as palavras do Senhor Jesus: 'Há bênção
maior em dar que em receber'".

36 Quando Paulo terminou de falar,
ajoelhou-se e orou com eles. 37 Todos
choraram muito enquanto se despediam
dele com abraços e beijos. 38 O que mais os
entristeceu foi ele ter dito que nunca mais
o veriam. Então eles o acompanharam
até o navio.

PAULO VIAJA PARA JERUSALÉM

21 Depois de nos despedirmos, na-
vegamos em direção à ilha de
Cós. No dia seguinte, chegamos a Rodes

[a] **20.15** Alguns manuscritos acrescentam *depois de pararmos em Trogílio.*
[b] **20.17** Ou *anciãos.*
[c] **20.22** Ou *por meu espírito*, ou *por uma compulsão interior*; o grego traz *pelo espírito.*
[d] **20.26** Ou *sou inocente do sangue de todos.*
[e] **20.28a** Ou *supervisores.*
[f] **20.28b** Ou *com o sangue de seu próprio [Filho].*

e, então, a Pátara. 2 Ali, embarcamos num navio que partia para a Fenícia. 3 Avistamos a ilha de Chipre, passamos por ela à nossa esquerda e aportamos em Tiro, na Síria, onde o navio deixaria sua carga.

4 No desembarque, encontramos os discípulos que ali viviam e ficamos com eles por uma semana. Pelo Espírito, eles advertiam Paulo de que não fosse a Jerusalém. 5 Ao fim de nosso tempo ali, voltamos ao navio, e toda a congregação, incluindo mulheres[a] e crianças, saiu da cidade e nos acompanhou até a praia. Ali nos ajoelhamos, oramos 6 e nos despedimos. Então subimos a bordo, e eles voltaram para casa.

7 Depois que partimos de Tiro, chegamos a Ptolemaida, onde saudamos os irmãos e passamos um dia. 8 No dia seguinte, prosseguimos para Cesareia e nos hospedamos na casa de Filipe, o evangelista, um dos sete que tinham servido na igreja em Jerusalém. 9 Ele tinha quatro filhas solteiras que profetizavam.

10 Muitos dias depois, chegou da Judeia um profeta chamado Ágabo. 11 Ele veio ao nosso encontro, tomou o cinto de Paulo e com ele amarrou os próprios pés e as mãos. Em seguida, disse: "O Espírito Santo declara: 'Assim o dono deste cinto será amarrado pelos judeus, em Jerusalém, e entregue aos gentios'". 12 Ao ouvir isso, nós e os irmãos dali suplicamos a Paulo que não fosse a Jerusalém.

13 Ele, porém, disse: "Por que todo esse choro? Assim vocês me partem o coração! Estou pronto não apenas para ser preso em Jerusalém, mas para morrer pelo Senhor Jesus". 14 Quando ficou evidente que não conseguiríamos fazê-lo mudar de ideia, desistimos e dissemos: "Que seja feita a vontade do Senhor".

PAULO CHEGA A JERUSALÉM

15 Depois disso, arrumamos nossas coisas e partimos para Jerusalém. 16 Alguns discípulos de Cesareia nos acompanharam e nos levaram à casa de Mnasom, nascido em Chipre e um dos primeiros discípulos. 17 Quando chegamos a Jerusalém, os irmãos nos deram calorosas boas-vindas.

18 No dia seguinte, Paulo foi conosco a um encontro com Tiago, e todos os presbíteros[b] da igreja de Jerusalém estavam presentes. 19 Depois que Paulo os cumprimentou, relatou em detalhes o que Deus havia realizado entre os gentios por meio de seu ministério.

20 Quando ouviram isso, louvaram a Deus e disseram: "Você sabe, irmão, quantos milhares de judeus também creram, e todos eles seguem à risca a lei de Moisés. 21 Mas eles foram informados de que você ensina todos os judeus que vivem entre os gentios a abandonarem a lei de Moisés. Ouviram que você os instrui a não circuncidarem os filhos nem seguirem os costumes judaicos. 22 Que faremos? Certamente eles saberão que você chegou.

23 "Queremos que você faça o seguinte. Temos aqui quatro homens que cumpriram um voto. 24 Vá com eles ao templo e participe da cerimônia de purificação. Pague as despesas para realizarem o ritual de raspar a cabeça. Então todos saberão que os rumores são falsos e que você mesmo cumpre as leis judaicas.

25 "Quanto aos convertidos gentios, devem fazer aquilo que pedimos por carta: abster-se de comer alimentos oferecidos a ídolos, de consumir o sangue ou a carne de animais estrangulados e de praticar a imoralidade sexual".

PAULO É PRESO

26 No dia seguinte, Paulo se purificou junto com aqueles homens e entrou no templo. Declarou quando terminariam os dias da purificação e quando seria oferecido o sacrifício em favor deles.

27 Estando os sete dias quase no fim, alguns judeus da província da Ásia viram Paulo no templo e incitaram a multidão contra ele. Agarraram-no, 28 gritando: "Homens de Israel, ajudem-nos! Este é o homem que fala contra nosso povo em toda parte e ensina todos a desobedecerem às leis judaicas. Fala contra o templo e até profana este santo lugar, trazendo gentios[c] para dentro dele". 29 Antes tinham visto Paulo na cidade com Trófimo, um gentio

[a] **21.5** Ou *esposas.*

[b] **21.18** Ou *anciãos.*

[c] **21.28** Em grego, *gregos.*

de Éfeso,[a] e concluíram que Paulo o havia levado para dentro do templo.

30 Toda a cidade se agitou com essas acusações, e houve grande tumulto. A multidão agarrou Paulo e o arrastou para fora do templo, e imediatamente foram fechadas as portas. 31 Quando procuravam matar Paulo, chegou ao comandante do regimento romano a notícia de que toda a Jerusalém estava em rebuliço. 32 No mesmo instante, ele chamou seus soldados e oficiais[b] e correu para o meio da multidão. Quando viram o comandante e os soldados se aproximarem, pararam de espancar Paulo.

33 Então o comandante o prendeu e mandou que o amarrassem com duas correntes. Em seguida, perguntou à multidão quem era ele e o que havia feito. 34 Uns gritavam uma coisa, outros gritavam outra. Não conseguindo descobrir a verdade no meio de todo o tumulto, ordenou que Paulo fosse levado à fortaleza. 35 Quando Paulo chegou às escadas, o povo se tornou tão violento que os soldados tiveram de levantá-lo nos ombros para protegê-lo. 36 E a multidão foi atrás, gritando: “Matem-no! Matem-no!”.

PAULO SE DIRIGE À MULTIDÃO

37 Quando Paulo estava para ser levado à fortaleza, disse ao comandante: “Posso ter uma palavra com o senhor?”.

Surpreso, o comandante perguntou: “Você fala grego? 38 Não é você o egípcio que liderou uma rebelião algum tempo atrás e levou consigo ao deserto quatro mil assassinos?”.

39 “Não”, respondeu Paulo. “Sou judeu e cidadão de Tarso, cidade importante da Cilícia. Por favor, permita-me falar a esta gente.” 40 O comandante concordou, de modo que Paulo ficou em pé na escadaria e fez sinal para o povo se calar. Logo, um silêncio profundo envolveu a multidão, e ele lhes falou em aramaico,[c] o idioma deles.

22 “Irmãos e pais”, disse Paulo. “Ouçam-me enquanto apresento minha defesa.” 2 Quando o ouviram falar em aramaico,[d] o silêncio foi ainda maior.

3 Então Paulo disse: “Sou judeu, nascido em Tarso, cidade da Cilícia. Fui criado aqui em Jerusalém e educado por Gamaliel. Como aluno dele, fui instruído rigorosamente em nossas leis e nos costumes judaicos. Tornei-me muito zeloso de honrar a Deus em tudo que fazia, como vocês são hoje. 4 E fui ao encalço dos seguidores do Caminho, perseguindo alguns até a morte, prendendo homens e mulheres e lançando-os na prisão. 5 O sumo sacerdote e todo o conselho dos líderes do povo podem confirmar isso. Recebi deles cartas para nossos irmãos judeus em Damasco que me autorizavam a trazer os seguidores do Caminho de lá para Jerusalém, em cadeias, para serem castigados.

6 “Quando me aproximava de Damasco, por volta do meio-dia, de repente uma luz muito intensa brilhou ao meu redor. 7 Caí no chão e ouvi uma voz que me disse: ‘Saulo, Saulo, por que você me persegue?’.

8 “‘Quem és tu, Senhor?’, perguntei.

“E a voz respondeu: ‘Sou Jesus, o nazareno,[e] a quem você persegue’. 9 Os que me acompanhavam viram a luz, mas não entenderam a voz daquele que falava comigo.

10 “Então perguntei: ‘Que devo fazer, Senhor?’.

“E o Senhor me disse: ‘Levante-se e entre em Damasco, onde lhe dirão tudo que você deve fazer’.

11 “A luz intensa havia me deixado cego, e meus companheiros tiveram de levar-me pela mão a Damasco. 12 Vivia ali Ananias, um homem devoto, dedicado à lei e muito respeitado por todos os judeus da cidade. 13 Ele veio, colocou-se ao meu lado e disse: ‘Irmão Saulo, volte a enxergar’. E, naquele mesmo instante, pude vê-lo.

14 “Então ele disse: ‘O Deus de nossos antepassados escolheu você para conhecer a vontade dele e para ver o Justo e ouvi-lo falar. 15 Você será testemunha dele, dizendo a todos o que viu e ouviu. 16 O que está esperando? Levante-se e seja batizado! Fique limpo de seus pecados invocando o nome do Senhor’.

---

[a] **21.29** Ou *Trófimo, o efésio.*
[b] **21.32** Em grego, *centuriões.*
[c] **21.40** Ou *em hebraico.*
[d] **22.2** Ou *em hebraico.*
[e] **22.8** Ou *Jesus de Nazaré.*

17 "Depois que voltei a Jerusalém, estava
orando no templo e tive uma visão, 18 na
qual o Senhor me dizia: 'Depressa! Saia de
Jerusalém, pois o povo daqui não aceitará
seu testemunho a meu respeito'.
19 "E eu respondi: 'Senhor, sem dúvi-
da eles sabem que em cada sinagoga eu
prendia e açoitava aqueles que criam em
ti. 20 E quando Estêvão, tua testemunha, foi
morto, eu estava inteiramente de acordo.
Fiquei ali e guardei os mantos que eles ti-
raram quando foram apedrejá-lo'.
21 "Mas o Senhor me disse: 'Vá, pois eu o
enviarei para longe, para os gentios'".
22 A multidão ouviu Paulo até ele dizer
essa palavra. Então começaram a gritar:
"Fora com esse sujeito! Ele não merece vi-
ver!". 23 Gritavam, arrancavam seus mantos
e jogavam poeira para o alto.

PAULO REVELA SUA CIDADANIA ROMANA

24 O comandante trouxe Paulo para dentro
e ordenou que ele fosse açoitado e inter-
rogado a fim de descobrir por que a mul-
tidão tinha ficado tão furiosa. 25 Quando
amarravam Paulo para açoitá-lo, ele dis-
se ao oficial[a] que estava ali: "A lei permite
açoitar um cidadão romano sem que ele
tenha sido julgado?".
26 Ao ouvir isso, o oficial foi ao coman-
dante e perguntou: "O que o senhor está
fazendo? Este homem é cidadão romano!".
27 O comandante perguntou a Paulo: "Di-
ga-me, você é cidadão romano?".
Ele respondeu: "Sim, eu sou".
28 "Eu também", disse o comandante.
"E paguei caro por minha cidadania!"
Paulo respondeu: "Mas eu sou cidadão
de nascimento".
29 Quando os soldados que estavam pres-
tes a interrogar Paulo ouviram que ele era
cidadão romano, retiraram-se de imediato.
Até mesmo o comandante ficou com medo
ao saber que Paulo era cidadão romano,
pois tinha mandado amarrá-lo.

PAULO DIANTE DO CONSELHO DOS LÍDERES

30 No dia seguinte, o comandante ordenou
que os principais sacerdotes se reunissem
com o conselho dos líderes do povo.[b]
Queria descobrir exatamente qual era o
problema, por isso soltou Paulo e mandou
que o trouxessem diante deles.

23 Paulo olhou fixamente para o con-
selho dos líderes do povo[c] e disse:
"Irmãos, tenho vivido diante de Deus com
a consciência limpa".
2 No mesmo instante, o sumo sacerdote
Ananias ordenou aos que estavam perto
de Paulo que lhe dessem um tapa na boca.
3 Então Paulo lhe disse: "Deus o ferirá, seu
grande hipócrita![d] Que espécie de juiz é o
senhor, desrespeitando a lei ao mandar
me agredir dessa forma?".
4 Os que estavam perto de Paulo lhe dis-
seram: "Você ousa insultar o sumo sacer-
dote de Deus?".
5 "Irmãos, não sabia que ele era o sumo
sacerdote", respondeu Paulo. "Pois as
Escrituras dizem: 'Não fale mal de suas
autoridades'."[e]
6 Sabendo Paulo que alguns membros do
conselho dos líderes do povo eram sadu-
ceus e outros fariseus, gritou: "Irmãos, sou
fariseu, como eram meus antepassados!
E estou sendo julgado por causa de minha
esperança na ressurreição dos mortos!".
7 Quando Paulo disse isso, o conselho se
dividiu, fariseus contra saduceus, 8 pois os
saduceus afirmam não haver ressurreição,
nem anjos, nem espíritos, mas os fariseus
creem em todas essas coisas. 9 Houve gran-
de alvoroço. Alguns dos mestres da lei que
eram fariseus se levantaram e começaram
a discutir energicamente. "Não vemos nada
de errado com este homem!", gritavam.
"Talvez um espírito ou um anjo tenha fala-
do a ele!" 10 A discussão ficou cada vez mais
violenta, e o comandante teve medo de que
Paulo fosse feito em pedaços. Assim, orde-
nou que os soldados o retirassem à força e
o levassem de volta à fortaleza.
11 Naquela noite, o Senhor apareceu a
Paulo e disse: "Tenha ânimo, Paulo! Assim
como você testemunhou a meu respeito
aqui em Jerusalém, deve fazê-lo também
em Roma".

[a] **22.25** Em grego, *centurião*; também em 22.26.

[b] **22.30** Em grego, *Sinédrio*.

[c] **23.1** Em grego, *Sinédrio*; também em 23.6,15,20,28.

[d] **23.3** Em grego, *parede branqueada*.

[e] **23.5** Êx 22.28.

O PLANO PARA MATAR PAULO

12 Na manhã seguinte, alguns judeus se juntaram para conspirar, jurando solenemente que não comeriam nem beberiam antes de matar Paulo. 13 A conspiração envolveu mais de quarenta homens. 14 Foram aos principais sacerdotes e aos líderes do povo e lhes disseram: "Juramos solenemente, sob pena de castigo divino, que não comeremos nem beberemos antes de matar Paulo. 15 Agora peçam, vocês e o conselho dos líderes do povo, que o comandante traga Paulo de volta ao conselho. Finjam que os senhores desejam examinar o caso com mais detalhes. Nós o mataremos no caminho".

16 Contudo, o sobrinho de Paulo, filho de sua irmã, soube do plano deles e foi à fortaleza contar a seu tio. 17 Então Paulo mandou chamar um dos oficiais romanos[a] e disse: "Leve este rapaz ao comandante. Ele tem algo importante para lhe contar".

18 O oficial o levou ao comandante e explicou: "O preso Paulo me chamou e pediu que eu trouxesse ao senhor este rapaz, pois ele tem algo a lhe contar".

19 O comandante tomou o rapaz pela mão e o levou à parte. "O que você quer me dizer?", perguntou.

20 O sobrinho de Paulo respondeu: "Alguns judeus pedirão que o senhor apresente Paulo diante da reunião do conselho amanhã, fingindo que desejam obter mais informações. 21 Não acredite neles. Há mais de quarenta homens emboscados para matar Paulo. Juraram solenemente, sob pena de castigo divino, que não comeriam nem beberiam antes de matá-lo. Estão de prontidão, apenas esperando sua permissão".

22 O comandante despediu o rapaz e o advertiu: "Não deixe ninguém saber que você me contou isso".

PAULO É ENVIADO A CESAREIA

23 Então o comandante chamou dois de seus oficiais e ordenou: "Preparem duzentos soldados para partir a Cesareia hoje às nove da noite. Levem também duzentos lanceiros e setenta soldados a cavalo. 24 Providenciem um cavalo para Paulo e levem-no em segurança ao governador Félix". 25 Em seguida, escreveu a seguinte carta ao governador:

> 26 "De Cláudio Lísias ao excelentíssimo governador Félix. Saudações.
>
> 27 "Este homem foi capturado por alguns judeus que estavam prestes a matá-lo quando cheguei com meus soldados. Ao ser informado de que ele era cidadão romano, transferi-o para um lugar seguro. 28 Então levei-o diante do conselho supremo dos judeus para investigar o motivo das acusações. 29 Não demorei a descobrir que ele era acusado de algo relacionado à lei religiosa, sem dúvida nada que justificasse a pena de morte ou mesmo a prisão. 30 Fui informado, porém, de uma conspiração para matá-lo e enviei-o de imediato ao senhor. Também informei aos acusadores que devem apresentar suas denúncias diante do senhor".

31 Naquela noite, os soldados cumpriram as ordens que haviam recebido e levaram Paulo até Antipátride. 32 Voltaram à fortaleza na manhã seguinte, enquanto a cavalaria prosseguiu com ele. 33 Quando chegaram a Cesareia, apresentaram Paulo e a carta ao governador Félix. 34 O governador leu a carta e perguntou a Paulo de que província ele era. "Da Cilícia", respondeu Paulo.

35 "Ouvirei seu caso pessoalmente quando seus acusadores chegarem", disse o governador. Em seguida, ordenou que Paulo fosse mantido na prisão do palácio que Herodes havia construído.[b]

PAULO DIANTE DE FÉLIX

24 Cinco dias depois, o sumo sacerdote Ananias chegou com alguns dos líderes do povo e um advogado[c] chamado Tértulo para exporem ao governador sua causa contra Paulo. 2 Quando Paulo foi chamado, Tértulo apresentou as acusações:

---

a **23.17** Em grego, *centuriões*; também em 23.23.

b **23.35** Em grego, *no pretório de Herodes*.

c **24.1** Em grego, *um orador*.

"Excelentíssimo Félix, o senhor tem pro-
porcionado a nós, judeus, um longo perío-
do de paz e, com perspicácia, tem realizado
reformas que muito nos beneficiam. 3 Por
todas essas coisas nós lhe somos extrema-
mente gratos. 4 Contudo, não desejo tomar
seu tempo, por isso peço sua atenção ape-
nas por um momento. 5 Constatamos que
este homem é um perturbador, que vive
causando tumultos entre os judeus de
todo o mundo. É o principal líder da seita
conhecida como os Nazarenos. 6 Quando
o prendemos, estava tentando profanar o
templo. Nós queríamos julgá-lo de acordo
com nossa lei, 7 mas Lísias, o comandante
do regimento, usou de força e o tirou de
nossas mãos, 8 e ordenou a nós, os acusa-
dores, que nos apresentássemos perante
o senhor.[a] Nossas acusações poderão ser
confirmadas quando o senhor interrogar
Paulo pessoalmente". 9 Os outros judeus
concordaram e declararam ser verdadeiro
o que Tértulo tinha dito.

10 Quando Paulo recebeu um sinal do
governador para falar, disse: "Sei que o se-
nhor tem julgado questões dos judeus há
muitos anos e, portanto, apresento-lhe mi-
nha defesa de bom grado. 11 O senhor po-
derá verificar com facilidade que cheguei
a Jerusalém não mais que doze dias atrás
para adorar no templo. 12 Meus acusadores
não me encontraram discutindo com nin-
guém no templo, nem causando tumulto
em nenhuma sinagoga, nem nas ruas da
cidade. 13 Eles não podem provar as acusa-
ções que fazem contra mim.

14 "Reconheço, porém, que sou seguidor
do Caminho, que eles chamam de seita.
Adoro o Deus de nossos antepassados e
creio firmemente na lei judaica e em tudo
que está escrito nos profetas. 15 Tenho em
Deus a mesma esperança destes homens,
de que ele ressuscitará tanto os justos
como os injustos. 16 Por isso, procuro sem-
pre manter a consciência limpa diante de
Deus e dos homens.

17 "Depois de estar ausente por vários
anos, voltei a Jerusalém com dinheiro
para ajudar meu povo e apresentar ofertas.
18 Meus acusadores me viram no templo
depois que completei minha cerimônia
de purificação. Não havia multidão ne-
nhuma ao meu redor e nenhum tumulto.
19 Só estavam ali alguns judeus da Ásia, e
são eles que deveriam estar aqui diante do
senhor para me acusar, se têm algo contra
mim. 20 Pergunte a estes homens que aqui
estão de que crimes o conselho dos líderes
do povo[b] me considerou culpado, 21 exce-
to pela ocasião em que gritei: 'Estou sendo
julgado diante dos senhores porque creio
na ressurreição dos mortos!'".

22 Nesse momento, Félix, que tinha bas-
tante conhecimento sobre o Caminho, in-
terrompeu a audiência e disse: "Esperem
até Lísias, o comandante do regimento,
chegar. Então decidirei o caso de vocês".
23 Ordenou que um oficial[c] mantivesse
Paulo sob custódia, mas lhe deu certa li-
berdade e permitiu que seus amigos o vi-
sitassem e providenciassem aquilo de que
ele precisava.

24 Alguns dias depois, Félix voltou com
sua esposa, Drusila, que era judia. Man-
dou chamar Paulo, e os dois ouviram en-
quanto ele lhes falava a respeito da fé em
Cristo Jesus. 25 Quando Paulo passou a fa-
lar da justiça divina, do domínio próprio
e do dia do juízo que estava por vir, Félix
teve medo e disse: "Pode ir, por enquanto.
Quando for mais conveniente, mandarei
chamá-lo outra vez". 26 Félix também es-
perava que Paulo lhe oferecesse dinheiro,
de modo que mandava buscá-lo com fre-
quência e conversava com ele.

27 Assim se passaram dois anos, e Félix
foi sucedido por Pórcio Festo. E, uma vez
que Félix desejava obter a simpatia dos ju-
deus, manteve Paulo na prisão.

PAULO DIANTE DE FESTO

25 Três dias depois que Festo che-
gou a Cesareia para assumir suas
novas responsabilidades no governo da
província, partiu para Jerusalém, 2 onde
os principais sacerdotes e outros líde-
res judeus se reuniram com ele e lhe
apresentaram as acusações contra Pau-
lo. 3 Pediram a Festo, como favor, que
transferisse Paulo para Jerusalém, pois

[a] **24.6-8** Alguns manuscritos não trazem todo o trecho *Nós queríamos julgá-lo [...] perante o senhor.*

[b] **24.20** Em grego, *Sinédrio.*

[c] **24.23** Em grego, *centurião.*

planejavam armar uma emboscada para
matá-lo no caminho. [4] Festo respondeu
que Paulo estava em Cesareia e que ele
próprio voltaria para lá em breve. [5] "Al-
guns de vocês que têm autoridade voltem
comigo", disse ele. "Se Paulo tiver feito
algo de errado, vocês poderão apresentar
suas acusações."

[6] Oito ou dez dias depois, Festo voltou
a Cesareia e, no dia seguinte, convocou o
tribunal e mandou que trouxessem Paulo.
[7] Quando Paulo chegou, os líderes judeus
vindos de Jerusalém se juntaram ao seu re-
dor e fizeram várias acusações graves que
não podiam provar.

[8] Paulo se defendeu: "Não sou culpado
de nenhum crime contra as leis judaicas,
nem contra o templo, nem contra o gover-
no romano".

[9] Então Festo, querendo agradar aos
judeus, perguntou: "Você está disposto
a ir a Jerusalém e ali ser julgado diante
de mim?".

[10] Paulo respondeu: "Este é um tribu-
nal oficial romano, portanto devo ser jul-
gado aqui mesmo. O senhor sabe muito
bem que não fiz nenhum mal aos judeus.
[11] Se fiz algo para merecer a pena de morte,
não me recuso a morrer. Mas, se sou ino-
cente, ninguém tem o direito de me entre-
gar a estes homens. Eu apelo para César".

[12] Festo consultou seus conselheiros e,
por fim, respondeu: "Muito bem, você ape-
lou para César, então irá para César".

[13] Alguns dias depois, o rei Agripa che-
gou com sua irmã, Berenice,[a] para visitar
Festo. [14] Durante a estada deles, que durou
vários dias, Festo discutiu o caso de Pau-
lo com o rei. "Tenho aqui um prisionei-
ro que Félix deixou para mim", disse ele.
[15] "Quando estive em Jerusalém, os prin-
cipais sacerdotes e líderes judeus apre-
sentaram acusações contra ele e pediram
que eu o condenasse. [16] Eu lhes disse que
a lei romana não condena ninguém sem
julgamento. O acusado deve ter a oportu-
nidade de confrontar seus acusadores e
se defender.

[17] "Quando eles vieram aqui para o jul-
gamento, não me demorei. Convoquei o
tribunal logo no dia seguinte e mandei
chamar Paulo. [18] Os judeus, porém, não
o acusaram de nenhum dos crimes que
eu esperava. [19] Ao contrário, era algo re-
lacionado à sua religião e a um morto
chamado Jesus, que Paulo insiste que está
vivo. [20] Sem saber como investigar essas
questões, perguntei a Paulo se estava dis-
posto a ir a Jerusalém e ali ser julgado por
essas acusações, [21] mas ele apelou ao im-
perador para que julgue seu caso. Por isso,
ordenei que fosse mantido sob custódia
até eu tomar as providências necessárias
para enviá-lo a César."

[22] Então Agripa disse a Festo: "Gostaria
de ouvir esse homem pessoalmente".

E Festo respondeu: "Amanhã poderá
ouvi-lo!".

PAULO SE DIRIGE A AGRIPA

[23] No dia seguinte, Agripa e Berenice chega-
ram à sala de audiência com grande pom-
pa, acompanhados de oficiais militares e
homens importantes da cidade. Festo man-
dou trazer Paulo e, [24] em seguida, disse: "Rei
Agripa e demais presentes, este é o homem
cuja morte é exigida pelos judeus tanto da-
qui como de Jerusalém. [25] Em minha opi-
nião, ele não fez coisa alguma para merecer
a morte. Contudo, uma vez que apelou ao
imperador para que julgue seu caso, decidi
enviá-lo a Roma.

[26] "Não sei, porém, o que escrever ao im-
perador, pois não há nenhuma acusação
clara contra ele. Por isso eu o trouxe hoje
diante dos senhores, especialmente do rei
Agripa, para que, depois de o interrogar-
mos, eu tenha algo para escrever. [27] Pois
não faz sentido enviar um prisioneiro ao
imperador sem especificar as acusações
contra ele".

26 Então Agripa disse a Paulo: "Você
pode falar em sua defesa".

Paulo fez um sinal com a mão e começou
sua defesa: [2] "Rei Agripa, considero-me
feliz de ter hoje a oportunidade de lhe
apresentar minha defesa contra todas as
acusações feitas pelos líderes judeus, [3] pois
sei que conhece bem todos os costumes e
controvérsias dos judeus. Portanto, peço
que me ouça com paciência.

[a] **25.13** Em grego, *o rei Agripa e Berenice chegaram.*

4 "Como os líderes judeus sabem muito
bem, recebi educação judaica completa
desde a infância entre meu povo e depois
em Jerusalém. 5 Também sabem, e talvez
estejam dispostos a confirmar, que vivi
como fariseu, a seita mais rígida de nossa
religião. 6 Agora estou sendo julgado por
causa de minha esperança no cumpri-
mento da promessa feita por Deus a nos-
sos antepassados. 7 De fato, é por isso que
as doze tribos de Israel adoram a Deus
fervorosamente, dia e noite, e comparti-
lham da mesma esperança que eu. E, no
entanto, ó rei, acusam-me por causa des-
sa esperança! 8 Por que lhes parece tão
incrível que Deus ressuscite os mortos?

9 "Eu costumava pensar que era minha
obrigação empenhar-me em me opor ao
nome de Jesus, o nazareno.[a] 10 Foi exata-
mente o que fiz em Jerusalém. Com au-
torização dos principais sacerdotes, fui
responsável pela prisão de muitos den-
tre o povo santo. E eu votava contra eles
quando eram condenados à morte. 11 Mui-
tas vezes providenciei que fossem casti-
gados nas sinagogas, a fim de obrigá-los a
blasfemar. Eu me opunha a eles com tanta
violência que os perseguia até em cida-
des estrangeiras.

12 "Certo dia, numa dessas missões, diri-
gia-me a Damasco, autorizado e incumbi-
do pelos principais sacerdotes. 13 Por volta
do meio-dia, ó rei, ainda a caminho, uma
luz do céu, mais intensa que o sol, brilhou
sobre mim e meus companheiros. 14 Todos
nós caímos no chão, e eu ouvi uma voz que
me dizia em aramaico:[b] 'Saulo, Saulo, por
que você me persegue? Não adianta lutar
contra minha vontade'.[c]

15 "'Quem és tu, Senhor?', perguntei.

"E o Senhor respondeu: 'Sou Jesus, a
quem você persegue. 16 Agora levante-se,
pois eu apareci para nomeá-lo meu servo
e minha testemunha. Conte o que viu e o
que eu lhe mostrarei no futuro. 17 E eu o li-
vrarei tanto de seu povo como dos gentios.
Sim, eu o envio aos gentios 18 para abrir
os olhos deles a fim de que se voltem das
trevas para a luz, e do poder de Satanás
para Deus. Então receberão o perdão dos
pecados e a herança entre o povo de Deus,
separado pela fé em mim'.

19 "Portanto, rei Agripa, obedeci à visão
celestial. 20 Anunciei a mensagem primei-
ro em Damasco, depois em Jerusalém e
em toda a Judeia, e também aos gentios,
dizendo que todos devem arrepender-se,
voltar-se para Deus e mostrar, por meio de
suas boas obras, que mudaram de rumo.
21 Alguns judeus me prenderam no templo
por anunciar essa mensagem e tentaram
me matar. 22 Mas Deus tem me protegido
até este momento, para que eu dê teste-
munho a todos, dos mais simples até os
mais importantes. Não ensino nada além
daquilo que os profetas e Moisés disseram
que haveria de acontecer, 23 que o Cristo
sofreria e seria o primeiro a ressuscitar
dos mortos e, desse modo, anunciaria
a luz de Deus tanto aos judeus como
aos gentios".

24 De repente, Festo gritou: "Paulo, você
está louco! O excesso de estudo o fez per-
der o juízo!".

25 Mas Paulo respondeu: "Não estou lou-
co, excelentíssimo Festo. Digo a mais sen-
sata verdade, 26 e o rei Agripa sabe dessas
coisas. Expresso-me com ousadia porque
tenho certeza de que esses acontecimentos
são todos de conhecimento dele, pois não
se passaram em algum canto escondido.
27 Rei Agripa, o senhor crê nos profetas?
Eu sei que sim".

28 Então Agripa o interrompeu: "Você
acredita que pode me convencer a tornar-
-me cristão em tão pouco tempo?".[d]

29 Paulo respondeu: "Em pouco ou em
muito tempo, peço a Deus que tanto o
senhor como os demais aqui presentes
se tornem como eu, exceto por estas cor-
rentes".

30 Então o rei, o governador, Berenice e
todos os outros se levantaram e se reti-
raram. 31 Enquanto saíam, conversavam
entre si e concordaram: "Esse homem não
fez nada que mereça morte ou prisão".

32 E Agripa disse a Festo: "Ele poderia ser
posto em liberdade se não tivesse apelado
a César".

---

[a] **26.9** Ou *Jesus de Nazaré.*
[b] **26.14a** Ou *em hebraico.*
[c] **26.14b** Em grego, *É difícil dar coices contra o aguilhão.*
[d] **26.28** Ou *Um pouco mais e seus argumentos me transformariam num cristão.*

Deixe-o lavar seus pés para que você tenha parte com ele e aprenda a fazer o mesmo pelos outros também.

PAULO VAI A ROMA

27 Quando chegou a hora, zarpamos para a Itália. Paulo e muitos outros prisioneiros foram colocados sob a guarda de um oficial romano[a] chamado Júlio, capitão do Regimento Imperial. 2 Aristarco, um macedônio de Tessalônica, nos acompanhou. Partimos num navio que tinha vindo do porto de Adramítio, no litoral noroeste da província da Ásia.[b] Estavam previstas diversas paradas em portos ao longo da costa.

3 No dia seguinte, quando ancoramos em Sidom, Júlio demonstrou bondade a Paulo permitindo-lhe que desembarcasse para visitar amigos e receber ajuda material deles. 4 Quando partimos de lá, fomos costeando a ilha de Chipre, devido aos ventos contrários que tornavam difícil manter o rumo. 5 Prosseguindo por mar aberto, passamos pelo litoral da Cilícia e da Panfília, chegando a Mirra, na província de Lícia. 6 Ali, o oficial no comando encontrou um navio egípcio de Alexandria que estava de partida para a Itália e nos fez embarcar.

7 Navegamos vagarosamente por vários dias e, depois de muita dificuldade, nos aproximamos de Cnido. Por causa dos ventos contrários, atravessamos para Creta, acompanhando o litoral menos exposto da ilha, defronte ao cabo de Salmona. 8 Costeamos a ilha com grande esforço, até que chegamos a Bons Portos, perto da cidade de Laseia. 9 Havíamos perdido muito tempo. As condições climáticas estavam se tornando perigosas para a navegação, pois se aproximava o fim do outono,[c] e Paulo tratou dessa questão com os oficiais do navio.

10 Disse ele: "Senhores, se prosseguirmos, vejo que teremos problemas adiante. Haverá grande prejuízo para o navio e para a carga, e perigo para nossa vida". 11 Mas o oficial encarregado dos prisioneiros deu mais ouvidos ao capitão e ao proprietário do navio que a Paulo. 12 E, uma vez que Bons Portos era uma enseada aberta, um péssimo lugar para passar o inverno, a maioria da tripulação desejava ir a Fenice, que ficava mais adiante na costa de Creta, e passar o inverno ali. Fenice era um bom porto, com abertura apenas para o sudoeste e o noroeste.

A TEMPESTADE NO MAR

13 Quando um vento leve começou a soprar do sul, os marinheiros pensaram que conseguiriam chegar lá a salvo. Por isso, levantaram âncora e foram costeando Creta. 14 Mas o tempo mudou de repente, e um vento com força de furacão, chamado Nordeste, soprou sobre a ilha e nos empurrou para o mar aberto. 15 Como os marinheiros não conseguiam manobrar o navio para ficar de frente para o vento, desistiram e deixaram que fosse levado pela tempestade.

16 Navegamos pelo lado menos exposto de uma pequena ilha chamada Cauda,[d] onde, com muito custo, conseguimos içar para bordo o barco salva-vidas que viajava rebocado. 17 Então os marinheiros amarraram cordas em volta do casco do navio para reforçá-lo. Temiam ser arrastados para os bancos de areia de Sirte, diante do litoral africano, por isso baixaram a âncora flutuante para desacelerar o navio e deixaram que fosse levado pelo vento.

18 No dia seguinte, como ventos com força de vendaval continuavam a castigar o navio, a tripulação começou a lançar a carga ao mar. 19 No terceiro dia, removeram até mesmo parte do equipamento do navio e o jogaram fora. 20 A tempestade terrível prosseguiu por muitos dias, escondendo o sol e as estrelas, até que perdemos todas as esperanças.

21 Fazia tempo que ninguém comia. Por fim, Paulo reuniu a tripulação e disse: "Os senhores deveriam ter me dado ouvidos no princípio e não ter deixado Bons Portos. Teriam evitado todo este prejuízo e esta perda. 22 Mas tenham bom ânimo! O navio afundará, mas nenhum de vocês perderá a vida. 23 Pois, ontem à noite, um

[a] **27.1** Em grego, *centurião*; também em 27.6,11,31,43.

[b] **27.2** A *Ásia* era uma província romana na região que hoje corresponde à Turquia.

[c] **27.9** Em grego, *porque já havia passado o jejum*. O jejum em questão era associado ao Dia da Expiação (*Yom Kippur*), que caía no final de setembro ou início de outubro (e, portanto, no outono do Hemisfério Norte).

[d] **27.16** Alguns manuscritos trazem *Clauda*.

anjo do Deus a quem pertenço e sirvo se
pôs ao meu lado 24 e disse: 'Não tenha
medo, Paulo! É preciso que você com-
pareça diante de César. E Deus, em sua
bondade, concedeu proteção a todos que
navegam com você'. 25 Portanto, tenham
bom ânimo! Creio em Deus; tudo ocorrerá
exatamente como ele disse. 26 É necessá-
rio, porém, que sejamos impulsionados
para uma ilha".

O NAUFRÁGIO EM MALTA

27 Por volta da meia-noite, na décima quar-
ta noite de tempestade, enquanto éramos
levados de um lado para o outro no mar
Adriático,[a] os marinheiros perceberam que
estávamos perto de terra firme. 28 Lança-
ram a sonda e verificaram que a água tinha
37 metros de profundidade. Um pouco de-
pois, lançaram a sonda novamente e en-
contraram apenas 27 metros.[b] 29 Temiam
que, se continuássemos assim, seríamos
atirados contra as rochas na praia. Por isso,
lançaram quatro âncoras da parte de trás
do navio e ansiavam para que o dia che-
gasse logo.

30 Dando a entender que iriam lançar
as âncoras da parte da frente, os mari-
nheiros baixaram o barco salva-vidas, na
tentativa de abandonar o navio. 31 Paulo,
então, disse ao oficial no comando e aos
soldados: "Se os marinheiros não perma-
necerem a bordo, vocês não conseguirão
se salvar". 32 Então os soldados cortaram
as cordas do barco salva-vidas e o deixa-
ram à deriva.

33 Enquanto amanhecia, Paulo insistiu
que todos comessem. "De tão preocupa-
dos, vocês não se alimentam há duas se-
manas", disse ele. 34 "Por favor, comam
alguma coisa agora, para seu próprio bem.
Pois nem um fio de cabelo de sua cabeça
se perderá." 35 Em seguida, tomou um pão,
deu graças a Deus na presença de todos,
partiu-o em pedaços e comeu. 36 Todos se
animaram e começaram a comer. 37 Havia
um total de 276 pessoas a bordo. 38 De-
pois de se alimentar, a tripulação aliviou
o peso do navio mais um pouco, atirando
ao mar toda a carga de trigo.

39 Ao amanhecer, não reconheceram a
terra, mas viram uma enseada com uma
praia e cogitaram se seria possível chegar
ali e atracar o navio. 40 Então cortaram as
âncoras e as deixaram no mar. Depois,
afrouxaram as cordas que controlavam os
lemes, levantaram a vela da frente e foram
rumo à praia, 41 mas o navio foi apanhado
entre duas correntezas contrárias e enca-
lhou antes do esperado. A parte da frente
se encravou e ficou imóvel, enquanto a
parte de trás, atingida pela força das on-
das, começou a se partir.

42 Os soldados queriam matar os pri-
sioneiros para que não nadassem até a
praia e depois fugissem. 43 O oficial no
comando, porém, desejava poupar a vida
de Paulo e não permitiu que executas-
sem seu plano. Ordenou aos que sabiam
nadar que saltassem ao mar primeiro e
fossem em direção a terra. 44 Os outros se
agarraram a tábuas ou pedaços do navio
destruído. Assim, todos chegaram à praia
em segurança.

PAULO NA ILHA DE MALTA

28 Uma vez a salvo em terra, desco-
brimos que estávamos na ilha de
Malta. 2 O povo de lá nos tratou com muita
bondade. Por ser um dia frio e chuvoso,
fizeram uma fogueira na praia para nos
receber.

3 Enquanto Paulo juntava um monte de
gravetos e os colocava no fogo, uma co
bra venenosa que fugia do calor mordeu
sua mão. 4 Quando os habitantes da ilha
viram a cobra pendurada na mão de Paulo,
disseram uns aos outros: "Sem dúvida ele
é um assassino! Embora tenha escapado
do mar, a justiça não lhe permitiu viver".
5 Mas Paulo sacudiu a cobra no fogo e não
sofreu nenhum mal. 6 O povo esperava que
ele inchasse ou caísse morto de repente.
No entanto, depois de esperarem muito
tempo e verem que nada havia aconteci-
do, mudaram de ideia e começaram a dizer
que ele era um deus.

7 Perto da praia, havia uma propriedade
pertencente a Públio, a principal autorida-
de da ilha. Por três dias, ele nos hospedou

[a] **27.27** Diferentemente do mar conhecido por este nome hoje, no primeiro século o *mar Adriático* abrangia a parte central do mar Mediterrâneo.

[b] **27.28** Em grego, *20 braças [...] 15 braças.*

e nos tratou com bondade. 8 Aconteceu que o pai de Públio estava doente, com febre e disenteria. Paulo entrou, orou por ele e, impondo as mãos sobre sua cabeça, o curou. 9 Então os demais enfermos da ilha vieram e foram curados. 10 Como resultado, fomos cobertos de presentes e honras e, chegada a hora de partirmos, o povo nos forneceu todos os suprimentos necessários à viagem.

PAULO CHEGA A ROMA

11 Três meses depois do naufrágio, embarcamos em outro navio, que havia passado o inverno na ilha. Era um navio alexandrino, que tinha na parte da frente a figura dos deuses gêmeos.[a] 12 Aportamos em Siracusa,[b] onde ficamos três dias. 13 Dali navegamos até Régio.[c] Um dia depois, um vento sul começou a soprar, de modo que no dia seguinte prosseguimos até Potéoli. 14 Ali encontramos alguns irmãos que nos convidaram a passar uma semana com eles. Depois fomos para Roma.

15 Os irmãos em Roma souberam que estávamos chegando e vieram ao nosso encontro no Fórum[d] da Via Ápia. Outros se juntaram a nós nas Três Vendas.[e] Ao vê-los, Paulo se animou e agradeceu a Deus.

16 Quando chegamos a Roma, Paulo recebeu permissão de ter sua própria moradia, sob a guarda de um soldado.

PAULO PREGA E ENSINA EM ROMA

17 Três dias depois de chegar, Paulo convocou os líderes judeus locais e lhes disse: "Irmãos, embora eu não tenha feito nada contra nosso povo nem contra os costumes de nossos antepassados, fui preso em Jerusalém e entregue ao governo romano. 18 Os romanos me interrogaram e queriam me soltar, pois não encontraram motivo para me condenar à morte. 19 Mas, quando os líderes judeus protestaram contra a decisão, considerei necessário apelar a César, embora não tivesse acusação alguma contra meu próprio povo. 20 Por isso pedi a vocês que viessem aqui hoje para que nos conhecêssemos, e também para que eu pudesse explicar que estou preso com estas correntes porque creio na esperança de Israel".

21 Eles responderam: "Não recebemos nenhuma carta da Judeia, e ninguém que veio de lá nos informou alguma coisa contra você. 22 Contudo, queremos ouvir o que você pensa, pois o que sabemos a respeito desse movimento é que ele é contestado em toda parte".

23 Então marcaram uma data e, nesse dia, muita gente foi à casa de Paulo. Ele explicou e testemunhou sobre o reino de Deus e, desde cedo até a noite, procurou convencê-los acerca de Jesus com base na lei de Moisés e nos livros dos profetas. 24 Alguns foram convencidos pelas coisas que ele disse, mas outros não creram. 25 E, depois de discutirem entre si, foram embora com estas palavras finais de Paulo: "O Espírito Santo estava certo quando disse a nossos antepassados por meio do profeta Isaías:

26 'Vá e diga a este povo:
Quando ouvirem o que digo,
não entenderão.
Quando virem o que faço,
não compreenderão.
27 Pois o coração deste povo
está endurecido;
ouvem com dificuldade
e têm os olhos fechados,
de modo que seus olhos
não veem,
e seus ouvidos não ouvem,
e seu coração não entende,
e não se voltam para mim,
nem permitem que
eu os cure'.[f]

28 Portanto, quero que saibam que esta salvação vinda de Deus também foi oferecida aos gentios, e eles a aceitarão". 29 Depois de ele ter dito essas palavras, os

[a] **28.11** Isto é, os deuses romanos Cástor e Pólux.
[b] **28.12** *Siracusa* se localiza na ilha da Sicília.
[c] **28.13** *Régio* se localiza na extremidade sul da Itália.
[d] **28.15a** O *Fórum* ficava a cerca de 70 quilômetros de Roma.
[e] **28.15b** As *Três Vendas* ficavam a cerca de 57 quilômetros de Roma.

[f] **28.26-27** Is 6.9-10, conforme a Septuaginta.

judeus partiram, em grande desacordo uns
com os outros.[a]
30 Durante os dois anos seguintes, Paulo
morou em Roma, às próprias custas.[b]
A todos que o visitavam ele recebia,
31 proclamando corajosamente o reino de
Deus e ensinando a respeito do Senhor
Jesus Cristo sem restrição alguma.

[a] **28.29** Alguns manuscritos não trazem o versículo 29.
[b] **28.30** Ou *na casa que ele havia alugado.*

Cartas de Paulo

Livro 45 com

Romanos

16

CAPÍTULOS

AUTORIA

Paulo (Rm 1.1), ou Saulo, de Tarso, era um ferrenho perseguidor dos cristãos antes de sua conversão (At 9).

ÉPOCA DA ESCRITA

Escrito por volta de 57-58 d.C., durante a terceira viagem missionária de Paulo, possivelmente em Corinto.

A JUSTIFICAÇÃO PELA FÉ

TEMAS DO LIVRO

Romanos aborda a justificação pela fé (Rm 1.17), a depravação universal da humanidade (Rm 3.23) e a redenção em Cristo (Rm 3.24).

Paulo discute a vida no Espírito (Rm 8), a eleição soberana de Deus (Rm 9—11) e as implicações práticas da fé cristã (Rm 12—15).

A justiça de Deus é um tema central, mostrando como ele é justo e justificador (Rm 3.26).

OBJETIVO DO LIVRO

Paulo escreveu aos cristãos em Roma para apresentar uma exposição sistemática do Evangelho. Seu objetivo era preparar o caminho para sua visita a Roma e possivelmente obter apoio para sua futura missão na Espanha (Rm 15.24). Ele também desejava fortalecer a fé dos romanos e resolver possíveis conflitos entre judeus e gentios.

ESTRUTURA DO LIVRO

- ★ Introdução e tese Rm 1.1-17
- ★ A necessidade de justiça Rm 1.18—3.20
- ★ A provisão de justiça Rm 3.21—5
- ★ A vida na justiça Rm 6—8
- ★ A soberania de Deus na salvação Rm 9—11
- ★ Vida prática de justiça Rm 12—15.13
- ★ Conclusão e saudações Rm 15.14—16

ROMANOS E CRISTO

Cristo é o centro do evangelho que Paulo apresenta. A carta enfatiza que a salvação só é possível por meio de Jesus (Rm 5.1), o segundo Adão, cuja obediência traz justificação e vida (Rm 5.12-21).

A morte e a ressurreição de Jesus garantem a salvação e a nova vida para aqueles que creem (Rm 6.4-5). Jesus é também o propósito para o qual a Lei foi dada para a justiça de todo aquele que crê (Rm 10.4).

SAUDAÇÕES DE PAULO

1 Eu, Paulo, escravo de Cristo Jesus, cha-
mado para ser apóstolo e enviado para
anunciar as boas-novas de Deus, escrevo
esta carta. 2 Deus prometeu as boas-no-
vas muito tempo atrás nas Escrituras
Sagradas, por meio de seus profetas.
3 Elas se referem a seu Filho, que, como
homem, nasceu da linhagem do rei Davi,
4 e, quando o poder do Espírito Santo o
ressuscitou dos mortos, foi demonstrado
que ele era[a] o Filho de Deus. Ele é Jesus
Cristo, nosso Senhor. 5 Por meio dele re-
cebemos a graça e a autoridade, como
apóstolos, de chamar os gentios em toda
parte a crer nele e lhe obedecer, em honra
de seu nome.

6 E vocês estão entre esses gentios cha-
mados para pertencer a Jesus Cristo. 7 Es-
crevo a todos vocês que estão em Roma,
amados por Deus e chamados para ser
seu povo santo.

Que Deus, nosso Pai, e o Senhor Jesus
Cristo lhes deem graça e paz.

AS BOAS-NOVAS DE DEUS

8 Antes de tudo, quero dizer que, por
meio de Jesus Cristo, agradeço a meu
Deus por todos vocês, pois sua fé nele é
comentada em todo o mundo. 9 O Deus a
quem sirvo em meu espírito, anunciando
as boas-novas a respeito de seu Filho, sabe
como nunca deixo de me lembrar de vocês
10 em minhas orações, sempre pedindo, se
for da vontade de Deus, uma oportunida-
de de ir vê-los. 11 Desejo muito visitá-los,
a fim de compartilhar com vocês alguma
dádiva espiritual que os ajude a se fortale-
cerem. 12 Quando nos encontrarmos, que-
ro encorajá-los na fé, e também quero ser
encorajado por sua fé.

13 Quero que saibam, irmãos, que muitas
vezes planejei visitá-los, mas até agora fui
impedido. Meu desejo é trabalhar entre
vocês e ver frutos espirituais como tenho
visto entre outros gentios, 14 pois sinto
grande obrigação tanto para com os gregos
como os bárbaros, tanto para com os ins-
truídos como os não instruídos. 15 Por isso,
aguardo com expectativa para visitá-los, a
fim de anunciar as boas-novas também a
vocês, em Roma.

16 Pois não me envergonho das boas-no-
vas a respeito de Cristo, que são o poder
de Deus em ação para salvar todos os que
creem, primeiro os judeus, e também os
gentios.[b] 17 As boas-novas revelam como
Deus nos declara justos diante dele, o que,
do começo ao fim, é algo que se dá pela fé.
Como dizem as Escrituras: "O justo viverá
pela fé".[c]

A IRA DE DEUS CONTRA O PECADO

18 Assim, Deus mostra do céu sua ira con-
tra todos que são pecadores e perversos,
que por sua maldade impedem que a ver-
dade seja conhecida.[d] 19 Sabem a verdade
a respeito de Deus, pois ele a tornou evi-
dente. 20 Por meio de tudo que ele fez des-
de a criação do mundo, podem perceber
claramente seus atributos invisíveis: seu
poder eterno e sua natureza divina. Por-
tanto, não têm desculpa alguma.

21 Sim, eles conheciam algo sobre Deus,
mas não o adoraram nem lhe agradece-
ram. Em vez disso, começaram a inventar
ideias tolas e, com isso, sua mente ficou
obscurecida e confusa. 22 Dizendo-se sá-
bios, tornaram-se tolos. 23 Trocaram a
grandeza do Deus imortal por imagens
de seres humanos mortais, bem como de
aves, animais e répteis.

24 Por isso, Deus os entregou aos dese-
jos pecaminosos de seu coração. Como
resultado, praticaram entre si coisas des-
prezíveis e degradantes com o próprio
corpo. 25 Trocaram a verdade sobre Deus
pela mentira. Desse modo, adoraram e
serviram coisas que Deus criou, em lugar
do Criador, que é digno de louvor eterno!
Amém. 26 Por isso, Deus os entregou a de-
sejos vergonhosos. Até as mulheres tro-
caram sua forma natural de ter relações
sexuais por práticas não naturais. 27 E os
homens, em vez de ter relações sexuais
normais com mulheres, arderam de dese-
jo uns pelos outros. Homens praticaram
atos indecentes com outros homens e, em

[a] **1.4** Ou *ele ficou estabelecido como.*

[b] **1.16** Em grego, *os gregos.*

[c] **1.17** Hc 2.4.

[d] **1.18** Ou *que suprimem a verdade com sua maldade.*

decorrência desse pecado, sofreram em si mesmos o castigo que mereciam.

28 Uma vez que consideraram que conhecer a Deus era algo inútil, o próprio Deus os entregou a um inútil modo de pensar, deixando que fizessem coisas que jamais deveriam ser feitas. 29 A vida deles se encheu de toda espécie de perversidade, pecado, ganância, ódio, inveja, homicídio, discórdia, engano, malícia e fofocas. 30 Espalham calúnias, odeiam a Deus, são insolentes, orgulhosos e arrogantes. Inventam novas maneiras de pecar e desobedecem a seus pais. 31 Não têm entendimento, quebram suas promessas, não mostram afeição nem misericórdia. 32 Sabem que, de acordo com a justiça de Deus, quem pratica essas coisas merece morrer, mas ainda assim continuam a praticá-las. E, o que é pior, incentivam outros a também fazê-lo.

O JULGAMENTO DE DEUS

2 Talvez você pense que pode condenar esses indivíduos, mas é igual a eles e não tem desculpa! Quando diz que eles deveriam ser castigados, condena a si mesmo, porque você, que julga os outros, pratica as mesmas coisas. 2 E sabemos que Deus, em sua justiça, castigará todos que praticam tais coisas. 3 Uma vez que você julga outros por fazerem essas coisas, o que o leva a pensar que evitará o julgamento de Deus ao agir da mesma forma? 4 Não percebe quanto ele é bondoso, tolerante e paciente com você? Não vê que essas manifestações da bondade de Deus visam levá-lo ao arrependimento?

5 Mas, por causa de seu coração rebelde, você se recusa a abandonar o pecado, acumulando ira sobre si mesmo. Pois o dia da ira se aproxima, quando o justo juízo de Deus se revelará. 6 Ele julgará cada um de acordo com seus atos. 7 Dará vida eterna àqueles que, persistindo em fazer o bem, buscam glória, honra e imortalidade. 8 Mas derramará ira e indignação sobre os que vivem para si mesmos, que se recusam a obedecer à verdade e preferem entregar-se a uma vida de perversidade. 9 A todos que praticam o mal, ele trará aflição e calamidade: primeiro para os judeus, e também para os gentios.[a] 10 Mas, a todos que fazem o bem, ele dará glória, honra e paz: primeiro para os judeus, e também para os gentios. 11 Pois Deus não age com favoritismo.

12 Assim, todos os que pecarem, mesmo não tendo a lei escrita de Deus, serão destruídos. E todos os que pecarem estando sob a lei de Deus, de acordo com essa lei serão julgados. 13 Pois o simples ato de ouvir a lei não nos torna justos diante de Deus, mas sim a obediência à lei é que nos torna justos aos olhos dele. 14 Até mesmo os gentios, que não têm a lei escrita, quando obedecem a ela instintivamente, mostram que conhecem a lei, mesmo não a tendo. 15 Demonstram que a lei está gravada em seu coração, pois sua consciência e seus pensamentos os acusam ou lhes dizem que estão agindo corretamente. 16 Isso se confirmará no dia em que Deus julgar os segredos de cada um por meio de Cristo Jesus, de acordo com as boas-novas que anuncio.

OS JUDEUS E A LEI

17 Você, que se diz judeu, se apoia na lei de Deus e se orgulha de seu relacionamento especial com ele. 18 Conhece a vontade de Deus: sabe o que é certo, porque foi instruído em sua lei. 19 Está convencido de que é guia para os cegos e luz para os que estão perdidos na escuridão. 20 Considera-se capaz de instruir os ignorantes e ensinar os caminhos de Deus às crianças. Está certo de que a lei de Deus lhe dá pleno conhecimento e verdade.

21 Pois bem, se você ensina a outros, por que não ensina a si mesmo? Diz a outros que não roubem, mas você mesmo rouba? 22 Afirma que é errado cometer adultério, mas você mesmo adultera? Condena a idolatria, mas rouba objetos dos templos? 23 Você, que tanto se orgulha de conhecer a lei, desonra a Deus, desobedecendo à lei? 24 Não é de admirar que as Escrituras digam: "Os gentios blasfemam o nome de Deus por causa de vocês".[b]

25 A prática judaica da circuncisão só tem valor se você obedece à lei de Deus.

[a] **2.9** Em grego, *os gregos*; também em 2.10.
[b] **2.24** Is 52.5, conforme a Septuaginta.

Mas se você, que é circuncidado, não obe-
dece à lei de Deus, não é diferente de
um gentio incircuncidado. 26 E, se os
incircuncidados obedecerem à lei de
Deus, acaso não serão também conside-
rados circuncidados? 27 De fato, os gen-
tios incircuncidados que cumprem a lei
de Deus condenarão você, judeu, que é
circuncidado e tem a lei de Deus, mas não
obedece a ela.
28 Pois ser judeu exteriormente ou ser
circuncidado não torna ninguém judeu
de fato. 29 Judeu verdadeiro é quem o é no
íntimo, e circuncisão verdadeira é a do co-
ração, feita pelo Espírito, e não pela letra
da lei, recebendo assim a aprovação de
Deus, e não das pessoas.

A FIDELIDADE DE DEUS

3 Então qual é a vantagem de ser judeu?
A circuncisão tem algum valor? 2 Sim,
há muitos benefícios. Em primeiro lugar,
aos judeus foi confiada toda a revelação
de Deus.[a]
3 É verdade que alguns deles foram in-
fiéis, mas isso significa que Deus será
infiel? 4 De maneira nenhuma! Ainda que
todos sejam mentirosos, Deus é verdadeiro.
E as Escrituras dizem a seu respeito:

"Será provado que
tens razão no que dizes,
e ganharás tua
causa no juízo".[b]

5 Alguém poderia dizer: "Mas nosso
pecado não cumpre um bom propósito,
ajudando os outros a verem como Deus é
justo? Não é uma injustiça, portanto, Deus
nos castigar?". (Estou seguindo o ponto de
vista humano.) 6 Claro que não! Se fosse
assim, como Deus poderia julgar o mundo?
7 Alguém poderia argumentar, ainda: "Mas
por que Deus me condena como pecador
se minha mentira ressalta sua verdade e
lhe traz mais glória?". 8 E alguns até nos
difamam, afirmando que dizemos: "Quanto
mais pecarmos, melhor!". Quem diz essas
coisas merece condenação.

[a] **3.2** Em grego, *foram confiados os oráculos de Deus.*
[b] **3.4** Sl 51.4, conforme a Septuaginta.

TODOS SÃO PECADORES

9 Pois bem, devemos concluir que nós,
judeus, somos melhores que os outros?
Não, de maneira nenhuma, pois já mostra-
mos que todos, judeus ou gentios,[c] estão
sob o poder do pecado. 10 Como afirmam
as Escrituras:

"Ninguém é justo,
nem um sequer.
11 Ninguém é sábio,
ninguém busca a Deus.
12 Todos se desviaram,
todos se tornaram inúteis.
Ninguém faz o bem,
nem um sequer."[d]
13 "Sua conversa é repulsiva,
como o odor de um túmulo aberto;
sua língua é cheia de mentiras."
"Veneno de serpentes goteja
de seus lábios."[e]
14 "Sua boca é cheia de
maldição e amargura."[f]
15 "Apressam-se em cometer homicídio;
16 por onde passam, deixam
destruição e sofrimento.
17 Não sabem onde encontrar paz."[g]
18 "Não têm o menor temor de Deus."[h]

19 É evidente que a lei se aplica àque-
les a quem ela foi entregue, pois seu pro-
pósito é evitar desculpas e mostrar que
todo o mundo é culpado diante de Deus.
20 Pois ninguém será declarado justo dian-
te de Deus por fazer o que a lei ordena.
A lei simplesmente mostra quanto so-
mos pecadores.

CRISTO TOMOU SOBRE SI NOSSO CASTIGO

21 Agora, porém, conforme prometido
na lei de Moisés[i] e nos profetas, Deus
nos mostrou como somos declarados jus-
tos diante dele sem as exigências da lei:
22 somos declarados justos diante de Deus
por meio da fé em Jesus Cristo, e isso se

[c] **3.9** Em grego, *gregos.*
[d] **3.10-12** Sl 14.1-3; 53.1-3, conforme a Septuaginta.
[e] **3.13** Sl 5.9, conforme a Septuaginta; Sl 140.3.
[f] **3.14** Sl 10.7, conforme a Septuaginta.
[g] **3.15-17** Is 59.7-8.
[h] **3.18** Sl 36.1.
[i] **3.21** Em grego, *na lei.*

aplica a todos que creem, sem nenhu-
ma distinção.
23 Pois todos pecaram e não alcançam o
padrão da glória de Deus, 24 mas ele, em
sua graça, nos declara justos por meio de
Cristo Jesus, que nos resgatou do castigo
por nossos pecados. 25 Deus apresentou
Jesus como sacrifício pelo pecado,[a] com
o sangue que ele derramou, mostrando
assim sua justiça em favor dos que creem.
No passado ele se conteve e não casti-
gou os pecados antes cometidos, 26 pois
planejava revelar sua justiça no tempo
presente. Com isso, Deus se mostrou
justo, condenando o pecado, e justifica-
dor, declarando justo o pecador que crê
em Jesus.
27 Podemos então nos vangloriar de ter
feito algo para sermos aceitos por Deus?
Não, pois nossa absolvição não vem pela
obediência à lei, mas pela fé. 28 Portanto,
somos declarados justos por meio da fé, e
não pela obediência à lei.
29 Afinal, Deus é Deus apenas dos ju-
deus? Não é também Deus dos gentios?
Claro que sim! 30 Existe um só Deus, e ele
declara justos tanto judeus como gentios[b]
somente pela fé. 31 Então, se enfatizamos
a fé, quer dizer que podemos abolir a lei?
Claro que não! Na realidade, é só quando
temos fé que cumprimos verdadeiramen-
te a lei.

ABRAÃO COMO EXEMPLO DE FÉ

4 Do ponto de vista humano, Abraão
foi o fundador de nossa nação. O que
descobriu ele? 2 Se suas boas obras o tives-
sem tornado justo, ele teria motivo para se
vangloriar, mas não perante Deus. 3 Pois as
Escrituras dizem: "Abraão creu em Deus, e
assim foi considerado justo".[c]
4 O salário daquele que trabalha não é
um presente, mas um direito. 5 Contudo,
ninguém é considerado justo com base
em seu trabalho, mas sim por meio de sua
fé em Deus, que declara justos os pecado-
res. 6 Davi também falou a esse respeito
quando descreveu a felicidade daqueles
que são considerados justos sem terem
trabalhado para isso:

7 "Como são felizes aqueles
cuja desobediência é perdoada,
cujos pecados são cobertos!
8 Sim, como são felizes aqueles
cujo pecado o Senhor não
leva mais em conta!".[d]

9 Por acaso essa bênção é apenas para os
judeus, ou se estende também aos gentios
incircuncidados?[e] Já dissemos que Deus
considerou Abraão justo por meio de sua
fé. 10 Mas como isso aconteceu? Ele foi
considerado justo somente depois de ter
sido circuncidado, ou antes disso? Está
claro que foi antes de ele ser circuncidado.
11 A circuncisão era um sinal de que
Abraão já possuía fé e de que Deus já o
havia declarado justo, mesmo antes de
ele ser circuncidado. Portanto, Abraão
é o pai daqueles que têm fé mas não fo-
ram circuncidados. Eles são considerados
justos por causa de sua fé. 12 E Abraão
também é o pai daqueles que foram
circuncidados, mas somente se tiverem o
mesmo tipo de fé que Abraão tinha antes
de ser circuncidado.
13 A promessa de que Abraão e seus des-
cendentes herdariam toda a terra não se
baseou em sua obediência à lei de Deus,
mas sim no fato de ele ter sido considera-
do justo quando teve fé. 14 Portanto, se a
herança prometida é apenas para aqueles
que obedecem à lei, a fé é desnecessária,
e a promessa, anulada. 15 Pois a lei traz ira
sobre aqueles que tentam obedecer a ela.
A única forma de não quebrar a lei é não
ter lei nenhuma para quebrar!
16 É por isso que a promessa vem pela fé,
para que ela seja segundo a graça e, assim,
alcance toda a descendência de Abraão,
não somente os que vivem sob a lei, mas
todos que têm fé como a que teve Abraão.
Pois ele é o pai de todos que creem. 17 Con-
forme aparece nas Escrituras: "Eu o fiz pai
de muitas nações".[f] Isso aconteceu porque

[a] **3.25** Ou *lugar de expiação.*
[b] **3.30** Em grego, *tanto circuncidados como incircuncidados.*
[c] **4.3** Gn 15.6.
[d] **4.7-8** Sl 32.1-2, conforme a Septuaginta.
[e] **4.9** Em grego, *essa bênção é apenas para os circuncidados, ou é também para os incircuncidados?*
[f] **4.17** Gn 17.5.

Deus tem um propósito nas tribulações. Ele sempre encontra um caminho para que as nossas tribulações e fraquezas contribuam para o nosso benefício.

Abraão creu no Deus que traz os mortos
de volta à vida e cria coisas novas do nada.
18 Mesmo quando não havia motivo para
ter esperança, Abraão a manteve, crendo
que se tornaria o pai de muitas nações.
Pois Deus lhe tinha dito: "Esse é o número
de descendentes que você terá!".[a] 19 E sua
fé não se enfraqueceu, embora ele sou-
besse que, aos cem anos, seu corpo, bem
como o ventre de Sara, já não tinham vigor.
20 Em nenhum momento a fé de Abraão
na promessa de Deus vacilou. Na verda-
de, ela se fortaleceu e, com isso, ele deu
glória a Deus. 21 Abraão estava plenamen-
te convicto de que Deus é poderoso para
cumprir tudo que promete. 22 Por isso,
por sua fé, ele foi considerado justo. 23 E,
quando Deus considerou Abraão justo,
não o fez apenas para benefício dele.
As Escrituras dizem 24 que foi também
para nosso benefício, pois elas garantem
que também seremos considerados jus-
tos por crermos naquele que ressuscitou
dos mortos a Jesus, nosso Senhor. 25 Ele
foi entregue à morte por causa de nossos
pecados e foi ressuscitado para que fôs-
semos declarados justos diante de Deus.

A FÉ PRODUZ ALEGRIA

5 Portanto, uma vez que pela fé fomos
declarados justos, temos paz[b] com
Deus por causa daquilo que Jesus Cristo,
nosso Senhor, fez por nós. 2 Foi por meio
da fé que Cristo nos concedeu esta graça
que agora desfrutamos com segurança e
alegria, pois temos a esperança de partici-
par da glória de Deus.
3 Também nos alegramos ao enfrentar
dificuldades e provações, pois sabemos
que contribuem para desenvolvermos
perseverança, 4 e a perseverança produz
caráter aprovado, e o caráter aprovado for-
talece nossa esperança, 5 e essa esperan-
ça não nos decepcionará, pois sabemos
quanto Deus nos ama, uma vez que ele
nos deu o Espírito Santo para nos encher
o coração com seu amor.
6 Quando estávamos completamente
desamparados, Cristo veio na hora certa
e morreu por nós, pecadores. 7 É pouco
provável que alguém morresse por um
justo, embora talvez alguém se dispuses-
se a morrer por uma pessoa boa. 8 Mas
Deus nos prova seu grande amor ao en-
viar Cristo para morrer por nós quando
ainda éramos pecadores. 9 E, uma vez
que fomos declarados justos por seu san-
gue, certamente seremos salvos da ira de
Deus por meio dele. 10 Pois, se quando
ainda éramos inimigos de Deus nosso re-
lacionamento com ele foi restaurado pela
morte de seu Filho, agora que já estamos
reconciliados certamente seremos salvos
por sua vida. 11 Agora, portanto, podemos
nos alegrar em Deus, com quem fomos
reconciliados por meio de nosso Senhor
Jesus Cristo.

A DIFERENÇA ENTRE ADÃO E CRISTO

12 Quando Adão pecou, o pecado entrou
no mundo, e com ele a morte, que se es-
tendeu a todos, porque todos pecaram.
13 É fato que as pessoas pecaram antes que
a lei fosse concedida, mas, porque ela não
existia, seus pecados não foram levados
em conta. 14 Mesmo assim, do tempo de
Adão até o de Moisés, todos morreram, in-
cluindo os que não desobedeceram a uma
ordem explícita de Deus, como Adão deso-
bedeceu. Na verdade, Adão é um símbolo,
uma representação daquele que ainda ha-
veria de vir. 15 Mas há uma grande diferen-
ça entre o pecado de Adão e a dádiva de
Deus. Pois o pecado de um único homem
trouxe morte para muitos. Ainda maior,
porém, é a graça de Deus e sua dádiva que
veio sobre muitos por meio de um único
homem, Jesus Cristo. 16 E o resultado da
dádiva de Deus é bem diferente do resul-
tado do pecado de um único homem, pois
enquanto o pecado de Adão levou à con-
denação, a dádiva de Deus nos possibilita
ser declarados justos diante dele, apesar
de nossos muitos pecados. 17 A morte rei-
nou sobre muitos por meio do pecado de
um único homem. Ainda maior, porém, é
a graça de Deus e sua dádiva de justiça, e
todos que a recebem reinarão em vida por
meio de um único homem, Jesus Cristo.
18 É verdade que um só pecado de Adão
trouxe condenação a todos, mas um só

[a] **4.18** Gn 15.5.
[b] **5.1** Alguns manuscritos trazem *tenhamos paz*.

ato de justiça de Cristo removeu a culpa e trouxe vida a todos. 19 Por causa da desobediência a Deus de uma só pessoa, muitos se tornaram pecadores. Mas, por causa da obediência de uma só pessoa a Deus, muitos serão declarados justos.

20 A lei foi concedida para que todos percebessem a gravidade do pecado. Mas, à medida que o pecado aumentou, a graça se tornou ainda maior. 21 Portanto, assim como o pecado reinou sobre todos e os levou à morte, agora reina a graça, que nos declara justos diante de Deus e resulta na vida eterna por meio de Jesus Cristo, nosso Senhor.

LIBERTOS DO PODER DO PECADO

6 Pois bem, devemos continuar pecando para que Deus mostre cada vez mais sua graça? 2 Claro que não! Uma vez que morremos para o pecado, como podemos continuar vivendo nele? 3 Ou acaso se esqueceram de que, quando fomos unidos a Cristo Jesus no batismo, nos unimos a ele em sua morte? 4 Pois, pelo batismo, morremos e fomos sepultados com Cristo. E, assim como ele foi ressuscitado dos mortos pelo poder glorioso do Pai, agora nós também podemos viver uma nova vida.

5 Uma vez que nossa união com ele se assemelhou à sua morte, assim também nossa ressurreição será semelhante à dele. 6 Sabemos que nossa velha natureza humana foi crucificada com Cristo, para que o pecado não tivesse mais poder sobre nossa vida e dele deixássemos de ser escravos. 7 Pois, quando morremos com Cristo, fomos libertos do poder do pecado. 8 Então, uma vez que morremos com Cristo, cremos que também com ele viveremos. 9 Temos certeza disso, pois Cristo foi ressuscitado dos mortos e não mais morrerá. A morte já não tem nenhum poder sobre ele. 10 Quando ele morreu, foi de uma vez por todas, para quebrar o poder do pecado. Mas agora que ele vive, é para a glória de Deus. 11 Da mesma forma, considerem-se mortos para o poder do pecado e vivos para Deus em Cristo Jesus.

12 Não deixem que o pecado reine sobre seu corpo, que está sujeito à morte, cedendo aos desejos pecaminosos. 13 Não deixem que nenhuma parte de seu corpo se torne instrumento do mal para servir ao pecado, mas em vez disso entreguem-se inteiramente a Deus, pois vocês estavam mortos e agora têm nova vida. Portanto, ofereçam seu corpo como instrumento para fazer o que é certo para a glória de Deus. 14 O pecado não é mais seu senhor, pois vocês já não vivem sob a lei, mas sob a graça de Deus.

15 Pois bem, uma vez que a graça nos libertou da lei, quer dizer que podemos continuar pecando? Claro que não! 16 Vocês não sabem que se tornam escravos daquilo a que escolhem obedecer? Podem ser escravos do pecado, que conduz à morte, ou podem escolher obedecer a Deus, que conduz à vida de justiça. 17 Graças a Deus, porque antes vocês eram escravos do pecado, mas agora obedecem de todo o coração a este ensino que lhes transmitimos. 18 Estão livres da escravidão do pecado e se tornaram escravos da justiça.

19 Uso o exemplo da escravidão para ajudá-los a entender isso tudo, pois sua natureza humana é fraca.[a] No passado, vocês se deixaram escravizar pela impureza e pela maldade, o que os fez afundar ainda mais no pecado. Agora, devem se entregar como escravos à vida de justiça, para que se tornem santos.

20 Quando eram escravos do pecado, estavam livres da obrigação de fazer o que é certo. 21 E qual foi o resultado? Hoje vocês se envergonham das coisas que costumavam fazer, coisas que acabam em morte. 22 Agora, porém, estão livres do poder do pecado e se tornaram escravos de Deus. Fazem aquilo que conduz à santidade e resulta na vida eterna. 23 Pois o salário do pecado é a morte, mas a dádiva de Deus é a vida eterna em Cristo Jesus, nosso Senhor.

LIBERTOS DA LEI

7 Agora, irmãos, vocês que conhecem a lei, não sabem que ela se aplica apenas enquanto a pessoa vive? 2 Por exemplo, quando uma mulher se casa, a lei a une a seu marido enquanto ele estiver vivo.

[a] **6.19** Em grego, *por causa da fraqueza de sua carne.*

No entanto, se ele morrer, as leis do casamento já não se aplicarão à mulher. 3 Portanto, enquanto o marido estiver vivo, se ela se casar com outro homem, cometerá adultério. Mas, se o marido morrer, ela ficará livre dessa lei e não cometerá adultério ao se casar novamente.

4 Assim, meus irmãos, vocês morreram para o poder da lei quando morreram com Cristo, e agora estão unidos com aquele que foi ressuscitado dos mortos. Como resultado, podemos produzir uma colheita de boas obras para Deus. 5 Quando éramos controlados pela natureza humana,[a] desejos pecaminosos atuavam dentro de nós, e a lei despertava esses desejos maus, que produziam uma colheita de obras pecaminosas cujo resultado era a morte. 6 Agora, porém, fomos libertos da lei, pois morremos para ela e já não estamos presos a seu poder. Podemos servir a Deus não da maneira antiga, obedecendo à letra da lei, mas da maneira nova, vivendo no Espírito.

A LEI DE DEUS EXPÕE NOSSO PECADO

7 Por acaso estou dizendo que a lei de Deus é pecaminosa? Claro que não! Na verdade, foi a lei que me mostrou meu pecado. Eu jamais saberia que cobiçar é errado se a lei não dissesse: "Não cobice".[b] 8 Mas o pecado usou esse mandamento para despertar dentro de mim todo tipo de desejo cobiçoso. Se não houvesse lei, o pecado não teria esse poder. 9 Houve um tempo em que eu vivia sem a lei. No entanto, quando tomei conhecimento do mandamento, o pecado ganhou vida, 10 e eu morri. Assim, descobri que os mandamentos da lei, que deveriam trazer vida, trouxeram, em vez disso, morte. 11 O pecado se aproveitou desses mandamentos e me enganou, e fez uso deles para me matar. 12 Isso, porém, só demonstra que a lei em si é santa, e santos, justos e bons são seus mandamentos.

13 Mas, então, a lei, que é boa, foi responsável por minha morte? Claro que não! O pecado usou o que era bom para me condenar à morte. Vemos, com isso, como o pecado é terrível, usando os bons mandamentos de Deus para seus próprios fins perversos.

A LUTA CONTRA O PECADO

14 O problema não está na lei, pois ela é espiritual e boa. O problema está em mim, pois sou humano,[c] escravo do pecado. 15 Não entendo a mim mesmo, pois quero fazer o que é certo, mas não o faço. Em vez disso, faço aquilo que odeio. 16 Mas, se eu sei que o que faço é errado, isso mostra que concordo que a lei é boa. 17 Portanto, não sou eu quem faz o que é errado, mas o pecado que habita em mim.

18 E eu sei que em mim, isto é, em minha natureza humana,[d] não há nada de bom, pois quero fazer o que é certo, mas não consigo. 19 Quero fazer o bem, mas não o faço. Não quero fazer o que é errado, mas, ainda assim, o faço. 20 Então, se faço o que não quero, na verdade não sou eu quem o faz, mas o pecado que habita em mim.

21 Assim, descobri esta lei em minha vida: quando quero fazer o que é certo, percebo que o mal está presente em mim. 22 Amo a lei de Deus de todo o coração. 23 Contudo, há outra lei dentro de mim que está em guerra com minha mente e me torna escravo do pecado que permanece dentro de mim. 24 Como sou miserável! Quem me libertará deste corpo mortal dominado pelo pecado? 25 Graças a Deus, a resposta está em Jesus Cristo, nosso Senhor. Na mente, quero, de fato, obedecer à lei de Deus, mas, por causa de minha natureza humana, sou escravo do pecado.

A VIDA NO ESPÍRITO

8 Agora, portanto, já não há nenhuma condenação para os que estão em Cristo Jesus. 2 Pois em Cristo Jesus a lei do Espírito que dá vida os libertou[e] da lei do pecado, que leva à morte. 3 A lei não era capaz de nos salvar por causa da fraqueza de nossa natureza humana,[f] por isso Deus fez o que a lei era incapaz de fazer ao enviar

[a] **7.5** Em grego, *Quando estávamos na carne.*
[b] **7.7** Êx 20.17; Dt 5.21.
[c] **7.14** Em grego, *pois sou carnal.*
[d] **7.18** Em grego, *minha carne*; também em 7.25.
[e] **8.2** Alguns manuscritos trazem *me libertou.*
[f] **8.3** Em grego, *carne*; também em 8.4,5,6,7,8,9,12.

seu Filho na semelhança de nossa natu-
reza humana pecaminosa e apresentá-lo
como sacrifício por nosso pecado. Com
isso, declarou o fim do domínio do pecado
sobre nós, 4 de modo que nós, que agora
não seguimos mais nossa natureza huma-
na, mas sim o Espírito, possamos cumprir
as justas exigências da lei.

5 Aqueles que são dominados pela natu-
reza humana pensam em coisas da natu-
reza humana, mas os que são controlados
pelo Espírito pensam em coisas que agra-
dam o Espírito. 6 Portanto, permitir que a
natureza humana controle a mente resulta
em morte, mas permitir que o Espírito con-
trole a mente resulta em vida e paz. 7 Pois
a mentalidade da natureza humana é sem-
pre inimiga de Deus. Nunca obedeceu às
leis de Deus, e nunca obedecerá. 8 Por isso
aqueles que ainda estão sob o domínio de
sua natureza humana não podem agradar
a Deus.

9 Vocês, porém, não são controlados pela
natureza humana, mas pelo Espírito, se de
fato o Espírito de Deus habita em vocês.
E, se alguém não tem o Espírito de Cristo,
a ele não pertence. 10 Uma vez que Cristo
habita em vocês, embora o corpo morra
por causa do pecado, o Espírito lhes dá
vida porque vocês foram declarados justos
diante de Deus. 11 E, se o Espírito de Deus
que ressuscitou Jesus dos mortos habita
em vocês, o Deus que ressuscitou Cristo
Jesus dos mortos dará vida a seu corpo
mortal, por meio desse mesmo Espírito
que habita em vocês.

12 Portanto, irmãos, vocês não têm de fa-
zer o que sua natureza humana lhes pede,
13 porque, se viverem de acordo com as
exigências dela, morrerão. Se, contudo,
pelo poder do Espírito, fizerem morrer as
obras do corpo, viverão, 14 porque todos
que são guiados pelo Espírito de Deus são
filhos de Deus.

15 Pois vocês não receberam um espíri-
to que os torne, de novo, escravos medro-
sos, mas sim o Espírito de Deus, que os
adotou como seus próprios filhos.[a] Agora
nós o chamamos "*Aba*,[b] Pai", 16 pois o seu
Espírito confirma a nosso espírito[c] que
somos filhos de Deus. 17 Se somos seus
filhos, então somos seus herdeiros e, por-
tanto, co-herdeiros com Cristo. Se de fato
participamos de seu sofrimento, participa-
remos também de sua glória.

A GLÓRIA FUTURA

18 Considero que nosso sofrimento de ago-
ra não é nada comparado com a glória que
ele nos revelará mais tarde. 19 Pois toda a
criação aguarda com grande expectativa o
dia em que os filhos de Deus serão reve-
lados. 20 Toda a criação, não por vontade
própria, foi submetida por Deus a uma
existência fútil, 21 na esperança de que,
com os filhos de Deus, a criação seja glo-
riosamente liberta da decadência que a
escraviza. 22 Pois sabemos que, até agora,
toda a criação geme, como em dores de
parto. 23 E nós, os que cremos, também
gememos, embora tenhamos o Espírito
em nós como antecipação da glória futu-
ra, pois aguardamos ansiosos pelo dia em
que desfrutaremos nossos direitos de ado-
ção,[d] incluindo a redenção de nosso cor-
po. 24 Recebemos essa esperança quando
fomos salvos. (Se já temos alguma coisa,
não há necessidade de esperar por ela,
25 mas, se esperamos por algo que ainda
não temos, devemos fazê-lo com paciên-
cia e confiança.)

26 E o Espírito nos ajuda em nossa fra-
queza, pois não sabemos orar segundo a
vontade de Deus, mas o próprio Espírito
intercede por nós com gemidos que não
podem ser expressos em palavras. 27 E o
Pai, que conhece cada coração, sabe quais
são as intenções do Espírito, pois o Espí-
rito intercede por nós, o povo santo, se-
gundo a vontade de Deus. 28 E sabemos
que Deus faz todas as coisas cooperarem
para o bem daqueles que o amam[e] e que
são chamados de acordo com seu propó-
sito. 29 Pois Deus conheceu de antemão
os seus e os predestinou para se tornarem
semelhantes à imagem de seu Filho, a fim

[a] **8.15a** Em grego, *mas vocês receberam espírito de adoção como filhos.*

[b] **8.15b** *Aba* é um termo aramaico para "pai".

[c] **8.16** Ou *o próprio Espírito testemunha com o nosso espírito.*

[d] **8.23** Em grego, *aguardamos ansiosamente a adoção como filhos.*

[e] **8.28** Ou *E sabemos que todas as coisas cooperam para o bem daqueles que amam a Deus.*

de que ele fosse o primeiro entre muitos irmãos. 30 Depois de predestiná-los ele os chamou, e depois de chamá-los, os declarou justos, e depois de declará-los justos, lhes deu sua glória.

NADA PODE NOS SEPARAR DO AMOR DE DEUS

31 Que podemos dizer diante de coisas tão maravilhosas? Se Deus é por nós, quem será contra nós? 32 Se ele não poupou nem mesmo seu próprio Filho, mas o entregou por todos nós, acaso não nos dará todas as outras coisas? 33 Quem se atreve a acusar os escolhidos de Deus? Ninguém, pois o próprio Deus nos declara justos diante dele. 34 Quem nos condenará, então? Ninguém, pois Cristo Jesus morreu e ressuscitou e está sentado no lugar de honra, à direita de Deus, intercedendo por nós.

35 O que nos separará do amor de Cristo? Serão aflições ou calamidades, perseguições ou fome, miséria, perigo ou ameaças de morte? 36 Como dizem as Escrituras: "Por causa de ti, enfrentamos a morte todos os dias; somos como ovelhas levadas para o matadouro".[a] 37 Mas, apesar de tudo isso, somos mais que vencedores por meio daquele que nos amou.

38 E estou convencido de que nem morte nem vida, nem anjos nem demônios,[b] nem o que existe hoje nem o que virá no futuro, nem poderes, 39 nem altura nem profundidade, nada, em toda a criação, jamais poderá nos separar do amor de Deus revelado em Cristo Jesus, nosso Senhor.

DEUS ESCOLHE ISRAEL

9 Digo-lhes a verdade, tendo Cristo como testemunha, e minha consciência e o Espírito Santo a confirmam. 2 Meu coração está cheio de amarga tristeza e angústia sem fim 3 por meu povo, meus irmãos judeus.[c] Eu estaria disposto a ser amaldiçoado para sempre, separado de Cristo, se isso pudesse salvá-los. 4 Eles são o povo de Israel, escolhidos para serem filhos adotivos de Deus.[d] Ele lhes revelou sua glória, fez uma aliança com eles e lhes deu sua lei e o privilégio de adorá-lo e receber suas promessas. 5 Do povo de Israel vêm os patriarcas, e o próprio Cristo, quanto à sua natureza humana, era israelita. E ele é Deus, aquele que governa sobre todas as coisas e é digno de louvor eterno! Amém.[e]

6 Acaso Deus deixou de cumprir sua promessa a Israel? Não, pois nem todos os descendentes de Israel pertencem, de fato, ao povo de Deus. 7 Só porque são descendentes de Abraão não significa que são, verdadeiramente, filhos de Abraão. Pois as Escrituras dizem: "Isaque é o filho de quem depende a sua descendência".[f] 8 Isso significa que os descendentes físicos de Abraão não são, necessariamente, filhos de Deus. Apenas os filhos da promessa são considerados filhos de Abraão. 9 Pois Deus havia prometido: "Voltarei por esta época, e Sara terá um filho".[g]

10 Esse fato não é único. Também Rebeca ficou grávida de nosso antepassado Isaque e deu à luz gêmeos. 11 Antes de eles nascerem, porém, antes mesmo de terem feito qualquer coisa boa ou má, ela recebeu uma mensagem de Deus. (Essa mensagem mostra que Deus escolhe as pessoas conforme os propósitos dele 12 e as chama sem levar em conta as obras que praticam.) Foi dito a Rebeca: "Seu filho mais velho servirá a seu filho mais novo".[h] 13 Nas palavras das Escrituras: "Amei Jacó, mas rejeitei Esaú".[i]

14 Estamos dizendo, então, que Deus foi injusto? Claro que não! 15 Pois Deus disse a Moisés:

"Terei misericórdia
 de quem eu quiser,
e mostrarei compaixão
 a quem eu quiser".[j]

16 Portanto, a misericórdia depende apenas de Deus, e não de nosso desejo nem de nossos esforços.

---

[a] **8.36** Sl 44.22.
[b] **8.38** Em grego, *nem governantes.*
[c] **9.3** Em grego, *meus irmãos.*
[d] **9.4** Em grego, *para a adoção como filhos.*
[e] **9.5** Ou *Que Deus, aquele que governa sobre todas as coisas, seja louvado para sempre! Amém.*
[f] **9.7** Gn 21.12.
[g] **9.9** Gn 18.10,14.
[h] **9.12** Gn 25.23.
[i] **9.13** Ml 1.2-3.
[j] **9.15** Êx 33.19.

17 Pois as Escrituras afirmam que Deus
disse ao faraó: "Eu o coloquei em posição
de autoridade com o propósito de mostrar
em você meu poder e propagar meu nome
por toda a terra".[a] 18 Como podem ver, ele
escolhe ter misericórdia de alguns e endu-
recer o coração de outros.
19 Mas algum de vocês dirá: "Então por
que Deus os culpa? Não estão apenas cum-
prindo a vontade dele?".
20 Ora, quem é você, mero ser humano,
para discutir com Deus? Acaso o objeto
criado pode dizer àquele que o criou: "Por
que você me fez assim?" 21 O oleiro não tem
o direito de usar o mesmo barro para fazer
um vaso para uso especial e outro para uso
comum? 22 Da mesma forma, Deus tem o
direito de mostrar sua ira e seu poder, su-
portando com muita paciência aqueles
que são objeto de sua ira, preparados para
a destruição.[b] 23 Ele age desse modo para
que as riquezas de sua glória brilhem com
esplendor ainda maior sobre aqueles dos
quais ele tem misericórdia, aqueles que ele
preparou previamente para a glória. 24 E nós
estamos entre os que ele chamou, tanto
dentre os judeus como dentre os gentios.
25 A esse respeito, Deus diz na profecia
de Oseias:

"Chamarei 'meu povo'
aqueles que não eram meu povo,
e amarei aqueles
que antes eu não amava".[c]

26 E também:

"No lugar onde lhes foi dito:
'Vocês não são meu povo',
eles serão chamados
'filhos do Deus vivo'".[d]

27 E, a respeito de Israel, o profeta Isaías
clamou:

"Embora o povo de Israel seja
numeroso como a areia do mar,
apenas um remanescente será salvo.
28 Pois o Senhor executará sua
sentença sobre a terra
de modo rápido e decisivo".[e]

29 E, como Isaías tinha dito em outra pas-
sagem:

"Se o Senhor dos Exércitos
não houvesse poupado
alguns de nossos filhos,
teríamos sido exterminados
como Sodoma
e destruídos como Gomorra".[f]

A INCREDULIDADE DE ISRAEL

30 Que significa tudo isso? Embora os gen-
tios não buscassem seguir as normas de
Deus, foram declarados justos, e isso acon-
teceu pela fé. 31 Já o povo de Israel, que se
esforçou tanto para cumprir a lei a fim de
se tornar justo, nunca teve sucesso. 32 Por
que não? Porque tentaram se tornar justos
por meio de suas obras, e não pela fé. Tro-
peçaram na grande pedra em seu caminho,
33 e a esse respeito as Escrituras afirmam:

"Ponho em Sião uma pedra
que os faz tropeçar,
uma rocha que os faz cair.
Mas quem confiar nele
jamais será envergonhado".[g]

10 Irmãos, o desejo de meu coração e
minha oração a Deus é que o povo
de Israel seja salvo. 2 Sei da dedicação de-
les por Deus, mas é entusiasmo sem en-
tendimento. 3 Pois, não entendendo a
maneira como Deus declara as pessoas
justas diante dele, apegam-se a seu pró-
prio modo de se tornar justos tentando
seguir a lei, e recusam a maneira de Deus.
4 Pois Cristo é o propósito para o qual a lei
foi dada.[h] Como resultado, todo o que nele
crê é declarado justo.

A SALVAÇÃO É PARA TODOS

5 Moisés escreve que o modo pelo qual a
lei torna alguém justo exige obediência

a **9.17** Êx 9.16, conforme a Septuaginta.
b **9.22** Ou *prontos para a ruína.*
c **9.25** Os 2.23.
d **9.26** Os 1.10.
e **9.27-28** Is 10.22-23, conforme a Septuaginta.
f **9.29** Is 1.9, conforme a Septuaginta.
g **9.33** Is 8.14; 28.16, conforme a Septuaginta.
h **10.4** Ou *Cristo é o fim da lei.*

a todos os seus mandamentos.[a] 6 Mas o modo pelo qual a fé torna alguém justo diz: "Não diga em seu coração: 'Quem subirá ao céu?' (para trazer Cristo para a terra). 7 E não diga: 'Quem descerá ao lugar dos mortos?' (para trazer Cristo de volta à vida)". 8 Na verdade, diz:

"A mensagem está bem perto;
está em seus lábios e em
seu coração".[b]

E essa mensagem é a mesma que anunciamos a respeito da fé: 9 se você declarar com sua boca que Jesus é Senhor e crer em seu coração que Deus o ressuscitou dos mortos, será salvo. 10 Pois é crendo de coração que você é declarado justo, e é declarando com a boca que você é salvo. 11 Como dizem as Escrituras: "Quem confiar nele jamais será envergonhado".[c] 12 Nesse sentido, não há diferença entre judeus e gentios,[d] uma vez que ambos têm o mesmo Senhor, que abençoa generosamente todos que o invocam. 13 Pois "todo aquele que invocar o nome do Senhor será salvo".[e]

14 Mas como poderão invocá-lo se não crerem nele? E como crerão nele se jamais tiverem ouvido a seu respeito? E como ouvirão a seu respeito se ninguém lhes falar? 15 E como alguém falará se não for enviado? Por isso as Escrituras dizem: "Como são belos os pés dos mensageiros que trazem boas-novas!".[f]

16 Nem todos, porém, aceitam as boas-novas, pois o profeta Isaías disse: "Senhor, quem creu em nossa mensagem?".[g] 17 Portanto, a fé vem por ouvir, isto é, por ouvir as boas-novas a respeito de Cristo. 18 Mas eu pergunto: o povo de Israel ouviu, de fato, a mensagem? Sim, eles ouviram:

"Sua mensagem chegou a toda a terra,
e suas palavras alcançaram
os confins do mundo".[h]

19 Volto a perguntar: será que o povo de Israel entendeu? Sim, eles entenderam, pois, já no tempo de Moisés, Deus disse:

"Provocarei seu ciúme por
meio de um povo
que nem sequer é nação.
Provocarei sua ira por meio
de gentios insensatos".[i]

20 E, mais tarde, Isaías se pronunciou com ousadia:

"Fui encontrado por aqueles
que não me procuravam.
Revelei-me àqueles que
não perguntavam por mim".[j]

21 A respeito de Israel, porém, diz:

"O dia todo abri meus
braços para eles,
mas foram desobedientes
e rebeldes".[k]

A MISERICÓRDIA DE DEUS PARA COM ISRAEL

11 Então pergunto: Deus rejeitou seu povo, a nação de Israel? Claro que não! Eu mesmo sou israelita, descendente de Abraão e membro da tribo de Benjamim.

2 Não, Deus não rejeitou seu povo, que conheceu de antemão. Vocês sabem o que as Escrituras dizem a esse respeito? O profeta Elias se queixou a Deus sobre o povo de Israel, dizendo: 3 "Senhor, eles mataram teus profetas e derrubaram teus altares. Sou o único que restou, e agora também procuram me matar".[l]

4 E vocês se lembram da resposta de Deus? Ele disse: "Ainda tenho outros sete mil que jamais se prostraram diante de Baal".[m]

5 O mesmo acontece hoje, pois uns poucos do povo de Israel permaneceram fiéis,[n] escolhidos pela graça de Deus. 6 E, se a escolha se dá pela graça de Deus, então não

[a] **10.5** Ver Lv 18.5.
[b] **10.6-8** Dt 30.12-14.
[c] **10.11** Is 28.16, conforme a Septuaginta.
[d] **10.12** Em grego, *e gregos*.
[e] **10.13** Jl 2.32.
[f] **10.15** Is 52.7.
[g] **10.16** Is 53.1.
[h] **10.18** Sl 19.4.

[i] **10.19** Dt 32.21.
[j] **10.20** Is 65.1, conforme a Septuaginta.
[k] **10.21** Is 65.2, conforme a Septuaginta.
[l] **11.3** 1Rs 19.10,14.
[m] **11.4** 1Rs 19.18.
[n] **11.5** Em grego, *pois um remanescente permaneceu*.

se baseia nas obras deles, pois nesse caso
a graça deixaria de ser o que verdadeira-
mente é, ou seja, gratuita e imerecida.
7 Portanto, a situação é esta: a maioria
do povo de Israel não encontrou o que
tanto buscava, mas uns poucos, aqueles
que Deus havia escolhido, o encontraram,
enquanto o coração dos demais foi endu-
recido. 8 Como dizem as Escrituras:

"Deus os fez cair em sono profundo.
Até hoje, fechou-lhes os olhos
para que não vejam,
e tapou-lhes os ouvidos
para que não ouçam".[a]

9 Da mesma forma, Davi disse:

"Que sua mesa farta se
transforme em laço,
em armadilha que os faça
pensar que tudo vai bem.
Que seus privilégios os façam tropeçar,
e que recebam o que merecem.
10 Que seus olhos se escureçam
para que não vejam,
e que suas costas fiquem
encurvadas para sempre".[b]

11 Acaso o povo de Deus tropeçou e caiu
sem possibilidade de se levantar? Claro
que não! Foram desobedientes e, por isso,
Deus tornou a salvação acessível aos gen-
tios, para que seu próprio povo sentisse
ciúme. 12 Se os gentios foram enriqueci-
dos porque os israelitas fracassaram ao
rejeitar a salvação que Deus lhes oferece,
imaginem como será maior a bênção para
o mundo quando Israel for plenamen-
te restaurado!
13 Dirijo-me especialmente a vocês, gen-
tios. E, uma vez que fui designado após-
tolo aos gentios, enfatizo isso 14 porque
desejo que, de algum modo, o povo de
Israel sinta ciúme e assim eu possa levar
alguns deles à salvação. 15 Pois, se a rejei-
ção deles possibilitou que o resto do mun-
do se reconciliasse com Deus, a aceitação
será ainda mais maravilhosa. Será vida
para os que estavam mortos!
16 Se a parte da massa entregue como
oferta é santa, então toda ela é santa. E, se
as raízes da árvore são santas, os ramos
também o serão. 17 Mas alguns desses ra-
mos, alguns do povo de Israel, foram cor-
tados. E vocês, gentios, que eram ramos
de uma oliveira brava, foram enxertados
na árvore. Agora, portanto, participam
do alimento nutritivo que vem da raiz
da oliveira especial de Deus. 18 No en-
tanto, não devem se orgulhar de terem
sido enxertados no lugar dos ramos que
foram cortados, pois é a raiz que sustenta
o ramo, e não o contrário.
19 Talvez digam: "Esses ramos foram
cortados para abrir espaço para nós".
20 É verdade, mas lembrem-se de que es-
ses ramos foram cortados porque não cre-
ram e que vocês estão ali porque creem.
Portanto, não se orgulhem, mas temam
o que poderia acontecer. 21 Pois, se Deus
não poupou os ramos naturais, também
não poupará[c] vocês.
22 Observem como Deus é, ao mesmo
tempo, bondoso e severo. É severo com
os que lhe desobedecem, mas é bondoso
com vocês, desde que continuem a con-
fiar em sua bondade. Mas, se deixarem
de confiar, também serão cortados. 23 E,
se o povo de Israel abandonar sua in-
credulidade, será enxertado novamente,
pois Deus tem poder para enxertá-los de
volta na árvore. 24 Vocês eram, por nature-
za, o ramo cortado de uma oliveira brava.
Portanto, se Deus se mostrou disposto
a fazer algo contrário à natureza ao en-
xertá-los em sua árvore cultivada, estará
ainda mais disposto a enxertar os ramos
naturais de volta na árvore da qual eles
fazem parte.

A MISERICÓRDIA DE DEUS É PARA TODOS

25 Irmãos, quero que vocês entendam este
mistério para que não se orgulhem de si
mesmos. Alguns do povo de Israel têm o
coração endurecido, mas isso durará ape-
nas até que o tempo dos gentios se com-
plete. 26 E assim todo o Israel será salvo.
Como dizem as Escrituras:

[a] **11.8** Is 29.10; Dt 29.4.
[b] **11.9-10** Sl 69.22-23, conforme a Septuaginta.
[c] **11.21** Alguns manuscritos trazem *é possível que não poupe*.

"O libertador virá de Sião
e afastará Israel[a] da impiedade.
27 E esta é minha aliança com eles:
eu removerei seus pecados".[b]

28 Muitos do povo de Israel agora são
inimigos das boas-novas, e isso beneficia
vocês, gentios. No entanto, porque ele es-
colheu seus patriarcas, eles ainda são o
povo que Deus ama. 29 Pois as bênçãos de
Deus e o seu chamado jamais podem ser
anulados. 30 Em outros tempos, vocês, gen-
tios, foram rebeldes contra Deus, mas ago-
ra, por causa da desobediência deles, vocês
receberam misericórdia. 31 Agora eles são
os rebeldes, e Deus foi misericordioso com
vocês, para que eles também participem[c]
da misericórdia dele. 32 Pois Deus colocou
a todos debaixo da desobediência para que
de todos tivesse misericórdia.
33 Como são grandes as riquezas, a sa-
bedoria e o conhecimento de Deus! É im-
possível entendermos suas decisões e
seus caminhos!

34 "Pois quem conhece os
pensamentos do Senhor?
Quem sabe o suficiente
para aconselhá-lo?"[d]
35 "Quem lhe deu primeiro
alguma coisa,
para que ele precise
depois retribuir?"[e]

36 Pois todas as coisas vêm dele, existem
por meio dele e são para ele. A ele seja
toda a glória para sempre! Amém.

SACRIFÍCIO VIVO PARA DEUS

12 Portanto, irmãos, suplico-lhes que
entreguem seu corpo a Deus, por cau-
sa de tudo que ele fez por vocês. Que seja um
sacrifício vivo e santo, do tipo que Deus con-
sidera agradável. Essa é a verdadeira forma
de adorá-lo.[f] 2 Não imitem o comportamen-
to e os costumes deste mundo, mas deixem
que Deus os transforme por meio de uma
mudança em seu modo de pensar, a fim de
que experimentem a boa, agradável e perfei-
ta vontade de Deus para vocês.
3 Com base na graça que recebi, dou a
cada um de vocês a seguinte advertência:
não se considerem melhores do que real-
mente são. Antes, sejam honestos em sua
autoavaliação, medindo-se de acordo com
a fé que Deus nos deu.[g] 4 Da mesma forma
que nosso corpo tem vários membros e
cada membro, uma função específica, 5 as-
sim é também com o corpo de Cristo. So-
mos membros diferentes do mesmo corpo,
e todos pertencemos uns aos outros.
6 Deus, em sua graça, nos concedeu dife-
rentes dons. Portanto, se você tiver a capa-
cidade de profetizar, faça-o de acordo com
a proporção de fé que recebeu. 7 Se tiver o
dom de servir, sirva com dedicação. Se for
mestre, ensine bem. 8 Se seu dom consistir
em encorajar pessoas, encoraje-as. Se for o
dom de contribuir, dê com generosidade.
Se for o de exercer liderança, lidere de for-
ma responsável. E, se for o de demonstrar
misericórdia, pratique-o com alegria.
9 Amem as pessoas sem fingimento.
Odeiem tudo que é mau. Apeguem-se
firmemente ao que é bom. 10 Amem-se
com amor fraternal e tenham prazer em
honrar uns aos outros. 11 Jamais sejam
preguiçosos, mas trabalhem com dedica-
ção e sirvam ao Senhor com entusiasmo.[h]
12 Alegrem-se em nossa esperança. Sejam
pacientes nas dificuldades e não parem
de orar. 13 Quando membros do povo san-
to passarem por necessidade, ajudem com
prontidão. Estejam sempre dispostos a pra-
ticar a hospitalidade.
14 Abençoem aqueles que os perseguem.
Não os amaldiçoem, mas orem para que
Deus os abençoe. 15 Alegrem-se com os
que se alegram e chorem com os que cho-
ram. 16 Vivam em harmonia uns com os
outros. Não sejam orgulhosos, mas tenham
amizade com gente de condição humilde.
E não pensem que sabem tudo.

---

a **11.26** Em grego, *Jacó*.
b **11.26-27** Is 59.20-21; 27.9, conforme a Septuaginta.
c **11.31** Alguns manuscritos trazem *agora participem*; outros, *algum dia participem*.
d **11.34** Is 40.13, conforme a Septuaginta.
e **11.35** Ver Jó 41.11.
f **12.1** *Ou Essa é sua adoração espiritual, ou Esse é seu culto racional.*
g **12.3** *Ou a fé que Deus lhes deu, ou a medida de nossa fé dada por Deus.*
h **12.11** Ou *mas sirvam ao Senhor com espírito zeloso*, ou *mas deixem que o Espírito os anime ao servirem ao Senhor.*

17 Nunca paguem o mal com o mal. Pen-
sem sempre em fazer o que é melhor aos
olhos de todos. 18 No que depender de vo-
cês, vivam em paz com todos.
19 Amados, nunca se vinguem; deixem
que a ira de Deus se encarregue disso, pois
assim dizem as Escrituras:

"A vingança cabe a mim,
eu lhes darei o troco, diz o Senhor".[a]

20 Pelo contrário:

"Se seu inimigo estiver com
fome, dê-lhe de comer;
se estiver com sede, dê-lhe de beber.
Ao fazer isso, amontoará brasas
vivas sobre a cabeça dele".[b]

21 Não deixem que o mal os vença, mas
vençam o mal praticando o bem.

RESPEITO PELAS AUTORIDADES

13 Todos devem sujeitar-se às auto-
ridades, pois toda autoridade vem
de Deus, e aqueles que ocupam cargos de
autoridade foram ali colocados por ele.
2 Portanto, quem se rebela contra a auto-
ridade se rebela contra o Deus que a ins-
tituiu e será punido. 3 Pois as autoridades
não causam temor naqueles que fazem o
que é certo, mas sim nos que fazem o que
é errado. Você deseja viver livre do medo
das autoridades? Faça o que é certo, e elas
o honrarão. 4 As autoridades estão a servi-
ço de Deus, para o seu bem. Mas, se você
estiver fazendo algo errado, é evidente
que deve temer, pois elas têm o poder de
puni-lo, pois estão a serviço de Deus para
castigar os que praticam o mal. 5 Portanto,
sujeitem-se a elas, não apenas para evitar
a punição, mas também para manter a
consciência limpa.
6 É por esse motivo também que vocês
pagam impostos, pois as autoridades
estão a serviço de Deus no trabalho que
realizam. 7 Deem a cada um o que lhe é de-
vido: paguem os impostos e tributos àque-
les que os recolhem e honrem e respeitem
as autoridades.

O AMOR CUMPRE AS EXIGÊNCIAS DA LEI DE DEUS

8 Não devam nada a ninguém, a não ser
o amor de uns pelos outros. Quem ama
seu próximo cumpre os requisitos da lei
de Deus. 9 Pois os mandamentos dizem:
"Não cometa adultério. Não mate. Não
roube. Não cobice".[c] Esses e outros man-
damentos semelhantes se resumem num
só: "Ame o seu próximo como a si mes-
mo".[d] 10 O amor não faz o mal ao próximo,
portanto o amor cumpre todas as exigên-
cias da lei de Deus.
11 Tudo isso é ainda mais urgente porque
vocês sabem como é tarde; o tempo está se
esgotando. Despertem, pois nossa salva-
ção está mais próxima agora do que quan-
do cremos no início. 12 A noite está quase
acabando, e logo vem o dia. Portanto, dei-
xem de lado as obras das trevas como se
fossem roupas sujas e vistam a armadura
da luz. 13 Uma vez que pertencemos ao dia,
vivamos com decência, à vista de todos.
Não participem de festanças desregradas,
de bebedeiras, de promiscuidade sexual
e de práticas imorais, e não se envolvam
em brigas nem em invejas. 14 Em vez disso,
revistam-se do Senhor Jesus Cristo e não
fiquem imaginando formas de satisfazer
seus desejos pecaminosos.

NÃO JULGUEM UNS AOS OUTROS

14 Aceitem os que são fracos na fé e
não discutam sobre as opiniões de-
les acerca do que é certo ou errado. 2 Por
exemplo, um irmão crê que não é errado
comer qualquer coisa. Outro, porém, que é
mais fraco, come somente legumes e ver-
duras. 3 Quem se sente à vontade para co-
mer de tudo não deve desprezar quem não
o faz. E quem não come certos alimentos
não deve condenar quem o faz, pois Deus
os aceitou. 4 Quem são vocês para conde-
nar os servos de outra pessoa? O senhor
deles julgará se estão em pé ou se caíram.
E, com a ajuda de Deus, ficarão em pé e re-
ceberão a aprovação dele.
5 Da mesma forma, há quem considere
um dia mais sagrado que outro, enquanto

Somos revestidas de autoridade para cumprir a função específica que o Senhor reserva para a nossa vida.

[a] **12.19** Dt 32.35.
[b] **12.20** Pv 25.21-22.
[c] **13.9a** Êx 20.13-15,17.
[d] **13.9b** Lv 19.18.

outros acreditam que todos os dias são iguais. Cada um deve estar plenamente convicto do que faz. 6 Quem adora a Deus num dia especial o faz para honrá-lo. Quem come qualquer tipo de alimento também o faz para honrar o Senhor, uma vez que dá graças a Deus antes de comer. E quem se recusa a comer certos alimentos deseja, igualmente, agradar ao Senhor e por isso dá graças a Deus. 7 Pois não vivemos nem morremos para nós mesmos. 8 Se vivemos, é para honrar o Senhor. E, se morremos, é para honrar o Senhor. Portanto, quer vivamos, quer morramos, pertencemos ao Senhor. 9 Por isso Cristo morreu e ressuscitou, para ser Senhor tanto dos vivos como dos mortos.

10 Então por que você julga outro irmão? Por que o despreza? Lembre-se de que todos nós compareceremos diante do tribunal de Deus, 11 pois as Escrituras dizem:

"'Tão certo como eu vivo',
  diz o Senhor,[a]
'todo joelho se
  dobrará para mim,
e toda língua declarará
  lealdade a Deus'".[b]

12 Assim, cada um de nós será responsável por sua vida diante de Deus. 13 Portanto, deixemos de julgar uns aos outros. Em vez disso, resolvam viver de modo a nunca fazer um irmão tropeçar e cair.

14 Eu sei, e estou convencido com base na autoridade do Senhor Jesus, que nenhum alimento é por si mesmo impuro. Mas, se alguém considera errado ingerir determinado alimento, para essa pessoa ele é impuro. 15 E, se outro irmão se aflige em razão do que você come, ao ingerir esse alimento você não age com amor. Não deixe que sua comida seja a causa da perdição de alguém por quem Cristo morreu. 16 Desse modo, você não será criticado por fazer algo que, a seu ver, é bom. 17 Pois o reino de Deus não diz respeito ao que comemos ou bebemos, mas a uma vida de justiça, paz e alegria no Espírito Santo. 18 Se servirem a Cristo com essa atitude, agradarão a Deus e também receberão a aprovação das pessoas. 19 Portanto, tenhamos como alvo a harmonia e procuremos edificar uns aos outros.

20 Não destruam a obra de Deus por causa da comida. Embora todos os alimentos sejam aceitáveis, é errado comer algo que leve alguém a tropeçar. 21 É melhor deixar de comer carne, ou de beber vinho, ou de fazer qualquer outra coisa que leve um irmão a tropeçar.[c] 22 Você tem direito a suas convicções, mas guarde isso entre você e Deus. Felizes são aqueles que não se sentem culpados por fazer algo que consideram correto. 23 Mas, se você tem dúvidas quanto ao que deve ou não comer, será culpado se comer, pois vai contra suas convicções. Se faz qualquer coisa sem convicção, está pecando.[d]

VIVAM PARA AJUDAR E EDIFICAR OS OUTROS

15 Nós que somos fortes devemos ter consideração pelos fracos, e não agradar a nós mesmos. 2 Devemos agradar ao próximo visando ao que é certo, com a edificação deles como alvo. 3 Pois Cristo não viveu para agradar a si mesmo. Como dizem as Escrituras: "Os insultos dos que te insultam caem sobre mim".[e] 4 Essas coisas foram registradas há muito tempo para nos ensinar, e as Escrituras nos dão paciência e ânimo para mantermos a esperança.

5 Que Deus, aquele que concede paciência e ânimo, os ajude a viver em completa harmonia uns com os outros, como convém aos seguidores de Cristo Jesus. 6 Então todos vocês poderão se unir em uma só voz para louvar e glorificar a Deus, o Pai de nosso Senhor Jesus Cristo.

7 Portanto, aceitem-se uns aos outros como Cristo os aceitou, para que Deus seja glorificado. 8 Lembrem-se de que Cristo veio para servir aos judeus,[f] a fim de mostrar que Deus é fiel às promessas feitas a seus patriarcas, 9 e também para que

[a] **14.11a** Is 49.18.
[b] **14.11b** Ou *declarará louvor a Deus.* Is 45.23, conforme a Septuaginta.

[c] **14.21** Alguns manuscritos acrescentam *ou se escandalizar ou se enfraquecer.*
[d] **14.23** Alguns manuscritos inserem aqui a passagem de 16.25-27.
[e] **15.3** Sl 69.9.
[f] **15.8** Em grego, *como servo da circuncisão.*

os gentios glorifiquem a Deus por suas
misericórdias, como dizem as Escrituras:

"Por isso eu te louvarei
entre os gentios;
sim, cantarei louvores
ao teu nome".[a]

10 E dizem também:

"Alegrem-se com o povo dele,
ó gentios".[b]

11 E ainda:

"Louvem o Senhor, todos vocês,
gentios;
louvem-no, todos os povos".[c]

12 E, em outra parte, o profeta Isaías disse:

"Virá o herdeiro do trono de Davi[d]
e reinará sobre os gentios.
Nele depositarão sua esperança".[e]

13 Que Deus, a fonte de esperança, os encha inteiramente de alegria e paz, em vista da fé que vocês depositam nele, de modo que vocês transbordem de esperança, pelo poder do Espírito Santo.

PROPÓSITO DA CARTA

14 Meus irmãos, estou plenamente convencido de que vocês estão cheios de bondade. Conhecem essas coisas tão bem que
podem ensiná-las uns aos outros. 15 Ainda assim, atrevi-me a escrever a vocês sobre alguns desses assuntos, certo de que
só precisam de um lembrete. Pois, pela
graça de Deus, 16 sou um mensageiro da
parte de Cristo Jesus a vocês, os gentios. Anuncio-lhes as boas-novas para que se tornem oferta aceitável a Deus, separados pelo Espírito Santo. 17 Tenho motivo,
portanto, para me entusiasmar com o que Cristo Jesus tem feito por meio de meu serviço a Deus. 18 E, no entanto, não ouso me
vangloriar de nada, exceto do que Cristo
fez por meu intermédio a fim de conduzir os gentios a Deus, por minha mensagem
e pelo meu trabalho, 19 convencendo-os
pelo poder de sinais e maravilhas e pelo poder do Espírito de Deus.[f] Assim, apresentei plenamente as boas-novas de Cristo desde Jerusalém até o Ilírico.[g]

20 Sempre me propus a anunciar as boas-novas onde o nome de Cristo nunca foi ouvido, para não construir sobre
alicerce alheio. 21 Pois, conforme dizem
as Escrituras:

"Aqueles aos quais ele nunca
foi anunciado verão,
e os que nunca ouviram falar
dele entenderão".[h]

22 É por isso, aliás, que há tanto tempo tenho adiado minha visita a vocês, porque estava pregando nesses lugares.

OS PLANOS DE VIAGEM DE PAULO

23 Mas, agora que terminei meu trabalho nessas regiões, e depois de tantos anos de espera, estou ansioso para visitá-los.
24 Planejo ir à Espanha e, quando for, espero passar por Roma. E, depois de ter desfrutado um pouco de sua companhia, vocês poderão me ajudar com a viagem.

25 Antes de visitá-los, porém, devo ir a Jerusalém, para servir ao povo santo de
lá. 26 Pois os irmãos da Macedônia e da
Acaia[i] juntaram, de boa vontade, uma oferta para os pobres dentre o povo
santo em Jerusalém. 27 Ficaram contentes em fazê-lo, pois se sentem devedores deles. Porque os gentios receberam as bênçãos espirituais das boas-novas dos irmãos em Jerusalém, consideram que no mínimo podem retribuir ajudando-os
financeiramente. 28 Assim que eu tiver
entregado o dinheiro e completado essa boa ação dos gentios, irei à Espanha, visi-
tando vocês de passagem. 29 E estou certo

---

[a] **15.9** Sl 18.49.
[b] **15.10** Dt 32.43.
[c] **15.11** Sl 117.1.
[d] **15.12a** Em grego, *a raiz de Jessé*. Davi era filho de Jessé.
[e] **15.12b** Is 11.10, conforme a Septuaginta.
[f] **15.19a** Alguns manuscritos trazem *Espírito*; outros, *Espírito Santo*.
[g] **15.19b** O *Ilírico* era uma região situada ao nordeste da Itália.
[h] **15.21** Is 52.15, conforme a Septuaginta.
[i] **15.26** *Macedônia* e *Acaia* eram as regiões norte e sul da Grécia.

de que, quando for, Cristo abençoará ricamente nosso tempo juntos.

30 Irmãos, peço-lhes em nome de nosso Senhor Jesus Cristo e pelo amor que lhes foi dado pelo Espírito Santo que se unam a mim em minha luta, orando a Deus em meu favor. 31 Orem para que eu me livre dos que estão na Judeia e que se recusam a crer. Orem também para que o povo santo em Jerusalém se disponha a aceitar a oferta[a] que estou levando. 32 Então, pela vontade de Deus, poderei visitar vocês com o coração alegre e teremos um tempo de descanso juntos.

33 Que o Deus que nos dá sua paz esteja com todos vocês. Amém.[b]

SAUDAÇÕES DE PAULO A SEUS AMIGOS

16 Recomendo-lhes nossa irmã Febe, que serve à igreja em Cencreia. 2 Recebam-na no Senhor, como uma pessoa digna de honra no meio do povo santo. Ajudem-na no que ela precisar, pois tem sido de grande ajuda para muitos, especialmente para mim.

3 Deem minhas saudações a Priscila e Áquila, meus colaboradores no serviço de Cristo Jesus. 4 Certa vez, eles arriscaram a vida por mim. Sou grato a eles, e também o são todas as igrejas dos gentios. 5 Saúdem a igreja que se reúne na casa deles.

Saúdem também meu querido amigo Epêneto, que foi o primeiro seguidor de Cristo na província da Ásia. 6 Saúdem Maria, que trabalhou tanto por vocês. 7 Saúdem Andrônico e Júnias, meus compatriotas judeus que estiveram comigo na prisão. São muito respeitados entre os apóstolos e se tornaram seguidores de Cristo antes de mim. 8 Saúdem Amplíato, meu querido amigo no Senhor. 9 Saúdem Urbano, nosso colaborador em Cristo, e meu querido amigo Estáquis.

10 Saúdem Apeles, um bom homem, aprovado por Cristo. Saúdem os que são da casa de Aristóbulo. 11 Saúdem Herodião, meu compatriota judeu. Saúdem os da casa de Narciso que são do Senhor. 12 Saúdem Trifena e Trifosa, obreiras do Senhor, e a estimada Pérside, que tem trabalhado com dedicação para o Senhor. 13 Saúdem Rufo, a quem o Senhor escolheu, e também sua mãe, que tem sido mãe para mim.

14 Saúdem Asíncrito, Flegonte, Hermes, Pátrobas, Hermas e os irmãos que se reúnem com eles. 15 Saúdem Filólogo, Júlia, Nereu e sua irmã, e também Olimpas e todo o povo santo que se reúne com eles. 16 Saúdem uns aos outros com beijo santo. Todas as igrejas de Cristo lhes enviam saudações.

INSTRUÇÕES FINAIS DE PAULO

17 E agora, irmãos, peço-lhes que tomem cuidado com aqueles que causam divisões e perturbam a fé, ensinando coisas contrárias ao que vocês aprenderam. Fiquem longe deles. 18 Esses indivíduos não servem a Cristo, nosso Senhor, mas apenas a seus próprios interesses, e enganam os inocentes com palavras suaves e bajulação. 19 Mas todos sabem que vocês são obedientes ao Senhor, o que muito me alegra. Quero que sejam sábios quanto a fazer o bem e permaneçam inocentes de todo mal. 20 Em breve o Deus da paz esmagará Satanás sob os pés de vocês. Que a graça de nosso Senhor Jesus seja com vocês.

21 Timóteo, meu colaborador, lhes envia saudações, bem como Lúcio, Jasom e Sosípatro, meus compatriotas judeus.

22 Eu, Tércio, que escrevo esta carta para Paulo, também envio minhas saudações no Senhor.

23 Gaio os saúda. Estou hospedado em sua casa, onde ele também tem recebido toda a igreja. Erasto, tesoureiro da cidade, bem como nosso irmão Quarto, lhes enviam saudações.

24 Que a graça de nosso Senhor Jesus Cristo seja com todos vocês. Amém.[c]

25 Toda a glória seja a Deus, que pode fortalecê-los, como afirmam as boas-novas. Essa mensagem a respeito de Jesus Cristo revelou seu plano, mantido em

[a] **15.31** Em grego, o *ministério*; alguns manuscritos trazem *o presente*.

[b] **15.33** Alguns manuscritos não trazem *Amém*; outros inserem aqui a passagem de 16.25-27.

[c] **16.24** Alguns manuscritos não trazem o versículo 24.

segredo desde o princípio dos tempos,
26 mas que agora, como os escritos dos
profetas predisseram e o Deus eterno ordenou, é anunciada aos gentios de toda parte, a fim de que eles também possam
crer nele e lhe obedecer. 27 Toda a glória
para sempre ao Deus único e sábio, por
meio de Jesus Cristo. Amém.[a]

[a] **16.25-27** Vários manuscritos inserem a doxologia (apresentada aqui como 16.25-27) depois de 14.23 ou depois de 16.23.

Cartas de Paulo

1Coríntios

Livro 46 com **16** CAPÍTULOS

AUTORIA

O apóstolo Paulo (1Co 1.1).

ÉPOCA DA ESCRITA

Acredita-se que 1Coríntios foi escrito por volta de 54-55 d.C., durante a terceira viagem missionária de Paulo, enquanto ele estava em Éfeso (1Co 16.8).

UMA IGREJA DIVIDIDA E A SABEDORIA DA CRUZ

OBJETIVO DO LIVRO

Lidar com problemas na igreja de Corinto, incluindo divisões, imoralidade, questões relativas a casamento e dons espirituais, e para responder às perguntas dos coríntios sobre vários assuntos (1Co 1.10; 5.1; 7.1).

Corinto era uma metrópole próspera e cosmopolita da Grécia, conhecida por sua riqueza e pela imoralidade, o que apresentava grandes desafios para a jovem comunidade cristã dali.

ESTRUTURA DO LIVRO

- ★ Introdução e agradecimento 1Co 1.1-9
- ★ Problemas de divisão e sabedoria 1Co 1.10—4
- ★ Questões de moralidade e disciplina 1Co 5—6
- ★ Questões sobre casamento e liberdade cristã 1Co 7—10
- ★ Instruções sobre adoração e dons espirituais 1Co 11—14
- ★ A ressurreição dos mortos 1Co 15
- ★ Instruções finais e saudações 1Co 16

TEOLOGIA DO LIVRO

A teologia de 1Coríntios enfatiza a centralidade da cruz de Cristo como a base da sabedoria e do poder de Deus (1Co 1.18-25).

Paulo destaca a santidade e a unidade do corpo de Cristo, exortando os crentes a viverem em pureza e amor (1Co 6.19-20; 12.12-27). A importância do amor, especialmente em 1Coríntios 13, é fundamental, sendo descrito como "um estilo de vida que supera os demais" (1Co 12.31).

1CORÍNTIOS E CRISTO

Paulo apresenta Cristo como a sabedoria e o poder de Deus que desafia a sabedoria do mundo (1Co 1.24). Jesus é o fundamento da Igreja (1Co 3.11) e o exemplo supremo de humildade e serviço (1Co 11.1). A ressurreição de Cristo é central para a esperança cristã, assegurando a ressurreição dos crentes (1Co 15.20-22).

SAUDAÇÕES DE PAULO

1 Eu, Paulo, chamado para ser apóstolo
de Cristo Jesus pela vontade de Deus,
escrevo esta carta, com nosso irmão Sóste-
nes, 2 à igreja de Deus em Corinto,[a] àqueles
que ele santificou por meio de Cristo Jesus.
Vocês foram chamados por Deus para ser
seu povo santo junto com todos que, em
toda parte, invocam o nome de nosso
Senhor Jesus Cristo, Senhor deles e nosso.
3 Que Deus, nosso Pai, e o Senhor Jesus
Cristo lhes deem graça e paz.

PAULO AGRADECE A DEUS

4 Sempre agradeço a meu Deus por vocês e
pela graça que ele lhes tem dado em Cristo
Jesus. 5 Por meio dele Deus os enriqueceu
em tudo, em toda capacidade de expressão
e em todo entendimento. 6 A mensagem a
respeito de Cristo de fato se firmou em vo-
cês, 7 uma vez que nenhum dom espiritual
lhes falta enquanto esperam ansiosamen-
te pela volta de nosso Senhor Jesus Cristo.
8 Ele os manterá firmes até o fim, para que
estejam livres de toda a culpa no dia de
nosso Senhor Jesus Cristo. 9 Deus é fiel, e
ele os convidou a ter comunhão com seu
Filho Jesus Cristo, nosso Senhor.

DIVISÕES NA IGREJA

10 Irmãos, suplico-lhes em nome de nos-
so Senhor Jesus Cristo que vivam em har-
monia uns com os outros e ponham fim
às divisões entre vocês. Antes, tenham o
mesmo parecer, unidos em pensamento
e propósito. 11 Pois alguns membros da
família de Cloe me informaram dos de-
sentendimentos entre vocês, meus irmãos.
12 Refiro-me ao fato de alguns dizerem:
"Eu sigo Paulo", enquanto outros afirmam:
"Eu sigo Apolo", ou "Eu sigo Pedro",[b] ou ain-
da, "Eu sigo Cristo".
13 Acaso Cristo foi dividido? Será que eu,
Paulo, fui crucificado em favor de vocês?
Alguém foi batizado em nome de Paulo?
14 Graças a Deus, não batizei nenhum de
vocês, exceto Crispo e Gaio, 15 de modo
que ninguém pode dizer que foi batizado
em meu nome. 16 Sim, também batizei a
família de Estéfanas, mas não me lembro
de ter batizado mais ninguém. 17 Pois
Cristo não me enviou para batizar, mas
para anunciar as boas-novas, e não com
palavras de sabedoria humana, para que a
cruz de Cristo não perca seu poder.

A SABEDORIA DE DEUS

18 A mensagem da cruz é loucura para os
que se encaminham para a destruição,
mas para nós que estamos sendo salvos
ela é o poder de Deus. 19 Como dizem as
Escrituras:

"Destruirei a sabedoria
dos sábios
e rejeitarei a inteligência
dos inteligentes".[c]

20 Diante disso, onde ficam os sábios,
os eruditos e os argumentadores desta
era? Deus fez a sabedoria deste mundo
parecer loucura. 21 Visto que Deus, em sua
sabedoria, providenciou que o mundo não
o conhecesse por meio de sabedoria hu-
mana, usou a loucura de nossa pregação
para salvar os que creem. 22 Pois os judeus
pedem sinais, e os gentios[d] buscam sabe-
doria. 23 Assim, quando pregamos que o
Cristo foi crucificado, os judeus se ofen-
dem, e os gentios dizem que é tolice.
24 Mas, para os que foram chamados
para a salvação, tanto judeus como gen-
tios, Cristo é o poder de Deus e a sabedo-
ria de Deus. 25 Pois a "loucura" de Deus
é mais sábia que a sabedoria humana, e
a "fraqueza" de Deus é mais forte que a
força humana.
26 Lembrem-se, irmãos, de que poucos
de vocês eram sábios aos olhos do mundo
ou poderosos ou ricos[e] quando foram cha-
mados. 27 Pelo contrário, Deus escolheu
as coisas que o mundo considera loucura
para envergonhar os sábios, assim como
escolheu as coisas fracas para envergonhar
os poderosos. 28 Deus escolheu coisas des-
prezadas pelo mundo,[f] tidas como insig-
nificantes, e as usou para reduzir a nada

[a] **1.2** *Corinto* era a capital da Acaia, a região sul da península grega.
[b] **1.12** Em grego, *Cefas*.
[c] **1.19** Is 29.14.
[d] **1.22** Em grego, *gregos*; também em 1.24.
[e] **1.26** Ou *de nobre nascimento*.
[f] **1.28** Ou *Deus escolheu pessoas de origem humilde*.

aquilo que o mundo considera importante.
29 Portanto, ninguém jamais se orgulhe na
presença de Deus.
30 Foi por iniciativa de Deus que vocês es-
tão em Cristo Jesus, que se tornou a sabe-
doria de Deus em nosso favor, nos declarou
justos diante de Deus, nos santificou e nos
libertou do pecado. 31 Portanto, como dizem
as Escrituras: "Quem quiser orgulhar-se, or-
gulhe-se somente no Senhor".[a]

A MENSAGEM DE SABEDORIA DE PAULO

2 Irmãos, na primeira vez que estive com
vocês, não usei palavras eloquentes
nem sabedoria humana para lhes apre-
sentar o plano secreto de Deus.[b] 2 Pois de-
cidi que, enquanto estivesse com vocês, me
esqueceria de tudo exceto de Jesus Cristo,
aquele que foi crucificado. 3 Fui até vocês
em fraqueza, atemorizado e trêmulo. 4 Mi-
nha mensagem e minha pregação foram
muito simples. Em vez de usar argumentos
persuasivos e astutos, me firmei no poder
do Espírito. 5 Agi desse modo para que vo-
cês não se apoiassem em sabedoria huma-
na, mas no poder de Deus.
6 No entanto, quando estamos entre pes-
soas maduras, falamos com palavras de sa-
bedoria, mas não com o tipo de sabedoria
desta era ou de seus governantes, que logo
caem no esquecimento. 7 Pelo contrário,
a sabedoria a que nos referimos é o mis-
tério de Deus,[c] seu plano antes secreto e
oculto, embora ele o tenha elaborado para
nossa glória antes do começo do mundo.
8 Os governantes desta era, por sua vez,
não a entenderam, pois se a houvessem
entendido não teriam crucificado o Senhor
da glória. 9 É a isso que as Escrituras se
referem quando dizem:

"Olho nenhum viu, ouvido
nenhum ouviu,
e mente nenhuma imaginou
o que Deus preparou
para aqueles que o amam".[d]

10 Mas[e] foi a nós que Deus revelou estas
coisas por seu Espírito. Pois o Espírito son-
da todas as coisas, até os segredos mais
profundos de Deus. 11 Pois quem conhece
os pensamentos de uma pessoa, senão o
próprio espírito dela? Da mesma forma,
ninguém conhece os pensamentos de
Deus, senão o Espírito de Deus. 12 E nós
recebemos o Espírito de Deus, e não o es-
pírito deste mundo, para que conheçamos
as coisas maravilhosas que Deus nos tem
dado gratuitamente.
13 Quando lhes dizemos isso, não em-
pregamos palavras vindas da sabedoria
humana, mas palavras que nos foram en-
sinadas pelo Espírito, explicando verdades
espirituais a pessoas espirituais.[f] 14 Mas
o homem natural não aceita as verdades
do Espírito de Deus. Elas lhe parecem
loucura, e ele não consegue entendê-las,
pois apenas quem é espiritual consegue
avaliar corretamente o que diz o Espírito.
15 Quem é espiritual pode avaliar todas
as coisas, mas ele próprio não pode ser
avaliado por outros. 16 Pois,

"Quem conhece os
pensamentos do Senhor?
Quem sabe o suficiente
para instruí-lo?".[g]

Mas nós temos a mente de Cristo.

PAULO E APOLO, SERVOS DE CRISTO

3 Irmãos, quando estive com vocês, não
pude lhes falar como a pessoas espi-
rituais, mas como se pertencessem a este
mundo ou fossem criancinhas em Cristo.
2 Tive de alimentá-los com leite, e não
com alimento sólido, pois não estavam
aptos para recebê-lo. E ainda não estão,
3 porque ainda são controlados por sua
natureza humana. Têm ciúme uns dos
outros, discutem e brigam entre si. Aca-
so isso não mostra que são controlados
por sua natureza humana e que vivem
como pessoas do mundo? 4 Quando um

[a] **1.31** Jr 9.24.
[b] **2.1** Em grego, *o mistério de Deus*; alguns manuscritos trazem *o testemunho de Deus*.
[c] **2.7** Em grego, *falamos a sabedoria de Deus em mistério*.
[d] **2.9** Is 64.4.
[e] **2.10** Alguns manuscritos trazem *Pois*.
[f] **2.13** Ou *explicando verdades espirituais em linguagem espiritual*, ou *usando palavras do Espírito para explicar verdades espirituais*.
[g] **2.16** Is 40.13, conforme a Septuaginta.

de vocês diz: "Eu sigo Paulo", e o outro diz: "Eu sigo Apolo", não estão agindo exatamente como as pessoas do mundo?

5 Afinal, quem é Paulo? Quem é Apolo? Somos apenas servos de Deus por meio dos quais vocês vieram a crer. Cada um de nós fez o trabalho do qual o Senhor nos encarregou. 6 Eu plantei e Apolo regou, mas quem fez crescer foi Deus. 7 Não importa quem planta ou quem rega, mas sim Deus, que faz crescer. 8 Quem planta e quem rega trabalham para o mesmo fim, e ambos serão recompensados por seu árduo trabalho. 9 Pois nós somos colaboradores de Deus, e vocês são lavoura de Deus e edifício de Deus.

10 Pela graça que me foi dada, lancei o alicerce como um construtor competente, e agora outros estão construindo sobre ele. Mas quem constrói sobre o alicerce precisa ter muito cuidado, 11 pois ninguém pode lançar outro alicerce além daquele que já foi posto, isto é, Jesus Cristo.

12 Aqueles que constroem sobre esse alicerce podem usar vários materiais: ouro, prata, pedras preciosas, madeira, feno ou palha. 13 No dia do juízo, porém, o fogo revelará que tipo de obra cada construtor realizou, e o fogo mostrará se a obra tem algum valor. 14 Se ela sobreviver, o construtor receberá recompensa. 15 Se ela queimar, o construtor sofrerá grande prejuízo, mas será salvo como alguém que é resgatado do meio do fogo.

16 Vocês não entendem que são o templo de Deus e que o Espírito de Deus habita em vocês?[a] 17 Deus destruirá quem destruir seu templo. Pois o templo de Deus é santo, e vocês são esse templo.

18 Que ninguém se engane. Se algum de vocês pensa que é sábio conforme os padrões desta era, deve tornar-se louco a fim de ser verdadeiramente sábio. 19 Pois a sabedoria deste mundo é loucura para Deus. Como dizem as Escrituras:

> "Ele apanha os sábios
> na armadilha da própria
> astúcia deles".[b]

20 E também:

> "O Senhor conhece os
> pensamentos dos sábios;
> sabe que nada valem".[c]

21 Portanto, não se orgulhem de seguir líderes humanos, pois tudo lhes pertence: 22 Paulo, Apolo ou Pedro,[d] o mundo, a vida e a morte, o presente e o futuro. Tudo é de vocês, 23 e vocês são de Cristo, e Cristo é de Deus.

O RELACIONAMENTO DE PAULO COM OS CORÍNTIOS

4 Portanto, devemos ser considerados simples servos de Cristo, encarregados de explicar os mistérios de Deus. 2 De um encarregado espera-se que seja fiel. 3 Quanto a mim, pouco importa como sou avaliado por vocês ou por qualquer autoridade humana. Na verdade, nem minha própria avaliação é importante. 4 Minha consciência está limpa, mas isso não prova que estou certo. O Senhor é quem me avaliará e decidirá.

5 Portanto, não julguem ninguém antes do tempo, antes que o Senhor volte. Pois ele trará à luz nossos segredos mais obscuros e revelará nossas intenções mais íntimas. Então Deus dará a cada um a devida aprovação.

6 Irmãos, usei a mim mesmo e a Apolo para ilustrar o que lhes tenho dito. Se aprenderem a não ir além daquilo que está escrito, não se orgulharão de um à custa de outro. 7 Pois que direito vocês têm de julgar desse modo? O que vocês têm que Deus não lhes tenha dado? E, se tudo que temos vem de Deus, por que nos orgulharmos como se não fosse uma dádiva?

8 Vocês consideram que já têm tudo de que precisam. Pensam que já são ricos e até já começaram a reinar sem nós! Gostaria que, de fato, já estivessem reinando, pois então eu reinaria com vocês. 9 Por vezes me parece que Deus colocou a nós, os apóstolos, em último lugar, como condenados à morte, espetáculo para o mundo inteiro, tanto para as pessoas como para os anjos.

a **3.16** Ou *entre vocês.*
b **3.19** Jó 5.13.
c **3.20** Sl 94.11.
d **3.22** Em grego, *Cefas.*

10 Nossa dedicação a Cristo nos faz pare-
cer loucos, mas vocês afirmam ser sábios
em Cristo. Nós somos fracos, mas vocês
são fortes. Vocês são respeitados, mas nós
somos ridicularizados. 11 Até agora pas-
samos fome e sede, e não temos roupa
necessária para nos manter aquecidos. So-
mos espancados e não temos casa. 12 Tra-
balhamos arduamente com as próprias
mãos para obter sustento. Abençoamos
quem nos amaldiçoa. Somos pacientes
com quem nos maltrata. 13 Respondemos
com bondade quando falam mal de nós.
E, no entanto, até o momento, temos sido
tratados como a escória do mundo, como
o lixo de todos.

14 Não escrevo estas coisas para enver-
gonhá-los, mas para adverti-los como
meus filhos amados. 15 Pois, ainda que
tivessem dez mil mestres em Cristo,
vocês não têm muitos pais, pois eu me
tornei seu pai espiritual em Cristo Jesus
por meio das boas-novas que lhes anun-
ciei. 16 Portanto, suplico-lhes que sejam
meus imitadores.

17 Por isso enviei Timóteo, meu filho
amado e fiel no Senhor. Ele os lembrará
de como sigo Cristo Jesus, de acordo com
o que ensino em todas as igrejas, em qual-
quer lugar aonde vou.

18 Alguns de vocês se tornaram arrogan-
tes, pensando que não irei mais visitá-los.
19 Mas eu irei, e logo, se o Senhor permitir,
e então verei se esses arrogantes apenas
fazem discursos pretensiosos ou se têm,
de fato, o poder de Deus. 20 Pois o reino
de Deus não consiste apenas em palavras,
mas em poder. 21 O que vocês escolhem?
Devo ir com vara para castigá-los ou com
amor e espírito de mansidão?

PAULO CONFRONTA A IMORALIDADE E O ORGULHO

5 Comenta-se por toda parte que há
imoralidade sexual em seu meio,
imoralidade que nem mesmo os pagãos
praticam. Soube de um homem entre vo-
cês que mantém relações sexuais com a
própria madrasta.[a] 2 Como podem se orgu-
lhar disso? Deveriam lamentar-se e excluir
de sua comunhão o homem que cometeu
tamanha ofensa.

3 Embora eu não esteja com vocês
em pessoa, estou presente em espíri-
to.[b] E, como se estivesse aí, já condenei
esse homem 4 em nome do Senhor Jesus.
Convoquem uma reunião.[c] Estarei com
vocês em meu espírito, e o poder de nos-
so Senhor Jesus também estará presente.
5 Entreguem esse homem a Satanás, para
que o corpo seja punido e o espírito seja
salvo[d] no dia do Senhor.[e]

6 Não é nada bom se orgulharem disso.
Não percebem que esse pecado é como um
pouco de fermento que leveda toda a mas-
sa? 7 Livrem-se do fermento velho, para
que sejam massa nova, sem fermento, o
que de fato são. Cristo, nosso Cordeiro pas-
cal, foi sacrificado. 8 Por isso, celebremos
a festa não com o velho pão, fermentado
com maldade e perversidade, mas com o
novo pão da sinceridade e da verdade, sem
nenhum fermento.

9 Quando lhes escrevi antes, disse que
não deviam se associar com pessoas que
se entregam à imoralidade sexual. 10 Com
isso, porém, não me referia a descrentes
que vivem em imoralidade sexual, ou
são avarentos, ou exploram os outros, ou
adoram ídolos. Vocês teriam de sair des-
te mundo para evitar pessoas desse tipo.
11 O que eu queria dizer era que vocês não
devem se associar a alguém que afirma ser
irmão mas vive em imoralidade sexual, ou
é avarento, ou adora ídolos, ou insulta as
pessoas, ou é bêbado ou explora os outros.
Nem ao menos comam com gente assim.

12 Não cabe a mim julgar os de fora, mas
certamente cabe a vocês julgar os que estão
dentro. 13 Deus julgará os de fora. Portanto,
eliminem o mal do meio de vocês.[f]

AÇÕES JUDICIAIS CONTRA IRMÃOS

6 Quando algum de vocês tem um de-
sentendimento com outro irmão, como

[a] **5.1** Em grego, *a esposa de seu pai.*

[b] **5.3** Ou *no Espírito.*

[c] **5.4** Ou *Em nome do Senhor Jesus, convoquem uma reunião.*

[d] **5.5a** Ou *para que os feitos da natureza humana sejam destruídos e o espírito seja preservado.*

[e] **5.5b** Alguns manuscritos trazem *o Senhor Jesus*; outros, *nosso Senhor Jesus Cristo.*

[f] **5.13** Ver Dt 17.7.

Não tema a força dos ventos ou o que eles são capazes de fazer com a sua estrutura. O seu Deus é maior.

se atreve a recorrer a um tribunal e pedir
que injustos decidam a questão em vez de
levá-la ao povo santo? 2 Vocês não sabem
que um dia nós, os santos, julgaremos o
mundo? E, uma vez que vocês julgarão o
mundo, acaso não são capazes de decidir
entre vocês nem mesmo essas pequenas
causas? 3 Não sabem que julgaremos os
anjos? Que dizer, então, dos desentendi-
mentos corriqueiros desta vida? 4 Se vo-
cês têm conflitos legais, por que levá-los
para fora da igreja, a juízes que não fazem
parte dela? 5 Digo isso para envergonhá-
-los. Ninguém entre vocês tem sabedoria
suficiente para resolver essas questões?
6 Em vez disso, um irmão processa outro
irmão diante dos descrentes!

7 O simples fato de terem essas ações
judiciais entre si já é uma derrota para
vocês. Por que não aceitar a injustiça so-
frida? Por que não arcar com o prejuízo?
8 Em vez disso, vocês mesmos cometem
injustiças e causam prejuízos até contra
os próprios irmãos.

9 Vocês não sabem que os injustos
não herdarão o reino de Deus? Não se
enganem: aqueles que se envolvem em
imoralidade sexual, adoram ídolos, co-
metem adultério, se entregam a práticas
homossexuais, 10 são ladrões, avarentos,
bêbados, insultam as pessoas ou explo-
ram os outros não herdarão o reino de
Deus. 11 Alguns de vocês eram assim, mas
foram purificados e santificados, decla-
rados justos diante de Deus no nome do
Senhor Jesus Cristo e pelo Espírito de
nosso Deus.

PECADO SEXUAL

12 "Tudo me é permitido", mas nem tudo
convém. "Tudo me é permitido", mas não
devo me tornar escravo de nada. 13 "Os ali-
mentos foram feitos para o estômago, e o
estômago para os alimentos." É verdade,
mas um dia Deus acabará com os dois.
Vocês, contudo, não podem dizer que
nosso corpo foi feito para a imoralidade
sexual. Ele foi feito para o Senhor, e o re-
lacionamento que o Senhor tem conosco
inclui nosso corpo. 14 Portanto, Deus nos
ressuscitará dos mortos por seu poder,
assim como ressuscitou o Senhor.

15 Vocês não sabem que seu corpo é, na
realidade, membro de Cristo? Acaso um
homem deve tomar seu corpo, que faz
parte de Cristo, e uni-lo a uma prostitu-
ta? De maneira nenhuma! 16 E vocês não
sabem que se um homem se une a uma
prostituta ele se torna um corpo com ela?
Pois as Escrituras dizem: "Os dois se tor-
nam um só".[a] 17 Mas a pessoa que se une ao
Senhor tem com ele uma união de espírito.

18 Fujam da imoralidade sexual! Ne-
nhum outro pecado afeta o corpo como
esse, pois a imoralidade sexual é um pe-
cado contra o próprio corpo. 19 Vocês não
sabem que seu corpo é o templo do Espí-
rito Santo, que habita em vocês e lhes foi
dado por Deus? Vocês não pertencem a
si mesmos, 20 pois foram comprados por
alto preço. Portanto, honrem a Deus com
seu corpo.

INSTRUÇÕES SOBRE O CASAMENTO

7 Agora, quanto às perguntas que vocês
me fizeram em sua carta, digo que é
bom que o homem não toque em mulher.
2 Mas, uma vez que há tanta imoralidade
sexual, cada homem deve ter sua própria
esposa, e cada mulher, seu próprio marido.

3 O marido deve satisfazer as necessida-
des conjugais de sua esposa, e a esposa
deve fazer o mesmo por seu marido. 4 A es-
posa não tem autoridade sobre seu corpo,
mas sim o marido. Da mesma forma, não
é o marido que tem autoridade sobre seu
corpo, mas sim a esposa.

5 Não privem um ao outro de terem rela-
ções, a menos que ambos concordem em
abster-se da intimidade sexual por certo
tempo, a fim de se dedicarem de modo
mais pleno à oração. Depois disso, unam-
-se novamente, para que Satanás não os
tente por causa de sua falta de domínio
próprio. 6 Digo isso como concessão, e não
como mandamento. 7 Gostaria que todos
fossem como eu, mas cada um tem seu
próprio dom, concedido por Deus: um tem
este tipo de dom, o outro, aquele.

8 Portanto, digo aos solteiros e às viú-
vas: é melhor que permaneçam como eu.

[a] **6.16** Gn 2.24.

9 Mas, se não conseguirem se controlar,
devem se casar. É melhor se casar que
arder em desejo.
10 Para os casados, porém, tenho uma
ordem que não vem de mim, mas do
Senhor:[a] a esposa não deve se separar do
marido. 11 Mas, se o fizer, que permaneça
solteira ou se reconcilie com ele. E o mari-
do não deve se separar da esposa.
12 Agora me dirijo aos demais, embora
o Senhor não tenha dado instrução espe-
cífica a respeito. Se um irmão for casado
com uma mulher descrente e ela estiver
disposta a continuar vivendo com ele, não
se separe dela. 13 E, se uma irmã for casada
com um homem descrente e ele estiver
disposto a continuar vivendo com ela, não
se separe dele. 14 Pois o marido descrente
é santificado pela esposa, e a esposa des-
crente é santificada pelo marido. Do con-
trário, os filhos seriam impuros, mas eles
são santos. 15 Se, porém, o cônjuge des-
crente insistir em se separar, deixe-o ir.
Nesses casos, o irmão ou a irmã não está
mais preso à outra pessoa, pois Deus os
chamou[b] para viver em paz. 16 Você, espo-
sa, como sabe que seu marido poderia ser
salvo por sua causa? E você, marido, como
sabe que sua esposa poderia ser salva por
sua causa?[c]
17 Cada um continue a viver na situação
em que o Senhor o colocou, e cada um
permaneça como estava quando Deus o
chamou. Essa é minha regra para todas as
igrejas. 18 Se um homem foi circuncidado
antes de crer, não deve tentar mudar sua
condição. E, se um homem não foi circun-
cidado antes de crer, não o deve ser agora.
19 Pois não faz diferença se ele foi circunci-
dado ou não. O importante é que obedeça
aos mandamentos de Deus.
20 Sim, cada um deve permanecer como
estava quando Deus o chamou. 21 Você foi
chamado sendo escravo? Não deixe que
isso o preocupe, mas, se tiver a oportu-
nidade de ficar livre, aproveite-a. 22 E, se
você era escravo quando o Senhor o cha-
mou, agora é livre no Senhor. E, se você era
livre quando o Senhor o chamou, agora é
escravo de Cristo. 23 Vocês foram compra-
dos por alto preço, portanto não se dei-
xem escravizar pelo mundo.[d] 24 Cada um
de vocês, irmãos, deve permanecer como
estava quando Deus os chamou.
25 Quanto à pergunta sobre as moças
que ainda não se casaram,[e] não tenho
para elas um mandamento do Senhor.
Em sua misericórdia, porém, o Senhor
me deu sabedoria confiável, e eu a com-
partilharei com vocês. 26 Tendo em vista
as dificuldades de nosso tempo,[f] creio que
é melhor que permaneçam como estão.
27 Se você já tem esposa, não procure se
separar. Se não tem esposa, não procure se
casar. 28 Se, contudo, vier a se casar, não é
pecado. E, se uma moça[g] se casar, também
não é pecado. No entanto, aqueles que se
casarem em tempos como os atuais terão
de enfrentar dificuldades, e minha inten-
ção é poupá-los disso.
29 Irmãos, isto é o que quero dizer: o tem-
po que resta é muito curto. Portanto, de
agora em diante, aqueles que têm esposa
devem agir como se não fossem casados.
30 Aqueles que choram, que se alegram
ou que compram coisas não devem se
entregar totalmente à tristeza, à alegria
ou aos bens. 31 Aqueles que usam as coi-
sas deste mundo não devem se apegar a
elas, pois este mundo, como o conhece-
mos, logo passará.
32 Quero que estejam livres das preocupa-
ções desta vida. O homem que não é casa-
do tem mais tempo para se dedicar à obra
do Senhor e pensar em como agradá-lo.
33 Mas o homem casado precisa pensar
em suas responsabilidades neste mundo
e em como agradar sua esposa. 34 Seus in-
teresses estão divididos. Da mesma forma,
a mulher que não é casada ou que nunca
se casou pode se dedicar ao Senhor e ser
santa de corpo e espírito. Mas a mulher
casada precisa pensar em suas responsa-
bilidades aqui na terra e em como agradar
seu marido. 35 Digo isso para seu bem, e
não para lhes impor restrições. Quero que

[a] **7.10** Ver Mt 5.32; 19.9; Mc 10.11-12; Lc 16.18.
[b] **7.15** Alguns manuscritos trazem *nos chamou.*
[c] **7.16** Ou *Você, esposa, não sabe que seu marido poderia ser salvo por sua causa? E você, marido, não sabe que sua esposa poderia ser salva por sua causa?*
[d] **7.23** Em grego, *não se tornem escravos de homens.*
[e] **7.25** Em grego, *sobre as virgens.*
[f] **7.26** Ou *as pressões da vida.*
[g] **7.28** Em grego, *uma virgem.*

façam aquilo que os ajudará a servir melhor ao Senhor, com o mínimo possível de distrações.

36 Se, contudo, um homem acredita que está tratando sua noiva de forma inapropriada e que seus impulsos vão além de suas forças, que se case com ela, como é desejo dele. Não é pecado. 37 Mas, se tiver assumido um compromisso firme, e não houver urgência, e ele for capaz de controlar sua paixão, faz bem em não se casar. 38 Portanto, quem se casa com sua noiva faz bem, e quem não se casa faz melhor ainda.[a]

39 A esposa está ligada ao marido enquanto ele viver. Se o marido morrer, ela está livre para se casar com quem quiser, desde que seja um irmão no Senhor.[b] 40 Em minha opinião, porém, seria melhor que ela não se casasse novamente, e creio que, ao dizer isso, lhes dou o conselho do Espírito de Deus.

COMIDA SACRIFICADA A ÍDOLOS

8 Quanto à pergunta sobre a comida sacrificada a ídolos, sabemos que todos temos conhecimento a esse respeito. Contudo, o conhecimento traz orgulho, enquanto o amor fortalece. 2 Se alguém pensa que sabe tudo sobre algo, ainda não aprendeu como deveria. 3 Mas quem ama a Deus é conhecido por ele.

4 Então, o que dizer quanto ao alimento oferecido a ídolos? Bem, todos nós sabemos que, na verdade, o ídolo nada vale neste mundo, e que há somente um Deus. 5 Sim, é fato que existem os que são chamados de deuses, por assim dizer, nos céus e na terra, e há pessoas que adoram muitos deuses e muitos senhores. 6 Para nós, porém,

Há somente um Deus, o Pai,
de quem vieram todas as coisas criadas
e para quem vivemos.
E há somente um Senhor, Jesus Cristo,
por meio de quem todas as
coisas foram criadas
e por meio de quem recebemos vida.

7 No entanto, nem todos sabem disso. Alguns estão acostumados a pensar que os ídolos são de verdade, de modo que, ao comer alimentos oferecidos a eles, imaginam que estão adorando deuses de verdade, e sua consciência fraca é contaminada. 8 Não obtemos a aprovação de Deus pelo que comemos. Não perdemos nada se não comemos, e se comemos, nada ganhamos.

9 Contudo, tenham cuidado para que sua liberdade não leve outros de consciência mais fraca a tropeçar. 10 Pois, se alguém vir você, que diz ter um conhecimento superior, comer no templo de um ídolo, acaso não será induzido a contaminar a própria consciência ao ingerir alimentos oferecidos a ídolos? 11 Assim, por causa do seu conhecimento superior, um irmão fraco pelo qual Cristo morreu acaba se perdendo.[c] 12 E quando vocês pecam contra outros irmãos, incentivando-os a fazer algo que eles consideram errado, pecam contra Cristo. 13 Portanto, se aquilo que eu como faz um irmão pecar, nunca mais comerei carne, pois não quero fazer meu irmão tropeçar.

PAULO ABRE MÃO DE SEUS DIREITOS

9 Acaso não sou livre como qualquer outro? Não sou apóstolo? Não vi Jesus, nosso Senhor, com meus próprios olhos? Não são vocês resultado de meu trabalho no Senhor? 2 Mesmo que outros pensem que não sou apóstolo, certamente o sou para vocês. Vocês mesmos são prova de que sou apóstolo do Senhor.

3 Esta é minha resposta aos que questionam minha autoridade.[d] 4 Acaso não temos o direito de receber comida e bebida por nosso trabalho? 5 Não temos o direito de levar conosco uma esposa crente,[e] como fazem os outros apóstolos, e como fazem

[a] **7.36-38** Ou 36 *Se, contudo, alguém acredita que não está tratando sua filha de forma adequada, visto que ela já passou da idade de casar, faça como planejou. Não é pecado dá-la em casamento; deixe-a casar.* 37 *No entanto, se está determinado a manter sua filha solteira, e não tem necessidade ou obrigação, e julga que isso é o melhor, fará bem se não a der em casamento.* 38 *Assim, quem dá sua filha em casamento faz bem, e quem não a dá faz melhor ainda.*

[b] **7.39** Em grego, *desde que no Senhor.*

[c] **8.11** Ou *será destruído.*

[d] **9.3** Em grego, *aos que me julgam.*

[e] **9.5a** Em grego, *uma irmã esposa.*

os irmãos do Senhor e Pedro?[a] 6 Ou será que só Barnabé e eu precisamos trabalhar para nos sustentarmos?

7 Que soldado precisa pagar pelas próprias despesas? Que agricultor planta uma videira e não tem direito de comer de seus frutos? Que pastor cuida de um rebanho e não tem permissão de tomar de seu leite? 8 Será que expresso apenas uma opinião humana ou a lei diz o mesmo? 9 Pois está escrito na lei de Moisés: "Não amordacem o boi para impedir que ele coma enquanto trilha os cereais".[b] Deus estava pensando apenas nos bois quando disse isso? 10 Será que, na verdade, não estava se referindo a nós? Sim, essas palavras foram escritas a nosso respeito e, portanto, quem ara e quem trilha o cereal deve ter a esperança de receber uma parte da colheita.

11 Se plantamos sementes espirituais entre vocês, não temos direito a uma colheita material? 12 Se vocês sustentam outros que pregam a vocês, não temos ainda mais direito de receber o mesmo sustento? Mas nunca fizemos uso desse direito. Preferimos suportar qualquer coisa a fim de não sermos obstáculo para as boas-novas a respeito de Cristo.

13 Vocês não sabem que os que trabalham no templo se alimentam das ofertas levadas ao templo, e os que servem diante do altar recebem uma parte dos sacrifícios oferecidos no altar? 14 Da mesma forma, o Senhor ordenou que os que anunciam as boas-novas vivam pelas boas-novas. 15 Contudo, nunca usei de nenhum desses direitos. Não escrevo isso para sugerir que desejo agora começar a fazê-lo. De fato, prefiro morrer a perder o privilégio de me orgulhar de pregar sem cobrar nada. 16 E, no entanto, não posso me orgulhar de anunciar as boas-novas, pois sou impelido por Deus a fazê-lo. Ai de mim se não anunciar as boas-novas!

17 Se o fizesse por minha própria iniciativa, mereceria pagamento. Mas não tenho escolha, pois Deus me confiou essa responsabilidade. 18 Qual é, então, minha recompensa? É a oportunidade de anunciar as boas-novas sem cobrar nada de ninguém, de modo a não desfrutar os direitos que tenho por anunciar as boas-novas.

19 Embora eu seja um homem livre, fiz-me escravo de todos para levar muitos a Cristo. 20 Quando estive com os judeus, vivi como os judeus para levá-los a Cristo. Quando estive com os que seguem a lei judaica, vivi debaixo dessa lei. Embora não esteja sujeito à lei, agi desse modo para levar a Cristo aqueles que estão debaixo da lei. 21 Quando estou com os que não seguem a lei judaica,[c] também vivo de modo independente da lei para levá-los a Cristo. Não ignoro, porém, a lei de Deus, pois obedeço à lei de Cristo.

22 Quando estou com os fracos, também me torno fraco, pois quero levar os fracos a Cristo. Sim, tento encontrar algum ponto em comum com todos, fazendo todo o possível para salvar alguns. 23 Faço tudo isso para espalhar as boas-novas e participar de suas bênçãos.

24 Vocês não sabem que, numa corrida, todos competem, mas apenas um ganha o prêmio? Portanto, corram para vencer. 25 O atleta precisa ser disciplinado sob todos os aspectos. Ele se esforça para ganhar um prêmio perecível. Nós, porém, o fazemos para ganhar um prêmio eterno. 26 Por isso não corro sem objetivo nem luto como quem dá golpes no ar. 27 Disciplino meu corpo como um atleta, treinando-o para fazer o que deve, de modo que, depois de ter pregado a outros, eu mesmo não seja desqualificado.

LIÇÕES DA IDOLATRIA DE ISRAEL

10 Irmãos, não quero que vocês se esqueçam do que aconteceu muito tempo atrás, quando nossos antepassados foram guiados por uma nuvem que ia adiante deles e atravessaram o mar. 2 Na nuvem e no mar, todos foram batizados como seguidores de Moisés. 3 Todos comeram do mesmo alimento espiritual 4 e todos beberam da mesma água espiritual, pois beberam da rocha espiritual que os acompanhava, e essa rocha era Cristo. 5 No entanto, Deus não se agradou

[a] **9.5a** Em grego, *Cefas.*
[b] **9.9** Dt 25.4.
[c] **9.21** Em grego, *os que não têm lei.*

da maioria deles, e seus corpos ficaram espalhados pelo deserto.

6 Tais coisas aconteceram como advertência para nós, a fim de que não cobicemos o que é mau, como eles cobiçaram, 7 nem adoremos ídolos, como alguns deles adoraram. Segundo as Escrituras, "todos comeram e beberam e se entregaram à farra".[a] 8 E não devemos praticar a imoralidade sexual, como alguns deles praticaram, e morreram 23 mil pessoas num só dia.

9 Também não devemos pôr Cristo[b] à prova, como alguns deles puseram, e foram mortos por serpentes. 10 E não se queixem como alguns deles se queixaram, e foram destruídos pelo anjo da morte. 11 Essas coisas que aconteceram a eles nos servem como exemplo. Foram escritas como advertência para nós, que vivemos no fim dos tempos.

12 Portanto, se vocês pensam que estão de pé, cuidem para que não caiam. 13 As tentações em sua vida não são diferentes daquelas que outros enfrentaram. Deus é fiel, e ele não permitirá tentações maiores do que vocês podem suportar. Quando forem tentados, ele mostrará uma saída para que consigam resistir.

14 Portanto, meus amados, fujam do culto aos ídolos. 15 Vocês são pessoas sensatas. Julguem por si mesmos se o que digo é verdade. 16 Quando abençoamos o cálice à mesa, não participamos do sangue de Cristo? E, quando partimos o pão, não participamos do corpo de Cristo? 17 E, embora sejamos muitos, todos comemos do mesmo pão, mostrando que somos um só corpo. 18 Pensem no povo de Israel. Acaso os que comiam dos sacrifícios não partilhavam do mesmo altar?

19 Então, o que estou tentando dizer? Que a comida oferecida a ídolos tem alguma importância, ou que os ídolos são deuses de verdade? 20 De maneira nenhuma! Estou dizendo que esses sacrifícios são oferecidos a demônios, e não a Deus. E não quero que vocês tenham parte com demônios. 21 Vocês não podem beber do cálice do Senhor e também do cálice de demônios. Não podem participar da mesa do Senhor e também da mesa de demônios. 22 Acaso nos atreveremos a despertar o ciúme do Senhor? Somos mais fortes que ele?

23 "Tudo é permitido", mas nem tudo convém. "Tudo é permitido", mas nem tudo traz benefícios. 24 Não se preocupem com seu próprio bem, mas com o bem dos outros.

25 Portanto, vocês podem comer qualquer carne que é vendida no mercado sem questionar nada por motivo de consciência. 26 Pois "do Senhor é a terra e tudo que nela há".[c]

27 Se um descrente os convidar para uma refeição, aceitem o convite se desejarem. Comam o que lhes oferecerem, sem questionar nada por motivo de consciência. 28 (Mas, se alguém lhes disser: "Esta carne foi oferecida a um ídolo", não a comam por respeito à consciência da pessoa que os avisou. 29 Talvez não seja uma questão de consciência para vocês, mas o é para a outra pessoa.) Afinal, por que minha liberdade deve ser limitada por aquilo que outros pensam? 30 Por que serei eu condenado se comer algo pelo qual dei graças a Deus?

31 Portanto, quer vocês comam, quer bebam, quer façam qualquer outra coisa, façam para a glória de Deus. 32 Não ofendam nem os judeus, nem os gentios,[d] nem a igreja de Deus, 33 assim como também eu procuro agradar a todos em tudo que faço. Não faço apenas o que é melhor para mim; faço o que é melhor para os outros, a fim de que muitos sejam salvos.

11 Sejam meus imitadores, como eu sou imitador de Cristo.

INSTRUÇÕES PARA O CULTO PÚBLICO

2 Eu os elogio porque vocês sempre têm se lembrado de mim e têm seguido os ensinamentos que lhes transmiti. 3 Mas quero que saibam de uma coisa: o cabeça de todo homem é Cristo, o cabeça da mulher é o homem, e o cabeça de Cristo é Deus. 4 O homem desonra sua cabeça se a cobre para orar ou profetizar. 5 Mas a mulher desonra sua cabeça se ora ou profetiza sem

[a] **10.7** Êx 32.6.
[b] **10.9** Alguns manuscritos trazem *o Senhor.*
[c] **10.26** Sl 24.1.
[d] **10.32** Em grego, *nem os gregos.*

cobri-la, pois é como se tivesse raspado a cabeça. 6 Se ela se recusa a cobrir a cabeça, deve também cortar todo o cabelo! Mas, uma vez que é vergonhoso a mulher cortar o cabelo ou raspar a cabeça, deve cobri-la.

7 O homem não deve cobrir a cabeça, pois ele foi criado à imagem de Deus e reflete a glória de Deus. A mulher, porém, reflete a glória do homem. 8 Pois o homem não veio da mulher, mas a mulher veio do homem. 9 E o homem não foi criado para a mulher, mas a mulher foi criada para o homem. 10 Por esse motivo, e também por causa dos anjos, a mulher deve cobrir a cabeça, para mostrar que está debaixo de autoridade.[a]

11 Entre o povo do Senhor, porém, as mulheres não são independentes dos homens, e os homens não são independentes das mulheres. 12 Pois, embora a mulher tenha vindo do homem, o homem nasce da mulher, e tudo vem de Deus.

13 Julguem por si mesmos: é correto uma mulher orar a Deus em público sem cobrir a cabeça? 14 A natureza não deixa claro que é vergonhoso o homem ter cabelo comprido? 15 E as mulheres não se orgulham de seu cabelo comprido? Pois ele lhes foi dado como manto. 16 Mas, se alguém quiser discutir a esse respeito, digo simplesmente que não temos outro costume. E as outras igrejas de Deus pensam da mesma forma.

ORDEM NA CEIA DO SENHOR

17 Nas instruções a seguir, porém, não posso elogiá-los, pois, quando vocês se reúnem, fazem mais mal que bem. 18 Primeiro, ouço que há divisões quando vocês se reúnem como igreja e, até certo ponto, eu o creio. 19 Suponho que seja necessário haver divisões entre vocês para que se reconheçam os que são aprovados!

20 Quando vocês se reúnem, não estão interessados de fato na ceia do Senhor. 21 Alguns de vocês se apressam em comer a própria refeição; como resultado, alguns passam fome, enquanto outros ficam embriagados. 22 Será que vocês não têm casa onde comer e beber? Ou querem mesmo envergonhar a igreja de Deus e humilhar os pobres? Que devo dizer? Querem que eu os elogie? Certamente não os elogiarei por isso!

23 Pois eu lhes transmiti aquilo que recebi do Senhor. Na noite em que o Senhor Jesus foi traído, ele tomou o pão, 24 agradeceu a Deus, partiu-o e disse: "Este é meu corpo, que é entregue por vocês.[b] Façam isto em memória de mim". 25 Da mesma forma, depois da ceia, tomou o cálice e disse: "Este cálice é a nova aliança, confirmada com meu sangue. Façam isto em memória de mim, sempre que o beberem".[c] 26 Porque cada vez que vocês comem desse pão e bebem desse cálice, anunciam a morte do Senhor até que ele venha.

27 Assim, quem come do pão ou bebe do cálice do Senhor indignamente é culpado de pecar contra[d] o corpo e o sangue do Senhor. 28 Portanto, examinem-se antes de comer do pão e beber do cálice, 29 pois, se comem do pão ou bebem do cálice sem honrar o corpo de Cristo,[e] comem e bebem julgamento contra si mesmos. 30 Por isso muitos de vocês estão fracos e doentes e alguns até adormeceram.

31 Se examinássemos a nós mesmos, não seríamos julgados dessa maneira. 32 Mas, quando somos julgados pelo Senhor, estamos sendo disciplinados para que não sejamos condenados com o mundo.

33 Portanto, meus irmãos, quando se reunirem para comer, esperem uns pelos outros. 34 Se estiverem com fome, comam em casa, a fim de não trazer julgamento sobre si mesmos ao se reunirem. Eu lhes darei instruções a respeito de outros assuntos depois que chegar aí.

DONS ESPIRITUAIS

12 Agora, irmãos, quanto à sua pergunta sobre os dons espirituais,[f] não quero que continuem confusos. 2 Vocês sabem que, quando ainda eram pagãos,[g]

---

[a] **11.10** Em grego, *deve ter uma autoridade sobre sua cabeça.*

[b] **11.24** Em grego, *que é para vocês*; alguns manuscritos trazem *que é partido para vocês.*

[c] **11.23-25** Ver Lc 22.19-20.

[d] **11.27** Ou *é responsável por.*

[e] **11.29** Em grego, *o corpo*; alguns manuscritos trazem *o corpo do Senhor.*

[f] **12.1** Ou *sobre as coisas espirituais*, ou *sobre as pessoas espirituais*; o grego traz *sobre os espirituais.*

[g] **12.2** Em grego, *gentios.*

foram conduzidos pelo caminho errado e levados a adorar ídolos mudos. 3 Por isso, quero que compreendam que ninguém que fala pelo Espírito de Deus amaldiçoa Jesus, e ninguém pode dizer que Jesus é Senhor a não ser pelo Espírito Santo.

4 Existem tipos diferentes de dons espirituais, mas o mesmo Espírito é a fonte de todos eles. 5 Existem tipos diferentes de serviço, mas o Senhor a quem servimos é o mesmo. 6 Deus trabalha de maneiras diferentes, mas é o mesmo Deus que opera em todos nós.

7 A cada um de nós é concedida a manifestação do Espírito para o benefício de todos. 8 A um o Espírito dá a capacidade de oferecer conselhos sábios,[a] a outro o mesmo Espírito dá uma mensagem de conhecimento especial.[b] 9 A um o mesmo Espírito dá grande fé, a outro o único Espírito concede o dom de cura. 10 A um ele dá o poder de realizar milagres, a outro, a capacidade de profetizar. A outro ele dá a capacidade de discernir se uma mensagem é do Espírito de Deus ou de outro espírito. A outro, ainda, dá a capacidade de falar em diferentes línguas,[c] enquanto a um outro dá a capacidade de interpretar o que está sendo dito. 11 Tudo isso é distribuído pelo mesmo e único Espírito, que concede o que deseja a cada um.

UM SÓ CORPO COM MUITAS PARTES

12 O corpo humano tem muitas partes, mas elas formam um só corpo. O mesmo acontece com relação a Cristo. 13 Alguns de nós são judeus, alguns são gentios,[d] alguns são escravos e alguns são livres, mas todos nós fomos batizados em um só corpo pelo único Espírito, e todos recebemos o privilégio de beber do mesmo Espírito.

14 De fato, o corpo não é feito de uma só parte, mas de muitas partes diferentes. 15 Se o pé diz: "Não sou parte do corpo porque não sou mão", acaso, por isso, deixa de ser parte do corpo? 16 E se a orelha diz: "Não sou parte do corpo porque não sou olho", será que, por isso, deixa de ser parte do corpo? 17 Se o corpo todo fosse olho, como vocês ouviriam? E, se o corpo todo fosse orelha, como sentiriam o cheiro de algo?

18 Mas nosso corpo tem muitas partes, e Deus colocou cada uma delas onde ele quis. 19 O corpo deixaria de ser corpo se tivesse apenas uma parte. 20 Assim, há muitas partes, mas um só corpo. 21 O olho não pode dizer à mão: "Não preciso de você". E a cabeça não pode dizer aos pés: "Não preciso de vocês".

22 Ao contrário, algumas partes do corpo que parecem mais fracas são as mais necessárias. 23 E as partes que consideramos menos honrosas são as que tratamos com mais atenção. Assim, protegemos cuidadosamente as partes que não devem ser vistas, 24 enquanto as mais honrosas não precisam dessa atenção especial. Deus estruturou o corpo de maneira a conceder mais honra e cuidado às partes que recebem menos atenção. 25 Isso faz que haja harmonia entre os membros, de modo que todos cuidem uns dos outros. 26 Se uma parte sofre, todas as outras sofrem com ela, e se uma parte é honrada, todas as outras com ela se alegram.

27 Juntos, todos vocês são o corpo de Cristo, e cada um é uma parte dele. 28 Deus estabeleceu para a igreja:

em primeiro lugar, os apóstolos;
em segundo, os profetas;
em terceiro, os mestres;
depois, os que fazem milagres,
os que têm o dom de cura,
os que ajudam outros,
os que têm o dom de liderança,
os que falam em diferentes línguas.

29 Somos todos apóstolos? Somos todos profetas? Somos todos mestres? Todos nós temos o poder de fazer milagres? 30 Todos temos o dom de cura? Todos temos a capacidade de falar em diferentes línguas? Todos temos a capacidade de interpretar o que é dito? 31 Portanto, desejem intensamente os dons mais úteis.

Agora, porém, vou lhes mostrar um estilo de vida que supera os demais.

---

[a] **12.8a** Ou *uma palavra de sabedoria*.
[b] **12.8b** Ou *uma palavra de conhecimento*.
[c] **12.10** Ou *em diferentes tipos de línguas*; também em 12.28,30.
[d] **12.13** Em grego, *gregos*.

O MAIS IMPORTANTE É O AMOR

13 Se eu falasse as línguas dos ho-
mens e dos anjos, mas não tivesse
amor, seria como um sino que ressoa ou
um címbalo que retine. 2 Se eu tivesse o
dom de profecias, se entendesse todos os
mistérios de Deus e tivesse todo o conhe-
cimento, e se tivesse uma fé que me permi-
tisse mover montanhas, mas não tivesse
amor, eu nada seria. 3 Se desse tudo que
tenho aos pobres e até entregasse meu
corpo para ser queimado,[a] e não tivesse
amor, de nada me adiantaria.
4 O amor é paciente e bondoso. O amor
não é ciumento, nem presunçoso. Não é
orgulhoso, 5 nem grosseiro. Não exige que
as coisas sejam à sua maneira. Não é irritá-
vel, nem rancoroso. 6 Não se alegra com a
injustiça, mas sim com a verdade. 7 O amor
nunca desiste, nunca perde a fé, sempre
tem esperança e sempre se mantém firme.
8 Um dia, profecia, línguas e conheci-
mento desaparecerão e cessarão, mas o
amor durará para sempre. 9 Agora nosso
conhecimento é parcial e incompleto, e até
mesmo o dom da profecia revela apenas
uma parte do todo. 10 Mas, quando vier
o que é perfeito, essas coisas imperfei-
tas desaparecerão.
11 Quando eu era criança, falava, pensava
e raciocinava como criança. Mas, quando
me tornei homem, deixei para trás as coi-
sas de criança. 12 Agora vemos de modo
imperfeito, como um reflexo no espelho,
mas então veremos tudo face a face. Tudo
que sei agora é parcial e incompleto, mas
conhecerei tudo plenamente, assim como
Deus já me conhece plenamente.
13 Três coisas, na verdade, permanece-
rão: a fé, a esperança e o amor, e a maior
delas é o amor.

OS DONS DE LÍNGUAS E DE PROFECIA

14 Que o amor seja seu maior obje-
tivo! Contudo, desejem também
os dons espirituais, especialmente a ca-
pacidade de profetizar. 2 Pois quem fala
em línguas fala apenas com Deus, pois
ninguém mais o entende, e em espírito[b]
fala verdades ocultas. 3 Mas aquele que
profetiza fortalece, anima e conforta os
outros. 4 Quem fala em línguas fortalece
a si mesmo, mas quem profetiza fortalece
toda a igreja.
5 Gostaria que todos vocês falassem em
línguas, mas gostaria ainda mais que todos
profetizassem. Pois a profecia é superior
a falar em línguas, a menos que alguém
interprete o que vocês dizem para que toda
a igreja seja fortalecida.
6 Irmãos, se eu for visitá-los e falar em
línguas, em que isso os ajudará? Mas, se
eu lhes trouxer uma revelação, um conhe-
cimento especial, uma profecia ou um en-
sinamento, isso lhes será proveitoso. 7 Até
mesmo instrumentos inanimados como a
flauta ou a harpa precisam soar as notas
com clareza; do contrário, ninguém reco-
nhecerá a melodia. 8 E, se a trombeta não
emitir um toque nítido, como os soldados
saberão que estão sendo convocados para
a batalha?
9 O mesmo acontece com vocês. Se usa-
rem palavras incompreensíveis, como al-
guém saberá o que estão dizendo? Será o
mesmo que falar ao vento.
10 Há muitos idiomas no mundo, e todos
têm sentido. 11 Mas, se eu não entendo um
idioma, sou estrangeiro para quem o fala, e
ele é estrangeiro para mim. 12 O mesmo se
aplica a vocês. Uma vez que estão ansiosos
para ter os dons espirituais, busquem os
dons que fortalecerão a igreja toda.
13 Portanto, quem fala em línguas deve
orar pedindo também a capacidade de
interpretar o que é dito. 14 Pois, se oro em
línguas, meu espírito ora, mas eu não en-
tendo o que estou dizendo.
15 Então, o que devo fazer? Orarei no es-
pírito e também orarei em palavras que
entendo. Cantarei no espírito e também
cantarei em palavras que entendo. 16 Pois,
se louvarem apenas no espírito, como po-
derão louvar com vocês aqueles que não os
entendem? Como poderão agradecer com
vocês se não entendem o que estão dizen-
do? 17 Vocês darão graças muito bem, mas
não fortalecerão aqueles que os ouvem.

---

[a] **13.3** Alguns manuscritos trazem *entregasse meu corpo, de modo que me gloriasse.*

[b] **14.2** Ou *no Espírito*; também em 14.15,16.

18 Dou graças a Deus porque falo em línguas mais que qualquer um de vocês. 19 Contudo, numa reunião da igreja, prefiro dizer cinco palavras compreensíveis que ajudem os outros a falar dez mil palavras em outra língua.

20 Irmãos, não sejam infantis no entendimento dessas coisas. Sejam inocentes como bebês com relação ao mal, mas sejam maduros no entendimento. 21 Pois as Escrituras dizem:[a]

"Falarei a este povo em
línguas estranhas
e por meio de lábios
estrangeiros.
Mesmo assim, este povo
não me ouvirá,[b]
diz o Senhor".

22 Portanto, falar em línguas é um sinal não para os que creem, mas para os descrentes. A profecia, contudo, é para os que creem, e não para os descrentes. 23 Ainda assim, se descrentes ou pessoas que não entendem essas coisas entrarem na reunião de sua igreja e ouvirem todos falarem em línguas, pensarão que vocês são loucos. 24 Mas, se todos vocês estiverem profetizando e descrentes ou pessoas que não entendem essas coisas entrarem na reunião, serão convencidos do pecado e julgados por aquilo que vocês disserem. 25 Ao ouvirem, os pensamentos secretos deles serão revelados, e eles cairão de joelhos e adorarão a Deus, declarando: "De fato, Deus está aqui no meio de vocês".

OS DONS ESPIRITUAIS NO CULTO

26 Pois bem, irmãos, o que fazer, então? Quando vocês se reunirem, um cantará, o outro ensinará, o outro revelará, um falará em línguas e outro interpretará o que for dito. Tudo que for feito, porém, deverá fortalecer a todos.

27 Não mais que dois ou três devem falar em línguas. Devem se pronunciar um de cada vez, e alguém deve interpretar o que disserem. 28 Mas, se não houver alguém que possa interpretar, devem permanecer calados na reunião da igreja, falando com Deus em particular.

29 Que dois ou três profetizem e os outros avaliem o que for dito. 30 Se alguém estiver profetizando e outra pessoa receber uma revelação, quem está falando deve se calar. 31 Desse modo, todos que profetizam terão sua vez de falar, um depois do outro, para que todos sejam instruídos e encorajados. 32 Aqueles que profetizam têm controle de seu espírito e podem falar um por vez. 33 Pois Deus não é Deus de desordem, mas de paz, como em todas as reuniões do povo santo.[c]

34 As mulheres devem permanecer em silêncio durante as reuniões da igreja. Não é apropriado que falem. Devem ser submissas, como diz a lei. 35 Se tiverem alguma pergunta, devem fazê-la ao marido, em casa, pois não é apropriado que as mulheres falem nas reuniões da igreja.

36 Ou vocês pensam que a palavra de Deus se originou entre vocês? Acaso são os únicos aos quais ela foi entregue? 37 Se alguém afirma ser profeta ou se considera espiritual, será o primeiro a reconhecer que o que lhes digo é uma ordem do Senhor. 38 Se alguém ignorar esse fato, ele mesmo será ignorado.[d]

39 Portanto, meus irmãos, anseiem profetizar e não proíbam o falar em línguas, 40 mas cuidem para que tudo seja feito com decência e ordem.

A RESSURREIÇÃO DE CRISTO

15 Agora, irmãos, quero lembrá-los das boas-novas que lhes anunciei anteriormente. Vocês as receberam e nelas permanecem firmes. 2 São essas boas-novas que os salvam, se continuarem a crer na mensagem como lhes anunciei; do contrário, sua fé é inútil.

3 Eu lhes transmiti o que era mais importante e o que também me foi transmitido: Cristo morreu por nossos pecados, como dizem as Escrituras. 4 Ele foi sepultado e ressuscitou no terceiro dia, como dizem as Escrituras. 5 Apareceu a Pedro[e] e, mais tarde, aos Doze. 6 Depois disso, apareceu a

[a] **14.21a** Em grego, *está escrito na lei.*
[b] **14.21b** Is 28.11-12.

[c] **14.33** A frase *como em todas as reuniões do povo santo* também pode ser o começo de 14.34.
[d] **14.38** Alguns manuscritos trazem *Se alguém ignorar isso, que permaneça na ignorância.*
[e] **15.5** Em grego, *Cefas.*

mais de quinhentos irmãos de uma só vez,
a maioria dos quais ainda está viva, em-
bora alguns já tenham adormecido. 7 Mais
tarde, apareceu a Tiago e, posteriormente,
a todos os apóstolos. 8 Por último, apare-
ceu também a mim, como se eu tivesse
nascido fora de tempo. 9 Pois sou o mais
insignificante dos apóstolos. Aliás, nem
sou digno de ser chamado apóstolo, pois
persegui a igreja de Deus.

10 O que agora sou, porém, deve-se intei-
ramente à graça que Deus derramou so-
bre mim, e que não foi inútil. Trabalhei
com mais dedicação que qualquer outro
apóstolo e, no entanto, não fui eu, mas
Deus que, em sua graça, operou por meu
intermédio. 11 Logo, não faz diferença se
eu prego ou se eles pregam, pois todos nós
anunciamos a mesma mensagem na qual
vocês já creram.

A RESSURREIÇÃO DOS MORTOS

12 Pois bem, se proclamamos que Cristo
ressuscitou dos mortos, por que alguns de
vocês afirmam não haver ressurreição dos
mortos? 13 Pois, se não existe ressurreição
dos mortos, Cristo não ressuscitou. 14 E,
se Cristo não ressuscitou, nossa pregação
é inútil, e a fé que vocês têm também é
inútil. 15 Então estamos todos mentindo
a respeito de Deus, pois afirmamos que
ele ressuscitou a Cristo. Mas, se não existe
ressurreição dos mortos, isso não pode ser
verdade. 16 E, se não existe ressurreição
dos mortos, então Cristo também não res-
suscitou. 17 E, se Cristo não ressuscitou, a
fé que vocês têm é inútil, e vocês ainda es-
tão em seus pecados. 18 Nesse caso, todos
que adormeceram crendo em Cristo estão
perdidos! 19 Se nossa esperança em Cristo
vale apenas para esta vida, somos os mais
dignos de pena em todo o mundo.

20 Mas Cristo de fato ressuscitou dos
mortos. Ele é o primeiro fruto da colheita
de todos que adormeceram.

21 Uma vez que a morte entrou no mun-
do por meio de um único homem, agora
a ressurreição dos mortos começou por
meio de um só homem. 22 Assim como
todos morremos em Adão, todos que são
de Cristo receberão nova vida. 23 Mas essa
ressurreição tem uma sequência: Cristo
ressuscitou como o primeiro fruto da co-
lheita, e depois todos que são de Cristo
ressuscitarão quando ele voltar.

24 Então virá o fim, quando ele entre-
gará o reino a Deus, o Pai, depois de ter
destruído todos os governantes e autori-
dades e todo poder. 25 Pois é necessário
que Cristo reine até que tenha colocado
todos os seus inimigos debaixo de seus
pés. 26 E o último inimigo a ser destruído é
a morte. 27 Pois as Escrituras dizem: "Deus
pôs todas as coisas sob a autoridade de-
le".[a] Claro que, quando se diz que "todas
as coisas estão sob a autoridade dele", isso
não inclui aquele que conferiu essa au-
toridade a Cristo. 28 Então, quando todas
as coisas estiverem sob a autoridade do
Filho, ele se colocará sob a autoridade de
Deus, para que Deus, que deu a seu Filho
autoridade sobre todas as coisas, seja ab-
solutamente supremo sobre todas as coi-
sas em toda parte.

29 E o que dizer dos que se batizam em
favor dos mortos? Se os mortos não res-
suscitam, como dizem eles, por que se
batizam em favor dos que já morreram?

30 E nós, por que arriscamos a vida o tem-
po todo? 31 Pois eu afirmo, irmãos, que en-
frento a morte diariamente, assim como
afirmo meu orgulho daquilo que Cristo
Jesus, nosso Senhor, fez em vocês. 32 E, se
não haverá ressurreição dos mortos, de
que me adiantou ter lutado contra feras,
isto é, aquela gente de Éfeso?[b] Se não há
ressurreição, "comamos e bebamos, porque
amanhã morreremos!".[c] 33 Não se deixem
enganar pelos que dizem essas coisas, pois
"as más companhias corrompem o bom ca-
ráter". 34 Pensem bem sobre o que é certo
e parem de pecar. Pois, para sua vergonha,
eu lhes digo que alguns de vocês não têm
o menor conhecimento de Deus.

O CORPO RESSURRETO

35 Alguém pode perguntar: "Como os mor-
tos ressuscitarão? Que tipo de corpo te-
rão?". 36 Que perguntas tolas! A semente
só cresce e se transforma em planta depois
que morre. 37 E aquilo que se coloca no

O que temos
hoje será
obsoleto
amanhã, pode
desaparecer
ou até ser
destruído,
mas o que é
divino dura
eternamente.

[a] **15.27** Sl 8.6.
[b] **15.32a** Em grego, *lutar contra as feras em Éfeso.*
[c] **15.32b** Is 22.13.

solo não é a planta que crescerá, mas apenas uma semente de trigo ou de alguma outra planta. 38 Então Deus lhe dá o novo corpo como ele quer. Um tipo diferente de planta cresce de cada tipo de semente. 39 Da mesma forma, há tipos diferentes de carne: um tipo para os seres humanos, outro para os animais, outro para as aves e outro para os peixes.

40 Também há corpos celestes e corpos terrestres. A glória dos corpos celestes é diferente da glória dos corpos terrestres. 41 O sol tem um tipo de glória, enquanto a lua e as estrelas têm outro. E até mesmo as estrelas diferem em glória umas das outras.

42 O mesmo acontece com a ressurreição dos mortos. Quando morremos, o corpo terreno é plantado no solo, mas ressuscitará para viver para sempre. 43 Nosso corpo é enterrado em desonra, mas ressuscitará em glória. É enterrado em fraqueza, mas ressuscitará em força. 44 É enterrado como corpo humano natural, mas ressuscitará como corpo espiritual. Pois, assim como há corpos naturais, também há corpos espirituais.

45 As Escrituras nos dizem: "O primeiro homem, Adão, se tornou ser vivo".[a] Mas o último Adão é espírito que dá vida. 46 Primeiro vem o corpo natural, depois o corpo espiritual. 47 O primeiro homem foi feito do pó da terra, enquanto o segundo homem veio do céu. 48 Os que são da terra são como o homem terreno, e os que são do céu são como o homem celestial. 49 Da mesma forma que agora somos como o homem terreno, algum dia seremos[b] como o homem celestial.

50 Estou dizendo, irmãos, que nosso corpo físico não pode herdar o reino de Deus. Este corpo mortal não pode herdar aquilo que durará para sempre.

51 Mas eu lhes revelarei um segredo maravilhoso: nem todos dormiremos, mas todos seremos transformados! 52 Acontecerá num instante, num piscar de olhos, ao som da última trombeta. Pois, quando a última trombeta soar, aqueles que morreram ressuscitarão a fim de viver para sempre. E nós que estivermos vivos também seremos transformados. 53 Pois nosso corpo mortal precisa ser transformado em corpo imortal.

54 Então, quando nosso corpo mortal tiver sido transformado em corpo imortal, se cumprirá a passagem das Escrituras que diz:

"A morte foi engolida na vitória.[c]
55 Ó morte, onde está sua vitória?
Ó morte, onde está seu aguilhão?".[d]

56 O pecado é o aguilhão da morte que nos fere, e a lei é o que torna o pecado mais forte. 57 Mas graças a Deus, que nos dá vitória sobre o pecado e sobre a morte por meio de nosso Senhor Jesus Cristo!

58 Portanto, meus amados irmãos, sejam fortes e firmes. Trabalhem sempre para o Senhor com entusiasmo, pois vocês sabem que nada do que fazem para o Senhor é inútil.

A OFERTA PARA JERUSALÉM

16 Quanto à pergunta sobre o dinheiro que vocês estão coletando para o povo santo, sigam as mesmas instruções que dei às igrejas na Galácia. 2 No primeiro dia de cada semana, separem uma parte de sua renda. Não esperem até que eu chegue para então coletar tudo de uma vez. 3 Quando eu chegar, entregarei cartas de recomendação aos mensageiros que vocês escolherem para levar sua oferta a Jerusalém. 4 E, se for conveniente que eu também vá, eles viajarão comigo.

INSTRUÇÕES FINAIS DE PAULO

5 Eu os visitarei depois de ir à Macedônia,[e] pois devo passar por lá. 6 Talvez permaneça um tempo com vocês, quem sabe todo o inverno. Depois vocês poderão me encaminhar para meu próximo destino. 7 Desta vez, não quero visitá-los apenas de passagem; quero ficar algum tempo, se o Senhor o permitir. 8 Por enquanto, permanecerei em Éfeso até a festa de Pentecostes. 9 Há uma porta inteiramente aberta para

[a] **15.45** Gn 2.7.
[b] **15.49** Alguns manuscritos dizem *sejamos*.
[c] **15.54** Is 25.8.
[d] **15.55** Os 13.14, conforme a Septuaginta.
[e] **16.5** A *Macedônia* ficava na região norte da Grécia.

realizar um grande trabalho aqui, ainda que muitos se oponham a mim.

10 Quando Timóteo chegar, não deve se sentir intimidado por vocês. Ele está realizando a obra do Senhor, assim como eu.
11 Não deixem que ninguém o trate com desprezo. Enviem-no de volta para mim com sua bênção. Espero que ele venha junto com os demais irmãos.

12 Quanto a nosso irmão Apolo, insisti que ele os visitasse com os outros irmãos, mas ele não estava disposto a ir agora. Ele o fará mais tarde, quando tiver oportunidade.

13 Estejam vigilantes. Permaneçam firmes na fé. Sejam corajosos.[a] Sejam fortes.
14 Façam tudo com amor.

15 Vocês sabem que Estéfanas e sua família foram os primeiros convertidos[b] na Acaia[c] e têm dedicado a vida ao serviço do povo de Deus. Peço, irmãos,
16 que se sujeitem a eles e a outros que, como eles, servem com tanta devoção.
17 Estou muito contente com a vinda de Estéfanas, Fortunato e Acaico. Eles proveram a ajuda que vocês, por não estarem aqui, não puderam me dar.
18 Eles têm sido um grande estímulo para mim, como foram para vocês. Valorizem todos que servem tão bem.

SAUDAÇÕES FINAIS E BÊNÇÃO DE PAULO

19 As igrejas aqui na província da Ásia[d] enviam saudações no Senhor. Também os saúdam Áquila e Priscila[e] e todos da igreja que se reúne na casa deles.
20 Todos os irmãos daqui lhes enviam saudações. Saúdem uns aos outros com beijo santo.

21 Esta é minha saudação de próprio punho: Paulo.

22 Se alguém não ama o Senhor, essa pessoa é maldita. Vem, nosso Senhor![f]

23 Que a graça do Senhor Jesus esteja com vocês.

24 Envio meu amor a todos vocês em Cristo Jesus.[g]

[a] **16.13** Em grego, *Sejam homens.*
[b] **16.15a** Em grego, *o primeiro fruto.*
[c] **16.15b** A *Acaia* era a região sul da península grega.
[d] **16.19a** A *Ásia* era uma província romana na região que hoje corresponde ao oeste da Turquia.
[e] **16.19b** Em grego, *Prisca.*
[f] **16.22** Do aramaico, *Marana tha.* Alguns manuscritos trazem *Maran atha,* "Nosso Senhor veio".
[g] **16.24** Alguns manuscritos acrescentam *Amém.*

Cartas de Paulo

2Coríntios

Livro 47 com **13** CAPÍTULOS

AUTORIA

O apóstolo Paulo é o autor dessa carta (2Co 1.1). Ele a escreveu como uma continuação de seu relacionamento pastoral com a igreja de Corinto.

A DEFESA DO APOSTOLADO DE PAULO E A GLÓRIA NO SOFRIMENTO

OBJETIVO DO LIVRO

Paulo escreveu 2Coríntios para defender seu apostolado contra críticos e falsos apóstolos, confortar a igreja e encorajar a generosidade na coleta para os santos em Jerusalém (2Co 2.1-4; 8.1-7).

ÉPOCA DA ESCRITA

2Coríntios foi escrito em torno de 56 d.C., provavelmente da Macedônia, após Tito trazer notícias sobre a recepção da primeira carta (2Co 7.6-7).

ESTRUTURA DO LIVRO

- ★ Introdução e bênção 2Co 1.1-11
- ★ Defesa do ministério de Paulo 2Co 1.12—7
- ★ Coleta para os santos 2Co 8—9
- ★ Defesa contra falsos apóstolos 2Co 10—13

TEMAS DO LIVRO

2Coríntios enfatiza a teologia do sofrimento e a glória que vem por meio das fraquezas humanas (2Co 12.9-10). Paulo fala da nova aliança em Cristo que traz justiça e reconciliação com Deus (2Co 3.6-9; 5.18-21). Ele também destaca a generosidade e o serviço cristão como reflexos da graça de Deus (2Co 8.7-9).

2CORÍNTIOS E CRISTO

Paulo destaca Cristo como aquele que nos encoraja em todas as nossas aflições (2Co 1.3-5) e o exemplo supremo de humildade e serviço (2Co 8.9). A glória de Cristo é revelada na fraqueza humana, mostrando o poder de Deus aperfeiçoado na fraqueza (2Co 12.9).

SAUDAÇÕES DE PAULO

1 Eu, Paulo, chamado pela vontade de Deus para ser apóstolo de Cristo Jesus, escrevo esta carta, com nosso irmão Timóteo, à igreja de Deus em Corinto e a todo o seu povo santo em toda a Acaia.[a]

2 Que Deus, nosso Pai, e o Senhor Jesus Cristo lhes deem graça e paz.

DEUS ENCORAJA A TODOS

3 Louvado seja Deus, Pai de nosso Senhor Jesus Cristo, Pai misericordioso e Deus de todo encorajamento. 4 Ele nos encoraja em todas as nossas aflições, para que, com o encorajamento que recebemos de Deus, possamos encorajar outros quando eles passarem por aflições. 5 Pois, quanto mais sofrimento por Cristo suportarmos, mais encorajamento será derramado sobre nós por meio de Cristo. 6 Mesmo quando estamos sobrecarregados de aflições, é para o encorajamento e a salvação de vocês. Pois, quando somos encorajados, certamente encorajaremos vocês, e então vocês poderão suportar pacientemente os mesmos sofrimentos que nós. 7 Temos firme esperança de que, assim como vocês participam de nossos sofrimentos, também participarão de nosso encorajamento.

8 Irmãos, queremos que saibam das aflições pelas quais passamos na província da Ásia. Fomos esmagados e oprimidos além da nossa capacidade de suportar, e pensamos que não sobreviveríamos. 9 De fato, esperávamos morrer. Mas, como resultado, deixamos de confiar em nós mesmos e aprendemos a confiar somente em Deus, que ressuscita os mortos. 10 Ele nos livrou do perigo mortal, e nos livrará outra vez. Nele depositamos nossa esperança, e ele continuará a nos livrar. 11 E vocês nos têm ajudado ao orar por nós. Então muitos darão graças porque Deus, em sua bondade, respondeu a tantas orações feitas em nosso favor.

A MUDANÇA DE PLANOS DE PAULO

12 Podemos dizer com certeza e com a consciência limpa que temos vivido em santidade[b] e sinceridade dadas por Deus. Dependemos da graça divina, e não da sabedoria humana. É dessa forma que nos temos conduzido diante do mundo e, especialmente, em relação a vocês. 13 Nossas cartas foram claras e objetivas, não havendo nada escrito nas entrelinhas ou que não conseguissem compreender. Espero que um dia vocês nos entendam plenamente, 14 mesmo que não o façam agora. Então, no dia do Senhor Jesus, poderão se orgulhar de nós como nos orgulhamos de vocês.

15 Porque eu estava tão certo de sua compreensão e confiança, queria abençoá-los duplamente visitando-os duas vezes, 16 primeiro a caminho da Macedônia[c] e depois ao voltar de lá. Então vocês poderiam me ajudar com minha viagem para a Judeia.

17 Talvez vocês estejam se perguntando por que mudei de ideia. Será que faço meus planos de modo irresponsável? Será que sou como as pessoas do mundo, que dizem "sim" quando na verdade querem dizer "não"? 18 Tão certo como Deus é fiel, nossa palavra a vocês não oscila entre "sim" e "não". 19 Pois Jesus Cristo, o Filho de Deus, não oscila entre "sim" e "não". Foi a respeito dele que Silas,[d] Timóteo e eu lhes falamos e, sendo ele o "sim" definitivo, ele sempre faz o que diz. 20 Pois todas as promessas de Deus se cumpriram em Cristo com um alto e claro "Sim!". E, por meio de Cristo, confirmamos isso, de modo que nosso "Amém" se eleva a Deus para sua glória.

21 É Deus quem nos capacita e a vocês a permanecermos firmes em Cristo. Ele nos ungiu 22 e nos identificou como sua propriedade ao colocar em nosso coração o selo do Espírito, a garantia de tudo que ele nos prometeu.

23 Agora, invoco a Deus como testemunha de que foi para poupá-los que ainda não voltei a Corinto. 24 Isso não significa que queremos controlar vocês, dizendo-lhes como exercer sua fé. Nosso desejo é trabalhar com vocês para que tenham alegria, pois é pela fé que permanecem firmes.

2 Por isso resolvi não entristecê-los com outra visita dolorosa. 2 Pois, se eu lhes

[a] **1.1** A *Acaia* era a região sul da península grega.
[b] **1.12** Alguns manuscritos trazem *honestidade*.
[c] **1.16** A *Macedônia* ficava no norte da Grécia.
[d] **1.19** Em grego, *Silvano*.

causar tristeza, quem me alegrará? Certamente não serão aqueles a quem entristeci. 3 Esse foi o motivo de eu ter escrito como o fiz, para que, quando eu for, não seja entristecido por aqueles que deveriam me alegrar. Sem dúvida, vocês sabem que minha alegria vem do fato de vocês estarem alegres. 4 Escrevi aquela carta com grande angústia, com o coração aflito e muitas lágrimas. Minha intenção não era entristecê-los, mas mostrar-lhes quanto amo vocês.

PERDÃO PARA O PECADOR

5 Não exagero quando digo que o homem que causou tantos problemas magoou não somente a mim, mas, até certo ponto, a todos vocês. 6 A maioria de vocês se opôs a ele, e isso já foi castigo suficiente. 7 Agora, porém, é hora de perdoá-lo e confortá-lo; do contrário, pode acontecer de ele ser vencido pela tristeza excessiva. 8 Peço, portanto, que reafirmem seu amor por ele.

9 Eu lhes escrevi daquela forma para testá-los e ver se seguiriam todas as minhas instruções. 10 Se vocês perdoam esse homem, eu também o perdoo. E, quando eu perdoo o que precisa ser perdoado, faço-o na presença de Cristo, em favor de vocês, 11 para que Satanás não tenha vantagem sobre nós, pois conhecemos seus planos malignos.

12 Quando cheguei à cidade de Trôade para anunciar as boas-novas de Cristo, o Senhor me abriu uma porta de oportunidade. 13 Contudo, não tive paz em meu espírito, pois meu querido irmão Tito ainda não havia chegado com notícias de vocês. Assim, despedi-me dos irmãos dali e fui à Macedônia para procurá-lo.

MINISTROS DA NOVA ALIANÇA

14 Mas graças a Deus, que, em Cristo, sempre nos conduz triunfantemente. Agora, por nosso intermédio, ele espalha o conhecimento de Cristo por toda parte, como um doce perfume. 15 Somos o aroma de Cristo que se eleva até Deus. Mas esse aroma é percebido de forma diferente por aqueles que estão sendo salvos e por aqueles que estão perecendo. 16 Para os que estão perecendo, somos cheiro terrível de morte e condenação. Mas, para os que estão sendo salvos, somos perfume que dá vida. E quem está à altura de uma tarefa como essa?

17 Não somos como muitos[a] que fazem da palavra de Deus um artigo de comércio. Pregamos a palavra de Deus com sinceridade e com a autoridade de Cristo, sabendo que Deus nos observa.

3

Será que estamos começando a nos recomendar outra vez? Somos como aqueles que precisam entregar-lhes ou pedir-lhes cartas de recomendação? 2 Vocês mesmos são nossa carta, escrita em nosso[b] coração, para ser conhecida e lida por todos! 3 Sem dúvida, vocês são uma carta de Cristo, que mostra os resultados de nosso trabalho em seu meio, escrita não com pena e tinta, mas com o Espírito do Deus vivo, e gravada não em tábuas de pedra, mas em corações humanos.

4 Estamos certos disso tudo por causa da grande confiança que temos em Deus por meio de Cristo. 5 Não que nos consideremos capazes de fazer qualquer coisa por conta própria; nossa capacitação vem de Deus. 6 Ele nos capacitou para sermos ministros da nova aliança, não da lei escrita, mas do Espírito. A lei escrita termina em morte, mas o Espírito dá vida.

A GLÓRIA DA NOVA ALIANÇA

7 O antigo sistema,[c] com suas leis gravadas em pedra, terminava em morte, embora tivesse começado com tamanha glória que os israelitas não conseguiam olhar para o rosto de Moisés, por causa da glória que brilhava em seu rosto, ainda que esse brilho já estivesse se desvanecendo. 8 Acaso não deveríamos esperar uma glória muito maior no novo sistema, que se baseia na obra do Espírito? 9 Se o antigo sistema, que traz condenação, era glorioso, muito mais glorioso é o novo sistema, que nos torna justos diante de Deus! 10 De fato, a glória do passado não era nada gloriosa em comparação com a glória magnífica de agora. 11 Portanto, se o antigo sistema, que foi substituído, era cheio de glória, muito mais glorioso é o novo, que permanece para sempre!

---

[a] **2.17** Alguns manuscritos trazem *como os demais*.
[b] **3.2** Alguns manuscritos trazem *em seu*.
[c] **3.7** Ou *ministério*; também em 3.8,9,11,12.

12 Uma vez que o novo sistema nos dá tal esperança, podemos falar com grande coragem. 13 Não somos como Moisés, que cobria o rosto com um véu para que os israelitas não vissem a glória, embora ela já estivesse se desvanecendo. 14 Mas a mente do povo estava endurecida e, até hoje, toda vez que a antiga aliança é lida, o mesmo véu lhes cobre a mente, e esse véu só pode ser removido em Cristo. 15 Até hoje, quando eles leem os escritos de Moisés, seu coração está coberto por esse véu.

16 Contudo, sempre que alguém se volta para o Senhor, o véu é removido. 17 Pois o Senhor é o Espírito, e onde está o Espírito do Senhor, ali há liberdade. 18 Portanto, todos nós, dos quais o véu foi removido, podemos ver e refletir a glória do Senhor, e o Senhor, que é o Espírito, nos transforma gradativamente à sua imagem gloriosa, deixando-nos cada vez mais parecidos com ele.

TESOUROS EM VASOS DE BARRO

4 Portanto, visto que Deus, em sua misericórdia, nos deu a tarefa de ministrar nesse novo sistema, nunca desistimos. 2 Rejeitamos todos os atos vergonhosos e métodos dissimulados. Não procuramos enganar ninguém nem distorcemos a palavra de Deus. Em vez disso, dizemos a verdade diante de Deus, e todos que são honestos sabem disso.

3 Se as boas-novas que anunciamos estão encobertas atrás de um véu, é apenas para aqueles que estão perecendo. 4 O deus deste mundo cegou a mente dos que não creem, para que não consigam ver a luz das boas-novas, não entendendo esta mensagem a respeito da glória de Cristo, que é a imagem de Deus.

5 Não andamos por aí falando de nós mesmos, mas proclamamos que Jesus Cristo é Senhor e que nós mesmos somos servos de vocês por causa de Jesus. 6 Pois Deus, que disse: "Haja luz na escuridão",[a] é quem brilhou em nosso coração, para que conhecêssemos a glória de Deus na face de Jesus Cristo.

7 Agora nós mesmos somos como vasos frágeis de barro que contêm esse grande tesouro.[b] Assim, fica evidente que esse grande poder vem de Deus, e não de nós.

8 De todos os lados somos pressionados por aflições, mas não esmagados. Ficamos perplexos, mas não desesperados. 9 Somos perseguidos, mas não abandonados. Somos derrubados, mas não destruídos. 10 Pelo sofrimento, nosso corpo continua a participar da morte de Jesus, para que a vida de Jesus também se manifeste em nosso corpo.

11 Sim, vivemos sob constante perigo de morte, porque servimos a Jesus, para que a vida de Jesus se manifeste em nosso corpo mortal. 12 Assim, enfrentamos a morte, mas isso resulta em vida para vocês.

13 Continuamos a pregar porque temos o mesmo tipo de fé mencionada nas Escrituras: "Cri em Deus, por isso falei".[c] 14 Sabemos que Deus, que ressuscitou o Senhor Jesus, também nos ressuscitará com Jesus e nos apresentará a ele junto com vocês. 15 Tudo isso é para o bem de vocês. E, à medida que a graça alcançar mais pessoas, haverá muitas ações de graças, e Deus receberá cada vez mais glória.

16 Por isso, nunca desistimos. Ainda que nosso exterior esteja morrendo, nosso interior está sendo renovado a cada dia. 17 Pois estas aflições pequenas e momentâneas que agora enfrentamos produzem para nós uma glória que pesa mais que todas as angústias e durará para sempre. 18 Portanto, não olhamos para aquilo que agora podemos ver; em vez disso, fixamos o olhar naquilo que não se pode ver. Pois as coisas que agora vemos logo passarão, mas as que não podemos ver durarão para sempre.

UM NOVO CORPO

5 Sabemos que, quando nosso corpo terreno, esta tenda em que vivemos, se desfizer, teremos um corpo eterno, uma casa no céu feita para nós pelo próprio Deus, e não por mãos humanas. 2 Na tenda terrena, gememos e desejamos ansiosamente nos vestir com nosso lar celestial, como se fosse uma roupa nova. 3 Porque de fato nos vestiremos com um corpo celestial, e não ficaremos despidos. 4 Enquanto vivemos nesta tenda que é o corpo terreno,

a **4.6** Ver Gn 1.3.

b **4.7** Em grego, *Agora temos esse tesouro em vasos de barro.*

c **4.13** Sl 116.10.

gememos e suspiramos, mas isso não significa que queremos ser despidos. Na verdade, queremos vestir nosso corpo novo, para que este corpo mortal seja engolido pela vida. 5 Deus nos preparou para isso e, como garantia, nos deu o Espírito.

6 Portanto, temos sempre confiança, apesar de sabermos que, enquanto vivemos neste corpo, não estamos em nosso lar com o Senhor. 7 Porque vivemos por fé, e não pelo que vemos. 8 Sim, temos confiança absoluta e preferíamos deixar este corpo terreno, pois então estaríamos em nosso lar com o Senhor. 9 Assim, quer estejamos neste corpo, quer o deixemos, nosso objetivo é agradar ao Senhor. 10 Pois todos nós teremos de comparecer diante do tribunal de Cristo, para que cada um receba o que merecer pelo bem ou pelo mal que tiver feito neste corpo terreno.

EMBAIXADORES DE CRISTO

11 Assim, conhecendo o temor ao Senhor, procuramos persuadir outros. Deus sabe que somos sinceros, e espero que vocês também o saibam. 12 Estamos mais uma vez nos recomendando a vocês? Nada disso, estamos apenas lhes dando motivos para que se orgulhem de nós,[a] a fim de que possam responder àqueles que se orgulham nas aparências, e não no coração. 13 Se parecemos loucos, é para dar glória a Deus, e se mantemos o juízo, é para o bem de vocês. 14 De qualquer forma, o amor de Cristo nos impulsiona.[b] Porque cremos que ele morreu por todos, também cremos que todos morreram. 15 Ele morreu por todos, para que os que recebem sua nova vida não vivam mais para si mesmos, mas para Cristo, que morreu e ressuscitou por eles.

16 Portanto, não avaliamos mais ninguém do ponto de vista humano. Em outros tempos, pensávamos em Cristo apenas do ponto de vista humano, mas agora o conhecemos de modo bem diferente. 17 Logo, todo aquele que está em Cristo se tornou nova criação. A velha vida acabou, e uma nova vida teve início!

18 E tudo isso vem de Deus, aquele que nos trouxe de volta para si por meio de Cristo e nos encarregou de reconciliar outros com ele. 19 Pois, em Cristo, Deus estava reconciliando consigo o mundo, não levando mais em conta os pecados das pessoas. E ele nos deu esta mensagem maravilhosa de reconciliação. 20 Agora, portanto, somos embaixadores de Cristo; Deus faz seu apelo por nosso intermédio. Falamos em nome de Cristo quando dizemos: "Reconciliem-se com Deus!". 21 Pois Deus fez de Cristo, aquele que nunca pecou, a oferta por nosso pecado,[c] para que por meio dele fôssemos declarados justos diante de Deus.

6 Como cooperadores de Deus,[d] suplicamos a vocês que não recebam em vão a graça de Deus. 2 Pois Deus diz:

> "No tempo certo, eu o ouvi;
> no dia da salvação, eu lhe dei socorro".[e]

De fato, agora é o "tempo certo". Hoje é o dia da salvação!

O MINISTÉRIO FIEL DE PAULO

3 Vivemos de forma que ninguém tropece por nossa causa, nem tenha motivo para criticar nosso ministério. 4 Em tudo que fazemos, mostramos que somos verdadeiros servos de Deus. Suportamos pacientemente aflições, privações e calamidades de todo tipo. 5 Fomos espancados e encarcerados, enfrentamos multidões furiosas, trabalhamos até a exaustão, suportamos noites sem dormir e passamos fome. 6 Mostramos quem somos por nossa pureza, nosso entendimento, nossa paciência e nossa bondade, pelo Espírito Santo que vive em nós[f] e por nosso amor sincero. 7 Proclamamos a verdade fielmente, e o poder de Deus opera em nós. Usamos as armas da justiça, com a mão direita para atacar e com a mão esquerda para defender. 8 Servimos quer as pessoas nos honrem, quer nos desprezem, quer nos difamem, quer nos elogiem. Somos chamados de impostores, apesar de sermos honestos. 9 Somos tratados como desconhecidos, embora sejamos

[a] **5.12** Alguns manuscritos trazem *de si mesmos*.
[b] **5.14** Ou *o amor de Cristo nos controla*.
[c] **5.21** Ou *aquele que nunca pecou foi feito pecado por nós*.
[d] **6.1** Ou *Conforme trabalhamos juntos*.
[e] **6.2** Is 49.8, conforme a Septuaginta.
[f] **6.6** Ou *por nossa santidade de espírito*.

bem conhecidos. Vivemos à beira da morte,
mas ainda estamos vivos. Fomos espan-
cados, mas não mortos. 10 Nosso coração
se entristece, mas sempre temos alegria.
Somos pobres, mas enriquecemos a muitos
outros. Não possuímos nada e, no entanto,
temos tudo.

11 Queridos coríntios, falamos a vocês com
toda honestidade e lhes abrimos o coração.
12 Não falta amor da nossa parte, mas vocês
nos negaram seu afeto. 13 Peço que retri-
buam esse amor como se fossem meus
próprios filhos. Abram o coração para nós!

O TEMPLO DO DEUS VIVO

14 Não se ponham em jugo desigual com os
descrentes. Como pode a justiça ser parceira
da maldade? Como pode a luz conviver
com as trevas? 15 Que harmonia pode haver
entre Cristo e o diabo?[a] Como alguém que
crê pode se ligar a quem não crê? 16 E que
união pode haver entre o templo de Deus
e os ídolos? Pois somos o templo do Deus
vivo. Como ele próprio disse:

"Habitarei e andarei
no meio deles.
Serei o seu Deus,
e eles serão o meu povo.[b]
17 Portanto, afastem-se e
separem-se deles,
diz o Senhor.
Não toquem em coisas impuras,
e eu os receberei.[c]
18 Eu serei seu Pai,
e vocês serão meus filhos
e minhas filhas,
diz o Senhor Todo-poderoso".[d]

7 Amados, visto que temos essas promes-
sas, purifiquemo-nos de tudo que conta-
mina o corpo ou o espírito, tornando-nos
cada vez mais santos porque tememos
a Deus.

2 Peço-lhes que abram o coração para
nós. Não prejudicamos ninguém, nem
desencaminhamos ninguém, nem nos
aproveitamos de ninguém. 3 Não digo isso
para condená-los. Já lhes disse que vocês
estão em nosso coração. Estamos juntos,
seja para morrer, seja para viver. 4 Tenho
muita confiança em vocês, e de vocês tenho
muito orgulho. Vocês têm me encorajado
grandemente e me proporcionado alegria,
apesar de todas as nossas aflições.

A ALEGRIA DE PAULO COM O ARREPENDIMENTO DA IGREJA

5 Quando chegamos à Macedônia, não
tivemos nenhum descanso. Enfrentamos
conflitos de todos os lados, com batalhas
externas e temores internos. 6 Mas Deus,
que conforta os desanimados, nos encora-
jou com a chegada de Tito. 7 Sua presença
foi uma alegria, como também o foi a notí-
cia que ele nos trouxe do encorajamento
que recebeu de vocês. Quando ele nos
contou quanto desejam me ver, quanto
lamentam o que aconteceu e quão dedica-
dos são a mim, fiquei muito feliz!

8 Não me arrependo de ter enviado
aquela carta severa, embora a princípio
tenha lamentado a dor que ela lhes causou,
ainda que por algum tempo. 9 Agora, porém,
alegro-me por tê-la enviado, não pela tris-
teza que causou, mas porque a dor os levou
ao arrependimento. Foi o tipo de tristeza
que Deus espera de seu povo, portanto
não lhes causamos mal algum. 10 Porque a
tristeza que é da vontade de Deus conduz
ao arrependimento e resulta em salvação.
Não é uma tristeza que causa remorso. Mas
a tristeza do mundo resulta em morte.

11 Vejam o que a tristeza que vem de
Deus produziu em vocês! Trouxe dedi-
cação, defesa de suas ações, indignação,
temor, desejo de me ver, zelo e prontidão
em punir a injustiça. Vocês mostraram que
fizeram todo o necessário para corrigir a
situação. 12 Portanto, não lhes escrevi para
falar de quem havia errado e de quem havia
sido prejudicado, mas para que, diante de
Deus, pudessem ver por si mesmos como
são dedicados a nós. 13 Fomos grandemente
encorajados por isso.

Além de nos sentirmos encorajados, fica-
mos particularmente contentes de ver Tito
alegre porque todos vocês o receberam
bem e o tranquilizaram. 14 Eu tinha dito a

---

[a] **6.15** Em grego, *entre Cristo e Beliar*; vários outros manuscritos traduzem esse nome do diabo como *Beliã*, *Beliabe* ou *Belial*.

[b] **6.16** Lv 26.12; Ez 37.27.

[c] **6.17** Is 52.11; Ez 20.34, conforme a Septuaginta.

[d] **6.18** 2Sm 7.14.

ele quanto me orgulhava de vocês, e vocês não me decepcionaram. Sempre lhes disse a verdade, e ficou provado que eu tinha razão ao elogiá-los! 15 Ele os estima ainda mais quando se lembra de como todos vocês lhe obedeceram e o receberam bem, com temor e profundo respeito. 16 Fico muito feliz por poder ter plena confiança em vocês.

INCENTIVO PARA CONTRIBUIR COM GENEROSIDADE

8 Agora, irmãos, queremos que saibam o que Deus, em sua graça, tem feito por meio das igrejas da Macedônia. 2 Elas têm sido provadas com muitas aflições, mas sua grande alegria e extrema pobreza transbordaram em rica generosidade.

3 Posso testemunhar que deram não apenas o que podiam, mas muito além disso, e o fizeram por iniciativa própria. 4 Eles nos suplicaram repetidamente o privilégio de participar da oferta ao povo santo. 5 Fizeram até mais do que esperávamos, pois seu primeiro passo foi entregar-se ao Senhor e a nós, como era desejo de Deus.

6 Por isso pedimos a Tito, que inicialmente encorajou vocês a contribuírem, que os visitasse outra vez e os animasse a completar esse serviço de generosidade. 7 Visto que vocês se destacam em tantos aspectos — na fé, nos discursos eloquentes, no conhecimento, no entusiasmo e no amor que receberam de nós[a] —, queríamos que também se destacassem no generoso ato de contribuir.

8 Não estou ordenando que o façam, mas sim testando a sinceridade de seu amor ao compará-lo com a dedicação de outros.

9 Vocês conhecem a graça de nosso Senhor Jesus Cristo. Embora fosse rico, por amor a vocês ele se fez pobre, para que por meio da pobreza dele vocês se tornassem ricos.

10 Este é meu conselho: seria bom que terminassem o que começaram há um ano, quando foram os primeiros a querer contribuir e a efetivamente fazê-lo. 11 Assim, completem o que começaram. Que a boa vontade demonstrada no princípio seja igualada, agora, por sua contribuição. Doem proporcionalmente àquilo que possuem. 12 Tudo que derem será aceitável, desde que o façam de boa vontade, de acordo com o que têm, e não com o que não têm. 13 Não que sua contribuição deva facilitar a vida dos outros e dificultar a de vocês. Quero dizer apenas que deve haver igualdade. 14 No momento, vocês têm fartura e podem ajudar os que passam por necessidades. Em outra ocasião, eles terão fartura e poderão compartilhar com vocês quando for necessário. Assim, haverá igualdade. 15 Como dizem as Escrituras:

"Para aqueles que muito recolheram
 nada sobrou,
e para aqueles que pouco recolheram
 nada faltou".[b]

AJUDA NA COLETA PARA OS POBRES

16 Agradeço a Deus porque ele concedeu a Tito a mesma dedicação que eu tenho por vocês. 17 Tito recebeu com prazer nosso pedido para que os visitasse outra vez. Na verdade, ele mesmo estava ansioso para ir vê-los. 18 Com ele estamos enviando outro irmão, que é elogiado por todas as igrejas como pregador das boas-novas. 19 Ele foi nomeado pelas igrejas para nos acompanhar quando levarmos a oferta,[c] um serviço que visa glorificar o Senhor e mostrar nossa disposição de ajudar.

20 Com isso, queremos evitar qualquer crítica à nossa maneira de administrar essa oferta generosa. 21 Tomamos o cuidado de agir honradamente não só aos olhos do Senhor, mas também diante das pessoas.

22 Além disso, estamos enviando com eles outro irmão que muitas vezes deu provas de seu bom caráter e que, em várias ocasiões e de diversas maneiras, demonstrou enorme dedicação. E, por causa da grande confiança que ele tem em vocês, agora está ainda mais empolgado. 23 Se alguém lhes perguntar a respeito de Tito, digam que ele é meu colaborador, que trabalha comigo para ajudar vocês. Quanto aos irmãos que o acompanham, foram enviados pelas igrejas e trazem honra a Cristo. 24 Portanto, mostrem diante deles

[a] **8.7** Alguns manuscritos trazem *em seu amor por nós*.

[b] **8.15** Êx 16.18.

[c] **8.19** Ver 1Co 16.3-4.

seu amor e provem para todas as igrejas
que temos razão ao elogiar vocês.

A OFERTA PARA OS IRMÃOS EM JERUSALÉM

9 Na verdade, quanto a esse serviço ao
povo santo, não preciso lhes escrever.
2 Sei quanto estão ansiosos para ajudar e
expressei às igrejas da Macedônia meu
orgulho de que vocês, na Acaia, estão pron-
tos para enviar uma oferta desde o ano
passado. De fato, foi sua dedicação que
incentivou muitos a também contribuir.
3 Ainda assim, envio esses irmãos para
me certificar de que vocês estão prepa-
rados, como tenho dito a eles. Não quero
elogiar vocês sem razão. 4 Que vexame
seria para nós, e ainda mais para vocês, se
alguns macedônios chegassem comigo e
descobrissem que vocês não estão prepa-
rados, depois de tudo que eu disse a eles!
5 Portanto, considerei apropriado enviar
esses irmãos antes de mim. Eles cuidarão
para que a oferta que vocês prometeram
esteja pronta. Que seja, porém, uma oferta
voluntária, e não entregue de má vontade.
6 Lembrem-se: quem lança apenas
algumas sementes obtém uma colheita
pequena, mas quem semeia com fartura
obtém uma colheita farta. 7 Cada um deve
decidir em seu coração quanto dar. Não
contribuam com relutância[a] ou por obriga-
ção. "Pois Deus ama quem dá com alegria."[b]
8 Deus é capaz de lhes conceder todo tipo
de bênçãos, para que, em todo tempo, vocês
tenham tudo de que precisam, e muito mais
ainda, para repartir com outros. 9 Como
dizem as Escrituras:

"Compartilha generosamente
com os necessitados;
seus atos de justiça serão
lembrados para sempre".[c]

10 Pois é Deus quem supre a semente para
o que semeia e depois o pão para seu
alimento. Da mesma forma, ele proverá e
multiplicará sua semente e produzirá por
meio de vocês muitos frutos de justiça.
11 Em tudo vocês serão enriquecidos a
fim de que possam ser sempre generosos.
E, quando levarmos sua oferta para aqueles
que precisam dela, eles darão graças a Deus.
12 Logo, duas coisas boas resultarão desse
ministério de auxílio: as necessidades do
povo santo serão supridas, e eles expressa-
rão com alegria sua gratidão a Deus.
13 Como resultado do serviço de vocês,
eles darão glória a Deus. Pois sua genero-
sidade com eles e com todos os que creem
mostrará que vocês são obedientes às
boas-novas de Cristo. 14 E eles orarão por
vocês com profundo afeto, por causa da
graça transbordante que Deus concedeu a
vocês. 15 Graças a Deus por essa dádiva[d] tão
maravilhosa que nem as palavras conse-
guem expressar!

PAULO DEFENDE SUA AUTORIDADE

10 Agora eu, Paulo, apelo a vocês com
a mansidão e a bondade de Cristo,
mesmo ciente de que vocês me consideram
fraco pessoalmente e duro apenas a distân-
cia, quando lhes escrevo. 2 Pois bem, supli-
co-lhes que, quando eu for visitá-los, não
precise ser duro com aqueles que pensam
que agimos segundo motivações humanas.
3 Embora sejamos humanos, não lutamos
conforme os padrões humanos. 4 [e]Usamos
as armas poderosas de Deus, e não as armas
do mundo, para derrubar as fortalezas do
raciocínio humano e acabar com os falsos
argumentos. 5 Destruímos todas as opiniões
arrogantes que impedem as pessoas de
conhecer a Deus. Levamos cativo todo
pensamento rebelde e o ensinamos a
obedecer a Cristo. 6 E, depois que vocês se
tornarem inteiramente obedientes, estare-
mos prontos para punir todos que insisti-
rem em desobedecer.
7 Vocês se preocupam apenas com o que
é aparente.[f] Aqueles que afirmam perten-
cer a Cristo devem reconhecer que perten-
cemos a Cristo tanto quanto eles. 8 Pode
parecer que estou me orgulhando além do
que deveria da autoridade que o Senhor
nos deu, mas nossa autoridade visa edificar

[a] **9.7a** Ou *com tristeza.*
[b] **9.7b** Ver nota em Pv 22.8.
[c] **9.9** Sl 112.9.
[d] **9.15** Em grego, *sua dádiva*, isto é, de Deus.
[e] **10.4** As traduções, em geral, dividem os versículos 4 e 5 de formas diferentes.
[f] **10.7** Ou *Prestem atenção no que é óbvio!*

vocês, e não destruí-los. Portanto, não me envergonharei de usá-la.

9 Não é minha intenção assustar vocês com minhas cartas. 10 Pois alguns dizem: "As cartas de Paulo são exigentes e enérgicas, mas em pessoa ele é fraco e seus discursos de nada valem". 11 Essa gente deveria perceber que, quando estivermos presentes em pessoa, nossas ações serão tão enérgicas quanto aquilo que dizemos a distância, em nossas cartas.

12 Não nos atreveríamos a nos classificar como esses indivíduos nem a nos comparar com eles, que se julgam tão importantes. Ao se compararem apenas uns com os outros, usando a si mesmos como medida, só mostram como são ignorantes.

13 Não nos orgulharemos do que se fez fora de nosso campo de autoridade. Antes, nos orgulharemos apenas do que aconteceu dentro dos limites da obra que Deus nos confiou, que inclui nosso trabalho com vocês. 14 Quando afirmamos ter autoridade sobre vocês, não ultrapassamos esses limites, pois fomos os primeiros a chegar até vocês com as boas-novas de Cristo.

15 Também não nos orgulhamos do trabalho realizado por outros nem assumimos o crédito por ele. Pelo contrário, esperamos que sua fé cresça de tal modo que se ampliem os limites de nosso trabalho entre vocês. 16 Então poderemos anunciar as boas-novas em outros lugares, para além de sua região, onde ninguém esteja trabalhando. Assim, ninguém pensará que estamos nos orgulhando do trabalho feito em território de outros. 17 Como dizem as Escrituras: "Quem quiser orgulhar-se, orgulhe-se somente no Senhor".[a]

18 Quando alguém elogia a si mesmo, esse elogio não tem valor algum. O importante mesmo é ser aprovado pelo Senhor.

PAULO E OS FALSOS APÓSTOLOS

11 Espero que vocês suportem um pouco mais de minha insensatez. Por favor, continuem a ser pacientes comigo, 2 pois o cuidado que tenho com vocês vem do próprio Deus. Eu os prometi como noiva[b] pura a um único marido, Cristo. 3 No entanto, temo que sua devoção pura e completa a Cristo seja corrompida de algum modo, como Eva foi enganada pela astúcia da serpente. 4 Vocês aceitam de boa vontade o que qualquer um lhes diz, mesmo que anuncie um Jesus diferente daquele que lhes anunciamos, ou um espírito diferente daquele que vocês receberam, ou boas-novas diferentes daquelas em que vocês creram.

5 Contudo, não me considero em nada inferior aos tais "superapóstolos" que ensinam essas coisas. 6 Posso não ter a técnica de um grande orador, mas não me falta conhecimento. Deixamos isso bem claro a vocês de todas as formas possíveis.

7 Será que fiz mal quando me humilhei e os honrei anunciando-lhes as boas-novas de Deus sem esperar nada em troca? 8 Para servir vocês sem lhes ser pesado, tomei contribuições de outras igrejas que eram mais pobres que vocês. 9 E, quando estive com vocês e não tinha o suficiente para me sustentar, não fui um peso para ninguém, pois os irmãos que vieram da Macedônia trouxeram tudo de que eu precisava. Nunca fui um peso para vocês, e nunca serei. 10 Tão certo como a verdade de Cristo está em mim, ninguém em toda a Acaia[c] jamais me impedirá de me orgulhar disso. 11 Por quê? Por que não os amo? Deus sabe quanto os amo!

12 Assim, continuarei a fazer o que sempre tenho feito. Com isso, frustrarei aqueles que procuram uma oportunidade de se orgulhar de realizar um trabalho como o nosso. 13 Esses indivíduos são falsos apóstolos, obreiros enganosos disfarçados de apóstolos de Cristo. 14 Mas não me surpreendo. Até mesmo Satanás se disfarça de anjo de luz. 15 Portanto, não é de admirar que seus servos também finjam ser servos da justiça. No fim, receberão o castigo que suas obras merecem.

AS MUITAS PROVAÇÕES DE PAULO

16 Volto a dizer: não pensem que sou insensato, mas, se o fizerem, aceitem-me como insensato, para que eu também me orgulhe um pouco. 17 Não expresso esse meu

Deus é especialista em guardar tesouros em vasos de barro para que a excelência não seja do vaso, e sim do conteúdo.

[a] **10.17** Jr 9.24.
[b] **11.2** Em grego, *virgem*.
[c] **11.10** A *Acaia* era a região sul da península grega.

orgulho como algo que vem do Senhor, mas como um insensato o faria. 18 Uma vez que outros se orgulham de suas realizações humanas, farei o mesmo. 19 Afinal, vocês se consideram sábios, mas suportam de boa vontade os insensatos. 20 Aceitam que outros os escravizem, devorem seus bens, se aproveitem de vocês, os menosprezem e lhes batam no rosto. 21 Envergonho-me de dizer que fomos "fracos" demais para agir desse modo!

Em qualquer coisa que eles se atrevem a se orgulhar (mais uma vez falo como insensato), eu também me atrevo. 22 Eles são hebreus? Eu também sou. São israelitas? Eu também sou. São descendentes de Abraão? Eu também sou. 23 São servos de Cristo? Sei que dou a impressão de estar louco, mas digo que tenho servido muito mais. Trabalhei com mais dedicação, fui encarcerado com mais frequência, perdi a conta de quantas vezes fui açoitado e, em várias ocasiões, enfrentei a morte. 24 Cinco vezes recebi dos líderes judeus os trinta e nove açoites. 25 Três vezes fui golpeado com varas. Fui apedrejado uma vez. Três vezes sofri naufrágio. Certa ocasião, passei uma noite e um dia no mar, à deriva. 26 Realizei várias jornadas longas. Enfrentei perigos em rios e com assaltantes. Enfrentei perigos de meu próprio povo, bem como dos gentios. Enfrentei perigos em cidades, em desertos e no mar. E enfrentei perigos por causa de homens que se diziam irmãos, mas não eram. 27 Tenho trabalhado arduamente, horas a fio, e passei muitas noites sem dormir. Passei fome e senti sede, e muitas vezes fiquei em jejum. Tremi de frio por não ter roupa suficiente para me agasalhar.

28 Além disso tudo, sobre mim pesa diariamente a preocupação com todas as igrejas. 29 Quem está fraco, que eu também não sinta fraqueza? Quem se deixa levar pelo caminho errado, que a indignação não me consuma?

30 Portanto, se devo me orgulhar, prefiro que seja das coisas que mostram como sou fraco. 31 Deus, o Pai de nosso Senhor Jesus, que é digno de louvor eterno, sabe que não estou mentindo. 32 Quando estava em Damasco, o governador sob o rei Aretas pôs guardas às portas da cidade para me capturar. 33 Para escapar dele, tive de ser baixado num cesto grande, de uma janela no muro da cidade.

A VISÃO DE PAULO E O ESPINHO NA CARNE

12 É necessário prosseguir com meus motivos de orgulho. Mesmo que isso não me sirva de nada, vou lhes falar agora das visões e revelações que recebi do Senhor.

2 Conheço um homem em Cristo que, há catorze anos, foi arrebatado ao terceiro céu. Se foi no corpo ou fora do corpo, não sei; só Deus o sabe. 3 Sim, somente Deus sabe se foi no corpo ou fora do corpo. Mas eu sei 4 que tal homem foi arrebatado ao paraíso e ouviu coisas tão maravilhosas que não podem ser expressas em palavras, coisas que a nenhum homem é permitido relatar.

5 Da experiência desse homem eu teria razão de me orgulhar, mas não o farei; na verdade, minhas fraquezas são minha única razão de orgulho. 6 Se quisesse me orgulhar, não seria insensato de fazê-lo, pois estaria dizendo a verdade. Mas não o farei, pois não quero que ninguém me dê crédito além do que pode ver em minha vida ou ouvir em minha mensagem, 7 ainda que eu tenha recebido revelações tão maravilhosas. Portanto, para evitar que eu me tornasse arrogante, foi-me dado um espinho na carne, um mensageiro de Satanás para me atormentar e impedir qualquer arrogância.

8 Em três ocasiões, supliquei ao Senhor que o removesse, 9 mas ele disse: "Minha graça é tudo de que você precisa. Meu poder opera melhor na fraqueza". Portanto, agora fico feliz de me orgulhar de minhas fraquezas, para que o poder de Cristo opere por meu intermédio. 10 Por isso aceito com prazer fraquezas e insultos, privações, perseguições e aflições que sofro por Cristo. Pois, quando sou fraco, então é que sou forte.

A PREOCUPAÇÃO DE PAULO COM OS CORÍNTIOS

11 Vocês me obrigaram a agir como insensato. Vocês é que deveriam me elogiar, pois, embora eu nada seja, não sou inferior

a esses "superapóstolos". 12 Quando estive
com vocês, certamente dei provas de que
sou apóstolo, pois com grande paciência
realizei sinais, maravilhas e milagres entre
vocês. 13 A única coisa que não fiz, e que faço
nas outras igrejas, foi me tornar um peso
para vocês. Perdoem-me por essa injustiça!

14 Agora irei visitá-los pela terceira vez e
não serei um peso para vocês. Não quero
seus bens; quero vocês. Afinal, os filhos não
ajuntam riquezas para os pais. Ao contrá-
rio, são os pais que ajuntam riquezas para
os filhos. 15 Por vocês, de boa vontade me
desgastarei e gastarei tudo que tenho,
embora pareça que, quanto mais eu os ame,
menos vocês me amam.

16 Talvez reconheçam que não fui um
peso para vocês, mas pensem que, mesmo
assim, fui astuto e usei de artimanhas para
tirar proveito de vocês. 17 Mas como? Algum
dos homens que lhes enviei se aprovei-
tou de vocês? 18 Quando insisti com Tito
para que fosse visitá-los e enviei com ele
outro irmão, por acaso Tito os explorou?
Não temos nós o mesmo espírito e anda-
mos nos passos um do outro, agindo do
mesmo modo?

19 Talvez vocês pensem que estamos apre-
sentando desculpas. Não é verdade. Dize-
mos tais coisas como servos de Cristo, tendo
Deus como testemunha. Tudo que fazemos,
amados, é para fortalecê-los. 20 Pois temo
que, ao visitá-los, não goste daquilo que
encontrarei e vocês não gostem de minha
reação. Temo que encontre brigas, inveja,
ira, egoísmo, calúnia, intrigas, arrogância
e desordem. 21 Sim, temo que, ao visitá-los
outra vez, Deus me humilhe diante de vocês
e eu venha a me entristecer porque muitos
de vocês não abandonaram os pecados que
cometiam no passado e não se arrepende-
ram de sua impureza, sua imoralidade
sexual e seu anseio por prazeres sensuais.

CONSELHOS FINAIS DE PAULO

13 Esta é a terceira vez que irei visitá-
-los. "Os fatos a respeito de cada
caso devem ser confirmados pelo depoi-
mento de duas ou três testemunhas."[a]
2 Em minha segunda visita, já adverti
aqueles que estavam em pecado. Agora,
como naquela ocasião, volto a adverti-los e
também os demais de que, da próxima vez,
não os pouparei.

3 Eu lhes darei todas as provas que dese-
jarem de que Cristo fala por meu intermé-
dio. Ele não é fraco ao tratar com vocês.
Ao contrário, é poderoso entre vocês.
4 Embora ele tenha sido crucificado em
fraqueza, agora vive pelo poder de Deus.
Nós também somos fracos, como Cristo foi,
mas, quando tratarmos com vocês, esta-
remos vivos com ele e teremos o poder
de Deus.

5 Examinem a si mesmos. Verifiquem se
estão praticando o que afirmam crer. Assim,
poderão ser aprovados. Certamente sabem
que Jesus Cristo está entre vocês;[b] do contrá-
rio, já foram reprovados. 6 Minha expecta-
tiva é que, uma vez que se examinarem,
reconheçam que não fomos reprovados.

7 Oramos a Deus para que vocês não façam
o que é mau, não para que pareça que fomos
aprovados em nosso serviço, mas para que
façam o que é certo, mesmo que pareça que
fomos reprovados ao repreendê-los. 8 Pois
não podemos resistir à verdade, mas deve-
mos sempre defendê-la. 9 Ficamos alegres
quando estamos fracos, se isso ajudar a
mostrar que, na realidade, vocês estão
fortes. Oramos para que sejam restaurados.

10 Escrevo-lhes essas coisas antes de visi-
tá-los, na esperança de que, ao chegar, não
precise tratá-los severamente. Meu desejo é
usar a autoridade que o Senhor me deu para
fortalecê-los, e não para destruí-los.

SAUDAÇÕES FINAIS DE PAULO

11 Irmãos, encerro minha carta com estas
últimas palavras: Alegrem-se. Cresçam
até alcançar a maturidade. Encorajem-
-se mutuamente. Vivam em harmonia
e paz. Então o Deus de amor e paz estará
com vocês.

12 Saúdem uns aos outros com beijo santo.
13 Todo o povo santo lhes envia saudações.
14[c] Que a graça do Senhor Jesus Cristo, o
amor de Deus e a comunhão do Espírito
Santo sejam com todos vocês.

[a] **13.1** Dt 19.15.

[b] **13.5** Ou *em vocês*.

[c] **13.14** Em algumas traduções, o versículo 13 faz parte do 12. Nesse caso, o versículo 14 se torna o 13.

Cartas de Paulo

Gálatas

Livro 48 com 6 CAPÍTULOS

AUTORIA

O apóstolo Paulo (Gl 1.1,11-12).

ÉPOCA DA ESCRITA

Entre 48 e 55 d.C., provavelmente após a primeira viagem missionária de Paulo e antes do Concílio de Jerusalém (At 15).

A LIBERDADE EM CRISTO

OBJETIVO DO LIVRO

Combater falsos ensinamentos dos judaizantes, que insistiam em que os gentios deveriam seguir as leis judaicas para serem salvos. Paulo reafirma que a salvação é pela graça, por meio da fé em Jesus Cristo, não pelas obras da Lei (Gl 2.16; 5.1).

SIGNIFICADO DO TÍTULO

"Gálatas" refere-se aos habitantes da região da Galácia, na Ásia Menor (moderna Turquia), para quem a carta foi destinada (Gl 1.2).

TEMAS DO LIVRO

A teologia central de Gálatas é a justificação pela fé (Gl 2.16), destacando que a salvação é um dom gratuito de Deus, não baseada em obras humanas (Gl 5.1; 3.11). Paulo enfatiza a liberdade cristã, afirmando que os crentes não estão mais sob a escravidão da Lei, mas são chamados a viver pelo Espírito (Gl 5.1,16-18).

A carta também destaca a igualdade de todos os cristãos em Cristo, a despeito de suas origens étnicas ou sociais (Gl 3.28).

ESTRUTURA DO LIVRO

- ★ Introdução e saudação Gl 1.1-10
- ★ Defesa do evangelho de Paulo Gl 1.11—2
- ★ A doutrina da justificação pela fé Gl 3—4
- ★ A vida cristã na liberdade Gl 5—6.10
- ★ Conclusão e bênção Gl 6.11-18

GÁLATAS E CRISTO

Paulo apresenta Cristo como o Redentor que liberta os cristãos da maldição da Lei (Gl 3.13). Ele é o centro da fé e o meio pelo qual os crentes recebem o Espírito Santo e a promessa de Abraão (Gl 3.14). A carta também enfatiza que a verdadeira identidade dos cristãos está em Cristo, não em ritos ou tradições religiosas (Gl 2.20).

CURIOSIDADES

Gálatas é possivelmente a primeira carta escrita por Paulo. Estudiosos sugerem que pode ser o primeiro livro cronologicamente escrito do Novo Testamento.

Paulo faz uma rara menção a escrever de próprio punho parte da carta (Gl 6.11). Isso pode indicar que ele ditava o texto da epístola a alguém, mas quis assegurar que os gálatas soubessem da autenticidade e gravidade dessa carta.

É um dos escritos mais emocionalmente intensos de Paulo. Expressa profunda frustração e até indignação pelo fato de os gálatas terem se afastado tão rapidamente do evangelho da graça (Gl 1.6-9).

SAUDAÇÕES DE PAULO

1 Eu, Paulo, apóstolo, nomeado não por
um grupo de pessoas, nem por alguma
autoridade humana, mas pelo próprio
Jesus Cristo e por Deus, o Pai, que ressusci-
tou Jesus dos mortos, 2 escrevo esta carta,
com todos os irmãos que estão comigo, às
igrejas da Galácia.
3 Que Deus, o Pai, e nosso Senhor Jesus
Cristo[a] lhes deem graça e paz. 4 Jesus entre-
gou sua vida por nossos pecados, a fim de
nos resgatar deste mundo mau, conforme
Deus, nosso Pai, havia planejado. 5 Toda a
glória a Deus para todo o sempre! Amém.

UMA SÓ MENSAGEM DE BOAS-NOVAS

6 Admiro-me que vocês estejam se afas-
tando tão depressa daquele que os
chamou para si por meio da graça de
Cristo. Vocês estão seguindo um caminho
diferente que se faz passar pelas boas-
-novas, 7 mas que não são boas-novas de
maneira nenhuma. Estão sendo perturba-
dos por aqueles que distorcem deliberada-
mente as boas-novas de Cristo.
8 Que seja amaldiçoado qualquer um,
incluindo nós, ou mesmo um anjo do céu,
que anunciar boas-novas diferentes das
que nós lhes anunciamos. 9 Repito o que
disse antes: se alguém anunciar boas-no-
vas diferentes das que vocês receberam,
que seja amaldiçoado.
10 Acaso estou tentando conquistar
a aprovação das pessoas? Ou será que
procuro a aprovação de Deus? Se meu
objetivo fosse agradar as pessoas, não
seria servo de Cristo.

A MENSAGEM DE PAULO VEM DE CRISTO

11 Irmãos, quero que vocês entendam que
a mensagem das boas-novas por mim
anunciada não provém do raciocínio
humano. 12 Não a recebi de fonte humana,
e ninguém a ensinou a mim. Ao contrário,
eu a recebi por revelação de Jesus Cristo.[b]
13 Vocês sabem como eu era quando
seguia a religião judaica, como perseguia
com violência a igreja de Deus. Não media
esforços para destruí-la. 14 Superava a
muitos dos judeus de minha geração,
sendo extremamente zeloso pelas tradi-
ções de meus antepassados.
15 Contudo, ainda antes de eu nascer,
Deus me escolheu e me chamou por sua
graça. Foi do agrado dele 16 revelar seu
Filho a mim,[c] para que eu o anunciasse
aos gentios.
Quando isso aconteceu, não consultei
ser humano algum.[d] 17 Tampouco subi a
Jerusalém para pedir o conselho daqueles
que eram apóstolos antes de mim. Em vez
disso, fui à Arábia e depois voltei à cidade
de Damasco.
18 Então, passados três anos, fui a Jeru-
salém para conhecer Pedro,[e] com quem
permaneci quinze dias. 19 O único outro
apóstolo que vi naquela ocasião foi Tiago,
irmão do Senhor. 20 Afirmo diante de Deus
que o que lhes escrevo não é mentira.
21 Depois disso, fui às províncias da Síria
e da Cilícia. 22 As igrejas em Cristo que
estão na Judeia ainda não me conheciam
pessoalmente. 23 Sabiam apenas o que as
pessoas diziam: "Aquele que nos perse-
guia agora anuncia a mesma fé que antes
tentava destruir". 24 E louvavam a Deus por
minha causa.

OS APÓSTOLOS ACEITAM PAULO

2 Catorze anos depois, voltei a Jerusa-
lém, dessa vez com Barnabé, e Tito
também nos acompanhou. 2 Fui para lá
por causa de uma revelação. Reuni-me em
particular com os líderes e compartilhei
com eles as boas-novas que tenho anun-
ciado aos gentios. Queria me certificar de
que estávamos de acordo, pois temia que
meus esforços, anteriores e presentes,
fossem considerados inúteis. 3 Mas eles
me apoiaram e nem sequer exigiram que
Tito, que me acompanhava, fosse circunci-
dado, embora fosse gentio.[f]
4 Essa questão foi levantada apenas por
causa de alguns falsos irmãos que se infil-
traram em nosso meio para nos espionar e

[a] **1.3** Alguns manuscritos trazem *Deus, nosso Pai, e o Senhor Jesus Cristo.*
[b] **1.12** Ou *pela revelação acerca de Jesus Cristo.*
[c] **1.16a** Ou *em mim.*
[d] **1.16b** Em grego, *não consultei carne nem sangue.*
[e] **1.18** Em grego, *Cefas.*
[f] **2.3** Em grego, *fosse grego.*

nos tirar a liberdade que temos em Cristo Jesus. Sua intenção era nos escravizar, [5] mas não cedemos a eles nem por um momento, a fim de preservar a verdade das boas-novas para vocês.

[6] Quanto aos líderes — cuja reputação, a propósito, não fez diferença alguma para mim, pois Deus não age com favoritismo —, nada tiveram a acrescentar àquilo que eu pregava. [7] Ao contrário, viram que me havia sido confiada a responsabilidade de anunciar as boas-novas aos gentios,[a] assim como a Pedro tinha sido confiada a responsabilidade de anunciar as boas-novas aos judeus.[b] [8] Pois o mesmo Deus que atuou por meio de Pedro como apóstolo aos judeus[c] também atuou por meu intermédio como apóstolo aos gentios.

[9] De fato, Tiago, Pedro[d] e João, tidos como colunas, reconheceram a graça que me foi dada e aceitaram Barnabé e a mim como seus colaboradores. Eles nos incentivaram a dar continuidade à pregação aos gentios, enquanto eles prosseguiriam no trabalho com os judeus.[e] [10] Sua única sugestão foi que continuássemos a ajudar os pobres, o que sempre fiz com dedicação.

PAULO CONFRONTA PEDRO

[11] Mas, quando Pedro veio a Antioquia, tive de opor-me a ele abertamente, pois o que ele fez foi muito errado. [12] No começo, quando chegou, ele comia com os gentios. Mais tarde, porém, quando vieram alguns amigos de Tiago, começou a se afastar, com medo daqueles que insistiam na necessidade de circuncisão. [13] Como resultado, outros judeus imitaram a hipocrisia de Pedro, e até mesmo Barnabé se deixou levar por ela.

[14] Quando vi que não estavam seguindo a verdade das boas-novas, disse a Pedro diante de todos: "Se você, que é judeu de nascimento, vive como gentio, e não como judeu, por que agora obriga esses gentios a viverem como judeus? [15] Você e eu somos judeus de nascimento, e não pecadores, como os judeus consideram os gentios. [16] E, no entanto, sabemos que uma pessoa é declarada justa diante de Deus pela fé em Jesus Cristo, e não pela obediência à lei. E cremos em Cristo Jesus, para que fôssemos declarados justos pela fé em Cristo, e não porque obedecemos à lei. Pois ninguém é declarado justo diante de Deus pela obediência à lei".[f]

[17] Mas, se a busca da justiça por meio de Cristo nos torna culpados de abandonar a lei, isso torna Cristo responsável por nosso pecado? De maneira nenhuma! [18] Se, pois, reconstruo o antigo sistema da lei que já destruí, então faço de mim mesmo transgressor da lei. [19] Pois, quando procurei viver por meio da lei, ela me condenou. Portanto, morri para a lei a fim de viver para Deus. [20] Fui crucificado com Cristo; assim, já não sou eu quem vive, mas Cristo vive em mim. Portanto, vivo neste corpo terreno pela fé no Filho de Deus, que me amou e se entregou por mim. [21] Não considero a graça de Deus algo sem sentido. Pois, se a obediência à lei nos tornasse justos diante de Deus, não haveria necessidade alguma de Cristo morrer.

A LEI E A FÉ EM CRISTO

3 Ó gálatas insensatos! Quem os enfeitiçou? Jesus Cristo não lhes foi explicado tão claramente como se tivessem visto com os próprios olhos a morte dele na cruz? [2] Deixem-me perguntar apenas uma coisa: vocês receberam o Espírito porque obedeceram à lei ou porque creram na mensagem que ouviram? [3] Será que perderam o juízo? Tendo começado no Espírito, por que agora procuram tornar-se perfeitos por seus próprios esforços? [4] Será que foi à toa que passaram por tantos sofrimentos? É claro que não foi à toa!

[5] Volto a perguntar: acaso aquele que lhes deu o Espírito e realizou milagres entre vocês agiu assim porque vocês obedeceram à lei ou porque creram na mensagem que ouviram?

[6] Da mesma forma, "Abraão creu em Deus, e assim foi considerado justo".[g]

[a] **2.7a** Em grego, *o evangelho da incircuncisão.*
[b] **2.7b** Em grego, *o evangelho da circuncisão.*
[c] **2.8** Em grego, *apóstolo dos circuncidados.*
[d] **2.9a** Em grego, *Cefas*; também em 2.11,14
[e] **2.9b** Em grego, *com os circuncidados.*

[f] **2.16** Alguns tradutores afirmam que a citação se restringe ao versículo 14, outros, que se estende até o 16, e outros ainda, até o 21.
[g] **3.6** Gn 15.6.

Você, mulher, é amada por Deus. É filha do Altíssimo.

7 Logo, os verdadeiros filhos de Abraão são aqueles que creem.

8 As Escrituras previram esse tempo em que Deus declararia os gentios justos por meio da fé. Ele anunciou essas boas-novas a Abraão há muito tempo, quando disse: "Todas as nações da terra serão abençoadas por seu intermédio".[a] 9 Portanto, todos os que creem participam da mesma bênção que Abraão recebeu por crer.

10 Contudo, os que confiam na lei para serem declarados justos estão sob maldição, pois as Escrituras dizem: "Maldito quem não se mantiver obediente a tudo que está escrito no Livro da Lei".[b] 11 É evidente, portanto, que ninguém pode ser declarado justo diante de Deus pela lei. Pois as Escrituras dizem: "O justo viverá pela fé".[c] 12 A lei, porém, não é baseada na fé, pois diz: "Quem obedece à lei viverá por ela".[d]

13 Mas Cristo nos resgatou da maldição pronunciada pela lei tomando sobre si a maldição por nossas ofensas. Pois as Escrituras dizem: "Maldito todo aquele que é pendurado num madeiro".[e] 14 Por meio de Cristo Jesus, os gentios foram abençoados com a mesma bênção de Abraão, para que recebêssemos, pela fé, o Espírito prometido.

A LEI E A PROMESSA DE DEUS

15 Irmãos, apresento-lhes um exemplo da vida diária. Ninguém pode anular ou fazer acréscimos a uma aliança irrevogável. 16 Pois bem, Deus fez a promessa a Abraão e a seu descendente.[f] Observem que as Escrituras não dizem "a seus descendentes",[g] como se fosse uma referência a muitos, mas sim "a seu descendente", isto é, Cristo. 17 É isto que quero dizer: a lei, que veio 430 anos depois, não pode anular a aliança que Deus estabeleceu com Abraão, pois nesse caso a promessa seria quebrada. 18 Portanto, se a herança pudesse ser recebida pela obediência à lei, ela não viria pela aceitação da promessa. No entanto, Deus, em sua bondade, a concedeu a Abraão como promessa.

19 Qual era, então, o propósito da lei? Ela foi acrescentada à promessa para mostrar às pessoas seus pecados. Mas a lei deveria durar apenas até a vinda do descendente prometido. Por meio de anjos, a lei foi entregue a um mediador. 20 O mediador, porém, só é necessário quando dois ou mais precisam chegar a um acordo, e Deus é um só.

21 Existe, portanto, algum conflito entre a lei e as promessas de Deus?[h] De maneira nenhuma! Se a lei fosse capaz de nos conceder nova vida, seríamos declarados justos pela obediência a ela. 22 Mas as Escrituras afirmam que somos todos prisioneiros do pecado, de modo que nós, os que cremos, recebemos a promessa de libertação apenas pela fé em Jesus Cristo.

FILHOS DE DEUS PELA FÉ

23 Antes que o caminho da fé se tornasse disponível, fomos colocados sob a custódia da lei e mantidos sob a sua guarda, até que essa fé fosse revelada.

24 Em outras palavras, a lei foi nosso guardião até a vinda de Cristo; ela nos protegeu até que, por meio da fé, pudéssemos ser declarados justos. 25 Agora que veio o caminho da fé, não precisamos mais da lei como guardião.

26 Pois todos vocês são filhos de Deus por meio da fé em Cristo Jesus. 27 Todos que foram unidos com Cristo no batismo se revestiram de Cristo. 28 Não há mais judeu nem gentio,[i] escravo nem livre, homem nem mulher,[j] pois todos vocês são um em Cristo Jesus. 29 E agora que pertencem a Cristo, são verdadeiros filhos[k] de Abraão, herdeiros dele segundo a promessa de Deus.

4 Portanto, pensem da seguinte forma: enquanto não atingir a idade adequada, o herdeiro não está numa posição muito melhor que a de um escravo, apesar de

[a] **3.8** Gn 12.3; 18.18; 22.18.
[b] **3.10** Dt 27.26.
[c] **3.11** Hc 2.4.
[d] **3.12** Lv 18.5.
[e] **3.13** Dt 21.23, conforme a Septuaginta.
[f] **3.16a** Em grego, *a sua semente*; também em 3.16c,19. Ver notas em Gn 12.7 e 13.15.
[g] **3.16b** Em grego, *a suas sementes.*
[h] **3.21** Alguns manuscritos trazem *e as promessas?*
[i] **3.28a** Em grego, *nem grego.*
[j] **3.28b** Em grego, *macho nem fêmea.*
[k] **3.29** Em grego, *verdadeira semente.*

ser dono de todos os bens. 2 Deve obedecer a seus tutores e administradores até a idade determinada por seu pai. 3 O mesmo acontecia conosco. Éramos como crianças; éramos escravos dos princípios básicos deste mundo.

4 Mas, quando chegou o tempo certo, Deus enviou seu Filho, nascido de uma mulher e sob a lei. 5 Assim o fez para resgatar a nós que estávamos sob a lei, a fim de nos adotar como seus filhos. 6 E, porque nós somos[a] seus filhos, Deus enviou ao nosso coração o Espírito de seu Filho, e por meio dele clamamos: "*Aba*,[b] Pai". 7 Agora você já não é escravo, mas filho de Deus. E, uma vez que é filho, Deus o tornou herdeiro dele.

A PREOCUPAÇÃO DE PAULO COM OS GÁLATAS

8 Antes de conhecerem a Deus, vocês eram escravos de supostos deuses que, na verdade, nem existem. 9 Agora que conhecem a Deus, ou melhor, agora que Deus os conhece, por que desejam voltar atrás e tornar-se novamente escravos dos frágeis e inúteis princípios básicos deste mundo? 10 Vocês insistem em guardar certos dias, meses, estações ou anos. 11 Temo por vocês. Talvez meu árduo trabalho em seu favor tenha sido inútil.

12 Irmãos, peço-lhes que sejam como eu, pois eu também sou como vocês. E vocês não me trataram mal 13 e certamente se lembram de que eu estava doente quando lhes anunciei as boas-novas pela primeira vez. 14 Embora minha saúde precária fosse uma tentação para me rejeitarem, vocês não me desprezaram nem me mandaram embora. Ao contrário, acolheram-me e cuidaram de mim como se eu fosse um anjo de Deus, ou mesmo o próprio Cristo Jesus. 15 Que aconteceu com a alegria que vocês demonstraram naquela ocasião? Estou certo de que, se fosse possível, teriam arrancado os próprios olhos e os teriam dado a mim. 16 Acaso me tornei inimigo de vocês porque lhes digo a verdade?

17 Esses falsos mestres estão extremamente ansiosos para agradá-los, mas suas intenções não são boas. Querem afastá-los de mim para que dependam deles. 18 Se alguém deseja agradá-los, muito bem; mas que o faça sempre, e não só quando estou com vocês.

19 Ó meus filhos queridos, sinto como se estivesse passando outra vez pelas dores de parto por sua causa, e elas continuarão até que Cristo seja plenamente desenvolvido em vocês. 20 Gostaria de poder estar aí com vocês para lhes falar em outro tom. Mas, distante como estou, não sei o que mais fazer para ajudá-los.

OS DOIS FILHOS DE ABRAÃO

21 Digam-me, vocês que desejam viver debaixo da lei: acaso sabem o que a lei diz de fato? 22 De acordo com as Escrituras, Abraão teve dois filhos, um nascido de uma escrava e outro de sua esposa, que era livre.[c] 23 O filho da escrava nasceu segundo a vontade humana; o filho da mulher livre nasceu segundo a promessa.

24 Essas duas mulheres ilustram duas alianças. A primeira, Hagar, representa o monte Sinai, onde o povo recebeu a lei que o escravizou. 25 E Hagar, que é o monte Sinai, na Arábia, representa a Jerusalém de agora,[d] pois ela e seus filhos vivem sob a escravidão da lei. 26 A segunda, Sara, representa a Jerusalém celestial. Ela é a mulher livre, e é nossa mãe. 27 Como dizem as Escrituras:

"Alegre-se, mulher sem filhos,
você que nunca deu à luz!
Grite de alegria,
você que nunca esteve em
trabalho de parto!
Pois a abandonada agora
tem mais filhos
que a mulher que vive com o marido".[e]

28 E vocês, irmãos, são filhos da promessa, como Isaque. 29 Ismael, o filho nascido da vontade humana, perseguiu Isaque, o filho nascido do poder do Espírito, e o mesmo ocorre agora.

[a] **4.6a** Em grego, *vocês são*.
[b] **4.6b** Termo aramaico para "pai".
[c] **4.22** Ver Gn 16.15; 21.2-3.
[d] **4.25** Alguns manuscritos trazem *E o monte Sinai, na Arábia, agora é como Jerusalém*.
[e] **4.27** Is 54.1.

30 Mas o que dizem as Escrituras sobre isso? "Livre-se da escrava e do filho dela, pois o filho da escrava não será herdeiro junto com o filho da mulher livre."[a] 31 Portanto, irmãos, não somos filhos da escrava; somos filhos da mulher livre.

LIBERDADE EM CRISTO

5 Portanto, permaneçam firmes nessa liberdade, pois Cristo verdadeiramente nos libertou. Não se submetam novamente à escravidão da lei.

2 Prestem atenção! Eu, Paulo, lhes digo: se vocês se deixarem ser circuncidados, Cristo de nada lhes servirá. 3 Volto a dizer: todo aquele que se deixa ser circuncidado deve obedecer a toda a lei. 4 Pois, se vocês procuram tornar-se justos diante de Deus pelo cumprimento da lei, foram separados de Cristo e caíram para longe da graça.

5 Mas nós que vivemos pelo Espírito esperamos ansiosamente receber pela fé a justiça que Deus nos prometeu. 6 Pois, em Cristo Jesus, não há benefício algum em ser ou não circuncidado. O que importa é a fé que se expressa pelo amor.

7 Vocês estavam indo bem na corrida; quem os impediu de seguir a verdade? 8 Certamente não foi Deus quem os levou a pensar assim, pois ele os chamou para serem livres. 9 Um pouco de fermento se espalha por toda a massa. 10 Confio que o Senhor os guardará de crer em falsos ensinamentos. Aquele que os perturbar, seja ele quem for, será julgado.

11 Irmãos, se eu ainda prego que vocês devem ser circuncidados, como dizem alguns, por que continuo a ser perseguido? Se eu não pregasse a salvação exclusivamente por meio da cruz, ninguém se ofenderia. 12 Esses sujeitos que os perturbam deveriam castrar a si mesmos!

13 Porque vocês, irmãos, foram chamados para viver em liberdade. Não a usem, porém, para satisfazer sua natureza humana. Ao contrário, usem-na para servir uns aos outros em amor. 14 Pois toda a lei pode ser resumida neste único mandamento: "Ame o seu próximo como a si mesmo".[b] 15 Mas, se vocês estão sempre mordendo e devorando uns aos outros, tenham cuidado, pois correm o risco de se destruírem.

A VIDA PELO ESPÍRITO

16 Por isso digo: deixem que o Espírito guie sua vida. Assim, não satisfarão os anseios de sua natureza humana. 17 A natureza humana deseja fazer exatamente o oposto do que o Espírito quer, e o Espírito nos impele na direção contrária àquela desejada pela natureza humana. Essas duas forças se confrontam o tempo todo, de modo que vocês não têm liberdade de pôr em prática o que intentam fazer. 18 Quando, porém, são guiados pelo Espírito, não estão debaixo da lei.

19 Quando seguem os desejos da natureza humana, os resultados são extremamente claros: imoralidade sexual, impureza, sensualidade, 20 idolatria, feitiçaria, hostilidade, discórdias, ciúmes, acessos de raiva, ambições egoístas, dissensões, divisões, 21 inveja, bebedeiras, festanças desregradas e outros pecados semelhantes. Repito o que disse antes: quem pratica essas coisas não herdará o reino de Deus.

22 Mas o Espírito produz este fruto: amor, alegria, paz, paciência, amabilidade, bondade, fidelidade, 23 mansidão e domínio próprio. Não há lei contra essas coisas!

24 Aqueles que pertencem a Cristo Jesus crucificaram as paixões e os desejos de sua natureza humana. 25 Uma vez que vivemos pelo Espírito, sigamos a direção do Espírito em todas as áreas de nossa vida. 26 Não nos tornemos orgulhosos, provocando e invejando uns aos outros.

COLHEMOS AQUILO QUE SEMEAMOS

6 Irmãos, se alguém for vencido por algum pecado, vocês que são guiados pelo Espírito devem, com mansidão, ajudá-lo a voltar ao caminho certo. E cada um cuide para não ser tentado. 2 Ajudem a levar os fardos uns dos outros e obedeçam, desse modo, à lei de Cristo. 3 Se vocês se consideram importantes demais para ajudar os outros, estão apenas enganando a si mesmos.

4 Cada um preste muita atenção em seu trabalho, pois então terá a satisfação

[a] **4.30** Gn 21.10.
[b] **5.14** Lv 19.18.

de havê-lo feito bem e não precisará se
comparar com os outros. 5 Porque cada um
de nós é responsável pela própria conduta.

6 Aqueles que recebem o ensino da pala-
vra devem repartir com seus mestres todas
as coisas boas.

7 Não se deixem enganar: ninguém pode
zombar de Deus. A pessoa sempre colhe-
rá aquilo que semear. 8 Quem vive apenas
para satisfazer sua natureza humana
colherá dessa natureza ruína e morte. Mas
quem vive para agradar o Espírito colherá
do Espírito a vida eterna. 9 Portanto, não
nos cansemos de fazer o bem. No momen-
to certo, teremos uma colheita de bênçãos,
se não desistirmos. 10 Por isso, sempre
que tivermos oportunidade, façamos o
bem a todos, especialmente aos da famí-
lia da fé.

CONSELHOS FINAIS DE PAULO

11 Vejam com que letras grandes lhes es-
crevo, de próprio punho, estas palavras
finais!

12 Aqueles que procuram obrigá-los a
se circuncidarem desejam causar boa
impressão para outros, a fim de não se-
rem perseguidos por ensinar que somente
a cruz de Cristo pode salvar. 13 E nem mes-
mo aqueles que defendem a circuncisão
cumprem toda a lei. Querem que vocês
sejam circuncidados só para que eles se
gloriem disso.

14 Quanto a mim, que eu jamais me glo-
rie em qualquer coisa, a não ser na cruz
de nosso Senhor Jesus Cristo. Por causa
dessa cruz[a] meu interesse neste mundo
foi crucificado, e o interesse do mundo
em mim também morreu. 15 Não impor-
ta se fomos circuncidados ou não. O que
importa é que fomos transformados em
nova criação. 16 Que a paz e a misericórdia
de Deus estejam sobre todos os que vivem
de acordo com esse princípio e sobre o Is-
rael[b] de Deus.

17 De agora em diante, que ninguém me
perturbe com essas coisas, pois levo em
meu corpo cicatrizes que mostram que
pertenço a Jesus.

18 Irmãos, que a graça de nosso Senhor
Jesus Cristo esteja com o espírito de vocês.
Amém.

[a] **6.14** Ou *Por causa dele.*
[b] **6.16** Ou *isto é, o Israel.*

Cartas de Paulo

Efésios

Livro 49 com

6

CAPÍTULOS

A IGREJA, O CORPO DE CRISTO

AUTORIA

O apóstolo Paulo (Ef 1.1).

SIGNIFICADO DO TÍTULO

Refere-se aos cristãos da cidade de Éfeso, uma das principais da Ásia Menor e um centro de cultura e comércio.

ÉPOCA DA ESCRITA

Por volta de 60-62 d.C., durante a primeira prisão de Paulo em Roma.

OBJETIVO DO LIVRO

Fortalecer e encorajar os cristãos de Éfeso, destacando a unidade e a identidade da Igreja como Corpo de Cristo (Ef 1.22-23). Ele também instrui sobre a conduta cristã, tanto individualmente quanto em comunidade (Ef 4.1-3).

ESTRUTURA DO LIVRO

- ★ Bênçãos espirituais em Cristo Ef 1
- ★ A salvação pela graça Ef 2
- ★ O mistério da Igreja revelado Ef 3
- ★ A unidade e a nova vida em Cristo Ef 4—5.20
- ★ Relações domésticas e batalha espiritual Ef 5.21—6.20
- ★ Conclusão e saudação Ef 6.21-24

CURIOSIDADES

É possivelmente uma carta circular, destinada a várias igrejas, pois não tem saudações pessoais.
Seu estilo literário é sofisticado, com vocabulário único e estrutura poética, incluindo doxologias profundas e possivelmente hinos primitivos (Ef 1.3-14).

TEMAS DO LIVRO

Efésios enfatiza a soberania de Deus na salvação (Ef 1.3-14), a unidade da Igreja como Corpo de Cristo (Ef 4.4-6) e a nova vida em Cristo (Ef 4.22-24). Paulo descreve a Igreja como um edifício espiritual, um corpo e uma noiva, destacando a unidade e diversidade dos cristãos (Ef 2.19-22; 4.12-13). A epístola também enfatiza a vida transformada pelo Espírito, destacando a importância da santidade e do amor na vida cristã (Ef 5.1-2).

EFÉSIOS E CRISTO

Cristo é central em Efésios como a cabeça da Igreja, que é seu corpo (Ef 1.22-23). A carta enfatiza que a salvação e a reconciliação são realizadas por meio de Jesus (Ef 2.13-16). Paulo também destaca o amor sacrificial de Cristo pela Igreja, que serve como modelo para todas as relações (Ef 5.25-27).

SAUDAÇÕES DE PAULO

1 Eu, Paulo, apóstolo de Cristo Jesus pela
vontade de Deus, escrevo esta carta ao
povo santo em Éfeso,[a] seguidores fiéis de
Cristo Jesus.
2 Que Deus, nosso Pai, e o Senhor Jesus
Cristo lhes deem graça e paz.

BÊNÇÃOS ESPIRITUAIS

3 Todo louvor seja a Deus, o Pai de nosso
Senhor Jesus Cristo, que nos abençoou
em Cristo com todas as bênçãos espiri-
tuais nos domínios celestiais. 4 Mesmo
antes de criar o mundo, Deus nos amou
e nos escolheu em Cristo para sermos
santos e sem culpa diante dele. 5 Ele nos
predestinou para si, para nos adotar como
filhos por meio de Jesus Cristo, conforme
o bom propósito de sua vontade. 6 Deus
assim o fez para o louvor de sua graça
gloriosa, que ele derramou sobre nós
em seu Filho amado.[b] 7 Ele é tão rico em
graça que comprou nossa liberdade com
o sangue de seu Filho e perdoou nossos
pecados. 8 Generosamente, derramou sua
graça sobre nós e, com ela, toda sabedoria
e todo entendimento.
9 Agora Deus nos revelou sua vontade
secreta a respeito de Cristo, isto é, o
cumprimento de seu bom propósito. 10 E o
plano é este: no devido tempo, ele reunirá
sob a autoridade de Cristo tudo que existe
nos céus e na terra. 11 Além disso, em
Cristo nós nos tornamos herdeiros de
Deus,[c] pois ele nos predestinou conforme
seu plano e faz que tudo ocorra de acordo
com sua vontade.
12 O propósito de Deus era que nós, os
primeiros a confiar em Cristo, louvásse-
mos a Deus e lhe déssemos glória. 13 Agora
vocês também ouviram a verdade, as
boas-novas da salvação. E, quando creram
em Cristo, ele colocou sobre vocês o selo
do Espírito Santo que havia prometido.
14 O Espírito é a garantia de nossa herança,
até o dia em que Deus nos resgatará
como sua propriedade, para o louvor de
sua glória.

PAULO PEDE SABEDORIA ESPIRITUAL

15 Desde que eu soube de sua fé no Senhor
Jesus e de seu amor pelo povo santo em
toda parte, 16 não deixo de agradecer a
Deus por vocês. Em minhas orações, 17 peço
que Deus, o Pai glorioso de nosso Senhor
Jesus Cristo, lhes dê sabedoria espiritual[d] e
entendimento para que cresçam no conhe-
cimento dele. 18 Oro para que seu coração
seja iluminado, a fim de que compreen-
dam a esperança concedida àqueles que
ele chamou e a rica e gloriosa herança que
ele deu a seu povo santo.[e]
19 Também oro para que entendam a
grandeza insuperável do poder de Deus
para conosco, os que cremos. É o mesmo
poder grandioso 20 que ressuscitou Cristo
dos mortos e o fez sentar-se no lugar de
honra, à direita de Deus, nos domínios
celestiais. 21 Agora ele está muito acima de
qualquer governante, autoridade, poder,
líder ou qualquer outro nome não apenas
neste mundo, mas também no futuro.
22 Deus submeteu todas as coisas à autori-
dade de Cristo e o fez cabeça de tudo, para
o bem da igreja. 23 E a igreja é seu corpo; ela
é preenchida e completada por Cristo, que
enche consigo mesmo todas as coisas em
toda parte.

NOVA VIDA COM CRISTO

2 Vocês estavam mortos por causa de sua
desobediência e de seus muitos peca-
dos, 2 nos quais costumavam viver, como
o resto do mundo, obedecendo ao coman-
dante dos poderes do mundo invisível.[f] Ele
é o espírito que opera no coração dos que se
recusam a obedecer. 3 Todos nós vivíamos
desse modo, seguindo os desejos ardentes
e as inclinações de nossa natureza humana.
Éramos, por natureza, merecedores da ira,
como os demais.
4 Mas Deus é tão rico em misericórdia e
nos amou tanto 5 que, embora estivésse-
mos mortos por causa de nossos pecados,
ele nos deu vida juntamente com Cristo.
É pela graça que vocês são salvos! 6 Pois ele

[a] **1.1** A maioria dos manuscritos mais antigos não traz *em Éfeso.*
[b] **1.6** Em grego, *sobre nós no amado.*
[c] **1.11** Ou *nos tornamos herança de Deus.*
[d] **1.17** Ou *lhes dê o Espírito de sabedoria.*
[e] **1.18** Ou *chamou, ao seu povo santo, sua rica e gloriosa herança.*
[f] **2.2** Em grego, *obedecendo ao comandante do poder do ar.*

nos ressuscitou com Cristo e nos fez sentar com ele nos domínios celestiais, porque agora estamos em Cristo Jesus. 7 Portanto, nas eras futuras, Deus poderá apontar-nos como exemplos da riqueza insuperável de sua graça, revelada na bondade que ele demonstrou por nós em Cristo Jesus.

8 Vocês são salvos pela graça, por meio da fé. Isso não vem de vocês; é uma dádiva de Deus. 9 Não é uma recompensa pela prática de boas obras, para que ninguém venha a se orgulhar. 10 Pois somos obra-prima de Deus, criados em Cristo Jesus a fim de realizar as boas obras que ele de antemão planejou para nós.

UNIÃO E PAZ EM CRISTO

11 Não esqueçam que vocês, gentios, eram chamados de "incircuncidados" pelos judeus que se orgulhavam da circuncisão, embora ela fosse apenas um ritual exterior e humano. 12 Naquele tempo, vocês viviam afastados de Cristo. Não tinham os privilégios do povo de Israel e não conheciam as promessas da aliança. Viviam no mundo sem Deus e sem esperança. 13 Agora, porém, estão em Cristo Jesus. Antigamente, estavam distantes de Deus, mas agora foram trazidos para perto dele por meio do sangue de Cristo.

14 Porque Cristo é nossa paz. Ele uniu judeus e gentios em um só povo ao derrubar o muro de inimizade que nos separava. 15 Ele acabou com o sistema da lei, com seus mandamentos e ordenanças, promovendo a paz ao criar para si, desses dois grupos, uma nova humanidade. 16 Assim, ele os reconciliou com Deus em um só corpo por meio de sua morte na cruz, eliminando a inimizade que havia entre eles.

17 Ele trouxe essas boas-novas de paz tanto a vocês que estavam distantes dele como aos que estavam perto. 18 Agora, por causa do que Cristo fez, todos temos acesso ao Pai pelo mesmo Espírito.

UM TEMPLO PARA O SENHOR

19 Portanto, vocês já não são estranhos e forasteiros, mas concidadãos do povo santo e membros da família de Deus. 20 Juntos, somos sua casa, edificados sobre os alicerces dos apóstolos e dos profetas. E a pedra angular é o próprio Cristo Jesus. 21 Nele somos firmemente unidos, constituindo um templo santo para o Senhor. 22 Por meio dele, vocês também estão sendo edificados como parte dessa habitação, onde Deus vive por seu Espírito.

O PLANO DE DEUS É REVELADO

3 Quando penso em tudo isso, eu, Paulo, prisioneiro de Cristo Jesus para o bem de vocês, gentios...[a] 2 Tomando por certo, a propósito, que vocês sabem que Deus me deu essa responsabilidade especial de estender sua graça a vocês. 3 Como lhes escrevi anteriormente em poucas palavras, o próprio Deus revelou esse segredo a mim. 4 Ao lerem o que escrevi, entenderão minha compreensão desse segredo a respeito de Cristo, 5 que não foi revelado às gerações anteriores, mas agora foi revelado, pelo Espírito, aos santos apóstolos e profetas.

6 E este é o segredo revelado: tanto os gentios como os judeus que creem nas boas-novas participam igualmente das riquezas herdadas pelos filhos de Deus. Ambos são membros do mesmo corpo e desfrutam a promessa em Cristo Jesus. 7 Pela graça e pelo grande poder de Deus, recebi o privilégio de servir anunciando essas boas-novas.

8 Ainda que eu seja o menos digno de todo o povo santo, recebi, pela graça, o privilégio de falar aos gentios sobre os tesouros infindáveis que estão disponíveis a eles em Cristo 9 e de explicar a todos esse segredo que Deus, o Criador de todas as coisas, manteve oculto desde o princípio.

10 O plano de Deus era mostrar a todos os governantes e autoridades nos domínios celestiais, por meio da igreja, as muitas formas da sabedoria divina. 11 Esse era seu propósito eterno, que ele realizou por meio de Cristo Jesus, nosso Senhor.

12 Por meio da fé em Cristo, agora nós, com ousadia e confiança, temos acesso à presença de Deus. 13 Portanto, peço-lhes que não desanimem por causa de minhas provações. É por vocês que sofro; a honra é de vocês.

[a] **3.1** Paulo retoma essa argumentação no versículo 14: "Quando penso em tudo isso, caio de joelhos e oro ao Pai...".

PAULO PEDE CRESCIMENTO ESPIRITUAL

14 Quando penso em tudo isso, caio de
joelhos e oro ao Pai,[a] 15 o Criador de todas
as coisas nos céus e na terra.[b] 16 Peço que,
da riqueza de sua glória, ele os fortaleça
com poder interior por meio de seu Espí-
rito. 17 Então Cristo habitará em seu cora-
ção à medida que vocês confiarem nele.
Suas raízes se aprofundarão em amor
e os manterão fortes. 18 Também peço
que, como convém a todo o povo santo,
vocês possam compreender a largura, o
comprimento, a altura e a profundidade
do amor de Cristo. 19 Que vocês experi-
mentem esse amor, ainda que seja grande
demais para ser inteiramente compreen-
dido. Então vocês serão preenchidos com
toda a plenitude de vida e poder que vêm
de Deus.

20 Toda a glória seja a Deus que, por seu
grandioso poder que atua em nós, é capaz
de realizar infinitamente mais do que pode-
ríamos pedir ou imaginar. 21 A ele seja a
glória na igreja e em Cristo Jesus por todas
as gerações, para todo o sempre! Amém.

UNIDADE NO CORPO

4 Portanto, como prisioneiro no Senhor,
suplico-lhes que vivam de modo
digno do chamado que receberam. 2 Sejam
sempre humildes e amáveis, tolerando
pacientemente uns aos outros em amor.
3 Façam todo o possível para se manterem
unidos no Espírito, ligados pelo vínculo da
paz. 4 Pois há um só corpo e um só Espírito,
assim como vocês foram chamados para
uma só esperança.

> 5 Há um só Senhor, uma só
> fé, um só batismo,
> 6 um só Deus e Pai de tudo,
> o qual está sobre todos, em todos,
> e vive por meio de todos.

7 A cada um de nós, porém, ele concedeu
uma dádiva,[c] por meio da generosidade de
Cristo. 8 Por isso as Escrituras dizem:

> "Quando ele subiu às alturas,
> levou muitos prisioneiros
> e concedeu dádivas ao povo".[d]

9 Notem que diz que "ele subiu". Por certo,
isso significa que Cristo também desceu
ao mundo inferior.[e] 10 E aquele que desceu
é o mesmo que subiu acima de todos os
céus, a fim de encher consigo mesmo todas
as coisas.

11 Ele designou alguns para apóstolos,
outros para profetas, outros para evan-
gelistas, outros para pastores e mestres.
12 Eles são responsáveis por preparar o
povo santo para realizar sua obra e edificar
o corpo de Cristo, 13 até que todos alcance-
mos a unidade que a fé e o conhecimento
do Filho de Deus produzem e amadureça-
mos, chegando à completa medida da esta-
tura de Cristo.

14 Então não seremos mais imaturos como
crianças, nem levados de um lado para
outro, empurrados por qualquer vento de
novos ensinamentos, e também não sere-
mos influenciados quando nos tentarem
enganar com mentiras astutas. 15 Em vez
disso, falaremos a verdade em amor, tornan-
do-nos, em todos os aspectos, cada vez mais
parecidos com Cristo, que é a cabeça. 16 Ele
faz que todo o corpo se encaixe perfeita-
mente. E cada parte, ao cumprir sua função
específica, ajuda as demais a crescer, para
que todo o corpo se desenvolva e seja
saudável em amor.

VIVER COMO FILHOS DA LUZ

17 Assim, eu lhes digo com a autoridade do
Senhor: não vivam mais como os gentios,
levados por pensamentos vazios e inúteis.
18 A mente deles está mergulhada na escuri-
dão. Andam sem rumo, alienados da vida
que Deus dá, pois são ignorantes e endu-
receram o coração para ele. 19 Tornaram-se
insensíveis, vivem em função dos prazeres
sensuais e praticam avidamente toda espé-
cie de impureza.

20 Mas não foi isso que vocês aprenderam
de Cristo. 21 Uma vez que ouviram falar de
Jesus e foram ensinados sobre a verdade

---

[a] **3.14** Alguns manuscritos acrescentam *de nosso Senhor Jesus Cristo.*
[b] **3.15** Ou *de quem todas as famílias nos céus e na terra recebem o nome.*
[c] **4.7** Em grego, *uma graça.*
[d] **4.8** Sl 68.18.
[e] **4.9** Alguns manuscritos trazem *às partes inferiores da terra.*

que vem dele, 22 livrem-se de sua antiga natureza e de seu velho modo de viver, corrompido pelos desejos impuros e pelo engano. 23 Deixem que o Espírito renove seus pensamentos e atitudes 24 e revistam-se de sua nova natureza, criada para ser verdadeiramente justa e santa como Deus.

25 Portanto, abandonem a mentira e digam a verdade a seu próximo, pois somos todos parte do mesmo corpo. 26 E "não pequem ao permitir que a ira os controle".[a] Acalmem a ira antes que o sol se ponha, 27 pois ela cria oportunidades para o diabo.

28 Quem é ladrão, pare de roubar. Em vez disso, use as mãos para trabalhar com empenho e honestidade e, assim, ajudar generosamente os necessitados. 29 Evitem o linguajar sujo e insultante. Que todas as suas palavras sejam boas e úteis, a fim de dar ânimo[b] àqueles que as ouvirem.

30 Não entristeçam o Espírito Santo de Deus, o selo que ele colocou sobre vocês para o dia em que nos resgatará como sua propriedade.

31 Livrem-se de toda amargura, raiva, ira, das palavras ásperas e da calúnia, e de todo tipo de maldade. 32 Em vez disso, sejam bondosos e tenham compaixão uns dos outros, perdoando-se como Deus os perdoou em Cristo.

> Por meio da adoção divina, eu e você também recebemos um novo nome, que está ligado à nossa identidade. Um deles é "Filha Amada".

VIVER NA LUZ

5 Portanto, como filhos amados de Deus, imitem-no em tudo que fizerem. 2 Vivam em amor, seguindo o exemplo de Cristo, que nos amou[c] e se entregou por nós como oferta e sacrifício de aroma agradável a Deus.

3 Que não haja entre vocês imoralidade sexual, impureza ou ganância. Esses pecados não têm lugar no meio do povo santo. 4 As histórias obscenas, as conversas tolas e as piadas vulgares não são para vocês. Em vez disso, sejam agradecidos a Deus. 5 Podem estar certos de que nenhum imoral, impuro ou ganancioso, que é idólatra, herdará o reino de Cristo e de Deus.

6 Não se deixem enganar por palavras vazias, pois a ira de Deus virá sobre os que lhe desobedecerem. 7 Não participem do que essas pessoas fazem. 8 Pois antigamente vocês estavam mergulhados na escuridão, mas agora têm a luz no Senhor. Vivam, portanto, como filhos da luz! 9 Pois o fruto da luz produz apenas o que é bom, justo e verdadeiro.

10 Procurem descobrir o que agrada ao Senhor. 11 Não participem dos feitos inúteis do mal e da escuridão; antes, mostrem sua reprovação expondo-os à luz. 12 É vergonhoso até mesmo falar daquilo que os maus fazem em segredo. 13 Suas más intenções, porém, ficarão evidentes quando a luz brilhar sobre elas, 14 pois a luz torna visíveis todas as coisas. Por isso se diz:

"Desperte, você que dorme,
levante-se dentre os mortos,
e Cristo o iluminará".

VIVER PELO PODER DO ESPÍRITO

15 Portanto, sejam cuidadosos em seu modo de vida. Não vivam como insensatos, mas como sábios. 16 Aproveitem ao máximo todas as oportunidades nestes dias maus. 17 Não ajam de forma impensada, mas procurem entender a vontade do Senhor. 18 Não se embriaguem com vinho, pois ele os levará ao descontrole.[d] Em vez disso, sejam cheios do Espírito, 19 cantando salmos, hinos e cânticos espirituais entre si e louvando o Senhor de coração com música. 20 Por tudo deem graças a Deus, o Pai, em nome de nosso Senhor Jesus Cristo.

MARIDOS E ESPOSAS

21 Sujeitem-se uns aos outros por temor a Cristo.

22 Esposas, sujeite-se cada uma a seu marido, como ao Senhor. 23 Pois o marido é o cabeça da esposa, como Cristo é o cabeça da igreja. Ele é o Salvador de seu corpo, a igreja. 24 Assim como a igreja se sujeita a Cristo, também vocês, esposas, devem se sujeitar em tudo a seu marido.

25 Maridos, ame cada um a sua esposa, como Cristo amou a igreja. Ele entregou a vida por ela, 26 a fim de torná-la santa, purificando-a ao lavá-la com água por meio da

[a] **4.26** Sl 4.4.
[b] **4.29** Em grego, *dar graça.*
[c] **5.2** Alguns manuscritos trazem *os amou.*
[d] **5.18** Ou *à dissolução.*

palavra. 27 Assim o fez para apresentá-la a si
mesmo como igreja gloriosa, sem mancha,
ruga ou qualquer outro defeito, mas santa
e sem culpa. 28 Da mesma forma, os mari-
dos devem amar cada um a sua esposa,
como amam o próprio corpo, pois o homem
que ama sua esposa na verdade ama a si
mesmo. 29 Ninguém odeia o próprio corpo,
mas o alimenta e cuida dele, como Cristo
cuida da igreja. 30 E nós somos membros de
seu corpo.

31 "Por isso o homem deixa pai e mãe e se
une à sua mulher, e os dois se tornam um
só."[a] 32 Esse é um grande mistério, mas ilus-
tra a união entre Cristo e a igreja. 33 Portanto,
volto a dizer: cada homem deve amar a
esposa como ama a si mesmo, e a esposa
deve respeitar o marido.

FILHOS E PAIS

6 Filhos, obedeçam a seus pais no Senhor,
porque isso é o certo a fazer. 2 "Honre seu
pai e sua mãe." Esse é o primeiro manda-
mento com promessa. 3 Se honrar pai e mãe,
"tudo lhe irá bem e terá vida longa na terra".[b]

4 Pais, não tratem seus filhos de modo a
irritá-los; antes, eduquem-nos com a disci-
plina e a instrução que vêm do Senhor.

ESCRAVOS E SENHORES

5 Escravos, obedeçam a seus senhores
terrenos com respeito e temor. Sirvam
com sinceridade, como serviriam a Cristo.
6 Procurem agradá-los sempre, e não apenas
quando eles estiverem observando. Como
escravos de Cristo, façam a vontade de
Deus de todo o coração. 7 Trabalhem com
entusiasmo, como se servissem ao Senhor,
e não a homens. 8 Lembrem-se de que o
Senhor recompensará cada um de nós pelo
bem que fizermos, quer sejamos escravos,
quer livres.

9 Senhores, assim também tratem seus
escravos. Não os ameacem; lembrem-se de
que vocês e eles têm o mesmo Senhor no
céu, e ele não age com favoritismo.

A ARMADURA COMPLETA DE DEUS

10 Uma palavra final: Sejam fortes no
Senhor e em seu grande poder. 11 Vistam
toda a armadura de Deus, para que possam
permanecer firmes contra as estratégias do
diabo. 12 Pois nós não lutamos[c] contra inimi-
gos de carne e sangue, mas contra gover-
nantes e autoridades do mundo invisível,
contra grandes poderes neste mundo de
trevas e contra espíritos malignos nas esfe-
ras celestiais.

13 Portanto, vistam toda a armadura de
Deus, para que possam resistir ao inimigo
no tempo do mal. Então, depois da batalha,
vocês continuarão de pé e firmes. 14 Assim,
mantenham sua posição, colocando o cinto
da verdade e a couraça da justiça. 15 Como
calçados, usem a paz das boas-novas,
para que estejam inteiramente prepara-
dos.[d] 16 Em todas as situações, levantem o
escudo da fé, para deter as flechas de fogo
do maligno. 17 Usem a salvação como capa-
cete e empunhem a espada do Espírito, que
é a palavra de Deus.

18 Orem no Espírito em todos os momen-
tos e ocasiões. Permaneçam atentos e sejam
persistentes em suas orações por todo o
povo santo.

19 E orem também por mim. Peçam que
Deus me conceda as palavras certas, para
que eu possa explicar corajosamente
o segredo revelado pelas boas-novas.[e]
20 Agora estou preso em correntes, mas
continuo a anunciar essa mensagem como
embaixador de Deus. Portanto, orem para
que eu siga falando corajosamente em
nome dele, como é meu dever.

SAUDAÇÕES FINAIS

21 Tíquico lhes dará um relatório completo
do que tenho feito e de como tenho passado.
Ele é um irmão amado e um colaborador fiel
na obra do Senhor. 22 Eu o enviei a vocês
com esse propósito, para que saibam como
estamos e para animá-los.

23 A paz seja com vocês, irmãos, e que
Deus, o Pai, e o Senhor Jesus Cristo lhes
deem amor e fidelidade. 24 Que a graça de
Deus esteja eternamente sobre todos que
amam nosso Senhor Jesus Cristo.

---

[a] **5.31** Gn 2.24.

[b] **6.2-3** Ver Êx 20.12; Dt 5.16.

[c] **6.12** Alguns manuscritos trazem *vocês não lutam*.

[d] **6.15** Ou *usem a prontidão para pregar as boas-novas de paz*.

[e] **6.19** Em grego, *explicar o mistério do evangelho*; alguns manuscritos trazem apenas *explicar o mistério*.

Cartas de Paulo

Filipenses

Livro 50 com

4

CAPÍTULOS

A ALEGRIA EM CRISTO

AUTORIA

Apóstolo Paulo, com a possível colaboração de Timóteo (Fp 1.1), durante sua prisão em Roma, por volta de 61 d.C. (Fp 1.7,13,17).

SIGNIFICADO DO TÍTULO

"Filipenses" se refere aos habitantes da cidade de Filipos, então pertencente ao Império Romano, na Grécia, onde Paulo estabeleceu uma igreja durante sua segunda viagem missionária (At 16.12-40).

OBJETIVO DO LIVRO

Agradecer o apoio financeiro que os filipenses enviaram a Paulo (Fp 4.10-18), encorajar a unidade e a humildade entre os cristãos (Fp 2.1-4) e exortá-los a se alegrar no Senhor em toda e qualquer circunstância (Fp 4.4).

ESTRUTURA DO LIVRO

- ★ Agradecimento e oração Fp 1.1-11
- ★ A situação de Paulo e a pregação Fp 1.12-30
- ★ Exortação a unidade e humildade Fp 2.1-18
- ★ Timóteo e Epafrodito Fp 2.19-30
- ★ Advertências contra falsos ensinos e testemunho de Paulo Fp 3
- ★ Exortações e agradecimentos Fp 4

TEMAS DE FILIPENSES

Filipenses se concentra na alegria em Cristo, na unidade na Igreja e na humildade como expressão do Evangelho. Paulo destaca a supremacia de Jesus e a importância de conhecê-lo em todas as circunstâncias (Fp 3.8-10). Ele também enfatiza a participação no sofrimento de Cristo como um caminho para a ressurreição e a glória futura (Fp 3.10-11).

FILIPENSES E CRISTO

Cristo é o centro de Filipenses. Paulo apresenta Jesus como o exemplo supremo de humildade e obediência (Fp 2.5-11) e como a fonte de alegria e força para os cristãos (Fp 4.13). A carta aponta para a esperança futura na ressurreição e na glória eterna com Cristo (Fp 3.20-21).

CURIOSIDADES

A carta aos Filipenses é conhecida como a "epístola da alegria" por causa das referências de Paulo ao regozijo, apesar de sua prisão (Fp 1.4,18; 2.2,17-18; 3.1; 4.4).

Filipenses 2.5-11 é considerado um dos hinos cristológicos mais antigos, pois exalta a humilhação e exaltação de Cristo.

SAUDAÇÕES DE PAULO

1 Paulo e Timóteo, escravos de Cristo Jesus, escrevemos a todo o povo santo em Cristo Jesus que está em Filipos, incluindo os bispos[a] e diáconos.[b]

2 Que Deus, nosso Pai, e o Senhor Jesus Cristo lhes deem graça e paz.

AÇÃO DE GRAÇAS E ORAÇÃO DE PAULO

3 Todas as vezes que penso em vocês, dou graças a meu Deus. 4 Sempre que oro, peço por todos vocês com alegria, 5 pois são meus cooperadores na propagação das boas-novas, desde o primeiro dia até agora. 6 Tenho certeza de que aquele que começou a boa obra em vocês irá completá-la até o dia em que Cristo Jesus voltar.

7 É apropriado que eu me sinta assim a respeito de vocês, pois os tenho em meu coração. Vocês têm participado comigo da graça, tanto em minha prisão como na defesa e confirmação das boas-novas. 8 Deus sabe do meu amor por vocês e da saudade que tenho de todos, com a mesma compaixão de Cristo Jesus.

9 Oro para que o amor de vocês transborde cada vez mais e que continuem a crescer em conhecimento e discernimento. 10 Quero que compreendam o que é verdadeiramente importante, para que vivam de modo puro e sem culpa até o dia em que Cristo voltar. 11 Que vocês sejam sempre cheios do fruto da justiça, que vem por meio de Jesus Cristo, para a glória e o louvor de Deus.

A ALEGRIA DE PAULO POR CRISTO SER ANUNCIADO

12 Quero que saibam, irmãos, que tudo que me aconteceu tem ajudado a propagar as boas-novas. 13 Pois todos aqui, incluindo toda a guarda do palácio,[c] sabem que estou preso por causa de Cristo. 14 E, por causa de minha prisão, a maioria dos irmãos daqui se tornou mais confiante no Senhor e anuncia a mensagem de Deus[d] com determinação e sem temor.

15 É verdade que alguns anunciam a Cristo por inveja e rivalidade, mas outros o fazem de boa vontade. 16 Estes pregam por amor, pois sabem que fui designado para defender as boas-novas. 17 Aqueles, no entanto, anunciam a Cristo por ambição egoísta, não com sinceridade, mas com o objetivo de aumentar meu sofrimento enquanto estou preso. 18 Mas nada disso importa. Sejam as motivações deles falsas, sejam verdadeiras, a mensagem a respeito de Cristo está sendo anunciada, e isso me alegra. E continuarei a me alegrar, 19 pois sei que, com suas orações e o auxílio do Espírito de Jesus Cristo, isso resultará em minha libertação.

A VIDA DE PAULO É DEDICADA A CRISTO

20 Minha grande expectativa e esperança é que eu jamais seja envergonhado, mas que continue a trabalhar corajosamente, como sempre fiz, de modo que Cristo seja honrado por meu intermédio, quer eu viva, quer eu morra. 21 Pois, para mim, o viver é Cristo, e o morrer é lucro. 22 Mas, se continuar vivo, posso trabalhar e produzir fruto para Cristo. Na verdade, não sei o que escolher. 23 Estou dividido entre os dois desejos: quero partir e estar com Cristo, o que me seria muitíssimo melhor. 24 Contudo, por causa de vocês, é mais importante que eu continue a viver.

25 Ciente disso, estou certo de que continuarei vivo para ajudar todos vocês a crescer na fé e experimentar a alegria que ela traz. 26 E, quando eu voltar, terão ainda mais motivos para se orgulhar em Cristo Jesus pelo que ele tem feito por meu intermédio.

UMA VIDA DIGNA DAS BOAS-NOVAS

27 O mais importante é que vocês vivam em sua comunidade de maneira digna das boas-novas de Cristo. Então, quando eu for vê-los novamente, ou mesmo quando ouvir a seu respeito, saberei que estão firmes e unidos em um só espírito e em um só propósito, lutando juntos pela fé que é proclamada nas boas-novas. 28 Não se deixem intimidar por aqueles que se

---

[a] **1.1a** Ou *supervisores.*
[b] **1.1b** Ou *servidores.*
[c] **1.13** Em grego, *todo o Pretório.*
[d] **1.14** Alguns manuscritos não trazem *de Deus.*

opõem a vocês. Isso é um sinal de Deus
de que eles serão destruídos, e vocês serão
salvos. 29 Pois vocês receberam o privilégio
não apenas de crer em Cristo, mas também
de sofrer por ele. 30 Estamos juntos nesta
luta. Vocês viram as dificuldades que
enfrentei no passado e sabem que elas
ainda não terminaram.

TENHAM A ATITUDE DE CRISTO

2 Há alguma motivação por estar em
Cristo? Há alguma consolação que
vem do amor? Há alguma comunhão no
Espírito? Há alguma compaixão e afeição?
2 Então completem minha alegria concor-
dando sinceramente uns com os outros,
amando-se mutuamente e trabalhando
juntos com a mesma forma de pensar e
um só propósito.
3 Não sejam egoístas, nem tentem
impressionar ninguém. Sejam humildes
e considerem os outros mais importan-
tes que vocês. 4 Não procurem apenas os
próprios interesses, mas preocupem-se
também com os interesses alheios.
5 Tenham a mesma atitude demonstrada
por Cristo Jesus.

6 Embora sendo Deus,[a]
não considerou que ser igual a Deus
fosse algo a que devesse se apegar.
7 Em vez disso, esvaziou a si mesmo;
assumiu a posição de escravo[b]
e nasceu como ser humano.
Quando veio em forma humana,[c]
8 humilhou-se e foi obediente
até a morte, e morte de cruz.

9 Por isso Deus o elevou ao
lugar de mais alta honra
e lhe deu o nome que está
acima de todos os nomes,
10 para que, ao nome de Jesus,
todo joelho se dobre,
nos céus, na terra e debaixo da terra,
11 e toda língua declare que
Jesus Cristo é Senhor,
para a glória de Deus, o Pai.

[a] **2.6** Ou *Existindo em forma de Deus.*
[b] **2.7a** Ou *assumiu a forma de escravo.*
[c] **2.7b** Algumas traduções colocam essa frase no versículo 8.

BRILHEM INTENSAMENTE POR CRISTO

12 Quando eu estava aí, meus amados,
vocês sempre seguiam minhas instru-
ções. Agora que estou longe, é ainda mais
importante que o façam. Trabalhem com
afinco a sua salvação, obedecendo a Deus
com reverência e temor. 13 Pois Deus está
agindo em vocês, dando-lhes o desejo
e o poder de realizarem aquilo que é do
agrado dele.
14 Façam tudo sem queixas nem discus-
sões, 15 de modo que ninguém possa
acusá-los. Levem uma vida pura e inculpá-
vel como filhos de Deus, brilhando como
luzes resplandecentes num mundo
cheio de gente corrompida e perversa.
16 Apeguem-se firmemente à mensagem
da vida. Então, no dia em que Cristo voltar,
me orgulharei de saber que não parti-
cipei da corrida em vão e que não traba-
lhei inutilmente. 17 Contudo, me alegrarei
mesmo se perder a vida, entregando-a a
Deus como oferta derramada, da mesma
forma que o serviço fiel de vocês é uma
oferta a Deus. E quero que todos vocês
participem dessa alegria. 18 Sim, alegrem-
-se, e eu me alegrarei com vocês.

PAULO ELOGIA TIMÓTEO

19 Se for da vontade do Senhor Jesus, es-
pero enviar-lhes Timóteo em breve para
visitá-los. Assim ele poderá me animar,
contando-me notícias de vocês. 20 Não
tenho ninguém que se preocupe since-
ramente com o bem-estar de vocês como
Timóteo. 21 Todos os outros se preocupam
apenas consigo mesmos, e não com o que
é importante para Jesus Cristo. 22 Mas vo-
cês sabem que Timóteo provou seu va-
lor. Como um filho junto ao pai, ele tem
servido ao meu lado na proclamação das
boas-novas. 23 Espero enviá-lo assim que
souber o que me acontecerá aqui. 24 E te-
nho confiança no Senhor de que, em bre-
ve, eu mesmo irei vê-los.

PAULO ELOGIA EPAFRODITO

25 Enquanto isso, penso que devo enviar-
-lhes de volta Epafrodito. Ele é um verda-
deiro irmão, colaborador e companheiro
de lutas, que também foi mensageiro de

vocês para me ajudar em minha necessidade. 26 Ele deseja muito vê-los e está angustiado porque vocês souberam que ele esteve doente. 27 De fato, ficou enfermo e quase morreu. Mas Deus teve misericórdia dele, e também de mim, para que eu não tivesse uma tristeza atrás da outra.

28 Por isso, estou ainda mais ansioso para enviá-lo de volta, pois sei que vocês se alegrarão em vê-lo, e eu não ficarei tão preocupado com vocês. 29 Recebam-no com grande alegria no Senhor e deem-lhe a honra que ele merece, 30 pois arriscou a vida pela obra de Cristo e esteve a ponto de morrer enquanto fazia por mim o que vocês mesmos não podiam fazer.

O VALOR INESTIMÁVEL DE CONHECER A CRISTO

3 Por fim, meus irmãos, alegrem-se no Senhor. Nunca me canso de dizer-lhes estas coisas, e o faço para protegê-los.

2 Cuidado com os cães, aqueles que praticam o mal, os mutiladores que exigem a circuncisão. 3 Pois nós, que adoramos por meio do Espírito de Deus,[a] somos os verdadeiros circuncidados. Alegramo-nos no que Cristo Jesus fez por nós. Não colocamos nenhuma confiança nos esforços humanos, 4 ainda que, se outros pensam ter motivos para confiar nos próprios esforços, eu teria ainda mais!

5 Fui circuncidado com oito dias de vida. Sou israelita de nascimento, da tribo de Benjamim, um verdadeiro hebreu. Era membro dos fariseus, extremamente obediente à lei judaica. 6 Era tão zeloso que persegui a igreja. E, quanto à justiça, cumpria a lei com todo rigor.

7 Pensava que essas coisas eram valiosas, mas agora as considero insignificantes por causa de Cristo. 8 Sim, todas as outras coisas são insignificantes comparadas ao ganho inestimável de conhecer a Cristo Jesus, meu Senhor. Por causa dele, deixei de lado todas as coisas e as considero menos que lixo, a fim de poder ganhar a Cristo 9 e nele ser encontrado. Não conto mais com minha própria justiça, que vem da obediência à lei, mas sim com a justiça que vem pela fé em Cristo, pois é com base na fé que Deus nos declara justos. 10 Quero conhecer a Cristo e experimentar o grande poder que o ressuscitou. Quero sofrer com ele, participando de sua morte, 11 para, de alguma forma, alcançar a ressurreição dos mortos!

PROSSEGUINDO PARA O ALVO

12 Não estou dizendo que já obtive tudo isso, que já alcancei a perfeição. Mas prossigo a fim de conquistar essa perfeição para a qual Cristo Jesus me conquistou. 13 Não, irmãos, não a alcancei,[b] mas concentro todos os meus esforços nisto: esquecendo-me do passado e olhando para o que está adiante, 14 prossigo para o final da corrida, a fim de receber o prêmio celestial para o qual Deus nos chama em Cristo Jesus.

15 Todos nós que alcançamos a maturidade devemos concordar quanto a essas coisas. Se discordam em algum ponto, confio que Deus o esclarecerá para vocês. 16 Contudo, devemos prosseguir de maneira coerente com o que já alcançamos.

17 Irmãos, sejam meus imitadores e aprendam com aqueles que seguem nosso exemplo. 18 Pois, como lhes disse muitas vezes, e o digo novamente com lágrimas nos olhos, há muitos cuja conduta mostra que são, na verdade, inimigos da cruz de Cristo. 19 Estão rumando para a destruição. O deus deles é seu próprio apetite. Vangloriam-se de coisas vergonhosas e pensam apenas na vida terrena. 20 Nossa cidadania, no entanto, vem do céu, e de lá aguardamos ansiosamente a volta do Salvador, o Senhor Jesus Cristo. 21 Ele tomará nosso frágil corpo mortal e o transformará num corpo glorioso como o dele, usando o mesmo poder com o qual submeterá todas as coisas a seu domínio.

4 Portanto, meus amados irmãos, permaneçam firmes no Senhor. Amo vocês e anseio vê-los, pois são minha alegria e minha coroa de recompensa.

[a] **3.3** Alguns manuscritos trazem *adoramos a Deus em espírito*; um manuscrito antigo traz *adoramos em espírito*.

[b] **3.13** Alguns manuscritos trazem *ainda não a alcancei*.

PALAVRAS DE INCENTIVO

2 Agora, suplico a Evódia e a Síntique:
tendo em vista que estão no Senhor,
resolvam seu desentendimento. 3 E peço
a você, meu fiel colaborador,[a] que ajude
essas duas mulheres, pois elas trabalha-
ram arduamente comigo na propagação
das boas-novas, e também com Clemente
e com meus outros colaboradores, cujos
nomes estão escritos no livro da vida.

4 Alegrem-se sempre no Senhor. Repito:
alegrem-se! 5 Que todos vejam que vocês
são amáveis em tudo que fazem. Lem-
brem-se de que o Senhor virá em breve.[b]

6 Não vivam preocupados com coisa
alguma; em vez disso, orem a Deus
pedindo aquilo de que precisam e agrade-
cendo-lhe por tudo que ele já fez. 7 Então
vocês experimentarão a paz de Deus, que
excede todo entendimento e que guardará
seu coração e sua mente em Cristo Jesus.

8 Por fim, irmãos, quero lhes dizer só
mais uma coisa. Concentrem-se em tudo
que é verdadeiro, tudo que é nobre, tudo
que é correto, tudo que é puro, tudo que é
amável e tudo que é admirável. Pensem no
que é excelente e digno de louvor. 9 Conti-
nuem a praticar tudo que aprenderam e
receberam de mim, tudo que ouviram de
mim e me viram fazer. Então o Deus da paz
estará com vocês.

PAULO AGRADECE AS OFERTAS

10 Como eu me alegro no Senhor por vo-
cês terem voltado a se preocupar comigo!
Sei que sempre se preocuparam comigo,
mas não tinham oportunidade de me aju-
dar. 11 Não digo isso por estar necessitado,
pois aprendi a ficar satisfeito com o que te-
nho. 12 Sei viver na necessidade e também
na fartura. Aprendi o segredo de viver em
qualquer situação, de estômago cheio ou
vazio, com pouco ou muito. 13 Posso todas
as coisas por meio de Cristo,[c] que me dá
forças. 14 Mesmo assim, vocês fizeram bem
em me ajudar na dificuldade pela qual es-
tou passando.

15 Como sabem, filipenses, vocês foram
os únicos que me ajudaram financeira-
mente quando lhes anunciei as boas-
-novas pela primeira vez e depois segui
viagem saindo da Macedônia. Nenhuma
outra igreja o fez. 16 Até quando eu estava
em Tessalônica, vocês enviaram ajuda
em mais de uma ocasião. 17 Não digo isso
porque quero receber uma oferta de vocês.
Pelo contrário, desejo que sejam recom-
pensados por sua bondade.

18 No momento, tenho tudo de que
preciso, e mais. Minhas necessidades
foram plenamente supridas pelas contri-
buições que vocês enviaram por Epafro-
dito. Elas são um sacrifício de aroma
suave, uma oferta aceitável e agradável a
Deus. 19 E esse mesmo Deus que cuida de
mim lhes suprirá todas as necessidades
por meio das riquezas gloriosas que nos
foram dadas em Cristo Jesus.

20 Agora, toda a glória seja a Deus, nosso
Pai, para todo o sempre! Amém.

SAUDAÇÕES FINAIS

21 Transmitam minhas saudações a cada
um do povo santo em Cristo Jesus. Os ir-
mãos que estão comigo também mandam
lembranças. 22 Todo o povo santo daqui
lhes envia saudações, especialmente os
que pertencem à casa de César.[d]

23 Que a graça do Senhor Jesus Cristo seja
com o espírito de vocês.[e]

[a] **4.3** Ou *fiel Sízigo*.
[b] **4.5** Em grego, *o Senhor está próximo*.
[c] **4.13** Em grego, *por meio daquele*.
[d] **4.22** Ou *os que trabalham no palácio de César*.
[e] **4.23** Alguns manuscritos acrescentam *Amém*.

Livro 51 com 4 CAPÍTULOS

Colossenses

A SUPREMACIA DE CRISTO

AUTORIA

O apóstolo Paulo, provavelmente com a ajuda de Timóteo (Cl 1.1), durante sua prisão em Roma, aproximadamente em 60-61 d.C. (Cl 4.3,18).

SIGNIFICADO DO TÍTULO

"Colossenses" refere-se aos habitantes de Colossos, cidade na região da Frígia, na Ásia Menor. A igreja em Colossos provavelmente foi fundada por Epafras, um colaborador de Paulo (Cl 1.7-8).

OBJETIVO DO LIVRO

Paulo escreveu aos colossenses para combater heresias que ameaçavam a igreja, incluindo práticas judaizantes e filosofias pagãs (Cl 2.8,16-23).
Ele exalta a supremacia e a suficiência de Cristo em todas as coisas e encoraja os cristãos a viver de acordo com a nova identidade em Cristo (Cl 3.1-17).

TEMAS DE COLOSSENSES

A teologia de Colossenses enfatiza a supremacia e a suficiência de Cristo em todas as áreas da vida (Cl 1.18; 2.9).
A carta também aborda a transformação ética e moral que resulta da união com Cristo (Cl 3.1-17).

COLOSSENSES E CRISTO

Cristo é exaltado como o Criador e Redentor, em quem todas as coisas são reconciliadas (Cl 1.16-20). A carta destaca a obra de Jesus na cruz, que desarmou os governantes e as autoridades espirituais (Cl 2.15), e enfatiza a nova vida dos cristãos, que deve refletir o caráter e o senhorio do Mestre (Cl 3.1-4).

ESTRUTURA DO LIVRO

- ★ Saudações e ação de graças Cl 1.1-14
- ★ A supremacia de Cristo Cl 1.15-23
- ★ O ministério de Paulo Cl 1.24—2.5
- ★ Advertências contra heresias Cl 2.6-23
- ★ Vida cristã prática Cl 3—4.6
- ★ Saudações finais e instruções Cl 4.7-18

SAUDAÇÕES DE PAULO

1 Eu, Paulo, apóstolo de Jesus Cristo pela vontade de Deus, escrevo esta carta, junto com nosso irmão Timóteo, 2 aos irmãos fiéis em Cristo, o povo santo na cidade de Colossos.

Que Deus, nosso Pai, lhes dê graça e paz.

AÇÃO DE GRAÇAS E ORAÇÃO DE PAULO

3 Sempre oramos por vocês e damos graças a Deus, o Pai de nosso Senhor Jesus Cristo, 4 pois temos ouvido falar de sua fé em Cristo Jesus e de seu amor por todo o povo santo, 5 que vêm da esperança confiante naquilo que lhes está reservado no céu. Vocês têm essa expectativa desde que ouviram pela primeira vez a verdade das boas-novas.

6 Agora, as mesmas boas-novas que chegaram até vocês estão se propagando pelo mundo todo. Elas têm crescido e dado frutos em toda parte, como ocorre entre vocês desde o dia em que ouviram e compreenderam a verdade sobre a graça de Deus.

7 Vocês aprenderam as boas-novas por meio de Epafras, nosso amado colaborador. Ele é servo fiel de Cristo e nos tem ajudado em favor de vocês.[a] 8 Ele nos contou do amor que o Espírito lhes tem dado.

9 Por isso, desde que ouvimos falar a seu respeito, não deixamos de orar por vocês. Pedimos a Deus que lhes conceda pleno conhecimento de sua vontade e também sabedoria e entendimento espiritual. 10 Então vocês viverão de modo a sempre honrar e agradar ao Senhor, dando todo tipo de bom fruto e aprendendo a conhecer a Deus cada vez mais.

11 Oramos também para que sejam fortalecidos com o poder glorioso de Deus, a fim de que tenham toda a perseverança e paciência de que necessitam. Que sejam cheios de alegria 12 e sempre deem graças ao Pai. Ele os capacitou para participarem da herança que pertence ao seu povo santo, aqueles que vivem na luz. 13 Ele nos resgatou do poder das trevas e nos trouxe para o reino de seu Filho amado, 14 que comprou nossa liberdade[b] e perdoou nossos pecados.

CRISTO É SUPREMO

15 O Filho é a imagem
do Deus invisível
e é supremo sobre toda a criação.[c]
16 Pois, por meio dele, todas as
coisas foram criadas,
tanto nos céus como na terra,
todas as coisas que podemos ver
e as que não podemos,
como os tronos, reinos, governantes
e as autoridades do mundo invisível.
Tudo foi criado por meio dele
e para ele.
17 Ele existia antes de todas as coisas
e mantém tudo em harmonia.
18 Ele é a cabeça do corpo,
que é a igreja.
Ele é o princípio,
supremo sobre os que
ressuscitam dos mortos;[d]
portanto, ele é primeiro em tudo.
19 Pois foi do agrado do Pai
que toda a plenitude
habitasse no Filho,
20 e, por meio dele, o Pai
reconciliou consigo
todas as coisas.
Por meio do sangue do Filho na cruz,
o Pai fez as pazes com todas as coisas,
tanto nos céus como na terra.

21 Isso inclui vocês, que antes estavam longe de Deus. Eram seus inimigos, dele separados por seus maus pensamentos e ações. 22 Agora, porém, ele os reconciliou consigo por meio da morte do Filho no corpo físico. Como resultado, vocês podem se apresentar diante dele santos, sem culpa e livres de qualquer acusação.

23 É preciso, porém, que continuem a crer nessa verdade e nela permaneçam firmes. Não se afastem da esperança que receberam quando ouviram as boas-novas, que foram anunciadas em todo o mundo e que eu, Paulo, fui designado servo para proclamar.

---

[a] **1.7** Ou *tem ministrado em favor de vocês*; alguns manuscritos trazem *tem ministrado em nosso favor*.

[b] **1.14** Alguns manuscritos acrescentam *com seu sangue*.

[c] **1.15** Ou *é o primogênito de toda a criação*.

[d] **1.18** Ou *o primogênito dentre os mortos*.

O TRABALHO DE PAULO EM FAVOR DA IGREJA

24 Alegro-me quando sofro por vocês em
meu corpo, pois participo dos sofrimentos
de Cristo, que continuam em favor de seu
corpo, a igreja. 25 Deus me deu a respon-
sabilidade de servir seu povo, anuncian-
do-lhes sua mensagem completa. 26 Essa
mensagem foi mantida em segredo por
séculos e gerações, mas agora foi revelada
ao seu povo santo, 27 pois Deus queria que
eles soubessem que as riquezas gloriosas
desse segredo também são para vocês, os
gentios. E o segredo é este: Cristo está em
vocês, o que lhes dá a confiante esperança
de participar de sua glória!

28 Portanto, proclamamos a Cristo, ad-
vertindo a todos e ensinando a cada um
com toda a sabedoria, para apresentá-los
maduros[a] em Cristo. 29 Por isso trabalho e
luto com tanto esforço, na dependência de
seu poder que atua em mim.

2 Quero que saibam quantas lutas tenho
enfrentado por causa de vocês e dos
que estão em Laodiceia, e por muitos que
não me conhecem pessoalmente. 2 Que
eles sejam encorajados e unidos por for-
tes laços de amor e tenham plena certe-
za de que entendem o segredo de Deus,
que é o próprio Cristo. 3 Nele estão es-
condidos todos os tesouros de sabedoria
e conhecimento.

4 Eu lhes digo isso para que ninguém os
engane com argumentos bem elaborados.
5 Pois, embora eu esteja longe, meu cora-
ção está com vocês. E eu me alegro de que
estejam vivendo como devem e de que
sua fé em Cristo seja forte.

LIBERDADE E NOVA VIDA EM CRISTO

6 E agora, assim como aceitaram Cristo
Jesus como Senhor, continuem a segui-lo.
7 Aprofundem nele suas raízes e sobre ele
edifiquem sua vida. Então sua fé se forta-
lecerá na verdade que lhes foi ensinada, e
vocês transbordarão de gratidão.

8 Não permitam que outros os escra-
vizem com filosofias vazias e invenções
enganosas provenientes do raciocínio hu-
mano, com base nos princípios espirituais
deste mundo, e não em Cristo. 9 Pois nele
habita em corpo humano toda a plenitude
de Deus.[b] 10 Portanto, porque estão nele, o
cabeça de todo governante e autoridade,
vocês também estão completos.

11 Em Cristo vocês foram circuncidados,
mas não por uma operação física, e sim
espiritual, na qual foi removido o domínio
de sua natureza humana.[c] 12 No batismo,
vocês foram sepultados com Cristo e, com
ele, foram ressuscitados para a nova vida
por meio da fé no grande poder de Deus,
que ressuscitou Cristo dos mortos.

13 Vocês estavam mortos por causa de
seus pecados e da incircuncisão de sua
natureza humana.[d] Então Deus lhes deu
vida com Cristo, pois perdoou todos os
nossos pecados. 14 Ele cancelou o registro
de acusações contra nós, removendo-o e
pregando-o na cruz. 15 Desse modo, desar-
mou[e] os governantes e as autoridades es-
pirituais e os envergonhou publicamente
ao vencê-los na cruz.

16 Portanto, não deixem que ninguém
os condene pelo que comem ou bebem,
ou por não celebrarem certos dias santos,
as cerimônias da lua nova ou os sábados.
17 Pois essas coisas são apenas sombras
da realidade futura, e o próprio Cristo é
essa realidade. 18 Não aceitem a conde-
nação daqueles que insistem numa hu-
mildade fingida e na adoração de anjos[f]
e que alegam ter visões a respeito dessas
coisas. A mente pecaminosa deles os tor-
nou orgulhosos, 19 e eles não estão ligados
a Cristo, que é a cabeça do corpo. Unido
a ele por meio de suas juntas e seus liga-
mentos, o corpo cresce à medida que é nu-
trido por Deus.

20 Vocês morreram com Cristo, e ele os
libertou dos princípios espirituais deste
mundo. Então por que continuar a seguir
as regras deste mundo, que dizem: 21 "Não
mexa! Não prove! Não toque!"? 22 Essas
regras não passam de ensinamentos

A cura nos habilita a realizarmos o que nunca fomos capazes, e nos possibilita contagiar os demais.

[a] **1.28** Ou *perfeitos.*

[b] **2.9** Ou *nele habita corporalmente toda a plenitude da Divindade.*

[c] **2.11** Em grego, *o corpo da carne.*

[d] **2.13** Em grego, *da incircuncisão de sua carne.*

[e] **2.15** Ou *despojou.*

[f] **2.18** Ou *na adoração com anjos.*

humanos sobre coisas que se deterioram com o uso. 23 Podem até parecer sábias, pois exigem devoção, abnegação e rigorosa disciplina física, mas em nada contribuem para vencer os desejos da natureza pecaminosa.

INSTRUÇÕES PARA A NOVA VIDA

3 Uma vez que vocês ressuscitaram para uma nova vida com Cristo, mantenham os olhos fixos nas realidades do alto, onde Cristo está sentado no lugar de honra, à direita de Deus. 2 Pensem nas coisas do alto, e não nas coisas da terra. 3 Pois vocês morreram para esta vida, e agora sua verdadeira vida está escondida com Cristo em Deus. 4 E quando Cristo, que é sua vida,[a] for revelado ao mundo inteiro, vocês participarão de sua glória.

5 Portanto, façam morrer as coisas pecaminosas e terrenas que estão dentro de vocês. Fiquem longe da imoralidade sexual, da impureza, da paixão sensual, dos desejos maus e da ganância, que é idolatria. 6 É por causa desses pecados que vem a ira de Deus.[b] 7 Vocês costumavam praticá-los quando sua vida ainda fazia parte deste mundo, 8 mas agora é o momento de se livrarem da ira, da raiva, da maldade, da maledicência e da linguagem obscena. 9 Não mintam uns aos outros, pois vocês se despiram de sua antiga natureza e de todas as suas práticas perversas. 10 Revistam-se da nova natureza e sejam renovados à medida que aprendem a conhecer seu Criador e se tornam semelhantes a ele. 11 Nessa nova vida, não importa se você é judeu ou gentio,[c] se é circuncidado ou incircuncidado, se é inculto ou incivilizado,[d] se é escravo ou livre. Cristo é tudo que importa, e ele vive em todos.

12 Visto que Deus os escolheu para ser seu povo santo e amado, revistam-se de compaixão, bondade, humildade, mansidão e paciência. 13 Sejam compreensivos uns com os outros e perdoem quem os ofender. Lembrem-se de que o Senhor os perdoou, de modo que vocês também devem perdoar. 14 Acima de tudo, revistam-se do amor que une todos nós em perfeita harmonia. 15 Permitam que a paz de Cristo governe o seu coração, pois, como membros do mesmo corpo, vocês são chamados a viver em paz. E sejam sempre agradecidos.

16 Que a mensagem a respeito de Cristo, em toda a sua riqueza, preencha a vida de vocês. Ensinem e aconselhem uns aos outros com toda a sabedoria. Cantem a Deus salmos, hinos e cânticos espirituais com o coração agradecido. 17 E tudo que fizerem ou disserem, façam em nome do Senhor Jesus, dando graças a Deus, o Pai, por meio dele.

INSTRUÇÕES PARA AS FAMÍLIAS CRISTÃS

18 Esposas, sujeite-se cada uma a seu marido, como é próprio a quem está no Senhor.

19 Maridos, ame cada um a sua esposa e nunca a trate com aspereza.

20 Filhos, obedeçam sempre a seus pais, pois isso agrada ao Senhor. 21 Pais, não irritem seus filhos, para que eles não desanimem.

22 Escravos, em tudo obedeçam a seus senhores terrenos. Procurem agradá-los sempre, e não apenas quando eles estiverem observando. Sirvam-nos com sinceridade, por causa de seu temor ao Senhor. 23 Em tudo que fizerem, trabalhem de bom ânimo, como se fosse para o Senhor, e não para os homens. 24 Lembrem-se de que o Senhor lhes dará uma herança como recompensa e de que o Senhor a quem servem é Cristo.[e] 25 Mas, se fizerem o mal, receberão de volta o mal, pois Deus não age com favoritismo.

4 Senhores, sejam justos e imparciais com seus escravos. Lembrem-se de que vocês também têm um Senhor no céu.

INCENTIVO À ORAÇÃO

2 Dediquem-se à oração com a mente alerta e o coração agradecido. 3 Orem também por

[a] **3.4** Alguns manuscritos trazem *que é nossa vida.*
[b] **3.6** Alguns manuscritos acrescentam *sobre os que lhe desobedecem.*
[c] **3.11a** Em grego, *grego.*
[d] **3.11b** Em grego, *bárbaro, cita.*
[e] **3.24** Ou *sirvam a Cristo como seu Senhor.*

nós, para que Deus nos dê muitas oportu-
nidades de falar do segredo a respeito de
Cristo. É por esse motivo que sou prisionei-
ro. 4 Orem para que eu proclame essa men-
sagem com a devida clareza.
5 Vivam com sabedoria entre os que são
de fora e aproveitem bem todas as opor-
tunidades. 6 Que suas conversas sejam
amistosas e agradáveis,[a] a fim de que te-
nham a resposta certa para cada pessoa.

INSTRUÇÕES FINAIS E SAUDAÇÕES

7 Tíquico, irmão amado e colaborador fiel
que trabalha comigo na obra do Senhor,
lhes dará um relatório completo de como
tenho passado. 8 Eu o envio a vocês exata-
mente com o propósito de informá-los do
que se passa conosco e de animá-los. 9 En-
vio também Onésimo, irmão fiel e amado,
que é um de vocês. Ele e Tíquico lhes con-
tarão tudo que tem acontecido aqui.
10 Aristarco, que é prisioneiro comigo,
lhes envia saudações, e assim também
Marcos, primo de Barnabé. Conforme vo-
cês foram instruídos, se Marcos passar por
aí, recebam-no bem. 11 Jesus, chamado
Justo, também manda lembranças. Esses
são os únicos irmãos judeus[b] entre meus
colaboradores. Eles trabalham comigo
para o reino de Deus e têm sido um gran-
de conforto para mim.
12 Epafras, que é um de vocês e servo
de Cristo Jesus, lhes envia saudações. Ele
sempre ora por vocês com fervor, pedin-
do que sejam maduros[c] e plenamente
confiantes de que praticam toda a vonta-
de de Deus. 13 Posso lhes assegurar que
ele tem se esforçado grandemente por
vocês e pelos que estão em Laodiceia e
em Hierápolis.
14 Lucas, o médico amado, lhes envia
saudações, assim como Demas. 15 Man-
dem minhas saudações a nossos irmãos
em Laodiceia, e também a Ninfa e à igreja
que se reúne em sua casa.
16 Depois que tiverem lido esta carta,
enviem-na à igreja em Laodiceia, a fim de
que eles também possam lê-la. E vocês,
leiam a carta que eu escrevi para eles.
17 E digam a Arquipo: "Cuide em realizar
o ministério que o Senhor lhe deu".
18 Esta é minha saudação de próprio pu-
nho: Paulo.

Lembrem-se de que estou na prisão.

Que a graça de Deus esteja com vocês.

[a] **4.6** Em grego, *e temperadas com sal.*

[b] **4.11** Em grego, *os únicos da circuncisão.*

[c] **4.12** Ou *perfeitos.*

Cartas de Paulo

1Tessalonicenses

Livro 52 com

5

CAPÍTULOS

AUTORIA

O apóstolo Paulo, com a provável colaboração de Silas e Timóteo (1Ts 1.1). É possivelmente uma das primeiras cartas paulinas, escrita por volta de 50-51 d.C.

SIGNIFICADO DO TÍTULO

"1Tessalonicenses" se refere à primeira carta de Paulo à igreja em Tessalônica, importante metrópole da Macedônia.

OBJETIVO DO LIVRO

Paulo escreveu 1Tessalonicenses para encorajar, confortar e instruir os cristãos de Tessalônica sobre como viver uma vida santa, especialmente em vista da iminente volta de Cristo (1Ts 4.13-18).

ESPERANÇA EM CRISTO E A VIDA CRISTÃ

ESTRUTURA DO LIVRO

- ★ Introdução e ação de graças 1Ts 1
- ★ Defesa do ministério de Paulo 1Ts 2
- ★ Exortação à santidade 1Ts 3—4.12
- ★ A segunda vinda de Cristo 1Ts 4.13—5.11
- ★ Instruções finais e bênção 1Ts 5.12-28

TEMAS DO LIVRO

A teologia de 1Tessalonicenses enfatiza a esperança na volta de Cristo, a necessidade de santificação e pureza moral, e a importância de uma vida cristã exemplar. Paulo também destaca a fidelidade de Deus em santificar e guardar seu povo (1Ts 5.23-24).

1TESSALONICENSES E CRISTO

1Tessalonicenses aponta para Cristo como o Senhor ressuscitado que voltará para buscar a sua igreja (1Ts 4.16-17). A expectativa da vinda de Jesus motiva os cristãos a ter uma vida santa e a se consolar mutuamente com essa esperança (1Ts 5.11).

SAUDAÇÕES DE PAULO

1 Nós, Paulo, Silas[a] e Timóteo, escrevemos esta carta à igreja em Tessalônica, a vocês que estão em Deus, o Pai, e no Senhor Jesus Cristo.

Que Deus lhes dê graça e paz.

AÇÃO DE GRAÇAS PELOS TESSALONICENSES

2 Sempre damos graças a Deus por todos vocês e os mencionamos constantemente em nossas orações. 3 Quando oramos por vocês diante de nosso Deus e Pai, relembramos seu trabalho fiel, seus atos em amor e sua firme esperança em nosso Senhor Jesus Cristo.

4 Sabemos, irmãos, que Deus os ama e os escolheu. 5 Pois, quando lhes apresentamos as boas-novas, não o fizemos apenas com palavras, mas também com poder, visto que o Espírito Santo lhes deu plena certeza[b] de que era verdade o que lhes dizíamos. E vocês sabem como nos comportamos entre vocês e em seu favor. 6 Assim, apesar do sofrimento que isso lhes trouxe, vocês receberam a mensagem com a alegria que vem do Espírito Santo e se tornaram imitadores nossos e do Senhor. 7 Com isso, tornaram-se exemplo para todos os irmãos na Grécia, tanto na Macedônia como na Acaia.[c]

8 Agora, partindo de vocês, a palavra do Senhor tem se espalhado por toda parte, até mesmo além da Macedônia e da Acaia, pois sua fé em Deus se tornou conhecida em todo lugar. Não precisamos sequer mencioná-la, 9 pois as pessoas têm comentado sobre como vocês nos acolheram e como deixaram os ídolos a fim de servir ao Deus vivo e verdadeiro. 10 Também comentam como vocês esperam do céu a vinda de Jesus, o Filho de Deus, a quem ele ressuscitou dos mortos e que nos livrará da ira que está para vir.

PAULO RECORDA SUA VISITA

2 Vocês mesmos sabem, irmãos, que a visita que lhes fizemos não foi inútil. 2 Sabem como fomos maltratados e quanto sofremos em Filipos, antes de chegarmos aí. E, no entanto, com confiança em nosso Deus, anunciamos a vocês as boas-novas de Deus, apesar de grande oposição. 3 Portanto, como veem, não pregamos com a intenção de enganá-los, nem com motivos impuros, nem com artimanhas.

4 Em vez disso, falamos como mensageiros aprovados por Deus, aos quais foram confiadas as boas-novas. Nosso propósito não é agradar as pessoas, mas a Deus, que examina as intenções de nosso coração. 5 Como bem sabem, nunca tentamos conquistá-los com bajulação, e Deus é nossa testemunha de que não agimos motivados pela ganância. 6 Quanto ao reconhecimento humano, nunca o buscamos de vocês, nem de nenhum outro.

7 Ainda que, como apóstolos de Cristo, tivéssemos o direito de fazer certas exigências, agimos como crianças[d] entre vocês. Ou melhor, fomos como a mãe[e] que alimenta os filhos e deles cuida. 8 Nós os amamos tanto que compartilhamos com vocês não apenas as boas-novas de Deus, mas também nossa própria vida.

9 Não se lembram, irmãos, de como trabalhamos arduamente entre vocês? Noite e dia nos esforçamos para obter sustento, a fim de não sermos um peso para ninguém enquanto lhes anunciávamos as boas-novas de Deus. 10 Vocês mesmos são nossas testemunhas, e Deus também é, de que fomos dedicados, honestos e irrepreensíveis com todos vocês, os que creem. 11 E sabem que tratamos a cada um como um pai trata seus filhos. 12 Aconselhamos, incentivamos e insistimos para que vivam de modo que Deus considere digno, pois ele os chamou para terem parte em seu reino e em sua glória.

13 Portanto, nunca deixamos de agradecer a Deus, pois, quando vocês receberam de nós a mensagem dele, não consideraram nossas palavras meras ideias humanas, mas as aceitaram como palavra de Deus, o que sem dúvida são. E essa mensagem continua a atuar em vocês, os que creem.

14 E então, irmãos, vocês foram perseguidos por seus próprios compatriotas,

[a] **1.1** Em grego, *Silvano*, a forma grega desse nome.
[b] **1.5** Ou *com o poder do Espírito Santo, para que tenham plena certeza.*
[c] **1.7** *Macedônia* e *Acaia* eram, respectivamente, a região norte e a região sul da Grécia.
[d] **2.7a** Alguns manuscritos trazem *fomos amáveis.*
[e] **2.7b** Em grego, *ama.*

tornando-se assim imitadores das igrejas de Deus em Cristo Jesus na Judeia, que também sofreram nas mãos de seu próprio povo, os judeus. 15 Eles mataram o Senhor Jesus e os profetas, e agora também nos perseguem. Não agradam a Deus e trabalham contra toda a humanidade, 16 procurando impedir-nos de anunciar a salvação aos gentios. Com isso, continuam a acumular pecados, mas a ira de Deus finalmente os alcançou.

O RELATO ANIMADOR DE TIMÓTEO A RESPEITO DA IGREJA

17 Irmãos, depois de um breve tempo separados de vocês, embora nosso coração nunca os tenha deixado, esforçamo-nos por voltar a vê-los, pela grande saudade que sentimos. 18 Queríamos muito visitá-los, e eu, Paulo, tentei não apenas uma vez, mas duas; Satanás, porém, nos impediu. 19 Afinal, o que nos dá esperança e alegria? E qual será nossa magnífica recompensa e coroa diante do Senhor Jesus quando ele voltar? Serão vocês! 20 Sim, vocês são nosso orgulho e nossa alegria.

3 Por isso, quando não pudemos mais suportar, resolvemos ficar sozinhos em Atenas 2 e enviamos Timóteo para visitá-los. Ele é nosso irmão e colaborador de Deus[a] na proclamação das boas-novas de Cristo. Nós o enviamos para fortalecê-los e animá-los na fé, 3 para que as dificuldades não os abalem. Mas vocês sabem que estamos destinados a passar por elas. 4 Quando ainda estávamos com vocês, nós os advertimos de que as aflições em breve viriam, e foi o que aconteceu, como bem sabem. 5 Assim, quando não pude mais suportar, enviei Timóteo para saber se continuavam firmes na fé. Tinha receio de que o tentador os tivesse vencido e todo o nosso trabalho houvesse sido inútil.

6 Agora, porém, Timóteo voltou trazendo boas notícias a respeito de sua fé e seu amor. Ele nos contou que vocês se lembram sempre com alegria de nossa visita e que desejam nos ver tanto quanto nós queremos vê-los. 7 Por isso, irmãos, apesar de nossos sofrimentos e dificuldades, ficamos animados porque vocês permaneceram firmes na fé. 8 Agora, revivemos por saber que estão firmes no Senhor.

9 Sim, agradecemos a Deus por vocês! Por sua causa, temos grande alegria na presença de Deus. 10 Noite e dia oramos por vocês com fervor, pedindo que possamos vê-los novamente a fim de ajudá-los a aperfeiçoar a fé.

11 Que Deus, nosso Pai, e nosso Senhor Jesus nos encaminhem a vocês em breve. 12 E que o Senhor faça crescer e transbordar o amor que vocês têm uns pelos outros e por todos, da mesma forma que nosso amor transborda por vocês. 13 E, como resultado, que Deus, nosso Pai, torne seu coração forte, irrepreensível e santo diante dele para quando nosso Senhor Jesus voltar com todo o seu povo santo. Amém.

UMA VIDA DEDICADA A AGRADAR A DEUS

4 Finalmente, irmãos, pedimos e incentivamos em nome do Senhor Jesus que vivam para agradar a Deus, conforme lhes instruímos. Vocês já vivem desse modo, e os incentivamos a fazê-lo ainda mais, 2 pois se lembram das instruções que lhes demos pela autoridade do Senhor Jesus.

3 A vontade de Deus é que vocês vivam em santidade; por isso, mantenham-se afastados de todo pecado sexual. 4 Cada um deve aprender a controlar o próprio corpo[b] e assim viver em santidade e honra, 5 não em paixões sensuais, como os gentios que não conhecem a Deus. 6 Nesse assunto, não prejudiquem nem enganem um irmão, pois o Senhor punirá todas essas práticas, como já os advertimos solenemente. 7 Pois Deus nos chamou para uma vida santa, e não impura. 8 Portanto, quem se recusa a viver de acordo com essas regras não desobedece a ensinamentos humanos, mas rejeita a Deus, que lhes dá seu Espírito Santo.

9 Não precisamos lhes escrever sobre a importância do amor fraternal, pois o próprio Deus os ensinou a amarem uns aos outros. 10 De fato, vocês já demonstram

[a] **3.2** Alguns manuscritos trazem *servo de Deus*; outros, *colaborador*; outros ainda, *e servo e colaborador de Deus*; e ainda outros, *servo de Deus e nosso colaborador*.

[b] **4.4** Ou *saber como tomar uma esposa para si*, ou *aprender a viver com sua própria esposa*; o grego traz *saber como possuir seu próprio vaso*.

amor por todos os irmãos em toda a Mace-
dônia. Ainda assim, irmãos, pedimos que
os amem ainda mais.
11 Tenham como objetivo uma vida tran-
quila, ocupando-se com seus próprios as-
suntos e trabalhando com suas próprias
mãos, conforme os instruímos anterior-
mente. 12 Assim, os que são de fora res-
peitarão seu modo de viver, e vocês não
terão de depender de outros.

A ESPERANÇA DA RESSURREIÇÃO

13 Agora, irmãos, não queremos que igno-
rem o que acontecerá aos que já morreram,[a]
para que não se entristeçam como aqueles
que não têm esperança. 14 Porque cremos
que Jesus morreu e foi ressuscitado, tam-
bém cremos que Deus trará de volta à vida,
com Jesus, todos os que morreram.
15 Dizemos a vocês, pela palavra do
Senhor: nós, os que ainda estivermos vi-
vos quando o Senhor voltar, não iremos ao
encontro dele antes daqueles que já mor-
reram. 16 Pois o Senhor mesmo descerá do
céu com um brado de comando, com a voz
do arcanjo e com o toque da trombeta de
Deus. Primeiro, os mortos em Cristo res-
suscitarão. 17 Depois, com eles, nós, os que
ainda estivermos vivos, seremos arreba-
tados nas nuvens ao encontro do Senhor,
nos ares. Então, estaremos com o Senhor
para sempre. 18 Portanto, animem uns aos
outros com essas palavras.
5 Não é necessário, irmãos, que eu lhes
escreva sobre quando e como tudo
isso acontecerá, 2 pois vocês sabem muito
bem que o dia do Senhor virá inesperada-
mente, como ladrão à noite. 3 Quando as
pessoas disserem: "Tudo está em paz e se-
guro", então o desastre lhes sobrevirá tão
repentinamente como iniciam as dores de
parto de uma mulher grávida, e não haverá
como escapar.
4 Mas vocês, irmãos, não estão na escuri-
dão a respeito dessas coisas e não devem
se surpreender quando o dia do Senhor
vier como ladrão. 5 Porque todos vocês são
filhos da luz e do dia. Não pertencemos
à escuridão e à noite. 6 Portanto, fiquem
atentos; não durmam como os outros.
Permaneçam atentos e sejam sóbrios.
7 À noite, as pessoas dormem e os bêba-
dos se embriagam. 8 Mas nós, que vivemos
na luz, devemos ser sóbrios, protegidos
pela armadura da fé e do amor, usando o
capacete da esperança da salvação.
9 Porque Deus decidiu nos salvar por
meio de nosso Senhor Jesus Cristo, em
vez de derramar sua ira sobre nós. 10 Cristo
morreu por nós para que, quer estejamos
despertos, quer dormindo, vivamos com
ele para sempre. 11 Portanto, animem e
edifiquem uns aos outros, como têm feito.

CONSELHOS FINAIS

12 Irmãos, honrem seus líderes na obra do
Senhor. Eles trabalham arduamente entre
vocês e lhes dão orientações. 13 Tenham
grande respeito e amor sincero por eles,
por causa do trabalho que realizam. E vi-
vam em paz uns com os outros.
14 Irmãos, pedimos que advirtam os in-
disciplinados. Encorajem os desanima-
dos. Ajudem os fracos. Sejam pacientes
com todos.
15 Cuidem que ninguém retribua o mal
com o mal, mas procurem sempre fazer o
bem uns aos outros e a todos.
16 Estejam sempre alegres. 17 Nunca dei-
xem de orar. 18 Sejam gratos em todas as
circunstâncias, pois essa é a vontade de
Deus para vocês em Cristo Jesus.
19 Não apaguem o Espírito. 20 Não des-
prezem as profecias, 21 mas ponham à pro-
va tudo que é dito e fiquem com o que é
bom. 22 Mantenham-se afastados de toda
forma de mal.

SAUDAÇÕES FINAIS

23 E, agora, que o Deus da paz os torne san-
tos em todos os aspectos, e que o espírito,
a alma e o corpo de vocês sejam mantidos
irrepreensíveis até a volta de nosso Senhor
Jesus Cristo. 24 Aquele que os chama fará
isso acontecer, pois ele é fiel.
25 Irmãos, orem por nós.
26 Cumprimentem todos os irmãos com
beijo santo.
27 Encarrego-os em nome do Senhor de
lerem esta carta a todos os irmãos.
28 Que a graça de nosso Senhor Jesus
Cristo esteja com vocês.

[a] **4.13** Em grego, *aos que adormeceram*; também em 4.14,15.

Cartas de Paulo

Livro 53 com

2 Tessalonicenses

3 CAPÍTULOS

AUTORIA

O apóstolo Paulo, com a provável colaboração de Silas e Timóteo (2Ts 1.1).

SIGNIFICADO DO TÍTULO

"2 Tessalonicenses" se refere à segunda carta do apóstolo Paulo à igreja em Tessalônica, importante metrópole na Macedônia.

CORREÇÕES SOBRE O RETORNO DE CRISTO

OBJETIVO DO LIVRO

Corrigir mal-entendidos sobre a segunda vinda de Cristo e exortar os cristãos a perseverar na fé e no trabalho, mesmo em meio à perseguição (2Ts 2.1-2; 3.6-12).

Paulo dá instruções para corrigir equívocos de entendimento.

A POSSIBILIDADE DA VOLTA DE JESUS GEROU ANSIEDADE

ESTRUTURA DO LIVRO

- ★ Saudação e ação de graças 2Ts 1
- ★ Correção de mal-entendidos 2Ts 2
- ★ Exortação à disciplina e ao trabalho 2Ts 3

2TESSALONICENSES E CRISTO

2Tessalonicenses aponta para Jesus como o juiz final que derrotará o mal e recompensará os justos (2Ts 1.7-10). A certeza da vitória de Cristo sobre o "homem da perversidade", oferece conforto e esperança aos cristãos (2Ts 2.8).

TEMAS DO LIVRO

A teologia de 2Tessalonicenses destaca a soberania de Deus no controle dos eventos futuros, a importância de um entendimento escatológico correto e a necessidade de uma vida cristã disciplinada e diligente. Paulo também sublinha a necessidade de perseverança em face de perseguição e tribulação (2Ts 1.4-7).

NO CURTO ESPAÇO ENTRE A PRIMEIRA E A SEGUNDA CARTAS, A IGREJA SOFREU PERSEGUIÇÃO

SAUDAÇÕES DE PAULO

1 Nós, Paulo, Silas[a] e Timóteo, escrevemos esta carta à igreja em Tessalônica, a vocês que estão em Deus, nosso Pai, e no Senhor Jesus Cristo.

2 Que Deus, nosso Pai,[b] e o Senhor Jesus Cristo lhes deem graça e paz.

ÂNIMO DURANTE A PERSEGUIÇÃO

3 Irmãos, não podemos deixar de dar graças a Deus por vocês, pois sua fé tem se desenvolvido cada vez mais, e seu amor uns pelos outros tem crescido. 4 Por isso nos orgulhamos de falar às outras igrejas de Deus sobre sua perseverança e fidelidade em todas as perseguições e aflições que vocês têm sofrido. 5 Deus usará essa perseguição para mostrar que seu julgamento é justo e para torná-los dignos de seu reino, pelo qual estão sofrendo. 6 Em sua justiça, Deus pagará com aflição aqueles que afligem vocês.

7 Deus concederá descanso a vocês, que são afligidos, e também a nós, na revelação do Senhor Jesus, quando ele vier do céu. Virá com seus anjos poderosos, 8 em chamas de fogo, trazendo juízo sobre os que não conhecem a Deus e sobre os que se recusam a obedecer às boas-novas de nosso Senhor Jesus. 9 Eles serão punidos com destruição eterna, separados para sempre da presença do Senhor e de seu glorioso poder. 10 No dia em que ele vier, receberá glória de seu povo santo e louvores de todos os que creem. E isso inclui vocês, pois creram naquilo que lhes dissemos a respeito dele.

11 Assim, continuamos a orar por vocês, pedindo a nosso Deus que os capacite a ter uma vida digna de seu chamado e lhes dê poder para realizar as coisas boas que a fé os motivar a fazer. 12 Então o nome de nosso Senhor Jesus será honrado em vocês, e vocês serão honrados com ele. Tudo isso é possível pela graça de nosso Deus e Senhor, Jesus Cristo.[c]

ACONTECIMENTOS QUE PRECEDERÃO A SEGUNDA VINDA

2 Agora, irmãos, vamos esclarecer algumas coisas a respeito da vinda de nosso Senhor Jesus Cristo e de nosso encontro com ele. 2 Não se deixem abalar nem assustar tão facilmente por aqueles que dizem que o dia do Senhor já começou. Não acreditem neles, mesmo que afirmem ter recebido uma visão espiritual, uma revelação ou uma carta supostamente enviada por nós. 3 Não se deixem enganar pelo que dizem, pois esse dia não virá até que surja a rebelião[d] e venha o homem da perversidade,[e] aquele que traz destruição.[f] 4 Ele se exaltará e se oporá a tudo que o povo chama de "deus" e a todo objeto de culto, e até se sentará no templo de Deus e se fará passar por Deus.

5 Não se lembram de que eu lhes falei disso tudo quando estive aí? 6 E vocês sabem o que o está detendo, pois ele só pode ser revelado quando sua hora chegar. 7 Pois essa perversidade já opera secretamente e permanecerá em segredo até que se afaste aquele que a detém. 8 Então o homem da perversidade será revelado, mas o Senhor Jesus o matará com o sopro de sua boca e o destruirá com o esplendor de sua vinda.

9 Esse homem virá para realizar o trabalho de Satanás, com poder, sinais e falsas maravilhas, 10 e com todo tipo de mentira perversa para enganar os que estão caminhando para a destruição, pois se recusam a amar e a aceitar a verdade que os salvaria. 11 Portanto, Deus fará que sejam enganados, e eles crerão nessas mentiras. 12 Então serão condenados por ter prazer no mal em vez de crer na verdade.

OS FIÉIS DEVEM PERMANECER FIRMES

13 Quanto a nós, não podemos deixar de dar graças a Deus por vocês, irmãos amados pelo Senhor. Somos sempre gratos porque Deus os escolheu para estarem entre os primeiros[g] a receber a salvação

[a] **1.1** Em grego, *Silvano*, forma grega desse nome.
[b] **1.2** Alguns manuscritos trazem *Deus, o Pai*.
[c] **1.12** Ou *de nosso Deus e do Senhor Jesus Cristo*.

[d] **2.3a** Ou *o afastamento*, ou *a partida*; a maioria das traduções translitera o termo grego como *apostasia*.
[e] **2.3b** Alguns manuscritos trazem *homem do pecado*.
[f] **2.3c** Em grego, *o filho da destruição*.
[g] **2.13** Alguns manuscritos trazem *Deus os escolheu desde o princípio*.

por meio do Espírito que os torna santos e pela fé na verdade. 14 Ele os chamou para a salvação quando lhes anunciamos as boas-novas; agora vocês podem participar da glória de nosso Senhor Jesus Cristo.

15 Portanto, irmãos, tendo em mente todas essas coisas, permaneçam firmes e apeguem-se às tradições que lhes transmitimos, seja pessoalmente, seja por carta.

16 Que o próprio Jesus Cristo, nosso Senhor, e Deus, nosso Pai, que nos amou e pela graça nos deu eterno conforto e maravilhosa esperança, 17 os animem e os fortaleçam em tudo de bom que vocês fizerem e disserem.

PEDIDO DE ORAÇÃO

3 Finalmente, irmãos, pedimos que orem por nós. Orem para que a mensagem do Senhor se espalhe rapidamente e seja honrada por onde quer que vá, como aconteceu quando chegou a vocês. 2 Orem também para que sejamos libertos dos perversos e maus, pois nem todos têm fé.[a] 3 Mas o Senhor é fiel; ele os fortalecerá e os guardará do maligno.[b] 4 E confiamos no Senhor que vocês estão fazendo e continuarão a fazer aquilo que lhes ordenamos. 5 Que o Senhor conduza o coração de vocês ao amor de Deus e à perseverança que vem de Cristo.

APELO A UMA VIDA ADEQUADA

6 E agora, irmãos, nós lhes damos a seguinte ordem em nome de nosso Senhor Jesus Cristo: mantenham-se afastados de todos os irmãos que vivem ociosamente e não seguem a tradição que receberam de nós. 7 Pois vocês sabem que devem seguir nosso exemplo. Não ficamos ociosos quando estivemos com vocês, 8 nem nos alimentamos às custas dos outros. Trabalhamos arduamente dia e noite, a fim de não sermos um peso para nenhum de vocês. 9 Embora tivéssemos o direito de pedir que nos alimentassem, queríamos lhes dar o exemplo. 10 Quando ainda estávamos com vocês, lhes ordenamos: "Quem não quiser trabalhar não deve comer".

11 Contudo, soubemos que alguns de vocês estão vivendo ociosamente, recusando-se a trabalhar e intrometendo-se em assuntos alheios. 12 Ordenamos e insistimos em nome do Senhor Jesus Cristo que sosseguem e trabalhem para obter o próprio sustento. 13 Quanto a vocês, irmãos, nunca se cansem de fazer o bem.

14 Observem quem se recusa a obedecer àquilo que lhes digo nesta carta. Afastem-se dele, para que se sinta envergonhado. 15 Não o considerem como inimigo, mas advirtam-no como a um irmão.

SAUDAÇÕES FINAIS

16 Que o próprio Senhor da paz lhes dê paz em todos os momentos e situações. Que o Senhor esteja com todos vocês.

17 Aqui está minha saudação de próprio punho: Paulo. Assim faço em todas as minhas cartas para provar que eu mesmo as escrevi.

18 Que a graça de nosso Senhor Jesus Cristo esteja com todos vocês.

[a] **3.2** Ou *pois a fé não é de todos.*
[b] **3.3** Ou *do mal.*

Cartas de Paulo

1Timóteo

Livro 54 com **6** CAPÍTULOS

AUTORIA

O apóstolo Paulo (1Tm 1.1).

OBJETIVO DO LIVRO

Dar instruções práticas sobre a organização da igreja, o combate a heresias e o fortalecimento da fé e moral dos líderes e membros da comunidade cristã (1Tm 1.3-7).

SIGNIFICADO DO TÍTULO

"Timóteo" vem do grego Timótheos, "aquele que honra a Deus" ou "honrado por Deus". A carta é dirigida a Timóteo, jovem pastor e discípulo de Paulo, com instruções específicas para a liderança e a organização da igreja em Éfeso.

TEMAS DO LIVRO

A teologia de 1Timóteo enfatiza a importância da sã doutrina e a necessidade de uma liderança piedosa e uma conduta ética dos membros da igreja. Paulo destaca a centralidade do Evangelho de Cristo como o fundamento da fé cristã e a base para combater falsas doutrinas (1Tm 1.15; 3.16).

ESTRUTURA DO LIVRO

- ★ Introdução e saudação 1Tm 1.1-2
- ★ Combate às falsas doutrinas 1Tm 1.3-20
- ★ Instruções sobre adoração e liderança 1Tm 2—3
- ★ Advertências contra a apostasia 1Tm 4
- ★ Instruções sobre o pastoreio 1Tm 5—6.2
- ★ Exortações finais e advertências 1Tm 6.3-21

GUIA PARA A IGREJA E SEUS LÍDERES

CARTAS PASTORAIS

1Timóteo é uma das cartas pastorais, junto com 2Timóteo e Tito, focadas em questões de liderança eclesiástica e prática pastoral.

1TIMÓTEO E CRISTO

1Timóteo aponta para Cristo de várias maneiras, destacando sua obra redentora e sua divindade.

Paulo exalta Jesus como o único "mediador entre Deus e a humanidade" (1Tm 2.5) e ressalta que o Messias "veio ao mundo para salvar os pecadores" (1Tm 1.15).

A carta também celebra o mistério da piedade, em que Deus se manifestou em carne na pessoa de Jesus Cristo (1Tm 3.16).

SAUDAÇÕES DE PAULO

1 Eu, Paulo, apóstolo de Cristo Jesus, por
ordem de Deus, nosso Salvador, e de
Cristo Jesus, nossa esperança, 2 escrevo esta
carta a Timóteo, meu verdadeiro filho na fé.

Que Deus, o Pai, e Cristo Jesus, nosso Senhor, lhe deem graça, misericórdia e paz.

ADVERTÊNCIA CONTRA FALSOS ENSINOS

3 Quando parti para a Macedônia, pedi a
você que ficasse em Éfeso e advertisse certas pessoas de que não ensinassem coisas
contrárias à verdade, 4 nem desperdiçassem tempo com discussões intermináveis sobre mitos e genealogias, que só levam a especulações sem sentido em vez de promover o propósito de Deus, que é realizado pela fé.

5 O alvo de minha instrução é o amor que
vem de um coração puro, de uma consciência limpa e de uma fé sincera. 6 Alguns, po-
rém, se desviaram dessas coisas e passam
o tempo em discussões inúteis. 7 Querem
ser conhecidos como mestres da lei, mas não sabem do que estão falando, embora o façam com tanta confiança.

8 Sabemos que a lei é boa quando usa-
da corretamente. 9 Pois a lei não foi criada para os que fazem o que é certo, mas para os transgressores e rebeldes, para os irreverentes e pecadores, para os ímpios e profanos. Ela é para os que matam pai ou mãe
ou cometem outros homicídios, 10 para os
que vivem na imoralidade sexual, para os que praticam a homossexualidade, e também para os sequestradores,[a] os mentirosos, os que juram falsamente ou que fazem qualquer outra coisa que contradiga o ensino verdadeiro, 11 que vem das boas-no-
vas gloriosas confiadas a mim por nosso Deus bendito.

A GRATIDÃO DE PAULO PELA MISERICÓRDIA DE DEUS

12 Agradeço àquele que me deu forças,
Cristo Jesus, nosso Senhor, que me considerou digno de confiança e me designou
para servi-lo, 13 embora eu fosse blas-
femo, perseguidor e violento. Contudo, recebi misericórdia, porque agia por ignorância e incredulidade. 14 O Senhor fez sua
graça transbordar e me encheu da fé e do amor que vêm de Cristo Jesus.

15 Esta é uma afirmação digna de confiança, e todos devem aceitá-la: "Cristo Jesus veio ao mundo para salvar os pecadores", e eu sou o pior de todos. 16 Mas
foi por isso que eu, o pior dos pecadores, recebi misericórdia, para que assim Cristo Jesus mostrasse quanto é paciente. Desse modo, sirvo de exemplo a todos que vierem a crer nele para a vida eterna. 17 Honra
e glória a Deus para todo o sempre! Ele é o Rei eterno, invisível e imortal; ele é o único Deus. Amém.

A RESPONSABILIDADE DE TIMÓTEO

18 Timóteo, meu filho, estas são minhas
instruções para você, com base nas palavras proféticas ditas tempos atrás a seu respeito. Que elas o ajudem a lutar o bom
combate. 19 Apegue-se à fé e mantenha a
consciência limpa, pois alguns rejeitaram deliberadamente a consciência e, como resultado, a fé que tinham naufragou.
20 Himeneu e Alexandre são dois exem-
plos. Eu os entreguei a Satanás, para que aprendam a não blasfemar.

INSTRUÇÕES A RESPEITO DO CULTO

2 Em primeiro lugar, recomendo que se-
jam feitas petições, orações, intercessões e ações de graça em favor de todos,
2 em favor dos reis e de todos que exercem
autoridade, para que tenhamos uma vida pacífica e tranquila, caracterizada por devoção e dignidade. 3 Isso é bom e agrada a
Deus, nosso Salvador, 4 cujo desejo é que
todos sejam salvos e conheçam a verdade. 5 Pois:

Há um só Deus e um só Mediador
entre Deus e a humanidade:
o homem Cristo Jesus.
6 Ele deu sua vida para comprar
a liberdade de todos.

Essa é a mensagem que foi entregue ao
mundo no momento oportuno. 7 E eu fui

[a] **1.10** Ou *traficantes de escravos.*

escolhido como pregador e apóstolo para ensinar aos gentios essa mensagem a respeito da fé e da verdade. Não estou mentindo; digo a verdade.

8 Quero, portanto, que em todo lugar de culto os homens orem com mãos santas levantadas, livres de ira e de controvérsias.

9 Da mesma forma, quero que as mulheres tenham discrição em sua aparência.[a] Que usem roupas decentes e apropriadas, sem chamar a atenção pela maneira como arrumam o cabelo ou por usarem ouro, pérolas ou roupas caras. 10 Pois as mulheres que afirmam ser devotas a Deus devem se embelezar com as boas obras que praticam.

11 As mulheres devem aprender em silêncio e com toda submissão. 12 Não permito que as mulheres ensinem aos homens, nem que tenham autoridade sobre eles.[b] Antes, devem ouvir em silêncio. 13 Porque primeiro Deus fez Adão e, depois, Eva. 14 E não foi Adão o enganado. A mulher é que foi enganada, e o resultado foi o pecado. 15 Mas as mulheres serão salvas dando à luz filhos,[c] desde que continuem a viver na fé, no amor e na santidade, com discrição.

OS LÍDERES DA IGREJA

3 Esta é uma afirmação digna de confiança: "Se alguém deseja ser bispo,[d] deseja uma tarefa honrosa". 2 Portanto, o bispo deve ter uma vida irrepreensível. Deve ser marido de uma só mulher,[e] ter autocontrole, viver sabiamente e ter boa reputação. Deve ser hospitaleiro e apto a ensinar. 3 Não deve beber vinho em excesso, nem ser violento. Antes, deve ser amável, pacífico e desapegado do dinheiro. 4 Deve liderar bem a própria família e ter filhos que o respeitem e lhe obedeçam. 5 Pois, se um homem não é capaz de liderar a própria família, como poderá cuidar da igreja de Deus?

6 Não deve ser recém-convertido, pois poderia se tornar orgulhoso, e o diabo o faria cair.[f] 7 Além disso, os que são de fora devem falar bem dele, para que não seja desacreditado e caia na armadilha do diabo.

8 Da mesma forma, os diáconos[g] devem ser respeitáveis e ter integridade. Não devem beber vinho em excesso, nem se deixar conduzir pela ganância. 9 Devem ser comprometidos com o segredo da fé e viver com a consciência limpa. 10 Antes de serem nomeados diáconos, é necessário que se faça uma avaliação cuidadosa. Se forem aprovados, então que exerçam a função de diáconos.

11 De igual modo, as mulheres[h] devem ser respeitáveis e não caluniar ninguém. Devem ter autocontrole e ser fiéis em tudo que fazem.

12 O diácono deve ser marido de uma só mulher e liderar bem seus filhos e sua casa. 13 Aqueles que exercerem bem a função de diáconos serão recompensados com o respeito de outros e terão cada vez mais convicção de sua fé em Cristo Jesus.

AS VERDADES DE NOSSA FÉ

14 Embora espere vê-lo em breve, escrevo-lhe estas coisas agora, 15 para que, se eu demorar, você saiba como as pessoas devem se comportar na casa de Deus. Ela é a igreja do Deus vivo, coluna e alicerce da verdade.

16 Sem dúvida, este é o grande segredo de nossa fé:[i]

Cristo[j] foi revelado em corpo humano,
  justificado pelo Espírito,
visto por anjos,
  anunciado às nações,
crido em todo o mundo
  e levado para o céu em glória.

ADVERTÊNCIAS ACERCA DOS FALSOS MESTRES

4 O Espírito afirma claramente que nos últimos tempos alguns se desviarão da fé, dando ouvidos a espíritos

[a] **2.9** Ou *orem em trajes discretos.*
[b] **2.12** Ou *ensinem aos homens nem usurpem sua autoridade.*
[c] **2.15** Ou *serão salvas ao aceitarem seu papel de mãe.*
[d] **3.1** Ou *supervisor*; também em 3.2.
[e] **3.2** Ou *ser fiel à esposa*, ou *ter se casado somente uma vez*; também em 3.12.
[f] **3.6** Ou *poderia cair no mesmo julgamento que o diabo.*
[g] **3.8** Ou *servidores*; também em 3.10,12,13.
[h] **3.11** Ou *suas esposas*, isto é, as mulheres dos diáconos.
[i] **3.16a** Em grego, *grande mistério da piedade.*
[j] **3.16b** Em grego, *Aquele que*; alguns manuscritos trazem *Deus.*

enganadores e a ensinamentos de demô-
nios, 2 que vêm de indivíduos hipócritas e
mentirosos, cuja consciência está morta.[a]
3 Tais pessoas afirmam que é errado se
casar e proíbem que se comam certos ali-
mentos, que Deus criou para serem recebi-
dos com ação de graças pelos que são fiéis
e conhecedores da verdade. 4 Porque tudo
que Deus fez é bom, não devemos rejeitar
nada, mas a tudo receber com ação de gra-
ças, 5 pois sabemos que se torna aceitável[b]
pela palavra de Deus e pela oração.

UM BOM SERVO DE CRISTO JESUS

6 Se você explicar estas coisas aos irmãos,
será um bom servo de Cristo Jesus, nutri-
do pela mensagem da fé e pelo bom en-
sino que tem seguido. 7 Não perca tempo
discutindo mitos profanos e crendices ab-
surdas. Em vez disso, exercite-se na devo-
ção. 8 "O exercício físico tem algum valor,
mas exercitar-se na devoção é muito me-
lhor, pois promete benefícios não apenas
nesta vida, mas também na vida futura."
9 Essa é uma afirmação digna de confian-
ça, e todos devem aceitá-la. 10 Trabalha-
mos arduamente e continuamos a lutar[c]
porque nossa esperança está no Deus
vivo, o Salvador de todos, especialmente
dos que creem.
11 Ensine estas coisas e insista nelas.
12 Não deixe que ninguém o menospreze
porque você é jovem. Seja exemplo para
todos os fiéis nas palavras, na conduta,
no amor, na fé e na pureza. 13 Até minha
chegada, dedique-se à leitura pública das
Escrituras,[d] ao encorajamento e ao ensino.
14 Não descuide do dom que recebeu por
meio de profecia quando os presbíteros[e]
impuseram as mãos sobre você. 15 Dedique
total atenção a essas questões. Entregue-se
inteiramente a suas tarefas, para que todos
vejam seu progresso. 16 Fique atento a seu
modo de viver e a seus ensinamentos. Per-
maneça fiel ao que é certo, e assim salvará
a si mesmo e àqueles que o ouvem.

[a] **4.2** Em grego, *está cauterizada.*
[b] **4.5** Ou *se torna santo.*
[c] **4.10** Alguns manuscritos trazem *continuamos a sofrer.*
[d] **4.13** Em grego, *dedique-se à leitura.*
[e] **4.14** Ou *anciãos.*

CONSELHOS A RESPEITO DE VIÚVAS, LÍDERES E ESCRAVOS

5 Nunca fale com dureza a um homem
mais velho,[f] mas aconselhe-o como fa-
ria com seu próprio pai. Quanto aos mais
jovens, aconselhe-os como a irmãos. 2 Tra-
te as mulheres mais velhas como trataria
sua mãe, e as mais jovens, com toda pure-
za, como se fossem suas irmãs.
3 Cuide[g] das viúvas que não têm ninguém
para ajudá-las. 4 Mas, se elas tiverem filhos
ou netos, a primeira responsabilidade de-
les é mostrar devoção no lar e retribuir aos
pais o cuidado recebido. Isso é algo que
agrada a Deus.
5 A verdadeira viúva, uma mulher so-
zinha no mundo, põe sua esperança em
Deus. Dia e noite, faz súplicas e orações.
6 Mas a viúva que vive apenas para o
prazer está morta, ainda que esteja viva.
7 Dê essas instruções, para que ninguém
fique sujeito a críticas.
8 Aqueles que não cuidam dos seus, espe-
cialmente dos de sua própria família, ne-
garam a fé e são piores que os descrentes.
9 A viúva incluída na lista para receber
sustento deve ter pelo menos sessenta
anos e ter sido esposa de um só marido.[h]
10 Deve ser respeitada pelo bem que pra-
ticou, como alguém que soube criar os fi-
lhos, foi hospitaleira, serviu o povo santo
com humildade,[i] ajudou os que estavam
em dificuldade e sempre se dedicou a fa-
zer o bem.
11 As viúvas mais jovens não devem fa-
zer parte dessa lista, pois, quando seus
desejos físicos forem mais fortes que sua
devoção a Cristo, desejarão se casar no-
vamente. 12 Assim se tornarão culpadas
de quebrar o compromisso que fizeram.
13 Além disso, aprenderão a se tornar
ociosas e a andar de casa em casa, fazen-
do fofoca, intrometendo-se em assun-
tos alheios e falando do que não devem.
14 Portanto, aconselho que essas viúvas
mais jovens se casem de novo, tenham fi-
lhos e tomem conta do próprio lar. Então o

[f] **5.1** Ou *a um ancião,* ou *a um presbítero.*
[g] **5.3** Ou *Honre.*
[h] **5.9** Ou *ter sido fiel ao marido,* ou *ter se casado somente uma vez.*
[i] **5.10** Em grego, *lavou os pés do povo santo.*

inimigo não poderá dizer coisa alguma contra elas. 15 Pois, de fato, algumas já se desviaram e agora seguem Satanás.

16 Se alguma irmã na fé tem viúvas na família, deve tomar conta delas e não sobrecarregar a igreja, que assim poderá cuidar das viúvas que estiverem verdadeiramente sozinhas.

17 Os presbíteros[a] que fazem bem seu trabalho devem receber honra redobrada,[b] especialmente os que se dedicam arduamente à pregação e ao ensino. 18 Pois as Escrituras dizem: "Não amordacem o boi para impedir que ele coma enquanto debulha os cereais", e também: "Aqueles que trabalham merecem seu salário".[c]

19 Não aceite acusação contra um presbítero[d] sem que seja confirmada por duas ou três testemunhas. 20 Aqueles que pecarem devem ser repreendidos diante de todos, o que servirá de forte advertência para os demais.

21 Ordeno solenemente, na presença de Deus, de Cristo Jesus e dos anjos eleitos que você obedeça a estas instruções sem tomar partido nem demonstrar favoritismo.

22 Não se apresse em nomear um líder.[e] Não participe dos pecados alheios. Mantenha-se puro.

23 Não beba apenas água. Uma vez que você fica doente com frequência, tome um pouco de vinho por causa de seu estômago.

24 Lembre-se de que os pecados de alguns são evidentes, e seu julgamento é inevitável. Há outros, porém, cujos pecados só serão revelados mais tarde. 25 Da mesma forma, as boas obras de alguns são evidentes, e outras, feitas em segredo, um dia serão conhecidas.

6 Os escravos devem ter todo o respeito por seus senhores, para não envergonharem o nome de Deus e seus ensinamentos. 2 O fato de o senhor ser irmão na fé não é desculpa para deixarem de respeitá-lo. Pelo contrário, devem trabalhar ainda mais arduamente, pois seus esforços beneficiam outros irmãos amados.

FALSOS ENSINOS E RIQUEZAS VERDADEIRAS

Ensine estas coisas e incentive todos a obedecer-lhes. 3 Talvez alguns nos contradigam, mas estes são os verdadeiros ensinamentos do Senhor Jesus Cristo, que conduzem a uma vida de devoção. Quem ensina algo diferente 4 é arrogante e sem entendimento. Vive com o desejo doentio de discutir o significado das palavras e provoca contendas que resultam em inveja, divisão, difamação e suspeitas malignas. 5 Pessoas assim sempre causam problemas. Têm a mente corrompida e deram as costas à verdade. Para elas, a vida de devoção é apenas uma forma de enriquecer.

6 No entanto, a devoção acompanhada de contentamento é, em si mesma, grande riqueza. 7 Afinal, não trouxemos nada conosco quando viemos ao mundo, e nada levaremos quando o deixarmos. 8 Portanto, se temos alimento e roupa, estejamos contentes.

9 Mas aqueles que desejam enriquecer caem em tentações e armadilhas e em muitos desejos tolos e nocivos, que os levam à ruína e destruição. 10 Pois o amor ao dinheiro é a raiz de todo mal. E alguns, por tanto desejarem dinheiro, desviaram-se da fé e afligiram a si mesmos com muitos sofrimentos.

INSTRUÇÕES FINAIS DE PAULO

11 Você, porém, que é um homem de Deus, fuja de todas essas coisas más. Busque a justiça, a devoção e também a fé, o amor, a perseverança e a mansidão. 12 Lute o bom combate da fé. Apegue-se firmemente à vida eterna para a qual foi chamado e que tão bem você declarou na presença de muitas testemunhas. 13 Diante de Deus, que a todos dá vida, e de Cristo Jesus, que deu bom testemunho perante Pôncio Pilatos, encarrego-o 14 de obedecer a esta ordem sem vacilar. Assim, ninguém poderá acusá-lo de coisa alguma, desde agora até a volta de nosso Senhor Jesus Cristo. 15 Pois:

[a] **5.17a** Ou *anciãos.*
[b] **5.17b** Ou *honorários em dobro.*
[c] **5.18** Dt 25.4; Lc 10.7.
[d] **5.19.** Ou *ancião.*
[e] **5.22** Em grego, *em impor as mãos.*

No devido tempo ele será revelado
do céu pelo bendito e único Deus to-
do-poderoso, o Rei dos reis e Senhor
dos senhores. 16 Somente a ele per-
tence a imortalidade, e ele habita em
luz tão resplandecente que nenhum
ser humano pode se aproximar dele.
Ninguém jamais o viu, nem pode ver.
A ele sejam honra e poder para sem-
pre! Amém.

17 Ensine aos ricos deste mundo que não
se orgulhem nem confiem em seu dinhei-
ro, que é incerto. Sua confiança deve estar
em Deus, que provê ricamente tudo de
que necessitamos para nossa satisfação.
18 Diga-lhes que usem seu dinheiro para
fazer o bem. Devem ser ricos em boas
obras e generosos com os necessitados,
sempre prontos a repartir. 19 Desse modo,
acumularão tesouros para si como um ali-
cerce firme para o futuro, a fim de experi-
mentarem a verdadeira vida.

20 Timóteo, guarde aquilo que Deus
lhe confiou. Evite discussões profanas e
tolas com aqueles que se opõem a você
com suposto conhecimento. 21 Alguns
se desviaram da fé por seguirem essas
tolices.

Que a graça de Deus esteja com vocês.

Cartas de Paulo

2Timóteo

Livro 55 com 4 CAPÍTULOS

AUTORIA

O apóstolo Paulo, enquanto estava preso em Roma pela segunda vez, pouco antes de sua execução (2Tm 1.1; 4.6-8).

OBJETIVO DO LIVRO

Encorajar Timóteo a permanecer firme na fé, suportar o sofrimento pelo Evangelho e continuar seu ministério com coragem e fidelidade (2Tm 1.6-8).

SIGNIFICADO DO TÍTULO

"Timóteo" vem do grego *Timótheos*, "aquele que honra a Deus" ou "honrado por Deus". A carta é dirigida a Timóteo, com um tom mais pessoal e urgente, refletindo as circunstâncias finais da vida de Paulo.

TEMAS DO LIVRO

A teologia de 2Timóteo enfatiza a perseverança na fé e no ministério, a centralidade das Escrituras para a vida cristã e a importância de transmitir fielmente a mensagem do Evangelho (2Tm 3.16-17).

Paulo também destaca a iminência da volta de Cristo e a necessidade de viver em retidão e vigilância.

ESTRUTURA DO LIVRO

- ★ Saudação e encorajamento pessoal 2Tm 1
- ★ Instruções sobre fidelidade e perseverança 2Tm 2
- ★ Dificuldades dos últimos dias 2Tm 3
- ★ Exortações finais e instruções pessoais 2Tm 4

2TIMÓTEO E CRISTO

2Timóteo aponta para Cristo como o centro da fé cristã, o modelo de fidelidade e o fundamento da esperança futura.

Paulo exorta Timóteo a "suportar com ele o sofrimento, como bom soldado de Cristo" (2Tm 2.3) e enfatiza que "o Senhor conhece quem pertence a ele" (2Tm 2.19).

A carta também destaca a suficiência das Escrituras, que são capazes de torná-lo sábio "para receber a salvação que vem pela fé em Cristo Jesus" (2Tm 3.15).

"Toda a Escritura é inspirada por Deus e útil para nos ensinar o que é verdadeiro e para nos fazer perceber o que não está em ordem em nossa vida. Ela nos corrige quando erramos e nos ensina a fazer o que é certo." (2Tm 3.16).

SAUDAÇÕES DE PAULO

1 Eu, Paulo, apóstolo de Cristo Jesus pela vontade de Deus, enviado para anunciar a vida que ele prometeu por meio da fé em Cristo Jesus, 2 escrevo esta carta a Timóteo, meu filho amado.

Que Deus, o Pai, e Cristo Jesus, nosso Senhor, lhe deem graça, misericórdia e paz.

ÂNIMO PARA SER FIEL

3 Dou graças por você ao Deus que sirvo com a consciência limpa, como o serviram meus antepassados. Sempre me lembro de você em minhas orações, noite e dia. 4 Quero muito revê-lo, pois me lembro de suas lágrimas. Nosso reencontro me encherá de alegria.

5 Lembro-me de sua fé sincera, como era a de sua avó, Loide, e de sua mãe, Eunice, e sei que em você essa mesma fé continua firme. 6 Por isso quero lembrá-lo de avivar a chama do dom que Deus lhe deu quando impus minhas mãos sobre você. 7 Pois Deus não nos deu um Espírito que produz temor e covardia, mas sim que nos dá poder, amor e autocontrole.[a]

8 Portanto, jamais se envergonhe de falar a outros sobre nosso Senhor. E também não se envergonhe de mim, que estou preso por causa dele. Com a força que Deus lhe dá, esteja pronto para sofrer comigo por causa das boas-novas. 9 Pois Deus nos salvou e nos chamou para uma vida santa, não porque merecêssemos, mas porque este era seu plano desde os tempos eternos: mostrar sua graça por meio de Cristo Jesus. 10 E agora ele tornou tudo isso claro para nós com a vinda de Cristo Jesus, nosso Salvador, que destruiu o poder da morte e iluminou o caminho para a vida e a imortalidade por meio das boas-novas, 11 das quais Deus me escolheu para ser pregador, apóstolo e mestre.

12 Por isso estou sofrendo assim. Mas não me envergonho, pois conheço aquele em quem creio e tenho certeza de que ele é capaz de guardar o que me foi confiado[b] até o dia de sua volta.

13 Apegue-se, com fé e amor em Cristo Jesus, ao modelo do ensino verdadeiro que aprendeu de mim. 14 Pelo poder do Espírito Santo que habita em nós, guarde a verdade preciosa que lhe foi confiada.

15 Como você sabe, todos os da província da Ásia me abandonaram, incluindo Fígelo e Hermógenes.

16 Que o Senhor demonstre misericórdia a Onesíforo e sua família, pois muitas vezes me animou em suas visitas e nunca se envergonhou por eu estar na prisão. 17 Pelo contrário, quando veio a Roma, procurou-me diligentemente até me encontrar. 18 Que o Senhor lhe mostre misericórdia no dia da volta de Cristo. E você sabe muito bem quanto ele me ajudou em Éfeso.

O BOM SOLDADO DE CRISTO

2 Meu filho, seja forte por meio da graça que há em Cristo Jesus. 2 Você me ouviu ensinar verdades confirmadas por muitas testemunhas confiáveis. Agora, ensine-as a pessoas de confiança que possam transmiti-las a outros.

3 Suporte comigo o sofrimento, como bom soldado de Cristo Jesus. 4 Nenhum soldado se deixa envolver em assuntos da vida civil, pois se o fizesse não poderia agradar o oficial que o alistou. 5 O atleta não conquista o prêmio se não seguir as regras. 6 E o lavrador que trabalha arduamente deve ser o primeiro a colher o fruto de seu esforço. 7 Pense no que estou lhe dizendo. O Senhor o ajudará a entender todas essas coisas.

8 Lembre-se de que Jesus Cristo, descendente do rei Davi, ressuscitou dos mortos. Essas são as boas-novas que eu anuncio. 9 E, por causa disso, sofro e estou preso como um criminoso. Mas a palavra de Deus não está presa. 10 Portanto, estou disposto a suportar qualquer coisa se isso trouxer salvação e glória eterna em Cristo Jesus para os que foram escolhidos.

11 Esta é uma afirmação digna de confiança:

"Se morrermos com ele,
também com ele viveremos.
12 Se perseverarmos,
com ele reinaremos.

[a] **1.7** Ou *um espírito de temor e covardia, mas sim de poder, amor e autocontrole.*
[b] **1.12** Ou *o que lhe confiei.*

Em todas as gerações, o Senhor chama e convoca mulheres que levem transformação às suas próprias casas e às pessoas ao redor.

Se o negarmos,
 ele nos negará.
13 Se formos infiéis,
 ele permanecerá fiel,
 pois não pode negar a si mesmo".

14 Lembre essas coisas a todos e ordene-lhes na presença de Deus que deixem de brigar por causa de palavras. Essas discussões são inúteis e podem causar grave prejuízo a quem as ouve.

O TRABALHADOR APROVADO

15 Esforce-se sempre para receber a aprovação do Deus a quem você serve. Seja um bom trabalhador, que não tem de que se envergonhar e que ensina corretamente a palavra da verdade. 16 Evite conversas tolas e profanas, que só levam a mais comportamentos mundanos. 17 Esse tipo de conversa se espalha como câncer,[a] a exemplo do ocorrido com Himeneu e Fileto. 18 Eles deixaram o caminho da verdade, afirmando que a ressurreição dos mortos já aconteceu, e com isso desviaram alguns da fé.

19 Mas o alicerce sólido de Deus permanece firme, com esta inscrição: "O Senhor conhece quem pertence a ele"[b] e "Todos que pertencem ao Senhor devem se afastar do mal".[c]

20 Numa casa grande, alguns utensílios são de ouro e de prata, e outros, de madeira e de barro. Os utensílios de mais valor são reservados para ocasiões especiais, e os de menos valor, para uso diário. 21 Se você se mantiver puro, será um utensílio para fins honrosos. Sua vida será limpa, e você estará pronto para que o Senhor da casa o empregue para toda boa obra.

22 Fuja de tudo que estimule as paixões da juventude. Em vez disso, busque justiça, fidelidade, amor e paz, na companhia daqueles que invocam o Senhor com coração puro.

23 Digo mais uma vez: não se envolva em discussões tolas e ignorantes que só servem para gerar brigas. 24 O servo do Senhor não deve viver brigando, mas ser amável com todos, apto a ensinar e paciente. 25 Instrua com mansidão aqueles que se opõem, na esperança de que Deus os leve ao arrependimento e, assim, conheçam a verdade. 26 Então voltarão ao perfeito juízo e escaparão da armadilha do diabo, que os prendeu para fazerem o que ele quer.

OS PERIGOS DOS ÚLTIMOS DIAS

3 Saiba que nos últimos dias haverá tempos muito difíceis. 2 Porque as pessoas só amarão a si mesmas e ao dinheiro. Serão arrogantes e orgulhosas, zombarão de Deus, desobedecerão a seus pais e serão ingratas e profanas. 3 Não terão afeição nem perdoarão; caluniarão outros e não terão autocontrole. Serão cruéis e odiarão o que é bom, 4 trairão os amigos, serão imprudentes e cheias de si e amarão os prazeres em vez de amar a Deus. 5 Serão religiosas apenas na aparência, mas rejeitarão o poder capaz de lhes dar a verdadeira devoção. Fique longe de gente assim!

6 Entre tais pessoas há aqueles que se infiltram na casa alheia e conquistam a confiança de[d] mulheres vulneráveis, carregadas de pecados e controladas por todo tipo de desejo, 7 mulheres que estão sempre em busca de novos ensinos, mas jamais conseguem entender a verdade. 8 Esses mestres se opõem à verdade, como Janes e Jambres se opuseram a Moisés. Têm a mente depravada, e sua fé não é autêntica. 9 Contudo, não irão muito longe. Um dia, alguém verá como são insensatos, como aconteceu com Janes e Jambres.

O APELO DE PAULO A TIMÓTEO

10 Mas você sabe muito bem o que eu ensino, como vivo e qual é meu propósito de vida. Conhece minha fé, minha paciência, meu amor e minha perseverança. 11 Sabe quanta perseguição e quanto sofrimento suportei e o que me aconteceu em Antioquia, Icônio e Listra; o Senhor, porém, me livrou de tudo isso. 12 Sim, e todos que desejam ter uma vida de devoção em Cristo Jesus sofrerão perseguições. 13 Mas os

[a] **2.17** Em grego, *gangrena*.
[b] **2.19a** Nm 16.5.
[c] **2.19b** Ver Is 52.11.

[d] **3.6** Em grego, *tornam cativas*.

perversos e os impostores irão de mal a pior. Enganarão outros e eles próprios serão enganados.

14 Você, porém, deve permanecer fiel àquilo que lhe foi ensinado. Sabe que é a verdade, pois conhece aqueles de quem aprendeu. 15 Desde a infância lhe foram ensinadas as Sagradas Escrituras, que lhe deram sabedoria para receber a salvação que vem pela fé em Cristo Jesus. 16 Toda a Escritura é inspirada por Deus e útil para nos ensinar o que é verdadeiro e para nos fazer perceber o que não está em ordem em nossa vida. Ela nos corrige quando erramos e nos ensina a fazer o que é certo. 17 Deus a usa para preparar e capacitar seu povo para toda boa obra.

4 Eu lhe digo solenemente, na presença de Deus e de Cristo Jesus, que um dia julgará os vivos e os mortos quando vier para estabelecer seu reino: 2 pregue a palavra. Esteja preparado, quer a ocasião seja favorável, quer não. Corrija, repreenda e encoraje com paciência e bom ensino.

3 Pois virá o tempo em que as pessoas já não escutarão o ensino verdadeiro. Seguirão os próprios desejos e buscarão mestres que lhes digam apenas aquilo que agrada seus ouvidos. 4 Rejeitarão a verdade e correrão atrás de mitos.

5 Você, porém, deve manter a sobriedade em todas as situações. Não tenha medo de sofrer. Trabalhe para anunciar as boas-novas e realize todo o ministério que lhe foi confiado.

6 Quanto a mim, minha vida já foi derramada como oferta para Deus. O tempo de minha morte se aproxima. 7 Lutei o bom combate, terminei a corrida e permaneci fiel. 8 Agora o prêmio me espera, a coroa de justiça que o Senhor, o justo Juiz, me dará no dia de sua volta. E o prêmio não será só para mim, mas para todos que, com grande expectativa, aguardam a sua vinda.

PALAVRAS FINAIS DE PAULO

9 Por favor, venha assim que puder. 10 Demas me abandonou, pois ama as coisas desta vida e foi para Tessalônica. Crescente foi embora para a Galácia, e Tito, para a Dalmácia. 11 Apenas Lucas está comigo. Traga Marcos com você, pois ele me será útil no ministério. 12 Enviei Tíquico a Éfeso. 13 Quando vier, não se esqueça de trazer a capa que deixei com Carpo, em Trôade. Traga também meus livros e especialmente meus pergaminhos.

14 Alexandre, o artífice que trabalha com cobre, me prejudicou muito, mas o Senhor o julgará pelo que ele fez. 15 Tome cuidado com ele, porque se opôs fortemente a tudo que dissemos.

16 Na primeira vez que fui levado perante o juiz, ninguém me acompanhou. Todos me abandonaram. Que isso não seja cobrado deles. 17 Mas o Senhor permaneceu ao meu lado e me deu forças para que eu pudesse anunciar as boas-novas plenamente, a fim de que todos os gentios as ouvissem. E ele me livrou da boca do leão. 18 Sim, o Senhor me livrará de todo ataque maligno e me levará em segurança para seu reino celestial. A Deus seja a glória para todo o sempre! Amém.

SAUDAÇÕES FINAIS

19 Envie minhas saudações a Priscila e a Áquila e à família de Onesíforo. 20 Erasto ficou em Corinto, e deixei Trófimo doente em Mileto.

21 Faça todo o possível para estar aqui antes do inverno. Êubulo lhe manda lembranças, e também Prudente, Lino, Cláudia e todos os irmãos.

22 Que o Senhor esteja com seu espírito. E que a graça esteja com todos vocês.

Cartas de Paulo

Tito

Livro 56 com 3 CAPÍTULOS

A ORDEM NA IGREJA E A VIDA PIEDOSA

AUTORIA

O apóstolo Paulo (Tt 1.1).

SIGNIFICADO DO TÍTULO

"Tito" significa "honrado" ou "valioso". Ele era um colaborador próximo de Paulo e um líder importante na igreja primitiva.

TITO E CRISTO

Tito aponta para Cristo como a fonte da graça que transforma vidas.

Paulo descreve Jesus como nosso Salvador, cuja vinda trouxe a esperança da vida eterna e a purificação de um povo dedicado às boas obras (Tt 2.13-14).

A obra redentora de Cristo é apresentada como o fundamento da fé e da conduta cristã (Tt 3.4-6).

TEMAS DO LIVRO

A importância da sã doutrina e das boas obras como evidência de uma fé autêntica (Tt 2.7-8,14; 3.8). Paulo enfatiza a transformação moral e ética que o Evangelho deve produzir. Ele também aborda a graça de Deus como a base para a salvação e a vida piedosa (Tt 2.11-12; 3.4-7).

OBJETIVO DO LIVRO

Orientar Tito na organização da igreja em Creta, enfatizando a necessidade de líderes piedosos e a importância da sã doutrina. Paulo também aborda a conduta cristã adequada e a transformação que a graça de Deus traz à vida dos cristãos (Tt 1.5; 2.1; 3.8).

ESTRUTURA DO LIVRO

★ Introdução e instruções para líderes Tt 1

★ Instruções sobre o comportamento cristão Tt 2

★ A importância das boas obras Tt 3

SAUDAÇÕES DE PAULO

1 Eu, Paulo, escravo de Deus e apóstolo de Jesus Cristo, escrevo esta carta. Fui enviado para fortalecer a fé daqueles que Deus escolheu e para ensinar-lhes a verdade que mostra como viver uma vida de devoção. 2 Essa verdade lhes dá a esperança da vida eterna que Deus, aquele que não mente, prometeu antes dos tempos eternos. 3 E agora, no devido tempo, ele revelou essa mensagem, que anunciamos a todos. Por ordem de Deus, nosso Salvador, fui encarregado de realizar esse trabalho em favor dele.

4 Escrevo a Tito, meu verdadeiro filho na fé que compartilhamos.

Que Deus, o Pai, e Cristo Jesus, nosso Salvador, lhe deem graça e paz.

O TRABALHO DE TITO EM CRETA

5 Deixei-o na ilha de Creta para que você completasse o trabalho e nomeasse presbíteros[a] em cada cidade, conforme o instruí. 6 O presbítero deve ter uma vida irrepreensível. Deve ser marido de uma só mulher,[b] e seus filhos devem partilhar de sua fé e não ter fama de devassos nem rebeldes. 7 O bispo[c] administra a casa de Deus e, portanto, deve ter uma vida irrepreensível. Não deve ser arrogante nem briguento, não deve beber vinho em excesso, nem ser violento, nem buscar lucro desonesto.

8 Em vez disso, deve ser hospitaleiro e amar o bem. Deve viver sabiamente, ser justo e ter uma vida de devoção e disciplina. 9 Deve estar plenamente convicto da mensagem fiel que lhe foi ensinada, de modo que possa encorajar outros com o verdadeiro ensino e mostrar aos que se opõem onde estão errados.

10 Pois há muitos rebeldes que promovem conversas inúteis e enganam as pessoas. Refiro-me especialmente àqueles que insistem na necessidade da circuncisão.[d] 11 É preciso fazê-los calar, pois, com seus ensinamentos falsos, têm desviado famílias inteiras da verdade. Sua motivação é obter lucro desonesto. 12 Até mesmo um deles, um profeta nascido em Creta, disse: "Os cretenses são mentirosos, animais cruéis e comilões preguiçosos".[e] 13 Isso é verdade. Portanto, repreenda-os severamente, a fim de fortalecê-los na fé. 14 É preciso que deixem de dar ouvidos a mitos judaicos e às ordens daqueles que se desviaram da verdade.

15 Para os que são puros, tudo é puro. Mas, para os corruptos e descrentes, nada é puro, pois têm a mente e a consciência corrompidas. 16 Afirmam que conhecem a Deus, mas o negam por seu modo de viver. São detestáveis e desobedientes, e não servem para fazer nada de bom.

O ENSINO CORRETO NA VIDA DA IGREJA

2 Mas, quanto a você, que suas palavras reflitam o ensino verdadeiro. 2 Os homens mais velhos devem exercitar o autocontrole, a fim de que sejam dignos de respeito e vivam com sabedoria. Devem ter uma fé sólida e ser cheios de amor e paciência.

3 Semelhantemente, as mulheres mais velhas devem viver de modo digno. Não devem ser caluniadoras, nem beber vinho em excesso; antes, devem ensinar o que é bom. 4 Devem instruir as mulheres mais jovens a amar o marido e os filhos, 5 a viver com sabedoria e pureza, a trabalhar no lar,[f] a fazer o bem e a ser submissas ao marido. Assim, não envergonharão a palavra de Deus.

6 Da mesma forma, incentive os homens mais jovens a viver com sabedoria. 7 Você mesmo deve ser exemplo da prática de boas obras. Tudo que fizer deve refletir a integridade e a seriedade de seu ensino. 8 Sua mensagem deve ser tão correta a ponto de ninguém a criticar. Então os que se opõem a nós ficarão envergonhados e nada terão de ruim para dizer a nosso respeito.

9 Quanto aos escravos, devem sempre obedecer a seu senhor e fazer todo o possível para agradá-lo. Não devem ser respondões, 10 nem roubar, mas devem mostrar-se bons e inteiramente dignos

---

[a] **1.5** Ou *anciãos*.
[b] **1.6** Ou *ter somente uma mulher*, ou *ter se casado somente uma vez*.
[c] **1.7** Ou *supervisor*.
[d] **1.10** Em grego, *especialmente aos da circuncisão*.
[e] **1.12** Citação de Epimênides de Cnossos.
[f] **2.5** Alguns manuscritos trazem *a cuidar do lar*.

de confiança. Assim, tornarão atraente em
todos os sentidos o ensino a respeito de
Deus, nosso Salvador.
11 Pois a graça de Deus foi revelada e a
todos traz salvação. 12 Somos instruídos a
abandonar o estilo de vida ímpio e os pra-
zeres pecaminosos. Neste mundo perver-
so, devemos viver com sabedoria, justiça
e devoção, 13 enquanto aguardamos espe-
rançosamente o dia em que será revelada
a glória de nosso grande Deus e Salvador,
Jesus Cristo. 14 Ele entregou sua vida para
nos libertar de todo pecado, para nos puri-
ficar e fazer de nós seu povo, inteiramente
dedicado às boas obras.
15 Ensine essas coisas e encoraje os ir-
mãos a praticá-las. Corrija-os com autori-
dade. Não deixe que ignorem o que você diz.

FAÇA O QUE É BOM

3 Lembre a todos que se sujeitem ao
governo e às autoridades. Devem ser
obedientes e sempre prontos a fazer o que
é bom. 2 Não devem caluniar ninguém,
mas evitar brigas. Que sejam amáveis e
mostrem a todos verdadeira humildade.
3 Em outros tempos, também éramos
insensatos e desobedientes. Vivíamos no
engano e nos tornamos escravos de muitas
paixões e prazeres. Éramos cheios de mal-
dade e inveja e odiávamos uns aos outros.
4 Mas,

Quando Deus, nosso Salvador, revelou
sua bondade e seu amor, 5 ele nos
salvou não porque tivéssemos feito
algo justo, mas por causa de sua mi-
sericórdia. Ele nos lavou para remo-
ver nossos pecados, nos fez nascer de
novo e nos deu nova vida por meio
do Espírito Santo.[a] 6 Generosamente,
derramou o Espírito sobre nós por
meio de Jesus Cristo, nosso Salvador.
7 Por causa de sua graça, nos decla-
rou justos e nos deu a esperança de
que herdaremos a vida eterna.

8 Essa é uma afirmação digna de confiança,
e quero que você insista nesses ensina-
mentos, para que todos os que creem em
Deus se dediquem a fazer o bem. São en-
sinamentos bons e benéficos para todos.
9 Não se envolva em discussões tolas
sobre genealogias intermináveis, nem em
disputas e brigas sobre a obediência às leis
judaicas. Essas coisas são inúteis, e perda
de tempo. 10 Se alguém tem causado divi-
sões entre vocês, advirta-o uma primeira
e uma segunda vez. Depois disso, não se
relacione mais com ele. 11 Tais indivíduos
se desviaram da verdade e condenaram a
si mesmos com seus pecados.

INSTRUÇÕES FINAIS

12 Planejo enviar-lhe Ártemas ou Tíquico.
Assim que um deles chegar, procure ir ao
meu encontro em Nicópolis, pois decidi
passar o inverno ali. 13 Faça todo o pos-
sível para ajudar Zenas, o advogado, e
Apolo na viagem deles. Providencie que
tenham tudo de que precisam. 14 Nosso
povo deve aprender a fazer o bem ao su-
prir as necessidades urgentes de outros;
assim, ninguém será improdutivo.

SAUDAÇÕES E BÊNÇÃO

15 Todos aqui mandam lembranças. Por
favor, envie minhas saudações a todos
que nos amam na fé.

Que a graça de Deus esteja com todos vocês.

[a] **3.5** Em grego, *Ele nos salvou mediante o lavar da regeneração e renovação do Espírito Santo.*

Cartas de Paulo

Filemom

Livro 57 com

1

CAPÍTULO

AUTORIA

O apóstolo Paulo. A carta foi escrita enquanto ele estava preso (Fm 1.9).

SIGNIFICADO DO TÍTULO

"Filemom" significa "amável" ou "carinhoso". Filemom era um cristão colossense, provavelmente convertido pela pregação de Paulo.

OBJETIVO DO LIVRO

Interceder por Onésimo, escravo fugitivo que havia se convertido ao cristianismo. Paulo pede a Filemom que receba Onésimo não apenas como um escravo, mas como um irmão em Cristo (Fm 1.10-16).

ESTRUTURA DO LIVRO

- ★ Saudação e ação de graças Fm 1.1-7
- ★ Intercessão por Onésimo Fm 1.8-21
- ★ Conclusão e bênção final Fm 1.22-25

TEMAS DO LIVRO

Filemom destaca temas como perdão, reconciliação e igualdade em Cristo. Paulo apresenta a transformação do relacionamento entre senhor e escravo à luz do Evangelho, mostrando que, em Cristo, todos são irmãos (Fm 1.16).

A carta também exemplifica a intercessão e o amor cristãos, conforme Paulo pede que Filemom perdoe e aceite Onésimo de volta com um coração renovado.

FILEMOM E CRISTO

Filemom aponta para Cristo como o grande reconciliador. A intercessão de Paulo por Onésimo é um reflexo da intercessão de Cristo por nós, que, embora fôssemos escravos do pecado, fomos aceitos como filhos e irmãos em Cristo (Fm 1.15-16; Hb 7.25). A carta ilustra a graça transformadora do Evangelho na vida cotidiana.

Onésimo se tornou um ajudante valioso para Paulo durante seu encarceramento (Fm 1.11-13).

A igreja em Colossos se reunia na casa de Filemom, indicando seu papel significativo na comunidade cristã local (Fm 1.2).

SAUDAÇÕES DE PAULO

1 Eu, Paulo, prisioneiro de Cristo Jesus,
escrevo esta carta, junto com nosso
irmão Timóteo, a Filemom, nosso amado
colaborador, 2 à irmã Áfia, a Arquipo,
nosso companheiro na luta, e à igreja que
se reúne em sua casa.
3 Que Deus, nosso Pai, e o Senhor Jesus
Cristo lhes deem graça e paz.

AÇÃO DE GRAÇAS E ORAÇÃO

4 Sempre dou graças a meu Deus por
você em minhas orações, 5 pois ouço com
frequência de sua fé no Senhor Jesus e de
seu amor por todo o povo santo. 6 Oro para
que você ponha em prática a comunhão que
vem da fé, à medida que entender e experi-
mentar todas as coisas boas que temos em
Cristo. 7 Seu amor, meu irmão, tem me dado
muita alegria e conforto, pois sua bondade
tem revigorado o coração do povo santo.

PEDIDO EM FAVOR DE ONÉSIMO

8 Por isso, ainda que pudesse exigir em
Cristo que você faça o que é certo, 9 prefiro
pedir com base no amor — eu, Paulo, já
velho e agora prisioneiro de Cristo Jesus.
10 Suplico que demonstre bondade a
meu filho Onésimo. Tornei-me pai dele
na fé quando estava aqui na prisão.
11 Onésimo[a] não lhe foi de muita utilidade
no passado, mas agora é muito útil para
nós dois. 12 Eu o envio de volta a você, e
com ele vai meu próprio coração.
13 Gostaria de mantê-lo aqui comigo
enquanto estou preso por anunciar as
boas-novas; assim ele me ajudaria em
seu lugar. 14 Mas eu nada quis fazer sem
seu consentimento. Meu desejo era que
você ajudasse de boa vontade, e não por
obrigação. 15 Ao que parece, você perdeu
Onésimo por algum tempo para ganhá-lo
de volta para sempre. 16 Ele já não é um
escravo para você. É mais que um escravo:
é um irmão amado, especialmente para
mim. Agora ele será muito mais impor-
tante para você, como pessoa e como
irmão no Senhor.
17 Portanto, se me considera seu compa-
nheiro na fé, receba-o como receberia
a mim. 18 Se ele o prejudicou de alguma
forma ou se lhe deve algo, cobre de mim.
19 Eu, Paulo, escrevo de próprio punho:
Eu pagarei. E não mencionarei que você
me deve sua própria vida.
20 Sim, meu irmão, faça-me essa genti-
leza no Senhor. Reanime meu coração
em Cristo!
21 Escrevo esta carta certo de que você
fará o que lhe peço, e até mais. 22 Por
favor, prepare um quarto para mim, pois
espero que as orações de vocês sejam
respondidas e eu possa voltar a visitá-los
em breve.

SAUDAÇÕES FINAIS

23 Epafras, meu companheiro de prisão
em Cristo Jesus, manda lembran-
ças. 24 Marcos, Aristarco, Demas e
Lucas, meus colaboradores, também
enviam saudações.
25 Que a graça de nosso Senhor Jesus
Cristo esteja com o espírito de vocês.

Permaneça firmada nas verdades do Pai, plantada à beira de sua presença.

[a] **1.11** *Onésimo* significa "útil".

Cartas Gerais

Hebreus

Livro 58 com 13 CAPÍTULOS

A SUPREMACIA DE CRISTO E A NOVA ALIANÇA

ESTRUTURA DO LIVRO

- ★ A superioridade de Cristo Hb 1—10.18
- ★ Chamado à perseverança Hb 10.19—12
- ★ Exortações finais e conclusão Hb 13

AUTORIA

Não se sabe. As teorias apontam para o apóstolo Paulo, Apolo, Barnabé ou até mesmo Priscila. O autor era claramente um cristão influente e bem instruído nas Escrituras.

TEMAS DE HEBREUS

Hebreus apresenta uma rica teologia centrada na supremacia e suficiência de Cristo. Enfatiza a superioridade do sacerdócio de Jesus (Hb 7.26-28), seu sacrifício perfeito (Hb 10.10-14) e a nova aliança que ele estabeleceu (Hb 8.6-13). A carta também discute a perseverança na fé e a importância da fé ativa (Hb 11.1-40).

SIGNIFICADO DO TÍTULO

O título "Hebreus" indica que a carta foi dirigida a cristãos convertidos do judaísmo. A epístola visa fortalecer a fé desses judeus cristãos, que enfrentavam perseguições e eram tentados a retornar à antiga religião.

HEBREUS E CRISTO

Hebreus destaca que Jesus é o sumo sacerdote perfeito e o sacrifício final pelos pecados. A carta liga a obra de Cristo aos elementos do Antigo Testamento, mostrando como ele é o cumprimento de promessas e tipos, especialmente por meio da nova aliança (Hb 8.6-13) e seu sacrifício único e definitivo (Hb 10.10-14).

OBJETIVO DO LIVRO

Exortar os cristãos a perseverar na fé em Jesus, demonstrando que ele é superior a todos os sistemas e figuras do Antigo Testamento. O autor enfatiza que Cristo é o cumprimento de todas as promessas e a revelação definitiva de Deus.

JESUS CRISTO É O FILHO DE DEUS

1 Por muito tempo Deus falou várias
vezes e de diversas maneiras a nos-
sos antepassados por meio dos profetas.
[2] E agora, nestes últimos dias, ele nos fa-
lou por meio do Filho, o qual ele designou
como herdeiro de todas as coisas e por
meio de quem criou o universo. [3] O Filho
irradia a glória de Deus, expressa de for-
ma exata quem Deus é e, com sua palavra
poderosa, sustenta todas as coisas. Depois
de nos purificar de nossos pecados, sen-
tou-se no lugar de honra à direita do Deus
majestoso no céu, [4] o que revela que o Fi-
lho é muito superior aos anjos, e o nome
que ele herdou, superior ao nome deles.

O FILHO É MAIOR QUE OS ANJOS

[5] Pois Deus nunca disse a nenhum anjo:

"Você é meu Filho;
hoje eu o gerei".[a]

Ou ainda:

"Eu serei seu Pai,
e ele será meu Filho".[b]

[6] E, quando ele trouxe seu Filho supremo[c]
ao mundo, disse:[d]

"Que todos os anjos
de Deus o adorem".[e]

[7] A respeito dos anjos, ele diz:

"Ele envia seus anjos como os ventos,
e seus servos, como chamas de fogo".[f]

[8] Mas ao Filho ele diz:

"Teu trono, ó Deus, permanece
para todo o sempre;
tu governas com cetro de justiça.
[9] Amas a justiça e odeias o mal;
por isso, Deus, o teu Deus, te ungiu.
Derramou sobre ti o óleo da alegria,
mais que sobre qualquer outro".[g]

[10] E diz também:

"No princípio, Senhor, lançaste
os fundamentos da terra,
e com tuas mãos formaste os céus.
[11] Eles deixarão de existir, mas tu
permanecerás para sempre;
eles se desgastarão,
como roupa velha.
[12] Tu os desdobrarás
como um manto
e te desfarás deles
como roupa velha.
Tu, porém, és sempre o mesmo;
teus dias jamais terão fim".[h]

[13] E ele nunca disse a nenhum de seus anjos:

"Sente-se no lugar de honra
à minha direita,
até que eu humilhe seus inimigos
e os ponha debaixo de seus pés".[i]

[14] Portanto, os anjos são apenas servos, es-
píritos enviados para cuidar daqueles que
herdarão a salvação.

ADVERTÊNCIA CONTRA A NEGLIGÊNCIA ESPIRITUAL

2 Portanto, precisamos prestar muita
atenção às verdades que temos ouvi-
do, para não nos desviarmos delas. [2] Pois
a mensagem que foi transmitida por meio
de anjos permaneceu firme, e toda trans-
gressão e desobediência recebeu o castigo
merecido. [3] O que nos faz pensar que es-
caparemos se negligenciarmos essa gran-
de salvação, anunciada primeiramente
pelo Senhor e depois transmitida a nós
por aqueles que o ouviram falar? [4] E Deus
confirmou a mensagem por meio de si-
nais, maravilhas e diversos milagres, e
também por dons do Espírito Santo, con-
forme sua vontade.

---

[a] **1.5a** Ou *hoje eu o revelo como meu Filho.* Sl 2.7.
[b] **1.5b** 2Sm 7.14.
[c] **1.6a** Ou *primogênito.*
[d] **1.6b** Ou *quando ele trouxer novamente seu Filho supremo* [ou *Filho primogênito*] *ao mundo, dirá.*
[e] **1.6c** Dt 32.43.
[f] **1.7** Sl 104.4, conforme a Septuaginta.
[g] **1.8-9** Sl 45.6-7
[h] **1.10-12** Sl 102.25-27
[i] **1.13** Sl 110.1.

JESUS, O HOMEM

5 Além disso, não são anjos que governarão o mundo futuro a que nos referimos. 6 Porque em certo lugar alguém disse:

"Quem é o simples mortal,
para que penses nele?
Quem é o filho do homem,[a] para
que com ele te importes?
7 E, no entanto, por pouco
tempo o fizeste um pouco
menor que os anjos
e o coroaste de glória e honra.[b]
8 Tu lhe deste autoridade
sobre todas as coisas".[c]

Quando se diz "todas as coisas", significa que nada foi deixado de fora. É verdade que ainda não vimos tudo ser submetido à sua autoridade. 9 Contudo, vemos Jesus, que por pouco tempo foi feito "um pouco menor que os anjos" e que, por ter sofrido a morte, agora está coroado "de glória e honra". Sim, pela graça de Deus, Jesus experimentou a morte por todos. 10 Deus, para quem e por meio de quem todas as coisas foram criadas, escolheu levar muitos filhos à glória. E era apropriado que, por meio do sofrimento de Jesus, ele o tornasse o líder perfeito para conduzi-los à salvação.

11 Assim, tanto o que santifica como os que são santificados procedem de um só. Por isso Jesus não se envergonha de chamá-los irmãos, 12 quando diz:

"Proclamarei teu nome a meus irmãos;
no meio de teu povo
reunido te louvarei".[d]

13 E também afirmou:

"Porei minha confiança nele",
isto é, "eu e os filhos que
Deus me deu".[e]

14 Visto, portanto, que os filhos são seres humanos, feitos de carne e sangue, o Filho também se tornou carne e sangue, pois somente assim ele poderia morrer e, somente ao morrer, destruiria o diabo, que tinha[f] o poder da morte. 15 Só dessa maneira ele libertaria aqueles que durante toda a vida estiveram escravizados pelo medo da morte.

16 Também sabemos que o Filho não veio para ajudar os anjos, mas sim os descendentes de Abraão. 17 Portanto, era necessário que ele se tornasse semelhante a seus irmãos em todos os aspectos, de modo que pudesse ser nosso misericordioso e fiel Sumo Sacerdote diante de Deus e realizar o sacrifício que remove os pecados do povo. 18 Uma vez que ele próprio passou por sofrimento e tentação, é capaz de ajudar aqueles que são tentados.

JESUS É MAIOR QUE MOISÉS

3 Portanto, irmãos santos que participam do chamado celestial, considerem atentamente a Jesus, que declaramos ser Apóstolo e Sumo Sacerdote. 2 Pois ele foi fiel àquele que o designou, assim como Moisés serviu fielmente quando lhe foi confiada toda[g] a casa de Deus.

3 Jesus, no entanto, é digno de muito mais honra que Moisés, assim como a pessoa que constrói uma casa merece mais elogios que a casa em si. 4 Pois toda casa tem um construtor, mas Deus é o construtor de todas as coisas.

5 Por certo, Moisés foi fiel como servo na casa de Deus, e seu trabalho ilustrou verdades que seriam mais tarde reveladas. 6 Mas Cristo, como Filho, é responsável por toda a casa de Deus; e nós somos a casa de Deus, se nos mantivermos corajosos e firmes em nossa esperança gloriosa.[h]

7 Por isso o Espírito Santo diz:

"Hoje, se ouvirem sua voz,
8 não endureçam o coração
como eles fizeram na rebelião,
quando me puseram à
prova no deserto.

[a] **2.6** Ou *o Filho do Homem*.
[b] **2.7** Alguns manuscritos acrescentam *Tu o encarregaste de tudo que criaste*.
[c] **2.6-8** Sl 8.4-6, conforme a Septuaginta.
[d] **2.12** Sl 22.22.
[e] **2.13** Is 8.17-18.
[f] **2.14** Ou *tem*.
[g] **3.2** Alguns manuscritos não trazem *toda*.
[h] **3.6** Alguns manuscritos acrescentam *até o fim*.

9 Ali seus antepassados me tentaram
e me puseram à prova,
apesar de terem visto meus feitos
durante quarenta anos.
10 Por isso fiquei irado com
aquela geração e disse:
'Seu coração sempre se desvia de mim;
vocês se recusam a andar
em meus caminhos'.
11 Assim, jurei em minha ira:
'Jamais entrarão em meu descanso'".[a]

12 Portanto, irmãos, cuidem para que ne-
nhum de vocês tenha coração perverso
e incrédulo que os desvie do Deus vivo.
13 Advirtam uns aos outros todos os dias,
enquanto ainda é "hoje", para que ne-
nhum de vocês seja enganado pelo pe-
cado e fique endurecido. 14 Porque nos
tornaremos participantes de Cristo, se de
fato mantivermos firme até o fim a con-
fiança que nele depositamos no início.
15 Lembrem-se do que foi dito:

"Hoje, se ouvirem sua voz,
não endureçam o coração
como eles fizeram na rebelião".[b]

16 E quem foram os que se rebelaram
mesmo depois de terem ouvido? Não fo-
ram aqueles que saíram do Egito condu-
zidos por Moisés? 17 E quem deixou Deus
irado durante quarenta anos? Não foi o
povo que pecou e cujos corpos ficaram
no deserto? 18 E a quem Deus se dirigiu
quando jurou que jamais entrariam em
seu descanso? Não foi ao povo que lhe de-
sobedeceu? 19 Vemos, portanto, que não
puderam entrar no descanso por causa de
sua incredulidade.

DESCANSO PROMETIDO AO POVO DE DEUS

4 Assim, uma vez que permanece a
promessa de que entraremos no des-
canso de Deus, devemos ter cuidado para
que nenhum de vocês pense que falhou.
2 Porque essas boas-novas também nos
foram anunciadas, como a eles, mas a
mensagem de nada lhes valeu, pois não a
receberam com fé e não se uniram àque-
les que ouviram.[c] 3 Pois nós, os que cre-
mos, entramos em seu descanso. Quanto
aos demais, Deus disse:

"Assim, jurei em minha ira:
'Jamais entrarão em
meu descanso'",[d]

embora suas obras estejam prontas des-
de a criação do mundo. 4 Sabemos que
estão prontas por causa da passagem que
menciona o sétimo dia: "No sétimo dia,
Deus descansou de todo o seu trabalho".[e]
5 Mas, em outra passagem, Deus diz: "Ja-
mais entrarão em meu descanso".[f]
6 Portanto, o descanso está disponível
para que alguns entrem nele, mas os pri-
meiros que ouviram essas boas-novas não
entraram por causa de sua desobediência.
7 Por isso Deus estabeleceu outra ocasião
para que entrem em seu descanso, e essa
ocasião é "hoje". Ele anunciou isso por
meio de Davi muito tempo depois, nas
palavras já citadas:

"Hoje, se ouvirem sua voz,
não endureçam o coração".[g]

8 Se Josué lhes tivesse dado descanso,
Deus não teria falado de outro dia de des-
canso por vir. 9 Logo, ainda há um descan-
so definitivo[h] à espera do povo de Deus.
10 Porque todos que entraram no descan-
so de Deus descansam de seu trabalho,
como Deus o fez após a criação do mun-
do. 11 Portanto, esforcemo-nos para entrar
nesse descanso. Mas, se desobedecermos,
como no exemplo citado, cairemos.
12 Pois a palavra de Deus é viva e podero-
sa. É mais cortante que qualquer espada de
dois gumes, penetrando entre a alma e o
espírito, entre a junta e a medula, e trazen-
do à luz até os pensamentos e desejos mais
íntimos. 13 Nada, em toda a criação, está
escondido de Deus. Tudo está descoberto

a **3.7-11** Sl 95.7-11.
b **3.15** Sl 95.7-8.

c **4.2** Alguns manuscritos trazem *pois não combinaram com fé aquilo que ouviram.*
d **4.3** Sl 95.11.
e **4.4** Gn 2.2.
f **4.5** Sl 95.11.
g **4.7** Sl 95.7-8.
h **4.9** Ou *descanso sabático.*

e exposto diante de seus olhos, e é a ele que prestamos contas.

CRISTO É NOSSO SUMO SACERDOTE

14 Visto, portanto, que temos um grande Sumo Sacerdote que entrou no céu, Jesus, o Filho de Deus, apeguemo-nos firmemente àquilo em que cremos. 15 Nosso Sumo Sacerdote entende nossas fraquezas, pois enfrentou as mesmas tentações que nós, mas nunca pecou. 16 Assim, aproximemo-nos com toda confiança do trono da graça, onde receberemos misericórdia e encontraremos graça para nos ajudar quando for preciso.

5 Todo sumo sacerdote é um homem escolhido para representar outras pessoas nas coisas referentes a Deus. Ele apresenta ofertas e sacrifícios pelos pecados 2 e é capaz de tratar com bondade os ignorantes e os que se desviam, pois está sujeito às mesmas fraquezas. 3 É por isso que precisa oferecer sacrifícios pelos próprios pecados, bem como pelos pecados do povo.

4 Ninguém assume essa posição de honra por si só. Ele deve ser chamado por Deus, como aconteceu com Arão. 5 Por isso Cristo não tomou para si a honra de ser Sumo Sacerdote, mas foi Deus que lhe concedeu essa honra, dizendo:

> "Você é meu Filho; hoje eu o gerei".[a]

6 E, em outra passagem, diz:

> "Você é sacerdote para sempre,
> segundo a ordem de Melquisedeque".[b]

7 Enquanto Jesus esteve na terra, ofereceu orações e súplicas, em alta voz e com lágrimas, àquele que podia salvá-lo da morte, e suas orações foram ouvidas por causa de sua profunda devoção. 8 Embora fosse Filho, aprendeu a obediência por meio de seu sofrimento. 9 Com isso, foi capacitado para ser o Sumo Sacerdote perfeito e tornou-se a fonte de salvação eterna para todos que lhe obedecem. 10 E Deus o designou Sumo Sacerdote segundo a ordem de Melquisedeque.

APELO AO CRESCIMENTO ESPIRITUAL

11 Há muito mais que gostaríamos de dizer a esse respeito, mas são coisas difíceis de explicar, sobretudo porque vocês se tornaram displicentes acerca do que ouvem. 12 A esta altura, já deveriam ensinar outras pessoas, e no entanto precisam que alguém lhes ensine novamente os conceitos mais básicos da palavra de Deus.[c] Ainda precisam de leite, e não podem ingerir alimento sólido. 13 Quem se alimenta de leite ainda é criança e não sabe o que é justo. 14 O alimento sólido é para os adultos que, pela prática constante, são capazes de distinguir entre certo e errado.

6 Portanto, deixemos de lado os ensinamentos básicos a respeito de Cristo e sigamos em frente, alcançando a maturidade em nosso entendimento. Certamente não precisamos lançar novamente os alicerces, ou seja, o arrependimento das obras mortas, a fé em Deus, 2 o batismo, a imposição de mãos, a ressurreição dos mortos e o julgamento eterno. 3 Se Deus permitir, avançaremos para um maior entendimento.

4 Pois é impossível trazer de volta ao arrependimento aqueles que já foram iluminados, que já experimentaram as dádivas celestiais e se tornaram participantes do Espírito Santo, 5 que provaram a bondade da palavra de Deus e os poderes do mundo por vir, 6 e que depois se desviaram. Sim, é impossível trazê-los de volta ao arrependimento, pois, ao rejeitar o Filho de Deus, eles voltaram a pregá-lo na cruz, expondo-o à vergonha pública.

7 Quando a terra absorve a chuva que cai e produz uma boa colheita para o lavrador, recebe a bênção de Deus. 8 Mas, se a terra produz espinhos e ervas daninhas, para nada serve, sendo logo amaldiçoada e, por fim, queimada.

9 Amados, embora estejamos falando dessa forma, na realidade não cremos que

[a] **5.5** Ou *hoje eu o revelo como meu Filho.* Sl 2.7.
[b] **5.6** Sl 110.4.

[c] **5.12** Ou *dos oráculos de Deus.*

se aplique a vocês. Temos certeza de que
estão destinados às coisas melhores que
pertencem à salvação. 10 Pois Deus não
é injusto; não se esquecerá de como tra-
balharam arduamente para ele e lhe de-
monstraram seu amor ao cuidar do povo
santo, como ainda fazem. 11 Nosso desejo é
que vocês continuem a mostrar essa mes-
ma dedicação até o fim, para que tenham
plena certeza de sua esperança. 12 Assim,
não se tornarão displicentes, mas seguirão
o exemplo daqueles que, por causa de sua
fé e perseverança, herdarão as promessas.

AS PROMESSAS DE DEUS DÃO ESPERANÇA

13 Considerem a promessa de Deus a
Abraão. Uma vez que não havia ninguém
superior por quem jurar, Deus jurou por si
mesmo. Disse ele:

14 "Certamente o abençoarei
e multiplicarei grandemente
seus descendentes".[a]

15 Então Abraão esperou com paciência, e
recebeu o que lhe fora prometido.
16 Quando a pessoa faz um juramento,
invoca alguém maior que ela. E, sem dú-
vida, o juramento implica uma obrigação.
17 Deus também se comprometeu por meio
de um juramento, para que os herdeiros da
promessa tivessem plena convicção de que
ele jamais mudaria de ideia. 18 A promessa
e o juramento não podem ser mudados,
pois é impossível que Deus minta. Portan-
to, nós que nele nos refugiamos estamos
firmemente seguros ao nos apegarmos
à esperança posta diante de nós. 19 Essa
esperança é uma âncora firme e confiá-
vel para nossa alma. Ela nos conduz até o
outro lado da cortina, para o santuário in-
terior. 20 Jesus já entrou ali por nós. Ele se
tornou nosso eterno Sumo Sacerdote, se-
gundo a ordem de Melquisedeque.

MELQUISEDEQUE É MAIOR QUE ABRAÃO

7 Esse Melquisedeque era rei de Salém e
também sacerdote do Deus Altíssimo.
Quando Abraão regressava para casa, de-
pois de derrotar os reis, Melquisedeque
foi ao seu encontro e o abençoou. 2 Então
Abraão separou a décima parte de tudo e
a entregou a Melquisedeque, cujo nome
significa "rei da justiça", enquanto rei de
Salém quer dizer "rei da paz". 3 Não há re-
gistro de seu pai nem de sua mãe, nem de
nenhum de seus antepassados, nem do
começo nem do fim de sua vida. Seme-
lhantemente ao Filho de Deus, ele perma-
nece sacerdote para sempre.
4 Considerem, portanto, a importância
de Melquisedeque. Até mesmo Abraão, o
patriarca, a reconheceu ao entregar a ele
um décimo do que havia conquistado na
batalha. 5 A lei de Moisés exigia que os
sacerdotes, os descendentes de Levi, re-
cebessem o dízimo de seus irmãos israe-
litas, que também são descendentes de
Abraão. 6 Melquisedeque, porém, que não
era descendente de Levi, recebeu o dízi-
mo e, em seguida, abençoou Abraão, que
já havia recebido as promessas. 7 Sem
dúvida, quem tem poder para abençoar é
superior a quem é abençoado.
8 Os sacerdotes que recebem os dízi-
mos são homens mortais. A respeito de
Melquisedeque, no entanto, é dito que
ele continua vivo. 9 Além disso, pode-se
dizer que os levitas, que recebem o dízi-
mo, também o entregaram por meio de
Abraão. 10 Embora Levi ainda não tivesse
nascido, a semente da qual ele veio já es-
tava no corpo de Abraão, seu antepassa-
do, quando Melquisedeque se encontrou
com ele.
11 Portanto, se o sacerdócio de Levi, sob
o qual o povo recebeu a lei, pudesse ter
alcançado a perfeição, por que seria ne-
cessário estabelecer outro sacerdócio,
com um sacerdote segundo a ordem
de Melquisedeque, em vez da ordem
de Arão?
12 E, se o sacerdócio muda, também é
preciso que a lei mude. 13 Pois o sacerdo-
te ao qual estamos nos referindo pertence
a outra tribo, cujos membros nunca servi-
ram no altar como sacerdotes. 14 De fato,
como todos sabem, nosso Senhor veio da
tribo de Judá, e Moisés nunca mencionou
que dessa tribo viriam sacerdotes.

[a] **6.14** Gn 22.17.

JESUS É COMO MELQUISEDEQUE

15 Essa mudança se torna ainda mais clara com o surgimento de outro sacerdote, semelhante a Melquisedeque, 16 o qual se tornou sacerdote não por cumprir leis e exigências humanas, mas pelo poder de uma vida indestrutível. 17 Pois a respeito dele foi dito:

"Você é sacerdote para sempre,
segundo a ordem de Melquisedeque".[a]

18 Desse modo, o antigo requisito, por ser fraco e inútil, foi cancelado. 19 Pois a lei nunca tornou perfeita coisa alguma. Agora, porém, temos certeza de uma esperança superior, pela qual nos aproximamos de Deus.

20 Esse novo sistema foi instituído com um juramento solene. Os outros se tornaram sacerdotes sem esse juramento, 21 mas a respeito dele houve um juramento, pois Deus lhe disse:

"O Senhor jurou e não voltará atrás:
'Você é sacerdote para sempre'".[b]

22 Por causa desse juramento, Jesus é aquele que garante uma aliança superior.

23 Além disso, havia muitos sacerdotes, pois a morte os impedia de continuar a desempenhar suas funções. 24 Mas, visto que ele vive para sempre, seu sacerdócio é permanente. 25 Portanto, ele é capaz de salvar de uma vez por todas[c] aqueles que se aproximam de Deus por meio dele. Ele vive sempre para interceder em favor deles.

26 É de um Sumo Sacerdote como ele que necessitamos, pois é santo, irrepreensível, sem nenhuma mancha de pecado, separado dos pecadores e colocado no lugar de mais alta honra no céu.[d] 27 Ele não precisa oferecer sacrifícios diariamente, ao contrário dos outros sumos sacerdotes, que os ofereciam primeiro por seus próprios pecados e depois pelos pecados do povo. Ele, porém, o fez de uma vez por todas quando ofereceu a si mesmo como sacrifício. 28 A lei nomeava sacerdotes limitados pela fraqueza humana. Mas, depois da lei, Deus nomeou com juramento seu Filho, que se tornou o Sumo Sacerdote perfeito para sempre.

O MINISTÉRIO SUPERIOR DE NOSSO SUMO SACERDOTE

8 O mais importante é que temos um Sumo Sacerdote sentado no lugar de honra à direita do trono do Deus Majestoso no céu. 2 Ele ministra ali no verdadeiro tabernáculo,[e] o santuário construído pelo Senhor, e não por mãos humanas.

3 E, visto que todo sumo sacerdote deve apresentar ofertas e sacrifícios, era necessário que esse Sumo Sacerdote também apresentasse uma oferta. 4 Se ele estivesse aqui na terra, nem seria sacerdote, pois já existem sacerdotes que apresentam as ofertas exigidas pela lei. 5 O serviço sacerdotal que eles realizam é apenas uma representação, uma sombra das coisas celestiais. Pois, quando Moisés se preparava para construir o tabernáculo, Deus o advertiu: "Cuide para que tudo seja feito de acordo com o modelo que eu lhe mostrei aqui no monte".[f]

6 Agora, porém, Jesus, nosso Sumo Sacerdote, recebeu um ministério superior, pois ele é o mediador de uma aliança superior, baseada em promessas superiores. 7 Se a primeira aliança fosse perfeita, não teria havido necessidade de outra para substituí-la. 8 Mas, quando Deus viu que seu povo era culpado, disse:

"Está chegando o dia, diz o Senhor,
em que farei uma nova aliança
com o povo de Israel e de Judá.
9 Não será como a aliança que fiz
com seus antepassados,
quando os tomei pela mão
e os conduzi para fora
da terra do Egito.
Não permaneceram fiéis
à minha aliança,
por isso lhes dei as costas,
diz o Senhor.

[a] **7.17** Sl 110.4.
[b] **7.21** Sl 110.4.
[c] **7.25** Ou *salvar completamente.*
[d] **7.26** Ou *exaltado acima dos céus.*
[e] **8.2** Ou *na tenda*; também em 8.5.
[f] **8.5** Êx 25.40; 26.30.

[10] E esta é a nova aliança que
farei com o povo de Israel
depois daqueles dias, diz o Senhor:
Porei minhas leis em sua mente
e as escreverei em seu coração.
Serei o seu Deus,
e eles serão o meu povo.
[11] E não será necessário
ensinarem a seus vizinhos
e a seus parentes, dizendo:
'Você precisa conhecer o Senhor'.
Pois todos, desde o mais humilde
até o mais importante,
me conhecerão.
[12] E eu perdoarei sua maldade
e nunca mais me lembrarei
de seus pecados".[a]

[13] Quando Deus fala de uma "nova aliança", significa que tornou obsoleta a aliança anterior. E aquilo que se torna obsoleto e antiquado logo desaparece.

A ADORAÇÃO NA ANTIGA ALIANÇA

9 A primeira aliança tinha regras para
a adoração, bem como um santuário
terreno. [2] Esse tabernáculo[b] era dividido
em duas partes. Na primeira, ficava o candelabro e a mesa com os pães da presença. Essa parte era chamada lugar santo.
[3] Depois, havia uma cortina e, atrás dela, a
segunda parte, chamada lugar santíssimo.
[4] Nessa parte ficava o altar de ouro para
o incenso e a arca da aliança, inteiramente coberta de ouro. Dentro da arca havia um vaso de ouro contendo maná, a vara de Arão que floresceu e as tábuas de pedra da aliança. [5] Sobre a arca ficavam os
querubins da glória divina, cuja sombra se estendia por cima do lugar de expiação.[c] Mas agora não é o momento de explicar essas coisas em detalhes.

[6] Quando tudo estava preparado, os sacerdotes entravam regularmente no lugar santo[d] para cumprir seus deveres sagrados. [7] Mas apenas o sumo sacerdote, e só
uma vez por ano, entrava no lugar santíssimo.[e] Ele sempre apresentava o sangue
do sacrifício pelos próprios pecados e pelos pecados que o povo havia cometido
por ignorância. [8] Com essas regras, o Espírito Santo mostra que o caminho para o lugar santíssimo não havia sido aberto enquanto o primeiro tabernáculo[f] continuava em uso.

[9] Essa é uma ilustração que aponta para o tempo presente, pois as ofertas e os sacrifícios que os sacerdotes apresentam não podem criar no adorador uma consciência totalmente limpa. [10] Tratava-se
apenas de alimentos e bebidas e várias cerimônias de purificação; eram regras externas,[g] válidas apenas até que se estabelecesse um sistema melhor.

CRISTO É O SACRIFÍCIO PERFEITO

[11] Cristo se tornou o Sumo Sacerdote de
todos os benefícios agora presentes.[h] Ele entrou naquele tabernáculo maior e mais perfeito no céu, que não foi feito por mãos humanas nem faz parte deste mundo criado. [12] Com seu próprio sangue, e não com
o sangue de bodes e bezerros, entrou no lugar santíssimo de uma vez por todas e garantiu redenção eterna.

[13] Se, portanto, o sangue de bodes e
bezerros e as cinzas de uma novilha purificavam o corpo de quem estava cerimonialmente impuro, [14] imaginem como
o sangue de Cristo purificará nossa consciência das obras mortas, para que adoremos o Deus vivo. Pois, pelo poder do Espírito eterno, Cristo ofereceu a si mesmo a Deus como sacrifício perfeito. [15] Por
isso ele é o mediador da nova aliança, para que todos que são chamados recebam a herança eterna que foi prometida. Porque Cristo morreu para libertá-los do castigo dos pecados que haviam cometido sob a primeira aliança.

[16] Quando alguém deixa um testamento,[i] é
necessário comprovar a morte daquele que
o fez.[j] [17] O testamento só se torna válido após
a morte da pessoa. Enquanto ela ainda estiver viva, o testamento não entra em vigor.

[a] **8.8-12** Jr 31.31-34.
[b] **9.2** Ou *tenda*; também em 9.11,21.
[c] **9.5** Ou *propiciatório*.
[d] **9.6** Em grego, *na primeira tenda*.
[e] **9.7** Em grego, *na segunda tenda*.
[f] **9.8** Em grego, *a primeira tenda*.
[g] **9.10** Em grego, *regras para o corpo*.
[h] **9.11** Alguns manuscritos trazem *que estão por vir*.
[i] **9.16a** Ou *aliança*; também em 9.17.
[j] **9.16b** Ou *Quando alguém faz uma aliança, é necessário confirmá-la com a morte de um sacrifício*.

18 É por isso que até mesmo a primeira aliança foi sancionada com o sangue. 19 Depois de ler todos os mandamentos da lei a todo o povo, Moisés pegou o sangue de novilhos e de bodes,[a] e também água, e os aspergiu com ramos de hissopo e lã vermelha sobre o Livro da Lei e sobre todo o povo. 20 Em seguida, disse: "Este sangue confirma a aliança que Deus fez com vocês".[b] 21 Da mesma forma, aspergiu com sangue o tabernáculo e todos os utensílios usados nos serviços sagrados. 22 De fato, segundo a lei, quase tudo era purificado com sangue, pois sem derramamento de sangue não há perdão.

23 Assim, as representações das coisas no céu tiveram de ser purificadas com o sangue de animais. As verdadeiras coisas celestiais, porém, tiveram de ser purificadas com sacrifícios muitos superiores.

24 Pois Cristo não entrou num santuário feito por mãos humanas, mera representação do santuário verdadeiro no céu. Ele entrou no próprio céu, a fim de agora se apresentar diante de Deus em nosso favor. 25 E ele não entrou no céu para oferecer a si mesmo repetidamente, como o sumo sacerdote aqui na terra, que todos os anos entra no lugar santíssimo com o sangue de um animal. 26 Se fosse assim, ele precisaria ter morrido muitas vezes, desde o princípio do mundo. Mas agora, no fim dos tempos,[c] ele apareceu uma vez por todas para remover o pecado mediante sua própria morte em sacrifício.

27 E, assim como cada pessoa está destinada a morrer uma só vez, e depois disso vem o julgamento, 28 também Cristo foi oferecido como sacrifício uma só vez para tirar os pecados de muitos. Ele voltará, não para tratar de nossos pecados, mas para trazer salvação a todos que o aguardam com grande expectativa.

O SACRIFÍCIO DEFINITIVO DE CRISTO

10 A lei constitui apenas uma sombra, um vislumbre das coisas boas por vir, mas não as coisas boas em si mesmas. Os sacrifícios são repetidos todos os anos, mas nunca puderam purificar inteiramente aqueles que vêm adorar. 2 Se tivessem esse poder, já não precisariam existir, pois os adoradores teriam sido purificados de uma vez por todas, e a consciência de seus pecados teria desaparecido.

3 Em vez disso, esses sacrifícios os lembravam de seus pecados todos os anos. 4 Pois é impossível que o sangue de touros e bodes remova pecados. 5 Por isso, quando Cristo[d] veio ao mundo, disse:

"Não quiseste sacrifícios
 nem ofertas,
contudo me deste um
 corpo para oferecer.
6 Não te agradaste de holocaustos,
 nem de outras ofertas pelo pecado.
7 Então eu disse: 'Aqui estou para
 fazer tua vontade, ó Deus,
como está escrito a meu
 respeito no livro'".[e]

8 Primeiro Cristo disse: "Não quiseste sacrifícios nem ofertas, nem holocaustos, nem outras ofertas, nem te agradaste delas" (embora sejam exigidas pela lei). 9 Então acrescentou: "Aqui estou para fazer tua vontade". Ele cancela a primeira aliança a fim de estabelecer a segunda. 10 Pois a vontade de Deus era que fôssemos santificados pela oferta do corpo de Jesus Cristo, de uma vez por todas.

11 O sacerdote se apresenta todos os dias para realizar os serviços sagrados e oferece repetidamente os mesmos sacrifícios que nunca podem remover os pecados. 12 Nosso Sumo Sacerdote, porém, ofereceu a si mesmo como único sacrifício pelos pecados, válido para sempre. Então, sentou-se no lugar de honra à direita de Deus 13 e ali aguarda até que todos os seus inimigos sejam humilhados e postos debaixo de seus pés. 14 Porque, mediante essa única oferta, ele tornou perfeitos para sempre os que estão sendo santificados.

15 E o Espírito Santo também testemunha que isso é verdade, pois diz:

[a] **9.19** Alguns manuscritos não trazem *e de bodes*.
[b] **9.20** Êx 24.8.
[c] **9.26** Em grego, *das eras*.

[d] **10.5** Em grego, *ele*; também em 10.8.
[e] **10.5-7** Sl 40.6-8, conforme a Septuaginta.

16 "Esta é a nova aliança que
farei com meu povo
depois daqueles dias, diz o Senhor:
Porei minhas leis em seu coração
e as escreverei em sua mente".[a]

17 E acrescenta:

"E nunca mais me lembrarei
de seus pecados e seus atos
de desobediência".[b]

18 Onde os pecados foram perdoados,
já não há necessidade de oferecer mais
sacrifícios.

APELO À PERSEVERANÇA

19 Portanto, irmãos, por causa do sangue
de Jesus, podemos entrar com toda con-
fiança no lugar santíssimo. 20 Por sua
morte,[c] Jesus abriu um caminho novo e
vivo através da cortina que leva ao lugar
santíssimo. 21 E, uma vez que temos um
Sumo Sacerdote que governa sobre a casa
de Deus, 22 entremos com coração sincero
e plena confiança, pois nossa consciência
culpada foi purificada, e nosso corpo, lava-
do com água pura.
23 Apeguemo-nos firmemente, sem vaci-
lar, à esperança que professamos, porque
Deus é fiel para cumprir sua promessa.
24 Pensemos em como motivar uns aos
outros na prática do amor e das boas
obras. 25 E não deixemos de nos reunir,
como fazem alguns, mas encorajemo-nos
mutuamente, sobretudo agora que o dia
está próximo.
26 Se continuamos a pecar deliberada-
mente depois de ter recebido o conhe-
cimento da verdade, já não há sacrifício
que cubra esses pecados. 27 Há somente a
assustadora expectativa do julgamento e
do fogo intenso que consumirá os inimi-
gos. 28 Pois quem se recusava a obedecer
à lei de Moisés era morto sem misericór-
dia, com base no depoimento de duas
ou três testemunhas. 29 Imaginem quão
maior será o castigo para quem insultou
o Filho de Deus, tratou como comum e
profano o sangue da aliança que o santi-
ficou e menosprezou o Espírito Santo que
concede graça. 30 Pois conhecemos aquele
que disse:

"A vingança cabe a mim;
eu lhes darei o que merecem".[d]

E também:

"O Senhor julgará o seu povo".[e]

31 Que coisa terrível é cair nas mãos do
Deus vivo.
32 Lembrem-se dos primeiros dias, quan-
do foram iluminados, e de como perma-
neceram firmes apesar de muita luta e
sofrimento. 33 Houve ocasiões em que
foram expostos a insultos e espancamen-
tos; em outras, ajudaram os que passavam
pelas mesmas coisas. 34 Sofreram com os
que foram presos e aceitaram com alegria
quando lhes foi tirado tudo que possuíam.
Sabiam que lhes esperavam coisas melho-
res, que durarão para sempre.
35 Portanto, não abram mão de sua firme
confiança. Lembrem-se da grande recom-
pensa que ela lhes traz. 36 Vocês precisam
perseverar, a fim de que, depois de terem
feito a vontade de Deus, recebam tudo
que ele lhes prometeu.

37 "Pois em breve
virá aquele que está para vir;
não se atrasará.
38 Meu justo viverá pela fé;
se ele se afastar, porém,
não me agradarei dele."[f]

39 Mas não somos como aqueles que se
afastam para sua própria destruição. So-
mos pessoas de fé cuja alma é preservada.

GRANDES EXEMPLOS DE FÉ

11 A fé mostra a realidade daquilo
que esperamos; ela nos dá convic-
ção de coisas que não vemos. 2 Pela fé,
pessoas em tempos passados obtiveram
aprovação.

É a nossa vida íntima com Deus que deve sustentar a vida pública, não o contrário.

[a] **10.16** Jr 31.33a.
[b] **10.17** Jr 31.34b.
[c] **10.20** Em grego, *Por sua carne*.
[d] **10.30a** Dt 32.35.
[e] **10.30b** Dt 32.36.
[f] **10.37-38** Hc 2.3-4.

3 Pela fé, entendemos que todo o universo foi formado pela palavra de Deus; assim, o que se vê originou-se daquilo que não se vê.

4 Pela fé, Abel apresentou a Deus um sacrifício superior ao de Caim. Com isso, mostrou que era um homem justo, e Deus aprovou suas ofertas. Embora há muito esteja morto, ainda fala por meio de seu exemplo.

5 Pela fé, Enoque foi levado para o céu sem ver a morte; "ele desapareceu porque Deus o levou para junto de si".[a] Porque, antes de ser levado, ele era conhecido por agradar a Deus. 6 Sem fé é impossível agradar a Deus. Quem deseja se aproximar de Deus deve crer que ele existe e que recompensa aqueles que o buscam.

7 Pela fé, Noé construiu uma grande embarcação para salvar sua família do dilúvio. Ele obedeceu a Deus, que o advertiu a respeito de coisas que nunca haviam acontecido. Pela fé, condenou o resto do mundo e recebeu a justiça que vem por meio da fé.

8 Pela fé, Abraão obedeceu quando foi chamado para ir à outra terra que ele receberia como herança. Ele partiu sem saber para onde ia. 9 E, mesmo quando chegou à terra que lhe havia sido prometida, viveu ali pela fé, pois era como estrangeiro, morando em tendas. Assim também fizeram Isaque e Jacó, que herdaram a mesma promessa. 10 Abraão esperava confiantemente pela cidade de alicerces eternos, planejada e construída por Deus.

11 Pela fé, até mesmo Sara, embora estéril e idosa, pôde ter um filho. Ela creu[b] que Deus era fiel para cumprir sua promessa. 12 E, assim, uma nação inteira veio desse homem velho e sem vigor, uma nação numerosa como as estrelas do céu e incontável como a areia da praia.

13 Todos eles morreram na fé e, embora não tenham recebido todas as coisas que lhes foram prometidas, as avistaram de longe e de bom grado as aceitaram. Reconheceram que eram estrangeiros e peregrinos neste mundo. 14 Evidentemente, quem fala desse modo espera ter sua própria pátria. 15 Se quisessem, poderiam ter voltado à terra de onde saíram, 16 mas buscavam uma pátria superior, um lar celestial. Por isso Deus não se envergonha de ser chamado o Deus deles, pois lhes preparou uma cidade.

17 Pela fé, Abraão, ao ser posto à prova, ofereceu Isaque como sacrifício. Abraão, que havia recebido as promessas, estava disposto a sacrificar seu único filho, 18 embora Deus lhe tivesse dito: "Isaque é o filho de quem depende sua descendência".[c] 19 Concluiu que, se Isaque morresse, Deus tinha poder para trazê-lo de volta à vida. E, em certo sentido, recebeu seu filho de volta dos mortos.

20 Pela fé, Isaque prometeu bênçãos para o futuro de seus filhos, Jacó e Esaú.

21 Pela fé, Jacó, prestes a morrer, abençoou cada um dos filhos de José e se curvou para adorar, apoiado em seu cajado.

22 Pela fé, José, no fim da vida, declarou com toda a confiança que os israelitas deixariam o Egito e deu ordens para que cuidassem de seus ossos.

23 Pela fé, os pais de Moisés o esconderam por três meses tão logo ele nasceu, pois viram que a criança era linda e não tiveram medo de desobedecer ao decreto do rei.

24 Pela fé, Moisés, já adulto, recusou ser chamado filho da filha do faraó, 25 preferindo ser maltratado junto com o povo de Deus a aproveitar os prazeres transitórios do pecado. 26 Considerou melhor sofrer por causa do Cristo do que possuir os tesouros do Egito, pois tinha em vista sua grande recompensa. 27 Pela fé, saiu do Egito sem medo da ira do rei e prosseguiu sem vacilar, como quem vê aquele que é invisível. 28 Pela fé, ordenou que o povo de Israel celebrasse a Páscoa e aspergisse com sangue os batentes das portas, para que o anjo da morte não matasse seus filhos mais velhos.

29 Pela fé, o povo de Israel atravessou o mar Vermelho, como se estivesse em terra seca. Quando os egípcios tentaram segui-los, morreram todos afogados.

---

[a] **11.5** Gn 5.24.

[b] **11.11** Ou *Pela fé, ele* [Abraão] *pôde ter um filho, embora Sara fosse estéril e ele, muito idoso. Ele creu.*

[c] **11.18** Gn 21.12.

30 Pela fé, o povo marchou ao redor de
Jericó durante sete dias, e suas mura-
lhas caíram.
31 Pela fé, a prostituta Raabe não foi
morta com os habitantes de sua cidade
que se recusaram a obedecer, pois ela aco-
lheu em paz os espiões.
32 Quanto mais preciso dizer? Levaria
muito tempo para falar sobre a fé que
Gideão, Baraque, Sansão, Jefté, Davi, Sa-
muel e os profetas tiveram. 33 Pela fé, eles
conquistaram reinos, governaram com
justiça e receberam promessas. Fecharam
a boca de leões, 34 apagaram chamas de
fogo e escaparam de morrer pela espada.
Sua fraqueza foi transformada em força.
Tornaram-se poderosos na batalha e fi-
zeram fugir exércitos inteiros. 35 Mulheres
receberam de volta seus queridos que ha-
viam morrido.
Outros, porém, foram torturados,
recusando-se a ser libertos, e depositaram
sua esperança na ressurreição para uma
vida melhor. 36 Alguns foram alvo de zom-
baria e açoites, e outros, acorrentados em
prisões. 37 Alguns morreram apedrejados,
outros foram serrados ao meio,[a] e outros
ainda, mortos à espada. Alguns andavam
vestidos com peles de ovelhas e cabras, ne-
cessitados, afligidos e maltratados. 38 Este
mundo não era digno deles. Vagaram por
desertos e montes, escondendo-se em ca-
vernas e buracos na terra.
39 Todos eles obtiveram aprovação por
causa de sua fé; no entanto, nenhum deles
recebeu tudo que havia sido prometido.
40 Pois Deus tinha algo melhor preparado
para nós, de modo que, sem nós, eles não
chegassem à perfeição.

A DISCIPLINA DE DEUS COMPROVA SEU AMOR

12 Portanto, uma vez que estamos ro-
deados de tão grande multidão de
testemunhas, livremo-nos de todo peso
que nos torna vagarosos e do pecado
que nos atrapalha, e corramos com per-
severança a corrida que foi posta diante
de nós. 2 Mantenhamos o olhar firme em
Jesus, o líder e aperfeiçoador de nossa fé.
Por causa da alegria[b] que o esperava, ele
suportou a cruz sem se importar com a
vergonha. Agora ele está sentado no lugar
de honra à direita do trono de Deus. 3 Pen-
sem em toda a hostilidade que ele supor-
tou dos pecadores; desse modo, vocês não
ficarão cansados nem desanimados. 4 Afi-
nal, ainda não chegaram a arriscar a vida
na luta contra o pecado.
5 Acaso vocês se esqueceram das pala-
vras de ânimo que Deus lhes dirigiu como
filhos dele? Ele disse:

"Meu filho, não despreze a
disciplina do Senhor;
não desanime quando ele o corrigir.
6 Pois o Senhor disciplina quem ele ama
e castiga todo aquele que
aceita como filho".[c]

7 Enquanto suportam essa disciplina de
Deus, lembrem-se de que ele os trata como
filhos. Quem já ouviu falar de um filho que
nunca foi disciplinado pelo pai? 8 Se Deus
não os disciplina como faz com todos os
seus filhos, significa que vocês não são
filhos de verdade, mas ilegítimos. 9 Uma
vez que respeitávamos nossos pais terre-
nos que nos disciplinavam, não devemos
nos submeter ainda mais à disciplina do
Pai de nosso espírito e, assim, obter vida?
10 Pois nossos pais nos disciplinaram
por alguns anos como julgaram melhor,
mas a disciplina de Deus é sempre para
o nosso bem, a fim de que participemos
de sua santidade. 11 Nenhuma disciplina
é agradável no momento em que é apli-
cada; ao contrário, é dolorosa. Mais tarde,
porém, produz uma colheita de vida justa
e de paz para os que assim são corrigidos.
12 Portanto, revigorem suas mãos can-
sadas e seus joelhos enfraquecidos. 13 Fa-
çam caminhos retos para seus pés a fim
de que os mancos não caiam, mas se-
jam fortalecidos.

APELO PARA OUVIR A DEUS

14 Esforcem-se para viver em paz com to-
dos e procurem ter uma vida santa, sem a

[a] **11.37** Alguns manuscritos acrescentam *alguns foram postos à prova.*

[b] **12.2** Ou *Em lugar da alegria.*

[c] **12.5-6** Pv 3.11-12, conforme a Septuaginta.

qual ninguém verá o Senhor. 15 Cuidem uns dos outros para que nenhum de vocês deixe de experimentar a graça de Deus. Fiquem atentos para que não brote nenhuma raiz venenosa de amargura que cause perturbação, contaminando muitos. 16 Vigiem para que ninguém seja imoral ou profano, como Esaú, que trocou seus direitos como filho mais velho por uma simples refeição. 17 Como vocês sabem, mais tarde, quando ele quis a bênção do pai, foi rejeitado. Era tarde para que houvesse arrependimento, embora ele tivesse implorado com lágrimas.

18 Vocês não chegaram a um monte[a] que se pode tocar, a um lugar de fogo ardente, escuridão, trevas e vendaval, 19 ao toque da trombeta e à voz tão terrível que aqueles que a ouviram suplicaram que nada mais lhes fosse dito, 20 pois não podiam suportar a ordem que recebiam: "Se até mesmo um animal tocar no monte, deve ser apedrejado".[b] 21 O próprio Moisés ficou tão assustado com o que viu a ponto de dizer: "Fiquei apavorado e tremendo de medo".[c]

22 Vocês, porém, chegaram ao monte Sião, à cidade do Deus vivo, à Jerusalém celestial, aos incontáveis milhares de anjos em alegre reunião, 23 à congregação dos filhos mais velhos, cujos nomes estão escritos no céu, e a Deus, que é juiz de todos, aos espíritos dos justos no céu, agora aperfeiçoados, 24 a Jesus, o mediador da nova aliança, e ao sangue aspergido, que fala de coisas melhores do que falava o sangue de Abel.

25 Tenham cuidado para não se recusarem a ouvir aquele que fala. Porque, se aqueles que se recusaram a ouvir o mensageiro terreno não escaparam, certamente não escaparemos se rejeitarmos aquele que nos fala do céu. 26 Quando Deus falou naquela ocasião, sua voz fez a terra tremer, mas agora ele promete: "Mais uma vez, farei tremer não só a terra, mas também os céus".[d] 27 Isso significa que toda a criação será abalada e removida, de modo que permaneçam apenas as coisas inabaláveis.

28 Uma vez que recebemos um reino inabalável, sejamos gratos e agrademos a Deus adorando-o com reverência e santo temor. 29 Porque nosso Deus é um fogo consumidor.

INSTRUÇÕES PRÁTICAS

13 Continuem a amar uns aos outros como irmãos. 2 Não se esqueçam de demonstrar hospitalidade, porque alguns, sem o saber, hospedaram anjos. 3 Lembrem-se dos que estão na prisão, como se vocês mesmos estivessem presos. Lembrem-se dos que são maltratados, como se sofressem os maus-tratos em seu próprio corpo.

4 Honrem o casamento e mantenham pura a união conjugal, pois Deus certamente julgará os impuros e os adúlteros.

5 Não amem o dinheiro; estejam satisfeitos com o que têm. Porque Deus disse:

"Não o deixarei;
jamais o abandonarei".[e]

6 Por isso, podemos dizer com toda a confiança:

"O Senhor é meu ajudador,
portanto não temerei;
o que me podem fazer os
simples mortais?".[f]

7 Lembrem-se de seus líderes que lhes ensinaram a palavra de Deus. Pensem em todo o bem que resultou da vida deles e sigam seu exemplo de fé.

8 Jesus Cristo é o mesmo ontem, hoje e para sempre. 9 Portanto, não se deixem atrair por ensinos novos e estranhos. A força de vocês vem da graça de Deus, e não de regras sobre alimentos, que em nada ajudam aqueles que as seguem.

10 Temos um altar do qual os sacerdotes no tabernáculo[g] não têm direito de comer. 11 O sumo sacerdote traz o sangue dos animais para o lugar santo como sacrifício pelo pecado, enquanto o corpo dos animais é queimado fora do acampamento.

[a] **12.18** Alguns manuscritos não trazem *monte*.
[b] **12.20** Êx 19.13.
[c] **12.21** Dt 9.19.
[d] **12.26** Ag 2.6.
[e] **13.5** Dt 31.6,8.
[f] **13.6** Sl 118.6.
[g] **13.10** Ou *na tenda*.

12 Da mesma forma, Jesus sofreu fora das
portas da cidade, para santificar seu povo
mediante seu próprio sangue. 13 Portanto,
vamos até ele, para fora do acampamento,
e soframos a mesma desonra que ele so-
freu. 14 Pois não temos neste mundo uma
cidade permanente; aguardamos a cidade
por vir.

15 Assim, por meio de Jesus, ofereça-
mos um sacrifício constante de louvor a
Deus, o fruto dos lábios que proclamam
seu nome. 16 E não se esqueçam de fazer o
bem e de repartir o que têm com os neces-
sitados, pois esses são os sacrifícios que
agradam a Deus.

17 Obedeçam a seus líderes e façam o
que disserem. O trabalho deles é cuidar de
sua alma, e disso prestarão contas. Deem-
-lhes motivo para trabalhar com alegria, e
não com tristeza, pois isso certamente não
beneficiaria vocês.

18 Orem por nós, pois nossa consciência
está limpa e desejamos viver de forma
honrada em tudo que fazemos. 19 Orem
especialmente para que eu volte e possa
vê-los em breve.

20 E, agora, que o Deus da paz,
que trouxe de volta dos mortos
nosso Senhor Jesus,
o grande Pastor das ovelhas,
e confirmou uma aliança
eterna com seu sangue,
21 os capacite em tudo que precisam
para fazer a vontade dele.
Que ele produza em vocês,[a]
mediante o poder de Jesus Cristo,
tudo que é agradável a ele,
a quem seja a glória para
todo o sempre! Amém.

22 Suplico a vocês, irmãos, que prestem
atenção naquilo que lhes escrevi nesta
breve exortação.

23 Quero que saibam que nosso irmão Ti-
móteo já saiu da prisão. Se ele vier em bre-
ve, eu o levarei comigo quando for vê-los.

24 Transmitam minhas saudações a to-
dos os seus líderes e a todo o povo san-
to. Os irmãos da Itália também mandam
lembranças.

25 Que a graça de Deus seja com todos
vocês.

[a] **13.21** Alguns manuscritos trazem *em nós*.

Cartas Gerais

Livro 59 com

Tiago

5 CAPÍTULOS

AUTORIA

É tradicionalmente atribuída a Tiago, irmão de Jesus e líder da igreja em Jerusalém (At 15.13; Gl 1.19). Outras teorias sugerem os apóstolos Tiago, filho de Zebedeu e irmão de João, ou Tiago, filho de Alfeu. Estudiosos consideram ser ele um cristão desconhecido chamado Tiago, ou um discípulo que compilou os ensinamentos de Tiago após sua morte.

SIGNIFICADO DO TÍTULO

"Tiago" vem do hebraico *Ya'akov*, que significa "suplantador" ou "aquele que segura o calcanhar". A epístola é uma carta prática dirigida a cristãos convertidos do judaísmo dispersos entre as nações (Tg 1.1).

OBJETIVO DO LIVRO

O objetivo de Tiago é encorajar os crentes a demonstrarem a autenticidade de sua fé por meio de boas obras. Ele enfatiza a importância de uma fé prática e viva, que se manifesta em ações justas e amorosas.

ESTRUTURA DO LIVRO

- ★ Perseverança e sabedoria Tg 1.1-18
- ★ A prática da palavra Tg 1.19-27
- ★ Favoritismo e fé Tg 2
- ★ Domínio da língua Tg 3.1-12
- ★ Sabedoria e submissão Tg 3.13—5

TEMAS DE TIAGO

Tiago enfatiza que a fé verdadeira se manifesta em ações justas e amorosas. Ele aborda temas como a justiça social (Tg 2.1-7), a necessidade de controlar a língua (Tg 3.1-12) e a sabedoria que vem de Deus (Tg 3.13-18). A carta destaca a importância de uma vida cristã prática e autêntica.

A FÉ SEM OBRAS É MORTA

TIAGO E CRISTO

Tiago aponta para Cristo ao enfatizar a fé que age. Ele ecoa os ensinamentos de Jesus, especialmente no Sermão do Monte, ao falar sobre a misericórdia, a justiça e a necessidade de uma fé viva. A exortação à prática da Palavra reflete os ensinamentos de Cristo sobre a obediência (Mt 7.24-27).

SAUDAÇÕES DE TIAGO

1 Eu, Tiago, escravo de Deus e do Senhor Jesus Cristo, envio esta carta às doze tribos espalhadas pelo mundo.

Saudações.

FÉ E PERSEVERANÇA

2 Meus irmãos, considerem motivo de grande alegria sempre que passarem por qualquer tipo de provação, 3 pois sabem que, quando sua fé é provada, a perseverança tem a oportunidade de crescer. 4 E é necessário que ela cresça, pois quando estiver plenamente desenvolvida vocês serão maduros[a] e completos, sem que nada lhes falte.

5 Se algum de vocês precisar de sabedoria, peça a nosso Deus generoso, e receberá. Ele não os repreenderá por pedirem. 6 Mas, quando pedirem, façam-no com fé, sem vacilar, pois aquele que duvida é como a onda do mar, empurrada e agitada pelo vento. 7 Ele não deve esperar receber coisa alguma do Senhor, 8 pois tem a mente dividida e é instável em tudo que faz.

9 O irmão que é pobre tem motivo para se orgulhar, porque é digno de honra. 10 E o que é rico deve se orgulhar porque é insignificante. Ele murchará como uma pequena flor do campo. 11 O sol quente se levanta e a grama seca; a flor perde o viço e cai, e sua beleza desaparece. Da mesma forma murchará o rico com todas as suas realizações.

12 Feliz é aquele que suporta com paciência as provações e tentações, porque depois receberá a coroa da vida que Deus prometeu àqueles que o amam. 13 E, quando vocês forem tentados, não digam: "Esta tentação vem de Deus", pois Deus nunca é tentado a fazer o mal,[b] e ele mesmo nunca tenta alguém. 14 A tentação vem de nossos próprios desejos, que nos seduzem e nos arrastam. 15 Esses desejos dão à luz o pecado, e quando o pecado se desenvolve plenamente, gera a morte.

16 Não se deixem enganar, meus amados irmãos. 17 Toda dádiva que é boa e perfeita vem do alto, do Pai que criou as luzes no céu. Nele não há variação nem sombra de mudança. 18 Por sua própria vontade, ele nos gerou por meio de sua palavra verdadeira. E nós, dentre toda a criação, nos tornamos seus primeiros frutos.[c]

OUVIR E PRATICAR

19 Entendam isto, meus amados irmãos: estejam todos prontos para ouvir, mas não se apressem em falar nem em se irar. 20 A ira humana não produz a justiça divina. 21 Portanto, removam toda impureza e maldade e aceitem humildemente a palavra que lhes foi implantada no coração, pois ela tem poder para salvá-los.

22 Não se limitem, porém, a ouvir a palavra; ponham-na em prática. Do contrário, só enganarão a si mesmos. 23 Pois, se ouvirem a palavra e não a praticarem, serão como alguém que olha no espelho, 24 vê a si mesmo, mas, assim que se afasta, esquece como era sua aparência. 25 Se, contudo, observarem atentamente a lei perfeita que os liberta, perseverarem nela e a puserem em prática sem esquecer o que ouviram, serão felizes no que fizerem.

26 Se algum de vocês afirma ser religioso, mas não controla a língua, engana a si mesmo e sua religião não tem valor. 27 A religião pura e verdadeira aos olhos de Deus, o Pai, é esta: cuidar dos órfãos e das viúvas em suas dificuldades e não se deixar corromper pelo mundo.

ADVERTÊNCIA CONTRA O PRECONCEITO

2 Meus irmãos, como podem afirmar que têm fé em nosso glorioso Senhor Jesus Cristo se mostram favorecimento a algumas pessoas?

2 Se, por exemplo, alguém chegar a uma de suas reuniões[d] vestido com roupas elegantes e usando joias caras, e também entrar um pobre com roupas sujas, 3 e vocês derem atenção ao que está bem vestido, dizendo-lhe: "Sente-se aqui neste lugar especial", mas disserem ao pobre: "Fique em pé ali ou sente-se aqui no chão", 4 essa discriminação não

[a] **1.4** Ou *perfeitos*.

[b] **1.13** Ou *Deus não deve ser posto à prova por perversos*.

[c] **1.18** Em grego, *nos tornamos como primícias de suas criaturas*.

[d] **2.2** Em grego, *à sua sinagoga*.

mostrará que agem como juízes guiados por motivos perversos?

5 Ouçam, meus amados irmãos: não foi Deus que escolheu os pobres deste mundo para serem ricos na fé? Não são eles os herdeiros do reino prometido àqueles que o amam? 6 Mas vocês desprezam os pobres! Não são os ricos que oprimem vocês e os arrastam aos tribunais? 7 Não são eles que difamam aquele cujo nome honroso vocês carregam?

8 Sem dúvida vocês fazem bem quando obedecem à lei do reino conforme dizem as Escrituras: "Ame o seu próximo como a si mesmo".[a] 9 Mas, se mostram favorecimento a algumas pessoas, cometem pecado e são culpados de transgredir a lei.

10 Pois quem obedece a todas as leis, exceto uma, torna-se culpado de desobedecer a todas as outras. 11 Pois aquele que disse: "Não cometa adultério", também disse: "Não mate".[b] Logo, mesmo que não cometam adultério, se matarem alguém, transgredirão a lei.

12 Portanto, em tudo que disserem e fizerem, lembrem-se de que serão julgados pela lei que os liberta. 13 Não haverá misericórdia para quem não tiver demonstrado misericórdia. Mas, se forem misericordiosos, haverá misericórdia quando forem julgados.

A FÉ SEM OBRAS É MORTA

14 De que adianta, meus irmãos, dizerem que têm fé se não a demonstram por meio de suas ações? Acaso esse tipo de fé pode salvar alguém? 15 Se um irmão ou uma irmã necessitar de alimento ou de roupa, 16 e vocês disserem: "Até logo e tenha um bom dia; aqueça-se e coma bem", mas não lhe derem alimento nem roupa, em que isso ajuda?

17 Como veem, a fé por si mesma, a menos que produza boas obras, está morta.

18 Mas alguém pode argumentar: "Uns têm fé; outros têm obras". Mostre-me sua fé sem obras e eu, pelas minhas obras, lhe mostrarei minha fé!

19 Você diz crer que há um único Deus.[c] Muito bem! Até os demônios creem nisso e tremem de medo. 20 Quanta insensatez! Vocês não entendem que a fé sem as obras é inútil?

21 Não lembram que nosso antepassado Abraão foi declarado justo por suas ações quando ofereceu seu filho Isaque sobre o altar? 22 Como veem, sua fé e suas ações atuaram juntas e, assim, as ações tornaram a fé completa. 23 E aconteceu exatamente como as Escrituras dizem: "Abraão creu em Deus, e assim foi considerado justo".[d] Ele até foi chamado amigo de Deus![e] 24 Vejam que somos declarados justos pelo que fazemos, e não apenas pela fé.

25 Raabe, a prostituta, é outro exemplo. Ela foi declarada justa por causa de suas ações quando escondeu os mensageiros e os fez sair em segurança por um caminho diferente. 26 Assim como o corpo sem fôlego[f] está morto, também a fé sem obras está morta.

A IMPORTÂNCIA DE CONTROLAR A LÍNGUA

3 Meus irmãos, não sejam muitos de vocês mestres, pois nós, os que ensinamos, seremos julgados com mais rigor. 2 É verdade que todos nós cometemos muitos erros. Se pudéssemos controlar a língua, seríamos perfeitos, capazes de nos controlar em todos os outros sentidos.

3 Por exemplo, se colocamos um freio na boca do cavalo, podemos conduzi-lo para onde quisermos. 4 Observem também que um pequeno leme faz um grande navio se voltar para onde o piloto deseja, mesmo com ventos fortes. 5 Assim também, a língua é algo pequeno que profere discursos grandiosos.

Vejam como uma simples fagulha é capaz de incendiar uma grande floresta. 6 E, entre todas as partes do corpo, a língua é uma chama de fogo. É um mundo de maldade que corrompe todo o corpo. Ateia fogo a uma vida inteira, pois o próprio inferno a acende.[g]

7 O ser humano consegue domar toda espécie de animal, ave, réptil e peixe,

Antes de fazer, Deus nos convida a ser! As nossas habilidades e dons não estão à frente de quem somos.

[a] **2.8** Lv 19.18.
[b] **2.11** Êx 20.13-14; Dt 5.17-18.
[c] **2.19** Alguns manuscritos trazem *que Deus é um*. Ver Dt 6.4.
[d] **2.23a** Gn 15.6.
[e] **2.23b** Ver Is 41.8.
[f] **2.26** Ou *sem espírito*.
[g] **3.6** Ou *porque ela queimará no inferno* [em grego, *Gehenna*].

8 mas ninguém consegue domar a língua.
Ela é incontrolável e perversa, cheia de
veneno mortífero. 9 Às vezes louva nosso
Senhor e Pai e, às vezes, amaldiçoa aque-
les que Deus criou à sua imagem. 10 E,
assim, bênção e maldição saem da mesma
boca. Meus irmãos, isso não está certo!
11 Acaso de uma mesma fonte pode jorrar
água doce e amarga? 12 Pode a figueira
produzir azeitonas ou a videira produzir
figos? Da mesma forma, não se pode tirar
água doce de uma fonte salgada.[a]

A VERDADEIRA SABEDORIA VEM DE DEUS

13 Se vocês são sábios e inteligentes,
demonstrem isso vivendo honradamente,
realizando boas obras com a humildade que
vem da sabedoria. 14 Mas, se em seu cora-
ção há inveja amarga e ambição egoísta,
não encubram a verdade com vanglórias e
mentiras. 15 Porque essas coisas não são a
espécie de sabedoria que vem do alto; antes,
são terrenas, mundanas e demoníacas.
16 Pois onde há inveja e ambição egoísta,
também há confusão e males de todo tipo.

17 Mas a sabedoria que vem do alto é,
antes de tudo, pura. Também é pacífica,
sempre amável e disposta a ceder a outros.
É cheia de misericórdia e é o fruto de boas
obras. Não mostra favoritismo e é sempre
sincera. 18 E aqueles que são pacificado-
res plantarão sementes de paz e ajuntarão
uma colheita de justiça.[b]

APROXIMEM-SE DE DEUS

4 De onde vêm as discussões e brigas
em seu meio? Acaso não procedem
dos prazeres que guerreiam dentro de
vocês? 2 Querem o que não têm, e até
matam para consegui-lo. Invejam o que
outros possuem, lutam e fazem guerra
para tomar deles. E, no entanto, não têm
o que desejam porque não pedem. 3 E,
quando pedem, não recebem, pois seus
motivos são errados; pedem apenas o que
lhes dará prazer.

4 Adúlteros![c] Não percebem que a amizade
com o mundo os torna inimigos de Deus?
Repito: se desejam ser amigos do mundo,
tornam-se inimigos de Deus. 5 O que vocês
acham que as Escrituras querem dizer
quando afirmam que o espírito colocado
por Deus em nós tem ciúmes?[d] 6 Contudo,
ele generosamente nos concede graça.
Como dizem as Escrituras:

> "Deus se opõe aos orgulhosos,
> mas concede graça aos humildes".[e]

RESISTAM AO DIABO

7 Portanto, submetam-se a Deus. Resis-
tam ao diabo, e ele fugirá de vocês. 8 Apro-
ximem-se de Deus, e ele se aproximará de
vocês. Lavem as mãos, pecadores; purifi-
quem o coração, vocês que têm a mente
dividida. 9 Que haja lágrimas, lamenta-
ção e profundo pesar. Que haja choro em
vez de riso, e tristeza em vez de alegria.
10 Humilhem-se diante do Senhor, e ele
os exaltará.

NÃO JULGUEM OS OUTROS

11 Irmãos, não falem mal uns dos outros.
Se criticam e julgam uns aos outros, criti-
cam e julgam a lei. Cabe-lhes, porém,
praticar a lei, e não julgá-la. 12 Somente
aquele que deu a lei é Juiz, e somente
ele tem poder de salvar ou destruir.
Portanto, que direito vocês têm de julgar
o próximo?

NÃO CONFIEM EM SI MESMOS

13 Prestem atenção, vocês que dizem:
"Hoje ou amanhã iremos a determinada
cidade e ficaremos lá um ano. Negociare-
mos ali e teremos lucro". 14 Como sabem
o que será de sua vida amanhã? A vida
é como a névoa ao amanhecer: aparece
por um pouco e logo se dissipa. 15 O que
devem dizer é: "Se o Senhor quiser, vive-
remos e faremos isso ou aquilo". 16 Caso
contrário, estarão se orgulhando de seus
planos pretensiosos, e toda presunção
como essa é maligna.

17 Lembrem-se de que é pecado saber o
que devem fazer e não fazê-lo.

---

[a] **3.12** Em grego, *do sal*.
[b] **3.18** Ou *de coisas boas*, ou *de retidão*.
[c] **4.4** Em grego, *Adúlteras!*
[d] **4.5** Ou *que Deus anseia com zelo pelo espírito humano que colocou em nós?*, ou *que o Espírito que Deus colocou em nós se opõe à nossa inveja?*
[e] **4.6** Pv 3.34, conforme a Septuaginta.

ADVERTÊNCIA AOS RICOS

5 Prestem atenção, vocês que são ricos.
Chorem e gemam de angústia por causa
das desgraças que os esperam. 2 Sua riqueza
apodreceu, e suas roupas finas são trapos
comidos por traças. 3 Seu ouro e sua prata
estão corroídos. A mesma riqueza com a
qual vocês contavam devorará sua carne
como fogo. Esse tesouro corroído que vocês
acumularam testemunhará contra vocês
nos últimos dias. 4 Por isso, ouçam os clamo-
res dos que trabalharam em seus campos,
cujo salário vocês retiveram de modo frau-
dulento! Sim, os clamores dos que fize-
ram a colheita em seus campos chegaram
aos ouvidos do Senhor dos Exércitos.
5 Vocês levam uma vida de luxo na ter-
ra, satisfazendo seus desejos e engor-
dando a si mesmos para o dia do abate.
6 Condenam e matam inocentes,[a] sem que
eles resistam.[b]

PACIÊNCIA E PERSEVERANÇA

7 Por isso, irmãos, sejam pacientes
enquanto esperam a volta do Senhor.
Vejam como os lavradores esperam
pacientemente as chuvas do outono e da
primavera. Com grande expectativa, aguar-
dam o amadurecimento de sua preciosa
colheita. 8 Sejam também pacientes. Forta-
leçam-se em seu coração, pois a vinda do
Senhor está próxima.
9 Irmãos, não se queixem uns dos outros,
para que não sejam julgados. Pois, vejam,
o Juiz está à porta!
10 Irmãos, tomem como exemplo de
paciência no sofrimento os profetas que
falaram em nome do Senhor. 11 Conside-
ramos felizes aqueles que permanecem
firmes em meio à aflição. Vocês ouviram
falar de Jó, um homem de muita perseve-
rança. Sabem como, no final, o Senhor foi
bondoso com ele, pois o Senhor é cheio de
compaixão e misericórdia.
12 Acima de tudo, meus irmãos, não
jurem pelo céu, nem pela terra, nem por
qualquer outra coisa. Que seu "sim" seja
de fato sim, e seu "não", não, para que não
pequem e sejam condenados.

O PODER DA ORAÇÃO

13 Algum de vocês está passando por
dificuldades? Então ore. Alguém está feliz?
Cante louvores. 14 Alguém está doente?
Chame os presbíteros[c] da igreja para que
venham e orem sobre ele e o unjam com
óleo, em nome do Senhor. 15 Essa oração
de fé curará o enfermo, e o Senhor o resta-
belecerá. E, se cometeu algum pecado,
será perdoado.
16 Portanto, confessem seus pecados uns
aos outros e orem uns pelos outros para
serem curados. A oração de um justo tem
grande poder e produz grandes resulta-
dos. 17 Elias era humano como nós e, no
entanto, quando orou insistentemente
para que não caísse chuva, não choveu
durante três anos e meio. 18 Então ele orou
outra vez e o céu enviou chuva, e a terra
começou a produzir suas colheitas.

RESTAUREM IRMÃOS QUE SE DESVIARAM

19 Meus irmãos, se algum de vocês se
desviar da verdade e for trazido de volta,
20 saibam que quem trouxer o pecador de
volta de seu desvio o salvará da morte e
trará perdão para muitos pecados.

[a] **5.6a** Ou *o Justo*.
[b] **5.6b** Ou *e eles não lhes resistem?*, ou *e Deus não se opõe a vocês?*, ou *e eles não os acusam agora diante de Deus?*

[c] **5.14** Ou *anciãos*.

Cartas Gerais

1Pedro

AUTORIA

O apóstolo Pedro, também conhecido como Simão Pedro (1Pe 1.1).

Livro 60 com

5

CAPÍTULOS

SIGNIFICADO DO TÍTULO

Simão vem do hebraico *Shim'on*, que significa "ouvido" ou "aquele que ouve". Já Pedro vem do grego Petros, que significa "pedra" ou "rocha".

OBJETIVO DO LIVRO

A carta foi escrita para encorajar os cristãos dispersos na Ásia Menor (atual Turquia), que estavam sofrendo perseguições, fortalecendo-os a permanecer firmes na fé. Pedro os exorta a viver de forma santa e a se apegar à esperança em Cristo, lembrando-lhes da herança incorruptível que os aguarda.

ESTRUTURA DO LIVRO

- ★ Saudação e esperança viva 1Pe 1.1-12
- ★ Santidade e amor fraternal 1Pe 1.13—2.10
- ★ Submissão e sofrimento 1Pe 2.11—3.12
- ★ Vida cristã e sofrimento 1Pe 3.13—4
- ★ Exortações finais 1Pe 5

TEMAS DE 1 PEDRO

1Pedro enfatiza a esperança em meio ao sofrimento e a importância de uma vida exemplar. O apóstolo destaca a identidade dos cristãos como povo escolhido de Deus (1Pe 2.9), a necessidade de submissão (1Pe 2.13-17) e a alegria futura que aguarda os fiéis (1Pe 1.3-9).

1PEDRO E CRISTO

Pedro aponta para Cristo como o exemplo supremo de sofrimento e submissão. Ele relembra aos cristãos que Jesus sofreu por eles, deixando um exemplo para que sigam seus passos (1Pe 2.21-24). A ressurreição de Cristo é a base da esperança viva dos crentes (1Pe 1.3).

ESPERANÇA VIVA EM TEMPOS DE SOFRIMENTO

SAUDAÇÕES DE PEDRO

1 Eu, Pedro, apóstolo de Jesus Cristo, escrevo esta carta aos escolhidos que vivem como estrangeiros nas províncias de Ponto, Galácia, Capadócia, Ásia e Bitínia.[a] 2 Deus, o Pai, os conhecia de antemão e os escolheu, e o Espírito os santificou para a obediência e a purificação pelo sangue de Jesus Cristo.

Que vocês tenham cada vez mais graça e paz.

ESPERANÇA DA VIDA ETERNA

3 Todo louvor seja a Deus, o Pai de nosso Senhor Jesus Cristo. Por sua grande misericórdia, ele nos fez nascer de novo, por meio da ressurreição de Jesus Cristo dentre os mortos. Agora temos uma viva esperança 4 e uma herança imperecível, pura e imaculada, que não muda nem se deteriora, guardada para vocês no céu. 5 Por meio da fé que vocês têm, Deus os protege com seu poder até que recebam essa salvação, pronta para ser revelada nos últimos tempos.

6 Portanto, alegrem-se com isso, ainda que agora, por algum tempo, vocês precisem suportar muitas provações. 7 Elas mostrarão que sua fé é autêntica. Como o fogo prova e purifica o ouro, assim sua fé está sendo experimentada, e ela é muito mais preciosa que o simples ouro. Isso resultará em louvor, glória e honra no dia em que Jesus Cristo for revelado.

8 Embora nunca o tenham visto, vocês o amam. E, ainda que não o vejam agora, creem nele e se regozijam com alegria inexprimível e gloriosa, 9 pois estão alcançando o alvo de sua fé, a sua salvação.

10 Até mesmo os profetas queriam saber mais sobre essa salvação e investigaram a respeito, quando profetizaram acerca da graça preparada para vocês. 11 Buscavam descobrir a que tempo ou ocasião se referia o Espírito de Cristo, que neles estava, ao predizer o sofrimento de Cristo e sua grande glória posterior.

12 Foi-lhes dito que suas mensagens não eram para eles, mas para vocês. E, agora, essas boas-novas lhes foram anunciadas por aqueles que pregaram pelo poder do Espírito Santo enviado do céu. É algo tão maravilhoso que até os anjos anseiam observar.

CHAMADOS PARA UMA VIDA DE SANTIDADE

13 Portanto, preparem sua mente para a ação e exercitem o autocontrole. Depositem toda a sua esperança na graça que receberão quando Jesus Cristo for revelado. 14 Sejam filhos obedientes. Não voltem ao seu antigo modo de viver, quando satisfaziam os próprios desejos e viviam na ignorância. 15 Agora, porém, sejam santos em tudo que fizerem, como é santo aquele que os chamou. 16 Pois as Escrituras dizem: "Sejam santos, porque eu sou santo".[b]

17 Lembrem-se de que o Pai celestial, a quem vocês oram, não mostra favorecimento. Ele os julgará de acordo com suas ações. Por isso, vivam com temor durante seu tempo como residentes na terra. 18 Pois vocês sabem que o resgate para salvá-los do estilo de vida vazio que herdaram de seus antepassados não foi pago com simples ouro ou prata, que perdem seu valor, 19 mas com o sangue precioso de Cristo, o Cordeiro de Deus, sem pecado nem mancha. 20 Ele foi escolhido antes da criação do mundo, mas agora, nestes últimos tempos, foi revelado por causa de vocês.

21 Por meio de Cristo, vocês vieram a crer em Deus. Depositam sua fé e esperança em Deus porque ele ressuscitou Cristo dos mortos e lhe deu grande glória.

22 Uma vez que vocês foram purificados de seus pecados quando obedeceram à verdade, tenham como alvo agora o amor fraternal sem fingimento. Amem uns aos outros sinceramente, de todo o coração.

23 Pois vocês nasceram de novo, não para uma vida que pode ser destruída, mas para uma vida que durará para sempre, porque vem da eterna e viva palavra de Deus. 24 Pois,

"Os seres humanos são como o capim;
sua beleza é como as flores do campo.
O capim seca e as flores murcham,
25 mas a palavra do Senhor
permanece para sempre".[c]

[a] **1.1** Províncias romanas onde hoje fica a Turquia.

[b] **1.16** Lv 11.44-45; 19.2; 20.7.

[c] **1.24-25** Is 40.6-8.

E essa palavra é a mensagem das boas-novas que lhes foi anunciada.

2 Portanto, livrem-se de toda maldade, todo engano, toda hipocrisia, toda inveja e todo tipo de difamação. 2 Como bebês recém-nascidos, desejem intensamente o puro leite espiritual, para que, por meio dele, cresçam e experimentem plenamente a salvação, 3 agora que provaram da bondade do Senhor.

PEDRAS VIVAS PARA A CASA DE DEUS

4 Vocês têm se aproximado de Cristo, a pedra viva. As pessoas o rejeitaram, mas Deus o escolheu para lhe conceder grande honra.

5 E vocês também são pedras vivas, com as quais um templo espiritual é edificado. Além disso, são sacerdotes santos.[a] Por meio de Jesus Cristo, oferecem sacrifícios espirituais que agradam a Deus. 6 Como dizem as Escrituras:

"Ponho em Sião uma pedra angular,
escolhida para grande honra;
quem confiar nela
jamais será envergonhado".[b]

7 Sim, vocês, os que creem, reconhecem a honra que lhe é devida.[c] Mas, para os que não creem,

"A pedra que os construtores rejeitaram
se tornou a pedra angular".[d]

8 E também,

"Ele é a pedra de tropeço,
rocha que faz as pessoas caírem".[e]

Tropeçam porque não obedecem à palavra e, portanto, deparam com o destino planejado para elas.

9 Vocês, porém, são povo escolhido, reino de sacerdotes,[f] nação santa, propriedade exclusiva de Deus. Assim, vocês podem mostrar às pessoas como é admirável aquele que os chamou das trevas para sua maravilhosa luz.

10 "Antes vocês não tinham
identidade como povo,
agora são povo de Deus.
Antes não haviam
recebido misericórdia,
agora receberam misericórdia
de Deus."[g]

11 Amados, eu os advirto, como peregrinos e estrangeiros que são, a manter distância dos desejos carnais que lutam contra a alma. 12 Procurem viver de maneira exemplar entre os que não creem. Assim, mesmo que eles os acusem de praticar o mal, verão seu comportamento correto e darão glória a Deus quando ele julgar o mundo.[h]

RESPEITO PELAS AUTORIDADES

13 Por causa do Senhor, submetam-se a todas as autoridades humanas, seja o rei como autoridade máxima, 14 sejam os oficiais nomeados e enviados por ele para castigar os que fazem o mal e honrar os que fazem o bem.

15 É da vontade de Deus que, pela prática do bem, vocês calem os ignorantes que os acusam falsamente. 16 Pois vocês são livres e, no entanto, são escravos de Deus; não usem sua liberdade como desculpa para fazer o mal. 17 Tratem todos com respeito e amem seus irmãos em Cristo.[i] Temam a Deus e respeitem o rei.

INSTRUÇÕES PARA OS ESCRAVOS

18 Vocês, escravos, submetam-se a seu senhor com todo o respeito.[j] Façam o que ele mandar, não apenas se for bondoso e amável, mas até mesmo se for cruel. 19 Porque Deus se agrada de vocês quando, conscientes da vontade dele, suportam com paciência o tratamento injusto. 20 Claro que não há mérito algum em ser paciente quando são açoitados por terem

---

[a] **2.5** Em grego, *sacerdócio santo.*
[b] **2.6** Is 28.16, conforme a Septuaginta.
[c] **2.7a** Ou *Sim, para vocês que creem, existe honra.*
[d] **2.7b** Sl 118.22.
[e] **2.8** Is 8.14.
[f] **2.9** Em grego, *sacerdócio real.*
[g] **2.10** Os 1.6,9; 2.23.
[h] **2.12** Em grego, *no dia da visitação.*
[i] **2.17** Em grego, *a irmandade.*
[j] **2.18** Ou *porque vocês temem a Deus*; o grego traz *em todo o temor.*

feito o mal. Mas, se sofrem por terem feito
o bem e suportam com paciência, Deus se
agrada de vocês.
21 Porque Deus os chamou para fazerem
o bem, mesmo que isso resulte em sofri-
mento, pois Cristo sofreu[a] por vocês. Ele é
seu exemplo; sigam seus passos.

22 Ele nunca pecou,
nem enganou ninguém.[b]
23 Não revidou quando foi insultado,
nem ameaçou se vingar
quando sofreu,
mas deixou seu caso nas
mãos de Deus,
que sempre julga com justiça.
24 Ele mesmo carregou
nossos pecados
em seu corpo na cruz,
a fim de que morrêssemos
para o pecado
e vivêssemos para a justiça;
por suas feridas somos curados.
25 Vocês eram como
ovelhas desgarradas,
mas agora voltaram para o Pastor,
o Guardião de sua alma.

INSTRUÇÕES PARA AS ESPOSAS

3 Da mesma forma, vocês, esposas, sujei-
tem-se à autoridade de seu marido.
Assim, mesmo que ele se recuse a obede-
cer à palavra, será conquistado por sua
conduta, sem palavra alguma, 2 mas
por observar seu modo de viver puro e
reverente.
3 Não se preocupem com a beleza
exterior obtida com penteados extra-
vagantes, joias caras e roupas bonitas.
4 Em vez disso, vistam-se com a beleza
que vem de dentro e que não desaparece,
a beleza de um espírito amável e sereno,
tão precioso para Deus. 5 Era assim que
se adornavam as mulheres santas do
passado. Elas depositavam sua confiança
em Deus e se sujeitavam à autoridade do
marido. 6 Sara, por exemplo, obedecia a
Abraão e o chamava de senhor. Vocês são
filhas dela quando praticam o bem, sem
medo algum.

INSTRUÇÕES PARA OS MARIDOS

7 Da mesma forma, vocês, maridos, hon-
rem sua esposa. Sejam compreensivos no
convívio com ela, pois, ainda que seja mais
frágil que vocês, ela é igualmente partici-
pante da dádiva de nova vida concedida
por Deus. Tratem-na de maneira correta,
para que nada atrapalhe suas orações.

INSTRUÇÕES PARA TODOS OS IRMÃOS EM CRISTO

8 Por fim, tenham todos o mesmo modo de
pensar. Sejam cheios de compaixão uns
pelos outros. Amem uns aos outros como
irmãos. Mostrem misericórdia e humil-
dade. 9 Não retribuam mal por mal, nem
insulto com insulto. Ao contrário, retri-
buam com uma bênção. Foi para isso que
vocês foram chamados, e a bênção lhes
será concedida. 10 Pois,

"Se quiser desfrutar a vida
e ver muitos dias felizes,
refreie a língua de falar maldades
e os lábios de dizerem mentiras.
11 Afaste-se do mal e faça o bem;
busque a paz e esforce-se
para mantê-la.
12 Os olhos do Senhor estão
sobre os justos,
e seus ouvidos, abertos
para suas orações.
O Senhor, porém, volta o rosto
contra os que praticam o mal".[c]

SOFRIMENTO RESULTANTE DE FAZER O BEM

13 Quem é que desejará lhes fazer mal se
vocês se dedicarem a fazer o bem? 14 Mas,
ainda que sofram por fazer o que é certo,
vocês serão abençoados. Portanto, não
se preocupem e não tenham medo de
ameaças. 15 Em vez disso, consagrem a
Cristo como o Senhor de sua vida. E, se
alguém lhes perguntar a respeito de sua
esperança, estejam sempre preparados
para explicá-la. 16 Façam-no, porém, de
modo amável e respeitoso.[d] Mantenham
sempre a consciência limpa. Então, se

[a] **2.21** Alguns manuscritos trazem *morreu*.
[b] **2.22** Ver Is 53.9.

[c] **3.10-12** Sl 34.12 16.
[d] **3.16** Em algumas traduções essa frase fica no versículo 15.

Sua fidelidade às coisas pequenas do dia a dia calibra seu coração para estar arraigado no lugar certo.

as pessoas falarem mal de vocês, ficarão envergonhadas ao ver como vocês vivem corretamente em Cristo. 17 Lembrem-se de que é melhor sofrer por fazer o bem, se for da vontade de Deus, do que por fazer o mal.

18 Pois Cristo também sofreu[a] por nossos pecados, de uma vez por todas. Embora nunca tenha pecado, morreu pelos pecadores a fim de conduzi-los a Deus. Sofreu morte física, mas foi ressuscitado pelo Espírito,[b] 19 por meio do qual pregou aos espíritos em prisão, 20 àqueles que, muito tempo atrás, desobedeceram a Deus quando ele esperou pacientemente enquanto Noé construía sua embarcação. Apenas oito pessoas foram salvas por meio da água do dilúvio, 21 e aquela água simboliza o batismo que agora os salva, não pela remoção da sujeira do corpo, mas porque no batismo vocês declaram ter boa consciência diante de Deus.[c] Ela é eficaz por meio da ressurreição de Jesus Cristo.

22 Agora, Cristo foi para o céu e está sentado no lugar de honra à direita de Deus, e todos os anjos, autoridades e poderes se sujeitam a ele.

A VIDA DEDICADA A DEUS

4 Portanto, uma vez que Cristo sofreu fisicamente, armem-se com a mesma atitude que ele teve e estejam prontos para também sofrer. Porque, se vocês sofreram fisicamente por Cristo, deixaram o pecado para trás.[d] 2 Não passarão o resto da vida buscando os próprios desejos, mas fazendo a vontade de Deus. 3 No passado, vocês desperdiçaram muito tempo praticando o que gostam de fazer aqueles que não creem: imoralidade e desejos carnais, farras, bebedeiras e festanças desregradas, além da detestável adoração de ídolos.

4 Agora, essas pessoas ficam surpresas quando vocês deixam de participar de suas práticas desregradas e destrutivas e, por isso, os difamam. 5 Lembrem-se, porém, de que eles terão de prestar contas àquele que está pronto para julgar a todos, vivos e mortos. 6 Por isso as boas-novas foram anunciadas até mesmo aos mortos, pois, embora estivessem destinados a morrer como todo ser humano,[e] agora vivem para sempre com Deus pelo Espírito.[f]

7 O fim de todas as coisas está próximo. Portanto, sejam sensatos e disciplinados em suas orações. 8 Acima de tudo, amem uns aos outros sinceramente, pois o amor cobre muitos pecados. 9 Abram sua casa de bom grado para os que necessitam de um lugar para se hospedar.

10 Deus concedeu um dom a cada um, e vocês devem usá-lo para servir uns aos outros, fazendo bom uso da múltipla e variada graça divina. 11 Você tem o dom de falar? Então faça-o de acordo com as palavras de Deus. Tem o dom de ajudar? Faça-o com a força que Deus lhe dá. Assim, tudo que você realizar trará glória a Deus por meio de Jesus Cristo. A ele sejam a glória e o poder para todo o sempre! Amém.

SOFRIMENTOS RESULTANTES DE SEGUIR A CRISTO

12 Amados, não se surpreendam com as provações de fogo ardente pelas quais estão passando, como se algo estranho lhes estivesse acontecendo. 13 Pelo contrário, alegrem-se muito, pois essas provações os tornam participantes dos sofrimentos de Cristo, a fim de que tenham a maravilhosa alegria de ver sua glória quando ela for revelada.

14 Se vocês forem insultados por causa do nome de Cristo, abençoados serão, pois o glorioso Espírito de Deus[g] repousa sobre vocês.[h] 15 Se sofrerem, porém, que não seja por matar, roubar, causar confusão ou intrometer-se em assuntos alheios. 16 Mas, se sofrerem por ser cristãos, não se envergonhem; louvem a Deus por serem chamados por esse nome! 17 Pois chegou a hora do julgamento, que deve começar pela casa de Deus. E, se o julgamento começa conosco, que destino terrível aguarda

[a] **3.18a** Alguns manuscritos trazem *morreu*.
[b] **3.18b** Ou *em espírito*.
[c] **3.21** Ou *suplicam a Deus por uma boa consciência*.
[d] **4.1** Ou *Pois aquele* [ou *Aquele*] *que sofreu fisicamente acabou com o pecado*.
[e] **4.6a** Ou *embora as pessoas os tivessem julgado dignos de morte*.
[f] **4.6b** Ou *em espírito*.
[g] **4.14a** Ou *a glória de Deus, seu Espírito*.
[h] **4.14b** Alguns manuscritos acrescentam *Ele é blasfemado por eles, mas glorificado por vocês*.

aqueles que nunca obedeceram às boas-
-novas de Deus! 18 E,

"Se o justo é salvo por um triz,
o que será do pecador perverso?".[a]

19 Portanto, se vocês sofrem porque cum-
prem a vontade de Deus, continuem a fa-
zer o que é certo e confiem sua vida àquele
que os criou, pois ele é fiel.

CONSELHOS PARA OS LÍDERES E PARA OS JOVENS

5 E agora, uma palavra aos presbíteros[b]
em seu meio. Eu, que também sou
presbítero, testemunhei os sofrimentos de
Cristo e também participarei de sua glória
quando ela for revelada. Assim, peço-
-lhes 2 que cuidem do rebanho que Deus
lhes confiou com disposição, e não de má
vontade; não pelo que lucrarão com isso,
mas pelo desejo de servir a Deus. 3 Não
abusem de sua autoridade com aqueles
que foram colocados sob seus cuidados,
mas guiem-nos com seu bom exemplo. 4 E,
quando vier o Grande Pastor, vocês recebe-
rão uma coroa de glória sem fim.
5 Da mesma forma, vocês, que são mais
jovens, aceitem a autoridade dos pres-
bíteros. E todos vocês vistam-se de hu-
mildade no relacionamento uns com os
outros. Pois,

"Deus se opõe aos orgulhosos,
mas concede graça aos humildes".[c]

6 Portanto, humilhem-se sob o grande
poder de Deus e, no tempo certo, ele os
exaltará. 7 Entreguem-lhe todas as suas
ansiedades, pois ele cuida de vocês.
8 Estejam atentos! Tomem cuidado
com seu grande inimigo, o diabo, que
anda como um leão rugindo à sua volta, à
procura de alguém para devorar. 9 Perma-
neçam firmes contra ele e sejam fortes na
fé. Lembrem-se de que seus irmãos em
Cristo[d] em todo o mundo estão passando
pelos mesmos sofrimentos.
10 Deus, em toda a sua graça, os chamou
para participarem de sua glória eterna por
meio de Cristo Jesus. Assim, depois que ti-
verem sofrido por um pouco de tempo, ele
os restaurará, os sustentará e os fortalece-
rá, e os colocará sobre um firme alicerce.
11 A ele seja o poder para sempre! Amém.

SAUDAÇÕES FINAIS

12 Escrevi e enviei esta breve carta com a
ajuda de Silas,[e] a quem lhes recomendo
como irmão fiel. Meu objetivo ao escrever
é encorajá-los e garantir-lhes que as expe-
riências pelas quais vocês têm passado
são, verdadeiramente, parte da graça de
Deus. Permaneçam firmes nessa graça.
13 Aquela que está na Babilônia,[f] esco-
lhida assim como vocês, lhes envia
saudações, e também meu filho Marcos.
14 Cumprimentem uns aos outros com um
beijo de amor.
Paz seja com todos vocês que estão
em Cristo.

[a] **4.18** Pv 11.31, conforme a Septuaginta.
[b] **5.1** Ou *anciãos*; também em 5.5.
[c] **5.5** Pv 3.34, conforme a Septuaginta.
[d] **5.9** Em grego, *sua irmandade*.
[e] **5.12** Em grego, *Silvano*.
[f] **5.13** Ou *Sua igreja irmã aqui na Babilônia*. É provável que *Babilônia* represente Roma.

Cartas Gerais

2Pedro

Livro 61 com

3

CAPÍTULOS

AUTORIA

O apóstolo Pedro, também conhecido como Simão Pedro (2Pe 1.1).

ESTRUTURA DO LIVRO

- ★ Crescimento espiritual e chamado à santidade 2Pe 1
- ★ Advertência contra falsos mestres 2Pe 2
- ★ O dia do Senhor e exortação final 2Pe 3

SIGNIFICADO DO TÍTULO

Simão vem do hebraico *Shim'on*, que significa "ouvido" ou "aquele que ouve". Já Pedro vem do grego *Petros*, que significa "pedra" ou "rocha".

CURIOSIDADES

Pedro afirma ser testemunha ocular da majestade de Cristo, referindo-se à transfiguração (2Pe 1.16-18).

2Pedro menciona as cartas de Paulo, reconhecendo-as como Escrituras (2Pe 3.15-16).

TEMAS DO LIVRO

2Pedro destaca a necessidade de crescimento espiritual contínuo, a importância da verdade revelada nas Escrituras e a certeza do julgamento divino. Pedro enfatiza que as promessas de Deus são confiáveis e que o retorno de Cristo é certo (2Pe 1.19-21; 3.9-10).

2PEDRO E CRISTO

Pedro aponta para Jesus como a fonte de todas as promessas divinas e o exemplo supremo de vida santa. Ele relembra os crentes da transfiguração, em que a majestade de Cristo foi revelada (2Pe 1.16-18), e destaca a paciência de Deus em relação à segunda vinda do Messias, oferecendo oportunidade para o arrependimento (2Pe 3.9).

OBJETIVO DO LIVRO

Encorajar os cristãos a crescer na fé, combater falsos mestres e heresias, e lembrar aos leitores das promessas de Deus, especialmente a volta de Cristo (2Pe 3.1-3).

Pedro exorta os crentes a viverem de maneira santa e devota enquanto aguardam o dia do Senhor (2Pe 3.11-14).

SAUDAÇÕES DE PEDRO

1 Eu, Simão[a] Pedro, escravo e apóstolo de Jesus Cristo, escrevo esta carta a vocês que compartilham de nossa preciosa fé, concedida por meio da justiça de Jesus Cristo, nosso Deus e Salvador.

2 Que vocês tenham cada vez mais graça e paz à medida que crescem no conhecimento de Deus e de Jesus, nosso Senhor.

CRESCIMENTO NA FÉ

3 Deus, com seu poder divino, nos concede tudo de que necessitamos para uma vida de devoção, pelo conhecimento completo daquele que nos chamou para si por meio de sua glória e excelência. 4 E, por causa de sua glória e excelência, ele nos deu grandes e preciosas promessas. São elas que permitem a vocês participar da natureza divina e escapar da corrupção do mundo causada pelos desejos humanos.

5 Diante de tudo isso, esforcem-se ao máximo para corresponder a essas promessas. Acrescentem à fé a excelência moral; à excelência moral o conhecimento; 6 ao conhecimento o domínio próprio; ao domínio próprio a perseverança; à perseverança a devoção a Deus; 7 à devoção a Deus a fraternidade; e à fraternidade o amor.

8 Quanto mais crescerem nessas coisas, mais produtivos e úteis serão no conhecimento completo de nosso Senhor Jesus Cristo. 9 Mas aqueles que não se desenvolvem desse modo são praticamente cegos, vendo apenas o que está perto, e se esquecem de que foram purificados de seus antigos pecados.

10 Por isso, irmãos, trabalhem ainda mais arduamente para mostrar que, de fato, estão entre os que foram chamados e escolhidos. Façam essas coisas e jamais tropeçarão. 11 Assim, sua entrada no reino eterno de nosso Senhor e Salvador Jesus Cristo será acompanhada de grande honra.

PRESTEM ATENÇÃO ÀS ESCRITURAS

12 Portanto, sempre lhes lembrarei estas coisas, embora já as saibam e estejam firmes na verdade que lhes foi ensinada. 13 E é apropriado que, enquanto eu viver,[b] continue a lembrá-los. 14 Pois nosso Senhor Jesus Cristo me mostrou que, em breve, partirei desta vida,[c] 15 por isso me esforçarei para garantir que vocês sempre se lembrem destas coisas depois de minha partida.

16 Porque não inventamos histórias engenhosas quando lhes falamos da poderosa vinda de nosso Senhor Jesus Cristo. Vimos com os próprios olhos seu esplendor majestoso, 17 quando ele recebeu honra e glória da parte de Deus, o Pai. A voz da glória suprema de Deus lhe disse: "Este é meu Filho amado, que me dá grande alegria".[d] 18 Nós mesmos ouvimos essa voz do céu quando estávamos com ele no monte santo.

19 Além disso, temos a mensagem que os profetas proclamaram, que é digna de toda confiança. Prestem muita atenção ao que eles escreveram, pois suas palavras são como lâmpada que ilumina um lugar escuro, até que o dia clareie e a estrela da manhã brilhe[e] no coração de vocês. 20 Acima de tudo, saibam que nenhuma profecia nas Escrituras surgiu do entendimento do próprio profeta,[f] 21 nem de iniciativa humana. Esses homens foram impulsionados pelo Espírito Santo e falaram da parte de Deus.

O PERIGO DOS FALSOS MESTRES

2 Contudo, assim como surgiram falsos profetas entre o povo de Israel, também surgirão falsos mestres entre vocês. Eles ensinarão astutamente heresias destrutivas e até negarão o Mestre que os resgatou, trazendo sobre si mesmos destruição repentina. 2 Muitos seguirão a imoralidade vergonhosa desses mestres, e por causa deles o caminho da verdade será difamado. 3 Em sua ganância, inventarão mentiras astutas para explorar vocês, mas eles já foram condenados há muito tempo, e sua destruição não tardará.

---

[a] **1.1** Em grego, *Simeão*.

[b] **1.13** Em grego, *enquanto eu estiver nesta tenda [ou tabernáculo]*.

[c] **1.14** Em grego, *em breve, deixarei minha tenda [ou tabernáculo]*.

[d] **1.17** Mt 17.5; Mc 9.7; Lc 9.35.

[e] **1.19** Ou *nasça*.

[f] **1.20** Ou *é uma questão de interpretação pessoal*.

4 Pois Deus não poupou nem os anjos
que pecaram. Ele os lançou no inferno,[a] em
abismos tenebrosos,[b] onde ficarão presos
até o dia do julgamento. 5 Não poupou o
mundo antigo, mas protegeu Noé, que
proclamava a justiça, e sete pessoas de
sua família, quando destruiu com um
dilúvio o mundo dos perversos. 6 Mais
tarde, condenou as cidades de Sodoma e
Gomorra e as transformou em montes de
cinzas, como exemplo do que acontecerá
aos perversos. 7 Em contrapartida, resga-
tou Ló, tirando-o de Sodoma, por ser ele
um homem justo, afligido com a vergo-
nhosa imoralidade dos perversos ao seu
redor. 8 Sim, Ló era um homem justo, cuja
alma justa era atormentada pela maldade
que via e ouvia todos os dias. 9 Vemos,
portanto, que o Senhor sabe resgatar das
provações os que lhe são devotos e, ao
mesmo tempo, manter os perversos sob
castigo até o dia do julgamento. 10 Ele é
particularmente severo com aqueles que
seguem desejos e instintos distorcidos e
desprezam a autoridade.

Tais indivíduos são orgulhosos e arro-
gantes, e atrevem-se até a zombar de seres
sobrenaturais.[c] 11 Já os anjos, muito maio-
res em poder e em força, não ousam apre-
sentar diante do Senhor uma acusação de
blasfêmia contra esses seres.

12 Os falsos mestres são como criatu-
ras irracionais movidas pelo instinto,
que nascem para apanhar e morrer. Nada
sabem sobre aqueles a quem insultam
e, como animais, serão destruídos por[d]
sua própria corrupção. 13 Praticam o mal
e receberão o mal como recompensa.
Gostam de se entregar à imoralidade em
plena luz do dia. São uma vergonha e
uma mancha no meio de vocês, sentindo
prazer em enganá-los enquanto partici-
pam de suas refeições. 14 Cometem adul-
tério com os olhos e abrigam um desejo
insaciável de pecar. Seduzem os instáveis
e são bem treinados na ganância. Vivem
sob maldição, 15 desviaram-se do caminho
reto e seguem os passos de Balaão, filho de
Beor,[e] que amou a recompensa que rece-
beria por fazer o mal. 16 Balaão, porém,
foi refreado em sua loucura quando uma
jumenta, que não fala, o repreendeu com
voz humana.

17 Eles são como fontes secas ou a nebli-
na levada pelo vento, e estão condenados
às mais escuras trevas. 18 Com palavras va-
zias, proclamam sua grandeza imaginária
e apelam para desejos carnais distorcidos
a fim de atrair de volta ao pecado aque-
les que mal escaparam de uma vida en-
ganosa. 19 Prometem liberdade, mas eles
próprios são escravos da corrupção. Pois
cada um é escravo daquilo que o controla.
20 E, quando alguém escapa da maldade
do mundo ao conhecer nosso Senhor e
Salvador Jesus Cristo, mas depois se dei-
xa emaranhar e se escravizar novamente
pelo pecado, está pior que antes. 21 Teria
sido melhor nunca haver conhecido o
caminho da justiça do que, conhecendo-
-o, rejeitar a ordem recebida para viver
de modo santo. 22 Neles se confirmam os
provérbios: "O cão volta a seu próprio vô-
mito"[f] e "A porca lavada volta a revolver-se
na lama".

O DIA DO SENHOR SE APROXIMA

3 Amados, esta é minha segunda carta a
vocês, e em ambas procurei refrescar
sua memória e incentivá-los a pensar com
clareza. 2 Quero que se lembrem do que
disseram os santos profetas muito tem-
po atrás e do que ordenou nosso Senhor
e Salvador por meio dos apóstolos que
lhes enviou.

3 Acima de tudo, quero alertá-los de que
nos últimos dias surgirão escarnecedores
que zombarão da verdade e seguirão os
próprios desejos, 4 dizendo: "O que houve
com a promessa de que ele voltaria? Des-
de antes do tempo de nossos antepassa-
dos, tudo permanece igual, como desde a
criação do mundo".

5 Eles esquecem deliberadamente que
Deus, por sua palavra, há muito tempo criou
os céus e a terra seca, que fez surgir em meio
às águas. 6 Depois, com água destruiu todo

[a] **2.4a** Em grego, *Tártaro*.
[b] **2.4b** Alguns manuscritos trazem *em cadeias de escuridão*.
[c] **2.10** Em grego, *seres gloriosos*, provável referência aos anjos caídos.
[d] **2.12** Ou *em*.
[e] **2.15** Alguns manuscritos trazem *Bosor*.
[f] **2.22** Pv 26.11.

o mundo antigo, no dilúvio. 7 Pela mesma
palavra, os céus e a terra que agora existem
foram reservados para o fogo e estão guar-
dados para o dia do julgamento, quando
todos os perversos serão destruídos.

8 Logo, amados, não se esqueçam disto:
para o Senhor, um dia é como mil anos, e mil
anos como um dia. 9 Na verdade, o Senhor
não demora em cumprir sua promessa,
como pensam alguns. Pelo contrário, ele
é paciente por causa de vocês. Não deseja
que ninguém seja destruído, mas que todos
se arrependam. 10 Contudo, o dia do Senhor
virá como um ladrão. Os céus desaparece-
rão com terrível estrondo, e até os elemen-
tos serão consumidos pelo fogo, e a terra e
tudo que nela há serão expostos.[a]

11 Visto, portanto, que tudo ao redor será
destruído, a vida de vocês deve ser carac-
terizada por santidade e devoção, 12 espe-
rando o dia de Deus e já antecipando sua
vinda. Nesse dia, ele incendiará os céus,
e os elementos se derreterão nas chamas.
13 Nós, porém, aguardamos com grande
expectativa os novos céus e a nova terra que
ele prometeu, um mundo pleno de justiça.

14 Portanto, amados, enquanto esperam
que essas coisas aconteçam, esforcem-se
para levar uma vida pacífica, pura e sem
culpa aos olhos de Deus.

15 E lembrem-se de que a paciência de
nosso Senhor permite que as pessoas
sejam salvas. Foi isso que nosso amado
irmão Paulo lhes escreveu, com a sabe-
doria que lhe foi concedida. 16 Ele trata
dessas questões em todas as suas
cartas. Alguns de seus comentários são
difíceis de entender, e os ignorantes e
instáveis distorceram suas cartas, como
fazem com outras partes das Escrituras.
Como resultado, eles próprios serão
destruídos.

PALAVRAS FINAIS DE PEDRO

17 Amados, vocês já sabem dessas coisas.
Portanto, estejam atentos, a fim de que
não sejam levados pelos erros desses
perversos e percam sua firmeza. 18 Antes,
cresçam na graça e no conhecimento de
nosso Senhor e Salvador Jesus Cristo.

A ele seja a glória, agora e para sempre!
Amém.

[a] **3.10** Alguns manuscritos trazem *serão queimados*; um manuscrito antigo traz *se encontrarão destruídos*.

1 João

Livro 62 com 5 CAPÍTULOS

AUTORIA

O apóstolo João (1Jo 1.1).

OBJETIVO DO LIVRO

Dar segurança aos cristãos em sua fé, exortar à obediência e ao amor fraternal, e combater heresias, especialmente o gnosticismo, que negava a encarnação de Cristo (1Jo 1.3-4; 2.1,26).

SIGNIFICADO DO TÍTULO

"João" vem do hebraico *Yohanan*, que significa "o Senhor é gracioso".

ESTRUTURA DO LIVRO

★ Introdução e propósito da carta 1Jo 1.1-4

★ A natureza de Deus e a vida em comunhão 1Jo 1.5—2.17

★ O amor de Deus e a prática do amor fraternal 1Jo 2.18—3

★ A fé em Cristo e a vitória sobre o mundo 1Jo 4

★ O conhecimento de Deus e a certeza da vida eterna 1Jo 5

TEMAS DO LIVRO

1João enfatiza a realidade da encarnação de Cristo, a necessidade do amor fraternal e a importância da obediência aos mandamentos de Deus. A carta também aborda a segurança da salvação e a vitória dos cristãos sobre o mundo por meio da fé (1Jo 5.4-5).

GNOSTICISMO

Corrente de pensamento que promovia a obtenção de conhecimento secreto como meio de salvação, muitas vezes negando a importância da encarnação de Cristo e a moralidade cristã.

Em 1João, o apóstolo confronta essas ideias, defendendo a encarnação do Filho de Deus, enfatizando a necessidade de viver em verdade e amor, e rejeitando a dualidade entre espírito e matéria característica do gnosticismo.

João enfatiza que a verdadeira comunhão com Deus vem por meio de Jesus, chamando os cristãos a permanecer firme na fé apostólica.

1JOÃO E CRISTO

João apresenta Jesus como a Palavra da vida manifestada em carne (1Jo 1.1-2), o sacrifício para perdão de nossos pecados (1Jo 2.2; 4.10) e o Filho de Deus que dá vida eterna aos que nele creem (1Jo 5.11-13). O amor de Cristo é o modelo supremo para o amor entre os cristãos (1Jo 3.16).

INTRODUÇÃO

1 Proclamamos a vocês aquele que existia desde o princípio,[a] aquele que ouvimos e vimos com nossos próprios olhos e tocamos com nossas próprias mãos. Ele é a Palavra da vida. 2 Aquele que é a vida nos foi revelado, e nós o vimos. Agora, testemunhamos e lhes proclamamos que ele é a vida eterna. Ele estava com o Pai e nos foi revelado. 3 Anunciamos-lhes aquilo que nós mesmos vimos e ouvimos, para que tenham comunhão conosco. E nossa comunhão é com o Pai e com seu Filho, Jesus Cristo. 4 Escrevemos estas coisas para que vocês participem plenamente de nossa alegria.[b]

VIVER NA LUZ

5 Esta é a mensagem que ouvimos dele e que agora lhes transmitimos: Deus é luz, e nele não há escuridão alguma. 6 Portanto, se afirmamos que temos comunhão com ele mas vivemos na escuridão, mentimos e não praticamos a verdade. 7 Mas, se vivemos na luz, como Deus está na luz, temos comunhão uns com os outros, e o sangue de Jesus, seu Filho, nos purifica de todo pecado.

8 Se afirmamos que não temos pecados, enganamos a nós mesmos e não vivemos na verdade. 9 Mas, se confessamos nossos pecados, ele é fiel e justo para perdoar nossos pecados e nos purificar de toda injustiça. 10 Se afirmamos que não pecamos, chamamos Deus de mentiroso e mostramos que não há em nós lugar para sua palavra.

2 Meus filhinhos, escrevo-lhes estas coisas para que vocês não pequem. Se, contudo, alguém pecar, temos um advogado que defende nossa causa diante do Pai: Jesus Cristo, aquele que é justo. 2 Ele mesmo é o sacrifício para o perdão de nossos pecados, e não apenas de nossos pecados, mas dos pecados de todo o mundo.

3 E sabemos que o conhecemos se obedecemos a seus mandamentos. 4 Se alguém diz: "Eu o conheço", mas não obedece a seus mandamentos, é mentiroso e a verdade não está nele. 5 Mas quem obedece à palavra de Deus mostra que o amor que vem dele[c] está se aperfeiçoando em sua vida. Desse modo, sabemos que estamos nele. 6 Quem afirma que permanece nele deve viver como ele viveu.

UM NOVO MANDAMENTO

7 Amados, não lhes escrevo um novo mandamento, mas um antigo, que vocês têm desde o princípio. É a mesma mensagem que ouviram antes. 8 E, no entanto, também é um novo mandamento, cuja verdade ele demonstrou, e vocês também a demonstram. Pois a escuridão está se dissipando, e a verdadeira luz já brilha.

9 Se alguém afirma: "Estou na luz", mas odeia seu irmão, ainda está na escuridão. 10 Quem ama seu irmão permanece na luz e não leva outros a tropeçar. 11 Mas quem odeia seu irmão ainda está na escuridão e anda na escuridão. Não sabe para onde vai, pois a escuridão o cegou.

12 Escrevo a vocês, filhinhos,
porque seus pecados
foram perdoados
pelo nome de Jesus.
13 Escrevo a vocês, pais,
porque conhecem aquele que
existia desde o princípio.
Escrevo a vocês, jovens,
porque venceram a batalha
contra o maligno.
14 Escrevi a vocês, filhinhos,
porque conhecem o Pai.
Escrevi a vocês, pais,
porque conhecem aquele que
existia desde o princípio.
Escrevi a vocês, jovens,
porque são fortes.
A palavra de Deus permanece
em seu coração,
e vocês venceram o maligno.

NÃO SE DEVE AMAR ESTE MUNDO

15 Não amem este mundo, nem as coisas que ele oferece, pois, quando amam o

[a] **1.1** Em grego, *O que foi desde o princípio*.

[b] **1.4** Ou *para que nossa alegria seja completa*; alguns manuscritos trazem *para que a alegria de vocês seja completa*.

[c] **2.5** Ou *o amor a ele*.

mundo, o amor do Pai não está em vocês. 16 Porque o mundo oferece apenas o desejo intenso por prazer físico, o desejo intenso por tudo que vemos e o orgulho de nossas realizações e bens. Isso não provém do Pai, mas do mundo. 17 E este mundo passa, e com ele tudo que as pessoas tanto desejam. Mas quem faz o que agrada a Deus vive para sempre.

ADVERTÊNCIAS SOBRE OS ANTICRISTOS

18 Filhinhos, chegou a hora final. Vocês ouviram que o anticristo está por vir, e muitos anticristos já apareceram. Por isso sabemos que chegou a hora final. 19 Eles saíram de nosso meio, mas, na verdade, nunca foram dos nossos; do contrário, teriam permanecido conosco. Quando saíram, mostraram que não eram dos nossos.

20 Mas vocês não são assim, pois o Santo lhes deu sua unção, e todos vocês conhecem a verdade. 21 Não lhes escrevo porque não conhecem a verdade, mas porque a conhecem e sabem que a verdade não produz mentira alguma. 22 E quem é mentiroso? Aquele que afirma que Jesus não é o Cristo.[a] Quem nega o Pai e o Filho é o anticristo. 23 Aquele que nega o Filho também não tem o Pai. Quem reconhece o Filho tem também o Pai.

24 Portanto, cuidem para que permaneça em vocês o que lhes foi ensinado desde o começo. Se o fizerem, permanecerão em comunhão com o Filho e com o Pai. 25 E, nessa comunhão, desfrutamos a vida eterna que ele nos prometeu.

26 Escrevo estas coisas para adverti-los sobre os que desejam enganá-los. 27 Vocês, porém, receberam dele a unção, e ela permanece em vocês, de modo que não precisam que alguém lhes ensine a verdade. Pois o que a unção lhes ensina é verdade, e não mentira, e é tudo que precisam saber. Portanto, como lhes ensinou a unção, permaneçam nele.

VIVER COMO FILHOS DE DEUS

28 Agora, filhinhos, permaneçam nele para que, quando ele voltar, estejamos confiantes e não nos afastemos dele, envergonhados.

29 Porque sabemos que ele é justo, também sabemos que todo o que pratica a justiça é nascido de Deus.

3 Vejam como é grande o amor do Pai por nós, pois ele nos chama de filhos, o que de fato somos! Mas quem pertence a este mundo não reconhece que somos filhos de Deus, porque não o conhece. 2 Amados, já somos filhos de Deus, mas ele ainda não nos mostrou o que seremos quando Cristo vier. Sabemos, porém, que seremos semelhantes a ele, pois o veremos como ele realmente é. 3 E todos que têm essa esperança se manterão puros, como ele é puro.

4 Quem vive no pecado transgride a lei, pois todo pecado é contrário à lei. 5 E vocês sabem que ele veio para tirar nossos pecados, e nele não há pecado. 6 Quem permanece nele não continua a pecar. Mas quem continua a pecar não o conhece e não entende quem ele é.

7 Filhinhos, não deixem que ninguém os engane a este respeito: quando uma pessoa faz o que é justo, mostra que é justa, como ele é justo. 8 Mas, quando continua a pecar, mostra que pertence ao diabo, pois o diabo peca desde o início. Por isso o Filho de Deus veio, para destruir as obras do diabo. 9 Aquele que é nascido de Deus não vive no pecado, pois a vida de Deus[b] está nele. Logo, não pode continuar a pecar, pois é nascido de Deus. 10 Assim, podemos identificar quem é filho de Deus e quem é filho do diabo. Quem não pratica a justiça e não ama seus irmãos não pertence a Deus.

AMEM UNS AOS OUTROS

11 Esta é a mensagem que vocês ouviram desde o princípio: que amemos uns aos outros. 12 Não sejamos como Caim, que pertencia ao maligno e assassinou seu irmão. E por que o assassinou? Porque Caim praticava o mal, e seu irmão praticava a justiça. 13 Portanto, meus irmãos, não se surpreendam se o mundo os odiar.

> O amor não diz sim a tudo; o amor exorta, porque amar é corrigir. Deus sabe disso e aplica essa equação com frequência para o nosso crescimento.

[a] **2.22** Ou *o Messias*. Tanto Messias (do hebraico) como Cristo (do grego) significam "ungido".

[b] **3.9** Em grego, *a semente de Deus*.

14 Se amamos nossos irmãos, significa que passamos da morte para a vida. Mas quem não ama continua morto. 15 Quem odeia seu irmão já é assassino. E vocês sabem que nenhum assassino tem dentro de si a vida eterna.

16 Sabemos o que é o amor porque Jesus deu sua vida por nós. Portanto, também devemos dar nossa vida por nossos irmãos. 17 Se alguém tem recursos suficientes para viver bem e vê um irmão em necessidade, mas não mostra compaixão, como pode estar nele o amor de Deus?

18 Filhinhos, não nos limitemos a dizer que amamos uns aos outros; demonstremos a verdade por meio de nossas ações. 19 Com isso saberemos que pertencemos à verdade, e nos tranquilizaremos quando estivermos diante de Deus. 20 E, ainda que a consciência nos condene, Deus é maior que nossa consciência e sabe todas as coisas.

21 Amados, se a consciência não nos condena, podemos ir a Deus com total confiança 22 e dele receberemos tudo que pedirmos, pois lhe obedecemos e fazemos o que lhe agrada.

23 E este é seu mandamento: que creiamos no nome de seu Filho, Jesus Cristo, e amemos uns aos outros, conforme ele nos ordenou. 24 Aqueles que obedecem a seus mandamentos permanecem nele, e ele permanece neles. E sabemos que ele permanece em nós porque o Espírito que ele nos deu permanece em nós.

COMO IDENTIFICAR FALSOS PROFETAS

4 Amados, não acreditem em todo espírito, mas ponham-no à prova para ter a certeza de que o espírito vem de Deus, pois há muitos falsos profetas no mundo. 2 Assim sabemos se eles têm o Espírito de Deus: todo espírito que reconhece que Jesus Cristo veio em corpo humano é de Deus, 3 mas todo espírito que não reconhece a verdade a respeito de Jesus não é de Deus. Esse é o espírito do anticristo, sobre o qual vocês ouviram que viria ao mundo e, de fato, já está aqui.

4 Filhinhos, vocês pertencem a Deus e já venceram os falsos profetas, pois o Espírito que está em vocês é maior que o espírito que está no mundo. 5 Eles pertencem a este mundo, portanto falam do ponto de vista do mundo, e o mundo os ouve. 6 Nós, porém, pertencemos a Deus. Quem conhece a Deus nos ouve, mas quem não conhece a Deus não nos ouve. Desse modo sabemos se alguém tem o Espírito da verdade ou o espírito do erro.

DEUS É AMOR

7 Amados, continuemos a amar uns aos outros, pois o amor vem de Deus. Quem ama é nascido de Deus e conhece a Deus. 8 Quem não ama não conhece a Deus, porque Deus é amor.

9 Deus mostrou quanto nos amou ao enviar seu único Filho ao mundo para que, por meio dele, tenhamos vida. 10 É nisto que consiste o amor: não em que tenhamos amado a Deus, mas em que ele nos amou e enviou seu Filho como sacrifício para o perdão de nossos pecados.

11 Amados, visto que Deus tanto nos amou, certamente devemos amar uns aos outros. 12 Ninguém jamais viu a Deus. Mas, se amamos uns aos outros, Deus permanece em nós, e seu amor chega, em nós, à expressão plena.

13 Deus nos deu seu Espírito como prova de que permanecemos nele, e ele em nós. 14 Além disso, vimos com os próprios olhos e agora testemunhamos que o Pai enviou seu Filho para ser o Salvador do mundo. 15 Aquele que declara que Jesus é o Filho de Deus, Deus permanece nele, e ele em Deus. 16 Sabemos quanto Deus nos ama e confiamos em seu amor.

Deus é amor, e quem permanece no amor permanece em Deus, e Deus nele. 17 À medida que permanecemos em Deus, nosso amor se torna mais perfeito. Assim, teremos confiança no dia do julgamento, pois vivemos como Jesus viveu neste mundo.

18 Esse amor não tem medo, pois o perfeito amor afasta todo medo. Se temos medo, é porque tememos o castigo, e isso mostra que ainda não experimentamos plenamente o amor. 19 Nós amamos[a] porque ele nos amou primeiro.

[a] **4.19** Alguns manuscritos trazem *Nós amamos a Deus*; outros, *Nós o amamos*.

20 Se alguém afirma: "Amo a Deus", mas
odeia seu irmão, é mentiroso, pois se
não amamos nosso irmão, a quem ve-
mos, como amaremos a Deus, a quem
não vemos? 21 Ele nos deu este manda-
mento: quem ama a Deus, ame também
seus irmãos.

CRER NO FILHO DE DEUS

5 Todo aquele que crê que Jesus é o
Cristo é nascido de Deus. E todo aquele
que ama o Pai também ama os filhos dele.
2 Sabemos que amamos os filhos de Deus
se amamos a Deus e obedecemos a seus
mandamentos. 3 Amar a Deus significa
obedecer a seus mandamentos. E seus
mandamentos não são difíceis. 4 Pois
todo aquele que é nascido de Deus vence
este mundo, e obtemos essa vitória pela fé.
5 Quem vence a batalha contra o mundo?
Somente quem crê que Jesus é o Filho
de Deus.

6 Jesus Cristo foi revelado por meio de
seu batismo na água e pelo derramamento
de seu sangue; não só por meio da água,
mas pela água e pelo sangue. E o Espí-
rito, que é a verdade, o confirma com seu
testemunho. 7 Temos, portanto, três teste-
munhas,[a] 8 o Espírito, a água e o sangue,
e as três concordam entre si. 9 Porque
cremos em testemunho humano, certa-
mente podemos crer no testemunho de
Deus, que tem ainda mais valor. E Deus dá
testemunho acerca de seu Filho. 10 Quem
crê no Filho de Deus sabe, em seu coração,
que esse testemunho é verdadeiro. Quem
não crê nisso, na realidade, chama Deus de
mentiroso, porque não crê no testemunho
de Deus acerca de seu Filho.

11 E este é o testemunho: Deus nos deu
vida eterna, e essa vida está em seu Filho.
12 Quem tem o Filho tem a vida; quem não
tem o Filho de Deus não tem a vida.

CONCLUSÃO

13 Escrevi estas coisas a vocês que creem
no nome do Filho de Deus para que saibam
que têm a vida eterna. 14 Estamos certos de
que ele nos ouve sempre que lhe pedimos
algo conforme sua vontade. 15 E, uma vez
que sabemos que ele ouve nossos pedi-
dos, também sabemos que ele nos dará
o que pedimos.

16 Se alguém vir um irmão cometer pe-
cado que não leva à morte, ore por ele, e
Deus dará vida a esse irmão que pecou
de maneira que não leva à morte. Mas há
pecado que leva à morte, e não digo que
se deva orar por aqueles que o cometem.
17 Toda injustiça é pecado, mas nem todo
pecado leva à morte.

18 Sabemos que os nascidos de Deus não
vivem no pecado, pois o Filho de Deus os
protege e o maligno não os toca. 19 Sabemos
que somos filhos de Deus e que o mundo
inteiro está sob o controle do maligno.

20 E sabemos que o Filho de Deus veio e
nos deu entendimento para que conheça-
mos ao Deus verdadeiro. Agora, vivemos
em comunhão com o Deus verdadeiro,
porque vivemos em comunhão com seu
Filho, Jesus Cristo. Ele é o Deus verdadeiro
e é a vida eterna.

21 Filhinhos, afastem-se dos ídolos.

---

[a] **5.7** Alguns poucos manuscritos tardios acrescentam *no céu: o Pai, a Palavra e o Espírito Santo, e esses três são um. E temos três testemunhas na terra...*

Cartas Gerais

2João

Livro 63 com

1

CAPÍTULO

AMOR E VERDADE NA COMUNIDADE CRISTÃ

AUTORIA

O apóstolo João (2Jo 1.1).

OBJETIVO DO LIVRO

2João adverte contra a hospitalidade para com os falsos mestres e encoraja a permanência na doutrina de Cristo (2Jo 1.7-11). A carta destaca a importância do amor e da verdade na vida cristã.

SIGNIFICADO DO TÍTULO

"João" vem do hebraico *Yohanan*, que significa "o Senhor é gracioso".

TEMAS DO LIVRO

2João enfatiza a verdade e o amor como fundamentos da vida cristã. A carta também trata da necessidade de discernimento espiritual e da rejeição de doutrinas heréticas que negam a encarnação de Cristo (2Jo 1.7-9).

2JOÃO E CRISTO

João destaca a importância de reconhecer que Jesus Cristo veio em corpo humano (2Jo 1.7), reafirmando a verdade da encarnação e sua centralidade na fé cristã. Ele exorta os cristãos a permanecer no ensino de Cristo como prova de seu relacionamento com Deus (2Jo 1.9).

ESTRUTURA DO LIVRO

- Saudações e exortação ao amor 2Jo 1.1-6
- Advertência contra falsos mestres 2Jo 1.7-13

SAUDAÇÕES

1 Eu, o presbítero,[a] escrevo à senhora es-
colhida e a seus filhos,[b] a quem amo
na verdade, como fazem todos os que
conhecem a verdade, 2 porque a verda-
de permanece em nós e estará conosco
para sempre.
3 Graça, misericórdia e paz que vêm de
Deus, o Pai, e de Jesus Cristo, o Filho do
Pai, estarão conosco, os que vivemos na
verdade e no amor.

PERMANEÇAM NA VERDADE

4 Fiquei muito feliz por encontrar alguns de
seus filhos e ver que estão vivendo de acor-
do com a verdade, conforme o Pai ordenou.
5 Agora, senhora,[c] peço-lhe que amemos
uns aos outros. Não se trata de um novo
mandamento; nós o temos desde o princí-
pio. 6 O amor consiste em fazer o que Deus
nos ordenou, e ele ordenou que amemos
uns aos outros, como vocês ouviram desde
o princípio.
7 Digo isso porque muitos enganadores
têm ido pelo mundo afora, negando que
Jesus Cristo veio em corpo humano. Quem
age assim é o enganador e o anticristo.
8 Tenham cuidado para não perder aqui-
lo que nos esforçamos[d] tanto para conse-
guir. Sejam diligentes a fim de receber a
recompensa completa. 9 Quem se desvia
deste ensino não tem ligação alguma com
Deus, mas quem permanece no ensino de
Cristo tem ligação com o Pai e também
com o Filho.
10 Se alguém for a suas reuniões e não
ensinar a verdade de Cristo, não o convi-
dem a entrar em sua casa, nem lhe deem
nenhum tipo de apoio. 11 Quem apoia esse
tipo de pessoa torna-se cúmplice de suas
obras malignas.

CONCLUSÃO

12 Tenho muito mais a lhes dizer, mas não
quero fazê-lo com papel e tinta, pois es-
pero visitá-los em breve e conversar com
vocês pessoalmente. Então nossa alegria
será completa.
13 Saudações dos filhos de sua irmã[e]
escolhida.

[a] **1.1a** Ou *o ancião.*
[b] **1.1b** Ou *à igreja escolhida e a seus membros.*
[c] **1.5** Ou *Agora, igreja.*
[d] **1.8** Alguns manuscritos trazem *vocês se esforçaram.*
[e] **1.13** Ou *membros de sua igreja irmã.*

Cartas Gerais

3João

Livro 64 com

1

CAPÍTULO

COMUNHÃO NA VERDADE E NO AMOR

AUTORIA

O apóstolo João (3Jo 1.1).

SIGNIFICADO DO TÍTULO

"João" vem do hebraico *Yohanan*, que significa "o Senhor é gracioso".

OBJETIVO DO LIVRO

Encorajar a prática da hospitalidade entre os cristãos, especialmente com os missionários itinerantes, e denunciar a má conduta de líderes autoritários que rejeitam essa prática. João elogia Gaio por sua hospitalidade (3Jo 1.5-8) e reprova Diótrefes por sua arrogância e resistência (3Jo 1.9-10).

ESTRUTURA DO LIVRO

- ★ Saudações e elogios a Gaio 3Jo 1.1-8
- ★ Condenação de Diótrefes 3Jo 1.9-10
- ★ Recomendações finais e saudações 3Jo 1.11-14

TEMAS DE 3JOÃO

A teologia de 3João enfatiza a importância da verdade, do amor e da hospitalidade na vida cristã. A carta destaca o contraste entre o comportamento piedoso, exemplificado por Gaio, e o comportamento reprovável de Diótrefes, que representa arrogância e falta de amor cristão (3Jo 1.11).

3JOÃO E CRISTO

3João reflete a importância de viver de acordo com a verdade de Cristo (3Jo 1.4). João exorta os cristãos a seguirem apenas o que é bom (3Jo 1.11), lembrando as palavras de Jesus sobre o amor e o serviço aos outros como um reflexo do próprio ministério (Jo 13.34-35).

SAUDAÇÕES

1 Eu, o presbítero,[a] escrevo a Gaio, meu
amigo querido, a quem amo na verdade.
2 Amado, espero que você esteja bem e
fisicamente tão sadio quanto é forte em
espírito. 3 Alguns dos irmãos regressaram
e me deixaram muito alegre quando fala-
ram de sua fidelidade e de como você vive
de acordo com a verdade. 4 Eu não poderia
ter maior alegria que saber que meus fi-
lhos têm seguido a verdade.

INCENTIVO A GAIO

5 Amado, você é fiel quando cuida dos ir-
mãos que passam por aí, embora não os
conheça. 6 Eles falaram à igreja daqui a
respeito de sua amizade afetuosa. Peço
que continue a suprir as necessidades de-
les de modo agradável a Deus. 7 Pois eles
viajam a serviço do Senhor[b] e não aceitam
coisa alguma dos que são de fora.[c] 8 As-
sim, nós mesmos devemos sustentá-los, a
fim de nos tornarmos seus cooperadores
quando eles ensinarem a verdade.
9 Escrevi à igreja sobre isso, mas Diótre-
fes, que gosta de ser o mais importante,
se recusa a receber-nos. 10 Quando eu for,
relatarei algumas das coisas que ele tem
feito, bem como suas acusações maldo-
sas contra nós. Ele não apenas se recusa
a acolher os irmãos, mas também impede
outros de ajudá-los. E, quando o fazem,
ele os expulsa da igreja.
11 Amado, não deixe que esse mau
exemplo o influencie, mas siga apenas o
que é bom. Quem faz o bem prova que é
filho de Deus; quem faz o mal prova que
não conhece a Deus.[d]
12 Todos, incluindo a própria verdade,
falam bem de Demétrio. Nós dizemos o
mesmo a respeito dele, e você sabe que
falamos a verdade.

CONCLUSÃO

13 Tenho muito mais a lhe dizer, mas não
quero fazê-lo com pena e tinta, 14 pois es-
pero vê-lo em breve, e então conversare-
mos pessoalmente.
15 A paz seja com você.

Seus amigos daqui mandam lembran-
ças. Por favor, envie minhas saudações
pessoais a cada um dos amigos daí.[e]

[a] **1.1** Ou *ancião.*
[b] **1.7a** Em grego, *eles saíram por causa do Nome.*
[c] **1.7b** Em grego, *dos gentios.*
[d] **1.11** Em grego, *não viu a Deus.*
[e] **1.15** Em algumas traduções o versículo 15 faz parte do 14.

Judas

Livro 65 com **1** CAPÍTULO

AUTORIA

Provavelmente, Judas, irmão de Tiago, também chamado Judas Tadeu. Ele é mencionado nos Evangelhos como um dos irmãos de Jesus, e é presumido ter sido um líder na igreja primitiva em Jerusalém (Jd 1.1; Mt 13.55).

OBJETIVO DO LIVRO

Judas escreve para advertir os cristãos sobre os falsos mestres que se infiltraram na comunidade cristã, distorcendo a graça de Deus em libertinagem e negando Jesus Cristo (Jd 1.4). Ele encoraja os fiéis a defender a fé entregue aos santos (Jd 1.3).

SIGNIFICADO DO TÍTULO

"Judas" vem do hebraico *Yehudah*, que significa "louvor".

A LUTA PELA FÉ

ESTRUTURA DO LIVRO

- ★ Saudação inicial Jd 1.1-2
- ★ Advertência contra os falsos mestres Jd 1.3-16
- ★ Exortação aos fiéis Jd 1.17-23
- ★ Doxologia final Jd 1.24-25

TEMAS DE JUDAS

A teologia de Judas enfatiza a necessidade de defender a fé contra a corrupção e a falsidade. O texto destaca a segurança dos cristãos em Cristo (Jd 1.24) e a importância de permanecer na verdade e na santidade.

JUDAS E CRISTO

Judas aponta para Cristo como o único soberano e Senhor (Jd 1.4) e exalta sua capacidade de proteger os cristãos de tropeçar e apresentá-los irrepreensíveis (Jd 1.24). A carta reflete a seriedade de seguir a verdadeira doutrina de Jesus e rejeitar qualquer distorção dela.

SAUDAÇÕES DE JUDAS

1 Eu, Judas, escravo de Jesus Cristo e irmão de Tiago, escrevo esta carta aos que foram chamados por Deus, o Pai, que os ama e os guarda sob o cuidado de Jesus Cristo.[a]

2 Que vocês tenham cada vez mais misericórdia, paz e amor.

O PERIGO DOS FALSOS MESTRES

3 Amados, embora planejasse escrever-lhes com todo empenho sobre a salvação que compartilhamos, entendo agora que devo escrever a respeito de outro assunto e insistir que defendam a fé que, de uma vez por todas, foi confiada ao povo santo. 4 Pois alguns indivíduos perversos se infiltraram em seu meio sem serem notados, dizendo que a graça de Deus permite levar uma vida imoral. A condenação de tais pessoas foi registrada há muito tempo, pois negaram Jesus Cristo, nosso único Soberano e Senhor.

5 Ainda que já saibam dessas coisas, desejo lembrar a vocês que o Senhor[b] libertou o povo de Israel do Egito, mas depois destruiu aqueles que não permaneceram fiéis. 6 Também lhes lembro os anjos que não se limitaram à autoridade recebida, mas deixaram o lugar a que pertenciam. Deus os mantém acorrentados em prisões eternas, na escuridão, aguardando o dia do julgamento. 7 E não se esqueçam de Sodoma e Gomorra e das cidades vizinhas, cheias de imoralidade e de perversão sexual de todo tipo, que foram destruídas pelo fogo e servem de advertência do fogo eterno do julgamento.

8 Da mesma forma, essas pessoas, afirmando ter autoridade com base em sonhos, vivem de modo imoral, desprezam a autoridade e zombam dos seres sobrenaturais.[c] 9 Mas nem mesmo o arcanjo Miguel se atreveu a acusar o diabo de blasfêmia. Ele disse apenas: "O Senhor o repreenda!". (Isso aconteceu quando Miguel discutia com o diabo a respeito do corpo de Moisés.) 10 Tais indivíduos, porém, zombam de coisas que não entendem. Como criaturas irracionais, agem segundo seus instintos e, desse modo, provocam a própria destruição. 11 Que aflição os espera! Pois eles seguem os passos de Caim, enganam outros por dinheiro, como Balaão, e perecem em sua rebelião, como Corá.

12 Quando esses indivíduos, sem o menor constrangimento, participam de suas refeições de celebração ao amor do Senhor, são como perigosos recifes que podem fazê-los naufragar.[d] Sim, são como pastores que só se preocupam consigo mesmos, como nuvens que passam sobre a terra sem dar chuva, como árvores no outono, duplamente mortas porque não dão frutos e foram arrancadas pelas raízes. 13 São como ondas violentas no mar, espalhando a espuma de seus atos vergonhosos, como estrelas sem rumo, condenadas para sempre à mais profunda escuridão.

14 Enoque, que viveu na sétima geração depois de Adão, profetizou a respeito desses homens, dizendo: "Ouçam! O Senhor vem com incontáveis milhares de santos 15 para julgar a todos. Convencerá os pecadores de seus atos perversos e dos insultos que pronunciaram contra ele".[e]

16 São murmuradores e descontentes, que vivem apenas para satisfazer os próprios desejos. Contam vantagem em alta voz e bajulam outros para conseguir o que querem.

APELO À FIDELIDADE

17 Amados, lembrem-se do que previram os apóstolos de nosso Senhor Jesus Cristo. 18 Eles lhes disseram que nos últimos tempos haveria zombadores cujo propósito na vida é satisfazer seus desejos perversos. 19 Eles provocam divisões entre vocês e seguem seus instintos naturais, pois não têm neles o Espírito.

20 Mas vocês, amados, edifiquem uns aos outros em sua santíssima fé, orem no poder do Espírito Santo[f] 21 e

[a] **1.1** Ou *os guarda para Jesus Cristo.*

[b] **1.5** Vários manuscritos trazem *Jesus*, outros, *Deus*, e ainda outros, *Cristo*; um deles traz *Deus Cristo*.

[c] **1.8** Em grego, *dos seres gloriosos*, provável referência aos anjos caídos.

[d] **1.12** Ou *são como manchas que podem contaminá-los.*

[e] **1.14-15** Citação proveniente da literatura intertestamentária: Enoque 1.9.

[f] **1.20** Em grego, *orem no Espírito Santo.*

mantenham-se firmes no amor de Deus,[a]
enquanto aguardam a vida eterna que
nosso Senhor Jesus Cristo lhes dará em
sua misericórdia.
22 Tenham compaixão daqueles[b] que
vacilam na fé. 23 Resgatem outros, tirando-
-os das chamas do julgamento. De outros
ainda, tenham misericórdia,[c] mas façam
isso com grande cautela, odiando os peca-
dos que contaminam a vida deles.[d]

ORAÇÃO DE LOUVOR

24 Toda a glória seja àquele que é poderoso
para guardá-los de cair e para levá-los, com
grande alegria e sem defeito, à sua presen-
ça gloriosa. 25 Toda a glória seja àquele que
é o único Deus, nosso Salvador por meio
de Jesus Cristo, nosso Senhor. Glória, ma-
jestade, poder e autoridade lhe pertencem
desde antes de todos os tempos, agora e
para sempre! Amém.

[a] **1.21** Ou *amor a Deus.*
[b] **1.22** Alguns manuscritos trazem *Repreendam aqueles.*
[c] **1.22-23a** Alguns manuscritos trazem apenas duas categorias de pessoas: 1) aqueles que vacilam na fé e, portanto, precisam ser resgatados das chamas de julgamento; 2) aqueles que precisam de misericórdia.
[d] **1.23b** Em grego, *com temor, odiando até mesmo as roupas manchadas pela carne.*

Profecia Apocalipse

Livro 66 com **22** CAPÍTULOS

AUTORIA

O apóstolo João, identificado como "servo de Jesus Cristo" (Ap 1.1) e exilado na ilha de Patmos "por pregar a palavra de Deus e testemunhar a respeito de Jesus" (Ap 1.9).

OBJETIVO DO LIVRO

Encorajar os cristãos a permanecer fiéis em meio à perseguição e revelar os eventos que precederão a segunda vinda de Cristo, culminando no estabelecimento definitivo do Reino de Deus.

SIGNIFICADO DO TÍTULO

"Apocalipse" vem do grego *apokalypsis*, que significa "revelação". O livro revela os eventos futuros e o triunfo final de Deus sobre o mal.

TEMAS DE APOCALIPSE

A teologia de Apocalipse centra-se na soberania de Deus, no senhorio de Cristo e na esperança escatológica. O livro enfatiza a vitória definitiva de Jesus sobre o mal, a justiça divina e a criação de novos céus e nova terra.

ESTRUTURA DO LIVRO

Visão de Cristo glorificado Ap 1

Cartas às sete igrejas Ap 2—3

- ★ Visões do trono de Deus e do Cordeiro Ap 4—5
- ★ Os sete selos Ap 6—8.5
- ★ As sete trombetas Ap 8.6—11
- ★ Os conflitos cósmicos Ap 12—14
- ★ As sete taças da ira de Deus Ap 15—16
- ★ A queda da Babilônia Ap 17—18
- ★ A segunda vinda de Cristo Ap 19
- ★ O reino milenar e o juízo final Ap 20
- ★ Novos céus e nova terra Ap 21—22

A REVELAÇÃO DE JESUS CRISTO

APOCALIPSE E CRISTO

Cristo é o centro de Apocalipse. Ele é apresentado como o Cordeiro de Deus que foi morto, mas vive para sempre (Ap 5.6), o Alfa e o Ômega, o Princípio e o Fim (Ap 22.13). A segunda vinda de Jesus é o clímax do livro, quando ele julga os ímpios e estabelece seu reino eterno (Ap 19.11-16).

PRÓLOGO

1 Revelação de Jesus Cristo, que Deus lhe deu para mostrar a seus servos os acontecimentos que ocorrerão em breve.[a] Ele enviou um anjo para apresentá-la a seu servo João, ² que relatou fielmente tudo que viu. Este é seu relato da palavra de Deus e do testemunho de Jesus Cristo.

³ Feliz é aquele que lê as palavras desta profecia, e felizes são aqueles que ouvem sua mensagem e obedecem ao que ela diz, pois o tempo está próximo.

SAUDAÇÃO DE JOÃO ÀS SETE IGREJAS

⁴ Eu, João, escrevo às sete igrejas na província da Ásia.[b]

Graça e paz a vocês da parte daquele que é, que era e que ainda virá, dos sete espíritos que estão diante de seu trono, ⁵ e de Jesus Cristo. Ele é a testemunha fiel destas coisas, o primeiro a ressuscitar dos mortos e o governante de todos os reis da terra.

Toda a glória seja àquele que nos ama e nos libertou de nossos pecados por meio de seu sangue. ⁶ Ele fez de nós um reino de sacerdotes para Deus, seu Pai. A ele sejam a glória e o poder para todo o sempre! Amém.

⁷ Vejam! Ele vem com as nuvens do céu,
e todos o verão,
até mesmo aqueles que
o transpassaram.
E todas as nações da terra
se lamentarão por causa dele.
Sim! Amém!

⁸ "Eu sou o Alfa e o Ômega",[c] diz o Senhor Deus. "Eu sou aquele que é, que era e que ainda virá, o Todo-poderoso."

A VISÃO DO FILHO DO HOMEM

⁹ Eu, João, irmão e companheiro de vocês no sofrimento, no reino e na perseverança para a qual Jesus nos chama, estava exilado na ilha de Patmos por pregar a palavra de Deus e testemunhar a respeito de Jesus. ¹⁰ Era o dia do Senhor, e me vi tomado pelo Espírito.[d] De repente, ouvi atrás de mim uma forte voz, como um toque de trombeta, ¹¹ e a voz dizia: "Escreva num livro[e] tudo que você vê e envie-o às sete igrejas nas cidades de Éfeso, Esmirna, Pérgamo, Tiatira, Sardes, Filadélfia e Laodiceia".

¹² Quando me voltei para ver quem falava comigo, vi sete candelabros de ouro ¹³ e, em pé entre eles, havia alguém semelhante ao Filho do Homem.[f] Vestia um manto comprido, com uma faixa de ouro sobre o peito. ¹⁴ A cabeça e os cabelos eram brancos como a lã e a neve, e os olhos, como chamas de fogo. ¹⁵ Os pés eram como bronze polido, refinado numa fornalha, e a voz ressoava como fortes ondas do mar. ¹⁶ Na mão direita tinha sete estrelas, e de sua boca saía uma espada afiada dos dois lados. A face brilhava como o sol em todo o seu esplendor.

¹⁷ Quando o vi, caí a seus pés, como morto. Ele, porém, colocou a mão direita sobre mim e disse: "Não tenha medo! Eu sou o Primeiro e o Último. ¹⁸ Sou aquele que vive. Estive morto, mas agora vivo para todo o sempre! E tenho as chaves da morte e do mundo dos mortos.[g]

¹⁹ "Portanto, escreva o que viu, tanto as coisas que estão acontecendo agora como as que acontecerão depois. ²⁰ Este é o significado do mistério das sete estrelas que você viu em minha mão direita e dos sete candelabros de ouro: as sete estrelas são os anjos[h] das sete igrejas, e os sete candelabros são as sete igrejas."

MENSAGEM À IGREJA EM ÉFESO

2 "Escreva esta carta ao anjo[i] da igreja em Éfeso. Esta é a mensagem daquele que segura na mão direita as sete estrelas, daquele que anda entre os sete candelabros de ouro:

² "Sei de tudo que você faz. Vi seu trabalho árduo e sua perseverança, e sei que não tolera os perversos. Examinou as

[a] **1.1** Ou *repentinamente*, ou *rapidamente*.
[b] **1.4** Província romana situada na região que hoje corresponde ao oeste da Turquia.
[c] **1.8** Referência à primeira e à última letra do alfabeto grego.
[d] **1.10** Ou *em espírito*.
[e] **1.11** Ou *num rolo*.
[f] **1.13** Ou *semelhante a um filho de homem*. Ver Dn 7.13. "Filho do Homem" é um título que Jesus usa para si mesmo.
[g] **1.18** Ou *da sepultura*. Em grego, *do Hades*.
[h] **1.20** Ou *os mensageiros*.
[i] **2.1** Ou *mensageiro*; também em 2.8,12,18.

pretensões dos que se dizem apósto-
los, mas não são, e descobriu que são
mentirosos. 3 Sofreu por meu nome
com paciência, sem desistir.

4 "Contudo, tenho contra você uma
queixa: você abandonou o amor que
tinha no princípio. 5 Veja até onde você
caiu! Arrependa-se e volte a praticar
as obras que no início praticava.
Do contrário, virei até você e tirarei
seu candelabro de seu lugar entre as
igrejas. 6 Mas há isto a seu favor: você
odeia as obras dos nicolaítas, como eu
também odeio.

7 "Quem tem ouvidos para ouvir, ouça o
que o Espírito diz às igrejas. Ao vito-
rioso, darei o fruto da árvore da vida
que está no paraíso de Deus."

MENSAGEM À IGREJA EM ESMIRNA

8 "Escreva esta carta ao anjo da igreja em
Esmirna. Esta é a mensagem daquele que
é o Primeiro e o Último, que esteve morto
mas agora vive:

9 "Conheço suas aflições e sua pobreza,
mas você é rico. Sei da blasfêmia dos
que se opõem a você. Eles se dizem
judeus, mas não são, pois a sinagoga
deles pertence a Satanás. 10 Não tenha
medo do que está prestes a sofrer.
O diabo lançará alguns de vocês na
prisão a fim de prová-los, e terão afli-
ções por dez dias. Mas, se você perma-
necer fiel mesmo diante da morte, eu
lhe darei a coroa da vida.

11 "Quem tem ouvidos para ouvir, ouça
o que o Espírito diz às igrejas. Quem
for vitorioso não sofrerá o dano da
segunda morte."

MENSAGEM À IGREJA EM PÉRGAMO

12 "Escreva esta carta ao anjo da igreja em
Pérgamo. Esta é a mensagem daquele que
tem a espada afiada dos dois lados:

13 "Conheço o lugar onde você vive, a
cidade onde está o trono de Satanás.
Ainda assim, você permanece leal a
meu nome. Recusou-se a negar sua
fé em mim até mesmo quando Anti-
pas, minha testemunha fiel, foi morto
onde vocês vivem, o lugar de habita-
ção de Satanás.

14 "Contudo, tenho contra você algu-
mas queixas. Você tolera em seu meio
pessoas cujo ensino é semelhante ao
de Balaão, que mostrou a Balaque
como fazer o povo de Israel trope-
çar. Ele os instigou a comer alimen-
tos oferecidos a ídolos e a praticar
imoralidade sexual. 15 De igual modo,
há entre vocês alguns que seguem
o ensino dos nicolaítas. 16 Portanto,
arrependa-se ou virei subitamente
até você e lutarei contra eles com a
espada de minha boca.

17 "Quem tem ouvidos para ouvir,
ouça o que o Espírito diz às igrejas.
Ao vitorioso, darei do maná escon-
dido. Também lhe darei uma pedra
branca, e nela estará gravado um
nome novo, que ninguém conhece, a
não ser aquele que o recebe."

MENSAGEM À IGREJA EM TIATIRA

18 "Escreva esta carta ao anjo da igreja em
Tiatira. Esta é a mensagem do Filho de Deus,
cujos olhos são como chamas de fogo e
cujos pés são como bronze polido:

19 "Sei de tudo que você faz. Vi seu amor,
sua fé, seu serviço e sua perseverança,
e observei como você tem crescido em
todas essas coisas.

20 "Contudo, tenho contra você uma
queixa. Você tem permitido que essa
mulher, Jezabel, que se diz profetisa,
faça meus servos se desviarem. Ela os
ensina a cometer imoralidade sexual e
a comer alimentos oferecidos a ídolos.
21 Dei a ela tempo para que se arrepen-
desse, mas não quer se arrepender de
sua imoralidade.

22 "Portanto, eu a lançarei doente numa
cama, e aqueles que cometerem
adultério com ela sofrerão terrivel-
mente, a menos que se arrependam
e abandonem a prática de tais atos.
23 Matarei seus filhos,[a] e então todas
as igrejas saberão que eu sou aquele
que sonda mente e coração. Darei a

[a] **2.23** Ou *seus seguidores.*

Que a esperança de Deus seja o seu combustível para enfrentar todas as estações da vida.

cada um de vocês aquilo que seus
atos merecem.
24 "Tenho também uma mensagem
para o restante de vocês em Tiatira
que não seguiram esse falso ensino
('as verdades mais profundas', como
eles dizem, e que na realidade vêm
de Satanás). Não lhes pedirei coisa
alguma, 25 senão que se apeguem
firmemente ao que já têm até que eu
venha. 26 Ao vitorioso que me obede-
cer até o fim,

Eu darei autoridade sobre as nações.
27 Ele as governará
com cetro de ferro
e as despedaçará como
vasos de barro.[a]

28 Ele terá a mesma autoridade que
recebi de meu Pai, e também lhe darei
a estrela da manhã.
29 "Quem tem ouvidos para ouvir, ouça o
que o Espírito diz às igrejas."

MENSAGEM À IGREJA EM SARDES

3 "Escreva esta carta ao anjo[b] da igreja
em Sardes. Esta é a mensagem daquele
que tem os sete espíritos de Deus e as
sete estrelas:

"Sei de tudo que você faz. Você tem
fama de estar vivo, mas está morto.
2 Desperte! Fortaleça o pouco que
resta, pois até mesmo isso está quase
morto. Vejo que suas ações não aten-
dem aos requisitos de meu Deus.
3 Lembre-se do que ouviu e no que
acreditou no princípio; agarre-se
a isso com firmeza. Arrependa-se.
Se não despertar, virei subitamente
até você, como um ladrão.
4 "Há alguns em Sardes, no entanto, que
não mancharam suas roupas com o
mal. Eles andarão comigo vestidos
de branco, pois são dignos. 5 O vito-
rioso será vestido de branco. Jamais
apagarei seu nome do Livro da Vida
e confirmarei, diante de meu Pai e de
seus anjos, que ele me pertence.
6 "Quem tem ouvidos para ouvir, ouça o
que o Espírito diz às igrejas."

MENSAGEM À IGREJA EM FILADÉLFIA

7 "Escreva esta carta ao anjo da igreja em
Filadélfia.

Esta é a mensagem daquele que
é santo e verdadeiro,
que tem a chave de Davi.
O que ele abre ninguém pode fechar,
e o que ele fecha ninguém
pode abrir:[c]

8 "Sei de tudo que você faz. Abri para
você uma porta que ninguém pode
fechar. Você tem pouca força, mas
ainda assim obedeceu à minha pala-
vra e não negou meu nome. 9 Veja,
obrigarei aqueles que pertencem à
sinagoga de Satanás — os mentirosos
que se dizem judeus, mas não são — a
virem, prostrarem-se a seus pés e reco-
nhecerem que amo você.
10 "Porque obedeceu à minha ordem
para perseverar, eu o protegerei do
grande tempo de provação que virá
sobre todo o mundo para pôr à prova
os habitantes da terra. 11 Venho em
breve.[d] Apegue-se ao que você tem,
para que ninguém tome sua coroa.
12 O vitorioso se tornará coluna do
templo de meu Deus, de onde jamais
sairá. Escreverei nele o nome de meu
Deus, e ele será cidadão da cidade
de meu Deus, a nova Jerusalém que
desce do céu, da parte de meu Deus.
E também escreverei nele o meu
novo nome.
13 "Quem tem ouvidos para ouvir, ouça o
que o Espírito diz às igrejas."

MENSAGEM À IGREJA EM LAODICEIA

14 "Escreva esta carta ao anjo da igreja em
Laodiceia. Esta é a mensagem daquele que
é o Amém, a testemunha fiel e verdadeira, a
origem[e] da criação de Deus:

[a] **2.26-27** Sl 2.8-9, conforme a Septuaginta.
[b] **3.1** Ou *mensageiro*; também em 3.7,14.
[c] **3.7** Is 22.22.
[d] **3.11** Ou *repentinamente*, ou *rapidamente*.
[e] **3.14** Ou *o governante*, ou *o princípio*.

15 "Sei de tudo que você faz. Você não é frio nem quente. Desejaria que fosse um ou o outro! 16 Mas, porque é como água morna, nem quente nem fria, eu o vomitarei de minha boca. 17 Você diz: 'Sou rico e próspero, não preciso de coisa alguma'. E não percebe que é infeliz, miserável, pobre, cego e está nu. 18 Eu o aconselho a comprar de mim ouro purificado pelo fogo, e então será rico. Compre também roupas brancas, para que não se envergonhe de sua nudez, e colírio para aplicar nos olhos, a fim de enxergar. 19 Eu corrijo e disciplino aqueles que amo. Por isso, seja zeloso e arrependa-se.

20 "Preste atenção! Estou à porta e bato. Se você ouvir minha voz e abrir a porta, entrarei e, juntos, faremos uma refeição, como amigos. 21 O vitorioso se sentará comigo em meu trono, assim como eu fui vitorioso e me sentei com meu Pai em seu trono.

22 "Quem tem ouvidos para ouvir, ouça o que o Espírito diz às igrejas".

ADORAÇÃO NO CÉU

4 Então, quando olhei, vi uma porta aberta no céu, e a mesma voz que eu tinha ouvido antes falou comigo como um toque de trombeta. A voz disse: "Suba para cá, e eu lhe mostrarei o que acontecerá depois destas coisas". 2 E, no mesmo instante, fui tomado pelo Espírito[a] e vi um trono no céu e alguém sentado nele. 3 Aquele que estava sentado no trono brilhava como pedras preciosas, como jaspe e sardônio. Um arco-íris, com brilho semelhante ao da esmeralda, circundava seu trono. 4 Ao redor do trono havia 24 tronos, nos quais estavam sentados 24 anciãos. Estavam todos vestidos de branco e usando coroas de ouro na cabeça. 5 Do trono saíam relâmpagos, estrondos e trovões, e na frente dele havia sete tochas com chamas ardentes, que são os sete espíritos de Deus. 6 Diante do trono havia algo como um mar de vidro, cintilante como cristal.

No centro e ao redor do trono havia quatro seres vivos, cada um coberto de olhos na frente e atrás. 7 O primeiro deles era semelhante a um leão; o segundo, semelhante a um boi; o terceiro tinha rosto de homem; e o quarto era como uma águia em voo. 8 Cada um dos seres vivos tinha seis asas, inteiramente cobertas de olhos, por dentro e por fora. Dia e noite, repetem sem parar:

"Santo, santo, santo é o Senhor
Deus, o Todo-poderoso,
que era, que é e que ainda virá".

9 Cada vez que os seres vivos dão glória, honra e graças ao que está sentado no trono, àquele que vive para todo o sempre, 10 os 24 anciãos se prostram e adoram o que está sentado no trono, aquele que vive para todo o sempre. Colocam suas coroas diante do trono e dizem:

11 "Tu és digno, ó Senhor e nosso Deus,
de receber glória, honra e poder.
Pois criaste todas as coisas,
e elas existem porque as criaste
segundo a tua vontade".

O CORDEIRO ABRE O LIVRO

5 Então, na mão direita daquele que estava sentado no trono, vi um livro,[b] escrito por dentro e por fora e lacrado com sete selos. 2 Vi um anjo poderoso que perguntava em alta voz: "Quem é digno de romper os selos deste livro e abri-lo?". 3 Mas não havia ninguém no céu, nem na terra, nem debaixo da terra, que pudesse abrir o livro e lê-lo.

4 Comecei a chorar muito, pois não se encontrou ninguém digno de abrir o livro e lê-lo. 5 Então um dos 24 anciãos me disse: "Não chore! Veja, o Leão da tribo de Judá, o herdeiro do trono de Davi,[c] conquistou a vitória. Ele é digno de abrir o livro e os sete selos".

6 Então vi um Cordeiro que parecia ter sido sacrificado, mas que agora estava em pé entre o trono e os quatro seres vivos e no meio dos 24 anciãos. Tinha sete chifres e sete olhos, que representam os sete espíritos de Deus enviados a todas as partes da terra. 7 Ele deu um passo à frente e recebeu o livro da mão direita daquele que está sentado no trono. 8 Quando o Cordeiro

[a] **4.2** Ou *em espírito*.

[b] **5.1** Ou *rolo*; também em 5.2,3,4,5,7,8,9.

[c] **5.5** Em grego, *a raiz de Davi*. Ver Is 11.10.

recebeu o livro, os quatro seres vivos e os
24 anciãos se prostraram diante dele. Cada
um tinha uma harpa e taças de ouro cheias
de incenso, que são as orações do povo
santo, 9 e entoavam um cântico novo com
estas palavras:

"Tu és digno de receber o livro,
 abrir os selos e lê-lo.
Pois foste sacrificado e com teu
  sangue compraste para Deus
 pessoas de toda tribo,
  língua, povo e nação.
10 Tu fizeste delas um reino de
  sacerdotes para nosso Deus,
 e elas reinarão[a] sobre a terra".

11 Então olhei novamente e ouvi as vozes
de milhares e milhões de anjos ao redor
do trono, e também dos seres vivos e dos
anciãos. 12 Cantavam com forte voz:

"Digno é o Cordeiro que foi sacrificado
 de receber poder e riqueza,
sabedoria e força,
 honra, glória e louvor!".

13 Depois, ouvi todas as criaturas no
céu, na terra, debaixo da terra e no mar,
cantarem:

"Louvor e honra, glória e poder
 pertencem àquele que está
  sentado no trono
 e ao Cordeiro para todo o sempre!".

14 E os quatro seres vivos disseram:
"Amém!". E os 24 anciãos se prostraram e
adoraram.

O CORDEIRO ABRE OS SEIS PRIMEIROS SELOS

6 Enquanto eu observava, o Cordeiro abriu
o primeiro dos sete selos do livro.[b] Então
ouvi um dos quatro seres vivos dizer com
voz de trovão: "Venha!". 2 Quando olhei,
vi um cavalo branco. Seu cavaleiro carre-
gava um arco, e sobre sua cabeça foi colo-
cada uma coroa. Ele saiu batalhando para
conquistar vitórias.

3 Quando o Cordeiro abriu o segundo selo,
ouvi o segundo ser vivo dizer: "Venha!".
4 Então surgiu um cavalo vermelho. Seu
cavaleiro recebeu uma grande espada e
autoridade para tirar a paz da terra. E houve
guerra e matança em toda parte.

5 Quando o Cordeiro abriu o terceiro selo,
ouvi o terceiro ser vivo dizer: "Venha!".
Quando olhei, vi um cavalo preto. Seu cava-
leiro tinha na mão uma balança. 6 E ouvi
uma voz dentre os quatro seres vivos dizer:
"Uma medida de trigo ou três medidas de
cevada custarão o salário de um dia,[c] mas
não desperdice[d] o azeite nem o vinho".

7 Quando o Cordeiro abriu o quarto selo,
ouvi o quarto ser vivo dizer: "Venha!".
8 Quando olhei, vi um cavalo amarelo.[e] Seu
cavaleiro se chamava Morte, e o mundo dos
mortos[f] o seguia. Eles receberam autoridade
sobre um quarto da terra para matar pela
espada, pela fome e pela doença[g] e por meio
de animais selvagens.

9 Quando o Cordeiro abriu o quinto selo,
vi sob o altar as almas de todos que haviam
sido mortos por causa da palavra de Deus
e por seu testemunho fiel. 10 Clamavam ao
Senhor em alta voz e diziam: "Ó Soberano
Senhor, santo e verdadeiro, quanto tempo
passará até que julgues os habitantes da terra
e vingues nosso sangue?". 11 Então a cada
um deles foi dada uma veste branca, e lhes
foi dito que descansassem mais um pouco
até que se completasse o número de seus
irmãos, seus companheiros no serviço, que
se juntariam a eles depois de serem mortos.

12 Enquanto eu observava, o Cordeiro
abriu o sexto selo, e houve um grande terre-
moto. O sol ficou escuro como pano negro,
e a lua inteira se tornou vermelha como
sangue. 13 Então as estrelas caíram do céu
como figos verdes de uma figueira sacudida
por um forte vento. 14 O céu foi enrolado
como pergaminho, e todas as montanhas e
ilhas foram movidas de seu lugar.

15 Então os reis da terra, os governantes, os
generais, os ricos, os poderosos, os escravos

[a] **5.10** Alguns manuscritos trazem *elas estão reinando*.
[b] **6.1** Ou *rolo*.

[c] **6.6a** Em grego, *1 choinix de trigo por 1 denário e 3 choinix de cevada por 1 denário*. O choinix correspondia a pouco mais de 1 litro, e o denário, ao salário por um dia completo de trabalho.
[d] **6.6b** Ou *danifique*.
[e] **6.8a** Ou *pálido*.
[f] **6.8b** Ou *a sepultura*. Em grego, *o Hades*.
[g] **6.8c** Em grego, *morte*.

e os livres, todos se esconderam em caver-
nas e entre as rochas das montanhas.
16 E gritavam às montanhas e às rochas:
"Caiam sobre nós e escondam-nos da face
daquele que está sentado no trono e da ira
do Cordeiro! 17 Pois chegou o grande dia de
sua ira, e quem poderá sobreviver?".

OS SERVOS DE DEUS SÃO SELADOS

7 Então vi quatro anjos em pé nos quatro
cantos da terra, impedindo os quatro
ventos de soprarem na terra, no mar e em
qualquer árvore. 2 E vi outro anjo que subia
do leste e trazia o selo do Deus vivo. Ele
gritou aos quatro anjos que haviam rece-
bido poder para danificar a terra e o mar:
3 "Esperem! Não façam mal à terra, nem ao
mar, nem às árvores, até que tenhamos colo-
cado o selo de Deus na testa de seus servos".
4 E ouvi o número dos que foram marca-
dos com o selo de Deus. Eram 144 mil, de
todas as tribos de Israel:

5 da tribo de Judá, foram selados doze mil,
da tribo de Rúben, doze mil,
da tribo de Gade, doze mil,
6 da tribo de Aser, doze mil,
da tribo de Naftali, doze mil,
da tribo de Manassés, doze mil,
7 da tribo de Simeão, doze mil,
da tribo de Levi, doze mil,
da tribo de Issacar, doze mil,
8 da tribo de Zebulom, doze mil,
da tribo de José, doze mil,
da tribo de Benjamim, foram selados
doze mil.

LOUVOR DA GRANDE MULTIDÃO

9 Depois disso, vi uma imensa multidão,
grande demais para ser contada, de todas
as nações, tribos, povos e línguas, em
pé diante do trono e diante do Cordeiro.
Usavam vestes brancas e seguravam
ramos de palmeiras. 10 E gritavam com
grande estrondo:

"A salvação vem de nosso Deus,
que está sentado no trono,
e do Cordeiro!".

11 E todos os anjos estavam em pé ao
redor do trono, dos anciãos e dos quatro
seres vivos. Prostraram-se com o rosto em
terra diante do trono e adoraram a Deus,
12 cantando:

"Amém! Louvor e glória e sabedoria,
gratidão e honra,
força e poder pertencem a nosso Deus,
para todo o sempre. Amém!".

13 Então um dos anciãos me pergun-
tou: "Quem são estes vestidos de branco?
De onde vieram?".
14 Eu lhe respondi: "Senhor, tu sabes".
E ele disse: "São aqueles que vieram da
grande tribulação.[a] Lavaram e branquearam
suas vestes no sangue do Cordeiro.

15 "Por isso estão diante
do trono de Deus
e dia e noite o servem
em seu templo.
E aquele que se senta no trono
lhes dará abrigo.
16 Nunca mais terão fome, nem sede,
e o calor do sol nunca
mais os queimará.
17 Pois o Cordeiro que está
no centro do trono
será seu Pastor.
Ele os guiará às fontes de água viva,
e Deus enxugará de seus
olhos toda lágrima".

O CORDEIRO ABRE O SÉTIMO SELO

8 Quando o Cordeiro abriu o sétimo selo,
houve silêncio no céu por cerca de meia
hora. 2 Vi os sete anjos que estão em pé diante
de Deus, e a eles foram dadas sete trombetas.
3 Então veio outro anjo com um incen-
sário de ouro e ficou em pé junto ao altar.
Recebeu muito incenso para misturar às
orações do povo santo como oferta sobre
o altar de ouro diante do trono. 4 A fumaça
do incenso, misturada às orações do povo
santo, subiu do altar onde o anjo havia
derramado o incenso até a presença de
Deus. 5 Então o anjo encheu o incensário
com fogo do altar e o lançou sobre a terra, e
houve trovões, estrondos, relâmpagos e um
grande terremoto.

[a] **7.14** Ou *do grande sofrimento.*

AS QUATRO PRIMEIRAS TROMBETAS

6 Em seguida, os sete anjos com as sete trombetas se prepararam para tocá-las.

7 O primeiro anjo tocou sua trombeta, e foram lançados sobre a terra granizo e fogo misturados com sangue. Um terço da terra pegou fogo, e foi queimado um terço das árvores, além de toda relva verde.

8 O segundo anjo tocou sua trombeta, e foi lançado sobre o mar algo parecido com uma grande montanha em chamas. Um terço da água do mar se transformou em sangue, 9 morreu um terço de todos os seres vivos do mar, e foi destruído um terço de todos os navios.

10 O terceiro anjo tocou sua trombeta, e caiu do céu uma grande estrela, queimando como uma tocha, sobre um terço dos rios e sobre as fontes de água. 11 O nome da estrela era Amargor,[a] pois tornou amargo um terço das águas, e muita gente morreu ao beber dessas águas amargas.

12 O quarto anjo tocou sua trombeta, e foi ferido um terço do sol, da lua e das estrelas, que escureceram. Um terço do dia ficou sem luz, e também um terço da noite.

13 Então vi e ouvi uma águia que voava no ponto mais alto do céu e gritava em alta voz: "Terror, terror, terror sobre todos os habitantes da terra, pelo que acontecerá quando os três últimos anjos tocarem suas trombetas!".

A QUINTA TROMBETA TRAZ O PRIMEIRO TERROR

9 O quinto anjo tocou sua trombeta, e vi uma estrela que havia caído do céu sobre a terra, e lhe foi dada a chave para o poço do abismo. 2 Quando o poço foi aberto, dele saiu fumaça como de uma imensa fornalha, e a luz do sol e o ar escureceram com a fumaça.

3 Então da fumaça saíram gafanhotos que desceram sobre a terra, e lhes foi dado poder para ferroarem como escorpiões. 4 Receberam ordens para não danificar a vegetação, nem as plantas, nem as árvores, mas apenas as pessoas que não tivessem o selo de Deus na testa. 5 Também lhes foi ordenado que não as matassem, mas que as atormentassem por cinco meses, com dor como a da ferroada do escorpião. 6 Naqueles dias, as pessoas procurarão a morte, mas não a encontrarão. Desejarão morrer, mas a morte fugirá delas.

7 Os gafanhotos pareciam cavalos preparados para a batalha. Tinham na cabeça algo semelhante a coroas de ouro, e o rosto parecia humano. 8 Os cabelos eram como os de mulher, e os dentes, como os de leão. 9 Vestiam uma couraça semelhante ao ferro, e suas asas rugiam como um exército de carruagens correndo para a batalha. 10 Tinham caudas que ferroavam como escorpiões, e por cinco meses tiveram poder para atormentar as pessoas. 11 Seu rei é o anjo do abismo; seu nome em hebraico é *Abadom*, e em grego, *Apoliom*.[b]

12 O primeiro terror passou, mas ainda vêm outros dois.

A SEXTA TROMBETA TRAZ O SEGUNDO TERROR

13 O sexto anjo tocou sua trombeta, e ouvi uma voz que vinha das quatro pontas do altar de ouro que está na presença de Deus. 14 A voz disse ao sexto anjo que tinha a trombeta: "Solte os quatro anjos que estão amarrados junto ao grande rio Eufrates". 15 Então os quatro anjos que haviam sido preparados para aquela hora, dia, mês e ano foram soltos para matar um terço da humanidade. 16 Ouvi que seu exército era constituído de duzentos milhões de soldados a cavalo.

17 Em minha visão, vi os cavalos e os cavaleiros montados neles. Os cavaleiros usavam couraças vermelhas, azul-escuras e amarelas. Os cavalos tinham cabeças como as de leão, e da boca lhes saíam fogo, fumaça e enxofre. 18 Um terço da humanidade foi morto por estas três pragas que saíam da boca dos cavalos: fogo, fumaça e enxofre. 19 O poder dos cavalos estava na boca e na cauda, pois a cauda tinha cabeças como de serpente, com as quais feriam as pessoas.

20 Aqueles que não morreram dessas pragas ainda se recusaram a arrepender-se de seus atos perversos. Continuaram

[a] **8.11** Em grego, *Absinto*.

[b] **9.11** *Abadom* e *Apoliom* significam "o Destruidor".

a adorar demônios e ídolos feitos de ouro,
prata, bronze, pedra e madeira, ídolos que
não podem ver, nem ouvir, nem andar.
21 E não se arrependeram de seus assassi-
natos, sua feitiçaria, sua imoralidade sexual
e seus roubos.

O ANJO E O LIVRINHO

10 Então vi outro anjo poderoso
descendo do céu, envolto numa
nuvem, com um arco-íris sobre a cabeça.
Seu rosto brilhava como o sol, e seus pés
eram como colunas de fogo. 2 Tinha na mão
um livrinho[a] aberto. O anjo pôs o pé direito
no mar e o pé esquerdo na terra. 3 Deu um
forte grito, como o rugido de um leão, e os
sete trovões responderam.

4 No momento em que os sete trovões
falaram, eu estava prestes a escrever, mas
ouvi uma voz do céu que disse: "Guarde em
segredo[b] as coisas que os sete trovões disse-
ram, e não as escreva".

5 Então o anjo que vi em pé sobre o mar
e sobre a terra levantou a mão direita para
o céu. 6 Jurou em nome daquele que vive
para todo o sempre, que criou os céus,
a terra, o mar e tudo que neles há. "Não
haverá mais demora", disse ele. 7 "Quando
o sétimo anjo tocar sua trombeta, o
plano que Deus manteve em segredo se
cumprirá, conforme ele anunciou a seus
servos, os profetas."

8 A voz do céu falou novamente comigo:
"Vá e pegue o livro aberto da mão do anjo
que está em pé sobre o mar e sobre a terra".

9 Então me aproximei do anjo e lhe pedi
o livrinho. "Pegue-o e coma-o!", disse ele.
"Ele será amargo em seu estômago, embora
tenha um sabor doce como mel em sua
boca." 10 Peguei o livrinho da mão do anjo e
o comi. Em minha boca, era doce como mel,
mas, quando o engoli, tornou-se amargo em
meu estômago.

11 Então me foi dito: "É necessário que
você profetize outra vez a respeito de muitos
povos, nações, línguas e reis".

AS DUAS TESTEMUNHAS

11 Depois disso, recebi uma vara de
medir e me foi dito: "Vá e tire as
medidas do templo de Deus e do altar, e
conte o número de adoradores. 2 Mas não
meça o pátio exterior, porque ele foi entre-
gue às nações. Elas pisotearão a cidade
santa durante 42 meses. 3 Darei autoridade
a minhas duas testemunhas, e elas se vesti-
rão de pano de saco e profetizarão durante
1.260 dias".

4 Essas duas testemunhas são as duas
oliveiras e os dois candelabros que estão
diante do Senhor de toda a terra. 5 Se al-
guém tentar lhes fazer mal, da boca lhes
sairá fogo e consumirá seus inimigos. As-
sim deve morrer quem tentar lhes fazer
mal. 6 Elas têm poder para fechar o céu,
a fim de que não chova durante o tempo
que profetizarem, e têm poder para trans-
formar as águas em sangue e para ferir a
terra com pragas de toda espécie, quantas
vezes desejarem.

7 Quando tiverem concluído seu teste-
munho, a besta que vem do abismo lutará
contra elas, e ela as vencerá e as matará.
8 Os corpos ficarão estendidos na rua prin-
cipal da grande cidade, chamada figurada-
mente "Sodoma" e "Egito", onde seu Senhor
foi crucificado. 9 Durante três dias e meio,
todos os povos, tribos, línguas e nações
olharão para esses corpos, e ninguém terá
permissão de sepultá-los. 10 Os habitantes
da terra festejarão e trocarão presentes entre
si para comemorar a morte dos dois profe-
tas que os haviam atormentado.

11 Depois de três dias e meio, porém,
Deus soprou vida nos dois profetas, e eles
se levantaram, enchendo de terror os que
os viram. 12 Então uma forte voz do céu
disse aos dois: "Subam aqui!". E eles subi-
ram ao céu numa nuvem, sob o olhar de
seus inimigos.

13 Nesse momento, houve um grande
terremoto que destruiu um décimo da
cidade. Sete mil pessoas morreram, e as
que restaram ficaram aterrorizadas e deram
glória ao Deus do céu.

14 O segundo terror passou, mas logo vem
o terceiro.

A SÉTIMA TROMBETA TRAZ O TERCEIRO TERROR

15 O sétimo anjo tocou sua trombeta, e fortes
vozes gritaram no céu:

[a] **10.2** Ou *pequeno rolo*; também em 10.8,9,10.
[b] **10.4** Em grego, *Sele*.

"O reino do mundo se tornou de
nosso Senhor e de seu Cristo,[a]
e ele reinará para todo o sempre".

16 Os 24 anciãos que estavam sentados
em seus tronos diante de Deus se prostra-
ram com o rosto em terra e o adoraram,
17 dizendo:

"Nós te agradecemos, Senhor
Deus, o Todo-poderoso,
que és e que eras,
pois agora assumiste teu grande poder
e começaste a reinar.
18 As nações se enfureceram,
mas agora chegou o tempo de tua ira.
É tempo de julgar os mortos
e de recompensar teus
servos, os profetas,
assim como teu povo santo
e todos que temem o teu nome,
desde os pequenos até os grandes.
É tempo de destruir
todos que causaram
destruição na terra".

19 Então se abriu no céu o templo de
Deus, e dentro do templo foi vista a arca
de sua aliança. Houve relâmpagos, estron-
dos e trovões, um terremoto e uma grande
tempestade de granizo.

A MULHER E O DRAGÃO

12 Então foi visto no céu um grande
sinal: uma mulher vestida do sol,
com a lua sob os pés e uma coroa de doze
estrelas na cabeça. 2 Estava grávida e gritava
por causa das dores de parto e da agonia
de dar à luz.
3 Outro sinal foi visto no céu: um enorme
dragão vermelho com sete cabeças e dez
chifres, e sete coroas nas cabeças. 4 Com
a cauda, arrastou um terço das estrelas do
céu e as lançou na terra. E, quando a mulher
estava para dar à luz, o dragão parou diante
dela, pronto para devorar a criança tão logo
ela nascesse.
5 A mulher deu à luz um filho, que gover-
nará todas as nações com cetro de ferro, e
ele foi arrebatado para junto de Deus e de
seu trono. 6 A mulher fugiu para o deserto,
onde Deus havia preparado um lugar para
cuidar dela durante 1.260 dias.
7 Houve guerra no céu. Miguel e seus
anjos lutaram contra o dragão e seus anjos.
8 O dragão perdeu a batalha, e ele e seus
anjos foram expulsos do céu. 9 Esse enorme
dragão, a antiga serpente chamada diabo
ou Satanás, que engana o mundo todo, foi
lançado na terra com seus anjos.
10 Então ouvi uma forte voz que bradava
pelos céus:

"Finalmente chegaram
a salvação, o poder,
o reino de nosso Deus
e a autoridade de seu Cristo.[b]
Porque foi lançado para a terra
o acusador de nossos irmãos,
aquele que dia e noite os acusa
diante de nosso Deus.
11 Eles o derrotaram pelo
sangue do Cordeiro
e pelo testemunho deles.
Não amaram a própria vida
nem mesmo diante da morte.
12 Portanto, alegrem-se, ó céus,
e vocês que habitam nos céus!
Sobre a terra e o mar, porém, virá terror,
pois o diabo desceu até vocês
com grande fúria,
sabendo que lhe resta pouco tempo".

13 Quando o dragão percebeu que havia
sido lançado na terra, perseguiu a mulher
que tinha dado à luz o menino. 14 Ela, porém,
recebeu duas asas como as de uma grande
águia, para que voasse ao lugar preparado
para ela no deserto. Ali, será sustentada e
protegida da serpente durante um tempo,
tempos e metade de um tempo.[c]
15 Então a serpente, com uma torrente de
água que fez sair de sua boca, tentou afogar
a mulher. 16 Mas a terra ajudou a mulher,
abrindo a boca e engolindo o rio que havia
jorrado da boca do dragão. 17 O dragão se
enfureceu com a mulher e passou a lutar
contra o restante de seus filhos, todos os que
obedecem aos mandamentos de Deus e se
mantêm fiéis no testemunho de Jesus.

[a] **11.15** Ou *Messias*. Tanto Messias (do hebraico) como Cristo (do grego) significam "ungido".

[b] **12.10** Ou *Messias*.

[c] **12.14** Ou *três anos e meio*. Ver Dn 7.25.

18 Então o dragão se colocou em pé[a] na
praia, junto ao mar.

A BESTA QUE SAIU DO MAR

13 Então vi sair do mar uma besta. Ti-
nha dez chifres e sete cabeças, e
uma coroa em cada chifre. Em cada cabe-
ça estavam escritos nomes de blasfêmias.
2 A besta parecia um leopardo, mas tinha
pés como de urso e boca como de leão. E o
dragão deu à besta seu poder, seu trono e
grande autoridade.

3 Vi que uma das cabeças da besta pare-
cia mortalmente ferida, mas o ferimento
mortal foi curado. O mundo inteiro se
maravilhou e seguiu a besta. 4 Adoraram
o dragão por ter dado à besta tamanho
poder, e também a adoraram. "Quem é tão
grande como a besta?", diziam. "Quem é
capaz de lutar contra ela?"

5 Então foi permitido à besta falar gran-
des blasfêmias, e lhe foi dada autoridade
para fazer o que quisesse durante 42 me-
ses. 6 Ela blasfemou terrivelmente contra
Deus, difamando seu nome, seu taber-
náculo e os que habitam no céu.[b] 7 Foi per-
mitido à besta guerrear contra o povo santo
e vencê-lo, e ela recebeu autoridade para
governar sobre toda tribo, povo, língua e
nação. 8 E todos os habitantes da terra ado-
raram a besta. São eles os que não têm os
nomes escritos no Livro da Vida que per-
tence ao Cordeiro, que foi morto antes da
criação do mundo.[c]

9 Quem é capaz de ouvir,
ouça com atenção!
10 Quem estiver destinado
à prisão
será preso.
Quem estiver destinado a
morrer pela espada
morrerá pela espada.

Isso significa que o povo santo deve ser perseverante e permanecer fiel.

A BESTA QUE SAIU DA TERRA

11 Então vi outra besta que saiu da terra.
Tinha dois chifres, como de cordeiro, mas
falava com voz de dragão. 12 Exercia toda
a autoridade da primeira besta e exigia
que a terra e seus habitantes adorassem a
primeira besta, cujo ferimento mortal havia
sido curado. 13 Realizava sinais espantosos,
chegando a fazer fogo descer do céu sobre
a terra, à vista de todos. 14 Enganou os habi-
tantes da terra com os sinais que lhe foi
permitido realizar em nome da primeira
besta. Ordenou que fizessem uma grande
estátua da primeira besta, que havia sido
mortalmente ferida e sobrevivido. 15 Então
lhe foi permitido dar vida a essa estátua,
para que ela falasse, e a estátua da besta
ordenou que fossem mortos todos que se
recusassem a adorá-la.

16 Exigiu que grandes e pequenos, ricos
e pobres, escravos e livres, todos rece-
bessem uma marca na mão direita ou na
testa. 17 E ninguém podia comprar nem
vender coisa alguma sem essa marca, que
era o nome da besta ou o número que re-
presenta seu nome. 18 Aqui é preciso sa-
bedoria. Quem tem discernimento, trate
de entender o significado do número da
besta, pois é número de homem. Seu nú-
mero é 666.

O CORDEIRO E OS 144 MIL

14 Então vi o Cordeiro em pé no monte
Sião, e com ele estavam os 144 mil
que tinham o nome dele e o nome de seu
Pai escritos na testa. 2 E ouvi um som que
vinha do céu, como o som de fortes ondas
do mar, como o som de um poderoso
trovão. Era como o som de muitos harpis-
tas tocando juntos.

3 Esse grande coral cantava um cântico
novo diante do trono de Deus e diante
dos quatro seres vivos e dos 24 anciãos.
Ninguém podia aprender o cântico, a não
ser os 144 mil que haviam sido comprados
da terra. 4 Eles se conservaram puros, sem
manter relações com mulheres,[d] e seguem
o Cordeiro por onde quer que ele vá. Foram
comprados dentre os habitantes da terra

[a] **12.18** Em grego, *ele se colocou em pé*; alguns manuscritos trazem *eu me coloquei em pé*. Em algumas traduções, toda a frase aparece em 13.1.

[b] **13.6** Ou *seu nome e seu tabernáculo, que estão no céu.*

[c] **13.8** Ou *os que não estavam escritos no Livro da Vida antes da criação do mundo, o Livro que pertence ao Cordeiro que foi morto.*

[d] **14.4a** Em grego, *São virgens que não se macularam com mulheres.*

Precisamos de pequenos cuidados diários e constantes para atingirmos maturidade emocional e espiritual, essenciais para o aprofundamento de nossas raízes.

como oferta especial[a] a Deus e ao Cordeiro.
5 Não mentem; são irrepreensíveis.

OS TRÊS ANJOS

6 Vi outro anjo que voava no ponto mais
alto do céu, levando as boas-novas eternas
para anunciá-las aos habitantes da terra, a
toda nação, tribo, língua e povo. 7 "Temam
a Deus!", dizia em alta voz. "Deem glória a
ele, pois chegou o tempo em que ele julgará
a humanidade. Adorem aquele que fez os
céus, a terra, o mar e todas as fontes de água."
8 Então outro anjo o seguiu, dizendo em
alta voz: "Caiu a Babilônia! Caiu a grande
cidade que fez todas as nações beberem do
vinho da fúria de sua imoralidade!".
9 Um terceiro anjo os seguiu, dizendo em
alta voz: "Aqueles que adorarem a besta e
sua estátua, ou aceitarem sua marca na testa
ou na mão, 10 beberão do vinho da fúria de
Deus, que foi derramado, sem mistura, na
taça da ira de Deus. E serão atormenta-
dos com fogo e enxofre na presença dos
santos anjos e do Cordeiro. 11 A fumaça de
seu tormento subirá para todo o sempre, e
não terão alívio de dia nem de noite, pois
adoraram a besta e sua estátua e aceitaram
a marca de seu nome".
12 Isso significa que o povo santo deve ser
perseverante, obedecendo aos mandamen-
tos de Deus e permanecendo fiel a Jesus.
13 E ouvi uma voz que vinha do céu,
dizendo: "Escreva isto: Felizes os que, de
agora em diante, morrem no Senhor. Sim,
diz o Espírito, eles são verdadeiramente feli-
zes, pois descansarão de seu trabalho árduo;
porque suas boas obras os acompanharão".

A COLHEITA DA TERRA

14 Em seguida, vi uma nuvem branca e,
sentado na nuvem, alguém semelhante ao
Filho do Homem.[b] Tinha uma coroa de ouro
na cabeça e uma foice afiada na mão.
15 Então outro anjo veio do templo e gritou
bem forte para aquele que estava sentado
na nuvem: "Use a foice e comece a ceifar,
pois chegou a hora da colheita; a safra da
terra está madura!". 16 Assim, aquele que
estava sentado na nuvem passou a foice
sobre a terra, e toda a terra foi ceifada.
17 Depois disso, outro anjo saiu do templo
no céu, e ele também tinha uma foice
afiada. 18 Então ainda outro anjo, que tinha
poder para destruir com fogo, veio do altar e
gritou bem forte para o anjo que segurava a
foice afiada: "Agora use sua foice para ajun-
tar os cachos de uvas da videira da terra,
pois estão maduras!". 19 O anjo passou
a foice sobre a terra e encheu de uvas o
grande tanque de prensar da fúria de Deus.
20 As uvas foram pisadas no tanque, fora da
cidade, e dele correu sangue como um rio
de quase trezentos quilômetros[c] de compri-
mento, com altura que chegava aos freios
de um cavalo.

O CÂNTICO DE MOISÉS E DO CORDEIRO

15 Vi no céu outro sinal grande e mara-
vilhoso. Sete anjos seguravam as
últimas sete pragas que completariam
a fúria de Deus. 2 Vi diante de mim algo
semelhante a um mar de vidro misturado
com fogo. Nele estavam em pé todos os
que haviam vencido a besta, sua estátua e
o número que representa seu nome. Todos
seguravam harpas que Deus lhes tinha dado
3 e entoavam o cântico de Moisés, servo de
Deus, e o cântico do Cordeiro:

"Grandes e maravilhosas
são as tuas obras,
ó Senhor Deus, o Todo-poderoso.
Justos e verdadeiros são os
teus caminhos,
ó Rei das nações.[d]
4 Quem não te temerá, Senhor?
Quem não glorificará teu nome?
Pois só tu és santo.
Todas as nações virão e
adorarão diante de ti,
pois teus feitos de justiça
foram revelados".

AS SETE TAÇAS COM AS SETE PRAGAS

5 Então olhei e vi que se abriu o templo
no céu, o tabernáculo da aliança. 6 Os sete

---

[a] **14.4b** Em grego, *primícias*.
[b] **14.14** Ou *semelhante a um filho de homem*. Ver Dn 7.13. "Filho do Homem" é um título que Jesus usa para si mesmo.
[c] **14.20** Em grego, *1.600 estádios*.
[d] **15.3** Alguns manuscritos trazem *Rei das eras*.

anjos que seguravam as sete pragas saíram
do templo. Vestiam linho branco, sem
mancha alguma, com uma faixa de ouro
sobre o peito. 7 Um dos quatro seres vivos
entregou a cada um dos sete anjos uma taça
de ouro cheia da fúria de Deus, que vive
para todo o sempre. 8 O templo se encheu
da fumaça da glória e do poder de Deus, e
ninguém podia entrar no templo enquanto
os anjos não tivessem terminado de derra-
mar as sete pragas.

16 Então ouvi uma poderosa voz que
vinha do templo dizer aos sete anjos:
"Vão e derramem sobre a terra as sete taças
da fúria de Deus".
2 O primeiro anjo saiu do templo e der-
ramou sua taça sobre a terra, e se abriram
feridas horríveis e malignas naqueles
que tinham a marca da besta e adoravam
sua estátua.
3 O segundo anjo derramou sua taça sobre
o mar, que se transformou em sangue como
de um cadáver, e morreram todas as criatu-
ras do mar.
4 O terceiro anjo derramou sua taça sobre
os rios e as fontes, que se transformaram em
sangue. 5 E ouvi o anjo que tinha autoridade
sobre a água dizer:

"Tu és justo, ó Santo, que és e que eras,
pois enviaste estes julgamentos.
6 Porque eles derramaram o sangue
de teu povo santo e de teus profetas,
tu lhes deste sangue para beber;
é sua justa retribuição".

7 E ouvi uma voz que vinha do altar[a] dizer:

"Sim, Senhor Deus, o Todo-poderoso,
teus julgamentos são
verdadeiros e justos".

8 O quarto anjo derramou sua taça sobre
o sol, que com seu fogo fez queimar as
pessoas. 9 Todos foram queimados pelo
intenso calor e blasfemaram contra o nome
de Deus, que tinha controle sobre essas
pragas. E não se arrependeram nem deram
glória a Deus.

10 O quinto anjo derramou sua taça sobre
o trono da besta, e seu reino foi lançado
na escuridão. Angustiados, seus súditos
rangiam os dentes[b] 11 e, por causa de suas
dores e feridas, blasfemavam contra o Deus
do céu. E não se arrependeram de seus
atos perversos.
12 O sexto anjo derramou sua taça sobre
o grande rio Eufrates, e ele secou, abrindo
caminho para os reis que vêm do Oriente.
13 Então vi saltarem da boca do dragão, da
boca da besta e da boca do falso profeta
três espíritos impuros semelhantes a sapos.
14 São espíritos demoníacos que realizam
sinais e vão aos governantes da terra a fim
de reuni-los para a batalha contra o Senhor,
no grande dia de Deus, o Todo-poderoso.

15 "Eu virei inesperadamente, como
ladrão! Feliz é aquele que me espera
alerta e mantém puras suas vestes,
para que não precise andar nu e
envergonhado."

16 E os espíritos reuniram todos os gover-
nantes e seus exércitos no lugar que, em
hebraico, se chama *Armagedom*.
17 O sétimo anjo derramou sua taça no ar, e
do trono do templo veio um forte grito: "Está
terminado!". 18 Então houve relâmpagos,
estrondos e trovões, e um forte terremoto, o
mais violento desde a criação da humani-
dade. 19 A grande cidade, Babilônia, se divi-
diu em três partes, e as cidades de muitas
nações tombaram. Deus se lembrou de
todos os pecados da Babilônia e a fez beber
do cálice cheio do vinho de sua furiosa ira.
20 Todas as ilhas desapareceram, e todos
os montes foram arrasados. 21 Houve uma
forte tempestade de granizo, com pedras
que pesavam até 35 quilos[c] caindo do céu
sobre as pessoas. E elas blasfemaram contra
Deus por causa da terrível praga de granizo.

A GRANDE PROSTITUTA

17 Um dos sete anjos que derramaram
as sete taças se aproximou e disse:
"Venha comigo, e eu lhe mostrarei o julga-
mento da grande prostituta que governa
sobre muitas águas. 2 Os reis da terra

a **16.7** Em grego, *E ouvi o altar.*

b **16.10** Em grego, *roíam a língua.*

c **16.21** Em grego, *1 talento.*

cometeram adultério com ela, e os habitan-
tes da terra se embriagaram com o vinho de
sua imoralidade".
3 Então o anjo me levou no Espírito[a] para
o deserto, onde vi uma mulher montada
numa besta vermelha, coberta de blas-
fêmias e com sete cabeças e dez chifres.
4 A mulher estava vestida de púrpura e
vermelho e enfeitada com joias de ouro,
pedras preciosas e pérolas. Tinha na mão
um cálice de ouro cheio de abominações e
das impurezas de sua imoralidade. 5 Em sua
testa estava escrito um nome misterioso:
"Babilônia, a Grande, a Mãe das Prostitu-
tas e das Abominações da Terra". 6 Vi que
ela estava embriagada com o sangue do
povo santo, o sangue das testemunhas de
Jesus. Tomado de espanto, olhei fixamente
para ela.
7 "Por que você está tão espantado?", o
anjo perguntou. "Eu lhe explicarei o misté-
rio desta mulher e da besta com sete cabe-
ças e dez chifres na qual ela está montada.
8 A besta que você viu esteve viva, mas
agora não está mais. E, no entanto, em
breve subirá do abismo e irá para a destrui-
ção. Os habitantes da terra, cujos nomes
não foram escritos no Livro da Vida desde a
criação do mundo, ficarão admirados com o
reaparecimento da besta que havia morrido.
9 "Aqui é preciso pensar com sabedo-
ria. As sete cabeças da besta representam
os sete montes onde a mulher governa, e
também representam sete reis. 10 Cinco
deles já caíram, o sexto está governando e
o sétimo ainda não veio, mas seu reinado
será breve.
11 "A besta que esteve viva, mas agora não
está mais, é o oitavo rei. É como os outros
sete, e também caminha para a destruição.
12 Os dez chifres da besta são dez reis que
ainda não subiram ao poder. Serão nomea-
dos para seus reinos por um breve período,
para reinarem com a besta, 13 e concor-
darão em entregar a ela seu poder e sua
autoridade. 14 Juntos, guerrearão contra o
Cordeiro, mas o Cordeiro os derrotará,
pois é Senhor dos senhores e Rei dos reis.
E com ele estarão seus chamados, escolhi-
dos e fiéis."

[a] **17.3** Ou *em espírito.*

15 Em seguida, o anjo me disse: "As águas
que você viu, onde a prostituta governa,
representam multidões de todas as nações
e línguas. 16 A besta e os dez chifres que
você viu odiarão a prostituta. Eles a deixa-
rão nua, comerão sua carne e destruirão o
restante com fogo. 17 Porque Deus colocou
no coração deles um plano que executará
sua vontade. Eles concordarão em entregar
a autoridade à besta, cumprindo-se assim
as palavras de Deus. 18 E a mulher que você
viu representa a grande cidade que governa
sobre os reis da terra".

A QUEDA DA BABILÔNIA

18 Depois disso, vi outro anjo descer do
céu com grande autoridade, e a terra
se iluminou com seu esplendor. 2 Ele deu
um forte grito:

"Caiu a Babilônia! A grande cidade caiu!
Tornou-se habitação de demônios,
esconderijo de todo espírito impuro,
covil de toda ave impura
e de todo animal impuro e detestável.[b]
3 Porque todas as nações
caíram por causa
do[c] vinho da fúria de sua
imoralidade.
Os reis da terra
cometeram adultério com ela.
Por ela tanto desejar luxo
extravagante,
os comerciantes da
terra enriqueceram".

4 Então ouvi outra voz do céu, que disse:

"Saiam dela, meu povo!
Não participem de seus pecados,
ou serão castigados com ela.
5 Pois os pecados dela se
amontoaram até o céu,
e Deus se lembrou de seus
atos perversos.
6 Façam com ela o que ela tem feito;
deem-lhe em dobro o
castigo por[d] seus atos.

[b] **18.2** Alguns manuscritos condensam as duas linhas e trazem *covil de toda ave impura e detestável.*
[c] **18.3** Alguns manuscritos trazem *beberam do.*
[d] **18.6a** Ou *deem um castigo igual a.*

Ela preparou um cálice de
terror para os outros,
por isso preparem-lhe uma
porção dobrada.[a]
7 Glorificou a si mesma e
viveu em luxo,
agora retribuam com igual quantidade
de tormento e tristeza.
Ela se vangloriou em seu coração:
'Sou rainha em meu trono.
Não sou uma viúva desamparada,
e não tenho motivo para me lamentar'.
8 Por isso, estas pragas a
alcançarão num só dia:
morte, pranto e fome.
O fogo a consumirá por completo,
pois o Senhor Deus, que a
julga, é poderoso".

9 Os reis da terra que cometeram adulté-
rio com ela e desfrutaram seu luxo lamen-
tarão por ela quando virem subir a fumaça
de seus restos carbonizados. 10 Ficarão de
longe, aterrorizados com seu tormento, e
clamarão:

"Que terrível, que terrível,
ó Babilônia, grande cidade!
Num só instante, o julgamento
caiu sobre você!".

11 Os comerciantes da terra chorarão
e lamentarão por ela, pois não restou
ninguém para comprar suas mercado-
rias. 12 Ela comprava grandes quantidades
de ouro, prata, joias e pérolas; linho fino,
púrpura, seda e tecido vermelho; produtos
feitos de perfumada madeira de cedro, de
marfim e de madeira preciosa; bronze, ferro
e mármore. 13 Também comprava canela,
especiarias, incenso, mirra, bálsamo,
vinho, azeite de oliva, farinha fina, trigo,
gado, ovelhas, cavalos, carroças, escravos e
vidas humanas.

14 "Acabaram as coisas extravagantes
de que você tanto gostava", dizem eles.
"Todo o seu luxo e esplendor
se foram para sempre,
e nunca mais serão seus."

[a] **18.6b** Ou *a mesma porção.*

15 Os comerciantes que enriqueceram
vendendo-lhe essas coisas ficarão de longe,
aterrorizados com seu tormento. Chorarão
e clamarão:

16 "Que terrível, que terrível para
essa grande cidade!
Ela se vestia da mais fina púrpura
e de linho vermelho,
adornada com ouro, pedras
preciosas e pérolas!
17 Num só instante,
toda a sua riqueza se foi!".

E todos os capitães dos navios mercan-
tes, e também seus passageiros, mari-
nheiros e tripulantes, ficarão de longe.
18 Quando virem subir a fumaça, gritarão
e dirão: "Onde há outra cidade tão grande
como essa?". 19 Chorarão, jogarão pó sobre
a cabeça e clamarão:

"Que terrível, que terrível para
essa grande cidade!
Os donos dos navios se enriqueceram,
transportando pelos mares
sua imensa riqueza.
Num só instante, tudo se foi!".

20 Alegrem-se com o destino dela, ó céus,
ó povo santo, apóstolos e profetas!
Porque finalmente Deus a julgou,
por causa de vocês.

21 Então um anjo poderoso levantou uma
pedra enorme, do tamanho de uma grande
pedra de moinho, a lançou no mar e gritou:

"Assim, Babilônia, a grande cidade,
será derrubada com violência
e nunca mais será encontrada!
22 Nunca mais se ouvirá em seu meio
o som de harpas, cantores,
flautas e trombetas.
Nunca mais se achará em seu meio
qualquer artífice em algum ofício.
Nunca mais se ouvirá em seu meio
o som do moinho.
23 Nunca mais brilhará em seu meio
a luz da lâmpada.
Nunca mais se ouvirão em seu meio
as vozes alegres de noivas e noivos.

Pois seus comerciantes eram os
poderosos do mundo,
e suas feitiçarias enganavam nações.
24 Em suas ruas corria o sangue de
profetas e do povo santo,
e o sangue dos que no mundo
inteiro foram mortos".

CÂNTICO DE VITÓRIA NO CÉU

19 Depois disso, ouvi algo semelhante
ao som de uma grande multidão
clamando:

"Aleluia![a]
Salvação, glória e poder
pertencem a nosso Deus.
2 Seus julgamentos são
verdadeiros e justos.
Ele castigou a grande prostituta,
que corrompia a terra com
sua imoralidade,
e vingou o assassinato
de seus servos".

3 E, mais uma vez, as vozes ressoaram:

"Aleluia!
A fumaça dessa cidade sobe
para todo o sempre!".

4 Então os 24 anciãos e os quatro seres
vivos se prostraram e adoraram a Deus, que
estava sentado no trono. Disseram: "Amém!
Aleluia!".
5 E do trono veio uma voz que dizia:

"Louvem nosso Deus,
todos os seus servos,
todos os que o temem,
pequenos e grandes".

6 Em seguida, ouvi outra vez algo semelhante ao som do clamor de uma grande multidão, como o som de fortes ondas do mar, como o som de violentos trovões:

"Aleluia!
Porque o Senhor, nosso Deus,[b]
o Todo-poderoso, reina.
7 Alegremo-nos, exultemos
e a ele demos glória,
pois chegou a hora do
casamento do Cordeiro,
e sua noiva já se preparou.
8 Ela recebeu um vestido do
linho mais fino,
puro e branco".

Porque o linho fino representa os atos justos
do povo santo.
9 E o anjo me disse: "Escreva isto: Felizes
os que são convidados para o banquete de
casamento do Cordeiro". E acrescentou:
"Essas são as palavras verdadeiras de Deus".
10 Então caí aos pés do anjo para adorá-lo, mas ele me disse: "Não faça isso! Sou um servo, como você e seus irmãos que dão testemunho de sua fé em Jesus. Adore somente a Deus, pois o testemunho a respeito de Jesus é a essência da mensagem revelada aos profetas".

O CAVALEIRO NO CAVALO BRANCO

11 Vi o céu aberto, e surgiu um cavalo branco.
Seu cavaleiro se chama Fiel e Verdadeiro,
pois julga e guerreia com justiça. 12 Seus
olhos eram como chamas de fogo, e em sua
cabeça havia muitas coroas. Nele estava
escrito um nome que ninguém conhece,
a não ser ele mesmo. 13 Vestia um manto
encharcado de sangue, e seu nome era a
Palavra de Deus. 14 Os exércitos do céu,
vestidos do linho mais fino, puro e branco,
seguiam-no em cavalos brancos. 15 De sua
boca saía uma espada afiada para ferir as
nações. Ele as governará com cetro de ferro
e esmagará as uvas no tanque de prensar da furiosa ira de Deus, o Todo-pode-
roso. 16 Em seu manto, na altura da coxa,[c]
estava escrito o nome: Rei dos reis e Senhor
dos senhores.
17 Então vi um anjo em pé no sol. Gritava
para as aves que voavam no ponto mais alto
do céu: "Venham! Reúnam-se para o grande
banquete que Deus preparou! 18 Venham e
comam a carne dos reis, dos generais e dos
fortes guerreiros; dos cavalos e de seus cavaleiros; de toda a humanidade, escravos e livres, pequenos e grandes".

---

a **19.1** Transliteração de um termo hebraico que significa "Louvado seja o Senhor"; também em 19.3,4,6.

b **19.6** Alguns manuscritos trazem *o Senhor Deus*.

c **19.16** Ou *Em seu manto e em sua coxa*.

19 Depois vi a besta e os reis da terra e
seus exércitos reunidos para lutarem contra
aquele que montava no cavalo e contra seu
exército. 20 Mas a besta foi presa e, com ela, o
falso profeta que fazia sinais em seu nome,
sinais que enganaram todos que haviam
recebido a marca da besta e adoravam
sua estátua. Tanto a besta como seu falso
profeta foram lançados vivos no lago de
fogo que arde com enxofre. 21 Todo o seu
exército foi morto com a espada afiada que
saía da boca daquele que montava no cavalo
branco. E todas as aves se fartaram com a
carne dos cadáveres.

OS MIL ANOS

20 Então vi um anjo descer do céu tra-
zendo na mão a chave do abismo e
uma grande corrente. 2 Ele prendeu o dra-
gão, a antiga serpente que é o diabo, Sata-
nás, e o acorrentou por mil anos. 3 O anjo o
lançou no abismo, o fechou e pôs um lacre
na porta, de modo que ele não pudesse mais
enganar as nações até que terminassem os
mil anos. Depois disso, é necessário que ele
seja solto por um pouco de tempo.

4 Vi tronos, e os que estavam sentados
neles haviam recebido autoridade para
julgar. Vi também as almas daqueles que
haviam sido decapitados por testemunha-
rem a respeito de Jesus e por proclamarem
a palavra de Deus. Não tinham adorado a
besta nem sua estátua, nem aceitado sua
marca na testa ou nas mãos. Eles ressusci-
taram e reinaram com Cristo por mil anos.

5 Esta é a primeira ressurreição. (O restante
dos mortos só voltou à vida depois que
terminaram os mil anos.) 6 Felizes e santos
são aqueles que participam da primeira
ressurreição. A segunda morte não tem
poder algum sobre eles, pois serão sacer-
dotes de Deus e de Cristo e reinarão com
ele por mil anos.

A DERROTA DE SATANÁS

7 Quando terminarem os mil anos, Satanás
será solto da prisão 8 e sairá para enganar
as nações, Gogue e Magogue, em todas as
extremidades da terra. Ele as reunirá para a
batalha, um exército poderoso, incontável
como a areia da praia. 9 Subiram pela vasta
planície da terra e cercaram o acampamento
do povo santo e a cidade amada. Mas fogo
desceu do céu e os consumiu.

10 O diabo, que os havia enganado, foi
lançado no lago de fogo que arde com
enxofre, onde já estavam a besta e o falso
profeta. Ali serão atormentados dia e noite,
para todo o sempre.

O JULGAMENTO FINAL

11 Vi um grande trono e aquele que estava
sentado nele. A terra e o céu fugiram de
sua presença, mas não encontraram lugar
para se esconder. 12 Vi os mortos, pequenos
e grandes, em pé diante do trono de Deus.
E foram abertos os livros, incluindo o Livro
da Vida. Os mortos foram julgados segundo
o que haviam feito, conforme o que estava
registrado nos livros. 13 O mar entregou seus
mortos, e a morte e o mundo dos mortos[a]
também entregaram seus mortos. E todos
foram julgados de acordo com seus atos.
14 Então a morte e o mundo dos mortos
foram lançados no lago de fogo. Esse lago
de fogo é a segunda morte. 15 E quem não
tinha o nome registrado no Livro da Vida foi
lançado no lago de fogo.

A NOVA JERUSALÉM

21 Então vi um novo céu e uma nova
terra, pois o primeiro céu e a primei-
ra terra já não existiam, e o mar também não
mais existia. 2 E vi a cidade santa, a nova
Jerusalém, que descia do céu, da parte de
Deus, como uma noiva belamente vestida
para seu marido.

3 Ouvi uma forte voz que vinha do trono e
dizia: "Vejam, o tabernáculo de Deus está no
meio de seu povo! Deus habitará com eles,
e eles serão seu povo. O próprio Deus estará
com eles.[b] 4 Ele lhes enxugará dos olhos
toda lágrima, e não haverá mais morte, nem
tristeza, nem choro, nem dor. Todas essas
coisas passaram para sempre".

5 E aquele que estava sentado no trono
disse: "Vejam, faço novas todas as coisas!".
Em seguida, disse: "Escreva isto, pois o que
lhe digo é digno de confiança e verdadeiro".
6 E disse ainda: "Está terminado! Eu sou o
Alfa e o Ômega, o Princípio e o Fim. A quem

[a] **20.13** Ou *a sepultura*. Em grego, *o Hades*; também em 20.14.

[b] **21.3** Alguns manuscritos acrescentam *o Deus deles*.

tiver sede, darei de beber gratuitamente das
fontes da água da vida. 7 O vitorioso herdará
todas essas bênçãos, e eu serei seu Deus, e
ele será meu filho.

8 "Mas os covardes, os incrédulos, os
corruptos, os assassinos, os sexualmente
impuros, os que praticam feitiçaria, os
adoradores de ídolos e todos os mentiro-
sos estão destinados ao lago de fogo que
arde com enxofre. Esta é a segunda morte".

9 Então um dos sete anjos que seguravam
as sete taças com as últimas sete pragas se
aproximou e me disse: "Venha comigo, e eu
lhe mostrarei a noiva, a esposa do Cordeiro".

10 Ele me levou no Espírito[a] até um grande
e alto monte e me mostrou a cidade santa,
Jerusalém, que descia do céu da parte de
Deus. 11 Brilhava com a glória de Deus e
cintilava como uma pedra preciosa, como
jaspe, transparente como cristal. 12 O muro
da cidade era grande e alto, com doze portas
guardadas por doze anjos, e nelas estavam
escritos os nomes das doze tribos de Israel.
13 Havia três portas de cada lado: leste, norte,
sul e oeste. 14 O muro da cidade tinha doze
pedras de alicerce, e nelas estavam escritos
os nomes dos doze apóstolos do Cordeiro.

15 O anjo que falava comigo tinha na mão
uma vara de ouro para medir a cidade,
suas portas e seu muro. 16 A cidade tinha o
formato de um quadrado, de comprimento
e largura iguais. De fato, tinha 2.200 quilô-
metros[b] de comprimento, de largura e de
altura. 17 Então ele mediu o muro e desco-
briu que tinha quase 65 metros de espes-
sura[c] (de acordo com a medida humana
usada pelo anjo).

18 O muro era feito de jaspe, e a cidade
era de ouro puro, transparente como vidro.
19 O muro da cidade era construído sobre
alicerces ornamentados com doze pedras
preciosas:[d] a primeira com jaspe, a segunda
com safira, a terceira com ágata, a quarta
com esmeralda, 20 a quinta com ônix, a
sexta com cornalina, a sétima com crisó-
lito, a oitava com berilo, a nona com topá-
zio, a décima com crisópraso, a décima
primeira com jacinto, e a décima segunda
com ametista.

21 As doze portas eram feitas de pérolas,
cada porta de uma única pérola. E a rua
principal era de ouro puro, transparente
como vidro.

22 Não vi templo algum na cidade, pois
o Senhor Deus, o Todo-poderoso, e o
Cordeiro são seu templo. 23 A cidade não
precisa de sol nem de lua, pois a glória de
Deus a ilumina, e o Cordeiro é sua lâmpada.
24 As nações andarão em sua luz, e os reis,
em toda a sua glória, entrarão na cidade.
25 Suas portas nunca se fecharão, pois ali não
haverá noite. 26 E todas as nações trarão sua
glória e honra à cidade. 27 Nenhum mal[e] terá
permissão de entrar, nem pessoa alguma
que pratique o que é vergonhoso ou enga-
noso, mas somente aqueles cujos nomes
estão escritos no Livro da Vida do Cordeiro.

22 Então o anjo me mostrou o rio da
água da vida, transparente como
cristal, que fluía do trono de Deus e do
Cordeiro 2 e passava no meio da rua princi-
pal. De cada lado do rio estava a árvore da
vida, que produz doze colheitas[f] de frutos
por ano, uma em cada mês, e cujas folhas
servem como remédio para curar as nações.

3 Não haverá mais maldição sobre coisa
alguma, porque o trono de Deus e do
Cordeiro estará ali, e seus servos o adorarão.
4 Verão seu rosto, e seu nome estará escrito
na testa de cada um. 5 E não haverá noite;
não será necessária a luz da lâmpada nem
a luz do sol, pois o Senhor Deus brilhará
sobre eles. E reinarão para todo o sempre.

6 Então o anjo me disse: "Tudo que você
ouviu e viu é digno de confiança e verda-
deiro. O Senhor, o Deus dos espíritos dos
profetas, enviou seu anjo para dizer a seus
servos o que acontecerá em breve".[g]

JESUS VEM

7 "Vejam, eu venho em breve! Felizes
aqueles que obedecem às palavras da
profecia registrada neste livro."[h]

---

[a] **21.10** Ou *em espírito.*

[b] **21.16** Em grego, *12.000 estádios.*

[c] **21.17** Em grego, *144 côvados.*

[d] **21.19** A identificação de algumas dessas pedras é incerta.

[e] **21.27** Ou *Nada cerimonialmente impuro.*

[f] **22.2** Ou *doze espécies.*

[g] **22.6** Ou *repentinamente*, ou *rapidamente*; também em 22.7,12,20.

[h] **22.7** Ou *rolo*; também em 22.9,10,18,19.

8 Eu, João, sou aquele que ouviu e viu
todas essas coisas. E, quando as ouvi e vi,
caí aos pés do anjo que as mostrou a mim,
a fim de adorá-lo. 9 Mas ele disse: "Não
faça isso! Sou um servo, como você e seus
irmãos, os profetas, e como todos os que
obedecem ao que está escrito neste livro.
Adore somente a Deus!".
10 Em seguida, disse: "Não lacre com
um selo as palavras proféticas deste livro,
porque o tempo está próximo. 11 Que o mau
continue a praticar a maldade; que o impuro
continue a ser impuro; que o justo continue
a viver de forma justa; que o santo continue
a ser santo".

12 "Vejam, eu venho em breve e trago
comigo a recompensa para retribuir
a cada um de acordo com seus atos.
13 Eu sou o Alfa e o Ômega, o Primeiro
e o Último, o Princípio e o Fim."

14 Felizes aqueles que lavam suas vestes.
A eles será permitido entrar pelas portas da
cidade e comer do fruto da árvore da vida.
15 Do lado de fora da cidade ficam os cães:
os feiticeiros, os sexualmente impuros, os
assassinos, os adoradores de ídolos e todos
que gostam de praticar a mentira.

16 "Eu, Jesus, enviei meu anjo a fim
de lhes dar esta mensagem para as
igrejas. Eu sou a origem de Davi e o
herdeiro de seu trono.[a] Sou a brilhante
estrela da manhã."

17 O Espírito e a noiva dizem: "Vem!". Que
todo aquele que ouve diga: "Vem!". Quem
tiver sede, venha. Quem quiser, beba de
graça da água da vida. 18 Declaro solene-
mente a todos que ouvem as palavras da
profecia registrada neste livro: Se alguém
acrescentar algo ao que está escrito aqui,
Deus acrescentará a essa pessoa as pragas
descritas neste livro. 19 E, se alguém retirar
qualquer uma das palavras deste livro de
profecia, Deus lhe retirará a participação na
árvore da vida e na cidade santa descritas
neste livro.
20 Aquele que é testemunha fiel de todas
essas coisas diz: "Sim, venho em breve!".
Amém! Vem, Senhor Jesus!
21 Que a graça do Senhor Jesus esteja
com todos.[b]

[a] **22.16** Em grego, *Eu sou a raiz e o descendente de Davi.*
[b] **22.21** Alguns manuscritos trazem *esteja com todos vocês*; outros, *esteja com todo o povo santo.*

Impresso na China | *Printed in China*